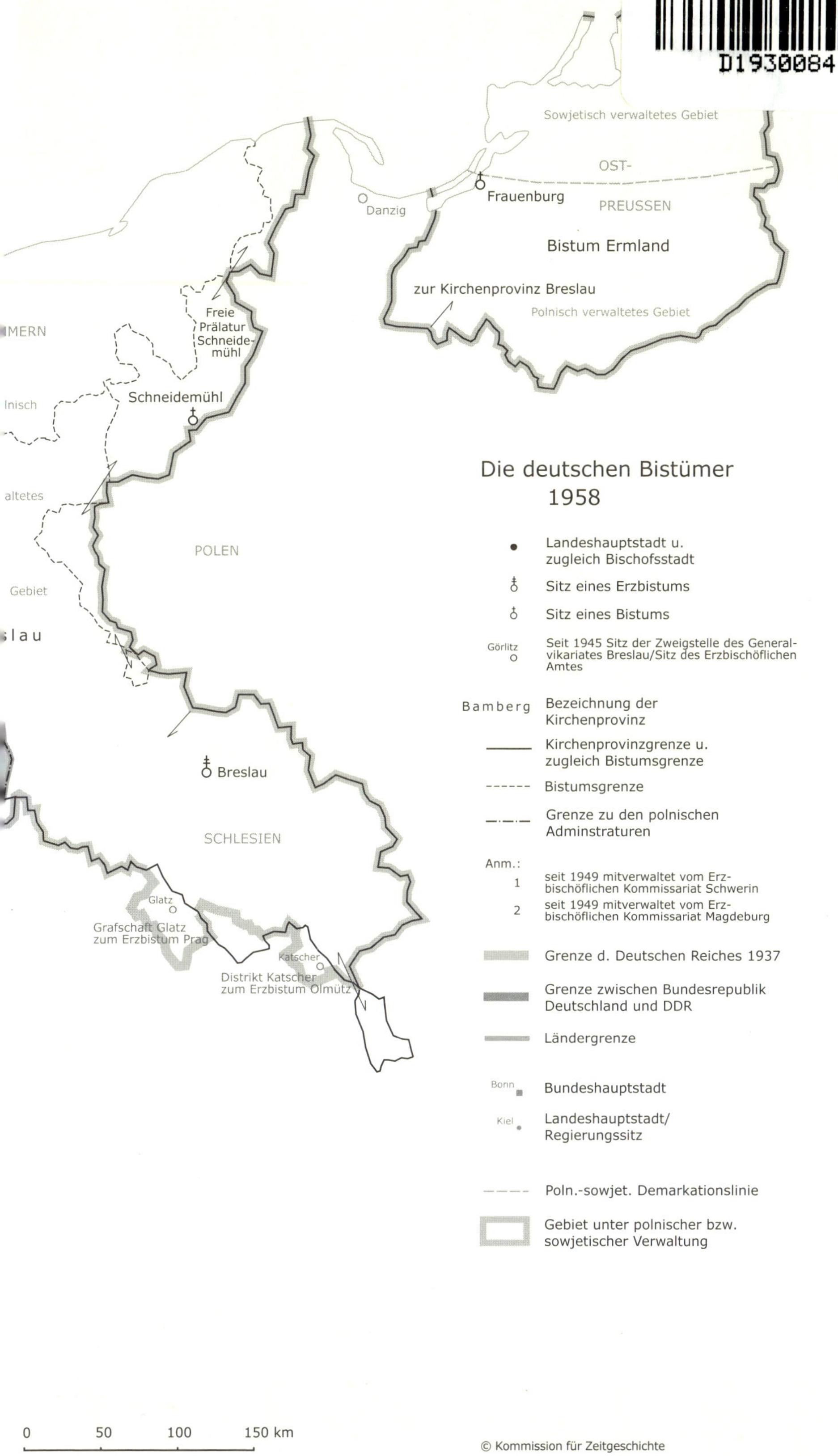
Die deutschen Bistümer
1958
Sowjetisch verwaltetes Gebiet
OST-
PREUSSEN
Frauenburg
Danzig
Bistum Ermland
zur Kirchenprovinz Breslau
Polnisch verwaltetes Gebiet
MERN
Freie
Prälatur
Schneide-
mühl
lnisch
Schneidemühl
altetes
POLEN
Gebiet
lau
Breslau
SCHLESIEN
Glatz
Grafschaft Glatz
zum Erzbistum Prag
Katscher
Distrikt Katscher
zum Erzbistum Olmütz
Landeshauptstadt u.
zugleich Bischofsstadt
Sitz eines Erzbistums
Sitz eines Bistums
Görlitz
Seit 1945 Sitz der Zweigstelle des General-
vikariates Breslau/Sitz des Erzbischöflichen
Amtes
Bamberg
Bezeichnung der
Kirchenprovinz
Kirchenprovinzgrenze u.
zugleich Bistumsgrenze
Bistumsgrenze
Grenze zu den polnischen
Adminstraturen
Anm.:
1
seit 1949 mitverwaltet vom Erz-
bischöflichen Kommissariat Schwerin
2
seit 1949 mitverwaltet vom Erz-
bischöflichen Kommissariat Magdeburg
Grenze d. Deutschen Reiches 1937
Grenze zwischen Bundesrepublik
Deutschland und DDR
Ländergrenze
Bonn
Bundeshauptstadt
Kiel
Landeshauptstadt/
Regierungssitz
Poln.-sowjet. Demarkationslinie
Gebiet unter polnischer bzw.
sowjetischer Verwaltung
0
50
100
150 km

Veröffentlichungen der Kommission für Zeitgeschichte

VERÖFFENTLICHUNGEN DER KOMMISSION FÜR ZEITGESCHICHTE

In Verbindung mit Ulrich von Hehl · Hans Günter Hockerts
Michael Kissener

Herausgegeben von Wilhelm Damberg

Reihe A: Quellen · Band 57

AKTEN DEUTSCHER BISCHÖFE SEIT 1945

BUNDESREPUBLIK DEUTSCHLAND

1956–1960

2012

FERDINAND SCHÖNINGH
PADERBORN · MÜNCHEN · WIEN · ZÜRICH

AKTEN
DEUTSCHER BISCHÖFE SEIT 1945

BUNDESREPUBLIK DEUTSCHLAND

1956–1960

Bearbeitet von

HEINZ HÜRTEN

2012

FERDINAND SCHÖNINGH

PADERBORN · MÜNCHEN · WIEN · ZÜRICH

Dieser Band wurde seitens der Kommission für Zeitgeschichte
redaktionell betreut von Rudolf Morsey

Bibliografische Information der Deutschen Nationalbibliothek

Die Deutsche Nationalbibliothek verzeichnet diese Publikation in der Deutschen Nationalbibliografie; detaillierte bibliografische Daten sind im Internet über http: //dnb.d-nb.de abrufbar.

Umschlaggestaltung: Evelyn Ziegler, München

Gedruckt auf umweltfreundlichem, chlorfrei gebleichtem
und alterungsbeständigem Papier ♾ ISO 9706

(Verlag Ferdinand Schöningh GmbH & Co. KG, Jühenplatz 1, D-33098 Paderborn)

Internet: www.schoeningh.de

Printed in Germany. Herstellung: Ferdinand Schöningh, Paderborn

ISBN 978-3-506-77327-2

INHALTSVERZEICHNIS

EINLEITUNG

Der hier vorgelegte Band schließt das Editionsprojekt Akten deutscher Bischöfe seit 1945 *zeitlich ab. Er dürfte nicht nur den vermutlich vorläufigen Abschluß eines wissenschaftlichen Unternehmens darstellen, sondern wahrscheinlich auch das Ende einer kirchengeschichtlichen Epoche in Deutschland markieren.*

Er unterscheidet sich zudem deutlich von den vorangegangenen Editionen der Akten deutscher Bischöfe über die Lage der Kirche. *Denn hier erscheint nicht die Breite des deutschen Episkopates mit seinen unterschiedlichen Persönlichkeiten und diözesanen Problemen. Vielmehr treten einige wenige Bischöfe aus seinem Kreis in den Mittelpunkt, an erster Stelle die Vorsitzenden der beiden Bischofskonferenzen von Fulda und Freising, die Erzbischöfe* JOSEPH KARDINAL FRINGS *und* JOSEPH KARDINAL WENDEL, *außer ihnen einige wenige mit besonderen zentralen Aufgaben betraute Oberhirten, daneben eine kleine Gruppe von Prälaten mit Funktionen für die Kirche in der gesamten Bundesrepublik Deutschland.*

Diese Konzentration auf die vor dem Zweiten Vatikanischen Konzil nur locker organisierte Führungsebene der katholischen Kirche in Deutschland erwies sich als unabweisbar angesichts der veränderten Problemlage und neu aufkommender kirchlicher Strukturen. Für die deutsche Gesellschaft standen in den ausgehenden fünfziger Jahren weitragende Entscheidungen an, die gemeinsame Stellungnahmen der Bischöfe erforderten, die naturgemäß nur von deren obersten Repräsentanten abgegeben werden konnten. Zudem entstand mit dem Zentralkomitee der deutschen Katholiken ein Organ zur Gestaltung des innerkirchlichen Lebens wie zur Repräsentation nach außen, das ebenso wie das bereits früher in Aktion getretene, die Kirche gegenüber Parlament und Regierung vertretende Katholische Büro *in Bonn unter Prälat* WILHELM BÖHLER *seinem Gewicht entsprechende Berücksichtigung finden mußte. Darüber hinaus schuf die Kirche im Berichtszeitraum neue, die ganze Bundesrepublik erfassende Institutionen wie das* Cusanuswerk *oder das* Bischöfliche Werk Misereor. *Diese Steigerung gemeinsamer, die Gesamtheit der Kirche in der Bundesrepublik Deutschland umfassender Aktivitäten hob die Bedeutung der zentralen Instanzen hervor, der entsprechend Rücksicht getragen werden mußte.*

Der Band dokumentiert zudem den Höhepunkt der von Papst PIUS XII. *geforderten* Koordinierung *des deutschen Katholizismus unter der Leitung des Episkopats*[1]*, der selbst durch die Bemühungen, seinen regelmäßigen Konferenzen festere Struktur zu geben, Zuständigkeiten und Verantwortlichkeiten zu regeln, sich dem Koordinierungskonzept unterwarf. Kernstück und Höhepunkt der Koordinierung sollte neben der Reorganisation der* Fuldaer Bischofskonferenzen *und* Bischöflichen Hauptstellen *für die Seelsorge in ihren verschiedenen personellen Bereichen das* Zentralkomitee

[1] *Schreiben an Kardinal* FAULHABER *vom 1. November 1945.* AAS *37 (1945), S. 278–284, deutsche Übersetzung:* A. F. UTZ/J. F. GRONER, *S. 1458 und* AKTEN DEUTSCHER BISCHÖFE 1933–1945 VI, *S. 818–825.*

der deutschen Katholiken *werden, das, als die Besetzung seiner Sachreferate im Jahre 1956 abgeschlossen war, nach den Vorstellungen mancher die Intentionen der Bischöfe dem in den Verbänden organisierten Kirchenvolk vermitteln sollte.*

In diesem Betracht stellt die hier zur Darstellung gelangende Zeit den Gipfel jener Bewegung dar, die nicht anders als mit dem theologisch unmöglichen, gleichwohl praktisch unersetzlichen Terminus Verkirchlichung *bezeichnet wird. Gemeint ist die seit den zwanziger Jahren des vorigen Jahrhunderts festzustellende Tendenz, das oft aus wilder Wurzel, ohne kirchliche Weisung und Leitung entstandene katholische Vereinswesen unter die Kontrolle der Oberhirten zu bringen, eine Tendenz, die* KARL NEUNDÖRFER, *der Freund* ROMANO GUARDINIS, *als Konsequenz der durch den neuen Codex Juris Canonici gestärkten Macht der Bischöfe begrüßte*[2]. *Einen sinnfälligen, keineswegs beklagten Ausdruck hat diese* Verkirchlichung *im Gestaltwandel der deutschen Katholikentage gefunden, die im Laufe der zwanziger Jahre amtlich immer noch als* Generalversammlungen, *also als freie Vereinigungen Gleichberechtigter bezeichnet wurden, aber von der alten* Herbstparade der Zentrumspartei *zu einer Glaubensdemonstration mit wachsender Anwesenheit von Bischöfen, einschließlich des regelmäßig teilnehmenden Apostolischen Nuntius* PACELLI *geworden waren.*

Einen weiteren Ausdruck dieser Verkirchlichung *wird man in der auch im Berichtszeitraum zu beobachtenden immer stärker werdenden Integration von Laien in Aufgaben des kirchlichen Managements sehen dürfen. Nicht mehr allein der auf das Vertrauen der Mitglieder gegründete Aufstieg im Rahmen einer Organisation oder die Wahrnehmung kirchlicher Interessen in der Politik konnten Laien zu bedeutsamen Repräsentanten katholischen Lebens werden lassen. Sekretäre und Referenten im Dienst von Diözesanleitungen und kirchlichen Zentralen mochten auf dem Wege über die Information und Beratung der Bischöfe zu beachtlichen Gestaltungsmöglichkeiten und zu früher unbekanntem Einfluß gelangen, wie sie auch – vor allem bei den Auseinandersetzungen um die gleitende Arbeitswoche – als sachverständige Vertreter der Kirche in Erscheinung traten.*

Verkirchlichung *bedeutete freilich nicht Repristination des in der Zeit vor dem Ersten Weltkrieg lähmend wirkenden* Integralismus, *der vermeinte, alle Ordnung und Kultur dieser Welt* aus dem Katholischen *gestalten zu können. Die gegen ihn entwickelte und von* FRANZ X. LANDMESSER *wirkungsvoll vertretene Theorie von der* relativen Eigengesetzlichkeit der Kulturgebiete[3], *für die man auch die Lehre des Ersten Vatikanischen Konzils von der* iusta libertas *der Wissenschaften hätte heranziehen können, war in Deutschland neu konzipiert worden, und kein Geringerer als Nuntius* PACELLI *hatte sich diese Theorie öffentlich zu eigen gemacht*[4]. *Insofern mußte* Verkirchlichung *nicht Klerikalisierung und Verdrängung der Laien aus verantwortlichem Handeln bedeuten. Vielmehr ging diese* Verkirchlichung *mit dem Wandel des Kirchenbewußtseins einher, das mit dem auf* GUARDINI *zurückgehenden*

2 NEUNDÖRFER, *Das Erstarken der bischöflichen Gewalt.*

3 LANDMESSER, *Eigengesetzlichkeit.*

4 *Die obige, von* LANDMESSER *leicht abweichende Formulierung entspricht der von* PACELLI *auf dem Magdeburger Katholikentag verwendeten.* BERICHT ÜBER DEN KATHOLIKENTAG, *S. 21.*

Wort vom Erwachen der Kirche in der Seele[5] *angedeutet werden kann. Das Programm der* Katholischen Aktion *hatte sich in der Zwischenkriegszeit in Deutschland gegen die starke Position der Verbände nicht durchsetzen lassen. Auch in der versuchten Neuordnung der Laienorganisationen nach dem Ende des Zweiten Weltkriegs hatten die Verbände sich, gestützt auch auf die Empfehlung Papst* PIUS' XII.[6], *behaupten können. Demnach blieb jedoch das aus der* Katholischen Aktion *herrührende Ziel der Koordinierung erhalten, das vornehmlich im Berichtszeitraum zu realisieren versucht wurde.*

Die Gestaltung der weltlichen Gesellschaft nach der Lehre der Kirche, wie sie in diesen Jahren versucht wurde, bedeutete nach der Ablehnung des alten integralistischen Programms im Kern nichts anderes als Orientierung durch die kirchliche Soziallehre, die als zentral auf Vernunft, und nicht auf Offenbarung gegründet, allgemeine Verbindlichkeit, über den Kreis der Gläubigen hinausgehende Geltung beansprucht. Ihrer Bedeutung für das praktische Handeln der Christen in einer nicht mehr christlichen Gesellschaft korrespondierte das Bemühen, ihre Kenntnis durch Kurse und Institutionen, wie sie auch in diesem Band begegnen, auszubreiten.

Die versuchte Koordinierung aller kirchlichen Aktivitäten unter Einbeziehung der Laien und ihrer Verbände entsprach dem Konzept der von Papst PIUS X., *vor allem aber von Papst* PIUS XI. *geförderten* Katholischen Aktion, *die als die* Aktion der Kirche in der Gesellschaft[7] *verstanden werden konnte. Dieses Wirken der Kirche in der Gesellschaft macht den eigentlichen Inhalt dieses Bandes aus.*

Für die Gestalt der Gesellschaft in der Bundesrepublik Deutschland erfolgten im Berichtszeitraum dieses Bandes Festlegungen von weitragender Bedeutung. Es genügt an die grundlegende Veränderung des Familienrechts durch die rechtliche Gleichstellung der Frau, die Einführung der gleitenden Arbeitswoche, *die Diskussion um die Gestaltung und Finanzierung einer weiteren Fernsehanstalt und die grundlegende Veränderung der Sozialhilfe durch das Bundessozialhilfegesetz zu erinnern, um den Entscheidungscharakter dieser Jahre hervorzuheben. In dem Problem des Rottenburger Ordinariats hinsichtlich der Zulassung von Frauen zu kirchlichen Verwaltungsaufgaben (Nr. 205) machte sich der gesellschaftliche Wandel mit seinen Konsequenzen auch für den innerkirchlichen Bereich geltend. Nicht weniger bedeutsam für die Gestalt der deutschen Gesellschaft waren die Umgestaltung der Sozialdemokratischen Partei Deutschlands durch ihre Lösung vom Marxismus als ihrer ideologischen Grundlage und die innerkatholischen Auseinandersetzungen um die Haltung zu der wegen ihrer Neigung zur SPD von vielen kritisch betrachteten Einheitsgewerkschaft DGB und den entsprechenden Versuch, wieder Christliche Gewerkschaften zu gründen.*

In diesen beiden Streitpunkten hat der münstersche Bischof MICHAEL KELLER, *der schon durch seine Zuständigkeiten für die Reorganisation der Fuldaer Bischofskon-*

5 GUARDINI.

6 *Vgl. Anm. 1 sowie Papst* PIUS XII. *an die deutschen Bischöfe vom 18. Januar 1947, in:* AB MÜNCHEN *Nr. 4 vom 28. April 1947, S. 53–59.*

7 NEUNDÖRFER, *Zwischen Kirche und Welt, S. 94–127. Die obige Formulierung lehnt sich an den* OSSERVATORE ROMANO *vom 19. Juni 1920 an.*

ferenzen und der Bischöflichen Hauptstellen wie für den Aufbau des Zentralkomitees eine nicht unumstrittene, gleichwohl auf die Gesamtheit des deutschen Katholizismus bezogene Funktion wahrnahm, eine herausragende Rolle gespielt. Eine über seine Beauftragung mit diesen Koordinierungsfragen hinausgehende Sonderstellung nahm KELLER *nicht allein mit dem Projekt des* Zeitschriftendienstes, *sondern noch mehr als* spiritus rector *der* Linie Münster *ein, die sich vor allem hinsichtlich der Kritik an der Sozialdemokratischen Partei und der Förderung der Christlichen Gewerkschaften, wenigstens der Intensität nach, von der Haltung der Mehrheit im Episkopat abhob*[8].

Aus diesen Gründen erwies es sich als notwendig, seinen wegen ihrer zentralen Bedeutung meist in den Überlieferungen der beiden Konferenzvorsitzenden enthaltenen Akten besondere Aufmerksamkeit zu widmen, während die große Zahl anderer Bischöfe nahezu unbeachtet bleiben konnte, weil die wichtigsten im Berichtszeitraum zur Entscheidung anstehenden Fragen für die ganze Bundesrepublik Deutschland relevant waren und somit den Rahmen der Diözese und des Verantwortungsbereichs eines einzelnen Bischofs überschritten. Hier waren die Bischofskonferenzen und die Organe des Gesamtepiskopats gefordert, deren detaillierte und umfangreiche Berichte ein besonderes Problem dieser Edition darstellen.

Indem dieser Band in der politisch-gesellschaftlichen Funktion der Kirche, ihrem Mitsein in der Gesellschaft, *wie* GUSTAV GUNDLACH *diese in seinem Vortrag in der Katholischen Akademie in München (vgl. Nr. 173) beschrieb, sein Thema gefunden hat, entspricht er der Grundrichtung der von der* Kommission für Zeitgeschichte *herausgebrachten Editionsreihe der* Akten deutscher Bischöfe. *Sie soll nicht im überkommenen Sinne Kirchengeschichte umfassend und als theologische Disziplin bieten, sondern dem ursprünglichen Auftrag und Selbstverständnis der Kommission gemäß Katholizismusforschung betreiben, das Handeln der Kirche durch ihre Glieder in der Gesellschaft erforschen und darstellen, aber nicht interne Diskussionen theologischer und pastoraler Natur verfolgen, nach denen die Bischöfe ihre Handlungsmaximen gestaltet haben mögen. So bleibt, um nur ein Beispiel zu nennen, in diesem Bande unerwähnt, wie aufgrund der von Frankreich kommenden neuen Pastoralsoziologie der überkommenen Seelsorgemethode der Volksmission das Konzept der* Gebietsmission *unterlegt wurde und dieses noch im Berichtsraum dieses Bandes trotz beispielhafter Vorbereitung in München scheiterte.*

Mit der für die Katholizismusforschung und damit auch für diesen Band geltenden Konzentration der Sicht auf das Handeln der Kirche in der profanen Gesellschaft dürfte zugleich Einblick in die Situation der Gesellschaft ermöglicht sein, in der die Kirche operierte, zeigt doch das in diesem Bande dokumentierte Material die engen

8 *Die herausragende Stellung* KELLERS *im deutschen Episkopat wird auch darin deutlich, daß er als einziger lebender deutscher Bischof in dem Gespräch erwähnt wurde, das Botschafter* JAENICKE *am 17. Juli 1954 anläßlich der Überreichung seines Beglaubigungsschreibens mit dem Papst führte.* FELDKAMP, *S. 112. Auch in dem Band* FÜR DIE MENSCHEN BESTELLT, *S. 239, erscheint* KELLER *neben Erzbischof* JAEGER *als einer derjenigen, die sich in den Debatten der Fuldaer Plenarkonferenzen* auszeichneten und sich dadurch große Verdienste erworben haben.

Grenzen, die trotz weitreichender Wirkungsmöglichkeiten und günstiger parteipolitischer Konstellationen dem Einfluß der Kirche gesetzt waren. Das aus dem Kulturkampf überkommene Verbot für die Geistlichen, eine Ehe einzusegnen, bevor die standesamtliche Beurkundung stattgefunden hatte, das im Jahre 2009 aufgehoben wurde, ohne daß nunmehr die Öffentlichkeit davon größere Notiz nahm, blieb im Berichtszeitraum trotz aller Bemühungen von katholischer Seite erhalten. Obwohl es in Österreich als Einschränkung der Religionsfreiheit schon beseitigt war, blieben in der Bundesrepublik Deutschland konfessionspolitische Bedenken erfolgreich. In den Auseinandersetzungen um die Sicherung des arbeitsfreien Sonntags gelang kein durchschlagender Erfolg, die christlichen Gewerkschaften fanden nicht genügend Zulauf, um dem kritisch beurteilten Deutschen Gewerkschaftsbund *ein Gegengewicht entgegenzustellen. Ein Fernsehen ohne Werbeeinnahmen blieb ein frommer Wunsch.*

Zeigt somit dieser Band nicht das Bild einer überall erfolgreichen Kirche, so dürfte er doch beeindrucken durch Eifer und Zähigkeit, mit der sie, durch ihre verschiedenen Organe und Glieder ihre Ziele verfolgt hat. Dies ist besonders an den langwierigen Verhandlungen um die Wahrung des arbeitsfreien Sonntags oder an den Tätigkeitsberichten des Katholischen Büros *in Bonn zu erkennen, das im unmittelbaren Kontakt zu Experten für die jeweiligen Fragestellung wie zu den politisch Verantwortlichen Lösungen erstrebte, die den Anschauungen der Kirche entsprachen. Die Arbeiten des* Katholischen Büros *zur Gestaltung der Gleichberechtigung von Mann und Frau im Jahre 1958 sind ein herausragendes Beispiel für diese gesellschaftliche Präsenz der Kirche in den letzten Jahren vor dem Zweiten Vatikanischen Konzil, das keine dieser Aktivitäten beschränkte, aber doch innerhalb des kirchlichen Lebens eine fundamentale Veränderung hervorrief. Ob man deshalb schon die Epoche zwischen dem Ende des Zweiten Weltkriegs und dem Konzil als Zeit der Vorbereitung auf dieses Ereignis bezeichnen sollte, dürfte damit freilich noch nicht entschieden sein.*

Nicht ihrem Gewicht entsprechend konnten in diesem Bande die Auseinandersetzungen um die Bekenntnisschule und die neu entstandene katholische Erwachsenenbildung dokumentiert werden. Da sie im Rahmen der Länder ausgetragen wurden und darum nur jeweils einzelne Diözesen betrafen, entzogen sie sich einer Darstellung, die auf das Ganze bezogen bleiben mußte, um nicht ins Grenzenlose auszuufern. Auch sie bieten ein Beispiel für den trotz großen Einsatzes geringer gewordenen Einfluß der Kirche auf die öffentliche Ordnung: 1964 gab die Kultusministerkonferenz mit ihrem Hamburger Abkommen, das die Hauptschule einführte, die Konfessionsschule, wo sie noch bestand, im Prinzip preis.

Ein Problem dieses Bandes, das über das Technische hinausragen dürfte, liegt in der Provenienz und der Qualität der hier abgedruckten Akten. Die Dominanz der hier erkennbaren Themen im Wirken des innergesellschaftlichen Wirkens der Kirche in diesen Jahren ermöglicht keine ausgewogene Repräsentanz des deutschen Episkopats, sondern rückt nur einzelne Bischöfe in den Mittelpunkt der Aufmerksamkeit, neben den Konferenzvorsitzenden die Bischöflichen Referenten für die gerade aktuellen Fragen wie die Rundfunkgesetzgebung oder die durch das am 25. Januar 1959 überraschend angekündigte Zweite Vatikanische Konzil an Aktualität gewinnenden Fragen, den Generalassistenten des Zentralkomitees HENGSBACH *sowie den durch Auftrag und eigene Initiativen herausragenden* KELLER.

Vordergründig nur technischer Natur erweist sich die Eigenart vieler hier abgedruckter Stücke; es handelt sich vielfach um längere Berichte und Stellungnahmen der Referenten aus dem Zentralkomitee, von ad-hoc-Kommissionen und anderen kirchlichen Institutionen. Sie zu übergehen, hätte bedeutet, einen erheblichen Teil der kirchlichen Aktivitäten mit deren manchmal subtiler Sachkenntnis auszublenden. Andererseits zeigen sie eine unverkennbare Tendenz zu deren Bürokratisierung, die im Zuge der Zeit lag, aber dem Hirtenamt der Bischöfe Spontaneität und personale Zuwendung erschweren mochte.

Eine Besonderheit dieses Bandes dürfte darin liegen, daß in ihm – damit teilweise auch der Tendenz zur Verkirchlichung *entsprechend – eine große Zahl von Laien in Erscheinung tritt. Sie begegnen freilich nicht nur als Repräsentanten der Kirche und ihrer Organisationen, als Freunde und Helfer in Wissenschaft und Politik, sondern auch als Kontrahenten in den Diskussionen um politische und soziale Gestaltungen, als kritische Beobachter kirchlicher Aktionen. Ihr Auftreten stellt nichts weniger als eine* historische Formverwandlung *im Sinne* JOHAN HUIZINGAS[9] *dar: die Kirche, sofern sie sich als in der Gesellschaft wirkende Kraft darstellt, kann nicht mehr ohne ihre Laien beschrieben werden. Dieses angemessen zu dokumentieren, stellte die schwierigste Aufgabe dar, die dem Bearbeiter gestellt war. Da sich die Initiativen der Laien auch außerhalb der fixierten Institutionen bewegten, fehlte oft der Zugriff auf eine Institution, die ihr Andenken bewahrt.*

Eine ungleich größere Formverwandlung *in Praxis und Geschichte der Kirche trat freilich in der Folgezeit durch das in diesem Bande nur beiläufig zum Ausdruck gelangende II. Vatikanische Konzil ein. Daß die von seiner Ankündigung am 25. Januar 1959 (vgl. Nr. 249 mit Anm. 10 und Anm. 12) ausgelösten Vorbereitungen und Erwartungen nicht stärker berücksichtigt wurden, liegt einmal an der Konzentration des Bandes auf das Wirken der Kirche in der Gesellschaft der Bundesrepublik Deutschland, das im Berichtszeitraum sich in einigen Fragen mit weitreichenden Konsequenzen für die Gesamtgesellschaft verdichtete. Dies verlangte die vorrangige Dokumentation der hiermit befaßten zentralen kirchlichen Organe, hinter denen die Praxis einzelner Bischöfe zurücktreten mußte. Diese sahen sich jedoch mit der Ankündigung des II. Vatikanischen Konzils in ihrer Funktion als künftige Konzilsväter und Verantwortliche nicht minder gefordert wie bis dahin schon die Vorsitzenden der Bischofskonferenzen und die großen kirchlichen Institutionen durch die oben genannten deutschen Probleme. Die durch das bevorstehende Konzil zur Erörterung gelangenden Fragestellungen in diesem Bande mehr als nur in Andeutungen aufzu-*

9 HUIZINGA, *S. 107.*

greifen, hätte die Thematik weit in die Theologie- und Kirchengeschichte ausgeweitet und das unsere Reihe orientierende Prinzip Katholizismusforschung *preisgegeben. Die auf das kommende Konzil gerichteten Aktivitäten der deutschen Bischöfe sind überdies bereits zu einem wichtigen Teil über den Berichtszeitraum hinaus in der großen Edition der Papiere des Erzbischofs und Kardinals* JULIUS DÖPFNER[10] *belegt. Weil eine sachgerechte Edition dieses Themenkomplexes eine eigene Publikationsreihe* AKTEN DEUTSCHER BISCHÖFE ZUM ZWEITEN VATIKANISCHEN KONZIL *erfordern würde, schien es nicht sinnvoll, ihr durch diesen Band partiell vorzugreifen und damit von der Grundlinie des vorliegenden Editionsprojektes abzuweichen.*

Die in diesem Bande gebotenen Akten stammen, wie kaum anders möglich, zu großen Teilen aus den Archiven der Vorsitzenden der Bischofskonferenzen von Fulda und Freising, der Kardinäle FRINGS *und* WENDEL. *Hinzu kamen einige Stücke aus dem Nachlaß des münsterschen Bischofs* KELLER, *der nicht immer zur Freude seiner Amtsbrüder in strittigen Fragen hervortrat und generell auf klare Entscheidungen drängte. Zur Ergänzung der nicht immer vollständig überlieferten Akten der Konferenzvorsitzenden wurde die Hinterlassenschaft des Eichstätter Bischofs und späteren Kardinals* JOSEPH SCHRÖFFER *hinzugezogen, der als bayerisches Mitglied der Hauptkommission der Fuldaer Bischofskonferenzen sich als sorgsamer Hüter der wachsenden Papierfluten erwies. Ergänzend wurden noch einige Stücke aus dem* Büro Böhler *benutzt.*

Angesichts der Fülle des für eine Edition geeigneten Materials war eine strenge Selektion unerläßlich. Ziel dieses Bandes war nicht, die zur Sprache kommenden Vorgänge möglichst vollständig zu dokumentieren, sondern in dem zur Verfügung stehenden Rahmen die Vielfalt der Gegenstände darzustellen, die in der Wahrnehmung der Zeitgenossen nach Gestaltung oder Kooperation der in der Gesellschaft wirkenden Kirche *verlangten. Dies erforderte den Verzicht auf ohnehin kaum erreichbare Vollständigkeit. Die Anmerkung* Nicht ermittelt *bedeutet darum nicht in jedem Falle, daß das entsprechende Stück nicht aufgefunden werden konnte; sie besagt vielmehr gelegentlich den Verzicht auf die Ermittlung, wenn ein hinreichender Ertrag nicht zu erwarten war.*

Hinsichtlich der formalen Gestaltung dieser Edition sei dem Leser nicht vorenthalten, daß es Herausgeber und Bearbeiter nicht tunlich schien, das Schriftbild der meist mit Maschine geschriebenen Stücke zu erhalten. Vielmehr sollte die Lektüre durch eine dem Druck entsprechende Gestaltung erleichtert werden. Absätze und Einzüge innerhalb der einzelnen Texte entsprechen darum nicht generell der Vorlage; auch wurden typographische und handschriftliche Hervorhebungen nur dort übernommen, wo sie dem besseren Verständnis des Textes dienen. Randbemerkungen von Hand fanden nur dann Berücksichtigung, wenn ihr Urheber zu erkennen war. In den Vorlagen mit Versalien gesetzte Worte (Zeitschriftentitel und dergleichen) wurden, soweit zweckmäßig, in Anführungszeichen gesetzt. Aus Gründen der Einheit-

10 DÖPFNER.

lichkeit ist der Zeitpunkt des Eintritts in eine geistliche Gemeinschaft stets unter Ordenseintritt *angegeben worden, auch wenn diese Gemeinschaft kirchenrechtlich kein Orden, sondern eine Genossenschaft ist. Das* Zentralkomitee der deutschen Katholiken *wurde, da Verwechslungen kaum möglich scheinen, in den vom Bearbeiter zu verantwortenden Texten nur* Zentralkomitee *genannt, um Längen zu vermeiden. Kirchlicherseits für den Bereich der Bundesrepublik Deutschland amtlich verbreitete Texte wurden regelmäßig im* AMTSBLATT FÜR DIE ERZDIÖZESE MÜNCHEN UND FREISING *nachgewiesen. Sie dürften sich auch in den Amtsblättern anderer Diözesen feststellen lassen. Wie den anderen Bänden der* AKTEN DEUTSCHER BISCHÖFE SEIT 1945 *liegt auch diesem die bis 1996 gültige Rechtschreibung zugrunde.*

Eine Erschwernis für den Bearbeiter wie für den Benutzer stellt das noch ausstehende Erscheinen des Bandes dieser Reihe für die Jahre 1950–1955 dar. Texte, die in dem vorliegenden Bande noch als nicht ermittelt *erscheinen, mögen demnächst dort zur Verfügung stehen.*

Der Bearbeiter hat vielen kirchlichen Archiven, aber auch manchen Privatpersonen, für ihre oftmals sehr großzügige Kooperation und Hilfsbereitschaft zu danken, vor allem dem Archiv des Erzbistums München und Freising, wo er den Grundstock für diese Edition zusammentragen konnte, und dem Historischen Archiv des Erzbistums Köln, wo ihm gleichfalls weit über die amtlichen Obliegenheiten eines öffentlichen Archivs hinausgehende Hilfen zuteil wurden. Diese Bereitwilligkeit ist um so höher zu schätzen, weil in manchen Fällen die für diese Edition herangezogenen Archivalien noch nicht ihre endgültige Verzeichnung gefunden haben. (Der Leser muß also in einigen Fällen mit der Möglichkeit rechnen, daß die hier gebotenen Stücke später eine andere Signatur als die hier angegebene tragen.) Nicht vergessen werden sollen auch jene Archive, welche die Recherchen des Bearbeiters nach Personen meist mit großer Genauigkeit und überraschendem Arbeitstempo unterstützt haben. In der Kooperation mit den Archiven wirkte sich auch die oben erwähnte historische Formverwandlung *aus: die Laien sind als kirchliche Akteure von der archivischen Überlieferung noch kaum erfaßt. Selbst über Justitiare, Kirchenblattredakteure oder Diözesanvertreter im Zentralkomitee der fünfziger Jahre gibt es in den kirchlichen Archiven manchmal keine Informationen. Die zu solchen Personen regelmäßig in den Anmerkungen gegebenen Informationen sind darum in vielen Fällen unvollständig oder mußten gar durch den Hinweis* Nicht ermittelt *ersetzt werden.*

Die Übersetzungen fremdsprachlicher Texte stammen mit Ausnahme der Nummern 44 und 45 vom Bearbeiter. Die deutsche Fassung dieser Nummern sind meinem Eichstätter Kollegen Prof. Dr. GEORG DALTROP *zu verdanken.*

Besonders weiß sich der Bearbeiter der Forschungsstelle der Kommission für Zeitgeschichte in Bonn, ihrem Direktor, Herrn Prof. Dr. KARL-JOSEPH HUMMEL, *und dessen stets hilfreichen Mitarbeitern verpflichtet, von denen Dr.* ANDREAS BURTSCHEIDT, PETRA CARTUS *und Dr.* ANNETTE MERTENS *sich um die Identifizierung vieler der in diesen Akten genannten Personen besonders verdient gemacht haben.*

ABKÜRZUNGEN UND SIGLEN

AAS	Acta Apostolicae Sedis
AB Köln	Kirchlicher Anzeiger für die Erzdiözese Köln
AB München	Amtsblatt für die Erzdiözese München und Freising
ACA	Arbeitsgemeinschaft christlicher Arbeitnehmerorganisationen
ADDES	Arbeitsgemeinschaft deutscher Diözesan-Exerzitiensekretariate
a. i.	ad interim
ASS	Acta Sanctae Sedis
BAS	Bischöfliche Arbeitsstelle für Schule und Erziehung
BASF	Badische Anilin- und Sodafabrik
BDKJ	Bund der Deutschen Katholischen Jugend
BGBl.	Bundesgesetzblatt
BHE	Block der Heimatvertriebenen und Entrechteten
BKE	Bund katholischer Erzieher
BKU	Bund katholischer Unternehmer
BLLV	Bayerischer Lehrer- und Lehrerinnenverein
BMA	Bundesministerium für Arbeit und Sozialordnung
BR	Bayerischer Rundfunk
BT	Bundestag
BWM	Bundesministerium für Wirtschaft
CAJ	Christliche Arbeiterjugend
CDS	Confédération Générale des Syndicats
CDU	Christlich-Demokratische Union
Celam	Lateinamerikanische Bischofskonferenz
cf.	confer (lateinisch für: vergleiche)
CGB	Christlicher Gewerkschaftsbund
CGD	Christliche Gewerkschaftsbewegung Deutschlands
CIC	Codex Iuris Canonici
CSsR.	Congregatio Sanctissimi Redemptoris (Redemptoristen)
CSU	Christlich-Soziale Union
D	Diözese
D.	Doktor der evangelischen Theologie
DA	Diözesanarchiv
DAG	Deutsche Angestellten-Gewerkschaft
DDR	Deutsche Demokratische Republik
DGB	Deutscher Gewerkschaftsbund
DHV	Deutscher Handlungsgehilfen-Verband
DJK	Deutsche Jugendkraft
DP	Deutsche Partei
EA	Erzbischöfliches Archiv
EAB	Evangelische Arbeiterbewegung
ECOSOC	Economic and Social Comittee (der UNO)
ED	Erzdiözese
EKD	Evangelische Kirche in Deutschland
Ew.	Euer(e)
FAO	Food and Agriculture Organization (der UNO)
FDP	Freie Demokratische Partei

FERES	Fédération internationale des Institutions de Recherche socio-religieuses et sociales
FSK	Freiwillige Selbstkontrolle der Filmwirtschaft
GB	Gesamtdeutscher Block
GEMA	Gesellschaft für musikalische Aufführungs- und mechanische Vervielfältigungsrechte
GEW	Gewerkschaft Erziehung und Wissenschaft
GG	Grundgesetz
GK	Gesellschaftspolitische Kommentare
GS	Gesetzsammlung für die königlich preußischen Staaten
GVBl.	Gesetz- und Verordnungsblatt für den Freistaat Bayern
GVBl. NW	Gesetz- und Verordnungsblatt für das Land Nordrhein-Westfalen
IBCG	Internationaler Bund Christlicher Gewerkschaften
IBFG	Internationaler Bund Freier Gewerkschaften
IG	Industriegewerkschaft
KA	Katholische Aktion
KAAD	Katholischer Akademischer Ausländerdienst
KAB	Katholische Arbeitnehmer-Bewegung
KABF	Katholische Arbeitnehmer-Bewegung der Frauen
KAV	Katholische Arbeitsgemeinschaft für Volksgesundung oder Katholischer Akademikerverband
KDA	Katholische deutsche Akademikerschaft
KDSE	Katholische deutsche Studenten-Einigung
KED	Katholische Elternschaft Deutschlands
KJG	Katholische Jungmänner-Gemeinschaft
KKV	Katholischer Kaufmännischer Verein
KLB	Katholische Landvolk-Bewegung
KLJB	Katholische Landvolkjugend-Bewegung
KNA	Katholische Nachrichten-Agentur
KND	Kirchlicher Nachrichten-Dienst
KRD	Katholische Rundfunkarbeit Deutschlands
lfd.	laufend
MBl.	Ministerialblatt
MC	Marianische Congregation
MdB	Mitglied des Deutschen Bundestages
MKKZ	Münchener Katholische Kirchenzeitung
Mons./Msgr.	Monsignore
NCWC	National Catholic Welfare Conference
ND	Neudeutschland
NDR	Norddeutscher Rundfunk
NJW	Neue Juristische Wochenschrift
NRW	Nordrhein-Westfalen
NSDAP	Nationalsozialistische Deutsche Arbeiterpartei
NT	Neues Testament
NWRV	Nord- und Westdeutscher Rundfunkverband
OCarm	Ordo Fratrum Beatae Virginis de Monte Carmelo (Karmeliten/-innen)
OCD	Ordo Fratrum Carmelitarum Discalceatorum (Unbeschuhte Karmeliten/-innen)
OCIC	Office Catholique International du Cinéma (et de l'Audivisuel)
OCIPE	Office Catholique d'Information sur les Problèmes Européens
OESA	Ordo Fratrum Eremitarum S. Augustini (Augustiner-Eremiten)

ÖTV	Gewerkschaft Öffentliche Dienste, Transport und Verkehr
o. J.	ohne Jahresangabe
OP	Ordo Fratrum Praedicatorum (Dominikaner)
OSB	Ordo Sancti Benedicti (Benediktiner/-innen)
OSCam	Ordo Sancti Camilli (Kamillianer/-innen)
o. U.	ohne Unterzeichnung
PH	Pädagogische Hochschule
P.W.G.	Päpstliches Werk der Glaubensverbreitung
PSA	Postscheckamt
RA	Rechtsanwalt
RGBl.	Reichsgesetzblatt
R. i. P.	Resquiescat in pace (Er ruhe in Frieden)
RK	Reichskonkordat
RWE	Rheinisch-Westfälisches Elektrizitätswerk
SAC	Societas Apostolatus Catholici
SAG	Sendegebietsarbeitsgemeinschaft
SBZ	Sowjetische Besatzungszone
SCJ	Congregatio Sacerdotum a Sacro Corde Jesu
SJ, S. J.	Societas Jesu (Gesellschaft Jesu; Jesuiten)
SM	Siemens-Martin
SPD	Sozialdemokratische Partei Deutschlands
S. S. S.	Societas Sanctissimi Sacramenti (Eucharistiner)
SWF	Südwestdeutscher Rundfunk
UNDA	Association Catholique Internationale pour la Radio et la Télévision
UNESCO	United Nations Educational, Scientific and Cultural Organization
u. U.	unter Umständen
VKDL	Verein katholischer deutscher Lehrerinnen
VKLD	Verband der katholischen Lehrerschaft Deutschlands
VWA	Verband weiblicher Angestellter
WAZ	Westdeutsche Allgemeine Zeitung
WRV	Weimarer Reichsverfassung
Z(d)K	Zentralkomitee der deutschen Katholiken

DIE INHABER BISCHÖFLICHER JURISDIKTION IN DEUTSCHLAND 1956 – 1960

BISTUM AACHEN

Dr. phil. et theol. JOHANNES POHLSCHNEIDER, geb. 18. April 1899 Osterfeine bei Damme (Oldenburg), Priesterweihe 19. April 1925, Wahl zum Bischof 27. Juli 1954, Ernennung 30. August 1954, Konsekration 28. November 1954, gest. 7. März 1981.

BISTUM AUGSBURG

Dr. theol. JOHANNES FREUNDORFER, geb. 31. August 1894 Bodenmais (Bayerischer Wald), Priesterweihe 21. Juni 1921, Ernennung 9. Juli 1949, Konsekration 21. September 1949, gest. 11. April 1963.

ERZBISTUM BAMBERG

Dr. theol. JOSEPH SCHNEIDER, geb. 5. Februar 1906 Nürnberg, Priesterweihe 2. Oktober 1931, Ernennung 16. Mai 1955, Konsekration 13. Juli 1955, gest. 18. Januar 1998.

BISTUM BERLIN

1. WILHELM WESKAMM, geb. 13. Mai 1891 Helsen bei Arolsen, Priesterweihe 3. April 1914, Ernennung zum Weihbischof in Paderborn mit Sitz in Magdeburg 17. Oktober 1949, Konsekration 30. November 1949, Ernennung zum Bischof von Berlin 4. Juni 1951, Inthronisation 31. Juli 1951, gest. 21. August 1956, gest. 21. August 1956.

2. Dr. theol. JULIUS DÖPFNER, geb. 26 August 1913 Hausen bei Bad Kissingen (Unterfranken), Priesterweihe 29. Oktober 1939, Ernennung zum Bischof von Würzburg 11. August 1948, Konsekration 14. Oktober 1948, nach Wahl durch das Domkapitel Transferierung nach Berlin durch den Papst 15. Januar 1957, Erhebung zum Kardinal 15. Dezember 1958, gest. 24. Juli 1976.

ERZBISTUM BRESLAU

Dr. theol. FERDINAND PIONTEK, geb. 5. November 1878 Leobschütz (Oberschlesien), Priesterweihe 20. Juni 1903, Wahl zum Kapitelsvikar 16. Juli 1945, Übernahme des Erzbischöflichen Amtes in Görlitz für den westlich der Oder-Neiße-Linie gelegenen Teil des Erzbistums Breslau 17. März 1947, Ernennung zum Titularbischof 23. Mai 1959, Konsekration 24. Juni 1959, gest. 2. November 1963.

BISTUM EICHSTÄTT

Dr. phil. et theol. JOSEPH SCHRÖFFER, geb. 20. Februar 1903 Ingolstadt, Priesterweihe 28. Oktober 1928, Ernennung 23. Juli 1948, Konsekration 21. September 1948, gest. 7. September 1983.

Bistum Ermland

1. Arthur Kather, geb. 7. Dezember 1883 Prossitten (Krs. Rössel, Ostpreußen), Priesterweihe 11. Februar 1906, Wahl zum Kapitularvikar 12. Juli 1947, päpstliche Bestätigung 16. Dezember 1947, gest. 25. Juli 1957.
2. Paul Hoppe, geb. 22. Juni 1900 Berlin, Priesterweihe 19. Juni 1925, Wahl zum Kapitularvikar 29. Juli 1957, gest. 25. September 1988.

Bistum Essen

Franz Hengsbach, geb. 10. September 1910 Velmede (Sauerland), Priesterweihe 13. März 1937, Ernennung zum Weihbischof in Paderborn 20. August 1953, Konsekration 29. September 1953, Ernennung 18. November 1957, Inthronisation 1. Januar 1958, gest. 26. April 1991.

Erzbistum Freiburg

1. Dr. phil. et theol., Dr. phil. habil. Eugen Viktor Seiterich, geb. 9. Januar 1903 Karlsruhe, Priesterweihe 19. März 1926, Ernennung zum Weihbischof in Freiburg 23. Juni 1952, Konsekration 3. September 1952, Wahl 27. Juli 1954, päpstliche Bestätigung 7. August 1954, Inthronisation 21. September 1954, gest. 3. März 1958.
2. Dr. phil. et theol. Hermann Schäufele, geb. 14. November 1906 Streichenberg, Gem. Stebbach (Kraichgau), Priesterweihe 25. Oktober 1931, Ernennung zum Weihbischof in Freiburg 11. April 1955, Konsekration 11. Mai 1955, Wahl 14. Mai 1958, päpstliche Bestätigung 14. Juni 1958, Inthronisation 16. September 1958, gest. 26. Juni 1977.

Bistum Fulda

1. Dr. theol. et phil. Johann Baptist Dietz, geb. 30. Januar 1879 Birkach bei Vierzehnheiligen (Oberfranken), Priesterweihe 28. Oktober 1905, Ernennung zum Titularbischof und Koadjutor des Bischofs von Fulda mit dem Recht der Nachfolge 25. Juli 1936, Konsekration 27. September 1936, Übernahme des Bischofsamtes 10. April 1939, Amtsverzicht und Ernennung zum Titularerzbischof 24. Oktober 1958, gest. 10. Dezember 1959.
2. Adolf Bolte, geb. 15. November 1901 Hannover, Priesterweihe 24. März 1928, Ernennung zum Weihbischof in Fulda 22. Februar 1945, Konsekration 29. Juni 1945, päpstliche Bestätigung der Wahl 30. Juni 1959, Inthronisation 2. August 1959, gest. 5. April 1974.

Ehemaliges Grossdekanat der Grafschaft Glatz (Erzbistum Prag)

Dr. theol. Franz Monse, geb. 11. Juli 1882 Mittelwalde (Grafschaft Glatz), Ernennung zum Großdechanten und Generalvikar für die Grafschaft Glatz 28. August 1938, Beauftragter des Erzbischofs von Prag für die Seelsorge an den vertriebenen Katholiken der Grafschaft Glatz 30. September 1948, gest. 24. Februar 1962.

Bistum Hildesheim

1. Dr. theol. Joseph Godehard Machens, geb. 29. August 1886 Hildesheim, Priesterweihe 19. März 1911, Wahl 3. Mai 1934, päpstliche Bestätigung 22. Juni 1934, Konsekration 25. Juli 1934, gest. 14. August 1956.

2. HEINRICH MARIA JANSSEN, geb. 28. Dezember 1907 Rindern bei Kleve, Wahl 28. Dezember 1956, päpstliche Bestätigung 3. Februar 1957, Konsekration 14. Mai 1957, gest. 7. Oktober 1988.

ERZBISTUM KÖLN
Dr. theol. JOSEPH FRINGS, geb. 6. Februar 1887 Neuss, Wahl 8. März 1942, päpstliche Bestätigung 1. Mai 1942, Konsekration 21. Juni 1942, Erhebung zum Kardinal 18. Februar 1946, gest. 17. Dezember 1978.

BISTUM LIMBURG
Dr. phil. WILHELM KEMPF, geb. 10. August 1906 Wiesbaden, Priesterweihe 8. Dezember 1932, Wahl 3. Mai 1949, päpstliche Bestätigung 28. Mai 1949, Konsekration 25. Juli 1949, gest. 9. Oktober 1982.

BISTUM MAINZ
Dr. theol. ALBERT STOHR, geb. 13. November 1890 Friedberg (Oberhessen), Priesterweihe 19. Oktober 1913, Wahl 10. Juni 1935, päpstliche Bestätigung 17. Juli 1935, Konsekration 24. August 1935, gest. 4. Juni 1961.

BISTUM MEISSEN
Dr. phil. OTTO SPÜLBECK, geb. 8. Januar 1904 Aachen, Priesterweihe 6. April 1930, Ernennung zum Titularbischof und Koadjutor des Bischofs von Meissen 28. Juni 1955, Konsekration 25. Juli 1955, Ernennung zum Apostolischen Administrator 14. Dezember 1955, Ernennung zum Bischof 23. Juni 1958, Inthronisation 24. Juli 1958, gest. 21. Juni 1970.

ERZBISTUM MÜNCHEN UND FREISING
Dr. phil. et theol. JOSEPH WENDEL, geb. 27. Mai 1901 Blieskastel (Pfalz), Priesterweihe 30. Oktober 1927, Ernennung zum Titularbischof und Koadjutor des Bischofs von Speyer mit dem Recht der Nachfolge 4. April 1941, Konsekration 29. Juni 1941, Übernahme des Bischofsamtes 20. Mai 1943, Inthronisation 4. Juni 1943, Ernennung zum Erzbischof von München und Freising 9. August 1952, Inthronisation 9. November 1952, Erhebung zum Kardinal 12. Januar 1953, gest. 31. Dezember 1960.

BISTUM MÜNSTER
Dr. theol. MICHAEL KELLER, geb. 16. Februar 1896 Siegen, Priesterweihe 6. November 1921, Wahl 19. Juni 1947, Konsekration 28. Oktober 1947, gest. 7. November 1961.

BISTUM OSNABRÜCK
1. Dr. theol. et phil. GERHARD FRANZ DEMANN, geb. 27. Oktober 1900 Freren (Krs. Lingen), Priesterweihe 30. Oktober 1927, Wahl 23. April 1956, päpstliche Bestätigung 23. Mai 1956, gest. am Tage seiner Konsekration 27. März 1957.
2. Dr. theol. HELMUT HERMANN WITTLER, geb. 28. September 1913 Osnabrück, Wahl 23. Juni 1957, päpstliche Bestätigung 22. Juli 1957, Konsekration 2. Oktober 1957, gest. 30. Dezember 1987.

ERZBISTUM PADERBORN

LORENZ JAEGER, geb. 23. September 1892 Halle/Saale, Priesterweihe 1. April 1922, Wahl 29. Mai 1941, päpstliche Bestätigung 10. August 1941, Konsekration 19. Oktober 1941, gest. 1. April 1975.

BISTUM PASSAU

Dr. phil. et theol. JOSEF (Ordensname SIMON), (später SIMON KONRAD) LANDERSDORFER, geb. 2. Oktober 1880 Teutenkam bei Geisenhausen (Niederbayern), Eintritt in die Benediktinerabtei Scheyern 1899, Priesterweihe 19. Dezember 1903, Wahl zum Abt von Scheyern 3. März 1922, Ernennung 11. September 1936, Konsekration 28. Oktober 1936, gest. 21. Juli 1971.

BISTUM REGENSBURG

Dr. theol. MICHAEL BUCHBERGER, geb. 8. Juni 1874 Jetzendorf, Priesterweihe 28. Juli 1900, Ernennung zum Weihbischof in München und Freising 13. November 1923, Konsekration 20. Januar 1924, Ernennung 22. Dezember 1927, Inthronisation 12. März 1928, gest. 10. Juni 1961.

BISTUM ROTTENBURG

CARL-JOSEPH LEIPRECHT, geb. 11. September 1903 Hauerz bei Leutkirch (Allgäu), Priesterweihe 24. März 1928, Ernennung zum Weihbischof in Rottenburg 7. Oktober 1948, Konsekration 30. November 1948, Wahl 21. Juni 1949, päpstliche Bestätigung 4. Juli 1949, Inthronisation 8. September 1949, gest. 29. Oktober 1981.

FREIE PRÄLATUR SCHNEIDEMÜHL

LUDWIG POLZIN, geb. 19. August 1892 Breitenstein (Krs. Deutsch Krone), Wahl zum Kapitularvikar 2. Juli 1953, päpstliche Bestätigung 20. Oktober 1953, gest. 30. Januar 1964.

BISTUM SPEYER

Dr. phil. et theol. ISIDOR MARKUS EMANUEL, geb. 7. Oktober 1905 Merzalben bei Pirmasens, Priesterweihe 26. Oktober 1930, Ernennung 22. Dezember 1952, Konsekration 1. Februar 1953, gest. 30. November 1991.

BISTUM TRIER

Dr. theol. et iur. can. MATTHIAS WEHR, geb. 6. März 1892 Faha (Saargau), Priesterweihe 5. April 1921, Ernennung zum Weihbischof in Trier und Koadjutor des Bischofs von Trier mit dem Recht der Nachfolge 3. August 1951, Konsekration 29. Oktober 1951, Übernahme des Bischofsamtes 20. Dezember 1951, gest. 6. November 1967.

BISTUM WÜRZBURG

1. JULIUS DÖPFNER (vgl. Bistum Berlin).
2. JOSEF STANGL, geb. 12. August 1907 Kronach (Oberfranken), Priesterweihe 16. März 1930, Ernennung 27. Juni 1957, Konsekration 12. September 1957, gest. 8. April 1979.

DOKUMENTENVERZEICHNIS

TEXTE

1

Wendel an Keller

[München,] 3. Januar 1956

EA MÜNCHEN, Joseph Kardinal Wendel, 40 ZK/1956. *Schreibmaschinendurchschrift. Anschrift:* Seiner Exzellenz dem Hochwürdigsten Herrn Dr. Michael Keller, Bischof von Münster, Münster/Westfalen Domplatz 27.

Exzellenz!
Lieber, hochwürdigster Mitbruder!
Heute erhielt ich Deinen Brief vom 31. Dezember[1], über dessen Inhalt wir gestern früh bei Deinem Anruf schon gesprochen haben. Ich hatte, wie gesagt, den Brief, zu dem Exzellenz Hengsbach mir einen Entwurf geschickt hatte, noch nicht weitergegeben und wollte auch noch einige Rückfragen halten. Über die Berufung von Herrn Dr. Kafka[2] wurde, soweit ich mich erinnere, in unserer Kommissionssitzung schon gesprochen. Bekannt ist mir Dr. Kafka nicht und außer den Besprechungen in der Kommissionssitzung ist mit mir nicht weiter Fühlung genommen worden. Andererseits aber, glaube ich, müßten wir doch drängen, daß die Referate besetzt werden, da sonst das Zentralkomitee nicht zur rechten Wirksamkeit kommt und auch Ansehen einbüßt.
Hast Du wegen eines hauptamtlichen Generalassistenten schon konkrete Überlegungen angestellt? Mit dem Bischof von Würzburg habe ich gesprochen. Er ist mit dem Termin 8. Februar in Würzburg einverstanden.
Eminenz von Köln werde ich dann, seinem Wunsche entsprechend, auch einladen, wohl auch Exzellenz Hengsbach. Die Frage des Generalassistenten könnten wir ja dann in einer Vorbesprechung schon kurz behandeln.
Stellung müßten wir auch nehmen zu dem Verhältnis des Familienbundes zu den Elternvereinigungen.
Mit vielem Dank für Deine Segenswünsche zum neuen Jahr erwidere ich diese und sende
herzlichen Gruß

[*o. U.*].

1 *Schreibmaschinenausfertigung mit eigenhändiger Unterschrift am gleichen Fundort.* KELLER *hatte darin Besorgnis über den Fortschritt der Gespräche hinsichtlich der Berufung* KAFKAS *in das Zentralkomitee geäußert und als sein* ceterum censeo *formuliert:* ein hauptamtlicher Generalassistent und – wenn möglich – ein Wechsel im Präsidium.

2 GUSTAV E. KAFKA *(1907–1974), Dr. iur., 1955 Universitätsdozent, 1956 Referent für staatsbürgerliche Angelegenheiten im Zentralkomitee, 1961 Professor für Völkerrecht an der Hochschule für Welthandel in Wien, 1965 Universitätsprofessor für Allgemeine Staatslehre und Verfassungsrecht in Graz.*

2

Aktenvermerk Wendels

[München,] 14. Januar 1956

EA München, Joseph Kardinal Wendel, 22/1956. *Schreibmaschinendurchschrift. Überschrift:* Besprechung des Erzbischofs von München und Freising mit dem bayerischen Ministerpräsidenten Dr. Wilhelm Hoegner am 14. Januar 1956, um 17 Uhr. Aktenvermerk.

I.

Der Erzbischof gibt zunächst den Grund seines Besuches an. Er habe an dem Neujahrsempfang, zu dem der Ministerpräsident[1] eingeladen hatte, nicht teilgenommen. Schon anfangs Dezember, also lange vor der Einladung des Ministerpräsidenten, habe er eine Einladung zu einem Abendessen aus Anlaß des Besuches von Kardinal Spellmann[2] am 10. Januar, also am Tag des Neujahrsempfangs, erhalten und angenommen. Er würde jedoch der Wahrheit nicht ganz gerecht werden, wenn er diesen Umstand allein als Grund für das Fernbleiben von dem Regierungsempfang angäbe. Der tiefere Grund, der die Teilnahme an dem Empfang nicht möglich gemacht habe, liege in der gegenwärtigen Situation in Bayern. Der Erzbischof wolle durch diesen Besuch

1. bekunden, daß nicht persönliche Gründe für das Fernbleiben bestimmend gewesen seien;
2. eingehender darlegen, welche Gründe ihm die Teilnahme am Empfang nicht möglich gemacht haben.

II.

Gründe für eine Nichtteilnahme am Empfang:

1. Eine Meinungsverschiedenheit über den Sinn oder die Auslegung eines Artikels des Konkordats[3] wäre kein Grund gewesen, von dem Empfang fernzubleiben.
2. Die ganze Art und Weise aber, wie die Frage der Lehrerbildung[4] aufgegriffen und behandelt worden sei, habe von Anfang an eine der Kirche gegenüber unfreundliche Note gehabt.
3. Die weltanschaulichen Ausführungen im Landtag, besonders bei der Behandlung des Gesetzes[5], aber auch bei anderen Gelegenheiten, hätten die Katholiken besorgt

[1] Wilhelm Hoegner *(1887–1980), Jurist und Politiker (SPD), September bis Dezember 1945 und 1954–1957 bayerischer Ministerpräsident, 1950–1954 stellvertretender Ministerpräsident. Vgl.* P. Kritzer.

[2] Francis Joseph Spellman *(1889–1967), 1916 Priester, 1925 Attaché des vatikanischen Staatssekretariats, 1932 Titularbischof von Sila und Weihbischof in Boston, 1939 Erzbischof von New York, Militärerzbischof der USA, 1946 Kardinal.*

[3] *Konkordat zwischen Seiner Heiligkeit Papst* Pius *XI. und dem Staate Bayern vom 29. März 1924:* AAS *17 (1924), S. 41–54,* GVBl. *1925, S. 53–60.*

[4] *Ein Bericht über die kulturpolitische Situation in Bayern hinsichtlich der Lehrerbildung in:* Herder Korrespondenz 9 *(1954/55), S. 388 f. Vgl. auch* K.-U. Gelberg.

[5] Verhandlungen des Bayerischen Landtags, *3. Wahlperiode 1954/1958, Stenographische Berichte Bd. I, Nr. 25, S. 699–749.*

aufhorchen lassen und die Bischöfe zu dem ernsten Hirtenbrief über Fragen des Glaubens und Gefährdung des Glaubens[6] veranlaßt.

4. Der Heilige Stuhl habe zu dem vorliegenden Gesetzentwurf[7] durch die Apostolische Nuntiatur[8] erklärt, daß der Text dieses Entwurfes so weit vom Wortlaut und Sinn des Konkordates abweiche, daß er keine Grundlage für Verhandlungen bieten könne. Der Heilige Stuhl habe sich aber bereit erklärt, geeignete Vorschläge über die Regelung der Lehrerbildung entgegenzunehmen und hierüber Verhandlungen aufzunehmen. Daraufhin sei der Heilige Stuhl vom Landesvorsitzenden der Bayerischen SPD[9], der führenden Koalitionspartei, öffentlich parteipolitischer Hilfeleistung bezichtigt worden.

5. Wenige Tage vor dem Empfang habe die Süddeutsche Zeitung einen Artikel[10] veröffentlicht, in dem es hieß, daß die SPD überlege

a) entweder das Gesetz in dritter Lesung zu verabschieden (also das Konkordat zu brechen)

b) oder auf dem Verwaltungsweg die Neuregelung der Lehrerbildung durchzuführen (also die Bestimmungen des Konkordates zu umgehen)

c) oder das Konkordat formell zu kündigen.

Die Veröffentlichung sei unwidersprochen geblieben. Man möge bedenken, in welche Lage der Erzbischof gekommen wäre, wenn schon kurze Zeit nach dem Empfang ein solcher Schritt vorangetrieben und vollzogen worden wäre.

6. Es sei auch an die Ausführungen zu erinnern, die der stellvertretende Ministerpräsident Dr. Baumgartner[11] in Würzburg (er gab in einer Versammlung unter anderem einzeln die Gehälter bekannt, die der Bayerische Staat an die bayerischen Bischöfe und Domkapitulare zahle) und auf einer Pressekonferenz über Kirchensteuer und Staatszuschüsse an die Kirche gemacht hat. Ob kurz nach solchen Ausführungen der Vorsitzende der Bayerischen Bischofskonferenz an einem Empfang habe teilnehmen können?

Der Ministerpräsident erklärt mit Bestimmtheit, daß unter seiner Regierung kein Schritt getan werde, der zum Bruch mit der Kirche führe. Er gibt ferner klar zu verstehen, daß er die Ausführungen des stellvertretenden Ministerpräsidenten nicht billige und wies auf den Zusammenhang der Staatsleistungen an die Kirche mit den säkularisierten Kirchengütern hin.

6 *Der Hirtenbrief der bayerischen Bischöfe vom 3. November 1955 (Druck:* AB München *1955, Beilage Nr. 12) hatte sich kritisch zu den staatlichen Plänen auf schulischem Gebiet geäußert und in diesem Zusammenhang vor den Gefahren für den Glauben der Kinder gewarnt, die von einer nicht bekenntnisgebundenen Schule ausgingen.*

7 Verhandlungen des Bayerischen Landtags, *3. Wahlperiode 1954/1958, Beilagen Bd. I, Nr. 77.*

8 *Note der Apostolischen Nuntiatur vom 20. Oktober 1955. Druck:* MKKZ *48 (1955) Nr. 45 vom 5. November, S. 722;* ebd. *die Antwortnote der Staatsregierung.*

9 Waldemar Freiherr von Knoeringen *(1906–1971), Politiker (SPD), 1947–1963 Landesvorsitzender in Bayern, 1958–1962 stellvertretender Bundesvorsitzender der SPD.*

10 *»SPD-Vorstoß zur Lehrerbildung«, in:* Süddeutsche Zeitung *Nr. 3 vom 4. Januar 1956.*

11 Josef Baumgartner *(1904–1964), Dr. rer. pol., Politiker (CSU, Bayernpartei), 1945–1948 und 1954–1957 bayerischer Landwirtschaftsminister, 1954–1957 auch stellvertretender Ministerpräsident, 1948–1959 Landesvorsitzender der Bayernpartei.*

III.

Gesetzesentwurf zur Lehrerbildung und Konkordat.

Der Erzbischof führt aus:

1. Die Evangelisch-Lutherische Landeskirche habe leicht auf Verhandlungen eingehen können, da ihr der Gesetzentwurf schon mehr biete, als in dem Kirchenvertrag[12] enthalten ist.

2. Der Heilige Stuhl habe den gegenwärtigen Gesetzentwurf als Behandlungsgrundlage nicht annehmen können, ohne selbst das Konkordat und den Rechtsboden, den es vertragsrechtlich geschaffen hat, aufzugeben; denn

a) der Gesetzentwurf enthalte praktisch überhaupt nichts von den für die Lehrerbildung wesentlichen Bestimmungen des Konkordates.

Daß für die Lehrer in Religionspädagogik und Religionslehre das Nihil obstat des Diözesanbischofs notwendig sei, ergebe sich schon aus Art. 3 des Konkordates, auf den im Gesetz auch zunächst Bezug genommen werde; das gelte auch für die sogenannten Weltanschauungsprofessuren an den philosophischen Fakultäten. Es sei also nicht nur durch die Eigenart der Ausbildung der bekenntnisschulpflichtigen Lehrer bedingt.

b) Der Lehrer für die sogenannte konfessionelle Wertlehre würde ohne Einflußnahme der Kirche bestimmt werden.

Der Ministerpräsident bezeichnete es als selbstverständlich, daß die Besetzung dieses Lehrstuhles nur im Einvernehmen mit der Kirche erfolgen würde. Der Erzbischof weist darauf hin, daß dies aber nicht im Gesetz verankert sei und der Heilige Stuhl sich mit einer nur mündlichen Zusicherung nicht zufrieden gegen könne.

3. Professor Nawiasky[13] habe in seinem Gutachten selbst zugegeben, daß die konfessionelle Lehrerbildung in »materieller« und inhaltlicher Beziehung im Konkordat festgelegt sei. Es wurde im Einzelnen gezeigt, daß die Fächer, die Aufzählung der Fächer, die nach Nawiasky für Glauben und Sitten nicht bedeutungsvoll sein sollen, nicht richtig ist, daß vielmehr fast alle Fächer, höchstens eins oder zwei ausgenommen, in der Ausbildung bekenntnisschulfähiger Lehrer für Glaube und Sitte bedeutungsvoll sind. Bei dieser Sach- und Rechtslage sei es nicht zu verstehen, daß man den bekenntnismäßigen Charakter der Lehrerbildung ablehne und auf solche Schwierigkeiten stoße, statt den bekenntnismäßigen Charakter der Lehrerbildung anzuerkennen und über die eine oder andere Ausnahme zu verhandeln.

Der Ministerpräsident sagt, daß es kein bekenntnisloses Christentum gäbe. Dadurch distanzierte er sich von den Ausführungen des Landesvorsitzenden der SPD. Er stellt die Möglichkeit zur Frage, daß die Regierung sich in eigener Initiative an den Heiligen Stuhl wende.

12 *Vertrag zwischen dem Bayerischen Staate und der Evangelisch-Lutherischen Kirche rechts des Rheins vom 15. November 1924.* GVBl. *1925, S. 61.*

13 Hans Nawiawsky *(1881–1961), Dr. iur., Staatsrechtslehrer, seit 1919 (1928 Ordinarius) in München, nach Rückkehr aus dem Schweizer Exil 1947 wieder Professor in München, hatte sich in verschiedenen Veröffentlichungen in der »Bayerischen Staatszeitung« (Nr. 43 vom 5. November, Nr. 48 vom 26. November und Nr. 50 vom 10. Dezember 1955) zu Fragen des bayerischen Konkordates geäußert.*

Der Erzbischof betont, man müsse sich dann aber über die Grundsatzfrage bekenntnismäßige oder nicht bekenntnismäßige Lehrerbildung klar sein, um nicht wieder in einen Engpaß zu kommen. Der Heilige Stuhl habe seine Bereitschaft zu Verhandlungen auf geeigneter Grundlage ausgesprochen.
Der Ministerpräsident meint, daß die größere Zahl der Lehrerakademien praktisch doch bekenntnismäßigen Charakter erhalten würden. Durch die räumlichen Gegebenheiten der Besiedlung z. B. würde eine Akademie in Passau sicher einen katholischen Charakter haben, wenn auch in München und Würzburg simultane Anstalten entstünden.
Auf den Einwand, daß wohl der Großteil der Studenten an die simultanen Anstalten in den Universitätsstädten gehen würden, meint der Ministerpräsident, es könnte verlangt werden, daß Lehrer, die in den katholischen Gebieten angestellt werden, an den in diesen Gebieten liegenden, de facto bekenntnismäßig geprägten Anstalten in bestimmten Fächern Examen machen müßten.
Darauf wurde erwidert, daß eine solche Lösung nicht befriedigen könnte. Oberbayern sei auch überwiegend katholisch und hätte dann doch nur eine simultane Lehrerbildung. Schließlich käme es auch nicht nur auf das Bekenntnis der Studenten, sondern auch auf das Bekenntnis der Professoren an. Auch könnte eine de facto-Lösung eine Lösung de iure nicht ersetzen.
Zum Schluß der Besprechung fragte der Ministerpräsident, ob er mit dem stellvertretenden Ministerpräsidenten Dr. Baumgartner, der wirklich katholisch sei, einmal zum Erzbischof kommen könne. Dies wurde bejaht.
Während der Gespräche wurde auch kurz die Frage der angekündigten Zusammenfassung sogenannter Zwergschulen zu Regionalschulen berührt, die eine Gefährdung von Konfessionsschulen und eine Förderung der Gemeinschaftsschulen mit sich bringen könnte.
Ferner wurde die Frage der freien Volksschulen im Gegensatz zu den staatlichen Zwangsschulen berührt.
Durch die Aufhebung der staatlichen Zwangsschule könnte die Streitfrage in der Wurzel gelöst werden. Die Eltern bzw. die auf ihr Vertrauen gestützten Schulträger könnten dann frei bestimmen, welche Lehrer die Kinder unterrichten und erziehen. Der Staat müßte nach einer bestimmten Richtzahl für die Schulen die Lehrer besolden und ihre Altersversorgung etc. übernehmen, sowie den Sach- und Bauaufwand ganz oder anteilig tragen.
Die Besprechung dauerte nicht ganz eine Stunde und vollzog sich in einer guten Atmosphäre.

3

Muench[1] *an die deutschen Bischöfe*

Bad Godesberg, 20. Januar 1956

EA MÜNCHEN, Joseph Kardinal Wendel, 13/1956. *Schreibmaschinenausfertigung mit eigenhändiger Unterschrift, Wappen und Briefkopf:* Apostolische Nuntiatur in Deutschland. *Vermerk:* Vertraulich. *Aktenzeichen der Nuntiatur:* Nr. 9615. *Eingangsstempel:* Erzbistum München, Erzb[ischof] 23. Jan[uar] 1956. 13 Nr. 101.

An die Hochwürdigsten Herren Erzbischöfe und Bischöfe in Deutschland

Vom Staatssekretariat Seiner Heiligkeit werde ich aufgefordert, die Hochwürdigsten Ordinarien in Deutschland in bezug auf den Artikel 26 des Reichskonkordats[2] zu bitten, von den Möglichkeiten dieses Artikels nur in den dringendsten Fällen Gebrauch zu machen.
Die Erlaubnis zur Vorausnahme der kirchlichen Eheschließung vor dem Zivilakt möge nur nach strikter Prüfung, ob es das Seelenheil (schwerer sittlicher Notstand) erfordert, gewährt werden.
Ich benutze die Gelegenheit, den Hochwürdigsten Herren Erzbischöfen und Bischöfen Deutschlands den Ausdruck meiner brüderlichen Verbundenheit und Verehrung zu übermitteln.

+ A[loysius] Muench
Apostolischer Nuntius.

1 ALOYSIUS MUENCH *(1889–1962), 1913 Priester, 1935 Bischof von Fargo (USA), 1946 Apostolischer Visitator, 1951 Apostolischer Nuntius in Deutschland, 1959 Kardinal. Vgl.* C. J. BARRY.

2 *Artikel 26 des Reichskonkordates vom 20. Juli 1933* (AAS *25 (1933), S. 389–413;* RGBL. *II, S. 679–690) hat folgenden Wortlaut:* Unter Vorbehalt einer umfassenden späteren Regelung der eherechtlichen Fragen besteht Einverständnis darüber, daß, außer im Falle einer lebensgefährlichen, einen Aufschub nicht gestattenden Erkrankung eines Verlobten, auch im Falle schweren sittlichen Notstandes, dessen Vorhandensein durch die zuständige bischöfliche Behörde bestätigt sein muß, die kirchliche Einsegnung der Ehe vor der Ziviltrauung vorgenommen werden darf. Der Pfarrer ist in solchen Fällen verpflichtet, dem Standesamt unverzüglich Anzeige zu erstatten. *Zum zeitgeschichtlichen Zusammenhang vgl. Dok. 19 mit Anm. 5.*

4

Salat[1] *an Wendel*

Rom, 23. Januar 1956

EA MÜNCHEN, Joseph Kardinal Wendel, 17/1956. *Schreibmaschinenausfertigung mit eigenhändiger Unterschrift. Briefkopf:* Botschaftsrat Rudolf Salat. *Anschrift:* Seiner Eminenz dem Hochwürdigsten Herrn Dr. Joseph Kardinal Wendel, Erzbischof von München-Freising, München. *Eingangsstempel:* Erzbistum München. Erzb[ischof] 26. Jan[uar] 1956. 17 Nr. 119.

Eminenz!
Der mir seit meiner Pax Romana-Arbeit freundschaftlich verbundene Advokat Vittorino Veronese[2], der den Vorbereitenden Ausschuß für die internationalen Kongresse des Laienapostolats leitet, hat mir nach seiner Rückkehr vom Eucharistischen Weltkongreß in Rio de Janeiro, wo Euere Eminenz ihn sicher kennenlernten, nicht nur von dem dortigen Kongreß, sondern auch von Zukunftsüberlegungen gesprochen. Er selbst ist nicht Mitglied des Weltkomitees für die Eucharistischen Kongresse, ist aber durch seine Stellung in Rom anscheinend ins Vertrauen der zuständigen Persönlichkeiten gezogen worden.
Nach seinen damaligen Angaben würde man es sehr begrüßen, wenn der nächste Eucharistische Weltkongreß in Deutschland stattfinden könnte, wobei ganz besonders an München[3] gedacht war. Freilich hatte in Rio de Janeiro auch eine afrikanische Stadt ihre Kandidatur für die nächste Tagung gestellt, doch scheint man Bedenken getragen zu haben, ob Afrika bereits in der Lage wäre, eine derart bedeutende internationale Veranstaltung zu übernehmen. Sie hätte noch dazu in Portugiesisch-Afrika stattfinden müssen, wo der einzige Kardinal Afrikas residiert, was bedeuten würde, daß nach Barcelona und Rio de Janeiro wieder eine Stadt mit mehrheitlich ibero-lateinischem Einschlag den Eucharistischen Weltkongreß beherbergt hätte, während man in der Regel doch darauf zu sehen scheint, daß auch kulturell gesehen eine gewisse Abwechslung Platz greift. Herr Veronese teilt mir nun eben vertraulich mit, daß dieses afrikanische Projekt endgültig aufgegeben wurde.
Wie ich schon ausführte, hat Herr Veronese keinerlei offizielle Stellung in der Vorbereitungsarbeit für den Eucharistischen Weltkongreß. Noch weniger habe ich persönlich oder gar amtlich irgendeine Verantwortung auf diesem Gebiete. Wenn ich mir trotzdem erlaube, Euere Eminenz über Vorstehendes zu unterrichten, so nur deshalb, weil ich den festen Eindruck habe, daß weite Kreise es sehr begrüßen wür-

1 RUDOLF SALAT *(1906–1994), Diplomat, 1954–1957 Botschaftsrat an der Botschaft der Bundesrepublik Deutschland beim Heiligen Stuhl, nach weiteren Verwendungen zuletzt Botschafter der Bundesrepublik Deutschland in Chile.*

2 VITTORIO VERONESE *(1910–1986), 1939–1946 Generalsekretär, 1946–1952 Präsident der Katholischen Aktion Italiens, 1956 Präsident des Exekutivkomitees der UNESCO.*

3 *Vgl.* STATIO ORBIS. *Ein ausführlicher Bericht über den 37. Eucharistischen Kongreß »Pro Mundi Vita« vom 31. Juli bis 7. August 1960 in München, auch in:* HERDER KORRESPONDENZ *15 (1960/61), S. 7–34.*

den, wenn der nächste Eucharistische Weltkongreß wirklich in München stattfinden könnte. Ich darf annehmen, daß die verantwortlichen Persönlichkeiten unmittelbar mit Euerer Eminenz darüber in Rio de Janeiro gesprochen haben. Vielleicht haben diese auch Euere Eminenz über den Verzicht auf den afrikanischen Plan unterrichtet. In diesem Fall wäre mein Schreiben allerdings überflüssig gewesen, und ich würde Euere Eminenz bitten, die Störung zu entschuldigen.

Euerer Eminenz verehrungsvoll und ehrfurchtsvoll ergebener
R[udolf] Salat.

5

Wendel an Missaglia[1]

München, 31. Januar 1956

EA MÜNCHEN, Joseph Kardinal Wendel, 17/1956. *Schreibmaschinendurchschrift. Briefkopf:* Der Erzbischof von München und Freising. *Anschrift:* Hochwürden Pater Giuseppe Missaglia S. S. S., Generalsekretär, Rom, Via del Pozzetto 160.

Hochw[ürdigster] Pater Generalsekretär!
Ihr Brief vom 11. Januar 1956[2] hat mir eine frohe Nachricht gebracht. Es besteht also doch die Möglichkeit, daß der XXXVII. Internationale Eucharistische Kongreß in München abgehalten wird. Ich gestatte mir daher nunmehr in aller Form die Einladung auszusprechen und Sie, Hochw. Pater Generalsekretär, höflichst zu ersuchen Seiner Heiligkeit die Bitte vortragen zu lassen, daß als Tagungsort des nächsten Internationalen Eucharistischen Kongresses München bestimmt werde.
Hochwürden fragen an, ob das Jahr 1959 oder 1960 von hier aus gewünscht werde. Da 1958 München das 800-jährige Stadt-Jubiläum begeht, das sich unter Umständen bis zum Ende dieses Jahres hinziehen kann, wäre wohl das Jahr 1960 vorzuziehen.

Ew. Hochwürden im Herrn ergebener
[*o. U.*].

1 P. GIUSEPPE MISSAGLIA *(geb. 1906), Mitglied der Sacerdoti del Sanctissimo Sacramento, Generalsekretär des Ständigen Rates zur Förderung der Internationalen Eucharistischen Kongresse.*

2 *Schreibmaschinenausfertigung am gleichen Fundort.* MISSAGLIA *hatte darin mitgeteilt, daß der Erzbischof von Lourenço Marques (heute Maputo, Mosambik) aus wirtschaftlichen Gründen auf die Ausrichtung des nächsten Eucharistischen Kongresses verzichten müsse, und angefragt, ob dieser 1959 oder 1960 in München möglich sei.*

6

Niederschrift über die Sitzung der Bischofskommission für Koordinierungsaufgaben

Köln-Hohenlind, 9. Februar 1956

EA München, Joseph Kardinal Wendel, 40 ZK/1956. *Schreibmaschinenausfertigung mit eigenhändiger Unterschrift. Überschrift:* Sitzung der Bischofskommission für die Koordinierungsaufgaben am Donnerstag, 9.II.1956, in Köln-Hohenlind, Elisabethkrankenhaus. *Fertigungsdatum:* 13. Februar 1956. *Schlußvermerk:* Die Niederschrift hat S[eine]r Eminenz Kardinal Wendel vorgelegen und ist von ihm genehmigt worden. *Eingangsstempel:* Erzbistum München, Erzb[ischof] 16. März 1956. 40 ZK Nr. 309.

Anwesend:
Eminenz Joseph Kardinal Wendel, Erzbischof von München-Freising,
Exzellenz Bischof Dr. Michael Keller, Bischof von Münster,
Exzellenz Bischof Dr. Julius Döpfner, Bischof von Würzburg[1],
Exzellenz Weihbischof Dr. Franz Hengsbach, Paderborn, Generalassistent des Zentralkomitees der deutschen Katholiken.

Niederschrift
Besprochen wurden folgende Punkte:
I. Die Neuordnung der Bischöflichen Hauptstellen
II. Die Sachreferate des Zentralkomitees
a) Zuordnung zu den Bischöflichen Hauptstellen und Arbeitsweise
b) Personalia
III. Besondere Aufgaben

Ad I:
1. Der Generalassistent berichtet über die Neuordnung der Kirchlichen Hauptstelle für Bild- und Filmarbeit. Am 15. Dezember 1955 ist in Köln der E. V. »Kirchliche Hauptstelle für Bild- und Filmarbeit« gegründet worden, dessen Satzung von der vorjährigen Bischofskonferenz grundsätzlich genehmigt war. Die geplante Geschäftsordnung des E. V., durch die vor allem die Sonderaufgaben innerhalb der Hauptstelle (Filmdienst, Filmliga, Filmrevue, Filmselbstkontrolle) und deren Arbeitsweise festgelegt werden sollten, ist inzwischen von der Juristenkommission erarbeitet worden und wird vom Generalassistenten der Bischofskommission vorgelegt.
Die Bischofskommission ist damit einverstanden, daß diese Geschäftsordnung zunächst noch einmal mit den beteiligten Mitarbeitern der Hauptstelle besprochen wird. Danach soll sie der Generalassistent der Bischofskommission für die Koordinierungsaufgaben und der Bischofskommission für Publizistik zur Genehmigung durch die Fuldaer Bischofskonferenz vorlegen.

[1] *Die drei genannten Bischöfe waren im Jahre 1951 von der Fuldaer Bischofskonferenz zu Mitgliedern des Referates 3 Katholische Aktion bestellt worden, das zugleich den Koordinierungsausschuß für die Zusammenordnung aller im Apostolat der Kirche tätigen Kräfte und Verbände bilden und über die Bildung des von den Bischöfen beschlossenen Zentralkomitees beraten sollte.*

2. Die Grundzüge für die Neuordnung der Bischöflichen Hauptstelle für Frauenseelsorge sind von der letztjährigen Plenarkonferenz genehmigt worden. Die endgültige Regelung ist der Koordinierungskommission übertragen worden. In Kürze wird der Generalassistent mit der Juristenkommission und Herrn Prälaten Klens[2] die endgültigen Vorschläge für die Neuordnung erarbeiten und noch vor der diesjährigen Plenarkonferenz der Koordinierungskommission und dem Hochwürdigsten Herrn Erzbischof von Paderborn vorlegen. Für die Verhandlungen werden folgende Grundlinien festgelegt:
Die Zeitschrift »Frau und Mutter« soll wie bisher auch weiterhin von der Bischöflichen Hauptstelle für Frauenseelsorge und Frauenarbeit herausgegeben werden. Die Bischofskommission ist damit einverstanden, daß die Zeitschrift zugleich Verbandszeitschrift des Zentralverbandes der Frauen- und Müttervereine bleibt. Da der Zentralverband in den bisher bestehenden E. V. »Hauptstelle für Frauenseelsorge« sein Vermögen eingebracht und auch den Titel seiner früheren Verbandszeitschrift »Frau und Mutter« an die neue Zeitschrift der Hauptstelle abgetreten hat, ist bei der Umbildung des E. V. das Vermögen des Zentralverbandes vom Vermögen der Hauptstelle zu trennen und festzulegen, daß der Zentralverband an den Erträgnissen der Zeitschrift »Frau und Mutter« in angemessener Weise beteiligt wird.
Bezüglich der beiden anderen Frauen- und Mütterzeitschriften »Monika« und »Die katholische Frau« soll folgendes angestrebt werden: Wenn diese beiden von nicht amtlichen Stellen herausgegebenen Zeitschriften eine Förderung und Anerkennung durch den Episkopat wünschen, sollte über die Verbreitungsgebiete der drei verschiedenen Frauen- und Mütter-Zeitschriften ein Abkommen getroffen werden, das jede ungute Konkurrenz ausschließt. Die beiden süddeutschen Zeitschriften (»Monika« und »Die katholische Frau«) müßten die Bischöfliche Hauptstelle für Frauenseelsorge in angemessener Weise an ihren Erträgnissen beteiligen.
Die Bischöfliche Hauptstelle würde auch gegenüber den beiden nicht von ihr herausgegebenen Frauen- und Mütterzeitschriften das Recht einer gewissen redaktionellen Einflußnahme haben müssen, soweit das sich aus der kirchlichen Anerkennung und Empfehlung dieser Zeitschriften ergibt.
Wegen der Klärung der Vermögensverhältnisse der jetzigen »Bischöflichen Hauptarbeitsstelle für Frauenseelsorge« wird Weihbischof Hengsbach im Auftrage der Kommission bei Herrn Prälaten Klens die nötigen Erkundigungen einziehen (vor allem Gesellschafts-Vertrag).
Soweit Klärungen bei den beiden süddeutschen Zeitschriften durchzuführen sind, ist S[ein]e Eminenz Kardinal Wendel bereit, die notwendigen Unterlagen anzufordern.

2 Hermann Klens *(1880–1972), 1905 Priester (D Paderborn), 1915 Generalsekretär, 1922–1939 Generalpräses des Zentralverbands der Katholischen Jungfrauenvereinigungen, seit 1928 zugleich Generalpräses des Gesamtverbands Katholischer Frauen- und Müttervereine Deutschlands, 1945 mit der Errichtung der Kirchlichen Hauptstelle für Frauenseelsorge beauftragt, 1946–1952 Bundespräses der Frauenjugend im BDKJ, 1956 Wiederbegründung des Zentralverbands der Frauen- und Müttergemeinschaften. Vgl.* A. Gordz.

3. Weihbischof Dr. Hengsbach berichtet über eine Konferenz mit den Leitern der Bischöflichen Hauptstellen für Männer-, Frauen- und Jugendseelsorge, die auf deren Wunsch am 30. Januar in Düsseldorf stattgefunden hat. Diese Besprechung diente einem vertrauensvollen Meinungsaustausch über die Möglichkeiten und Wege der Neuordnung der Bischöflichen Hauptstellen. Es ergab sich, daß die Bischöflichen Hauptstellen für Jugendseelsorge (Mannes- und Frauenjugend) eine sowohl zivilrechtlich wie auch innerkirchlich genau festgelegte Ordnung haben. Es besteht hier lediglich die freilich besonders wichtige Aufgabe einer Neufassung der Bundesordnung des Bundes der deutschen katholischen Jugend. Diese soll nach dem Plan der Bischofskommission innerhalb der nächsten drei Jahre erarbeitet werden.
4. Die Bischofskommission wünscht, daß auch die Neuordnung der Bischöflichen Hauptstelle für Männerseelsorge unverzüglich in Angriff genommen wird. Sie beauftragt Weihbischof Hengsbach, vom Leiter der Hauptstelle, Msgr. Dr. Schulte[3], die nötigen Berichte und Unterlagen anzufordern und entsprechende Vorschläge für die Neuordnung möglichst bis zur diesjährigen Fuldaer Bischofskonferenz vorzulegen.
5. Die Bischöflichen Hauptstellen für Männer-, Frauen- und Jugendseelsorge sollen einheitlich den Namen »Bischöfliche Hauptstelle« führen (nicht mehr Hauptarbeitsstelle); die Bischöflichen Stellen für die verschiedenen Bereiche der Publizistik sollen ebenfalls die Bezeichnung »Bischöfliche Hauptstelle« führen, und zwar mit Rücksicht auf ihre Partnerschaft öffentlichen Einrichtungen gegenüber. – Im Hinblick auf die langjährige Praxis ist die Bischofskommission damit einverstanden, daß die Hauptstelle für Bild- und Filmarbeit sich weiterhin »Kirchliche Hauptstelle für Bild- und Filmarbeit« nennt.
Sonstige Bischöfliche Stellen (ihre Zahl und ihre jeweilige Beauftragung soll geprüft werden) sollen einheitlich die Bezeichnung »Bischöfliche Arbeitsstelle« führen (z. B. Bischöfliche Arbeitsstelle für Schule und Erziehung, für Siedlungsfragen, für Suchtgefahren etc.).

Ad II a:
Es ist bereits früher durch die Bischofskommission festgelegt worden, daß die Bischöflichen Hauptstellen für die Naturstände im Geschäftsführenden Ausschuß des Zentralkomitees vertreten sein sollen. Die Bischöflichen Hauptstellen für den Bereich der Publizistik (Presse, Film, Funk und Fernsehen) sollen nach und nach zu einem Publizistischen Referat des Zentralkomitees zusammengeführt werden, wobei dann der Leiter einer Hauptstelle zugleich die Gesamtleitung des Publizistischen Referates übernehmen sollte. Diese Gesamtleitung könnte vorläufig der Leiter der Bischöflichen Hauptstelle für Rundfunkfragen, Dr. Becker[4], übernehmen. Sollte spä-

[3] Caspar Schulte *(1899–1980), Dr. rer. pol., 1927 Priester (D Paderborn), 1933 Diözesanmännerseelsorger und Diözesanpräses der KAB, 1949 Dozent an der Philosophisch-Theologischen Hochschule Paderborn, 1950 Leiter der Kirchlichen Hauptstelle für Männerseelsorge in Fulda, 1959 Päpstlicher Hausprälat.*

[4] Karl Becker *(1907–1986), Dr. theol., 1937 Priester (ED Freiburg), Vikar, 1947 Dompräbendeverweser, 1949 Studentenseelsorger, 1953 Leiter der Katholischen Rundfunkarbeit Deutschlands (KRD), 1959 Päpstlicher Geheimkämmerer, 1964 Professor an der Pädagogischen Hochschule Karlsruhe.*

ter ein eigener Leiter der Hauptstelle für Presse bestellt werden, so wird daran gedacht, diesem die Leitung des Publizistischen Referates zu übertragen.
Es wird davon abgesehen, dem Kulturreferat des Zentralkomitees den gesamten Kulturbereich zuzuordnen, weil das offensichtlich mit Rücksicht auf die Arbeitsfähigkeit dieses Referates zu schwierig ist. Es soll vielmehr die Frage geprüft werden, das bisherige Kulturreferat zu beschränken auf das eigentliche Gebiet der Bildung, vor allem der Erwachsenenbildung. Sollte sich die Aufteilung des bisherigen Kulturreferates in ein Bildungs- und Publizistisches Referat als richtig herausstellen, so dürfte dadurch freilich nicht die Gefahr eines Auseinanderfallens der verschiedenen Sachbereiche entstehen. Für die notwendige Zusammenarbeit der beiden Referate müßten vor allem die beiden Leiter sorgen, wie für die Koordinierung der Arbeit aller Referate Herr Dr. Paulus[5] als Direktor des Hauses verantwortlich ist.
In diesem Zusammenhang wird die für ein Jahr gegebene Geschäftsordnung des Zentralkomitees kurz besprochen. Der Generalassistent soll von Herrn Dr. Paulus und den übrigen beteiligten Mitarbeitern des Zentralkomitees Vorschläge für eine endgültige Geschäftsordnung einholen.
Für die Zusammenarbeit der publizistischen Hauptstellen wird eine räumliche Zusammenfassung besonders förderlich sein. Nachdem der Leiter der Bischöflichen Hauptstelle für Fernsehen, Pfarrer Siegel[6], bereits nach Frankfurt übergesiedelt ist, könnte an eine gemeinsame Lokalisierung der Hauptstellen für Fernsehen, Rundfunk und Film in Frankfurt gedacht werden. Eine entsprechende Initiative sollte jedoch von den beteiligten Leitern selbst ausgehen. Die Hauptstelle für Presse, die freilich zunächst noch unbesetzt ist, würde am besten räumlich mit dem Zentralkomitee der deutschen Katholiken verbunden und deshalb ihren Sitz in Godesberg haben.

Ad II b:
Bezüglich der Anstellung von Herrn Dr. Kafka und einer etwaigen Rückversicherung für die aus der Anstellung entstehenden Verpflichtungen des E. V. Zentralkomitee der deutschen Katholiken durch eine Reihe von Bistümern wird die Meinung der Bischofskommission folgendermaßen festgelegt: Wenn eine solche Rückversicherung notwendig ist und gegebenenfalls realisiert werden müßte, sollten alle deutschen Bistümer entsprechend dem überdiözesanen Finanzschlüssel daran beteiligt werden. Selbstverständlich wird der Episkopat im Ernstfall für die Verpflichtung des E. V. Zentralkomitee der deutschen Katholiken eintreten, zumal bei den Leitern der Sachreferate, die er zudem ja selbst beruft. Aber es wird nicht für tunlich erachtet, eine formelle Rückversicherung auszusprechen, wobei freilich im Falle Dr. Kafka eine Ausnahme gemacht werden müßte, da hier die Verhandlungen in diesem Sinne schon

5 JOSEF PAULUS *(1908–1985), Dr. phil., 1935 Priester (D Trier), 1954–1957 Leiter des Sozialreferats im Zentralkomitee und Direktor des Hauses, 1957 Domkapitular in Trier, 1960 Bistums-Männerseelsorger und Päpstlicher Hausprälat, 1964 Generalvikar, 1965 Dompropst, 1974 Apostolischer Protonotar.*

6 KARL-AUGUST SIEGEL *(1916–1990), 1947 Priester (D Osnabrück), nach Seelsorgetätigkeit 1954 Leiter der Bischöflichen Hauptstelle für Fernsehen, 1967 Stadtdechant in Hamburg, 1974 Weihbischof in Osnabrück.*

weithin geführt sind. Die Bischofskommission möchte vermeiden, daß auf die Dauer eine Reihe von überdiözesanen Pensionären entsteht. Sie ist vielmehr der Meinung, daß die Mitarbeiter des Zentralkomitees nach einigen Jahren in entsprechende öffentliche Stellen überwechseln oder auch innerhalb von Diözesen oder Verbänden angemessene Aufgaben übernehmen sollten. In jedem Falle müßte selbstverständlich dafür gesorgt werden, daß die Mitarbeiter des Zentralkomitees eine Angestelltenversicherung (evtl. Zusatzversicherung) eingehen. – Sollte sich als zweckmäßig herausstellen, daß ein Mitarbeiter des Zentralkomitees für die Dauer seines Lebens im Zentralkomitee bliebe, so könnte in einem Einzelfalle freilich eine Sicherung durch alle Bistümer geboten werden.
Die Bischofskommission ist damit einverstanden, daß Dr. Lampey[7] nach seinem Ausscheiden aus dem Zentralkomitee am 31. März 1956 die Geschäftsführung des sog. Ost-West-Ausschusses übernimmt und zunächst auch hauptamtlich dafür honoriert wird. Um Herrn Dr. Lampey anstellen zu können, soll der Ost-West-Ausschuß einen eigenen E. V. bilden. Das Arbeitsverhältnis des Zentralkomitees mit Dr. Lampey soll auf jeden Fall am 31. März ds. Js. beendet sein.
Bei der Gehaltsfestsetzung für Herrn Köppler[8], der am 1. April 1956 die Geschäftsführung des Zentralkomitees übernehmen wird, soll dessen Tätigkeit im Bund der deutschen katholischen Jugend als Dienstjahre anerkannt werden. Seine Besoldung soll nach der Akademikerstufe (Ratsstufe) erfolgen.

Ad III:
1. Die Bischofskommission wünscht, daß die Vollversammlung des Zentralkomitees den Mitgliedern (Diözesan- und Verbandsvertretern) genügend Gelegenheit zur echten Aussprache gibt. Darum sollen nach Möglichkeit zwei Tage dafür vorgesehen werden.
2. Es erscheint wichtig, daß der Geschäftsführende Ausschuß beim turnusmäßigen Ausscheiden der Mitglieder immer wieder durch neue Kräfte ergänzt wird, damit möglichst viele Persönlichkeiten an den Gesamtaufgaben des Katholizismus interessiert werden und keine Stagnation eintritt.
3. Die Bischofskommission wünscht, daß die Leiter der Sachreferate vierteljährlich über den Generalassistenten einen Bericht an die Bischofskommission geben. In diesen Berichten sollten sowohl die jeweilige Situation des betreffenden Arbeitsgebietes dargelegt, wie auch Anregungen an den Episkopat gegeben werden. Nach Durchsicht dieser Berichte durch die Bischofskommission würde der Generalassistent sie allen Bischöfen vorlegen.

7 Erich Lampey *(1912–2004), 1952–1956 Geschäftsführer des Zentralkomitees, 1961 Mitbegründer des Arbeitskreises für zeitgeschichtliche Fragen, später Leiter des Verlags Anton Pustet in München.*

8 Heinrich Köppler *(1925–1980), 1952–1956 Bundesführer des BDKJ, 1956–1965 Generalsekretär des Zentralkomitees, 1965–1970 Mitglied des Bundestages, 1970–1980 Mitglied des Landtags von Nordrhein-Westfalen, Landesvorsitzender der CDU. Vgl.* B. Kaff/F. Kronenberg/B. Vogel *und* St. Marx.

4. Weihbischof Dr. Hengsbach berichtet über Fragen, die mit der Bildung der Christlichen Gewerkschaft zusammenhängen. P. Dr. Wallraff S. J.[9] soll unter Dr. Paulus einen Gesamtbericht zur Gewerkschaftsfrage erstellen, den Dr. Paulus dann möglichst bald über den Generalassistenten der Bischofskommission einreichen wird. Nach diesem Berichte wird die Bischofskommission prüfen, ob der Episkopat evtl. in der Gewerkschaftsfrage irgendeine Initiative ergreifen soll.
5. Der Generalassistent berichtet über einen Vorschlag, in einem kleinen Kreise katholischer Theologen Möglichkeiten, Umfang und Grenzen praktischer Zusammenarbeit mit evangelischen Christen zu prüfen. Dieses Gespräch sollte unter dem Patronat des Hochwürdigsten Herrn Erzbischofs von Paderborn stattfinden.
Die nächste Besprechung der Bischofskommission soll gelegentlich des Kölner Katholikentages[10] stattfinden.
Beginn der Beratungen: 8:30 Uhr,
Schluß der Beratungen: 13:00 Uhr.

Für die Protokollführung:
+ Franz Hengsbach.

7

Even[1] an Frings

Köln, 11. Februar 1956

EA München, Joseph Kardinal Wendel, 46/1955 und 1956. *Schreibmaschinenabschrift. Briefkopf:* Johannes Even. *Anschrift:* An den Vorsitzenden der Fuldaer Bischofskonferenzen, S[ein]e Eminenz den Hochwürdigsten Herrn Kardinal Dr. Joseph Frings, Erzbischof von Köln, Köln-Bayenthal, Bayenthalgürtel 31. *Vermerk:* Abschrift *und* S[eine]r Eminenz, dem Hochwürdigsten Herrn Kardinal Dr. Joseph Wendel, Erzbischof von München und Freising, mit der Bitte um Kenntnisnahme überreicht. *Eingangsstempel:* Erzbistum München. Erzb[ischof] 20. Feb[ruar] 1956. 46 Nr. 239.

Ew. Eminenz!
Die katholischen Mitglieder der CGD[2] haben es dankbar empfunden, daß die westdeutschen Bischöfe durch ihre Kundgebung vom 7.11.1955[3] für die Gründung christ-

[9] P. Hermann-Josef Wallraff SJ *(1913–1995), 1938 Ordenseintritt, 1944 Priester, Professor für Christliche Gesellschaftswissenschaften an der Hochschule St. Georgen in Frankfurt am Main.*
[10] *Der 77. Deutsche Katholikentag fand unter dem Leitwort »Die Kirche – das Zeichen Gottes unter den Völkern (Is. 11,12)« vom 29. August bis zum 2. September 1956 in Köln statt.*

[1] Johannes Even *(1903–1964), Mitbegründer von CDU, DGB, KAB und CGB, 1954–1959 Verbandssekretär, 1959–1963 Vorsitzender der KAB.*
[2] *Abkürzung für Christliche Gewerkschaftsbewegung Deutschlands.*
[3] *Druck:* Herder Korrespondenz *10 (1955/56), S. 100. Nachdem die Einheitsgewerkschaft DGB sich von 1952 an zunehmend, vor allem in der Frage eines Verteidigungsbeitrags der Bundesrepublik Deutschland, der Politik der SPD angeglichen und 1953 die Parole ausgegeben hatte:* Wählt einen besseren Bundestag *(anstelle des von den Mehrheitsparteien CDU/CSU dominierten), waren die zur Politik der CDU tendierenden und aus einer christlichen Gewerkschaftstradition stammenden Mitglieder zunehmend in Konflikt mit der Führung der Gewerkschaften geraten. Eine verhältnismäßig geringe*

licher Gewerkschaften ein so großes Verständnis bewiesen haben. Sie möchten Ihnen, Eminenz, und allen deutschen Bischöfen ganz besonders dafür ihren Dank zum Ausdruck bringen, daß die Erklärung den vollzogenen Schritt als eine »sachlich wohlbegründete Entscheidung« wertet und anerkennt. Diesem wohlwollenden Interesse entsprechend fühlen wir uns verpflichtet, unsere Bischöfe über die Ziele der CGD, den derzeitigen Stand der Entwicklung und einige Schwierigkeiten zu informieren, und bitten zugleich, unserer jungen Bewegung auch weiterhin das oberhirtliche Wohlwollen zu bezeigen.
Zwei Gründe waren es u. a., die uns zur Neugründung der christlichen Gewerkschaft gedrängt haben, und zwar einmal der Gewissenskonflikt, in den uns ein weiteres Verbleiben im DGB brachte, zum anderen der Wille, die für die Verwirklichung des christlich-sozialen Gedankengutes notwendige Gewerkschaftsorganisation zu schaffen. Über die Gewissensschwierigkeiten, länger in der Einheitsgewerkschaft zu bleiben, haben führende katholische Arbeiter und Arbeiterseelsorger ihre Bischöfe öfters unterrichtet, wogegen ich auf das zweite Anliegen hier besonders eingehen möchte.
Der Heilige Vater hat in seiner diesjährigen Weihnachtsbotschaft[4] noch einmal unterstrichen, »daß es Aufgabe der Christen ist, dafür zu arbeiten, daß die moderne Gesellschaft in ihren Strukturen zu den Quellen zurückkehrt, die das menschgewordene Wort Gottes geheiligt hat«, und daß sie sich »zu diesem Zweck in verschiedenen Institutionen und Organisationen zusammenschließen«. Dieser Aufgabe will die wiederbegründete christliche Gewerkschaft dienen. Zwar wird das endgültige Programm der CGD erst auf dem Ordentlichen Kongreß verabschiedet werden, doch zeigen schon die auf dem Sonderkongreß in Bochum[5] angenommenen Leitsätze, daß es uns um eine weitmöglichste Verwirklichung der christlichen Soziallehre geht.
Die wichtigsten Programmpunkte seien hier kurz erwähnt:
Behandlung des Menschen im Betrieb entsprechend dem christlichen Menschenbild, Schutz und Förderung vor allem der jungen Arbeitnehmer, gerechte Entlöhnung des Arbeitnehmers, die ihm eine dem jeweiligen Kulturstand angemessene Lebenshaltung ermöglicht, ein familiengerechter Lohn, der eine gewerbliche Arbeit der verheirateten Frau aus wirtschaftlichen Gründen überflüssig macht. Eigentumsbildung in Arbeiterhand durch Förderung von Eigenheim, Wohnungseigentum und Eigentumsbeteiligung in der Wirtschaft, die ein krisenfestes und gesundes Familienleben fördern. Beschränkung der Sonntagsarbeit und Verhinderung der gleitenden Arbeitswoche als Mittel, die Sonntagsruhe und die Familiengemeinschaft zu fördern. Überwindung des Klassenkampfes durch eine echte Partnerschaft zwischen Arbeitgeber und Arbeitnehmer. Errichtung von Selbstverwaltungsorganen im Raume der über-

Zahl von ihnen entschloß sich deshalb zur Neugründung einer christlichen Gewerkschaft (CGD). W. SCHROEDER, *außerdem* HERDER KORRESPONDENZ *10 (1955/56), S. 191–195. Eine knappe Darlegung auch der weiteren Entwicklung aus der Perspektive des süddeutschen Werkvolks bei* D. GRYPA, *S. 417–451.*

4 AAS *48 (1956), S. 26–41, deutsche Übersetzung:* A. F. UTZ/J. F. GRONER, *S. 3816–3839.*

5 *Vgl.* HERDER KORRESPONDENZ *10 (1955/56), S. 496 und* RHEINISCHER MERKUR *vom 4. November 1955.*

betrieblichen Wirtschaft. Die Leitsätze schließen mit dem Satz: Wir bekennen uns zu den Grundsätzen christlicher Lebensordnung.
Die CGD denkt aber nicht nur an die gesellschaftliche Gesundung des eigenen Volkes. Wir bedauerten es vielmehr seit langem, das die christlichen Arbeiter Deutschlands in den heute so wichtigen internationalen Arbeiterorganisationen nicht vertreten waren. Darum sind wir froh und stolz, daß durch die Aufnahme der CGD in den IBCG[6] nunmehr ein Mißstand beseitigt wurde, auf den gerade Eure Eminenz zu wiederholten Malen hingewiesen haben. Durch die Mitgliedschaft in dem IBCG sind die christlichen Arbeiter Deutschlands nunmehr in der Lage, auf die Entwicklung des internationalen Lebens und vor allem auf die Entwicklung in den unterentwikkelten Ländern und in den Missionsländern in christlichem Sinne Einfluß zu nehmen.
Die Entwicklung der CGD vollzieht sich langsam aber stetig. Das Schwergewicht liegt natürlich an Rhein und Ruhr, doch haben sich auch in Hessen, Rheinland-Pfalz und Bayern Landesverbände, gebildet. Dankbar sind wir dem IBCG, daß er uns für die erste Zeit eine finanzielle Hilfe hat zukommen lassen. Unser vordringlichstes Bestreben ist es, baldmöglichst von dieser Hilfe unabhängig zu werden, und wir hoffen, dieses Ziel bei gleichbleibender Entwicklung gegen Ende des Jahres 1956 zu erreichen.
Daß wir bei Sozialisten und Kommunisten für die Neugründung der christlichen Gewerkschaften kein Verständnis finden würden, war uns von vornherein klar. Bei den katholischen Arbeitnehmern begegnen wir den verschiedensten Auffassungen. Es gibt starke Gruppen, die die Einheitsgewerkschaft als ein so hohes Gut betrachten, daß sie sie trotz aller bisherigen schlechten Erfahrungen durch weitere Verhandlungen und einen verstärkten Einsatz retten zu müssen glauben. Es gibt andere, die der Auffassung sind, daß der missionarische Auftrag der Kirche im gesellschaftlichen Raum nur durch aktive Mitarbeit im DGB verwirklicht werden könne. Wieder andere beruhigen sich damit, daß es sich bei der Gewerkschaftsfrage nicht um eine Gewissensentscheidung, sondern lediglich um eine Frage des taktischen Verhaltens handle. Ein Großteil der katholischen Arbeitnehmer aber, die entweder in der Einheitsgewerkschaft stehen oder bisher nicht organisiert sind, sympathisieren zwar mit der CGD, wollen aber erst abwarten, ob sie sich durchsetzt.
In all diesen Gruppen beruft man sich mit Vorliebe auf den ersten Absatz der Bischofserklärung vom 7.11.1955 und glaubt, unseres Erachtens sicher zu Unrecht, daraus schließen zu können, daß auch nach der Meinung der Bischöfe bei der derzeitigen Lage in Deutschland beide Gewerkschaftsformen, christliche Gewerkschaften und Einheitsgewerkschaft, in gleichem Maße geeignet seien, die katholischen Arbeiter vor ideologischen Irrtümern zu bewahren und die Anliegen der christlichen Soziallehre zu verwirklichen.
Trotz dieser betrüblichen Erfahrung und trotz der Zurückhaltung eines großen Teiles auch der christlichen Presse läßt die CGD sich nicht entmutigen. Sie weiß, daß der Weg der christlichen Gewerkschaften auch in anderen Ländern mühsam und

6 *Abkürzung für Internationaler Bund Christlicher Gewerkschaften.*

beschwerlich war, daß diese aber heute eine sehr segensreiche Tätigkeit entfalten. Sie weiß, daß im Falle eines Scheiterns ihres Unternehmens auch für die im DGB verbliebenen Christen jegliche Wirkmöglichkeit zu Ende ist. Sie ist davon überzeugt, daß wir in dem immer stärker werdenden Ringen mit dem Kommunismus eine christliche Gewerkschaftsorganisation brauchen, die wegen ihrer klaren weltanschaulichen Grundlage gegen Unterwanderung und Infiltration am besten gefeit ist. Sie ist überzeugt, daß sie nach Überwindung der Anfangsschwierigkeiten der Arbeitnehmerschaft, dem Volke und nicht zuletzt der Kirche große Dienste erweisen wird. In dieser Überzeugung stärkt uns die Erfahrung, daß durch die Existenz der christlichen Gewerkschaft die Einheitsgewerkschaft zu Rücksichtnahmen und Zugeständnissen bewogen wurde, die vorher weder durch Verhandlungen noch durch Drohungen zu erreichen waren.
Das Anfangsstadium verlangt von den Mitgliedern der CGD große Opfer. Es verlangt von ihnen ein tapferes Durchstehen und ein mutiges Ertragen von Anfeindungen. Auch im Namen meiner Kollegen darf ich aber erklären, daß wir gerade auf diese Opferbereitschaft der christlichen Arbeitnehmer unsere Hoffnung setzen. Zu unserer großen Freude dürfen wir feststellen, daß die meisten Mitglieder gerade aus den jüngeren Jahrgängen der Arbeiterschaft und Angestelltenschaft kommen.
Wir rechnen mit einer längeren Zeit des Kampfes und des Aufbaues unserer Organisation, bis sich Idee und Wirklichkeit der christlichen Gewerkschaften in Deutschland wieder durchgesetzt haben. Wir zweifeln aber nicht daran, daß wir mit Gottes Hilfe erfolgreich sein werden.
Es würde uns freuen, wenn wir uns auch in Zukunft des Wohlwollens unserer Bischöfe erfreuen könnten und von deren Gutheißung und Segen begleitet werden.

In aufrichtiger Ergebenheit
gez. Johannes Even.

8

Wendel an Salat

[München,] 23. Februar 1956

EA MÜNCHEN, Joseph Kardinal Wendel, 17/1956. *Schreibmaschinendurchschrift. Anschrift:* Herrn Botschaftsrat Rudolf Salat, Rom, Via Raimondo da Capua, 12.

Sehr geehrter Herr Botschaftsrat!
Leider kann ich erst heute auf Ihren Brief vom 23. Januar[1] antworten. Inzwischen war bereits eine Rückfrage von Hochwürden P. Generalsekretär Giuseppe Missaglia S.S.S. des »Permanens Consilium Internationalibus Eucharisticis Conventibus Provehendis« erfolgt. Auf meine Zusage, den Kongreß in München im Jahre 1960 zu halten, ist nun die Mitteilung eingetroffen, daß die Frage Seiner Heiligkeit zur end-

[1] *Vgl. Dok. 4.*

gültigen Entscheidung vorgelegt würde. Bis zu dieser Entscheidung soll die Angelegenheit vertraulich behandelt werden. Für Ihr Interesse und Ihr freundliches Bemühen danke ich Ihnen, sehr geehrter Herr Botschaftsrat, ergebenst.
Zur Eröffnung der Ausstellung »Liturgische Kunst in Deutschland« kann ich leider nicht kommen. Ich werde jedoch an der Feier des 80. Geburtstages und des Krönungstages Seiner Heiligkeit in St. Peter teilnehmen. Während meines Aufenthaltes werde ich auch die Ausstellung besichtigen können und hoffe, auch Sie begrüßen zu können.
Mit ergebenem Gruß

[*o. U.*].

9

Denkschrift Kellers

[Münster, vor 2. März 1956][1]

EA Köln, CR II 26.4, 15. *Schreibmaschinenschrift mit Überschrift:* Denkschrift zur Bildung eines Zeitschriftendienstes (Wertung der Illustrierten). *Registraturstempel:* Erzb[ischöfliches] General-Vikariat Registratur. 14. Sep[tember] 1956. Köln.

Eltern und Erzieher befinden sich heute gegenüber dem Lesedrang der Jugend in einer schwierigen Lage. Sie können unmöglich jede Illustrierte, jede Zeitschrift, die es am Kiosk zu kaufen gibt, regelmäßig durchsehen, bevor sie den Kindern erlauben, diese zu lesen. Zudem wandelt eine Illustrierte oft im Laufe eines halben Jahres ihr Gesicht. Man mag die Flut illustrierten Lesestoffes bedauern und verurteilen, es gibt keine Maßnahmen, sie zu beseitigen. Mißstände, die aufgrund der Jugendschutzgesetze bisher nicht beseitigt werden konnten, sind nur durch das freie Wollen der Leser und vor allem durch öffentliche Meinungsbildung abzustellen.
Dabei befinden sich viele Eltern und Erzieher in einem Gewissenskonflikt. Auf der einen Seite möchten sie ihren Kindern diese oder jene aktuelle Reportage, diese oder jene Art von Berichten (z. B. Sport) nicht vorenthalten, auf der anderen Seite fürchten sie, daß ihre Kinder durch eine bestimmte Art von Berichterstattung, durch einen Roman, durch Anzeigen usw. seelischen Schaden leiden. Sie verlangen nach einer echten Hilfe für die eigene Gewissensbildung und einer Anleitung für die Auswahl des Lesestoffes. Dieses darf man auch von vielen gutwilligen Kioskinhabern, Zeitschriftenhändlern, von Ärzten, Friseuren, Rechtsanwälten, die Wartezimmer haben, sagen.
Es scheint daher dringend, auch auf diesem Gebiet in einem publizistischen und pädagogischen Notstand besondere Maßnahmen zu ergreifen. Aus diesem Grunde bemüht sich in der Diözese Münster ein Kreis von befähigten Männern und Frauen seit fast einem Jahr um eine Beurteilung der wichtigsten deutschen Illustrierten und

1 *Die Datierung ergibt sich aus Dok. 10.*

illustrierten Wochenendzeitungen. Dieser Arbeitskreis möchte nun seine gemachten Erfahrungen und das erarbeitete Material auswerten. Für die Veröffentlichung der Wertungsergebnisse und für die weitere Aktionstätigkeit wird die Bildung eines im kirchlichen Auftrag arbeitenden Zeitschriftendienstes vorgeschlagen.

Aufgabe und Ziel des Zeitschriftendienstes

1. Durch die Bemühungen des Zeitschriftendienstes soll die rechte Gewissensbildung der Gläubigen gefördert werden. Das geschieht über den Appell an die Einsicht und die freie Entscheidung des Einzelnen und der Verantwortlichen, besonders durch eine Hilfe zur Urteilsbildung.

Man wird erwarten dürfen, daß durch die öffentliche Diskussion um einen kirchlichen Zeitschriftendienst erst eine geistige Auseinandersetzung breiterer Art um die Probleme der Illustrierten- und Wochenendpresse einsetzen wird. Diese wird aller Voraussicht nach nur positive Folgen haben, weil ebenso wie viele Eltern auch viele Publizisten und Verleger bisher ratlos vor diesen Problemen stehen, obwohl sie das hektische Rennen nach Sensation und Sexualität längst verabscheuen.

2. Den gutwilligen Publizisten, Verlegern, Buchhändlern, Kioskinhabern usw. soll geholfen werden. Bisher war es so, daß auch die gutwilligen Schriftleiter und Mitarbeiter der Illustrierten sich fast immer nach der unteren Konkurrenz richten mußten. Es gab für sie zu wenig Hilfestellung in der Öffentlichkeit. Es gab keine breitere ernsthafte Diskussion um die immer wieder vorkommenden Entgleisungen und um das allmähliche Absinken auf ein immer tieferes Niveau. Dieser positive Einfluß auf die Verlage und Schriftleitungen wird zwar nicht von heute auf morgen einen Wandel im Erscheinungsbild der modernen Illustrierten herbeiführen, er wird aber möglicherweise echte Qualitätssteigerungen im Gefolge haben, wenn die Arbeit mit echtem Verantwortungsbewußtsein, mit gegenseitiger Offenherzigkeit und mit Geschick beständig durchgeführt wird. Viele Buchhändler und Kioskinhaber haben immer wieder nach einer zuverlässigen Orientierung über die tragbaren Illustrierten gefragt.

3. Ein Großteil der Leser bekommt die Illustrierte regelmäßig durch den sogenannten Lesezirkel. Die Gesamtzahl der Lesezirkelbezieher wird im Bundesgebiet auf 2,4 Mill. (davon ca. 16% Gaststätten und Wartezimmer), die der Lesezirkelleser auf 12 Millionen geschätzt. Die Lesezirkelinhaber wählen aus dem Massenangebot der Verlage im allgemeinen das Schrifttum aus, von dem sie sich bei ihrem breiten Publikum den breitesten Absatz versprechen. Je mehr Einzelleser und Familien nun durch eine regelmäßige positive und negative Kritik in der Öffentlichkeit zu anspruchsvollen Lesern erzogen werden, um so mehr werden sich auch die Lesezirkel nach dem sich wandelnden Geschmack orientieren müssen und in ihrer Zeitschriftenzusammenstellung darauf Rücksicht nehmen.

Gesichtspunkte für die Beurteilung der Zeitschriften

Die Scylla und Charybdis für die Beurteilung der illustrierten Zeitschriften sind der Rigorismus und der Laxismus [*sic*]. Der Rigorismus wird keine Illustrierte für gut und tragbar halten. Er wird sich auf den pädagogischen Standpunkt stellen, daß die visuelle Überfütterung des Menschen heute bildungsmäßig nicht verantwortet wer-

den könne und mit dem Maßstab moralischer Strenge auch das gängige Sportfoto ablehnen.
Statt einem moralischen Rigorismus oder Laxismus [*sic*] zu huldigen, sollte man sich einerseits ständig an einem idealen Leitbild orientieren, andererseits aber immer die konkrete Situation im Auge haben und bedenken, daß der Mensch in seinen tatsächlichen Gegebenheiten einer langen erzieherischen Hilfe und einer langen Dauer eigener Anstrengungen bedarf, bis er mit Gottes Hilfe vielleicht das Bessere bejaht und tut. In recht verstandener pädagogischer Weitsicht darf man sich daher sicherlich bemühen, im Laufe der Zeit vom Abzulehnenden zum Tragbaren und vom Tragbaren zum Guten zu kommen (progressive Methode).

Der Anzeigenteil
Der Anzeigenteil scheint gerade bei den illustrierten Zeitschriften und Wochenendblättern besonders wichtig zu sein. Seine Wirkung kann u. U. gefährlicher als der Bildteil sein. Durch eine einzige Anzeige ist eine Kettenreaktion des Bösen möglich: Ein Sechzehnjähriger bestellt Sexualstimulantien, Sexualliteratur u. ä. Durch ihn kommt dasselbe in die Hände seiner Kameraden. Aus Ergänzungslisten, die unaufgefordert von den Versandhäusern kommen, erfolgen weitere Bestellungen. Das Ende ist dann nicht abzusehen.
Grundsätzlich sind deshalb alle Anzeigen abzulehnen, die durch ihre Gestaltungsart oder durch die angebotenen Gegenstände (Bücher, Sexualstimulantien usw.) die Jugend, die Ehe und Familie gefährden. Dazu gehören auch alle besonders aufdringlich und eindringlich erscheinenden Anzeigen, die das gesunde sittliche Empfingen verletzen.

Der Textteil
Auf die Dauer scheinen antikirchliche und antireligiöse Artikel, Berichte, Reportagen usw. gefährlicher zu sein als sittenwidrige oder gar pornografische Darstellungen, da die Zerstörung des Glaubens gefährlicher ist als die der Sitten. Selbstverständlich sind ebenfalls alle Texte und Darstellungen abzulehnen, die das christliche Sittengesetz verletzen. Hierher gehören Romane und reportagenhafte Darstellungen, die in ihrer sensationellen Aufmachung die Phantasie des Lesers so sehr beanspruchen, daß dadurch eine sittliche Gefährdung gegeben ist. Bei Romanen ist allerdings zu beachten, daß nicht so sehr die Einzelschilderung als vielmehr die Grundhaltung des ganzen Romanes entscheidend ist.

Der Bildteil
Es sind alle bildlichen Darstellungen abzulehnen, die den Glauben, kirchliche Persönlichkeiten und Institutionen herabsetzen. Das gleiche gilt von Bildern, die das Sittengesetz verletzen, die also der christlichen Auffassung von der Würde des Leibes, insbesondere von der Würde der Frau widersprechen. Zweifellos gibt es hier schwierige Grenzfälle, wenn man an gewisse Darstellungen von Tänzen, von Szenen aus der Badesaison usw. denkt. Die Frage nach der Aufdringlichkeit, der Tendenz, der

Phantasieanregung jugendlicher Leser, sowie der Häufigkeit der Darstellungen kann eine Hilfe für die Entscheidung sein.

Der Versuch einer Klassifikation

Die bisherigen Erfahrungen mit der regelmäßigen Wertung illustrierter Zeitschriften legten eine Einstufung in vier Gruppen nahe:

Gruppe 1: Für Familien und Jugendliche empfehlenswert;
Gruppe 2: Für Familien und Jugendliche tragbar;
Gruppe 3: Für Familien und Jugendliche abzuraten;
Gruppe 4: Für alle abzulehnen.

Die hier erarbeiteten Richtlinien für die Bewertung von Illustrierten und Zeitschriften lauten:

Für Familien und Jugendliche empfehlenswert (Note 1)

Für die unter 1 einzustufenden Illustrierten und Zeitschriften gelten folgende Voraussetzungen: Einwandfreie Text- und Bildgestaltung, deren Aussagen christliche Anschauungen und Sitten, vor allem im Hinblick auf Ehe, Familie und Jugenderziehung, Staat und Gesellschaft verbreiten und fördern helfen.

Der Anzeigenteil der unter 1 einzustufenden Illustrierten und Zeitschriften muß sich jeder anstößigen und zweifelhaften Werbung enthalten.

Unter »einwandfreier Text- und Bildgestaltung« versteht die Arbeitsgemeinschaft eine wahrhafte Berichterstattung über alle Bereiche des Lebens und der Welt, sowie die Darbietung einer ehrbaren Unterhaltung. Die Berichterstattung über Vergehen und Verbrechen muß so gehalten sein, daß sie nicht anziehend oder verletzend wirkt. Wahrhaftigkeit ist unvereinbar mit schreierischer Sensation. Die Verbreitung christlicher Anschauungen und die Förderung christlicher Sitten kann direkt oder indirekt geschehen. Dies wird vor allem im Hinblick auf Ehe, Familie und Jugenderziehung erwartet, d. h. die unter 1 einzustufenden Illustrierten und Zeitschriften müssen u. a. für die Unauflöslichkeit der Ehe eintreten, sie müssen den Wert, die Aufgaben und die Anliegen der Familie herausstellen und die Grundsätze christlicher Jugenderziehung vertreten.

Anstößig, besonders in der Reklame ist jede werbende Darbietung in Wort und Bild, die auf die Sexualinstinkte spekuliert, das gesunde Schamgefühl verletzt oder zur Würde des Menschen, insbesondere der Frau im Widerspruch steht. Dazu gehört auch attraktive Werbung für Reizwäsche, Sexualstärkungsmittel etc. Zweifelhafte Werbung ist u. a. in der Veröffentlichung von Anschluß-Annoncen und in der Anpreisung von sog. Aufklärungsschriften zu erblicken.

Für Familien und Jugendliche tragbar (Note 2)

Für die unter 2 einzustufenden Illustrierten und Zeitschriften gelten folgende Voraussetzungen: einwandfreie Text- und Bildgestaltung, deren Aussagen im allgemeinen nicht gegen christliche Grundsätze und Sitten verstoßen, wobei eine objektive Berichterstattung über Vorgänge des kirchlichen und öffentlichen Lebens vorausgesetzt wird. Der Anzeigenteil der unter 2 einzustufenden Illustrierten und Zeitschriften muß sich im wesentlichen jeder anstößigen und zweifelhaften Werbung enthalten.

Die Anforderungen, die an die unter 2 einzustufenden Illustrierten und Zeitschriften gestellt werden, decken sich im allgemeinen mit den Forderungen, die für die Gruppe 1 gelten. Der Unterschied zu Gruppe 1 besteht in der stillen Anerkennung und gelegentlichen Förderung christlicher Anschauungen und Sitten. Die Einschränkung »im allgemeinen« bezieht sich auf sog. »einmaligen Entgleisungen« gegen die bisher verfolgte Grundtendenz des Blattes im Text- und Anzeigenteil.

Für Familien und Jugendliche abzuraten (Note 3)

Für die unter 3 einzustufenden Illustrierten und Zeitschriften gelten folgende Voraussetzungen: Text- und Bildgestaltung sind nur kritischen und urteilssicheren Erwachsenen zumutbar.

Im Anzeigenteil ist häufig anstößige und zweifelhafte Werbung zu finden.

Die unter 3 eingestuften Illustrierten und Zeitschriften weisen häufig unwahrhaftige oder schreierisch-sensationelle Text- und Bildberichte auf, die in ihrer Wirkung unkritische und nicht urteilsfähige Leser ungünstig beeinflussen. Hierher gehören vor allem Fortsetzungsberichte, in denen für jugendliche Leser ungeeignete Probleme einseitig dargestellt werden und die gegen christliche Anschauungen und Sitten verstoßen. Auch die bewußte Herausstellung von Brutalität sowie die Veröffentlichung von Horoskopen und fraglichen comic-strips gehören hierzu.

Für alle abzulehnen (Note 4)

Unter 4 eingestufte Illustrierte und Zeitschriften verstoßen in Wort und Bild häufig und in grober Weise gegen die christlichen Anschauungen und Sitten. Sie sind entweder unverkennbar kirchenfeindlich oder unmoralisch.

Im Anzeigenteil ist regelmäßig anstößige und zweifelhafte Werbung zu finden.

Die Auswertung der Beurteilungen

Die Ergebnisse der Zeitschriftenbewertung sollen vorerst etwa vierteljährlich veröffentlicht werden. Es wird dabei bekanntgegeben, daß die in einem bestimmten zurückliegenden Zeitabschnitt erschienenen Ausgaben einer Zeitschrift die ermittelte Gesamtbewertung (Note 1, 2, 3, 4) erhalten haben. Hinzugefügt werden sollen noch Bemerkungen, warum die entsprechende Einstufung erfolgte und auch Hinweise auf besondere Verstöße, Schwächen oder positive Züge des Blattes.

Die Veröffentlichung würde vor allem in der kirchlichen Presse erfolgen.

Auf die Dauer sollte eine eigene Druckschrift zusätzlich als Organ des Zeitschriftendienstes (wie der »Filmdienst«) herausgegeben werden, in dem neben der jeweiligen Wertungsliste auch grundsätzliche Darlegungen und ausführliche Besprechungen von Zeitschriften erfolgen könnten.

Die Druckschrift käme an Zeitschriftenhändler, Kioskbesitzer, Lesezirkelinhaber, Verlage, katholische Organisationen und die Mitarbeiter des Zeitschriftendienstes zum Vertrieb.

Die rechtliche Lage

Hat die Kirche oder haben kirchliche Vereinigungen überhaupt ein Recht, in einer solchen Weise wertend und urteilend zu publizistischen Erscheinungen der Gegenwart Stellung zu nehmen? Verstoßen sie dadurch nicht gegen bestehende Gesetze, etwa im Sinne des unlauteren Wettbewerbes, der Beleidigung usw.? Durch die deutsche Rechtsprechung, nicht zuletzt durch den Constanze-Prozeß[2], ist eindeutig klargestellt, daß die Kirche, ebenso wie andere freie Vereinigungen oder Einzelpersonen, die ein echtes berufliches, fachliches, pädagogisches oder seelsorgliches Interesse nachweisen können, das Recht haben, zu allen kulturellen und publizistischen Vorgängen Stellung zu nehmen, soweit diese Stellungnahme nicht im Rahmen eines geschäftlichen Wettbewerbes erfolgt. Auf dieser Rechtslage basiert auch die kirchliche Filmkritik der ev[an]g[e]l[ischen] Filmliga und der katholischen Filmkommission. Es dürfte sich daher empfehlen, als Träger für den Zeitschriftendienst ein Gremium zu wählen, daß entweder als solches kirchlichen Charakter hat oder aber in irgendeiner Form kirchlich legitimiert ist.

Die Finanzierung des Zeitschriftendienstes

Die Unkosten stellen sich bis jetzt auf monatlich etwa 400 DM. Davon wurde der Einkauf der Zeitschriften, die Portoauslagen, Auslagenerstattungen an die Mitarbeiter u. ä. bestritten. Dieser verhältnismäßig niedrige Betrag war dadurch ermöglicht, daß die Arbeit ausschließlich ehrenamtlich getan und die organisatorischen Arbeiten nebenbei vom Bischöflichen Jugendamt erledigt wurden. Auf die Dauer ist eine Fachkraft und eine Schreibkraft für die Abwicklung der Aufgaben des Zeitschriftendienstes erforderlich. Fühlungnahmen mit dem Lande Nordrhein-Westfalen, dem Landesjugendamt Westfalen und anderen Stellen haben ergeben, daß staatliche und kommunale Stellen an dieser Aktion sehr interessiert sind, weil auch diese unter jugendpflegerischen und jugendfürsorgerischen Gesichtspunkten dem angeschnittenen Problem bisher hilflos gegenüberstanden. Es steht daher zu erwarten, daß bei Antragstellung eine wesentliche Hilfe aus öffentlichen Mitteln erreichbar ist. Ein Teil der Unkosten wird wahrscheinlich auch durch freie Spenden gedeckt werden können. Sicher werden viele Eltern und Erzieher gerade eine solche Arbeit zu unterstützen bereit sein. Die wesentliche Arbeit der regelmäßigen Durchsicht der einzelnen Zeitschriften wird auch in Zukunft ehrenamtlich getan werden müssen und getan werden können.

Die bisherige Vorarbeit für einen Zeitschriftendienst

Nach längeren Verhandlungen mit diözesanen und außerdiözesanen Stellen wurde im April 1955 in der Diözese Münster mit dem Aufbau eines Zeitschriftendienstes begonnen. Die organisatorischen Aufgaben übernahm dabei das Bischöfliche Jugendamt der Diözese. Zur Übernahme der Bewertung wurden durch das Jugendamt ca. 100 ehrenamtliche Mitarbeiter gewonnen. Der Kreis dieser Mitarbeiter setzt sich aus Familienvätern und -müttern, Geistlichen, Pädagogen, älteren Jungführern und -führerinnen zusammen. Dabei sind alle beruflichen und sozialen Schichten vertre-

2 *Am 4. September 1949 hatte eine regionale Beilage zum münsterschen Bistumsblatt »Kirche und Leben« die in Hamburg erscheinende Frauenzeitschrift »Constanze« eine* Blüte aus dem Sumpf der fragwürdigen Kulturerzeugnisse *genannt. Der Verlag strengte daraufhin eine Klage wegen Geschäftsschädigung und unlauteren Wettbewerbs an, die in erster Instanz vom Landgericht Münster abgewiesen wurde; eine Revision beim Oberlandesgericht in Hamm blieb erfolglos, der daraufhin angerufene Bundesgerichtshof entschied nach einer vorangegangenen Zurückweisung an das Oberlandesgericht am 6. Juli 1954 in Teilen zugunsten des klagenden Verlages, ohne jedoch die Entscheidungen der Vorinstanzen über das grundsätzliche Recht der Kirche, kritisch zu Presseerzeugnissen Stellung zu nehmen, in Frage zu stellen.* DA MÜNSTER, GV-NA Akte 101–137, *nicht ganz eindeutig* D. KLENKE, *S. 191–197.*

ten. Eine zentrale Versandstelle beliefert Woche für Woche jeweils 20 Arbeitsgruppen, die durchschnittlich aus vier Mitarbeitern, die unabhängig voneinander die Bewertung vornehmen, bestehen und in der Regel je 2 Zeitschriften beurteilen. Die Richtlinien für die Bewertung sind im Vorstehenden angegeben worden.
Jeder Mitarbeiter trägt seine Ergebnisse in einen Wertungsbogen ein (Muster anliegend) und schickt den ausgefüllten Bogen monatlich zum Bischöflichen Jugendamt. Hier werden die Einzelbeurteilungen der Mitarbeiter von einer kleinen Arbeitsgruppe zusammengefaßt und die endgültige Notifizierung der Zeitschriften vorgenommen.
Es fanden mit den Mitarbeitern verschiedentlich Arbeitsbesprechungen statt, bei denen Schwierigkeiten in der Beurteilung und aufgetretene Mängel besprochen wurden. Die Einarbeitung der beurteilenden Mitarbeiter wurde dadurch sehr gefördert.
Die Durchsicht der Zeitschriften erfolgt sorgfältig, die jeweiligen Beanstandungen und Beurteilungen zeigen keine großen Abweichungen voneinander, so daß das vorliegende Material und die gesammelte Erfahrung ausreichen dürften, mit dem Zeitschriftendienst in die Öffentlichkeit zu treten.
Nach der letzten Wertung erhalten von 40 beurteilten Zeitschriften

3	Zeitschriften die Note	1 (empfehlenswert)
15		2 (tragbar)
19		3 (abzulehnen)
3		4 (für alle abzulehnen).

Die Organisationsform des Zeitschriftendienstes
Ziel sollte es sein, für das Zeitschriftenapostolat eine ähnliche kirchliche Institution zu bilden, wie sie in der Katholischen Filmkommission für den Bereich des Filmes geschaffen ist. Die Organisationsform der Filmkommission könnte abgewandelt für einen Katholischen Zeitschriftendienst für Deutschland in Frage kommen.
Für den Übergang wird vorgeschlagen, daß ein »Zeitschriftendienst der Bischöflichen Jugendämter in Nordrhein-Westfalen« konstituiert wird, der die begonnene Arbeit weiterführt und mit den Veröffentlichungen der Wertungsergebnisse beginnt. Zu den bereits vorhandenen Mitarbeitern sollten weitere der Erzdiözesen Köln und Paderborn und der Diözese Aachen kommen. In die bestehende leitende Arbeitsgruppe, die die endgültigen Wertungsnoten festlegt, müßten Vertreter der genannten Bistümer einbezogen werden. Ein Beirat wäre ferner aus Fachleuten (Seelsorger, Moraltheologe, Pädagogen, Väter und Mütter, Jugendleiter, Jurist, Zeitungsfachleute, Volkswartbund, Aktion Jugendschutz usw.) zur Unterstützung und Beratung der Arbeitsgruppe und Bearbeitung von Fragen des Auf- und Ausbaues des Zeitschriftendiensten zu bilden. Die vorläufige Geschäftsführung könnte noch in Münster und beim Bischöflichen Jugendamt bleiben.
Mit dem Anlaufen der Aktion in Nordrhein-Westfalen in der Trägerschaft der Jugendämter sollten Schritte unternommen werden, um möglichst bald eine Institution für die Zeitschriftenbewertung für das ganze Bundesgebiet zu bekommen, an der auch andere katholische Organisationen stärker beteiligt sein sollten. Die inzwischen in NRW gesammelten Erfahrungen könnten dazu ausgewertet werden.

10

Keller an die nordrhein-westfälischen Bischöfe

Münster, 2. März 1956

EA Köln, CR II 26.4, 15. *Schreibmaschinenausfertigung mit eigenhändiger Unterschrift. Briefkopf:* Der Bischof von Münster. *Allgemeine Anschrift:* An die Hochwürdigsten Herren Erzbischöfe und Bischöfe in Nordrhein-Westfalen. *Besondere Anschrift:* S[eine]r Eminenz dem Hochwürdigsten Herrn Erzbischof Joseph Kardinal Frings, Köln a[m] Rh[ein]. *Registraturstempel:* Erzb[ischöfliches] General-Vikariat, Registratur 6. M[ä]rz 1956. Köln. *Handschriftliche Vermerke:* Reg[istratur] b[itte] reg[istrieren] + w[ieder] vorlegen; K[öln] 5.3.1956 T[eusch], *von anderer Hand:* Vorschlag, Illustrierte wie Filme zu benoten.

Hochwürdigste Eminenz / Exzellenz!

Die Überflutung unseres Volkes mit minderwertigen Illustrierten und Wochenendblättern ist in den letzten Jahren zu einem Seelsorgsproblem ersten Ranges geworden. Ich erlaube mir daher, Ihnen in der Anlage eine Denkschrift zur Bildung eines Zeitschriftendienstes zu überreichen, die, wie mir scheint, einen wichtigen Beitrag zur Lösung dieses Problems aufzeigt.

Sie ist nach einer Reihe von Vorberatungen mit dem Volkswartbund[1] in Köln-Klettenberg und mit anderen kirchlichen und staatlichen Stellen in jahrelanger Arbeit entstanden und kann sich, was die Durchführung einer regelmäßigen Zeitschriften-Begutachtung angeht, auf eine wenigstens einjährige Probezeit berufen.

Die in der Landesstelle Nordrhein-Westfalen zusammengefaßten Erzbischöflichen und Bischöflichen Jugendämter unserer vier Bistümer haben sich ebenfalls seit etwa einem Jahre in mehreren Beratungen mit dem Problemkreis befaßt und über die laufenden Versuche regelmäßig informieren lassen. Es scheint mir jetzt an der Zeit zu sein, etwa vierteljährlich mit der Veröffentlichung der Arbeitsergebnisse in den Kirchenzeitungen und Verbandsorganen zu beginnen, um dadurch eine regelmäßige Orientierung der katholischen Bevölkerung über die am meisten gelesenen Illustrierten und Wochenendblätter sicherzustellen. Ich würde es daher begrüßen, wenn alle Bischöfe Nordrhein-Westfalens ihre Jugendämter beauftragen würden, für die Bestellung einer vorläufigen Zeitschriftenkommission für Nordrhein-Westfalen zu sorgen und die in der Denkschrift aufgezeigten Maßnahmen in die Wege zu leiten. Zu gegebener Zeit könnten dann alle deutschen Bischöfe aufgrund der in Nordrhein-Westfalen gemachten Erfahrungen eventuell beschließen, den Zeitschriftendienst auf das gesamte Bundesgebiet auszudehnen. In diesem Sinne sind außer dem Volkswartbund auch Seine Exzellenz, der Hochwürdigste Herr Weihbischof Dr. Franz Hengsbach, als der Generalassistent der deutschen Bischöfe beim Zentralkomitee der deutschen Katholiken und das Kulturreferat des Zentralkomitees laufend über den Stand der Entwicklung orientiert worden.

Die Rechtslage bezüglich einer regelmäßigen Zeitschriften-Begutachtung ist die gleiche wie für die regelmäßige Filmbeurteilung durch die Katholische Filmkommission mit dem »Filmdienst«. Kirchliche Gremien haben nach Gesetz und Rechtsprechung

1 *Seit 1951 als Bischöfliche Arbeitsstelle für Fragen der Volkssittlichkeit reorganisierte Vereinigung.*

(z. B. Constanzeprozeß) das Recht, zu öffentlichen Erscheinungen auf allen Gebieten, die Glauben und Sitte berühren, beurteilend, warnend oder empfehlend Stellung zu nehmen.
Mir scheint das seelsorgliche Anliegen eines solchen Zeitschriftendienstes so dringend, daß Klerus und Gläubige eine Initiative der Bischöfe Nordrhein-Westfalens in dieser Hinsicht sicherlich freudig begrüßen würden.

+ Michael.

11

Denkschrift des Katholikenausschusses Hamburg

Hamburg, 5. März 1956

EA München, Joseph Kardinal Wendel, 20/1956. *Schreibmaschinenhektographie mit Überschrift:* Denkschrift zur Errichtung eines neuen Bistums Hamburg. *Briefkopf:* Der Katholikenausschuß Hamburg. *Schlußvermerk:* Wir begrüßen als Dechanten die Bemühungen des Katholikenausschusses um die Errichtung eines eigenen Bistums Hamburg und geben unsere Zustimmung zu dieser Denkschrift mit unserer Unterschrift. *Die Unterschriften sind in der Vorlage nicht wiedergegeben.*

A. Vorgeschichte
Seit Jahren ist im Großhamburger Raum die Diskussion über die Errichtung eines eigenen Bistums Hamburg im Gange.
Schon bei den Konkordatsverhandlungen 1929[1] spielte diese Frage eine Rolle.
Der frühere Bürgermeister von Altona und spätere Bürgermeister von Hamburg, Brauer[2], wollte bereits für einen Bischof von Hamburg ein Haus zur Verfügung stellen.
Auch zur Zeit der NSDAP wurde der Bischof von Osnabrück gebeten, seinen Sitz nach Hamburg zu verlegen.
Auf einer Wallfahrt der Hamburger und Schleswig-Holsteiner Katholiken zu dem Answeruskreuz bei Ratzeburg berührte Dechant Schulte[3], Pfarrer von Hamburg-Billstedt, das Thema.
Auf einer Sitzung des Katholikenausschusses kam der Diözesanvorsitzende, Dr. Tillmann[4], Nordhorn, auf das gleiche Thema zu sprechen.
In der Hamburger Presse wurden mehrfach Notizen in zustimmender und ablehnender Weise veröffentlicht.

1 *Verhandlungen zum Abschluß des Konkordats Seiner Heiligkeit mit dem Freistaat Preußen vom 14. Juni 1929.* AAS *21 (1929), S. 521–543,* GS *1929, S. 152.*

2 Max Brauer *(1887–1973), Politiker (SPD), 1924 Oberbürgermeister von Altona, 1946–1953 Erster Bürgermeister von Hamburg.*

3 Heinrich Schulte *(1896–1962), 1923 Priester (D Osnabrück), 1923–1962 Seelsorger im Großraum Hamburg, 1951–1962 Dechant von Wandsbek, 1959 Päpstlicher Geheimkämmerer.*

4 Albert Tilmann *(gest. 1991), Dr. iur., Rechtsanwalt und Notar, 1917–1922 Regierungspräsident in Osnabrück, später Rechtsanwalt in Berlin, Vertreter der Diözese Osnabrück im Zentralkomitee. Siehe dazu den Artikel »Die Rettung der Neuen Synagoge« von* Gregor Waschinski *in:* Süddeutsche Zeitung vom *9. November 2002.*

So setzte der Vorsitzende des Hamburger Katholikenausschusses, Herr Rechtsanwalt Krause[5], den Punkt »Errichtung eines Bistums Hamburg« auf die Tagesordnung der ersten Sitzung des Jahres 1956. Er bat den Geistlichen Beirat des Dekanates Hamburg-Wandsbek, Pastor Raudisch[6], Hamburg-Bergedorf, den Fragenkomplex und insbesondere die näheren Gründe für die Errichtung eines eigenen Bistums Hamburg in einem Referat zu behandeln.
Die folgenden Ausführungen geben die Darlegungen von Pastor Raudisch im wesentlichen wieder. Sie sind mit den Herren Dechant Schulte vom Dekanat Hamburg-Wandsbek und Dechant Krüssel[7] vom Dekanat Hamburg-Altona zuvor eingehend durchgesprochen worden und wurden mit deren Autorisierung vorgetragen.
Im Anschluß an das Referat und eine eingehende Diskussion wurde einstimmig beschlossen, eine Petition an Seine Eminenz, den Hochwürdigsten Herrn Kardinal Frings in Köln und an Seine Exzellenz, den Hochwürdigsten Herrn Erzbischof Muench, Godesberg, an Seine Exzellenz, den Hochwürdigsten Herrn Weihbischof von Rudloff[8], den derzeitigen Kapitularvikar von Osnabrück, und an den Hochwürdigsten Herrn Bischof von Hildesheim, Exzellenz Dr. Machens zu richten.

B. Nähere Begründung
I. Kirchlich-geographische Neuordnung
Ein neues Bistum Hamburg wäre der kirchlich-geographische Mittelpunkt folgender größeren Seelsorgsbezirke:

1. Der Stadtstaat Hamburg mit rund	120.000	Katholiken
2. Das Land Schleswig-Holstein mit rund	160.000	"
3. Die Hansestadt Bremen und die Regierungsbezirke Stade und Aurich mit rund	120.000	"
4. Das Land Mecklenburg mit rund	200.000	"
5. Die nördlichen Teile des Regierungsbezirkes Lüneburg, welche z. Zt. zum Bistum Hildesheim gehören zusammen rund 660.000	60.000	"
		"

Der Aktionsradius des neuen Bistums würde

nach Norden	150 km
nach Westen	200 km
nach Süden	120 km
nach Osten	120 km
	betragen.

5 Josef Krause, *1953 Vorsitzender des Katholikenausschusses in Hamburg, 1953–1961 und 1964–1966 Mitglied der Hamburger Bürgerschaft (»Hamburg-Block« bzw. CDU).*

6 Erich Raudisch *(1905–2000), 1928 Priester (D Osnabrück), 1941 Generalsekretär beim Bonifatius-Verein Paderborn, 1945 Evakuiertenseelsorger, 1947–1968 Pfarrer in Hamburg-Bergedorf.*

7 Anton Krüssel *(1886–1958), 1911 Priester (D Osnabrück), 1953 Dechant in Altona, 1956 Wirklicher Geistlicher Rat.*

8 Johannes von Rudloff *(1897–1975), 1924 Priester (D Osnabrück), nach Seelsorgetätigkeit 1950 Weihbischof in Osnabrück, 1955 Kapitularvikar.*

Daraus ist ersichtlich, wie Hamburg wirklich im geographischen Mittelpunkt dieses neuen Bistums läge. Heute liegt die Bischofsstadt Osnabrück ganz am Rande und bis nach Flensburg beträgt der Anweg 400 km.
Der verstorbene Erzbischof Dr. Wilhelm Berning[9] hat beim Pfingsttreffen 1955 in Lübeck privat geäußert:
»Ich bin von der Notwendigkeit einer Neuordnung überzeugt. Aber man soll das erst nach meinem Tode machen.«

II. Bistum Hamburg – eine seelsorgliche Forderung
Der Münsteraner Bischof Keller bezeichnete als eines der wichtigsten Ereignisse des vergangenen Jahres den Entschluß des Heiligen Stuhles, ein neues Bistum im Ruhrgebiet mit Sitz in Essen zu gründen. Die kirchlichen Stellen hätten sich bei diesem Entschluß ausschließlich von seelsorglichen Gedanken bewegen lassen. Durch die Bevölkerungsumschichtung der letzten zehn Jahre seien die Bistümer Nordrhein-Westfalens immer stärker gewachsen, so sei die Gründung eines eigenen Bistums eine unabweisbare Notwendigkeit geworden.
Auch im Bistum Osnabrück hat sich in den Jahren 1933 bis 1956 die Zahl der Katholiken erheblich erhöht. Sie ist von 494.000 auf 835.000 Seelen gewachsen.
Auch der Stadtstaat Hamburg hat durch die nach dem Kriege wieder außerordentlich zunehmende Landflucht erheblich an Einwohnern zugenommen.
Nach einer Aufrechnung der Tageszeitung »Die Welt« vermehrte sich Hamburg von 1945 bis 1955 um 570.201 Personen.
Das entspricht ungefähr der Größe der Städte Hannover oder Stuttgart und bedeutet einen Zuwachs von rund 40.000 Katholiken.
Deshalb ist der Wunsch der Hamburger Katholiken, ein eigenes Bistum zu erhalten, aus seelsorglichen Erwägungen in ähnlicher Weise begründet.
Die Bevölkerungsentwicklung im Lande Schleswig-Holstein ist entsprechend: In diesem Gebiet waren im Jahre 1855 unter 919.000 Einwohnern nur 1.063 Katholiken. Hundert Jahre später finden wir bei 2.594.000 Einwohnern 154.857 Katholiken. Während die Einwohnerzahl nur knapp um das Dreifache stieg, betrug jetzt die Anzahl der Katholiken das 150fache. Dieser mächtige Zustrom in Schleswig-Holstein ist hauptsächlich durch den Flüchtlingsstrom gekommen. Er mag vielleicht ein wenig abebben. Aber eine sehr große Anzahl von Katholiken wird doch im Lande Schleswig-Holstein wohnen bleiben.
Es hat sich heute allgemein die Erkenntnis durchgesetzt, daß die kleineren Pfarreien gegenüber den früheren Mammut-Pfarreien wesentlich größere seelsorgliche Erfolge zu verzeichnen haben. Daher ist man überall in den deutschen Landen an der Aufteilung der Großpfarreien tätig.
Nach den gleichen Grundsätzen sind wir auch der Überzeugung, daß kleinere Bistümer größere seelsorgliche Erfolge verzeichnen werden, weil der Bischof als erster

9 WILHELM BERNING *(1877–1955), Dr. theol., 1900 Priester (D Osnabrück), 1914–1955 Bischof von Osnabrück, 1950 Erzbischof. Vgl.* K.-A. RECKER.

Seelsorger seiner Diözese sowohl die Geistlichen wie auch die Gläubigen besser kennen lernen kann.
Da nun das Bistum Osnabrück das räumlich größte Bistum Deutschlands ist (sein Umfang beträgt 44.000 qkm), wäre eine Aufteilung gerade dieses Bistums eine unumgängliche Notwendigkeit.
Die Diaspora-Situation dieses Bistums trägt noch mehr dazu bei, die Intensivierung der Seelsorge auch durch Gründung eines neuen Bistums zu fordern.
Nach dem Kriege sind viele neue Kirchen gebaut worden, nun kommt der zweite wichtigere Schritt, der innere Aufbau der Pfarrgemeinden. Ein eigenes Bistum wird die sonst durch die Entfernung von der Bischofsstadt leicht eintretende Kontaktlosigkeit vermindern und einen direkten Einfluß des Bischofs auf die Geschicke seiner Diözese wesentlich fördern.
Wie im westfälischen Raum ist auch in Norddeutschland ein starker Zustrom von Flüchtlingen die Ursache für eine außerordentliche Vergrößerung der Gemeinden und der Gesamtkatholikenzahl.
Wenn wir an die Entwicklung der kirchlichen Neuordnung in anderen Ländern denken, wie z. B. im benachbarten Holland oder in Brasilien oder Indien, dann müßte eine so große Diözese schon längst geteilt sein.
Das kleine katholische Indien mit 5 Millionen Katholiken hat 65 Diözesen, das bedeutet für rund 8.000 Seelen ein Bistum. Um wie viel mehr besteht die Berechtigung für ein Gebiet von rund 660.000 Katholiken, ein eigenes Bistum zu erhalten.
Die größte Stadt des Bundesgebietes, eine der wichtigsten Städte Europas überhaupt, hat in seelsorglicher Hinsicht keinerlei Zusammenfassung. Diese Großstadt hat keine gemeinsamen Priesterkonferenzen ihrer vier Dekanate. Jede Pfarrei lebt in der Isolierung und in der Eigenbrödelei. Nur durch eine bischöfliche Führung kann in einer so wichtigen Weltstadt die seelsorgliche Einheit und konzentrierte Schlagkraft geschaffen werden. Hamburg braucht eine seelsorgliche Zusammenfassung. Es ist eine kirchliche autoritative Führung notwendig sowohl in der Abwehr areligiöser wie auch nichtkatholischer Einflüsse.
Mit dieser Erkenntnis und unserem Vorschlag befinden wir uns im Einklang mit den Forderungen des großen Kanzelredners Pater Riccardo Lombardi S. J.[10], der in seinem Werk »Für eine neue Welt« (F. H. Kerle-Verlag, Heidelberg)[11] ein neues Bistum Hamburg für nötig erachtet.
Wir zitieren (Seite 204):
»... Andere Diözesen sind viel zu ausgedehnt. In Nationen, in denen das Christentum noch relativ jung und sehr expansiv ist, erleben wir eine fortwährende Teilung und Unterteilung der früheren Diözesen im Verhältnis zu den Konversionen. Dagegen scheint in den alten christlichen Ländern der Mut zu derartigen Änderungen zu fehlen ...

10 P. RICCARDO LOMBARDI SJ *(1908–1976), 1926 Ordenseintritt, 1936 Priester, Kanzelredner von internationalem Ruf, auch in Deutschland und Österreich tätig.*

11 RICCARDO LOMBARDI, *Für eine neue Welt, Heidelberg 1955, S. 204 f. Die Kennzeichnung ... im Zitat markiert eine Auslassung von drei Sätzen. Die im folgenden als Zitate gekennzeichneten Stellen* EBD., *S. 205.*

Einige der größten Städte Europas sind immer noch nicht zu Bischofssitzen erhoben, woraus sich für eine wirksame und einheitliche Leistung große Schwierigkeiten ergeben. Das gilt beispielsweise von Brüssel, Zürich, Frankfurt, Hamburg, Den Haag, Amsterdam.

Diese Tatsache läßt sich sicherlich Fall für Fall durch frühere geschichtliche Verhältnisse erklären, bleibt aber im Hinblick auf die heutige Bevölkerungslage dennoch unnatürlich.

Wir brauchen hier nicht auf den Nutzen für unser katholisches Lager in der gegenwärtigen Stunde hinzuweisen, wenn unsere sämtlichen Kräfte an dem Aufbau einer neuen Welt unter der autoritativen und unmittelbaren Leitung unserer Bischöfe mitarbeiten könnten. Das würde ermöglicht, wenn solche überkommenen Mißstände endlich einmal durch eine einheitliche und unseren Zeitverhältnissen angepaßte Neuregelung überwunden würden.«

Die Gesichtspunkte, welche Lombardi herausarbeitet, sind bezeichnend für seine große seelsorgliche Sicht. Nicht »persönliche Rücksichten«, nicht »partikularistische Gesichtspunkte« dürfen uns leiten, sondern wir müssen »überkommene Mißstände« und traditionelles Festhalten am Alten überwinden, müssen anpassungsfähig sein an die neuen Zeitverhältnisse und insbesondere »sämtliche Kräfte an dem Aufbau einer neuen Welt« einsetzen.

Die neuen Verhältnisse, welche durch die großen Zeitereignisse des letzten Krieges und der Nachkriegsfolgen geschaffen worden sind, zwingen uns auch in Hamburg, konstruktiv zu denken und am Aufbau einer neuen Welt mitzuarbeiten.

Darum sind wir für ein neues, eigenes Bistum Hamburg.

Gewiß wird diese Frage vom Heiligen Stuhle entschieden, aber wir sind der Überzeugung, daß dem Heiligen Vater und seinen nächsten Mitarbeitern, welche die Errichtung neuer Bistümer vorbereiten, eine freudige Resonanz an Ort und Stelle selbst nur sehr angenehm sein kann.

III. Ein Bistum Hamburg, eine Forderung der Repräsentation

Der Protokolldienst des Hamburger Senates machte folgende Feststellung:

Hamburg ist die Stadt der Welt, welche die vollständigste konsularische Vertretung hat. Von den Konsulaten sind 2/3 aus katholischen Ländern, die hier für Verhandlungen keinen gleichgestellten kirchlichen Würdenträger als Verhandlungspartner vorfinden.

Die Stadt mit den meisten Konsulaten der Welt braucht dringend einen Bischof zur Erfüllung der repräsentativen Verpflichtungen.

Hamburg ist ein Stadtstaat von einer außerordentlichen wirtschaftlichen Bedeutung, versehen mit großen kulturellen Einrichtungen.

Nur ein Bischof ist gegenüber dem Stadtstaat eine für ernst genommene Repräsentationsgestalt.

Auf evangelischer Seite ist ein Landesbischof vorhanden. Selbst die nur einige hundert Gläubige zählende orthodoxe Gemeinde hat einen eigenen Bischof. Nur die katholische Kirche ist bei festlichen Empfängen durch einen Geistlichen vertreten,

der dem Range nach weder den übrigen Bischöfen noch dem diplomatischen Korps gegenüber gleichbedeutend ist.
Wir wollen hier nicht auf die Geschichte Hamburgs eingehen. Aber Hamburg besaß bereits im 9. Jahrhundert den Erzbischof Ansgar. Und auch nach der Reformation wurde Hamburg ein eigenes Missionsvikariat.
Hamburg als Hafenstadt mit den unaufhörlich stattfindenden Schiffsbesuchen hoher auswärtiger und hoher ausländischer Persönlichkeiten braucht einen kirchlichen Würdenträger auf katholischer Seite. Mit dem Hafen hängt zusammen die bedeutende Wirtschaft dieser Weltstadt. In indirekter Weise kann sich das Vorhandensein eines Bischofs wohltuend für die wirtschaftlichen Beziehungen mit den katholischen Ländern der Welt auswirken.
Hamburg ist Träger einer Universität und darin einer evangelisch-theologischen Fakultät. Die katholische Kirche kann nur durch einen Bischof auf diese Einrichtung den notwendigen Einfluß ausüben.
Diese Weltstadt ist nun kirchlich bedauerlicherweise noch dazu zu zwei Diözesen gehörig. Bei der Eigenständigkeit einer deutschen Diözese ist leicht ersichtlich, wie auf diese Weise seelsorgliche wie auch repräsentative Verpflichtungen leicht außer acht gelassen werden oder wegen der Schwierigkeiten der entsprechenden Vorverhandlungen praktisch undurchführbar sind.
Wenn der Heilige Stuhl es für notwendig erachtet hat, für 24.000 Katholiken in Dänemark ein eigenes Bistum zu errichten, für 20.000 Katholiken in Schweden einen Bischof und Weihbischof zu haben, wenn sogar für 5.000 Katholiken in Norwegen zwei Bistümer errichtet worden sind, dann dürfte es wohl nicht unbillig sein, wenn die Hamburger Katholiken für den von ihnen vorgeschlagenen Sprengel mit 660.000 Katholiken ein eigenes Bistum haben möchten. Es ist anzunehmen, daß insbesondere Gründe der Seelsorge und der Repräsentation Rom veranlaßt haben, für die kleinen nordischen Länder eigene Bistümer zu errichten.
Hamburg, die Stadt, von der einst die Missionierung dieser Länder ausgegangen ist, ist heute diesen Ländern gegenüber in Fragen der kirchlichen Organisation und Führung wesentlich schlechter gestellt.

IV. Organisatorische Erwägungen
Das geplante neue Bistum Hamburg brauchte in organisatorischer Hinsicht nicht den großen Verwaltungsapparat, wie er aus der historischen Entwicklung in den größeren Diözesen notwendig geworden ist. Der Katholikenausschuß in Hamburg glaubt, daß die bischöfliche Verwaltung relativ klein gehalten werden könnte. Ein eigenes Priesterseminar ist nicht erforderlich. Als eine Art Domkapitel stellen wir uns Hamburger Pastöre vor, welche als Geistliche Räte ein Domkapitel ersetzen könnten, wie es für das Bistum Essen vorgesehen ist. Die Frage der Domkirche ließe sich vorläufig mit der Marienkirche (Danzigerstraße) oder mit der ältesten Kirche Hamburgs, mit der neuaufgebauten Kleinen Michaeliskirche lösen. Vielleicht könnte dann später die Kulturschande der Niederreißung des alten Hamburger Mariendoms im Jahre 1805 durch einen neuen Marien-Dombau wiedergutmacht werden.

Wichtiger ist ja die durch einen eigenen Bischof gegebene Zusammenfassung der Kräfte in den einzelnen Dekanaten, die Hinführung der Geistlichen zu gemeinsamen Aktionen, der schlagkräftige Einsatz für bestimmte seelsorgliche und kirchenpolitische Aufgaben.
Nur durch eine einheitliche bischöfliche Lenkung können die sonst leicht in ihrer Kirchturmspolitik hängenbleibenden Einzelkräfte zusammengefaßt werden, und auf dem Gebiete der Schule, der Jugendarbeit, der kulturellen Aufgaben, der gemeinsamen Abwehr und des gemeinsamen Aufbaues läßt sich nur auf diese Weise jene Stoßkraft erreichen, welche in einer Weltstadt zum Erfolge führt.

V. Finanzielle Erwägungen
Wir sind der Ansicht, daß auf dem Wege der Verhandlungen auch in Hamburg finanzielle Staatszuschüsse für den Bischof, die bischöfliche Verwaltung, das Domkapitel bzw. die Geistlichen Räte sowie für die theologische Ausbildung der jungen Geistlichen in anderen Priesterseminaren gewährt würden.
Doch, bleiben wir zunächst bei den realen Möglichkeiten. In Hamburg betrug die Einnahme an Kirchensteuern nach den vorliegenden Zahlen für 1954

1. Für Veranlagte	1,25 Millionen
2. Lohnsteuern	1,25 Millionen
	2,5 Millionen
In Schleswig-Holstein dürfen wir bei einer um etwa 1/4 größeren Katholikenzahl mit etwa rechnen.	1 Million
In Bremen und Lüneburg kämen wir bei vorsichtiger Schätzung auf etwa	1 Million
insgesamt	4,5 Millionen

VI. Bedenken
Finanzielle Bedenken dürften bei einem kleinen Verwaltungsapparat kaum bestehen.
Um so schwerwiegender sind wohl organisatorische Bedenken:
Bezüglich Mecklenburgs ist eine neue Regelung der Verhältnisse im Augenblick aus politischen Gründen sicherlich besonders schwierig. Die Abtrennung des Hildesheimer Anteiles, der zu Hamburg gehört, kann natürlich nur auf der Basis von besonderen Verhandlungen mit dem Bistum Hildesheim erfolgen.
Sorgen wird gewiß auch die Frage des priesterlichen Nachwuchses bereiten. Augenblicklich weilen nur zwölf Theologen von Hamburg im Osnabrücker Priesterseminar. Wieviel Theologen aus Schleswig-Holstein, Mecklenburg und im Hildesheimer Anteil vorhanden sind, ist uns nicht bekannt.
Eine neue Regelung der diözesanen Verhältnisse im Bistum Osnabrück wird naturgemäß dem neuen Oberhirten vorbehalten bleiben müssen. Wir möchten aber mit Pater Lombardi fragen und sagen (a. a. O. S. 204): »Dürfen wir hoffen, daß uns diese Neuregelung gelingt? Ganz gewiß dürfen wir das, jedoch nur unter der Voraus-

setzung, daß die Leiter der katholischen Sache in den einzelnen Nationen diese Notwendigkeit einsehen und bereit sind, sich bei dieser Arbeit über alle persönlichen Rücksichten und partikularistischen Gesichtspunkte hinwegzusetzen.«

VII. Ausklang
Die Sitzung des Katholikenausschusses am 12. Januar 1956 über die Errichtung eines neuen Bistums Hamburg ergab eine völlige Übereinstimmung aller Anwesenden darüber, daß
1. die Errichtung eines neuen Bistums als notwendig erachtet wird aus den eben dargelegten Gründen, insbesondere weil das katholische Hamburg in kirchlicher Hinsicht eine einheitliche Spitze braucht;
2. das Herz aller Hamburger Katholiken für das Bistum des heiligen Ansgar schlägt;
3. zu begrüßen wäre, wenn das alte norddeutsche Bistum Hamburg wiedererstände;
4. mit einem gewissen Verständnis unserer evangelischen Brüder gerechnet werden kann, da die Person des heiligen Ansgar im protestantischen Norden und in Hamburg selbst eine starke Resonanz hat und den veränderten Verhältnissen gerechterweise Rechnung getragen werden muß.
Die Hamburger Katholiken stellen ihr Anliegen der Errichtung eines eigenen Bistums Hamburg unter die Fürbitte des heiligen Ansgar und hoffen zu Gott, daß ihnen bald ein eigener Bischof geschenkt werde.

Der Katholikenausschuß Hamburg
gez. Krause, Vorsitzender

gez. Raudisch, Pastor
Geistl. Beirat des Dekanates Wandsbek.

12

Hengsbach an Wendel

Paderborn, 6. März 1956

EA München, Joseph Kardinal Wendel, 40 ZK/1956. *Schreibmaschinenausfertigung mit eigenhändiger Unterschrift. Briefkopf:* Weihbischof: Dr. Franz Hengsbach. *Anschrift:* An Seine Eminenz den Hochwürdigsten Herrn Joseph Kardinal Wendel, Erzbischof von München und Freising zu München. *Eingangsstempel:* Erzbistum München. Erzb[ischof] 16. M[ä]rz 1956. 40/ZK Nr. 307.

Euer Eminenz
darf ich gleichzeitig in einem gesonderten Schreiben noch berichten über die in Köln-Hohenlind besprochene Angelegenheit betr. das Weisungsrecht des Ortsordinarius über die Bischöflichen Hauptstellen. Euer Eminenz werden sich erinnern, daß ich in Köln-Hohenlind darüber berichtete. Die Leiter der Bischöflichen Hauptstellen für die Naturstände, mit denen ich am 30. Januar in Düsseldorf zusammen war, vor allem die beiden Leiter der Bischöflichen Hauptstellen für Mannes- und Frauenjugend

baten mich, diese Frage der Hochwürdigsten Bischofskommission vorzutragen, weil sich hier verschiedentlich Spannungen zwischen der Autorität der zugeordneten Bischofskommission bzw. (im früheren Sprachgebrauch) des Bischöflichen Referenten und der Autorität des Ortsordinarius ergeben hatten. Euer Eminenz werden nur ein klares Bild gewinnen können anhand der konkreten Unterlagen. Da ich diese nicht zur Verfügung habe, scheint es mir richtiger, daß dieselben Euer Eminenz unmittelbar durch die beteiligten Herren vorgelegt werden. Ich habe Herrn Bundespräses Bokler[1] und Herrn Bundespräses Hebel[2] darum gebeten.
Mit ehrerbietigem Gruß verbleibe ich

Euer Eminenz im Herrn ganz ergebener
+ Franz Hengsbach.

13

Döpfner an Wendel

Würzburg, 7. März 1956

EA MÜNCHEN, Joseph Kardinal Wendel, 22/1956. *Schreibmaschinenausfertigung mit eigenhändiger Unterschrift. Briefkopf:* Der Bischof von Würzburg. *Anschrift:* Seiner Eminenz dem Hochwürdigsten Herrn Kardinal Herrn Dr. Joseph Wendel, Erzbischof von München und Freising, München 2, Kardinal-Faulhaber-Str. 7. *Eingangsstempel:* Erzbistum München. Erzb[ischof] 10. M[ä]rz 1956. 22 Nr. 319 *Vermerk:* Fr[ei]s[in]g.

Eure Eminenz! Lieber Hochwürdigster Mitbruder!
Obwohl der Termin für die Vorschläge zur Tagesordnung der Frühjahrskonferenz bereits verstrichen ist, erlaube ich mir, noch zwei Hinweise zu geben. Es wird sicher nicht notwendig, sie eigens auf die Tagesordnung zu nehmen; sie können von Dir nach Deinem Ermessen unter »Verschiedenes« eingereiht werden:
1. Wäre es nicht am Platz, einmal über die Form der Männerseelsorge in den bayerischen Diözesen nachzudenken und dabei auch die Frage zu prüfen, ob der Katholische Männerverein eine für die Zukunft lebensfähige Form der Männerarbeit darstellt. Ich komme gerade jetzt auf diese Frage, weil ich höre, daß in »Mann in der Zeit«[1] monatlich eine bayerische Beilage geplant ist, die ja bisher vom Männerverein selbst bestritten wurde. Zudem werde ich durch die im September für Würzburg vorgesehene Jahresversammlung an die Aussicht und Möglichkeit des Männervereins erinnert.

1 WILHELM BOKLER *(1909–1974), 1935 Priester (D Limburg), 1941 Diözesanjugendseelsorger für die Mannesjugend, 1952–1965 Bundespräses des BDKJ, 1960 Monsignore, 1962 Präsidiumsmitglied des Deutschen Sportbundes, 1965 Päpstlicher Hausprälat, 1966 Beauftragter der Bischofskonferenz für die pastorale Aneignung des Konzils, 1969 Referent im Bischöflichen Ordinariat Limburg.*

2 BARTHOLOMÄUS HEBEL *(1909–1968), 1934 Priester, 1953 Bundespräses der katholischen Frauenjugend.*

1 *»Mann in der Zeit. Monatszeitung für Stadt und Land«, hrsg. von der Hauptarbeitsstelle für Männerseelsorge. Fulda, 1. Jg. 1948.*

2. Ist es nicht überlegenswert, der Bayer[ischen] Regierung ein Protestschreiben der Bischöfe wegen der Ernennung des Herrn Dr. Thomas Ellwein[2] zum »Leiter des Heimatdienstes« zu überreichen. Bei der erwiesenermaßen unsachlichen und geradezu feindseligen Einstellung zur Kath[olischen] Kirche und zur katholischen Gewissenshaltung ist Ellwein gerade für eine solche Aufgabe, zumal in Bayern, denkbar ungeeignet. Diese Ernennung muß zumindest befremden, wenn sie nicht gar als feindseliger Akt aufgefaßt werden muß.
Ich werde jedenfalls einen Entwurf vorbereiten lassen. Dann kann man in Freising sehen, was zu tun ist.
Bis dieser Brief in Deine Hände kommt, bist Du wohl von Deiner Romfahrt zurück. Wir sehen in Dir den Boten des bayerischen Episkopats und überhaupt des bayerischen katholischen Volkes und unsere guten Wünsche begleiteten Dich.
In der Freude aufs Wiederseh'n begrüßt Dich in brüderlicher Verbundenheit

Dein
+ Julius Döpfner.

14

Frings an Even (Entwurf)

[Köln, vor 11. März 1956][1]

EA München, Joseph Kardinal Wendel, 47/1956–1958. *Schreibmaschinenschrift. Anschrift:* Herrn Johannes Even, Köln a[m] Rhein, Bernhard-Letterhaus-Str. 26. *Vermerk:* Entwurf eines Antwortschreibens an Johannes Even.

Sehr geehrter Herr Even!
Herzlich möchte ich Ihnen für den Bericht über die »Christliche Gewerkschaftsbewegung Deutschlands« danken, den Sie den deutschen Bischöfen mit Ihrem an mich gerichteten Brief vom 11.2.1956[2] freundlicherweise zukommen ließen.
In meinem wie in ihrer aller Namen darf ich Ihnen ausdrücklich versichern, daß wir die Entwicklung der neuen gewerkschaftlichen Organisation, die Ihrer und Ihrer Freunde verantwortungsbewußter und wagemutiger Schritt in das Leben gerufen hat, mit Wohlwollen und Anteilnahme verfolgen.
Daß die Gründung der CGD nicht die Zustimmung aller katholischen Arbeitnehmer finden würde, war auf Grund der vorausgegangenen Diskussionen und Stellungnahmen vorauszusehen. Da Sie jedoch in Ihrem Brief hervorheben, daß man sich bei der Ablehnung der CGD nicht selten auf das Hirtenwort der deutschen Bischöfe vom

2 Thomas Ellwein *(1927–1998), Autor des umstrittenen Buches »Klerikalismus in der deutschen Politik«, 2. Aufl. München 1955, Redakteur des von der Bayerischen Landeszentrale für Heimatdienst herausgegebenen Sammelbandes »Das Land Bayern«, 3. Aufl. München 1958, später Professor für Verwaltungswissenschaft an verschiedenen Universitäten, zuletzt Konstanz.*

1 *Die Datierung ergibt sich aus Dok. 15.*
2 *Vgl. Dok. 7.*

7. November 1955 und insbesondere auf dessen ersten Absatz berufe, halten wir es für notwendig, auf folgendes hinzuweisen:

1) Der katholischen Soziallehre ist in Bezug auf die gesellschaftliche Ordnung jede starre und einseitige Festlegung auf ein bestimmtes Organisationsprinzip fremd. Im gewerkschaftlichen Bereich kann man darum ebenso wenig wie sonst bei Regelung gesellschaftlicher Verhältnisse behaupten, ein bestimmtes Organisationsprinzip, etwa das der Einheitsgewerkschaft, sei allein und unter allen Umständen geeignet, dem wohlverstandenen Interesse aller Beteiligten zu dienen. In Wirklichkeit sieht die katholische Soziallehre immer zuerst auf den Gehalt der Ideen und Ordnungsbestrebungen, die in der Form dieser oder jener Organisationsprinzipien verwirklicht werden.

2) In Bezug auf die Einheitsgewerkschaft hat unser Heiliger Vater Pius XII. mehrfach hervorgehoben, daß ihr Prinzip für die Verwirklichung der christlichen Soziallehre im Bereich des Arbeitslebens und für die katholischen Arbeiter persönlich ernste Gefahren mit sich bringen kann, so daß man die Entwicklung der Einheitsgewerkschaften verantwortungsbewußt und aufmerksam verfolgen muß, um im Rahmen der landesgesetzlichen Voraussetzungen und Grenzen gegebenenfalls Konsequenzen aus ihrer Entwicklung ziehen zu können. Dagegen wurden Gewerkschaften, die sich ausdrücklich der christlichen Soziallehre verpflichtet wissen, durch päpstliche Verlautbarungen für Katholiken nicht nur gestattet, sondern zu wiederholten Malen empfohlen.

3) Es besteht kein Zweifel darüber, daß jeder katholische Arbeiter aufgerufen ist, unter der Arbeiterschaft für Christus und die Kirche nach Kräften apostolisch zu wirken. Die Frage, bei welcher gewerkschaftlichen Organisationsform das am besten möglich ist, darf man jedoch nicht einseitig danach beurteilen, wo der unmittelbarste äußere Kontakt zwischen dem einzelnen Christen und dem einzelnen Andersdenkenden besteht. Man muß vielmehr sehen, daß eine zielbewußte gewerkschaftliche Tätigkeit, bei der die Christen ihre eigenen Vorstellungen von der Ordnung des Arbeitslebens in selbständiger Organisation und darum ohne Abstriche anstreben können, dem recht verstandenen Wohl aller Arbeiter dient und darum eine echte Erfüllung der Apostolatspflicht bedeutet. Hier scheint uns sogar die gerade der Gewerkschaft zukommende, eigentliche apostolische Aufgabe zu liegen. Zudem kann heute kaum Zweifel darüber bestehen, daß der Arbeiter bei der Situation in den Betrieben und in der modernen Gesellschaft allgemein auch abseits der Gewerkschaften vielfache Gelegenheit des persönlichen Kontaktes mit Nichtchristen hat, so daß die christliche Verantwortung für den Mitmenschen nicht zu bestimmten Konsequenzen in der Organisationsfrage der Gewerkschaften zu führen braucht.

4) Die Bischöfe haben in ihrem Hirtenwort die Frage nach der Gewerkschaftsform nicht durch eine bindende Weisung entschieden, sondern erwarten von jedem katholischen Arbeiter, daß er seinen Standort in der Gewerkschaftsbewegung nach den kirchlichen Richtlinien persönlich bestimmt. Daraus darf nicht gefolgert werden, es handele sich hier um eine Frage von untergeordneter Bedeutung, die das Gewissen des einzelnen nicht oder nur wenig berühre. Zwar ist der Irrtum weit verbreitet, nur solche Fragen seien als Gewissensfragen anzusehen, bei denen auf Grund der kirchlichen Sittenlehre nur eine einzige Entscheidung für den Christen möglich ist. In

Wirklichkeit besteht auch in dem Bereich, in dem die Kirche dem einzelnen seine Entscheidung ganz persönlich überläßt, die strenge Verpflichtung für jeden, bei wichtigen Fragen die vorhandenen Möglichkeiten der Entscheidung von allen Seiten gründlich zu überprüfen und sich dann für diejenige zu entscheiden, die im Vergleich mit den anderen als die beste erscheint.

Nach der Neugründung der CGD hat jeder katholische Arbeitnehmer die Pflicht, zunächst ernsthaft zu prüfen, ob er es heute noch vor Gott und seiner Kirche, vor sich und seinem Volk verantworten kann, dem gewerkschaftlichen Leben unorganisiert oder gar uninteressiert fern zu bleiben.

Angesichts der in der Vergangenheit gemachten Erfahrungen hat er sich weiterhin zu fragen, ob die seit 1945 bestehenden gewerkschaftlichen Organisationen in der Bundesrepublik heute noch die relativ beste Möglichkeit darstellen, das Wohl der Arbeitnehmerschaft und die Verwirklichung der christlichen Soziallehre mit gewerkschaftlichen Mitteln anzustreben und ob sich der einzelne katholische Arbeitnehmer nicht durch seinen Beitritt sogar einer Gefährdung seines Glaubens aussetzt, die für ihn auf die Dauer zum Verhängnis werden könnte.

Schließlich muß er sich die Frage beantworten, welche Art des Zusammenschlusses im gewerkschaftlichen Raum den in der Vereinzelung einflußlosen aktiven Christen den stärksten inneren Halt und die bestmögliche Wirksamkeit in die Welt der Wirtschaft hinein gewährleistet.

Sehr geehrter Herr Even! Angesichts der Tatsache, daß die Kirche in allen Erdteilen und unter verschiedensten Umständen wiederholt christliche Gewerkschaften anerkannt und befürwortet hat, stehen auch die deutschen Bischöfe nicht an, Ihnen und Ihren Mitarbeitern ebenfalls diese Anerkennung und Befürwortung auszusprechen und der Hoffnung Ausdruck zu geben, daß recht viele Arbeitnehmer Ihre Ziele aus echter Überzeugung unterstützen und auch vor Opfern auf diesem Wege nicht zurückschrecken werden.

Jeder aber, der sich nach reiflicher Überlegung für den einen oder anderen Weg entscheidet, soll der Achtung des anderen gewiß sein dürfen. Damit möchten wir nochmals auf unsere Verlautbarung vom 7. November v. J. hinweisen, in der wir alle zur christlichen Nächstenliebe und zum gegenseitigen Verständnis mahnen.

Unseren Wunsch für Sie, für Ihre Freunde und Ihre Organisation können wir am besten in den Worten ausdrücken, die unser Heiliger Vater Pius XII. in seiner Ansprache an Mitglieder der christlichen Gewerkschaftsbewegung Belgiens vom 11. September 1949[3] ausgesprochen hat:

»Die Gewerkschaften sind entstanden als unwillkürliche und notwendige Folge des Kapitalismus, der sich zu einem Wirtschaftssystem verfestigt hat. Die Kirche hat sie als solche gebilligt unter der Bedingung, daß sie in jedem Fall, gestützt auf die Gesetze Christi als unerschütterliche Grundlage, sich bemühen, die christliche Ordnung in der Welt der Arbeit zu fördern. Das ist gerade das, war Eure Gewerkschaft will, und auf diesen Titel hin segnen Wir sie!«

[3] *Druck:* AAS *41 (1949), S. 547–551, deutsche Übersetzung:* A. F. UTZ/J. F. GRONER, *S. 1586–1591.*

15

Schröffer an Wendel

Eichstätt, 11. März 1956

EA MÜNCHEN, Joseph Kardinal Wendel, 22/1956. *Schreibmaschinenausfertigung mit eigenhändiger Unterschrift. Briefkopf:* Der Bischof von Eichstätt. *Eingangsstempel:* Erzbistum München. Erzb[ischof] 16. M[ä]rz 1956. 22 Nr. 336. *Vermerk:* Fr[ei]s[in]g.

Eminenz,
Lieber Hochwürdigster Mitbruder!
Soeben komme ich von Bad Godesberg zurück, wo gestern die drei Bischöfe des Sozialreferates mit Dr. Paulus zusammen waren, um einige aktuelle Fragen zu besprechen. Es ging vor allem um die christlichen Gewerkschaften. Ich wurde dabei gebeten, ein kurzes Wort dazu auf der Freisinger Konferenz zu sagen und zwar im besonderen
1. zu der Frage der Einstellung unserer katholischen Verbände zur christlichen Gewerkschaft;
2. zu dem Entwurf einer Antwort auf das Schreiben Evens[1] an die Bischöfe. Den Entwurf bringe ich mit.
Ich würde also bitten, daß mir dafür eine kurze Zeit eingeräumt werde. Würzburg wäre meines Wissens sehr dafür.
Was die »Katholischen Grundsätze für Schule und Erziehung« betrifft, so wurde die Meinung vertreten, es möchte mit der Veröffentlichung nichts überstürzt und das Ganze noch einmal auf seine Vollständigkeit überprüft werden.
Frau Dr. Lücker[2] hat mich gebeten, auf unserer Bischofskonferenz möchte doch noch einmal das Anliegen der Gewährung von 3.000 DM-Stipendien für ausländische Studenten vorgebracht werden. Die Zuschüsse des Auswärtigen Amtes bemessen sich nach der Eigenleistung der Verbände. Deshalb läge ihr sehr daran, daß von kirchlicher Seite noch mehr Stipendien gegeben würden.
Mit herzlichen Grüßen verbleibe ich

Deiner Eminenz ergebenster
+ Joseph
Bischof von Eichstätt.

1 *Vgl. Dok. 14.*
2 MARIA ALBERTA LÜCKER *(1907–1983), Dr. phil., 1955–1965 Leiterin des Außenamtes des Zentralkomitees.*

16

Erklärungen katholischer Geistlicher aus der Sozialarbeit

Frankfurt/Main, 12. März 1956

EA MÜNCHEN, Joseph Kardinal Wendel, 22/1956. *Schreibmaschinenvervielfältigung. Überschrift:* Entschließung der in der katholischen Sozialarbeit stehenden Geistlichen zu Frankfurt am 12. März 1956. *Druck*: H.-D. SCHOLL, *S. 109.*

[I]
Auf Einladung des Sozialreferats im Zentralkomitee der Deutschen Katholiken sind am 12. März d. Js. die hauptamtlich in der katholischen Sozialarbeit stehenden Geistlichen in Frankfurt zu ihrer regelmäßigen Konferenz versammelt gewesen. Es nahmen daran u. a. eine Reihe katholischer Sozialwissenschaftler, geistliche Verbands- und Diözesanpräsides und geistliche Leiter der katholischen Sozialinstitute teil. Die Konferenz hat sich gemäß ihrem Beschluß vom 27. Juni 1955[1] mit der Entwicklung der Gewerkschaftsfrage befaßt.

Mit den deutschen Bischöfen erkennen die in der katholischen Sozialarbeit tätigen Geistlichen »die sachlich wohlbegründete Entscheidung« christlicher Arbeitnehmer zur Wiederbegründung christlicher Gewerkschaften von Herzen an. Sie sprechen die Erwartung aus, daß die Freiheit christlicher Arbeitnehmer, sich nach ihrer Überzeugung zusammenzuschließen, weder bestritten noch beeinträchtigt wird. Sie hoffen und wünschen, daß nachdem die Gründung erfolgt ist, die christlichen Gewerkschaften zum Segen der gesamten deutschen Arbeiterschaft eine kraftvolle Entwicklung nehmen mögen. Sie versprechen sich von der Wiederbegründung christlicher Gewerkschaften eine Förderung des Gewerkschaftsgedankens und gewerkschaftlicher Arbeit überhaupt.

Die Teilnehmer der Konferenz verschließen sich nicht den Gründen, welche viele christliche Arbeitnehmer bewogen haben, in den bisherigen Gewerkschaften zu bleiben. Sie erwarten, daß dieselben nicht nur als Einzelne, sondern auch im Zusammenschluß sich bemühen, das christlich-soziale Gedankengut zu verwirklichen und daß eine gegenseitige Bekämpfung von Christen unter dem Vorwande einer falsch verstandenen Gewerkschaftseinheit unterbleibt.

[II]
Auf Einladung des Sozialreferats im Zentralkomitee der Deutschen Katholiken sind am 12. März d. Js. die hauptamtlich in der katholischen Sozialarbeit stehenden Geistlichen in Frankfurt zu ihrer regelmäßigen Konferenz versammelt gewesen. Es nahmen daran u. a. eine Reihe katholischer Sozialwissenschaftler, geistliche Verbands- und Diözesanpräsides und geistliche Leiter der katholischen Sozialinstitute teil.

Mit größtem Befremden nahmen die Teilnehmer der Konferenz zur Kenntnis, daß im Saargebiet heftige Bestrebungen zur Gleichschaltung der dort bestehenden christ-

[1] *Vgl.* W. SCHRÖDER, *S. 108.*

lichen Gewerkschaften im Gange sind. Die christlichen Gewerkschaften Saar wurden schon im Jahre 1947 wieder gegründet und sind die stärksten Gewerkschaften an der Saar überhaupt. Die in der Sozialarbeit stehenden Geistlichen der Bundesrepublik versichern den christlichen Gewerkschaften Saar und ihren Führern in diesem Kampfe ihre volle Sympathie und Unterstützung. Sie erwarten, daß kein christlicher Gewerkschafter, der diesen Namen beansprucht, die Gleichschaltungsbestrebungen der christlichen Gewerkschaften an der Saar unterstützt.

17

Keller an Wendel

Münster, 13. März 1956

EA MÜNCHEN, Joseph Kardinal Wendel, 40 ZK/1957. *Schreibmaschinenausfertigung mit eigenhändiger Unterschrift. Briefkopf:* Der Bischof von Münster. *Eingangsstempel:* Erzbistum München. Erzb[ischof] 18. Juli 1957. 40 ZK Nr. 1101.

Eminenz, lieber Hochwürdigster Mitbruder!
Vor einigen Tagen hatten wir in Godesberg im Hause des Zentralkomitees eine Besprechung der Bischofskommission für soziale Fragen, von der Dir sicher Exzellenz Schröffer berichten wird. Bei dieser Gelegenheit sprach ich mit Herrn Dr. Paulus und Herrn Dr. Lampey über die Entwicklung des Zentralkomitees. Am vergangenen Samstag besuchte mich Dr. Kafka, mit dem ich ebenfalls über diese Frage ins Gespräch kam.
Ich muß gestehen, daß ich doch sehr besorgt bin und meine früher schon geäußerten Bedenken hundertprozentig bestätigt finde.
Meines Erachtens dürfen wir die Dinge nicht so weiter laufen lassen; wir können es weder dem Episkopat noch dem katholischen Deutschland gegenüber verantworten. Bis heute ist noch keine Geschäftsordnung da. Niemand weiß, was er für Kompetenzen hat. Es bestehen der E. V. der Bischöfe und der E. V. des Zentralkomitees ohne klare Abgrenzung der Befugnisse. Ein Teil der Geschäftsführung befindet sich in Bronnbach beim Fürsten[1], ein Teil in Godesberg, ein Teil in Paderborn und ein Teil bei Böhler[2]. Die Anstellungen bzw. der Abschluß der Verträge mit den Angestellten ist nicht zentral erfolgt, sondern je nach Umständen und Gelegenheit, deshalb auch nicht nach einheitlichen Gesichtspunkten, so daß die gleiche Arbeit ungleich entlohnt wird.

1 KARL FÜRST ZU LÖWENSTEIN-WERTHEIM-ROSENBERG *(1904–1990), der Familientradition entsprechend 1949–1968 Präsident des Zentralkomitees.*

2 WILHELM BÖHLER *(1891–1958), 1915 Priester (ED Köln), 1918 Caritasdirektor in Mönchengladbach, 1920 Generalsekretär der Katholischen Schulorganisation, 1935–1945 Pfarrer in Essen, 1945 Domkapitular, 1951 Leiter des Katholischen Büros in Bonn, zugleich Leiter der Bischöflichen Arbeitsstelle für Schule und Erziehung, 1952 Protonotar, 1956 vom Papst mit dem Titel Exzellenz ausgezeichnet. Vgl.* B. BERGMANN/J. STEINBERG *sowie* B. VAN SCHEWICK.

Dr. Lampey hat noch keine Stellung und denkt nicht daran, aus dem Zentralkomitee auszuscheiden. Ich füge einen Schriftsatz bei, aus dem Näheres hervorgeht[3]. Er denkt sich offenbar, er könne Geschäftsführer des Ost-West-Ausschusses werden innerhalb des Z. K., eine Position, die ad hoc geschaffen werden soll, mir aber in dieser Form sachlich nicht gerechtfertigt erscheint.

Herr Dr. Kafka sagte mir auf meine Frage, welches konkrete Aufgabengebiet ihm zugewiesen sei: keines. Man habe so allgemein mit ihm gesprochen, aber keine klaren Anweisungen gegeben. Ich merkte auch aus seinen Reden, daß er sich meines Erachtens einstweilen noch völlig unzulängliche Vorstellungen von den Schwerpunkten seiner Arbeit macht. Ich bin entsetzt, daß man den Mann aus einer gesicherten Position herausgeholt und ins Ungewisse hineingestellt hat. Weder er noch Köppler haben im Bonner Raum eine Wohnung gefunden und erwarten, daß das Zentralkomitee für sie baut und daß überdies das Gebäude des eigentlichen Sitzes des Zentralkomitees vergrößert wird.

Bei der letzten Sitzung des geschäftsführenden Ausschusses hat der Fürst zwei Stunden über die Frage gesprochen, wie man 30.000 DM für die internationale Arbeitsstelle für das Laienapostolat in Rom als Geburtstagsgeschenk für den Hl. Vater an Land ziehen könne und ist dann fortgefahren. Keiner der Punkte, die von Herrn Dr. Lampey und den Sachreferenten auf die Tagesordnung gesetzt waren, ist irgendwie zur Sprache gekommen.

Das Zentralkomitee steht nach wie vor fast völlig isoliert da und wird von den Verbänden teils ignoriert, teils mit Mißtrauen betrachtet.

Unter diesen Umständen halte ich ein energisches Eingreifen unsererseits für unerläßlich. Exzellenz Hengsbach sind die Dinge einfach aus der Hand geglitten, ohne daß er es gemerkt hat. Er ist ein Mann der großen Konzeptionen, aber nicht der Exekutive.

Quid faciendum? – Ich schlage vor, daß Du sofort die Sachreferenten, Dr. Paulus, Frau Dr. Lücker und Herrn Dr. Kafka sowie Herrn Dr. Lampey – jeden einzelnen getrennt für sich – um einen eingehenden schriftlichen Bericht bittest. Dieser Bericht müßte enthalten:

1. Eine Beurteilung der allgemeinen Situation: Arbeitsweise, Schwierigkeiten und anstehende Aufgaben des Z. K. einschließlich der wirtschaftlichen Lage, ferner Ratschläge für die Weiterarbeit.

2. Erfahrungen mit den Gremien des Zentralkomitees, den kath[olischen] Verbänden und Institutionen bezüglich der Zusammenarbeit. Erfolge, Schwierigkeiten und Möglichkeiten einer Koordinierung im katholischen Raum. Koordinierung mit den Gremien des politischen und sozialen Lebens aus dem christlichen Bereich. Vorschläge zur Verbesserung der Arbeit auch im organisatorischen Bereich, um einen möglichst hohen Arbeitserfolg sicherzustellen.

3 *Nicht ermittelt.*

3. Jeder Sachbearbeiter sollte um eine besondere Darstellung der wichtigsten Probleme, offenen Fragen, Schwierigkeiten und entsprechende Vorschläge aus seinem Arbeitsbereich gebeten werden.
4. Wünsche der hauptamtlichen Mitarbeiter bezüglich einer Geschäftsordnung usw.
Es stellt sich die Frage, ob Exzellenz Hengsbach und der Fürst unterrichtet werden müssen, daß die Berichte eingefordert werden bzw. eingefordert sind. Fast meine ich, man sollte es nicht tun; denn einmal muß uns doch grundsätzlich die Freiheit gelassen werden, jederzeit und von jeder Stelle, soweit wir es für notwendig halten, unmittelbar Informationen einzuholen. Zum zweiten würden die Berichterstatter psychologisch doch sehr behindert sein, wenn sie ständig mit der Möglichkeit rechnen müßten, daß ihre Berichte auch dem Präsidium vorgelegt werden könnten.
Sollte es hinterher irgendwie doch Exzellenz Hengsbach oder dem Fürsten bekannt werden, müssen wir eben ganz offen und selbstverständlich zu dem eben genannten Grundsatz stehen, daß eine solche Informationsmöglichkeit der Bischofskommission jederzeit gegeben sein müsse.
Die Berichte sollten möglichst bald (bis Mitte April) vorliegen[4].
Gelegentlich unserer nächsten Zusammenkunft sollten wir die Sachreferenten und den Geschäftsführer zu einer Besprechung hinzubitten, dann allerdings auch wohl den Fürsten.
Dringend notwendig ist eine wenigstens teilweise personelle Erneuerung des geschäftsführenden Ausschusses, der in seiner gegenwärtigen Zusammensetzung ein Hemmnis für eine gesunde Entwicklung bedeutet.
Vielleicht im Herbst müßten wir dann unbedingt auch mit dem gesamten geschäftsführenden Ausschuß zusammenkommen.
Für sehr glücklich würde ich es halten, wenn Du – wie beabsichtigt – auch schon an der Generalversammlung des Z. K. teilnehmen würdest. Allerdings wirst Du Dich auf die Entladung manchen aufgestauten Unmuts gefaßt machen müssen.
Noch ist meines Erachtens eine richtige Weichenstellung möglich, wenn auch nicht ganz leicht zu bewerkstelligen.
Eine große Schwierigkeit ist zweifellos Köln. Der Herr Kardinal ist mit halbem Herzen dabei, der Generalvikar Teusch[5] meines Wissens noch weniger.
In der Richtung, in der die Dinge jetzt laufen, darf es aber nicht weitergehen.
Auf die Dauer brauchen wir einen neuen Präsidenten, einen hauptberuflichen Generalassistenten und ein Sekretariat der Bischöfe[6].
Quod Deus bene vertat!
Übrigens ist noch nachzutragen, daß die Bischofskommission für soziale Fragen bei der letzten Besprechung Herrn Dr. Paulus beauftragt hat, mit den Leitern der katho-

4 *Nicht ermittelt, vgl. Dok. 40, 41 und 42.*
5 JOSEPH TEUSCH *(1902–1976), Dr. theol. h. c., Dr. phil. h. c., Dr. hum. h. c., 1927 Priester (ED Köln), 1934 Domvikar, 1952–1969 Generalvikar der Erzdiözese Köln, 1952 Päpstlicher Hausprälat. Vgl.* N. TRIPPEN, *Frings I, S. 421–424.*
6 *Ein Sekretariat der Bischofskonferenz wurde erst nach Bildung der Deutschen Bischofskonferenz im Jahr 1966 errichtet.*

lischen Sozialverbände Fühlung zu nehmen, um allmählich eine sachliche Abgrenzung der Aufgaben der einzelnen Sozialverbände und ein gemeinsames Vorgehen in allen sozialpolitischen Fragen vorzubereiten.
Ich teile es Dir mit, weil diese Aufgabe, insofern sie Koordinierungsaufgabe ist, ja auch die Bischofskommission für Koordinierung interessiert.
Mit herzlichem Gruß

Dein
+ Michael Keller.

18

Böhler an Frings

Köln, 19. März 1956

EA Köln, CR II 9 C.1, 2. *Schreibmaschinenausfertigung mit eigenhändiger Unterschrift. Briefkopf:* Prälat W[ilhelm] Böhler. *Anschrift:* S[eine]r Eminenz dem Hochwürdigsten Herrn Erzbischof Joseph, Herrn Kardinal Dr. Frings.

Ew. Eminenz
hatte ich schon mündlich berichtet über meine Besprechung mit Sotto-Substituto Msgr. Sericano[1] betr. Lehrerbildungsbrief[2]. Msgr. Sericano sagte mir folgendes:
1. Der Hl. Vater war sehr dankbar, endlich einmal einen Gesamtüberblick über den Stand der Lehrerbildungsfrage zu erhalten.
2. Der Hl. Vater habe erklärt, aus dem Schreiben geht hervor, daß die Hochwürdigsten Herren Bischöfe alles getan hätten, was möglich war.
3. Es ist richtig, daß die ganze Frage der Lehrerbildung im Zusammenhang gesehen werden muß und daß zunächst einmal der Ausgang der Auseinandersetzungen in Bayern abgewartet werden muß.
4. Der Hl. Vater kann aber in keiner Weise eine schriftliche Äußerung geben, weil sie zu leicht mißdeutet werden könnte. Der Hl. Vater hat Verständnis dafür, daß im Augenblick in Nordrhein-Westfalen nichts unternommen wird, weil unter Umständen die letzten Dinge schlimmer sein könnten als die ersten. Quieta non movere.
5. Der Hl. Vater hat auch erklärt, er werde in der Angelegenheit überhaupt nichts unternehmen ohne vorherige Fühlungnahme mit Ew. Eminenz.

In Ehrerbietung!
Böhler.

1 Silvio Sericano *(1940–1958), Apostolischer Protonotar, Subsekretär für die außerordentlichen kirchlichen Angelegenheiten im Staatssekretariat.*

2 Frings *hatte am 20. Dezember 1955 Papst* Pius XII. *die Gestaltung der Lehrerbildung in den Ländern der Bundesrepublik Deutschland geschildert. Schreibmaschinenabschrift in* EA Köln, CR II 9 C.1, 2.

19

Protokoll der Freisinger Bischofskonferenz

Freising, 21.–22. März 1956

EA München, Joseph Kardinal Wendel, 22/1956. *Druckstück mit Fertigungsdatum:* 23. März 1956. *Überschrift:* Protokoll der Konferenz der bayerischen Bischöfe in Freising am 21. und 22. März 1956.

Anwesend:
Joseph Kardinal Wendel, Erzbischof von München und Freising,
Dr. Joseph Schneider, Erzbischof von Bamberg,
Erzbischof Dr. Michael Buchberger, Bischof von Regensburg,
Dr. Simon Konrad Landersdorfer, Bischof von Passau,
Dr. Joseph Schröffer, Bischof von Eichstätt,
Dr. Julius Döpfner, Bischof von Würzburg,
Dr. Joseph Freundorfer, Bischof von Augsburg,
Dr. Isidor Markus Emanuel, Bischof von Speyer.

Am 21. März 1956 um 8 Uhr eröffnet Seine Eminenz die Bischofskonferenz mit einer Pontifikalmesse und dem Veni Creator in der Hauskapelle des Priesterseminars zu Freising.
Um 9 Uhr versammeln sich die Bischöfe zur ersten Sitzung. Der Vorsitzende entbietet den Teilnehmern der Konferenz seinen Willkommgruß und gibt einen kurzen Bericht über seinen Rombesuch anläßlich des 80. Geburtstages unseres Heiligen Vaters Pius XII. Mit herzlicher Dankbarkeit nimmt die Konferenz die väterlichen Grüße und gütigen Wünsche Seiner Heiligkeit entgegen, der seiner engen Verbundenheit mit dem Bayernland und seinen Bischöfen aufs neue so warmen Ausdruck verliehen hat.
Die Konferenz tritt alsdann in die Behandlung der Tagesordnung ein.

Zur kirchenpolitischen Lage (Referat München)
Der Vorsitzende gibt einen Rückblick auf die Ereignisse, die sich seit der letzten Konferenz auf kirchenpolitischem Gebiet[1] namentlich in bezug auf die Lehrerbildung zugetragen haben. Die Note der Apostolischen Nuntiatur vom 20. Oktober 1955[2] stellte fest, daß der von den Koalitionsparteien in 2. Lesung im Landtag angenommene und von der bayerischen Staatsregierung dem Heiligen Stuhl vorgelegte Gesetzentwurf über die Lehrerbildung so weit vom Sinn und Wortlaut des bayerischen Konkordates abweiche, daß er keine Grundlage für Verhandlungen zwischen dem Heiligen Stuhl und der bayerischen Staatsregierung bilden könne. Diese klare und eindeutige Antwort wurde in kirchlichen Kreisen begrüßt und schuf auf seiten

[1] *Vgl. Dok. 2, Anm. 4.*
[2] *Zum Zusammenhang vgl. Dok. 2, Ziffer II.4.*

der Regierung und der Koalitionsparteien eine gewisse Ratlosigkeit; denn zu einem offenen Bruch mit der Kirche wollte man es doch nicht kommen lassen, wie auch vom bayerischen Ministerpräsidenten dem Erzbischof von München und Freising versichert wurde. Die bald erfolgte Antwort der Regierung auf die Note wurde nicht als zutreffend und befriedigend empfunden. Der auf der Herbstkonferenz beschlossene Hirtenbrief fand gute Aufnahme bei Klerus und Volk. Auf der Gegenseite suchte man das eigentliche Anliegen des Hirtenbriefes dadurch abzuschwächen, daß man ihn lediglich als eine Stellungnahme zum Lehrerbildungsgesetz bezeichnete, ohne näher auf den eigentlichen Inhalt einzugehen. Es wäre gut, wenn die im Hirtenbrief behandelten Fragen in Predigt und Vereinsarbeit weiter erörtert und dem Volk erläutert würden. Besonderen Eindruck hat der Hinweis gemacht, daß die Ausbildung der Lehrer auf der Grundlage des christlichen Glaubens im Landtag in namentlicher Abstimmung von den Koalitionsparteien abgelehnt worden war.
Inzwischen hatte auch die Evangelisch-Lutherische Landeskirche der Staatsregierung eine Stellungnahme zum Gesetzentwurf zugehen lassen, die jedoch nicht bekanntgegeben wurde. Es begannen Verhandlungen zwischen einer Abordnung der Landeskirche und der Staatsregierung, deren Ergebnis vom Ministerpräsidenten am 3. März 1956 dem Erzbischof überreicht wurde. Während Vertreter der Koalitionsparteien die Meinung verbreiteten, zwischen Staatsregierung und Ev[angelisch]-Luth[erischer] Landeskirche sei ein Übereinkommen erreicht worden, stellte die Landeskirche fest, daß lediglich die Besprechungen zwischen den Beauftragten der Regierung und der Landeskirche zu einem Abschluß gekommen seien, daß aber zwischen Landeskirche und Staatsregierung noch kein Übereinkommen hinsichtlich des Gesetzentwurfes getroffen worden sei.
Es wurde nach Beginn und erst recht nach Beendigung der Verhandlungen zwischen den Beauftragten der Staatsregierung und der Landeskirche wiederholt die Verhandlungsbereitschaft der Protestanten gegen die Unnachgiebigkeit der katholischen Kirche ausgespielt, um so die öffentliche Meinung zu Ungunsten der Katholiken zu beeinflussen. Demgegenüber wurde darauf hingewiesen, daß der Gesetzentwurf schon in seiner jetzigen Fassung der Ev[angelisch]-Luth[erischen] Landeskirche mehr bietet, als die Kirchenverträge enthalten, während das Konkordat für die Ausbildung der Lehrer an Bekenntnisschulen weit mehr verlangt, als der Gesetzentwurf enthält. Es kann festgestellt werden, daß der Kampf von Vertretern der Gegenseite oft in recht unsachlicher, man möchte sagen, manchmal sogar unaufrichtiger Weise geführt wird.
Über die Unterredung des Erzbischofs von München mit dem Ministerpräsidenten am 19. Januar 1956 sind die Hochwürdigsten Herren bereits schriftlich unterrichtet worden[3].
Die Tatsache, daß der bayerischen Staatsregierung vom Staatssekretariat Seiner Heiligkeit das Pro memoria vom 17. Januar 1956 überreicht worden ist, wurde erst Ende

[3] *Vgl. Dok. 2.*

Februar in der Öffentlichkeit bekannt, und zwar durch Äußerungen von Mitgliedern der Koalitionsparteien und der Staatsregierung.
Der Vorsitzende gibt den Bischöfen vertraulich von dem Inhalt des Pro memoria Kenntnis.
Das Ergebnis der Verhandlungen zwischen den Beauftragten der Staatsregierung und der Ev[angelisch]-Luth[erischen] Landeskirche wurde kurz besprochen. Es wurde festgestellt, daß es keine wesentlichen Änderungen des Gesetzentwurfes bringt und für uns unzureichend ist.
Dann kamen Möglichkeiten zur Sprache, wie unter den gegenwärtigen Verhältnissen eine bekenntnismäßige Lehrerbildung auf Hochschulebene erreicht und durchgeführt werden könnte. Es bestand Einmütigkeit und Entschlossenheit an der im Konkordat gesicherten und für die Bekenntnisschule unbedingt notwendigen konfessionellen Lehrerbildung keinen Abstrich zuzulassen. Andererseits war man der Auffassung, daß eine Lösung der Lehrerbildungsfrage auf einer breiten parlamentarischen Grundlage ihre Vorteile hätte und vor allem eine Sicherung für die Zukunft böte. Sollte sich die Bereitschaft zu einer Lösung analog zu den theologischen Fakultäten an den Universitäten und den Phil[osophisch-]Theol[ogischen] Hochschulen außerhalb der Universitäten zeigen, dürften bei einer solchen Lösung die Forderungen des Konkordates verwirklicht werden können. Eine solche Lösungsmöglichkeit der Frage könnte nach der Auffassung der Bischöfe jedenfalls geprüft werden.
Eine Kundgebung des Bayerischen Lehrer- und Lehrerinnenvereins (BLLV) in München, die auch in anderen Städten wiederholt werden soll, lenkt die Aufmerksamkeit der Bischöfe auf sich. Die Ausführungen, die der Vorsitzende des BLLV auf dieser Kundgebung gemacht hat, enthalten zahlreiche Unrichtigkeiten und sind geeignet, die Autorität der Kirche zu untergraben und einen verhängnisvollen Subjektivismus in Gewissensfragen zu fördern.
Der Schuleinschreibung muß dieses Jahr frühzeitig große Aufmerksamkeit geschenkt werden, da sogar in den Bekanntmachungen des Kultusministeriums eine bewußte Betonung der Gemeinschaftsschule festgestellt werden muß.
Die Mitarbeit an dem von der Landesstelle für Heimatdienst geplanten Werk »Bayern – ein Land verändert sein Gesicht« scheint der Konferenz nicht angebracht zu sein.
De habitu clericali (Referat Eichstätt)
Nachdem die durch die Kriegs- und Nachkriegszeit bedingten Schwierigkeiten in der Beschaffung klerikaler Kleidung behoben sind, beschließen die Bischöfe den infolge der erwähnten Notlage vorübergehend geduldeten Ausnahmezustand wieder zu beseitigen. Sie werden die kirchlichen Vorschriften bezüglich der geistlichen Kleidung den Klerikern in den Seminarien und den Priestern erneut einschärfen und einheitlich auf ihrer Befolgung bestehen.
Bei allen liturgischen Handlungen ist der Talar vorgeschrieben. Das Tragen des Chorrockes über der Sutanelle oder dem kurzen Rock allein, ohne Talar oder Talarschurz, kann nicht gebilligt werden. – Außerhalb des liturgischen Dienstes ist neben Talar

und Sutanelle ein schwarzer Anzug, jedoch mit Kollar oder hochgeschlossener Weste, gestattet.
In den Priesterseminarien ist schon vom ersten Semester an auf die Beschaffung eines Talars zu dringen. Von der Tonsur an ist klerikale Kleidung, d. h. mindestens schwarzer Anzug mit dem Klerikerkollar, dauernd zu tragen, sowohl im Seminar wie während der Ferien. Der zuständige Heimatpfarrer wird im Ferienzeugnis des Theologen hierüber berichten.
Die Bischöfe sind sich darin einig, daß auf eine einheitliche Durchführung dieser Weisungen größtes Gewicht zu legen ist.
Nach den bisherigen Erfahrungen halten die Bischöfe in der Gewährung der Erlaubnis von sogenannten Freisemestern im Theologiestudium[4] große Zurückhaltung für geboten.
Der Ferieneinsatz als Werkstudent soll den zwei letzten Jahrgängen der Theologie nicht mehr erlaubt werden.

Der Fall »Tann« und das Passauer Urteil[5] (Referat Passau)
Die Konferenz nimmt den Bericht über die Gerichtsverhandlungen und das Urteil des Landgerichtes Passau im Fall »Tann« zur Kenntnis. Die Bischöfe bedauern sehr, daß der § 67 des BGB[6] immer noch Anlaß zu großen Gewissenskonflikten bei heiratswilligen Rentenempfängern wird. Es ist dringend notwendig, daß dieser Notstand der Kriegerwitwen möglichst bald durch geeignete Maßnahmen der Bundesregierung behoben wird. Da es sich hier um eine ausgesprochene Kriegsfolge handelt, besteht keine Gefahr einer unabsehbaren Ausweitung. Im übrigen kann ja jeder Einzelfall untersucht werden wie die sonstigen Rentenanträge auch.

Die kirchliche Rundfunkarbeit in Bayern (Referat Würzburg)
Ein Bericht des Rundfunk- und Fernsehbeauftragten der bayerischen Bischöfe über die kirchliche Rundfunkarbeit in Bayern wird besprochen. Gerade der bayerische Sender läßt in Gestaltung und Inhalt des Programms noch manche Wünsche offen (z. B. noch keine Krankensendung, kein religiöser Morgenspruch wie an den übrigen deutschen Sendern) und verlangt weiterhin intensives Bemühen des bischöflichen Beauftragten. Es ist zu befürchten, daß auch in Bayern durch ein neues Rundfunkgesetz die Mitglieder des Rundfunkrates lediglich von den Parteien und der Regierung bestimmt werden.

4 *Ein Gutachten der Theologischen Fakultät der Universität München vom 14. Mai 1958 (Schreibmaschinenausfertigung in* EA MÜNCHEN, Joseph Kardinal Wendel, 14/1958*) sprach sich nachdrücklich für den Wert und die* bisherige Praxis der Freisemester *aus.*

5 *Der katholische Pfarrer von Tann (Landkreis Pfarrkirchen) hatte mit Zustimmung des Passauer Generalvikars* RIEMER *am 27. März 1954 in der Stiftskirche von Altötting ein Paar getraut, das die standesamtliche Trauung vermeiden wollte, um eine Rente nicht zu verlieren. Das Landgericht Passau verurteilte am 5. Januar 1956 Pfarrer und Generalvikar zu Geldstrafen. Eine präzise Zusammenfassung in* MKKZ *49 (1956) Nr. 3 vom 15. Januar 1956, S. 43. Urteil und Referat über die Urteilsbegründung in* EHE UND FAMILIE *3 (1956), S. 55 und S. 128 f.*

6 *Gemeint ist § 67 des Personenstandsgesetzes, der die kirchliche Trauung vor der standesamtlichen unter Strafe stellte. Vgl. Dok. 111.*

Die Gestaltung der katholischen Morgenfeier an Sonn- und Feiertagen macht gute Fortschritte.
Sehr bewährt haben sich Serienpredigten, die von einem Team ausgewählter Prediger durchgeführt werden. Um guten Nachwuchs für die Rundfunkpredigt zu gewinnen, werden vom Homiletischen Arbeitskreis mit gutem Erfolg Schulungskurse abgehalten. Neben dem Homiletischen Arbeitskreis ist ein Pädagogischer Arbeitskreis geplant, der die Fragen der Erziehung im Rundfunkprogramm bearbeitet, sowie ein Kirchenmusikalischer Arbeitskreis, der sich mit der musikalischen Gestaltung der katholischen Morgenfeiern befassen soll.
Besonders vordringlich erscheint den Bischöfen die Aufgabe im katholischen Raum – in den Diözesen und Pfarreien, in den Verbänden, den Ausschüssen der Katholischen Aktion, der katholischen Presse – die Verantwortung der Katholiken für den Funk und das gerade jetzt so sehr sich entwickelnde Fernsehen zu wecken und zu einer kraftvollen Mitgestaltung zu führen.

Die seelsorgerliche Betreuung der Sowjetzonenflüchtlinge (Referat Würzburg)
Der bis zur Stunde anhaltende Flüchtlingsstrom aus der sowjetischen Besatzungszone verlangt eine noch intensivere Betreuung durch Seelsorge und Caritas.
Für die Seelsorge in den Aufnahme- und Durchgangslagern werden bis zur Plenarkonferenz in Fulda genaue, ins einzelne gehende Vorschläge vorgelegt.
In den einzelnen Diözesen ist die Aufnahme der Flüchtlinge aus der sowjetischen Besatzungszone (SBZ) und vor allem der alleinstehenden Jugendlichen in die Pfarreien und das pfarrliche Leben sowie die seelsorgliche, soziale und caritative Betreuung der Katholiken in den örtlichen Notunterkünften eine dringende Aufgabe, für die die Seelsorger, die katholischen Verbände und die einzelnen Gläubigen mehr als bisher interessiert werden müssen. Es empfiehlt sich, die Diözesan-Vertriebenenseelsorger in Zusammenarbeit mit den Diözesan-Caritasstellen mit der Verantwortung für dieses Apostolat zu betrauen.

Das Büchereiwesen als Gefahr und Aufgabe – St. Michaels-Bund (Referat Würzburg)
Im Anschluß an die Bekanntgabe des Jahresberichtes, den der St. Michaels-Bund für das Jahr 1955 übersandte, werden die vielfältigen Gefahren des heutigen Büchereiwesens eingehend besprochen. Folgende Überlegungen bzw. Beschlüsse werden als Ergebnis festgehalten:
1. Klerus und Volk müssen über den gegenwärtigen Stand und die Bedeutung des Büchereiwesens und die damit verbundenen Gefahren eingehend unterrichtet werden (z. B. öffentliche und private Leihbüchereien, Buchgemeinschaften in ihrer Wirkweise und weltanschaulichen Tendenz). Dabei soll auch eine klare Gewissenbildung der Gläubigen in ihrer Einstellung zu Buch und Zeitschrift erstrebt werden.
2. Unsere Pfarrbüchereien, die heute an keiner Seelsorgsstelle fehlen sollen, brauchen deshalb in Bestand, Ausstattung und Arbeitsweise die bestmögliche Förderung. Es empfiehlt sich von der Diözese her zu helfen durch finanzielle Unterstützung,

Schulung der Bibliothekare, evtl. durch Bestellung eines geistlichen Beauftragten und einer hauptamtlichen Laienkraft.
3. Der St. Michaels-Bund soll in seiner Arbeit noch mehr intensiviert werden. Seine Leitung möge bald eine Besprechung mit Vertretern aller bayerischen Diözesen anberaumen, bei der eine zeitgerechte Arbeitsweise in Land und Diözesen und eine planvolle Zusammenarbeit mit dem Borromäus-Verein erzielt werden soll. Den Bischöfen mögen im Anschluß daran entsprechende Vorschläge unterbreitet werden.
4. Die katholischen Verleger und Buchhändler brauchen bei der augenblicklichen Liberalisierung des Buchmarktes die volle Unterstützung des katholischen Volkes. Dabei sollte auch bedacht werden, wie die wohl zahlreichen, aber in ihrem Wert teilweise recht mittelmäßigen katholischen Veröffentlichungen besser auf die Erfordernisse der Zeit abgestimmt werden könnten. Ebenso müßte durch eine zielbewußte Arbeit in den Pfarreien, den Diözesen und im ganzen Bundesgebiet erstrebt werden, daß katholische Buchgemeinschaften und Lesezirkel stärker und leistungsfähiger werden.

Die künftigen klösterlichen Lehrerbildungsanstalten auf Hochschulebene
Die Konferenz nimmt einen Bericht zur Kenntnis, wonach die staatlichen Lehrerbildungsanstalten von 13 auf 7 verringert werden sollen. Eine zahlenmäßige Reduzierung wird auch bei den klösterlichen Lehrerinnenbildungsanstalten in Bayern im Zuge der Neuregelung unvermeidlich sein. Vorschlagsweise wurde schon die Zahl 2 oder 3 genannt. Da die einzelnen Ordensgenossenschaften sich bis jetzt noch nicht haben einigen können und voraussichtlich nur schwer einigen werden, wird eine Stellungnahme der Bischöfe notwendig werden, um Zahl und Ort der klösterlichen Lehrerinnenbildungsanstalten auf Hochschulebene festzulegen.
Der neue Lehrplan für den katholischen Religionsunterricht an den Volksschulen Bayerns wird durch Beschluß der Bischofskonferenz angenommen.
Mit der Ausarbeitung eines Lehrplanes für den katholischen Religionsunterricht an den Mittelschulen wird eine Kommission beauftragt. Der Lehrplan wird den einzelnen Ordinariaten zugestellt und soll, falls keine Erinnerungen erhoben werden, mit dem neuen Schuljahr eingeführt werden.

Die »dorfeigenen« Schulen
Die Bischöfe sind sehr besorgt wegen der Gefahr einer ungesunden Zentralisierung der Schulen auf dem Lande, wie sie in einem Reformvorschlag der Regierung empfohlen wurde. Sie beschließen geeignete Schritte zu tun, um eine solche folgenschwere Entwicklung zu verhüten. Auch das Volk soll über diese drohende Gefahr aufgeklärt werden.

Katholische Akademie
Der Landesausschuß der Katholischen Aktion hat sich mit dem Anliegen einer Katholischen Akademie eingehend befaßt und sieht der Verwirklichung dieses Planes mit größtem Interesse entgegen. Solange noch kein eigenes Gebäude bereitgestellt

werden kann, sollen Kurse in den verschiedenen katholischen Tagungshäusern gehalten werden. Die Bischöfe beschließen mit der Arbeitsführung und der Zusammenstellung eines Mitarbeiterkreises vorläufig Dr. habil. Ibach[7] zu betrauen. Seine vertragliche Anstellung soll auf ein Jahr befristet sein.

Studienfonds und -stipendien

Nachdem die Bischöfe bereits im Vorjahr den Grundstock zu einem Studienfonds zur Förderung des akademischen Nachwuchses geschaffen haben, nehmen sie mit Befriedigung von dem weiteren Fortgang der Bemühungen zur Schaffung eines Katholisch-Akademischen Förderungswerkes in Bayern Kenntnis und begrüßen die Gewinnung der verschiedenen Schichten des katholischen Volkes für dieses Werk. Auch durch überdiözesane Mittel sollen diese Bestrebungen weiter gefördert werden.

Ein Zusammenschluß der katholischen Hochschullehrer in Bayern, der in Erwägung gezogen wird, könnte nur begrüßt werden.

Volkshochschulen

Es soll festgestellt werden, in wessen Hand die Leitung der einzelnen Volkshochschulen liegt. Eine Umfrage wurde bereits an die Ordinariate gerichtet. Ihre baldige Beantwortung ist dringend notwendig.

Schule für Dorfhelferinnen

Die Errichtung einer Schule für katholische Dorfhelferinnen, die im Einvernehmen mit dem Vorsitzenden der Konferenz von der Katholischen Landvolk- und Landjugendbewegung bereits vorbereitet wurde, fand die Billigung und Förderung der Konferenz.

Altersversorgung der weltlichen Lehrkräfte an Klosterschulen

Zur Kenntnis diente ein orientierender Bericht über die Möglichkeiten einer an die staatliche Regelung heranreichenden Altersversorgung der weltlichen Lehrkräfte an Klosterschulen.

Familienausgabe des neuen Katechismus

Die Bischöfe begrüßen den Plan einer Familienausgabe des neuen Katechismus, deren Urheberrecht aber den Bischöfen zusteht. Sie halten es für notwendig, daß diese Familienausgabe in allen Diözesen einheitlich gestaltet und den besonderen Interessen der Familie angepaßt wird. Die Konferenz erachtet es für zweckmäßig, mit der Bearbeitung dieser Familienausgabe die Katechetische Kommission und den Deutschen Katechetenverein mit Heranziehung von Fachleuten der Erwachsenenbildung zu beauftragen. Das gleiche Gremium soll auch die Vorschläge für die Bebilderung dieser Familienausgabe ausarbeiten.

[7] HELMUT IBACH *(1912–1996), Historiker und Publizist, seit 1957 im wissenschaftlichen Dienst des Bundesministers der Verteidigung.*

Seelsorge für die »Fahrenden Leute«
Die Konferenz beschließt die Seelsorgsgeistlichen anzuweisen, den »Fahrenden Leuten«, die sich vorübergehend in ihrer Pfarrei aufhalten, ihre pastorale Aufmerksamkeit zu schenken. Erfahrungsgemäß findet der Besuch des Seelsorgers gute Aufnahme.

Christliche Gewerkschaft
Ein Bericht orientiert die Konferenz über den derzeitigen Stand der neugegründeten Christlichen Gewerkschaft und den Anklang, den sie bei den Seelsorgsgeistlichen und den katholischen Verbänden gefunden hat. Gerade diese sollen ihre soziale Verpflichtung klar erkennen und konsequent erfüllen.
Bei der Aussprache der Konferenzteilnehmer zeigte sich eine merkliche Unzufriedenheit über die derzeitige Führung der Deutschen Kolpings-Familie[8].
Das Statut des Landesausschusses der Katholischen Aktion wird auf weitere zwei Jahre genehmigt.

Amerika-Anleihe[9]
Die Konferenz nimmt den Bericht über den Stand der Amerika-Anleihe, ihre Verzinsung und Tilgung entgegen.

Besoldung des Seelsorgsklerus
Der Konferenz wird ein Plan zur Neuregelung der Besoldung des Seelsorgsklerus vorgelegt. Zur näheren Prüfung und Koordinierung wird er den Finanzreferenten zugeleitet.

Nach herzlichen Dankesworten des Vorsitzenden und des Seniors der Konferenz wird die Konferenz am 22. März um 19:25 Uhr geschlossen.

Der Protokollführer:
+ Isidor Markus
Bischof von Speyer

Der Vorsitzende:
Joseph Card[inal] Wendel
Erzbischof von München und Freising.

[8] BERNHARD RIDDER *(1896–1967), 1922 Priester (D Münster), Studienrat, 1948–1961 Generalpräses des Kolpingwerks, 1957 Päpstlicher Hausprälat.*

[9] *Hinweise auf eine von den bayerischen Bischöfen in der Zeit der Weimarer Republik getätigte Anleihe in Amerika in* AKTEN FAULHABERS I, *S. 398, 575 und 621.*

20

Protokoll des westdeutschen Bischofskonveniats

Hohenheim-Stuttgart, 21.–23. März 1956

EA MÜNCHEN, Joseph Kardinal Wendel, 21/1956. *Druckstück mit Überschrift:* Protokoll der Beratungen auf dem Konveniat der westdeutschen Bischöfe in Hohenheim-Stuttgart vom 21. bis 23. März 1956. *Vermerk:* Vertraulich behandeln!

Anwesend waren die Hochwürdigsten Herren Joseph Kardinal Frings, Köln; Erzbischof Jaeger, Paderborn; Erzbischof Seiterich, Freiburg; die Bischöfe von Aachen, Limburg, Mainz, Münster, Rottenburg, Trier; Weihbischof von Rudloff, Osnabrück; Generalvikar Prälat Offenstein[1], Hildesheim und Domkapitular Prälat Hunstiger[2], Fulda.
Das Konveniat sandte Grußtelegramme an die erkrankten Bischöfe von Berlin und Hildesheim.

Außer einer Reihe dankenswerter Informationen kamen die folgenden Themen zur Sprache:
I. Bildung, Erziehung, Unterricht
a) Familienausgabe des Neuen Katechismus:
Der Bischof von Rottenburg berichtet über den augenblicklichen Stand der Überlegungen zur Herausgabe einer Familienausgabe des Neuen Katechismus. Das Konveniat hält es für wünschenswert, daß eine solche Familienausgabe nicht eine bloße illustrierte Großausgabe des Schulkatechismus sei, sondern eine familiengerechte neue Bearbeitung unter wörtlicher Beibehaltung des bisherigen Lehrtextes und der Merksätze. In der Bearbeiterkommission dieser geplanten Familienausgabe sollten daher auch Experten für Familienarbeit und Erwachsenenbildung der Männer und Frauen vertreten sein.
Der Bischof von Rottenburg wird gebeten, im Einverständnis mit dem bayerischen Episkopat Verhandlungen mit Herrn Domkapitular Dr. Fischer[3], München, zu führen zwecks Zusammenstellung einer geeigneten Mitarbeiterkommission. Das Konveniat hält es für notwendig, daß vor einer offiziellen Beauftragung dieser Kommission die rechtliche Urheberschaft des Episkopats klar herausgestellt wird. Der Bischof von Eichstätt möge gebeten werden, mit den Professoren seiner theologischen Hochschule die Überprüfung des zu erarbeitenden Textes zu übernehmen.

[1] WILHELM OFFENSTEIN *(1889–1964), Dr. theol., Dr. phil., 1914 Priester (D Hildesheim), 1924 Mitarbeiter der Katholischen Schulorganisation, 1930–1933 Mitglied des Reichstags (Zentrum), 1936–1960 Generalvikar des Bistums Hildesheim, 1949 Domkapitular, 1956 Kapitularvikar.*

[2] WILHELM HUNSTIGER *(1884–1963), 1908 Priester (D Paderborn), Seelsorger, 1941 Domkapitular in Fulda, 1957 Bischöflicher Beauftragter für die Organisation der Katholischen Aktion, 1958 Päpstlicher Hausprälat.*

[3] HUBERT FISCHER *(1912–1990), Dr. theol., 1936 Priester (ED München), 1950 Assistent, 1951 Vorsitzender des Deutschen Katechetenvereins, 1953 Domkapitular, Leiter des Schulreferats und der Ordensschulzentrale, 1955 Mitglied des Deutschen Ausschusses für das Erziehungs- und Bildungswesen. Vgl.* H.- J. NESNER, *S. 564.*

b) Katholische Grundsätze für Schule und Erziehung:
(Vgl. Protokoll Pützchen 3. bis 5. November 1955, II, 1)[4].
Der Bischof von Trier übernimmt es, einige von dem Konveniat gewünschte Abänderungen des Wortlauts vom 11. Februar 1956 und die Art der Promulgation mit dem bayerischen Episkopat abzustimmen und das Ergebnis den Mitgliedern des Konveniats über Köln zuzuleiten. Man ist der Meinung, daß es zweckmäßig sei, eine allgemeine Bekanntgabe zum gleichen Termin erfolgen zu lassen.
c) Lehrerbildung:
Das Konveniat wünscht dringend, daß bis zur nächsten Zusammenkunft durch ein Gremium geeigneter Fachleute ein gut orientierendes Memorandum über die Problematik der neuesten Schul- und Lehrerbildungsbestrebungen erarbeitet wird. Dieses Memorandum müßte die verschiedenen derzeitigen Bestrebungen betr. Schulformen und Lehrerbildung sachlich aufzeigen, kritisch Stellung dazu nehmen und vom Standpunkt der katholischen Bildungsgrundsätze unter Wahrung der konkordatären Rechte eigene Vorschläge zu diesem Anliegen unterbreiten.
Eminenz Frings wird sich über das Pädagogische Institut, Münster[5], und sonstige Fachleute um die Erarbeitung eines solchen Memorandums bemühen.
d) Studienstiftung Cusanuskreis:
Der Erzbischof von Paderborn berichtet über die bisherigen Bemühungen um den Aufbau der Studienstiftung »Cusanuskreis«. Das Konveniat nimmt gerne zur Kenntnis, daß die bisherigen vorbereitenden Maßnahmen des seit 1. Januar 1956 freigestellten Leiters, hochw[ürdigen] Herrn Pfarrer Hanssler[6], einen erfolgversprechenden Verlauf genommen haben. Zu Beginn des Sommersemesters 1956 dürfte das Überprüfungsverfahren der zurzeit in Auswahl stehenden Kandidaten abgeschlossen sein, so daß die ersten zwölf Stipendiaten in den Cusanuskreis probeweise aufgenommen werden können.
e) Theologie und Naturwissenschaft:
Das Konveniat hält es für empfehlenswert, eine Fühlungnahme zwischen Theologen und Naturwissenschaftlern zu fördern und der Görres-Gesellschaft eine diesbezügliche finanzielle Hilfe zu leisten.
g) Konfessionskundliches Institut:
Der Erzbischof von Paderborn informiert das Konveniat über die unmittelbar bevorstehende Errichtung eines Instituts für konfessionskundliche Arbeit in Paderborn. Die künftige Bezeichnung dieses Instituts steht noch nicht fest.

II. Seelsorge und Sozialfragen
a) Studentische Mensur:

4 EA München, Joseph Kardinal Wendel, 21/1955. *Druckstück.*
5 *Wahrscheinlich ist das »Deutsche Institut für wissenschaftliche Pädagogik« in Münster gemeint.*
6 Bernhard Hanssler *(1907–2005), 1932 Priester (D Rottenburg), 1935 Studentenpfarrer in Tübingen, 1945–1951 Pfarrer in Schwäbisch-Hall, 1951–1956 in Stuttgart, 1956 Leiter des Cusanuswerks, 1957–1968 Geistlicher Direktor, 1968–1970 Bischöflicher Assistent im Zentralkomitee, 1970–1974 Rektor des Collegio Teutonico am Campo Santo in Rom, 1981–1992 Akademikerseelsorger in Stuttgart.*

Die Diskussion um den Fortbestand der Zensurierung bei studentischer Mensur nach Abschaffung der Duellverpflichtung in den schlagenden Korporationen ist zurzeit noch nicht abgeschlossen. Das Konveniat kam bezüglich der seelsorglichen Konsequenzen zu keiner einheitlichen Auffassung.

b) Geistige Betreuung außereuropäischer Studenten:

Die geistige Betreuung außereuropäischer Studenten ist eine allgemeine Verpflichtung der deutschen Katholiken. Darum möge der »Katholische Akademische Auslandsdienst« einen entsprechenden Antrag auf finanzielle Unterstützung bei dem Vorsitzenden der Fuldaer Plenarkonferenz stellen. Darüber hinaus bleibt es unbenommen, Stellen der Wirtschaft, Industrie und dergleichen um solche Stipendien anzugehen.

c) »Vereinigung höherer Ordensoberinnen Deutschlands«:

Der Bischof von Trier berichtet, daß in dem Satzungsentwurf der Vereinigung der höheren Ordensoberinnen Deutschlands die Auflagen der Fuldaer Plenarkonferenz 1955 im wesentlichen erfüllt wurden. Der Satzungsentwurf liegt zurzeit der Religiosen-Kongregation, Rom, zur endgültigen Redaktion und Genehmigung vor.

d) Christliche Gewerkschaften:

(Vgl. Protokoll Pützchen 3. bis 5. November 1955, III, 1).

Der Bischof von Münster berichtet über die derzeitige Situation der christlichen Gewerkschaften.

Das Konveniat hält es für zweckmäßig, Herrn Dr. Paulus, Bad Godesberg, zu ermächtigen, bei den einzelnen katholischen Verbänden dahin zu wirken, daß dieselben die Entwicklung der christlichen Gewerkschaften wohlwollend fördern. Es wird ferner beschlossen, daß die einzelnen Diözesen die Frankfurter Resolution der in der Sozialarbeit tätigen Geistlichen vom 12. März 1956 (siehe Anlage![7]) ihrem Seelsorgsklerus in geeigneter Weise zur Kenntnis bringen.

III. Organisatorische und finanzielle Fragen

a) Antrag der »Kirchlichen Hauptstelle für Bild- und Filmarbeit«:

Von dem Vorstande des neugegründeten E. V. »Kirchliche Hauptstelle für Bild- und Filmarbeit«, dessen stellvertretender Vorsitzender Herr Dr. Westhoff[8], Köln, ist, wird der Antrag gestellt, für das Jahr 1956 einen Nachtragsetat von DM 14.600 zu bewilligen. Der in Fulda 1955 genehmigte Betrag hat sich als unzureichend erwiesen. Der Mehrbedarf ist u. a. bedingt durch die gesteigerte Filmarbeit aufgrund der neuen päpstlichen Weisungen sowie durch die vermehrten Bedürfnisse des neugegründeten E. V. Das Konveniat anerkennt die Bedeutung der katholischen Filmarbeit und stellt mit Genugtuung ihre gesteigerte Tätigkeit im katholischen Raum fest. Es genehmigt den Betrag mit der Maßgabe, daß er Herrn Justitiar Dr. Westhoff, Köln, zur Verfügung gestellt wird, damit durch ihn der Etat 1956 ausgeglichen werden kann.

7 *Vgl. Dok. 16.*

8 PAUL WESTHOFF *(1901–1996), Dr. iur., 1924–1938 juristischer Mitarbeiter bei der Katholischen Schulorganisation, dann im Generalvikariat Köln, bis 1970 Justitiar und Oberrechtsrat, zudem Kanzler des Erzbistums Köln.*

b) Bund der Deutschen Katholischen Jugend, Düsseldorf:
Der Bischof von Mainz berichtet über die augenblicklichen finanziellen Schwierigkeiten des BDKJ im Zusammenhang mit der »Deutschen Jugendbuch-Vertriebs-G.m.b.H.« (Vgl. Protokoll Pützchen 3. bis 5. November 1955, II, 4, b).
Das Konveniat wünscht, daß die Bundesführung des BDKJ keine geschäftlichen Rechtsverbindungen mit dem Verlag Bertelsmann eingeht und statt dessen das Anliegen einer weiten Verbreitung des guten Jugendbuchs in anderer Weise weiter verfolgt.
Bezüglich der parlamentarischen Aktivität des BDKJ hält das Konveniat eine stärkere Fühlungnahme der daran Beteiligten mit der Kulturpolitischen Kommission der Fuldaer Bischofskonferenz für notwendig.
Im Interesse einer guten Zusammenarbeit des BDKJ mit der Kolpingsfamilie übernimmt es der Vorsitzende des Konveniat, im Sinne des sogenannten »Sodener Abkommens« auf die Kolpingsfamilie einzuwirken, insbesondere auch hinsichtlich der Beitragszahlung.
c) Aachener Missions-Verwaltungs-Gesellschaft:
Seine Exzellenz, der Hochwürdigste Apostolische Nuntius, Erzbischof Muench, Bad Godesberg, hat die deutschen Bischöfe um eine Stellungnahme zu den Fragen betr. »Aachener Missions-Verwaltungs-Gesellschaft« gebeten. Das Konveniat nimmt Stellung wie folgt:
1. Die in der nationalsozialistischen Zeit gegründete Aachener Missions-Verwaltungs-Gesellschaft hat ihre wesentliche Aufgabe erfüllt.
2. Es dürfte daher keine Veranlassung mehr bestehen, daß die päpstlichen Missionswerke ihre Gelder weiterhin an diese Gesellschaft überweisen.
3. Man könnte vom rein sachlichen Standpunkte aus der Gesellschaft nahelegen, sich aufzulösen. Doch erscheint es nicht unbedingt erforderlich. Aus psychologischen Gründen dürfte es im Augenblick auch nicht ratsam sein, eine sofortige Auflösung zu urgieren.
4. Die Aachener Missions-Verwaltungs-Gesellschaft hat sich in der Vergangenheit unbestreitbar große Verdienste erworben. Ihre leitenden Männer haben sich in schwierigen Zeiten in selbstloser Weise für die Sache der Missionen eingesetzt. Es wäre daher sehr zu begrüßen, wenn diese Verdienste in einem römischen Schreiben ausdrücklich lobende Anerkennung fänden.
d) Borromäus-Verein:
Der Erzbischof von Köln gibt den Mitgliedern des Konveniats davon Kenntnis, daß in der Leitung des Borromäus-Vereins personale Veränderungen bevorstehen.

Das nächste westdeutsche Konveniat findet statt vom 28. bis 30. Mai 1956 in Pützchen.
Die Fuldaer Plenarkonferenz beginnt mit Rücksicht auf den geplanten Internationalen Liturgischen Kongreß von Assisi Donnerstag, den 27. September 1956.

gez.: + Wilhelm,
Bischof von Limburg

gez.: + Joseph Kardinal Frings,
Erzbischof von Köln.

21

Höffner[1] an Werhahn[2]

Münster, 2. April 1956

EA KÖLN, Gen. II 23.61, 23. *Schreibmaschinenausfertigung mit eigenhändiger Unterschrift. Briefkopf:* Institut für Christliche Sozialwissenschaften an der Westfälischen Wilhelms-Universität Münster. Direktor Professor Höffner. *Anschrift:* Herrn Dr. Peter Werhahn, Großkönigsdorf b[ei] Köln, Haus Klosterberg.

Lieber Herr Dr. Werhahn!
Im Anschluß an unser Gespräch in Honnef über die gemeinsame Sozialarbeit der beiden Konfessionen im Bergbau möchte ich Ihnen noch folgendes mitteilen:
1) Als die gemeinsame Sozialarbeit vor einigen Jahren begann, gingen wir von folgenden Erwägungen aus: In unserem religiös und weltanschaulich gespaltenen Volk leben sowohl in den Gemeinden wie auch in den Betrieben Menschen verschiedener Bekenntnisse und Anschauungen zusammen. Gott hat uns Katholiken in diese Verhältnisse hineingestellt, und wir sind verpflichtet, an der Schaffung und Erhaltung des sozialen Friedens – auch in den Betrieben – mitzuwirken. Das gehört nach der katholischen Sittenlehre zum sozialen Pflichtenkreis. Da die soziale Befriedung der Betriebe nicht von den Katholiken allein abhängt, werden die Katholiken mit Gleichgesinnten, vor allem mit evangelischen Christen, zusammenarbeiten müssen, – insbesondere angesichts der Bedrohung aus dem Osten.
2) Das spezifische Anliegen der sozialen Befriedung in den Zechen bringt es mit sich, daß auf den diesem Anliegen dienenden gemeinsamen Tagungen Kontroversfragen der Glaubens- und Sittenlehre nicht behandelt werden. Es handelt sich vielmehr im Grunde um Fragen, die – auch wenn dieser Ausdruck nicht auf den Tagungen gebraucht wird – zum natürlichen Sittengesetz gehören (Gerechtigkeit, Anständigkeit, Abbau des Mißtrauens usw.).
3) Am 20.12.1949 (AAS XXXXII/1950) hat das Heilige Officium in einer Instructio »de motione occumenica«[3] eine Formulierung gebraucht, die nach meiner Meinung die gemeinsame Sozialarbeit im deutschen Bergbau ausdrücklich rechtfertigt. Es heißt darin: »Das Monitum betrifft nicht diejenigen gemischten Zusammenkünfte von Katholiken und Nichtkatholiken, in denen überhaupt keine Fragen der Glaubens- und Sittenlehre verhandelt werden, sondern die Teilnehmer darüber beraten, wie man mit vereinten Kräften die Grundsätze des Naturrechts oder der christlichen Religion gegen die heute gemeinsam vorgehenden Feinde Gottes verteidigen könne, oder in denen über die Wiederherstellung einer gesunden Sozialordnung wie andere derartige Fragen verhandelt wird«.

[1] JOSEPH HÖFFNER *(1906–1987), Dr. phil., Dr. rer. pol., Bac. iur. can., 1932 Priester (D Trier), Theologe und Sozialwissenschaftler, 1951 Professor für Christliche Sozialwissenschaften in Münster, 1962 Bischof von Münster, 1969 Erzbischof von Köln und Kardinal, 1976 Vorsitzender der Deutschen Bischofskonferenz. Vgl.* N. TRIPPEN, *Höffner, sowie* L. ROOS.

[2] PETER WERHAHN *(1913–1996), Dr. rer. pol., Vorstandsmitglied im Bund katholischer Unternehmer, 1960 Präsident der Union Internationale des Associations Patronales Catholiques (UNIAPAC).*

[3] AAS *32 (1950), S. 142–147.*

4) Es ergibt sich aus der Eigenart der gemeinsamen Sozialarbeit im Bergbau, daß sie kein Ersatz der katholischen Sozialbewegung (z. B. der KAB, CAJ usw.) sein kann und will.
5) Es ist zu wünschen, daß bei Gelegenheit der Veranstaltungen der gemeinsamen Sozialarbeit mehr als bisher versucht wird, katholische Männer aus den Zechen, die man als gläubige und aktive (sowie sozial interessierte) Katholiken kennenlernt, für die katholische Sozialbewegung zu gewinnen. Solche Bemühungen werden bei den Evangelischen nicht auf Ablehnung stoßen, wie ich selbst aus einem Gespräch mit H[errn] v[on] Bismarck[4] weiß.
6) Meines Wissens haben sich bisher in den Bistümern Paderborn, Münster und Aachen, in denen die gemeinsame Sozialarbeit seit Jahren üblich ist, keine Bedenken gegen die Methoden dieser Arbeit erhoben; auch ist mir von einer Benachteiligung katholischer Verbände nichts bekannt.
Herzliche Grüße und Wünsche!

Ihr J[oseph] Höffner.

22

Schröffer an Wendel

Eichstätt, 3. April 1956

EA MÜNCHEN, Joseph Kardinal Wendel, 22/1956. *Schreibmaschinenausfertigung mit eigenhändiger Unterschrift. Briefkopf:* Der Bischof von Eichstätt. *Eingangsstempel:* Erzbistum München. Erzb[ischof] 9. Apr[il] 1956. 22 Nr. 420.

Hochwürdigste Eminenz!
Der Bischof von Münster teilt mir als Ergebnis des westdeutschen Bischofskonveniats in Hohenheim in der Frage »Christliche Gewerkschaften« folgendes mit:
»Wir haben uns erstens entschlossen, die in Frankfurt (von den in der Sozialarbeit stehenden Geistlichen) gefaßten Resolutionen[1] an unsere Priester zu schicken, um ihnen dadurch ein noch größeres Gewicht zu geben und sie inhaltlich auch als Auffassung der Bischöfe erkennen zu lassen.
Sodann soll Dr. Paulus gebeten werden, sich bei den katholischen Verbänden zu bemühen, dort wohlwollendes Verständnis und im Rahmen des Möglichen auch wirksame Unterstützung für die christlichen Gewerkschaften zu wecken.
Von der Absendung des Briefes an Herrn Even[2], mit dem man inhaltlich wohl einverstanden war, haben wir einstweilen Abstand genommen, um erst einmal die Wir-

4 KLAUS VON BISMARCK *(1912–1997), Offizier, Leiter des Sozialamtes der Evangelischen Kirche Westfalen (Haus Villigst), 1955–1961 Mitglied der Gesamtdeutschen Synode der EKD, 1961–1974 Intendant des Westdeutschen Rundfunks in Köln.*

1 *Vgl. Dok. 16.*
2 *Vgl. Dok. 14.*

kung der eben genannten Maßnahmen und die weitere Entwicklung abzuwarten. Man hat dann immer noch die Möglichkeit, nach einigen Wochen oder Monaten je nach der Lage darauf zurückzukommen«.
Dieser Brief war die Antwort auf meine Mitteilung, in der ich den Bischof von Münster von unserer Behandlung der Frage in Kenntnis gesetzt hatte.
Mit verehrungsvollen, herzlichen Grüßen

+ Joseph
Bischof von Eichstätt.

23

Hengsbach an Wendel

Paderborn, 21. April 1956

EA MÜNCHEN, Joseph Kardinal Wendel, 40 ZK/1957. *Schreibmaschinenausfertigung mit eigenhändiger Unterschrift. Briefkopf:* Weihbischof Dr. Franz Hengsbach. *Anschrift:* An Seine Eminenz den Hochwürdigsten Herrn Joseph Kardinal Wendel, Erzbischof von München-Freising zu München. *Eingangsstempel:* Erzbistum München. Erzb[ischof] 24. Apr[il] 1956. 40 ZK Nr. 503.

Euer Eminenz
darf ich im Anschluß an mein letztes Schreiben vom 3. März noch folgendes vortragen: Ich deutete bereits an, daß ich mir einige Sorge machte wegen der rechten Gestaltung der Arbeit in unserem Godesberger Hause[1]. Diese Sorge bezieht sich auf zwei Punkte, einmal auf die rechte Zusammenarbeit der Sachreferate untereinander und mit der Geschäftsführung. Es wurde mir im letzten Jahre immer deutlicher, daß es an dieser Zusammenarbeit sehr mangelte. Nach dem Eintritt von Herrn Köppler glaube ich jedoch annehmen zu dürfen, daß die Zusammenarbeit sowohl in menschlicher wie in sachlicher Hinsicht gut wird. Darüber hinaus hoffe ich, daß regelmäßige, möglichst monatliche Konferenzen des Präsidiums mit den Mitarbeitern in Godesberg dieser Zusammenarbeit wie überhaupt der gesamten Arbeit des Zentralkomitees dienlich sein werden. Ich habe angeregt, daß an jedem zweiten Mittwoch und Donnerstag im Monat diese Präsidialsitzungen stattfinden. Bei der letzten in der vergangenen Woche, an der zum ersten Male Herr Köppler teilnahm, haben wir u. a. ausführlich die Geschäftsordnung besprochen. Auch eine gute Geschäftsordnung wird gewiß der Zusammenarbeit im Hause dienlich sein. Ich darf darüber bei der nächsten Besprechung mit der Hochwürdigsten Bischofskommission im einzelnen noch berichten.
Der zweite Punkt, der mir auch heute noch Anlaß zur Sorge gibt, ist die Frage der finanziellen Sicherung unserer hauptamtlichen Mitarbeiter. Zunächst, das darf ich hier noch nachträglich berichten, habe ich mich erkundigt, ob Herr Dr. Kafka von sich aus eine Ausfallbürgschaft mit Rücksicht auf seine Altersversorgung gewünscht habe. Das ist nicht der Fall. Wohl hat Herr Dr. Kafka bei den Verhandlungen mit

1 *Gemeint ist das Haus des Zentralkomitees in Bad Godesberg.*

Fürst Löwenstein auch auf die mögliche Notwendigkeit seiner Altersversorgung hingewiesen. Daraufhin hat Fürst Löwenstein als Vorsitzender des E. V. Zentralkomitee der deutschen Katholiken sich in die Notwendigkeit versetzt gesehen, eine entsprechende Ausfallbürgschaft zu bekommen, da ja der E. V. Zentralkomitee über kein Vermögen verfügt, aus dem eine Altersversorgung gedeckt werden könnte. So kamen wir auf den Gedanken, daß diese Ausfallbürgschaft unter Umständen durch den E. V. der sieben Bistümer gegeben werden könnte.
Es ist zweifellos richtig, daß wir bei der Anstellung unserer hauptamtlichen Mitarbeiter zunächst davon ausgehen, daß sie nicht bis zu ihrer Altersgrenze beim Zentralkomitee tätig sind, daß sie vielmehr nach einigen Jahren in eine staatliche oder sonstige öffentliche Tätigkeit oder auch vielleicht in eine Aufgabe bei katholischen Organisationen hinüberwechseln. Das ist aber nur dann möglich, wenn unsere Mitarbeiter noch relativ jung aus dem Zentralkomitee ausscheiden. Beim Geschäftsführer des Zentralkomitees wird das durchaus der Fall sein können. Ich habe darum in dieser Richtung auch sehr offen schon mit Herrn Köppler gesprochen. Aber bei den Leitern der Sachreferate, von denen wir ja erwarten, daß sie schon eine bestimmte Erfahrung haben, wenn sie zu uns kommen, wird das Hinüberwechseln in eine andere Tätigkeit m. E. verhältnismäßig schwierig bleiben. Denn durchweg werden sie schon zwischen 30 und 40 sein, wenn sie zu uns kommen. Und wenn sie dann eine Reihe von Jahren beim Zentralkomitee gewesen sind, wird es vielfach zu spät sein für einen Übertritt in eine andere Aufgabe. Darum, meine ich, müßten wir in dem einen oder anderen Falle doch die Möglichkeit für eine überdiözesane Altersversorgung schaffen, wie wir es grundsätzlich im Falle Dr. Kafka vorgesehen haben. Dabei bleibt selbstverständlich die Möglichkeit offen, daß auch Herr Dr. Kafka wieder aus dem Zentralkomitee ausscheidet, um z. B. in die Universitätslaufbahn zu gehen.
Nach allem wäre ich dankbar, wenn die Frage der finanziellen Sicherung unserer hauptamtlichen Mitarbeiter bei der nächsten Sitzung der Bischofskommission noch einmal besprochen werden könnte.
Darf ich sodann noch folgendes berichten:
Auf der Präsidialsitzung in der vergangenen Woche haben wir vor allem auch die Frage eines Neubaus in Godesberg besprochen. Euer Eminenz werden sich erinnern, daß wir ja von Anfang an der Überzeugung waren, daß der zur Verfügung stehende Raum auf die Dauer nicht genügen würde. Wir haben nun eine Reihe von Möglichkeiten erwogen, wie wir am besten und am billigsten zu einem Erweiterungs- bzw. Neubau kommen. Ich darf auch darüber bei der nächsten Sitzung der Hochwürdigsten Bischofskommission sicherlich im einzelnen berichten.
Zu der Frage des Präsidiums des Kölner Katholikentages: Nachdem Euer Eminenz bereits grundsätzlich mit dem Vorschlag für den ersten Präsidenten des Kölner Katholikentages (Ministerialrat Dr. Schneeberger[2]) einverstanden sind, haben wir uns Gedanken gemacht für die weiteren Präsidiumsmitglieder, und zwar kämen in Frage:

2 JOSEF SCHNEEBERGER *(1909–1982), Dr. iur., 1953 Ministerialrat im Innenministerium von Rheinland-Pfalz, 1958 Ministerialdirigent im Bundesinnenministerium, 1959–1973 Regierungspräsident in Mün-*

der Führer der Christlichen Gewerkschaft an der Saar, Gier[3], als zweiter Präsident, die Mitarbeiterin des Fürsorgevereins für Frauen, Mädchen und Kinder in Frankfurt/Oder, Frau Schulz[4], als dritte Präsidentin,
der Präsident des Bonifatiusvereins, Graf Erbdroste zu Vischering, als vierter Präsident[5].
Ich wäre dankbar, wenn Euer Eminenz mit diesen Vorschlägen einverstanden wären, damit Fürst Löwenstein die betreffenden Persönlichkeiten bitten kann. Seiner Eminenz Kardinal Frings habe ich ebenfalls die Vorschläge mitgeteilt und um Einverständnis gebeten. Den Hochwürdigsten Herren Bischöfen von Münster und Würzburg will ich heute noch entsprechende Nachricht geben.
Die Redner für die öffentlichen Kundgebungen sind durchweg noch nicht endgültig festgelegt. Nur bei dem Redner der Schlußkundgebung sind wir einigermaßen sicher, den rechten Vorschlag zu haben, nämlich den zweiten Bürgermeister von Berlin, Amrehn[6].
Herr Köppler sprach davon, daß Euer Eminenz die Güte haben werden, am ersten Tag der nächsten Vollversammlung des Zentralkomitees teilzunehmen, die auf den 2. und 3. Mai verlegt worden ist. Ich bin besonders dankbar dafür, da ich mir gerade von der Anwesenheit Euer Eminenz viel verspreche für das Wachsen des Vertrauens zum Zentralkomitee und auch für das Vertrauen gerade der Laien zum Episkopat.
Mit ehrerbietigen Grüßen

Euer Eminenz im Herrn sehr ergebener
+ Franz Hengsbach.

ster, 1956 Präsident des Kölner Katholikentags, 1962–1964 Präsident der Katholischen Deutschen Akademikerschaft, 1977 Präsident des Volksbundes Deutsche Kriegsgräberfürsorge.

3 Peter Gier *(1901–1961), Bergmann, 1955 Vorsitzender des Christlichen Gewerkschaftsbundes und des Gesamtverbands der Christlichen Gewerkschaften im Saargebiet, 1956 Vizepräsident des Kölner Katholikentags.*

4 Hildegard Schulz, *Lebensdaten nicht ermittelt.*

5 Georg Ludwig Graf Droste zu Vischering *(1900–1977), Dr. iur., Erbdroste des Fürstbistums Münster, Präsident des Bonifatiusvereins für das katholische Deutschland.*

6 Franz Amrehn *(1912–1981), Jurist, Bankkaufmann und Politiker (CDU), 1950–1969 Mitglied des Berliner Abgeordnetenhauses, 1952 dessen Vizepräsident, 1955–1963 Zweiter Bürgermeister von Berlin, 1969–1981 Mitglied des Bundestags.*

24

Bericht Kochs'[1]

Köln, 1. Mai 1956

DA EICHSTÄTT, Bischofsarchiv Schröffer, Deutsche Bischofskonferenz 1956. *Schreibmaschinenvervielfältigung mit faksimilierter Unterschrift. Überschrift:* Tätigkeitsbericht überreicht der Fuldaer Bischofskonferenz 1956. *Briefkopf:* Kirchliche Hauptarbeitsstelle für Bild- und Filmarbeit.

Der Bericht umfaßt die Zeit vom 1. August 1955 bis zum 30. April 1956, da in diesem Jahre die Unterlagen und Anträge bereits zum 1. Mai 1956 vorliegen müssen. Ergänzend darf auf den Bericht vom 1. August 1955 verwiesen werden.

Die Darstellung gibt zunächst die organisatorischen Fragen der kirchlichen Filmarbeit wieder und schildert sodann die augenblickliche Situation im Filmwesen und in der kirchlichen Filmarbeit.

1.) a. Die Kirchliche Hauptstelle für Bild- und Filmarbeit erhielt im Berichtsjahr eigene Rechtspersönlichkeit durch organisatorische Umwandlung in einen gerichtlich eingetragenen Verein. Die Satzung liegt in Anlage bei. Der Vorstand, der laut Statut durch S[eine] Eminenz Joseph Kardinal Frings, Köln, als dem Vorsitzenden der Fuldaer Bischofskonferenzen bestätigt wurde, besteht aus den Herren Direktor Anton Kochs, Köln (erster Vorsitzender), Ordinariatsrat Dr. jur. Paul Westhoff, Köln (stellvertretender Vorsitzender) und Oberjustizrat Dr. Gerd Weng[2], Rottenburg (weiteres Vorstandsmitglied). Mitglieder des eingetragenen Vereins sind Persönlichkeiten, welche durch die Hochwürdigsten Herren Ordinarien der deutschen Bistümer benannt wurden und ferner Einzelpersonen, die in der Katholischen Filmarbeit besondere Erfahrungen besitzen. Die Kirchliche Hauptstelle für Bild- und Filmarbeit e. V. dankt auch an dieser Stelle sowohl dem für die Filmfragen federführenden Bischof Dr. Carl Joseph Leiprecht von Rottenburg als auch dem Beauftragten der Bischofskommission für Koordinationsfragen, Weihbischof Dr. Franz Hengsbach, Paderborn, für die umfangreiche Arbeit und Unterstützung.

Die neue Geschäftsordnung des Vereins wird der diesjährigen Bischofskonferenz durch die zuständigen Bischofskommissionen zur Genehmigung vorgelegt. An der Zielsetzung und dem organisatorischen Aufbau der kirchlichen Filmarbeit, deren Grundlinien durch päpstliche und bischöfliche Weisung vorgezeichnet sind, hat sich nichts Wesentliches geändert. Die Neuordnung gibt einerseits der kirchlichen Filmarbeit festere Grundlage und erweiterte Wirkungsmöglichkeit. Andererseits sichert sie eine wirtschaftliche Verantwortlichkeit der Bistümer gegen immerhin mögliche Angriffe ab.

1 ANTON KOCHS *(1902–1984), Priester (D Münster), 1946–1969 Leiter der »Kirchlichen Hauptstelle für Bild- und Filmarbeit«.*

2 GERHARD WENG *(1916–1988), Dr. iur., 1949 Justizrat und 1953–1960 Oberjustizrat beim Bischöflichen Ordinariat Rottenburg, 1961 Regierungsdirektor, 1962 Ministerialrat als Referent des baden-württembergischen Ministerpräsidenten, 1964–1988 Mitglied des baden-württembergischen Landtags (CDU), 1972–1980 Politischer Staatssekretär im Kultusministerium. Vgl.* F. RABERG.

b. Auf Grund der genannten Neuordnung und auch der organisatorischen Umgestaltung des Verlags Haus Altenberg wurde zwischen diesen genannten Stellen ein neuer Verlagsvertrag über die Herausgabe der Zeitschrift »Filmdienst« abgeschlossen. Der Vertrag erhielt die Genehmigung des Erzbischöflichen Generalvikariats Köln. Der Vertrag, dessen wesentliche Bestimmungen die gleichen sind wie im bisher vorliegenden Vertrag, sichert die Arbeitsmöglichkeit der Katholischen Filmkommission, der Redaktion des »Filmdienst« und der Filmkritiker (Korrespondenten) ohne Zuschüsse von seiten der Bistümer.

c. Die Katholische Filmliga bleibt weiterhin der Zusammenschluß derjenigen deutschen Katholiken, welche sich für die kirchlichen Ziele auf dem Gebiete des Films einsetzen und das sogenannte Filmversprechen ablegen. Die Katholische Filmliga hat keine Rechtspersönlichkeit. Der Schwerpunkt der Arbeit liegt hier in den Diözesen unter der Leitung der Diözesanbeauftragten. Das Generalsekretariat in Köln (Leitung Hochwürden Dr. Heinrich Berresheim[3]) diente in intensiver Arbeit der überdiözesanen Information, Anregung und Führung.

d. Im Januar 1956 hat das Katholische Filmwerk einen eigenen katholischen Filmverleih ins Leben gerufen, der als GmbH sich um den Erwerb und die Bearbeitung von Filmen bemüht. Er trägt den Namen Materna-Filmverleih GmbH, Sitz Frankfurt/M[ain]. Die Geschäftsführung ist in Rottenburg.

e. Zur regelmäßigen Information der Kirchen- und Tagespresse gibt die Kirchliche Hauptstelle für Bild- und Filmarbeit e. V. in Verbindung mit der KNA – Katholische Nachrichten-Agentur, München-Bonn, seit Oktober 1955 die bis jetzt monatlich erscheinende Katholische Filmkorrespondenz heraus. Sie bildet die notwendige aktuelle Ergänzung zum »Filmdienst«, welcher fast ausschließlich Filmbesprechungen bringt und der »Internationalen Filmrevue« (Zweimonatsschrift). Ihr Einfluß bei der Presse ist schon spürbar.

2.) Die Katholische Filmarbeit in aller Welt erhielt im Berichtsjahr neue wesentliche Direktiven durch die bekannten päpstlichen Ansprachen an die Vertreter der Filmwelt vom 21. Juni und 28. Oktober 1955. Die Ausführungen des Papstes über den »idealen Film« richteten sich in erster Linie an die Filmschaffenden in aller Welt[4]. Sie betonten zugleich die Notwendigkeit und Bedeutung der innerkirchlichen Filmarbeit aller Länder.

Durch Schreiben an die Päpstlichen Nuntiaturen, auch in Deutschland, hat inzwischen der Präsident der Päpstlichen Kommission für Film, Funk und Fernsehen, Bischof O'Connor[5], Rom, den Wunsch und die Anregung ausgesprochen, daß in den verschiedenen Ländern die kirchlichen Oberhirten die begonnene Aktion des Heiligen Vaters fortsetzen möchten. Sie sollten sich in analoger Weise an die Filmschaf-

3 HEINRICH BERRESHEIM *(1908–1993), Dr. theol., 1933 Priester (ED Köln), nach Tätigkeit in der Seelsorge seit 1946 im Schuldienst, Generalsekretär der Katholischen Filmliga, 1968 Prälat.*

4 AAS *47 (1955), S. 501–512 und 816–829. Deutsche Übersetzung:* A. F. UTZ/J. F. GRONER, *S. 3061–3078 und 3079–3096.*

5 MARTIN JOHN O'CONNOR *(1900–1986), 1924 Priester, 1942 Titularerzbischof von Laodicea in Syrien, Präsident der Päpstlichen Kommission für Film, Funk und Fernsehen.*

fenden ihres Landes wenden, sie auf die päpstlichen Gedanken und Anregungen hinweisen und das Echo der »Filmwelt« nach Rom berichten (Anlage[6]).
In Deutschland lud bereits Bischof Dr. Leiprecht von Rottenburg als Referent für die Filmfragen am 14. Dezember 1955 in Bonn führende katholische Persönlichkeiten der Ministerien und des Bundestages zu einer Aussprache mit den Vertretern der Katholischen Filmarbeit ein. Ferner stattete S[eine] Exzellenz im Rahmen einer turnusmäßigen Sitzung des Beirats der Katholischen Filmarbeit am 25. April 1956 der Spitzenorganisation der Filmwirtschaft und der Freiwilligen Selbstkontrolle in Wiesbaden einen Höflichkeitsbesuch ab, bei dem ein fruchtbarer Meinungsaustausch eingeleitet wurde.
Über die Entwicklung des Filmwesens und die Filme im Bundesgebiet wurde insbesondere durch die Katholische Filmkommission und den »Filmdienst« laufend berichtet. Die Übersicht ergibt, daß im Laufe des Jahres 1955 insgesamt 533 große Spielfilme und abendfüllende Dokumentarfilme vorgeführt wurden. Fast 2.000 der 5.300 Lichtspieltheater in Westdeutschland haben sich auf die Vorführung von Cinemascope- bzw. Breitwandformat umgestellt. Ferner wurde das Vordringen des farbigen Films festgestellt. Nur 56% der vorgeführten Filme waren Schwarz-Weiß-Produktion[en].
Vom religiös sittlichen Standpunkt aus waren 79 Filme = 14,8% für alle tragbar, auch für Kinder (davon bei 7,7% für Kinder einige Bedenken, deshalb ab 12 bzw. 14 Jahren tragbar). 429 Filme wurden als tragbar für Erwachsene festgestellt. Von diesen schienen 131 Filme = 24,5% auch für Jugendliche ab etwa 16 Jahren tragbar. Bei 52 Filmen = 9,7% mußten erhebliche Vorbehalte selbst für Erwachsene gemacht werden. Von 20 Filmen = 3,9% wurde abgeraten. 5 Filme = 1% wurden aus religiös-sittlichen Gründen abgelehnt. Das Ergebnis entspricht in etwa den Feststellungen der Katholischen Filmkommission in den Nachbarländern, mit denen ein reger Gedanken- und Informationsaustausch stattfindet unter der Führung des Internationalen Katholischen Filmbüros in Brüssel.
Die Auswirkung der katholischen Filmarbeit war dank der rührigen Arbeit des Generalsekretariates der Katholischen Filmliga, der Diözesanfilmstellen und der Filmdienst-Obmänner außerordentlich stark.
Der Aushang des »Filmdienst« in den Gemeinden ist in fast ganz Westdeutschland allgemein geworden. Kirchenblätter und Dekanatszeitschriften veröffentlichen wöchentlich die Informationen für die Gemeindemitglieder. In großen Städten werden eigene Anschläge gedruckt, die gelegentlich auch in Verbindung mit parallel arbeitenden Stellen der evangelischen Kirche und der Jugendbehörden hergestellt werden. Die Lichtbildserie »Was man vom Film wissen muß« wurde erweitert, die Arbeit der Katholischen Filmliga in den Diözesen gefestigt. In vielen Bistümern wurden »Sonntage des guten Films« gehalten, zu denen die kirchlichen Obrigkeiten verschiedentlich eigene Geleitworte verfaßten. In einigen Diözesen, leider nicht in allen, war mit diesen Bestrebungen eine Kirchenkollekte für die Zwecke des Films verbunden.

[6] *Nicht ermittelt.*

Die Reaktion der Filmwirtschaft ließ erkennen, daß die ablehnende Stellungnahme der katholischen Kirche einen Film zwar nicht verhindern, seinen geschäftlichen Erfolg aber gegebenenfalls ernstlich herabmindern kann. Die disziplinierte Haltung der Katholiken wurde besonders spürbar im Münsterland, am Niederrhein, im Kölner und Aachener Gebiet, in der Pfalz und in Bayern. Die Bestrebungen werden unterstützt durch Stadtverwaltungen, ferner durch Zusammenarbeit der Filmtheaterbesitzer mit katholischen Stellen (so insbesondere in Oldenburg und am Niederrhein). Ein abgelehnter Film unterschreitet bei der Auswertung durch den Filmverleih häufig die Rentabilitätsgrenze.
Der Kampf um die Lockerung des Blind- und Blockbuch-Systems geht erfolgreich weiter. Ein Theaterbesitzer in Münster errang einen beachtenswerten Erfolg durch einen Vergleich im Prozeß mit einer Filmgesellschaft, welcher dem Filmverleih vom Gericht nahegelegt worden war, da nachgewiesen wurde, daß der Theaterbesitzer immer katholische Gesichtspunkte berücksichtigt habe. Die juristischen Auseinandersetzungen sind noch im Gang.
Auch in den Kreisen der Filmschaffenden und besonders der Presse gewinnt die katholische Filmbewertung an Bedeutung. »Nicht nur die Produzenten, sondern auch die Theaterbesitzer sind der Meinung, daß heute Filme, die sich die Gegnerschaft der Kirche zuziehen, kein besonderes Geschäft werden können. Das ist eindeutig ein Erfolg der kirchlichen Filmarbeit«, erklärte der Göttinger Filmproduzent Hans Abich[7] Anfang Mai 1956.
Viele Zeitungen lehnen in eigener Verantwortung die Aufnahme von Inseraten ab, welche für einen von der Kirche abgelehnten Film aufgegeben werden. Diese ablehnende Haltung auch eines Teiles der Tagespresse zu kirchlich abgelehnten Filmen wurde besonders bedeutsam im Falle des Films »Frucht ohne Liebe«, der das Problem der künstlichen Befruchtung beim Menschen behandelte.
Umgekehrt wurden gute Filme durch Aufnahme in die Jahresbestliste der Katholischen Filmliga und durch Werbung unterstützt. Rein religiöse Filme sprechen erfahrungsgemäß nur einen beschränkten Zuschauerkreis an und müssen daher von den kirchlichen Stellen besonders propagiert und gefördert werden, was vielfach geschehen ist. Die Filmproduktion antwortete auf dieses erhöhte Interesse gegenüber religiösen Filmen durch Unterhaltungsfilme mit halb-religiösem Inhalt und Einstreuungen religiöser Szenen, die allerdings nicht immer erfreulich waren.
Besonderes Interesse findet zur Zeit wieder international wie auch in Deutschland das Problem »Film und Jugend«. Von der Kirchlichen Hauptstelle für Bild- und Filmarbeit e. V., der Katholischen Filmkommission und der Filmliga wurde den behördlichen Stellen Material geliefert mit Vorschlägen zur Änderung des Filmparagraphen 6 im Jugendschutzgesetz. Es wurde der Wunsch geäußert, das Jugendschutzalter von 16 Jahren auf 18 Jahre heraufzusetzen und die Exekutive des Gesetzes sowie die Spruchpraxis der Filmkontrolle schärfer zu gestalten.

[7] HANS ABICH *(1918–2002), Filmproduzent, 1961 Intendant von Radio Bremen.*

Der Filmerziehung in den Gemeinden und in der katholischen Jugend dienten zahlreiche Priesterkonferenzen, Dekanatsvorträge, Studientage, Referate und Ausspracheabende, insbesondere im Zusammenhang mit den Vorführungen der Diözesanfilmstellen.

Die kirchlichen Filmvorführungen gewannen an Boden. Das Katholische Filmwerk und der Materna-Filmverleih stehen in Verbindung mit über 1.000 Spielstellen in katholischen Pfarreien, Vereinen, Jugendheimen usw. Durch die in eigener Produktion auf Schmaltonfilm 16 mm hergestellte monatlich erscheinende kirchliche Zeitschau wurden Filmsonderberichte über katholisch-kirchliche Ereignisse in aller Welt als willkommenes Beiprogramm den Spielstellen geliefert.

Zusammenfassend kann gesagt werden, daß die Katholische Filmarbeit sich im Berichtsjahr organisatorisch festigte und ihre Wirkung erweiterte. Sie arbeitet unter erschwerten Bedingungen. Denn die Filmwirtschaft besitzt privatwirtschaftlichen Charakter und steht in einer Krise, sie arbeitet mit Unterbilanz und kämpft für die Herabsetzung der Vergnügungssteuer, für staatliche Subventionen und gegen jede Beeinträchtigung ihres Geschäftes. Kirchliche Filmarbeit wird von der Filmwirtschaft als eine mögliche Drohung empfunden. Hinzu kommt, daß die Filmwirtschaft kaum aus sich heraus religiöse Stoffe gestaltet oder die Kirche dazu auffordert, Filme auf Kosten der Produktion zu drehen, während Rundfunk und Fernsehen die Kirche um ihre Mitarbeit bitten. Die bekannten religiösen Filme wurden fast ausschließlich unter wirtschaftlichen Gesichtspunkten hergestellt.

Darum muß katholische Filmarbeit fest in sich selbst stehen, wirtschaftlich ausreichend fundiert sein und kann sich nicht in irgendwelche Abhängigkeit von der Filmwirtschaft begeben. Von diesem Gesichtspunkte aus müssen die folgenden Anträge an die Fuldaer Bischofskonferenz 1956 gesehen werden.

Anträge:

Die Fuldaer Bischofskonferenz 1956 möge folgende Empfehlungen geben:

1. In allen Bistümern möge der Verbreitung des katholischen »Filmdienst« und der Bekanntgabe der Filmbewertungen der Katholischen Filmkommission intensive Aufmerksamkeit geschenkt werden. Es möge den Pfarrämtern gestattet werden, den »Filmdienst« für die Geistlichen in allen Bistümern auf Kosten der Kirchenkasse oder der kirchlichen Behörde zu beziehen.
2. In allen Bistümern möge jährlich ein »Sonntag des guten Films« mit Predigt über die Verantwortung vor den modernen Massenbildungsmitteln, Erneuerung des Filmversprechens, Werbung für neue Mitglieder der Film-Liga und Kollekte für die Filmarbeit in den Pfarrgemeinden durchgeführt werden.
3. Die Diözesanfilmstellen und diözesanen Leitungen der Katholischen Film-Liga sollten ausreichend finanzielle Unterstützung finden, um ihre Aufgabe zu erfüllen, die in der Päpstlichen »Film-Enzyklika« und den Stellungnahmen des Päpstlichen Staatssekretariates als besonders dringend bezeichnet wurden.
4. Angesichts der Notwendigkeit einer wirkungsvollen publizistischen Aktion, Anschaffung von Filmgeräten und Honorierung wichtiger Spezialarbeiten möge der

Etat der Kirchlichen Hauptstelle für Bild- und Filmarbeit für das Jahr 1957 laut vorliegendem Voranschlag auf DM 58.750 erhöht werden.
Kirchliche Hauptstelle für Bild- und Filmarbeit e. V.

A[nton] Kochs.

25

Denkschrift Teuschs

Köln, 19. Mai 1956

EA Köln, CR II 26.4, 15. *Schreibmaschinenausfertigung mit eigenhändiger Höflichkeitsformel und Paraphe. Überschrift:* Betr.: Allgemeine Sonntagszeitung und Echo der Zeit. *Vermerk:* S[eine]r Eminenz. *Registraturstempel:* ad acta erhalten am 1.3.1961. P.

1. Situation, und wie sie mir bekannt wurde:
a) Die Allgemeine Sonntagszeitung[1] ist finanziell nicht mehr zu halten. Während der Michael[2] 23.000 Auflage hatte und die Wacht[3] 40.000, hat die Allgemeine Sonntagszeitung nur noch 29.000. Die Kalkulation aber ging aus von einer Bezieherzahl von 50.000. Dr. Kahl[4] meint, daß zur Sanierung DM 200.000 notwendig seien; die Herren Bundespräses Bokler und Rat Gertz[5] als Vertreter des Verwaltungsrates des Jugendhauses e. V. glauben, daß diese Summe nicht einmal reiche. Dr. Kahl ist durch Verkalkulierung auf anderen Gebieten in Schwierigkeit geraten, hat bereits DM 150.000 in die Allgemeine Sonntagszeitung hineingesteckt und ist jetzt illiquide. – Obiges weiß ich zum Teil von Exzellenz Böhler, zum Teil durch ein längeres Telephongespräch mit Dr. Kahl, zum Teil aus einer mehrstündigen Besprechung, die ich gestern mit den Herren Bokler und Gertz in meinem Privatzimmer hatte.
b) Das Echo der Zeit[6] kann nicht leben und nicht sterben. Die Auflage beträgt nach Rat Gertz 23.000, obwohl die vier Trägerbistümer Jahr um Jahr eine größere Summe in die Werbung stecken. Eine ›gezielte Werbung‹, für die man etwa DM 30.000 ausgebe, bringe etwa 2.000 neue Abonnenten. Da aber diese zum Teil nach einiger Zeit wieder abspringen (sogenannte ›Springer‹) und auch sonst Abgänge sind, ist dies kein rechtes Wachstum. Dr. Kahl sagt aus, daß die Bezieherzahl nur noch 19.000 sei.

1 *»Die Allgemeine Sonntagszeitung« hrsg. von* Joachim Kahl, *von Nr. 27 an von* Willy Bokler *und* Heinrich Köppler, *von Nr. 37 an zusätzlich von* Ludwig Löffler. *Würzburg 1. Jg. 1956.*

2 *»Michael«, 1932 im Umkreis des Düsseldorfer Jugendhauses, der Zentrale des Katholischen Jungmännerverbandes, gegründete Wochenzeitung mit dem ursprünglichen Titel »Junge Front«, Namensänderung unter dem Druck der Nationalsozialisten, endgültiges Verbot am 31. Januar 1936. Vgl.* K. Gotto, *Junge Front/Michael. Ein 1948 unternommener Versuch zur Weiterführung mit* Georg Thurmair *und* Heinz Theo Risse *als Herausgebern schlug fehl.*

3 *»Die Wacht« [wechselnde Untertitel:] »Zeitschrift für katholische Jünglinge, Organ katholischer Jugendvereine, Zentralorgan des Bundes Deutscher Katholischer Jugend«. Düsseldorf 1. Jg. 1905.*

4 Joachim Kahl, *Lebensdaten nicht ermittelt.*

5 Wilhelm Gertz *(1914–1992), 1939 Priester (D Münster), 1949 im Generalvikariat Münster, 1964 Domkapitular, 1979 Dompropst in Münster, 1990 Apostolischer Protonotar.*

6 *»Echo der Zeit. Überparteiliche Wochenzeitung«. Recklinghausen 1. Jg. 1952.*

c) Aus dem unter a und b Dargestellten resultiert das Verlangen nach einer Fusion. Dr. Kahl sagt dazu, Exzellenz Pohlschneider habe von sich aus die Fusion unter überaus günstigen Bedingungen für die Allgemeine Sonntagszeitung angeboten. Er sei sogar mit der Verlegung des Sitzes von Recklinghausen nach Düsseldorf einverstanden gewesen. Bei diesem Stand des Gespräches habe er, Dr. Kahl, aber gestehen müssen, daß er selber auch am Ende sei, und da habe Exzellenz Pohlschneider selbstverständlich ganz andere Bedingungen gestellt. Die Bedingung des Echos der Zeit ist heute nach dem Bericht der Herren Gertz und Bokler: Bedingungsloser Verkauf des Namens und des Bezieherbestandes der Allgemeinen Sonntagszeitung an das Echo der Zeit. Das Echo der Zeit will dafür DM 30 bis 50.000 bezahlen; Dr. Kahl will DM 90.000 haben. Die Verhandlungen gehen weiter. Das Personal und die Redakteure wären damit entlassen. Vorsorglich ist ihnen bereits gekündigt. Das Echo der Zeit hofft von den Beziehern der Allgemeinen Sonntagszeitung 10.000 sicher zu übernehmen. Bundespräses Bokler glaubt, daß, wenn sich im Echo der Zeit nichts ändere, höchstens 3 000 Bezieher übrig blieben.
Zu a und b und c) Wenn auch zur Zeit noch verschiedene Möglichkeiten erwogen werden, so darf zusammenfassend als ziemlich sicher gelten: Die Allgemeine Sonntagszeitung geht ein, das Echo der Zeit bekommt gegen einen Aderlaß von etwa DM 70.000 eine etwa 15prozentige Steigerung der Bezieherzahl. Das Jugendhaus hat nicht die Kraft, die Wacht oder den Michael wieder aufleben zu lassen.
2. Die Fragestellung: Die Beteiligung Kölns am gemäß 1c aufgebesserten Echo der Zeit.
Gegen Schluß der gestrigen Unterredung teilte Rat Gertz folgendes mit: Die Unterredung mit mir hätte auf ausdrücklichen Wunsch der am Echo der Zeit beteiligten Bischöfe stattgefunden, insbesondere des Bischofs von Münster. Die Bischöfe würden noch in der Pfingstwoche Ew. Eminenz in dieser Sache einen Besuch machen, und der Besuch bei mir hätte den Charakter einer Vorbesprechung, genauer gesagt, des Versuches, ein Hindernis für einen günstigen Verlauf der Besprechung der Bischöfe zu beseitigen. Bundespräses Bokler begleitete Herrn Rat Gertz offensichtlich, um ihn zu unterstützen. Auch das oben erwähnte Telephongespräch von Dr. Kahl hatte die gleiche Absicht.
a) Die Beteiligung von Köln am erweiterten Echo der Zeit sieht sich von den Echo-der-Zeit-Bistümern aus etwa wie folgt an: Wir kommen nicht weiter, weder beziehermäßig noch inhaltlich. In der jetzigen Form halten wir auch nicht die Bezieher der Allgemeinen Sonntagszeitung. Köln soll mit einsteigen, nicht so sehr, um finanziell zu helfen, sondern um durch seinen Namen und durch Anregungen und Einflußnahme, die ihm reichlich eingeräumt werden soll, zu helfen, den Wagen flott zu machen.
b) Von Herrn Dr. Kahl aus ergibt sich folgende Sicht: Finanziell ist es mir gleich, denn ich habe nur noch zu erwarten, was ich beim Echo der Zeit zwischen DM 50 und 90.000 heraushandele. Das andere Geld, das ich hineingesteckt habe, ist doch verloren. Aber ich verspreche mir vom Mittun Kölns, daß ein neuer Geld- und geistkräftiger Faktor einsteigt, der sich dahingehend geltend macht, daß von der Eigenart

des Michaels und der Sonntagszeitung wenigstens etwas in das Echo der Zeit mit hinüber gerettet wird.
c) Ähnlich sieht es sich vom Jugendhaus aus an.
Zu a und b und c) Den Herren Rat Gertz und Bundespräses Bokler habe ich geantwortet, daß ich keine Möglichkeit sehe, wie das in Köln gesetzte Vertrauen gerechtfertigt werden soll. Ich sehe mich nicht nur selbst außer Stande, das Echo der Zeit in seiner Linienführung maßgeblich zu beeinflussen, selbst wenn ich alle Vollmacht hätte; noch wüßte ich im Augenblick einen zu nennen, der, mit einem entsprechenden Auftrag versehen, diese Aufgabe übernehmen könnte[7]. Ein Eintritt Kölns in das Echo der Zeit werde m. E., von geldlichen Erleichterungen für die Trägerbistümer abgesehen, ohne große Bedeutung sein. – Ich versprach aber, mir über die Angelegenheit Gedanken zu machen.
3. Meine Einwände gegen das Echo der Zeit. Ich machte folgende Einwände gegen das Echo der Zeit, die Herr Rat Gertz wie untenstehend beantwortete:
a) Gegen die Struktur, daß nämlich Bischöfe Träger einer politischen Wochenzeitung seien, wobei die Fiktion der Unabhängigkeit der Redaktion aufrecht erhalten werde. – Rat Gertz: Die vier Bistümer haben eine GmbH gebildet, in der sie durch je einen Laien vertreten sind. Praktisch fände keine Einflußnahme auf die Gestaltung statt, abgesehen von den Überlegungen bei der Anstellung[8] der Redakteure.
b) Gegen die finanzielle Grundlage, daß nämlich eine Wochenzeitschrift mit solch niedriger Bezieherzahl nicht lebensfähig sei. – Rat Gertz: Wir haben, in juristisch einwandfreier Weise, die Anzeigenaufnahme der Kirchenzeitung Münster mit der des Echo der Zeit dergestalt gekoppelt, daß wir nur Annoncen für beide Zeitungen gemeinsam aufnehmen. Die Bistümer brauchen darum keine Zuschüsse zu geben, abgesehen von den oben erwähnten jährlichen Zuwendungen zur Mitgliederwerbung. Auch das Stammkapital ist verhältnismäßig niedrig: DM 100.000.
c) Wegen der mangelnden geistigen und politischen Bedeutung: »Welche Lücke entsteht, wenn das Echo der Zeit wegfällt? Ich kann das Gesicht des Merkur[9] beschreiben, auch das der Allgemeinen Sonntagszeitung (wenn mir auch in diesem Gesicht nicht alles gefällt, es ist aber eines da). Welches ist das Gesicht des Echos der Zeit?« – Rat Gertz: Das Echo der Zeit hat kein Gesicht. Das ist ja gerade ein Grund dafür, daß wir die Hilfe Kölns suchen. Wir sind zu jedem Entgegenkommen bereit.
d) Gegen die Koppelung mit Recklinghausen (Bitter-Verlag): »Aus dem oben Gesagten ergibt sich, daß die Koppelung stärker ist, als ich annahm. Eine Trennung ist überhaupt nicht möglich, ohne nicht [*sic*] die Existenz der Wochenzeitung in Frage zu stellen. Sie bleibt überhaupt nur existenzfähig durch die Annoncenkoppelung mit der Münsteraner Kirchenzeitung!« – Rat Gertz: Für die ersten Jahre sehe ich

7 *Hierzu handschriftlicher Randvermerk* Paul Mikat. PAUL MIKAT *(1924–2011), Dr. iur., Dr. h. c. mult., 1957 Professor der Jurisprudenz in Würzburg, 1965 in Bochum, 1962–1966 Kultusminister des Landes Nordrhein-Westfalen, 1969–1987 Mitglied des Bundestags (CDU), 1967–2007 Präsident der Görres-Gesellschaft.*
8 Anstellung *handschriftlich über getilgtem* Beschäftigung.
9 *»Rheinischer Merkur«, Koblenz, 1. Jg. 1946.*

trotz all unseres guten Willens kaum eine Möglichkeit, uns von Recklinghausen zu trennen.
4. Stellungnahme: Den Herren Rat Gertz und Bundespräses Bokler habe ich ausdrücklich erklärt, daß ich kein Recht zu einer Stellungnahme hätte, sondern nur die Möglichkeit, Eminenz einen Vorschlag zu unterbreiten. Das Ganze sei für mich so überraschend, daß ich erst alles durchdenken müsse. Ich würde aber, unabhängig von allen aus der Vergangenheit des Echo's der Zeit bestehenden Verstimmungen, mich bei meinen Überlegungen nur von seelsorglichen Gesichtspunkten leiten lassen. Der Wille, den Trägerbischöfen eine Freundlichkeit zu erweisen, sei aber für mich kein bestimmender Gesichtspunkt. – Im folgenden fasse ich meine vorläufigen Überlegungen zusammen, die ich morgen, Pfingstsonntag, 18 Uhr, so Gott will[10], mit Exzellenz Böhler werde besprechen können.
a) Ich kann keinen sachlichen Grund finden, daß Köln sich am Echo der Zeit beteilige. Die Zeitung hat keine rühmenswerte Vergangenheit, keine sonderliche Bedeutung für die Gegenwart und gibt keine Hoffnung für die Zukunft. Die Art ihrer finanziellen Sicherung stempelt sie zu einem Westfalenblatt, ganz abgesehen von deren Anfechtbarkeit, wenn auch nicht juristischer. – Vor allem sehe ich nicht, wie durch einen Beitritt Kölns die Zeitung geistig gehoben werden könnte.
b) Wenn es auch für mich, wie den Herren Bokler und Gertz gegenüber ausgeführt, kein Grund sein kann, aus Gefälligkeit den Trägerbischöfen gegenüber Eminenz den Beitritt zu empfehlen, so könnte ich mir wohl denken daß es für Eminenz ein Grund sein kann, den Trägerbischöfen zu Gefallen dem Unternehmen beizutreten. Nachdem die Bischöfe einerseits so drängen, andererseits das freundschaftliche Verhältnis unter den Bischöfen ein Sachumstand von seelsorglicher Bedeutung ist, würde ich es nicht für unverantwortbar halten, dem Unternehmen nachträglich mit etwa DM 30.000 Kapitaleinlage und mit je DM 5.000 Werbezuschuß für die nächsten drei Jahre beizutreten. In diesem Falle würde ich aber raten, ausdrücklich zu erklären, daß damit keine besondere Verantwortung für die geistliche Linie der Zeitung übernommen wird.
c) Von der Sache her scheint mir folgendes ein wenig mehr gerechtfertigt, wenn ich mir auch davon nicht viel verspreche: Nicht das Erzbistum Köln tritt bei, sondern das Jugendhaus Düsseldorf. Dieses hat einen gewissen Kontakt zu jenen Schichten, die als Redakteure in Frage kommen. Es könnte versucht werden, ein wenig von Wacht, Michael und Sonntagszeitung an Tradition, geistigem Gehalt und Bezieherstand in das Echo der Zeit hinüberzunehmen. Das Erzbistum Köln würde mit den o. g. Summen dem Jugendhaus helfen, dem Echo der Zeit beizutreten. Wenn dann die Sache doch daneben geht, haben wir wohl Geld, aber nicht guten Namen verloren.
5. Nachtrag: Die gesamte Frage ist keine Frage des Geldes und keine der Organisation, sondern des Geistes und des Heiligen Geistes. Wirkliches Interesse könnte man nur dann haben, wenn ein Mann da wäre, der das Unternehmen tragen könnte, wie

[10] so Gott will *handschriftlich eingefügt.*

früher Hans Maaßen[11] den Michael und Pfarrer Strauss[12] die Kirchenzeitung getragen haben.
Ob unser Rektor Nettekoven[13] einer solchen Aufgabe gewachsen wäre, und ob man ihn dazu freistellen sollte? Wenn ja, dann aber meine ich, nicht in einem dem Untergang oder der Bedeutungslosigkeit verfallenen Unternehmen, sondern in einem neuen, das die Unternehmen dieser Art ablöst.

Geh[orsam] T[eusch].

26

Bericht Kafkas

Bad Godesberg, 24. Mai 1956

DA Münster, GV-NA, AO-819. *Schreibmaschinendurchschrift mit Briefkopf:* Zentralkomitee der deutschen Katholiken – Referat für staatsbürgerliche Angelegenheiten. *Überschrift:* Bericht des Staatsbürgerlichen Referates von Dr. Gustav E. Kafka.

Bevor ich berichte, worin die gegenwärtige Arbeit meines Referates besteht, wie ich selbst Arbeit und Aufgaben des Referates sehe und welche Pläne ich für die zukünftige Referatsarbeit habe, darf ich darauf hinweisen, daß der größte Teil meiner Zeit zunächst der eigenen Orientierung über die politische Situation der deutschen Katholiken dienen mußte und auch heute noch dient. Als ich mit meiner Arbeit begann, fand ich außer einem Schreibtisch und einem Stuhl so gut wie gar nichts vor, und auch heute noch fehlen uns aus Mangel an Mitteln wichtige Werke und sonstige Hilfsmittel, z. B. die von den einzelnen Parteien herausgegebenen Korrespondenzen. Immerhin läßt sich mit der inzwischen aufgebauten Bibliothek arbeiten, und aus den von uns abonnierten Zeitungen wurde ein Ausschnitt-Archiv angelegt, das schon jetzt ein wertvolles Hilfsmittel meiner Arbeit darstellt und das ich z. T. auch schon anderen Mitgliedern des Zentralkomitees, z. B. der Hauptarbeitsstelle für Filmfragen zugänglich mache.
Ebenfalls dem Zwecke der eigenen Information diente die Teilnahme an verschiedenen Tagungen und der Besuch bei zahlreichen Theoretikern und Praktikern der Staatspolitik. Dabei konnte ich wiederholt meiner Aufgabe, die mit dem Schlagwort »Orientierung« umschrieben zu werden pflegt, nachkommen, z. B. konnte ich Exz[ellenz] Böhler davon unterrichten, daß der Kultusminister von Rheinland-Pfalz,

[11] Johannes Maassen *(1902–1949), Journalist, Dezember 1932 bis Januar 1936 Hauptschriftleiter von »Junge Front/Michael«. Vgl.* K. Gotto, *Junge Front/Michael.*

[12] Friedrich Strauss *(1879–1952), Priester (ED Köln), 1915 Pfarrer, seit 1926 langjähriger Redakteur der Kölner Kirchenzeitung.*

[13] Peter Nettekoven *(1914–1975), 1940 Priester (ED Köln), 1954 Diözesanbeauftragter für die Landjugend, 1961 Bundespräses der Frauenjugend im BDKJ, 1969 Generalvikar, 1975 zum Weihbischof in Köln ernannt, aber vor der Konsekration verstorben.*

H[err] Finck[1], grundsätzlich bereit ist, die Frage bekenntnismäßig gebundener, von der Kirche finanzierter ordentlicher Lehrstühle für Rechtsphilosophie und Allgemeine Staatslehre sowie für Wirtschaftsphilosophie und Wirtschaftsethik an der juristischen bzw. der national-ökonomischen Fakultät der Universität Mainz wohlwollend zu prüfen. Ich konnte ferner den H[o]chw[ürdigsten] Episkopat über Exzellenz Hengsbach auf das bevorstehende Erscheinen des berüchtigten Werkes von Peyrefitte »Die Schlüssel von St. Peter« in deutscher Übersetzung[2] aufmerksam machen.

Vor allem aber galt meine Arbeit der Vorbereitung des Staatspolitischen Arbeitskreises, der kurz vor dem Kölner Katholikentag zusammentreten soll, in dem Herr Präsident Gockeln[3] den Vorsitz übernehmen wird, während die geistige Vorbereitung und die personelle Auswahl in meinen Händen liegt. Ich darf eine Übersicht über die Thematik dieses Arbeitskreises in der Anlage ergebenst übermitteln.

Schließlich wäre noch zu erwähnen, daß auf Wunsch des Präsidiums auch die Arbeit des sogenannten »Präsidial-Ausschusses« des Zentralkomitees meinem Referat eingegliedert wurde, um einen Verbindungsmann zwischen dem von Herrn Dr. Lampey in München eingerichteten Büro und dem Zentralkomitee selbst einzuschalten.

So viel also zu der bisher geleisteten Arbeit, von der ich freilich zugeben muß, daß sie bisher noch keineswegs für das H[o]chw[ürdigste] Episkopat einerseits und für die Mitglieder des Zentralkomitees andererseits so fruchtbar gemacht worden ist, wie ich selbst es wünschen möchte. Ich stehe noch nicht lange genug in der Arbeit, um mir heute schon ein Urteil erlauben zu können, aber es scheint mir außerordentlich schwierig zu sein, der Aufgabe der »Orientierung« nachzukommen, ohne daß mir vorher gesagt wird, worüber eigentlich eine laufende Orientierung gewünscht wird. Würde etwa den H[o]chw[ürdigsten] Episkopat ein Bericht über den gegenwärtigen Stand der Lehrbehelfe für staatsbürgerliche Erziehung interessieren? Was erwarten die Verbände in dieser Richtung vom Zentralkomitee und seinen Referaten?

Ich bin mir bewußt, damit ein Grundproblem des Zentralkomitees überhaupt anzuschneiden und möchte bemerken, daß ich hier an keine Patentlösung glaube, wohl aber daran, daß das Staatsbürgerliche Referat durch geduldige und ständige Fühlungnahme mit der Zeit solche Aufgaben gestellt bekommt, die seiner Kapazität entsprechen. Dieser Fühlungnahme mit den Verbänden dient vor allem die unter III der Anlage erwähnte Thematik des Staatspolitischen Arbeitskreises: indem ich versuchen will, einen einheitlichen Lehrbehelf für die staatsbürgerliche und soziale Bildungsarbeit im Einvernehmen mit den Verbänden zu entwickeln, hoffe ich mit der Zeit jenen Kontakt herzustellen, der vorläufig nicht besteht und billigerweise auch nicht erwartet werden kann. Es versteht sich von selbst, daß ein solcher Lehrbehelf nicht

1 ALBERT FINCK *(1895–1956), Dr. phil., Parteisekretär (Zentrum), Redakteur, Studienrat, Mitbegründer der CDU in der Pfalz, 1948/49 Abgeordneter des Parlamentarischen Rates, 1951–1956 des Landtags von Rheinland-Pfalz und Kultusminister.*

2 ROGER PEYREFITTE, *Die Schlüssel von St. Peter, Karlsruhe 1956 u. ö.*

3 JOSEPH GOCKELN *(1900–1958), Politiker (CDU), 1949–1958 Mitglied des Bundestags, 1946–1958 des Landtags von Nordrhein-Westfalen, 1947 Oberbürgermeister von Düsseldorf, 1948 Präsident des 42. Deutschen Katholikentags in Mainz, Vizepräsident des Zentralkomitees. Vgl.* W. FÖRST.

etwa von mir allein verfaßt werden kann, wohl aber dürfte es Sache meines Referates sein, die Federführung zu übernehmen.
Das führt mich freilich sofort zu einem anderen Problem, dem ich mich gegenüber sehe, nämlich dem des Darniederliegens der wissenschaftlichen Auseinandersetzung mit dem Staat, so wie er sich heute in seiner konkreten Form darstellt, überhaupt. Auch wo sich katholische Gelehrte um die staatstheoretische Erfassung des gegenwärtigen politischen Raumes bemüht haben, ist nicht viel mehr herausgekommen, als eine Beschreibung des gegenwärtigen Zustandes oder aber eine Darstellung der naturrechtlichen Grundlagen des Grundrechtskataloges. Eine Auseinandersetzung mit dem Problem des Autoritätsverlustes des Staates gegenüber den verschiedenen Verbänden ist von katholischer Seite noch nicht in Angriff genommen worden. Obwohl die Herder-Korrespondenz[4] schon seit geraumer Zeit deutsche Leser mit den Gedanken des amerikanischen Jesuiten Murray[5] über die Demokratie bekannt gemacht hat, hat meines Wissens noch kein deutscher Theologe oder Staatsphilosoph hierzu von der konkreten deutschen Situation aus Stellung bezogen. Hier ist noch so gut wie alles zu tun, und es darf nicht erwartet werden, daß das Staatsbürgerliche Referat im Augenblick mehr leisten kann, als auf diese Lücken mahnend hinzuweisen und auf Wege zu sinnen, wie sie ausgefüllt werden könnten. Um wenigstens die Lösung dieser Aufgabe vorzubereiten, habe ich einige jüngere katholische Juristen veranlaßt, aktuelle Probleme der Rechtsprechung und der Rechtslehre zu beobachten und darüber in der Herder-Korrespondenz vom Standpunkt der katholischen Sozialethik aus zu berichten. Ich darf darauf deshalb hinweisen, weil hier eine Arbeit geleistet wird, die nach außen nicht als von einem Referat des Zentralkomitees inspiriert in Erscheinung tritt.
Obwohl der vor dem Katholikentag 1956 erstmalig zusammentretende Staatspolitische Arbeitskreis des Zentralkomitees als ständige Einrichtung gedacht ist, halte ich ihn nicht für ein Gremium, in dem alle staatspolitischen Probleme besprochen oder gar gelöst werden können. Ich halte es vielmehr für notwendig, kleineren wissenschaftlichen Arbeitskreisen konkrete Aufgaben zu stellen. So bemühe ich mich im Augenblick um das Zustandebringen eines wissenschaftlichen Arbeitskreises, der vom Standpunkt der katholischen Sozialethik aus finanzrechtliche und finanzwissenschaftliche Fragen behandeln soll mit dem Fernziel, einmal ein Steuerreformprogramm der deutschen Katholiken vorlegen zu können. Ein weiterer Arbeitskreis soll sich mit Kommunalpolitik, ein dritter schließlich mit Problemen der internationalen sozialen Gerechtigkeit befassen.
Ein weiteres Problem, das in Zusammenarbeit mit dem Sozialreferat zu lösen wäre, scheint mir die Standardisierung der sozialen Bildungsarbeit zu sein, d. h., daß im katholischen Raum die Begriffe »Soziales Seminar« oder »Katholische Akademie«

[4] *»Herder-Korrespondenz. Monatshefte für Gesellschaft und Religion«, Freiburg, 1. Jg. 1946/47.*

[5] P. John Courtney Murray SJ *(1904–1967), 1920 Ordenseintritt, 1933 Priester, Professor an Ordenshochschulen in den USA, bedeutsam durch seine bahnbrechenden Theorien über die menschlichen Freiheiten, Kirche und Staat.*

ganz konkrete und einheitliche Bildungsprogramme und Bildungsmethoden bedeuten, was bis jetzt keineswegs der Fall ist.
Ob natürlich die mir vorschwebenden Arbeitskreise wirklich zu positiver Arbeit gelangen werden, steht durchaus dahin. Das Beispiel so vieler Arbeitskreise über soziale Fragen, die auf dem Papier zu stehen scheinen, ist an sich nicht sehr ermutigend. Ich hoffe aber doch, daß durch eine möglichst konkrete Fragestellung das Interesse der Fachleute geweckt werden kann, wie z. B. der von Exzellenz Böhler ins Leben gerufene Arbeitskreis für Strafrechtsreform, dem ich angehöre, zweifellos bereits sehr nützliche Arbeit geleistet hat.
Die eigentliche Schwierigkeit besteht aber, wie ich schon oben ausgeführt habe, darin, daß es bei uns an der sozialethischen Grundlagenforschung fehlt, zum andern aber auch an einer systematischen Sammlung von Nachwuchskräften mit dem Ziel des Einsatzes in Staatswissenschaft und Staatspolitik. Herr Dr. Paulus wird hierzu ausführlich Stellung nehmen, und ich bin mit ihm einer Meinung darüber, daß die Grundlagenforschung eine Arbeit darstellt, die von dem für sich allein stehenden Referenten des Zentralkomitees niemals bewältigt werden kann. Eine Ausbildungsstätte, wo graduierte Akademiker der rechts- und staatswissenschaftlichen Fakultät eine zusätzliche Ausbildung erhalten und zwar auf höchster Ebene, und daß kein Student dieser Fakultäten aus kirchlichen Mitteln gefördert werden sollte, der nicht für eine solche zusätzliche Schulung, die etwa ein Jahr beanspruchen müßte, in Frage kommt, scheint mir unumgänglich notwendig zu sein. Ein solches Seminar für wissenschaftliche und politische Führungskräfte würde freilich noch nicht das Problem der Grundlagenforschung hier und jetzt lösen. Hier kommt wohl nur eine großzügige Unterstützung junger Wissenschaftler auf der Basis in Frage, daß ihnen zum Zweck der Bearbeitung einer konkreten Frage während der dafür erforderlichen Zeit wirtschaftliche Sorgen abgenommen werden. Ohne diese Grundlagenforschung wird die von den Referaten des Zentralkomitees zu leistende »Inspiration« immer nur in sehr engen Grenzen erfolgen können.
Schließlich, und damit darf ich zum Schluß kommen, muß sich das Staatsbürgerliche Referat angelegen sein lassen, im Einvernehmen mit den Verbänden zu prüfen, wie weit die politische Arbeit dieser Verbände aktiviert werden kann und aktiviert werden sollte. Auch hierzu darf ich auf die Anlage II [6] verweisen. Wir stehen vielleicht – je nach dem Ausgang der nächsten Wahlen zum Bundestag – vor sehr schweren Fragen, und es ist durchaus möglich, daß wir im Bund und in den meisten Ländern unsere Vertrauensleute in der Ministerialbürokratie an andere Stellen versetzt und die uns befreundeten Politiker in der Opposition sehen werden. Es wird dann nicht mehr genügen, daß einige Funktionäre zusammentreten, um im Namen ihrer Verbände Resolutionen zu verfassen, die den Regierungen übermittelt werden, sondern es wird vielleicht nötig sein, die Mitglieder der Verbände selbst in viel stärkerem Maße als bisher an politische Aktion zu gewöhnen. Es ist eine Binsenwahrheit, daß in der Bundesrepublik sich ein eigentliches Staatsbewußtsein

6 *Nicht ermittelt.*

noch nicht herausgebildet hat. Um so notwendiger erscheint es mir, nicht zuletzt im Interesse der Kirche selbst, alles zu tun, um dieses Staatsbewußtsein in den eigenen Reihen zu fördern. Ich hoffe, daß die Tagung des Staatspolitischen Arbeitskreises im August uns hier wesentlich weiter bringen wird. Ich bin sicher, daß auch der H[o]chw[ürdigste] Episkopat mit größter Besorgnis das Anwachsen jenes Nihilismus beobachtet, dem es nur auf die »Machtergreifung« selbst ankommt und der um der Macht willen alle Grundsätze zu opfern bereit ist; denn dies ist der politische Streusand, der je nach der Stärke des Windes auch ins kommunistische Lager hinübergeweht werden kann.
Ich hoffe, damit einen Einblick in meine Gedanken gegeben zu haben, wobei ich nochmals erwähnen darf, daß dies nur ein vorläufiges Bild, aus relativ großer Entfernung aufgenommen, sein konnte.

27

Protokoll des westdeutschen Bischofskonveniats

Pützchen, 28.–30. Mai 1956

EA MÜNCHEN, Joseph Kardinal Wendel, 21/1956. *Druckstück. Überschrift:* Protokoll der Beratungen auf dem Konveniat der westdeutschen Bischöfe in Pützchen vom 28. bis 30. Mai 1956. *Vermerk:* Vertraulich behandeln!

Anwesend waren die Hochwürdigsten Herren
Joseph Kardinal Frings, Köln,
Erzbischof Jaeger, Paderborn,
Erzbischof Seiterich, Freiburg Br[eisgau],
die Bischöfe von Aachen, Limburg, Mainz, Münster, Rottenburg, Trier,
Weihbischof Bolte, Fulda,
Weihbischof von Rudloff, Osnabrück,
Generalvikar Prälat Offenstein, Hildesheim.

Das Konveniat übermittelte telegraphische Grüße an die erkrankten Bischöfe von Berlin und Hildesheim.
Behandelt wurden – außer dankenswerten Informationen – die folgenden Fragen:
I. Bildung, Erziehung, Unterricht
a) Familienausgabe des Neuen Katechismus:
Der Bischof von Rottenburg berichtet über die personelle Zusammensetzung der geplanten Kommission zur Bearbeitung einer Familienausgabe des Neuen Katechismus (vgl. Protokoll – Hohenheim, März 1956[1], I, a). Das Konveniat hält an der ursprünglichen Konzeption fest: Das Werk soll nicht ein »Erwachsenen-Katechismus« werden, sondern ein »Familien-Katechismus«, der vor allem die Eltern in den Stand

[1] *Vgl. Dok. 20.*

setzt, den Kindern den Schulkatechismus nahezubringen. Für die Unterweisung und Erziehung der heranwachsenden Jugend sollen an den entsprechenden Stellen bestimmte Fragen zusätzlich behandelt werden.
b) Schulprobleme:
Das von dem Konveniat – Hohenheim (März 1956, I, c) – gewünschte Memorandum über die heutige Problematik auf dem Gebiete der Schule und Erziehung liegt inzwischen in seinem ersten Teile, und zwar als Analyse der Situation, vor. In einem zweiten noch zu erarbeitenden Teile sollen praktische Vorschläge gemacht werden. Wegen der Wichtigkeit der Schulfragen beschließt das Konveniat, einen eigenen hauptamtlichen geistlichen Leiter für die »Bischöfliche Arbeitsstelle Schule und Erziehung« freizustellen und nimmt hierfür Herrn Dekan Dr. Hattemer[2], Viernheim, in Aussicht. Die Teilnehmer des Konveniats verpflichten sich, die notwendigen Gelder für Gehalt und Wohnung durch Umlage aufzubringen.
c) Studienstiftung Cusanuskreis:
Der Erzbischof von Paderborn berichtet über die erfreuliche Entwicklung der Studienstiftung »Cusanuskreis«. Das Auswahlgremium hat inzwischen eine Liste von zehn Stipendiaten vorgelegt. Zur Zeit bemüht man sich, das Kuratorium der Studienstiftung zu formieren.

II. Seelsorge und Sozialfragen
a) Fest des hl. Joseph am 1. Mai:
Die Teilnehmer des Konveniats einigen sich dahin, daß die Bezeichnung des neuen St.-Joseph-Festes vom 1. Mai mit »Sankt Joseph, der Werkmann« übersetzt werden soll.
b) Abwehr des religiösen Indifferentismus:
Der Vorsitzende gibt den Teilnehmern Kenntnis von einigen römischen Anregungen, der Gefahr des religiösen Indifferentismus wirksam zu begegnen, die von dem Konveniat eingehend besprochen werden. U. a. wird darauf hingewiesen, daß die Monatszeitung »Mann in der Zeit« dem Kommunismus energisch entgegenarbeitet. Die »Seelsorgeämter« mögen Vorschläge für die Behandlung der Mischehenfrage erarbeiten.
c) Wehrmachtseelsorge:
Das Konveniat bittet den Vorsitzenden, bei der Apostolischen Nuntiatur eine Orientierung des Episkopats über den rechtlichen Stand der Wehrmachtseelsorge zu beantragen.
d) Betreuung der Ostzonenflüchtlinge:
Auf Grund seines Berichts soll Herr Pfarrer Moschner[3] aufgefordert werden, der Fuldaer Plenarkonferenz konkrete Vorschläge für geeignete seelsorgliche und caritative Hilfsmaßnahmen vorzulegen.

2 Nikolaus Hattemer *(1900–1970), Dr. iur., nach Tätigkeit als Rechtsanwalt 1934 Priester (D Mainz), 1940 Pfarrer in Viernheim, 1949 Dekan des Dekanats Heppenheim, 1964 Päpstlicher Geheimkämmerer.*

3 Gerhard Maria Moschner *(1907–1966), 1931 Priester (ED Breslau), 1934 Domvikar, 1937 Diözesanjugendreferent in Breslau, 1953 Referent für Vertriebenenseelsorge im Erzbistum Köln.*

e) Waffenstudententum:
Der Erzbischof von Paderborn schildert an Hand von Presseverlautbarungen von katholischer und waffenstudentischer Seite die gegensätzlichen Auffassungen über den Fortbestand der Zensurierung für Schlägermensur sowie über die verschiedene Begriffsbestimmung des Duells. Unter Duell verstehen die Waffenstudenten heute nur noch die Austragung von Ehrenhändeln mit Säbel und Pistole, während in den sogenannten »Pauk-Comments« bis zur Auflösung im Jahre 1935 auch das »Schlägerduell« aufgeführt wurde, soweit es sich um Austragung von »Formal-Kontrahagen«, »Pro-Patria-Partien« und »Sekundanten-Kontrahagen« handelte. Vorliegende Unterlagen beweisen, daß de facto auch heute noch die genannten Schlägerduelle ausgetragen werden. Es ist damit erwiesen, daß die Erklärung der Plenarkonferenz–Fulda 1952 über den Fortbestand der Zensurierung für die Schlägermensur die bestehende Situation in den waffenstudentischen Verbänden richtig beurteilt hat. Das Konveniat beauftragt den Erzbischof von Paderborn, das vorliegende Material dem Kirchenrechtler Professor Dr. Mörsdorf[4] zur Kenntnis zu bringen, dessen kanonistische Stellungnahme von den waffenstudentischen Verbänden in Großauflagen für ihre Werbung unter katholischen Abiturienten und Studenten verbreitet wurde. Die Sammlung von Beweismaterial über die tatsächliche Praxis des Waffenstudententums soll fortgesetzt werden.
f) Studentinnenseelsorge:
Der Antrag der KDSE, den Beitrag der Plenarkonferenz für die Studentinnenseelsorge von 3.600 DM auf 4.800 DM jährlich zu erhöhen, damit eine monatliche Vergütung von brutto 500 DM gezahlt werden könne, wird wohlwollend in Erwägung gezogen. Es soll aber zunächst eine finanztechnische Rückfrage erfolgen, damit auf der Plenarkonferenz Fulda eine sachgerechte Entscheidung erfolgen kann.
g) Landvolkseelsorge:
Der Bischof von Münster berichtet über den augenblicklichen Stand der katholischen Landvolkarbeit in den westdeutschen Diözesen. Das Konveniat beauftragt Herrn Bundeskurat Wissing[5], Düsseldorf, im Gebiet der westdeutschen Diözesen zusammen mit der katholischen Landjugendarbeit eine Landvolkbewegung im berufsständischen Sinne zu entwickeln, jedoch ohne wirtschaftliche Zielsetzung. Die Vertretung der wirtschaftlichen Belange soll bei den Berufsverbänden verbleiben.
h) Gewerkschaftsjugend:
Das Konveniat nimmt Stellung zu einer Meldung des DGB betreffend Gründung eines »E. V. Gewerkschaftsjugend«. Es wird festgestellt, daß die Zahl der infolge ihres Arbeitsverhältnisses dem DGB angeschlossenen Jugendlichen keineswegs identisch ist mit der Mitgliederzahl der besonderen Jugendorganisation »Gewerkschafts-

[4] KLAUS MÖRSDORF *(1909–1989), Dr. iur., 1936 Priester (D Berlin), 1946 Professor für Kirchenrecht und 1947 Direktor des Kanonistischen Instituts an der Universität München.*

[5] WILHELM WISSING *(1916–1996), Dr. theol. h. c., 1946 Priester (D Münster), 1949 Diözesanjugendseelsorger der männlichen Jugend, 1953 Bundesseelsorger für die katholische Landjugend, 1958 (zunächst kommissarisch) Leiter des Katholischen Büros in Bonn, 1960 Päpstlicher Hausprälat, 1966 Apostolischer Protonotar, 1970 Präsident des Päpstlichen Werkes der Glaubensverbreitung.*

jugend«. Die Tätigkeit des neuen E. V. soll – vor allem in den Städten – aufmerksam verfolgt werden.

III. Organisatorische und finanzielle Fragen
a) Vorbereitung der Plenarkonferenz in Fulda 1956:
Die Diözesen und Organisationen werden dringend gebeten, die schriftlichen Unterlagen für die Plenarkonferenz bis spätestens 1. August bei dem Vorsitzenden einzureichen. Dasselbe gilt für Vorschläge betr. Neuordnung der Fuldaer Referate.
b) Zuschuß für italienische Seelsorge:
Der von den italienischen Seelsorgern in Deutschland erbetene finanzielle Zuschuß für die Anschaffung einiger Personenkraftwagen für seelsorgliche Zwecke soll im Maße der erwiesenen Notwendigkeit genehmigt werden, und zwar durch die örtlich zuständigen Diözesen.
c) Borromäusverein:
Der Erzbischof von Köln berichtet über die personellen Veränderungen im Vorstande des Borromäusvereins.

Das nächste westdeutsche Konveniat findet statt vom 5.–7. November 1956 in Braunshardt.

gez.: + Wilhelm,
Bischof von Limburg,

gez.: + Joseph Kardinal Frings,
Erzbischof von Köln.

28

Stellungnahme Tenhumbergs[1]

Münster, 1. Juni 1956

DA MÜNSTER, GV-NA, AO-819. *Schreibmaschinenausfertigung mit eigenhändiger Unterschrift. Überschrift:* Bemerkungen zu den Referats-Berichten des Zentralkomitees.

I. Der Bericht des Sozialreferates[2] ist ein Muster klarer Bestandsaufnahme, Bestandsanalyse, kluger Aufgabenstellung und Aufgabenbeschränkung. Ihm liegt offenbar eine richtige Konzeption zugrunde. Beachtlich scheinen mir insbesondere die Ausführungen über die katholischen Verbände und ihre gesellschaftspolitische Auf-

[1] HEINRICH TENHUMBERG *(1915–1979), 1939 Priester (D Münster), nach Seelsorgetätigkeit 1947 Domvikar, 1952 Geistlicher Beirat des Diözesankomitees der Katholiken, 1954 Domkapitular, 1958 Weihbischof in Münster, 1966 Leiter des Katholischen Büros in Bonn, 1969 Bischof von Münster. Vgl.* W. DAMBERG.

[2] *Ein nach 12. März zu datierender Bericht (nicht aufgenommen), der sehr weitgehend mit Dok. 40 identisch ist, in* DA EICHSTÄTT, Bischofsarchiv Schröffer, Zentralkomitee *(Schreibmaschinenvervielfältigung).*

gabe auf Seite 15–13, weil hier auch am raschesten eine Realisierung möglich scheint, die zugleich eine Voraussetzung für das Vorankommen des deutschen Katholizismus im gesellschaftspolitischen Bereich darstellt.

II. Der Bericht des staatsbürgerlichen Referates[3] weist einen erfreulichen Ideenreichtum und eine Fülle konkreter Anregungen auf. Offensichtlich fehlt aber noch die klare Grundkonzeption über die Aufgabenstellung eines staatsbürgerlichen Referates im Zentralkomitee. Von daher erklärt sich wahrscheinlich auch die etwas feuilletonistische Art der Darstellung.
Im Einzelnen:
1. Es scheint mir nicht Aufgabe des staatsbürgerlichen Referates zu sein, die »Bildung und Schulung von Kadern« im katholischen Bereich in die Hand zu nehmen. Erste Aufgabe muß auch hier bleiben: die vorhandenen Kräfte zu sichten, zu sammeln, auf gemeinsame Aufgaben hin zu koordinieren und für neue Aufgabenstellungen Kräfte zu wecken. Das gilt selbstverständlich auch für den wissenschaftlichen Bereich.
2. Viele der im Bericht aufgezeigten Aufgaben gehören ohne Zweifel gleichzeitig in das Sozialreferat. So werden sich beispielsweise die »Lehrmittel zur staatsbürgerlichen Erziehung« weitgehend mit den Lehrbögen zur Sozialen Schulung decken müssen.
3. Eine Reihe von Einzelanregungen, z. B. Ausbildung des wissenschaftlichen Nachwuchses, Durchführung wissenschaftlicher Grundsatzarbeiten usw. sind sicherlich sehr wichtig. Sie können aber erst dann sinnvoll und mit Aussicht auf Erfolg durchgeführt werden, wenn zuvor die vorhandenen katholischen Kräfte Kontakt miteinander gewonnen haben (Aufgabe der Koordinierung). In diesem Zusammenhang scheint es mir besonders wichtig, die katholischen Politiker, besonders auf der Bundes- und Länderebene, mit den geeigneten Persönlichkeiten und Gremien aus dem kirchlichen Bereich in regelmäßigen Arbeitsgemeinschaften und Arbeitskreisen zusammenzubringen und von daher die praktische Arbeit weiterzuentwickeln.
4. Die Fülle der Einzelanregungen weist wohl auf eine breite Begabung des Leiters des staatsbürgerlichen Referates hin. Diese bedürfte aber, um fruchtbar werden zu können, der Anlehnung an eine klare Grundkonzeption und für die konkrete Aufgabenstellung gemeinsam mit dem Sozialreferat der »alta directio« durch den Episkopat.

III. Beide Referate, Sozialreferat und staatsbürgerliches Referat, sind von ihrem Wesen und von ihrer Aufgabenstellung her so eng miteinander verbunden, daß sie sich in ihrer Tätigkeit vielfach überschneiden müssen. Daher wäre eine Vereinigung der beiden Referate zu einem Gesamtreferat zu überlegen. Die beiden Leiter, Dr. Paulus und Dr. Kafka, würden sich in der Tätigkeit gut ergänzen können. Die bisherige Tätigkeit von Herrn Dr. Paulus ist sicherlich auch eine gute Voraussetzung

[3] *Vgl. Dok. 41.*

für eine erfolgreiche Koordinierung der katholischen Kräfte auf staatsbürgerlichem bzw. staatspolitischem Gebiet. Um Herrn Dr. Paulus für bestimmte Aufgaben, deren Erfüllung ihm aufgrund der priesterlichen Autorität sicher leichter würde, zu ermöglichen, müßte man vielleicht einen geeigneten befähigten Laien zur Mitarbeit im Sozialreferat heranziehen.

Tenhumberg.

29

Stellungnahme Beckels[1]

[Münster, 1. Juni 1956][2]

DA MÜNSTER, GV-NA, AO-819. *Schreibmaschinenausfertigung mit eigenhändiger Unterschrift. Überschrift:* Bemerkungen zu den Berichten des staatsbürgerlichen Referates und des Sozialreferats im Zentralkomitee der deutschen Katholiken.

Beide Berichte[3] sprechen mehrere Probleme in gleicher Weise an, so daß sich die Frage nach der Zuordnung der beiden Referate zueinander stellt.
Eine brauchbare Grundlage ist im Bericht des Sozialreferats (S. 1) für die Gliederung eines jeden Referates aufgeführt, nämlich die Gliederung in die Ebene der Wissenschaft, der Bildungsarbeit und der Aktion.
Die Ebene der Wissenschaft wird von beiden Referaten gut und zweckmäßig getrennt wahrgenommen werden können. Wissenschaftler der Staatslehre sind der Vorbildung, der Denkweise und auch dem Personenkreis nach andere als die Wissenschaftler der Gesellschafts- und Soziallehre im engeren Sinne.
Auf der Ebene der Bildungsarbeit wird jedoch die selbständige Kompetenz der beiden Referate schwierig aufzuzeigen sein, weil staatsbürgerliche und soziale Bildungsarbeit im wesentlichen von den gleichen Institutionen wahrgenommen wird und auch weithin gleichzeitig wahrgenommen werden muß. Die Arbeitsgemeinschaft sozialer Bildungswerke (Bericht Sozialreferat, Seite 12) wird man auf Dauer sicher beiden Referaten zuordnen müssen, wenn sie nebeneinander bestehen bleiben.
Eine gleiche Schwierigkeit der Trennung ergibt sich im Bereich der Aktion, zumal im Bericht des Sozialreferats die Aktion weitgehend sozialpolitisch verstanden wird und somit gleichzeitig eine staatsbürgerliche Aktion ist.
Abgesehen von diesen Fragen der Kompetenzen im allgemeinen zeigt sich insbesondere bei der in beiden Berichten angesprochenen Frage der Lehrbehelfe für die Bildungsarbeit, daß beide Referate gemeinsam planen und vorgehen müssen. Die von Dr. Paulus angesprochene Frage der Vierteljahresschrift (Seite 7) dürfte auch gleich-

1 ALBRECHT BECKEL *(1925–1993), Dr. iur., Rechtsanwalt, 1954 Direktor der Katholischen Sozialakademie Franz-Hitze-Haus in Münster, 1964–1972 Oberbürgermeister von Münster, 1970–1990 Mitglied des Landtags von Nordrhein-Westfalen (CDU).*

2 *Die Datierung ergibt sich aus dem sachlichen und archivischen Zusammenhang mit der Stellungnahme* TENHUMBERGS *(vgl. Dok. 28).*

3 *Vgl. Dok. 28, Anm. 2 und 3.*

zeitig das von Dr. Kafka angesprochene Problem der Grundlagenforschung in Hinsicht auf den Staat (Seite 4) verfolgen können, ja wird es mitverfolgen müssen.
Zur Frage der Lehrbehelfe für die Hand des Kursusteilnehmers usw. stehen sich in beiden Berichten der Vorschlag von Dr. Kafka, der auf ein Lehrbuch hinzugehen scheint (Anlage zum Bericht, Seite 3) und die Bestandsaufnahme von Dr. Paulus (Seite 13 seines Berichtes) gegenüber. Dr. Paulus sieht keine Möglichkeit, eine Vereinheitlichung der verschiedenen Lehrbogenreihen und Einzelschriften zustande zu bringen. Dazu könnte man vielleicht die Anregung aussprechen, die vorhandenen Lehrbogenreihen und Kleinschriften gründlich dem Inhalte nach zu sichten und die qualitativ einwandfreien zu einer systematischen Schriftenreihe zusammenfassen, die ein einheitliches Gesicht hat, aber die alten Manuskripte ohne wesentliche Veränderungen verwertet. Den ursprünglichen Herausgebern der einzelnen Arbeiten müßte natürlich ein Anteil am Gewinn zugesprochen werden. Nach meinen Erfahrungen läßt sich eine systematische Reihe von Lehrbogen zur Gesellschaftslehre ziemlich lückenlos aufstellen. Die Themen, die man neu bearbeiten lassen müßte, würden verhältnismäßig wenige sein, so daß sich die neue Arbeit, die notwendig wird, sicher bewältigen ließe.
Einem geschlossenen Lehrbuch für die staatsbürgerliche und soziale Bildungsarbeit würde man einen solchen Weg der geschlossenen Schriftenreihe gegenüber sicher nicht den Vorzug zu geben haben, weil ein Lehrbuch einmal schwerer zu vertreiben ist, zum anderen mehr auf Dauer geschrieben sein muß und darum aktuellen Anliegen weniger Rechnung tragen kann.
In der Sicht der Verbände, die in beiden Berichten zum Ausdruck kommt, muß sicher beizeiten beachtet werden, daß politische, gewerkschaftliche und Bildungsaufgaben nicht unbedingt zusammen den Verbänden obliegen, wenn man nicht die Einflußnahme in Parteien und Gewerkschaften verhindern will. Das Gleiche, was in dieser Beziehung von den Verbänden gesagt wurde, gilt sinngemäß auch für die Betriebsgruppen, denen der Bericht des Sozialreferats (S. 19) Aufgaben religiös erzieherischer Art, sozialpolitischer Art und politischer Natur zuschreibt.
Eine wirksame Zusammenarbeit und Koordinierung der beiden Referate des Zentralkomitees wäre vielleicht so anzustreben, daß die derzeitigen Leiter der beiden Referate die wissenschaftliche Ebene je für sich betreuen, daß der derzeitige Leiter des staatsbürgerlichen Referates sich weiterhin den Bildungsfragen und der Leiter des Sozialreferats sich den Aktionsfragen, Stellungnahmen zu politischen und sozialpolitischen Fragen widmet.

Dr. Beckel.

30

Stellungnahme Wendels

München, vor 3. Juni 1956[1]

EA MÜNCHEN, Joseph Kardinal Wendel, 13/1956. *Schreibmaschinendurchschrift. Überschrift:* Zur Frage der Heranziehung der Mitglieder der Militärgemeinde zur Kirchensteuer[2].

1. Während früher die Angehörigen der Wehrmacht nicht steuerpflichtig waren, sollen künftig die Angehörigen der Bundeswehr wie alle Bürger steuerpflichtig sein. Damit ist auch die Frage der Kirchensteuerpflicht der Militärangehörigen gestellt.
2. Die Auffassung, daß die Wehrmachtsangehörigen auch zur Kirchensteuer herangezogen werden sollen, wird vertreten
a) im Verteidigungsministerium, im Finanzministerium und im Innenministerium;
b) innerhalb der politischen Parteien. SPD und FDP haben sogar erklärt, daß sie einer Befreiung der Wehrmachtsangehörigen von der Kirchensteuer nie zustimmen würden;
c) auf Seiten der evangelischen Landeskirchen. Auf dieser Seite will man auf keinen Fall eine Befreiung der Wehrmachtsangehörigen von der Kirchensteuer zugestehen. Die evangelischen Kirchenleitungen in Niedersachsen und Bayern haben sogar erklärt, sie wollten lieber die Militärseelsorge aus eigenen Kirchenmitteln bestreiten, als die Angehörigen der Bundeswehr von der Zahlung der Kirchensteuer zu befreien.
3. Gründe, die gegen eine Befreiung von der Kirchensteuer angeführt werden:
a) Die Angehörigen der künftigen Bundeswehr werden wie alle Bürger grundsätzlich zur Zahlung der anfallenden Steuern herangezogen. Es ist daher nicht ersichtlich, weshalb sie von der Kirchensteuer befreit werden sollten.
b) Eine Befreiung von der Kirchensteuer kann als einseitige Begünstigung des Militärs angesehen und der Kirche zum Vorwurf gemacht werden.
4. Gründe, die für die Befreiung von der Kirchensteuer geltend gemacht werden können:
a) Der gesamte Personal- und Sachbedarf der Militärseelsorge wird vom Staat getragen. Es besteht also von seiten des seelsorglichen Bedarfs kein Grund, Kirchensteuern zu erheben.
b) Die Erhebung der Kirchensteuern von den Angehörigen der Bundeswehr könnte für den Staat Anlaß sein, seine eigenen Leistungen für die Militärseelsorge zu verringern oder einzustellen und dafür zu verlangen, daß die Kirchensteuern, die von den Wehrmachtsangehörigen bezahlt werden, für die Militärseelsorge verwendet werden.
c) Im Schlußprotokoll zum Reichskonkordat wird zu Art. 27 Abs. 1 des RK ausdrücklich bestimmt: »Die katholischen Offiziere und Mannschaften sowie deren

[1] *Die Datierung ergibt sich aus Anm. 2.*
[2] WENDEL *sandte dieses Schreiben am 3. Juni 1956 an* MUENCH *(Schreibmaschinendurchschrift am gleichen Fundort).*

Familien gehören nicht den Ortskirchengemeinden an und tragen nicht zu deren Lasten bei.«

Da die Tatsache, daß die Auffassung maßgebender Kreise für die Kirchensteuerpflicht spricht, ins Gewicht fällt und die Gründe, die gegen eine Befreiung von der Kirchensteuer angeführt werden, auch ihre Gewichtigkeit haben, insbesondere der Wandel von der früheren grundsätzlichen Verneinung zur jetzigen grundsätzlichen Bejahung der Steuerpflicht der Militärangehörigen, sollen zunächst die Gründe, die gegen die Heranziehung zur Kirchensteuer angeführt werden, überprüft werden.

Zu 4

a) Die Heranziehung zur Kirchensteuer ist nicht begründet, weil der Staat für den Personal- und Sachbedarf der Militärseelsorge aufkommt.

Trotz der Bildung einer eigenen Militärseelsorge und ihrer Abgrenzung von der zivilen Seelsorge werden gewisse Überschneidungen nicht vermeidbar sein. So können und werden insbesondere die Familienmitglieder der Militärangehörigen die zivile Seelsorge in Anspruch nehmen. Sie werden Pfarrgottesdienste besuchen, die Sakramente auch in den Pfarrkirchen empfangen, namentlich wenn der Wohnsitz der Familie sich mit dem Dienstsitz des Mannes, der der Truppe angehört, nicht immer deckt. Die Kinder werden Schulen besuchen, in denen der Religionsunterricht von Pfarrgeistlichen des zivilen Kreises erteilt wird. Dazu kommen die kumulative Zuständigkeit hinsichtlich der Eheassistenz und vor allem die ausschließliche Zuständigkeit des Ortsordinarius für Ehenichtigkeitsprozesse.

Ferner werden für die künftige Militärseelsorge im außerdienstlichen Bereich von der Kirche und ihren Organisationen eigene Einrichtungen geschaffen werden wie z. B. Bibliotheken, Klubräume, Räume für religiöse außerdienstliche Betreuung, die zwar nicht unmittelbar Militärseelsorge sind, aber der Militärseelsorge und auch der Truppe selbst wertvolle Dienste leisten für die Geisteshaltung und das innere Gefüge. Wenn auch angestrebt werden wird, daß der Staat für diese Einrichtungen Zuschüsse leistet, so werden doch auch aus kirchlichen Mitteln größere Aufwendungen getätigt werden müssen. Tatsächlich haben die deutschen Bischöfe für diese Zwecke überdiözesane Mittel bereits vorgesehen. Von den Militärangehörigen gezahlte Kirchensteuern könnten also hier eine wohlberechtigte teilweise Verwendung finden.

b) Aus diesen Gründen wäre auch bei Erhebung von Kirchensteuern von Militärangehörigen noch keine Veranlassung gegeben, die staatlichen Aufwendungen für Militärseelsorge im engeren Sinn zu kürzen oder zu streichen. Sowohl von staatlichen Stellen wie von den Vertretern der politischen Parteien wurde bisher ausdrücklich betont, daß eine Streichung der staatlichen Mittel nicht erfolgen werde, da der Soldat ein Recht auf Seelsorge habe und darum dem Staat die Pflicht obliege, die für die Militärseelsorge erforderlichen Mittel bereitzustellen.

c) Schwieriger scheint die Beantwortung der Frage zu sein hinsichtlich der Bestimmungen im Schlußprotokoll zum RK, wonach die katholischen Offiziere und Mannschaften sowie deren Familien zu den Lasten der örtlichen Kirchengemeinden nicht beitragen, also von der Ortskirchensteuer befreit sind. Allein auch hier hat sich seit dem Abschluß des Reichskonkordates in Deutschland ein Wandel vollzogen. Während zur Zeit des Konkordatsabschlusses die Kirchensteuern fast ausschließlich in der Form der Ortskirchensteuern erhoben wurden und die diözesanen Bedürfnisse durch Umlagen oder durch zusätzliche Diözesansteuern gedeckt werden mußten, werden jetzt die Kirchensteuern in allen deutschen Diözesen als Diözesansteuern erhoben und die Bedürfnisse der örtlichen Kirchengemeinden, soweit diese nicht aus eigenem Einkommen, aus Sammlungen oder durch das Kirchengeld bestritten werden können, von der Diözese gedeckt.

In Bayern wurde diese Umstellung bereits im Jahre 1934 vollzogen durch das bayerische Kirchensteuergesetz vom 27. März 1934[3]. Inzwischen ist sie in allen deutschen Diözesen durchgeführt, in manchen allerdings erst nach 1945. Bereits in einem Artikel über die Organisation der exemten Militärseelsorge in Deutschland, erschienen im Klerusblatt, Organ der Diözesanpriestervereine Bayerns, Nr. 10 vom 11. März 1936 schreibt Dr. Anton Scharnagl, Domdekan in München:

»Nach dem Schlußprotokoll zu Art. 27, Abs. 1 des Reichskonkordates sind die Angehörigen der Wehrmacht und ihre Familien an sich nur von den ortskirchlichen Steuern befreit. Die Gründe, die hiefür bestehen, treffen für eine Befreiung auch von der Landeskirchensteuer nicht im gleichen Maße zu. Nachdem aber unser derzeitiges Kirchensteuergesetz vom 20. Mai 1935[4] die religionsgesellschaftlichen und religionsgemeinschaftlichen Umlagen in einem Betrag erheben läßt und die Angehörigen der Wehrmacht in Preußen von allen Kirchensteuern befreit sind, haben die bayerischen Bischöfe ausgesprochen, daß auch in Bayern von ihnen keine Kirchenumlagen erhoben werden.«

Wenn eine Bekanntmachung des Oberkommandos der Wehrmacht vom 27. Februar 1940 (Heeresverordnungsblatt 1940, Teil B, Seite 94, abgedruckt bei Hofmann: Seelsorge und kirchliche Verwaltung im Kriege, S. 229) für die Mitglieder der Wehrmachtgemeinden grundsätzlich Kirchensteuerfreiheit in Anspruch genommen hat ohne zwischen Diözesan- und Ortskirchensteuern zu unterscheiden, so geht diese Bekanntmachung eben von den preußischen Verhältnissen aus. Nachdem nun aber für die Wehrmachtsangehörigen alle Steuerbegünstigungen in Wegfall kommen und auch in den Diözesen des ehemaligen Preußen jetzt die Kirchensteuern als Diözesansteuern erhoben werden, dürfte auf Grund der veränderten Verhältnisse aus dem Schlußprotokoll zu Art. 27, Abs. 1 des Reichskonkordates kaum noch ein Schluß auf die allgemeine Steuerfreiheit der Wehrmachtsangehörigen gezogen werden können. Der Meinung von Rödel-Paulus (Reichskirchenrecht und neues Bayerisches Kirchenrecht 1934, S. 35), nach der das Militär in erster Linie aus dem Bistumsverband eximiert werde und deshalb wohl (!) auch eine Landesumlagepflicht zu verneinen sei, wird darum nach den bisherigen Darlegungen und dem ausdrücklichen Wortlaut des Schlußprotokolls, das die Beitragspflicht zu den Lasten der Ortskirchengemeinden verneint, weil die Wehrmachtsangehörigen nicht zu diesen gehören, nicht beizupflichten sein.

3 GVBl., *S. 231.*
4 GVBl., *S. 429.*

Somit dürfte auch nicht aus dem Schlußprotokoll zum Reichskonkordat, hier zu Art. 27, Abs. 1 ein Beweis abgeleitet werden können, der die Heranziehung der Militärangehörigen und ihrer Familien zur Diözesankirchensteuer verbieten würde. Dies um so weniger, als durch die Bestimmung des Schlußprotokolls lediglich die damals unliebe allgemeine Steuerfreiheit der Militärpersonen und ihrer Familien auch auf das kirchliche Gebiet ausgedehnt wurde.
Ob es erforderlich sein wird, die von Militärangehörigen gezahlten Kirchensteuern gesondert zu erfassen und ihre Verwendung für nicht ortskirchliche Zwecke nachzuweisen, mag zunächst dahingestellt bleiben. Im Hinblick auf die Höhe der diözesanen und überdiözesanen Bedürfnisse und auf das im Rahmen des Gesamtkirchensteueraufkommens relativ geringfügige Steueraufkommen von Militärangehörigen dürfte eine Notwendigkeit nicht bestehen.

31

Eingabe Golombeks[1]

Köln, 8. Juni 1956

EA Köln, Gen. II 3.8a, 4. *Schreibmaschinenschrift. Überschrift:* Betr. die Frage der Arbeitsgemeinschaft »Kirche und Heimat« auf der Vertretertagung anläßlich des 77. Deutschen Katholikentags in Köln.

Auf der Sitzung des Zentralkomitees der deutschen Katholiken am 2. u[nd] 3. Mai in Altenberg wurden in der Aussprache über die Arbeitsgemeinschaften bei der Vertretertagung anläßlich des Deutschen Katholikentags in Köln von den Vertretern der SBZ Bedenken gegen die Einrichtung der vorgesehenen Arbeitsgemeinschaft »Kirche und Heimat« geäußert. Diese Einwendungen hatten zur Folge, daß die endgültige Entscheidung über die Einrichtung der Arbeitsgemeinschaft »Kirche und Heimat« der Präsidialkommission übertragen wurde.
Es sei mir als Leiter der Kath[olischen] Arbeitsstelle (Nord) für Heimatvertriebene und Sprecher der Diözesan-Vertriebenen-Seelsorger Nord (Aachen, Köln, Münster, Paderborn, Hildesheim, Trier, Osnabrück) gestattet, nachfolgende Ausführungen zur Klärung der Angelegenheit zu unterbreiten.
1. Bei einer Erstankündigung der Arbeitsgemeinschaften der Vertretertagung war eine Arbeitsgemeinschaft über die Frage »Kirche und Heimat« nicht genannt. Daraufhin unterbreitete ich dem Herrn Präsidenten des Zentralkomitees die Bitte, das Problem Kirche und Wanderung auf einer eigenen Arbeitsgemeinschaft behandeln zu lassen. Meiner Bitte wurde laut einem Schreiben des H[errn] Präsidenten an Exz[ellenz] Bischof Döpfner als Flüchtlingsbischof stattgegeben. Die folgenden Ankündigungen enthielten die Einrichtung dieser Arbeitsgemeinschaft. Erste Vorberei-

[1] Oskar Golombek *(1898–1972), 1923 Priester (ED Breslau), 1934 Pfarrer in Hindenburg, 1948 Diözesanvertriebenenseelsorger im Erzbistum Köln, 1952 Leiter der Katholischen Arbeitsstelle (Nord), 1953 Vorsitzender des Schlesischen Priesterwerks, 1963 Sprecher der vertriebenen Priester des Erzbistums Breslau.*

tungen wurden daraufhin getroffen. Wenn nunmehr diese Arbeitsgemeinschaft vom Programm abgesetzt werden sollte, würden zumindestens weite Vertriebenenkreise, nicht nur im kirchl[ichen] Raum, die berechtigte Frage stellen: Was ist da vorgefallen?

2. Die Deutschen Katholikentage nach dem Kriege haben alle mit Ausnahme von Fulda eigene Referate bzw. eigene Arbeitsgemeinschaften zum besagten Thema gehabt.

a) In Mainz waren Referate auf mehrere Arbeitsgemeinschaften verteilt,
b) in Bochum: »Heimat, Heimstatt und Arbeit«,
c) in Altötting (Passau) unter dem Thema: »Kirche und Heimatvertriebene«,
d) in Berlin: »Wie finden Christen Heimat miteinander?«

3. Es ist das Bestreben der Katholikentage, aktuelle Zeitfragen im Lichte des jeweiligen Themas des Katholikentages zu behandeln. Der tägliche Zustrom von Flüchtlingen aus der SBZ und die Tatsache von 3000 Lagern und Notunterkünften Ost mit 410 000 Insassen in der Bundesrepublik weisen auf Probleme hin, die für Kirche und Staat schwerste Aufgaben bilden. Es sei auf eine Bemerkung der Herder-Korrespondenz (April 1956) hingewiesen, die von einer »schwindenden Aufmerksamkeit der öffentlichen Meinung und des sozialen Gewissens« gegenüber den Vertriebenenproblemen[2] spricht. Ich kann mir nur schlecht vorstellen, daß eine Vertretertagung deutscher Katholiken eines der brennendsten Zeitprobleme, das nicht nur die Kirche in Deutschland angeht, um gewiß ernst zu nehmender Einwendungen willen, nicht zum Verhandlungsthema nimmt. Hierbei sei zum Vergleich an das Verhalten des Hl. Vaters in den kirchenrechtlichen Fragen der deutschen Ostgebiete erinnert.

4. In seinem Brief an die deutschen Bischöfe v[om] 12.2.1955[3] spricht der Hl. Vater davon, daß ihm »besonders eingehend jene ungeheuren Schwierigkeiten bekannt sind«, die sich hemmend dem seelsorglichen Bemühen entgegenstellen. Zu den »ungeheuren Schwierigkeiten« zählt er auch: »... all denen, die als Flüchtlinge Heim und Hof und ihr gesamtes Hab und Gut verloren haben, nach Kräften nicht nur die Hilfe der Religion, sondern auch die des sozialen Lebens zu gewähren.« Hinzugefügt sei ein Satz aus der Ansprache des Hl. Vaters an die Teilnehmer des X. Internat[ionalen] Historiker-Kongresses v[om] 7.9.1955[4]: »Die Kirche möchte Menschen heranbilden ..., die eng mit ihrer Heimat und ihrer Tradition verbunden sind – das ist die Absicht der Kirche, wie Wir sie in Unserer Ansprache vom 20. Februar 1946 anläßlich der Kardinalsweihe dargelegt haben.« (cf. beigelegtes Heft 1 der Schriftenreihe d[er] Kath[olischen] Arbeitsstelle (Nord) für Heimatvertriebene, Köln: »Pius XII. zum Problem der Vertreibung«, (2. Aufl.), S. 17f.[5]

5. Das formelle Bedenken, daß die Arbeitsgemeinschaften der Vertretertagung anläßlich des Katholikentages eine Fortführung der ständigen Arbeitskreise des Zentralkomitees darstellen, dürfte nicht hemmend auf eine eigene Arbeitsgemeinschaft »Kirche und Heimat« wirken, da

2 HERDER KORRESPONDENZ *10 (1956), S. 300.*
3 *Amtlich nicht veröffentlicht, deutsche Teilübersetzung:* A. F. UTZ/J. F. GRONER, *S. 2932–2935.*
4 AAS *47 (1955), S. 672–682, deutsche Übersetzung:* A. F. UTZ/J. F. GRONER, *S. 3509–3524.*
5 *Nicht ermittelt.*

a) »der Ernst, die Dringlichkeit und die weitreichenden Ausstrahlungen der Flüchtlingsprobleme« (Pius XII.) eine eminente Zeitaufgabe darstellen und
b) auch andere Arbeitsgemeinschaften eingerichtet wurden, die keinen Arbeitskreis beim Zentralkomitee haben.
6. Den ernsten Sorgen der sowjetzonalen Vertreter kann und soll durchaus Rechnung getragen werden
a) durch eine kluge Auswahl der Leiter der Arbeitsgemeinschaft »Kirche und Heimat« und der einzuladenden Teilnehmer,
b) durch eine Themenstellung, die den Worten des Hl. Vaters zu diesen Problemen entnommen wird.
Nicht übersehen werden darf, daß neben den Einwendungen der sowjetzonalen Vertreter nicht minder ernsthaft die Anliegen der Vertriebenen und Flüchtlinge stehen. Hier geht es nicht um ein Entweder-Oder, sondern ein Sowohl-Als auch.
Ein Vorschlag für die Arbeitsgemeinschaft »Kirche und Heimat«:
a) Referat über die Ansprache des Hl. Vaters an das Kardinalskollegium v[om] Februar 1946,
b) 2. Referat »Die Botschaft Pius' XII. an den Deutschen Katholikentag in Passau« 1950,
c) 3. Referat »Die Botschaft Pius' XII. an den Deutschen Katholikentag in Berlin« 1952.
7. Ich erlaube mir, den Vorschlag, zu der Beratung der Präsidial-Kommission betr. das besagte Anliegen Persönlichkeiten hinzuzuziehen, die in den Fragen der praktischen und amtlichen kirchlichen Vertriebenenführung Erfahrung und Sachkenntnis besitzen.
Der Präsident des Zentralkomitees der Deutschen Katholikentage hat in seiner Festrede am Deutschen Katholikentag in Passau 1950 von der Kanzel des Domes bei der Erwähnung der fünf großen Anliegen unserer Kirche »die Not der Heimatvertriebenen« an dritter Stelle genannt und ausgeführt:
»Nur wenige Kilometer stehen wir hier vor dem Land, aus dem Millionen deutscher Menschen vertrieben worden sind und nach dem sie niemals aufhören werden, in Sehnsucht und Heimweh zu blicken. In Altötting haben wir im einzelnen und in einem besonderen Arbeitskreise ihrer Sorge gedacht, wie könnten wir es unterlassen, dieses Problem, das ganz Deutschland und endlich auch weitblickende Menschen im Ausland beschäftigt, zum Gegenstand unserer Betrachtungen und heißen Gebete zu machen.« (Bericht S. 145[6])
In der gleichen Festrede findet sich in dem Vergleich mit der »Römischen Frage« die beste Untermauerung der eben zitierten Worte:
»Hier (auf den deutschen Katholikentagen) ist durch Generationen für die Freiheit und die Rechte des Heiligen Stuhles gekämpft worden. 60 Jahre lang hat das Thema ›Die Römische Frage‹ auf dem Programm jedes deutschen Katholikentages gestanden[7].«

[6] ZUERST DAS REICH GOTTES, *S. 145*.
[7] EBD., *S. 144*.

32

Teusch an Frings

Köln, 18. Juni 1956

EA KÖLN, CR II 26.4, 15. *Schreibmaschinenausfertigung mit eigenhändiger Paraphe. Registraturstempel:* ad acta erhalten am 1.3.1961. P.

Ew. Eminenz
lege ich eine ganzseitige Reportage aus dem Echo der Zeit vom 17. d[es Monats] über den DGB vor. Ein Schuß vor dem Bug zu Beginn der Fahrt ins Offiziöse! Exzellenz Böhler habe ich unter Hinweis auf diese DGB-Seite, aber auch allgemein die Bedenken dagegen dargelegt, daß das Echo in seiner Struktur als Vier- bzw. Fünf-Bistümer-Blatt offiziös werde. Es müßte überdies unter Vorzensur kommen, genau wie die Kirchen-Zeitung, und ein tüchtiger Geistlicher müßte in Recklinghausen[1] Platz nehmen.
Zu meinem Vorschlag, das Blatt dadurch aus seiner Zwitterstellung herauszunehmen, daß man es unabhängig mache und ihm einen Beirat nach Art des Beirates der Allgemeinen Sonntagszeitung gebe, erwähnte Exzellenz Böhler mit Recht, daß dann auch andere Geldgeber als die Bistümer hinzugezogen werden müßten. Solche dürften zu finden sein. Aber es bleiben zwei Schwierigkeiten: a) die Koppelung des Anzeigenwesens mit der Münsteraner Kirchenzeitung; b) der jährlich notwendige Zuschuß, den wohl die Bistümer aber nicht andere Geldgeber, gleichsam als negative Dividende, zu zahlen gewillt sind.
Die Frage, wie Köln sich am Echo beteiligen kann, muß also noch geprüft werden. Es bleibt natürlich die Möglichkeit, daß man dem Echo seine Zwitterstellung beläßt und Köln trotzdem zu den anderen vier Bistümern hinzustößt.

Gehorsam
T[eusch].

1 *Recklinghausen war Sitz der Redaktion des »Echo der Zeit«.*

33

Niederschrift über die Organisation des Landvolks

[Münster, vor 1. Juli 1956][1]

EA MÜNCHEN, Joseph Kardinal Wendel, 49 LV/1956–1960. *Schreibmaschinenschrift. Überschrift:* Überlegungen zu Organisationsfragen der KLB.

I. Die Konzeption von Dr. Scharl[2]

1. Dr. Scharl geht für seine Konzeption von folgenden, für die dörfliche Situation als noch charakteristisch zu nennenden Tatsachen aus:

a) Raum und Bewohner sind überschaubar.

b) Damit ist durchweg eine mitmenschliche Nähe gewährleistet, die durch die fränkische Siedlungsweise (Haufensiedlung) unterstrichen wird.

c) Darüber hinaus ist noch eine einheitliche religiöse Betätigung festzustellen, soweit es sich um den intimen Raum von Familie und Kirche handelt.

Diese Konzeption wurde gestärkt durch das Referat von Prof. Neundörfer[3] auf dem Landvolkkongreß in Würzburg (1953)[4]. Prof. Neundörfer findet im dörflichen Gefüge unserer Tage noch

a) eine ländliche Wohnform,

b) Bindung an Grund und Boden,

c) Eine Intimwirtschaft (Erzeugung und Verbrauch von Lebensmitteln, die nicht über den Markt gehen).

Prof. Neundörfer sieht die von ihm aufgeführten Charakteristika für alle Orte bis zu 5.000 Einwohnern als gegeben an. Die in den ersten Punkten genannten dürften dagegen für Wohnsiedlungen mit mehr als 2.000 Einwohnern nicht mehr allgemein gültig sein.

2. Während Prof. Neundörfer es ablehnt, seine aus der Soziographie gewonnenen Angaben zur Grundlage organisatorischer Maßnahmen zu machen, sieht Dr. Scharl darin eine wesentliche Begründung seiner These: Daß das Land gegenüber der Stadt auch organisatorisch ländlich und einheitlich erfaßt werden müsse.

3. Darum gehören nach der Konzeption von Dr. Scharl in eine katholische Landvolkbewegung alle Menschen des ländlichen Siedlungsraumes. Die Vertreter der einzelnen Naturstände bilden von der Ortsebene zur Diözesan-, Landes- und Bundesebene eine Aktionsgemeinschaft: Katholisches Landvolk. Diese Aktionsgemein-

1 *Die Datierung ergibt sich aus Dok. 34.*

2 EMMERAM SCHARL *(1911–1967), Dr. theol., 1938 Priester (ED München), 1947 Landjugendseelsorger für den Freistaat Bayern, 1951 Geistlicher Beirat der Katholischen Landvolkbewegung Deutschlands, 1952 Landvolkseelsorger für den Freistaat Bayern, 1962 Prälat. Vgl.* MKKZ *60 (1967) Nr. 46 vom 12. November 1967, S. 16.*

3 LUDWIG NEUNDÖRFER *(1901–1975), Soziologe und Landesplaner, Gründer (1943) und Direktor des Soziographischen Instituts in Frankfurt am Main, 1961 Professor für Erziehungswissenschaften in Frankfurt am Main.*

4 *Ein ausführlicher Bericht über den Landvolkkongreß in Würzburg vom 24.–27. September 1953 in:* HERDER KORRESPONDENZ *9 (1952/53), S. 91–99. Außerdem* KIRCHE UND LANDVOLK.

schaften können sich in den einzelnen Naturständen auf eine Organisation stützen. Erforderlich ist das aber nicht. Die in der Aktionsgemeinschaft zusammmengefaßten Gläubigen des Dorfes bilden den Dorfausschuß, ganz gleich, ob sie organisiert sind oder nicht. Nach dem Protokoll über die Tagung in der Wies am 4./5. Juni dieses Jahres sollen

»die Dorfausschüsse sich auf Kreisebene verbinden. Die drängenden agrarsozialen und landpädagogischen Anliegen erfordern Arbeitsgemeinschaften in Kreis, Diözese, Land und Bund. Die KLB als Katholische Aktion des Landes bittet die auf dem Land bestehenden Standesorganisationen (Männer, Landfrauen) die Anliegen der gesamten KLB zu ihren eigenen zu machen und in den Arbeitsgemeinschaften mitzuwirken. Die Süddeutsche Arbeitsgemeinschaft ist der Auffassung, daß die vielfältigen Probleme der katholischen Bauern sowie des Landvolkes überhaupt durch die Bildung eigener katholischer Berufsverbände nicht zu lösen sind.«

II. Die starken und schwachen Seiten dieser Konzeption

1. Die starken Seiten

a) Die Konzeption findet leicht Eingang beim Klerus. Es gibt für ihn nur ländlich (oftmals gleich simpel) geprägte Arbeit in den vier Naturständen.

b) Die Konzeption findet ebenso leicht Eingang bei den katholischen Laien, insofern als eine organisatorische Bindung nicht unbedingt gefordert wird.

c) Die Konzeption stört die Kreise der Neutralisten und neutraler Organisationen nicht allzusehr, so daß von dort her, wenn keine Befürwortung, so doch keine Ablehnung erfolgt.

2. Die schwachen Seiten

a) Das heutige Dorf ist aus der räumlichen wie geistlichen Isolierung herausgehoben. In ihm sind heute nicht mehr nur dörfliche oder ländliche Ansichten, Meinungen und Einflüsse maßgebend und geltend, sondern ebenso großstädtische Gedankengänge usw. Die großstädtischen Beeinflussungen rühren einmal aus dem allgemeinen Bereich der modernen öffentlichen Meinungsbildung (Rundfunk, Kino-, Massendenken – so tun doch heute alle!). Zum andern geht ein wesentlicher Einfluß vom Arbeitsbereich der verschiedenen Dorfbewohner her in das Dorf (Pendler, Interessenverbände). – Sogenannte großstädtische Denk- und Lebensformen sind heute u. U. auf dem Dorf zu finden wie ländliche Lebensweise im Vorraum unserer Großstädte zu finden ist.

Darum ist vom Geistigen her gesehen eine Aufgliederung in ländliche und städtische Denk- und Lebensweisen, die sich mit der räumlichen Grenze von Stadt und Land decken, nicht möglich.

b) Weder der überschaubare Raum mit all den damit verbundenen Eigenschaften einer gegenseitigen Kenntnis, einer mitmenschlichen Nähe, Bindung an den Boden usw., noch die Praxis des regelmäßig geübten Kirchganges und Sakramentenempfanges oder eines mehr oder weniger gepflegten ländlichen Brauchtums bilden und garantieren ohne weiteres eine innere Einheit des Dorfes oder der Pfarrgemeinde. Die innere Einheit wird vor allem gewährleistet durch gemeinsam angestrebte und

von allen Gemeindebewohnern innerlich bejahte Ziele. Daß solche innere Einheit nicht gegeben ist, beweisen die in jedem Dorf vorhandenen, oft bis ins Dutzend gehenden, neutralen Vereinigungen, die als Interessenverbände, Wohlfahrtsorganisationen, Amüsier- und Hobbyclubs die heterogensten Zielsetzungen haben und geistig weder ein geistliches Fundament noch ein einheitliches Ziel haben.
Darum kann die Einheit des Dorfes heute nicht mehr Ausgangspunkt, sondern nur noch Zielpunkt unserer Bemühungen sein.
Prof. Neundörfer wie Dr. Scharl räumen im Gegensatz zu anderen Soziologen dieser pluralistischen Struktur im Dorf nicht die genügende Beachtung ein.
c) In Gemeinden unter 5.000 Einwohnern leben 42,5 % der Bevölkerung der Bundesrepublik (von 47,5 Mill[ionen] 20,2 Mill[ionen]). Nach Linde: »Grundfragen der Gemeindetypisierung«, Bremen 1952, pflegt man diese Gemeinden unter 5.000 Einwohnern aufzuteilen in Agrarwohngemeinden mit 50 % und mehr bäuerlicher Bevölkerung, in ländliche Gewerbegemeinden mit mehr als 20 % bäuerlicher Bevölkerung, in Gewerbegemeinden mit unter 20 % bäuerlicher Bevölkerung.
Nach dem statistischen Jahrbuch der Bundesrepublik gibt es im gesamten Bundesgebiet 16.800 Gemeinden bis zu einer Einwohnerzahl von 1.000 Seelen und 6.200 Gemeinden mit 1.000 bis 5.000 Einwohnern. In Bayern sind 47 % der Gemeinden kleiner als 500 Seelen, 75 % kleiner als 1.000 Seelen, aber nur 26 % der gesamten Bevölkerung wohnen in solchen Gemeinden. – Aus den gesamten Gemeinden unter 5.000 Einwohnern pendeln allein 2,1 Mill. Berufstätige aus. Im bayerischen Raum fahren im Schnitt rund 25 % aller Erwerbstätigen in die Kreisstädte.
Aus diesen Zahlengegenüberstellungen, die noch einer weiteren Spezifizierung bedürfen, darf man herauslesen, daß zweifellos im bayerischen Raum eine allzu große Spezifizierung der Arbeit zu den Kleinstgemeinden nicht möglich ist. Man muß aber ebenso herauslesen, daß eine berufsmäßige Einheit in keinem Dorf mehr erhalten blieb. Die nicht in der Landwirtschaft beschäftigten Einwohner können in Industriebetrieben des Dorfes oder der näheren oder weiteren Umgebung tätig sein. Soweit sie aus dem Dorf herausfahren, stehen sie sowohl unter dem Einfluß des Wohnortes wie unter dem des Transportmilieus, des Klimas am Arbeitsplatz und zu guter Letzt unter dem der jeweiligen Berufsverbände oder Betriebsorganisationen.
Wenn nur eine allgemeine Dorfarbeit durchgeführt wird, so kann diese in weitem Maße keine Rücksicht nehmen auf die Fragen und Anliegen, die nur einzelne kleinere oder größere Gruppen angehen. Bei wohlwollender Gesinnung der Gemeindebewohner untereinander kann zwar einer die Sorge des anderen auf der Ortsebene sehen und mittragen. Zu einem Vorstoß in den Arbeitsraum und in den Organisationsraum hat aber der Betriebsfremde im allgemeinen weder Recht noch Möglichkeit. Es besteht damit die Gefahr, daß eine Einheitsarbeit auf dem Dorf gerade das fördert, was wir in unserer Zeit dringend vermeiden müssen: die Trennung von Religion und Leben, die diskontinuierliche Lebensform der Gläubigen und die Vorherrschaft von Organisationen, die auf Religion und Christentum kaum Rücksicht nehmen. Dringend muß für die jungen und erwachsenen Arbeiter, wie für die jungen und erwachsenen Bauern gerade unter Berücksichtigung des Letztgenannten eine profilierte

Bildungsarbeit geleistet werden, wenn diese nicht auf die Dauer den neutralen Organisationen und anderen Einflüssen voll und ganz anheim fallen sollen.

III. Die westdeutsche Konzeption

1. Ausgangspunkt dieser Konzeption ist eine berufsbezogene Erfassung und Formung der verschiedenen Bevölkerungskreise mit organisatorischen Bindungen.

2. Ihr Ziel ist die Zusammenfassung der berufsbezogenen Organisationen in einem Dorf- und Pfarrausschuß, der gemeinsam Aktionen durchspricht, vorbereitet und durchführt. In diesen Dorf- oder Pfarrausschuß sollen auch einzelne nicht organisierte Laien berufen werden, einmal damit diese Schicht vertreten ist, zum anderen, daß sie etwa als Fachleute besonderes zu sagen haben und wenigstens in etwa gebunden werden.

Die beiden Konzeptionen sind sich im Ziel also wesentlich einig. Sie unterscheiden sich sowohl in der Wahl des Ausgangspunktes der Arbeit wie in der Frage der organisatorischen Bindung.

IV. Wege zu gemeinsamer Arbeit auf Bundesebene

1. In kleineren Dörfern bis 1.000 Einwohnern ist eine differenzierte Arbeit auf Ortsebene nicht überall möglich. In solchen Dörfern bestimmt die jeweils vorherrschende Schicht den Charakter der Organisation, etwa ob KLB oder KAB. Bei einer solchen Erfassung der Dorfbewohner sollten jedoch die auch laut Wiesbeschluß[5] vom 4. und 5. Juni 1956 ins Auge gefaßten Arbeitskreise für Bauern oder Arbeiter bzw. Handwerker oder Studierende auf der Kreisebene oder einer noch darunter liegenden überpfarrlichen Ebene ernsthaft gefördert werden.

2. In Dörfern mit über 1.000 Einwohnern ist eine differenzierte Arbeit durchweg möglich und anzustreben. Hier werden im allgemeinen eine KLB, eine KAB oder eine Kolpingsfamilie notwendig sein. Diese Organisationen dürfen und sollen untereinander wetteifern, entsprechend III,2 aber gemeinsame Aktionen nicht übersehen. (In einer Gemeinde von 1.200 Einwohnern sind rund ein Fünftel = 240 Seelen Jugendliche im Alter von 14–25 Jahren, d. h. in der Gemeinde sind rund 120 Jungen und 120 Mädchen dieses Alters. Nimmt man aus jedem Geschlecht 80 Jugendliche im Alter von 18–25 Jahren an, so sind zwei getrennte Gruppen absolut lebensfähig. Das gilt in verstärktem Maße für die Erwachsenen.).

3. Im Süden wie im Westen hat man den Weg beschritten, die Jugend des Landvolkes organisatorisch zusammenzufassen. Während wir im westlichen Raum eine straffere Auswahl der Mitglieder nach der Zugehörigkeit zum Berufsstand vorfinden, ist die Zugehörigkeit zum landwirtschaftlichen Berufsstand im Süden weniger beachtet. Soweit Jugendliche des ländlichen Wohnraumes es vorziehen, in einer katholischen Jugendorganisation des landwirtschaftlichen Berufsstandes mitzuarbeiten, ist dagegen nichts einzuwenden. Soweit dagegen die Jugendlichen zu einer Mitgliedschaft in der CAJ oder anderen katholischen Standesvereinen drängen, sollte man diese Be-

5 *Gemeint ist ein Beschluß der Tagung in der Landvolkhochschule Wies bei Steingaden.*

wegung nicht verhindern, sondern fördern, weil sonst allzu leicht zunächst eine innere und später sicherlich auch eine äußere Abwanderung in neutrale Organisationen einsetzt, die der Jugend vom Beruf her näher liegen. Nach einer Emniduntersuchung von 1955 sehen nämlich noch 90 % der Jugendlichen in ihrem Beruf ihre Lebensaufgabe. Eine innere Abwanderung der Herzen in neutrale berufsbezogene Organisationen, denen die äußere Abwanderung folgen wird, erst in späterer Zeit abfangen zu wollen, dürfte außerordentlich schwer sein.

Eine gesunde Jugendorganisation, soweit sie berufsbezogen aufgebaut ist, drängt von sich aus auf einen organisatorischen Zusammenschluß auch im Mannes- und Frauenalter. Schon von daher müssen berufsbezogene Organisationen für das Erwachsenenalter gefördert werden. Darüber hinaus sind sie dringend notwendig, um der apostolischen Aufgabe willen, die sie in der Umwelt, in der sie leben, zu erfüllen haben. Dieses Letztere unterstrich der Heilige Vater noch neuerdings in seiner Botschaft an die katholischen deutschen Arbeiter[6]. Im gleichen Schreiben bittet der Heilige Vater die Erwachsenenorganisationen, um einen Zuwachs aus der Jugend besorgt zu sein und ruft die Forderung seiner Vorgänger, Pius XI. und Pius X., erneut ins Gedächtnis, wonach Berufstätige, die Mitglieder neutraler Gewerkschaften oder analog neutraler Interessenverbände sind, gleichzeitig Mitglieder in katholischen Standesvereinen sein sollen. Darum sollte man nicht nur eine katholische Landjugendorganisation aufbauen und pflegen, sondern gleicherweise entsprechende katholische Erwachsenenorganisationen, entsprechend den Würzburger Beschlüssen von 1951[7], gründen und fördern.

V. Die Bedeutung solcher Überlegungen

Die Kirche ist nicht von dieser Welt. Es wäre deshalb falsch, die Baugesetze der Kirche einzig nach den Gesetzen dieser Welt festsetzen zu wollen. Das Erste und Wichtigste für alle Christen ist und bleibt die Sorge um die Verherrlichung Gottes, die Ehre Jesu Christi, die Ausbreitung seiner heiligen Kirche und die Sorge um die persönliche Heiligung.

Diese Ziele müssen aber in all den Räumen verwirklicht werden, von denen unter II,2 c die Rede war. Es wäre Torheit, anzunehmen, daß in diesen Bereichen einzelne überzeugte Christen gegen eine organisierte, vom Christentum kaum berührte Mehrheit aufkommen könnten. Hier sind Institutionen und Organisationen gefordert. Diese sind nicht nur wertvolle Stützen, sondern oftmals auch die besten Garanten persönlichen Einsatzes.

Nach dem Gesetz gratia supponit naturam ist es uns aufgegeben, die rechten Organisationen und Institutionen zu schaffen. In diesen Jahrzehnten des Umbruchs die Weichen falsch zu stellen, kann die verhängnisvollsten Auswirkungen für die Zukunft zeitigen.

[6] *Nicht ermittelt.*

[7] *Vgl. Anm. 4.*

34

Keller an Wendel

Münster, 1. Juli 1956

EA MÜNCHEN, Joseph Kardinal Wendel, 21/1956. *Schreibmaschinenausfertigung mit eigenhändiger Unterschrift. Briefkopf:* Der Bischof von Münster. *Anschrift:* S[eine]r Eminenz dem Hochwürdigsten Herrn Erzbischof Joseph Kardinal Wendel, München. *Eingangsstempel:* Erzbistum München. Erzb[ischof] 9. Juli 1956. 21 Nr. 802.

Eminenz, lieber, hochwürdigster Mitbruder!
Auf meine Veranlassung haben unsere Herren nochmals eine kurze Stellungnahme zur Frage: Landvolk, erarbeitet, die ich anfüge.[1]
Wie mir Herr Bundeskurat Wissing eben mitteilte, hat er in den letzten Tagen wiederum aus dem süddeutschen Raum Resolutionen erhalten, die das Landvolk so einseitig auf die Konzeption von Dr. Scharl festlegen, daß damit beinahe der Weg zu einem möglichen Kompromiß versperrt wird.
Ich wäre doch sehr dankbar, wenn unter allen Umständen verhindert würde, daß etwas definitiv festgelegt würde, bevor die Bischofskonferenz sich entschieden hat.
Mit herzlichem Gruß

Dein
+ Michael Keller.

35

Niederschrift über die Organisation der Fuldaer Bischofskonferenzen

Köln, 11. Juli 1956

EA KÖLN, CR II 2.19, 17. *Schreibmaschinenschrift. Überschrift:* Die bischöflichen Referate der Fuldaer Bischofskonferenzen und die Bischofskommissionen für die einzelnen Sachgebiete.

Die großen Sachgebiete der überdiözesanen kirchlichen Arbeit sind bisher für die Fuldaer Bischofskonferenzen von einzelnen Mitgliedern dieser Konferenzen als bischöfliche Referenten betreut worden. Der zuständige bischöfliche Referent vertrat gegenüber den auf den verschiedenen Sachgebieten überdiözesan arbeitenden kirchlichen Einrichtungen, insbesondere den kirchlichen Arbeitsstellen, Zentralen und Verbänden, die Autorität des Episkopats. Er berichtete den Fuldaer Bischofskonferenzen über die auf dem Sachgebiet geleistete Arbeit sowie über etwa auftretende Schwierigkeiten und besondere Anliegen. Der Erörterung der Fragen auf den Fuldaer Bischofskonferenzen entnahm der bischöfliche Referent die Leitlinien für sein eigenes Wirken.
Für einzelne Sachgebiete, z. B. für das der Publizistik, sind in der letzten Zeit bischöfliche Kommissionen gebildet worden. Es ergibt sich die Frage, ob die bischöf-

[1] *Vgl. Dok. 33.*

lichen Kommissionen die Institution der bischöflichen Referenten völlig ablösen und ersetzen sollen und können oder nicht.
Die Frage sollte verneint werden. Es kann keinesfalls als zweckmäßig angesehen werden, nach außen hin die Führung und Autorität der bischöflichen Referenten gegenüber den auf dem betreffenden Sachgebiet arbeitenden kirchlichen Einrichtungen durch ein mehrgliedriges Bischofskollegium zu ersetzen. Die Autorität der Bischöfe gegenüber diesen Einrichtungen und ihren Leitern kann durch nichts eindeutiger und wirksamer vertreten werden als durch den einen bischöflichen Referenten. Zu bedenken ist auch, daß die Leiter der betreffenden Einrichtungen sehr häufig eine schnelle, ja eine sofortige bischöfliche Entscheidung in wichtigen Fragen erbitten und erhalten müssen. Die Ersetzung des bischöflichen Referenten durch ein Bischofskollegium würde in solchen Fällen eine Erschwerung, ja eine Gefährdung der erforderlichen Schnelligkeit der Entscheidung bedeuten.
Die Institution der bischöflichen Referenten hat sich in der Bewältigung dieser Aufgaben voll bewährt. Die bischöflichen Referate sollten deshalb jedenfalls nach außen hin, also gegenüber den auf den verschiedenen Sachgebieten tätigen Einrichtungen und Kräften unbedingt erhalten bleiben.
Wenn die Fuldaer Bischofskonferenzen für einzelne Sachgebiete Kommissionen aus dem Kreise ihrer Mitglieder aufstellen, so sollte diese Maßnahme rein intern bleiben und die eindeutige Repräsentierung der Autorität des Gesamtepiskopats durch den bischöflichen Referenten nach außen hin nicht berühren. Für jedes der großen Sachgebiete der überdiözesanen kirchlichen Arbeit sollte auch in Zukunft ein bischöflicher Referent bestellt werden. Seine Autorität nach außen hin sollte nicht geschwächt werden, selbstverständlich im Rahmen der Grundsätze, die die Zusammenarbeit des Episkopats in den Fuldaer Bischofskonferenzen überhaupt beherrschen, d. h. unter voller Anerkennung der vollen Autorität jedes einzelnen Oberhirten für seine eigene Diözese. Für die kirchlichen Einrichtungen des betreffenden Sachgebiets und ihre Leiter aber sollte der bischöfliche Referent im Hinblick auf die Fuldaer Bischofskonferenzen die Autorität sein, an die sie sich zu wenden haben. Das Gleiche sollte bezüglich der überdiözesanen Vertretung gegenüber außerkirchlichen Stellen gelten.

36

Jaeger an Teusch

Paderborn, 18. Juli 1956

EA Köln, CR II 22.32a, 1. *Schreibmaschinenausfertigung mit eigenhändiger Unterschrift. Briefkopf:* Der Erzbischof von Paderborn. *Anschrift:* Seiner Gnaden Herrn Prälat Josef Teusch, Köln a[m] Rhein, Marzellenstraße 32. *Registraturstempel:* Erzb[ischöfliches] General-Vikariat Registratur 19. Juli 1956 Köln.

Sehr geehrter Hochwürdigster Herr Generalvikar!
Für Ihr freundliches Schreiben vom 15. Juli 1956[1] sage ich Ihnen aufrichtigen Dank. Ich freue mich, daß Sie so schnell meiner Bitte entsprochen haben und Herrn Pfarrer Hanssler den Vorschuß überwiesen haben, den er für die Durchführung der Arbeiten des Cusanus-Kreises braucht.
Recht dankbar bin ich Ihnen sodann, daß Sie sowohl die Nachbewilligung für 1956 wie auch die Bewilligung von vorerst 75.000 DM für das Jahr 1957 auf das Tagungsprogramm der Diözesanfinanzreferenten vom 2.8.1956 gesetzt haben.
Ich erhalte soeben Nachricht von Herrn Pfarrer Hanssler über seine Verhandlungen mit München, wo sehr starke Bestrebungen im Gange sind, für die Bayern eine eigene Studienförderung aufzuziehen. Er hat wenigstens erreicht, daß die beiden verantwortlichen Macher dieser eigenen bayerischen Studienförderung, Herr Oberregierungsrat Treppesch[2] vom Kultusministerium und Herr Prälat Professor Schmaus[3], unsicher geworden sind, weil sie die Durchführung ihres Vorhabens sich doch leichter vorgestellt hatten als es in Wirklichkeit ist. So besteht die Hoffnung, daß wir auf der Plenarkonferenz im Herbst den bayerischen Episkopat bewegen können, mit dem Cusanus-Werk der westdeutschen Diözesen sich zu vereinigen zu einer gesamtdeutschen katholischen Studienförderung.
Mit nochmaligem besten Dank für Ihre freundliche, schnelle Hilfe und mit herzlichen Grüßen bin ich

Ihr sehr ergebener
+ Lorenz Jaeger
Erzbischof von Paderborn.

1 *Nicht ermittelt.*

2 Franz Treppesch *(1905–1970), Dr. der Zeitungswissenschaft, 1935–1945 Tätigkeit in der Studentenfürsorge, 1942/43 zugleich in der Münchner Industrie- und Lackfarbenfabrik, 1944 Inhaftierung in Dachau wegen Unterstützung der Familie des Universitätsprofessors Kurt Huber (Weiße Rose), 1945 Leiter des Studentenwerks München, 1948 Oberregierungsrat beim bayerischen Staatsministerium für Unterricht und Kultus, 1957 Regierungsdirektor, 1965 Ministerialrat. Freundliche Auskunft des Bayerischen Hauptstaatsarchivs München nach der Personalakte BayHStA, MK 43121.*

3 Michael Schmaus *(1897–1993), 1922 Priester (ED München), Dogmatiker, Universitätsprofessor seit 1929 in Prag, 1933 in Münster, 1946–1965 in München.*

37

Adenauer[1] an Junk[2]

Bonn, 19. Juli 1956

EA Köln, Gen. II 23.61, 24. *Schreibmaschinenschrift. Briefkopf:* Bundesrepublik Deutschland. Der Bundeskanzler. *Anschrift:* An den Provinzial der niederdeutschen Ordensprovinz, Herrn Pater Junk S. J., Köln, Stolzestr. 1a, Canisiushaus. *Vermerk:* Abschrift.

Sehr geehrter Herr Pater Provinzial!
Dem Vernehmen nach wird erörtert, dem Gründer der »christlich-sozialen Kollegenschaft im DGB«[3], Pater Dr. Reichel[4], einen anderen Wirkungskreis zu übertragen. Ich weiß nicht, ob die an mich gelangten Mitteilungen zutreffen. Sollte es der Fall sein, würde ich die Bitte aussprechen, die Zweckmäßigkeit einer solchen Maßnahme noch einmal eingehend zu überprüfen. Ich beobachte seit langem mit außerordentlicher Anteilnahme die Tätigkeit von Pater Reichel. Ich glaube, daß er einer derjenigen Männer ist, die innerhalb der Arbeiterschaft mit am wirksamsten dazu beigetragen haben, christliches Gedankengut hoch zu halten und ihm unter schwierigsten Verhältnissen seinen Einfluß zu sichern. Pater Reichel hat sich im Kampf gegen die kommunistische Unterwanderung der Gewerkschaften besondere Verdienste erworben. Die von ihm gefundene Methode scheint nach den bisherigen Erfahrungen die wirksamste von allen bisher empfohlenen zu sein. Dabei ist zu berücksichtigen, daß Pater Reichel seinen Kampf mit verhältnismäßig sehr geringen finanziellen Mitteln führt. Ich würde es ganz außerordentlich bedauern, wenn seine Initiative und seine Tatkraft auf diesem Gebiet in Zukunft nicht mehr eingesetzt werden könnten. In meinem Urteil bin ich mir mit zahlreichen wirklichen Kennern der Verhältnisse in der Arbeiterbewegung einig. Falls Sie daher zu einer anderen Entschließung kommen könnten, wäre ich Ihnen dafür im Interesse der Sache dankbar.
Mit ausgezeichneter Hochachtung

gez. Adenauer.

[1] Konrad Adenauer *(1876–1967), Politiker (Zentrum, CDU), 1917–1933 Oberbürgermeister von Köln, 1921–1933 Präsident des Preußischen Staatsrats, 1945 kurzzeitig wieder Oberbürgermeister von Köln, 1946–1949 Vorsitzender der CDU in der britischen Besatzungszone, 1950–1966 in der Bundesrepublik Deutschland, 1948/49 Präsident des Parlamentarischen Rates, 1949–1963 Bundeskanzler.*

[2] P. Nikolaus Junk SJ *(1904–1988), 1922 Ordenseintritt, 1931 Priester, 1951–1958 Provinzial der niederdeutschen Provinz.*

[3] *Vgl.* G. Buchstab, *Christlich-soziale Kollegenschaft.*

[4] P. Herbert Reichel SJ *(1913–1983), 1934 Ordenseintritt, 1944 Priester, 1953–1960 Gründer und Leiter der Christlich-Sozialen Kollegenschaft im DGB.*

38

Bericht Eckerts[1]

Freiburg, 24. Juli 1956

EA München, Joseph Kardinal Wendel, 20/1956. *Schreibmaschinenvervielfältigung. Überschrift:* Vorlage des Deutschen Caritasverbandes an die Plenar-Konferenz der Hochwürdigsten Bischöfe in Fulda 1956.

Zu einigen sorgenvollen, die Zukunft der Kirchlichen Liebestätigkeit entscheidend bestimmenden Fragen darf ich namens des Deutschen Caritasverbandes die Plenar-Konferenz der Hochwürdigsten deutschen Bischöfe in Anspruch nehmen.

1. Als erste Sorge nenne ich die um den Nachwuchs der Berufskräfte der Kirchlichen Liebestätigkeit.

Es geht ja leider nicht mehr bloß um den Priester- und Ordensnachwuchs. Es geht um die Berufe für den Kirchlichen Liebesdienst überhaupt.

Im Vordergrund steht der Nachwuchs in der Krankenpflege. Auch die Öffentlichkeit hat begonnen, sich damit zu befassen, und sucht mit gesetzlichen Maßnahmen diese Frage zu lösen. Soweit sie der Sozialordnung unserer Kirche, speziell auch den Richtlinien der Plenarkonferenz der deutschen Bischöfe vom Jahre 1955 entsprechen, können wir die staatlichen Maßnahmen nur begrüßen.

Unsere Kirche hat aber noch Wesentlicheres zur Lösung der Frage beizutragen. Sie kann mit ihren Motiven und Idealen Berufe werben. Das geschieht nun seit Jahren seitens der Hochwürdigsten Bischöfe und des Klerus immer wieder. Wir möchten das dankbarst anerkennen. Auch von der Führung der katholischen Jugend wird das Anliegen seit einiger Zeit mitgetragen.

Wo es noch sehr fehlt und wo mit greifbarem Erfolg für den Nachwuchs geworben werden könnte und müßte, das sind unsere Katholischen Kranken- und Kinderkrankenpflegeschulen. Dem Deutschen Caritasverband sind nach unseren Erhebungen 180 Kranken- und Kinderkrankenpflegeschulen mit ca. 3.300 Schülerinnen angegliedert. Wenn diese alle, soweit sie im Beruf bleiben, sich den katholischen Schwesternorganisationen anschließen würden, hätten wir wohl genügend Nachwuchs; aber das ist leider in weitem Ausmaße nicht der Fall. Die meisten verlassen unsere Schulen, ohne sich einer katholischen Gemeinschaft anzuschließen. Ein hoher Prozentsatz bleibt wohl die ersten Jahre in einem katholischen Krankenhaus; aber dann schließen sie sich nichtkatholischen Schwesternschaften an und gehen so der kirchlichen Caritas für ihren Einsatz verloren.

Um hier Abhilfe zu schaffen, halten wir folgende Maßnahmen für notwendig:

a) Die Krankenpflegeschulen der katholischen Krankenhäuser müssen aus der reinen Fachschule weiterentwickelt werden zur Schwesternbildungsschule, wo neben

[1] Alois Eckert *(1887–1976), Dr. theol. h. c., 1912 Priester (ED Freiburg), 1916–1921 Geschäftsführer des Diözesan-Caritasverbands Freiburg, 1921–1946 Direktor, 1946–1952 Domkapitular, 1952–1959 Präsident des Deutschen Caritasverbands, 1937 Päpstlicher Geheimkämmerer, 1952 Hausprälat, 1959 Apostolischer Protonotar.*

der medizinisch-technischen Ausbildung die berufsethische Durchbildung und Persönlichkeitserziehung erstrebt wird.
Der Deutsche Caritasverband hat dazu bereits Richtlinien ausgearbeitet, die sowohl vom Verband der katholischen Kranken- und Pflegeanstalten als auch vom Ständigen Ausschuß der Generaloberinnen-Konferenzen genehmigt wurden.
b) Um die Durchführung dieser Richtlinien zu erleichtern und den kirchlichen Charakter unserer Krankenpflegeschulen zu betonen, möchte ich die Hohe Bischofskonferenz bitten, entschließen zu wollen, daß in jeder Diözese eine vom Bischof bestellte, geeignete Persönlichkeit (Caritasdirektor o. a.) beauftragt wird:
1. Die Durchführung des berufsethischen Unterrichts an den einzelnen Schulen zu fördern;
2. In jedem Kurs insbesondere die Frage der Schwesternorganisation zu besprechen und für den Anschluß an die katholischen freien Schwesternschaften zu werben.
c) Jede Diözese sollte innerhalb der Caritasorganisation eine Diözesanstelle für katholische Laienschwestern haben.
d) Die an anderer Stelle überreichten Vorschläge zum Arbeitsschutz des Krankenpflegepersonals müssen auch Anwendung auf die Krankenpflegeschülerinnen finden.
e) Die Schaffung von eigenen Schwestern- und Schülerinnenwohnheimen durch Bezuschussung aus Mitteln des Bundesjugendplanes und aus allgemeinen Bundesmitteln wird vom Deutschen Caritasverband energisch verfolgt.
2. Nicht weniger bedeutungsvoll ist der Nachwuchs der Erzieherinnen für Kindergärten, Horte und Heime.
Noch haben wir 5.000 katholische Kindergärten. Mit fast jeder neuen Seelsorgestelle entsteht ein neuer Kindergarten. Das ist beim mangelhaften religiösen Stand der jungen Familien eine bedeutungsvolle seelsorgliche Einrichtung. Die Plenar-Konferenz der deutschen Bischöfe hat in Würdigung dieser religiösen Erziehungsarbeit in den Kindergärten durch Beschluß vom Jahre 1953 den Kindergärtnerinnen für die religiöse Erziehung des Kleinkindes die Erteilung der Missio ermöglicht. Die Diözesen sollten u[nseres] E[rachtens] davon in weitem Umfang Gebrauch machen, damit die Kirche ihre Zuständigkeit auf die Arbeit des Kindergartens geltend machen kann, wenn einmal der Staat seinen Einfluß in größerem Ausmaß auf das Kindergartenwesen auszudehnen versuchen sollte. Auch die Möglichkeit, katholische Kindergärtnerinnen-Seminare zu schaffen, sollte noch rechtzeitig überall genutzt werden, besonders dort, wo noch keine in den Diözesen vorhanden sind. Heute steht das ganze Feld katholischer Erziehung im Kindergarten, Hort, Heim und Erziehungsberatung dank der Zugehörigkeit zur Wohlfahrtspflege noch in der Freiheit. Wenn Staat und Gemeinden sich einmal stärker damit befassen, dürfte es in manchen Ländern schwer werden, noch konfessionelle Ausbildungsstätten ins Leben zu rufen.
3. Eine andere, dringende Schulungsaufgabe, auf die ich schon in früheren Jahren hingewiesen habe, ist die Orientierung aller im öffentlichen Leben der Gemeinden und des Staates stehender Männer und Frauen über die grundsätzlichen Fragen der Caritas und Wohlfahrtspflege.

Dieses Gebiet ist heute das größte des kulturellen Lebens. Es umfaßt weitaus mehr Menschen als das der Schule und greift besonders tief in das Leben des Individuums und der Familie ein. Dabei geht es hier um ein Wesens- und Urgebiet christlichen Lebens und Wirkens. Leider konnte gerade auf dieses Gebiet sich vielfach der Sozialismus, gleichsam wie auf ein Vorbehaltsgebiet, stürzen und selbst in katholischen Gegenden Schlüsselstellungen besetzen. Katholische Vertreter in den Parlamenten und Ämtern, vielfach nicht genügend orientiert über die grundsätzlichen Fragen, leisten solchen sozialistischen Kommunalisierungstendenzen oft sogar noch ihre Hilfe. Hier ist eine Aufklärung und Schulung auf allen Ebenen dringend geworden. Ich möchte daher die Hochwürdigsten Bischöfe bitten, in den Diözesanbildungsheimen Kurse über kirchliche Liebestätigkeit und staatliche Wohlfahrtspflege halten zu lassen. Die Facharbeiter des Deutschen Caritasverbandes wie auch die der caritativen Fachverbände werden gerne zur Verfügung stehen.

4. Im vierten Punkt unserer Vorlage erlaube ich mir, die Hochwürdigsten Bischöfe auf zwei neue Ereignisse im kirchlichen Leben aufmerksam zu machen, die für die Kirchliche Liebestätigkeit heute und in Zukunft von allergrößter Bedeutung sein konnten und sollten.

Das erste ist die Einführung des neuen Katechismus.

Dieses ausgezeichnete Lehrbuch der katholischen Religion für die nächsten Generationen enthält in allen seinen Teilen unzählige Möglichkeiten, die christliche Liebestätigkeit dem Kinde nahe zu bringen. Wesentlich ist nur, daß alle Katecheten, Priester und Laien von Anfang an gut eingeführt werden. Das müßte von den Praktikern der Caritasarbeit in Gemeinschaft mit erfahrenen Katecheten auf diözesaner Ebene geschehen.

Das andere kirchliche Ereignis, das für eine neue Erweckung der christlichen Liebe von nachhaltiger Bedeutung sein müßte, ist die

Neuordnung der Feier der Heiligen Woche, speziell die des Gründonnerstages.

Der gleichzeitige Vollzug der Fußwaschung als Beispiel dienender Liebe mit der Eucharistiefeier hat Eucharistie und Caritas erneut so zusammengefügt, daß die mitfeiernde Gemeinde in allen Gliedern zum Nachvollzug der dienenden Liebe im Alltag sich angesprochen und verpflichtet fühlen müßte. Die Gefahr könnte sein, daß gerade das Wesentliche und heute Wichtigste, die »dienende Liebe«, unbeachtet bleiben könnte. Dann würde aber ein so zeitgemäßer Ansatzpunkt zur persönlichen christlichen Liebe ungenutzt bleiben, den Gottes Vorsehung offenbar gerade in unserer Zeit geben will.

So möchte ich mir erlauben, die Oberhirten der Diözesen zu bitten, diesen echten Ansatzpunkt zur Erweckung dienender Liebe den Seelsorgern nahe zu bringen.

Deutscher Caritasverband e. V.

Der Präsident:
(gez.) Dr. A[lois] Eckert[2].

[2] *Die anschließende Darlegung* Betr.: Arbeitsschutz für das Krankenpflegepersonal *von* P. BERNHARD RÜTHER OSCAM *wurde nicht aufgenommen.*

39

Denkschrift Jaegers

Paderborn, 25. Juli 1956

EA München, Joseph Kardinal Wendel, 20/1956. *Schreibmaschinenschrift. Überschrift:* Benutzung evangelischer Kirchen für katholischen Gottesdienst und Versuche zur Behebung dessen. *Vermerk:* Betr. Plenarkonferenz 1956. Bericht zu Nr. 4,5.

I

Das Konveniat der westdeutschen Bischöfe und die Konferenz der bayerischen Bischöfe haben im November des vorigen Jahres endgültig und zustimmend beschlossen, für den Kirchbau in der Diaspora einen überdiözesanen Zuschuß von insgesamt 2,5 Millionen DM innerhalb der Jahre 1956 und 1957 zur Verfügung zu stellen.

In dem Referat über »die Benutzung protestantischer Kirchenräume für katholischen Gottesdienst« habe ich damals hingewiesen auf die durch die Benutzung protestantischer Kirchenräume bedingte Beschränkung bzw. Verkümmerung des katholischen kultischen Lebens, vor allem aber auf jene Gefahren, die sich aus dieser nunmehr schon über zehn Jahre dauernden Verschränkung [*sic*] des kirchlichen Lebens für die Kirche in der Diaspora zwangsläufig ergeben.

Meine Befürchtungen vom Vorjahre, die ich aufgrund einer summarischen Übersicht hegen mußte, sind inzwischen durch eine Nachprüfung in einem begrenzten Gebiet leider vollauf zur Gewißheit geworden. In dankenswerter Weise hat nämlich das Bischöfliche Generalvikariat Fulda eine sorgfältige Überprüfung der seelsorglichen Verhältnisse in seiner hessischen Diaspora veranlaßt. Dabei hat sich mancherlei herausgestellt.

In vielen Fällen hatten die zuständigen Seelsorger, und zwar namentlich jene, die aus einem geschlossen katholischen Lande stammen und vor wenig mehr als einem Jahrzehnt niemals daran gedacht haben, daß sie selber einmal in der Diaspora-Seelsorge tätig sein würden, eine äußerst lückenhafte Übersicht über die Entwicklung des religiösen Lebens im Bereich ihrer Außenstationen, wo katholischer Gottesdienst in protestantischen Kirchen gehalten wird.

In einer Reihe von Fällen ist auch bei einer verhältnismäßig großen Anzahl von Katholiken im Bereich solcher Außenstationen bisher noch keine einzige von den vielen seit Kriegsende zustande gekommenen Mischehen vor dem katholischen Priester geschlossen und kein einziges Kind aus solchen Mischehen katholisch getauft worden; alle gingen verloren.

Bemerkenswerterweise zeigen sich diese Auswirkungen am schlimmsten dort, wo der katholische Seelsorger das außerordentlich gute Verhältnis zu den »evangelischen Amtsbrüdern« besonders betont und lobend hervorhebt. Andererseits ändert sich das Bild zugunsten der Katholiken, wenn der protestantische Pfarrer den Katholiken unfreundlich gesinnt ist und die Benutzung der protestantischen Kirche erheblich erschwert oder überhaupt nicht mehr gestattet.

Als Ergänzung können einige Mitteilungen aus anderen Diözesen dienen. In der Diaspora der Diözese Limburg ist festgestellt worden, daß durchschnittlich nur 10 % der Ehepaare mit nur einem katholischen Partner katholisch getraut worden sind. Eine nichtkirchliche Statistik über die Eheschließungen in zwei Landkreisen des Regierungsbezirkes Aurich in Ostfriesland über etwa 500 erfaßte Mischehen errechnet, daß nur 7 % kirchlich-katholisch geschlossen worden sind; beim Rest assistierte der protestantische Religionsdiener.
Diese Einzelheiten illustrieren meine vorjährige Feststellung, daß infolge der Mitbenutzung von protestantischen Kirchen für katholischen Gottesdienst der Interkonfessionalismus stetig weitere und immer gefährlichere Fortschritte macht.

II

In der Deutschen Bundesrepublik wurden am Stichtage (1.12.1955) noch 2.495 protestantische Kirchenräume zum katholischen Gottesdienst benutzt. In der Sowjetischen Zone wurden im gleichen Zeitpunkt noch etwa 2.700 evangelische Kirchen für katholischen Gottesdienst in Anspruch genommen. Die Gesamtzahl der von uns benutzten protestantischen Kirchen ist demnach beträchtlich höher, als ich im Vorjahre angegeben habe. Sie beträgt rund 5.200.
In der DDR (Sowjetische Zone) läßt sich der katholische Kirchbau nicht nach Belieben ausweiten. Immerhin können auch dort trotz aller Einschränkungen und Verbote nach den Erfahrungen der letzten Jahre durch die da und dort erstaunlicherweise doch noch möglichen kirchlichen Neubauten jährlich etwa 20 protestantische Kirchen aufgegeben werden. Dagegen ließe sich bei allseitig gutem Willen und unter dem Einsatz entsprechender Mittel der offenkundige Übelstand in der Deutschen Bundesrepublik beseitigen, wenn gewiß auch nicht von heute auf morgen, so doch im Laufe von einigen Jahren. Hierzu empfehlen sich als bewährte Mittel:
1. die Erstellung von kircheneigenen katholischen Gottesdiensträumen durch Neubau, Umbau, Anbau, Einbau oder durch langfristige Anmietung. Besonders zweckdienlich erscheint der Bau von »Mittelpunktskirchen« an Orten, die für die Katholiken mehrerer umliegenden Ortschaften zentral gelegen und bequem zu erreichen sind;
2. die Einrichtung von Kirchfahrten mittels Omnibussen, die sich in verschiedenen Gegenden, so in Ostfriesland, Oldenburg und Schleswig-Holstein, bereits seit ein paar Jahren bewährt und die Katholiken des Außenbezirkes seelisch an ihre Pfarrkirche gebunden haben;
3. die Ansiedlung bzw. Umsiedlung von Gläubigen, die weit entfernt und so vereinzelt wohnen, daß sich bei ihrer geringen Zahl der Bau einer Kirche oder die Einrichtung von Busfahrten nicht verlohnt. Diese Umsiedlung ist in der Diaspora Nord-Oldenburg an vier Stellen bereits erprobt worden und hat zur Bildung kleiner katholischer Enklaven geführt. Sie wird jetzt auch im Katholikentagsdorf Waldkappel, Bezirk Kassel, betrieben.

III

Die bereits erwähnte neuerliche Überprüfung der seelsorglichen Verhältnisse in der hessischen Diaspora der Diözese Fulda hat ergeben, daß im Laufe der Jahre 1956–1959 aufgegeben werden können

durch Kirchbauten bzw. Anmietungen	153
durch Einrichtung von Busfahrten	122
durch Ansiedlung bzw. Umsiedlung	15
insgesamt also	290,

das sind 66 % von den derzeitig 439 dort benutzten evangelischen Kirchen.
(Im Rahmen dieser Planung hat das Bischöfl[iche] Generalvikariat Fulda die Circumscription der Diasporaseelsorgsbezirke überprüft. Das Ergebnis ist, daß 19 Seelsorgestellen aufgehoben und 6 neue eingerichtet werden sollen. Von der Neuumschreibung werden etwa 40 Seelsorgsbezirke betroffen.)
Dementsprechend muß sich auch für die gesamte Diaspora der Deutschen Bundesrepublik ein Vierjahresprogramm aufstellen lassen.
Aufgrund der Fuldaer Erkundungen läßt sich unter Auswertung der auch für die übrigen deutschen Diasporagebiete vorliegenden detaillierten Angaben und der bisher gewonnenen Erfahrungen überschlagen, daß sich in Anwendung der gleichen Richtlinien bis Ende 1959 von den benutzten protestantischen Kirchen aufgeben lassen

durch Kirchbauten bzw. langfristige Anmietungen	1.020	
durch Einrichtung von Busfahrten	680	
durch Ansiedlung bzw. Umsiedlung	100	
insgesamt also	1.800	Kirchen,

davon ca. 1.720 in der DBR und ca. 80 in der DDR.
Der Auszug aus etwa 1.720 protestantischen Kirchen in der Deutschen Bundesrepublik innerhalb von vier Jahren würde den Abbau in mehr als zwei Dritteln der 2.500 Fälle bedeuten, deren Bereinigung im Bereiche menschlicher Möglichkeiten liegt.
Nach der Durchführung dieses Programms bis Ende 1959 würden in der Deutschen Bundesrepublik weiterhin noch etwa 800 protestantische Kirchen in Anspruch genommen werden. Diesen Zustand restlos beseitigen zu helfen, würde nach der geplanten Entlastung alleinige Aufgabe des Bonifatiusvereins bleiben.

IV

Naturgemäß erfordert die Durchführung eines so großzügigen Programms auch beträchtliche Mittel.
Für die Einrichtung der Busfahrten werden schätzungsweise 700.000 DM jährlich zusätzlich benötigt werden. Sie sollen aufgebracht werden

1. durch das Fahrgeld der Busbenutzer,
2. durch ein Ausgleichsopfer der übrigen Gemeindemitglieder,
3. durch Beihilfen der Diözesanbonifatiusvereine,

4. durch Zuschüsse der Diaspora-Miva.

Die An- bzw. Umsiedlung der vereinzelt weitab wohnenden Katholiken in Kirchnähe müßte von den entsprechenden katholischen Siedlungsgemeinschaften und Siedlungswerken gefördert werden, wie es in Oldenburg von der Siedlungsgemeinschaft St. Peter und vom Graf Galen-Siedlungswerk schon geschieht.

Eine größere Schwierigkeit bereitet lediglich die Finanzierung der unbedingt notwendigen Kirchbauten. Nach den Fuldaer Erhebungen läßt sich genau berechnen, daß die von den deutschen Bischöfen bereits beschlossene Sonderhilfe für die Jahre 1956 und 1957 im Gesamtbetrage von 2,5 Mill. DM zur Durchführung des hier vorgelegten Vierjahresprogramms nicht ausreichen wird.

Immerhin läßt sich mit Hilfe der zugesagten Mittel diese Vierjahresplanung bereits etwa zur Hälfte durchführen. Soll eine Gesamtplanung erfolgen und das angesteuerte Ziel nicht vorzeitig aufgegeben, sondern wirklich erreicht werden, so muß schon heute darum gebeten werden, daß die gleiche Sonderhilfe aus überdiözesanen Mitteln auch für die Jahre 1958 und 1959 bereitgestellt wird.

Sicherlich wird man einwenden, daß auch diese Mittel für die Durchführung eines so umfangreichen Programms, nämlich die Aufgabe von 1.800 protestantischer Kirchenräume in vier Jahren, nicht hinreichen können. – Dieser Einwand würde gelten, wenn lediglich diese bischöflichen Sondermittel für Kirchbauzwecke zur Verfügung ständen. Nach den Erfahrungen

bei der Verwendung der durch den Heiligen Vater vermittelten amerikanischen Spenden zum Bau der 250 »Seelsorgestationen Pius XII.«,

bei der Verteilung der Jubiläumsspende der deutschen Bischöfe für den Bonifatiusverein im Jahre 1954,

beim Einsatz der Patenschaftsgaben der katholischen Verbände

machen diese zusätzlichen Sondermittel jeweils höchstens 20 % der gesamten Bausumme aus.

Der Bonifatiusverein (Generalvorstand und Diözesanvorstände) rechnet damit, daß er seinerseits zur Durchführung dieses Bauprogramms das Doppelte der bischöflichen Sondermittel, d. h. etwa 10 Mill. DM, beisteuern wird.

Ferner wird herkömmlich eine jede Diaspora-Kirchbaugemeinde stärkstens zur Eigenhilfe und zur Eigenleistung herangezogen, wie auch die Bischöflichen Ordinariate zu Kirchbauten in ihrem eigenen Sprengel stets nach besten Kräften beitragen.

Schließlich darf in einem gewissen Umfange auch damit gerechnet werden, daß noch weitere Mittel aus besonderen Hilfsquellen fließen werden (Patenschaftsgaben, Darlehen, Materialspenden, Hilfe privater Wohltäter usw.).

In gleicher Weise wie bei den vorgenannten Aktionen sollen auch die Mittel der gegenwärtigen Bischöflichen Sonderhilfe nicht etwa dazu verwandt werden, um Diasporagemeinden die tragbaren Lasten abzunehmen, sondern um in möglichst rationeller Weise die Selbsthilfe leistungsschwacher Gemeinden anzuregen und anzukurbeln. Immer muß gelten, daß die Schwachheit, nicht die Faulheit, unterstützt wird.

Freilich wird dem Bonifatiusverein das Festhalten an seinem Grundsatz, daß die ihm, vielfach aus den ärmsten Volksschichten, zufließenden Gaben gewissenhaft im Sinne

der Spender, d. i. in sparsamer Bauweise, der Abstellung dringender Nöte dienen sollen, des öfteren erschwert durch die um sich greifende Sucht, aufwendige, sogenannte repräsentative Kirchenbauten zu erstellen. Das Beispiel der kostspieligen Bauweise des katholischen Landes wirkt ansteckend. Es wäre sehr erwünscht, wenn durch einen Beschluß der Bischofskonferenz dem Bonifatiusverein das Festhalten an seinen bewährten Methoden erleichtert würde.
Zusammenfassend schlage ich der Plenarkonferenz folgende Entschließungen (siehe Anlage) vor.

gez.: + Lorenz
Erzbischof von Paderborn.

Anlage
1. Der von den deutschen Bischöfen im Vorjahre gemeinsam gefaßte Beschluß, innerhalb der Jahre 1956 und 1957 aus überdiözesanen Mitteln insgesamt 2,5 Mill[ionen] DM für den Kirchbau in der Diaspora bereitzustellen, wird dahingehend erweitert, daß überdiözesane Mittel in der gleichen Höhe und für den nämlichen Zweck auch in den Jahren 1958 und 1959 zur Verfügung gestellt werden.
2. Wie der Bonifatiusverein durch die Beschlüsse seiner Generalversammlungen und nach der Weisung des Episkopates gehalten ist, seine Mittel nur für schlichte Diasporakirchbauten einzusetzen und die Unterstützung aufwendiger Bauten abzulehnen, so soll auch mit den Mitteln aus der Bischöflichen Sonderhilfe verfahren werden. Besonderer Wert ist zu legen auf die Selbsthilfe und auf die Eigenleistungen der bedachten Diasporagemeinden.
3. Die Umsiedlung von vereinzelt und weitab in der Diaspora wohnenden Katholiken in die Nähe eines Gotteshauses soll besonders gefördert werden. Die katholischen Siedlungsgemeinschaften und Siedlungswerke werden gebeten, in Fühlungnahme mit ihrem Bischöflichen Ordinariat, dem Bonifatiusverein und den in Frage kommenden Diasporaseelsorgern auf dieses Anliegen ihr besonderes Augenmerk zu richten und ihm ihre Hilfe angedeihen zu lassen[1].

40

Bericht Paulus'

Bad Godesberg, Juli 1956

EA Köln, CR II 22.37b, 3. *Schreibmaschinenausfertigung. Briefkopf:* Zentralkomitee der Deutschen Katholiken – Sozialreferat. *Überschrift:* Bericht über die Arbeit des Referats im Zentralkomitee der Deutschen Katholiken – Gedanken zum Sozialreferat. *Vermerk:* Ex actis Emin[entissimi].

Das Zentralkomitee der Deutschen Katholiken ist errichtet als Arbeitsgemeinschaft der im Laienapostolat der katholischen Kirche in Deutschland tätigen Kräfte. Entsprechend müssen wohl auch die einzelnen Referate, die im Zentralkomitee errichtet

1 *Die beiden voranstehenden Abschnitte gingen unverändert in das Konferenzprotokoll (Dok. 63) ein.*

sind, sich verstehen. So das Sozialreferat als die Arbeitsgemeinschaft der im sozialen Bereich tätigen katholischen Kräfte. Der Leiter des Sozialreferats muß demnach wohl auch im wesentlichen der Sachwalter einer vernünftig geplanten Arbeitsteilung und Arbeitsgemeinschaft zwischen den verschiedenen auf diesem Gebiet tätigen Kräften sein. Dies zumal das Referat nur mit einer Person besetzt ist, die nicht den ganzen Bereich des »Sozialen« in gleicher Weise bearbeiten kann.
Erste Aufgabe nach Errichtung des Sozialreferats mußte darum eine Bestandsaufnahme der vorhandenen Kräfte und der bereits in Angriff genommenen Arbeiten sein. Zur Sichtung der Arbeit wurden unterschieden die Ebenen der Sozialwissenschaft, der Sozialen Bildung und der Sozialen Aktion.
Die Aufgabe der Bestandsaufnahme dürfte im wesentlichen abgeschlossen sein, so daß beim Sozialreferat heute eine ziemlich vollständige Übersicht über die katholische Arbeit auf sozialem Gebiet in der Bundesrepublik besteht und auf Anfrage auch entsprechende Auskünfte und Vermittlungen gegeben werden können. Der Leiter des Sozialreferats hat in den vergangenen eineinhalb Jahren mit allen Kräften der katholischen Sozialarbeit Verbindung aufgenommen und sich bemüht, die Art der Arbeit an den verschiedenen Stellen persönlich kennenzulernen.

I. Sozialwissenschaft.
Auf dem Gebiet der Sozialwissenschaft bestehen etwa acht sozialwissenschaftliche Kreise mit verschiedenen Aufgabenstellungen und fünf sozialwissenschaftliche Institute, teils freie Institute, teils Universitätsinstitute. Die Arbeitskreise und Institute sind wohl nicht unmittelbar als Glieder des Zentralkomitees zu betrachten. Jedoch konnte zu den meisten der Kreise und Institute vertrauensvoller Kontakt aufgenommen werden. Das Sozialreferat hat sich bemüht, die Arbeitskreise und Institute, wo es angängig schien, zu unterstützen und in ihrer Arbeit zu fördern, zum Teil ihnen auch neue Kräfte zuzuführen, so der Wirtschafts- und Sozialwissenschaftlichen Sektion der Görres-Gesellschaft, indem das Sozialreferat eine Arbeitstagung mit der Jahresversammlung der Görres-Gesellschaft verbunden hat und auf diese Weise eine große Anzahl jüngerer Wissenschaftler mit der Görres-Gesellschaft in Verbindung gebracht hat. Ähnlich hat das Sozialreferat versucht, der Münchener Katholisch-Sozialen Woche Kräfte aus dem gesamten Bundesgebiet zuzuführen, indem es eine Arbeitstagung über Soziale Bildungsarbeit mit der Münchener Kath[olisch]-Sozialen Woche zusammengelegt hat. Ob eine weitere Integrierung der Kräfte auf diesem Wege möglich ist, muß die Zukunft lehren.
Die Grundfrage für das Sozialreferat hinsichtlich der katholischen Sozialwissenschaft muß lauten: Kann das Sozialreferat zur Verstärkung der katholisch-sozialwissenschaftlichen Arbeit in Deutschland einen Beitrag leisten oder eine Förderung bringen? Die katholisch- sozialwissenschaftliche Arbeit in Deutschland leidet offensichtlich darunter, daß 1) viel zu wenig Kräfte vorhanden sind, 2) die vorhandenen Kräfte durch zu große Inanspruchnahme von seiten öffentlicher Stellen, Verbänden usw. zur Beratung und Vortragstätigkeit kaum noch zu zusammenhängender wissenschaftlicher Arbeit kommen, 3) die jungen katholischen Wissenschaftler bald nach

Beendigung ihres Studiums in praktische Tätigkeit abwandern, um eine Existenz zu finden oder auch 4), soweit sie an eine wissenschaftliche Laufbahn denken, ihre Forschungsarbeit und Denkrichtung der an den Universitäten herrschenden Richtung anpassen, um überhaupt Aussicht zu haben, einmal zu einem Lehrstuhl zu kommen. Hier liegt offensichtlich eine große Aufgabe und schwere Verantwortung, der das Sozialreferat nicht gerecht werden kann, sondern die den gesamten deutschen Katholizismus angeht.
Seit längerer Zeit wird der Gedanke einer katholisch-sozialwissenschaftlichen Vierteljahrsschrift auf oberster wissenschaftlicher Ebene erörtert. Dieselbe müßte der Mittelpunkt und die gemeinsame Aufgabe aller auf sozialwissenschaftlichem Gebiet tätigen Katholiken werden. Dadurch würde sicher auch der Integrierung und der Gewinnung einer »katholisch-sozialwissenschaftlichen Einheitslinie« gedient werden können.

II. Soziale Bildungsarbeit.
Die Bestandsaufnahme über Soziale Bildungsarbeit in Deutschland in den letzten Jahren hat ergeben, daß die Soziale Bildungsarbeit heute überaus reich und vielfältig, wenn auch nicht in allen Teilen und Gebieten gleich ist. Fast überall ist dieselbe örtlicher und persönlicher Initiative zu verdanken, und nichts ist falscher auf diesem Gebiete als das Schlagwort von der Uniformierung.
Es können unterschieden werden:
1) systematische Bildungsarbeit in Form von Sozialen Seminaren;
2) freie Kurs- und Vortragstätigkeit;
3) verbandsgebundene soziale Bildungsarbeit, teils in systematischem Aufbau, teils in lockeren Kursen und Veranstaltungen;
4) die Arbeit diözesaner Sozialer Bildungsinstitute;
5) soziale Priesterbildungsarbeit.
Zu 1) Die Form der Sozialen Seminare hat sich über sehr viele Diözesen ausgebreitet. Eine gewisse Einheitsform hat sich zu einem guten Teil durchgesetzt, während anderwärts noch sehr verschiedenartige Inhalte mit dem Begriff Soziales Seminar verbunden werden.
Als Zweck der Sozialen Seminare kann allgemein festgestellt werden:
a) Führungskräfte für unsere Vereine und Verbände zu gewinnen;
b) Kräfte zur Besetzung von Betriebsräten, Selbstverwaltungskörperschaften usw. heranzubilden;
c) Bildungsgrundlagen für weiterführende Kurse zu schaffen.
Die Sozialen Seminare stehen zum größten Teil unter einheitlicher diözesaner Leitung und werden örtlich getragen teils von einer Arbeitsgemeinschaft der katholischen Verbände, teils von den Dekanatskapiteln, teils von den Männerwerken. Der Leiter des Sozialreferats konnte im letzten Jahre vielfach bei der Errichtung von Sozialen Seminaren, teils auf der Ebene der Diözese, teils auf örtlicher Ebene, helfen und beraten.

Zu 2) Die meisten Diözesen haben eine ausgedehnte Wochenend- und sonstige Kurstätigkeit aufgebaut, teils mit allgemein sozialbildnerischem Ziel, teils aber auch speziell für einzelne Kategorien, wie Verwaltungsbeamte; Kommunalpolitiker, Juristen, Polizei, Ärzte, Lehrer usw.
Der Leiter des Sozialreferats hat ebenfalls bei dem Aufbau solcher Kurstätigkeit wie auch in einzelnen Kursen mithelfen können. Im allgemeinen mußte er sich darauf beschränken, beratend bei der Einrichtung dieser Arbeit zu helfen.
Zu 3) Ebenso hat der Leiter des Sozialreferats auf Wunsch an der Bildungsarbeit der Verbände teilgenommen, insbesondere um über die gesellschaftspolitische Stellung der einzelnen Verbände im Rahmen des gesamten Sozialkatholizismus sprechen zu können.
Zu 5) Besonderes Augenmerk hat der Leiter des Sozialreferats auf die Bildung und Weiterbildung der Priester zur sozialen Arbeit gerichtet. An vielen Kursen, so in Münster, Köln, Osnabrück, Limburg, Trier hat er selbst aktiv teilgenommen; bei anderen hat er beratend und vermittelnd geholfen. Vom Sozialreferat selber wurden bisher zwei Priesterkurse durchgeführt in Maria Rosenberg (Pfalz), an denen jeweils etwa 40 Priester aus den Diözesen Trier, Limburg, Speyer, Freiburg teilnahmen, und außer dem Leiter des Sozialreferats führende katholische Sozialwissenschaftler und Praktiker mitwirkten. Neben den Bemühungen zur Weiterbildung der Priester auf sozialem Gebiet im Bereich der Diözese hat sicher diese Arbeit, zu der Geistliche aus mehreren Diözesen zusammenkommen, ihren eigenen Wert. Es sind dadurch besondere Austausch- und Erfahrungsmöglichkeiten gegeben. Die Mithilfe des Sozialreferats bei der sozialen Weiterbildung der Priester müßte besonders der Bildung von einheitlichen Anschauungen und Auffassungen auf sozialem Gebiet im katholischen Klerus dienen.
Für alle in der katholisch-sozialen Bildungsarbeit tätigen Kräfte wurde die Arbeitsgemeinschaft kath[olisch]-sozialer Bildungswerke geschaffen, deren Vorsitzender der Leiter des Sozialreferats, deren Geschäftsführer Domvikar Stein[1] aus Limburg ist. Mit Hilfe der Arbeitsgemeinschaft wurde versucht, die soziale Bildungsarbeit zu fördern, auszuweiten und zu vertiefen. Zu diesem Zweck wurden auch im vergangenen Jahr eine Reihe von Arbeitstagungen abgehalten. Ziel muß hierbei sein: Neben den hauptamtlichen eine breite Schicht von ehrenamtlichen Lehrkräften für die soziale Bildungsarbeit heranzuziehen, sie dazu zu befähigen und vor allen Dingen mit der Gesinnung katholisch-sozialen Bildungsbemühens zu erfüllen.
Verschiedene Bemühungen und Überlegungen des Sozialreferats galten auch dem katholisch-sozialen Bildungsschrifttum, Lehrbogen, Arbeitsbehelfen usw. Es bestehen zur Zeit verschiedene Unternehmungen von Lehrbogenreihen, Einzelschriften usw. Dieselben haben zum großen Teil denselben Inhalt und sprechen wohl auch meistens gleiche Bevölkerungsgruppen an. Durch ihre Vielzahl überbeanspruchen

[1] ALEXANDER STEIN *(1911–1980), 1937 Priester (D Limburg), 1950 Domvikar und Referent für Sozialarbeit im Bischöflichen Ordinariat in Limburg, 1952 Diözesanmännerseelsorger, 1957 Monsignore, Gründer der Frankfurter Sozialschule, 1959 Ordinariatsrat, 1965 Päpstlicher Hausprälat, bis 1972 Geschäftsführer der Arbeitsgemeinschaft katholisch-sozialer Bildungswerke.*

sie die vorhandenen personellen und materiellen Kräfte. Auf welche Weise hier eine Vereinheitlichung und damit größere Wirkung mit dem gleichen Aufwand erreicht werden könnte, ist noch nicht ersichtlich.

Die Schriftenreihe des Sozialreferats selber hat bisher elf Nummern erreicht, die zum Teil mit einer Auflage von 5.000 abgesetzt werden konnten. Das Bemühen geht dahin, der Schriftenreihe noch stärker pädagogisch-didaktischen Charakter zu geben.

Weitere Überlegungen galten der Verbreitung der katholischen Soziallehre und Gesellschaftsauffassung durch die Presse, ohne daß auch hier bereits greifbare Erfolge hätten sichtbar werden können. Besondere Beachtung gilt hier der katholischen Kirchenpresse. Bei ihrem heutigen Stand bedeutet sie die größte publizistische Kraft, die der deutsche Katholizismus zur Zeit besitzt. Aus diesem Grunde muß sicher auch die Kirchenpresse der katholisch-sozialen Arbeit als einer wichtigen Entfaltung kirchlichen Lebens ihre besondere Aufmerksamkeit schenken. Die Überlegungen, wie die katholisch-soziale Arbeit in der katholischen Kirchenpresse stärker zur Geltung gebracht werden kann, werden weitergeführt.

Den Beobachtern der christlich-politischen Presse zeigt sich, daß die ausgesprochen katholisch-soziale Bewegung gegenüber interkonfessioneller und neutraler Arbeit weniger Beachtung findet. Hier wäre die Aufgabe eines katholischen Presseamtes, zusammen mit dem Sozialreferat die katholisch-soziale Arbeit in der christlich-politischen Presse stärker zur Geltung zu bringen. In ähnlicher Weise gilt dies natürlich besonders für die allgemein nichtchristlich bestimmte Presse.

III. Soziale Aktion.

Im Bereich der Sozialen Aktion müssen besonders die katholischen Verbände gesehen werden. Hierher gehören:

1) die berufsständisch ausgerichteten Verbände, wie KAB und Werkvolk, Kolpingfamilie, KKV, BKU, kath[olische] Lehrer- u[nd] Lehrerinnenverbände usw.;

2) die mehr naturständisch aufgebauten Verbände, wie Bund der Deutschen katholischen Jugend, Zentralverband Katholischer Frauen- u[nd] Müttervereine und Katholischer Frauenbund, Arbeitsgemeinschaft Katholischer Männerwerke, Familienbund Deutscher Katholiken;

3) die für bestimmte Sachgebiete errichteten Verbände, z. B. Katholischer Caritasverband.

a) Verbände:

Der Leiter des Sozialreferats hat sich bemüht, ein vertrauensvolles Verhältnis zu den genannten Verbänden zu gewinnen. Sein Bestreben ging dahin, dieselben nach Kräften zu unterstützen und zu stärken, darüber hinaus auf den spezifisch gesellschaftspolitischen Ort der einzelnen Verbände im Rahmen der gesamtkatholisch-sozialen Bewegung hinzuweisen. Notwendig erscheint, daß die Hauptkräfte der einzelnen katholischen Verbände nicht außerhalb ihres Bereichs, insbesondere im öffentlichen Leben, so stark in Anspruch genommen werden, daß die Arbeit in den Verbänden darunter allzusehr leidet. Wichtig würde es besonders erscheinen, wenn in jedem, wenigstens der wichtigsten Verbände eine Persönlichkeit frei sein könnte für die geistige Arbeit und die Grundlagenbereitung des Verbandes, und so die wichtigsten gesellschaftspolitischen Aufgaben von den Verbänden einzeln für sich und in der Arbeitsgemeinschaft des Sozialreferats gemeinsam in Angriff genommen werden könnten. Die Schwierigkeiten, mit denen die einzelnen Verbände ringen, sollten Anlaß sein, ihnen besondere Sorge und Hilfe angedeihen zu lassen.

b) Betriebsarbeit:

Angesichts der großen und immer mehr wachsenden Bedeutung der Betriebe für unsere Gesellschaftsstruktur ebenso wie auf sozialpolitischem Gebiet, hat nach dem 2. Weltkrieg die katholische Betriebsarbeit Raum und Boden gewonnen. In einer großen Zahl deutscher Diözesen wird in verschiedener Form und unter verschiedenem Namen solche Arbeit geleistet. Zur Förderung und Ausbreitung der Betriebsarbeit hat sich jüngst auf Anregung des Sozialreferats eine Arbeitsgemeinschaft der Kath[olischen] Betriebsmännerwerke und Christl[ichen] Werkgemeinschaften für die Bundesrepublik gebildet. Die Leitung hat der Leiter des Sozialreferats. Das Bemühen geht dahin, Aufgabenstellung, Trägerschaft, Organisation der Betriebsgruppen und Werkgemeinschaften auf eine gemeinsame Linie zu bringen. Als Aufgaben wurden festgestellt:

1) solche religiös-ethisch-erzieherischer Art;
2) sozialpolitisch-betriebspolitischer Art;
3) politischer Natur (Gegenwirkung gegen Unterwanderung, Radikalisierung und Politisierung der Betriebe).

Es wird versucht, die Möglichkeiten betriebsseelsorgerlicher Arbeit zu entwickeln und zugleich die Grenzen einer Betriebsseelsorge abzustecken.

c) Gewerkschaftsfrage:

Unter Führung des Sozialreferats fanden in den letzten Jahren mehrfach Besprechungen mit dem DGB und auch innerkatholische Konferenzen statt. Als ersichtlich wurde, daß einerseits diese Besprechungen mit dem DGB unfruchtbar blieben, andererseits bestimmte Gruppen von Katholiken und Protestanten zur Gründung Christlicher Gewerkschaften entschlossen sind, ohne daß unter den Katholiken eine einheitliche Meinungsbildung möglich war, lud der Leiter des Sozialreferats die in der Sozialarbeit stehenden Geistlichen zu einer Konferenz ein mit dem ausgesprochenen und begrenzten Zweck, für die Geistlichen einen Weg und eine Haltung zu finden und festzulegen, die bei Vorhandensein verschiedener Meinungen jedenfalls einen neuen Gewerkschaftsstreit und Bruderkrieg vermeiden sollten. Eine entsprechende Resolution wurde auf dieser Konferenz, die im Juni 1955 in Honnef stattfand, von allen angenommen[2]. Etwa ein halbes Jahr nach der Gründung Christlicher Gewerkschaften, im März 1956, wurde diese Konferenz in Frankfurt wiederholt. Eine neue Erklärung[3] wurde nach sehr eingehender Aussprache, die die durch die Gründung neu entstandene Lage berücksichtigte, von allen anwesenden Geistlichen angenommen. Anwesend waren sowohl die führenden Geistlichen, die der Neugrün-

[2] *Vgl. Dok. 16, Anm. 1.*
[3] *Vgl. Dok. 16.*

dung sympathisch gegenüber standen wie auch diejenigen, die sich der Neugründung gegenüber ablehnend verhielten. Im großen und ganzen dürften die Geistlichen, die in der Sozialarbeit stehen, sich an die in Honnef und Frankfurt vereinbarten Richtlinien gehalten haben. Bei einzelnen Überschreitungen wurde versucht, einen Ausgleich wieder herzustellen.

IV.

Das Sozialreferat hat auch in gewissem Umfange mit katholischen Parlamentariern und Politikern, die der Sozialarbeit nahestehen, Verbindung aufgenommen; mehrfach wurde in Konferenzen mit ihnen besonders über die Fragen der Reform der Sozialleistungen verhandelt. In Verbindung mit dem Politischen Arbeitskreis Kath[olischer] Verbände (H[ochwürdigster] H[err] Prälat Böhler) hat das Sozialreferat erstmalig im März 1956 mit den sozialpolitisch interessierten Bundestagsabgeordneten eine Konferenz dieser Art durchgeführt.

V. Beratung des Episkopats.

Nach Statut § 11 stehen die Referenten des Zentralkomitees der Deutschen Katholiken auch zur Beratung des H[o]chw[ürdigsten] Episkopats zur Verfügung. Entsprechend wurde einmal ein Gutachten von S[eine]r Eminenz dem Hochwürdigsten Herrn Kardinal von Köln über die Frage der Mitbestimmung in den Holding-Gesellschaften angefordert und überreicht. Ebenso wurde ein Entwurf zu einem Hirtenbrief über die Vierzigstundenwoche und Frauenarbeit von S[eine]r Exzellenz dem Hochwürdigsten Herrn Bischof Dr. Keller für die Fuldaer Bischofskonferenz angefordert und angefertigt. Der Leiter des Sozialreferats wurde von den Hochwürdigsten Herren Bischöfen der Kommission für Wirtschaft u[nd] Gesellschaft zu vorbereitenden Besprechungen zur Fuldaer Bischofskonferenz und zu dem Westdeutschen Bischofskonveniat zugezogen. Öfters war dem Leiter des Sozialreferats Gelegenheit gegeben, mit einzelnen der Hochwürdigsten Herren Bischöfe soziale Fragen und Fragen katholischer Sozialarbeit zu besprechen. Außerdem wurde er zu Referaten und Auskünften zu den Sitzungen des Kirchenpolitischen Gremiums zugezogen.

Der Aufgabenbereich des Sozialreferats erscheint nach dem Vorstehenden sehr vielfältig und weitschichtig. In besonderer Weise muß es ihm angelegen sein, das Ganze der katholischen Sozialbewegung in Deutschland im Auge zu behalten, möglichst nach allen Seiten zu fördern, zu vertiefen und womöglich auch zusammenzufassen. Besondere Sorge verdient hier auch die Beobachtung der Entwicklung in der Ostzone, die bisher noch nicht in genügendem Maße geschehen konnte. Ebenso muß es besonderes Anliegen des Sozialreferats sein, den Ausgleich gegenüber den vorhandenen starken Spannungen zwischen den verschiedenen Gruppen zu pflegen, z. B. zwischen den berufsständischen Organisationen und den naturständischen, zwischen pfarrlich-diözesaner Ausrichtung und verbandlicher, zwischen Betriebsarbeit und Verbänden, in der Gewerkschaftsfrage usw.

gez. Dr. Josef Paulus.

41

Bericht Kafkas

Bad Godesberg, Juli 1956

EA KÖLN, CR II 22.37b, 3. *Schreibmaschinenausfertigung. Briefkopf:* Zentralkomitee der Deutschen Katholiken – Referat für staatsbürgerliche Angelegenheiten. *Überschrift:* Bericht über die Arbeit des Referats für staatsbürgerliche Angelegenheiten im Zentralkomitee der Deutschen Katholiken – Gedanken zum Staatsbürgerlichen Referat.

Das Staatsbürgerliche Referat als das jüngste der drei Referate des Zentralkomitees stand insofern vor nicht geringen Anfangsschwierigkeiten, als sein Leiter bei Dienstantritt im Januar 1956 keine Unterlage vorfand, auf der er weiter hätte bauen können. Dazu kam, daß der Leiter des Referats die letzten Jahre nicht in der Bundesrepublik verbracht hatte und sich daher über viele sachliche und persönliche Details erst informieren mußte.

Als erste Aufgabe ergab sich zwangsläufig der Aufbau einer Bibliothek und eines Zeitungsausschnitts-Archivs. Aufgrund einer Vereinbarung der Referate sammelt das Staatsbürgerliche Referat auch die Zeitungsausschnitte für alle das Zentralkomitee interessierenden Sachgebiete. Im ganzen ist das Zeitungs-Archiv in etwa 150 Sparten untergliedert. Der Umfang dieser Arbeit läßt die baldige Einrichtung eines Presse-Referates im Zentralkomitee als wünschenswert erscheinen, damit u. a. das gesammelte Material in stärkerem Maße der Information des Episkopats und der Mitglieder des Zentralkomitees dienstbar gemacht werden kann als bisher.

Verschiedene der eigenen Information dienende Besprechungen mit Theoretikern und Praktikern der Staatspolitik führten zu praktisch wertvollen Ergebnissen: So konnte z. B. festgestellt werden, daß der inzwischen verstorbene Kultusminister von Rheinland-Pfalz[1] unter gewissen Voraussetzungen bereit war, einen bekenntnismäßig gebundenen Lehrstuhl für Rechtsphilosophie und Allgemeine Staatslehre bzw. für Wirtschaftsphilosophie an der Universität Mainz einzurichten. Ebenso machte es eine andere Besprechung möglich, den Hochwürdigsten Episkopat über Exzellenz Hengsbach auf das bevorstehende Erscheinen der deutschen Übersetzung von Peyrefittes berüchtigtem Werk »Die Schlüssel von St. Peter« aufmerksam zu machen.

Nach dem Ausscheiden Dr. Lampeys als Geschäftsführer des Zentralkomitees wurde durch Beschluß des Präsidiums der bis dahin so genannte »Präsidialausschuß« als Arbeitskreis II dem Staatsbürgerlichen Referat dergestalt eingegliedert, daß die unmittelbare Verantwortung für die Tätigkeit dieses sich mit gesamtdeutschen Problemen des Deutschen Katholizismus beschäftigenden Arbeitskreises dem Referatsleiter obliegt, damit aber auch eine gewisse Kontrolle des in München eingerichteten ständigen Büros dieses Arbeitskreises.

Ferner wurden einige jüngere Juristen veranlaßt, laufend staatspolitisch und sozialethisch aktuelle Probleme der Rechtsprechung und der Rechtslehre zu beobachten; darüber mit dem Leiter des Staatsbürgerlichen Referates Gedankenaustausch zu

[1] *Vgl. Dok. 26, Anm. 1.*

pflegen und schließlich darüber in der Herder-Korrespondenz zu berichten: Das erste Ergebnis dieser Arbeit, die die drohende Aushöhlung der Grundrechte durch die Rechtsprechung zum Gegenstand hat, ist soeben in der August-Nr. der Herder-Korrespondenz erschienen[2].

Die Hauptarbeit des Staatsbürgerlichen Referats lag naturgemäß in der Vorbereitung des Staatspolitischen Arbeitskreises, der vor dem Katholikentag in Köln erstmalig zusammentreten und einerseits Thesen über die Grundlagen und Methoden der staatspolitischen Arbeit, andererseits Richtlinien für die staatspolitische Bildungsarbeit im katholischen Raum formulieren soll. Das bisherige Echo auf den Vorentwurf dieser Richtlinien scheint zu beweisen, daß hier ein von vielen als dringend empfundenes Anliegen aufgegriffen wurde.

Darüber hinaus hat das Staatsbürgerliche Referat die ersten Schritte zur Bildung eines steuerrechtlich-finanzwissenschaftlichen Arbeitskreises getan. Ein weiterer Arbeitskreis für Kommunalpolitik ist ebenso geplant wie – in Zusammenarbeit mit der Bischöflichen Hauptarbeitsstelle für Schule und Erziehung – ein Arbeitskreis, der sich mit Fragen der staatsbürgerlichen Bildung in Berufs- und Mittelschulen befassen soll.

Eine weitere Aufgabe, die sich in nächster Zukunft stellen wird, ergibt sich aus den 1957 bevorstehenden Wahlen zum Bundestag. Schon jetzt hatte der Leiter des Staatsbürgerlichen Referates Gelegenheit, führende Männer der CDU darauf aufmerksam zu machen, daß die bisher erkennbaren Richtlinien der Vorwahlpropaganda, die ganz eindeutig mit der Parole »Sicherung des Erreichten« arbeitet, ohne neue staats- und sozialpolitische Ausblicke zu eröffnen, zu großen grundsätzlichen und taktischen Bedenken Anlaß gibt.

gez. Dr. Gustav E. Kafka.

42

Bericht Lückers

Bad Godesberg, 7. August 1956

EA Köln, CR II 22.37b, 3. *Schreibmaschinenausfertigung mit eigenhändiger Unterschrift. Überschrift:* Bericht über die Tätigkeit des Außenamtes im Zentralkomitee der deutschen Katholiken.

Um einen Überblick über die in Deutschland geleistete internationale katholische Arbeit zu gewinnen, wurden zunächst Fragebogen an alle in der internationalen Arbeit tätigen katholischen Verbände und Organisationen versandt. Es zeigte sich hierbei, daß 65 katholische Organisationen internationale Beziehungen pflegen, die in ihrer Intensität und Arbeitsart allerdings recht unterschiedlich sind. Die Ergebnisse dieser Fragebogenaktion bilden den Grundstock für eine genaue Informations-

2 Anon., Das Bonner Grundgesetz und die Gefahr seiner Aushöhlung in der Rechtspraxis. Zum Problem der »ungeschriebenen Grundrechtsschranken«, *in:* Herder Korrespondenz *10 (1955/56), S. 522–529.*

quelle über die internationale Arbeit im katholischen Raum Deutschlands, die durch eine fortlaufende Berichterstattung der Verbände über ihre weiteren Pläne, Tagungen, neues Schrifttum zu internationalen Fragen, usw. ergänzt wird.
Die Vertreter dieser 65 Organisationen wurden zu einer Tagung nach Honnef vom 24.–26. Oktober 1955 eingeladen, in der das Bewußtsein der Weltverantwortung des katholischen Laien und die augenblicklich wichtigsten Probleme der Auslandsarbeit betont wurden. Um die dringlichsten Aufgaben im internationalen Bereich in der rechten Weise zu koordinieren und durchzuführen, wurde von den Verbandsvertretern ein Arbeitsausschuß gewählt, der den ständigen »Arbeitskreis für internationale Zusammenarbeit« im Zentralkomitee der deutschen Katholiken bildet. Dieser Arbeitskreis kommt etwa alle zwei Monate unter Leitung der Außenamtsleiterin zusammen und berät die vordringlichsten Aufgaben. Als solche erwiesen sich zunächst:

I. Betreuung der in Deutschland weilenden Ausländer
Um diesen Problemkreis gründlichst und wirksam zu behandeln, wurde eine Aktionsgruppe gebildet, die sich Katholischer Akademischer Ausländer-Dienst (K.A.A.D.) nennt[1]. Der K.A.A.D. leistete bisher folgende Arbeiten:
a) Eine Fragebogen-Aktion, gerichtet an die Studentenpfarrer aller Universitäten, die Dekanate der Bundesrepublik und die Zentralstellen der größeren katholischen Verbände verschaffte einen Überblick über Zahl, Beruf, Nationalität, Konfession und Altersstufe der in Deutschland lebenden Ausländer und die bisherige Art ihrer Betreuung.
b) Stipendiengelder für afrikanische und asiatische Studenten konnten gesammelt und für das Wintersemester 1956/57 bereits 9 Stipendien verteilt werden (China 3, Indien 3, Japan, Pakistan und Vietnam je 1).
c) Gratis-Ferienaufenthalte oder solche zu stark reduziertem Preis konnten an asiatische Studenten vermittelt werden.
d) Eine Denkschrift an das Auswärtige Amt, die ausführlich über die Probleme der Betreuung und die bisherigen Leistungen auf katholischer Seite hinwies, erreichte, daß das Zentralkomitee zu Beratungen über die Verplanung von Bundesmitteln für diesen Sektor hinzugezogen wurde.
e) Eine 10-tägige Studienreise durch Deutschland wird in Verbindung mit der OSCO (Overseas Students Coordination Organization) für etwa 120 Afrikaner und Asiaten vom 25. August bis 5. September organisiert.
f) Die Zusammenarbeit mit anderen internationalen Betreuungsorganisationen für diese Studenten (Oeuvre St. Justin, Pax Romana, etc.) wurde stark gepflegt.
Die Dringlichkeit des weiteren Ausbaus der Arbeit des K.A.A.D. wurde in einer Eingabe an die Fuldaer Bischofskonferenz von seiten des K.A.A.D. ausführlich dargelegt.

[1] *Fußnote der Vorlage:* Die Bemühungen dieses Katholischen Akademischen Ausländer-Dienstes beschränken sich nicht nur auf Studenten und Akademiker, sondern auch auf Praktikanten usw. Besondere Tatbestände ließen die Wahl dieses Titels jedoch ratsam erscheinen.

II. Betreuung italienischer Arbeiter in Deutschland
Um die rechte Koordination in der Betreuung der in immer größerer Zahl in der deutschen Landwirtschaft und Industrie tätigen italienischen Arbeiter zu gewährleisten, wurden alle an dieser Betreuungsarbeit interessierten Verbände zu einer Besprechung geladen. Folgende Arbeitsverteilung erwies sich als ratsam.
Es ist verantwortlich:
- für seelsorgerische Fragen Msgr. Casadei[2] als Direktor der italienischen Seelsorge in Deutschland in Verbindung mit Herrn Prälat Büttner[3];
- für arbeitsrechtliche Fragen die ACLI (Associazioni Cristiane Lavoratori Italiani) in Verbindung mit der KAB;
- für die fürsorgerischen Aufgaben in erster Linie der Caritasverband, der fünf zweisprachige Fürsorgerinnen zur Verfügung stellt neben etwaigen anderen Hilfsmaßnahmen jeweiliger deutscher Fürsorgestellen.
- für die kulturellen Aufgaben die ACLI in Zusammenarbeit mit dem Bundesinnenministerium, das auch Mittel für diese Aufgabe in Aussicht stellt, und dem Kulturreferat des Zentralkomitees, das z. B. regelmäßige Rundfunksendungen für die italienischen Arbeiter anregte.
Gemeinsame Besprechungen mit den beteiligten Organisationen sollen in regelmäßigen Abständen stattfinden.

III. Schulung der Nachwuchskräfte der Organisationen für die internationale Arbeit
Vom Außenamt wurde ein erstes Seminar für die Nachwuchskräfte der Organisationen vom 14.–22. April 1956 in Königstein/T[aunu]s, »Haus der Begegnung«, gehalten. Das Programm sah neben Grundsatzreferaten »Über den Weltauftrag Christi an die Kirche« (Prof. Hirschmann[4]), »Koexistenz und Toleranz« (Prof. Hartmann[5]), »Historisch-Theologisches zur Friedensidee« (Prälat DDr. Wolff[6]) eine Einführung in die Organisation der UNESCO, des Auswärtigen Amtes sowie der internationalen Organisation der Presse und des Filmwesens vor. Diese Gelegenheit zur Weiterschulung wurde von den Verbänden sehr dankbar aufgenommen. Weitere Seminare sind für die nächsten 1½ Jahre schon geplant.

2 ALDO CASADEI *(1915–2003), 1940 Priesterweihe, seit 1950 als Italiener-Seelsorger in Deutschland tätig, 1952 Päpstlicher Geheimkämmerer, 1963–1966 und 1987–1993 Generalvikar in Cesena, 1967 Ehrenprälat, 1984 Apostolischer Protonotar, 1984–1987 Bischöflicher Delegat in Cesena.*

3 ALBERT BÜTTNER *(1900–1967), 1923 Priester (D Limburg), 1935–1937 Generalsekretär und Reichspräses des Kolpingwerks, 1938–1945 Leiter des Reichsverbands für die katholischen Auslandsdeutschen, 1951 Leiter des Katholischen Auslandssekretariats, 1952 Apostolischer Protonotar. Vgl.* M. LABONTÉ.

4 P. JOHANNES BAPTIST HIRSCHMANN SJ *(1908–1981), Dr., 1926 Ordenseintritt, 1936 Priester, 1950–1976 Professor für Pastoral- und Moraltheologie an der Ordenshochschule St. Georgen in Frankfurt am Main.*

5 P. ALBERT HARTMANN SJ *(1903–1985), Dr., 1922 Ordenseintritt, 1932 Priester, Professor für Ethik und Geschichte der Philosophie an der Ordenshochschule St. Georgen in Frankfurt am Main, Berater Johannes' XXIII. und Pauls VI. während des Zweiten Vatikanischen Konzils.*

6 PAUL WOLFF *(1903–1981), Dr. phil., Dr. theol., Monsignore, seit 1946 Generalsekretär und Geistlicher Assistent des Katholischen Akademikerverbands.*

IV. Die Arbeit des Außenamtes als Informationsstelle
An Informationsmaterial ist vorhanden:
a) Eine Kartei namhafter Einzelpersönlichkeiten sowie der Verbände und wichtigsten Zeitschriften des Auslandes. Sie umfaßt z. Zt. etwa 1200 Anschriften und wurde für die Einladungen zur St. Ulrichsfestwoche sowie zum 77. Deutschen Katholikentag verwandt.
b) Material für eine Kartei katholischer internationaler Organisationen, die ihren Sitz im Ausland haben, und Material für eine Kartei der deutschen interkonfessionellen Organisationen und der interkonfessionellen internationalen Organisationen des Auslandes.
Das vorhandene Informationsmaterial wurde für mannigfache Auskünfte benutzt.
Auskünfte erbaten:
- die katholischen Verbände,
- die Regierungsweltorganisationen (die UNESCO z. B. erbat sich Unterlagen für ihr Erwachsenenbildungsseminar).
- Das Ausland:
Durch Versand des »Wegweiser durch das katholische Deutschland« in 1500 Exemplaren an die ausländischen katholischen Zentralstellen wurde das Außenamt als Informationsstelle bekannt und wird seitdem häufig wegen der verschiedensten Auskünfte angeschrieben.
Auch wurde das Zentralkomitee gebeten, für internationale Kongresse des Auslandes die deutsche Vertretung zu benennen, z. B. für die »Semaine Sociale« von Frankreich und den demnächst stattfindenden Kongreß »Migration und Integration« in Luxemburg.
Modelleinrichtungen des Auslandes wurden interessierten Kreisen vorgeführt. So wurde z. B. zur Vorbereitung der katholischen Zentralstelle für Soldatenbetreuung eine Exkursion nach Holland organisiert, bei der Mustereinrichtungen der holländischen Wehrmachtbetreuung besichtigt wurden. Ähnliches ist in allernächster Zeit für Erwachsenenbildungseinrichtungen Hollands und Belgiens vorgesehen.

V. Repräsentation des Außenamtes
Von der Leiterin des Außenamtes wurde die repräsentative Aufgabe wahrgenommen durch den Besuch des I. Asiatischen Laienkongresses in Manila, wobei auf der Rückreise verschiedene kirchliche und weltliche Würdenträger besucht und viele Verbindungen angeknüpft wurden, durch Teilnahme, am OIC-Kongreß[7] in Scheveningen im März 1955 sowie mannigfacher internationaler Veranstaltungen im Inland.

VI. Aufgaben in Vorbereitung
a) Handbuch der katholischen internationalen Zusammenarbeit. Zur klareren Einsicht in das weite Feld internationaler Arbeit ist Aufklärung über die Möglichkeiten und Schulung für die Mitarbeit dringend erforderlich. Das Handbuch soll enthalten:

7 *Kongreß des Office International Catholique.*

Klärung der wichtigsten Schlüsselbegriffe (Humanität, Toleranz, Freiheit, Koexistenz, usw.), Übersicht über die katholischen Organisationen Deutschlands, die internationale Arbeit leisten; über die internationalen katholischen Dachorganisationen, die übrigen internationalen christlichen Organisationen sowie über die Vereinten Nationen, ihre Fachorganisationen und die europäischen Regierungsorganisationen.

b) Laienschulung.

Es erweist sich als notwendig, die katholischen Laien, die als Sachverständige in die unterentwickelten Länder gehen, auf die Aufgaben vorzubereiten, die sie dort als Katholiken erwarten. Ausbildungskurse, ähnlich wie sie in anderen Ländern bereits bestehen, sind in Aussicht genommen.

Diese beiden Fragen werden in dem »Arbeitskreis internationale Zusammenarbeit« auf der Vertretertagung des Katholikentages ausführlich behandelt. Dieser Arbeitskreis soll dazu beitragen, die katholischen Kräfte, die sich in Deutschland mit internationalen Fragen beschäftigen, miteinander bekannt zu machen, zu koordinieren und zur Mitarbeit bei der Verwirklichung des Aktionsprogrammes für die nächsten zwei Jahre anzuregen.

Dr. M[aria] A[lberta] Lücker.

43

Muench an Löwenstein

Bad Godesberg, 11. August 1956

EA Köln, Gen. II 3.8a, 4a. *Schreibmaschinenschrift. Aktenzeichen:* Nr. 10168/XI-D. *Anschrift:* Seiner Durchlaucht Karl Fürst zu Löwenstein, Bronnbach b[ei] Wertheim a[m] M[ain]. *Vermerke:* Abschrift, Vertraulich.

Euer Durchlaucht!

Wie ich mir schon erlaubt habe, Euer Durchlaucht fernmündlich andeuten zu lassen, obliegt mir die dringende Pflicht, Ihnen alsbald eine Mitteilung des Heiligen Stuhles über die Wahl des Ortes des nächsten Katholikentages in Deutschland[1] zur Kenntnis zu bringen.

Der Pro-Staatssekretär Seiner Heiligkeit, Seine Exzellenz Tardini[2], macht mich darauf aufmerksam, daß es beabsichtigt sei (gemäß »Frankfurter Allgemeine« vom 25. Juli 1956) als Tagungsort des Katholikentages 1958 eine Stadt in Mitteldeutschland (Sowjetzone) zu wählen.

1 *Der zuständige Präsidialausschuß des Zentralkomitees hatte am 5. Juli 1956 Propst* Spülbeck *um Prüfung gebeten, welcher Ort in der DDR für den Katholikentag 1958 geeignet sei. Grund für die Verlegung des Katholikentags in die DDR war die erhoffte Stärkung des Glaubensbewußtseins. Siehe dazu* Akten deutscher Bischöfe seit 1945, DDR 1951–1957.

2 Domenico Tardini *(1888–1961), 1912 Priester, 1929 Subsekretär, 1937 Sekretär der Sektion für die außerordentlichen kirchlichen Angelegenheiten, 1952 Pro-Staatssekretär und Bischof, 1958 Kardinal.*

Der Heilige Stuhl äußert zu diesem Vorschlag Bedenken, die ich mir hier wörtlich anzuführen gestatte:
»La notizia ha qui destato non poca sorpresa ed una eventuale scelta nel senso di cui sopra non sembrerebbe opportuna«[3].
Ich nehme an, daß es noch möglich sein wird, diesen Bedenken Rechnung zu tragen. Deshalb wäre ich Euer Durchlaucht sehr dankbar, wenn Sie alles versuchen würden, die Weiterverfolgung dieses geplanten Vorschlages, unter Wahrung der gebotenen Vertraulichkeit dieser Mitteilung, zu verhindern.
Im römischen Schreiben werde ich auf ausdrücklichen Wunsch des Heiligen Vaters ersucht, die nähere Begründung und die besonderen Gesichtspunkte in Erfahrung zu bringen, die zu diesem Beschluß geführt haben.
Den Hochwürdigsten Herrn Erzbischof von Köln, Seine Eminenz Kardinal Frings, werde ich vertraulicherweise von diesem Schreiben in Kenntnis setzen.
Mit dem Ausdruck meiner ganz vorzüglichen Hochschätzung bin ich Euer Durchlaucht

in Christo ergebener
gez. Unterschrift,
Apostolischer Nuntius.

44

Tardini an Muench

Rom, 22. August 1956

EA KÖLN, Gen. II 22.13a, 3. *Schreibmaschinenausfertigung. Briefkopf mit Wappen:* Segretaria di Stato di Sua Santità. *Aktenzeichen:* N. 6654/56. *Anschrift:* Sua Eccellenza Reverendissima Monsignor Luigi [*sic*] Muench, Nunzio Apostolico, Bad Godesberg. *Handschriftlicher Vermerk:* Streng vertraulich, *handschriftlicher Vermerk von* FRINGS *nur teilweise zu entziffern* [...] des öffentl[ichen] Lebens [...] d[er] kath[olischen] Kirche zur Bundesregierung. Leiter: Prälat B[öhler].

Eccellenza Reverendissima,
Per venerato incarico di Sua Santità sono a scrivere all'Eccellenza Vostra Reverendissima circa un'importante e delicata questione, che riguarda da vicino le attribuzioni di codesta Rappresentanza Pontificia[1].
Più volte la stampa ha parlato di S[ua] E[ccellenza] Mons. Böhler qualificandolo come »Incaricato della Conferenza Vescovile di Fulda presso il Governo Federale« e riferendo che agisce altresì come negoziatore, dando anche interviste circa le trattative concordatarie, ed effettuando i negoziati medesimi.

3 *Deutsch: Die Nachricht hat hier nicht geringe Überraschung erregt, und eine eventuelle Wahl im erwähnten Sinne würde nicht als günstig erscheinen.*

1 C. J. BARRY, *S. 202, der sich auf eine Information durch* P. ROBERT LEIBER SJ *stützt, nennt einen Versuch, auch in Frankreich eine Instanz nach der Art der von* BÖHLER *besetzten zu schaffen, als Grund für die Besorgnis des Heiligen Stuhls.*

Tale qualifica, largamente diffusa dai giornali in varie Nazioni, può facilmente dare luogo a pericolose confusioni.
Infatti:
1) Tutte le questioni riguardanti i rapporti tra la Chiesa e lo Stato sono, come è noto, di esclusiva competenza della Santa Sede.
Questa, in Germania, è rappresentata dalla Nunziatura Apostolica, alla quale soltanto spetta di trattar col governo le questioni suddette.
2) In nessun'altra Nazione esiste un »incaricato dell'Episcopato per trattare col governo«. Perciò non è bene ammettere, specie in un Paese così importante come la Germania, un precedente che, se fosse altrove imitato, finirebbe con ledere i diritti e diminuire il prestigio delle Rappresentanze Pontificie.
3) La cosa – almeno nella forma con cui ora si presenta – è nuova anche per la Germania. Sua Santità ricorda che, durante gli anni della Sua missione in territorio tedesco, le trattative con i governi erano riservate alla Nunziatura e gli stessi governi preferivano che fosse cosi.
Tutto ciò evidentemente non impedisce che gli Eccellentissimi Vescovi – dati i rapporti fraterniche li hanno sempre uniti e li uniscono al Rappresentante del Santo Padre – esaminino e facciano studiare i vari problemi e presentino le loro conclusioni e proposte all'Eccellentissimo Nunzio, il quale non mancherà di tenerle nel debito conto.
Parimenti nulla vieta che l'Eccellenza Vostra, qualora lo ritenga opportuno, si giovi anche per il futuro dell'aiuto e dei servizi dell'ottimo Monsignor Böhler.
Vostra Eccellenza pertanto, in occasione della imminente Conferenza di Fulda, farà cortesemente conoscere ai Vescovi tedeschi l'augusto desiderio del Santo Padre che anche in Germania siano applicati gli usi e le consuetudini generali.
Vostra Eccellenza mi farà cosa grata, se vorrà poi inviarmi qualche notizia circa quanto costituisce l'oggetto del presente scritto.
Profitto volentieri dell'occasione per confermarmi con sensi di distinto ossequio
di Vostra Eccellenza Reverendissima dev[otissi]mo

Tardini.

Übersetzung:

Eccellenza Reverendissima,
Seine Heiligkeit hat es für wert erachtet, mich zu beauftragen, an Sie, Eccellenza Reverendissima, eine wichtige und schwierige Frage zu richten, die die Zuständigkeit Ihrer Päpstlichen Vertretung direkt betrifft.
Mehrfach hat die Presse über S[eine] E[xzellenz] Mons. Böhler berichtet: Sie bezeichnet ihn als »Beauftragten der Fuldaer Bischofskonferenz bei der Bundesregierung« und teilt mit, daß er obendrein noch als Unterhändler tätig sei; er gebe Interviews zu Konkordatsverhandlungen und verhandle auch selbst.
Eine derartige Stellung, über die ausführlich in Zeitungen verschiedener Nationen berichtet wurde, kann leicht Anlaß zu gefährlichen Verwirrungen bieten.

Tatsache ist:
1) Alle Fragen, welche die Beziehungen zwischen Kirche und Staat betreffen, obliegen bekanntlich der ausschließlichen Kompetenz des Heiligen Stuhls. Dieser wird in Deutschland durch die Apostolische Nuntiatur vertreten, der es allein zusteht, mit der Regierung über die oben genannten Fragen zu verhandeln.
2) In keinem anderen Land gibt es einen »Beauftragten des Episkopats für Verhandlungen mit der Regierung«. Deshalb ist es, insbesondere in einem so wichtigen Land wie Deutschland, nicht gut, einen Präzedenzfall zuzulassen, der, andernorts nachgeahmt, zur Beeinträchtigung der Rechte der Päpstlichen Vertretung und zur Minderung ihres Ansehens führen würde.
3) Der Vorfall, jedenfalls in der Form, wie er sich heute darstellt, ist auch für Deutschland ein Novum. Seine Heiligkeit erinnert daran, daß während der Jahre seiner Mission in Deutschland die Verhandlungen mit den Regierungen der Nuntiatur vorbehalten waren und dieselben Regierungen dieses Verfahren bevorzugten.

Alles dies verhindert selbstverständlich nicht, daß die hochwürdigsten Herren Bischöfe – dank der brüderlichen Beziehungen, die sie immer geeint haben und die sie mit dem Vertreter des Heiligen Vaters verbinden, – die verschiedenen Probleme prüfen und untersuchen lassen und ihre Schlußfolgerungen und Vorschläge dem Nuntius vortragen, der es nicht daran fehlen lassen wird, sie gebührend zu berücksichtigen.
Eurer Exzellenz steht ebenso nichts im Wege, wann immer sie dies für vorteilhaft hält, sich auch in Zukunft der Hilfe und Dienstbereitschaft des vortrefflichen Monsignor Böhler zu bedienen.
Deshalb bringe Eure Exzellenz anläßlich der bevorstehenden Fuldaer Bischofskonferenz den deutschen Bischöfen den ausdrücklichen Wunsch des Heiligen Vaters verbindlich zur Kenntnis, daß auch in Deutschland die allgemeinen Regeln und Gewohnheiten angewendet werden.
Ich wäre Eurer Exzellenz sehr dankbar, wenn Sie mir eine Nachricht über das, was in diesem Brief angesprochen wurde, zukommen lassen könnten.
Gerne benutze ich die Gelegenheit, mich bestens zu empfehlen

Eurer Eccellenza Reverendissima ergebener

Tardini.

45

Muench an Tardini

Bad Godesberg, 1. September 1956

EA KÖLN, Gen. II 22.13a, 3. *Schreibmaschinendurchschrift, Aktenzeichen:* 10217/V-A, *Anschrift:* A Sua Eccellenza Rev[erendissi]ma Mons. Domenico Tardini Pro Segretario di Stato di Sua Santità, Città del Vaticano. *Vermerk:* Ogetto: Posizione di Mons. Böhler, *handschriftlicher Vermerk:* Streng vertraulich.

Eccellenza Reverendissima,

Con venerato Dispaccio N.6654/56, del 22 agosto u[ltimo] s[corso][1], Vostra Eccellenza Rev[erendissi]ma mi manifestava l'augusto desiderio del Santo Padre che, in occasione della imminente Conferenza Plenaria di Fulda (27–29 settembre corrente) sia chiarita e regolata la posizione dell'Ecc[ellentissi]mo Mons. Guglielmo Böhler nei confronti di questa Nunziatura Apostolica.

Al riguardo, l'Eccellenza Vostra rilevava come vari fatti e circostanze potevano dare luogo a pericolose confusioni:

– la qualifica del Prelato come »Incaricato della Conferenza Vescovile di Fulda presso il Governo Federale«;

– varie interviste ed articoli di giornali di Mons. Böhler circa questioni concordatarie;

– le frequenti notizie di stampa, diffuse anche in altre Nazioni circa negoziati da lui medesimo effettuati.

Scopo del presente mio rispettoso Rapporto è:

– di assicurare l'Eccellenza Vostra che sarà mia cura di adoperarmi con ogni impegno affinchè siano eliminati tutti quegli inconvenienti che, a giudizio della Santa Sede, potessero, in qualunque modo, diminuire il prestigio, e con ciò l'efficacia nel lavoro, della Sua Rappresentanza in Germania;

– determinare l'esatta posizione di Mons. Böhler nei riguardi di quanto costituisce il compito specifico di questa Nunziatura Apostolica, aggiungendo tutte quelle informazioni e considerazioniche mi sembrano atte a completare e ad illustrare, nei suoi vari aspetti, una situazione giustamente lamentata dall'Eccellenza Vostra;

– esporre i motivi per cui, salvo sempre meliori iudicio dei miei venerati Superiori, ritengo umilmente che non convenga portare la cosa dinanzi alla prossima Conferenza di Fulda.

1. Anzitutto vorrei precisare che il titolo ufficiale di Mons. Böhler (checche ne dica talvolta la stampa) non è di »Incaricato della Conferenza Vescovile di Fulda ...« ma bensi di »Incaricato del presidente della Conferenza Vescovile di Fulda presso il Governo Federale«, cioè di incaricato dell'Em[inentissi]mo Signor Cardinale Frings, nella sua qualità di presidente di detta Conferenza.

Ciò non toglie, evidentemente, la necessità di far si che tale titolo e tale carica vengano aboliti. Si dovrà però, mi pare, trattare la cosa col predetto Signor Cardinale an-

[1] *Vgl. Dok. 44.*

zichè coll'Episcopato tedesco tutto insieme: circostanza importante che, se non erro, permetterà di regolare più facilmente una questione di tanta delicatezza, in maniera cioè che siano salvati i principi senza dannose conseguenze non solo per il benemerito Mons. Böhler ma anche per la stessa Santa Sede e la Sua Rappresentanza in Germania.

2. D'altra parte mi occorre qui rilevare che – a prescindere della questione del su riferito titolo – l'attività effettiva dell'Ecc[ellentissi]mo Böhler già da tempo non mi sembra più di giustificare l'impressione come se egli esercitasse delle funzioni di competenza di un Rappresentante Pontificio.

Certo, se si pensa ai primi anni del dopoguerra, forse fine all'anno 1951 in cui veniva ricostituito questo Ministero degli Affari Esteri, si deve riconoscere che il Prelato era veramente in qualche modo, il portavoce della Chiesa cattolica in Germania, sia presso il Consiglio Parlamentare (»Parlamentarischer Rat«) sia presso le autorità regionali e, per breve tempo, forse presso lo stesso Governo Federale.

Il Rappresentante della Santa Sede, prima nella sua qualità di Visitatore Apostolico e poi come Reggente della Nunziatura, doveva allora, specie nelle questioni concordatarie, servirsi di Mons. Böhler e di altri non potendo intervenire direttamente per tutelare i diritti e gli interessi della Chiesa in questa Nazione.

Ma essendosi poi, con la presentazione delle Credenziali del primo Nunzio Apostolico presso la Germania Federale (4 aprile 1951), normalizzata la situazione posso dichiarare all'Eccellenza Vostra che, coll'andare degli anni, l'attività »quasi diplomatica« di Mons. Böhler è sempre più rientrata nei suoi giusti limiti, cioè o cessando completamente o svolgendosi, volta per volta e sempre d'intesa con la Santa Sede, alle strette dipendenze di questa Nunziatura.

Come esempio tipico vorrei qui citare la questione della assistenza religiosa alle truppe nella quale il Böhler, insieme all'Ecc[ellentissi]mo Keller, Vescovo di Münster, e al Prelato Werthmann, tenendosi però in continuo contatto con questa Nunziatura, si è adoperato efficacemente che, nella preparazione delle rispettive leggi, fossero rispettati i diritti della Chiesa. Poi, appena nominato il Vicario Castrense nella persona dell'Em.mo Signor Cardinale Wendel, la Nunziatura scrisse a Mons. Böhler una lettera ringraziandolo dell'opera da lui svolta e sciogliendolo da ogni ulteriore compito in materia.

Tutte le altre trattative col Governo Federale sono state svolte, specie negli ultimi anni, da questa Nunziatura Apostolica. Lo stesso vale delle questioni, già regolate o tuttora in corso, presso i vari Governi regionali. Posso anche qui aggiungere che, da circa un biennio, i nostri contatti col Prelato in questione si sono ridotti al minimo. E'chiaro però che, pur essendosi cosi normalizzata l'attività di Mons. Böhler, rimangono tuttora frequenti i suoi contatti col Governo Federale in tutte quelle questioni, e sono molte, di importanza secondaria o di semplice applicazione ed esecuzio ne dei principi generali che regolano i rapporti tra Chiesa e Stato in Germania; altrettanto si dica dell'attività del Prelato presso i Governi regionali, specie quello di Düsseldorf: attività rilevante se si pensa al carattere federativo dell'odierna Germania, alla molteplicità dei »Länder« (una diecina) e alle tendenze regionalistiche che vi si manifestano, anche tra il clero. E'questo un settore di lavoro di Mons. Böhler che, se non erro, si potrebbe paragonare ai compiti svolti, in altre Nazioni dal Segretario delle Conferenze Episcopali.

3. Qui debbo anche menzionare un altro campo di azione, tutt'altro che trascurabile, dell'indefesso Monsignore, cioè quello politico. Per il quale, se è lecito di citare un esempio del passato, lo vorrei paragonare in qualche modo al defunto Mons. Kaas[2] ma coll'essenziale differenza che quest'ultimo, nella Repubblica di Weimar, era capo del partito cattolico e godeva pertanto non solo di un'autorità morale presso cattolici e non cattolici ma esercitava inoltre un vero potere politico. Nella Germania di oggi, come è noto, il clero (ad eccezione di Mons. Meixner[3] in Baviera) non è rappresentato nella politica di partito. Inoltre al vecchio partito cattolico (»Zentrum«) è subentrato, in pratica, un partito cristiano di coalizione tra cattolici e protestanti (CDU/CSU). Non è qui mio compito di vagliare i pro e i contra delle due situazioni: è però fuori dubbio che, creatasi la nuova, Mons. Böhler è riuscito a colmare, in qualche modo, i vuoti prodottisi nel frattempo e a dare agli uomini politici cattolici quegli indirizzi concreti senza i quali essi, preoccupati unicamente della compettezza del partito democristiano, rischiano di lasciarsi trascinare dal »minimalismo« dei loro partigiani protestanti.

Quanto sia grave tale pericolo e come sia, spesso, decisivo (ed anche ingrato!) il compito di Mons. Böhler lo dimostrano ad evidenza le lagnanze che persino il Cancelliere Adenauer ha creduto di dover esprimere circa l'attività svolta dal Böhler per indurre i deputati cattolici a rimanere fermi e compatti nella richiesta di abolire finalmente il matrimonio civile obbligatorio (§ 67 del »Personenstandsgesetz«)[4]: Adenauer biasimò allora le insistenze di Mons. Böhler come inopportune e compromettenti l'unità della CDU ...

E'chiaro che qualsiasi provvedimento che possa gettare anche la minima ombra sul prestigio e sull'operato di Mons. Böhler rischia di gettare la confusione tra gli uomini politici cattolici dei quali già si lamenta, qua e là, una mancanza di compattezza e di chiarezza nell'indirizzo politico, sia a causa della loro coalizione coi protestanti sia a causa del regionalismo diffuso anche tra di essi. – Dico questo non per mettere in dubbio la necessità di rimediare gli inconvenienti rilevati da Vostra Eccellenza ma per sottolineare, nel contempo, l'altra necessità, non minore, di procedere con la massima cautela e discrezione.

4. La piena misura delle sue doti non comuni, mi pare che Mons. Böhler l'abbia data nella sua collaborazione per preparare il grande processo concordatario del Governo

[2] LUDWIG KAAS *(1881–1952), Dr. phil., Dr. theol., Dr. iur. can., Kanonist und Politiker (Zentrum), 1906 Priester (D Trier), 1918 Professor für Kirchenrecht in Trier, Berater des Nuntius Pacelli, 1919–1933 Mitglied des Reichstags, 1924 Domkapitular in Trier, 1928–1933 Vorsitzender der Deutschen Zentrumspartei; 1933 von einer Reise nach Rom, wo er an den Verhandlungen über das Reichskonkordat beteiligt war, nicht mehr zurückgekehrt, leitete seit 1936 als Sekretär der Kardinalskongregation von St. Peter die Ausgrabungen, die zur Entdeckung des Petrusgrabes führten. Vgl.* G. MAY.

[3] GEORG MEIXNER *(1887–1960), 1910 Priester (ED Bamberg), Verlagsdirektor und Politiker (BVP/CSU), 1932/33 und 1946–1958 Mitglied des Bayerischen Landtags, 1951–1958 Vorsitzender der CSU-Fraktion, 1937 Päpstlicher Geheimkämmerer, 1941 Domkapitular, 1946 Päpstlicher Hausprälat. Vgl.* W. K. BLESSING.

[4] *Vgl. die ausführlichen Darlegungen* BÖHLERS *hierzu in Dok. 111.*

Federale, tuttora in corso a Karlsruhe: raccogliendo cioè il materiale, vastissimo, dai numerosi »Länder« tedeschi, fornendo, in materia scolastica agli esperti giuridici di questo Ministero Esteri importanti dati statistici nonchè preziosi consigli di ordine tecnico ed amministrativo etc. etc.

Questo insieme di cose ha fatto siche, occorrendo nel succedersi degli avvenimenti politici una presa di posizione della Chiesa, la personalità di Mons. Böhler e l'autorità indiscussa di cui egli gode in tutti gli ambienti, lo hanno quasi predestinato a prendere posizione anche pubblicamente nell'ormai famosa questione concordataria. Non lo poteva fare il Governo trattandosi precisamente di mettere in evidenza il pensiero della Chiesa. Non lo poteva fare questa Nunziatura perchè si sarebbe troppo esposta in una questione che, accanto al suo aspetto religioso, ha – purtroppo – anche uno eminentemente politico. Stando pertanto tale necessità, Vostra Eccellenza mi acconsenta la rispettosa domanda: chi altro, se non Mons. Böhler, avrebbe potuto nel caso illuminare opportunamente l'opinione pubblica? e chi, volta per volta, si sarebbe consultato, con altrettanta discrezione, con questa Nunziatura Apostolica al fine di non scostarsi dal pensiero e dalle intenzioni della Santa Sede?

Mi sia permesso, in questa contesto, di citare l'esempio dell'intervista concessa dal Böhler all'agenzia KNA nell'imminenza del dibattito al Bundestag sull'opportunità del processo concordatario di Karlsruhe (fine maggio u.s.): intervista di cui è anche parola nel venerato Dispaccio di Vostra Eccellenza in data 24 giugno u.s. (N. 5041/56). Come è noto, si trattava, tra l'altro, di frustrare il tentativo della parte avversaria di far apparire quel processo come pregiudizievole agli interessi protestanti e come indizio dell' »invadenza cattolica«. Si pensava allora all'Em.mo Cardinale Frings come la persona più autorevole che avrebbe potuto confutare pubblicamente tale manovra. E'stato poi, per ovvie ragioni, molto meglio che la cosa fosse fatta – e con ottimo successo – da Mons. Böhler. – La situazione di quel momento spiega anche quei »ripetuti accenni ai protestanti che egli ha fatto nella medesima intervista« e che in altre circostanze, potevano realmente sembrare »meno opportuni«.

Non ho bisogno di sottolineare che, proprio in queste settimane in cui l'opinione pubblica attende con ansia il verdetto di Karlsruhe, qualsiasi provvedimento, per quanto giustificato contro Mons. Böhler farebbe cattiva e dannosa impressione.

5. Tornando all'attività svolta da Mons. Böhler fino verso il 1951 in modo veramente egregio e con uno zelo degno di ogni elogio, attività avvalorata per giunta da quel suo titolo di »Incaricato ... presse il Governo Federale«, si comprende come essa gli abbia procurato – e gli procura tuttora – un prestigio senza pari. E ciò non solo negli ambienti governativi e politici ma anzitutto presso l'Episcopato, il clero, il laicato tedeschi che – credo senza eccezione – ne apprezzano tutti altamente le indubbie benemerenze.

Mi sia lecito qui di aggiungere che l'eccezionale distinzione conferitagli, nel marzo scorso, dal Santo Padre col titolo personale di »Eccellenza« (riservato, qui in Germania, ai Capi delle Missioni Diplomatiche), non solo ha aumentato tale prestigio ma ha anche contribuito – ingiustificatamente – a rafforzare agli occhi del pubblico quella carica e quel compito che già da tempo non competono più al Prelato.

Vi avrà contribuito, certamente nella migliore intenzione, lo stesso Em.mo Cardinale Frings dichiarando allora a Roma, in un'intervista riportata dall'agenzia KNA e largamente diffusa in Germania, che quell'eccezionale onoranza pontificia del suo fedelissimo collaboratore era »una prova di speciale benevolenza del Santo Padre verso il popolo tedesco« e, nel contempo, un sovrano compiacimento per quanto »l'Episcopato tedesco aveva fatto in importanti questioni della vita pubblica, come lo è il matrimonio, la famiglia, la scuola, l'assistenza religiosa alle truppe ...«

A questo riguardo, è significativo che il Cardinale Frings, nel motivarmi la sua intenzione di chiedere per il Böhler il titolo di »Eccellenza« (cosa che io credetti di dovergli sconsigliare) mi dichiarò testualmente: »Con la nomina del ›Prelato‹ Kunst«[5], promosso ora a ›Vescovo Castrense‹ dei protestanti e che effettivamente ed ufficialmente rappresenta la sua chiesa presso il Governo Federale, »Mons. Böhler è venuto a trovarsi in una posizione alquanto precaria essendogli ormai il Sig. Kunst di molto superiore nel rango ...« Con ciò, il Porporato ammetteva che movente principale della sua richiesta era quella di evitare che – precisamente nella rispettiva posizione presso il Governo Federale – il Böhler non fosse sorpassato di rango dal suo »collega« protestante. Credo che difficilmente si potrebbe illustrare meglio quella confusione rilevata da Vostra Eccellenza e della quale, come si vede, non è nemmeno immune lo stesso Cardinale Arcivescovo di Colonia. E mi dispiace sinceramente, tra l'altro nell'interesse dello stesso Eminentissimo, che nonostante il mio avviso contrario egli abbia persistito (e sia riuscito) nel suo proposito.

6. Con quanto sono venuto esponendo qui sopra, credo di aver soddisfatto ampiamente al mio proposito – ed anche al mio dovere – di illustrare in tutti i suoi aspetti la complessa questione della posizione dell'Ecc[ellentissi]mo Mons. Böhler, e di avere altresi motivato sufficientemente – cosi almeno spero – il mio modesto parere che non sembra nè necessario nè opportuno di portare, almeno per ora, la cosa dinanzi alla Conferenza di Fulda.

Debbo riservare ad un Rapporto successivo le proposte positive che, tenendo presente gli interessi della Santa Sede ed anziatutto la volontà esplicita del Santo Padre, potranno e dovranno essere fatte per risolvere il delicato problema. Vorrei però assicurare fin d'ora l'Eccellenza Vostra che questa Nunziatura se ne sta già occupando intensamente, come pure che – se, nonostante tutto, la Santa Sede rimanesse nel pensiero che la cosa dovrà essere trattata a Fulda – la Nunziatura medesima non mancherà di conformarvisi scrupolosamente.

Prego l'Eccellenza Vostra di gradire i sensi del mio più rispettoso ossequio con cui ho l'onore di dirmi
dell'Eccellenza Vostra Reverendissima
dev[otissi]mo, obbl[igatissi]mo

[*o. U.*].

[5] HERMANN KUNST *(1907–1999), Dr. theol. h. c., evangelischer Geistlicher, 1949 Bevollmächtigter des Rates der EKD bei der Bundesregierung in Bonn, 1956–1972 evangelischer Militärbischof.*

Übersetzung:

Betr.: Angelegenheit Mons. Böhler

Eccellenza Reverendissima,
mit dem geschätzten Schreiben N.6654/56 vom 22. August 1956 hat Eure Exzellenz mich den dringlichen Wunsch des Heiligen Vaters wissen lassen, daß gelegentlich der bevorstehenden Plenarsitzung in Fulda (27.–29. September dieses Jahres) die Stellung von Exzellenz Mons. Wilhelm Böhler im Hinblick auf die hiesige Apostolische Nuntiatur geklärt und geregelt werde.
In diesem Zusammenhang hat Eure Exzellenz auf verschiedene Tatsachen und Umstände aufmerksam gemacht, die Anlaß zu gefährlichen Irritationen geben könnten:
– die Bezeichnung des Prälaten als »Beauftragter der Fuldaer Bischofskonferenz bei der Bundesregierung«;
– verschiedene Interviews und Presseartikel von Mons. Böhler über Fragen zum Konkordat;
– die häufigen, auch in anderen Ländern verbreiteten Pressemeldungen über die von ihm getätigten Verhandlungen.
Zweck meines jetzigen Berichts, der mit allem Respekt geschrieben wurde, ist es:
– Eurer Exzellenz zu versichern, daß ich mich mit ganzer Kraft darum bemühe, alle jene Unzuträglichkeiten aus dem Weg zu räumen, die nach dem Urteil des Heiligen Stuhls in irgendeiner Weise sein Ansehen, und damit die Wirksamkeit der Bemühungen seiner Vertretung in Deutschland beeinträchtigen könnten;
– eine unmißverständliche Position für Mons. Böhler genau festzulegen, die die spezifische Aufgabe dieser Apostolischen Nuntiatur berücksichtigt; außerdem füge ich alle Informationen und Überlegungen hinzu, die mir unter den verschiedenen Aspekten zur Ergänzung und Erklärung der von Eurer Exzellenz zu Recht beklagten Situation, geeignet erscheinen,
– die Gründe zur Sprache zu bringen, aufgrund derer ich, immer salvo meliori iudicio meiner verehrten Vorgesetzten, es einfach für meine Pflicht halte, daß die Angelegenheit nicht vor die nächste Konferenz in Fulda gebracht werden möge.

1. Vorweg möchte ich klären, daß der offizielle Titel von Mons. Böhler (was auch immer die Presse schreibt) nicht »Beauftragter der Fuldaer Bischofskonferenz« lautet, sondern »Beauftragter des Vorsitzenden der Fuldaer Bischofskonferenz bei der Bundesregierung«, das heißt Beauftragter von Kardinal Frings in seiner Eigenschaft als Vorsitzender dieser Konferenz.
Dies beseitigt selbstverständlich nicht, die Notwendigkeit, dahin zu wirken, daß derartiger Titel und derartige Funktion abgeschafft werden. Man muß deshalb, wie mir scheint, die Angelegenheit mit dem zuvor genannten Herrn Kardinal verhandeln, anstatt mit dem gesamten deutschen Episkopat: ein wichtiger Faktor, wenn ich nicht irre, der es erlauben wird, eine Frage von so großer Empfindlichkeit leichter zu regeln und zwar in einer Weise, daß das Gesicht ohne nachteilige Konsequenzen nicht nur

für den wohlverdienten Mons. Böhler, sondern auch für den Heiligen Stuhl und seine Vertretung in Deutschland gewahrt bleibt.

2. Abgesehen von der Frage des oben erwähnten Titels muß ich außerdem darauf aufmerksam machen, daß mir die tatsächliche Betätigung von Exzellenz Böhler schon seit geraumer Zeit keineswegs mehr den Eindruck zu rechtfertigen scheint, daß er Funktionen des Aufgabenbereichs einer Päpstlichen Vertretung ausübt.
Gewiss, wenn man an die ersten Nachkriegsjahre denkt ungefähr bis zum Ende des Jahres 1951, als das Auswärtige Amt wieder seine Tätigkeit aufnahm, muß man dem Prälaten zugute halten, daß er tatsächlich in irgendeiner Weise das Sprachrohr der katholischen Kirche in Deutschland war, sei es beim Parlamentarischen Rat, sei es bei den Landesregierungen und sei es für kurze Zeit noch bei der Bundesregierung. Der Vertreter des Heiligen Stuhls mußte damals zunächst in seiner Eigenschaft als Apostolischer Visitator, dann als Verweser der Nuntiatur, die Hilfe des Mons. Böhler und anderer insbesondere in Konkordatsfragen in Anspruch nehmen, um direkt zur Wahrung der Rechte und Interessen der Kirche hierzulande einschreiten zu können.
Nachdem sich jedoch mit der Übergabe des Beglaubigungsschreibens des ersten Apostolischen Nuntius bei der Bundesrepublik (4. April 1951) die Situation normalisiert hatte, kann ich Eurer Exzellenz versichern, daß im Laufe der Jahre die »quasidiplomatische« Tätigkeit des Mons. Böhler die ihr zustehenden Grenzen gefunden hat, das heißt entweder vollständig eingestellt wurde, oder von Fall zu Fall im Einverständnis mit dem Heiligen Stuhl in direkter Abhängigkeit von der hiesigen Nuntiatur abgewickelt wurde.
Als typisches Beispiel möchte ich hier die Frage der Militärseelsorge erwähnen, bei der sich Mons. Böhler zusammen mit Bischof Keller von Münster und dem Prälaten Werthmann in ständigem Kontakt mit der Nuntiatur erfolgreich bemüht hat, daß bei der Vorbereitung der betreffenden Gesetze die Rechte der Kirche gewahrt blieben. Sobald der Militärbischof in Person des Kardinals Wendel ernannt war, dankte die Nuntiatur Mons. Böhler für seine geleistete Arbeit und entband ihn aller weiteren diesbezüglichen Aufgaben.
Alle anderen Verhandlungen mit der Bundesregierung wurden, insbesondere in den letzten Jahren, von dieser Apostolischen Nuntiatur geführt. Das gleiche gilt für die geregelten und noch offenen Fragen mit den Landesregierungen. Ich kann auch hier hinzufügen, daß seit etwa zwei Jahren unsere Kontakte mit dem genannten Prälaten auf ein Minimum reduziert wurden.
Auch wenn sich die Tätigkeit des Mons. Böhler auf diese Weise normalisiert hat, ist es jedoch verständlich, daß seine zahlreichen Verbindungen zur Bundesregierung in allen diesen Fragen noch immer bestehen, und es sind deren viele von sekundärer Bedeutung oder sie betreffen die einfache Anwendung und Ausführung der allgemeinen Grundsätze zur Regelung der Beziehungen zwischen Kirche und Staat in Deutschland. Gleiches ist über des Prälaten Tätigkeit bei den Länderregierungen zu sagen, besonders bei der von Düsseldorf: eine wichtige Tätigkeit, wenn man an den

föderativen Charakter des heutigen Deutschland denkt (etwa zehn Länder) und an die Bestrebungen zum Regionalen, die auch beim Klerus offenkundig werden. Dieses Betätigungsfeld von Mons. Böhler ist, wenn ich mich nicht irre, mit den Aufgaben eines Sekretärs der Bischofskonferenz in anderen Ländern vergleichbar.

3. In diesem Zusammenhang muß ich noch auf ein weiteres Betätigungsfeld des unermüdlichen Prälaten zu sprechen kommen, das alles andere als belanglos ist, nämlich das der Politik. Sollte es zulässig sein, auf ein Beispiel der jüngsten Geschichte zu verweisen, möchte ich ihn in gewisser Weise mit dem Prälaten Kaas vergleichen, allerdings mit einem grundsätzlichen Unterschied, daß zuletzt genannter in der Weimarer Republik Führer einer katholischen Partei war und nicht nur als moralische Instanz für Katholiken und Nichtkatholiken galt, sondern daß er darüber hinaus auch politische Macht ausübte. Im heutigen Deutschland ist der Klerus bekanntlich nicht in politischen Parteien vertreten (mit Ausnahme von Mons. Meixner in Bayern). Außerdem ist an die Stelle der alten katholischen Partei (»Das Zentrum«) praktischer Weise eine christliche Partei von Katholiken und Protestanten getreten (CDU/CSU). Hier steht es mir nicht zu, das pro und contra der beiden Gruppierungen zu beurteilen: aber es steht außer Zweifel, als die neue Partei geschaffen wurde, daß es in einem gewissen Leerlauf der Anfangsphase Mons. Böhler gelungen ist, den katholischen Politikern Orientierungen zu geben, ohne die sie Gefahr liefen, einzig besorgt um die Geschlossenheit der christlich-demokratischen Partei, sich vom »Minimalismus« ihrer protestantischen Parteifreunde ins Schlepptau nehmen zu lassen.
Wie groß diese Gefahr und wie entscheidend (und auch undankbar) die Aufgabe von Mons. Böhler ist, zeigen die vielen Klagen; selbst der Kanzler Adenauer meinte, sich über die Aktivitäten von Böhler beschweren zu müssen, als er die katholischen Abgeordneten dazu bewog, bei dem Antrag, die verbindliche Ziviltrauung endlich abzuschaffen (§ 67 des »Personenstandsgesetzes«), fest und geschlossen zu bleiben: Adenauer tadelte seiner Zeit die Zudringlichkeit Böhlers als unvernünftig und die Einheit der CDU als gefährdend …
Jegliche Vorkehrung, die auch nur den geringsten Schatten auf das Ansehen und das Handeln von Mons. Böhler werfen könnte, läuft offensichtlich Gefahr, die katholischen Politiker zu irritieren in Ermangelung der Verantwortlichkeit und der Eindeutigkeit in der politischen Ausrichtung, was bereits hier und da mit Bedauern festgestellt wird, sei es aufgrund der Koalitionsverhältnisse mit den Protestanten, sei es aufgrund der verschiedenen Landesverbände. Ich trage dieses nicht vor, um an der Notwendigkeit zu zweifeln, die Unzuträglichkeiten zu beheben, von denen Eure Exzellenz mir berichtet hat, sondern um gleichzeitig die andere, nicht geringere Notwendigkeit zu betonen, mit äußerster Vorsicht und Behutsamkeit vorzugehen.

4. Das volle Ausmaß seiner ungewöhnlichen Begabung hat nach meiner Meinung Mons. Böhler in seiner Mitarbeit an der Vorbereitung des großen Konkordatsprozesses der Bundesregierung, der zur Zeit in Karlsruhe abhängig ist, gezeigt: und zwar sammelte er das schier unübersehbare Material von den deutschen »Ländern«, lie-

ferte, nach Sachgebieten geordnet, den juristischen Experten des hiesigen Auswärtigen Amts wichtige Daten und gab wertvolle Ratschläge fachlicher und verwaltungstechnischer Art etc. etc.
Als im weiteren Verlauf der politischen Ereignisse eine Stellungnahme seitens der Kirche erforderlich wurde, war nach Lage der Dinge die Persönlichkeit von Mons. Böhler als anerkannter Autorität, derer er sich überall erfreute, gleichsam wie geschaffen, um öffentlich Stellung zu der mittlerweile bekannten Konkordatsfrage zu beziehen. Da es darum ging, das Anliegen der Kirche genau darzulegen, konnte es die Regierung nicht tun. Die hiesige Nuntiatur konnte es auch nicht tun, da sie sich zu sehr in einer Frage exponiert hätte, die trotz des religiösen Charakters auch einen – leider Gottes – wichtigen politischen Aspekt besitzt. Angesichts dieser Lage dürfte mir Eure Exzellenz bei aller Ehrerbietung in folgender Frage zustimmen: Wer, wenn nicht Mons. Böhler hätte im gegebenen Fall die Öffentlichkeit angemessen aufklären können? Und wer hätte sich von Fall zu Fall derartig diskret mit der Apostolischen Nuntiatur beraten, um sich nicht vom Vorhaben und von den Absichten des Heiligen Stuhls zu entfernen?
In diesem Zusammenhang sei mir erlaubt, auf das Beispiel des Interviews zu verweisen, das Mons. Böhler der Nachrichtenagentur KNA am Vorabend der Debatte im Bundestag über die Zweckmäßigkeit des Konkordatsprozesses in Karlsruhe (Ende Mai d. J.) gab: Interview, von dem auch in dem werten Brief von Eurer Exzellenz vom 24. Juni d. J. (N.5041/56) die Rede ist. Wie bekannt, handelte es sich unter anderem darum, den Versuch der Gegenseite abzuschmettern, die den Prozeß als abträglich für die Interessen der Protestanten erscheinen lassen wollte und als ein Anzeichen »katholischer Aufdringlichkeit« sah. Man dachte bereits an Kardinal Frings, der als Person von höchster Autorität öffentlich ein solches Manöver hätte zum Scheitern bringen können. Es hatte sich dann herausgestellt, daß die Angelegenheit aus offenkundigen Gründen viel besser – und zwar mit durchschlagendem Erfolg – von Mons. Böhler ausgeführt werden konnte. Die Situation jenes Zeitpunktes erklärt auch die »wiederholten Anspielungen auf die Protestanten, die er in demselben Interview gemacht hat« und die unter anderen Umständen wirklich »weniger opportun« erscheinen könnten.
Ich muß nicht betonen, daß gerade in diesen Wochen, in denen die öffentliche Meinung mit Spannung das Urteil in Karlsruhe erwartet, jegliche Maßregel, die sich gegen Mons. Böhler richtet, einen schlechten und schädlichen Eindruck hinterlassen würde.

5. Bedenkt man die wahrhaft hervorragende und mit einem allen Lobes würdigen Eifer ausgeführte Tätigkeit von Mons. Böhler bis ca. 1951, die mit dem Titel »Beauftragter... bei der Bundesregierung« aufgewertet wurde, dann versteht man, daß er ein Prestige genossen hat und auch weiterhin genießt, das ohnegleichen ist, und dieses nicht nur in Regierungskreisen und bei Politikern, sondern vor allem beim Episkopat, dem Klerus und bei den deutschen Laien: Ich glaube, daß alle ohne Ausnahme seine unzweifelhaften Verdienste hoch einschätzen.

Als Ergänzung sei mir gestattet, daran zu erinnern, daß die außergewöhnliche Auszeichnung, die ihm im vergangenen März vom Heiligen Vater durch den persönlichen Titel »Exzellenz« (der in Deutschland den Leitern der diplomatischen Missionen vorbehalten ist) verliehen worden ist, nicht nur sein Ansehen erhöht hat, sondern auch – ungerechtfertigterweise – in den Augen der Öffentlichkeit noch eher dazu beigetragen hat, den Prälaten in dem Amt und in den Zuständigkeiten, die ihm schon seit geraumer Zeit nicht mehr zustehen, zu bestätigen.
Dazu hat, sicherlich unbeabsichtigt, auch S[eine] Eminenz Kardinal Frings beigetragen, indem er seinerzeit in einem der Agentur KNA in Rom gegebenen und in Deutschland weit verbreiteten Interview erklärte, daß diese außergewöhnliche päpstliche Auszeichnung seines getreuesten Mitarbeiters »ein Erweis des besonderen Wohlwollens des Heiligen Vaters für das deutsche Volk sei« und gleichzeitig habe er sein uneingeschränktes Wohlwollen dafür zum Ausdruck gebracht, was »der deutsche Episkopat in wichtigen Fragen des öffentlichen Lebens geleistet habe, wie in Fragen der Ehe, der Familie, der Schule und der Militärseelsorge ...«
Berücksichtigt man das zuvor Gesagte, ist es bezeichnend, daß Kardinal Frings, als er mir seine Absicht begründete, für Böhler den Titel »Exzellenz« zu erbitten (ein Ansinnen, von dem ich meinte abraten zu müssen), mir wörtlich erklärte: »Mit der Ernennung des ›Prälaten‹ Kunst, der jetzt zum Militärbischof der Protestanten befördert wurde und seine Kirche standesgemäß und offiziell bei der Bundesregierung vertritt, befindet sich Mons. Böhler in einer gewissen prekären Position, da nunmehr Herr Kunst einen viel höheren Rang einnimmt...«. Damit hat der Kardinal zugestanden, daß der eigentliche Grund seines Gesuches darin bestand, zu vermeiden, daß Böhler – genau genommen in der diesbezüglichen Position bei der Bundesregierung – dem Range nach nicht von seinem protestantischen Kollegen überholt werden könne. Ich glaube, besser könnte man kaum jene Konfusion erklären, die von Eurer Exzellenz herausgefunden wurde und an der, wie man sieht, nicht einmal der Kardinalerzbischof von Köln schuldlos geblieben ist. Und es mißfällt mir sehr, unter anderem im Interesse desselben Kardinals, daß er trotz meines gegenteiligen Rats an seinem Vorhaben festgehalten hat (und damit erfolgreich war).

6. Mit dem, was ich oben vorgetragen habe, glaube ich, weitgehend meinem Vorschlag und meiner Pflicht Genüge getan zu haben, die komplexe Frage der Stellung von Exz[ellenz] Mons. Böhler in allen ihren Aspekten darzulegen; und ich meine, obendrein hinreichend meine unmaßgebliche Meinung begründet zu haben, daß es mir weder notwendig noch günstig erscheint, wenigstens nicht im Augenblick, die Angelegenheit in der Konferenz in Fulda vorzubringen.
Die weiteren Überlegungen, die bei Wahrung der Interessen des Heiligen Stuhls und die bei dem ausgesprochenen Wunsch des Heiligen Vaters zur Lösung der delikaten Angelegenheit führen können und sollen, muß ich für den folgenden Bericht aufsparen. Ich möchte jedoch Eurer Exzellenz versichern, daß diese Nuntiatur sich bisher schon intensiv mit dem Fall beschäftigt hat und daß sie es ebenfalls weiterhin tun wird; – auch wenn der Heilige Stuhl trotz allem dabei bleibt, daß die Angelegenheit

in Fulda behandelt werden soll; – und eben diese Nuntiatur wird es nicht daran fehlen lassen, sich gewissenhaft daran zu halten.

Eurer Exzellenz den Ausdruck meiner vorzüglichen Hochachtung entbietend empfehle ich mich

als Eurer Eccellenza Reverendissima ergebener und dankbarer

[*o. U.*].

46

Junk an Frings

Köln, 3. September 1956

EA Köln, Gen. II 23.61, 24. *Schreibmaschinenausfertigung mit eigenhändiger Unterschrift. Briefkopf:* Niederdeutsche Provinz S. J. Provinzial.

Eminenz, Hochwürdigster Herr Kardinal!

Bald nach der Besprechung über eine Abberufung des P. Reichel habe ich mich dieses Anliegens angenommen. Die Angelegenheit gestaltete sich sehr schwierig, und ich mußte im Laufe der Zeit feststellen, daß die Situation derart ist, daß eine Entfernung des P. Reichel aus seiner Stellung wohl nicht verantwortet werden kann.

P. David[1] kann die Aufgabe, wie vorgeschlagen worden war, nicht übernehmen. Zunächst findet er für eine zusätzliche Arbeit nicht die Kraft und Zeit; zudem ist die Tätigkeit ihm so fremd, daß er sich nicht zutraut, sie zur Zufriedenheit ausführen zu können. Dieser Tage noch versicherte mir selbst Herr Dr. Paulus, er habe sich überzeugt, daß dieser Plan nicht zu verwirklichen wäre.

Ein anderer Pater, der an die Stelle von P. Reichel treten könnte, kann auch nicht freigemacht werden.

Es liegt auch gar nicht in unserer Macht, der Kollegenschaft einen Berater aus unseren Reihen vorzuschreiben oder aufzudrängen. Die Absicht, P. Reichel abzulösen, ist – ich weiß nicht auf welchem Wege – in manchen Kreisen bekannt geworden. Daraufhin wurde bereits von evangelischer Seite ein Nachfolger für P. Reichel der Kollegenschaft in Vorschlag gebracht.

Da es uns so unmöglich ist, P. Reichel zu ersetzen, bliebe noch die Möglichkeit ihn abzuberufen, ohne einen Ersatz zu stellen. Daß ein solcher Schritt aber höchstwahrscheinlich katastrophale Folgen haben würde, braucht wohl nicht weiter ausgeführt zu werden.

Ew. Eminenz haben auch bereits erfahren, daß nach Bekanntwerden meiner Bemühungen in der Angelegenheit Reichel von verschiedenen Seiten Vorstellungen bei mir erhoben wurden mit der Bitte, doch möglichst den Plan nicht zur Ausführung zu bringen. Wenn ich auch diesen Vorstellungen bei meinem Vorangehen keinen ent-

1 P. Jakob David SJ *(1904–1980), 1924 Ordenseintritt, 1934 Priester, Mitarbeiter der Schweizer Zeitschrift »Orientierung«, 1955–1961 wissenschaftlicher Leiter des Sozialinstituts Kommende in Dortmund-Brackel, Mitbegründer der Vereinigung Christlicher Unternehmer der Schweiz.*

scheidenden Wert beigemessen habe, so möchte ich doch das Schreiben des Herrn Bundeskanzlers[2] beigeschlossen abschriftlich Ew. Eminenz zugänglich machen.
Auf Grund der angestellten Prüfung der Lage scheint mir also eine abrupte Entfernung von P. Reichel so schlimme Folgen zu haben, daß sie nicht verantwortet werden kann. Deshalb habe ich vor, ihn allmählich, Stück für Stück, von seinem Posten loszulösen und mit anderen Arbeiten zu betrauen. Durch eine derartige unmerkliche Loslösung dürften die verderblichen Folgen vermieden werden können.
Da ich morgen die Visitationsreise nach Skandinavien antreten muß, ist es mir nicht mehr möglich, Ew. Eminenz die Situation ausführlicher darzulegen. Ich habe deshalb P. Hirschmann gebeten, um eine Audienz nachzusuchen und eingehender über die Angelegenheit zu berichten. Ew. Eminenz bitte ich, diese Audienz zu gewähren.
Mit ehrerbietigem Gruß verbleibe ich

Ew. Eminenz
in Christo sehr ergebener
Nik[olaus] Junk SJ.

47

Kafka an Böhler

Bad Godesberg, 5. September 1956

EA KÖLN, Katholisches Büro NRW I 235. *Schreibmaschinenausfertigung mit eigenhändiger Unterschrift. Briefkopf:* Zentralkomitee der deutschen Katholiken – Referat für staatsbürgerliche Angelegenheiten. *Anschrift:* Seiner Exzellenz dem Hochwürdigsten Herrn Prälaten Wilhelm Böhler, Köln, Marzellenstr. 32.

Exzellenz, sehr verehrter Herr Prälat!
Ich habe in Köln die Idee der Ergänzungshochschule vertraulich mit Professor von der Heydte[1] besprochen. Wir waren uns darüber einig, daß es vor allem darauf ankommen wird, die Teilnehmer, die ja bereits graduierte Akademiker sein sollen, zum Eigenstudium und zur eigenen Fortbildung anzuhalten. Nach Ansicht von Professor von der Heydte wird es ohne weiteres möglich sein, unsere wenigen erstklassigen Fachleute jedes zweite oder vierte Semester für eine zweistündige Verlesung zu gewinnen, ebenso für ein Seminar.
Das aber genügt nicht; es bedarf vielmehr einer Persönlichkeit, an die sich die Schulungsteilnehmer jederzeit mit ihren fachlichen Problemen wenden können, die die Richtung für das Selbststudium weist und – kurz gesagt – die Funktion eines Mentors übernimmt, freilich auf einer wesentlich höheren Ebene, als der des anglo-amerikanischen Tutoren-Systems. Dies ist eine Aufgabe, die weit über die Fähigkeiten eines normalen Universitäts-Assistenten hinausgeht, bei dem immer die Gefahr besteht,

2 *Vgl. Dok. 37.*

1 FRIEDRICH AUGUST FREIHERR VON DER HEYDTE *(1907–1994), seit 1954 Professor für Staats- und Völkerrecht in Würzburg.*

daß er sich in Details verliert und die große Linie darüber vernachlässigt. – Professor von der Heydte und ich überlegten dabei, wer als eine solche Persönlichkeit in Frage kommen könnte, die gewissermaßen fachlich einen geistigen Zusammenhalt des ganzen Unterrichtes bildet, darüber hinaus aber auch eigene Lehrtätigkeit auszuüben hätte. Wir haben nun erwogen, daß vielleicht der im September d. J. in Pension gehende Präsident des Bundesverfassungsgerichts Dr. Wintrich[2] in einer solchen Tätigkeit eine ihn befriedigende Aufgabe erblicken könnte.
Mit Wintrich hätten Sie zugleich einen Mann gewonnen, dessen Name allein schon ein Programm darstellt.
Wie denken Sie darüber? Natürlich müßte man wohl den Ausgang des Konkordatsprozesses zunächst abwarten.
Mit den besten Empfehlungen

Ihr sehr ergebener
Kafka
(Dr. Gustav E. Kafka).

48

Böhler an Frings

Köln, 6. September 1956

EA Köln, CR II 26.4, 15. *Schreibmaschinenausfertigung mit eigenhändiger Unterschrift. Briefkopf:* Prälat W[ilhelm] Böhler. *Anschrift:* S[eine]r Eminenz dem Hochwürdigsten Herrn Erzbischof Joseph Herrn Kardinal Dr. Frings. *Registraturstempel:* Erzb[ischöfliches] General-Vikariat Registratur 14. Sep[tember] 1956 Köln. *Handschriftlicher Vermerk:* Ich bin für Beitritt zu der Organisation Münster. K[öln] 13.9.1956 + J[oseph].

Ew. Eminenz!
Seit einigen Jahren bereitet Herr Domkapitular Tenhumberg aus Münster die Bildung eines sogenannten Zeitschriftendienstes vor. Er ist gedacht als eine regelmäßige Illustriertenbegutachtung, die von einer kirchlich beauftragten Kommission zur rechten Gewissensbildung der Eltern und Erzieher, der Verleger und Zeitschriftenhändler, nicht zuletzt der Jugend selbst durchgeführt werden soll. Die Trägerschaft soll einem Gremium übertragen werden, das sich aus Vertretern der katholischen Verbände und Organisationen, insbesondere der katholischen Elternschaft, der katholischen Jugendverbände und der katholischen Frauenverbände zusammensetzt. Inzwischen sind die Vorarbeiten soweit gediehen, daß mit einer regelmäßigen, etwa vierteljährlichen Veröffentlichung begonnen werden könnte. Seit mehr als einem Jahr hat auf Veranlassung von Herrn Domkapitular Tenhumberg ein Arbeitskreis von etwa 80–100 Personen aller Altersstufen und Bevölkerungsschichten, darunter viele Pädago-

[2] Joseph Wintrich *(1891–1958), 1954–1958 Präsident des Bundesverfassungsgerichts, 1950 Honorarprofessor an der Universität München. Die Angabe seines bevorstehenden Ausscheidens aus dem Amt ist irrig.*

gen, eine regelmäßige Begutachtung von etwa 40 Illustrierten vorgenommen und ein vorläufiges Gesamtergebnis festgestellt.
Im Frühjahr d. J. ist den Hochwürdigsten vier Ordinariaten in Nordrhein-Westfalen auf Bitten der Landesstelle der katholischen Jugend Nordrhein-Westfalen eine Denkschrift zur Bildung eines Zeitschriftendienstes (Wertung der Illustrierten)[1] zugesandt worden. Daraufhin haben der Erzbischof von Paderborn und der Bischof von Aachen dem Bischof von Münster ihr Einverständnis zur Begründung eines solchen katholischen Zeitschriftendienstes mitgeteilt.
Ich selbst bin der Auffassung, daß der geplante Zeitschriftendienst geeignet ist, eine bisher schon oft schmerzlich empfundene Lücke auf dem Sektor des Zeitschriftenwesens zu schließen. Daher wäre ich dankbar, wenn Ew. Eminenz für das Erzbistum Köln die Zustimmung zur Bildung des Zeitschriftendienstes auf überdiözesaner Ebene geben würden.

In Ehrerbietung!
Böhler.

49

Hengsbach an Wendel

Paderborn, 8. September 1956

EA MÜNCHEN, Joseph Kardinal Wendel, 40 ZK/1956. *Schreibmaschinenausfertigung mit eigenhändiger Unterschrift. Briefkopf:* Zentralkomitee der Deutschen Katholiken. Der Generalassistent. *Anschrift:* An Seine Eminenz den Hochwürdigsten Herrn Joseph Kardinal Wendel, Erzbischof von München-Freising zu München.

Euer Eminenz
darf ich im Anschluß an das kurze Gespräch in Köln folgendes vortragen:
1. Betr. Neuordnung der Hauptstelle für Frauenseelsorge.
Auf der Fahrt zum Katholikentag habe ich in Düsseldorf mit Herrn Prälaten Klens und Herrn Generalsekretär Thienel[1] noch einmal unsere letzten Vorschläge ausführlich besprochen, da Herr Prälat Klens zunächst noch einige Fragen hatte. Wir konnten im Gespräch jedoch alle Bedenken klären und feststellen, daß Herr Prälat Klens und Herr Generalsekretär Thienel vollauf die vorgeschlagene Regelung gutheißen. Nur ein paar, vor allem steuertechnische Formulierungen haben wir neu überlegt. Ich habe sie in einem kleinen Aktenvermerk festgehalten, den ich Euer Eminenz in

1 *Vgl. Dok. 9.*

1 HUBERT THIENEL *(1904–1987), 1930 Priester (ED Breslau), 1937 Diözesanpräses der weiblichen Jugend, 1939 auch der Frauen, 1946–1950 Referent für Frauenjugend bei der Bischöflichen Hauptstelle für Jugendseelsorge, 1950–1971 Generalsekretär des Zentralverbands der Frauen- und Müttergemeinschaften, 1972 Leiter der Katholischen Arbeitsstelle für Heimatvertriebene (Nord), 1972–1983 Visitator Apostolicus für die aus dem Erzbistum Breslau vertriebenen Katholiken. Vgl.* J. GOTTSCHALK VI, *S. 259–265.*

Anlage beifüge.[2] Ich habe diese Änderungswünsche inzwischen auch den Herren der Juristenkommission zugeschickt. M. E. können wir die vorgeschlagenen neuen Formulierungen durchaus akzeptieren.
Da die vorjährige Plenarkonferenz in Fulda bereits grundsätzlich der Neuordnung der Hauptstelle für Frauenseelsorge zugestimmt hat, würde es nunmehr genügen, wenn Euer Eminenz als Vorsitzender der Koordinierungskommission die vorgeschlagene Neuordnung gutheißen und unserem Hochwürdigsten Herrn Erzbischof als dem für die Frauenseelsorge federführenden Bischof das mitteilen, damit dann unser Hochwürdigster Herr Erzbischof Herrn Prälaten Klens entsprechend unterrichten kann. Es wird dann ohnehin noch eine Zeitlang dauern, bis die Vorschläge für die Neuordnung realisiert sind (Umwandlung des bestehenden E. V. Hauptarbeitsstelle in einen E. V. Zentralverband, Neugründung eines E. V. Hauptstelle und Vertragsabschluß zwischen beiden). Falls Euer Eminenz jedoch die Neuordnung zunächst noch in Fulda vortragen wollen, könnte im Anschluß an die Konferenz derselbe modus procedendi gewählt und ein kurzer Vermerk darüber in das Protokoll aufgenommen werden.
2. Nachdem nun die Vorarbeiten für die Neuordnung der Kirchlichen Hauptstellen für Film, Frauenseelsorge und Männerseelsorge abgeschlossen sind und die Hauptstelle für Jugendseelsorge zunächst keiner Neuordnung bedarf – wenigstens nicht bis zur Verabschiedung einer neuen Bundesordnung – scheint mir folgende Aufgabe gegeben zu sein: Es müßte ein Kanon der übrigen Bischöflichen bzw. Kirchlichen Hauptstellen für die verschiedenen Sachgebiete aufgestellt werden. Dabei wäre zu prüfen, ob alle heutigen Bischöflichen Hauptstellen unter diesem Namen bestehen bleiben sollen. Ich habe den Eindruck, daß die eine oder andere Stelle sich den Titel »Bischöfliche Hauptstelle« hat zulegen lassen, um ihre Bedeutung hervorzuheben. Es müßte ferner festgelegt werden, wer eine Bischöfliche Hauptstelle errichten kann (wohl nur die Plenarkonferenz) und welche Voraussetzungen dabei erfüllt sein müssen.
Falls Euer Eminenz diese meine Überlegungen teilen, würde ich für einen Beschluß der Plenarkonferenz etwa folgende Formulierung vorschlagen:
»Die Bischöfliche Kommission für die Koordinierungsaufgaben wird beauftragt, bis zur nächsten Plenarkonferenz ein vollständiges Verzeichnis aller Kirchlichen bzw. Bischöflichen Hauptstellen vorzulegen und dabei zu prüfen, ob alle Hauptstellen in der gegenwärtigen Form bestehen bleiben sollen. Soweit die Hauptstellen noch keine Neuordnung hinsichtlich des innerkirchlichen Auftrags und der äußeren Rechtsform erfahren haben, sollen entsprechende Vorschläge bis zur nächsten Plenarkonferenz erarbeitet werden«.
3. Es wäre gut, wenn das bisherige »Schrifttums- und Pressereferat der Fuldaer Bischofskonferenzen«, das von Herrn Hüpgens[3] verwaltet wurde, recht bald umgewandelt würde in eine Kirchliche Hauptstelle für Presse. Soweit ich weiß, ist Herr Hüpgens seit langem im wesentlichen beschäftigt mit der Geschäftsführung des Verbandes

2 *Nicht ermittelt.*

3 Theodor Hüpgens *(1886–1969), 1933–1958 Geschäftsführer im Presse- und Schrifttumsreferat der Fuldaer Bischofskonferenzen, 1948 Chefredakteur der Zeitschrift »Mann in der Zeit«, 1949–1957 Geschäftsführer der Arbeitsgemeinschaft Kirchliche Presse.*

der kirchlichen Presse, und das Schrifttums- und Pressereferat besteht mehr oder weniger nur auf dem Papier. In der Besprechung, die die beteiligten Herren mit dem hochseligen Erzbischof Dr. Berning hatten, und an der auch der Hochwürdigste Herr Bischof von Münster teilnahm, bejahte Exzellenz Berning durchaus die Notwendigkeit einer Hauptstelle für Presse und Information und war der Meinung, daß Herr Hüpgens weiterhin die Vereinigung der kirchlichen Presse betreuen solle.
Eine Kirchliche Hauptstelle für Presse müßte m. E. zusammen mit den Kirchlichen Hauptstellen für Film, Rundfunk und Fernsehen innerhalb des Zentralkomitees ein Publizistisches Referat bilden, damit sowohl die Zusammenarbeit der publizistischen Hauptstellen untereinander wie auch mit den übrigen Sachreferaten des Zentralkomitees gewährleistet würde. Ich habe über diese Frage sehr ausführlich vor allem mit Herrn Dr. Rössler[4] sprechen können, der als Fachmann die Notwendigkeit einer Hauptstelle für Presse unbedingt bejaht und ebenfalls der Meinung ist, daß die publizistischen Hauptstellen dann innerhalb des Zentralkomitees zu einer richtigen Zusammenarbeit kommen müßten, etwa in einem eigenen Publizistischen Referat. Herr Dr. Rössler wäre auch – wie er mir sagte – bereit, die Leitung einer Hauptstelle für Presse zu übernehmen und damit gleichzeitig – so schlug ich im Einvernehmen mit Pfarrer Siegel, Dr. Becker und Direktor Kochs vor – die Leitung eines Publizistischen Referates, allerdings nicht aus eigenem Entschluß, sondern nur, falls ihm sein Bischof einen entsprechenden Auftrag geben würde. Ich habe daraufhin auch mit Exzellenz Dr. Döpfner in Köln kurz sprechen können, der über die dargelegten Gedankengänge orientiert ist und die Frage noch einmal überdenken wollte, ob er Herrn Dr. Rössler mit der ihm zugedachten Aufgabe betrauen soll. Euer Eminenz werden sicherlich gelegentlich der Plenarkonferenz diese Frage mit Exzellenz Döpfner persönlich besprechen.
Ein möglicher Beschluß der Fuldaer Plenarkonferenz brauchte m. E. nur sehr allgemein gehalten zu sein, und zwar – wenn ich mir einen Vorschlag erlauben darf – etwa so:
»Die Plenarkonferenz beschließt, das bisher bestehende ›Schrifttums- und Pressereferat der Fuldaer Bischofskonferenzen‹ umzuwandeln in eine ›Kirchliche Hauptstelle für Presse und Information‹. Das Nähere regelt die Bischöfliche Kommission für die Koordinierungsaufgaben im Einvernehmen mit der Bischöflichen Kommission für Publizistik«.
Da ich den Gedanken einer Kirchlichen Hauptstelle für Presse und die Bildung eines Publizistischen Referates kurz angedeutet habe in meinem Einleitungsreferat vor den publizistischen Arbeitskreisen bei der Arbeitstagung in Köln, erlaube ich mir, Euer Eminenz den Text meines Vortrages[5] in Anlage beizufügen.
Mit ehrerbietigen Grüßen

Euer Eminenz im Herrn sehr ergebener
+ Franz Hengsbach.

[4] MAX ROESSLER *(1911–1992), Dr. iur., nach juristischer Tätigkeit 1940 Priester (D Würzburg), 1941 Diözesanjugendseelsorger, 1950 Diözesanpräses der Kolpingfamilie, 1952 Hauptschriftleiter des »Fränkischen Volksblatts«, 1955 Rundfunk- und Fernsehbeauftragter der bayerischen Bischöfe, 1969 Päpstlicher Ehrenkaplan.*

[5] *Nicht ermittelt.*

50

Böhler an Frings

Köln, 8. September 1956

EA Köln, Dienstakten Böhler 281. *Schreibmaschinendurchschrift mit eigenhändiger Unterschrift. Briefkopf:* Prälat W[ilhelm] Böhler. *Anschrift:* S[eine]r Eminenz dem Hochwürdigsten Herrn Erzbischof Joseph Herrn Kardinal Dr. Frings.

Ew. Eminenz
darf ich noch ganz kurz zur politischen Situation folgendes für Fulda schreiben:
Wir müssen damit rechnen, daß die Schwierigkeiten wachsen. Auf die Dauer werden wir Katholiken unseren Weg einsam gehen müssen. Das wird zuerst nicht leicht sein. Auf die Dauer aber uns stärken.
In manchen grundsätzlichen Fragen stehen wir heute schon allein. In der Personalpolitik sucht man die Katholiken bewußt zurückzudrängen. In vielen praktischen Fragen finden wir immer noch einen guten Weg mit den Protestanten zusammen, aber das Vertrauen ist doch weitgehend geschwunden.
Nach meiner Meinung sind die politisch führenden Katholiken zu ängstlich und zu rücksichtsvoll. Man denkt natürlich sehr stark an die Wahlen und läßt sich von diesem Gesichtspunkt bei manchen Entscheidungen leiten.
Das Vertrauen zu Adenauer ist nicht mehr im alten Maße vorhanden. Die SPD hat an Zugkraft gewonnen.
Diese Dinge muß man ganz nüchtern sehen und wird sich klar und realpolitisch darauf einstellen müssen.
Da ich annehme, daß auch in diesem Jahre dieser Fragenkomplex in Fulda kaum behandelt wird, beschränke ich mich auf diese kurzen Darlegungen. Vielleicht wäre es gut, wenn im Laufe des Herbstes oder Winter ein kleiner Kreis der Hochwürdigsten Herren Bischöfe zusammenkäme, der dann eingehendere Informationen erhalten könnte.
Von der Entscheidung der Konkordatsfrage wird außerordentlich viel abhängen. Näheres kann ich an dieser Stelle über die Situation nicht sagen, als das eine: es muß noch viel gebetet werden.

In Ehrerbietung!
Böhler.

51

Denkschrift Böhlers

Köln, 9. September 1956

DA EICHSTÄTT, Bischofsarchiv Schröffer, Deutsche Bischofskonferenz 1956. *Schreibmaschinenvervielfältigung mit Überschrift:* Denkschrift über die Ausgestaltung der Bischöflichen Arbeitsstelle für Schule und Erziehung.

A.

Das Westdeutsche Konveniat der Hochwürdigsten Herren Bischöfe hat auf seiner letzten Sitzung in Pützchen[1] beschlossen, der Bischöflichen Arbeitsstelle für Schule und Erziehung einen neuen Leiter zu geben.

Schon oft habe ich dem Hochwürdigsten Episkopat meine Sorgen wegen dieser Arbeitsstelle vorgetragen. Sie hat bis jetzt nur dadurch ihre Aufgaben erfüllen können, daß sich die Herren

Exzellenz Weihbischof Cleven[2],
Ordinariatsrat Dr. Westhoff,
Msgr. Ordinariatsrat Vospohl[3],
Msgr. Direktor Fischer,
Dr. iur. Panzer[4]
und ich

der Arbeitsstelle als Mitarbeiter zur Verfügung gestellt haben.

Das ist aber auf die Dauer keine ausreichende Lösung.

B.

Wenn die Stelle zufriedenstellend arbeiten soll, dann müßte sie wie folgt eingerichtet sein:

1. ein Referat für Schulpolitik mit einem hauptamtlichen Leiter, der die Grundsätze katholischer Schulpolitik beherrscht, der eine klare Übersicht über das schulpolitische Leben in der Bundesrepublik und in der Ostzone besitzt, der in allen Ländern bei auftauchenden schulpolitischen Fragen als Berater wirken kann, und der für die Verhandlungen mit Parlamenten und Regierungen neben dem sachlichen Wissen entsprechende Verhandlungsfähigkeiten besitzt;
2. ein Referat für Schulrecht, dessen hauptamtlicher Leiter sich in ähnlicher Weise wie der Schulpolitiker auf dem schuljuristischen Gebiet zu betätigen hätte;

[1] *Dok. 27 verzeichnet keinen entsprechenden Beschluß.*

[2] JOHANN WILHELM CLEVEN *(1893–1983), 1921 Priester (ED Köln), 1948 Domkapitular und Generalvikariatsrat, 1958 Leiter der Schulabteilung, 1950 Weihbischof in Köln, 1958–1970 Erzbischöflicher Beauftragter für das Diözesankomitee der Katholiken im Erzbistum Köln.*

[3] WILHELM VOSPOHL *(1899–1974), 1927 Priester (ED Köln), Referent für das berufsbildende Schulwesen im Generalvikariat Köln.*

[4] KARL PANZER *(geb. 1922), Dr. iur., seit 1953 Rechtsberater im Kölner Generalvikariat und im Katholischen Büro Bonn.*

3. ein Referat für Elternpädagogik, dessen hauptamtlicher Leiter endlich wiederum die Arbeit aufgreift, die früher von der Zentrale der Schulorganisation geleistet wurde: Schulung und Aufklärung der Eltern, des Klerus, der Lehrer und der Schulpolitiker. Dieses Referat hätte auch die Sorge für »Das Mitteilungsblatt«, die Elternzeitschrift »Leben und Erziehen«, sowie die notwendigen Publikationen zu übernehmen. Der Leiter dieses dritten Referates sollte die Geschäftsführung für die »Katholische Elternschaft Deutschlands« übernehmen.

Bisher schon hatte die Bischöfliche Arbeitsstelle nämlich die Aufgabe, gleichzeitig Geschäftsstelle für die »Katholische Elternschaft Deutschlands« zu sein. Das müßte so bleiben, damit diese nicht in die Notwendigkeit versetzt wird, eine eigene Stelle einzurichten, wozu sie einerseits nicht in der Lage ist, während andererseits die Arbeit geleistet werden muß. Der Präsident der »Katholischen Elternschaft Deutschlands«, Herr Amtsgerichtsrat Gatzweiler[5], muß entlastet werden. Für die Büroarbeit muß eine gute Kraft zur Verfügung stehen.

Die drei Referatsleiter müßten sowieso in vertrauensvollem Einvernehmen mit der genannten »Katholischen Elternschaft Deutschlands«, mit dem »Bund katholischer Erzieher« und dem »Institut für wissenschaftliche Pädagogik« in Münster zusammenarbeiten. Die Fragen der wissenschaftlichen Pädagogik wären ganz dem letztgenannten Institut zu überlassen. Allerdings fehlen im Augenblick auch dort noch geeignete Kräfte.

Die Bischöfliche Arbeitsstelle müßte also besetzt sein:

1. mit einem Referenten für Schulpolitik,
2. mit einem Referenten für Schulrecht,
3. mit einem Referenten für Elternpädagogik, gleichzeitig Geschäftsführer der »Katholischen Elternschaft Deutschlands«,

von denen einer die Leitung hat.

Außer diesen Referenten müßten
2 Sekretärinnen zur Verfügung stehen,
1 Kraft für Bibliothek, Registratur und Archiv und
1 Kraft für die »Katholische Elternschaft Deutschlands«.

C.

Es ist zu überlegen, ob diese Arbeitsstelle in das Haus des Zentralkomitees in Godesberg-Friesdorf gelegt werden soll. Die Zusammenarbeit mit den dort tätigen Referaten könnte von großem Nutzen sein, die Bibliothek könnte mitbenutzt werden und die Zusammenarbeit auf kulturpolitischem und staatspolitischem Gebiet, wie auch mit dem Referat für Erwachsenenbildung wäre leicht gegeben.

Es ist weiterhin zu überlegen, ob nicht, wie bei den drei schon bestehenden Referaten des Zentralkomitees, ein Beirat zu berufen wäre, in dem maßgebliche Persönlichkeiten des schulpolitischen und schulpädagogischen Lebens vertreten sein müßten.

[5] Richard Gatzweiler *(gest. 1996), Amtsgerichtsrat in Bonn, 1954–1959 erster Präsident der Katholischen Elternschaft Deutschlands.*

Ich persönlich darf wohl die Meinung äußern, daß ich den Vorsitz dieses Beirates gerne übernehmen würde.
Die Arbeitsstelle müßte selbstverständlich dem Hochwürdigsten Episkopat regelmäßig Gutachten über die Entwicklung des Schulwesens erstatten mit Ausnahme von rein wissenschaftlich-pädagogischen Gutachten, die dem Institut in Münster zu überlassen wären, und bliebe weiterhin Geschäftsstelle für die Konferenzen der Diözesanschuldezernaten, mit denen sie in enger Fühlungnahme stehen müßte.

D.

Für diese Stelle ist ein vollständig neuer Etat aufzustellen. Ich lege ihn in der Anlage vor.
Bisher war für die Bischöfliche Arbeitsstelle ein überdiözesaner Zuschuß von DM 20.000 bewilligt. Die Hochwürdigsten Herren Bischöfe hatten schon den Beschluß gefaßt, für eine Schulrechtskraft Gehalt, Wohnungsgeld usw. zu übernehmen.
Für die »Katholische Elternschaft Deutschlands« haben wir bisher aus der Schulkollekte der Erzdiözese Köln jährlich eine Summe zur Verfügung gestellt.
Auf der letzten Diözesanschuldezernentenkonferenz waren alle Dezernenten der Meinung, daß für die »Katholische Elternschaft Deutschlands« eine entsprechende Summe gemeinsam von allen Diözesen aufgebracht werden müsse. Die meisten hatten auch schon mit ihren Hochwürdigsten Herren Generalvikaren über diese Angelegenheit gesprochen. Zusagen waren gegeben, sei es aus einer Schulkollekte, die in manchen Diözesen jetzt wieder gehalten wird, sei es aus anderen Mitteln den Betrag (man rechnete mit DM 20.000) aufzubringen.

E.

Ich bemerke, daß selbstverständlich diese Arbeitsstelle nach wie vor innerhalb der Räume des Generalvikariates Köln verbleiben könnte. Dadurch wäre die Mitarbeit der oben genannten Herren besser gesichert. Auch dann müßte die Arbeitsstelle, wenn sie wirklich Gutes leisten soll, allerdings die drei hauptamtlichen Referate haben.
Wenn die Arbeitsstelle nicht innerhalb der Räume des Generalvikariates bleiben und auch nicht in das Haus des Zentralkomitees in Godesberg-Friesdorf gelegt werden soll, müßte selbstverständlich noch ein weiterer Betrag eingesetzt werden für Miete, Reinigung, Heizung, Licht, wofür mindestens DM 10.000 im Jahre in Frage kämen. Die Entscheidung liegt ganz bei den Hochwürdigsten Herren Bischöfen.

F.

Es sei noch bemerkt, daß die Kosten für diese Stelle von den nichtbayerischen Diözesen aufgebracht werden müßten, weil die bayerischen Diözesen eine eigene Arbeitsstelle haben, die sie ganz finanzieren, In Bayern hat man übrigens ein Gehalt für einen hauptamtlichen Geschäftsführer der »Katholischen Elternschaft Bayerns« vom Episkopat bewilligt.

G.

In diesem Zusammenhang muß darauf hingewiesen werden, daß in den einzelnen Diözesen die Elternschaft noch ganz anders erfaßt und geschult werden muß. Der Schulsonntag allein genügt nicht. Im vorigen Jahre ist beschlossen worden, daß er wieder in allen Diözesen gehalten werden soll. Hoffentlich bleibt dieser Beschluß in kraft. Und wenn es möglich wäre, wieder überall mit diesem Schulsonntag auch die Schulsonntagskollekte zu verbinden, wäre das sehr begrüßenswert. Darüber hinaus aber muß eine ständige Arbeit an der katholischen Elternschaft geleistet werden. Das vorgeschlagene dritte Referat hätte hier eine große Aufgabe.

H.

Auch die internationale Zusammenarbeit auf dem Gebiet Schule und Erziehung wächst in ihrer Bedeutung allein schon im Hinblick auf die Bestrebungen der UNESCO. Innerhalb der UNESCO und neben der UNESCO muß die katholische internationale Arbeit einen kennbaren Platz haben.

gez. Böhler.

[...][6]

52

Del Mestri[1] an Wendel

Bad Godesberg, 11. September 1956

EA München, Joseph Kardinal Wendel, 13/1956. *Schreibmaschinenausfertigung mit eigenhändiger Unterschrift. Briefkopf:* Apostolische Nuntiatur in Deutschland. *Anschrift:* Seiner Eminenz dem Hochwürdigsten Herrn Joseph Kardinal Wendel, Erzbischof von München u[nd] Freising, München 2. *Aktenzeichen der Nuntiatur:* Nr. 10222/II-A-d-4. Eingangsstempel: Erzbistum München. Erzb[ischof] 22. Sep[tember] 1956. 13 Nr. 1058.

Hochwürdigste Eminenz!

Im Monat Juli haben Euer Eminenz zu der Frage »Kirchensteuer für Wehrmachtsangehörige und Reichskonkordat« ein Promemoria[2] eingereicht, das dem Hl. Stuhl vorgelegt wurde. Darauf ist nunmehr eine Antwort eingetroffen, die ich mich beehre, Euer Eminenz hier folgend mitzuteilen:

1. Die Formel »Die Mitglieder der Militärkirchengemeinden zahlen ihre Kirchensteuer, doch darf dieselbe nur für übergemeindliche und überdiözesane Zwecke verwendet werden«, die – wie Euer Eminenz wissen werden – als Ausweg vorge-

6 *Der nachfolgende* Vorschlag für einen Etat *wurde nicht aufgenommen.*

1 Guido Del Mestri *(1911–1993), 1936 Priester, 1953 Verwendung im diplomatischen Dienst des Vatikans in Indonesien, anschließend der Nuntiatur in Bonn zugeteilt, 1959 Apostolischer Delegat in Ost- und Westafrika, 1961 Titularerzbischof, 1967 Apostolischer Delegat in Mexiko, 1970 Pronuntius in Kanada, 1975–1984 Nuntius in der Bundesrepublik Deutschland, 1991 Kardinal.*

2 *Vgl. Dok. 30, Anm. 2.*

schlagen wurde, sei mit dem Schlußprotokoll zu Artikel 27,l des Reichskonkordates unvereinbar.
2. Wenn die Bundesregierung auch für die Wehrmacht die Kirchensteuer einführen will, so ist der Hl. Stuhl bereit, die Bestimmung von Artikel 27,1 RK (Schlußprotokoll) durch eine gegenseitige Vereinbarung aufzuheben und durch den obigen Vorschlag zu ersetzen.
3. Für diesen Fall muß jedoch klargestellt werden, daß diese Änderung auf die Initiative der Bundesregierung vorgenommen wird, die Kirche also nicht die Verantwortung für die Einbeziehung der Wehrmacht in die Verpflichtung, Kirchensteuer zu zahlen, trägt.
Wenn es also für die katholischen Wehrmachtsangehörigen aus den bekannten Gründen bei der Leistung der Kirchensteuer bleiben soll, dann müßte die Bundesregierung, d. h. das Bundesverteidigungsministerium, über das Auswärtige Amt die oben angezeigte Initiative ergreifen und an die Apostolische Nuntiatur herantreten.
Auf Grund dieser Weisung wäre ich Euer Eminenz sehr dankbar, wenn Sie vorerst dafür Sorge tragen würden, daß die zuständigen Personen unterrichtet werden. Gegebenenfalls wird sich die Nuntiatur – den Anregungen Euer Eminenz folgend – gerne einschalten.
Mit dem Ausdruck meiner tiefen Verehrung bleibe ich

Euer Eminenz ehrfurchtsvollst ergebener
Guido Del Mestri
(Msgr. Guido Del Mestri, Nuntiaturrat) Geschäftsträger a. i.

53

Darlegung Döpfners I

Würzburg, 12. September 1956[1]

EA MÜNCHEN, Joseph Kardinal Wendel, 29/1956. *Schreibmaschinenvervielfältigung mit Überschrift:* I. Besoldung der heimatvertrieben Priester. *Vermerk:* Betr. Fuldaer Bischofskonferenz 1956: Nr. 7: Pfarrübertragung an heimatvertriebene Priester.

Gemäß Beschluß der Fuldaer Bischofskonferenz von 1950 (Protokoll S. 9) ist die Besoldung der heimatvertriebenen Priester in den einzelnen Diözesen derjenigen der einheimischen angeglichen worden. Dennoch sind viele von ihnen im Nachteil geblieben, indem sie, die in der alten Heimat bereits investierte Pfarrer waren oder inzwischen im Alter vorgerückt sind, sich gegenwärtig mit geringer besoldeten Pfarrvikarstellen, Expposituren und anderen Hilfsgeistlichenposten begnügen müssen. Zum Teil wurde in der vergangenen Zeit diese Härte behoben durch Verleihung von Pfarradministraturen an heimatvertriebene Priester. In verschiedenen Diözesen erhalten die heimatvertriebenen Priester, die als ständige Pfarradministratoren einge-

1 *Die Datierung ergibt sich aus dem Begleitschreiben* DÖPFNERS *an die Mitglieder der Fuldaer Bischofskonferenz (Schreibmaschinenvervielfältigung mit eigenhändiger Unterschrift am gleichen Fundort).*

setzt sind, das Pfarrergehalt; eine Diözese gewährt überdies allen heimatvertriebenen Geistlichen, die im ganzen 15 Priesterjahre nachweisen können und die Pfarrkonkurs abgelegt haben, unabhängig von ihrer augenblicklichen Dienststellung, das Pfarrergehalt.
In einer anderen Diözese erhalten die heimatvertriebenen Priester, die als ständige Pfarradministratoren tätig sind, Titel und Besoldung eines Pfarrers, sofern sie im ganzen 15 Dienstjahre nachweisen und wenigstens fünf Jahre Dienst in dieser Diözese geleistet haben.
Es wäre zu wünschen, daß ähnliche Regelungen in allen Diözesen getroffen werden könnten. Dabei ist in Betracht zu ziehen, daß für vakante Pfarrstellen, die heimatvertriebenen Priestern zur Daueradministratur übergeben werden, in gewissen Fällen die üblichen staatlichen Pfarrbesoldungszuschüsse beantragt werden können.

54

Darlegung Döpfners II

Würzburg, 12. September 1956[1]

EA München, Joseph Kardinal Wendel, 20/1956. *Schreibmaschinenvervielfältigung. Überschrift:* II. Benefizienverleihung an heimatvertriebene Priester.

Laut dem Päpstlichen Reskript vom 14.4.1946 betr. die Weihe heimatvertriebener Priesteramtskandidaten[2] (Ziffer 3 Abs. 5) sollen die heimatvertriebenen Kleriker in ihren seitherigen Inkardinationsverhältnissen bleiben. Dem entspricht auch das Päpstliche Reskript »Jura Antistitum« vom 21.2.1948[3], welches in § 2 den ostdeutschen Ordinarien ein Rückrufungsrecht hinsichtlich ihrer Diözesanpriester vorbehält, wie überhaupt der Heilige Stuhl derzeit die Intention verfolgt, den bisherigen kirchenrechtlichen Status der Diözesen des deutschen Ostens bis auf weiteres beizubehalten.
Demgemäß müssen die heimatvertriebenen Kleriker in der Regel auf die gemeinrechtlichen Möglichkeiten zur Inkardination und Erlangung eines beneficium residentiale (cc. 112–116 CJC) in einer fremden Diözese verzichten, erst recht, wenn sie in der Heimatdiözese bis zur Vertreibung ein beneficium residentiale innehatten.
Die Fuldaer Bischofskonferenz von 1950 hat daher festgestellt, daß heimatvertriebene Priester auf Pfarrstellen in ihren gegenwärtigen Dienstdiözesen nur als Administratoren – wenn auch auf längere Dauer – eingesetzt werden können (Protokoll S. 9).
Das Erzbischöfliche Ordinariat Paderborn hat nach wie vor Bedenken, vakante Pfarrstellen für längere Zeit in Administratur zu geben, indem es die Auffassung vertritt, daß das gemäß c. 458 für die Wiederbesetzung vakanter Pfarreien vorgese-

1 *Vgl. Dok. 53, Anm. 1.*
2 *In* AAS *nicht veröffentlicht.*
3 *In* AAS *nicht veröffentlicht.*

hene tempus utile nicht zu weit ausgedehnt werden dürfe. Das Erzbischöfliche Ordinariat verweist auf das Devolutionsrecht des Heiligen Stuhles, gemäß can. 1432 § 3 und gibt ferner zu bedenken, daß die staatlichen Pfarrbesoldungszuschüsse für bloß administrierte Pfarrstellen verweigert werden könnten. Letzteres Bedenken teilt auch das Ordinariat Hildesheim.

Die vorliegenden Umstände, daß die heimatvertriebenen Priester, soweit sie rechtlich an die Heimatdiözese gebunden sind, in ihren jetzigen Dienstdiözesen kein beneficium residentiale erlangen und mancherorts auch nicht als Daueradministratoren angestellt werden können, tragen gewissen Härten in sich. Diese werden für die heimatvertriebenen Priester um so fühlbarer, je mehr die Aussicht auf baldige Rückkehr in die Heimatdiözesen sich verringert. Es erscheint daher erwägenswert, den Heiligen Stuhl um ein Privileg folgender Art zu bitten: Zwecks Erleichterung der gegenwärtigen Situation heimatvertriebener Priester möge der Heilige Stuhl den deutschen Bischöfen die befristete Vollmacht gewähren, in ihren Diözesen solchen Priestern auf Ansuchen von Fall zu Fall beneficia residentialia zu verleihen, ohne daß damit die etwa gegebene rechtliche Bindung an die Heimatdiözese (cf. can. 114) bzw. das etwaige Besitzrecht an einem heimatlichen beneficium (cf. can. 460 § 1) aufgehoben werden.

Der rechtliche Status eines aufgrund solchen Privilegs investierten Pfarrers wäre vergleichbar mit dem des amoviblen parochus im Sinne des can. 454 § 5.

55

Döpfner an die Mitglieder der Fuldaer Bischofskonferenz

Würzburg, 12. September 1956

EA München, Joseph Kardinal Wendel, 20/1956. *Schreibmaschinenvervielfältigung mit eigenhändiger Unterschrift. Briefkopf:* Der Bischof von Würzburg. *Anschrift:* An die Hochwürdigsten Herren der Fuldaer Bischofskonferenz. *Vermerk:* Betr.: Fuldaer Bischofskonferenz 1956; Nr. 7: Betreuung der SBZ-Flüchtlinge.

Ew. Eminenz/Exzellenz!

Für die Beratungen der diesjährigen Fuldaer Bischofskonferenz ist die Frage der Lagerseelsorge angesetzt. Von der hiesigen Dienststelle für Vertriebenenseelsorge wurde in Verbindung mit dem Katholischen Lagerdienst, dem Katholischen Flüchtlingsrat (vgl. das den Hochwürdigsten Herren übersandte Kurzprotokoll der Tagung des Kath[olischen] Flüchtlingsrates vom 25.11.1955[1]) und dem Lagerpfarrer Msgr. Dr. Josef Krahé[2], Friedland, in den vergangenen Monaten die Situation in den Flüchtlingslagern der Bundesrepublik und West-Berlins eingehend untersucht.

1 *Nicht ermittelt.*

2 Josef Krahé *(1914–2005), Dr. theol., Lic. phil., 1940 Priester (D Hildesheim), 1948 Pfarrvikar und Lagerpfarrer in Friedland, 1960 Propst in Hannover, 1967 Päpstlicher Hausprälat und Geistlicher Konsultor der Botschaft der Bundesrepublik Deutschland beim Heiligen Stuhl.*

Es wurde dabei festgestellt, daß die caritativ-fürsorgerischen, aber auch die seelsorgerischen Maßnahmen verstärkt werden müssen, damit sie der tatsächlichen Zahl und den psychologischen Bedingungen der katholischen Lagerinsassen entsprechen. Die näheren Einzelheiten des Aufgabengebietes sind im wesentlichen durch die beiliegenden Gutachten der Kath[olischen] Arbeitsstelle (Nord) für Heimatvertriebene vom 12.2.1956, des Kath[olischen] Notwerkes für Berlin vom 15.7.1956 und der Hauptleitung des Kath[olischen] Lagerdienstes vom 24.7.1956[3] aufgezeigt.
Unter Berücksichtigung derselben erlaube ich mir, folgende Vorschläge zur Diskussion zu stellen:
1. Die H[ochwürdigsten] H[erren] Bischöfe veröffentlichen eine gemeinsame Verlautbarung zum Lagerproblem und seinen sittlich-religiösen Anforderungen.
2. Jede Diözese (Diözesan-Seelsorgeamt, Diözesan-Caritas und Vertriebenen-Seelsorger) trifft in Zusammenarbeit mit der Landesstelle des Kath[olischen] Lagerdienstes die ergänzenden Maßnahmen wie sie durch die vorliegenden Gutachten in personeller und sachlicher Hinsicht nahegelegt sind.
3. Soweit die personellen und finanziellen Bereitstellungen nicht von der betreffenden Diözese allein getragen werden können, wird die Hauptstelle des Kath[olischen] Lagerdienstes in Freiburg in Verbindung mit dem Flüchtlingsbischof (dieser besonders bei der Vermittlung der fehlenden Geistlichen) Hilfe leisten.
4. Für die seelsorgerischen Personal- und Sachausgaben, soweit sie nicht von den Diözesen mit Lageraufgaben getragen werden können, wird dem Kath[olischen] Lagerdienst in Freiburg für 1957 ein solcher überdiözesaner Zuschuß von 200.000 DM auf Abruf zur Verfügung gestellt werden. Für den Fall, daß dieser Finanzierungsweg nicht gangbar scheint, würde für 1957 eine allgemeine Kirchenkollekte vorgeschlagen.
Ich bitte um gütige Erwägung der Vorlagen für die bevorstehende Fuldaer Plenarkonferenz.
Mit ehrerbietigem Gruß

+ Julius
Bischof von Würzburg.

[3] *Sämtliche Anlagen wurden nicht ermittelt.*

56

Hengsbach an Wendel

Brilon, 18. September 1956

EA MÜNCHEN, Joseph Kardinal Wendel, 40 ZK/1956. *Schreibmaschinenausfertigung mit eigenhändiger Unterschrift. Briefkopf:* Zentralkomitee der Deutschen Katholiken. Der Generalassistent. *Anschrift:* An Seine Eminenz den Hochwürdigsten Herrn Joseph Kardinal Wendel, Erzbischof von München-Freising zu München. *Eingangsstempel:* Erzbistum München. Erzb[ischof] 22. Sep[tember] 1956. 40 ZK Nr. 1040. *Vermerk*: Fulda!

Eminenz!

Zur Zeit bin ich im Dekanat Brilon zur Firmungsreise und hatte Gelegenheit, kurz mich mit Exzellenz Prälat Böhler zu treffen, der hier in der Nähe Ferien macht. Wir sprachen natürlich auch über das Zentralkomitee der deutschen Katholiken. Dabei erfuhr ich von Exzellenz Böhler folgendes:

Seine Eminenz Kardinal Frings habe vor kurzem mit ihm (Prälat Böhler) gesprochen und dabei erwähnt, daß Euer Eminenz mit Eminenz Frings gelegentlich des Katholikentages auch Fragen des Zentralkomitees berührt hätten. Dabei habe Eminenz Frings den Eindruck gewonnen, daß Euer Eminenz starke Bedenken bezüglich des Zentralkomitees hätten, und zwar offensichtlich auf Argumente von Herrn Dr. Paulus hin. Euer Eminenz hätten gemeint, in Fulda müsse über die ganze Angelegenheit gesprochen und überlegt werden, ob das Haus des Zentralkomitees in Godesberg-Friesdorf weitergeführt werden solle, und ob die Konzeption des Zentralkomitees richtig sei.

Euer Eminenz werden verstehen, daß mich diese Mitteilung natürlich sehr berührt hat. Sicherlich ist es richtig und notwendig, über die Konzeption des Zentralkomitees sich Gedanken zu machen, wobei ich allerdings gleich hinzufügen möchte, daß ich hier mit den Auffassungen von Herrn Dr. Paulus nicht einig gehe.

Ich fürchte jedoch, wenn man die Arbeit des Zentralkomitees in Godesberg jetzt nicht weiterführte, würde das bei den Laien eine große Enttäuschung und neues Mißtrauen hervorrufen. Vermutlich würden sich auch sofort die Kräfte regen, die unbedingt den Volksverein wieder aufbauen wollen.

Bei der Fuldaer Plenarkonferenz sind erfahrungsgemäß immer so viele wichtige Punkte zu besprechen, daß manche nur kurz behandelt werden können. Ich fürchte, daß dazu die Fragen um das Zentralkomitee gehören könnten. Sie sind aber andererseits zu wichtig und zu schwierig, als daß sie im Handumdrehen zu erledigen wären. Wäre es deshalb – wenn Euer Eminenz mir diesen Vorschlag gestatten – nicht richtig, daß zu gegebener Zeit nach der Fuldaer Bischofskonferenz Euer Eminenz und die Koordinierungskommission zusammen mit Eminenz Frings und einigen Mitarbeitern des Zentralkomitees eigens zusammenkommen würden, um die Fragen des Zentralkomitees zu besprechen? Ich wäre dankbar, wenn Euer Eminenz diesen Vorschlag gütigst erwägen würden.

Mit ehrerbietigen Grüßen bin ich

Euer Eminenz im Herrn sehr ergebener
+ Franz Hengsbach.

57

Hengsbach an Wendel

Paderborn, 22. September 1956

EA München, Joseph Kardinal Wendel, 40 ZK 1957. *Schreibmaschinenausfertigung mit eigenhändiger Unterschrift. Briefkopf:* Zentralkomitee der Deutschen Katholiken. Der Generalassistent. *Anschrift:* An Seine Eminenz den Hochwürdigsten Herrn Joseph Kardinal Wendel, Erzbischof von München-Freising zu München. *Eingangsstempel:* Erzbistum München. Erzb[ischof] 25. Sep[tember] 1956, 40 ZK Nr. 1094.

Euer Eminenz
darf ich im Anschluß an mein Schreiben vom 18.9.[1] noch folgende Gesichtspunkte vortragen:
1. Wie ich bereits gelegentlich der Besprechung in Pützchen berichten konnte, soll die nächste Vollversammlung des Zentralkomitees (als Termin ist der 6. bis 8. November und als Ort das Bonifatiushaus in Fulda vorgesehen) sich Rechenschaft darüber geben, wie sich das Zentralkomitee der deutschen Katholiken seit seiner Gründung entwickelte, wo es steht und was unter Umständen änderungsbedürftig erscheint angesichts der gemachten Erfahrungen. Darum soll ein Eingangsreferat gehalten werden unter dem Thema: »Sind wir in unserer Arbeit auf dem rechten Weg? Erwartetes und Erreichtes«.
Auch mit Bezug auf diese schon in Vorbereitung befindliche Vollversammlung des Zentralkomitees wäre es sicherlich ratsam, bei der Plenarkonferenz in Fulda noch keine Beschlüsse hinsichtlich der Konzeption des Zentralkomitees zu fassen, vielmehr der Koordinierungskommission die weitere Bearbeitung dieser Frage zu belassen. Die von mir in meinem Schreiben vom 18.9. vorgeschlagene Besprechung würde am besten vielleicht erst nach der Vollversammlung des Zentralkomitees stattfinden, um deren Ergebnisse mit verwerten zu können.
2. Die Entwicklung des Zentralkomitees und besonders des Hauses des Zentralkomitees hat sich langsam vollzogen und ist noch nicht abgeschlossen. Das Haus ist noch nicht hinreichend ausgebaut. Der bisherige Aufbau vollzog sich unter erheblichen Belastungen der dort arbeitenden hauptamtlichen Kräfte. Dr. Paulus arbeitet zwar schon seit zwei Jahren und konnte auf guten Vorarbeiten von Professor Dr. Höffner aufbauen. Dieser hat sich aber inzwischen leider fast ganz zurückgezogen. Von den beiden anderen hauptamtlichen Sachreferatsleitern arbeitet einer erst seit Frühjahr dieses Jahres und ist mitten im Aufbau seines Referates. Der Wechsel des Geschäftsführers vollzog sich ebenfalls erst im letzten Frühjahr.
Im späten Frühjahr konnte nach Beratung mit den Sachreferatsleitern die Geschäftsordnung festgelegt werden.
Daraus geht hervor, daß nunmehr erst Erfahrungen hinsichtlich der Funktionsfähigkeit des Hauses des Zentralkomitees gemacht werden können. Sie verlaufen offensichtlich günstig in Teilen der Sozialarbeit (Soziale Bildungsarbeit), im Außenamt, in der Erwachsenenbildung und in der Einflußnahme des Staatspolitischen Referates

[1] *Vgl. Dok. 56.*

auf den wissenschaftlichen Bereich. Unklar bleibt die Frage nach dem »Direktor« des Hauses, dessen Stelle zu entwickeln Dr. Paulus nicht so recht gelang. Die regelmäßige Konferenz der Referatsleiter ist von Dr. Paulus nicht genügend gehandhabt worden. Es ist ihm wohl auch persönlich nicht recht gelungen (im Unterschied zu Generalsekretär Köppler), seine eigene Stellung als Koordinator der Arbeit im Hause glücklich auszubauen. Der Grund dürfte vor allem darin liegen, daß Dr. Paulus einer Arbeit weniger gewachsen ist, deren rechtliche Struktur in vieler Hinsicht noch so offen ist wie die im Zentralkomitee.
Aus allem scheint mir hervorzugehen, daß es im Augenblick noch unmöglich ist, ein abschließendes Urteil über die Arbeit im Hause des Zentralkomitees zu fällen, daß es vielmehr mindestens noch eines Jahres bedarf, um entsprechende Erfahrungen zu sammeln.
3. Die Frage eines Erweiterungsbaues in Godesberg ist – sehr zum Leidwesen unserer hauptamtlichen Mitarbeiter – noch nicht recht weitergekommen. Es wäre gut, wenn der Erweiterungsbau bald in Angriff genommen würde. An Finanzmitteln steht bisher folgendes zur Verfügung:
gut 40.000 DM als Rest der Summe, die seinerzeit über die vier nordrhein-westfälischen Bistümer zum Ankauf des Hauses des Zentralkomitees zur Verfügung gestellt war,
50.000 DM, die ich aus katholischen Wirtschaftskreisen für den Erweiterungsbau geschenkt erhalten habe.
Darüber hinaus hofft Exzellenz Prälat Böhler, noch aus öffentlichen Mitteln einen erheblichen Zuschuß, unter Umständen sogar 200.000 DM, erhalten zu können.
4. Bezüglich der Finanzierung der laufenden Arbeit ist das Zentralkomitee im wesentlichen auf den Zuschuß des Episkopates von 100.000 DM jährlich angewiesen. Wie ich einer soeben erhaltenen Mitteilung von Fürst Löwenstein entnehme, sind für das Jahr 1956 bisher 25.000 DM durch die Bischöfliche Finanzkammer in Münster überwiesen worden. Danach sind noch 75.000 DM für 1956 ausständig. Ich wäre dankbar, wenn Euer Eminenz die Güte haben würden, gelegentlich der Plenarkonferenz darüber mit S[eine]r Exzellenz dem Hochwürdigsten Herrn Bischof von Münster zu sprechen, damit sichergestellt wird, daß die restlichen Gelder bald angewiesen werden.
Mit ehrerbietigem Gruß bin ich

Euer Eminenz im Herrn sehr ergebener
+ Franz Hengsbach.

58

Bericht Jaegers über die Gemeinsame Sozialarbeit

[Paderborn, vor 27. September 1956][1]

DA EICHSTÄTT, Bischofsarchiv Schröffer, Deutsche Bischofskonferenz 1956. *Schreibmaschinenvervielfältigung mit Überschrift:* Betr.: Gemeinsame Sozialarbeit der Konfessionen. *Vermerk:* Bericht zu Nr. 4,6 der Beratungsfolge der Plenarkonferenz 1956. *Die Unterstreichungen von Hand und eine später wieder durchgestrichene stenographische Randbemerkung wurden nicht verzeichnet.*

Wenn auch bei der sozialwissenschaftlichen und sozialbildnerischen Arbeit Katholiken und Protestanten von ihrer [*jeweils*] verschiedenen Ausgangsposition aus eigenständig arbeiten müssen, so ist doch in der Sozialaktion eine Zusammenarbeit unumgänglich notwendig. Zu den Formen dieser Aktion gehört auch u. a. die »Gemeinsame Sozialarbeit der Konfessionen im Bergbau«, die im Jahre 1950 auf Anregung des damaligen Vorsitzenden der Deutschen Kohlenbergbauleitung, Dr. Kost[2], vom Hochwürdigsten Herrn Erzbischof von Paderborn begonnen wurde, und die sich dann unter starker Förderung durch den Hochwürdigsten Herrn Bischof von Münster auf das linksrheinische Bergbaugebiet ausdehnte und seit kurzem mit Genehmigung des Hochwürdigsten Herrn Erzbischofs von Köln auch im rheinischen Braunkohlenrevier durchgeführt wird. Zudem hat diese Arbeit im geringen Umfange im hessischen Bergbau Eingang gefunden, und zwar mit Genehmigung des Hochwürdigsten Herrn Bischofs von Limburg. Seit einiger Zeit werden außerdem gleichgerichtete Kurse in der Textilindustrie des Münsterlandes und des Bielefelder Raumes gehalten. Schließlich haben leitende Männer der Eisen- und Stahlindustrie vor kurzem den Wunsch geäußert, auch hier eine ähnliche Sozialarbeit aufzubauen.
Diese Sozialaktion wird getragen von Sozialinstituten der Diözesen Paderborn (Kommende in Dortmund-Brackel), Münster (Ludgerushaus in Münster), Köln (Antoniusheim in Honnef) und von ähnlichen Instituten der Evangelischen Kirche in Westfalen (Haus Villigst) und des Rheinlandes (Haus der Begegnung in Mülheim), unter verantwortlicher Mitarbeit von Vertretern des Bergbaus.
Das Besondere dieser Sozialarbeit besteht darin, daß von den katholischen und evangelischen Sozialinstituten Angehörige aller Berufsschichten des Bergbaus, ohne Rücksicht auf ihre Religionszugehörigkeit, zu Kursen eingeladen werden (Grundkursen, Fortführungskursen, Sonderkursen für bestimmte Berufsschichten), um sie fähig zu machen, das menschliche Zusammenleben in den Betrieben und die betrieblichen Verhältnisse der gottgegebenen Menschenwürde entsprechend zu gestalten. Die Kurse haben keinen sozialbildnerischen Sinn, sondern dienen der Vorbereitung aller im Betrieb stehenden Kräfte auf eine gemeinsame Sozialaktion hin, nämlich die Durchführung einer dem christlichen Naturrecht entsprechenden innerbetrieblichen Sozialordnung.

1 *Die Datierung ergibt sich aus dem Bezug zur Fuldaer Bischofskonferenz.*
2 HEINRICH KOST *(1890–1978), Dr. Ing. e. h., 1945 Generaldirektor der Deutschen Kohlenbergbauleitung, Vorstandsmitglied des Stifterverbands für die deutsche Wissenschaft.*

Es handelt sich bei den Kursen also um eine Arbeit im vorkirchlichen Raum und innerhalb eines bestimmten Industriezweiges, die den Betriebsangehörigen dazu verhelfen soll, auch im Betrieb Mensch zu bleiben.
Um diese Arbeit von allen humanitären, neutralen oder verwaschenen interkonfessionellen Bemühungen zu distanzieren, ist es seit einigen Jahren üblich geworden, sie als konkonfessionell[3] zu bezeichnen. Dabei ist von vornherein festgelegt, daß bei den Kursen keine Glaubensfragen besprochen, keinerlei gemeinsame gottesdienstliche Handlungen vorgenommen werden und die Tagungen sich ausschließlich mit dem Thema beschäftigen »Der Mensch im Betrieb«. Es besteht überdies bei den katholischen und protestantischen Sozialinstituten Übereinstimmung darüber, daß die soziale Bildungsarbeit und erst recht die eigentliche religiöse Bildungsarbeit innerhalb jeder Konfession getrennt geschehen muß, und zwar – was die katholische Seite betrifft – innerhalb der katholischen Standesorganisationen und der dafür zuständigen kirchlichen Institutionen.
Eine fünfjährige Erfahrung hat gezeigt, daß in der »Gemeinsamen Sozialarbeit der Konfessionen im Bergbau« ein Weg gefunden ist, auf dem zum ersten Male seit dem Bestehen der industriellen Großbetriebe des Bergbaus ernsthaft der Versuch gemacht wird, die Soziallehre in der Praxis des betrieblichen Geschehens zu verwirklichen. Bisher haben etwa 13.000 Angehörige des Bergbaus an diesen Kursen teilgenommen.
Vorschlag für einen Beschluß der Plenarkonferenz 1956:
»Zur Durchsetzung einer dem Menschen im Betrieb gerechter werdenden Sozialordnung haben sich seit einigen Jahren Kräfte der katholischen und evangelischen Sozialarbeit und des Deutschen Bergbaues zusammengefunden. Nach Inhalt und Form gehören diese Zusammenkünfte zu jenen Formen der Aktion, die in der Instructio des Hl. Offiziums vom 20. Dezember 1949[4] als nicht unter die Grundsätze des Monitums vom 5. Juni 1948[5] fallend erwähnt werden (Abs. 4, Abschnitt 2). Sie stellen in ihrer Hinordnung auf die Gesamtheit aller im Betrieb tätigen Menschen und in der Weise des Zusammenwirkens katholischer und evangelischer Christen bei der Ordnung der Gesellschaft eine begrüßenswerte Form des Beitrags zum sozialen Frieden dar.«

[3] *In der Vorlage:* konfessionell.
[4] AAS *42 (1950), S. 142–147.*
[5] AAS *40 (1948), S. 257.*

59

Bericht Jaegers über den Cusanuskreis

[Paderborn, vor 27. September 1956][1]

DA EICHSTÄTT, Bischofsarchiv Schröffer, Deutsche Bischofskonferenz 1956. *Schreibmaschinenvervielfältigung mit Überschrift:* Studienstiftung »Cusanuskreis«. *Vermerk:* Bericht zu Nr. 6,4 der Beratungsfolge der Plenarkonferenz 1956.

Die vom deutschen Episkopat errichtete Studienstiftung hat sich unter ihrem Leiter Stadtpfarrer Bernhard Hanssler, Stuttgart-O[st], Stafflenbergstr. 46, gut entwickelt. Trotz der Kürze der zur Verfügung stehenden Zeit ab 1. Januar 1956 ist es gelungen, bis zum Beginn des Sommersemesters 1956 (1. Mai) aus rund 30 Bewerbern 10 hochqualifizierte Stipendiaten für den Cusanuskreis auszuwählen, von denen einer erst zu Beginn des WS das Stipendium in Anspruch nehmen möchte, da er im SS 1956 aussetzen will, um eine Hauslehrerstelle, für die er bereits verpflichtet war, wahrnehmen zu können.

Es sind statt 12 nur 10 Stipendiaten angenommen worden, weil nur 10 wirkliche Hochbegabungen sicher festgestellt werden konnten. Evtl. soll zu Beginn des WS noch eine Nachprüfung vorgenommen werden.

Das Auswahlgremium, das sich zusammensetzt aus den Herren:

1. H[err] Universitätsprofessor Dr. Büchner[2], Freiburg i[m] Br[eisgau], Holbeinstr. 32
2. H[err] Universitätsprofessor Dr. Hirschberger[3], Frankfurt/Main, Schäfflerstr. 29 II
3. H[err] Universitätsprofessor Dr. Meurers[4], Bonn, Jagdweg 40
4. H[err] Professor Dr. Möller[5], Braunschweig, Pestalozzistr. 4
5. H[ochwürdigster] H[err] Studentenpfarrer Dr. Steinberg[6], Bonn, Koblenzer Str. 63
6. H[err] Professor Dr. Kunisch[7], München-Gern, Nürnberger Str. 13
7. H[err] Professor Dr. Theodor Maunz[8], München-Gräfelfing, Hartnagelstr. 3

hat sich die Arbeit nicht leicht gemacht. Alle vorgenannten Herren arbeiten freudig und mit größtem Verantwortungsbewußtsein im Auswahlgremium mit.

1 *Die Datierung ergibt sich aus dem Bezug zur Fuldaer Bischofskonferenz.*

2 FRANZ BÜCHNER *(1895–1991), Dr. med., Professor für Allgemeine Pathologie in Freiburg im Breisgau.*

3 JOHANNES HIRSCHBERGER *(1900–1990), Dr. phil., Professor für Philosophie in Frankfurt am Main.*

4 JOSEPH MEURERS *(1909–1987), Dr. phil., Astronom, 1949 apl. Professor in Bonn, 1962–1978 Direktor der Universitäts-Sternwarte Wien.*

5 FRANZ MÖLLER *(1897–1970), Dr. Ing., Professor für Meßtechnik in Braunschweig.*

6 JOSEF STEINBERG *(1904–1981), Dr. theol., 1929 Priester (ED Köln), 1945–1957 Studentenpfarrer in Bonn, 1957–1968 Direktor der Thomas-Morus-Akademie in Bad Honnef bzw. Bensberg.*

7 HERMANN KUNISCH *(1901–1991), Dr. phil., Professor für Germanistik in München.*

8 THEODOR MAUNZ *(1901–1993), Dr. iur., Verwaltungsrechtler und Politiker (CSU), 1937–1945 o. Professor in Freiburg im Breisgau, 1952–1969 in München, 1957–1964 bayerischer Kultusminister.*

Notwendig wird noch sein, daß es ergänzt wird durch einen Biologen (genannt dafür werden Prof. Steiner[9], Bonn, Prof. Troll[10], Mainz, Prof. Straub[11], Köln, Frau Prof. Harte[12], Köln-Braunsfeld).
Der Cusanuskreis hat folgende Organe:
1) eine fünfköpfige Bischofskommission
(z. Zt. S[eine] E[minenz/Exzellenzen] Kardinal Erzbischof von Köln, Erzbischof von Paderborn, Erzbischof von Freiburg, Bischof von Limburg und ein bayerischer Bischof);
2) ein Kuratorium, das die Repräsentation der Arbeit in der Öffentlichkeit darstellt, Statuten und Tätigkeit des Kreises überwacht. (Die Mitglieder des Kuratoriums müssen noch berufen werden.)
3) ein Netz von Vertrauensdozenten möglichst über alle Hochschulen hin. Vertrauensdozenten präsentieren Anwärter, führen Vorprüfungen durch, arbeiten Gutachten aus, vermitteln Prüfungen durch andere Hochschullehrer und übernehmen die Betreuung der »Cusaner« an ihrem Hochschulort. (Es ist der Ausbau dieses Netzes gut vorangegangen, und für den größten Teil der Universitäten ist bereits ein Vertrauensdozent gewonnen.)
4) ein Auswahl-Gremium, das durch seine Entscheidungen faktisch den Cusanuskreis aufbaut. (Mitglieder sind vorstehend benannt.)
Die Bedingungen für die Aufnahme: Überdurchschnittliche Begabung (Spitzenbegabung), charakterlich-menschliche Hochwertigkeit, kirchliche Gesinnung verbunden mit aufrichtigem christlichen Streben. Die drei Eignungselemente sind gleichrangig und untereinander nicht kompensierbar.
Die Formung der Cusaner-Gemeinschaft soll in der religiösen und kulturellen Bildungsarbeit in gemeinsam verlebten Ferienwochen geleistet werden, an deren Beginn jeweils gemeinsame Exerzitien für die Stipendiaten stehen. Wegen der geringen Zahl der Stipendiaten hat die Feriengemeinschaft in diesem Jahr nur vier Wochen betragen. Es war dafür ausgewählt worden die Villa Lazzarini in Passo di Treia bei Ancona.
In den Kreisen der Hochschullehrer ist die Errichtung der Studienstiftung »Cusanuskreis« bisher gut aufgenommen worden; ebenso von seiten der Geschäftsführung der »Studienstiftung des Deutschen Volkes«, desgleichen von der Abt. III des Bundesinnenministeriums (Kulturabteilung Ministerialdirektor Prof. Dr. Hübinger[13].)

An Kosten sind entstanden in diesem ersten Jahr der Tätigkeit insgesamt:	40.296,80 DM,
davon waren angewiesen	20.000,00 DM,
so daß für 1956 noch nachzubewilligen sind	20.296,80 DM.

9 MAX STEINER *(1904–1988), Dr. phil., Professor für Pharmakologie in Bonn.*
10 WILHELM TROLL *(1897–1978), Dr. phil., Professor für Botanik in Mainz.*
11 JOSEPH STRAUB *(1911–1987), Dr. phil., Professor für Botanik in Köln.*
12 CORNELIA HARTE *(1914–1998), Dr. rer. nat., Professorin für Physiologie in Köln.*
13 PAUL EGON HÜBINGER *(1911–1987), Dr. phil., 1950 Professor für Mittelalterliche Geschichte in Münster, 1954 Ministerialdirektor und Leiter der Kulturabteilung des Bundesinnenministeriums, 1959 Professor in Bonn.*

Für das Jahr 1957 sind laut eingereichtem Etat erforderlich 75.000 DM, um deren Bewilligung gebeten wird.
Ungeklärt ist noch die Frage, ob die H[ochwürdigsten] H[erren] bayerischen Bischöfe sich an der Studienstiftung »Cusanuskreis« beteiligen. Es wäre sehr wünschenswert, daß trotz mancher Widerstände des Herrn Oberregierungsrats Treppesch vom Bayerischen Kultusministerium der deutsche Episkopat eine für das ganze Bundesgebiet gemeinsame Studienstiftung errichten würde, da andernfalls die ganze Organisation an den Hochschulen doppelt aufgebaut werden müßte.
Vorschlag für die Zusammenarbeit des Kuratoriums der Studienstiftung »Cusanuskreis«
Da die Kuratoren nicht sehr mit Sitzungs- oder Aktenarbeit befaßt sein werden, wird bei der Auswahl der Gesichtspunkt der breiten Repräsentation ausschlaggebend sein müssen. Man könnte an 10–12 Mitglieder denken.
An Lebensbereichen, die vertreten sein sollten, nenne ich zugleich mit einigen von mir lozierten[14] Namen:
Wissenschaft:
Prof. Dr. Peters[15], Köln-Lindenthal, Bitburgerstr. 6 (als Präsident der Görresgesellschaft ein »geborenes« Mitglied)
Prälat Prof. Dr. Schmaus, München 22, Prof. Huber-Platz 1
Prof. Dr. Schnabel[16], München
Staatlicher und politischer Bereich:
Präsident des Bundesverfassungsgerichtes Wintrich
Bundesminister Dr. Schuberth[17], München, Galeriestr. 31
Minister Dr. Süsterhenn[18], Koblenz-Horchheim, Emserstr. 280
Oberbürgermeister Dr. jur. Jos[ef] Brandel[19], Freiburg i[m] Br[eisgau], Maria Theresienstr. 25
Wirtschaft und Finanzen:
Bankier Jos[ef] Abs[20], Kronberg/Taunus, Königstr. 16

[14] *Veraltet für* an einen Ort stellen.

[15] HANS PETERS *(1896–1966), Dr. iur., Professor für Öffentliches Recht in Köln, 1940/41 und 1948–1966 Präsident der Görres-Gesellschaft.*

[16] FRANZ SCHNABEL *(1887–1966), Historiker, 1922–1936 Professor in Karlsruhe, nach politisch begründeter Entlassung seit 1945 in München.*

[17] HANS SCHUBERTH *(1897–1976), Ingenieur und Politiker (CSU), 1931 Postrat, 1945 Leiter der Oberpostdirektion Regensburg, 1947 in gleicher Stellung in München, 1947 Direktor der Zweizonenverwaltung für Post und Fernmeldewesen in Frankfurt am Main, 1949–1953 Bundespostminister, 1953–1957 Mitglied des Bundestags.*

[18] ADOLF SÜSTERHENN *(1905–1974), Jurist und Politiker (CDU), Mitbegründer der CDU, maßgeblich an der Gestaltung der Verfassung des Landes Rheinland-Pfalz beteiligt, 1946–1951 Justiz-, seit 1947 zusätzlich Kultusminister, 1951–1961 Präsident des Oberverwaltungsgerichts und des Verfassungsgerichtshofs des Landes Rheinland-Pfalz, seit 1951 Honorarprofessor an der Hochschule für Verwaltungswissenschaften in Speyer, 1961–1969 Mitglied des Bundestags. Vgl.* W. BAUMGART.

[19] JOSEF BRANDEL *(1901–1964), Dr. iur., 1956–1962 Oberbürgermeister von Freiburg.*

[20] HERMANN JOSEF ABS *(1901–1994), Bankier, 1957–1967 Sprecher des Vorstands der Deutschen Bank, bis 1974 Vorsitzender der Kreditanstalt für Wiederaufbau. Vgl.* L. GALL.

Bankdirektor Dr. Plassmann[21], Düsseldorf, Kempenerstr. 2
Direktor Greiss[22], BKU, Köln-Riehl, Riehler Gürtel 45
Präsident der Bad[ischen] Kommunalen Landesbank Girozentrale
Prof. Dr. Siegfr[ied] Kühn[23], Mannheim, Augustaanlage 33
Technik:
Professor Dr. Heinz Nordhoff[24], Wolfsburg
Professor Dr. Max Pfender[25], Berlin-Dahlem, Unter den Eichen 87
Prof. Dr. Dörnen[26], Dortmund-Derne
Publizistik:
Dr. Karl-Heinz Schmidthüs[27], Freiburg, Herder-Verlag
Dr. Wild[28], München.
Wünschenswert wäre ein Intendant wegen des großen Einflusses auf die öffentliche Meinung. (Benannt ist worden Walter Dirks[29] vom WDR.)
Immer müßte ein Jurist im Kuratorium sein zur Bearbeitung der rechtlichen Fragen der Stiftung.
Andere Namen, die in Frage kommen könnten:
Willi Geiger[30], Senatspräsident, Karlsruhe, Frankenstraße 4
Dr. Ing. Karl Herz[31], Präsident des fernmeldetechnischen Zentralamtes der Bundespost, Darmstadt, Äußere Ringstr. 114
Theo Keyser[32], Oberregierungsrat, Bad Godesberg, Arndtstr. 20

21 CLEMENS PLASSMANN *(1894–1970), Vorstandsmitglied der Deutschen Bank und des Stifterverbands für die deutsche Wissenschaft.*

22 FRANZ GREISS *(1905–1995), Industrieller, Vorsitzender des BKU, Vizepräsident der Industrie- und Handelskammer Köln.*

23 SIEGFRIED KÜHN *(1895–1972), Dr. iur., Dr. med. h. c., Präsident des Sparkassen- und Giroverbands Karlsruhe, Honorarprofessor für Arbeitsrecht in Karlsruhe.*

24 HEINRICH NORDHOFF *(1899–1968), Ingenieur, seit 1948 Leiter des Volkswagenwerks, seit 1955 Professor in Braunschweig.*

25 MAX PFENDER *(1907–2001), Präsident der Bundesanstalt für Materialprüfung.*

26 ALBERT DÖRNEN *(geb. 1884), Dr. Ing., 1949–1961 Honorarprofessor in Braunschweig.*

27 KARLHEINZ SCHMIDTHUES *(1905–1972), Journalist, 1946 Gründer, bis 1960 Chefredakteur, dann Herausgeber der »Herder Korrespondenz«.*

28 HEINRICH WILD *(1909–1975), Dr. phil., Verleger, 1945 Leiter des Kösel-Verlags.*

29 WALTER DIRKS *(1901–1991), Publizist, 1924–1934 Feuilletonchef der »Rhein-Mainischen Volkszeitung«, 1935–1943 in der Redaktion der »Frankfurter Zeitung«, 1946 gemeinsam mit Eugen Kogon Gründer der »Frankfurter Hefte«, deren Mitherausgeber er bis 1985 blieb, 1956–1966 Hauptabteilungsleiter Kultur des Westdeutschen Rundfunks. Vgl.* H.-O. KLEINMANN, *Dirks.*

30 WILLI GEIGER *(1909–1994), Jurist, zunächst Richter, 1949 Referent im Bundesministerium für Justiz, 1951–1977 Richter am Bundesverfassungsgericht, 1951–1966 zugleich Richter am Bundesgerichtshof, 1952–1977 Lehrtätigkeit an der Hochschule für Verwaltungswissenschaften in Speyer.*

31 KARL HERZ *(1896–1970), Dr. Ing. e. h., 1959–1963 Staatssekretär im Bundesministerium für Post und Fernmeldewesen.*

32 *Vermutlich handelt es sich um* THEOBALD KEYSER *(1901–1984), 1928–1936 Tätigkeit im Reichswirtschaftsministerium, seit 1933 zugleich im Preußischen Ministerium für Handel und Gewerbe, zuletzt als Oberbergrat und Referatsleiter, 1936 Abteilungsleiter am Oberbergamt Dortmund, 1937–1948 Leiter der Westfälischen Berggewerkschaftskasse, während des Krieges Tätigkeit in verschiedenen Wirtschaftsabteilungen in den besetzten Gebieten, zuletzt Militärverwaltungschef in Jugoslawien, 1948 Tätigkeit in der Deutschen Kohlenbergbau-Leitung, 1952–1968 Präsident der Freiherr-vom-Stein-*

Dr. Heinrich Krone[33], Vorsitzender der CDU des Bundestages, Bonn, Erftweg 1
Direktor Dr. Knott[34], Vorstandsmitglied der Siemens-Schukert-Erlangen, Sieboldstr.
Fürst Waldburg-Zeil[35], Waldburg/Württ[emberg].
Mit Ausnahme der Görres-Gesellschaft wird es nicht rätlich sein, Verbänden irgendwelcher Art eine Vertretung zu geben. Selbst im Falle des Katholischen Akademikerverbandes wäre zu überlegen, ob er eine sachliche Hilfe zu geben vermag. Dasselbe gilt für den Albertus-Magnus-Verein und den Hildegardisverein (die vielleicht Wert darauf legen, vertreten zu sein) und für die KDSE.
Die Amtsdauer eines Kurators (mit der Möglichkeit der Wiederberufung) könnte auf fünf Jahre angesetzt werden. Die Notwendigkeit einer Nachwahl für Ausfallende innerhalb dieser fünf Jahre liegt nicht vor.
Im Interesse einer guten Zusammenarbeit der beiden Organe würde es sich empfehlen, den Mitgliedern des Auswahl-Gremiums vor den Berufungs-Verhandlungen noch einmal die endgültige Vorschlagsliste mitzuteilen.

60

Bericht Böhlers über das Katholische Büro

Köln, [vor 27. September 1956][1]

EA Köln, Gen. II 22.13a, 2. *Schreibmaschinenausfertigung mit eigenhändiger Unterschrift. Briefkopf:* Katholisches Büro Bonn. Leitung: Prälat W[ilhelm] Böhler. *Überschrift:* Tätigkeitsbericht für das Jahr 1955/56 erstattet für die Fuldaer Bischofskonferenz 1956.

I.) Das Kirchenpolitische Gremium.

Im abgelaufenen Berichtsjahr wurden vier Sitzungen des Kirchenpolitischen Gremiums abgehalten:
1.) 11.–13. Oktober 1955;
2.) 17.–19. Januar 1956;
3.) 18.–20. April 1956;
4.) 25.–27. Juni 1956.
An diesen Sitzungen nahmen Mitglieder der Regierung und führende Parlamentarier teil.

Gesellschaft, 1953–1966 Hauptgeschäftsführer der Wirtschaftsvereinigung Bergbau mit Sitz in Bonn, 1956–1966 zugleich des Unternehmensverbands Ruhrbergbau.

33 Heinrich Krone *(1895–1989), Dr. phil., Politiker (Zentrum, CDU), 1925–1933 Mitglied des Reichstags, 1949–1969 Mitglied des Bundestags, 1951–1955 Geschäftsführer der CDU/CSU-Bundestagsfraktion, 1955–1961 deren Vorsitzender, 1961–1964 Bundesminister für besondere Aufgaben, 1964–1966 Bundesminister für Angelegenheiten des Bundesverteidigungsrates.*

34 Carl Knott *(1892–1987), Dr. Ing., 1929 Mitarbeiter der Siemens-Schuckert-Werke, zunächst in Berlin, später als Werksleiter in Erlangen und Nürnberg, 1950 Leiter der Zentralwerksverwaltung in Erlangen, Vorstandsmitglied der Siemens-Schuckert-Werke.*

35 Georg Fürst von Waldburg zu Zeil und Trauchburg *(geb. 1928), Diplomvolkswirt, Verleger der rechtskonservativen Zeitschrift »Neues Abendland«.*

1 *Die Datierung ergibt sich aus dem Bezug zur Fuldaer Bischofskonferenz.*

Folgende Fragen wurden bei diesen vier Sitzungen besprochen:
Ad 1.) Bericht über die außen- und innenpolitische Lage;
Konkordats- und Schulfragen[2];
Fragen der Familienpolitik;
Fragen der Wehrgesetzgebung;
Problemkreis Sozialreform;
Bericht über die Lage in Berlin und in der Zone;
Besprechung verschiedener Gesetzentwürfe:
Kriegsfolgenschlußgesetz[3];
Gesetz über Raumordnung[4];
Landbeschaffungsgesetz[5];
Altsparergesetz[6];
Besteuerung der Seelsorgshelfer(-innen).
Ad 2.) Überblick über die außen- und innenpolitische Lage;
Fragen der Familienpolitik;
Fragen der Sozialreform;
Fragen der Wehrgesetzgebung (Soldatengesetz[7]: Eid, Kriegsdienstverweigerung, Inhalt der Begriffe Ehre, Gehorsam, Vaterland);
Überblick über den Stand der Militärseelsorge;
Bericht über den Stand der Familienrechtsreform;
Überblick über die Lage in Berlin und in der Zone;
Gewerkschaftsfrage;
Verschiedene Fragen:
Stand der Strafrechtsreform;
Kriegsfolgenschlußgesetz;
Grundstücksverkehrsgesetz[8];
Personenstandsgesetz;
Konkordatsfrage.
Ad 3.) Agrarpolitische Fragen;
Bericht über den Stand der Sozialreform;

2 *Im Lande Niedersachsen war 1954 ein Schulgesetz in Kraft getreten, das die im Reichskonkordat enthaltene Garantie der Bekenntnisschule verletzte. Das von der Bundesregierung angerufene Bundesverfassungsgericht bejahte nach langwierigem Prozeß am 26. März 1957 die fortdauernde Gültigkeit des Reichskonkordats, verneinte aber die Kompetenz des Bundes, die Länder zu einem vertragskonformen Verhalten zu zwingen. Vgl.* F. GIESE/F. A. V. D. HEYDTE *sowie* ENTSCHEIDUNG DES BUNDESVERFASSUNGSGERICHTS, *Bd. 6, S. 310–367.*

3 Gesetz zur allgemeinen Regelung durch den Krieg und den Zusammenbruch des Deutschen Reiches entstandener Schäden (Allgemeines Kriegsfolgenschlußgesetz) *vom 5. November 1957.* BGBL., *S. 1747.*

4 Bundesbaugesetz *vom 23. Juni 1960.* BGBL., *S. 341.*

5 Gesetz über die Landbeschaffung für Aufgaben der Verteidigung (Landbeschaffungsgesetz) *vom 23. Februar 1957.* BGBL., *S. 34.*

6 *Es dürfte sich um die Novellierungen des Altsparergesetzes handeln, die am 3. Januar 1956 (*BGBL., *S. 1) und am 4. Februar 1959 (*BGBL., *S. 29) verkündet wurden.*

7 Gesetz über die Rechtsstellung des Soldaten (Soldatengesetz) *vom 19. März 1956.* BGBL., *S. 114.*

8 Gesetz über Maßnahmen zur Verbesserung der Agrarstruktur und zur Sicherung land- und forstwirtschaftlicher Betriebe (Grundstücksverkehrsgesetz) *vom 28. Juli 1961.* BGBL., *S. 1091.*

Familienpolitische Auswirkungen der geplanten Änderungen der Einkommen- und Lohnsteuer;
Jugendschutzmaßnahmen im Raume Baumholder–Kaiserslautern;
Staatliche Dotationen der ostdeutschen Diözesen;
Bericht über den Stand des Kriegsfolgenschlußgesetzes;
Konkordatsklage;
Ostpriesterhilfe.
Ad 4.) Bericht über den Verlauf des Konkordatsprozesses in Karlsruhe;
Bericht über den Stand der Frage der Kriegsdienstverweigerung;
Bericht über die allgemeine politische Lage;
Fragen einer Bundeskulturpolitik;
Zentralkomitee der deutschen Katholiken (verbunden mit Besuch des Hauses in Godesberg);
Ost-West-Probleme;
Bericht über den Stand der Strafrechtsreform;
Besprechung agrarpolitischer Fragen.

II.) Besondere Arbeitskreise.

1.) Politischer Arbeitskreis der katholischen Verbände.
In der Berichtszeit trat dieser Arbeitskreis viermal zu einer Sitzung zusammen. Bei diesen Sitzungen wurden wichtige politische Fragen in Gegenwart von Angehörigen der Regierung, des Parlaments und der Verwaltung behandelt. Folgende Themen wurden besprochen:
Wehrfragen;
Aufwendung für marxistisch-leninistische Schulung in der sowjetisch besetzten Zone;
Die katholischen Organisationen im Kampf gegen die Verkehrssünden, die jährlich 12.000 Tote und 300.000 Verletzte zur Folge haben;
Die personalpolitische Situation;
Fragen der Gründung christlicher Gewerkschaften (als Redner stellten sich die Herren Bundesminister Kaiser[9] und Abgeordneter Even zur Verfügung).
Zur Frage der Parität bei der Stellenbesetzung hat der Politische Arbeitskreis der katholischen Verbände, vertreten durch seinen Vorsitzenden, Herrn Rechtsanwalt Dr. Roesen[10], Düsseldorf, und Herrn Minister a. D. Präsident Dr. Süsterhenn, an den Herrn Bundeskanzler eine Eingabe gerichtet, die mit reichhaltigem statistischem Material über die Imparität in zahlreichen Bundesministerien belegt war.
2.) Arbeitskreis Ehe- und Familienrechtsreform.

[9] Jakob Kaiser *(1888–1961), Gewerkschafter und Politiker (Zentrum, CDU), 1945–1947 Vorsitzender der CDU in der sowjetischen Besatzungszone, 1948/49 Abgeordneter des Parlamentarischen Rats, 1949–1957 des Bundestags, 1949–1957 Bundesminister für gesamtdeutsche Fragen, 1950–1958 stellvertretender Bundesvorsitzender der CDU.*

[10] Anton Roesen *(1901–1978), Dr. iur., Rechtsanwalt in Düsseldorf, Mitgründer und 1946–1961 Vorsitzender des Diözesankomitees der Katholikenausschüsse im Erzbistum Köln.*

Die Frage der Ehe- und Familienrechtsreform wurde im Arbeitskreis im Anschluß an die parlamentarische Behandlung besprochen, Nachdem inzwischen der Unterausschuß des Bundestages »Familienrechtsgesetz« seine Arbeiten an den Fragen des ehelichen Güterrechts abgeschlossen hat, muß der Arbeitskreis baldmöglichst nach den Ferien wieder zusammentreten, um zu den Arbeitsergebnissen Stellung zu nehmen.

3.) Arbeitskreis für Strafrechtsreform.

Im Dezember 1954 wurde in der Thomas-Morus-Akademie in Bad Honnef eine Tagung über Fragen der Strafrechtsreform abgehalten. Auf dieser Tagung wurde beschlossen, einen ständigen Arbeitskreis zu bilden, der Fragen der Strafrechtsreform aufgreifen und einer Klärung aus katholischer Sicht entgegenführen soll. Dieser Arbeitskreis wurde im April 1955 gebildet. Fachlicher Leiter ist Herr Senatspräsident Dr. Dr. Wimmer[11], Bonn. Dem Arbeitskreis gehören namhafte Juristen aus Wissenschaft und Praxis an, ferner Theologen, Pädagogen und Verwaltungsbeamte.

Aus dem Kreise der Mitarbeiter wurde bereits eine größere Anzahl von Gutachten angefertigt, u. a. zu Fragen der Reform der Delikte gegen Ehe und Familie, zu den Problemen der Homosexualität, der Abtreibung, der Prostitution, des Jugendschutzes, der Todesstrafe. Weitere Gutachten befinden sich in Vorbereitung. Die Gutachten werden auf gemeinsamen Besprechungen, die vierteljährlich in der Thomas-Morus-Akademie stattfinden sollen, ausführlich diskutiert. Das Ergebnis dieser Beratungen soll in einer Denkschrift zusammengefaßt und zu gegebener Zeit der Amtlichen Strafrechtskommission des Bundesjustizministeriums sowie dem Bundestag zugeleitet werden.

Der Stand der Arbeiten zu Beginn der Ferienzeit ist folgender: Durchdiskutiert wurde an Hand von Gutachten die Frage »Todesstrafe«. Ein zusammenfassendes Repräsentativgutachten wird angefertigt.

Die Fragen »Körperverletzung und Erziehungsrecht« wurden ebenfalls durchdiskutiert. Zu ihr liegt eine eingabereife Stellungnahme vor.

Zum Thema »Heilbehandlung und Körperverletzung« liegen mehrere Gutachten vor. Eine abschließende Beratung hat noch nicht stattgefunden.

Mehrere Gutachten liegen vor zur Homosexualität. Bei der nächsten Sitzung soll eine Stellungnahme als Ergebnis der Beratung erarbeitet werden.

Ebenfalls mehrere Gutachten liegen vor zur »Kuppelei«. Ein Repräsentativgutachten auf der Grundlage der verschiedenen erstellten Gutachten ist in Auftrag gegeben.

Zur Frage der »Abtreibung« wird ein Repräsentativgutachten geliefert, zu dem zwei Theologen ein Korreferat ausarbeiten.

Zu »Künstliche Befruchtung« liegt bereits ein Gutachten vor, ein weiteres von einem Moraltheologen steht noch aus.

Zum Problem »Kinderhandel« muß noch eine Stellungnahme erarbeitet werden.

Über »Schutz der menschlichen Intimsphäre« liegt ebenfalls ein Gutachten vor (eines Moraltheologen); ein juristisches steht noch aus.

[11] August Wimmer *(1899–1988), Dr. iur., Dr. phil., 1951 Senatspräsident am Oberlandesgericht Köln.*

Durchberaten wurde auch schon die Frage »Störung des religiösen Friedens«. Eine abschließende Stellungnahme wurde noch nicht beschlossen.

4.) Mit der Thomas-Morus-Akademie in Bad Honnef wird ein enger Kontakt gepflegt. Wiederholt fanden dort auch Arbeitssitzungen des Arbeitskreises über Strafrechtsreform statt. Auch wurden Politiker und Ministerialbeamte aus Bund und Ländern zu Wochenendtagungen eingeladen.

5.) Zu Mitgliedern der Landesregierungen bestehen gute Beziehungen und zahlreiche Fragen der Bundes- und Länderpolitik wurden erörtert.

6.) Nach wie vor kommt dem Klub als Ort der Begegnung und Aussprache eine große Bedeutung zu. Eine kurze Übersicht über einige der behandelten Themen soll ein Bild der Bedeutung des Klubs vermitteln:

Erlebnisbericht über die Genfer Konferenz der »Großen Vier«[12] und über die Baden-Badener Gespräche Adenauer-Mendès France[13], erstattet von einem Teilnehmer.

Fragen der Mitbestimmung.

Situation der Kirche in Berlin und in der Zone.

Staatsvertrag des Landes Niedersachsen mit den Evangelischen Landeskirchen.

Schulfrage in Niedersachsen.

Fragen des Reichskonkordates.

Niedersächsisches Schulgesetz und Konkordatsklage der Bundesregierung.

Pariser Verträge.

Politische Situation der Bundesrepublik nach Erlangung der Souveränität.

Gruppeninteresse und Staatsinteressen.

Aussprache über die Wehrgesetze.

Reisebericht über eine Afrika-Reise.

Aussprache über das Verhältnis Deutschland-Rußland im Anschluß an die Moskaureise des Herrn Bundeskanzlers.

Probleme der Neugliederung der Länder.

Rechtliche Probleme um das Reichskonkordat und Einwendungen gegen das Reichskonkordat.

Familienlastenausgleich.

Lichtbildervortrag über Venezuela.

Wahlrechtsfragen.

Diskussion über Kriegsdienstverweigerung (zur Vorbereitung der abschließenden Bearbeitung in den parlamentarischen Ausschüssen).

Ausländische Gäste:

S[ein]e Exzellenz, der Hochwürdigste Herr Erzbischof Yu Pin von Nanking[14], z. Z. in New York im Exil lebend, gab einen Überblick über die Lage der katholischen Kirche unter der kommunistischen Herrschaft in China.

12 *Vom 17.–23. Juli 1955 fand in Genf eine Konferenz der vier Hauptsiegermächte unter Beteiligung von Beobachterdelegationen der Bundesrepublik Deutschland und der DDR statt.*

13 Pierre Mendès-France *(1907–1982), französischer Politiker (Radikalsozialist), Juni 1954 bis Februar 1955 Ministerpräsident, 1956/57 stellvertretender Ministerpräsident.*

14 Paul Yu Pin *(1901–1978), 1928 Priester, 1946 Erzbischof von Nanking, 1959 Kardinal.*

Herr Baron Drion du Chapois[15], Brüssel, hielt einen Vortrag über das Thema: A la recherche de l'Europe sur les routes du passé.
An mehreren Abenden ohne ein vorher festgelegtes Programm wurden in Form zwangloser Aussprache mit Abgeordneten und Mitgliedern der Regierung zahlreiche aktuelle Fragen erörtert, die das Zusammenwirken von Kirche und Staat und allgemeinpolitische Themen berührten.
Die Mitglieder des Kirchenpolitischen Gremiums und die des Politischen Arbeitskreises der katholischen Verbände hatten anläßlich der Sitzungen jeweils die Möglichkeit, bei Klubabenden mit den Klubmitgliedern in persönliche Verbindung zu kommen und sich so in direkten Gesprächen mit Politikern und Ministerialbeamten ein anschauliches Bild schwebender wichtiger Fragen zu verschaffen.

III.

Eine Reihe von Sonderfragen erforderte eine eingehende Behandlung und intensive Bearbeitung.
1.) Im Vordergrund dieser Spezialthemen stand im Berichtsjahr die Konkordatsfrage, besonders in Hinblick auf den in Karlsruhe anhängig gewesenen Prozeßtermin. Auf verschiedenen Sitzungen und Konferenzen in kleinerem Kreise wurden Möglichkeiten erörtert, wie die Bundesregierung in der Vorbereitung der Karlsruher Klage unterstützt werden könnte. So erschien auf Veranlassung des Katholischen Büros zu Anfang des Jahres 1956 die Schrift von Herrn Oberverwaltungsgerichtsrat Dr. Becker[16], Koblenz, »Zur Rechtsproblematik des Reichskonkordats«, die eine sehr gute Aufnahme fand und stark beachtet wurde. Auch auf das Bundesverfassungsgericht in Karlsruhe blieb diese unpolemische sachliche Arbeit nicht ohne Eindruck. Die Schrift wurde allen Mitgliedern des Bundesverfassungsgerichtshofes, allen obersten Landesgerichten, allen Kultusministerien der Länder sowie den wichtigsten Bundesstellen zugeleitet.
Als weitere Veröffentlichung erschien auf Veranlassung des katholischen Büros die Schrift von Herbert Groppe, »Das Reichskonkordat vom 20. Juli 1933. Eine Studie zur staats- und völkerrechtlichen Bedeutung dieses Vertrages für die Bundesrepublik.« Auch diese Schrift wurde den oben genannten Stellen übersandt.
Als gewichtigste Publikation erschien ebenfalls auf Veranlassung und unter weitgehender Mitarbeit des Katholischen Büros das Buch von Dr. Ernst Deuerlein, München, »Das Reichskonkordat, Beiträge zu Vorgeschichte, Abschluß und Vollzug des Konkordates zwischen dem Heiligen Stuhl und dem Deutschen Reich vom 20. Juli 1933«. Trotz der Kürze der Zeit – die Ausarbeitung des Manuskripts wurde im Dezember 1955 begonnen – gelang es noch, das Werk rechtzeitig wenige Tage vor der Konkordatsdebatte im Bundestag und vor dem Prozeßtermin in Karlsruhe allen beteiligten Stellen zugänglich zu machen. Mit diesem Buch war eine wirksame wis-

15 FRANÇOIS BARON DRION DU CHAPOIS *(1899–1986), Dr. iur., Verteidiger am Gerichtshof in Brüssel, Historiker.*

16 HANS-JOACHIM BECKER *(geb. 1917), Dr. iur., 1952–1958 Landesverwaltungsgerichtsrat in Koblenz, 1958–1983 Richter am Bundesverwaltungsgericht Berlin.*

senschaftliche Waffe zur Abwehr der politisch-historischen Angriffe der Landesregierung Hessen gegen das Reichskonkordat gegeben.
Anfang April wurde vom Katholischen Büro für Vertreter der Generalvikariate und Ordinariate sowie für die Leiter der Kirchenpresse in der Thomas-Morus-Akademie eine Tagung abgehalten, auf der in großen Umrissen alle mit dem Konkordatsprozeß zusammenhängenden Rechts- und historischen Fragen behandelt wurden. Weitere Materialsammlungen und -zusammenstellungen wurden hierbei besprochen und beschlossen.
Von Seiten der Bundestagsfraktion der CDU/CSU wurde das Katholische Büro angegangen, zur Vorbereitung der Konkordatsdebatte im Bundestag den Abgeordneten Material als Handreichung zur Verfügung zu stellen. In einer Besprechung mit führenden Fraktionsvertretern wurde die Debatte vorbereitet. Trotz der Kurzfristigkeit dieser Bitte der Fraktion gelang es dem Katholischen Büro in fast pausenloser Arbeit zahlreiche Materialien auszuarbeiten und zusammenzustellen, die die Grundlage abgaben für die Ausführungen der Sprecher der CDU/CSU-Fraktion, der Herren Abgeordneten Oberkirchenrat Cillien[17] und Rechtsanwalt Hoogen[18]. Der Stenographische Bericht dieser Bundestagssitzung wurde den Hochwürdigsten Herren und den Generalvikariaten und Ordinariaten zur Unterrichtung zugestellt.
Ein kleiner Teil dieser so vom Katholischen Büro erstellten Materialien wurde in die »Sonderbeilage Reichskonkordat« zum KNA-Pressedienst[19] aufgenommen. Diese »Sonderbeilage Reichskonkordat« fand starke Beachtung.
Es darf wohl gesagt werden, daß von Seiten des Katholischen Büros das Menschenmögliche zur Vorbereitung und Durchführung dieses so überaus wichtigen Konkordatsstreites getan wurde.
2.) Ein Gegenstand eingehender Verhandlungen und Überlegungen war die Frage der Neufassung des Personenstandsgesetzes und die Lösung betr. § 67 dieses Gesetzes. Erschwert wurden diese Verhandlungen durch den Passauer Prozeß über den »Fall Tann«. Eine Lösung in dieser heiß umstrittenen Frage zeichnet sich vorerst noch nicht ab.
Eine umstrittene Frage ist in diesem Zusammenhang auch die Frage der Eintragung der Religionszugehörigkeit in die Personenstandsbücher. Da die Evangelische Kirche sich wahrscheinlich mit dem Kompromiß zufrieden geben wird, daß die rechtliche Zugehörigkeit zu einer Kirche oder Religionsgesellschaft in Sonderlisten erfaßt wird, wird die Eintragung in die Personenstandsbücher wohl kaum erreicht werden können.
3.) Militär-Seelsorge: Durch die Ernennung S[eine]r Eminenz, des Hochwürdigsten Herrn Erzbischofs und Kardinals Wendel zum Militärbischof erloschen für das Katholische Büro die meisten Aufgaben, die mit der Einrichtung und Ausgestaltung der Militär-Seelsorge zusammenhängen.
4.) Wehrgesetze: In Hinblick auf die allgemeinen Wehrgesetze (Soldatengesetz; Wehrpflichtgesetz) bleibt die Verhandlungsführung nach wie vor Aufgabe des Katholischen Büros. Besondere Verhandlungsgegenstände, die eingehend mit den zuständigen parlamentarischen und ministeriellen Stellen beraten wurden, waren die

17 ADOLF CILLIEN *(1893–1960), Oberkirchenrat, 1953–1960 Mitglied des Bundestags (CDU).*
18 MATTHIAS HOOGEN *(1904–1985), Rechtsanwalt, 1949–1964 Mitglied des Bundestags (CDU).*
19 KNA *Nr. 48 vom 17. Mai 1956.*

Fragen des Soldateneides, der Kriegsdienstverweigerung und vor allem die Wehrdienstbefreiung der Geistlichen und Theologiestudenten. Für diese letztere Frage konnte eine zufriedenstellende Lösung erzielt werden. Bezüglich der Kriegsdienstverweigerung, die auch wiederholt Gegenstand der Beratungen des Kirchenpolitischen Gremiums war, war der Leiter des Katholischen Büros vom Ausschuß für Verteidigungsfragen gebeten worden, vor dem Ausschuß den Standpunkt der Katholischen Kirche vorzutragen. Zusammen mit Herrn Pater Prof. Dr. Hirschmann, Frankfurt, entsprach der Unterzeichnete dieser Bitte des Ausschusses. Grundlage für diese Darlegung der katholischen Auffassung des Rechtes auf Kriegsdienstverweigerung aus Gewissensgründen war das Ergebnis der Beratungen des Kirchenpolitischen Gremiums, denen vier Gutachten verschiedener Theologen grundgelegt waren.
5.) Strafrechtsreform: Siehe Abschnitt II Absatz 3.
6.) Kriegsfolgenschlußgesetz: Es fanden spezielle Verhandlungen statt über die Frage, ob für die im Verlauf des Kriegs beschlagnahmten Kirchenglocken eine Möglichkeit der Ersatzleistung auf Grund dieses Gesetzes gegeben ist. Wie der bisherige Verlauf der Verhandlungen ergab, besteht dafür nur geringe Aussicht. Es wird daher angestrebt, eine Möglichkeit zur Regelung dieser Frage auch nach Erlaß dieses Abschlußgesetzes offenzulassen.
7.) Die Frage der staatlichen Dotationen der ehemals ostdeutschen Diözesen, die heute unter polnischer oder sonstiger Verwaltung stehen, war ebenfalls Gegenstand einer eingehenden Beratung mit Vertretern des Parlaments und der beteiligten kirchlichen Stellen. Die Verhandlungen hierüber sind noch nicht abgeschlossen. Zur Klärung der Rechtsfragen wurde von Herrn Universitätsprofessor Dr. Ridder[20], Frankfurt, ein Gutachten erstellt, das allen Generalvikariaten und Ordinariaten zugänglich gemacht wurde.
8.) Gegenstand wiederholter und zum Teil recht schwieriger Verhandlungen war der geplante Staatsvertrag zwischen Bund und Ländern über die Rundfunkeinrichtungen. Auch hierüber sind die Verhandlungen noch nicht abgeschlossen. Zur Stützung der Ansprüche der Kirche, in den entscheidenden Gremien offiziell vertreten zu sein, wurde ein wissenschaftliches Gutachten ebenfalls von Herrn Universitätsprofessor Dr. Ridder, Frankfurt, erstellt. Der Versand dieses Gutachtens erfolgte gemäß einer Liste, die von der Bischöflichen Arbeitsstelle für Rundfunkfragen vorgelegt wurde. Die Verhandlungen in dieser Frage werden in engstem Zusammenwirken dieser Arbeitsstelle geführt.
9.) Über die im Zusammenhang mit Fragen der Landesverteidigung notwendigen Gesetze sind noch Verhandlungen im Gange, wie z. B. betr. Landbeschaffungsgesetz für Verteidigungszwecke. Das Bundesleistungsgesetz[21] ist inzwischen vom Bundestag verabschiedet worden, steht nun aber noch zur Behandlung im Vermittlungsausschuß an. In diesem Gesetz konnte in den die Kirche berührenden Fragen keine voll befriedigende Lösung gefunden werden. Vor allem bleibt eine begriffliche Unklarheit bestehen, die aber durch die in der Begründung erreichte Klarstellung und durch die

20 Helmut K. J. Ridder *(1919–2007), Dr. iur., 1952–1959 Professor für Öffentliches Recht in Frankfurt am Main, 1959–1965 in Bonn, 1965–1988 in Gießen.*

21 Bundesleistungsgesetz *vom 19. Oktober 1956.* BGBl., *S. 815.*

Bundestagsdebatte hinreichend geklärt werden konnte. Eine entsprechende Materialzusammenstellung wurde den Generalvikariaten und Ordinariaten zugeleitet. Bezüglich des Landbeschaffungsgesetzes besteht die Aussicht, die Belange der Kirche entsprechend wahren zu können.

10.) Weiter ist das Grundstücksverkehrsgesetz nach wie vor Gegenstand intensiver Verhandlungen. Dieses Gesetz befindet sich noch immer im Stadium des Referenten-Entwurfes; ein neuer Entwurf ist in Kürze zu erwarten. Es besteht nur geringe Aussicht, daß alle Wünsche der Kirche Berücksichtigung finden können.

11.) Altsparergesetz: Hierüber sind die Verhandlungen so weit gediehen, daß bezüglich des § 4 Abs. 7 nunmehr die konkreten Durchführungsbestimmungen ausgearbeitet werden können. Ein Entwurf ist inzwischen vorgelegt worden, der den beteiligten Stellen zur Begutachtung zugeleitet wurde.

12.) Über die Versorgung der ostvertriebenen Geistlichen und Kirchenangestellten sind mit der Bundesregierung Verhandlungen aufgenommen worden – im Zusammenwirken mit der Evangelischen Kirche –, mit dem Ziele, eine Erhöhung der Mittel aus dem Bundesabkommen zu erreichen. Es soll damit erreicht werden, daß auch diesem Personenkreis die inzwischen eingetretenen Erhöhungen der Versorgungsbezüge ermöglicht werden können. Die Verhandlungen sind im Gange und stehen günstig.

13.) Dienstbefreiung von Beamten zur Teilnahme an Tagungen usw. aus religiösen Gründen. In den lange geführten Verhandlungen konnte mit der zuständigen Bundesstelle eine befriedigende Lösung erzielt werden. Die Generalvikariate und Ordinariate wurden über das Ergebnis unterrichtet.

14.) Darüber hinaus mußte zu zahlreichen Gesetzentwürfen und sonstigen politischen Fragen Stellung genommen werden, ohne daß dabei eingehendere politische Verhandlungen notwendig waren.

IV.

Den Abgeordneten des Deutschen Bundestages wurden auch in diesem Berichtsjahr wiederum einige wichtige Papstansprachen in Form von Sonderdrucken oder Vervielfältigungen zugänglich gemacht. In wiederholten Fällen konnte auf Wunsch verschiedenen Ministern Material zur Ausarbeitung von Vorträgen und Referaten auf Kundgebungen oder sonstigen Veranstaltungen katholischer Einrichtungen zur Verfügung gestellt werden.

Den Mitgliedern der verschiedenen Arbeitskreise wurden regelmäßig Materialien zu den verschiedenen Fragen zugeleitet.

Die Mitglieder des Kirchenpolitischen Gremiums erhielten laufend zur Unterrichtung und Stellungnahme Gesetzentwürfe und sonstige Materialien, die dann zumeist auf den Arbeitssitzungen Besprechungsgrundlage abgaben.

In wichtigen und entscheidenden Fragen wurden wiederholt an die Erzbischöflichen und Bischöflichen Generalvikariate und Ordinariate Rundschreiben versandt und wenn nötig Stellungnahmen erbeten.

Böhler
(Prälat Böhler).

61

Bericht Böhlers über die Bischöfliche Arbeitsstelle für Schule und Erziehung

Köln, [vor 27. September 1956][1]

DA EICHSTÄTT, Bischofsarchiv Schröffer, Deutsche Bischofskonferenz 1956. *Schreibmaschinenvervielfältigung mit faksimilierter Unterschrift. Überschrift:* Jahresbericht für 1955 der Bischöflichen Arbeitsstelle für Schule und Erziehung (BAS).

1. Diözesanschulreferenten-Konferenz.

Es hat sich seit langem erwiesen, daß der ständige Kontakt und gegenseitige Erfahrungsaustausch bzw. die Hilfestellung der einzelnen Diözesen für die Sache der katholischen Schule von unersetzlicher Bedeutung ist.

Die BAS ist federführend für obige Konferenz, beantwortet alle Fragen der Einzelmitglieder im Laufe des Jahres, oder ergänzt die eigenen Informationen durch Anfrage bei den H[ochwürdigsten] H[errn] Schuldezernenten und sonstigen Fachleuten. Krönung der gesamten Arbeit ist die Jahresversammlung der Diözesanschulreferenten, die von der BAS vorbereitet, protokolliert und ausgewertet wird, die Auswertungen gehen in Berichtsform an alle Diözesen. – Diese Zusammenkünfte haben sich als so nützlich erwiesen, daß bereits geplant ist, sie nicht nur jährlich, sondern vierteljährlich zu halten.

2. Presseschaffen.

a) Elternzeitschrift »Leben und Erziehen«. Als Monatsschrift erscheint im Volkspädagogischen Verlag, Aachen, Theaterstrasse 44, die illustrierte Elternzeitschrift »Leben und Erziehen«. Den Kupfertiefdruck besorgt die Firma Metz, Aachen. Die Ausstattung wirkt anziehender als etwa die nüchterne Druckart des sozialistischen Blattes »Unser Kind« (Verlag GEW). Das Blatt stieg inzwischen auf eine Auflage von 20.000, obwohl ihm ein eigenes Betriebskapital nicht zur Verfügung steht. Doch bleibt noch viel zu tun, will man mit der 182.000 Auflage von »Unser Kind« gleichstehen. Um diese Frage gründlich zu lösen, laufen z. Zt. besondere Konferenzen, die einen schnelleren Anstieg der Auflage erzielen sollen, und die als erfolgversprechend angesehen werden dürfen.

b) »Die katholische Elternschaft Deutschlands«. Unter diesem Titel erscheint mit dem Doppelzweck, einmal der gleichnamigen Organisation ein Organ zu schaffen und andererseits führende Eltern zu schulen, ein je nach Bedarf 16- bis 24-seitiges Korrespondenzblatt. Erscheinungsweise alle acht Wochen. Die Zeitschrift hat eine gesicherte Auflage von 6.000. Sie bedarf aber noch einer kraftvollen Propaganda, um eine katholische Elternführerschaft zu schaffen, die sowohl schulinformiert wie schulinteressiert ist. Entsprechende Schritte sind in Vorbereitung.

c) »Katholische Schul-Korrespondenz«.

Es ist nicht mehr so, daß die Presse in Schulsachen nur von einer sozialistischen »Allgemeinen Lehrerkorrespondenz« bedient wird. Seit dem 20. April 1955 besteht

[1] *Das Datum ergibt sich aus dem Bezug zur Fuldaer Bischofskonferenz.*

im Verlag der Katholischen Nachrichten-Agentur, Bonn, Rathausgasse 11, die »Katholische Schul-Korrespondenz«. Sie ist der Presse zugedacht, aber auch den führenden Persönlichkeiten in Lehrerschaft und Schulbewegung. Erscheinungsweise alle 14 Tage. Preis DM 1,- monatlich. Die letztgemeldete Auflageziffer von 700 garantiert das Bestehen ausreichend.
An dieser »Katholischen Schul-Korrespondenz« arbeiten gemeinsam die Katholische Nachrichten-Agentur, die katholischen Lehrerverbände, die katholische Elternschaft Deutschlands und die BAS.
3. Allgemeinaufklärung.
Brennendes Interesse beansprucht das Thema »Reichskonkordat«. Es ist dem Einfluß der BAS zuzuschreiben, daß sich die zuständigen Bundesstellen von der Notwendigkeit einer Klage des Bundes gegen das Land Niedersachsen beim Bundesgericht überzeugen ließen.
Als wissenschaftlich unterbaute juristische Monographien wurden mit Unterstützung der BAS veröffentlicht:
1. H[ans-]J[oachim] Becker, Zur Rechtsproblematik des Reichskonkordats (Isar-Verlag, München)
2. [Herbert] Groppe, Das Reichskonkordat vom 20. Juli 1933 (Verlag I. P. Bachem, Köln)
3. Eine Artikelserie von Dr. Kupper in der »Katholischen Schul-Korrespondenz« (KNA Bonn)
4. Ein Vortragstext der BAS zum Schulsonntag.
An sonstigen Publikationen stehen zur Verfügung:
Unser Buch von Steinhauer »Erstes Gesetz zur Ordnung des Schulwesens im Lande Nordrhein-Westfalen vom 8. April 1952 in Frage und Antwort«. Es ist trotz einer Auflage von 10.000 vergriffen. Eine völlige Neubearbeitung wird z. Zt. erwogen.
Unsere Flugblätter »Um Dein Kind!« (Klassenpflegschaft),
»Katholische Eltern! In welche Schule meldet Ihr Euer Kind an?«,
wurden in je 20.000 und 40.000 Exemplaren neu gedruckt.
4. Der Schulsonntag
Dieser ist nunmehr von der Fuldaer Bischofskonferenz für alle westdeutschen Bistümer beschlossen und auch zugesagt worden. Er ist ein unerläßliches Mittel, das Schulinteresse zu wecken und den Schulkampf zu führen. Die Arbeit der BAS zu diesem Thema besteht in Materialgestellung zum Hirtenbrief, in Vorlage von Predigtmaterial, Vortragsmaterial zu einer Elternstunde usw.
5. Katholische Elternschaft Deutschlands (KED). (Die BAS ist die Geschäftsstelle)
Diese Organisation geht nun in ihr drittes Lebensjahr. Wenn im Vorjahr gesagt wurde, daß man mit diesem neuen Verband ein Gegengewicht zur »Freien Evangelischen Elternschaft« und einen Damm gegen den Versuch, simultane Elternschaften zu gründen, aufrichten wollte, so kann heute gemeldet werden, daß sich das Verhältnis zur evangelischen Elternschaft positiv, freundlich entwickelt hat. Beide Elternschaften stehen in gemeinsamer Front und zwar mit Erfolg gegen Simultanversuche.

Die innere Schulung unserer Mitglieder steht als Aufgabe vor uns und bedarf der Lösung, wie sie in den Diözesan-Ausschüssen Schule und Erziehung und in Elternkursen nach dem Muster verschiedener Bischöflichen Akademien bestätigt wird.

6. Einflußnahme auf Kongressen und Tagungen.

Hierher gehört die Mitarbeit beim »Bund katholischer Erzieher« (BKE), Dachorganisation der gesamten lehrenden Verbände.

Der Kongreß der »Internationalen Union für die Freiheit des Unterrichts« wurde im Mai 1955 besucht. Es erschien dort eine sehr stattliche deutsche Delegation, darunter drei Unterrichtsminister. Über den guten daselbst erzielten Eindruck haben die Zeitungen, besonders die in Süddeutschland, berichtet.

Böhler.

62

Memorandum Tietmeyers[1]*, Boklers und Hebels*

Ohne Ortsangabe, [vor 27. September 1956][2]

DA Eichstätt, Bischofsarchiv Schröffer, Deutsche Bischofskonferenz 1956. *Schreibmaschinenvervielfältigung mit Überschrift:* Memorandum über die seelsorgliche Betreuung an den Höheren Fachschulen Deutschlands für die Fuldaer Bischofskonferenz 1956. *Briefkopf:* Katholische Deutsche Studenten-Einigung (KDSE). Bundesführung des Bundes der Deutschen Katholischen Jugend, Bischöfliche Hauptarbeitsstelle für Jugendseelsorge. *Die zahlreichen Unterstreichungen von Hand und mit Maschine wurden nicht verzeichnet.*

I.

Die Sorge um die Verchristlichung der sogenannten profanen Lebensräume kann in der heutigen Gesellschaft nicht vom Priester allein getragen werden. Der Laie, der im Alltagsleben eine Fülle menschlicher Begegnungen und Einflußmöglichkeiten hat, muß von seinem Platz aus diese mittragen. Einen nicht zu unterschätzenden Einfluß hat hierbei das Berufsleben. Für die Gestaltung des Klimas muß dem mit einer Führungsaufgabe im beruflichen Leben beauftragten Laien wesentliche Verantwortung zugetraut werden. Seine geistig-religiöse Formung, die ihn allein befähigt, diese Aufgabe zu sehen und zu erfüllen, muß daher ein dringendes Anliegen der Kirche sein. Die unzweifelhaft beste Chance zu dieser Formung ist im Zeitraum seiner Ausbildung gegeben. Dort muß der rein fachlichen Ausbildung, die in der Regel von konfessionell indifferenten Instituten erfolgt, eine geistig-religiöse Formung und Bildung nebenhergehen. Diese Bildung hat unseres Erachtens zwei Aspekte:

1. Religiöse Unterweisung und Fortbildung (Religionsunterricht und Vorlesungen),
2. Seelsorgliche Betreuung und die Eingliederung in katholisch geprägte Gemeinschaften.

[1] Hans Tietmeyer *(geb. 1931), 1993–1999 Präsident der Deutschen Bundesbank, Inhaber zahlreicher Ämter, Ehrenämter und Auszeichnungen, war während seines Studiums 1955/56 Generalsekretär der KDSE und 1959–1962 Geschäftsführer der Studienförderung Cusanuswerk.*

[2] *Die Datierung ergibt sich aus dem Bezug zur Fuldaer Bischofskonferenz.*

Während das unter I.,1. genannte Anliegen eine unmittelbare Aufgabe der kirchlichen Hierarchie sein muß, kann die unter I.,2. genannte Aufgabe nur in enger Fühlungnahme mit den katholischen Organisationen befriedigend gelöst werden. Es bedarf dazu allerdings einer überlegten Einordnung und Aufgabenverteilung.

II.

Die Situation hinsichtlich dieser zwei Aspekte ist verschieden je nach der Art des Bildungsinstitutes und teilweise je nach dem betreffenden Bundesland. Im wesentlichen können dabei jedoch folgende Gruppen festgestellt werden:

1. Schulen, die, auf der Volksschule aufbauend, eine volle oder eine der praktischen Ausbildung nebenherlaufende theoretische Berufsausbildung geben. Sie entlassen den Schüler in jedem Falle berufsfertig. Hierher wären zu rechnen etwa die Berufsschulen oder die Handelsschulen.
2. Fachschulen, die, eine abgeschlossene Berufsausbildung und ein Berufspraktikum voraussetzend, das berufliche Wissen und die beruflichen Fähigkeiten vertiefen oder zur unteren Führungsstufe ausbilden sollen. Hierzu gehören die sogenannten berufsfortbildenden Schulen, zum Beispiel Meisterschulen.
3. Höhere Fachschulen, die, meist neben einem Berufspraktikum, entweder auf die mittlere Reife oder einen ähnlich zu bewertenden Vorkurs aufbauend, zu einem neuen Beruf ausbilden. An ihnen werden die Führungskräfte der mittleren Ebene im Wirtschaftsleben ausgebildet. Hierher wären etwa zu rechnen die sogenannten höheren technischen Lehranstalten, zum Beispiel Staatsbauschulen, Maschinenbauschulen usw. Diese Schulen entlassen ihre Schüler meist mit dem Prädikat »Ingenieur«.
4. Auf dem Abitur aufbauende Anstalten wie Universitäten, Technische Hochschulen und ihnen ungefähr gleichgewertete Lehranstalten (Pädagogische Akademien, Musikhochschulen, Sporthochschulen, Kunstakademien usw.), die mit einem akademischen Grad oder einer Berufserlaubnis entlassen.

III.

Die Situation bezüglich der unter I.,1. genannten Aspekte ist an den vier Gruppen von Instituten sehr verschieden. Als prinzipiell geklärt kann gelten die Situation an den unter II., 1. (Stichwort »Berufsschulen«) und unter II., 4. (Stichwort »Hochschulen und Akademien«) genannten Instituten. Im ersteren Falle wird im allgemeinen Religionsunterricht als ordentliches oder fakultatives Lehrfach erteilt. Die seelsorgliche Betreuung kann im Rahmen der allgemeinen Pfarrseelsorge größtenteils wahrgenommen werden. Die Gemeinschaftsbildungen erfolgen im Rahmen des Bundes der Deutschen Katholischen Jugend (BDKJ).

An den unter II., 4. genannten Hochschulen gilt ähnliches bezüglich der überall eingerichteten Studentengemeinden und der Katholischen Deutschen Studenten-Einigung (KDSE) bzw. der sie mittragenden Verbände. Als im Prinzip geklärt kann auch die Frage der Pädagogischen Akademien, Musikhochschulen, Kunstakademien gelten; wenn auch die Praxis leider an vielen dieser Institute noch keineswegs befriedigend ist.

Das eigentliche Problem, auf das der Bund der Deutschen Katholischen Jugend (BDKJ) und die Katholische Deutsche Studenten-Einigung (KDSE) die Aufmerksamkeit des Hochwürdigsten Episkopates hinlenken möchten, sind die unter II., 3. genannten Höheren Fachschulen. Ihre Zahl und ihre Ausbildungsmöglichkeiten steigen ständig. An ihnen wird eine Führungsschicht ausgebildet, die nach ihrer Ausbildung in größeren Räumen leitend und lenkend tätig ist, die aber auch noch in starkem Maße den unmittelbaren Kontakt mit dem einfachen Volke hat. Von der geistig-religiösen Formung gerade dieser Schicht muß daher Entscheidendes abhängen. Leider ist aber gerade in diesem Bereich sowohl die Frage der religiösen Unterweisung und Fortbildung wie auch die der seelsorglichen Betreuung und Möglichkeiten einer eigenen Gemeinschaftsbildung völlig ungeklärt.
Die religiöse Unterweisung und Fortbildung müßte hier auf einem Niveau erfolgen, das der besonders wachen Mentalität dieser jungen Menschen entspricht. Eine der Situation und Bedeutung angemessene seelsorgliche Betreuung kann daher unseres Erachtens [*bei*] der Vielzahl und Größe dieser Institute kaum von der Pfarrseelsorge aus wahrgenommen werden. Die Frage der Gemeinschaftsbildung ist besonders schwierig, da einer Hereinnahme in den akademischen Bereich und damit in die Arbeit der KDSE starke psychologische, bildungsmäßige und strukturelle Schwierigkeiten entgegenstehen. Eine einfache Zuordnung zu den Gruppen des BDKJ stößt auf ähnliche Schwierigkeiten. Trotzdem glauben der BDKJ und die KDSE, daß in diesem Bereich nicht länger mehr auf eine zielbewußte religiöse Arbeit verzichtet werden darf, will man nicht in Kauf nehmen, daß eine breite Schicht fähiger Laien in Aufgaben und Führungsstellen hineinwächst, denen sie ihrer geistig-religiösen Haltung und Befähigung nach nicht gewachsen ist.
Der BDKJ und die KDSE sind ihrerseits der Auffassung, daß eine Inangriffnahme dieses Problems sorgsamster Überlegungen bedarf. Vor allem müßte eine genaue Bestandsaufnahme der Situation an den vorhandenen Hochschulen nach den unter I. genannten zwei Aspekten gemacht werden. Eventuelle lokale Lösungen und Erfahrungen müssen ausgewertet werden, bevor eine zentrale Klärung in Angriff genommen wird. Um der Verschiedenartigkeit der Situation in den verschiedenen Ländern und Diözesen gerecht zu werden, schlagen der BDKJ und die KDSE folgenden Weg vor:
1. in jeder Diözese ernennt der Hochwürdigste Herr Ordinarius einen Geistlichen, der in Zusammenarbeit mit je einem von der Führung des BDKJ und dem Vorstand der KDSE ernannten Beauftragten für den Bereich der Diözese die Situation analysiert und Vorschläge unterbreitet.
2. Darüber hinaus ernennt die Konferenz der Hochwürdigsten Herren für den Bereich der Bundesrepublik und West-Berlin einen Beauftragten, der wiederum in Zusammenarbeit mit je einem Beauftragten des BDKJ und der KDSE die Koordination und Zusammenfassung der auf diözesaner Ebene gesammelten Erfahrungen und Vorschläge vornimmt. Das Gremium dieser drei Beauftragten müßte dann der Fuldaer Bischofskonferenz aufgrund der Untersuchungen und Überlegungen einen Vorschlag unterbreiten, der die Frage der religiösen Unterweisung, der seelsorglichen

Betreuung und der eventuellen Gemeinschaftsbildung dieser Studierenden berücksichtigt.
Der BDKJ und die KDSE erklären schon jetzt ihre Bereitschaft, in jeder möglichen Weise mitzuhelfen, das genannte Problem einer Lösung zuzuführen, die diesem dringenden Anliegen der Kirche in größtmöglichem Maße gerecht wird.

Für den Vorstand der Katholischen Deutschen Studenten-Einigung (KDSE)
gez. Hans Tietmeyer, Generalsekretär

Für die Bundesführung des BDKJ und die Bischöfliche Hauptarbeitsstelle für Jugendseelsorge
gez. Willy Bokler, Bundespräses
gez. Bartholomäus Hebel, Bundespräses.

63

Protokoll der Fuldaer Bischofskonferenz

Fulda, 27.–29. September 1956

EA Köln, CR II 2.19, 3. *Druckstück mit Überschrift:* Protokoll der Plenarkonferenz der Bischöfe der Diözesen Deutschlands in Fulda vom 27. bis 29. September 1956. *Vermerk:* Streng vertraulich!

An der Plenarkonferenz der deutschen Bischöfe, die vom 27. bis 29. September 1956 unter Vorsitz des Hochwürdigsten Herrn Erzbischofs von Köln, Eminenz Joseph Kardinal Frings, am Grabe des hl. Bonifatius in Fulda stattfindet, nehmen teil:

1. Joseph Kardinal Frings, Erzbischof von Köln,
2. Joseph Kardinal Wendel, Erzbischof von München-Freising,
3. Lorenz, Erzbischof von Paderborn,
4. Eugen, Erzbischof von Freiburg,
5. Joseph, Erzbischof von Bamberg,
6. Michael, Erzbischof, Bischof von Regensburg,
7. Albert, Bischof von Mainz,
8. Simon Konrad, Bischof von Passau,
9. Michael, Bischof von Münster,
10. Joseph, Bischof von Eichstätt,
11. Julius, Bischof von Würzburg,
12. Wilhelm, Bischof von Limburg,
13. Karl Joseph, Bischof von Rottenburg,
14. Joseph, Bischof von Augsburg,
15. Matthias, Bischof von Trier,
16. Isidor Markus, Bischof von Speyer,
17. Johannes, Bischof von Aachen,
18. Otto Spülbeck, Apostolischer Administrator des Bistums Meißen,
19. Adolf Bolte, Weihbischof, Vertreter der Diözese Fulda,
20. Johannes von Rudloff, Weihbischof, Kapitularvikar von Osnabrück,
21. Dr. Ferdinand Piontek, Kapitularvikar der Erzdiözese Breslau,

22. Arthur Kather, Kapitularvikar des Bistums Ermland,
23. Ludwig Polzin, Kapitularvikar der Freien Prälatur Schneidemühl,
24. Dr. Wilhelm Offenstein, Kapitularvikar der Diözese Hildesheim,
25. Dr. Maximilian Prange, Kapitularvikar der Diözese Berlin[1],
26. Dr. Franz Monse, Generalvikar von Glatz.

Die Konferenz beginnt am Donnerstag, den 27. September, vormittags 8:30 Uhr mit der Anrufung des Heiligen Geistes.

Der Vorsitzende eröffnet die erste Sitzung mit der Verlesung einer Grußbotschaft des Apostolischen Nuntius Dr. Alois Muench, der z. Z. in den Vereinigten Staaten weilt. Die Konferenz beschließt, das Schreiben mit einer Dankadresse zu erwidern. Das gleiche gilt für ein Grußwort des Oberbürgermeisters von Fulda[2] und des Vorsitzenden des CV, Ministerialrat Dr. Schneeberger.

Die Konferenz widmet sodann ein pietätvolles Gedenken den drei seit der letzten Tagung heimgerufenen Mitgliedern des deutschen Episkopates: Erzbischof Wilhelm Berning, Bischof von Osnabrück, der 40 Jahre lang als hervorragendes Mitglied der Konferenz angehört hatte; Erzbischof Joseph Godehard Machens, Bischof von Hildesheim, der uns zuletzt noch besonders groß erschien in der klaren, gelassenen und frohen Art der Hinnahme seines Todes; Bischof Wilhelm Weskamm von Berlin, dessen unerwartet früher Tod den Verlust einer ausgeprägten und hinreißenden Persönlichkeit bedeutet.

Die drei genannten Diözesen werden durch ihre Kapitularvikare vertreten: Weihbischof von Rudloff von Osnabrück, Dr. Offenstein von Hildesheim und Dr. Prange von Berlin. Die Konferenz entbietet ihnen herzlichen Gruß. Sie bedauert tief die schwere Erkrankung des ernannten Bischofs von Osnabrück, Dr. Demann, und entbietet ihm in einem Grußtelegramm beste Genesungswünsche.

Die Konferenz tritt dann in die Tagesordnung ein und behandelt als ersten Punkt die Huldigungsadresse an den Heiligen Vater. Der vorgelegte Entwurf wird einer letzten redaktionellen Durchsicht unterzogen und gebilligt.

In einem gemeinsamen Hirtenbrief greifen die Bischöfe dieses Jahr, durch den 400. Todestag des hl. Ignatius von Loyola angeregt, das Anliegen der Exerzitien auf. Der vorgelegte Entwurf wird nach Vornahme einiger Kürzungen gebilligt. Es wird empfohlen, die Förderung dieses Anliegens auch dem Klerus nahezulegen. Ein hierfür ausgearbeitetes »Wort an den Klerus« wird den Bischöfen zur Verfügung gestellt.

Der Vorsitzende gibt einen Bericht über die Lage der Kirche in Deutschland. An Hand eines bemerkenswerten, zumeist im neuesten Band des Kirchlichen Handbuches veröffentlichten statistischen Materials wird ein Bild gezeichnet, das auf einigen Gebieten – wie im Besuch der Sonntagsmesse und im Kommunionempfang sowie hinsichtlich der Kirchenaustritte und Übertritte – einen leichten, aber stetigen Rückgang erkennen läßt, auf anderen dagegen ein erfreuliches Voranschreiten ausweist,

1 MAXIMILIAN PRANGE *(1893–1965), Dr. theol. et phil., 1920 Priester (D Breslau), 1929 Domvikar, 1934 Konsistorialrat in Breslau, 1938–1950 und 1957–1961 Generalvikar in Berlin.*

2 CUNO RAABE *(1888–1971), Dr. iur. utr., seit 1946 Mitglied des hessischen Landtags (CDU), später dessen Vizepräsident, 1948–1956 Oberbürgermeister von Fulda. Vgl.* H.-O. KLEINMANN, *Raabe.*

wie hinsichtlich der Exerzitien, der Caritas und Fürsorge, der katholischen Zeitschriften, der Diaspora und Mission. Als besonders bedenklich muß die Zunahme von Mischehen angesehen werden.
Unter den bemerkenswerten Ereignissen des Berichtsjahres sind im innerkirchlichen Raume hervorzuheben: die Bekundung der Zusammengehörigkeit mit dem Hl. Vater bei Gelegenheit seines 80. Geburtstages, das Wachsen des Missionsgedankens, wie es sich auch in der Geburtstagsspende für den Hl. Vater offenbart, und das Glaubenszeugnis breiter Schichten des Volkes bei Gelegenheit des Kölner Katholikentages. Das Bild über die Lage der Kirche in Deutschland wird für die Ostzone ergänzt durch einen Bericht, den Kapitularvikar Dr. Piontek über die Presse in der DDR erstattet.

1. Referat: Glaubensverbreitung und Glaubensüberwachung
Die Konferenz befaßt sich mit der Frage der geeigneten Behandlung von Gesuchen, die von Missionsbischöfen in Asien und Afrika an die deutschen Bischöfe gerichtet werden und die Gewährung von Beihilfen, die Übernahme von Patenschaften und dergleichen zum Gegenstand haben. Es besteht die einheitliche Auffassung, daß bei Zuwendungen von größerer Bedeutung zunächst das Päpstliche Werk für Glaubensverbreitung in Aachen zur Sache gehört werden solle.
Im Hinblick auf die drückende Not des Priestermangels in Südamerika wird der Konferenz die Anregung unterbreitet, deutsche Priester für die Zeit von fünf bis zehn Jahren für Südamerika zur Verfügung zu stellen, in der Weise, daß die Heimatdiözese, deren Angehörige sie bleiben, für ihre Reise, ihre Besoldung und für einen Heimaturlaub aufkommen soll. Die Bischöfe werden gebeten, diese Frage für ihre Diözese zu prüfen und bis Ende des Jahres geeignete Priester an den Erzbischof von München zu melden.
Die Konferenz nimmt einen Bericht über den Katholischen Missionsrat e. V. entgegen und stellt mit Befriedigung fest, daß der Missionsrat nach seiner im Sinne des Beschlusses der vorjährigen Fuldaer Bischofskonferenz erfolgten Konstituierung bereits wertvolle Arbeit geleistet hat. Dabei wird im besonderen die von ihm eingerichtete Missionsausstellung (»Missio«) erwähnt, die sich eines überaus großen Besuches erfreut und auch schon eine hohe Zahl von Missionsberufen wecken konnte. Bezüglich der in der nationalsozialistischen Zeit gegründeten »Aachener Missions- und Verwaltungsgesellschaft« ist die Konferenz folgender Auffassung: Die Gesellschaft hat in der Vergangenheit wertvolle Dienste geleistet. Jetzt hat sie jedoch ihre wesentliche Aufgabe erfüllt und sollte daher, sobald es die Verhältnisse erlauben, ihre Tätigkeit einstellen.
Der Leiter des Referates »Glaubensverbreitung und Glaubensüberwachung« erstattet Bericht über den derzeitigen Stand des »Una-Sancta-Gespräches«. Die Konferenz kommt zu folgenden Beschlüssen:
1. Die den Diözesanreferenten für Glaubensverbreitung und Glaubensüberwachung zufallenden Aufgaben sind so zahlreich und umfangreich, daß sie nur richtig und wirksam erfüllt werden können, wenn ihnen eine Hilfe an die Hand gegeben wird. Deshalb sollen innerhalb der einzelnen Diözesen in Städten oder Dekanaten, in

denen es besonders notwendig erscheint, eigene qualifizierte Stadt- oder Dekanatsreferenten zur Glaubensverbreitung und Glaubensüberwachung ernannt werden. Im übrigen sollen alle Dekane auf diese besondere Arbeit hingewiesen und mit ihr betraut werden. Die Orientierung über das Aufgabengebiet erfolgt durch den Diözesanreferenten jeweils bei der Ernennung.
2. Das Gebet um die Einheit im Glauben muß ein Herzensanliegen des ganzen gläubigen Volkes werden. Deshalb soll in die Fürbitten bei der hl. Messe auch die Bitte eingefügt werden: »Daß Du alle Irrenden zur Einheit der Kirche zurückrufen und alle Ungläubigen zum Lichte des Evangeliums führen wollest – wir bitten Dich, erhöre uns.« Desgleichen soll in Andachten oft um die Wiedervereinigung im Glauben gebetet werden. Die Seelsorger mögen häufig Anlaß nehmen, die Gläubigen auf die Notwendigkeit dieses Gebetsanliegens hinzuweisen.
3. Der Erzbischof von Paderborn wird beauftragt, der Abtei Niederalteich für die im Dienste der Wiedervereinigung im Glauben entfaltete Tätigkeit den Dank der Konferenz auszusprechen, zugleich aber auch die Richtlinien mitzuteilen, nach denen die Mitglieder der Abtei bei dieser Arbeit sich zu richten haben.
4. Die Plenarkonferenz erachtet die Bildung eines moraltheologischen und sozialethischen katholisch-evangelischen Arbeitskreises für wünschenswert, um Möglichkeiten gemeinsamer Arbeiten im politischen, sozialen und kulturellen Raum grundsätzlich zu klären und abzustimmen. Ohne diese vorausgehende und ständige grundsätzliche Klärung und Abstimmung sind soziale Arbeitskreise, wie sie zum Teil von Laien angestrebt werden, nicht zu begrüßen, da sie leicht dem religiösen Indifferentismus Vorschub leisten können.
Es bleibt das dringende Anliegen des Episkopates, den Notstand, der durch die Benutzung evangelischer Kirchen für den katholischen Gottesdienst gegeben ist, so rasch als möglich zu beheben. Der von den deutschen Bischöfen im Vorjahre zu diesem Zwecke gefaßte Beschluß, innerhalb der Jahre 1956 und 1957 aus überdiözesanen Mitteln 2,5 Millionen DM für den Kirchenbau in der Diaspora bereitzustellen, erfährt folgende Ergänzung:
1. Wie der Bonifatiusverein durch die Beschlüsse seiner Generalversammlung und nach der Weisung des Episkopates gehalten ist, seine Mittel nur für schlichte Diasporakirchenbauten einzusetzen, und die Unterstützung aufwendiger Bauten abzulehnen, so soll auch mit den Mitteln aus der Bischöflichen Sonderhilfe verfahren werden. Besonderer Wert ist zu legen auf die Selbsthilfe und auf die Eigenleistungen der bedachten Diasporagemeinden.
2. Die Umsiedlung von vereinzelt und weitab in der Diaspora wohnenden Katholiken in die Nähe eines Gotteshauses soll besonders gefördert werden. Die katholischen Siedlungsgemeinschaften und Siedlungswerke werden gebeten, in Fühlungnahme mit ihrem Bischöflichen Ordinariat, dem Bonifatiusverein und den in Frage kommenden Diasporaseelsorgern auf dieses Anliegen ihr besonderes Augenmerk zu richten und ihm ihre Hilfe angedeihen zu lassen.
Zur Durchsetzung einer dem Menschen im Betrieb gerechter werdenden Sozialordnung haben sich seit einigen Jahren Kräfte der katholischen und evangelischen Sozialarbeit

und des Deutschen Bergbaues zusammengefunden. Nach Inhalt und Form gehören diese Zusammenkünfte zu jenen Formen der Aktion, die in der Instructio des Hl. Offiziums vom 20. Dezember 1949 als nicht unter die Grundsätze des Monitums vom 5. Juni 1948 fallend erwähnt werden (Abs. 4, Abschnitt 2). Sie stellen in ihrer Hinordnung auf die Gesamtheit aller im Betrieb tätigen Menschen und in der Weise des Zusammenwirkens katholischer und evangelischer Christen bei der Ordnung der Gesellschaft eine begrüßenswerte Form des Beitrages zum sozialen Frieden dar.
Der Vorsitzende der Konferenz bringt den Bischöfen die Anliegen und Anregungen zur Kenntnis, denen der Hl. Stuhl in einer Reihe von Schreiben Ausdruck gegeben hat. Sie beziehen sich auf die Überwindung des Indifferentismus und Kommunismus, auf die Bestellung von Weihbischöfen in den größeren Diözesen Deutschlands und auf die kirchliche Eheassistenz vor der zivilen Trauung (Ausnahmebestimmung des Konkordates, Fall Thann). – Der Vorsitzende wird gebeten, die Beantwortung obiger Schreiben zu übernehmen.

2. Referat: Religiöses Leben
Der zum Vicarius castrensis ernannte Erzbischof von München, Eminenz Wendel, gibt einen Überblick über die Grundsätze der Neuordnung der Militärseelsorge sowie über den derzeitigen Stand ihres Aufbaues. Wenn auch für die wesentlichen Bedürfnisse der Militärseelsorge gut gesorgt ist, so bleibt doch für eine gründliche und tiefgreifende Männerseelsorge bei der Bundeswehr noch eine Reihe grundsätzlicher Aufgaben zu erfüllen, die aus dem Etat der Militärseelsorge nicht bestritten werden können. Insbesondere ist auch an die außerdienstliche Wehrmachtsbetreuung durch eine Arbeitsgemeinschaft katholischer Organisationen zu denken. Für den Fall, daß die im Schlußprotokoll des Reichskonkordates festgelegte Kirchensteuerfreiheit der Wehrmachtsangehörigen auf Grund einer veränderten Sachlage nach gegenseitigem Übereinkommen zwischen dem Heiligen Stuhl und der Bundesregierung auf deren Wunsch in Wegfall kommt, beschließen die Bischöfe, aus dem Steueraufkommen von den Dienstbezügen der Wehrmachtsangehörigen die zusätzlichen Bedürfnisse der Militärseelsorge und die Bedürfnisse der außerordentlichen Wehrmachtsbetreuung über das Militärbischofsamt zu bestreiten. In der Zwischenzeit wird aus überdiözesanen Mitteln eine Summe von 30.000 DM für die genannten Zwecke vorgestreckt.
Was die Frage der studentischen Mensur betrifft, so hat die inzwischen eingetretene Entwicklung die Berechtigung der Stellungnahme der Plenarkonferenz vom Jahre 1952 vollauf bestätigt. Angesichts der Tatsache, daß dieser Entwicklung noch nicht von allen Vertretern des Kirchenrechtes Rechnung getragen wird[3] und somit Verwirrung in katholischen Kreisen zu befürchten ist, beauftragt die Konferenz den Erzbischof von Paderborn, mit den in ihrem Urteil noch schwankenden Professoren persönlich Rücksprache zu nehmen, um eine einheitliche Stellungnahme herbeizuführen.

[3] *Vgl. Dok. 68.*

Die Aufmerksamkeit der Bischöfe wird auf die Tatsache gelenkt, daß durch den festzustellenden häufigen Wechsel der Studentenpfarrer die Studentenseelsorge einer ernsten Gefährdung ausgesetzt wird. Es wird die Empfehlung ausgesprochen, die mit dieser Aufgabe betrauten hochwürdigen Herren nach Möglichkeit für ihre Aufgabe zu erhalten bzw. ihnen rechtzeitig einen geeigneten jüngeren Priester beizugeben, der auf diese Weise sich einarbeiten und mit dem Aufgabenkreis der Studentenseelsorge sich vertraut machen kann, um dann die Nachfolge zu übernehmen.
Eine besondere Aufmerksamkeit erfordert auch die religiöse Unterweisung und die seelsorgliche Betreuung der Studenten an den Höheren Fachschulen (wie Höhere Technische Lehranstalten, Staatsbauschulen, Maschinenbauschulen usw.), deren geistig-religiöse Formung von nicht zu unterschätzender Bedeutung ist[4]. Es stellen sich hier zwei Aufgaben: 1. die religiöse Unterweisung und Fortbildung (Religionsunterricht und Vorlesungen), 2. die seelsorgliche Betreuung und Eingliederung in katholisch geprägte Gemeinschaften. Der Bund der Katholischen Jugend und die Katholische Deutsche Studenteneinigung, die ihre Bereitschaft zur Mitarbeit an der Lösung dieser wichtigen Aufgabe erklärt haben, sollen gebeten werden, Vorschläge zu unterbreiten bzw. eine Konferenz zur Beratung dieser Frage einzuberufen.
Die Konferenz beauftragt die bischöfliche Kommission des Referates 2 »Religiöses Leben« unter Leitung des Bischofs von Mainz und unter Beiziehung geeigneter Persönlichkeiten (wie Seminarregenten und Spirituale) die Litterae circulares de scrutinio der Hl. Sakramentenkongregation vom 27. Dezember 1955[5] einer sorgfältigen Durchsicht zu unterziehen und an ihrer Hand im besonderen eine Überprüfung der bisher für Deutschland erlassenen Richtlinien bezüglich der probata vitae castitas vorzunehmen.
Der Leiter des Referates 2 legt der Konferenz seinen Vorschlag zur Brevierreform sowie die inzwischen eingelaufenen Bemerkungen zu ihm vor. Er bemüht sich unter Berücksichtigung der Ergebnisse des diesjährigen Liturgischen Kongresses von Assisi um eine gemeinsame Linie für die in Rom zu unterbreitenden Vorschläge. Die Konferenz verweist die Beschlußfassung über die einzureichenden Vorschläge an die einzelnen Kirchenprovinzen.
Der Konferenz wird der Entwurf einer neuen Satzung der Deutschen Gesellschaft für christliche Kunst vorgelegt, für den sich die Frühjahrstagung der genannten Gesellschaft 1956 in Fulda ausgesprochen hat. Der Gesamtepiskopat ist darin (§ 9) als Kuratorium aufgeführt und stellt das erste Organ der Gesellschaft dar. Die Bischöfe sind geborene Mitglieder der Gesellschaft. – Die Konferenz beschließt, den Entwurf zunächst einer aus Juristen zu bildenden Kommission zur Prüfung und Begutachtung vorzulegen.
Der Erzbischof von Salzburg bringt durch ein Schreiben vom 1. August 1956[6] zur Kenntnis, daß sich der österreichische Episkopat mit der von dem Konveniat der westdeutschen Bischöfe in Stuttgart-Hohenheim Ende März 1956[7] vorgeschlagenen

4 *Vgl. Dok. 62.*
5 *In* AAS *nicht veröffentlicht.*
6 *Nicht ermittelt.*
7 *Das Protokoll dieses Konveniats (vgl. Dok. 20) verzeichnet keinen Beschluß dieser Art. Die Angelegenheit beschäftigte die Konferenzen der Bischöfe auch weiterhin, vgl. Dok. 92, 100, 277 sowie 244. Die*

Formulierung bezüglich des Vorschlagsrechtes für die Stellen des Rektors der Anima und des Deutschenseelsorgers in Rom einverstanden erklärt. Er schlägt zugleich vor, daß nun beide Bischofskonferenzen dem Apostolischen Stuhl von diesem Ergebnis Nachricht geben und in einer Eingabe ein neues Breve für die Anima erbitten.
Der Konferenz wird die Anregung unterbreitet, durch eine Eingabe in Rom zu erbitten, daß die bisher gebräuchliche Formel der abiuratio bei Konversionen durch eine andere, der Situation des haereticus mere materialis mehr entsprechende ersetzt werde. Der Erzbischof von Bamberg wird beauftragt, nach Fühlungnahme mit dem Liturgischen Institut in Trier eine Formel vorzulegen, für die dann durch den Vorsitzenden der Konferenz die Approbation des Heiligen Stuhles erbeten wird.
Ein weiterer Vorschlag betrifft die Bedingungen für die Gewinnung des Toties-Quoties-Ablasses. Es wird als wünschenswert erachtet, daß an Stelle der bei jedem Kirchenbesuch vorgeschriebenen sechs Vater-unser auch ein Gesetzchen des Rosenkranzes gebetet werden kann. Die Konferenz beauftragt den Bischof von Rottenburg eine diesbezügliche Eingabe vorzubereiten.

3. Referat: Katholische Aktion
Die Bischöfliche Kommission für die Koordinierung der im Apostolat der Kirche tätigen Kräfte und Verbände berichtet, daß die Neuordnung der Bischöflichen Hauptstelle für Frauenseelsorge gemäß dem Auftrag der letztjährigen Plenarkonferenz und nach den dort vorgelegten Normen durchgeführt wurde.
Der Kommission wird der Auftrag erteilt, in gleicher Weise auch die Bischöfliche Hauptstelle für Männerseelsorge zu ordnen.
Ferner wird sie beauftragt, bis zur nächsten Plenarkonferenz ein vollständiges Verzeichnis aller Bischöflichen Hauptstellen vorzulegen und dabei zu prüfen, ob alle Hauptstellen in der gegenwärtigen Form bestehen bleiben können. Soweit die Hauptstellen noch keine Neuordnung hinsichtlich des innerkirchlichen Auftrags und der äußeren Rechtsform erfahren haben, sollen entsprechende Vorschläge bis zur nächsten Konferenz erarbeitet werden.
Zum Zwecke der Finanzierung des Laienapostolates auf internationaler Ebene (internationale Laienkongresse, Vertretung bei der UNO in New York, UNESCO in Paris, ECOSOC in Genf und beim Europarat in Straßburg) soll ein Grundkapital für die »Stiftung Pius XII.« geschaffen werden. Träger des Apostolates ist die Konferenz der internationalen katholischen Organisationen mit dem Sitz in Freiburg/Schweiz. Es handelt sich um eine Art Zentralkomitee der katholischen Laienwelt. Die geplante Sammelaktion soll in den Ländern deutscher Zunge durch den Canonicus Bernard[8] von Luxemburg durchgeführt werden, der hierfür das Placet der Bi-

endgültige Regelung erfolgte durch Breve vom 9. März 1959. Eine knappe Darstellung der vorherigen Rechtslage in der Aufzeichnung des Auswärtigen Amts vom April 1960 bei M. Feldkamp, *S. 115.*

8 Jean Bernard *(1907–1994), Dr. phil., 1933 Priester (Luxemburg), 1941/42 Internierung im KZ Dachau (sein zehntägiger Hafturlaub war Vorlage für den Film »Der neunte Tag« unter Regie von Volker Schlöndorff) 1933–1940 Generalsekretär, 1947–1972 Präsident des Office Catholique International du Cinéma (OCIC), 1955 Ehrendomherr, 1958 Päpstlicher Geheimkämmerer.*

schöfe erbittet. Die Konferenz beschließt, Canonicus Bernard zu gestatten, durch die katholische Presse eine Werbeaktion durchzuführen.
Auf der Weltausstellung 1958 in Brüssel soll ein Pavillon des Vatikans errichtet werden. Das Generalkommissariat des Heiligen Stuhles bittet zu diesem Zwecke um einen Zuschuß der deutschen Katholiken. Die Konferenz bewilligt zunächst für das Jahr 1957 die Summe von 100.000 DM und glaubt für das Jahr 1958 die gleiche Summe in Aussicht stellen zu können.

4. Referat: Bildung, Erziehung und Unterricht
Die »Katholischen Grundsätze für Schule und Erziehung«, die schon der letztjährigen Konferenz vorgelegt worden waren, nach deren Beschluß aber durch eine Kommission von Bischöfen noch einmal überarbeitet wurden, werden nunmehr angenommen[9].
Der Konferenz wird ein Antrag unterbreitet, die Übersetzung des neuen deutschen Katechismus ins Schwedische zu gestatten, wobei jedoch nicht an eine unveränderte Übernahme, sondern an eine Überarbeitung und Verschmelzung mit dem Straßburger Katechismus gedacht ist. Die Bischöfe sehen sich zu ihrem Bedauern nicht in der Lage, dem Antrag in dieser Form stattzugeben, und beauftragen den Bischof von Rottenburg, in diesem Sinne zu antworten.
Ein zweiter Antrag ersucht um Genehmigung der Übertragung des Katechismus ins Esperanto. Die Konferenz erhebt dagegen keinen Einspruch, fordert jedoch als Bedingung Garantien für eine sinngetreue Übersetzung und wünscht deshalb die Beteiligung eines des Esperantos mächtigen Priesters.

5. Referat: Caritas und Fürsorge
Nach eingehender Beratung der Vorlage des Deutschen Caritasverbandes durch die Sonderkommission hat die Plenarkonferenz der deutschen Bischöfe folgendes beschlossen:
Die Sorge des Deutschen Caritasverbandes und der Diözesancaritasverbände um den Nachwuchs für die caritativen Berufe ist ebenso die Sorge der Oberhirten der Diözesen. Sie danken der Führung des Deutschen Caritasverbandes und den zuständigen Referenten für die Vorschläge[10], die zur Behebung dieser Sorge gemacht werden.
Im einzelnen beschließt die Plenarkonferenz der deutschen Bischöfe folgendes:
1. Die Krankenpflegeschulen sollen immer mehr aus Fachschulen zu Schwesternbildungs-Schulen entwickelt werden. Um dieses zu erreichen, wird in jeder Diözese durch den Diözesanbischof eine geeignete Persönlichkeit bestellt, welche die Aufgabe hat, die vom Deutschen Caritasverband erarbeiteten Richtlinien zur Durchführung zu bringen und dafür zu sorgen, daß der berufsethische Unterricht regelmäßig erteilt wird, und daß insbesondere auch die Schülerinnen, die nicht in einen Orden

[9] Katholische Grundsätze für Schule und Erziehung, *erarbeitet von der Fuldaer Bischofskonferenz 1956, hrsg. von der Bischöflichen Arbeitsstelle für Schule und Erziehung, Köln, Marzellenstraße 32, 1956.*
[10] *Vgl. Dok. 38.*

einzutreten gedenken, schon während ihrer Ausbildung für die katholischen Organisationen der freien Schwestern gewonnen werden.
2. Um die Bestrebungen der Arbeitsschutzgesetzgebung im Sinne der von unserer Plenarkonferenz 1955 erlassenen Richtlinien zu beeinflussen, möge der Deutsche Caritasverband selbst eine »Arbeitsschutz-Verordnung« ausarbeiten, wie er seinerzeit auch eigene Richtlinien für die Personalvertretung aufgestellt hat.
3. Die Bemühung des Deutschen Caritasverbandes, durch Beschaffung von Mitteln aus dem Bundesjugendplan zur Erstellung von Wohnheimen für Schwestern und Schwesternschülerinnen den Zugang zu den Schwesternberufen zu fördern und der Gesunderhaltung der Schwestern zu dienen, wird von der Plenarkonferenz begrüßt; ebenso die Ausbildung von Lehrschwestern in Spezialkursen im Deutschen Caritasinstitut für Gesundheitsfürsorge in Köln-Hohenlind.
Auf dem Gebiet des Kindergartenwesens ist in allen Diözesen sehr vieles geschehen. Wir teilen die Sorgen des Deutschen Caritasverbandes um die Erhaltung des kirchlichen Einflusses auf diesem Gebiet der religiösen Kindererziehung. Die Bischöfe werden die Ausbildung und Weiterbildung dieser Erzieherinnen als besonderes Anliegen ihren Diözesanverhältnissen entsprechend gestalten.
Die Orientierung aller im öffentlichen Leben des Staates und der Gemeinden Stehenden über die grundsätzlichen Fragen der Caritas und der Wohlfahrtspflege hält die Plenarkonferenz für sehr vordringlich. – Die Leitungen der Diözesanbildungsheime sowie die Diözesancaritasverbände werden von den einzelnen Diözesen mit der Durchführung solcher Kurse und Vorträge beauftragt. – Die Leitung des Deutschen Caritasverbandes wird gebeten, entsprechende Themen auszuarbeiten und Redner mit Fachkenntnissen zur Verfügung zu stellen. – Ein Lehrbuch über Wohlfahrtspflege und Caritas sollte vom Deutschen Caritasverband bald herausgegeben werden.
Mit Zustimmung hat die Plenarkonferenz Kenntnis genommen von der Anregung, den Seelsorgern in geeigneter Weise nahezubringen, die im neuen Katechismus gegebenen Möglichkeiten, den Kindern die persönliche Liebestätigkeit zu erschließen, auszuschöpfen, ebenso die Gläubigen in die neue Liturgie der Karwoche einzuführen, so daß insbesondere die Liturgie des Gründonnerstages als Anruf zur dienenden Liebe von der ganzen Gemeinde verstanden und verwirklicht wird.
Die Bischöfe halten es für geboten, die Gläubigen in einem eigenen Aufruf auf den Notstand hinzuweisen, der in der fortdauernden Existenz der Flüchtlingslager gegeben ist und durch den anhaltenden Flüchtlingsstrom aus dem Osten und aus Mitteldeutschland bedingt wird (vgl. Anlage 1)[11]. In voller Würdigung der Bedeutung der Lagerseelsorge werden für diese Zwecke auch Geldmittel in Höhe von insgesamt 300.000 DM bewilligt (vgl. überdiözesane Zuschüsse Nr. 24).
Das Auslandssekretariat (Prälat Büttner) regt an, einen Fonds zu sammeln, um an einzelnen Orten des Auslandes Zentren der seelsorglichen Betreuung durch den Bau von Kirchen und Gemeindehäusern zu schaffen, wie dies z. B. dringlich für Paris gewünscht wird. Die Konferenz beschließt zu diesem Zwecke im Laufe des Jahres

[11] *Nicht aufgenommen. Druck:* AB MÜNCHEN *1956, S. 186 f.*

1957 eine Kollekte für Auslandsseelsorge zu halten, deren Erträgnis an die Erzbistumskasse Köln zu überweisen ist. – Aus den Mitteln dieser Kollekte ist die Summe von 15.000 DM für Zwecke des Aufbaues einer deutschen Bibliothek in New York abzuzweigen.
Einem weiteren Antrag der gleichen Stelle, nämlich eine größere Summe für den Unterhalt der mit der Seelsorge der Ausländer in Deutschland betrauten ausländischen Priester (Polen, Litauer usw.) zur Verfügung zu stellen, kommt die Konferenz in der Weise entgegen, daß sie für das kommende Jahr 200.000 DM aus überdiözesanen Mitteln genehmigt. Diese Summe wird bereitgestellt, kann jedoch erst nach erfolgter Überprüfung des Auslandssekretariates und der Notwendigkeit obiger Projekte durch eine Bischofskommission (Köln, Osnabrück, Würzburg) abgerufen werden.

6. Referat: Gesellschaft und Wirtschaft
Die Konferenz nimmt einen Bericht über die gegenwärtig in ein entscheidendes Stadium getretenen Bestrebungen um Einführung der »gleitenden Arbeitswoche« entgegen. Sie befürchtet aus der Verwirklichung dieses Planes ernste Rückwirkungen auf das religiös-sittliche Leben des Volkes und beschließt deshalb mit einer Verlautbarung zu dieser Frage an die Öffentlichkeit zu treten (siehe Anlage 2).
Von Arbeitgeber- und Arbeitnehmerseite wurde in dieser Angelegenheit an die Bischöfe das Ersuchen um Gewährung einer Aussprache gerichtet. Die Konferenz ist bereit, dieser Bitte zu entsprechen. Weihbischof Dr. Hengsbach und Dr. Paulus vom Sozialreferat des Zentralkomitees der deutschen Katholiken werden gebeten, zusammen mit anderen von ihnen selbst zu bestimmenden Persönlichkeiten, sich diesem Gespräch zu stellen.

8. Referat: Katholische Publizistik
Die Konferenz erläßt mit Wirkung vom 1. Oktober 1956 die folgenden Zusätze zu den am 2.9.1954 genehmigten Satzungen der Katholischen Rundfunk- und Fernseharbeit in Deutschland (KRD):
a) Zu § 4,2 (betr. Leiter der KRD) als neuer Absatz 5:
»Bei kirchlichen Hörfunkveranstaltungen überregionalen Charakters (z. B. bei Katholikentagen) obliegt ihm die verantwortliche Vorbereitung und Durchführung unter Heranziehung geeigneter regionaler Kräfte.«
b) Zu § 5,2 (betr. Vorsitzender der Fernsehkommission) als neue Absätze 2 und 3:
»Der ständigen Programmkonferenz des Deutschen Fernsehens gegenüber vertritt er die kirchlichen Belange, insbesondere in allen Fragen der Eurovision.
Bei kirchlichen Sehfunkveranstaltungen überregionalen Charakters (z. B. bei Katholikentagen und bei Eurovision) obliegt ihm die verantwortliche Vorbereitung und Durchführung unter Heranziehung geeigneter regionaler Kräfte.«
Der Wortlaut eines Pastoralschreibens an den Klerus über Rundfunk und Fernsehen (siehe Anlage 3[12]) wird genehmigt.

12 *Nicht aufgenommen. Druck:* AB MÜNCHEN *1956, S. 187–192.*

Als Termin für die nächstjährige Plenarkonferenz wird probeweise noch einmal die letzte Septemberwoche festgelegt. Außerdem wird beschlossen, die Konferenz um einen Tag zu verlängern. Die Konferenz findet demnach statt vom 24. bis 27. September. Anreisetag ist Montag, der 23. September, Tag der Abreise Samstag, der 28. September 1957.

Überdiözesane Zuschüsse

1.	Josephs-Missionsverein			—
2.	Raphaels-Verein			100.000 DM
3.	Auslandssekretariat			200.000 DM
4.	Apostolat des Meeres	lfd. Zuschuß	50.000	
		Baukosten	40.000	90.000 DM
5.	Kommissariat Berlin			13.000 DM
6.	Zentrale für kirchliche Statistik			31.000 DM
7.	Arbeitsstelle für Schule und Erziehung	(Bayern nicht beteiligt)		
8.	Volkswartbund			20.000 DM
9.	Hoheneckzentrale			10.000 DM
10.	Mädchenschutzverein			20.000 DM
11.	Rundfunkreferat			16.000 DM
12.	Fernseharbeit	lfd. Zuschuß	21.500	
		Verlegung Hamburg/ Frankfurt	3.500	25.000 DM
13.	Bild und Film	lfd. Zuschuß	50.000	
		Sonderzuschuß	8.500	58.500 DM
14.	Haus Altenberg			115.000 DM
15.	Katholischer Siedlungsdienst			20.000 DM
16.	Katechismus-Kommission	(bereitgestellt)		5.000 DM
17.	Albertus-Magnus-Kolleg, Königstein	(bereitgestellt)		30.000 DM
18.	Priesterseminar Neuzelle			—
19.	Liturgisches Referat	lfd. Zuschuß	2.500	
		Materialbeschaffung	2.500	5.000 DM
20.	Hauptreferat CAJ			32.000 DM
21.	Diözese Berlin			—
22.	Gesellschaft für christliche Kunst			10.000 DM
23.	Winfriedbund			30.000 DM
24.	Heimatvertriebene:	Hauptstelle Nord } Hauptstelle Süd		30.000 DM
		SBZ-Lagerbetreuung		100.000 DM
		SBZ-Lagerbetreuung (bereitgestellt)		100.000 DM
		Lagerwerk Berlin		100.000 DM
25.	Pädagogisches Institut	(Bayern nicht beteiligt)		35.000 DM
	Begabtenförderung			3.600 DM

26. Zentralinstitut für kath. Eheberatung	(Bayern nicht beteiligt)		15.000 DM
für Defizitdeckung (bereitgestellt)	(Bayern nicht beteiligt)		8.000 DM
27. Nikolaus-Schifferverband			4.300 DM
28. Kirchenpolitisches Büro			40.000 DM
29. Arbeitsgemeinschaft kath. deutscher Frauen			7.000 DM
30. Catholica Unio			4.000 DM
31. Arbeitsgemeinschaft evangelischer und katholischer Professoren			3.000 DM
32. Bischöfliche Finanzkammer Münster			15.000 DM
33. Kirchenbuchamt			18.000 DM
34. Taubstummenseelsorge			10.000 DM
35. Katholische Deutsche Studenteneinigung			
	für den männlichen Zweig		30.000 DM
	für den weiblichen Zweig		5.000 DM
36. Kirchliche Nachrichten-Agentur			90.000 DM
	außerordentlicher Beitrag		18.000 DM
37. Ukrainerseelsorge	lfd. Zuschuß	10.000	
	Paramente	6.000	16.000 DM
38. Zentralkomitee der deutschen Katholiken			100.000 DM
39. Familienbund			10.000 DM
40. Bund katholischer Erzieher			10.000 DM
41. Blindenschriftdruckerei			20.000 DM
42. Meinwerk-Institut Paderborn	lfd. Zuschuß	20.000	
	Restbaukosten	30.000	50.000 DM
43. Elisabeth-Konferenz			5.000 DM
44. Ärztegesellschaft St. Lukas			—
45. Landvolk-Arbeitsstelle			15.000 DM
46. Vetus latina			5.000 DM
47. Hausangestellten-Seelsorge			5.000 DM
48. Katholischer Fürsorgeverein für Mädchen, Frauen und Kinder			—
49. Akademikerverband	(bereitgestellt)		5.000 DM
50. Studentenheim Berlin			—
51. Wehrbetreuung			30.000 DM
52. Kirchenmusikalisches Referat, für Musik im Gottesdienst			10.000 DM
53. Cusanuskreis	(Bayern nicht beteiligt)		
	lfd. Zuschuß	75.000	

		Nachtrag 1956	22.000	97.000 DM
54.	Allgemeiner Cäcilienverband			10.000 DM
55.	Bundesarbeitsstelle Jugendschutz	(bereitgestellt)		15.000 DM
56.	Institut zur Begegnung Natur- und Glaubenswissenschaft	(für einmal)		7.000 DM
57.	Prälat Schuchert	(bereitgestellt)		5.400 DM
58.	Ostvertriebene Laien	(bereitgestellt)		370.000 DM
59.	Kath. Akademiker-Ausländer-Dienst	(bereitgestellt)		33.000 DM
60.	DJK Düsseldorf			—
61.	Kath. Sekretariat für europäische Probleme			10.000 DM
62.	Gesellschaft zur Herausgabe des Corpus Catholicorum			5.000 DM
63.	Kirchbau Diaspora			1.250.000 DM
64.	Zirkus-Seelsorge			2.000 DM
65.	Altersversorgung Hüpgens			4.500 DM
66.	Weltausstellung Brüssel 1958	1. Rate		100.000 DM
67.	Ausländerseelsorger	(bereitgestellt)		200.000 DM

Zu Nr. 55: Der Betrag kann erst nach Überprüfung durch das Referat 5 »Caritas und Fürsorge« abgerufen werden.
Zu Nr. 63: Es ist zu beachten, daß die nach dem Beschluß der letzten Plenarkonferenz von den deutschen Diözesen gewährte Kirchenbauspende für die Diaspora (vgl. Protokoll 1955, S. 3f.) über das Diaspora-Kommissariat der deutschen Bischöfe läuft. Die Beträge sind demnach nicht an den Bonifatiusverein, sondern an das Diaspora-Kommissariat zu leiten.
Zu Nr. 66: Ein zweite Rate in gleicher Höhe ist für 1958 in Aussicht genommen.
Zu Nr. 67: Die Summe kann erst nach erfolgter Überprüfung der Notwendigkeit durch eine Bischofskommission (Köln, Osnabrück, Würzburg) abgerufen werden.
Bezüglich der überdiözesanen Zuschüsse faßt die Konferenz folgende Beschlüsse:
1. Die in der vorstehenden Liste aufgeführten Summen werden genehmigt und sind in ihrer vollen Höhe aufzubringen.
2. Was ihre Aufbringung durch die einzelnen Diözesen betrifft, so kommt die Konferenz den finanzschwächeren Diözesen Hildesheim, Osnabrück, Eichstätt und Passau insofern entgegen, als sie ihnen überläßt festzustellen, wieviel sie von der nach dem bisherigen Verteilungsschlüssel auf sie treffenden Quote aufzubringen in der Lage sind. Sie sollen darüber in tunlichster Bälde an den Vorsitzenden der Konferenz und an die Finanzkammer Münster Mitteilung machen. Die Differenz wird auf die übrigen Diözesen umgelegt.
3. Der Verteilungsschlüssel, nach dem die überdiözesanen Zuschüsse auf die einzelnen Diözesen umgelegt werden, soll für das nächste Jahr neu berechnet werden.

Anlage 2

Erklärung zur gleitenden Arbeitswoche
In den letzten Wochen ist im Zusammenhang mit den Bemühungen, die Arbeitszeiten in der Industrie zu verkürzen, die Frage der gleitenden Arbeitswoche in den Vordergrund gerückt worden.
Zu dieser Frage hat unser Heiliger Vater in seiner Weihnachtsbotschaft im Jahre 1953 [13] Stellung genommen, wo er von den verhängnisvollen Folgen des »technischen Geistes« spricht. Es heißt dort: »Noch sichtbarer ist der Einfluß des ›technischen Geistes‹ in der Arbeit, wenn man dem Sonntag seine einzigartige Würde als Tag der Gottesverehrung und der leiblichen und geistigen Ruhe für die Einzelnen und die Familie nimmt, und er stattdessen nur noch einer jener freien Tage im Laufe der Woche ist, die auch wohl für jedes Mitglied der Familie anders liegen können, je nach dem größeren Ertrag, den man sich von einer solchen technischen Verteilung der materiellen und menschlichen Energie verspricht.« Auch wir Bischöfe haben schon zweimal warnend unsere Stimme dagegen erhoben, daß durch eine Arbeitszeitverteilung, wie die gleitende Arbeitswoche sie erstrebt, der Sonntag dem Werktag gleich gemacht wird.
Selbstverständlich begrüßen auch wir eine Kürzung der Arbeitszeiten, besonders für die schwerarbeitenden Berufe der Eisenindustrie. Aber zur Erreichung dieses Zieles dürfen nicht höhere, nämlich ethische und religiöse Werte preisgegeben werden. Über all unserem Beginnen muß das Wort des Herrn stehen: »Was nützt es dem Menschen, wenn er die ganze Welt gewinnt, aber Schaden leidet an seiner Seele.« Ein Volk, das den wirtschaftlichen Nutzeffekt zur höchsten Richtschnur erhebt, zerstört seine sittlichen Grundlagen und untergräbt sein wahres Glück für Zeit und Ewigkeit. Würde dieser Weg einmal beschritten, gäbe es kein Halt mehr. Der Sonntag, der zur religiösen und geistig-kulturellen Lebensordnung der christlichen Völker und unserer Familien gehört, würde zerstört. Unser Volk würde immer mehr zu einer raffiniert ausgeklügelten Arbeitsmaschine und unsere Familien würden völlig auseinandergerissen werden. Wir sagen nicht, daß dies die Absicht derer ist, die heute diese Regelung befürworten; aber die Entwicklung wird zwangsläufig dahin führen, wenn einmal der Anfang gesetzt ist. Das religiöse Leben in unserem Volke kann man nicht schwerer treffen, als dadurch, daß man ihm den Sonntag nimmt.
Als Wächter und Hüter der religiösen und sittlichen Lebensordnung in unserem Volke würden wir gegen unsere Pflicht vor Gott verstoßen, wenn wir in dieser Stunde, die vielleicht eine Wende in der Entwicklung der inneren Ordnung unseres gesamten Lebens bedeutet, schweigen. Wir bitten und ermahnen die Männer der Regierung und der Wirtschaft, die Unternehmer und Arbeiter, unsere Väter und Mütter und alle, die für die Entwicklung unseres öffentlichen und sozialen Lebens Verantwortung tragen, diesen unseren aus ernster Hirtensorge gesprochenen Worten die gebührende Achtung zu schenken und alles daran zu setzen, unserem Volke den Sonntag zu erhalten.

[13] AAS *46 (1954), S. 5–16, deutsche Übersetzung:* A. F. UTZ/J. F. GRONER, *S. 301–316.*

64

Wendel an Blank[1]

München, 4. Oktober 1956

EA MÜNCHEN, Joseph Kardinal Wendel, 13/1956. *Schreibmaschinendurchschrift mit eigenhändiger Unterschrift. Briefkopf:* Der katholische Militärbischof der Bundeswehr. *Anschrift:* Dem Herrn Bundesminister für Verteidigung, Theodor Blank, Bonn, Argelanderstraße 15.

Sehr geehrter Herr Bundesminister!

Auf ein Promemoria, das ich zu der Frage »Kirchensteuer für Wehrmachtsangehörige und Reichskonkordat« bei der Apostolischen Nuntiatur eingereicht habe[2], ist eine Antwort des Heiligen Stuhles eingelaufen.

Der Heilige Stuhl hält die Erhebung von Kirchensteuern von Mitgliedern der Militärkirchengemeinden, auch wenn dieselben – wie vorgeschlagen – nur für übergemeindliche und überdiözesane Zwecke verwendet werden, mit dem Schlußprotokoll zu Artikel 27,1 des Reichskonkordates für unvereinbar.

Wenn aber die Bundesregierung für die Wehrmacht die Kirchensteuer einführen will, so ist der Heilige Stuhl bereit, die Bestimmung des Schlußprotokolls zu Artikel 27,1 des Reichskonkordates durch eine gegenseitige Vereinbarung aufzuheben oder entsprechend zu ändern.

Dabei muß jedoch festgehalten werden, daß diese Änderung auf die Initiative der Bundesregierung vorgenommen wird und nicht die Kirche für die Kirchensteuerpflicht der Wehrmachtsangehörigen Veranlassung gegeben hat und Verantwortung trägt.

Indem ich mich beehre, Ihnen, sehr geehrter Herr Bundesminister, diese Antwort des Heiligen Stuhles zur Kenntnis zu bringen, wäre ich für eine Benachrichtigung dankbar, ob das Bundesministerium für Verteidigung entsprechende Schritte unternehmen wird, um durch die Bundesregierung eine derartige Vereinbarung mit dem Heiligen Stuhl herbeiführen zu lassen.

Genehmigen Herr Bundesminister den Ausdruck meiner vorzüglichen Hochachtung

Jos[eph] Card[inal] Wendel.

1 THEODOR BLANK *(1905–1972), Gewerkschafter und Politiker (CDU), 1949–1972 Mitglied des Bundestags, 1950–1955 Beauftragter des Bundeskanzlers für Fragen der äußeren Sicherheit, 1955/56 Bundesminister für Verteidigung, 1957–1965 Bundesminister für Arbeit und Sozialordnung.*

2 *Vgl. Dok. 30.*

65

Wendel an Del Mestri

[München,] 4. Oktober 1956

EA MÜNCHEN, Joseph Kardinal Wendel, 13/1956. *Schreibmaschinendurchschrift mit handschriftlichem Unterschriftsvermerk. Anschrift:* Hochwürdigstem Monsignore Guido Del Mestri, Nuntiaturrat, Bad Godesberg, Turmstraße 29.

Hochwürdigster Herr Prälat!
Für die freundliche Mitteilung der Antwort des Heiligen Stuhles auf die Frage der Kirchensteuerfreiheit der Mitglieder der Wehrmachtsgemeinden danke ich ergebenst. Anliegend gestatte ich mir eine Abschrift der Mitteilung zu überreichen, die ich in dieser Frage auf Grund der Stellungnahme des Heiligen Stuhles an den Herrn Bundesminister für Verteidigung gegeben habe[1]. Ich nehme an, daß die Bundesregierung jetzt in dieser Frage mit der Apostolischen Nuntiatur in Fühlung treten wird.
Nachdem auf Grund der gegebenen Rechtslage jetzt doch eine Vereinbarung zwischen dem Heiligen Stuhl und der Bundesregierung wegen der Bestimmung des Schlußprotokolls zu Artikel 27,1 des Reichskonkordates getroffen werden muß, wäre es vielleicht am zweckmäßigsten, wenn die Kirchensteuerfreiheit einfachhin aufgehoben würde, ohne daß nähere Bestimmungen über die Verwendung der Kirchensteuer in diese Vereinbarung aufgenommen würden. Nur wenn man glaubt, daß auf Grund der bisherigen Vereinbarungen die Notwendigkeit besteht, über die Verwendung der anfallenden Kirchensteuern eine Zweckbestimmung in die Vereinbarung aufnehmen zu müssen, könnte sie in dem vorgeschlagenen Sinn formuliert werden, daß die Kirchensteuer von Angehörigen der Militärgemeinden für übergemeindliche und überdiözesane Zwecke zu verwenden sei. Der Grund dieses meines Vorschlages liegt darin, daß bei allgemeiner Aufhebung der Bestimmung der Steuerfreiheit ohne nähere Angabe eines Verwendungszweckes die Sondererfassung dieser Steuern und eventuell ein Verwendungsnachweis nicht erforderlich würden.
Zur Orientierung darf ich noch beifügen, daß die Bischöfe auf der diesjährigen Konferenz in Fulda beschlossen haben, daß für den Fall der Aufhebung der Kirchensteuerfreiheit aus dem Kirchensteuerertrag von den Dienstbezügen der Wehrmachtsangehörigen die zusätzlichen Bedürfnisse der Wehrmachtsseelsorge und die Bedürfnisse der außerdienstlichen Wehrmachtsbetreuung bestritten werden sollen[2].
Mit dem Ausdruck vorzüglicher Hochachtung

gez. Jos[eph] Card[inal] Wendel.

1 *Vgl. Dok. 64.*
2 *Das Protokoll der Bischofskonferenz (vgl. Dok. 63) verzeichnet keinen derartigen Beschluß.*

66

Aufzeichnung Böhlers

Köln, 10. Oktober 1956

EA Köln, CR II 9 C.1, 2. *Schreibmaschinenausfertigung mit eigenhändiger Unterschrift. Überschrift:* Niederschrift über die Besprechung am 10. Oktober 1956 in Düsseldorf mit Herrn Kultusminister Luchtenberg und Herrn Staatssekretär Bergmann. *Handschriftlicher Vermerk:* Vertraulich.

Heute hatte ich eine Besprechung mit Herrn Kultusminister Luchtenberg[1] und Herrn Staatssekretär Bergmann[2].
Es handelte sich um die Frage der Lehrerbildung.
Ich kann folgendes zusammenfassend sagen:
I. Der Minister erklärte ausdrücklich:
1.) Die Lehrerbildung wird nicht an die Universität verlegt, auch nicht die theoretische.
2.) Der Grundsatz der Konfessionalität bleibt erhalten. Ich habe den Eid auf die Verfassung abgelegt und halte ihn.
II. Der Kultusminister vertrat den Standpunkt, der auch vom Staatssekretär Bergmann geteilt wurde, es sei gut, wenn eine gewisse Verbindung zur Universität hergestellt würde.
Das solle zunächst auf folgende Weise geschehen:
1.) Bei Berufung von Dozenten für Grundwissenschaften, also Pädagogik, Psychologie usw. solle vorher ein Gutachten der Universität eingeholt werden.
2.) Es solle die Möglichkeit geschaffen werden, daß einzelne Universitätslehrer Vorlesungen an Pädagogischen Akademien halten.
3.) Geeigneten Professoren der Pädagogischen Akademien müßte Gelegenheit gegeben werden, Vorlesungen an einer Universität zu halten.
Ich habe erklärt, daß über diese Punkte gesprochen werden könne, es dürfe aber nicht der Grundsatz der Konfessionalität in Frage gestellt werden.
III. Die Frage der Freizügigkeit konnte nur kurz behandelt werden, muß deshalb noch einmal eingehend besprochen werden.
Im Zusammenhang mit diesem Fragenkomplex meinte der Minister, es müsse Studierenden der Akademien Gelegenheit gegeben werden, auch einmal ein oder zwei Semester an einer Universität zu studieren und zu belegen.
Sowohl Staatssekretär Bergmann als auch ich haben uns hier sehr zurückhaltend geäußert und erklärt, diese Frage müsse noch eingehend überlegt werden. Daß in einzelnen Fällen eine solche Möglichkeit denkbar sei, solle nicht bestritten werden;

1 Paul Luchtenberg *(1890–1973), Erziehungswissenschaftler und Politiker (FDP), Professor in Darmstadt, Dresden und (seit 1956) Bonn, 1950–1956 Mitglied des Bundestags, 1956–1958 Kultusminister in Nordrhein-Westfalen.*

2 Bernhard Bergmann *(1893–1968), Lehrer, Ministerialbeamter und Politiker (Zentrum), 1925 in der Zentrale der Katholischen Schulorganisation, nach 1945 im nordrhein-westfälischen Kultusministerium, 1956–1958 Staatssekretär.*

wenn es aber in größerem Umfange geschähe, könnte damit der allgemeine Weg zur Universitätsausbildung beschritten sein.
Dieser Punkt wurde nicht abschließend behandelt.
IV.Der Minister meinte, der Grundsatz der Konfessionalität spiele kaum eine Rolle bei den Fächern wie Philosophische Propädeutik, wohl aber bei Philosophie, nicht so sehr bei den Vorwissenschaften der Psychologie, wieder mehr bei der Psychologie selbst. Ich erklärte, wie auch Staatssekretär Bergmann zum Ausdruck brachte, daß wir unter allen Umständen an der inneren Geschlossenheit der Akademien festhalten müßten und daß hier Gefahren liegen könnten.
Auch dieser Punkt konnte leider nicht weiter behandelt werden, weil die Sitzung des Kulturausschusses begann und die Grundsatzbesprechung über die Konfessionalität der Lehrerbildung ziemlich lange gedauert hatte.
V. Ich machte noch kurz vor dem Auseinandergehen darauf aufmerksam, daß es auffalle, wieviel Dozentenstellen an den Pädagogischen Akademien nicht besetzt würden. Ich wies besonders auf die Zustände in Aachen hin.
Hier erklärte Herr Staatssekretär Bergmann, das habe mit den grundsätzlichen Fragen, die wir besprochen hätten, nichts zu tun, sondern hinge mit Folgendem zusammen: Es solle ganz klar der Inhalt der Lehraufträge festgelegt werden, damit die einzelnen Dozenten eine gewisse Bindung bekämen. Diese Arbeiten ständen vor dem Abschluß, dann würden auch sofort die Dozentenstellen besetzt werden, sofern die geeigneten Kräfte zur Verfügung ständen. Eine Gefahr für die Akademien als solche bestände hier wirklich nicht.
VI. Am Schluß unserer Besprechung habe ich gebeten, mir mitzuteilen, welche »Ausschüsse« vom Minister eingesetzt seien.
Es sind folgende 4:
ein Ausschuß für Lehrerbildung
ein Ausschuß für berufspädagogische Ausbildung
ein Ausschuß 9. Schuljahr
ein Ausschuß für Begabtenförderung.
Die Ausschüsse haben den Auftrag, gutachtlich sich zu den einzelnen Fragen zu äußern.
Der Minister versprach mir, sich zunächst mit den Leitern der beiden ersten Ausschüsse in Verbindung zu setzen; er wolle sie veranlassen, Vertretern der Kirchen Gelegenheit zu geben, an Besprechungen teilzunehmen.
Ich hatte den Eindruck, daß die Kirchen bald zu Ausschußsitzungen eingeladen werden. Alle oben behandelten Fragen sollen dann beraten werden.
Wir müssen diese Besprechungen gut vorbereiten:
a) durch die Sondersitzung, zu der Exzellenz Weihbischof Cleven einladen wollte,
b) durch Besprechung der Vertreter der Ordinariate,
c) durch eine Vorbesprechung der von diesen zu benennenden Persönlichkeiten, die für die Beratung mit den Ausschüssen in Frage kommen,
d) durch Verhandlungen mit der Evangelischen Kirche.

Böhler
(Prälat Böhler).

67

Protokoll der Freisinger Bischofskonferenz

Freising, 24.–25. Oktober 1956

EA MÜNCHEN, Joseph Kardinal Wendel, 22/1956. *Druckstück mit Fertigungsdatum:* 26. Oktober 1956. *Überschrift:* Protokoll der Konferenz der bayerischen Bischöfe in Freising am 24. und 25. Oktober 1956.

Anwesend:
Joseph Kardinal Wendel, Erzbischof von München und Freising,
Dr. Joseph Schneider, Erzbischof von Bamberg,
Erzbischof Dr. Michael Buchberger, Bischof von Regensburg,
Dr. Simon Konrad Landersdorfer, Bischof von Passau,
Dr. Joseph Schröffer, Bischof von Eichstätt,
Dr. Julius Döpfner, Bischof von Würzburg,
Dr. Joseph Freundorfer, Bischof von Augsburg,
Dr. Isidor Markus Emanuel, Bischof von Speyer.

Am 24. Oktober 1956, vormittags 8 Uhr, eröffnet Seine Eminenz die Bischofskonferenz mit einer Pontifikalmesse und dem Veni Creator in der Kapelle des Priesterseminars zu Freising.
Um 9:30 Uhr versammeln sich die Bischöfe zur ersten Sitzung.
Der Vorsitzende begrüßt die vollzählig erschienenen Teilnehmer der Konferenz und entbietet dem Erzbischof von Bamberg Glück- und Segenswünsche zum Silbernen Priesterjubiläum. Dem Bischof von Passau spricht er die besten Wünsche zum 20. Jahrestag seiner Bischofsweihe aus.
Dann tritt die Konferenz in die Behandlung der Tagesordnung ein.
Die Lage der klösterlichen Schulen, Mittelschulen und höheren Schulen in Bayern (Referat München)
Der Vorsitzende erstattet zunächst einen Bericht über den Stand der klösterlichen Schulen:
In Bayern bestehen zur Zeit 66 höhere Ordensschulen mit 16.483 Schülern und Schülerinnen in 572 Klassen, sowie 84 Mittelschulen mit 17.599 Schülern und Schülerinnen in 462 Klassen. Somit stehen an höheren und Mittelschulen insgesamt 34.082 Schüler und Schülerinnen unter klösterlicher Obhut. Sie bilden insgesamt 1.034 Klassen und teilen sich in 6.425 männliche und 27.657 weibliche Schüler.
Im klösterlichen Schulwesen bestehen folgende Schularten:
81 dreiklassige Mittelschulen, 3 sechsklassige Mittelschulen, 12 Gymnasien (davon 2 in Kurzform), 15 Progymnasien, 10 Deutsche Gymnasien, 7 Realschulen, 5 Realgymnasien.
Die übrigen 17 Anstalten bilden andere Formen im höheren Schulwesen, deren es zur Zeit in Bayern insgesamt 22 gibt.
An den klösterlichen Schulen sind derzeit etwa 450 weltliche Lehrkräfte tätig. Von den 1.343 klösterlichen Lehrkräften sind 435 akademisch und 908 seminaristisch

vorgebildet. An Nachwuchskräften studieren 237 an höheren Schulen und 80 an Universitäten; 58 sind Lehramtsanwärter und 24 Referendare. Der nähere Überblick zeigt eine starke Überalterung der aktiven klösterlichen Lehrkräfte und das Fehlen eines ausreichenden Nachwuchses. Daraus geht hervor, daß im Laufe der Jahre eine Erhöhung der Zahl der weltlichen Lehrkräfte unvermeidlich wird. Wenn eine folgenschwere Abwanderung unentbehrlicher weltlicher Lehrkräfte aus den klösterlichen Schulen vermieden werden soll, muß deren Altersversorgung sichergestellt sein. Die Bischofskonferenz beschließt daher, daß eine Beihilfe für den Abschluß der erforderlichen Altersversicherung vorerst aus dem überdiözesanen Fonds zur Verfügung gestellt wird.

Entwürfe zu einem Privatschulgesetz (Referat München)

Soviel von dem Gesetzentwurf der Regierungskoalition über die höheren Schulen und Mittelschulen bekannt ist, werden für die staatlichen Schulen die Lasten folgendermaßen verteilt:

a) Die Personalkosten der Lehrkräfte werden vom Staat aufgebracht,

b) der sonstige Bedarf wird von den Gemeinden aufgebracht, innerhalb deren die Schulen ihren Sitz haben.

Für die kommunalen höheren Schulen und Mittelschulen werden nach den Gesetzen über die Lernmittelfreiheit und die Schulgeldfreiheit Zuschüsse mindestens in der Höhe des Betriebskostenzuschusses gewährt, der für private höhere Schulen und Mittelschulen vorgesehen ist. Diese kommunalen Schulen können jedoch auf Antrag verstaatlicht werden.

Für private höhere Schulen und Mittelschulen wird ein Staatszuschuß zu den Betriebskosten gewährt. Er berechnet sich nach der Zahl der am 1. Dezember des Vorjahres betriebenen Klassen. Er beträgt je Schulklasse

a) für höhere Schulen 75% der Bezüge eines ledigen, nach der 7. Dienstaltersstufe in Ortsklasse C besoldeten Studienrates;

b) für Mittelschulen 75% der Bezüge eines ledigen, nach der 7. Dienstaltersstufe in Ortsklasse C besoldeten Mittelschullehrers.

Nach neueren Informationen soll jedoch der Gesetzentwurf dahin geändert werden, daß die Privatschulen nur noch die Hälfte der Zuschüsse erhalten, die den Gemeinden zugestanden werden. Bisher wurden für die Privatschulen 7,1 Millionen DM aufgewendet, die Fassung in dem vorliegenden Entwurf würde 11,2 Millionen DM ergeben, die Hälfte davon beträgt nur 5,6 Millionen DM. Es würden also die bisherigen Zuschüsse um etwa 1,5 Millionen DM vermindert werden. Dabei ist bei den derzeitigen Zuschüssen weder die Erhöhung der Lebenshaltungskosten noch die kommende Altersversorgung berücksichtigt. Als Verbesserung soll dem Vernehmen nach vorgesehen sein, daß der Staat sich verpflichtet, jährlich die Hälfte der Aufwendungen der Privatschulen zu ersetzen, die diese für die Altersvorsorge erbringen.

Nach dem Gesetzentwurf der Christlich-Sozialen Union (CSU) soll der Staat bei anerkannten privaten Schulen Zuschüsse in Höhe von 80% der Personalaufwendungen und 80% der Versorgungsbezüge leisten. Die Zuschüsse für Lehrkräfte an hö-

heren Schulen betragen 80% der Bezüge der mittleren Dienstaltersstufe der Eingangsbesoldungsgruppe für Staatsbeamte des höheren Schuldienstes; für Lehrkräfte an Mittelschulen 80% der Bezüge der mittleren Dienstaltersstufe der Eingangsbesoldungsgruppe für Staatsbeamte des mittleren Schuldienstes. Diese Bezüge umfassen Grundgehalt zuzüglich Teuerungszulagen, Wohnungsgeldzuschuß und einen Kinderzuschlag. Für Angehörige kirchlicher Genossenschaften würde jedoch nur der halbe Wohnungsgeldzuschuß bei Wegfall des Kinderzuschlages angesetzt.
Die Bischofskonferenz beschließt, das katholische Volk in einem eigenen Aufruf[1] auf die Gefahr hinzuweisen, die den klösterlichen Schulen droht, wenn ihnen nicht die gleiche staatliche Förderung zukommt wie den gemeindlichen Schulen und wenn zudem der Mangel an Ordensberufen weiter anhält oder noch wächst. Dies gilt auch für die caritativen Krankenhäuser, Anstalten und sonstigen Einrichtungen.

Das Sektenwesen in Bayern (Referat Augsburg)
Die Bischofskonferenz nimmt einen Bericht über das Wirken der Sekten in Bayern entgegen. Ihr verführender Einfluß ist ernst zu nehmen, darf aber nicht überschätzt werden. Es läßt sich feststellen, daß sie mit ihrer aufdringlichen, von offensichtlich reicher Finanzierung gespeisten Werbearbeit mehr Lärm machen, als Erfolge erzielen. Die Substanz des katholischen Volkes ist von ihnen nicht getroffen, kaum berührt. Außer wenigen ideologisch Veranlagten, anderen, die aus der protestantischen Bevölkerung zu ihnen stoßen, sind es, was die Katholiken betrifft, im ganzen nur solche, die aus irgendeinem Grunde (hauptsächlich ungeordnete Eheverhältnisse) mit der Kirche zerfallen sind und die dort Religionsersatz suchen oder sich auch nur ein religiöses Begräbnis nach ihrem Tode sichern wollen.
Die Statistik nach der Volkszählung 1950 ergibt folgende Zahlen:
a) Unter 21.576.179 Katholiken, 23.877.672 Protestanten gibt es im deutschen Bundesgebiet 481.122 Anhänger der verschiedenen Sekten und 1.525.177 Freireligiöse und Freidenker.
b) Bayern zählt nach der gleichen Volkszählung 6.600.895 Katholiken (= 71,84%) und 2.401.541 Protestanten (= 26,18%). Im Gebiet Bayerns sind im ganzen 32.734 Sektenanhänger (= 0,35%), hauptsächlich Zeugen Jehovas, katholisch-apostolische, neuapostolische Gemeinde, Christian Science. Die Zahl der Freireligiösen und Freidenker ist in Bayern 100.408 (= 1,09%).
Es ist vor allem notwendig, das katholische Volk dem Einfluß der Sekten möglichst unzugänglich zu machen. Die Bischöfe schärfen ein, die Gläubigen in Katechese, Gruppenarbeit, wo es sich notwendig erweist auch einmal in einer von jeder Gehässigkeit freien, belehrenden Predigt aufzuklären und sie zu erziehen, daß sie die aufdringliche Propaganda ablehnen. Das Bedürfnis nach Bibelkenntnis, das manche als einen Vorzug der Sekten erklären, soll durch eine Neubelebung der Bibelbewegung durch Bibelkurse, besonders in Jugendgruppen, aber auch in der Pfarrei, durch Vertiefung und Auswertung des Bibelwortes befriedigt werden. Es ist der besondere

1 *Nicht ermittelt.*

Wunsch der Bischöfe, daß das Volk noch mehr zu den Quellen des geschriebenen Gotteswortes geführt werde. Wesentlich ist es vor allem, daß durch besonders liebevolle Pflege der Predigt von der Kirche unseren Katholiken das kirchliche Gemeinschafts- und Familienbewußtsein immer mehr gefestigt wird. In den Bistumsblättern sollen Aufsatzreihen über die Sekten Aufklärung geben.

Fragen der Männerseelsorge (Referat Würzburg)
Nach einem Hinweis auf die von der Fuldaer Bischofskonferenz im Jahre 1936 gebilligten Richtlinien zur Männerseelsorge[2] wird erneut die Notwendigkeit betont, in der ordentlichen Seelsorge, besonders in der Pfarrseelsorge die Männer eigens anzusprechen (Männerpredigten, Männerabende, Exerzitien und Einkehrtage für Männer u. ä.). Über die verschiedenen kirchlichen Männergemeinschaften und ihre Möglichkeiten zu einer zeitgerechten Männerseelsorge wird ein Überblick gegeben. Es erweist sich als ratsam, in den einzelnen Diözesen darüber genaue Erhebungen vorzunehmen. Vor allem sollen in diese Untersuchung einbezogen werden: das Männerapostolat, die Männerkongregationen, die katholischen Männervereine und, besonders in Bayern, die bisherigen Erfahrungen mit diözesanen Männerwerken, die seelsorgliche Einordnung der verschiedenen katholischen Männerverbände mit religiös-berufsständischer Prägung. Der Referent wird den Teilnehmern der Konferenz baldigst einen detaillierten Vorschlag zu dieser Erhebung übersenden. Das Ergebnis soll auf der nächsten Freisinger Konferenz ausgewertet werden.
Hinsichtlich der Frauenseelsorge ist es der ausgesprochene Wunsch der Bischöfe, daß die katholischen Frauenvereinigungen alle kleinlichen Gegensätzlichkeiten hintansetzen und ihre Aufgaben in einmütiger Zusammenarbeit erfüllen.

Instructio der Religiosenkongregation »Inter cetera« (Referat Passau)
Die Konferenz befaßt sich mit der Instructio der Religiosenkongregation circa monialium clausuram »Inter cetera« vom 25. März 1956 (AAS p. 512ff.)[3] und beauftragt den Bischof von Passau, die Durchführung derselben in den der Jurisdiktion der zuständigen Ordinarien unterstellten Benediktinerinnenklöstern bis zur Frühjahrskonferenz vorzubereiten.

Brevierreform (Referat Passau)
Die Bischöfe sind sich einig in der Erkenntnis der Notwendigkeit einer Angleichung des Breviergebetes an die gesteigerten Forderungen der Seelsorge an die Weltpriester unserer Zeit. Die beiden Erzbischöfe der bayerischen Kirchenprovinzen werden ein gemeinsames Votum ausarbeiten, das den einzelnen Diözesanbischöfen in nächster Zeit zur eventuellen Ergänzung zugestellt wird.

[2] *Vgl.* AKTEN DEUTSCHER BISCHÖFE 1933–1945 III, *S. 447–452.*
[3] AAS *48 (1956), S. 512–526.*

Landesstelle gegen Suchtgefahren (Referat Eichstätt)
Die bayerische katholische Arbeitsgemeinschaft für Volksgesundung (KAV), die in der Bekämpfung der Suchtgefahren, im Jugendschutz und in der gesundheitlichen Volksbelehrung ihr Hauptaufgabengebiet sieht, wendet sich an die Bischöfe mit der Bitte, die wirksame Durchführung der Aufgaben der KAV durch die Bestellung eines verantwortlichen Trägers dieser Arbeit in jeder Diözese zu unterstützen.
Sie beantragt ferner, daß die Unkosten der Landesgeschäftsstelle in München zu zwei Dritteln von den Bischöfen übernommen werden möchten, während das dritte Drittel von den Diözesancaritasverbänden getragen wird.
Die Konferenz beschließt, daß die Unkosten je zur Hälfte von dem überdiözesanen Fonds und von der Caritas getragen werden sollen.

Ferienordnung der Phil[osophisch-]Theol[ogischen] Hochschulen (Referat Eichstätt)
Die Ferienordnung der Phil[osophisch-]theol[ogischen] Hochschulen, die jener der Universitäten angeglichen ist, wird als unbefriedigend empfunden, da die Ferien nahezu sechs Monate des Jahres umfassen. Eine Neuregelung wird deshalb ins Auge gefaßt. Es besteht die einmütige Auffassung, daß die Ferienzeit nicht mehr als vier Monate betragen soll, wobei die Ferien um Ostern auf vier Wochen beschränkt werden und die Fastenzeit grundsätzlich im Seminar verbracht werden soll. Es wird Wert darauf gelegt, daß die damit gewonnene Zeit im Seminar nicht mit peripheren Aufgaben ausgefüllt, sondern zu echter theologischer Bildung verwendet werde.
Der Bischof von Eichstätt wird beauftragt, mit den Regenten der Priesterseminare Fühlung zu nehmen und der Konferenz bei ihrer nächsten Sitzung konkrete Pläne vorzulegen.

Choral- und Kirchenmusikunterricht (Referat München)
Die Reifeprüfung im Hauptfach Katholische Kirchenmusik an der staatlichen Musikhochschule wird von den Bischöfen als A-Prüfung anerkannt. Der Ausbildung der Theologen in Choral- und Kirchenmusik soll besondere Aufmerksamkeit zugewendet werden.
Verschiedenes
Zum kirchlichen Vertreter für den Bayerischen Rundfunkrat wird von neuem Dr. Rößler, Würzburg, ernannt.
Es wird die Anregung gegeben, die Zeitschrift des Katholischen Lehrerverbandes »Die katholische Schule« von den Diözesen aus für alle Pfarrer zu abonnieren.
Für den Kirchenbau in Lourdes soll in den einzelnen Diözesen möglichst am Fest der Unbefleckten Empfängnis eine Kirchenkollekte durchgeführt werden.
Für den Bau eines Schifferkinderheimes in Würzburg wird ein Zuschuß von 50.000 DM genehmigt, der aber erst auszuzahlen ist, wenn nach dem Gutachten des Bischofs von Würzburg die erforderlichen Voraussetzungen gegeben sind.
Die Konferenz vernimmt einen Bericht über die Entwicklung der katholischen Akademie und ist zu deren weiteren Förderung bereit.

Die Kirchenkollekte des Schulsonntags soll nach wie vor zur Hälfte an die katholische Schulorganisation abgeführt werden.
Die Konferenz betrachtet es für zweckmäßig, daß der Volkstrauertag in allen Diözesen am gleichen Termin gehalten wird.
Der Beschluß der Freisinger Bischofskonferenz vom März 1956 – De habitu clericali – soll in der November-Nummer der Bischöflichen Verordnungsblätter einheitlich veröffentlicht werden[4].
Nach herzlichen Dankesworten Seiner Eminenz und des Bischofs von Regensburg schließt die Konferenz am 25. Oktober um 19:30 Uhr mit Gebet.

Der Protokollführer:
+ Isidor Markus
Bischof von Speyer

Der Vorsitzende:
Jos[eph] Card[inal] Wendel
Erzbischof von München und Freising.

68

Mörsdorf an Jaeger

[Paderborn,] 2. November 1956

EA MÜNCHEN, Joseph Kardinal Wendel, 208/1956. *Schreibmaschinendurchschrift mit eigenhändiger Unterschrift. Anschrift:* S[eine]r Exzellenz dem Hochwürdigsten Herrn Dr. Lorenz Jaeger, Erzbischof von Paderborn, Paderborn.

Hochwürdigste Exzellenz!
Mit verbindlichem Dank bestätige ich den Eingang Ihres Schreibens vom 22.10.1956[1] und des beigefügten Memorandums[2] zur Entwicklung in den waffenstudentischen Verbänden seit 1945. Wenn ich Ihr Anliegen richtig verstehe, erwarten Sie von mir einen Widerruf der Ausführungen in meinem Lehrbuch[3], weil durch diese eine große Unsicherheit bei Studenten und Geistlichen entstanden sei. Die Ursache der Unsicherheit liegt indessen nicht bei mir, sondern an der nach 1945 eingetretenen Änderung der tatsächlichen Verhältnisse. Bei der Neuauflage des Lehrbuches konnte ich daran nicht achtlos vorbeigehen. Meine Stellungnahme wurde so vorsichtig formuliert, daß sie sowohl den wirklich eingetretenen Veränderungen wie auch einer etwaigen restaurativen Entwicklung Rechnung trägt. In dem Gespräch, das ich mit Eurer

4 *Vgl. Dok. 19. Druck*: AB MÜNCHEN *1956, S. 207 f.*

1 *Nicht ermittelt.*
2 *Nicht ermittelt.*
3 *Lehrbuch des Kirchenrechts auf Grund des Codex Juris Canonici, begründet von* EDUARD EICHMANN. *Neu bearb. und hrsg. von* KLAUS MÖRSDORF, *7. Aufl. Paderborn 1953/54.*

Exzellenz vor gut einem Jahr im Münchener Newman-Haus führen durfte, haben Sie mir ausdrücklich bestätigt, daß meine Stellungnahme nicht zu beanstanden sei.
In meinem Lehrbuch wird nicht gesagt, daß die Entscheidung der Konzilskongregation nicht mehr gelte, sondern nur dies, daß die der Entscheidung zugrunde liegende Begründung, daß die Bestimmungsmensur das Duell begünstige und als nächste Vorbereitung auf das Duell zu betrachten sei, auf die zur Zeit geübte Sportmensur nicht zutreffe, weil das Duell und der damit verbundene falsche Ehrbegriff ausdrücklich abgelehnt werden. Der begründende Beisatz ist zugleich eingeschränkt mit »und insofern«, d. h. meine Aussage, daß die der Entscheidung zugrundeliegende Begründung nicht mehr zutreffe, wird davon abhängig gemacht, daß Duell und falscher Ehrbegriff wirklich aufgegeben sind. Das ist der für jedermann ersichtliche Sinn meiner Stellungnahme, die mit Rücksicht auf die im Fluß befindliche Entwicklung bewußt zurückhaltend, aber zugleich in der Absicht, den Gang der Dinge positiv zu beeinflussen, formuliert worden ist.
In meiner Stellungnahme ist aber für den, der etwas von der kanonischen Rechtslehre versteht, die Erkenntnis eingeschlossen, daß die Entscheidung der Konzilskongregation mit Rücksicht auf die eingetretene Änderung der tatsächlichen Verhältnisse fraglich geworden ist. Ein Gesetz, dem durch das Entfallen des Gesetzeszweckes der innere Grund seiner Verpflichtungskraft verloren ging, ist zwar formell noch Gesetz, aber sofern der Gesetzgeber nicht selbst eingreift, wird es mit der Zeit durch die Gewohnheit außer Kraft gesetzt.
Meine Stellungnahme weicht von der seitens der Fuldaer Bischofskonferenz im Jahre 1952 herausgegebenen und neuerdings bekräftigten Erklärung allein dadurch ab, daß ich von einer wesentlichen Änderung der tatsächlichen Verhältnisse überzeugt bin. Die waffenstudentischen Verbände haben das Duell und den damit verbundenen falschen Ehrbegriff in ihren Satzungen aufgegeben und die bei den Bestimmungsmensuren üblichen Schutzvorrichtungen so verstärkt, daß nicht mehr die für den Waffenstudenten früher charakteristischen Schmisse, sondern nur noch kleine Ritzer an der Kopfhaut entstehen können. Der Akademische Senat der Universität München hat die Aufnahme waffenstudentischer Verbindungen in das Verzeichnis der an der Universität München bestehenden Vereinigungen von dieser Neubesinnung abhängig gemacht. Die waffenstudentischen Korporationen, die von der Münchener Universität genehmigt worden sind, haben entsprechende feierliche Erklärungen abgegeben und meines Wissens auch gehalten. Mit Rücksicht auf diese grundlegenden Änderungen sprachen die waffenstudentischen Kreise nicht mehr von Bestimmungs-, sondern von Sportmensur. Der Wechsel im Ausdruck war keine bloße Tarnung, sondern sachlich begründet, und wenn man heute wieder mehr dazu neigt, nicht von Sport-, sondern von Bestimmungsmensur zu sprechen, so bleibt doch zu beachten, daß die Neuordnung der Mensurdisziplin davon nicht betroffen worden ist, wenigstens nicht offiziell und allgemein.
Der Wandel der Verhältnisse wird meines Erachtens nicht dadurch erschüttert, daß an verschiedenen Orten aus Anlaß von Streitereien Schlägerpartien als sogenannte Formal-Kontrahagen und PP-Partien ausgetragen worden sind. Es ist dies lediglich ein Zeichen dafür, daß restaurative Kräfte am Werk sind, die den aus fortschrittlicher

Gesinnung geborenen Wandel wieder rückgängig zu machen bestrebt sind. Wenn das Memorandum berichtet, daß solche Schlägerpartien durch das Eingreifen von Verbandsleitungen verhindert worden sind, so geht allein schon daraus mit aller Bestimmtheit hervor, daß sich die restaurativen Kräfte nicht allenthalben, wo sie sich hervorwagten, durchsetzen konnten. Im Blick auf die Gesamtlage handelt es sich bei den ausgetragenen Schlägerpartien um Einzelfälle, die wohl ein Wiederaufleben des falschen Ehrbegriffs befürchten lassen, aber nicht ausreichen, den eingetretenen Wandel der tatsächlichen Verhältnisse zu verkennen. Die in dem Memorandum dargestellte neueste Entwicklung zeigt, daß in der Deutschen Burschenschaft die Schläger-Partie als Mittel zum Austrag von Streitigkeiten zwischen Einzel-Burschenschaften, einzelnen Personen oder mit Korporationen anderer Verbände unter allen Umständen verboten ist, und daß in den Corps-Verbänden, nicht zuletzt mit Rücksicht auf die kirchliche Strafgesetzgebung, ernsthafte Bemühungen gemacht werden, eine ebenso klare Ablehnung der Schläger-Partien aus Anlaß eines Streites durchzusetzen. Der Verfasser des Memorandums besitzt zwar eine gründliche Kenntnis über den Gang der Entwicklung in den waffenstudentischen Verbänden, allein die wissenschaftliche Verarbeitung des Materials läßt methodisch und sachlich sehr zu wünschen übrig. Vor allem ist zu bedauern, daß waffenstudentischen Äußerungen mehrfach unterstellt wird, sie seien bloße Tarnung ihres wirklichen Wollens. Wegen dringender Terminarbeiten habe ich leider nicht die nötige Zeit, den juristischen Deduktionen des Gutachtens näher nachzugehen. Ich müßte mir dazu auch noch weiteres Material beschaffen. Ich bin jedoch nach wie vor gerne bereit, ein Gutachten zu erstatten.
Mit verehrungsvollen Grüßen und besten Wünschen bin ich

Eurer Exzellenz sehr ergebener
Mörsdorf.

69

Protokoll der Konferenz über die gleitende Arbeitswoche

Ohne Ortsangabe, 2. November 1956

DA Münster, GV-NA, AO-772. *Schreibmaschinendurchschrift mit nachträglich eingefügter Überschrift:* Ergebnisprotokoll der Besprechung zwischen Vertretern der Kirche, Vertretern des Arbeitgeberverbandes Eisen und Stahl und der Industriegewerkschaft Metall vom 2. November 1956, ausgefertigt 5. Nov[ember] 1956.

Festgestellt wurde, daß das Gespräch sich nur um die Einführung der kontinuierlichen Arbeitsweise in den SM[1]- und Elektro-Stahlwerken und den mit diesen in Verbund arbeitenden Blockstraßen dreht.
Die Gesprächspartner erzielten in den folgenden Punkten Übereinstimmung:
1) Gemeinsam ist der Wunsch auf seiten der Kirche einerseits und auf seiten der Arbeitgeber- und Arbeitnehmerverbände andererseits auf eine echte Verkürzung der

1 *Abkürzung für Siemens-Martin.*

Arbeitszeit besonders in den Betrieben der Eisen und Stahl erzeugenden Industrie, in denen bisher erheblich über 48 Stunden gearbeitet wurde.
2) Einig sind alle in der Anerkennung der unersetzlichen Bedeutung des Sonntags in kultureller, menschlicher, familiärer und religiöser Beziehung. Sonntagsruhe, Sonntagsfeier und Sonntagsheiligung sind darum gemeinsames Anliegen aller Gesprächsteilnehmer. Die Verkürzung der Arbeitszeit muß deswegen gerade auch der Sonntagsruhe des einzelnen Arbeiters und der Arbeiterschaft insgesamt zugute kommen.
3) Eine Neuregelung der gesetzlichen Bestimmungen über Sonntagsarbeit halten alle Beteiligten für dringend notwendig. Diese muß festlegen bzw. neuordnen
a) den Katalog der Arbeiten, die an Sonntagen verrichtet werden dürfen,
b) die Bedingungen, unter denen diese Arbeiten durchgeführt werden dürfen,
c) die Handhabung der Gewährung von Ausnahmegenehmigungen.
4) Um eine Verkürzung der Arbeitszeit in der Eisen und Stahl erzeugenden Industrie durchführen zu können, ist es notwendig, die gesetzliche Neuregelung für diese Industriezweige vorzuziehen. Notwendig erscheint dies auch, um die gegenwärtige Rechtsunsicherheit und Rechtsunklarheit zu beseitigen.
5) Sonntags und werktags unterschiedslos durchgehende Betriebe nur aus Gründen der betriebswirtschaftlichen Rentabilität lehnen alle Beteiligten ab. Die Begründungen menschlicher, technischer und volkswirtschaftlicher Art, die bei der Stahlindustrie besondere Bedeutung haben mögen, müssen sorgfältig geprüft werden. Dieselben sind mit den Nachteilen, die jede Sonntagsarbeit und besonders deren Ausweitung für das religiöse, kulturelle und familiäre Leben des Volkes mit sich bringt, abzuwägen. Besonders geprüft werden muß, ob man den angeführten Begründungen nicht auf andere Weise gerecht werden kann. Die Abwägung und letzte Entscheidung darüber hat der Gesetzgeber zu treffen.

II.[2]

Meinungsverschiedenheiten- bzw. Unklarheiten bestehen noch über folgende Punkte:
1) Ob eine notwendige Verknüpfung zwischen der dringend wünschenswerten Arbeitszeitverkürzung in der Eisen und Stahl erzeugenden Industrie und der Einführung der sonntags und werktags durchgehenden Produktion in den SM- und Elektro-Stahlwerken und den mit diesen in Verbund arbeitenden Blockstraßen besteht;
2) ob die Gründe menschlicher und sozialer, technischer, betriebswirtschaftlicher und volkswirtschaftlicher Art bei gerechter Abwägung mit den Nachteilen der Sonntagsarbeit hinreichend sind bzw. ob den angeführten Begründungen nicht auf andere Weise entsprochen werden kann;
3) während die Besorgnisse der Kirche hinsichtlich einer Ausweitung der durchgehenden Arbeitsweise innerhalb der Eisen- und Stahlindustrie durch die Erklärungen der Tarifpartner, diese Arbeitsweise ausschließlich für die SM- und Elektro-Stahlwerke und die damit in Verbund arbeitenden Blockstraßen einzuführen (vorausge-

2 *Der folgende Abschnitt ist datiert:* Düsseldorf, 28.11.1956.

setzt, daß diese Erklärungen verbindlich werden) weitgehend gemildert sind, bestehen sie insoweit fort, als befürchtet wird, daß unter dem Druck anderer Industriezweige unübersehbare Ausweitungen folgen können.

4) ob eine fortschreitende Aushöhlung der gegenwärtigen Rechtslage durch weitere Ausnahmegenehmigungen den Gesetzgeber in eine Zwangslage bringt, die ihm das gerechte Abwägen unmöglich macht.

Es besteht keine Übereinstimmung darüber, ob und inwieweit Gründe betriebs- und volkswirtschaftlicher Art anerkannt werden können.

Die für die eine oder andere Lösung sprechenden menschlichen Gründe sind sorgfältig gegeneinander abzuwägen.

Die letzte Entscheidung darüber steht dem Gesetzgeber zu[3].

70

Keller an Hengsbach

[Münster], 4. November 1956

DA Münster, GV-NA, AO-772. *Schreibmaschinendurchschrift ohne Unterschrift und Paraphe. Anschrift:* S[eine]r Exzellenz dem Hochwürdigsten Herrn Weihbischof Dr. Franz Hengsbach, Paderborn.

Hochwürdigste Exzellenz!

Soeben erhielt ich Ihren Eilbrief.[1] Herzlichen Dank, besonders auch für Ihre gütige Bereitschaft, die Gesprächsleitung zu übernehmen. Besonders froh bin ich, daß es Ihnen gelungen ist, eine solche gelockerte und freundschaftliche Atmosphäre herzustellen.

Mit Ihnen bin ich der Meinung, daß auf jeden Fall das Gespräch sich gelohnt hat. Wir müssen nun allerdings überlegen – wie Sie auch schreiben –, in welcher Richtung wir das Gespräch weiter fortsetzen wollen bzw. was wir als erreichbares Ziel uns vornehmen können. Das Wichtigste schien auch mir zu sein, daß es gelänge, institutionelle Sicherungen zu erreichen, durch die eine unzulässige Ausweitung der gleitenden Arbeitswoche verhindert werden könnte.

Wenn es nicht zu unbescheiden ist und ohne große Mühe geschehen könnte, würde ich Sie bitten, mir alle diese Frage betreffenden Schriftstücke, soweit es sich nicht um Dinge handelt, die nur mich angehen, gleich in vierfacher Ausfertigung, schreiben zu lassen, damit ich sie zur Information dem Herrn Kardinal, dem Bischof von Aachen und dem Bischof von Eichstätt jeweils weiterreichen kann.

Mit herzlichem Gruß und aufrichtigem Dank

Ihr ergebenster

[*o. U.*].

3 *Vgl. Dok. 73.*

1 *Nicht aufgenommen (maschinenschriftliche Ausfertigung mit eigenhändiger Unterschrift am gleichen Fundort).*

71

Protokoll des westdeutschen Bischofskonveniats

Braunshardt, 5.–7. November 1956

EA MÜNCHEN, Joseph Kardinal Wendel, 21/1956. *Druckstück mit Überschrift:* Protokoll der Beratungen auf dem Konveniat der westdeutschen Bischöfe in Braunshardt vom 5. bis 7. November 1956. *Vermerk:* Vertraulich behandeln!

Anwesend waren die Hochwürdigsten Herren
Joseph Kardinal Frings, Köln,
Erzbischof Jaeger, Paderborn,
Erzbischof Seiterich, Freiburg/Br[eisgau],
die Bischöfe von Aachen, Limburg, Mainz, Münster, Rottenburg, Trier,
Weihbischof von Rudloff, Osnabrück,
Kapitularvikar Dr. Offenstein, Hildesheim,
Kapitularvikar Dr. Prange, Berlin,
Prälat Hunstiger, Fulda.

Das Konveniat übermittelte telegrafische Grüße an Bischof Demann, Osnabrück und Weihbischof Bolte, Fulda, die aus gesundheitlichen Gründen nicht teilnehmen konnten.
Die augenblickliche kritische Weltlage (Eingreifen der Russen in Ungarn und Suezkrise) wurde erörtert und ein Aufruf an die Gläubigen formuliert (siehe Anlage). Exzellenz Böhler, Köln, referierte eingehend über die kirchenpolitische Situation in der Bundesrepublik. Sodann wurden die folgenden Fragen behandelt:

I. Bildung, Erziehung, Unterricht
a) Bischöfliche Arbeitsstelle Schule und Erziehung: (vgl. Protokoll Pützchen Mai 1956[1], I, b).
Die Teilnehmer des Konveniats beschließen einen sich als notwendig erweisenden Ausbau der »Bischöflichen Arbeitsstelle Schule und Erziehung« und stellen einen Etat in der Höhe von 60.000 DM bereit. Es werden in Aussicht genommen hauptamtliche Kräfte für Schulpolitik (Kandidat: Studienrat Birk[2], Stuttgart), für Elternpädagogik (Kandidat: Rektor Janssen[3], Cloppenburg) und für Schulrecht. (Eine hauptamtliche Besetzung für dieses Referat bleibt noch in der Schwebe.) Exzellenz Böhler wird beauftragt, die notwendigen Vorbereitungen zu treffen.
Der Bischof von Aachen übernimmt auf Wunsch des Konveniats das Schulreferat für die westdeutschen Diözesen innerhalb der Fuldaer Bischofskonferenzen.

1 *Vgl. Dok. 27.*
2 *Nicht ermittelt.*
3 OTTO JANSSEN *(geb. 1901), Lehrer, zunächst an evangelischen Volksschulen, 1935 Konversion zum Katholizismus und Lehrer in Augustendorf, 1954 Rektor der Wallschule in Cloppenburg, 1957 Schulrat in Vechta.* M. HIRSCHFELD, *S. 299, Anm. 56.*

b) Familienausgabe des neuen Katechismus:
Der Bischof von Rottenburg berichtet über den neuesten Stand der Verhandlungen über die Herausgabe eines Familienkatechismus. Nach einem neuen Vorschlag des Verlags Herder soll diese Familienausgabe den Text des Schulkatechismus unverändert enthalten. Beigefügt werden soll eine methodische Einführung der Eltern in den Gebrauch des Katechismus bei Unterstützung des Katecheten. Den einzelnen Katechesen sollen Anregungen angefügt werden, um den Eltern ihre Aufgabe zu erleichtern. Ein praktisches Register ist dringend erwünscht. Bei aufgelockertem Satzspiegel sollen den kolorierten Bildern besondere Bilderklärungen beigegeben werden.
Das Konveniat beschließt, Herrn Domkapitular Dr. Fischer, München, zu bitten, in Zusammenarbeit mit den Bearbeitern des Schulkatechismus einige Entwürfe für Katechesen dieser Familienausgabe herzustellen und sie baldmöglichst den einzelnen Bischöfen zu übersenden.

II. Seelsorge und Sozialfragen
a) Fest des hl. Joseph am 1. Mai:
Gegen einen neuen Vorschlag, das Fest des hl. Joseph am 1. Mai zu benennen: »St. Joseph, der Mann der Arbeit« werden keine Bedenken erhoben.
b) Schönstatt-Priester:
Der Bischof von Trier berichtet über das Schreiben des Heiligen Offiziums an den P. General der Pallottiner vom 7. Juni 1956[4] und über die Diskussionen und Schwierigkeiten, die daraufhin entstanden sind. Er wird an das Heilige Offizium berichten.
c) Gleitende Arbeitswoche:
Der Bischof von Münster berichtet über die Besprechung, die am 2. November 1956 über die Einführung der gleitenden Arbeitswoche in den SM- und Elektrostahlwerken mit den Vertretern der Tarifpartner geführt wurde[5]. Das Gespräch verlief in freundschaftlichem Geiste, allerdings zunächst noch ohne konkrete Ergebnisse; es soll fortgesetzt werden.

III. Organisatorische und finanzielle Fragen
a) Kirchliche Hauptstelle für Bild- und Filmarbeit e. V.:
Dem Auftrag der Plenarkonferenz Fulda 1955 (Protokoll, Seite 8, Ziffer 3, Absatz 3) entsprechend wird die von der Koordinierungskommission erarbeitete Satzung und Geschäftsordnung des Vereins »Kirchliche Hauptstelle für Bild- und Filmarbeit e. V.« zur endgültigen Verabschiedung vorgelegt. Der Geschäftsordnung angeschlossen sind die »Richtlinien für die Arbeit der Katholischen Filmkommission« (vgl. Ziffer 6 d der Geschäftsordnung).
Das Konveniat begrüßt die erfolgte Neuordnung und erklärt sich mit Satzung und Geschäftsordnung einverstanden. Die »Richtlinien für die Arbeit der Katholischen Filmkommission« werden als Arbeitsordnung gutgeheißen.

[4] *In* AAS *nicht veröffentlicht.*
[5] *Vgl. Dok. 69.*

b) Neuordnung der »Überdiözesanen Zuschüsse«:
Das Konveniat schlägt vor, in Verbindung mit der bayerischen Bischofskonferenz eine eigene Kommission von Bischöfen zu bestimmen, die nach vorbereitenden Arbeiten der Finanzreferentenkonferenz geeignete Vorschläge für eine Neuordnung der »Überdiözesanen Zuschüsse« und für einen neuen Verteilungsschlüssel der Plenarkonferenz 1957 unterbreitet. Als westdeutsche Mitglieder dieser Bischofskommission benennt das Konveniat die Ordinarien von Köln, Paderborn, Münster und Rottenburg.
c) Zentralverband der Historischen Christlichen Schützenbruderschaften:
Das Konveniat genehmigt für den Zusammenschluß der Historischen Christlichen Schützenbruderschaften die Bezeichnung »Zentralverband« wie auch für deren geistlichen Leiter die Bezeichnung »Generalpräses«.
Das nächste westdeutsche Konveniat findet statt vom 11. bis 13. März 1957 in Limburg/Lahn.

gez.: + Wilhelm
Bischof von Limburg

gez.: + Jos[eph] Kard[inal] Frings
Erzbischof von Köln.

72

Döpfner an Wendel

Würzburg, 16. November 1956

EA München, Joseph Kardinal Wendel, 40 ZK/1956. *Schreibmaschinenausfertigung mit eigenhändiger Unterschrift. Briefkopf:* Der Bischof von Würzburg. *Anschrift:* Seiner Eminenz dem Hochwürdigsten Herrn Kardinal Herrn Dr. Joseph Wendel, Erzbischof von München-Freising, München 2, Kardinal-Faulhaberstraße 7. *Eingangsstempel:* Erzbistum München. Erzb[ischof] 19. Nov[ember] 1956. 40/ZK Nr. 1291.

Eminenz! Lieber Hochwürdigster Mitbruder!
Dein Brief vom 7. November mit dem beigefügten Schreiben an Bischof Keller[1] hat mich recht bedrückt. Er zeigt die noch sehr unsichere Entwicklung des ZdK, für welche die persönlichen Schwierigkeiten symptomatisiert [*sic*] sind. Das sprunghafte Handeln des guten Josef Paulus erweist, wie schwierig Paulus sein kann (wobei die sachlichen Schwierigkeiten im ZdK durchaus nicht übersehen werden dürfen).
Was Dr. Rössler angeht, so bin ich der Meinung, daß er das Pressereferat gut betreuen könnte. Er ist auch bereit, diese Aufgabe zu übernehmen. Für das Kulturreferat möchte ich ihn nicht vorschlagen, zumal wenn damit die Leitung des Hauses in Godesberg verbunden wäre. Rössler will auch, wie er mir sagt, auf keinen Fall nach Godesberg übersiedeln. Kürzlich war Fürst Löwenstein bei mir und sprach auch

1 *Nicht ermittelt.*

über diese Frage. Ich sagte ihm diese meine Meinung, die er von sich aus ebenso teilt. Er teilte mir mit, Böhler habe, für den Fall daß Dr. Rössler nicht in Frage komme, auf Prof. Johannes Overath[2], Köln, hingewiesen. Böhler habe bei seinem Münchner Gespräch mit Dir schon Overath in diesem Zusammenhang nennen wollen; doch sei es nicht dazu gekommen, da Ihr bei Dr. Rössler verblieben seiet. Freilich müsse Overath von außen her vorgeschlagen werden, weil sonst Kardinal Frings ihn nicht gut freigeben könne. Ich kann mir über Overath kein letztliches Urteil bilden; er ist mir bisher nur bekannt als ein sehr energischer, etwas eifernder Verfechter der stilreinen Kirchenmusik (gegen deutsche Gregorianik und den mehr volksliturgischen Flügel). Fürst Löwenstein sagte mir, Erzbischof Jaeger und Weihbischof Hengsbach würden eine Bestellung Overaths sehr begrüßen. Vielleicht kannst Du über diese Frage einmal mit Weihbischof Hengsbach in Verbindung treten. Eine Besprechung unserer Kommission über all diese Sorgen wird nun bald wieder einmal notwendig sein.
Mit herzlichem Gruß

Dein
+ Julius Döpfner.

73

Protokoll der Konferenz über die gleitende Arbeitswoche

Düsseldorf, 23. November 1956

DA Münster, GV-NA, AO-772. *Schreibmaschinendurchschrift mit Überschrift:* Protokoll. Besprechung 23.11.1956. Düsseldorf. *Fertigungsdatum:* Godesberg, 3. Dezember 1956.

Zu Beginn wurde das in der Redaktionskommission ausgearbeitete Ergebnisprotokoll[1] vorgelesen. Die Aussprache knüpfte an die einzelnen Punkte desselben an.
Ziff. 1 und 2 wurden anerkannt.
Ziff. 3 fand folgende Neuformulierung:
3) Eine Neuregelung der gesetzlichen Bestimmungen über Sonntagsarbeit halten alle Beteiligten für dringend notwendig. Diese muß festlegen bzw. neuordnen:
a) den Katalog der Betriebsabteilungen, die an Sonntagen produzieren sowie der Arbeiten, die an Sonntagen darin verrichtet werden dürfen,
b) die Bedingungen, unter denen diese Arbeiten durchgeführt werden dürfen,
c) die Handhabung der Gewährung von Ausnahmegenehmigungen.
Ziff. 4 fand folgende Neuformulierung:
4) Falls eine echte Arbeitszeitverkürzung ohne Produktionseinbuße in den genannten Betriebsabteilungen der Eisen- und Stahlindustrie mit der Einführung der kon-

2 Johannes Overath *(1913–2002), Dr. phil., 1938 Priester (ED Köln), 1959 Professor für Homiletik und Kirchenmusik am Kölner Priesterseminar.*

1 *Vgl. Dok. 69.*

tinuierlichen Arbeitsweise verbunden werden soll, ist es notwendig, die gesetzliche Regelung für diese Betriebsabteilungen vorzuziehen. Notwendig erscheint dies auch, um die gegenwärtige Rechtsunsicherheit und Rechtsunklarheit zu beseitigen.

Ziff. 5 des Ergebnisprotokolls vom 2.11.1956 wird als neuer Punkt nach II) übernommen.

Die Aussprache beschäftigte sich im wesentlichen mit Ziffer 5. Kirchlicherseits wurde darauf hingewiesen, daß nach der bisherigen Gesetzgebung nur produktionstechnische Notwendigkeiten eine Ausnahme von dem allgemeinen Verbot der Sonntagsarbeit begründen konnten und daß der Begriff »Produktionstechnische Notwendigkeit« im strengsten Sinne gebraucht wurde. Gewisse Gründe betriebswirtschaftlicher und volkswirtschaftlicher Art, die mit technischen Bedingungen zusammenhängen, wurden nicht anerkannt. Betriebswirtschaftliche und volkswirtschaftliche Gründe könnten nicht mit Gründen religiöser, kultureller und familiärer Art abgewogen werden.

Von Arbeitgeber- und Gewerkschaftsseite wird geltend gemacht, daß die Gründe betriebswirtschaftlicher und volkswirtschaftlicher Art so schwerwiegend seien, daß auch sie Berücksichtigung finden müssen. Die von allen Seiten, auch von Seiten der Kirche, als notwendig anerkannte Arbeitszeitverkürzung sei nicht möglich ohne schwerwiegendes Absinken der Produktion, wenn nicht gleichzeitig die kontinuierliche Arbeitsweise eingeführt würde.

Kirchlicherseits: Auch in anderen Industriezweigen müßten Investitionen gemacht werden, wenn kürzere Arbeitszeit und gleiche Produktion erzielt werden solle.

Außerdem seien mögliche Eventuallösungen noch nicht geprüft.

Arbeitgeber und Gewerkschaft: Es seien alle Möglichkeiten geprüft; man finde keine andere, die Kirche müsse denn solche vorlegen.

Im Hinblick auf einen abzuschließenden Tarifvertrag wird von Arbeitgeber- und Gewerkschaftsseite darauf hingewiesen, daß ein solcher in fernerer oder näherer Zukunft durchaus möglich sei. Arbeitgeber und Gewerkschaften wünschen, daß ein eventueller Abschluß nicht als unfreundlicher Akt gegenüber der Kirche betrachtet werde. Dadurch, daß er nur vorbehaltlich der Ausnahmegenehmigung oder der Zustimmung des Gesetzgebers (?) abgeschlossen werde, habe die Kirche bei der endgültigen Regelung noch Mitwirkemöglichkeit.

Kirchlicherseits: Möglicherweise könne auch ein von der Kirche als notwendig erachtetes Vorgehen gegen einen solchen Tarifvertrag als unfreundlich gegen Gewerkschaften oder Arbeitgeber betrachtet werden.

Es wird angeregt, ob eventuell eine Erklärung in den Tarifvertrag aufgenommen werden könne, die dahin geht, daß die Arbeitgeber und Gewerkschaften sich bemühen, insbesondere ihre technischen Einrichtungen so auszubauen, daß die kontinuierliche Arbeitsweise wieder abgeschafft würde.

Zum Schluß der Aussprache bestand zwischen den Tarifpartnern Einmütigkeit darüber, daß, falls ein Tarifabschluß zustande käme, eine dahingehende Erklärung als Protokollnotiz in den Tarifvertrag aufgenommen würde.

Als Ergebnis der Besprechung wird festgestellt, daß den Gewerkschaften und den Arbeitgebern der Abschluß eines solchen Tarifvertrages unbenommen bleiben müs-

se, daß andererseits der Kirche auch die Freiheit bleibe, nach weiterer Prüfung in der ihr geeigneten Weise Stellung zu nehmen, wobei sie selbstverständlich dem Ernste der geführten Gespräche gerecht werde.
Zur Besprechung der unerledigten Punkte von Blatt 3 (1–4) des Ergebnisprotokolls treffen sich die Gesprächsteilnehmer am 14.12.1956.
Vermerk:
Nach dem Ablauf des heutigen Gesprächs wird vorgeschlagen,
Ziff. 5 I des Ergebnisprotokolls vom 2.11.1956 zu streichen und als neue Ziff. 5 in Abschnitt II desselben Protokolls mit folgendem Wortlaut zu übernehmen:
Ziff. 5:
Sonntags und werktags unterschiedslos durchgehende Betriebe nur aus Gründen betriebswirtschaftlicher Rentabilität lehnen alle Beteiligten ab. Die Begründungen produktionstechnischer Art, die bei der Stahlindustrie besondere Bedeutung haben mögen, müssen unter Anwendung strenger Maßstäbe im Sinne der bisherigen Gesetzgebung eingehend geprüft werden.
[…][2] grundsätzlich akzeptiert wurden und nach den neuesten Nachrichten nun in die Praxis überführt werden sollen). Die Gründe, die für oder gegen eine solche Regelung im Sinne einer 45-Stunden-Woche sprechen sollten, wurden bisher nicht näher dargelegt.

2. Es wurden bisher nur Gründe dargelegt, die für eine durchgehende Produktion sprechen. Wir fassen dieselben in drei Gruppen zusammen:

I.
a) Auswerten der vom Hochofenprozeß auch am Sonntag anfallenden Gichtgase in den SM-Öfen;
b) Auswertung der Wärmeenergien des flüssigen Roheisens bzw. der heißen Blöcke;
c) Auswertung der sonntags sonst überflüssigen elektrischen Energien;
d) weniger Reparaturanfälligkeit der Öfen bei durchgehender gleichmäßiger Erhitzung;
e) mindere Qualitäten der letzten und der ersten Charge der Stahlöfen bei Unterbrechung des Produktionsprozesses;
f) menschlich leichtere Durchführbarkeit allenfalls anfallender Reparaturen bei völliger Erkaltung der Öfen.

II.
a) Bei gleichbleibender Produktion kann die Arbeitszeit verkürzt werden;
b) insgesamt tritt eine Kostensenkung pro Tonne produzierten Stahls ein, wodurch die durch die Arbeitszeitverkürzung herbeigeführte Lohnerhöhung aufgefangen wird;

[2] *Ein Textteil ist an dieser Stelle ausgefallen.*

c) der deutsche Stahl und die eisenverarbeitende Industrie werden zufolge dessen im Ausland konkurrenzfähiger;
d) in allen stahlerzeugenden Ländern herrscht die durchgehende Produktion in der eisenschaffenden Industrie; auch hierdurch Beeinträchtigung der Konkurrenzfähigkeit der deutschen Werke.

III.
a) Für den einzelnen kann die Arbeitszeit verkürzt (53 → 42 Stunden), die Freizeit entsprechend erhöht werden. Der Gesundheitszustand verbessert sich nachweislich, Krankfeiern nimmt ab;
b) der Sonntag wird für den einzelnen Arbeiter nicht schlechter, sondern bei sachlicher Abwägung eher besser gestellt. Nur 20 Sonntagsarbeitsstunden fallen mehr an (300 statt 280), aber auch dies gilt nur für die kalendermäßige Berechnung der Sonntagsarbeitsstunden (von 0 Uhr bis 24 Uhr). Es werden freilich ca. 25% = 5.000 Arbeiter mehr in die Sonntagsarbeit einbezogen. Insgesamt handelt es sich höchstens um 20.000 = 8% der in der eisenschaffenden Industrie beschäftigten Arbeiter, die von der neuen Regelung betroffen werden;
c) durch die Neuregelung werden die Reparaturarbeiten am Sonntag und damit die Möglichkeit der Überstunden am Sonntag beseitigt, wodurch auch eine wesentliche Zurückdrängung der Sonntagsarbeit zu erwarten ist.

3.
Kirchlicherseits wurden neben den allgemeinen Grundsätzen (s. Protokoll I) etwa folgende Argumente vorgetragen:
a) Schon die bisherige Regelung zeigt, daß eine Unterbrechung des Arbeitsprozesses in den genannten Betrieben an und für sich möglich ist. Die dringende Notwendigkeit, zu der kontinuierlichen Arbeitsweise zu kommen, ist also nicht erwiesen. Es wird bestätigt durch das Verhalten der beiden Parteien (s. oben 1.), nach dem sie sich nicht auf den ersten Hieb über den Tarifvertrag einigen konnten;
b) eine Arbeitszeitverkürzung, die in der Eisen- und Stahlindustrie dringend notwendig ist, ist auch ohne Einführung der kontinuierlichen Arbeitsweise möglich, wie ebenfalls nachträglich der neue Vorschlag, das Bremer Abkommen[3] zu übernehmen, beweist;
c) es ist nicht klar, ob die entsprechenden Verluste an vorhandenen Werten so groß sind, daß sie die Einführung der durchgehenden Produktionsweise rechtfertigen können;
d) es ist weiter nicht klar, ob nicht eine menschlich leichtere Art, die Reparaturen durchzuführen, auch ohne die Kontinuierlichkeit des Betriebs gefunden werden kann. In anderen Ländern gibt es solche Verfahren;

[3] *Durch das sog. Bremer Abkommen, das einen langen Streik der Metallarbeiter in Schleswig-Holstein beendete, hatte die IG Metall erreicht, daß vom 1. Oktober 1956 an für 2 Millionen Arbeitnehmer der Metallindustrie die 45-Stundenwoche bei vollem Lohn- und Gehaltsausgleich eingeführt wurde.*

e) auch in den übrigen Industriezweigen muß versucht werden, durch Neuinvestitionen und Rationalisierung die Produktion bei Arbeitszeitverkürzung zu halten und die Lohnerhöhung aufzufangen. Darin also ist die eisenschaffende Industrie kaum in einer anderen Lage als sonstige Industriezweige;
f) man kann nicht einfach auf die kontinuierliche Arbeitsweise in anderen Ländern hinweisen, um dadurch die Konkurrenzunfähigkeit der deutschen Betriebe zu beweisen, da die gesamte Kostenstruktur in den einzelnen Ländern verschieden ist. Man darf deshalb eine Verbesserung der Kostenstruktur nicht einfach auf Kosten des Sonntags gehen lassen;
g) die Gefahr, daß diese Arbeitsweise auf andere Industriezweige übergreift (Dammbruch), kann nicht beseitigt werden.

4.
Obwohl durch die Einigung der Tarifpartner auf Übernahme des Bremer Abkommens in modifizierter Form eine wesentliche Änderung der Lage eingetreten ist, scheint eine weitere Besprechung – wie auch vorgesehen – nicht unzweckmäßig zu sein. Dabei sollte
1) ein kluger und vornehm zurückhaltender – ohne Siegesgefühl und Schadenfreude – aber doch wirkungsvoller Appell an die Tarifpartner erfolgen, in der nun eingeschlagenen Richtung weiterzugehen;
2) da nun die Schichtregelung unter der neuen Voraussetzung für die einzelnen Betriebe geschehen muß, sollte man darauf zu sprechen kommen, wie dabei besonders der Sonntag in unserem Sinne am besten berücksichtigt werden kann. Hier ist noch alles im Unklaren. Es scheint, daß sich der Kampf oder das Tauziehen über diesen Punkt sehr stark in die Betriebe verlegt. Eine dahingehende Erklärung der Tarifpartner, den Sonntag möglichst frei zu machen, wäre gerade auch jetzt sehr erwünscht, da dadurch die Regelung für die einzelnen Betriebe, also zwischen Betriebsrat und Betriebsleitung, beeinflußt werden kann.
Um ein Schlußkommuniqué müßte man sich auf seiten der kirchlichen Vertreter vor der nächsten Sitzung klar werden.

74

Denkschrift Böhlers und Meisners[1]

Köln, [vor Dezember] 1956[2]

EA Köln, Katholisches Büro NRW I 235. *Schreibmaschinenschrift mit Überschrift:* Eine katholische wissenschaftliche Hochschule (Vorschlag: Prälat Böhler / Dr. Meisner).

Die Versuche, eine katholische Universität im Deutschen Raum einzurichten, haben bisher noch keine Realisierungsmöglichkeit aufgezeigt. Da sollte man wenigstens eine Vorarbeit ins Auge fassen.

Es erscheint uns notwendig und möglich, als Ergänzung zur Universitätsbildung eine katholische wissenschaftliche Hochschule einzurichten.

Die Gefahr zunehmender Liberalisierung der deutschen Hochschulen ist vorhanden. Wenn es möglich wäre, ausgewählten Studenten eine zusätzliche Ausbildung auf katholischer Grundlage zu vermitteln, nicht zuletzt damit ein gut ausgebildeter katholischer Nachwuchs in den akademischen Berufen gesichert ist, wäre schon viel gewonnen.

Die Konzentrierung der wenigen katholischen Kräfte und Mittel empfiehlt eine Stätte, die die Ergänzung des an den öffentlichen Hochschulen gewonnenen Wissens ermöglicht.

Die nachfolgenden Punkte sollen entwurfmäßig einen knappen Aufriß geben:

1. Teilnehmer

Es ist gedacht an Studenten, die entweder ihr Hochschulstudium gerade abgeschlossen, oder solche, die wenigstens das fünfte Semester absolviert haben, sofern diese nicht vor dem Doktorexamen stehen. Jedenfalls sollte eine gewisse wissenschaftliche Bildung schon vorhanden sein. Es kommt ja auf eine letzte Formung an, die gestört werden kann, wenn erst danach der Hauptteil des Studiums absolviert wird.

Die Auswahl erfolgt unter Mithilfe der Studentenseelsorger, der Heimatpfarrer, katholischer Universitätsprofessoren, katholischer studentischer Organisationen usw.

2. Fachgruppen

Mit folgenden Gruppen sollte begonnen werden:

Juristen, Kandidaten des höheren Lehramtes, Mediziner, Naturwissenschaftler, Geschichtler, Wirtschaftsstudenten.

3. Lehrplan

a) Grundkursus in Theologie und Philosophie für alle,

b) Spezialkurse für die einzelnen Berufszweige, wobei die Mediziner mit den Biologen, die Juristen mit den Wirtschaftsstudenten teilweise zusammengefaßt werden können u. ä.

4. Dauer der Kurse

[1] Helmut Meisner *(1905–1993), Dr. phil., 1935 Priester (ED Köln), 1953–1957 Leiter der Thomas-Morus-Akademie in Bad Honnef, 1957–1969 Leiter der Katholischen Glaubensinformation Fides in Düsseldorf, 1969 Schriftleiter des Konradsblatts in Freiburg.*

[2] *Die Datierung ergibt sich aus Dok. 75.*

Der Kursus würde am besten ein Jahr (2 Semester) dauern, wenn das gesteckte Ziel erreicht werden soll. Evtl. könnte man auch mit dreimonatlichen Ferienkursen beginnen.

5. Professoren

Zunächst müßte mit Ausnahme des Leiters zur Hauptsache mit nebenamtlichen Kräften angefangen werden. Die Erfahrung muß zeigen, inwieweit die eine oder andere hauptamtliche Kraft berufen werden kann.

Wenn die Akademie günstig liegt, werden Professoren der benachbarten Universitäten Vorlesungen übernehmen können. Es wird auch die Möglichkeit bestehen, daß ein Professor für 8–10 Tage einen Zyklus von Vorlesungen hält. Bei den einzelnen Fächern könnten mehrere Dozenten nacheinander dozieren, so daß die Spezialgebiete der einzelnen stärker zur Auswirkung kommen.

Eine vorläufige Aufstellung aller in Frage kommenden Dozenten hat ergeben, daß an sich genügend Persönlichkeiten vorhanden sind.

6. Die Leitung und das nötige Personal

Ein wissenschaftlicher Rektor, der die Leitung hat, die geistige Kontinuität gewährleistet und zugleich mitdoziert, müßte hauptamtlich berufen werden;

ein Heimleiter, der zugleich die Verwaltungsarbeiten leistet; ist erforderlich; (er muß im Gebäude der Akademie wohnen);

Sekretariatskräfte;

ein Hausmeister (Ehepaar), in der Akademie wohnend,

das nötige Personal.

7. Gebäude

Es ist zu unterscheiden zwischen den Räumen, die für die Vorlesungen etc. gebraucht werden, und denen, die als Studentenheim dienen. Dabei braucht es den Studenten nicht zur Pflicht gemacht zu werden, in diesem Heim zu wohnen. Es wären erforderlich:

a) für Akademie:

3–4 Hörsäle, die auch den Seminarien dienen könnten,

1 Bibliotheks- und Leseraum,

1 Amtszimmer des Rektors,

1 Sekretariat,

1 Hausmeisterwohnung,

b) für das Heim:

Wohnung des Heimleiters und Verwalters,

Zimmer für Studenten,

Zimmer für Professoren, die dort vorübergehend wohnen wollen,

Räume für Haus- und Küchenpersonal (evtl. für Schwestern).

8. Wenn man das Priesterseminar in Bensberg ganz für Bildungszwecke freigeben würde, bestände die Möglichkeit, dort eine solche katholische wissenschaftliche Hochschule unterzubringen, und gleichzeitig die bisherige Thomas-Morus-Akademie weiterzuführen.

Hauptamtliche Kräfte der Hochschule könnten auch für die Thomas-Morus-Akademie miteingesetzt werden. Die Verwaltung, Küchenbetrieb usw. könnten einheitlich sein. Ein genauer Wirtschaftsplan müßte selbstverständlich aufgestellt werden.
9. Finanzierung
Außer dem einmaligen Betrag für die Einrichtung sind Jahresbeträge für den Unterhalt der Schule notwendig.
Als Einnahmen kämen in Frage:
a) Beiträge der Bischöfe, wenn nicht eine Kirchenkollekte, wie sie in anderen Ländern für katholische Universitäten gehalten wird,
b) Beiträge des Bundes und der Länder,
c) Beiträge der Industrie.
Für den Unterhalt der einzelnen Studierenden wären in Aussicht zu nehmen Unterstützungen
a) aus den Fonds der Ministerien,
b) aus der Studienhilfe,
c) aus den Altherren-Verbänden.
10. Die Hochschulkurse in Salzburg würden durch eine solche Einrichtung nicht berührt, weil sie ja ganz andere Zwecke verfolgen.
Die von den Bischöfen eingerichtete Studienhilfe, die Herr Studentenpfarrer Hanssler leiten wird, würde durch eine solche Einrichtung eine gute Unterstützung finden und gleichzeitig dort ihr Heim haben.
Herr Studentenpfarrer Hanssler könnte in die Arbeit einbezogen werden.
11. Das ganze Institut könnte »Thomas-Morus-Institut« heißen und würde zwei Abteilungen haben:
a) die katholische wissenschaftliche Hochschule,
b) die Akademie.
Die Tätigkeit der letzteren würde auf diese Weise eine starke innere Förderung und äußere Propagandakraft erhalten.
12. Wenn das Institut seine großen Aufgaben erfüllen soll, muß religiöses Leben nicht minder gepflegt werden, wie das geistige Leben. Die Kapelle mit ihren Gottesdiensten wird eine besondere Bedeutung im Ganzen der Einrichtung haben.

75

Kafka an Böhler

Bad Godesberg, 12. Dezember 1956

EA KÖLN, Katholisches Büro NRW I 235. *Schreibmaschinenausfertigung mit eigenhändiger Unterschrift. Briefkopf:* Zentralkomitee der deutschen Katholiken – Referat für staatsbürgerliche Angelegenheiten, *Anschrift:* Seiner Exzellenz dem Hochwürdigsten Herrn Prälaten Wilhelm Böhler, Köln, Marzellenstr. 32.

Exzellenz, sehr verehrter Herr Prälat!
Sie hatten vor einiger Zeit die Freundlichkeit, mir einen von Herrn Dr. Meisner ausgearbeiteten vorläufigen Entwurf über eine katholische, wissenschaftliche Hochschule zur Ergänzung des Studiums an den staatlichen Hochschulen[1] zu übermitteln. Ich darf gleich eingangs bemerken, daß mir zur Zeit überhaupt nur dieser Weg gangbar erscheint, ja, daß die viel zu weitgesteckten Pläne des Salzburger Universitätsvereins sich überhaupt nur verwirklichen lassen werden, wenn eine solche Ergänzungshochschule besteht.
Denn von allen bekannten Einwendungen gegen die Gründung einer katholischen Universität ist sicherlich jene besonders ernst zunehmen, daß für eine katholische Universität zur Zeit gar nicht die erforderlichen akademischen Lehrer zur Verfügung stehen, wenn man nicht geradezu einen katholischen Exodus aus den staatlichen Universitäten organisieren will, was zudem gar nicht möglich ist. Ich glaube also, daß der Plan einer katholischen Ergänzungshochschule nicht nur nicht in Gefahr kommen kann, als Konkurrenz für Salzburg angesehen zu werden, sondern daß im Gegenteil die Kölner Ergänzungshochschule die Funktion eines Seminars für Salzburg haben würde, obwohl es vielleicht nicht opportun ist, dies nach außen zu dokumentieren.
Meine Vorbehalte gegen den Entwurf gehen also nicht gegen den Plan einer katholischen Ergänzungshochschule schlechthin, sondern dahin, daß wir uns davor hüten müssen, allzu viel auf einmal erreichen zu wollen. Eine katholische Ergänzungshochschule darf sich nicht damit begnügen nur den Lehrstoff der staatlichen Hochschulen zu ergänzen, sondern sie muß auch qualitativ etwas Besseres zu bieten haben, d h. daß das Beste an Ausrüstung und insbesondere an Lehrkräften gerade gut genug sein darf. Daraus ergeben sich zwei Folgerungen:
1. Das Niveau der Hochschule muß so hoch sein, daß es für den Studenten eine Ehre sein muß, zu ihr zugelassen zu werden. Das bedeutet also strenge Auswahlprinzipien.
2. Ebenso muß es unter den Hochschullehrern als eine hohe Ehre gelten, in den Lehrkörper der Hochschule berufen zu werden. Das wird zum Teil schon dadurch erreicht, daß – ähnlich wie bei der Verwaltungsakademie in Speyer – die Studentenschaft als Elite gelten muß, zum anderen aber dadurch, daß der Lehrkörper in finanzieller Beziehung nicht schlechter gestellt ist als der einer staatlichen Universität, und schließlich dadurch, daß ihm Möglichkeiten zur wissenschaftlichen Forschung ge-

[1] *Vgl. Dok. 74.*

boten werden, die er im Prüfungs- und Monsterseminarbetrieb der staatlichen Hochschulen nicht hat.

Wenn man also will, daß die Ergänzungshochschule zu einem echten Ferment des geistigen Lebens in der Bundesrepublik wird, so muß von vornherein die Idee des bloßen Unterrichtbetriebs mit ausschließlich nebenamtlichen Kräften abgelehnt werden. Wenn nicht das Niveau durch einen kleinen Kern hauptamtlicher Lehrer, die zugleich Forscher sind, ständig bestimmt und bewahrt wird, besteht die Gefahr, daß die Tätigkeit an der katholischen Ergänzungshochschule immer nur gewissermaßen als Abfallprodukt sonstiger wissenschaftlicher Tätigkeit im staatlichen Sektor angesehen wird. Es besteht dann die weitere Gefahr, daß es gar nicht möglich sein wird, einen geordneten Studienplan durchzuführen, weil die wenigen erstklassigen katholischen Kräfte an den staatlichen Hochschulen nicht nur ohnehin an der eigenen Hochschule überstrapaziert werden, sondern darüber hinaus durch Gutachten, Funktionen in der Erwachsenenbildung, Teilnahme an staatlichen und kirchlichen Kommissionen und Ausschüssen überbeansprucht sind. Die Ihnen ja bekannten Beispiele sind in dieser Hinsicht sehr lehrreich. Ich bin nahezu sicher, daß ein nur auf ehrenamtliche Dozenten eingestellter Studienbetrieb immer wieder durch plötzliche Absagen aus irgendeinem, dem betreffenden Dozenten wichtiger erscheinenden Grund gestört werden wird, ganz abgesehen davon, daß die Garantie der Kontinuität der Ausbildung mit der Zahl der nebenamtlichen Dozenten schwächer wird. Das gilt um so mehr, als aus Gründen, auf die ich noch zurückkomme, nur ein voller Semesterbetrieb und ein sich über ein ganzes Jahr hin erstreckender Lehrplan die notwendige Ausbildung gewährleisten und für die Studenten in Frage kommen kann. Für jede der von Herrn Dr. Meisner genannten Fachgruppen (Juristen – Wirtschaftswissenschaftler, Pädagogen – Geschichtler, Naturwissenschaftler – Mediziner) müßte meiner Meinung nach ein Kern von drei hauptamtlichen Dozenten mit je einem Assistenten zur Verfügung stehen, wobei ich mir allerdings nur über die zuerst genannte Fachgruppe, die mir ja am nächsten liegt, Gedanken gemacht habe. Einer von diesen hauptamtlichen Dozenten müßte Philosoph und Theologe sein, der zweite ein philosophisch fundierter Jurist und der dritte ein philosophisch fundierter Volkswirtschaftler.

Wie ich oben erwähnt habe, wird man die notwendigen, wirklich erstklassigen Leute nur bekommen, wenn man sie auch finanziell den staatlichen Hochschullehrern gleichstellt. Ich halte es aber für ausgeschlossen, daß selbst die Erzdiözese Köln eine so schwere finanzielle Last aufnehmen kann, wobei ja noch zu berücksichtigen ist, daß auch die hauptamtlichen Dozenten der Unterstützung nebenamtlicher bedürfen werden, da beispielsweise ein Soziologe und Verfassungsrechtler nicht unbedingt auf dem Gebiete der Familienpolitik und des Familienrechts so zu Hause sein wird, daß er etwa in der Lage ist, in einem Seminar Gerichtsentscheidungen zu beleuchten. Ich habe noch keine genaue Berechnung der Kosten des gesamten Studienbetriebs und der Verwaltung, Verpflegung etc. einer solchen Fachgruppe angestellt, doch glaubt Herr Köppler, der ja auf diesem Gebiet einige Erfahrung hat, daß man unbedingt mit einem Betrag von 300.000 DM im Jahr je Fachgruppe rechnen müßte, wobei zu

bedenken ist, daß gerade die begabtesten Studenten oft kaum mehr als die Hälfte der wirklichen Verpflegungskosten werden tragen können.
Unter diesen Umständen liegt die Folgerung nahe, daß die Kölner Ergänzungshochschule sich nur auf eine der drei Fachgruppen spezialisieren müßte. Dies hätte den Vorteil, daß eine andere Diözese sich vielleicht veranlaßt fühlen könnte, eine Ergänzungshochschule für eine andere Fachgruppe als die von Köln gewählte, zu errichten. Hier wäre ein gesunder Wettbewerb ohne Zersplitterung der vorhandenen Kräfte durchaus sinnvoll und segensreich. Ich persönlich würde allerdings soweit Köln in Frage kommt, die juristisch-volkswirtschaftliche Ergänzungshochschule für besonders dringlich halten. Es liegt ja auf der Hand, daß eine Ergänzungshochschule für politische Wissenschaftler zugleich das Zentrum einer katholischen Personalpolitik im politischen Raum werden würde, dessen Bedeutung nicht zu unterschätzen wäre. Es ist für mich keine Frage, daß jener Bischof, der als erster eine solche Ergänzungshochschule ins Leben ruft und ihr die Möglichkeit gibt, nicht nur als konfessionelles häßliches Entlein unter den Schwänen der staatlichen Hochschulen herumzuschwimmen, für die Katholische Kirche in Deutschland eine historische Leistung vollbringen wird.
Ich möchte nun freilich nicht den Eindruck erwecken, als handele es sich im wesentlichen nur um die Frage, ob 300.000 DM jährlich aufgebracht werden können oder nicht, und ob der katholische Raum die notwendigen erstklassigen hauptamtlichen Dozenten zur Verfügung stellen kann. Viel schwieriger ist die Frage, wie man am Anfang die Studenten gewinnt. Dr. Hadrossek[2], der in Königstein ein aus Mitteln des Bundesjugendplans finanziertes Diamat-Institut für die katholische Jugend provisorisch leitet, hat mir mitgeteilt, daß die schwierigste Aufgabe darin bestehe, die genügende Anzahl von Teilnehmern an den Kursen des Instituts zu sichern und daß es praktisch die Zeit eines einzigen Mannes erfordere, um die Werbung durchzuführen. Nun ist die Situation heute so, daß sowohl Juristen wie Diplom-Volkswirte, insbesondere solche mit betriebswirtschaftlicher Ausbildung, damit rechnen können, sofort nach bestandenem Examen eine relativ gut bezahlte Stellung zu bekommen, sei es im Staatsdienst oder in Unternehmungen und Wirtschaftsverbänden. Es wird also nicht leicht sein, Hörer zu gewinnen, die, was der Idealfall wäre, ihre akademischen Studien bereits abgeschlossen haben. Umgekehrt sind Studenten in den ersten Semestern für eine Ergänzungshochschule nicht besonders interessant, von einzelnen Ausnahmen abgesehen.
Aus diesen Gründen glaube ich, daß ein Vorschlag von Pater Hirschmann der Erwägung wert ist. Dieser Vorschlag geht dahin, vor allem jene Studenten anzusprechen, die zwar ihr Diplom bzw. ihr Referendar-Examen bestanden haben, jedoch noch nicht promoviert haben. Wenn der Unterrichtsbetrieb der Ergänzungshochschule so gestaltet wird, daß diesen Studenten genügend Zeit bleibt, und eine ausreichende

2 PAUL HADROSSEK *(1917–1971), 1937 Priester (ED Breslau), 1945–1947 Seelsorger für die Angeklagten des Internationalen Militärtribunals in Nürnberg und für Heimatvertriebene, 1953 Lehrbeauftragter, 1960 Professor an der Philosophisch-Theologischen Hochschule Königstein, 1996 Direktor der Ostakademie. Vgl.* J. GOTTSCHALK VII, *S. 323–325.*

Fachbibliothek zur Verfügung steht – ergänzt durch einen Leihverkehr mit der Kölner Universitäts-Bibliothek etc. – um ihre Dissertation fertigzustellen, würde diese Möglichkeit einen erheblichen Anreiz zum Besuch der Ergänzungshochschule darstellen. Das bedeutet aber, daß der Unterrichtsbetrieb auf ein Jahr beschränkt werden müßte, wenn das Ziel erreicht werden soll, und der Lehrplan müßte außerdem so gestaltet werden, daß sowohl der im Sommersemester wie der im Wintersemester eintretende Hörer gleichermaßen auf seine Rechnung kommt.
Mindestens zwei Drittel des Tages müßten wohl zur freien Verfügung des Studenten stehen. Da aber die hauptamtlichen Lehrkräfte und ihre Assistenten in der Lage sein müssen und sollen, den Studenten in einer viel intensiveren Weise zu beraten und einen viel engeren Kontakt mit ihnen halten müssen, als dies auf einer staatlichen Hochschule heute möglich und üblich ist, würden die hauptamtlichen Lehrkräfte dadurch in keiner Weise »leerlaufen«, sondern im Gegenteil erst Gelegenheit erhalten, eine zusätzliche Erziehungsfunktion zu übernehmen.
Wenn Sie, sehr verehrter Herr Prälat, diese meine Anregungen für erwägenswert halten, würde ich vorschlagen, im Januar einen kleineren Kreis zu konstituieren, der sich mit der Ausarbeitung eines Studienplanes und eines Budgets zu befassen hätte. Ich gestatte mir dabei die Anregung, evtl. den Historiker Smolka[3] heranzuziehen, weil er an der Verwaltungsakademie in Speyer tätig ist und infolgedessen aus der praktischen Erfahrung dieser Akademie sicherlich wertvolle Anregungen geben könnte.
Mit dem Ausdruck meiner besonderen Hochachtung bin ich wie immer

Euer Exzellenz ganz ergebener
Kafka
(Dr. Gustav E. Kafka).

76

Frings an Keller und Hengsbach

Köln, 27. Dezember 1956

DA Münster, GV-NA, AO-772. *Schreibmaschinenausfertigung mit eigenhändiger Unterschrift. Briefkopf:* Der Erzbischof von Köln. *Anschrift:* S[eine]r Exzellenz dem Hochwürdigsten Herrn Bischof Dr. Michael Keller, Münster/Westf[alen], S[eine]r Exzellenz dem Hochwürdigsten Herrn Weihbischof Dr. Franz Hengsbach, Paderborn. *Vermerk:* Betr. Gleitende Arbeitswoche.

Hochwürdigste Exzellenzen!
Zu den Schreiben Ew. Exzellenzen vom 5. Dezember bzw. 28. November d. J.[1] möchte ich wie folgt Stellung nehmen:

3 Georg Smolka *(1901–1982), Dr. phil., Historiker, 1947–1969 Professor an der Hochschule für Verwaltungswissenschaften in Speyer, 1965 Präsident des Schlesischen Heimatwerks. Vgl.* J. Gottschalk VII, *S. 322–326.*

1 *Beide Schreiben nicht ermittelt.*

Der Absatz 4 in der Neufassung vom 23. November 1956[2] scheint mir bedenklich. Da er das Ergebnis einer Besprechung zwischen Arbeitgebern und Arbeitnehmern einerseits, den Beauftragten des Episkopates andererseits darstellt, ist er de facto das kirchliche Einverständnis mit der gleitenden Arbeitswoche. Nach reiflichem Überlegen kann ich mich nicht entschließen, in diesem Punkte zuzustimmen. Die Sonntagsheiligung wird aufgegeben nicht um eines dringenden öffentlichen Bedürfnisses, sondern um wirtschaftlicher und anderer persönlicher Vorteile willen. Auf Vorteile solcher Art aber muß auch bei anderen Berufsgruppen bei der Durchführung der Sonntagsheiligung verzichtet werden. Mit der Vereinbarung nach Absatz 4, so scheint mir, wird ein Grundsatz aufgegeben.

Man kann einwenden, daß die gleitende Arbeitswoche mit oder [*ohne*] Zustimmung der Kirche doch kommt. Dann behalten wir aber immerhin die Möglichkeit, weil wir den Grundsatz festgehalten haben, in der Öffentlichkeit unsere Stimme zu erheben. Wenn wir aber den Grundsatz aufgeben, haben wir uns auch für die Zukunft den Mund verschlossen.

Ich möchte der Meinung sein, daß man die Verhandlungen wohl als beendet ansehen muß, nachdem sich herausgestellt hat, daß die beiderseitigen Standpunkte nicht in Einklang zu bringen sind. Darum schlage ich vor, daß man im Sinne der Ausführungen des Hochwürdigsten Herrn Bischofs von Münster vom 5. d[es Monats] den Gesprächspartnern für das Gespräch und die Offenheit der Aussprache dankt, daß auch der Wunsch ausgesprochen wird, in Zukunft möge bei ähnlich schwerwiegenden Entscheidungen wieder ein gemeinsames Gespräch geführt werden, auch daß man eine Neuregelung der gesetzlichen Bestimmungen über Sonntagsarbeit anstrebt. Es sollte aber m. E. gleichzeitig statt des Punktes 4 der Neufassung festgestellt werden, daß keine Einheit erzielt werden konnte.

Zu Punkt 3 der Neufassung vom 21. November möchte ich gerne u. a. hinzugefügt sehen, daß es sich um Arbeiten handelt, die das öffentliche Interesse erfordert oder die sonstwie unumgänglich sind.

Für nicht unbedenklich halte ich auch den letzten Satz des Punktes 5. Daß der Gesetzgeber die letzte Entscheidung hat, gilt wohl im Bereich des Faktischen und positiv Juristischen, aber nicht schlechthin. M. E. kann die Kirche dem Gesetzgeber in einer solchen Vereinbarung nicht die letzte Entscheidung zusprechen. Je nachdem müßten wir ja gegen eine solche Entscheidung des Gesetzgebers noch Stellung nehmen.

Ich bitte die Hochwürdigsten Exzellenzen, meine obigen Ausführungen nicht als leichthin geäußerte Kritik aufzufassen, während andere die Härte und Schwere der Verhandlungen durchstehen mußten. Ich bin vielmehr der Meinung, daß die deutschen Bischöfe Exzellenz Hengsbach und seinen Mitarbeitern zu großem Dank verpflichtet sind, daß sie die Verhandlungen zu führen auf sich genommen haben. Meine Stellungnahme hat nur den Sinn, darzulegen, daß, nachdem im entscheidenden Punkte keine Einigung erzielt werden konnte, dieses auch in einer Weise herausgestellt werden sollte, die den Bischöfen die Freiheit zur späteren Stellungnahme läßt.

2 *Vgl. Dok. 73.*

Bei der Wichtigkeit des Gegenstandes bin ich aber gerne zu einer neuen Besprechung mit den Hochwürdigsten Exzellenzen bereit.
Ich benutze den Anlaß, den Hochwürdigsten Exzellenzen Gottes Segen zum neuen Jahr zu wünschen.

In Liebe und Verehrung
Ew. Exzellenzen im Herrn ergebenster
+ Jos[eph] Card[inal] Frings
Erzbischof von Köln.

77

Hengsbach an Frings

Paderborn, 31. Dezember 1956

DA MÜNSTER, GV-NA, AO-772. *Schreibmaschinendurchschrift mit eigenhändiger Paraphe. Anschrift:* An Seine Eminenz den Hochwürdigsten Herrn Joseph Kardinal Frings, Erzbischof von Köln zu Köln/Rhein.

Eminenz!
Euer Eminenz freundliches Schreiben vom 27. Dezember an den Hochwürdigsten Herrn Bischof von Münster und den Unterzeichneten[1] darf ich ergebenst bestätigen. Ich bin sehr dankbar, daß Euer Eminenz sich so einläßlich mit den vielschichtigen Fragen um die sog. gleitende Arbeitswoche befaßt haben.
Ohne hier schon auf die Einzelheiten der beiden von Euer Eminenz beanstandeten Absätze 4 und 5 einzugehen – ich darf das demnächst noch schriftlich oder vielleicht auch mündlich nachholen – darf ich zu den Sorgen Euer Eminenz, es könnte aus Punkt 4 ein de facto-Einverständnis unsererseits mit der gleitenden Arbeitswoche entnommen werden, auf folgendes hinweisen:
Zu Beginn beider Gespräche, sowohl dem am 2. November wie am 23. November[2], habe ich erklärt, daß die Gespräche nur informativen Charakter haben könnten. Die Verhandlungskommission sei nur legitimiert zur Diskussion der beiderseitigen Auffassungen und würde im Anschluß an das Gespräch dem Episkopat Bericht erstatten, der seinerseits sich seine Stellungnahme in voller Freiheit vorbehalte. Wie Euer Eminenz sich erinnern werden, habe ich das auch in meinem Schreiben vom 28. November an Euer Eminenz[3] kurz erwähnt. Die Protokollnotizen haben nur insofern eine Bedeutung, als sie den Stand der Diskussion fixieren und die Grundlage bieten sollten für die Weiterführung des Gespräches bei der nächsten Sitzung. Deshalb sind auch die Protokollnotizen weder von der Seite der Tarifpartner, noch von unserer Seite unterzeichnet worden.
Damit aber auch nicht indirekt uns ein irgendwie geartetes Einverständnis mit der Einführung der kontinuierlichen Arbeitsweise unterschoben werden könnte, haben

1 *Vgl. Dok. 76.*
2 *Vgl. Dok. 65 und 73.*
3 *Nicht ermittelt.*

wir bei dem zweiten Gespräch eine Neufassung gerade des Punktes 4 angeregt, weil uns die erste Fassung zu weit zu gehen schien. Wir haben dann lange über eine Neufassung beraten. Für sich genommen, könnte man vielleicht herauslesen, daß wir die Verbindung von Arbeitszeitverkürzung und Einführung der kontinuierlichen Arbeitsweise irgendwie bejahen würden. Aber im Zusammenhang des Ganzen, vor allem wenn man die Punkte hinzunimmt, über die die Meinungsverschiedenheiten bestehen geblieben sind – auch nach dem zweiten Gespräch, ergibt sich m. E. mit Deutlichkeit, daß aus Punkt 4 keinesfalls ein de facto-Einverständnis mit der gleitenden Arbeitswoche herausgelesen werden kann.
In Punkt 1 der Meinungsverschiedenheiten (Protokollnotiz vom ersten Gespräch) ist ausdrücklich die Notwendigkeit der Verknüpfung zwischen Arbeitszeitverkürzung und durchgehender Produktion abgelehnt worden, indem nämlich festgestellt wird, daß wir uns über diesen Punkt nicht geeinigt haben. Auch aus dem Tenor des von Herrn Dr. Paulus erstellten Zwischenberichtes, den ich Euer Eminenz mit meinem Schreiben vom 7. Dezember vorlegen durfte[4], scheint mir klar hervorzugehen, daß wir gerade die Notwendigkeit einer Verknüpfung von Arbeitszeitverkürzung und kontinuierlicher Arbeitsweise ablehnen. Das kommt einmal zum Ausdruck in dem Hinweis auf die allgemeinen Grundsätze (Seite 5, Absatz 3), die wir in der Protokollnotiz über das erste Gespräch festgelegt haben (die vier Punkte, über die wir uns nicht einigen konnten) und auch im Punkt 3 b, der sich ausdrücklich mit der Verknüpfung von Arbeitszeitverkürzung und kontinuierlicher Arbeitsweise befaßt. Für die Situation des Episkopates und die Freiheit seines Handelns ist aber entscheidend, daß – wie ich bereits oben erwähnt habe – die beiden Gespräche nur informativen Charakter hatten.
Ich darf Euer Eminenz sodann noch folgendes vortragen: Nachdem uns noch Mitte Dezember von seiten beider Tarifpartner inoffiziell mitgeteilt war, daß vorläufig mit dem Abschluß eines Tarifvertrages nicht zu rechnen sei, wurden wir durch Presseberichte von dem Abschluß des Tarifvertrags, der die gleitende Arbeitswoche vorsieht, überrascht und schockiert. Nach einer ersten Reaktion, die wir von der KAB unseres Erzbistums in die Presse gebracht haben, und einer Stellungnahme, die Herr Dr. Paulus im Einvernehmen mit mir in die KNA gebracht hat, haben wir uns bemüht, an den Text des Tarifvertrages zu kommen, den wir inzwischen vorliegen haben. Ich habe diesen Text zunächst einem Juristen zur Prüfung der arbeitsrechtlichen Fragen übergeben, deren Ergebnis ich in diesen Tagen erwarte. Ferner habe ich mit Herrn Dr. Paulus abgemacht, daß wir uns am 3. Januar treffen wollen, um einerseits einen Bericht an den Episkopat fertigzustellen, in dem wir auch Vorschläge machen wollen über die von dem Episkopat nunmehr zu erwägenden Schritte, und in dem wir andererseits ein Schreiben an die Tarifpartner konzipieren wollen. Wir sind uns dabei einig, daß wir eine Fortsetzung des Gespräches, wie sie zunächst für den 14. Dezember vorgesehen und dann auf Mitte Januar verschoben war, nicht mehr für tunlich erachten.

[4] *Nicht aufgenommen (Schreibmaschinendurchschrift am gleichen Fundort).*

Ich darf mir erlauben, Euer Eminenz nach der Besprechung mit Herrn Dr. Paulus am 3. Januar, zu der wir auch Herrn Prälaten Schmitt[5], Herrn Diözesanpräses Wöste[6] und nach Möglichkeit noch einen Juristen hinzuziehen wollen, weiter zu berichten. Für die gütigen Segenswünsche Euer Eminenz zum Neuen Jahre danke ich bestens und darf sie auch für Euer Eminenz aufrichtig erwidern.
Mit ehrerbietigem Gruß

Euer Eminenz im Herrn ergebenster
+ H[en]gsb[ach].

P.S. Euer Eminenz werden mir sicherlich erlauben, eine Durchschrift dieses Schreibens dem Hochwürdigsten Herrn Bischof von Münster zuzuleiten.

78

Frings an Pius XII.

Köln, 1. Januar 1957

EA KÖLN, CR II 2.19, 17. *Schreibmaschinendurchschrift mit eigenhändiger Paraphe. Stempel:* Abgesandt 4. Jan[uar] 1957.

Heiliger Vater!
Darf ich meinen diesjährigen Brief zum Jahreswechsel damit beginnen, daß ich Ew. Heiligkeit aus kindlichem Herzen danke für die letzte Weihnachtsansprache[1], die auch in Deutschland die größte Beachtung gefunden hat. Dadurch, daß sie schon am 23.12. gehalten wurde, konnten die großen Blätter schon in ihrer Weihnachtsnummer bedeutende Auszüge daraus bringen. Sie wurde in der Bundesrepublik allgemein beifällig aufgenommen und als höchstbedeutsames Friedensdokument gewertet. Die Presse der sog. DDR brachte zunächst nur den Passus über die Abrüstung und suchte ihn in ihrem Sinne auszuwerten. Als dann am 2. Feiertag Radio Moskau eine scharfe Kritik brachte, als hätten Ew. Heiligkeit einem Präventivkrieg das Wort geredet, schwenkte auch sie um und stimmte in die Kritik ein. Bei der westdeutschen Presse wäre zu wünschen, daß nicht nur die praktischen Vorschläge des 3. Teiles gewürdigt würden, sondern ebenso sehr die grundsätzlichen Ausführungen der beiden ersten Teile, aus denen der Schlußteil herauswächst.
Nicht minder schulden wir Ew. Heiligkeit Dank für die Ansprache an dem Kölner Katholikentag.[2] Sie war der Höhepunkt der Schlußversammlung des Katholikentages,

[5] HERMANN-JOSEF SCHMITT *(1896–1964), Dr. theol., 1922 Priester (ED Köln), 1928 Generalsekretär der KAB, Studentenpfarrer in Berlin, 1945–1962 Generalpräses der KAB Westdeutschlands. Vgl.* J. ARETZ, *Schmitt.*

[6] WILHELM WÖSTE *(1911–1993), 1936 Priester (D Münster), 1950-1963 Diözesanpräses der KAB im Bistum Münster, 1963–1969 Generalpräses der KAB Westdeutschlands, 1969–1977 Leiter des Katholischen Büros in Bonn, 1976–1986 Weihbischof in Münster.*

[1] AAS *49 (1957), S. 5–22, deutsche Übersetzung:* A. F. UTZ/J. F. GRONER, *S. 2503–2526.*

[2] AAS *48 (1956), S. 622–627, im Original deutsch.*

und 800.000 Gläubige waren beglückt, die Stimme des Hl. Vaters in technisch sehr guter Übertragung zu hören.
Vom Katholikentag her besitzen wir in Köln als bleibenden Gewinn: einmal den wiederhergestellten Dom, der wie die Weihnachtstage gezeigt haben, eine große Anziehungskraft auf die Menschen ausübt. So nahmen an der Mitternachtsmette im Dom, obwohl keine öffentlichen Verkehrsmittel zu Gebote standen, über 10.000 Menschen teil. Das andere ist: eine neu geweckte, echt christliche Gebefreudigkeit, die sich zuerst an den Besuchern des Katholikentages aus der Ostzone bewährte. Unsere Kollekte für Ungarn erbrachte in der Erzdiözese 30 Eisenbahnwaggons hochwertiger Sachspenden und 400.000 DM, die wir als Grundstock zu einem St. Stephansdorf in Köln für ungarische Flüchtlingsfamilien verwenden wollen. Am ersten Weihnachtstage sammelten wir für unsere Patendiözese Tokio und die dortige Sophia-Universität und dürften einen Ertrag von ca. 200.000 DM erzielt haben.
Darf ich nun ein seelsorgliches Anliegen vortragen? Es handelt sich um die Frage, ob die Exkommunikation, die auf die Teilnahme an studentischen Mensuren gemäß der Entscheidung der Hl. Kongregation vom 20.6.1925 gesetzt ist[3]. Nach dem Kriege sind die waffenstudentischen Verbindungen zur sog. »Sportmensur« übergegangen, die die Gefahr der Verwundung weiterhin vermindert, und sie haben offiziell erklärt, daß sie das Duell aufgegeben und statt dessen Ehrengerichte eingerichtet hätten und niemanden zur Satisfaktion mit der Waffe zwängen. Während nun die einen sagen, das seien nur taktische Manöver, um von den akademischen Behörden die Wiederzulassung der schlagenden Verbindungen an den Universitäten zu erlangen, in Wirklichkeit aber gingen die Dinge, wie sie aus manchen Einzelerscheinungen beweisen, im alten Sinne und in den alten Formen weiter, sagen andere, es liege ein wirklicher Gesinnungswechsel vor und die Verbindung zwischen Mensur und Duell bestehe weiterhin nicht mehr, so daß die Voraussetzung für die allgemeine Strafbestimmung fortgefallen sei. Es hat bisher keine einheitliche Meinung unter den Seelsorgern, den Kanonisten und selbst unter den Bischöfen hergestellt werden können. Die Sache ist dringend, da trotz einer ernsten Mahnung der Bischöfe vor den Glaubensgefahren, die mit der Zugehörigkeit zu »schlagenden« Korporationen verbunden seien – ohne daß die Exkommunikation erwähnt wurde – manche kath[olischen] Studenten und gerade gut begabte in die schlagenden Verbindungen eintreten. Das ganze weitschichtige Material ist kürzlich P. Hürth S. J.[4] in Rom zur Begutachtung unterbreitet worden; ich möchte aber glauben, daß eine offizielle römische Entscheidung unumgänglich ist, soll eine einheitliche Ansicht und Praxis erzielt werden.
Zur Frage des »Ruhrbistums« fand ich kürzlich einen bezeichnenden Aufsatz in der »Allgemeinen Sonntagszeitung«, der Nachfolgerin des »Michael« und der »Jungen Front«, den ich beizulegen mir erlaube. Der neue Bischof von Essen wird bei aller Aufgeschlossenheit für moderne Fragen klare Grundsätze und die Kraft, sie durch-

3 *Der abschließende Satzteil fehlt in der Vorlage.*
4 P. FRANZ HÜRTH SJ *(1880–1963), 1896 Ordenseintritt, 1911 Priester, 1918 Professor für Moraltheologie an der Ordenshochschule Valkenburg (Niederlande), 1942 an der Gregoriana in Rom.*

zusetzen, haben müssen. Der Kandidat, den ich bei meinem Besuch in Rom im September d. J. vorschlagen konnte, dürfte diese Eigenschaften besitzen.
Indem ich Ew. Heiligkeit von Herzen danke für alle Beweise der Güte und des Wohlwollens gegenüber meiner Diözese und gegenüber den deutschen Katholiken, bin ich mit dem Wunsche reichsten Gottessegens für das Jahr 1957

Ew. Heiligkeit gehorsamster Sohn und Diener
J[oseph] C[ardinal] Fr[ings]
Erzbischof von Köln.

79

Frings an Schmitz und Straeter

Köln, 5. Januar 1957

DA Münster, GV-NA, AO-773. *Schreibmaschinendurchschrift mit Briefkopf:* Der Erzbischof von Köln. *Anschrift:* An den Vorstand des Arbeitgeberverbandes der Eisen- und Stahlindustrie, z. Hd. d[es] Herrn Direktor Schmitz[1], Witten/Ruhr, Vorstand der IG-Metall, z. Hd. d[es] Herrn Bundestagsabgeordneten Straeter[2], Bonn. *Vermerke:* Anlage *und* In Durchschrift den Hochwürdigsten Herren Ordinarien von Paderborn, Münster, Aachen, Trier, Limburg, den Hochwürdigsten Herren Exzellenz Weihbischof Dr. Hengsbach, Exzellenz Prälat Böhler, S[eine]r Gnaden Herrn Prälat Dr. Schmitt. Teusch, Generalvikar.

Sehr geehrte Herren!
Sie haben uns freundlicherweise mitgeteilt, daß Sie übereingekommen sind, mit einer an sich begrüßenswerten Kürzung der Arbeitszeit in der Eisen- und Stahlindustrie die kontinuierliche Arbeitsweise in den SM- und Elektro-Stahlwerken sowie den mit ihnen im Verband arbeitenden Blockstrassen einzuführen. Diese Regelung bringt im Ergebnis die gleitende Arbeitswoche. Die Bischöfe Nordrhein-Westfalens haben sich aus ernster Gewissensverantwortung mit der dadurch geschaffenen Lage befaßt und mich beauftragt, Ihnen die anliegende Entschließung zu übermitteln.
Da die von Ihnen erstrebten Regelungen in eminenter Weise Fragen des Gemeinwohles – über die Einzelinteressen der betrieblichen Welt hinaus –, insbesondere auch gemeinsame Aufgaben von Kirche und Staat berühren, sehen wir uns veranlaßt, diese Entschließung auch dem Herrn Ministerpräsidenten[3] und dem Herrn Arbeits-

1 Kurt Schmitz *(1895–1984), 1929/30 Vorstandsmitglied der Rheinisch-Westfälischen Stahl- und Walzwerke AG, 1930–1942 der Ruhrstahl AG, ab 1942 und nach der Neugründung 1954–1960 Vorstandsvorsitzender, 1960–1970 Aufsichtsratsvorsitzender, 1949–1964 Vorstandsmitglied der Wirtschaftsvereinigung Eisen- und Stahlindustrie, 1954–1961 Vorsitzender des Arbeitgeberverbandes Eisen- und Stahlindustrie, 1955–1963 Vorstandsmitglied der Rheinischen Stahlwerke.* Kabinettsprotokolle *11 (1958), S. 181, Anm. 7.*

2 Heinrich Sträter *(1891–1968), Maschinenschlosser, 1950 hauptamtliches Vorstandsmitglied der IG Metall, 1947–1954 Mitglied des Landtags von Nordrhein-Westfalen, 1953–1961 des Bundestags, 1958–1961 auch des Europäischen Parlaments (SPD).*

3 Fritz Steinhoff *(1897–1969), Bergmann und Parteifunktionär (SPD), 1950–1962 Mitglied des Parteivorstands, 1946–1956 und 1963/64 Oberbürgermeister von Hagen, 1953–1961 Mitglied des Landtags von Nordrhein-Westfalen, 1956–1958 Ministerpräsident von Nordrhein-Westfalen.*

minister[4] des Landes Nordrhein-Westfalen sowie dem Herrn Bundesminister[5] zuzuleiten. Neben den religiösen und sozialen Gesichtspunkten fühlen wir uns dazu vor allem auch durch unsere Sorge um das Wohl aller Arbeitnehmerfamilien verpflichtet. Nachdem Sie durch das Arbeitszeit- und Lohnabkommen den Fragepunkt der bisherigen Besprechungen mit unseren Beauftragten mit einem Ergebnis entschieden haben, dem wir nicht zustimmen können, und wir annehmen müssen, daß Sie nunmehr gemäß Nr. 2 der Protokollnotiz die Verwirklichung des Abkommens betreiben werden, glauben wir, daß eine Fortsetzung der Besprechungen vorerst nicht angängig ist.
Mit vorzüglicher Hochachtung

gez. + Jos[eph] Card[inal] Frings
Erzbischof von Köln.

80

Kanzelerklärung der Bischöfe des Landes Nordrhein-Westfalen

Münster, 8. Januar 1957

DA Münster, GV-NA, AO-773. *Schreibmaschinenvervielfältigung mit Überschrift:* Entschließung der Bischöfe des Landes Nordrhein-Westfalen zur sog. gleitenden Arbeitswoche. *Beglaubigungsvermerk:* Für die Diözese Münster + Michael, Bischof von Münster.

Die Erzbischöfe von Köln und Paderborn sowie die Bischöfe von Münster und Aachen sind zutiefst betroffen über die Vereinbarung der Tarifpartner, in den SM-Stahlwerken, den Elektro-Stahlwerken und den mit diesen im Verbund arbeitenden Blockstraßen die kontinuierliche Arbeitsweise einzuführen. Sie sind darüber um so mehr enttäuscht, als die Besprechungen der Tarifpartner mit einer kirchlichen Kommission über die Frage der Arbeitszeitregelung in diesen Betriebsabteilungen noch nicht abgeschlossen waren[1]. Damit haben die Tarifpartner die Kirche vor vollendete Tatsachen gestellt.
Die Bischöfe erklären, daß sie nicht die Überzeugung gewonnen haben, die Einführung der kontinuierlichen Arbeitsweise in der stahlerzeugenden Industrie sei so zwingend notwendig, daß die grundsätzliche Preisgabe des Sonntags in diesen Betrieben gerechtfertigt wäre. Überdies war seitens der Tarifpartner verlautbart worden, eine Arbeitszeitverkürzung ohne Einführung der gleitenden Arbeitswoche sei durchaus möglich und von ihnen bereits abgesprochen.

4 Heinrich Hemsath *(1902–1978), Sozialpolitiker (SPD), 1946 Dezernent in Münster, 1950–1959 Mitglied des Landtags von Nordrhein-Westfalen, 1956–1958 Sozialminister in Nordrhein-Westfalen, 1959–1969 in Hessen, 1962–1970 Mitglied des hessischen Landtags.*

5 Anton Storch *(1892–1975), Gewerkschafter und Politiker (CDU), 1948/49 Direktor für Arbeit im Wirtschaftsrat des Vereinigten Wirtschaftsgebiets, 1949–1957 Bundesminister für Arbeit, 1949–1965 Mitglied des Bundestags, 1958–1965 auch des Europäischen Parlaments.*

1 *Vgl. Dok. 73.*

Die Bischöfe weisen daher nochmals auf die ernsten Gefahren hin, die diese Regelung für den Sonntag als Tag des Gottesdienstes, der Feier und der Arbeitsruhe heraufbeschwört wie auch für das Familienleben, das kulturelle und gesellschaftliche Leben unseres Volkes. Der Sonntag als Tag des Herrn kann nicht durch einen arbeitsfreien Wochentag ersetzt werden.
Die Bischöfe geben der Erwartung Ausdruck, daß die zuständigen staatlichen Stellen im Hinblick auf die schwerwiegenden und nie wieder gutzumachenden Folgen jede Ausnahmegenehmigung versagen und damit den Schutz des Sonntags über vermeintliche oder auch tatsächliche wirtschaftliche Vorteile stellen. Sie fordern die katholischen Arbeitnehmer und Arbeitgeber auf, auch jetzt noch alles zu versuchen, um die Einführung der gleitenden Arbeitswoche zu verhindern.
Dringend bitten sie die Tarifpartner, ohne Zögern einen anderen Weg der Arbeitszeitverkürzung zu gehen, der die Heiligkeit des Sonntags wahrt.

81

Protokoll Hengsbachs

Würzburg, 24. Januar 1957

DA Münster, GV-NA, AO-780. *Schreibmaschinendurchschrift mit Überschrift:* Betr.: Besprechung mit der Bischofskommission für die Koordinierungsaufgaben am Donnerstag, 24. Januar 1957 in Würzburg. *Fertigungsdatum:* 26. Januar 1957.

Anwesend waren außer dem Unterzeichneten:
Eminenz Kardinal Frings, Köln,
Eminenz Kardinal Wendel, München,
Exzellenz Bischof Dr. Keller, Münster,
Exzellenz Bischof Dr. Döpfner, Würzburg/Berlin.

1. Bezüglich des Antrages von Herrn Dr. Paulus, aus der Leitung des Sozialreferates auszuscheiden, wird folgendes verabredet:
Weihbischof Hengsbach soll Dr. Paulus um seine endgültige Entscheidung bitten. Falls Dr. Paulus bleiben sollte, würde er nur die Leitung des Sozialreferates behalten, jedoch nicht die Aufgabe eines Direktors im Hause des Zentralkomitees. Für sein weiteres Verbleiben in der Leitung des Sozialreferates wäre conditio sine qua non, daß Dr. Paulus die jetzige Form des Zentralkomitees bejahte, also seine Satzung und die Geschäftsordnung für die Arbeit im Hause des Zentralkomitees.
Falls Dr. Paulus endgültig aus dem Zentralkomitee ausscheiden will, so soll er auf jeden Fall gebeten werden, etwa noch ½ Jahr die Verantwortung für das Sozialreferat zu tragen und auch später noch sich zur Mitarbeit zur Verfügung zu stellen.
Wie der Hochwürdigste Herr Bischof von Münster mitteilte, hat der Bischof von Trier Herrn Dr. Paulus ein Kanonikat am Dom angeboten. Danach scheint es unzumutbar, Herrn Dr. Paulus zum weiteren Verbleiben im Zentralkomitee zu drängen.

Andererseits scheint mit einem Kanonikat in Trier eine weitere Mitarbeit im Sozialreferat (z. B. gutachtlich und für bestimmte Aufgaben) vereinbar zu sein. (Die Besprechung mit Herrn Dr. Paulus wird Weihbischof Hengsbach am 5. Februar haben). Als möglicher Nachfolger für Herrn Dr. Paulus wird Herr Pater Wallraff S. J., Frankfurt/Main, einmütig benannt. Eine unverbindliche Fühlungnahme seitens S[eine]r Eminenz Kardinal Frings mit dem zuständigen Provinzial der Jesuiten ist bereits erfolgt. Eminenz Frings hat wenig Hoffnung, Pater Wallraff zu bekommen. Einen geeigneten Leiter zu gewinnen, scheint sehr schwierig. Falls Dr. Paulus ausscheiden würde, müßte jedenfalls alles versucht werden, Herrn P. Wallraff zu gewinnen, wenn auch nur für zwei Jahre, weil zu hoffen ist, daß bis dahin sich jemand aus der Nachwuchsgeneration für diese Aufgabe qualifiziert hat.

2. Als Direktor des Hauses wird Herr Stadtpfarrer Hanssler, der zur Zeit für die Leitung des Cusanuskreises freigestellt ist, für sehr geeignet gehalten. Es soll ihm darüber hinaus die Leitung des Kulturreferates, und zwar näherhin die Sparte Erwachsenenbildung, übertragen werden. Der Hochwürdigste Herr Erzbischof von Paderborn, dem Herr Stadtpfarrer Hanssler als Leiter des Cusanuskreises unmittelbar untersteht, soll durch Weihbischof Hengsbach gebeten werden, Herrn Stadtpfarrer Hanssler zu gewinnen. Der Hochwürdigste Herr Erzbischof von Paderborn ist der Meinung, daß die Leitung des Cusanuskreises mit den Aufgaben im Zentralkomitee vereinbar wäre.

3. Die Bischofskommission erkennt an, daß das Außenamt den Rahmen eines selbständigen Referates haben muß. Wenn auch der Name »Außenamt« nicht recht glücklich erscheint, muß er doch offenbar mangels einer besseren Lösungsmöglichkeit zunächst beibehalten werden.

Da bisher nur drei Sachreferate im Etat des Zentralkomitees vorgesehen sind, ist die Bischofskommission bereit, für das nächste Jahr den Etat des Zentralkomitees um 20.000 DM zu erhöhen.

4. In einer besonderen Besprechung zwischen Eminenz Wendel, Exzellenz Döpfner, Weihbischof Hengsbach und Dr. Rössler wurden die Fragen der Bildung einer besonderen publizistischen Kommission ausführlich erörtert. Herr Dr. Rössler bittet darum, daß diese Kommission die Bezeichnung »Bischöfliche« führen darf, da das die Erfüllung ihrer Aufgaben bei den verschiedenen Stellen erleichtern würde.

Es wird folgender Tenor verabredet, der zu gegebener Zeit auch der Presse übergeben werden kann (vor allem mit Rücksicht auf bisherige Falschmeldungen über die Bildung einer katholischen zentralen Pressestelle):

»Auf Wunsch des Episkopates ist im Zentralkomitee der deutschen Katholiken eine Bischöfliche Kommission für Publizistik gebildet worden, deren Leitung Herrn Dr. Rössler-Würzburg übertragen ist«.

Es ist hierbei vorausgesetzt, daß Herr Dr. Rössler die Leitung dieser publizistischen Kommission nebenamtlich übernimmt. Ihr sollen angehören außer Dr. Rössler: Dr. Becker, Pfarrer Siegel, Direktor Kochs und Generalsekretär Köppler, letzterer als Verbindungsmann zum Haus des Zentralkomitees. Generalsekretär Köppler würde auch die organisatorischen Aufgaben der Kommission büromäßig betreuen.

Weihbischof Hengsbach wird mit Dr. Rössler, Dr. Becker und Pfarrer Siegel in Kürze eine Besprechung herbeiführen, bei der Dr. Rössler einen Vorschlag für die Aufgaben der Kommission unterbreiten wird. Nach dieser Besprechung kann die Bildung der Kommission in der Presse bekanntgegeben werden. (Die Besprechung ist vorgesehen für den 5. Februar.)

5. Hinsichtlich der Frage des Elisabeth-Jubiläums aus Anlaß des 750. Geburtstages der heiligen Elisabeth geht die Meinung dahin, daß in diesem Jahre in Eisenach/Erfurt unter Beteiligung des Zentralkomitees eine größere kirchliche Feier stattfinden sollte. Von der Abhaltung eines Katholikentages 1958 in der Ostzone müßte wohl abgesehen werden. Ob es tunlich ist, 1958 überhaupt einen Katholikentag zu halten, scheint mit Rücksicht auf den 1960 in München stattfindenden Eucharistischen Kongreß fraglich. Es taucht der Gedanke auf, statt dessen Katholikentage auf diözesaner Ebene abzuhalten. Falls durch die Nichtabhaltung eines gemeinsamen Katholikentages Etatmittel für das Zentralkomitee entfallen, müßte der Episkopat dafür eintreten.

6. Weihbischof Hengsbach berichtet der Kommission über die Pläne für den Neubau in Bad Godesberg, über die Arbeitskreise des Zentralkomitees, über die Notwendigkeit eines wissenschaftlichen Archivs (von allen Sachreferaten gemeinsam herauszugeben) und über die Arbeit der Juristenkommission bezüglich der Neuordnung der Bischöflichen Hauptstellen.

gez. + Hengsbach.

82

Hengsbach an Keller

Paderborn, 2. Februar 1957

DA Münster, GV-NA, AO-773. *Schreibmaschinenausfertigung mit eigenhändiger Unterschrift. Briefkopf:* Weihbischof Dr. Franz Hengsbach. *Anschrift:* An Seine Exzellenz den Hochwürdigsten Herrn Bischof Dr. Michael Keller, Bischof von Münster zu Münster i[n] Westf[alen].

Hochwürdigste Exzellenz!

Soeben habe ich ein Schreiben vom Vorstand der Industriegewerkschaft Metall – unterschrieben von Herrn Sträter – erhalten. Dem Schreiben ist beigefügt die Abschrift des Schreibens von Herrn Sträter an Eminenz Kardinal Frings vom 25. Januar ds. Js.[1]

Ich darf Euer Exzellenz in Anlage die Abschrift des Schreibens von Herrn Sträter an mich und auch die Durchschrift des Schreibens von Herrn Sträter an Eminenz Frings beifügen, letztere mit der Bitte um Rückgabe.

Herr Sträter bringt in seinem Schreiben an mich zum Ausdruck, daß ihm eine Fortsetzung der bisher geführten Besprechungen wünschenswert erscheint. Ehe ich Herrn Sträter antworte, möchte ich Euer Exzellenz um nähere Weisung bitten. Zu

[1] *Nicht ermittelt.*

einem persönlichen Gespräch mit Herrn Sträter bin ich gern bereit. Doch könnte eine Fortsetzung der bisherigen offiziellen Besprechungen selbstverständlich nur auf Weisung des Episkopates erfolgen. Wenn ich meine persönliche Meinung zum Ganzen äußern darf, so würde ich folgendes sagen: Es ist zu begrüßen, daß die Industriegewerkschaft Metall an uns herantritt, um die abgebrochenen Besprechungen wieder aufzunehmen. In der Antwort der Bischöfe auf die Erklärung von I. G. Metall ist auch seitens der Bischöfe die Bereitschaft zu gemeinsamer Bemühung um eine bessere Regelung zum Ausdruck gebracht worden. Deshalb können wir uns der Bitte von Herrn Sträter sicherlich nicht versagen. Dabei müssen wir meines Erachtens uns von zwei Gedanken leiten lassen:

1. Im Grundsatz wird die Katholische Kirche niemals der gleitenden Arbeitswoche in irgendeiner Weise zustimmen können, und zwar nicht nur als Hüter der Rechte Gottes, sondern auch als Hüter der Rechte des Menschen. Indem wir den Sonntag und den Rhythmus der Woche gegenüber allem wirtschaftlichen Kalkül verteidigen, dienen wir zutiefst dem Menschen und dem Menschlichen, seiner Familie und der Gemeinschaft im ganzen.
2. Wir sind bereit, von der Technik und von der Arbeitsorganisation her mit den Tarifpartnern gemeinsam zu überlegen, welcher Weg gefunden werden kann, der einerseits eine echte Arbeitszeitverkürzung ist, der aber andererseits den Sonntag und den Rhythmus der Woche grundsätzlich wahrt.

Mit Rücksicht auf unsere Aufgabe der Mitüberlegung scheint es mir richtig zu sein, daß wir eine kleine Kommission von 1–2 Technikern, einem Arbeitsrechtler und vielleicht einem Arbeitspsychologen wie z. B. Prof. Groß[2] zusammenbitten, mit der wir zunächst unter uns nach Möglichkeiten eines besseren Weges suchen.

Für baldige Nachricht wäre ich Euer Exzellenz dankbar.

Darf ich gleichzeitig noch folgendes berichten? Nach dem Weggang Euer Exzellenz von der Besprechung in Würzburg haben Eminenz Wendel, Exzellenz Döpfner und ich gemeinsam mit Herrn Dr. Rössler die Frage der Publizistischen Kommission ausführlich erörtert. Ich werde mich daraufhin am kommenden Dienstag mit den Herren Dr. Rössler, Pfarrer Siegel und Dr. Becker treffen, um noch einmal die Einzelheiten zu überlegen. Wenn wir zu einem guten Ergebnis kommen, soll folgende Publikation über die KNA erfolgen, deren Text Eminenz Wendel und Exzellenz Döpfner bereits genehmigt haben:

»Auf Wunsch des Episkopates ist im Zentralkomitee der deutschen Katholiken eine Bischöfliche Kommission für Publizistik gebildet worden, deren Leitung Herrn Dr. Rössler-Würzburg übertragen ist«.

2 *Der Hinweis auf* GROSS *ist handschriftlich eingefügt. Möglicherweise handelt es sich um* EBERHARD GROSS *(1888–1976), Dr. med., 1926 Leiter des Gewerbehygienischen Labors bei der IG Farben in Ludwigshafen, 1927 ao. Professor in Heidelberg, 1936 apl. Professor an der Universität Bonn mit den Forschungsschwerpunkten Pharmakologie, Toxikologie und Arbeitsmedizin, zugleich Leiter der Zentrallabors der IG-Farben in Elberfeld, 1950 Leiter der Abteilung Gewerbe-Toxikologie am Pharmakologischen Institut in Bonn, Herausgeber der Zeitschrift »Zentralblatt für Arbeitsmedizin und Arbeitsschutz«.*

Eine solche Publikation erscheint notwendig mit Rücksicht darauf, daß vor kurzem völlig entstellte Nachrichten über einen Beschluß des Episkopates zur Gründung einer bischöflichen zentralen Pressestelle veröffentlicht wurden. Herr Dr. Bringmann[3] wollte schon ein Dementi herausbringen. Im Auftrage von Eminenz Wendel habe ich ihn aber dann anrufen müssen, daß er das Dementi einstweilen zurückstellen sollte, bis die oben formulierte Nachricht publiziert werden könnte. Die Publikation soll jedoch erst nach der Besprechung mit den Herren Dr. Rössler, Dr. Becker und Pfarrer Siegel erfolgen.
Mit ehrerbietigem Gruß

Euer Exzellenz im Herrn sehr ergebener
+ Franz Hengsbach.

83

Hengsbach an Wendel, Keller und Döpfner

Paderborn, 11. Februar 1957

EA München, Joseph Kardinal Wendel, 40 ZK/1957. *Schreibmaschinenausfertigung mit eigenhändiger Unterschrift. Briefkopf:* Weihbischof Dr. Franz Hengsbach. *Anschrift:* S[eine]r Eminenz dem Hochwürdigsten Herrn Joseph Kardinal Wendel, Erzbischof von München-Freising, S[eine]r Exzellenz dem Hochwürdigsten Herrn Bischof Dr. Michael Keller, Bischof von Münster, S[eine]r Exzellenz dem Hochwürdigsten Herrn Bischof Dr. Julius Döpfner, Bischof von Würzburg/Berlin.

Eminenz!
Euer Eminenz / Exzellenz darf ich in Anlage überreichen:

I. Die in der Sitzung der Hochwürdigsten Bischofskommission vom 24. Januar 1957 in Würzburg[1] verabschiedeten Entwürfe für
a) einen innerkirchlichen Auftrag für den Leiter der Kirchlichen Hauptstelle für Frauenseelsorge,
b) für die Satzung der Kirchlichen Hauptstelle für Frauenseelsorge.
Die Juristenkommission hat auftragsgemäß die Entwürfe noch einmal durchgearbeitet und schlägt vor, die jetzige Fassung als endgültig zu betrachten. Für § 2 der Satzung des E. V. »Kirchliche Hauptstelle für Frauenseelsorge« war von der Hochwürdigsten Bischofskommission eine kürzere Formulierung in Anpassung an die entsprechende Formulierung in der Satzung des E. V. »Kirchliche Hauptstelle für Männerseelsorge und Männerarbeit in den deutschen Diözesen« gewünscht worden. Diese neue Formulierung enthielt am Schluß den Passus: »... gemäß dem Auftrag, der dem Leiter der Kirchlichen Hauptstelle für Frauenseelsorge vom Episkopat er-

[3] Karl Andreas Bringmann *(1912–1994), Dr. phil., seit 1953 Chefredakteur der Katholischen Nachrichten-Agentur KNA.*

[1] *Vgl. Dok. 81.*

teilt wird«. Die Juristenkommission hält es nicht für angebracht, diesen Passus in eine E. V.-Satzung zu bringen, und zwar aus folgenden Gründen:
a) Ein innerkirchlicher Auftrag ist vorhanden.
b) Durch den genannten Passus könnte die Vermutung der Vereinsautonomie entkräftet werden.
c) Durch den genannten Passus würde der Weg zu einer eventuellen Haftbarmachung des Auftraggebers ausdrücklich gewiesen.
d) Die notwendigen Rechte des Episkopates sind im § 9 gesichert.
Bezüglich der Formulierung »Episkopat« oder »der für die Frauenseelsorge federführende Bischof« glaubt die Juristenkommission raten zu müssen, die letztere zu wählen, und zwar mit Rücksicht darauf, daß der Episkopat als solcher keine Rechtsperson und also nicht handlungsfähig ist, die Registerrichter aber in solchen Fällen immer eine klar bestimmbare Person verlangen.

II. Die von der Juristenkommission durchgearbeiteten Entwürfe für
a) einen innerkirchlichen Auftrag an den Leiter der Kirchlichen Hauptstelle für Männerseelsorge und Männerarbeit in den deutschen Diözesen,
b) für eine Satzung des E. V. Kirchliche Hauptstelle für Männerseelsorge und Männerarbeit in den deutschen Diözesen.
Die Juristenkommission hält die beiden Entwürfe für ausgereift genug, um von der Bischofskommission der nächsten Plenarkonferenz vorgelegt zu werden. Der Leiter der Kirchlichen Hauptstelle für Männerseelsorge und Männerarbeit, Msgr. Dr. Schulte, ist noch einmal um Stellungnahme gebeten worden.
Zur Erstellung eines abschlußreifen Vertragsentwurfs zwischen der Kirchlichen Hauptstelle für Männerseelsorge und Männerarbeit in den deutschen Diözesen und der Winfriedwerk GmbH wird Herr Oberjustizrat Dr. Weng, Rottenburg, namens der Juristenkommission entsprechend den bereits erarbeiteten Grundsätzen mit Herrn Direktor Hall[2] Verbindung aufnehmen. Der endgültige Vertragsentwurf wird im Laufe des Sommers der Hochwürdigsten Bischofskommission vorgelegt.

III. Die von der Juristenkommission erarbeiteten Grundsätze für die Errichtung bzw. Anerkennung von Einrichtungen im Range Bischöflicher Hauptstellen.

IV. Ein vorläufiges Verzeichnis der Bischöflichen Hauptstellen und ranggleicher Einrichtungen.
Dieses Verzeichnis bedarf noch einer genaueren Beratung durch die Hochwürdigste Bischofskommission.

V. Eine Anregung der Juristenkommission betr. einen Zweckverband der deutschen Bistümer.

2 Josef Hall *(gest. 1963), 1948 Gründer des Winfried-Werks GmbH, Verleger, 1953 bis Oktober 1959 Präsident des Familienbundes deutscher Katholiken, 1956 Diözesanvorsitzender der Katholischen Aktion in der Diözese Augsburg.*

Diese Anregung ist aus unseren vielfachen Beratungen erwachsen. Wenn sie auch noch einer genaueren Durcharbeitung bedarf, so scheint es mir doch richtig zu sein, die Anregung jetzt schon an die Hochwürdigste Bischofskommission weiterzugeben.

VI. Einen für meine persönlichen Akten angefertigten Aktenvermerk über die Sitzung der Bischofskommission am 24. Januar 1957 in Würzburg.

Schließlich darf ich noch folgendes berichten:
Die mir durch die Bischofskommission aufgetragene Unterredung mit Herrn Direktor Paulus hat inzwischen stattgefunden. Dabei hat Herr Dr. Paulus sich endgültig für seine Rückkehr ins Bistum Trier entschieden. Die Leitung des Hauses des Zentralkomitees möchte er bis spätestens 1. April ds. Js. niederlegen, weil zu diesem Termin die Besetzung des ihm zugedachten Kanonikates erfolgen muß. Die Leitung des Sozialreferates wird er auf Wunsch der Bischofskommission für ein halbes Jahr noch behalten und auch darüber hinaus zur Mitarbeit im Sozialreferat bereit sein.
Daraufhin habe ich zunächst die Verhandlungen mit Herrn Stadtpfarrer Hanssler aufgenommen, und zwar über den Hochwürdigsten Herrn Erzbischof von Paderborn, dem Herr Stadtpfarrer Hanssler als Leiter des Cusanuskreises unmittelbar untersteht. Am 8. Februar hat bereits eine Besprechung zwischen dem Hochwürdigsten Herrn Erzbischof, dem Unterzeichneten und Herrn Stadtpfarrer Hanssler stattgefunden. Herr Stadtpfarrer Hanssler hat sich selbstverständlich noch nicht positiv entschieden, scheint aber einer Übernahme der Leitung des Hauses des Zentralkomitees nicht abgeneigt zu sein, vorausgesetzt, daß seine Aufgabe als Leiter des Cusanuskreises nicht gefährdet wird. Der Hochwürdigste Herr Erzbischof von Paderborn ist der Meinung, daß die beiden Aufgaben miteinander verbunden werden können.
Bezüglich der Leitung des Sozialreferates habe ich Kontakt mit Herr Pater Wallraff aufgenommen, vermute jedoch, daß es sehr schwer sein wird, ihn zu gewinnen, allenfalls nur dann, wenn er in Frankfurt wohnen bleiben könnte und ihm ein tüchtiger Mitarbeiter im Hause des Zentralkomitees zur Verfügung gestellt würde.
Bezüglich der Eignung von Herrn P. Dr. Engel[3], Freiburg, dessen Name in Würzburg genannt wurde, und zwar im Zusammenhang mit einer evtl. erwünschten Übernahme des Sozialamtes im Jugendhaus zu Düsseldorf, bin ich dabei, nähere Erkundigungen einzuziehen.
Schließlich habe ich in der letzten Woche eine längere Unterredung mit Herrn Dr. Rössler, Herrn Dr. Becker und Herrn Pfarrer Siegel gehabt, und zwar mit Rücksicht auf die in Würzburg genehmigte Einrichtung einer publizistischen Kommission im Zentralkomitee und deren Leitung durch Herrn Dr. Rössler. Herr Dr. Rössler sieht sich außerstande, die Leitung zu übernehmen, und zwar einmal weil er es für notwendig hält, daß die Presseaufgaben zunächst in einer Bischöflichen Hauptstelle für

[3] P. Josef Engel SCJ *(1914–2001), 1936 Ordenseintritt, 1946 Priester, 1957–1959 Leiter des Sozialreferats im Zentralkomitee der deutschen Katholiken, seit 1965 Deutschenseelsorger in Brasilien.*

Pressearbeit zusammengefaßt werden. Erst danach sollte aus den Bischöflichen Hauptstellen für Presse, Funk und Fernsehen sowie Bild- und Filmarbeit eine publizistische Kommission des Zentralkomitees gebildet werden. Zum anderen hält er sich nicht für den geeigneten Mann.
Was die Auffassung von Herrn Dr. Rössler über die Bildung einer Bischöflichen Hauptstelle für Pressearbeit angeht, so greift er damit unseren alten Vorschlag wieder auf, von dem wir bisher gerade mit Rücksicht auf Herrn Dr. Rössler abgekommen sind, weil wir hierfür einen hauptamtlichen Mitarbeiter für notwendig hielten, Herr Dr. Rössler aber offenbar nur zu einer nebenamtlichen Mitarbeit bereit sein würde.
In etwa zwei Wochen soll noch einmal eine abschließende Besprechung mit Herrn Dr. Rössler, Herrn Dr. Becker und Herrn Pfarrer Siegel stattfinden.
Was übrigens die eventuelle Errichtung einer Bischöflichen Hauptstelle für Presse angeht, so wäre hier nicht von einer Neueinrichtung zu sprechen, sondern es würde sich nur um eine Umbildung des auf dem Papier noch existierenden Schrifttums- und Presse-Referats der Fuldaer Bischofskonferenzen zu handeln brauchen.
Mit ehrerbietigem Gruß

Euer Eminenz im Herrn sehr ergebener
+ Franz Hengsbach.

84

Protokoll Helds[1]

Düsseldorf, 14. Februar 1957

EA KÖLN, Katholisches Büro Bonn I 301. *Schreibmaschinendurchschrift. Überschrift:* Ergebnisprotokoll der Besprechung zwischen Vertretern der katholischen und evangelischen Sozialarbeit am 14.2.1957 in Düsseldorf.

1. In ihrer Sorge um den Menschen begrüßt die Kirche die Bemühungen um eine Arbeitszeitverkürzung und fordert vor allem, daß im Zuge dieser Bemühungen die Menschen von jeder vermeidbaren Sonntagsarbeit freigestellt werden.
2. Die von der zunehmenden allgemeinen Betriebsamkeit sich bedroht fühlenden Menschen verlangen unübersehbar mehr denn je nach einer gemeinsamen Feier des Sonntags. Damit ist der Zeitpunkt gekommen, das Ausmaß der Sonntagsarbeit nicht nur in einem Industriezweig, sondern im gesamten Wirtschaftsleben zu überprüfen.
3. Die Bundesregierung sollte unverzüglich eine Untersuchung über das gegenwärtige Ausmaß und die Möglichkeiten der Einschränkung der Sonntagsarbeit im gesamten Bundesbiet veranlassen.
4. Eine Neuregelung der gesamten Gesetzesmaterie erscheint notwendig, um Rechtssicherheit und Rechtsklarheit zu schaffen. Die Zuständigkeitsfrage sollte klar geregelt, die Verwaltungs- und Exekutivorgane dabei nicht überfordert werden.

[1] HEINRICH HELD *(1897–1957), Dr. theol. h. c., evangelischer Geistlicher, aktiv in der Bekennenden Kirche, 1940 Oberkirchenrat, 1948 Präses der Evangelischen Kirche im Rheinland.*

Wegen der Verflechtung des gesamten Wirtschaftslebens sollte dann auch eine entsprechende internationale Konvention angestrebt werden.
5. Bis dahin notwendig erscheinende interimistische Lösungen sollten nur unter klarer Beachtung der gegebenen Rechtslage und folgender Voraussetzungen erfolgen:
a) daß die Betriebsabteilungen und die Arbeiten, die sonntags verrichtet werden dürfen, im einzelnen bezeichnet und die Bedingungen festgelegt werden, unter denen dieselben verrichtet werden dürfen;
b) daß eine klare zeitliche Begrenzung erfolgt;
c) daß die technischen Maßnahmen bestimmt und auferlegt werden, die notwendig sind, um die kontinuierliche Arbeitsweise wieder entbehrlich zu machen.
Diese fünf Punkte sollen evangelischerseits den beteiligten Kirchenleitungen und dem Rat der EKD, katholischerseits den Bischöfen vorgelegt werden. Sie sind als Arbeitsgrundlage der Kirchen gedacht.

gez. D. Held.

85

Hengsbach an Weng, Westhoff und Freitag[1]

Paderborn, 14. Februar 1957

EA KÖLN, CR II 2.19, 17. *Schreibmaschinenausfertigung mit eigenhändiger Unterschrift. Briefkopf:* Weihbischof Dr. Franz Hengsbach. *Anschrift:* Herrn Oberjustizrat Dr. Weng, Rottenburg, Herrn Ordinariatsrat Dr. Westhoff, Köln, Herrn Justitiar Dr. Freitag, Münster. *Handschriftliche Vermerke:* An S[eine] Gn[aden] H[ochwürdigsten] H[errn] Generalvikar. Die Vorlagen sind das Ergebnis der letzten Sitzung der Juristenkommission unter Weihbischof Hengsbach v[om] 5. u[nd] 6. Febr[uar]. Die Kommission wird – wenn überhaupt – voraussichtlich nur noch einmal zusammentreten. 18.2.1957 Westhoff *sowie* Nach flüchtiger Durchsicht S[eine]r Eminenz geh[orsam] vorgelegt. Zu 7 möchte ich ernste Bedenken geltend machen. M. E. sollte der Plan von vornherein als undiskutabel gelten. Principiis obsta[2]! Die wenigen gemeinsam zu erledigenden finanziellen Operationen können von Fall zu Fall durch gleichlautende Erklärungen aller Bischöfe durchgeführt werden. Was bleibt von der Bischofskonferenz, wenn ihr gegenüberstehen: Zentralkomitee, Zweckverband, Sekretariat und schließlich noch Oberamt aller Bischöflichen Hauptarbeitsstellen und das alles schließlich unter einem Leiter! K[öln] 19.2.1957. T[eusch].

Sehr geehrte Herren!
In Anlage überreiche ich Ihnen folgende in unserer letzten Sitzung noch einmal überarbeiteten bzw. neu erarbeiteten Entwürfe[3]:
1. für einen innerkirchlichen Auftrag für den Leiter der Kirchlichen Hauptstelle für Frauenseelsorge in den deutschen Diözesen,
2. für die Satzung der Kirchlichen Hauptstelle für Frauenseelsorge in den deutschen Diözesen,

[1] JOSEF FREITAG *(1907–1989), Dr. iur., nach Entlassung aus dem Staatsdienst 1939 Assessor und juristischer Hilfsarbeiter im Generalvikariat Münster, 1951–1978 Bischöflicher Justitiar, anschließend Justitiar des Domkapitels.*
[2] *Lateinisch für: Wehre den Anfängen!*
[3] *Die genannten Entwürfe wurden ausgelassen.*

3. für einen innerkirchlichen Auftrag an den Leiter der Kirchlichen Hauptstelle für Männerseelsorge und Männerarbeit in den deutschen Diözesen,
4. für eine Satzung des e. V. Kirchliche Hauptstelle für Männerseelsorge und Männerarbeit in den deutschen Diözesen,
5. Grundsätze für die Errichtung bzw. Anerkennung von Einrichtungen im Range Bischöflicher Hauptstellen,
6. ein vorläufiges Verzeichnis der Bischöflichen Hauptstellen und ranggleicher Einrichtungen,
7. eine Anregung der Juristenkommission betr. einen Zweckverband der deutschen Bistümer.

Ich habe inzwischen sämtliche Entwürfe auch den Mitgliedern der Hochwürdigsten Bischofskommission übersandt.
Mit freundlichen Grüßen

Ihr sehr ergebener
+ Franz Hengsbach.

[...]
Für die Errichtung bzw. Anerkennung von Einrichtungen im Range Bischöflicher Hauptstellen sollen folgende Grundsätze gelten:
1. Das Recht zur Führung des Namens »Bischöfliche Hauptstelle« wird durch Beschluß der Plenarkonferenz der deutschen Bischöfe verliehen.
Bestehende Bischöfliche Hauptstellen oder ranggleiche Einrichtungen, die in dem anliegenden Verzeichnis aufgeführt sind, bedürfen der Bestätigung durch die nächste Plenarkonferenz.
Aus wichtigen Gründen können auch andere Bezeichnungen als »Bischöfliche Hauptstelle« geführt werden. In diesem Falle soll jedoch der Charakter einer Bischöflichen Hauptstelle im Statut festgelegt werden.
2. a) Bischöfliche Hauptstellen können nur dann errichtet oder bestätigt werden, wenn eine überdiözesane kirchliche Aufgabe vorliegt, deren Lösung über die Kraft einer oder mehrerer Diözesen hinausgeht oder die von einem katholischen Verband bzw. einer ähnlichen kirchlichen Stelle – z. B. Arbeitsgemeinschaft – nicht geleistet werden kann.
b) Außerdem muß die Notwendigkeit bestehen, diese Aufgabe dauernd in einer eigenen Geschäftsstelle zu betreuen.
3. Alle Bischöflichen Hauptstellen müssen ein von der Plenarkonferenz genehmigtes Statut haben. Es soll enthalten die Bezeichnung, den Zweck, den bischöflichen Auftrag und die Kennzeichnung der Arbeitsweise. Bei Notwendigkeit eines Personalstabes oder bei Anfall größerer wirtschaftlicher Verpflichtungen – z. B. Grundstückserwerb, Herausgabe von Zeitschriften – sowie bei Betätigung im Bereich wirtschaftlicher Risiken – z. B. haftungsauslösende Kritik, Unfallgefahr – ist außerdem die Schaffung einer juristischen Person (z. B. e. V.) als Rechtsträger der Einrichtung erforderlich. Auch die Satzung dieses Rechtsträgers bedarf der Genehmigung der Plenarkonferenz.

[...]

Betrifft Zweckverband der Bistümer
Die Juristenkommission ist bei ihren Beratungen immer wieder auf die Schwierigkeit gestoßen, daß den deutschen Bistümern ein Organ zur Regelung praktischer Rechts- und Finanzfragen fehlt. Es erweist sich bei der heutigen Situation z. B. als unmöglich, auch nur einer einzigen Person eine Versorgung dauernd zu gewährleisten, selbst wenn eine Plenarkonferenz einer solchen Versorgung zugestimmt und dafür im Rahmen ihrer überdiözesanen Bewilligungen Mittel bereitgestellt hat. Diese Bewilligungen können nämlich immer nur für ein Jahr erfolgen. Ihre Durchführung steht außerdem im freien Ermessen der einzelnen Bistümer.
Auch bei der Herausgabe eines Gemeinschaftswerkes, wie z. B. des Neuen Katechismus oder der Collectio Rituum, fehlte ein handlungsfähiges Organ aller Bistümer, obwohl diese gemeinsam zu handeln wünschten. Die Folge waren große Umständlichkeiten in der Durchführung.
Die Juristenkommission bittet daher zu erwägen, einen Zweckverband der deutschen Bistümer (e. V.) zu bilden zur Durchführung genau zu bezeichnender und abzugrenzender praktischer Aufgaben, die von einzelnen Diözesen nicht geleistet werden können.
Ein solcher Zweckverband dürfte und würde die notwendige Autonomie der einzelnen Diözesen nicht beeinträchtigen, gäbe aber zivilrechtlich die Möglichkeit zu wesentlich vereinfachtem Handeln.
Die Einzelheiten bedürften noch sorgfältiger Vorarbeiten.
Zur Beratung dieser Frage ist die Juristenkommission gern bereit. Sie regt an, dazu auch Herrn Dr. Rieß[4] vom Ordinariat München hinzuzuziehen.

86

Protokoll Hengsbachs und Paulus'

Ohne Ortsangabe, 15. Februar 1957

DA Münster, GV-NA, AO-773. *Schreibmaschinendurchschrift mit Überschrift:* Aktenvermerk betr. Unterredung von Weihbischof Dr. Hengsbach und Direktor Dr. Paulus mit dem Herrn Ministerpräsidenten von NRW Steinhoff am Freitag, 15.2.1957, 11 bis 12:30 Uhr. *Vermerk:* Endgültige Fassung.

I. Vorbemerkung
Die Unterredung fand statt auf Wunsch des Herrn Ministerpräsidenten Steinhoff. Seitens des Herrn Arbeitsministers Hemsath und des Herrn Ministerpräsidenten waren für Freitag, 15. Februar, 16:30 Uhr, zu einer Konferenz bei dem Herrn Ministerpräsidenten eingeladen worden die Tarifpartner IG-Metall und der Arbeitgeberverband der Eisen- und Stahlindustrie sowie die Vertreter der katholischen und evan-

4 Wolfgang Riess *(1917–1975), Dr. iur., 1955–1975 Justitiar des Erzbistums München und Freising.*

gelischen Seite. Am Dienstag, 12. Februar, war dieser Wunsch gelegentlich einer Konferenz mit katholischen Vertretern der Arbeiterschaft im Hause des Zentralkomitees der deutschen Katholiken zu Godesberg durch einen Telefonanruf von Exzellenz Prälat Böhler bekannt geworden. Weihbischof Hengsbach erklärte daraufhin, daß er für ein solches Gespräch mit der Landesregierung nicht zuständig sei, da seine Beauftragung durch den Episkopat ihn nur zu Gesprächen mit Tarifpartnern berechtigt habe. Diese Gespräche seien inzwischen unterbrochen worden, sollten allerdings in neuer Form wieder aufgenommen werden. Weihbischof Hengsbach wies ferner darauf hin, daß er die Teilnahme katholischer Vertreter an einem solchen Gespräch mit der Landesregierung nicht für tunlich halte, einmal um kein Präjudiz zu schaffen hinsichtlich der für die Erteilung der Ausnahmegenehmigung zuständigen staatlichen Stellen (Landes- oder Bundesregierung), und zum anderen um zum Ausdruck zu bringen, daß dem Staat hier keine Schiedsrichterrolle zwischen den Tarifpartnern und der Kirche zuerkannt werden könne (in Verbindung mit der Betriebsbesichtigung des Herrn Landes-Arbeitsministers waren Äußerungen gemacht worden, die auf eine solche mögliche Schiedsrichter- oder Vermittlerrolle der Landesregierung hinweisen könnten). Später wurde durch Herrn Prälaten Böhler mitgeteilt, daß die Landesregierung wenigstens um Entsendung eines Beobachters bitte. Weihbischof Hengsbach hat im Einvernehmen mit Herrn Dr. Paulus zum Ausdruck gebracht, daß die Teilnahme eines Beobachters unter diesen Umständen wohl nicht zu umgehen sei.
Am Donnerstagnachmittag wurde gelegentlich der Konferenz der Vertreter der katholischen und evangelischen Sozialarbeit in Düsseldorf bekannt, daß der Herr Ministerpräsident von NRW großen Wert darauf lege, Vertreter der katholischen Kirche zu einem informativen Gespräch über die Fragen der gleitenden Arbeitswoche zu empfangen.
Dieses Gespräch war zunächst vorgesehen für die Zeit unmittelbar vor der Konferenz der Landesregierung mit den Tarifpartnern und der evangelischen Seite. Dieser Zeitpunkt schien denkbar ungeeignet und war deshalb auch nicht akzeptiert worden. Nunmehr hatte der Herr Ministerpräsident jedoch gebeten, um 11 Uhr vormittags zu einem solchen informativen Gespräch zur Verfügung zu stehen. Weihbischof Hengsbach hat in einem Telefongespräch mit Herrn Prälaten Böhler darauf hingewiesen, daß er zu einem Gespräch mit der Landesregierung nicht autorisiert sei, sondern, daß das in den Aufgabenbereich von Prälat Böhler falle. Prälat Böhler bat jedoch dringend, Weihbischof Dr. Hengsbach und Dr. Paulus möchten dieses Gespräch führen, da Exzellenz Böhler einmal zeitlich verhindert und zum anderen auch in der Sache selbst nicht genügend orientiert sei.
Weihbischof Dr. Hengsbach und Dr. Paulus haben sich daraufhin unter folgenden Voraussetzungen zu dem Gespräch bereit erklärt:
1. Das Gespräch erfolgt auf dringende Vorstellung von Herrn Prälaten Böhler, der sich seinerseits der Zustimmung Seiner Eminenz Kardinal Frings vergewissert hat.
2. Das Gespräch dient der Information des Herrn Ministerpräsidenten über die Auffassung der katholischen Kirche zur gleitenden Arbeitswoche und hat den Charakter einer privaten Unterhaltung.

II. Verlauf des Gespräches

Nach Begrüßung durch den Herrn Ministerpräsidenten und Darlegung seines Wunsches, die Auffassung der Katholischen Kirche über die Fragen der gleitenden Arbeitswoche kennen zu lernen, erklärt zunächst

1. Weihbischof Dr. Hengsbach, warum die katholischen Vertreter an der für den Nachmittag vorgesehenen größeren Konferenz mit den Tarifpartnern und der evangelischen Seite nicht teilnehmen können, und zwar

a) um eine Präjudizierung hinsichtlich der Zuständigkeit der Landes- oder Bundesregierung zu vermeiden, und

b) weil nach Auffassung der Katholischen Kirche der Staat keine Vermittler- oder Schiedsrichterrolle zwischen den Tarifpartnern und der Katholischen Kirche in der Frage der gleitenden Arbeitswoche haben könne.

Andererseits erkenne die Kirche durchaus an, daß der Staat bzw. die für die Ausnahmegenehmigung zuständigen Stellen sich nicht nur über die Auffassung der Wirtschaft informieren müsse, sondern auch über die Auffassung der Kirche. Darum seien auch die Vertreter der katholischen Kirche selbstverständlich gern bereit, den staatlichen Stellen, in diesem Falle dem Herrn Ministerpräsidenten, zur Verfügung zu stehen, um ihn über die katholische Auffassung und näherhin über die Verlautbarung der Bischöfe zu informieren.

Der Herr Ministerpräsident erklärte daraufhin, daß der Staat keine Vermittlerrolle beanspruche, sondern sich nur über die verschiedenen Auffassungen informieren wolle.

Weihbischof Hengsbach sprach sodann in folgenden vier Punkten zur gegenwärtigen Gesprächssituation:

a) Wie in der Stellungnahme der katholischen Bischöfe von Nordrhein-Westfalen[1] (die Weihbischof Hengsbach in doppelter Ausfertigung dem Herrn Ministerpräsidenten übergab) zu den Auslassungen von IG Metall dargelegt ist, ist die Katholische Kirche bereit zu weiteren Gesprächen mit den Tarifpartnern. Das ist auch in dem Antwortschreiben S[eine]r Eminenz Kardinal Frings an die IG Metall zum Ausdruck gekommen. Weihbischof Hengsbach legt dar, was in diesem Zusammenhang unter der Wendung »in anderer Form« zu verstehen ist. Damit ist nicht gemeint, daß die katholischen Bischöfe ihre Auffassung geändert haben oder die Verhandlungsdelegation anders zusammengesetzt sein müsse, sondern daß der Gesprächsgegenstand ein anderer ist, nämlich nicht mehr die Frage, ob die Tarifpartner die gleitende Arbeitswoche einführen sollten – das war der Gegenstand der ersten beiden Gespräche mit den Tarifpartnern gewesen –, sondern wie die Kirche den Tarifpartnern helfen könne, einen besseren Weg zur Verkürzung der Arbeitszeit zu finden, ohne die gleitende Arbeitswoche in der vorgesehenen Form einführen zu müssen.

b) Die katholischen Bischöfe wünschen keine tendenziöse Behandlung der Frage. Man dürfe darum den Bischöfen keine falschen Motive unterschieben, als ob sie durch ihre Stellungnahme beabsichtigt hätten, eine zügige Kampfparole zu liefern.

[1] *Vgl. Dok. 80.*

c) Die Katholische Kirche wünscht eine echte Arbeitszeitverkürzung und wehrt sich gegen Verdächtigungen, als würde sie um eines Prinzips willen den Arbeitern weiterhin schwerste Arbeitsbedingungen zumuten und gleichsam »um eines Prinzips willen die Knochen der Arbeiter verheizen«. Deshalb lehnt die Katholische Kirche auch den oft gezogenen Vergleich zwischen dem jetzigen Zustand und dem durch die gleitende Arbeitswoche erzielten ab. Daß bei der gleitenden Arbeitswoche neun freie Sonntage herauskommen, geschieht nicht um des Sonntags willen, sondern zwangsläufig infolge des neuen Arbeitsrhythmus; es kommen genauso viele arbeitsfreie Dienstage, Donnerstage und andere Wochentage heraus. Wenn man etwas vergleichen will, muß man den durch die gleitende Arbeitswoche erreichten Zustand vergleichen mit dem, den die Katholische Kirche anstrebt, also eine Produktionsordnung und Schichteinteilung, die den Sonntag als Tag der gemeinsamen Feier akzentuieren und nicht wie irgendeinen Wochentag behandeln. Daß dabei die Wirtschaft gewisse Opfer bringen muß, steht außer Frage.
d) Die Kirche verteidigt keine utopische Sonntagsruhe.
2. Direktor Dr. Paulus legt sodann die Gründe für die Stellungnahme der Kirche dar:
a) Es bestünden sicher einige Gründe für die Einführung der kontinuierlichen Produktionsweise in der Stahlindustrie, wie Wärmeverluste usw., die in anderen Industrien nicht vorlägen.
Der Kern der Sache sei jedoch darin zu sehen, daß durch die Arbeitszeitverkürzung ein Produktionsausfall entstehe, daß die Ausnützung der Stahlkapazität bedeutend sinke, daß infolge der hohen Kapitalintensität der Stahlindustrie man eher um eine Kostendegression bemüht sein müsse, wogegen durch die Arbeitszeitverkürzung eine Kostenprogression eintrete.
Dieser Grund sei wirklich schwerwiegend. Man solle ihn nicht verschleiern, indem man immer nur die anderen Teilgründe anführe. Hier gelte es, die Entscheidung zu treffen zwischen den materiellen und den geistigen Werten.
Man solle aber dabei bedenken, daß dieser entscheidende Grund für alle anderen kapitalintensiven Industriezweige, besonders auch für die Grundstoffindustrie, z. B. Bergbau, zutreffe.
Selbstverständlich spiele auch die internationale Konkurrenz eine Rolle. Aber hier müsse man den Weg internationaler Maßnahmen beschreiten. Das sei schon bei den ersten sozialpolitischen Maßnahmen in den 80er Jahren so gewesen (1. Int. Arbeitskonferenz[2]). Heute seien die Instrumente der internationalen Sozialpolitik weit besser ausgebaut wie damals (Int. Arbeitsamt, Montanunion). Es sei darum bedenklich, wenn die deutsche Sozialpolitik hier nicht fortschrittlich, sondern rückschrittlich sei.
b) Es seien keine Sicherheiten gegeben gegen eine Ausweitung. Ein Tarifvertrag stelle keine Sicherheit dar, ebensowenig wie die Zusicherung der Tarifpartner, sich mit der Kirche über diese Frage unterhalten zu wollen. Nicht einmal innerhalb des

2 *Im März 1890 trat auf Initiative des deutschen Kaisers* WILHELM II. *die erste Internationale Arbeiterschutzkonferenz in Berlin zusammen.*

Bereichs der Stahlindustrie sei dies der Fall, geschweige denn in den anderen Industriezweigen, für die die Tarifpartner des gegenwärtig vorliegenden Tarifvertrags gar nicht zuständig seien.
Die Unklarheit der Rechtslage begünstige noch wesentlich die Bestrebungen auf eine Ausweitung. Es sei doch bedenklich, daß man § 28 AZO[3], der seinem ganzen Charakter nach kaum in unsere heutige Auffassung vom Rechtsstaate hineinpasse, heranziehen müsse, um die hier anstehenden Genehmigungen zu decken.
Ebenso sei im gegenwärtigen Zeitpunkt der allgemeinen Arbeitszeitverkürzung die Gefahr der Ausweitung besonders groß. Die durch die Arbeitszeitverkürzung entstehenden zusätzlichen Kosten müßten ja irgendwo aufgefangen werden. Da liege es denn sehr nahe, daß dies auf Kosten eines Dritten, eben der geistigen Werte, hier des Sonntags, geschehe.
Zu dem Argument, der Sonntag käme doch jetzt besser weg (jetzt neun freie Sonntage, früher keinen völlig freien Sonntag) wurde angeführt, der Vergleich sei eben falsch. Man dürfe nicht vergleichen den Sonntag innerhalb der 53-Stundenwoche mit dem innerhalb der 42-Stundenwoche, sondern man müsse vergleichen den Sonntag innerhalb der geplanten 42-Stundenwoche mit einem einigermaßen gleichwertigen Sonntag, der ja angestrebt werden müsse. Es sei doch selbstverständlich, daß wenn ich die Gesamtarbeitszeit durch 3 teile, eben auch mehr Sonntagsstunden herauskommen, als wenn ich die Gesamtarbeitszeit durch 4 teile.
Der Herr Ministerpräsident stimmte im Grunde den Argumenten der Kirche zu, nur legte er offensichtlich mehr Wert darauf, daß keine Ausweitung geschähe. Daraus schien er die Konsequenz zu ziehen, wenn eine Ausweitung verhindert werden könne, seien die Bedenken der Kirche im wesentlichen beseitigt. – Der erste Grund für die ablehnende Stellungnahme der Kirche, nämlich daß kein zwingender technischer oder wirtschaftlicher Grund vorliege, würde dann freilich nicht berücksichtigt.
Abschließend wird von beiden katholischen Vertretern noch einmal hervorgehoben, daß zwischen den beiden Verlautbarungen der Bischöfe (Entschließung und Antwort auf die Äußerung von IG Metall[4]) kein Gegensatz besteht, und daß die Bischöfe ihren Standpunkt nicht geändert haben und nicht ändern können. Andererseits sind die Bischöfe, wie sie bereits erklärt haben, bereit, mit den Tarifpartnern gemeinsam zu überlegen, wie eine bessere Lösung – wenigstens auf die Dauer – erreicht werden kann.

gez. + Hengsbach
gez. Paulus.

[3] Arbeitszeitordnung *vom 30. April 1938.* RGBL., *S. 447.*
[4] *Vgl. Dok. 79 und 80.*

87

Protokoll Panzers

Düsseldorf, 15. Februar 1957

DA Münster, GV-NA, AO-773. *Schreibmaschinendurchschrift mit Überschrift:* Aktennotiz über die Besprechung »Gleitende Arbeitswoche« am 15. Februar 1957 in Düsseldorf.

Anwesend waren 15 Personen, u. a. Ministerpräsident Steinhoff (Vorsitz), Arbeitsminister Hemsath, Präses Held (Evangelische Kirche) und zwei weitere Vertreter der Rheinischen und Westfälischen Evangelischen Landeskirche, mehrere Vertreter der Industriegewerkschaft Metall sowie des Arbeitgeberverbandes. Der Unterzeichnete nahm für die Katholische Kirche als Beobachter teil.
Herr Ministerpräsident Steinhoff eröffnete die Sitzung, gab bekannt, daß die Katholische Kirche durch den Unterzeichneten nur als Beobachter vertreten sei, und teilte ferner mit, daß er vormittags eine Besprechung mit den Herren Weihbischof Dr. Hengsbach und Dr. Paulus gehabt habe, die in freundschaftlichem Geiste verlaufen sei. Über den Inhalt der Besprechung mit den beiden Vertretern der katholischen Kirche wolle er am Schluß der Sitzung berichten.
Weiter erklärte Herr Steinhoff, die Zusammenkunft diene lediglich der gegenseitigen Information. Es sollen keinerlei Beschlüsse gefaßt werden.
Sodann sprach Herr Bundestagsabgeordneter Sträter als Vertreter der Industriegewerkschaft Metall. In langatmigen und oft abschweifenden Ausführungen versuchte er darzustellen, welche Vorteile die Einführung der sog. gleitenden Arbeitswoche für die Arbeiter in der Metallindustrie bringe. Er führte dann etwa wörtlich aus, daß die schon seit Jahren im Hüttenwerk Oberhausen bestehende kontinuierliche Arbeitsweise sich bestens bewährt habe und auch im Interesse der Arbeitnehmer liege. Eine Abschaffung der kontinuierlichen Arbeitsweise in Oberhausen sei völlig undenkbar, einmal weil die Betriebe sämtlich auf diese Arbeitsweise eingestellt seien und zum anderen auch deshalb, weil die gesamte Belegschaft (einschließlich der katholischen und evangelischen Christen) die Beibehaltung der kontinuierlichen Arbeitsweise verlange. Das gelte auch für die nunmehr in Betracht kommenden Betriebe der Metallindustrie (SM- und Elektrostahlwerke nebst Blockstraßen). Eine Rundfrage habe ergeben, daß die Arbeiterschaft hundertprozentig die Einführung der gleitenden Arbeitswoche verlange. Es sei sowohl der Arbeiterschaft als auch den Tarifpartnern völlig unverständlich, daß die Kirchen sich der Einführung der kontinuierlichen Arbeitsweise widersetzen. Es sei ganz offensichtlich, daß die Kirchen – so führte Sträter wörtlich aus – falsch informiert seien und die Vertreter der Kirchen auch nicht die nötige Sachkenntnis hätten. Hinzu komme, daß ein Teil der Presse (Tagespresse, Kirchenpresse) sich in tendenziöser und demagogischer Art mit den Fragen der kontinuierlichen Arbeitsweise befaßt habe. Es seien Behauptungen aufgestellt worden, die Erfinder der kontinuierlichen Arbeitsweise seien Bolschewisten. Er müsse eine derartige Berichterstattung scharf zurückweisen. Auch gebe es eine große Zahl von Verbänden, Organisationen und Einzelpersönlichkeiten, die sich zu diesen Fra-

gen geäußert hätten, obwohl die Materie sie gar nichts angehe und sie gar nichts davon verstünden. Scharfe Angriffe richtete Herr Sträter in diesem Zusammenhang gegen Familienminister Dr. Wuermeling[1]. Er erklärte, daß er wohl den beiden Kirchen ein Recht zur Mitsprache zugestehe. Mit den offiziellen Vertretern der beiden Kirchen seien bisher auch stets freundschaftliche Gespräche geführt worden. Auch bei allen Gesprächen habe sich gezeigt, daß die kirchlichen Vertreter falsch informiert seien. Niemand denke daran, den Sonntag abzuschaffen oder den Sonntag entheiligen oder die Sonntagsruhe stören zu lassen. Es liege der Gewerkschaft sehr viel daran, daß der Sonntag ein Tag der Ruhe und der Erbauung bleibe. In Zukunft solle auch nur in genau bestimmten Betrieben sonntags gearbeitet werden. In diesen Betrieben sei fast ausschließlich auch bisher gearbeitet worden; nur hätten die Arbeiter bisher an den Sonntagen Reparaturarbeiten durchgeführt (was auch nach den bisherigen Bestimmungen gesetzlich zulässig sei), während in Zukunft Produktionsarbeit geleistet werden solle. Es soll also keine zusätzliche Sonntagsarbeit geschaffen werden, sondern nur eine Arbeitsumschichtung erfolgen. In Zusammenhang mit der Arbeitszeitverkürzung auf 42 und später evtl. 40 Stunden würde dies bedeuten, daß diejenigen Arbeiter, die bisher jeden Sonntag gearbeitet hätten, mindestens neun, günstigstenfalls sogar 26 Sonntage im Jahr frei hätten. Als weiterer Vorteil käme hinzu, daß auch der Samstag oder der Montag noch zusätzlich arbeitsfrei sei, so daß der Sonntag dann auch wirklich ein Tag der Ruhe sein könne. Bei Abwägung aller Umstände könne kein vernünftiger Mensch gegen die kontinuierliche Arbeitsweise sein.
Anschließend sprach Herr Generaldirektor Schmitz als Vertreter des Arbeitgeberverbandes. Er wies darauf hin, daß in fast allen Ländern Europas und Amerikas in der Elektrostahlindustrie kontinuierlich gearbeitet werde. Die kontinuierliche Arbeitsweise sei also keine Erfindung des Ostens, wie man es in der Presse in letzter Zeit habe lesen können.
Im übrigen wiederholte Herr Schmitz fast die gleichen Argumente, die Herr Sträter bereits vorgetragen hatte, und sprach sich mit Nachdruck für die Einführung der gleitenden Arbeitswoche aus. Auch er verwies darauf, daß das Vorbild Oberhausen sich gut bewährt habe, daß die Arbeiterschaft sich bei der kontinuierlichen Arbeitsweise erheblich besser stehe und die Arbeiterschaft geschlossen die gleitende Arbeitswoche verlange.
Herr Direktor Brandt[2] (Arbeitgeberverband) verlangte ebenfalls die sofortige Einführung der gleitenden Arbeitswoche. Er erklärte, bei einer Arbeitszeitverkürzung könne auf die Sonntagsproduktion nicht verzichtet werden. Falls bei der verkürzten Arbeitszeit, die nicht zu umgehen sei, sonntags nicht gearbeitet werde, müßten bereits sonnabends die Öfen gelöscht werden, die erst montags wieder angemacht werden könnten. Das bedeute einen Ausfall von mindestens 3 Millionen Tonnen

[1] FRANZ-JOSEF WUERMELING *(1906–1986), Dr. rer. pol., Jurist und Politiker (CDU), 1946/47 Mitglied der Beratenden Versammlung, 1947–1951 des Landtags von Rheinland-Pfalz, 1947–1949 Staatssekretär, 1949–1969 Mitglied des Bundestags, 1949/50 Staatssekretär im Bundeskanzleramt, 1953–1962 Bundesminister für Familienfragen. Vgl.* J. ARETZ, *Wuermeling.*

[2] *Nicht ermittelt, möglicherweise Schreibfehler für* BRANDI, *vgl. Dok. 175, Anm. 2.*

Stahl; das sei etwa 15–20% der gesamten Stahlproduktion. Das könne die deutsche Wirtschaft nicht verkraften. Auf alle Lebensgebiete werde sich das auswirken. Ein weiteres Steigen der Preise sowie ein Absinken des Lebensniveaus sei die Folge. Er müsse die Frage stellen, ob die Kirchen bei ihrer ablehnenden Haltung diese Verantwortung tragen wollten. Die Arbeiter in den Stahlindustrien verständen nicht, daß die Sache nicht weitergehe, nachdem die Tarifpartner sich bereits geeinigt hätten. Die Verärgerung der Arbeiterschaft sei diesbezüglich sehr groß. Die wirtschaftliche Vernunft verlange nunmehr ein sofortiges Handeln.
Es sprachen noch einige andere Herren von der Gewerkschaft und vom Arbeitgeberverband sowie der Vorsitzende des Betriebsrates des Hüttenwerkes Oberhausen. Die bereits vorgetragenen Gesichtspunkte wurden mehrfach wiederholt und die Landesregierung gebeten, unverzüglich die Genehmigung zur kontinuierlichen Arbeitsweise zu geben.
Anschließend sprach Herr Präses Held für die Evangelische Kirche. Er betonte, daß die Evangelische Kirche sich doch bisher sehr stark zurückgehalten habe und sich an der Auseinandersetzung in der Öffentlichkeit nicht beteiligt habe. Die Sorge der Evangelischen Kirche sei, daß bei Einführung der gleitenden Arbeitswoche in der Stahlindustrie ein Dammbruch erfolge und schließlich die Sonntagsarbeit in der gesamten Industrie Allgemeingut werde. Einer solchen Entwicklung müsse früh genug entgegengetreten werden. Der Sonntag müsse Ruhetag bleiben. Es sei eine wichtige Aufgabe der Kirche für die Heiligung des Sonntags einzutreten. Die Kirche könne nur in seltenen Ausnahmefällen der Sonntagsarbeit zustimmen. Wenn sichergestellt werde, daß eine Ausweitung der Sonntagsarbeit nicht erfolge, erhebe die Evangelische Kirche gegen das nunmehr abgeschlossene Arbeitszeit- und Lohnabkommen keine Einwendungen.
Für die Kirche sei von besonderer Wichtigkeit, daß eine Ausweitung der Sonntagsarbeit durch gesetzliche Bestimmungen ausgeschlossen wird. Die Bestimmungen der Arbeitszeitverordnung und der Gewerbeordnung seien veraltet und reformbedürftig. Die Evangelische Kirche schlage vor, daß die Bundesregierung eine Kommission einsetzt, die in der ganzen Bundesrepublik und in allen Industrie- und Wirtschaftszweigen prüft, wie die bisher bestehende Sonntagsarbeit (einschließlich Verkehrsgewerbe, Bahn, Post, Zeitungswesen, Chemische Industrie usw.) eingeschränkt und in Zukunft eine Ausweitung der Sonntagsarbeit verhindert werden kann.
Herr Dr. Karrenbroich[3] sprach für die Evangelische Kirche Westfalens. Er führte aus, die Evangelische Kirche sehe ein, daß das zwischen den Tarifpartnern abgeschlossene Arbeitszeit- und Lohnabkommen viel Positives habe. Deshalb habe die Evangelische Kirche Westfalens auch keine Einwendungen gegen eine Genehmigung der Sonntagsarbeit in dem festgelegten Rahmen. Man habe sich davon überzeugt, daß auch die Arbeiterschaft das Abkommen begrüße. Die Evangelische Kirche Westfalens habe sich bisher auch in keiner Weise in der Öffentlichkeit gegen die kontinu-

[3] *Möglicherweise verschrieben für* FRIEDRICH KARRENBERG *(1904–1966), Dr. rer. pol., Fabrikant, Vorsitzender des sozialethischen Ausschusses der Evangelischen Kirche im Rheinland, 1961 Honorarprofessor für Sozialethik in Köln.*

ierliche Arbeitsweise in den Elektrostahlwerken ausgesprochen. Die Einwendungen seien vornehmlich von der Katholischen Kirche gekommen.
Man habe nur Bedenken gegen eine Ausweitung der Sonntagsarbeit. Er stimme Herrn Präses Held bei, daß durch klare gesetzliche Bestimmungen eine Ausdehnung der Sonntagsarbeit auf andere Industriezweige verhindert werden müsse.
Abgeordneter Sträter erwiderte, daß auch von der Gewerkschaft jede Ausweitung der Sonntagsarbeit entschieden abgelehnt werde; er begrüße den Vorschlag der Evangelischen Kirche auf Einsetzung eines Ausschusses, der sich mit diesen Fragen befassen soll. Er erkenne es dankbar an, daß sich die Evangelische Kirche an der Auseinandersetzung in der Öffentlichkeit und der zum Teil tendenziösen Berichterstattung nicht beteiligt habe.
Der Unterzeichnete erklärte daraufhin, daß er lediglich als Beobachter anwesend sei und sich deshalb zur Sache nicht äußern könne. Er müsse aber mit Entschiedenheit den Vorwurf zurückweisen, daß die Katholische Kirche in der Öffentlichkeit tendenziöse Berichterstattung veranlaßt habe. Eine offizielle Stellungnahme der Katholischen Kirche sei stets als solche gekennzeichnet und sei stets sachlich gehalten. Die Kirche könne nicht für jede Pressenotiz verantwortlich gemacht werden.
Herr Ministerpräsident Steinhoff unterstützte diese Ausführungen und erklärte, daß als offizielle Stellungnahme der Katholischen Kirche in der Öffentlichkeit nur die Erklärung der katholischen Bischöfe angesehen werden könne. Diese sei in keiner Weise polemisch, sondern sehr sachlich gewesen.
Sodann gab Herr Ministerpräsident Steinhoff den Inhalt seines Gesprächs mit Exzellenz Hengsbach und Dr. Paulus wieder. Er führte aus, die beiden Vertreter der Katholischen Kirche hätten ebenfalls die Besorgnis geäußert, daß die gleitende Arbeitswoche in der Metallindustrie ein Modellfall für die anderen Wirtschaftszweige werden könne. Die beiden Herren hätten ebenfalls darum gebeten, Maßnahmen zu treffen, daß eine Ausweitung der Sonntagsarbeit verhindert werden könne.
Anschließend sprach Herr Minister Hemsath. Er führte aus, die Landesregierung habe die Funktion, die Rolle des Vermittlers zu spielen. Es komme ihr darauf an, volles Einvernehmen zwischen den Tarifpartnern und den Kirchen herbeizuführen. Sodann setzte sich Herr Hemsath ebenfalls für die kontinuierliche Arbeitsweise in den Elektrostahlwerken ein. Er brachte die gleichen Argumente, die die Vertreter der Gewerkschaften und der Arbeitgeberverbände bereits vorgetragen hatten. Auch betonte Herr Minister Hemsath, daß niemand daran dächte, den Sonntag abzuschaffen. Die neue Arbeitsweise bedeute im Gegenteil einen stärkeren Schutz des Sonntags, da die in Betracht kommenden Arbeiter in Zukunft viel mehr freie Sonntage hätten als bisher. Im übrigen würden die Besorgnisse der Kirchen auch von der Landesregierung anerkannt. Die Regierung wollte sich dafür einsetzen, daß gesetzliche Bestimmungen geschaffen werden, die eine Ausdehnung der Sonntagsarbeit verhindern. Auch würde es von der Landesregierung begrüßt, wenn die Bundesregierung einen Ausschuß einsetzte, der auf allen Industrie- und Wirtschaftsgebieten prüft, wie die Sonntagsarbeit eingeschränkt werden kann. Einem solchen Ausschuß sollten nach seiner Auffassung auch Vertreter der Kirchen angehören. Eine diesbezügliche Anregung wolle er dem Bundesarbeitsminister geben. Zum Abschluß sprach der Minister noch

über einige juristische Fragen, wie Zuständigkeit für die Erteilung der Ausnahmegenehmigung (Bundes- oder Landesregierung), Vereinbarkeit der Bestimmungen der Arbeitszeitordnung mit Landesverfassung und Grundgesetz usw. Herr Hemsath warf diese Fragen nur auf, ohne sie zu beantworten. Er erklärte abschließend, diese Fragen würden noch geprüft.

Herr Ministerpräsident Steinhoff erklärte zum Schluß, daß es auch ihm persönlich ein ernstes Anliegen sei, den Sonntag zu schützen und von jeder Arbeit frei zu halten. Nur in seltenen Ausnahmefällen dürfte die Genehmigung zur Sonntagsarbeit gegeben werden. Materielle Gründe dürften hierbei nicht entscheidend sein. Die Landesregierung werde sich bemühen, eine bundeseinheitliche Regelung zu erreichen. Diesbezügliche Besprechungen sollen bereits am nächsten Tage mit Herrn Bundesarbeitsminister Storch aufgenommen werden.

Dauer der Sitzung: 15:30–18:00 Uhr.

gez. Dr. Panzer.

88

Hengsbach an Wendel, Keller und Döpfner

Paderborn, 16. Februar 1957

EA MÜNCHEN, Joseph Kardinal Wendel, 40 ZK/1957. *Schreibmaschinenausfertigung mit eigenhändiger Unterschrift. Briefkopf:* Weihbischof Dr. Franz Hengsbach. *Anschrift:* S[eine]r Eminenz dem Hochwürdigsten Herrn Joseph Kardinal Wendel, Erzbischof von München-Freising, S[eine]r Exzellenz dem Hochwürdigsten Herrn Bischof Dr. Michael Keller, Bischof von Münster, S[eine]r Exzellenz dem Hochwürdigsten Herrn Bischof Dr. Julius Döpfner, Bischof von Berlin/Würzburg. *Eingangsstempel:* Erzbistum München. Erzb[ischof] 20. Feb[ruar] 1957. 40 ZK Nr. 281.

Eminenz!

Im Jahre 1953/54 war der Unterzeichnete beauftragt, Verhandlungen mit dem Deutschen Bauernverband zu führen, um eine Vereinbarung zwischen dem Deutschen Bauernverband und der Katholischen Landjugendbewegung zu erreichen bezüglich der Fragen der katholischen Landjugendbewegung.

Seinerzeit waren die Verhandlungen nicht weitergeführt worden, weil der Bauernverband es für tunlich hielt, regionale Abkommen zu treffen.

Nach einem neuerlichen Gespräch mit dem geistlichen Leiter der Katholischen Landjugendbewegung, Herrn Bundeskurat Wissing, bin ich an Herrn Minister a. D. Hermes[1] als den für die Fragen der Landjugend im Präsidium des Deutschen Bauernverbandes Verantwortlichen herangetreten, um nunmehr doch eine Vereinbarung zwischen der Katholischen Landjugendbewegung und dem Deutschen Bauernver-

[1] ANDREAS HERMES *(1878–1964), Landwirt und Politiker (Zentrum, CDU), 1920–1922 Reichsernährungsminister, 1922/23 Reichsfinanzminister, anschließend im landwirtschaftlichen Verbands- und Genossenschaftswesen, Mai–Dezember 1945 Vorsitzender der CDU der sowjetischen Besatzungszone, 1947–1949 im Wirtschaftsrat des Vereinigten Wirtschaftsgebiets in Frankfurt am Main, 1947–1954 Präsident des Deutschen Bauernverbandes, 1947–1961 des Deutschen Raiffeisenverbandes in Bonn. Vgl.* G. BUCHSTAB, *Hermes.*

band auch auf Bundesebene zu erreichen. Ich darf mir erlauben, Euer Eminenz/ Exzellenz die Durchschrift meines Schreibens an Herrn Minister a. D. Hermes in Anlage zu überreichen und um gütige Kenntnisnahme zu bitten.
Mit ehrerbietigem Gruß

Euer Eminenz im Herrn sehr ergebener
+ Franz Hengsbach.

89

Hengsbach an Hermes

Paderborn, 16. Februar 1957

EA München, Joseph Kardinal Wendel, 40 ZK/1957. *Schreibmaschinenabschrift. Anschrift*: Herrn Minister a. D. Dr. A[ndreas] Hermes, Bonn, Koblenzerstraße 121. *Vermerk:* Abschrift.

Hochverehrter Herr Minister!
Im Sommer 1954 haben wir zum letzten Male miteinander uns ausgetauscht über Fragen der Landjugend. Sie werden sich erinnern, daß es damals vor allem um die Frage ging, wieweit hier eine entsprechende Vereinbarung zwischen dem Deutschen Bauernverband und der Katholischen Landjugendbewegung möglich sei.
Nunmehr habe ich vor einigen Tagen mit Herrn Bundeskurat Wissing die Fragen der Landjugend erneut besprochen. Herr Bundeskurat Wissing ist der Auffassung, daß das Gespräch auf der Bundesebene wieder aufgegriffen werden sollte, nachdem die seinerzeit angeregten regionalen Abkommen in Kraft getreten sind, wenigstens soweit die vorwiegend katholischen Gebiete in Frage kommen. Im einzelnen handelt es sich hier um folgende Gebiete: Bayern, Südbaden, Südwürttemberg, Rheinland-Pfalz für das Gebiet der Diözese Trier, Nordrhein, Westfalen-Lippe und Niedersachsen.
Ich könnte mir vorstellen, daß nunmehr die Zeit gekommen ist, zwischen der katholischen Landjugendbewegung und dem Deutschen Bauernverband auch auf Bundesebene zu einem Übereinkommen zu gelangen. In diesem Übereinkommen sollten m. E. – wie wir es auch schon in unseren früheren Gesprächen ventiliert haben – die regionalen Abkommen seitens des Bauernverbandes anerkannt und zugleich Grundsätze für die gesamte Zusammenarbeit festgelegt werden.
Ich wäre Ihnen, sehr verehrter Herr Minister, recht dankbar, wenn Sie mich Ihre Auffassung zu der Wiederaufnahme unserer Verhandlungen wissen lassen würden. Gern bin ich bereit, mich zu einem persönlichen Gespräch mit Ihnen zu treffen, falls Ihnen das nützlich erscheint. Selbstverständlich steht auch Herr Bundeskurat Wissing zu einer Aussprache zur Verfügung.
Darf ich mich gleichzeitig nach Ihrem persönlichen Befinden erkundigen? Hoffentlich sind Sie trotz aller Arbeit und Mühe wohlauf.
Mit freundlichen Grüssen und besten Empfehlungen an Ihre Frau Gemahlin bin ich

Ihr sehr ergebener
gez. + Franz Hengsbach, Weihbischof.

90

Frings an Gerstenmaier[1]

Köln, 18. Februar 1957

EA München, Joseph Kardinal Wendel, 21/1957. *Schreibmaschinenvervielfältigung. Briefkopf:* Der Vorsitzende der Fuldaer Bischofskonferenzen. *Anschrift:* An den Präsidenten des Deutschen Bundestages, Herrn Dr. Gerstenmaier, Bonn. *Vermerk:* Abschrift *und* Anlage 3.

Sehr verehrter Herr Bundestagspräsident!
Dem Bundestag liegen drei Gesetzentwürfe vor, die sich mit der Frage des Baubodens befassen: zwei Entwürfe zum »Bundesbaugesetz«[2] und der Entwurf zu einem »Gesetz zur Bodenbewertung und über Grundrentenabgabe«. Wenn ich recht unterrichtet bin, werden diese Gesetzentwürfe in der derzeitigen Legislaturperiode nicht mehr behandelt werden. Das ist angesichts der weittragenden Bedeutung dieser Materie, die einer eingehenden Durcharbeitung bedarf, wohl auch gut so. Jedoch scheint mir ein Anliegen der genannten Gesetzentwürfe vordringlicher Behandlung zu bedürfen, nämlich die Frage, wie eine weitere Erhöhung der Bodenpreise verhindert werden kann.
Es besteht gewiß kein Zweifel, daß eine gerechte Sozialordnung die Mehrung des Eigentums für alle Volksschichten, und zwar insbesondere durch Erstellung von Eigenheimen verlangt. Dieses Ziel kann aber nicht erreicht werden, wenn die Entwicklung der Bodenpreise weiterhin so verläuft, wie es im Augenblick der Fall ist. Auch die Ziele des von uns allen so sehr begrüßten Familienheimgesetzes[3] sind ernsthaft gefährdet, wenn nicht in allernächster Zeit eine gesetzgeberische Regelung der zur Zeit herrschenden Entwicklung auf dem Bodenmarkt Einhalt gebietet.
Aus diesem Grunde gestatte ich mir, Sie, sehr verehrter Herr Bundestagspräsident, zu bitten, für eine Behandlung derjenigen Bestimmungen aus den dort vorliegenden Gesetzentwürfen einzutreten, die geeignet sind, eine weitere Steigerung der Bodenpreise im Interesse des Wohnungsbaues zu verhindern.

Mit dem Ausdruck meiner vorzüglichen Hochachtung
bin ich Ihr sehr ergebener
[*o. U.*]
Erzbischof von Köln.

1 Eugen Gerstenmaier *(1906–1986), evangelischer Geistlicher und Politiker (CDU), Dr. theol., 1942 Konsistorialrat, 1945–1951 Leiter des Hilfswerks der EKD, 1949–1969 Mitglied des Bundestags, 1954–1969 Präsident des Bundestags. Vgl.* M. Stickler.

2 *Vgl. Dok. 61, Anm. 4.*

3 Zweites Wohnungsbaugesetz *vom 28. Juni 1956.* BGBl., *S. 463.*

91

Keller an Wendel

Münster, 9. März 1957

EA München, Joseph Kardinal Wendel, 21/1957. *Schreibmaschinenausfertigung mit eigenhändiger Unterschrift. Briefkopf:* Der Bischof von Münster. *Anschrift:* S[eine]r Eminenz dem Hochwürdigen Herrn Erzbischof Joseph Kardinal Wendel, München. *Handschriftlicher Vermerk:* Fr[ei]s[in]g. *Eingangsstempel:* Erzbistum München. Erzb[ischof] 11. M[ä]rz 1957, 21 Nr. 427.

Eminenz, lieber, hochwürdigster Mitbruder!
Gestern war Herr Dr. Römer[1] von der Augsburger Tagespost bei mir. Sein Anliegen war, meine Unterstützung für eine weitere Verbreitung der Tagespost in unserem Raum zu erbitten. Es war eine sehr sachliche und ruhige Unterredung; aber ich mußte ihm sagen, daß wir natürlich unmöglich von uns aus Wert darauf legen könnten, in diesem Raum zwei katholische Wochenzeitungen mit gleichem Nachdruck zu vertreiben, sondern im Gegenteil noch allerhand unternehmen müßten, um dem Echo der Zeit die wünschenswerte Bezieherbasis zu verschaffen.
Bei dieser Gelegenheit fiel mir ein, was ich vor längerer Zeit einmal gehört habe, daß der Verleger von »Echo der Zeit«, Herr Bitter[2], bei Dir gewesen sein soll, um Deine ideelle und sogar finanzielle Unterstützung für die Vertreibung des Echo der Zeit im süddeutschen Raum zu erlangen. Wenn dem wirklich so sein sollte, möchte ich ausdrücklich erklären, daß Herr Bitter ohne unseren Auftrag und gegen unsern Willen so gehandelt hat. Wir denken gar nicht daran, etwas zu unternehmen, ohne uns vorher mit Dir abgestimmt zu haben.
Wohl aber scheint es mir, auch nach der Besprechung mit Herr Dr. Römer, dringend notwendig, daß eine solche Absprache auf die Dauer stattfindet, sonst wird die Entwicklung so verlaufen, daß weder Echo der Zeit, noch Tagespost, noch Allgemeine Sonntagszeitung sich wirklich durchsetzen und den Einfluß in der Öffentlichkeit gewinnen können, den wir dringend wünschen müssen. Leider sind in den letzten Jahren mehrere Chancen, vor allen Dingen hier in unserem Raum, verpaßt worden, was sich meines Erachtens jetzt schon bitter rächt.
Ich würde auf jeden Fall sehr dankbar sein, wenn Du Dir schon mal darüber Gedanken machtest, so daß wir uns gelegentlich darüber unterhalten können.
Mit herzlichem Gruß

Dein
+ Michael Keller.

[1] Ferdinand Römer *(1919–1986), Dr., 1948–1951 Redakteur der »Augsburger Tagespost«, übernahm anschließend die Chefredaktion der »Deutschen Tagespost«, Würzburg.*

[2] Wilhelm Bitter *(1886–1964), Verleger in Recklinghausen, Vorsitzender der Kommunalpolitischen Vereinigung der CDU. Vgl.* J.-D. Gauger.

92

Protokoll des westdeutschen Bischofskonveniats

Hofheim, 11.–13. März 1957

EA MÜNCHEN, Joseph Kardinal Wendel, 21/1957. *Druckstück mit Überschrift:* Protokoll der Beratungen auf dem Konveniat der westdeutschen Bischöfe in Hofheim/Taunus vom 11. bis 13. März 1957. *Vermerk:* Vertraulich behandeln!

Anwesend waren die Hochwürdigsten Herren

1. Joseph Kardinal Frings, Erzbischof von Köln,
2. Lorenz, Erzbischof von Paderborn,
3. Eugen, Erzbischof von Freiburg/Breisgau,
4. Albert, Bischof von Mainz,
5. Michael, Bischof von Münster,
6. Wilhelm, Bischof von Limburg,
7. Karl Joseph, Bischof von Rottenburg,
8. Matthias, Bischof von Trier,
9. Johannes, Bischof von Aachen,
10. Adolf Bolte, Weihbischof, Vertreter der Diözese Fulda,
11. Weihbischof von Rudloff, Kapitularvikar von Osnabrück,
12. Prälat Dr. Offenstein, Kapitularvikar von Hildesheim.

Behandelt wurden die folgenden Fragen:

I. Bildung, Erziehung, Unterricht

a) Familienausgabe des neuen Katechismus:

Die Bearbeiter der Ausgabe des Familien-Katechismus haben einige Entwürfe vorgelegt, die den Lehrstücken des Schulkatechismus als Zusätze angefügt werden sollen. Die vorgelegten Entwürfe werden grundsätzlich gebilligt. Entsprechende Entwürfe sollen auch für die übrigen Lehrstücke des Katechismus ausgearbeitet und den Bischöfen zugestellt werden. Die Bischöfe werden gebeten, Ausstellungen, Anregungen und Vorschläge zu den übersandten Entwürfen an Herrn Domkapitular Hubert Fischer, München 2, Maxburgstraße 2, einzusenden.

Über eine Vergütung für die Bearbeiter soll von Herrn Domkapitular Fischer ein geeigneter Vorschlag eingereicht werden. Der Gesamtentwurf soll der Katechismus-Kommission unter dem Vorsitz des Bischofs von Eichstätt zur Überprüfung vorgelegt werden.

Das Autorenrecht an der Familienausgabe bleibt bei den deutschen Bischöfen. Zum Zwecke einer einheitlichen Regelung der rechtlichen und finanziellen Fragen, die sich aus dem Verlag, Druck und Vertrieb des Familien-Katechismus ergeben, wird sich die nach § 8 des Hauptvertrages über den Deutschen Einheitskatechismus vom 23.5.1955 von den Bischöfen bestellte ständige Kommission zu gegebener Zeit mit dem Verlag Herder & Co. GmbH, Freiburg/Breisgau, in Verbindung setzen.

b) Neuherausgabe der »Ecker-Bibel[1]«:
Der Bischof von Trier berichtet über den derzeitigen Stand einer Neuherausgabe der Ecker-Bibel durch den Patmos-Verlag. Den einzelnen Diözesen gehen nähere Mitteilungen zu.
c) Zusammenschluß katholischer Privatschulen:
Mit Rücksicht auf die wachsende Bedeutung des Privatschulwesens halten die Bischöfe es für wünschenswert, daß der bisher bestehende Zusammenschluß der von Ordensschwestern geleiteten katholischen Privatschulen auf alle katholischen Privatschulen, namentlich auf die Privatschulen der Diözesen und der männlichen Orden, ausgedehnt wird.
d) »Litterae circulares« der Sakramenten-Kongregation vom 27.12.1955[2]: Der Bischof von Mainz berichtet über den derzeitigen Stand der Bemühungen, um die »Litterae circulares« der Sakramenten-Kongregation vom 27.12.1955 sowohl für die Hand der Regenten und Seminar-Beichtväter wie auch für die Hand der Alumnen auszuwerten. Dem nächsten Konveniat werden entsprechende Entwürfe vorgelegt, welche ihre letzte Redaktion auf der Fuldaer Plenarkonferenz erhalten sollen.
e) Collegio dell'Anima, Rom:
Der Vorsitzende wird gebeten, die zuständigen römischen Stellen auf die Unterschiede hinzuweisen, welche zwischen den Auffassungen des österreichischen und des deutschen Episkopates in den z. Z. schwebenden Fragen bezüglich des Collegio dell'Anima, Rom, bestehen.
f) Plan einer Frauen-Akademie in Altenberg:
Der Plan bedarf noch weiterer Klärung. Es wird vorgeschlagen, auf einer Zusammenkunft der Diözesanvertreter deren Votum einzuholen und das Protokoll darüber dem Erzbischof von Köln als Unterlage für eine Entscheidung vorzulegen.
g) Zentralkomitee der deutschen Katholiken:
Das Konveniat nimmt mit Bedauern zur Kenntnis, daß Dr. Paulus, Bad Godesberg, infolge der Übernahme einer neuen Aufgabe aus der Arbeit des Zentralkomitees der deutschen Katholiken ausscheiden wird. Als sein Nachfolger ist P. Dr. Engel, S.C.J., in Aussicht genommen.

II. Seelsorge und Sozialfragen
a) Geistliche als Bundestagsabgeordnete:
In der Frage, ob Geistliche als Abgeordnete für den Bundestag kandidieren dürfen, ist das Konveniat der Ansicht, daß einer Zustimmung des betreffenden Ordinarius nichts im Wege steht, sofern der Kandidat die nötige Eignung besitzt.
b) Dispens für Ordensfrauen mit päpstlicher Klausur:
Das Schreiben S[eine]r Exzellenz, des Hochwürdigsten Herrn Erzbischofs von Salzburg, wegen einer gemeinsamen Eingabe an die Religiosen-Kongregation um Dispens für Ordensfrauen mit großer päpstlicher Klausur zwecks Teilnahme an Jahres-

1 *Katholische Schulbibel von* JAKOB ECKER, *zahlreiche Auflagen, zuerst Regensburg 1919.*
2 *Nicht ermittelt.*

tagungen für die höheren Ordensoberinnen und Novizenmeisterinnen wird zur Überprüfung bis zum nächsten Bischofs-Konveniat zurückgestellt.

c) Austausch der Beicht-Jurisdiktion:

Die Erzbischöfe und Bischöfe von Köln, Paderborn, Aachen, Münster und Trier treffen ab sofort die folgende Abmachung:

Jeder Priester, dem für eine der genannten (Erz-) Diözesen von dem zuständigen Ortsordinarius Jurisdiktion verliehen wird, erhält – sofern die Verleihung ohne Einschränkung erfolgt – ohne weiteres Beicht-Jurisdiktion mit gleicher Geltungsdauer für die übrigen vier Diözesen.

Die übrigen anwesenden Bischöfe, zwischen denen zum Teil bereits ähnliche Vereinbarungen bestehen, sind sich darin einig, daß die betreffenden Abmachungen ab sofort die gleiche Auslegung erfahren sollen.

d) Studentische Mensur:

Das Konveniat beschließt, die Frage nach der Fortdauer der Zensur für studentische Mensuren durch die Konzils-Kongregation zu klären. Der Erzbischof von Paderborn wird gebeten, bis zum nächsten Konveniat den Entwurf für diese Eingabe in Verbindung mit dem bayerischen Episkopat zu redigieren.

Es wird empfohlen, den Abiturienten auch diesmal den bisherigen Aufruf zuzustellen.

e) Gleitende Arbeitswoche:

Dr. Paulus, Bad Godesberg, berichtet eingehend über die Problematik und den derzeitigen Stand der Verhandlungen betr. »gleitende Arbeitswoche«. Das Konveniat beschließt, einen Brief an den Vorstand des Arbeitgeberverbandes Eisen- und Stahlindustrie, Düsseldorf, zu richten (Wortlaut des Briefes siehe Anlage)[3].

f) Christliche Gewerkschaft:

Das Konveniat nimmt Stellung zur jüngsten Entwicklung der CGD, insbesondere zu den Schwierigkeiten, die sich aus einer passiven oder sogar ablehnenden Haltung mancher katholischen Verbände und eines Teiles der von diesen abhängigen kirchlichen Presse sowie aus dem Wirken von P. Reichel S. J. ergeben haben.

Die Bischöfe beschließen, eine Mahnung an alle katholischen Verbände zu richten[4]. Der Vorsitzende wird gebeten, sich wegen P. Reichel an P. General der Gesellschaft Jesu in Rom zu wenden[5] mit dem Ziel seiner Abberufung aus der Gewerkschaftsarbeit, damit einer weiteren Verwirrung der Geister in den eigenen katholischen Reihen vorgebeugt wird.

III. Organisatorische und finanzielle Fragen

a) Wohnbaugesetz:

Der Kapitularvikar von Hildesheim behandelt den Entwurf zum Wohnbaugesetz[6]. Angesichts der Bedeutung dieser Sache soll aus Juristen, die in Grundstückssachen

[3] *Vgl. Dok. 93.*

[4] *Vgl. Dok. 95.*

[5] *Vgl. Dok. 94.*

[6] Gesetz zur Änderung des Ersten und des Zweiten Wohnungsbaugesetzes *vom 26. September 1957.* BGBl., *S. 488.*

Erfahrung haben, eine Kommission gebildet werden. Vorgeschlagen werden die Herren Dr. Westhoff-Köln, Dr. Weng-Rottenburg und Dr. Freitag-Münster. Kardinal Wendel-München soll um die Mitarbeit von Herrn Justitiar Dr. Rieß-München gebeten werden. Der Kapitularvikar von Hildesheim erklärt sich bereit, die Federführung für die Einberufung und Arbeit der geplanten Kommission zu übernehmen.
b) Diaspora-Kirchbau:
Es besteht Einvernehmen darüber, den Diaspora-Kirchbau in den nächsten drei Jahren weiter zu fördern. Das Erzbistum Köln will 50 Prozent der von der Fuldaer Plenarkonferenz 1957 zu beschließenden Summe voraus übernehmen unter der Voraussetzung, daß das neue Bistum Essen sich an der Aufbringung dieses Kölner Anteils zu einem Fünftel beteiligt. Erbeten sind insgesamt 5.000.000 DM.
c) Caritasheim im Durchgangslager Friedland:
Prälat Dr. Offenstein befürwortet dringend die Erstellung dieses Heimes. Rechtsträger würde zweckmäßig der Caritasverband der Diözese Hildesheim sein. Die Klärung der Bau- und Rentabilitätsfragen würde das Bischöfliche Ordinariat Hildesheim übernehmen.
Prälat Dr. Offenstein wird gebeten, baldmöglichst konkrete Vorschläge an den Erzbischof von Köln einzureichen. Es soll ernsthaft geprüft werden, ob eine überdiözesane finanzielle Hilfe bis zur Höhe von 200.000 DM geleistet werden kann.
d) Gelder für Flüchtlingslager-Betreuung:
Das Konveniat gibt seine Zustimmung zu verschiedenen Vorschlägen, welche Bischof Dr. Döpfner-Berlin als der Referent für die Flüchtlingsfragen bezüglich Verteilung der in Fulda 1956 für die Lagerbetreuung bewilligten Gelder unterbreitet. Demzufolge sollen die Anträge auf Zuwendung für die SBZ-Lager von einem Dreier-Gremium, bestehend aus den Herren Dr. Püschel[7], Dr. Krahé und Prälat Braun[8], geprüft werden; die Auszahlung unterliegt der Genehmigung von Bischof Dr. Döpfner. Die Rechnungslegung gegenüber Münster erfolgt durch Prälat Braun. Die für das Lagerwerk Berlin bewilligten Gelder werden direkt nach Berlin geleitet und durch Bischof Dr. Döpfner über Herrn Caritasdirektor Dr. Albs[9] verteilt. Rechnungslegung gegenüber Münster erfolgt durch Dr. Albs.
Sämtliche Gelder sind in erster Linie für seelsorgliche, erst dann für fürsorgerische Zwecke zu verwenden.
e) Besoldungsregelung für Priester, die in der Seelsorge an Ausländern tätig sind:
Das Konveniat erklärt sich mit der Entscheidung der in Fulda 1956 bestimmten Bischofs-Kommission bezüglich der Besoldungsregelung für die in der Seelsorge an

7 ERICH PÜSCHEL *(1898–1984), Dr., 1953 Geschäftsführer des Katholischen Lagerdienstes, 1960 Direktor in der Zentrale des Deutschen Caritasverbandes.*

8 GUSTAV JOSEPH BRAUN *(1896–1976), Dr. theol., 1922 Priester (ED Breslau), 1926–1946 im Ordinariat tätig, 1947 Diözesanvertriebenenseelsorger in Limburg, 1948–1959 Assistent des jeweiligen bischöflichen Beauftragten für Vertriebenenseelsorge, 1948 Vizepräsident des Katholischen Flüchtlingsrates, 1953 Leiter der Dienststelle für Vertriebenenseelsorge. Vgl.* J. GOTTSCHALK VI, *S. 160–163.*

9 WILHELM ALBS *(1907–1993), Dr. theol., 1931 Priester (D Berlin), 1940 Diözesan-Caritasdirektor in Berlin, 1957 Päpstlicher Hausprälat, 1965 Vorsitzender des Diözesan-Caritasverbands, 1969 Generalvikar.*

den Ausländern tätigen Priester einverstanden. Die Gesamtsumme wird nach dem üblichen Schlüssel auf die einzelnen Diözesen umgelegt. Der Verrechnungs- bzw. Auszahlungsmodus soll möglichst vereinfacht werden.
f) Versorgung pensionierter Priester des Flüchtlingsklerus:
Das Konveniat bespricht die Frage der Versorgung pensionierter Priester des Heimatvertriebenen-Klerus, insbesondere der neuerdings aus Polen vertriebenen Priester. Einzelheiten einer Regelung werden vertagt auf das nächste Konveniat, an dem der neue Bischof von Berlin, der z. Z. noch das Flüchtlingsreferat hat, teilnimmt.
g) Missionspatronate:
Das Konveniat verweist auf den Beschluß der Fuldaer Plenarkonferenz 1956 (siehe Protokoll Seite 3)[10], demzufolge das Päpstliche Werk der Glaubensverbreitung in Aachen zum Zwecke einer guten Koordinierung von Zuwendungen für die Missionen gehört werden soll.
h) GEMA-Antrag zum Vertrag C. St. 268 vom 18.5.1953:
Die anwesenden Ordinarien stimmen der von der GEMA erbetenen 25prozentigen Erhöhung der in dem Vertrag C. St. 268 vom 18.5.1953 festgesetzten Pauschale zu.
i) »Funk-Kalender« und »Gong«:
Das Konveniat beschließt, bei Empfehlungen wirtschaftlicher Art aus grundsätzlichen Erwägungen sehr zurückhaltend zu sein. Die kirchlichen Amtsblätter sollen grundsätzlich keine Empfehlungen dieser Art aufnehmen. Sollte in einem besonderen Falle eine Empfehlung außerhalb des Amtsblatts ratsam erscheinen, so dürfte sie nicht exklusiv einem bestimmten katholischen Unternehmen zugute kommen, sondern müßte gleichermaßen die verschiedenen interessierten Konkurrenten berücksichtigen.

Das nächste westdeutsche Konveniat findet statt vom 17.–19. Juni 1957 in Braunshardt.

gez.: + Wilhelm
Bischof von Limburg

gez.: + Joseph Kardinal Frings
Erzbischof von Köln.

[10] *Vgl. Dok. 63.*

93

Frings an den Vorstand des Arbeitgeberverbands Eisen- und Stahlindustrie

Köln, 13. März 1957

EA München, Joseph Kardinal Wendel, 21/1957. *Druckstück mit Kopf:* Der Erzbischof von Köln. *Aktenzeichen*: J[ou]r[nal] Nr.: ad 8476 I/55. *Anschrift*: An den Vorstand des Arbeitgeberverbandes Eisen- und Stahlindustrie[1], Düsseldorf, Berliner Allee 55. *Vermerk:* Anlage *[zu Nr. 92].*

Sehr geehrte Herren!

In letzter Stunde wenden wir westdeutschen Bischöfe uns noch einmal mit der eindringlichen Bitte an Sie, in der in den letzten Wochen so brennend gewordenen Frage der Arbeitszeitverkürzung einen Weg zu wählen, der die Sonderstellung des Sonntags als Tag der Arbeitsruhe und der Gottesverehrung nicht antastet und einwandfrei den bestehenden Gesetzen gerecht wird.

Die vielen Diskussionen, die in den letzten Wochen mit wirklichem Ernst um den Sonntag geführt wurden, haben gezeigt, wie groß noch das Anliegen und die Wertschätzung des Sonntags in allen Kreisen unseres Volkes ist. Nicht zuletzt die Hoffnung, eine Verbesserung ihres Sonntags zu erfahren, bewegt ja viele Arbeiter, der vorgeschlagenen Neuregelung zuzustimmen. Wir jedoch glauben, daß dieselben hierin einer Täuschung unterliegen, und wir vermeinen, daß alle einsichtigen Männer uns darin folgen müßten. Wird doch der Sonntag als gesellschaftliche Einrichtung und in seiner Sonderstellung unter den übrigen Tagen der Woche durch die Neuregelung für die betroffenen Arbeiter de iure und de facto abgeschafft. Die Tatsache, die in der Propaganda heute ganz einseitig dargelegt wird, daß dem Arbeiter in der neuen Regelung mehr völlig arbeitsfreie Sonntage anfallen als bisher, kann nicht darüber hinwegtäuschen, daß der Sonntag dem Werktage nunmehr gänzlich gleichgestellt werden soll.

Als sachliches Ergebnis der vielen Diskussionen hat sich herausgestellt, daß es produktionstechnisch nicht unmöglich ist, den Arbeitsprozeß auch in den Stahlwerken an Sonntagen zu unterbrechen.

Die Kirche ist die letzte, die wirtschaftliche Gegebenheiten und die Sorge um die Erhaltung der Arbeitsplätze der Menschen nicht als harte Tatsachen in Rechnung stellte. Sie weiß auch, daß die technischen Zusammenhänge in vielen Industriezweigen nie eine vollkommene Betriebsruhe oder auch eine Betriebsruhe den ganzen Sonntag hindurch zulassen werden. Die wirtschaftlichen Einbußen dürfen und sollen auch in so engen Grenzen gehalten werden, wie eine vernünftig aufgefaßte Sonntagsruhe für alle Arbeiter dies zuläßt. Diese Einbußen um des Sonntags willen müssen dann als unabänderliche Kosten getragen werden. Ohne alle Einbußen jedoch wird sich eine Sonntagsruhe niemals durchführen lassen.

Da die Sonntagsruhe allen Industriezweigen solche wirtschaftlichen Einbußen auferlegt, konnte von keiner Stelle uns bisher die Besorgnis abgenommen werden, daß

[1] *Wie aus Dok. 103 hervorgeht, ging dieses Schreiben in Durchschrift auch der Industriegewerkschaft Metall zu.*

es unmöglich sein wird, die Ausweitung der von Ihnen geplanten Maßnahmen zu verhindern, wenn ein Industriezweig sich gänzlich davon freimachen kann, zumal andere dann sich auf den Gleichheitsgrundsatz des Grundgesetzes berufen werden.
Die Kirche ist seit langem und heiß bemüht, das religiöse Leben in der Industriearbeiterschaft zu vertiefen, und kann erfreuliche Anzeichen feststellen, daß die Kluft, die sich zwischen großen Teilen derselben und der Kirche gebildet haben, sich wieder schließen wird. Dazu ist vor allem auch notwendig, daß der Sonntag mit seiner Ruhe, Besinnung und Feier des ganzen Volkes wieder zum ständigen Erlebnis der Arbeiter werden kann.
Die im 19. Jahrhundert mit vielen Anstrengungen erkämpfte, wenn auch in der Vergangenheit noch sehr unvollkommene Sonntagsruhe war ein großer sozialpolitischer Erfolg, der nicht nur religiöse, sondern vor allen Dingen auch allgemein menschliche Bedeutung für die Arbeiterschaft hatte. Wir sehen mit großer Besorgnis, daß diese Errungenschaft nun wieder verloren gehen könnte, während es doch eine von allen anerkannte große sozialpolitische Aufgabe ist, denselben zu verbessern.
Ein weiterer Grund unserer Besorgnis liegt darin, daß offensichtlich und nach einmütigem Urteil aller die Regierungen bis an die Grenze des Gesetzes, ja der Verfassung, nach Meinung vieler angesehener Juristen sogar darüber hinaus gehen müssen, um die erforderlichen Genehmigungen für die Einführung der neuen Arbeitsweise geben zu können.
Nur unter weiterer Bedrängnis der staatlichen Autorität werden dann schließlich die nötigen gesetzgeberischen Maßnahmen getroffen werden können, die eine Dauerregelung bringen sollen. Ein solches Verfahren würde sicher unserer noch kaum gefestigten und von vielen Seiten bedrohten staatlichen Ordnung wenig zuträglich sein. Es ist eine schwere Verantwortung, den Staat in derartige Situationen zu drängen.
Unsere eindringliche Bitte an Sie, sehr geehrte Herren, geht darum dahin, noch einmal mit der Arbeiterschaft und ihren Vertretern in Verhandlung darüber einzutreten, wie baldigst eine wirksame Arbeitszeitverkürzung durchgeführt werden kann, bei der die Sonderstellung des Sonntags unter den Tagen der Woche gewahrt, wenigstens die Einschränkungen, die die bisherige Gesetzgebung für die Arbeit an Sonntagen auferlegt, loyal hingenommen und durch arbeitsorganisatorische und technische Maßnahmen die den einzelnen Arbeiter treffende Belastung seines Sonntags gemindert wird. Ein für alle Teile erträglicher Lohnausgleich sollte bei der gegenwärtigen Wirtschaftslage nicht unmöglich sein.
Wir haben das Vertrauen in unsere Arbeiterschaft und ihre Vertreter, daß, wenn Sie, sehr geehrte Herren, ihnen unter Berücksichtigung vorstehender Grundsätze ein neues Angebot machen, diese ihrerseits nicht mit unbilligen Forderungen antworten werden.
In dem gegenwärtigen Ringen auf Leben und Tod mit dem Materialismus des Ostens würden diese Beispiele hochherzigen Opfers auch von seiten der Industrie für die ideellen Werte nicht unwirksam bleiben.
Nach Durchführung einer solchen Abeitszeitverkürzung sollten in ruhigen und sachlichen Bemühungen aller Beteiligten und unter Zuziehung sachverständiger und

unabhängiger Gremien die Vorarbeiten geleistet werden, die notwendig sind, um die so schwierige Materie in eine unter allen Gesichtspunkten tragbare gesetzliche Ordnung zu bringen. Die Kirche wird gerne dabei ihre Mithilfe leisten.
Unter Hinweis auf dieses Schreiben haben wir den Herrn Arbeits- und Sozialminister des Landes Nordrhein-Westfalen gebeten, seinerseits von weiteren Schritten Abstand nehmen zu wollen.
Dem Herrn Bundeskanzler, dem Herrn Bundesarbeitsminister, dem Herrn Bundeswirtschaftsminister[2], den Herren Arbeitsministern der Länder sowie dem Vorstand IG Metall und dem Vorstand des DGB haben wir eine Abschrift dieses Schreibens zugestellt.
Indem wir Sie, sehr geehrte Herren, unserer besonderen Hochachtung versichern, sprechen wir noch einmal unser Vertrauen und unsere Hoffnung aus, daß Sie unsere Sorgen verstehen und gemeinsam mit uns und allen beteiligten Kreisen unseres Volkes und des Staates an einer Lösung mitarbeiten, die sowohl die geistigen wie auch die materiellen Bedürfnisse des Menschen gebührend berücksichtigt und damit dem Wohle des ganzen Menschen und dem Volke dient.
Mit verbindlichen Empfehlungen

(gez.) Joseph Kardinal Frings
Erzbischof von Köln.

94

Keller an Frings

Münster, 15. März 1957

EA Köln, Gen. II 23.61, 24. *Schreibmaschinenausfertigung mit eigenhändiger Unterschrift. Briefkopf:* Der Bischof von Münster. *Anschrift:* S[ein]e Eminenz den Hochwürdigsten Herrn Erzbischof von Köln Joseph Kardinal Frings, Köln a[m] Rh[ein]. *Registraturstempel:* Erzb[ischöfliches] General-Vikariat Registratur 2. April 1957 Köln.

Eminenz, lieber, Hochwürdigster Freund!
In der Anlage übersende ich Dir gemäß unserer Absprache das Schreiben an die katholischen Verbände[1] und den gewünschten Entwurf eines Schreibens an den Hochwürdigsten Herrn Pater General der Jesuiten[2]. Was das erstere angeht, möchte ich doch noch einmal auf meinen ersten Vorschlag zurückkommen und nahelegen, bei der Verteilung dieses Schreibens die Vermittlung des Zentralkomitees der Deutschen Katholiken zu gebrauchen. Weil das Zentralkomitee als Organ der deutschen

[2] Ludwig Erhard *(1897–1977), Dr. rer. pol., Wirtschaftswissenschaftler und Politiker (CDU), 1945/46 bayerischer Wirtschaftsminister, 1947 Honorarprofessor in München, 1948/49 Direktor der Wirtschaftsverwaltung des Vereinigten Wirtschaftsgebiets in Frankfurt am Main, 1949–1963 Bundesminister für Wirtschaft, 1957–1963 Vizekanzler, 1963–1966 Bundeskanzler, 1966/67 Vorsitzender der CDU.*

[1] *Vgl. Dok. 95.*
[2] *Vgl. Dok. 101.*

Bischöfe für das gesamte Gebiet des Laienapostolates gilt, sollten wir es in einer so wichtigen Angelegenheit nicht ausschalten, sondern seine Stellung und Autorität auch dieses Mal unterstreichen. Zudem wäre auf diese Weise wohl sichergestellt, daß das Schreiben nicht nur an die wichtigsten katholischen Verbände und Organisationen, sondern auch an die entsprechenden Institutionen gelangt.

Daher würde ich vorschlagen, daß Du dem Zentralkomitee die Auflage machst, dieses Schreiben der Bischöfe an alle mit dem Zentralkomitee in Verbindung stehenden katholischen Organisationen und Institutionen unverzüglich weiterzuleiten und um eine Beachtung der darin ausgesprochenen Grundsätze auch seinerseits besorgt zu sein. Unter den Institutionen würden auf diese Weise auch die bedeutsamen katholischen Bildungsstätten, Akademien usw. erreicht, die alle ja irgendwie einem der drei Referate des Zentralkomitees zugeordnet sind.

Den Bischöflichen Hauptstellen müßte das Schreiben wohl unmittelbar zugehen. Ebenso dürfte es sich empfehlen, das Schreiben zur Kenntnisnahme unmittelbar an die Oberen der wichtigsten in Deutschland tätigen Orden und Genossenschaften zu versenden.

In diesem Zusammenhang kommt mir der Gedanke, ob es nicht gut wäre, wenn Du – möglichst noch vorher – auch Eminenz Wendel informiertest, der – davon bin ich fest überzeugt – sein Einverständnis sofort geben wird, so daß auf diese Weise die Einheit der deutschen Bischöfe noch deutlicher zum Ausdruck kommt.

In Verehrung und Liebe
Dein
+ Michael Keller.

95

Erklärung Frings'

Köln, 16. März 1957

EA MÜNCHEN, Joseph Kardinal Wendel, 21/1957. *Schreibmaschinenvervielfältigung mit Briefkopf*: Der Erzbischof von Köln. *Überschrift*: Erneute Stellungnahme der westdeutschen Bischöfe zur Frage der Christlichen Gewerkschaften. *Vermerk*: S[eine]r Eminenz / Ihren Exzellenzen den Hochwürdigen Herren (Erz-)bischöfen in der Bundesrepublik im Auftrage S[eine]r Eminenz, des Hochwürdigen Kardinal Frings zur freundl[ichen] Kenntnisnahme zugesandt; das Schreiben wurde den Herren Generalpräsides der größeren Verbände zugestellt. Ehrerbietig Teusch, Generalvikar. *Druck:* H.-D. SCHOLL, *S. 110 f.*

In ihrer Stellungnahme zur Gründung der christlichen Gewerkschaften haben die deutschen Bischöfe am 6.11.1955 u. a. erklärt:

»Wenn sich nun christliche Arbeitnehmer aus echter innerer Bedrängnis nach langen Überlegungen in Freiheit zur Neugründung entschlossen haben, so achten wir diese sachlich wohlbegründete Entscheidung und erwarten für sie Verständnis, besonders im kirchlichen Bereich. Wir ermahnen alle katholischen Arbeitnehmer, unbeschadet ihrer Einstellung zur Gewerkschaftsfrage auf die Wahrung christlicher Bruderliebe bedacht zu sein, sich gegenseitig nicht zu verunglimpfen und sich gemeinsam um die Durchsetzung christlicher Grundsätze und Forderungen zu bemühen.«

Nicht selten ist die Auffassung vertreten worden, die Bischöfe hätten in dieser Verlautbarung einen völlig neutralen Standpunkt eingenommen. Demgegenüber ist festzustellen, daß dies weder dem Wortlaut noch der Absicht dieser Verlautbarung entspricht. Es ist also falsch, die Folgerung daraus zu ziehen, daß es einfach eine Sache des persönlichen Geschmacks oder der ganz persönlichen Einstellung des einzelnen Katholiken sei, seinen eigenen grundsätzlichen Standpunkt zu wählen. Noch weniger kann daraus die Berechtigung hergeleitet werden, die Christlichen Gewerkschaften in ihrer Existenzberechtigung zu verneinen oder sie öffentlich oder versteckt zu bekämpfen. Vielmehr handelte es sich um eine positive Stellungnahme, die später u. a. noch durch gelegentliche Äußerungen S[eine]r Eminenz des Hochwürdigsten Herrn Kardinals von Köln unterstrichen wurde.
Die Gründe, die zur Gründung der Christlichen Gewerkschaft geführt haben, sind bekannt: häufige Verletzung der Neutralität in Fragen von grundsätzlicher religiöser, sozialer und kulturpolitischer Bedeutung. Wir erinnern nur an den auch heute noch fortdauernden Kampf der Gewerkschaft Erziehung und Wissenschaft gegen die konfessionelle Schule und die konfessionelle Lehrerbildung, Infiltration der Mitglieder mit achristlichem Gedankengut durch die gewerkschaftliche Presse- und Bildungsarbeit, so daß katholische Mitglieder in ihrem Glauben und in ihrer Treue zur Kirche gefährdet wurden, – vor allem aber auch die Notwendigkeit einer gewerkschaftlichen Organisation, die sich positiv für die Verwirklichung der christlichen Soziallehre einsetzt und das Erfordernis einer Unterstützung der internationalen christlichen Gewerkschaftsarbeit vor allem mit Rücksicht auf die Missionsgebiete.
Diese Gründe bestehen auch heute noch zu Recht, und die Sorgen, welche die Gründer damals bewogen haben, sind auch in der Zwischenzeit durchaus nicht gegenstandslos geworden.
Wir Bischöfe sind besonders besorgt um gewisse Verlautbarungen von kleineren Gruppen und Einzelpersönlichkeiten im katholischen Raum, die sich gegen die Christlichen Gewerkschaften richteten. Auch von diesen Katholiken erwarten wir, daß sie zum mindesten alles unterlassen, was das weitere Wachstum der Christlichen Gewerkschaften hindern könnte; wir wünschen vielmehr, daß sie sich bemühen, zu einer günstigen Entwicklung der neugegründeten Gewerkschaften beizutragen. Als Bischöfe halten wir es für unsere Pflicht, alle katholischen Gemeinschaften und Verbände darauf hinzuweisen, daß es mit ihrem kirchlichen bzw. katholischen Charakter nicht vereinbar ist, wenn sie sich in einer für die Zukunft unserer katholischen Arbeitnehmerschaft, unseres Volkes und der Kirche in Deutschland so wichtigen Frage über die einmütige Auffassung der Bischöfe hinwegsetzen.
Zum Schluß bitten wir alle katholischen Verbände und Gruppen herzlich und dringend, ihren ganzen Einfluß geltend zu machen, daß entsprechend unserer Mahnung vom 6.11.1955 in allem die Bruderliebe gewahrt bleibe, daß sich alle sorgsam davor hüten, einander zu verunglimpfen und daß sich alle gemeinsam um die Durchsetzung christlicher Grundsätze und Forderungen bemühen.
Namens der westdeutschen Bischöfe

(gez.) Joseph Kardinal Frings
Erzbischof von Köln.

96

Jaeger an Wendel

Paderborn, 18. März 1957

EA MÜNCHEN, Joseph Kardinal Wendel, 21/1957. *Schreibmaschinenausfertigung mit eigenhändiger Unterschrift. Briefkopf:* Der Erzbischof von Paderborn. *Anschrift:* Seiner Eminenz Dr. Joseph Kardinal Wendel, Erzbischof von München und Freising, München 2, Kardinal-Faulhaber-Str. 7. *Vermerk:* Mensur. *Eingangsstempel:* Erzbistum München. Erzb[ischof] 21. M[ä]rz 1957. 21 Nr. 477.

Eminenz!

Zu Ihrem morgigen Namensfeste übersende ich Ihnen ehrfurchtsvolle, herzliche Segenswünsche mit der Versicherung, daß ich Ihrer und Ihrer Diözese morgen am Altare gedenken werde. Möchte Gott der Herr weiterhin Ihr Wirken so sichtbar mit Seiner Gnade begleiten, damit Sie immer wieder die Freude haben an der schönen Frucht, die Gott der Herr aus Ihrem hingebenden Wirken ersprießen läßt. Möchte der Herr vor allem Ihre bewundernswerte körperliche und geistige Frische und Schaffenskraft erhalten.

Darf ich sodann diese Gelegenheit meines Glückwunschschreibens benutzen, Ihnen auch eine amtliche Angelegenheit zu unterbreiten? Auf dem westdeutschen Bischofskonveniat in Hofheim vom 11. bis 13. März 1957[1] habe ich über die Mensurfrage referiert. Ich hatte vorher durch meinen Moraltheologen, Professor D. Dr. Gustav Ermecke[2], das gesamte mir zur Verfügung stehende Material P. Hürth, S. J., Rom, unterbreiten lassen mit der Bitte um eine Beurteilung und Stellungnahme. Ich füge eine Durchschrift der Antwort P. Hürths bei. Sie ist ein förmliches Gutachten geworden, das zu dem Ergebnis gelangt, die kirchliche Strafzensur, die auf die Bestimmungsmensur gesetzt worden ist, besteht fort. P. Hürth empfiehlt aber dann, eine eigene Eingabe an die Konzilskongregation, die seinerzeit das Gutachten erstattet hat, das zur Zensurierung der Bestimmungsmensur geführt hatte, um zu einer Klärung des Dubium in der Öffentlichkeit zu gelangen. Er macht in seinem Schreiben für diese Eingabe ganz konkrete Vorschläge, die darin enden, daß die Bischöfe bitten, zu entscheiden, daß die kirchliche Zensurierung trotz aller Versicherungen der schlagenden Verbände, trotz der Abschaffung des Duells u. s. w. fortbestehe.

Auf dem westdeutschen Bischofskonveniat wurden gegen eine Eingabe dieser Art – ich lege Ihnen eine Abschrift des Entwurfes der Eingabe[3], wie ich sie vorgeschlagen hatte, zur Kenntnisnahme bei – Bedenken erhoben von Eminenz Frings, Erzbischof Seiterich von Freiburg und dem Bischof von Trier. Die Bedenken der drei Bischöfe gründeten darin, daß sie befürchteten, P. Dr. Hürth S. J. könne von dort aus die neue Situation, wie sie sich in Deutschland herausentwickelt habe, nicht richtig beurteilen. Die drei Bischöfe waren infolgedessen bloß bereit einer Eingabe zuzustimmen, die am Schluß das Dubium vorlegt und fragt, ob nach Meinung der hl. Konzilskongre-

1 *Vgl. Dok. 92.*

2 GUSTAV ERMECKE *(1907–1987), Dr. phil., Dr. iur. utr., Dr. theol., 1936 Priester (ED Paderborn), 1941 erzbischöflicher Geheimsekretär, 1945 Professor für Moraltheologie und Sozialethik an der Akademie in Paderborn, 1975 Professor für Christliche Gesellschaftslehre in Bochum.*

3 *Nicht ermittelt.*

gation die Zensur noch fortbesteht. Die Eingabe solle also nicht von vornherein den Fortbestand erbitten, sondern die Kongregation frei lassen in ihrer Entscheidung für oder gegen die Zensur.

Die Eingabe ist dann auch so beschlossen worden. Ich habe die Auflage bekommen:

1. die ganze Angelegenheit Ihnen zu unterbreiten, damit auch die bayerische Bischofskonferenz demnächst diese Angelegenheit durchberaten kann;
2. die Eingabe danach entsprechend umzuarbeiten, daß sie, wie gewünscht, der Konzilskongregation zugesandt werden kann.
3. Die Eingabe soll aber, wie Eminenz Frings gefordert hat, nicht vor Pfingsten abgeschickt werden, weil er mit Rücksicht auf die innerpolitischen Spannungen und die bevorstehenden Bundestagswahlen es nicht für opportun hält, durch die Antwort der Kongregation, die ja öffentlich bekanntgegeben werden müßte, die politischen Spannungen zu verstärken und in das bürgerliche Lager eine neue Spaltung hineinzutragen, die vielleicht viele Kreise abdrängen würde zur FDP.

Darf ich erwarten, daß Sie mir nach Schluß der bayerischen Bischofskonferenz die Auffassung der bayerischen Bischöfe in dieser Frage mitteilen, damit ich sie bei der Abfassung der Eingabe nach Rom mit verwerten kann?

Ich habe sodann in diesen Tagen allen bayerischen Bischöfen zwei Ausarbeitungen des Bonifatiusvereins[4] zugesandt, die gleichfalls den Mitgliedern des westdeutschen Bischofskonveniats gelegentlich der Konferenz von mir überreicht worden sind. Sie bilden die Unterlage oder auch den Anstoß dafür, daß das westdeutsche Konveniat beschlossen hat, bei der Plenarkonferenz im September in Fulda den Antrag einzubringen, für die nächsten drei Jahre eine weitere Kirchbauhilfe dem Generalvorstand des Bonifatiusvereins zur Verfügung zu stellen in der Höhe von fünf Millionen DM, damit möglichst bald die Flüchtlingsgemeinden aus den evangelischen Kirchen herauskommen und eigene Gottesdiensträume erhalten.

Die Sorge mancher Bischöfe, die Diözesen könnten dadurch finanziell überfordert werden, war unverkennbar. Eminenz Frings hat aber den Antrag dadurch schmackhaft gemacht, daß er sich bereiterklärte, daß von den 5 Millionen die Erzdiözese Köln 2,5 Millionen DM persönlich übernimmt. Ferner wird die Erzdiözese Köln von den verbleibenden 2,5 Millionen, die nach dem üblichen Schlüssel auf die Diözesen verteilt werden, seinen Schlüsselanteil gleichfalls übernehmen, so daß de facto nur noch 1,8 Millionen zur Verschlüsselung zu gelangen brauchen, die sich auf drei Jahre verteilen. Ich denke, daß in dieser Form dem Wunsche des Bonifatiusvereins nach einer weiteren Kirchbauspende der deutschen Diözesen wird entsprochen werden können.

Ich wünsche der bayerischen Bischofskonferenz einen schönen, fruchtbaren Verlauf und darf gewiß darum bitten, allen Hochwürdigsten Mitgliedern der Konferenz meine ehrerbietigen, brüderlichen Grüße gütigst übermitteln zu wollen.

Zum Schluß bitte ich nochmals um Entschuldigung, daß ich einen Namenstagsbrief mit so schwerem Gepäck belastet habe. Ich hoffe, daß ich dafür von Ihnen die Absolution bekommen werde.

[4] *Nicht ermittelt.*

Ich wünsche einen recht frohen Festverlauf und verbleibe unter Wiederholung meiner Namenstagswünsche mit ehrerbietigen Grüßen

Euer Eminenz ganz ergebener
+ Lorenz Jaeger
Erzbischof von Paderborn.

97

Hengsbach an Wendel, Keller und Döpfner

Paderborn, 18. März 1957

EA München, Joseph Kardinal Wendel, 40 ZK/1957. *Schreibmaschinenausfertigung mit eigenhändiger Unterschrift. Briefkopf:* Weihbischof Dr. Franz Hengsbach. *Anschrift:* S[eine]r Eminenz dem Hochwürdigsten Herrn Joseph Kardinal Wendel, Erzbischof von München-Freising, S[eine]r Exzellenz dem Hochwürdigsten Herrn Bischof Dr. Michael Keller, Bischof von Münster, S[eine]r Exzellenz dem hochwürdigsten Herrn Bischof Dr. Julius Döpfner, ern[annter] Bischof von Berlin. *Eingangsstempel:* Erzbistum München. Erzb[ischof] 21. M[ä]rz 1957. 40 ZK Nr. 486.

Eminenz!
Den Hochwürdigsten Mitgliedern der Bischofskommission darf ich heute folgendes berichten:
I. Betr. Sozial-Referat
Wie ich bereits dem Hochwürdigsten Herrn Bischof von Münster mitteilen konnte, ist der Hochw[ürdigste] Herr Pater Provinzial Hermann Krolage[1] der Herz-Jesu-Priester (Oberkassel bei Bonn, Simonstr. 13) grundsätzlich bereit, Herrn P. Dr. Engel für die Leitung des Sozialreferates freizustellen. Pater Engel müßte allerdings seine sozialen Vorlesungen in dem Scholastikat der Herz-Jesu-Priester in Freiburg weiterführen, und zwar dadurch, daß er einmal im Monat ein oder zwei Tage in Freiburg wäre. Pater Provinzial Krolage kann im Augenblick eine endgültige Zusage noch nicht geben, da er mit Rücksicht auf eine geplante anderweitige Verwendung von Herrn Pater Engel noch mit seinem Pater General Rücksprache nehmen möchte. Doch hält er diese Rücksprache nur für eine Formsache.
Auch die inzwischen herbeigeführte persönliche Unterredung mit Herrn Pater Dr. Engel hat ergeben, daß er bereit ist, in das Sozialreferat einzutreten, und zwar könnte er schon sofort nach Godesberg kommen, da das Wintersemester bereits abgeschlossen ist. Eine Wohnmöglichkeit ist für ihn im Provinzialat in Oberkassel gegeben, das etwa 20 Minuten vom Hause des Zentralkomitees, genau gegenüber auf der anderen Rheinseite, liegt.
Ich darf vorschlagen, daß nunmehr Seine Eminenz der Hochwürdigste Herr Erzbischof Joseph Kardinal Wendel als Vorsitzender der Kommission an den Hochw. Herrn Pater Provinzial offiziell herantritt. Danach müßte dann die Berufung von

1 P. Hermann Krolage SCJ *(1911–1995), Ordensgeistlicher, 1940 Priester, 1954–1960 Provinzial der deutschen Ordensprovinz.*

Herrn Pater Dr. Engel wohl durch S[ein]e Eminenz Kardinal Frings erfolgen. Ich darf sicherlich davon ausgehen, daß die Unterrichtung Seiner Eminenz Kardinal Frings durch Seine Eminenz Kardinal Wendel erfolgen wird.
Herr Direktor Dr. Paulus rechnet damit, daß er in Kürze seine Berufung ins Trierer Domkapitel erhält. Er würde dann entweder vor oder nach Ostern umziehen. Er ist bereit, Herrn Pater Engel in seine Arbeit einzuführen. Dabei halte ich es für wichtig, daß er von Trier aus zunächst für etwa drei Monate die oberste Leitung des Sozialreferates beibehält und danach zu einer qualifizierten Mitarbeit bereit bleibt.
Falls diese Überlegung dem Wunsche der Hochwürdigsten Bischofskommission entspricht, darf ich anheimgeben zu erwägen, ob es nicht zweckmäßig ist, daß S[ein]e Eminenz Kardinal Wendel Herrn Dr. Paulus gegenüber eine entsprechende Bitte ausspricht und ihm bei dieser Gelegenheit gleichzeitig für seine kluge Mitarbeit im Zentralkomitee dankt.

II. Direktor im Hause des Zentralkomitees
Herr Stadtpfarrer Hanssler hat am 11. März mitgeteilt, daß er zwar Bedenken habe, das Amt des Direktors im Hause des Zentralkomitees zu übernehmen, weil seine Arbeit im Cusanuskreis zusehends wächst. Doch ist er grundsätzlich bereit, die Aufgabe zu übernehmen; er bittet allerdings, das die Beauftragung befristet sein möge – selbstverständlich mit der Möglichkeit der Verlängerung, damit geprüft werden könne, ob beide Aufgaben zu vereinigen sind. Auch möchte Stadtpfarrer Hanssler kein Referat im Zentralkomitee übernehmen.
Abschrift des Schreibens von Herrn Stadtpfarrer Hanssler konnte ich dem Hochwürdigsten Herrn Erzbischof von Paderborn noch zum westdeutschen Bischofskonveniat schicken, so daß bereits dort darüber gesprochen werden konnte. Der Hochwürdigste Herr Erzbischof von Paderborn hat mich davon unterrichtet, daß das westdeutsche Bischofskonveniat mit einer Berufung von Herrn Pfarrer Hanssler auf zwei Jahre einverstanden sei. Die Mitglieder der Hochwürdigsten Bischofskommission hatten ja bereits bei der Besprechung in Würzburg ihr grundsätzliches Einverständnis erklärt. Daher darf ich mir den Vorschlag erlauben, daß Seine Eminenz Kardinal Wendel als Vorsitzender der Bischofskommission den Hochwürdigsten Herrn Vorsitzenden der Fuldaer Bischofskonferenzen unterrichtet und ihn um Berufung von Herrn Stadtpfarrer Hanssler zum Direktor des Hauses des Zentralkomitees bittet. Dabei habe ich die Hoffnung, daß Pfarrer Hanssler, wenn er erst einmal in Godesberg ist, doch in der Lage sein wird, sich der Fragen der Erwachsenenbildung anzunehmen.
Es ist wichtig, daß Herr Stadtpfarrer Hanssler bald kommt, damit das Haus einen »Kopf« hat, zumal auch mit Rücksicht auf die bald beginnenden Bauarbeiten.
Sodann bleibt noch die Frage, wieweit Herr Stadtpfarrer Hanssler vom Zentralkomitee besoldet werden muß, da er ja bereits sein Gehalt vom Cusanuskreis bekommt.
Ich würde empfehlen, daß diese Frage im Einvernehmen mit dem Hochwürdigsten Herrn Erzbischof von Paderborn geprüft und geklärt wird, der seitens des Episkopates für den Cusanuskreis verantwortlich ist.

III. Betr. Sitzung des Geschäftsführenden Ausschusses des Zentralkomitees am 13. März 1957

1. Anläßlich dieser Sitzung hat eine Mitgliederversammlung des E. V. Zentralkomitee der deutschen Katholiken stattgefunden mit dem Ziele, diesen E. V. deutlicher als bisher zum Träger-E. V. des Zentralkomitees der deutschen Katholiken zu machen. Es sind deshalb seitens des Geschäftsführenden Ausschusses eine Reihe neuer Mitglieder für den E. V. vorgeschlagen und entsprechend aufgenommen worden. Generalsekretär Köppler ist die Geschäftsführung des E. V. übertragen. Ferner sind außer dem bisher allein zeichnungsberechtigten Vorsitzenden zwei weitere gemeinsam zeichnungsberechtigte Vorstandsmitglieder bestimmt worden. – Der Direktor des Hauses und die Referatsleiter im Zentralkomitee nehmen in Zukunft an den Sitzungen des E. V. mit beratender Stimme teil.

Sobald die Unterlagen vorliegen, werde ich die nunmehr gültige Satzung des E. V. und das Protokoll der letzten Mitgliederversammlung der Hochwürdigsten Bischofskommission unterbreiten.

2. Da im April und Mai die Wahlperiode für den Geschäftsführenden Ausschuß und das Präsidium des Zentralkomitees abläuft, soll im Mai (wahrscheinlich am 15./16.) die nächste Vollversammlung des Zentralkomitees stattfinden, die das Präsidium und den Geschäftsführenden Ausschuß zu wählen hat. Nach § 10 Absatz 3 des Statuts des Zentralkomitees wählt die Vollversammlung den Präsidenten und die zwei Vizepräsidenten aufgrund der ihr vom Geschäftsführenden Ausschuß im Einvernehmen mit dem Episkopat gemachten Vorschläge. Deshalb mußte sich der Geschäftsführende Ausschuß in seiner letzten Sitzung mit dieser Frage beschäftigen. In einer eingehenden Diskussion hat er entsprechende Vorschläge überlegt. Dabei kam, nachdem der Geschäftsführende Ausschuß durch den unterzeichneten Versammlungsleiter zur Diskretion verpflichtet und um offene Aussprache gebeten worden war, in folgenden Punkten eine Kritik am Präsidium bzw. am Präsidenten zum Ausdruck:

a) Man möchte an der Spitze des Zentralkomitees sich keine Familiendynastie entwickeln lassen.

b) Die Geschäftsführung des Präsidenten sei gelegentlich zu straff und nicht genügend besorgt, daß alle Mitglieder zu Wort kämen.

c) Das Zentralkomitee habe eine gute diplomatische, aber keine echte politische Führung.

Es wurde ferner darauf hingewiesen, daß die Wahl des Präsidiums eine richtige Wahl sein müsse, und zwar in dem Sinne, daß mehrere Kandidaten vorgeschlagen würden. Demgegenüber wurde geltend gemacht, daß z. B. bei der Wahl des Bundespräsidenten nur ein Vorschlag vorgelegen habe und man doch nicht sagen könne, daß die Wahl des Bundespräsidenten keine echte demokratische Wahl gewesen sei. – Es wurden sodann zwei Persönlichkeiten genannt, die evtl. vorgeschlagen werden könnten, und zwar Herr Ministerialrat Dr. Schneeberger und Herr Bundesbevollmächtigter Dr. Vockel[2]. Nach eingehender Aussprache konnte man sich jedoch für keine der beiden

[2] HEINRICH VOCKEL *(1892–1968), Dr. rer. pol., 1922–1933 Generalsekretär der Zentrumspartei, 1930–1933 Mitglied des Reichstags, 1950–1962 Bevollmächtigter der Bundesregierung in Berlin.*

Persönlichkeiten im Sinne eines Vorschlags an die Vollversammlung entschließen. Eine Abstimmung ergab bei einer Stimmenthaltung Einstimmigkeit für den Vorschlag Fürst zu Löwenstein als Präsidenten des Zentralkomitees, ebenfalls bei einer Stimmenthaltung für den Vorschlag Frau Zillken[3] als erste Vizepräsidentin. Bezüglich des bisherigen zweiten Vizepräsidenten, Landtagspräsident Gockeln, wurde vereinbart, daß mit Rücksicht auf seinen Gesundheitszustand diese Frage zunächst noch offen bleiben soll. Exzellenz Prälat Böhler wird vorerst mit Landtagspräsident Gockeln eine persönliche Rücksprache nehmen.
Der unterzeichnete Versammlungsleiter wurde gebeten, die zum Ausdruck gebrachte Kritik dem Präsidenten des Zentralkomitees zu unterbreiten und ihm zu sagen, daß der Geschäftsführende Ausschuß mit Rücksicht auf die relativ kurze Zeit von vier Jahren und den noch im Gang befindlichen Aufbau des Zentralkomitees ihn – vorausgesetzt, daß der Episkopat zustimmt – der Vollversammlung zur Wiederwahl vorschlagen wolle. Mit Rücksicht auf die geäußerte Kritik, und darunter vor allem mit Rücksicht auf Punkt 1, möge er jedoch davon ausgehen, daß bei der nächsten Wahl evtl. zweckmäßigerweise eine andere Persönlichkeit zum Präsidenten des Zentralkomitees vorgeschlagen würde. In diesem Falle würde das Zentralkomitee den jetzigen Präsidenten jedoch selbstverständlich um seine weitere Mitarbeit bitten, vor allem als Leiter des Katholikentags-Ausschusses (in diesem Zusammenhang war u. a. vorgeschlagen worden, für den Leiter des Katholikentags-Ausschusses vielleicht den im 19. Jahrhundert üblichen Titel »Kommissar der Katholikentage« wieder aufleben zu lassen).
Eine entsprechende Unterredung hat zwischen dem Unterzeichneten und Fürst Löwenstein in Gegenwart von Frau Zillken unmittelbar nach der erwähnten Abstimmung stattgefunden. Dabei habe ich, entsprechend einer Anregung des Geschäftsführenden Ausschusses, Fürst Löwenstein darauf aufmerksam gemacht, daß bei der nächsten Vollversammlung vor dem Wahlakt durch den Versammlungsleiter die im Geschäftsführenden Ausschuß geäußerte Kritik der Vollversammlung mitgeteilt werden solle, und zwar deshalb, damit die Vollversammlung sähe, daß der Geschäftsführende Ausschuß seinen Vorschlag nicht kritiklos und ohne Überlegung gemacht habe. Darüber hinaus ist Fürst Löwenstein dargelegt worden, er möge auch von sich aus zum Ausdruck bringen, daß er nicht an seinem Amt hänge und jederzeit bereit sei, auch in anderer Form innerhalb des Zentralkomitees mitzuarbeiten, falls er einmal nicht zum Präsidenten gewählt würde.
Diese Eröffnungen hat Fürst Löwenstein mit Verständnis und Zustimmung entgegengenommen.
Ich darf hiermit der Hochwürdigsten Bischofskommission die Vorschläge des Geschäftsführenden Ausschusses unterbreiten und zugleich darauf hinweisen, daß ich selbstverständlich den Geschäftsführenden Ausschuß darauf aufmerksam gemacht habe, daß die gemachten Vorschläge noch in keiner Weise bindend sein können, da

3 ELISABETH ZILLKEN *(1888–1980), 1916–1958 Generalsekretärin der Zentrale des Katholischen Fürsorgevereins, 1930–1933 Mitglied des Reichstags (Zentrum), 1944–1971 Vorsitzende des Katholischen Fürsorgevereins, Vizepräsidentin des Deutschen Caritasverbands. Vgl.* H. MOCKENHAUPT.

das Einvernehmen mit dem Episkopat noch nicht vorläge. Auch aus diesem Grunde sei strengstes Stillschweigen geboten.

Falls etwa im April die Möglichkeit zu einer Sitzung der Bischofskommission besteht, könnte vielleicht dabei dieser wichtige Punkt zur Klärung gebracht werden.

3. Die Frage einer Feier aus Anlaß des Elisabeth-Jubiläums ist inzwischen insofern geklärt worden, als Exzellenz Weihbischof Dr. Freusberg[4] aus Erfurt mitgeteilt hat, am 22. September ds. Js. würde eine größere Feier in Eisenach stattfinden.[5] Der Hochwürdigste Herr Bischof von Berlin, den ich inzwischen unterrichten konnte, wird in seiner Eigenschaft als Vorsitzender der Berliner Bischofskonferenz prüfen, ob diese Feier unter Beteiligung aller Jurisdiktionsbezirke der DDR stattfinden soll, und wie das Zentralkomitee daran beteiligt werden kann, um den gesamtdeutschen Charakter der Feier zu unterstreichen.

4. Betr. Katholikentag 1958

Der Geschäftsführende Ausschuß hat sich ziemlich einmütig dafür ausgesprochen, im Jahre 1958 einen Katholikentag zu halten, wenn auch in kleinerem Rahmen, und zwar deshalb, weil sonst eine Unterbrechung von sechs Jahren eintreten würde (1956–1962). Die Vertreter der Ostzone und Berlins treten mit Nachdruck dafür ein, wiederum in Berlin einen Katholikentag abzuhalten. Diesem von der Situation der Ostzone her sicherlich verständlichen Wunsch ist eine Reihe von Mitgliedern des Geschäftsführenden Ausschusses entgegengetreten, und zwar einmal, um dem neuen Hochwürdigsten Herrn Bischof von Berlin hier nicht vorzugreifen, und zum anderen, weil ein zweiter Katholikentag nach einer Zeitspanne von sechs Jahren in derselben Stadt immer in Gefahr sei, ein schwächerer Abguß des ersten zu werden. – Es ist auch der Gedanke ausgesprochen worden, evtl. nach Saarbrücken zu gehen, und zwar entweder mit einem kleineren Katholikentag oder mit einer Arbeitstagung. Die Frage ist jedoch völlig offen geblieben.

Ich würde vorschlagen, daß bei der nächsten Sitzung der Bischofskommission auch diese Frage geprüft wird.

5. Gleitende Arbeitswoche

Beigefügt darf ich den Text einer Erklärung[6] vorlegen, den Direktor Dr. Paulus, P. Professor Dr. Wallraff und der Unterzeichnete erarbeitet und aus Anlaß der Genehmigungserteilung für die Einführung der gleitenden Arbeitswoche in einer Reihe von Stahlwerken durch die nordrhein-westfälische Landesregierung am 14. März unter Verantwortung des Sozialreferates der Presse übergeben haben.

IV. Betr. die Verhandlungen des Unterzeichneten mit dem Deutschen Bauernverband

Entsprechend dem mir von Seiner Eminenz Kardinal Frings am 4. Februar 1954 erteilten Auftrag habe ich die vor ca. drei Jahren unterbrochenen Verhandlungen mit dem Deutschen Bauernverband auf Bitten von Herrn Bundeskuraten Wissing wieder

4 JOSEPH FREUSBERG *(1881–1964), Dr. iur. can., 1906 Priester (D Paderborn), 1916 Pfarrer in Erfurt, 1946 Generalvikar für den thüringischen Teil des Bistums Fulda mit Sitz in Erfurt, 1956 Weihbischof in Erfurt.*

5 *Vgl.* AKTEN DEUTSCHER BISCHÖFE SEIT 1945. DDR 1957–1961, *Dok. 4, 11, 32 und 40 sowie den umfassenden Bericht von* J. PILVOUSEK.

6 *Nicht ermittelt.*

aufgenommen mit dem Ziele, daß nach den inzwischen erfolgten regionalen Vereinbarungen nunmehr auch mit dem Deutschen Bauernverband unmittelbar eine Vereinbarung getroffen werden solle. Nach schriftlicher Vorbereitung hat am 13. März eine persönliche Rücksprache mit Herrn Minister a. D. Dr. Hermes stattgefunden. Dabei habe ich ihm einen Entwurf vorgelegt (Anlage)[7], der Richtlinien für die angestrebte Vereinbarung enthält. Minister a. D. Dr. Hermes hat diesen Entwurf als geeignete Diskussionsgrundlage angenommen und zugesagt, seinerseits mit dem Präsidium des Deutschen Bauernverbandes darüber zu sprechen. Dabei hat er auf folgende Gesichtspunkte hingewiesen:

1) Er möchte, daß vor Abschluß einer Vereinbarung die Frage der sog. Stiftung geregelt wird, bei der er die gleichberechtigte Mitarbeit der beiden Konfessionen wünscht.

2) Er hält es, vom Deutschen Bauernverband aus gesehen, für richtiger, die Vereinbarung mit den deutschen Bischöfen zu schließen als mit der Katholischen Landjugendbewegung.

3) Er vermutet, daß bei der Diskussion um die Vereinbarung auch die Frage der Landvolkshochschulen nicht zu umgehen sei, und zwar sowohl der konfessionellen Landvolkshochschulen wie auch der vom Deutschen Bauernverband getragenen interkonfessionellen. Ich habe ihn gebeten, diese Frage von sich aus zunächst nicht in die Diskussion zu bringen.

Über diesen Punkt habe ich bereits Seiner Eminenz Kardinal Frings unmittelbar berichtet, darf aber angesichts der Wichtigkeit der Frage hiermit auch die Hochwürdigste Bischofskommission unterrichten.

Mit ehrerbietigem Gruß

Euer Eminenz im Herrn sehr ergebener
+ Franz Hengsbach.

98

Hemsath an Frings

Düsseldorf, 23. März 1957

EA Köln, Katholisches Büro Bonn I 301. *Schreibmaschinendurchschrift. Briefkopf:* Heinrich Hemsath Arbeits- und Sozialminister des Landes Nordrhein-Westfalen. *Anschrift:* S[eine]r Eminenz dem Hochwürdigsten Herrn Erzbischof von Köln Kardinal Frings, Köln/Rh[ein]. *Vermerk:* Abschrift, *handschriftlicher Vermerk:* Vertraulich D[r]. J[osef] Paulus.

Eminenz!

Mit Schreiben vom 13. März 1957 nehmen Sie im Namen der westdeutschen Bischöfe nochmals zu dem Problem der vollkontinuierlichen Arbeitsweise und der damit verbundenen sogenannten gleitenden Arbeitswoche Stellung[1]. Gleichzeitig übermit-

[7] *Nicht aufgenommen.*

[1] *Vgl. Dok. 93.*

teln Sie mir die Abschrift eines Schreibens an den Vorstand des Arbeitgeberverbandes Eisen- und Stahlindustrie e. V.
Wie Sie wissen, hat die Landesregierung mich bereits am 5. März 1957 ermächtigt, zur Durchführung des Arbeitszeit- und Lohnabkommens in der Eisen- und Stahlindustrie vom 21. Dezember 1956 die Einführung der vollkontinuierlichen Arbeitsweise in einzelnen Betrieben der eisenschaffenden Industrie zuzulassen.
Die Landesregierung hat diese Entscheidung nach gründlichen Beratungen und eingehenden Besprechungen mit allen beteiligten Stellen, auch mit Vertretern der Kirchen, getroffen. Zwischen dem Abschluß des Arbeitszeit- und Lohnabkommens und dem Kabinettsbeschluß liegen zweieinhalb Monate. Die zuständigen Stellen der katholischen Kirche hatten während dieser Zeit, aber auch schon während der vorangegangenen Tarifverhandlungen zwischen den Sozialpartnern die Gelegenheit, einen konstruktiven, sozialpolitisch vertretbaren und wirtschaftlich durchführbaren Gegenvorschlag zur Gestaltung der Arbeitsweise in den Siemens-Martin-Werken, den Elektrostahlwerken und den hiermit in Verbund arbeitenden Walzwerken auszuarbeiten. Dies ist jedoch nicht geschehen. Das in der Presse wiederholt angekündigte, angeblich von kirchlicher Seite erstellte Gutachten ist bisher weder mir noch einem anderen Mitglied der Landesregierung zugeleitet worden, so daß es weder bei den Kabinettsberatungen noch bei den von mir zu fällenden Einzelentscheidungen berücksichtigt werden konnte.
Sie erkennen in Ihrem Schreiben ausdrücklich an, daß die Landesregierung sich bei der Behandlung des Arbeitszeit- und Lohnabkommens vom 21. Dezember 1956 in einer schwierigen Lage befunden hat. Diese Situation hat die Landesregierung durch keine Handlung oder Entscheidung gefördert und deshalb auch nicht zu vertreten. Das Arbeitszeit- und Lohnabkommen ist das Ergebnis einer von vielen Faktoren beeinflußten Entwicklung, die durch die unter der Regierung Arnold im Januar 1953 erteilte Sondergenehmigung für die vollkontinuierliche Arbeitsweise in einzelnen Betrieben der Hüttenwerke Oberhausen in ungewöhnlicher Weise gefördert worden ist. Die präjudizierende Kraft dieser ersten Genehmigung zur Einführung der gleitenden Arbeitswoche in der eisenschaffenden Industrie unseres Landes kann niemand bestreiten.
Wenn die Landesregierung auch zur Förderung dieser Entwicklung nicht beigetragen hat, so war sie allerdings der Auffassung, daß sie der ihr hierdurch gestellten Verantwortung nicht ausweichen konnte. Sie hat sich daher in den zurückliegenden drei Monaten rastlos bemüht, nicht nur die unterschiedlichen Auffassungen innerhalb der christlichen Kirchen zu dieser Frage festzustellen, sondern auch in der Rolle des Vermittlers im Interesse der Stahlarbeiter zu einer Annäherung der Standpunkte beizutragen.
Ich bedaure auch heute noch, daß dieses Ziel weder durch den Herrn Ministerpräsidenten noch durch mich erreicht werden konnte.
Die Landesregierung hat ihre Entscheidung erst getroffen, nachdem ich in einer persönlichen Aussprache mit Herrn Bundesarbeitsminister Storch festgestellt habe, daß dieser die Notwendigkeit einer Anpassung der geltenden gesetzlichen Vorschrif-

ten an die veränderten technischen und sozialpolitischen Verhältnisse in der eisenschaffenden Industrie bejaht und beabsichtigt, noch in diesem Jahr eine Änderung der einschlägigen, aus dem Jahr 1895 stammenden Bundesratsbekanntmachung[2] auszuarbeiten und sie möglichst bald der Bundesregierung und dem Bundesrat zur Annahme zu empfehlen. Durch diese Zusage wird gewährleistet, daß die im Land Nordrhein-Westfalen erteilten Ausnahmegenehmigungen von vornherein den – rechtlich bedeutsamen – Charakter der vorläufigen Übergangsregelung erhalten.
Unter diesen Umständen war es nicht vertretbar, die Entscheidung über die Durchführung des Arbeitszeit- und Lohnabkommens in der eisenschaffenden Industrie noch weiter hinauszuschieben.
Die technische Entwicklung und die Entwicklung des sozialen Bewußtseins, vor allem aber das Selbstbewußtsein der arbeitenden Menschen, verlangen eine wirksame Arbeitszeitverkürzung und deren Verwirklichung im Rahmen des Möglichen. Das Arbeitszeit- und Lohnabkommen vom 21.12.1956 ist eine m. E. unvermeidbare und unkorrigierbare Folge dieser Entwicklung. Die Landesregierung konnte der sich hieraus auch für sie ergebenden Verantwortung nicht ausweichen. Die Möglichkeit, durch Ausnutzung des technischen Fortschritts eine entschiedene Verbesserung der Arbeitsbedingungen der in der Stahlindustrie schwer arbeitenden Menschen, deren Sonntagsruhe bei der seit Jahrzehnten üblichen Arbeitsweise durchaus nicht gesichert ist, zu erreichen, durfte nicht ungenutzt bleiben. Die Landesregierung mußte vielmehr in echter Verantwortung für den arbeitenden Menschen und für die Wirtschaft des Landes handeln. Sie hat dies in freier Entscheidung ohne äußeren Druck getan.
Auf Grund der Ermächtigung der Landesregierung habe ich Anfang vergangener Woche für einzelne Betriebe (Siemens-Martin- und Elektrostahlwerke sowie für die damit in Verbund arbeitenden Walzwerke), bei denen sowohl die bisherige als auch die geplante Arbeitsweise sowie die produktionstechnischen Notwendigkeiten eingehend geprüft worden sind, die Einführung der vollkontinuierlichen Arbeitsweise zugelassen. Die Genehmigungen sind befristet und sollen auf jeden Fall mit der vom Bundesminister für Arbeit angekündigten allgemeinen Neuregelung der Sonntagsarbeit in den Betrieben der eisenschaffenden Industrie außer Kraft treten. Die Genehmigungen sind für höchstens 13.080 (von insgesamt ca. 190.000) Stahlarbeiter im Lande erteilt. Es ist damit zu rechnen, daß die Zahl der tatsächlich betroffenen Arbeitnehmer geringer sein und sich weiter vermindern wird. Jugendliche unter 18 Jahren dürfen in die gleitende Arbeitswoche nicht einbezogen werden.
Bei der Formulierung der Auflagen, von deren Erfüllung die Erteilung der Ausnahmegenehmigungen abhängig gemacht wurde, habe ich mich von dem Ziel leiten lassen, über die Arbeitszeitverkürzung hinaus den Stahlarbeitern eine weitere Verbesserung der allgemeinen Arbeitsbedingungen zu verschaffen und hierbei auch die religiösen und kulturellen Gesichtspunkte zu berücksichtigen. Deshalb schreiben die Genehmigungen Arbeitsschichten von nur acht Stunden Dauer und eine möglichst

2 Bekanntmachung betreffend Abänderung der Bekanntmachung vom 5. Februar 1895 über Ausnahmen von dem Verbote der Sonntagsarbeit in Gewerbebetrieben *vom 25. Oktober 1895.* RGBl., *S. 448.*

große Zahl mindestens 24 Stunden dauernder Ruhepausen vor. Jeder Arbeitnehmer muß an mindestens 13 Sonntagen im Jahr im Rahmen einer Gesamtfreizeit von mindestens 72 Stunden völlig von der Arbeit freigestellt werden. An den hohen kirchlichen Feiertagen (Weihnachten, Ostern und Pfingsten) ist eine völlige Produktionsruhe von mindestens 56 bzw. 48 Stunden vorgeschrieben. Es wird zur Zeit geprüft, ob eine noch stärkere Heraushebung gerade dieser Feiertage möglich ist.
Hiermit ist eine gerade vom religiösen Standpunkt aus befriedigendere Regelung getroffen worden, als bei Abschluß des Arbeitszeit- und Lohnabkommens angenommen werden konnte. Insbesondere ist diese Regelung weit günstiger als die seit dem Jahre 1953 in den Hüttenwerken Oberhausen mit ministerieller Genehmigung praktizierte Arbeitsweise, bei der nur neun Sonntage im Jahr arbeitsfrei sind.
Ich frage mich, Eminenz, ob es sinnvoll ist, über diese Feststellungen und Erläuterungen hinaus noch neuere Ausführungen zur Begründung und Rechtfertigung des Beschlusses der Landesregierung und der im Rahmen dieses Beschlusses liegenden, von mir getroffenen, Einzelentscheidungen zu machen.
Ich halte es für wichtiger, noch kurz auf zwei bedeutsame Fragen einzugehen, die Sie in dem Schreiben an den Vorstand des Arbeitgeberverbandes Eisen- und Stahlindustrie e. V. behandelt haben:
1. die Gefahr einer Ausweitung der für einige Betriebe der eisenschaffenden Industrie getroffenen Entscheidungen;
2. die Ersetzung der vollkontinuierlichen Arbeitsweise durch ein besseres, möglichst alle Sonntage arbeitsfrei lassendes Verfahren.
Die Landesregierung stimmt mit allen Kreisen, insbesondere mit den Kirchen, darin überein, daß die Respektierung des Sonntags ein sehr ernst zu nehmendes Gebot ist. Sie sieht daher in einer allgemeinen Verminderung der Sonntagsarbeit ein kulturelles und sozialpolitisches Anliegen ersten Ranges.
Unter diesem Gesichtspunkt ist es bedeutsam, daß das Kabinett am 5. März 1957 ausdrücklich beschlossen hat, allen Tendenzen, die einer Ausweitung der gleitenden Arbeitswoche ohne Rücksicht auf technische Notwendigkeiten und sozialpolitische Erfordernisse Vorschub leisten können, mit Nachdruck entgegenzutreten. In diesem Zusammenhang ist es wichtig, darauf hinzuweisen, daß während der Amtszeit der derzeitigen Landesregierung bis zum 5. März 1957 keine neuen Ausnahmegenehmigungen zur Einführung der gleitenden Arbeitswoche erteilt worden sind.
Die vollkontinuierliche Arbeitsweise ist in der eisenschaffenden Industrie nichts Neues; sie ist für Hochöfen und Kokereibetriebe seit 1895 zugelassen. Eine Ausdehnung dieser Arbeitsweise auf die Siemens-Martin- und Elektrostahlwerke und die damit zusammenhängenden Walzwerke, gekoppelt mit einer radikalen Verkürzung der Arbeitszeit von durchschnittlich 54 Stunden auf 42 Stunden bei vollem Lohnausgleich, dürfte daher weder tatsächlich noch rechtlich Anlaß zu einer Ausweitung der vollkontinuierlichen Produktion auf andere Betriebe und Industriezweige sein. Die bisherigen, nicht nur vom sozialpolitischen, sondern auch vom religiösen und kulturellen Standpunkt aus untragbaren besonderen Arbeitsbedingungen in den vom Arbeitszeit- und Lohnabkommen erfaßten Betrieben rechtfertigen eine Sonderbehandlung.

Eine definitive Entscheidung über den Umfang der Einführung der vollkontinuierlichen Arbeitsweise wird die Bundesregierung bei Erlaß der Novelle zu der schon erwähnten Bundesratsbekanntmachung von 1895 zu treffen haben. Je eher diese Novelle erlassen wird, um so besser kann der derzeitigen Unruhe und Unsicherheit in Bezug auf die Gestaltung der Sonntagsarbeit begegnet werden.

Die Landesregierung ist der Auffassung, daß auch für die eisenschaffende Industrie die vollkontinuierliche Arbeitsweise keine endgültige Lösung bedeuten kann. Sie begrüßt daher alle Bestrebungen, Mittel und Wege zu finden, um unter Beibehaltung der durch das Arbeitszeit- und Lohnabkommen erreichten Arbeitszeitverkürzung zu weiteren freien Sonntagen zu kommen. Das in Ihrem Schreiben an den Arbeitgeberverband Eisen- und Stahlindustrie hervorgehobene Ziel, auf die Dauer auch für die Stahlarbeiter eine Arbeitsweise zu erreichen, die alle Sonntage völlig arbeitsfrei läßt, begrüße ich. Ich bin mit Ihnen der Auffassung, daß versucht werden muß, dieses Ziel auch unter Einsatz wirtschaftlicher Mittel zu erreichen. Jeder Lösungsvorschlag, von welcher Seite er auch kommen mag, wird die Unterstützung der Landesregierung finden, wenn er unter den bestehenden oder möglichen technischen und wirtschaftlichen Verhältnissen durchführbar ist und tatsächlich eine Verminderung der Sonntagsarbeit mit sich bringt. Die Landesregierung wird sich stets bemühen, an der Verbesserung der technischen und wirtschaftlichen Bedingungen mitzuarbeiten. Um dieses wichtigen Zieles willen kann aber nicht das zur Zeit Erreichbare zurückgestellt werden.

Durch die Einführung der gleitenden Arbeitswoche wird zum ersten Mal in der Geschichte der deutschen Stahlindustrie der Stahlarbeiter in die Lage versetzt, mindestens 13 völlig arbeitsfreie Sonntage, die in der Mitte einer mindestens 72 Stunden betragenden Ruhepause liegen, wirklich als »Tag des Herrn« zu heiligen. Nach der bisherigen, in der Gewerbeordnung und in der Bundesratsbekanntmachung von 1895 verankerte Regelung, die niemals den Protest der Kirche ausgelöst hat, war ihnen diese Möglichkeit nur sehr bedingt gegeben und sogar oft vorenthalten.

Die Tatsache, daß der Stahlarbeiter in Siemens-Martin- und in Elektrostahlwerken und in den damit in Verbund arbeitenden Betrieben bisher – vom Erholungsurlaub und von den hohen Feiertagen abgesehen – überhaupt keinen völlig arbeitsfreien Sonntag hatte, sollte bei der Beurteilung dessen, was durch die Entscheidung der Landesregierung erreicht worden ist, nicht übersehen, sondern anerkannt werden.

Darum, Eminenz, gestatte ich mir die oft überlegte Bitte an Sie: Die Bischöfe unseres Landes möchten unter Ihrem Vorsitz in eine erneute Überprüfung dieser schwierigen Frage eintreten. Ich bin der festen Überzeugung, daß eine Annäherung der Standpunkte in dieser Frage und eine möglichst weitgehende Übereinstimmung in den praktischen Schlußfolgerungen im Interesse der schwerarbeitenden Stahlarbeiter möglich und notwendig sind.

Abschrift dieses Schreibens habe ich dem Herrn Bundesminister für Arbeit und den Herren Arbeitsministern und Senatoren für Arbeit der Länder zugeleitet.

Mit dem Ausdruck vorzüglicher Hochachtung

gez.: Hemsath.

99

Niederschrift über die Organisation der Fuldaer Bischofskonferenzen

Ohne Ortsangabe, [vor 27. März 1957][1]

EA MÜNCHEN, Joseph Kardinal Wendel, 21/1958. *Schreibmaschinendurchschrift. Überschrift:* Gedanken über die interne Organisation der Bischofskonferenzen bzw. des Episkopats.

Die Gesamtsituation wie auch besonders die Einrichtung des Zentralkomitees der Deutschen Katholiken fordern eine entsprechende Anpassung in der Arbeitsweise des Gesamtepiskopates und der Fuldaer Konferenzen im besonderen an die tatsächliche Lage.

Die Beratungen der Konferenzen müssen der reinen Zufälligkeit entzogen und sorgsam vorbereitet werden, damit die wirklich drängenden Probleme dort gründlich beraten und möglichst sachgerecht entschieden werden können. Die Durchführung der getroffenen Entscheidungen muß gesichert werden.

Die alta directio des Episkopates über die gesamte Apostolatsarbeit, soweit sie irgendwie der Zuständigkeit der Bischöfe untersteht, muß gewährleistet sein, und zwar sowohl im Interesse der Bischöfe als auch der Apostolatsgruppen (Vereine, Bewegungen, Institutionen usw.). Die Bischöfe müssen die Möglichkeit haben, ihre Auffassungen und Wünsche rechtzeitig zur Geltung zu bringen und die Entwicklung maßgebend zu beeinflussen. Die im Apostolat der Kirche tätigen Gemeinschaften und Personen müssen wissen, wohin sie sich jeweils zu wenden haben, um etwaige Zweifel zu klären, die Auffassung des Episkopates bei auftauchenden Schwierigkeiten oder Problemen zu erfragen und notwendig gewordene rasche Entscheidungen herbeizuführen.

Der innere und äußere Zusammenhang und die Zusammenarbeit mit dem Z. K. müssen organisatorisch und tatsächlich in geeigneter Weise gesichert bleiben.

Zur zweckmäßigen Durchführung der dargelegten Aufgabe ist es zunächst erforderlich, entschieden das Referentenwesen aufzugeben und die Zuweisung der Aufgaben an Kommissionen vorzunehmen.

a) Der einzelne Referent ist überfordert, wenn er angesichts der Kompliziertheit und Verflochtenheit aller Fragen heute praktisch allein entscheiden bzw. vorentscheiden soll.

b) Es entstehen auf diese Weise »Herzogtümer« innerhalb des Episkopates, durch die gewisse Bezirke praktisch aus der Einflußsphäre der übrigen Bischöfe mehr oder weniger herausgenommen und damit vielfach ihrem lebendigen Interesse entzogen werden.

c) Je nach der Agilität und dem Interesse der einzelnen Referenten bleiben manche Gebiete relativ unbetreut bzw. ganz der betreffenden Zentrale bzw. dem zuständigen Leiter überantwortet.

[1] *Da der im Text bereits mit dem Titel Exzellenz genannte, also bereits ernannte Bischof* DEMANN *unmittelbar nach seiner Weihe am 27. März 1957 verstarb, ist dieses Stück auf die Zeit zwischen seiner Bestätigung (23. Mai 1956) und seiner Konsekration zu datieren.*

d) Die Kompetenzen eines »Referenten« sind nicht leicht abzugrenzen. Hinter ihm steht schon rein optisch nicht in gleichem Maße wie bei einer Kommission die Autorität des Gesamtepiskopates. Im Vordergrund stehen weit mehr seine Persönlichkeit und seine mehr oder weniger starke Position innerhalb des Gesamtepiskopates.
e) Beim Referentensystem kann viel leichter der eine Bischof gegen den anderen ausgespielt werden.
f) Dieses System garantiert nicht die notwendige alta directio, leistet vielmehr dadurch Fehlentwicklungen und Fehlentscheidungen Vorschub, daß die vielfache Verflochtenheit und Verzahnung der Probleme nicht genügend gesehen und beachtet wird.
Angesichts der Fülle der Aufgaben und der relativ kleinen Zahl der Bischöfe empfiehlt es sich, geeignete Weihbischöfe mit in die Kommission zu berufen.
Die Kommissionsarbeit bedarf aber als Stütze und Ergänzung dringend der Einrichtung eines Sekretariates der Bischöfe. Das Sekretariat würde gleichsam die Nahtstelle zwischen den verschiedenen Kommissionen sein, ihre Arbeit koordinieren und anregen können, erst recht, wenn der Leiter dieses Sekretariats in Personalunion der Generalassistent des Z. K. sein könnte. Gleichzeitig wird es manche technische Hilfe leisten können, um einen flotten Geschäftsgang der Kommissionsarbeit zu ermöglichen und dadurch die Leiter bzw. Sekretäre der Kommissionen wesentlich entlasten.
Ein solches Sekretariat hätte darüber hinaus noch sehr wesentliche Aufgaben zu erfüllen:
a) in der Vorbereitung der Fuldaer Konferenzen, evtl. auch des Konveniats der westdeutschen Bischöfe und der Freisinger Konferenzen.
Die gründliche Vorbereitung der Fuldaer Konferenzen ist zweifellos eins der vordringlichsten Anliegen. Auf die Dauer ist es ganz unmöglich und unzumutbar, daß der jeweilige Vorsitzende der Fuldaer Konferenzen mit seinen zufällig vorhandenen mehr oder weniger gut qualifizierten Mitarbeitern in seinem eigenen Bistum diese Arbeit leistet. Andererseits wird auch jeder Versuch, evtl. durch ein Gremium von Bischöfen (evtl. Kommissionsleiter) den Konferenzplan vorbesprechen zu lassen, so lange an der praktischen Undurchführbarkeit scheitern, als nicht ein Sekretariat zur Verfügung steht, das eine solche Vorbesprechung seinerseits gründlich vorbereitet. Daß ein solches Sekretariat in allererster Linie eine Arbeitsstelle für den Vorsitzenden der Fuldaer Konferenzen sein würde und sein müßte, ist selbstverständlich.
b) Wertvolle Hilfe könnte ein solches Sekretariat leisten durch regelmäßige Informationen aller Bischöfe über wichtige Meldungen, Veröffentlichungen, Tatsachen und Dokumentierung von Geistesströmungen innerhalb und außerhalb der Kirche.
Sehr wünschenswert erscheint es, die Generalassistenz beim ZdK in Personalunion mit der Leitung des Sekretariates (Prälat oder Weihbischof) zu verbinden. Bei der Auswahl des Leiters müßte vor allem Wert darauf gelegt werden, daß er neben der erforderlichen allgemeinen priesterlichen, geistigen und charakterlichen Qualifikation in besonderer Weise die Bereitschaft zum Dienen und zu bescheidener Zurückhaltung mitbringt.

Abgesehen von einer eingehenden Grundsatzaussprache in Fulda über das ZdK und die Arbeitsweise der Fuldaer Konferenzen müßte das Ziel der Bemühungen vor allem sein, die praktischen Voraussetzungen für das Funktionieren der Kommissionsarbeit zu schaffen. Dazu gehört negativ die nochmals ausdrücklich vollzogene Abschaffung aller Referenten und Protektorate, soweit nicht ganz besondere Umstände das Beibehalten erzwingen. Positiv wären erforderlich eine Vervollständigung der Kommissionen nach der personalen Seite hin und eine Revision der zugeteilten Sachgebiete. Vor allem müßten die Kommissionen für »Publizistik« und »Bildung, Erziehung und Schule« aktionsfähig gemacht werden. Ich schlage vor, Exzellenz Pohlschneider für die letztgenannte Kommission und Exzellenz Demann für die Kommission für Publizistik zu kooptieren. (Demann hat in Dr. Walter Wittler[2] einen kundigen Sachbearbeiter zur Verfügung und ist durchaus auch persönlich interessiert.)
Der Kommission 3 (Kath[olische] Aktion) kommt zweifellos für die gesamte Apostolatsarbeit in Deutschland eine besondere Bedeutung zu. Ihr Aufgabengebiet ist sehr umfassend. In Frankreich z. B. hat man für die verschiedenen Gruppen und Bewegungen jeweils eigene Bischofskommissionen gebildet. Angesichts der beschränkten Zahl an Bischöfen und auch aus sachlichen Gründen wäre das in Deutschland nicht möglich und auch nicht empfehlenswert. Als Bezeichnung dieser Kommission scheint mir Kommission für Koordinierung besser als Kath[olische] Aktion, da dieser Begriff in Deutschland ganz verschiedenartige Vorstellungen auslöst. Damit wäre auch mit genügender Eindeutigkeit der Zuständigkeitsbereich der Kommission abgesteckt: Die Kommission hat die Aufgabe, in jeder Weise eine vertrauensvolle Zusammenarbeit aller im Apostolat tätigen Kräfte mit dem Episkopat und miteinander zu fördern und deshalb in allen Fällen von Meinungsverschiedenheiten oder tatsächlichen Überschneidungen einen Ausgleich zu schaffen bzw. im äußersten Fall eine Stellungnahme bzw. Entscheidung des Gesamtepiskopates herbeizuführen.
Um die Arbeit nicht zu erschweren, wird es sich empfehlen, die Kommission auf drei Mitglieder zuzüglich des Generalassistenten des ZdK zu beschränken, sie aber anzuweisen, vor Entscheidungen stets sachkundige oder aus anderen Gründen besonders interessierte Bischöfe jeweils hinzuzubitten, bzw. bezüglich der Sachfragen das Votum der für die betreffenden Sachgebiete zuständigen Kommission einzuholen. Wegen der für das gesamte Organisationsgefüge und die Durchschlagskraft des deutschen Katholizismus großen Bedeutung dieser Kommission ist es erwägenswert, ob nicht dem Vorsitzenden der Fuldaer Bischofskonferenzen die Möglichkeit einer Teilnahme an den Kommissionsberatungen offenstehen soll. Auf jeden Fall wird eine Unterrichtung über das Besprechungsergebnis notwendig sein.
Wie bei allen Kommissionen gilt auch bei dieser, daß sie nur zuständig ist und vor allem nur entscheiden kann im Rahmen des ihr von der Gesamtkonferenz zugewiesenen Bereiches und auf Grund des ihr von der Gesamtkonferenz erteilten Auftrages.

2 Walter Wittler *(1907–1977), Dr. phil., Dr. theol., 1932 Priester (D Osnabrück), 1938–1941 und 1946–1977 Schriftleiter des Kirchenblatts.*

Die Aufgabengebiete der Kommissionen können bleiben wie bisher; nur wäre folgendes zu beachten:
1. Glaubensverbreitung und -Überwachung:
Zu dem bisher festgelegten Bereich wäre noch die Weltmission hinzuzunehmen.
2. Religiöses Leben: – besser: »Allgemeine Seelsorge«:
Hier wäre auch wohl die Frage der Akademikerseelsorge u. ä. einzuordnen, und vor allem die Priesterseelsorge.
4. Man würde diese Kommission vielleicht besser »Bildung, Erziehung und Schule« nennen.
Abschließend wäre noch ein Gedanke über eine mögliche spätere Entwicklung der Fuldaer Konferenzen hinzuzufügen. Wäre nicht auf die Dauer eine kollegiale Leitung durch die Kardinäle, die sich vielleicht turnusmäßig im Vorsitz ablösen, das für deutsche Verhältnisse und die gegenwärtige Situation Entsprechende? Aus der Konferenz der Preußischen Bischöfe ist ja nunmehr unbestritten die Konferenz der deutschen Bischöfe geworden, so daß keinerlei Grund besteht, die Leitung der Konferenz den Kardinälen oder dem Kardinal der ehemaligen preußischen Gebietsteile vorzubehalten. Andererseits eignet sich meines Erachtens Deutschland nicht für die Schaffung einer Art Primatialsitzes. Im Gegensatz zu Frankreich, das im gewissen Sinne Paris ist, wird Deutschland niemals gleich Berlin, Köln oder München sein. Eine solche kollegiale Leitung hätte den Vorteil, daß stets alle Bezirke Deutschlands ihre Interessen an höchster Stelle gewahrt wüßten und daß innerhalb des Gesamtepiskopates die Belange von Nord und Süd gleichgewichtig zur Geltung gebracht werden. – Auf diese Weise würde eine zu einseitige und schwer korrigierbare Schwergewichtsverlagerung verhindert werden.
Bedenken dagegen sind die daraus resultierenden unter Umständen sehr starke Stellung des Sekretariats der Bischöfe als des ruhenden Poles in der Erscheinungen Flucht und eine gewisse Schwächung der Repräsentanz des jeweiligen Leiters der Fuldaer Konferenzen. Außerdem fragt es sich, ob Rom zustimmen wird. Auf keinen Fall aber, so scheint mir, sollte der Vorsitz mit einem bestimmten Sitz verbunden werden.

100

Protokoll der Freisinger Bischofskonferenz

Freising, 27.–28. März 1957

EA MÜNCHEN, Joseph Kardinal Wendel, 22/1957. *Druckstück mit Überschrift:* Protokoll der Konferenz der bayerischen Bischöfe in Freising am 27. und 28. März 1957. *Fertigungsdatum:* 29. März 1957.

Anwesend:
Joseph Kardinal Wendel, Erzbischof von München und Freising,
Dr. Joseph Schneider, Erzbischof von Bamberg,
Erzbischof Dr. Michael Buchberger, Bischof von Regensburg,
Dr. Simon Konrad Landersdorfer, Bischof von Passau,

Dr. Joseph Schröffer, Bischof von Eichstätt,
Dr. Joseph Freundorfer, Bischof von Augsburg,
Dr. Isidor Markus Emanuel, Bischof von Speyer,
Dr. Vinzenz Fuchs[1], Kapitularvikar von Würzburg.

Am 27. März 1957, nach der Pontifikalmesse Seiner Eminenz und der feierlichen Anrufung des Heiligen Geistes, versammeln sich die Bischöfe um 9:15 Uhr zu ihrer ersten Sitzung.
Der Vorsitzende begrüßt die vollzählig erschienenen Mitglieder der Konferenz und widmet dem bisherigen Bischof von Würzburg, Seiner Exzellenz Dr. Julius Döpfner, der am 25. März als Bischof von Berlin inthronisiert wurde, herzliche Worte des Dankes für seine neunjährige sehr geschätzte Mitarbeit in der Freisinger Bischofskonferenz. Die Konferenz beschließt, ihm ihre besten Segenswünsche für seine neue schwere Aufgabe in einem Telegramm auszusprechen. Als derzeitigen Ordinarius von Würzburg begrüßt Seine Eminenz den am 23. März 1957 gewählten Hochwürdigsten Herrn Kapitularvikar Dr. Vinzenz Fuchs.
Dem von der Konferenz beschlossenen Glückwunschtelegramm an den neuen Bischof von Osnabrück, Dr. Franz Demann, kam am Ende der Vormittagssitzung die tragische Nachricht zuvor, daß der soeben konsekrierte Oberhirte bei der ersten Segensspendung vom Tod durch Herzschlag ereilt wurde. R. i. P.
Dem Domkapitel und der Diözese spricht die Bischofskonferenz telegrafisch ihre tiefempfundene Teilnahme aus mit dem Wunsch, daß der erste und letzte Bischofssegen des Oberhirten seinem Volke zum Heile werde.

Die Konferenz behandelte folgende Fragen:
1. Zur kirchenpolitischen Lage (München)
Die Konferenz befaßt sich zuerst mit der am Vortag bekanntgewordenen Entscheidung des Bundesverfassungsgerichtes bezüglich der Gültigkeit des Reichskonkordates[2]. Mit Genugtuung nehmen die Bischöfe zur Kenntnis, daß das Bundesverfassungsgericht zunächst grundsätzlich feststellt, daß das Reichskonkordat vom 20. Juli 1933 rechtsgültig zustandegekommen ist, durch Veröffentlichung im Reichsgesetzblatt in Kraft getreten ist, durch die Verstöße seitens des nationalsozialistischen Regimes nicht aufgehoben wurde und auch nach dem Zusammenbruch vom Jahre 1945 seine Geltung nicht verloren hat.
Der jetzige Vertragspartner des Reichskonkordates ist die Bundesrepublik. Positiv ist auch die Feststellung des Bundesverfassungsgerichtes, daß die Schulbestimmungen des Reichskonkordates mit den Bestimmungen des Grundgesetzes über Bekenntnis- und Gewissensfreiheit sowie über das Schulwesen nicht im Widerspruch stehen. Mit Besorgnis vernehmen die Bischöfe dagegen die Feststellung des Bundesverfassungsgerichtes, daß die Länder durch den Bund nicht gehalten werden können,

1 Vinzenz Fuchs *(1888–1965), 1910 Priester (D Würzburg), 1930 Dr. theol., Regens, 1932 Professor für Kirchenrecht in Dillingen, 1948–1961 Generalvikar in Würzburg.*
2 *Vgl. Dok. 60, Anm. 2.*

die Schulartikel des Reichskonkordates zu beachten. Wenn auch Bayern durch diese Entscheidung nicht unmittelbar betroffen wird, da seine Schulartikel durch das eigene Landeskonkordat und durch die Bayerische Landesverfassung gesichert sind, so teilen die bayerischen Bischöfe doch die ernste Sorge über diese überraschende Rechtsauslegung mit allen übrigen Bischöfen Deutschlands.

Die Bischofskonferenz hat mit tiefem Bedauern zur Kenntnis genommen, daß die Aufhebung des Kulturkampfparagraphen 67 im Personenstandsgesetz[3] trotz des günstigen Verlaufes der vorausgegangenen Lesungen scheitern mußte, weil bei der entscheidenden Abstimmung ein beträchtlicher Teil der christlichen Abgeordneten, überwiegend Katholiken, abwesend waren.

Hinsichtlich der Auseinandersetzung über eine Novelle zum Jugendschutzgesetz[4] würden die Bischöfe es begrüßen, wenn das 18. Lebensjahr als Ausnahme für gewisse Filme festgesetzt würde.

Lehrerbildung. Der Gesetzentwurf über die Ausbildung für das Lehramt an Volksschulen wird ohne vorheriges Einvernehmen mit dem Heiligen Stuhl kaum weiterbehandelt oder gar in 3. Lesung verabschiedet werden. Dies darf aus eindeutigen Erklärungen des bayerischen Ministerpräsidenten geschlossen werden. Auch die in der Regierungskoalition stehende Bayernpartei hat in diesem Sinne über ihre Haltung eine öffentliche Erklärung abgegeben. Der Vorsitzende gibt den Bischöfen eine kurze, vertrauliche Orientierung über den augenblicklichen Stand des Notenwechsels zwischen der Bayerischen Staatsregierung und dem Heiligen Stuhl.

In der Personalpolitik und insbesondere auf dem Schulsektor beobachten die bayerischen Bischöfe mit Besorgnis eine Tendenz in der Besetzung maßgebender Stellen, die den katholischen Interessen abträglich ist. Auch auf dem Gebiet des Nachrichtenwesens ist die gleiche Tatsache festzustellen.

Bei dieser Gelegenheit wird von neuem darauf hingewiesen, daß unsere katholischen Rundfunkhörer und Fernsehteilnehmer weit mehr als bisher durch Zuschriften an die Sendeleitung eine möglichst christliche Gestaltung des Programms erstreben müssen. Die rasche Entwicklung des Fernsehens erfordert eine erhöhte Aufmerksamkeit der kirchlichen Stellen.

In der Frage, ob Geistliche als Kandidaten für die kommende Bundestagswahl aufgestellt werden können, spricht die Konferenz die Auffassung aus, daß der Genehmigung des betreffenden Ordinarius nichts im Wege steht, wenn der Kandidat die sichere Eignung hierzu besitzt. Im Interesse des Überblicks und der Auswahl sollen etwaige Kandidaten aus den bayerischen Diözesen an den Vorsitzenden der Konferenz gemeldet werden.

Die Konferenz stellt fest, daß die Rechtsansprüche der Kirche auf staatliche Leistungen, die auf der Säkularisation beruhen und durch das Konkordat rechtsverbindlich

[3] *Das Personenstandsgesetz in der Fassung vom 8. August 1957,* BGBl., *S. 1125, behielt das Verbot der kirchlichen Trauung vor der standesamtlichen bei, beseitigte jedoch die Strafsanktion für Zuwiderhandlungen. Vgl. den ausführlichen Bericht* Böhlers *hierzu in Dok. 111.*

[4] Gesetz zur Änderung des Gesetzes zum Schutze der Jugend in der Öffentlichkeit *vom 27. Juli 1957.* BGBl., *S. 1058.*

festgelegt sind, bisher ungenügend erfüllt wurden und erneut geltend gemacht werden sollen.

2. Stellungnahme zu verschiedenen Beschlüssen des Konveniats der westdeutschen Bischöfe
Collegio dell'Anima, Rom. Die Bischöfe erklären sich damit einverstanden, daß der Standpunkt des deutschen Episkopates in dieser Frage in Rom noch einmal dargelegt wird.
Zentralkomitee der deutschen Katholiken. Die Konferenz nimmt zur Kenntnis, daß Dr. Paulus, Bad Godesberg, infolge seiner Berufung in das Domkapitel zu Trier aus dem Sozialreferat des Zentralkomitees der deutschen Katholiken ausscheidet und als sein Nachfolger P. Dr. Engel SCJ in Aussicht genommen ist.
Studentische Mensur. Die Konferenz ist damit einverstanden, daß das Dubium über die Fortdauer der Zensur für studentische Mensuren der Konzilskongregation zum geeigneten Zeitpunkt und mit der eingehenden Darlegung und Begründung der bisherigen Haltung des deutschen Episkopates vorgelegt wird, ohne daß ein direktes Votum für die Entscheidung der Konzilskongregation ausgesprochen wird. In der Eingabe soll noch besonders auf den heidnischen Ehrbegriff hingewiesen werden, der den Mensuren zugrunde liegt.
Christliche Gewerkschaft. Die Konferenz nimmt den Entwurf eines Schreibens zu Gunsten der Christlichen Gewerkschaft an die katholischen Verbände[5] mit einigen Korrekturen an.
Wohnungsbaugesetz. Die Konferenz ist mit der Bildung der vorgeschlagenen Kommission und der Mitarbeit von Justitiar Dr. Rieß, München, einverstanden.
Caritasheim im Durchgangslager Friedland. Einer Beteiligung an einer überdiözesanen Hilfe bis zur Höhe von 200.000 DM entsprechend dem Verteilungsschlüssel wird zugestimmt.
Diasporakirchenbau. Die Bischöfe stimmen dem Vorschlag, wonach der Diasporakirchenbau in den nächsten drei Jahren mit fünf Millionen DM gefördert werden soll, unter der angegebenen Voraussetzung zu, daß das Erzbistum Köln 50 Prozent übernimmt und die anderen 50 Prozent von allen Diözesen anteilig aufgebracht werden. Die Festlegung eines neuen Verteilungsschlüssels wird sehr begrüßt.
Gelder zur Flüchtlingsbetreuung. Den Vorschlägen des Referenten für Flüchtlingsfragen, Exzellenz Dr. Döpfner, bezüglich Verteilung der in Fulda 1956 für die Lagerbetreuung bewilligten Gelder, erteilt die Konferenz ihre Zustimmung. Die Gelder sollen in erster Linie für seelsorgliche und erst in zweiter Linie für fürsorgerische Zwecke verwendet werden.
Besoldung der Priester, die in der Seelsorge an Ausländern tätig sind. Die Konferenz erklärt sich mit der Entscheidung der in Fulda 1956 bestimmten Bischofskommission bezüglich der Besoldungsregelung für die in der Seelsorge an den Ausländern tätigen Priester einverstanden.

[5] *Vgl. Dok. 95.*

Antrag der GEMA. Die von der GEMA erbetene 25prozentige Erhöhung der 1953 festgesetzten Pauschale wird von den Bischöfen genehmigt.

3. Instructio »Inter cetera«
Die Konferenz nimmt ein Referat über die Einführung der Clausura papalis in den bayerischen Benediktinerinnenklöstern auf Grund der Apostolischen Konstitution »Sponsa Christi«[6] entgegen und beschließt, den Abtprimas des Benediktinerordens zu ersuchen, die Durchführung zu übernehmen.

4. Die »Gleitende Arbeitswoche«
Die Konferenz nimmt ein Referat über die große religiöse und sittliche Gefahr der gleitenden Arbeitswoche entgegen und beschließt ein ernstes Wort der Warnung an die Öffentlichkeit zu richten. (Siehe letzte Seite.)

5. Vorschlag zur diesjährigen Feier des Festes Patrona Bavariae (München und Bamberg)
Die Bischöfe erklären sich einverstanden mit der diesjährigen Art der Feier des Festes Patrona Bavariae, wie der Landesausschuß der Katholischen Aktion sie vorgeschlagen hat. In den einzelnen Diözesen wird die Katholische Aktion im Einvernehmen mit der oberhirtlichen Stelle und im Rahmen der bestehenden Möglichkeiten eine Feier zur gleichen Stunde mit der Rundfunkübertragung vom Marienplatz in München am Abend des 4. Mai gestalten.

6. Die Marianischen Kongregationen heute (Speyer)
Die Konferenz nimmt ein Referat entgegen über die Marianischen Kongregationen: Ihre Bedeutung, ihre tatsächliche Stellung und ihre Neubelebung.
Es wird mit Genugtuung festgestellt, daß die Marianischen Kongregationen dort, wo ihre Mitglieder im Streben nach Selbstheiligung und apostolischer Wirksamkeit mit der Zeit Schritt gehalten haben, immer eine segensreiche Aufgabe erfüllt haben. Daneben ist freilich zu bedauern, daß nicht wenige Kongregationen im Laufe der Zeit den ursprünglichen Sendungsgeist verloren haben und für das kirchliche Leben unfruchtbar geworden sind. Um so mehr begrüßen die Bischöfe alle Bestrebungen zur Neubelebung der Marianischen Kongregationen nach den Richtlinien der neuen päpstlichen Verlautbarungen, besonders der Apostolischen Konstitution »Bis saeculari«[7].

7. a) Religionslehrbuch für die Berufsschulen (Eichstätt)
Die Konferenz nimmt einen Bericht über den Fortgang der Vorarbeiten zur Erstellung eines neuen Lehrbuches für den Religionsunterricht an den Berufsschulen entgegen, insbesondere über das Ergebnis eines Wettbewerbes, der ausgeschrieben wor-

[6] *Apostolische Konstitution »Sponsa Christi« vom 21. September 1950.* AAS *43 (1951), S. 3–24.*
[7] *Apostolische Konstitution »Bis saeculari« vom 27. September 1948.* AAS *40 (1948), S. 399–402.*

den war, um der Bischofskonferenz eventuell die Möglichkeit zu geben, einen oder mehrere der Teilnehmer mit der Gesamtbearbeitung des Religionsbuches zu beauftragen.
Der von der Kommission der Diözesanvertreter (»Eichstätter Kommission«) unterbreitete Vorschlag bezüglich der Honorierung der eingereichten Probeartikel wird angenommen. Insgesamt wird eine Summe von 1.500 DM dafür ausgeworfen.
Die Bischofskonferenz beschließt, die Bearbeitung des geplanten einheitlichen Religionsbuches einem Arbeitskreis zu übertragen, der sich aus drei Teilnehmern am Wettbewerb und den drei Verfassern der bereits vorliegenden Religionslehrbücher (Ernst, Höhentinger und Pemsel)[8] zusammensetzen soll. Die drei ersteren sollen durch die preisgekrönten Teilnehmer selbst aus ihrer Mitte gewählt werden. Ebenso soll die Arbeitsgemeinschaft nach Möglichkeit aus ihrem eigenen Kreis sich einen Vorsitzenden geben. Es wird gewünscht, daß der nächsten Tagung der Bischofskonferenz bereits ausgearbeitete Lehrstücke vorgelegt werden.
Die Eichstätter Kommission wird beauftragt, sich weiter um die Durchführung der ganzen Angelegenheit zu bemühen.
b) Familienkatechismus
Die Konferenz nimmt Kenntnis von den ihr vorgelegten »Grundsätzen für die Bearbeitung eines Familienkatechismus« und erklärt sich mit ihnen einverstanden. Ebenso billigt sie grundsätzlich die an einigen Probetexten illustrierte Anlage der eigenen Rubrik »Für die Familie«, die im Sinne der Beitexte des Schulkatechismus für den Familienkatechismus zu schaffen ist.
c) Neues Religionsbüchlein für die Unterstufe
Die Bischöfe nehmen Einblick in den Entwurf eines neuen Religionsbüchleins für die Unterstufe und beauftragen den Katechetenverein, bis zum Herbst einige Lehrstücke auszuarbeiten.

8. a) Ferienordnung der Philosophisch-Theologischen Hochschulen (Eichstätt)
Gemäß dem auf der letzten Herbstkonferenz durch die Bischöfe erteilten Auftrag legen die Regenten der bayerischen Priesterseminare ihre Vorschläge zur Neuordnung der Ferien vor. Sie sind der Auffassung, daß kaum Aussicht besteht, eine Änderung der bestehenden Ferienordnung auf seiten der Hochschulen zu erreichen, sodaß das Seminar die Frage der Ferienverkürzung von sich aus lösen muß. Es werden hierfür drei Möglichkeiten gesehen: 1. Die Abhaltung von Kursen und Feriendiakonaten; 2. die Fertigung wissenschaftlicher Arbeiten aus dem Gebiet der Philosophie und Theologie, wobei die Themenstellung, Anleitung und Korrektur durch die Professoren der Hochschule erfolgen soll, oder auch durch Repetitoren, eine Einrichtung, die sich anderwärts mehrfach bewährt hat; 3. gelegentlich private Vorlesungen, für die ein Professor der Hochschule zu gewinnen wäre.

[8] *Bezug:* Franz Höhentinger, *Christ sein in der Welt. Ein Begleitbuch für den Religionsunterricht. 3. Aufl., München 1955;* Friedrich Ernst, *Katholisches Religionsbüchlein für die Grundschule. Neue Ausgabe Rottenburg 1953;* Johann Nepomuk Pemsel, *Unser Heil. Ein Merkbuch für die katholische Berufsschuljugend, Regensburg 1955.*

Die Bischöfe beschließen, innerhalb der auf der letzten Konferenz erlassenen Rahmenbestimmung, nach welcher acht Monate im Seminar zu verbringen sind, den Diözesen die freie Wahl unter den genannten Möglichkeiten zu überlassen. Sie wünschen, daß die Semester von Vorträgen und anderen Veranstaltungen weitgehend entlastet werden. Diese sollen auf die vorlesungsfreie Zeit verlegt werden. Es wird angeregt, daß die Regenten bezüglich der Ferienkurse untereinander in Fühlung bleiben.

b) Theologen und Korporationen; Korporationen in Seminarien?

Der Cartellverband der Katholischen deutschen Studentenverbindungen (CV) hat an die Bischöfe die Bitte gerichtet, den Beitritt der Theologiestudenten zum CV zu ermöglichen und zu fördern, in der Auffassung, daß sich die Herstellung lebendiger und fruchtbarer Beziehungen zwischen Laien und Theologen während der Studienzeit in mehrfacher Hinsicht als segensreich erweisen würde.

Nachdem die diesjährige Konferenz der Regenten der Priesterseminare diese Frage auf ihr Programm gesetzt hat, soll vor einer Entscheidung deren Stellungnahme abgewartet werden. Sie sollen sich auch zu der Frage äußern, ob es tragbar erscheint, den Theologen während zweier Semester (im ersten oder zweiten philosophischen Jahr) je einen Abend der Woche für die Teilnahme am Verbindungsleben freizugeben.

9. Die Katholische Akademie in Bayern (München)

Die Konferenz nimmt den Bericht über den derzeitigen Stand der Katholischen Akademie in Bayern zur Kenntnis und erklärt sich mit den vorläufigen Statuten, den Grundzügen des Programmes und der Bestellung von Dr. Karl Forster[9] zum Direktor der Akademie einverstanden.

10. Verschiedenes

Katecheten-Besoldung. Nach § 14 des Schulorganisationsgesetzes können die Religionsgemeinschaften für die Erteilung des Religionsunterrichtes, soweit er nicht von der zuständigen Seelsorgegeistlichkeit oder den Volksschullehrern erteilt werden kann, nach Maßgabe des Bedürfnisses besondere Lehrkräfte aufstellen, für deren Besoldung der Staat die Mittel zur Verfügung stellen wird. Um dem Wortlaut des Gesetzes zu entsprechen und Schwierigkeiten zu vermeiden, wird es künftig notwendig sein, für die Religionsüberstunden »besondere Lehrkräfte« einzusetzen, d. h. mindestens Geistliche ausdrücklich als Katecheten mit voller Stundenzahl aufzustellen.

Die Frage einer staatlichen Besoldungsordnung für Laienkatecheten an Berufsschulen wird besprochen. Es besteht Einverständnis, wenn bei der Einstufung unterschieden wird zwischen Laienkatecheten mit der Prüfung für das höhere Lehramt (Das Synodale würde dieser Anforderung nicht genügen) und den übrigen Laienkatecheten. Letztere würden entweder nach A 3 c oder TOA 4 besoldet. Die Frage, ob

[9] KARL FORSTER *(1928–1981), Dr. theol., 1953 Priester (ED München), 1957 Direktor der Katholischen Akademie in Bayern in München, 1967 Sekretär der neugebildeten Deutschen Bischofskonferenz, 1971 Professor für Pastoraltheologie in Augsburg. Vgl.* A. RAUSCHER, *Forster.*

Laienkatecheten, die Theologie studiert haben, eine Prüfung ermöglicht werden soll, die dem Pfarrkonkurs der Geistlichen entspräche, wurde negativ verbeschieden.
Katechetenverein. Die Konferenz erklärt sich damit einverstanden, daß Domkapitular Dr. Fischer, München, erneut den ersten Vorsitz des Deutschen Katechetenvereins übernimmt.
Vereinigung der bayerischen Ordensschulen. Die Bischöfe bejahen die geplante Vereinigung der bayerischen Ordensschulen und empfehlen eine enge Arbeitsgemeinschaft mit den übrigen klösterlichen Schulen Deutschlands. Auf Grund eines bereits früher gegebenen Einverständnisses wird die vorgelegte Versorgungsordnung der Vereinigung bayerischer Ordensschulen gemäß der aufgestellten Kalkulation und der Übersicht der voraussichtlich notwendigen jährlichen Aufwendungen angenommen.
Zeitung »Mann in der Zeit«. Die Konferenz begrüßt die weite Verbreitung der Männerzeitung »Mann in der Zeit« und wünscht auch für Bayern ein kräftiges Anwachsen der Zahl der Bezieher.
Kollekte für katholische Schule in Schweden. Die Bischöfe entsprechen dem Anliegen ihres Landsmannes Exzellenz Erik Müller[10] in Schweden und genehmigen eine Kirchenkollekte für die katholische Schule des St.-Ansgarius-Werkes in Stockholm.
Seminarkirche in Araukanien. Die Bischöfe empfehlen den Mitgliedern des Dritten Ordens in Bayern die finanzielle Unterstützung des Baues einer Seminarkirche der bayerischen Kapuziner in Araukanien.
Petition für die Seligsprechung Pater Pius Keller OESA[11]. Die Konferenz beschließt, eine Petition um die Seligsprechung des Augustinereremiten Pater Pius Keller in Rom einzureichen.
Nach herzlichen Dankesworten des Vorsitzenden und des Erzbischofs von Bamberg wird die Konferenz am 28. März 1957, um 19:20 Uhr, mit Gebet geschlossen.

Der Protokollführer
+ Isidor Markus
Bischof von Speyer

Der Vorsitzende
Jos[eph] Card[inal] Wendel
Erzbischof von München und Freising.

Anlage
Gleitende Arbeitswoche
Erklärung der bayerischen Bischofskonferenz vom 27. März 1957
Die deutschen und bayerischen Bischöfe haben wiederholt auf ihren Bischofskonferenzen Stellung genommen gegen eine Arbeitsweise, die als »Gleitende Arbeitswoche« bezeichnet wird. Durch diese Arbeitsweise wird der Sonntag zum Werktag

10 ERIK MÜLLER *(1877–1965), 1920 Domkapitular in Münster, 1923 Apostolischer Vikar für Schweden, 1953–1957 Bischof von Stockholm, 1957 Titularerzbischof.*

11 P. PIUS KELLER OESA *(1825–1904), 1849 Ordenseintritt, 1849–1897 Gymnasiallehrer in Münnerstadt (Uunterfranken), 1852–1902 Provinzial, Erneuerer seines Ordens in Deutschland. 1934 wurde der Seligsprechungsprozeß eröffnet, Entscheidung steht noch aus.*

gemacht in gleicher Weise wie jeder andere Werktag der Woche. Die Arbeit wird in Schichten geleistet, die auf den Sonntag keine Rücksicht nehmen. Wo diese Arbeitsweise eingeführt wird, hat der Arbeiter kein Recht mehr auf den freien Sonntag. Wenn ihn die Schicht trifft, muß er arbeiten bei Tag und bei Nacht, an Werktagen und am Sonntag. Er wird im Jahr nur etwa 13 freie Sonntage haben und auch die nicht, weil Sonntag ist, sondern weil die Schichteinteilung es so mit sich bringt. Durch diese gleitende Arbeitsweise verliert der Sonntag seinen Charakter als Tag des Herrn, der er immer war, solange es ein Christentum gibt. Er verliert den gemeinsamen Gottesdienst der Pfarrgemeinde, verliert den Charakter als Tag der allgemeinen Ruhe und Entspannung, den Charakter eines Tages, der der Familie und der Volksgemeinschaft und einer edlen Geselligkeit und Freude aller gehören muß. Das Wirtschafts- und Volksleben wird losgelöst von der Verbindung mit Gott, mit Religion, Kirche und höherer Lebensauffassung: Das Wirtschaftsleben kümmert sich um keinen Sonntag. Die Seele verliert den Sonntag und der Sonntag die Seele. Die Gleitende Arbeitswoche bedeutet nichts weniger als eine Entchristlichung unseres Familien- und Volkslebens. Sie ist ein gewaltiger Schritt zum Abgrund des religiösen, geistigen und kulturellen Nihilismus. Wir müssen daher aufs neue dringendst und ernstestens warnen vor der Einführung dieser Arbeitsweise.

Gewiß soll ein Weg gesucht werden, um den Schwerarbeitern ihre Arbeitszeit zu verkürzen, ohne daß der Lohn verkürzt wird. Aber die gleitende Arbeitsweise bringt auch dem Arbeiter keine Verbesserung, sondern eine Verschlechterung der Arbeitsverhältnisse. – Mit Genugtuung nehmen wir davon Kenntnis, daß die bayerische Regierung die Gleitende Arbeitswoche nicht genehmigt hat, und erwarten, daß auch die Bundesregierung die Genehmigung versagt. Wir sprechen unseren wärmsten Dank aus, allen, die sich mit Entschiedenheit aus Treue zum christlichen Glauben, aus Liebe zu unserem Volk und in Verbundenheit mit dem Arbeiterstand sich für die Erhaltung des Sonntages einsetzen.

101

Frings an Janssens[1]

[Köln,] 28. März 1957

EA KÖLN, Gen. II 23.61, 24. *Schreibmaschinendurchschlag mit eigenhändiger Paraphe. Anschrift:* S[eine]r Paternität dem Hochwürdigsten Herrn Pater General Janssens S. J., Borgo S[anto] Spirito 5, Roma. *Aktenzeichen:* J[ou]r[nal] Nr. 15778I/57. *Stempel:* Abgesandt 31. M[ä]rz 1957 Kanzlei.

Ew. Paternität

beehre ich mich, im folgenden auf einen Sachverhalt aufmerksam zu machen, mit dem sich das Konveniat der westdeutschen Bischöfe in Hofheim/Taunus am 11./13.

[1] P. JOHANNES BAPTIST JANSSENS SJ *(1889–1969), 1907 Ordenseintritt, 1919 Priester, Professor, 1929 Rektor der Universität Löwen, 1939 Provinzial der nordbelgischen Provinz, 1946 27. Ordensgeneral.*

März 1957[2] befassen mußte. Es handelt sich um die Tätigkeit des hochw[ürdigen] Herrn Pater Herbert Reichel S. J. im Rahmen der sogenannten »Christlich-sozialen Kollegenschaft im Deutschen Gewerkschaftsbund« und des »Deutschen Gewerkschaftsbundes« selber.
Mit Gutheißung der Bischöfe haben vorwiegend katholische Arbeiterführer und Arbeiter vor mehr als Jahresfrist aus echter Gewissensverantwortung und tiefer Sorge um die Zukunft der Arbeiterschaft Christliche Gewerkschaften gegründet. Die sogenannte Einheitsgewerkschaft des »Deutschen Gewerkschaftsbundes« steht fast ausschließlich unter sozialistischer Führung. Wir Bischöfe haben mehrfach unsere warnende Stimme gegen bestimmte Übergriffe erheben müssen und haben bis in die jüngste Zeit hinein Verstöße gegen christliche Grundauffassungen feststellen müssen. Gegenüber dieser Mammutorganisation von über 6 Millionen organisierter Mitglieder mit einem weit ausgebauten System verschiedenster Presseerzeugnisse und einem umfassenden Einfluß in den Betrieben haben es die eben erst gegründeten Christlichen Gewerkschaften sehr schwer, Mitglieder zu gewinnen.
Deren Schwierigkeiten werden aber nicht zuletzt dadurch vergrößert, daß sich Herr Pater Herbert Reichel S. J. in seiner ganzen Tätigkeit ausschließlich der sogenannten »Christlich-sozialen Kollegenschaft« im »Deutschen Gewerkschaftsbund« widmet, in aller Öffentlichkeit polemisch für die sogenannte Einheitsgewerkschaft eintritt und damit eine große Zahl der christlichen Arbeitnehmer vom Beitritt zu den Christlichen Gewerkschaften abhält. Dieses Vorgehen ist um so bedauerlicher, als die deutschen Bischöfe sowohl in ihrer Gesamtheit als auch einzeln zu wiederholten Malen sich ausdrücklich zu den Christlichen Gewerkschaften bekannt und deren Übereinstimmung mit der christlichen Soziallehre begrüßt und betont haben. So haben wir leider feststellen müssen, daß durch die Tätigkeit von Herrn Pater Reichel bedauerlicherweise auch die Autorität der deutschen Bischöfe in weiten Kreisen der katholischen Arbeiterschaft faktisch – mag er das auch nicht wollen – gefährdet wird. Berichte dieser Art sind uns immer wieder sowohl von gewissenhaften katholischen Arbeitern und Arbeiterführern als auch von sehr ruhig und sachlich denkenden Arbeiterseelsorgern zugegangen.
Gegen die derzeitige Tätigkeit von Herrn Pater Reichel hegen die deutschen Bischöfe nicht zuletzt auch deshalb große Bedenken, weil er diese nicht im eigentlich priesterlich-seelsorglichen Sinne ausübt, indem er etwa Exerzitien, Einkehrtage oder religiöse Vorträge für Gewerkschaftler hielte, sondern dadurch, daß er fast ausschließlich gewerkschaftspolitische und gesellschaftspolitische Fragen mit ihnen behandelt.
Wir glauben zudem, daß es auf die Dauer auch dem Ansehen der Gesellschaft Jesu schaden muß, wenn breite Kreise der katholischen Arbeiterschaft den Eindruck gewinnen, daß ein Mitglied der Gesellschaft Jesu in so wesentlichen Fragen mit den Auffassungen der führenden Arbeiterseelsorger und der katholischen Bischöfe nicht übereinstimmt.

2 *Vgl. Dok. 92.*

Nachdem ich bereits vor etwa Jahresfrist versucht habe, diese Angelegenheit mit dem Hochwürdigsten Herrn Pater Provinzial der norddeutschen Provinz zu bereinigen[3], erlaube ich mir, diese Angelegenheit nun auf Wunsch der westdeutschen Bischöfe Ew. Paternität vorzulegen mit der herzlichen Bitte, sich der Sorgen des westdeutschen Episkopates anzunehmen und darum besorgt zu sein, daß Hochwürden Herrn Pater Reichel ein anderes Arbeitsgebiet zugewiesen wird.

Ew. Paternität im Herrn ergebenster
+ J[oseph] C[ardinal] Fr[ings]
Erzbischof von Köln.

102

Keller an Rahner[1]

Münster, 1. April 1957

DA Münster, GV-NA, AO-331. *Schreibmaschinenschriftliches Konzept mit eigenhändiger Höflichkeitsformel und Paraphe. Anschrift:* Hochw[ürdigsten] Herrn Professor Dr. Karl Rahner, Innsbruck. *Durchgestrichener Vermerk:* Entwurf *und handschriftliche Vermerke* f[ür] 1.4.1957 *sowie* T[en]h[um]b[er]g *und (von der Hand Tenhumbergs)* Z[u] d[en] A[kten]. Briefe Exz[ellenz].

Hochwürdiger, sehr geehrter Herr Professor!
In der Zeitschrift des Verbandes der Katholischen Lehrerschaft Deutschlands, »Der katholische Erzieher«, Heft 3/1957, lese ich gleich als ersten Beitrag Ihr Referat »Der christliche Erzieher in Freiheit und Bindung«, das Sie anläßlich der Jahrestagung der katholischen Erziehergemeinschaft in Frankfurt a. M. am 4. Januar 1957 gehalten haben sollen[2]. In der Einleitung dieses Referates kommen einige Formulierungen vor, die mir sehr bedauerlich erscheinen. Sie sind zum mindesten leicht mißverständlich. Ich halte es durchaus für möglich, daß Sie die schul- und kulturpolitische Situation in der Bundesrepublik sowie eine gewisse Unsicherheit in bestimmten katholischen Erzieherkreisen aus eigener Erfahrung nicht genügend kennen, sonst würden Sie sich – so möchte ich annehmen – sicherlich zu der schwierigen Frage ausführlicher und klarer geäußert haben.
Gewiß sagen Sie mit einem Satz, daß Sie wohl nicht »eigens die grundsätzlichen Prinzipien und Ideale zu wiederholen« brauchten, »welche die Kirche als ihre hinsichtlich der Gestaltung der Schule erklärt«. Dann aber fahren Sie unmittelbar mit der Behauptung fort, daß »Aufgaben und konkrete Gestaltung der beiden Schularten

[3] *Vgl. Dok. 37 und 46.*

[1] P. Karl Rahner SJ *(1904–1984), Dr. theol., 1922 Ordenseintritt, 1932 Priester, Dogmatiker, 1937 Privatdozent in Innsbruck, 1939–1944 Ordinariatsrat in Wien, 1945 Professor für Dogmatik an der Ordenshochschule Pullach, seit 1949 an den Universitäten Innsbruck, München und Münster. Vgl.* A. Losinger.

[2] Karl Rahner, *Der christliche Erzieher in Freiheit und Bindung, in:* Der katholische Erzieher *10 (1957), S. 125–139.*

(der Bekenntnisschule und der Simultanschule) doch auch wieder gerade im Sinne des wirklich christlichen Erziehers, der über den heiligen Grundsätzen nicht die gottgewollte oder unter Gottes Vorsehung stehende Wirklichkeit vergißt, weitgehend angenähert« sind. Wenn das aber stimmen sollte, dann muß doch wohl ein Großteil der Hörer zu der Schlußfolgerung kommen, daß dann auch die »grundsätzlichen Prinzipien und Ideale« der Kirche in bezug auf die beiden Schularten nicht mehr von allzu großer praktischer Bedeutung sind.
Ich kann auch Ihrer Behauptung nicht zustimmen, »daß im Ziel und fast auch im Erziehungsmilieu der Unterschied zwischen beiden Schularten nicht mehr sehr groß ist«. Meine tägliche Erfahrung im Bereich des Bistums Münster bringt mir im Gegenteil immer wieder mit erschreckender Deutlichkeit gerade den wesensmäßigen und praktischen Unterschied zwischen dem Erziehungsziel und dem Erziehungsmilieu der beiden Schularten schmerzlich zum Bewußtsein. Das Erziehungsziel und das Erziehungsmilieu der Bekenntnisschule ist nach katholischer Lehre und jahrhundertelanger Erfahrung ein wesentlich anderes als das der sogenannten Gemeinschaftsschule. Mag auch der einzelne katholische Erzieher in der Simultanschule das katholische Erziehungsziel festzuhalten und zu realisieren trachten, so ändert das doch nichts an dem Wesensziel dieser Schulart als solcher und dem daraufhin erstrebten Erziehungsmilieu. Ja, mag selbst in katholischen Bekenntnisschulen gelegentlich das Erziehungsmilieu sehr »diasporamäßig« sein, so zeigt sich hier gerade die größere Chance des katholischen Erziehers, der in dieser Bekenntnisschule als Institution unbehindert durch alle äußeren Reglementierungen die Möglichkeit hat, das katholische Erziehungsideal ganzheitlich zu verwirklichen. Gerade das aber wird ihm in der »Diasporasituation« der Gemeinschaftsschule sogar institutionell verwehrt. So bleibt also festzuhalten, daß beide Schularten im Ziel und im Erziehungsmilieu nicht nur grundsätzlich, sondern auch faktisch große Unterschiede aufweisen. Selbstverständlich bleibt es für uns eine Aufgabe, das katholische Schul- und Erziehungsideal in der Bekenntnisschule immer besser zu verwirklichen. Auch ich vertraue nicht auf die Garantie einer Institution als solcher. Eine katholische Schule kann ihre Aufgabe nur insoweit erfüllen, als katholische Lehrpersonen in der Kraft eines heiligen Berufsideals sich als Stellvertreter der Eltern, als Mitarbeiter der Kirche fühlen.
Hochwürdiger, lieber Herr Professor! Ich fürchte also, daß Sie mit diesen Ihren einleitenden Ausführungen einen Eindruck erweckt haben, den Sie sicherlich in keiner Weise beabsichtigt haben. Ich schreibe Ihnen das darum so offenherzig, weil es in Deutschland, auch in der Erzieherschaft, immer wieder Kreise gibt, die sich auf eine falsch verstandene »missionarische Aufgabe« berufen zu müssen glauben und darum »die institutionellen Sicherungen« preiszugeben bereit sind, ja in dieser Preisgabe sogar noch einen Idealzustand empfinden. Gerade in Schul- und Erziehungsfragen hat die Kirche immer wieder eine heilige Nüchternheit bewiesen und sich bemüht, für ihr Erziehungsziel immer auch die bestmöglichen institutionellen Voraussetzungen zu schaffen.
Weil es auf dem Gebiet der Schule und Erziehung um einen sehr ernstzunehmenden Existenzkampf der Kirche in Deutschland geht, schreibe ich Ihnen diese Zeilen aus

tiefer Besorgnis. Selbstverständlich kann man mit gutem Willen Ihre Ausführungen richtig verstehen, aber andererseits liegen gewisse falsche Schlußfolgerungen auch nicht fern. Dabei würde es gerade uns Bischöfen eine tiefe Beruhigung sein, wenn wir in diesem harten und an Enttäuschungen so reichen Existenzkampf um die katholische Schule und Erziehung die volle Unterstützung unserer katholischen Theologieprofessoren hätten. Ich bin sicher, daß auch die katholische Lehrerschaft, die sich in ihren Verbänden bisher mit erfreulicher Einmütigkeit für unsere Anliegen eingesetzt hat, diese moralische Stärkung mit Freuden aufgenommen hätte.
Mit herzlichem Gruß

Ihr ergebenster
+ M[ichael Keller].

103

Frings an Hemsath

Köln, 6. April 1957

EA MÜNCHEN, Joseph Kardinal Wendel, 21/1957. *Schreibmaschinenvervielfältigung. Briefkopf:* Der Erzbischof von Köln. *Anschrift:* An den Arbeits- und Sozialminister des Landes Nordrhein-Westfalen, Herrn Heinrich Hemsath, Düsseldorf. *Vermerk:* S[eine]r Eminenz dem Hochwürdigsten Herrn Joseph Kardinal Wendel, Erzbischof von München-Freising, Kardinal-Faulhaber-Str. 2, München.

Sehr geehrter Herr Minister!
Ihr Schreiben vom 23. März 1957[1] habe ich erhalten und möchte Ihnen darauf folgendes antworten.
Es kann nicht Aufgabe der Kirche sein, bis ins Einzelne gehende Vorschläge zur Gestaltung der Arbeitsweise in den SM- und Elektrostahlwerken und den hiermit in Verbund stehenden Walzwerken vorzulegen. Mit Recht hätten es sich Unternehmer und Gewerkschaften verbeten, wenn die Kirche unter anderen Umständen ähnliche Vorschläge gemacht hätte. Vielmehr ist die Kirche nur gehalten sich zu vergewissern, daß sie nicht Unmögliches fordert, wenn sie zu Fragen der Wirtschaft und des Arbeitslebens Stellung nimmt. Das ist in dem vorliegenden Falle hinreichend geschehen. Schon aus der Tatsache, daß die Tarifpartner bereits eine andere Regelung abgesprochen hatten, mußte die Kirche den Schluß ziehen, daß eine solche möglich ist.
Ich bedauere es, daß auch Sie, sehr geehrter Herr Minister, wieder die Tatsache, daß die betreffenden Arbeiter nunmehr 13 völlig freie Sonntage bekommen sollen, in ganz einseitiger Weise herausstellen, so wie es sonst in der üblichen Propaganda geschieht. Man sollte doch nicht darüber hinwegsehen, daß diese Wohltat der 13 freien Sonntage dadurch erkauft wird, daß die übrigen 39 Sonntage des Jahres ganz normale Arbeitstage werden, was bisher nicht der Fall war, und daß eine neue Schichtbelegschaft in die Sonntagsarbeit einbezogen wird. Es ist eben nicht möglich,

1 *Vgl. Dok. 98.*

daß weniger Sonntagsarbeit geschehen soll, wenn eine neue Sonntagsschicht eingeführt wird.
Niemand behauptet mehr im Ernste, daß die kontinuierliche Arbeitsweise in den genannten Betrieben technisch unumgänglich sei, da sie es ja auch bisher nicht war, noch auch, daß eine Arbeitszeitverkürzung ohne Gleitsystem unmöglich sei. Insofern treffen Ihre Ausführungen über die sozialpolitischen Fortschritte der neuen Regelung nicht zu. Die auch von der Kirche begrüßte Arbeitszeitverkürzung in der Stahlindustrie brauchte nicht erkauft zu werden mit der Einebnung des Sonntags. Diese letzte ist geradezu ein sozialpolitischer Rückschritt, wenn man weiß, wie sehr die Industriearbeiterschaft auch gerade darum gekämpft hat, den freien Sonntag wie alle anderen Gruppen unseres Volkes zu bekommen.
Es ist für mich sehr befremdlich, daß Sie auf die rechtlichen, einschließlich verfassungsrechtlichen Bedenken, die ich in meinem Schreiben an den Arbeitgeberverband Eisen- und Stahlindustrie e. V.[2] zum Ausdruck gebracht habe, nicht eingegangen sind. Eine Einflußnahme auf die Tarifpartner, eine Arbeitszeitverkürzung unter Wahrung der bestehenden Gesetze und der Bestimmungen des Grundgesetzes und der Landesverfassung durchzuführen, wäre sicher nicht nur zum Wohle der Arbeiterschaft, sondern auch von Volk und Staat gewesen.
Die Kirche hat auch in dem Falle der Hüttenwerke Oberhausen in den vergangenen Jahren dieselbe ablehnende Stellung eingenommen wie heute. Es sollte jedoch nicht verkannt werden, daß eine einzelne Ausnahmegenehmigung, die dazu unter ganz anderen Umständen gegeben wurde, anders zu beurteilen ist als eine Summe von Ausnahmegenehmigungen, die praktisch die Arbeitsweise für die Gesamtheit der in Frage kommenden Betriebe regeln und darum keine Ausnahme mehr sind. Wenn in den vergangenen Jahren die einmal unter bestimmten Umständen erteilte Genehmigung für die Hüttenwerke Oberhausen nicht mehr zurückgenommen werden konnte, da man den Arbeitern nicht eine Rückkehr von 42 zu 53 1/3 Wochenarbeitsstunden zumuten konnte, so wäre doch im Zuge der allgemeinen Arbeitszeitverkürzung die Gelegenheit gewesen, auch in diesem Falle von dem verhängnisvollen Gleitsystem wieder abzukommen. Ich gebe noch einmal meiner großen Besorgnis Ausdruck, daß auf längere Sicht gesehen weder der gute Wille der Tarifpartner, die jetzt die Maßnahme betreiben, noch auch der Regierung, die die Genehmigung gibt – ein guter Wille, den wir nicht bezweifeln, – verhindern wird, daß das Beispiel Schule macht. Einmal geschaffene Tatsachen haben eben ihre eigene Logik, wie Sie, sehr geehrter Herr Minister, in dem Fall der Hüttenwerke Oberhausen selbst anführen.
Ich möchte darum auch an Sie, sehr geehrter Herr Arbeitsminister, die Bitte richten, den Vorschlag, den ich dem Arbeitgeberverband Eisen- und Stahlindustrie und mit Durchschrift auch der Industriegewerkschaft Metall unterbreitet habe, zu unterstützen. Ich darf diesen Vorschlag noch einmal kurz wiederholen: Es möge möglichst bald eine Arbeitszeitverkürzung durchgeführt werden, die die Sonderstellung des Sonntags unter den Tagen der Woche wahrt, wenigstens die Einschränkungen, die

2 *Vgl. Dok. 93.*

die bisherige Gesetzgebung für die Arbeit an Sonntagen auferlegt, loyal hinnimmt, durch arbeitsorganisatorische und technische Maßnahmen die den einzelnen Arbeiter treffende Belastung seines Sonntags mindert und einen für alle Teile erträglichen Lohnausgleich gewährt. Nach Durchführung dieser Maßnahme sollten in ruhigen und sachlichen Bemühungen alle Beteiligten unter Zuziehung sachverständiger und unabhängiger Gremien die Vorarbeiten für eine neue gesetzliche Regelung geleistet werden.

Sie haben, sehr geehrter Herr Minister, Ihr Schreiben, das Sie am 23. März d. J. an mich gerichtet haben, einer weiteren Öffentlichkeit zugänglich gemacht. Ich bitte Sie um gütiges Verständnis, daß ich auch dieses Schreiben in gleicher Weise bekanntgebe.

Mit vorzüglicher Hochachtung

+ Jos[eph] Card[inal] Frings
Erzbischof von Köln.

104

Keller an Wendel

Münster, 8. April 1957

EA MÜNCHEN, Joseph Kardinal Wendel, 21/1957. *Schreibmaschinenausfertigung mit eigenhändiger Unterschrift. Briefkopf:* Der Bischof von Münster. *Eingangsstempel:* Erzbistum München. Erzb[ischof] 10. April 1957. 21 Nr. 599.

Eminenz, lieber, hochwürdigster Mitbruder!

Am Freitagnachmittag war Pater Dr. Engel, der praesumtive Nachfolger von Dr. Paulus, mit seinem Provinzial hier. Soweit man das auf Grund einer reichlich halbstündigen Begegnung beurteilen kann, scheint er mir wohl geeignet zu sein. Im Laufe dieser Woche – wenn ich recht verstanden habe – wollte er Gelegenheit nehmen, sich Dir vorzustellen. Ich habe dem Pater Provinzial gesagt, Du würdest dann die offizielle Anfrage an ihn richten. Die endgültige Beauftragung würde voraussichtlich durch Kardinal Frings erfolgen. – Jedenfalls darf ich wohl annehmen, daß Du nunmehr die Sache zum Abschluß führen wirst.

Sicher wäre es gut, wenn gleichzeitig festgelegt würde, daß einstweilen – ich glaube, daß ein halbes Jahr vorgesehen war, besser wäre ein ganzes – Dr. Paulus noch die Oberleitung inne haben wird. – Es läge ja auch im Interesse des Herrn Pater Engels, daß er sich zunächst einmal, wie man es ja auch sonst tut, nur für ein Jahr verpflichtet, um aus eigener Erfahrung beurteilen zu können, ob ihm die Aufgabe liegt oder nicht.

Auf dem letzten Bischofskonveniat in Hofheim wurde laut Protokoll[1] beschlossen, daß nach Einholung Eurer Zustimmung in Rom offiziell angefragt werden solle, ob die Strafsanktion für die Bestimmungsmensur weiter zu Recht bestehe. Der Erzbi-

[1] *Vgl. Dok. 92 II d.*

schof von Paderborn drängte sehr darauf. Nicht alle Mitglieder des Konveniats waren in gleicher Weise begeistert. Ich weiß sicher, daß Pohlschneider große Bedenken hat, die auch ich bis zu einem gewissen Grade teile. Ich frage mich, ob es grundsätzlich richtig ist, im gegenwärtigen Augenblick an sich wichtige Forderungen durch Verhängung von Sanktionen durchzusetzen, statt den zweifellos schwierigeren, aber auf die Dauer doch wohl wirksameren Weg der Gewissensbildung und entschiedener Stellungnahme der Bischöfe selbst zu gehen. Ich könnte mir durchaus denken, daß wir ganz offiziell erklären, daß kein Beichtvater diejenigen, die einer Korporation beitreten, die Bestimmungsmensuren durchführt[2], absolvieren kann.
Wenn in Rom angefragt wird, ist zu erwarten, daß die Entscheidung in unserem Sinne getroffen wird, d. h. also, die Strafe bleibt. Dann aber müssen wir auch die Strafe urgieren, wogegen ich – wie ich schon andeutete – einige Bedenken habe. – Andererseits verstehe ich den Erzbischof von Paderborn, der seinerseits sehr stark von den Studentenpfarrern und der KDSE gedrängt wird.
Mit herzlichem Gruß

Dein
+ Michael Keller.

105

Wendel an Jaeger

[München,] 10. April 1957

EA MÜNCHEN, Joseph Kardinal Wendel, 19/1953–1957. *Schreibmaschinendurchschrift mit Anschrift:* Seiner Exzellenz dem Hochwürdigsten Herrn Dr. Lorenz Jaeger, Erzbischof von Paderborn, Paderborn. *Registraturvermerk:* 19.

Hochwürdigste Exzellenz!
Auf unserer Konferenz in Freising habe ich, wie ich Ew. Exzellenz nach der Beisetzung des Hochwürdigsten Herrn Bischofs von Osnabrück bereits mündlich berichtet habe, die Frage, ob wegen des Fortbestehens der kirchlichen Zensur, die auf der Teilnahme an studentischen Mensuren ruht, eine Entscheidung der Konzilskongregation herbeigeführt werden soll, zur Beratung gestellt[1]. Unsere Konferenz kam zu dem Beschluß, daß die Frage zur gegebenen Zeit vorgelegt werden soll, aber ohne ausdrückliches Votum für die Entscheidung der Kongregation. Eine eingehende Darlegung und Begründung der bisherigen Haltung des deutschen Episkopates soll jedoch unbedingt gegeben werden und dürfte, wie man meint, für das Finden der rechten Entscheidung genügen. Ausdrücklich wurde gewünscht, daß auch auf den heidnischen Ehrbegriff hingewiesen werden soll, der dem Duell und den Mensuren letztlich zugrunde liegt.

2 *Vorlage:* durchführen.

1 *Vgl. Dok. 100, Abschnitt 2.*

Ich darf bei dieser Gelegenheit noch einmal meine Bitte an Ew. Exzellenz wiederholen, bei der ersten Investitur des Ritterordens vom Hl. Grab in München als Großprior des Ordens die Pontifikalmesse und die Predigt zu halten. Ebenso bitte ich Ew. Exzellenz, während Ihres Aufenthaltes in München mein Gast zu sein.

Für das freundliche Gedenken am Fest des heiligen Josephs danke ich Ew. Exzellenz und wünsche einen recht gnadenreichen Verlauf der heiligen Woche.

Mit verehrungsvollem Gruß bin ich

Ew. Exzellenz im Herrn ergebener

[*o. U.*].

106

Keller an Wendel

Münster, 12. April 1957

EA MÜNCHEN, Joseph Kardinal Wendel, 40 ZK/1957. *Schreibmaschinenausfertigung mit eigenhändiger Unterschrift. Briefkopf:* Der Bischof von Münster. *Anschrift:* S[eine]r Eminenz dem Hochwürdigsten Herrn Erzbischof Joseph Kardinal Wendel, München. *Eingangsstempel:* Erzbistum München. Erzb[ischof] 15. Apr[il] 1957. 40 ZK Nr. 615.

Eminenz, lieber, hochwürdigster Mitbruder!

Ergänzend zu meinem letzten Schreiben[1] möchte ich zunächst noch hinzufügen, daß ich inzwischen von einer Seite, die durchaus urteilsfähig ist, eine Charakteristik des Herrn Pater Dr. Engel erhielt, die mich in meiner Auffassung über seine Qualitäten ein wenig unsicher gemacht hat. Mein Gewährsmann sagte mir, daß er ein etwas harmloser Typ sei, gut geeignet zum Bücherschreiben, aber wohl kaum in der Lage, sich durchzusetzen und ähnlich wie Herr Dr. Paulus eine klare Linie fest zu vertreten, vor allem auch im Hinblick auf die zur Zeit im Zentralkomitee selbst wirksamen negativen Einflüsse. Unter diesen Umständen möchte ich noch dringender raten, die Beauftragung von Pater Engel zunächst auf ein Jahr zu begrenzen und Dr. Paulus zu bitten, unter allen Umständen bis dahin die Oberleitung zu behalten.

Wahrscheinlich hast Du auch von der »Panne« gehört, die dem Zentralkomitee unterlaufen ist mit der Veröffentlichung in der Frankfurter Allgemeinen Zeitung.[2] Der Artikel stammt aus der Feder des Redakteurs der FAZ, Jakob Stehle.[3] Es ist derselbe Jakob Stehle, der die Kontroverse mit dem Osservatore über die Koexistenz[4] geführt

1 *Vgl. Dok. 104.*

2 *»Frankfurter Allgemeine Zeitung« vom 6. April 1957. Zum Zusammenhang vgl. Dok. 109.*

3 HANSJAKOB STEHLE *(geb. 1927), Dr. phil., Journalist, 1955–1963 Redakteur der »Frankfurter Allgemeinen Zeitung«, später Korrespondent des Rundfunks und der »Zeit«.*

4 *1953 formulierte außenpolitische Leitlinie der UdSSR, nach der bei friedlichem Nebeneinander und Wettbewerb mit den »kapitalistischen« Staaten der ideologische Klassenkampf mit unverminderter Härte weitergeführt und ggf. durch Volkserhebungen und nationale Befreiungskriege, aber nicht durch militärische Auseinandersetzung der großen Machtblöcke weitergeführt werden sollte.*

und der damals auch Professor Reding[5] positiv kommentiert hat, ganz offenbar ein Mann mit koexistenzialistischer und sozialistenfreundlicher Schlagseite. Ich hörte übrigens, daß Herr Stehle auch Mitarbeiter des roten Informationsdienstes der KNA sei. Auf Veranlassung von Herrn Pfarrer Siegel hat das gesamte Team des Godesberger Hauses Herrn Stehle in Godesberg empfangen und ihm, wie uns in einer telefonischen Unterredung gesagt wurde, mit dem »bei solchen Journalistenbesuchen üblichen Freimut Rede und Antwort gestanden«. (Wer ist für solche Initiativen verantwortlich? Wie weit sind sie in das freie Ermessen der hauptamtlichen Mitarbeiter im ZdK gestellt?)

Bei dieser Gelegenheit ist auch »am Rande«, wie man uns hinterher sagte, von »Aktion 57« [6] die Rede gewesen. Aber meines Erachtens ist nicht das über »Aktion 57« in dem Artikel Gesagte das Entscheidende, sondern die in ihm gewissen Kreisen des ZdK unterstellten Ansichten. Wie weit die einzelnen Formulierungen aus dem Munde zum Kreise des ZdK gehöriger Personen stammen, mag dahingestellt bleiben; nach meinen Informationen sind die »Ansichten« im Wesentlichen richtig wiedergegeben.

Wenn das aber zutreffen sollte, haben wir im ZdK ein trojanisches Pferd mitten im deutschen Katholizismus. Wir stehen vor der Situation, daß in Deutschland ohne die notwendige innere Verzahnung und gesinnungsmäßige Verbundenheit nebeneinander stehen: der Episkopat, das ZdK als eine Art »obersten Organs der Laien« und die vielgestaltigen Verbände, die jeder für sich eine eigene Politik machen.

Offenbar sind hier auch grundsätzlich von der unseren verschiedene Ansichten über das Laienapostolat in der Kirche am Werke, Ansichten, wie sie in den letzten Jahren im »Michael« ihren Niederschlag fanden und in extremer Form in den »Frankfurter Heften« und ähnlichen Publikationen. Wie wäre es sonst auch denkbar, daß ein solch unmöglicher Artikel wie der über die CGD in der Allgemeinen Sonntagszeitung[7] erscheinen konnte, für die ja neben Bokler auch Köppler als Herausgeber zeichnete, wenngleich ich damit nicht behaupten will, daß Köppler diesen Artikel inspiriert oder gewünscht hat. Sicher entspricht er seiner inneren Einstellung.

Dabei kann man Bokler und Köppler in etwa als Exponenten des Frankfurter Raumes ansehen. Über Bokler sprachen wir das letzte Mal schon. Er wird nie etwas gegen die Bischöfe tun; aber es bleibt doch meines Erachtens eine große Schwierigkeit, wenn an solch verantwortlicher Stelle ein Priester steht, der mit dem Herzen nicht hinter der offiziell von den Bischöfen vertretenen Linie steht. In einem Schreiben an das Jugendamt der Diözese Münster, das sich über den Gewerkschaftsartikel in der Allgemeinen Sonntagszeitung beschwert hatte, schreibt Bokler u. a.

5 MARCEL REDING *(1914–1993), Dr. theol., Dr. phil., 1940 Priester (D Luxemburg), Theologe, 1952 Professor für Moraltheologie und christliche Ethik in Graz, 1956–1979 in Berlin.*

6 *Kennwort für eine Unternehmung der katholischen Verbände im Bistum Münster im Bundestagswahlkampf 1957. Vgl. Dok. 107. Zur Kritik dieses Vorgehens in katholischen Kreisen vgl.* K. GOTTO, *Katholiken, S. 28 f.*

7 DIE ALLGEMEINE SONNTAGSZEITUNG *vom 10. März 1957 hatte vom geringen Erfolg der Werbung für die CGD berichtet.*

»Wenn Ihr Euch dann noch in Eurem Briefe auf die Äußerungen der kirchlichen Autoritäten beruft, dürft Ihr auch da nicht vergessen, daß die Intensität dieser Stellungnahmen in den einzelnen Diözesen Deutschlands sehr verschieden ist. Ihr werdet vielleicht sagen können, leider! Aber es kann auch nicht in Abrede gestellt werden, daß dieses ›Leider‹ Tatsache ist.«

Das heißt praktisch doch wohl: im Grunde genommen sind diese Stellungnahmen von den Bischöfen nicht so ernst gemeint, sie sind mehr oder weniger der Niederschlag der Auffassung einiger Heißsporne unter den Bischöfen, die nun einmal die Gesamtsituation nicht richtig sehen, sie vielmehr aus der engen Perspektive ihrer regional günstiger gelagerten Verhältnisse heraus beurteilen. Deshalb braucht man diese Dinge auch nicht so zu urgieren, zumal man damit offenbar den Intentionen wenigstens eines Teils der Bischöfe durchaus entspricht.

In der gleichen Linie steht Herr Köppler, dem es aber überdies auch noch an genügender theologischer Klarheit zu fehlen scheint. Seine Auffassungen über Kirche und Apostolat dürften nicht in jeder Hinsicht zutreffend sein.

Dabei spreche ich selbstverständlich keinem der genannten Herren Lauterkeit der Gesinnung und Ehrlichkeit des Wollens ab. Die Frage ist nur, ob Herr Köppler der rechte Mann am rechten Platz ist.

Es droht allmählich eine Zweigleisigkeit des gesamten deutschen Katholizismus, die im internen Raum schon längst beobachtet werden konnte, nunmehr auch in die Öffentlichkeit hinein praktisch spürbar zu werden. Und das Zentralkomitee, das in der Hauptsache gegründet wurde, um eine Koordinierung des Apostolates in Deutschland herbeizuführen und gleichzeitig ein Organ der Bischöfe zu Verwirklichung ihrer Intentionen zu sein, scheint geradezu die treibende Kraft dieser unglücklichen Entwicklung zu werden. Meines Erachtens müssen wir uns ehrlich eingestehen, daß trotz all unserer Bemühungen und schönen Überlegungen das Zentralkomitee seinen eigenen Weg gegangen ist. Die Gründe dieser Entwicklung sind meines Erachtens u. a. in erster Linie das Fehlen eines hauptberuflichen Generalassistenten, der in Godesberg seinen Wohnsitz hat und ständig über die Innehaltung der geistigen Linie wacht und die einzelnen Mitarbeiter zu einem wirklichen Team innerlich zusammenfügt.

Wie mir scheint, wirkt sich auch ungünstig aus, daß man Herrn Köppler zum Generalsekretär gemacht hat, statt es beim Geschäftsführer zu belassen. Auch die Auswahl der Mitarbeiter ist trotz aller Bemühungen zweifellos nicht sorgfältig genug erfolgt. Es wäre doch gut, wenn wir uns beim nächsten Treffen sehr ernstlich Gedanken machten, wie es nun weitergehen soll. Ich muß gestehen, daß ich an einem Zentralkomitee solcher Prägung nicht nur kein Interesse habe, sondern es für einen Segen hielte, wenn es zusammenbräche.

Das Ganze ist natürlich wesentlich eine Personalfrage, und ich sehe sehr wohl die großen Schwierigkeiten, angesichts des Priestermangels und auch des Mangels an entsprechend qualifizierten kirchlich gesinnten Laien die richtigen Leute zu finden; aber ich meine, es müßte jetzt eine äußerste Anstrengung gemacht werden. Ich stelle mit Schrecken fest, daß auch unsere Leute hier das Interesse am Zentralkomitee

zu verlieren beginnen. Unser guter Dompropst[8] erklärte mir in der vergangenen Woche, unter diesen Umständen habe er keine Lust, zur Generalversammlung zu fahren. Unsere Verbände, wie vor allen Dingen auch die KAB, distanzieren sich, ohne daß man es ihnen eigentlich übel nehmen kann, immer mehr vom Zentralkomitee, bei dem sie so schlecht behandelt werden. Der einzige Mann, der wirklich Vertrauen besaß und wirklich Positives geleistet hat, Dr. Paulus, verläßt das sinkende Schiff.
Verzeihe mir, wenn ich das alles so offen und pointiert schreibe. Es geht mir wirklich nicht darum, irgend jemand den guten Willen abzusprechen oder jemand schlecht zu machen, sondern nur um die Frage, was kann und muß vernünftigerweise geschehen, um das Steuer herumzuwerfen und die schwer gefährdete Einheit im deutschen Katholizismus zu retten und zu sichern.
Die beiliegende Orientierung über die »Aktion 57«[9] habe ich allen Bischöfen zugeschickt.
Übrigens vergaß ich in meinem letzten Brief noch, Dich zu bitten, dafür Sorge zu tragen, daß Herr Dr. Paulus bei seinem Weggang von Godesberg ein offizielles Dankschreiben – ich meine, es müßte wohl vom Vorsitzenden der Fuldaer Konferenzen ausgehen – erhält.
Mit herzlichen Wünschen für ein gesegnetes Osterfest

Dein
+ Michael Keller.

107

Keller an die deutschen Bischöfe

Münster, 12. April 1957

EA München, Joseph Kardinal Wendel, 40 ZK/1957. *Schreibmaschinenvervielfältigung mit eigenhändiger Unterschrift. Briefkopf:* Der Bischof von Münster.

Hochwürdigste Eminenz / Exzellenz!
Hochwürdigste Herren!
In der letzten Zeit ist über die in der Diözese Münster angelaufene Aktion für die Bundestagswahl (»Aktion 57«) in der Presse häufiger berichtet worden. Besondere Publizität hat sie durch die peinliche Veröffentlichung in der Frankfurter Allgemeinen Zeitung vom 6.4.1957 (siehe Anlage) erlangt. Vor allen Dingen auch im Hinblick auf die eben genannte Veröffentlichung halte ich es für notwendig, Euer Eminenz/ Exzellenz über die Aktion zu informieren.
Wie Sie aus dem beigefügten Material ersehen können, handelt es sich um eine Aktion, wie wir sie vor allen wichtigen Wahlen, und zwar mit gutem Erfolg in unserem Bistum unternommen haben. Ich persönlich sah keinen Grund, diese Aktion, die auf

8 Clemens Echelmeyer *(1895–1968), 1921 Priester (D Münster), 1941 Domkapitular, 1945 Dompropst in Münster.*
9 *Vgl. Dok. 107.*

der Jahrestagung der Gemeinschaft Katholischer Männer Deutschlands in Fulda besprochen und von allen Teilnehmern gutgeheißen wurde, zu unterbinden. Im Gegenteil habe ich mich über die Initiative unserer Laien sehr gefreut, die damit den ständigen, dringenden Mahnungen des Heiligen Vaters nachkommen wollten, die christlichen Ordnungsprinzipien in der Öffentlichkeit zur Geltung zu bringen. Mit ihnen war und bin ich überzeugt, daß es, wenn bei irgendeiner Wahl, dann bei der kommenden Bundestagswahl um eine Entscheidung geht, die auch für die Kirche, unser Volk und die gesamte Zukunft Europas von allergrößter Bedeutung ist.
Meines Erachtens überschreitet die Kirche keineswegs ihre Kompetenz, noch mischt sie sich in parteipolitische Auseinandersetzungen ein. Wenn sie die Feststellung trifft, daß bestimmte Parteien es durch ihre weltanschauliche Einstellung und ihr praktisches Verhalten in der Vergangenheit den gläubigen Christen unmöglich machen, ihnen ihre Stimme zu geben.
Selbstverständlich kann man über Formen und Methoden der Aktion verschiedener Auffassung sein; über die Dringlichkeit und Notwendigkeit des mit der Aktion verfolgten Anliegens scheint mir im katholischen Raum keine ernsthafte Meinungsverschiedenheit möglich zu sein.
Wie ich zu meiner großen Freude feststelle, lassen sich die katholischen Organisationen unseres Bistums gemeinsam mit denen anderer Bistümer in keiner Weise durch die Veröffentlichungen in der Verfolgung des von ihnen für richtig erachteten Zieles irre machen und werden die begonnene Arbeit in diesem Sinne fortsetzen.
Mit verehrungsvollem Gruß

Ihr ergebenster
+ Michael Keller
Bischof von Münster.

108

Keller an Döpfner

[Münster,] 15. April 1957

DA Münster, GV-NA, AO-815. *Schreibmaschinendurchschrift.*

Lieber, hochwürdigster Mitbruder![1]
Anliegend sende ich Dir die Durchschrift eines Schreibens an Eminenz Wendel[2]. Mir scheint tatsächlich, daß wir uns kaum noch mit kleinen Pflästerchen auf diese oder jene wunde Stelle zufrieden geben können. Die ganze Frage des Z.d.K. müßte eigentlich neu durchdacht und gleichzeitig erneut ernsthaft überlegt werden, wie eine wirksame Führung des Laienapostolates durch den Episkopat sichergestellt werden kann. Vor allem müßte sich der Episkopat selbst auf ganz klare Grundsätze über das

1 *Handschriftlich hinzugefügt:* Döpfner.
2 *Vgl. Dok. 106.*

Laienapostolat einigen, wie der französische Episkopat es verschiedentlich getan hat. So halte ich z. B. die Auffassung Pater Karl Rahners über Katholische Aktion[3], die in Deutschland weithin Anerkennung gefunden hat, für falsch und praktisch gefährlich. Zudem müßte endlich noch genauer als bisher festgestellt werden, wer im Episkopat für welchen Sektor besonders verantwortlich sein soll. Diese Verantwortlichkeiten müssen dann allerdings auch respektiert werden.

Das Z.d.K. genießt im Augenblick weder das Vertrauen des Episkopates noch der Verbände und ist, abgesehen von dem bisher von Dr. Paulus geleiteten Sozialreferat für uns mehr eine Quelle zusätzlicher Beunruhigung und Sorge als eine Hilfe und Entlastung.

Schön wäre es unter diesen Umständen, wenn Du schon am Nachmittag des Trinitatissonntags in Braunshardt[4] sein könntest. Aber ich weiß sehr wohl, daß das nicht von Deinem guten Willen allein abhängt.

Sollten wir dieses Mal nicht lieber ohne Exzellenz Hengsbach tagen? Jedenfalls müßten wir genügende Zeit ungestört unter uns sein können, weil man die eine oder andere Frage in seinem Beisein nicht ungehemmt besprechen kann.

Mit herzlichen Osterwünschen
in mitbrüderlicher Verbundenheit

Dein
[*o. U.*].

109

Erklärung des Zentralkomitees

[Bad Godesberg,] 15. April 1957

EA München, Joseph Kardinal Wendel, 40 ZK/1957. *Schreibmaschinenvervielfältigung. Briefkopf:* Zentralkomitee der deutschen Katholiken. *Überschrift:* Erklärung des Präsidiums und des Geschäftsführenden Ausschusses des Zentralkomitees der deutschen Katholiken zu Veröffentlichungen in der »Frankfurter Allgemeinen Zeitung« und der »Welt«.

Das Präsidium und der Geschäftsführende Ausschuß des Zentralkomitees der Deutschen Katholiken haben sich in ihrer Sitzung am 15. April 1957 mit Berichten in der »Frankfurter Allgemeinen Zeitung« vom 6. April 1957 und der »Welt« vom 13. April 1957 befaßt, die sich den Anschein geben, Auffassungen des Zentralkomitees der deutschen Katholiken über einige wichtige politische Tagesfragen wiederzugeben[1].

[3] *Ein direkter Bezug ist nicht zu ermitteln.* Rahner *hatte sich verschiedentlich zu Fragen des Laienapostolats geäußert. Vgl.* Ders., *Das Feld der Laien, in:* Michael *Nr. 13 vom 4. April 1954, S. 4*; *Über das Laienapostolat, in:* Der Grosse Entschluss *9 (1954), S. 245–250; Nochmals: Das eigentliche Apostolat des Laien, in:* Der grosse Entschluss *10 (1955), S. 217–221.*

[4] *Vgl. Dok. 116.*

[1] *Vgl. Dok. 106.*

Dazu hat das Zentralkomitee der deutschen Katholiken in der gleichen Sitzung folgende Erklärung beschlossen und der Presse übergeben:
Das Präsidium und der geschäftsführende Ausschuß des Zentralkomitees der deutschen Katholiken haben Berichte in zwei großen Tageszeitungen geprüft, die sich den Anschein geben, Auffassungen des Zentralkomitees der Deutschen Katholiken über einige wichtige politische Tagesfragen wiederzugeben. Diese Berichte sind irrig und irreführend zugleich. Dem Zentralkomitee der Deutschen Katholiken liegt eine Stellungnahme gegen die Bemühungen irgendwelcher katholischer Organisationen, den Wählern den Ernst und die Verantwortung der bevorstehenden Wahlentscheidung eindringlich vor Augen zu führen, durchaus fern.
Das Zentralkomitee der Deutschen Katholiken selbst wird wie vor der Bundestagswahl 1953 ein Wort zur Bundestagswahl 1957 sprechen.
Darüber hinaus wurde in der Sitzung festgestellt, daß die Berichte beider Zeitungen eine Reihe von Behauptungen über Äußerungen von Mitgliedern des Zentralkomitees der Deutschen Katholiken enthalten, die nicht den Tatsachen entsprechen. Insbesondere hat niemand aus dem Kreis des Zentralkomitees der deutschen Katholiken etwas gesagt, das Anlaß zu der Behauptung geben könnte, die »Wahlpropaganda für die Christlich-Demokratische Union, die von kirchlicher Seite in der Diözese Münster vorbereitet wird, habe bei der katholischen Laienführung wie auch beim überwiegenden Teil des Episkopates Unbehagen und entschiedene Ablehnung ausgelöst.«
Es ist ferner nichts gesagt worden, was den Eindruck einer Anreicherung[2] der katholischen und sozialistischen Kräfte erwecken könnte.
Daß von katholischer Seite die Tendenz zum Zweiparteiensystem begrüßt werde, wurde nicht nur nicht gesagt, sondern ausdrücklich verneint.
Vollständig aus der Luft gegriffen ist die Behauptung, es werde als wesentlicher Fortschritt betrachtet, »wenn die Sozialdemokraten profilierte Katholiken, nicht etwa nur katholische Außenseiter, als Wahlkandidaten nominieren würden.«
Wer die sonstigen Veröffentlichungen der beiden Herren Dr. Stehle und Stratenschulte[3] kennt, spürt, in welchem Umfang hier die persönlichen, von allen Mitgliedern des Zentralkomitees der Deutschen Katholiken abgelehnten Wunschbilder beider Herren als vom Zentralkomitee der deutschen Katholiken geteilte Vorstellungen hingestellt werden. Den beiden Herren ist vorstehende Richtigstellung des Zentralkomitees der Deutschen Katholiken zugestellt worden.
Den beiden Berichten lag zu Grunde ein Gespräch der beiden Journalisten im Hause des Zentralkomitees über die Zielsetzung und Arbeitsweise des Zentralkomitees der Deutschen Katholiken. Die Sachreferatsleiter (Domkapitular Dr. Paulus, Dr. Lücker, Dr. Kafka) und der Generalsekretär des Zentralkomitees hatten sich zur Verfügung gestellt, um entsprechende Fragen zu beantworten. Es war wiederholt ausdrücklich versichert worden, daß dieses Gespräch nur der persönlichen Information der beiden Herren dienen sollte.

2 *Wahrscheinlich Schreibfehler für* Annäherung.
3 *Vermutlich* WERNER STRATENSCHULTE, *Lebensdaten nicht ermittelt.*

Das Gespräch war angeregt worden, um zu verhüten, daß die beiden durch die Herren vertretenen Tageszeitungen in Zukunft so entstellte Berichte über die katholische Arbeit brächten, wie sie es in der Vergangenheit oft taten. Dieses Ziel ist leider nicht erreicht worden. Der Geschäftsführende Ausschuß hat Vorsorge getroffen, daß ähnliche Vorkommnisse sich nicht wiederholen können.

110

Keller an Kempf[1]

Münster, 17. April 1957

DA MÜNSTER, GV-NA, AO-331. *Schreibmaschinendurchschlag.*

Hochwürdigster, lieber Mitbruder!
Besten Dank für Deine Zeilen[2]. Selbstverständlich können wir demnächst gern über den Fall sprechen.
Pater Rahner meint, glaube ich, daß ich ihn geradezu verfolge und daß ich auch Schuld sei an dem ihm, ich glaube im vorigen Jahre, auferlegten Redeverbot. Das trifft ganz und gar nicht zu. Ich hatte bis dahin überhaupt noch nie mit anderen Jesuiten über Pater Rahner gesprochen und nur gelegentlich einmal in einer ganz nebensächlichen Bemerkung in einem Brief an Pater Bea[3] geäußert, daß mir sein damals vor den katholischen Publizisten gehaltener Vortrag in Köln sehr mißverständlich erschien[4].
Vielleicht war es unklug von mir, daß ich das ganz offen P. Rahner gesagt habe. Offenbar hat er meinen Versicherungen keinen Glauben geschenkt.
Gerade weil ich P. Rahners Empfindlichkeit kannte, habe ich ihm in diesem Falle persönlich geschrieben und ihm offen gesagt, was ich dachte. Das muß doch schließlich unter Confratres möglich sein. Ich stimme z. B. auch ganz und gar nicht mit ihm überein in seiner Auffassung über die Katholische Aktion und bin sogar der Meinung, daß seine Ansichten darüber sehr verwirrend wirken. Aber es wäre doch trostlos, wenn man solche Meinungsverschiedenheiten nicht mehr austragen könnte. Es geht doch uns allen letzten Endes um die Wahrheit und das Wohl der Kirche.
Ich schätze die theologische Qualität von P. Rahner sehr hoch und finde in seinen Schriften sehr viele und wertvolle Anregungen. Ich zweifle auch keinen Augenblick daran, daß er mich persönlich an theologischem Wissen und Können himmelhoch überragt. Andererseits aber bin ich der Auffassung, daß P. Rahner sich in seinen öffentlichen Vorträgen in der Behandlung all der Fragen große Zurückhaltung auf-

1 *Der Adressat ergibt sich aus dem handschriftlichen Zusatz* Exz[ellenz] v[on] Limburg.
2 *Nicht ermittelt.*
3 P. AUGUSTIN BEA SJ *(1881–1968), 1930–1949 Rektor des Päpstlichen Bibelinstituts in Rom, 1959 Kardinal, 1960 Leiter des Päpstlichen Sekretariates für die Einheit der Christen.*
4 *Der folgende Absatz steht unter der Unterschriftszeile und ist durch handschriftliches* b. w. *an dieser Stelle einzufügen.*

erlegen sollte, von denen er weiß, daß seine Äußerungen darüber schon wiederholt mißverstanden wurden.
Jetzt schon heiße ich Dich herzlich willkommen zum Verbandstag der Cäcilienvereine in Münster.
Mit frohen Ostergrüßen

Dein
[*o. U*].

111

Böhler an die deutschen Bischöfe

Bonn, 25. April 1957

EA MÜNCHEN, Joseph Kardinal Wendel, 21/1957. *Schreibmaschinenvervielfältigung mit eigenhändiger Unterschrift. Briefkopf:* Katholisches Büro Bonn. Leitung: Prälat Böhler. *Anschrift:* Ihren Eminenzen und Exzellenzen den Hochwürdigsten Herrn Erzbischöfen und Bischöfen in der Bundesrepublik Deutschland. *Registraturvermerk:* 21/721, 4,V, 1957.

Hochwürdigste Eminenzen!
Hochwürdigste Exzellenzen!
Nachdem nunmehr das Änderungsgesetz zum Personenstandsgesetz[1] am 11. April im Bundestag und am 12. April im Bundesrat seine endgültige Verabschiedung gefunden hat, übersende ich einen abschließenden Gesamtbericht über die Verhandlungen[2].
1.) Am stärksten in die Öffentlichkeit getreten ist der Kampf um die Streichung des berühmten § 67, des sogenannten Strafparagraphen, wonach ein Geistlicher, der »die religiöse Feierlichkeit einer Eheschließung vornimmt, bevor die Ehe vor dem Standesbeamten geschlossen ist«, zu bestrafen ist.
Das Dritte Reich hatte bei der Neufassung des Gesetzes im Jahre 1937[3] noch eine Verschärfung dieser Strafbestimmungen erlassen.
Die Verhandlungen um die Streichung dieser diskriminierenden Strafbestimmung reichen in das Jahr 1951 zurück. Evangelische und katholische kirchliche Stellen – es darf nicht übersehen werden, daß auch offizielle evangelische Kirchenstellen sich der obligatorischen Zivilehe in Verbindung mit dieser Strafbestimmung 1875 widersetzt hatten – waren sich darin einig, daß dieser Strafparagraph beseitigt werden müsse. Auf Seiten des damaligen Justizministers Dr. Dehler[4] und des Innenministers Dr. Lehr[5] stieß dieses Anliegen auf vollstes Verständnis und es wurde als Selbstverständlichkeit angesehen, daß dieses Relikt aus der Kulturkampfzeit verschwinden müsse.

1 Personenstandsgesetz *vom 8. August 1957.* BGBL., *S. 1125.*
2 *Eingehende Darlegung der parlamentarischen Verhandlungen bei* K. RASQUIN, *S. 208–239.*
3 Personenstandsgesetz *vom 3. November 1937.* RGBL., *S. 1140.*
4 THOMAS DEHLER *(1897–1967), Jurist und Politiker (DDP, FDP), 1949–1953 Bundesminister der Justiz, 1954–1957 Vorsitzender der FDP, 1949–1967 Mitglied des Bundestags, 1960–1967 dessen Vizepräsident.*
5 ROBERT LEHR *(1883–1956), Jurist und Politiker (DNVP, CDU), 1924–1933 Oberbürgermeister von Düsseldorf, 1945 Oberpräsident von Nordrhein, 1949–1953 Mitglied des Bundestags, 1950–1953 Bundesminister des Innern.*

In der ersten Legislaturperiode des Deutschen Bundestages kam das Gesetz allerdings nicht mehr zur Verabschiedung. Sofort nach der Arbeitsaufnahme des 2. Deutschen Bundestages wurde ein entsprechender Regierungsentwurf vorgelegt, der die Zustimmung des Kabinetts gefunden hatte. Auch hier war die Streichung des § 67 vorgesehen. Doch erregte im Bundesrat ein Satz der Begründung größten Anstoß. Es hieß dort:
»Diese Strafbestimmung ist Gegenstand heftiger Kritik geworden, insbesondere seitens der Kirchen. Die Vorschrift erscheint auch entbehrlich. Der Entwurf schlägt ihre Streichung vor. Da die bürgerlichen Wirkungen der Ehe erst mit der Eheschließung vor dem Standesbeamten eintreten, ist zu erwarten, daß die Verlobten im eigenen Interesse und im Interesse der zu erwartenden Kinder die standesamtliche Eheschließung nicht unterlassen werden. Allerdings werden bei Wegfall der Strafvorschrift einige Fälle übrigbleiben, in denen lediglich eine kirchliche Trauung vorgenommen wird, die ›Ehegatten‹ also nur nach kirchlichem, nicht nach bürgerlichem Recht verheiratet sind. Dies muß hingenommen werden. Es entspricht der heutigen Auffassung über Gewissensfreiheit und ungestörte Religionsausübung (vgl. Art. 3 Abs. 3 und Art. 4 Abs. 2, 3 GG) nicht, die Vornahme einer kirchlichen Trauung vor der standesamtlichen Eheschließung unter Strafe zu stellen.«
Sofort brach ein Pressesturm selten erlebten Ausmaßes los. Der Tenor war: Die Kirche erstrebe eine Unterwerfung des staatlichen Eherechtes unter das kirchliche. Zwar gelang es dem Unterzeichneten, durch ein Interview im »Rheinischen Merkur« (Nr. 14 vom 2.4.1954) die Wogen zu glätten und die Diskussion wieder zu versachlichen (s. Anlage 1)[6]. Der Text des Interviews hat sowohl dem Hochwürdigsten Herrn Nuntius vorgelegen wie auch den Hochwürdigsten Herren Bischöfen des westdeutschen Konveniats, die in Pützchen tagten. Im Anschluß daran habe ich auch telefonisch mit S[eine]r Eminenz, dem Hochwürdigsten Herrn Kardinal und Erzbischof Wendel gesprochen, der gleichfalls der Grundrichtung zustimmte.
Doch der angerichtete Schaden war zunächst unheilbar.
Erschwert wurde die Situation noch dadurch, daß einige Fälle aus Südbayern[7] bekannt wurden, in denen die kirchliche Eheschließung vorgenommen war, ohne daß die standesamtliche vorausging oder zunächst nachfolgte. Es handelte sich um sog. Rentenkonkubinate.
Auch dies trug keineswegs dazu bei, die Gemüter zu beruhigen, im Gegenteil: durch eine unsachliche Berichterstattung wurde die öffentliche Meinung noch mehr aufgeputscht.
Alles bis dahin Erreichte schien mit einem Schlag zunichte gemacht, der Bundesrat lehnte die Streichung des § 67 ab mit der Begründung, er sei »unerläßlich, um den Vorrang der Zivilehe zu sichern. Auf eine Strafbestimmung, bei der allerdings die Höhe der angedrohten Strafe herabgesetzt werden kann, kann nicht verzichtet werden.« Die Bundesregierung schloß sich jetzt ihrerseits in Änderung ihrer bisher ge-

6 *Nicht ermittelt.*
7 *Vgl. Dok. 19, Anm. 4.*

zeigten Haltung diesem Antrag an mit der Einschränkung, daß die Androhung einer Gefängnisstrafe entfallen sollte.
Bedauerlich war, daß auch der Rat der EKD sich von den Bemühungen seiner Bonner Vertretung um die Streichung der Strafbestimmung distanzierte und erklärte, die Strafbestimmung stelle keine Diskriminierung der Geistlichen dar. Aus dem evangelischen Verständnis der Ehe folge, daß der Vorrang der obligatorischen Zivilehe unbedingt festgehalten werden müsse.
Auf meine Vorhaltungen, man müsse wenigstens die katholische Auffassung, die eine Gewissensforderung sei, tolerieren und könne dann später ja von der Freiheit, die eine solche Lösung mit sich bringe, Gebrauch machen oder nicht, schlug nicht durch und zwar erklärte man, im Hinblick auf die den evangelischen Volksteil diffamierende Haltung der katholischen Kirche bezüglich der Mischehenpraxis könne die Evangelische Kirche der katholischen Auffassung keine Toleranz erweisen.
Ich hoffte in den nachfolgenden Verhandlungen die Teilnehmer davon überzeugt zu haben, daß die katholische Kirche diese Mischehenpraxis beihalten müsse, nicht um die Evangelischen zu diffamieren, sondern weil sie aus dem Wesen der katholischen Eheauffassung hervorgehe. Leider hat der Rat der evangelischen Kirche dann aber doch beschlossen, an der intransigenten Haltung festzuhalten. Damit war ein gemeinsames Vorgehen unmöglich geworden. Die katholische Seite mußte allein den Kampf um die Streichung des § 67 aufnehmen.
Die am 22. Oktober 1954 erfolgte 1. Lesung des Gesetzentwurfs ließ ahnen, in welcher Schärfe die Auseinandersetzungen geführt würden. Das angestrebte Ziel der ersatzlosen Streichung des § 67 schien damals in unerreichbare Ferne gerückt.
Die Folgezeit brachte zahlreiche Verhandlungen mit katholischen und evangelischen Abgeordneten, sowie mit Vertretern der Evangelischen Kirche. Gleichzeitig liefen, ausgelöst durch den »Fall Tann«, Verhandlungen zwischen der Bundesregierung und dem Hl. Stuhl über die Auslegung des Art. 26 Reichskonkordat und des Schlußprotokolls zu Art. 26. Dabei ging es zunächst um die Frage, ob die zwei genannten Ausnahmefälle als ausschließliche oder nur beispielhafte Aufzählung anzusehen seien. Als Ergebnis dieser Verhandlungen kam es schließlich zu den im »Bulletin« Nr. 23 vom 2. Februar 1957 veröffentlichten »Feststellungen zur Auslegung des Art. 26 des Reichskonkordats« (s. Anlage 2)[8], die besagten, daß ein sittlicher Notstand nicht vorliege, wenn mit dem Vollzug der Ziviltrauung für die Nupturienten ausschließlich wirtschaftliche Nachteile verbunden seien. Weiterhin besagten die Vereinbarungen, daß auf jeden Fall nur solche Fälle in Art. 26 angesprochen würden, in denen sobald wie möglich die Ziviltrauung der kirchlichen Trauung folgen solle, aber nicht Fälle, bei denen von vornherein eine Ziviltrauung nicht beabsichtigt sei. Das bedeutete ganz klar die Nichtanwendbarkeit des Art. 26 RK auf die sog. »Onkel-Ehen«.
Weitere günstige Umstände kamen hinzu: Mit Beschluß vom 19. Dezember 1955 hatte der Verfassungsgerichtshof der Republik Österreich den § 67 des Personen-

[8] *Nicht ermittelt.*

standsgesetzes in der Fassung vom 3.11.1937 als verfassungswidrig aufgehoben, ein Urteil, das auch in der Bundesrepublik beträchtliches Aufsehen erregte.
Schließlich hatte am 16.11.1956 die Regierung der DDR ein neues Personenstandsgesetz erlassen, in dem die Strafbestimmung des § 67 ersatzlos in Wegfall gekommen war. (Ges[etz]Bl[att] DDR Nr. 105 v[om] 24.11.56, S. 1283). In der DDR spielten natürlich ganz andere Gründe mit: Die kirchliche Trauung bedeutet eben nichts.
Inzwischen waren die parlamentarischen Ausschußberatungen des Entwurfs durchgeführt worden. Der Rechtsausschuß hatte nach lebhaften Debatten die Streichung des § 67 mit 13 gegen 12 Stimmen beschlossen. Anders dagegen verliefen die Beratungen im federführenden Ausschuß für Angelegenheiten der inneren Verwaltung. Der von der CDU eingebrachte Antrag auf Streichung des § 67 wurde bei Stimmengleichheit abgelehnt, worauf die CDU-Vertreter alle anderen Änderungsanträge ihrerseits ablehnten und zu Fall brachten. So kam es, daß die Strafvorschrift in der Fassung des Gesetzes von 1937 vor das Plenum zur 2. und 3. Lesung kam.
Gestützt auf das Verhandlungsergebnis zwischen Bundesregierung und Hl. Stuhl, auf das Urteil des österreichischen Verfassungsgerichtshofes und das neue Personenstandsgesetz der DDR konnte der Unterzeichnete in erneuten Verhandlungen mit Vertretern der CDU-Fraktion und anderer Fraktionen – darüber wurde den Hochwürdigsten Herren Erzbischöfen und Bischöfen sowie den Generalvikariaten und Ordinariaten mit Schreiben vom 7. bzw. 8. März 1957[9] berichtet – erneut die Streichung des § 67 fordern. Auf den Bericht über diese Verhandlungen darf ich verweisen.
Die Ergebnisse der 2. und 3. Lesung sind bekannt. Die 2. Lesung erbrachte einen Mehrheitsbeschluß für die Streichung des Strafparagraphen, die 3. Lesung hingegen statuierte auf Antrag der SPD in § 67 eine Ordnungswidrigkeit und führte durch die Annahme des ebenfalls von der SPD beantragten neuen § 67a zur Statuierung einer zweiten Ordnungswidrigkeit. Dabei waren alle Abgeordneten und auch die Regierungsvertreter der Auffassung, daß damit auch die im Ordnungswidrigkeitsgesetz vorgesehene Buße als eintretende Ahndung beschlossen sei. Es war also übersehen worden, daß im Wortlaut des Gesetzes selbst eine eigene Bestimmung darüber notwendig ist, daß eine Ordnungswidrigkeit als solche auch tatsächlich mit einer Geldbuße geahndet werden könne.
Dieses »Versäumnis« sollte im Bundesrat durch Annahme eines Antrages auf Einfügung eines neuen § 68a des Inhalts, daß Verstöße gegen die §§ 67, 67a und 68 mit einer Geldbuße geahndet werden können, nachgeholt werden. Dieser Antrag ging an den Vermittlungsausschuß.
In einer Eingabe des Unterzeichneten an den Vorsitzenden des Vermittlungsausschusses wurde gegen diesen Antrag Protest eingelegt. Trotzdem schloß sich der Vermittlungsausschuß dem Antrag des Bundesrates an. In der Plenarberatung des Bundestages am 11. April 1957 über die Vorschläge des Vermittlungsausschusses zum Personenstandsgesetz wurde jedoch die Einfügung dieses neuen § 68a abgelehnt. Die CDU-Fraktion, die durch einen Regiefehler mitverantwortlich für den Beschluß der

9 *Nicht ermittelt.*

3. Lesung geworden war – es waren zu wenig Abgeordnete bei der Abstimmung zugegen[10] –, machte ihren Fehler gut und war vollzählig zur Stelle.
Somit ist, nachdem auch der Bundesrat am 12. April den Beschlüssen des Bundestages zugestimmt hat, die Rechtslage betr. Strafbestimmung im § 67 nunmehr folgende: Die §§ 67 und 67 a statuieren eine Ordnungswidrigkeit, wenn die kirchliche Einsegnung der Ehe vor der Ziviltrauung vorgenommen wird oder in einem solchen Fall die Meldung an das Standesamt unterbleibt. Doch kann keine Buße mehr verhängt werden. Praktisch bedeutet dies, daß das Personenstandsgesetz in seiner neuen Fassung keine Straf- oder Ahndungsbestimmung enthält. Wenn auch die ersatzlose Streichung des § 67 nicht erreicht werden konnte, so ist doch ein großer Fortschritt erzielt und damit die Bahn frei für die Verhandlungen, die im neuen Bundestag bei der Reform des Ehegesetzes begonnen werden müssen mit dem Ziel, die obligatorische Zivilehe zu beseitigen. Dabei wird es schwieriger sein, die Protestanten zu gewinnen als SPD und FDP.
Allerdings muß sehr anerkannt werden, daß die evangelischen CDU-Mitglieder, obwohl sie wußten, daß sie innerhalb des evangelischen Kirchenraums Schwierigkeiten bekämen, mit den katholischen Mitgliedern der CDU für unsere Anträge gestimmt haben. Auch dieses muß gesagt werden: Wir dürfen jetzt die kirchliche Eheschließungspraxis nicht ändern. Es liegt auch kein Grund dafür vor. Das müßte auch den Pfarrern mitgeteilt werden; ein Entwurf wird noch vorgelegt.
2.) Ein 2. Punkt betraf die Eintragung der rechtlichen Zugehörigkeit zu einer Kirche oder Religionsgesellschaft in die Standesamtsregister und in die Personenstandsbücher. Daß im Gesetz eine solche Eintragung in die Personenstandsbücher vorgesehen werden dürfe, war heftig umstritten worden. Als Gegenargument wurde geltend gemacht, eine solche Eintragung sei verfassungswidrig, da niemand gezwungen werden könne, seine religiöse Überzeugung zu offenbaren. Doch war dieses Argument nicht stichhaltig, da es sich ja nicht um eine Auskunft über die religiöse Überzeugung handelt, sondern lediglich über die rechtliche Zugehörigkeit zu einer Kirche oder Religionsgesellschaft, von der zudem Rechte Dritter und statistische Zusammenstellungen abhängen.
Auch über diese Frage wurden zahlreiche Verhandlungen geführt. Als Ergebnis ist festzuhalten: Das Gesetz sieht vor, daß bei den Eintragungen über Geburten, Eheschließungen und Todesfälle neben den Vor- und Familiennamen, Beruf und Wohnort sowie Geburtsdatum der in Frage stehenden Personen auch »im Falle ihres Einverständnisses ihre rechtliche Zugehörigkeit oder ihre Nichtzugehörigkeit zu einer Kirche, Religionsgesellschaft oder Weltanschauungsgemeinschaft« einzutragen ist. Damit gehört die deutsche Bundesrepublik zu den wenigen Ländern, in denen die Religionszugehörigkeit noch zum Personenstand gehört, wenn kein Widerspruch gegen die Eintragung erfolgt.
Darüber hinaus ist im Gesetz bestimmt (§ 69a Abs. 2), daß die Eintragungen über die rechtliche Zugehörigkeit zu einer Kirche usw. zu Zwecken der Bevölkerungssta-

10 K. RASQUIN, S. 222.

tistik verwendet werden können und die Standesbeamten Zählkarten auszufüllen haben, in die bei Beurkundungen von Geburten, Eheschließungen und Todesfällen Angaben über die rechtliche Zugehörigkeit zu einer Kirche usw. eingetragen werden müssen. Um diese Eintragungen durchführen zu können, sind die Anzeigenden oder Eheschließenden zur Auskunft verpflichtet, sofern diese Angaben aus den Personenstandsbüchern nicht entnommen werden können.

Das Gesetz stellt sicher, daß die Kirchen usw. Auskünfte über die rechtliche Zugehörigkeit einzelner Personen zu einer Kirche usw. erhalten.

3.) Schließlich waren Verhandlungen erforderlich über die vorgesehene Bestimmung, daß die Länder über die Aufbewahrung, Fortführung und Benutzung der Kirchenbücher aus der Zeit vor 1876 Rechtsverordnungen erlassen können. Auf Wunsch der beiden Kirchen wurde die Bestimmung so gefaßt, daß solche Rechtsverordnungen nur »im Einvernehmen« mit den Kirchen erlassen werden könnten.

Über diese Frage gab es bei der parlamentarischen Beratung im Bundestag keine weitere Diskussion. Erst im Endstadium der Beratungen lebte diese wieder auf, als der Bundesrat im 2. Durchgang den Antrag des Landes Nordrhein-Westfalen annahm, statt »im Einvernehmen« zu sagen »im Benehmen«. Damit griff der Bundesrat einen Einwand des 1. Durchganges wieder auf, den der Bundestag nicht berücksichtigt hatte. Auch diese Frage war einer der Punkte, derenthalben der Vermittlungsausschuß angerufen wurde.

In dem früher schon erwähnten Schreiben an den Vorsitzenden des Vermittlungsausschusses wurde von mir zu dieser Frage ausführlich Stellung genommen (s. Anlage 3)[11]. Es wurde darauf hingewiesen, daß es mit der heutigen staatskirchenrechtlichen Situation nicht mehr vereinbar sei, daß die Länder über kirchliches Eigentum, das die Kirchenbücher unstreitig darstellen, Rechtsverordnungen erlassen können, ohne zuvor mit den Kirchen ein Einvernehmen hergestellt zu haben. Der Vermittlungsausschuß trug diesem Anliegen Rechnung – die evangelische Kirche hatte sich unserer Eingabe angeschlossen –, indem er die vorgesehene Gesetzesbestimmung einfach strich.

Bei einer Rückschau auf die sich nunmehr fünf Jahre hinziehenden Bemühungen und Verhandlungen um das Personenstandsgesetz darf wohl abschließend festgestellt werden, daß die Kirche mit dem tatsächlich Erreichten zufrieden sein kann.

In ehrerbietiger Begrüßung

Ew. Eminenz / Ew. Exzellenz ergebenster
Böhler
(Prälat Böhler).

[11] *Nicht ermittelt.*

112

Keller an Wendel

Münster, 2. Mai 1957

EA MÜNCHEN, Joseph Kardinal Wendel, 40 ZK/1957. *Schreibmaschinenausfertigung mit eigenhändiger Unterschrift. Briefkopf:* Der Bischof von Münster. *Eingangsstempel:* Erzbistum München. Erzb[ischof] 27. Mai 1957. 40/ZK Nr. 814.

Eminenz, lieber, hochwürdigster Mitbruder!
Exzellenz Hengsbach übersandte auch mir den Wahlaufruf des Zentralkomitees der Deutschen Katholiken[1].
Ehrlich gestanden finde ich ihn einigermaßen enttäuschend.
1. Der Entwurf enthält kaum grundsätzliche Gesichtspunkte über die pflichtgemäße Haltung des Katholiken bei der Bundestagswahl, so erscheint etwa die Forderung nach Sicherung der Freiheit der Kirche und ihrer Anerkennung als Erziehungsmacht und Bildungsträgerin nicht.
2. Der Schluß des Aufrufes ist unklar und schließt eine subjektivistische Auslegung nicht aus.
3. Der letzte Absatz enthält eine Reihe von Gemeinplätzen, die von Vertretern aller politischen Richtungen akzeptiert werden können. Lediglich die dort gebrauchte Vokabel »Versorgungsstaat« würde nicht von den Angehörigen aller Richtungen gebraucht werden.
4. Der Wahlaufruf würde ungemein gewinnen, wenn am Schluß eine kurze Aufzählung konkreter Forderungen der Katholiken an die Parteien und die Abgeordneten enthielte, wie es in den letzten Abschnitten des Aufrufs des Zentralkomitees zur Bundestagswahl 1953 der Fall war.
Deshalb weiß ich nicht, ob man seine Veröffentlichung wirklich begrüßen soll. Andererseits wird das Zentralkomitee eine Beanstandung unsererseits schwer ertragen und darin einen unberechtigten Eingriff in seine Selbständigkeit erblicken. Vielleicht könnte man in vorsichtiger Form eine gewisse Modifizierung empfehlen. Es wäre meines Erachtens schon viel gewonnen, wenn das unter 2. und 4. Gesagte berücksichtigt werden könnte.
Im übrigen bin ich mit allem einverstanden, was Du für richtig hältst.
Mit herzlichem Gruß

Dein
+ Michael Keller.

[1] *Es handelte sich um einen später abgeänderten Entwurf, vgl. Dok. 116.*

113

Frings an Wendel

Köln, 6. Mai 1957

EA MÜNCHEN, Joseph Kardinal Wendel, 21/1957. *Eigenhändige Ausfertigung auf Briefbogen mit geprägtem Wappen. Eingangsstempel:* Erzbistum München. Erzb[ischof] 8. Mai 1957, 21 Nr. 739.

Eminenz! Lieber Freund!
Bevor ich zum großen Flug starte[1], noch kurz etwas zu drei Punkten:
Ich machte vor einigen Wochen den Vorschlag, die Konferenz der Finanzbeauftragten der Diözesen zur Vorbereitung der überdiözesanen Zuschüsse möchte in München in Deiner Gegenwart und unter Deinem Vorsitz stattfinden. Ich bin aber noch ohne Nachricht, ob Du darauf eingehst. Münster legte einen sehr detaillierten Fragebogen vor, den es allen unterstützten Einrichtungen zugeschickt wünschte. Er scheint mir aber zu eingehend zu sein und ist – wenigstens was die von uns beaufsichtigten Institutionen angeht – unnötig. Ich bitte Dich, da ich für den nächsten Monat ausfalle, die Sache in die Hand zu nehmen.
2. Für die Einladung, schon am 17.6. nach Braunshardt zu kommen und an der Sitzung der III. Kommission teilzunehmen, herzlichen Dank! Ich werde kommen, wenn ich nicht von der Reise zu sehr angestrengt sein werde.
3. Die CAJ lädt sehr dringend ein, es möchte ein deutscher Kardinal die Wallfahrt der CAJ nach Rom mitmachen und wenigstens am Sonntag, 25. August in Rom anwesend sein. Mir kommt das schlecht aus, da ich gerade dann in Urlaub zu sein gedenke. Auch scheue ich mit meinen 70 Jahren die Brüllhitze, die dann in Rom zu sein pflegt. Ist es Dir vielleicht möglich, dann in Rom zu sein?
Mit besten Grüßen und Wünschen
o.p.i.![2]

Dein
+ Jos[eph] Card[inal] Frings
E[rzbischof] v[on] K[öln].

[1] FRINGS *flog am 8. Mai 1957 nach Tokio. Vgl.* N. TRIPPEN, *Frings II, S. 55–63.*
[2] *Mögliche Abkürzung für* oremus pro invicem, *lateinisch für: beten wir füreinander.*

114

Tacke[1] *an Frings*

Düsseldorf, 16. Mai 1957

EA MÜNCHEN, Joseph Kardinal Wendel, 46/1957. *Schreibmaschinenvervielfältigung. Briefkopf:* Bernhard Tacke. *Anschrift:* S[eine]r Eminenz dem Hochwürdigsten Herrn Erzbischof Joseph Kardinal Dr. Frings, Köln. *Registraturvermerk:* 46/802.

Ew. Eminenz!
Die Frauen und Männer, die in diesem Schreiben zu dem von Ew. Eminenz am 16. März an die Leitungen katholischer Verbände gerichteten Rundschreiben[2] Stellung nehmen, sind ausnahmslos katholische Christen, die sich zum großen Teil seit mehreren Jahrzehnten zum katholisch-sozialen Ordnungsbild bekennen, in verantwortlicher Mitarbeit in katholischen Organisationen und Institutionen stehen und im öffentlichen Leben wichtige Ämter und Funktionen innehaben. Sie glauben, zu dem Inhalt der erneuten Stellungnahme der westdeutschen Bischöfe zur Gewerkschaftsfrage nicht schweigen zu können. Sie glauben, das mit um so größerer Berechtigung tun zu können, als sie sich dabei in Übereinstimmung wissen mit der Ansprache des Heiligen Vaters vom 20. Februar 1946 an die neu erhobenen Kardinäle: »Die Kirche, das Lebensprinzip der menschlichen Gesellschaft«[3], mit der Stellungnahme des Heiligen Vaters in der italienischen Gewerkschaftsfrage[4] und mit seiner Ansprache anläßlich der 11. Vollversammlung der Pax Romana[5].
Unsere Ausführungen, die gleichzeitig stellvertretend auch für ungefähr 300 haupt- und ehrenamtliche katholische Gewerkschaftsfunktionäre gemacht werden, richten sich an Ew. Eminenz als den Vorsitzenden der Fuldaer Bischofskonferenz.
In der Stellungnahme des westdeutschen Episkopates vom 6. November 1955[6] waren die Angehörigen der CGD und die katholischen Brüder und Schwestern in der Einheitsgewerkschaft ermahnt worden, die Bruderliebe zu beachten und sich nicht gegenseitig zu verunglimpfen, sowie sich gemeinsam um die Durchsetzung christlicher Grundsätze zu bemühen. Wir wissen uns von dem Vorwurf frei, in der Gewerkschaftsfrage nicht nach dem Gesetz der Bruderliebe gehandelt zu haben. Wir sind aber auch bereit nachzuweisen, daß von Angehörigen der CGD immer wieder persönlichste Angriffe gegen die katholischen Amtsträger innerhalb der Gewerkschaften des DGB und gegen katholische Persönlichkeiten des öffentlichen Lebens, die einer

1 BERNHARD TACKE *(1907–1994), Gewerkschafter, Mitgründer der Gewerkschaft Textil-Bekleidung und der CDU in Mönchengladbach, 1949 stellvertretender Vorsitzender der Gewerkschaft Textil-Bekleidung, 1956–1972 stellvertretender Vorsitzender des DGB.*

2 *Vgl. Dok. 95.*

3 AAS *38 (1946), S. 141–151; deutsche Übersetzung:* A. F. UTZ/J. F. GRONER, *S. 2106–2120.*

4 *Ansprache an die katholischen Arbeitervereine Italiens.* AAS *40 (1948), S. 331–337, deutsche Übersetzung:* A. F. UTZ/J. F. GRONER, *S. 1470–1479.*

5 *Ansprache an die XI. Vollversammlung der Pax Romana.* AAS *49 (1957), S. 296–300, deutsche Übersetzung:* A. F. UTZ/J. F. GRONER, *S. 2955–2961, sowie* HERDER KORRESPONDENZ *11 (1956/57), S. 421–423.*

6 *Druck:* HERDER KORRESPONDENZ *10 (1955/56), S. 100, vgl. das Zitat in Dok. 95.*

Gewerkschaft des DGB angehören, gemacht worden sind und gemacht werden. Wir legen großen Wert auf die Klärung der Frage, ob es dem Katholiken nunmehr verboten werden soll, wenn er auf Grund seiner Sachkenntnis die Gründung der CGD für unzweckmäßig oder auch nur aussichtslos hält, einer solchen Überzeugung öffentlich Ausdruck zu geben.
Es muß auch die Frage gestellt werden, ob das Wort von der gemeinsamen Durchsetzung christlicher Grundsätze gemeint war im Sinne gemeinsamer Arbeit oder im Sinne der Verfolgung gleicher Ziele auf getrennten Wegen.
Wir können nicht glauben, daß der westdeutsche Episkopat bestreiten will, daß die katholischen Gewerkschafter in den Gewerkschaften des DGB sich in Verbindung mit den evangelischen Brüdern eifrig um die Wahrung der bewährten gesellschaftsethischen christlichen Grundsätze bemühen. Es muß aber auch darauf hingewiesen werden, daß die Christlich-soziale Kollegenschaft im DGB in einem Schreiben an den Herrn Bundestagsabgeordneten Winkelheide[7] vom 26. August 1956 ausgeführt hat:
»Ihre Forderung nach einem Maximum christlicher Gemeinsamkeit können wir nur so verstehen, daß künftighin auf kirchlichem Boden und auf Einladung kirchlicher Stellen Grundsatzfragen christlicher Soziallehre gemeinsam zu erörtern wären. Derartige Bestrebungen würden von der Christlich-Sozialen Kollegenschaft begrüßt und voll unterstützt werden.«
Wenn in der Stellungnahme vom 16. März 1957 gesagt wird, es werde die Auffassung vertreten, die Verlautbarung des Episkopates vom 6. November 1955 habe einen »völlig neutralen« Standpunkt in der Gewerkschaftsfrage eingenommen, so können wir nur feststellen, daß wir die Verlautbarung nicht in diesem Sinne verstehen konnten, sondern im Sinne der Begrüßung der Bildung einer christlichen Gewerkschaft durch den Episkopat, aber bei gleichzeitiger Respektierung der Gewissensentscheidung derjenigen, die nach sorgfältiger Prüfung glauben, in den Gewerkschaften des DGB bleiben zu sollen, weil sie dort eine sie verpflichtende Aufgabe sehen.
Bestürzt sind wir, daß es für zweckmäßig erachtet wird, gläubigen Katholiken gegenüber in einer so wichtigen Angelegenheit das Wort vom »persönlichen Geschmack« zu gebrauchen: Wir betonen mit allem Nachdruck, daß unsere Entscheidung, nicht in die CGD einzutreten, weder aus Opportunismus noch aus »persönlichem Geschmack« erfolgt ist, sondern eine Entscheidung des auf Grund katholischer Lehre gebildeten Gewissens war. Bei einer solchen Entscheidung mußten organisationspolitische Erwägungen zugunsten der CGD außer acht bleiben.
In der Verlautbarung vom 16. März 1957 wird gegenüber den DGB-Gewerkschaften der Vorwurf »häufiger Verletzung der Neutralität in Fragen von grundsätzlicher religiöser, sozialer und kulturpolitischer Bedeutung« erhoben. Das ist eine mißver-

[7] BERNHARD WINKELHEIDE *(1908–1988), Maschinenschlosser, Arbeitersekretär und Politiker (CDU), 1929–1935 Sekretär der katholischen Werkjugend im Bistum Münster, 1946 Diözesansekretär der KAB im Bistum Münster, 1955 Anreger der »Betriebsaktion Rhein-Ruhr«, Ausschluß aus der Gewerkschaft ÖTV, Neugründung der CGD, 1959–1962 deren Vorsitzender, 1965–1972 Vorsitzender der KAB Westdeutschlands, 1949–1972 Mitglied des Bundestags (CDU).*

ständliche Formulierung. Von »Neutralität« kann unseres Erachtens im weltanschaulichen Raum keineswegs gesprochen werden, hier kann wohl nur die »weltanschauliche Toleranz« gemeint sein. Die Frage der »weltanschaulichen Toleranz« ist aber von der persönlichen Haltung der einzelnen Menschen getragen; die Institution – also die Einheitsgewerkschaft – muß sich von Beschlüssen u. a. fernhalten, die den gläubigen Katholiken dadurch in Gewissenskonflikt bringen könnten, daß sie gegen den Inhalt der katholischen Lehre verstoßen. Wir erachten es als eine nicht haltbare Verallgemeinerung, den eben erwähnten Vorwurf den Gewerkschaften des DGB schlechthin zu machen. Der DGB hat keineswegs die Haltung der Gewerkschaft Erziehung und Wissenschaft in der Frage der konfessionellen Schule und der konfessionellen Lehrerbildung gebilligt, er hat vielmehr durch eine Verlautbarung vom 13.1.1952 erklärt, seine Aufgabe höre »dort auf wo letzte persönliche Entscheidungen gefällt werden müssen, wo wir an den Kern jeder Kulturpolitik kommen, wo religiöse und weltanschauliche Überzeugungen den Ausschlag für Entscheidungen geben.« Wir müssen aber unsere Oberhirten auch darauf hinweisen, daß unseres Erachtens das beanstandete Verhalten der Gewerkschaft Erziehung und Wissenschaft deshalb möglich war, weil die katholischen Erzieher in Verkennung des wesentlichen Unterschiedes zwischen einer konfessionellen Standesorganisation und einer Gewerkschaft es abgelehnt haben, in die Gewerkschaft Erziehung und Wissenschaft einzutreten.

Ein weiterer Vorwurf, der erneut erhoben wird, ist die Infiltration mit a-christlichem Gedankengut in Gewerkschaftspresse und Gewerkschaftsschulen und dadurch die Gefährdung katholischer Gewerkschaftsmitglieder im Glauben und in der Treue zur Kirche. Wir bestreiten, daß ein solcher Vorwurf gegen die Gewerkschaftspresse und die Gewerkschaftsschulen erhoben wenden kann. Wenn in der Vergangenheit vereinzelt Entgleisungen vorgekommen sind, so sind von den maßgebenden Organen diese gerügt und Wiederholungen verhindert worden. Die Besucher der Gewerkschaftsschulen sind fast ausschließlich erwachsene Menschen, die bereits einen Standort im Leben haben. Wenn ihr weltanschauliches bzw. religiöses Fundament so schwach wäre, daß es durch Darlegungen einer a-christlichen Lehrkraft endgültig ins Wanken und zum Zusammenbrechen gebracht würde, so spräche das nur gegen die Qualität der voraufgegangenen Belehrungen in verschiedenen Bereichen des konfessionellen Raumes.

Wir werden uns erlauben, in einer noch folgenden erweiterten Stellungnahme zu der Verlautbarung vom 16. März 1957 auch zu dieser Frage aufklärende Darlegungen zu machen.

Wenn die Gefährdung im Glauben angesprochen worden ist, so möchten wir den Hinweis nicht unterlassen, daß die wirklich großen Gefährdungsquellen in den Massenbeeinflussungsmitteln: Tagespresse, Rundfunk, Film und auch im Betrieb liegen.

Im vorletzten Absatz der erneuten Stellungnahme wird von den Katholiken, deren Verlautbarungen »sich gegen die christlichen Gewerkschaften richten«, erwartet, daß sie nicht nur »zum mindesten alles unterlassen, was das weitere Wachstum der christlichen Gewerkschaften hindern könnte«, sondern es wird auch gewünscht, »daß sie sich bemühen, zu einer günstigen Entwicklung der neugegründeten Gewerkschaften beizutragen«.

Diese Formulierung, die also von Menschen, welche die Gründung einer christlichen Gewerkschaft als nicht notwendig oder unzweckmäßig betrachten, erwartet, daß sie zu einer günstigen Weiterentwicklung der CGD beitragen, läßt es uns unumgänglich erscheinen, die hochwürdigsten Oberhirten zu bitten, uns im Interesse einer möglichst genauen Klärung der Angelegenheit in folgenden Fragen Antwort zu erteilen:

1. Ist es dem Katholiken verboten, einer der DGB-Gewerkschaften anzugehören?
2. Ist es dem Katholiken verboten, Funktionär des DGB oder einer der ihn bildenden Gewerkschaften zu sein?
3. Ist es dem Katholiken verboten, eine Bundesschule des DGB, eine Schule einer Gewerkschaft des DGB, die Sozialakademie in Dortmund oder die Akademie der Arbeit in Frankfurt, welche beide vom DGB mitgetragen werden, zu besuchen oder an ihnen zu lehren?

Der Hinweis auf die Notwendigkeit christlicher Gewerkschaften für die Missionsaufgabe der katholischen Kirche läßt uns zunächst zum Ausdruck bringen, daß wir es auf Grund unserer langjährigen Erfahrungen für eine Verkennung der politischen Möglichkeiten halten, anders als durch die Einheit starker, den Bolschewismus ablehnender Organisationen in das Kräftespiel der Weltpolitik eingreifen zu können. Auch in diesem Punkte bitten wir im Interesse der Klarheit um Beantwortung der Frage:

Ist der katholische Arbeitnehmer in Deutschland um einer von den Hochwürdigsten Herren Bischöfen erhofften Förderung der katholischen Missionen willen verpflichtet, sich einer dem »Internationalen Bund christlicher Gewerkschaften« angehörenden Gewerkschaft anzuschließen, auch dann, wenn er davon überzeugt ist, daß nur die Einheitsgewerkschaft stark genug ist, seine berechtigten Interessen wirksam durchzusetzen?

Unser heutiges Schreiben an Ew. Eminenz und alle deutschen Oberhirten der Bundesrepublik und Berlins ist formuliert aus der großen Sorge um die Erhaltung des Friedens in der Kirche, um die Beachtung der Aufgabe der Laien beim Bau der menschlichen Gesellschaft, bei der sie gemäß dem Wort des Heiligen Vaters vom 20. Februar 1946 »in der vordersten Linie des kirchlichen Lebens stehen«. Ihre Mündigkeit ist die Voraussetzung dafür, daß die ihnen in erster Linie aufgetragene gesellschaftsgestaltende Sendung der Kirche wirksam werden kann.

Ew. Eminenz ehrfurchtsvoll ergebene
gez. Bernhard Tacke

Stellvertretender Vorsitzender des Deutschen Gewerkschaftsbundes
35 Jahre Mitglied des Katholischen Jugend- und Jungmännerverbandes bzw. der KAB.

[*Es folgen 114 weitere Unterschriften.*]

115

Adenauer an Frings

Bonn, 20. Mai 1957

EA KÖLN, Gen. II 23.61, 25. *Schreibmaschinenausfertigung mit eigenhändiger Unterschrift. Briefkopf:* Bundesrepublik Deutschland. Der Bundeskanzler. *Anschrift:* Seiner Eminenz, Herrn Kardinal Frings, Erzbischof von Köln, Köln, Eintrachtstraße 134. *Registraturstempel:* Erzb[istum] General-Vikariat [*Tagesdatum unleserlich*] Mai 1957 Köln. *Vermerk:* Exz[ellenz] Böhler z[ur] fr[eun]dl[ichen] R[ück]spr[ache] 25.5.1957 T[eusch].

Sehr verehrte Eminenz!
Die Gründung der Christlichen Gewerkschaften hat nicht dazu geführt, daß eine größere Zahl christlicher Arbeiter dem Deutschen Gewerkschaftsbund, bei dem sie vorher organisiert waren, den Rücken gekehrt hätten. Die Christlichen Gewerkschaften waren daher im wesentlichen auf den Zugang bisher nicht organisierter Arbeiter angewiesen. Das Reservoir für sie war damit angesichts der unverkennbaren Gewerkschaftsmüdigkeit nicht sonderlich groß. Das hat zur Folge, daß auch nach Gründung der Christlichen Gewerkschaften die Mehrzahl der organisierten christlichen Arbeiter sich nicht bei ihnen, sondern beim Deutschen Gewerkschaftsbund befindet. Diese Arbeiter sind offenbar auch nicht gewillt, in absehbarer Zeit ihre Organisation zu wechseln. Man mag diese Tatsache bedauern, man muß sie aber als feststehend ansehen und mit ihr rechnen. Es ist daher nach meiner Auffassung nicht angängig, die vielseitig notwendigen Bemühungen um die christlichen Arbeiter bei den Christlichen Gewerkschaften zu konzentrieren; es darf vielmehr die größere Zahl christlicher Arbeiter, die nicht in den Christlichen Gewerkschaften organisiert sind, um so weniger vernachlässigt werden, als sie von unserem Standpunkt aus gesehen in schwierigeren Umweltverhältnissen leben. Ich habe in dieser Hinsicht seit langem mit großer Genugtuung das Wirken der Christlichsozialen Kollegenschaft beobachtet. Sie hat unter schwierigen Verhältnissen mit leider sehr beschränkten Hilfsmitteln nicht unerhebliche Erfolge unter den Arbeitern erzielt. Wie verlautet, sollen aber die Meinungsverschiedenheiten zwischen den verschiedenen Gruppen der christlichen Arbeiter zu der Absicht geführt haben, in der Leitung der Christlichsozialen Kollegenschaft eine Veränderung herbeizuführen. Falls eine solche Absicht wirklich bestehen sollte, kann ich nur meiner großen Besorgnis hierüber Ausdruck geben. Eine Verwirklichung dieser Absicht würde nach meiner festen Überzeugung den Bemühungen um die christlichen Arbeiter schweren Schaden zufügen. Sie müßte sich gerade vor den Wahlen verhängnisvoll auswirken. Auf der anderen Seite haben erst kürzlich die Betriebsratswahlen bei Krupp gezeigt, daß ein Zusammengehen der verschiedenen christlichen Gruppen durchaus möglich und auch erfolgreich ist. Ich darf daher an Sie die Bitte richten, sich auch Ihrerseits dafür einzusetzen, daß ein Wechsel bei der Christlichsozialen Kollegen-

schaft, der diese wichtige Säule der christlichen Arbeiterschaft lähmen müßte, bis auf weiteres vermieden wird.
Mit der Versicherung ausgezeichneter Hochschätzung verbleibe ich

Ihr, Eminenz, ergebener
Adenauer
(Adenauer).

116

Niederschrift über die Sitzung der Bischofskommission für Koordinierungsaufgaben

Braunshardt, 16.–17. Juni 1957

EA München, Joseph Kardinal Wendel, 40 ZK/1957. *Schreibmaschinenschrift. Überschrift:* Betr. Sitzung der Bischofskommission für die Koordinierungsaufgaben in Braunshardt am 16./17. Juni 1957. Beginn: Sonntag, 16. Juni, 19 Uhr; Ende: Montag, 17. Juni, 12:30 Uhr. *Fertigungsdatum:* Paderborn, 28. Juni 1957.

I. Der Generalassistent [*Hengsbach*] berichtet über die Tätigkeit des Zentralkomitees der deutschen Katholiken, u. a.
a) über die letzte Vollversammlung des Zentralkomitees am 15. und 16. Mai 1957 in Eichstätt (ihre geistliche Gestaltung durch P. Prior Emanuel von Severus[1], die erfolgten Neuwahlen des Präsidiums und des Geschäftsführenden Ausschusses, den Beschluß zur Einrichtung eines »Ständigen Kuratoriums zur Vorbereitung der Katholikentage«);
b) über den inzwischen erfolgten Eintritt von H[ochwürdigen] H[errn] Stadtpfarrer Hanssler und H[ochwürdigen] H[errn] Pater Dr. Engel in das Zentralkomitee der deutschen Katholiken;
c) über die Arbeit der Sachreferate (besonders des Aussenamtes und des Arbeitskreises II des Staatsbürgerlichen Referates).

II. Der Generalassistent berichtet über seine Besprechungen mit den Leitern der Bischöflichen Hauptstellen für Männer-, Frauen- und Jugendseelsorge hinsichtlich der Intensivierung der Inspirations- und Koordinationstätigkeit des Zentralkomitees. Die Leiter der vier genannten Bischöflichen Hauptstellen sind mit dem Generalassistenten bezüglich folgender Punkte übereingekommen:
a) Sie werden in Zukunft häufiger zu Besprechungen zusammenkommen, und zwar vor allem vor den jeweiligen Vollversammlungen des Zentralkomitees der deutschen Katholiken, um zu überlegen, wie innerhalb der Arbeitsbereiche der einzelnen Hauptstellen die dem ZdK gestellten Aufgaben erfüllt werden können.

1 P. Emmanuel von Severus OSB *(1908–1997), 1928 Ordenseintritt, 1934 Priester, 1948–1990 mit Unterbrechungen Prior der Abtei Maria Laach, Herausgeber der Zeitschrift »Archiv für Liturgiewissenschaft«, 1. Jg. Regensburg 1950.*

b) Die Sachreferenten der verschiedenen Hauptstellen und Verbände müssen zu einer guten Zusammenarbeit mit den Leitern der Sachreferate des ZdK kommen.
c) Es soll angeregt werden, daß die Mitglieder des Zentralkomitees, soweit sie Diözesen und Verbände vertreten, einen Jahresbeitrag an das Zentralkomitee zahlen, um wenigstens zu einem geringen Teil die Finanzierung des Zentralkomitees mitzutragen. Zu diesem Punkt, der inzwischen auch auf der Vollversammlung des Zentralkomitees zustimmend behandelt ist, nimmt die Bischofskommission wie folgt Stellung:
Da die Finanzierung des Zentralkomitees aus dem überdiözesanen Finanzausgleich erfolgt, d. h. also praktisch durch die einzelnen Diözesen, scheint es nicht angängig, wenn die Vertreter der Diözesen im Zentralkomitee darüber hinaus noch einen besonderen Beitrag bezahlen. Grundsätzlich wird der Gedanke der Mitfinanzierung durch Mitgliedsbeiträge begrüßt. Angesichts der bereits erfolgten Hauptfinanzierung des ZdK durch die Diözesen kommt ein besonderer Mitgliedsbeitrag jedoch wohl nur für die Verbandsvertreter in Frage.

III. Um die Arbeit der Sachreferate des Zentralkomitees für den Episkopat fruchtbarer zu machen, sollen die Leiter der Sachreferate in Zukunft zweimal im Jahre einen Bericht über ihr Arbeitsgebiet (wichtige Entwicklungen, Tendenzen, eventuelle Empfehlungen hinsichtlich bestimmter Maßnahmen des Episkopates) durch den Generalassistenten an den Episkopat geben. Der Generalassistent wird diese Berichte den Mitgliedern der Koordinierungskommission und gleichzeitig allen Bischöfen zuleiten. Damit diese Berichte sowohl für die Teil- wie für die Plenarkonferenzen ausgewertet werden können, sollen sie Ende Januar und Ende Juni erstattet werden.

IV. Der Generalassistent berichtet über die bisherigen Bemühungen zur Konstituierung einer Publizistischen Kommission im Zentralkomitee (bestehend aus den Leitern der Bischöflichen Hauptstellen für Rundfunk, Fernsehen und Film). Nachdem Dr. Rössler die Leitung dieser Publizistischen Kommission endgültig abgelehnt hat, soll nach einer anderen geeigneten Persönlichkeit Ausschau gehalten werden. Die Bischofskommission ist damit einverstanden, daß der Generalassistent bezüglich des Herrn P. Pereira S. J.[2] sondiert.

V. Der Generalassistent berichtet über die für die Zeit vom 16. bis 19. April 1958 geplante Arbeitstagung des ZdK in Saarbrücken sowie über die Vorbereitungen für den nächsten Katholikentag, der vom 13. bis 17. August 1958 in Berlin stattfinden soll, und über die für den Herbst dieses Jahres vorgesehene Elisabethfeier in Eisenach.

VI. Der Generalassistent berichtet über das geplante Wort des ZdK zur Bundestagswahl und erläutert die vorgesehene Gedankenführung, wie sie in einer Besprechung am 8. Juni in Wuppertal zwischen dem Generalassistenten, Vizepräsident Gockeln,

2 P. ALFONSO PEREIRA SJ *(1917–1991), 1937 Ordenseintritt, 1947 Priester, Geistlicher Beirat der Gesellschaft katholischer Publizisten und der neudeutschen Publizistengilde.*

Exzellenz Böhler, P. Professor Dr. Hirschmann und Generalsekretär Köppler überlegt worden ist. Die Bischofskommission ist damit einverstanden, daß aufgrund der Vorarbeiten die endgültige Fassung festgelegt wird. Eine nochmalige Vorlage des »Wortes« an die Bischofskommission ist nicht notwendig.

VII. Der Generalassistent berichtet über den Fortgang der Verhandlungen zur Neuordnung der Bischöflichen Hauptstellen. Er wird zu diesem Punkt noch einen schriftlichen Bericht S[eine]r Eminenz Kardinal Wendel vorlegen zur Verwendung auf der diesjährigen Plenarkonferenz.

Um die Zusammenarbeit zwischen Episkopat und Zentralkomitee zu fördern und zu intensivieren, hält es die Bischofskommission für geraten, von Zeit zu Zeit mit dem Präsidium und den Mitarbeitern des Zentralkomitees zu einem offenen Gespräch zusammenzukommen. Als möglicher Termin für ein solches erstes Gespräch wird Montag, 4. November 1957, vormittags, in Aussicht genommen.

gez. + Franz Hengsbach, Weihbischof.

117

Frings an Tacke (Entwurf)[1]

[Münster, vor 17. Juni 1957[2]*]*

EA MÜNCHEN, Joseph Kardinal Wendel, 46/1957. *Schreibmaschinenschrift. Überschrift:* Entwurf. *Anschrift:* An den stellvertretenden Vorsitzenden des Deutschen Gewerkschaftsbundes Herrn Bernhard Tacke, Düsseldorf, Sonnenstraße 11. *Registraturvermerk:* zu Akt 46.

Sehr geehrter Herr Tacke!

In Ihrem Brief vom 16. Mai 1957[3], dessen Empfang ich dankend bestätige, richten Sie und die anderen Unterzeichner einige Fragen an den westdeutschen Episkopat, die das Schreiben der Bischöfe an die katholischen Verbände vom 16. März 1957 betreffen.

Sie werden zunächst Verständnis dafür haben, wenn wir bei der Beantwortung Ihres Schreibens der von uns sehr bedauerten Tatsache Rechnung tragen, daß der Brief ohne Zustimmung der Adressaten veröffentlicht worden ist.

In Ihrem Schreiben vom 16. März hatten die deutschen Bischöfe die Christliche Gewerkschaftsbewegung empfohlen und ihre Förderung von allen Katholiken erbeten, die in den katholischen Verbänden und Organisationen zusammengeschlossen sind. Die Fragen in Ihrem Brief vom 16. Mai 1957 betreffen nun ausnahmslos das

1 *Wahrscheinlich handelt es sich um den Entwurf, den* KELLER *zum Konveniat der westdeutschen Bischöfe vom 17.–19. Juni 1957 in Braunshardt mitgebracht hatte, der aber dort nicht realisiert wurde. Vgl. Dok. 118 II und 119.*

2 *Die Datierung ergibt sich aus der anzunehmenden Autorschaft* KELLERS.

3 *Vgl. Dok. 114.*

weitere Verbleiben und die Tätigkeit in der Einheitsgewerkschaft. Damit wird eine Fragestellung aufgeworfen, um die es den deutschen Bischöfen bei ihrem genannten Rundschreiben nicht ging. Es ging uns nicht um die Frage, welche Haltungen mit katholischem Denken und Leben noch vereinbar sind und toleriert werden können. Vielmehr war Frage, zu der wir Stellung genommen haben, diese: Welche Form der gewerkschaftlichen Organisation ist in der heutigen Situation für die katholischen Arbeiter und das Wohl der Arbeiterschaft im gesamten die bessere? Diese Frage ist nicht von vorneherein, wie es Ihrer Auffassung zu entsprechen scheint, schon entschieden, wenn die Einheitsgewerkschaft die Interessenvertretung ihrer Mitglieder zur Zeit noch besser zu gewährleisten scheint, weil sie auf Grund der Entwicklung in den letzten zwölf Jahren über die größere organisatorische Stoßkraft verfügt. Es war für uns Bischöfe vielmehr zusätzlich entscheidend zu berücksichtigen, welche Gewerkschaftsform für die Soziallehre der Kirche die bessere Möglichkeit der Verwirklichung bietet. Weiterhin war zu beachten, wie der einzelne katholische Arbeiter möglichst eine Stützung seiner religiösen Haltung erfährt, statt sich in dieser Hinsicht ernsten Gefahren auszusetzen. Auch die Frage der größtmöglichen Unterstützung der christlichen Gewerkschaftsarbeit in den Missionsländern konnte nicht außer acht gelassen werden. Bei der Abwägung dieser und anderer Umstände, die für den gläubigen Christen maßgebend sein müssen, sind die Bischöfe einmütig zur Befürwortung der Christlichen Gewerkschaftsbewegung gelangt. Sie halten diese für unumgänglich notwendig und förderungswürdig. In ihrer Überzeugung wissen sie sich mit vielen verantwortungsbewußten katholischen Arbeitern einig, nicht zuletzt auf Grund der mit der Einheitsgewerkschaft in den vergangenen Jahren gemachten Erfahrungen.

Leider wollen die Klagen von Arbeitern und Seelsorgern auch in jüngster Zeit nicht verstummen, wonach vor allem jüngere katholische Arbeiter durch die Mitarbeit in der Gewerkschaftsjugend und durch den Besuch von Gewerkschaftskursen wie auch durch das Lesen der gewerkschaftlichen Presse allmählich den Kontakt mit dem Leben der katholischen Organisationen und oft sogar mit dem Leben der Kirche verlieren. Wenn auch Gott dank nicht immer dieser äußerste Fall eintritt, so stellt man doch noch häufiger ein bedauerliches Nachlassen des Verständnisses für die Forderungen der Soziallehre der Kirche fest. Diese Entwicklung muß, ganz abgesehen von konkreten Verletzungen der weltanschaulichen Neutralität und Toleranz, mit großen Bedenken betrachtet werden und zu einer sehr kritischen Haltung gegenüber der Einheitsgewerkschaft führen. Vor allem die Bischöfe können in einer solchen Situation nicht schweigen und der Entwicklung ungehindert ihren Lauf lassen.

Ihre Unterstellung, die Ergebnisse einer unerfreulichen Beeinflussung von Katholiken auf den Gewerkschaftsschulen sprächen gegen die Seelsorge und die Qualität der Arbeit im seelsorglichen Raum statt gegen die Gewerkschaftsschulen oder gegen den Deutschen Gewerkschaftsbund, müssen wir als beleidigend zurückweisen. Den im konfessionellen Raum tätigen Kräften fügen Sie damit schweres Unrecht zu. Zudem stellen Sie damit im Ergebnis jedem, der katholische Glaubens- und Lebenshaltung angreift, einen Freibrief aus und schieben denen, die unermüdlich für die katholische Sache tätig sind, die Schuld für die Folgen zu. Ihnen ist genau so gut wie uns bekannt, daß die Bildungsarbeit der kirchlichen Organisationen und Institutionen im Gegensatz zur entsprechenden Arbeit im DGB unter anderem auch durch die Begrenztheit der materiellen Mittel und die dadurch bedingten Anforderungen an die Opferkraft aller Beteiligten eine außerordentliche Erschwerung erfährt.

Das Gewicht der tatsächlich vorhandenen und auch von Ihnen nicht bestrittenen Verletzungen der Toleranz im DGB und seinen Gewerkschaften insgesamt zu beurteilen, mag gewiß nicht leicht sein. Wir können uns aber des Eindrucks nicht erwehren, daß Sie und die Unterzeichner Ihres Briefes die in den Einheitsgewerkschaften gemachten Fehler allzu sehr verharmlosen, wenn Sie diese als unbedeutende Einzelfälle hinstellen. Ihre Unterscheidung zwischen den Vorwürfen gegen die Institution und den Vorwürfen gegen einzelne für diese Institution handelnde Menschen ist in so weitgehendem Maße sicher nicht gerechtfertigt. Für die Beurteilung frei gewählter (gewillkürter) Organisationen sind nicht nur der Wortlaut der Satzung und offizieller Beschlüsse maßgebend, sondern auch das praktische Verhalten ihrer Organe, Einrichtungen und Mitglieder. Insofern ist jeder Verstoß, der mit Wissen und Billigung der verantwortlichen Organe des DGB in deren Zuständigkeitsbereich erfolgt, ein Verstoß des DGB. Das gleiche gilt von den Industriegewerkschaften.

In diesem Zusammenhang müssen wir auf einen folgenschweren Irrtum hinweisen, der aus Ihrem Schreiben erkenntlich wird: Ein Katholik darf es niemals als unabänderlich empfinden, daß auf Gewerkschaftsschulen unter Verletzung der erforderlichen Zurückhaltung Gedankengut vorgetragen wird, das ihn oder einen Glaubensbruder in seinem Glauben oder in der von der Kirche geforderten Lebenshaltung gefährden und verletzen kann. Ebensowenig kann er sich als Mitglied einer dem DGB angeschlossenen Gewerkschaft damit abfinden, daß eine dem DGB angeschlossene andere Gewerkschaft wie die Gewerkschaft »Erziehung und Wissenschaft« Ziele verfolgt, die dem ausdrücklichen Inhalt der Äußerungen des kirchlichen Lehr- und Hirtenamtes ebenso widersprechen wie dem Naturrecht. Ein Christ kann es eben niemals hinnehmen, daß gegen die natürliche Ordnung, gegen das Naturrecht und die unveränderlichen Grundprinzipien des Gemeinschaftslebens verstoßen wird. Der Einheitsgewerkschaft kann er Bildungs- und Kulturarbeit wie auch entsprechende Entscheidungen und Stellungnahmen nur zugestehen, soweit sie die durch das Naturrecht gezogenen Grenzen nicht überschreiten. Ist diese Voraussetzung nicht mehr gegeben, dann kann ein Katholik in der Einheitsgewerkschaft ebenso wenig mitarbeiten wie in anderen nicht katholischen Organisationen.

Dieser Grundsatz ist von den Päpsten bis auf den heutigen Tag ständig gelehrt worden. In Bezug auf die Gewerkschaften hat Papst Pius diese Wahrheit schon in seiner Enzyklika Singulari quadam[4] ausgesprochen. Es verdient besondere Beachtung, daß der gegenwärtig regierende Heilige Vater Pius XII. die entsprechenden Worte seines

4 *Enzyklika »Singulari quadam« vom 24. September 1912.* AAS *4 (1912), S. 656–662, deutsche Übersetzung:* RUNDSCHREIBEN.

Vorgängers in der Ansprache vom 2. November 1954[5] an die Bischöfe der Welt noch einmal wörtlich wiederholt hat, womit jeglicher Zweifel darüber ausgeschlossen ist, ob die Worte Pius' X. heute noch Bedeutung haben. Pius XI. hat den gleichen Gedanken in Quadragesimo anno[6] hervorgehoben. Unser Heiliger Vater Pius XII. hat ihn auch in Bezug auf die Einheitsgewerkschaften in seiner Ansprache an die Katholischen Arbeitervereine Italiens vom 29. Juni 1948 ausgeführt und ihn allgemeiner in der auch von Ihnen herangezogenen Ansprache anläßlich der 11. Vollversammlung der Pax Romana zuletzt vertreten. Dort heißt es wörtlich: »Daher ist die Mitarbeit der Katholiken in allen Einrichtungen wünschenswert, die in Theorie und Praxis die Naturgesetze respektieren.« Damit ist die Möglichkeit der Mitarbeit in gewissen nichtkatholischen Organisationen einerseits grundsätzlich nicht verboten, andererseits aber von vornherein klar begrenzt. Allerdings ist aus dem Zusammenhang klar ersichtlich, daß der Heilige Vater bei dieser Aussage internationale Institutionen im Auge hat, in denen auch der Katholik mitarbeiten kann und soll. Bei diesen Institutionen handelt es sich im allgemeinen um Zusammenschlüsse von Vertretungen der Staaten, wobei die Regelung des Aufbaues entsprechender Organisationen auf der nationalen Ebene offen bleibt. Im übrigen aber sind in dieser Ansprache des Hl. Vaters Mitgliederorganisationen nach der Art der Gewerkschaften nicht gemeint. Es hieße ganz sicher den Sinn der Ansprache verfälschen, wenn man den Wunsch der Kirche herauslesen wollte, der Katholik solle unter den gegebenen Voraussetzungen lieber in eine sogenannte Einheitsgewerkschaft als in eine katholische oder doch bewußt christlich ausgerichtete als Mitglied eintreten. Zu dieser konkreten Präge haben sowohl Papst Pius XII. wie auch seine Vorgänger in einem durchaus anderen Sinne Stellung genommen. Wohl aber ergibt sich aus den zitierten Worten des Heiligen Vaters, daß eine Christliche Gewerkschaft bereit sein muß, mit anderen Gewerkschaften zur Wahrnehmung gemeinsamer Anliegen, insbesondere im internationalen Raum, auf dem Boden des Naturrechtes zusammenzuarbeiten.

Wenn wir so zu einer einmütigen Befürwortung der Christlichen Gewerkschaften gelangt sind und den katholischen Arbeitnehmern mit besonderem Nachdruck den Beitritt empfehlen, so verkennen wir dennoch nicht, daß es für den einzelnen Gewerkschaftler, der bisher im DGB verantwortlich mitgearbeitet hat und dort eine Stellung innehat, Gründe geben kann, die seinen Austritt als unzumutbar erscheinen lassen, so z. B. weil er größeres Übel verhütet, wenn er seine Mitarbeit nicht aufgibt, oder auch, weil Gründe der wirtschaftlichen Sicherung und der Sorge für seine eigene Familie für ihn persönlich den berechtigten Vorrang bei seiner Entscheidung haben. Ähnlich kann es auch für andere Arbeitnehmer ausnahmsweise Situationen geben, in denen es unzumutbar erscheint, sich der CGD anzuschließen und auf die Zugehörigkeit zur Einheitsgewerkschaft zu verzichten.

[5] *Ansprache zum Abschluß des Marianischen Jahres.* AAS *46 (1954), S. 671–677, deutsche Übersetzung:* A. F. Utz/J. F. Groner, *S. 2457–2466.*

[6] *Enzyklika »Quadragesimo anno« vom 15. Mai 1931.* AAS *23 (1931), S. 177–228, deutsche Übersetzung:* Papst Leo XIII.

Die Entscheidung darüber, ob in einem Einzelfall triftige Gründe für ein solches Verhalten vorliegen, müssen wir dem Gewissensurteil des einzelnen mündigen Christen überlassen, der sich allerdings seinerseits vor allem durch eifriges Gebet um Erleuchtung und durch gewissenhafte Anwendung aller anderen in solchen Schwierigkeiten gebotenen Mittel gegen die Gefahr einer falschen Entscheidung sichern muß. Insbesondere möge jeder beherzigen, daß es eine auf Grund katholischer Lehre gefällte Entscheidung des Gewissens nicht geben kann ohne innerliche Bereitschaft, die Äußerungen des Lehr- und Hirtenamtes des Papstes und der Bischöfe zu hören und die Empfehlungen bzw. Weisungen zu befolgen, die diese auf Grund ihres von Christus übertragenen Amtes als Erstverantwortliche für die Ausbreitung des Reiches Gottes und als Hüter des Naturrechts nach ernsthafter Überlegung geben. Dabei muß auch das Anliegen der Bischöfe, die Christlichen Gewerkschaften zu fördern, gewissenhaft beachtet werden. Ebenso wird jeder ganz besonders bemüht sein müssen, die Anliegen der katholischen Soziallehre gemeinsam mit allen anderen katholischen Arbeitnehmern zu fördern. Geeignete Basis für diese Gemeinsamkeit sind besonders die kirchlichen Standesorganisationen und Bildungseinrichtungen. Es müßte selbstverständlich sein, daß die Standesorganisationen nicht deswegen abgelehnt werden dürfen, weil sie sich in der Gewerkschaftsfrage der Stellungnahme der deutschen Bischöfe vollinhaltlich angeschlossen haben. Daß auch gemeinsame Aktionen im Raum der Arbeitswelt zwischen katholischen Angehörigen verschiedener Gewerkschaftsorganisationen wünschenswert sind, steht außer Zweifel. Wieweit sie jedoch praktisch möglich sind, kann nur von Fall zu Fall durch die Beteiligten entschieden werden.

Letztlich wird die Tragfähigkeit der gesellschaftlichen Ordnung und auch die gute Lösung der schwierigen Gewerkschaftsfrage in Deutschland vor allem davon abhängen, ob und in welchem Umfang Gerechtigkeit und Liebe als Gestaltungskräfte des sozialen Lebens anerkannt und von jedem einzelnen in seinem Bereich verwirklicht werden. Wer diese beiden Tugenden für sich bei allen Entscheidungen und Handlungen als obersten Grundsatz voranstellt, statt sie zuerst von anderen zu erwarten, wird auch in der schwierigsten Situation zu einer Entscheidung finden, die dem Gemeinwohl dient und von ihm in der Gnade des Kreuzes Christi getragen werden kann.

118

Protokoll des westdeutschen Bischofskonveniats

Braunshardt, 17.–19. Juni 1957

EA MÜNCHEN, Joseph Kardinal Wendel, 21/1957. *Druckstück mit Überschrift:* Protokoll der Beratungen auf dem Konveniat der westdeutschen Bischöfe in Braunshardt vom 17. bis 19. Juni 1957. *Vermerk:* Vertraulich behandeln!

Anwesend waren die Hochwürdigsten Herren

1. Joseph Kardinal Frings, Erzbischof von Köln,
2. Lorenz, Erzbischof von Paderborn,
3. Eugen, Erzbischof von Freiburg/Br[eisgau],
4. Albert, Bischof von Mainz,
5. Michael, Bischof von Münster/W[estfalen],
6. Julius, Bischof von Berlin,
7. Wilhelm, Bischof von Limburg,
8. Karl Joseph, Bischof von Rottenburg,
9. Matthias, Bischof von Trier,
10. Johannes, Bischof von Aachen,
11. Heinrich Maria, Bischof von Hildesheim,
12. Adolf Bolte, Weihbischof, Vertreter der Diözese Fulda,
13. Weihbischof von Rudloff, Kapitularvikar von Osnabrück.

Einleitend gaben Kardinal Frings-Köln und Bischof Döpfner-Berlin Überblicke über die kirchliche Lage in der Bundesrepublik und in der Ostzone. Anschließend wurde die Frage eines gemeinsamen Aufrufs zu den Bundestagswahlen 1957 eingehend erörtert und seine Redaktion vorbereitet. Sodann wurden die folgenden Fragen behandelt:

I. Bildung, Erziehung, Unterricht

a) Glaubensfibel für die Grundschule:

Das Konveniat wünscht baldmöglichst eine Klärung der Frage, in welcher Weise das Lehrgut für die religiöse Unterweisung der Kinder in den Grundschulen gestaltet werden soll, etwa in Richtung eines »Religionsbüchleins« bzw. »Glaubensfibel«.

Es liegen verschiedene Versuche und Vorschläge vor, die eine Sichtung und grundsätzliche Beurteilung durch ein Fachgremium dringend wünschenswert machen.

Das betreffende Gutachten soll bis zur Fuldaer Plenarkonferenz dieses Jahres 1957 vorgelegt werden.

Der Bischof von Aachen wird gebeten, nach Fühlungnahme mit dem bayerischen Episkopat das betreffende Gutachten erstellen zu lassen. Er möge auch die Verlage darauf aufmerksam machen, daß eine private Initiative ihr eigenes finanzielles Risiko bedeutet.

b) Laienkatecheten an Berufsschulen:

Das Konveniat hält eine gute pädagogische und aszetische Ausbildung der Laienkatecheten an Berufsschulen für dringend notwendig und empfiehlt diesbezügliche Bemühungen verschiedener Diözesen einer besonderen Beachtung.

c) Erteilung der Missio canonica an Laienreligionslehrer:

Das Konveniat hält es für zweckmäßig, daß die Erteilung der Missio canonica an Laienreligionslehrer für Berufsschulen und Höhere Schulen nach denselben Grundsätzen wie bei den Volksschullehrern gehandhabt wird. Dabei ist anzustreben, daß zwischen den zuständigen kirchlichen und staatlichen bzw. kommunalen Stellen jeweils eine Vereinbarung über deren Einsatz getroffen wird.

d) Zusammenschluß katholischer Privatschulen

(vgl. Protokoll Hofheim März 1957, I, c)[1]:

Der Bischof von Aachen berichtet, daß auf der diesjährigen Jahrestagung der Ordensschulen der Zusammenschluß der katholischen Privatschulen zu erwarten ist. Die Bischöfe werden gebeten, die Einsendung eines Verzeichnisses der in ihren Diözesen bestehenden katholischen Privatschulen an die Bischöfliche Zentrale für Ordensschulen (Köln, Marzellenstraße 32) veranlassen zu wollen, soweit es noch nicht geschehen ist.

e) Philosophie-Unterricht an Höheren Schulen:

In Anbetracht der oft unzureichenden Erteilung eines Philosophie-Unterrichts an den Höheren Schulen ist es nicht wünschenswert, daß ein solcher Unterricht obligatorisch erteilt wird. Wo er aber bereits Unterrichtsfach ist, sollen unsere Religionslehrer sich mit großer Sorgfalt dieses Unterrichts annehmen.

f) Theologen-Bildung:

Der Bischof von Mainz wird gebeten, zu dem Thema Theologen-Bildung eine Denkschrift ausarbeiten zu lassen.

g) Studienstiftung »Cusanus-Kreis«:

Der Erzbischof von Paderborn berichtet über die erfreuliche zahlenmäßige und qualitative Entwicklung des »Cusanus-Kreises«.

II. Seelsorge und Sozialfragen

a) Jugendseelsorge:

Der Bischof von Mainz gibt dem Konveniat Kenntnis von der Wiederwahl der Bundespräsides Bokler und Hebel sowie von der Entscheidung der Diözesanjugendseelsorger betr. Übergang der Leitung des Jugendhauses an die Frauenseite. Die Beschlußfassung hierüber steht der Plenarkonferenz in Fulda zu.

Angesichts der Spannungen zwischen dem DJK-Hauptverband und DJK-Zentralverband neigt das Konveniat dazu, die Entscheidungsbefugnisse des DJK-Bundesverbandes zu erhöhen und auf diese Weise die Entscheidung aller wichtigen Fragen aus der Kompetenz der Teilverbände herauszunehmen. Die Resolution des DJK-Zentralverbandes auf Ausdehnung in weitere deutsche Diözesen außer Paderborn und Münster wird von dem Referenten mißbilligt; ebenso die Absprache dieses

1 *Vgl. Dok. 92.*

Verbandes mit der Kolpingsfamilie. Das Konveniat nimmt diese Stellungnahme zur Kenntnis.

b) Studentenwohnheime:

Der Erzbischof von Paderborn weist auf die Denkschrift der KDSE vom 24.5.1957 über die Frage der Studentenwohnheime hin und bittet um eine wirksame Förderung dieses Anliegens.

c) Waffenstudententum:

Das Konveniat nimmt Kenntnis von einem Artikel von Professor P. Grohner O.P.[2] über die Frage einer Mitgliedschaft katholischer Studenten in waffenstudentischen Verbänden. Der Artikel bedeutet eine wertvolle Hilfe, unsere Studenten mit den katholischen Moralgrundsätzen vertraut zu machen und sie gegenüber einer Propaganda der waffenstudentischen Verbände zu immunisieren.

d) Studierende Ordensfrauen an Universitäten:

Es wird empfohlen, den an den Universitäten studierenden Ordensfrauen eine besondere religiös-aszetische Betreuung angedeihen zu lassen.

e) Akademiker-Verband:

Die Eingabe des Akademiker-Verbandes bezüglich ideelle und finanzielle Unterstützung seiner Arbeit wird zurückgestellt bis zur Herbsttagung der Arbeitsgemeinschaft der Bischöflichen Seelsorgsämter in Hohenheim. Es wird empfohlen, zu dieser Konferenz noch einige Vertreter spezialisierter Akademikerseelsorge hinzuzuziehen.

f) Betreuung afrikanischer und asiatischer Studenten:

Das Konveniat erklärt sich damit einverstanden, daß P. Haas S.A.M.[3] über das Zentralkomitee der deutschen Katholiken für die Betreuung ausländischer afrikanischer und asiatischer Studenten eingesetzt wird.

g) Dispens für Ordensfrauen mit päpstlicher Klausur:

(vgl. Protokoll Hofheim März 1957, II, b):

Der Erzbischof von Paderborn wird der Plenarkonferenz in Fulda einen Entwurf vorlegen für eine Eingabe nach Rom betr. Dispens für Ordensfrauen mit päpstlicher Klausur zur Teilnahme an den Jahrestagungen für höhere Ordensoberinnen.

h) Religionsgespräche:

Der Plenarkonferenz Fulda 1957 soll der Entwurf einer Eingabe nach Rom zur Beschlußfassung vorgelegt werden betr. öffentliche Round-Table-Gespräche und Radio-Diskussionen über Glaubensfragen mit Vertretern anderer Konfessionen.

i) Schönstattbewegung:

Der Bischof von Trier berichtet über die derzeitigen Spannungen zwischen der Genossenschaft der Pallottiner und den Schönstattpriestern[4]. Das Konveniat schließt

2 JOSEF FULKO GRONER, *Die Bestimmungsmensur vor dem katholischen Gewissen, in:* DIE NEUE ORDNUNG *10 (1956), S. 65–75.*

3 P. HARRY HAAS *(1925–2002), Studentenpfarrer für ausländische Studenten in Deutschland, 1959 Geistlicher Beirat des KAAD, seit 1983 überwiegend in Sri Lanka tätig, dort Gründung des »Woodland Network« für »sanften« Tourismus.*

4 *Zur Geschichte der Schönstatt-Bewegung und ihres Gründers* JOSEF KENTENICH SAC *(1885–1968) vgl.* P. WOLF *und* M. PERSCH. *Die Verbindung der Schönstatt-Bewegung mit den Pallottinern wurde 1964 gelöst.*

sich seiner Ansicht an, daß das Verhältnis zwischen der Genossenschaft der Pallottiner und den Schönstattpriestern auf der Basis des Generalstatuts zu regeln sei. Der Bischof von Trier wird gebeten, sich in diesem Sinne um eine Beilegung der Differenzen zu bemühen.
k) Brief – Tacke an Kardinal Frings:
Der Brief des stellvertretenden Vorsitzenden des DGB Bernhard Tacke an Kardinal Frings vom 16. Mai 1957[5] wird eingehend besprochen. Kardinal Frings will sich auf eine kurze Beantwortung dieses Briefes beschränken.
Das Sozialreferat des Zentralkomitees der deutschen Katholiken wird beauftragt, im Einvernehmen mit der Bischofskommission für soziale Fragen den in dem Brief – Tacke angeschnittenen Fragenkomplex eingehend zu untersuchen und entsprechende Stellungnahmen vorzubereiten.
Über den Sinn der Erklärung vom 16. März 1957[6] herrscht unter den westdeutschen Bischöfen nach wie vor volle Einmütigkeit.
Die Bemühungen, einen geeigneten Priester für die geistliche Betreuung der christlichen Kollegenschaft zu finden, werden fortgesetzt.

III. Organisatorische und finanzielle Fragen
a) Zentralkomitee der deutschen Katholiken:
Der Bischof von Münster berichtet über die derzeitige Form und Tätigkeit des ZDK. Die Bischöfliche Koordinierungskommission wird gebeten, zu überprüfen, inwieweit die bisherigen Fuldaer Sachkommissionen zweckmäßiger aufgegliedert und Kontaktstellen mit den Sachreferaten des ZDK geschaffen werden können.
b) Neuordnung der überdiözesanen Zuschüsse:
Eine Neuordnung der überdiözesanen Zuschüsse und ihrer Aufschlüsselung wird als höchst wünschenswert betrachtet. Kardinal Frings und Erzbischof Jaeger werden um ihre Mithilfe gebeten, damit der Fuldaer Plenarkonferenz entsprechende Vorschläge unterbreitet werden können.
c) Bibliothek des ehemaligen Volksvereins:
Der Bischof von Aachen berichtet über die Bibliothek des ehemaligen Volksvereins, die sich zur Zeit im Eigentum der Stadt Mönchen-Gladbach befindet. Er wird gebeten, durch geeignete Fachleute (z. B. Prof. Dr. Höffner-Münster, Domkapitular Paulus-Trier, P. Dr. Engel-ZDK) zu klären, ob und wie diese Bibliothek mehr als es jetzt geschieht, in den Dienst der katholischen Sozialwissenschaft gestellt werden kann, evtl. durch Überführung in das Eigentum eines kirchlichen Trägers.
d) »Katholischer Siedlungsdienst« und »Verband Katholischer Siedler«:
Zur Abgrenzung der beiderseitigen Aufgaben zwischen dem »Katholischen Siedlungsdienst« und dem »Verband Katholischer Siedler« wird die folgende Regelung für zweckmäßig gehalten:

[5] *Vgl. Dok. 114.*
[6] *Vgl. Dok. 95.*

1. Eine Hauptaufgabe des »Katholischen Siedlungsdienstes« ist die Vertretung der kirchlichen siedlungspolitischen Belange bei den gesetzgeberischen Körperschaften und gegenüber den Verwaltungsbehörden, soweit sie sich auf die zentralen Instanzen der Bundesrepublik bezieht.
2. Bei der praktischen Durchführung von Siedlungsmaßnahmen mit Hilfe kirchlicher Trägergesellschaften erscheint eine Beteiligung des »Katholischen Siedlungsdienstes« weder als notwendig noch als wünschenswert. Seine Aufgabe gegenüber den Trägergesellschaften erschöpft sich in der statistischen Erfassung der Leistungen dieser Gesellschaften.
3. Gegen die Verwaltung der bei dem »Katholischen Siedlungsdienst« zur Zeit bestehenden Hilfsfonds mit überdiözesaner Zweckbestimmung bestehen keine Bedenken. Es müßte jedoch gesichert werden, daß vor Vergabe der Darlehen eine Abstimmung mit den für die Bewerber zuständigen Diözesanhilfswerken erfolgt.
4. Die sozial-ethische und religiöse Betreuung der Siedler als die wichtigste Aufgabe katholischer Siedlungsarbeit soll in erster Linie von dem in den Diözesen von Nordrhein-Westfalen bestehenden und möglichst auf alle westdeutschen Diözesen auszudehnenden »Verband Katholischer Siedler« wahrgenommen werden.
Die Verbindung des »Verbandes Katholischer Siedler« zum »Katholischen Siedlungsdienst« könnte in der Weise gesichert werden, daß ein gewählter Vertreter aus jedem der Landesverbände dem Vorstand des »Katholischen Siedlungsdienstes« angehört.
Im übrigen soll die Entwicklung grundsätzlich in die Richtung gelenkt werden, daß alle Aufgaben, welche sinnvoll von dem »Verband Katholischer Siedler« erfüllt werden können, aus der Zuständigkeit des »Katholischen Siedlungsdienstes« herausgenommen werden und dem »Verband Katholischer Siedler« übertragen werden, sobald dieser alle westdeutschen Diözesen umfaßt.
Dem Konveniat scheint es wünschenswert, daß der »Verband Katholischer Siedler« möglichst auf alle westdeutschen Bistümer ausgedehnt wird. Die einzelnen Bischöfe wollen diese Frage mit ihren Ordinariaten und Siedlungswerken prüfen und der Zentrale des Verbandes in Münster/W., Domplatz 23, bis zum 1. September 1957 nähere Nachricht zukommen lassen.
e) Richtlinien betr. Arbeitsschutz für katholische Krankenanstalten:
Der Erzbischof von Freiburg gibt dem Konveniat Kenntnis von dem derzeitigen Stand der Bemühungen um Richtlinien für den Arbeitsschutz der dem Deutschen Caritasverband angeschlossenen Kranken-, Heil- und Pflegeanstalten, welche endgültig auf der Fuldaer Plenarkonferenz beschlossen werden sollen.
f) Ungarn-Hilfe:
Das Konveniat nimmt Kenntnis von der Verwendung der Ungarnhilfe der deutschen Diözesen. Für noch anstehende Aufgaben wird weitere Hilfe erbeten.
g) Versorgung pensionierter Priester des Flüchtlingsklerus
(vgl. Protokoll Hofheim März 1957[7], III, f):

7 *Vgl. Dok. 92.*

Vorbehaltlich einer endgültigen Regelung durch die Fuldaer Plenarkonferenz beschließen die anwesenden Ordinarien:
Ostdeutsche pensionierte oder pensionsreife Priester, die als Spätaussiedler nach Westdeutschland kommen, erhalten ein angemessenes Ruhegehalt von denjenigen Diözesen, in welchen sie ihren endgültigen Wohnsitz finden. Der Erzbischof von Paderborn wird der Fuldaer Plenarkonferenz einen Vorschlag für eine endgültige Regelung unterbreiten in der Form, daß diesen Priestern durch das Diaspora-Kommissariat der deutschen Bischöfe eine einheitliche Altersversorgung gewährt wird, über deren Höhe die Plenarkonferenz befinden muß.
Der Beauftragte der Fuldaer Bischofskonferenz für die Vertriebenenseelsorge wird sich um eine angemessene Verteilung der spätausgesiedelten Geistlichen auf die Diözesen des Bundesgebietes bemühen.
h) Umschulung spätausgesiedelter Jugendlicher:
In den Auffanglagern warten noch rund 800 Jungen und Mädchen auf ihre Einberufung zur Umschulung bzw. zur Erlernung der deutschen Sprache. Es ist dringend nötig, ausreichende kirchliche Schulungsgelegenheiten zu schaffen. Die Ordinarien werden gebeten, bei den Ordenshäusern darauf zu drängen, daß jede Genossenschaft der Diözese eine entsprechende Zahl von Ordensfrauen für ein Jahr zur Führung von Umschulungsheimen freimacht. Gebraucht werden insgesamt etwa 200 Ordensfrauen. Ferner wird gebeten, für ein Jahr kircheneigene Häuser, die für diese Aufgabe geeignet sind, d. h. Wohnungs- und Umschulungsgelegenheit für jeweils 60 bis 100 Jugendliche bieten können, freizumachen, damit solche Umschulungslehrgänge darin eingerichtet werden können. Der Vorsitzende der Plenarkonferenz wird zur Finanzierung der anlaufenden Arbeit von den für Lagerbetreuung bereitgestellten und bisher noch gesperrten überdiözesanen Mitteln 100.000 DM für diesen Zweck freigeben.
Das nächste westdeutsche Konveniat findet statt vom 4. bis 6. November 1957 in Pützchen.

gez.: + Wilhelm,
Bischof von Limburg

gez. + Lorenz,
Erzbischof von Paderborn[8].

8 *Es ist nicht ersichtlich, weshalb* JAEGER *anstelle von* FRINGS *unterzeichnet hat.*

119

Keller an Wendel

Münster, 21. Juni 1957

EA MÜNCHEN, Joseph Kardinal Wendel, 21/1957. *Schreibmaschinenausfertigung mit eigenhändiger Unterschrift. Briefkopf:* Der Bischof von Münster. *Eingangsstempel*: Erzbistum München. Erzb[ischof] 24. Jun[i] 1957. 21 Nr. 965.

Eminenz, lieber hochwürdigster Mitbruder!
Das Konveniat[1] verlief im Ganzen sehr befriedigend. Ich hatte Gelegenheit, eingehend über das Zentralkomitee zu berichten, und fand, wie mir scheint, allgemeine Zustimmung. Laut Protokoll, das Dir zugehen wird, erhielt unsere Kommission den Auftrag, für Fulda Vorschläge bezüglich der inneren Organisation der Konferenzen auszuarbeiten und eine Neuordnung der Kommissionen vorzuschlagen.
Darf ich Dein Einverständnis voraussetzen, wenn ich Exzellenz Hengsbach sofort bitte, die Vorschläge, die er schon in Braunshardt gemacht hat, noch einmal gründlich durchzuarbeiten und uns dann vorzulegen? Wir können uns dann ja schriftlich miteinander abstimmen, bevor wir die letzte Redaktion in Fulda vor Beginn der allgemeinen Konferenz vornehmen.
Müßten wir uns nicht auch Gedanken bezüglich der personellen Besetzung der einzelnen Kommissionen machen, damit in Fulda nicht alles dem Zufall überlassen bleibt?
Bezüglich der Gewerkschaftsfrage war völlige Einmütigkeit. Die Mitteilung des »Spiegel«[2] entspricht nicht der Wahrheit, wenn auch – wie wir alle wissen – Limburg bezüglich dieses ganzen Fragenkomplexes etwas weich ist. Kardinal Frings will eine Antwort geben, in der er vor allem zunächst feststellen wird, daß die Verlautbarung der Bischöfe keinen objektiven Anlaß zu den Fragen der katholischen Funktionäre gegeben habe, und dann kurz ein paar Grundsätze wiederholen.
Inzwischen soll das Sozialreferat eingehende Stellungnahmen mit dem Ziel späterer Veröffentlichung, sei es durch die Bischöfe, sei es durch katholische Organe, vorbereiten. Ich selbst hatte den Entwurf einer Antwort[3] mitgebracht, aber nicht so sehr, um darauf zu drängen, ihn in dieser Form herausgehen zu lassen, sondern mehr, um nochmals eine interne Übereinstimmung in allen wesentlichen Punkten zu erzielen. Vielleicht kann dieser Entwurf gelegentlich unter einer anderen Firma erscheinen. Für eine gelegentliche Äußerung, ob Du mit dem Inhalt einverstanden bist, wäre ich Dir sehr dankbar.
Eine gewisse Panne entstand bezüglich eines gemeinsamen Wahlaufrufes. Der Erzbischof von Freiburg hatte sich auf die Papstworte von 1948 versteift und wollte am

1 *Vgl. Dok. 118.*

2 DER SPIEGEL *11 (1957) Nr. 24 vom 12. Juni 1957, S. 20 f. hatte u. a. berichtet, daß Bischof* KEMPF *von Limburg sich von der Erklärung der westdeutschen Bischöfe zur Gewerkschaftsfrage vom 16. März 1957 (Dok. 95) distanziert habe.*

3 *Vgl. Dok. 117.*

liebsten nichts hinzugefügt wissen. Wahrscheinlich wird Eminenz Frings Dir den Entwurf zur Stellungnahme zuschicken. Ich wäre Dir sehr dankbar, wenn Du ihn in dieser Form ablehnen würdest. Auch in Braunshardt waren die Meinungen sehr geteilt. Aber es war schon technisch unmöglich, in der halben Stunde, die zur Verfügung stand, einen vernünftigen Entwurf zu konzipieren. Abgesehen davon, ist es ja auch noch reichlich früh. Der Aufruf müßte doch irgendwie Rücksicht nehmen auf das Klima, das zur Zeit der Wahl selbst besteht; u. a. müßte er meines Erachtens auf jeden Fall auch den Hinweis enthalten, daß, wenn auch im Bundestag in erster Linie die gesetzgeberische Behandlung außenpolitischer und sozialpolitischer Fragen im Vordergrund steht, doch von daher kein gläubiger Katholik die Berechtigung herleiten kann, Abgeordnete bzw. Parteien zu wählen, die wesentliche Forderungen des christlichen Gewissens in Theorie und in Praxis unberücksichtigt lassen, sie vielmehr bekämpfen.

Wenn ich dazu komme, schicke ich Dir in der nächsten Zeit einen Entwurf herein, nur um anzudeuten, in welcher Richtung ich mir einen solchen Wahlaufruf denke. Auf keinen Fall darf er so sein, daß unsere Gläubigen den Eindruck gewinnen, daß wir nur Allgemeinplätze sagen und im Grunde genommen alles offen lassen.

Hoffentlich hat sich das Befinden Deiner Mutter weiter gebessert. Ich denke täglich daran.

Mit herzlichem Gruß

Dein
Michael Keller.

120

Erklärung Kellers

Münster, vor 28. Juni 1957[1]

DA Münster, GV-NA, AO-331. *Schreibmaschinenvervielfältigung in* Dechantenrundbrief Nr. 7, Münster, den 28. Juni 1957. Herausgegeben vom Seelsorgedezernat im Bischöflichen Generalvikariat Münster. *Überschrift:* Erklärung unseres Hochwürdigsten Herrn Bischofs zu seiner Rede vom 2. Juni 1957, abgegeben auf der Dechantenkonferenz 1957 *mit Vermerk (von der Hand Tenhumbergs):* Z[u] d[en] A[kten] Briefe Exz[ellenz].

1. Ich habe diese Erklärung[2] primär nicht im Hinblick auf die bevorstehende Bundestagswahl abgegeben, sondern im Hinblick auf die in unserem Lager entstandene und weiter um sich greifende Begriffsverwirrung, als ob es einem Katholiken vom Gewissen her frei stünde, um politischer und wirtschaftlicher Teilziele willen Parteien und Gruppen positiv zu unterstützen, die wesentlichste Forderungen des christ-

1 *Die Datierung ergibt sich aus dem Datum der Veröffentlichung.*

2 *Bischof* Keller *hatte am 2. Juni 1957 in einer Rede vor Angehörigen der KAB zum Thema* Neugestaltung der Arbeitswelt aus christlichem Geist *in Rheinhausen die Feststellung von »Quadragesimo anno« für weiterhin geltend erklärt:* Es ist unmöglich, gleichzeitig ein guter Katholik und ein wirklicher Sozialist zu sein. *Druck:* Iter para tutum, *S. 466.*

lichen Gewissens, wie Elternrecht usw., bekämpfen. Nur insofern hat die Wahl eine Rolle dabei gespielt, als in den letzten Wochen in einer gewissen Presse geradezu ein Trommelfeuer einsetzte, um unseren Leuten – immer wieder auch mit Hinweisen auf die angeblich veränderte Lage in Österreich – einzureden, daß ihre Anliegen bei der SPD bestens aufgehoben seien.

Im übrigen gibt es ja kaum noch einen Zeitpunkt, in dem nicht irgendeine Wahl – Bundestags-, Landtags- oder Kommunalwahl – in naher Aussicht steht, so daß praktisch überhaupt keine Möglichkeit zur Stellungnahme bliebe, wenn man jede Beziehung zu einer Wahl ausschließen wollte.

2. Mir schien allmählich die Freiheit des Lehr- und Hirtenamtes ernstlich bedroht zu sein. Es ist der liberalen und sozialistischen Presse gelungen, eine öffentliche Meinung zu bilden, die bis weit in unsere eigenen Reihen hinein wirksam geworden ist, die es für unstatthaft oder doch wenigstens für unopportun hält, daß die Kirche, Papst und Bischöfe, zu Fragen Stellung nehmen, die auch politische und wirtschaftliche Fragen sind, aber ganz wesentlich dem Bereich des Sittlich-Religiösen angehören. Ich erinnere an die Weihnachtsbotschaft des Hl. Vaters und die daran anknüpfende Diskussion, an die Gleitende Arbeitswoche und jetzt an die Wahl. Seit Wochen und Monaten schon wird die Kirche von allen Seiten gewarnt, dazu Stellung zu nehmen. Das sei ausschließlich Sache des einzelnen Christen.

3. Von den Seelsorgern erwarte ich, daß sie den ihnen anvertrauten Gläubigen klare Gewissensentscheidungen ermöglichen. Meines Erachtens muß jeder Seelsorger, wenn ein gläubiger Katholik ihn fragt, ob er, tuta conscientia sozialistisch wählen dürfe, mit »nein« antworten. Wird er sich nicht dann sofort den Vorwurf zuziehen, er treibe »Parteipolitik«, ein Vorwurf, der um so eindrucksvoller wirkt, als ja »die Kirche« – die hier schweigt – offenbar anderer Auffassung als der Seelsorger sei? Ich habe es nicht für zulässig gehalten, selbst im Unterstand sitzen zu bleiben, während meine Priester draußen im Trommelfeuer aushalten müssen.

4. Bewußt habe ich es bei meiner Erklärung vermieden, Stellungnahmen der SPD zu erwähnen, die uns zwar falsch, gefährlich und verhängnisvoll zu sein scheinen, die aber nicht evident weltanschaulicher Natur sind, über die – wenigstens bis zu einem gewissen Grade – auch unter Katholiken – Meinungsverschiedenheiten möglich sind. Ebenso habe ich mich bewußt und aus Überzeugung gehütet, unseren weltanschaulichen Gegnern schlechte Motive zu unterschieben.

5. Ich betone das, weil ich überzeugt bin, daß wir uns im Wahlkampf als Priester und Seelsorger unbedingt auf dieser Linie bewegen müssen. Wir dürfen uns keinerlei Verunglimpfungen zuschulden kommen lassen. Wir müssen auch zwischen der staatlichen bzw. gemeindlichen Autorität und der Parteizugehörigkeit ihrer Träger unterscheiden. Ebenso müssen wir Stellungnahmen zu nicht sicher weltanschaulichen und sittlich-religiösen Fragen auf der Kanzel vermeiden. Trotz aller Herausforderung müssen wir dem Gegner Gerechtigkeit und Liebe widerfahren lassen.

6. Wir müssen so über die Dinge sprechen, daß wir diejenigen unserer Gläubigen, die anders denken, nicht unnötig erregen oder kränken. Sie müssen das Gefühl haben können, daß wir zwar den Irrtum treffen, aber den Irrenden möglichst schonen wollen.

7. Aus diesen und anderen Gründen müssen wir uns auch hüten, den falschen Eindruck zu erwecken, daß wir uns mit der CDU identifizieren. Das kann die Kirche niemals tun, aus grundsätzlichen und praktischen Erwägungen nicht.
8. Wir bedauern, daß das Verhalten der meisten anderen Parteien es dem Katholiken unmöglich macht, ihnen seine Stimme zu geben. Das zu ändern, ist Sache der Parteien. Die Kirche hat darauf leider keinen Einfluß. Die übrigen Parteien zwingen die Kirche in die enge Nachbarschaft zur CDU. Es wäre für alle besser, wenn es nicht so zu sein brauchte.

121

Böhler an Wendel

Köln, 29. Juni 1957

EA München, Joseph Kardinal Wendel, 47/1956–1958. *Schreibmaschinenausfertigung mit eigenhändiger Unterschrift. Briefkopf:* Prälat W[ilhelm] Böhler, Domkapitular. *Anschrift*: S[eine]r Eminenz dem Hochwürdigsten Herrn Erzbischof Joseph Herrn Kardinal Dr. Wendel, z. Zt. Kiel, Haus Michael, Reventlowstraße 18. *Eingangsstempel*: Erzbistum München. Erzb[ischof] 11. Apr[il] 1958. 47 Nr. 510. *Vermerk:* Bekenntnisschule.

Hochwürdigste Eminenz!
Dankbar bin ich Ihnen, daß Sie mir Ihre Adresse in Kiel angaben, so daß ich Ihnen schnell folgende Informationen übersenden kann.
In Kiel ist ein Staatskirchenvertrag[1] unterschrieben worden zwischen Regierung und den drei evangelischen Landeskirchen. In diesem Vertrag ist auch die Schulfrage behandelt. Nun ist in der schleswig-holsteinischen Landessatzung[2] (Ersatz für Verfassung) bestimmt, daß alle Schulen Simultanschulen sind. In dieser Landessatzung ist also das Elternrecht nicht anerkannt, die Bekenntnisschule völlig ignoriert und auch das Konkordat verletzt.
Als die Landessatzung angenommen wurde, war die Frage des Reichskonkordats natürlich noch ungeklärt und man muß wissen, daß in Schleswig-Holstein nur ungefähr 6–7 % Katholiken sind. Die Protestanten sind aber alle durchschnittlich incl. CDU für die Gemeinschaftsschule.
In dem Vertrag zwischen dem Staat und den drei Landeskirchen wird nun eigentlich bestimmt, daß diese Gemeinschaftsschulen christlichen Charakter haben sollen und von allen Kindern – auch den nicht evangelischen – besucht werden.
Meine Bedenken gehen in folgender Richtung:
1. Jetzt ist das Konkordat anerkannt[3] und nun wird in einem Vertrag mit der Evangelischen Kirche nochmals der Simultancharakter aller schleswig-holsteinischen

[1] *Vgl.* J. Listl, *S. 664–676.*
[2] *Vgl.* U. Barschel/V. Gebel.
[3] *Vgl. Dok. 60, Anm. 2.*

Schulen festgelegt, wenn auch der christliche Charakter stark betont wird. Damit ist die Konkordatsfrage berührt.

2. Die CDU tritt für das Elternrecht ein. Herr Präsident von Hassel[4] und Herr Osterloh[5] sind prominente Mitglieder der CDU; Herr von Hassel sogar stellvertretender Vorsitzender, und jetzt legt die Regierung unter dieser CDU-Führung schon wieder fest: Simultanschule und kein Elternrecht.

3. In einem Vertrag mit der Evangelischen Kirche kann überhaupt nichts darüber gesagt werden, welche Schulen Kinder nicht evangelischen Bekenntnisses besuchen.

Nun ist der Vertrag abgeschlossen. In den nächsten Tagen sollen die Ratifikationsurkunden unterschrieben werden. Herr Prälat Kunst hatte nun nach Besprechung mit mir an Herrn Osterloh geschrieben, es möge durch einen Briefwechsel zwischen Regierung und den drei Kirchen festgelegt werden,

1. daß dieser Vertrag nicht hindere, daß später einmal das Elternrecht in einer geänderten Landessatzung anerkannt und katholische Schulen errichtet werden könnten. Das Wort später muß sehr unterstrichen werden. Im Augenblick ist natürlich nichts zu machen;
2. daß die Rechte katholischer Eltern und Kinder nicht tangiert werden sollten;
3. daß eigentlich nur gesagt sein soll: in diesen Simultanschulen werde die evangelische Kirche Religionsunterricht erteilen lassen.

Ein solcher Briefwechsel war eigentlich schon zugesagt und jetzt hat man Bedenken. Wir müssen in diesen Tagen natürlich noch sehr viel versuchen.

Der Nuntius hat sich zurückgehalten, weil er auf einen solchen Briefwechsel gewartet hat[6].

Der Briefwechsel brauchte nicht veröffentlicht zu werden.

Es könnte ja sein, daß irgendwie einmal die Sprache auf die Sache kommt, dann wissen Ew. Eminenz wenigstens Bescheid.

In Ehrerbietung verbleibe ich

Ew. Eminenz ergebenster
Böhler.

[4] KAI-UWE VON HASSEL *(1913–1997), Politiker (CDU), 1947–1950 Bürgermeister von Glücksburg, 1953 und 1965–1980 Mitglied des Bundestags, 1954–1962 Ministerpräsident von Schleswig-Holstein, 1963–1966 Bundesminister für Verteidigung, 1966–1969 für Vertriebene, 1969–1972 Präsident, 1972–1976 Vizepräsident des Bundestags, 1977 Präsident der Beratenden Versammlung des Europarats.*

[5] EDO OSTERLOH *(1909–1964), evangelischer Theologe und Politiker (CDU), 1949 Oberkirchenrat in der Kirchenkanzlei der hannoverschen Kirche, 1953 Ministerialrat im Bundesministerium des Innern, 1954 Ministerialdirektor im Bundesministerium für Familie, 1956 Kultusminister von Schleswig-Holstein.*

[6] *Handschriftlicher Zusatz:* Und pp? *(Möglicherweise Abkürzung für »papa«, Papst).*

122

Frings an Tacke

Köln, 3. Juli 1957

EA KÖLN, Gen. II 23.61, 25. *Schreibmaschinenabschrift. Anschrift:* Herrn Bernhard Tacke, Düsseldorf, Sonnenstraße 11, Aktenzeichen: J[ou]r[nal]-Nr. 15832 I/57. *Vermerk:* Anlage 2 *[zu Nr. 138].*

Sehr geehrter Herr Tacke!
Als ich aus Japan zurückkehrte, fand ich u. a. Ihren und der Mitunterzeichnenden Brief vom 16. Mai dieses J[ahres][1] vor, der inzwischen allerdings schon in der Presse veröffentlicht war. Nach den Sorgen der Missionskirche machten die der Heimat ihr Recht wieder stärker geltend.
Ihre Fragen habe ich beim Konveniat der westdeutschen Bischöfe zur Sprache gebracht. Wir sind der Meinung, daß unsere Verlautbarung vom 16. März d. J.[2] keinen objektiven Anlaß zu diesen Fragen gibt. Von einer neuen Erklärung soll daher vorerst abgesehen werden. Eine spätere Stellungnahme behalten wir uns vor, wenn eine solche notwendig werden sollte.
Ich bitte Sie, sehr geehrter Herr Tacke, und die Mitunterzeichnenden, die doch alle im kirchlichen Leben an bevorzugter Stelle stehen, die Bischöfe in ihren Sorgen, auch auf diesem Sektor zu verstehen.
Ein wichtiges Anliegen bleibt mir, daß die Katholiken, die gewerkschaftlich wo auch immer organisiert sind, sich gegenseitig nicht verunglimpfen. Darüber hinaus begrüße ich ihre Zusammenarbeit, wo diese, etwa bei Betriebsratwahlen, den gemeinsamen christlichen Belangen dienlich sein kann.
Mit verbindlichen Empfehlungen

Ihr im Herrn ergebenster
+ Jos[eph] Card[inal] Frings
Erzbischof von Köln.

1 *Vgl. Dok. 114.*
2 *Vgl. Dok. 95.*

123

Leiprecht an Wendel

Rottenburg, 10. Juli 1957

EA München, Joseph Kardinal Wendel, 21/1957. *Schreibmaschinenausfertigung mit eigenhändiger Unterschrift. Briefkopf:* Der Bischof von Rottenburg. *Aktenzeichen:* Nr. A 6453. *Vermerk*: Betr. Novelle zum Jugendschutzgesetz, Beil[age] O. *Anschrift*: An Seine Eminenz den Hochwürdigsten Herrn, Herrn Dr. Joseph Kardinal Wendel, Erzbischof von München und Freising, München, Kardinal-Faulhaber-Str. 7. *Eingangsstempel:* Erzbistum München. Erzb[ischof] 18. Juli 1957. 21 Nr. 1105.

Euer Eminenz!
Für die freundliche Mitteilung vom 3. Juni 1957[1] danke ich Euer Eminenz ergebenst. Ich ersehe daraus, daß sich auch der Bayerische Episkopat mit der Frage des Jugendschutzes gegenüber Filmen befaßt hat.
Die Novelle zum Jugendschutzgesetz[2] ist am 29.6.1957 nach zweiter und dritter Lesung vom Bundestag verabschiedet worden. Ich darf auf die Veröffentlichung im Bundesgesetzblatt Bezug nehmen. Leider sind trotz mancher Verbesserungen unsere kirchlichen Wünsche gegenüber dem Jugendschutzalter in Filmfragen nicht erfüllt worden. Dies ist um so schmerzlicher, als Seine Eminenz, Kardinal Frings, noch am 23. März dieses Jahres den offiziellen kirchlichen Standpunkt in einem Schreiben an den Fraktionsvorsitzenden der CDU/CSU, Herrn Dr. Krone, ausdrücklich dargelegt und den Abgeordneten zur Berücksichtigung empfohlen hat.
Der Wichtigkeit der Sache halber darf ich als für Filmfragen innerhalb der publizistischen Kommission der Fuldaer Konferenzen federführender Bischof Euer Eminenz einen kurzen Überblick über die Entwicklung im Hauptpunkte geben.
Die Initiative zur Verbesserung des Jugendschutzes erging durch eine Gesetzesvorlage aus der Mitte der Fraktion der CDU/CSU vom 5.9.1956 (Bundestags-Drucksache 2672). Darin sollte der Begriff »Kind« im Sinne des neuen Gesetzes die Altersstufen bis 14 Jahre, der Begriff »Jugendlicher« bis 18 Jahre umfassen.
Zu öffentlichen Filmveranstaltungen sollten nur zugelassen werden:
1. Kinder von 6–14 Jahren bei spezieller Freigabe und bei Beendigung der Vorführung bis 20 Uhr,
2. Jugendliche von 14–18 Jahren bei spezieller Freigabe und Beendigung bis 23 Uhr.
Diesen Standpunkt hat auf Grund zahlreicher jugendpädagogischer, gesundheitlicher und moralischer Überlegungen die katholische Kirche offiziell und in aller Öffentlichkeit seit Jahren vertreten. Sie hat ihn insbesondere in einer Denkschrift der kath[olischen] Filmkommission, in einem Beschluß des Zentralkomitees der Deutschen Katholiken 1956 in Köln und auf der Jahrestagung 1957 der Kath[olischen] Filmarbeit in Königstein i[m] Taunus einmütig bekräftigt.

1 *Nicht ermittelt.*
2 Gesetz zur Änderung des Gesetzes zum Schutze der Jugend in der Öffentlichkeit *vom 27. Juli 1957.* BGBl., *S. 1058.*

Nachdem sich die Kulturexperten der Christlich-Demokratischen-Union und der Christlich-Sozialen-Union diesen Standpunkt zu eigen gemacht hatten, durfte auf eine entscheidende jugendgerechte Verbesserung des Schutzalters durch die Novelle gerechnet werden.

Zu unserem großen Bedauern ist es unter dem Einfluß der Filmwirtschaft, welche Kassenausfälle befürchtet hat, zu gewissen Aufspaltungen in der Haltung von Abgeordneten – auch innerhalb der CDU/CSU – in diesem Frühjahr gekommen. Die jetzige Verabschiedung des Gesetzes, die keine unbedingte Heraufsetzung des Schutzalters von Jugendlichen von 16 auf 18 Jahren gebracht hat, bedeutet für die kirchlichen Jugendschutzbemühungen einen entscheidenden Mißerfolg und eine beachtliche Stärkung der Position der Filmwirtschaft, deren Vertretern gegenüber ich vor wenigen Wochen in Stuttgart den kirchenamtlichen Standpunkt eingenommen habe. Bei dieser Besprechung im Rahmen des Kath[olischen] Filmbeirats ist auch der Hochwürdigste Herr Domkapitular Msgr. Thalhamer[3] zugegen gewesen.

Ich kann mich bei reiflicher Überlegung dieser Entwicklung des Eindrucks nicht erwehren, als ob die liberale, in tausend von eigennützigen Gewerbebetrieben aufgespaltene Filmwirtschaft viel geschlossener, konsequenter und disziplinierter aufgetreten sei als die christlichen und auch katholischen Kreise, vor allem was einige Abgeordnete anbelangt.

Ich teile Euer Eminenz diese Sorge im Hinblick auf die Zukunft mit und darf die Bitte anfügen, die Hochwürdigsten Bayerischen Bischöfe mögen durch Euer Eminenz bei Gelegenheit von dem unbefriedigenden Ausgang unseres Ringens um den Jugendschutz gegenüber dem Filmwesen unterrichtet werden.

Ich benutze gerne den Anlaß, Euer Eminenz für das wohlwollende Verständnis und alle Unterstützung in den oft recht schwierigen Verhandlungen zu danken und verbleibe

Euer Eminenz in Liebe und Verehrung ergebenster
+ Carl Jos[eph] Leiprecht
Bischof von Rottenburg.

[3] JOSEF THALHAMER *(1900–1973), 1926 Priester (ED München), Landes- und Bezirkspräses der Deutschen Jugendkraft in Bayern, 1935 Domvikar in München, September 1945 bis Dezember 1948 Erzbischöflicher Sekretär, 1946 Päpstlicher Geheimkämmerer, 1948 Domkapitular, 1961 Prälat. Vgl.* H.-J. NESNER, *S. 562 f.*

124

Engel an Hengsbach

Ohne Ortsangabe, 22. Juli 1957

EA Köln, Katholisches Büro Bonn I 302. *Schreibmaschinendurchschrift mit eigenhändiger Paraphe. Anschrift:* Seiner Exzellenz dem Hochwürdigsten Herrn Weihbischof Dr. Franz Hengsbach, Paderborn, Domplatz 12.

Euer Exzellenz!
Nachdem die Ausschußberatungen im Bundesministerium [*für*] Arbeit in bezug auf die Sonntagsarbeit begonnen haben und bereits drei Unterausschüsse, auf denen ich für die Papierindustrie und Zementindustrie die Kirche vertreten konnte, angelaufen sind, und die ganzen Ausschußarbeiten wiederum unter Zeitdruck stehen, müssen auch wir uns über die grundsätzlichen Grenzen der Sonntagsarbeit von moraltheologischer Sicht klar werden.
Da nun auf der ersten Hauptsitzung der Kommission für die Neuregelung der Vorschriften über Ausnahmen vom Sonntagsarbeitverbot, die am 13.8. stattfindet, das Grundsatzreferat von Herrn Prof. Dr. Herschel[1] auf Herrn Klaus von Bismarck übertragen worden ist, wäre es gut, wenn von unserer Seite aus zuvor mit Herrn v[on] Bismarck Fühlung aufgenommen werden könnte über den Inhalt seines Grundsatzreferats. Am angenehmsten wäre es wohl, wenn wir vor dem Vortrag des Referats bereits den Text oder mindestens die entscheidenden Grenzziehungen für die Sonntagsarbeit von evangelischer Sicht in Händen hätten, um dann leichter eventuelle Nuancierungen unserer Auffassung anbringen zu können. Es ist nämlich nicht ganz sicher, ob unsere Ansichten sich mit denen der evangelischen Kreise decken. Ich denke hier an die Äußerung von Frau Maier-Katz[2], die von der Evangelischen Kirche zu dem Unterausschuß Papierindustrie gesandt wurde, die sich hier kühn mit dem Durchfahrbetrieb abfand. »Es sei ein technisches und wirtschaftliches Problem, meinte sie, und es gehe darum, daß die deutsche Papierindustrie dem Konkurrenzkampf ausgesetzt sei; hier gelte es, die Automation durchzusetzen, die sich in der ganzen Welt zeigt. Die Mittel, die zu dieser neuen Größenordnung gefordert würden, könnten nur durch volle Ausnützung der technischen Aggregate gesichert werden. Der Non-stop-Betrieb sei keine erfreuliche Entwicklung, müsse aber gesehen werden von der internationalen und wirtschaftlichen Seite.« – Wenn auch sofort Herr Prof. Dr. Herschel feststellte, daß diese Äußerung nicht die offizielle Meinung der Evangelischen Kirche sei, so ist sie doch ein Zeichen für die Uneinheitlichkeit der Auffassung in evangelischen Kreisen.
Da Exzellenz mit Herrn von Bismarck in bestem Einvernehmen steht, wäre es vielleicht möglich, über diesen Weg die grundsätzliche Stellungnahme der Evangelischen

1 Wilhelm Herschel *(1895–1986), Dr. iur., Ministerialdirektor, seit 1949 im Bundesministerium für Arbeit, 1950 Honorarprofessor in Bonn.*

2 *Vermutlich handelt es sich um* Leonore Maier-Katz *(1912–1988), Leiterin der Katz-Werke AG (Papier- und Pappindustrie), führendes Mitglied des Deutschen Frauenrings.*

Kirche, wie sie am 13.8. vertreten werden wird, in die Hände zu bekommen. Ich wäre Exzellenz um eine Gegenäußerung in dieser Frage dankbar.

Andererseits glaube ich, daß es vielleicht gut wäre, wenn von unserer Seite aus unabhängig von dem Grundsatzreferat des Herrn von Bismarck ein Grundsatzreferat von uns ausgearbeitet werden könnte, um es vor der Sitzung am 13.8. den teilnehmenden Herren zuzusenden. Über Herrn P. Hirschmann habe ich an Herrn P. Wallraff die Anfrage gestellt, ob er bereit wäre, die Ausarbeitung eines solchen Gutachtens von moraltheologischer kirchlicher Rechtssicht vorzunehmen. Die Zeit ist zwar etwas kurz, und durch die hereinbrechenden Ferien ist es nicht sicher, ob diese Arbeit noch fristgerecht erstellt werden kann.

Bei dieser Gelegenheit darf ich Ew. Exzellenz kurz den bisherigen Stand der Diskussion berichten:

In der vom BMA einberufenen Kommission sind vertreten die Sozialpartner, die Arbeitsministerien der Länder sowie die beiden Kirchen. Bisher sind zusammengetreten die Unterausschüsse für die Eisen- und Stahlindustrie, für die Papierindustrie und Zementindustrie.

Herr P. Wallraff, der uns auf der Sitzung für die Eisen- und Stahlindustrie am 9.7. vertreten hat, berichtet, daß »die Stahlindustrie mit erschreckender Unbefangenheit ihr Verlangen, alle Arbeiten, die sie contra legem im Augenblick sonntags tätigt, oder die sie in Nordrhein-Westfalen aufgrund der laufenden Ausnahmegenehmigung durchführen läßt, endgültig durch eine Änderung der Verordnung von 1895[3] legalisiert sehen möchte«.

Herr P. Wallraff versuchte, die betriebsegoistische Einstellung zu zerbrechen im Hinweis auf den Sinngehalt des Sonntags und die Einordnung des Sonntags in die allgemeine christliche Wertskala. Die Lage von Herrn P. Wallraff war auf dieser Sitzung, wie ich mir von anderen Teilnehmern habe mitteilen lassen, nicht ganz einfach. Da noch keine Entscheidungen getroffen wurden, mag das noch nicht unmittelbar bedrohend sein, weist aber doch auf die Härte der zukünftigen Auseinandersetzung hin.

Günstiger ist unsere Position in den beiden anderen Branchen, Papier- und Zementindustrie. Hier besteht der Vorteil, daß die Sozialpartner sich in ihren Forderungen widersprechen, wodurch die grundsätzliche Rettung des Sonntags in diesen Industrien eher möglich sein wird.

Die Schwierigkeit unserer Position wird bedingt

1. durch den Lohnausgleich, den die Arbeiter bei dieser neuen Arbeitszeitordnung erhalten, daß sie für 42 Arbeitsstunden den Lohn von den früheren 52 Arbeitsstunden bekommen. Dieser Lohnvorteil kann allerdings nur einmal den Arbeitern gewährt werden. Es ist möglich, daß das Interesse des Arbeiters am Sonntag nach einigen Jahren so groß sein wird und er sich an den neuen Lohn gewöhnt hat, die Ursächlichkeit dieser Lohnhöhe (Sonntagsarbeit) nicht mehr empfindet und dann doch wiederum zum freien Sonntag hin tendiert;

3 *Vgl. Dok. 98, Anm. 2.*

2. ein weiterer Nachteil ist die stark angespannte Arbeitsmarktlage, die wiederum mit der Hochkonjunktur unserer Wirtschaft zusammenhängt. Auch hier ist nicht sicher, wie lange diese Hochkonjunktur anhält. Bei einem Rückgang wäre das Interesse der Arbeitgeber an der Sonntagsarbeit nicht mehr so groß wie heute.
3. Die technische Entwicklung in Richtung der Automation bedingt den ungeheuren Kapitalbedarf und bedeutet damit eine große Verteuerung der modernen Arbeitsplätze. Wenn man früher den durchschnittlichen Arbeitsplatz zwischen 10.000 und 20.000 DM Investitionswerten veranschlagt hat, so ist dieser Bedarf heute in vollautomatischen Fabriken auf 250.000 DM pro Arbeitsplatz gestiegen. In dieser Übergangsphase zunehmender Automation sind unsere Argumente für die Verteidigung des Sonntags für den Unternehmer nur schwer zu akzeptieren. Wenn auch der Kapitalbedarf in den einzelnen Wirtschaftszweigen sehr verschieden ist, so schiebt sich doch in der Diskussion in den Vordergrund des Bewußtseins leicht der kapitalintensive zur Vollautomatik sich entwickelnde Betrieb.
4. Die momentane Tendenz des Arbeiters zum freien Samstag/Sonntag ist andererseits so groß, daß von dieser psychologischen Einstellung her wohl ein größerer Einbruch in den freien Sonntag wahrscheinlich nicht erfolgen wird.
5. Ob die von den übrigen Ländern isoliert verfolgte Sonntagsarbeitpolitik langfristig haltbar sein wird, ist fraglich. Denn im Augenblick des Gemeinsamen Marktes und der Freihandelszone wird ja auch die gesamte Sozialpolitik noch stärker zu einem internationalen Ausgleich tendieren. Hier hätten wir aber andererseits die Möglichkeit, durch eine vorbildliche Sozialpolitik in bezug auf den Sonntag in Führung zu gehen, um dadurch dann die zukünftige internationale Sonntagsarbeitpolitik vorprägen zu helfen.
Zusammenfassend können wir also sagen, daß im Augenblick die Verteidigung des Sonntags nicht ganz leicht ist: die Arbeitnehmerseite wird durch den einmaligen »Verkauf des Sonntags« gereizt, die Unternehmerschaft durch die Konjunkturlage und die Entwicklung zur Automation zur kapitalintensiven Ausnützung ihrer Anlagen gedrängt und die Erleichterung, die in dem kontinuierlichen Betrieb durch Ausschaltung der oft schwierigen Anlaufprozesse erreicht wird, bietet einen weiteren Anreiz für die gleitende Arbeitswoche. Diese vor allem psychologisch zu unseren Ungunsten wirkenden Faktoren scheinen sich aber in der Zukunft doch wohl zu unseren Gunsten auszuwirken.
Am sinnvollsten erscheint mir die Auffassung, die von Herrn Direktor Dyckerhoff[4] (Zementindustrie) vertreten worden ist: Herausarbeiten des unumgänglich technisch bedingten, kontinuierlich notwendig ablaufenden Teilvorganges in der Produktion. Dann aber möglichste Ausschaltung der Sonntagsarbeit für die vor- und nachgeschalteten Prozesse durch Automation.
Für uns wird die Argumentation deshalb schwierig, weil wir keine scharfgezeichneten Grenzen der Sonntagsarbeit angeben können, und es kann leicht bei den Partnern

4 *Die Vorlage läßt nicht erkennen, um welchen der verschiedenen, im Vorstand der Deutschen Zementindustrie tätigen Träger des Namens* DYCKERHOFF *es sich handelt.*

der Eindruck entstehen, daß wir nur möglichst eine Komprimierung der Sonntagsarbeit herbeiführen mit dem uns zu Gebote stehenden »kirchenmachtpolitischen« Gewicht. Deshalb erscheint mir auch ein Grundsatzreferat in diesem Punkte von so großer Bedeutung. Da ein solches Sonntagsgebot in seiner Ausgestaltung in erster Linie eine positiv kirchenrechtliche Angelegenheit ist, dürfte es wohl nicht ganz leicht zu erstellen sein, da es im Laufe der Geschichte und in den verschiedenen Ländern einer sich ändernden Praxis unterworfen war und ist.
Herr Domkapitular Dr. Paulus wird von uns aus über die Vorgänge unterrichtet und wir hoffen, durch gemeinsame Überlegungen zu einer Stellungnahme zu kommen, die unserer katholischen Auffassung vom Sonntag in der gegebenen Situation am meisten gerecht wird.

Mit ehrfurchtsvoller Ergebung
[*o. U.*].

125

Erklärung katholischer Christen

Ohne Ortsangabe, [vor 24.] Juli 1957[1]

EA MÜNCHEN, Joseph Kardinal Wendel, 60/1957. *Druckstück. Vermerk*: Anlage zu 60/1170.

Eminenzen und Exzellenzen!
Aus der Sorge um Leben und Wirken der Kirche in Deutschland und um den Bestand unserer jungen Demokratie halten wir katholischen Christen es für unsere Gewissenspflicht, Ihnen im gegenwärtigen Zeitpunkt, wenige Wochen vor den Bundestagswahlen, folgendes als Ergebnis sorgfältiger Überlegungen vorzutragen:
1. Die Aufteilung der Bürger der Bundesrepublik in Christen, Sozialisten und Liberale ist geschichtlich überholt, politisch verhängnisvoll und religiös schädlich. Es vergiftet in gleichem Maße das kirchliche wie das politische Leben unseres Staates, wenn religiöses Bekenntnis, Weltanschauung und parteipolitischer Standort gleichgesetzt werden.
Die weltanschaulichen Fronten laufen bereits heute quer durch alle Parteien. Katholische Christen haben sich, weil sie mit den Zielen des freiheitlichen Sozialismus übereinstimmen, der SPD angeschlossen, ebenso orientieren sich viele katholische Christen in der CDU nicht an der katholischen Gesellschaftslehre, sondern an liberalen Theorien. In der Tagespolitik zeigt sich zudem deutlich, daß die vertretenen Meinungen vielfach weder durch die parteipolitische Zugehörigkeit, noch durch die religiös-sittliche Überzeugung, sondern durch Interessen bedingt sind.

[1] *Die Datierung ergibt sich aus dem Datum der Registrierung des undatierten Begleitschreibens, mit dem* HORNÉ *und* RISSE *(Schreibmaschinenausfertigung mit eigenhändigen Unterschriften am gleichen Fundort) dieses Stück an* WENDEL *sandten.*

In vielen grundsätzlichen Fragen unseres staatlichen und gesellschaftlichen Lebens stimmen jedoch die großen Parteien überein. Der Zug zu einem Zwei-Parteien-System hat die gemeinsamen Grundlagen gefestigt.

2. In dieser Situation werden die überkommenen, dem heutigen Zustand der Gesellschaft nicht mehr entsprechenden weltanschaulichen Fronten künstlich konserviert, wenn kirchliche Verbände und Publikationen einer einzigen Partei direkte oder indirekte Wahlhilfe leisten, wie es geschehen ist und geschieht. Die Kirche läuft damit Gefahr, mit einer politischen Partei und deren praktischer Politik identifiziert zu werden.

3. Die Bischöfe haben als Träger des Lehr- und Hirtenamtes der Kirche das Recht und die Pflicht, die Anerkennung des Naturrechts und des natürlichen Sittengesetzes im politischen Leben zu fordern. Daher ist bei vielen Sachentscheidungen eine Stellungnahme der Bischöfe gerechtfertigt und notwendig. Ihre Glaubwürdigkeit mindert sich aber, wenn unter den heutigen Umständen generelle Entscheidungen, wie sie eine Wahl darstellt, beeinflußt werden.

4. Die besondere Sorge der Bischöfe gilt der Kulturpolitik. Bei der bevorstehenden Bundestagswahl spielen jedoch kulturpolitische Fragen nur eine untergeordnete Rolle, da hier die Kompetenzen des Bundes sehr begrenzt sind.

In den außenpolitischen, innenpolitischen, wirtschafts- und sozialpolitischen Fragen, die mit Vorrang die Wahlentscheidung bestimmen, kann aus der katholischen Lehre eine Stellungnahme zugunsten einer Partei zwingend nicht abgeleitet werden. Der mündige Christ muß das Risiko dieser Entscheidung selbst tragen und ihre Folgen verantworten.

5. Aus den dargelegten Gründen sind wir der Meinung, daß die katholischen Christen in der gegenwärtigen Lage die volle Freiheit der Wahl zwischen den einzelnen Parteien haben und haben müssen.

Wir übergeben diese Erklärung der Öffentlichkeit, weil wir alle katholischen Christen, die mit uns übereinstimmen, auffordern möchten, sich mit dem gleichen Anliegen an unsere Oberhirten zu wenden.

Inge Aicher-Scholl, Ulm[2]
Christel Beilmann, Schriftleiterin, Bochum[3]
Dr. Hans Bender, Rechtsanwalt, Düsseldorf[4]
Heinrich Böll, Köln[5]

2 INGE AICHER-SCHOLL *(1917–1988), durch Veröffentlichung des Buches über die Widerstandsgruppe »Die Weiße Rose« (erste Aufl. 1952) bekannt gewordene Gründerin der Hochschule für Gestaltung, seit 1952 verheiratet, führte sie den Namen ihres Gatten an erster Stelle.*

3 CHRISTEL BEILMANN *(1921–2005), geprägt durch die katholische Jugendarbeit, 1946–1951 Diözesanführerin der Frauenjugend im Erzbistum Paderborn, 1947 Mitglied der Katholischen Jungen Mannschaft (KJM), 1955 von deren progressivem Flügel Gruppe 55, 1955–1973 Mitherausgeberin und Autorin der »Werkhefte katholischer Laien«.*

4 JOHANN THEODOR BENDER *(1904–1989), Dr. iur., Rechtsanwalt, 1948–1969 Ratsherr in Düsseldorf (SPD), 1952 Vorsitzender des Ausschusses für Wohnungswesen.*

5 HEINRICH BÖLL *(1917–1983), Schriftsteller, 1972 Nobelpreis für Literatur.*

P. Beda Hernegger OFM, Essen[6]
Alfred Horné, Referent, Düsseldorf[7]
Alfred Kern, Angestellter, Frankfurt (Main)[8]
Josef Konrads, Studienrat, Aachen[9]
Dr. Emil Martin, Verlagslektor, München[10]
Christian Mayer, Schriftsteller, München[11]
Dr. Eugen Polz, Arzt, München[12]
Heinz Theo Risse, Journalist, Mettmann (Rheinland)[13]
Dr. Oskar Schröder, Studienrat i. R., Duisburg[14]
Heinrich Walter, Betriebsleiter, Gelsenkirchen[15].

126

Tacke an Frings

Düsseldorf, 26. Juli 1957

EA Köln, Gen. II 23.61, 25. *Schreibmaschinenschrift. Briefkopf:* Bernhard Tacke. *Anschrift:* S[eine]r Eminenz dem Hochwürdigsten Herrn Erzbischof Joseph Kardinal Dr. Frings, Köln. *Vermerk:* Anlage 3 [*zu Nr 138*].

Ew. Eminenz!
Der Inhalt des Schreibens Ew. Eminenz vom 3. Juli 1957[1] läßt es meinen Freunden und mir als richtig erscheinen, zu betonen, daß wir unser Schreiben vom 16. Mai 1957[2] nach reiflicher Überlegung und Prüfung verfaßt haben. Wir glaubten um so mehr Berechtigung zu der Fragestellung zu haben, als aus der Verlautbarung der Bischöfe vom 16. März 1957[3] unmißverständlich zu entnehmen ist, daß sie in der

6 P. Beda Hernegger OFM *(geb. 1919), 1941 Priesterweihe, 1955 Pfarr-Rektor in Essen-Bergeborbeck, 1955 Seelsorger für Italiener, 1957-1959 Vicarius expositus in Düsseldorf und Hausgeistlicher im Kinderheim Gertrudisheim in Düsseldorf.*
7 Alfred Horné *(geb. 1928), Publizist, 1963 Leiter der sozialpolitischen Hörfunk-Redaktion des Bayerischen Rundfunks, 1979–1985 Vorsitzender der Rundfunk-Fernseh-Film-Union, 1980–1989 Vorsitzender der Gewerkschaft Kunst.*
8 *Nicht ermittelt.*
9 Josef Konrads *(geb. 1921), 1953 Studienrat (Latein und Griechisch) am Aachener Kaiser-Karls-Gymnasium, 1956–1960 Redakteur der »Werkhefte katholischer Laien«, 1960 Studiendirektor.*
10 Emil Martin *(geb. 1923), Dr. phil., freier Journalist beim Bayerischen Rundfunk und katholischen Zeitschriften, 1950–1956 (zeitweilig alleiniger) Redakteur der »Werkhefte katholischer Laien«, 1956 Lektor im Kösel-Verlag.*
11 Christian Mayer *(1922–2005), bürgerlicher Name des Schriftstellers* Carl Amery.
12 Eugen Polz, *Dr. med., 1958–1960 Redakteur der »Werkhefte katholischer Laien«.*
13 Heinz Theo Risse *(geb. 1924), Publizist, zeitweilig dem Kreis um die »Werkhefte katholischer Laien« zugehörig, 1952–1956 Redakteur des »Michael« und der »Allgemeinen Sonntagszeitung«, ab 1956 freier Journalist.*
14 Oskar Schröder *(1889–1974), Dr. phil., 1915 Priester (D Münster), Studienrat und theologischer Autor, seit 1955 im Ruhestand.*
15 *Nicht ermittelt.*

1 *Vgl. Dok. 122.*
2 *Vgl. Dok. 114.*
3 *Vgl. Dok. 95.*

Gewerkschaftsfrage keinen »völlig neutralen Standpunkt« einnehmen. Es wird vielmehr in dieser Verlautbarung betont, daß es sich im Bezug auf die Christlichen Gewerkschaften seitens des Episkopates um eine »positive Stellungnahme« handele. Nachdem Ew. Eminenz im Schreiben vom 3. Juli 1957 erneut betonen, daß die Verlautbarung vom 16. März 1957 »keinen objektiven Anlaß« zu unserer Fragestellung ergebe, folgern wir aus dem Inhalt dieses Schreibens, daß unsere Fragen mit einem Nein beantwortet worden sind. Sollte unsere Auffassung nicht richtig sein, so bitten wir um entsprechende baldige Gegenäußerung.

Ew. Eminenz ehrfurchtsvoll ergebener
gez. Tacke.

127

Thieme[1] an die deutschen Bischöfe

Germersheim, 6. August 1957

EA München, Joseph Kardinal Wendel, 60/1957. *Schreibmaschinenausfertigung mit eigenhändiger Unterschrift. Eingangsstempel:* Erzbistum München. Erzb[ischof] 7. Okt[ober] 1957. 60 Nr. 1591.

Eminenzen und Exzellenzen,
die Unterzeichneten wurden von dem Briefe unterrichtet, z. T. ihn mit zu unterschreiben gebeten, in dem einige deutsche Katholiken angesichts des anlaufenden Wahlkampfes um die Zusammensetzung des künftigen westdeutschen Bundestages den hochwürdigsten Herren Bischöfen nahelegen, dem katholischen Volke »die volle Freiheit der Wahl zwischen den einzelnen Parteien« zuzugestehen.
Im Kreise derer, die gebeten worden waren, ihren Namen – auch vor der Öffentlichkeit – für diesen Brief herzugeben, sind dieser letztgenannten Möglichkeit gegenüber aus den verschiedensten Gründen unüberwindliche Bedenken aufgetaucht, z. T. einfach, weil sie den Mißbrauch ihres Namens zugunsten der Wahlwerbung von Parteien befürchten mußten, denen sie aus ernster politischer Verantwortung heraus gerade jetzt keinerlei Vorschub leisten wollen.
Andererseits teilen aber alle hier Unterzeichneten das Anliegen der Initianten jenes Briefes.
Wir verkennen zwar die Sorgen und Verantwortungen nicht, welche die Bischöfe Deutschlands in dieser Sache gegenwärtig bewegen. Wir wissen, daß die zur Überlegung stehende Frage schwierig ist und von mehreren Seiten aus betrachtet werden muß. Wir würdigen durchaus, daß es die »Sorge um Leben und Wirken der Kirche in Deutschland und um den Bestand unserer jungen Demokratie« ist, die viele Katholiken und manche Oberhirten zu dezidierten Warnungen vor bestimmten Parteien und zu direkten oder indirekten Empfehlungen der CDU/CSU veranlaßt haben.

[1] Karl Thieme *(1902–1963), Dr. phil., Professor und Direktor des Auslands- und Dolmetscher-Instituts der Universität Mainz in Germersheim.*

Wir glauben aber auch unsererseits im Gewissen verpflichtet zu sein, ganz unabhängig von unserer eigenen politischen Stellungnahme auf die religiöse – und eines Tages womöglich auch kirchenpolitische – Gefahr einer scheinbaren Bindung der Kirche an eine Partei hinzuweisen und daher inständig um Christi willen zu bitten, daß jede richtungsmäßige Festlegung des deutschen Episkopats in diesem Wahlkampf unterlassen und nur auf die allgemeine Verantwortung des Christen für Staat und Volk, seine zwingende Wahlpflicht im demokratischen Rechtsstaat, hingewiesen werde.

Es empfehlen sich verehrungsvoll Ew. E[minenzen/Exzellenzen] Fürbitte

Ihre in Christo ergebensten
Thieme[2]
(Professor Dr. Karl Thieme)
Direktor des Auslands- und Dolmetscherinstituts der Universität Mainz, Germersheim, Oberamtsstr. 21

Mitunterzeichner:
Dr. Karl Borgmann, Schriftleitung »Caritas«, Freiburg[3]
Dr. Rita Falke, Wiss[enschaftliche] Assistentin, Universität Göttingen[4]
Dr. Peter Furth, Akademiedozent, Münster[5]
Kurt Horwitz, Staatsintendant, München[6]
Prof. Dr. Wilhelm Kellermann, Universität Göttingen[7]
Prof. Dr. Hermann Krings, Universität München[8]
Prof. Dr. Fritz Leist, Universität München[9]
Oberstudiendirektor Dr. Felix Messerschmid, Ulm[10]
Dr. Clemens Münster, Bayerischer Rundfunk, München[11]

2 *In der* Wendel *zugestellten Vorlage handschriftliche Ergänzung* mit besonderer ehrfürchtiger Verbundenheit als »Speyrer«. Thieme *hatte 1947/48 einen Lehrauftrag an der Hochschule für Verwaltungswissenschaften in Speyer wahrgenommen.*

3 Karl Borgmann *(1900–1993), Dr. phil., 1946 Hauptschriftleiter des Deutschen Caritas-Verbands, Redaktion der Zeitschrift Caritas, des Caritaskalenders und des Jahrbuchs der Caritaswissenschaft.*

4 Rita Falke *(geb. 1919), Dr. phil., Romanistin, 1956–1962 wissenschaftliche Assistentin am Romanischen Seminar der Universität Göttingen, 1966–1981 Professorin in Fayetteville (University of Arkansas, USA).*

5 Peter Furth *(1909–2005): Dr. phil., 1934 Lektor beim Paulus-Verlag in Recklinghausen, 1942 Promotion, 1948 Dozent für Geschichte und politische Bildung an der katholischen Pädagogischen Akademie in Münster, 1957 Professor für Neuere Geschichte und Didaktik der Geschichte an der Universität Münster.*

6 Kurt Horwitz *(1897–1974), 1946 Leiter des Stadttheaters Basel, 1953–1958 bayerischer Staatsintendant.*

7 Wilhelm Kellermann *(1907–1980), Dr. phil., Professor für Romanistik in Göttingen.*

8 Hermann Krings *(1913–2004), Dr. phil., Philosoph, 1958 apl. Professor in München, 1961 o. Professor in Saarbrücken, 1968 in München, 1979–1991 Generalsekretär der Görres-Gesellschaft.*

9 Fritz Leist *(1913–1974), Dr. phil., Psychotherapeut und Religionsphilosoph, 1952 Professor für Religionsphilosophie in München.*

10 Felix Messerschmid *(1904–1981), Oberstudiendirektor in Ulm, 1958–1970 Direktor der Akademie für Politische Bildung in Tutzing.*

11 Clemens Münster *(1906–1998), nach Tätigkeit in der Industrie 1946 Mitherausgeber der »Frankfurter Hefte«, 1949–1954 Chefredakteur des Bayerischen Rundfunks für Kultur und Erziehung, 1954 Fernsehdirektor des Bayerischen Rundfunks. Vgl.* B. Hasselbrink.

Oberstudiendirektor Dr. Hans Neunheuser, Düsseldorf[12]
Prof. Dr. Walter Rest, Rektor der Pädagogischen Akademie Münster[13]
Helena Ritter, Rechtsanwältin, Garmisch-Partenkirchen[14]
Dr. Franz-Joseph Schöningh, Herausgeber des »Hochland«, München[15]
Prof. Dr. Georg Smolka, Hochschule f[ür] Verwaltungswissensch[aften] Speyer
Prof. Dr. Aloys Wenzl, Universität München[16]
Dr. Heinrich Wild, Kösel-Verlag, München.

Nachschrift:
Außer den vorstehenden 16 Persönlichkeiten von 60 auf gut Glück angeschrieben, deren 31 geantwortet haben, erklärten sich noch zehn weitere mit den Anliegen, um das es den Unterzeichnern geht, grundsätzlich einverstanden, ohne aber ihre Namen zur Verfügung zu stellen, zum Teil, weil sie dieses Anliegen schon auf unmittelbarerem Wege vorgebracht hätten, zum größeren Teil, weil sie fürchteten, durch die Mitunterzeichnung mißliebig zu werden, oder schließlich, weil ihnen trotz aller Vorsicht Indiskretion zu drohen schien. Um solches nach menschlichem Ermessen mit Sicherheit auszuschließen, wird die einzige existierende Liste der Mitunterzeichner nach Abschrift auf die Schreiben an die Adressaten vernichtet, so daß sie, wenn mit diesen Schreiben selbst vorsichtig verfahren wird, keinesfalls bekannt werden kann. Sollte sich die bloße Tatsache herumsprechen, daß einige Repräsentanten des deutschen katholischen Geisteslebens sich mit diesem Anliegen an den Episkopat gewandt haben, so würde dies keine Waffe in der Hand der Opposition darstellen, wenn darauf hingewiesen würde, daß dies auf Grund eines Anschreibens geschah, worin es u. a. hieß, es handle sich hier um einen Schritt, der von dem öffentlichen [*sic*] eines kleineren Kreises politisch linksstehender katholischer Christen zwar ausgelöst, aber deutlich unterschieden ist und auch aufs strengste vertraulich behandelt werden soll. Gerade als ein Christ und Europäer, der einen Wahlsieg der heutigen deutschen SPD im diesjährigen Wahlkampf für verhängnisvoll halten würde (übrigens auch für unwahrscheinlich hält), empfinde ich es zugleich als christliche Gewissenspflicht, den deutschen Bischöfen importune opportune aufs angelegentlichste die Nichtintervention in die Wahl anzuraten.
Der Versuch, von der Kanzel aus dem Wähler mehr als die Gewissenspflicht zu einer sehr sorgfältig überlegten Wahl nahezulegen, doch ihn im Sinne der einen oder anderen Partei zu beeinflussen, kann nach meiner festen Überzeugung die Wahl nur ungünstig, nicht günstig beeinflussen und muß vor allem auf längere Sicht der Kirche schaden. Wer

12 *Nicht ermittelt.*
13 WALTER REST *(1909–1992), Dr. phil., 1951 Professor an der Pädagogischen Akademie in Münster.*
14 *Nicht ermittelt.*
15 FRANZ-JOSEPH SCHÖNINGH *(1902–1960), Herausgeber der Zeitschrift »Hochland« und Mitherausgeber der »Süddeutschen Zeitung«.*
16 ALOYS WENZL *(1887–1967), Dr. rer. nat., Naturwissenschaftler, Philosoph und Psychologe, 1919–1933 Mitglied der SPD, 1926 Privatdozent für Philosophie und Psychologie an der Universität München, 1933 ao. Professor, 1934 planmäßiger Studienprofessor im Schuldienst, 1938 Absetzung, 1946 Professor für Philosophie an der Universität München, 1947/48 deren Rektor, 1955 Emeritierung.*

ähnlich empfindet, der dürfte als mitten in der Welt stehender Laie im Gewissen verpflichtet sein, unseren Oberhirten die soviel weniger von den Reaktionen »draußen« zu sehen bekommen als wir, mit dem gebotenen Respekt in diesem Sinne zu raten.

Thieme.

128

Keller an Thieme

Münster, 13. August 1957

DA Münster, GV-NA, AO-331. *Schreibmaschinendurchschlag mit Anschrift* Herrn Professor Dr. Karl Thieme *und Vermerk (von der Hand Tenhumbergs):* Entwurf.

Sehr verehrter Herr Professor!
Ihre und der Mitunterzeichneten Eingabe vom [...][1] habe ich mit aufrichtigem Dank erhalten.
Ich danke Ihnen für diese aufrichtige Äußerung einer ernsten Besorgnis, ganz besonders aber auch für die Diskretion, mit der Sie diese Eingabe behandelt haben und behandeln. Es wird jedem deutschen Bischof immer willkommen sein, wenn diejenigen Gläubigen, die über eine besondere Sachkenntnis verfügen und bestimmte Anliegen haben, sich mit entsprechenden Hinweisen, Bedenken und Vorschlägen an Sie wenden, während es der Kirche und ihrer Mission nur schaden kann, wenn solche Eingaben in die Öffentlichkeit gezerrt werden.
Sie dürfen überzeugt sein, daß ich die von Ihnen vorgetragenen Gesichtspunkte bei meinen bisherigen Stellungnahmen zu Fragen des öffentlichen Lebens nach bestem Wissen und Gewissen berücksichtigt habe und auch in Zukunft selbstverständlich berücksichtigen werde. Dabei darf ich um Ihr gütiges Verständnis bitten, wenn ich aufgrund der gültigen Prinzipien und meiner Einsicht in die tatsächliche Lage[2] zu anderen Schlußfolgerungen komme, als Sie es vielleicht für notwendig oder wünschenswert erachten würden. Gerade angesichts dieser Lage bitte ich immer wieder um Ihr Gebet, daß unter der Gnadenführung des Hl. Geistes durch unser Tun nur der Wille Gottes geschehe.
Falls Ihnen an einer offiziellen Vorlage Ihrer Eingabe an den ganzen deutschen Episkopat gelegen ist, möchte ich Ihnen empfehlen, Ihr Schreiben an den Vorsitzenden der Fuldaer Bischofskonferenzen S[eine] Eminenz Kardinal Frings in Köln zu senden. – Um die Diskretion zu wahren, habe ich die Anschriftenliste Ihrer Eingabe vernichtet.
Mit verbindlichen Empfehlungen bin ich

Ihr in Christus sehr ergebener
[*o. U.*]
Bischof von Münster.

1 *Lücke zur Eintragung des Datums von Dok. 127.*
2 *Handschriftlich durchgestrichen folgt* hier und da vielleicht.

129

Bericht Hengsbachs

Paderborn, 14. August 1957

EA MÜNCHEN, Joseph Kardinal Wendel, 40 ZK/1957. *Schreibmaschinenschrift. Überschrift*: Bericht des Generalassistenten des Zentralkomitees der deutschen Katholiken an den Vorsitzenden der Hochwürdigsten Bischofskommission für Koordinierungsfragen, Seine Eminenz Joseph Kardinal Wendel, Erzbischof von München und Freising, zur Vorlage bei der Plenarkonferenz 1957. *Vermerke*: 40 ZK *und* 1957. *Die Anlagen wurden nicht aufgenommen.*

Übersicht:
I. Neuordnung der Bischöflichen Hauptstellen
1. Neuordnung der Bischöflichen Hauptstelle für Frauenseelsorge in den deutschen Diözesen
2. Neuordnung der Bischöflichen Hauptstelle für Männerseelsorge und Männerarbeit in den deutschen Diözesen
3. Einrichtung einer Hauptstelle für Presse und Information sowie Bildung einer Publizistischen Kommission innerhalb des Zentralkomitees der deutschen Katholiken
4. Grundsätze für die Errichtung bzw. Anerkennung von Bischöflichen Hauptstellen oder Stellen gleichen Ranges
5. Vorläufiges Verzeichnis der Bischöflichen Hauptstellen oder Stellen gleichen Ranges
6. Überlegungen zu einem Zweckverband der deutschen Bistümer

II. Bericht über die Arbeit des Zentralkomitees der deutschen Katholiken
1. Allgemeiner Bericht
2. Bericht über die Sachreferate
Ad I: Neuordnung der Bischöflichen Hauptstellen
1. Neuordnung der Bischöflichen Hauptstelle für Frauenseelsorge in den deutschen Diözesen
Entsprechend den von der Plenarkonferenz des vergangenen Jahres genehmigten Vorschlägen ist inzwischen folgendes veranlaßt bzw. schon durchgeführt worden:
a) Die Satzungsänderung des E. V. Bischöfliche Hauptarbeitsstelle für Frauenseelsorge und dessen Umbenennung in »Zentralverband der katholischen Frauen- und Müttergemeinschaften Deutschlands e. V.« (Anlage I, 1 a);
b) Neugründung des E. V. »Kirchliche Hauptstelle für Frauenseelsorge in den deutschen Diözesen« (Anlage I, 1 b);
c) Abschluß eines Vertrages zwischen den beiden genannten eingetragenen Vereinen (Anlage I, 1 c);
d) Mitteilung eines innerkirchlichen Auftrags an den Leiter der Kirchlichen Hauptstelle für Frauenseelsorge, Herrn Prälaten Klens (Anlage I, 1 d).
2. Neuordnung der Hauptstelle für Männerseelsorge und Männerarbeit in den deutschen Diözesen
Aufgrund der Vorschläge der Juristenkommission wird folgendes unterbreitet:

a) Entwurf einer Satzung für einen E. V. »Kirchliche Hauptstelle für Männerseelsorge und Männerarbeit in den deutschen Diözesen« (Anlage I, 2 a);
b) Innerkirchlicher Auftrag an den Leiter der Kirchlichen Hauptstelle für Männerseelsorge und Männerarbeit in den deutschen Diözesen (Anlage I, 2 b);
c) Entwurf eines Vertrages zwischen dem E. V. Kirchliche Hauptstelle für Männerseelsorge und Männerarbeit in den deutschen Diözesen und der Winfriedwerk GmbH (Anlage I, 2 c);
d) Verzeichnis der Gesellschafter der Winfriedwerk GmbH (Anlage I, 2 d).
Zum Ganzen dieser Entwürfe ist folgendes zu bemerken:
Der Leiter der Kirchlichen Hauptstelle für Männerseelsorge und Männerarbeit in den deutschen Diözesen (bisher Bischöfliche Hauptstelle für Männerseelsorge und Männerarbeit in den deutschen Diözesen), Msgr. Dr. C[aspar] Schulte, ist mit dem Entwurf für die Satzung des E. V. und für einen innerkirchlichen Auftrag durchaus einverstanden. Er hat jedoch bezüglich des Vertragsentwurfs noch eine Reihe von Bedenken, die er zunächst ausräumen möchte. Sie beziehen sich vor allem auf zwei Punkte: einmal hält er es für nicht vertretbar, daß – wie in Ziffer 4 des Vertragsentwurfs vorgesehen – die Stückbeträge für jedes verkaufte Exemplar der Zeitschrift »Mann in der Zeit« nach oben hin gestaffelt werden; zum anderen möchte Herr Prälat Dr. Schulte vor dem Vertragsabschluß mit der Winfriedwerk GmbH Sicherheit darüber haben, daß die Gesellschafteranteile wenigstens zu 50 % in kirchlichen Händen sind. Zur Zeit gehört die Hälfte der Gesellschafteranteile zwar Vertretern von Bistümern oder katholischen Männerorganisationen. Es ist aber nicht hinreichend sichergestellt, daß die betreffenden Personen hier nicht als Privatpersonen tätig sind, sondern als Vertreter der jeweiligen kirchlichen Stellen. Herr Dr. Schulte ist zur Zeit in Verbindung mit Herrn Prälaten Meixner dabei, diese Frage zu klären (Anlage I, 2 d: Verzeichnis der Gesellschafter der Winfriedwerk GmbH).
3. Einrichtung einer Hauptstelle für Presse und Information sowie Bildung einer publizistischen Kommission innerhalb des Zentralkomitees der deutschen Katholiken
Seit der Vorkriegszeit besteht ein »Schrifttums- und Pressereferat der Fuldaer Bischofskonferenz« unter Leitung von Herrn Theodor Hüpgens. Gelegentlich einer Besprechung am 30. März 1955 in Osnabrück in Gegenwart des verstorbenen Hochwürdigsten Herrn Erzbischofs Dr. Berning wurde von allen Beteiligten (Bischof Dr. Michael Keller, Bischof Dr. Wilhelm Kempf, Direktor Kochs, Dr. Becker, Pfarrer Siegel, Fräulein Dr. Lücker, Generalsekretär Köppler und dem Unterzeichneten) einmütig festgestellt, daß dieses Schrifttums- und Pressereferat bei aller Anerkennung der früher geleisteten Arbeit den heutigen publizistischen Aufgaben des Katholizismus nicht gerecht werden könne. Herr Hüpgens hat sich zudem seit Jahren auf die wichtige Aufgabe der Kirchenpresse beschränkt und ist, soweit bekannt geworden ist, seit einiger Zeit in Pension gegangen. (Inzwischen ist auf eine Anfrage des Unterzeichneten bei Herrn Hüpgens ein Schreiben eingegangen, das ich in Abschrift als Anlage I, 3 beifüge).
In den letzten Jahren sind verschiedene Überlegungen angestellt worden, wie die wichtigen publizistischen Aufgaben der Kirche in Deutschland heute sachgerecht

erfüllt werden könnten. Dabei wurde gemäß dem Vorschlag der Leiter der Bischöflichen Hauptstellen für Film, Funk und Fernsehen in Aussicht genommen, eine Bischöfliche Hauptstelle für Presse und Information zu bilden und gleichzeitig sie mit den bereits bestehenden Bischöflichen Hauptstellen im Bereich der Publizistik zu einer publizistischen Kommission zu verbinden und diese dem Kultur-Referat des Zentralkomitees zuzuordnen. Für diese Zuordnung war der Gedanke maßgebend, daß im Bereich der Publizistik nicht nur Aufgaben zu erfüllen seien, die unmittelbar der Hierarchie unterständen, sondern vor allem auch Aufgaben, die von den katholischen Laienkräften bzw. den Laien-Organisationen wahrzunehmen seien.
Dieser Plan wurde seinerzeit aufgrund von Bedenken innerhalb des westdeutschen Bischofskonveniats zunächst zurückgestellt. Eine »kleine« Lösung, nämlich unter Verzicht auf die Bildung einer eigenen Bischöflichen Hauptstelle für Presse und Information nur eine publizistische Kommission innerhalb des Zentralkomitees zu bilden, ist inzwischen auch als überholt zu betrachten, zumal die für diese »kleine« Lösung vorgesehene personelle Regelung sich als undurchführbar erwiesen hat. Grundsätzlich sind jedoch alle Beteiligten, d. h. also die Leiter der Bischöflichen Hauptstellen für Film, Funk und Fernsehen, die katholischen Presseleute und vor allem auch der Leiter der KNA, Dr. Bringmann, von der Notwendigkeit überzeugt, daß innerhalb des Katholizismus eine aktivere und systematischere Pressepolitik betrieben wird.
Nach dem Ausscheiden von Herrn Hüpgens aus dem »Schrifttums- und Pressereferat der Fuldaer Bischofskonferenz« und dessen Umbildung in eine Bischöfliche oder Kirchliche Hauptstelle für Presse wird für die Durchführung dieser Aufgabe im Rahmen des Zentralkomitees eine neue Persönlichkeit zu gewinnen sein. Der Generalassistent verhandelt augenblicklich darüber mit dem geistlichen Beirat des Bundes katholischer Publizisten, Herrn P. Alfonso Pereira S. J., Köln, ob er diese Aufgabe übernehmen kann.

4. Grundsätze für die Errichtung bzw. Anerkennung von Bischöflichen Hauptstellen oder Stellen gleichen Ranges (Anlage I, 4).
5. Vorläufiges Verzeichnis der Bischöflichen Hauptstellen oder Stellen gleichen Ranges (Anlage I, 5).
6. Überlegungen zu einem Zweckverband der deutschen Bistümer (Anlage I, 6).

Ad II: Bericht über die Arbeit des Zentralkomitees der deutschen Katholiken

1. Allgemeiner Bericht

A. Personelle Fragen

Auf der Mitgliederversammlung des Zentralkomitees in Eichstätt am 15./16. Mai 1957 wurden die Mitglieder des Präsidiums wiedergewählt; aus dem geschäftsführenden Ausschuß schieden die Herren Msgr. Joerger[1], Dr. Eser[2] und Neisin-

[1] Kuno Jörger *(1893–1958), 1915 Priester (ED Freiburg), 1916 Sekretär, 1921 Generalsekretär beim Deutschen Caritasverband, 1947 Päpstlicher Geheimkämmerer.*

[2] Franz Eser *(1916–2002), Dr. rer. nat., Professor für Naturwissenschaften an der Philosophisch-Theologischen Hochschule Passau, später in der Theologischen Fakultät der Universität Passau, Vizepräsident der Universität Passau.*

ger[3] aus, neugewählt wurden die Herren Prälat Dr. Eckert, Freiburg, Dr. Schreeb[4], Düsseldorf, Dr. Rucker[5], Regensburg.
Als Direktor des Hauses in Bad Godesberg schied am 1. Mai 1957 Dr. Paulus aus; sein Nachfolger wurde im gleichen Monat Pfarrer Hanssler, früher Stuttgart, Bischöflicher Beauftragter des Cusanuswerkes zur Studentenförderung. Er übernahm zugleich das Kulturreferat des Zentralkomitees, so daß sich die Arbeit von Frau Dr. Lücker jetzt auf das Außenamt beschränkt. Die Nachfolge von Dr. Paulus im Sozialreferat trat im gleichen Monat P. Dr. Engel, früher Freiburg/Br[eisgau], an.
Unter dem personellen Wechsel hat die Arbeit des Zentralkomitees im vergangenen Jahr etwas gelitten. Sie kam aber unter den neuen hauptamtlichen Kräften wieder gut in Gang und verteilt in steigendem Maße die Trägerschaft der entscheidenden Arbeit im Zentralkomitee über einen breiteren Kreis von Personen, als es bisher der Fall war. Eine weitere Verbesserung ist zu erwarten, wenn der nun endlich eingeleitete Neubau des Hauses fertiggestellt wird und überdies der Leiter des Kulturreferates den von ihm erbetenen hauptamtlichen Sachbearbeiter erhält.
B. Stand der gesamten Arbeit.
Die zentrale Koordination der katholischen Arbeit erfolgt vor allem in den Arbeitsgemeinschaften und -kreisen der Sachreferate. Es sind augenblicklich folgende:
im Sozialreferat die »Arbeitsgemeinschaft sozialer Bildungswerke«, die Arbeitskreise »Kirche im Dorf«, »Caritas und Fürsorge«, »Ehe und Familie«;
im Zusammenhang mit dem Kulturreferat arbeiten die »Arbeitsgemeinschaft für Erwachsenenbildung«, der Arbeitskreis »Schule und Erziehung«, sowie die drei den publizistischen Hauptstellen für Film, Funk und Fernsehen zugeordneten Arbeitskreise;
im Zusammenhang mit dem staatsbürgerlichen Referat steht der »Staatspolitische Arbeitskreis« und der »West-Ost-Ausschuß«;
das Außenamt hat einen eigenen »Arbeitskreis für internationale Zusammenarbeit«.
Außer diesen ständigen Arbeitsgemeinschaften und -kreisen arbeiten vorübergehend bei bestimmten Arbeitsthemen Sonder-Ausschüsse (z. B. zur gleitenden Arbeitswoche, zur Bearbeitung von Fragen des Auslands-Studententums, zur Bearbeitung der Probleme der Freizeitgestaltung usw.). Durch die Neuordnung der Bischöflichen Hauptstellen wurden die Voraussetzungen für die Koordination der Arbeit, vor allem auch mit den Verbänden, verbessert. Durch stärkere Besuche bei den Verbandszentralen und zentralen Veranstaltungen soll sie noch intensiviert werden. Vorbereitet wird eine gemeinsame Arbeitstagung aller Arbeitskreise im April 1958 in Saarbrücken.
Die zentrale Information erfolgt in Berichten an den Episkopat, auf den Mitgliederversammlungen (im letzten Jahr in Fulda und Eichstätt), durch laufende Mitteilungen

[3] OSKAR NEISINGER *(1919–1985), 1945 Diözesanjugendführer in Würzburg, Redakteur verschiedener katholischer Presseorgane.*

[4] GERHARD SCHREEB *(1930–1965), Dr. phil., 1956 Bundesführer des BDKJ, 1964 Dozent für Politische Bildung an der Pädagogischen Hochschule Worms.*

[5] EUGEN RUCKER *(1900–1972), Dr. rer. pol., Direktor der Granit-AG, Präsident der Katholischen Aktion im Bistum Regensburg.*

der Geschäftsstelle und der Sachreferate an die Mitglieder. Zum Zweck dieser Information wurde eine entsprechende Hausbibliothek und ein Archiv von Zeitungsausschnitten von der Geschäftsstelle aufgebaut. Es besteht eine gute Zusammenarbeit mit der KNA. Besonderes Gewicht wurde gelegt auf eine stärkere Information der Seelsorgeämter und der Katholiken in der DDR. Geplant ist die Verbesserung der Arbeit durch halbjährliche Berichte aller Sachreferate an den Episkopat, durch weitere Publikationen der Sachreferate zu Fragen von allgemeiner Bedeutung, durch die Vorbereitung der Herausgabe eines Archivs zur allgemeinen grundsätzlichen Information und Diskussion. Von der Klärung der Frage einer Hauptstelle für Presse bzw. einer publizistischen Kommission ist eine weitere Verbesserung dieser Arbeit zu erwarten.
Dem Anliegen der zentralen Inspiration der katholischen Arbeit dienten Besprechungen und Veranstaltungen im Zusammenhang mit der Frage der Sonntagsheiligung, der Lösung der Freizeitprobleme, der Frage der Hochschulreform, der Stellungnahme zu der Bundestagswahl 1957, der Information des Westens über Vorgänge im Osten und den Problemen der Zusammenarbeit der Konfessionen. Erst mit dem weiteren Ausbau der Sachreferate und ihrer Arbeitskreise läßt sich diese Seite der Arbeit des Zentralkomitees intensiv und extensiv steigern.
Hier ist vor allem wichtig, daß die Leiter der Sachreferate bald in eine rege Zusammenarbeit mit den entsprechenden Fachreferenten der Diözesen, Verbände und Hauptstellen treten.
Zentrale repräsentative Veranstaltungen fanden im Laufe des letzten Jahres nicht statt. Vorbereitet wurde die Teilnahme der westlichen Bistümer am Elisabeth-Jubiläum in Thüringen. Die ersten Vorbereitungen für den Katholikentag in Berlin 1958 sind getroffen. An einer Reihe von ausländischen Veranstaltungen nahmen Mitglieder des Zentralkomitees teil. Die Teilnahme der deutschen Katholiken am Weltkongreß für das Laienapostolat in Rom im Oktober dieses Jahres wurde vorbereitet. Zur Sicherstellung gemeinsamer Anliegen hielt das Präsidium des Zentralkomitees Kontakt mit ähnlichen evangelischen Stellen (z. B. in der Frage Kirchentag/Katholikentag in der Ostzone).
Im vergangenen Herbst war eine umfassendere Überprüfung der Arbeit und des Statuts des Zentralkomitees geplant, um die in den letzten Jahren gemachten positiven und negativen Erfahrungen auszuwerten. Sie unterblieb mit Rücksicht auf die vielen personellen Änderungen im Mitarbeiterkreis des Zentralkomitees. Sie wird demnächst durchgeführt.
C. Stand der Planungen
Mit dem Hausbau wird in Kürze begonnen.
Vorgesehen ist für die Zukunft ein Mitgliederbeitrag der dem Zentralkomitee angehörenden Verbände. Von einem weiteren Beitrag der Diözesen soll abgesehen werden.
Zu den einzelnen Planungen vergleiche den folgenden Bericht der Sachreferate.
2. Bericht der Sachreferate
A. Außenamt
Der Schulung der Nachwuchskräfte der katholischen Verbände für die internationale Arbeit dienten ein fünftägiger Kurs in Königstein, eine Wochenend-Tagung eben-

dort und ein dreitägiges Seminar in Luxemburg. Die Veranstaltungen waren gut besucht.
Der »Katholische Akademische Ausländer-Dienst« (KAAD) erhielt zu den elf bischöflicherseits gestifteten Stipendien noch weitere 13 zur Verfügung. An den Universitäten wurden entsprechende ausländische Studentengruppen gebildet, ihre Führungskräfte zentral geschult, den Studierenden die Teilnahme an zentralen Kursen – auch in Rom und Brügge – vermittelt. Das Anliegen wurde auf den Verbandstagungen größerer Organisationen behandelt. Neu einbezogen in die Arbeit wurden im Laufe des Jahres die Praktikanten in wirtschaftlichen Unternehmen. Eine hauptamtliche Kraft wurde zur Bewältigung der anfallenden Arbeit, die gemeinsam mit der KDSE durchgeführt wird, herangezogen.
Die Arbeitsgemeinschaft KAAD tritt alle sechs Wochen zur Entscheidung der laufenden Fragen zusammen.
Zur Vorbereitung einer entsprechenden Ausbildung qualifizierter Fachkräfte für die »Entwicklungsländer« wurde in Zusammenarbeit mit dem Bund katholischer Unternehmer ein eigenes Gremium konstituiert. Die Arbeiten geschehen in Fühlungnahme mit parallelen evangelischen Bemühungen.
Durch ein weiteres Gremium von Fachkräften der verschiedensten Schularten wurden die Erziehungsmethoden der UNESCO geprüft. Die Auswertung erfolgt durch die entsprechenden Organisationen.
Eine Bibel-Aktion stellte in Zusammenarbeit mit den katholischen Verbänden 700 Bibeln für deutschsprachige Menschen in Rußland zur Verfügung. Die Aktion hat, wie Berichte aus Rußland melden, einen ausgezeichneten Erfolg gehabt und wird weiter verfolgt.
Zweimal im Jahre wurde allen katholischen Organisationen eine Übersicht über bevorstehende internationale Konferenzen, an denen sie interessiert sein könnten, zugestellt. In einer umfassenden Korrespondenz wurden Anfragen aus dem In- und Ausland nach der Lage der Kirche in Deutschland beantwortet; ausländischen Besuchern wurde in Vorträgen, Vermittlung von Führungen usw. ein Bild des deutschen Katholizismus gegeben.
Vorbereitet wird ein Handbuch der katholischen internationalen Organisationen, das wohl in diesem Jahre noch fertiggestellt wird.
Für Deutschland wurde die Teilnahme am Weltkongreß für das Laienapostolat in Rom durch eine entsprechende Delegation vorbereitet, die Presse laufend informiert und in Würzburg und Paris Vorbesprechungen mit den übrigen europäischen Delegationen durchgeführt.
Gut ist die Zusammenarbeit mit den deutschen politischen Stellen, vor allem mit dem Auswärtigen Amt.
B. Sozialreferat
a) Der neue Leiter des Referates führte eine Reihe von Besprechungen zur Ordnung des Problems der gleitenden Arbeitswoche und Sicherung des Sonntags, vor allem mit Stellen der Sozialpartner (Metall, Papier, Chemie), der zuständigen Bundesministerien und der katholischen Bildungsarbeit. Er nimmt teil an der Vorbereitung der gesetzlichen Neuordnung der Sonntagsarbeit in der Bundesrepublik.

b) Die Entwicklung der gewerkschaftlichen Diskussion im katholischen Deutschland machte Besprechungen und Verhandlungen mit dem Ziel einer Entspannung zwischen den sich bekämpfenden Gruppen und der Gewährleistung einer reibungsloseren Zusammenarbeit aller auf dem Boden der Zweigleisigkeit der katholischen Gewerkschaftsarbeit notwendig.
c) Eine Konferenz in Berlin machte die dortigen und ostzonalen Stellen mit der Sozialarbeit im Westen ausführlicher vertraut und bereitete eine Intensivierung der weiteren Zusammenarbeit vor.
d) Versucht wird eine Reaktivierung des Beirats des Sozialreferates in Verbindung mit Professor Dr. Höffner, Dr. Geck[6], Professor Dr. Guido Fischer[7] und Pater Dr. Welty[8]; eine Integration der bestehenden sozial-wissenschaftlichen Arbeitskreise; die Bildung von Symposien der sozial-wissenschaftlichen Nachwuchskräfte nach dem Kölner Vorbild.
e) Eine neue Erfassung der gesamten Sozialarbeit der katholischen Verbände wird angestrebt, da die zuletzt 1955 durchgeführte überholt ist.
C. Kultur-Referat
Der Ausbau des Kulturreferates geschieht langsam, zumal die Bearbeitung wichtiger Teilbereiche (z. B. Schule und Erziehung, Publizistik, Wissenschaft und Kunst) im wesentlichen außerhalb des Zentralkomitees der deutschen Katholiken erfolgt – durch Bischöfliche Hauptstellen etc. – und das Zentralkomitee deshalb sich auf Kontakt zu diesen Stellen beschränken kann. Die Frage der Erwachsenenbildung und der Freizeitgestaltung wird jedoch besonders in Angriff genommen. Sobald dem Leiter ein eigener Sachbearbeiter zur Verfügung steht, soll diese Bemühung intensiviert werden.
In Würzburg wurde am 22./23. Juni ds. Js. eine »Arbeitsgemeinschaft für Erwachsenenbildung« konstituiert, deren Vorsitzender der augenblickliche Direktor des Hauses des Zentralkomitees ist.
Geplant sind Anregungen zur Dozenten-Schulung für die in dieser Arbeitsgemeinschaft zusammengefaßten Kräfte sowie die Vermittlung von Zuschüssen aus öffentlichen Quellen.
D. Staatsbürgerliches Referat
Der Leiter dieses Referates bemühte sich im Laufe des Jahres, die Mitglieder des Zentralkomitees auf die wichtigsten staatspolitischen Fragen hinzuweisen, die in der Presse angeschnitten wurden und eine entsprechende Stellungnahme notwendig machten.

6 ADOLPH L. GECK *(1898–1987), Dr. phil., Dr. iur., Dr. Ing. habil., Sozialphilosoph, 1948 Privatdozent in Bonn.*

7 GUIDO FISCHER *(1899–1983), Dr. rer. pol., 1946 beamteter ao. Professor für Betriebswirtschaft in München.*

8 P. EBERHARD WELTY OP *(1902–1965), Dr. rer. pol., 1922 Ordenseintritt, 1929 Priester, Professor für Sozialethik an der Ordenshochschule Walberberg, 1946 Gründer und Redakteur der Zeitschrift »Die Neue Ordnung in Kirche, Staat, Gesellschaft, Kultur«, hrsg. von der Albertus-Magnus-Akademie zu Walberberg, 1. Jg. 1947. Vgl.* W. OCKENFELS.

Besonders ausgiebig wurde der Stand der Staatsbürgerkunde im Unterricht in der Bundesrepublik untersucht; das Ergebnis wurde für die Auswertung durch die in Schule und Erziehung tätigen Personen, Organisationen und Institute vorbereitet.
Ein Arbeitskreis »Wissenschaft und Gegenwart« von katholischen Wissenschaftlern bereitet wissenschaftliche Veröffentlichungen über den politischen Atheismus vor; eine Tagung dieses Arbeitskreises mit Akademikern der Ostzone fand im Frühjahr dieses Jahres in Berlin statt. – Im gleichen Rahmen wurde der Buchschenkdienst der katholischen Stellen für die DDR neu geordnet.
Der »Staatspolitische Arbeitskreis«, der regelmäßig zusammentritt, erstellte Anregungen für den »Politischen Arbeitskreis der katholischen Verbände«. Sie fanden ihren Niederschlag in den »Gedanken zur Bundestagswahl 1957«. Für eine bessere Koordination beider Arbeitskreise wurde die Personalunion zwischen dem Geschäftsführer des letzteren und dem staatsbürgerlichen Referenten des Zentralkomitees vorgeschlagen. Unmittelbar nach der Bundestagswahl wird der Staatspolitische Arbeitskreis wieder zusammentreten zur Analyse der Situation und Erarbeitung von Grundsätzen für die weitere katholische Beeinflussung des politischen Raums.
Der Schwerpunkt der wissenschaftlichen Arbeit lag in der eingeleiteten Prüfung des Verhältnisses der katholischen Soziallehre zum sog. freiheitlichen Sozialismus.
Der Generalassistent des Zentralkomitees der deutschen Katholiken:

gez. + Hengsbach, Weihbischof.

130

Bericht Beckers

Freiburg, 16. August 1957

EA MÜNCHEN, Joseph Kardinal Wendel, 41 Fu u. Fe/1957–1960. *Schreibmaschinenvervielfältigung. Überschrift:* Jahresbericht der Katholischen Rundfunkarbeit in Deutschland vom 1. August 1956 bis 31. Juli 1957. *Vermerk*: 41 KRD/1404.

1. Päpstliche Kommission für Film, Rundfunk und Fernsehen
Im Berichtsjahr fand die erste Sitzung des Expertenkollegiums der Päpstlichen Kommission für Film, Rundfunk und Fernsehen statt (23.–26. September 1956 in Rom), an der der Vorsitzende der KRD als deutscher Experte für Rundfunkfragen teilnahm. Das Protokoll liegt noch nicht vor, doch kann gesagt werden, daß die Sitzung sich auf alle wichtigen Fragen der kirchlichen Rundfunkarbeit erstreckte, und daß die deutsche Auffassung der Probleme anerkannt wurde (vgl. Tätigkeitsbericht Pfarrer Siegels, Nr. 8).
2. UNDA
Der Vorsitzende der KRD nahm in seiner Eigenschaft als Mitglied des Bureau Exécutif der UNDA an den beiden Sitzungen teil, die im Herbst 1956 in Rom bzw. im Frühjahr 1957 in London stattfanden und für die internationale Zusammenarbeit der Katholiken auf dem Gebiete des Rundfunks und Fernsehens erfreuliche Ergebnisse

zeitigten. In den Vorstand der Sektion »Erziehung und Rundfunk« wurde Prof. Dr. Karl Holzamer[1], Mainz, gewählt.
3. Staat
a) Die geplanten Bund-Länderverträge zur Neuregelung des Rundfunk- und Fernsehwesens kamen im Berichtsjahr nicht zustande. Pfarrer Siegel und ich nahmen jede Gelegenheit wahr, um bei den entscheidenden Stellen die vom Episkopat aufgestellten Grundsätze für das Rundfunkwesen zu vertreten, u. a. beim Bundespostminister.
b) Der Beauftragte der hochwürdigsten Herren Ordinarien in der DDR, Propst Pfeiffer[2], Leipzig, vertrat im Berichtsjahr wirksam die katholischen Interessen am Rundfunk der DDR.
c) Neue Rundfunkgesetze traten in Kraft für den Saarländischen Rundfunk und für den Sender Freies Berlin. Beide Gesetze sichern der Kirche die freie Ernennung ihres Vertreters im Rundfunkrat zu.
4. Rundfunkanstalten
a) Im Berichtsjahr wurden neue Intendanten gewählt beim Sender Freies Berlin (Geerdes[3], bisher Bremen, SPD), Saarländischer Rundfunk (Dr. Mai[4], CDU) und Radio Bremen (Kerneck[5], SPD). – Pfarrer Siegel und ich besuchten die Intendanten des Westdeutschen, des Norddeutschen, des Süddeutschen und Hessischen Rundfunks sowie die leitenden Herren des Fernsehens dieser Anstalten einschließlich des Bayerischen Fernsehens. Ich besuchte außerdem die Intendanten des Südwestfunks, des Senders Freies Berlin und von Radio Bremen. Die Besprechungen ließen klar erkennen, daß die Beziehungen zwischen der Kirche und den Anstalten mit wechselnden Akzenten überall freundlicher Art sind und daß nirgendwo ernsthafte Schwierigkeiten in der Zusammenarbeit bestehen. Einzig bei Radio Bremen hat die Kirche eine empfindliche Einbuße an Sendezeiten durch den Wegfall der Zuschüsse von seiten der großen Rundfunkanstalten erlitten (jährlich DM 2.300.000). Dieser Ausfall kirchlicher Sendungen ist gerade in der Diaspora ein schwerer Verlust. Die KRD hat sich sehr um die Weiterbezahlung der Zuschüsse bemüht, leider ohne Erfolg. Beim Sender Freies Berlin konnte das kirchliche Programm erweitert werden.
b) Unter den Vorsitzenden der Aufsichtsgremien der Rundfunkanstalten befinden sich eine Reihe führender Katholiken, und in den Gremien selbst werden die katholischen Auffassungen außer von den amtlichen Vertretern der Kirche auch von anderen überzeugungstreuen Katholiken vertreten. Mit diesen Damen und Herren hat die KRD beste Kontakte und eine Reihe wichtiger Gespräche.
5. Parität bei kirchlichen Rundfunksendungen
Im NDR und bei Radio Bremen soll für die kirchlichen Rundfunksendungen die volle Parität angestrebt werden, wie sie bei allen übrigen Rundfunkanstalten üblich

[1] KARL HOLZAMER *(1906–2007), Dr., Philosoph und Pädagoge, 1946 Professor in Mainz, 1962–1977 Intendant des Zweiten Deutschen Fernsehens.*
[2] ERNST PFEIFFER *(1901–1991), 1927 Priester (D Meißen), nach verschiedenen Verwendungen in der Seelsorge 1955–1971 Propst in Leipzig, 1954–1971 Rundfunkbeauftragter.*
[3] WALTER GEERDES *(1903–1960), 1946 Intendant von Radio Bremen.*
[4] FRANZ MAI *(1911–1999), Dr. iur., 1957 Intendant des Saarländischen Rundfunks.*
[5] HEINZ KERNECK *(1912–1968), 1957 Intendant von Radio Bremen.*

ist. Zu diesem Zweck besuchten Pfarrer Siegel und ich die zuständigen hochwürdigsten Herren Ordinarien und den Leiter des Kirchenfunks beim NDR. Nach eingehender Vorbereitung des Materials soll nach den Bundestagswahlen das Gespräch der zuständigen Ordinarien mit den evangelischen Kirchenleitungen aufgenommen werden.

6. Zusammenarbeit mit dem Zentralkomitee der Deutschen Katholiken und mit den katholischen Verbänden

a) Anläßlich des Kölner Katholikentages trat der Arbeitskreis Rundfunk und Fernsehen des ZK zusammen und faßte nach eingehenden Beratungen eine Reihe von Beschlüssen, die im Bericht über den Katholikentag abgedruckt sind. Das ZK hat beschlossen, diesen Arbeitskreis zu einer ständigen Einrichtung zu machen; zur Erleichterung der Arbeit wurde aus dem zu großen Gremium, das nur alle zwei Jahre zusammentreten wird, ein Kernkreis von 15 Persönlichkeiten gebildet.

b) Die Zusammenarbeit mit den bischöflichen Arbeitsstellen und mit den katholischen Verbänden hat sich sehr erfreulich entwickelt. Besonders gilt dies für die Kirchliche Hauptstelle für Bild- und Filmarbeit sowie für die Hauptarbeitsstellen der Männer- und Frauenseelsorge, für den Deutschen Familienbund, für die katholische Elternschaft und für den Bund katholischer Erzieher Deutschlands, mit denen Arbeitstagungen gehalten oder vorbereitet wurden, um die Gläubigen auf breiter Grundlage im rechten Gebrauch des Rundfunks und Fernsehens zu unterweisen.

c) Katholische Akademietagungen über Rundfunk und Fernsehen fanden in Hohenheim, Hofheim (Taunus) und Gengenbach (Baden) statt.

d) Besonders erfreulich waren die ausgedehnte Vortragstätigkeit von Herrn Dr. Max Rössler und die des Katholischen Rundfunk-Instituts in Köln.

e) Eine Tagung für katholische Rundfunkautoren und -publizisten veranstaltete die KRD vom 18.–21. Mai in Maria-Laach.

7. Sendegebiets-Arbeitsgemeinschaften (SAG)

Innerhalb der einzelnen Sendegebiets-Arbeitsgemeinschaften ergaben sich im Berichtsjahr einige personale Veränderungen: Zum SAG-Vorsitzenden beim NDR wurde D. Ludwig Marizy[6], Hamburg, bestellt, zum SAG-Vorsitzenden beim Hessischen Rundfunk Dr. Alfons Kirchgäßner[7] – die mir vorliegenden Jahresberichte der einzelnen SAGen geben ein zum Teil erfreuliches Bild von der katholischen Arbeit an den einzelnen Rundfunkstationen. Besonders hervorzuheben sind die homiletischen Arbeitskreise innerhalb der meisten SAGen, die Schulungskurse für den Sprechernachwuchs, die Bemühungen um gute Kirchenmusik in den sonntäglichen Morgenfeiern sowie die Weite und Aktualität der Themenstellungen in den kirchlichen Sendungen und die vielfältigen Anregungen für das Gesamtprogramm der Anstalten, und nicht zuletzt auch die Kritik an einzelnen mißglückten Sendungen.

6 Ludwig Marizy *(1913–1988), Dr. theol., 1939 Priester, Direktor des Caritas-Verbands Hamburg, Caritasdirektor, Geschäftsführer des Apostolats des Meeres – Deutsche katholische Seemannsmission.*

7 Alfons Kirchgässner *(1909–1993), Dr. theol., Pfarrer, Gründer des Oratoriums in Frankfurt, theologischer Autor.*

8. Kirchenfunk

a) Die Zusammenarbeit zwischen den einzelnen SAGen und den Kirchenfunkabteilungen bzw. Redaktionen der Rundfunkanstalten war nach Ausweis der Berichte auch im Berichtsjahr überall zumindest korrekt, meist aber vertrauensvoll und erfolgreich. Beim Süddeutschen Rundfunk wurde zum neuen Leiter der Abteilung Herr Dr. Schultz[8] (prot[estantisch]) ernannt und beim Sender Freies Berlin zum neuen Redakteur Herr Seehaus[9] (prot[estantisch]) bestellt. Schwierigkeiten personaler Art sind beim norddeutschen Rundfunk entstanden, wo geplant ist, dem Leiter der Abteilung einen neuen Mitarbeiter zu geben, der wie der Leiter Protestant ist. Sowohl der katholische Vertreter im Rundfunkrat, Professor Riebartsch[10], wie auch der Leiter der SAG, Dr. Marizy, haben die Bedenken der katholischen Kirche den zuständigen Stellen zur Kenntnis gebracht. Die Frage ist beim Abschluß des Berichts noch nicht entschieden.

b) Die katholischen Programme, die in der eigenen Regie der Abteilungen gesendet wurden, wurden zumeist mit den Vorsitzenden der SAGen geplant und zeigen auf Grund der vorliegenden Berichte, welch wichtige Verkündigungsaufgabe diesen Abteilungen zukommt.

9. Direktorium des KRD

a) Das Direktorium der KRD hielt im Berichtsjahre seine regelmäßigen Vierteljahressitzungen in Frankfurt, Würzburg und Berlin ab. Die Protokolle gingen jeweils den hochwürdigsten Herren Ordinarien direkt zu.

b) Der Pastoralbrief des hochwürdigsten Episkopats[11] gab unserer Arbeit einen guten Auftrieb und das Direktorium der KRD spricht seinen ehrerbietigen Dank aus für diese große Hilfe, die uns damit zuteil wurde.

c) Das Buch »Rundfunk und Fernsehen im Blick der Kirche« fand in der Öffentlichkeit ein gutes Echo. Verschiedene hochwürdigste Ordinarien haben das Buch ihrem Klerus besonders empfohlen und die Anschaffung erleichtert. Die Verfasser sprechen dafür ihren ergebensten Dank aus.

Der Vorsitzende der KRD beehrt sich zum Abschluß seines Berichtes, für alles Vertrauen von seiten des hochwürdigsten Episkopates besonders zu danken. Dieser Dank gilt vor allem S[eine]r Exzellenz, dem hochwürdigsten Herrn Bischof von Limburg, Dr. Wilhelm Kempf. In der vertrauensvollen und echt mitbrüderlichen Zusammenarbeit mit Herrn Pfarrer Karl August Siegel hoffe ich, auch im vierten Jahre das mir übertragene Amt so verwalten zu können, daß die kirchliche Arbeit auf dem Gebiete des Rundfunks und Fernsehens vorangeht.

gez. Karl Becker.

[8] *Nicht ermittelt.*

[9] LOTHAR SEEHAUS *(geb. 1924), 1955–1963 Mitarbeiter des Senders Freies Berlin, zunächst als Kirchenfunkassistent, später als Redakteur.*

[10] ERICH RIEBARTSCH *(1902–1986), Dr. iur. can., 1925 Priester (D Hildesheim), 1935 Professor am Bischöflichen Priesterseminar in Hildesheim, 1946 Vertreter des Bistums Hildesheim in der Rundfunkkommission.*

[11] *Vgl. Dok. 63, Anm. 11.*

131

Gundlach[1] an Keller

Bad Honnef, 17. August 1957

DA Münster, GV-NA, AO-331. *Eigenhändige Ausfertigung.*

Ew. Exzellenz, Bischöfliche Gnaden!
Ew. Exzellenz bedauern, daß ich mich leider der dringend erfolgten Einladung nach Münster versagen mußte oder ihr nur unter großer Belastung folgen könnte. In der Tat wäre die Fahrt im Augenblick noch untragbar. Aber ich hoffte, nach acht Tagen Rekonvaleszenz hier in Honnef zur Reise fähig zu sein. Da nun auch noch andere Umstände von dort her den geplanten Termin unmöglich machen, bleibt mir nur übrig, Ew. Exzellenz die Versicherung zu geben, wie sehr ich die dortigen Besorgnisse teile. Herr Domkapitular Dr. Paulus hat nach der Besprechung mit mir noch am Abend von hier mit P. Wallraff telefoniert, um zu erfahren, wie es mit der geplanten Versammlung in Wiesbaden am 5. Sept[tember] und mit dem Referat von P. v[on] Nell[2] über »Der Christ im DGB« steht. Da die Nachricht zutrifft, hat Dr. Paulus alle seine Bedenken geltend gemacht, und ich habe heute an P. Wallraff im gleichen Sinne geschrieben. Auch sonst tue ich alles mir mögliche, um die Sache zu verhindern oder wenigstens möglichst unschädlich zu machen. Man gibt vor, die Veranstaltung dem Wahlerfolg in Hessen[3] schuldig zu sein, nachdem die Bischöfliche Verlautbarung aus Hofheim[4] die christliche Arbeitnehmerschaft beunruhigt habe. Ist dies der Fall – was ich bezweifle – dann mögen die Politiker die Beruhigung vornehmen, aber nicht Priester, die ja doch nur in Gefahr kämen, die Bischöflichen Kundgebungen ohne Auftrag zu interpretieren oder gar umzudeuten, und zwar aus Augenblicksgründen der Politik im allgemeinen und der Gewerkschaftspolitik in der Bundesrepublik im besonderen. Es ist mir unverständlich, wie zu solcher Gefahr, die bischöfliche Autorität politisch dienstbar zu machen, eine »approbatio Ordinarii loci«[5] vorliegen kann. Und doch wird dies hinsichtlich der Form der geplanten Wiesbadener Veranstaltung behauptet. Hier rechtzeitig Klarheit zu schaffen und die gemeinsame Linie des Episkopats vor den durch Wiesbaden drohenden Verdunkelungen zu sichern, liegt freilich außer meiner Kompetenz. Selbst von einem privaten Schreiben an den mir persönlich bekannten Herrn Generalvikar von Limburg[6] – Exzellenz Kempf ist verreist – glaube ich absehen zu müssen.

1 P. Gustav Gundlach SJ *(1892–1963), 1912 Ordenseintritt, 1923 Priester, 1929 Professor an der Ordenshochschule St. Georgen in Frankfurt am Main, 1934–1962 Professor für Sozialphilosophie und Sozialethik an der Gregoriana in Rom. Vgl.* A. Rauscher, *Gundlach, sowie* J. Schwarte.

2 P. Oswald von Nell-Breuning SJ *(1890–1991), 1911 Ordenseintritt, 1921 Priester, seit 1928 Professor für Moraltheologie und Sozialwissenschaften an der Ordenshochschule St. Georgen in Frankfurt am Main, seit 1956 an der Universität Frankfurt am Main Vgl. Dok. 210, Anm. 2. Vgl.* A. Rauscher, *Nell-Breuning.*

3 *Am 15. September 1957 fanden die Wahlen zum Dritten Bundestag statt.*

4 *Vgl. Dok. 92.*

5 *Lateinisch für: Genehmigung des Ortsordinarius.*

6 Georg Höhle *(1905–1979), 1931 Priester (D Limburg), 1939 Dr. iur. can., 1940 Domvikar, 1949 Domkapitular, 1951–1955 Offizial, 1955–1972 Generalvikar in Limburg.*

Zum Schluß möchte ich noch bemerken, daß in Rom an der Gregoriana mir kein deutscher Professor bekannt ist, der nicht die Behandlung der Sozialismusfrage durch Ew. Exzellenz in der bekannten Rede[7] nach Inhalt und Form gebilligt hätte. Nicht nur dies, man fand Art und Weise der Feststellungen Ew. Exzellenz vorbildlich. Dies bemerke ich, weil andere Urteile »aus kirchlichen Kreisen Roms« in Umlauf gesetzt wurden, nicht nur in der Presse, sondern auch in Briefen.
Herr Domkapitular Tenhumberg war im vorigen Jahr so freundlich, mich über einige Vorgänge in der Gewerkschaftssache zu informieren, und zwar bei meiner Reise über Münster. Wenn er, wie Ew. Exzellenz andeuten, bereit ist, nach Honnef zu kommen, wo ich bis 8. Aug[ust] bleibe, wäre ich sehr dankbar. Denn der Fragenkomplex »Kirche und Gewerkschaft« ist auf nationaler und internationaler Ebene vielschichtig, vor allem hinsichtlich möglicher Zukunftsentwicklungen. Indem ich für die Genesungswünsche und die freundliche Erwähnung meines Artikels in den »Stimmen«[8] herzlich danke, bin ich mit der Bitte um den Bischöflichen Segen

Ew. Exzellenz ergebener Diener
Gustav Gundlach S. J.

132

Paulus an Hirschmann

Trier, 17. August 1957

DA Münster, GV-NA, AO-331. *Schreibmachinendurchschrift mit eigenhändiger Paraphe. Briefkopf:* Domkapitular Dr. Paulus. *Anschrift:* Hochwürden Herrn Pater Hirschmann S. J. z. Zt. Bad Pyrmont[1].

Hochwürdiger, lieber Pater Hirschmann!
Gestern erhielt ich eine Meldung aus dem Wiesbadener Kurier vom 9. August 1957, daß der Arbeitskreis der Betriebs- und Gewerkschaftsvertrauensleute der christlichsozialen Kollegenschaft im DGB und der Sozialausschüsse der christlich-demokratischen Arbeitnehmer am 5. September in Wiesbaden eine Kundgebung veranstalten wollten, bei der Pater von Nell-Breuning zu dem Thema »Christen im DGB« sprechen soll. Ich habe darauf Herrn Pater Wallraff telefonisch gesprochen. Er hat mir die Meldung bestätigt und beigefügt, daß die Veranstaltung in Wiesbaden nur der Auftakt sein soll, um die ganze Problematik der Frage ›Richtungsgewerkschaften oder Einheitsgewerkschaften‹ in der Öffentlichkeit auf breiter Grundlage aufzurollen. Publizistische Vorbereitungen dazu seien bereits getroffen. Die ganze Sache könne nicht mehr gestoppt werden. Als Gründe gab Pater Wallraff an, daß die bisher

7 *Vgl. Dok. 120, Anm. 2.*
8 *Wahrscheinlich* Gustav Gundlach, *Die Katholiken und die Bundesrepublik, in:* Stimmen der Zeit *160 (1956/57), S. 361–374.*

1 *Mit Begleitschreiben vom gleichen Tage (maschinenschriftliche Ausfertigung mit eigenhändiger Unterschrift am gleichen Fundort) sandte* Paulus *diese Durchschrift an* Keller.

unterdrückten Gesichtspunkte im höheren Interesse endlich ausgesprochen werden müssen, daß die wissenschaftliche Diskussion erfolgen müßte. Nachdem von höherer Seite aus ihnen andere Möglichkeiten aus der Hand geschlagen worden seien, müsse man diesen Weg beschreiten.
Nicht ohne Vorbedacht sei die Veranstaltung vom 5. September in den Bereich von Hessen gelegt worden. Hinsichtlich der Veranstaltung vom 5. September sagte Pater Wallraff, daß dieselbe auf Betreiben der hessischen CDU zustande gekommen sei.
Ich brachte Pater Wallraff gegenüber meine größte Sorge und meine Bedenken zum Ausdruck. Ich möchte nicht versäumen, auch Dir gegenüber diese noch einmal schriftlich auszudrücken.
Zunächst habe ich größte Besorgnis über den Termin, der gewählt worden ist. Unmittelbar vor den Wahlen[2] kann diese Sache, selbst wenn sie zugunsten der CDU gestartet werden sollte, nur Verwirrung im katholischen Volk anrichten. Es kann nicht ausbleiben, daß eine große Berichterstattung in der SPD-Presse und Gewerkschaftspresse über die Veranstaltung erfolgt, die einem eventuell zu erwartenden Hirtenbrief über die Wahlen durch die Herabminderung der Autorität der Bischöfe die Wirkung nehmen muß. Man kann Herrn Pater von Nell-Breuning sicherlich nicht zumuten, die in der Verlautbarung der Bischöfe ausgesprochene Haltung in seinem Referat zugrunde zu legen. Wenn das aber nicht der Fall ist, wird er, ob gewollt oder nicht gewollt, in eine Gegenposition gegenüber dem Episkopat geraten. Ich darf hinzufügen, daß dadurch auch der gesamte Orden, wenigstens vor der Öffentlichkeit, in eine solche widersprüchliche Stellung zum Episkopate kommt. Eine solche Minderung der bischöflichen Autorität kann sicher in diesem Augenblicke nur schädlich sein.
Betreffs Aufrollen der gesamten Problematik ›Richtungsgewerkschaften oder Einheitsgewerkschaft‹ habe ich Herrn Pater Wallraff gesagt, daß keineswegs bei der Gründung christlicher Gewerkschaften die Gesichtspunkte, die dagegen sprachen, unausgesprochen geblieben sind. Das Für und Wider wurde reichlich besprochen. Zusammen mit Herrn Pater Wallraff habe ich selbst eine Zusammenfassung aller Gründe vor dem Klerus gegeben. Herr Pater von Nell-Breuning hat selbst ausdrücklich und mehrfach gesagt, daß die Entscheidung, ob man gründen wolle oder solle oder ob nicht, nicht eine Frage der Wissenschaft sei und daß er selbst sich für diese Entscheidung nicht kompetent halte, daß vielmehr diese Entscheidung eine politische Frage sei. Ich kann mir wohl denken, und habe das auch öfters gesagt, daß die katholischen Sozialwissenschaften hinsichtlich der Gewerkschaften noch vielerlei Arbeit zu leisten hätten. Z. B. die Stellung der Gewerkschaften in der heutigen Gesellschaft, gegenüber dem Staate, ihre Wirksamkeit in der heutigen Wirtschaft bedürften sicherlich einer wissenschaftlichen Untersuchung. Die verschiedenen Gewerkschaftstheorien wären sicherlich aufzuarbeiten und dem heutigen Stand der gesellschaftlichen und wirtschaftlichen Entwicklung anzupassen. Ich kann mir aber nicht denken, welche neuen Gesichtspunkte für oder gegen Gründung von Richtungsge-

[2] *Vgl. Dok. 131, Anm. 3.*

werkschaften noch auftauchen könnten. Aus diesem Grunde halte ich ein Aufrollen dieser Problematik für verfehlt. Interesse daran können nur die haben, die die christlichen Gewerkschaften zerschlagen wollen.
Ich habe Herrn Pater Wallraff ganz klar zum Ausdruck gebracht, daß man ganz unweigerlich einen Gewerkschaftsstreit heraufbeschwören wird, der sicher an Heftigkeit dem Gewerkschaftsstreit zu Anfang des Jahrhunderts nichts nachgibt und nur die unseligsten Folgen haben kann, während wir uns doch bisher auch einigermaßen mit Erfolg gegen den Ausbruch eines solchen Kampfes gewehrt haben. Ohne Zweifel wird die Diskussion durch die wissenschaftlichen Repräsentanten auf entsprechender Höhe und mit entsprechender Fairness geführt werden. Aber wir haben es in keiner Weise in der Hand, was die Presse und die Verbände daraus machen werden. Falls katholische Sozialwissenschaftler Bedenken dagegen haben, daß die Kirche bzw. die Bischöfe die christlichen Gewerkschaften fördern, so wie es etwa durch die letzte Verlautbarung geschehen ist, so steht ihnen sicherlich der Weg offen, den Bischöfen schriftlich oder mündlich dies darzulegen. Aber ich halte es für eine unmögliche Sache, gerade dies in der Öffentlichkeit auszutragen.
Herr Pater Wallraff sagte mir weiter zur Begründung des Vorhabens, die ganze Gewerkschaftsfrage habe sich unzulässigerweise auf eine Person verengt und müsse aus dieser Verengung herausgelöst werden. Das Wirken dieses einen Mannes und seine Folgen seien über die Maßen aufgebauscht worden. Ich darf dazu die Frage stellen, wer am meisten und zuerst sich dies zuzuschreiben hat. Sicherlich sind auch daran beteiligt alle die, die zu höchsten Interventionen gedrängt haben, wo es sich einfach um die Abberufung eines Geistlichen handelt, also eines Vorganges, der doch wahrlich nichts Ungewöhnliches in der Kirche darstellt.
Herrn Pater Wallraff gegenüber habe ich die dringende und herzliche Bitte ausgesprochen, sie möchten zusammen doch noch einmal die ganze Frage überprüfen, bevor man einen so schwerwiegenden Schritt tut. Ich selbst würde es vielmehr begrüßen, daß man im Sinne, wie es seinerzeit in Honnef besprochen wurde, in einem kleinen Gremium sich zusammensetzen würde, um auszugleichen und Fehltritte auszubügeln, ohne daß aus einem solchen Gremium eine Instanz über den Bischöfen oder ein Appell an das wissenschaftliche Gewissen gegenüber den Bischöfen gemacht werden müßte.
Ich möchte auch Dich, lieber Pater Hirschmann, herzlich bitten, alles zu tun, um auch im gegenwärtigen Stadium noch den Ausbruch eines Gewerkschaftskrieges zu verhüten. Die mimosenhafte Vorstellung der Leute im DGB, sie würden als schlechtere Christen behandelt, halte ich für künstlich und nicht ohne Absicht gezüchtet, vielleicht sogar ist sie den Christen von anderer Seite suggeriert. Bei nüchternen Überlegungen müßte man doch klarhaben, daß bisher von der kirchlichen Autorität die im DGB verbliebenen Christen in keiner Weise angetastet worden sind. Die Bischöfe zu zwingen, eine Antwort zu geben auf die Fragen, die in dem bekannten Brief vorgelegt wurden, halte ich einfach für eine Ungezogenheit. Meines Erachtens ist es den Bischöfen völlig unmöglich, auf diese Fragen zu antworten. Wenn geantwortet würde, könnte man nicht ein glattes Ja oder Nein sprechen, sondern müßte vielmehr

differenzieren. Ich glaube auch, daß die Beratung der im DGB aktiven Christen in diesem Punkte versagt hat.
Aus allen diesen Gründen würde ich es sehr dringend und herzlich wünschen, daß man nun nicht in der Öffentlichkeit loslegt, sondern daß wenigstens die Geistlichen, auch wenn nur in kleinem Kreise, sich mit wirklicher Verständigungsbereitschaft zusammensetzen würden. Vielleicht ist es Dir noch möglich, in dieser Richtung zu wirken.
Und nun, lieber Pater Hirschmann, möchte ich nach dieser mir so sehr auf der Seele brennenden Frage herzlichst gute Erholung und vollständige Genesung wünschen. Ich würde mich freuen, wenn wir uns bald wiedersehen könnten.
Mit besten Grüßen

Dein
J[oseph] P[aulus].

133

Memorandum Paulus'

[Trier, vor 31. August 1957][1]

DA MÜNSTER, GV-NA, AO-768. *Schreibmaschinenschrift mit Überschrift:* Gedanken zu einem Schwerpunktprogramm für Arbeiterseelsorge.

I. Begründung
1) Die heute oft gehörte Behauptung, die Arbeiterfrage sei gelöst, ist jedenfalls für die Kirche nicht zutreffend. Ob diese das ganze vergangene Jahrhundert bewegende Frage in ihrem gesellschaftspolitischen Sinn gelöst ist, sei dahingestellt. Wir meinen es nicht. In ihrem religiösen und pastoralen Sinn ist sie sicherlich nicht gelöst.
Während wohl die Arbeiterschaft in der Gesellschaft an Boden gewonnen hat, nicht bloß durch den Aufstieg der Arbeiterschaft in bürgerliche gesellschaftliche Verhältnisse, sondern auch durch Anpassung anderer gesellschaftlicher Gruppen an die Lebensform des Arbeiters, hat die Kirche in der Arbeiterschaft immer mehr an Boden verloren.
Während der Protestantismus schon im 19. Jahrhundert die Arbeiterschaft verloren hat, ist dies für die katholische Kirche erst im 20. Jahrhundert der Fall. Die große Caesur dürfte der erste Weltkrieg sein.
Die innere Zersetzung des Sozialismus sowohl als weltanschauliche Bewegung wie auch als Arbeiterbewegung und die Enttäuschung der Arbeiterschaft am Kommunismus haben bisher den Arbeiter nicht zur Kirche zurückgeführt und werden ihn in keinem Fall von selber zurückführen. Vielmehr werden die Arbeiter durch die

1 *Die Datierung ergibt sich aus dem Begleitschreiben vom 31. August 1957 (maschinenschriftliche Ausfertigung mit eigenhändiger Unterschrift am gleichen Fundort), mit dem* PAULUS *die Vorlage an* KELLER *sandte.*

Entwicklungen im Sozialismus und durch die Erscheinungen des Kommunismus nur weiter in einen praktischen Materialismus entlassen. Sowohl die Auflösung der Kampfstellung der noch verbliebenen gläubigen Arbeiter gegenüber einem immer mehr schwindenden kämpferischen Atheismus wie auch die Auflösung des Solidaritätsgefühls innerhalb der Arbeiterschaft, das als ein ethischer Wert zu betrachten war, führen die Arbeiterschaft immer weiter in einen praktischen Materialismus.

Der Arbeiter ist ein säkularisierter Menschentyp geworden. Sowohl die Beobachtung des kirchlichen und gesellschaftlichen Lebens wie auch das Schrifttum über den Arbeiter und das Schrifttum der sich vom Bolschewismus abgewendeten ehemaligen Kommunisten bestätigen dies.

Umgekehrt ist es aber auch ohne Zweifel richtig, daß die Entideologisierung der Arbeiterschaft und die Enttäuschungen an den bisherigen Arbeiterbewegungen besonders sozialistischer und kommunistischer Prägung ebenso wie ein gewisser Sättigungsgrad mit materiellen Dingen neue religiöse Anknüpfungspunkte für die Wiedergewinnung der Arbeiterschaft und ihre Eingliederung in das kirchliche Leben bieten.

2) Lebensweise und Lebensform des Arbeiters sind in immer stärkerem Maße vorbild- und beispielhaft für weiteste Kreise des Volkes, insbesondere auch in den ländlichen Bezirken, geworden. Abgesehen davon, daß es in allen ländlichen Gebieten immer eine mehr oder weniger große Anzahl von Land-, Forst-, Straßen-, und Bahnarbeitern gab, deren Existenz in wesentlichen Zügen wenigstens in den letzten hundert Jahren mit der der Industriearbeiterschaft übereinstimmte, haben aber auch die Industriearbeiter in den ländlichen Bezirken immer stärker an Gewicht gewonnen (Pendler). Sie haben bestimmenden Einfluß erhalten in Gemeinderäten, Vereinen usw.

Die Lebensansprüche, Freizeitansprüche usw. der Arbeiterschaft haben auch die bäuerlichen und handwerklichen Kreise erfaßt. Die Lebensauffassungen der Arbeiterschaft sind auch in ländlichen Kreisen dominierend geworden.

Daraus ergibt sich, daß wir auch die ländlichen Bezirke ohne besondere Berücksichtigung der immer mehr zur Führung drängenden Schicht nicht im religiösen und kirchlichen Leben erhalten können. Im Gegenteil: Dadurch, daß die Arbeiterschaft auf dem Lande immer mehr den Nimbus des Fortschrittlichen und Aufgeklärten gegenüber dem Bauerntum hat, wird sich auch der Bauer immer stärker in seiner Mentalität nach der Arbeiterschaft richten. Er hat heute schon weithin auf dem Lande ein Inferioritätsgefühl gegenüber dem Arbeiter.

3) Auch wenn die Arbeiterschaft sicherlich enttäuscht ist am Kommunismus, und der Sozialismus seinen Charakter als Arbeiterbewegung immer mehr verliert und zu einer Sache der verschiedensten Volksschichten wird, so sind die Gefahren einer (proletarischen) Funktionärsdiktatur trotzdem nicht gebannt. Vielmehr wächst die Gefahr in dem Maße, als sich ein Funktionärsstaat und eine Funktionärswirtschaft (siehe Entwicklung des Mitbestimmungsrechtes) der Gewerkschaften herausbildet. Die Sozialdemokratie wird voraussichtlich immer stärker unter die Herrschaft der

Gewerkschaftsfunktionäre kommen. Während sie in den ersten Jahrzehnten dieses Jahrhunderts das mäßigende Element in der Sozialdemokratie waren, stellen sie heute umgekehrt das radikalere dar. Eine Bewältigung der hier anstehenden großen gesellschaftspolitischen Probleme kann nicht geschehen, ohne auf breiter Grundlage und mit wirklichem Tiefgang eine Wiedergewinnung der Arbeiterschaft für die Kirche und das religiöse Leben zu versuchen.

4) Die religiösen Erneuerungskräfte der letzten Jahrzehnte wie liturgische Bewegung, Jugendbewegung, Bibelbewegung, marianische Bewegung, sind nicht aus der Arbeiterschaft hervorgegangen und haben verhältnismäßig am wenigsten die Arbeiterschaft erfaßt. Im Gegenteil galten diese innerkirchlichen Bewegungen als Gegenströmungen oder wenigstens als Distanzierung von der Ende des vorigen Jahrhunderts stark einsetzenden Sozialbewegung. Ihrem Wesen nach brauchten und dürften sie es nicht sein. Sie gehörten im Gegenteil zutiefst zusammen. Eine Zusammenführung dieser innerkirchlichen und religiösen Erneuerungsbewegungen mit der Sozialbewegung und umgekehrt ist dringend geboten.

II. Ziel eines solchen Schwerpunktprogramms

Der in den letzten Jahrzehnten, insbesondere seit dem ersten Weltkrieg erschreckende Niedergang des religiösen Lebens in der Arbeiterschaft müßte nicht nur mit aller Macht aufgehalten, sondern positiv eine Wiedergewinnung der Arbeiterschaft versucht werden. Dazu einzelne Punkte:

1) Die Züge des Arbeitertums müßten im Antlitz der Kirche neben den Zügen anderer Volksgruppen wie Bauern, selbständige gewerbliche Gruppen, Intellektuelle gleich ehrenvoll hervortreten.

2) Die allgemeinen weltanschaulichen, religiösen und sittlichen Wahrheiten, die insbesondere der Arbeiterschaft und dem heutigen Arbeitsleben entsprechend sind, müßten kraftvoll herausgestellt und lebendiger Inhalt des Arbeiterbewußtseins werden. Aus Einsicht und Erfahrung müßte der Arbeiter überzeugt werden, daß nur die allgemeinen und sozialen Wahrheiten der Kirche sowohl dem Arbeitsleben einen Sinn geben als auch Gerechtigkeit und Frieden der verschiedensten Bevölkerungs- und Berufsgruppen untereinander gewähren.

3) Das rationalisierte und harte Arbeitsleben, das heute nur einen Gegenpol in billigstem Genuß findet, müßte durchseelt werden von einem tiefen, volkhaften christlichen Glauben. Sowohl Predigt wie auch Katechese wie auch Gottesdienstgestaltung sowie alle anderen Äußerungen und Formen des religiösen Lebens wie Wallfahrten, Andachten und ähnliches müßten in Einklang mit dem tatsächlichen Leben der Arbeiterschaft stehen.

4) Eine katholische Arbeiterbewegung in den Gemeinden, Diözesen und in der gesamten deutschen Kirche müßte ebenso Zeugnis ablegen von der Wahrheit, daß die katholische Kirche nicht katholisch wäre ohne die Arbeiterschaft (Pius XII.) wie eine entsprechende Aktion in den Betrieben, auf den Arbeitsstätten, in den Verwaltungsstellen usw. Das bedeutet, daß ein wesentliches Ziel eines Schwerpunktprogramms der Arbeiterseelsorge der kraftvolle Auf- und Ausbau der Arbeiterbewe-

gung – KAB u[nd] CAJ[2] sowohl in Pfarrei und Diözese als Verein und Verband wie auch in den Betrieben, Arbeitsstätten usw. als Aktionsgruppen sein muß.

5) Die Arbeiterschaft selbst müßte dazu geführt werden, ein ehrliches, herzliches Ja zu sagen zu der eigenen Existenzform, so wie sie sich im Zuge der gesellschaftlichen Entwicklung, der Industrialisierung, der sozialen Gesetzgebung, des Aufbaues der Arbeiterorganisationen und im Wandel der gesellschaftlichen Mentalität entwickelt und gefestigt hat, und den ehrlichen Ausgleich zu anderen Existenzformen, etwa des Bauern, des Handwerkers, des Beamten usw. zu suchen, wobei die weitere Festigung der Existenz des Arbeiters durchaus noch notwendig bleibt.

Nicht nur die Arbeit in ihrem allgemeinen Sinn, Wert und Bedeutung, sondern auch in ihrer spezifischen Form als Lohnarbeit, abhängige, spezialisierte, rationalisierte, im Betrieb und Arbeitsgruppe verbundene Arbeit muß in ihrem positiven Wert und Gehalt herausgestellt werden. Ebenso müssen die anderen die Existenz des Arbeiters bestimmenden Elemente wie Sozialversicherung, Gewerkschaften usw. in ihrem sittlichen Wert erfaßt und auch von der Kirche bejaht und dem Arbeiter verständlich gemacht werden. Selbst der »Kapitalkomplex« der Arbeiterschaft muß in diesem positiven Sinne überwunden werden.

Die Ethik und das Ethos der einzelnen Berufs- und Bevölkerungsgruppen sind zu entwickeln und zu begründen.

Die Arbeiterschaft diffamierende und verletzende Ausdrucksweisen wie ›Mittelstand‹, ›untere Schichten‹, Redewendungen, als ob die Kirche einer Berufs- oder Bevölkerungsgruppe, etwa dem Bauerntum, dem Mittelstand oder sonstwem besonders verbunden wäre oder auf sie besondere und mehr Hoffnungen setzte, müßten aus dem kirchlichen Sprachgebrauch und dem Sprachgebrauch katholischer Verbände weichen. Jede Bevölkerungsgruppe hat ihre eigenen Ansatzpunkte für die Gnade, jede die ihr eigenen Tugenden. Sie sind verschiedenartig, aber gleichwertig, besonders für die Kirche.

Ein Schwerpunktprogramm für Arbeiterseelsorge darf darum in keiner Weise den Charakter einer Hinwendung zu einer besonders bemitleidenswerten Gruppe haben, wenigstens nicht mehr in unseren Ländern. Die KAB darf nicht als Verband von Menschen mindern Ranges erscheinen. Ebensowenig wie dadurch die Eifersucht anderer Gruppen geweckt werden sollte.

6) Es müßte versucht werden, der Arbeiterschaft Verantwortungsbewußtsein und Verantwortungsbereitschaft sowohl für ihre eigenen Organisationen wie auch für die Wirtschaft, für ihre Unternehmen und Betriebe und für das gesamte Volk zu vermitteln. Hierher gehören Weckung des Verantwortungsbewußtseins durch Eigentum, Neuverkündigung der sittlichen Grundsätze über die Verwaltung anvertrauten Gutes, der sittlichen Werte der Ehren- und Vertretungsämter für die Kameraden usw.

7) In welchen Punkten und auf welche Weise Unternehmer, Arbeitgeber, Vorgesetzte und leitende Angestellte in den Betrieben angesprochen werden müßten, bedürfte eigener Überlegungen. Sicher könnte man darauf nicht verzichten.

[2] KAB u[nd] CAJ *am Rand von Hand eingefügt.*

Einzelne Punkte der Zielsetzung müßten und könnten noch leicht detailliert werden.

III. Zustandekommen eines endgültigen Programms

1) Die Hochwürdigsten Herren Bischöfe möchten sich zunächst grundsätzlich für ein solches Schwerpunktprogramm auf einige Jahre festlegen.

2) Die Bischöfe möchten mit einigen erfahrenen Seelsorgern und Sozialpolitikern aufgrund eines provisorischen Entwurfes die einzelnen Punkte beraten.

3) Sie möchten den höheren Ordensoberen vertraulich von ihrem Vorhaben Mitteilung machen, sie um Vorschläge und um Mitwirkung bei der Ausführung bitten.

4) Zweckmäßig schiene es, schon in Fulda einen ganz kleinen Kreis von etwa drei Geistlichen zu bestimmen, die unter Verantwortung eines Bischofs das eingehende Material prüfen und die Ausarbeitung des Programms weiterführen sollten. Denkbar wäre es auch, daß die Leitung dieses Gremiums unmittelbar dem Leiter des Sozialreferates im Zentralkomitee der Deutschen Katholiken anvertraut würde, der seinerseits der Bischofskommission für Wirtschaft und Gesellschaft Rechenschaft ablegte[3].

5) Vor endgültiger Verabschiedung sollte der Plan noch einmal allen Hochwürdigsten Herren Bischöfen und den höheren Ordensoberen zugehen, damit diese ihn mit ihren Fachleuten besprechen und noch evtl. ihre Wunsche dazu äußern könnten.

IV. Als Einzelpunkte für ein solches Programm könnten jetzt schon genannt werden:

1) Die Hochwürdigsten Herren Bischöfe übernehmen es in ihren Diözesen, die KAB zahlenmäßig und in ihrer Wirkkraft auszubauen. Sie verpflichten den Pfarrklerus, in allen Pfarreien die KAB aufzubauen. Sie selbst stellen von der Diözese aus die nötigen Hilfskräfte zur Verfügung.

2) Entsprechend der KAB wird die im letzten Jahrzehnt erfreulich sich entwickelnde Betriebsarbeit ausgebaut. Sie wird als ein eigenständiger Ansatz katholisch-sozialer Aktion betrachtet und hat nicht die Form von Verbänden und Vereinen, sondern von Aktionsgruppen. Die Aufgaben katholischer Betriebsgruppenarbeit (Werksgemeinschaften) werden umrissen. Die Zusammenarbeit mit den katholischen Verbänden wird verpflichtend gemacht. Die gegenseitige Unterstützung von Verbandsarbeit und Betriebsarbeit wird sichergestellt, da die Aufgabenbereiche beider nicht Gegensätze, sondern notwendige Ergänzungen zu einander bilden.

3) Den einzelnen katholischen Verbänden wird der ihnen eigene gesellschaftspolitische Ort und die ihnen eigene gesellschaftspolitische Aufgabe und Verantwortung angewiesen. Die Bischöfe teilen den Verbänden mit, welche Aufgaben von ihnen bearbeitet und einer Lösung zugeführt werden müssen, so etwa der Kolpingsfamilie die Sorge um die handwerklich-gewerblichen Berufsgruppen, dem KKV die Sorge um die gewerblich-kaufmännischen Berufsgruppen usw. Diese zugewiesenen Aufgabenbereiche bilden den Schwerpunkt der betreffenden Verbände. Im übrigen werden die Verbände angewiesen, für ihre Mitglieder, die anderen Berufsgruppen angehören, etwa die der industriellen Arbeiterschaft, die Zusammenarbeit mit den in

[3] *Handschriftliche Randbemerkungen zu diesem Absatz waren nicht zu entziffern.*

Frage kommenden Verbänden zu suchen, also vor allen Dingen für die Verwirklichung des Schwerpunktprogramms die Zusammenarbeit mit der KAB.
Die geistlichen Leiter der einzelnen Verbände sowohl auf Bundesebene wie auf Diözesanebene werden zu regelmäßiger Beratung über die Durchführung des Programms verpflichtet.
Insbesondere werden KAB, Betriebsgruppen, Betriebsmännerwerke, Werksgemeinschaften zur Zusammenarbeit und zur ständigen Beratung und evtl. Beschlußfassung verpflichtet.
4) Die Verbandszentrale der KAB wäre wirkkräftig auszubauen, und zwar dadurch, daß die schon seit langem geplanten Sektionen verwirklicht würden, die Ketteler-Wacht, evtl. unter Änderung ihres Titels, redaktionell völlig erneuert, die Zeitschrift ›Priester und Arbeiter‹ als Organ der gesamten Arbeiterseelsorge ausgebaut und möglichst vielen Seelsorgern zugänglich gemacht, im Kettelerhaus selber eine Werbezentrale geschaffen würde, die für die Zwecke des Schwerpunktprogramms zur Verfügung stände. Die Kumulation von Ämtern in den Zentralen wird nach Möglichkeit abgebaut.
5) Die katholischen Sozialwissenschaftler würden ersucht werden, den katholischen Sozialverbänden, insbesondere denen, die sich der Arbeiterschaft widmen, ihre besondere Hilfe zur Verfügung zu stellen, während umgekehrt die katholischen Verbände aufgefordert werden müßten, sich mit Hilfe der katholischen Sozialwissenschaftler um eine tiefere geistige Fundierung ihrer Arbeit zu bemühen und die Verbindung zur katholischen Sozialwissenschaft zu pflegen. Insbesondere sollten auch die katholischen Pastoraltheologen der Fakultäten und Seminare in Beratung treten mit den Führern der katholischen Verbände auf Bundes- und Diözesanebene.
An Fragen, die einer wissenschaftlichen Durchdringung bedürften, wären zu nennen: die Entwicklung der Gesamtgesellschaft und der einzelnen Gesellschaftsgruppen in wirtschaftlicher, gesellschaftlicher und geistiger Hinsicht seit Gründung der Verbände. Die Konsequenzen, die sich aus dieser Entwicklung für die Verbände und ihre Aufgaben ergeben, sei es in gesellschaftspolitischer, sei es in pastoraler Hinsicht; die Weltanschauungs- und Glaubenswahrheiten und die Tugendlehren, die dem heutigen Arbeiter-, Wirtschafts- und Gesellschaftsleben besonders gemäß sind, die Seelsorgs- und Erziehungsmethoden herausstellen.
Das Sozialreferat im Zentralkomitee der Deutschen Katholiken sollte über die Zusammenarbeit der einzelnen Verbände mit den Sozialwissenschaftlern und Pastoraltheologen hinaus beauftragt werden, die Zusammenarbeit aller Verbände untereinander und mit der Wissenschaft einzuleiten. Auch hier gibt es Probleme, die der geistigen und wissenschaftlichen Durchdringung bedürfen.
6) Es müßte versucht werden, den Ausbau und Aufbau der KAB und Betriebsarbeit mit einem Minimum an Klerusarbeit zu bewerkstelligen. Dazu scheinen zwei Dinge notwendig zu sein:
1) eine bestimmte, wenn auch kleine Anzahl von Geistlichen in den Diözesen für diese Arbeit freizustellen; wahrscheinlich würde damit mehr Klerusarbeit erspart werden, als wenn man ohne Freistellung diese Arbeit den Pfarrern und Kaplänen

auferlegte. Wie man vom praktischen Arzt nicht verlangen kann, daß er auch noch Facharzt auf den verschiedenen Gebieten ist, so auch nicht vom praktischen Pfarrseelsorger, daß er Fachseelsorger ist. Beide Arten sind aufeinander angewiesen. Auch unter dem herrschenden Priestermangel kann nicht eine Art der Arbeit ganz zurückgestellt, vielmehr muß ein Ausgleich gesucht werden.
Aufgabe dieser freigestellten Geistlichen müßte es sein,
a) sich selbst in regelmäßigen Konferenzen für ihre Aufgabe weiterzubilden, in denselben ständig Rechenschaft abzulegen und Beratung über ihre Arbeit zu pflegen;
b) die Gründungsaktionen durchzuführen und Hilfestellung bei der Führung der Vereine, Gruppen und Aktionen zu leisten;
c) Anleitung und Weiterbildung aller Seelsorgsgeistlichen in diesen Fragen zu pflegen und das Material, sei es in Predigtvorlagen, Vorträgen, Katechesen usw. zu erarbeiten, die Schulungsarbeit der Führer, der Verbände und Betriebsaktionen zu leisten.
Die Geistlichen müssen aufgefordert werden, häufig die Arbeitsstätten ihrer Pfarrkinder zu besuchen, um lebens- und wirklichkeitsnahe diesen Anschauungsunterricht in die Seelsorge und Verkündigung einbauen zu können.
2) Gleichzeitig mit der Gründung der Vereine und Einleitung der Aktionsgemeinschaften in den Betrieben muß die Schulung der Vereinsvorstände, Aktionskräfte usw. Hand in Hand gehen. Es müßte möglich sein, in der Zeit, in der das Aktionsprogramm läuft, alle Vereine und Aktionsgruppen mit Vorständen und Führern zu versehen, die wenigstens Achttages- und Vierwochenkurse mitgemacht hätten.
Die Sozialseminare, die in vielen Diözesen schon gut ausgebaut sind, müßten nach Inhalt und Form standardisiert und auf eine gemeinsame Norm gebracht werden. Sie sollten die Grundlagenschulung geben, auf der sich Achttages-, Vierwochenkurse usw. aufbauten.
Hierzu genügt der Bestand der jetzigen Schulungseinrichtungen nicht. Während für das Landvolk (Bauern) 17 Landvolkhochschulen im Bundesgebiet zur Verfügung stehen, haben wir für die weitaus größere Gruppe der Arbeiter und Angestellten nur das katholische Sozialinstitut in Honnef, das Gottfried-Könzgenhaus in Haltern, das Sozialinstitut in Rosenheim als ausgesprochene Heimvolkshochschule, die Kommende in Dortmund. Außerdem stehen im Bundesgebiet noch einige Häuser, die der allgemeinen Bildungsarbeit dienen, auch der Arbeiterbildung zur Verfügung. Jedenfalls können die Arbeiterbildungsstätten in Zahl und zielbewußter Ausgestaltung in keiner Weise mit den Landvolkhochschulen konkurrieren.
Die Verbände und Aktionsgruppen müßten gehalten werden zu prüfen, wie sie diese Bildungseinrichtungen gemeinsam tragen, beschicken und ausnutzen können, um den materiellen und geistigen Aufwand möglichst fruchtbringend zu machen.
Mit der Bildungs- und Schulungsarbeit muß die religiös-aszetische Vertiefung unbedingt verbunden werden. Dies muß geschehen in einer Form, die dem heutigen religiösen Leben und den heutigen religiösen Verhältnissen entspricht, so daß auch die Arbeiter den Anschluß gewinnen an die religiösen Erneuerungskräfte unserer Zeit, also liturgische Frömmigkeit, biblische Frömmigkeit, pfarrliches Bewußtsein, Kirchenbewußtsein, in einer Art, die dem vom Arbeitsleben und der Industrie geprägten

Menschen entspricht. Vierwochenkurse sollten nicht ohne Einbau von Exerzitien geschehen. Ebenso müssen Sozialseminare mit Exerzitien oder Einkehrtagen verbunden sein.

3) Im gesamten Klerus jedoch sollte das Verständnis und die Aufgeschlossenheit für die Arbeiterseelsorge geweckt werden und demselben nicht nur einmal, sondern im Laufe der Zeit öfters der einmütige Wille des Episkopates kundgetan werden, in dieser Form die Arbeiterseelsorge aufzubauen.

In der Vorbildung und in der Weiterbildung des Klerus sollte die seit hundert Jahren immer wieder erhobene Forderung einer speziellen Ausbildung des Klerus in den sozialen Fragen energisch angegriffen werden. Für Pastoralkonferenzen müßten einschlägige Themen bevorzugt eingesetzt werden. Die freigestellten Geistlichen sollten dafür zur Verfügung stehen.

7) Der Episkopat sollte der gesamten Arbeiterschaft, und zwar in allen ihren Schichtungen, auch den gehobenen Schichten der Facharbeiter einschließlich der Angestellten, öfters ihren Wunsch und Willen ausdrücken, sich in der katholischen Arbeiterbewegung, hier verstanden sowohl der KAB wie der Betriebsarbeit, zusammenzuschließen und ihr die Bedeutung dieses Zusammenschlusses klarzumachen.

Die alte Forderung, daß alle, die in der Gewerkschaftsbewegung stehen, auch in der KAB aktives Mitglied sein müßten, ist neu zu erheben und mit Macht zu vertreten. Das Recht der Koalitionsfreiheit auch für die Arbeiter, die sich in einer christlichen Gewerkschaftsrichtung organisieren wollen, ist zu betonen. Denen, die in der bisherigen Einheitsgewerkschaft verblieben sind, ist zu sagen, daß sie dies nur vor ihrem Gewissen rechtfertigen können, wenn sie ihre Mitgliedschaft in den Gewerkschaften dazu benützen, um dort die katholische Sozialauffassung auch in geschlossener Gruppierung zur Geltung zu bringen. Nicht nur gegenseitige Achtung beider Gruppen, sondern Hand in Hand arbeiten ist zu fordern.

8) Die katholische Kirchenpresse müßte zur Mitarbeit bei der Durchführung des Programms aufgefordert werden. Ihre Redakteure wären ständig über die Arbeit zu unterrichten. Es sollte ihnen laufend Material zur Verfügung gestellt werden. Evtl. wäre es empfehlenswert, gemeinsam einen Fachredakteur für Soziales und Arbeiterseelsorge anzustellen, der die gesamte katholische Kirchenpresse mit einschlägigem Material versehen würde. Mit der Ordenspresse müßte entsprechende Beratung gepflogen und evtl. ein Abkommen darüber getroffen werden, wie auch sie dieses Anliegen der Bischöfe mit vertreten kann.

9) Die Volksmissionsarbeit der nächsten Jahre könnte unter Leitung der Diözesanseelsorgeämter schwerpunktmäßig für die Arbeiterseelsorge geführt werden. In die Missionsarbeit sollten die Themen der Arbeiterseelsorge und die entsprechenden christlichen Wahrheiten stärker eingebaut werden. Es müßte versucht werden, ebenso wie bislang Standesvorträge für Männer, Frauen und Jugend gehalten wurden, auch einmal Standesvorträge für Arbeiter, Handwerker, Kaufleute, Unternehmer zu halten. Es könnte der Versuch gemacht werden, auch Missionen abzuhalten mit dem ausgesprochenen Ziel, in den betreffenden Bezirken die katholische Arbeiterbewe-

gung (einschl. der Betriebsarbeit) aufzubauen. Die Missionare müßten für diese besondere Aufgabe angeleitet werden. Mit der Missionskonferenz müßten hierüber Beratungen gepflogen und evtl. Abmachungen getroffen werden.
10) Den Religionslehrern an den gewerblichen Berufsschulen sollte in besonderer Weise Hilfe geboten werden, um die christlichen Wahrheiten zu behandeln, die das Arbeitsleben und Wirtschaftsleben betreffen, die sittlichen Motive bereitstellen zu können, die der Bewältigung des Problems im Arbeits- und Wirtschaftsleben förderlich sind, die Beiträge, die die Kirche zur Lösung der sozialen Probleme geleistet hat, darstellen und die Eingliederung der ihnen anvertrauten Schüler nach besten Kräften in die Standesvereine und Aktionsgruppen fördern zu können. Eine besondere Aufforderung, sich in dieser Richtung weiterzubilden und zu arbeiten, sollte an sie ergehen. Mittel und Wege dazu müßten gesucht werden.
11) Die allgemeine Jugendseelsorge und der Bund der Deutschen Katholischen Jugend darf nicht nur in einzelnen Gliederungen, sondern muß insgesamt die Erziehung zur Bewältigung der Probleme des Arbeits-, Wirtschafts- und Gesellschaftslebens der jungen Menschen anstreben. Er muß insgesamt positiv zu den entsprechenden Verbänden und Aktionsgruppen eingestellt sein und den Übergang in entsprechendem Alter vermitteln. Umgekehrt muß eine positive Sorge für die Arbeit des BDKJ in allen Erwachsenenverbänden gepflegt werden, nicht nur für die eigenen Jugendgruppen.
12) Die Probleme der berufstätigen Frauen sollten gründlich durchdacht werden. Es genügt nicht, nur negativ dazu Stellung zu nehmen und möglichst die Entwicklung zu hemmen. Notwendig ist es auch, die Berufstätigkeit der Frau in die richtigen Bahnen zu lenken, den ethischen und religiösen Sinngehalt auch der Berufsarbeit der Frau herauszustellen und in die Gesamtheit des fraulichen Lebens einzubauen.
13) Wir werden eine religiöse Erneuerung in der Arbeiterschaft nicht erreichen können, ohne daß das Gebetsleben des Arbeiters erneuert wird. In erster Linie müßte eine apostolische Gebetsbewegung um die Erneuerung der Arbeiterschaft eingeleitet werden. Ebenso wie wir um die Ausbreitung des Gottesreiches in den Missionen bitten, muß die Wiedergewinnung der Arbeiterschaft zu einem großen Gebetsanliegen werden. In besonderer Weise wären hierzu berufen die noch bestehenden Arbeiterbruderschaften (Barbara-Bruderschaften, Knappenbruderschaften). Eine Erneuerung derselben mit dieser Zielsetzung: Gebet um die Ausbreitung des Gottesreiches in der Arbeitswelt läge sicher an sehr vielen Orten im Bereiche des Möglichen.

134

Reichel an Teusch

Königshofen, 2. September 1957

EA KÖLN, Gen. II 23.61, 23. *Schreibmaschinenausfertigung mit eigenhändiger Unterschrift. Briefkopf:* Dr. Herbert Reichel. *Anschrift:* Hochwürdigsten Herrn Generalvikar Dr. Teusch Köln Marzellenstraße 32. *Registraturstempel:* Erzb[ischöfliches] General-Vikariat Registratur. 2. Sep[tember] 1957 Köln.

Hochwürdigster, sehr verehrter Herr Generalvikar.
Ich bin in Ihrer Dankesschuld. Sie haben sich in Ihrem Schreiben vom 14. August an Herrn Dr. Mees[1], das Sie mir im Durchschlag zur Kenntnis brachten, als wohlwollender Vermittler eingeschaltet. So ist zu hoffen, daß die Dinge bald ins rechte Lot kommen und der zweite katholische Gewerkschaftsstreit auch in diesem Fall eine für alle Beteiligten unerfreuliche Schärfe verliert.
Inzwischen habe ich in meinem Urlaub das Gespräch beim hochwürdigsten Herrn Kardinal vom 8. Juli nach den verschiedensten Seiten hin nochmals überdacht und erlaube mir, Ihnen einige Informationen über Fakten zu übersenden, die geeignet scheinen, den schwierigen Gewerkschaftskomplex im katholischen Lager noch genauer beurteilen zu lassen. Falls es Ihnen angebracht erscheint, die eine oder andere Information auch an Seine Eminenz weiterzugeben, ist es mir sehr recht.
Zunächst habe ich veranlaßt, da Sie ja auf Veranlassung Seiner Eminenz die »Gesellschaftspolitischen Kommentare«[2] genauer durchsehen, daß Ihnen die ersten drei Jahrgänge gebunden zugesendet werden.
Zum zweiten überraschte mich am 8. Juli Seine Eminenz mit der Frage, was ich seelsorgerlich in meiner Arbeit wirke. Ich konnte nur unzureichend antworten, da ich bisher eben vom Boden meiner philosophischen und sozialphilosophischen Studien in den vorkirchlichen Raum hinein gewirkt hatte, ohne mir die Frage reflex zu stellen, was daran nun seelsorgerlich und missionarisch sei. Da man in eigener Sache immer als leicht oder stark befangen erscheint, erlaube ich mir als ein Beispiel die Äußerung eines Gewerkschaftskollegen zur Kenntnisnahme beizulegen. Von der Kollegenschaft ist an die Kollegen die Frage ergangen, was ihnen »Kollegenschaft« und »Gesellschaftspolitische Kommentare« bedeuten. Eine dieser Antworten wurde mir inzwischen zugesandt und liegt bei.
Zum dritten scheint mir Seiner Eminenz meine Stellung in der »Kollegenschaft« nicht ganz durchsichtig zu sein.

1 GÜNTHER MEES *(geb. 1927), Dr. phil., publizistischer Mitarbeiter katholischer Organe, übernahm auf Wunsch von Bischof Keller die Organisation der verlegerischen und publizistischen Grundstruktur der CGB-Presse, 1965–1973 stellvertretender Chefredakteur, 1973–1993 Chefredakteur der münsterschen Bistumszeitung »Kirche und Leben«, 1992-1998 erster deutscher Präsident der »Union Catholique Internationale de la Presse« (UCIP) und in dieser Funktion Mitglied des Päpstlichen Rates für die sozialen Kommunikationsmittel, langjähriger Vorsitzender der Arbeitsgemeinschaft Katholische Presse (AKP), zahlreiche Buchveröffentlichungen.*

2 *Organ der christlich-sozialen Kollegenschaft im DGB.*

Die »Kollegenschaft« ist eine konkonfessionelle Aktionsgemeinschaft, die sich nicht auf kirchliche Weisung hin konstituiert hat und sich daher auch nicht als eine Art Arbeiterstandesbewegung begreift. Meine Stellung darin ist daher auch nicht die eines von der Kirche zur Seelsorge bestimmten Priesters, sondern eines Mitarbeiters ohne Nachfolgerecht. Als in diesen Wochen die Rheinische Landeskirche um Entsendung kirchlich beauftragter Pastöre für die »Kollegenschaft« angegangen wurde, lehnte die »Kollegenschaft« das ab, sprach aber ihre Freude darüber aus, wenn evangelische Pastöre als Einzelpersönlichkeiten mitarbeiten würden. Genau so ist meine Stellung in dieser Arbeit. Wenn also immer wieder Überlegungen für meine Nachfolge laut werden, wird das nicht der realen Situation gerecht. Ebenso steht es mit meiner Mitarbeit an den »Gesellschaftspolitischen Kommentaren«. Tatsächlich habe ich großen Einfluß auf die christlich-soziale, d. h. katholische Grundsatzlinie der GK, aber formell kann die katholische Kirche keinen Nachfolger an meine Stelle setzen. Vielmehr ist die Situation so, daß bereits starke evangelische Kräfte den Anspruch angemeldet haben, die Nachfolge bei meiner Abberufung zu stellen.
Weil immer wieder die Frage meiner Abberufung laut geworden ist, ergibt sich, daß meine Stellung ständig geschwächt wird. Wegen der Münsterischen Vorstöße habe ich mich aus der gewerkschaftspolitischen Problematik seit fast 1½ Jahren fast ganz zurückziehen müssen mit dem einzigen Erfolg, daß ein Vakuum entstanden ist, ohne daß sonst jemand mäßigend und ausgleichend an meine Stelle treten konnte. Das scheint mir die reale Situation zu sein.
Zum vierten – und darin scheint der Hauptvorwurf zu bestehen –, wird mir und meiner Arbeit nachgesagt, daß sie gegen die CGD ausgerichtet sei. Aber gerade das Gespräch vom 8. Juli bei Seiner Eminenz hat mir deutlich gemacht, wie es zu diesem Vorwurf kommen kann. Ich muß einige Fakten aufführen, aus denen die Grundlage zu ersehen ist, auf der meine Arbeit, zugleich aber auch die Anwürfe aufruhen.
Die Priesterkonferenz in Honnef am 27.6.1955 hatte zu dem Zweck stattgefunden, um eine einheitliche Linie für die katholischen Priester in der Sozialarbeit festzulegen für den Tag, da die CGD ins Leben treten würde. Dabei war in aller Klarheit die Notwendigkeit der Zweigleisigkeit in der Gewerkschaftsfrage von den Teilnehmern bejaht worden. Da ich selbst an der Konferenz nicht teilnehmen konnte, da ich zu dieser Zeit bereits in der Schweiz festgelegt war, schrieb mir Herr Domkapitular Tenhumberg, ich solle mich »zum Geist und Inhalt der Honnefer Beschlüsse« bekennen. Das war am 29. Juni. Schriftlich bekannte ich mich zu Honnef in einer Erklärung an H[o]chw[ürdigen] Herrn Dr. Paulus.
Es ist nun unbegreiflich, wie H[o]chw[ürdigster] Herr Tenhumberg in dem Kardinalsgespräch vom 8. Juli den Sinn von Honnef einfach bestreiten konnte. Schließlich war doch die Vereinbarung von Honnef auf Treu und Glauben aller Beteiligten erfolgt. Auf dieser Umwandlung des »Geistes und des Inhalts« von Honnef aber beruht die weitere Zuspitzung im 2. katholischen Gewerkschaftsstreit.
Bald nach Honnef begann durch H[o]chw[ürdigsten] Herrn Tenhumberg und Präses Wöste die »Umwandlung« von Honnef. Man wollte nicht mehr die Zweigleisigkeit in der Gewerkschaftsfrage, d. h. von CGD und Kollegenschaft wahrhaben. Man suchte

nachträglich – noch im Laufe des Jahres 1955 – meine Mitarbeit in der Kollegenschaft auf »individuelle Seelsorge am einzelnen« zu eliminieren und bekämpfte eine Gruppierung zur Kollegenschaft. Man drängte auf meine Abberufung, erklärte aber bereits damals, daß es nicht um meine Person ginge, sondern jedweder Jesuit unerwünscht sei. Die Priesterkonferenz am 12. März 1956 in Frankfurt brachte diese Tendenzen klar an die Oberfläche. Ein Teil der Priester verließ verärgert die Konferenz, eine einheitliche Stellungnahme war nicht mehr möglich. Auf Drängen der anwesenden Herren Prälaten kam es zu einer allgemeinen Verlautbarung. Als sofort im Anschluß an die Konferenz H[o]chw[ürdigster] Herr Tenhumberg mit maßgeblichen Beteiligten ohne Rücksicht auf die tatsächliche Lage der Konferenz seine bekannten Forderungen erhob – hinzu kam noch der Stoß gegen die »Gesellschaftspolitischen Kommentare«, ergab sich im Ergebnis, daß die durch Münster versuchte Minorisierung der Majorität die Vertrauensgrundlage für weitere Priesterkonferenzen zerstört hatte.
Wenn H[o]chw[ürdigster] Herr Tenhumberg sich bei dem Kardinalsgespräch vom 8. Juli auf diese Frankfurter Konferenz berief, mußte sich das für Wissende befremdlich ausnehmen.
Auf dieser »kalten« Umwandlung fair vereinbarter gegenseitiger Toleranz beruht nun der Vorwurf, daß meine Arbeit und die der Kollegenschaft gegen die Intentionen des hochwürdigsten Episkopats gerichtet sei, obwohl ich immer die Vereinbarung von Honnef auf Zweigleisigkeit auch bei den Kollegen im DGB – importune opportune – vertreten habe. Bis zur Stunde bin ich in dieser Angelegenheit lediglich beschuldigt worden, ohne daß man je überhaupt versucht hat, mir Illoyalität gegen Honnef nachzuweisen.
Im übrigen möchte ich noch hinzufügen, daß die Einengung der Zweigleisigkeit auf »individuelle Seelsorge« an den katholischen Kollegen im DGB zwei Hemmnissen begegnet. Erstens würde ich aus der Kenntnis der Lage es für nicht zu verantworten halten, wenn man unsere Menschen isoliert und lediglich individuell in der Millionenbewegung des DGB stehen ließe. Wohin das geführt hat, erweist die Entwicklung bis zum Wirksamwerden der »Kollegenschaft«. Nur in seiner geschlossenen »Gruppe« vermag heute der einzelne in der Massengesellschaft zu bestehen.
Zweitens würde eine »individuelle Seelsorge« mit Recht in die Kompetenz der katholischen Arbeiterstandesbewegung eingreifen, die dazu doch gesendet ist. Daher kann eine direkte seelsorgliche Betreuung der katholischen Menschen im DGB nur mittels und im Rahmen der Arbeiterstandesbewegung und damit auf Weisung und im Auftrag des hochwürdigsten Episkopats erfolgen.
Hochwürdigster Herr Generalvikar, ich unterbreite Ihnen diese Dinge zu Ihrer Information und damit Sie davon Gebrauch machen, sofern es Ihnen für eine gesunde und gerechte Entwicklung in der Gewerkschaftsfrage nützlich erscheint. Ich selbst stehe Ihnen zu weiteren Aussprachen, falls diese Ihnen erforderlich und nützlich scheinen, jederzeit zur Verfügung.
Mit herzlichem Dank für Ihr Wohlwollen verbleibe ich mit bestem Gruß

Euer Gnaden ergebenster
P. Herbert Reichel.

135

Vorlage Hengsbachs

Paderborn, vor 5. September 1957[1]

EA MÜNCHEN, Joseph Kardinal Wendel, 21/1957. *Schreibmaschinendurchschrift. Überschrift:* Vorschläge zur Intensivierung der Aufgaben des DJK-Bundesverbandes und zur Einheit innerhalb der DJK. Vorgelegt vom Generalassistenten des Zentralkomitees der deutschen Katholiken, Weihbischof Dr. Hengsbach, Paderborn.

Am 7. Juli 1954 haben sich der DJK-Hauptverband, der DJK-Zentralverband und die DJK-Frauensportgemeinschaft zum DJK-Bundesverband zusammengeschlossen. In der Satzung des DJK-Bundesverbandes, die von den drei Mitgliedsverbänden sowie von den Mitträgerverbänden (Bund der deutschen katholischen Jugend und katholischen Erwachsenenorganisationen) angenommen wurde, sind folgende Aufgaben des DJK-Bundesverbandes festgelegt worden:
1. Festlegung einer gemeinsamen religiösen und pädagogischen Linienführung.
2. Darstellung und Entfaltung der gemeinsamen Ideen der DJK gegenüber der Öffentlichkeit.
3. Vertretung der Interessen der DJK bei kirchlichen und staatlichen Behörden, gegenüber den Mitträgerverbänden, gegenüber dem Deutschen Sport und im Ausland.
4. Gemeinsame Förderung der Sporterziehung in allen katholischen Jugend- und Erwachsenenverbänden.
5. Planung und Durchführung gemeinsamer Aufgaben und Unternehmungen, auch – soweit das möglich ist, in Finanz- und Versicherungsangelegenheiten.
6. Die Koordinierung der internationalen Beziehungen und Aktionen.
7. Der Ausgleich der Interessen und die Befriedung bei auftretenden Schwierigkeiten zwischen den Mitgliedsverbänden.

Die Erfahrung der letzten Jahre hat gezeigt, daß es mit Rücksicht auf die seelsorgliche und jugendpädagogische Wirksamkeit der DJK notwendig ist, die Aufgaben des DJK-Bundesverbandes näher zu präzisieren. Die Fuldaer Plenarkonferenz vom ... bis ... 1957 hat darum folgende Durchführungsbestimmungen zum Statut des DJK-Bundesverbandes erlassen, wobei es ihre ausdrückliche Absicht ist, daß die seelsorglichen und sportpädagogischen Vorteile beider Mannessportverbände gesichert bleiben:

»I. Die Aufgaben des DJK-Bundesverbandes sollen sich vor allem auf folgende Gebiete beziehen:
1. Die gemeinsame geistliche und seelsorgliche Betreuung der Mitgliedsverbände. Dabei sind die besonderen Belange der Frauensportgemeinschaft hinsichtlich der Frauenseelsorge und Frauenbildung zu berücksichtigen.

[1] *Die Datierung ergibt sich aus dem Begleitschreiben* STOHRS *vom 5. September 1957 (Schreibmaschinenausfertigung mit eigenhändiger Unterschrift am gleichen Fundort), mit dem dieser die Vorlage den deutschen Bischöfen übersandte.*

a) Auf Diözesanebene wird jeweils nur ein geistlicher Beirat für die beiden Mannessportverbände ernannt, der im Rahmen des DJK-Bundesverbandes seine seelsorglichen Aufgaben erfüllt.
b) Konferenzen und Werkwochen für geistliche Beiräte können nur im Einvernehmen mit dem DJK-Bundesverband einberufen werden.
c) Exerzitien und Einkehrtage für Mitglieder der DJK-Vereine werden auf Vereinsebene vom jeweiligen Verein durchgeführt. Darüber hinaus fallen sie in die Zuständigkeit des geistlichen Beirats der betreffenden Diözese.
2. Die gemeinsame Weiterbildung der führenden Kräfte aller Mitgliedsverbände, wobei wiederum die besonderen Belange der Frauensportgemeinschaft zu berücksichtigen sind.
a) Studientagungen und die Vergabe von Forschungsaufträgen fallen in die Zuständigkeit des DJK-Bundesverbandes.
b) Die Schulungskurse in der ehemaligen Reichslehrstätte Münster werden vom DJK-Bundesverband durchgeführt. Der juristische Träger der Reichslehrstätte und seine Organe sollen sich in entsprechender Weise den Aufgaben des DJK-Bundesverbandes zur Verfügung stellen.
3. Die Aufgaben gegenüber der Öffentlichkeit.
a) Die Vertretung gegenüber staatlichen und kommunalen Stellen wird vom DJK-Bundesverband wahrgenommen. Falls es aus sachlichen Gründen notwendig ist, daß einer der drei Mitgliedsverbände unmittelbar mit kommunalen oder staatlichen Stellen verhandelt, soll der Bundesverband rechtzeitig darüber orientiert werden.
b) Mit Ausnahme der getrennten Verbandszeitschriften kann das Schrifttum der DJK nur vom DJK-Bundesverband herausgegeben werden.
c) Damit für den Raum der deutschen Öffentlichkeit das Ideengut der DJK eine klare, durchschlagende Prägung erhält, können Kundgebungen der DJK auf Bundesebene nur vom DJK-Bundesverband veranstaltet werden. Sonderveranstaltungen der Mitgliedsverbände müssen terminlich aufeinander abgestimmt werden. Diese Sonderveranstaltungen dürfen auf keinen Fall Veranstaltungen des DJK-Bundesverbandes gefährden.
d) Internationale Beziehungen (u. a. Vertretung der DJK im Ausland, Einladung von ausländischen Gästen) gehören in die Zuständigkeit des DJK-Bundesverbandes.
4. Die Koordinierung von Planungen und die Schlichtung von Streitigkeiten.
a) Diözesan-Sportfeste können nur im Rahmen des DJK-Bundesverbandes veranstaltet werden, unbeschadet der »Grundsätze der Sportübung der Frauenjugend und Frauen«, die in der Satzung der DJK-Frauensportgemeinschaft festgelegt sind. Alle vier Jahre werden Bundessportfeste durchgeführt, die in die ausschließliche Zuständigkeit des DJK-Bundesverbandes fallen. Die Mitgliedsverbände führen keine eigenen Verbandssportfeste oder Verbandstreffen durch. Es ist ihnen jedoch unbenommen, in den einzelnen Disziplinen eigene Verbandsmeisterschaften auszutragen.
b) Die Aufstellung von Kernmannschaften für repräsentative Aufgaben ist nur Sache des Bundesverbandes.
c) Nur der Bundesverband führt eine DJK-Bestenliste.

d) Streitigkeiten werden vom Koordinierungsausschuß des DJK-Bundesverbandes beigelegt. Die Mitgliedsverbände sind an die Entscheidungen des Koordinierungsausschusses gebunden.
5. Die Verleihung der höchsten Stufe aller Ehrenzeichen.
Damit in der Verleihung von Ehrenzeichen an hochgestellte Persönlichkeiten des kirchlichen und öffentlichen Lebens keine Rivalität zwischen den Mitgliedsverbänden entsteht, fällt die Verleihung der höchsten Stufe aller Ehrenzeichen in die Zuständigkeit des DJK-Bundesverbandes. Die beiderseitigen Ehrenordnungen müssen koordiniert werden.
II. Die Plenarkonferenz befürwortet die Bestellung eines hauptamtlichen Geschäftsführers (Generalsekretärs) für den DJK-Bundesverband und erklärt sich bereit, zu dessen Finanzierung beizutragen.«
Die Mitglieds- und Mitträgerverbände sollen über diesen Beschluß der Plenarkonferenz unterrichtet und der DJK-Bundesverband zu den entsprechenden Maßnahmen aufgefordert werden.

136

Defregger[1] an Welsch[2]

[München,] 5. September 1957

EA MÜNCHEN, Joseph Kardinal Wendel, 60/1957. *Schreibmaschinenschrift. Anschrift:* Herrn Hans Welsch, Forstinnig bei München, Semptstraße 98.

Sehr geehrter Herr Welsch!
Gerne bestätige ich den Eingang ihrer Anfragen vom 6.8., 27.8. und 4.9.[3], in denen sie den Hochwürdigsten Herrn Kardinal um Beratung hinsichtlich der kommenden Bundestagswahl gebeten haben.
Leider muß ich Ihnen mitteilen, daß diesem Ihrem Wunsch nicht entsprochen werden kann. Die Stimmabgabe am 15. September ist ihre persönliche Entscheidung, die aus triftigen Gründen nicht von hier aus beeinflußt werden soll.
Da aber die von Ihnen zitierten Presseberichte über Ausführungen des Hochwürdigsten Herrn Bischofs von Münster[4] in der Tagespresse unvollständig und daher auch schwer verständlich wiedergegeben waren, darf ich wohl annehmen, daß Ihnen mit der Übersendung des ganzen, zusammenhängenden Textes gedient sein wird. Die Ausführungen sind grundsätzlicher Natur, so daß sie zur Urteils- und Gewissensbildung sehr wohl beizutragen vermögen.
Mit dem Ausdruck vorzüglicher Hochachtung

Ihr sehr ergebener
[*o. U.*].

1 MATTHIAS DEFREGGER *(1915–1995), 1949 Priester (ED München), 1953 Geheimsekretär Wendels, 1962 Domkapitular und Generalvikar, 1968 Weihbischof in München.*
2 *Die Identität des Adressaten war nicht näher zu bestimmen.*
3 *Die genannten Schreiben wurden nicht aufgenommen.*
4 *Vgl. Dok. 120, Anm. 2.*

137

Gier an Frings

Saarbrücken, 5. September 1957

EA KÖLN, Gen. II 23.61, 25. *Schreibmaschinenschrift. Briefkopf:* Gesamtverband der Christlichen Gewerkschaften des Saarlandes. *Anschrift:* S[eine]r Eminenz dem Hochwürdigsten Herrn Erzbischof Joseph Kardinal Dr. Frings, Köln. *Vermerk:* Anlage 5 [*zu Nr. 138*].

Ew. Eminenz!
Verschiedenen Pressemeldungen zufolge haben einige katholische Mitglieder des Deutschen Gewerkschaftsbundes an Ew. Eminenz ein Schreiben[1] gerichtete, in dem das Problem der weiteren Mitarbeit katholischer Christen im Deutschen Gewerkschaftsbund in haupt- und ehrenamtlichen Stellungen wieder aufgerollt worden ist.
Ew. Eminenz haben im Brief vom 3. Juli dieses Jahres[2] Herrn Tacke und die Mitunterzeichneten des Briefes vom 16. Mai 1957 gebeten, daß die Katholiken, die gewerkschaftlich wo auch immer organisiert sind, sich gegenseitig nicht verunglimpfen. Des weiteren hatten Ew. Eminenz zu einer Zusammenarbeit aufgerufen, um den gemeinsamen christlichen Belangen zu dienen.
Leider sind inzwischen von verschiedenen Seiten neue Spannungen erzeugt worden und haben zu Angriffen geführt und ein »Klima« geschaffen, das sich für alle beteiligten Männer und Frauen, die in der christlichen Sozialarbeit stehen, zum Schaden auswirken wird und insbesondere der Fortentwicklung der Christlichen Gewerkschaftsbewegung Deutschlands nicht dienlich ist.
Diesem abhelfen zu wollen dient unser Vorschlag, den wir uns gestatten, Ew. Eminenz vorzutragen:
Wir bitten Ew. Eminenz, namhafte katholische Vertreter des Gewerkschaftsbundes (Christlich-Soziale Kollegenschaft), der Sozialausschüsse der CDU[3], der Christlichen Gewerkschaftsbewegung Deutschlands einschließlich der Saar, der katholischen Standesvereine und Bewegungen, sowie der in katholischer Sozialarbeit stehenden Geistlichen einschließlich der Verantwortlichen des Zentralkomitees der Deutschen Katholiken zu einer Besprechung über das Gewerkschaftsproblem unter dem Vorsitz Ew. Eminenz zusammenrufen zu wollen, um die zur Zeit bestehenden Spannungen auszuräumen.
Genehmigen Ew. Eminenz den Ausdruck unserer vorzüglichsten Hochachtung

gez. Gier
Präsident.

1 *Vgl. Dok. 114.*
2 *Vgl. Dok. 122.*
3 *Vgl.* H. GUNDELACH.

138

Frings an Muench

Köln, 11. September 1957

EA KÖLN, Gen. II 23.61, 25. *Eigenhändiger Entwurf.*

Hochwürdigste Exzellenz!
Gemäß der Aufforderung vom 4.9.1957 No. 11233/IIa-c-5[1] erlaube ich mir folgendes zu berichten:
Am 16.3.1957 erließen die westdeutschen Bischöfe eine erneute Stellungnahme der westdeutschen Bischöfe zur Frage der christlichen Gewerkschaften. Den Text dieser Erklärung lege ich bei. (Anlage 1)[2]
Am 16.5 wurde der Brief des Herrn Tacke und seiner Freunde an mich geschrieben, der dortseits bekannt sein dürfte[3]. Er wurde in der Presse veröffentlicht, während ich mich auf der Rückreise von Japan befand.
Am 3.7. gab ich Herrn Tacke die in Braunshardt vorbesprochene Antwort. (Anlage 2)[4]
Darauf traf mit dem Datum vom 26.7. das beifolgende Schreiben des Herrn Tacke ein. (Anlage 3)[5]
Eine Antwort ist darauf nicht erfolgt.
Da ein »Spiegelartikel« vom 12.6.1957[6] behauptet hatte, der Bischof von Limburg distanziere sich von der Erklärung der Bischöfe vom 16.3.1957 ließ er durch Rechtsanwalt Kauffmann am 10.7.1957 die folgende Erklärung abgeben. (Anlage 4)[7]
Am 19.8.1957 schrieben die kath[olischen] hauptamtlichen Kollegen der IG Bergbau einen umfangreichen Brief an mich[8] mit ähnlichem Inhalt, wie ihn der von Herrn Tacke hatte, unterzeichnet von H[ubert] Stein[9], W. Maul, Fritz Pott und Fritz Schultz. Da ich in Urlaub war, wurde eine Empfangsbestätigung gegeben, und P. Engel vom Zentralkomitee der deutschen Katholiken wurde beauftragt, mündlich mit den Herren zu verhandeln.
Inzwischen erschien in der Septembernummer der »Stimmen der Zeit« der Artikel von Pater v[on] Nell-Breuning S. J.: »Zur Gewerkschaftsfrage heute« und am 5. September hat in Wiesbaden die angesagte Versammlung mit dem Thema »Christen im DGB«, Redner P. von Nell-Breuning, stattgefunden.

1 *Nicht ermittelt.*
2 *Vgl. Dok. 95.*
3 *Vgl. Dok. 114.*
4 *Vgl. Dok. 122.*
5 *Vgl. Dok. 126.*
6 *Vgl. Dok. 119, Anm. 2.*
7 *Nicht ermittelt.*
8 *Nicht ermittelt.*
9 HUBERT STEIN *(1900–1973), 1948–1960 Mitglied des Geschäftsführenden Vorstands der IG Bergbau. Die anderen genannten Personen wurden nicht ermittelt.*

Heute erhalte ich von dem Präsidenten des Gesamtverbandes der Christlichen Gewerkschaften des Saarlandes, Gier, das beifolgende Schreiben vom 5.9.1957 (Anlage 5)[10]. Eine Besprechung, wie sie dort angeregt wird, hat bereits gestern bei P. Engel stattgefunden.
Für die am 24. Sept[ember] beginnende Fuldaer Bischofskonferenz ist die Gewerkschaftsfrage als Beratungsgegenstand vorgesehen.
Mit dem Ausdruck meiner tiefen Verehrung bin ich

Ew. Exzellenz ergebenster
+ J[oseph] C[ardinal] Fr[ings].

139

Denkschrift des Sozialreferats im Zentralkomitee

[Bad Godesberg, nach 11. September 1957][1]

EA Köln, Gen. II 23.61, 26. *Schreibmaschinenschrift. Überschrift:* Zur Gewerkschaftsfrage. *Stempel:* Zentralkomitee der deutschen Katholiken – Sozialreferat.

1. Kurze Kennzeichnung der gewerkschaftlichen Situation.
Die gewerkschaftliche Situation in der Deutschen Bundesrepublik darf mit einigen Stichworten gekennzeichnet werden.
Nach Mitgliederzahl und ökonomischer Stärke ist die Einheitsgewerkschaft mit etwa 6 Millionen Mitgliedern dominierend; daneben finden wir einige an Zahl kleinere Gewerkschaftsgruppen, von denen die bedeutendsten die Deutsche Angestellten-Gewerkschaft (DAG) mit über 400.000 und der Deutsche Beamtenbund (DBB) mit etwa 340.000 Mitgliedern sind. Den Christlichen Gewerkschaften Deutschlands (CGD) mit 85.000 Mitgliedern, die zahlenmäßig am stärksten im Saargebiet sind, wird von dem DGB die größere Beachtung deshalb geschenkt, weil sie im ganzen gewerkschaftlichen Bereich als Konkurrent dem DGB gegenübertritt, während die anderen kleineren Gewerkschaftsgruppen in Deutschland sich auf abgrenzbare kleinere berufliche Gruppen beschränken.
Die Schwierigkeiten, die sich für den Christen im DGB ergeben, gehen auf die Zusammensetzung der dortigen Führungskreise, die fast ausschließlich weltanschaulich dem Sozialismus in seiner verschiedenen Prägung nahestehen, zurück. Der Einfluß der gewerkschaftlichen Führungskräfte erstreckt sich auf den gesamten gewerkschaftlichen Raum und beeinflußt besonders die Kräfte, die in die gewerkschaftlichen Führungsaufgaben hineinwachsen.
Nachdem die christlichen Gewerkschaften entstanden waren, konnte dieser Bewegung die Sympathie aus kirchlichem Raum nicht vorenthalten werden. Durch die

[10] *Vgl. Dok. 137.*

[1] *Die Datierung ergibt sich aus der Erwähnung einer am 11. September 1957 stattgefundenen Besprechung.*

bischöflichen Stellungnahmen sollte der jungen christlichen Gewerkschaftsbewegung von dieser Seite aus Unterstützung zuteil werden. Die kirchlichen Äußerungen wurden von den im DGB aktiven Christen dahin mißverstanden, als seien sie durch ihr Verbleiben im DGB Christen minderen Grades. Nach der Stellungnahme S[eine]r Eminenz zu einem Schreiben des stellvertretenden Vorsitzenden im DGB, Herrn Bernhard Tacke, vom 16. Mai 1957[2] trat in dieser Frage eine Beruhigung ein.
Wie lange diese Ruhe dauern wird, ist nicht vorauszusehen, da in der Gewerkschaftsproblematik an sich und im besonderen in unserer konkreten Situation große Spannungen liegen. Es sei daher erlaubt, einige die Gewerkschaft betreffenden Fragen aufzuwerfen und mögliche Verhaltungsweisen in unserer konkreten Situation anzudeuten.
2. Die Veränderung der Gewerkschaft im Laufe ihrer Entwicklung.
Wir sprechen heute oft von der »klassischen« Gewerkschaft und meinen damit die Gewerkschaft in ihrer früheren Aufgabenstellung. Die Gewerkschaft verstand sich als Lohnkartell und versuchte, das von der liberalen Theorie entwickelte Marktspiel des freien Wettbewerbs auch auf den Arbeitsmarkt anzuwenden. So lange die Gewerkschaft nicht das gesamte Wirtschaftsleben in seinem Ablauf wesentlich mit beeinflussen konnte, war diese Haltung für die gesamte Gesellschaft nicht bedrohlich. Die einseitige Marktüberlegenheit des Kapitals konnte im wesentlichen den Arbeitsmarkt in seinen Forderungen in Schranken halten. Erst mit der Gleichgewichtigkeit zwischen Gewerkschaft als Angebotskartell der Arbeitskraft und den Unternehmerverbänden als Nachfrager auf dem Arbeitsmarkt, die sich als Gegengewicht gegen die Gewerkschaft entwickelten, erhielt die Gewerkschaft eine ganz andere gesellschaftliche Bedeutung. Sie wurde zu einer »gefestigten« Gewerkschaft, die nicht mehr blindlings ihre Machtfülle auf dem Arbeitsmarkt zum Einsatz bringen kann, sondern zu gleicher Zeit verantwortlich ist für die Wirkungen, die ihre Forderungen verursachen. Dieser Zustand der sogenannten »gefestigten Gewerkschaft« gibt der Organisation und Bewegung ein viel größeres gesellschaftspolitisches Gewicht als in früheren Zeiten.
Die soziologische Bedeutung der »gefestigten Gewerkschaft« für die ganze Gesellschaft mag daran ermessen werden, daß sie die ungemein schwierige Aufgabe hat, wesentlich den Verteilungsprozeß des Sozialprodukts über die Tarifverhandlungen mitzubestimmen. Von ihrem Verhalten hängt außerdem in weitem Maße die Stabilität der Geldwährung wie auch die Vollbeschäftigung der Arbeitskräfte in unserer Volkswirtschaft ab. Diese Schlüsselstellung der Gewerkschaften kann jede, auch noch so sachlich fundierte Sozialpolitik eines Gemeinwesens unwirksam machen, wie sie andererseits bei vernünftigem Verhalten ihr auch zum Erfolg verhelfen kann.
3. Die Verantwortung des Christen im gewerkschaftlichen Raum.
Daraus erwächst für den Christen in der modernen Gesellschaft die Pflicht, aus christlicher Verantwortung diesen Raum mit gestalten zu müssen.
Im politischen Raum wurde im Laufe der Zeit dem Christen die Verantwortung für die Wahlpflicht nahegebracht. Die Auffassung, daß die Wahlpflicht ein Teil der Ge-

2 *Vgl. Dok. 122.*

staltungspflicht des gesamten sozialen Lebens ist, nimmt mehr und mehr zu. In ähnlicher Weise wird dem Christen auch die Gestaltungspflicht des gewerkschaftlichen Raumes nahegebracht werden müssen.
Wenn wir uns fragen, wer diesem gewerkschaftlichen Raum als Christ verpflichtet ist, so können wir sagen, alle, die diesem gewerkschaftlich zu bewältigenden Raum angehören. Dieser gewerkschaftliche Raum wird durch Rechtssatzungen geordnet. So kann als ein Kriterium der Zugehörigkeit zu diesem Raum etwa das Betriebsverfassungsgesetz[3] bzw. das Personalvertretungsgesetz[4] aufgefaßt werden. Das hieße, daß alle, die als Arbeitnehmer unter dieses Gesetz fallen, auch an einer Gestaltung dieses gesellschaftlichen Lebensraumes unmittelbar verantwortlich sind. Es wäre falsch, die Verantwortung für den gewerkschaftlichen Raum von den Statuten einer Standesbewegung her zu begründen, hier ist vielmehr die soziale Wirklichkeit maßgebend. So ist nicht nur die christliche Arbeiterbewegung für die Gestaltung dieses Raumes verantwortlich, sondern die Menschen, die als Christen in diesem Raum leben. Hierher gehört vor allem die ganze Kolpingbewegung wie auch andere Verbände, sofern ihre Mitglieder in einem abhängigen Arbeitsverhältnis in Betrieben stehen, die dem Betriebsverfassungsgesetz unterworfen sind. Hier müßten Mittel und Wege gefunden werden, um diese nicht unbedeutende Zahl von christlichen Menschen im gewerkschaftlichen Raum wirksam werden zu lassen.
4. Fragen, die sich aus der Eigenart der gewerkschaftlichen Machtverhältnisse ergeben. Der DGB sieht sich zur Zeit als der eigentliche wirksame Vertreter der Interessen der Arbeitnehmerschaft an. Er stützt sich dabei auf seine Kapitalstärke und seine Mitgliederzahl. Eine große Sorge der Gewerkschaft ist der Bestand ihrer Mitglieder. Jede neu aufkommende Gewerkschaftsbewegung wird als eine Machteinschränkung empfunden, die durch das Abwerben von Mitgliedern und das Wachstum der neuen Gewerkschaftsbewegung hervorgerufen wird. Solange eine neue Gewerkschaftsbewegung sich auf einen kleinen Kreis von Mitgliedern bezieht, die keine sozialpolitisch entscheidende Stellung einnehmen, wird eine solche Bewegung toleriert. Zu einer Auseinandersetzung wird es aber sicherlich kommen, wenn eine Gewerkschaft sich in ihrer Werbung auf den gesamten Raum gewerkschaftlicher Möglichkeiten ausdehnen möchte. Die letzte Situation ist bei der CGD gegeben. Falls die CGD sich zu einem festen Verband formieren sollte, wird eine Machtauseinandersetzung mit der überlegenen Gewerkschaft sicherlich eines Tages einsetzen. Der CGD wird vor allem auch deshalb von seiten des DGB mehr Aufmerksamkeit geschenkt, weil eine festgefügte christliche Gewerkschaftsbewegung an der Saar vorhanden ist und der breite vorgewerkschaftliche Raum der christlichen Standesverbände als eventueller Aktivierungsraum für diese Gewerkschaftsbewegung besteht. Weiter kann die neue Gewerkschaftsbewegung ein festes Programm mit weltanschaulicher Verankerung aufweisen, so daß auch die gewerkschaftlichen Forderungen viel besser fundiert werden können als in einer weltanschaulich und politisch neutral sein wollenden Gewerkschaft. Die-

[3] Betriebsverfassungsgesetz *vom 11. Oktober 1952.* BGBl., *S. 681.*
[4] Personalvertretungsgesetz *vom 5. August 1955.* BGBl., *S. 477.*

se Gründe – ausgedehnter vorgewerkschaftlicher Raum, Verantwortung im gesamten Gewerkschaftsraum, weltanschauliche Fundierung – sind Gründe, die zu einer machtmäßigen Auseinandersetzung mit dem DGB führen können.
Die Auseinandersetzung wird auf den verschiedenen Ebenen angesetzt werden:
a)
Rechtlich wird man die Existenzberechtigung einer christlichen Gewerkschaft angreifen und ihr die Voraussetzungen für eine Gewerkschaftsbewegung absprechen wollen. Im äußersten Fall wird man sie sogar auf dem richterlichen Wege auszuschalten versuchen.
Man kann versuchen, eine christliche Gewerkschaft als »Richtungsgewerkschaft« abzustempeln und dann vielleicht den Beweis erbringen wollen, daß eine Richtungsgewerkschaft dem öffentlich-rechtlichen Charakter der modernen Gewerkschaft nicht entspricht. Dieser Angriff, der auch von P. v[on] Nell-Breuning in seinem Artikel in »Stimmen der Zeit« (Sept[ember] 1957)[5] anklingt, scheint mir allerdings nicht allzu ernst zu nehmen zu sein. Jede sozialpolitische Forderung erhebt sich auf der Grundlage einer weltanschaulichen Vorstellung und ist somit ausgerichtet. Die christliche Gewerkschaft vermeidet außerdem die Identität mit einem Standesverband und ihre programmatisch und satzungsmäßig festgelegten Ziele sind wesentlich naturrechtlich begründet und für jedermann annehmbar. Auch die Befürchtung für die zur Zeit bestehende richterliche Besetzung der zuständigen Instanzen, die eine solche Entscheidung herbeizuführen hätten, scheint mir nicht bedrohlich für die Existenz der christlichen Gewerkschaften, wenn auch diese Gesichtspunkte nicht aus den Augen zu lassen sind. Hier sei verwiesen auf die Stellungnahme des Arbeitsrechtlers Nipperdey in der letzten Auflage seines Arbeitsrechts (S. 296) zu der Frage der parteipolitischen und kirchlichen Unabhängigkeit einer Gewerkschaft:
»Nicht darauf kommt es an, daß alle Fragen frei von einer außerhalb der Vereinigung gebildeten und vertretenen Geisteshaltung, sei es einer politischen oder weltanschaulichen, erörtert und entschieden werden müßten. Vielmehr muß die organisatorische und beschließende Selbständigkeit und Unabhängigkeit rechtlich und faktisch bestehen, also keine Gebundenheit an Weisungen von Parteien oder kirchlichen Instanzen gegeben sein. Beschließen die Verbände in freier Selbstbestimmung, ihre Ziele und Mittel an einem bestimmten ideologischen Programm auszurichten, so kann ihre Tariffähigkeit deshalb nicht in Frage gestellt werden«[6].
Auch wenn einige Sekretäre der Katholischen Arbeiter-Bewegung dieser christlichen Gewerkschaft manchen Dienst leisten, so dürfte das noch kein Grund zu einer Anfechtung der freien Selbstbestimmung der CGD sein.
b)
Auf der gesellschaftlichen Ebene wird man die neue konkurrierende Gewerkschaft als gesellschaftsfeindlich anklagen und unter Ausnutzung des herrschenden »Ein-

5 Oswald von Nell-Breuning, *Zur Gewerkschaftsfrage heute, in:* Stimmen der Zeit *160 (1956/57), S. 436–456.*

6 *Alfred* Hueck/*Hans Carl* Nipperdey, *Lehrbuch des Arbeitsrechts, 6. Aufl., 2. Bd., Berlin und Frankfurt am Main 1957.*

heitsmythos« sie als Spalter verketzern. Wie die Haltung der Arbeiter der Gewerkschaft gegenüber in Zukunft sein wird, müßte daher laufend beobachtet werden. Durch die langsam wachsende Wirksamkeit der christlichen Gewerkschaft und durch Mißgriffe im weltanschaulichen Bereich durch Vertreter des DGB wird dieser Einheitsmythos langsam aufgelöst. Er stammt zum großen Teil aus der Zeit der klassischen Gewerkschaftsbewegung, in der die Gewerkschaft in erster Linie ihre gesamte Macht zum Einsatz bringen konnte ohne Rücksicht auf Wirkungen auf das gesamte Gesellschaftsgefüge.

Das Verhalten der modernen Gewerkschaft ist nicht nur von ihrer Machtfülle her bestimmt, sondern findet seine Grenzen an dem gesamtwirtschaftlich Möglichen, das durch genaue Erfassung gesamtvolkswirtschaftlicher Vorgänge bestimmt wird. Weiter wird das Verhalten der modernen Gewerkschaft von ihrer Zielsetzung wesentlich mitbestimmt. Diese Zielsetzung ist heute nicht mehr wie in früheren Zeiten eine rein machtmäßig bestimmte Erhöhung der Löhne durch Tarifverträge oder Streiks, die Aufgaben einer modernen Gewerkschaftsbewegung sind vielmehr in eine größere Gesamtverantwortung in der Gestaltung des gesellschaftlichen Lebens hineingestellt. Von dieser Stellung der modernen Gewerkschaft ausgehend ist eine Einheitsgewerkschaft nicht mehr die idealste Gewerkschaftsform; im Gegenteil, es ist hier der Raum einer echten konkurrierenden Gewerkschaftsbewegung, da es nicht in erster Linie auf den geschlossenen Machteinsatz der Arbeitnehmerschaft ankommt, sondern um die richtige Zielsetzung in der Sozialreform, um die Findung der volkswirtschaftlich richtigen Lohngrenzen und der rechten Formen des Arbeitsschutzes.

Dazu benötigt eine moderne Gewerkschaftsbewegung durchaus ein echtes ökonomisches Gewicht, nicht aber die totale Zusammenschließung der gesamten kämpferischen Macht der Arbeitnehmerschaft. Im Gegenteil, durch ein solches Einheitsgebilde besteht eine erhöhte Gefahr für die Gesellschaft, zumal dann, wenn es neben den unmittelbaren gewerkschaftlichen Zielen die Umwandlung der Gesellschaftsordnung in einer Weise fordert, die weder vom Naturrecht noch von der christlichen Gesellschaftslehre her vertretbar ist. Falls mehrere tragende Gewerkschaftsbewegungen sich entwickeln sollten, besteht immer noch die Möglichkeit einer sachlichen Findung in den gemeinschaftlichen Zielen; es ist nicht notwendig, daß die beiden Gewerkschaftsbewegungen sich in einer gegenseitigen Überbietung gesellschaftsschädigend verhalten. Falls aber eine Gewerkschaftsbewegung die gesamte Gesellschaftsordnung in einer vom christlichen Denken her nicht vertretbaren Richtung umwandeln möchte, ist es erst recht geboten, einer solchen Bewegung ein gesundes Machtgleichgewicht gegenüberzustellen.

c)

Die Auseinandersetzung konkurrierender Gewerkschaften wird auch wohl nicht die Auseinandersetzung auf der massiven ökonomischen Ebene vermeiden können. Von hier aus drohen einer aufkommenden konkurrierenden Gewerkschaftsbewegung Gefahren, in finanzielle Leistungen hineingezogen zu werden, denen eine junge Gewerkschaft nicht gewachsen ist. So kann durch einen manipulierten Streik, in den auch eine christliche Gewerkschaft hinein gezogen wird, ihre finanzielle Kraft voll-

kommen erschöpft werden. In einer solchen Situation besteht für die Funktionäre die Versuchung, dem stärkeren Partner sich anzubieten, um dadurch einem ökonomischen Untergang zu entgehen.
Für die junge christliche Gewerkschaftsbewegung wird die Auseinandersetzung mit dem überlegeneren Gewerkschafts-»gegner« dann am härtesten sein, wenn die christliche Gewerkschaftsbewegung sich zu einer festgefügten Gewerkschaft rechtlich und institutionell verfestigt.
Je mehr diese Gewerkschaft echte Funktionen ausbaut im Abschluß von Tarifverträgen, Schulung eigener Funktionäre und finanzieller Unabhängigkeit, um so schwerer wird in dieser Phase die Auseinandersetzung werden. Hier muß sich die junge christliche Gewerkschaft auf eine Auseinandersetzung gefaßt machen, in der mit ähnlichen Methoden gearbeitet wird wie in den wirtschaftlichen oligopolistischen Kämpfen.
In dieser Phase einer endgültigen gesellschaftlichen Konstituierung der christlichen Gewerkschaften benötigt diese die besondere Unterstützung von all denen, die sie für notwendig halten. In dieser Phase gewerkschaftlicher Entwicklung sich von der Förderung dieser Bewegung abdrängen zu lassen, hieße, diese Bewegung dem reinen Machtspiel eines ungleich stärkeren mit Kapital ausgerüsteten Gegners hoffnungslos preisgeben. In einer späteren Phase – nach der endgültigen gesellschaftlichen Konstituierung –, in der sich auch der mächtigere Gewerkschaftskonkurrent endgültig mit der Existenz christlicher Gewerkschaften abgefunden hat, kann die Spannung zwischen den Gewerkschaften eine wesentliche Minderung erfahren, die sich dann in gemeinschaftlichen Absprachen und Aktionen ausdrückt. Solange diese Gewerkschaftsbewegung aber noch einem möglichen Untergang anheimfallen kann, wird der gewerkschaftliche »Gegner« alles daransetzen, um auf dem Gewerkschaftsgebiet freie Hand zu behalten.
Hier muß darauf hingewiesen werden, daß in einer solchen massiven materiellen Auseinandersetzung die Christliche Gewerkschaft Saar (CGS) durchaus nicht gesichert ist.
5. Ausdehnung der gewerkschaftlichen Aufgaben und ihre Folgen.
Die Entwicklung der modernen Gewerkschaft geht nicht – wie vielfach angenommen wird – in Richtung einer Einheitsgewerkschaft, sondern unter der Voraussetzung, daß wir die Tatsache der sich immer weiter ausbreitenden Aufgabengebiete der Gewerkschaft annehmen, in Richtung einer Richtungsgewerkschaft, wenn wir den Gewerkschaften das Recht zusprechen, über die klassischen Funktionen der Gewerkschaft (Lohnfindung, Arbeitsschutz, Vollbeschäftigung) hinauszugehen, immer mehr Lebensbereiche, die eine bestimmte Weltanschauung zur Voraussetzung haben, berührt werden. Wenn auch das Recht einer beliebigen Ausdehnung der Ziele einer Gewerkschaft besteht, so schränkt sie mit dieser Ausdehnung ihrer Ziele die Zahl derer ein, die sie in dieser Breite bejahen können.
Es scheint auch nicht richtig zu sein, daß man bei der Beschränkung auf die klassischen Aufgaben der Gewerkschaft diese Ziele als »materialistisch« bezeichnet. Es ist durchaus eine sittlich wertvolle Aufgabe, in einem modernen Staatsgefüge das richtige Verhältnis der Löhne und der Kapitalentgelte zu finden, ebenso die Erreichung

der anderen klassischen Ziele; wenn sie auch zunächst materielle Ziele sind, sind für die Gesellschaft bedeutende Werte.

6. Probleme aus der Doppelgleisigkeit einer Gewerkschaftspolitik.

All diese gewerkschaftlichen Schwierigkeiten erhöhen sich dann, wenn von einer gesellschaftlichen Gruppe (hier der Kirche) in der Frage der Gewerkschaft eine zweifache Verhaltensweise vertreten wird. Jede Stützung der Einheitsgewerkschaft wirkt sich schädigend auf die christliche Gewerkschaftsbewegung aus, und im allgemeinen wirkt das Wachstum der christlichen Gewerkschaft radikalisierend auf die bestehende Einheitsgewerkschaft. Daher wird die Stellung offizieller kirchlicher Kreise in dieser Frage immer sehr schwierig sein.

Es muß der kirchlichen Autorität überlassen bleiben zu beurteilen, ob aus hirtenamtlicher Verantwortung heraus vor der einen oder anderen Organisation gewarnt werden muß. Auch hier kann ein bestimmtes Verhalten der Gläubigen u. U. verpflichtend auferlegt werden. Dabei geht es nicht um ein Urteil über die bessere oder schlechtere gewerkschaftliche Organisationsform, sondern um die vom Hirtenamt auferlegte Verantwortung den anvertrauten Gläubigen gegenüber.

Eine solche Entscheidung kann über einen zur Zeit herrschenden Zustand gefällt werden, oder aber auch unter Berücksichtigung einer gesamten Entwicklungslinie. Letzte Entscheidung wird dann für das Verbleiben in einer das christliche Leben gefährdenden Organisation sein, wenn eine berechtigte Aussicht auf eine Umwandlung der herrschenden Organisation besteht und die eintretenden Nachteile bei der Abkehr von der bestehenden Organisation größer sind als die zu erwartenden Vorteile bei der Errichtung und Befürwortung einer neuen Organisation.

Das Wohlwollen, das der H[ochwürdigste] Deutsche Episkopat den neuen Christlichen Gewerkschaften entgegenbrachte, gilt in erster Linie der Zielsetzung dieser Bewegung. Hierbei ist selbstverständlich vorausgesetzt, daß die Wesenseigenschaften einer solchen Organisation von dieser selbst gesichert werden. Eine solche Empfehlung bedeutet noch nicht ohne weiteres eine Anerkennung der Gewerkschaftsorganisation qua Gewerkschaft. Die gewerkschaftliche Funktion wirkungsvoll auszuarbeiten und die Interessen der sich anvertrauenden Arbeiterschaft entsprechend wahrzunehmen, ist die selbstverständliche Voraussetzung für eine solche Anerkennung.

Da in der Bundesrepublik die personale Verflochtenheit der katholischen Standesverbände mit der bestehenden Einheitsgewerkschaft verschieden groß ist und die einzelnen Industriegewerkschaften nicht überall in gleicher Weise ideologisch durchformt sind, besteht nicht für alle Mitglieder die gleiche Notwendigkeit einer Gewissensentscheidung, die zum Austritt aus der bestehenden Gewerkschaft zwingt.

Weiter muß das Maß des persönlichen Einsatzes derer beachtet werden, die man vor solche Entscheidungen stellt. Oft besteht nicht die moralische Möglichkeit einer solchen Entscheidung.

Desungeachtet sind solche hirtenamtlichen Verlautbarungen als Richtungsweiser von größter Bedeutung. Sie erst ermöglichen den persönlichen Einsatz einzelner in der gewünschten Richtung, die dann im Laufe der Zeit eine Erstarkung erfahren kann.

Solange die eine Gewerkschaftsbewegung noch toleriert und die andere empfohlen bleibt, gilt es, bestimmte Verhaltensweisen der christlichen Verbände herauszuarbeiten, wodurch eine Schädigung des christlichen Verbandslebens nach Möglichkeit vermieden wird. Solche Verhaltensweisen kristallisieren sich nicht von selbst heraus, sondern müssen in einer vielfältigen Kontaktnahme mit den anderen bewußt erarbeitet werden. Hier liegt eine große Erziehungsaufgabe unserer Verbände, die auch für ihren eigenen Bestand von größter Wichtigkeit ist. Da diese Fragen für alle Verbände, die Arbeitnehmer umfassen, akut werden, wird zweckmäßig von überverbandlicher Ebene das Gespräch mitgesteuert werden müssen.

7. Hinweis für eine fruchtbare Entwicklung einer christlichen Gewerkschaftsbewegung.

Eine christliche Gewerkschaftsbewegung wird zunächst versuchen, sich gewerkschaftliche Räume zu erschließen, die bisher für diesen Raum noch nicht gewonnen sind.

Ein weites Werbungsfeld sind hier die Betriebe mittlerer Größe, in denen vielfach die sozialen Spannungen nicht so groß sind, die aber gerade deshalb als Gestaltungskräfte für den gewerkschaftlichen Raum um so wichtiger wären. Eine Durchmusterung der Betriebswelt nach Art, Größe, Organisierbarkeit usw. müßte erfolgen, um die rechten Ansatzpunkte für eine wirksame Gewerkschaftswerbung ausfindig zu machen.

Mit der Durchdringung der bisher gewerkschaftlich nicht erfaßten Gruppen allein dürfte sich eine Gewerkschaftsbewegung nicht zufrieden geben, sondern sie muß dem sozialen Gewicht der in ihr vertretenen Gruppen Beachtung schenken. Auch hier wäre ein gezielter Einbruch möglich in schwach organisierte, aber sozial entscheidende Branchen oder aber dort, wo gewerkschaftliche Auswüchse in Klarheit das Verbleiben christlicher Kräfte in der bestehenden Einheitsgewerkschaft unmöglich machen.

Das Ausscheiden christlich aktiver Gewerkschaftler aus der Einheitsgewerkschaft wird in der Einheitsgewerkschaft radikalisierend wirken, bildet aber andererseits einen gesunden Widerstand in der gesamten Gewerkschaft gegen radikalisierende Tendenzen. In solchen Auseinandersetzungen fänden sich die Gewerkschaften in einer echten Konkurrenz, die sie als Tarifpartner nicht zu schwächen braucht, sie aber andererseits u. U. vor einer einseitigen ideologischen Verhärtung bewahrt.

Man kann nicht verlangen, daß eine neu beginnende Gewerkschaft sich über Nacht zu der Höhe einer kapitalstarken Gewerkschaft mit all ihren Einrichtungen entwickelt. Eine erste Sorge muß aber sein, die gewerkschaftlich notwendigen Funktionen sicherzustellen. Es sind daher notwendig geschulte obere Führungskräfte, die sich dieser Aufgabe ganz hingeben, die Ausbildung eines geschulten Funktionärsapparats und ein eigenes wirtschaftswissenschaftliches Forschungsinstitut. Wenn auch eine christliche Gewerkschaft sich vielleicht längere Zeit – auf ihren vorgewerkschaftlichen Raum stützend – halten kann, so ist doch möglichst bald die Eigenständigkeit auf ökonomischem und wissenschaftlichem Gebiet anzustreben.

Das Verhältnis der in den verschiedenen Organisationen wirkenden Christen muß so geordnet sein, daß beide Arbeitsweisen für die Verwirklichung der christlichen Sozialordnung Sorge tragen. Das unmittelbare Ziel des Gewerkschaftlers ist seine Gewerkschaft, und insofern besteht eine sachliche Trennung der unmittelbaren Ziele der verschieden gewerkschaftlich organisierten Gruppen und dem Christentum an sich. Mittelbar aber treffen sie sich beide in dem Ziel der Verwirklichung der christlichen Soziallehre. Diese verwirklicht zu sehen, ist allen Richtungen Genugtuung. Wenn von der Organisationsform her christliche Gewerkschaften dem Christen näherstehen, so bedeutet das nicht, daß auch jede gewerkschaftliche Aktion vom Weltanschaulichen her überstrahlt sein muß; auch eine christliche Gewerkschaft ist in der Erreichung ihrer gewerkschaftlichen Ziele wie jede andere Bewegung einer echten Kritik ausgesetzt. Ihre Einzelentscheidung ist nicht deshalb schon gerechtfertigt, weil sie von einer christlichen Gewerkschaft kommt, sondern hat die Prüfung an dem Maß der Sachgerechtigkeit zu bestehen.

8. Aufgabe des Christen in der Einheitsgewerkschaft.

Die Christen können in einer »weltanschaulich neutralen« Gewerkschaft dieser durchaus zu einer positiven Neutralität verhelfen und die gemäßigten Kräfte vor der Zudringlichkeit radikaler Elemente schützen. Wirksam werden sie nur durch die Geschlossenheit ihres Auftretens. Wie diese Geschlossenheit zustande kommt, ist hierbei nicht entscheidend. Wichtiger ist die Wirksamkeit selbst.

Zur Zeit besteht in der Einheitsgewerkschaft die Ablehnung jeder formellen Fraktionsbildung. Zu gleicher Zeit wird diese Gewerkschaft aber informell beherrscht von einem sozialistisch ausgerichteten Führungskreis. Wir dürfen wohl annehmen, daß die Ideologie dieser Führungskreise nicht übereinstimmt mit der Vorstellungswelt des Arbeiters, der vielfach sich ohne große Rechenschaft dem Spiel der Führungskräfte überläßt. Jedes soziologische Großgebilde muß ein inneres Gliederungsprinzip haben, auf dem die Willensbildung erwächst. Die Ablehnung einer solchen formellen Gliederung innerhalb der Gewerkschaft hat wohl ihren tieferen Grund in der Herrschaft der informellen sozialistisch ausgeprägten Gruppe im DGB, was in der Besetzung der entscheidenden Führungsposten sich widerspiegelt. Die Festigung der herrschenden Gruppe in der Gewerkschaft wird weiter begünstigt durch das dort herrschende Mehrheitswahlsystem, durch das eine Minderheit nur so weit zur Geltung kommt, wie es die herrschende Gruppe für zweckmäßig und erträglich findet. Von der Annahme ausgehend, daß die Arbeiterschaft im wesentlichen zwar dem sozialistisch ausgerichteten Führungsgremium hörig ist, ohne ihm aber ideologisch nachzufolgen, besteht hier auch vielleicht eine mögliche Einbruchstelle anderer Kräfte und eine echte Chance des Christen im DGB.

9. Gewerkschaft und Politik.

Die gesamte gewerkschaftliche Frage kann nicht nur vom gewerkschaftlichen Raum aus beurteilt werden, sie kann ihre Beantwortung nur unter Berücksichtigung auch aller Nachbarbereiche finden. Eine stark christlich ausgeprägte Sozialpolitik wird auf die Dauer die geschlossene Front der Arbeiterschaft, die heute noch vielfach von sozialistisch ausgerichteten Führungskräften präsentiert wird, von innen her schwä-

chen. Die durch die Bundestagswahlen entstandene parteipolitische Konstellation[7] könnte den christlichen Kräften die Entwicklung weiterer anschaulicher Beispiele christlicher Soziallehre ermöglichen.
Die Wahlergebnisse werden zu einer größeren Auseinandersetzung im sozialistischen Lager führen. Diese Auseinandersetzung wird sich auch in den gewerkschaftlichen Raum wahrscheinlich in Richtung eines größeren Neutralismus fortsetzen. Ein solcher würde einerseits die Entwicklung der christlichen Gewerkschaft hemmen, weil die Notwendigkeit eines Organisationswechsels für viele nicht mehr so dringlich wäre, könnte aber andererseits auch das Wachstum der christlichen Gewerkschaft erleichtern, da in einem solchen Klima harte Auseinandersetzungen tunlichst vermieden werden.
10. Möglicher Beitrag des Zentralkomitees der Deutschen Katholiken zur Gewerkschaftsfrage.
Ein erstes Gespräch zwischen Gewerkschaftstheoretikern und christlichen Gewerkschaftsfunktionären fand am 11. September 1957 im Zentralkomitee (ZdK) statt. Hierbei konnten in aller Offenheit die Schwierigkeiten der gewerkschaftlichen Situation vom gewerkschaftstheoretischen Standpunkt, den Fragen der Organisation und dem taktischen Vorgehen in der Gewerkschaftsfrage behandelt werden. Der Sinn dieses Gesprächs bestand in der Zusammenführung der Vertreter gegensätzlicher Meinungen. Als wichtiger Gesichtspunkt wurde hierbei durch den Generalsekretär der Internationalen Christlichen Gewerkschaftsbewegung in der Montanunion, Herrn Dr. de Bruijn[8], die Bedeutung der christlichen Gewerkschaft für den intereuropäischen Raum aus dem praktischen Gewerkschaftsleben auf der Ebene der Montanunion anschaulich dargestellt.
Als zweite Stufe eines Gesprächs auf der Ebene des ZdK wäre das Zusammenführen der katholischen Verbandsvertreter, die das gewerkschaftliche Anliegen in der ganzen Breite aufgreifen müssen. Nachdem man sich für eine bestimmte Verhaltensweise in der Gewerkschaftsfrage entschieden hätte, müßte ein faires gegenseitiges Verhalten der verschiedenen Gruppen (Sozialausschüsse der CDU, Christlich-soziale Kollegenschaft, Christliche Gewerkschaftler im CGD) sichergestellt werden.
Ferner könnten Anregungen gegeben werden zur Weiterentwicklung der Gewerkschaftstheorie, soweit sie unseren christlichen Raum besonders betrifft. Noch nicht ganz abgeklärt sind die Fragen für die Voraussetzung der Tariffähigkeit einer Gewerkschaft, die Existenzberechtigung einer Richtungsgewerkschaft, die Verträglichkeit einer Einheitsgewerkschaftsbewegung mit unserem gesamten Sozialsystem. Weiter könnten Erhebungen in der Arbeitnehmerschaft die dort herrschenden Ten-

7 *Bei den Bundestagswahlen vom 15. September 1957 hatten die CDU und die CSU 50,2% aller abgegebenen gültigen Stimmen gewonnen, die SPD nur 31,8%.*

8 *Vermutlich* Adrianus Cornelis de Bruijn *(1887–1968), niederländischer Gewerkschaftsführer und Politiker, 1925–1941 Vorsitzender des »R. K. Werkliedenverbond« (Römisch-Katholischer Arbeitnehmerverband), 1927–1929 Abgeordneter des Parlaments der Provinz Utrecht, 1929–1952 Mitglied des niederländischen Senats, 1944 Mitinitiator der Wiedergründung der Tageszeitung »Volkskrant«, Vorsitzender der »Katholieke Arbeiders Beweging« und Mitgründer der »Katholieke Volkspartij« (KVP), 1952–1956 Minister ohne Geschäftsbereich.*

denzen erhellen, ein weites Gebiet wäre die gewerkschaftliche Strukturanalyse in der Bundesrepublik im Hinblick auf die mögliche Wirksamwerdung christlicher Kräfte u. ä.
Der Ausgleich nicht zu vermeidender Reibungen und Mißverständnisse der christlichen Gruppen könnte sinnvoll auf die Ebene des ZdK verwiesen werden, um die Überbeanspruchung der bischöflichen Autorität durch die unvermeidbaren Auseinandersetzungen zu entlasten. Die mit den verschiedenen Gruppen bereits aufgenommene Verbindung von hier aus könnte ein erster Anfang sein.
Bei dem Tätigwerden von kirchlicher Seite in den gewerkschaftlichen Raum wird man [*sich*] nicht nur von einer statischen Momentaufnahme der gewerkschaftlichen Situation aus das Verhalten bestimmt sein lassen, sondern die dynamische Entwicklungsrichtung der verschiedenen gesellschaftlichen Bewegungskräfte berücksichtigen.

140

Bericht Jaegers

Paderborn, 12. September 1957

EA München, Joseph Kardinal Wendel, 18/1957. *Schreibmaschinenschrift. Überschrift:* Benutzung evangelischer Kirchen zu katholischem Gottesdienst. *Vermerk:* Zu den Akten der Plenarkonferenz 1957.

Für die vorjährige Plenarkonferenz waren nach Angaben der einzelnen Bischöflichen Ordinariate an evangelischen Kirchen, die zu katholischem Gottesdienst benutzt werden, errechnet worden:

in der Deutschen Bundesrepublik (DBR)	2.495
in Mitteldeutschland (DDR)	ca. 2.700
am Stichtag 1.12.1955 insgesamt:	ca. 5.200

Eine nochmalige, sorgfältige Überprüfung hat inzwischen ergeben, daß die tatsächlichen gegenüber den teilweise wohl geschätzten Zahlen sogar noch höher liegen:

in der Deutschen Bundesrepublik (DBR)	ca. 2.600
in Mitteldeutschland (DDR)	3.339
insgesamt demnach:	ca. 6.000

Um diese selbst für den mit den deutschen Verhältnissen einigermaßen Vertrauten erschreckend hohen Zahlen in Mitteldeutschland (DDR) wenigstens merklich, in West- und Süddeutschland aber möglichst auf ein Minimum herabzudrücken, bedarf es intensivster, ausdauernder, vor allem aber gemeinsamer Bemühungen und Anstrengungen.
Obgleich eine derart umfassende Aktion einer gewissen Anlaufzeit bedarf, um zur vollen Auswirkung zu kommen, konnte Anfang März ds. Js. dem Konveniat der westdeutschen Bischöfe und der Freisinger Bischofskonferenz trotzdem schon berichtet werden, daß die Durchführung des aufgestellten Programms nicht erst ver-

heißungsvoll anlaufe, sondern daß die für 1956 eingesetzte Planzahl voll erreicht worden ist. Inzwischen hat sich die Zahl der aufgegebenen behelfsmäßigen Außenstationen auf über 500 erhöht.
Die größten Erfolge können bisher die Diözesen Fulda, Osnabrück und Mainz vorweisen. In deren Diasporagebieten ist eine sorgfältige Überprüfung der seelsorglichen Verhältnisse vorgenommen worden und hat eine persönliche Aussprache mit den örtlichen Seelsorgern stattgefunden (Fulda April/Mai 1956; Osnabrück Oktober/November 1956; Mainz März/April 1957).
Als Endergebnis wird Fulda im Laufe der Jahre 1956 bis 1959 von den 439 benutzten evangelischen Kirchen 290 bzw. 66 % aufgeben können. In Osnabrück werden von insgesamt 197 benutzten protestantischen Kirchen 134 bzw. 68 % wegfallen. In der Diözese Mainz werden von den bisher 287 Kirchen 196 bzw. 68,3 % nicht mehr benutzt werden.
Da die Diasporapriester im Bistum Mainz nicht wie die der Diözesen Osnabrück und Fulda auf Bezirkskonferenzen in die Gesamtplanung eingeweiht waren und sich auf die örtlichen Besprechungen nicht hatten vorbereiten können, so ist gerade das erste Besprechungs- und Planungsergebnis für die Diözese Mainz ein sprechender Beweis für die wachsende Erkenntnis der Gefahren, die die Benutzung protestantischer Kirchen mit sich bringt, und zugleich für den sehnlichen Wunsch, seelsorglich endlich auf eigenen Füßen zu stehen.
Mindestens die gleichen Ergebnisse lassen sich auch in den übrigen Diasporadiözesen der Deutschen Bundesrepublik (Bamberg, Eichstätt, Hildesheim, Limburg, Oldenburg, Paderborn, Rottenburg) erzielen, wenn die Aktion auch dort entsprechend vorbereitet und eingeleitet werden kann. Als erprobte Mittel dieses offenkundigen kirchlichen Notstandes sind bereits im Vorjahre angegeben worden:
a) die Einrichtung von Kirchfahrten mittels Omnibussen,
b) die Ansiedlung bzw. Umsiedlung von Gläubigen in Kirchnähe,
c) die Erstellung von kircheneigenen katholischen Gottesdiensträumen.

a) Buskirchfahrten
Selten dürfte eine neue Einrichtung in der Diasporaseelsorge so umwälzend gewirkt haben wie die Einrichtung von Bussonderfahrten zur Sonntagsmesse in der eigenen Pfarrkirche. In mündlichen Verhandlungen mit Diasporapriestern angeregt, hat diese Neuerung seit 1956 schon weite Kreise erfaßt. Bis heute sind in 112 Seelsorgsbezirken Westdeutschlands mehr als 200 solcher Buslinien eingerichtet worden. Selbst in der mitteldeutschen Diaspora haben trotz aller Schwierigkeiten 20 wagemutige Seelsorger solche Kirchfahrten organisiert, namentlich in der verkehrsärmeren Winterzeit.
Im allgemeinen hat sich dieser Sonntagsabholdienst gut bewährt. In zahlreichen Berichten singen die betreffenden Diasporapriester ein Loblied auf die Sonntagsbusfahrten (Siehe das beiliegende Werkheft der Diaspora-Miva mit vier Referaten über die Erfahrungen mit Buskirchfahrten in Schleswig, Ostfriesland, Ravensberg und Hessen)[1].

[1] *Nicht ermittelt.*

Die Vorteile gegenüber dem bisherigen Zustand sind handgreiflich. Der Seelsorger, am Sonntag von den unseligen Fahrten bei Wind und Wetter, bei Schnee und Glatteis entlastet, kann jetzt seine priesterliche Wirksamkeit im Beichtstuhl, am Altare und auf der Kanzel für alle seine Pfarrkinder zugleich voll entfalten.

Die verstreuten Katholiken werden aus ihrer Vereinsamung, die Streugruppen aus der Erstarrung gelöst und erscheinen jetzt mit dem diözesaneigenen Gebet- und Gesangbuch, als vollgültige Gemeindemitglieder innerhalb der einen Gemeinde vor dem Herrn, um Sein Lob zu künden im gemeinsamen Gottesdienst beim gemeinsamen Opfer.

Ihre Zahl hat sich nicht verringert. Sie ist vielmehr dort gestiegen, wo bislang die hl. Messe nur nachmittags in der evangelischen Kirche gelesen wurde. Statt der Armseligkeit ihres bisherigen Gottesdienstes, wo kaum zehn von ihnen auch nur ein einziges gemeinsames Lied singen konnten, geht ihnen jetzt etwas von der Größe und Schönheit der katholischen Liturgie mit Orgel, Musik, Gesang, mit Meßdienern, Fahnen, Statuen, mit Monstranz, Kommunionbank, Rauchfaß, Weihwasser und Kerzen auf.

Das Zusammengehörigkeitsgefühl wächst. Jetzt erlebt man sich als ansehnliche Gemeinde vor Gott und spürt die tragende Kraft der Gemeinschaft. Was das besonders für die Jugendlichen und Kinder, die Zukunft unserer Diaspora, bedeutet, läßt sich leicht ermessen. Sie, die sonst fast nie in eine katholische Kirche kamen, lernen das in Wirklichkeit kennen und erleben, was man ihnen im Unterricht ohne Anschauung nur schwer beibringen konnte.

Sicher darf man in der Einrichtung von Buskirchfahrten keine Radikallösung, kein Allheilmittel sehen, aber sie erscheint den Priestern, die sie erprobt haben, als ein heute unentbehrliches Hilfsmittel der Seelsorge. »Es erfordert – so sagt einer von ihnen – ein Umdenken und eine neue Auffassung der Diasporaseelsorge, denn es gilt nicht bloß zu halten und zu bewahren, was vor unseren Augen zerbröckelt, sondern zu sammeln und zu missionieren.«

Natürlich ergibt sich durch die Buskirchfahrten auch ein zwar leidiges, aber durchaus nicht unlösbares finanzielles Problem. Die Busbenutzer bringen selbst ein ansehnliches Opfer: 50 Pfennig die Erwachsenen, die Kinder 10 oder 20 Pfennig. Damit wird im Durchschnitt ein Drittel aufgebracht. Den Fehlbetrag ersetzen die Diözesan-Bonifatiusvereine und die Diaspora-Miva. Wenn die Sonntagsbusfahrten in allen Diasporagebieten der DBR aufgenommen werden, dürfte der notwendige Zuschuß nach den Berechnungen des Bonifatius-Vereins unter Zugrundelegung des heutigen Geldwertes etwa 800.000 DM betragen.

Der Bonifatiusverein mit seiner Verkehrshilfe (Diaspora-Miva) beabsichtigt aber nicht, diese Mittel vom Episkopat aus überdiözesanen Mitteln zu erbitten, vielmehr hofft er, zu seinen sonstigen vielen Aufgaben auch diese zusätzlich noch übernehmen zu können. Er bittet den Hochwürdigsten Episkopat lediglich darum, ihm sein ganzes Wohlwollen zu erhalten und bei gegebenen Gelegenheiten, Diözesankonferenzen, Visitationen u[nd] dgl., dem Klerus immer wieder die Pflege des Bonifatiusvereins angelegentlich zu empfehlen.

b) Ansiedlung in Kirchnähe

Die Umsiedlung von vereinzelt wohnenden Diasporakatholiken ist eine Aufgabe, die primär in das Arbeitsgebiet der Siedlungswerke gehört. Außer in den Diasporagebieten von Osnabrück und Oldenburg ist in dieser Hinsicht meines Wissens im vergangenen Jahr nichts Nennenswertes unternommen worden.

Für die Unterstützung von Siedlungsvorhaben können Mittel der Diözesen unmittelbar nicht eingesetzt werden. Noch weniger ist der Bonifatiusverein dazu in der Lage. Trotzdem darf nicht unterlassen werden, die Diasporageistlichen immer wieder anzuregen und neu zu bitten, in Zusammenarbeit mit den Siedlungswerken auf die Abwanderung aus den Außenbezirken und auf die Zuwanderung siedlungsfähiger und siedlungswilliger Katholiken in die Kirchorte möglichst Einfluß zu nehmen. Übrigens hat sich in den Außenbezirken vielfach schon nach wenigen Kirchfahrten die Sehnsucht geregt, näher bei der Kirche zu wohnen.

In mehreren Fällen ist dieser Wunsch alsbald auch in die Tat umgesetzt worden. Auch unter diesem Aspekt gewinnen die Buskirchfahrten erhöhte Bedeutung.

c) Diasporakirchbau

Seit der Währungsreform 1948 sind in der Diaspora im Durchschnitt jährlich 126 neue Kirchen gebaut worden. Durch Einsatz von zusätzlichen Mitteln aus der Bischöflichen Sonderhilfe hat sich diese Zahl im Jahre 1956 auf über 170 erhöhen lassen. Sie dürfte im laufenden Jahre noch weiter steigen.

Selbstverständlich ist dies nur dadurch möglich, daß nach wie vor größter Wert darauf gelegt wird, alle sonstigen Hilfsquellen (Eigenleistung, Bonifatiusverein, Ordinariatszuschüsse, Darlehensaufnahme, private Wohltäter usw.) zur Finanzierung mit heranzuziehen. Bei den 1956/57 über den bisherigen Jahresdurchschnitt hinaus erstellten Kirchenräumen handelt es sich vor allem um zentral gelegene und bequem zu erreichende sogenannte »Mittelpunktskirchen«, durch deren Errichtung der Verzicht auf die Benutzung von mehreren umliegenden evangelischen Kirchen möglich wird.

In Mitteldeutschland (DDR) sind dem Kirchenbau sehr enge Grenzen gezogen, da im Rahmen der allgemeinen Wirtschaftsplanung für die Kirchbauten nur unbedeutende Kontingente an Baumaterial bewilligt werden. Trotz aller Verbote, Einschränkungen, Ablehnungen und Umständlichkeiten ist es dem ungebrochenen Mut und dem kühnen Unternehmungsgeist mancher Seelsorger örtlich dennoch gelungen, durch Umbauten und Neubauten würdige Gottesdiensträume zu gewinnen. In der Diözese Meißen und im Kommissariat Magdeburg liegt die Zahl der nach dem Krieg erstellten Kirchen je über 60.

Obwohl bei jedem Kirchbau auch in den Diasporagebieten der Deutschen Bundesrepublik für die Bereitstellung von Mitteln des Bonifatiusvereins und aus der Bischöflichen Sonderhilfe die Vermeidung jeglichen Aufwandes unerläßliche Voraussetzung ist und bleibt, so besteht auch bei einem unbedingten Festhalten an diesem Grundsatz für mehrere finanzschwache Diözesen mit großer Diaspora die Gefahr einer baldigen Erschöpfung.

Soll aber in den nächsten Jahren das bisherige Bautempo beibehalten und möglichst noch gesteigert werden, um tunlichst bald den Stand einer normalen kirchlichen

Versorgung zu erreichen, so kann dies nur geschehen, wenn die Entschließungen der Freisinger Konferenz und des Westdeutschen Konveniats die definitive Genehmigung der Plenarkonferenz erhalten. Somit bitte ich um folgenden Beschluß:
»Die Plenarkonferenz der Bischöfe stimmt dem Vorschlag zu, wonach der Diasporakirchbau in den nächsten drei Jahren mit insgesamt fünf Millionen DM gefördert werden soll, jedoch unter der Voraussetzung, daß davon das Erzbistum Köln 50 % allein übernimmt und die restlichen 50 % von allen Diözesen nach dem neuen Verteilungsschlüssel anteilig aufgebracht werden.«[2]

gez. Lorenz
Erzbischof von Paderborn.

141

Keller an Simmel[1]

[Münster,] 12. September 1957

DA Münster, GV-NA, AO-331. *Schreibmaschinendurchschlag mit eigenhändiger Paraphe. Mit Anschrift:* Hochwürden Herrn Pater Simmel S. J. München 22, Veterinärstr. 5. *Vermerke:* T[en]h[um]b[er]g ad acta, f. *und (von der Hand Tenhumbergs):* Z[u] d[en] A[kten] Briefe Exz[ellenz].

Hochwürdiger, sehr geehrter Herr Pater!
Sie waren so freundlich, mir einen Abdruck des Artikels des Herrn Pater von Nell-Breuning aus der neuen Nummer der »Stimmen der Zeit«[2] zugehen zu lassen.
Ich muß ehrlich gestehen, daß ich sehr traurig bin. Der Artikel selbst, der Zeitpunkt seines Erscheinens sowie sein Erscheinen in den »Stimmen« scheinen mir in gleicher Weise bedauerlich zu sein.
Über die wissenschaftliche Qualität des Artikels steht mir kein Urteil zu. Darüber mögen die Fachleute urteilen. Um allerdings feststellen zu können, daß der Verfasser von einer zum mindesten sehr anfechtbaren Beurteilung der Situation ausgeht und daß der Artikel eine bestimmte Tendenz verfolgt, braucht man kein Fachmann zu sein.
Trotz des Vorspanns und der formalen Erklärung zum Schluß ist der Artikel eine eindeutige Stellungnahme gegen die bislang offiziell vom deutschen Episkopat in der Gewerkschaftsfrage eingenommene Haltung. Muß ein solches Vorgehen nicht geradezu als Legitimation für all jene katholischen Christen gelten, die jetzt oder in Zukunft mit Weisungen der Bischöfe unzufrieden sind und ihrem Unmut öffentlich Ausdruck verleihen möchten? Das um so mehr, als in dem fraglichen Artikel kein Wörtchen der Kritik laut wird an den beiden letzten Schreiben katholischer Gewerk-

2 *Die Konferenz stimmte dem Antrag zu, vgl. Dok. 157.*

1 P. Oskar Simmel SJ *(1913–1986), 1934 Ordenseintritt, 1943 Priester, langjähriger Redakteur der »Stimmen der Zeit«.*
2 *Vgl. Dok. 139, Anm. 5.*

schaftssekretäre an Herrn Kardinal Frings[3], die eine nach Form und Inhalt für gläubige Katholiken ganz unmögliche Art der Auseinandersetzung mit den Bischöfen darstellen.
Ob man sich – von allem anderen abgesehen – wohl darüber klar gewesen ist, welch deprimierende Wirkung das auf jene Männer haben muß, die aus wirklicher Gewissensnot und Verantwortung heraus christliche Gewerkschaften gegründet haben und die doch ganz zweifellos für sich in Anspruch nehmen dürfen, zu den treuesten Kindern der Kirche zu gehören? Wird nicht dadurch das Vertrauen unseres treukatholischen Volkes zur Gesellschaft Jesu auf eine harte Probe gestellt?
Ich habe mir erlaubt, diese Fragen zu stellen, die sich um viele andere vermehren ließen, nur um wenigstens anzudeuten, weshalb ich wirklich sehr traurig bin über das Erscheinen des Artikels in Ihrer Zeitschrift, die ich bislang immer wegen ihrer durch und durch kirchlichen und vornehmen Haltung außerordentlich geschätzt habe.
Ich schreibe diese Zeilen nicht im Auftrag oder im Namen des Episkopates, sondern ausschließlich in eigener Verantwortung; auch nicht unter Berufung auf mein Amt, sondern als ein um das Wohl der Kirche ehrlich besorgter Freund ihrer Zeitschrift.
Mit ergebenstem Gruß

Ihr
+ M[ichael].

142

Stellungnahme Beckels

Münster, 14. September 1957

DA Münster, GV-NA, AO-768. *Schreibmaschinenausfertigung mit eigenhändiger Unterschrift. Briefkopf:* Franz-Hitze-Haus. Soziale Bildungsstätte. *Anschrift:* S[eine]r Exzellenz dem Hochwürdigsten Herrn Bischof Dr. Michael Keller, Münster. *Vermerk:* Betr. Schwerpunktprogramm für Arbeiterseelsorge.

Das Programm im ganzen scheint mir etwas zu weit angelegt, auch in seinen Zielen. Es besteht die Gefahr, daß ein so weit gespanntes Programm keine oder nur wenig praktische Bedeutung erlangt. Statt dessen scheint es mir zweckmäßig, in Anlehnung an die Anregungen der Denkschrift in Fulda einen Kreis von drei Geistlichen, die mit KAB-Angelegenheiten vertraut sind, zu bestimmen, die ein Programm zum Ausbau der Arbeit der KAB in regionaler und sachlicher Hinsicht entwickeln. Daneben könnte ein Studienausschuß eingesetzt werden, der die von dem Ausbau der KAB zu trennende Aufgabe der geistigen Ausrichtung der Arbeiterschaft in einem Gutachten o. ä. vorlegen sollen.
Zu den Einzelheiten der Denkschrift von Dr. Paulus[1] darf ich folgende Anmerkungen machen:

[3] *Vgl. Dok. 138, Anm. 5 und 7.*

[1] *Vgl. Dok. 133.*

1. Die Begründung auf S. 1 scheint mir gefährlich, als der Eindruck entsteht, daß nur die Arbeiterschaft von dem Säkularisationsprozeß der Vergangenheit ergriffen worden sei.
Die soziologische Analyse zur Begründung eines Schwerpunktprogramms für die Arbeiterschaft müßte wohl richtiger die allgemeine Säkularisation feststellen und die Notwendigkeit des Programms aus der besonders tonangebenden Funktion der Arbeiterschaft heute und ihre Bedeutung für Kirche und Volk begründen.
2. Auf S. 4, Ziffer 2, ist mir fraglich, ob nicht schon ein überalterter Begriff den Ausführungen von Dr. Paulus vorschwebt. Gerade diese Frage bedürfte einer gründlichen Untersuchung und Klarstellung.
3. Auf Seite 7, Ziffer 2, werden die Betriebsgruppen als katholisch-soziale Aktionsgruppen verstanden. Es muß hervorgehoben werden, daß unter dem gleichen Begriff in der Bundesrepublik auch sehr viele andere Dinge verstanden werden, christlich-demokratische Betriebsgruppen, Betriebsseelsorgezellen u. a.
Gerade als Aktionsgruppen rein katholischer Prägung sind die Betriebsgruppen m. E. problematisch, weil den Standesverbänden durch sie leicht die praktische Bewährungstätigkeit entzogen werden kann. Auch das müßte klargestellt werden.
4. Auf Seite 8, Ziffer 5, sind die katholischen Sozialwissenschaftler angesprochen, es müßte zusätzlich hervorgehoben werden, daß auch die sozialen Bildungsinstitute mit dem Programm koordiniert werden müssen.
5. Der Vorschlag, eine kleine Anzahl von Geistlichen der Diözesen freizustellen, bedarf der weiteren Ausführungen. Insbesondere wäre das Verhältnis zur KAB und auch die Kompetenzen gegenüber den Verbänden und etwa den Pfarrern zu klären.
6. Bezüglich der Bildungsarbeit in der KAB ist es mir fraglich, ob das Wesentliche in 8-Tages bis 4-Wochen-Kursen geschehen kann. (Seite 10). Die Sicht der Sozialen Seminare als Voraussetzung und Grundlage erscheint mir falsch. Die jetzigen Heimkurse der KAB stellen in ihrer Systematik von Grundkursen, Aufbaukursen und Vierwochenkursen etwa dasselbe dar an Intensität wie ein Soziales Seminar.
Da Dr. Paulus selbst betont, daß Häuser für Arbeiter-Bildungskurse ungenügend zur Verfügung stehen, müßte eine Verbreitung des Bildungsprogramms zu einem Ausbau der Arbeitsweise der Sozialen Seminare führen, wobei es auf Zuständigkeiten usw. nicht so entscheidend ankommt.
7. Das Anliegen der Koordination der Sozialen Seminare ist dringend zu unterstützen, zumal gerade wieder in den letzten Jahren ein starker Hang zum Gebrauch des Ausdrucks »Seminar«, auch für sehr viel weniger anspruchsvolle Vortragsreihen zu beobachten ist. (Ländliche Seminare der Landjugend, Eheseminare, Staatsbürgerliche Seminare der katholischen Jugend).
8. Bei der Ansprache der Jugendseelsorger und des Bundes der Katholischen Jugend (Seite 13, Ziffer 11) muß die besondere Bedeutung der CAJ für die Arbeiterseelsorge herausgestellt werden.

A[lbrecht] Beckel
(Dr. Albrecht Beckel).

143

Denkschrift Kellers

[Münster, vor 16. September 1957][1]

EA Köln, Gen. II 23.61, 26. *Schreibmaschinenschrift. Überschrift:* Zur Situation in der Gewerkschaftsfrage. *Die Anlagen wurden nicht aufgenommen.*

I.

Die Erklärung der deutschen Bischöfe zur Gewerkschaftsfrage vom 7. November 1955 (Anl[age] 1) ist sowohl von Angehörigen des DGB wie von weiten Teilen der Presse falsch oder einseitig interpretiert worden.
Weithin wurde sie als eine uneingeschränkte Neutralitätserklärung der Bischöfe interpretiert und verstanden. (Vgl. Anl[age] 2)
Korrigierende Äußerungen von Eminenz Frings, die insbesondere die Bedeutung des Wiedererstehens Christlicher Gewerkschaften in Deutschland für das Erstarken des IBCG und dessen Aufgabe in den Missionsgebieten herausstellten, wurden von katholischen Mitgliedern des DGB als unsachgemäße Betrachtungsweise zurückgewiesen. (Vgl. Anl[age] 3 und WAZ vom 13.6.1957 – Anl[age] 8)
Das Schreiben von Eminenz Frings an die katholischen Verbände vom 16. März 1957[2] (Anl[age] 4) fand eine ähnliche Behandlung.
Die Christlich-Soziale Kollegenschaft im DGB erklärte, von dieser Erklärung nicht betroffen zu sein, da die Kollegenschaft kein katholischer Verband sei. (Anl[age] 5 u[nd] 6)
Die Wirkung dieses Schreibens in der Öffentlichkeit wurde durch eine Reihe von Pressemeldungen abgefangen, die darauf abzielten, die in diesem Schreiben sichtbar gewordene Stellungnahme der Bischöfe für die CGD nicht zur Auswirkung kommen zu lassen. So wurde etwa verlautbart:
Der deutsche Episkopat sei sich in der Beurteilung der Gewerkschaftsfrage nicht einig. So schrieb z. B. die »Deutsche Woche«, München, vom 31. Juli 1957: »Offensichtlich konnte der Kardinal also seine katholische Isolationspolitik bei der Fuldaer Bischofskonferenz, die Ende Juni sich mit diesem Problem befaßte, nicht durchsetzen. Dort standen sich bekanntlich zwei Auffassungen gegenüber (siehe »Deutsche Woche« Nr. 25 vom 19. Juni). Eine intolerante Gruppe lehnte die Zusammenarbeit mit sozialistischen Gewerkschaftlern im DGB ab, weil sie darin eine zu große ›Ansteckungsgefahr‹ für den katholischen Arbeiter erblickte. Eine zweite, weltläufigere Fraktion … setzte sich für eine solche Zusammenarbeit ein, um die katholische Position innerhalb nichtkonfessioneller Gremien geltend zu machen. Dieser gesprächsbereiteren und aufgeschlosseneren Gruppe ist Kardinal Frings unterlegen.« (Anl[age] 7)
Die »Westdeutsche Allgemeine Zeitung« vom 13. Juni 1957 schreibt: »Die protestierenden Gewerkschaftler, an ihrer Spitze die DGB-Vorstandsmitglieder Tacke und

1 *Die Datierung ergibt sich aus Dok. 148.*
2 *Vgl. Dok. 95.*

Frau Weber[3], glauben nun zu wissen, daß die Mehrheit der deutschen Bischöfe, vor allem die in Paderborn, Freiburg, Limburg und Berlin, ihren Standpunkt teilt. Sie berufen sich außerdem auf eine Warnung des Papstes vor einem neuen Gewerkschaftskonflikt und erinnern an die schwierige Lage der Kirche in Kanada.« (Anl[age] 8) (Vgl. »Spiegel« vom 12.6.1957 – »Nationale Rundschau« vom 18.8.1957, Anl[age] 9) Die »Westdeutsche Allgemeine Zeitung« (WAZ) behauptet außerdem, die Erklärung der deutschen Bischöfe vom 16. März 1957 sei eine selbständige Maßnahme von Eminenz Frings. Die »Süddeutsche Zeitung« vom 8.7.1957 spricht von einer gegenteiligen Stellungnahme des Vatikans. (Anl[age] 10, vergleiche damit die Angabe der WAZ über die Intervention des Bischofs von Toronto[4] beim Heiligen Vater durch Prof. Götz Briefs[5] aus Anlaß des Verlustes der Tarifhoheit einer katholischen Gewerkschaft in Kanada in Anl[age] 8 – das Dementi von Pater Gundlach in Anl[age] 11)
Infolge dessen rechnet man mit einer Änderung des Standpunktes der deutschen Bischöfe.
Der Zweck des Schreibens vom 16. März 1957 ist daher nicht erreicht worden: Namhafte katholische Persönlichkeiten und katholische Funktionäre des DGB haben sich nicht veranlaßt gesehen, »alles zu unterlassen, was das weitere Wachstum der Christlichen Gewerkschaften hindern könne«.
Vielmehr behaupten die katholischen Funktionäre im DGB, durch die Antwort von Eminenz Frings auf den Brief von Herrn Tacke[6] in ihrer Haltung ausdrücklich bestätigt zu sein. (Anl[age] 12)
In diesem Zusammenhang wird von den katholischen Funktionären im DGB behauptet, die letzte Äußerung von Eminenz Frings sei bereits eine Auswirkung der andersartigen Stellungnahme des Vatikans, infolge dessen stelle die von ihnen vorgenommene Interpretation des Schreibens von Kardinal Frings wohl das letzte Wort in dieser Frage dar. (Anl[age] 13 u[nd] 14)
Solche Fehlinterpretationen Bischöflicher Verlautbarungen können wohl nicht mehr auf Mißverständnisse, sondern müssen weitgehend auf zielbewußte Absicht zurückgeführt werden. Man rechnet offenbar damit, daß derartige Fehlinterpretationen schwerlich in vollem Umfang dementiert werden können und daß diese Fehlinterpretationen die öffentliche Meinung beherrschen werden.

II.

Äußerungen der Christlich-Sozialen Kollegenschaft machen deutlich, daß darüber hinaus den Bischöfen überhaupt das Recht abgesprochen werden soll, in der Gewerkschaftsfrage verbindliche Anweisungen zu geben. So erklärte bereits die Christlich-Soziale Kollegenschaft im März 1956 als Antwort auf die Frankfurter Erklärung

3 MARIA WEBER *(1919–2002), 1956–1982 Mitglied des Geschäftsführenden Vorstands des DGB, 1972–1982 stellvertretende Vorsitzende des DGB.*
4 JAMES CHARLES MCGUIGAN *(1894–1974), 1918 Priester, 1930 Erzbischof von Regina (Kanada), 1934 von Toronto.*
5 GÖTZ BRIEFS *(1889–1974), Dr., Nationalökonom, Soziologe, Gewerkschaftstheoretiker, Professor für Wirtschaftswissenschaften in Würzburg, Freiburg und Berlin, seit 1934 in den USA. Vgl.* W. WEBER.
6 *Vgl. Dok. 122.*

der hauptamtlich in der Sozialarbeit tätigen Geistlichen[7], daß sie sich in der gegenwärtigen Lage ihren Weg »nicht vorschreiben lassen« könne. (Anl[age] 15, vgl. auch Anl[age] 16) In ähnlicher Weise erklärte auch das Organ der Christlich-Sozialen Kollegenschaft, daß sich die katholischen Angehörigen der Kollegenschaft durch das Schreiben von Eminenz Frings vom 16. März 1957 »als mündige Laien« brüskiert fühlten. (Anl[age] 12) Die wichtigste Stellungnahme dieser Art liegt jedoch in dem Brief der Sekretäre der IG Bergbau vor, der ausdrücklich erklärt: »Nach reiflicher Überlegung, Abwägung aller Tatsachen und ernster Prüfung unseres Gewissens sind wir als in der Sache erfahrene Laien nicht in der Lage – und bringen dies hiermit unmißverständlich zum Ausdruck – unseren Bischöfen in der Gewerkschaftsfrage zu folgen.« Inhalt und Ton der Briefe von Herrn Tacke und der IG Bergbau-Sekretäre[8] sowie die mit auffallender Eile vorgenommene Veröffentlichung lassen den Schluß zu, daß die Unterzeichner im allgemeinen nicht primär aus persönlicher Gewissensnot, sondern aus anderen Gründen diese Art der Auseinandersetzung mit den Bischöfen wählten. Wie erst jetzt bekannt wird, ist Heinrich Scheppmann[9] – Vorstandsmitglied der IG Bergbau – seinerzeit aufgefordert worden, den Brief des Herrn Tacke zu unterschreiben und den Kollegen seiner IG zur Unterzeichnung zuzuleiten. Da Scheppmann beides versäumte, seien die Funktionäre der IG Bergbau durch den Vorwurf, sie wollten sich von dem Tacke-Brief distanzieren, zu ihrem Schreiben veranlaßt worden. Scheppmann, der zur fraglichen Zeit krank war, hat sich von diesem Schreiben distanziert und darauf aufmerksam gemacht, daß von den 62 Unterzeichnern nur etwa 32 Kollegen bislang in der Christlich-Sozialen Kollegenschaft mitgearbeitet haben. (Anl[age] 17)

III.

Starke Anzeichen deuten darauf hin, daß der Streit zwischen den Angehörigen der beiden Richtungen in Kürze schärfere Formen annehmen kann. Prof. Wallraff S. J. betonte bereits bei einem Gespräch in Gegenwart von Eminenz Frings am 8. Juli 1957, daß die bisher unterdrückte wissenschaftliche Auseinandersetzung zwischen den beiden Richtungen in naher Zukunft ausgetragen werde: »Die Sozialwissenschaftler können nicht mehr schweigen.« Prof. von Nell-Breuning S. J. hat bereits darauf aufmerksam gemacht, daß die neugegründete CGD sich bislang der zweijährigen »Schonzeit« von seiten der Gegner erfreut habe (»Stimmen der Zeit«, September 1957, S. 450) und ist mit einem Artikel in den »Stimmen der Zeit« und einer Rede in Wiesbaden an die Öffentlichkeit getreten, die beide eine Ablehnung der CGD erkennen ließen. Der Artikel in »Stimmen der Zeit« legt alle ersichtlichen Tatsachen und Entwicklungen zu Gunsten der Einheitsgewerkschaft aus, obwohl eine solche Auslegung nicht zwingend ist. Die sozialwissenschaftlichen Argumente, die dem Verfasser gegen die CGD zu sprechen scheinen, sind nicht überzeugend. (Vgl.

7 *Vgl. Dok. 16.*

8 *Vgl. Dok. 138, Anm. 8.*

9 HEINRICH SCHEPPMANN *(1905–1968), Bergmann, Gewerkschafter, Politiker (CDU), 1950–1955 im Vorstand der IG Bergbau, 1953–1965 Mitglied des Bundestags.*

Anl[age] 18) Die Rede in Wiesbaden vor der Christlich-Sozialen Kollegenschaft geht auf die Gewerkschaftsfrage als solche nicht ausdrücklich ein. Sie setzt jedoch die uneingeschränkte Möglichkeit voraus, daß Katholiken im DGB mitarbeiten. Das Schreiben von Eminenz Frings vom 16. März 1957 an die katholischen Verbände und Organisationen wird – ebenso wie in dem oben genannten Artikel – mit keinem Wort erwähnt. Infolge dessen wurde die Wiesbadener Rede von der Presse als eine »Ermutigung« der Kollegenschaft (Anl[age] 19 u[nd] 20) und von den Teilnehmern als ein Beweis für die Richtigkeit ihrer Haltung angesehen. In seinem Schlußwort zu der Wiesbadener Rede Nell-Breunings äußerte der Versammlungsleiter August Weimer[10]: »Wir entnehmen aus seinen Ausführungen, daß wir, wenn wir so im DGB aktiv tätig werden, auf dem richtigen Wege sind und vor unserem Gewissen bestehen können«. (»Gesellschaftspolitische Kommentare« Nr. 18 vom 15.9.1957, S. 11)

Zum gleichen Zeitpunkt veröffentlichten zahlreiche westdeutsche Tageszeitungen, die eine breite Schicht von Arbeitern zu ihren Lesern zählten, Berichte über die Kurse, welche von den Dominikanern in Walberberg für die Funktionäre des DGB auf dessen Anregung gehalten werden. (Anl[age] 21 u[nd] 22)

Gleichzeitig wird gegen den Mitbegründer der CGD, den evangelischen Diakon Voß[11], eine Kampagne geführt, die ihm Betrügereien unterstellt. Voß, der z. Zt. an einem schweren Nervenleiden erkrankt ist, ist außerstande, dazu Stellung zu nehmen. (Anl[age] 23)

Die »Westdeutsche Allgemeine Zeitung« vom 7. September 1957 spricht von einem »wachsenden Selbstbewußtsein jener, die sich sowohl im DGB selbst wie auch gegen Kardinal Frings und seine Ratgeber durchgesetzt haben«. (Anl[age] 24)

IV.

Nach all dem muß die Lage sowohl für die CGD wie für das Ansehen des Episkopates als äußerst ernst angesehen werden. Ein Niedergang der CGD würde keineswegs den Status quo ante wiederherstellen, sondern auf Jahrzehnte hinaus einen schweren Schlag für die Stellung der Kirche in allen sozialen Fragen bedeuten. Mit dem Niedergang der CGD wäre auch ein Schwund des katholischen Einflusses innerhalb des DGB und der sonstigen Öffentlichkeit verbunden. Ein erneuter Versuch zur Begründung Christlicher Gewerkschaften wäre selbst bei eklatantem Machtmißbrauch des DGB und bei Vorliegen günstigerer Umstände als 1955 nicht mehr zu erwarten.

Der Niedergang der CGD würde auch eine ernsthafte Schädigung des Ansehens des deutschen Episkopates bedeuten, da dieser in Ausübung seiner Hirtensorge den katholischen Verbänden und Organisationen die Förderung der CGD dringend empfohlen hat.

10 August Weimer *(1908–1980), Hauptvorstandsmitglied der IG Bau, 1958/59 Bundessprecher der Christlich-Sozialen Kollegenschaft.*

11 Heinrich Voss *(1909–1982), Mitarbeiter der Inneren Mission, Diakon, stellvertretender Vorsitzender der Evangelischen Arbeiterbewegung, Mitbegründer der CGD.*

Auch innerhalb des treuen Kirchenvolkes würde sich ein Schwund des Vertrauens auf die sichere Führung der Gläubigen durch ihre Bischöfe bemerkbar machen, insbesondere bei jener Elite, die sich bislang bei allem um ein sentire cum ecclesia bemüht hat.
Ein Sieg des von den katholischen Mitgliedern des DGB vertretenen Einheitsprinzips würde auch für andere katholische Organisationen von schwerwiegenden Auswirkungen sein. Insbesondere würden die katholischen Lehrerverbände und andere katholische berufsständische Vereinigungen sich dem Einheitssog kaum noch entziehen können. (Vgl. »Zur Organisationsfrage innerhalb der katholischen Lehrerschaft«, herausgegeben vom Verein katholischer deutscher Lehrerinnen, Essen/Ruhr, Hedwig-Dransfeld-Platz 2)
Eine Niederlage der CGD würde zudem jenen Kreisen, die den Bischöfen das Recht absprechen, auch in ähnlichen Fragen verbindliche Anweisungen zu geben, diese vielmehr dem »mündigen Laien« vorbehalten wissen wollen, gegen ihre Bischöfe Recht geben.

V.

Zur Überwindung der gegenwärtigen Unklarheit selbst bei wohlmeinenden Katholiken über die Haltung der Kirche zur Gewerkschaftsfrage scheint eine erneute Stellungnahme des Episkopates angezeigt, die so gehalten sein müßte, daß sie Mißverständnisse und Fehlinterpretationen unmöglich macht. Da der Brief von Eminenz Frings an Herrn Tacke die Möglichkeit weiterer Stellungnahmen des Episkopates betont, würde ein solcher Schritt durchaus als Fortsetzung der bisherigen Verlautbarungen angesehen werden.
Ein solches Wort der Bischöfe, das auch von den Gläubigen in der gegenwärtigen Situation zweifellos erwartet wird, würde es auch den in der letzten Zeit für den DGB eingetretenen Katholiken, Geistlichen und Ordensleuten wie Laien, erheblich erschweren, entgegen der klaren Forderung der Bischöfe vom 16. März 1957 weiterhin gegen die CGD zu wirken. Der unverhüllte Kampf beider Richtungen würde damit, wenn auch vielleicht nicht völlig verhindert, so doch erheblich entschärft.
Wenn die Bischöfe in der gegenwärtigen Situation die Führung des katholischen Volkes nicht aus der Hand verlieren wollen, werden sie erneut unmißverständlich Stellung nehmen müssen.
Vermerk:
Die Stellungnahme der westdeutschen Bischöfe zur Arbeiterfrage vom 6. November 1952 ist im Anlagenteil als Anlage 25 beigefügt.

144

Entwurf Kellers

[Münster, vor 16. September 1957][1]

EA Köln, Gen. II 23.61, 26. *Schreibmaschinenschrift. Vermerk:* Entwurf.

Die deutschen Bischöfe haben in den vergangenen Jahren mehrmals u. a. gemeinsam in einer Stellungnahme vom 6. Nov[ember] 1952 ihre warnende Stimme gegenüber gefährlichen Entwicklungen im gewerkschaftlichen Bereich erhoben. Nach der Gründung christlicher Gewerkschaften haben sie erklärt, daß die Gründe, die zu diesem Schritt geführt haben, so gewichtig seien, daß sie einen solchen Schritt rechtfertigen. Ferner haben sie festgestellt, daß grundsätzlich einer christlichen Gewerkschaft vor einer neutralen der Vorzug zu geben sei und daß, nachdem christliche Gewerkschaften gegründet seien, diese von seiten der katholischen Organisationen und sozialen Einrichtungen Förderung verdienen und nicht als Gegner bekämpft werden dürfen.

An diesem Standpunkt halten die Bischöfe fest.

Es kann nicht bezweifelt werden, daß auch den christlichen Arbeitnehmern ein natürliches Recht zusteht, sich zur Wahrung wirtschaftlicher Interessen zusammenzuschließen, und zwar ein Recht, das ihnen von niemandem, auch nicht vom Staat, verweigert werden darf.

Die Mitgliedschaft und die aktive Mitarbeit in der Einheitsgewerkschaft ist allgemein gesprochen für den einzelnen Katholiken mit größeren Gefahren für seinen Glauben und seine Treue zur Kirche verbunden, als es in einer christlichen Gewerkschaft der Fall wäre. Daher kann diese Mitgliedschaft bzw. Mitarbeit nur bei Vorhandensein besonders schwerwiegender Gründe vor dem Gewissen gebilligt werden.

Die Existenz christlicher Gewerkschaften ist aber nicht nur dann wünschenswert, wenn die bestehenden Gewerkschaften eine unmittelbare Gefahr für Glaube und Sitte bedeuten, sondern auch schon aus dem Grunde, daß wir als Christen bestrebt sein müssen, nicht nur das Böse zu verhindern, sondern das Gute überall und in jeder Weise zu fördern. Daß eine christliche Gewerkschaft in vieler Hinsicht bessere Möglichkeiten bietet als eine neutrale, der christlichen Soziallehre der Kirche Geltung und Gehör zu verschaffen, wird im Ernst niemand bezweifeln können. Im übrigen haben die anderen freien Gewerkschaften von einer christlichen Gewerkschaft für ihren Bestand nichts zu befürchten. Die Bischöfe sind vielmehr davon überzeugt, daß bei ehrlichem Wollen auf allen Seiten eine echte und fruchtbare Zusammenarbeit zwischen den verschiedenen Gewerkschaften zum Wohle der Arbeiterschaft durchaus möglich ist, wie das Beispiel anderer Länder zeigt.

Vor allem aber erklären die Bischöfe, daß es nicht nur das Recht, sondern auch die Pflicht der Bischöfe ist, zu allen Fragen Stellung zu nehmen, die nicht nur das materielle, sondern das seelische Wohl der Arbeiterschaft betreffen. Der Heilige Vater

[1] *Die Datierung ergibt sich aus Dok. 148.*

Papst Pius XII. hat sich in seiner Ansprache an die Bischöfe vom 1.11.1954[2] unmißverständlich über dieses Recht und die Pflicht der Bischöfe geäußert, indem er sich die Worte seines heiligen Vorgängers Pius X. zu eigen machte. »Es ist einem Christen, was er auch immer tut, auch im Bereich der irdischen Dinge nicht erlaubt, die übernatürlichen Werte unberücksichtigt zu lassen; er soll im Gegenteil gemäß den Vorschriften der christlichen Weisheit alles auf das höchste Gut als auf sein letztes Ziel einstellen. Alle seine Handlungen, soweit sie sittlich gut oder böse sind, soweit sie also mit dem natürlichen und göttlichen Recht übereinstimmen oder davon abweichen, unterstehen dem Urteil und Rechtsspruch der Kirche. Der soziale Bereich und die ihm unterstellten Fragen [...] sind nicht rein wirtschaftlicher Natur und deshalb nicht so, daß sie ohne Rücksicht auf die Autorität der Kirche geregelt werden könnten; denn es ist im Gegenteil nur zu wahr, daß sie (die soziale Frage) in erster Linie eine sittliche und religiöse Frage ist und deshalb zuerst vom Sittengesetz her und nach dem Entscheid der Religion gelöst werden muß.« Diese vom Papst zitierten Worte seines hl. Vorgängers sind von diesem gerade im Hinblick auf die Stellung der Kirche in der Gewerkschaftsfrage gesprochen worden.
Den Entscheidungen des Hirtenamtes müssen alle Kinder der Kirche, Priester wie Laien, Ehrfurcht und Gehorsam entgegenbringen, und zwar gilt das auch für den Fall, daß ihnen die Richtigkeit oder Zweckmäßigkeit einer Entscheidung nicht einleuchtet. Ausdrücklich weist unser Hl. Vater in der erwähnten Ansprache darauf hin, wenn er sagt: »Wenn es sich daher um Vorschriften und Entscheidungen handelt, welche die rechtmäßigen Oberhirten (also der Papst für die gesamte Kirche, die Bischöfe für die ihrer Sorge anvertrauten Gläubigen) in Dingen des Naturgesetzes erlassen, dürfen die Gläubigen sich nicht auf den Satz berufen (der Privatmeinungen gegenüber angewendet zu werden pflegt): ›Die Autorität gilt soviel wie ihre Gründe.‹ Selbst wenn jemandem eine Anordnung der Kirche aus den erbrachten Gründen nicht gerechtfertigt erscheint, bleibt doch die Verpflichtung des Gehorsams.«
Es geht also nicht an, sich gegenüber der Stellungnahme der Bischöfe auf die eigene Sachkenntnis zu berufen. Die Bischöfe nehmen Stellung als Hüter von Glaube und Sitte. Selbst wenn in einem Konfliktsfalle die bessere Vertretung der wirtschaftlichen Interessen der Sicherung des Glaubens- und Sittenlebens geopfert werden müßte, so entspräche das der rechten Wertordnung und müßte als Anteil am Kreuze Christi getragen werden.
Jeder gläubige Christ, der es sich angelegen sein läßt, der Kirche willig Gehör zu schenken, kann überzeugt sein, daß Gott es nie zulassen wird, daß er den rechten Weg verfehlt. Selbstverständlich bleibt es ihm unbenommen, den Bischöfen als seinen Vätern im Glauben seine Bedenken und Schwierigkeiten in geeigneter Weise vorzulegen. Eine in der Öffentlichkeit geführte Diskussion, auch wenn die Form eines Briefes gewählt wird, ist sicherlich kein geeigneter Weg, Meinungsverschiedenheiten zwischen den Bischöfen und gläubigen Laien aus dem Wege zu räumen. Wir haben

2 AAS *46 (1954), S. 662–666.*

den aufrichtigen Wunsch, alle auftretenden Schwierigkeiten in einer Atmosphäre gegenseitigen Vertrauens zu klären.
Ganz entscheidend bleibt, daß nie und am allerwenigsten bei sachlichen Auseinandersetzungen unter Christen die Gerechtigkeit und die Liebe verletzt werden.

145

Bericht Schultes und Joos'[1]

[Fulda, nach 15. September 1957][2]

EA München, Joseph Kardinal Wendel, 40/1957. *Schreibmaschinenvervielfältigung. Überschrift*: Männerseelsorge und Männerarbeit. Anmerkungen zur Arbeit der Hauptarbeitsstelle für Männerseelsorge und Männerarbeit in den deutschen Diözesen (August 1956–1957).

Den letztjährigen Bericht[3] schlossen wir mit dem Hinweis darauf, daß der Ausfall der im September 1957 anstehenden Bundestagswahlen unabsehbare Folgen für Kirche, Staat und christliches Volksleben nach sich ziehen könnte, wenn es nicht gelänge, die damals in weiten Kreisen, auch der kath[olischen] Männer, bestehende politische Gleichgültigkeit, Ahnungslosigkeit und Verworrenheit zu beheben. Es müsse Sache unserer im vorpolitischen Raum tätigen Organisationen sein, die Massen aufzurütteln und für die Entscheidung geistig vorzubereiten.

Haupttagung 1957 und ihre Auswirkungen
Die Ende Oktober 1956 nach Fulda einberufene Vorstandssitzung der Hauptarbeitsstelle trat vorstehender Auffassung bei und beschloß als Thema der Haupttagung 1957 zu wählen »Das Jahr der Entscheidung« und den Termin bereits auf Ende Januar zu legen, um eine rechtzeitige Auswirkung in praktischen Aktionen zu ermöglichen. Dabei gingen wir von der Erwägung aus, daß, wenn die Gemeinschaft der kath[olischen] Männer Deutschlands auch keinen parteipolitischen Charakter oder eine diesbezügliche Sendung habe, wir doch auf Staat und Volk hin verpflichtet seien. Der besondere Beitrag zur politischen Willensbildung müsse sich selbstverständlich in Sprache und Motivierung von derjenigen der politischen Partei unterscheiden, mehr staatspolitischer Natur und vom christlichen Gewissen her geleitet sein.
Von diesem Geist war die Haupttagung in den Tagen des 29. bis 31. Januar ds. Js. getragen. Wir legen das Programm bei[4]. Die Referate und Aussprachen sind in dem

[1] Joseph Joos *(1878–1965), 1919–1933 Mitglied des Reichstags (Zentrum), seit 1928 stellvertretender Parteivorsitzender, seit 1946 in der Hauptarbeitsstelle für katholische Männerarbeit in Fulda. Vgl.* O. Wachtling.

[2] *Die Datierung ergibt sich aus dem Bezug auf die am 15. September 1957 stattgefundenen Bundestagswahlen.*

[3] *Nicht ermittelt.*

[4] *Nicht ermittelt.*

Jahresband »Jahr der Entscheidung«, Staatspolitische Verantwortung im vorpolitischen Raum, Fuldaer Vorträge Band XV,[5] niedergelegt.
In der Wirkung nach außen war die Haupttagung tatsächlich richtunggebend für die Kundgebungen seitens der Diözesanmännerwerke, Gemeinschaften und Verbände in den einzelnen Diözesen. Form und Art der Durchführung wurden jeweils den Verhältnissen angepaßt. Die Proteste von liberalistischer und sozialistischer Seite wegen »Mißbrauch der Religion« durfte unsere Initiative nicht behindern, gaben uns indes Veranlassung, die Zusammenhänge von Religion und Politik und Politik und kirchlicher Autorität klarer und bestimmter sichtbar zu machen.

Die Staatspolitische Kundgebung in Bamberg
Wie anläßlich der Vorbereitung der Bundestagswahlen von 1953 hatte die Hauptarbeitsstelle auch dieses Jahr eine außerordentliche Staatspolitische Kundgebung nach Bamberg einberufen, um mit dem verantwortlichen Staatsmann ein Bekenntnis abzulegen zu den unabänderlichen Grundsätzen christlicher Politik und ihrer Durchsetzung in einer Zeit höchster Gefahr. Diese am 2. Juni abgehaltene Kundgebung war ein durchschlagender Erfolg weit über den süddeutschen Raum hinaus. An 50.000 Männer und Frauen nahmen daran teil. Hier sprach der Bundeskanzler Dr. Adenauer jenes eindeutige Wort, das für die ganze Wahlbewegung die entscheidende Parole wurde: »Deutschland und Europa werden christlich bleiben oder kommunistisch werden.« Allen Verwischungsversuchen zum Trotz gelang es, diese den Wesenskern der Wahlentscheidung treffende Parole wirkungsvoll durchzutragen.

Mann in der Zeit
Mit den Zielsetzungen der Hauptarbeitsstelle ging die publizistische Arbeit der Monatszeitung Mann in der Zeit Hand in Hand. Ihr ununterbrochener Aufstieg (die reguläre Auflage betrug am 17.8.1957 rund 548.000) ist nicht zuletzt darauf zurückzuführen, daß diese Monatszeitung seit Jahr und Tag geistig-politisch führend gewesen und ihre aufrüttelnde und klärende Arbeit bis zum Wahltermin aufs äußerste intensivierte. Nirgendwo war ein Blatt katholischer Richtung zu sehen, das in solch systematischer, sachlich begründeter und zugkräftiger Art auf die öffentliche Meinung einwirkte. Darum stand Mann in der Zeit auch im Kreuzfeuer offener und versteckter Angriffe.
Der »Männerseelsorger« widmete sich mit großem Erfolg seiner Sonderaufgabe, dem Seelsorger zu helfen, durch das Dickicht verwickelter Zusammenhänge zwischen politischen und seelsorglichen Fragen hindurchzuschauen und ihm für seine besondere Sendung praktische Fingerzeige sowie brauchbare Unterlagen zu geben.

[5] JAHR DER ENTSCHEIDUNG *(Staatspolitische Verantwortung im vorpolitischen Raum). Vorträge und Verhandlungen auf der Jahrestagung der katholischen Männer Deutschlands, 29.–31. Juli 1957, hrsg. von der Hauptarbeitsstelle für Männerseelsorge und Männerarbeit Fulda, Augsburg 1957 (Fuldaer Vorträge 13).*

In Zusammenarbeit mit der Redaktion genannter Organe konnte der Verlag Winfried-Werk eine Reihe volkstümlicher Aufklärungsschriften zur Massenverbreitung bereitstellen, die ihre Wirkung nicht verfehlten.
Der Geistliche Leiter der Hauptarbeitsstelle[6] setzte sich in der Berichtszeit besonders ein in Führertagungen und Priesterkonferenzen, in der Bereitstellung von Vortragsmaterialien für die monatlichen Männerabende, der geistigen Vorbereitung der Wahl vom Religiösen her. Er erarbeitete Materialien zur geistigen Bewältigung drängender Zeitfragen und unterhielt persönliche Fühlungnahmen mit den Mitarbeitern in allen Diözesen. Daneben verfolgte er systematisch das Ziel weitester Verbreitung von Mann in der Zeit, mit wachsendem Erfolg.
Bei der Beurteilung der Frage, wie es möglich war, innerhalb eines Jahres einen so bedeutsamen Stimmungswechsel in der öffentlichen politischen Meinung herbeizuführen, wie er in den Wahlergebnissen zum Ausdruck kommt, darf mit vollem Recht auf die umfassende, planmäßige und erfolgreiche Arbeit der vorgenannten Arbeitsstellen verwiesen werden.
Nachdem die Entscheidung über den künftigen Charakter der Bundesregierung und die Richtung der Bundespolitik gefallen ist, glaubt die Hauptarbeitsstelle sich wieder mehr den Aufgaben zuwenden zu können, die auf der Linie der geistig-seelischen Formung und religiösen Durchbildung der katholischen Männerwelt liegen.
Der außergewöhnliche Wahlerfolg christlicher Kräfte bedeutet sehr viel, aber er allein gewährleistet noch keineswegs eine gesunde Weiterentwicklung unseres Volkes inmitten der Gefahren der Zeit. Es liegen Anzeichen dafür vor, daß durch den politischen Sieg die Gegenbewegungen des atheistischen Kommunismus in Verbindung mit dem verworrenen, dem christlich-kirchlichen Glauben entgegengesetzten Zeitgeist heftiger und die Auseinandersetzungen bitterer werden. Insofern verlangen Gegenwart und Zukunft erst recht katholische Männer, die fest im Glauben und in der Kirche verwurzelt und fähig sind, eine geistig-sittliche Atmosphäre zu schaffen und zu halten, in der christlicher Kulturgeist und christliches Volksleben gedeihen können. So weit sind wir heute noch nicht und hier liegt der Schwerpunkt unserer Aufgaben.

gez. Msgr. Dr. C[aspar] Schulte
gez. Joseph Joos.

6 *Msgr.* CASPAR SCHULTE.

146

Keller an Wendel

Münster, 16. September 1957

EA MÜNCHEN, Joseph Kardinal Wendel, 21/1957. *Schreibmaschinenausfertigung mit eigenhändiger Unterschrift. Briefkopf:* Der Bischof von Münster. *Eingangsstempel:* Erzbistum München. Erzb[ischof] 21. Sep[tember] 1957. 21 Nr. 1515.

Eminenz, lieber, hochwürdigster Mitbruder!
In der »Traktandenliste« – wie die Schweizer sagen – für Fulda steht auch: Neuordnung und Neubesetzung der Referate der Fuldaer Bischofskonferenz. Ist es Absicht oder Versehen, daß das Wort »Kommission« nicht gebraucht ist?
Ich habe inzwischen noch mal die Vorschläge von Exzellenz Hengsbach durchgearbeitet und bin zu einer etwas anderen Lösung gekommen, die ich in Anlage[1] beifüge. Meiner festen Überzeugung nach ist und bleibt der Kernansatz die Schaffung eines Sekretariates der Bischöfe. Solange dieses Grundanliegen nicht erfüllt ist, kommen wir praktisch nicht weiter.
Im übrigen würde ich empfehlen, in Fulda die Besetzung der Referate noch nicht vorzunehmen, sondern dort nur Vorschläge machen zu lassen, die noch mal überlegt werden müssen. Im Plenum in Fulda wird es ganz unmöglich sein, die Frage ganz objektiv zu besprechen und zu entscheiden.
Mit herzlichem Gruß

Dein
+ Michael Keller.

147

Bericht Eckerts

Freiburg, 16. September 1957

DA EICHSTÄTT, Bischofsarchiv Schröffer, Deutsche Bischofskonferenz 1957. *Schreibmaschinenvervielfältigung mit faksimilierter Unterschrift. Briefkopf:* Deutscher Caritasverband e. V. Der Präsident. *Überschrift:* Der Plenarkonferenz der Hochwürdigsten Herren Bischöfe beehre ich mich, namens des Deutschen Caritasverbandes folgende Anliegen vorzutragen: *Die typographischen Hervorhebungen, Unterstreichungen von Hand und eine stenographische Randbemerkung wurden nicht verzeichnet.*

I. Allgemeine Lage auf dem Gebiet der Wohlfahrtspflege.
Sie ist gekennzeichnet durch eine immer weiter zunehmende Gesetzgebung in allen Sparten, mit einem sich dauernd erweiternden Behörden-Apparat und einem nie dagewesenen Drängen weitester Volkskreise zur behördlichen Hilfe.
Unsere organisierte Caritas ist wohl auf allen Ebenen mit eingearbeiteten Persönlichkeiten vertreten; wir haben auch einen erheblichen Anteil am Wiederaufbau der

[1] *Nicht aufgenommen.*

zerstörten Anstalten und ebenso am Neubau. Es sind seit 1945 3.695 caritative Anstalten und Einrichtungen neu geschaffen worden.

Trotzdem sehe ich die Stellung der Caritas im öffentlichen Raum sehr bedroht. Die Behörden können aus ihren großen Etats ihr Anstaltswesen ohne Lasten für Fremdgelder aufs äußerste modernisieren, während alle unsere Neubauten eine schwere Schuldenlast auf Jahrzehnte zu tragen haben; die Behörden können die immer steigenden Betriebskosten aus ihren allgemeinen Etats decken, während unsere Einrichtungen sie selbst aufbringen müssen. Das konnte durch die billigen Schwesternkräfte bisher in etwa ausgeglichen werden. Diese Möglichkeiten werden durch den Rückgang des Schwesternnachwuchses mehr und mehr schwinden. Nur mit Laienkräften die Lücken auszufüllen, scheitert am Mangel auch dieser Kräfte und oft auch an der geringeren Besoldung. So wandern viele Berufskräfte der Pflege, Erziehung und Fürsorge zur Behörde und ihren Einrichtungen ab.

Zu dieser Schwächung unserer Position von der Seite der tätigen Kräfte und der Finanzen her kommt nun eine noch größere Schwierigkeit aus den Bestrebungen der an sich berechtigten Arbeitszeit-Verkürzung. Waren unsere Schwestern schon bisher überlastet, so droht jetzt eine neue Belastung für sie und damit nochmals ein Rückgang des Nachwuchses.

So kommt es, daß die kirchliche Caritas-Organisation in den 60 Jahren ihres Bestehens in keiner so schwierigen Lage gewesen ist wie heute.

Was ist zu tun?

1. Im Interesse der Wahrung der persönlichen Freiheit und Selbstverantwortung muß dem Drang zur Staatsversorgung und zur Kommunal-Omnipotenz gesteuert werden. Es sind so große Güter für den Einzelnen, für die Familie, für die Volksgemeinschaft und die Kirche bedroht, daß von allen Seiten, auch von der kirchlichen Autorität, davor gewarnt werden muß.

2. Gemäß einer statistischen Erhebung des Deutschen Caritasverbandes sind nach dem Kriege bis Ende 1955 insgesamt DM 530 Millionen für den Wiederaufbau und Neubau von Caritaseinrichtungen aufgewendet worden, davon DM 330 Millionen verzinsliches Fremdkapital.

Nach jahrelangen Bemühungen hat die Bundesregierung erste DM 50 Millionen zur Beseitigung von Kriegsschäden als unverzinsliches Darlehen bereitgestellt, zahlbar in fünf Jahresraten von 1956 bis 1960. Die Bemühungen um eine angemessene Erhöhung dieses Anstaltskreditfonds und seine Ausdehnung auf die Umschuldung schon aufgenommener hochverzinslicher Kredite werden fortgesetzt.

3. Die Forderungen bezüglich der Verkürzung der Arbeitszeit im pflegerischen und erzieherischen Dienst des Anstaltswesens dürfen nicht von den entsprechenden Regelungen in der Industriearbeit her abgeleitet werden.

Der Beschluß der Bischofskonferenz vom Jahre 1955 muß in Erinnerung gebracht werden, wonach jede Sozialordnung in Anstalten so sein muß, daß die Kirche sie auch für ihr kirchliches Personal einführen kann. Wir haben zur Erreichung dieses Zieles zwei Regelungen erstellt, eine für das Laienpersonal in Krankenhäusern und eine für die Ordensschwestern.

Erstere ist zur Erprobung allen Krankenhäusern zugegangen, letztere haben wir den Hochwürdigsten Herren Bischöfen und den Generaloberinnen der Mutterhäuser zugeleitet. Wir dürfen die Verabschiedung nicht zu lange hinausschieben. Vielleicht dürfte ich die Einsetzung einer gemischten Kommission aus Vertretern des hochwürdigsten Episkopates, der Mutterhäuser und des Deutschen Caritasverbandes anregen.

4. Bei dem allgemeinen Rückgang der Schwesternberufe und dem Mangel auch an Laienpersonal müssen wir mit allen Mitteln die Berufskräfte an unser Werk binden durch folgende Maßnahmen:

a) Auf Diözesanebene müssen wir die Mitarbeiter innerlich durch Schulung an das Werk binden.

b) Die Tarifordnung darf nicht hinter den allgemeinen Normen zurückbleiben und nicht zu sehr nachhinken (s. Artikel »Die Krankenschwester und der christliche Krankendienst« von Leo Zodrow S. J. in »Stimmen der Zeit« 1955/56, S. 121).

Die Absprache der Arbeitsrechtlichen Kommission des Deutschen Caritasverbandes mit den Finanz-Dezernenten der Diözesen ist gut, darf aber nicht die Forderungen der Anstaltsleiter verzögern.

c) Das Personal für den Pflegedienst muß, soweit es ansprechbar und erreichbar ist, für ein echtes Apostolat am Kranken gewonnen werden. Die Organisation der freien Caritasschwestern ist stabil und in den meisten Diözesen gut zusammengefaßt. Es bleiben aber so viele katholische Krankenpflegerinnen außerhalb aller katholischen Gemeinschaften, daß zur Ergänzung bald neue Formen gefunden werden müssen, wenn nicht eine einseitige, gewerkschaftliche Bewegung kommen soll. Die Ansatzpunkte für eine Erfassung aller katholischen Pflegekräfte außerhalb der bisherigen Organisationen liegen in den einzelnen Städten verschieden. Man wird daher örtlich in den größeren Städten beginnen und zunächst verschiedene Wege gehen müssen.

II. Einzelne Spezialforderungen der Not:

1. Noch sind in der Bundesrepublik etwa 400.000 Menschen in Lagern. Die Verhältnisse sind teilweise unerträglich und sprechen allen christlichen und menschlichen Forderungen Hohn. Bund, Länder und Gemeinden müssen von höchster kirchlicher Stelle angerufen werden, die Wohnverhältnisse in den Lagern den sittlichen und hygienischen Forderungen entsprechend zu gestalten und ein familiengerechtes Wohnen zu ermöglichen.

Eine entsprechende Verlautbarung, daß die Bischofskonferenz sich mit diesen Anliegen befaßt, sollte erfolgen.

2. Bei der Familienzusammenführung aus den polnisch verwalteten Gebieten und anderen Ostländern kommen Tausende von Kindern und Jugendlichen, die sprachlich und kulturell umgeschult werden müssen. Die einzelnen Diözesan-Caritasverbände müssen hierfür entsprechende Anstalten oder Anstaltsteile mit Förder-Schulen bereitstellen. Da es ein vorübergehendes Bedürfnis ist, sollten vorhandene Einrichtungen tunlichst verwendet werden. Die Lage ist nach Ländern verschieden.

Daher müssen auch die Diözesan-Caritasverbände auf Länderebene das Problem lösen. Höchste Eile ist geboten, da sonst andere Stellen sich ohne Berücksichtigung der kirchlichen und religiösen Belange der Sache annehmen.

Eckert.

148

Keller an Frings

Münster, 16. September 1957

EA KÖLN, Gen. II 23.61, 26. *Schreibmaschinenausfertigung mit eigenhändiger Unterschrift. Briefkopf:* Der Bischof von Münster.

Eminenz, lieber, hochwürdigster Freund!
In anliegender Mappe[1] habe ich einige Dokumente zusammengestellt, die für die Beurteilung der Entwicklung der Gewerkschaftsfrage von Bedeutung oder doch von Interesse sind. Gleichzeitig füge ich den Entwurf einer Stellungnahme der Bischöfe in Fulda[2] bei. Diese Stellungnahme ist mit Herrn Professor Höffner eingehend durchgesprochen.
Ich habe den Entwurf außer Dir nur noch dem Bischof von Eichstätt und von Aachen zugeleitet, damit ja nicht durch irgendwelche Unvorsichtigkeit schon vorher über den Inhalt etwas ruchbar wird.
Angesichts der Wichtigkeit der Gewerkschaftsfrage würde ich es begrüßen, wenn unter Umständen die Besprechung in Fulda etwas vorgezogen und evtl. am 2. Tage stattfinden könnte. Es wird notwendig sein, diese Dinge in aller Ruhe durchzudiskutieren, damit nicht hinterher wieder solche Mißverständnisse auftauchen, wie sie uns in den letzten Wochen zu schaffen gemacht haben.
Mit herzlichem Gruß

Dein
+ Michael Keller.

1 *Nicht aufgenommen.*
2 *Vgl. Dok. 144.*

149

Böhler an die Bischöflichen Generalvikariate/Ordinariate

Bonn, 17. September 1957

DA EICHSTÄTT, Bischofsarchiv Schröffer, Deutsche Bischofskonferenz 1957. *Schreibmaschinenvervielfältigung mit faksimilierter Unterschrift. Briefkopf:* Katholisches Büro Bonn, Leitung: Prälat Böhler. *Anschrift:* An die Hochwürdigsten Erzbischöflichen und Bischöflichen Generalvikariate und Ordinariate. *Die Unterstreichungen von Hand wurden nicht verzeichnet.*

Wiederholt haben sich maßgebliche kirchliche Stellen mit den seelsorglichen Problemen der »Onkel-Ehe«, auch genannt »Rentenkonkubinate«, befaßt und waren zu dem Schluß gekommen, daß es nicht zuletzt Aufgabe des Staates sei, durch Änderung der Gesetzgebung Sorge zu tragen, daß die Wurzeln dieses Übels beseitigt würden. Mit Schreiben vom 25.2.1955 hatte der Vorsitzende der Fuldaer Bischofskonferenzen, der Hochwürdigste Herr Erzbischof von Köln, Kardinal Frings, dem Herrn Bundeskanzler die Problematik vorgetragen und um Abhilfe durch entsprechende gesetzliche Maßnahmen gebeten.
In diesem Schreiben wurden folgende konkrete Vorschläge unterbreitet
a) Zahlung einer Abfindung bei Wiederverheiratung und
b) Wiederaufleben der Rente bei Tod des zweiten Ehemannes, oder
c) Weiterzahlung der Rente auch nach einer Wiederverheiratung, gegebenenfalls unter entsprechender Anrechnung des Einkommens des Ehemannes auf die Rente.
Durch die inzwischen eingetretene Verabschiedung der Arbeiter- und Angestelltenrentenversicherungsgesetze[1] und durch die Änderung des Bundesversorgungsgesetzes[2] wurde diesen Anregungen weitgehend entsprochen. Von diesen Gesetzen, die für das ganze Bundesgebiet Geltung besitzen, wird schon ein großer Teil der Bevölkerung betroffen, so daß damit sehr vielen Fällen von »Onkel-Ehen« die materielle Begründung entzogen sein dürfte.
Hinsichtlich der Bundes-, Landes- und sonstigen Beamten hingegen, für die das Bundesbeamtengesetz[3], neuerdings auch das Beamtenrechtsrahmengesetz[4] sowie die Länder-Beamtengesetze Geltung haben, sind die Bestimmungen über die Versorgung bei einer Wiederverheiratung und nach Auflösung dieser neuen Ehe noch nicht so günstig wie bei der Rentenregelung. Die für diesen Personenkreis geltenden Gesetze kennen noch nicht die Abfindung bei Wiederverheiratung. Jedoch lebt auch nach

1 Gesetz zur Neuregelung des Rechts der Rentenversicherung der Arbeiter *vom 23. Februar 1957.* BGBL., *S. 45 sowie* Gesetz zur Neuregelung des Rechts der Rentenversicherung der Angestellten *vom 23. Februar 1957.* BGBL., *S. 88. Das charakteristische Merkmal dieser beiden Gesetze, die bereits durch eine Regierungserklärung im Jahre 1953 angekündigt worden waren, lag im Übergang zur Produktivitätsrente, welche die Höhe der Renten alljährlich an der Entwicklung des Sozialprodukts bemißt. Maßgeblich beteiligt an der Konzeption der Neuregelung waren die Arbeiten von* W. SCHREIBER *und eine Denkschrift von* H. ACHINGER, J. HÖFFNER, H. MUTHESIUS *und* L. NEUNDÖRFER.

2 Sechstes Gesetz zur Änderung und Ergänzung des Bundesversorgungsgesetzes *vom 22. Mai 1957.* BGBL., *S. 661.*

3 Bundesbeamtengesetz *vom 14. Juli 1953.* BGBL., *S. 551.*

4 Rahmengesetz zur Vereinheitlichung des Beamtenrechts *vom 1. Juli 1957.* BGBL., *S. 667.*

diesen Gesetzen der Anspruch auf Witwengeld bei Auflösung der neuen Ehe wieder auf.
Auf Grund der wesentlichen Verbesserungen auf dem Gebiete der Versorgung erscheint es wünschenswert, durch eine Veröffentlichung in den Kirchlichen Anzeigern bzw. Amtsblättern den Klerus über diese veränderte Rechtslage zu unterrichten und ihn in die Lage zu versetzen, durch entsprechende Aufklärung Rentenkonkubinate zu verhindern.
Anliegend übersende ich ehrerbietigst einen Entwurf für eine solche Veröffentlichung[5].
Von den in diesem Entwurf unter Abschnitt B aufgeführten beamtenrechtlichen Regelungen in den einzelnen Ländern brauchen natürlich nur die jeweiligen Bestimmungen desjenigen Landes übernommen zu werden, in denen das betreffende Bistum gelegen ist.
Falls eine entsprechende Veröffentlichung in den Kirchlichen Anzeigern bzw. Amtsblättern erfolgt, bitte ich, dem Katholischen Büro einige Exemplare dieser Veröffentlichung zu übersenden.
Mit ehrerbietiger Begrüßung

Böhler
(Prälat Böhler).

150

Bericht Böhlers

[Bonn, vor 20. September 1957][1]

EA München, Joseph Kardinal Wendel, 21/1957. *Schreibmaschinenvervielfältigung. Briefkopf:* Katholisches Büro Bonn, Leitung: Prälat W[ilhelm] Böhler. *Überschrift:* Tätigkeitsbericht des Katholischen Büros Bonn für die Zeit von September 1956 bis August 1957.

I.[2]
Das Katholische Büro Bonn hat folgende Aufgaben:
1. Beobachtung des gesamten politischen Lebens, um festzustellen, ob irgendwo und irgendwann eine Einflußnahme vom katholisch-christlichen Standpunkt aus notwendig wird;
2. persönlichen Kontakt zu halten mit Vertretern der Bundesregierung, des Bundestages, des Bundesrates sowie mit den Bonner Vertretungen der Länder;
3. die katholischen Abgeordneten und Ministerialreferenten in wichtigen Fragen zu beraten;

5 *Nicht aufgenommen.*

1 *Die Datierung ergibt sich aus Dok. 152, das auch Aufschluß über den Inhalt der hier nicht wiedergegebenen Abschnitte des 64 Schreibmaschinenseiten umfassenden Berichts gibt.*
2 *Die weiteren Punkte wurden nicht aufgenommen.*

4. sobald es in einem Zusammenhang notwendig wird, für die katholischen Grundsätze einzutreten;
5. die kirchlichen Interessen wahrzunehmen, soweit nicht Konkordatsfragen von der Apostolischen Nuntiatur behandelt werden;
6. Anregungen zu geben, wenn Gesetze und Verordnungen von unserem Standpunkt aus als notwendig erscheinen.

Diesem Zwecke dienen:
1. die Sitzungen des Kirchenpolitischen Gremiums, das von der Fuldaer Bischofskonferenz eingesetzt ist und in dem Vertreter der Kirchenprovinzen mit Professoren der Theologie zusammenarbeiten,
2. die Sekretariatsaufgaben des Katholischen Büros;
3. das Klubhaus Bonn mit seinen Zusammenkünften;
4. Arbeitsgemeinschaften und Arbeitskreise;
5. Einzelbesprechungen;
6. die Bibliothek;
7. das Archiv.

Entsprechend unserer katholischen Einrichtung bestehen auf evangelischer Seite:
1.) die Evangelische Kirchenkanzlei, Referat IV: Oberkirchenrat Ranke als Bonner Außenstelle der Evangelischen Kirchenkanzlei Hannover. Diese Kirchenkanzlei in Bonn ist besetzt mit Herrn Oberkirchenrat Ranke als Leiter, einem Oberinspektor und zwei Schreibkräften;
2.) das Büro des Bevollmächtigten des Rates der EKiD, des Herrn Prälaten Kunst, der inzwischen auch Militärbischof geworden ist. Sein Büro, das im gleichen Haus mit der Kirchenkanzlei untergebracht ist, ist mit drei Bürokräften besetzt.

Prälat Kunst ist eine dem Katholizismus gegenüber sehr aufgeschlossene Persönlichkeit, der loyal ist und mit dem ein sehr gutes Zusammenarbeiten möglich ist. Auch Oberkirchenrat Ranke verdient Vertrauen.

Es gehört mit zur Arbeit des Katholischen Büros, daß Kontakte zu allen politischen Kreisen, auch zur SPD und FDP gehalten werden, wenn auch besonderer Kontakt zur CDU/CSU besteht.

Die Arbeit als solche ist schwieriger geworden. Es besteht ein Mißtrauen gegenüber dem Wirken der Kirche im öffentlichen Leben; dieses Wirken wird oft falsch gedeutet und von manchen zurückgewiesen.

Im allgemeinen kann allerdings gesagt werden, daß der Kontakt und die Zusammenarbeit im letzten Jahre noch verhältnismäßig gut waren.

151

Frings an Adenauer

Köln, 20. September 1957

EA KÖLN, Katholisches Büro Bonn I 79a. *Schreibmaschinendurchschrift. Briefkopf:* Der Vorsitzende der Fuldaer Bischofskonferenzen. *Aktenzeichen:* J[ou]r[nal] Nr. R 11527/56. *Anschrift:* An den Herrn Bundeskanzler, Bonn, Bundeshaus, *ohne Anrede. Vermerke:* Betr.: Kirche und Grundstückserwerb *sowie* Abschrift.

Ernste Sorgen pastoraler Art veranlassen mich, dieses Schreiben an Sie zu richten. Die Kirche ist durch die Umwälzungen der vergangenen Jahre vor große Aufgaben gestellt worden. Millionen Flüchtlinge sind in das Bundesgebiet eingeströmt; allenthalben hat eine industrielle Entwicklung eingesetzt, deren Ende noch nicht abzusehen ist; die Großstädte wachsen noch immer strahlenförmig nach allen Richtungen. All dies erfordert auch von kirchlicher Seite Maßnahmen, die weit über den Rahmen der bisher vorhandenen kirchlichen Organisation hinausgehen. An vielen Orten müssen neue Kirchen und Pfarrhäuser gebaut und die andern für ein Gemeindeleben erforderlichen Einrichtungen geschaffen werden. Dazu aber ist eine unabdingbare Voraussetzung die Möglichkeit des Erwerbs von Grund und Boden. Die Erfahrungen der letzten Jahre haben gezeigt, wie groß die Schwierigkeiten in dieser Hinsicht sind. Oft ist es nur nach jahrelangen Verhandlungen und unter großen finanziellen Opfern gelungen, den allernotwendigsten Boden zu erwerben. Nicht selten aber sind auch die Fälle, in denen ein Grundstückserwerb und damit der seelsorglich notwendige Kirchbau an der Grundstücksfrage einfach gescheitert ist.

Auf Grund dieser Erfahrung halte ich es für ein unabweisbares Erfordernis, daß in den einschlägigen Gesetzen auf die kirchlichen Notwendigkeiten die gebührende Rücksicht genommen wird. Die Kirche kann ihre Aufgabe, die in erster Linie eine seelsorgliche, darüber hinaus aber auch eine große volkserzieherische ist, der Öffentlichkeit gegenüber nur dann ganz erfüllen, wenn ihr die erforderliche Bewegungsfreiheit sowohl in geistiger und wirtschaftlicher, wie auch in räumlicher Hinsicht zugestanden wird. Ich glaube, daß diese Forderung auch der rechtlichen Stellung entspricht, die das Grundgesetz und die Länderverfassungen der Kirche einräumen. Ihre gesetzlich anerkannte und auch konkordatär garantierte Freiheit aber muß als gefährdet angesehen werden, solange sie nicht auch die für ihr Wirken erforderlichen äußeren Voraussetzungen schaffen kann. Es geht hierbei nicht nur um die Garantie einer Freiheit, wie sie grundsätzlich auch jeder privaten Organisation zusteht. »Die Kirchen sind vielmehr Glied unserer vielschichtigen öffentlich rechtlichen Gesamtordnung, und zwar ein tragendes und wirkendes Glied darin. Kraft der Verbindung ihres theologisch-kirchlichen Öffentlichkeitsanspruchs mit dem Status öffentlichrechtlicher Institutionen hohen Ranges sind sie in verantwortlicher Gliedschaft in das politische Gemeinwesen einbezogen« (W. Weber: »Die Gegenwartslage des Staatskirchenrechts« in »Veröffentlichungen der Vereinigung der Deutschen Staatsrechtslehrer«, Heft 11, Berlin 1954, S. 175).

Die gesetzgeberischen Instanzen haben sich in der vergangenen Legislaturperiode mit drei Gesetzentwürfen befaßt, die in den dargestellten Zusammenhang gehören. Es handelt sich um die Entwürfe für ein Grundstücksverkehrsgesetz, ein Raumordnungsgesetz und ein Bundesbaugesetz[1]. Bei allen diesen drei Gesetzen müßten die kirchlichen Belange in der ihnen zukommenden und oben angedeuteten Weise berücksichtigt werden. In den bisher vorgelegten Entwürfen scheint mir dies jedoch nicht der Fall zu sein. Insbesondere waren in dem Entwurf für ein Bundesbaugesetz, durch das das gesamte Baurecht in der Bundesrepublik Deutschland neu geregelt werden soll, die Belange der Seelsorge nicht einmal erwähnt, obwohl sie an vielen Punkten direkt berührt wurden.

Einer der wichtigsten Gegenstände des geplanten Bundesbaugesetzes ist die Regelung der sog. Bauleitplanung. Dies will die städtebauliche Entwicklung, soweit es möglich ist, von Anfang an so lenken, daß Gemeinwesen entstehen, die den Gegebenheiten und Erfordernissen der in einer demokratischen Ordnung lebenden Menschen entsprechen.

Dabei dürfte von besonderer Bedeutung sein, daß auch die religiösen Erfordernisse entsprechende Berücksichtigung finden. Die Lage der Kirche als des Zentrums der Gemeinde und die Lage der übrigen kirchlichen Gebäude und Einrichtungen können ausschlaggebend für das ganze gemeindliche Leben werden. Eine staatliche Planungsinstanz wird für die hier von der Seelsorge verlangten Erfordernisse nie das letzte Verständnis haben können. Die Kirche muß die Möglichkeit haben, selbst mit zu überlegen und mit zu entscheiden. Daher müßte die rechtzeitige Beteiligung der zuständigen kirchlichen Stellen an der Aufstellung der Pläne vorgesehen werden. Nur dadurch kann gewährleistet werden, daß die Aufgaben der Seelsorge im engeren Sinne wie andere religiöse Zwecke bei der Gesamtplanung in einer Form berücksichtigt werden, die ihrer Bedeutung für das Volksleben entspricht.

Ich wäre Ihnen, sehr verehrter Herr Bundeskanzler, sehr dankbar, wenn Sie dafür eintreten würden, daß das Ihnen vorgetragene seelsorgliche Anliegen, das ein ernstes Anliegen aller deutschen Bischöfe ist, bei den bevorstehenden gesetzgeberischen Arbeiten die ihm gebührende Berücksichtigung findet.

Das Katholische Büro Bonn wird wegen der Einzelheiten der in den genannten Gesetzen zu regelnden Angelegenheiten sich unmittelbar mit den zuständigen Stellen in Verbindung setzen.

Mit hochachtungsvoller Begrüßung

gez. Jos[eph] Card[inal] Frings
Erzbischof von Köln.

[1] *Vgl. Dok. 60.*

152

Böhler an Frings

Köln, 20. September 1957

EA KÖLN, Gen. II 22.13a, 4. *Schreibmaschinenausfertigung mit eigenhändiger Unterschrift. Briefkopf:* Prälat W[ilhelm] Böhler. *Anschrift:* S[eine]r Eminenz dem Hochwürdigsten Herrn Erzbischof Joseph Herrn Kardinal Dr. Frings. *Die Anlagen wurden nicht ermittelt.*

Ew. Eminenz
habe ich den Tätigkeitsbericht des Katholischen Büros[1] übersandt. Wie ich schon in einem Privatschreiben bat, möchte ich auch an dieser Stelle der Bitte Ausdruck geben, daß in das Protokoll wenigstens ein Satz aufgenommen wird darüber, daß der Bericht zur Kenntnis genommen wurde.
Auf folgende Punkte darf ich eigens hinweisen, weil mir eine Stellungnahme wichtig erscheint:
1. Die Pfarrer sollten durch die Hochwürdigsten Ordinariate darauf aufmerksam gemacht werden, daß jetzt für die sogenannten »Onkel-Ehen« auch der materielle Grund entfallen ist. Ein Entwurf für ein Schreiben liegt bei. (Siehe Seite 12 und Anlage 4)
2. Es scheint mir notwenig zu sein, die Herren Pfarrer anzuweisen, daß sie sich weiterhin an die bisherige Eheschließungspraxis halten. (Siehe eigenes Schreiben)
3. Es wäre gut, wenn die Bischofskonferenz darauf hinwiese, daß sie weitere Jugendschutzmaßnahmen vom neuen Bundestag erwarte. (Siehe Seite 14–17)
4. Herr Generalvikar Offenstein hat Ew. Eminenz das von uns entworfene Schreiben betr. Bundesbaugesetz zugesandt. (Siehe Seite 18 und Anlage 3)
Ich wäre dankbar, wenn das Schreiben an Herrn Bundeskanzler Adenauer[2] gesandt werden könnte.
5. Ebenfalls würde ich dankbar sein, wenn die Bischofskonferenz zum Ausdruck brächte, daß sie unsere Bemühungen, das Sammlungsgesetz in den einzelnen Ländern umzustellen und die Kirchen aus den einengenden Bestimmungen herauszunehmen, unterstützen würde.
6. Darf ich auch verweisen auf den Absatz »Herabminderung der Verkehrsunfälle« und den Wunsch, auf die Osterkommunionzettel einmal einen Hinweis aufzudrukken? (Siehe Seite 32–33)
7. Die Hochwürdigsten Herren werden es begrüßen, daß wir in der Frage der staatlichen Dotationen für die ostdeutschen Diözesen vor einem günstigen Abschluß stehen. (Siehe Seite 44)
8. Wichtig scheint mir, daß die Hochwürdigsten Herren sich mit dem »Deutschen Freizeitwerk« beschäftigen. Dankbar wäre ich, wenn unsere Grundsätze, die wir auf Seite 51–52 und Anlage 5 aufgestellt haben, Anerkennung finden würden.

[1] *Vgl. Dok. 150.*
[2] *Vgl. Dok. 151.*

9. Zum Gewerkschaftsstreit und der Gleitenden Arbeitswoche werden sicherlich Vorlagen vorhanden sein. Darum habe ich darüber nur kurz berichtet. (Siehe Seite 59)

In Ehrerbietung!
Böhler.

153

Aufzeichnung Kempfs

Limburg, 23. September 1957

EA MÜNCHEN, Joseph Kardinal Wendel, 46/1957. *Schreibmaschinenvervielfältigung. Überschrift:* Notiz betr. Gewerkschaftsfragen. *Schlußvermerk:* Den Hochwürdigsten Herren Ordinarien der Fuldaer Bischofskonferenz zu fr[eun]dl[icher] Kenntnisnahme ergebenst überreicht.

Als Ordinarius von Frankfurt habe ich mich bemüht, die Auffassung der Patres Sozialethiker von St. Georgen (P. v[on] Nell-Breuning, P. Hirschmann, P. Wallraff S. J.) betr. CGD und Zusammenschluß christlicher Kräfte im DGB kennen zu lernen und in der folgenden gedrängten Form darzustellen:

1) Das soziale Leitbild und das Grundsatz-Programm der CGD ist unbestritten klarer als das des DGB. Insofern verdient es als abstraktes Leitbild den Vorzug.

2) Christliche Arbeitnehmer können nicht mehr an der Tatsache vorbeigehen, daß eine CGD existiert. Sie können die Frage der Zugehörigkeit zu einer Gewerkschaft nicht lediglich als »Sache des persönlichen Geschmacks oder der ganz persönlichen Einstellung« betrachten; sie müssen vielmehr eine echte Gewissensentscheidung treffen, d. h. sie müssen ihrer Entscheidung ernste und sachlich vertretbare Gründe zugrundelegen.

3) Es lassen sich ernste und sachlich vertretbare Gründe – vor allem im Hinblick auf die Realisierbarkeit des christlich-sozialen Leitbildes in der gegenwärtigen geschichtlichen Situation und im Hinblick auf die mehr als 2 Millionen katholischer Menschen im DGB – geltend machen für die Notwendigkeit organisierter christlicher Kräfte im DGB.

4) Wer sich aus solchen ernsten und sachlich vertretbaren Überlegungen für das Verbleiben in den christlich organisierten Kräften des DGB entscheidet, darf die Grundsätze, die die CGD vertritt, nicht verneinen; er darf die Existenzberechtigung der CGD nicht bestreiten; er darf die CGD weder öffentlich noch versteckt bekämpfen.

Eine Entscheidung zugunsten der Mitgliedschaft in einer organisierten christlichen Kräftegruppe im DGB kann in Anbetracht der Tatsache, daß das Grundsatzprogramm der CGD die katholisch-sozialen Anliegen klarer zum Ausdruck bringt, nur aufruhen auf der Überzeugung: Die konkrete geschichtliche Situation verlangt für eine möglichst wirksame Realisierung des christlich-sozialen Leitbildes außer der Existenz der CGD noch einen Zusammenschluß christlicher Kräfte innerhalb des

DGB. M[it] a[nderen] W[orten]: Die geschichtliche Situation erfordert eine »Zweigleisigkeit« in der Christlichen Sozialarbeit.
Diese »Zweigleisigkeit« wurde bereits vor der Gründung der CGD im katholischen Lager beraten und beschlossen (Honnef, 27.6.1955) und in Frankfurt (12.3.1956)[1] erneut gebilligt.
5) Die Zweigleisigkeit muß eine »faire Zweigleisigkeit« sein. Das besagt, daß der einzelne Christ, der sich nach reiflicher und gewissenhafter Überlegung und gestützt auf ernste und sachlich vertretbare Gründe für ein Verbleiben in den organisierten christlichen Kräften des DGB entschieden hat, im eigenen Lager nicht als »Christ zweiten Ranges« betrachtet und behandelt werden darf. Auch er darf wegen seiner Entscheidung weder öffentlich noch versteckt bekämpft werden.
Kritik an konkret-praktischen Zuständen der einen oder anderen Seite soll ein deutliches Wohlwollen zeigen und nicht destruktiv werden.
Die Tatsache, daß die positive Arbeit auf jeder Seite implicite werbend für diese wirkt und dadurch der Werbung der anderen Seite eine erschwerende Konkurrenz bedeutet, darf nicht als Bekämpfung diffamiert werden.
Faire Zweigleisigkeit bedeutet endlich, daß in den beiderseitigen Führungsgremien ein brüderliches Einvernehmen und Zusammenarbeiten erstrebt werden muß.
Den Hochwürdigsten Herren Ordinarien der Fuldaer Bischofskonferenz zu fr[eun]dl[icher] Kenntnisnahme ergebenst überreicht.

gez. + Wilhelm, ep[isco]pus Limb[ur]g[ensi]s.

154

Bericht Jaegers

[Paderborn, vor 24. September 1957][1]

DA Eichstätt, Bischofsarchiv Schröffer, Deutsche Bischofskonferenz 1957. *Schreibmaschinenvervielfältigung mit Überschrift:* Der katholische Akademikerverband. *Vermerk:* Zu den Akten der Plenarkonferenz 1957.

Der Generalsekretär des katholischen Akademikerverbandes Msgr. D. Dr. Paul Wolff, Bonn, Venusbergweg 1, hatte an das Bischofskonveniat von Braunshardt, Juni 1957, eine Eingabe gerichtet betreffend ideelle und finanzielle Unterstützung seiner Arbeit (vgl. Protokoll Braunshardt 1957, Nr. II,e)[2]. Der katholische Akademikerverband hat sich nach seiner Wiederbegründung im Jahre 1946 gut entwickelt.
Der Verband zählt heute 100 Ortsvereinigungen im Bundesgebiet und etwa 8.500 Mitglieder. Die Zeitschrift des Verbandes, die sich heute selber trägt »Der katholische Gedanke«, bringt in Heft 1, 13. Jahrgang 1957, Seite 29f. eine Zusammenstellung der

1 *Vgl. Dok. 16.*

1 *Die Datierung ergibt sich aus dem Bezug zur Fuldaer Bischofskonferenz.*
2 *Vgl. Dok. 118.*

überörtlichen Veranstaltungen des Verbandes seit seiner Wiederbegründung und der inzwischen erfolgten Publikationen. Der Akademikerverband, der zeitweise von der Öffentlichkeit verstanden wurde als eine katholische Vortragsvereinigung, erstrebt bewußt die religiöse Fortbildung des Akademikers und die berufsethische bzw. berufsgebundene Akademikerseelsorge, sowie die übernationale Zusammenarbeit mit den Akademikerverbänden der gesamten katholischen Welt.
Die Notwendigkeit einer eigenen Akademikerseelsorge ist unbestreitbar. Ein akademisches Standesbewußtsein ist heute weithin nicht mehr vorhanden. Der Akademiker wird stärker als früher von seinem Beruf geprägt und bestimmt (als Arzt, Jurist, Philologe, Ingenieur, Wirtschaftsführer, Politiker usw.). Die Ausbildung an unseren Universitäten hat dem Akademiker wohl ein gutes Fachwissen mitgegeben, hat Spezialisten herangebildet. Der Akademiker ist aber nicht geschult, die Brücke zu finden von seinem Glaubensleben und religiösen Verhalten hin zu seiner Arbeit mit ihren Aufgaben und Problemen. Hier will der Akademikerverband helfend beispringen und eine Art berufsgebundener Seelsorge für den Akademiker aufbauen, ähnlich wie andere Berufsstände (Handwerker, Arbeiter, Kaufleute usw.) eine solche berufsgebundene seelsorgliche Führung bereits haben. Gute Ansätze für eine solche Arbeit liegen bereits vor in den Tagungen für Ärzte, Ingenieure, Apotheker, die der Verband in den letzten Jahren abgehalten hat. Aber diese ganze Arbeit muß notwendig systematisch aufgebaut und fortgeführt werden; sie braucht die geistige Befruchtung und Anregung.
Da in verschiedenen Diözesen bereits versucht worden ist, diese seelsorgliche Lücke zu schließen und eine berufsgebundene seelsorgliche Betreuung für Akademiker einzurichten und die »Arbeitsgemeinschaft der bischöflichen Seelsorgeämter« dieses Anliegen der Akademikerseelsorge zum Thema ihrer Herbsttagung gemacht hatte, hat das Bischofskonveniat in Braunshardt im Juni 1957 beschlossen, den Antrag des katholischen Akademikerverbandes bis nach dieser Tagung der Arbeitsgemeinschaft der bischöflichen Seelsorgeämter in Hohenheim zurückzustellen. Es sollten zu dieser Tagung eingeladen werden, neben den Leitern der bischöflichen Seelsorgeämter, einige Vertreter spezialisierter Akademikerseelsorge, insbesondere Msgr. D. Dr. Paul Wolff vom katholischen Akademikerverband und H[ochwürdigster] H[err] Pater Gratian Gruber O.F.M.Cap.[3], München, von den Lukasvereinigungen katholischer Ärzte. Eine vorherige Fühlungnahme aller dieser auf dem Gebiete der Akademikerseelsorge arbeitenden Instanzen erschien dem westdeutschen Bischofskonveniat von Braunshardt (s. Protokoll der Beratungen II,e) erforderlich, damit keine Überschneidungen bei der Arbeit und keine Doppelorganisationen geschaffen würden.
Leider hat diese für September anberaumte Herbsttagung der »Arbeitsgemeinschaft der bischöflichen Seelsorgeämter« verschoben werden müssen auf den Oktober, so daß das Ergebnis dieser gemeinsamen Besprechungen über Akademikerseelsorge jetzt noch nicht vorgelegt werden kann.

[3] P. Gratian Gruber OFMCap *(1904–1972), 1926 Ordenseintritt, 1931 Priester, Prediger, 1958–1964 Provinzial der Bayerischen Kapuziner.*

Ich empfehle deshalb, dem Antrag des Akademikerverbandes dahin stattzugeben, daß die geforderte überdiözesane Beihilfe für den katholischen Akademikerverband zum Ausbau dieser Akademikerseelsorge vorsorglich bereitgestellt wird. Die Summe kann dann auf Weisung des Vorsitzenden der Plenarkonferenz ausgezahlt werden, sobald die »Arbeitsgemeinschaft der bischöflichen Seelsorgeämter« auf der Herbsttagung in der Zusammenarbeit mit dem katholischen Akademikerverband brauchbare Vorschläge macht für die Organisierung und Durchführung dieser Arbeit.

155

Bericht Siegels

[Frankfurt/Main, vor 24. September 1957][1]

EA München, Joseph Kardinal Wendel, 41 Fu u. Fe/1957–1960. *Schreibmaschinenvervielfältigung. Überschrift:* Katholische Fernseharbeit in Deutschland. Tätigkeitsbericht, überreicht den Hochwürdigsten Eminenzen und Exzellenzen der Fuldaer Bischofskonferenz 1957.

1. Das Fernsehen in Deutschland weist auch weiterhin zahlenmäßig ein stetiges Wachstum auf. Mit ungefähr 1 Million verkaufter Geräte hat Deutschland nach England in Europa bei 3–4 Millionen potentiellen Zuschauern die größte Zuschauerfrequenz. Der gegenwärtige föderalistische Aufbau des Fernsehens in Deutschland wird von uns bejaht, wenn auch eine bessere Programmkoordination zu wünschen wäre.
2. Die Katholische Fernseharbeit in Deutschland zeigte im vergangenen Berichtsjahr im Hinblick auf die kirchlichen und von uns angeregten Sendungen (s. Anlage)[2] einen erfreulichen Fortschritt, wenn auch noch manche Wünsche offenblieben. Die gute Zusammenarbeit mit der ständigen Programmkonferenz und das gute Einvernehmen innerhalb unserer Fernsehkommission halfen uns, alle Schwierigkeiten zu meistern.
3. Die Arbeit der SAGs für das Fernsehen konnte mit dem Ausbau der Regionalprogramme des Deutschen Fernsehens weiter vorangetrieben werden. Von unserer Seite wurden Pogrammangebote unter folgenden Gesichtspunkten entworfen:
1. Kirchliche Kunst der Vergangenheit
2. Kirchliche Kunst der Gegenwart
3. Schulen und Erziehungsinstitute
4. Soziale Einrichtungen von besonderer Bedeutung
5. Diözesanbräuche
6. Persönlichkeiten des kirchlichen Lebens.

Neben den jeweiligen Aktualitäten (wie z. B. Kirchenweihen, Jubiläen) soll versucht werden, evtl. am Samstag eine immer wiederkehrende Sendung wie »Abendläuten« (BR) mit Filmberichten von Kirchen und Kapellen zu erreichen. In der Reihe des

[1] *Die Datierung ergibt sich aus dem Bezug zur Fuldaer Bischofskonferenz.*
[2] *Nicht ermittelt.*

SWF »Kennst Du Deine Heimat?« sind auch kirchliche Themen unterzubringen, ähnlich wie im »Kalenderblatt« des BR.

4. Über die 21:00 Uhr-Grenze für jugendungeeignete Sendungen ist nach einem Briefwechsel zwischen Bundesinnenminister Schröder[3] und dem Abgeordneten Bausch[4] einerseits und der Arbeitsgemeinschaft der öffentlich-rechtlichen Rundfunkanstalten der Bundesrepublik Deutschland andererseits nunmehr klar, daß nicht nur die Ständige Programmkonferenz, sondern auch die Intendanten die 21:00 Uhr-Grenze für jugendungeeignete Sendungen im Fernsehen anerkennen, so daß Proteste gegen Verletzungen dieser Grenze auch formal begründet sind. Unsererseits ist man der Meinung, daß auf die »Jugendungeeignetheit« solcher Sendungen – auch wenn sie erst ab 21:00 Uhr gesendet werden – in den Programmfahnen und Pressediensten und auch – in guter Form – in der mündlichen Ansage (vor dem Abendprogramm und vor der betreffenden Sendung) hingewiesen werden sollte.

5. Die gute Zusammenarbeit mit den Leitern der KRD und der Kirchlichen Hauptstelle für Bild- und Filmarbeit ist wieder besonders hervorzuheben. In enger Fühlungnahme mit der Katholischen Filmkommission (»Katholischer Filmdienst«) wurden im Jahre 1956 411 Spielfilme auf Geeignetheit für das Fernsehen von uns begutachtet.

6. In ständiger Kontaktnahme mit der Redaktion der Wochenzeitschrift »Gong, die Radiowelt« (Auflage um 360.000) wurde eine wertende Programmvorschau und eine regelmäßige Programmkritik aus unserer Sicht aufgebaut.

7. Auf unsere Anregung hin wurde beim Generalsekretariat der UNDA eine Fernsehkommission mit verschiedenen Arbeitsgruppen gebildet, die sich vor allem mit Fragen der Eurovision, Jugend und Fernsehen sowie Fernsehfilmen beschäftigt.

8. Vom 23.–25. September 1956 fand in Rom die erste Expertenkonferenz (Rundfunk/Fernsehen) der Pontificia Commissione per la Cinematografia, Radio e Televisione statt. Die gut vorbereitete Arbeitstagung gab viele Anregungen für unsere Arbeit, besonders hinsichtlich der Einrichtungen von katholischen Hörer- und Zuschauergemeinschaften. (Zu dieser Frage werden Herr Dr. Becker und ich nach der Auswertung der Ergebnisse unsere Erfahrungen (im Mai 1957) in England und Holland in einer eigenen Studie vorlegen.)

9. Nach den Erfahrungen mit dem Werbefernsehprogramm des Bayerischen Rundfunks (das gleichzeitig auch auf dem Sender Freies Berlin ausgestrahlt wird) sind wir übereingekommen, unsere Mitglieder in den Aufsichtsgremien nicht zu ermuntern, den Ausbau des Werbefernsehens voranzutreiben. Unverkennbar zeigt das Rahmenprogramm für die bisher einwandfreien Werbe-Spots in der sehr günstigen Sendezeit zwischen 19:00–20:00 Uhr die Tendenz, möglichst effektvoll den anspruchslosen

[3] GERHARD SCHRÖDER *(1910–1989), Dr. iur., Rechtsanwalt, Politiker (CDU), 1949–1980 Mitglied des Bundestags, 1953–1961 Bundesminister des Innern, 1961–1966 des Auswärtigen, 1966–1969 für Verteidigung.*

[4] PAUL BAUSCH *(1899–1981), Politiker (Christlich-sozialer Volksdienst, CDU), 1928–1932 Mitglied des württembergischen Landtags, 1930–1933 des Reichstags, 1946–1950 Mitglied des Landtags von Württemberg-Baden, 1949–1965 des Bundestags.*

Publikumsgeschmack zu befriedigen und somit jeden echten volksbildnerischen Anspruch des gemeinschaftlichen Abendprogramms zu eliminieren. Es wurde empfohlen, daß der Programmbeirat des Deutschen Fernsehens halbjährlich eine Programmanalyse speziell des Werbefernsehenprogramms anfordert und diskutiert.

10. Unser besonderes Anliegen ist es jetzt, nach dem Erscheinen des Werkbuches »Rundfunk und Fernsehen im Blick der Kirche« Interesse und Verständnis für unsere Aufgaben zu wecken bei den großen katholischen Verbänden, den Akademien und Seminarien. Arbeitstagungen mit den Hauptarbeitsstellen für Frauen- und Männerseelsorge und mit dem Bund der Deutschen Katholischen Jugend werden noch in diesem Jahr durchgeführt. Überdies folgen Herr Dr. Becker und ich im August 1957 einer Einladung des H[ochwürdigsten] H[errn] Pater Rektor vom Germanicum[5], für die Alumnen einen Kursus über Rundfunk und Fernsehen in San Pastore zu halten.

Es ist mir auch diesmal wieder ein aufrichtiges Anliegen, den Hochwürdigsten Eminenzen und Exzellenzen der Fuldaer Bischofskonferenz ehrerbietig meinen Dank auszusprechen für das entgegengebrachte große Vertrauen und die Unterstützung, die unserer Arbeit jederzeit gewährt wurde. – Meinen vom Bischöflichen Ordinariat Limburg befürworteten Etat für das Jahr 1958 bitte ich wohlwollend zu genehmigen.

gez. Siegel.

156

Bericht Kochs'

[Köln, vor 24. September 1957][1]

EA MÜNCHEN, Joseph Kardinal Wendel, 41 Fu u Fe/1957–1960. *Schreibmaschinenvervielfältigung. Überschrift:* Tätigkeitsbericht der »Kirchlichen Hauptstelle für Bild- und Filmarbeit e. V.«

A) Organisation

Im vergangenen Jahr 1956 wurde der katholischen Filmarbeit in Deutschland eigene Rechtsfähigkeit gegeben durch Umbildung in einen »e. V.« Der am 15. Dezember 1955 durch die erste Mitgliederversammlung in Köln errichtete Verein wurde am 27. Januar 1956 unter Nr. 2551 in das Vereinsregister des Amtsgerichtes Köln eingetragen. Satzung mit Eintragsbescheinigung und Mitgliederliste wurden den Mitgliedern übersandt. Die satzungsgemäß erforderliche Ernennung des 1. Vorsitzenden wurde durch den Erzbischof von Köln am 20. Dezember 1955 ausgesprochen und ebenso die Wahl des 2. und 3. Vorstandsmitgliedes. Für das Amtsgericht Köln wurde bescheinigt, daß der Hochwürdigste Herr Bischof von Rottenburg für die Bischofskommission für Publizistik und damit für die in § 8 der Satzung erwähnte Bestätigung wichtiger Beschlüsse der Mitgliederversammlung zuständig ist. Die Päpstliche Kom-

5 P. FRANZ GRAF VON TATTENBACH SJ *(1910–1992), 1929 Ordenseintritt, 1940 Priester.*

1 *Die Datierung ergibt sich aus dem Bezug zur Fuldaer Bischofskonferenz.*

mission für Film, Funk und Fernsehen in Rom begrüßte die Neuordnung in einem Schreiben des Generalsekretärs Msgr. Galletto[2] an Direktor Kochs.
In Anerkennung des Aufsichtsrechtes hat der Verein als Rechtsträger der gemeinsamen katholischen Filmarbeit in den deutschen Diözesen eine Geschäftsordnung entgegengenommen, welche von den deutschen Bischöfen erlassen und bestätigt wurde. Die Zustimmung der westdeutschen Bischofskonferenz vom Herbst 1956 liegt vor. Die Genehmigung der bayerischen Bischofskonferenz ist erbeten. Zugleich wurde die Arbeitsordnung der Katholischen Filmkommission genehmigt.
Die Kirchliche Hauptstelle für Bild- und Filmarbeit in den deutschen Diözesen bestand im März 1957 nunmehr zehn Jahre. An der Zielsetzung und dem organisatorischen Aufbau der katholischen Filmarbeit in Deutschland, deren Grundlinien durch päpstliche und bischöfliche Weisungen vorgezeichnet sind, hat sich auch durch die Umbildung in einen rechtsfähigen »eingetragenen Verein« nichts Wesentliches geändert.
Auf Grund der genannten Neuordnung und auch der organisatorischen Umgestaltung des Verlages Haus Altenberg wurde ein neuer Verlagsvertrag über die Herausgabe der Zeitschrift »Filmdienst« abgeschlossen und kirchlicherseits genehmigt. Der Vertrag sichert die Arbeitsmöglichkeit der Katholischen Filmkommission, der Redaktion des »Filmdienst« und der korrespondierenden Filmkritiker ohne Zuschüsse von Seiten der Bistümer.

B) Abteilungen
Die Katholische Filmliga besitzt als solche keine Rechtspersönlicheit, sie wird vielmehr als Aktion der deutschen Katholiken bezeichnet. Das Generalsekretariat meldete für 1956 2.116.402 Katholiken, die das Filmversprechen zur Abwehr des schlechten Films abgelegt haben. Die Aktion gegen den schlechten Film zeigte sich im vergangenen Jahre verstärkt wirksam. Förderung des guten Films erfolgte u. a. durch die Benennung von sechs »Jahresbestfilmen« mit intensiver Bemühung, den Publikumsbesuch dieser Filme zu steigern. Das Generalsekretariat unter Dr. Berresheim bearbeitete verstärkt die überdiözesanen Fragen. Der Schwerpunkt der Arbeit im Bistum liegt bei den Diözesanstellen. Angriffe der Filmwirtschaft erfolgten erneut gegen die Formulierung des Filmversprechens der Filmligamitglieder. Die Veröffentlichung und Verbreitung der Filmbewertungen verstärkte sich. Auf lokaler Ebene wurden verschiedene Filmbesucherorganisationen gegründet, so z. B. im Bistum Aachen der »Verein der Filmfreunde e. V.« In einigen größeren Städten standen die katholischen Kräfte in Zusammenarbeit mit evangelischen Christen.
Das Katholische Filmwerk e. V. konnte einen erweiterten Kundenkreis (etwa 1000) gewinnen. Neben der Vermittlung von Filmen an katholische Pfarreien und Gemeinden wurden monatlich in eigener Produktion herausgebracht: je 1 kirchlicher Dokumentarfilm und 1 kirchliche Aktualitätenschau, »Spiegel der Zeit« genannt. Neue

2 Albino Galletto *(1908–1982), 1950–1970 Sekretär der päpstlichen Filmkommission, 1951 Päpstlicher Hausprälat, 1962–1965 Sekretär der Konzilskommission, 1966 Überzähliger Apostolischer Protonotar.*

Studioräume in Rottenburg, die insbesondere der Synchronisation dienen, wurden errichtet. Januar 1956 wurde auf die Initiative des Katholischen Filmwerks e. V. der Materna Filmverleih GmbH, Sitz Frankfurt/M[ain] gegründet. Die Geschäftsführung ist in Rottenburg. Gegenstand des Unternehmens ist der Erwerb, der Verleih und Vertrieb von Filmen sowie die Durchführung aller hiermit zusammenhängenden technischen und sonstigen Handelsgeschäfte. Insbesondere sollen Filme, die eine kirchliche Unterstützung verdienen, ausgewertet werden.
Die Internationale Filmrevue, herausgegeben von der Paulinus-Druckerei unter der Chefredaktion von H[ochwürdigsten] H[errn] Dr. Alois Funk[3], wurde speziell für die Filmarbeit in den deutschsprechenden Ländern unabhängig von den ausländischen Ausgaben neu gestaltet. Zur Zeit schweben Verhandlungen, um die für die katholische Filmarbeit wichtige Zeitschrift in einem neuen Verlag und unter neuer Redaktion in Fortsetzung der bisherigen erfolgreichen Linie herauszubringen. Als neuer Redakteur ist Herr Wilhelm Mogge[4] vorgesehen. Herr Mogge hofft, einen bestimmten Verlag für die weitere Herausgabe zu gewinnen.
Die seit Oktober 1955 monatlich erscheinende Katholische Filmkorrespondenz, herausgegeben von der Kirchlichen Hauptstelle in Verbindung mit der Katholischen Nachrichten-Agentur, konnte sich festigen und dient insbesondere der Unterrichtung der Öffentlichkeit durch die Presse sowie der Verbindung unter den Mitarbeitern der katholischen Filmarbeit. Die Artikel dienten der aktuellen Stellungnahme, sie wurden sehr beachtet und vielfach nachgedruckt. Von Juni 1957 an ist ein 14tägiges Erscheinen vorgesehen, um noch aktueller zu sein.
Die Katholische Filmkommission gab neben dem Filmdienst im Februar 1957 das Handbuch IV der katholischen Filmarbeit heraus. Es dient als wichtiges Nachschlagewerk den Mitarbeitern in den Pfarreien und Filmarbeitskreisen und wurde sofort nach Erscheinen überall angefordert, so daß die Hälfte der Auflage schon jetzt verkauft ist. Das im April 1956 herausgegebene Buch »Dokumente Katholischer Filmarbeit«[5] stellt die für Deutschland wichtigen päpstlichen Dokumente, bischöfliche Hirtenschreiben und die Beschlüsse der Internationalen Studienkongresse des OCIC in praktischer Weise zusammen. In Ergänzung der Ausschüsse der Katholischen Filmkommission hat der Hochwürdigste Herr Bischof von Rottenburg einen Oberausschuß für besondere Aufgaben aus gegebenem Anlaß eingesetzt, welcher erstmalig nach Ostern zusammentreten wird.
Der Filmdienst erfaßte in seinen Besprechungen die ca. 500 jährlich in Deutschland erscheinenden Filme und gab Vornotizen und Leitartikel zu aktuellen Fragen. Die

[3] ALOIS FUNK *(1896–1978), 1923 Priester (D Trier), 1938–1943 und 1945 erneut Chefredakteur der Trierer Kirchenzeitung »Paulinus«.*

[4] WILHELM MOGGE *(1912–1989), Journalist und Filmkritiker, Redakteur bei verschiedenen Zeitungen, 1946 Bundesleiter des Quickborn, Mitglied der Katholischen Filmkommission für Deutschland, Mitarbeiter des Internationalen Katholischen Filmbüros in Brüssel, Beisitzer im Hauptausschuß der Filmbewertungsstelle der deutschen Länder in Wiesbaden, 1970–1979 Leiter des Presseamtes des Erzbistums Köln.*

[5] DOKUMENTE KATHOLISCHER FILMARBEIT, *bearb. von* KLAUS BRÜNE *(Katholische Filmarbeit 7), Düsseldorf 1956.*

Bezieherzahl wechselt, bleibt aber im wesentlichen auf gleicher Höhe. Der Einfluß des Filmdienstes auf die Öffentlichkeit ist beachtlich. In Anlehnung an das Vorbild des Filmdienstes sind Überlegungen im Gange, einen in ähnlicher Weise arbeitenden »Zeitschriftendienst« nach ausländischen Vorbildern herauszugeben. Die Situation auf diesem Gebiet ist jedoch vom Film sehr verschieden.
Der Beirat der Katholischen Filmarbeit trat dreimal zusammen, einmal in Wiesbaden, zweimal in Stuttgart. Bei dieser Gelegenheit stattete S[eine] Exzellenz Dr. Leiprecht im April 1956 der Spitzenorganisation der Filmwirtschaft und der FSK in Wiesbaden einen Höflichkeitsbesuch ab. Die Herren der Filmwirtschaft machten am 29. April 1957 S[eine]r Exzellenz Dr. Leiprecht einen Gegenbesuch in Stuttgart. Die Gegenstände der Unterhaltung waren insbesondere die kirchliche Stellungnahme zum Jugendschutzgesetz[6] sowie die Stellungnahme zu den Bestrebungen der deutschen Filmwirtschaft.

C) Aus der Arbeit
Vier deutsche Vertreter, unter ihnen Direktor Kochs als Vizepräsident des Internationalen Katholischen Filmbüros, Redakteur Brüne[7] und Pfarrer Stapf[8], konnten mit Unterstützung der Bundesregierung an den Internationalen Filmstudientagen des OCIC in Havanna im Januar 1957 teilnehmen. Die Konferenz festigte die Zusammenarbeit des internationalen katholischen Filmapostolates und kann als neue entscheidende Wendung der katholischen Filmarbeit in aller Welt angesehen werden. An Stelle der in vielen Ländern zu einem gewissen Abschluß gekommenen Stellungnahme der Katholiken gegen schlechte Filme stehen nunmehr die Bildung und Erziehung der Katholiken aller Lebensalter zur rechten Erfassung und Beurteilung der vorgeführten Filme im Vordergrund. Anschließend besuchte Direktor Kochs mit dem Präsidium des OCIC die nationalen katholischen Filmzentralen von Mexiko, den Vereinigten Staaten und Kanada. Mit den Besuchen waren Empfänge bei den kirchlichen Oberhirten, insbesondere Erzbischof Miranda[9] von Mexiko, Kardinal Spellman in New York und Kardinal Leger[10] in Montréal verbunden, sowie Teilnahme an Konferenzen und Aussprachen und ein Interview im kanadischen Fernsehen. Die »Jahrestagung der Katholischen Filmarbeit 1957« in Königstein vom 10.–12. April 1957 stand daher unter dem Thema: »Film und Bildung«. Die teilnehmenden Mitglieder bezeichneten als ihre Jahresaufgabe insbesondere die Heranbildung geeigneter Leiter für Filmschulung und Filmdiskussionen, ferner die Bemühungen um

[6] Gesetz zur Änderung des Gesetzes zum Schutze der Jugend in der Öffentlichkeit *vom 27. Juli 1957.* BGBl., *S. 1058.*

[7] Klaus Brüne *(1920–2003), Redakteur des »Filmdienst«, 1962–1985 Leiter der Spielfilmredaktion des ZDF.*

[8] Alois Stapf *(1911–1987), Priester der Diözese Mainz, 1937 Priesterweihe, 1953–1962 Pfarrer in Mainz-Amöneburg, Diözesanpräses der Borromäusvereine, Diözesanbeauftragter für die Filmarbeit, Sekretär des Bonifatiuswerks der Diözese Mainz, Ordinariatsrat, Msgr.*

[9] Michele Dario Miranda y Gomez *(1895–1986), 1918 Priester, 1937 Bischof, 1956 Erzbischof von Mexiko, 1965 Kardinal.*

[10] Paul-Emile Léger *(1904–1991), 1929 Priester, 1950–1967 Erzbischof von Montréal, 1953 Kardinal.*

die Bildung aller Katholiken, besonders der Jugend gegenüber dem Film sowie gegebenenfalls die weitere Gründung katholischer Besucher-Organisationen auf lokaler Ebene.
Die CDU-Fraktion des Bundestages hat einen Antrag zur Änderung des Gesetzes zum Schutze der Jugend in der Öffentlichkeit eingebracht (Drucksache 2672). Der neueste Stand der Diskussion um den umstrittenen Filmparagraphen 6 sieht vor, daß das Jugendschutzalter von 16 auf 18 Jahre hinaufgesetzt wird. Jugendliche unter 6 Jahren soll der Zutritt zu einem öffentlichen Lichtspieltheater nicht gestattet werden. Die Zulassung von Filmen für Jugendliche soll folgende Altersgruppen berücksichtigen: 6–10 Jahre, 10–14 Jahre und 14–18 Jahre. Die bisherigen irreführenden Ausdrücke »jugendfördernd« und »jugendgeeignet« sollen fortfallen. Die Bestrebungen der CDU, vorbereitet durch die Bemühungen der katholischen Filmarbeit, haben in der Öffentlichkeit, auch bei weiten Teilen der Sozialisten und der Elternschaft sowie der Lehrer und Erzieher großen Anklang gefunden, so daß auch die Filmwirtschaft praktisch sich mit der neuen Lage abfindet. Ihre Bemühungen gehen um so heftiger um die Möglichkeit einer zusätzlichen Altersgrenze bei 16 Jahren, in Analogie zur Gesetzgebung im Saargebiet. Inzwischen hat die FDP sich ebenfalls für die 18-Jahresgrenze erklärt. Die SPD wünscht die Beibehaltung der 16-Jahresgrenze und die 18-Jahresgrenze für Ausnahmefälle.
Die Konferenz der Katholischen Filmarbeit in Königstein April 1957 richtete einen Antrag an die Parteien des Deutschen Bundestages, die im CDU-Antrag vorgesehene Altersgrenze ohne Zwischenschnitte festzusetzen.
Das OCIC beteiligte sich auf Einladung der Berliner Filmfestspiele mit einer eigenen Jury an der sogenannten Berlinale Ende Juni 1956. Es wurde der Preis des OCIC an den finnischen Film »Der unbekannte Soldat« verliehen. Der »Große Preis« des OCIC für 1956 wurde gelegentlich der Sitzung des Direktoriums in Luxemburg dem englischen Film »The Prisoner«, der in Deutschland noch nicht gezeigt wurde, zuerkannt. Die Preise des OCIC fördern in wesentlichem Maße die wirtschaftliche Auswertung guter Filme.
Die Filmbewertungsstelle der Länder, die im vergangenen Jahre einer Neuorganisation unterzogen wurde, begegnet heute nicht mehr so zahlreichen Angriffen in der Öffentlichkeit. Vorsitzende sind neuerdings Dr. Krings, München, Dr. Korn[11], Frankfurt und Landesbildstellenleiter Kempe[12], Hamburg.
Gelegentlich wird die Filmbewertungsstelle der Länder auch jetzt noch hart kritisiert wegen einzelner Entscheidungen. Besondere Aufmerksamkeit verdient die Tatsache, daß dem Film von Pater Weymeersch[13] über das Heilige Land »Wo der Himmel sang« das Prädikat verweigert wurde. Der Katholikentagsfilm »Türme ragen in die Ewigkeit« erhielt das Prädikat »wertvoll«.

[11] Karl Korn *(1908–1991), Publizist, Mitbegründer und 1950–1973 Mitherausgeber der »Frankfurter Allgemeinen Zeitung«.*

[12] Fritz Kempe *(1909–1988), Photograph, 1949–1974 Leiter der Staatlichen Landesbildstelle in Hamburg, 1947 Vorsitzender der Filmbewertungsstelle der Länder in Wiesbaden.*

[13] Erik Weymeersch *(1917–2002), flämischer Missionspater und Filmproduzent.*

Direktor Kochs verfaßte den Kommentar zu mehreren Dokumentarfilmen, insbesondere zu »Türme ragen in die Ewigkeit«, Film vom 77. Deutschen Katholikentag in Köln, sowie zu »Gottes Dom und Gottes Volk«, ein Schmalfilm über den Dom zu Münster in Westfalen.
Das Zentralkomitee der Deutschen Katholiken hat erstmalig in diesem Jahre seine bisher vor den allgemeinen deutschen Katholikentagen versammelten Arbeitskreise für verschiedene Gebiete, welche jeweils die besondere Aufmerksamkeit der Katholiken verdienen, in »ständige Arbeitskreise« umgewandelt, die sich jährlich versammeln sollen. Dies geschah erstmalig vor dem Kölner Katholikentag. Bei der Filmarbeit ist das vom Zentralkomitee vorgeschlagene Prinzip schwer durchzuführen, da sich die Personen unserer engen Mitarbeiter vielfach mit denen decken, welche vom Zentralkomitee eingeladen werden. Das Ergebnis hat gezeigt, daß hier eine Plattform geschaffen wurde, auf der gelegentlich eine Begegnung unserer Mitarbeiter mit Katholiken des öffentlichen Lebens stattfinden kann. Diese Begegnung soll in diesem Jahr wiederholt werden, auch bei den übrigen Arbeitskreisen des Zentralkomitees.
Mit Billigung und Förderung des Zentralkomitees der Deutschen Katholiken trafen sich die Leiter der Kirchlichen Hauptstellen für Rundfunk, Fernsehen und Film etwa monatlich, um besondere publizistische Aufgaben der deutschen Katholiken zu besprechen, gemeinsame Probleme zu erörtern und insbesondere Exzellenz Hengsbach als geistlichem Beirat des Zentralkomitees zu berichten. Für die Presse wurden, obschon die Überlegungen für die Errichtung bzw. Neugestaltung eines kirchlichen Pressereferates noch nicht zum Abschluß gekommen sind, H[ochwürdigster] H[err] Dr. Johannes Rößler[14] und Dr. Karl Bringmann, Bonn zu den Sitzungen eingeladen. Inzwischen wurde von der Fuldaer Bischofskonferenz ein neuer Referent für Pressewesen ernannt in der Person des Hochwürdigsten Herrn Bischofs von Aachen. Weitere Entscheidungen stehen noch aus und müssen abgewartet werden.
Neben der Zeitschrift »Gong« ist neuerdings eine Film-Funk-Fernseh-Illustrierte genannt »Funk-Kalender« im Hammer Verlag, Hamm/Westf[alen] erschienen. Beide Zeitschriften ersuchen um kirchliche Förderung. Die zuständigen Kirchlichen Hauptstellen stehen fördernd und beratend, jedoch noch prinzipiell abwartend zu beiden Unternehmungen.
Durch die kirchliche Tätigkeit wurde, insbesondere in den Arbeitsausschüssen und dem Hauptausschuß der FSK, ein nicht zu unterschätzender Einfluß auf eine Reihe von Filmen ausgeübt. Einige Fälle verdienen hier genannt zu werden.
Der Film: »Worüber man nicht spricht«, später genannt »Das verbotene Paradies« wurde bisher in immer veränderten Neufassungen dreizehn Mal der FSK vorgelegt. Bis heute wurde ihm die Zulassung verweigert, da er im Grunde eine Werbung für Freikörperkultur ist. Erhebliche Schnitte wurden erreicht bei »Skandal in Paris«, »Das Tollste vom Tollen« usw. Zwischen der Katholischen Filmkommission und der

[14] JOHANNES RÖSSLER *(1882–1965), Dr. theol., Priester (D Speyer), Monsignore, Pfarrer und zeitweilig Studienprofessor in Landau/Pfalz. Gründer und Vorsitzender des Priestervereins, auch politisch tätig.*

FSK entwickelte sich ein reger Briefwechsel bei Feststellungen von Verstößen gegen die Entscheidungen der FSK, die vielfach zum Erfolg führten.
Der mexikanische Film »Adam und Eva« wurde von den Kirchenvertretern in der FSK abgelehnt wegen Verletzung des religiösen Empfindens. Hier lag seltsamerweise eine Empfehlung der Katholischen Filmzentrale von Mexiko vor. Gelegentlich des Besuches des OCIC in Mexiko erfolgte ein klärendes Gespräch mit den Produzenten. Der Generalsekretär des OCIC Dr. Ruszkowski[15] nahm anschließend in einem Schreiben zu dem Film in ablehnender Weise Stellung. Der Film wird in abgeänderter Form in Deutschland erscheinen.
Die Zusammenarbeit katholischer Filmspielstellen mit dem Katholischen Filmwerk e. V. wurde durch die gewerblichen Filmverleihanstalten vielfach erheblich gestört u. a. durch bedeutende Preisunterbietungen, Lieferung von schlechten Kopien an das Katholische Filmwerk usw. Eine geschlossene Zusammenarbeit zumindest aller Diözesanfilmstellen mit dem eigens für sie geschaffenen Katholischen Filmwerk scheint dringend erforderlich.
Empfehlungen an die Fuldaer Bischofskonferenz
1. In allen Bistümern möge der Verbreitung des »Katholischen Filmdienst« und der Bekanntgabe der Filmbewertungen der Katholischen Filmkommission intensive Aufmerksamkeit geschenkt werden. Es möge den Pfarrämtern gestattet werden, den Filmdienst für die Geistlichen in allen Bistümern zu Lasten der Kirchenkasse oder der kirchlichen Behörde zu beziehen.
2. In allen Bistümern möge jährlich ein Sonntag des guten Films mit Predigt über die Verantwortung der Katholiken vor den modernen Massenbildungsmitteln, Erneuerung des Filmversprechens, Werbung für neue Mitglieder der Filmliga und Kollekte für die Filmarbeit in den Pfarrgemeinden durchgeführt werden.
3. Die Diözesanfilmstellen und die diözesanen und örtlichen Leitungen der Katholischen Filmliga sollten ausreichende finanzielle Unterstützung finden, um ihre Aufgabe zu erfüllen, die in der Päpstlichen Filmenzyklika und den Stellungnahmen des Päpstlichen Staatssekretariates als besonders dringend bezeichnet wurden.
4. Bemühungen um die Erwachsenen- und Jugendbildung.
Filmarbeit ist Bildungsarbeit! Ihr Ziel ist die Information und Formation der Katholiken. Dann möge die katholische Filmarbeit in den Bistümern ihre Hauptbemühung darauf richten, geeignete Leiter für Filmdiskussionen in Lehrgängen und Tagungen zu schulen, die breite Masse der Filmbesucher zu informieren.
Endlich mögen, wie dies an verschiedenen Orten mit gutem Erfolg geschehen ist, lokale katholische Besucherorganisationen ins Leben gerufen werden.
5. Die Kirchliche Hauptstelle für Bild- und Filmarbeit e. V. bittet die Oberhirten der deutschen Diözesen, den vorgelegten Finanzetat für das Jahr 1958 genehmigen zu wollen.
Kirchliche Hauptstelle für Bild- und Filmarbeit e. V.

[15] André Ruszkowski *(1910–2001), Dr. iur., Generalsekretär des Office Catholique International du Cinéma (OCIC), 1949 Gründer der »Revue internationale du cinéma«.*

157

Protokoll der Fuldaer Bischofskonferenz

Fulda, 24.–27. September 1957

EA KÖLN, CR II 2.19, 3. *Druckstück mit Überschrift:* Protokoll der Plenarkonferenz der Bischöfe der Diözesen Deutschlands. *Vermerk:* Streng vertraulich!

An der Plenarkonferenz der deutschen Bischöfe, die vom 24. bis 27. September 1957 unter Vorsitz des Hochwürdigsten Herrn Erzbischofs von Köln, Eminenz Joseph Kardinal Frings, am Grabe des hl. Bonifatius in Fulda stattfindet, nehmen teil:

1. Joseph Kardinal Frings, Erzbischof von Köln,
2. Joseph Kardinal Wendel, Erzbischof von München-Freising,
3. Lorenz, Erzbischof von Paderborn,
4. Eugen, Erzbischof von Freiburg,
5. Joseph, Erzbischof von Bamberg,
6. Michael, Erzbischof, Bischof von Regensburg,
7. Simon Konrad, Bischof von Passau,
8. Michael, Bischof von Münster,
9. Joseph, Bischof von Eichstätt,
10. Julius, Bischof von Berlin,
11. Wilhelm, Bischof von Limburg,
12. Karl Joseph, Bischof von Rottenburg,
13. Joseph, Bischof von Augsburg,
14. Matthias, Bischof von Trier,
15. Isidor Markus, Bischof von Speyer,
16. Johannes, Bischof von Aachen,
17. Otto Spülbeck, Apostolischer Administrator des Bistums Meißen,
18. Heinrich Maria, Bischof von Hildesheim,
19. Joseph, Bischof von Würzburg,
20. Helmut Hermann, Bischof von Osnabrück,
21. Adolf Bolte, Weihbischof, Vertreter der Diözese Fulda,
22. Dr. Ferdinand Piontek, Kapitularvikar der Erzdiözese Breslau,
23. Ludwig Polzin, Kapitularvikar der Freien Prälatur Schneidemühl,
24. Paul Hoppe, Kapitularvikar von Ermland,
25. Dr. Franz Monse, Generalvikar von Glatz,
26. Ludwig Hänlein[1], Generalvikar von Mainz, Vertreter der Diözese Mainz.

Die Konferenz beginnt am Dienstag, dem 24. September, vormittags 8:30 Uhr, mit der Anrufung des Heiligen Geistes.

Der Vorsitzende eröffnet die diesjährige, auf vier Tage ausgedehnte Tagung und widmet den beiden seit der letzten Konferenz vom Herrn abberufenen Mitgliedern

[1] LUDWIG HAENLEIN *(1904–1977), 1929 Priester (D Mainz), 1956–1973 Generalvikar in Mainz.*

ein pietätvolles Gedenken: dem Bischof von Osnabrück, Franz Demann, der nur eine Stunde die bischöfliche Weihe getragen und dessen tragisches Geschick über seine Diözese hinaus tiefen Eindruck hinterlassen hat; sowie Prälat Arthur Kather, Kapitularvikar von Ermland, der in der Konferenz die Rechte der Heimatvertriebenen mit großer Energie vertreten hat und die große Gabe besaß, im geschriebenen Wort die Herzen seiner Landsleute anzusprechen. RIP.
Die Konferenz hat die Freude, eine Reihe neuer Mitglieder begrüßen zu können: die Bischöfe Heinrich Maria Janssen von Hildesheim, Joseph Stangl von Würzburg und Dr. Helmut Hermann Wittler von Osnabrück sowie den Kapitularvikar von Ermland Paul Hoppe, der die Nachfolge von Prälat Kather angetreten hat.
Wegen Erkrankung entschuldigt ist der Bischof von Mainz, dessen Diözese durch Generalvikar Ludwig Hänlein bei der Konferenz vertreten wird.
Der Apostolische Nuntius Dr. Alois Muench hat an die Konferenz eine Grußbotschaft gerichtet, die zur Verlesung kommt und mit einem Danktelegramm erwidert wird.
Die Konferenz tritt sodann in die Tagesordnung ein und behandelt als ersten Punkt die Huldigungsadresse an den Heiligen Vater. Der vorgelegte Entwurf wird nach Vornahme kleiner Änderungen gebilligt.
Wie herkömmlich sucht sich die Konferenz zunächst Rechenschaft zu geben über die Lage der Kirche in Deutschland. Der diesbezügliche Bericht beschränkt sich in diesem Jahr auf die Frage der Mischehen, die zu einer beunruhigenden Sorge der Bischöfe geworden ist und ein Handeln erfordert. Das Situationsbild zeigt eine seit Jahrzehnten steigende Tendenz der Mischehen, ein Prozeß, der seinen Höhepunkt noch nicht erreicht haben dürfte. Als verursachende Faktoren werden genannt: die konfessionelle Mischung der Bevölkerung, die zunehmende religiöse Gleichgültigkeit, die Großstadt, die Diasporaverhältnisse und zuletzt die Mischehe selbst. Unter ihren verderblichen Folgen für Volk und Kirche werden besonders hervorgehoben die relative Unfruchtbarkeit der Ehen und die Scheidungshäufigkeit, die erschrekkend hohe Zahl der Kinder, die Kirche und Glauben verloren gehen, Gefährdung der Glaubensfestigkeit, Begünstigung der religiösen Gleichgültigkeit, das Fehlen der Priester- und Ordensberufe.
Diese ungemein ernste Lage verlangt die ganze Aufmerksamkeit der Bischöfe und des Klerus und den Einsatz aller Kräfte. Die ordentliche und die außerordentliche Seelsorge müssen dazu aufgerufen werden, die unheilvolle Entwicklung zu hemmen. Der Konferenz wird in dieser Hinsicht eine Reihe ins einzelne gehender Vorschläge unterbreitet. Im besonderen wird erwogen, ob nicht ein gemeinsamer Hirtenbrief das Problem der Mischehe aufgreifen soll und entsprechende pastorale Weisungen an die Seelsorger ergehen sollen. Zu diesem Zwecke wird die Bildung einer Kommission beschlossen, die über das weitere Vorgehen beraten soll.
Ein weiterer Bericht gibt Aufschluß über die Lage der Kirche im mitteldeutschen Raum (DDR), näherhin über die weltanschauliche Situation, die innerkirchliche Lage und das Verhältnis von Kirche und Staat. Als besonderes Anliegen wird die Pflege lebendiger Verbundenheit der Kirche in Ost und West herausgestellt.

1. Referat: Glaubensverbreitung und Glaubensüberwachung
In der Frage der Entsendung von deutschen Priestern in Missionsgebiete wird berichtet, daß vorerst vier Priester für Südamerika zur Verfügung gestellt werden. Der Bischof der in Aussicht genommenen Diözese in Bolivien hat bereits einen Vertragsentwurf vorgelegt. Es ist zu erwarten, daß die Aussendung in kurzer Zeit erfolgen kann. Um eine Übersicht zu bekommen, wie viele deutsche Weltpriester in die Missionsgebiete bereits entsandt worden sind, wird der Vorsitzende der Konferenz noch eine Rundfrage an die Bischöfe richten.
Was die Sorge für die außereuropäischen Studenten in Deutschland betrifft, so begrüßt es die Konferenz, daß vom Zentralkomitee der deutschen Katholiken in enger Zusammenarbeit mit dem päpstlichen Werk der Glaubensverbreitung in Aachen und der Katholischen Deutschen Studenteneinigung ein »Katholischer Akademischer Ausländerdienst« errichtet wurde. Aufgabe dieser Arbeitsstelle wird es sein, dafür Sorge zu tragen, daß die aus den überseeischen Ländern stammenden Studenten während ihres Aufenthaltes an deutschen Universitäten und Hochschulen mit den Einrichtungen der katholischen Kirche sowie mit den Bildungswerten der christlichen Kultur vertraut gemacht werden und, soweit sie katholisch sind, in spezieller Weise seelsorglich betreut werden. – Es wird gewünscht, daß diese Arbeit in enger Verbindung mit den Studentenpfarrern erfolgen soll. Als weitere, nicht minder wichtige Aufgabe wird die Sorge für die aus Übersee kommenden zahlreichen Ingenieure und Praktikanten, die in der Industrie tätig sind, hervorgehoben.
Die Konferenz nimmt einen Bericht über die Weltausstellung 1958 in Brüssel, und zwar über die Planung, den Stand und die finanziellen Bedürfnisse des Vatikanischen Pavillons »Civitas Dei« entgegen. Deutschland wurde die Aufgabe zugedacht, gemeinsam mit französischen Künstlern für eine würdige Gestaltung der dort vorgesehenen Kirche zu sorgen. Über den auf der letztjährigen Konferenz genehmigten Beitrag der deutschen Diözesen hinaus werden weitere zusätzliche Mittel genehmigt. Für die Kirchlichen Amtsblätter und die Diözesanpresse wird der Entwurf einer Mitteilung über den genannten Pavillon vorgelegt.
Die Bischöfe beschließen, gemeinsam einen Beatifikationsantrag für den im Konzentrationslager Dachau verstorbenen holländischen Karmelitenpater Titus Brandsma[2] sowie für den deutschen Augustinerpater Pius Keller in Rom einzureichen.
Was die Benutzung evangelischer Kirchen zu katholischem Gottesdienst betrifft, so kann der Konferenz berichtet werden, daß seit der letzten Tagung erfreulicherweise bereits 500 Kirchen aufgegeben werden konnten. Immerhin bleiben noch mehr als 5.000 evangelische Kirchen in Benutzung. Um diesem Notstand weiter abzuhelfen, stimmt die Konferenz dem Vorschlag zu, wonach der Diasporakirchbau in den nächsten drei Jahren mit insgesamt fünf Millionen gefördert werden soll, jedoch unter der Voraussetzung, daß davon das Erzbistum Köln 50 Prozent allein über-

[2] P. Titus Brandsma OCarm *(1881–1942), Professor an der katholischen Universität Nijmegen, 1942 im Konzentrationslager Dachau zu Tode gekommen.*

nimmt und die restlichen 50 Prozent von allen Diözesen nach dem neuen Verteilungsschlüssel aufgebracht werden.
Es ist geplant, in Berlin-Plötzensee zum Gedächtnis an die Opfer des Nationalsozialismus, von denen viele dort hingerichtet worden waren, unter dem Titel »Regina Martyrum« eine Kirche zu bauen. Diese kommt zugleich einem seelsorglichen Bedürfnis entgegen. Die überdiözesanen Zuschüsse sollen zu diesem Zweck nicht beansprucht werden. Die Konferenz erklärt sich grundsätzlich damit einverstanden, daß dieser Gedanke mit dem 1958 für Berlin geplanten Katholikentag verbunden werde.
Das Diasporakommissariat der deutschen Bischöfe legt einen Rechenschaftsbericht über die Einnahmen und Ausgaben des letzten Jahres vor. Die große Unterschiedlichkeit der Leistungen der einzelnen Diözesen veranlaßt zu der Bitte zu prüfen, ob nicht wenigstens eine Annäherung der Beitragsleistungen erreicht werden könnte. Die Konferenz erhebt keine Einwände dagegen, daß aus diesen Mitteln auch der Unterhalt für Bischof Splett[3] von Danzig bestritten wird.
Der Bericht, der über den Stand der Una-Sancta-Bewegung vorgelegt wird, weist u. a. auf das auffallende Phänomen einer starken Tendenz zum Zusammenschluß und auf ein erstarkendes Selbstbewußtsein innerhalb des Protestantismus hin. In der Bereitschaft zum Una-Sancta-Gespräch ist dort ein gewisser Rückgang zu verzeichnen. – Die Bischöfe werden gebeten, die Beschlüsse der letztjährigen Konferenz, soweit noch nicht geschehen, durchzuführen und tunlichst auch die Wünsche und Anregungen zu berücksichtigen, die von der Arbeitsgemeinschaft der Diözesanreferenten für die Una-Sancta-Arbeit und den Leitern der Glaubensinformationsstellen (Fides) auf ihrer Tagung geäußert wurden und in den dem diesjährigen Bericht anliegenden Protokollen niedergelegt sind.
Die Arbeit des P. Sartory O.S.B.[4] wird anerkannt, sowohl was seine Vortragstätigkeit wie auch die Führung der Zeitschrift Una-Sancta betrifft.
Die Konferenz beschließt, in einer Eingabe vom Hl. Offizium eine Ergänzung der Instructio de motione oecumenica vom August 1949 zu erbitten, welche der inzwischen eingetretenen technischen Entwicklung Rechnung trägt und für die interkonfessionellen Religionsgespräche am Rundfunk Weisung gibt. Der vorgelegte Entwurf der Eingabe wird gebilligt.
Hinsichtlich der Bücher über religiöse Fragen, die von Katholiken und Protestanten gemeinsam herausgegeben werden, werden gegenüber falschen und bedenklichen Formen der Gemeinschaftsarbeit, unter Berücksichtigung der kirchenrechtlichen Bestimmungen, die möglichen richtigen Formen gemeinsamer Publikation herausgestellt. Unabdingbare Voraussetzung muß sein, daß die nichtkatholische Auffassung kontrovers-theologisch beleuchtet werden kann.

[3] Carl Maria Splett *(1898–1964), 1938 Bischof von Danzig, 1945 von einem polnischen Gericht zu acht Jahren Zuchthaus verurteilt, 1956 zur Ausreise aus Polen gezwungen, lebte zuletzt in Düsseldorf.*

[4] P. Matthias Sartory *(1925–1982), 1947–1967 OSB (Ordensname* Thomas*), als Mönch von Niederalteich führend in der Una-Sancta-Bewegung.*

2. Referat: Religiöses Leben

Die Konferenz nimmt einen Bericht über den gegenwärtigen Stand der Militärseelsorge entgegen, aus dem sich ergibt, daß bis jetzt 37 Priester hauptamtlich eingesetzt sind, darunter der Militärgeneralvikar und acht Militärdekane. Gemäß dem Beschluß der letztjährigen Plenarkonferenz, daß die zusätzlichen Bedürfnisse der Militärseelsorge und der außerordentlichen Wehrmachtsbetreuung aus dem Kirchensteueraufkommen von den Dienstbezügen der Wehrmachtsangehörigen über das Militärbischofsamt bestritten werden sollen, genehmigt die Konferenz für die genannten Zwecke in dem laufenden Jahr 1957/58 die Summe von 300.000 DM. Die Umlegung auf die einzelnen Diözesen soll prozentual nach der Anzahl der in ihnen stationierten und darum auch in ihnen zur Kirchensteuer herangezogenen Soldaten erfolgen.

Die Konferenz schenkt besondere Aufmerksamkeit auch der Seelsorge beim Bundesgrenzschutz und bei den deutschen Dienstgruppen bei der englischen und amerikanischen Armee. Sie nimmt von den ihr vorgelegten Kurzberichten Kenntnis und begrüßt vor allem den Einbau von Exerzitien als wirksamstes Seelsorgemittel. Sie dankt den in diesem Zweig neuartiger Standesseelsorge eingesetzten Priestern für ihre opferfreudige Arbeit und empfiehlt diese der tatkräftigen Unterstützung durch den Pfarrklerus. Sie wird auch Mittel und Wege prüfen, um nach der finanziellen Seite hin diesen Zweig der Seelsorge zu fördern.

Im Rahmen der Beratung über die Studentenseelsorge befaßt sich die Konferenz mit folgenden Anliegen und Sorgen:

1. Der schon bei der letztjährigen Tagung zum Ausdruck gebrachte Wunsch nach größerer Konstanz in der Studentenseelsorge wird erneut vorgebracht. Der häufige Wechsel der Studentenpfarrer muß die Wirksamkeit der Arbeit beeinträchtigen.
2. Desgleichen wird wiederum die Notwendigkeit einer seelsorglichen Betreuung der Studenten an den Höheren Fachschulen unterstrichen. Die auf der letzten Konferenz in Aussicht genommenen Maßnahmen sollen nunmehr durchgeführt werden (vgl. Protokoll 1956[5], S. 6, Abs. 1).
3. Die Aufmerksamkeit der Konferenz wird auch auf die katholischen Studentenwohnheime gelenkt, die angesichts ihrer Bedeutung, ihrer prekären Lage und der Konkurrenz von gegnerischer Seite jede Unterstützung, auch in finanzieller Hinsicht, verdienen.
4. Die Konferenz nimmt Kenntnis von der im letzten Jahr erfolgten Gründung der Fachgruppe »Katholische Theologie« im Verband deutscher Studentenschaften. Diese ist ein freiwilliger Zusammenschluß der Fachschaften der katholisch-theologischen Fakultäten, Hochschulen und Bildungsanstalten. Zur Finanzierung der Arbeit der Fachgruppe und der Teilnahme an Tagungen des Verbandes deutscher Studentenschaften werden die größeren Diözesen pro Jahr je 100 DM, die kleineren je 50 DM über die ordentlichen Fachschaftsleiter (d. h. die Fachschaftsleiter der diözesanen Hochschulen usw.) zur Verfügung stellen.

[5] *Vgl. Dok. 63.*

5. Was die Studentische Mensur betrifft, so vertritt die Mehrheit der Konferenz die Auffassung, bei ihrer Verurteilung mit allem Nachdruck die moralische Verwerflichkeit betonen und auf die durch die Mitgliedschaft in schlagenden Verbindungen bedingte Gefährdung des Glaubens oder der Glaubensfreudigkeit hinweisen zu sollen.

Mit großer Sorge beobachten die Bischöfe die beträchtlichen Spannungen, die zwischen der Schönstattbewegung und der Gesellschaft der Pallottiner[6] entstanden sind. Die Konferenz stellt sich hinter die Vorschläge, die der Bischof von Trier in seinem Schreiben vom 29. Juli 1957 dem Hl. Offizium unterbreitet hat.

Nach dem letzten Krieg sind in der Bundesrepublik unter starker Beteiligung katholischer Vereine und Organisationen zahlreiche Jugendwohnheime gebaut worden, deren Aufgabe es ist, den vom Elternhaus getrennt lebenden oder elternlosen Jugendlichen am Ort ihrer beruflichen Tätigkeit das Elternhaus so gut wie möglich zu ersetzen und ihre Erziehung sicherzustellen. In Nordrhein-Westfalen, wohin viele Jugendliche aus dem Süden des Bundesgebietes kommen, stehen allein 240 Heime in katholischer Trägerschaft. Es empfiehlt sich, die Aufmerksamkeit der Eltern und Seelsorger auf diese Heime hinzulenken. Den Bischöfen werden folgende Bitten und Anregungen vorgelegt:

1. daß für jedes einzelne Heim ein eigener Seelsorger bestellt werde, der als solcher auch im Direktorium oder Schematismus der Diözese aufgeführt wird;
2. daß jede Diözese einen Beauftragten für diese Aufgabe bestelle. Die Diözesanbeauftragten sollen in ständigem Kontakt miteinander stehen, vor allem auch um die Vermittlung katholischer Jugendlicher in katholische Heime sicherzustellen.
3. Für die Ausbildung pädagogisch qualifizierter Heimleiter soll ein Hilfswerk eingerichtet und finanziell unterstützt werden.

Die Arbeit im Cusanuswerk geht gut voran und läßt hoffen, daß mit der Zeit eine akademische Elite herangebildet wird. Es ist zu erstreben, daß zwischen den Stipendiaten und den Studentenpfarrern noch engere Kontaktnahme erfolgt.

3. Referat: Katholische Aktion

In der Frage um die DJK[7] setzt die Konferenz die Beschlußfassung über den eingereichten Entwurf des Bischofs von Mainz aus und überträgt ihn zur Behandlung an die beiden allein beteiligten Diözesen Münster und Paderborn, damit sie in einer Aussprache den Weg finden, der zu einem einträchtigen Miteinander im Bundesverband führen kann. Es besteht Einmütigkeit darüber, daß eine Ausweitung des Zwistes auf andere Diözesen unbedingt vermieden werden muß.

4. Referat: Bildung, Erziehung und Unterricht

Die Konferenz nimmt gern die von verschiedenen Seiten an sie ergangene Anregung entgegen, mehr deutsche Priester zum Studium nach Rom zu schicken.

[6] *Vgl. Dok. 118, Anm. 4.*
[7] *Vgl. Dok. 135.*

Es ist der Wunsch der Bischöfe, daß die Arbeit für die katholische freie (private) Schule verstärkt und als eine wichtige gemeinsame Aufgabe des katholischen Deutschland gesehen wird. Folgende Maßnahmen sollen getroffen werden:
1. Die Bischöfliche Zentrale für Ordensschulen, Köln, stellt ihre Betreuungsarbeit auch in den Dienst der freien (privaten) katholischen Schulen der Bistümer, Kirchengemeinden und Vereine, die sich der Zentrale als eine eigene Sektion anschließen, soweit dies nicht bereits geschehen ist. Die Zentrale führt diese Arbeit – unbeschadet ihrer besonderen Tätigkeit für die Schulen der weiblichen Lehrorden – unter ihrem bischöflichen Leiter durch, und zwar mit der Bezeichnung »Zentrale für freie (private) katholische Schulen«.
2. Mit der Ordensschulzentrale in München und der Direktorenvereinigung deutscher Ordensgymnasien und Internate steht die Zentrale in gegenseitiger Zusammenarbeit in Form der freien Arbeitsgemeinschaft.
3. Die Bemühungen um die pädagogische Verlebendigung und Vertiefung der Arbeit der katholischen freien Schulen sind in jeder möglichen Weise zu verstärken. Die Bischöfe erwarten von den bestehenden Vereinigungen katholischer freier Schulen und von den Trägern und Leitern der katholischen Privatschulen, nicht zuletzt von den Ordensgemeinschaften, daß sie an dieser wichtigen Zeitaufgabe gemeinsam mit allen Kräften arbeiten und dabei über die einzelne Schule hinaus das Gesamtinteresse sehen und entschlossen zu fördern suchen. Der Bischofskonferenz möge von den Privatschulvereinigungen in Bälde ein konkreter Arbeitsplan für diese Aufgabe vorgelegt werden.
Nachdem in allen deutschen Diözesen der neue Katechismus eingeführt worden ist, soll nunmehr auch der religiösen Unterweisung der Kinder in der Grundschule besondere Aufmerksamkeit gewidmet werden. Zunächst soll geprüft werden, ob es zweckmäßig ist, zwei Religionsbüchlein für die Grundschule herauszugeben. Das schon von dem letzten Konveniat der westdeutschen Bischöfe zur Prüfung der diesbezüglichen Fragen gewünschte Fachgremium soll nunmehr bald gebildet werden. Der Bischof von Aachen wird gebeten, das Erforderliche in die Wege zu leiten.

5. Referat: Caritas und Fürsorge
Die Konferenz nimmt zur Vorlage des Deutschen Caritasverbandes[8] wie folgt Stellung:
Sie teilt die im allgemeinen aufgezeigten Besorgnisse des Caritasverbandes. Die mit dem Rückgang des Schwesternnachwuchses eingetretene Schwächung der Stellung der kirchlichen Liebestätigkeit bedarf sehr der Beachtung und erfordert Prüfung, wie ein Ausgleich geschaffen werden könnte.
Zu den vorgeschlagenen Einzelmaßnahmen nimmt die Konferenz folgende Stellung ein:
Der Drang zur Staatsversorgung und zur Kommunalomnipotenz könnte u. a. wirksam gesteuert werden, wenn die christlichen Vertreter in den Parlamenten mehr über

[8] *Vgl. Dok. 147.*

die grundsätzlichen Fragen der Wohlfahrtspflege und der kirchlichen Caritasorganisation unterrichtet würden.
Der Caritasverband und die Diözesan-Caritasverbände sollten noch mehr als bisher die in Frage kommenden Personen in alle Fragen der Wohlfahrtspflege einführen.
Die Konferenz dankt dem Caritasverband für die erfolgreichen Bemühungen um billige Kredite für den Wiederaufbau der noch zerstörten Anstalten. Sie begrüßt alle Maßnahmen, die dortseits ergriffen werden zu einer Erhöhung billiger Kredite aus Mitteln des Staates und der Sozialversicherungen. Die Umschuldung der zu hoch verzinslichen Darlehen sollte bald erfolgen.
Die Konferenz dankt dem Caritasverband für die Erstellung der »Richtlinien für den Arbeitsschutz der dem Deutschen Caritasverband angeschlossenen Kranken-, Heil- und Pflegeanstalten« und der »Empfehlungen von Arbeitsschutzmaßnahmen für Ordensschwestern im caritativen Dienst«.
Im Blick auf die gutachtlichen Stellungnahmen verschiedener berufener Stellen (Vereinigung höherer Ordensoberinnen, Bischöfliche Finanzkammer der Kölner Kirchenprovinz, Konferenz der Finanzdezernenten und Justitiare von Nordrhein-Westfalen), die wichtige Hinweise und Änderungsvorschläge enthalten, sieht die Konferenz von einer Beschlußfassung über die »Richtlinien für den Arbeitsschutz der dem Deutschen Caritasverband angeschlossenen Kranken-, Heil- und Pflegeanstalten« ab. Sie ersucht um ihre Überarbeitung unter Berücksichtigung der Äußerungen der genannten Stellen. Die Neufassung möge in der Arbeitsgemeinschaft der Diözesen mit der Arbeitsrechtlichen Kommission des Caritasverbandes behandelt und dem Herbstkonveniat sowohl der westdeutschen wie der süddeutschen Bischöfe vorgelegt werden.
Die »Empfehlungen von Arbeitsschutzmaßnahmen für die Ordensschwestern« sollen von einer Sonderkommission beraten werden. Seitens der Konferenz werden für diese Kommission die Erzbischöfe von München und Freiburg benannt.
Die Konferenz begrüßt die religiöse Schulung der ehrenamtlichen und beruflichen Mitarbeiter der Caritas durch Exerzitien und Einkehrtage auf Diözesanebene.
Zur Lösung der Tariffrage wünscht die Konferenz eine enge und flüssige Zusammenarbeit mit der von den Ordinariaten aufgestellten Kommission.
Die vorgeschlagene Aktion zur Sammlung der nichtorganisierten katholischen Schwestern wird sehr begrüßt. Es wird anheimgegeben, dabei auch an einen Berufsverband zu denken. Es wird empfohlen, in den Städten, in denen eine größere Zahl von diesen ausgebildeten Pflegekräften ist, den Anfang zu machen.
Die uns bekannten unhaltbaren Zustände in den Flüchtlingslagern bedrücken den Episkopat seit Jahren sehr. Die Konferenz hat sich daher schon im letzten Jahr an die Länderregierungen in einem eindringlichen Schreiben gewandt. Sie wird es in diesem Jahr erneut tun.
Die Ein- und Umschulung der Kinder aus den Ostländern ist ein wichtiges Anliegen der Seelsorge, bei der die Caritas auf allen Ebenen eingeschaltet werden soll. Da es in erster Linie eine Ländersache ist, sollte der Caritasverband mit den Diözesan-Caritasverbänden und den zuständigen Fachorganisationen auf Länderebene diese vordringliche Frage alsbald zu lösen versuchen.

Als Beauftragter für Vertriebenen- und Flüchtlingsseelsorge wird von der Konferenz der Bischof von Hildesheim bestimmt.
Ein Vertreter der heimatvertriebenen Ordinarien berichtet über die Lage der Heimatvertriebenen, die sich erfreulicherweise beträchtlich gebessert hat, aber doch noch Wünsche offen läßt. Im besonderen wird das Augenmerk der Bischöfe auf die vielen Angehörigen des Bauernstandes gelenkt, die nach auslaufenden Höfen Ausschau halten. Zur Bearbeitung der auftauchenden Flüchtlingsfragen wird die Errichtung eines Kirchlichen Institutes für Ostfragen in Vorschlag gebracht.
In der Frage der Übertragung von Pfarrstellen an heimatvertriebene Priester wird als einheitliche Auffassung der Konferenz festgestellt, daß die Priester in den Heimatdiözesen inkardiniert bleiben sollen und der Ausweg der Daueradministratur gewählt wird, wobei der Administrator den entsprechenden Amtstitel (z. B. Pfarrer) führen kann.
Den heimatvertriebenen Pfarrern, die in den Aufnahmediözesen eine Pfarrei nicht erhalten konnten, wird im Falle der Pensionierung das Ruhegehalt eines Pfarrers in der vollen diözesanüblichen Höhe gewährt.
Die Frage der Ruhegehaltszahlung an jene Priester, die aus den deutschen Ostgebieten kommen und bereits emeritiert oder sonstwie arbeitsunfähig geworden sind, soll folgende Regelung erfahren: Das Diasporakommissariat der deutschen Bischöfe kommt für jene Geistlichen auf, die unter den Begriff »Diasporapriester« fallen, für die anderen wird eine Sonderregelung getroffen. Die Auszahlung an die bedachten Priester soll unmittelbar durch das Ordinariat des nunmehrigen Wohnsitzes der betreffenden Priester erfolgen.
Bezüglich der Königsteiner Anstalten ist eine Neuordnung notwendig geworden, um eine klare Abgrenzung in der Zielsetzung der verschiedenen Königsteiner Einrichtungen und die erforderliche Durchsichtigkeit der Finanzgebarung und Wirtschaftsführung zu erreichen. Die Konferenz begrüßt die ihr vorgelegten Entwürfe für eine solche Neuordnung und empfiehlt ihre Durchführung. Mit den Einzelheiten hinsichtlich der erforderten finanztechnischen und buchhalterischen Umstellungen wird zweckmäßig eine Kommission von Fachleuten von der kirchlichen Aufsichtsbehörde beauftragt.
Der erschütternde Erziehungsnotstand katholischer Kinder und Jugendlicher aus den Familien der Spätaussiedler ist ein besonderes Anliegen bischöflicher Hirtensorge. Die Bischofskonferenz nimmt mit großer Freude davon Kenntnis, daß auf Grund der bisherigen Arbeit der katholischen Leit-, Melde- und Betreuungsstellen für rund 2.400 spätausgesiedelte Kinder und Jugendliche »Förderklassen« in 60 Heimen errichtet worden sind. Sie begrüßt die Trennung nach Geschlechtern, eine entsprechend ausgerichtete Bildungsarbeit und Jugendsozialhilfe.
Die ununterbrochene Aussiedlung erfordert intensive Verstärkung der bisherigen Arbeit. Die Bischofskonferenz weiß um die besonderen Mühen und Schwierigkeiten dieser Arbeit und die Unsicherheit in Umfang und Dauer des Bedarfs. Angesichts ihrer außergewöhnlichen Bedeutung ist es der Wunsch der Bischöfe, daß die Arbeit alle erforderliche Stützung erhält. Die Pfarrgemeinden mögen mit brüderlichem Sinn

die spätausgesiedelten deutschen Familien aufnehmen und der Jugend, die die deutsche Muttersprache nicht beherrscht, in christlicher Barmherzigkeit geistigen Beistand leisten. Kanzel und Kirchenblatt sollen die apostolische Verantwortung dafür wecken. Presse und Rundfunk mögen das Miterleben dieser Not mit allem christlichen Feingefühl in das katholische Volk tragen, soweit bestimmte Rücksichten das zulassen.
Die Verbände der katholischen Lehrer und Lehrerinnen, Jugendleiterinnen, Fürsorgerinnen und Wohlfahrtspfleger mögen ihren Mitgliedern die Mitarbeit in der Führung und Betreuung dieser Jugend als wichtige apostolische Aufgabe dringlich nahebringen. Die Ordensgenossenschaften mögen immer wieder überlegen, wo noch »Förderklassen« in geeigneten Heimen eingerichtet werden können, und wieweit es trotz des großen Schwesternmangels möglich ist, für Betreuung und Erziehung dieser Kinder und Jugendlichen wenigstens jeweils einige Ordensfrauen bereitzustellen. Wenn Schwestern diese schwierige Aufgabe, vor allem bei der Neueinrichtung von Heimen verantwortlich mittragen, wird sie erheblich leichter und um so besser gesichert.
Die Caritas, der die Sorge für die Fremdlinge in besonderer Weise aufgetragen ist, möge alle Kraft entfalten, um diese spätausgesiedelte katholische Jugend in Kirche und Volk zu beheimaten.

6. Referat: Gesellschaft und Wirtschaft
Die Konferenz befaßt sich eingehend mit der Gewerkschaftsfrage und der durch die neueste Entwicklung eingetretenen Lage. Sie hält unverändert an ihren Erklärungen vom 7. November 1955 und 16. März 1957 zugunsten der Christlichen Gewerkschaft fest und beschließt, diese Stellungnahme der Öffentlichkeit in geeigneter Weise bekanntzumachen. (Anlage 1)
Darüber hinaus beabsichtigt sie, in einer grundsätzlichen Verlautbarung zu schiefen und irrigen Auffassungen hinsichtlich der innerkirchlichen Ordnung Stellung zu nehmen. Eine Kommission von Bischöfen (München, Freiburg, Rottenburg und Trier) wird sich mit der Vorbereitung einer solchen Erklärung befassen.

7. Referat: Kirche und Staat
Die Konferenz nimmt einen Bericht über die Lage nach der Bundestagswahl vom 15. September 1957 entgegen, mit einem Überblick über die Aufgaben, die sich für die Zukunft stellen.
Die Konferenz dankt für die Arbeit des Leiters des Katholischen Büros in Bonn, Prälat Böhler, und nimmt Kenntnis von dem ihr vorgelegten ausführlichen Tätigkeitsbericht über die Zeit vom September 1956 bis August 1957[9].
Was das Problem der sogenannten »Onkelehe« oder der »Rentenkonkubinate« betrifft, so wurden durch die Rentenversicherungsgesetze und die Änderung des Bundesversorgungsgesetzes wesentliche Verbesserungen geschaffen, durch die sehr vie-

[9] *Vgl. Dok. 150.*

len Fällen von Onkelehen die materielle Begründung entzogen wird. Der Seelsorgsklerus soll von der veränderten Rechtslage unterrichtet werden, damit er aufklärend wirken kann. Der vorgelegte Entwurf für eine diesbezügliche Veröffentlichung in den Kirchlichen Amtsblättern wird gebilligt. (Anlage 2)
Wenn auch die Vornahme der kirchlichen Trauung vor der standesamtlichen auf Grund der Änderung des Personenstandsgesetzes vom 18. Mai 1957 fortan nicht mehr unter Strafe steht, so soll trotzdem die bisherige Eheschließungspraxis nicht geändert werden. Die Konferenz stimmt einer Veröffentlichung nach dem vorgelegten Entwurf zu. (Anlage 3)
Es wurde Vorsorge getroffen, daß bei dem in Vorbereitung befindlichen Bundesbaugesetz und dem Gesetz über Raumordnung die Belange der Kirche gewahrt bleiben und ihre Vertreter rechtzeitig in die Verhandlungen eingeschaltet werden. Diese Mitwirkung erscheint notwendig, da u. U. die Ermöglichung der Seelsorgearbeit weithin davon abhängen kann. Der Vorsitzende der Konferenz hat sich in diesem Sinne mit einem Schreiben an den Herrn Bundeskanzler[10] gewendet.
Die Konferenz erwartet, daß das Sammlungsgesetz vom 5. November 1934[11], nach welchem öffentliche Sammlungen in jedem einzelnen Falle der staatlichen Genehmigung bedürfen, in den einzelnen Ländern abgeändert und die Kirche aus den einengenden Bestimmungen dieses Gesetzes herausgenommen werde.
Angesichts der ständig steigenden Zahl der Verkehrsunfälle erscheint es geboten, das Verantwortungsbewußtsein der Verkehrsteilnehmer zu stärken. Es wird des weiteren angeregt zu prüfen, ob nicht bei der Osterkommunion den Gläubigen ein Bildchen ausgehändigt werden könnte, das neben Namen und Konfession die Bitte enthielte, bei einem Unglücksfall sofort einen katholischen Priester zu benachrichtigen.
Hinsichtlich der Gestaltung eines von verschiedenen Seiten angestrebten »Deutschen Freizeitwerkes«, das der Gesunderhaltung der Bevölkerung dienen und Gelegenheit zur Freizeit-Betätigung schaffen soll, stellt die Konferenz folgende Grundsätze auf:
1. Das »Deutsche Freizeitwerk« soll für die Einrichtungen der Freizeitgestaltung keine eigene Exekutive anstreben, d. h. grundsätzlich nicht selbst Träger von Freizeiteinrichtungen werden.
2. Ein möglicherweise durch das »Deutsche Freizeitwerk« zusammengebrachter Fonds soll vorrangig der Unterstützung von kirchlichen und sonstigen freien Trägern von Freizeiteinrichtungen zugute kommen.
3. Das »Deutsche Freizeitwerk« soll tätig werden nur im Sinne einer Arbeitsgemeinschaft aller in ihm zusammengeschlossenen Kräfte.
4. Bei Fragen von grundsätzlicher Bedeutung soll Einstimmigkeit der Beschlüsse erforderlich sein.
5. Es muß sichergestellt werden, daß die Freizeitgestaltung und die Freizeitbetätigung nicht von oben her gelenkt oder bestimmt werde. Die Selbstverantwortung des einzelnen Menschen und der Familie muß besonders betont werden.

[10] *Vgl Dok. 151.*
[11] Sammlungsgesetz *vom 5. November 1934.* RGBL., *S. 1086.*

8. Referat: Katholische Publizistik

Die Konferenz nimmt einen Bericht über die Entwicklung und den gegenwärtigen Stand der katholischen Presse im Bundesgebiet entgegen. Das Bild zeigt eine große Reichhaltigkeit, aber immer noch das bedauerliche Fehlen einer entsprechenden katholischen Tagespresse. Die Konferenz behält diese Frage, die sie für dringlich ansieht, weiterhin im Auge und wird sie nach Beschaffung aller notwendigen Unterlagen zum Gegenstand einer eingehenden, gesonderten Beratung machen.

Die neue Enzyklika »Miranda prorsus« vom 8. September 1957[12] über Film, Rundfunk und Fernsehen wird als eine grundsätzliche Stellungnahme des Hl. Vaters überaus dankbar begrüßt. Sie soll eine möglichst weite Verbreitung finden.

Die Konferenz legt Wert darauf, daß die Beurteilung der Filme von katholischer Seite einheitlich erfolgen soll. Die mit der Filmbewertung beauftragte Stelle ist die Katholische Filmkommission für Deutschland in Düsseldorf. Diözesane Stellen, die sich um die Filmbewertung bemühen, sollen dies im Einvernehmen mit der Katholischen Filmkommission in Düsseldorf tun. Empfehlungen für einzelne Filme sollen möglichst im Einklang mit den von der Filmkommission veröffentlichten Beurteilungen gegeben werden.

Die Konferenz bedauert, daß im Jugendschutzgesetz vom 29. Juni 1957 die von anerkannten Jugendpsychologen und Pädagogen gestellten Forderungen nicht hinreichend berücksichtigt worden sind. Die Hinaufsetzung der Altersgrenze auf 18 Jahre soll durch eine Änderung der Altersgruppen (6–10; 10–14; 14–18 Jahre) noch deutlicher herausgehoben werden. Die Konferenz wünscht, daß dem Jugendschutz insgesamt eine noch größere Aufmerksamkeit als bisher geschenkt wird.

Die Konferenz nimmt Kenntnis von den laufenden Berichten der Katholischen Rundfunk- und Fernseharbeit und ermutigt dieselbe zur Fortführung ihrer dankenswerten Bemühungen.

[…][13]

Bezüglich der Aufbringung der überdiözesanen Zuschüsse wird der Konferenz gemäß dem Beschluß der letztjährigen Tagung (vgl. Protokoll 1956[14], S. 13, Nr. 3) ein neuer Verteilungsschlüssel vorgeschlagen. Die Bischöfe erklären sich mit diesem Vorschlag einverstanden. Demnach gilt folgende Regelung:

1. Der gesamte überdiözesane Zuschuß wird jeweils umgelegt nach Maßgabe der im Vorjahr eingegangenen Kirchensteuer, die als Zuschlag zur Einkommen- und Lohnsteuer von den einzelnen Diözesen erhoben wurde, wobei jedoch der Istbetrag so berichtigt wird, als ob in allen Diözesen ein einheitlicher Hebesatz von 8% bestanden hätte.

2. Der bisherigen Sonderbehandlung der Bistümer Eichstätt, Fulda, Hildesheim, Osnabrück, Paderborn, Passau wird in der Weise Rechnung getragen, daß jährlich ein Ausgleichsbetrag für diese Diözesen festgelegt wird, der im Verhältnis 1:2:2:2:6:2

[12] *Enzyklika »Miranda prorsus« vom 8. September 1957.* AAS *49 (1957), S. 769–805, deutsche Übersetzung:* A. F. UTZ/J. F. GRONER, *S. 3097–3136, sowie* HERDER KORRESPONDENZ *12 (1957/58), S. 72–84.*

[13] *Der Abschnitt* Überdiözesane Zuschüsse für das Jahr 1958 *wurde nicht aufgenommen.*

[14] *Vgl. Dok. 63.*

auf diese Diözesen aufgeteilt wird. Der Ausgleichsbetrag beträgt 0,8‰ des gesamten Kirchensteueraufkommens der Diözesen aus dem Vorjahre. Die Ausgleichsumme wird umgelegt nach den Grundsätzen, die für die überdiözesanen Zuschüsse gelten.
Was die Obsorge für die im Bundesgebiete tätigen Ausländer-Seelsorger betrifft, so müssen die Diözesen für den Unterhalt dieser in ihrem Bereich tätigen Priester selbst aufkommen. Für den Fall jedoch, daß eine Diözese zu sehr betroffen wird, ist vorgesehen, daß sie einen Ausgleich aus überdiözesanen Mitteln erhält.
Es besteht Einverständnis darüber, daß künftig auch das Saargebiet in die Umlage der überdiözesanen Zuschüsse einbegriffen wird (spätestens mit dem Zeitpunkt der wirtschaftlichen Eingliederung in das Bundesgebiet).
Bisweilen wird Klage geführt, daß die mit Zuschüssen bedachten Einrichtungen die Gehälter nicht zahlen können, wenn die Bischöfliche Finanzkammer in Münster nicht zeitig vor dem Monatsersten über die notwendigen Mittel verfügt. Zur Behebung dieser Verlegenheit erklärt sich die Bischofskonferenz damit einverstanden, daß Direktor Wewel[15] im Notfall bis zur Höhe von 200.000 DM, im Rahmen der bewilligten Zuschüsse an Einrichtungen Zahlungen tätigen darf aus Mitteln, die für andere Einrichtungen bereits eingezahlt wurden, aber im Augenblick noch nicht benötigt werden.
Prälat Büttner bittet, für das Jahr 1958 eine Kollekte für Auslandsseelsorge, näherhin zur Beschaffung von Seelsorgezentren im Ausland, zu bewilligen. Die Kollekte wird genehmigt mit der Maßgabe, daß sie an den Vorsitzenden der Fuldaer Bischofskonferenz einzusenden ist.
Als Termin für die nächstjährige, wiederum vier Tage umfassende Plenarkonferenz in Fulda wird die Zeit vom 19. bis einschließlich 22. August 1958 bestimmt. Anreisetag ist Montag, 18. August, Tag der Abreise Samstag, 23. August.
Zu einer außerplanmäßigen gemeinsamen Konferenz werden die Bischöfe im Februar des nächsten Jahres in Hofheim/Taunus zusammentreten. Beginn der Konferenz am 25. Februar, 17 Uhr, Schluß 27. Februar, 19 Uhr.
Anlage 1
Die Fuldaer Bischofskonferenz des deutschen katholischen Episkopats hat sich, wie ihr Vorsitzender Joseph Kardinal Frings, Erzbischof von Köln, am Samstagvormittag der KNA erklärte, eingehend mit der Gewerkschaftsfrage befaßt. Die Konferenz, die am Freitagabend mit einer Segensandacht im überfüllten Fuldaer Dom abgeschlossen wurde, kam einmütig zu der Feststellung, daß kein Grund vorliege, von der Erklärung der Bischöfe vom 16. März 1957 abzuweichen. »Die Bischöfe erinnern daran«, so heißt es in dem Beschluß der Konferenz, »daß nach der klaren Lehre der Päpste die Kirche, d. h. der Papst und die Bischöfe, das Recht haben, auch in Fragen des irdischen, insbesondere des sozialen Lebens, soweit sie das Gewissen berühren, Weisungen zu erteilen. Sie ermahnen alle Gläubigen, besonders die gewerkschaftlich organisierten, die gegenseitige Liebe nicht außerachtzulassen«[16].

15 JOSEPH WEWEL *(1907–1978), 1934 Priester (D Münster), 1939 beurlaubt an die Bischöfliche Finanzkammer, 1949 deren Direktor, 1960 Päpstlicher Geheimkämmerer, 1965 Päpstlicher Hausprälat.*

16 *Vgl. Dok. 144.*

Anlage 2
Entwurf für eine Veröffentlichung im Kirchl[ichen] Anzeiger bzw. Amtsblatt.
Betr. Rentengesetzgebung und Onkel-Ehen [...][17]
Anlage 3
Entwurf für eine Anweisung an die Hochwürdigen Herren Pfarrer
Wie dem Hochwürdigen Klerus bekannt ist, war durch § 67 Personenstandsgesetz (PStG) die Vornahme der »kirchlichen Eheschließungsfeierlichkeiten« vor der standesamtlichen Trauung unter Strafe gestellt. Diese Strafbestimmung des Personenstandsgesetzes, die am 6. Februar 1875 reichsgesetzliche Geltung erlangt hatte, und nach dem ganzen Zusammenhang als eine der gesetzlichen Maßnahmen im Rahmen der Kulturkampfgesetzgebung betrachtet werden muß, hatte unter der Herrschaft des Nationalsozialismus durch die Neufassung des PStG vom November 1937 noch eine Verschärfung erfahren.
In den letzten Jahren waren zahlreiche Stimmen laut geworden, die diese Strafbestimmung als Relikt der Kulturkampfzeit bekämpften und ihre Beseitigung verlangten.
Im Zusammenhang mit der Beratung des Zweiten Gesetzes zur Änderung und Ergänzung des Personenstandsgesetzes, das am 18. Mai 1957 veröffentlicht und mit Wirkung vom 1. April 1957 in Kraft getreten ist (BGBl. I 1957, S. 518ff.), waren seit Jahren Verhandlungen im Gange mit dem Ziel, die Streichung des § 67 durchzusetzen. Zwar konnte dieses Ziel nicht vollständig erreicht werden, doch ist es gelungen, gegenüber dem bisherigen Zustand eine wesentliche Verbesserung zu erzielen. Die Vornahme der kirchlichen Trauung vor dem standesamtlichen Akt und die Nichtvornahme der Meldung einer solchen, die beim Standesamt zu erfolgen hat, werden nach der neuen Fassung des Gesetzes nicht mehr als krimineller Straftatbestand bestraft, sondern nur noch als Ordnungswidrigkeit angesehen, die zudem nicht mit einer Geldbuße belegt werden kann, da eine diesbezügliche ausdrückliche Bestimmung nicht in das Gesetz aufgenommen wurde.
Die in Frage kommenden Bestimmungen des Personenstandsgesetzes haben jetzt folgenden Wortlaut:
»Wer eine kirchliche Trauung oder die religiösen Feierlichkeiten einer Eheschließung vornimmt, ohne daß zuvor die Verlobten vor dem Standesamt erklärt haben die Ehe miteinander eingehen zu wollen, begeht eine Ordnungswidrigkeit, es sei denn, daß einer der Verlobten lebensgefährlich erkrankt und ein Aufschub nicht möglich ist oder daß ein auf andere Weise nicht zu behebender schwerer sittlicher Notstand vorliegt, dessen Vorhandensein durch die zuständige Stelle der religiösen Körperschaft des öffentlichen Rechts bestätigt ist.
Wer eine kirchliche Trauung oder die religiöse Feierlichkeit einer Eheschließung vorgenommen hat, ohne daß zuvor die Verlobten vor dem Standesamt erklärt hatten, die Ehe miteinander eingehen zu wollen, begeht eine Ordnungswidrigkeit, wenn er dem Standesamt nicht unverzüglich schriftlich Anzeige erstattet.«

[17] *Nicht aufgenommen.*

Wenn nunmehr auch die Vornahme der kirchlichen Trauung vor der standesamtlichen nicht mehr unter Strafe steht, so soll trotzdem die bisherige Eheschließungspraxis nicht geändert werden. Im Gegenteil, nach wie vor wird die bisherige Praxis beibehalten: Die kirchliche Eheschließung wird erst vorgenommen, wenn der standesamtliche Akt vorher vollzogen wurde und hierüber die entsprechende Urkunde vorliegt.

Ausgenommen sind

a) die Fälle, in denen Todesgefahr eines Verlobten vorliegt und keine Verzögerung möglich ist. In diesem Falle ist dem Standesamt nachher unverzüglich schriftlich Anzeige zu erstatten;

b) die Fälle schweren sittlichen Notstandes.

Liegt nach Meinung des zuständigen Pfarrers ein solcher Fall des schweren sittlichen Notstandes vor, in dem gemäß Art. 26 Reichskonkordat und § 67 PStG die kirchliche Trauung ebenfalls vor dem standesamtlichen Akt vorgenommen werden kann, so ist vorher darüber unverzüglich dem (Erz-) Bischöflichen Generalvikariat (bzw. Ordinariat) Bericht zu erstatten und die Entscheidung des Ordinarius einzuholen. Diese Entscheidung ist in jedem Falle abzuwarten und nur nach ihr ist zu verfahren.

Die sog. »Onkel-Ehen« oder »Rentenkonkubinate« können auf Grund der Interpretation des Art. 26, Reichskonkordat, die zwischen dem Hl. Stuhl und dem Auswärtigen Amt vereinbart worden ist, für sich allein nicht mehr als schwerer sittlicher Notstand angesehen werden.

Es ist klargestellt, daß allein wirtschaftliche Nachteile für die Nupturienten zur Anerkennung eines schweren sittlichen Notstandes nicht ausreichen.

Auch ist die Ausnahmebestimmung des Konkordates nicht anwendbar, wenn die von den Nupturienten vorgebrachten Gründe den Vollzug der Ziviltrauung nach der kirchlichen Trauung ausschließen.

In Frage kommende Nupturienten sind entsprechend zu unterrichten. Gleichzeitig ist darauf hinzuweisen, daß durch die Änderungen und Verbesserungen in der Rentengesetzgebung den Rentenkonkubinaten weitgehend der Boden entzogen worden ist.

158

Bericht Böhlers

Bonn, September 1957

EA Köln, Gen. II 22.13a, 4. *Schreibmaschinenausfertigung mit eigenhändiger Unterschrift. Briefkopf:* Katholisches Büro Bonn. Leitung: Prälat W[ilhelm] Böhler, *Anschrift:* An die Hochwürdigsten Herren Erzbischöfe und Bischöfe in der Bundesrepublik Deutschland. *Vermerk:* Anlage 1.

Ew. Eminenzen!

Ew. Exzellenzen!

Nachdem am Freitag, dem 24. Mai 1957, der Bundesrat dem vom Bundestag am Freitag, dem 3. Mai in 2. und 3. Lesung verabschiedeten Familienrechtsgesetz seine

Zustimmung erteilt hat und das Gesetz unter dem Datum vom 18. Juni 1957 im Bundesgesetzblatt veröffentlicht worden ist (BGBl. I 1957, S. 609–640), gebe ich hiermit einen Gesamtüberblick über die Verhandlungen um dieses nunmehr abgeschlossene Gesetz.

Da das Grundgesetz in seinem Art. 3 Abs. 2 die Gleichberechtigung von Mann und Frau ausgesprochen hatte, mußte das geltende Recht diesem Gleichberechtigungsgrundsatz angepaßt werden. In Art. 117 Abs. 1 GG wurde für diese Anpassung des geltenden Rechts an den Grundsatz der Gleichberechtigung der 31. März 1953 als äußerster Termin festgesetzt. Von diesem Zeitpunkt ab sollte der Gleichberechtigungsgrundsatz allgemein verbindliches Recht sein. Diesem Grundsatz entgegenstehendes Recht sollte außer Kraft treten.

Das Problem der Gleichberechtigung war schon in der Zeit der Weimarer Republik eine viel diskutierte Frage und die Verankerung der Gleichberechtigung im Grundgesetz löste eine Reihe wissenschaftlicher Erörterungen aus, die z. T. als Grundlage für die gesetzgeberische Lösung der gestellten Aufgabe dienten.

I. Die Bemühungen zur Lösung des Gleichberechtigungsproblems während der 1. Legislaturperiode.

Vorbereitet wurde die gesetzgeberische Arbeit durch eine in den Jahren 1950/51 erschienene dreiteilige Denkschrift von Frau Oberlandesgerichtsrätin Dr. Hagemeyer[1], die im Auftrag des Bundesjustizministeriums erstellt wurde. In dieser Denkschrift wurden folgende Fragen behandelt:

Das Recht der Eheschließung;
die persönlichen Wirkungen der Ehe;
die Berufstätigkeit der Ehegatten;
der Gesamtbereich des ehelichen Güterrechts;
die Fragen der elterlichen Gewalt während des Bestehens einer Ehe;
die Fragen der elterlichen Gewalt nach Auflösung einer Ehe;
die Unterhaltspflichten der Eltern gegenüber den Kindern;
Namensrecht und Wohnsitz der Kinder;
Einzelbestimmungen des Vormundschaftsrichters.

Obwohl im Hinblick auf die Kinder dem letzten Teil dieser Denkschrift eine erhebliche Bedeutung beizumessen war, blieb doch der erste Teil der wichtigste, weil hier Lösungen für Grundfragen vorgeschlagen waren, die auch auf die anderen zu regelnden Rechtsbestimmungen ihren Einfluß ausüben mußten.

Sofort nach dem Erscheinen des 1. Teils der Denkschrift setzten unsere Arbeiten ein. Der Unterzeichnete berief einen Arbeitskreis, der sich speziell mit der Prüfung der Lösungsvorschläge sowie mit der Ausarbeitung von Gegenvorschlägen befassen sollte. Diesem Arbeitskreis gehörten folgende Damen und Herren an:

Generalvikar Dr. Offenstein, Hildesheim,

[1] Maria Hagemeyer *(1896–1991), Dr. iur., 1927 als erste Frau in Preußen Amts- und Landrichterin in Bonn, 1949 ins Bundesjustizministerium berufen mit dem Auftrag, einen Gesetzentwurf für die Gleichberechtigung der Frau auszuarbeiten.*

Professor Dr. Ermecke, Paderborn,
Professor Pater Hirschmann S. J., Frankfurt,
Professor Dr. Mörsdorf, München,
Professor Dr. Bosch, Bad Godesberg[2],
Professor Dr. Conrad, Mehlem[3],
Bundesrichter Dr. Meyer, Karlsruhe[4],
Frau Min[isterial-]Rätin a. D. Dr. H[elene] Weber, MdB, Essen[5],
Justitiar Dr. Klein, Freiburg/Breisgau,
Frau Gen[eral-]Sekretärin E[lisabeth] Zillken, Dortmund,
Frau Kirschner, Recklinghausen[6],
Frau Dr. Solltmann, Münster/W[estfalen][7],
Assessor Dr. Panzer, Köln.

Gegen die Denkschrift Hagemeyer, die schon aufzeigte, in welcher Richtung die zu erwartende gesetzliche Regelung sich bewegen würde, wurden vom Arbeitskreis zunächst folgende Punkte aufgeführt:

1. Die Denkschrift trägt den Auffassungen der katholischen Lehre vom Wesen der Ehe und Familie nicht genügend Rechnung.
2. Die Durchführung der Gleichberechtigung wird im wesentlichen nur als bloß rechtstechnisches Problem gesehen.
3. Einer der Hauptpunkte, der Kritik hervorrief, war die Auffassung, nach der die auf christlicher Lehre und geheiligter Tradition beruhende hierarchische Struktur der Ehe so gut wie völlig beiseite geschoben wurde. In § 1354, der das äußere Organisationsprinzip der Ehe darstellt, sollte jede Entscheidungsgewalt in den Angelegenheiten des ehelichen Zusammenlebens beseitigt werden. Zudem wurden die innerlich zusammengehörenden §§ 1354 und 1628 (Entscheidungsgewalt in der Ehe und Entscheidungsgewalt in der Familie) auseinandergerissen unter Mißachtung der Tatsache, daß Ehe von ihrem Wesen her auf Familie zugeordnet ist.

[2] FRIEDRICH WILHELM BOSCH *(1911–2000), Dr. iur., seit 1950 o. Professor in Bonn für Bürgerliches Recht und Familienrecht.*

[3] HERMANN CONRAD *(1904–1972), Dr. iur., 1941 o. Professor für Bürgerliches Recht und Rechtsgeschichte in Marburg, 1948 in Bonn, 1948–1967 Generalsekretär der Görres-Gesellschaft.*

[4] KARL EMIL MEYER *(1900–1967), Dr. iur., 1932 Landgerichtsrat in Bonn, 1933 Absetzung aufgrund seiner jüdischen Herkunft, Flucht nach London, 1949 Landgerichtsdirektor in Köln, 1951 deutsches Mitglied des Entschädigungsgerichts in Herford, 1952–1964 Richter am Bundesgerichtshof.*

[5] HELENE WEBER *(1881–1962), Dr. rer. pol. h. c., Lehrerin und Sozialpolitikerin, 1916 Leiterin der Sozialen Frauenschule des Katholischen Deutschen Frauenbundes, Vorsitzende des Vereins katholischer deutscher Sozialbeamtinnen, stellvertretende Vorsitzende des Katholischen Deutschen Frauenbundes, 1919/20 Abgeordnete der Nationalversammlung (Zentrum), 1920 Ministerialrätin im preußischen Ministerium für Volkswohlfahrt, 1921–1924 Mitglied des Landtags, 1924–1933 des Reichstags, 1948/49 Abgeordnete des Parlamentarischen Rates, 1949–1962 Mitglied des Bundestags (CDU). Vgl.* R. MORSEY, *Weber.*

[6] BERNA KIRSCHNER, *geb.* BÖCKENFÖRDE *(1895–1973), 1943 Vorsitzende des Zweigvereins Recklinghausen, Mitglied des Zentralvorstands des Katholischen Deutschen Frauenbundes, 1953 Vizepräsidentin des Familienbundes Deutscher Katholiken.*

[7] IDAMARIE SOLLTMANN *(1889–1980), Dr. phil., 1927 Dozentin und 1941–1955 Direktorin der Sozialen Frauenschule Münster, Diözesanvorsitzende in Münster, Mitglied des Zentralvorstands des Katholischen Deutschen Frauenbundes.*

Eine so mechanisch aufgefaßte Gleichberechtigung, die das Ordnungsgefüge der Ehe zu zerstören drohte, würde – so führten wir aus – dazu führen, daß innereheliche Konfliktlösungen eher erschwert als erleichtert würden.
Da besonders im Bereich der Familie Entscheidungen gefällt werden müssen, würde sich aus der Beseitigung der Entscheidungsgewalt des Vaters ergeben haben, daß eine außerhalb der Familie stehende dritte Stelle innerfamiliäre Entscheidungen zu treffen hätte. Damit war die Gefahr gegeben, daß die staatliche Gewalt in nicht zu verantwortender Weise in das Leben der Ehe und Familie eingreifen könnte und müßte.
Es würde zu weit führen, hier nochmals alle Punkte aufzuzählen, die Kritik herausforderten. Statt dessen darf ich auf die wiederholten Berichte verweisen, die den Hochwürdigsten Herren Erzbischöfen und Bischöfen während der letzten Jahre regelmäßig erstattet wurden.
Inzwischen war an die Kirchen offiziell die Bitte herangetragen worden, zu der Denkschrift und den darin abgehandelten Problemen und vorgeschlagenen Lösungen Stellung zu nehmen. Diese erbetene Stellungnahme erfolgte mit Schreiben des Vorsitzenden der Fuldaer Bischofskonferenzen an den Herrn Bundesjustizminister Dr. Dehler vom 12. Januar 1952. In ihm wurde eine Reihe von grundsätzlichen Bedenken vorgetragen. Auf dieses Schreiben darf verwiesen werden. Abschrift dieses Schreibens wurde dem Herrn Bundeskanzler übersandt. Wenige Tage später bot sich auch Gelegenheit, daß die Hochwürdigsten Herren Erzbischöfe dem Herrn Bundeskanzler in persönlichem Gespräch ihre Auffassung zur Ehe- und Familienrechtsreform vortragen konnten. Mit Schreiben vom 19. Januar 1952 wurden die Hochwürdigsten Herren über diese Besprechung, bei der auch eine Reihe anderer Probleme behandelt wurde, unterrichtet.
Im Zusammenwirken mit dem Arbeitskreis wurden auch von den großen katholischen Verbänden der Frauen und Männer eingehende Stellungnahmen zu dem Problem der Ehe- und Familienrechtsreform ausgearbeitet, die veröffentlicht wurden.
In Beantwortung der Stellungnahme des Vorsitzenden der Fuldaer Bischofskonferenzen wurde seitens des Bundesjustizministeriums durch den Herrn Minister und den Herrn Staatssekretär erklärt, es bestehe Einigkeit darüber, daß der natürlichen Ordnung von Ehe und Familie bei der Durchführung der Gleichberechtigung Rechnung getragen werden müsse; darüber hinaus sei es eine der vornehmsten Aufgaben des Staates, Ehe und Familie zu schützen.
Der in Arbeit befindliche Entwurf eines Familienrechtsgesetzes, der vor seiner Zuleitung an das Kabinett mit den Kirchen beraten werden solle, werde diesem Gedanken Rechnung tragen.
Zu etwa gleicher Zeit begannen die Beratungen der Probleme mit Vertretern der Evangelischen Kirche, die ihrerseits eine Spezialkommission unter Leitung des Herrn Prof. Dr. Schumann[8] gebildet hatte.

[8] Friedrich Karl Schumann *(1886–1960), Dr. theol. et phil., evangelischer Theologe, 1914–1924 Pfarrer, 1929 Professor in Gießen, 1932 Professor für systematische und praktische Theologie in Halle, 1933 Mitglied der NSDAP, Mitarbeit an einer neuen Verfassung der evangelischen Kirche, 1948 Leiter der Evangelischen Forschungsakademie Christophorusstift in Hemer (Westfalen), 1951–1955 Honorarpro-*

Am 4. April 1952 fanden die ersten offiziellen Verhandlungen im Justizministerium zwischen Regierungsvertretern und Vertretern der beiden Kirchen statt. Grundlage der Verhandlungen war ein den Kirchen zugeleiteter Entwurf, der Vorschläge enthielt zu: Wirkungen der Ehe im allgemeinen; Auszug aus den Vorschriften über die elterliche Gewalt; Änderungen zum Gesetz über die religiöse Kindererziehung.
Im Verlauf der Verhandlungen wurden die vom Arbeitskreis erarbeiteten Abänderungsvorschläge unterbreitet, besonders hinsichtlich der §§ 1354 und 1628.
Als Meinung des Rates der EKD wurde leider die Auffassung vorgetragen, die schweren Bedenken gegen eine Streichung des § 1354 könnten z. T. aufgegeben werden, wenn die väterliche Entscheidungsgewalt in § 1628 beibehalten werde.
Die amtliche Begründung zum Regierungsentwurf vertrat die Auffassung, eine Vorrangstellung eines Ehegatten vor dem anderen sei nicht in der Sache begründet, beide müßten um Einigung ringen und ihre gegenseitige Abhängigkeit anerkennen. Demgegenüber wurde nochmals recht deutlich die Auffassung der katholischen Kirche zur Geltung gebracht, wie sie in der Stellungnahme des Vorsitzenden der Fuldaer Bischofskonferenzen ihren Ausdruck gefunden hatte.
Eine Verständigung über die Standpunkte konnte nicht erreicht werden. Zudem wurde den katholischen Vertretern im Ringen um die Anerkennung der innerehelichen Ordnung seitens der evangelischen Vertreter keine ausreichende Unterstützung zuteil, da diese bereit waren, auf den § 1354 zu verzichten, wenn die väterliche Entscheidungsgewalt in § 1628 gesichert bliebe. Die Regierungsvertreter hingegen fühlten sich zu sehr durch die Verfassungsvorschriften eingeengt und befürchteten eine Schwächung der politisch-parlamentarischen Möglichkeiten; wenn man den § 1354 festhalte – so fürchtete man – gefährde man die Beibehaltung des § 1628. Unter Berufung auf Art. 3 Abs. 2 GG wurde der Vorschlag der katholischen Vertreter, in einem neuen § 1354 das innereheliche Entscheidungsrecht klar anzuerkennen, abgelehnt.
Im Anschluß an diese Besprechung wurde in einem Schreiben des Vorsitzenden der Fuldaer Bischofskonferenzen an Minister Dr. Dehler vom 15. April 1952 der Standpunkt der katholischen Bischöfe nochmals eingehend dargelegt und die Bedenken gegen die vorgesehene Regelung begründet. Zugleich wurde darauf hingewiesen, daß – falls das Kontrollratsgesetz Nr. 16 vom 20.4.1946 ohne Änderung in das neue deutsche Ehe- und Familienrecht aufgenommen werden sollte – der Zeitpunkt gekommen sei, daß die Bundesregierung gemäß Art. 26 Reichskonkordat mit dem Hl. Stuhl Fühlung zu nehmen habe, bevor eine umfassende Regelung der ehelichen Fragen erfolge.
Im Sommer 1952 wurde dem Bundesrat ein Regierungsentwurf zur ersten Beratung zugeleitet. Am 23. Oktober 1952 wurde dieser Regierungsentwurf mit der Stellungnahme des Bundesrates als BT-Drucksache Nr. 3802 dem deutschen Bundestag vorgelegt. Dieser Regierungsentwurf wurde dem Hochwürdigsten Episkopat, den Generalvikariaten und Ordinariaten sowie den Mitgliedern des Kirchenpolitischen Gremiums zur Kenntnis- und Stellungnahme zugeleitet.

fessor für systematische Theologie in Münster, Mitherausgeber des Bandes: Familienrechtsreform. Dokumente und Abhandlungen (mit HANS ADOLF DOMBOIS*), Witten 1955.*

Für die nun einsetzende parlamentarische Beratung – am 27. November 1952 erfolgte die 1. Lesung im Bundestag mit Überweisung an den Ausschuß für Rechtswesen und Verfassungsschutz – mußte die katholische Auffassung erneut zum Ausdruck gebracht werden. Dies geschah mit der Eingabe des Vorsitzenden der Fuldaer Bischofskonferenzen an den Deutschen Bundestag vom 26. Januar 1953, die den Abgeordneten aller Fraktionen sowie allen beim Bundestag zugelassenen Pressevertretern zugestellt wurde. In einem gemeinsamen Hirtenwort der deutschen Bischöfe vom Januar 1953 wurde die gleiche Auffassung auch vor dem katholischen Volk und vor der gesamten Öffentlichkeit klar und deutlich ausgesprochen.
Während der parlamentarischen Beratung zeigte sich sehr bald, daß die zur Verfügung stehende Zeit für eine der Bedeutung der zur Entscheidung stehenden Fragen angemessenen gründlichen Bearbeitung zu kurz war. Zudem machte sich sehr stark eine einseitige Stimmungsmache geltend, die einer sachlichen Beratung im Parlament nicht gerade dienlich war, zumal die erste Hälfte des Jahres 1953 schon ganz im Banne des bevorstehenden Wahlkampfes stand. Einer Lösung des Problems der Gleichberechtigung wäre aber nichts schädlicher gewesen, als daß dieses Problem in den Sog des Wahlkampfes hineingeriet.
So war es bald klar, daß das Familienrechtsgesetz unmöglich termingerecht bis zum 31. März 1953 verabschiedet werden konnte, wollte man es nicht überstürzt und unausgereift verabschieden. Aus diesem Grunde legten die damaligen Regierungsparteien gemeinsam einen Gesetzesantrag vor (BT-Drucksache Nr. 4200), in dem die Frist vom 31. März 1953 bis zum 31. März 1955 verlängert werden sollte. Dieser Antrag zur Änderung des Art. 117 GG gelangte jedoch nicht mehr zur Verabschiedung, da sich herausstellte, daß diese vorgesehene Grundgesetzänderung nicht ausreichend war. Somit blieben alle in der ersten Wahlperiode des Bundestages eingebrachten Vorlagen zur Durchführung der Gleichberechtigung unerledigt.
Mit dem 1. April 1953 trat der Zustand ein, daß der Gleichheitsgrundsatz des Art. 3 Abs. 2 unmittelbare Geltung erlangte und somit die Rechtslage unmittelbar normativ beeinflußte. Mit diesem Datum trat alles diesem Grundsatz entgegen stehende Recht außer Kraft.
Zusammenfassend kann für diesen ersten Abschnitt der Arbeit an der gesetzgeberischen Verwirklichung des Gleichberechtigungsgesetzes gesagt werden, daß alles getan worden war, um die katholische Auffassung vom Wesen der Ehe und Familie und von einer recht verstandenen Gleichberechtigung nachdrücklichst zur Geltung zu bringen. In offiziellen Verhandlungen mit Regierungsstellen und mit dem Parlament wurde die Berücksichtigung der religiös fundierten Auffassung von Ehe und Familie gefordert. Die Gesetzgebungsinstanz sollte diese Auffassung nicht ohne weiteres übergehen, würde sie doch von der weitaus überwiegenden Mehrheit der Bevölkerung geteilt. Besonders deutlich wurde darauf hingewiesen, daß es ein Anliegen des Gesetzgebers sein müsse, jeder weiteren inneren Zersetzung von Ehe und Familie wirksam entgegenzutreten.
Hier ist auch der Ort, um der Verdienste des um die Verfechtung unserer Anliegen so überaus tätigen Herrn Prof. Dr. Bosch zu gedenken, der einer der wertvollsten

Helfer im Arbeitskreis war und in Wort und Schrift für die Verwirklichung einer echten Gleichberechtigung gegen jede Verfälschung und mechanische Auffassung focht.
Im Rahmen dieser gesamten Übersicht darf auch die bedauerliche Tatsache nicht verschwiegen werden, daß es Katholiken gab, die, obwohl in den verschiedenen Stellungnahmen des Episkopats bzw. des Vorsitzenden der Fuldaer Bischofskonferenzen die katholische Auffassung klar und unmißverständlich ausgesprochen war, publizistisch eine von dieser Auffassung abweichende Meinung vertreten haben und dafür sogar die Spalten hochangesehener katholischer Zeitschriften zur Verfügung gestellt bekamen.

II. Die gesetzgeberische Verwirklichung der Durchführung des Gleichberechtigungsgesetzes in der 2. Legislaturperiode.
Unmittelbar nach der Arbeitsaufnahme durch den 2. deutschen Bundestag legte die FDP-Fraktion als Initiativ-Antrag den Gesetzentwurf eines Familienrechtsgesetzes vor, der praktisch die Regierungsvorlage der 1. Legislaturperiode wieder aufgriff (BT-Drucksache Nr. 112).
Im Januar 1954 legte endlich auch die SPD, die sich bisher auffallend stark zurückgehalten hatte, ihrerseits einen Entwurf vor (BT-Drucksache Nr. 178). Wenn gegen diesen Entwurf auch schwerste Bedenken grundsätzlicher Art hervorgehoben werden mußten, so gebietet doch die Gerechtigkeit festzustellen, daß er in einzelnen Teilen, vor allem im güterrechtlichen Teil, wesentlich bessere Vorschläge enthielt als die frühere Regierungsvorlage.
In Grundsatzfragen mußte dieser Entwurf allerdings scharf abgelehnt werden, da in ihm die Ehe nur als ausschließlich staatliche Einrichtung angesehen wurde und ihr jeder religiöse Charakter fehlte. Die Gleichberechtigung sollte völlig schematisch durchgeführt werden.
Ebenfalls noch im Januar 1954 wurde im Bundestag auch ein neuer Regierungsentwurf eingebracht (BT-Drucksache Nr. 224), zu dem der Bundesrat zahlreiche Änderungsvorschläge gemacht hatte. Hinsichtlich des äußeren Ordnungsgefüges hat sich dieser Entwurf bemüht, den kirchlichen Forderungen gerecht zu werden. § 1354 bestimmte, daß alle Entscheidungen grundsätzlich gemeinsam zu treffen wären; bei Meinungsverschiedenheiten müsse alles getan werden, um eine Einigung herbeizuführen. Erst wenn alle Bemühungen hierzu vergeblich geblieben wären, habe der Mann zu entscheiden, wobei er die Auffassungen der Frau berücksichtigen müsse. Die Begründung hierzu betonte ausdrücklich, daß es Fälle gebe, in denen eine Entscheidung getroffen werden müsse, daß es aber nicht angehe, daß außereheliche Stellen in das innerste Gefüge der Ehe eingreifen könnten. Im Interesse von Ehe und Familie müsse also dem Manne die echte Befugnis zustehen, entsprechende Entscheidungen zu treffen. Eine Verletzung des Gleichheitsgrundsatzes könne hierin nicht gesehen werden. Selbstverständlich galt in diesem Entwurf das für die Ehe Gesagte in gleicher Weise auch für die Familie. Im Interesse des Kindes müsse – so hieß es – eine letzte Entscheidungsinstanz innerhalb der Familie bestehen.

Dieser Entwurf wurde seinerzeit den Hochwürdigsten Herren, den Generalvikariaten und Ordinariaten sowie den Mitgliedern des Kirchenpolitischen Gremiums zur Kenntnis- und Stellungnahme zugeleitet. Es sei lediglich noch vermerkt, daß dieser neue Entwurf sich auf die Durchführung der Gleichberechtigung beschränkte und die Fragen des Eheschließungs- und Ehescheidungsrechtes sowie des Gesetzes über religiöse Kindererziehung ausgeklammert hatte.
In der 15. Sitzung des Bundestages vom 12. Februar 1954 wurden alle drei Entwürfe in 1. Lesung beraten und an den Ausschuß für Rechtswesen und Verfassungsrecht überwiesen. Dieser beschloß am 1. April 1954 die Bildung eines Unterausschusses »Familienrechtsgesetz«.
Die Debatte anläßlich der 1. Lesung machte deutlich, wie die Fronten bei der Beratung des Gesetzentwurfs geteilt waren. Es zeigte sich, daß Liberale und Sozialisten sich in einer Einheitsfront gegen die naturgegebene hierarchische Ordnung von Ehe und Familie zusammengefunden hatten und vor lauter »Gleichberechtigung«, vor lauter Individualrechten den Gemeinschaftscharakter von Ehe und Familie zu wenig sahen. Gleichzeitig zeigte sich, daß in den Reihen der evangelischen CDU-Abgeordneten eine Aufweichung der Grundsätze eingetreten war, vor allem bei den Frauen. Aus evangelischem Verständnis der Ehe und Familie heraus wurde erklärt, es gäbe keine theologischen Gründe für die Aufrechterhaltung eines Entscheidungsrechtes des Mannes, weder in der Ehe noch in der Familie.
Für schwierige Fälle gäbe es nur die Möglichkeiten: Entweder dem Manne eine Entscheidungsbefugnis zu geben oder aber es den Eltern freizustellen, daß Vormundschaftsgericht anzurufen. Die erste Möglichkeit müsse außer Betracht bleiben, weil sie mit dem GG nicht vereinbar sei.
Da schon im Verlauf der 1. Legislaturperiode die katholischen Wünsche und Forderungen gegenüber der Regierung und dem Parlament sowie auch der Öffentlichkeit klar und eindeutig ausgesprochen worden waren, konnte auf diese Auffassung und auf unsere klaren Forderungen immer wieder hingewiesen werden.
Von wesentlicher Bedeutung war, daß ein gedeihliches und fruchtbares Zusammenwirken zwischen unserem Arbeitskreis und den katholischen Mitgliedern des Unterausschusses gewährleistet war. Die Grundsätze waren klar herausgestellt, die Aufgabe des Arbeitskreises konnte jetzt nur noch die sein, in gemeinsamer Arbeit mit den Ausschußmitgliedern nach den besten Möglichkeiten zu suchen. So sollten die Grundsätze weitgehendst im Gesetz verwirklicht werden, wobei Formulierungen gefunden werden mußten, die auch von denen akzeptiert werden konnten, die von anderen weltanschaulichen Voraussetzungen herkamen.
Neben dem Arbeitskreis befaßte sich auch das Kirchenpolitische Gremium eingehend mit unserer Frage, und zwar auf allen seinen Sitzungen. Sowohl mit Vertretern des Arbeitskreises wie auch des Bundestages hat es beraten und Vorschläge ausgearbeitet.
Der Unterausschuß »Familienrechtsgesetz« hatte aus taktischen Erwägungen zuerst die Beratung des güterrechtlichen Teils in Angriff genommen. Die Absicht des Vor-

sitzenden dieses Unterausschusses, des Herrn Abg[eordneten] Dr. Weber, Koblenz[9], war die, daß sich die Ausschußmitglieder zuerst einmal in der Behandlung dieser weltanschaulich weniger beeinflußten Fragen in sachlicher Arbeit zusammenfinden sollten, um dann, wenn schon eine gute Arbeit geleistet war, sich an die heißen Eisen heranzumachen.

Anfang 1957 hat der Unterausschuß die Ergebnisse seiner Arbeit dem Gesamtausschuß unterbreitet. Die größten Schwierigkeiten hatten sich bezüglich der §§ 1354 und 1628 ergeben. Eine besondere Erschwerung der Arbeit stellte die Tatsache dar, daß die Eherechtskommission der evangelischen Kirche in ihrer Stellungnahme vom 24./25. September 1954 zu dem Ergebnis gekommen war, daß das Entscheidungsrecht des Mannes unbedenklich wegfallen könne, weil der Staat sich einer gesetzlichen Regelung dieses innerehelichen Bereichs am besten enthalte und dadurch eine »Vergesetzlichung der apostolischen Mahnungen« vermieden werde. Wir unsererseits wiesen nochmals auf unsere klaren Grundsätze hin. Hinsichtlich der väterlichen Entscheidungsgewalt standen sich in der genannten Kommission zwei Auffassungen gegenüber, die es nicht zu einer einheitlichen Meinung gelangen ließen: vollständiger Wegfall der Entscheidungsgewalt war die eine Meinung, die andere war eindeutig für Beibehaltung. In gleiche Richtung war auch die Synode der evangelischen Kirche vom 19. März 1954 gegangen, als sie empfahl, »das staatliche Recht sollte diese innere Ordnung der Ehe möglichst unberührt lassen«, d. h. keine gesetzliche Regelung treffen über eine innereheliche Entscheidungsgewalt. Interessanterweise blieb auch die Synode in der Frage der väterlichen Entscheidungsgewalt in der Familie zweigeteilter Meinung. Auch jetzt wiesen wir wiederum auf unsere klaren Forderungen hin. Angesichts dieser Tatsache fanden die katholischen Ausschußmitglieder, die für die hergebrachte religiös begründete Ordnung in Ehe und Familie kämpften, seitens der evangelischen Mitglieder der CDU keine Unterstützung. So ist es nicht zu wundern, daß der Antrag auf Beibehaltung des § 1354 in der Fassung der Regierungsvorlage mit 8:7 Stimmen im Ausschuß abgelehnt wurde. Die Beibehaltung der väterlichen Entscheidungsgewalt konnte bei Stimmengleichheit ebenfalls nicht erreicht werden. Diese beiden Fragen wurden daher dem Rechtsausschuß vorweg zur Beschlußfassung vorgelegt. Mit 15:13 Stimmen wurde hier die väterliche Entscheidungsgewalt beibehalten.

Auf weitere Einzelfragen einzugehen ist nicht erforderlich, ich darf auf die jeweiligen Berichterstattungen und Materialzusendungen verweisen.

Nur eine Spezialfrage bedarf noch besonderer Erwähnung:

Es war das Problem aufgetaucht, wie auf Grund der Gleichberechtigung künftighin die Frage der Kirchensteuer bei konfessionell verschiedenen Ehen geregelt werden solle. Die Frage war, ob der Ehemann zur Zahlung der Kirchensteuer für seine nicht erwerbstätige Ehefrau herangezogen werden kann oder ob auf Grund der Gleichberechtigung keine gegenseitige Haftung für diese Steuerschuld bestehen solle. Seitens der Länder wurde geltend gemacht, sie könnten ihrerseits wegen der Gleichberech-

9 Karl Weber *(1898–1985), Dr. iur., Rechtsanwalt, 1949–1965 Mitglied des Bundestags (CDU).*

tigung keine Steuerhaftung der Ehegatten untereinander in diesem Punkt festsetzen, die Regelung dieser Frage gehöre wegen des Zusammenhangs mit der Gleichberechtigung in die Zuständigkeit des Bundesgesetzgebers.
In wiederholten Verhandlungen und schriftlichen Eingaben wurde auf die Dringlichkeit einer Klarstellung dieser Angelegenheit hingewiesen und der Unterausschuß zeigte sich auch willens, diesem Anliegen, das von beiden Kirchen vertreten wurde, gerecht zu werden. Allerdings sah er keine Möglichkeit, die gegenseitige Haftung der Ehegatten für diese Verpflichtung gesetzlich zu normieren, doch wurde dem Wunsch in der Weise entsprochen, daß im schriftlichen Ausschußbericht zu § 1360a ausdrücklich festgestellt wurde, daß auch die Verpflichtungen der Ehegatten gegenüber einer Kirche oder Religionsgesellschaft zum »angemessenen Unterhalt« gehören, den die Ehegatten sich gegenseitig zu gewähren haben (s. BT-Drucksache zu 3409, S. 37 rechte Spalte unten).
In der 206. Sitzung des Bundestages am 3. Mai 1957 erfolgte die 2. und 3. Lesung des Familienrechtsgesetzentwurfs. Kämpferische Auseinandersetzungen waren nur noch über die §§ 1354 und 1628 zu erwarten. Bezüglich der anderen Punkte bestand Übereinstimmung dahingehend, daß sie ohne große Debatten angenommen worden sollten.
Herr Abg[eordneter] Dr. Weber brachte in der 2. Lesung den Antrag ein, den § 1354, der ja gestrichen war, in der Fassung der Regierungsvorlage wieder in das Gesetz aufzunehmen Über diesen Antrag fand namentliche Abstimmung statt. Der Antrag Dr. Weber wurde mit 184:172 Stimmen abgelehnt. Mit Bedauern muß festgestellt werden, daß der Antrag dadurch gescheitert ist, daß die evangelischen CDU-Mitglieder nicht dafür stimmten und eine Reihe katholischer Abgeordneter bei der Abstimmung nicht anwesend war. Mit Leichtigkeit hätten die fehlenden 13 Stimmen, die zur Annahme des Antrags erforderlich gewesen wären, noch aufgebracht werden können, wenn alle katholischen Kabinettsmitglieder und ein bis zwei weitere Abgeordnete ihre Stimme abgegeben hätten (Näheres ist aus der in Anlage beigegebenen Aufstellung[10] über das Ergebnis der namentlichen Abstimmung zu ersehen). Zu § 1628 wurden mehrere Anträge gestellt, die alle auf die Streichung des sog. väterlichen Stichentscheides hinausliefen. Auch evangelische Mitglieder der CDU hatten unter Führung von Frau Dr. Schwarzhaupt[11] einen solchen Antrag eingebracht. Auch über diese Anträge wurde namentlich abgestimmt. Sie wurden mit 185:165 Stimmen abgelehnt, so daß hier unsere Auffassung durchdrang (genaues Ergebnis s. Anlage).
Abschließend beriet am 24. Mai der Bundesrat im 2. Durchgang über das Gesetz. Der letzte Versuch, den väterlichen Stichentscheid in § 1628 doch noch zu Fall zu bringen, scheiterte. Somit hat das Familienrechtsgesetz in der Fassung, wie sie in der BT-Drucksache Nr. 3409 enthalten ist, seine endgültige Verabschiedung erlangt. (Siehe auch BGBl. I 1957, 8.609–640.)

10 *Nicht ermittelt.*

11 ELISABETH SCHWARZHAUPT *(1901–1986), Dr. iur., Konsistorialrätin und Politikerin (CDU), 1953–1969 Mitglied des Bundestags, 1961–1966 Bundesministerin für Gesundheit.*

Der 2. Deutsche Bundestag hat mit der Verabschiedung dieses Gesetzes eine Aufgabe erfüllt, zu deren Bewältigung eine Arbeit von annähernd sieben Jahren erforderlich war.
Im folgenden sei noch eine kurze Zusammenfassung wichtiger Bestimmungen des neuen Gesetzes gegeben:
1) Namen der Ehefrau
Nach § 1355 ist der Name des Mannes der Familienname, somit auch der Name der Ehefrau. Diese kann jedoch durch Abgabe einer öffentlich beglaubigten Erklärung gegenüber dem Standesbeamten dem Familiennamen ihren Mädchennamen hinzufügen.
2) Erwerbstätigkeit der Ehefrau
Gemäß § 1356 führt die Frau den Haushalt in eigener Verantwortung. Sie kann einer Erwerbstätigkeit nachgehen, soweit eine solche mit ihren Pflichten in Ehe und Familie, also mit der Haushaltführung, vereinbar ist. Beide Ehegatten werden verpflichtet, im Beruf oder Geschäft des anderen Ehegatten mitzuarbeiten, soweit dies nach den jeweiligen Verhältnissen üblich und zumutbar ist.
3) Schlüsselgewalt
Entgegen dem Regierungsentwurf wurde die Schlüsselgewalt nicht beiden Ehegatten zuerkannt. Nach § 1357 verbleibt die Schlüsselgewalt allein bei der Ehefrau. Jedoch wird aus den auf Grund der Schlüsselgewalt getätigten Geschäften auch die Frau verpflichtet, wenn der Mann nicht zahlungsfähig ist.
4) Unterhaltspflicht
In den §§ 1360 bis 1361a wird die Unterhaltspflicht geregelt. Gegenüber dem früheren Rechtszustand, nach dem grundsätzlich der Mann der Frau Unterhalt zu gewähren hatte und die Frau nur dann Unterhalt zu leisten braucht, wenn der Mann dazu nicht in der Lage war, bestimmt die neue Regelung, daß die beiden Ehegatten einander verpflichtet sind, die Familie durch ihre Arbeit und mit ihrem Vermögen angemessen zu unterhalten. Jeder Ehegatte ist dem anderen gegenüber unterhaltspflichtig, beide haben für den Unterhalt der Kinder Sorge zu tragen. Die Frau kommt ihrer Pflicht in der Regel durch die Haushaltführung nach. In Ausnahmefällen muß auch die Frau erwerbstätig sein, wenn die Arbeitskraft des Mannes zum Unterhalt der Familie nicht ausreicht.
Der neue § 1360a umreißt den Begriff »angemessener Unterhalt«. Dieser umfaßt alles, was nach den Verhältnissen der Ehegatten zur Bestreitung des ehelichen Haushalts und zur Befriedigung der persönlichen Bedürfnisse der Ehegatten notwenig ist. Wie oben schon dargelegt (S. 12f.), wird in der Begründung zu dieser Bestimmung ausgeführt, daß zur Bestreitung der persönlichen Bedürfnisse auch die Beiträge zu einer religiösen Gemeinschaft gehören. Darüber hinaus umfaßt der angemessene Unterhalt auch alles, was zum Bedarf der unterhaltsberechtigten Kinder gehört. In § 1360a wird der Mann verpflichtet, seinen Beitrag zum angemessenen Unterhalt der Familie für einen angemessenen Zeitraum im Voraus zur Verfügung zu stellen.
§ 1361 bringt eine Regelung der Unterhaltsverpflichtung der Ehegatten bei Getrenntleben derselben. Nach dieser Regelung kann der eine Ehegatte vom anderen im

Rahmen der Billigkeit Unterhalt verlangen. Für den Fall, daß der Mann die Trennung allein oder in überwiegendem Maße verschuldet hat, soll eine nicht erwerbstätige Frau nur dann verpflichtet werden, ihren Unterhalt selbst zu verdienen, wenn sie dazu auch bei Fortbestehen der ehelichen Gemeinschaft verpflichtet gewesen wäre oder wenn nach den besonderen Umständen jedes einzelnen Falles eine Inanspruchnahme des Mannes grobe Unbilligkeit wäre. Diese Unterhaltsleistung ist durch Geldzahlung zu leisten.

Ein neuer § 1361a handelt über den Anspruch getrennt lebender Ehegatten auf den ehelichen Haushalt. Danach kann jeder Ehegatte ihm gehörige Haushaltgegenstände vom anderen herausverlangen, doch muß er sie dem anderen Ehegatten zum Gebrauch überlassen, soweit sie zur Führung eines abgesonderten Haushalts notwendig sind und die Überlassung der Billigkeit entspricht. Haushaltsgegenstände, die gemeinsames Eigentum der Ehegatten sind, sollen nach dem Grundsatz der Billigkeit unter den Ehegatten verteilt werden.

5) Ehelicher Güterstand

Die bisher gültige rechtliche Regelung, wonach der Mann die Verwaltung und Nutznießung des Vermögens seiner Frau hatte, stellte offensichtlich eine Verletzung des Gleichberechtigungsgrundsatzes dar und war am 1.4.1953 außer Kraft getreten. In der Rechtssprechung und Rechtslehre war an seine Stelle die Gütertrennung getreten. Bei der Neugestaltung des ehelichen Güterrechts ging der Ausschuß davon aus, daß die Gütertrennung als gesetzlicher Güterstand dem Wesen von Ehe und Familie nicht entspreche.

Für den Stand der Gütergemeinschaft als ehelicher Güterstand konnte sich der Ausschuß nicht entscheiden, da sich die Frage stellte, wer das gemeinsame Gesamtgut verwalten solle, ein Ehegatte allein oder beide gemeinsam. Hinzu trat die Schwierigkeit, die Frage der Schuldenhaftung zu regeln.

Abgelehnt wurde vom Ausschuß auch die Errungenschaftsgemeinschaft, weil bei ihr die Auseinandersetzung des Gesamtgutes auf Grund einer Beendigung des Güterstandes mit sehr großen Schwierigkeiten verbunden wäre. Der Ausschuß und ihm folgend der Gesetzgeber hat als neuen ehelichen Güterstand die Zugewinngemeinschaft gewählt. Nach ihr behält jeder Ehegatte das Vermögen, das er beim Eintritt in die Ehe besaß. Das in der Ehe erworbene Gut gehört dem jeweils erwerbenden Ehegatten. Jeder Ehegatte verwaltet sein Vermögen selbständig.

Dieser gesetzliche Güterstand der Zugewinngemeinschaft erkennt erstmalig die Tätigkeit der Ehefrau als Hausfrau und Mutter als gleichwertig und gleichberechtigt mit der Berufsarbeit des Mannes an. Diese Anerkennung findet ihren Ausdruck in folgenden Regelungen über die Auseinandersetzungen betr. Zugewinn: Wird der gesetzliche Güterstand durch Tod eines Ehegatten beendet, so erfolgt der Zugewinnausgleich in der Weise, daß sich der gesetzliche Erbteil des überlebenden Ehegatten um ein Viertel der Erbschaft erhöht, wobei es unerheblich ist, ob die Ehegatten im Einzelfall einen Zugewinn erzielt haben oder nicht.

Bei Auflösung des ehelichen Güterstandes auf andere Weise als durch Tod eines Ehegatten erfolgt der Zugewinnausgleich in der Weise, daß der Zugewinn eines jeden

Ehegatten in der Ehe festgestellt wird. Wenn der Zugewinn des einen Ehegatten den des anderen übersteigt, so steht die Hälfte dieses Überschusses dem Ehegatten mit dem geringeren Zugewinn als Ausgleichsforderung zu. Diese Ausgleichsforderung ist vererblich und übertragbar.

6) Wahlgüterstand

Neben dem gesetzlichen Güterstand sieht das Gesetz die Möglichkeit von Wahlgüterständen vor. Und zwar werden im Gesetz eingehend die Wahlgüterstände der Gütertrennung und der Gütergemeinschaft geregelt. Die Entscheidung für einen dieser Wahlgüterstände muß durch die Ehegatten vertraglich festgelegt werden. Bei einer Wahl des Güterstandes der Gütergemeinschaft sieht das Gesetz eine Verwaltung des Gesamtgutes entweder durch den Mann oder die Frau allein vor oder eine gemeinsame Verwaltung durch beide Ehegatten.

7) Bestimmungen über die elterliche Gewalt

Grundsätzlich steht das Kind, solange es minderjährig ist, unter der elterlichen Gewalt des Vaters und der Mutter. Beide Eltern haben die elterliche Gewalt in eigener Verantwortung und in gegenseitigem Einvernehmen zum Wohle des Kindes auszuüben.

Bei Meinungsverschiedenheiten müssen sie versuchen sich zu einigen.

Ist eine Einigung nicht möglich, so hat der Vater zu entscheiden, wobei er die Auffassungen der Mutter berücksichtigen muß. Wenn das Verhalten des Vaters in einer Angelegenheit von besonderer Bedeutung dem Wohle des Kindes widerspricht oder die ordnungsgemäße Verwaltung des Kindesvermögens dieses erfordert, so kann das Vormundschaftsgericht auf Antrag die Entscheidung in einer Einzelangelegenheit oder in einer bestimmten Art von Angelegenheiten der Mutter übertragen. Verletzt der Vater beharrlich die Pflicht, bei Meinungsverschiedenheiten den Versuch einer Einigung zu machen und bei seinen Entscheidungen die Auffassung der Mutter zu berücksichtigen, so kann das Vormundschaftsgericht auf Antrag die Entscheidung in den persönlichen und vermögensrechtlichen Angelegenheiten des Kindes der Mutter übertragen, wenn dies dem Wohle des Kindes entspricht.

Die Vertretung des Kindes steht dem Vater zu, ausgenommen die Fälle, in denen die Mutter die elterliche Gewalt allein ausübt oder ihr die Entscheidung vom Vormundschaftsgericht übertragen ist.

Im einzelnen werden sodann die Fragen der Verwaltung des Kindesvermögens geregelt.

8) Wichtig sind auch die Bestimmungen über die Ausübung der elterlichen Gewalt bei geschiedenen Ehen. In diesen Fällen bestimmt das Vormundschaftsgericht, welcher Elternteil die elterliche Gewalt über die gemeinschaftlichen Kinder ausüben soll. In der Regel soll die elterliche Gewalt einem Elternteil allein übertragen werden. Unter Umständen kann, wenn das das Wohl des Kindes erfordert, einem Elternteil die Sorge für die Person, dem anderen die Sorge für das Vermögen des Kindes übertragen werden.

Bei vorübergehender Trennung der Eltern gelten die gleichen Bestimmungen wie bei endgültiger Trennung.

9) Die Frage, ob das Gesetz über die religiöse Kindererziehung vom 15. Juli 1921, dessen ganzer Fragenkomplex nicht in das Gleichberechtigungsgesetz einbezogen worden ist, in irgendeiner Weise von der letzten Regelung berührt wird, wird im Augenblick geprüft.

Wie diese Zusammenstellung zeigt, enthält das neue Familienrechtsgesetz eine ganze Reihe von zum Teil wesentlichen Verbesserungen, die zu begrüßen sind, auch wenn das Endergebnis nicht in vollem Umfange den Forderungen entspricht, die der Deutsche Episkopat gemeinsam oder durch den Vorsitzenden der Fuldaer Bischofskonferenzen in wiederholten Stellungnahmen ausgesprochen hat, entspricht. Angesichts der allgemeinen Situation ist es doch zu begrüßen, daß wenigstens hinsichtlich der Familien, d. h. im Eltern-Kind-Verhältnis, die hergebrachte religiös fundierte Ordnung gegen starke Widerstände gewahrt bleiben konnte.

In Ehrerbietung!
Böhler
(Prälat Böhler).

159

Böhler an Wendel

Köln, 12. Oktober 1957

EA München, Joseph Kardinal Wendel, 21/1957. *Schreibmaschinenausfertigung. Briefkopf:* Prälat W[ilhelm] Böhler, Domkapitular. *Anschrift:* S[eine]r Eminenz dem Hochwürdigsten Herrn Erzbischof, Herrn Joseph Kardinal Dr. Wendel, München, Maxburgstr. 2. *Eingangsstempel:* Erzbistum München. Erzb[ischof] 15. Okt[ober] 1957. 21 Nr. 1627. *Vermerk:* Mi: Min[ister]Präs[ident] Seidel.

Hochwürdigste Eminenz!

Auch Ew. Eminenz haben sicher gelesen, daß jetzt bald der Wissenschaftsrat[1] zusammengesetzt wird. Ich habe nun die große Sorge, daß wenig Katholiken in diesen Rat hereinkommen. Auch Bayern kann einen Vorschlag machen. Wäre es Ew. Eminenz möglich, vielleicht durch den Herrn Geheimsekretär an Herrn Dr. Seidel[2] heranzutreten? Er wird maßgeblich an den Vorschlägen beteiligt sein oder sich wenigstens einschalten können. Es wäre doch sehr schade, wenn nicht wenigstens von Bayern ein katholischer Wissenschaftler von Rang benannt würde. Entschuldigen Ew. Eminenz die Behelligung mit dieser Angelegenheit, aber sie schien mir doch sehr wichtig zu sein.

Mit ehrerbietiger Begrüßung

Ew. Eminenz ergebenster
Böhler
(Prälat Böhler).

1 *Der Deutsche Wissenschaftsrat mit Sitz in Köln wurde am 5. September 1957 durch Verwaltungsabkommen zwischen Bund und Ländern als zentrales Planungsinstrument zur Förderung der Wissenschaften gegründet.*

2 Hanns Seidel *(1901–1961), Rechtsanwalt und Politiker (CSU), 1947–1954 bayerischer Wirtschaftsminister, 1957–1960 Ministerpräsident, 1955–1961 Vorsitzender der CSU.*

160

Bericht Forsters

München, 18. Oktober 1957

EA MÜNCHEN, Joseph Kardinal Wendel, 22/1957. *Schreibmaschinenschrift. Überschrift:* Arbeitsbericht der Katholischen Akademie in Bayern. *Vermerk:* Freising 1957.

Am 1. Februar dieses Jahres wurde in der großen Aula der Universität München die Katholische Akademie in Bayern feierlich eröffnet. Rückblickend auf die vergangenen Monate darf berichtet werden, daß der im Statut vorgesehene organisatorische Aufbau langsam, aber zielstrebig vorangetrieben und die eigentliche Arbeit der Akademie mit einigen, in der Öffentlichkeit gut aufgenommenen Veranstaltungen begonnen wurde. Nachfolgend soll ein kurzer Überblick über die bisherige Arbeit und – wenigstens umrißhaft – ein Ausblick auf die nächsten Pläne vermittelt werden:

I) Organisatorischer Aufbau:
Die Katholische Akademie in Bayern wurde am 1. Februar eröffnet ohne vorherige Konstituierung der im Statut vorgesehenen Gremien. Der Eröffnung ging eine Pressekonferenz voraus, in der neben dem Direktor einige Persönlichkeiten aus den zukünftigen Gremien über den Aufbau und die Aufgabe der Akademie Auskunft gaben. Das Echo der Presse zur neuen Gründung war außergewöhnlich weitreichend (bis in die norddeutschen Tageszeitungen) und im ganzen sehr wohlwollend. Kritische Anmerkungen oder Überlegungen waren lediglich in der Süddeutschen Zeitung gegeben, die aber bei den folgenden Veranstaltungen auf eine erstaunlich positive Berichterstattung überging.
In den Wochen und Monaten nach der Eröffnung mußten die Vorbereitungsarbeiten für die Konstituierung der Gremien geleistet werden. Als erstes Gremium konstituierte sich der wissenschaftliche Rat der Akademie. In mehreren Besprechungen mit einem kleinen Professorenkreis wurden in Anwesenheit S[eine]r Eminenz, des Hochwürdigsten Herrn Kardinals, die Richtlinien des Statuts dahingehend modifiziert, daß für den Bereich der wissenschaftlichen Arbeit in der Akademie zwei Gremien gebildet wurden: Der Hochschulkreis, dem alle katholischen habilitierten Hochschullehrer Bayerns angehören, die ihre Bereitschaft zur Mitarbeit an den Aufgaben der Akademie bekunden, und der Wissenschaftliche Rat, der aus zwölf Mitgliedern besteht und auf die Dauer von fünf Jahren das eigentliche Arbeits- und Beschlußgremium für die wissenschaftliche Zielsetzung bildet. Auf die erste Einladung hin haben 138 Hochschullehrer aus Bayern ihren Beitritt zum Hochschulkreis erklärt. Am 12. Juli dieses Jahres trat der Hochschulkreis erstmals zusammen und schlug für die Berufung in den wissenschaftlichen Rat folgende Mitglieder vor:
Universität München: Prof. Dr. Theodor Maunz, Prälat Professor Dr. Michael Schmaus, Prof. Dr. Max Spindler[1], Prof. Dr. Melchior Westhues[2]

[1] MAX SPINDLER *(1894–1986), Dr. phil., 1945 o. Professor für Bayerische Landesgeschichte in München.*
[2] MELCHIOR WESTHUES *(1896–1971), Dr. rer. nat., 1931 o. Professor für Veterinärmedizin in München.*

Universität Würzburg: Prof. Dr. Wilhelm Arnold[3] und Prof. Dr. Heinz Fleckenstein[4]
Universität Erlangen: Prof. Dr. Heinrich Kuen[5] und Prof. Dr. Wilhelm Lettenbauer[6]
Technische Hochschule München: Prof. Dr. Friedrich Asselmeyer[7]
Phil[osophisch-]Theol[ogische] Hochschulen: Msgr. Prof. Dr. Ludwig Faulhaber, Bamberg[8] und Prof. Dr. Jakob Hommes, Regensburg[9]
Ordenshochschulen: Prof. Dr. Joh[ann] B. Lotz S. J., Pullach[10].
Die mit der nächst höheren Stimmenzahl gewählten Mitglieder des Hochschulkreises wurden inzwischen als Vertreter bestellt:
Universität München: Prof. Dr. Helmut Kuhn[11], Prof. Dr. Liesel Beckmann[12], Prof. Dr. Bruno Huber[13]
Universität Würzburg: Prof. Dr. Karl Bosl[14] und Prof. Dr. Günther Küchenhoff[15]
Universität Erlangen: Prof. Dr. Josef Beck[16] und Prof. Dr. C[arl] Korth[17]
Technische Hochschule München: Prof. Dr. St[efan] Goldschmidt[18] und Prof. Dr. Robert Sauer[19]
Phil[osophisch-]Theol[ogische] Hochschulen: Prof. Dr. Fr[ei]h[er]r v[on] Pölnitz, Dillingen[20] und Prof. Dr. Josef Hanslmeier, Passau[21]
Ordenshochschulen: Prof. Dr. Bernhard Häring C.Ss.R., Gars[22].
Die Berufung der Mitglieder des Kuratoriums, des Allgemeinen Rates und des Bildungsauschußes ist im Augenblick im Gange. Nachdem die Zustimmung der hoch-

[3] WILHELM ARNOLD *(1911–1983), Dr. phil., 1953 o. Professor für Psychologie in Würzburg.*
[4] HEINZ FLECKENSTEIN *(1907–1995), Dr. theol., 1947 o. Professor für Pastoraltheologie und Homiletik in Würzburg.*
[5] HEINRICH KUEN *(1899–1989), Dr. phil., Romanist, 1938 o. Professor in Erlangen.*
[6] WILHELM LETTENBAUER *(1907–1984), Dr. phil., 1958 o. Professor für Slawistik in München, 1961 in Freiburg/Breisgau.*
[7] FRIEDRICH ASSELMEYER *(1911–2005), Dr. Ing., 1951 ao. Professor für Festkörperphysik in München.*
[8] LUDWIG FAULHABER *(1893–1963), Dr. phil., Dr. theol., o. Professor für Religionsphilosophie an der Philosophisch-Theologischen Hochschule in Bamberg.*
[9] JAKOB HOMMES *(1890–1966), Dr. phil., 1956 o. Professor für Philosophie an der Philosophisch-Theologischen Hochschule in Regensburg.*
[10] P. JOHANN B. LOTZ SJ *(1903–1992), Dr. phil., 1956 o. Professor für Philosophie am Berchmanskolleg in Pullach, 1952 zugleich an der Päpstlichen Universität Gregoriana.*
[11] HELMUT KUHN *(1899–1991), Dr. phil., 1950 o. Professor für griechische Philosophie in München.*
[12] LIESEL BECKMANN *(1914–1965), Dr. rer. pol., 1956 o. Professorin für Betriebswirtschaftslehre in München.*
[13] BRUNO HUBER *(1899–1969), Dr. phil., 1946 o. Professor für Forstwissenschaft in München.*
[14] KARL BOSL *(1908–1993), Dr. phil., 1953 o. Professor für Bayerische Landesgeschichte in Würzburg, 1960 in München.*
[15] GÜNTHER KÜCHENHOFF *(1907–1983), Dr. iur., 1956 o. Professor für Öffentliches Recht in Würzburg.*
[16] JOSEF BECK *(1901–1966), Dr. med., 1948 o. Professor für HNO-Heilkunde in Erlangen.*
[17] CARL KORTH *(geb. 1903), Dr. med., 1950 o. Professor für Innere Medizin in Erlangen.*
[18] STEFAN GOLDSCHMIDT *(1889–1971), 1929 o. Professor für Chemie in München.*
[19] ROBERT SAUER *(1898–1970), Dr. techn., 1948 o. Professor für Angewandte Mathematik in München.*
[20] GÖTZ FREIHERR VON PÖLNITZ *(1906–1967), 1954 o. Professor für Mittlere und Neuere Geschichte an der Philosophisch-Theologischen Hochschule in Dillingen, 1961 in Erlangen.*
[21] JOSEPH HANSLMEIER *(1914–1977), Dr. phil., 1960–1977 o. Professor für Geschichte der Philosophie an der Philosophisch-Theologischen Hochschule in Passau, 1964–1966 Rektor.*
[22] P. BERNHARD HÄRING CSsR *(1912–1998), Dr. theol., 1947 Professor für Systematische Theologie an der Ordenshochschule in Gars.*

würdigsten Exzellenzen zur vorgeschlagenen Liste eingegangen ist, wurden die darauf verzeichneten Persönlichkeiten auf ihre Zustimmung angefragt.
Besonderes Augenmerk wurde in den Sommermonaten auf den Kontakt mit anderen Bildungseinrichtungen und mit der Bildungsarbeit der katholischen Verbände gerichtet. Es wäre auf diesem Raume unmöglich, die Kontakte aufzuzählen, die aufgenommen wurden. Es ist erfreulich, daß nirgends eine Reserve, sondern überall freudige Bereitschaft zu spüren war. Vor allem die kleineren Bildungseinrichtungen versprechen sich aus der Zusammenarbeit im Bildungsausschuß Anregung und Hilfe für ihr Wirken.

II) Veranstaltungen:
Da die eigentliche Arbeit der Akademie nicht bis zur Konstituierung der beschlußfassenden Gremien ausgesetzt werden konnte, mußte in der Zwischenzeit wenigstens ein bescheidenes Arbeitsprogramm vom Direktor vorbereitet und durchgeführt werden. Der feierlichen Eröffnung mit dem Festvortrag von Prof. Dr. Romano Guardini[23] »Kultur als Werk und als Gefahr« schlossen sich zwei weitere große öffentliche Vorträge an: Prof. Gabriel Marcel, Paris[24] »Der Glaube als geistige Dimension« und Prof. Dr. Franz Schnabel, München »Das Menschenbild des 19. Jahrhunderts«. Zu allen Vorträgen war die Aula der Universität überfüllt.
Die Tagungsarbeit wurde mit einer sorgfältig vorbereiteten Ärztetagung vom 5. bis 7. April in Eichstätt aufgenommen. Der Eröffnungsvortrag von Prof. Dr. Franz Büchner, Freiburg, fand vor einem weiten Ärztekreis im Hörsaal der Universitäts-Frauenklinik in München statt. 64 Ärzte haben an der Tagung in Eichstätt teilgenommen, die unter dem Thema stand: »Vertraut der moderne Mensch dem modernen Arzt?« Eine besondere Rolle spielte dabei das Problem der Psychogenie, das sowohl von der medizinischen wie der philosophischen Seite her gründlich beleuchtet wurde. Die Ärzte waren für diese Form des Gedankenaustausches besonders dankbar. Es nahmen auch mehrere Ärzte teil, die nicht in einer Lukasgilde organisiert sind.
Am 24./25. Mai wurde auf einer Tagung mit Industriellen und Gewerkschaftlern im Newman-Haus in München »Ist Arbeitsruhe schon Sonntagsfeier?« das Problem der gleitenden Arbeitswoche aufgegriffen. An der Tagung nahmen auch sehr namhafte Vertreter der rheinischen Stahlindustrie teil. Die Teilnehmerzahl betrug 57. Auch der bayerische Wirtschaftsminister[25], der Staatssekretär im bayerischen Arbeitsministerium[26], der

23 Romano Guardini *(1885–1968), Dr. theol., 1947 Professor für Christliche Weltanschauung in Tübingen, 1950 in München.*

24 Gabriel Marcel *(1889–1973), Philosoph und Dramatiker, 1939/40 Professor in Paris, 1941 in Montpellier.*

25 Otto Bezold *(1899–1984), Jurist und Politiker (FDP), Senatspräsident am Oberlandesgericht, 1946–1966 und 1970–1974 Mitglied des bayerischen Landtags, 1954–1957 Minister für Wirtschaft und Verkehr, 1957–1959 Innenminister.*

26 Karl Weishäupl *(1916–1989), Betriebsleiter und Politiker (SPD), 1950–1974 Mitglied des bayerischen Landtags, 1954–1957 Staatssekretär im Arbeitsministerium, 1963 Vorsitzender des VdK Bayern, 1974–1989 des VdK Deutschland.*

2. Bundesvorsitzende des DGB[27] und ein Vertreter des Arbeitsministers von Nordrhein-Westfalen hatten sich eingefunden. Erstmals wurden in Bayern die konkreten Schwierigkeiten der Schichtpläne vor allem in den SM-Werken eingehend besprochen. Die Denkschrift der Arbeitsstelle für Betriebsseelsorge in Hattingen/Ruhr[28] erwies sich leider als unzureichende Grundlage für ein ernstes Gespräch mit den Arbeitgebern. Trotzdem wurde das Gespräch kirchlicher Stellen mit dem Arbeitgeberverband auf unserer Tagung wieder in Gang gebracht. Das Anliegen des christlichen Sonntags trat klar hervor und scheint die maßgehenden Vertreter der Arbeitgeberseite stark beeindruckt zu haben. Selbst bei kontinuierlicher Arbeitsweise wollten sie einen starken Akzent auf die freien Sonntage legen und alle technischen Möglichkeiten prüfen, die bald zu einer totalen Überwindung der kontinuierlichen Arbeitsweise führen können.
Im Juli konstituierte sich in München der Hochschulkreis der Akademie (vgl. I).
Vom 20. bis 22. September veranstaltete die Akademie in Eichstätt eine Tagung mit dem Thema »Moderne Probleme der Schule«, die sich insbesondere mit dem Thema der Fünftagewoche im Unterricht und der Tagesheimschule befaßte. 124 Teilnehmer, vornehmlich Lehrer höherer Lehranstalten, aber auch Elternvertreter, behandelten die beiden Probleme in sehr eingehenden Gesprächen. Das Bayerische Staatsministerium für Unterricht und Kultus hatte die Lehrkräfte aus zwei Regierungsbezirken zur Teilnahme an der Tagung beurlaubt. Unter den Tagungsteilnehmern waren allein 48 Anstaltsleiter höherer Lehranstalten aus ganz Bayern. Die Teilnehmerzahl war für eine fruchtbare Diskussion fast zu groß. Als Ergebnis der Tagung darf festgehalten werden, daß nach der Ansicht der Teilnehmer die Fünftagewoche im Unterricht [*sich*] wohl auf die Dauer nicht vermeiden läßt. Sie muß jedoch von einer Reform der Wissensordnung in den Höheren Schulen begleitet werden. Der Wissensenzyklopädismus, ein Kind der Aufklärung, muß zugunsten einer vertieften Bildung überwunden werden. Die Akademie wurde aufgefordert, diesem Problem ihr besonderes Augenmerk zu schenken. Die staatliche Tagesheimschule stieß auf allgemeine Ablehnung, da sie einen zu starken Eingriff in die Erziehungsaufgabe der Familie darstellt. Echte Notstände bei Kindern sozial gefährdeter Familien sollten besser durch private Tagesheime behoben werden, die deutlich einen Familienersatz darstellen und durch ihre klare Scheidung vom eigentlich Schulischen keinen Zwang auf jene Kinder ausüben, die auch zuhause zureichende Erziehung finden.
Am 4./5. Oktober tagte die Akademie in Nürnberg, erstmals in der Form einer Podiumsdiskussion mit dem Thema: »Freizeit als Aufgabe«. Es waren 62 Teilnehmer, vornehmlich aus Industrie und Gewerkschaft, erschienen. Die Podiumsdiskussion berücksichtigte aber auch die Aspekte der Hausfrau, der Jugendpflege und des Sportes. In der Zusammenschau der verschiedenen Gesichtspunkte darf dieses Gespräch als besonders gelungen bezeichnet werden. Deutlich trat die Forderung hervor, den Sonntag als Tag des Kultes und der Besinnung aus der sonstigen Freizeit herauszu-

[27] GEORG REUTER *(1902–1969), Gewerkschafter, 1946 Generalsekretär der bayerischen Gewerkschaften, 1949–1952 Stellvertretender Vorsitzender des DGB.*
[28] *Vgl. Dok. 165, Anm. 1.*

heben. Auch sonst erreichte das Gespräch um die praktischen Verhältnisse und Möglichkeiten immer wieder die Höhe einer Theologie der Arbeit und Muße.
Alle bisherigen Tagungen haben ein außerordentlich reges Echo in der Presse, auch in den Kulturteilen der Tagespresse, gefunden. Von jeder Tagung brachte der Bayerische Rundfunk nicht nur eine nachrichtliche Mitteilung, sondern eine Reportage im Zeitfunk oder Kulturfunk, die in die besprochenen Probleme einführte. Die Zahl der Tagungen war zunächst klein, um der Quantität nicht die Qualität der Vorbereitung zu opfern. Im Winterhalbjahr sollen jedoch in der Regel zwei Tagungen im Monat stattfinden.

III) Weitere Pläne
1) Veranstaltungen:
Folgende Veranstaltungen sind für die Wintermonate sicher geplant:
24.–26. Oktober geschlossene Arbeitstagung des Hochschulkreises »Philosophische und weltanschauliche Folgerungen aus dem naturwissenschaftlichen Weltbild der Gegenwart«
29. Nov[ember] bis 1. Dezember in Grünwald »Wo steht die Kunst heute?«
13.–15. Dezember in München »Kulturmeditation«
17.–19. Januar »Staat und Gewissen«, Tagung für Juristen, Volkswirte und Politiker in Eichstätt
7.–9. Februar »Die Krise des Mannes in der modernen Gesellschaft«
14.–16. März »Der kranke Mensch«. Tagung für Ärzte, Psychologen und Seelsorger.
Daneben war für Mitte November eine Tagung über Christentum und demokratischen Sozialismus vorgesehen. Infolge der besonderen Entwicklung in Bayern[29] konnten in den letzten Wochen keine vorbereitenden Gespräche geführt werden. Wir werden also die Tagung wohl verschieben müssen. Im Februar soll zusätzlich zum obigen Programm noch eine Tagung über die Merkmale christlicher Politik stattfinden.
2) Schriftenreihe:
Unter dem Titel »Studien und Berichte der Katholischen Akademie in Bayern« ist eine Schriftenreihe vorgesehen, in der die wichtigsten Vorträge und Ergebnisse der Tagungen unserer Akademie festgehalten werden. Heft 1 und 2 befinden sich im Druck. Das erste Heft enthält die öffentlichen Vorträge von Romano Guardini und Gabriel Marcel, das zweite Heft die beiden Vorträge von Dr. Paul Matussek[30] und Prof. Dr. Joh[ann] B. Lotz S. J. bei der Ärztetagung in Eichstätt. Das dritte Heft ist in Vorbereitung und soll dem Thema der Freizeit gewidmet sein.
3) Koordinierung der Bildungsarbeit:
Die Arbeit zur fruchtbaren gegenseitigen Hilfe der bestehenden kirchlichen Bildungseinrichtungen kann erst nach Konstituierung des Bildungsausschusses anlaufen. Sie wird während der Wintermonate besonders ins Auge gefaßt werden.

29 *Die seit Dezember 1954 im Amt befindliche Regierung aus SPD, FDP, BP und GB/BHE war durch den Wahlsieg der CSU bei den Bundestagswahlen vom 15. September 1957, die 57,2% aller Zweitstimmen in Bayern auf sich vereinigte, in eine Krise geraten, die nach dem Ausscheiden der Bayernpartei aus dem Kabinett zum Ende der Regierung Hoegner II am 16. Oktober 1957 führte. Vgl.* F. BAER, *S. 196–199.*

30 PAUL MATUSSEK *(1919–2003), Dr. med. et phil., 1952 Universitätsdozent für Psychiatrie in München.*

4) Arbeitskreis zur Reform der Studienpläne an den höheren Lehranstalten:
Mehrere hervorragende Fachkräfte haben sich bereiterklärt, während der Wintermonate wöchentlich einmal über die Studienreform an den höheren Lehranstalten zu beraten und einen entsprechenden Plan auszuarbeiten. Diese Arbeit wird sich in engem Kontakt mit dem Bayerischen Philologenverband vollziehen. Der ausgearbeitete Plan soll im nächsten Frühjahr auf einer Tagung der Akademie weiteren Kreisen vorgelegt werden.
5) Haus der Akademie:
So vorteilhaft sich für den Anfang das Wandern der Akademie ausgewirkt hat, um allerorts Interesse zu wecken, so sehr muß doch bald zum echten geistigen Aufbruch auch die Atmosphäre eines festen Hauses kommen. Angesichts des großen Echos, das unsere Bestrebungen in allen Kreisen des öffentlichen Lebens finden und der publizistischen Wirksamkeit, die sich in der Akademie für echte Kernprobleme des katholischen Lebens erzielen läßt, sollte der Notwendigkeit einer festen Heimat bald Rechnung getragen werden. Es wird sich dann mit der Lebendigkeit des Interesses eine gewisse Stetigkeit der Arbeit, vor allem eine erweiterte Unterbauung der Tagungsthemen durch ständige Arbeitskreise verbinden lassen. Zudem dürfte es dann sicher möglich sein, das allseits gegebene Interesse zu einer echten Einflußnahme auf das geistige Gesicht unserer bayerischen Heimat auszubauen. Das Haus der Akademie sollte die Stätte sein, an der »man« an den katholischen Glauben und das katholische Leben Fragen stellt und eine grundkatholische Antwort erhält.

Dr. Karl Forster.

161

Protokoll der Freisinger Bischofskonferenz

Freising, 23.–24. Oktober 1957

EA München, Joseph Kardinal Wendel, 22/1957. *Druckstück mit Überschrift:* Protokoll der Konferenz der bayerischen Bischöfe in Freising am 23. und 24. Oktober 1957. *Fertigungsdatum*: 24. Oktober 1957.

Anwesend:
Joseph Kardinal Wendel, Erzbischof von München und Freising,
Erzbischof Dr. Michael Buchberger, Bischof von Regensburg,
Dr. Simon Konrad Landersdorfer, Bischof von Passau,
Dr. Joseph Schröffer, Bischof von Eichstätt,
Dr. Joseph Freundorfer, Bischof von Augsburg,
Dr. Isidor Markus Emanuel, Bischof von Speyer,
Dr. Josef Stangl, Bischof von Würzburg,
Dr. Michael Artur Landgraf[1], Weihbischof von Bamberg.

[1] Artur Michael Landgraf *(1895–1958), Dr. phil., Dr. theol., 1924 Professor für Dogmatik an der Philosophisch-Theologischen Hochschule in Bamberg, 1929/30 und 1937–1939 an der Katholischen Universität in Washington D. C., 1943 Weihbischof in Bamberg.*

Am 23. Oktober 1957 um 8 Uhr eröffnet Seine Eminenz die Bischofskonferenz mit einer Pontifikalmesse und dem »Veni Creator« in der Hauskapelle des Priesterseminars in Freising.
Um 9:15 Uhr begrüßt der Vorsitzende die erschienenen Herren und gibt seinem großen Bedauern über den Autounfall des H[ochwürdigsten] H[errn] Erzbischofs Dr. Josef Schneider von Bamberg Ausdruck. Die Konferenz übersendet in einem Telegramm herzliche Genesungswünsche. Seine Eminenz heißt den neuen Bischof von Würzburg Dr. Josef Stangl, der erstmals an der Freisinger Bischofskonferenz teilnimmt, willkommen und beauftragt ihn mit der Führung des Protokolls. Ebenso wird der in Vertretung des H[ochwürdigsten] H[errn] Erzbischofs von Bamberg erschienene Weihbischof Dr. Landgraf freudig aufgenommen.
Zunächst gibt seine Eminenz einen Überblick über die letzte politische Entwicklung in Bayern unter dem Gesichtspunkt ihrer kirchenpolitischen Auswirkungen und behandelt dabei die Aussichten für eine christliche Kulturpolitik. Eine Begegnung und Einigung der christlichen Kräfte erscheint wünschenswert.

Lehrerbildungsfrage
Der bayerische Episkopat ist der Auffassung, daß ein Gesetz für die konfessionelle Lehrerbildung, das den Anforderungen des Bayerischen Konkordates gerecht wird, noch in dieser Legislaturperiode verabschiedet werden solle. Würde auf Grund der Verfassung, die Bekenntnis- und Gemeinschaftsschule vorsieht, neben den konfessionellen Anstalten die Errichtung einer Simultanakademie angestrebt werden, so wäre dieser vor allem hinsichtlich des Ortes der Errichtung größte Aufmerksamkeit zu widmen, damit dem Besuch der bekenntnismäßig ausgerichteten Anstalten in keiner Weise Abtrag geschieht. Die Hörer dieser Simultanakademie könnten dem Konkordat entsprechend an Bekenntnisschulen nicht angestellt werden.

Entwurf eines Privatschulgesetzes
Der Entwurf dieses Gesetzes enthält leider verschiedene ernste Mängel und Unzulänglichkeiten, die neben einzelnen Verbesserungen auch beachtliche Verschlechterungen bringen. Im Interesse einer einheitlichen Ausrichtung mögen die Schulreferenten nicht gesondert Vorstellungen erheben. Das Schulkommissariat wird beauftragt, im Einvernehmen mit den Schulreferenten die Verhandlungen zu führen, um jede Schwächung unserer Position zu vermeiden.

Anstellung Dr. Fackler[2]
Herr Dr. Fackler war als juristischer Sachbearbeiter im Schulkommissariat in München zunächst für zwei Jahre angestellt. Nach nochmaliger Überprüfung einer gesicherten Vollbeschäftigung wird eine dauernde Übernahme gutgeheißen. Die Anstellung erfolgt zwar durch die Erzdiözese München, doch wird die Besoldung durch überdiözesane

2 RICHARD FACKLER *(1927–2004), Dr. iur., persönlicher Berater des Schulreferenten im Erzbischöflichen Ordinariat München, Mitbegründer und seit 1983 erster Direktor des Katholischen Schulwerks in Bayern, Berater von Klöstern und Elternorganisationen, zuletzt Oberrechtsdirektor.*

Mittel getragen. In dem zu erstellenden Dienstvertrag bringt Herr Dr. Fackler seine Bereitschaft zum Ausdruck, falls er im Schulkommissariat nicht mehr voll beschäftigt werden könnte, auch anderweitig juristische Arbeiten zu übernehmen.

Religionsbüchlein für die Grundschule

Der eingeschlagene Weg, der sich aus der Weiterentwicklung des 1956 vorgelegten Gesamtentwurfes ergibt, wird gutgeheißen. Bei der Wiedergabe biblischer Texte erscheint bei aller Wahrung der pädagogischen Anforderungen, die das Kindesalter stellt, eine mögliche Anlehnung an den Bibeltext, vor allem beim Zitat von Herrenworten, geboten.

Gegen die Erstellung eines einheitlichen Religionsbüchleins für die Grundschule auf Bundesebene erheben sich mancherlei Schwierigkeiten. Man denke nur an die durch den verschiedenen Beginn des Schuljahres und die verschiedene Festlegung des Alters der Erstkommunion in den einzelnen Ländern sich ergebende Differenzierung. Die bayerischen Bischöfe wünschen dringlich, daß der ganze Fragenkomplex dem Deutschen Katechetenverein übertragen werde. Eine weitgehende Einheitlichkeit des Büchleins wird bei Beachtung der eben angeführten Gesichtspunkte grundsätzlich bejaht.

Religionsbuch für Berufsschulen

Anlage, Art und Form der Darstellung werden gutgeheißen. Doch erheben sich sowohl inhaltlich wie bei der Formulierung beachtliche Bedenken. Der H[ochwürdigste] H[err] Bischof von Eichstätt wird in einer eigenen Besprechung mit der Arbeitskommission, die diese Entwürfe vorgelegt hat, die fraglichen Punkte erörtern. Der Münchener Arbeitskreis, der der Bischofskonferenz Sonderentwürfe vorgelegt hat, wird auf eine Zusammenarbeit mit dem beauftragten Gremium verwiesen. – Nach Fertigstellung des Lehrbuches möge dieses von den Eichstätter Fachleuten, die den letzten Entwurf des EK[3] bearbeitet haben, auf seine theologische Korrektheit überprüft werden. Auch den Religionslehrern in den einzelnen Diözesen, die vor Jahren als Sachbearbeiter bestimmt wurden, soll dieser Entwurf zur Einsichtnahme und Begutachtung vorgelegt werden. – Was die Kostenfrage anlangt, so werden alle anfallenden Ausgaben übernommen. Eine spätere finanzielle Beteiligung der Verfasser nach Erscheinen des Buches kommt nicht in Frage. Das Religionsbuch wird von den Verfassern bearbeitet, aber von den Bischöfen herausgegeben.

Aufbauzüge (Sonderklassen)

Die Bischöfe verfolgen mit Besorgnis Bestrebungen, in den oberen Klassen der Volksschule an zentralen Orten »Aufbauzüge« einzurichten, die zur »Mittleren Reife« führen (7.–10. Schuljahr), also eine gewisse Parallele zur Mittelschule darstellen. Diese Aufbauzüge gehören zwar zum Organismus der Volksschule, wären dementsprechend normalerweise nach dem Bekenntnisprinzip auszurichten, doch ist über den bekenntnismäßigen Charakter nichts festgelegt. Die Zahl der Religionsstunden

3 *Abkürzung für* Einheitskatechismus?

(an sich für 7. Klasse deren 4!) wird auf 2 oder 3 reduziert. Ohne Zweifel werden auch unsere klösterlichen Mittelschulen beeinträchtigt.
In den einzelnen Diözesen mögen durch eine Sonderanweisung die H[ochwürdigen] H[erren] Dekane unterrichtet werden, um festzustellen, an welchen Orten und mit welcher Beteiligung solche Aufbauzüge eingerichtet wurden oder neu geplant werden. Ebenso ist festzustellen, ob der Bekenntnischarakter gewahrt wurde und wieviele Stunden Religionsunterricht erteilt werden. Die H[ochwürdigen] H[erren] Dekane mögen umgehend an ihre Ordinariate berichten. Die einzelnen Diözesen mögen bis zum 30. November den Gesamtbericht erstellen.

Kleine Schulhausbauten – eine Gefahr
In Stadtrandgebieten zu klein erstellte Schulhäuser mit zu kleinen Schulbezirken erschweren den Ausbau von zwei vollen Klassenzügen (kath[olisch] und evang[elisch]) der Bekenntnisschule. Da die Eltern eine vollausgebaute Schule wünschen, besteht die Gefahr, daß auf diesem Wege (Tendenz?) eine Nötigung zur Einführung von Klassen der Gemeinschaftsschule vorgenommen wird. Bei Schulhausneubauten ist demnach erhöhte Wachsamkeit geboten.

Fünf-Tage-Woche in Seminarien
Der Episkopat verfolgt mit wachem Interesse alle Bestrebungen zur Einführung der Fünf-Tage-Woche. Positive Möglichkeiten, etwa eine Entlastung des »Tages des Herrn« von Sport und anderen Veranstaltungen oder eine Vertiefung des Familienlebens und dergleichen werden durchaus anerkannt; freilich lassen sich viele Gefahrenmomente nicht übersehen, die sich etwa aus dem Verfall der Familiengemeinschaft, der wachsenden Vergnügungssucht, dem Unvermögen einer vernünftigen Freizeitgestaltung und dergleichen ergeben.
Die Bischöfe erkennen deutlich die großen Aufgaben, die mit einer Einführung der Fünf-Tage-Woche auch der Kirche erwachsen.
Die Verwirklichung der Fünf-Tage-Woche im schulischen Sektor würde auch den kirchlichen Seminarien weittragende Probleme aufbürden, da die beiden Tage eine entsprechende Gestaltung erfordern. Eine noch stärkere religiöse Ausprägung des Sonntags müßte eine Frucht sein. Eine Beurlaubung der Schüler zur Heimfahrt wird aus religiösen, erzieherischen und schulischen Gründen einmütig abgelehnt.
Die Bischöfe sehen gerade vom Blickfeld der Schule her sehr ernste Gefahren, die sich für Bildung und Erziehung ergeben, auch für eine weitere Aushöhlung der Familie. Diese Überlegungen sollen in geeigneter Weise bei staatlichen Stellen zur Kenntnis und Wirkung gebracht werden. Auch die Eltern sind in entsprechender Weise aufzuklären, damit sie nicht einer falschen Propaganda zum Opfer fallen und einer Kollektivierung Vorschub leisten, etwa durch Abschieben der Kinder in staatliche Tagesheimschulen, die den Eltern ohne triftige Gründe die Verantwortung für ihre Kinder abnehmen sollen. Alle Lösungen müssen das Subsidiaritätsprinzip beachten und dürfen dem Totalitätsanspruch des Staates nicht Vorschub leisten. Priester und Erzieher jeglicher Art mögen sich eingehend mit dem ganzen Fragenkomplex

befassen, um die Eltern und das Volk auf mögliche Entwicklungen rechtzeitig vorzubereiten.

Erhöhung der Kopfquote
Nach eingehender interner Besprechung mit Fachleuten soll dem Staat ein gutbegründeter Antrag auf Erhöhung der Kopfquote auf wenigstens 2,50 DM übergeben werden.

Zuschüsse für Wohnheime von Lehrerstudenten aus überdiözesanen Mitteln
Die Diözese Regensburg erbittet zur Errichtung eines Wohnheimes für Lehrerstudenten für zwei Jahre monatliche Zuschüsse. Die Diözesen, die mit Lehrerakademien rechnen, schließen sich dem Antrag für ihre Diözesen an. Im Interesse der Gesamtplanung soll versucht werden, vom Staat die Namen der Städte zu erfahren, an denen Lehrerakademien errichtet werden. Die Möglichkeit überdiözesaner Mithilfe wird bejaht, doch bedürfen alle Einzelheiten erst einer gründlichen Überprüfung.

Einheitliche Fastenordnung
Eine einheitliche Fastenordnung für die deutschen Diözesen stellt ein dringliches Anliegen dar. Eine entsprechende Fühlungnahme mit dem Vorsitzenden der Fuldaer Bischofskonferenz soll das Anliegen verwirklichen.

Schulsonntag
Der bisher am 4. Adventsonntag veranstaltete Schulsonntag wird auf das Frühjahr verlegt. Der genaue Termin wird von den einzelnen Diözesen rechtzeitig vor den Schuleinschreibungen festgelegt.

Hirtenwort über die Mischehe
Der vorgelegte Entwurf war zum Vorlesen an zwei Sonntagen berechnet. Die Konferenz ist der Auffassung, daß das Thema wirksamer an einem Sonntag in sich geschlossen behandelt werden sollte. Der Vorsitzende der Konferenz wird die vorgetragenen Wünsche und Anliegen zusammenfassen und an die in Fulda beauftragte Kommission weitergeben, damit sie dem westdeutschen Bischofskonveniat rechtzeitig vorliegen.

Die Gestaltung der Trauung bei Mischehen
Eine einheitliche Gestaltung der Trauung bei Mischehen im bayerischen Raum erscheint sehr wünschenswert. Doch bedürfen einzelne Fragepunkte erst einer weiteren Klärung und Beratung auf Diözesanebene. Deswegen werden gemeinsame Richtlinien bis zu einer kommenden Konferenz zurückgestellt.
Es wird angeregt, über Trauungen am Samstag Erhebungen anzustellen, um eine gemeinsame Linie auf einer kommenden Konferenz zu sichern.

Konzerte in Kirchen
Bei aller Verpflichtung zur Kirchenmusik sind ausgesprochene Konzerte in Kirchen zu vermeiden, die den Kirchenraum zu einem Konzertsaal entwerten. Es wird die

Form einer »kirchenmusikalischen Andacht« empfohlen, bei der zu Beginn und zum Abschluß ein Gebet oder eine kurze Andacht stehen. Das Programm ist rechtzeitig der bischöflichen Behörde zur Genehmigung vorzulegen. Eintrittsgelder sind nicht zu erheben, doch wird gegen den Verkauf von Programmen und Texten außerhalb der Kirche keine Erinnerung erhoben.

Missio Canonica für Kindergärtnerinnen
Eine Erteilung der Missio Canonica wird versuchsweise gutgeheißen. Die Missio wird für drei Jahre gegeben, bleibt jedoch auf die Tätigkeit beim Kleinkind im katholischen Kindergarten beschränkt. Vor der Verleihung ist der Nachweis der persönlichen Eignung und einer entsprechenden Ausbildung zu erbringen. Ebenso muß die notwendige Fortbildung gesichert sein.

Jurisdiktionsaustausch
Die mit der Auslandsseelsorge im deutschen Raum betrauten Priester werden allgemein zum Beichthören in den bayerischen Diözesen bevollmächtigt.

Wiederbestellung der Geistlichen im Bayerischen Senat
Die beiden bisherigen Senatoren Generalvikar Dr. Fuchs-Würzburg und Prälat Dr. Muhler-München[4] werden ersucht, die Vertretung der Kirche auch in der nächsten Wahlperiode zu übernehmen.

Landvolk- und Landjugendseelsorge
Als Sachbearbeiter für Fragen des Landvolkes und der Landjugend wird als Nachfolger für Bischof Dr. Julius Döpfner der neue Bischof von Würzburg bestellt.

Berufliche Weiterbildung der Angestellten im kirchlichen Dienst
Im Hinblick auf die Verantwortung, die wir den vorübergehend in kirchlichen Diensten stehenden Angestellten gegenüber tragen, soll überlegt werden, wie deren Ausbildung für eine spätere Lebensstellung ergänzt werden kann, soweit eine solche nicht abgeschlossen ist.

Pilgerzüge nach Lourdes
Die Teilnahme eines Bischofs an den einzelnen offiziellen Pilgerzügen im Jubiläumsjahr wäre wünschenswert. Die Hochwürdigsten Herrn erhalten daher ein Verzeichnis der vom Bayerischen Pilgerbüro geplanten Pilgerzüge mit der Bitte, ihre Wünsche dem Bayerischen Pilgerbüro mitteilen zu lassen.

Simplizissimus
Der Vorsitzende teilt mit, daß er im Namen und Auftrag der bayerischen Bischofskonferenz beim Staatsanwalt Antrag auf Klage gegen den Simplizissimus wegen

[4] EMIL MUHLER *(1892–1963), Dr. rer. pol., 1919 Priester (ED München), seit 1925 Stadtpfarrer von St. Andreas in München, in der nationalsozialistischen Zeit verschiedentlich in Haft und im Konzentrationslager Dachau. Vgl.* P. PFISTER.

seiner gotteslästerlichen Auslassungen und Darstellungen gestellt hat. Wie bekannt wird, wurde von evangelischer Seite der gleiche Antrag an das Justizministerium gestellt.

Staatlicher Baukanon
Der Antrag des Staates an die Kirche, in allen bayerischen Diözesen den staatlichen Baukanon abzulösen, soll eine einheitliche Bearbeitung der Frage in den Diözesen finden. Federführend ist die Erzdiözese München-Freising.

Kirchliches Meldewesen
Die Bedeutung des kirchlichen Meldewesens wird im Interesse der Seelsorge vor allem bei Zuzug in die Diaspora erneut unterstrichen.

Michaelsbund
Die vorgetragenen Anliegen werden in ihrer Dringlichkeit anerkannt, jedoch sind die Einzelheiten erst zu klären. Die Bischöfe fordern eine genaue Kalkulation. Die Kirchenstiftungen sollen nicht zu Leistungen für Vereine herangezogen werden. Deswegen werden Beiträge pro Kopf (etwa 5 oder 10 Pfennige) abgelehnt. Dagegen wird den Diözesen anheimgestellt, ob sie nicht – selbstverständlich unter der Voraussetzung vorheriger Fühlungnahme – für Neuerrichtungen von Bibliotheken einen einmaligen Zuschuß von 250 DM übernehmen könnten.
Bei Neubauten von Pfarrhäusern, Jugendheimen usw. empfiehlt sich der Einbau eines Büchereiraumes.
Der Pressesonntag soll einheitlich am 3. Sonntag im September begangen werden.

Benutzung kirchlicher Gebäude durch Artisten
Die Benutzung kirchlicher Gebäude (Kirchturm und dergleichen) durch Artistengruppen ist nach den gemachten Erfahrungen einheitlich abzulehnen (Beschädigungen, Haftungen ...).
Nach herzlichen Dankesworten Seiner Eminenz und des Bischofs von Regensburg wird die Konferenz am 24. Oktober um 19 Uhr mit Gebet geschlossen.

Der Protokollführer:
+ Josef
Bischof von Würzburg

Der Vorsitzende:
Jos[eph] Card[inal] Wendel
Erzbischof von München und Freising.

162

Schmitt und Even an Frings

Köln, 28. Oktober 1957

DA MÜNSTER, GV-NA, AO-767. *Schreibmaschinenausfertigung mit eigenhändigen Unterschriften:* Katholische Arbeiterbewegung. Verbandszentrale der katholischen Arbeiter- u[nd] Knappenvereine Westdeutschlands. *Anschrift:* An die Hochwürdigsten Herren Mitglieder der Fuldaer Bischofskonferenz z. Hd. des Vorsitzenden S[eine]r Eminenz Kardinal Joseph Frings, Erzbischof von Köln.

Der Hochwürdigsten Bischofskonferenz von Fulda gestatten sich die Unterzeichneten, nach Rücksprache mit den H[ochwürdigen] H[erren] Diözesanpräsides der Katholischen Arbeiter-Bewegung Westdeutschlands und in deren Auftrag, sowie im Auftrage des Katholischen Werkvolks Süddeutschlands Nachfolgendes ehrfurchtsvoll zu unterbreiten:

Das »Kolpingwerk« hat zum 20. November 1957 eine außerordentliche Generalversammlung einberufen, auf der eine im Text vorliegende Neufassung des »Generalstatuts« angenommen werden soll. (Mitteilungen für die Präsides des Kolpingwerkes, Nr. 5 September 1957). In diesem Entwurf heißt es unter § 1:

»Das Internationale Kolpingwerk ist die durch den Gesellenvater Adolf Kolping gegründete katholische Gemeinschaft, die vor allem im Dienst der berufstätigen handwerklichen Jugend über alle Landesgrenzen hinweg eine große, in tätiger Liebe verbundene Familie bildet«.

Wenn das »Kolpingwerk« die »berufstätige Jugend« in seine Reihen aufnehmen kann, dann gehören auch dazu die Arbeiter. Für die KAB, das Werkvolk und die CAJ als katholische Arbeitervereinigungen bleibt dann kein Raum mehr. In den Pfarreien würde über das heute schon bestehende Maß hinaus ein Konkurrenzkampf dieser katholischen Organisationen einsetzen, der einer dringend notwendigen Geschlossenheit der katholisch-sozialen Bewegung abträglich sein muß. KAB und Werkvolk gestatten sich die ergebene Bitte vorzutragen, dem »Kolpingwerk« nahezulegen, sich auf die »Handwerkerjugend« zu beschränken und die Arbeiterjugend der KAB und dem Werkvolk, bzw. der CAJ zuzuführen, wie die Richtlinien der Hochwürdigsten Fuldaer Bischofskonferenz vom 4. April 1955 bestimmen.

In § 32 des neuen »Generalstatuts« wird festgelegt:

»Für Jugendliche bis zu 17 Jahren können ›Jungkolping-Gruppen‹ gebildet werden. Die Mitglieder der ›Jungkolping-Gruppen‹ sind noch keine Mitglieder des Internationalen Kolpingwerkes«.

Diese Aufgabenstellung des »Kolpingwerkes« widerspricht u[nseres] E[rachtens] den Richtlinien, die der Hochwürdigste Herr Vorsitzende der Fuldaer Bischofskonferenz am 4. April 1955 Jr. Nr. 5511 1/55 u. a. der Verbandsleitung des Kolpingwerkes erteilt hat. Dort heißt es unter II:

»2. Für die Jungarbeiteraktion innerhalb der anderen Gruppen des Bundes der Deutschen Katholischen Jugend ist die CAJ die berufene Trägerin. Die Jungarbeiteraktion innerhalb des BDKJ dient zur Sammlung junger Arbeiter, um sie der CAJ zuzuführen.

3. Es ist grundsätzlich nicht Aufgabe der Kolpingsfamilie und anderer Gliederungen des BDKJ, die Jungarbeiter zu erfassen. Doch wird dadurch die Freiheit einzelner junger Arbeiter nicht angetastet, sich der Kolpingsfamilie oder anderen Gliederungen anzuschließen. Das gilt vor allem für solche Gemeinden, in denen keine CAJ besteht oder bestehen kann mit Rücksicht auf die nicht genügende Zahl junger Arbeiter und die geringe Größe der Gemeinde. – Weder die Kolpingsfamilie (katholische Gesellenvereine) noch andere Gliederungen des Bundes der Deutschen Katholischen Jugend werden Jungarbeiteraktionen ohne Einvernehmen mit der CAJ durchführen und mit besorgt sein, daß die CAJ als Jugendorganisation der KAB volle Entwicklungsmöglichkeiten hat«.

Jungkolping-Gruppen im Sinne des neuen »Generalstatuts« des »Kolpingwerkes« umfassen auch die Jungarbeiter; sie sind mithin eine »Jungarbeiteraktion« nach dem Wortlaut der Richtlinien vom 4. April 1955. Diese aber soll der CAJ vorbehalten bleiben. Keine Gliederungen des BDKJ – die Kolpingsfamilie gehört organisatorisch dazu – sollen nach den Richtlinien vom 5. April 1955 Jungarbeiteraktionen ohne Einvernehmen mit der CAJ durchführen. Die Jungkolping-Gruppen aber werden nicht im Einvernehmen mit der CAJ, weder organisatorisch noch nach der Seite der Bildungsarbeit, eingerichtet und durchgeführt.

Die Katholische Arbeiter-Bewegung Westdeutschlands und das Katholische Werkvolk Süddeutschlands bitten den Hochwürdigsten Deutschen Episkopat, die Leitung des Kolpingwerkes veranlassen zu wollen, die Richtlinien vom 4. April 1955 innezuhalten.

Bei dieser Gelegenheit gestatten wir uns, den Hochwürdigsten Deutschen Episkopat ehrfurchtsvoll zu bitten, der Katholischen Arbeiter-Bewegung eine Möglichkeit zu geben, umfassender und ergiebiger als bisher entweder mit der CAJ organisatorisch verbunden zu werden, oder das Mitgliedsalter für die KAB-Mitglieder herunterzusetzen. Die Erfahrung hat gezeigt, daß junge Arbeiter längst nicht in befriedigender Zahl Mitglieder der CAJ werden. Wenn sie nicht frühzeitig zur KAB kommen können, werden sie meist schon im jüngeren Alter von nichtkatholischen Organisationen aufgefangen. Es ist dann später sehr schwer, sie der KAB oder dem Werkvolk anzugliedern.

Den Hochwürdigsten Deutschen Episkopat bitten wir ehrfurchtsvoll annehmen zu wollen, daß die obige Darstellung unserer Sorge nicht aus egoistischen Gründen erfolgt, die KAB und das Werkvolk wachsen immer noch. Wir möchten dem Anliegen Ausdruck geben, die katholischen Organisationen möglichst der sozialen Schichtung unseres Volkes entsprechend zu ordnen. Dadurch würden Gegensätzlichkeiten ausgeschaltet und dem Hochwürdigsten Deutschen Episkopat die Möglichkeit geboten, diese Schichten für eine katholisch-soziale Aktion im öffentlichen Leben verpflichtend und mit der Aussicht auf Erfolg ansprechen zu können.

Dem Hochwürdigsten Deutschen Episkopat ehrfurchtsvoll ergebene

Dr. Schmitt
Verbandspräses

Johannes Even
Verbandssekretär.

163

Protokoll der westdeutschen Bischofskonferenz

Pützchen, 4.–6. November 1957

EA München, Joseph Kardinal Wendel, 21/1957. *Druckstück mit Überschrift:* Protokoll der Beratungen auf der Konferenz der westdeutschen Bischöfe in Pützchen vom 4. bis 6. November 1957. *Vermerk:* Vertraulich behandeln!

Anwesend waren die Hochwürdigsten Herren
1. Joseph Kardinal Frings, Erzbischof von Köln,
2. Lorenz, Erzbischof von Paderborn,
3. Eugen, Erzbischof von Freiburg,
4. Albert, Bischof von Mainz,
5. Michael, Bischof von Münster,
6. Julius, Bischof von Berlin,
7. Wilhelm, Bischof von Limburg,
8. Karl Joseph, Bischof von Rottenburg,
9. Matthias, Bischof von Trier,
10. Johannes, Bischof von Aachen,
11. Heinrich Maria, Bischof von Hildesheim,
12. Helmut Hermann, Bischof von Osnabrück,
13. Adolf Bolte, Weihbischof, Vertreter der Diözese Fulda.

Die Teilnehmer beschließen, die bisherige Bezeichnung »Konveniat« in »Konferenz« der westdeutschen Bischöfe abzuändern.

I. Bildung, Erziehung, Unterricht

a) Religionsbüchlein für die Grundschule:

Wenn auch der Erstellung eines einheitlichen Religionsbüchleins für das ganze Bundesgebiet mancherlei Schwierigkeiten entgegenstehen, sollte doch nach Ansicht der Konferenz eine weitgehende Einheitlichkeit des Büchleins erstrebt werden.

Es wird in Aussicht genommen, ein Fachgremium, in der Hauptsache aus bestimmten Mitgliedern des deutschen Katechetenvereins zu bilden, mit der Aufgabe, zunächst die verschiedenartigen Situationen in den einzelnen deutschen Ländern zu prüfen und dann sobald wie möglich konkrete Pläne für eine oder nötigenfalls für mehrere Ausgaben eines Religionsbüchleins zu entwickeln.

b) Ecker-Bibel:

Der Bischof von Trier gibt bekannt, daß die große und die kleine Ecker-Bibel bis Weihnachten 1957 im Buchhandel zu haben sind.

c) Familienkatechismus:

Die Konferenz nimmt davon Kenntnis, daß die Arbeiten am Familienkatechismus nach einer zeitweiligen Unterbrechung wieder aufgenommen worden sind.

Die den einzelnen Lehrstücken des Schulkatechismus anzufügenden Zusätze für die Verwendung des Katechismus in der Familie sollen den Bischöfen im Entwurf zur

Kenntnis- und Stellungnahme übersandt werden. Die Bischöfe werden gebeten, Anregungen und Vorschläge zu den übersandten Entwürfen an Hochw. Herrn Domkapitular Dr. Hubert Fischer in München 2, Maxburgstraße 2, einzusenden.
d) Bischöfliche Arbeitsstelle für Schule und Erziehung:
Die Konferenz beschließt, im Einverständnis mit Herrn Prälat Exzellenz Böhler, die verantwortliche Führung der Bischöflichen Arbeitsstelle für Schule und Erziehung Hochw. Herrn Studienrat Jos. Krisinger[1], Düsseldorf, zu übertragen.
e) Deutsches Institut für Wissenschaftliche Pädagogik:
Die Konferenz anerkennt die bisherigen Leistungen des Deutschen Instituts für Wissenschaftliche Pädagogik in Münster und erklärt ihr grundsätzliches Einverständnis mit der von dem Leiter des Instituts vorgeschlagenen Aufgabenstellung.

II. Seelsorge und Sozialfragen
a) Weltmission:
Die Konferenz begrüßt mit besonderer Dankbarkeit die Enzyklika »Fidei donum«[2] über die Lage der Missionen, vor allem in Afrika.
Die Ordinarien werden den in der Enzyklika aufgestellten Grundsätzen höchste Beachtung schenken und bestrebt sein, die darin enthaltenen Weisungen in ihren Diözesen durchzuführen.
b) Laienapostolat:
Im Anschluß an die Ansprache des Heiligen Vaters auf dem römischen Kongreß für Laienapostolat 1957[3] beschäftigt sich die Konferenz eingehend mit den diesbezüglichen Fragen und erörtert Maßnahmen zur weiteren wissenschaftlich-theologischen Durchdringung der Probleme und ihrer praktischen Verwirklichung.
c) Akademiker-Seelsorge:
Zur Intensivierung der Akademiker-Seelsorge werden die Hochwürdigsten Herren Ordinarien gebeten, einen Diözesanreferenten für diese Aufgabe zu ernennen. Derselbe möge zur Teilnahme an einer Arbeitstagung entsandt werden, die für den 8. Januar 1958 in der Zentrale des Akademikerverbandes zu Bonn stattfindet und sich mit der besonderen pastoralen Methodik dieser Standesseelsorge befassen wird.
d) Arbeiterseelsorge:
Die Fuldaer Bischofskommission für Soziale Fragen wird gebeten, Vorschläge für eine Intensivierung der Arbeiterseelsorge ausarbeiten zu lassen.
e) Blindenseelsorge:
Zu den Behandlungsgegenständen der nächsten Bischofskonferenz soll auch die Blindenseelsorge gehören. Die Teilnehmer werden gebeten, dem bereits vorliegenden Memorandum über die Blindenseelsorge von P. Svoboda[4] besondere Beachtung zu

[1] Josef Krisinger *(1912–1961), Dr., 1938 Priester (ED Köln), 1952–1958 Studienrat in Düsseldorf, 1958 Direktor der Bischöflichen Arbeitsstelle für Schule und Erziehung.*

[2] *Enzyklika »Fidei Donum« vom 21. April 1957.* AAS *49 (1957), S. 225–248.*

[3] *Ansprache an den 2. Weltlaienkongreß am 5. Oktober 1957.* AAS *49 (1957), S. 922–939; deutsche Übersetzung:* A. F. Utz/J. F. Groner, *S. 3569–3591.*

[4] P. Robert Svoboda OSCam *(1904–1970), Dr., seit 1929 im Referat Seelsorgehilfe des Deutschen Caritasverbands.*

schenken, weil es geeignet erscheint, eventuellen Beschlußfassungen als Grundlage zu dienen.

Insbesondere wird angeregt, schon jetzt in den einzelnen Diözesen die katholischen Blinden karteimäßig zu erfassen nach den folgenden Gesichtspunkten:

1. Art der Blindheit (Blindgeborene, frühkindlich und puberal Erblindete, Altersblinde, Kriegs- und Unfallerblindete, Taubblinde).
2. Schulische Ausbildung (Schulpflichtige, Fortbildungsschulpflichtige, höhere Schüler, Studenten).
3. Ob in Blindenanstalten untergebracht (katholische Anstalten, interkonfessionelle Anstalten).

f) Lagerseelsorge:

Der Bischof von Hildesheim berichtet über den augenblicklichen Stand der Lagerseelsorge. Den Hochwürdigsten Herren Ordinarien wird noch eine Reihe einzelner praktischer Vorschläge schriftlich unterbreitet werden.

g) Katholische Landvolkbewegung:

Der Bischof von Münster berichtet über den Stand der Katholischen Landvolkbewegung und über die Gründe der Bildungsstätte »Klausenhof« (in der Nähe von Borken in Westfalen). Bundeskurat Wissing soll veranlaßt werden, den deutschen Bischöfen eine eingehende Information über diese neue Bildungsstätte der Katholischen Landvolkbewegung zugehen zu lassen.

h) Stiftung für Begabtenförderung in der deutschen Landwirtschaft:

Die Konferenz nimmt Kenntnis von der geplanten Gründung einer Stiftung für Begabtenförderung in der deutschen Landwirtschaft. In dem Satzungsentwurf ist auch die Mitwirkung der katholischen Kirche vorgesehen. Es wird vorgeschlagen, mit der Benennung der vier zu entsendenden Vertreter die Katholische Landjugendbewegung zu beauftragen. Der Entwurf soll allen deutschen Bischöfen zu umgehender Stellungnahme zugesandt werden. Falls eine Entscheidung schon vor Eingang der Stellungnahme notwendig werden sollte, ist der Vorsitzende bevollmächtigt, im Namen der anwesenden Bischöfe zuzustimmen.

i) Generalstatut der Kolpingsfamilie:

Die Konferenz ersucht die Leitung der Kolpingsfamilie, im Sinne der bischöflichen Verlautbarung vom 4. April 1955 ihre Aufgabengebiete gegenüber den übrigen katholischen Verbänden klar abzugrenzen und diese Abgrenzung bei der Redaktion des geplanten Generalstatuts zu berücksichtigen. Die bisher vorgeschlagenen diesbezüglichen Formulierungen erscheinen wegen ihrer Unbestimmtheit eher verwirrend als zweckdienlich und bedürfen daher einer Abänderung. Gemäß ihrer Tradition ist die Kolpingsfamilie in besonderer Weise der Handwerkerjugend zugeordnet. Der Episkopat behält sich vor, im Rahmen einer allgemeinen Koordinierung der katholischen Sozialverbände die notwendigen Abgrenzungen zwischen den einzelnen Verbänden vorzunehmen.

Die Neugründung von Jung-Kolping-Gruppen sowie die Arbeitsweise der bereits bestehenden bedürfen in den westdeutschen Diözesen der Zustimmung des zustän-

digen Bischofs; die Mitgliedschaft im Bund der Deutschen Katholischen Jugend wird als Bedingung vorausgesetzt.
k) Fragen der Jugendseelsorge:
Auf eine längere Denkschrift des Jugendhauses nimmt die Konferenz wie folgt Stellung:
1. Die Ernennung der Bundespräsides und der obersten Führer der Gliederungen vollzieht jeweils der Vorsitzende der Konferenz. Bei darunter stehenden Stellen genügt die Bestätigung durch den Referenten.
Der Verkehr zwischen der Bischofskonferenz und dem BDKJ geschieht in der Regel durch den Bischöflichen Referenten, soweit nicht Aufsichtsrechte des Orts-Ordinarius in Frage kommen.
2. Die Veröffentlichung der »Richtlinien für die kath[olische] Jugendseelsorge Deutschlands« in neuer Formulierung erfolgt infolge Bedenken eines Konferenzmitglieds in etwas einfacherer Form (mit bloßer Genehmigung des Referenten).
3. Bzgl. Kolpingsfamilie vgl. die Entschließung an anderer Stelle.
4. Bzgl. DJK wird Beschlußfassung ausgesetzt im Hinblick auf die am 8. November stattfindende Konferenz unter Vorsitz von Erzbischof Dr. Jaeger, Paderborn.
5. Betr. »Jugendakademie« erwartet die Konferenz noch eingehendere Informationen. Sie ist alsdann bereit, eine dazu einzuberufende Sitzung zu beschicken, damit die vorliegenden, auch den Caritasverband und Fürsorgeverein berührenden und interessierenden Fragen eingehender studiert werden können. Das sollte in Bälde geschehen.
6. Das »Jugendinstitut« in Bonn löst nur einen Teil der Fragen. Die Konferenz begrüßt den Vorschlag der Jugend, aus Mitteln des Bundesjugendplanes[5] eine neue Kraft am Münsterschen »Institut für wissenschaftliche Pädagogik« zu bestellen und dort eine neue Sektion »Jugendseelsorge und Jugendpflege« einzurichten.

III. Organisatorische und finanzielle Fragen
a) Verwaltung der überdiözesanen Zuschüsse:
Die westdeutschen Ordinarien erklären sich damit einverstanden, daß Herr Direktor Wewel (Bischöfliche Finanzkammer – Münster) im Rahmen der Fuldaer Beschlüsse über die jeweils zur Verfügung stehenden Gelder disponieren kann.
b) Sonderregelung betr. Altersversorgung einiger heimatvertriebener Geistlicher:
Die Konferenz stimmt zu, daß fünf pensionierte heimatvertriebene Priester in Westberlin, die nicht mehr von der Versorgungskasse Würzburg (Prälat Braun) getragen werden können, nunmehr von dem Diaspora-Kommissariat Paderborn aufgenommen werden.
Die nächste Konferenz findet statt in Hofheim zusammen mit dem bayerischen Episkopat vom 25. bis 27. Februar 1958.

[5] *Der am 18. Dezember 1950 von der Bundesregierung verkündete Bundesjugendplan, ein Programm zur Förderung der Jugendpflege, blieb in der Folgezeit das wichtigste Instrument ihrer Jugendpolitik und darum fester Bestandteil des Bundeshaushalts.*

Die nächste westdeutsche Konferenz findet statt in Braunshardt vom 2. bis 4. Juni 1958.

gez.: + Wilhelm,
Bischof von Limburg

gez.: + Joseph Kardinal Frings,
Erzbischof von Köln.

164

Schneider an Wendel

Bamberg, 18. November 1957

EA MÜNCHEN, Joseph Kardinal Wendel, 22/1957. *Schreibmaschinenausfertigung mit eigenhändiger Unterschrift. Briefkopf mit Wappen:* Der Erzbischof von Bamberg. *Anschrift:* An S[ein]e Eminenz den Hochwürdigsten Herrn Erzbischof von München-Freising Joseph Kard[inal] Wendel, München, Kardinal-Faulhaber-Str. 7. *Eingangsstempel:* Erzbistum München. Erzb[ischof] 21. Nov[ember] 1957. 22 Nr. 1817.

Hochwürdigste Eminenz!
Im Schreiben von Eminenz an die Bischöfe Bayerns vom 12. November 1957[1] war um Mitteilung gebeten bezügl. der Auffassung über das Vorhaben der Kolpingfamilie, im Generalstatut die Gründung von Jung-Kolping-Gruppen vorzusehen.
Leider bin ich mit Rücksicht auf das, was sich an meinen Autounfall anhing, nicht dazugekommen, die gewünschte Stellungnahme sofort abzugeben und abzusenden.
Meine Auffassung in dieser Sache geht dahin:
Es ist zu mißbilligen, wenn die Kolpingfamilie eine solche Bestimmung schafft, ohne dabei die Richtlinien der Fuldaer Bischofskonferenz bzw. ihres Vorsitzenden vom 4. April 1955 zu berücksichtigen oder den durch sie vorgeschriebenen Kontakt in der Sache zu pflegen. Ebenso ist es mir selbstverständlich, daß eine ungute Konkurrenz zwischen den verschiedenen Bewegungen – Kolpingfamilie, Werkvolk usw. – verhindert werden muß. Anderseits scheint es mir aber nicht richtig, der Kolpingfamilie die Gründung von Junggruppen zu untersagen oder sie für diesen Bereich ungebührlich stark einzuengen. Wenn wir nämlich nicht wollen, daß die Kolpingfamilie immer schwächer wird, müssen wir ihre Werbung um Nachwuchs nicht hemmen, sondern wohl eher ermutigen; denn es ist eine immer wieder bedauerte Tatsache, daß die Jugend des B.d.K.J. der Kolpingsfamilie keinen nennenswerten Nachwuchs von sich aus liefert. Auch eine rigorose Einschränkung auf Handwerker- oder Mittelstandsjugend wäre untunlich. Auch die angezogenen Richtlinien deuten ja schon an, daß unter Umständen Kolping sich einzig und allein der Jugend annehmen kann wegen der ungenügenden Zahl junger Arbeiter oder der geringen Größe der Gemeinden. Darum meine ich, daß bei aller Mißbilligung des ungeordneten Vorgehens und bei aller Mißbilligung des Mangels an Koordination in der Zusammenarbeit der Fall

1 *Nicht ermittelt. Vgl. Dok. 162 und 163, II i.*

um den neuen Paragraphen des Generalstatuts nicht unnötig dramatisiert werden sollte.

Mit verehrungsvollem Gruß
+ Joseph
Erzbischof von Bamberg.

165

Engel an Keller

Ohne Ortsangabe, 27. November 1957

EA KÖLN, Katholisches Büro Bonn I 301. *Schreibmaschinendurchschrift. Anschrift:* Seiner Exzellenz dem Hochwürdigsten Herrn Dr. Michael Keller, Bischof von Münster, Münster/Westf[alen].

Exzellenz, Hochwürdigster Herr Bischof!
Die Fertigstellung der versprochenen Zusammenstellung über das Thema »Gleitende Arbeitswoche« hat sich um einige Tage verzögert. Ich hoffe aber, daß eine gewisse Vollständigkeit über die Frage der Sonntagsarbeit in ihrer jetzigen Diskussion hiermit gegeben ist.

Exzellenz fragten in Ihrem letzten Brief, wer den katholischen Standpunkt bei den Verhandlungen vertritt. Vor meinem Amtsantritt waren als Vertreter der Kirche über Exzellenz Böhler bereits Herr Dr. Paulus und Herr P. Dr. Wallraff gebeten worden. Nach dem Unfall von Herrn Domkapitular Dr. Paulus wurde ich dann durch Exzellenz Böhler um die Teilnahme an den Beratungen gebeten. Nach der Genesung von Herrn Domkapitular Dr. Paulus nahm dieser wiederum regelmäßig an den Sitzungen teil. Die Unterausschüsse haben wir uns so aufgegliedert, daß P. Wallraff und ich meist zugegen sind. Im Einzelfall bleibt es frei, wen wir als Berater für den einen oder anderen Industriezweig heranziehen. Auch vom BMA ist insofern keine nominelle Verpflichtung in der Berufung [*gegeben*], sondern die einzelnen Gesprächsgruppen sind frei in der Beschickung der Ausschüsse. Es wurde nur gebeten, nicht zu viele Herren zu schicken, da durch die Vielzahl der Gesprächsgruppen (alle Landesarbeitsministerien, die Gewerkschaften DGB und DAG und die Vertreter der beiden Kirchen) der Kreis so stark ausgeweitet würde, daß eine Ausschußarbeit dadurch nur erschwert würde.

Vielleicht darf ich Exzellenz einige Gedanken zur Sonntagsarbeit ergänzend vorlegen:

Die jetzige Verhandlungsebene ist wesentlich verschieden von der Diskussion, wie sie in NRW geführt worden ist. In den Veröffentlichungen um die jetzige Diskussion muß das klar hervorgekehrt werden. Um den Parteien, die bei der etwas überstürzten Regelung in NRW beteiligt waren, die Möglichkeit einer Neubesinnung zu schaffen, war es gut, in den letzten Monaten auf diese Regelung polemisch nicht zu stark einzugehen. Dadurch wird die Neuorientierung der Sozialpartner, die in den bisherigen Verhandlungen deutlich spürbar ist, erleichtert.

Bei der Beurteilung der Arten der Sonntagsarbeit unterscheiden wir drei Gruppen: eine Gruppe, die wir eindeutig ablehnen müssen, eine andere Gruppe, die wir eindeutig zulassen können, und die 3. Gruppe, die umstritten ist. Für uns ist vor allem die letzte Gruppe von größter Wichtigkeit. Hier werden wir versuchen, die betriebswirtschaftlichen und volkswirtschaftlichen Folgen nach allen Seiten hin zu durchleuchten, um sie dann den Werten des Sonntags gegenüberzustellen. Im wesentlichen wird es hier darauf ankommen die objektiven Tatbestände herauszuarbeiten, um eine richtige Vorstellung der Größenordnungen zu haben, um die es hier geht. In einem echten Zweifelsfall werden wir nicht mit absoluter Forderung den Ausschluß der Sonntagsarbeit beanspruchen können.

Aus der Sorgfältigkeit der bisherigen Arbeiten geht eindeutig die verantwortungsvolle Behandlung der gestellten Aufgabe hervor. In Grenzfällen auf absoluten Forderungen bestehen zu bleiben, würde für den Gesprächspartner die Versuchung heraufbeschwören, das gesamte Gewicht von Weltanschauung und Religion unbeachtet zu lassen, was zugleich eine unnötige Abnützung der kirchlichen Autorität bedeuten würde. Unter dem Vorwand der »Wirklichkeitsfremdheit« der Vertreter der christlichen Anschauung könnten diese ganz von den wirtschaftlichen Interessen überspielt werden. Es scheint mir deshalb notwendig, möglichst lange im echten Gesprächskontakt mit den verschiedenen Gruppen zu bleiben.

Ich glaube, daß die Verhandlungsgrundlagen, die bisher erarbeitet worden sind, von uns in vollem Umfang bejaht werden können. In ihnen ist auch die praktische Abgrenzung der Sonntagsarbeit indirekt schon festgelegt. Eine Anzahl von wichtigen Gesichtspunkten technischer und ökonomischer Art sind herausgearbeitet sowie wertvolle Anhaltspunkte für unsere Frage.

Wir werden von hier aus die Information über den Stand unserer Frage auch in Zukunft weiter fortsetzen, hoffen aber auch auf Unterstützung aus der katholischen Öffentlichkeit und ihren Verbänden.

Publizistisch wäre die grundsätzliche Stellungnahme der einzelnen Teilnehmer auszuwerten, um sie auf diese »Bekenntnisse« auch öffentlich festzulegen und so ihr Verhalten in Zukunft mit abzustimmen.

Es scheint mir auch wichtig zu sein, daß bei der öffentlichen Stellungnahme vom kirchlichen Raum zur Frage der Sonntagsarbeit auch die christlichen Wissenschaftler herangezogen werden. Vielleicht hat das Hattinger Gutachten[1] aus diesem Grunde nicht seine notwendige Beachtung gefunden.

Weiter dürfen wir sicherlich nicht aus dem Auge lassen, daß neben dieser industriellen Sonntagsarbeit – in der Eisen- und Stahlindustrie handelt es sich um 17.000 Menschen – jeden Sonntag viele Menschen (man schätzt sie auf 5 Mio.) meist in Dienstleistungsgewerben tätig sind.

Um die Arbeit des umfangreichen Berichts nicht noch einmal vornehmen zu müssen, habe ich ihn gleich vervielfältigt. Von hier werden wir ihn den H[ochwürdigsten]

1 SONNTAG KANN SONNTAG BLEIBEN! *Denkschrift zur Frage der Sonntagsruhe und der Problematik der gleitenden Arbeitswoche, Hattingen/Ruhr März 1957.*

H[erren] Bischöfen und den interessierten Gruppen zuleiten; dadurch könnte eine umfassende Information und ein einheitliches Vorgehen in dieser Frage erleichtert werden.
Mit ehrfürchtiger Begrüßung

ergebenst
Ihr
[*o. U.*].

166

Stohr an Frings

Mainz, 28. November 1957

EA Köln, CR II 2.19, 19. *Schreibmaschinenausfertigung mit eigenhändiger Unterschrift. Briefkopf:* Der Bischof von Mainz. *Anschrift:* S[eine]r Eminenz dem Hochwürdigsten Herrn, Herrn Joseph Kardinal Frings, Erzbischof von Köln, Köln.

Eminenz, hochwürdigster und sehr verehrter Herr Kardinal!
Mit bestem Dank antworte ich auf Dein liebenswürdiges Anschreiben vom 18.11., dem das gedruckte Protokoll[1] so schnell auf dem Fuße folgte. Ich danke ergebenst für die restlose Annahme meines Protokollvorschlags und möchte bitten, daß die darin ins Auge gefaßte Konferenz über die Fragen, die gemeinsam Caritas, Fürsorge und Jugend betreffen, bald durch das Zusammenwirken der genannten drei Faktoren berufen und alsdann auch von den Bischöfen beschickt wird. Ein Exemplar der »Richtlinien« fordere ich in Düsseldorf für Dich an.
Vielleicht darf ich heute schon um Deine wirkungsvolle Unterstützung bitten gegen die für mich unbegreiflichen Schwierigkeiten, die von Münster gemacht werden.
Mit verehrungsvollen Grüßen

Dein sehr ergebener
+ Albert.

1 *Vgl. Dok. 163.*

167

Böhler an Frings

Köln, 12. Dezember 1957

EA MÜNCHEN, Joseph Kardinal Wendel, 16 KA/1958. *Schreibmaschinenausfertigung mit eigenhändiger Unterschrift. Briefkopf:* Prälat W[ilhelm] Böhler. *Anschrift:* S[eine]r Eminenz dem Hochwürdigsten Herrn Erzbischof Joseph, Herrn Kardinal Dr. Frings.

Ew. Eminenz
kann ich mitteilen, daß das Kirchenpolitische Gremium, das in diesen Tagen seine Sitzung in Bonn hatte, geschlossen der Meinung war, die Tagung der Katholischen Akademie in München mit dem Thema »Christentum und demokratischer Sozialismus«, bei dem von katholischer Seite Pater Gundlach, Pater Nell-Breuning und Minister Süsterhenn teilnehmen sollen (letzterer weiß von seinem Glück noch nichts) und von sozialistischer Seite Carlo Schmid[1], Arndt[2] und noch ein Dritter, dessen Namen ich noch nicht kenne, besser nicht stattfinden würde. Die Bedenken waren sehr groß. Den Vorschlag, den ich Ew. Eminenz schon zu dieser Frage gemacht hatte, wurde allgemein für richtig gehalten. Man war allgemein weiter der Meinung, es wäre doch gut, wenn Ew. Eminenz sich mit Eminenz Wendel in Verbindung setzen würden. Man meinte, mit folgender Formulierung könnte man die Sache noch abwenden:
Das Echo, das die Ankündigung der Münchener Akademietagung »Christentum und demokratischer Sozialismus« in einem bestimmten Teil der Öffentlichkeit und der Presse gefunden hat, läßt leider befürchten, daß die beabsichtigte Auseinandersetzung in einem so großen Kreis vielen Mißverständnissen und Mißdeutungen ausgesetzt ist.
Um den echten[3] (beiderseitigen) Anliegen zu dienen, schiene es besser, Gespräche dieser Art zunächst intern zu führen und die öffentliche Diskussion durch wissenschaftliche Beiträge in den einschlägigen Zeitschriften zu beginnen bzw. fortzuführen.
Auch der Staatspolitische Arbeitskreis des Zentralkomitees, an dessen Sitzung ich allerdings nicht teilgenommen habe, hat sich ganz spontan in der gleichen Weise geäußert.

In Ehrerbietung!
Böhler.

[1] CARLO SCHMID *(1896–1979), Dr. iur., 1945–1966 Professor in Frankfurt am Main, 1947–1982 Mitglied des Landtags von Württemberg-Hohenzollern, 1947–1973 im Parteivorstand der SPD, 1948/49 Abgeordneter des Parlamentarischen Rates, 1949–1972 des Bundestags, 1949–1966 und 1969–1972 dessen Vizepräsident, 1966–1969 Bundesminister für Angelegenheiten des Bundesrats.*

[2] ADOLF ARNDT *(1904–1974), Dr. iur., Jurist und Politiker (SPD), 1949–1969 Mitglied des Bundestags, 1956–1964 des Parteivorstands der SPD, 1969 Honorarprofessor.*

[3] *Von Hand eingefügtes Fragezeichen.*

168

Frings an Wendel

[Köln, nach 12. Dezember 1957][1]

EA MÜNCHEN, Joseph Kardinal Wendel, 16 KA/1958. *Eigenhändige Ausfertigung auf der Rückseite von Nr. 167. Eingangsstempel:* Erzbistum München, Erzb[ischof] 11. Jan[uar] 1958. 16 KA Nr. 39.

Eminenz! Lieber Freund!
Ich erhalte den umstehenden Brief von Prälat Böhler und bin wie er der Meinung, daß die wichtige Frage, vorzeitig in die Öffentlichkeit gezerrt, zu einer »Sensation« im weniger guten Sinne wird.
Hast Du eine Möglichkeit, die Sache noch abzubiegen?
Mit herzlichen Adventsgrüßen

Dein
+ Jos[eph] Card[inal] Frings.

169

Denkschrift über die Neuordnung der Fuldaer Bischofskonferenzen

Ohne Ortsangabe, [vor 25. Dezember 1957][1]

EA KÖLN, CR II 2.19, 19. *Schreibmaschinenschrift. Überschrift:* Entwurf eines Vorschlags zur Ordnung der Bischofskonferenz.

Für eine fruchtbare Zusammenarbeit des Episkopates in Deutschland erscheint folgende organisatorische bzw. institutionelle Regelung notwendig bzw. angeraten:
A. Die Fuldaer Bischofskonferenzen
1. Inhaltliche Aufgabenbestimmung:
Beratung und Beschlußfassung über alle gemeinsamen Aufgaben und Anliegen der deutschen Bischöfe
2. Organisatorische Zuständigkeit:
Alle Institutionen, Organisationen, die sich über den Jurisdiktionsbereich eines einzelnen Bischofs hinaus erstrecken, für die aber nach dem jus canonicum eine bischöfliche Zuständigkeit gegeben ist

B. Die sog. »Hauptkommission« der Fuldaer Bischofskonferenzen bzw. »Koordinierungskommission«
(Zusammensetzung: Der Vorsitzende der Fuldaer Bischofskonferenzen, der Vorsitzende der bayerischen Bischofskonferenz, der Vors[itzende] der DDR-Konferenz,

1 *Die Datierung ergibt sich aus Dok. 167.*

1 *Die Datierung ergibt sich aus Dok. 170.*

je ein Vertreter des westdeutschen und bayerischen Bischofskonveniats, der Leiter des Sekretariates der Bischöfe)
I. Inhaltliche Aufgabenbestimmung:
1. Vorbereitung der Plenarsitzungen der Fuldaer Bischofskonferenzen
2. Veranlassung und Überwachung betr. die Durchführung der Beschlüsse der Fuldaer Bischofskonferenzen
3. Kontakte zwischen den regionalen Bischofskonveniats
4. Koordinierung der Kommissionen der Fuldaer Bischofskonferenzen
5. Koordinierung aller katholischen Organisationen und des gesamten organisierten Laienapostolates in Deutschland
II. Organisatorische Zuständigkeit:
1. Das Zentralkomitee der deutschen Katholiken.
2. Alle Organisationen und Institutionen, deren Fragen durch keine der vorhandenen Bischofskommissionen geregelt werden.

C. Das Sekretariat der Bischöfe
Aufgabenstellung:
1. Technische Vorbereitung und Abwicklung der gesamten Konferenztätigkeit der Fuldaer und, soweit gewünscht, der regionalen Bischofskonferenzen bzw. -konveniats.
2. Technische Abwicklung der Kommissionsarbeit der deutschen Bischöfe in Vorbereitung und Durchführung.
3. Sammeln und Übermitteln geeigneter Informationen an den deutschen Episkopat, besonders an die einzelnen Kommissionen.
4. Anfertigung bzw. Vermittlung von Gutachten für den deutschen Episkopat bzw. die einzelnen Kommissionen in Zusammenarbeit mit dem Zentralkomitee der deutschen Katholiken.
5. Durchführung bestimmter von den Fuldaer Bischofskonferenzen, den regionalen Bischofskonveniats bzw. einzelnen Kommissionen erteilten Aufträge.
6. Verbindung zum Zentralkomitee der deutschen Katholiken: Vermittlung der alta directio des deutschen Episkopates zum Zentralkomitee und allen angeschlossenen Organisationen.

D. Die Bischofskommissionen
Es werden folgende Kommissionen vorgeschlagen:
I. Glaubensverbreitung und Glaubensüberwachung
1. Inhaltliche Aufgabenbestimmung:
a) Sorge um die Reinheit des Glaubens (Theologische Wissenschaft, Philosophie, Schrifttum usw.)
b) Verhältnis zu nichtkatholischen Glaubensgemeinschaften, Sektenwesen
c) Verhältnis zu anderen Weltanschauungsgruppen (Freidenker usw.)
d) Weltmission, Diaspora und Wiedervereinigung im Glauben (Konvertitengewinnung)

2. Organisatorische Zuständigkeit:
a) Theologische Fakultäten und andere Einrichtungen der Priesterausbildung und Priesterbildung; wissenschaftliche Arbeitsgemeinschaften der Theologen und Philosophen, Verlagswesen und Zeitschriften in theol[ogischer] Sicht
b) Una Sancta, Catholica Unio, Winfriedbund
c) Bonifatiusverein und Missionsvereinigungen
II. Religiöses Leben und allgemeine Seelsorge
1. Inhaltliche Aufgabenbestimmung:
a) Liturgie und alle Formen des Gottesdienstes (einheitliches Gebet- und Gesangbuch, Einheitslieder usw.)
b) Priesterberufe und priesterliches Leben
c) Verhältnis zu den Orden und ordensähnlichen Gemeinschaften, Ordensnachwuchs
d) religiöse Strömungen in Deutschland
e) Exerzitien und Volksmissionen
f) Öffentliche Sittlichkeit
g) Religionssoziographie und Religionsstatistik
2. Organisatorische Zuständigkeit:
a) Liturgisches Institut, liturgische Kommission, Allgemeiner Cäcilienverband, Verband der katholischen Kirchenangestellten Deutschlands, Kirchenmusikschulen, Ausbildung der Seelsorgshelfer- und -helferinnen usw.
b) Priestergemeinschaften, Arbeitsgemeinschaft der Leiter von Priesterbildungsanstalten
c) Arbeitsgemeinschaft der Leiter der Seelsorgeämter bzw. -Dezernate
d) Arbeitsgemeinschaft der Ordensoberen (Superiorenkonferenz), Arbeitsgemeinschaft Höherer Ordensoberinnen Deutschlands
e) Arbeitsgemeinschaft Marianischer Vereinigungen, Bibel-Bewegung usw.
f) Arbeitskonferenz der Volksmissionare, der Exerzitienhäuser usw.
g) Volkswartbund, Arbeitsgemeinschaft für Zeitschriftenberatung usw.
h) Eheberatungsstellen
i) Zentralstelle für kirchliche Statistik
III. Kommission für Standes- und Berufsseelsorge
1. Inhaltliche Aufgabenbestimmung:
a) Allgemeine und spezielle Fragen der Männer-, Frauen- und Jugendseelsorge
b) Die besonderen Anliegen der Seelsorge an den Berufsständen; Aufsicht über die genannten Kirchlichen Hauptstellen (Schrifttum etc.), deren Koordinierung auf die Familienarbeit hin usw.; Koordinierung der Organisationen untereinander.
c) Sonderaufgaben der Seelsorge, Lagerseelsorge, Gefangenenseelsorge, Vertriebenenseelsorge, Ehepastoral, Brautleuteschulung
2. Organisatorische Zuständigkeit:
Die Kirchlichen Hauptstellen für Männer-, Frauen- und Jugendseelsorge und deren angeschlossene Organisationen

IV. Soziale Arbeit und berufsorientierte Seelsorge
1. Inhaltliche Aufgabenbestimmung:
a) Beobachtung der gesellschaftlichen und wirtschaftlichen Entwicklung
b) Sozialpolitik im allgemeinen (Versicherungswesen, Rentner, Altenfürsorge usw.), familienpolitische Fragen
c) Fragen der Berufs- und milieuorientierten Organisationen und Institutionen: Landvolk, Mittelstand, Arbeitnehmer, Unternehmer – in den Sachfragen; Fragen des Betriebes
d) Siedlung, Wohnungsbau
e) Gewerkschaftsfragen
2. Organisatorische Zuständigkeit:
a) Sozialreferat im Zentralkomitee der Deutschen Katholiken
Wirtschaftliche und sozialpolitische Organisationen in ihrem Verhältnis zur katholischen Soziallehre
b) Die katholischen Organisationen in sozialen Sachfragen
c) Gewerkschaften
V. Kommission Caritas und Fürsorge
1. Inhaltliche Aufgabenbestimmung:
alle Aufgaben kirchlicher Liebestätigkeit, Verhältnis zur staatlichen Wohlfahrtspflege usw.
2. Organisatorische Zuständigkeit: Caritasverband und angeschlossene Organisationen
VI. Schul- und Erziehungsfragen
1) Inhaltliche Aufgabenbestimmung:
a) Familienerziehung und Elternbildung
b) Sorge um das katholische Schulwesen, Bekenntnisschule, katholische Privatschulen, Lehrerbildung
c) Sorge um das sonstige Erziehungswesen (Kindergärten, Berufsausbildung, außerschulische Erziehung)
d) Jugendschutz
2) Organisatorische Zuständigkeit:
a) Katholische Elternorganisationen und Institutionen der Familienerziehung
b) Arbeitsgemeinschaften der katholischen Privat- und Ordensschulen, Ordensschulzentrale usw.
c) Lehrerverbände und sonstige Erziehergemeinschaften
d) Pädagogische Akademien, Deutsches Institut für wissenschaftliche Pädagogik in Münster
e) Hoheneck-Zentrale usw.
VII. Kirche und Staat, Internationale Zusammenarbeit
1) Inhaltliche Aufgabenbestimmung:
a) Verhältnis von Staat und Kirche in Bund und Ländern, DDR
b) Konkordatsfragen
c) Ost-West-Fragen

d) Gesamtdeutsche Aufgaben
e) Verhältnis zu den Parteien in Deutschland
f) Beobachtung der internationalen Entwicklung in ihrer religiösen Relevanz
g) Sorge um die Ausländer in Deutschland
h) Seelsorge im Ausland
i) Sorge um katholische Maßnahmen in den sog. Entwicklungsländern
k) Europafragen
l) Internationale Zusammenarbeit der katholischen Organisationen
2) Organisatorische Zuständigkeit:
a) Beauftragter des Episkopates bei der Bundesregierung, Kirchenpolitisches Gremium, Katholisches Büro Bonn
b) Staatsbürgerliches Referat des Zentralkomitees
c) Politische Arbeitsgemeinschaften von Katholiken usw.
d) Fragen der Uno, Unesco, der europäischen Behörden und Parlamente
e) Referat für Internationales im Zentralkomitee der deutschen Katholiken
f) Sekretariat für katholische Auslandsseelsorge
g) Auslandsreferate der katholischen Organisationen
VIII. Wissenschaft, Kulturpflege, Erwachsenenbildung
1. Inhaltliche Aufgabenbestimmung:
a) Beobachtung der wichtigsten Gebiete in der außer-theologischen Wissenschaft, Sorge um katholische Wissenschaftler, Nachwuchsfragen
b) Fragen der Universitäten, Hochschulen, Akademien, Akademikerseelsorge
c) Fragen der wissenschaftlichen Organisationen und Forschungsgemeinschaften, Förderung des wissenschaftlichen Nachwuchses
d) Katholische Literatur und allgemeine Literaturfragen, Buch-, Verlags- und Büchereiwesen
e) Theaterwesen
f) Kirchliche Kunst, Künstlerseelsorge
g) Erwachsenenbildung
h) Freizeitorganisationen, Freizeitgestaltung
2. Organisatorische Zuständigkeit:
a) Kulturreferat im Zentralkomitee der Deutschen Katholiken, Görresgesellschaft und andere katholische wissenschaftliche Organisationen und Arbeitsgemeinschaften
b) Cusanuswerk
c) Katholischer Akademikerverband, katholische Korporationen, KDSE und Arbeitsgemeinschaft der katholischen Studentenpfarrer
d) Borromäusverein und katholische Buchgemeinschaften
e) Katholische Künstlergemeinschaften
f) Bundesarbeitsgemeinschaft für Erwachsenenbildung und andere katholische Zusammenfassungen
g) Institut für Erwachsenenbildung im Deutschen Institut für wissenschaftliche Pädagogik usw.
h) Katholische Akademien

IX. Publizistik
1. Inhaltliche Aufgabenbestimmung:
a) Sorge um katholische Anliegen in Film, Funk, Fernsehen und Presse
b) Sorge um die katholische Presse und andere katholische Publikationsmittel
c) Nachwuchsfragen
2. Organisatorische Zuständigkeit:
a) Arbeitsgemeinschaft katholischer Publizisten
b) KNA und Arbeitsgemeinschaft kirchliche Presse (Kirchenblätter usw.)
c) Arbeitsgemeinschaft für Zeitschriftenberatung (Illustriertenkontrolle)
d) Katholische Filmkommission, Filmliga, Katholisches Filmwerk
e) Katholische Rundfunkarbeitsgemeinschaft in Deutschland
Katholische Fernseharbeitsgemeinschaft in Deutschland

Die aufgeführten Aufgabenkataloge beanspruchen selbstverständlich keine Vollständigkeit. Die wesentlichen Änderungen betreffen folgende Punkte bzw. Kommissionen:
1. Die Kommission III (Katholische Aktion bzw. Koordinierungsausschuß) fällt weg. Ihre Aufgabe ist der sog. Hauptkommission zugewiesen. Denn eine Koordinierung, erst recht auf so wichtigen Gebieten, ist immer »Chefsache«, d. h. diese Kommission muß eine höhere Autorität haben als die gewöhnlichen Kommissionen. Die Zusammensetzung der sog. »Hauptkommission« garantiert eine solche Autorität und sichert auch eine entsprechende Koordinierung innerhalb des Episkopates.
2. Die Kommission »Soziale Arbeit ...« ist in der Aufzählung unmittelbar hinter die Kommission III (Kirchliche Hauptstellen ...) gerückt. In der Praxis wird vieles auf eine entsprechende Abstimmung dieser beiden Kommissionen ankommen. Man wird auf keine von beiden verzichten können, wenn man an dem allgemeinen Prinzip der sowohl naturständisch (Männer, Frauen, Jugend, Familie) als auch beruflich bzw. berufständisch orientierten Seelsorge (KAB, Kolping, Landvolk, BKU usw.) festhalten will, was mir[2] notwendig zu sein scheint.
3. Es ist eine Ergänzung der Kommission »Kirche und Staat« im Hinblick auf die internationale Zusammenarbeit vorgeschlagen. Das scheint im Hinblick auf die drängenden Entwicklungen in Deutschland, auf die Gesamtaufgaben der Kirche in der Welt, insbesondere auf die Weltmission, auf die internationalen Vereinigungen der Katholiken usw. dringend geboten. Es wäre verhängnisvoll, wenn der deutsche Episkopat in Fragen der internationalen Entwicklung nicht gut orientiert und repräsentiert wäre.
4. Die frühere Kommission IV (»Bildung, Erziehung und Unterricht«) bleibt in der jetzigen Kommission VI (»Schul- und Erziehungswesen«) bestehen, wird aber um eine Kommission VII (»Wissenschaft, Kulturpflege, Erwachsenenbildung«) ergänzt. Diese Aufgabenteilung scheint wegen der Fülle der anfallenden Aufgaben notwendig.
5. Eine Reihe von Teilaufgaben sind unter sachlichen Gesichtspunkten unter den Kommissionen neu aufgestellt worden.

[2] *Vgl. Dok. 170, Ziff. I.*

Das Funktionieren der Kommissionen wird nicht allein von der Initiative der Mitglieder, sondern vor allen Dingen von der Initiative und Funktionsfähigkeit eines sachlich und personell gut ausgestatteten Sekretariates der deutschen Bischöfe abhängen.

170

Stellungnahme Teuschs

[Köln, vor 25. Dezember 1957][1]

EA Köln, CR II 2.19, 19. *Schreibmaschinenschrift mit Überschrift:* Betr.: Entwurf eines Vorschlags zur Ordnung der Bischofskonferenz. *Vermerke:* S[eine]r Eminenz gehorsam vorgelegt: Wenn Ew. Eminenz wünschen, will ich das Obige gerne in einer Art Begutachtung ausführlich behandeln und dabei begründen. T[eusch] *sowie* A[d] A[cta] 25.12.1957 T[eusch].

I. Zum Formalen:
Der Entwurf macht den Eindruck, daß er von langer Hand vorbereitet ist. Und zwar von einer Persönlichkeit, die sich S. 12, 11. Zeile v. u., unter »mir« verrät.
II. Zum Inhaltlichen:
1. Eine Erläuterung:
»Organisatorische Zuständigkeit« meint nicht Überordnung oder Weisungsgewalt, sondern nur »Zuständigkeit«, d. h. daß die betreffende Einrichtung in den Tätigkeitsbereich einer bestimmten Kommission falle.
2. Stellungnahme:
a) Die »inhaltlichen Aufgabenbestimmungen« sind m. E. gut zusammengefaßt. Über Einzelheiten kann man naturgemäß immer streiten.
b) Warum »Kommissionen« statt »Referenten«? Der Referent kann ja stets Berater zuziehen, seien es Bischöfe, seien es andere.
c) Die »Hauptkommission« einzurichten, ist m. E. ein guter Vorschlag. Von den fünf Aufgaben I. sollten aber 1, 2, 5 fallen, auch auf II sollte die Kommission verzichten.
d) Das Sekretariat ist m. E. überflüssig und birgt Gefahren (s. meine frühere Stellungnahme).
III. Vorschlag:
A ja
B ja, aber bei I streiche 1, 2, 5, ebenso streiche II
C nein
D ja, aber nicht als »Kommissionen«
Im einzelnen kann man noch umgruppieren, streichen, zusetzen.
B II muß noch eingeordnet werden.

[1] *Die Datierung ergibt sich aus dem Vermerk* Teuschs.

171

Wendel an Muench

[München,] 2. Januar 1958

EA MÜNCHEN, Joseph Kardinal Wendel, 16 KA/1958, *Stempel:* Der Erzbischof von München *und* Vertraulich. *Anschrift:* Seiner Exzellenz dem Hochwürdigsten Herrn Dr. Aloysius Muench, Apostolischer Nuntius in Deutschland, Bad Godesberg, Turmstraße 29. *Vermerk:* Beilagen: 1. Tagungsprogramm, 2. Beilage für Einladungen an die Presse *und* 16 KA/4.

Hochwürdigste Exzellenz!
Zu der von der Katholischen Akademie am 11. und 12. Januar geplanten Veranstaltung mit dem Thema »Christentum und demokratischer Sozialismus« gestatte ich mir Ew. Exzellenz folgendes zu berichten:
1. Die Veranstaltung hat keinerlei kirchliche Autorisation, weder eine offizielle noch eine offiziöse. Es ist lediglich eine Veranstaltung der Akademie als einer Stätte der Begegnung.
2. Die Zweckmäßigkeit, ja Notwendigkeit, die Frage einmal aufzugreifen, um erforderliche Klärungen zu schaffen, hat sich speziell in München aus folgenden Tatsachen ergeben:
a) Die Arbeitsgemeinschaft Sozialdemokratischer Akademiker hat bereits im vorigen Jahr die Frage als Thema einer Arbeitstagung aufgegriffen. Auf dieser Tagung sollte damals auch der Berliner Professor Reding sprechen. Er wurde von meinem Ordinariat auf die Gefahr aufmerksam gemacht, daß seine Teilnahme an der Tagung kurz vor der Bundestagswahl wahlpolitisch ausgenutzt werden könnte. Professor Reding hat seine Teilnahme abgesagt, aller Wahrscheinlichkeit nach aber auch den Grund angedeutet, so daß von dem Leiter der Arbeitstagung, dem damaligen sozialdemokratischen Justizminister Koch[1], bei der Eröffnung der Tagung ein unsachlicher Angriff auf meinen Generalvikar erfolgte. Es sprachen dann als katholische Vertreter Prof. Dr. Friedrich Heer[2] aus Wien und der Publizist Joseph Rovan[3] aus Paris. Wie mir berichtet wurde, erfolgt am Schluß solcher Veranstaltungen eine Zusammenfassung und parteipolitische Auswertung.
b) In verschiedenen, auch in gebildeten katholischen Kreisen wird das Thema behandelt und die Vereinbarkeit von Christentum und Sozialismus erörtert.
c) Die »Werkhefte katholischer Laien« haben in einem für die SPD sehr positiven Sinn in ihren letzten Heften vor der Bundestagswahl ebenfalls diese Frage aufgegriffen und in ihrem letzten Heft sich offen für die SPD bekannt.
Es schien darum wirklich geboten, einmal eine klare Abgrenzung der Fronten vorzunehmen. Das Forum der Katholischen Akademie erschien als der hierfür geeig-

1 FRITZ KOCH *(1896–1967), Dr. iur., Richter, u. a. am bayerischen Verfassungsgerichtshof, 1950 Staatssekretär, 1954–1957 bayerischer Justizminister.*

2 FRIEDRICH HEER *(1916–1983), Dr. phil., österreichischer Historiker und Publizist, 1962 Professor für Geistesgeschichte in Wien.*

3 JOSEPH ROVAN *(1918–2004), aus Deutschland stammender, zum Katholizismus konvertierter französischer Publizist, durch Tätigkeit in der Résistance und KZ-Haft prominent, dem Sozialismus nahestehend.*

netste Raum. Bei der Vorbereitung wurde besonders darauf Gewicht gelegt, wirklich Vertreter der katholischen Lehre als Referenten zu gewinnen, und ich persönlich habe es sehr begrüßt, daß P. Gundlach S. J. sich bereitgefunden hat, ein Grundsatzreferat zu übernehmen, weil ich in ihm die beste Gewähr geboten sah, daß eine klare, der kirchlichen Lehre voll entsprechende Linie gezogen wird.
Ferner ist als Sprecher vorgesehen P. Nell-Breuning. P. Wallraff hat sich um eine Abstimmung der beiden Referate aufeinander bemüht. Auch er wollte an der Tagung teilnehmen. Außerdem ist als Redner Professor Süsterhenn vorgesehen. Die kulturpolitischen Fragen sollten von dem österreichischen Unterrichtsminister Dr. Drimmel[4] behandelt werden. Ich hatte den Direktor der Akademie[5], als er mir dies mitteilte, jedoch darauf aufmerksam gemacht mit Dr. Drimmel Fühlung zu nehmen, damit nicht österreichische Verhältnisse schlechthin auf Deutschland übertragen werden. Dr. Drimmel hat wegen seiner Stellung als österreichischer Bundesminister dann aus außenpolitischen Gründen abgesagt. Zur Übernahme dieses Referates hat sich Professor Dr. Freiherr von Pölnitz, Dillingen-Augsburg, bereitgefunden, an dessen katholischer Integrität nicht zu zweifeln ist.
Als sozialdemokratische Redner sind vorgesehen Professor Dr. Carlo Schmid, Dr. Adolf Arndt, Waldemar von Knoeringen und Professor Dr. Gerhard Weisser[6].
Zu der Tagung sollen höchstens 100 ausgewählte Teilnehmer zugelassen werden. Von sozialdemokratischer Seite wurden der Akademieleitung Vorschläge gemacht. Die effektive Auswahl und Einladung jedoch liegt in der Hand der Akademieleitung. Außerdem ist vorgesehen, daß über Verlauf und Ergebnis der Arbeitstagung möglichst ein gemeinsames Kommuniqué der Presse übergeben werden sollte.
Ich möchte der Meinung sein, daß in der Vorbereitung dieser Arbeitstagung von seiten des Direktors der Akademie an Sorgfalt und Gewissenhaftigkeit nichts unterlassen worden ist.
Eine Veröffentlichung des Münchener Merkur unter der Überschrift: Gespräch zwischen Kirche und Sozialismus hat in keiner Weise den Tatsachen entsprochen und wurde sowohl von seiten der Katholischen Akademie wie auch vom Landesvorsitzenden der SPD Waldemar von Knoeringen als unrichtig beanstandet. Es wurde um Richtigstellung gebeten.
Leider hat diese irreführende Darstellung dann doch Aufnahme in einigen anderen Zeitungen gefunden. Wohl daraufhin wurde ich von Exzellenz Böhler angerufen, der mir seine Bedenken gegen eine solche Tagung äußerte. Ich klärte ihn kurz über den wahren Sachverhalt auf. Er meinte, die Bischöfe müßten diese Frage erst besprechen, um dann vertrauliche Gespräche mit der SPD aufnehmen zu lassen. Ich hielte einen

[4] HEINRICH DRIMMEL *(1912–1991), österreichischer Jurist und Politiker (ÖVP), 1954–1964 Bundesminister für Unterricht, 1964–1969 amtsführender Stadtrat in Wien, Landeshauptmannstellvertreter und Vizebürgermeister.*

[5] KARL FORSTER.

[6] GERHARD WEISSER *(1898–1989), Dr. rer. pol., Sozial- und Wirtschaftswissenschaftler, 1950 Professor für Sozialpolitik in Köln, Leiter des Forschungsinstituts für Gesellschaftspolitik.*

solchen Weg, bei dem Vertraulichkeit kaum zu wahren wäre, für weit gefährlicher und unter Umständen nachteiliger als ein Forumsgespräch in einer Akademie.
In einem Brief an Eminenz Frings schrieb dann Exzellenz Böhler[7], daß er die Frage auch im Kirchenpolitischen Gremium in Bonn behandelt habe und man dort der Meinung gewesen sei, eine solche Akademie-Tagung sei nicht zweckmäßig. Ebenso habe sich auch der Staatspolitische Arbeitskreis des Zentralkomitees geäußert. Obwohl ich der Vorsitzende der Koordinierungskommission der Bischöfe bin, die auch für das Zentralkomitee zuständig ist, ist mir vom Staatspolitischen Arbeitskreis des Zentralkomitees eine derartige Verlautbarung nicht zugegangen. Es ist mir auch nicht bekannt, wie dem Kirchenpolitischen Gremium der ganze Sachverhalt dargestellt worden ist. Etwas befremdet hat mich die Art der Behandlung schon.
Trotzdem habe ich die Frage zur Prüfung aufgegriffen. Ich habe sie ausführlich mit meinem Kapitel besprochen. Man war eindeutig der Auffassung, daß die Tagung stattfinden soll. Auch im Allgemeinen Rat der Akademie, dem etwa 40 Personen angehören aus den verschiedenen Ständen und aus den verschiedenen Teilen Bayerns, wurde die Frage besprochen. Eine Stimme hat Bedenken angemeldet, dann aber wurde nach Klarstellung von Ziel und Methode der Arbeitstagung die Abhaltung der Arbeitstagung eindeutig gutgeheißen.
Selbst mit dem Bayerischen Ministerpräsidenten hat der Direktor der Akademie die Frage besprochen. Ministerpräsident Dr. Seidel hat bei einem Presse-Empfang öffentlich erklärt, daß er die Tagung für nützlich halte.
Die Tatsache, daß gerade in Bayern als dem einzigen Bundesland, in dem die CSU bei der Bundestagswahl die absolute Mehrheit erringen konnte, diese Tagung stattfinden soll, schließt jedenfalls auch die Vermutung aus, man wolle aus irgendwelchen Opportunitätsgründen mit der SPD in Fühlung kommen. Nebenbei bemerkt glaubte ich persönlich noch, ohne davon zu sprechen, daß vielleicht von dieser Tagung auch keine ungünstigen Auswirkungen für die Behandlung des Lehrerbildungsgesetzes ausgehen könnten.
Wie Ew. Exzellenz sehen, ist die Frage nach den verschiedensten Richtungen hin wohl überlegt und auch abgewogen worden.
In der Hoffnung Ew. Exzellenz mit diesem Bericht, so gut es mir möglich war, gedient zu haben, verbleibe ich
mit ehrerbietigen Grüßen

Ew. Exzellenz im Herrn ergebener
[*o. U.*].

[7] *Vgl. Dok. 167.*

172

Aktennotiz Wendels

München, 3. Januar 1958

EA MÜNCHEN, Joseph Kardinal Wendel, 16 KA/1958. *Schreibmaschinendurchschrift. Überschrift:* Aktennotiz. Betr.: Veranstaltung der Kath[olischen] Akademie »Christentum und demokratischer Sozialismus«.

Sonntag, den 29.12.1957 Ferngespräch mit Prälat Del Mestri, Apostolische Nuntiatur in Bad Godesberg:
Mündliche Aufklärung über den Charakter der Veranstaltung, der keine offizielle oder offiziöse kirchliche Legitimation zukommt. Es handelt sich um eine Art Forum-Gespräch im Rahmen der Akademie. Schriftlicher Bericht in Aussicht gestellt.

Freitag, 3. Januar 1958, Ferngespräch mit Prälat Del Mestri.
1. Ein einfaches Absagen der Tagung scheint nicht mehr möglich, ohne daß Schlußfolgerungen gezogen werden, die den Eindruck wecken, der vermieden werden sollte, das Ganze würde dadurch erst ein Politikum.
2. Bei dem ersten Referenten (P. Gundlach) hat sich noch keine Änderung ergeben. Es wird versucht, ob noch eine entsprechende Klärung erfolgen kann.
3. Wenn der 1. Referent nicht kann, will die Akademie versuchen, einen anderen Referenten zu gewinnen. Das kann eine gewisse Gefährdung mit sich bringen. Immerhin scheint sie kleiner und weniger von Nachteil zu sein, als eine für die Gegenseite schwer zu motivierende Absage.
4. Dem Kath[olischen] Büro in Bonn wurde schon vor ca. drei Monaten Mitteilung von der geplanten Tagung und eine Rückfrage wegen der Referenten der Gegenseite gemacht. Auf die letzte Anfrage konnte die gewünschte Auskunft angeblich nicht erteilt werden; gegen die Tagung selbst wurden jedoch keine Bedenken erhoben.

173

Bericht Forsters

[München, nach 12. Januar 1958][1]

EA MÜNCHEN, Joseph Kardinal Wendel, 16 KA/1958. *Schreibmaschinenschrift. Überschrift:* Bericht über die Tagung am 11. und 12. Januar 1958 »Christentum und demokratischer Sozialismus«. *Vermerk:* 16 Kath[olische] Akademie.

Wegen der starken Publizität und einer teilweise entstellenden Berichterstattung vor der Tagung wurde der Vorbereitung dieser Veranstaltung besondere Aufmerksamkeit gewidmet. Die SPD hatte 50 Tagungsteilnehmer vorgeschlagen. Von der Vorschlags-

[1] *Die Datierung ergibt sich aus dem Datum der erwähnten Tagung.*

liste wurden Dr. Gustav Heinemann[2] und Helene Wessel[3] gestrichen. Die übrigen Vorschläge wurden akzeptiert. Außer den Referenten waren besonders prominente sozialistische Teilnehmer: Mellies (2. Bundesvorsitzender)[4], Eichler (kulturpolitischer Referent)[5], Dr. Wilhelm Hoegner, Dr. Koch, der ehemalige hessische Kultusminister Metzger[6] und der gegenwärtige Kultusminister Dr. Hennig[7]. Die Einladung der katholischen Teilnehmer stieß auf gewisse Schwierigkeiten, da der Vorsitzende der CDU-Bundestagsfraktion die Bitte um Nennung geeigneter Teilnehmer aus der CDU nicht beantwortete. Das einzige Mitglied der CDU-Bundestagsfraktion war Minister a. D. Dr. Zimmer[8], von der CSU-Bundestagsgruppe Dr. Ludwig Franz[9]. Die bayerische CSU zeigte eine positivere Reaktion. Es erschienen: Staatsminister Dr. Hundhammer[10], Staatsminister a. D. Dr. Schwalber[11], Staatssekretär Goppel[12], Staatssekretär Strenkert[13], MdL Heubl[14]. Das Zentralkomitee der Deutschen Katholiken war durch Dr. Kafka vertreten. Das Katholische Büro in Bonn entsandte trotz Ein-

2 GUSTAV HEINEMANN *(1899–1976), Dr. rer. pol., Dr. iur., Rechtsanwalt, Bergwerksdirektor, Politiker (CDU, GVP, SPD), 1949–1955 Präses der Synode der EKD, 1949/50 Bundesinnenminister, 1966–1969 Bundesminister der Justiz, 1969–1974 Bundespräsident.*

3 HELENE WESSEL *(1898–1969), Fürsorgerin und Sozialpolitikerin, 1928–1933 Mitglied des Preußischen Landtags, 1949–1953 und 1957–1969 Mitglied des Bundestags (Zentrum, SPD).*

4 WILHELM MELLIES *(1899–1958), Lehrer und Politiker (SPD), 1925–1933 Mitglied des lippischen Landtags, 1929 dessen Präsident, 1949–1958 Mitglied des Bundestags, 1952–1958 Mitglied des Parteivorstands der SPD, 1952–1958 dessen stellvertretender Vorsitzender, 1953–1957 stellvertretender Vorsitzender der SPD-Fraktion.*

5 WILLI EICHLER *(1896–1971), Journalist und Politiker (SPD), 1927–1933 Vorsitzender des Internationalen Sozialistischen Kampfbundes, 1946–1948 Mitglied des Landtags von Nordrhein-Westfalen, 1949–1953 Mitglied des Bundestags.*

6 LUDWIG METZGER *(1902–1993), Jurist und Politiker (SPD), 1929 Vorsitzender des Bundes religiöser Sozialisten, 1938 Mitglied der Bekennenden Kirche, 1945–1951 Oberbürgermeister von Darmstadt, 1946–1953 hessischer Kultusminister, 1953–1969 Mitglied des Bundestags.*

7 ARNO HENNIG *(1897–1963), Lehrer und Politiker (SPD), 1928–1933 Parteisekretär in Sachsen, 1946 Referent im Parteivorstand der SPD, 1949–1953 Mitglied des Bundestags, 1953–1959 hessischer Kultusminister.*

8 ALOIS ZIMMER *(1896–1973), Dr. iur., Politiker (CDU), 1951–1957 Innen- und Sozialminister des Landes Rheinland-Pfalz, 1957–1965 Mitglied des Bundestags.*

9 LUDWIG FRANZ *(1922–1990), Dr. phil., Journalist, 1953–1965 Sekretär, 1959–1981 Vorsitzender des Katholischen Werkvolks in Bayern, 1953–1976 Mitglied des Bundestags (CSU).*

10 ALOIS HUNDHAMMER *(1900–1974), Dr. phil., Dr. oec. publ., Volkswirt und Politiker (BVP, CSU), 1932/33 und 1946–1970 Mitglied des Bayerischen Landtags, 1946–1950 Kultusminister, 1951–1954 Landtagspräsident, 1957–1969 Minister für Ernährung, Landwirtschaft und Forsten, 1964–1969 stellvertretender Ministerpräsident.*

11 JOSEF SCHWALBER *(1902–1960), Jurist und Politiker (CSU), 1948/49 Abgeordneter des Parlamentarischen Rates, 1946–1950 Mitglied des bayerischen Landtags, 1951–1954 bayerischer Kultusminister.*

12 ALFONS GOPPEL *(1905–1991), Rechtsanwalt und Politiker (CSU), 1952 Bürgermeister von Aschaffenburg, 1954–1978 Mitglied des bayerischen Landtags, 1958 Innenminister, 1961–1968 Ministerpräsident, 1969 Präsident des Bayerischen Roten Kreuzes.*

13 PAUL STRENKERT *(1899–1988), Bergmann und Politiker (BVP/CSU), 1930 Sekretär der Katholischen Arbeiterbewegung in der Diözese Augsburg, 1946–1957 deren Diözesansekretär, 1950–1966 Mitglied des bayerischen Landtags, 1957 Staatssekretär im bayerischen Ministerium für Arbeit und Soziales, 1958 Vizepräsident des Katholikentags in Berlin, 1962–1964 bayerischer Minister für Arbeit und soziale Fürsorge.*

14 FRANZ HEUBL *(1924–2001), Dr. iur., Beamter und Politiker (CSU), 1953–1990 Mitglied des bayerischen Landtags, 1958–1962 Bevollmächtigter Bayerns beim Bund, 1978–1990 Landtagspräsident.*

ladung keinen Vertreter. Herr Wenger[15] vom Rheinischen Merkur war nicht nur als Berichterstatter, sondern auch als Diskussionsteilnehmer anwesend.
Am Nachmittag des 10. Januar fanden sich bereits die sozialistischen Tagungsteilnehmer zu einer Vorbesprechung im Hotel Wolff zusammen. Um 17 Uhr hatte ich Gelegenheit, vor diesem Kreis in einem kurzen Referat die Zielsetzung der Katholischen Akademie und den Sinn der Tagung darzulegen. Die Ausführungen wurden gut aufgenommen. Wie ich von zuverlässiger Seite erfahren habe, wurde in meiner Abwesenheit insbesondere über die Frage der sozialistischen Haltung zur Bekenntnisschule lange disputiert. Dr. Arndt kämpfte dafür, die private, staatlich subventionierte Bekenntnisschule als Idealtyp darzustellen. Die Mehrheit der Anwesenden konnte sich dazu nicht entschließen, so daß Herr v[on] Knoeringen in seinem Referat für die christliche Gemeinschaftsschule eintreten mußte, allerdings mit einem Hinweis auf Wandlungsmöglichkeiten in der sozialistischen Haltung zu dieser Frage.
Die katholischen Tagungsteilnehmer, wenigstens die Mehrzahl, fanden sich am Abend des 10. Januar zu einer Vorbesprechung zusammen. Die Referenten skizzierten kurz ihre beabsichtigten Ausführungen und man versuchte, Akzente für die Diskussion herauszustellen.
Die Tagung selbst begann am 11. Januar um 9 Uhr. Es ist unmöglich, im Rahmen eines knappen Berichtes den gesamten Inhalt festzuhalten. Die Akademie will die Drucklegung der Referate und bedeutsamer Diskussionsausschnitte beschleunigt vorbereiten. Prof. Gustav Gundlach S. J. eröffnete die Tagung mit seinem Referat über »Katholizismus und Sozialismus«. Es fiel auf, daß der Referent kaum über den Marxismus sprach, dem ja dann auch die sozialistischen Referenten teilweise recht gründlich abschworen, sondern die Kirchenfremdheit des Liberalismus besonders in den Vordergrund rückte. Ohne Zweifel hat er damit den Kern des Problems »Kirche – freiheitlicher Sozialismus« getroffen, nämlich die Frage, ob sich der Sozialismus mit der Abwendung vom Sozialismus und der Hinwendung zum Liberalismus der Kirche nähert oder sich noch weiter von ihr entfernt. Es ist sicher keine unbegründete Vermutung, daß P. Gundlach mit seinen Ausführungen über den Liberalismus auch mancher Entideologisierung in christlichen Parteien begegnen wollte. Das Referat gipfelte in präzisen Fragen an den demokratischen Sozialismus, die vor allem den Liberalismus, die Stellung zur Kirche und zur religiös begründeten Kultur sowie die Haltung zur Notwendigkeit einer weltanschaulichen Fundierung des politischen Gestaltens betrafen.
Prof. Carlo Schmid stellte im wesentlichen die historische Entwicklung vom marxistischen Ursprung bis zur heutigen humanistischen Haltung dar. Dabei wurde auch die Kirchenfeindlichkeit der Frühzeit offen zugegeben. Als besonderer Neuansatz zeichnete sich die Bedeutung des Menschenbildes für den heutigen Sozialismus ab. Der heutige Sozialismus will den Menschen nach den Ausführungen von Carlo Schmid weder verstaatlichen noch vergesellschaften, sondern Staat und Gesellschaft

15 PAUL-WILHELM WENGER *(1912–1983), Landgerichtsrat und Journalist, seit 1948 Redakteur der Wochenzeitung »Rheinischer Merkur«.*

vermenschlichen. Wenn abschließend dann freilich als Menschenbild das menschliche Selbstbewußtsein genannt wurde, so zeigte sich doch die liberale Blässe dieser Wertgrundlage.
Prof. Adolf Süsterhenn sprach als dritter Referent des Vormittags, da er am Mittag bereits wieder abreisen mußte. Sein Thema lautete: »Politik aus christlicher Staatsauffassung«. Die einleitenden Partien des Referates beschäftigten sich mit dem Naturrecht, etwa von der Mitte des Vortrages an wurde jedoch das Thema immer mehr verlassen und eine Apologetik für die Tatsache getrieben, daß der katholische Christ seine politische Heimat in der CDU sieht. Es wirkte insbesondere unglücklich, daß Prof. Süsterhenn die Rheinhausener Rede von Bischof Keller[16] nicht nur erwähnte, sondern ausführlich zitierte und sich in seiner Skepsis zum Wege der SPD weniger auf naturrechtliche Überlegungen als auf die Autorität des Bischofs stützte. An diesen Stellen wurde auch Unruhe, teilweise Erbitterung spürbar und es fielen einige Zwischenrufe wie »Wahlrede«. Ganz besonders unglücklich aber war es, daß Prof. Süsterhenn behauptete, das politische Konzept der CDU gründe sich auf die Einheit von katholischen und evangelischen Christen im Naturrecht, was offensichtlich für weite Kreise der evangelischen Christen nicht zutrifft und der Gegenseite die Möglichkeit gab, immer wieder auf diese fundamentale Unterschiedlichkeit innerhalb der christlichen Partei hinzuweisen. Am Rande bemerkt: Es fällt auf, daß gerade Prof. Süsterhenn der einzige der Referenten war, der auf Anraten, fast auf Druck des Zentralkomitees eingeladen wurde (Dr. Kafka).
Wohl das sachlich bedeutsamste Referat von sozialistischer Seite gab Dr. Adolf Arndt MdB. Dr. Arndt bezeichnete die Entscheidung des heutigen Sozialismus als eine prinzipielle. Er wies darauf hin, daß auch in der CDU die Naturrechtsbasis für den größeren Teil der evangelischen Christen nicht verbindlich ist. Die SPD als politische Partei könne sich nicht zum Naturrecht bekennen. Wohl aber betrachte der demokratische Sozialismus unabstimmbare Werte, die sich aus der Menschenwürde ergeben, als notwendige Grundlage jeglicher politischen Gestaltung. Er setzte sich von der früheren Forderung nach der absoluten Trennung von Kirche und Staat ab und bezog sich auf Schumacher, der das Verhältnis von Kirche und Staat durch Verträge geregelt wissen wollte. Damit sei Religion nicht mehr bloße Privatsache. Zur Frage der Weltanschauungspartei bejahte Dr. Arndt die Notwendigkeit einer Bindung an absolute Werte, verneinte aber für eine politische Partei als Partei die Verpflichtung des Menschen auf etwas Totales, das sein ganzes Leben beherrscht.
Die große Diskussion des Nachmittags befaßte sich hauptsächlich mit Fragen des Naturrechtes. Von sozialistischer Seite wurde immer wieder in Abrede gestellt, daß sich eine politische Partei als solche zum Naturrecht entscheiden könne. Angesichts der evangelischen Theologie wurde dies auch für die CDU in Abrede gestellt. Wohl aber wurde anerkannt, daß viele der »absoluten Werte« im Ergebnis mit den aus dem Naturrecht begründeten Wahrheiten zusammenfallen. Einige Bemerkungen hessischer SPD-Politiker über konkrete schulpolitische Probleme, auf die von Prof. Sü-

16 *Vgl. Dok. 120, Anm. 2.*

sterhenn angespielt worden war, sind als unter dem allgemeinen Niveau liegend nicht in die Diskussion eingegangen.

Der Sonntagvormittag brachte die beiden kulturpolitischen Referate von Prof. Fr[ei]h[er]r Götz v[on] Pölnitz und von Waldemar v[on] Knoeringen. Prof. Pölnitz holte geschichtlich weit aus und gab ein bestechendes Bild der katholischen Sicht des kulturellen Auftrages. In diese große Überschau, auch über das Gebiet von Wissenschaft und Kunst, waren die ganz klaren schulpolitischen Forderungen eingebettet: Elternrecht, Konfessionsschule und konfessionelle Lehrerbildung. Die Gesamtschau wurde aus den Quellen des christlichen Menschenbildes in der Natur- und Erlösungsordnung abgeleitet. Waldemar v[on] Knoeringen fiel gegenüber diesem Vortrag im Niveau merklich ab. Seine Grundthese war die staatspolitische Bedeutung der Kulturpolitik vor aller anderen Politik. Er kam aber zu der Schlußfolgerung, daß dem weltanschaulich pluralistischen demokratischen Staat nur die christliche Gemeinschaftsschule voll gerecht werde, obwohl er zugleich einräumte, daß regional andere Entscheidungen fallen könnten oder daß auch in diesem Punkt die sozialistische Haltung noch eine Wandlung erfahren könne. Die innere Begründung für die Befürwortung der Gemeinschaftsschule sah Knoeringen in der Notwendigkeit, einen für alle verbindlichen Querschnitt durch die Wertbilder der freien Wertträger zur Grundlage der staatlichen Kulturpolitik und Erziehungsarbeit zu machen. Willy Eichler setzte sich von dieser Auffassung innerhalb der Diskussion auf einen sehr konzentrierten Einwand von P. Gundlach hin ab. Wie ich aus sicherer Quelle erfahren konnte, war die Frage der Gemeinschaftsschule Gegenstand einer längeren Vorbesprechung der sozialistischen Tagungsteilnehmer. Dr. Arndt ist dabei in logischer Konsequenz seiner staatspolitischen Thesen für die private Konfessionsschule nach holländischem Muster als erstrebenswertes Ideal eingetreten. Die kurzen Ausführungen Eichlers schienen in diese Richtung zu weisen. Sie waren auch vor allem als abwehrende Antwort auf einen Diskussionsbeitrag des Herrn Wenger erforderlich, der die Thesen Knoeringens im Sinne der »Kulturkirche« weiterinterpretierte.

Die stärksten Annäherungspunkte zeigten sich wohl in den beiden Referaten von Prof. Dr. Gerhard Weisser, Köln, und Prof. Dr. Oswald v[on] Nell-Breuning S. J. am Sonntagnachmittag. Beide traten für den organischen Pluralismus im Wirtschaftsleben ein und setzten sich damit sowohl vom willkürlichen Pluralismus wie von der verstaatlichten Einheit ab. Auch in der Frage des sog. Investivlohnes zeigten sich bedeutsame Annäherungen. Es war bemerkenswert, daß Prof. Weisser nur für die Verstaatlichung der Grundstoffindustrien sprach, im übrigen aber für den Schutz des Privateigentums eintrat. Die Verstaatlichung der Grundstoffindustrien scheint ihm erforderlich, um die Bestimmungskraft der demokratischen Organe zu gewährleisten. Die Vielfalt der Meinungen über die Anwendung der Grundlagen katholischer Soziallehre in solcher Deutlichkeit aufzuzählen, wie es von P. v[on] Nell-Breuning geschah, war vielleicht nicht unbedingt erforderlich. Es war bedeutsam, daß P. Wallraff in einem knappen, aber sehr inhaltsreichen Diskussionsbeitrag dann doch noch einmal die Verschiedenheit des Ausgangspunktes katholischen und sozialistischen Denkens zu wirtschaftlichen Problemen klar umriß. Ein Diskussionsbeitrag von Dr.

Kroll[17], der P. Gundlach bis in praktisch-politische Fragen festzulegen suchte, wurde allgemein als nicht glücklich empfunden. Der Versuch von Prof. Schellenberg MdB[18], die Begründungen sozialpolitischer Maßnahmen der CDU im Subsidiaritätsprinzip ad absurdum zu führen, kam nicht an. P. v[on] Nell-Breuning antwortete in humorvoller Art, er wäre froh, wenn alle katholischen Abgeordneten immer in den Lehren der katholischen Soziallehre so beschlagen wären, wie sich Dr. Arndt in der evangelischen Theologie beschlagen zeigte.

Abschließend darf zu der ganzen Veranstaltung gesagt werden, daß sie auf einem erfreulichen Niveau und mit großem Takt auf beiden Seiten verlief. Als beispielsweise ein sozialistischer Tagungsteilnehmer von P. Gundlach Auskunft über die Verbindlichkeit der Rede von Bischof Keller wollte und P. Gundlach in der Antwort diesen Punkt überging, erklärte Dr. Arndt öffentlich, daß er die taktlose Frage des sozialistischen Teilnehmers bedaure. Auch die etwas bedenkliche Stimmung am Ende des Referates von Prof. Süsterhenn konnte glücklich überwunden werden. Die Äußerungen der Presse, die der Veranstaltung ein ungewöhnlich breites Echo gaben, sind durchweg zufriedenstellend. Auch die sozialistische Presse hat es unterlassen, die Tagung in einer einseitigen Weise politisch auszuschlachten. Die katholische Presse reagierte durchweg positiv. Eine kleine Kritik in der Deutschen Tagespost betraf ausschließlich formale Dinge (Länge der Referate, Bedenken wegen der Öffentlichkeit). Viele Presseorgane sprachen den Wunsch aus, das Gespräch möge fortgeführt werden. Prof. Weisser hatte zu Beginn seines Referates eine Einladung an die Katholische Akademie ausgesprochen, das Gespräch in Bergneustadt (Akademie der SPD – Friedrich Ebert-Stiftung) fortzuführen, bat mich aber dann auf einem Zettel, die Einladung als nicht protokollgemäß zu übersehen. Ähnlich bekundeten mir Herr v[on] Knoeringen und Dr. Arndt, diese Einladung sei nicht abgesprochen gewesen und einer persönlichen Intuition von Prof. Weisser entsprungen, ich möchte von einer Antwort absehen. Aus diesem Grunde bin ich auch in meinem Schlußwort nicht auf die Einladung eingegangen. Um gewisse Vermutungen in Informationsdiensten richtigzustellen, habe ich im Informationsdienst der KNA auf diesen Sachverhalt hingewiesen. Bedauerlich war es, daß die CDU trotz mehrfacher Einladung dem Gespräch fernblieb. Dank der großen Aktivität von P. Gundlach in allen Diskussionen blieb sachlicher Schaden verhütet. Die CDU hätte es aber in der Hand gehabt, sich gerade in der Diskussion de facto zum Sprecher der kirchlichen Auffassungen zu machen.

Die Akademie wird alles daransetzen, die Referate und eine Übersicht über die Diskussion möglichst bald im Druck zu publizieren.[19] Das erscheint um so wichtiger, als die SPD bereits angekündigt hat, einen größeren Posten zu beziehen und den Wunsch

[17] Gerhard Kroll *(1910–1963), Dr. iur., 1946–1948 Landrat in Staffelstein, 1946–1950 Mitglied des bayerischen Landtags (CSU), 1948/49 Abgeordneter des Parlamentarischen Rates, 1949–1951 Direktor des Instituts zur Erforschung des Nationalsozialismus in München, seit 1951 Chefredakteur der Zeitschrift »Neues Abendland«. Vgl.* R. Uertz, *Kroll.*

[18] Ernst Schellenberg *(1907–1984), Dr. rer. pol., Versicherungsfachmann und Politiker (SPD), 1952–1976 Mitglied des Bundestags, 1960–1973 des Parteivorstands der SPD.*

[19] Christentum und demokratischer Sozialismus, *hrsg. von* A. Arndt *u. a., München 1958.*

ausgesprochen hat, die gedruckten Referate noch vor dem Parteitag in Stuttgart als Material für Reformüberlegungen in der Partei zu verwerten.

Dr. Karl Forster.

174

Erklärung Paulus', Wallraffs und Engels

Bad Godesberg, 29. Januar 1958

EA Köln, Katholisches Büro NRW I 120. *Schreibmaschinenvervielfältigung. Briefkopf:* Zentralkomitee der deutschen Katholiken – Sozialreferat. *Überschrift auf Deckblatt:* Stellungnahme der von der Katholischen Kirche beauftragten Gesprächspartner in dem Unterausschuß »Eisen und Stahl« der Kommission »Sonntagsruhe« beim Bundesarbeitsministerium zu dem vom Arbeitgeberverband der Eisen- und Stahlindustrie e. V., Düsseldorf, vorgelegten »Entwurf nebst Begründung zur Novelle der Bundesratbekanntmachung von 1895 für Betriebspunkte der Eisen schaffenden Industrie«.

I.

Durch eine einseitige Neufassung der rechtlichen Bestimmungen über die Sonntagsarbeit können hohe menschliche und kulturelle Werte gefährdet werden. Der vom Arbeitgeberverband der Eisen- und Stahlindustrie vorgelegte Entwurf einer Novelle der Bundesratsbekanntmachung von 1895[1] berücksichtigt zu ausschließlich nur die eine oder andere Gruppe aus der Gesamtheit der berührten menschlichen und allgemeinen Interessen. Es ist deshalb nicht möglich, ihm in der vorliegenden Form zuzustimmen.

Es erübrigt sich, zur allgemeinen Begründung dieser Stellungnahme erneut auf die anthropologische, kulturelle und religiöse Bedeutung des Sonntags zu verweisen. Das ist hinreichend geschehen. Die Eisen schaffende Industrie erklärt anerkennenswerterweise selbst, es sei »ihr ein ernstes Anliegen, die Sonntagsarbeit der in ihren Werken Beschäftigten auf das unbedingt Notwendige zu beschränken«.

Das allerdings muß erneut unterstrichen werden: Wenn auch der Sonntag, ohne Schaden zu nehmen, einzelne Arbeiten zuläßt, soweit sie physisch unabdingbar sind oder weil sie dringender öffentlicher Belange wegen getätigt werden müssen, darf er doch durch diese Arbeiten in seiner Substanz, als gesellschaftliche Institution, nicht gefährdet werden. Keine öffentlichen Belange können die menschliche Bedeutung des Sonntags wettmachen. Strukturell muß er aus den anderen Tagen herausgehoben bleiben. Der Substanz des Sonntags gegenüber ist jene Sorgfalt anzuwenden, in der das Grundgesetz der Bundesrepublik die Substanz der Grundrechte gewahrt wissen will.

So wie die Substanz der Grundrechte – etwa der Freiheitsrechte – nicht durch irgendwelche rechnerischen Ableitungen bestimmt werden kann, ohne daß deshalb die Grundrechte an Dringlichkeit verlieren würden, so bleibt auch die menschliche Bedeutung des Sonntags gegeben, obschon sie nur in subtilen anthropologischen,

[1] *Vgl. Dok. 98, Anm. 2.*

kulturellen und religiösen Wertargumenten aufgewiesen werden kann. Wo auch immer die eventuelle Sonntagsarbeit erörtert wird, muß ein waches Bewußtsein für die so leicht verwundbaren Werte der gesellschaftlichen Strukturen jeden neuen Schritt sorgfältig prüfen. Erst recht gilt das, wenn das öffentliche Recht den Sonntag zu bestimmten Arbeiten freigeben soll. Gesteht das Recht die Befugnis zu Arbeiten am Sonntag zu, so hat es darauf zu achten, daß die Gesamtheit der Sonntagsarbeit Ausnahme bleibt. Der Ausnahmecharakter der Sonntagsarbeit muß deutlich sein. Deshalb erscheint es notwendig, bei der Setzung des Ausnahmerechtes strenge Sicherungen dagegen einzubauen, daß die Ausnahmebefugnisse nicht extensiv interpretiert werden können. Aus dem gleichen Grunde darf ein Entwurf zu einem Ausnahmerecht nicht solche Begründungen anführen, die zahlreiche Bürger bzw. zahlreiche Wirtschaftssubjekte für sich in Anspruch zu nehmen in der Lage sind. Sonst bliebe die zugestandene Arbeit praktisch nicht lange Ausnahme. Die Grundstruktur des Sonntags würde preisgegeben. Damit soll aber nicht gesagt sein, daß man bis zu der Grenze gehen sollte, an der die Substanz des Sonntags angetastet wird; das Ziel der Bemühungen ist vielmehr, möglichst allen Menschen den Sonntag als Ruhetag und Tag der religiösen Besinnung sicherzustellen.

Im Hinblick auf die angeführten Gesichtspunkte geht der Entwurf zu einer Novelle der Bundesratsbekanntmachung von 1895, den der Arbeitgeberverband der Eisen- und Stahlindustrie e. V., Düsseldorf, vorgelegt hat, an vielen Stellen zu weit und ist in seinen Begründungen vielfach unzureichend.

Echte technische Notwendigkeiten erzwingen das Recht zur Sonntagsarbeit, darüber bedarf es keiner Diskussion. Es ist jedoch eine Tatfrage, die längst nicht immer einheitlich beurteilt wird, auch nicht von den Experten, ob hier und jetzt eine echte technische Notwendigkeit vorliege oder nicht. Zudem können zwar gewisse Notwendigkeiten dem derzeitig gegebenen Stand der technischen Anlagen folgen. Dennoch geht es nicht an, sie schlechthin als technische Notwendigkeiten zu bezeichnen. Neuinvestitionen anderer technischer Verfahren können sie unter Umständen für eine nahe Zukunft vermeiden. Technische Bezeichnungen dürfen nicht mit technischen Begründungen verwechselt werden.

Zweifellos rechtfertigt ein hohes »öffentliches Interesse« rechtliche Ausnahmebefugnisse zu Arbeiten am Sonntag. Ein derartig hohes öffentliches Interesse kann vorliegen, wenn außergewöhnlich große volkswirtschaftliche Werte verlorengingen und zugleich große soziale Notstände behoben werden könnten, ohne daß die Substanz des Sonntags und die von ihm geprägte Struktur der Gesellschaft angetastet würden. Offenbar ist ein derartiges hohes öffentliches Interesse dann nicht erreicht, wenn die durch Sonntagsarbeit realisierbaren volkswirtschaftlichen und sozialen Fortschritte jene Größenordnungen nicht wesentlich übersteigen, die häufiger bei Entscheidungen der Wirtschaftsgesellschaft zur Debatte stehen, wenn es sich um Mehrkosten handelt, wie man sie zugunsten anderer Anliegen durchaus in Kauf zu nehmen pflegt. Der Entwurf des Arbeitgeberverbandes Eisen- und Stahlindustrie beantragt eine große Anzahl von Befugnissen zur Sonntagsarbeit, zu deren Begründung auf Kostensteigerungen verwiesen wird, deren Höhe bezweifelt werden muß, bzw. deren

Höhe jene Größenordnung nicht zu erreichen scheint, die ein außergewöhnliches öffentliches Interesse konstituiert, das allein den Sonntag zu belasten erlaubt.
Aus dem großen Katalog der Anträge können mit Rücksicht auf die Substanz des Sonntags, die sonst gefährdet würde, nur jene Arbeiten anerkannt werden, die technisch – und zwar auch auf die Dauer – unvermeidbar sind und jene, die durch ein so dringliches öffentliches Interesse gerechtfertigt erscheinen, wie es nur zugunsten dieser Arbeiten angeführt werden kann. Nur die höchsten Dringlichkeiten in der Gesamtwirtschaft können bei der Freigabe von Sonntagsarbeiten berücksichtigt werden.
Unter diesen Gesichtspunkten ist die nachfolgende Stellungnahme zu den einzelnen Anträgen zu verstehen.

II

Zu den einzelnen Betriebsgattungen bzw. Arbeiten, für die eine Ausnahme vom Verbot der Sonntagsarbeit beantragt wird:
1 a) Würde man die Arbeiten an den Hochofenanlagen dem Verbot der Sonntagsarbeit unterwerfen, so scheint das am ersten zu solchen technischen Schwierigkeiten, volkswirtschaftlichen Verlusten und sozialen Belastungen zu führen, daß sie im öffentlichen Interesse vermieden werden müßten. In Anbetracht dieser Tatsache und der anderen, daß die Arbeiten an den Hochofenanlagen auch bisher schon vom Verbot der Sonntagsarbeit ausgenommen waren, könnte hier wahrscheinlich die Ausnahme weiter zugestanden werden.
b) Allerdings ist das Rankenwerk der Nebenanlagen und Nebenarbeiten in dem vorgelegten Entwurf so weit gefaßt, daß es so nicht zugestanden werden kann. Es können nicht alle Arbeiten freigegeben werden, die noch irgendwie zum »Antransport« oder »Abtransport« gezählt werden können, ebensowenig alles, was vage irgendwie zur »Unterhaltung der Anlagen« gezählt werden mag.
2 a) Es geht nicht an, sofort und auf Vorrat alle »sonstigen Roheisenerzeugungsanlagen« freizugeben. Damit würde jeder Druck auf die technische Entwicklung entfallen, die zukünftigen Anlagen so zu entwickeln, daß sie ohne sonderliche Belastungen hinreichende Rücksicht auf die Werte des Sonntages zu nehmen erlauben.
b) Der Ausdruck »kontinuierlich« genügt keineswegs als Randbedingung, unter der die Ausnahme in Anspruch genommen werden dürfte. Es ist hier ein genaues Gefüge eingrenzender Bedingungen einzusetzen, das jede extensive Interpretation des Ausnahmerechtes verwehrt, und das die Ausnahme soweit einschränkt, als eben angeht.
3 a) Unter allen anderen beantragten Gattungen der Betriebe scheinen nur noch die SM-Stahlwerksanlagen im Falle eines generellen Verbotes der Sonntagsarbeit technische Schwierigkeiten, volkswirtschaftliche Verluste und menschlich-soziale Belastungen in einer solchen Größenordnung auszulösen, daß sie im öffentlichen Interesse auch zu Lasten der hohen Werte vermieden werden müßten, die der Sonntag vertritt. Es ist nicht möglich, hier darüber zu entscheiden, ob nicht andere Industriezweige mit größeren Dringlichkeiten das Maß an Ausnahmebefugnissen bereits ausschöpfen, das nicht überschritten werden darf, soll die Substanz des Sonntags nicht

angetastet werden. Unter dem Vorbehalt, daß wirklich Größenordnungen zur Frage stehen, wie sie von keiner anderen Seite angeführt werden können, so daß keine andere Industrie kraft des Satzes vom gleichen Recht für alle das Zugeständnis an die SM-Stahlwerksanlagen für sich in Anspruch zu nehmen vermag, kann hier – allerdings nur für die größeren Ofentypen – über eine Ausnahme diskutiert werden.
Hier wie auch bei den anderen Produktionsprozessen, die von dem Verbot der sonntäglichen Arbeit ausgenommen werden sollen, müßte die Größenordnung der volkswirtschaftlichen Verluste, die aus den technischen Schwierigkeiten entstehen, bewiesen werden.
b) Wiederum aber können die Nebenanlagen keineswegs so einbegriffen werden, wie sie in dem Entwurf beantragt sind.
4) Es wird von Fachleuten entschieden bestritten, daß ein Warmhalten der Elektrostahlöfen über die sonntägliche Stillstandszeit hinweg technisch nicht vollziehbar sei. Ein derartiges Warmhalten würde nicht Mehrkosten in einer Größenordnung auslösen, die es rechtfertigt, den Grundwert der gesellschaftlichen Sonntagsruhe zu gefährden. Daß in dem Falle, in dem 24 von den 168 Wochenstunden nicht zur Produktion genutzt werden, ein Siebentel, also mehr als 14%, und unter Berücksichtigung der Anlauf- und Auslaufzeiten vielleicht 18% der abstrakt möglichen Erzeugung ausfallen, und daß bei einer 12-stündigen Unterbrechung der Produktion ein Vierzehntel, also gut 7% und auf Grund der Übergangszeiten 10% bis 11% der möglichen Erzeugung ausfallen, das gilt für jedes Unternehmen, welches Tag und Nacht zu arbeiten in der Lage ist. Würde kraft dieser Begründung die Sonntagsarbeit freigegeben, so wäre damit der Sonntag als Tag der Arbeitsruhe für einen weiten Bereich der industriellen Produktion abgeschafft.
5) Technische Notwendigkeiten können für Thomas-Stahlwerke nach Angaben der technischen Fachleute nicht geltend gemacht werden. Die privatwirtschaftlichen und volkswirtschaftlichen Belastungen übersteigen hierbei nicht das Ausmaß, das allgemein zur Erhaltung der Sonntagsruhe in Kauf genommen werden muß.
6 a) Zugunsten der Sonntagsarbeit an den Walzenstraßen erster Hitze wird angeführt, Tieföfen, die die Rohblöcke über Sonntag warmhalten könnten, seien schon deshalb von den meisten Werken nicht erstellbar, weil »die räumlichen Möglichkeiten« erschöpft seien.
Würde überall dort die Sonntagsarbeit anerkannt, wo ein Unternehmen kraft eigener freier Entscheidungen das Werksgelände so dicht besetzt hat, daß nun auf den Sonntag zurückgegriffen werden muß, sollen schwere wirtschaftliche Belastungen vermieden werden, so käme man mit den Genehmigungen für Sonntagsarbeit an kein Ende. Eine derartige Anerkennung würde das gesamte Gewerbeaufsichtsrecht in gefährlicher Weise präjudizieren.
b) Um die Sonntagsarbeit für die Walzenstraßen erster Hitze zu begründen, wird weiter gesagt, die Blockstraßen seien ohnehin »engster Querschnitt im Materialfluß des ganzen Werkes«. Das Engpaßargument ist nicht geeignet, endgültige rechtliche Belastungen des Sonntags zu rechtfertigen. In jeder Volkswirtschaft und in allen Wirtschaftszweigen treten immer wieder Engpässe auf. Würden sie alle zu Lasten

des Sonntages geltend gemacht, so wäre der allgemeine Ruhetag entgegen der Entscheidung des Grundgesetzes in seiner Substanz ernsthaft bedroht.

c) Ebenso große Bedenken müssen den Begründungen, die auf den Investitionsmittelbedarf abgestellt sind, entgegengebracht werden. Es dürfte nicht leicht sein, den Beweis dafür zu erbringen, daß die Investitionen, die notwendig sind – wenn nicht der Sonntag als Lückenbüßer herangezogen werden kann –, im Vergleich zu den üblichen Neuinvestitionen und Ersatzinvestitionen der Industrie eine Größenordnung erreichen, die das hohe öffentliche Interesse, das die Gesellschaft an einem integren Sonntag hat, überwiegen.

d) Ungezählte Wirtschaftszweige und industrielle Unternehmen können als Begründung zu einer eventuellen Sonntagsarbeit anführen, daß sie große Mengen von Energie über das Wochenende abnehmen würden. Fände diese Begründung Anerkennung, so wäre der Sonntag als allgemeiner Ruhetag in kurzer Zeit weitgehend preisgegeben. Daß derzeitig ein Energieengpaß bestehe, wird von den entsprechenden Fachleuten ernsthaft bestritten. Wenn dieses der Fall wäre, könnte er durch entsprechende Investitionen behoben werden.

7) Der Entwurf des Arbeitgeberverbandes der Eisen- und Stahlindustrie stützt sich an den verschiedenen Stellen auf das Argument, es sei »die möglichst weitgehende Ausnutzung der Kapazität für die deutsche Stahlindustrie im Hinblick auf den internationalen Wettbewerb von großer Bedeutung«. Das kann nicht bestritten werden. Allerdings darf daraus nicht der Schluß gezogen werden, die Tatsache rechtfertige ohne weiteres eine Ausnutzung der Kapazität auch an Sonntagen. Wäre das der Fall, so müßte die Sonntagsarbeit für alle Wirtschaftszweige und alle Unternehmen freigegeben werden, die dem internationalen Wettbewerb ausgesetzt sind. Nur dann, wenn die deutsche Stahlindustrie ohne die Befugnis, ihre Kapazität auch am Sonntag auszunutzen, durch den internationalen Wettbewerb so belastet wäre, daß diese Belastung im echten öffentlichen Interesse behoben werden müßte, könnte jene Befugnis – vorausgesetzt, daß sie der einzige Ausweg wäre – zugestanden werden. Für die derzeitige Situation der deutschen Stahlindustrie scheint eine solch außergewöhnliche Belastung durch den internationalen Wettbewerb nicht gegeben zu sein. Auch dort, wo wirklich Wettbewerbsvorsprünge des Auslandes vorliegen würden, bliebe zu prüfen, ob sie nicht durch andere Maßnahmen als durch die Gefährdung des Sonntages ausgeglichen werden können. Es ist keineswegs erforderlich, daß die einzelnen Kostenfaktoren in allen konkurrierenden Ländern gleich hoch sind. In diesem Falle wäre z. B. die US-amerikanische Industrie wegen der Höhe ihrer Löhne auf keinem Gebiete wettbewerbsfähig.

8) Ohne Zweifel kommt den sozialen Gesichtspunkten, die der Entwurf des Arbeitgeberverbandes der Eisen- und Stahlindustrie in seinen Begründungen anführt, ein hohes Gewicht zu. Wiederum aber ist darauf zu verweisen, daß soziale Verbesserungen nicht notwendig zu Lasten des menschlich und sozial so bedeutsamen Sonntags zu gehen brauchen. Wenn auch durch bestimmte Formen der kontinuierlichen Arbeitsweise einzelne Belegschaften an den Sonntagen weniger zu arbeiten haben, als es bisher üblich war, so ist dadurch in keiner Weise garantiert, daß nicht der gesam-

ten Arbeitnehmerschaft durch die Ausstrahlungen des Systems auf die Institution des Sonntags als solchem ein menschlicher und sozialer Nachteil erwächst, der nicht leicht wieder gut zu machen ist.
Darüber hinaus denkt niemand daran, die alte Regelung wieder einzuführen. Die Frage lautet vielmehr: Ist eine sonntägliche Produktionsunterbrechung unter Beibehaltung der 42-Stunden-Woche möglich und volkswirtschaftlich tragbar? Wenn diese Frage bejaht werden kann, so werden die Arbeiter höchstens besser gestellt, auf keinen Fall aber schlechter. Unter sozialen Gesichtspunkten kann also eine solche Regelung keine Nachteile bringen.

gez.
D[om]k[a]p[i]t[ular] Dr. Paulus
P. Dr. Wallraff
P. Dr. Engel.

175

Bericht Engels

[Bad Godesberg, vor 31. Januar 1958][1]

DA MÜNSTER, GV-NA, AO-819. *Schreibmaschinendurchschrift mit Überschrift:* Bericht des Sozialreferats.

I.

Das Sozialreferat war in der Berichtszeit weiter beschäftigt mit den Verhandlungen in Fragen der Sonntagsarbeit und Sicherung der Sonntagsruhe. Es wurde dabei die grundsätzliche Stellungnahme der Katholischen Kirche herausgearbeitet und den Gesprächsteilnehmern in der großen Kommission »Sonntagsruhe« im Bundesministerium Arbeit vorgelegt.
Über den Stand der Verhandlungen wurde eine dreißigseitige Zusammenfassung, deren Inhalt auf der letzten Vollversammlung am 4. Dezember 1957 vorgetragen wurde, allen Mitgliedern des Zentralkomitees der Deutschen Katholiken zugeleitet. Die Information über den Stand der Frage wird in diesem Rahmen fortgesetzt.
Auf den nächsten Sitzungen der Unterausschüsse ist eine entscheidende Klärung dieser Frage zu erwarten. Sondergespräche mit einzelnen Industriezweigen sind erfolgt, so etwa mit Stahl und Eisen am 3.1.1958 in Duisburg-Ruhrort bei Phönix-Rheinrohr. Gesprächsteilnehmer waren auf der Arbeitgeberseite Herr Brandi[2], technischer Direktor bei Phönix-Rheinrohr u[nd] Leiter der Unterkommission Eisen u[nd] Stahl auf Arbeitgeberseite, die Herren Dr. Neben[3] und Landesarbeitsminister

1 *Die Datierung ergibt sich aus dem Termin der als bevorstehend genannten Besprechung.*
2 HERMANN-THEODOR BRANDI *(1908–1973), Dr. Ing. h. c., 1927–1933 Vorsitzender des Bergbauvereins und Zechenverbands, Vorstandsmitglied der Rheinrohr AG Düsseldorf.*
3 *Nicht ermittelt.*

Hemsath, auf unserer Seite die Herren Domkapitular Dr. Paulus, P. Dr. Wallraff, P. Dr. Engel und Dr. Oberhauser[4].
Ein weiteres Gespräch mit den Herren Dir[ektor] Brandi, Dr. Neben einerseits und Dr. Paulus und P. Dr. Wallraff andererseits fand am 16.1.1958 in Frankfurt als Vorbesprechung für die nächste Unterausschußsitzung am 31. Januar statt.
Da hier nun endgültige Entscheidungen fallen müssen, wird eine Besprechung mit Exzellenz Dr. Keller vor diesem Termin (31.1.1958) angestrebt wie auch ein Informationsgespräch mit Eminenz Frings von Köln und Exzellenz Dr. Hengsbach.
Eine Stellungnahme von unserer Seite wurde in [*einem*] Antwortschreiben auf einen Gesetzentwurf der Eisen- und Stahlindustrie durch Herrn P. Dr. Wallraff entworfen und wird nach einer gemeinsamen Besprechung zeitgerecht dem Bundesministerium Arbeit zugeleitet.
Die Gesprächsteilnehmer auf unserer Seite glauben, in den sich abhebenden Konzessionen auf seiten der Stahlindustrie einen tragbaren Kompromiß erreichen zu können. Durch die Vermeidung einer allzu starken publizistischen Aktivität in dieser Frage konnte ein sachliches Diskussionsklima in der bisherigen Verhandlungszeit sichergestellt werden. Die anfängliche Gefahr, daß der Verkauf des Sonntags in breiter Front zu einem Dammbruch führen würde, scheint unterdessen abgewandt worden zu sein.
Die Verhandlungen mit den verschiedenen Industriezweigen stehen etwa noch auf dem Stand, wie er im Sonderbericht des Sozialreferats vom November 1957 veröffentlicht wurde.

II.

In der Entwicklung der Gewerkschaftsbewegungen ist durch die Personalkrise der CGD-Zentrale in Essen zu Beginn des Jahres eine neue Belastung für die junge Bewegung entstanden. Glücklicherweise sind diese inneren Vorgänge peinlicher Art nicht in die Öffentlichkeit gedrungen, vielmehr faßte die Öffentlichkeit diese Änderung im Personalstab als eine finanzielle Krise der CGD auf. Das hatte den Vorteil, daß die bisher herrschende Meinung, als werde die CGD von kirchlicher Seite aus getragen, zerstört wurde. Damit entfällt auch der von Senatspräsident Dr. Müller[5] (Bundesarbeitsgericht Kassel) oft angeführte Grund, daß die vermutete Fremdfinanzierung der CGD durch die Kirche die Tariffähigkeit der CGD in Frage stelle. Das Für und Wider der Doppelgleisigkeit in der Gewerkschaftspolitik wurde im letzten Halbjahresbericht des Sozialreferats auseinandergelegt.
In den Kreisen der christlichen Gewerkschaftler ist der bestehende Unsicherheitszustand durch gegenseitige Abklärung und Abgrenzung nicht beseitigt worden. In Gesprächen mit katholischen Persönlichkeiten des Bundesvorstandes des DGB wird vor allem darüber geklagt, daß sie durch die klägliche Entwicklung der CGD an

4 ALOIS OBERHAUSER *(geb. 1930), Dr. rer. pol., Wirtschaftswissenschaftler, 1963–1995 o. Professor für Finanzwissenschaften in Freiburg im Breisgau.*

5 GERHARD MÜLLER *(1912–1997), 1946–1954 Präsident des Landesarbeitsgerichts Hessen, 1954–1963 Präsident des Zweiten Senats des Bundesarbeitsgerichts, 1963–1980 Präsident des Bundesarbeitsgerichts.*

Prestige sehr verloren haben. Vor der Gründung der CGD konnten sie mit der globalen Zahl der Christen im DGB viel stärker argumentieren. Nun wird ihnen vorgehalten, daß sie diesen vermeintlichen Rückhalt gar nicht besäßen.
Die Weigerung, sich mit den CGD-Vertretern (CGD-Saar ausgenommen) an einen Tisch zu setzen, wird damit begründet, daß mit einer solchen Handlungsweise die CGD als echte Gewerkschaft anerkannt werden würde, während ihr in den Augen der Vertreter des DGB diese Qualität nicht zugesprochen werden kann, weil echte gewerkschaftliche Funktionen (Streikmöglichkeit, Arbeitsschutz, eigene Tarifgestaltung usw.) von dieser Gewerkschaft infolge ihrer finanziellen Struktur nicht wirksam ausgeübt werden können.
Weiter wird darüber geklagt, daß nun der Nachwuchs katholischer Funktionäre im DGB fast vollkommen abgedrosselt sei und der völlige Schwund an katholischem Einfluß im DGB nur noch eine Frage der Zeit sei.
Zu gleicher Zeit wird hingewiesen, wie von evangelischer Seite der DGB mehr und mehr frequentiert wird.
Die eventuellen Folgen, die in einer unklaren Doppelgleisigkeitspolitik in der Gewerkschaftsfrage eintreten, gilt es nüchtern wahrzunehmen.
Den augenblicklichen Zustand in der Gewerkschaftsfrage zu konservieren, bedeutet keine echte Beruhigung, sondern einen ständigen Schwund katholischen Einflusses im gewerkschaftlichen Raum so lange jedenfalls, wie die CGD nicht in wirksame Größenverhältnisse hineinwächst, die nach subjektiver Schätzung etwa bei 700.000 Mitgliedern zu suchen wären.
Die übrigen Schwierigkeiten sind allgemein bekannt und wiederholt dargelegt worden. Hervorgehoben sei aber vor allem die sich ungünstig auswirkende Identität der oberen Führungskräfte der Katholischen Arbeiter-Bewegung mit den Vorständen der CGD und die Tatsache, daß die CGD nicht als isolierte Größe betrachtet werden darf, sondern langfristig in Relation zu der bestehenden Größe anderer Gewerkschaftsorganisationen in unserem Raum.
Falls die CGD darauf verzichtet, die Unterstützung der kirchenamtlichen Autorität in besonderer Weise zu beanspruchen, haben wir keinen Grund, uns mit ihr auseinanderzusetzen; falls sie aber die besondere Empfehlung durch kirchenamtliche Autorität beansprucht, ist vorausgesetzt, daß die CGD ihre Funktion als Gewerkschaft in Selbständigkeit echt wahrnehmen kann, anderenfalls tritt eine ständige Abnutzung kirchlicher Autorität im gewerkschaftlichen Raum ein.
Die Schwierigkeiten, die im gewerkschaftlichen Raum entstehen, treten uns in unserer gesamten pluralistischen Gesellschaft entgegen, die infolge ihrer Verzahnung nicht mehr unmittelbar durch konfessionell ausgeprägte Organisationen sich vertreten läßt, sondern auf die von konfessioneller Seite nur indirekt ein Einfluß genommen werden kann. Infolge der zunehmenden Angleichung der gesellschaftlichen Grundwertüberzeugungen in der Bundesrepublik ist auf dem Wege der indirekten Einflußnahme den christlichen Kräften eine echte Gestaltungschance gegeben.
Die Interpretation des Frankfurter Gesprächs vom 12. März 1956 über die Gewerkschaftspolitik in der Kirche führte zu einer unangenehmen internen Auseinanderset-

zung über die Deutung der Frankfurter Konferenz. Anlaß dazu war die Veröffentlichung von Herrn Heckhausen[6] in den Gewerkschaftspolitischen[7] Kommentaren vom 15. November 1957.
Nach wie vor gelingt es den Standesverbänden nicht, in größerer Zahl ihre Mitglieder der CGD zuzuführen. Der bestehende Zustand in der Gewerkschaftsfrage ist keinesfalls zufriedenstellend, zumal auch die Christlichen Gewerkschaften an der Saar in einer harten Auseinandersetzung mit dem konkurrierenden DGB im Saargebiet stehen.

III.

In Frage einer christlich-sozialen Zeitschrift wurde folgender Weg beschritten: Die seit elf Jahren bestehende Zeitschrift »Die Neue Ordnung« wurde aus dem Rahmen einer reinen Ordenszeitschrift dadurch gelöst, daß eine Erweiterung des Redaktionsstabs nach Absprache mit Herrn P. Dr. Welty und Herrn P. Brachthäuser[8] erfolgte. Damit ist der Plan, eine eigene Zeitschrift des Zentralkomitees der Deutschen Katholiken zu gründen, fallengelassen worden. Eine solche Zeitschrift wäre notwendigerweise mit der Zeitschrift »Die Neue Ordnung« in Konflikt geraten bezüglich ihrer Bezieher wie auch betreffs des Mitarbeiterstabs.
Der Redaktionsstab wurde so erweitert, daß in ihm eine gewisse Repräsentation der wissenschaftlichen und sozialen Kräfte unseres Raumes sichergestellt ist. Neben den bisherigen Redakteuren P. Dr. Welty und P. Dr. Utz[9] wirken in Zukunft gleichberechtigt mit: aus dem Zentralkomitee die Herren Dr. Kafka und P. Dr. Engel, aus dem Jesuitenorden Herr P. Dr. Wallraff, aus dem Universitätsraum die Herren Prof. Heinz Müller[10], Freiburg, und Prof. Burgbacher[11], Köln, aus dem Verbandsraum Herr Dr. Franz Spiegelhalter[12] (Bundesvereinigung der Deutschen Arbeitgeberverbände, Köln), aus dem Verwaltungsraum Herr Dr. Paul Jostock[13], Stuttgart.
Durch diese Zusammensetzung soll die Objektivität in der Behandlung sozialer Themen in dieser Zeitschrift sichergestellt sein.
Die erste Nummer dieser neuen Redaktionsbesetzung wird im Februar 1958 erscheinen. Neu dabei ist ein Informationsteil über die Veranstaltungen zur sozialen Frage

[6] FRANZ HECKHAUSEN *(1920–1988), 1954–1959 Sprecher der Christlich-sozialen Kollegenschaft im DGB.*

[7] *Vermutlich Schreibfehler für* Gesellschaftspolitischen.

[8] P. WUNIBALD (JOSEF ALOYS) BRACHTHÄUSER OP *(1910–1999), Dr. theol., 1929 Ordenseintritt, 1935 Priester, 1942–1950 Domprediger in Köln, 1950–1958 Provinzial, 1958 Generalprediger des Dominikanerordens, 1961–1968 Prior in Köln.*

[9] P. ARTHUR FRIDOLIN UTZ OP *(1908–2001), Dr. theol., 1928 Ordenseintritt, 1934 Priester, 1937–1941 Lektor in Walberberg, 1946–1978 Professor für Ethik und Sozialphilosophie in Freiburg (Schweiz), 1966–1993 Vorsitzender des Instituts für Gesellschaftswissenschaften Walberberg.*

[10] J. HEINZ MÜLLER *(1918–1992), Dr. rer. pol., Professor für Wirtschaftswissenschaften in Freiburg.*

[11] FRITZ BURGBACHER *(1900–1978), Dr. rer. pol., Hochschullehrer und Politiker (Zentrum, CDU), 1929–1931 Mitglied des hessischen Landtags, 1957–1976 des Bundestags.*

[12] FRANZ SPIEGELHALTER *(1924–2004), Dr. iur., 1949–1963 Mitarbeiter der Bundesvereinigung der Deutschen Arbeitgeberverbände, seit 1952 dort zuständig für volkswirtschaftliche Grundsatzfragen, 1959 Leiter der Abteilung »Volkswirtschaftliche und statistische Grundsatzfragen«, 1962 beratender Mitarbeiter der Hauptgeschäftsführung, 1963–1991 Finanzdirektor des Deutschen Caritasverbandes.*

[13] PAUL JOSTOCK *(1895–1965), 1953–1961 Präsident des Statistischen Landesamtes in Stuttgart.*

im katholischen Raum wie auch die Behandlung der christlich-sozialen Grundlage im Zusammenhang mit der positiven Rechtsgestaltung.
Es wurde auch versucht, unter weitestgehender Berücksichtigung der Sonderanliegen des Carl-Sonnenschein-Kreises dessen Verbandsorgan »Ordo socialis«, das im letzten Jahr nur mehr mit zwei Nummern erschienen ist, in die »Neue Ordnung« zu übernehmen. Diese Zusammenarbeit wäre sachlich begründet gewesen durch die gleichgerichtete Themenstellung beider Zeitschriften; die Sonderinteressen des CSK wären durch einen hinzugefügten Druckbogen in ausschließlicher Redaktion des CSK sichergestellt gewesen. Der Vorstand des CSK lehnte dieses Angebot als Verhandlungsgrundlage ab.
Mit Herrn Schmidthüs (Verlag Herder) konnte die Zeitschriftenfrage noch einmal eingehend am 16. Januar durchgesprochen werden. Der von ihm vorgetragene Plan, eine rein wissenschaftliche soziale Zeitschrift zu schaffen, ist im Hinblick auf die Knappheit der zur Verfügung stehenden wissenschaftlichen Kräfte, die zur Zeit mit der Erstellung des Staatslexikons, des Handwörterbuchs der Sozialwissenschaften etc. überlastet sind, nicht zu verwirklichen, während der Ausbau einer bestehenden Zeitschrift zur Zeit erfolgen kann.
Notwendige wissenschaftliche Untersuchungen können als Sonderhefte oder Einzelwerke in laufender Reihe erscheinen.

IV.

Weitere sozialwissenschaftliche Arbeit des Sozialreferats
In Zusammenhang mit der gleitenden Arbeitswoche förderte das Sozialreferat den Druck einer Dissertationsarbeit von Herrn Dr. Hüssler[14], Freiburg-Werthmannhaus, die dieser über »die Geschichte des christlichen Sonntags« bei Herrn P. Prof. Dr. Gundlach in Rom gemacht hatte.
Weiter förderte das Sozialreferat eine wissenschaftliche Untersuchung über die wirtschaftlichen Auswirkungen des Investivlohnes im Zusammenhang mit der Diskussion um die Eigentumsproblematik. An dieser Untersuchung arbeiten die Herren Dr. Oberhauser, Münster, Dr. Coester[15], Bonn, P. Dr. Wallraff, St. Georgen und P. Dr. Engel, Godesberg. Das Ziel dieser Arbeit ist eine genauere Durchleuchtung der Wirkungen einzelner sozialpolitischer Maßnahmen im Zuge der diskutierten Eigentumsbildung in Arbeiterhand.
Die Fortsetzung der Schriftenreihe des Zentralkomitees ist in die Wege geleitet. Als nächster Beitrag erscheint eine Arbeit über »Wege zu einer gemeinsamen europäischen Wirtschafts- und Sozialpolitik« von Dr. Berié[16], Bundesministerium Arbeit.

[14] GEORG HÜSSLER, *Das Wesen der christlichen Woche im Lichte ihres Urspungs und ihrer Entwicklung. Diss. Rom 1957.*

[15] FRANZ COESTER, *Dr., Ministerialdirektor im Bundesbildungsministerium.*

[16] HERMANN BERIÉ, *Wege zu einer gemeinsamen europäischen Wirtschafts- und Sozialpolitik, Probleme und Tatsachen (Sozialreferat des Zentralkomitees der Deutschen Katholiken), Paderborn 1958 (Schriftenreihe der Arbeitsgemeinschaft katholisch-sozialer Bildungswerke in der Bundesrepublik Deutschland 12,1).*

Weitere Themen über Eigentum, Familie, Berufstätigkeit der Frau und Lohnproblematik sind in Vorbereitung.
An der Erstellung eines sozialen Jahrbuches für die unteren Führungskräfte im katholischen Raum wird in Zusammenarbeit mit dem BKU und dem Deutschen Industrieinstitut gearbeitet.

V.

An größeren Veranstaltungen wurde durch das Sozialreferat in der Berichtszeit ein Gespräch der Sozialwissenschaftler über Probleme der Sonntagsarbeit in Walberberg am 20. November 1957 durchgeführt (KNA v[om] 21.11.1957; Bericht in »Die Neue Ordnung« 11 (1957), H[eft] 6).
Eine weitere größere Veranstaltung war das Gespräch zwischen den Leitern sozialer Bildungseinrichtungen auf katholischer Seite und den sozialen Bildungskräften auf Unternehmerseite vom 8.–9. Januar 1958 in Königstein/T[aunu]s. Diesem Gespräch gingen längere Besprechungen und Vorbereitungen mit dem Deutschen Industrieinstitut unter Federführung von Herrn Dr. Arlt[17] voraus. Die mit etwa 90 Leuten besuchte Veranstaltung hatte das Ziel, die verschiedenen sozialen Bildungseinrichtungen und Bildungsarbeiten sich gegenseitig vorzustellen und daraus ein fruchtbares Arbeiten in bezug auf den Betrieb anzubahnen (ausführlicher KNA-Bericht wie auch Bericht im KND der Bundesvereinigung d[er] D[eu]t[schen] Arbeitgeberverbände).
Ein ähnliches Gespräch ist mit den Bildungskräften im gewerkschaftlichen Raum in Vorbereitung.
Der Leiter des Sozialreferats konnte in Veranstaltungen der Akademien, der Sozialseminare und verschiedener Verbände in Referaten über aktuelle Zeitfragen einen Beitrag leisten.
Besondere Bedeutung scheinen die sozialen Kurse, die für Theologiestudenten und den Klerus veranstaltet werden, zu haben. Solche sozialen Kurse für den Klerus finden regelmäßig statt in Münster/Westf[alen] und in der Erzdiözese Freiburg, an welchen das Sozialreferat beteiligt war. Es wäre zu wünschen, daß vor allem für die Priester regional mehrere Diözesen umfassend regelmäßig solche Kurse gestaltet werden könnten. Das Zustandekommen dieser Kurse hängt wesentlich von der Entscheidung der Hochwürdigsten Ordinarien ab. Das Sozialreferat könnte auf Wunsch hier für die gute Gestaltung und Besetzung mit geeigneten Referenten Sorge tragen. Zugleich könnte bei dieser Gelegenheit auch die Arbeit des gesamten Zentralkomitees in seinen verschiedenen Referaten auf geeignete Weise zur Vorstellung kommen.

[17] FRITZ ARLT *(1912–2004), Dr., Anthropologe, 1937 Tätigkeit für die SS (Führungsstab der Höheren SS- und Polizeiführers Oberschlesien), 1938 Kreisbeauftragter des Rassenpolitischen Amtes im Gau Sachsen, 1939 Leiter der Abteilung »Bevölkerungswesen und Fürsorge« im Besatzungsregime des »Generalgouvernements« in Polen, 1941 Leiter des Zentralinstituts für Landesforschung und der Außenstelle Oberschlesien des Reichskommissars für die Festigung deutschen Volkstums, 1949 Entnazifizierung als »Mitläufer«, Mitarbeit am Aufbau des Suchdienstes des Deutschen Roten Kreuzes, 1954–1957 Leiter der Abteilung »Bildungsarbeit und gesellschaftspolitische Fragen« beim Deutschen Industrieinstitut (später Institut der deutschen Wirtschaft) in Köln, stellvertretender Vorsitzender des Deutsch-französischen Jugendwerks.* E. KLEE *S. 18f.*

Dadurch, daß der Leiter des Sozialreferats erster Vorsitzender der Arbeitsgemeinschaft katholisch-sozialer Bildungswerke ist, kann das Sozialreferat auf die sozialen Bildungseinrichtungen Einfluß nehmen. Zur geistigen Fortbildung der Sozialreferenten werden zweimal im Jahr soziale Arbeitswochen durchgeführt.

VI.

Im Vordergrund der augenblicklichen Arbeit steht die Vorbereitung der Arbeitstagung in Saarbrücken[18]. Als Thematik scheint angebracht, die nun zahlreich vorliegenden Vorschläge über die Eigentumsbildung in eine strategische Ordnung und schrittweise die vorliegenden Entwürfe gemeinsam zur Durchsetzung zu bringen. Wenn auch auf dem letzten Katholikentag in Köln die Eigentumsfrage von einem Sonderausschuß behandelt wurde, so erscheint zur Zeit die Durchführung und Klärung der zu erfolgenden Schritte notwendig zu sein. In diesem Zusammenhang müßte auch die Frage der Vollbeschäftigung und der Objektivierung der Lohnfindung behandelt werden. Dazu könnte eine Diskussion über eine moderne Gewerkschaftstheorie auch hier uns vielleicht etwas vorwärts bringen.

In Zusammenhang mit der Eigentumsfrage wäre Raum für die Behandlung der Fragen des Mittelstandes. Wünsche von Mittelstandsgruppen, die ihre Probleme in Saarbrücken behandelt sehen wollen, veranlaßten die Vorbereitungen zur Zusammenrufung eines Arbeitskreises »Mittelstand«.

176

Keller an Wendel

Münster, 7. Februar 1958

EA MÜNCHEN, Joseph Kardinal Wendel, 21/1958. *Schreibmaschinenausfertigung mit eigenhändiger Unterschrift. Briefkopf:* Der Bischof von Münster. *Eingangsstempel:* Erzbistum München. Erzb[ischof] 11. Febr[uar] 1958. 21 Nr. 207.

Eminenz, lieber, hochwürdigster Mitbruder!

Wie ich schon fernmündlich mitgeteilt habe, bin ich mit der Vorbesprechung in Hofheim einverstanden.

Es müßten wohl vor allen Dingen besprochen werden: die Frage der grundsätzlichen Neuordnung der Kommissionen, sodann die Frage der personellen Besetzung und auch die Frage, wie es nunmehr mit dem Zentralkomitee weitergehen soll, nachdem Exzellenz Hengsbach Bischof von Essen geworden ist.

Um mit dem Letzteren zu beginnen, möchte ich mit allem Nachdruck dafür plädieren, daß unter keinen Umständen Exzellenz Hengsbach die Funktion eines Generalassistenten beibehält. Er ist darum gebeten worden, und ich weiß auch, daß er persönlich bereit ist. Es ist, wie mir scheint und wie ich schon wiederholt in den

[18] *Die Arbeitstagung des Zentralkomitees fand vom 16. bis 19. April 1958 in Saarbrücken statt. Vgl.* ZENTRALKOMITEE DER DEUTSCHEN KATHOLIKEN.

letzten Jahren gesagt habe, eine schwache Seite von ihm, daß er stets neue Aufgaben hinzunimmt, ohne andere abzustoßen. So will er auch die Leitung der Kommende[1] in Dortmund beibehalten sowie der Sozialen Arbeit im Bergbau.
Ganz abgesehen davon, daß er dann noch weniger als bisher für das ZdK praktisch tun kann, würde dadurch auch auf einem der wichtigsten Sektoren gerade das neu verfestigt, was wir durch die Kommissionsarbeit vermeiden wollten: das Referentensystem und die praktische Blockierung ganzer Arbeitsgebiete gegenüber dem Gesamtepiskopat. Meines Erachtens muß endlich mit der Forderung ernst gemacht werden, daß der Generalassistent hauptberuflich sein muß, wenigstens insoweit, daß die Arbeit im ZdK seine eigentliche und ihn am stärksten ausfüllende Tätigkeit ist. Unter dieser Rücksicht wäre es auch gut, daß wenigstens ein- oder zweimal im Jahr die gesamte Bischofskommission sowohl mit den Leitern der Referate als auch mit den Mitgliedern des Geschäftsführenden Ausschusses zu einem zwanglosen Gedankenaustausch zusammenkäme.
Bezüglich der Kommissionen möchte Exzellenz Hengsbach eine etwas andere Einteilung, als wir sie vorgenommen hatten. Ich will einmal versuchen, ob ich noch Zeit finde, seinen und meinen Vorschlag zu konfrontieren, um festzustellen, wo Übereinstimmung, wo Diskrepanz besteht.
Auf jeden Fall möchte ich glauben, daß die damals auch von uns gutgeheißene Hauptkommission, der auch das ZdK zugeordnet werden müßte, gebildet werden sollte. Dann allerdings wäre es sinnvoll und richtig, daß auch Exzellenz Hengsbach dieser Kommission angehört. Es würde sachlich falsch sein und auch draußen nicht verstanden werden, wenn der ehemalige Generalassistent, der ja nun doch tatsächlich das ZdK wesentlich aufgebaut hat, nunmehr gar nicht mit ihm befaßt würde. Deshalb muß er meinen Platz in der Kommission einnehmen. Ihm diesen Platz zu überlassen, bedeutet für mich keinerlei Opfer, sondern nur Erleichterung.
Freilich wird es nicht ganz leicht sein, einen geeigneten Nachfolger für Exzellenz Hengsbach zu finden. Es wurde schon einmal der Name Dr. Steinberg (früher Studentenpfarrer in Godesberg) genannt, der jetzt Leiter der Akademie in Bensberg ist. Notfalls sollte man Dr. Hanssler bitten, einstweilen kommissarisch die Aufgabe des Generalassistenten zu übernehmen. Allerdings sollte das doch wohl nur für einen begrenzten Zeitraum sein.
Mit herzlichem Gruß

Dein
+ Michael Keller.

[1] *Sozialinstitut der Erzdiözese Paderborn.*

177

Stellungnahme Teuschs

Köln, 16. Februar 1958

EA KÖLN, CR II 2.19, 19. *Schreibmaschinenschrift mit handschriftlichen Verbesserungen. Überschrift:* Überlegungen zu dem Plan, ein Sekretariat der Fuldaer Bischofskonferenzen zu gründen. *Handschriftlicher Vermerk:* S[eine]r Eminenz.

1. Es wäre m. E. gut, wenn die Vertreter des Planes sich zwingen würden, das, was sie meinen, kurz zu skizzieren:
a) um was geht es? Soll der jeweilige Vorsitzer aus überdiözesanen Mitteln einen Sekretär, Priester oder Laien, an die Seite gestellt bekommen (im folgenden Kleinplan genannt)? Oder soll (Großplan) ein vom Vorsitzer oder vom Wechsel des Vorsitzes mehr oder weniger unabhängiges Büro geschaffen werden, an dessen Spitze ein Geistlicher steht, der je nachdem an den Bischofskonferenzen teilnimmt?
b) haben sich bei der jetzigen Praxis Mißstände ergeben? Wenn ja, welche? Und können diese nur durch den Kleinplan oder gar nur durch den Großplan beseitigt werden?
c) sind, unabhängig von der Frage etwaiger Mißstände, neue Aufgaben zu übernehmen, und können diese nur durch ein Sekretariat geleistet werden?
d) wo soll der Sitz des Sekretariates sein? Wer schafft, wenn es um den Großplan geht, Gebäude und Einrichtung? Wer trägt die laufenden Kosten? Wie hoch werden die einmaligen und laufenden Kosten geschätzt?
Nur eine solche Ausarbeitung, die vervielfältigt jedem Bischof in die Hand gegeben werden müßte, könnte Grundlage einer fruchtbaren Diskussion sein, falls man die Frage überhaupt ernstlich diskutieren will.
Im folgenden wird nur noch von dem Großplan gesprochen werden, da, wenn man den Kleinplan durchführen will, keine grundsätzlichen Bedenken und keine größeren praktischen Schwierigkeiten im Wege stehen dürften. Andererseits: wenn aber der jeweilige Vorsitzer seinen Sekretär und seinen Generalvikar für die notwendigen Aufgaben zur Verfügung stellt, ist kein wichtiger Grund vorhanden, dem Kleinplan näher zu treten.
2. So lange die o. g. schriftliche Ausarbeitung nicht vorliegt, vielleicht nicht einmal alle Vertreter des Planes in Zielsetzung und hinsichtlich der Durchführung übereinstimmen, ist man auf Mutmaßungen angewiesen, was das Sekretariat erreichen solle oder könne.
a) Soll es die Bischöfe informieren? Zur Zeit werden die Bischöfe unterrichtet durch KNA, Informationsdienst-KNA, Mitteilungen der Katholikenausschüsse, Mitteilungen der Frauenverbände, Caritasmitteilungen, Film-, Rundfunk- und Fernsehen-Nachrichtendienst, Schul-Nachrichtendienst, Fuldaer Informationsdienst usw. Dazu kommen die Informationen durch das Katholische Büro. Ist Bedarf nach weiterer Unterrichtung der Bischöfe? In welcher Sparte? Und wenn ja, bedarf es dazu eines Sekretariates, oder genügt die Beauftragung einer schon bestehenden Informationsstelle oder schlimmstenfalls die Schaffung einer neuen?

Ich hatte selbst in der Zeit des Nationalsozialismus die Aufgabe, die Bischöfe über bestimmte Vorgänge auf dem laufenden zu halten: einmal, weil bestimmte Vorgänge geheim waren, dann, weil diese und andere Vorgänge nicht durch Presseorgane hätten verbreitet werden können, und schließlich, weil von Zeit zu Zeit im Anschluß an die Informationen bestimmte Aktionen durchgeführt werden mußten[1]. Jetzt können fast alle Vorgänge ohne Schwierigkeiten mitgeteilt werden. Außer den genannten Informationsdiensten unterrichten sehr gut die Herder-Korrespondenz, Die Katholischen Missionen, Stimmen der Zeit usw. Dem Zusammenkommen der Diözesanreferenten der verschiedenen Gebiete, der Bischöfe selbst, der Vertreter der Bischöfe beim Katholischen Büro steht nichts im Wege. Eine letzte Lücke schließt sich mit dem Konfessionskundlichen Institut in Paderborn.

Das größte Übel aber wäre, wenn jemand auf den Gedanken käme, einen Informationsdienst zu schaffen, der alle die genannten »koordiniert«.

b) Soll das Sekretariat die Hirtenbriefe vorbereiten? Selbstverständlich kann man etwa im Mai drei verschiedene Personen auffordern, gegen ein gewisses Entgelt oder auch ohne Entgelt, über ein bestimmtes Thema einen Hirtenbrief zu entwerfen. Diese drei Entwürfe kann man dann allen Bischöfen zur Äußerung zur Verfügung stellen, Vorschläge entgegennehmen, überarbeiten, nochmals zur Verfügung stellen und nochmals überarbeiten und dann der Konferenz im August oder September vorlegen. Ob da nicht am Ende ein Hirtenbrief steht, der dem amerikanischen Film-Christus-Kopf ähnlich sieht, der durch Übereinanderlegen von 50 der besten Christusköpfe entstanden ist? Wächst nicht ein Hirtenbrief besser aus der jeweiligen Situation, letztlich von einem Gedanken eines Mannes getragen, im lebendigen Gespräch vor der Konferenz und auf der Konferenz geläutert? Und spielt es eine Rolle, ob dann schließlich der Hirtenbrief im Oktober oder im nächsten Januar zur Verlesung kommt?

c) Soll das Sekretariat die Beschlüsse vorbereiten? Welcher Apparat muß dann in Bewegung gesetzt werden! Welche Fülle von Vorbesprechungen, Rundschreiben, Entwürfen muß vorangehen! Das Ergebnis ist wahrscheinlich dann so kompliziert, daß nur noch der Leiter des Sekretariates die Dinge in Fulda vortragen kann. Im übrigen muß dieser Sekretär sich naturgemäß mit Sacharbeitern umgeben.

Was die Ausführungen der Beschlüsse angeht, so waren bisher die einzelnen Ordinarien für ihr Territorium, die Bischöflichen Referenten für die ihnen übertragenen Aufgaben, andere Stellen gemäß besonderer Weisung des Vorsitzers zuständig. Soll das Sekretariat eine Art Überwachungsdienst einführen?

d) Soll das Sekretariat auch die Aufgaben der Bischöflichen Finanzkammer übernehmen oder sie wenigstens überwachen? Wenn ja, warum?

Ich sehe beim besten Willen nicht, wozu es eines Sekretariates nach dem Modell Großplan bedarf.

3. Andererseits liegen die Nachteile auf der Hand:

[1] *Zur Tätigkeit* Teuschs *in der Abwehrstelle vgl.* U. v. Hehl, *Katholische Kirche, S. 86–88.*

a) Der Sekretär bekäme eine Stellung, die von ungeheuerem Einfluß ist; einmal, weil er vor, in und auf der Konferenz der eigentliche Sachverständige wäre, sodann, weil er auch auf finanziellem Gebiete ein großes Gewicht besonders gegenüber den kleineren Bistümern bekäme. Die Bischofskonferenz wäre nicht mehr die Überlegung der im letzten verantwortlichen Männer, sondern sie hätte mehr oder weniger nur noch zuzustimmen, abzulehnen, zu variieren gegenüber dem, was der Sekretär vorträgt. Selbst diese Möglichkeit, die der Konferenz bliebe, würde durch die o. g. Gewichte bald mehr und mehr eingeschränkt. Der eigentliche Leiter der Konferenz würde der Sekretär, und den bisherigen Vorsitzer würde man besser Ehrenvorsitzenden u. ä. nennen.
Sollte überdies ins Auge gefaßt werden, die Stelle des Sekretärs mit der des Bischöflichen Assistenten beim Zentralkomitee zu verbinden, so könnte der Sekretär seine Darlegungen auf der Bischofskonferenz auch noch mit der Bemerkung unterbauen: »Übrigens sind die Laien der gleichen Meinung ...«, und so würde die Konferenz noch mehr in der freien Entschließung behindert.
Man kann hinweisen auf das Beispiel Frankreichs. Ich kenne es zu wenig, um mich darauf beziehen zu können, habe aber bisher auch noch keine Ausführungen seitens der Befürworter des Planes gehört, die genauere Kenntnis des französischen Vorbildes verrieten. Wenn man sich auf das französische Beispiel beruft, müßte man erst einmal hören, ob die Dinge sich in Frankreich bewähren. Selbst wenn sie das tun sollten, dürfte man nicht den Unterschied zwischen dem französischen und dem deutschen Episkopalsystem übersehen.
b) Das Sekretariat würde sehr bald eine riesige Behörde werden und sich zur Art eines Supergeneralvikariates entwickeln. Wenn dieses aber einmal besteht, muß es sich auch betätigen und im Sich-Betätigen weiterwachsen und im Weiterwachsen sich immer mehr auf neuen Gebieten betätigen usw. Eine Abgrenzung der Aufgaben ist nicht zu sehen.
Ein ungeheuerer Leerlauf würde entstehen, zumal das Sekretariat von sich aus keine Befugnisse hat, irgendwas durchzuführen. Ob der Apparat für die Seelsorge fruchtbare Impulse geben wird, weiß ich nicht.
c) Und schließlich praktische Fragen:
Wenn das Sekretariat nach Bonn kommt, was geschieht, wenn der Vorsitzer einmal in München ist? Soll es auch die Aufgaben der westdeutschen Bischofskonferenzen übernehmen? Wenn ja, was soll geschehen, wenn deren Vorsitz etwa in Paderborn liegt?
4. Was aber eine sofortige Durchführung, speziell unter der Leitung von Exzellenz Böhler angeht, so möchte ich auf zwei Umstände hinweisen:
a) Exzellenz Böhler müßte dann zum mindesten von den Aufgaben in Düsseldorf entlastet werden. Das Erzbistum Köln hat aber bereits so viele Opfer an Priestern gebracht, daß ihm nicht zugemutet werden kann, einen Ersatz für Düsseldorf zur

Verfügung zu stellen außer einen Mann wie Generalvikar Krautscheidt[2], der ja schon beurlaubt ist.
b) Schon jetzt bringt es Schwierigkeiten mit sich, daß die kirchenpolitische Abteilung einerseits eine Abteilung des Generalvikariates ist, andererseits eine vom Generalvikariat unabhängige Funktion im Auftrage der westdeutschen und gesamtdeutschen Bischöfe erfüllt. Im übrigen bringt diese Doppelung für das Erzbistum Köln eine große finanzielle Belastung mit sich. Ich erwähne etwa, daß der Neubau des Offizialates sonst kaum notwendig gewesen wäre, daß wir noch in jüngster Zeit Herrn Prälaten Funke[3] inkardiniert und mit Pfarrergehalt ausgestattet haben, damit die Stelle für Herrn Studienrat Krisinger frei wurde, daß wir in Herrn Panzer einen eigenen Juristen für diese Abteilung einstellen mußten, selbstverständlich mit Sekretärin usw.
Wenn der Großplan mit Exzellenz Böhler durchgeführt wird, so werden die Schwierigkeiten noch größer und bedrohen das Funktionieren des Generalvikariates. Es müßte dann eine saubere räumliche, personelle und finanzielle Trennung durchgeführt werden, wobei im Gebäude des Generalvikariates nur noch die Diözesanabteilung für kirchenpolitische Fragen bleiben könnte.
Es müßte also zunächst ein eigenes Gebäude geschaffen oder ein vorhandenes gemietet werden, eigene Angestellte wären zu engagieren bzw. vom Erzbistum Köln zu übernehmen. (Es müßte ein eigener Etat aufgestellt und überdiözesan versorgt werden.) Ein neues Gebäude zu errichten, wird schnell DM 1 Million kosten. Das jährliche Defizit läßt sich nur in sechsstelligen Zahlen aussprechen.
5. Ich möchte darum vorschlagen
a) am liebsten: daß Ew. Eminenz in aller Ruhe erklären, daß Eminenz auf die Durchführung des Kleinplanes verzichten und den Großplan nicht mitmachen.
b) Wenn aber Ew. Eminenz eine ernstliche Diskussion glauben zulassen zu sollen, so sollte dieselbe nicht Ende dieses Monats in Hofheim stattfinden, sondern erst nach Aufstellung der unter 1 geforderten Skizzierung. Diese sollte allen Bischöfen vor der nächsten Fuldaer Bischofskonferenz zugestellt und in Fulda besprochen werden.
Bei der Skizzierung müßten die Vertreter des Planes sofort berücksichtigen, daß personelle und räumliche Verbindung des Sekretariates mit dem Generalvikariat in Köln nicht in Frage kommt. Es müßte m. E. ebenfalls betont werden, daß eine solche Verbindung auch nicht für eine sogenannte Übergangszeit in Erwägung gezogen werden könnte.

T[eusch].

2 JOSEPH KRAUTSCHEIDT *(1910–1981), 1936 Priester (ED Köln), 1939 Mitarbeiter im Generalvikariat, 1946 Domvikar, 1958 Generalvikar in Essen.*

3 ANTONIUS FUNKE *(1892–1982), Dr. theol. et phil., 1921 Priester (ED Köln), Msgr., Referent in der Bischöflichen Arbeitsstelle für Schule und Erziehung.*

178

Frings an Wendel

Köln, 21. Februar 1958

EA MÜNCHEN, Joseph Kardinal Wendel, 21/1958, Deutsche Bischofskonferenz Neuordnung. *Eigenhändige Ausfertigung mit geprägtem Wappen.*

Eminenz! Lieber Freund!
Besten Dank für Deine Einladung vom 14.2. Leider kann ich am Montag nicht kommen, da ich an diesem Tage Priesterweihe halte und nachmittags noch eine Konferenz angesetzt habe. Ich hoffe aber, Dienstag im Laufe des Morgens einzutreffen.
Im übrigen ist meine Meinung über Bischofskommissionen bekannt. Ich lasse sie gelten
a) als Zusammenfassung von Einzelreferaten verwandter Gegenstände,
b) als ad hoc gebildete Gremien zur Behandlung besonders wichtiger Fragen wie z. B. zur Erstkonstituierung des Zentralkomitees der Deutschen Katholiken,
c) als Zusammenkunft der Vorsitzenden der drei Einzelkonferenzen zur Vorbereitung der Plenarkonferenz oder für andere dringliche Fragen.
Die acht Kommissionen v. J. 1951 haben sich wenig bewährt; sie sind fast nicht zusammengekommen. Tatsächlich hat man, sobald man sich über die Kandidaten klar war, lauter Einzelreferenten ernannt, und dieses System hat sich nicht schlecht bewährt.
Mit besten Grüßen, auch an die anderen Herren

Dein + Jos[eph] Card[inal] Frings.

179

Protokoll der westdeutschen und bayerischen Bischofskonferenz

Hofheim, 25.–27. Februar 1958

EA MÜNCHEN, Joseph Kardinal Wendel, 21/1958. *Druckstück mit Überschrift:* Protokoll der Konferenz der westdeutschen und bayerischen Bischöfe in Hofheim vom 25. bis 27. Februar 1958. *Vermerk:* Vertraulich behandeln!

An der Konferenz der westdeutschen und bayerischen Bischöfe, die vom 25. bis 27. Februar 1958 unter Vorsitz des Hochwürdigsten Herrn Erzbischofs von Köln, Eminenz Joseph Kardinal Frings, in Hofheim stattfindet, nehmen teil:

1. Joseph Kardinal Frings, Erzbischof von Köln,
2. Joseph Kardinal Wendel, Erzbischof von München-Freising,
3. Lorenz, Erzbischof von Paderborn,
4. Joseph, Erzbischof von Bamberg,
5. Michael, Erzbischof, Bischof von Regensburg,

6. Simon Konrad, Bischof von Passau,
7. Albert, Bischof von Mainz,
8. Michael, Bischof von Münster,
9. Joseph, Bischof von Eichstätt,
10. Julius, Bischof von Berlin,
11. Karl Joseph, Bischof von Rottenburg,
12. Joseph, Bischof von Augsburg,
13. Matthias, Bischof von Trier,
14. Isidor Markus, Bischof von Speyer,
15. Johannes, Bischof von Aachen,
16. Otto Spülbeck, Apostolischer Administrator des Bistums Meißen,
17. Heinrich Maria, Bischof von Hildesheim,
18. Joseph, Bischof von Würzburg,
19. Helmut Hermann, Bischof von Osnabrück,
20. Franz, Bischof von Essen,
21. Walter Kampe, Weihbischof, Vertreter der Diözese Limburg[1],
22. Provikar Domkapitular Dr. Schick, Vertreter der Diözese Fulda[2].

Die Konferenz beginnt am Dienstag, dem 25. Februar, nachmittags 17 Uhr. Der Vorsitzende eröffnet die Sitzung und begrüßt als neues Mitglied des deutschen Episkopates den Bischof von Essen.
Wegen Erkrankung entschuldigt ist der Erzbischof von Freiburg sowie der Bischof von Limburg, der durch den Weihbischof Kampe vertreten wird. Der Bischof von Fulda wird durch Herrn Domkapitular Dr. Schick vertreten.
Der Vorsitzende gibt bekannt, daß die deutsche Botschaft beim Hl. Stuhl die Bischöfe bittet, durch ihre Sekretäre die Zeiten ihres Rombesuches mitzuteilen.

I. Anregungen und Weisungen von Rom

1. Der Vorsitzende teilt mit, daß er die Instruktion des Hl. Offiziums bezüglich Schönstatt vom 28. Januar 1958 den Gliederungen des Schönstattwerkes mitgeteilt hat. Der Bischof von Trier gibt zu den Fragen des Schönstattwerkes einige ergänzende Erläuterungen. Da die Schwestern von Schönstatt den Wunsch geäußert haben, eine authentische deutsche Übersetzung der Instruktion zu besitzen, wird der Bischof von Trier eine bereits vorhandene Übersetzung überprüfen, die dann in Rom vorgelegt werden soll.
2. Der Vorsitzende gibt ein Schreiben der Studienkongregation vom 25. Januar 1958 betreffs Erteilung des »Nulla osta« bei der Ernennung von Kandidaten für theologische und für sog. »Weltanschauungs«-Lehrstühle an den Fakultäten staatlicher Hochschulen bekannt.

[1] WALTER KAMPE *(1909–1998), 1934 Priester (D Limburg), 1935 Seelsorger in Bessarabien und Siebenbürgen, 1947 Kaplan in Frankfurt am Main, 1952 Weihbischof in Limburg.*
[2] EDUARD SCHICK *(1906–2000), Dr. theol., 1928 Priester (D Fulda), 1939 Regens des Priesterseminars, 1947 Professor für Neues Testament in Fulda, 1962 Weihbischof, 1974 Bischof von Fulda, 1982 Amtsverzicht.*

3. Weiterhin teilt der Vorsitzende der Konferenz ein Schreiben der Konsistorialkongregation mit, in dem Anregungen für die Seelsorge in den Flughäfen enthalten sind.
4. Schwierigkeiten, die von deutscher Seite der Einführung eines »Dies pro emigrante«, wie er von der Konsistorialkongregation gewünscht wird, entgegenstehen, sollen in Rom mündlich zum Ausdruck gebracht werden.
5. Bezüglich des Schreibens der Hl. Kongregation für die Seminarien und Universitäten vom 1. Oktober 1957[3] sind die Bischöfe der Ansicht, daß den Ordinarien grundsätzlich die Möglichkeit erhalten bleiben muß, ihren Theologen für ein oder zwei Semester das Studium an auswärtigen Hochschulen zu gestatten. In diesem Sinne soll eine Eingabe vorbereitet werden, die der Vorsitzende der Bischofskonferenz an die Kongregation der Seminarien und Universitäten weiterleiten wird.

II. Seelsorge
1. Über den Austausch der Jurisdiktion wurde folgender Beschluß gefaßt:
Alle Welt- und Ordenspriester, denen vom Ortsordinarius Beicht- und Predigtvollmacht für die ganze Diözese ohne Einschränkung auf einen bestimmten Personenkreis durch direkte Verleihung erteilt wird, erhalten ohne weiteres für die gleiche Geltungsdauer dieselbe Vollmacht in den Diözesen, mit denen Jurisdiktionsaustausch vereinbart ist.
2. Den Bischöfen wird – gemäß Auftrag der Plenarkonferenz vom Jahre 1956 (Protokoll 1956[4], S. 6f.) – der Entwurf zweier Formeln, einer längeren und einer kürzeren, für die Abjuratio bei der Aufnahme von Konvertiten in die Kirche vorgelegt. Die Texte werden geprüft. Sie sollen, vor allem nach der sprachlichen Seite, noch einmal überarbeitet und dann nach Billigung der Bischöfe in Rom zur Approbation vorgelegt werden.
3. Der Entwurf der bischöflichen Weisung an den Klerus über die seelsorgliche Behandlung der Mischehen soll noch von einer Kommission (Münster, Eichstätt, Hildesheim) überarbeitet und dann zur endgültigen Beschlußfassung vorgelegt werden.
4. Für eine grundsätzliche Verlautbarung der Bischöfe hinsichtlich der Stellung des Laien und der Laienorganisationen in der kirchlichen Ordnung wird der Stoff vorgelegt. Die Studien sollen weitergeführt werden.
5. Um eine fruchtbare Zusammenarbeit des Episkopates in Deutschland zu erreichen, beschließt die Konferenz in Abänderung des Beschlusses der Plenarkonferenz vom 21. August 1951 (vgl. Protokoll 1951[5], S. 4–6) die Einrichtung verschiedener Bischofskommissionen für bestimmte Sachgebiete. Den einzelnen Kommissionen werden die entsprechenden Institutionen und Gemeinschaften zugeordnet. Folgende Kommissionen werden gebildet:

[3] *Nicht ermittelt. Vgl. Dok. 19, Anm. 3.*
[4] *Vgl. Dok. 63.*
[5] EA Köln, CR II 2.19, 3(98). *Druckstück.*

Hauptkommission:

Vorsitz:	Köln;
Mitglieder:	München, Berlin, Eichstätt, Essen.
1.	Glaubensüberwachung und Glaubensverbreitung (fides)
Vorsitz:	Paderborn;
Mitglieder:	Bamberg, Aachen, Görlitz.
2.	Die Pflege des religiösen Lebens (cultus)
Vorsitz:	Mainz;
Mitglieder:	Limburg, Meißen, Passau, Speyer, Trier.
3.	Seelsorge (cura animarum)
Vorsitz:	Mainz;
Mitglieder:	Paderborn, Fulda, Hildesheim, Münster, Speyer, Würzburg.
4.	Familie, Schule und Erziehung
Vorsitz:	Aachen;
Mitglieder:	Osnabrück, Würzburg.
5.	Wissenschaft, Kulturpflege, Erwachsenenbildung
Vorsitz:	Paderborn;
Mitglieder:	Köln, Freiburg, Regensburg, Augsburg, Bamberg.
6.	Publizistik
Vorsitz:	Rottenburg;
Mitglieder:	Limburg, Osnabrück.
7.	Soziale Arbeit
Vorsitz:	Münster;
Mitglieder:	Essen, Eichstätt, Limburg, Rottenburg.
8.	Caritas und Fürsorge
Vorsitz:	Freiburg;
Mitglieder:	Hildesheim, Meißen, Trier.

Je nach Zweckmäßigkeit können die Mitglieder der einzelnen Kommissionen eine Aufgabenteilung unter sich vornehmen, so daß ein bestimmter Bischof für eine bestimmte Aufgabe federführend ist.

6. Auf Beschluß der Konferenz wird der Bischof von Essen die Verhandlungen über die vertragliche Regelung der Bischöflichen Hauptstelle für Männerseelsorge und dem Winfried-Werk weiterführen und durch die Hauptkommission der Plenarkonferenz vorlegen.

7. Die Konferenz nimmt mit großem Interesse die Referate über die Kirche im geteilten Deutschland entgegen und erörtert eingehend die sich daraus ergebenden Aufgaben.

8. Bezüglich der Veröffentlichung der »Richtlinien für die katholische Jugendseelsorge Deutschlands« ist die Konferenz der Ansicht, es vorläufig bei der auf der Konferenz der westdeutschen Bischöfe vom 4. bis 6. November 1957 (Protokoll[6],

[6] *Vgl. Dok. 163.*

S. 4, Nr. 2) getroffenen einfacheren Form (mit bloßer Genehmigung des Referenten) zu belassen.
9. Eingehend beschäftigt sich die Konferenz mit dem vorgelegten Exposé über die Einrichtung einer katholischen Jugendakademie. Sie bejaht grundsätzlich das vorgetragene Anliegen der Schaffung entsprechender Bildungseinrichtungen auf katholischer Grundlage und betraut eine Kommission, bestehend aus den Bischöfen von Mainz, Freiburg, Münster und Trier, mit der Ausarbeitung präzisierter Vorschläge.

III. Ordensschwestern
»Empfehlungen von Arbeitsschutzmaßnahmen für die Ordensschwestern« (vgl. Protokoll der Plenarkonferenz 1957[7], S. 8, Abs. 7):
a) Die Vorlage wird dem Bedenken entsprechend insofern abgeändert, daß bei der »Einführung« der 2. Abschnitt gestrichen wird.
b) Die Bischofskonferenz empfiehlt den Ortsordinarien, die Vorlage an die zuständigen Ordensleitungen weiterzugeben.
c) In dem Begleitschreiben kann ausdrücklich die unter Ziffer 4, c) angeführte Zuständigkeit der Höheren Ordensleitung aufgenommen werden.
IV.Schule und Erziehung
1. Die Konferenz nimmt einen ausführlichen Bericht über die zahlreichen und mannigfaltig gegliederten höheren Fachschulen entgegen, denen in Zukunft noch eine gesteigerte Bedeutung zukommen wird. Im Bundesgebiet bestehen 1.400 höhere Fachschulen mit ca. 400.000 Schülern. Von besonderer Wichtigkeit ist die kirchliche Erfassung und seelsorgliche Betreuung der an diesen Schulen studierenden Menschen, die später durch ihre Berufstätigkeit das Klima in den Betrieben entscheidend bestimmen.
Der Erzbischof von Paderborn bittet die Bischöfe, ihm bis zum 15. März einen Herrn des Officium Catechisticum zu benennen, der in ihrer Diözese mit der Bearbeitung dieser wichtigen seelsorglichen Aufgabe betraut ist.
2. Der Bischof von Aachen legt der Konferenz ein umfassendes Memorandum über die Krisenpunkte in der Entwicklung unseres Schulwesens vor. Umfang und Tiefgang der Schulkrise entsprechen dem Ausmaß der geschichtlichen Umwälzungen unserer Zeit. Sie verlangt vom Episkopat eine wachsame Aufmerksamkeit von allen Entwicklungen im pädagogischen Raum und kann kaum bestanden werden, ohne daß die gesammelte Kraft der deutschen Bistümer nach gemeinsamer und umfassender Planung auf Grund präziser Analysen der Situation ihr entgegenwirkt. Entsprechend der Aufforderung der Fuldaer Bischofskonferenz 1957 (vgl. Protokoll der Plenar-Konferenz 1957, S. 7, Nr. 3) werden die bestehenden Vereinigungen der katholischen Privatschulen gemeinsam bemüht sein, einen Plan für die Arbeit an der pädagogischen Erneuerung des katholischen Privatschulwesens auszuarbeiten und dem Episkopat vorzulegen.

[7] *Vgl. Dok. 157.*

3. Die Bischöfe stellen mit großer Sorge fest, daß die »Gewerkschaft Erziehung und Wissenschaft« in zunehmendem Maße Ziele verfolgt, die in wesentlichen Punkten der christlichen Grundauffassung über die Erziehung der Jugend zuwiderlaufen. Es erscheint als notwendig, die katholischen Lehrer und Lehrerinnen durch eine bischöfliche Verlautbarung auf die hier drohenden Gefahren nachdrücklich hinzuweisen.
Der Bischof von Aachen wird gebeten, einen Entwurf für eine solche Verlautbarung auszuarbeiten, der dann durch den Vorsitzenden der Konferenz den Hochwürdigsten Herren Bischöfen zur Stellungnahme zugesandt werden soll. Falls der Entwurf die Zustimmung der Bischöfe findet, wird der Vorsitzende sie anschließend veröffentlichen.
4. Die Bischöfe halten es für dringend wünschenswert, daß die z. Z. zwischen dem »Verband der katholischen Lehrerschaft Deutschlands« und dem »Verein katholischer deutscher Lehrerinnen« geführten Auseinandersetzungen baldigst eine befriedigende Lösung finden.
Der Bischof von Aachen wird im Auftrage der Konferenz Verhandlungen mit den genannten Organisationen führen und versuchen, eine organisatorische Zusammenfassung unter Wahrung möglichst großer Selbständigkeit sowohl der Gruppe der Lehrer wie der Gruppe der Lehrerinnen zu erreichen.
5. Die Konferenz beschließt, einen Fonds zur Unterstützung katholischer Privatschulen in der Diaspora in Höhe von 2 Millionen DM zu schaffen. Die Diözesen Essen und Köln werden die erste Million aufbringen; die zweite Million wird pro rata auf alle Diözesen umgelegt und in drei Jahresraten ab 1959 eingezahlt werden. Die erste Portion in Höhe von 650.000 DM soll für den Neubau der Höheren Schule der Englischen Fräulein in Nürnberg verwendet werden, die zweite Portion in gleicher Höhe für den Neubau der Schule der Armen Schulschwestern in Berlin-Neukölln. Über die Verwendung des Restes wird noch beschlossen werden.

V. Finanzielle Fragen
1. Um die Verbundenheit mit den Katholiken Berlins zu bekunden, erklärt die Konferenz sich bereit, am 15. August in der Abendandacht, die aus Anlaß des Katholikentages in allen Gemeinden stattfinden soll, eine Kollekte auszuschreiben, deren Ertrag für den Bau einer Gedächtniskirche in Plötzensee bestimmt ist. Der Bischof von Berlin wird allen Bischöfen nähere Mitteilungen darüber zukommen lassen.
2. Die Bischöfe werden die deutschen Katholiken auffordern, dem Hl. Vater zu seinem diamantenen Priesterjubiläum am 2. April 1959 einen Sender zu schenken, der die vatikanische Radiostation vervollständigen soll. Zu diesem Zwecke wird eine allgemeine Kollekte ausgeschrieben werden.
3. Die Konferenz erklärt ihr Einverständnis, daß der Generalpräses des Nikolaus-Schifferverbandes, Maron[8], hauptamtlich die Leitung der Schifferseelsorge über-

[8] JOHANNES MARON *(1901–1962), Priester (D Limburg), Päpstlicher Geheimkämmerer, Leiter der Katholischen Schifferseelsorge, Generalpräses des St. Nikolaus-Schifferverbandes.*

nimmt. Die Diözese Limburg stellt für Generalpräses Maron eine Wohnung in Frankfurt zur Verfügung. Der für 1958 dem Nikolaus-Schifferverband zur Verfügung gestellte überdiözesane Zuschuß in Höhe von 4.300 DM (vgl. Protokoll der Plenarkonferenz 1957, S. 13, Nr. 24) wird um 19.000 DM erhöht. Diese Erhöhung wird durch die bischöfliche Finanzkammer nach dem üblichen Verteilungsschlüssel auf die Diözesen umgelegt.
Die Bischofskommissionen werden zu ihren Sitzungen am 2. und 3. Juni in Maria Rosenberg/Pfalz zusammenkommen. Anreisetag ist der 1. Juni.

gez.: + Helmut Hermann,
Bischof von Osnabrück

gez.: + Joseph Kardinal Frings,
Erzbischof von Köln.

180

Frings an die deutschen Bischöfe

Köln, 5. März 1958

EA MÜNCHEN, Joseph Kardinal Wendel, 21/1958. *Schreibmaschinenausfertigung mit eigenhändiger Unterschrift. Briefkopf:* Der Erzbischof von Köln. *Aktenzeichen:* J[ou]r[nal] Nr. R 14 400/58. *Anschrift:* An die Hochwürdigsten Herrn Bischöfe der Bistümer in der Bundesrepublik. *Vermerk:* Betr.: Änderung des Abkommens zwischen Bundesregierung und Kirche vom 16.4.1951 zur Versorgung der ostvertriebenen Geistlichen und Laien aus dem Kirchendienst. *Eingangsstempel:* Erzbistum München. Erzb[ischof] 15. M[ä]rz 1958. 21 Nr. 382.

Ew. Eminenz!
Ew. Exzellenz!
Das Katholische Büro in Bonn hat unter dem 24. Februar 1958 den (Erz-)Bischöflichen Generalvikariaten über die Verhandlungen mit der Bundesregierung zur Änderung des Bundesabkommens mit den Kirchen vom 16.4.1951 betreffend die Versorgung der ostvertriebenen Geistlichen und Laien aus dem Kirchendienst berichtet[1].
Das Katholische Büro hat seinem Bericht einen in einer Verhandlung vom 19.2.1958 in Bonn erarbeiteten Vorschlag für die Neufassung des Bundesabkommens beigefügt und die Annahme dieses Vorschlages dringend empfohlen.
Das Erzbistum Köln hat sich entschlossen, den Vorschlag zu akzeptieren, da die vorgesehene Neufassung des Bundesabkommens die bisherige Lage wesentlich verbessert, mehr nach dem Urteil der kirchlichen Verhandlungsführer angesichts der Finanzlage des Bundes nicht erreichbar ist und die ostvertriebenen Angehörigen des kirchlichen Dienstes dringend auf die Regelung warten.

1 *Nicht ermittelt.*

Nach den vorliegenden Mitteilungen hat die Kirchenkanzlei in Hannover für die Evangelische Kirche bereits ihr Einverständnis erklärt. Mit der Bitte, auch Ihre Zustimmung zu erteilen, verbinde ich die Bitte um Vollmachtserteilung. Das neu abzuschließende Abkommen mit der Bundesregierung wird für die Erzbistümer und Bistümer in der Bundesrepublik durch einen Beauftragten unterzeichnet werden müssen. Wenn auch die Zustimmung des Bundesfinanzministeriums noch aussteht, erbittet doch das die Anpassung des Bundesabkommens an die veränderten Verhältnisse in sehr dankenswerter Weise unterstützende Bundesministerium des Innern, die Regelung der Vollmachten beschleunigt durchzuführen, da es mit einem sehr baldigen Abschluß des neuen Abkommens rechnet.
Ich bitte Sie deshalb, mir zu diesem Zweck baldmöglichst Vollmacht nach anliegendem Muster mit der Berechtigung zur Erteilung von Untervollmacht an einen von mir zu deligierenden Beauftragten zu übertragen.

+ Jos[eph] Card[inal] Frings
Erzbischof von Köln.

181

Stellungnahme Beckels

Münster, 10. März 1958

DA Münster, GV-NA, AO-819. *Schreibmaschinenausfertigung mit eigenhändiger Unterschrift. Anschrift:* Seiner Exzellenz, dem Hochwürdigsten Herrn Bischof Dr. Michael Keller, Münster. *Überschrift:* Betr.: Bericht von Pater Engel mit Schreiben vom 24. Februar 1958 (Anlage).

Ich darf dazu folgendes bemerken:
1) Betr. Zeitschrift ›Die Neue Ordnung‹
Die Darstellung im Schreiben vom 24. Februar 1958[1] und im Bericht (S. 3f.) ist unvollständig.
Im November 1957 hat in Münster auf Betreiben von Pater Engel eine Besprechung zwischen Domkapitular Tenhumberg, Dr. Kickum[2], dem geschäftsführenden Vorsitzenden des Carl-Sonnenschein-Kreises, Pater Engel und mir stattgefunden, in der Pater Engel das Angebot machte, mit der Zeitschrift des Carl-Sonnenschein-Kreises eine Zusammenarbeit mit dem Sozialreferat einzugehen. Pater Engel sprach davon, 8.000 bis 10.000 DM im Jahr zuschießen zu können, und nannte als wesentliche Bedingung dafür, daß er Mitglied der Redaktion werde und auch im Vorstand des Carl-Sonnenschein-Kreises entsprechende Rechte erhielte. Dr. Kickum brachte zum Ausdruck, daß der Carl-Sonnenschein-Kreis sicher auf diese Vereinbarung eingehen werde; er müsse jedoch den Vorstand um Zustimmung bitten. Am Ende der Besprechung stand somit einzig die Zustimmung des Vorstandes noch aus.

1 *Vgl. Dok. 175.*
2 Heinrich Kickum, *Dr., Geschäftsführender Vorsitzender des Carl-Sonnenschein-Kreises.*

Wenige Zeit später nahm ich in Bad Godesberg an einer Sitzung im Hause des Zentralkomitees teil, und Pater Engel sagte mir nach Schluß der Sitzung, er habe sich die Sache anders überlegt und mit der Neuen Ordnung eine Vereinbarung getroffen, so daß ein Gespräch mit dem Carl-Sonnenschein-Kreis hinfällig geworden sei. Am gleichen Tage fand in Münster – wie ich wußte – die Vorstandssitzung des Carl-Sonnenschein-Kreises statt, in der über die neue Form der Zusammenarbeit beschlossen werden sollte. Ich habe dann durch einen Telefonanruf noch schnell erreicht, daß der Punkt von der Tagesordnung abgesetzt wurde, damit Animositäten vermieden wurden.

Pater Engel hat dann einen Schriftwechsel mit Dr. Kickum geführt, in dessen Verlauf hinterher, soweit ich weiß, als Vermittlung von Pater Engel angeboten worden ist, der Carl-Sonnenschein-Kreis möge seine Zeitschrift einstellen und ein Beiblatt in der Neuen Ordnung unter dem Thema der studentischen Sozialarbeit redigieren. Dieser Vorschlag ist vom Carl-Sonnenschein-Kreis nicht angenommen worden, zumal man sich von der Entwicklung enttäuscht sah.

Die neue Basis der Neuen Ordnung hat in der Arbeitsgemeinschaft katholisch-sozialer Bildungswerke etwas Verärgerung ausgelöst, weil der Plan dort nach endgültiger Zusammensetzung der Redaktion erst bekanntgegeben wurde und aus der sozialen Bildungsarbeit, wenn man von Pater Engel absieht, niemand in dem umfangreichen Redaktionskomitee vertreten ist. Bei Erweiterung der Auflage wird man in diesem Kreis zunächst auf Schwierigkeiten stoßen. Es überrascht auch, daß Dr. Spiegelhalter (Schriftleiter »Der Arbeitgeber« – Bundesvereinigung der deutschen Arbeitgeberverbände) in die Schriftleitung aufgenommen worden ist. Man vermutet eine entsprechende Bedingung des Deutschen Industrie-Institutes. Auch ist der Verdacht ausgesprochen worden, Dr. Spiegelhalter sei zunächst in die Redaktion aufgenommen worden, um später unter dem Vorwand, die Arbeitgeberseite sei vertreten, einen Vertrauensmann des Deutschen Gewerkschaftsbundes aufnehmen zu können. Auf diese zwei offenen Punkte in der Zusammensetzung der Redaktion könnte Pater Engel zweckmäßigerweise hingewiesen werden, vielleicht am besten unter gleichzeitigem Vorschlag geeigneter Herren für die Redaktion (Dr. Mees?).

2) Betr. Bericht über die Entwicklung der Gewerkschaftsbewegung (Bericht S. 2f.)

Pater Engel weist hier vor allem auf die Schwächung der Stellung der Katholiken im DGB durch die Entwicklung in der CGD hin. Dazu muß meines Erachtens bemerkt werden, daß die bisherige stärkere Stellung dieser Katholiken ziemlich genau von der Gründung der CGD her terminiert werden kann, während vorher die Stellung sicher noch schlechter war, als sie heute ist. Es ist darum nicht sehr loyal, der CGD jetzt die Schuld für einen Rückgang in die Schuhe zu schieben.

Dr. Beckel

(Dr. Albrecht Beckel).

182

Entwurf Frings'

[Köln, 15. März 1958][1]

EA München, Joseph Kardinal Wendel, 21/1958. *Schreibmaschinenschrift. Überschrift:* Entwurf für eine Verlautbarung der deutschen Bischöfe bezüglich der »Gewerkschaft Erziehung und Wissenschaft«[2].

Katholische Lehrer und Lehrerinnen wissen ebenso wie katholische Eltern, daß sie von Gott berufen und verpflichtet sind, die ihnen anvertrauten jungen Menschen von Kindheit an im katholischen Glauben zu erziehen und zur Nachfolge Christi anzuleiten. Der Katholik kann aus religiöser Überzeugung seine Kinder nur einer Schule in Obhut geben, die nach den Worten des Heiligen Vaters bestrebt ist, »vollkommene Schule zu sein, nicht nur für die Einführung des jungen Menschen in die hochtechnisierte und vom Wirtschaftlichen beherrschte Welt, sondern auch für seine Festigung und Sicherung in der alles umgreifenden religiös-sittlichen und übernatürlichen Wirklichkeit«. Die deutschen Bischöfe haben deshalb immer darauf hingewiesen, daß die Forderung nach der katholischen Schule für katholische Kinder und die Forderung nach katholischer Lehrerbildung für die Lehrer an katholischen Schulen zu den Grundsatz- und Gewissensforderungen der Katholiken gehören.
In der Schrift über die »Katholischen Grundsätze für Schule und Erziehung«, die die Fuldaer Bischofskonferenz im Jahre 1956 herausgegeben hat, werden jene beiden Forderungen eingehend begründet.
So sehr die Bischöfe sich freuen, daß die katholische Lehrerschaft und vor allem auch die bewährten katholischen Lehrervereinigungen für diese Grundsätze eintreten, so tief ist ihr Bedauern darüber, daß die »Gewerkschaft Erziehung und Wissenschaft« diese katholischen Forderungen in unduldsamer Weise ablehnt.
Die genannte Gewerkschaft ist Gegnerin der Bekenntnisschule. Sie erkennt nicht das Recht der Eltern an, eine ihrer religiösen Überzeugung entsprechende Schule für ihre Kinder zu verlangen. Sie lehnt die konfessionelle Lehrerbildung ab. Berechtigte katholische Forderungen zugunsten der privaten, d. h. der freien Schulen stoßen vielfach auf ihren Widerstand. Sie bekämpft die Ausführung des vom Bundesverfassungsgericht als gültig anerkannten Reichskonkordates.
Die »Gewerkschaft Erziehung und Wissenschaft« vertritt diese ihre Auffassungen in Schrifttum und Versammlungen. Es kann nicht ausbleiben, daß dadurch katholische Lehrer und Lehrerinnen, die ihr angehören, in große Gewissenskonflikte kommen.
Wir Bischöfe halten den Augenblick für gekommen, der katholischen Lehrerschaft zu sagen, daß wir über diese Entwicklung in großer Sorge sind.

1 *Die Datierung ergibt sich aus dem Begleitschreiben (Schreibmaschinenausfertigung mit eigenhändiger Unterschrift am gleichen Fundort).*

2 *Namens der Bischöfe des Landes Nordrhein-Westfalen von* Frings *mit geringfügigen Änderungen stilistischer Art am 21. November 1958 verkündet. Druck:* AB Köln *98 (1958), S. 261.*

Wir richten an die katholischen Lehrer und Lehrerinnen die eindringliche Bitte, vor Gott und ihrem Gewissen zu erwägen, was es bedeutet, wenn sie die »Gewerkschaft Erziehung und Wissenschaft« in irgendeiner Weise unterstützen.
Wir äußern diese Bitte im Vertrauen darauf, daß unsere katholischen Lehrer und Lehrerinnen unsere Sorge verstehen und darum bereit sind, mit uns entschlossen für eine wahrhaft christliche Erziehung der Jugend nach den Grundsätzen unseres heiligen Glaubens einzutreten.

183

Keller an Buuck[1]

Münster, 26. März 1958

DA MÜNSTER, GV-NA, AO-331. *Schreibmaschinendurchschlag mit Briefkopf:* Der Bischof von Münster. *Anschrift:* Hochwürden Herrn Pater Provinzial Buuck S. J. Köln a[m] Rhein, Stolzestraße 1a. *Vermerke:* Abschrift *und (von der Hand Tenhumbergs):* Z[u] d[en] A[kten] Briefe Exz[ellenz].

Lieber, hochwürdiger Herr Pater Provinzial!
Bei ihrem letzten Hiersein versprach ich ihnen, einige Unterlagen für die Beurteilung des »Falles« Reichel zu übermitteln.
Für das Verständnis der gegenwärtigen Situation darf ich kurz auf folgenden hinweisen:
Seit 1946/47 wuchs insbesondere im katholischen Volksteil die Kritik an den sozialistischen Tendenzen der sog. Einheitsgewerkschaft. In dieser Kritik waren katholische Sozialwissenschaftler und Sozialpraktiker führend. (Das Scheitern der Einheitsgewerkschaft wurde mehrfach festgestellt.) Die Bischöfe, katholische Sozialwissenschaftler, führende Politiker usw. forderten die katholischen Arbeitnehmer zu erhöhter Wachsamkeit auf.
Im Herbst 1955 erfolgte dann aus freiem Gewissensentscheid christlicher Arbeitnehmer die Gründung der christlichen Gewerkschaften Deutschlands. Die deutschen Bischöfe haben diese Entscheidung der Arbeitnehmer sofort als »sachlich wohlbegründet« anerkannt und später von allen katholischen Verbänden und Organisationen und deren Mitgliedern die Förderung der CGD verlangt.
In geschickter Strategie überließ die Führung des DGB den Kampf gegen die CGD ausschließlich den katholischen Kollegen im DGB. Weil diese gemeinsam mit einigen katholischen Sozialwissenschaftlern und Publizisten die Neugründung kritisierten und angriffen, wurde die Auseinandersetzung geschickterweise in den innerkatholischen Bereich verlagert. Die Folgen: Das Wachstum der CGD wurde verhindert, die sozialistischen Tendenzen des DGB wurden in weiten Kreisen »vernebelt«, die gewerkschaftspolitische Aktivität der katholischen Verbände gelähmt.

[1] P. FRIEDRICH BUUCK SJ *(1909–1981), 1935 Ordenseintritt, 1932 Priester, 1958–1962 Provinzial der niederdeutschen Provinz.*

Die geistige Führung der katholischen Kollegen im DGB (Christlich-Soziale Kollegenschaft im DGB) lag und liegt weitgehend bei Herrn P. Reichel. Seine Tätigkeit erstreckt sich weniger – wenn überhaupt – auf den allgemein-seelsorglichen Bereich als auf die Beratung und Führung in allen sozial- und gewerkschaftspolitischen Fragen. In dieser Funktion hält er in allen Teilen Deutschlands Versammlungen, Schulungstagungen für die sog. Christlich-Soziale Kollegenschaft und arbeitet regelmäßig an deren Organ, den sog. »Gesellschaftspolitischen Kommentaren« und deren Beilagen mit. Die »Gesellschaftspolitischen Kommentare« nennen ihn im Impressum, während ein gleicher Vermerk in der Beilage »Solidarität und Freiheit« seit gewisser Zeit unterbleibt. Bezüglich dieser seiner Tätigkeit drängen sich folgende Feststellungen auf:

1. Sie geschieht meines Wissens ohne irgendeinen Auftrag von kirchlicher Seite, sicher ohne vorherige Fühlungnahme mit den Bischöfen. Sie geschieht auch ohne vertrauensvollen Kontakt mit den zuständigen katholischen Organisationen und Institutionen, insbesondere der KAB und ihren Bildungseinrichtungen, sowie ohne Fühlungnahme mit den verantwortlichen Seelsorgern des Raumes, in dem P. Reichel jeweils spricht oder tätig ist. Schon aus diesem Grunde ist zu befürchten, daß eine solche Tätigkeit aufs Ganze gesehen mehr schadet als nützt.

2. Deutsche Bischöfe haben mehrfach um die Zurückziehung P. Reichels aus dieser gewerkschaftspolitischen Arbeit und seine Beauftragung mit anderen Aufgaben gebeten. Diese Zurückziehung ist bisher, nicht zuletzt im Hinblick auf die letzten Bundestagswahlen vom 15. Sept[ember] 1957 und das Eingreifen der Bundesregierung[2], unterblieben. Presseorgane des DGB, »Der Spiegel« und andere Zeitungen haben wegen dieses Wunsches der deutschen Bischöfe mehrfach eine scharfe Polemik entfaltet, so daß unglücklicherweise der Fall Reichel ein starkes Politikum geworden ist.

3. Die Wirkung der bisher uneingeschränkten Tätigkeit P. Reichels auf das katholische Volk, insbesondere die kirchentreue katholische Arbeiterschaft, ist folgende: Es ist in weiten Kreisen der Eindruck eines starken Gegensatzes zwischen den deutschen Bischöfen und Vertretern der Gesellschaft Jesu entstanden. Gut katholische Arbeitnehmer haben es nicht verstehen können, daß P. Reichel in seiner Tätigkeit einem ausdrücklichen Wunsch der Bischöfe nicht zu folgen braucht, während vom einfachen Gläubigen eine solche Folgsamkeit als selbstverständlich erwartet wird. Die überwiegende Mehrheit katholischer Arbeitnehmer, die bisher in der sog. Einheitsgewerkschaft stehen, sehen in der Tätigkeit P. Reichels eine willkommene Gewissensberuhigung. Sie bleiben also im DGB, sind seinem geistigen, vorwiegend sozialistisch geprägten Einfluß weiterhin ausgesetzt, lesen dessen Schrifttum, besuchen dessen Schulungskurse, folgen dessen Parolen usw. Dabei ist festzuhalten, daß P. Reichel bei aller Aktivität mit seinen Schulungsveranstaltungen usw. nur einen verschwindend geringen Prozentsatz katholischer Arbeitnehmer im DGB erreicht hat und erreichen wird.

2 *Vgl. Dok. 115.*

Mit dieser »Gewissensberuhigung« weiter Kreise katholischer DGB-Mitglieder ist vielfach der Eindruck bzw. die Behauptung verbunden: Die katholischen Führer der CGD hätten entweder ein überempfindliches Gewissen oder sie handelten aus Ehrgeiz und anderen unlauteren Motiven.
In der Öffentlichkeit, besonders in der katholischen Arbeiterschaft, ist weiterhin der Eindruck entstanden: Die Empfehlung der Bischöfe zugunsten der christlichen Gewerkschaften könne nicht ernst gemeint sein, weil P. Reichel gleichzeitig alles tun dürfe, um die Einheitsgewerkschaft zu stärken und die Christlichen Gewerkschaften möglichst klein zu halten, wenn nicht zu vernichten.
4. Die sich zur CGD bekennenden Arbeitnehmer müssen nicht nur vor sich selbst, sondern auch gegenüber fremden und sogar öffentlichen Anwürfen den Nachweis erbringen, daß sie richtig handeln, wenn sie in bezug auf die Einheitsgewerkschaft für ihre Gewissenbildung und Gewissensentscheidung einen schärferen Maßstab anlegen, als das ein immerhin nicht unbedeutender Vertreter der Gesellschaft Jesu tut.
Dieser Belastung sind viele katholische Arbeiter nicht gewachsen. Sie treten daher der CGD nicht bei, bleiben entweder im DGB oder außerhalb gewerkschaftlicher Verantwortung. – Die Tätigkeit von P. Reichel innerhalb und auf dem Boden der Einheitsgewerkschaft hat zweifellos stärkstens zu einer Stagnation der Mitgliederbewegung der CGD beigetragen, obwohl P. Reichel behauptet, in seinen Referaten die strittigen Fragen um die CGD nicht anzusprechen. Die Veranstalter solcher Tagungen, Versammlungen usw. (DGB-Vertreter und Mitglieder der Christlich-Sozialen Kollegenschaft) sorgen im allgemeinen schon dafür, daß die Einstellung P. Reichels zur Einheitsgewerkschaft genügend bekanntgemacht wird. Als Beispiel für die Wirkung einer solchen »neutralen« Veranstaltung sei die Versammlung der Sozialausschüsse der CDU Münster mit P. Reichel (11. Febr[uar] 1958) in Münster erwähnt. P. Reichel sprach über »Die Gewerkschaften im sozialen Gefüge der Bundesrepublik«. Ein Besucher berichtete nachher: »Im weiteren Verlauf der Versammlung wurde leidenschaftlich für die ›Christlich-Soziale Kollegenschaft im DGB‹ gesprochen und geworben, so daß im großen und ganzen das Interesse der Anwesenden auf diese gewerkschaftliche Auseinandersetzung gerichtet wurde. Diesem Diskussionsverlauf wurde vom Redner indirekt Vorschub geleistet dadurch, daß er in seinem Referat das Bild und die Funktionsmöglichkeit und -grenzen einer völlig abstrakten Gewerkschaft gezeichnet hatte ...« – Zudem fühlen bzw. wissen seine Zuhörer, daß für P. Reichel die CGD kein Anliegen ist, daß er sie vielmehr ablehnt.
Innerhalb der CGD wirkt die Tätigkeit P. Reichels sich vor allen Dingen auch dahin aus, daß führende katholische Arbeitnehmer sich nicht entscheiden können, größere Verantwortung für die CGD zu übernehmen. Ein katholischer Arbeiterführer, der um die Übernahme einer bestimmten Funktion innerhalb der CGD gebeten worden war, nahm zu einem solchen Angebot folgendermaßen Stellung: »Zu diesem Ja kann ich nicht kommen, weil ich aus Gewissensgründen und einer echten Gewissensnot heraus einen solchen harten Kampf gegen die Jesuiten nicht führen kann. Einen solchen harten Kampf hätten sie verdient. Aber immer steckt hinter dem Jesuiten in der DGB-Versammlung noch der Priester. Hier wäre es Aufgabe der Kirche, ein

mächtiges Wort zu sprechen. Solange aber das noch zugelassen wird, ist sicherlich auch noch ein Zweifel vorhanden, ob unser Weg der richtige ist. Darum bin ich zu meinem wohlüberlegten, klaren Nein gekommen.«

Ich füge die Fotokopie eines an mich gerichteten Briefes[3] von Herrn Winkelheide bei. Der Brief schießt zweifellos über das Ziel hinaus, ist aber symptomatisch für die Situation und kommt aus wirklich gequältem Herzen. Es ist für solche Männer, die sich aus tiefster katholischer Haltung für die Kirche einsetzen und wirklich größte Opfer dafür bringen, tatsächlich bitter, sich von Priestern und Ordensleuten in solcher Weise bekämpft zu sehen.

Die von einigen Sozialpolitikern erstrebte »faire Zweigleisigkeit« findet in den Bischöflichen Verlautbarungen keine Basis im Sinne der Gleichrangigkeit und Gleichwertigkeit. Praktisch ist sie schon dadurch illusorisch, daß die Christlich-Soziale Kollegenschaft – deren geistige Prägung durch P. Dr. Reichel nicht anzuzweifeln ist – in den letzten Jahren ihre Hauptaufgabe darin gesehen hat, die Entwicklung der CGD zu hemmen, um dadurch die sog. Einheitsgewerkschaft zu erhalten. Die »Gesellschaftspolitischen Kommentare« (Nr. 2 vom 15. Januar 1958, S. 20) bringen einen nach der »Neuen Presse« (Nr. 294 vom 19. Dezember 1957) zitierten Bericht von Franz Kusch[4] mit der eindeutigen Behauptung: »Bemerkenswert ist allerdings, daß die im Oktober 1955 gegründete Christliche Gewerkschaftsbewegung Deutschlands (CGD) in der Hauptsache wohl durch die Aktivität der ›Christlich-Sozialen Kollegenschaft im DGB‹ keinen wirksamen Einbruch in die Reihen der Einheitsgewerkschaft erzielen konnte ...«

Man verlangt mit dieser sog. »fairen Zweigleisigkeit« von der CGD praktisch die Selbstaufgabe. Tatsächlich haben viele katholische Sozialwissenschaftler (Jesuiten und Dominikaner), außer Prof. Höffner, ebenso fast sämtliche katholischen Organisationen und Institutionen einschließlich der katholischen Presse (Allgemeine Sonntagszeitung) die CGD nicht gefördert, sie meist totgeschwiegen oder sich offen für die Einheitsgewerkschaft und damit die Christlich-Soziale Kollegenschaft eingesetzt. Die Bischöfe haben die Christlich-Soziale Kollegenschaft weder verboten noch getadelt; sie sind nur für eine Förderung der CGD eingetreten. Es ist mir ganz unerfindlich, wie die Kollegenschaft sich als die Verfolgte gegenüber der CGD hinstellen kann, die nur noch infolge des geradezu heroischen Einsatzes opferbereiter Arbeiter und Arbeiterführer am Leben ist.

6. Im übrigen ist die Christlich-Soziale Kollegenschaft erst von dem Zeitpunkt an für den DGB interessant geworden, als die Christlichen Gewerkschaften gegründet waren. Jetzt hat der Mohr seine Schuldigkeit (Verhinderung einer nennenswerten christlichen Gewerkschaftsbewegung) getan und kann gehen. Darauf deuten u. a. auch die Veröffentlichungen der sozialdemokratischen (offiziösen) Wochenzeitung »Vorwärts« hin, die nach den katholischen Veröffentlichungen über den Untergang bzw. den Todeskampf der CGD sofort auch das Signal zum Kampf gegen die Christliche Kollegenschaft im DGB gaben. Der »Vorwärts« (Nr. 3/1958, 17. Januar 1958,

[3] *Nicht ermittelt.*

[4] Franz Kusch, *Pressechef der Gewerkschaft Textil-Bekleidung, Kommentator und politischer Redakteur des WDR.*

S. 14 – vgl. auch Nr. 5 und 7 v[on] 1958) schreibt: »... Die in CDU-Kreisen und auch in der Kollegenschaft beklagte sozialdemokratische Mehrheit in den Funktionen der Gewerkschaften ist nun einmal auch als eine demokratische Entscheidung der gesamten Mitgliedschaft anzusehen, zu tolerieren und zu respektieren ...«
Mit solchen Stellungnahmen des »Vorwärts« und gewerkschaftlicher Zeitungen gleicher sozialistischer Grundhaltung dürfte leicht nachzuweisen sein, daß die Tolerierung der Christlich-Sozialen Kollegenschaft durch die sozialistisch geleiteten Gremien des DGB auf die Dauer nur so weit reichen wird, als der DGB die Christlichen Gewerkschaften respektieren und fürchten muß. Schon aus dem Grunde müßte sich selbst P. Reichel zu einer Förderung der CGD verstehen und darum alles unterlassen, was ein Wachstum der CGD behindern könnte.
Wenn man jetzt feststellen muß, daß auch Herr Tacke die Anti-Atom-Kampagne mitmacht, und wenn es scheint, daß der gesamte DGB im Begriff steht, den letzten Rest an politischer Neutralität aufzugeben, dann ist man mit Recht wegen der Aussichten einer »Missionierung« bzw. Beeinflussung des DGB durch seine katholischen Mitglieder sehr skeptisch.
Aus dem Gesagten ergibt sich, wie mir scheint, klar, daß die Tätigkeit des Herrn P. Reichel auf dem Boden des DGB ein bedeutendes Hindernis für das Wachstum der CGD war und ist. Seine Beauftragung mit anderen wissenschaftlichen oder seelsorglichen Aufgaben würde die katholischen Mitglieder des DGB einer seelsorglichen Betreuung in keiner Weise berauben. Die Zahl der von P. Dr. Reichel seelsorglich Betreuten war schon bisher gering. Nach wie vor wird für alle Formen der Seelsorge an allen katholischen Arbeitnehmern, auch an den Mitgliedern des DGB, die ordentliche Seelsorge zuständig sein. Außerdem sehen die katholischen Organisationen und Institutionen durchaus ihre Aufgabe sowohl an den Mitgliedern des DGB, der CGD als auch den unorganisierten Arbeitnehmern.
Eine klare Entscheidung halte ich für unbedingt erforderlich.
Ich füge zur Einsichtnahme noch einen Briefwechsel bei, den mir auf meine Bitte hin Herr Domkapitular Dr. Paulus überlassen hat, den er aber zurück haben möchte. Ich darf Sie deshalb bitten, ihn gelegentlich an mich zurückgehen zu lassen. Dieser Briefwechsel sowie der Brief Winkelheides sind nur für Sie persönlich bestimmt. Ich wäre Ihnen aufrichtig dankbar, wenn Sie davon nur zu Ihrer persönlichen Unterrichtung Gebrauch machen würden.
Ich hoffe, daß die vorstehenden Ausführungen Ihnen eine kleine Hilfe sein können, in dieser verwickelten, aber, wie mir scheint, für den deutschen Katholizismus schicksalsschweren Frage etwas klarer zu sehen. Selbstverständlich bin ich auch zu jeder weiteren mündlichen Information bereit.
Ich bete, daß eine Lösung gefunden wird, die der Sache dient und menschlich nicht allzusehr belastet.
Mit herzlichem Gruß

Ihr dankbar ergebenster
gez. + Michael Keller
Bischof von Münster.

184

Hengsbach an Wendel

Essen, 12. April 1958

EA MÜNCHEN, Joseph Kardinal Wendel, 40 ZK/1958. *Schreibmaschinenausfertigung mit eigenhändiger Unterschrift. Briefkopf:* Der Bischof von Essen. *Anschrift:* An seine Eminenz den Hochwürdigsten Herrn Joseph Kardinal Wendel, Erzbischof zu München. *Eingangsstempel:* Erzbistum München. Erzb[ischof] 16. Apr[il] 1958. 40 ZK Nr. 543.

Eminenz!
Vom 16. bis 19. April hält das Zentralkomitee der deutschen Katholiken in Saarbrükken eine Arbeitstagung ab. Damit versucht das Zentralkomitee, die Arbeitsgemeinschaften, die bisher mit den Katholikentagen verbunden waren, in Form einer eigenen Arbeitstagung räumlich und zeitlich vom Katholikentag zu trennen, und zwar einerseits um eine größere Ruhe für die Beratungen der Arbeitskreise zu finden, und zum anderen um die Ergebnisse der Arbeitstagung besser als früher für die gesamte katholische Arbeit, insbesondere auch für den kommenden Katholikentag fruchtbar zu machen.
Ich darf mir erlauben, Euer Eminenz ein Programm und ein Verzeichnis der Arbeitskreise mit der Bitte um gütige Kenntnisnahme zu überreichen.
Ferner darf ich Euer Eminenz folgendes berichten: In der Sitzung des Geschäftsführenden Ausschusses des Zentralkomitees am 31. März ist bei der Vorbereitung der Saarbrücker Tagung auch die Frage erörtert worden, ob und gegebenenfalls in welcher Weise das Zentralkomitee oder auch die Arbeitstagung zur gegenwärtig schwebenden Diskussion um die Atombewaffnung das Wort nehmen sollte. Es ist daraufhin eine kleine Gruppe von Experten gebildet [*worden*], die für die Saarbrücker Tagung eine Erklärung vorbereiten soll, die etwa unter dem Titel veröffentlicht werden könnte: »Ziele und Wege einer christlichen Friedenspolitik«.
Dabei ist noch offen, wer für dieses Wort verantwortlich zeichnen sollte, unter Umständen weder das Zentralkomitee noch die Saarbrücker Arbeitstagung, sondern eine Anzahl profilierter Persönlichkeiten. Auf jeden Fall scheint aber eine Erklärung in der Frage der Atombewaffnung in geeigneter Form und seitens eines geeigneten Organs notwenig zu sein. Es ist sichergestellt, daß diese Erklärung rechtzeitig vor ihrer Veröffentlichung den in Saarbrücken anwesenden Hochwürdigsten Herren Bischöfen vorgelegt wird.
Mit ehrerbietigem Gruß verbleibe ich

Euer Eminenz im Herrn sehr ergebener
+ Franz Hengsbach
Bischof von Essen.

185

Reichel an Teusch

Walbeck, 3. Mai 1958[1]

EA KÖLN, Gen. II 23.61, 23. *Schreibmaschinenausfertigung mit eigenhändiger Unterschrift. Briefkopf:* Dr. Herbert Reichel. *Anschrift:* Hochwürdigsten Herrn Generalvikar Dr. Teusch, Köln, Marzellenstraße 32. *Vermerk:* S[chreiben] v[on] H[errn] P. R[eichel]! Nach der Rückkehr von einer kürzeren Dienstreise fand ich Ihren Brief v[om] 3.4. *durchgestrichen folgt* (soll wohl heißen) 3.5.(?) vor. S[ein]e Eminenz ist, wie Sie inzwischen wohl aus der Presse erfahren haben, am 3. d[es Monats] ad limina nach Rom gereist, erst Ende des Monats wird Eminenz zurückerwartet. Ich will mich dann sofort um eine Audienz für Sie bemühen. Die gewünschte [*vier Wörter unleserlich*] schicke ich Ihnen gerne zu. Von Herzen wünsche ich Ihnen Gottes Segen in diesen schweren Stunden. Mit verbindlichen Grüßen Ihr erg[ebener] T[eusch].

Hochwürdigster, sehr verehrter Herr Generalvikar.
Da sich zur Zeit gewisse einheitsgewerkschaftliche Ereignisse überstürzen, erlauben Sie mir bitte, daß ich in aller Kürze Ihnen einige wichtig erscheinende Punkte zur Kenntnis gebe.
Gestern saß ich mit führenden christlich-sozialen Gewerkschaftskollegen zusammen. Zunächst wurde deutlich, daß die diesjährige Maiansprache Seiner Eminenz auch hier gut angekommen ist.
In der IG Metall spitzen sich die Dinge erheblich zu. Man wird sagen können, daß die Parole der SPD-Führung von Brenner[2] aufgegriffen wurde. Der zentrale Angriff gehe gegen die Kollegenschaft. Es wurden bereits Beschlüsse auf Bundesebene gegen uns gefaßt. Man will dort die Einheitsgewerkschaft nicht mehr. Es scheint, daß in den anderen Industriegewerkschaften die Dinge nicht besser liegen.
Die Frage erhebt sich, was nun? Aus meiner in vielen Einzelgesprächen gewonnenen Erkenntnis heraus hat in führenden Menschen von uns eine Bewußtseinsänderung begonnen. Man ist sich aber klar, daß die Massen – auch unserer Menschen – nicht leicht sich neu entscheiden werden. Es geht aber nicht an, daß [*man*] – wie etwa der Abgeordnete Teriete[3] – in Einzelaktion Ämter niederlegt. Damit ist nichts gewonnen. Unsere Menschen müssen geschlossen sich entscheiden.
Ich möchte die Anregung aussprechen, daß von kirchlicher Stelle in der augenblicklichen Situation vorsichtig operiert wird. Kirchliche Aufrufe zu einem »Weg vom DGB!« würden m. E. das Gegenteil erreichen und den anderen die Parole in die Hand geben, daß die Kirche allein interessiert ist. Es muß aus dem gewerkschaftlichen Raum mit gewerkschaftlichen Argumenten eine Änderung eingeleitet werden. Die Arbeitnehmer müssen das Gefühl behalten, daß sie in ihrer Entscheidung von keiner Seite gesteuert werden.
Die Sache ist nicht einfach. Auch meine Sammlungsbewegung im DGB ist zur Zeit noch nicht so weit, um noch wirksamer werden zu können. Andererseits kann man Entwicklungen nicht übers Knie brechen.

1 *Vorlage trägt das Datum* 3.4.1958.
2 OTTO BRENNER *(1907–1972), 1956–1972 Erster Vorsitzender der IG Metall.*
3 THEODOR TERIETE *(1907–1971), Weber, 1948–1958 Sekretär im DGB, 1958 Übertritt zur CGD, 1959 Geschäftsführer des Gesamtverbands der CGD, 1953–1969 Mitglied des Bundestags (CDU).*

Bei der Tagung des Zentralkomitees in Saarbrücken konnte ich mit führenden christlichen Gewerkschaftern der Saar beste Fühlung aufnehmen.
Vielleicht interessiert noch, daß aus dem evangelischen Raum erhebliche Querschüsse kommen. Man scheint dort lieber Rot als Schwarz wählen zu wollen.
Falls Euer Hochwürden es für passend finden, wäre ich gern bereit, Ihrer[4] Eminenz einen Lagebericht aus unserer Sicht zu geben.
Mit bestem Gruß verbleibe ich

Euer Gnaden ergebenster
P. Dr. Herbert Reichel S. J.

Darf ich herzlichst bitten, diese meine Mitteilungen nicht die Münsteraner Herren wissen zu lassen, weil das wahrscheinlich nicht glücklich verwendet werden würde.

186

Hengsbach an Wendel

Essen, 8. Mai 1958

EA München, Joseph Kardinal Wendel, 21/1958. *Schreibmaschinenausfertigung mit eigenhändiger Unterschrift. Briefkopf:* Der Bischof von Essen. *Anschrift:* An Seine Eminenz den Hochwürdigsten Herrn Joseph Kardinal Wendel, Erzbischof von München zu München. *Registraturvermerk:* 21.

Eminenz!
Darf ich unserer Absprache in Hofheim gemäß einiges darlegen mit Bezug auf die Vorbereitung der Kommissionssitzungen in Maria Rosenberg?
Es scheint mir richtig zu sein, daß die Ergebnisse der Arbeitskreise der Tagung des Zentralkomitees in Saarbrücken den entsprechenden Kommissionen des Episkopates zugeleitet werden. Sie können m. E. einen guten Ausgangspunkt für die Besprechungen in Maria Rosenberg bieten. Darum habe ich Herrn Pater Hirschmann gebeten, Euer Eminenz diese Ergebnisse bald zuzuleiten, damit Euer Eminenz entscheiden können, ob und in welcher Weise sie Hochwürdigsten Herren Vorsitzenden der Kommissionen zur Verfügung gestellt werden sollen.
Sodann scheinen mir folgende Schwerpunkte für die gesamte Kommissionsarbeit erwägenswert zu sein:
1. Der theologische Ort des Laienapostolates in der Kirche.
In dem Gutachten von Herrn Professor Volk[1] ist der theologische Ort des Laien in der Kirche weithin beschrieben. Wie mir scheint, fehlt noch einiges über den sozio-

[4] *Handschriftlich geändert aus* Seiner.

[1] Hermann Volk *(1903–1988), 1927 Priester (D Mainz), 1946 Professor für Dogmatik in Münster, 1962–1982 Bischof von Mainz, 1972 Kardinal. Sein 55 Seiten umfassendes Referat in maschinenschriftlicher Vervielfältigung in* EA München, Joseph Kardinal Wendel, 28/1957. *Vgl.* P. Walter, *Volk.*

logischen Ort des Laienapostolates gerade in Deutschland. Im einzelnen könnten innerhalb dieses Gesamtkomplexes folgende Einzelfragen erörtert werden:

a) Soll ein gesamtdeutsches Laienrecht erarbeitet werden? Manches ist in verschiedenen Diözesen schon diözesanrechtlich geordnet. Hier könnte das bereits Geklärte zusammengestellt und das Übereinstimmende festgestellt werden (ähnlich wie z. B. im Bereich des Gottesdienstes manches für alle Bistümer durch das einheitliche Rituale geordnet ist).

b) Nach welcher Richtung soll die Laienarbeit weiter entwickelt werden?

c) Wie soll die Frage des Heiligen Vaters an den letzten Laienkongreß[2] beantwortet werden? Soll sich hier der Episkopat mit einschalten, die Organisationen – einzeln oder insgesamt – beauftragen?

2. Der theologische und soziologische Ort der Einheit des deutschen Episkopates.

Die großräumigen Fragen, die auf den Episkopat zukommen, verlangen immer wieder eine gemeinsame Stellungnahme. Welche Autorität hat diese Stellungnahme? Hat sie eine eigene Autorität oder nur die Summe der Autoritäten der einzelnen Bischöfe?

Diese Frage scheint zunächst vielleicht etwas nebensächlich, sie kann aber bedeutsam sein sowohl für das Verhältnis der Bistümer zu den überdiözesanen Verbänden in Deutschland wie auch für das Verhältnis der deutschen Katholiken gegenüber den staatlichen Stellen.

3. Das Verhältnis der Katholischen Kirche zum politischen Leben in Deutschland im ganzen und zu den politischen Parteien im besonderen.

4. Aufbau und Ausbau der Verbindung der deutschen Katholiken untereinander (West-Ost) und mit Katholiken anderer Länder (Herbeiführung einer übernationalen Einheit, besonders unter dem Friedensgedanken).

5. Das Verhältnis der Katholiken zu den Protestanten und zu neutralen Organisationen.

Die vorgenannten Fragen gehen mehr oder weniger quer durch alle Kommissionsanliegen hindurch. Vielleicht wäre es sinnvoll, sie zunächst einmal in der Hauptkommission zu besprechen.

Für die jeweils zuständige Kommission scheinen mir folgende Fragen anzustehen:

1. Die Gewerkschaftsfrage, und zwar vor allem im Zusammenhang mit dem Gesamtbereich der sozialen Sicherheit (wäre es sinnvoll, demnächst einmal ein Pastorale über die soziale Sicherheit zu schaffen, so ähnlich wie der Episkopat früher ein Pastorale über den Staat[3] herausgegeben hat?).

2. Erwachsenenbildung (hier vor allem die Gefahr eines pluralistischen oder koexistentiellen Bildungsbegriffs, d. h. die Kirche wird als Bildungsmacht u. a. angesehen und zugleich entsteht so etwas wie eine »Bildungskirche« durch das staatlich gelenkte Volkshochschulwesen und das staatliche Subventionswesen überhaupt.

2 *Vgl.* AAS *49 (1957), S. 922–939, deutsche Übersetzung:* A. F. UTZ/J. F. GRONER, *S. 3569–3591.*

3 *Lehrschreiben der deutschen Bischöfe über Aufgaben und Grenzen der Staatsgewalt vom 12. Dezember 1953, Druck:* HERDER KORRESPONDENZ *8 (1953/54), S. 176–181.*

3. Freizeitgestaltung

Ich bitte, das Fragmentarische und Unvollständige der vorstehenden Überlegungen mir nachzusehen, da ich bei meiner vielfältigen Beanspruchung nicht zu großen Überlegungen Zeit gefunden habe.

Was die Arbeit der Hauptkommission angeht, so würde sie sich ja von selbst in verschiedene Gebiete teilen, und zwar

a) die Vorbereitung der Plenarkonferenzen,
b) die Koordinierung der übrigen Kommissionen,
c) die Fragen des kirchenpolitischen Bereichs,
d) die Fragen des übernationalen Bereichs,
e) die Koordinierung der Laienarbeit (Zentralkomitee).

Ich hoffe, Euer Eminenz im Sinne unseres kurzen Mittagsgesprächs bei der Tagung in Hofheim mit dem Vorstehenden etwas gedient zu haben.

Mit ehrerbietigem Gruß verbleibe ich

Euer Eminenz im Herrn sehr ergebener
+ Franz Hengsbach
Bischof von Essen.

187

Bericht Köpplers

Bad Godesberg, 12. Mai 1958

EA Köln, Gen. II 22.13a, 7. *Schreibmaschinenschrift. Überschrift:* Bericht über die Tätigkeit des Katholischen Sekretariats für europäische Fragen in Strasbourg.

Das Katholische Sekretariat für europäische Fragen in Strasbourg ist unter der Leitung des H[ochwürdigsten] H[errn] P. Le Roy S. J.[1] im Jahre 1956 neu gegründet worden. Es hat die Aufgabe, die Tätigkeit der supranationalen und internationalen europäischen Institutionen im Hinblick auf ihre Bedeutung für die Katholische Kirche zu beobachten, auf die Behandlung von Gegenständen, die für die Katholische Kirche von Bedeutung sind, in geeigneter Weise Einfluß zu nehmen, sowie den Hochwürdigsten Episkopat, die internationalen und nationalen katholischen Organisationen über die Arbeit der europäischen Institutionen zu unterrichten.

Der Sitz des Kath[olischen] Sekretariats für europäische Fragen ist in Strasbourg. Das Sekretariat hält eine Fühlung mit der Beratenden Versammlung und den sonstigen Gremien und Behörden des Europarates in Strasbourg, mit der Hohen Behörde für Kohle und Stahl in Luxemburg, der Behörde des Gemeinsamen Marktes in Brüssel sowie den verschiedenen Europäischen Büros in Paris. Strasbourg soll als Sitz des Sekretariats so lange beibehalten werden, bis eine Entscheidung

[1] P. Albert Le Roy SJ *(1891–1963), 1908 Ordenseintritt, 1923 Priester, nach der Neugründung des Katholischen Sekretariats für europäische Fragen von Dezember 1956 bis September 1958 dessen Direktor.*

über die künftige »europäische Hauptstadt« herbeigeführt ist. Nach dieser Entscheidung soll das Büro möglichst in diese noch zu bestimmende »Hauptstadt« verlegt werden.

Seit dem 1. April 1957 ist als deutsche Assistentin des Leiters des Katholischen Sekretariats für europäische Fragen Frl. Dr. Marg. Roggendorf[2] in Strasbourg tätig gewesen. (Frl. Dr. Roggendorf ist zum 31. März 1958 aus familiären Gründen aus dieser Tätigkeit wieder ausgeschieden. Ihre Nachfolgerin ist seit dem 1. April 1958 Studienrätin Dr. Maria Eschbach[3].) Die deutsche Assistentin war im Berichtszeitraum bemüht, sich über die Tätigkeit vor allem des Europarates in Strasbourg, aber auch der oben genannten anderen europäischen Institutionen einen Überblick zu verschaffen. Sie hat an dem Aufbau eines umfangreichen Archivs über alle in den europäischen Gremien verhandelten Gegenstände im Kath[olischen] Sekretariat für europäische Fragen in Strasbourg mitgewirkt. Darüber hinaus war sie bemüht, sowohl mit den katholischen Beamten der europäischen Behörden in Strasbourg, Luxemburg und Brüssel als auch mit den katholischen Parlamentariern der verschiedenen europäischen Körperschaften persönlich Kontakt aufzunehmen.

Die deutsche Assistentin hat über die Tätigkeit der europäischen Körperschaften laufend dem Zentralkomitee der deutschen Katholiken und dem Katholischen Büro in Bonn berichtet. Sie hat ferner für die Katholische Nachrichten-Agentur Berichte über Gegenstände, die für die katholische Öffentlichkeit in Deutschland interessant erschienen, angefertigt.

Da Frl. Dr. Roggendorf erst ab 1. April 1957 ihre Tätigkeit aufgenommen hat, wurde der aus den überdiözesanen Mitteln zur Verfügung gestellte Betrag, der auf die Besoldung einer deutschen Assistentin während der Monate Januar bis März 1957 entfiel, im Einvernehmen mit S[eine]r Exz[ellenz] dem Hochwürdigsten Herrn Prälaten Böhler dem Sekretariat für europäische Fragen in Strasbourg für dringend notwendige Anschaffungen von Büromaterial und Büromöbeln überlassen.

2 *Nicht ermittelt.*

3 MARIA ESCHBACH *(geb. 1923), Dr. phil., 1948 Lehrerin in Köln, später Bundesfrauenreferentin der CDU, 1957 Tätigkeit beim Europarat in Straßburg, ca. 1959 Lehrtätigkeit in den USA, später Tätigkeit als Schriftstellerin.* M. ESCHBACH.

188

Niederschrift Engels

Bad Godesberg, 23. Mai 1958

EA Köln, Katholisches Büro NRW I 120. *Schreibmaschinenvervielfältigung. Briefkopf:* Zentralkomitee der deutschen Katholiken – Sozialreferat. *Überschrift:* Niederschrift des Informationsgesprächs »Sonntagsruhe« am 23.5.1958.

Anwesende:
Dr. A[drianus] C[ornelis] de Bruijn, Luxemburg, 47, Avenue de la Liberté
Rektor Alfred Berchtold[1], Kath[olisches] Sozialinstitut Hohenaschau/Chiemgau
Berthold Brähler[2], Fulda-Neuenberg, Hauptarbeitsstelle f[ür] Männerseelsorge, Bonifatiushaus
Dipl[om]-K[au]fm[ann] K. Brüls[3], Aachen, Mozartstr. 9
Rolf Diekamp[4], Hattingen/Ruhr, Arbeitsstelle f[ür] Betriebsseelsorge
Dipl[om]-K[au]fm[ann] Norbert Henrich[5], Köln, Kolpingplatz 9/11
Vikar A[lfred] Kaußen[6], Hattingen/Ruhr, Arbeitsstelle f[ür] Betriebsseelsorge
Dr. Bernhard Külp[7], BKU, Köln, Kettelerhaus
Rektor H[einrich] Kreyenberg[8], Münster/Westf[alen], Franz-Hitze-Haus
P. Felix zu Löwenstein[9], Mannheim D 6,6, Heinrich-Pesch-Haus
Frau Dr. Elisabeth Lünenbürger[10], Düsseldorf, Prinz-Georg-Str. 44
Herr Maurer[11], Hattingen/Ruhr, Arbeitsstelle f[ür] Betriebsseelsorge

[1] Alfred Berchtold *(1904–1985), 1930 Priester (ED Salzburg, 1963 ED München), 1933 Diözesanpräses der katholischen Arbeitervereine des Erzbistums Salzburg, seit 1945 in der Erzdiözese München und Freising tätig, 1948 Rektor des Sozialinstituts des Katholischen Werkvolks in Hohenaschau, 1966 Msgr.*

[2] Berthold Brähler *(1924–1986), nach 1945 Angestellter bei der Kurverwaltung Bad Salzschlirf, dort Vorsitzender der KAB, 1954–1958 Zweiter Diözesansekretär der KAB im Bistum Fulda, 1959–1986 Geschäftsführer der Kirchlichen Arbeitsstelle für Männerseelsorge und Männerarbeit in den deutschen Diözesen e. V. in Fulda, Geschäftsführer der Kirchlichen Hauptarbeitsstelle für Männerseelsorge in Fulda.*

[3] *Vermutlich* Karl-Heinz Brüls, *Mitarbeiter in der Sozialarbeit des Bistums Aachens.*

[4] Rolf Diekamp, *Mitarbeiter an der Arbeitsstelle für Betriebsseelsorge in Hattingen/Ruhr.*

[5] Norbert Henrich, *1957 und 1958-1961 Sozialreferent beim Kolpingwerk, Schriftleiter und Redakteur der Zeitschrift „Spiegel der Gewerke".*

[6] Alfred Kaussen *(geb. 1928), 1953 Priester (ED Paderborn), Kaplan in Hattingen, später in Essen, 1963 Assistent im Generakvikariat des Bistums Essen, 1986 Diözesanpräses der KAB im Bistum Essen, 1989 Päpstlicher Ehrenkaplan.*

[7] Bernhard Külp *(geb. 1933), Dr. rer. pol., Wirtschaftswissenschaftler, bis 1. April 1960 Geschäftsführer im Bund katholischer Unternehmer, dann Assistent an der Universität Köln, 1964 Habilitation, 1965 o. Professor für Sozialpolitik in Bochum, 1972 für Volkswirtschaftslehre in Freiburg.*

[8] Heinrich Kreyenberg *(1911–1974), 1937 Priester (D Münster), nach Seelsorgepraxis 1958 Geistlicher Hauptschriftleiter der Kirchenzeitung, Geistlicher Beirat der Sozialen Seminare im Bistum Münster, Rektor der Kapelle der Sozialakademie Franz-Hitze-Haus, 1964 Bischöflicher Kommissar für den Niederrhein.*

[9] P. Felix zu Löwenstein SJ *(1907–1986), 1927 Ordenseintritt, 1936 Priester, Direktor des Sozialinstituts Heinrich-Pesch-Haus in Mannheim.*

[10] Elisabeth Lünenbürger *(1905–1996), Dr., 1954–1970 Referentin für Hauswirtschaft, Volkswirtschaft und Sozialpolitik in der Zentrale der Katholischen Frauengemeinschaft Deutschlands.*

[11] Maurer, *Mitarbeiter an der Arbeitsstelle für Betriebsseelsorge in Hattingen/Ruhr.*

Diöz[esan-]Präses H[ubert] Mockenhaupt[12], Trier, Hinter dem Dom 6
Domkapitular Dr. Josef Paulus, Trier, Hinter dem Dom 6
Frau Maria Prümm[13], Köln, Kaesenstr. 18
Dipl[om]-Volksw[irt] Werner Remmers[14], Münster/Westfalen, Franz-Hitze-Haus
Dipl[om]-Volksw[irt] H. W. Schmidt[15], Dortmund-Brackel, Hellweg 144 (Kommende)
Franz Steber[16], Düsseldorf, Jugendhaus, Derendorfer Str. 1
Domvikar Msgr. Alexander Stein, Limburg/Lahn, Domplatz 7
P. Dr. H[ermann-]J[osef] Wallraff, Frankfurt/M[ain]-S[üd]-10, Offenbacher Landstr. 224
A. Wenzel[17], Bonn, Rathausgasse 11 (KNA)
P. Dr. Josef Engel, Godesberg (ZdK)
Entschuldigt hatten sich:
Dipl[om]-Volksw[irt] Heinz Budde[18], Köln, Kettelerhaus (KAB)
Dr. A[lbrecht] Beckel, Münster/Westf[alen], Franz-Hitze-Haus
P. Th[eoger] Langlotz[19], Freiburg/Br[ei]sg[au], Wintererstr. 1
Domkapitular Msgr. Anton Maier[20], München 15, Pettenkoferstr.
Diöz[esan-]Präses W[ilhelm] Mohn[21], Stuttgart, Fangelsbachstr. 19
Horst Roos[22], Essen, Hüttmannstr. (CAJ)
Dipl[om]-Volksw[irt] Christian Schenk[23], Honnef/Rh[ein], Kath[olisches] Sozialinstitut
Dr. Albin Senft[24], Augsburg, Peutingerstr. 5

12 HUBERT MOCKENHAUPT *(1925–2007), Dr. phil., Diplom-Soziologe, 1950 Priester (D Trier), 1955 Diözesanpräses der katholischen Arbeitervereine im Bistum Trier, Leiter des Sozialreferats im Generalvikariat Trier, 1985 Vorsitzender der Arbeitsgemeinschaft der Sozialen Seminare in der Bundesrepublik Deutschland, 2005 Päpstlicher Ehrenkaplan.*

13 MARIA PRÜMM *(1906–1989), Mitglied des Zentralvorstands des Katholischen Deutschen Frauenbundes, Referentin für das Rheinland und das Saargebiet.*

14 WERNER REMMERS *(geb. 1930), Dr. rer. pol., 1962–1972 Leiter der Heimvolkshochschule Ludwig-Windthorst-Haus in Holthausen bei Lingen, 1967–1994 Mitglied des niedersächsischen Landtags (CDU), 1976–1982 Kultusminister, 1986–1990 Umweltminister in Niedersachsen.*

15 *Nicht ermittelt.*

16 FRANZ STEBER *(1904–1983), erster Reichsführer der Sturmschar, seit 1927 Mitarbeiter im Jugendhaus Düsseldorf, 1936 verhaftet, 1937 unter nichtigem Vorwand zu fünf Jahren Zuchthaus verurteilt, nach 1945 wiederum Mitarbeiter in der Führung der Katholischen Jugend.*

17 *Nicht ermittelt.*

18 HEINZ BUDDE *(1925–1991), Diplom-Volkswirt, 1953 Bildungsleiter der KAB Westdeutschlands, 1954 Dozent am Katholisch-Sozialen Institut in Bad Honnef, 1965–1969 Mitglied des Bundestags (CDU).*

19 GÜNTHER *(Ordensname* P. THEOGER*)* LANGLOTZ (OSB) *(1904–1998), Graphiker, Konvertit, 1932 Ordenseintritt, 1936 Priester, 1955–1961 Diözesanpräses des Katholischen Werkvolks in Freiburg, 1963 säkularisiert, 1964 in die Erzdiözese Freiburg inkardiniert.*

20 ANTON MAIER *(1906–1998), 1935 Priester (ED München), 1945 Diözesanpräses des Katholischen Werkvolks in München und Vorsitzender von dessen Süddeutschem Verband, 1955 Canonicus Coadiutor und Ordinariatsrat. Vgl.* H.-J. NESNER, *S. 564 f., sowie* D. GRYPA, *S. 59–62.*

21 WILHELM MOHN *(1907–1966), als Spätberufener 1946 Priester (D Rottenburg), 1952 Diözesanmännerseelsorger und Landespräses des Katholischen Werkvolks für Baden-Württemberg.*

22 HORST ROOS *(geb. 1932), Mitbegründer der CAJ nach 1945, 1955–1958 Nationalleiter/Bundesleiter.*

23 CHRISTIAN SCHENK *(1929–2003), Diplom-Volkswirt, 1954 Lehrgangsleiter für die Jahreskurse im Katholisch-Sozialen Institut Bad Honnef (KSI), 1963 stellvertretender Direktor und Vorstandsmitglied, 1970–1990 Direktor.*

24 ALBIN SENFT, *Dr. rer. oec., 1950–1953 Präses der Kolpingsfamilie Augsburg-Hochzoll, Lehrbeauftragter für Sozialwissenschaft an der Philosophisch-Theologischen Hochschule Dillingen.*

I.

1. Bericht über den Stand der Verhandlungen in der Eisen- und Stahlindustrie

P. Dr. Wallraff gab einen kurzen Überblick über den Beginn der Bemühungen, die Sonntagsarbeitszeit in der Eisen- und Stahlindustrie neu zu regeln. Diese Bemühungen begannen bereits 1955 und erfuhren 1956 eine Verdichtung. Die Einbrüche in das Verbot der Sonntagsarbeit waren durch die Nachkriegssituation mitbedingt, und der Öffentlichkeit wurde das weite Ausmaß dieser Auflockerung der Sonntagsruhe durch die Proteste beider Kirchen gegen die Tarifvereinbarung für die rheinisch-westfälische Stahlindustrie vom 21.12.1956[25] u[nd] durch die anschließende Bundestagsdebatte vom 10.4.1957 erst voll bewußt. Durch das zwischen dem Arbeitgeberverband der Eisen- und Stahlindustrie und der IG Metall vereinbarte Abkommen wurde in 14 rheinisch-westfälischen SM- und Elektrostahlwerken und in den mit ihnen in Verbund arbeitenden Blockwalzstraßen 1. Hitze die ununterbrochene Produktion eingeführt. Hierbei wurde gleichzeitig die Arbeitszeit von 53 auf 42 Wochenstunden bei gleichbleibenden Löhnen und unter Einführung einer 4. Arbeitsschicht herabgesetzt. Am 1.4.1957 wurde durch den Landesarbeitsminister von NRW dieses Abkommen in Kraft gesetzt. Die kirchlichen Stellen wurden bei diesen Vereinbarungen zuletzt nicht mehr zu Rate gezogen. Erst als dann die Frage der Sonntagsruhe auf Bundesebene in Angriff genommen wurde, schalteten sich auch die Kirchen in die Diskussion wieder ein. Die für NRW erfolgte Regelung war auf ein halbes Jahr befristet; man hoffte, innerhalb dieser Zeit die Frage so weit abzuklären, daß anschließend eine endgültige Entscheidung durch die Bundesregierung getroffen werden könnte.

Das Bundesarbeitsministerium wurde mit den Vorarbeiten zur Fassung der zu schaffenden Verordnung beauftragt. Eine Hauptkommission wurde berufen, aus der zunächst vier Unterkommissionen für Eisen und Stahl, Zement, Papier und Chemie hervorgingen. Es dauerte einige Zeit, bis die Kommissionen, die unter Führung des Bundesarbeitsministeriums aus Vertretern des Bundeswirtschaftsministeriums, der Landesarbeitsministerien, der Sozialpartner und der Kirchen zusammengesetzt waren, sich auf eine Arbeitsmethode zur Lösung der gestellten Aufgabe einigten. Alle Teilnehmer betonten ihren Willen, sich für den Sonntag als Bestandteil unseres Gesellschaftslebens einzusetzen. Nur dann, wenn wirtschaftliche Werte von hohem Ausmaße zur Debatte stünden, könne eine Sonntagsarbeit erst in Erwägung gezogen werden.

Anfänglich standen im Vordergrund der Erörterungen vor allem technische Notwendigkeiten, die ein Durcharbeiten am Sonntag unumgänglich machen könnten. Zur Fassung dieser Tatbestände mußten die einzelnen Produktionsprozesse in ihren Teilabläufen erfaßt werden.

[25] *Vgl.* W. SCHRÖDER, *S. 214 f. Die westdeutschen Bischöfe gaben am 13. Januar 1957 eine Erklärung ab, in der sie sich* zutiefst betroffen *nannten und vom Staat erwarteten, daß er* im Hinblick auf die schwerwiegenden und nie wieder gutzumachenden Folgen jede Ausnahmegenehmigung versagen *werde.* AB KÖLN *97 (1957), S. 23 f. Eine weitere Erklärung vom 24. Januar 1957 veröffentlichte* KNA-wpd *Nr. 1, Januar 1957.*

Eine Anzahl von Besichtigungen und Besprechungen in den einzelnen Stahlwerken bot den Kommissionsmitgliedern die erforderliche technische Einsicht in diese Vorgänge.

Einig war man sich darin, daß privatwirtschaftliche Gesichtspunkte bei den Überlegungen keine Rolle spielen sollten. Vielmehr könnten nur volkswirtschaftliche und soziale Gesichtspunkte in Ansatz kommen.

Man versuchte zunächst, einen Katalog derjenigen Arbeitsabläufe herauszustellen, von denen die Industrie wünschte, daß sie am Sonntag gestattet würden. Es ging darum, den Katalog von 1895 den veränderten gegenwärtigen Verhältnissen entsprechend anzupassen.

Im wesentlichen konzentrierten sich nachher die Überlegungen auf die SM-Öfen, die Elektrostahlöfen und die Blockstraßen 1. Hitze. Im Laufe der Verhandlungen wurde von einer Regelung der übrigen Produktionsvorgänge Abstand genommen, wie von den Hochofenanlagen. Hier erscheinen die technischen Gesichtspunkte die Notwendigkeit des Durchfahrbetriebes zu begründen.

Es wurde zwar darauf verwiesen, daß man ein »Dämpfen-« oder »Hauchenlassen« der Hochöfen kenne, daß aber zugleich dieses Dämpfen- und Hauchenlassen im großen ganzen die gleiche Anzahl von Arbeitskräften erfordere und den gleichen Arbeitsaufwand wie das volle Durchfahren der Hochöfen. Darüber bestanden allerdings unterschiedliche Auffassungen.

Traditionell laufen die Hochöfen durch. An diesem Punkt war ein erfolgreicher Widerstand kaum anzusetzen. Wenn man an anderer Stelle weiterkommen wollte, mußte hier auf eine weitere Forderung verzichtet werden.

So blieb im Bereich des Hochofens nur noch die Aufgabe, das gesamte Rankenwerk genau zu überprüfen und gegebenenfalls einzuengen, wie etwa den Antransport des Rohmaterials usw. Es wurde also in der Frage des Hochofens zwar kein definitives Zugeständnis gemacht, aber auch der Widerstand nicht aufrechterhalten.

Als 2. Bereich wurden die Thomasstahl-Verfahren angegangen. Hier hätte die Industrie gern gesehen, wenn im Thomasstahl-Verfahren auch sonntags gearbeitet werden könnte. Es konnte von uns darauf hingewiesen werden, daß keine technische Notwendigkeit dazu vorliege. Die Aggregate selbst sind nicht beheizt, sondern nur die Behälter, die das flüssige Roheisen aufnehmen und im Blasverfahren in Stahl umwandeln.

Als Sonderproblem trat hier die Arbeitsweise in dem Hüttenwerk Peine auf, das fast ausschließlich mit Thomas-Anlagen arbeitet. Dieses Hüttenwerk hat nun faktisch die Genehmigung, sonntags zu arbeiten, abgesehen von der einen Sonntagsschicht von 14–22 Uhr. Hier nun wurde unter dem Einfluß der Peiner Regelung vorgesehen, daß alle bis zu 75% auf Thomasstahl-Anlagen aufgebauten Werke der Peiner Regelung sich anschließen können, und zwar in der Maßgabe, daß von 14–22 Uhr die Arbeit ruhen soll, während bei den übrigen Thomasstahl-Werksanlagen die Arbeitsruhe von 6–22 Uhr am Sonntag gefordert wird.

Auch das Land Niedersachsen setzte sich mit anderen Argumenten für die Ausnahmeregelung in Peine ein, wie mit der Begründung, daß für Peine als Zonenrandgebiet eine besondere Behandlung angezeigt sei.

Sonstige Stahlwerksanlagen modernster Ausprägung befinden sich zum Teil noch im Entwicklungsstadium, wie das Linz-Düsen-Verfahren (LD-Verfahren) und das Phönix-Lanzen-Verfahren (PL-Verfahren). In das flüssige Roheisen werden »Lanzen« eingeführt, durch die Sauerstoff eingeblasen wird. Diese Verfahren haben verwandtschaftliche Züge mit dem Thomas-Verfahren, bei dem statt des Sauerstoffs Luft eingeblasen wird. Hier wurde dementsprechend auch die Arbeitsruhe von 6–22 Uhr gefordert.

Anders verhält es sich mit dem »Rotor-Verfahren«, das man sonntags durchfahren kann. Bei einer Ablehnung dieses Verfahrens wäre der Einbau von Mischern notwendig, zu deren Betrieb eine ebenso große Belegschaft benötigt würde wie bei der Bedienung des Rotors. Der Rotor kann so als Mischer angesehen werden, in den Sauerstoff eingeblasen wird, so daß hier nicht zusätzliche Arbeitskräfte benötigt werden. Aus dem Hochofen fließt das Roheisen zur Weiterverarbeitung unmittelbar in den Rotor ein. Dieser Regelung wurde sich deshalb nicht widersetzt.

Zu erwähnen bleiben noch die Rennöfen-Anlagen, die in Parallele gesetzt wurden mit den Hochöfen. In ihnen wird faktisch minderwertiges Erz mit geringem Eisengehalt zunächst vorbearbeitet, um höhere Eisengehalte zu erzielen, dann erst im Hochofen weiterverarbeitet. Der Prozeß ist also hochofenartiger Natur.

Bei dem Problem des Hochofens und der Möglichkeit, ihn am Sonntag »hauchen« zu lassen, wurde einerseits darauf hingewiesen, daß man dazu ebenso viele Arbeiter brauche wie bei dem normalen Durchfahren; andererseits konnte darauf hingewiesen werden, daß im Ruhrgebiet in bestimmten Hüttenwerken dieses »Hauchen« erfolge, und zwar unter dem Hinweis der Gewerkschaften, weil dadurch in dem entsprechenden Werk jeden Sonntag etwa 290 Arbeitsstunden gespart würden. Dementsprechend würden also doch durch dieses »Hauchenlassen« Arbeitskräfte am Sonntag eingespart. Es handelt sich aber hier um ein singuläres Faktum.

Auf die noch strittigen Punkte, SM-Öfen, Elektrostahlwerke und Blockstraßen 1. Hitze betreffend, sei noch eingegangen.

Hier waren die Verhandlungen oft sehr schwierig und hart. Verschiedentlich wurden die Verhandlungen in kleinem Kreis weitergeführt, um so näher am sachlichen Problem zu bleiben. Das anfänglich von den katholischen Gesprächspartnern angeführte Argument, man müsse für die Entscheidung volkswirtschaftliche Meßzahlen haben, mit denen man die Dringlichkeit der gewünschten Ausnahmen feststellen könne, wurde später vor allem von der Evangelischen Kirche erneut aufgegriffen. Da aber nach vielem Bemühen keine genauen Zahlen zu erhalten waren, konnte diese Methode nicht so recht zum Ziele führen, und es mußte eine Skalierung von anderen Überlegungen her versucht werden.

Bei der Beurteilung der SM-Öfen wurde auf die Ofengröße abgestellt. Die Belastung der großen Öfen in bezug auf Schädigung des Gewölbes und die Stärke des Verbundes mit anderen Vorgängen bedeutet eine wesentlich andere Belastung. Die Chargendauer als Kriterium anzusetzen, löst die Bedenken aus, daß dadurch die Großaggregate begünstigt und die kleineren benachteiligt würden. Somit wurde das Wettbewerbs- und Mittelstandsargument hier besonders in den Vordergrund gestellt.

Eine Entscheidung mußte gefällt werden. Es ginge nicht an, in diesem Dilemma entweder alles zu verbieten oder alles durchfahren zu lassen. Es galt also, irgendwo eine mittlere Lösung zu finden. Bei ihr müßte dann eine evtl. auftretende Wettbewerbsbenachteiligung anderswie ausgeglichen werden. Auf unserer Seite wurde die 75 t-Grenze in Vorschlag gebracht. Alle Öfen unter 75 t Fassungsvermögen sollten am Sonntag gestoppt werden. Über 75 t sind wenige Anlagen. Die Unternehmer erklärten sich zunächst mit der 25 t-Grenze einverstanden. Auf der letzten Sitzung tauchte dann der Gedanke auf, hier Übergangsregelungen zu schaffen. Bis 1963 sollte erlaubt sein, Öfen von 25 und mehr Tonnen Schmelzgewicht sonntags durchfahren zu lassen, und von da ab sollte die Grenze auf 50 t heraufgesetzt werden, um dann nach einem weiteren Zeitabschnitt die Grenze von 75 t zu erreichen. Hier muß allerdings die gesamte Entwicklung beachtet werden. Die Industrie hofft, bis zu diesen Zeitpunkten auch die entsprechenden Neuanlagen geschaffen zu haben, so daß in dieser Hinsicht für sie im allgemeinen kein echtes Opfer zugunsten des Sonntags vorliegt.
Bei den Walzenstraßen konnte festgestellt werden, daß die Rhythmik zwischen Erzeugung und erster Verarbeitung nicht so ganz streng miteinander gekoppelt ist. Die Walzenstraßen 1. Hitze stehen in der Woche oft 2–3 Schichten hindurch still, sei es, daß hier repariert und vorbereitet wird oder ein voller Stillstand gegeben ist. Die Geschwindigkeit der Walzenstraßen kann bei geschickter Disposition so geändert werden, daß sich diese Leerzeiten ergeben.
Aufgrund dieser Tatsachen wurde verlangt, daß für die Walzenstraßen eine gewisse Zeit am Sonntag die Arbeit unterbrochen wird. Es wurde die Forderung von 16 Stunden erhoben, dann 12 Stunden. Von den Unternehmern wurden schließlich acht Stunden konzediert. Bei einer 12-stündigen Unterbrechung wäre das Problem des Hauptgottesdienstes weggefallen. Bei der achtstündigen Pause ergibt sich die Schwierigkeit, wo diese acht Stunden liegen sollen; da die Zeit des Hauptgottesdienstes unter dem gesetzlichen Schutz steht, wäre die Unterbrechung am Sonntagmorgen von unserem Gesichtspunkt aus vorzuziehen. Der Wunsch der Arbeiter geht allerdings im allgemeinen dahin, daß bei einer nur achtstündigen Sonntagsruhe die Nachmittagsstunden davon erfaßt werden. Auch hier wurde wiederum mit den Übergangslösungen gearbeitet. Es wurde ein Vorschlag gemacht, daß bis 1963 eine achtstündige Pause in den Walzenstraßen 1. Hitze eingehalten werden soll, und zwar sollten diese acht Stunden zwischen 6–16 Uhr liegen, von 1963 an sollte eine 12-stündige Unterbrechung gefordert werden und von 1968 an dann eine 16-stündige.
Die 8-Stunden-Unterbrechung wurde relativ leicht zugestanden. Sie dürfe zwar nicht mit Reparaturarbeiten belastet werden, wohl aber mit Vorbereitungsarbeiten.
Als weiterer Punkt steht die Beurteilung der El-Stahlöfen an. Ihnen ist nach der gegenwärtigen Regelung in NRW ein volles Durchfahren erlaubt. Hier wurden die Öfen bis zu 10 t Schmelzgewicht von der Sonntagsarbeit abgesetzt. 65% der Ofenzahl fallen darunter (nicht 65% der Gesamtkapazität).
Die Deutschen Edelstahlwerke in Krefeld sind von einer Regelung für die El-Öfen besonders betroffen. Die Edelstahlwerke in Krefeld wiesen vor allem auf die entstehenden Schwierigkeiten in ihrem Werk hin.

Nach allem Hin und Her wurde an der 10-t-Grenze für den Edelstahl festgehalten, während bei dem El-Massenstahl die 75-t-Grenze angestrebt wird. Von uns aus wurde vorgeschlagen, bei der Edelstahlerzeugung alle Öfen unter 30 t am Sonntag nicht durchfahren zu lassen. Es wurde dann auch wiederum die Regelung nach Übergangszeiten angestrebt.
Von seiten des RWE wurde den Edelstahlwerken Krefeld mitgeteilt, daß bei einer Regelung, wie sie von den Vertretern der Kirchen gefordert wird, die Energieversorgung am Montag nicht mehr sichergestellt ist. Die dann eintretenden Leistungsstöße könnten unmöglich aufgefangen werden. Von der Gesamtbelegschaft von mehr als 12.500 werden in den Edelstahlwerken nur 600 Stahlwerksarbeiter von der kontinuierlichen Arbeitsweise betroffen. Weiter wurde darauf hingewiesen, daß die gesamte Abstimmung des Werkes auf den kontinuierlichen Schmelzprozeß erfolgt und bei einer geforderten sonntäglichen Unterbrechung ein Großteil der Belegschaft entlassen werden müsse. Auch könne auf ein Springersystem gerade bei der Edelstahlgewinnung nicht eingegangen werden; werden doch rd. 700 analytisch unterschiedliche Edelstahlqualitäten hier erzeugt, auf die die einzelnen Gruppen genau eingeschult sind.
Es wurde dann von dem betroffenen Werk vorgeschlagen, bei den Edelstählen den Öfen über 10 t Durchfahrerlaubnis zu geben.
Abschließend kann noch bemerkt werden, daß bei den Verhandlungen die Argumente, die auf den sittlichen Sinngehalt des Sonntags bezogen sind, nicht so sehr beeindruckten als der Hinweis auf das GG. Die Substanz des durch das GG sichergestellten Instituts des Sonntags darf in seinem Grundgehalt nicht gefährdet werden. Das Gesamtmaß der Belastungen des Sonntags darf deshalb nicht in eine solche Gefährdung hineinführen, so daß die Strenge des Maßstabs für die Einzelentscheidung nur unter Berücksichtigung der gesamten Belastung des Sonntags auch durch die Forderung anderer Gruppen berücksichtigt werden muß. Hierbei muß damit gerechnet werden, daß andere Industriezweige unter Berufung auf den Gleichheitssatz für sich ähnliche Rechte beanspruchen, wie sie bereits einzelnen Gruppen gewährt wurden. Die Entwicklung der Sonntagsarbeit in anderen Ländern soll beobachtet werden. Im allgemeinen beginnt man dort erst mit den Arbeiten, die bei uns schon weiter vorwärts getragen sind. Die im Ausland herrschenden Zustände helfen uns in der Argumentation zugunsten eines strengeren Maßstabes nur wenig. Der Hinweis auf die EWG ist nicht durchschlagend. Hier ist nicht nur eine punktuelle Belastung durch die Sonntagsruhe zu beachten, sondern die gesamte Belastung muß verglichen werden. Daß in der EWG die deutsche Stahlindustrie ein schwacher Partner sei, kann wohl nicht ernstlich behauptet werden.

II.

Diskussion

Anschließend ergänzte Domkapitular Dr. Paulus die Ausführungen von P. Dr. Wallraff. Er begrüßte vor allem, daß bei den Verhandlungen der Einstieg bis in die technischen Einzelheiten von unserer Seite besonders durch P. Dr. Wallraff gewagt worden ist. Zu gleicher Zeit wurde durch das Gespräch die Auffassung der Kirche über den Sonntag offenbar und daß mit dem Gottesdienstbesuch allein der christlichen Anschauung vom Sonntag noch nicht Genüge getan ist. Der Vorteil bestand auch darin, daß mit Andersdenkenden über den Sonntag gesprochen werden konnte, denen vielfach im Grunde die spezifisch christliche Vorstellungswelt unverständlich geworden ist.

Vor allem war es wertvoll, daß der Sonntag als Grundrecht besonders von P. Dr. Wallraff herausgestellt wurde und außerdem als konstitutiver Faktor unseres gesellschaftlichen Lebens und unserer christlich-abendländischen Kultur betont wurde. Diese Gedanken wurden erstmalig von Senatspräsident Müller (Kassel) herausgearbeitet. Es ist ein großes Verdienst des deutschen Katholizismus, daß die Diskussion in dieser Weise die Stellung des Sonntags in unserem Rechtsgefüge herausgearbeitet hat, und vielleicht ist es nicht einmal zu sehr entscheidend, wie die Einzelheiten nachher geregelt werden, sondern daß eben hier ein Kernpunkt der katholischen Sozialbewegung, der in der ersten Hälfte des 19. Jhs. schon behandelt worden ist, wiederum aufgegriffen wurde. War es doch Franz Hitze, der 1891 sich um diese Fragen bemüht hat. Dieser erste Erfolg von 1891 ist aus der damaligen Situation heraus zu bewerten, und heute gilt es, diese Bemühungen zu weiterem Erfolg zu führen. Die Schwierigkeiten einer Neuregelung der Sonntagsarbeit bestehen auch bei anderen Ländern, und wir sollten uns gerade bemühen, auf breiter Basis dieses Anliegen weiterzutragen.

In vielen Fällen müssen wir uns einfach überstimmen lassen. Wir sollten aber auch versuchen, die technische Entwicklung durch das Setzen harter Fakten mit zu beeinflussen. Ebenso gilt es hier, einen Einfluß auf die öffentliche Meinung zu nehmen. Die Werte des Sonntags gilt es wenigstens ebenso massiv hinzustellen, wie uns die wirtschaftlichen Werte hingestellt worden sind. Es besteht hier leicht die Gefahr, vor großen Zahlen zurückzuschrecken. Wir müssen aber auch den Mut haben, in entsprechenden Verlustgrößen als Opfer für den Sonntag zu denken.

Im weiteren Verlauf wurde [*darauf*] hingewiesen, daß eine erhöhte Zahl von freien Sonntagen einer geringen Zahl, die in größere Freizeit eingebettet ist, vorzuziehen ist. Die Schwierigkeit der jetzigen Verhandlungen besteht in der Versuchung der Gewerkschaften, ihr Ideal der Arbeitszeitverkürzung mit einer gleichzeitigen Lohnerhöhung verbinden zu können. In der Härte der Verhandlungen kommt zu gleicher Zeit die gesamte Mentalität der Gewerkschaften verstärkt zum Ausdruck, die besonders auf die Verbesserung der Arbeitsbedingungen und die Lohnerhöhung abgestimmt ist, und daß sie die gesellschaftspolitische Bedeutung des Sonntags diesen Werten gegenüber nicht so stark betonen, wie es die Vertreter der Kirche tun.

Zugleich gilt hier aber die Warnung an die Gewerkschaften, daß sie bei dieser einmaligen günstigen Lage den Sonntag nicht zu stark belasten sollten, da die Arbeitsverkürzung und Lohnerhöhung langfristig auch ohne Sonntagsbelastungen erzielt werden können.

Zur Frage der Schichtpläne konnte festgestellt werden, daß diese nicht so variabel sind, wie es rechnerisch zunächst erscheint. In manchen Fällen mag ein Springersystem anwendbar sein, in vielen Fällen ist es aber nicht zu verantworten. Die neue Arbeitszeitverkürzung in der Stahlindustrie mit einer steigenden Produktivität zu begründen, fällt schwer.

Dr. de Bruijn wies darauf hin, daß man nicht so sehr auf theologische und wirtschaftliche Argumente eingehen sollte, sondern das Leben der Familie in den Vordergrund stellen soll, das von der Sonntagsarbeit wesentlich berührt würde.

P. Dr. Wallraff wies darauf hin, daß die Frage der Sonntagsarbeit auch auf dem Hintergrund des Charakters der einzelnen Länder gesehen werden müsse. Die seit 1947 in England anzutreffende Sonntagsarbeit in der Stahlindustrie bedeute in der gesamten straffen Sonntagsauffassung der angelsächsischen Welt keine wesentliche Störung des Sonntags. Ebenso sei in den romanischen Ländern ein anderer Maßstab anzulegen, in denen das religiöse Leben im gesamten Leben ein anderes Gewicht habe, während wir uns in Deutschland hier in der Mitte zwischen diesen beiden Typen befinden.

Die Arbeitsweise, wie sie im Ausland noch vielfach angetroffen wird, wo Doppelschichten bis zu 16 Stunden gefahren werden, wurde abgelehnt. Ob man u. U. bei Arbeiten, die nicht so stark körperlich belasten, eine 12-stündige Arbeit zugunsten von mehr freien Sonntagen bejahen sollte, wurde offengelassen.

Entscheidend für unsere Stellungnahme war auch die Beachtung der zukünftigen technischen Entwicklung. Es scheint, daß die Stahlerzeugung in Zukunft sehr stark mit Hilfe der elektrischen Energie gewonnen wird. Deshalb ging auch das Bestreben dahin, bei den El-Stahlöfen strenge Maßstäbe anzulegen.

Technische Möglichkeiten können nicht für alle Werke ausgenützt werden, wie etwa die Anlage von Tieföfen, da dazu einfach der Raum fehlt.

Ein wesentliches Element für die Durchsetzung des arbeitsfreien Sonntags ist die Resonanz im Volke. Hier stoßen wir aber auch oft bei christlichen Politikern auf Unverständnis wie etwa bei der Frage der verkaufsfreien Sonntage.

Es wurde noch einmal eingegangen auf die Frage, ob man die Ofengröße oder die Chargendauer als Kriterium für den Durchfahrbetrieb nehmen solle. Wenn die Chargen als Ausgangspunkt genommen werden, so würden auch oft kleinere Ofengrößen zum Durchfahren berechtigt werden. Von der technischen Seite werden die Chargen als Ausgangspunkt abgelehnt, da es nicht so sehr um die Dauer einer einzelnen Charge geht, sondern daß der Ofen als Gesamtheit gesehen werden müsse. Nicht das Schmelzprodukt sei das Problem, sondern der gesamte Ofen in seiner Aktion.

Es bestand bei einigen Gesprächsteilnehmern die Auffassung, daß man publizistisch über die Frage des Sonntags jetzt im Augenblick nicht aktiv werden soll. Das konnte doch dahingehend richtig gestellt werden, daß man lediglich davon absehen solle, die Einzelheiten aus schwebenden Verhandlungen in den Kommissionen, die die Verhandlungsatmosphäre wesentlich beeinträchtigen könnten, zum Gegenstand publizistischer Angriffe zu machen. Es erscheint nicht sehr sinnvoll, die Frage der Sonntagsarbeit in den begonnenen Wahlkampf in NRW mit hineinzubeziehen.

III.

Bericht von Dr. de Bruijn über die Erhebungen im Raum der Montan-Union

Der Gemischte Ausschuß der Vertreter der Arbeitgeber- und Arbeitnehmerorganisationen der Eisen- und Stahlindustrie hatte angeregt, Erhebungen über die Arbeitsorganisation in den kontinuierlich oder halbkontinuierlich arbeitenden Betrieben anzustellen. Die Hohe Behörde bildete eine Kommission zur Untersuchung dieser Frage. Der Arbeitsgruppe wurde eine Gesamtanleitung gegeben, wonach die Erhebung erfolgen sollte.

Hiernach sollte zunächst der Gesamtbegriff »kontinuierlich« und »halbkontinuierlich« in den einzelnen Ländern festgestellt werden, dann sollten die tatsächlichen Verhältnisse erforscht werden (welche Betriebe, Größe derselben, Zahl der betroffenen Arbeitnehmer usw.); schließlich sollten die besonderen Bestimmungen über die Arbeitszeit, die Nachtarbeit, Arbeit an Sonn- und Feiertagen und Art der Entlohnung festgestellt werden; ebenso sollten die Art der Arbeit, der Ablauf der Schichten, die Zusammensetzung der Schichten, deren Ruhepausen untersucht werden.

Auf deutscher Seite gehörten der Kommission an:

Dr. Pischgode[26]	(Arbeitgeberverband)
Wuhrmann	"
Weber	"
Straeter	(IG Metall)
Hoegeskamp	"
Thiel	(CGS)

Von seiten der deutschen Arbeitnehmerdelegation wurde hierbei festgestellt, daß die Betriebe, die sonntags nicht arbeiten, in Deutschland nicht als kontinuierliche Betriebe gerechnet werden. In Deutschland werden unter vollkontinuierlichen Betrieben die verstanden, die regelmäßig an sieben Tagen der Woche 168 Betriebsstunden verfahren. Diese Arbeitsweise gibt es in Deutschland nur für die SM- u[nd] Elektro-Stahlwerke und die mit beiden in Verbund arbeitenden Blockstraßen. Vom 1.4.1957 an beträgt hier die wöchentliche Arbeitszeit 42 Stunden. Die tägliche Arbeitszeit darf acht Stunden nicht überschreiten. 13 Sonntage sind arbeitsfrei mit vorangehendem oder nachfolgendem freien Samstag bzw. Montag. Der am Sonntag zur Arbeit herangezogene Arbeiter erhält eine 24-stündige Ruhezeit in der gleichen oder in der folgenden Woche. Zwischen den einzelnen Arbeitsschichten ist eine Mindestruhezeit von 16 Stunden.

Bei den Hüttenkokereien und Hochofenbetrieben ist ebenfalls bei bestimmten Arbeiten ein ununterbrochener Fortgang notwendig. Die durchschnittliche Wochenarbeitszeit beträgt 48 Stunden. Man müsse bestrebt sein, nur dort eine kontinuierliche Arbeitsweise anzuerkennen, wo von der Natur des Arbeitsvorganges her eine Unterbrechung nicht möglich sei. Andere Gründe sollten nicht anerkannt werden. Die deutschen Vertreter äußerten den Wunsch, daß die gesamte Arbeitsgruppe sich auf eine solche Generallinie einigen sollte.

26 *Vermutlich* Peter Pischgode. *Mit Ausnahme von* Straeter *wurden die übrigen Genannten nicht ermittelt.*

Die französische Delegation anerkannte diese Forderung und wies auf den ministeriellen Erlaß von 1936 hin, durch den bei kontinuierlichen Betrieben die wöchentliche Arbeitszeit auf 42 Stunden beschränkt worden ist bei 8-stündiger täglicher Arbeitszeit und 24 Stunden wöchentlicher Ruhepause. Die in Frage kommenden Betriebe sind Hochöfen, Kokereien, Gaszentralen, Mischbetriebe für Thomas-Stahl, SM-Öfen und Nebenbetriebe. Die Arbeitnehmervertreter konnten darauf hinweisen, daß die Verhältnisse in einigen Fällen anders gelagert sind.

In Belgien finden wir ebenfalls eine wöchentliche Arbeitszeit von 48 Stunden in den kontinuierlichen Betrieben, die auf Hochöfen und Kokereien sowie auf die mit diesen im Verbund arbeitenden Betriebe beschränkt ist. Man stoße aber auch hier in der Praxis auf eine unterschiedliche Handhabung innerhalb des Landes.

In Luxemburg ist es grundsätzlich untersagt, an Sonntagen und Feiertagen zu arbeiten. Die Ausnahmen werden genau aufgestellt: Arbeiten an Hochöfen, in Mischbetrieben, Wachdienst usw. Die Arbeitszeit ist in diesen Betrieben auf 44 Stunden festgelegt.

In den Niederlanden gibt es keine feste gesetzliche Definition für die kontinuierlichen Betriebe. Es bestehen hier besonders viele Parallelen mit den belgischen Verhältnissen.

Bei der Frage der Konkurrenzfähigkeit der einzelnen Industrien muß festgestellt werden, daß auf Deutschland 41 % der Stahlproduktion in der Montan-Union fallen, Holland 2%, Luxemburg 5,8%, Frankreich 23,5%. Der Lohnanteil in der Stahlindustrie bewegt sich zwischen 15 und 20% der Kosten.

Ein Lohnkostenvergleich zwischen Deutschland und Frankreich ergibt kaum einen Unterschied. In Deutschland betragen die Lohnkosten im Durchschnitt DM 5.398 pro Arbeiter, in Frankreich DM 5.352 pro Arbeiter.

Während vor allem Frankreich sehr stark die soziale Belastung in den Vordergrund stellt, so liegt doch bei der Berücksichtigung der Gesamtlohnkosten kaum ein Unterschied vor.

Die Zahl der betroffenen Arbeiter in den einzelnen Ländern ist folgende:

	Stahlarbeiter	kontinuierlich	%
Deutschland	207.000	29.400	14,2
Frankreich	125.900	21.956	17,4
Holland	7.300	2.680	37
Belgien	-	-	18
Luxemburg	-	-	20

Hierbei ist zu bedenken, daß nach genauer Feststellung sich ergab, daß da, wo der höchste Prozentsatz an Sonntagsarbeitern anzutreffen ist, am wenigsten sonntags gearbeitet wird. Die Höhe der Prozentsätze zeigt nämlich nicht ohne weiteres die auf den einzelnen Arbeiter kommende Menge von Sonntagsarbeit an.

In den einzelnen Ländern wird ein verschiedener Wochenturnus angetroffen. Überall, wo 42 Stunden-Arbeit vorliegt und in vier Schichten gearbeitet wird, ist der dritte Sonntag frei. Der Schichtwechsel erfolgt nach den verschiedenen Berechnungsmethoden, bei vier Wochen, sieben Wochen usw. Daraus kann gefolgert werden, daß in den Betrieben, die gleich gelagert sind, die Arbeitsprozesse im allgemeinen auch in gleicher Weise geordnet sind.

In allen Ländern ist die Tendenz anzutreffen, die kontinuierliche Arbeitsweise auf immer mehr Betriebe auszudehnen, mit Ausnahme von Belgien. Belgien ist das einzige Land, wo die Sonntagsarbeit in der Stahlindustrie zurückgeht. In allen Ländern besteht die Neigung zur Ausdehnung der Sonntagsarbeit. Wir können durch diesen Vergleich die Verhältnisse in den einzelnen Ländern besser erfassen, und vielleicht kommen wir gerade noch rechtzeitig, um einer zunehmenden Sonntagsarbeit Einhalt zu gebieten.

Man ist sich auch in dem Grundsatz einig, daß Sonntagsarbeit nur Ausnahme bleiben muß und die Ausnahme nur da zugelassen wird, wo die Natur der Produktion diese erfordert.

Die Schwierigkeit beginnt nur da, wo diese »Natur« näher erfaßt werden soll. Wo beginnen die wirtschaftlichen und technischen Argumente so schwerwiegend zu werden, daß sie zum sonntäglichen Arbeiten ausreichen?

Vielleicht sollte man sich doch mehr nach den Vorgängen um 1900 richten. Hier wurde einfach die Forderung gestellt, den Sonntag von Arbeit freizuhalten, ohne daß große wissenschaftliche Argumentationen herangezogen wurden. So ging es auch mit der Frauen- und Kinderarbeit. In der Beeinflussung der öffentlichen Meinung sollte nicht zu sehr mit einer wissenschaftlichen Akribie gearbeitet werden, sondern mit einfachen faßlichen Formen, die den Sonntag als solchen betonen. So breitet sich zur Zeit das von der Bundesrepublik kommende Schlagwort »Sonntag muß Sonntag bleiben« im ganzen europäischen Diskussionsraum aus.

Andererseits sollten allerdings die wissenschaftlichen Vorarbeiten, die bereits in dieser Frage geleistet worden sind, mit berücksichtigt werden, wenigstens in der Auseinandersetzung der Fachkreise.

Durch die internationale Inangriffnahme der Frage können auch Argumente und Gegenargumente ausgetauscht werden, vor allem technische Gutachten, wie das z. B. erfolgt ist mit dem Argument des Gasverlustes bei der Unterbrechung der Stahlproduktion am Sonntag.

IV.

Bericht über den Stand der Verhandlungen in der Papier-Industrie.

P. Dr. Engel berichtete in diesem Zusammenhang über die Verhandlungen für den Bereich der Papierindustrie. Hier standen im Anfang technische Argumente sehr stark im Vordergrund. Da von seiten der Unternehmerschaft eine in wesentlichen Punkten sich widersprechende Argumentation erfolgte, traten die technischen Argumente im weiteren Verlauf der Verhandlungen mehr in den Hintergrund. Durch das Heranziehen von Vergleichen im Ausland (Schweiz und Amerika) verloren diese technischen Argumente weiter an Bedeutung, so daß vom Technischen her das Durchfahren auch der schnellaufenden Papiermaschinen (600 m/Min., 6 m Bandbreite) von einem Teil der Unternehmerschaft bestritten wurde. Die Einzelheiten über den technischen Vorgang sind durch eingehende Gutachten dargelegt worden. Im weiteren Verlauf der Verhandlungen blieben dann im wesentlichen volkswirtschaftliche Gründe im Gespräch, die in Zusammenhang mit dem äußerst günstigen Standort der Papierindustrie in den nordischen Ländern begründet wurden. Es wurde in diesem Zusammenhang besonders hingewiesen auf die mögliche Einwirkung der Freihandelszone auf die deutsche Papiererzeugung. Hier wurde aber wiederum auch von unternehmerischer Seite betont, daß dieser Kostenvorsprung der nordischen Länder niemals durch den Durchfahrbetrieb am Sonntag eingeholt werden könne. Wenn diese Situation einträte, müßten durchaus viel wirksamere Maßnahmen ergriffen werden. Deshalb bestünde kein Grund, dafür den Sonntag opfern zu müssen. Der Hinweis auf die mögliche Auswirkung der Freihandelszone ist kein hinreichender Grund, um darauf die gegenwärtige Regelung der Sonntagsarbeit zu begründen, zumal die Freihandelszone noch in vielem unbestimmt ist.

V.

Literaturbesprechung

Den Gesprächsteilnehmern wurden die Schriften von P. Dr. Wallraff und Dr. Schreiber übergeben. Es konnte eine kurze Inhaltsangabe der BKU-Schrift[27] gegeben werden. Der Schrift ist ein Beitrag von Prof. Dr. Höffner über die theologische Sinndeutung des christlichen Sonntags vorausgeschickt. Auf dieser Grundlage baut die Schrift auf, die nicht in allen Punkten das einstimmige Urteil des BKU bildet, und durch Kleindruck wird angedeutet, daß hier nur ein Diskussionsbeitrag geliefert werden soll.

Der Diskussionskernpunkt der Schrift behandelt die Frage nach einem quantitativen Kriterium, durch welches die Notwendigkeit einer Sonntagsarbeit angezeigt werden soll. Die Verfasser sind sich bewußt, daß die von ihnen angegebene Meßzahl nur für einen Teil der zu beurteilenden Tatbestände herangezogen werden kann. Sie stellt eine Relationsgröße dar, die aus dem Mehr an Sozialprodukt (gerechnet in alten Preisen) je geleistete Sonntagsarbeitsstunde dem Sozialprodukt hinzugefügt wird für den Fall, daß von einem unterbrochenen Produktionsverfahren auf ein kontinuierliches übergegangen wird. Es könnte hier der Anschein erweckt werden, als ob bei einem großen Produktionszuwachs der Sonntag einfach geopfert werden soll. Das ist aber keineswegs die Absicht der Verfasser. Sie sind sich durchaus bewußt, daß es sich hier nur um eine relative Hilfsgröße handelt, die aber erst ihre absolute Fixierung erhalten kann unter der Berücksichtigung des Gesamtausmaßes der anfallenden Sonntagsarbeit.

Im Grunde hat man während der bisherigen Verhandlungen stets einer solchen objektiven Meßziffer nachgespürt, ohne zu einer praktikablen Methode zu kommen. Es ist kaum denkbar, daß in einer einzelnen Ziffer alle Gesichtspunkte, die sowohl

[27] WILFRIED SCHREIBER *(Hrsg.), Unsere Meinung zur Frage der Sonntagsarbeit (BKU-Schriftenreihe Nr. 7).*

die Sonntagsruhe wie auch die Ausnahme von derselben anzuzeigen geeignet sind, enthalten sind; wohl aber mag es möglich sein, daß man eine Kennziffer findet, in der eine Fülle von Gesichtspunkten anzutreffen ist, wie wir das in etwa bei den Relationsziffern der Gewinnbeteiligung vorfinden.
Die starke Betonung des dynamischen Charakters der nun zu treffenden Regelung der Sonntagsarbeit scheint indessen mehr auf der Grundlage eines technischen und unternehmerischen Denkens zu beruhen, während im Interesse der rechtlichen Handhabung einer Verordnung eine solche Dynamik nach Möglichkeit ausgeschlossen bleiben soll, abgesehen davon, daß der Ausschuß, der über die Einzelberechtigung befinden soll, wohl ständig überfordert wäre und die Kirche als Kommissionsmitglied ständig in der Gefahr stünde, von den anderen Mitgliedern als Feind des Fortschritts und des erhöhten Lebensstandards abgestempelt zu werden. Außerdem besitzt die unternehmerische Seite bei solchen Verhandlungen eine beherrschende Stellung, da sie nur fast ausschließlich die rechnerischen Unterlagen für die einzelnen Begründungen in ihrer Hand hat.
Die kurze Besprechung der Schrift sollte nur auf sie aufmerksam machen und zur Diskussion darüber anregen.
Literaturübersicht[28]

gez. P. Dr. Jos[ef] Engel SCJ.

189

Protokoll der westdeutschen und bayerischen Bischofskonferenz

Maria Rosenberg, 2.–3. Juni 1958

EA München, Joseph Kardinal Wendel, 21/1958. *Druckstück mit Überschrift:* Protokoll der Konferenz der westdeutschen und bayerischen Bischöfe in Maria Rosenberg/Pfalz vom 2. bis 3. Juni 1958. *Vermerk:* Vertraulich behandeln!

An der Konferenz der westdeutschen und bayerischen Bischöfe, die am 2. und 3. Juni 1958 unter Vorsitz des Hochwürdigsten Herrn Erzbischofs von Köln, Eminenz Joseph Kardinal Frings, in Maria Rosenberg stattfindet, nehmen teil:

1. Joseph Kardinal Frings, Erzbischof von Köln,
2. Joseph Kardinal Wendel, Erzbischof von München-Freising,
3. Joseph, Erzbischof von Bamberg,
4. Albert, Bischof von Mainz,
5. Simon Konrad, Bischof von Passau,
6. Michael, Bischof von Münster,
7. Joseph, Bischof von Eichstätt,
8. Julius, Bischof von Berlin,
9. Wilhelm, Bischof von Limburg,

[28] *Die* Liste einschlägiger Veröffentlichungen *wurde nicht aufgenommen.*

10. Joseph, Bischof von Augsburg,
11. Matthias, Bischof von Trier,
12. Isidor Markus, Bischof von Speyer,
13. Johannes, Bischof von Aachen,
14. Otto Spülbeck, Apostolischer Administrator des Bistums Meißen,
15. Heinrich Maria, Bischof von Hildesheim,
16. Joseph, Bischof von Würzburg,
17. Helmut Hermann, Bischof von Osnabrück,
18. Franz, Bischof von Essen,
19. Alfred Bolte, Weihbischof, Vertreter der Diözese Fulda,
20. Dr. Wilhelm Tuschen[1], Generalvikar, Vertreter der Erzdiözese Paderborn.

An der Teilnahme verhindert sind der Erzbischof von Regensburg, der Bischof von Rottenburg, der Kapitularvikar von Freiburg sowie der Kapitularvikar von Breslau. Der Erzbischof von Paderborn wird durch Generalvikar Dr. Tuschen und der Bischof von Fulda durch Weihbischof Generalvikar Bolte vertreten.
Am 2. Juni und am Vormittag des 3. Juni tagen die einzelnen Bischofskommissionen.

In der Plenarsitzung faßt die Konferenz folgende Beschlüsse:
1. Der Bischof von Hildesheim wird bis zur Plenarkonferenz die Frage klären, wer die Aufgabe, die kirchlicher- und staatlicherseits gewährten Mittel für die Pensionen vertriebener kirchlicher Laienangestellten zu verteilen, die bisher von Prälat Braun, Würzburg, wahrgenommen wurde, übernehmen kann.
2. Der Bischof von Eichstätt ist Mitglied der Kommission 8 (Caritas und Fürsorge).
3. Schönstatt
a) Das Hl. Offizium hat die deutsche Übersetzung der Instruktion bezüglich Schönstatt vom 28. Januar 1958, die von Köln vorgelegt wurde, als einzige authentische Übersetzung anerkannt (vgl. Prot[okoll] Hofheim 1958[2], S. 2, II 1).
b) Eminenz Frings ist vom Hl. Offizium aufgefordert, im Einverständnis mit dem Bischof von Trier und im Einvernehmen mit den deutschen Bischöfen einen geistlichen Assistenten für die Schönstatt-Marienschwestern vorzuschlagen. Die Konferenz ist damit einverstanden, daß der Spiritual des Priesterseminars in Münster, Msgr. Heinrich Roth[3], für dieses Amt benannt wird.
c) Der deutsche Episkopat wünscht die Neuwahl des Bewegungsleiters des Schönstattwerkes. Der General der Pallottiner soll ersucht werden, einige geeignete Persönlichkeiten aus der Gesellschaft der Pallottiner dafür vorzuschlagen.
4. Die Konferenz nimmt Kenntnis von der vom Consilium Superius Generale der Päpstlichen Missionswerke ausgesprochenen Bitte, daß die deutschen Katholiken eine größere Geldsumme (möglichst 590.000 DM) für die Rettung der südafrikani-

[1] WILHELM TUSCHEN *(1903–1961), Dr. theol., 1930 Priester (ED Paderborn), 1947 Regens, 1952 Generalvikar und Domkapitular, 1958 Weihbischof in Paderborn, 1959 Domdechant.*
[2] *Vgl. Dok. 179.*
[3] HEINRICH ROTH *(1899–1972), 1923 Priester (D Münster), 1934 Diözesanpräses der Jugend- und Jungmännervereinigungen, Domvikar, 1946 Päpstlicher Geheimkämmerer, 1956 Päpstlicher Hausprälat.*

schen Missionsschulen aufbringen möchten. Die Bischöfe werden sich bemühen, in Verbindung mit dem Päpstlichen Werk der Glaubensverbreitung diesem Wunsch nach Möglichkeit zu entsprechen, indem sie die Gläubigen entweder durch Veranstaltung von Sonderkollekten, durch Aufruf in der Kirchenpresse oder auf andere geeignete Weise zur Spendung von Geldmitteln auffordern.

Der vom Zentralkomitee in Saarbrücken vorgetragenen Anregung, zu einem Fastenopfer für die hungernden Länder und Völker aufzurufen, soll entsprochen werden.

5. a) Der Hirtenbrief über die Mischehe hat in protestantischen Kreisen, besonders auch in leitenden Gremien, eine scharfe Reaktion hervorgerufen. Die dabei gestellten Forderungen sind unannehmbar. Es wird jedoch der Vorschlag gemacht: Der Erzbischof von Paderborn möge in Besprechung mit erfahrenen Persönlichkeiten die Zweckmäßigkeit eines theologischen Gespräches zwischen katholischen und protestantischen Experten, in welchem die von unserer Ekklesiologie gesetzten dogmatischen Grenzen klar ausgesprochen werden, klären.

b) Das im Schwabenverlag erschienene Buch »Katholische Reformation«[4] enthält einen Beitrag von Pfarrer Lackmann[5], der als gutgemeintes Bekenntnis zum Papsttum gewertet werden darf. Es enthält jedoch auch dogmatisch unhaltbare Aufstellungen. Eine unkritische katholische Leserschaft sollte gegen Hinnahme dieser Aufstellungen abgeschirmt werden.

Die Konferenz schlägt vor: Der Erzbischof von Paderborn möge veranlassen, daß eine solche Leserschaft in geeigneter Weise durch einen Artikel über Lackmanns Beitrag auf Irriges aufmerksam gemacht wird.

6. Die H[ochwürdigsten] H[erren] Bischöfe betonen die große Bedeutung der Seelsorgearbeit an den Überseestudenten und halten es für dringend wünschenswert, daß den Studentenpfarrern an jeder großen Universität bzw. Hochschule ein geeigneter Seelsorger für diese Aufgabe zur Seite gegeben wird, und zwar als hauptamtliche oder wenigstens als nebenamtliche Kraft. Der Katholische Akademische Ausländerdienst wird sich dieserhalb mit den betreffenden Ordinarien in Verbindung setzen.

7. »GEMA-Abmachungen«

Der Bischof von Limburg wird gebeten, den einzelnen Ordinariaten eine Zusammenstellung der verschiedenen Abmachungen mit der GEMA (= Gesellschaft für musikalische Aufführungs- und mechanische Vervielfältigungsrechte, Berlin-Grunewald) zuzuleiten.

Die Konferenz hält es ferner für zweckmäßig, daß die Begleichung der gemäß GEMA-Vertrag C. St. 268 im Januar des jeweiligen Kalenderjahres fälligen Pauschale ab 1. Januar 1959 über die Finanzkammer in Münster erfolgt anstatt auf dem bisherigen Weg einer Vorlage durch das Bischöfliche Ordinariat Limburg.

[4] MAX LACKMANN *u. a. (Hrsg.), Katholische Reformation, Stuttgart 1958.*

[5] MAX LACKMANN *(1910–2000), evangelischer Geistlicher, als Mitglied der Bekennenden Kirche vor 1945 lange Zeit in Haft, dann im Pfarrdienst, 1960 Mitbegründer des Bundes für Evangelisch-Katholische Wiedervereinigung, vorzeitige Pensionierung durch seine Landeskirche wegen »katholisierender Tendenzen«.*

8. Die Konferenz billigt es, daß der Vorsitzende demnächst eine Verlautbarung der deutschen Bischöfe bezüglich der »Gewerkschaft Erziehung und Wissenschaft« veröffentlicht[6]. Der den Bischöfen kürzlich zugesandte Entwurf soll hierfür zugrunde gelegt werden. Der Vorsitzende wird aber in Verbindung mit dem Vorsitzenden der Kommission »Familie, Schule und Erziehung« diesen Entwurf zunächst noch einmal überarbeiten.

9. Der Bischof von Aachen berichtet über seine Verhandlungen mit dem »Verband der katholischen Lehrerschaft Deutschlands«, dem »Verein katholischer deutscher Lehrerinnen« und den Lehrerbünden, um im Sinne des auf der Bischofskonferenz in Hofheim vom 25. bis 27. Februar 1958 gefaßten Beschlusses eine Zusammenfassung der katholischen Lehrerorganisationen unter Wahrung möglichst großer Selbständigkeit sowohl der Gruppe der Lehrer wie der Gruppe der Lehrerinnen herbeizuführen (vgl. Prot[okoll] v[on] Hofheim 1958, S. 6, Nr. 4). Die genannten Organisationen sollen erneut gebeten werden, rechtzeitig bis zur Fuldaer Bischofskonferenz Vorschläge zur Erreichung dieses Zieles zu unterbreiten.

10. Die Konferenz nimmt zur Kenntnis, daß die Vorarbeiten für die Erstellung eines möglichst einheitlichen Religionsbüchleins für die Grundschule inzwischen unter Führung des Deutschen Katechetenvereins erfolgversprechend begonnen haben. Das Erzbischöfliche Ordinariat in München wird die zu diesem Zweck für Spesen, Büroarbeiten usw. erforderlichen Gelder vorstrecken.

11. Von dem Vorsitzenden der Konferenz wurde ein Plan zur Verwendung der Mittel vorgelegt, die aus dem in Hofheim von den Bischöfen beschlossenen Fonds zur Unterstützung katholischer Privatschulen in der Diaspora zur Verfügung stehen werden (vgl. Prot[okoll] Hofheim 1955[7], S. 6, Nr. 5). Die Konferenz faßt über die Verwendung des Restbetrages in Höhe von 700.000 DM folgenden Beschluß:

a) Ein Gesamtbetrag von 400.000 DM wird in zwei Anteilen von je 200.000 DM für zwei größere Bedarfsfälle verwendet. Der eine Anteil in Höhe von 200.000 DM entfällt auf die privaten katholischen Volksschulen in Bremen; über den anderen Anteil ist noch zu verfügen.

b) Von den restlichen 300.000 DM werden 150.000 DM für einmaligen dringenden Bedarf an Privatschulen in der Diaspora angesetzt. Der Betrag soll durch Zuschüsse zwischen 5.000 DM und 20.000 DM verausgabt werden (z. B. für dringende Reparaturen und Anschaffungen, auch zur Deckung kleiner Finanzierungsspitzen).

c) Die übrigbleibenden 150.000 DM werden für rückfließende zinslose Darlehen an die Schulen verwendet.

Die Konferenz gibt weiterhin den vorgelegten Grundsätzen zur Verwaltung des Fonds ihre Zustimmung (s. Anlage). Die erforderlichen Verwaltungsarbeiten sollen demnach von der Bischöflichen Zentrale für Ordensschulen in Köln unter Leitung des Vorsitzenden der Bischofskommission für Familie, Schule und Erziehung durchgeführt werden.

[6] *Vgl. Dok. 182.*
[7] *Nicht ermittelt.*

12. Die Konferenz beauftragt den Präsidenten des Caritasverbandes, Prälat Eckert, Freiburg, und den Bundespräses Bokler in Düsseldorf mit den weiteren vorbereitenden Planungen für eine Jugendakademie. Die Planungen sind der Bischofskonferenz vorzulegen.
Neben der genauen Orientierung der Bischöfe über das Gesamtprojekt umfaßt dieser Auftrag
a) die Zusammensetzung des Träger E. V. vorzubereiten, in dem den Vertretern der Ordinariate die Mehrheit zufallen soll;
b) einen Vorschlag bzgl. des Kuratoriums zu unterbreiten;
c) einen Personalvorschlag für den Leiter der Akademie und die zweite hauptamtliche Kraft zu machen;
d) einen Modellvorschlag für den einjährigen Lehrgang und die kurzfristigen Kurse zu erstellen;
e) einen genauen Finanzierungsplan vorzulegen.
13. Das Zentralkomitee der deutschen Katholiken möge gemäß der in Saarbrücken gefaßten Resolution einen ständigen »Ausschuß für Freizeitpflege und Sport« bilden.
14. Köln möge die Satzung des »Z. K. Kusanuswerk« durch einen Juristen prüfen lassen und, wenn keine Bedenken, genehmigen.
15. Die Dauer der diesjährigen Plenarkonferenz wird festgelegt auf drei volle Tage, 19. bis 21. August.

gez.: + Helmut Hermann,
Bischof von Osnabrück

gez.: + Joseph Kardinal Frings,
Erzbischof von Köln.

Anlage
Verwaltung des Fonds zur Unterstützung katholischer Privatschulen in der Diaspora
1. Der Fonds wird überdiözesan zusammengefaßt und verwaltet.
2. Jede Bewilligung aus dem Fonds unterliegt der Entscheidung des Vorsitzenden der Bischofskommission für Familie, Schule und Erziehung.
3. Die erforderlichen Verwaltungsarbeiten werden von der unter der Leitung des Vorsitzenden der Bischofskommission für Familie, Schule und Erziehung stehenden Bischöflichen Zentrale für Ordensschulen in Köln in Zusammenarbeit mit der Bayerischen Arbeitsgemeinschaft katholischer Privatschulen in München durchgeführt.
4. Verwaltungskosten werden für die Bearbeitung nicht erhoben. Soweit Darlehen ausgegeben werden, kommen Zinsen nicht zum Ansatz. Der Tilgungssatz beträgt in der Regel 2% jährlich. Überbrückungshilfen sind in besonders festzusetzender Weise – möglichst im Laufe des gleichen Haushaltsjahres – zurückzuzahlen. Die Möglichkeit von Stundung und Erlaß der Tilgungen ist vorzusehen. Auf die Eintragung hypothekarischer Sicherungen wird in der Regel verzichtet.
5. Die eingehenden Anträge werden nach finanzwirtschaftlichen Grundsätzen unter Berücksichtigung der schulischen Erfordernisse bearbeitet. In jedem Falle ist den Anträgen eine Stellungnahme des Ortsordinarius beizufügen. In den in Betracht

kommenden Fällen wird durch Einholung vollständiger Finanzierungs- und Baupläne Sicherheit darüber geschaffen, daß die Bewilligungen ihren Zweck erfüllen können.
Auf Grund ihrer Prüfung unterbreitet die Bischöfliche Zentrale für Ordensschulen im Einvernehmen mit der Bayerischen Arbeitsgemeinschaft katholischer Privatschulen dem Vorsitzenden der Bischofskommission für Familie, Schule und Erziehung Vorschläge für Bewilligungen.
6. Alljährlich wird der Bischofskonferenz ein Bericht über die Verwendung des Fonds erstattet und erfolgt eine Prüfung der Verwaltung des Fonds durch die Bischöfliche Finanzkammer der Kölner Kirchenprovinz in Münster i[n] W[estfalen].

190

Aufzeichnung Frings'

[Köln, vor 7. Juni 1958][1]

EA Köln, CR II 2.19, 20. *Eigenhändige Notiz. Vermerk:* a[d] A[cta]. Eingang 7.6.1958 T[eusch].

Beschlüsse der Hauptkommission.
1) Plenarkonferenz in Fulda soll dauern v[on] Di[enstag] 19. – Do[nnerstag] 21. Aug[ust].
2) D[er] Bischof v[on] Eichstätt soll fortan auch der Caritas-Kommission angehören, um seine Arbeit bei Haus Hoheneck fortführen zu können.
3) Herr Präl[at] Braun-Würzburg soll von seiner Aufgabe für die Besoldung der ehemaligen bischöflichen Laienangestellten entpflichtet werden, u[nd] zwar aus Anlaß der Neufassung des Bundesabkommens u[nd] seiner Besoldung durch den Bund ab 1.8.1958.
4) Es erscheint nicht angebracht, das Schreiben der Herren Karl Peters[2], Walter Rest u[nd] Walter Dirks ausdrücklich zu beantworten. Doch wird überlegt, bei passender Gelegenheit ein Hirtenschreiben zur Frage der allgemeinen, international überprüften Abrüstung nebst einem Dank an den Hl. Vater für seine klaren Ausführungen zu aktuellen Fragen mit einer Mahnung, die Worte des Hl. Vaters bereitwillig aufzunehmen u[nd] sich gegenseitig nicht zu verketzern sowie eine Aufforderung zum Gebet um den Weltfrieden u[nd] um die Bekehrung der Welt zu Christus zu erlassen.
5) Die Anregung des ZK in Saarbrücken, das Fastenopfer des kommenden Jahres für Hilfen in Entwicklung begriffener Länder zu verwenden, wird aufgegriffen. Das ZK wird aufgefordert, dem Episkopat einen Vorschlag über die Koordinierung der Verbände in dieser Frage u[nd] andere, damit in Verbindung stehende Fragen bis zum 15.7. einzureichen.

1 *Die Datierung ergibt sich aus dem Eingangsvermerk.*
2 Karl Peters *(1904–1998), Dr. iur., 1946 o. Professor für Strafrecht in Münster.*

191

Bericht der Kommission II

Maria Rosenberg, Juni 1958

EA Köln, CR II 2.19, 20. *Schreibmaschinenvervielfältigung. Überschrift:* Bericht über Kommission II der Konferenz in Maria Rosenberg, Juni 1958.

1) Exzellenz von Limburg berichtet über den gegenwärtigen Stand unserer Beziehungen zur »GEMA« und wünscht die Einziehung der hierfür erforderlichen Gelder in der gleichen Weise, wie der überdiözesane Finanzbedarf erhoben wird.
2) Der Stand der Schönstatt-Frage wird kurz erläutert, im übrigen aber den Verhandlungen im Plenum überlassen.
3) Prälat Jansen[1], Aachen, der Vorsitzende der »ADDES«, plant eine Kundgebung zugunsten der Exerzitien auf dem Katholikentag in Berlin. Man hält dies für unzweckmäßig und vielleicht sogar für hinderlich.
4) Bei der Zentrale der Touropa- und Scharnow-Reisen (Sitz Bonn-Hamburg) wird eine Anregung der zuständigen Ordinarien (Köln und Osnabrück) vielleicht in Form einer Anfrage für zweckmäßig gehalten, ob die Aussparung der Zeit für den Gottesdienst an Sonn- und Feiertagen in der Planung erreicht werden könnte.
5) Die Bitte des Herrn Direktors von Mann[2] (Deutscher Caritasverband Freiburg), daß ein Bischof sich zur Verfügung stellen möge für die internationale Aktion für Kinder, wird an die Kommission III weitergegeben. Man ist aber der Auffassung, daß man dieser Bitte, wenigstens vorläufig, nicht entsprechen soll.
6) Es wird berichtet über die St. Michaelsbruderschaft, die sich das Gebet für die Wiedervereinigung Deutschlands zur besonderen Aufgabe gestellt hat. Die Bitte, vielleicht jeden Monat eine Andacht in dieser Intention zu halten, wird begrüßt, die Gebetsstunde auf dem Berliner Katholikentag empfohlen. Wir haben allen Grund, diese Gebetsintention zu fördern, weil die Glaubensnot der Brüder im Osten in letzter Zeit erheblich verschärft worden ist und allmählich unerträglich wird.
7) Es wird die Mitteilung gemacht, daß die beiden letzten Edikte des Hl. Offiziums über frühzeitige Taufe[3] und gegen die Einschiebung gewisser Preces in die Liturgie[4] den deutschen Raum nicht berühren.
8) Die Frage nach dem Termin der Osternachtfeier, vor oder nach Mitternacht, ist noch längst nicht zur Ruhe gekommen. Wir erbitten Material von allen Ordinarien, wie es in den Bistümern steht, damit wir in Fulda einen Überblick geben können.
9) Es wird gesprochen über die Möglichkeit:

[1] Nikolaus Jansen *(1880–1965), 1908 Priester (ED Köln/D Aachen), 1930 Domkapitular und Wirklicher Geistlicher Rat, 1946 Päpstlicher Hausprälat.*

[2] Gustav von Mann, Edler von Tiechler *(1891–1980), 1915 Priester (D Regensburg), 1929 Referent für Jugendfürsorge beim Deutschen Caritasverband, Caritasdirektor (bis 1958), 1939 Inkardinierung in die ED Freiburg.*

[3] AAS *49 (1957), S. 425.*

[4] AAS *50 (1958), S. 114.*

a) Die Lesungen der Hl. Messe nach dem lateinischen Gesang deutsch zu verlesen und
b) Die Lesungen der Osternacht sofort in der Volkssprache vorzutragen.
Das Plenum beschließt zu a), eine diesbezügliche Bitte nach Rom zu richten, und zu b), eine Eingabe für Fulda vorzubereiten.
10) Exzellenz von Meißen wird bedrängt durch die Frage, ob man gemischten Brautpaaren, denen die eigentliche Brautmesse zu verweigern ist, den feierlichen Brautsegen erteilen kann. Die hochwürdigsten Ordinarien werden gebeten, zu dieser Frage ihre Stellungnahme kundzutun.

192

Bericht der Kommission III

Maria Rosenberg, Juni 1958

EA Köln, CR II 2.19, 20. *Schreibmaschinenvervielfältigung. Überschrift:* Bericht über Kommission III der Konferenz in Maria Rosenberg, Juni 1958.

1) Fulda berichtet über Entschlüsse der Hauptstelle für Männerarbeit betr. Abrüstung, Altersfragen, Verkehrssicherheit, Wiedervereinigung Deutschlands und Sorge für die Kranken von Madagaskar.
2) Es wird kurz berichtet über die Arbeit des Zentralinstituts für Ehe- und Familienfragen, über unsere Zusammenarbeit mit dem Familienbund und anderen, auch neutralen Arbeitsstellen, sowie mit der Inneren Mission. Bzgl. der mit gutem Erfolg arbeitenden Mütterschule wird darauf hingewiesen, daß sich die Gefahr andeutet, daß der Staat auf diesem Gebiet eine Initiative entfaltet und unsere Arbeit zurückdrängt. Münster wird in Fulda orientieren.
3) Bezüglich der Jugend steht im Vordergrund die schon zweimal erörterte Frage einer zu gründenden Jugend-Akademie.
Nachdem die in Hofheim beauftragte Bischofskommission am 22.5. in Koblenz getagt hat, worüber schriftlicher Bericht den Kommissionsmitgliedern zugegangen ist[1], entscheidet sich das Plenum:
a) für die Wiederholung seiner positiven Stellungnahme zur Einrichtung der Akademie überhaupt und
b) zu einem Auftrag an Präsident Dr. Eckert, Freiburg, und Bundespräses Bokler, Düsseldorf, bzgl. folgender Punkte:
1. Nochmals eine genauere Orientierung an die Bischöfe zu senden über das Gesamtprojekt (Kostenvoranschlag etc.).
2. Die Zusammensetzung des Träger E. V. vorzubereiten, in dem den Bischöfen die entscheidende Rolle zufallen soll.
3. Einen Vorschlag bzgl. des Kuratoriums zu unterbreiten.

[1] *Nicht ermittelt.*

4. Einen Personalvorschlag für den Leiter der Akademie und die zweite hauptamtliche Kraft zu machen.
5. Einen Modellvorschlag für den einjährigen Lehrgang und die kurzfristigeren Kurse zu erstellen.

4) Es wird berichtet über den sehr schwierigen Versuch, die Beziehungen zwischen Kolping und Bund der Katholischen Jugend zu normalisieren. Das Ergebnis konnte leider nur eine Absprache über ein praktisches Sich-Zueinander-Hinleben sein in der ausgesprochenen Hoffnung, daß sich beide Teile um die Niederlegung des trennenden Mißtrauens und der Gegensätze bemühen. In diesem Zusammenhang wird bemerkt, daß nicht bloß Kolping, sondern auch andere Gliederungen des Bundes der katholischen Jugend ein Interesse an einem mehr föderalistischen und weniger zentralistischen Aufbau hätten. Diese Fragen müßten einmal geklärt werden. Es erhebt sich die Frage, ob Kolping sich nicht zu sehr von seiner ursprünglichen Basis (Arbeit in der Handwerkerschaft) entfernt hat. Die Klärung dieser Frage müßte in Zusammenarbeit mit allen Sozialverbänden gesucht werden.

5) Der wiederholt geäußerte Wunsch, daß die verschiedenen Stände ihre Jahresthemen besser aufeinander abstimmen möchten, kann nur Erfolg haben, wenn es unserer Kommission möglich ist, die verschiedenen Partner an einen Tisch zu bringen, so wie es im Bereich der Erzdiözese Köln schon versucht worden ist. Wir wollen uns darum in Zukunft bemühen.

6) Es werden verschiedene Fragen der zivilen Zusammenarbeit unserer Gemeinden mit dem Militär erörtert. Sie sollen mit dem Herrn Militärbischof bzw. seinem Beauftragten näher geklärt werden. Kolping soll auf diesem Gebiet gute Erfahrung haben.

7) Würzburg bringt einige Landvolk-Fragen, insbesondere bzgl. der Zusammenarbeit mit der Katholischen Aktion und der Erwachsenenbildung zur Sprache. Es scheinen die Verhältnisse in Nord und Süd ziemlich verschieden zu liegen, so daß einer Klärung noch vorzuarbeiten wäre.

8) Es wird berichtet über bestimmte Vertriebenen-Verbände, die sich sehr verdient gemacht haben, wie: Ackermann-Gemeinde, Hedwigs-Werk, Kardinal-Bertram-Werk, doch sind die Verhältnisse längst nicht überall gleich. Leise klingt die Klage an, daß der Klerus mehr an der Osthoffnung hänge als das Volk.

193

Bericht Kellers

[Münster, 6. Juli 1958][1]

EA München, Joseph Kardinal Wendel, 46/1958. *Schreibmaschinenvervielfältigung ohne Anlagen. Überschrift:* Zur Situation in der Gewerkschaftsfrage. *Die Anlagen liegen nicht bei.*

I.

Die Erklärung der deutschen Bischöfe zur Gewerkschaftsfrage vom 7. November 1955 (Anlage 1) ist sowohl von Angehörigen des DGB wie von weiten Teilen der Presse falsch oder einseitig interpretiert worden.

Weithin wurde sie als eine uneingeschränkte Neutralitätserklärung der Bischöfe interpretiert und verstanden. (Vgl. Anlage 2)

Korrigierende Äußerungen von Eminenz Frings, die insbesondere die Bedeutung des Wiedererstehens Christlicher Gewerkschaften in Deutschland für das Erstarken des IBCG und dessen Aufgabe in den Missionsgebieten herausstellten, wurden von katholischen Mitgliedern des DGB als unsachgemäße Betrachtungsweise zurückgewiesen. (Vgl. Anlage 3 und WAZ vom 13.6.1957 – Anlage 8)

Das Schreiben von Eminenz Frings an die katholischen Verbände vom 16. März 1957[2] (Anlage 4) fand eine ähnliche Behandlung.

Die Christlich-Soziale Kollegenschaft im DGB erklärte, von dieser Erklärung nicht betroffen zu sein, da die Kollegenschaft kein katholischer Verband sei. (Anlage 5 u[nd] 6)

Die Wirkung dieses Schreibens in der Öffentlichkeit wurde durch eine Reihe von Pressemeldungen abgefangen, die darauf abzielten, die in diesem Schreiben sichtbar gewordene Stellungnahme der Bischöfe für die CGD nicht zur Auswirkung kommen zu lassen. So wurde etwa verlautbart:

Der deutsche Episkopat sei sich in der Beurteilung der Gewerkschaftsfrage nicht einig. So schrieb z. B. die »Deutsche Woche«, München, vom 31. Juli 1957: »Offensichtlich konnte der Kardinal also seine katholische Isolationspolitik bei der Fuldaer Bischofkonferenz, die Ende Juni sich mit diesem Problem befaßte, nicht durchsetzen. Dort standen sich bekanntlich zwei Auffassungen gegenüber (siehe »Deutsche Woche» Nr. 25 vom 19. Juni). Eine intolerante Gruppe lehnte die Zusammenarbeit mit sozialistischen Gewerkschaftlern im DGB ab, weil sie darin eine zu große »Ansteckungsgefahr« für den katholischen Arbeiter erblickte. Eine zweite, weltläufigere Fraktion setzte sich für eine solche Zusammenarbeit ein, um die katholische Position innerhalb nichtkonfessioneller Gremien geltend zu machen. Dieser gesprächsbereiteren und aufgeschlosseneren Gruppe ist Kardinal Frings unterlegen.« (Anlage 7)

Die »Westdeutsche Allgemeine Zeitung« vom 13. Juni 1957 schreibt: »Die protestierenden Gewerkschaftler, an ihrer Spitze die DGB-Vorstandsmitglieder Tacke und

[1] *Die Datierung ergibt sich aus dem Begleitschreiben an* Wendel *(Schreibmaschinenausfertigung mit eigenhändiger Unterschrift am gleichen Fundort).*

[2] *Vgl. Dok. 95.*

Frau Weber, glauben nun zu wissen, daß die Mehrheit der deutschen Bischöfe, vor allem die in Paderborn, Freiburg, Limburg und Berlin, ihren Standpunkt teilt. Sie berufen sich außerdem auf eine Warnung des Papstes vor einem neuen Gewerkschaftskonflikt und erinnern an die schwierige Lage der Kirche in Kanada.« (Anlage 8) (Vgl. »Spiegel« vom 12.6.1957 – »Nationale Rundschau« vom 18.8.1957, Anlage 9) Die »Westdeutsche Allgemeine Zeitung« (WAZ) behauptet außerdem, die Erklärung der deutschen Bischöfe vom 16. März 1957 sei eine selbständige Maßnahme von Eminenz Frings. Die »Süddeutsche Zeitung« vom 8.7.1957 spricht von einer gegenteiligen Stellungnahme des Vatikans. (Anlage 10, vgl. damit die Angabe der WAZ über die Intervention des Bischofs von Toronto beim Heiligen Vater durch Prof. Götz Briefs aus Anlaß des Verlustes der Tarifhoheit einer katholischen Gewerkschaft in Kanada in Anlage 8 – das Dementi von Pater Gundlach in Anlage 11)
Infolge dessen rechnet man mit einer Änderung des Standpunktes der deutschen Bischöfe.
Der Zweck des Schreibens vom 16. März 1957 ist daher nicht erreicht worden: Namhafte katholische Persönlichkeiten und katholische Funktionäre des DGB haben sich nicht veranlaßt gesehen, »alles zu unterlassen, was das weitere Wachstum der Christlichen Gewerkschaften hindern könne«.
Vielmehr behaupten die katholischen Funktionäre im DGB, durch die Antwort von Eminenz Frings auf den Brief von Herrn Tacke[3] in ihrer Haltung ausdrücklich bestätigt zu sein. (Anlage 12) In diesem Zusammenhang wird von den katholischen Funktionären im DGB behauptet, die letzte Äußerung von Eminenz Frings sei bereits eine Auswirkung der andersartigen Stellungnahme des Vatikans, infolge dessen stelle die von ihnen vorgenommene Interpretation des Schreibens von Kardinal Frings wohl das letzte Wort in dieser Frage dar. (Anlage 13 u[nd] 14)
Solche Fehlinterpretationen Bischöflicher Verlautbarungen können wohl nicht mehr auf Mißverständnisse, sondern müssen weitgehend auf zielbewußte Absicht zurückgeführt werden. Man rechnet offenbar damit, daß derartige Fehlinterpretationen schwerlich in vollem Umfang dementiert werden können und daß diese Fehlinterpretationen die öffentliche Meinung beherrschen werden.

II.

Äußerungen der Christlich-Sozialen Kollegenschaft machen deutlich, daß darüber hinaus den Bischöfen überhaupt das Recht abgesprochen werden soll, in der Gewerkschaftsfrage verbindliche Anweisungen zu geben. So erklärte bereits die Christlich-Soziale Kollegenschaft im März 1956 als Antwort auf die Frankfurter Erklärung der hauptamtlich in der Sozialarbeit tätigen Geistlichen, daß sie sich in der gegenwärtigen Lage ihren Weg »nicht vorschreiben lassen« könne. (Anlage 15, vgl. auch Anlage 16) In ähnlicher Weise erklärte auch das Organ der Christlich-sozialen Kollegenschaft, daß sich die katholischen Angehörigen der Kollegenschaft durch das Schreiben von Eminenz Frings vom 16. März 1957 »als mündige Laien« brüskiert

[3] *Vgl. Dok. 122.*

fühlten. (Anlage 12) Die wichtigste Stellungnahme dieser Art liegt jedoch in dem Brief der Sekretäre der I.G. Bergbau vor, der ausdrücklich erklärt: »Nach reiflicher Überlegung, Abwägung aller Tatsachen und ernster Prüfung unseres Gewissens sind wir als in der Sache erfahrene Laien nicht in der Lage – und bringen dies hiermit unmißverständlich zum Ausdruck – unseren Bischöfen in der Gewerkschaftsfrage zu folgen.« Inhalt und Ton der Briefe von Herrn Tacke und der I.G. Bergbau-Sekretäre sowie die mit auffallender Eile vorgenommene Veröffentlichung lassen den Schluß zu, daß die Unterzeichner im allgemeinen nicht primär aus persönlicher Gewissensnot, sondern aus anderen Gründen diese Art der Auseinandersetzung mit den Bischöfen wählten. Wie erst jetzt bekannt wird, ist Heinrich Scheppmann – Vorstandsmitglied der I.G. Bergbau – seinerzeit aufgefordert worden, den Brief des Herrn Tacke zu unterschreiben und den Kollegen seiner I.G. zur Unterzeichnung zuzuleiten. Da Scheppmann beides versäumte, seien die Funktionäre der I.G. Bergbau durch den Vorwurf, sie wollten sich von dem Tacke-Brief distanzieren, zu ihrem Schreiben veranlaßt worden. Scheppmann, der zur fraglichen Zeit krank war, hat sich von diesem Schreiben distanziert und darauf aufmerksam gemacht, daß von den 62 Unterzeichnern nur etwa 32 Kollegen bislang in der Christlich-Sozialen Kollegenschaft mitgearbeitet haben. (Anlage 17)

III.

Starke Anzeichen deuten darauf hin, daß der Streit zwischen den Angehörigen der beiden Richtungen in Kürze schärfere Formen annehmen kann. Prof. Wallraff S. J. betonte bereits bei einem Gespräch in Gegenwart von Eminenz Frings am 8. Juli 1957, daß die bisher unterdrückte wissenschaftliche Auseinandersetzung zwischen den beiden Richtungen in naher Zukunft ausgetragen werde: »Die Sozialwissenschaftler können nicht mehr schweigen.« Prof. von Nell-Breuning S. J. hat bereits darauf aufmerksam gemacht, daß die neugegründete CGD sich bislang der zweijährigen »Schonzeit« von seiten der Gegner erfreut habe (»Stimmen der Zeit«, September 1957, S. 450) und ist mit einem Artikel in den »Stimmen der Zeit« und einer Rede in Wiesbaden an die Öffentlichkeit getreten, die beide eine Ablehnung der CGD erkennen ließen. Der Artikel in »Stimmen der Zeit« legt alle ersichtlichen Tatsachen und Entwicklungen zu Gunsten der Einheitsgewerkschaft aus, obwohl eine solche Auslegung nicht zwingend ist. Die sozialwissenschaftlichen Argumente, die dem Verfasser gegen die CGD zu sprechen scheinen, sind nicht überzeugend. (Vgl. Anlage 18) Die Rede in Wiesbaden vor der Christlich-Sozialen Kollegenschaft geht auf die Gewerkschaftsfrage als solche nicht ausdrücklich ein. Sie setze jedoch die uneingeschränkte Möglichkeit voraus, daß Katholiken im DGB mitarbeiten. Das Schreiben von Eminenz Frings vom 16. März 1957 an die katholischen Verbände und Organisationen wird – ebenso wie in dem oben genannten Artikel – mit keinem Wort erwähnt. Infolge dessen wurde die Wiesbadener Rede von der Presse als eine »Ermutigung« der Kollegenschaft (Anlage 19 u[nd] 20) und von den Teilnehmern als ein Beweis für die Richtigkeit ihrer Haltung angesehen. In seinem Schlußwort zu der Wiesbadener Rede Nell-Breunings äußerte der Versammlungsleiter August Weimer:

»Wir entnehmen aus seinen Ausführungen, daß wir, wenn wir so im DGB aktiv tätig werden, auf dem richtigen Wege sind und vor unserem Gewissen bestehen können«. (»Gesellschaftspolitische Kommentare« Nr. 18 vom 15.9.1957, S. 11)
Zum gleichen Zeitpunkt veröffentlichten zahlreiche westdeutsche Tageszeitungen, die eine breite Schicht von Arbeitern zu ihren Lesern zählten, Berichte über die Kurse, welche von den Dominikanern in Walberberg für die Funktionäre des DGB auf dessen Anregung gehalten werden. (Anlage 21 u[nd] 22)
Gleichzeitig wird gegen den Mitbegründer der CGD, den evangelischen Diakon Voß, eine Kampagne geführt, die ihm Betrügereien unterstellt. Voß, der z. Zt. an einem schweren Nervenleiden erkrankt ist, ist außerstande, dazu Stellung zu nehmen. (Anlage 23)
Die »Westdeutsche Allgemeine Zeitung« vom 7. September 1957 spricht von einem »wachsenden Selbstbewußtsein jener, die sich sowohl im DGB selbst wie auch gegen Kardinal Frings und seine Ratgeber durchgesetzt haben«. (Anlage 24)

IV.

Nach all dem muß die Lage sowohl für die CGD wie für das Ansehen des Episkopats als äußerst ernst angesehen werden. Ein Niedergang der CGD würde keineswegs den status quo ante wiederherstellen, sondern auf Jahrzehnte hinaus einen schweren Schlag für die Stellung der Kirche in allen sozialen Fragen bedeuten. Mit dem Niedergang der CGD wäre auch ein Schwund des katholischen Einflusses innerhalb des DGB und der sonstigen Öffentlichkeit verbunden. Ein erneuter Versuch zur Begründung christlicher Gewerkschaften wäre selbst bei eklatantem Machtmißbrauch des DGB und bei Vorliegen günstigerer Umstände als 1955 nicht mehr zu erwarten.
Der Niedergang der CGD würde auch eine ernsthafte Schädigung des Ansehens des deutschen Episkopats bedeuten, da dieser in Ausübung seiner Hirtensorge den katholischen Verbänden und Organisationen die Förderung der CGD dringend empfohlen hat.
Auch innerhalb des treuen Kirchenvolkes würde sich ein Schwund des Vertrauens auf die sichere Führung der Gläubigen durch ihre Bischöfe bemerkbar machen, insbesondere bei jener Elite, die sich bislang bei allem um ein sentire cum ecclesia bemüht hat.
Ein Sieg des von den katholischen Mitgliedern des DGB vertretenen Einheitsprinzips würde auch für andere katholische Organisationen von schwierigen Auswirkungen sein. Insbesondere würden die katholischen Lehrerverbände und andere katholische berufsständische Vereinigungen sich dem Einheitssog kaum entziehen können. (Vgl. »Zur Organisationsfrage innerhalb der katholischen Lehrerschaft«, herausgegeben vom Verein katholischer deutscher Lehrerinnen, Essen/Ruhr, Hedwig-Dransfeld-Platz 2)
Eine Niederlage der CGD würde zudem jenen Kreisen, die den Bischöfen das Recht absprechen, auch in ähnlichen Fragen verbindliche Anweisungen zu geben, diese vielmehr dem »mündigen Laien« vorbehalten wissen wollen, gegen ihre Bischöfe Recht geben.

V.

Zur Überwindung der gegenwärtigen Unklarheit selbst bei wohlmeinenden Katholiken über die Haltung der Kirche zur Gewerkschaftsfrage scheint eine erneute Stellungnahme des Episkopats angezeigt, die so gehalten sein müßte, daß sie Mißverständnisse und Fehlinterpretationen unmöglich macht. Da der Brief von Eminenz Frings an Herrn Tacke die Möglichkeit weiterer Stellungnahmen des Episkopats betont, würde ein solcher Schritt durchaus als Fortsetzung der bisherigen Verlautbarungen angesehen werden.

Ein solches Wort der Bischöfe, das auch von den Gläubigen in der gegenwärtigen Situation zweifellos erwartet wird, würde es auch den in der letzten Zeit für den DGB eingetretenen Katholiken, Geistlichen und Ordensleuten wie Laien, erheblich erschweren, entgegen der klaren Forderung der Bischöfe vom 16. März 1957 weiterhin gegen die CGD zu wirken. Der unverhüllte Kampf beider Richtungen würde damit, wenn auch vielleicht nicht völlig verhindert, so doch erheblich entschärft.

Wenn die Bischöfe in der gegenwärtigen Situation die Führung des katholischen Volkes nicht aus der Hand verlieren wollen, werden sie erneut unmißverständlich Stellung nehmen müssen.

194

Frings an Lücke

Köln, 7. Juli 1958

EA München, Joseph Kardinal Wendel, 207/1958. *Schreibmaschinenabschrift. Briefkopf:* Der Erzbischof von Köln. *Aktenzeichen:* ad R 4897/53. *Anschrift:* Herrn Bundesminister für Wohnungsbau Paul Lücke, Bonn. *Vermerke*: Abschrift *und* In Durchschrift dem Hochwürdigsten Herrn Monsignore Generalvikar Krautscheidt, Essen, Herrn Johannes Lubahn, Hohenschwangau bei Füssen zur gefälligen Kenntnisnahme zugesandt. Generalvikar (gez.) Teusch.

Sehr verehrter Herr Bundesminister Lücke!

Da das Bundesbaugesetz[1] bald zu erwarten ist, darf ich Sie, sehr verehrter Herr Bundesminister, noch einmal herzlich und dringend bitten, Sorge zu tragen, daß das Gesetz in wirksamer Weise der Bodenspekulation begegnet. Die nicht hoch genug anzuerkennenden Bemühungen der Bundesregierung um die Ermöglichung von Wohnungsbau und vor allem von Eigenheimbeschaffung werden gefährdet, wenn es den Bauwilligen besonders aus der finanziell schlechter gestellten Bevölkerung erschwert bzw. unmöglich gemacht wird, Bauland zu erwerben oder in Erbpacht zu nehmen. Ich weiß, wie schwer es ist, die Bodenspekulation zu hemmen. Ich glaube aber auch zu wissen, daß es nicht unmöglich ist. Es ist nicht zunächst meine Aufgabe, Vorschläge zu machen, die ins einzelne gehen, aber ich sehe es wohl als meine Aufgabe an, die Zuständigen zu mahnen, daß sie nach den geeigneten Mitteln

[1] Bundesbaugesetz *vom 23. Juni 1960.* BGBl., *S. 341.*

suchen, die den Wohnungsbauwilligen den Zugang zu Bauland offen halten bzw. offen machen.
Mit der Versicherung, daß ich Ihren Bemühungen mit dem größten Interesse folge, bin ich mit verbindlichen Empfehlungen

Ihr ergebener
(gez.) Joseph Kardinal Frings
Erzbischof von Köln.

195

Keller an Peters

Münster, 23. Juli 1958

DA Münster, GV-NA, AO-331. *Schreibmaschinendurchschlag mit Briefkopf:* B[ischof] v[on] M[ünster] (Schreiben an Prof. Peters, Münster). *Vermerke:* Durchschrift *und (von der Hand Tenhumbergs)* Z[u] d[en] A[kten] Briefe Exz[ellenz].

Sehr geehrter Herr Professor!
Ihren Brief vom 29. Juni ds. Js.[1] habe ich erhalten. Wenngleich ich den darin gemachten Ausführungen nicht zustimmen kann, bin ich doch für Ihre offene Meinungsäußerung aufrichtig dankbar.
Selbstverständlich erkenne ich gern Ihr Fachwissen an. Ich darf aber bemerken, daß die authentische Interpretation des Naturrechtes Sache der Kirche, d. h. des Lehramtes der Kirche ist. Zweifellos handelt es sich bei den durch die atomare Rüstung aufgeworfenen Problemen um Gewissensfragen, deren grundsätzliche Entscheidung letzten Endes zur Zuständigkeit der Lehrer der Kirche gehört. Deshalb wäre es für uns Bischöfe einer Pflichtverletzung gleichgekommen, wenn wir geschwiegen hätten, nachdem einzelne Katholiken ihre persönliche Auffassung, die zu achten wir gern bereit sind, in aller Öffentlichkeit unzulässigerweise als Forderung des katholischen Gewissens hingestellt hatten.
Wenn Sie das Hirtenwort »als eine eindeutige Stellungnahme zugunsten der Atomaufrüstung« bezeichnen, so lesen Sie mehr hinein, als darin liegt. Vielmehr ist lediglich die Feststellung getroffen worden, daß die von Katholiken öffentlich aufgestellte Behauptung, eine Zustimmung zur Politik der gegenwärtigen Bundesregierung sei vom katholischen Gewissen her nicht zu verantworten, nicht zutrifft.
Auf das entschiedenste müssen wir Bischöfe uns gegen den Vorwurf verwahren, daß wir die Auffassung des Heiligen Vaters verkürzt wiedergegeben hätten. Wenngleich wir selbstverständlich für unser Hirtenwort nicht etwa die formelle Billigung des Heiligen Stuhles eingeholt haben, sind wir doch absolut sicher, daß unsere Ausführungen voll und ganz den Intentionen des Heiligen Stuhles entsprechen.

1 *Nicht ermittelt.*

Daß das Wort der Bischöfe als eine eindeutige Stellungnahme für die CDU verstanden werden mußte, ist nicht unsere Schuld. Es kann doch niemand von uns erwarten, daß wir deshalb zu wichtigen Gewissensfragen schweigen, weil zufällig und bedauerlicherweise nur eine der politischen Parteien bereit ist, den von uns um des Gewissens willen erhobenen Forderungen im öffentlichen Leben Rechnung zu tragen.

Damit wird weder die Unabhängigkeit der Kirche aufgegeben, noch wird unterschiedslos alles gutgeheißen, was immer die CDU tut oder getan hat. Sie dürfen überzeugt sein, daß wir keinen Augenblick zögern werden, unsere Stimme zu erheben, wenn diese Partei in wesentlichen Punkten christliche Grundsätze verletzt.

Vielleicht gestatten Sie mir, zum Schluß noch eine persönliche Bemerkung anzuschließen: Ich würde mich aufrichtig freuen – und damit weiß ich mich mit allen bischöflichen Mitbrüdern einig –, wenn in Zukunft ein Weg gefunden würde, Meinungsverschiedenheiten im katholischen Lager auszutragen, der katholischer Haltung gemäßer wäre. Es will mir nicht einleuchten, daß katholische Laien keinen anderen Weg der Frage an ihre Bischöfe zu finden vermögen als den offener Briefe in der Presse. Um der Würde unseres Amtes willen können wir auf diesem Wege nicht folgen. – Ob es nicht überhaupt möglich wäre, daß unsere gläubigen Laien sich bemühten, ein wenig mehr inneres Verständnis für die ungeheueren Schwierigkeiten aufzubringen, denen sich in unseren Tagen die Lehrer und Hirten der Kirche gegenübergestellt sehen, und gleichzeitig auch ein wenig mehr Vertrauen in die Führung des Heiligen Geistes?

Immer wieder muß ich meiner Überzeugung Ausdruck geben – einer Überzeugung, die ich nicht erst habe, seit ich Bischof bin –, daß normalerweise die schlichte Unterwerfung unter das Lehr- und Hirtenamt der Kirche der sicherste Weg ist, um nicht in die Irre zu gehen und der Kirche jene innere Geschlossenheit zu sichern, auf die sie heute mehr denn je angewiesen ist.

Für jede in rechter Weise vorgetragene Kritik bin ich auch in Zukunft dankbar, noch mehr aber für die Hilfe des Gebetes.

In der Überzeugung, daß Sie mir diese offene Antwort auf Ihr offenes Schreiben nicht verübeln werden, bin ich

Ihr ergebenster
gez. Michael Keller.

196

Bericht Kochs'

Köln, 1. August 1958

EA MÜNCHEN, Joseph Kardinal Wendel, 21/1958. *Schreibmaschinenvervielfältigung mit eigenhändiger Unterschrift. Briefkopf:* Kirchliche Hauptstelle für Bild- und Filmarbeit e. V. *Überschrift:* Jahresarbeitsbericht über die Zeit vom 1. August 1957–31. Juli 1958 erstattet für die Fuldaer Bischofskonferenz 1958 durch Msgr. Anton Kochs, Köln, Zeughausstr. 13.

I. Organisation
Die Neuordnung der Katholischen Filmarbeit durch Umgestaltung in die Rechtsform eines eingetragenen Vereins, neue Satzung und Geschäftsordnung (vgl. Jahresbericht an die Fuldaer Bischofskonferenz 1957) hat sich im Berichtsjahr 1957/58 bewährt. Der Jahresmitgliederversammlung im März 1958 lag ein ausführlicher Bericht der Solidaris-Treuhand GmbH vor, der neben den Unterlagen für die Entlastung des Vorstandes auch ausführliche Anregungen für weitere organisatorische und rechtliche Fragen gab.
Auf dem verwirrend weiten Gebiete des modernen Massenmediums »Film« ist in Deutschland der Kirchlichen Hauptstelle für Bild- und Filmarbeit e. V. als Träger der gemeinsamen katholischen Filmarbeit in den deutschen Diözesen die Aufgabe gestellt:
a) Weckung des Gewissens und der Urteilskraft der deutschen Katholiken in den Fragen des Films,
b) planmäßige Einwirkung auf die Öffentlichkeit,
c) Zusammenführung aller Bemühungen zu höherer Einsicht und dauerhafter Wirkung.
In diese Aufgaben teilen sich, unter der Aufsicht des Hochwürdigsten Herrn Bischofs Dr. Carl Joseph Leiprecht von Rottenburg (Bischöfliche Kommission für Publizistik):
a) Vorsitz und Geschäftsstelle: Köln, Zeughausstr. 13, Direktor: Msgr. Anton Kochs, Vorstandsmitglieder: Dr. Paul Westhoff, Köln, Dr. Gerd Weng, Rottenburg.
b) Katholische Filmbewertung und Filmkritik: Katholische Filmkommission. Organ: Filmdienst, Düsseldorf, Bastionstr. 14. Geschäftsführer und Redakteur: Klaus Brüne, Düsseldorf.
c) Katholische Filmliga (»Aktion für den guten Film und zur Abwehr des schlechten Films«). Generalsekretär: Studienrat Dr. Heinrich Berresheim, Köln, Zeughausstr. 13.
d) Arbeitskreis für Publizistik und Dramaturgie. Leitung: Msgr. Kochs.
e) Praktische Filmvermittlung, Filmvorführung und Produktion kirchlicher Filme: Katholisches Filmwerk e. V., Rottenburg. Direktor: Dompräbendar Eugen Semle[1]. Diese Stelle besitzt eigene Rechtspersönlichkeit.

[1] EUGEN SEMLE *(1896–1965), 1923 Priester (D Rottenburg), 1929 Dompräbendar, gleichzeitig Leiter der Abteilung Film des Diözesanbildungswerkes, 1962 Päpstlicher Geheimkämmerer.*

Gemeinsame Organe der Katholischen Filmarbeit sind der »Beirat« und die Mitgliederversammlung. – Für die Auswertung guter Filme in den öffentlichen Lichtspieltheatern hat sich ein eigener katholischer Filmverleih, »Materna Film GmbH«, Sitz Rottenburg, Geschäftsstellen in Frankfurt und Düsseldorf, gebildet und im Berichtsjahr einen erfreulichen Aufschwung genommen.

II. Päpstliche Enzyklika über Film, Funk und Fernsehen

Das grundlegende Ereignis für die Katholische Filmarbeit war im vergangenen Jahre die Veröffentlichung einer neuen Päpstlichen Enzyklika über die Fragen des Films, welche auch die gleichgearteten Probleme auf den Gebieten des Rundfunks und des Fernsehens einbezog. Auf der Grundlage der ersten »Filmenzyklika« (Vigilanti cura vom 29. Juni 1936) bringt das neue Päpstliche Rundschreiben »Miranda prorsus« vom 8. September 1957 eine wesentlich erweiterte und vertiefte Darstellung der seelsorgerlichen Probleme und stellt umfassende neue Aufgaben.
Mit Dankbarkeit und Stolz konnte die Katholische Filmarbeit in Deutschland feststellen, daß im neuen Päpstlichen Dokument ihre bisherigen Arbeiten bestätigt und ihre Anregungen vielfach aufgenommen waren. Die Vorbereitung der neuen Enzyklika hatte in den Händen der »Pontificia Commissione per la Cinematographia, Radio e Televisione« gelegen. Die Leiter der drei Kirchlichen Hauptstellen für Film, Rundfunk und Fernsehen in Deutschland sind Mitglieder dieser Päpstlichen Kommission (Msgr. Kochs, Dr. Becker, Pfr. Siegel). – In Zusammenarbeit der drei genannten Hauptstellenleiter mit der Katholischen Nachrichten-Agentur (KNA) und H[ochwürdigsten] H[errn] Prof. Dr. Hirschmann S. J. wurde eine verbesserte neue deutsche Übersetzung der Enzyklika geschaffen und eine Druckausgabe durch die Hauptstelle Köln besorgt, die in ca. 20.000 Exemplaren verbreitet wurde. Zahlreiche Kirchliche Amtsblätter druckten die Enzyklika ab oder übernahmen die Kölner Ausgabe. Die Übersetzung wurde den führenden Persönlichkeiten der Filmproduktion, des Verleihs und der Filmtheater, ferner der Rundfunkanstalten und des Fernsehens übermittelt und von diesen dankbar begrüßt. Auch die allgemeine Presse und die Filmfachpresse in Deutschland besprachen die Enzyklika.
Drei Grundgedanken der Enzyklika »Miranda prorsus« seien hier wegen ihrer Bedeutung für die Katholische Filmarbeit in Deutschland besonders genannt. Die vielfach ähnlichen pastoraltheologischen Aufgaben bei Film, Rundfunk und Fernsehen bedingen eine enge Zusammenarbeit der kirchlichen Arbeitsstellen für diese drei Gebiete. In Deutschland besteht ein gutes Verhältnis und wechselseitige Hilfe und Information zwischen den drei genannten Hauptarbeitsstellen. Sie unterstehen der Aufsicht einer gemeinsamen Bischofskommission. Die Katholische Filmkommission gab Informationen über Filme, die im deutschen Fernsehen gezeigt werden sollten, die Filmhauptstelle betreute Filmberichte und Fernsehaufnahmen bei aktuellen kirchlichen Ereignissen, die dadurch Millionen von Zuschauern zugänglich wurden usw. Fragen für die Zukunft sind: Kann das Gewissen und das Sachurteil der Katholiken auf dem Gebiete des Rundfunks und des Fernsehens ebenso durch eine »Aktion« gebildet werden, wie es die »Filmliga« auf dem Gebiete des Films tut? Kann

der »Filmdienst« durch einen »Fernsehdienst« erweitert werden? Soll eine neue Zeitschrift kommen oder kann eine der bestehenden Zeitschriften durch kirchliche Empfehlung für die breite Masse der Katholiken diese Bildungsfragen übernehmen? Soll der in neun Bistümern bereits eingeführte »Sonntag des guten Films« erweitert werden zu einem »Sonntag der Massenbildungsmittel«?
Ein zweiter Grundgedanke der Enzyklika besagt, daß sich die kirchliche Arbeit nicht auf die Abwehr des Schlechten und des Mißbrauches beschränken soll. Katholiken sollen vielmehr ihre Kraft darauf richten, das Gute zu fördern, die Massenmedien für die Aufgaben der Kirche zu benutzen, der Filmwirtschaft, wie auch Rundfunk und Fernsehen Hilfe und Unterstützung zu geben, insbesondere durch Gedankenaustausch, Anregung, Stärkung ihres Verantwortungsbewußtseins, religiöse Bildung, aber auch durch Förderung guter Filme, insbesondere für die Jugend. Im Verlauf dieser Aktion für das Gute werde die stets notwendige Abwehr des Schlechten in fester Wahrung der Grundsätze stets mitvollzogen. Sie steht aber nach der Enzyklika nicht allein im Vordergrund der Arbeit. – Durch diese Richtlinien werden die positiven Empfehlungen und Unterstützungen guter Filme durch den »Filmdienst« und die Katholische Filmliga, die Bemühungen der »Jahresbestliste«, die Gespräche mit der Filmwirtschaft und die Mitarbeit der Kirche in der »Freiwilligen Selbstkontrolle« bestätigt. Für viele Seelsorger und Katholiken aber bietet dieser »neue Kurs« der Katholischen Filmarbeit noch Probleme, denen sie bisher noch fremd gegenüberstehen.
Die Enzyklika betont endlich sehr den persönlichen Kontakt mit den Vertretern der »Filmwelt«, von denen viele selbst der katholischen Kirche angehören. Die Filmschaffenden aller Sparten sollen persönlich angesprochen und an ihr Gewissen und an ihren guten Willen appelliert werden. Der Hl. Vater hatte 1956 die Vertreter des Films aus aller Welt in zwei großen Generalaudienzen empfangen. In Deutschland besuchten bei Gelegenheit von Tagungen verschiedene Oberhirten die Stätten des Films und begrüßten die Filmschaffenden (S[eine] Exzellenz Bischof Dr. Leiprecht 1957 in Wiesbaden und Stuttgart, S[eine] Eminenz Kardinal Wendel März 1958 in München-Geiselgasteig, Bischof Dr. Döpfner in Berlin 1957 und 1958 etc.). Im vergangenen Jahr hat überall in den Diözesen ein lebendiger Gedankenaustausch der Diözesanstellen mit den Filmtheaterbesitzern eingesetzt. Die Gründung einer katholischen Vereinigung von Theaterleitern nach ausländischem Vorbild wird vorbereitet. Auch für diesen neuen Weg der katholischen Filmarbeit waren die Worte des Hl. Vaters ermutigend und bedeutungsvoll.

III. Abteilungen und Arbeitskreise
Die Katholische Filmkommission begutachtete und veröffentlichte im Kalenderjahr 1957 insgesamt 598 Filme, unter denen 11 Kinderfilme, 45 Kultur- und Dokumentarfilme und 1 Werbefilm waren. 545 große Spielfilme wurden in Deutschland vorgeführt. Die religiös-sittliche Bewertung ergab, daß 7 Filme = 1,2 % abgelehnt werden mußten und weitere 22 Filme = 3,7 % als religiös und sittlich gefährdend erkannt wurden. Diesen 29 in die Gruppe 3 und 4 eingestuften Filmen stehen 76

Filme gegenüber, die ausdrücklich als »sehenswert« bezeichnet werden konnten. Fünf Filme wurden auf die Jahresbestliste der Katholischen Filmliga gesetzt. Die Prinzipien der Filmbewertung entsprechen denen des Internationalen Katholischen Filmbüros und werden ständig verglichen und überprüft. Die Mitglieder der Katholischen Filmkommission verteilen sich neben dem Hauptsitz Düsseldorf auf folgende Städte, in denen die großen Filmpremieren gehalten werden: Dortmund, Berlin, Essen, Frankfurt/M[ain], Hamburg, Karlsruhe, Köln, München, Wiesbaden, Wuppertal. Neben der religiös-sittlichen Filmbewertung dient die Rubrik: »Meinung unseres Kritikers« der Geschmacks- und Urteilsbildung. Bei der Sitzung der Päpstlichen Kommission für Film, Funk und Fernsehen in Paris (Juni 1958) wurde von den internationalen kirchlichen Vertretern bestätigt, was auch [*in*] Deutschland zu beobachten war: Abgesehen von einzelnen Meisterwerken der Filmkunst ist im vergangenen Jahr die künstlerische und auch die sittliche Qualität der Filme in der Welt zurückgegangen. Demgegenüber ist allgemein ein Fortschritt der Bemühungen um die Hebung des Publikumsgeschmacks und der Urteilsbildung zu verzeichnen, so daß die Gefahren des herabgeminderten Filmniveaus zum Teil wieder ausgeglichen wurden.

Die Bemühungen der Katholischen Filmarbeit werden bereits in der Literatur, insbesondere im Filmrecht berücksichtigt. Auch in der Pastoraltheologie nimmt die Wissenschaft von ihr Kenntnis (vgl. »Seelsorge in einer neuen Welt« von Victor Schurr, Salzburg 1957). Die Gesamtzahl aller durch die Katholische Filmkommission seit ihrem Bestehen besprochenen Filme war am 31. Dez[ember] 1957: 5140, veröffentlicht in zehn Jahrgängen der Zeitschrift »Filmdienst«. Ein neues zusammenfassendes Handbuch mit Nachrichten über alle Filme nach dem zweiten Weltkrieg ist in Vorbereitung. Es erscheint Anfang 1959.

Das Generalsekretariat der Katholischen Filmliga meldete auf der Jahrestagung in München aus 19 Diözesen insgesamt 2.196.906 Mitglieder. Der Filmdienstaushang wird nach der Meldung von 13 Diözesen »überall in den Pfarreien« vollzogen. Fünf Diözesen berichteten, daß es »stellenweise« geschehe, drei Diözesen gaben keine Auskunft. In 42 Städten des Bundesgebietes wird eine übersichtliche Mitteilung über sämtliche in den Kinos der betreffenden Stadt laufenden Filme wöchentlich gedruckt. Das Generalsekretariat versandte 53 Rundbriefe, veranstaltete Konferenzen mit Mitarbeitern. Der Generalsekretär besuchte persönlich die meisten Diözesen. Die Aufnahme eines Films in die Jahresbestliste der Filmliga löste automatisch eine größere Förderungsaktion mit Rundschreiben an die Pfarrämter, Versand von Plakaten, Information der Kirchenpresse und Versand von Matern aus, an der sich 16 Bistümer beteiligten. Der »Sonntag des guten Films«, der in neun Diözesen zur festen Einrichtung geworden ist und der für sechs weitere Diözesen geplant und gebilligt wurde, war einmal in vier Diözesen und öfter in sieben Diözesen mit einer Kollekte verbunden. Neun Diözesen haben eine Kollekte abgelehnt. Angesichts der Tatsache, daß beim Film die technischen Einrichtungen großenteils von der Kirche selbst geschaffen werden müssen und nicht, wie bei Rundfunk und Fernsehen, gestellt werden, erscheint eine Bereitstellung genügender Mittel unerläßlich notwendig. Besondere

Bemühungen der Katholischen Filmliga galten der Vorbereitung spezifisch wissenschaftlicher Arbeiten über Filmfragen sowie der Anregung von Besucherorganisationen, wie sie besonders in einzelnen Großstädten und im Bistum Aachen bestehen. Die Jahrestagung legte in dieser Frage großen Wert auf einheitlich katholische Leitung und Zusammensetzung der Organisation und hatte Bedenken gegen eine konfessionell gemischte Zusammenarbeit, ohne dabei die gelegentliche Mitarbeit von Katholiken bei interkonfessionellen Filmklubs etc. hindern zu wollen. Das Generalsekretariat empfahl, in den Filmdienstaushängen objektiv über alle im Theater laufenden Filme zu berichten.
Das Katholische Filmwerk e. V. Rottenburg hat im Rahmen der Katholischen Filmarbeit in Deutschland seine Aufgabe
a) in der Filmberatung und Filmvermittlung für den kirchlichen Filmvorführdienst (Filmvorführungen zu Bildungszwecken in Gemeinden und Vereinen);
b) in der Produktion kirchlicher Dokumentarfilme und einem monatlichen Filmbericht über kirchliche Ereignisse.
12 Diözesanfilmstellen gehören dem Katholischen Filmwerk als Mitglieder an. Über 1.500 Einzelspielstellen in kirchlichem Raum stehen mit ihm in Verbindung. Grundlage der Arbeit ist ein Film- und Produktionsstudio in Rottenburg/Neckar, das im vergangenen Jahr ausgebaut und mit modernen Apparaturen ausgestattet werden konnte. Für die Spielstellen wurde die vierte Auflage eines Schmalfilmkataloges herausgegeben sowie Mitteilungen »Das Neueste«. Besondere Bedeutung hatten Verhandlungen mit Versicherungsfirmen und mit der GEMA, wobei für die katholischen Spielstellen besonders günstige Tarife erzielt werden konnten. Die Frankfurter Auslieferungsstelle zog in neue erweiterte Büros um (Kaiserstr. 67). Der Umsatz der im Büro Frankfurt vermittelten Filme stieg auf ca. DM 700.000. Auch an das Ausland, in Missionsgebiete und in die Ostzone wurden Filme geliefert. Drei größere Dokumentarfilme wurden hergestellt: Ein missionspädagogischer Film »Hindu-Zulu-Eskimo«, ferner ein Lehrfilm »Mineralöl« und ein Diasporafilm »Auf weiten Wegen«. 18 weitere Dokumentarfilme sind in Arbeit bzw. in Auftrag. Verschiedene Filme erhielten Prädikate der Filmbewertungsstelle Wiesbaden.
Mit dem Katholischen Filmwerk e. V. steht in Zusammenarbeit der katholische Filmverleih für Normalfilm: Materna-Film GmbH, Sitz Rottenburg. Er konnte sechs neue Filme herausbringen, darunter einen Missionsfilm »Matschuba – der Sohn des Zauberers«, der das Prädikat »besonders wertvoll« erhielt.
Im Rahmen der publizistischen und dramaturgischen Arbeiten erschien regelmäßig monatlich die »Katholische Film-Korrespondenz« in Zusammenarbeit mit der Katholischen Nachrichten-Agentur in Bonn. Die Verhandlungen zur Wiederbelebung der »Internationalen Katholischen Filmrevue« führten noch zu keinem Erfolg, da der Verlag Haus Altenberg die Höhe seines sicher einzusetzenden Zuschusses für die letzten zwei Jahre noch abschätzen muß. Insgesamt mehrten sich die publizistischen Auswirkungen der Katholischen Filmarbeit. Zahlreiche katholische und nichtkatholische Zeitungen und Zeitschriften nehmen Artikel unserer Mitarbeiter auf. Die Vereinigung der CDU-Presse hat sich bereit erklärt, auf die Anzeigen von Filmen

der Gruppe 4 = »abzulehnen« zu verzichten und auch jeden einzelnen Fall der Gruppe 3 = »abzuraten« eigens zu prüfen. Die Mehrzahl der Mitglieder hält sich an diese Abmachungen.
Neben vielen anderen Beratungen der Produktions- und Verleihfirmen liegt ein besonders wichtiger Fall vor: die deutsche Rhombus-Film GmbH hatte im Auftrag des Ufa-Filmverleihs den Film »Der veruntreute Himmel« nach dem Roman von Franz Werfel in Rom drehen wollen und um Erlaubnis nachgesucht, einen Empfang des Hl. Vaters zu filmen. Der Papst gewährte diese Erlaubnis persönlich, nachdem die Produktionsfirma besondere Zusicherungen gemacht hatte, um die einwandfreie Gestaltung des Films sicherzustellen (Einsicht in das Drehbuch, Besichtigung des Rohschnittes vor Fertigstellung des Films, Genehmigung der Werbung und Ausschluß der Verwendung von Aufnahmen im Vatikan zu anderen Zwecken). Mit Erlaubnis des Bischofs von Rottenburg bearbeitete Msgr. Kochs die auftauchenden Fragen, überwachte die Aufnahmen im Vatikan und konnte zahlreiche Anregungen und Wünsche für das Drehbuch geben. Die Rhombus-Film GmbH hielt sich an alle unterschriebenen Zusagen. Der Film verspricht eindrucksvoll und gut zu werden. Erzbischof Dr. König[12] von Wien und Mitglieder der Katholischen Filmkommission Österreichs sahen die im Vatikan gemachten Aufnahmen im Filmatelier in Wien. Regisseur des Films ist Ernst Marischka[3]. Die Welturaufführung wird in Rom stattfinden, die deutsche Erstaufführung am 2. Okt[ober] 1958 in Köln.

IV. Aus der Filmwelt
In der westdeutschen Bundesrepublik gibt es nach der neuesten Statistik 6.438 feste Lichtspieltheater mit 2.658.000 Sitzplätzen. Auf je 1.000 Einwohner des Bundesgebietes stehen damit 50,1 Plätze bereit. Die Durchschnittsgröße der Theater sind 413 Plätze. Jeder Bewohner der Bundesrepublik geht 15,4 mal jährlich ins Kino. In den Städten liegt der Filmbesuch höher (zwischen 21–28 mal jährlich). Trotz der Entwicklung des Fernsehens ist im Bundesgebiet bis jetzt nur ein geringes Absinken des Kinobesuches zu verspüren. Doch melden sich die ersten Anzeichen für eine Minderung. Im Jahre 1956 besuchten 877,5 Millionen Menschen im Bundesgebiet das Kino und gaben insgesamt 950 Millionen Mark für Filmbesuche aus bei einem Durchschnitts-Eintrittspreis von DM 1,16 pro Karte. An Vergnügungssteuer wurden 150,9 Millionen Mark abgeführt. Jeder in Deutschland hergestellte Spielfilm mit durchschnittlich 1 Million D-Mark Produktionskosten setzt einen Steuerprozeß in Gang, welcher dem Staat und den Gemeinden insgesamt 1.173.000 D-Mark Steuern einbringt (Vergnügungssteuer zusammen mit Gewerbe-, Lohn-, Umsatzsteuer etc.). Die Klage der deutschen Filmwirtschaft über zu hohe Besteuerung erscheint daher verständlich. Sie entschuldigt vielfach die geringe künstlerische Qualität ihrer Filme mit überhoher Besteuerung und Mangel an Geldmitteln. Innenminister Dr. Schröder

2 Franz König *(1905–2004), 1933 Priester (D St. Pölten), 1948 ao. Professor für Moraltheologie in Salzburg, 1952 Bischofs-Koadjutor in St. Pölten, 1956 Erzbischof von Wien, 1958 Kardinal.*
3 Ernst Marischka *(1893–1963), österreichischer Regisseur und Drehbuchautor.*

kritisierte bei Gelegenheit der Berliner Filmfestspiele das Niveau des deutschen Films.

Die Novelle des Gesetzes zum Schutz der Jugend in der Öffentlichkeit vom 27. Juli 1957[4] trat am 1. Okt[ober] 1957 in Kraft. Für Kinder unter 6 Jahren wurde der Besuch öffentlicher Lichtspieltheater untersagt, auch für den Fall, daß Eltern oder Erziehungsberechtigte sie begleiten. Die deutschen Produzenten von Jugendfilmen und Märchenfilmen bekämpften diese Bestimmung, da sie ihren wirtschaftlichen Ruin verursache. Viele Theaterbesitzer gaben die Jugendvorstellungen auf. In einem öffentlichen Brief regte die Katholische Filmliga neue Lösungen an und schlug vor, daß unter keinen Umständen eine Aufweichung des Gesetzes in diesem Punkte erfolgen solle. Andererseits sei eine Förderung von wertvollen Filmen für die Jugend angebracht, sie solle allerdings auf Grund der Erfahrungen nicht durch Zuschüsse für Filmplanungen, sondern durch Prädikatserteilung mit steuermindernder Wirkung für fördernswerte Filme durch die Filmbewertungsstelle Wiesbaden (FBW) erfolgen. Das Jugendschutzalter wurde durch die Novelle erfreulicherweise grundsätzlich auf 18 Jahre und die Zwischen-Altersstufe von zehn auf zwölf Jahre erhöht. Trotz gegenteiliger Vorstellungen der Katholischen Filmarbeit glaubte der Bundestag jedoch, nicht auf eine 16-Jahres-Grenze ganz verzichten zu sollen. Augenblicklich werden die noch laufenden Filme älterer Produktion durch die Filmselbstkontrolle in Wiesbaden (FSK) nachgeprüft. Die Katholische Filmarbeit richtete umfangreiche Listen und Vorschläge an das federführende Ministerium Hannover (Oberste Jugendbehörde).

Von der Filmkontrolle Wiesbaden werden seit 1957 auch sämtliche Reklameunterlagen geprüft, soweit sie vom Filmverleih ausgehen, also Photos, Plakate und Werberatschläge. Dabei spielt das Gesetz zum Schutz der Jugend in der Öffentlichkeit sowie das Gesetz zur Bewahrung der Jugend gegen Schmutz und Schund eine besondere Rolle, da die Werbung im Filmtheater auch für die Jugend zugänglich ist. Die Kirchenvertreter bei der FSK sind an diesen Prüfungen beteiligt und bearbeiten laufend Beschwerden der katholischen Stellen aus der Öffentlichkeit.

Besondere Beachtung fand das System des sog. »Blind- und Blockbuchens« in der Filmwirtschaft. Die Jahrestagung in München studierte dieses Problem besonders ausführlich, veranlaßt durch die Eingaben des Filmrings Wiedenbrück und der Jugendvertretungen in Regensburg und Paderborn. In einer Resolution an die Filmwirtschaft empfahl sie dringend Auflockerung des Blind- und Blockbuchens, da es Fälle gebe, wo das christliche Gewissen eines Theaterbesitzers gegebenenfalls gegen die Abwicklung unsittlicher Verträge Protest erheben müsse.

Der Arbeitskreis Film auf dem Vertretertag des Zentral-Komitees der deutschen Katholiken in Saarbrücken befaßte sich in vertraulicher Sitzung besonders mit den Fragen der Freiwilligen Selbstkontrolle, deren Institution und Aufgabe bejaht wurde, bei der es aber ein unabhängiges und demokratisches Arbeiten auf der Basis ihrer Grundsätze zu sichern gilt.

4 Gesetz zur Änderung des Gesetzes zum Schutze der Jugend in der Öffentlichkeit *vom 27. Juli 1957.* BGBL., *S. 1058.*

Auf Einladung der Berliner Filmfestspiele beteiligte sich eine internationale Jury des O.C.I.C., der auch deutsche Mitglieder angehörten, an der »Berlinale«. Sie wurde zusammen mit katholischen Filmschaffenden aus aller Welt durch den Bischof von Berlin empfangen. Den Preis erhielt diesmal ein nichteuropäischer, indischer Film, da er den besten Beitrag zur Darstellung geistiger und menschlicher Werte brachte.

Empfehlungen

Der Fuldaer Bischofskonferenz 1958 werden folgende Empfehlungen unterbreitet:

1) Um das Gewissen und die Urteilskraft der Katholiken gegenüber dem Film zu wecken, möge in allen Gemeinden

a) der »Filmdienst« verbreitet werden,

b) die Beurteilungen des »Filmdienst« zu den am Ort laufenden Filmen wöchentlich bekannt gemacht werden.

c) Gute Filme sind in angemessener Weise in Verbindung mit den Theaterleitern zu fördern.

d) Schlechte Filme sollen von allen Katholiken gemieden werden.

2) Der Bildung der Katholiken in den Diözesen sollen dienen:

a) Filmdiskussion, Lehrgänge, Vorträge, Tagungen und Sonder-Vorführungen,

b) gegebenenfalls katholische Besucher-Organisationen,

c) jährlich der »Sonntag des guten Films« mit Predigt, Filmversprechen und Kollekte.

Die Initiative wird meist bei der Diözesanfilmstelle liegen. Sie soll in Verbindung mit dem General-Sekretariat der Katholischen Filmliga arbeiten.

3) Den Bestrebungen des Jugendschutzes im Film ist besondere Aufmerksamkeit zu schenken.

4) Die Kirchliche Hauptstelle für Bild- und Filmarbeit e. V. bittet die Oberhirten der deutschen Diözesen, den vorgelegten Finanzetat für das Jahr 1959 genehmigen zu wollen.

Kirchliche Hauptstelle für Bild- und Filmarbeit e. V.

A[nton] Kochs
(Msgr. Anton Kochs).

197

Schäufele an die deutschen Bischöfe

Freiburg, 6. August 1958

EA MÜNCHEN, Joseph Kardinal Wendel, 21/1958. *Schreibmaschinenausfertigung mit eigenhändiger Unterschrift. Anschrift:* Den Hochwürdigsten Ordinarien in Deutschland. *Eingangsstempel:* Erzbistum München. Erzb[ischof] 11. Aug[ust] 1958. 21/ Nr. 1116.

Hochwürdigste Eminenz!
Exzellenz!
Der Präsident des Deutschen Caritasverbandes, Prälat Dr. Eckert, hat mir nachstehende Vorlage übergeben, von der ich Ew. Eminenz – Exzellenz ergebenst bitte, Kenntnis nehmen zu wollen.
Vorlage des Deutschen Caritasverbandes an die Plenarkonferenz der Deutschen Bischöfe 1958
Aus dem Arbeitsbereich des Deutschen Caritasverbandes stehen augenblicklich folgende Fragen an, die eine Stellungnahme des Hochwürdigsten Episkopates erfordern:
1. Entwurf eines Gesetzes über die Gewährung von Sozialhilfen[1]
Nach der Rentenreform wird seit Jahren die Reform des Fürsorgegesetzes erarbeitet. Seitdem hat der Deutsche Caritasverband vieles unternommen, um das Werden des kommenden Gesetzentwurfes zu beeinflussen.
Das Bundesministerium des Innern hat uns nunmehr den Gesetzesentwurf zur vertraulichen Stellungnahme zugesandt. Veröffentlichungen an die Presse dürfen nicht erfolgen. Wir werden mit unseren Fachgremien diesen Entwurf besprechen und termingemäß dem Bundesministerium des Innern die Stellungnahme des Deutschen Caritasverbandes zugehen lassen.
(NB. Der Unterzeichnete besitzt ein Exemplar und wird, wenn es gewünscht wird, auf einige wesentliche Punkte bei der Besprechung in Fulda hinweisen können.)
Es wäre zu prüfen, ob durch den Hochwürdigsten Episkopat ohne Bezugnahme auf den vorliegenden Gesetzesentwurf eine Verlautbarung zum kommenden Fürsorge-Gesetz erfolgen soll. Sie könnte beinhalten, daß in einem kommenden Fürsorge-Gesetz zwei Punkte beachtet werden müßten:
Das unveräußerliche Recht und die Pflicht der Menschen, einander Hilfe zu leisten und zu diesem Zweck sich organisatorisch zusammenzuschließen.
Ferner setze die Plenarkonferenz voraus, daß wie bisher die Kirchliche Liebestätigkeit sich frei entfalten könne.
2. Katholische Jugendakademie
Zusammen mit den Vertretern des Jugendhauses Düsseldorf hat der Deutsche Caritasverband ein Memorandum über die Errichtung einer Katholischen Jugendakade-

[1] Bundessozialhilfegesetz *vom 30. Juni 1961.* BGBL., *S. 815. Vgl.* F. FÖCKING.

mie erarbeitet, das durch Bundespräses Bokler den hochwürdigsten Mitgliedern der Plenarkonferenz zugestellt wird.
Der Deutsche Caritasverband ist an der Errichtung dieser Katholischen Jugendakademie insoweit interessiert, als auch die Fragen der Jugendfürsorge in den Kursen dieser Akademie behandelt werden sollen.
Bei der Durchführung solcher Kurse ist an eine Beteiligung des Institutes für Caritaswissenschaft an der Universität Freiburg gedacht. Einzelbesprechungen werden demnächst erfolgen.
3. Soziale Schulen des Deutschen Caritasverbandes
Mehr als 30 Jahre unterhält der Deutsche Caritasverband die staatlich anerkannten Sozialen Schulen:
Soziale Frauenschule, Seminar für Wohlfahrtspfleger, Jugendleiterinnenseminar.
Die Ausbildungszeit in diesen Schulen wird ab 1960 auf drei Jahre, beim Jugendleiterinnenseminar auf zwei Jahre erhöht. Die bisherigen Räume für Unterricht und Internat sind sehr dürftig und entsprechen in keiner Weise mehr den Forderungen der Zeit.
Der Deutsche Caritasverband ist eben daran, ein neues Internatsgebäude für die Soziale Frauenschule und das Jugendleiterinnenseminar zu bauen; das Internat des Seminars für Wohlfahrtspfleger zu erweitern und die Unterrichtsräume für alle drei Schulen neu zu erstellen.
Die Finanzierung ist durch Bund und Land Baden-Württemberg sowie durch Eigenmittel sichergestellt. Kirchliche Mittel werden nicht beansprucht.
4. Aktion für die hungernden Völker und für Lepra-Kranke
Bei den Vorbesprechungen des Zentralkomitees der deutschen Katholiken für den 78. Katholikentag in Berlin wurde auch die Frage erörtert, daß zum Thema »Unsere Sorge der Mensch« auch die hungernden Menschen der Welt gehören.
Dem Hochwürdigsten Episkopat sollte die Bitte unterbreitet werden, in der kommenden Fastenzeit zu einem Opfer für die hungernden Völker und die Lepra-Kranken die Diözesanen aufzurufen. Daß dieser Gedanke beim katholischen Volk sehr wohlwollend aufgenommen wurde, hat das Ergebnis einer entsprechenden Aktion im Kreise der Katholischen Jugend gezeigt.
Wir werden von so vielen Stellen der in Betracht kommenden Länder aus Asien und Afrika um Hilfe gebeten, daß wir allein in keiner Weise das Bedürfnis befriedigen können. Wir möchten deswegen auch vom Deutschen Caritasverband aus den Antrag des Zentralkomitees der deutschen Katholiken sehr befürworten.
Unseres Erachtens müßte dann ein Komitee gebildet werden, das die Zuteilung an die in Frage kommenden Länder und Diözesen ordnet. Ein solches Komitee müßte von einem der hochwürdigsten Herren Bischöfe geleitet werden und als Mitglieder Vertreter des Deutschen Caritasverbandes, des Päpstlichen Werkes der Glaubensverbreitung und der »Pax-Christi«-Vereinigung enthalten.
Mit verehrungsvollem Gruß

+ Hermann Schäufele
Erzbischof.

198

Bericht Jaegers

Paderborn, 6. August 1958

EA München, Joseph Kardinal Wendel, 21/1958. *Schreibmaschinenvervielfältigung. Überschrift:* Aktion »Diasporakirchbauhilfe der Verbände«. *Vermerke:* Zu den Akten der Plenarkonferenz 1958 *und* 1 Anlage: »Diaspora-Kirchbauhilfe der Verbände«. Stand vom April 1958 (gedruckt).

Das Bonifatius-Jubiläum im Juni 1954 ließ es angebracht erscheinen, dem Heiligen Vater einen Tätigkeitsbericht des Bonifatiusvereins über dessen Unternehmungen in der Nachkriegszeit zu unterbreiten. Schon kurze Zeit nach dem Abgang dieses Berichtes traf beim Protektor des Bonifatiusvereins ein Antwortschreiben Seiner Heiligkeit ein, das wenige Tage später der Plenarkonferenz vorgelegt werden konnte. In diesem Päpstlichen Breve war auf eine Stelle des Tätigkeitsberichtes besonders eingegangen worden. Unter anderem war dort auf die Opferfreudigkeit einzelner katholischer Verbände für den Kirchbau in der Diaspora hingewiesen worden: auf den Opfermut des Studentenverbandes »Unitas«, auf die Opferkraft der Marianischen Jungfrauen-Kongregationen im Bistum Osnabrück, auf den Opfersinn des Älterenbundes Neudeutschland und auf die Opfergabe der Rheinisch-Westfälischen Adelsvereinigung.

Der Heilige Vater hat damals diesen Hinweis zum Anlaß genommen, eine gemeinsame Aktion der katholischen Verbände für die Diaspora anzuregen. Die Plenarkonferenz 1954 hat sein Anliegen aufgegriffen, in einem kurzen gemeinsamen Hirtenwort die katholischen Verbände und Organisationen zu einer Kirchbau-Aktion aufgerufen und den Bonifatiusverein damit beauftragt, diese Aktion auszulösen und zu steuern.

Bei seinen Bemühungen sah sich der Bonifatiusverein bald von vielen Seiten lebhaft unterstützt. Vor allem muß ehrend die Leistung der Diözesanverbände des Bistums Aachen hervorgehoben werden, die als erste im katholischen Hinterland sich den Gedanken der Patenschaft zu eigen gemacht und ihn mit der den Franken eigenen Begeisterung verwirklicht haben.

Der Entschluß diözesaner Gliederungen, durch Werbung in den Reihen ihrer eigenen Mitglieder die Mittel für einen Patenschafts-Kirchbau aufzubringen, wurde von den Bischöflichen Behörden gutgeheißen. Diese stellten auch die diözesaneigenen Kirchenblätter für Werbezwecke gern zur Verfügung, um den Einzelaktionen in der Öffentlichkeit ein größeres Gewicht zu geben. Von allgemeinen Kirchensammlungen wurde indes abgesehen, um nicht andere lebenswichtige Aufgaben zu beeinträchtigen. Den Standesseelsorgern oblag es, das Anliegen ihrer Oberhirten in die Reihen der von ihnen betreuten Gläubigen zu tragen. Alle katholischen Organisationen sehen eigene, dringliche Aufgaben vor sich; trotzdem haben viele von ihnen – im ganzen 67 – einem Kirchbau in der Diaspora den Vorzug gegeben und ihre eigenen, oft schon lange geplanten Vorhaben einstweilen zurückgestellt. Ihnen ist die Mutter Kirche über alles gegangen.

Aber auch der Seelsorgeklerus im engeren Sinne hat sich ein großes Verdienst erworben, da er seiner Person nach jeweils zugleich Leiter aller Vereinigungen auf Pfarrebene ist. Es schien ja zunächst ein Wagnis zu sein, den verschiedenen Gliederungen eigene Anliegen aufzulasten, da sich nicht nur im Rahmen der Diözese und der Pfarrei, sondern fühlbarer noch im engsten Lebenskreis der Familie die Interessen und Leistungen überschneiden können. Es hat sich aber wieder einmal gezeigt, daß jene Familien und Pfarreien, in denen christlicher Opfergeist lebendig ist, sich durch eine vielfache Beanspruchung nicht geschwächt, sondern vielmehr zu Höchstleistungen aufgerufen und angespornt fühlen.

Der Erfolg wäre vollends nicht zustande gekommen ohne den Einsatz der allgemeinen Kirchenpresse und des besonderen Verbandsschrifttums, die wieder und wieder an das gemeinsame Anliegen erinnert und es in Wort und Bild vor die Augen ihrer Leser gestellt haben. Das gilt besonders für die Beteiligung der Zentralverbände. In den Verbänden hat es außerdem eine große Schar von Helfern auf sich genommen, im Kreis der Mitglieder zu werben und zu sammeln.

Durch diese einzigartige Aktion, die niemanden geschwächt, vielmehr alle beteiligten Diözesen und Verbände, Pfarreien und Gruppen, Familien und Vereinzelte gestärkt hat, ist ein neues Band der Liebe zwischen dem katholischen Stammland und dem Neuland der Diaspora geknüpft worden.

Für die vorgesehenen Kirchen waren 12 Patenschaften von Zentralverbänden, 28 von Gemeinschaften einer fremden und 28 von Organisationen der eigenen Diözese übernommen worden. Dementsprechend wurde in den einzelnen Werbeaktionen jeweils entweder die Gemeinschaftlichkeit aller deutschen Katholiken miteinander oder die Verbundenheit von Diözese zu Diözese oder die Zusammengehörigkeit der Gläubigen ein und desselben Bistums besonders betont. So sind im Zuge dieser Hilfsaktion 68 neue Diasporakirchen entstanden.

Das finanzielle Ergebnis dieser Sonderaktion »Diasporakirchbauhilfe der Verbände« beläuft sich an Bargeld auf mehr als 3,1 Millionen DM. Rechnet man aber hinzu, was die einzelnen Kirchbaugemeinden an Eigenleistung aufgebracht haben, was die Diasporadiözesen trotz ihrer beschränkten Mittel zum Gelingen dieser Aktion beigesteuert haben und was der Bonifatiusverein aus seinen Mitteln eingesetzt hat, so stellen die im Zuge der Hilfsaktion errichteten Kirchen einen Gesamtbauwert von mindestens 10 Millionen DM dar.

So erfreulich dieses Ergebnis ist und als solches gewiß voll befriedigt, es bleibt diese Aktion von dauerndem Wert, weil sie beispielhaft gezeigt hat, was auch heute noch möglich ist, wenn Herz und Sinn von Klerus und Volk, von Verbänden und Familien, von Diözesen und Pfarreien zueinanderfinden.

Am Beginn stand der wagende Gedanke, die unscheinbare Initiative einzelner. Dieser Anfang bedurfte aber der moralischen Würdigung und Förderung von höchster Stelle: seitens des Heiligen Vaters und seitens des deutschen Episkopates. Es bedurfte des weiteren eines vom Vertrauen des ganzen katholischen Volkes getragenen Organisations-Zentrums, wie in diesem Falle des Bonifatiusvereins, der immer neue Fäden zu spinnen hatte und die Fäden fest zu knoten verstand.

So nimmt es nicht wunder, wenn das gegebene Beispiel nun zum Vorbild für weitere Unternehmungen wird. Besonders zu erwähnen habe ich hier die unablässigen Bemühungen der Jungfrauen in Osnabrück, die nun schon ihre fünfte Kirche bauen. Hinweisen muß ich auf den Klerus der Diözese Rottenburg, der von Februar bis Juli 1958 schon 60.000 DM für eine »Kleruskirche« mit dem Patronat »Augustinus der Seelsorger« in Eßlingen-Zollberg gespendet hat.
Eine besondere Würdigung verdient aber auch das Verhalten der breiten Schichten des katholischen Volkes. Von vielen Seiten auf seine Gebefreudigkeit hin angesprochen, hat es zu unterscheiden und sich zu entscheiden vermocht. Hier ging es weniger um herzerweichende menschliche Nöte, hier ging es um das Wohl und Wehe, um Leben und Heil ganzer Gemeinden, hier ging es um Kirche in ihrer konkreten raumzeitlichen Erscheinung. Zu dieser Kirche hat sich das katholische Volk bekannt und einmütig mit seinen Bischöfen und Priestern ein Zeugnis gegeben, nicht ein Bekenntnis der Lippen, sondern eine Bezeugung des Herzens durch die Tat.

gez.: + Lorenz
Erzbischof von Paderborn.

199

Hirschmann an Frings

Frankfurt/Main, 6. August 1958

EA KÖLN, Gen. II 22.13a, 7. *Schreibmaschinenausfertigung mit eigenhändiger Höflichkeitsformel und Unterschrift.*

Eminenz,
Entschuldigen Sie, wenn ich, durch das Semesterende und einige anschließende Verpflichtungen behindert, erst heute Ihrer Bitte entsprechen und ein paar Gesichtspunkte zur Frage der Nachfolge des uns allen so schmerzlich unerwartet entrissenen Herrn Prälaten Böhler äußern kann.
Die Hauptschwierigkeit der Lösung der Frage sehe ich darin, daß der Herr Prälat, als er sein Bonner Werk aufbaute, ganz bestimmte Voraussetzungen persönlicher Art mitbrachte: das Hereinwachsen in die politische Arbeit bei Marx[1], die Tätigkeit an der Schulorganisation, die Verhandlungserfahrungen im Umgang mit Politikern in der Weimarer Zeit, die Kenntnis vieler Persönlichkeiten des katholischen Lebens, besonders auch Verbandswesens, die Verbundenheit mit Euer Eminenz und dem rheinischen Raum, sein glückliches Temperament und seine zähe Arbeitskraft, die sich in dieser Einheit heute bei niemand anderem finden; dazu kommt, daß er seiner Arbeit sehr stark das Gepräge seiner Persönlichkeit gab. Ich halte darum zunächst eine Überprüfung für angebracht, ob die Arbeit ganz in der bisherigen Form weiter-

[1] WILHELM MARX *(1863–1946), Jurist und Politiker (Zentrum), 1923/24 und 1926–1928 Reichskanzler, 1925 preußischer Ministerpräsident, 1911 Vorsitzender der Katholischen Schulorganisation. Vgl.* U. V. HEHL, *Marx.*

geführt werden soll und kann. Zweifellos muß weiterhin ein befähigter Geistlicher die Stelle des Beauftragten besetzen; durch einen entsprechend zusammengestellten Stab von Mitarbeitern, durch eine stärkere Differenzierung der Kontakte zu den politischen Stellen, durch eine Neuordnung der Zusammenarbeit der Stelle mit dem Kirchenpolitischen Gremium, das ja bisher nur informativen Charakter hatte, dem Politischen Referat und Arbeitskreis des Zentralkomitees, der Politischen Arbeitsgemeinschaft der Verbände sowie dem Klub könnten aber meines Erachtens Entlastungen des Beauftragten, breitere Einflußmöglichkeiten, eine stärkere Unabhängigkeit der Arbeit von der Person des Leiters erreicht werden. Ich schlage vor, daß mit den genannten Stellen über diese Frage ebenso gesprochen wird wie mit katholischen Persönlichkeiten des politischen Lebens, die sich in der Vergangenheit gerade über diese Frage viele Gedanken machten – ich denke an die Herren Krone, Meyers[2] und Barzel[3]. Es handelt sich dabei vor allem um die Frage einer stärkeren Unterscheidung der kirchenpolitischen Arbeit im engeren Sinne – die ständig neue Konkretisierung der Rechtsstellung der Kirche im staatlichen Leben – und der umfassenderen Beeinflussung des politischen Geschehens von der Kirche her – die Fragen der Einflußnahme auf alle Sachbereiche von Gesetzgebung und Verwaltung wie die Personalpolitik.

Von den bisherigen Mitarbeitern des Kirchenpolitischen Gremiums käme sicher am ehesten der jetzige Generalvikar von Essen[4] in Frage. Ich befürchte nur, daß die Verbindung beider Aufgaben auf die Dauer untragbar ist und die Herausnahme aus der eben begonnenen Essener Arbeit schwer zumutbar. Eine Reihe der erforderlichen Eigenschaften hat ferner zweifellos der neue Weihbischof Tenhumberg von Münster. Abgesehen davon, daß hier sicher ähnliche Rücksichten auf seine Schwerabkömmlichkeit von der Bistumsarbeit vorliegen dürften, befürchte ich in diesem Fall eine Verengung der Kontaktbreite mit politischen Stellen. Bei der Besprechung der Frage mit andern Personen wurden mir noch folgende Namen genannt: Weihbischof Kampe aus Limburg; Rektor Klausener[5] aus Berlin; Domkapitular Dr. Paulus aus Trier; Direktor Hanssler aus Bad Godesberg. Alle Genannten verfügen über einige der gewünschten Eigenschaften in gutem Maße; bei allen würde eine erhebliche Akzentverschiebung gegenüber der bisherigen Arbeit zu erwarten sein. (Vielleicht am wenigsten bei Klausener, der aber wohl am schwersten frei zu machen sein würde.)

Euer Eminenz in Christus ergebener
P. H[ans] Hirschmann.

2 Franz Meyers *(1908–2002), Dr. iur., Rechtsanwalt und Politiker (CDU), 1952–1956 Innenminister in Nordrhein-Westfalen, 1957/58 Mitglied des Bundestags, 1958–1966 Ministerpräsident von Nordrhein-Westfalen. Vgl.* St. Marx, *Meyers.*

3 Rainer Barzel *(1924–2006), Dr. iur., Rechtsanwalt, Ministerialbeamter und Politiker (CDU), 1957–1987 Mitglied des Bundestags, 1962/63 Bundesminister für gesamtdeutsche Fragen, 1964–1973 Vorsitzender der CDU/CSU-Fraktion, 1971–1973 Parteivorsitzender. Vgl.* A. Rummel.

4 Joseph Krautscheidt.

5 Erich Klausener *(1917–1988), 1946 Priester (D Berlin), nach Tätigkeit in der Seelsorge und Studien in den USA 1953 Redakteur der Berliner Kirchenzeitung »Petrusblatt«, 1961 Päpstlicher Geheimkämmerer, 1962 Ordinariatsrat, 1981 Apostolischer Protonotar.*

200

Frings an Reichel

[Köln,] 11. August 1958

EA KÖLN, Gen. II 23.61, 27. *Schreibmaschinendurchschrift mit eigenhändiger Paraphe. Anschrift:* Hochw[ürdigen] Herrn Pater Herbert Reichel S. J., Bonn, Lennéstraße 5.

Sehr geehrter Herr Pater!
Ich schulde Ihnen noch Dank und Antwort auf Ihr Schreiben vom 3.7.[1] Besonderen Dank für die Offenheit und das Vertrauen, womit Sie Ihre Ansichten über die Lage bzgl. Gewerkschaft darlegen!
Mit Ihnen bin ich der Ansicht, daß die Sache für die christlichen Belange äußerst schwierig liegt.
Doch gebe ich zu bedenken:
1) Die christliche Kollegenschaft kann sich nur so lange halten, als die CGD besteht. Es hat sich gezeigt, daß man nun gewillt ist, sie abzuwürgen, sobald man glaubt, daß die CGD erledigt ist.
2) Es wird kaum möglich sein zu sagen: Wir können die CGD im Saarland evtl. als Anknüpfungspunkt benutzen, die CGD in der Bundesrepublik nicht.
3) Ich halte ein gemeinsames Überlegen aller christlich gesinnten Arbeitnehmer in der Gewerkschaftsfrage für notwendig.
4) Es ist sehr schade, daß die Christliche Arbeiterschaft Deutschlands die große Aufgabe, in der Welt, gerade jetzt, Gewerkschaften auf dem Boden des christlich verstandenen Naturrechtes zu errichten, nicht sieht oder nicht sehen will und diese Aufgabe sowie die Vertretung der christlichen Grundsätze in den Weltorganisationen den kleinen Ländern Belgien und Holland überläßt. Statt dessen gehen die Mitgliederbeiträge unserer katholischen Arbeiter in die Kassen der Industriegewerkschaften und des DGB, die sie gewiß nicht im Sinne unserer Hl. Kirche verwenden werden.
Mit katholischem Gruße

Ihr
+ J[oseph] C[ardinal] Fr[ings]
Erzbischof von Köln.

[1] *Nicht ermittelt.*

201

Bericht Funkes

Köln, 14. August 1958

EA MÜNCHEN, Joseph Kardinal Wendel, 21/1958. *Schreibmaschinenvervielfältigung mit eigenhändiger Unterschrift. Briefkopf*: Bischöfliche Arbeitsstelle für Schule und Erziehung, Köln/Rhein, *Überschrift*: Bericht über Auslandstätigkeit/Auslandsverbindungen.

Sinn vorbenannter Auslandstätigkeit ist:
a) Lernen aus Erfolgen und Mißerfolgen unserer Glaubensbrüder jenseits der Grenzen. Austausch von Erfahrungen und Methoden.
b) Beobachtung des internationalen »Trend« auf Schul- und Erziehungsgebiet, um einer Überraschung durch die Entwicklung vorzubeugen bzw. die Generalentwicklung in unsern Dienst zu stellen (cf. Genf!)
c) Kräftezusammenschluß im Sinne Pius' XII. angesichts der jüngsten »demographischen, technischen und kulturellen Revolution«, die bewältigt sein will.
Im Detail, und zwar in Stichworten bzw. Benennung besuchter Orte:
Brüssel – Kongreß des Haager »Office« (siehe weiter unten!) Im »Couloirgespräch« Behandlung der Frage: Wie kommt es, daß die freien katholischen Schulen Belgiens trotz Kulturkampf die Staatsschulen überflügeln?
In Löwen-Heverlee Teilnahme am Jahreskongreß der (in Belgien führenden) katholischen höheren Schulen.
Den Haag – a) Office International d'Education Catholique: Dieser von uns mitbegründete Verband nationaler katholischer Schul-Arbeitsstellen auf Weltebene erhielt Ende 1957 die päpstliche Anerkennung. Hält im September dieses Jahres seinen ersten Kongreß in Rom mit Papstaudienz in Castel Gandolfo. b) Studium des holländischen Schulsystems, demgemäß in diesem Jahr erstmalig 50 % aller niederländischen Volksschüler katholisch sind.
Washington – Persönliche Kontaktnahme mit Msgr. Hochwalt[1], dem Leiter des größten katholischen Schulsystems aller fünf Kontinente (alle Schulgrade, vom Kindergarten bis zur Universität). NB. Die Zahl der amerikanischen Katholiken steigt jährlich um etwa 400.000.
Montreal – Studium der kulturellen Autonomie (!) der Provinz Québec (Kanada), wo der Episkopat selbst die eine Hälfte der katholischen Schulverwaltung stellt; die andere stellen katholische Eltern und katholische Fachleute. Dazu gehören auch die Universitäten Québec und Montréal.
Genf – Teilnahme an der internationalen Kultusministerkonferenz – interkonfessionell! auch Rußland nahm teil – einberufen von Unesco und BIE (Bureau International d'Education). Der 1. Bericht wurde bereits versandt. 2. Bericht mit Auswertung der Beschlüsse folgt in Kürze. Wert dieses Kontaktes: An dieser Stelle wird der »Trend« des Erziehungswesens auf planetarischer Ebene sichtbar. Es läßt sich eine

[1] FREDERICK GEORGE HOCHWALT *(1909–1966), Priester der Erzdiözese Cincinnati, 1944–1966 Direktor der Erziehungsabteilung in der National Catholic Welfare Conference, 1947 Päpstlicher Hausprälat.*

gewisse Prognose auf kommende Angriffe, aber auch auf für uns günstige Strömungen stellen. Vor allem ergibt sich hier die Aufgabe, das Gute zu »taufen«, d. h. indifferentistische Entwicklungen rechtzeitig abzubiegen.
Löwen – Teilnahme an der diesjährigen Jahrestagung des Verbandes Katholischer Universitäten der Welt auf Einladung S[einer] Magnifizenz Bischof van Waeyenberg[2] (Beobachter-Status).
Annecy (Savoyen) – In einer Kleindiözese von 500.000 Seelen wird studiert, wie das Bistum vier Gymnasien mit Internat unterhält und damit seinen Priesternachwuchs und die katholische Laienführerschicht sicherstellt.
Zu diesen Besuchen kam im Berichtsjahr die ständige Auswertung der fast täglich einlaufenden Berichte und Fachreferate in den Sprachen Französisch, Englisch, Italienisch, Spanisch und Niederländisch. Dazu Korrespondenz in den drei erstgenannten Sprachen. Die Liste der ausländischen Verbindungen steigt von Woche zu Woche.

Msgr. A[ntonius] Funke.

202

Bericht Joos'

[Fulda, vor 19. August 1958][1]

EA MÜNCHEN, Joseph Kardinal Wendel, 21/1958. *Schreibmaschinenvervielfältigung. Überschrift:* Männerseelsorge und Männerarbeit. Anmerkungen zur Jahresarbeit der Hauptstelle Fulda August 1957–August 1958.

Sonderbesprechungen über aktuelle Männerseelsorge
Am 4. Dezember 1957 trafen sich die verantwortlichen Diözesan-Männerseelsorger in Fulda zu einer Aussprache über »Männerseelsorge und Männerarbeit in der gegenwärtigen Zeitsituation«. P. v[on] Schönfeld S. J.[2] legte eine Untersuchung vor über den Glaubensbestand sowie über die moralischen, organisatorischen und apostolischen Tatbestände in der heutigen Männerwelt. Er stellte fest: die Glaubenssubstanz ist weiter im Schwinden begriffen, die Souveränität Gottes gehört weithin nicht mehr zum Bewußtseinsinhalt der Männer. Liberalistische und marxistische Ideen wuchern weiter in unser Volk hinein. In der kirchlich-religiösen Männerbewegung ist es noch nicht gelungen, die liturgische, marianisch-apostolische und praktisch-soziale Richtung zu einem einheitlichen Ganzen zusammenzuführen. Zahlen über unsere Organisationen sagen uns nichts über den Anteil der aktiven und passiven Mitglieder; die der passiven nimmt zu. Wir bedürfen gewiß starker Organisationen, aber sie müssen

2 HONORATUS VAN WAEYENBERG *(1891–1971), 1919 Priester, 1954 Weihbischof in Mecheln.*

1 *Die Datierung ergibt sich aus dem Bezug zur Fuldaer Bischofskonferenz.*
2 P. JOHANNES BAPTIST VON SCHÖNFELD SJ *(1905–1977), 1925 Ordenseintritt, 1936 Priester, Direktor der Arbeitsstelle der Marianischen Männerkongregationen.*

mehr als bisher lebensvolle Gemeinschaften werden. Es fehlt allenthalben an selbständigen führenden Laien. Die jugendlichen Männergruppen sind zu klein.
Folgerungen: Kernkreisarbeit von unten her ist nötig. Kein Pendelschlag zum »Rein-religiösen«, sondern Akzentsetzen auf eine tiefere Fundierung des Religiösen. Dem heutigen Menschen fehlt die Geborgenheit von ehedem, dadurch größere Gefahr für die Seele des von der Technik beeinflußten Menschen. Die besondere Frage ist: Was können wir tun, um das aufkommende Atomzeitalter geistig zu bewältigen, damit der Mann nicht restlos entpersönlicht wird?
Ein aufschlußreicher Gedankenaustausch schälte sich heraus über die Frage: »Warum der Mangel an Männerseelsorgern?« Das Problem soll in einem Arbeitskreis näher behandelt und Gegenstand einer Denkschrift werden.
Eine Anregung zur Ausgestaltung der kath[olischen] Männerbewegung betraf die Mannesjugend. Über die Diözesanstellen sollen im Einvernehmen mit der Führung der Mannesjugend ehemalige Dekanatsjugendführer, Geistliche und Laien, zu einem Gespräch zusammengerufen werden, dessen Gegenstand sein soll: Wohin verflüchtigt sich die Mannesjugend?
Die Haupttagung in Fulda 1958 (6.–8. Mai)
Die Jahrestagung der Gemeinschaft der kath[olischen] Männer Deutschlands widmete sich dem unter dem Eindruck der gewaltigen Fortschritte in Technik und Weltraumforschung gestellten Thema: »Der Christ in der neueren Entwicklung von Natur und Technik«. Es sprachen Dr. Rollnik[3], Berlin, über »Das naturwissenschaftliche Weltbild« und Prof. Dr. Meurers, Bonn, über »Naturordnung und Christentum«. Dir[ektor] Hanssler vom Zentralkomitee der deutschen Katholiken untersuchte eingehend Fragen einer zeitgemäßen Männerseelsorge. Seine Darlegungen wurden in einem besonderen Arbeitskreis diskutiert. Es zeigte sich, daß eine Reihe von Gesichtspunkten und Vorschlägen zu gegebener Zeit weiter geklärt werden müssen.
Die auf der Haupttagung gehaltenen Vorträge sind im vollen Wortlaut im Band XVI der Fuldaer Vorträge wiedergegeben. (Die Erde ist uns aufgegeben, Männerseelsorge in der neueren Entwicklung von Naturwissenschaft und Technik. Verlag Winfried-Werk GmbH, Augsburg, Preis: DM 3,80.) Der Band enthält auch den Wortlaut der gefaßten Beschlüsse zur Frage der atomaren Bewaffnung und ihrem Mißbrauch in der sog. »Atomtod-Bewegung«, zur Frage einer Gebetsaktion für den Frieden sowie die Haltung der Gemeinschaft zum »Werk der Alten«.
Neue Satzungen für die kirchliche Hauptstelle Fulda
In der Vertreterversammlung der Gemeinschaft ist ein in Verbindung mit dem Episkopat erarbeiteter Entwurf neuer Satzungen für die Hauptstelle besprochen worden. Dieser Entwurf wird noch einmal der Bischofskonferenz vorgelegt und nach einer evtl. weiteren Überarbeitung allen interessierten Kreisen zugehen. Abschließend wird er einer besonderen Vertreterversammlung zur Kenntnisnahme und Gutheißung unterbreitet.

[3] Horst Rollnik *(geb. 1931), Dr. rer. nat., 1962–1964 Abteilungsleiter am Forschungszentrum Jülich, 1964 o. Professor für Physik an der Universität Bonn, 1969 Honorarprofessor für theoretische Physik an der Universität Wien, 1980/81 Präsident der Deutschen Physikalischen Gesellschaft.*

Unser Interesse an Rundfunk und Fernsehen

Die Hauptstelle hat in den Tagen des 20.–22. Januar 1958 in Verbindung mit den kirchlichen Stellen für Rundfunk und Fernsehen eine Arbeitstagung abgehalten. Es sprachen Dompräbendar Dr. Karl Becker, Freiburg, von der Kath[olischen] Rundfunkarbeit, Pfr. Karl August Siegel, Frankfurt, von der Fernseharbeit, Prof. Dr. Karl Holzamer, Mainz, über »Unsere Möglichkeiten beim Rundfunk und Fernsehen«, Dr. Fritz Malburg[4], Stuttgart, über »Rundfunk und Fernsehen als Instrumente der politischen Meinungsbildung« und Claus Kühn[5] vom Programmbüro des NWRV Hamburg über »Praktisches aus der Werkstatt des deutschen Fernsehens«. Die Tagung war äußerst anregend und fruchtbar. Sie wird sich auch in der Praxis auswirken.

Sonderhilfe für unterentwickelte Völker

Angeregt durch die Madagaskar-Aktion der Erzdiözese Paderborn haben sich die Leser des »Mann in der Zeit« für diese missionarische Sonderhilfe ausgesprochen. Ihre Aktion hat über DM 400.000 gebracht. Es ist beabsichtigt, diesen Hilfsgedanken weiter zu pflegen; die Männer sollen aufgefordert werden, täglich drei Minuten ihres Arbeitslohnes (monatlich einen Stundenlohn) für Zwecke der Hilfe für unterentwikkelte Völker zu opfern.

Aktion Verkehrssicherheit

In Verbindung mit dem Bundesverkehrsministerium und dem Verlag »Wort und Werk«, Köln, sind etwa 4 Millionen Stück Unfallkarten für kath[olische] Christen nebst Flugblättern und Predigtskizzen an die Pfarrämter im Bundesgebiet für den Verkehrssicherheitstag versandt worden. Auch die Bundeswehr forderte solche Karten für katholische Soldaten an.

Der Schriftleiter des »Männerseelsorger«, Leiter des Seelsorglichen Arbeitskreises und Mitglied der Redaktion des »Mann in der Zeit«, P. Hans v[on] Schönfeld S. J., wird in Zukunft enger als bisher für die Hauptstelle tätig sein.

Joseph Joos.

4 Fritz Malburg *(1910–1996), Dr., Kommentator beim Deutschland-Union-Dienst der CDU, 1953–1976 Chefredakteur beim Süddeutschen Rundfunk Stuttgart.*

5 Claus Kühn *(geb. 1924), 1951–1961 Sendebetriebsleiter beim NWDR/NDR-Fernsehen.*

203

Bericht Fischers[1]

Bonn, [vor 19.] August 1958[2]

EA KÖLN, Gen. II 22.13a, 5. *Schreibmaschinenausfertigung mit eigenhändiger Unterschrift. Briefkopf:* Katholisches Büro Bonn. *Überschrift:* Tätigkeitsbericht des Katholischen Büros Bonn für die Zeit von September 1957 bis August 1958. *Die Anlagen wurden nicht aufgenommen.*

I. Das Kirchenpolitische Gremium

Im abgelaufenen Berichtsjahr ist das Kirchenpolitische Gremium viermal zu einer Sitzung zusammengetreten. Dabei wurden folgende Fragen behandelt:

1) Sitzung 10.–12. Dezember 1957:
Überblick über die allgemeinpolitische Lage;
Aussprache über Grundsätze zu einem Bundesfürsorgegesetz;
Aussprache über Fragen des Bundesbaugesetzes und Bericht über den Stand des Grundstückverkehrsgesetzes;
Aussprache über Grundsatzfragen der Familien- und Jugendpolitik;
Aussprache mit Regierungs- und Parlamentsmitgliedern;
Besprechung verschiedener Fragen bzw. Bericht über diese:
a) Deutsches Freizeitwerk;
b) Selbstkontrolle der Illustrierten;
c) Sammlungsgesetz;
d) Gesetz über Titel, Orden und Ehrenzeichen;
e) Ost-Kolleg der Bundeszentrale für Heimatdienst;
f) Düsseldorfer Urteil betr. Wehrdienstbefreiung für ordinierte Geistliche;
g) Wissenschaftsrat.

2) Sitzung 26.–27. März 1958:
Bericht über die parlamentarische Situation;
Bericht über die allgemeinpolitische Lage;
Bericht über die Steuer-Änderungsgesetze;
Bericht über Bundesbaugesetz und Stand der Verhandlungen;
Bericht über den Stand der Verhandlungen über die Dotationen für die ostdeutschen Diözesanverwaltungen;
Bericht über den Stand der Reform der sozialen Kranken-Versicherung.

3) Sitzung 22.–24. April 1958:
Bericht über die allgemeinpolitische Lage;
Aussprache über Rundfunk- und Fernsehfragen;
Bericht über die deutschen Auslandsschulen;
Bericht über die wirtschafts- und sozialpolitische Lage in der Bundesrepublik;
Bericht über die Gewerkschaftsfrage;

[1] FERDINAND FISCHER *(1908–1984), 1932 Priester (ED Köln), Referent in der Schulabteilung, 1958 Direktor der Kirchenpolitischen Abteilung des Erzbistums Köln, Msgr.*

[2] *Die Datierung ergibt sich aus dem Bezug zur Fuldaer Bischofskonferenz.*

Bericht über die Verhandlungen betr. kontinuierliche Arbeitszeit;
Bericht über den Stand des Bundesbaugesetzes;
Aussprache über die Familien- und Jugendpolitik;
Aussprache und Beratung des Entwurfs der Atomerklärung von sieben Theologen[3].
4) Sitzung 8. August:
Aussprache mit dem Vorsitzenden der Fuldaer Bischofskonferenzen, dem Hochwürdigsten Herrn Joseph Kardinal Frings, Erzbischof von Köln, über die Frage der Nachfolgeschaft für den verstorbenen Leiter des Katholischen Büros und Beauftragten des Vorsitzenden der Fuldaer Bischofskonferenzen bei der Bundesregierung, Exzellenz Böhler.

II. Besondere Arbeitskreise.
1) Politischer Arbeitskreis der katholischen Verbände:
Im Berichtsjahr fanden zwei Sitzungen dieses Arbeitskreises statt (infolge der Bundestagswahl und des voraufgegangenen Wahlkampfes mußte eine längere Pause eintreten). Auf ihnen wurden folgende Fragen besprochen:
Ehe- und Familienpolitik;
Allgemeiner Überblick über die Innen- und Außenpolitik der Bundesregierung;
Fragen der Atombewaffnung.
2) Katholischer Arbeitskreis für Strafrechtsreform:
Der Katholische Arbeitskreis für Fragen der Strafrechtsreform hat im Berichtsjahr seine Arbeiten fortgesetzt und zwei Sitzungen in der Thomas-Morus-Akademie in Bad Honnef und im St. Burkardushaus in Würzburg abgehalten.
Auf diesen Sitzungen wurden u. a. folgende Themen erörtert:
1. Fragen des Allgemeinen Teils eines Strafgesetzbuches;
2. Schutz kirchlicher Ämter, kirchlicher Wahlen und Abstimmungen, kirchlicher Amtskleidung und verwandte Fragen;
3. Abtreibung;
4. Künstliche Befruchtung;
5. Schutz der menschlichen Intimsphäre;
6. Verbreitung unzüchtiger Schriften;
7. Fragen des Strafvollzuges.
Weitere Themen sind noch in Bearbeitung.
Inzwischen wurden mehrere Themen zum Abschluß gebracht und das Ergebnis der Beratungen dem Herrn Bundesjustizminister zugeleitet. Der neue Herr Bundesjustizminister[4] hat dem Arbeitskreis – wie sein Vorgänger – Dank und Anerkennung für die Arbeit ausgesprochen und um weitere Mitarbeit gebeten.

[3] *Am 5. Mai 1958 hatten* ALFONS AUER, RICHARD EGENTER, HEINZ FLECKENSTEIN, JOHANNES B. HIRSCHMANN, JOSEF HÖFFNER, NIKOLAUS MONZEL *und* EBERHARD WELTY *in* KNA *ein Gutachten veröffentlicht, in dem sie die Anwendung der Atombombe unter bestimmten Bedingungen für sittlich zulässig erklärten.*

[4] FRITZ SCHÄFFER *(1888–1967), Jurist und Politiker (BVP, CSU), 1929–1933 Vorsitzender der BVP, 1945 bayerischer Ministerpräsident, 1949–1961 Mitglied des Bundestags, 1949–1957 Bundesfinanzminister, 1957–1961 Bundesjustizminister.*

Ferner wurde von dem Herrn Bundesjustizminister mitgeteilt, daß die Arbeitsergebnisse des katholischen Arbeitskreises für Strafrechtsreform in der Großen Strafrechtskommission große Bedeutung fänden.

3) Arbeitskreis Ehe- und Familienrechtsreform:

Da inzwischen der Entwurf eines Familienrechtsänderungsgesetzes von der Bundesregierung vorgelegt wurde – dieser Gesetzentwurf enthält Bestimmungen über das Recht der unehelichen Kinder, über die Ehelicherklärung von Kindern und die Ehelichkeitsanfechtung sowie über die Annahme an Kindes Statt –, muß dieser Arbeitskreis baldmöglichst zusammentreten, um eine Stellungnahme zu den Bestimmungen dieses Entwurfes zu erarbeiten. Wegen der Kurzfristigkeit der Vorlage vor Ferienbeginn konnte aus Termingründen vor den Ferien keine Sitzung mehr einberufen werden, zumal den Mitgliedern ja auch Gelegenheit zur Durcharbeit des Entwurfs gegeben werden muß. Es ist vorgesehen, daß möglichst rasch nach den Ferien eine Sitzung stattfindet.

4) Arbeitskreis Bundesfürsorgegesetz:

Bei einer der letzten Sitzungen des Kirchenpolitischen Gremiums wurde beschlossen, daß ein eigener Arbeitskreis sich mit der Ausarbeitung von Grundsätzen und Stellungnahmen zu den einzelnen Bestimmungen des geplanten und in Arbeit befindlichen Bundesfürsorgegesetzes befassen solle.

Nachdem nunmehr ein Entwurf zu diesem geplanten Gesetz unter dem Namen »Entwurf eines Gesetzes über die Gewährung von Sozialhilfe (Bundessozialhilfegesetz – BSHG)« vorliegt (Referenten-Entwurf), kann dieser Arbeitskreis einberufen werden und die Arbeit aufnehmen. Baldmöglichst nach den Ferien muß eine erste Sitzung stattfinden.

5) Arbeitskreis Bodenpreisfrage:

Ebenfalls bei einer der letzten Sitzungen des Kirchenpolitischen Gremiums wurde auf Anregung von Abgeordneten des Bundestages beschlossen, einen solchen Arbeitskreis einzuberufen; es wurde auch in etwa schon der Mitgliederkreis besprochen. Aufgabe dieses Arbeitskreises soll sein, für die vorgesehene Einarbeitung von Bestimmungen zur Regelung des Bodenpreises und der Bodenbewertung in das beim Bundestag in Beratung befindliche Bundesbaugesetz Grundsätze und Lösungsmöglichkeiten zu erarbeiten, die den Abgeordneten als Anregung und Richtlinie zur Verwirklichung katholischer Sozialprinzipien an die Hand gegeben werden sollen. Vorbereitende Besprechungen sind so weit gediehen, daß dieser Arbeitskreis zu Beginn des Herbstes seine Arbeit wird aufnehmen können.

6) Mit der Thomas-Morus-Akademie in Bad Honnef bestand nach wie vor eine gute Zusammenarbeit. Auch im Berichtsjahr fanden dort Tagungen und Aussprachekreise statt, zu denen speziell Politiker und Ministerialbeamte aus Bund und Ländern eingeladen worden waren. Der Arbeitskreis Strafrechtsreform hielt zusammen mit der Juristen-Gilde des Katholischen Akademikerverbandes dort eine Tagung ab. Eine Tagung über Fragen des »Rundfunk- und Fernsehwesens« war vorgesehen, wurde jedoch wegen der Erkrankung von Exzellenz Böhler kurzfristig von der Akademieleitung abgesagt. Sie soll zu einem späteren Zeitpunkt nachgeholt werden.

Vorgesehen waren für Herbst eine Tagung über »Atomfrage und Gewissen« sowie eine Arbeitstagung über Fragen des kommenden Bundesfürsorgegesetzes.

7) Die engen Verbindungen zu den hier ansässigen Vertretern der Landesregierungen wurden wie bisher weiter gepflegt und vertieft.

Gerade dieser Zusammenarbeit waren in den letzten Monaten einige schöne Erfolge in wichtigen Verhandlungen zu verdanken (siehe dazu die Berichte über Einzelfragen).

8) Auch in dem abgelaufenen Berichtsjahr bewies der Klub als Ort der Begegnung und Aussprache seine Bedeutung. Den Mitgliedern des Kirchenpolitischen Gremiums bot er die Möglichkeit zu persönlichen Kontakten mit Regierungsmitgliedern, mit Vertretern des Parlamentes und der Landesregierungen sowie der Ministerien.

Nach der Konstituierung des 3. Deutschen Bundestages wurden alle katholischen Parlamentsmitglieder zu einem Beisammensein in den Klub eingeladen, um so den Kontakt zu den neuen Abgeordneten herzustellen und diese zugleich mit der Einrichtung des Katholischen Büros vertraut zu machen.

In Vortrags- und Ausspracheabenden wurden folgende Themen behandelt:
Aussprache über die gegenwärtige politische Lage (nach der Bundestagswahl);
Aussprache über Fragen der Atomrüstung;
Überblick über aktuelle Fragen des Verhältnisses zur sowjetisch besetzten Zone;
Schwerpunkte der internationalen Zusammenarbeit der deutschen Katholiken heute;
Teilnahme an Filmvorführung des Kath[olischen] Bildungswerkes Bonn mit dem Film »Nacht und Nebel«;
Überblick über die kulturpolitischen Aufgaben des Bundestages;
Eindrücke über Moskau;
Stellung und Aufgabe des Bundesrates;
Gewerkschaftsproblem;
Südtirol und seine Problematik (vom religiös-weltanschaulichen Standpunkt gesehen);
Aussprache über kirchenpolitische Fragen;
Bericht über eine Afrika-Reise (mit farbigen Lichtbildern);
Licht und Schatten in der Lage des Katholizismus in Bolivien;
Aussprache über die Vorgänge um die Regierungsbildung in Paris;
Bericht über eine Israel-Reise (mit Farb-Lichtbildern).

Besonders erwähnt sei, daß S[ein]e Exzellenz, der Hochwürdigste Herr Erzbischof Maurer[5] von Sucre, Bolivien, dem Klub einen Besuch abstattete und einen Bericht über seine Tätigkeit gab.

III. Berichte über Einzelfragen.

Wiederum erforderte eine Reihe wichtiger Fragen eine eingehendere Bearbeitung, die mit zahlreichen speziellen Verhandlungen verbunden waren. Solche Einzelfragen waren:

5 P. JOSEF CLEMENS MAURER CSsR *(1900–1995), 1925 Priester, 1950 Weihbischof in La Paz/Bolivien, 1951 Erzbischof von Sucre, 1967 Kardinal.*

1) Bundesbaugesetz:
Obwohl längst feststand, daß das Gesetz im 2. Bundestag nicht mehr verabschiedet würde, wurden die vorliegenden Entwürfe systematisch durchgearbeitet und eine Reihe konkreter Änderungsvorschläge eingereicht. Gleichzeitig wurde der Entwurf eines Schreibens ausgearbeitet, das der Vorsitzende der Fuldaer Bischofskonferenzen, der Hochwürdigste Herr Joseph Kardinal Frings, unter dem 20. September 1957 an den Herrn Bundeskanzler richtete[6]. In diesem Schreiben wurde auf die Bedeutung dieses Gesetzentwurfs für die Sicherung der Seelsorgsarbeit hingewiesen.
Die von der Bischöflichen Kommission ausgearbeiteten Änderungsvorschläge wurden vom Katholischen Büro zu Beginn dieses Jahres vor der Verabschiedung eines neuen Entwurfs durch das Kabinett den zuständigen Stellen zugeleitet, damit sie bei der Ressortbesprechung vor der Kabinettsverabschiedung noch berücksichtigt werden könnten. Teilweise fanden diese Änderungsvorschläge Berücksichtigung.
Auf Grund dieser Eingabe fand am 24. Januar 1958 eine Besprechung mit dem Herrn Bundesminister für Wohnungsbau Lücke[7] und seinen Fachreferenten statt. Dabei konnte eine beide Seiten befriedigende Lösung erzielt werden: Einige für uns wichtige Änderungen sollten gemäß dieser Verhandlung von dem Herrn Minister persönlich in den Bundestagsausschüssen eingebracht werden.
Nach Verhandlungen mit den Landesregierungen bzw. deren bevollmächtigten Vertretern in Bonn konnten einige kirchliche Wünsche und Forderungen schon bei der Beratung des Gesetzentwurfs im Bundesrat verwirklicht werden, wenn auch nicht in allen Punkten eine vollständige Lösung erreicht werden konnte.
Zumindest werden durch die vom Bundesrat beschlossenen Änderungsvorschläge die kommenden Beratungen im Bundestag, bei denen die Berücksichtigung der kirchlichen Wünsche erreicht werden muß, erleichtert.
Kurz vor Beginn der parlamentarischen Ferien konnten auch noch in einer Besprechung mit Bundestagsabgeordneten einige wichtige Ausschußmitglieder über die kirchlichen Wünsche und Forderungen unterrichtet und gemeinsam Möglichkeiten zu ihrer Verwirklichung im Gesetz überlegt werden. Über diese Besprechung unterrichtet die als Anlage beigegebene Niederschrift. (Anlage 1.)
2) Grundstückverkehrsgesetz:
In der im vergangenen Sommer abgelaufenen 2. Legislaturperiode des Deutschen Bundestages wurde dieses Gesetz nicht mehr verabschiedet.
Sofort nach der Regierungsbildung wurde der Entwurf erneut vorgelegt und in die parlamentarische Beratung gegeben.
Unser Hauptwunsch bei diesem Gesetz war die Streichung der im 3. Reich eingeführten Genehmigungspflicht für den Grundstücksverkehr. In den mehrjährigen Verhandlungen hatte sie nicht erreicht werden können.

6 *Vgl. Dok. 151.*
7 PAUL LÜCKE *(1914–1976), Schlosser, Ingenieur, Politiker (CDU), 1949–1972 Mitglied des Bundestags, 1957–1965 Bundesminister für das Wohnungswesen, 1965–1968 Bundesminister des Innern. Der nach ihm benannte Lücke-Plan bewirkte die Integration der Wohnungswirtschaft in die Soziale Marktwirtschaft. Vgl.* J. ARETZ, *Lücke.*

Anläßlich der erneuten Beratung im Bundesrat ist es nunmehr dank der guten Zusammenarbeit mit den Landesvertretungen gelungen, die Streichung dieser Genehmigungspflicht zu erreichen.
Im Bundestag wurde jedoch die Beratung bis auf weiteres ausgesetzt; man will die Überweisung des Entwurfs eines Bundesbaugesetzes an den Bundestag abwarten, um beide Gesetze gemeinsam beraten zu können.
Es darf wohl damit gerechnet werden, daß nach den parlamentarischen Ferien die Beratung auch dieses Gesetzes wieder fortgeführt werden wird.
3) Kirchensteuerhaftung in glaubensverschiedenen Ehen:
Im Zusammenhang mit der Beratung des Gleichberechtigungsgesetzes[8] wurde auch die Frage erörtert, wie die Haftung für die Kirchensteuer mit der Gleichberechtigung in Einklang gebracht werden könne. Unsere Bemühungen gingen in Zusammenarbeit mit der Evangelischen Kirche dahin, daß im Gleichberechtigungsgesetz nach Möglichkeit eine Bestimmung aufgenommen werde, die den Ländern als Grundlage dienen könne, auf der sie entsprechende Regelungen in der Kirchensteuergesetzgebung aufbauen könnten. Eine spezielle Bestimmung konnte im Gleichberechtigungsgesetz nicht Aufnahme finden; wohl wurde in die Begründung des Ausschusses aufgenommen, daß zum Unterhalt, den die Ehegatten sich gegenseitig schulden, auch die Beiträge für Kirchen und Religionsgesellschaften zu rechnen seien.
Im Zusammenhang mit dem Gesetz zur Neuregelung der Einkommens- und Lohnsteuer[9] wurde erneut versucht, eine bundesgesetzliche Regelung dieser Frage zu erzielen. In die Begründung zum Gesetzentwurf wurde jedoch lediglich der Satz aufgenommen, daß gemäß Artikel 140 GG in Verbindung mit Art. 137 Abs. 6 WRV die Gesetzgebungskompetenz für die Kirchensteuern bei den Ländern liege, die deshalb ausschließlich über die künftige Regelung der gesamtschuldnerischen Haftung für die Kirchensteuern zu entscheiden hätten.
Eine am 12. Juni d. J. in Freiburg i[m] Br[eisgau] erfolgte Besprechung zwischen Vertretern der Kirchen und der Länderfinanzministerien über diese und andere Kirchensteuerfragen konnte keine Lösung bringen, da eine Regelung dieser Frage in der jeweiligen Landesgesetzgebung nicht erfolgen könne, solange nicht die Entscheidung des Bundesverfassungsgerichts vorliege, dem eine Streitfrage über die Kirchensteuerhaftung in einer glaubensverschiedenen Ehe durch Vorlagebeschluß eines Finanzgerichtes zur Entscheidung unterbreitet wurde. Übereinstimmend bestand bei dieser Sitzung die Überzeugung, daß eine Haftung des glaubenslosen Ehegatten für die Kirchensteuer des einer Kirche angehörenden Ehegatten nicht im Widerspruch zur Verfassung steht, da es sich bei der hieraus erwachsenden Belastung für den glaubenslosen Ehegatten um eine aus dem Wesen von Ehe und Familie sich ergebende Mehrbelastung handle, die auf keinen Fall verfassungswidrig sein könne. (Ein Bericht über diese Freiburger Besprechung ist als Anlage 2 beigegeben.)

[8] Gesetz über die Gleichberechtigung von Mann und Frau auf dem Gebiete des bürgerlichen Rechts *vom 18. Juni 1957.* BGBl., *S. 609.*

[9] *Die Bezeichnung läßt nicht erkennen, welches der einschlägigen Gesetze hier gemeint ist.*

4) Im Zusammenhang mit den neuen Steuer-Änderungsgesetzen gewinnt auch die Frage der Kirchensteuern generell eine besondere Bedeutung, vor allem dadurch, weil nach der inzwischen verabschiedeten Steuerreform auf Grund des Splitting und des eingeführten Proportionstarifs eine beträchtliche Minderung des Steueraufkommens zu erwarten sein wird. Dazu kommt, daß ein sehr großer Teil der bisher Lohnsteuerpflichtigen nunmehr ganz aus der Steuerpflicht herausfällt. Auf Grund des Charakters der Kirchensteuer als Annex zur Einkommens- bzw. Lohnsteuer ist demnach auch mit einer starken Minderung des Kirchensteueraufkommens zu rechnen.
Es war nicht möglich, in Verhandlungen mit der Bundesregierung bzw. mit dem Parlament in dieser Frage eine Sonderregelung für die Kirchensteuer zu erreichen, da dies bei dem Charakter der Kirchensteuer nicht möglich war; zudem fällt die Kirchensteuer in die Gesetzgebungskompetenz der Länder.
Bei der genannten Besprechung in Freiburg über Kirchensteuerfragen wurden zwischen den Kirchenvertretern und den Vertretern der Landesfinanzministerien auch Wege und Möglichkeiten überlegt, wie dem zu erwartenden Kirchensteuerausfall entgegengewirkt werden könnte. Sobald die zwischen den Diözesen des Landes Nordrhein-Westfalen und diesem Land laufenden Verhandlungen über eine Kirchensteuer-Neuregelung abgeschlossen sind, wird es voraussichtlich notwendig werden, eine Konferenz der Kirchensteuerreferenten der Diözesen einzuberufen, um gemeinsam Überlegungen anzustellen, wie dieser Ausfall aufgefangen werden kann.
5) Bundesabkommen zur Versorgung der ostvertriebenen Geistlichen und Kirchenbediensteten vom 14. April 1951:
Die seit langem schwebenden Verhandlungen um eine Erhöhung der Bundesmittel aus dem genannten Bundesabkommen konnten zu einem befriedigenden Abschluß gebracht werden. Mit Schreiben vom 24. Februar 1958 wurde den Hochwürdigsten Generalvikariaten und Ordinariaten das Ergebnis dieser Verhandlungen mitgeteilt und um Nachricht gebeten, ob dem Bundesabkommen in der neuen Fassung zugestimmt würde.
Erneut aufgetretene Schwierigkeiten konnten in der Verhandlung vom 23. Juni d. J. bereinigt werden. Diese Verhandlung führte zum Abschluß eines neuen Abkommens, zu dem der Vorsitzende der Fuldaer Bischofskonferenzen, der Hochwürdigste Herr Joseph Kardinal Frings mit Schreiben vom 1. Juni d. J. die Zustimmung der Hochwürdigsten Herren Ordinarii erbeten hatte. Auf das genannte Schreiben darf verwiesen werden.
6) Staatliche Dotationen für die Bischöflichen Verwaltungen der ostdeutschen Diözesen jenseits der Oder-Neiße-Linie
Über die Zahlung von staatlichen Dotationen für die Bischöflichen Verwaltungen der ostdeutschen Diözesen Breslau, Ermland, Freie Prälatur Schneidemühl und Generalvikariat Grafschaft Glatz durch die Bundesregierung haben im Berichtsjahr mehrere Besprechungen zwischen den beteiligten kirchlichen Stellen und Vertretern verschiedener Bundesministerien stattgefunden. Die Verhandlungen konnten inzwischen mit gutem Erfolg abgeschlossen werden. Die Bundesregierung tritt subsidiär in die auf dem Preußischen Konkordat vom 14. Juni 1929 beruhende Rechtsver-

pflichtung zur Zahlung staatlicher Dotationen an die ostdeutschen Diözesen ein, da die Nachfolgestaaten Preußens im Bundesgebiet als Rechtsnachfolger in der Dotationsverpflichtung für diese außerhalb ihres Gebietes gelegenen Diözesen nicht in Betracht kommen können.
Die Bundesregierung hat für das Rechnungsjahr 1957/58 noch eine Nachzahlung in Höhe von DM 100.000 geleistet. Vom Rechnungsjahr 1958 an zahlt die Bundesregierung den Bischöflichen Verwaltungen der ostdeutschen Diözesen, die jetzt auf Grund der besonderen Verhältnisse vorläufig ihren Sitz im Bundesgebiet haben, einen jährlichen Pauschalbetrag in Höhe von DM 260.000. Von diesem Betrag können die Personalkosten und die personellen Sachkosten in voller Höhe gedeckt werden. Auch bleibt noch eine Summe für die Förderung des ostdeutschen Priesternachwuchses und für die Unterhaltung eines Büros übrig.
Die Bundesregierung hat der Nuntiatur in Form einer Verbalnote von dieser Regelung Mitteilung gemacht. Der Hochwürdigste Herr Apostolische Nuntius hat der Regelung zugestimmt.
7) Bundessozialhilfegesetz:
Wie aus ersten Gesprächen und Verhandlungen mit Politikern hervorgeht, wird dieses Gesetz, das vor wenigen Tagen als Referentenentwurf dem Katholischen Büro zugeleitet wurde, sehr schwierige und weitreichende Verhandlungen mit sich bringen. Schon die ersten Verhandlungen lassen erkennen, daß fast alle Bereiche des Sozial- und Fürsorgewesens zu behandeln sein werden (wegen der Kürze der Zeit hat der Entwurf selbst noch nicht durchgearbeitet werden können). Die schwierigste Aufgabe wird voraussichtlich die sein, die Grundsätze der katholischen Soziallehre gerade auf diesem Gebiet zu wahren und der freien Liebestätigkeit aus religiöser Haltung den erforderlichen Spielraum zu verschaffen und allen Tendenzen zur Verstaatlichung jeder Sozialhilfe entgegenzuwirken.
In Zusammenarbeit mit dem Caritasverband wird ein eigener Arbeitskreis sich eingehend mit diesem Gesetzentwurf befassen müssen.
8) Freizeitgestaltung und Gründung eines sogenannten »Deutschen Freizeitwerkes«:
Wie bereits früher mitgeteilt, strebt die Deutsche Olympische Gesellschaft die Gründung eines sogenannten »Deutschen Freizeitwerkes« an. Es haben zahlreiche Besprechungen stattgefunden, an denen auch Vertreter der beiden Kirchen teilgenommen haben.
Von unseren katholischen Vertretern wurden für eine Beteiligung an dem zu bildenden Kuratorium u. a. folgende Forderungen gestellt:
1. Das Freizeitwerk darf für die Einrichtungen der Freizeitgestaltung keine eigene Exekutive anstreben, d. h. grundsätzlich nicht selbst Träger von Freizeiteinrichtungen werden, zumindest nicht da, wo kirchliche oder freie Träger vorhanden sind oder Freizeiteinrichtungen von kirchlichen oder sonstigen freien Trägern unterhalten werden können.
2. Ein möglicherweise durch das »Deutsche Freizeitwerk« zusammengebrachter Fonds soll vorrangig der Unterstützung von kirchlichen und sonstigen freien Trägern von Freizeiteinrichtungen zugute kommen.

3. Das »Deutsche Freizeitwerk« soll tätig werden nur im Sinne einer Arbeitsgemeinschaft aller in ihm zusammengeschlossenen Kräfte.
4. Bei Fragen von grundsätzlicher Bedeutung soll Einstimmigkeit der Beschlüsse erforderlich sein.
5. Es müsse sichergestellt werden, daß die Freizeitgestaltung und die Freizeitbetätigung nicht von oben her gelenkt oder bestimmt werden. Die Selbstverantwortung des einzelnen Menschen und der Familie müsse besonders betont werden.

Unseren vorstehenden Forderungen haben sich die Vertreter der evangelischen Kirche angeschlossen. Alle genannten Forderungen wurden von den übrigen Verhandlungspartnern akzeptiert und inzwischen in einem Satzungsentwurf niedergelegt.

Noch offen ist die Frage, in welcher Form sich die Vertreter der katholischen Kirche an der zu bildenden Arbeitsgemeinschaft beteiligen sollen. Vorgeschlagen wird ein katholischer Arbeitskreis für Fragen der Freizeitgestaltung. Dieser katholische Arbeitskreis für Freizeitgestaltung, der aus Mitgliedern der verschiedenen katholischen Verbände wie »Bund der Deutschen Katholischen Jugend«, »Familienbund der deutschen Katholiken«, »Die Katholische Elternschaft Deutschlands«, »Verein katholischer deutscher Lehrerinnen«, »Katholischer Lehrerverband« u. a. bestehen könnte, könnte als Arbeitskreis Mitglied des zu bildenden Kuratoriums werden und einige Delegierte entsenden.

9) Rundfunk- und Fernsehfragen:

Veranlaßt durch die Bestrebungen bestimmter Kreise, ein kommerzielles Werbefernsehen auf privater Basis einzurichten, ist das Rundfunk- und Fernsehproblem in seiner Gesamtheit neu aufgerollt worden. Starke Kräfte auf Seiten der Bundesregierung bzw. des Parlamentes sind gewillt, durch ein Bundesgesetz eine Lösung herbeizuführen.

Die Kirche ist sowohl an den Grundsatz- wie an den Teilfragen interessiert. Bevor jedoch grundsätzlich Stellung genommen werden kann, muß erst einmal im eigenen Bereich geklärt werden, was angestrebt und vertreten werden soll und kann. Zugleich entbrennt an dieser Frage auch die Diskussion über die Zuständigkeitsverteilung in kulturpolitischen Fragen zwischen Bund und Ländern.

Die vordringlichste Frage ist, zunächst einmal einen grundsätzlichen, über den Parteien stehenden Standpunkt herauszuarbeiten. Dabei gilt es, allen freiheitlichen Forderungen auf diesem Sektor zum Durchbruch zu verhelfen, wobei gleichzeitig die berechtigten Interessen der Länder und des Bundes, aber auch die der Rundfunkanstalten zu wahren sind. Schließlich und endlich ist der Einfluß der Kirchen auf diese kulturellen Einrichtungen sicherzustellen und zu verhindern, daß durch Einführung eines kommerziellen Werbefernsehens das kulturelle Niveau absinkt.

Die Verhandlungen erweisen sich als sehr schwierig. Ein kleiner Arbeitskreis ist mit einer Klärung des Standpunktes in Zusammenarbeit mit den Bischöflichen Beauftragten für Rundfunk und Fernsehen betraut.

10) Staatsvertrag über das deutsche Eigentum in Österreich; hier: Kirchliches deutsches Eigentum in Österreich:

Über die Frage der Rückgabe der kirchlichen Vermögenswerte in Österreich haben mehrere Besprechungen mit dem Auswärtigen Amt und den deutschen Vertretern des Schlichtungsausschusses der Ständigen Kommission in Wien stattgefunden.
Inzwischen wurde zwischen der Bundesrepublik Deutschland und der Republik Österreich ein Vertrag zur Regelung vermögensrechtlicher Beziehungen[10] abgeschlossen. Dieser Vertrag ist am 16.7.1958 in Kraft getreten, nachdem er von beiden Staaten ratifiziert wurde.
In Art. 20 des vorbezeichneten Vertrages ist bestimmt, daß alle Vermögenschaften, die erzieherischen, kulturellen, caritativen und religiösen Zwecken dienten, den deutschen Eigentümern ohne Rücksicht auf den Wert des Vermögens in voller Höhe zurückerstattet werden. Das bedeutet, daß sämtliche kirchlichen Vermögenswerte in Österreich zurückzugeben sind.
Die Anträge auf Rückerstattung sind an das Österreichische Bundesministerium für Finanzen zu richten.
Die kirchlichen Stellen, die Vermögenswerte in Österreich haben, wurden vom Katholischen Büro Bonn entsprechend unterrichtet.
11) Familien- und Jugendpolitik:
Die Einfügung der Jugendabteilung in das Familienministerium hatte einige unangenehme Verhandlungen zur Folge, nachdem seitens einiger Verbände in ungeeigneter Weise versucht worden war, Einfluß auf die personellen Fragen zu nehmen.
Nach wie vor ist unser Augenmerk auf die großen familienpolitischen Aufgaben gerichtet. Im Rahmen der Steuerreform konnte das Katholische Büro die Bestrebungen des Familienministeriums auf Berücksichtigung der familienpolitischen Gesichtspunkte bei der Gestaltung des neuen Splitting-Tarifs wirksam unterstützen.
Auf dem Gebiet der Jugendpolitik wurde am Ende der Legislaturperiode des 2. Deutschen Bundestages noch ein Änderungsgesetz zum Jugendschutzgesetz verabschiedet. In zähen Verhandlungen war es gelungen, einige wichtige Verbesserungen in das neue Gesetz hineinzubringen. In der Festlegung des Schutzalters für Jugendliche beim Filmbesuch konnte eine voll befriedigende Lösung nicht erzielt werden. Es mußte eine Kompromißlösung hingenommen werden, sollte nicht das Gesetz als Ganzes zu Fall kommen, was unter allen Umständen verhindert werden mußte.
Inzwischen sind erste Verhandlungen über die Arbeiten zur Schaffung eines neuen Jugendwohlfahrtsgesetzes angelaufen.
Im Augenblick kann noch nichts darüber gesagt werden, in welcher Richtung sich diese Arbeiten entwickeln werden.
Arbeiten zur Schaffung einer Novelle zum Gesetz über die Verbreitung jugendgefährdenden Schrifttums werden ebenfalls eingehende Verhandlungen notwendig machen. An einem Referentenentwurf wird gearbeitet; es erscheint als sicher, daß die Möglichkeit gegeben sein wird, unseren Standpunkt vertreten zu können. Vorverhandlungen sind aufgenommen. Das Katholische Büro wird auf die Gestaltung des Entwurfs vor der Verabschiedung durch das Kabinett Einfluß nehmen können.

[10] BGBl., *S. 129.*

IV. Verschiedenes
Gegenüber dem Vorjahresbericht ist die personelle Besetzung im Katholischen Büro unverändert.

Im Auftrag
Fischer
(Msgr. Fischer).

204

Protokoll der Fuldaer Bischofskonferenz

Fulda, 19.–21. August 1958

EA Köln, CR II 2.19, 20. *Druckstück. Überschrift:* Protokoll der Plenarkonferenz der Bischöfe der Diözesen Deutschlands in Fulda vom 19. bis 21. August 1958. *Vermerk:* Streng vertraulich!

An der Plenarsitzung der deutschen Bischöfe, die vom 19. bis 21. August 1958 unter dem Vorsitz des Hochwürdigsten Herrn Erzbischofs von Köln, Eminenz Joseph Kardinal Frings, am Grabe des hl. Bonifatius in Fulda stattfindet, nehmen teil:

1. Joseph Kardinal Frings, Erzbischof von Köln,
2. Joseph Kardinal Wendel, Erzbischof von München-Freising,
3. Lorenz, Erzbischof von Paderborn,
4. Joseph, Erzbischof von Bamberg,
5. Hermann, Erzbischof von Freiburg,
6. Michael, Erzbischof, Bischof von Regensburg,
7. Albert, Bischof von Mainz,
8. Simon Konrad, Bischof von Passau,
9. Joseph, Bischof von Eichstätt,
10. Julius, Bischof von Berlin,
11. Wilhelm, Bischof von Limburg,
12. Karl Joseph, Bischof von Rottenburg,
13. Joseph, Bischof von Augsburg,
14. Matthias, Bischof von Trier,
15. Isidor Markus, Bischof von Speyer,
16. Johannes, Bischof von Aachen,
17. Otto, Bischof von Meißen,
18. Heinrich Maria, Bischof von Hildesheim,
19. Joseph, Bischof von Würzburg,
20. Helmut Hermann, Bischof von Osnabrück,
21. Franz, Bischof von Essen,
22. Adolf Bolte, Weihbischof, Vertreter der Diözese Fulda,
23. Heinrich Tenhumberg, Weihbischof, Vertreter der Diözese Münster,
24. Dr. Ferdinand Piontek, Kapitularvikar der Erzdiözese Breslau,
25. Ludwig Polzin, Kapitularvikar der Freien Prälatur Schneidemühl,

26. Paul Hoppe, Kapitularvikar von Ermland,
27. Dr. Franz Monse, Generalvikar von Glatz.

Die Konferenz beginnt am Dienstag, dem 19. August, vormittags 8:30 Uhr, mit der Anrufung des Heiligen Geistes.

Der Vorsitzende eröffnet die Sitzung mit einem pietätvollen Gedenken an den seit der letzten Plenarkonferenz zum Herrn heimgerufenen Erzbischof von Freiburg, Dr. Eugen Seiterich, der bei seinem hohen Geist und weiten Blick stets wesentlich zu den Beratungen beigetragen hatte. RIP.

Mit den besten Wünschen für die Führung seines Amtes begrüßt die Konferenz seinen Nachfolger, Erzbischof Dr. Hermann Schäufele, ebenso den ersten Bischof des neu errichteten Bistums Essen, Dr. Franz Hengsbach, der gleichfalls zum ersten Male an der Plenarkonferenz teilnimmt.

Der Bischof von Münster, der wegen Erkrankung an der Konferenz nicht teilnehmen kann, wird durch seinen Weihbischof Heinrich Tenhumberg vertreten.

Der Apostolische Nuntius Dr. Alois Muench hat an die Konferenz eine sehr herzlich gehaltene Grußbotschaft gerichtet, die zur Verlesung kommt und mit einer Dankadresse erwidert wird.

Die Konferenz tritt sodann in die Tagesordnung ein und behandelt als ersten Punkt die Huldigungsadresse an den Heiligen Vater. Der vorgelegte Entwurf wird besprochen und zur Vornahme der letzten Redaktion an eine Bischofskommission überwiesen.

An Stelle des sonst üblichen Berichtes über die Lage der Kirche in Deutschland legt der Vorsitzende der Konferenz in diesem Jahr einen Bericht über die Situation der Not, insbesondere über den Hunger und Aussatz, in weiten Teilen der Welt vor und verbindet damit den Vorschlag, eine Aktion der Hilfe seitens der deutschen Katholiken in die Wege zu leiten[1].

Statistische Erhebungen zeigen die Situation ungeheueren Elends in vielen Gebieten der Welt: Unterernährung, sehr niedriges Durchschnittslebensalter, hohe Kindersterblichkeit, ein unter der Grenze des Existenzminimums liegendes Einkommen, dazu etwa zehn Millionen Aussätzige. Die aus der Not sich ergebenden verderblichen Folgen liegen nicht nur auf biologischem und politischem Gebiet, sondern wirken sich auch im sittlichen und religiösen Bereich aus.

Durchzuführende Hilfsmaßnahmen müßten sich von klaren Grundsätzen über Motive, Ziel und Methode leiten lassen. Unter Aneignung des Wortes Christi »Misereor super turbam[2]« sollten sie Teilnahme an dem erbarmenden, auch der Leibsorge zugewandten Wirken Jesu sein. Für die Spender könnten sie zugleich zu einem Werk religiöser Erneuerung werden durch den Verzicht auf die Güter dieser Welt um der Not Christi willen.

1 *Druck*: MISEREOR. ZEICHEN DER HOFFNUNG. *Beiträge zur kirchlichen Entwicklungsarbeit. Gottfried Dossing zum 70. Geburtstag, hrsg. von der Bischöflichen Kommission für Misereor, München 1976, S. 13–34.*

2 *Lateinisch für: Mich erbarmt des Volkes.*

Was die praktische Verwirklichung und die Beteiligung der Bischöfe an diesem Werke betrifft, so ergäben sich drei Möglichkeiten, von denen die letzte den Vorzug verdient: 1. Durchführung der Hilfeleistung durch die katholischen Verbände und Institutionen allein, mit bloßer Empfehlung seitens der Bischöfe; 2. ein förmlicher Auftrag der Bischöfe, wobei das Zentralkomitee der deutschen Katholiken ermächtigt würde, die Angelegenheit in die Hand zu nehmen; 3. ein eigens von den Bischöfen der Fuldaer Konferenz getragenes Werk.

Die Konferenz nimmt diesen Vorschlag entgegen und beschließt nach eingehender Beratung, in der Fastenzeit des Jahres 1959 eine von den Bischöfen getragene Aktion gegen den Hunger und Aussatz in der Welt unter dem Motto »misereor super turbam« (abgekürzt: Misereor) durchzuführen. Sie werden vor der Fastenzeit alle Gläubigen aufrufen, nicht nur vom Überfluß mitzuteilen, sondern auch sich selbst Abbruch aufzuerlegen, um der Not in der Welt, die eine Not Christi ist, nach Kräften abzuhelfen.

Die katholischen Vereine sollen durch das Zentralkomitee der deutschen Katholiken aufgefordert werden, bei diesem Werk mitzuwirken und seine Idee ins Volk zu tragen.

Bei der Verteilung der einkommenden Gaben sollen besonders das PWG und der Caritasverband gehört werden. Die Gaben, die in den Kirchen gegen Ende der Fastenzeit bei einem Opfergang gesammelt werden sollen, werden zunächst der Bistumskasse überwiesen und einer Zentralkasse gemeldet werden. Über ihre Verwendung wird eine Bischofskonferenz im Mai 1959 entscheiden.

Zur Durchführung der Aktion wird eine Bischofskommission gebildet, die aus den Bischöfen von Köln, Freiburg, Aachen, Eichstätt und Essen besteht. Msgr. Dossing[3], Aachen, soll gebeten werden, als Sekretär dieser Kommission zu fungieren.

Es ist daran gedacht, die Aktion der Fastenzeit 1959 zu einem dauernden Bischöflichen Werk gegen Hunger und Aussatz in der Welt auszubauen.

Der Bischof von Berlin gibt einen Bericht über die Lage der Kirche im mitteldeutschen Raum. Die Situation ist durch die offenkundige Absicht gekennzeichnet, die kirchliche Erziehungsarbeit an der Jugend noch weiter einzuschränken. Die Ferienbetreuung durch religiöse Kinderwochen wird erschwert; auch die Weiterführung der Kommunikantenanstalten stößt auf immer größere Schwierigkeiten. Werbung und Druck zugunsten der atheistischen Jugendweihe werden verstärkt. Es erscheint unmöglich, daß ein gläubiger Christ weiterhin noch Lehrer werden kann. Die Kirche sieht mit sehr ernster Besorgnis der weiteren Entwicklung in diesem Raum entgegen. Um so größere Bedeutung ist auf diesem düsteren Hintergrund dem diesjährigen außerordentlich gut verlaufenen Katholikentag von Berlin zuzumessen.

Ausgehend von dem Erlebnis des Katholikentages soll ein Hirtenbrief der deutschen Bischöfe die ernsten Sorgen um unser Volk aufgreifen und in diesen Anliegen eindringlich zum Gebete mahnen. Ein diesbezüglicher Entwurf wird der Konferenz

[3] GOTTFRIED DOSSING *(1906–1997), 1934 Priester (D Aachen), 1939–1959 Mitarbeiter, zuletzt Generalsekretär des Päpstlichen Werks der Glaubensverbreitung, 1959–1976 Geschäftsführer von Misereor.*

vorgelegt und, nach Überarbeitung durch eine Kommission von vier Bischöfen, gebilligt.

Den Bischöfen wird – gemäß Auftrag der Plenarkonferenz 1957 (Protokoll[4], Seite 2) und der Konferenz der westdeutschen und bayerischen Bischöfe in Hofheim vom 25. Februar 1958 (Protokoll[5], Seite 3, Ziffer 3) – der überarbeitete Entwurf einer Bischöflichen Weisung an den Klerus über die seelsorgliche Behandlung der Mischehen[6] vorgelegt und darüber hinaus eine zusätzliche Verlautbarung »Pastorale Überlegungen zum Problem der Mischehe«. Die Konferenz beschließt die Veröffentlichung beider Texte in einer gesonderten Broschüre, die dem Seelsorgeklerus übermittelt werden soll. Die Bischöfe von Paderborn und Eichstätt werden gebeten, die Texte noch einmal durchzusehen und sie dann zum Zwecke der Drucklegung dem Vorsitzenden der Konferenz zuzuleiten.

Der im Auftrag der Bischofskonferenz von Hofheim (25. bis 27. Februar 1958 – Protokoll, Seite 3, Ziffer 2) überarbeitete Text zweier Formeln, einer längeren und einer kürzeren, für die Abjuratio bei der Aufnahme von Konvertiten in die Kirche wird der Konferenz vorgelegt und nach Vornahme einiger Abänderungen gebilligt. Es soll nunmehr in Rom durch den Vorsitzenden der Konferenz um die Approbation nachgesucht werden.

Anregungen und Weisungen von Rom

1. Nach Mitteilung der Apostolischen Nuntiatur vom 20. Mai 1958 legt das Staatssekretariat Seiner Heiligkeit den Ordinarien nahe, dafür zu sorgen, daß eine gewisse Zurückhaltung bei der Veröffentlichung von statistischem Material über die religiöse Situation verschiedener Gebiete und Länder beachtet werde. Dadurch soll einer Auswertung dieses Materials von gegnerischer Seite zum Schaden der Kirche in etwa vorgebeugt werden. Doch sollen die Ergebnisse derartiger statistischer Erhebungen den Seelsorgern zum Nutzen ihrer Arbeit nicht vorenthalten werden.

2. Mit Schreiben vom 9. Juli 1958 erinnert die Apostolische Nuntiatur an den Artikel 15 des Reichskonkordates, nach welchem die Unterstellung deutscher Niederlassungen unter ausländische Provinzialobere zu vermeiden ist, Ausnahmen aber im Einvernehmen mit der Bundesregierung zugelassen werden können. Gleichzeitig wird darauf hingewiesen, daß der Heilige Stuhl annimmt, daß die Bischöfe ihre Aufmerksamkeit auch auf die gewissenhafte Erfüllung der übrigen Bestimmungen der Konkordate richten, die sich mit der Tätigkeit ausländischer Priester und Ordensleute in der Seelsorge, im Religionsunterricht, in den Bistumsverwaltungen und als Obere befassen. Eine Zusammenstellung der einschlägigen Bestimmungen wird den Bischöfen übergeben.

3. Der Apostolische Nuntius teilt dem Vorsitzenden der Konferenz unter dem 11. Juli 1958 mit, daß das Staatssekretariat Seiner Heiligkeit auf den 2. März 1959, den Gedenktag des 20jährigen Pontifikats, und den 2. April 1959, den 60. Jubiläumstag der Priesterweihe des Heiligen Vaters, aufmerksam macht. Die Bischöfe beschließen,

[4] *Vgl. Dok. 157.*

[5] *Vgl. Dok. 179.*

[6] *Druck:* AB MÜNCHEN *1958, Beilage zu Nr. 1.*

diese Jubiläen am 8. März 1959, dem Sonntag Laetare, feierlich zu begehen und an diesem Tage auch eine Kollekte für eine Spende an den Heiligen Vater zu halten.

4. Prälat Albert Büttner wurde – nach Mitteilung der Nuntiatur vom 14. Juli 1958 – vom Heiligen Vater unter dem 6. Juli 1958 zum außerordentlichen Generalkommissar der Gemeinschaft von den Heiligen Engeln in Banz, ad nutum Sanctae Sedis, ernannt. Er hat als solcher die Aufgabe, im Einvernehmen mit der Konsistorialkongregation die Hinterlassenschaft Bischof Geyers[7] in dessen Sinn für die deutsche Auslandsseelsorge nützlich einzusetzen, den Status der einzelnen Mitglieder der Gemeinschaft zu klären und die Gemeinschaft selbst womöglich zu neuer Blüte zu bringen.

5. Die Konsistorialkongregation gibt – nach Mitteilung der Nuntiatur vom 2. August 1958 – die Anregung, die deutschen Bischöfe möchten ihre Hirtenbriefe dieser Kongregation, zu ihrer als wertvoll angesehenen Unterrichtung, regelmäßig zuleiten.

Hauptkommission

Die Konferenz nimmt einen Bericht über die Tätigkeit des Zentralkomitees der deutschen Katholiken (ZDK) während des letzten Jahres entgegen. Diese Tätigkeit erstreckte sich einerseits auf die Vorbereitung und Durchführung des Berliner Katholikentages, anderseits auf die Verwirklichung der dem ZDK gestellten vier Aufgaben der Koordinierung, Kooperation, Inspiration und Repräsentation im Bereiche des kirchlichen Lebens. Hervorgehoben wird dabei besonders die Arbeitstagung in Saarbrücken, die ein reiches praktisches Arbeitsprogramm entwickelt hat, sowie die Tätigkeit des Sozialreferates, des staatsbürgerlichen Referates, des Kulturreferates und des Außenamtes im ZDK. Es wird betont, daß die Leiter der Referate sich gerne zur Verfügung stellen, wenn sich die Bischöfe des Zentralkomitees bedienen wollen. Das Haus in Bad Godesberg konnte baulich erweitert werden. – Von seiten der Bischofskonferenz wird es als Aufgabe des ZDK angesehen, seine Tätigkeit noch stärker ins Volk zu tragen.

Was die Ausländerseelsorge betrifft, so wird erneut auf die Beschlüsse der Plenarkonferenz 1957 (Protokoll, S. 15 Mitte) hingewiesen. Danach gelten folgende Grundsätze: Jede Diözese hat für den Unterhalt und den Sachaufwand der in ihrem Bereich tätigen Ausländerseelsorger selbst aufzukommen. Falls einer von diesen in mehreren Diözesen tätig ist, wird er von den in Betracht kommenden Diözesen gemeinsam besoldet, wobei der Ordinarius seines Wohnortes die Federführung hat. Die Oberseelsorger dagegen werden von dem überdiözesanen Fonds übernommen, die Gehaltszahlung soll jedoch über den Ortsordinarius gehen. Diesbezügliche Gesuche sind an den Vorsitzenden der Fuldaer Bischofskonferenz oder an die Finanzkammer in Münster zu richten. Wenn eine Diözese so viele Ausländerseelsorger hat, daß sie dadurch zu schwer belastet wird, ist vorgesehen, daß sie – auf ein Gesuch hin – einen Ausgleich aus den überdiözesanen Mitteln erhält.

[7] Franz Xaver Geyer *(1859–1943), 1882 Priester, Missionar in Khartum/Sudan, 1894 Apostolischer Administrator von Zentralafrika, 1903 Bischofsweihe, 1903–1921 Apostolischer Vikar von Zentralafrika in Khartum.*

Die Bischöfe erklären sich bereit, diese Regelung in ihren Diözesen durchzuführen und gegebenenfalls bis spätestens 1. Oktober 1958 ein diesbezügliches Gesuch beim Vorsitzenden der Konferenz einzureichen.
Zum Leiter des Katholischen Büros in Bonn soll kommissarisch der Bundeskurat der katholischen Landjugendbewegung Wilhelm Wissing bestellt werden.
Mit der Wahrnehmung der kirchlichen Belange bei den Düsseldorfer Parlamentariern und Regierungsstellen soll der bisherige Diözesanseelsorger für die männliche Jugend in Köln Paul Fillbrandt[8] kommissarisch betraut werden; er soll auch für die Wahrnehmung bestimmter Teilaufgaben im Rahmen des Katholischen Büros Bonn zur Verfügung stehen.
Beide sollen eine Bürogemeinschaft in Bonn bilden und Mitglieder des kirchenpolitischen Gremiums zur ständigen Mitarbeit in einzelnen Sparten hinzuziehen.
Die Bischöfe entsprechen der Bitte des Max-Planck-Instituts für Geschichte, die kirchlichen Dienststellen anzuweisen, den Mitarbeitern der »Germania sacra« die Benutzung der kirchlichen Archive zu ermöglichen und zu erleichtern.
Die Regelung der Versorgung der heimatvertriebenen Geistlichen bleibt trotz des neuen Bundesabkommens zur Versorgung der heimatvertriebenen und sonstigen Angehörigen des kirchlichen Dienstes selbstverständlich auch in Zukunft Sache der Bistümer, die sie in Anpassung an die Versorgung des Diözesanklerus durchführen. Da sich aber zahlreiche Detailfragen und Verwaltungsaufgaben ergeben, deren einheitliche Regelung gegenüber dem Staat wichtig ist, wird auf Beschluß der Bischofskonferenz eine Kommission berufen.
Aufgabe dieser Kommission ist:
a) Die Klärung der auftretenden, alle Bistümer gleichmäßig berührenden Fragen;
b) die Aufschlüsselung und Verteilung der anfallenden Bundesmittel auf die Diözesen;
c) die zusammenfassende Bearbeitung der dem Bund vorzulegenden Anforderungen und Abrechnungen.
Zum Vorsitzenden dieser Kommission wird Prälat Dr. Demandt[9], Bad Kissingen, berufen, zu Mitgliedern je ein Vertreter der Ordinariate München, Hildesheim und Osnabrück sowie Generalvikariatsrat Gertz, Münster. Die Ordinariate sollen außerdem je ein stellvertretendes Mitglied benennen.
Betr. Altersversorgung der führenden Laien in den Bischöflichen Arbeitsstellen und Verbandszentralen beschließt die Konferenz die Bildung einer Fachkommission unter dem Vorsitz eines Bischofs, die sich mit der Klärung dieser Fragen befaßt und der Bischofskonferenz einen Vorschlag für die Regelung der Sache unterbreitet. Der Bischof von Essen wird gebeten, den Vorsitz in dieser Kommission zu übernehmen. Als Mitglieder derselben sollen berufen werden:

[8] PAUL FILLBRANDT *(1911–1986), 1936 Priester (ED Köln), 1958 Leiter des Katholischen Büros in Düsseldorf, Apostolischer Protonotar.*

[9] ALOYS DEMANDT *(1893–1967), 1922 Priester (ED Breslau), Ordinariatsrat, Beauftragter und Treuhänder des Vermögens der Erzdiözese Breslau für den Bereich der Bundesrepublik Deutschland, 1948 Kurator in Kissingen.*

a) die Finanzdezernenten: Generalvikar Prälat Dr. Föhr[10], Freiburg; Domkapitular Jansen[11], Köln; Generalvikariatsrat Gertz, Münster;
b) die Juristen: Justitiar Dr. Rieß, München; Oberjustizrat Dr. Weng, Rottenburg; Oberrechtsrat Dr. Westhoff, Köln.

Kommission I: Glaubensüberwachung und Glaubensverbreitung

Das Diasporakommissariat der deutschen Bischöfe legt einen Bericht über die Einnahmen und Ausgaben des Jahres 1957/58 vor. Wenn auch das Diasporakommissariat an sich eine günstige finanzielle Entwicklung genommen hat, wird diese aber aufgehoben durch die verschärften Finanzierungsschwierigkeiten in den mitteldeutschen Jurisdiktionsbezirken, die deshalb der verstärkten Mittel des Diasporakommissariates bedürfen. Die Bitte, es möchte in allen Bistümern der Bundesrepublik die Gehaltsabgabe von 3 Prozent gleichmäßig durchgeführt werden, wird darum angesichts des erhöhten Notstandes erneuert.

Der Konferenz kann berichtet werden, daß die Bemühungen um die Aufgabe der Benutzung protestantischer Kirchen zu katholischen Gottesdiensten sehr guten Erfolg gehabt haben. Man kann bis zur Plenarkonferenz 1958 auf 799 protestantische Kirchen verzichten. (1957 waren es 500 Kirchen.) Dieses Ergebnis wurde erzielt durch die Benutzung anderer Räumlichkeiten oder durch Aufgabe der Außenstation infolge Umsiedlung oder Wegzugs, vor allem aber durch den Bau von katholischen Kirchen an 359 Orten und durch die Einrichtung von sonntäglichen Kirch-Busfahrten an 296 Orten. Der stärkere Ausbau dieser Kirch-Busfahrten wird es ermöglichen, auf die Benutzung noch mancher protestantischer Kirche zu verzichten.

Der Leiter der Kommission »Glaubensüberwachung und Glaubensverbreitung« berichtet über das Verhältnis zur protestantischen Kirche und über den derzeitigen Stand der Una-Sancta-Bewegung. Die Una-Sancta-Bewegung hat nicht zuletzt dadurch mit großen Schwierigkeiten zu kämpfen, daß die lutherische Kirchenleitung ihren Theologen abgeraten hat, an der Zeitschrift »Una Sancta« mitzuarbeiten. Es bahnt sich aber eine für beide Teile tragbare Vereinbarung über Imprimatur und Schriftleitung dieser Zeitschrift an.

Zum diesjährigen Weltmissionstag wird rechtzeitig das Material für ein Hirtenwort mit der Zielrichtung auf die Oktober-Gebetsmeinung des Hl. Vaters: »Gebet und Opfer für die Heranbildung eines einheimischen Klerus in den Missionsländern« bereitgestellt.

Sonderaktionen von Bistümern, Pfarrgemeinden und Organisationen, die aus Liebe zur Mission in wachsendem Maße ausgelöst werden, sind nur dann zur Lösung überlokaler Missionsprobleme wirksam, wenn sie dem Ordnungsplan der Propagan-

[10] Ernst Gottlieb Föhr *(1892–1976), Dr. rer. pol., Dr. theol. h. c., 1915 Priester (ED Freiburg), 1921–1933 Diözesanpräses des Volksvereins für das katholische Deutschland, 1921–1933 Landtagsabgeordneter in Baden (Zentrum), 1928 Mitglied des Reichstags, 1931 Fraktions- und Parteivorsitzender der Zentrumspartei in Baden, 1933 Päpstlicher Hausprälat, Pfarrer und Dekan, 1958 Generalvikar und Domkapitular, 1961 Domdekan, 1963 Apostolischer Protonotar.*

[11] Hermann Joseph Jansen *(1904–1984), 1928 Priester, 1931 Domvikar, 1953 Direktor der Finanzkammer im Kölner Generalvikariat und Domkapitular, 1963–1969 zweiter Generalvikar.*

da-Kongregation angepaßt werden. Es wird deshalb empfohlen, vor einer solchen Aktion sich mit den Päpstlichen Missionswerken in Verbindung zu setzen.
Angesichts der großen finanziellen Not der südafrikanischen Missionsschulen erklärt sich die Konferenz bereit, der vom Consilium Superius Generale der päpstlichen Missionswerke vorgetragenen Bitte, eine größere Geldsumme (möglichst 590.000 DM) dafür aufzubringen, zu entsprechen.
Für diesen Zweck soll in allen deutschen Diözesen am Feste Epiphanie oder am Sonntag nach dem Feste eine Kollekte ausgeschrieben werden.
Die Bischöfe nehmen Kenntnis von einem Schreiben der beiden Kinderwerke – Päpstliches Werk der hl. Kindheit in Aachen und Schutzengelverein für die Diaspora in Paderborn – vom 6. August 1958 an den Bischof von Aachen und an den Erzbischof von Paderborn. In diesem Schreiben wird die Bitte ausgesprochen, Kollekten sowie andere Sammlungen so aufeinander abzustimmen, daß die Opferkraft der Kinder nicht überfordert und eine spürbare Arbeitsvereinfachung für Geistliche, Lehrpersonen usw. bei Kollekten, Sammlungen und deren Einsendung möglich wird.
Die Konferenz beschließt deshalb:
1. Die kirchenamtlichen Kinderwerke der katholischen deutschen Kinder sind das Päpstliche Werk der hl. Kindheit und der Schutzengelverein für die Diaspora. Ihre Wirksamkeit soll nicht durch kirchliche Sammlungen für andere Zwecke beeinträchtigt werden.
2. Der Verwaltungsrat des Päpstlichen Werkes der hl. Kindheit und der Vorstand des Schutzengelvereins für die Diaspora mögen auf Grund des vorstehenden Beschlusses ein Übereinkommen dahin treffen, daß Advents- und Weihnachtszeit den Sammlungen für die Heidenmission, die Fastenzeit dagegen den Sammlungen des Schutzengelvereins für die Diaspora vorbehalten bleibt.

Kommission II: Pflege des religiösen Lebens
Die Konferenz bittet den Bischof von Mainz, eine Eingabe an die hl. Ritenkongregation vorzubereiten und zwecks Weiterleitung nach Rom dem Vorsitzenden der Konferenz zu übersenden, in der um die Erlaubnis gebeten wird, daß in der Missa cantata und sollemnis nach dem lateinischen Gesang der Lektionen diese deutsch vorgelesen werden dürfen.
Weiterhin beschließt die Konferenz, in einer Immediateingabe dem Hl. Vater die einmütige Bitte des deutschen Episkopates zu unterbreiten, daß die Lektionen der Osternacht gleich deutsch vorgelesen werden dürfen oder, wenn diese Erlaubnis nicht erteilt werden kann, daß nach dem Gesang des Initiums der Lektionen diese dann deutsch vorgelesen werden. Der Bischof von Mainz wird auch diese Eingabe vorbereiten, die dann vom Vorsitzenden der Konferenz an den Hl. Vater übersandt wird.
Der Bischof von Speyer referiert über die Stellung des Laien in der Kirche (vgl. Prot[okoll] Hofheim 1958, S. 2, Ziff. 4)[12]. Diese Stellung ist theologisch fundiert aus

[12] *Vgl. Dok. 179. Das 15 Seiten umfassende Manuskript (maschinenschriftliche Vervielfältigung) in* EA MÜNCHEN, Joseph Kardinal Wendel, 28/1958.

der Wirklichkeit des mystischen Leibes der Kirche und aus der Wirksamkeit der Taufe und Firmung; andererseits darf man aber auch nicht die Zusammenhänge der historischen Entwicklung übersehen, in deren Verlauf die Rolle des Laien im Leben der Kirche infolge des Wandels der kulturellen, politischen und sozialen Verhältnisse praktisch großen Schwankungen ausgesetzt war.
Zur Klärung der Frage nach der Stellung des Laien in der Kirche trug die bedeutsame Ansprache Pius' XII. auf dem 2. Weltkongreß für das Laienapostolat am 5. Oktober 1957 bei, in der als seine wesentliche Aufgabe die »consecratio mundi« genannt ist.
Die Konferenz nimmt Kenntnis von den Ergebnissen des Referates von Prof. Dr. Hermann Volk, Münster, über den theologischen Ort des Laienapostolates[13]. Danach ist der theologische Ort des Laien die Welt, an der er die Funktion der Kirche zu erfüllen hat. Über die Aufgabe hinaus, die ihm wesensgemäß als einem Mitglied des Leibes Christi zukommt, kann der Laie durch besonderen Auftrag seitens der Hierarchie zum »offiziellen Laienapostolat« herangezogen und zum Mitarbeiter des »hierarchischen Apostolates« werden.
Unentbehrlich ist eine planvolle, zeitnahe Standesseelsorge (Exerzitien!), besonders auch durch einen weiteren Ausbau der katholischen Bildungswerke und Akademien. Dringend notwendig erscheint eine coordinatio und cooperatio der vielfältigen kirchlichen Organisationen in einer lebendigen »actio catholica«.
Der Bischof von Trier berichtet über die noch bestehenden Schwierigkeiten bei den Schönstatt-Marienschwestern und dem Schönstatt-Werk. Der Vorsitzende der Konferenz gibt aus einem Brief des Provinzials der Pallottiner die Namen der Patres aus der Gesellschaft der Pallottiner bekannt, die von seiten der Gesellschaft für die Neuwahl des Bewegungsleiters des Schönstatt-Werkes vorgeschlagen werden. Der Vertreter des Episkopates wird gebeten, alles zu tun, daß es zu einer friedlichen Regelung der bestehenden Schwierigkeiten kommt.

Kommission III: Seelsorge
Die Konferenz beschließt die Errichtung einer katholischen Jugendakademie (Jugend- und Sozialakademie) und bewilligt den dafür benötigten Zuschuß (s. überdiözesane Zuschüsse).
Die Bischöfe nehmen mit Aufmerksamkeit und Dankbarkeit einen Bericht über die Seelsorge in Mitteldeutschland, ihre Aufgaben und Schwierigkeiten entgegen.
Da der Strom der S.B.Z.-Flüchtlinge weitergeht, ist es Gewissenssache der Kirche, diese Menschen aus ihrer Not herauszuholen. Schwerpunkt dieser Bemühungen wird bei den Pfarreien liegen. Die zusätzliche Seelsorge an den Vertriebenen soll das religiöse Erbe bewahren helfen.
Die Konferenz empfiehlt, daß jede Diözese, soweit es noch nicht geschehen ist, einen hauptamtlichen Flüchtlingsseelsorger ernennt. Der besseren Wirkungsmöglichkeit wegen sollte er Sitz und Stimme im Diözesan-Seelsorgeamt bzw. im Diözesan-Seelsorgereferat haben.

[13] *Vgl. Dok. 186, Anm. 1.*

Da die sudetendeutschen Heimatvertriebenen mit drei Millionen Gläubigen und mit 1.100 heimatvertriebenen Priestern den stärksten Anteil der heimatvertriebenen Katholiken bilden und keinen eigenen Ordinarius im deutschen Raum haben, bejaht die Konferenz die Notwendigkeit der Benennung eines kirchlich anerkannten Sprechers dieser Gruppe. Es wird vorgeschlagen, daß der Vorsitzende der Bischofskonferenz im Einvernehmen mit dem Beauftragten für die Vertriebenen- und Flüchtlingsseelsorge einen solchen Sprecher ernennt.
Die Bischöfe werden der Lagerseelsorge ihre besondere Sorge zuwenden, um durch Freistellung von Lagerseelsorgern, durch Errichtung von Lagerkirchen oder -kapellen und durch Schaffung von Räumen für die seelsorgliche und caritative Betreuung den S.B.Z.-Flüchtlingen und Spätumsiedlern zu helfen, eine seelische Heimat zu finden. Der Dank der Bischöfe gilt der selbstlosen Arbeit der Lagerpfarrer sowie ihren Helfern und Helferinnen.
Bei der ständig wachsenden Zahl der katholischen Jugendlichen unter den Spätumsiedlern ist die Beschaffung neuer Heime für die Einrichtung von Förderklassen eine dringende Notwendigkeit, da sonst die Gefahr besteht, daß die Jugendlichen in nichtkatholische Betreuung geraten.
Die Konferenz spricht Fräulein Denis[14] und Pfarrer Kewitsch[15] sowie allen Ordenshäusern und Instituten, die oft unter großen Opfern eine Förderklasse aufgenommen haben, herzlichen Dank und Anerkennung aus.
Auf Antrag des Erzbischofs von München erklärt die Konferenz ihr Einverständnis, daß von den Kirchensteuern der katholischen Soldaten, die vom 1. Juli 1957 bis zum 30. Juni 1958 in Höhe von 879.580,43 DM eingingen, zwei Drittel dieses Betrages (586.386,96 DM) für die zusätzliche seelsorgliche Betreuung der Bundeswehrangehörigen sowie für die außerdienstliche Soldatenbetreuung durch die »Arbeitsgemeinschaft für Soldatenbetreuung e. V.« verwendet werden. Für die katholische Arbeitsgemeinschaft für Soldatenbetreuung e. V. sollen von dem Betrag 100.000 DM bereitgestellt werden. Etwa 200.000 DM werden für den Ausbau des Exerzitienhauses in Nütschau/Holstein erforderlich sein. Der Rest soll für die bereits bekannten Zwecke verwendet werden: Förderung der Soldatenexerzitien, Presseapostolat, Anschauungsmittel für den weltanschaulichen Unterricht, evtl. Zuschuß zum Unterhalt von Kindergärten usw.

Kommission VI: Publizistik
Den Anregungen der Enzyklika »Miranda prorsus« vom 8. September 1957 entsprechend sollen Gewissen und Urteilskraft der Gläubigen dem Film gegenüber immer wieder geschärft werden. Der Filmdienst soll in allen Gemeinden durch Anschlag bekanntgegeben werden. In den Diözesen möge der »Sonntag des guten Films« ge-

14 Elisabeth Denis *(1900–1969), Generalsekretärin des Deutschen Nationalverbands der katholischen Mädchenschutzvereine, 1949 Caritasdirektorin.*

15 Paul Kewitsch *(1909–1997), 1935 Priester (D Ermland), 1945 Leiter der Katholischen Osthilfe der Caritas im Erzbistum Paderborn.*

halten werden; dabei ist der Beitritt zur Filmliga zu empfehlen und eine Kollekte für die katholische Filmarbeit zu halten.
Das Zusammenwirken zwischen Film-, Fernseh- und Rundfunkarbeit hat sich bewährt. Es ist in allen Diözesen anzustreben.
Die Konferenz begrüßt den Plan, den »Filmdienst« zu einem »Film- und Fernsehdienst« zu erweitern.
Die publizistische Bischofskommission wird gebeten, für die nächste Konferenz der bayerischen und westdeutschen Bischöfe ein schriftliches Memorandum betr. publizistische Nachwuchsförderung, insbesondere für Presse, Rundfunk und Fernsehen vorzubereiten.
Die Konferenz billigt die Bestrebungen der kirchlichen Hauptstelle für die katholische Rundfunk- und Fernseharbeit, die schwebenden Fragen der Rundfunkgesetzgebung und des Werbefernsehens im Sinne der Enzyklika »Miranda prorsus« zu bearbeiten.
Als Nachfolger des verstorbenen Prälaten Exz[ellenz] Böhler im Vorstand der KNA benennt die Konferenz Herrn Wissing zum 2. Vorsitzenden.

Kommission VII: Soziale Arbeit
Die Kommission VII wird beauftragt, ein ausführliches Schwerpunktprogramm für die Arbeiterseelsorge der nächsten Jahre und einen diesbezüglichen Entwurf für ein gemeinsames Lehrschreiben der deutschen Bischöfe an den Klerus zu erarbeiten und in den nächsten Monaten vorzulegen.

Kommission VIII: Caritas und Fürsorge
Die Plenarsitzung der deutschen Bischöfe begrüßt die bevorstehende gesetzliche Neuordnung des gesamten Fürsorgerechtes. Sie setzt dabei voraus, daß das »Gesetz über die Gewährung von Sozialhilfe« das naturgegebene Recht der Menschen, einander Hilfe zu leisten und zu diesem Zweck sich organisatorisch zusammenzuschließen, anerkennt und die freie Entfaltung der kirchlichen Liebestätigkeit wie bisher gewährleistet.
Die Konferenz wird dringend gebeten, geeignete Schritte zu unternehmen, um dem schweren Not- und Mißstand der Überlastung der Ordensschwestern und -brüder in den Krankenhäusern zu begegnen, da die ernste Gefahr besteht, daß die Schwestern und Brüder physisch zusammenbrechen und auch in aszetischer Hinsicht Schaden nehmen.
Es wird vorgeschlagen, bei der Bundesregierung in diesem Anliegen vorstellig zu werden und auf Abhilfe zu dringen. Zugleich soll aber auch das weltliche Krankenpersonal, da es den Vorteil sehr verkürzter Arbeitszeit genießt, ernstlich auf die ihm obliegenden moralischen Verpflichtungen hingewiesen werden. Die Konferenz beschließt, den Caritasverband aufzufordern, entsprechende Schritte vorzubereiten.
[…][16]

[16] *Der Abschnitt* Überdiözesane Zuschüsse für das Jahr 1959 *wurde nicht aufgenommen.*

Als Termin für die nächstjährige, wiederum vier Tage umfassende Plenarkonferenz in Fulda wird die Zeit vom 29. September bis einschließlich 2. Oktober bestimmt. Anreisetag ist Montag, der 28. September, Tag der Abreise ist Samstag, der 3. Oktober.

[*o. U.*].

205

Hagen[1] *an Ordinariat München*

Rottenburg, 21. August 1958

EA MÜNCHEN, Joseph Kardinal Wendel, 22/1958. *Schreibmaschinendurchschrift. Briefkopf:* Diözesanverwaltungsrat. *Aktenzeichen:* Nr. B 4391. *Anschrift:* An das Hochwürdigste Erzbischöfliche Ordinariat München und Freising, München 33, Maxburgstraße. *Vermerke:* Abschrift *und* Betr. Mitwirkung von Frauen in der ortskirchlichen Steuerverwaltung.

Wir sind damit beschäftigt, unser Ortskirchensteuerrecht zu überprüfen. Dabei erhebt sich die Frage, inwieweit weiblichen Kirchenangehörigen das aktive und passive Wahlrecht zu den bei unseren Ortskirchengemeinden bestehenden Ortskirchensteuervertretungen zu gewähren ist. In der Kirchensteuerordnung für die Diözese Rottenburg vom 15.12.1925 (Kirchl[iches] Amtsblatt S. 351) sind gemäß § 44 zur Bildung der Ortskirchensteuervertretung, welche jährlich den Steuerbeschluß für die örtliche Kirchensteuerumlage faßt und sonstige kirchliche Verwaltungsrechte auf dem Gebiete der temporalia ausübt, nur den männlichen Kirchengemeindegenossen Rechte eingeräumt. Bis jetzt sind wahlberechtigt zur Ortskirchensteuervertretung alle über 25 Jahre alten männlichen Kirchengemeindegenossen, soweit sie gewisse Voraussetzungen an Recht und Sitte erfüllen; wählbar in die Steuervertretung ist bis jetzt jeder über 30 Jahre alte männliche Kirchengemeindegenosse. Das gleiche gilt für das aktive und passive Wahlrecht gegenüber der Diözesansteuervertretung. Wir haben mit Rücksicht auf die Entwicklung und die Erfordernisse einer mündigen christlichen Gesellschaft vor, das aktive Wahlrecht auf 21 Jahre und das passive Wahlrecht auf 25 Jahre herabzusetzen. Dies entspricht insbesondere einem einstimmigen Wunsch des Diözesanführungsrates katholischer Jugend unserer Diözese.
Gleichzeitig haben Frauen- und Mädchenverbände gebeten, auch weiblichen Personen entsprechenden Alters das aktive und passive Wahlrecht für die Ortskirchensteuervertretung einzuräumen.
Der Antrag wurde damit begründet, daß die Frauen im gesamten politischen Leben Deutschlands das aktive und passive Wahlrecht innehaben, daß bei allen Wahlen auch die Mädchen und Frauen von den Bischöfen auf ihre christliche Verantwortung hingewiesen werden und daß gerade die christlichen Parteien sich im besonderen auf die Stimme der Frauen stützen. Ferner wurde geltend gemacht, daß bei manchen

[1] AUGUST HAGEN *(1889–1963), Dr. sc. pol., 1914 Priester (D Rottenburg), 1935 o. Professor für Kirchenrecht in Würzburg, 1947 Domkapitular in Rottenburg, 1948–1960 Generalvikar.*

Verhandlungsgegenständen der Ortskirchensteuervertretung auch die Ansicht der Mädchen und Frauen gehört werden müßte.
Nicht zu verkennen ist, daß mit jedem Jahr mehr weibliche Personen im Zuge der Industrialisierung auch des Landes in das Erwerbsleben eintreten und kirchensteuerpflichtig sind. Bevor wir in dieser Angelegenheit eine Entschließung fassen, wäre uns daran gelegen zu wissen, wie in der dortigen Erzdiözese die Regelung ist und welche Gedanken gegenüber einer etwaigen Rechtsentwicklung erwogen werden, insbesondere, ob Bedenken vom Standpunkt des kanonischen Rechts erhoben werden. Es würde uns sehr nützen, wenn wir eine kurze grundsätzliche Antwort bis etwa Mitte September erhalten könnten.

Generalvikar Dr. [Hagen].

206

Stadler[1] und Rieß an Hagen

[München,] 2. September 1958

EA München, Joseph Kardinal Wendel, 22/1958. *Schreibmaschinendurchschrift. Aktenzeichen:* 3032 Dr. R./H. *Anschrift:* An den Diözesanverwaltungsrat z. Hd. Hochw[ürdigsten] Herrn Generalvikar Dr. Hagen, Rottenburg/Neckar. *Vermerke:* Abschrift *und* Bezug: Schreiben vom 21. August 1958 Nr. B 4391. Betr.: Mitwirkung von Frauen in der ortskirchlichen Steuerverwaltung.

Zu dem o. a. Bezugsschreiben gestatten wir uns folgende Stellungnahme:
1. Für die bayerischen Diözesen ist die o. a. Angelegenheit in Art. 8, 9 und 38 der Satzung für die kirchlichen Steuerverbandsvertretungen in den bayerischen Diözesen vom 4.11.1924 nebst Ergänzungen bis 10.1.1942 geregelt.
Art. 8 lautet:
»Wahlberechtigt sind alle Katholiken, die das 25. Lebensjahr vollendet haben... Die Steuerbeträge des Ehegatten gelten, sofern nicht die eheliche Gemeinschaft nach § 575 BGB aufgehoben ist, auch für die Ehefrau, wenn letztere nicht eine eigene Steuer zu entrichten hat.«
Art. 9 lautet:
»Wählbar sind nach zurückgelegtem 30. Lebensjahr die wahlstimmberechtigten männlichen Mitglieder der Kirchengemeinde...«
Das aktive und passive Wahlrecht der ortskirchlichen Vertretungskörper ist daher in Bayern offenbar genauso geregelt wie in Rottenburg und dürfte wohl im ganzen westdeutschen Bundesgebiet ähnlich sein. Dies wäre durch Erhebungen zunächst noch festzustellen.

[1] Franz Stadler *(1899–1977), Dr. theol. h. c., 1925 Priester (ED München), 1931 Filialdirektor der Liga Spar- und Kreditgenossenschaft, Präses verschiedener Verbände, 1942–1954 Vorsitzender des Bayerischen Klerusverbands, 1948 Domkapitular und Finanzdirektor, 1957 Prälat, 1965 Domdekan. Vgl.* H.-J. Nesner, *S. 513.*

2. Der Antrag der Frauen- und Mädchenverbände, auch weiblichen Personen nicht nur das aktive, sondern auch das passive Wahlrecht für die Ortskirchensteuervertretung einzuräumen, erscheint uns in dem o. a. Schreiben hinreichend begründet. In diesem Zusammenhang dürfen jedoch u[nseres] E[rachtens] die cc. 1520 § 1, Abs. 2 und 1521, § 1 Abs. 1 CIC nicht übersehen werden. In diesen beiden Vorschriften des kirchlichen Gesetzbuches ist sowohl für den Diözesanvermögensrat wie für die Verwaltung des ortskirchlichen Vermögens klar und eindeutig bestimmt, daß nur umsichtige, geeignete und gut beleumundete Männer zu berufen sind. Jone führt dazu in seinem Kommentar aus, daß die Berufung von Frauen zwar unerlaubt, aber gültig wäre und verweist auf can. 11 CIC in Verbindung mit Graf «Die Leges irritantes et inhabilitantes im Codex iuris Canonici« Seite 51[2].

3. Auf Grund dieser Sach- und Rechtslage vertreten wir die Ansicht, daß sowohl die Herabsetzung des Wahl- und Wählbarkeitsalters wie auch die Mitwirkung von Frauen in den Kirchenverwaltungen einer sorgfältigen Prüfung bedarf und im Interesse der notwendigen Einheitlichkeit der Fuldaer Bischofskonferenz vorgelegt werden müßte. Hinsichtlich der Herabsetzung der Altersgrenzen könnte diese Konferenz wohl in eigener Zuständigkeit Beschlüsse fassen. Bevor sie jedoch eine Entscheidung hinsichtlich der Mitwirkung von Frauen trifft, würden wir es für richtig halten, wenn die Angelegenheit dem Hl. Stuhl unterbreitet werden würde. Gegen die Wählbarkeit von Frauen wäre nur dann nichts einzuwenden, wenn dieselbe in bisher geltenden staatskirchenrechtlichen Bestimmungen bereits vorgesehen gewesen wäre und bei Außerkraftsetzung dieser staatskirchenrechtlichen Bestimmungen das nunmehr geltende kirchliche Recht als ein Nachfolgerecht bisher geltender Bestimmungen zu betrachten wäre. Soweit wir aber überblicken können, ist dies in Bayern beispielsweise nicht der Fall.

Abschließend dürfen wir darauf hinweisen, daß im Bereich der Erzdiözese München-Freising in jeder Pfarrei Pfarrausschüsse bestehen[3], deren Mitglieder Frauen und Männer der betreffenden Pfarrei sind. In diesem Gremium ist nach unserer Beurteilung schon ziemlich ausreichend dafür Sorge getragen, daß Männer und Frauen in gleicher Weise zu Wort gelangen und ihre Anliegen vorbringen können.

gez. Stadler
gez. Dr. Rieß.

2 GEORG GRAF, *Die Leges irritantes et inhabilitantes im Codex Juris Canonici, Paderborn 1956.*

3 *Die Angabe ist irreführend, insofern die Errichtung von Pfarrausschüssen in allen Pfarreien der Erzdiözese München und Freising zwar vorgesehen war, tatsächlich aber nicht überall erfolgte. Nach der Gründungsphase stagnierte die Zahl der Pfarrausschüsse im Jahre 1963 bei 280–290 von insgesamt 710 Seelsorgestellen.* MKKZ *56 (1963) Nr. 41 vom 13. Oktober, S. 866.*

207

Bericht über die »Kommission Sonntagsruhe«

Bad Godesberg, 16. September 1958

EA KÖLN, Gen. II 20.17a, 3. *Schreibmaschinendurchschrift. Überschrift:* Stellungnahme der Gesprächspartner der Katholischen Kirche in der »Kommission Sonntagsruhe« beim Bundesministerium für Arbeit und Sozialordnung.

1) Regelung der Sonntagsarbeit in der Eisen- und Stahlindustrie:
Das Bundesministerium für Arbeit und Sozialordnung legte unter dem Datum 28. August 1958 den »Entwurf einer Verordnung zur Änderung der Bekanntmachung vom 5. Februar 1895 betreffend Ausnahmen von dem Verbote der Sonntagsarbeit im Gewerbebetriebe« vor.
Dazu nehmen die Verhandlungspartner, die im Auftrage der katholischen Kirche an den Sitzungen der vom Bundesarbeitsministerium einberufenen »Kommission Sonntagsruhe« teilnahmen, wie folgt Stellung:
Gegenüber den ersten Vorschlägen zu einer Änderung der Bekanntmachung von 1895 zeigt der vorliegende Entwurf dankenswerte Fortschritte und Genauigkeiten, dennoch müssen einige wichtige Bedenken geltend gemacht werden.
In erster Linie müssen die Vorschläge, die unter Ziffer 11 b) des Entwurfes zu einer eventuellen Sonntagsarbeit der Blockstraßen der Stahlwerke gemacht werden, als nicht hinreichend begründet abgelehnt werden.
Zwar ist [*in*] den Vorschlägen des Entwurfes bisher an keiner Stelle eine Begründung angeführt worden, die es rechtfertigen würde, das grundgesetzlich geschützte Institut des Sonntags weiter einzuengen. Die Blockstraßen der Stahlwerke aber sind nach dem Zeugnis zuständiger Experten selbst bei günstigen Konjunkturlagen so gut wie nie über 86% der in einer Woche insgesamt möglichen Betriebszeit von 168 Stunden genutzt. So ist es objektiv durchführbar, die Blockstraßen an den Sonntagen für 16 Stunden stillstehen zu lassen und die turnusmäßig zu tätigenden Umstellungs- und Reparaturarbeiten zusätzlich in einer Werktagsschicht vorzunehmen, ohne daß volkswirtschaftliche Verluste in einer Größenordnung entstehen, die selbst zu Lasten des Sonntage vermieden werden müßten.
Auf Grund dieses Tatbestandes muß die 8-stündige »Betriebsunterbrechung«, die der Entwurf des Bundesarbeitsministeriums für die Blockstraßen vorsieht, als unzureichend abgelehnt werden. Dazu kommt, daß die 8-stündige Unterbrechung in dem Entwurf nicht einmal dagegen gesichert ist, daß in ihrem Verlauf die turnusmäßigen Umstellungs- und Reparaturarbeiten vorgenommen werden. So würde die Belastung des Sonntags größer denn geringer werden. Die nicht begründete, nur 8-stündige Betriebsunterbrechung nimmt zudem keinerlei Rücksicht darauf, daß nach der deutschen Rechtstradition die Zeit des Hauptgottesdienstes der Sonntage einen qualifizierten Rechtsschutz genießt.
Es müssen Bedenken geltend gemacht werden gegen den Vorschlag, den das Bundesarbeitsministerium unter Ziffer 9 b) des Entwurfes vom 28.8.1958 macht. Die beiden Be-

dingungen »in Betrieb« und »in denen Mischer mit ausreichendem Fassungsvermögen aus räumlichen Gründen nicht aufgestellt werden können« sind nicht eng genug, um zu verhindern, daß weitere Thomas-Stahlwerksanlagen sonntags arbeiten. Als »in Betrieb« kann sich jedes Thomaswerk, das existiert, bezeichnen. Räumliche Engen, die sich als Folge eigener, freier, privatrechtlicher Entscheide ergeben, als hinreichende Begründung anzuerkennen, daß sich Wirtschaftssubjekte von einer allgemeinverpflichtenden Norm ausnehmen, führt zu unabsehbaren Folgen. Der Sonntag darf dieser Gefahr nicht preisgegeben werden, wenn der grundgesetzliche Schutz seinen Sinn behalten soll.
Auch die 8-stündigen Unterbrechungen, die nach dem Entwurf in den SM- und Elektro-Stahlwerken, die legierten Edelstahl erzeugen, einzuhalten wären, sind gemessen an den objektiven Tatbeständen, wie sie durch das Urteil zuständiger Experten und durch die praktischen Gepflogenheiten bedeutsamer Werke dieser Art erhärtet sind, zu kurz gegriffen. Von gewissen, sehr kurzfristigen Übergangsschwierigkeiten abgesehen, die an einigen wenigen Stellen auftreten können und die man auffangen kann, sind hier Stillstandszeiten von mindestens 12-stündiger Dauer durchaus vertretbar. Die resultierenden volkswirtschaftlichen Belastungen erreichen nicht eine Größenordnung, die nicht im Auf und Ab der wirtschaftlichen Bewegungen häufiger zur Debatte steht und die deshalb keinerlei strukturelle Änderungen und Modifikationen auslösen darf.
Auch hier vernachlässigen nur 8-stündige Betriebsunterbrechungen den qualifizierten Rechtsschutz, der der Zeit des Hauptgottesdienstes in Deutschland garantiert ist. In jedem Falle muß der Begriff des »legierten Edelstahles« genauer bestimmt werden, daß die getroffene Regelung nicht zu einer Generalklausel wird, deren Folgen nicht absehbar sind.
Es kann nicht zugestanden werden, daß man die Tonnengrenze der Öfen, die SM- oder Elektro-Massenstahl erstellen, unter die Größe 75 Tonnen herabsetzt. Ist die Erzeugung derartigen Stahles schon in Öfen von 50 Tonnen freigegeben, so resultieren daraus Fragen der Rechtsgleichheit. Mit dem Hinweis auf das Maß an Werten, das bei solchen Öfen zur Debatte steht, werden Belastungen des Sonntags an anderen Stellen gefordert, die in sich nicht begründet sind.
2) Regelung der Sonntagsarbeit in der Zementindustrie:
Da selbst innerhalb der Zementindustrie bestritten wird, daß die Schachtöfen sonntags durchfahren müßten, sollten nicht größte volkswirtschaftliche Verluste entstehen, und da die in Frage stehende Gewerkschaft es als nicht notwendig bezeichnet, daß auch diese Anlagen sonntags durchfahren, können auch die Vertreter der katholischen Kirche nicht anerkennen, daß hier Zugeständnisse gemacht werden.
Die noch ausstehenden Begründungen und Unterlagen zu dem Entwurf werden erst eine genauere Stellungnahme ermöglichen.

Dr. J[oseph] Paulus
(Domkapitular)

P. Dr. [Hermann-]J[osef] Wallraff S. J.

P. Dr. J[osef] Engel SCJ.

208

Wissing an Wendel

Bonn, 29. Oktober 1958

EA München, Joseph Kardinal Wendel, 21/1958. *Schreibmaschinenausfertigung mit eigenhändiger Unterschrift. Briefkopf:* Wilhelm Wissing, Direktor Katholisches Büro Bonn. *Anschrift:* S[eine]r Eminenz dem Hochwürdigsten Herrn Erzbischof Joseph Kardinal Wendel, München, Maxburgstr. 2. *Eingangsstempel:* Erzbistum München. Erzb[ischof] 8. Nov[ember] 1958. 21 Nr. 1401.

Ew. Eminenz!
Herzlichen Dank für das ausgesprochene Vertrauen zur kommissarischen Leitung des Katholischen Büros in Bonn. Inzwischen habe ich die Arbeit hier aufgenommen. Das Umsteigen von der Landjugendarbeit in diese kirchenpolitische Arbeit in Bonn bedingt doch eine starke Umstellung. Die Einarbeitung braucht sicher eine geraume Zeit. Es ist nämlich nicht so leicht, Nachfolger von Prälat Böhler zu sein, der mit dieser Arbeit groß geworden ist und von unten herauf hereingewachsen ist. Ich bin ihm im Leben selten begegnet, begegne ihm aber jetzt oft in den Aktennotizen und höre viel von ihm anläßlich meiner Antrittsbesuche bei Regierungsmitgliedern und Parlamentariern. Die Einarbeitung ist auch dadurch erschwert, daß eine Entlastung in der Landjugendarbeit noch nicht eingetreten ist, wenigstens in der Form eines Assistenten, wie es die Bundesleitung der Katholischen Landjugendbewegung vorschlägt.
Eine ganz kurze Übersicht über die Gesetzgebung, soweit sie zur Zeit hier in Bearbeitung ist, möchte ich mit der Anlage geben. Die Verfolgung und Mitbeeinflussung der jeweiligen Gesetze ist aber nur ein Teil der Arbeit, die hier anfällt. Für diese Arbeit brauchte das Büro einen qualifizierten Juristen und einen Fachmann für Sozial- und Kulturfragen. Meine Arbeit hier im Büro geschieht auch in Ihrem Auftrag, Eminenz, daher würde ich auch gerne Ihre Anregungen und Wünsche zu dieser Arbeit erfahren und bitte deshalb sehr um Ihre Unterstützung. Sobald das Büro hier voll arbeitsfähig ist, ich rechne mit Anfang des Jahres, und die vielen Besuche vorbei sind, möchte ich in regelmäßigen Berichten Ihnen über den Stand der Verhandlungen Nachricht geben. Ein persönlicher Besuch bei Ihnen wäre nach der Einarbeitung meinerseits sehr erwünscht.
Hoffentlich gelingt es, von hier aus dazu beizutragen, daß Kirche als Lebensprinzip der menschlichen Gesellschaft kraftvoll sich auswirke.
Durch Ihre Fahrt nach Rom, Eminenz, ist ein Gespräch über die Arbeit des Büros nicht so schnell zustande gekommen, wie es beabsichtigt war. Darf ich Sie herzlich bitten, sobald es Ihnen möglich ist, mir einen Termin zu nennen, damit ich nach München kommen kann und die Fragen der Arbeit hier mit Ihnen besprechen könnte?

In Ehrerbietung!
W[ilhelm] Wissing
(Direktor Wissing).

209

Bericht Wissings

[Bonn, 29. Oktober 1958][1]

EA MÜNCHEN, Joseph Kardinal Wendel, 21/1958. *Schreibmaschinenschrift. Überschrift:* Gesetze, die zur Zeit im Katholischen Büro bearbeitet werden.

Gruppe I:
Strafrechtsreform:
Augenblicklich in Arbeit sind Stellungnahmen zu den Fragen:
Strafvollzug (auch in seelsorgerischer Hinsicht);
Zweikampf;
Empfängnisverhütung;
Fragen des Jugendschutzes;
Schutz kirchlicher Einrichtungen und Ämter;
Religionsdelikte u. ä.
Gutachten und Stellungnahmen zu folgenden Punkten wurden bereits abgegeben:
Strafrechtliche Bekämpfung der Gewerbsunzucht und Kuppelei;
Reform der §§ 175, 175a StGB (Homosexualität);
wirksamer strafrechtlicher Schutz von Ehe und Familie;
Abtreibung (Schutz des keimenden Lebens);
künstliche Befruchtung;
Körperverletzung und Erziehungsrechte;
Verbreitung unzüchtigen Schrifttums;
Kinderhandel.
Für diese Arbeit steht dem Büro ein Arbeitskreis zur Seite aus Theologen, Juristen, Pädagogen und Verwaltungsbeamten. Der beiliegende Brief des Herrn Ministers für Justiz[2] ist ein Ausdruck dafür, wie ernst diese Arbeit auch im Ministerium genommen wird.
Entwurf eines Gesetzes über den zivilrechtlichen Persönlichkeits- und Ehrenschutz: In Zusammenarbeit mit dem Arbeitskreis für Strafrechtsreform wird das Katholische Büro auch zu diesem Entwurf Stellung nehmen müssen. Der Entwurf wird als solcher grundsätzlich zu bejahen sein; einzelne Streitfragen bedürfen noch der Verhandlungen.

Gruppe II:
Bundesfürsorgegesetze:
Unter dem Namen Bundes-Sozialhilfegesetz liegt ein Referentenentwurf vor.
Hier ist vor allem Sorge zu tragen, daß im Bereich der Sozialhilfe ein behördliches Fürsorgemonopol vermieden und die Stärkung sowie Förderung der kirchlichen und

[1] *Die Datierung ergibt sich aus dem Zusammenhang mit der vorigen Nummer.*
[2] *Nicht ermittelt.*

freien Liebestätigkeit im Gesetz verankert wird. Auch hier muß das Subsidiaritätsprinzip in echter Weise verwirklicht werden.
Es ist vorgesehen, daß sich ein eigener Arbeitskreis mit diesen Problemen, die der Gesetzesentwurf aufwirft, befaßt und eine Stellungnahme erarbeitet.
Reform der sozialen Krankenversicherung:
Gesetzliche Regelung z. Z. in Vorbereitung. Von Bedeutung wird diese Neuregelung für die Kirche und die Orden usw. vor allem dadurch, [*daß*] geklärt werden muß, ob und inwieweit Diözesangeistliche, Ordensangehörige sowie kirchliche Laienbedienstete der sozialen Krankenversicherung unterworfen werden sollen. Diesbezügliche Verhandlungen sind im Gange.
Gesetz über den Arbeitsschutz für Pflegepersonal in Krankenanstalten:
In den Bereich dieser Gesetzesmaterie gehört die Regelung über die Gestellungsverträge mit den Mutterhäusern von Pflegeorden. Eine besondere Stellung nimmt bei der Beratung dieses Entwurfs auch die Frage einer gesetzlichen Regelung des Arbeitsschutzes (Arbeitszeit u. a.) für die in Krankenanstalten tätigen Ordenskräfte [*ein*].
Einige vorfühlende Verhandlungen sind schon geführt worden; es steht zu erwarten, daß in Kürze die Verhandlungen intensiviert werden können. Die Verhandlungen werden in engstem Zusammenwirken mit dem Deutschen Caritasverband geführt werden sowie mit den Ordenszentralen.

Gruppe III:
Jugendgesetzgebung:
Es liegt z. Z. ein Vorentwurf für ein neues Jugendwohlfahrtsgesetz bereit.
Wie beim Gesetz zur Änderung des Reichs-Jugendwohlfahrtsgesetzes vom 28. August 1953[3] wird es auch hier vor allem darauf ankommen, daß dem Wirken der freien, vor allem der kirchlichen Verbände der entsprechende Spielraum eingeräumt wird und der Staat nur in wirklich echt subsidiärer Weise selbst Maßnahmen einleitet.
Jugendarbeitsschutzgesetz:
Vom kirchlichen Gesichtspunkt her gesehen wird es darauf ankommen, daß sittliche Gefährdungen am Arbeitsplatz möglichst unterbunden werden, daß der Entwicklungs- und Reifeprozeß der Jugendlichen nicht gehemmt und schließlich Sonntags- und Nachtarbeit für Jugendliche ausgeschlossen wird.
4. Gesetz zur Änderung der Gewerbe-Ordnung:
Bei diesem Entwurf, der vom neuen Bundestag aus der vorhergehenden Legislaturperiode wieder aufgegriffen wurde, ist darauf zu achten, daß die Bestimmungen, die den Verkauf von Schutzmitteln durch Automaten unterbinden, und die Bestimmungen, die dem Schutze der Jugend und der öffentlichen Sittlichkeit dienen, erhalten [*bleiben*] und unabgeschwächt Gesetzeskraft bekommen.
Richtlinien Bundesjugendplan:

[3] Gesetz zur Änderung von Vorschriften des Reichsjugendwohlfahrtsgesetzes *vom 28. August 1953.* BGBl., *S. 1035.*

Hierzu sind Verhandlungen notwendig, um die verfassungsrechtliche Stellung der Kirche auch in die Tat umzusetzen und bei Finanzierungshilfen durch den Staat dingliche Sicherungen und Aufsichtsrechte auf das rechte Maß zurückzuschrauben. Von der Kirche darf hier nicht mehr verlangt werden als z. B. von den politischen Gemeinden.

Novelle zur Änderung des Gesetzes über die Verbreitung jugendgefährdender Schriften:

Aus verschiedenen Gründen ist Änderung des Gesetzes notwendig: Eingliederung des Saarlandes sowie Entscheidung des Bundesverfassungsgerichts vom 10. März 1958, in der § 21 Abs. 2 GJS für verfassungswidrig erklärt wurde.

Davon abgesehen soll angestrebt werden, die Bestimmungen zu verbessern, die sich in der Praxis als unzureichend oder zu eng erwiesen haben. Die Verhandlungen sind eingeleitet.

Gruppe IV:

Bau- und Bodenrecht:

Bundesbaugesetz:

Verhandlungen seit fast zwei Jahren im Gange. Hauptfragen sind: Sicherung, daß die Kirche von Anbeginn an an der Planung und Festlegung rechtsverbindlicher Bebauungspläne beteiligt ist und keine Pläne Rechtskraft erlangen können, in denen nicht auch die »Erfordernisse für Gottesdienst und Seelsorge« berücksichtigt sind. Darüber hinaus ist Sorge zu tragen, daß für die Fälle erforderlicher Enteignung Ersatzland zu gewähren ist und Kirchenland für Ersatzlandgewinnung nicht herangezogen werden kann.

Bodenbewertungsfrage:

Die Frage des Bodenpreises und der Bodenbewertung im Rahmen der Baulandgewinnung soll im Bundesbaugesetz noch mit eingebaut werden. Ein besonderer Arbeitskreis wird sich mit dem Problem zu befassen haben und auf der Grundlage des Gutachtens des wissenschaftl[ichen]Beirats für Fragen der Bodenbewertung beim Bundesministerium für Wohnungsbau den Abgeordneten Richtlinien und Grundsätze aus der Sicht der katholischen Soziallehre an die Hand geben müssen.

Grundstückverkehrsgesetz:

Verhandlungen darüber seit ca. vier Jahren im Gange. Hauptziel ist, die im 3. Reich eingeführte Genehmigungspflicht für Grundstücksverkehr für die Kirche wieder zu beseitigen. Des weiteren sind Erschwerungen des Grunderwerbs durch die Kirche, wie sie von verschiedenen Kreisen angestrebt werden, zu verhindern.

Kleingartengesetz:

Noch im vorbereitenden Stadium. Zusicherung, daß die Kirche zur Beratung vor der Verabschiedung durch das Kabinett zugezogen wird. In erster Linie geht es um die Sicherung des kirchlichen Grundbesitzes vor Eingriffen jeder Art.

Siedlungsgesetz:

Hier gilt das eben Gesagte in gleicher Weise. Eventuell kann noch hinzukommen, daß auch in diesem Gesetz ähnlich dem Bundesbaugesetz darauf geachtet werden

muß, daß die Erfordernisse für Gottesdienst und Seelsorge entsprechende Berücksichtigung finden.
Bundesenteignungsgesetz:
Zweck dieses Gesetzes ist, generelle Normen für Enteignungen festzulegen, die Einzelregelungen in den verschiedenen Spezialgesetzen überflüssig zu machen und gleichzeitig die Enteignungsbestimmungen zu vereinheitlichen.
Das Augenmerk ist vor allem auf die Sicherung und den Schutz des kirchlichen Grundbesitzes zu legen. Der Entwurf befindet sich noch im Vorbereitungsstadium, die Verhandlungen sind im Gange. Ein Initiativantrag mehrerer Abgeordneter soll eine Teillösung anstreben.

Gruppe V:
Steuer- und Finanzfragen:
Kirchensteuerhaftung in glaubensverschiedenen Ehen:
Eine bundeseinheitliche Regelung in der zuständigen Landesgesetzgebung wird vorerst nicht zu erreichen sein, da erst noch eine Entscheidung des Bundesverfassungsgerichts abgewartet werden muß, dem ein Streitfall über die K[irchen]St[euer]-Haftung von einem Finanzgericht unterbreitet wurde.
Grundsätzlich stimmen die Länder K[irchen]St[euer]-Referenten mit uns überein, daß die K[irchen]St[euer]-Haftung eines keiner Kirche angehörenden Ehegatten für die K[irchen]St[euer] des anderen Ehegatten nicht verfassungswidrig ist.
Vereinheitlichung der Kirchensteuer-Ordnungen und -Gesetze:
Auf Wunsch der Länder-K[irchen]St[euer]-Referenten arbeitet ein kleiner Arbeitskreis von Vertretern der beiden Konfessionen an der Ausarbeitung von Vorschlägen zu einer schrittweisen Vereinheitlichung der Kirchensteuer-Ordnungen und des K[irchen]St[euer]-Rechts der Länder. Entsprechende Vorschläge zu Teilfragen sollen den Diözesen in absehbarer Zeit zur Stellungnahme zugeleitet werden.
Einführung einer Mindestkirchensteuer:
Vorschläge zur Einführung einer Mindestkirchensteuer, mit deren Hilfe in etwa der zu erwartende K[irchen]St[euer]-Ausfall ausgeglichen werden soll, werden in absehbarer Zeit den Diözesen zur Stellungnahme zugeleitet werden können.
Altsparergesetz:
Zur Zeit sind Verhandlungen über ein 2. Gesetz zur Änderung des Altsparergesetzes[4] im Gange. Es ist in diesem Entwurf vorgesehen, daß Schuldverschreibungen, gewisse Spareinlagen und Wertpapiere in bestimmter Form aufgewertet werden sollen. Soweit solche Wertpapiere von der Kirche und öffentl[ich]-rechtl[ichen] Religionsgesellschaften ausgegeben worden sind, sollen die Beträge zur Einlösung dieser Schuldverschreibungen dem Ausgleichsfonds beim Bundesausgleichsamt zur Verfügung gestellt werden. Augenblicklich läuft noch eine Rundfrage bei den Diözesen, inwieweit solche Schuldverschreibungen vorhanden und noch nicht eingelöst sind.

[4] Zweites Gesetz zur Änderung des Altsparergesetzes *vom 4. Februar 1959.* BGBl., *S. 29.*

Sammlungsgesetz:
Auf Grund der Bemühungen des Katholischen Büros, eine Änderung des Sammlungsgesetzes vom 5.11.1934 zu erreichen, haben die Innenminister der Länder sich auf einer Konferenz mit dieser Frage befaßt. Die von der Innenminister-Konferenz herausgegebenen Richtlinien wurden den Diözesen am 7.6.1958 zugestellt. Danach sollen Sammlungen der Kirchen und Religionsgesellschaften bei ihren Mitgliedern dann nicht als öffentlich gelten, wenn die Sammlungen von dem zuständigen Organ der kirchl[ichen] Körperschaft verfügt oder beschlossen ist und keine Personen angesprochen werden, die nicht Mitglied der sammelnden Kirche usw. sind.
Die Innenminister sind also gewillt, dem Anliegen der Kirchen zu entsprechen. Doch kann nicht übersehen werden, daß solche Richtlinien die Rechtsprechung in der Auslegung der Bestimmungen des Sammlungsgesetzes nicht binden.
In einigen Ländern sind Entwürfe für ein neues Sammlungsgesetz in Bearbeitung, die genau verfolgt werden müssen.

Gruppe VI: Familienrechtsreform:
Familienrechtsänderungsgesetz[5]:
Der Gesetzentwurf liegt dem Bundestag vor. Sein Hauptinhalt ist:
Neuregelung des Rechts der unehelichen Kinder (nur Teilreform!); Bestimmungen über Ehelichkeitserklärung und Ehelichkeitsanfechtung sowie Adoptionsrecht.
Der Gesetzentwurf lag den Generalvikariaten bzw. Ordinariaten zur Stellungnahme vor.

Gruppe VII:
Religiös-kulturelle Gesetze:
Gleitende Arbeitswoche:
In enger Zusammenarbeit mit dem Zentralkomitee der Deutschen Katholiken (Sozialreferat) verfolgt das Katholische Büro die laufenden Verhandlungen. Im Bundesministerium für Arbeit und Sozialordnung wird an einer bundesgesetzlichen Regelung dieser Frage gearbeitet. In die Verhandlungen sind wir eingeschaltet. Die Verhandlungen sind noch im Gange.
Rundfunk- und Fernsehfragen:
In Zusammenarbeit mit den kirchlichen Beauftragten für die Rundfunk- und Fernseharbeit sind Verhandlungen über die Einführung eines 2. Programms beim Fernsehen im Gange. Eine der Hauptaufgaben wird die Durchsetzung eines Mitspracherechts der Kirche in den entscheidenden Gremien des Rundfunks und des Fernsehens sein. Über die Pläne der Bundesregierung zu einer bundesgesetzlichen Regelung ist noch intensiver Gedankenaustausch im Gange. Referentenentwurf wird im November fertiggestellt.
Reichskonkordat:
Eine Übersicht über die zur Zeit anstehenden Fragen des Reichskonkordats erfolgt demnächst.

5 Gesetz zur Vereinheitlichung und Änderung familienrechtlicher Vorschriften (Familienrechtsänderungsgesetz) *vom 11. August 1961.* BGBl., *S. 1221.*

210

Bericht Kellers

[Münster, 30. Oktober 1958][1]

EA München, Joseph Kardinal Wendel, 46/1958. *Schreibmaschinenvervielfältigung ohne Anlagen. Überschrift:* Zur gewerkschaftlichen Situation.

I. Die aktuelle Situation

Betrachtet man die gewerkschaftliche Entwicklung etwa seit Ende vorigen Jahres, so dürften sich folgende Tatbestände ergeben:

1. Aktionseinheit SPD – DGB

Noch im Vorjahr wurde die Christlich-soziale Kollegenschaft vom DGB teilweise gefördert oder wenigstens geduldet, wenn sie auch auf entscheidende Beschlüsse keinerlei Einfluß nehmen konnte. Einer der wesentlichen Gründe für diese Rücksichtnahme ist ganz sicher die Existenz der CGD, die für die Kollegenschaft als Absprungsbasis dienen konnte. Nachdem die Christlich-soziale Kollegenschaft aber selber (in ›Solidarität und Freiheit‹, 15.3.1957) den Untergang der CGD angekündigt hatte, wendete sich die Taktik. Sie mag bestärkt worden sein durch das Referat von Professor P. v[on] Nell-Breuning »Der Christ im DGB«[2], in dem der bekannte Sozialwissenschaftler den Christen weiterhin den Weg für die Mitarbeit im DGB offen ließ und empfahl, dagegen die Tariffähigkeit der CGD anzweifelte. Wie sehr dieses Referat der DGB-Führung zustatten kam, beweist die Tatsache, daß es vom DGB in 72.000 Exemplaren verbreitet wurde.

Der Vorstoß des DGB ging nun im wesentlichen in drei Richtungen:

a) Angeregt von mehreren Artikeln des Vorwärts vom 17.1., 7.2. u[nd] 2.5.1958 (s[iehe] Vorwärts vom 2.5.1958 – Anlage 1) startete der DGB selber (so Willi Richter[3], Bundesvorsitzender, auf dem ÖTV-Kongreß) einen Angriff auf die Kollegenschaft, der in den verschiedensten Formulierungen vorgeworfen wurde, daß sie ein verlängerter Arm der CDU und der katholischen Kirche sei, um von außen her die Gewerkschaftsarbeit zu lähmen. Evangelische Kreise leisteten dabei gute Hilfestellung (s. Bericht von der Sozial-Akademie Friedewald – Anlage 2).

b) Praktisch ließ der DGB auch die letzte Rücksichtnahme auf die partei-politische Neutralität fallen durch sein Engagement in der Anti-Atom-Kampagne vor den letzten Wahlen zum Bundestag und zum Landtag NRW. Es hieß zwar immer wieder, daß es sich hierbei nicht um eine Hilfestellung für die SPD handle, da die verschiedensten Gruppen sich an dieser Aktion beteiligten. Daß sich diese Aktion aber bewußt gegen die Politik einer Partei, nämlich der CDU, richtete und dadurch die

[1] *Die Datierung ergibt sich aus dem Begleitschreiben an die Bischöfe (Schreibmaschinenvervielfältigung mit eigenhändiger Unterschrift am gleichen Fundort).*

[2] Oswald von Nell-Breuning, *Die Christen im DGB. Verantwortung und Aufgaben, hrsg. vom DGB 1958.*

[3] Willi Richter *(1894–1972), Gewerkschafter, 1949 Mitglied des Geschäftsführenden Vorstands, 1956–1962 Vorsitzender des DGB, 1949–1957 Mitglied des Bundestags (SPD).*

partei-politische Neutralität verletzt wurde, verschwieg man. Verwirrend für die Kollegenschaft war die Tatsache, daß zwei führende christliche Funktionäre – Tacke und Claassen[4] – sich für die DGB-Aktion aussprachen.

c) Der nächste Schritt bestand darin, daß mehrere Industriegewerkschaften (ÖTV, Metall, Bergbau) auch offiziell auf die »partei-politische Neutralität« verzichten, indem sie diesen in ihren Satzungen verankerten Begriff durch »partei-politische Unabhängigkeit« ersetzten. Diese Änderung wurde damit begründet, daß man endlich die Hände frei haben wolle. Da die partei-politische Unabhängigkeit schon zur Voraussetzung einer jeden Gewerkschaft in der freien Welt gehört, hätte man auf ihre Verankerung in der Satzung getrost verzichten können. Mit der partei-politischen Neutralität aber ist der Status einer Einheitsgewerkschaft aufgegeben, zu deren Wesen es ja gehört, daß in ihr die Anhänger aller Parteien mitarbeiten können, ohne in ihrer partei-politischen Auffassung verletzt zu werden. In Deutschland wiegt das so um so schwerer, als die politischen Parteien weitgehend weltanschaulich ausgerichtet sind.

In einem aufsehenerregenden Artikel des »Neuen Journals« / 21.5.1958) – Anlage 3 – wurde behauptet, daß die führenden SPD- und DGB-Journalisten sich geeinigt hätten, aus dem DGB für die sozialistische Machtergreifung so viel wie möglich herauszuholen, den DGB als Einheitsgewerkschaft nicht mehr ernst zu nehmen und die Christen »auf Sand laufen« zu lassen. Wenn auch die Faktizität einer solchen Absprache vom sozialistischen Bundestagsabgeordneten Lohmar[5] bestritten wird, so besteht doch der Eindruck, daß praktisch dieser Weg in Einmütigkeit von SPD und DGB beschritten worden ist. Die Übernahme der sozialistischen Betriebsgruppen durch Herrn Abgeordneten Wehner im Parteivorstand der SPD dürfte diese Linie unterstützt haben.

2. Meinungsverschiedenheiten in Regierung und CDU

Einmütig war und ist die CDU in Führung, Gliederungen und Presse lediglich in der Kritik an der Verletzung der partei-politischen Neutralität des DGB, um daraus politisches Kapital für die CDU zu schlagen. Konsequente Folgerungen wurden aber bis zur Stunde nicht gezogen.

a) Es scheint nur ein Gerücht zu sein, daß sich der Kanzler selbst seit der KAB-Kundgebung in Wipperfürth für den Gedanken einer christlichen Gewerkschaft erwärmt habe. Jedenfalls sind Beweise dafür nicht vorhanden. Die Einstellung des Außen-, Wirtschafts- und Arbeitsministeriums wird dadurch sichtbar, daß man es seitens der Bundesregierung immer wieder abgelehnt hat, Vertreter der christlichen Gewerkschaftsgruppen (CGD, DHV, VWA) in internationale Gremien zu entsenden. Die CDU-Regierung überläßt die Mitarbeit in europäischen Gremien auf Arbeitnehmerseite weitgehend sozialistischen Gewerkschaftlern. Dagegen stehen

4 PETER CLAASSEN *(geb. 1898), Gewerkschafter, 1955–1959 hauptamtliches Vorstandsmitglied des DGB im Landesbezirk Nordrhein-Westfalen, 1955–1958 stellvertretender Vorsitzender.*

5 ULRICH LOHMAR *(1928–1991), Dr. phil., Journalist und Politiker (SPD), 1952–1955 Vorsitzender des Sozialistischen Studentenbundes, 1954 Chefredakteur von »Die neue Gesellschaft«, 1957–1976 Mitglied des Bundestags.*

verschiedene Bundesminister wie Schröder, Strauß[6], Wuermeling, Lücke der CGD nahe.

b) Wie bekannt, sind von den Bundestagsabgeordneten inzwischen 16 zur CGD übergetreten. Der 17. (Teriete), der seine Ämter im DGB schon länger niedergelegt hat, wird im Oktober folgen. Seitens der CGD ist übrigens vorgesehen, diese Gruppe zu einer stärkeren Aktivität zusammenzuführen.

c) Die Partei hat nie offene Stellung bezogen, doch ist das von der Partei unterhaltene Gewerkschaftsreferat engstens mit dem DGB liiert (s. Rede Winkelheides in Essen vom 14.9.1958 – Anlage 4).

d) Die Unternehmergruppe hat zumindest kein Interesse an einer starken christlichen Gewerkschaft, da sie befürchtet, daß Rivalitäten zwischen den Gewerkschaften auf ihre Kosten ausgetragen werden (gegenseitige Überbietung in Lohnforderungen!). Während sie also eine Einheitsgewerkschaft befürwortet, damit die Arbeitnehmerschaft nicht zu stark werde, wird seitens des DGB und verschiedener christlicher Gruppen den Arbeitnehmern immer wieder vorgesagt, daß eine Spaltung die Front der Arbeitnehmer schwäche.

e) Im ganzen scheint man in Regierung und Partei der Auffassung zu sein, daß der DGB durch die in ihm stehende christliche Gruppe gezähmt werde und daß eine zahme Einheitsgewerkschaft nicht so viele Schwierigkeiten bereite als eine radikalisierte sozialistische Richtungsgewerkschaft. Tatsächlich zeigt aber die Entwicklung in allen Ländern mit Richtungsgewerkschaften, daß die sozialistischen Gewerkschaften durch die Konkurrenz christlicher Gewerkschaften zur Mäßigung gezwungen werden, wogegen der DGB mit seinen Industriegewerkschaften trotz christlicher Kollegenschaft immer radikaler wird (s. I,1).

f) Allerdings wächst in verantwortlichen Parteikreisen immer mehr die Erkenntnis, daß nach Abtreten der Führungskräfte des Arbeitnehmerflügels, die noch aus den früheren christlichen Gewerkschaften stammen (Kaiser, Arnold[7], Storch), ein Mangel an profilierten christlichen Arbeiter-Politikern sichtbar wird. Zugleich wächst die Einsicht, daß nicht der DGB, sondern nur eine christliche Gewerkschaft eine geeignete Schule für christlich-soziale Nachwuchs-Politiker sein kann.

3. Die gespaltene christliche Arbeitnehmerschaft

Die partei-politischen Entgleisungen des DGB (s. I,1) brachten zunächst eine heftige Reaktion aller christlichen Arbeitnehmergruppen, die vor allem durch den Landtagswahlkampf in NRW gesteigert wurde.

6 Franz Josef Strauss *(1915–1988), Lehramtsassessor, Politiker (CSU), 1949–1952 Generalsekretär, 1952–1961 stellvertretender Vorsitzender, 1961 Vorsitzender der CSU, 1949–1978 Mitglied des Bundestags, 1953–1955 Bundesminister für besondere Aufgaben, 1955/56 für Atomfragen, 1956–1962 für Verteidigung, 1966–1969 der Finanzen, 1978–1988 bayerischer Ministerpräsident.*

7 Karl Arnold *(1901–1958), Gewerkschafter, Politiker (CDU), 1945 Mitbegründer der CDU im Rheinland, 1947–1956 Ministerpräsident von Nordrhein-Westfalen, 1958 Vorsitzender der Sozialausschüsse der CDU. Vgl.* R. Uertz, *Arnold.*

a) Sozialausschüsse: Arnold erklärte, daß die gewerkschaftliche Situation nach den Wahlen überprüft werden müsse. Johannes Albers[8] (derzeitiger Vorsitzender der Sozialausschüsse) äußerte im Juni des Jahres gegenüber dem Generalsekretär des IBCG, Vanistendael[9], im Herbst werde in Deutschland eine neue gewerkschaftliche Situation gegeben sein. Man dächte an die Errichtung unabhängiger Gewerkschaften, die sich aber international dem IBCG anschließen würden. Von Katzer[10] MdB (Geschäftsführer der Sozialausschüsse) wurde der Plan ventiliert, um die DAG eine Arbeitersäule zu errichten. Andere wollten sich in Gruppen dem DHV usw. anschließen. Bundesarbeitsminister Blank erklärte: »Wir werden den DGB zur Neutralität zwingen«. Sowohl die verschiedensten Gruppen der Sozialausschüsse als auch der Christlich-sozialen Kollegenschaft planten ernstlich eine Trennung vom DGB, wobei sie allerdings meistens so taten, als ob die CGD nicht existierte. Für die Haltung der CGD gegenüber wurde von diesen Gruppen als Grund angegeben, die schwache Entwicklung der CGD beweise, daß der Gedanke an eine christliche Gewerkschaft in der christlichen Arbeitnehmerschaft nicht mehr lebendig sei. Dieselben Gruppen hatten sich allerdings vorher damit gebrüstet, daß gerade sie ein Wachstum der CGD verhindert hätten. Der eigentliche Grund für diese Haltung war wohl ein inneres Mißbehagen vor dem Eingeständnis, daß die CGD von Anfang an den richtigen Weg gegangen sei.

Der rettende Anker für alle diese Gruppen wurde dann der Ruf nach einem christlichen Arbeiterkongreß, der über die gewerkschaftliche Situation befinden solle. Man braucht sich nicht mehr zu entscheiden, konnte getrost den Kongreß abwarten. Der Gedanke an eine unabhängige Gewerkschaft wurde sowieso fallen gelassen. Nach dem Wahlsieg flaute dann von selber die Erregung ab. Die Führung der Sozialausschüsse war mit der Kabinettsbildung in NRW und Rivalitäten in den eigentlichen Reihen beschäftigt, von Minister Blank hört man nichts mehr, und es ist fraglich, ob der christliche Arbeiterkongreß, der von der CGD begrüßt, von der Kollegenschaft abgelehnt und von der KAB unter Vorbehalt akzeptiert wurde, zustande kommt bzw. von den Sozialausschüssen selber noch gewollt ist. Ein großes Verdienst der Sozialausschüsse ist sicher die Dokumentation der bisherigen Verhandlungen um die Einheitsgewerkschaft in der Zeitschrift »Christlich-soziale Ordnung« (Nr. 8/58) – Anlage 5 –, die die Gründung der CGD ins rechte Licht rückt.

Gut informierte Beobachter wollen jedoch festgestellt haben, daß die Sozialausschüsse einen Teil ihrer bisherigen Selbstsicherheit selbst eingebüßt haben. Sie spüren ihre eigene Unsicherheit in der Gewerkschaftsfrage, sie taktierten unglücklich bei der Regierungsbildung in NRW und wissen, daß sie dadurch an Prestige verloren haben.

8 Johannes Albers *(1890–1963), Schriftsetzer, Gewerkschafter, 1946–1950 Mitglied des Landtages von Nordrhein-Westfalen, 1949–1957 Mitglied des Bundestags, 1951–1957 stellvertretender Vorsitzender der CDU/CSU-Fraktion, 1958 Vorsitzender der Sozialausschüsse der Christlich-demokratischen Arbeitnehmerschaft. Vgl.* W. Herbers.

9 August Vanistendael *(1917–2003), belgischer Gewerkschafter, 1947–1952 stellvertretender und 1952–1968 erster Vorsitzender des Internationalen Bundes Christlicher Gewerkschaften.*

10 Hans Katzer *(1919–1996), Gewerkschafter, Politiker (CDU), 1950 Hauptgeschäftsführer, 1963–1977 Vorsitzender der CDA, 1957–1980 Mitglied des Bundestags, 1966–1969 Bundesminister für Arbeit.*

b) Christlich-soziale Kollegenschaft: Auch die Kollegenschaft um P. Reichel focht in den Gesellschaftspolitischen Kommentaren gegen die Entgleisungen des DGB und bei Satzungsänderungen der Industriegewerkschaften. Dabei wurde sichtbar, daß sie keinerlei Einfluß mehr auf das Geschehen im DGB hatte. Das zeigte die gemeinsame Kampagne von SPD und DGB gegen die Kollegenschaft, das zeigte die zahlenmäßig schwache Vertretung der Christen auf den Kongressen der Industriegewerkschaften und eine ungerechte Behandlung derselben (ÖTV-Kongreß).
Allerdings wendete sich das Blatt bald nach der Wahl. Nach einem Gespräch der beiden oben Genannten in der Zentrale des DGB in der Stromstraße (Düsseldorf) ist man schnell wieder in die alte Linie eingebogen, indem man erklärte, daß die Einheit erhalten bleibe und nur die Christen innerhalb des DGB das Recht hätten, über den DGB zu befinden. Darum wurde der christliche Arbeiterkongreß abgelehnt, falls dort das Gewerkschaftsproblem diskutiert werden solle. Die Nachgiebigkeit ging soweit, daß eine Konferenz von 250 christlichen DGB-Funktionären (haupt- und ehrenamtliche) am 15.9.1958 unter Aufsicht des Vorsitzenden Bergbau Gutermuth[11] (SPD) tagte und ihre Beschwerden nur unter Ausschluß der Presse vorbringen durfte. Die Entschließung der Tagung bestätigte dann auch die eingeschlagene Linie. Wie weit sich diese 250 Funktionäre der IG-Bergbau gleichzeitig als Mitglieder der Christlich-sozialen Kollegenschaft betrachten, ist ungewiß.
c) Die katholischen Verbände: Mit Ausnahme von KAB und CAJ scheinen die katholischen Verbände das Wort der deutschen Bischöfe zur Gewerkschaftsfrage im allgemeinen lediglich zur Kenntnis genommen zu haben. Eine Aktivität in diesem Sinn konnte jedenfalls nicht festgestellt werden. In KAB und CAJ wurde dagegen die Forderung der CGD sowohl durch öffentliche Entschließungen als auch durch eine stetige Werbearbeit betrieben. Wie auf Tagungen und in Kursen sichtbar wird, gehört die Elite der KAB und CAJ weitgehend der CGD an, wogegen sich die breiten Mitgliederschichten trotz allem weiterhin an den christlichen DGB-Funktionären und Betriebsräten orientieren. Die KAB ist bereit, am christlichen Arbeiterkongreß teilzunehmen, allerdings unter den Vorbehalten, daß sie nicht als Vorspann der Sozialausschüsse dient und daß sie nicht gezwungen werden soll, von den in der Stellungnahme der Bischöfe gegebenen Richtlinien zur Gewerkschaftsfrage abzuweichen.
d) Die evangelische Seite: evangelischerseits hat man sich in dieser Zeit (Ende 1957 bis Okt[ober] 1958) kaum mit der CGD beschäftigt. Dagegen gab es eine heftige Auseinandersetzung mit der Christlich-sozialen Kollegenschaft, der man die Berechtigung, auch im Namen der ev[an]g[e]l[ischen] Arbeitnehmer im DGB zu sprechen, absprach, da sie katholisch ausgerichtet sei. Die Notwendigkeit eines Zusammenschlusses der christlichen Kollegen im DGB wurde verneint (s. Bericht aus der ev[an]g[e]l[ischen] Sozial-Akademie Friedewald und Verlautbarungen von Dr. Eberhard Müller[12] in der evgl. Zeitschrift »Mitarbeit«). Wird schon die Existenzberechtigung

[11] Heinrich Gutermuth *(1898–1977), Bergmann, Gewerkschafter, 1956–1964 Vorsitzender der IG Bergbau.*

[12] Eberhard Müller *(1906–1989), Dr. phil., Dr. theol., 1945–1971 Direktor der Evangelischen Akademie Bad Boll, Vorsitzender der Evangelischen Arbeitsgemeinschaft für Arbeiterfragen.*

einer Christlich-sozialen Kollegenschaft im DGB verneint, so darf man folgern, daß eine eigenständige christliche Gewerkschaftsbewegung noch mehr abgelehnt wird. Pfarrer Dr. Eberhard Müller beruft sich geradezu in einem Appell an den DGB zur Mäßigung darauf, daß er das Einbrechen der CGD in ev[an]g[e]l[ische] Kreise verhindert habe. Es sei hier aber angemerkt, daß vor allem im niedersächsischen Raum (Nordhorn, Wolfsburg, Espelkamp) die CGD stark von ev[an]g[e]l[ischen] Kräften getragen wird.

4. Die öffentliche Meinung:

In der öffentlichen Meinung macht sich ein Umschwung zugunsten der CGD bemerkbar. Auffällig ist z. B., daß die CGD-Tagung in Essen vom 14.9.1958 mit dem Referat von Winkelheide in der Presse sehr stark beobachtet wurde, sogar in der »Frankfurter Allgemeinen Zeitung«. Grund dafür mag sein, daß man des dauernden Wechselspiels zwischen Drohung und Rückzug in den Kreisen der Sozialausschüsse und der Kollegenschaft müde geworden ist und einsieht, daß man so den DGB nicht zu einer vernünftigen Linie zwingen kann. Noch mehr ist das Verständnis bei der CGD in den Kreisen der christlichen Arbeitnehmer gewachsen. Während man früher in Kreisen von hauptamtlichen christlichen DGB-Funktionären, aber auch einfacher DGB-Mitglieder auf härteste Ablehnung stieß, wenn die CGD nur erwähnt wurde, stellt man heute fest, daß diese Kreise sehr unsicher geworden sind und kaum noch wesentliche Vorwürfe gegen die CGD vorzubringen haben. Damit ist allerdings ein verstärkter Übertritt zur CGD noch nicht festzustellen.

II. Die CGD weiterhin im Aufbau

Die CGD hat in diesem Jahre keine besonderen Krisen erlebt. Wie oben dargelegt, hat sich die Gesamt-Atmosphäre um sie gebessert, wenn das auch im Mitgliederzuwachs noch nicht entsprechend zum Ausdruck kam. Auch dafür wurden einige Gründe angeführt. Der Mitgliederzuwachs beträgt monatlich etwa 500. Die Mitgliederzahl der eigentlichen, »zahlenden« CGD (ohne Saar) beträgt zur Zeit 20.000, dazu kommen die Landarbeitergruppe mit 3.000 und die Gaststättengruppe mit 2.000 Mitgliedern. Zwei neue Kräfte wurden in Bayern eingestellt. Die Anstellung je einer weiteren Kraft in Trier und Niedersachsen steht bevor. Die Frage des Generalsekretärs ist immer noch nicht gelöst, da es an einer geeigneten Persönlichkeit fehlt. Die Hauptverantwortung und die Hauptarbeitslast ruhen nach wie vor auf den Schultern des Herrn Winkelheide, der sich trotz seiner vielen anderen Aufgaben mit großem Eifer um den Ausbau der CGD bemüht.

Die CGD lebt seit dem 1. Januar 1958 finanziell aus eigener Kraft. Das ist eine vorzügliche organisatorische Leistung, andererseits sind Reserven für einen weiteren Ausbau nicht vorhanden.

Auch tarifpolitisch hat die CGD weitere Fortschritte erzielt. Die größte Schwierigkeit bereitet der Unternehmensverband Bergbau, der nur bereit ist, einen Einheitstarif mit IG Bergbau und CGD gemeinsam abzuschließen. Da die IG Bergbau es ablehnt, mit der CGD gemeinsam zu verhandeln, ist zur Zeit im Bergbau noch kei-

ne Möglichkeit zu einem Tarifabschluß. Durch die Errichtung des Berufsverbandes Chemie ist die Zahl der Berufsverbände auf zehn abgestiegen.
Mit dem deutschen Beamtenbund, der CGD-Saar, dem DHV und dem VWA sind neue Verhandlungen aufgenommen worden zwecks engeren Zusammenschlusses. Im Gegensatz zu früher liefen die Verhandlungen sehr positiv. Man kann erwarten, daß bis Ende des Jahres ein Gesamtverbund der christlichen Gewerkschaftsgruppen zustande kommt mit etwa 200.000 Mitgliedern, zu dem dann der Deutsche Beamtenbund mit seinen 300.000 Mitgliedern in ein Interessenverhältnis tritt.
Freunde der CGD haben eine »Gesellschaft für christlich-soziale Arbeit« gegründet, die es sich zur Aufgabe macht, das christlich-soziale Gedankengut im Hinblick auf eine christliche Gewerkschaftsbewegung besonders zu pflegen und zu publizieren. Sie hofft, damit das Ansehen der CGD in der Öffentlichkeit zu fördern. Ebenfalls wird in Kürze ein wissenschaftlicher Beirat erstmals zusammentreten. U. a. haben Herr Professor Dr. Höffner und Domkapitular Dr. Paulus ihre Mitarbeit zugesagt.
Die CGD hat den Vorteil, daß sie das Hin und Her im christlichen Lager nicht mitzumachen braucht. Weg und Ziel sind klar. Sie hat darum auch ein Ja gesagt zu dem viel diskutierten Arbeiterkongreß. Nachdem wenigstens ein Teil der Aversionen bei anderen christlichen Gruppen abgebaut [*ist*], möchte sie zu diesen in ein klares Verhältnis kommen, da sie nicht in diesen, sondern in der sozialistischen Richtung den Gegner sieht.
Schwierig gestalten sich für die CGD noch die Wahlen (Sozialwahlen und Betriebsrätewahlen). Zwar stimmen dort, wo eigene CGD-Listen aufgestellt werden, immer weit mehr Wähler für die CGD, als nach der Mitgliederzahl zu vermuten wäre. Aber einmal ist die Basis der CGD für größere Aktionen zu schwach, andererseits kommt es dabei zu Auseinandersetzungen mit den anderen christlich-sozialen Gruppen, die gewöhnlich auf DGB-Listen kandidieren. Auch deshalb möchte die CGD mit den anderen Gruppen zu einem klaren Verhältnis kommen, um bei den zukünftigen Aktionen (die nächste Betriebsrätewahl ist Anfang 1959) mit diesen gemeinsam operieren zu können.
Infolge Fehlens christlicher Gewerkschaften in der Zeit des Wiederaufbaus sind die verschiedenen bestehenden oder sich bildenden christlich-sozialen Gruppen in diesen Leerraum eingedrungen und haben absichtlich oder gezwungen Aufgaben übernommen, die eigentlich von einer christlichen Gewerkschaft wahrgenommen werden müssen. Nur so erklären sich verschiedene Fehlentwicklungen im christlich-sozialen Raum. Die Sozialausschüsse, die zunächst als politische Gruppe in der CDU ihren Standort hatten, haben ihre Zuständigkeit ausgedehnt auf Betriebsgruppenarbeit und Betriebsrätewahlen. Darüber hinaus möchten sie durch den Ausbau einer interkonfessionellen Arbeiterbewegung den Nachwuchs für die politische Arbeit heranbilden, den früher die christlichen Gewerkschaften automatisch stellten. Die Standesorganisationen sahen sich gezwungen, als ACA (Arbeitsgemeinschaft christlicher Arbeitnehmerorganisationen) sich in die Sozialwahlen und die Besetzung der entsprechenden Richterstellen einzuschalten, da eine christliche Gewerkschaft fehlte, die diese Aufgabe selbstverständlich wahrgenommen hätte. Die Christlich-soziale

Kollegenschaft begründete sich, um in erster Linie eine Bremswirkung gegenüber dem sozialistisch gesteuerten DGB auszuüben. Auch diese Funktion hatte früher die christliche Gewerkschaft. Daß sich alle drei Gruppen im sozialpolitischen und vor allem im betrieblichen Raum aneinander reiben, ja einander bekämpfen, ist eine Folge dieser falschen Zuständigkeiten. Dabei hat sich hinreichend gezeigt, daß keine dieser beiden Gruppen in der Lage ist, die von ihr übernommenen (oder angemaßten) Aufgaben auch mit der nötigen Schlagkraft durchzuführen. Diese Kompetenzüberschreitungen bzw. Rivalitäten können wohl nur durch den Aufbau einer starken christlichen Gewerkschaftsbewegung überwunden werden. In dem Augenblick, wo eine starke christliche Gewerkschaftsbewegung die Aktionen im Betrieb, die Sozialwahlen und die Bremsfunktionen gegenüber dem DGB übernehmen würden, würden die anderen Gruppen sich von selbst wieder ihren ursprünglichen Aufgaben zuwenden müssen, d. h. die Sozialausschüsse wären wirklich soziale Ausschüsse der Partei, die Standesorganisationen würden sich stärker der Bildungsarbeit und der Arbeit im vorpolitischen Raum widmen können, und die Kollegenschaft könnte dann eine Sammlung der im DGB verbleibenden christlichen Kräfte sein, um ihnen eine Stütze zu bieten.

III. Zusammenfassung und Maßnahmen

1. Zusammenfassung: Aus den obigen Darlegungen seien folgende Punkte besonders hervorgehoben:

a) DGB und SPD sind durch die gemeinsame Anti-Atom-Kampagne und den gemeinsamen Kampf gegen die Kollegenschaft zu einer Aktionsgesellschaft verschmolzen. Das satzungsmäßige Hindernis »parteipolitische Neutralität« wurde bei den wichtigsten Industriegewerkschaften beseitigt, und zwar im Sinne einer stärkeren Bindung an die politischen Ziele der SPD.

b) Der bisher seitens des DGB der Christlich-sozialen Kollegenschaft eingeräumte Einfluß ist praktisch ausgeschaltet, und damit ist das Experiment der Kollegenschaft als Korrektur des DGB gescheitert.

c) Die taktischen Züge von Regierung, CDU und Sozialausschüssen machen keinen Eindruck mehr auf den DGB und wirken in der Öffentlichkeit allmählich unglaubwürdig.

d) Trotz aller Anfangsschwierigkeiten und des sehr langsamen Vorankommens der CGD ist eine auch als Minderheit beachtliche CGD auf weite Sicht das einzige Mittel, um der christlichen Arbeitnehmerschaft den nötigen Rückhalt zu geben und die christliche Soziallehre wirksam zu vertreten.

e) Eine objektive Beurteilung der gegenwärtigen Situation darf die Tatsache nicht außer acht lassen, daß schon jetzt ein empfindlicher Mangel an Funktionären christlich-sozialer Richtung aus der Arbeiterschaft besteht. Nachdem die in den früheren christlichen Gewerkschaften ausgebildeten Arbeitervertreter mehr und mehr infolge ihres Alters ausscheiden, rücken in die freigewordenen Stellen notwendig Leute ein, die sich mangels anderer Möglichkeiten gern oder ungern in den eindeutig sozialistisch geprägten DGB-Schulen ausbilden lassen mußten.

Es ist schlechterdings nicht zu sehen, wie in diesem Übelstand anders als auf dem von der CGD eingeschlagenen Wege abgeholfen werden soll.

f) Schließlich muß hingewiesen werden auf die in unserem Raum viel zu wenig gesehene Aufgabe der Vertretung christlich-sozialen Gedankenguts in den internationalen Gremien. Diese sind z. Zt. (wenigstens was die Arbeitnehmerseite angeht) fast ausschließlich mit Sozialisten beschickt. Es würde eine nicht wiedergutzumachende Unterlassung bedeuten, wenn die Christen auf das Recht der Mitarbeit an diesen vor allem in Hinblick auf die unterentwickelten Völker von Tag zu Tag wichtiger werdenden Aufgaben kampflos verzichteten; ganz abgesehen davon, daß die Entwicklung in den anderen Kontinenten über kurz oder lang entscheidende Rückwirkungen in Europa zeitigen wird.

2. Notwendige Maßnahmen:

a) Ein neues Hirtenwort der deutschen Bischöfe ist im Augenblick nicht opportun.

b) Wichtig wären aber gelegentliche Äußerungen der einzelnen Bischöfe, die ihre positive Einstellung zur CDG zum Ausdruck bringen, ohne die Christen im DGB zu diffamieren.

c) Die Diözesanverbände der katholischen Organisationen sollten jetzt aktiv werden und sowohl in der Öffentlichkeit als auch durch Kleinarbeit sich werbend für die CDG einsetzen.

d) Die verschiedenen Arbeitnehmergruppen im katholischen Raum sollten sowohl auf oberster als auch auf mittlerer Ebene zusammengeführt werden zu klärenden Gesprächen und zum gemeinsamen Vorgehen bei anstehenden Aktionen.

e) Die unsichere und unklare Haltung der katholischen Arbeitnehmerschaft zeigt, wie notwendig eine verstärkte Arbeiterseelsorge ist. Darum sollte für beides ein Schwerpunktprogramm entwickelt werden.

211

Protokoll der westdeutschen Bischofskonferenz

Salzgitter, 17.–19. November 1958

EA MÜNCHEN, Joseph Kardinal Wendel, 21/1958. *Druckstück mit Überschrift:* Protokoll der Konferenz der westdeutschen Bischöfe in Salzgitter – Diözese Hildesheim – vom 17. bis 19. November 1958. *Vermerk:* Streng vertraulich!

An der Konferenz, die unter dem Vorsitz des Herrn Erzbischofs von Köln, Kardinal Frings, stattfindet, nehmen teil:

Joseph Kardinal Frings, Erzbischof von Köln,
Julius designierter Kardinal Döpfner, Bischof von Berlin,
Lorenz, Erzbischof von Paderborn,
Hermann, Erzbischof von Freiburg,
Albert, Bischof von Mainz,
Michael, Bischof von Münster,

Wilhelm, Bischof von Limburg,
Karl Joseph, Bischof von Rottenburg,
Matthias, Bischof von Trier,
Johannes, Bischof von Aachen,
Heinrich Maria, Bischof von Hildesheim,
Helmut Hermann, Bischof von Osnabrück,
Franz, Bischof von Essen,
Adolf Bolte, Weihbischof, Kapitularvikar von Fulda.

Vor Eintritt in die Tagesordnung spricht der Vorsitzende dem Hochwürdigsten Herrn Bischof von Berlin, Exz[ellenz] Dr. Julius Döpfner, dessen bevorstehende Erhebung zum Kardinal soeben durch Rundfunk bekanntgegeben wurde, die aufrichtigsten Segenswünsche der Konferenz aus. Die Konferenz begrüßt sodann den Hochwürdigsten Herrn Erzbischof von Freiburg, Dr. Hermann Schäufele, der zum erstenmal an der westdeutschen Bischofskonferenz teilnimmt.

1. Die Konferenz nimmt einen Bericht über die Bedeutung der Instructio »De musica sacra et sacra liturgia« vom 3. September 1958[1] entgegen.
Der Vorsitzende wird in einem Schreiben an Kardinal Cicognani, Präfekt der Ritenkongregation, die Auffassung des deutschen Episkopates zu einigen durch die Instructio aufgeworfenen Fragen darlegen und begründen, daß es auf Grund von Nr. 13 c eines neuen Indults für die Beibehaltung der »Gemeinschaftsmesse« nicht bedarf, die durch die Entscheidung des Heiligen Stuhles vom 24.12.1943 gebilligt wurde.
2. Der Bischof von Limburg berichtet über die Notwendigkeit einer Nachwuchsförderung der katholischen Publizisten, die bisher schon von der Gesellschaft katholischer Publizisten in Angriff genommen ist. Es besteht der Wunsch, sie auf eine breitere Basis zu stellen und in Verbindung mit den bestehenden katholischen Akademien für Erwachsenenbildung zu intensivieren. Die Konferenz beauftragt H[ochwürdigen] H[errn] Direktor Hanssler vom Zentralkomitee der deutschen Katholiken, Vorschläge für einen ersten mehrwöchigen Kursus für publizistische Nachwuchskräfte auszuarbeiten, der in Verbindung mit der Katholischen Akademie des Bistums Rottenburg in Stuttgart-Hohenheim durchgeführt werden soll. Die Konferenz stellt zur Finanzierung dieses Kursus einen Betrag von 5.000 DM bereit.
3. Die Frage einer möglichen Änderung des Impressums im »Mann in der Zeit«, herausgegeben im Auftrage der Deutschen Bischöfe (Hauptarbeitsstelle für Männerseelsorge), soll im Zusammenhang mit der Gesamtordnung der Bischöflichen Hauptstelle für Männerseelsorge geregelt werden, für die bereits der Text eines innerkirchlichen Auftrags und der Entwurf einer e. V.-Satzung vorliegen. Der Bischof von Rottenburg wird gebeten, in seiner Eigenschaft als Vorsitzender der Publizistischen Kommission die endgültige Ordnung der Bischöflichen Hauptstelle für Männerseelsorge, vor allem einen Vertrag zwischen der Hauptstelle und dem Winfried-Verlag vorzubereiten.

1 *In* AAS *nicht veröffentlicht.*

4. In Ergänzung und Fortführung der Fuldaer Verlautbarung zur Rundfunkgesetzgebung in Deutschland vom Jahre 1955[2] verabschiedet die Konferenz ein Memorandum, das der Bischöflichen Hauptstelle für Rundfunk und Fernsehen als Arbeitsgrundlage dienen soll und diesem Protokoll als Anhang beigefügt ist (Anlage).
5. Die Konferenz begrüßt die Einrichtung der Arbeitsstelle für Zeitschriftenberatung und beauftragt die Publizistische Kommission, die bisherige Arbeit der Zeitschriftenberatungsstelle und ihre Richtlinien zu überprüfen.
6. Die Aufgaben der Bischöflichen Arbeitsstelle für Schule und Erziehung werden eingehend besprochen. Über den Aufbau und die Arbeitsweise dieser Stelle wird den Diözesanoberhirten eine schriftliche Ausarbeitung zugehen.
7. Der Vorsitzende informiert die Konferenz über seinen Schriftwechsel mit dem Schönstattwerk wegen der nicht mehr aufschiebbaren Wahl des Bewegungsleiters und wegen der Klärung einer bisher strittigen Auslegung der »Instruktionen«, die S[eine] Em[inenz] Kardinal Pizzardo[3] zu dem an den Generaloberen der Gesellschaft des Katholischen Apostolates gerichteten Schreiben vom 6. Juni 1956 gegeben hat.
8. Der von Direktor Wissing vorgelegte Etat für das Katholische Büro Bonn wird mit kleinen Abstrichen genehmigt.
9. Zur Vorbereitung der auf der letzten Fuldaer Plenarkonferenz beschlossenen Aktion gegen den Hunger und Aussatz in der Welt unter dem Motto »misereor super turbam« soll etwa Mitte Januar ein Aufruf der Bischöfe erlassen werden. Die Vorbereitung dieses Aufrufs übernimmt der Vorsitzende. Die Aktion selbst soll in einer Kirchenkollekte bestehen, für die der Passionssonntag (15. März 1959) festgelegt wird, und in einer Sammlung der Katholischen Organisationen, deren Ertrag auf ein Sammelkonto in Köln zu überweisen ist.
10. Das Protektorat über den Mädchenschutzverein geht vom Bischof von Münster auf den Erzbischof von Paderborn über.
11. Die Konferenz bestätigt die Wiederwahl von Prälat Eckert zum Präsidenten des Deutschen Caritasverbandes.
12. Der Antrag des Volkswartbundes auf Erhöhung des jährlichen überdiözesanen Zuschusses um 7.000 DM wird genehmigt.
13. Auf Wunsch des P. W. G. Rom findet am Feste Epiphanie 1959 bzw. am folgenden Sonntage eine Kollekte für die südafrikanischen Missionsschulen statt.
14. Die Bischöfe werden spätausgesiedelte Priester erst nach Vorliegen eines entsprechenden Bescheids seitens des Bischofs von Hildesheim als des Beauftragten für Flüchtlingsseelsorge in ihre Bistümer aufnehmen.
15. Die Konferenz beschließt eine Neuregelung der Dienststelle der Fuldaer Bischofskonferenzen für die Vertriebenenseelsorge und ihre Verlegung nach Hildesheim sowie eine Überprüfung der Dienststellen Süd und Nord.

[2] *Vgl.* Herder Korrespondenz *10 (1955/56), S. 3 f.*
[3] Giuseppe Pizzardo *(1877–1970), 1903 Priester, 1930 Titularerzbischof, 1937 Kardinal, 1939–1967 Präfekt der Studienkongregation.*

Die starke Belegung der Vertriebenenlager mit katholischen Aussiedlern verlangt einen größeren Einsatz von Lagerseelsorgern. Die Ortsordinarien, in deren Bereich ein solches Lager liegt, werden um die seelsorgliche Betreuung bemüht sein.

16. Die Konferenz beschließt, daß die Kosten für ein Faltblatt, das die KDSE über die Religionslehrer an die Abiturienten verschickt, von den Diözesen übernommen werden. Die Anschriften der Religionslehrer können seitens des KDSE von den Ordinariaten erbeten werden.

Zu den Punkten 1, 3, 4, 5, 8, 9 und 11–16 wird durch den Vorsitzenden die Zustimmung der bayerischen Bischöfe nachgesucht.

Die nächste westdeutsche Bischofskonferenz findet von Montag, den 16. Februar, bis Mittwoch, den 18. Februar 1959 im neuen Priesterseminar zu Köln statt.

gez.: + Franz,
Bischof von Essen

gez.: + Joseph Kardinal Frings,
Erzbischof von Köln.

Anlage

Betr. Rundfunkgesetzgebung.

In Ergänzung und Fortführung der Fuldaer Verlautbarung zur Rundfunkgesetzgebung in Deutschland vom Jahre 1955 einigt sich die Konferenz auf die folgenden Überlegungen als Arbeitsgrundlage für die Bischöfliche Hauptstelle für Rundfunk und Fernsehen.

1. Die päpstliche Enzyklika »Miranda prorsus« vom 8.9.1957 stellt fest: »Der kirchlichen Lehre und dem hohen Zweck der genannten publizistischen Mittel widerspricht die Einstellung aller, die diese Erfindung lediglich in den Dienst der Politik und ihrer Propaganda oder des wirtschaftlichen Fortschritts stellen wollen.« Rundfunk und Fernsehen dürfen also weder dem Staat noch Wirtschafts- oder Interessentengruppen allein überlassen werden.

2. Die Verantwortung für das Rundfunk- und Fernsehwesen sollte, zumal in unserer pluralistischen Gesellschaft und angesichts der rechtlichen und religiös-weltanschaulichen Situation in Deutschland, von allen wesentlichen Kräften der Gesellschaft in einem wohlgeordneten Zusammenwirken getragen werden.

3. Die Befugnisse der Programmgestalter sind von diesen wesentlichen Kräften der Gesellschaft klar zu umschreiben, und deren Tätigkeit ist von ihnen wirksam zu kontrollieren. Einseitige Machtstellungen und Meinungsmonopole bestimmter Gruppen sind unbedingt zu verhindern.

4. Der Vielschichtigkeit der anstehenden Rundfunk- und Fernsehprobleme wird man am ehesten dadurch gerecht, daß sorgsam unterschieden wird zwischen den Fragen der rechtlichen und organisatorischen Struktur, der Programmgestaltung und der Personalpolitik.

5. Die Kirche ist als höchst bedeutsamer Mitträger und Gestalter des geistig-kulturellen und sittlich-religiösen Lebens unseres Volkes bei einer Neuregelung des deutschen Rundfunk- und Fernsehwesens gebührend zu berücksichtigen.

Sie darf das Recht für sich in Anspruch nehmen:
a) daß sie in den maßgeblichen Aufsichtsgremien des Rundfunks und Fernsehens als Kirche verantwortlich mitwirkt und nicht etwa nur auf dem Umweg über eine Partei,
b) daß sie ihr legitimes Mitsorge- und Mitspracherecht bei der Programmgestaltung ausüben kann und hinreichend Gelegenheit erhält, in Rundfunk und Fernsehen zu den Lebensfragen des Volkes Stellung zu nehmen,
c) daß ihr angemessene feste Sendezeiten für die Übertragung gottesdienstlicher Feiern und kirchlicher Veranstaltungen sowie für die Verbreitung kirchlicher Nachrichten gewährt werden.

212

Kempf an Wendel

Limburg, 20. November 1958

EA MÜNCHEN, Joseph Kardinal Wendel, 21/1958. *Schreibmaschinenausfertigung mit eigenhändiger Unterschrift. Briefkopf:* Der Bischof von Limburg. *Anschrift:* S[eine]r Eminenz dem Hochwürdigsten Herrn Kardinal Dr. Joseph Wendel, Erzbischof von München und Freising, 13 b) München, Kardinal-Faulhaber-Straße. *Vermerk:* Einschreiben! *Eingangsstempel:* Erzbistum München. Erzb[ischof] 22. Nov[ember] 1958. 21 Nr. 1519.

Ew. Eminenz, Hochwürdigster Mitbruder!
In der Anlage beehre ich mich, Dir den Wortlaut einiger grundsätzlicher Erwägungen betr. Rundfunk-Gesetzgebung zu übersenden, der von der westdeutschen Bischofskonferenz in Salzgitter (17.–19. November 1958) verabschiedet wurde[1].
Diese Erwägungen sollen der KRD als interne Arbeitsgrundlage dienen, damit unsere Hauptstelle für Rundfunk und Fernsehen nicht im Ungewissen über die Meinung des sie beauftragenden Episkopates ist. Der Wortlaut ist nicht zur Veröffentlichung bestimmt.
Ich wäre sehr glücklich, wenn sich auch die Freisinger Konferenz dieser wichtigen Angelegenheit annehmen und wo möglich den fünf Punkten ihre Genehmigung erteilen würde. Die Fuldaer publizistische Kommission bittet herzlich darum.
Mit ehrerbietigen Grüßen an Ew. Eminenz und alle hochwürdigsten Mitbrüder verbleibe ich

Dein in Christo ergebenster
+ Wilh[elm] Kempf
Bischof von Limburg.

[1] *Vgl. Dok. 211, Anlage.*

213

Protokoll der Freisinger Bischofskonferenz

Freising, 25.–26. November 1958

EA MÜNCHEN, Joseph Kardinal Wendel, 22/1958. *Druckstück mit Überschrift:* Protokoll der Konferenz der bayerischen Bischöfe in Freising am 25. und 26. November 1958. *Fertigungsdatum*: 26. November 1958.

Anwesend:
Joseph Kardinal Wendel, Erzbischof von München und Freising,
Dr. Joseph Schneider, Erzbischof von Bamberg,
Erzbischof Dr. Michael Buchberger, Bischof von Regensburg,
Dr. Simon Konrad Landersdorfer, Bischof von Passau,
Dr. Joseph Schröffer, Bischof von Eichstätt,
Dr. Joseph Freundorfer, Bischof von Augsburg,
Dr. Isidor Markus Emanuel, Bischof von Speyer,
Dr. Josef Stangl, Bischof von Würzburg.
Am 25. November 1958 um 8 Uhr eröffnet Seine Eminenz die Bischofskonferenz mit einer Pontifikalmesse und dem »Veni Creator« in der Hauskapelle des Priesterseminars zu Freising.
Um 9:15 Uhr begrüßt der Vorsitzende die erschienenen Herren. Er gedenkt zuerst des Heimganges Seiner Heiligkeit Papst Pius' XII.[1], der 1917 als Nuntius nach München gekommen war und das Bayerische Konkordat abgeschlossen hat, in dem auch die bekenntnismäßige Lehrerbildung sichergestellt wurde. Die Autorität des verstorbenen Papstes hat zweifelsohne das Zustandekommen des Lehrerbildungsgesetzes[2] und des ergänzenden Verwaltungsabkommens entscheidend beeinflußt und wesentlich erleichtert.
In treuer Ergebenheit gedenkt die Konferenz unseres neuen Heiligen Vaters, Seiner Heiligkeit Papst Johannes' XXIII.[3], dem zu seinem heutigen Geburtstag ein besonderes Grußtelegramm die innige Verbundenheit des bayerischen Episkopates zeigen soll.

Lehrerbildungsgesetz
Die Durchführung einzelner Bestimmungen des Lehrerbildungsgesetzes wird beraten. Der Vorsitzende gibt den Bischöfen den Wortlaut der letzten Note der bayerischen Staatsregierung vom 31.7.1958 bekannt wegen ihrer Bedeutung für die Auslegung einzelner Bestimmungen des Gesetzes.

Kirchliche Stiftungen
Punkt 1 der Tagesordnung (Ordnung für kirchliche Stiftungen) wird auf die Frühjahrskonferenz zurückgestellt. Die hochwürdigsten Herren mögen überprüfen, in

1 *Papst* PIUS XII. *war am 9. Oktober 1958 in Castel Gandolfo gestorben.*
2 Gesetz über die Ausbildung für das Lehramt an Volksschulen (Lehrerbildungsgesetz) *vom 14. Juni 1958.* GVBL., *S. 133.*
3 *Der Patriarch von Venedig,* ANGELO GIUSEPPE RONCALLI, *war am 28. Oktober zum Papst gewählt und als* JOHANNES XXIII. *am 4. November 1958 gekrönt worden.*

welcher Form eine Ordnung für kirchliche Stiftungen aufgrund des Stiftungsgesetzes vom 26.11.1954[4] zu erlassen ist.

Die kirchliche Pädagogische Hochschule in Eichstätt

Nach einem eingehenden Bericht über die bisherige Entwicklung werden die vorläufigen Satzungen gutgeheißen; eine endgültige Fassung ist erst nach Erstellung der staatlichen Satzungen möglich. Ebenso wird das Sonderstatut über das Verhältnis des bayerischen Episkopates zur Pädagogischen Hochschule nach Vornahme einiger Änderungen genehmigt. Die vorgesehenen fünf Lehrstühle werden mit der vorgeschlagenen Besetzung gebilligt. Die Besoldung der Dozenten der Lehrstühle soll zunächst nach Besoldungsgruppe A 14 erfolgen. Dem vorgelegten Etat wird Zustimmung gegeben.

Die Konferenz ist damit einverstanden, daß Vorplanungen für ein Studienheim und ein Hochschulgebäude vorgenommen werden, die für eine etappenweise Errichtung die ersten Voraussetzungen schaffen. Es ist vor allem zu überprüfen, ob bei der Errichtung dem Studentenwohnheim der Vorzug zu geben ist. Beschlüsse werden erst bei der Frühjahrskonferenz gefaßt. Die zusätzlich beantragten Einzelposten in Gesamthöhe von 20.000 DM werden genehmigt. Der Besuch der kirchlichen Pädagogischen Hochschule soll in allen bayerischen Diözesen empfohlen werden.

Verteilung des Lohnsteueraufkommens

Die Konferenz berät über eine Änderung des Schlüssels für den innerdiözesanen Ausgleich aus der Kirchenlohnsteuer. Sie schließt sich dem Vorschlag der Finanzreferenten an und ersucht festzustellen, inwieweit die einzelnen Diözesen ihre Steuerquellen noch nicht restlos ausschöpfen und welche Wege geeignet sind, eine volle Erfassung zu ermöglichen. Aufgrund dieses Resultates soll die Frage auf der Frühjahrskonferenz nochmals erörtert werden.

Errichtung von Wohnheimen von Lehrerstudenten

Soweit die Planung für kirchliche Lehrerwohnheime überschaubar ist, kann mit einem Gesamtbedarf von etwa 550 Betten im bayerischen Raum gerechnet werden. Aus überdiözesanen Mitteln wird pro Bett ein Betrag von 2.000 DM zugeschossen. Diese Summe wird bei Baubeginn zur Verfügung gestellt.

Instructio der Ritenkongregation vom 3. September 1958

Die Konferenz berät eingehend über die Instructio »De musica sacra et sacra liturgia«, die in einigen Punkten ihres liturgischen Teiles zunächst ernste Besorgnisse im Hinblick auf die in der Vergangenheit vom Heiligen Stuhl den deutschen Diözesen erteilten Privilegien ausgelöst hat. Mit Befriedigung konnten die Bischöfe nach gründlicher Überprüfung der bestehenden Privilegien feststellen, daß wir für die Weiterführung der am 24. Dezember 1943 an Seine Eminenz Kardinal Bertram für alle deutschen Diözesen erteilten Vollmachten, die sich inzwischen in 15 bis 20 Mil-

[4] Stiftungsgesetz *vom 26. November 1954.* GVBl., *S. 301.*

lionen Diözesangebet- und Gesangbüchern ausgewirkt haben, eine neue Ermächtigung nicht benötigen. Diese Tatsache liegt nicht nur im Interesse der Seelsorge, die durch eine plötzliche Außerkraftsetzung der bestehenden Richtlinien und Weisungen eine große Beunruhigung und Verwirrung erfahren hätte, sie kommt auch der kirchlichen Autorität, der Autorität des Heiligen Stuhles und des Episkopates, zustatten. Die Konferenz der bayerischen Bischöfe kommt somit zu dem gleichen Resultat, das in der vergangenen Woche das Konveniat der westdeutschen Bischofskonferenz gefunden hatte. Die bayerischen Bischöfe schließen sich dem Schreiben Seiner Eminenz Kardinal Frings von Köln vom 20.11.1958[5] vollinhaltlich an.
Die bayerischen Lehrerorganisationen nach der Verabschiedung des Lehrerbildungsgesetzes
Die erfreuliche Aufwärtsentwicklung der Katholischen Erziehergemeinschaft (jetzt 6.500 Mitglieder), die sich vorzüglich auf die jüngeren Jahrgänge stützt, verdient unsere Anerkennung und volle Unterstützung. Es wird mit Befriedigung Kenntnis genommen, daß die Zeitschrift der KEG »Katholische Schule« jetzt 9.000 Postbezieher besitzt. Die Annahme des Gesetzes für die Neuordnung der Lehrerbildung bringt für die Wiederbegegnung von Lehrer und Priester neue Möglichkeiten. Die Seelsorger mögen durch vorbildliche Pflichterfüllung und Pünktlichkeit in der Schule, aber auch durch aufgeschlossene, achtungsvolle Bereitschaft die augenblickliche, versöhnliche Situation zur Schaffung und Vertiefung eines guten Verhältnisses von Priester und Lehrer nützen. Für die Wiedergewinnung des Lehrstandes, der in Eigenständigkeit und Freiheit die Bekenntnisschule mittragen muß, ist eine entscheidende Stunde angebrochen. Die Überwindung jahrzehntelanger Spannungen ist uns als Aufgabe gestellt. Versuche, den Lehrerstudenten als Akademiker in katholischen Organisationen und Korporationen zu beheimaten, bedürfen unserer Unterstützung.
Die in ihrem Resultat noch nicht überschaubare Besinnung und Auseinandersetzung im BLLV legt uns im Augenblick kluge Zurückhaltung und Vermeidung von Polemik nahe. Trotzdem müssen wir unsere ganze Kraft einsetzen, um die KEG, die sich als Lehrerverband jetzt voll durchgesetzt hat, weiter auszubauen und zu stärken.

Errichtung einer katholischen Landvolkhochschule
Eine Beschlußfassung ist auf dieser Herbstkonferenz leider noch nicht möglich, da eine Reihe von Vorfragen noch nicht geklärt sind (Finanzierung eines Baues – Frage des Rechtsträgers – priesterliche Betreuung – Satzungsfrage – bayerische Beteiligung am Klausenhof[6]).
Zustimmung zu Beschlüssen von Salzgitter

Impressum »Mann in der Zeit«. Die Konferenz ist damit einverstanden, daß von dem Vorsitzenden der publizistischen Kommission die Frage des Impressums des »Mann in der Zeit« geprüft, das Verhältnis des Winfriedwerkes zur Bischöflichen Haupt-

5 *Nicht ermittelt.*
6 *Landjugendbildungsstätte bei Dingden/Westfalen. Vgl. Dok. 304.*

stelle für Männerseelsorge klargestellt und der endgültige Vertragsentwurf vorbereitet wird.

Katholische Rundfunkarbeit. Die Konferenz billigt das Memorandum, das der Bischöflichen Hauptstelle für Rundfunk und Fernsehen als Arbeitsgrundlage dienen soll. Das Memorandum wurde den Bischöfen ausgehändigt.

Zeitschriftenberatung. Die Konferenz ist von dem Wert einer Zeitschriftenberatung überzeugt und damit einverstanden, daß die publizistische Kommission die bisherige Arbeit der Zeitschriftenberatungsstelle und ihre Richtlinien überprüft.

Katholisches Büro. Die Konferenz stimmt dem erhöhten Zuschuß für den Etat des Katholischen Büros im Hinblick auf die neue Besetzung zu; sie genehmigt auch die Erhöhung des Etats des Volkswartbundes. Bei allem Verständnis für die Erhöhung der Personalkosten in diesem Fall wird jedoch der ausdrückliche Wunsch ausgesprochen, die Antragsteller anzuhalten, künftig die Voranschläge der einzelnen Stellen genauestens auszuarbeiten, damit Nachforderungen möglichst vermieden werden.

Deutscher Caritasverband. Die Wiederwahl von Prälat Eckert zum Präsidenten des Deutschen Caritasverbandes wird bestätigt.

Südafrikanische Schulen. Die Konferenz beschließt, daß der Teil der herkömmlichen Sammlungen am Epiphaniefest, der bisher für Afrika gegeben wurde, im Jahre 1959 mit der Zweckbestimmung für afrikanische Schulen verwendet werden soll.

Spätausgesiedelte Priester. Die Bischöfe werden spätausgesiedelte Priester erst nach Vorliegen eines entsprechenden Bescheides seitens des Bischofs von Hildesheim als Beauftragten für die Flüchtlingsseelsorge in ihr Bistum aufnehmen.

Vertriebenenseelsorge. Die Konferenz gibt einer Neuregelung der Dienststelle der Fuldaer Bischofskonferenz für die Vertriebenenseelsorge und einer Verlegung nach Hildesheim sowie einer Überprüfung der Dienststellen Süd und Nord ihre Zustimmung.

Vertriebenenlager. Die Lagerseelsorge in den Vertriebenenlagern, die zur Zeit viele katholische Aussiedler aufnehmen, erfordert den erhöhten Einsatz der jeweils zuständigen Pfarrseelsorger in Beratung und Zusammenarbeit mit den Flüchtlingsseelsorgern und den Stellen der Caritas.
Faltblatt der KDSE. Die Kosten für ein Faltblatt, das die KDSE über die Religionslehrer an die Abiturienten verschickt, wird von den Diözesen übernommen. Die Ordinariate sind bereit, der KDSE die Anschriften der Religionslehrer zur Verfügung zu stellen.

Aktion gegen Hunger und Aussatz. Die Konferenz ist unter Bezugnahme auf die Beschlüsse von Fulda sowohl mit einem Aufruf der Bischöfe wie mit der Kirchenkollekte am Passionssonntag und einer Sammlung der katholischen Organisationen einverstanden, bittet aber zu überprüfen, ob nicht der Aufruf als gemeinsamer Fastenhirtenbrief aller deutschen Bischöfe gestaltet werden kann. Wenn der vom westdeutschen Konveniat vorgeschlagene Termin »Mitte Januar« gewählt wird, lösen sich drei bischöfliche Verlautbarungen (Ehe-Hirtenwort – der obige Aufruf – der jeweilige Fastenhirtenbrief) in dichter Folge ab, was in dieser Häufung bischöfliche Bekundungen ohne Zweifel entwertet.

Neuregelung des Wahlrechtes für Kirchenverwaltungen
Aufgrund einer Anfrage beschäftigen sich die Bischöfe mit dem aktiven und passiven Wahlrecht der Frauen für die Kirchenverwaltung. Die Bischöfe sind der Auffassung, daß man zunächst bei den geltenden kirchen- und gewohnheitsrechtlichen Bestimmungen verbleiben soll. Den Anliegen der Frauen wird in den Pfarrausschüssen genügend Raum gegeben.
Was die Herabsetzung des Wahlalters betrifft, so soll eine eingehende Prüfung der Frage durch Fachreferenten erfolgen und eine allgemeine Regelung in Fulda angestrebt werden.

Bau einer katholischen Akademie
Die Konferenz gibt die Genehmigung zur Errichtung eines Baues der Katholischen Akademie in München. Die eingereichten Entwürfe dienen als Grundlage. Der Bauplatz wird von der Erzdiözese München zur Verfügung gestellt. Der vorgelegte Etat wird genehmigt, ebenso die Anstellung eines Geschäftsführers.

Handhabung der Trauung am Samstag und bei gemischten Paaren
Über die Praxis der Trauung am Samstag und bei gemischten Paaren wurden eingehende Erhebungen angestellt und vorgetragen. Bei der tiefgreifenden Auswirkung auf die so schwierige Pastoration stellen die Bischöfe eine Beschlußfassung noch zurück. Der Referent wird den Bischöfen eine Materialzusammenstellung mit konkreten Vorschlägen übersenden.

Verständigung der Pfarrämter bei Ehescheidungsklagen und Sühneterminen
Die Konferenz gibt den Auftrag zu überprüfen, ob in einem Gesuch an das bayerische Justizministerium eine Verständigung des Pfarramtes bei der Einreichung von Ehescheidungsklagen und bei Anträgen über Sühnetermine in Ehesachen erbeten werden soll. Bis zum Beginn des 3. Reiches war diese Verständigung in Bayern üblich und wird jetzt wieder in den Ländern Nordrhein-Westfalen, Niedersachsen, Rheinland-Pfalz und Württemberg-Hohenzollern vorgenommen.

Besoldungsfragen
An den Klerusverband ergeht auf sein Schreiben vom 20. November 1958 als Antwort eine Rückfrage, worauf sich seine Wünsche im einzelnen beziehen. Der Episkopat hält das Problem der Vereinheitlichung der Gehälter für gelöst, wenn auch

unter Berücksichtigung der örtlichen Verhältnisse geringfügige Verschiedenheiten bestehen.
Von Weihnachtsgratifikationen an Geistliche soll Abstand genommen werden. Bei den kirchlichen Angestellten bleibt die Entscheidung den Diözesen überlassen.

Sonderzuteilungen
Die bayerische Bischofskonferenz beschließt, Anträge auf Sonderzuteilungen, die Verbände, Organisationen und dergleichen an die einzelnen Ordinariate richten, jeweils bis zur nächsten bayerischen Bischofskonferenz zurückzustellen, um eine einheitliche Regelung zu sichern. Die Diözesen mögen berichten, welche Zuwendungen sie in den Jahren 1957 und 1958 der Ackermanngemeinde aus Diözesanmitteln zufließen ließen.

Verschiedenes
Die Satzungsänderungen, die der Landesausschuß der Katholischen Aktion beantragt hat, werden genehmigt, ebenso die Verlängerung der Wahlzeit für den Vorsitzenden.
Lehrer, die bereit sind, Katechismusunterricht zu erteilen, sollen nach entsprechender Vorbereitung eine Erweiterung der Missio für den Katechismusunterricht erhalten.
Der Bischof von Würzburg wird beauftragt, bis zur Frühjahrskonferenz ein Gutachten über die Neugestaltung der Ecker-Schulbibel vorzulegen.
Am 1. Mai, der im Jahre 1959 auf einen Freitag fällt, mögen alle Diözesen Dispens vom Abstinenzgebot erteilen.
Als Vertreter im Rundfunkrat wird weiterhin Dr. Max Rößler-Würzburg bestellt.
Das Provinzialat der bayerischen Kapuziner hat P. Viktrizius[7] für die Arbeit im katholischen Frauenbund freigestellt.
Fides Romana gibt Kenntnis von einer Wallfahrt im Jahre 1959 nach Altötting.
Die Münchener Theologische Zeitschrift wird als einzige in Bayern erscheinende theologische Zeitschrift dem Klerus besonders empfohlen.
Für die so notwendige zeitgemäße Landjugendarbeit leistet der Werkbrief für Landjugend »Landjugendbewegung im Dorf« eine sehr wertvolle Beratung. Die Landseelsorger werden auf diese Zeitschrift besonders aufmerksam gemacht.
Nach herzlichen Dankesworten Seiner Eminenz und des Erzbischofs von Bamberg wird die Konferenz um 19 Uhr mit Gebet geschlossen.

Der Protokollführer:
\+ Josef
Bischof von Würzburg

Der Vorsitzende:
Jos[eph] Card[inal] Wendel
Erzbischof von München und Freising.

7 P. Victrizius Berndt OFMCap *(1915–2003), 1933 Ordenseintritt, 1946 Priester, Seelsorger für Heimatvertriebene und Kriegsgefangene, 1958–1968 geistlicher Bildungsreferent des Bayerischen Landesverbands des Katholischen Deutschen Frauenbundes, 1964 Generalsekretär des III. Ordens.*

214

Brentano[1] an Wendel

Bonn, 10. Dezember 1958

EA MÜNCHEN, Joseph Kardinal Wendel, 60/1958. *Schreibmaschinenausfertigung mit eigenhändiger Unterschrift. Briefkopf:* Der Bundesminister des Auswärtigen. *Aktenzeichen:* MB 1501/58. *Anschrift:* An Seine Eminenz den hochwürdigsten Erzbischof von München und Freising, Herrn Kardinal Joseph Wendel. München 2, Kardinal-Faulhaber-Straße 7. *Eingangsstempel:* Erzbistum München. Erzb[ischof] 22. Dez[ember] 1958. 60 Nr. 1686.

Sehr verehrte Eminenz,
wie ich erfahre, begeben Sie sich in den nächsten Tagen zum Konsistorium nach Rom. Ich möchte nicht verfehlen, Ihnen vorher von einem Gespräch Kenntnis zu geben, das ich heute mit Eminenz Frings in Köln gehabt habe. Anlaß hierzu gab das kürzlich bekannt gewordene Abkommen des Kardinals Wyszyński[2] mit der polnischen Regierung von 1956, durch das sich der polnische Episkopat zu einer weitgehenden Unterstützung der polnischen Ambitionen hinsichtlich der Oder-Neiße-Linie und der deutschen Ostgrenzen verpflichtet hat. Die Vermutung liegt nahe, daß Kardinal Wyszyński seinen ausgedehnten Aufenthalt in Rom dazu benutzt, um diesen Verpflichtungen nachzukommen. Es bedarf keiner Erläuterung, daß etwaige Konzessionen des Heiligen Stuhls auf diesem Gebiet die Außenpolitik der Bundesregierung erheblich stören würden, weil andere Staaten dies zum Anlaß nehmen könnten, auch ihrerseits in dieser Frage den polnischen Wünschen nachzugeben. Innenpolitisch müßte die Bundesregierung mit einem Aufleben der Kritik an ihrer Ostpolitik von seiten der Opposition und auch aus gewissen evangelischen Kreisen rechnen. Außerdem würde eine starke Verstimmung in den Kreisen der Vertriebenen entstehen. All diese Reaktionen könnten sich auch auf die Lage der katholischen Kirche in der Bundesrepublik nachteilig auswirken.
Ich habe Eminenz Frings gebeten, diese meine Besorgnisse, die beispielsweise auch vom Katholischen Flüchtlingsrat geteilt werden, im Vatikan darzulegen, und ich wäre auch Ihnen dankbar, wenn Sie in dem gleichen Sinne tätig werden wollten. Ich habe Botschafter Graf Strachwitz[3] beauftragt, sich mit Ihnen deswegen in Verbindung zu setzen.

1 HEINRICH VON BRENTANO DI TREMEZZO *(1904–1964), Rechtsanwalt, Politiker (CDU), 1949–1955 und 1961–1964 Vorsitzender der CDU/CSU-Fraktion im Bundestag, 1955–1961 Bundesminister des Auswärtigen.*

2 *In der Vorlage (auch bei den folgenden Erwähnungen):* WYSCHYNSKI. STEFAN WYSZYŃSKI *(1901–1981), 1924 Priester (D Lublin), 1946 Bischof von Lublin, 1948 Erzbischof von Gnesen und Warschau, 1953 Kardinal, seit September 1953 in Haft, erlangte nach dem Amtsantritt* GOMULKAS *als Erster Sekretär der Vereinigten Polnischen Arbeiterpartei Ende Oktober 1956 wieder die Freiheit, während zugleich eine Milderung der kommunistischen Kirchenpolitik in Polen eingeleitet wurde. Der Staat verzichtete auf das Dekret vom 9. Februar 1953, das ihm die Kontrolle über die Besetzung kirchlicher Stellen gesichert hatte, und eine Kommission aus zwei Bischöfen, einem Vertreter des Staates und einem weiteren der kommunistischen Partei vereinbarte ein Abkommen, das den Religionsunterricht an den Schulen wieder einführte und der Kirche einige weitere Freiheiten gewährte.*

3 RUDOLF ALFRED EMMANUEL GRAF ZU STRACHWITZ *(1896–1969), Dr. rer. pol., seit 1925 im diplomatischen Dienst, 1957–1961 Botschafter beim Heiligen Stuhl.*

Mit den besten Wünschen für eine gute Reise und mit angelegentlichen Empfehlungen verbleibe ich,

Euerer Eminenz
aufrichtig ergebener
Brentano.

215

Protokoll der Bischofskommission »Gesellschaft und Wirtschaft«

Ohne Ortsangabe, 8. Januar 1959

DA Münster, GV-NA, AO-303. *Schreibmaschinenschrift. Überschrift:* Ergebnisprotokoll der Besprechung im Rahmen der Bischofskommission »Gesellschaft und Wirtschaft« vom 8.1.1959.

1. Schwerpunktprogramm – Arbeiterseelsorge (siehe Spezialakte)[1]
2. Fragen der Sozialgesetzgebung auf Bundesebene.

Auf Bundesebene stehen zur Zeit eine ganze Reihe von Gesetzen an, deren Materie zum Teil zum Bereich der Kommission für Gesellschaft und Wirtschaft gehört. Es handelt sich um das Gesetz für Krankenversicherung, das Bundes-Sozialhilfegesetz, Bundes-Jugendhilfegesetz und Jugendarbeitsschutzgesetz[2]. Da beabsichtigt ist, diese Gesetze, durch die eine ganze Reihe von schwerwiegenden Grundsatzfragen aufgeworfen werden, bis Juni durchzubringen, bedarf es intensiver Arbeit von unserer Seite, um zu erreichen, daß die rechte Ordnung und die Belange der Kirche gewahrt bleiben.

Das Katholische Büro ist schon mit dieser Gesetzgebungsmaterie befaßt. Es soll versucht werden, in Zusammenarbeit mit Herrn Direktor Wissing unter Ausnutzung aller geleisteten Vorarbeiten und unter Heranziehung kompetenter Persönlichkeiten und Kreise im katholischen Raum die Entwürfe so zu gestalten, daß sachliche Einwendungen nicht mehr zu erheben sind. – Überdies soll Herr Direktor Wissing gebeten werden, rechtzeitig die Kommission auf entsprechende Gesetzesvorlagen hinzuweisen.

Um die Arbeit der Kommission zu erleichtern, sollen die beim Sozialreferat des Zentralkomitees eingerichteten Arbeitskreise gebeten werden, jeweils rechtzeitig der Kommission die Ergebnisse ihrer Arbeit zuzuleiten und gegebenenfalls auch konkrete Vorschläge zu machen.

3. Betriebsaktion 1959.

Diese von verschiedenen Gruppen und Verbänden beschlossene christlich-soziale Betriebsaktion stellt einen begrüßenswerten Versuch dar, die Solidarität unter den Christen zu vertiefen. Es wird festgestellt, daß sie sich keineswegs gegen die Gewerkschaft als solche richtet, sondern als einziges Ziel hat, den Einfluß der Christen im

[1] *Handschriftlich über getilgtem* Anlage.

[2] Gesetz zum Schutze der arbeitenden Jugend *vom 9. August 1960.* BGBl., *S. 665.*

Betrieb zu verstärken. Das geht u. a. schon daraus hervor, daß die christlich-soziale Betriebsaktion ausdrücklich die Parole ausgegeben hat, dort, wo auf der Gewerkschaftsliste genügend christliche Betriebsräte eingesetzt sind, diese zu wählen und keine eigene Liste aufzustellen.
In diesem Zusammenhang muß der Artikel »Christlich-soziale Einigung 1959« von Leone Micha in der ersten Nummer des neuen Jahrganges der Gewerkschaftspolitischen[3] Kommentare außerordentlich bedauert werden.

216

Wissing an Wendel

Bonn, 13. Februar 1959

EA München, Joseph Kardinal Wendel, 21/1959. *Schreibmaschinenausfertigung mit eigenhändiger Unterschrift. Briefkopf:* Katholisches Büro Bonn, Leitung: Direktor Wissing. *Anschrift:* S[eine]r Eminenz dem Hochwürdigsten Herrn Joseph Kardinal Dr. Wendel, Erzbischof von München-Freising, München, Faulhaberstraße 7. *Eingangsstempel:* Erzbistum München, Erzb[ischof] 17. Febr[uar] 1959. 21 Nr. 329.

Eminenz,
soweit ich weiß, ist in der nächsten Zeit die Bayerische Bischofskonferenz, und wie schon zur Westdeutschen Bischofskonferenz, möchte ich auch hier ein paar Punkte erwähnen, die vielleicht auf der Konferenz besprochen werden könnten.
Das erste wichtige Anliegen scheint mir Berlin zu sein. Die Situation wird hier von allen maßgeblichen Leuten sehr ernst beurteilt. Von verschiedenen Seiten bin ich angesprochen worden, ob nicht wirklich die Stunde zum Gebet in besonderer Form da wäre.
Meine Bitte wäre, zu überlegen, ob vielleicht die Maiandachten in diesem Jahr in besonderer Weise dieses Anliegen berücksichtigen könnten, etwa in der Form, daß wir beten um »den Frieden der Welt, die Freiheit der Kirche und die Einheit des Vaterlandes«. Denn es wird ja gerade im Monat Mai das russische Ultimatum[1] zu Ende gehen, und die Verhandlungen werden dann auf dem Höhepunkt sein. Wenn es von den Bischöfen so vorgesehen würde, wäre es, glaube ich, gut, die Verlautbarungen darüber schon bald zu geben.
Ein wichtiger Punkt wäre weiterhin eine grundsätzliche Stellungnahme zum Sozialhilfegesetz. Es wird für die gesamte kirchlich organisierte Liebestätigkeit sehr viel von diesem Gesetz abhängen. Trotz intensiver Verhandlungen mit der evangelischen Seite ist es nicht sicher, ob von dort aus Hilfe kommt. Die wichtigsten Punkte scheinen mir folgende zu sein:

3 *Vermutlich Schreibfehler für* Gesellschaftspolitischen.

1 *Der sowjetische Ministerpräsident und Erste Sekretär der KPdSU* Nikita Sergejewitsch Chruschtschow *(1894–1971) hatte im November 1958 durch verschiedene Verlautbarungen des Inhalts, daß die Sowjet-union den Viermächtestatus Berlins nicht länger mehr anerkenne und das Besatzungsrecht binnen sechs Monaten durch eine neue Regelung abgelöst werden müsse, eine langwierige Krise ausgelöst.*

1. Daß die freie Tätigkeit im Gesetz den Vorzug bekommt vor der behördlichen (s. Anlage Erklärung Bundestagspräsident Ehlers[2]);
2. daß der Hilfsbedürftige wählen kann, die Einrichtung in Anspruch zu nehmen, die er will;
3. daß Fürsorgeausschüsse gebildet werden, in denen die Kirche vertreten ist.

Ein Briefentwurf für den Bundesminister zu dieser Frage[3] wurde der Westdeutschen Bischofskonferenz durch Prälat Eckert zugestellt.

Der Kulturplan der SPD (Umfang 310 Seiten) hat in der Lehrerwelt, vor allem in der Lehrergewerkschaft, Zustimmung gefunden. Wichtig scheint mir zu sein, daß von unserer Seite vor allen Dingen die Schulfragen, die dort angesprochen sind, eine positive Erwiderung bekommen. Es scheint mir richtig zu sein, wenn unter Führung von Direktor Krisinger eine solche Darstellung erarbeitet würde.

Schließlich glaube ich, wäre es gut, noch einmal die Frage des Baues katholischer Studentenwohnheime anzuschneiden, weil hier in den nächsten fünf Jahren sehr viel staatliche Mittel als Zuschüsse gegeben werden und auch die Studentenseelsorge in den Universitätsstädten und an den Akademien davon profitieren kann. Soweit ich weiß, will Exzellenz Jaeger über diese Frage in der Westdeutschen Bischofskonferenz sprechen. Für den Studentenwohnheimbau scheint es mir allerdings wichtig zu sein, daß sich in Bonn jemand dieser Sache ernstlich annimmt.

Schließlich, Eminenz, wäre die Frage der Besetzung des Kirchenpolitischen Gremiums wohl auch von der Bischofskonferenz zu besprechen. Hierzu möchte ich sagen, daß aus der Diözese Würzburg Prof. Fleckenstein und Prälat Braun, letzterer für die Vertriebenen, an den Sitzungen teilnehmen. Sicher könnte einer von den beiden Herren wohl auch die Orientierung für das Bistum übernehmen. Es gehören ferner dazu Stadtpfarrer Muhler und Prälat Meixner, der aber sehr selten kommt und wahrscheinlich aus Gesundheitsgründen abgelöst werden sollte.

Mein Vorschlag wäre, daß aus dem Gebiet der Bayerischen Bischofskonferenz, inklusive Nachfolge Prälat Meixner, vier Vertreter benannt würden. Wenn daran gedacht ist, ein Katholisches Büro in München zu errichten, dann wäre es sicher gut, wenn unter diesen vier Herren der Leiter des Büros wäre.

In Ehrerbietung

W[ilhelm] Wissing
Direktor Wissing.

2 HERMANN EHLERS *(1904–1954), Jurist, Oberkirchenrat, Politiker (CDU), 1949–1954 Mitglied des Bundestags, 1950–1954 dessen Präsident, 1952–1954 stellvertretender Bundesvorsitzender der CDU. Seine Erklärung wird in Dok. 222 zitiert.*

3 *Nicht ermittelt.*

217

Protokoll der westdeutschen Bischofskonferenz

Köln, 16.–18. Februar 1959

EA MÜNCHEN, Joseph Kardinal Wendel, 21/1959. *Druckstück mit Überschrift:* Protokoll der Konferenz der westdeutschen Bischöfe in Köln vom 16. bis 18. Februar 1959. *Vermerk:* Streng vertraulich!

An der Konferenz, die unter dem Vorsitz des Erzbischofs von Köln, S[eine]r Eminenz Kardinal Frings, stattfindet, nehmen teil:

Joseph Kardinal Frings, Erzbischof von Köln,
Julius Kardinal Döpfner, Bischof von Berlin,
Lorenz, Erzbischof von Paderborn,
Hermann, Erzbischof von Freiburg,
Albert, Bischof von Mainz,
Michael, Bischof von Münster,
Wilhelm, Bischof von Limburg,
Karl Joseph, Bischof von Rottenburg,
Matthias, Bischof von Trier,
Johannes, Bischof von Aachen,
Heinrich Maria, Bischof von Hildesheim,
Helmut Hermann, Bischof von Osnabrück,
Franz, Bischof von Essen,
Adolf Bolte, Weihbischof, Kapitularvikar von Fulda.

Nach Anrufung des Heiligen Geistes in der Erzbischöflichen Hauskapelle eröffnet der Vorsitzende die Konferenz mit der Begrüßung der Teilnehmer und dem Vorschlag der Tagesordnung.

1. Das angekündigte ökumenische Konzil[1] wird dem besonderen Gebet der Gläubigen empfohlen.

2. Der Vorsitzende berichtet über die Vorbereitung der Bischöflichen Aktion »Misereor super turbam«. Neben den Konten bei den Diözesen und Verbandsstellen wird ein Konto beim PSA Frankfurt geführt, für das der Bischof von Aachen zeichnungsberechtigt ist.

Außer einer an manchen Stellen möglichen aktuellen Hilfe soll vor allem der sog. strukturellen Hilfe (Hilfe zur Selbsthilfe) der Vorzug gegeben werden. Neben und z. T. vor einer materiellen Hilfe muß eine personelle Hilfe stehen. Die zuständige Bischofskommission hat deshalb der Beauftragung eines Priesters mit Missionserfahrung und eines geeigneten Laien zugestimmt. Beide sollen sich vor allem der Heranbildung von Laienhelfern (besonders Handwerkern und Landwirten mit Führungsqualitäten) für die Notgebiete widmen.

[1] *Papst* JOHANNES XXIII. *hatte am 25. Januar 1959 überraschend die Einberufung eines Allgemeinen Konzils angekündigt.* AAS *51 (1959), S. 65–69, deutsche Übersetzung:* HERDER KORRESPONDENZ *13 (1958/59), S. 387 f.*

Um entsprechend dem Beschluß der Plenarkonferenz vom August 1958 (Protokoll[2], S. 8) die aus dem Fastenopfer der Kinder zu erwartenden Einnahmen für den Schutzengelverein zu gewährleisten, werden die Ordinarien dafür sorgen, daß von den Ergebnissen der diesjährigen Kinder-Fastenkollekte mindestens der der vorjährigen Kollekte entsprechende Betrag an den Schutzengelverein überwiesen wird.

3. Der Vorsitzende berichtet über eine Reihe anstehender kirchenpolitischer Fragen. Er wird gebeten, namens der deutschen Bischöfe in einem Schreiben an den Bundesinnenminister die katholische Auffassung zum Entwurf für das Sozialhilfegesetz darzulegen.

4. Der Erzbischof von Paderborn berichtet über die Dringlichkeit des Baus von katholischen Studentenheimen und legt den Ordinarien eine entsprechende Förderung nahe. Die Frage nach einer Angleichung der Studienpläne an den verschiedenen theologischen Fakultäten und Hochschulen sowie einer möglichen Studienplanreform wird eingehend erörtert. Unbeschadet der hochschulpolitischen Aufgaben der Fachgruppe Katholische Theologie im Verband deutscher Studentenschaften bleibt die Festlegung des Studienplanes selbstverständlich in der Zuständigkeit des jeweiligen Bischofs. Anregungen und Wünsche können mit den einzelnen Oberhirten besprochen werden.

5. Die Konferenz erörtert die Zusammenarbeit der Katholiken im betrieblichen und gewerkschaftlichen Raum.

Zur Vorbereitung eines Schwerpunktprogramms für die Arbeiterseelsorge (vgl. Beschluß der Plenarkonferenz vom August 1958, Protokoll[2], S. 11) hat auf Einladung des Vorsitzenden der Kommission VIII eine Konferenz von Fachleuten stattgefunden, bei der eine wissenschaftliche, eine Koordinierungs- und eine seelsorgliche Kommission gebildet wurden. Die Konferenz bestätigt als Leiter dieser Kommissionen Prof. Dr. Höffner, Dir[ektor] Pfr. Hanssler und Prälat Dr. Schmitt. Die Kommission VIII wird mit der Weiterführung der Arbeit beauftragt. Sie wird auf der nächsten Plenarkonferenz wieder berichten.

6. Der Bischof von Aachen berichtet über die verschiedenen Möglichkeiten, unter Verwertung der ehemaligen Volksvereinsbibliothek ein wissenschaftliches Sozialinstitut mit christlicher Prägung einzurichten. Der Bischof von Aachen wird gebeten, die Frage weiter zu verfolgen.

7. Der Bischof von Berlin berichtet über die kirchliche Lage im Bistum Berlin und in den Diözesen und Kommissariaten Mitteldeutschlands. Der vorgelegte Entwurf für eine Kanzelverkündigung wird angenommen und ist diesem Protokoll als Anlage beigefügt. Eine Veröffentlichung soll erst nach Abstimmung mit der bayerischen Bischofskonferenz erfolgen, und zwar unter Anfügung praktischer Hinweise für die Hineinnahme der Anliegen der Kanzelverkündigung in das persönliche und gemeinsame Gebet.

8. Der Vorsitzende macht auf Grund einer Eingabe der Arbeitsgemeinschaft der kathol[isch]-theologischen Fakultäten und der phil[osophisch]-theologischen Hochschulen aufmerksam auf den großen Mangel an Hochschullehrernachwuchs in katholischer Theologie. Die Ordinarien mögen diesem Anliegen ihre Aufmerksamkeit schenken.

[2] *Vgl. Dok. 204.*

9. Der Erzbischof von Paderborn wird gebeten, in Verbindung mit Fachleuten (u. a. Dr. med. et phil. Görres[3] in Frankfurt) für die nächste Bischofskonferenz im Mai ein Gutachten zu erarbeiten über die Notwendigkeit und Möglichkeit der Errichtung eines katholischen Institutes für medizinische Psychologie und Psychotherapie.
10. Die Konferenz verabschiedet die endgültige Fassung der »Bischöflichen Weisungen an den Klerus über die seelsorgliche Behandlung der Mischehenfrage« sowie der »Pastoralen Überlegungen zum Problem der Mischehe«. Beide Texte sollen in einem Heft zusammen gedruckt und dem Klerus zugänglich gemacht werden. Das Erzbischöfliche Generalvikariat Köln wird für die Drucklegung sorgen. Die Diözesen mögen die benötigten Exemplare dem Generalvikariat mitteilen. Vor der Drucklegung wird der Vorsitzende das Einvernehmen mit der Freisinger Bischofskonferenz herbeiführen.
11. Der Bischof von Mainz wird gebeten, die Möglichkeit einer Neuauflage des Buches von Prof. Wendelin Rauch »Das Gesetz Gottes in der Ehe«[4] zu prüfen.
12. Einem Wunsch des Heiligen Vaters entsprechend, der dem Vorsitzenden vom H[ochwürdigsten] H[errn] Apostolischen Nuntius übermittelt wurde, sollen die Gläubigen aufgefordert werden, am 2. Passionssonntag (Palmsonntag) für die verfolgte Kirche in China besonders zu beten. Ein Gebetsvorschlag wird den Ordinarien von Köln zugesandt.
13. Der Bischof von Mainz wird als Vorsitzender der Kommission II gebeten, auf Grund des Reskripts des Hl. Offiziums vom 23. Dezember 1958 an S[ein]e Eminenz Kardinal Frings Vorschläge zu erarbeiten für eine Auswertung der Instructio der Ritenkongregation »De Musica Sacra et Sacra Liturgia« vom 3. September 1958 und sie der Plenarkonferenz vorzulegen.
14. Bezüglich des Wachsgehalts der liturgischen Kerzen wird folgendes festgelegt:
a) Die Kerzen, die nach dem Dekret 4147 der Ritenkongregation vom 14.12.1904 »zum größten Teil« aus Bienenwachs sein müssen (nämlich mindestens zwei Kerzen bei der hl. Messe sowie die Osterkerze), sollen 55% Bienenwachs enthalten.
b) Die Kerzen, die nach demselben Dekret »zum größeren Teil« aus Bienenwachs sein müssen (nämlich alle übrigen Altarkerzen), sollen 25% Bienenwachs enthalten.
c) Das Öl und die Kerzen, die für die Unterhaltung des Ewigen Lichts bestimmt sind, müssen aus reinem Pflanzenöl hergestellt sein.
d) Alle unter a–c genannten Kerzen müssen am unteren Ende außer mit einem Zeichen, das den Hersteller erkennen läßt, mit dem Prozentsatz des Bienenwachsgehalts bzw. mit der Angabe »reines Pflanzenöl« gestempelt sein.
15. Der aus der vorjährigen Karfreitagskollekte für das Hl. Land zur Unterstützung seelsorglicher Aufgaben im Hl. Lande festgelegte Prozentsatz (8%) soll zwischen dem lateinischen und dem unierten Patriarchat geteilt werden.
16. Entsprechend dem Vorschlag von Domkapitular Dr. Fischer wird Rektor Jan Wiggers[5] federführend mit der Arbeit am Familienkatechismus beauftragt. Für Ver-

[3] ALBERT GÖRRES *(1918–1996), Dr. phil., Dr. med., Psychotherapeut, 1955 Privatdozent in Mainz.*
[4] WENDELIN RAUCH, *Das Gesetz Gottes in der Ehe. Eine Instruktion für Beichtväter. Breslau 1929 u. ö.*
[5] JAN WIGGERS *(1903–1961), 1930 Priester (D Osnabrück), 1935 Noviziat im Leipziger Oratorium, 1948/49 Übersiedlung nach München, 1954 Gründung des Münchner Oratoriums, Leitung des Sekre-*

gütung der Arbeiten, Spesen usw. wird ein Betrag von DM 10.000 bereitgestellt. Die Konferenz gibt der Erwartung Ausdruck, daß die Arbeiten alsbald aufgenommen und ohne Verzug weitergeführt werden. Die Entwürfe sollen dem Bischof von Eichstätt zur Überprüfung durch seine Theologenkommission vorgelegt werden.
17. Auf Vorschlag des Bischofs von Aachen wird eine Juristenkommission unter seiner Leitung die rechtlichen Fragen bezüglich der Herausgabe eines Religionsbüchleins für die Grundstufe prüfen und die entsprechenden Verhandlungen zur Bildung von Arbeitsgemeinschaften für die Erstellung des Buches führen.
18. Nach dem Beschluß der Konferenz in Salzgitter vom November 1958 wird – die Zustimmung der bayerischen Bischöfe vorausgesetzt – die Dienststelle der Fuldaer Bischofskonferenzen für die Vertriebenenseelsorge nach Hildesheim verlegt. Ihre Leitung wird durch den Bischof von Hildesheim bestellt. Die Konferenz beschließt, daß die dem bisherigen Leiter der Dienststelle Würzburg, Herrn Prälaten Braun, und dem Leiter des Kirchenbuchamtes in München, Herrn Dr. Kaps[6], auf den Titel des Erzbistums Breslau durch die Bundesregierung gewährte Dotation als Gehalt angerechnet wird.
19. Der Bischof von Rottenburg legt einen vorläufigen Bericht von Direktor Hanssler über die Vorbereitung eines Kursus für publizistische Nachwuchskräfte vor (vgl. Protokoll der Konferenz von Salzgitter vom November 1958[7], Nr. 2). Die Vorschläge finden die Zustimmung der Konferenz.
20. Der Erzbischof von Paderborn legt »Richtlinien für eine Gemeinschaft katholischer berufstätiger Frauen« vor, die von Prälat Klens vorgeschlagen sind. Die Konferenz hält die Richtlinien für empfehlenswert.
Außer zu den bereits erwähnten Beschlüssen Nr. 7, 10 und 18 wird zu den Punkten 1, 2, 3, 5, 12, 13, 14, 16, 17, 19 und 20 die Zustimmung der bayerischen Bischöfe durch den Vorsitzenden nachgesucht.
Die Konferenz schlägt vor, vom 25. bis 27. Mai d. J. in Hofheim/T[aunu]s die Sitzungen der Bischofskommissionen zu halten (Beginn Montag, 25. Mai, 16 Uhr, Ende Mittwoch, 27. Mai, 12 Uhr).
Eminenz Wendel soll gebeten werden, wie im Vorjahre einen Tagungsplan zur Koordinierung der einzelnen Kommissionssitzungen aufzustellen.

Der Schriftführer:
+ Franz,
Bischof von Essen

Der Vorsitzende:
+ Joseph Kardinal Frings,
Erzbischof von Köln.

tariats der Geschäftsstelle des Deutschen Katechetenvereins in München, Mitarbeit am neuen Einheitskatechismus.

[6] Johannes Kaps *(1906–1959), Dr. iur., Dr. theol., nach Jurastudium 1937 Priester (ED Breslau), 1941 Konsistorialrat, 1952 Leiter des Katholischen Kirchenbuchamtes und Archivs für die Heimatvertriebenen. Vgl.* J. Gottschalk V, *S. 221–225.*

[7] *Vgl. Dok. 211.*

Anlage
In den nächsten Wochen und Monaten werden Staatsmänner aus West und Ost Entscheidungen über Deutschland zu treffen haben, die Wohlfahrt und Heil unseres gespaltenen Volkes tief berühren. In unserer Sorge um die Zukunft unseres Volkes erhoffen wir von den Entschlüssen der Staatsmänner, daß durch eine gerechte Lösung der Friede unter den Völkern erhalten und gefestigt werde.
Die kommenden Entscheidungen werden sich auch auswirken auf die Glaubens- und Gewissensfreiheit des einzelnen, auf die menschenwürdige Gestaltung des gesellschaftlichen und kulturellen Lebens und auf die Freiheit der Kirche. Wir können nicht übersehen, daß geistige und religiöse Lebensordnungen in Teilen unseres Vaterlandes aufs schwerste bedroht sind.
Es liegt nicht in der Sendung der Kirche, unmittelbar auf politische Entscheidungen einzuwirken. Wohl aber ist sie der Wohlfahrt und dem Heil unseres Volkes unlöslich verpflichtet. So rufen wir alle Gläubigen auf, in den Gottesdiensten der Gemeinden und im persönlichen Gebet inständig zu Gott um die Freiheit der Kirche, die Wiedervereinigung unseres Volkes und um den Frieden der Welt zu flehen.

218

Aktennotiz Scharls

München, 18. Februar 1959

EA MÜNCHEN, Joseph Kardinal Wendel, 49 LJ/1954–1960. *Schreibmaschinenschrift. Überschrift:* Aktennotiz.

I. Katholische Landjugend im Bund der Deutschen Katholischen Jugend
II. Katholische Landvolkbewegung innerhalb der Katholischen Aktion

I. Laut Beschluß der Bayerischen Bischöfe vom April 1947 soll die Katholische Landjugend gesammelt werden nicht als eigener Verband (wie die früheren Katholischen Burschenvereine mit der Zentrale in Regensburg), sondern innerhalb der gesamten Katholischen Jugend. Dementsprechend wurde die Pfarrjugend auf dem Lande angesprochen und ausgebaut. Nach außen (Bauernverbandsjugend) und nach innen (Ansprechbarkeit der Jungmänner und Frauenjugend des Landes) stellte sich immer deutlicher die Notwendigkeit heraus, die Landjugend in ihrer kulturellen und sozialen Welt anzusprechen und tätig werden zu lassen. Dies geschah zunächst in einer Aktionsgemeinschaft Katholische Landjugend innerhalb des Bundes der Deutschen Katholischen Jugend durch die Ausweitung des religiösen und kulturellen Programms der Pfarrjugend auf das berufsständische und soziale Gebiet, durch eine gewisse organisatorische Eigenständigkeit der Landjugend innerhalb des Bundes (Beirat Landjugend in jeder Diözese und gewählte Vorstandschaften im Landkreis, in der Diözese und im Land). Dies geschah und geschieht durch ein besonderes Bildungs- und Aktionsprogramm der Landjugend, das seit 1950 in den Jahresversammlungen entsprechend dem Jahresthema und der Jahresaufgabe des Bundes erarbeitet wird. Die Landjugend wurde eine gemeinsame geistige Bewegung durch ihr süddeutsches Organ Der Pflug (seit Dezember 1948). Die Verantwortlichen erhielten und erhalten ein besonderes Rüstzeug (Werkbrief für Landjugend) seit August 1947. Der Erfolg dieser Spezialisierung der Pfarrjugend auf dem Land zur Katholischen Landjugend war und ist ein dreifacher:

1. Die bisher abseits gestandene ältere Schicht ab 17 Jahre aufwärts wurde gewonnen.
2. Die jungen Laien hatten einen ihnen zustehenden Interessen- und Tätigkeitsbereich (kulturelle und beruflich-soziale Bildung und Aktion).
3. Die Landjugendbewegung ist in gleicher Weise eine religiöse Erneuerungsbewegung (Liturgie, Bibel, Exerzitien) und zugleich eine soziale Erneuerungsbewegung (eine fruchtbare Verbindung des Religiösen mit dem Berufsständisch-Sozialen hat ja nach P. Hirschmann dem Deutschen Katholizismus weitgehend gefehlt).

Inzwischen hat sich parallel zur Landjugend als dem »Stamm« auf dem Lande seit etwa zwei Jahren eine Jungmännergemeinschaft als der Stamm in den Städten und Märkten herausprofiliert. Diese entwickelten ebenfalls parallel zu der Landjugend ein Mindestprogramm Stadt/Markt, haben eine besondere Führung und ihr Organ (Fährmann/Brunnen). Nach dem Willen der bayerischen Diözesanführungen (Bayern-Konferenz Juli 1958) soll die Katholische Landjugendbewegung nicht der Katholischen Jungmännergemeinschaft untergeordnet sein. Beide sind zwei gleichberechtigte Säulen im Stamm. Stamm sollte hier nur ein methodischer Begriff sein, der bedeutet, daß sich beide stärker als die alten Gliederungen unmittelbar der Diözesanführung unterstellen, auf einen besonderen Beitrag verzichten und daß bei beiden Pfarrei und Milieu sich decken.

Eine weitere Spezialisierung der Landjugend in unseren vorwiegend kleinen Landgemeinden, etwa nach Arbeitern und Bauern, wird meist abgelehnt. Wohl aber ist eine spezielle Bildungsarbeit besonders überörtlicher Art möglich und wird auch systematisch angestrebt. So findet in allernächster Zeit eine größere Redaktionsbesprechung statt für die Pendler-Seite im Pflug, die gemeinsam von der Katholischen Landjugend und von der CAJ in Bayern getragen wird.

II. Auch das Katholische Landvolk soll nach dem Beschluß der Bayerischen Bischöfe von 1953 und 1954 kein gesonderter Verband sein, sondern innerhalb der Katholischen Aktion entwickelt werden. Dies ist auch der eindeutige Wille aller, die für die Katholische Landvolkbewegung in Bayern sprechen (Landesvorstandschaft und Landesversammlung, die Landvolkpfarrer der Diözesen, ihre Sekretäre und Vorsitzenden).

Es fehlt noch die eindeutige Erklärung der Verantwortlichen der Katholischen Aktion, daß die Katholische Landvolkbewegung als eigenständig innerhalb der Katholischen Aktion zu bejahen und zu fördern ist. Durch theoretische Erwägungen, wie »Katholische Landvolkbewegung als die oder als (eine) Katholische Aktion auf dem Lande« – »Katholische Landvolkbewegung milieu- oder berufsbezogen« oder aber

»Katholische Landvolkbewegung als Personen-Gemeinschaft« oder gar »als – wie in Passau – Fachausschuß«.
Eine weitere Spezialisierung der Katholischen Landvolkbewegung etwa nach Arbeitern und Bauern ist organisatorisch vorerst deshalb utopisch, weil die KLB im Dorf bisher soviel wie keine organisatorische Form hat. Was bisher von den Diözesanstellen als Landvolk angesprochen wird, das ist einfach das nichtorganisierte Pfarrvolk in den Landpfarreien[1].
Als notwendige organisatorische Formen für die Katholische Landvolkbewegung im Dorf bieten sich nach der bisherigen Entwicklung diese zwei an:
1. die bestehenden Pfarr-Ausschüsse auf dem Lande, die zugleich Ausschüsse der Katholischen Aktion, aber bei speziell ländlichen Fragen auch in Personal-Union die Ausschüsse der KLB sind.
2. Landvolkgemeinschaften (Landfamiliengemeinschaften, Nachbarschaftskreise und ähnliches), in denen die Familien eines überschaubaren ländlichen Wohnbezirks zusammenkommen, um ihre Fragen, wie etwa die Sonntagsheiligung, Kindererziehung, Dorfschule u. ä. in Gegenwart des Seelsorgers zu besprechen. Ein Teil dieser Familien wird sicher als Kern-Kreis im Sinne der Wieser Leitsätze (s. Anlage)[2] religiös binden.
Dürfte ich Euerer Eminenz empfehlen, über die bestehenden Beschlüsse von 1953 und 1954 hinaus, die nur die Katholische Landvolkbewegung auf Diözesan- und Landesebene betrafen, die beiden erwähnten Organisationsformen auf der Ebene der Landpfarrei empfehlen zu wollen. Sonst hat die Katholische Landvolkbewegung in Bayern Kopf und vielleicht auch Arme, aber keine Füße.
Dies schließt nicht aus, daß in den Landgemeinden, wo es sich nach der Größe und der sozialen Struktur lohnt, berufsständische oder naturständische katholische Organisationen, wie Werkvolk, Kolping, Frauenbund bestehen. Vorerst aber besteht für diese Organisationen von seiten der KLB nicht die geringste Konkurrenz, und diese Konkurrenz besteht um so weniger, je mehr auch die alten Verbände Mitträger einer gesamtkatholischen Aktion sind. Nach der konkreten Lage der Dinge besteht vorerst lediglich die Gefahr, daß die jetzt so notwendige und von den Bischöfen längst beschlossene Katholische Landvolkbewegung auf Ortsebene überhaupt nicht vorhanden ist. Aus dieser konkreten Sorge erwächst die Bitte zu dem vorgeschlagenen Beschluß.

[*o. U.*].

1 *Der vorstehende Absatz trägt am Rand ein Fragezeichen von Hand und die handschriftliche Bemerkung:* auch beim nicht organisierten, aber angesprochenen Pfarrvolk besteht der Unterschied zwischen Arbeitern und Bauern!

2 *Nicht ermittelt.*

219

Faßbinder[1] an die westdeutschen Bischöfe

Bonn-Duisdorf, [vor 19.] Februar 1959[2]

EA MÜNCHEN, Joseph Kardinal Wendel, 207/1959. *Schreibmaschinenausfertigung mit eigenhändiger Unterschrift. Briefkopf:* Prof. Dr. Kl[ara] M[aria] Faßbinder. *Anschrift:* An den Westdeutschen Episkopat. *Eingangsstempel:* Erzbistum München. Erzb[ischof] 19. Febr[uar] 1959. 207 Nr. 376.

Eminenzen, Exzellenzen,
mit großer Aufmerksamkeit und mit bewegtem Herzen habe ich am Sonntag Sexagesima Ihren diesjährigen gemeinsamen Fastenhirtenbrief[3] gehört.
Ihre Sorge, die seinen ganzen Inhalt ausmachte, die Sorge um den Hunger in der Welt und um seine Stillung, ist ja eines der Hauptanliegen aller Menschen, die mit wachem Auge die Probleme unserer Zeit betrachten. Ihre Schilderungen entsprachen ganz und gar dem, was uns von allen Seiten über die Zustände in Asien, Afrika und Südamerika berichtet wird. Auch Ihre Sorge, was wir westdeutschen Katholiken dabei helfen können, überzeugte mich in allen Einzelheiten. Wir Deutsche sind ja sehr in der Gefahr, nur an uns zu denken und immer nach jemandem auszusehen, der uns hilft, da wir so lange Jahre wirklich nicht ohne Hilfe auskommen konnten.
So war alles gut und blieb in jedem Wort im ursprünglichen Geist des Hirtenbriefes. Nur, als die Zahlen genannt wurden, die bisher auf diese Weise als Opfer einzelner zustande kamen, schrak ich zusammen. Zwei Millionen – was ist es allein bei dem Kontinent Indien mit seinen 350 und mehr Millionen! Unwillkürlich gingen meine Gedanken zu anderen, unendlich größeren Möglichkeiten, die eine Predigt von Prof. Dr. Hermann Hoffmann[4] aus Leipzig beim letzten Katholikentag in Berlin in der Herz-Jesu-Kirche genannt hat. Wie Sie, Hochwürdigste Herren, hatte er die Frage des ewigen Richters an die dahingeschiedene Seele[5] aufgegriffen: »Ich war hungrig und ihr habt mich nicht gespeist«. Der Prediger fuhr damals fort, ob diese Frage etwa nur an den gewöhnlichen Sterblichen gerichtet würde oder nicht ebenso an den christlichen Staatsmann? Und was dieser antworten wolle, wenn er, statt den Hunger in der Welt zu stillen, Millionen, Milliarden in todbringenden Versuchen in die Luft geschleudert, in der Fabrikation todbringender Bomben vergeudet habe? – Es war die Predigt in der offiziellen Pax-Christi-Messe, im Pontifikalamt eines westdeutschen Bischofs. – Ich wartete darauf, ob dieses Wort auch in den Hirtenbrief käme. – Es kam nicht.

[1] KLARA MARIA FASSBINDER *(1890–1974), Dr. phil., Studienrätin und Schriftstellerin, 1945 Professorin für Geschichtspädagogik an der Pädagogischen Akademie Bonn, 1952 Mitglied der Gesamtdeutschen Volkspartei, Befürworterin deutscher Neutralität und privater Kontakte zum Ostblock.*

[2] *Das Tagesdatum ergibt sich aus dem Eingangsstempel.*

[3] *Druck:* AB MÜNCHEN *1959, S. 25–28.*

[4] HERMANN HOFFMANN *(1878–1972), Studienrat und Historiker, 1902 Priester, nach der Vertreibung in Leipzig wirkend. Vgl.* J. GOTTSCHALK VI, *S. 33–36.*

[5] *In der Vorlage:* Stelle.

Und darum nehme ich mir die Freiheit, diesen Brief zu schreiben mit der inständigen Bitte, dies Wort nachträglich zu sprechen, sich an die Genfer Konferenz[6] über die Einstellung der Versuche mit nuklearen Waffen und das Verbot der weiteren Fabrikation dieser Waffen zu wenden und sie mit Ihrem starken Wort zu unterstützen. Auf nichts weiter will ich eingehen, so schmerzlich für einen deutschen Katholiken das Schweigen seiner Bischöfe in all diesen Fragen, die Diskrepanz dieses Schweigens zu den Worten der Päpste ist. Nur auf die Bedeutung der Einstellung dieser Versuche, der Fabrikation dieser Waffen als Freistellung von unermeßlichen Summen für die Stillung des Hungers in der Welt möchte ich hinweisen. Wird diese Frage nicht in die hineingehören: »Ich war hungrig und ihr habt mich nicht gespeist ...«?
In Ehrerbietung als getreue Tochter der Katholischen Kirche

Ihre Kl[ara] M[aria] Faßbinder
(Prof. Dr. Kl[ara] M[aria] Faßbinder).

Bei der Wichtigkeit dieser Frage und bei den vielen Fragen, die einem Katholiken immer wieder über die Haltung des Episkopats entgegentreten, erlaube ich mir, diesen Brief zu veröffentlichen.

220

Wissing an Blank

[Bonn,] 28. Februar 1959

EA Köln, Katholisches Büro Bonn I 147. *Schreibmaschinendurchschrift. Briefkopf:* Direktor Wissing. *Stempel:* Kath[olisches] Büro Bonn. *Anschrift:* An den Herrn Bundesminister für Arbeit und Sozialordnung Herrn Minister Theodor Blank, Bonn-Duisdorf, Bonnerstraße 85. *Vermerke:* Betr.: Neuordnung der Kriegsopferversorgung, Bezug: Ihr Schreiben vom 14.1.1959.

Sehr geehrter Herr Minister!
Für Ihr Schreiben vom 14.1.1959, mit dem Sie uns die Fotokopie eines Schreibens der Diözesanstelle der Frauenseelsorge in Aachen vom 30.12.1958[1] sandten, danken wir Ihnen sehr.
Die Ausführungen in dem Schreiben der Diözesanstelle der Frauenseelsorge in Aachen teilen wir in keiner Weise. Ich hatte Gelegenheit, den Inhalt des Schreibens der Diözesanstelle der Frauenseelsorge in Aachen mit den Mitgliedern des Kirchenpolitischen Gremiums zu besprechen.
Außerdem hat mein Mitarbeiter den Inhalt des Schreibens auch mit Vertretern anderer Diözesen besprochen.

6 *Vom 11. Mai bis zum 5. August (mit einer Unterbrechung vom 20. Juni bis 13. Juli) 1959 tagte in Genf die Deutschlandkonferenz der Außenminister der Vier Mächte unter Beteiligung der Delegationen der beiden deutschen Staaten ergebnislos über die deutsche Frage.*

1 *Nicht ermittelt.*

Alle angesprochenen Vertreter der Diözesen rücken von dem Inhalt des Schreibens der Diözesanstelle der Frauenseelsorge in Aachen ab. Es wird mit Nachdruck betont, daß man den Kriegerwitwen bitteres Unrecht tue, wenn man behaupte, daß fast alle Kriegerwitwen Schwarzarbeit verrichten oder im Konkubinat leben. Es mögen Einzelfälle dieser Art vorliegen. Die große Mehrheit der Kriegerwitwen legt jedoch großen Wert darauf, als gesetzestreue Staatsbürger behandelt und betrachtet zu werden. Auch können die Ausführungen in dem Schreiben der Diözesanstelle der Frauenseelsorge im Bistum Aachen, daß die berufstätigen Mütter mehr Selbstbewußtsein und mehr Selbstvertrauen besitzen, ihre Kinder mit größerer Sicherheit erziehen und in den Beruf und ins Leben führen, sowie die Kinder der berufstätigen Frauen eine größere Achtung vor der Mutter haben, nicht geteilt werden. Wir legen den größten Wert darauf, daß die Frau und Mutter ihre Lebensaufgabe in der Familie und nicht im Beruf sieht.
Wir haben der Diözesanstelle der Frauenseelsorge im Bistum Aachen mitgeteilt, daß wir den Ausführungen in dem Schreiben vom 30.12.1958 nicht beitreten können und daß wir den Inhalt des Schreibens bedauern.
Was die Frage der Erhöhung der Grund- und Ausgleichsrente angeht, so sind wir der Auffassung, daß eine generelle Erhöhung aller Grundrenten schon sehr begrüßenswert wäre, zumal diese sehr niedrig sind. Wenn aber – wie wir erfahren – die zur Verfügung stehenden Mittel nicht ausreichen, um alle Grundrenten in nennenswerter Weise zu erhöhen, scheint es uns richtig, die Ausgleichsrenten entsprechend zu erhöhen, damit wenigstens die Bedürftigsten erfaßt werden.
Mit hochachtungsvoller Begrüßung

Ihr ergebener
[*o. U.*]
(Wissing).

221

Protokoll der Freisinger Bischofskonferenz

Freising, 10.–11. März 1959

EA München, Joseph Kardinal Wendel, 22/1959. *Druckstück mit Überschrift:* Protokoll der Konferenz der bayerischen Bischöfe in Freising am 10. und 11. März 1959. *Fertigungsdatum:* 11. März 1959. *Vermerk:* Anlage (Kanzelverkündigung Berlin!).

Anwesend:
Joseph Kardinal Wendel, Erzbischof von München und Freising,
Dr. Josef Schneider, Erzbischof von Bamberg,
Erzbischof Dr. Michael Buchberger, Bischof von Regensburg,
Dr. Simon Konrad Landersdorfer, Bischof von Passau,
Dr. Joseph Schröffer, Bischof von Eichstätt,
Dr. Joseph Freundorfer, Bischof von Augsburg,

Dr. Isidor Markus Emanuel, Bischof von Speyer,
Dr. Josef Stangl, Bischof von Würzburg.
Am 10. März 1959 um 8 Uhr eröffnet Seine Eminenz die Bischofskonferenz mit einer Pontifikalmesse und dem »Veni Creator« in der Hauskapelle des Priesterseminars zu Freising.
Um 9:15 Uhr begrüßt der Vorsitzende die erschienenen Herren. Er weist zunächst auf das durch Seine Heiligkeit Papst Johannes XXIII. angekündigte ökumenische Konzil hin, das die Bischöfe schon jetzt als Anliegen des Gebetes überall empfehlen sollen.
Sodann gibt der Vorsitzende seiner großen Freude Ausdruck, daß ein früheres, langjähriges Mitglied der Freisinger Konferenz, der H[ochwürdigste] H[err] Bischof Dr. Julius Döpfner von Berlin, als Kardinal in das Heilige Kollegium der Kirche aufgenommen wurde. Ein eigener Glückwunsch der Freisinger Konferenz wird ihm übermittelt.

Kirchliche Stiftungsordnung in Bayern
Die Konferenz beschließt auf Grund des vorliegenden Entwurfes den Erlaß einer Ordnung für das kirchliche Stiftungswesen. Der überarbeitete Entwurf wird den Diözesen zugeleitet, die bis zum 15. April 1959 konkrete Formulierungen und positive Vorschläge für die Redaktion unterbreiten können. In die Grundsatzdebatte soll nicht mehr eingetreten werden. Nach dem 15. April 1959 wird die Ordnung abgeschlossen und dem Ministerium vorgelegt. Wenn keine Rückäußerung erfolgt, gilt dies als Zustimmung.
Die Konferenz beschließt ferner die umgehende Bildung eines Arbeitskreises, der beauftragt wird, einen für die bayerischen Diözesen einheitlichen Entwurf von Verwaltungsrichtlinien auszuarbeiten, der zu dem eben behandelten Erlaß die notwendigen Einzelausführungen enthalten soll. Der erste Entwurf ist so rechtzeitig zu erstellen, daß er möglichst bis zur Herbstkonferenz den Bischöfen vorliegt.
In diesen Arbeitskreis werden die folgenden H[ochwürdigsten] H[erren] gebeten: Dompropst Bruggaier[1] (Eichstätt), Domkapitular Eisenhofer[2] (München), Generalvikar Dr. Fuchs (Würzburg), Generalvikar Lenhart[3] (Bamberg), Justitiar Rieß (München) und Domdekan Rampp[4] (Augsburg).

Neubearbeitung der Satzung der Emeritenanstalt
Die Bischofskonferenz nimmt einen Bericht über den Stand der von Augsburg übernommenen Neubearbeitung der Emeritensatzungen entgegen. Sie erachtet einen

1 LUDWIG BRUGGAIER *(1882–1970), Dr. theol., 1905 Priester (D Eichstätt), 1916 Professor für Philosophie, 1920 für Kirchenrecht und Katechetik am Bischöflichen Seminar in Eichstätt, 1926 Domkapitular, 1939–1941 Generalvikar, 1940 Domdekan, 1957 Dompropst in Eichstätt.*

2 HEINRICH EISENHOFER *(1917–1985), Dr. theol., 1940 Priester (ED München), 1947 Domvikar, 1955 Domkapitular, 1972 Domdekan, Privatdozent für Kirchenrecht an der Universität Tübingen.*

3 JOHANNES LENHARDT *(1899–1966), Dr. theol., 1924 Priester (ED Bamberg), 1946 Regens des Klerikalseminars, 1947 Honorarprofessor für Kirchenrecht, 1955–1966 Generalvikar, 1959–1966 Weihbischof in Bamberg.*

4 ANDREAS RAMPP *(1888–1969), 1914 Priester (D Augsburg), Seelsorgsgeistlicher, 1938 Domkapitular, 1956 Domdekan in Augsburg.*

baldigen Abschluß der Satzungen für notwendig. Nach einer Vorbesprechung der Finanzreferenten von München und Augsburg und von Vertretern der Diözesen soll der Entwurf in drei Monaten von der Finanzkammer in Augsburg fertiggestellt werden. Diözesen, die einen Vertreter entsenden wollen, mögen diesen bis zum 1. April 1959 der Finanzkammer in Augsburg benennen.

Kirchlich-Pädagogische Hochschule in Eichstätt
Der Episkopat nimmt die Darlegungen des Bischofs von Eichstätt über die Planung eines Baues für die kirchliche Pädagogische Hochschule entgegen. Die Konferenz bejaht die Gesamtbauplanung der Hochschule, ist sich jedoch darüber klar, daß zunächst nur ein Teil zur Ausführung kommen kann. Über Bauplatz und weitere Gestaltung der Planung möge der Bischof von Eichstätt für die beiden vorgelegten Projekte weitere Verhandlungen tätigen und mit dem Vorsitzenden der Konferenz die jeweils notwendigen Schritte besprechen. Es wird für zweckmäßig gehalten, mehrere Architekten zur Planung beizuziehen, deren Vorschläge zu vergüten, aber keine Verpflichtung für die Übernahme der Pläne einzugehen.
Das Hauptanliegen des Episkopates bei der Erstellung von Lehrerwohnheimen ist die Heranbildung katholischer Lehrer und die Sicherung eines echten Vertrauensverhältnisses zwischen Kirche und Lehrerstand. Diesem Anliegen sollen die geplanten Förderungsmaßnahmen nicht nur für einige Jahre, sondern für die weitere Zukunft Rechnung tragen. Diese Direktive ist bei allen Verhandlungen für Lehrerwohnheime und deren Förderung zu beachten.

Lehrerhochschulen
Die bayerischen Bischöfe werden mit besonderer Sorge darüber wachen, daß Lehrer, die an katholischen Bekenntnisschulen angestellt werden wollen, dem bayer[ischen] Konkordat, dem Lehrerbildungsgesetz und den Vereinbarungen zwischen dem Heiligen Stuhl und der bayerischen Staatsregierung entsprechend ihre Pflichtvorlesungen an einer katholischen Hochschule auch tatsächlich ableisten.
Eminenz gibt einen kurzen Überblick über die bisherige Entwicklung der Lehrerhochschulen. Die Bischöfe verfolgen diese Entwicklung mit größter Aufmerksamkeit, damit die im Gesetz vorgesehenen Rechte und Festlegungen auch ausgewertet und die bekenntnismäßige Ausbildung der Lehrer gewährleistet bleibt. Versuchen, das Gesetz bei der Durchführung auszuhöhlen, muß klar und entschieden entgegengetreten werden.
Sodann verliest Eminenz einen unter dem 10. März 1959 datierten Brief des Herrn Kultusministers Maunz[5], von dem die Konferenz mit großem Befremden Kenntnis nimmt. Eminenz wird im Auftrage des Episkopates schriftlich diesem Befremden Ausdruck geben und die Stellungnahme und Besorgnis der bayerischen Bischöfe zur Kenntnis bringen. In diesem Schreiben soll auch darauf hingewiesen werden, daß nichts geschehen dürfe, was das gute und vertrauensvolle Einvernehmen und die im Verwaltungsabkommen getroffenen Bestimmungen irgendwie in Frage stellt.

[5] *Nicht ermittelt.*

Aktion »Misereor«
Durch die Aktion »Misereor« sollen nicht so sehr Hilfsmaßnahmen für augenblicklich aktuelle Nöte, sondern »eine Hilfe zur Selbsthilfe«, also eine strukturelle Hilfe, die auf längere Dauer wirksam wird, erstrebt werden.
Von dem diesjährigen Kinderfastenopfer ist mindestens ein Betrag in der Höhe der vorjährigen Kollekte an den Schutzengelverein zu überweisen; die Mehreinnahmen gehen an »Misereor«.
Zusammenarbeit der Katholiken im betrieblichen und gewerkschaftlichen Raum[6]

Die Konferenz nimmt zustimmend Kenntnis von der Bildung einer wissenschaftlichen, einer Koordinierungs- und einer seelsorgerlichen Kommission.

Kanzelverkündigung über die kirchliche Lage in Berlin und Mitteldeutschland
Dem in der Anlage beigefügten Entwurf für eine Kanzelverkündigung über die kirchliche Lage in Berlin und Mitteldeutschland[7] wird zugestimmt. Die darin vorgelegten Anliegen sollen in den bayerischen Diözesen vor allem bei den Maiandachten immer wieder zum Gegenstand des Gebetes des Volkes gemacht werden.

Mischehen
Die vorliegende Fassung der »Bischöflichen Weisungen an den Klerus über die seelsorgliche Behandlung der Mischehenfrage« sowie die »Pastoralen Überlegungen zum Problem der Mischehe« werden einer eingehenden Beratung unterzogen. Die Konferenz konnte sich nicht zu einer allseitigen Bejahung entschließen. Eine Reihe von Bestimmungen erscheinen in dieser Form und Bedingungslosigkeit nicht durchführbar. »Weisungen« und »Überlegungen« überschneiden sich mehrfach, was Verwirrung und Unsicherheit wecken wird. Der H[ochwürdigste] H[err] Bischof von Augsburg wird die Stellungnahme der bayerischen Bischöfe zusammenfassen und vorlegen.

Gebet für die verfolgte Kirche in China
Der Wunsch des Heiligen Vaters, am zweiten Passionssonntag (Palmsonntag) die Gläubigen besonders zum Gebete für die verfolgte Kirche in China aufzurufen, wird erfüllt.

Wachsgehalt der liturgischen Kerzen
Bezüglich des Wachsgehaltes der liturgischen Kerzen wird folgendes festgelegt:
a) Die Kerzen, die nach dem Dekret 4147 der Ritenkongregation vom 14. Dezember 1904 »zum größten Teil« aus Bienenwachs sein müssen (nämlich mindestens zwei Kerzen bei der heiligen Messe sowie die Osterkerze), sollen 55 Prozent Bienenwachs enthalten.

6 *Fassung im Exemplar des Protokollführers (Durchschlag mit eigenhändiger Unterschrift* Josef *am gleichen Fundort):* Der Vorsitzende wird nach Besprechung mit H[ochwürdigen] H[errn] P. Prinz [P. Franz Xaver Prinz SJ (*1905–1999), 1926 Ordenseintritt, 1937 Priester, Männerseelsorger in München*] im Auftrag der Konferenz zu Punkt 5 der Tagesordnung der Konferenz in Köln Stellung nehmen.

7 *Nicht ermittelt.*

b) Die Kerzen, die nach demselben Dekret »zum größeren Teil« aus Bienenwachs sein müssen (nämlich alle übrigen Altarkerzen), sollen 25 Prozent Bienenwachs enthalten.
c) Das Öl und die Kerzen, die für die Unterhaltung des Ewigen Lichtes bestimmt sind, müssen aus reinem Pflanzenöl hergestellt sein.
d) Alle unter a) bis c) genannten Kerzen müssen am unteren Ende außer mit einem Zeichen, das den Hersteller erkennen läßt, mit dem Prozentsatz des Bienenwachsgehaltes bzw. mit einer Angabe »reines Pflanzenöl« gestempelt sein.

Familienkatechismus
Mit den Vorschlägen für die Weiterarbeit am Familienkatechismus und der geplanten Vergütung von DM 10.000 ist die Konferenz einverstanden.

Religionsbüchlein für die Grundschule
Die Konferenz beschließt, daß der inzwischen für das 3. Schuljahr fertiggestellte Teil des Religionsbüchleins als Manuskript gedruckt und in Bayern erprobt wird. Eine entsprechende Mitteilung ergeht an den Deutschen Katechetenverein.

Dienststelle für Vertriebenenseelsorge
Es besteht keine Erinnerung gegen die Verlegung der Dienststelle der Fuldaer Bischofskonferenz für die Vertriebenenseelsorge nach Hildesheim. Die Konferenz ist damit einverstanden, daß die Abwicklung durch den Bischof von Hildesheim erfolgt.

Förderung publizistischer Nachwuchskräfte
Die Konferenz ist mit den Vorschlägen über die Abhaltung eines Kurses für publizistische Nachwuchskräfte einverstanden in der Annahme, daß der von der Bischofskonferenz ausgesetzte Betrag genügt.

Richtlinien für eine Gemeinschaft katholischer berufstätiger Frauen
Die Konferenz nimmt Kenntnis von den vorgelegten Richtlinien. Sie bejaht zwar das Anliegen, verweist aber auf die großen Schwierigkeiten, die von seiten der bestehenden Berufsorganisationen der Jugend und der Erwachsenen zu erwarten sind. Eine endgültige Beratung sollte auf der Plenarkonferenz in Fulda erfolgen, nachdem zuvor die zuständige Kommission eine eingehende Stellungnahme den Bischöfen vorgelegt hat.

Mischeheneid in Bayern
Zur Gewährleistung der moralischen Sicherheit der Erfüllung der Kautelen vor Abschluß einer gemischten Ehe beschließt die Bischofskonferenz die Beibehaltung des Eides. Der Eid wird von dem katholischen Teil gefordert. Der nichtkatholische Teil verpflichtet sich durch ein feierliches Versprechen und in der Regel durch Unterschrift, dem katholischen Teil und den Kindern in der Ausübung der katholischen Religion keine Hindernisse in den Weg zu legen. Für die bayerischen Diözesen wird

ein gemeinsames Formular beschlossen. Entsprechende Vorschläge sind dem Bischof von Augsburg bis zum 1. April 1959 vorzulegen.

Einheitliche Klerusbesoldung
Die vom Klerusverband angeforderten Einzelangaben werden der Konferenz mitgeteilt. Sie sollen den einzelnen Ordinarien schriftlich zur Überprüfung zugeleitet werden. Die Bischöfe besprechen die Sachlage mit ihren Referenten. Die Finanzdirektoren werden sodann beauftragt, das Anliegen erneut zu behandeln.

Sozialhilfegesetz
Die Bischofskonferenz stellt mit Befremden fest, daß die Kirche in dem vorliegenden Entwurf nicht einmal genannt ist, obwohl die Sorge für die Armen und Hilfsbedürftigen ihr als besondere Verpflichtung auferlegt ist. Die Bischöfe fordern, daß Vertreter der Kirche in den zuständigen Gremien wie in der Vergangenheit bestellt werden. Sie fordern für den Hilfsbedürftigen selbst das Recht, auch die von der Kirche und ihren Organisationen unterhaltenen Einrichtungen in Anspruch zu nehmen. Behördeneigene Einrichtungen sind nur dann ins Leben zu rufen, wenn geeignete Einrichtungen der freien Wohlfahrtspflege nicht bestehen bzw. nicht geschaffen werden können.

Kollekten
Es wird empfohlen, Kollekten überdiözesaner Art über die Finanzkammern der Diözesen laufen zu lassen, um einen Überblick über die Leistungen der Diözese zu gewinnen.

Privatschulleistungsgesetz
Die Konferenz betont die Vordringlichkeit des Privatschulleistungsgesetzes und gibt dem Wunsch Ausdruck, daß auch die sozialen Frauenschulen, Frauenfachschulen und Hauswirtschaftsschulen, ebenso Kindergärtnerinnenseminare in das Gesetz einbezogen werden. Die Bischöfe nehmen von den Widerständen der Gemeinden und anderer Stellen Kenntnis, glauben aber, daß die Privatschulen ein Anrecht auf gesetzliche Hilfe im umfassenden Sinne besitzen, und erhoffen die Annahme des Gesetzes. Einzelne Änderungen, die wünschenswert erscheinen, mögen umgehend an das bischöfliche Schulkommissariat gegeben werden.

Anliegen der Krankenpflegeschulen
In diesem Zusammenhang wird auf die große Bedeutung der Schulen für Krankenpflege hingewiesen und betont, daß bei aller Anerkennung der Forderung einer gründlichen Fachausbildung auch die religiöse und sittliche Erziehung und Bildung der künftigen Krankenpfleger und -pflegerinnen in den Lehrplan eingebaut werden muß.

Katholisches Lesebuch für Volksschulen
Die Bischofskonferenz bejaht grundsätzlich das Anliegen eines katholischen Lesebuches für die einzelnen Klassen der Volksschulen. Der H[ochwürdigste] H[err] Erzbi-

schof von Bamberg übernimmt den Auftrag, bis zur Herbstkonferenz eine eingehende Untersuchung über die fachlichen, finanziellen und sonstigen Faktoren vorzulegen.

Sozialpädagogischer Ausbildungskurs
Für die Durchführung eines sozialpädagogischen Ausbildungskurses für männliche Jugendleiter in München, der auf vier Semester berechnet ist, werden pro Semester 1.000 DM genehmigt. Der Kurs wird in Anlehnung an die soziale Frauenschule des Katholischen Frauenbundes in Verbindung mit dem Sozialinstitut von P. Prinz S. J. durchgeführt.

Kunstausstellung beim Eucharistischen Weltkongreß in München
Der Vorsitzende gibt Kenntnis von einer beim Eucharistischen Weltkongreß geplanten Ausstellung: »1500 Jahre bayerische Frömmigkeit – 1500 Jahre bayerische Geschichte« und ersucht die Bischöfe, dem Ehrenkomitee beizutreten. Die Hochwürdigsten Herren geben ihr Einverständnis.

Betreuung von Vertriebenenlagern und Förderschulen
Die für die Vertriebenenlager örtlich zuständigen Seelsorger mögen sich um die Betreuung der Lagerinsassen verantwortlich kümmern und in Zusammenarbeit mit dem Caritasverband unsere Laienmitarbeiter seelsorgerlich unterstützen. Bei den Förderklassen ist für die Erteilung des Religionsunterrichtes Sorge zu tragen. Über den Bischof von Hildesheim ist in Zukunft mit größerer finanzieller Mithilfe zu rechnen.

Mädchenschutzverein – Landesstelle Bayern
Der bisher jährlich beschlossene Betrag wird für die kommenden Jahre zugesichert.

Officium Divinum der Schwesterngemeinschaften
Mit Anerkennung wird die Beobachtung gewürdigt, welch gute Früchte das Officium Divinum für Schwesterngemeinschaften von P. Hildebrand Fleischmann OSB[8] zeitigt, das in vielen Niederlassungen unserer klösterlichen Frauengemeinschaften in Bayern eingeführt ist. Die enge Verbindung mit dem Gang des Kirchenjahres erweist sich für die religiöse und aszetische Vertiefung in hohem Maße fruchtbar und förderlich.

Nach herzlichen Dankesworten Seiner Eminenz und des Erzbischofs von Bamberg wird die Konferenz um 19:30 Uhr mit Gebet geschlossen.

Der Protokollführer:
+ Josef
Bischof von Würzburg

Der Vorsitzende:
Jos[eph] Card[inal] Wendel
Erzbischof von München und Freising.

8 Officium Divinum parvum. *Ausgabe mit deutschem Text von* Hildebrand Fleischmann OSB. *Freiburg, 8. Aufl. 1960.*

222

Frings an Adenauer

Köln, 18. März 1959

EA KÖLN, Katholisches Büro Bonn I 147. *Schreibmaschinendurchschrift. Briefkopf:* Der Erzbischof von Köln. *Anschrift:* Herrn Bundeskanzler Dr. Konrad Adenauer, Bonn, Koblenzerstraße, Palais Schaumburg. *Vermerk:* Betr.: Entwurf eines Bundessozialhilfegesetzes.

Sehr geehrter Herr Bundeskanzler!
Im Bundesministerium des Innern ist der Entwurf eines Bundessozialhilfegesetzes fertiggestellt worden. Wie mir berichtet wird, soll dieser Entwurf in Kürze der Bundesregierung zur Beschlußfassung zugeleitet werden.
Dieser Gesetzentwurf wird der Bedeutung und der Aufgabenstellung der Kirche und der freien Verbände im Fürsorgewesen in keiner Weise gerecht. Vielmehr kommt in dem Gesetzentwurf eine materialistische und etatistische Auffassung zum Ausdruck, die zu erheblichen Bedenken Anlaß gibt.
In der Fürsorge geht es heute nicht mehr in erster Linie um die Sicherung des Existenzminimums, sondern vor allem darum, in der Fürsorge für den hilfsbedürftigen Menschen die persönlichen Hilfen und damit die Dienstleistungen zu verstärken. Dem trägt der Gesetzentwurf im allgemeinen Rechnung.
Hierbei muß aber – was der Gesetzentwurf nicht tut – der Hilfsbedürftige in seiner Leib-Seele-Situation gesehen werden. In dieser Sicht gewinnen die Erziehungshilfen, nicht zuletzt auch die religiösen Hilfen, eine entscheidende Bedeutung. Aus diesem Grunde müßte das Bundessozialhilfegesetz das Mitsorgerecht der Kirche für die Armen und Hilfsbedürftigen in besonderer Weise herausstellen. Das ist leider nicht geschehen.
Die Kirche ist als solche in dem Gesetzentwurf überhaupt nicht genannt. Vielmehr soll nach dem Gesetzentwurf der gesamte Bereich der personalen Hilfe – von der Hilfe für den Säugling angefangen bis zur Alters- und Gebrechlichenhilfe –, in dem die Kirche und die caritativen Verbände seit jeher erfolgreich tätig sind, dem Staat und der Kommune überantwortet werden, indem der behördliche Fürsorgeträger nicht nur für die Gewährung materieller Hilfen, sondern auch für Dienstleistungen verschiedenster Art vorrangig zuständig sein soll.
Damit wird praktisch das behördliche Fürsorgemonopol statuiert. Es muß die vornehmste Pflicht einer christlichen Regierung sein, gerade auf dem Gebiet der personellen Hilfe umgekehrt die freien Träger vorrangig heranzuziehen und die behördlichen Fürsorgeträger erst dann in Tätigkeit treten zu lassen, wenn die freien Träger die Aufgaben im Einzelfall aus irgendwelchen Gründen nicht erfüllen können. Nur eine solche Regelung entspricht dem in der Sozialhilfe vorherrschenden Prinzip der Subsidiarität. Ich darf insoweit auf eine Erklärung des verstorbenen Bundestagspräsidenten Dr. Ehlers vom 19.6.1953 verweisen, in der er zu einer Entschließung des Bundestages ausführte, daß auf dem Gebiete der Jugendhilfe der Staat seine Aufgaben nach dem Subsidiaritätsprinzip zu erfüllen habe, daß der Staat auf allen Gebieten der

Jugendhilfe zunächst vorhandene Einrichtungen freier Träger zu fördern, eventuell die freien Träger anzuregen habe, etwa notwendige neue Einrichtungen zu schaffen, die aus öffentlichen Mitteln zu fördern sind, und erst dann eigene behördliche Einrichtungen geschaffen werden dürfen, wenn Einrichtungen freier Träger nicht vorhanden sind und der Weg der Anregung und Förderung erfolglos geblieben ist.
Entsprechend lautet die Regierungserklärung des nordrhein-westfälischen Ministerpräsidenten Dr. Meyers vor dem Landtag am 25. Juli 1958, in der er wörtlich ausführte, daß die Kirchen und viele andere Organisationen und Verbände, vor allem die der freien Wohlfahrtspflege, soziale, caritative und kulturelle Aufgaben in unserer sozialen Gemeinschaft erfüllen und daß die Landesregierung bereit sei, diesen Verbänden grundsätzlich Vorrang vor eigener staatlicher oder kommunaler Betätigung einzuräumen und damit dem Grundsatz der Subsidiarität öffentlicher Funktionen, wie er christlicher Auffassung entspringt, Rechnung zu tragen[1].
Diesem von der Christlich-Demokratischen Union bisher stets vertretenen Subsidiaritätsprinzip wird der Entwurf des Bundessozialhilfegesetzes nicht gerecht; es kommt vielmehr dem Gesellschaftsbild eines sozialistischen Versorgungsstaates bedenklich nahe. Außerdem bestehen noch viele Einzelbedenken gegen die Fassung des Gesetzentwurfs, z. B. daß eine Berufung von Vertretern der Kirche in die zuständigen Gremien (Sozialausschüsse, Arbeitsgemeinschaften) nicht vorgesehen ist, daß die seelsorgliche Betreuung in den behördeneigenen Einrichtungen und Anstalten nicht erwähnt ist, daß die Freiheit der Wahl des Hilfsbedürftigen zwischen behördlichen und freien Einrichtungen nicht verankert ist und anderes mehr.
In der ernsten Sorge, daß der Entwurf des Bundessozialhilfegesetzes in der jetzt vorliegenden Fassung die in Jahrzehnten bewährte freie Liebestätigkeit praktisch zum Erliegen bringen kann und der Entwurf in die Rechte der Kirche eingreift, habe ich geglaubt, Sie, sehr geehrter Herr Bundeskanzler, auf die von dem Gesetzentwurf ausgehenden Gefahren hinweisen zu müssen. Ich wäre Ihnen sehr dankbar, wenn der Gesetzentwurf entsprechend abgeändert werden könnte, bevor er dem Bundestag zugeleitet wird.
Das Katholische Büro in Bonn ist beauftragt, die erforderlichen Einzelverhandlungen zu führen.
Mit hochachtungsvoller Begrüßung

Ihr ergebenster
gez. + J[oseph] C[ardinal] Fr[ings]
Erzbischof von Köln.

1 LANDTAG NORDRHEIN-WESTFALEN. *4. Wahlperiode. 2. Sitzung am 25. Juli 1958. Plenarprotokolle Bd. 1, S. 9–20.*

223

Bericht Engels

Bad Godesberg, März 1959

DA Eichstätt, Bischofsarchiv Schröffer, Zentralkomitee. *Schreibmaschinenvervielfältigung mit Deckblatt:* Zentralkomitee der Deutschen Katholiken, Sozialreferat. Zur Sonntagsruhe in der Papierindustrie, Stand vom März 1959. *Überschrift:* Zur Sonntagsruhe in der Papierindustrie. Diskussionsstand März 1959 in der Kommission »Sonntagsruhe« beim BMA.

Etwa zwei Jahre arbeitet die Unterkommission Papierindustrie der Hauptkommission »Sonntagsruhe« beim Bundesministerium für Arbeit und Sozialordnung, um eine Einigung zwischen den Gesprächspartnern der Kommission (BMA, Sozialpartner, Landesarbeitsministerium, Kirchen) herbeizuführen.
Eine verschiedene Beurteilung der technischen und wirtschaftlichen Notwendigkeiten eines Durchfahrbetriebes, selbst auch von Seiten der Arbeitgeberschaft, hat bisher eine Einigung nicht zustande kommen lassen.
Die der Feldmühle AG, Düsseldorf-Reisholz, erteilte Ausnahmegenehmigung auf Grund § 28 AZO wirkt aber präjudizierend auf die Entwicklung der Sonntagsarbeit auch in den übrigen Ländern der Bundesrepublik.

I. Zum Produktionsprozeß

Nach Angaben der Arbeitgebervertretung hebt sich der gegenwärtige Produktionsprozeß gegenüber der früheren Papierfertigung ab durch
a) das höhere Temperatur-Niveau
b) die höhere Arbeitsgeschwindigkeit
c) die größeren Arbeitsbreiten und die größere Papierbahn-Länge.

Der Prozeß der Umwandlung des Faserholzes in Papier erstreckt sich von der Holzaufbereitung über die Holzschleiferei, in welcher der Holzstamm unter hohem Druck an rotierende Schleifsteine gepreßt und unter Zusatz von Wasser und bei Temperaturen von rund 80° Celsius zerfasert wird, über die Stoffaufbereitung (Zurichtung des Faserbreies, Zusatz von Füllstoffen) bis zur Papiermaschine. Auf dieser läuft der Stoffbrei in einer Verdünnung von etwa 150 und mehr Teilen Wasser und einem Teil Papierstoff auf ein endloses Sieb, auf dem die Verfilzung des Faserbreies durch Absaugen von Wasser und damit die erste Stufe der Blattbildung vor sich geht. Die so entstandene Papierbahn erfährt in der Pressenpartie der Papiermaschine eine weitere Entwässerung durch Druck und Vakuum. Anschließend wird die Papierbahn mittels Filzen über eine große Zahl von Trockenzylindern geführt, um eine weitere Entwässerung durch Trocknung bis auf den handelsüblichen Trockengehalt von etwa 94 % zu erfahren. Am Ende der Papiermaschine wird die fertige Papierbahn auf Rollen gewickelt und anschließend durch Schneidemaschinen zu Formatbogen oder zu Rollen geschnitten.
Damit stellt die Papierfertigung die stufenlose Aneinanderreihung einer großen Anzahl von Produktionsvorgängen dar, bei denen in zwangsläufiger Folge und unter Anwendung komplizierter Steuerungs- und Regelungsverrichtungen physikalische

und chemische Reaktionen stattfinden. Diese Reaktionen bedingen in der Produktionsanlage thermische Verhältnisse, die die Papierindustrie als ausgesprochen wärmeintensiv kennzeichnen.
Bis zum Wiederaufbau der Papierindustrie nach dem letzten Kriege spielten – mit Ausnahme der Trockenpartie – die Temperaturen im gesamten Arbeitsprozeß keine entscheidende Rolle. Die Anlagen unterlagen deswegen keiner nennenswerten Störung durch Abkühlung.
Heute wird in der Holzschleiferei mit Temperaturen von 80° C und auf dem Sieb mit einer Temperatur von über 40° C gearbeitet.
Die höhere Arbeitsgeschwindigkeit bei größerer Arbeitsbreite ist nur möglich, wenn Temperaturen und Grad Stoffdichte und Entwässerbarkeit des Stoffes gleichmäßig gehalten werden.
Jede längere Unterbrechung löst Temperaturschwankungen aus und verhindert die Konstanthaltung des Mahlgrades und damit die gleichmäßige Entwässerbarkeit.
Die Papiermaschinen sind heute zu äußerst empfindlichen und komplizierten Aggregaten geworden (Arbeitsgeschwindigkeit, umfangreiches Rohrleitungssystem, Pumpensystem, Ausdehnung der Trocken-Zylinder-Partien, Automatisierung durch Meß-, Steuer- und Reglergeräte). Infolgedessen glaubt man sagen zu können, daß die moderne Papiererzeugung zu den Arbeiten gehört, die ihrer Natur nach eine längere Unterbrechung nicht mehr gestatten.

II. Zu einzelnen Produktionsvorgängen

Liegen technische Gründe vor, die die Sonntagsarbeit in der Papierindustrie rechtfertigen?
Hier wird von einem Teil der Unternehmerschaft angeführt:
»Durch Temperaturveränderungen und Schwitzen entstehen Abweichungen an Reglergeräten, an Motoren, Preßwalzen und Trockenzylindern. Die modernen Glättzylinder brauchen acht Stunden Anheiz- und Abkühlungszeit. Die Schleifsteine brauchen 24 Stunden bis zur Erreichung des normalen Schleifdruckes«.
Von anderen Vertretern der Unternehmerschaft wird demgegenüber angegeben, daß gerade durch die technischen Fortschritte große Erleichterungen beim Anfahren und beim Unterbrechen der Produktion eingetreten sind. Wenn auch die Aggregate komplizierter geworden sind, so sind sie damit nicht notwendigerweise in Richtung eines nicht unterbrechbaren Durchfahrens entwickelt worden, wenn auch bei einem Non-Stop-Betrieb eine Reihe von Vorteilen unverkennbar vorhanden sind.
Die Nachteile, die durch das Abkühlen der Schleifsteine erfolgt, dürften auch nicht ausschlaggebend sein für die Notwendigkeit eines Durchfahrens. Die Schleiftemperatur wird erst langsam gesteigert. Außerdem kühlt er bei einer Unterbrechung von 24 Stunden nicht bis ins Innere ab.
Die großen Glättzylinder müssen nach Unterbrechung der Produktion natürlich auf die vorgeschriebene Temperatur gebracht werden; dazu genügt aber eine Anheizzeit von 1½ Stunden. Der sog. Trockner (1. Gehilfe) muß am Montag entsprechend früher mit seiner Arbeit anfangen.

Die bakteriologische Einwirkung auf den Holzstoff und andere Materialien. Hinzufügen von bakteriziden Chemikalien ausgeschaltet.
Aufschlußreich sind hierbei die Hinweise, daß die Holzfasern arbeiten und deshalb temperaturempfindlich seien. Finnland und Schweden versenden nassen und trokkenen Holzschliff zur Weiterverarbeitung. Jedenfalls sei eine wesentliche Veränderung des Rohmaterials innerhalb von 24 Stunden nirgends festzustellen. Interessant ist auch die Mitteilung, daß in Finnland große, 400 t fassende Bütten gebaut werden, in denen eine Bevorratung des Rohmaterials für mehrere Verarbeitungstage erfolgt. Auch die Frage mit der Verbatzung bei Unterbrechung wird als unsachlich gekennzeichnet. Die Reinigung selbst sei keine besonders große Anstrengung, es sei eine Arbeit von etwa 1 Stunde, was dem allgemeinen Aufräumen in jedem Fabrikraum am Wochenende entsprechen würde.
Als ein Hauptargument für die Notwendigkeit des Non-Stop-Betriebes wurde die Schwierigkeit des Neuanfahrens der Papiermaschinen angeführt.
Fachleute und Techniker, die über eine reiche Auslandserfahrung verfügen, geben an, daß eine Anlaufzeit von sechs oder sieben Stunden nach einer Unterbrechung der Papierproduktion bei Schnelläufern eine große Übertreibung ist. Vielmehr werde nach Anheizen der Trockenpartie etwa eine halbe Stunde benötigt bis zur vollen Produktion. Dabei ist vorausgesetzt, daß nicht vorher größere Reparaturen gemacht worden sind. Bei Vornahme solcher Reparaturen muß immer mit einer längeren Anlaufzeit gerechnet werden.
Das Anlaufen der modernen Maschinen erfolgt meist von zentralen Schaltbrettern und ist gegenüber den früheren Papiermaschinen eher erleichtert als erschwert.
Die meisten Papiermaschinenführer dürfen wohl das Anfahren eines modernen Schnelläufers heute als wesentlich leichter empfinden, als das Anfahren einer älteren Maschine.
Die höhere Arbeitsgeschwindigkeit und die größere Arbeitsbreite bringt sicherlich eine Reihe von Schwierigkeiten mit sich; man darf aber nicht vergessen, welche zahlreichen Einrichtungen es jetzt gibt, um dieser Schwierigkeiten Herr zu werden.
Als Beispiel für die Erleichterung im Produktionsprozeß sei hingewiesen auf die automatische Ingangsetzung eines modernen Schnelläufers.
(Vgl. die Zeitschrift Tappi Nr. 6 von Juni 1957. Tappi ist das Organ der Technical Association of the Pulp and Paper Industry, der weitaus größten Vereinigung der Welt der Papierchemiker und Ingenieure.)
Die beschriebene Maschine steht bei der Firma Spruce Falls Power & Paper Co. LTD., einer reinen Zeitungsdruckpapierfabrik mit 4 Papiermaschinen von je fast 6 m Breite. Es handelt sich, wie aus der angegebenen Produktion von mehr als 150 t täglich ersichtlich, um einen modernsten Schnelläufer. Die am Schluß erwähnte Maschine III, bei der die Einrichtung jetzt auch eingebaut werden soll, läuft 2.500 Fuß = 750 m pro Minute. Diese Maschinen übertreffen also noch die modernsten der Feldmühle in Düsseldorf erheblich.
Der Artikel betrifft die Beschreibung einer Einrichtung, mit der es möglich ist, die Naßpartie einer solchen Papiermaschine in sieben Minuten in Gang zu setzen. Be-

kanntlich ist die Ingangsetzung der Naßpartie, d. h. also desjenigen Teils der Papiermaschine, der vor den Trockenzylindern liegt, die eigentliche Schwierigkeit. Es ist nur nötig, die Trockenzylinder rechtzeitig vor der Ingangsetzung auf die richtige Temperatur anzuheizen, was in 1–1½ Stunden gemacht werden kann, und ferner die Naßfilze anzufeuchten. Das macht jede Papierfabrik mit einem Mann am Montag früh vor 6:00 Uhr. Dann ist die Maschine startbereit, und mit der beschriebenen Einrichtung ist der Start in sieben Minuten durchgeführt.
In dem Artikel ist beschrieben, daß zur Ingangsetzung der Naßpartie insgesamt 14 Manipulationen erforderlich sind, die in einer bestimmten Reihenfolge stattfinden müssen. Wenn die betr. Lampe aufleuchtet, so hat der Maschinenführer einen bestimmten Handgriff zu tun. Man hat nun aber weiter die Sache bei der Spruce Falls Power & Paper Co. so gestaltet, daß nicht nur die Lampen aufleuchten, sondern auch die Handgriffe nicht vom Papiermaschinenführer, sondern automatisch gemacht werden, was eine verhältnismäßig einfache Sache ist, da es sich fast ausschließlich um das Aufdrehen von Ventilen handelt, was sowieso schon bei modernen Papiermaschinen ferngesteuert vom Schaltbrett aus gemacht wird. Die Kosten für die komplette, also vollautomatische Einrichtung werden mit 27.000 $ angegeben, sind also im Vergleich zu den viele Millionen betragenden Kosten einer modernen Papiermaschine sehr gering.
Zu der Einrichtung gehört auch eine sehr interessante und ebenfalls bisher noch nicht beschriebene Apparatur, um den sog. »Stoffstau« automatisch entsprechend der Papiermaschinengeschwindigkeit zu regulieren. Der »Stoffstau« geschieht in dem Stoffauflaufkasten, von welchem aus der stark verdünnte Papierstoff auf das Sieb der Papiermaschine gelangt. Je nach der Papiermaschinengeschwindigkeit bzw. Siebgeschwindigkeit muß dieser Stau höher oder tiefer sein. Wie hoch er sein muß, ist berechenbar, und die betreffenden Formeln befinden sich auch in dem Artikel, sind aber an sich nichts Neues.
Die Automatik stellt nun den Stoff so ein, daß die tatsächliche Staukurve entsprechend der theoretischen verläuft, was laufend auf einem Registrierapparat aufgezeichnet wird. Dadurch wird das Anlaufen ebenfalls stark erleichtert.
Die beschriebenen Einrichtungen stellen einen erheblichen technischen Fortschritt während der Anlaufperiode dar, und es ist nicht daran zu zweifeln, daß sie über kurz oder lang Allgemeingut bei allen größeren und moderneren Papiermaschinen werden. Dadurch wird die Anlaufperiode, aus der jetzt – wenn auch mit Unrecht – bei der Frage des Non-Stop-Betriebes so viel Wesens gemacht wird, auf einige Minuten herabgedrückt.
In der weiteren Diskussion rückte man von einer Begründung der Sonntagsarbeit aus betont technischen Gesichtspunkten mehr und mehr ab und wandte sich volkswirtschaftlichen Überlegungen stärker zu.

III. Wirtschaftliche und volkswirtschaftliche Gründe.
Der wirkliche Grund für die Sonntagsarbeit dürfte vornehmlich zu suchen sein in den außerordentlich hohen Investitionen für die neuen Produktionsanlagen und in den hohen Abschreibungskosten derselben. Der Durchfahrbetrieb liegt mit seinen

Abschreibungen um 15% günstiger als der mit Sonntagsunterbrechung arbeitende Betrieb.
Das dürfte aber nichts Besonderes sein und wohl auch nicht ausreichen, um einen Betrieb am Sonntag arbeiten zu lassen. Wenn man sich auf dieses Argument einläßt, werden bald alle kapitalintensiven Wirtschaftszweige das gleiche Recht für sich beanspruchen (z. B. Braunkohleindustrie).
Auch die Tatsache, daß beim Durchfahrbetrieb mengenmäßig 17% mehr produziert wird, kann nicht als überzeugender Grund hingenommen werden. Auch die Tatsache, daß beim Durchfahrbetrieb die Zinsbelastung um 12% günstiger ist, rechtfertigt nicht einen Durchfahrbetrieb.
Es ist nicht einzusehen, warum die Aufwendungen für Kapitaldienst und Abschreibungen gerade durch Sonntagsarbeit herausgeholt werden soll. Eine solche Begründung könnte viele Industrien zu ähnlichen Sonderansprüchen berechtigen.
(In einem »Bericht über die wirtschaftliche und soziale Auswertung des Non-Stop-Betriebes in der papiererzeugenden Industrie« v[on] Dr. Behler, F[irm]a A. Linneborn, Werden/Ruhr, bestreitet dieser die Kostenvorteile des kontinuierlichen Betriebes. Die angebl[ichen] Kostenvorteile werden nach seiner Ansicht durch die notwendige Einführung einer 4. Schicht, also durch Erhöhung der Lohnkosten, aufgezehrt.)
In diesem Zusammenhang wird weiter angeführt, daß die Wettbewerbsfähigkeit der deutschen Papierindustrie entschieden getroffen werde, wenn neben den kapitalmäßigen, technischen und standortmäßigen Vorteilen der ausländischen Konkurrenz auch noch ein Unterschied hinsichtlich der Kapitalausnutzung besteht.
Sowohl im Zeichen des Gemeinsamen Marktes wie auch besonders im Zeichen der Freihandelszone sei es unvertretbar, daß das Ausland sieben Tage produziere, während die Bundesrepublik mit zunehmender Verkürzung der Arbeitszeit möglicherweise auf eine 5-Tage-Produktion zurücksinke.
Es ist hierbei angenommen, daß in den verschiedenen Ländern die kontinuierliche Produktion üblich ist.
Es muß genauer unterschieden werden:
In den USA sind die Arbeitskontrakte meist als Ausgangsbasis auf die 40-Stunden-Woche mit drei Schichten abgestellt. Überstunden werden mit 50% Zuschlag berechnet; auf diese Weise arbeitet man meist 48 Stunden.
Eine Reihe von Fabriken arbeitet auch sonntags. Die Arbeitszeit ist also elastisch gehalten und ist mit dem kontinuierlichen Betrieb in vier Schichten nicht gleichzusetzen.
In Frankreich gibt es nur in einigen wenigen großen Betrieben eine Non-Stop-Arbeit. Es besteht die 40-Stunden Woche. In Wirklichkeit fährt man aber – unter Anrechnung der Überstunden – wöchentlich 48 Stunden. Eine Reihe von Betrieben, auch größerer Art, arbeiten aber am Sonnabend nicht.
In Italien besteht nach wie vor die 48-Stunden-Woche mit drei Schichten zu acht Stunden. In Zeiten starker Marktanspannung wird teilweise auch sonntags gearbeitet.
In der Schweiz herrscht noch die 48-Stunden-Woche. Non-Stop-Betriebe gibt es dort bei keinem Unternehmen. Hier denkt man gar nicht daran, den Sonntag in die Produktion mit einzubeziehen.

Damit schwächt sich der Grund, daß infolge der Arbeitszeitsysteme des Auslandes für die Bundesrepublik eine parallele Regelung erforderlich sei.
Wenn aus anderen Gründen, wie etwa aus Standortvorteilen oder Möglichkeiten einer Verbundproduktion, für die Herstellung von Papier im Ausland Kostenvorteile vorhanden sind, so dürfte damit wohl noch keine hinreichende Voraussetzung gegeben sein, den Sonntag als Mittel zum Ausweichen aus dieser Grenzkostensituation zu mißbrauchen.
Wenn aus Gründen im Zusammenhang des Gemeinsamen Marktes und der Freihandelszone die deutsche Papierindustrie benachteiligt werden sollte, so gibt es viele Mittel, dieser Benachteiligung anders zu begegnen. Hier handelt es sich um langfristige Strukturänderungen des Marktes, die, zumal in der Papierindustrie, durch den Einsatz des Sonntags für die Produktion nur geringfügig aufgefangen werden können, vor allem da, wo die deutsche Papierproduktion in Konkurrenz steht mit ausländischen sog. gemischten Betrieben.
Von einer ungehemmten Durchführung des Gemeinsamen Marktes und der Freihandelszone würden auch die anderen Mitgliedsstaaten betroffen, die für den Sektor der Papierindustrie ebenso eine andere Regelung anstreben müßten, da der Ausgleich des Sonntags unzureichend ist.
Außerdem handelt es sich hier um freie Vertragswerke, in deren Folge aus Gründen einer vereinfachten Regelung der Sonntag nicht einfach geopfert werden darf.

IV. Soziale Gründe für Durchfahrbetrieb

Eine neue Regelung der Sonntagsarbeit hat nur dann die gewünschte Wirkung, wenn durch sie die Sonntagsarbeit im bisherigen Umfange eingeschränkt wird. Der derzeitige Zustand in der Papierindustrie ist unbefriedigend. Auch nach Aussagen der Gewerkschaftsvertreter darf im Zuge der Verkürzung der Wochenarbeitszeit der Sonntag nicht geopfert werden. Die Gewerkschaften legen Wert darauf, daß dieser Vorteil allein für sie nicht der Grund sein kann, den Durchfahrbetrieb anzuerkennen. Im Endeffekt müßte unter allen Umständen der betonte Wochenrhythmus sichergestellt sein, d. h., es müßten solche Schichtfolgen erarbeitet werden, die die Freizeit um den Sonntag herum gruppieren.
Für den Arbeiter führt der Durchfahrbetrieb durch Einsetzen einer 4. Schicht zu einer Verkürzung der Arbeitszeit auf 42 Stunden in der Woche. Bisher betrug die durchschnittliche Arbeitszeit, einschließlich der Reparaturarbeiten am Sonntag, 51,5 Stunden. Die Zahl der dem Arbeiter zur Verfügung stehenden freien Sonntage wird wesentlich erhöht. Die Zahl der in einer Produktionsschicht am Sonntag eingesetzten Arbeiter sei niedriger als die Zahl der im gleichen Zeitraum regelmäßig zur Reparatur und zu Reinigungsarbeiten eingesetzten Arbeiter.
Hierbei ist aber festzuhalten, daß bei dem Durchfahrbetrieb nicht nur eine Schicht arbeitet am Sonntag, sondern drei Schichten.
Wenn keine außerordentliche Reparatur zu machen ist, genügt im allgemeinen der Einsatz der Reparaturkolonnen, zahlenmäßig in der Größe einer Schicht, die von morgens 10 bis spätestens 13 Uhr mit ihrer Arbeit fertig sein kann.

Ein ungünstiges Zahlenbild ist durch die laxe Handhabung des § 105 c, 3 [*der Gewerbeordnung*] zu erklären; es werden vielfach Reparaturarbeiten auf den Sonntag aufgespart, die durchaus an Werktagen vorgenommen werden können.
Die Produktionsarbeit am Sonntag wird als wesentlich leichter und angenehmer bezeichnet als die Arbeit an Reparatur- und Reinigungssonntagen. Das mag für einen Teil der Belegschaft richtig sein, nicht aber für die ganze Belegschaft zutreffen. Bei der richtigen Handhabung des § 105 c, 3 dürfte die notwendige Reparaturkolonne, die z. Zt. im Durchschnitt 10–15% der Belegschaft der Erzeugungsbetriebe ausmacht, noch wesentlich eingeschränkt werden können.
Wenn den Wünschen der Arbeitgeberschaft entsprochen würde, so würden davon 8.000 Arbeiter betroffen. (Kraft- und Wärmeerzeugung, Stoff-Vorbereitung, Papiermaschinen, Aufroller und Querschneider). Das wären 11% d[er] Gesamtbelegschaft der Pap[ier]- u[nd] Pappe-Industrie.

V. Vorschlag der Sozialpartner
Von Seiten der Unternehmer wurde am 13.1.1958 ein gemeinsamer Vorschlag der Sozialpartner vorgelegt mit folgenden Hauptpunkten:
1. Die Sonntagsarbeit ist auf das dringend notwendige Maß zu beschränken;
2. Die Sonntagsarbeit im Rahmen einer kontinuierlichen Arbeitsweise (teilkontinuierlich) ist nur für die echten Produktionsabteilungen zulässig;
3. In Durchfahrbetrieben ist der betonte Wochenrhythmus anzustreben unter Zugrundelegung einer Schichtfolge von 5 Arbeitstagen. Dabei sind vier Schichten einzusetzen;
4. Jährlich sind 26 freie Sonntage zu gewährleisten, unter gleichmäßiger Verteilung auf die Quartale; [...][1]
6. Die Arbeitszeit an den einzelnen Sonntagen darf acht Stunden nicht überschreiten;
7. Für die Durchfahrbetriebe beträgt, abweichend von der üblichen Regelung, der Sonntagszuschlag 100%.
In der darauffolgenden Sitzung wurden diese Vorschläge wiederum in Frage gestellt, so daß gegenwärtig keine Gemeinsamkeit, weder zwischen den Sozialpartnern noch in der Unternehmerschaft selbst, erreicht ist.

VI. Verwaltungsgerichtliche Klage
Am 12. November 1958 wurde von der Firma Ewald Schoeller & Co., Langerwehe Kr[ei]s Düren/Rh[ein]l[an]d, (Prozeßbevollmächtigter: RA Krutein, Düsseldorf) gegen das Land Nordrhein-Westfalen (vertreten durch den Herrn Arbeits- und Sozialminister in Düsseldorf) eine Klage im Verwaltungsstreitverfahren erhoben, mit dem Antrag:
1) den Beklagten für verpflichtet zu erklären, die Erteilung einer Ausnahmegenehmigung gemäß § 28 AZO einem Unternehmen der Papierindustrie im Lande Nordrhein-Westfalen zu versagen,

[1] *Punkt 5 der Vorlage fehlt, der Raum für eine nachträgliche Eintragung wurde freigelassen.*

2) festzustellen, daß der Beklagte nicht berechtigt ist, einem Unternehmen der Papierindustrie im Lande Nordrhein-Westfalen eine Ausnahmegenehmigung gemäß § 28 AZO zu erteilen.
In der Begründung wird darauf hingewiesen, daß die F[irm]a Feldmühle-Papier- und Zellstoffwerke AG., Sitz Düsseldorf-Oberkassel, seit einigen Jahren im sogenannten Durchlaufbetrieb arbeitet. Diese Firma habe vom Ministerium für Arbeit und Soziales des Landes NRW eine widerrufliche Ausnahmegenehmigung gem. § 28 AZO erhalten. Die Arbeiter der F[irm]a Feldmühle AG würden in 4 Schichten zu je 42 Stunden wöchentlich eingesetzt. Die Feldmühle AG ist die einzige Firma mit dieser Ausnahmegenehmigung in NRW und könne daher wesentlich billiger produzieren als die anderen Papierfabriken im Lande NRW.
Hinzu komme, daß die Feldmühle das kapitalstärkste und bestgehende Großunternehmen der deutschen Papierindustrie ist (Aktienkurs ca. 600). Die Aktie der Feldmühle sei eine der höchsthonorierten Aktien sämtlicher deutscher Unternehmungen überhaupt. Umfangreiche Investitionen könnten durch den eingeführten Non-Stop-Betrieb anderen Unternehmungen gegenüber viel günstiger amortisiert werden. Zugleich könne die Feldmühle durch diese Umstände den Arbeitnehmern bei einer 42-stündigen Wochenarbeit den Lohn für 45 Stunden bezahlen. Dadurch entstehe ein Abwandern der guten Fachkräfte in dieses Unternehmen.
Die übrigen Fabriken in der Papierindustrie seien mit ihrem Antrag auf Zulassung des Sonntagsbetriebes gemäß § 105 d der Gewerbeordnung vom Minister für Arbeit und Soziales zurückgewiesen worden.
Die der Feldmühle eingeräumte Sonderstellung sei mit dem geltenden Verfassungs- und Sozialrecht nicht vereinbar. (Art. 140 GG, Art. 25 Abs. 1 der Landesverfassung und Art. 139 der WRV.)
Die der F[irm]a Feldmühle AG eingeräumte Sonderstellung verletze demnach das Grundrecht der Gleichheit vor dem Gesetz (Art. 3,1 GG).
Jede Papier-Fabrik im Lande NRW habe das verfassungsmäßige Recht, sich auf die erwähnten Grundrechte zu berufen. Darüber hinaus habe der Ministerpräsident in seiner Regierungserklärung am 25.7.1958 ausgeführt:
»Die Entschlossenheit der Landesregierung, mit Nachdruck auf die Heilighaltung des Sonntags zu dringen, wird ihr Veranlassung geben, die Frage der Gleitenden Arbeitswoche, deren Schwierigkeiten sie sich voll bewußt ist, nochmals eingehend zu untersuchen«[2].
Ferner wird auf die Bundestagsdebatte über die Sonntagsarbeit in der zweihundertdritten Sitzung vom 10.4.1957 (Drucksache 3236) hingewiesen.
Der Aufsatz von Prof. F[riedrich] Sitzler, »Grundsätzliche Fragen der Sonntagsarbeit« in der Zeitschrift »Arbeitsschutz«, Nr. 9 v[om] Sept[ember] 1957 wird im Auszug wiedergegeben:
»Die Überprüfung setzt voraus, daß man sich zunächst über die hohe Bedeutung des Sonntags für unser Volk und sein Leben klar wird ... Mit vollem Recht weisen die

[2] *Vgl. Dok. 221, Anm. 1.*

Vertreter beider Kirchen darauf hin, daß der Sonntag als der ›Tag des Herrn‹ in einem christlichen Staat niemals durch einen Ruhetag in der Woche ersetzt werden kann. Die gemeinsame Feier des Gottesdienstes bietet ein notwendiges Herzstück der christlichen Gemeinschaft ...
Der regelmäßige Ruhetag muß grundsätzlich auf den Sonntag fallen. Die körperliche und seelische Gesunderhaltung unseres Volkes verbietet, ihn durch einen beliebigen Wochentag zu ersetzen ... Ausruhen verlangt Stille und die Möglichkeit innerer Einkehr. Eine regelmäßige und richtige Sonntagsfeier macht sich in Gesundheit und Arbeitsfreude bezahlt. Diese günstigen Wirkungen gleichen einen rechtmäßigen Ausfall an Produktion bei weitem aus.
Regelmäßige Sonntagsarbeit zerstört weiter das Familienleben und damit den wichtigsten Quell der Volksgemeinschaft.
Sie fördert die Verwahrlosung der Jugend und führt den von der allgemeinen Sonntagsfeier Ausgeschlossenen in eine schädliche und gefährliche Isolierung. Schon die wachsende Erwerbstätigkeit der Frau belastet die Familiengemeinschaft schwer ... Was aber soll aus der Familie, was aus der Kindererziehung werden, wenn Mann und Frau nicht nur die Woche über außer Hause arbeiten, sondern nicht einmal den Sonntag mit ihren Kindern gemeinsam verleben?
Das Gemeinschaftsleben schließlich verliert mit dem Verlust des freien Sonntags seinen festen, ordnenden Mittelpunkt ... Die Würde des Menschen, sein Recht auf Gleichbehandlung der Persönlichkeitsentwicklung verlangen Berücksichtigung vor wirtschaftlichen und materiellen Vorteilen.«
In der gleichen Zeitschrift behandelt Prof. Dr. Herschel das Thema:
»Die Technik wird meist bei der Abwägung im Vordergrund stehen, aber nach der positiven Seite hin nie den Ausschlag geben können. Nach der negativen Seite hin ist das anders: kann der Unternehmenszweck ohne Sonntagsarbeit erreicht werden? Gestattet es insbesondere die Technik, ohne Sonntagsarbeit zum Ziele zu gelangen, so ist von vornherein für die Zulassung von Sonntagsarbeit kein Raum ...«
In der Begründung wird weiter die Stellungnahme des Sozialreferates im Zentralkomitee der Deutschen Katholiken vom 22.9.1958[3] zitiert (Pater Dr. Jos[ef] Engel).
Im weiteren Verlauf wird auf § 28 AZO eingegangen. Die Stellungnahme von Prof. Sitzler (a. a. O.) wird zitiert:
»Man kann daher begründet Zweifel erheben, ob die angezogene Vorschrift (§ 28 AZO) die erteilte Genehmigung überhaupt trägt. Man kann aber noch weiter gehen und diese Bestimmung, die den Bestand der gesamten Arbeitsschutzgesetzgebung in die Hand von Behörden legt, als nationalsozialistisches Rechtsgut oder als Verstoß gegen den verfassungsmäßigen Schutz des Sonntags oder schließlich als unverträglich mit den Gedanken eines sozialen Rechtsstaates als überholt und ungültig ansehen.«
Überhaupt wird eine solche Ausnahmegenehmigung keinesfalls als »im öffentlichen Interesse dringend notwendig« (vgl. § 28 AZO) angesehen. Ferner sei es unzulässig,

3 *Nicht ermittelt.*

eine unter Widerrufsvorbehalt erteilte Ausnahmegenehmigung fortwährend zu verlängern und somit die befristete Genehmigung zu einer dauernden werden zu lassen. Darüber hinaus sei davon auszugehen, daß gemäß dem Wortlaut des § 105 d der Gewerbeordnung keine Ausnahmegenehmigung für die Sonntagsarbeit der Papierindustrie erteilt werden dürfe, und es sei unzulässig, einem Unternehmen der Papierindustrie gemäß § 28 AZO eine Ausnahmegenehmigung zu erteilen.
Die Klage wurde am 12. November 1958 beim Landesverwaltungsgericht Düsseldorf eingereicht.
Unter dem 1.12. erfolgte eine Eingabe an den Herrn Ministerpräsidenten des Landes Nordrhein-Westfalen von seiten des Gesprächspartners der katholischen Kirche, der Kommission Sonntagsruhe beim BMA, in der um erneute Überprüfung der Notwendigkeit und Berechtigung der gegebenen Ausnahmegenehmigung in NRW gebeten wurde.
Ebenso wurde an den Herrn Ministerpräsidenten des Landes Bayern ein Schreiben gerichtet, nachdem bekannt wurde, daß einige Papierfabriken in Bayern unter Berufung auf die in NRW bestehende Ausnahmegenehmigung eine ähnliche Sonderregelung für sich beanspruchen.
Es ist zu hoffen, daß in Kürze die Unterkommission wiederum zusammentritt und eine endgültige Regelung der Sonntagsarbeit in der Papier-Industrie für das ganze Bundesgebiet gefunden wird.

gez. Pater Dr. Jos[ef] Engel SCJ
Leiter des Sozialreferates im ZdK.

224

Höfer[1] an Wendel

Rom, 8. April 1959

EA München, Joseph Kardinal Wendel, 15/1959. *Schreibmaschinenausfertigung mit eigenhändiger Unterschrift und erstem Postskriptum. Briefkopf:* Botschaft der Bundesrepublik Deutschland beim Heiligen Stuhl. Prälat Professor Dr. Höfer, Botschaftsrat I. Kl[asse] *Eingangsstempel:* Erzbistum München, Erzb[ischof] 14. Apr[il] 1959. 15 Nr. 693.

Eminenz, Hochwürdigster Herr Kardinal!
Privat erfahre ich durch Herrn Prälat Weinbacher[2], Rektor der Anima, daß Exzellenz Samoré[3] diesem am 20. März 1959 mitteilte, das Päpstliche Staatssekretariat befasse

[1] Josef Höfer *(1896–1976), Dr. theol., 1924 Priester (D Paderborn), 1936–1940 Professor der Liturgik und Pastoraltheologie in Münster, 1941 Domvikar, 1945 Direktor der Erzbischöflichen Konvikte Driburg und Paderborn, 1954–1968 Geistlicher Konsultor an der Botschaft der Bundesrepublik Deutschland beim Hl. Stuhl, 1957–1964 Mitherausgeber der Neuauflage des Lexikons für Theologie und Kirche, 1968–1974 Offizial in Paderborn.*

[2] Jakob Weinbacher *(1901–1985), 1924 Priester (ED Wien), Rektor der Kirche und des Kollegs S. Maria dell'Anima in Rom, Apostolischer Protonotar, 1962 Weihbischof in Wien.*

[3] Antonio Samoré *(1905–1983), 1928 Priester, 1950 Bischof, Sekretär der Kongregation für die außerordentlichen kirchlichen Angelegenheiten, 1967 Kardinal.*

sich zur Zeit mit der Vorbereitung eines die Statuten der Anima[4] betreffenden Breves. Das österreichische Konkordat spiele bei der Ordnung dieser Angelegenheit keine Rolle mehr. – Hierzu darf ich kurz bemerken, daß die Verzögerung der Redigierung des Breves unter dem Pontifikat des hochseligen Vorgängers von Papst Johannes XXIII. damit begründet wurde: Bevor nicht die österreichische Regierung die Ansprüche des Heiligen Stuhles hinsichtlich der Rechtsgeltung des österreichischen Konkordats ohne Einschränkung anerkannt habe, müsse die Neuregelung der Statuten der Anima zurückgestellt werden. Diese Feststellung beleuchtete in sehr eindringlicher Weise
1. das Streben österreichischer Kreise, zu denen die österreichische Vertretung beim Heiligen Stuhl gehörte, die Anima als eine im Grunde österreichische Einrichtung erscheinen zu lassen[5];
2. eine gewisse Bereitschaft im Staatssekretariat, diese Tendenz, wenn auch vielleicht nicht anzuerkennen, so doch als Druckmittel in den Konkordatsverhandlungen zu benutzen. Dieses Verfahren hätte unter Umständen sehr wohl mit einer Anerkennung der österreichischen Tendenz enden können.
Exzellenz Samoré teilte weiterhin mit, die Angelegenheit solle erneut den Bischofskonferenzen von Fulda und Freising unterbreitet werden. Hinsichtlich des Präsentationsrechts für den jeweiligen Rektor gegenüber Seiner Heiligkeit solle das Breve den Passus enthalten: der Rektor soll »non inconsultis Episcopis Germaniae« präsentiert werden. Diese Formel würde bedeuten, daß die Präsentation »im Benehmen mit dem deutschen Episkopat« geschehen solle. Dem deutschen Episkopat würde dadurch jedoch kein eigentliches Mitsprache- bzw. Vetorecht eingeräumt werden.
Meines Erachtens besteht jedoch ein rechtsgültiger Anspruch auf ein volles Mitwirkungsrecht bei der Präsentation. Österreich leistet seit 1918 der Anima bis auf eine geringe Jahressumme[6] keinerlei Subvention mehr, wie es von 1859 bis 1918 der Fall war. Aus der früheren Geschichte der Anima wie aus dem gegenwärtigen Status kann ein Anspruch auf ein österreichisches Vorrecht oder gar auf den österreichischen Charakter der Anima nicht abgeleitet werden. Schon das mit Sicherheit vorhandene Bestreben, wenigstens der österreichischen Regierung, für die Anima ein österreichisches Vorrecht geltend zu machen und dessen Anerkennung durch den Heiligen Stuhl zu erreichen, ist m. E. ein zureichender Grund für die Beantragung rechtsgültiger Mitwirkung des deutschen Episkopats bei der Präsentation des Rektors. – Weiterhin umfaßt die in der Anima zentralisierte Seelsorge für die Katholiken deutscher Zunge in Rom eine weitaus größere Zahl von deutschen als von außerdeutschen Katholiken. Auch hinsichtlich der Zusammensetzung des Priesterkollegs überwiegt der Anspruch der deutschen Bistümer zahlenmäßig bei weitem den nichtdeutscher Diözesen. Endlich sind in der Agenzie der Anima alle deutschen Bistümer mit Ausnahme von drei Diözesen vertreten.

4 *Vgl. Dok. 63, Anm. 7.*
5 *Handschriftliche Randnotiz:* s.u. Ps. 2.
6 bis – Jahressumme *handschriftlich eingefügt.*

Ausdrücklich möchte ich betonen, daß der gegenwärtige Rektor, Prälat Weinbacher, sein Amt mit exaktester Loyalität gegenüber den deutschen Interessen ausübt. Er hat aber nicht verhindern können, daß auf Betreiben der österreichischen Vertretung beim Heiligen Stuhl gleich nach Kriegsende eine »österreichische Landsmannschaft« ihren Sitz in der Anima erhielt. Ich könnte eine Fülle von Beispielen dafür aufzählen, daß in weiten Kreisen nicht nur Österreichs und Italiens, sondern auch der Bundesrepublik, die Anima als österreichisches Institut gilt, das Deutschen gern Gastrecht gewährt.

Da Ew. Eminenz stets ein lebhaftes Interesse am Campo Santo wie an der Anima bezeigten, nehme ich mir die Freiheit, Ew. Eminenz diese Hinweise vorzutragen.

Ehrerbietig Ew. Eminenz in herzlicher Verehrung ergebener
Josef Höfer.

P.S. 1) Besten Dank für Ew. Eminenz' Schreiben[7].

P.S. 2) Die Mitwirkung des deutschen Episkopats bei der Präsentation des Rektors müßte auf Grund der oben erwähnten Tatsache auch das Recht einschließen, einen deutschen Herrn vorzuschlagen.

D[er] U[nterzeichnete].

10. April 1959

P.S. 3) Wie ich vor Absendung aus sicherster Quelle erfahre, ist der österreichische Botschafter so weit gegangen, im Staatssekretariat die Anerkennung der Anima als eines österreichischen Kulturinstituts zu beantragen.

D[er] U[nterzeichnete].

225

Wissing an die deutschen Bischöfe

Bonn, 13. April 1959

EA München, Joseph Kardinal Wendel, 21/1959. *Schreibmaschinenvervielfältigung mit faksimilierter Unterschrift. Briefkopf:* Katholisches Büro Bonn, Leitung: Direktor Wissing. *Anschrift:* An die Hochwürdigsten Herren Erzbischöfe und Bischöfe in der Bundesrepublik Deutschland. *Eingangsstempel:* Erzbistum München. Erzb[ischof] 23. Apr[il] 21 Nr. 751.

Eminenzen! Exzellenzen!

Herr Dr. Kupper[1], der mit Prälat Böhler die Arbeit hier sieben Jahre getan hat, ist zum 1. April in den Schuldienst der höheren Schule nach Speyer gegangen. Herr Dr. Kupper hatte diese Stelle schon am 1. Oktober antreten wollen und auch damals

7 *Die Postscripta 2 und 3 sind maschinenschriftlich eingefügt.*

1 Alfons Kupper *(1917–1983), Dr. phil., Mitarbeiter im Katholischen Büro Bonn, später Gymnasiallehrer in Speyer, Bearbeiter des Bandes* Staatliche Akten über die Reichskonkordatsverhandlungen *1933 (VKZG, Bd. A 2), Mainz 1962.*

schon die Zusage vom Ministerium in Mainz gehabt. Er ist aber, mit Rücksicht auf den plötzlichen Tod von Prälat Böhler, bis zum 1. April hiergeblieben.
Ich möchte ihm auch an dieser Stelle noch einmal herzlich danken für seine große Hilfsbereitschaft in der Arbeit ohne Rücksicht auf die Stundenzahl. Im Hintergrund stand für ihn allerdings auch die Frage der Existenzsicherung für seine Familie.
Die gleiche Frage taucht natürlich auch bei seinem Nachfolger auf. Allerdings konnte sie zunächst einmal auf anderem Wege geklärt werden. Der Nachfolger[2] ist nämlich ein Oberregierungsrat aus dem Justizministerium. Herr Minister Schäffer hat ihn zunächst ab 1. Juni für die Dauer eines Jahres beurlaubt unter Anrechnung dieser Urlaubszeit auf die Pension.
Die bisherigen Berichte von hier enthielten im Schwerpunkt Darlegungen über die Gesetzgebung. Das ist sicher auch der wichtigste Punkt in der Arbeit hier, der auch die meiste Zeit beansprucht, mit all den umfangreichen Vorbereitungen und vielen Verhandlungen.
Es kommt hinzu, daß von dem zweiten Schwerpunkt, der nach meiner Meinung ebenfalls da ist und auch von uns in zunehmendem Maße wahrgenommen wird, weniger geschrieben werden kann. Es geht um den Schwerpunkt Politik. Hier hinein fallen alle allgemein politischen Fragen, die personalpolitischen Überlegungen und schließlich die Fragen der Stärkung des katholischen Bewußtseins unter den Abgeordneten und die Verbindung katholischer Abgeordneter untereinander. Dem dient z. B. der von Prälat Böhler eingerichtete Klub, der wöchentlich eine Zusammenkunft hier im Hause hat.
Zwei weitere Überlegungen stehen zur Zeit an, die ich mit führenden Politikern besprochen habe:
1. Ein Verbindungsgremium zu schaffen von wenigen Leuten unsererseits mit einigen maßgeblichen Persönlichkeiten von Parlament und Regierung, etwa 5 zu 5, um gerade die allgemein politischen Fragen rechtzeitig besprechen zu können.
2. Im Laufe des Jahres sind eine Reihe Arbeitstagungen mit den katholischen Bundestagsabgeordneten und Regierungsbeamten vorgesehen. Dabei will u. a. Pater Gundlach mitwirken. Vielleicht ist es in diesem Zusammenhang dann ebenfalls gut zu sagen, Tagungen, wo nur Bundestagsabgeordnete und Regierungsabgeordnete aus Bonn im Schwerpunkt vorgesehen sind, doch in Verbindung mit dem Katholischen Büro zu überlegen, damit nicht zu vielerlei Einladungen kommen. Nicht gemeint sind hier jene Tagungen, die etwa auf Diözesanebene für Abgeordnete oder ähnliche Kreise gehalten werden.
Zur Gesamtarbeit des Parlaments ist zu sagen, daß die Gesetze, die bis zum Ende des Jahres nicht im Bundestag sind, wohl keine Aussicht mehr haben, verabschiedet zu werden. Als größter Komplex wird dabei die Strafrechtsreform anstehen. Wir hoffen aber auch noch, daß außer den im Bericht erwähnten Gesetzen eine Novelle zum Gesetz über jugendgefährdendes Schrifttum[3] kommt, welches vor allen Dingen den

[2] JOHANNES NIEMEYER *(geb. 1931), Oberregierungsrat a. D., stellvertretender Leiter des Katholischen Büros Bonn.*
[3] Gesetz zur Änderung und Ergänzung des Gesetzes über die Verbreitung jugendgefährdender Schriften *vom 21. März 1961.* BGBL., *S. 296.*

Versand von Prospekten und die Frage der Leihbüchereien, die bisher nicht erfaßt sind, mit umfassen soll, und schließlich eine Gewerbeneuordnung, in der auch ein Verbot von Automaten mit dem Verkauf von Gummimitteln enthalten ist.
Sehr langsam geht es voran mit dem Gesetz über die Sonntagsarbeit. Obwohl ich sicher glaube, daß auch dieses Gesetz, wie auch das Jugendarbeitsschutzgesetz, in diesem Bundestag verabschiedet werden wird.
Viele Gespräche um die Berlinfrage waren in der Zwischenzeit, denn Berlin ist ja nicht nur eine politische Frage, sondern auch eine eminent kirchliche Frage. Der Hirtenbrief der Ordinariatsträger der Zone[4] wurde in drei Sprachen übersetzt und den Bischöfen der Welt zugesandt. Eine Broschüre mit dem Titel »Jesuiten, Arbeiter und rote Richter« – Schlaglichter auf das Ringen um Religionsfreiheit in Mitteldeutschland –, wird in den nächsten Tagen erscheinen.
Ein dritter Schwerpunkt der Arbeit, die Seelsorge, ist noch am wenigsten geklärt. Mir scheint aber, daß das verlängerte Wochenende bzw. der freie Samstag/Sonntag in Bonn, neue Möglichkeiten, etwa für Exerzitien usw. gibt, wenigstens für die Beamten. Für das Parlament scheint es mir auch wesentlich zu sein, wenn es uns bald gelingen kann, in der Nähe des Bundeshauses eine Kapelle zu haben. Aus meinen bisherigen Erfahrungen und Versuchen halte ich es durchaus für möglich, etwa vor den Sitzungen des Bundestages, eine Stunde vorher, in einer Meßfeier ein Gutteil der katholischen Abgeordneten zu erreichen.
Vom 28. bis 30. April tagt in Bonn das Kirchenpolitische Gremium. Im Mittelpunkt stehen:

1. Gewerkschaftsfragen
2. Strafrechtsreform und Familienrechtsänderungsgesetz
3. Allgemeine politische Fragen
4. Bericht über laufende Arbeiten im Katholischen Büro.

Vertraulich
Es ist wohl als ziemlich sicher anzunehmen, daß im Rahmen der Neubesetzung der bisherige Staatssekretär[5] im Bundeskanzleramt mit zum Bundespräsidialamt übersiedeln wird, so daß neben der Frage, wer Kanzler wird, auch die Frage, wer Staatssekretär wird, ansteht.
Der aussichtsreichste Kandidat für das Kanzleramt ist wahrscheinlich Minister Etzel[6].
Der aussichtsreichste Kandidat für den Vorsitz der CDU ist wohl Dr. Krone.

In Ehrerbietung
W[ilhelm] Wissing
Direktor Wissing.

[4] *Druck:* AKTEN DEUTSCHER BISCHÖFE SEIT 1945. DDR 1957–1961, *Dok. 199, S. 488–493.*

[5] HANS GLOBKE *(1898–1973), Dr. iur., 1934 Referent für das Personenstandswesen im Reichsministerium des Innern, 1938 Ministerialrat, Vertrauensmann des Berliner Bischofs, 1945 Rechtsberater der britischen Militärregierung, nach verschiedenen Tätigkeiten in der Verwaltung 1949 Eintritt ins Bundeskanzleramt, 1950 Ministerialdirektor, 1953–1963 Staatssekretär. Vgl.* U. V. HEHL, *Globke, sowie* E. LOMMATZSCH.

[6] FRANZ ETZEL *(1902–1970), Jurist und Politiker (CDU), 1949–1953 und 1957–1965 Mitglied des Bundestags, 1953 Vizepräsident der Hohen Behörde der Europäischen Gemeinschaft für Kohle und Stahl, 1957–1961 Bundesminister der Finanzen.*

226

Lagebericht des Zentralkomitees

[Bad Godesberg, 15. April 1959][1]

DA Eichstätt, Bischofsarchiv Schröffer. Deutsche Bischofskonferenz 1959. *Schreibmaschinenschrift mit Überschrift:* Zur Lage auf dem Sektor »Schule und Erziehung«.

Aufgrund der speziellen Aufgabenstellung des Zentralkomitees der Deutschen Katholiken sollen zu den Problemen um den Fragenkomplex »Schule und Erziehung« nur einige Bemerkungen gemacht werden. Diese beziehen sich vor allem auf die Organisationsschwierigkeiten, die einer wirksamen Vertretung der katholischen Interessen auf dem Gebiet der Schulpolitik im Wege stehen, und enthalten einige diesbezügliche Vorschläge.

Die Arbeiten der »Bischöflichen Hauptstelle für Schule und Erziehung« in Verbindung mit dem entsprechenden Kernkreis des Zentralkomitees betreffen mehr die Fragen einer Schul- und Bildungsreform und sind dadurch im Schwerpunkt pädagogischer und schulorganisatorischer Natur. Die diesbezüglichen Berichte von H[ochwürdigen] H[errn] Direktor Krisinger sind somit für eine Gesamtinformation zum Thema »Schule und Erziehung« eine notwendige und wertvolle Voraussetzung und Ergänzung.

Die Aktivität des Kulturreferates im Zentralkomitee wird sich im Jahre 1959 vornehmlich auf die nachfolgenden Aufgaben richten, wobei ein enger Kontakt zur Bischöflichen Hauptstelle als notwendig angesehen wird.

Den Zusammenschlüssen von Laien, die sich auf Schule und Erziehung beziehen, ist wegen einer Reihe von Gründen die notwendige Wirksamkeit in der öffentlichen Meinung und in der Politik bisher weitgehend versagt geblieben. Daraus ergeben sich zunehmend mehr Gefahren.

Das Kulturreferat sieht vor allem drei Aufgaben als vordringlich an:

A. Eine Analyse der Gefahrenmomente der Schulpolitik nach kulturpolitischen und pädagogischen Gesichtspunkten zur Erarbeitung eines Schwerpunktprogrammes. (Hierbei sind die Fragen von Schule und Erziehung im gesamten Zusammenhang der Kulturpolitik zu betrachten.)

B. Eine sinnvolle Koordinierung der eigenen Kräfte mit einer klaren Kompetenzenaufteilung der verschiedenen Gremien und Zusammenschlüsse.

C. Zusammenarbeit mit anderen Kräften im schulpolitischen Sektor, mit Parteien und evangelischen Gruppen zur gemeinsamen Abwehr großer Gefahren und evtl. zur Erreichung von Teilzielen (vgl. hier den Zusammenschluß der freien (privaten) Schulen).

Zu A.

Die Gefahren, die der katholischen Aktivität im Hinblick auf Schule und Erziehung erwachsen, können hier nur unvollständig angedeutet werden. Ihre Stoßrichtung verläuft weniger gegen die Kirche als vielmehr neben oder außerhalb der Kirche.

[1] *Die Datierung ergibt sich aus der anzunehmenden Gleichzeitigkeit mit anderen Berichten des Zentralkomitees (vgl. Dok. 227–232).*

Die Gründe für dieses weitverbreitete Denken sind vielfältiger Herkunft. Sie lassen sich auf drei Grundlinien festlegen:

1. Vorherrschend ist bei fast allen Gremien, die sich mit Schul- und Bildungsreformplänen befassen, ein weitgehender Pragmatismus. Von Gremien hervorragender Hochschulprofessoren (Hofgeismarer Kreis) über Wirtschaftskreise (Ettlinger Kreis, Wirtschaftspolitische Gesellschaft[2], Septembergesellschaft) und Gewerkschaften bis hin zu Plänen aus der Landwirtschaft (Bayerischer Bauernverband e. V.), ganz abgesehen von dem Bildungsplan der SPD (»Die Zukunft meistern«[3]) werden interessanterweise fast ausschließlich Reformen der Schulorganisation angeboten.
2. Die Auswirkungen solcher zur Umorganisation der Schule angebotenen Pläne sind gewollt oder ungewollt gefährlich ideologisch. Sie vermitteln den Eindruck, daß Bildung und Erziehung wesentlich eine Anpassung des Menschen an die hochindustrialisierte Welt und Gesellschaft darstellen, daß die Schule den Menschen nur gesellschaftlich verkehrsfähig zu machen hat, und klammern die Frage nach der Bildungsidee und damit dem Wesen des Menschen aus.
3. In der konkreten Auseinandersetzung werden diese Vorschläge Mittel der parteipolitischen Auseinandersetzung. Da die öffentliche Meinung die Schule, besonders die höhere Schule, als Institutionen zur Verteilung von Erwerbschancen für das Leben ansieht, erhalten Pläne wie die der SPD und des DGB große Zustimmung. Kulturpolitisch kann sich die SPD auf diese Weise die Aura einer fortschrittlichen Partei sichern.

Der Analyse der vielfältigen Bemühungen auf dem Sektor Schule und Erziehung in kulturpolitischer Sicht müßte in Zukunft größte Aufmerksamkeit zugewandt werden.

Zu B.

Diesen gefahrvollen und äußerst starken Strömungen aus Parteien, Gewerkschaften, Industrieverbänden und »freien« Gruppen sozialistischer und liberaler Prägung gilt es wirkungsvoll entgegenzutreten. Voraussetzung hierfür ist die Koordinierung der eigenen Kräfte.

Es herrscht noch weitgehend Unklarheit darüber, welche katholischen Gruppen zu welchen Fragen Stellung nehmen sollen. Von dieser Unklarheit sind vor allem betroffen der Arbeitskreis »Schule und Erziehung« im Zentralkomitee, der Bund katholischer Erzieher mit seinen Gliedgemeinschaften, das Kulturreferat im Zentralkomitee der Deutschen Katholiken, das Deutsche Institut für wissenschaftliche Pädagogik in Münster und im Gefolge davon auch die Bischöfliche Hauptstelle in Köln, die Zentrale der Ordensschulen, die Katholische Elternschaft Deutschlands und der Landesverband der katholischen Elternvereinigungen in Bayern sowie der Bund der Deutschen Katholischen Jugend.

2 *1947 mit Sitz in Frankfurt am Main gegründete Gesellschaft führender Wirtschaftswissenschaftler, Politiker und Publizisten.*

3 DIE ZUKUNFT MEISTERN. *Arbeitsmaterial zum Thema Wissenschaft und Forschung: Erziehung und Bildung in unserer Zeit, hrsg. vom Parteivorstand der SPD, Berlin 1959.*

Es käme darauf an:

1. unter diesen Gruppen aufzuteilen, wer zunächst einmal die Koordinierung der Laienaktivitäten zum Zwecke einer steigenden Effektivität im kultur- und personalpolitischen Bereich federführend übernimmt,
2. festzulegen, wer für den Austausch zwischen Laienraum und Episkopat zuständig ist, vor allem in kulturpolitischen Fragen.

Aus der Definition des Zentralkomitees ergibt sich, daß die Aufgabe der Koordinierung der Laien vom Zentralkomitee, d. h. vom Arbeitskreis »Schule und Erziehung« unter der Leitung und Mitwirkung des Kulturreferates zu leisten wäre.

Für schulpolitische Fragen grundsätzlicher Art müßte in jedem Falle ein Consensus herbeigeführt werden zwischen dem Kulturreferat und den Bischöflichen Hauptstellen in Köln.

Durch diese Koordinierung sollte die Aktivität der einzelnen Gruppen und Verbände keineswegs eingeengt oder unterdrückt werden. Vielmehr ginge es darum, die jeweiligen Unternehmungen aufeinander abzustimmen, ihnen falls notwendig eine größere Autorität zu verleihen und die Überlegungen der verschiedenen Gremien ins rechte Verhältnis zum Ganzen zu setzen. Insgesamt müßte auch überlegt werden, bei welchen außerkatholischen oder sogenannten überparteilichen und überkonfessionellen Zusammenschlüssen die katholische Kirche sich beteiligen und bei welchen sie sich versagen sollte.

Bund Katholischer Erzieher

Dem Bund Katholischer Erzieher fallen in diesem Zusammenhang wichtige Aufgaben zu. Vor allem hätte er gegenüber der Gewerkschaft »Erziehung und Wissenschaft« auf eine stärkere Durchdringung der Lehrerschaft mit katholischen Bildungsvorstellungen Wert zu legen und auf diese Weise auch dem gesamten Schulwesen neue geistige Kräfte zuzuführen. Daneben sollte er sich der Personalpolitik annehmen und die Interessenvertretung der Lehrer nicht vernachlässigen. Hierzu bedarf er einer großen Mitgliederzahl. Die mit 45.000 angegebene Zahl muß als völlig unzureichend bezeichnet werden. Eine gewisse Schuld an diesem Mitgliederstillstand trägt die noch immer ungeklärte Lage zwischen den einzelnen Gliedgemeinschaften des BKE. Man sollte überlegen, ob es nicht sinnvoller wäre, stärker darauf hinzuarbeiten, nach außen hin die Mitgliedschaft in den Gliedgemeinschaften des BKE so zu deklarieren, daß eine geschlossene Vertretung möglich ist, ohne nach innen die über die Interessenvertretung hinaus notwendige berufsbezogene Persönlichkeitsbildung zu vernachlässigen. Der Präsident des BKE[4] hat in dieser Richtung bereits einige Schritte getan. Seine Bemühungen sollten aber von einem größeren Gremium mitgetragen werden, um berechtigte und weniger berechtigte Animositäten abzubauen. Es ließen sich bei dieser Tätigkeit auch Möglichkeiten finden, die die Schwierigkeiten zwischen dem VKDL und dem VKLD aus dem Wege räumen (wobei vielleicht die Erfahrungen in Bayern berücksichtigt werden könnten). Das Ziel wäre, daß das schul- und standespolitische Anliegen der verschiedenen Erziehergruppen

[4] *Ministerialdirektor Prof. Dr.* PAUL FLEIG.

im BKE zusammengefaßt wäre. Bei der regionalen Untergliederung wäre nach gleichen Gesichtspunkten zu verfahren, um geeignete Partner der Landeskultusministerien zu haben. Die fachliche und ideenmäßige Gliederung würde von dieser organisatorischen Straffung nicht berührt.

Zu C.

Bei aller Notwendigkeit, die Eigenart katholischer Erziehungs- und Schulpolitik zu betonen, und unter Berücksichtigung der Tatsache, daß in den sachlichen Zielen eine Gemeinsamkeit nicht zu erreichen ist, kann für die Auseinandersetzung mit den nichtchristlichen Kräften auf Bundesgenossen nicht verzichtet werden. Auf diese Frage ist in der Vergangenheit nicht immer genügend Wert gelegt worden. Nicht zuletzt dadurch sind die Parteien (auch die CDU) in ihren schulpolitischen Überlegungen allzu schnell in eine von ihnen nicht gewünschte Partnerschaft mit anderen Gruppen oder in die Isolierung gedrängt worden. Gerade im Hinblick auf die CDU wird man die Bundesgenossenschaft zur evangelischen Kirche – natürlich mit der notwendigen Vorsicht und Aufmerksamkeit – suchen müssen. (Hierbei ist zu erinnern an den Alleingang der Katholiken in der Internationalen Union für die Freiheit des Unterrichtes, an den mangelhaft behandelten Kontakt zwischen Vertretern katholischer und evangelischer Lehrerschaft, an unvorsichtige Veröffentlichungen zu evangelischen Verlautbarungen über Schule und Elternrecht.)

Andernfalls berauben wir uns der Möglichkeit, Teilziele unserer schulpolitischen Vorstellungen in Zusammenarbeit mit anderen Gruppen zu erringen. Außerdem werden die Parteien dazu gezwungen, jenseits von evangelischen und katholischen Vorstellungen ihre Konzeptionen zu entwickeln, da sie zwischen den beiden Konfessionen keine Einigkeit feststellen können. (In NRW macht sich die SPD neuerdings zum Sprecher evangelischer Anliegen in der Kulturpolitik, was große Gefahren mit sich bringt, weil sowohl CDU als auch SPD auf die evangelischen Wähler angewiesen sind und deren Interessen eilig wahrzunehmen bestrebt sein werden.)

Zusammenfassend ergibt sich:

1. Schulpolitische Probleme sind heute mehr denn je über die Fragen der Pädagogik hinausgewachsen und müssen im Zusammenhang der gesamten Kulturpolitik gesehen werden.

2. Die Aufgabenstellung der verschiedenen Gruppen auf dem Sektor Schule und Erziehung muß neu durchdacht und aufgeteilt werden, wobei auf sinnvolle Koordination und eine gewisse Planung nicht verzichtet werden kann.

3. Die von den liberalen und sozialistischen Gruppen im Verein mit Industrie und Gewerkschaft aufgeworfenen Fragen der modernen Gesellschaft müssen durch unsere weitgehenden Forderungen glaubhaft mitvertreten sein, um nicht den Gegnern die Initiative zu überlassen.

4. Schulpolitik steht heute in engem Zusammenhang mit der gesamten Kultur- und Gesellschaftspolitik. Sie wird damit zum Herzstück parteipolitischer Konzeptionen. Aus diesem Grunde muß die Zusammenarbeit mit den uns nahestehenden politischen Kräften gesucht und gepflegt werden.

Es ist aus diesen Gründen notwendig, ein Gremium zu schaffen, das mit der notwendigen Autorität außerhalb der verschiedenen Interessengruppen im katholischen Schulbereich steht. In diesem Gremium, das möglichst klein sein sollte, müssen die führenden Persönlichkeiten aus dem Kreise der Diözesanreferenten, den großen katholischen Erzieherverbänden mit unabhängigen Persönlichkeiten zusammenarbeiten. Vor allem müssen hier die Bischöflichen Hauptstellen sowie das Kulturreferat im Zentralkomitee vertreten sein. Verlautbarungen dieses Kreises sollten nur mit Genehmigung der Bischöfe oder von Fall zu Fall durch die Bischöfe selbst vorgetragen werden.

227

Lagebericht des Zentralkomitees

[Bad Godesberg, 15. April 1959][1]

EA Köln, CR II 22.37b, 4. *Schreibmaschinenvervielfältigung. Überschrift:* Lagebericht des Arbeitskreises »Internationale Arbeit«.

A. Rückblick[2]

In Ausführung der Gedanken, die im Arbeitskreis »Internationale Arbeit« während des Katholikentages in Köln 1956[3] entwickelt wurden, geschah folgendes:

I.

Zur Schulung der Nachwuchskräfte der Organisationen für die spätere Mitarbeit im internationalen Leben fanden insgesamt vier Tagungen statt:

1. Ein fünftägiges Seminar in Königstein vom 30.10.–4.11.1956. Thema: »Die internationale Arbeit im wirtschaftlichen Raum«.
2. Eine Wochenendtagung in Maria Laach vom 16.2.–17.2.1957. Thema: »Der gemeinsame Markt – Erklärung des Vertrages und seine Möglichkeiten«.
3. Ein dreitägiges Seminar in Luxemburg bei der Montan-Union vom 1.5.–4.5.1957.
4. Ein viertägiges Seminar in Königstein vom 27.10.–31.10.1957. Thema: »Die internationale Verflechtung im sozialen Leben«.

Da erstklassige Fachkräfte als Referenten für diese Schulung gewonnen werden konnten, machten die Verbände gern von dieser Gelegenheit Gebrauch, ihre jüngeren Nachwuchskräfte hierzu zu entsenden. Es nahmen jeweils 25–30 Personen an diesen Tagungen teil.

Hiermit ist der erste Schulungskursus, der insgesamt fünf Tagungen umfaßte – die erste, die die internationale Arbeit im kulturellen Raum behandelte, hatte bereits vor dem Katholikentag in Köln stattgefunden – abgeschlossen.

1 *Die Datierung ergibt sich aus der anzunehmenden Gleichzeitigkeit mit den Berichten anderer Referate des Zentralkomitees (vgl. Dok. 226, 228–232).*

2 *Einen Abschnitt B enthält die Vorlage nicht.*

3 *Fußnote der Vorlage:* vgl. hierzu »77. Deutscher Katholikentag 1956 in Köln«. Paderborn 1957, S. 383 ff.

Die Schulung der Nachwuchskräfte soll für weitere Mitglieder der Organisationen fortgesetzt werden, indem man die Erfahrungen dieses ersten Schulungskurses verwertet. Vor allem soll dabei Wert auf eine gründlichere Kenntnis der praktischen Arbeitsmöglichkeiten gelegt werden. Um dieses Ziel zu erreichen, will man versuchen, außer der theoretischen Schulung Volontärstellen bei den großen internationalen Organisationen, vor allem den Welt-Regierungsorganisationen, zu verschaffen.

II.

Das Handbuch der internationalen katholischen Organisationen wird in einigen Monaten im Verlag Pattloch, Aschaffenburg als eines der Bücher der »Enzyklopädie des 20. Jahrhunderts«[4], die von Prof. P. J[ohannes] Hirschmann S. J. herausgegeben wird, erscheinen. Es wird 120 Seiten umfassen und neben den Anschriften der kath[olischen] internationalen Organisationen und einer kurzen Umschreibung ihrer Ziele auch solche Anschriften enthalten, die für die katholische internationale Zusammenarbeit von Bedeutung sind. Eine Bibliographie zu diesem Thema wird ebenfalls beigefügt.

Das geplante Lexikon mit Stichworten zur internationalen Erziehung ist bisher noch nicht in Angriff genommen, da es wahrscheinlich mit Plänen für die staatspolitische Erziehung der Jugend sich verbinden läßt.

Halbjährlich wurde zur Information eine Übersicht über alle stattfindenden internationalen Tagungen, soweit sie von Bedeutung waren, zusammengestellt, vervielfältigt und versandt.

III.

Der Arbeitsausschuß, der sich mit der Anwendung der Erziehungsmethoden der UNESCO im katholischen Raum befaßt, trat bisher dreimal zusammen. Es wurden in diesen Zusammenkünften behandelt

- die Prinzipien der Erziehungsmethoden der UNESCO,
- die bisherigen Erfahrungen dieser Erziehungsmethoden in den Modellschulen in Deutschland,
- die theologische Begründung der Erziehung zur internationalen Arbeit.

Der weitere Fortgang dieser Arbeit müßte im Arbeitskreis beraten werden.

IV.

Dienst an den in Deutschland weilenden ausländischen Studenten, Akademikern, Praktikanten

[4] DER CHRIST IN DER WELT. *Eine Enzyklopädie. In verantwortlicher Zusammenarbeit mit deutschen und französischen Autoren unter beratender Mitwirkung von* JOHANNES HIRSCHMANN. *Das Gesamtwerk umfaßt eine Vielzahl von Bänden, die zwischen 1958 und 1976 erschienen sind. Der Band »Die internationalen katholischen Organisationen« von* RAMON SUGRANYES DE FRANCH *erschien erst 1972.*

Die »Arbeitsgemeinschaft des Katholischen Akademischen Ausländer-Dienstes« wurde gebildet, der Vertreter aller in dieser Arbeit tätigen Einzelpersönlichkeiten umfaßt. Er gab sich eine Geschäftsordnung. Zum Geistl[ichen] Beirat wurde Herr P. Haas ernannt[5], zum Geschäftsführer Herr Walter Kiefer[6]. Den Vorstand bildet als 1. Vorsitzende Frau Dr. Maria A. Lücker, zwei stellvertretende Vorsitzende: H[ochwürdigster] H[err] Prälat Msgr. G[ottfried] Dossing, Herr Heinz Thiel[7].
Ihnen zur Seite steht ein Arbeitsausschuß, der aus der Großzahl der Mitglieder zusammengestellt wird.
Seinen Sitz hat der Katholische Akademische Ausländer-Dienst (KAAD) in Bonn, Reuterstr. 39.
Die Arbeit des KAAD umfaßt:
1. Werbung zur Stiftung von Stipendien und ihre Vergabe. Außer den von der Bischofskonferenz gestifteten Stipendien wurden noch weitere von Verbänden, Landesregierungen und Einzelpersönlichkeiten zur Verfügung gestellt, so daß insgesamt jährlich etwa 100 vergeben werden können.
Wünschenswert wäre eine Erhöhung dieser Stipendienzahl durch Stiftung von Stipendien durch die Verbände, da die Anträge von sehr begabten Asiaten und Afrikanern weit zahlreicher sind als die zur Verfügung stehenden Mittel.
2. Im gesamten Bundesgebiet wurden an den einzelnen Universitäten kleine Gruppen gebildet, die sich besonders mit der Ausländerhilfe befassen. Überörtliche Schulungen dieser Kräfte, überörtliche Ferienkurse für die Ausländer, überörtliche Studienkurse insbesondere für Asiaten und Afrikaner, Studienreisen in Deutschland wurden durchgeführt. Die Mittel hierzu wurden durch Anträge beim Auswärtigen Amt und durch Beihilfen von seiten des Päpstlichen Werkes der Glaubensverbreitung erhalten.
3. Das Anliegen des KAAD wurde durch die Presse, durch Jahrestagungen größerer Verbände, die das Thema der ausländischen Studenten eingehend behandelten, in eine weitere Öffentlichkeit getragen.
4. Der internationale Zusammenschluß der in Europa studierenden Asiaten und Afrikaner, die OSCO (Overseas Students Coordination), bei deren Gründung der KAAD maßgeblich mitwirkte, verlegte sein internationales Büro nach Deutschland und arbeitet eng mit dem KAAD zusammen.
5. Zur Erfassung und zur weiteren Hilfe für die Praktikanten wurden Tagungen im Norden und Süden Deutschlands für die in dieser Sache maßgeblichen Verbände und Firmen durchgeführt.
Ein besonderer Seelsorger wurde für die japanischen Bergarbeiter bereitgestellt.
Eine stärkere Mitarbeit von seiten örtlicher Vertreter der Verbände wäre hier sehr erwünscht.

5 HARRY HAAS, *siehe Dok. 118, Anm. 3.*

6 WALTER KIEFER, *Ökonom, 1956–1959 Geschäftsführer des KAAD.*

7 HEINZ DIETRICH THIEL *(1931–2010), 1956–1959 Generalsekretär der KDSE, 1962 Leiter des Berliner Bildungszentrums der Katholischen Deutschen Studentenschaft, 1968 Leiter der Hauptvertretung Berlin des Deutschen Caritasverbandes und Geschäftsführer des Commissariates der Fuldaer Bischofskonferenz.*

V.

Ausbildung qualifizierter Fachkräfte für die Entwicklungsländer.

Mehrere Zusammenkünfte eines vorbereitenden Gremiums klärten den gesamten Komplex. Man unterscheidet zwischen Laienmissionaren, die ihr ganzes Leben in der Mission verbringen wollen (diese Gruppe wird hier ausgeklammert), Laienhelfern, die nur für einige Jahre sich in den Dienst der Mission stellen, und Fachkräften, die von ihren Firmen aus in die Entwicklungsländer für kurze Zeit zum Aufbau von Industrien, Kraftanlagen etc. geschickt werden. Um eine Übersicht über diese Fachkräfte zu gewinnen, arbeitete man in enger Verbindung mit dem BKU (Bund katholischer Unternehmer) und BDI (Bundesverband der Deutschen Industrie) und auch den Kräften, die auf evangelischer Seite in der gleichen Richtung arbeiten.

Ein Einführungskurs für Kräfte, die nach Indien ziehen, wurde geplant, aber noch nicht durchgeführt.

Eine zentrale Kartei für die Erfassung der Laienhelfer, die ihren Beruf und ihre Kräfte der Mission zur Verfügung stellen wollen, ist in Vorbereitung. Eine entsprechende Übersicht über die aus den Missionen eintreffenden Angebote wird ebenfalls eingerichtet.

Eine ausführlichere und weitere Bearbeitung dieses Themas ist dringend erforderlich.

VI.

Einzelaufgaben, die im Laufe der letzten Jahre zu erfüllen waren:

1. Vorbereitung zum Weltlaienkongreß, der im Oktober 1957 in Rom stattfand:
- Versand und Auswertung der von Rom gewünschten Fragebogenaktion;
- Vorbereitung der Arbeitskreise;
- Auswahl der Delegation und ihre Vorbereitung;
- Informierung der Presse über den Kongreß;
- Kontakt mit den übrigen europäischen Delegationen.

2. Bibelaktion für Moskau:

Auf Anfrage der Deutschen Botschaft in Moskau über das Auswärtige Amt wurden der Deutschen Botschaft in Moskau 1.000 Bibeln für deutschsprachige Menschen in Rußland zur Verfügung gestellt. Die Mittel hierzu wurden zum großen Teil von Verbänden und Einzelpersönlichkeiten erbracht.

VII.

Laufende Arbeiten des Außenamtes:

Die übliche Informationsaufgabe des Außenamtes, die in der Beantwortung vieler Anfragen von Behörden, Verbänden, Einzelpersonen des In- und Auslandes besteht, wurde fortgesetzt; Reiseprogramme führender Ausländer, die Deutschland und ihre dortigen Fachkollegen kennenlernen wollen, wurden zusammengestellt; die Kartei der Ausländer wurde erweitert; Vorträge über den deutschen Katholizismus vor Gruppen ausländischer Besucher wurden gehalten.

Als Beirat zu diesen verschiedenen Tätigkeiten wurde der Kernkreis für »Internationale Arbeit« im Zentralkomitee der Deutschen Katholiken alle drei Monate einberufen und mit seiner Hilfe die gesamte Arbeit des Außenamtes geplant und weiter ausgebaut.

228

Berichte des Zentralkomitees an die Hauptkommission der Fuldaer Bischofskonferenzen

Bad Godesberg, 15. April 1959

EA MÜNCHEN, Joseph Kardinal Wendel, 21/1959. *Schreibmaschinenvervielfältigung mit eigener Paginierung der einzelnen Berichte, deren ursprüngliche Reihenfolge nicht mehr zu erkennen ist. Deckblatt:* Bericht für die Hauptkommission der deutschen Bischöfe. *Registraturvermerk:* 21/1959.

[a] Arbeitsplanung des Zentralkomitees der deutschen Katholiken
Die Vollversammlung des Zentralkomitees hat beschlossen, im Frühjahr 1960 wiederum eine Arbeitstagung zu veranstalten, ähnlich wie sie vom 16.–19. April 1958 in Saarbrücken stattgefunden hat. Eine derartige Arbeitstagung wird für notwendig gehalten, obwohl im Jahre 1960 mit Rücksicht auf den vom 31.7.–7.8.1960 in München stattfindenden Eucharistischen Weltkongreß der an sich fällige Deutsche Katholikentag ausfällt. Zu der vorgesehenen Arbeitstagung sollen wiederum etwa 600–700 führende Persönlichkeiten aus allen deutschen Diözesen und aus den überdiözesanen Verbänden und Organisationen eingeladen werden. Es soll wie in Saarbrücken versucht werden, in einer Reihe von Arbeitskreisen den Status der katholischen Arbeit in den verschiedensten Sachbereichen zu erarbeiten und zu bedeutsamen und aktuellen Problemen innerhalb dieser Sachbereiche Vorschläge und Stellungnahmen zu finden.
Der genaue Zeitpunkt und der Ort für die vorgesehene Arbeitstagung stehen noch nicht fest. Gedacht wird an die Woche nach dem Passionssonntag 1960. Um eine Beziehung zu dem bevorstehenden Eucharistischen Weltkongreß in München herzustellen, besteht die Absicht, einen Tagungsort in Bayern zu wählen. Gegenwärtig wird geprüft, ob die technischen Voraussetzungen in Ettal, Regensburg und Freising für die Arbeitstagung gegeben sind. Welche Arbeitskreise im einzelnen für die Arbeitstagung vorbereitet werden sollen, steht gleichfalls noch nicht fest. Diese Frage wird derzeit mit den Leitern der ständigen Arbeitskreise des Zentralkomitees beraten und soll bis Ende Mai d. J. endgültig beantwortet werden.
Bei der Vorbereitung des Eucharistischen Weltkongresses, der vom 31.7.–7.8.1960 in München stattfinden wird, arbeitet das Zentralkomitee nach Kräften mit. Durch diese Mitarbeit sollen dem in München gebildeten Lokalkomitee die vielfältigen Erfahrungen, die bei der Vorbereitung und Durchführung der Deutschen Katholikentage gesammelt werden konnten, zur Verfügung gestellt werden. Mit dem Lokalkomitee in München wurde daher verabredet, daß in den wichtigsten seiner Kommissionen Experten des Zentralkomitees mitarbeiten. Diese Zusammenarbeit hat bereits im vergangenen Jahr begonnen und soll mit dem verstärkten Anlaufen der Vorbereitungsarbeiten in München noch intensiviert werden.
Der nächste (79.) Deutsche Katholikentag ist wegen des Eucharistischen Weltkongresses erst für das Jahr 1962 vorgesehen. Über den möglichen Ort dieses Katholikentages haben Vorüberlegungen noch nicht stattgefunden. Auch ist der Wunsch,

den Katholikentag aufzunehmen, noch von keiner Stelle an das Zentralkomitee herangetragen worden. Allerdings scheint in der norddeutschen Diaspora (Hannover oder Hamburg) ein gewisses Interesse zu bestehen.

[b] Das katholische Verbandswesen
Situation und Aufgabe
Die deutschen Katholiken haben weithin eine veraltete Vorstellung von der Gesellschaft, darum ist ihr Verbandswesen nicht in Ordnung. Dieses Organisationswesen ist nicht ausgewogen, es spiegelt nicht den modernen Gesellschaftszustand, sondern den des 19. Jahrhunderts, es ist in fast allen Fällen durch seine Altersschichtung, d. h. durch den Ausfall der jungen Generation, unmittelbar in der Existenz bedroht.
Es gibt zwar die vielberufene Organisationsmüdigkeit und die Bevorzugung loser, unverbindlicher Gruppierungen außer- und innerhalb der Kirche. Aber zum Teil redet man sich diese Organisationsmüdigkeit nur ein. Nicht zuletzt geht diese Abneigung vom Seelsorgsklerus aus, der unter dem Einfluß der liturgischen Bewegung gerne von Überorganisation und von veralteten Formen kirchlichen Wirkens redet. Dazu kommt eine Vorliebe für ausländische Formen seelsorgerlichen Wirkens, obwohl unsere deutsche Tradition uns auf unseren eigenen Weg verweist und obwohl keine der aus dem Ausland hierher verpflanzten Formen bisher wirkliche Blüten gezeitigt hat. Wohl aber sind durch diese Stimmung seit 1945 wertvolle Jahre für die katholische Arbeit verloren gegangen.
Andererseits gibt es im außerkirchlichen Raum heute neue Gruppierungen, die erfolgreich vorankommen und damit beweisen, daß Organisationen nicht überholt sind. Vor allem gibt es neue Theorien der Organisation, von denen wir bisher viel zu wenig Kenntnis genommen haben.
P[eter] R[ichard] Hofstätter[1] hat entgegen dem pessimistischen Gerede von der Masse überzeugend auf die Bedeutung der Gruppe hingewiesen. Die moderne Staatstheorie, die in der Gefolgschaft von Rudolf Smend[2] den Staat als Integration der Gesellschaft versteht, gibt den Organisationen neue positive Aufgaben. Auch die katholischen Organisationen sollten nicht mehr länger reine Defensivmechanismen bleiben wollen, wie sie es in der Zeit ihrer Gründung unter Ausnützung des »Assoziationsrechtes« waren, sondern sollten sich als positive Gestaltungskräfte verstehen, als Instrumente, um die Kirche in der Gesellschaft präsent und wirksam zu machen. Diese neue Lehre von der Organisation steht nicht in Widerspruch zur klassischen katholischen Staatslehre, sondern sollte in sie eingebaut werden. (Vgl. J[oseph Heinrich] Kaiser, Repräsentation organisierter Interessen[3]).
Die bestehenden Verbände haben zugegebenermaßen Mängel, die sie wenig attraktiv machen. Sie sind nur schwer regenerationsfähig. Vor allem ist das Gesamtkonzept, d. h. die Systematik unseres Verbandswesens veraltet, weil nicht weiter ent-

1 Peter Richard Hofstätter *(1913–1994), österreichischer Psychologe und Publizist.*
2 Rudolf Smend *(1882–1975), Dr. iur., Dr. theol. h. c., 1935–1950 Professor für Öffentliches Recht in Göttingen.*
3 Joseph Heinrich Kaiser, *Die Repräsentation organisierter Interessen, Berlin 1956.*

wickelt. So fehlen angemessene Organisationsformen für neue, nichttraditionelle Berufe völlig.
Dennoch sind neue Tendenzen zu beobachten. Der Tiefpunkt der Entwicklung scheint überwunden zu sein. Das Zentralkomitee kann für sich in Anspruch nehmen, durch die Arbeitstagung in Saarbrücken dem organisierten deutschen Katholizismus das Verbandsproblem neu zum Bewußtsein gebracht zu haben. Seither ist die Frage in der Diskussion. Sie ist in einer Vielzahl von Publikationen und Konferenzen nicht mehr zur Ruhe gekommen. Das Zentralkomitee wird den ganzen Fragenkomplex zum Gegenstand seiner Vollversammlung im kommenden Herbst machen.
In dieser ganzen Diskussion darf ein erfreulicher Prozeß der Selbstprüfung gesehen werden. Freilich ist noch ein weiter Weg bis zu dem Ziel, das etwa darin bestehen müßte, ungefähr 20 % der praktizierenden Katholiken in einem modernen, auf die soziologischen Realitäten der modernen Gesellschaft bezogenen katholischen Verbandswesen zu formieren. Das würde eine ungeahnte Möglichkeit der katholischen Mitgestaltung unserer Gegenwart bedeuten. Wir sind auch im Begriff, die überlebenden Mitarbeiter des alten Volksvereins zu sammeln, um dessen Erfahrungen nicht ganz verloren gehen zu lassen, sondern sinnvoll für die neuen Verhältnisse und Gegebenheiten fruchtbar zu machen.
Es ist richtig, daß der Seelsorgsklerus verbandsmüde ist, weil er überlastet ist. Man sollte die Frage prüfen, in welchem Umfang die Mitarbeit des Priesters im Verbandswesen wirklich unentbehrlich ist, ihm aber auch nur an diesen Stellen die Beteiligung am Verbandsleben zumuten.

[c] Situation und Tendenzen im politischen Raum

I.

Im Lagebericht über die staatspolitische Situation der deutschen Katholiken, erstattet auf der Saarbrückener Arbeitstagung des Zentralkomitees im Jahre 1958, wurden im wesentlichen folgende Thesen aufgestellt, die auch heute noch gelten:

1. Die historische Anhänglichkeit der Mehrzahl der praktizierenden Katholiken an die CDU/CSU besteht nach wie vor weiter.
2. Die Tendenz zum Zweiparteiensystem auf der Bundesebene setzt sich fort. Kleinere Parteien bleiben zwar bestehen, jedoch werden Versuche, »Zünglein an der Waage« zu spielen, von ihren Wählern nicht honoriert. Die Koalitionsmöglichkeiten der »Grenznutzenparteien« (Th[eodor] Heuss[4]) sind praktisch sehr eingeschränkt.
3. Der wesentliche organisatorische Unterschied zwischen CDU und SPD besteht darin, daß in der zweiten die Führer sich vorwiegend auf eine Gefolgschaft aus Parteimitgliedern und Parteifunktionären stützen müssen, während bei der ersten die »Hausmacht« der führenden Persönlichkeiten vielfach außerhalb der Parteiorganisation liegt.

[4] THEODOR HEUSS *(1884–1963), Schriftsteller und Politiker (DDP, Deutsche Staatspartei, FDP), 1920–1933 Dozent an der Hochschule für Politik, dann Publizist, 1945/46 Kultusminister in Württemberg-Baden, 1948/49 Abgeordneter des Parlamentarischen Rates, 1949–1959 Bundespräsident.*

4. Die Zahl der katholischen und evangelischen Christen, die ihre Wahlentscheidung bewußt unter dem Gesichtspunkt der Durchsetzung christlicher Grundsätze in der Politik treffen, ist eine ziemlich konstante Größe und würde nicht ausreichen, um der CDU/CSU die Mehrheit zu sichern. Die CDU/CSU ist daher darauf angewiesen, auch die zunehmende Zahl der »Grenzwähler« anzusprechen, die nicht traditionell an die CDU/CSU gebunden sind. Dazu kommt, daß auch bei einem nicht unerheblichen Teil der evangelischen Traditionswähler das religiöse Moment der Wahlentscheidung zurücktritt.
5. Dieser Kampf um den Grenzwähler wirkt sich nicht nur sachlich in Konzessionen an den Wirtschaftsliberalismus (vgl. auch das spätere Referat Dr. Gerstenmaiers auf dem Kieler Parteitag 1958[5]) aus, sondern in Konzessionen an die verschiedensten Repräsentanten wirtschafts- und sozialpolitischer Interessen, und zwar auf Kosten der christlich-sozialen Tradition. Die Vogel-Strauß-Politik der CDU/CSU gegenüber dem DGB muß in diesem Zusammenhang gesehen werden. Hierzu gehört auch, daß bei der Aufstellung von Wahlkandidaten eine gewisse Scheu festzustellen ist, profilierte Katholiken herauszustellen. Es ist der CDU/CSU nicht gelungen, das Verhältnis von Mitgliedern und Wählern, das zur Zeit höchstens 5 % beträgt, zu verbessern. Auch hierin besteht die Gefahr einer Nachwuchspolitik, die auf die Dauer zu einer Entfremdung von den katholischen Kräften in der Gesellschaft führen kann. Dem kann einmal auf lokaler Ebene durch den Eintritt aktiver Katholiken in die Ortsgruppen der CDU/CSU abgeholfen werden, die sich der kritischen Situation und der Gefahr des christlichen Substanzverlustes dieser Partei bewußt sind, vor allem aber auch durch Kontakte zwischen Partei und katholischen Gruppen auf lokaler, regionaler und Bundesebene. Die Mitglieder katholischer Gruppen in der CDU/CSU sollten hierin eine besondere Aufgabe ersehen.

II.

Das Unbehagen am Kurs der CDU/CSU breitet sich immer mehr aus. Es darf hier auf die Ausführungen von Süsterhenn vor der »Jungen Union« und im »Civis«[6] (Nr. 51/52), von P. Simmel auf dem Landesparteitag der CSU (Oktober 1958), A[lois] Stiefvater[7] auf einer Tagung des Politischen Arbeitskreises der Diözese Freiburg (Februar 1959) und P. Hirschmann in der Kommende in Dortmund hingewiesen werden.
Die Reaktion der CDU/CSU auf die Äußerungen dieses Unbehagens zeichnet sich durch eine gewisse nervöse Besorgnis aus. Die oben zitierten Äußerungen werden charakteristischerweise nicht als Unterstützung der katholischen Politiker in der

5 GERSTENMAIER *hatte auf dem Bundesparteitag der CDU in Kiel (18.–21. September 1958) ein Referat zum Thema* Staatsordnung und Gesellschaftsbild *(Druck:* CHRISTLICH-DEMOKRATISCHE UNION DEUTSCHLANDS *(Hrsg.), 8. Bundesparteitag der CDU, S. 90–108) gehalten, das als Annäherung an den Liberalismus und Absage an weitere Sozialleistungen verstanden wurde. Bundesfamilienminister* WUERMELING *erwog daraufhin seinen Rücktritt.*

6 *»Civis. Zeitung für christlich-demokratische Politik«.*

7 ALOIS STIEFVATER *(1905–1986), Dr., 1930 Priester (ED Freiburg), Prälat, Kolping-Diözesanpräses, Diözesanmännerseelsorger.*

CDU/CSU gewertet, die es ihnen ermöglichen würde, innerhalb der Partei auf Einhaltung der christlich-sozialen Linie zu drängen, sondern als ausgesprochene Illoyalität. Die Partei sieht sich zwar durchaus als Schirmvogt der Kirche und der kirchlichen Interessen im engeren Sinne, zeigt aber zur Zeit noch wenig Verständnis für eine eigenständige Willensbildung im Rahmen des deutschen Katholizismus, und entsprechende Tendenzen werden mit großem Mißtrauen beobachtet. Hierher gehört etwa der Unwillen darüber, daß vor einer Bestellung des neuen Direktors des Katholischen Büros nicht erst eine Art Agrément der Bundestagsfraktion eingeholt wurde; symptomatisch ist auch der Umstand, daß zwar die SPD, nicht aber die CDU/CSU die Repräsentanten des Zentralkomitees als Gast zu ihren Parteitagen lädt, und schließlich die Entwicklung der »Politisch-Sozialen Korrespondenz«, die gegründet wurde, um ein katholisches Wort in die CDU/CSU zu sprechen, inzwischen aber zu einem Organ geworden ist, das von der Partei her in den deutschen Katholizismus hineinwirken soll, um ihn bei der Stange zu halten. Erschwert wird die Situation noch dadurch, daß die verschiedenen Kräfte in der Partei nicht so sehr geführt als vielmehr durch den Vorstand der Bundestagsfraktion lediglich koordiniert werden. Diese zweite Aufgabe wird zwar vom Fraktionsvorsitzenden Dr. Krone mit Geschick gelöst, sein Ausscheiden aus der Politik würde aber die bisher latente Führungskrise sofort offenkundig machen, zumal jetzt, wo auch die unbestrittene Autorität Dr. Adenauers als Parteiführer wegfällt. Es besteht dann die größte Gefahr, daß das »C« in der CDU/CSU nur noch zu einer historischen Reminiszenz wird. Und diese Gefahr wird, wie gesagt, heute im deutschen Katholizismus mit Sorge diskutiert.

III.

Zwar bestehen zwischen CDU/CSU und dem deutschen Katholizismus traditionelle persönliche Kontakte dadurch, daß prominente Mitglieder katholischer Verbände zugleich auch den Bundes- und Landtagsfraktionen der CDU/CSU angehören, so etwa bei der KAB, die 26 führende Mitglieder und Funktionäre in der Bundestagsfraktion hat. Diese Art der Verflechtung trägt jedoch auch die Gefahr in sich, daß das einzelne Fraktionsmitglied seine Aufgabe mehr darin erblickt, die Politik der Partei im Verband zu rechtfertigen, als innerhalb der Partei auf die Bewahrung und Verwirklichung des christlich-sozialen Gedankengutes hinzuwirken. Der Kontakt zu den katholischen Abgeordneten der CDU kann auch nicht ausschließlich über das Katholische Büro erfolgen, weil dessen Zielsetzung ja vornehmlich eine kirchenpolitische, nicht so sehr eine allgemein gesellschaftspolitische ist. Notwendig ist vielmehr, daß sich der deutsche Katholizismus als eigenständiger Partner des politischen Gesprächs mit der CDU sehen und im Einvernehmen mit den katholischen Kräften innerhalb der Partei zur Institution eines ständigen kleinen Kontaktkomitees von je fünf bis sechs Mitgliedern der Fraktion einerseits und prominenten Vertretern des deutschen Katholizismus andererseits übergehen sollte. An der Bildung eines solchen kleinen Kontaktkomitees ist die Bundestagsfraktion durchaus interessiert. Daß in diesem Kontaktkomitee der Direktor des Katholischen Büros sitzen müßte, liegt auf der Hand, wie denn überhaupt der ganze Einfluß des deutschen Katholizismus auf die Partei damit steht und fällt, daß er gegenüber der Partei einheitlich auftritt und daß ohne Absprache mit den dafür bestimmten Organen keine Gespräche geführt werden, die die politische Gesamtlinie der Partei betreffen.

IV.

Diese Geschlossenheit des deutschen Katholizismus wird möglicherweise sehr bald die Probe aufs Exempel machen müssen, wenn die Wahlrechtsreform aufs neue zur Diskussion gestellt wird. Bekanntlich ist die gegenwärtige Wahlkreiseinteilung insofern ungerecht, als die Wählerzahl in vielen bayerischen Wahlkreisen nur etwa die Hälfte der Wählerzahl viel dichter besiedelter industrieller Wahlkreise Nordrhein-Westfalens beträgt. Die Empfehlungen der vom Innenministerium berufenen Wahlrechtskommission würden, grob gesagt, zum Ergebnis haben, daß in Bayern die CSU durch Zusammenlegung der Wahlkreise acht sichere Wahlkreismandate und dementsprechend auch noch Landeslistenmandate verliert, während es mindestens höchst unsicher ist, ob die neuen Wahlkreise in Nordrhein-Westfalen der CDU einen gleichwertigen Ersatz bringen werden. Es liegt auf der Hand, daß diese Mandate für die Frage der absoluten Mehrheit im Bundestag von ausschlaggebender Bedeutung sein können. Es ist unter diesen Umständen begreiflich, daß innerhalb der CDU, vor allen Dingen in den Kreisen um Herrn Dr. Krone, insgeheim Pläne erörtert werden, die kaum vermeidliche Änderungen der Wahlkreisverteilung durch die Abschaffung des Verhältniswahlrechts und die Einführung des absoluten Mehrheitswahlrechts zu kompensieren. Dabei wird nicht zu Unrecht von der Spekulation ausgegangen, daß die auf diese Weise von der parlamentarischen Repräsentation ausgeschlossenen Wähler der kleineren Parteien im Zweifel der CDU/CSU vor der SPD den Vorrang geben werden. Diesen Plänen dürfte die Berufung von Professor Hermens[8] auf den Lehrstuhl für Politische Wissenschaften in Köln, einem nahezu fanatischen Vertreter des Mehrheitswahlsystems, sehr entgegenkommen, um so mehr als Professor Hermens im katholischen Raum über ein gewisses Ansehen verfügt. Es ist jedoch hierbei zu bedenken, daß eine Zementierung der absoluten Mehrheit der CDU die Neigung noch verstärken wird, die Interessen der Grenzwähler höher zu stellen als das Festhalten an der christlich-sozialen Tradition, der man natürlich vor katholischen Verbänden usw. nach wie vor seine Reverenz erweisen würde. In Wirklichkeit aber würde die Politik der CDU in noch weit stärkerem Maße als bisher von Opportunismus diktiert werden, eine Entwicklung, die den deutschen Katholizismus vor die Frage stellt, ob er wie bisher, mehr oder weniger deutlich, die CDU bevorzugen kann, ohne unglaubwürdig zu werden. Der Einfluß sogenannter »Linkskatholiken« auf die Masse des gläubigen Volkes ist zwar vorerst noch gering. Er darf jedoch nicht unterstützt werden, soweit es sich um weite Kreise der nicht durch die katholischen akademischen Verbindungen erfaßten Intellektuellen handelt, auf die bis in die Studentengemeinden hinein das zweifelhafte Vorbild des französischen Linkskatholizismus eine fatale Anziehungskraft auszuüben scheint.

[8] Ferdinand A. Hermens *(1906–1998), Dr. rer. oec., 1934 Emigration nach Großbritannien und USA, Professor in Chicago, Köln (1959–1972) und Washington D. C.*

V.

Bei der Beurteilung der SPD ist davon auszugehen, daß nach einer demoskopischen Untersuchung (1956) rund 14 % der regelmäßigen Besucher des katholischen Gottesdienstes zur SPD tendieren und daß 72 % der Katholiken, die nie zur Kirche gehen, ihre politische Heimat bei der SPD gefunden haben. Sowohl der »Bund christlicher Sozialisten« (Gelsenkirchen) als auch der »Bund religiöser Sozialisten« (Frankfurt) haben zu rund 80–90 % nur evangelische Mitglieder. Politisches Gewicht kommt beiden Organisationen nicht zu. Trotz des Wunsches, mit der katholischen Kirche zu einer ehrlichen Verständigung zu kommen, der einigen prominenten Mitgliedern der Partei nicht abgesprochen werden kann, zeigt insbesondere der Aufstieg Wehners[9] in der Parteiorganisation seit dem Stuttgarter Parteitag (1958) mit völliger Klarheit, daß der Kurs der SPD im ganzen zur Zeit in die entgegengesetzte Richtung weist.

VI.

Die gegenwärtige Situation läßt es als geraten erscheinen, daß der Hochwürdigste Episkopat sich in hirtenamtlichen Äußerungen, die als undifferenzierte Unterstützung der CDU/CSU ausgelegt werden könnten, wie bisher zurückhält. Dagegen würden weder zu allgemein noch zu konkret gehaltene sozialkritische Äußerungen einzelner Mitglieder des Hochwürdigsten Episkopats, etwa auf der Linie des Referates von Anton Böhm »Die Freiheit im modernen Staat« (Kafka, Die Katholiken vor der Politik, S. 79 ff.), ihren Eindruck auf die Öffentlichkeit nicht verfehlen und eine wertvolle Hilfe für die politisch aktiven Gläubigen bedeuten.

[d] Gesamtdeutsche Arbeit des Zentralkomitees

I.

Die Fuldaer Bischofskonferenzen und das Zentralkomitee der deutschen Katholiken sind heute noch die einzigen in der Sowjetzone geduldeten und anerkannten gesamtdeutschen Repräsentanten von Kirche und Katholizismus. Das Zentralkomitee hat darum seit dem Fuldaer Katholikentag (1954) einen besonderen »Präsidialausschuß« ins Leben gerufen, um Informationen über die Situation der Kirche hüben und drüben auszutauschen. Von diesem Arbeitskreis sind viele wertvolle Anregungen ausgegangen, z. B. die Abhaltung des 78. Deutschen Katholikentages in Berlin und die Konstituierung einer wissenschaftlichen Arbeitsgemeinschaft in der Bundesrepublik »Wissenschaft und Gegenwart«, die sich die Auseinandersetzung mit dem dialektischen und historischen Materialismus auf den Gebieten der Geschichte, Sozialwissenschaften, der Biologie, der Physik, der Astronomie, der Philologie und Psychologie zur Aufgabe gestellt hat. Der Nutzen dieser Arbeit ist von denen, für die diese Handreichungen bestimmt sind, wiederholt dankbar anerkannt worden. In der ge-

9 Herbert Wehner *(1906–1990), Politiker, nach Tätigkeit für die Kommunistische Partei in Deutschland und im Exil 1946 Anschluß an die SPD, 1949–1983 Mitglied des Bundestags, 1952–1984 Mitglied des Parteivorstands der SPD, 1958–1973 stellvertretender Parteivorsitzender, 1966–1969 Bundesminister für gesamtdeutsche Fragen, 1969–1983 Vorsitzender der SPD-Fraktion.*

planten Reihe sind bisher drei Bände erschienen, im Herbst dieses Jahres werden weitere vier folgen. Durch Gewährung von Druckkostenzuschüssen könnte diese Arbeit noch wesentlich intensiviert werden. Dies ist insbesondere deshalb nötig, weil die Verschärfung des Kirchenkampfes in der Zone, die als bekannt vorausgesetzt werden darf, zu einer Hochflut antireligiöser und vor allem auch antikatholischer Bücher in der Zone dringend einer geistigen Ausrüstung gegen die Argumente der Gegenseite bedarf.

II.

Darüber hinaus erweist es sich als notwendig, die Aufklärung des deutschen Volkes über Umfang, Intensität und Methoden des kommunistischen Kampfes gegen die Kirche immer wieder mit noch größerer Wirkkraft durchzuführen. Aufgrund von Besprechungen im »Präsidialausschuß« sind hierfür einige Voraussetzungen geschaffen worden, insbesondere für bessere Information der Presse, einschließlich der Kirchenpresse. Es zeigt sich, daß die kommunistischen Machthaber in der Zone auf die Erörterung des kommunistischen Kirchenkampfes anhand konkreter Beispiele sehr empfindlich reagieren und in Einzelfällen angelaufene lokale Maßnahmen gegen einzelne Geistliche usw. abbremsen.

III.

Es würde dankbar begrüßt, wenn der Hochwürdigste Episkopat keine Gelegenheit vorübergehen ließe, um immer wieder die Bedrängnis der Gläubigen in der Zone anhand von konkreten Beispielen aufzuzeigen und den Gläubigen in der Bundesrepublik ins Bewußtsein zu rufen. Darüber hinaus wäre es sehr zweckmäßig, wenn bestehende Kontakte mit Diözesen des Auslandes dazu benützt würden, um auch bei den nichtdeutschen Katholiken Interesse und Sympathie für die bedrängten Katholiken in der Zone wachzurufen.

[e] Schwerpunkte der Tätigkeit des Arbeitskreises »Kirche und Heimat«

I.

Der Arbeitskreis »Kirche und Heimat« des Zentralkomitees, der jetzt unter der Leitung von Dr. Czaja[10] MdB steht, hat bereits seit einiger Zeit, insbesondere seit der Saarbrücker Tagung des Zentralkomitees, sich die Aufgabe gestellt, »Sachkenntnisse und Erfahrungen ostdeutscher Katholiken für eine fruchtbare und enge Gestaltung des Verhältnisses zu den mitteleuropäischen Nachbarvölkern im Sinne der päpstlichen Richtlinien für eine internationale Friedensordnung auszuwerten«. In diesem Sinne hat der Arbeitskreis zunächst eine auf hohem Niveau stehende Arbeitstagung über das Verhältnis von Deutschen und Polen in Geschichte, Gegenwart und Zukunft im April 1959 in Königstein abgehalten. Da die dort gehaltenen Referate veröffentlicht werden sollen, soll hier nur die Grundtendenz dahingehend skizziert

[10] HERBERT CZAJA *(1914–1997), Dr. phil., Lehrer und Politiker (CDU), 1953–1990 Mitglied des Bundestags, 1970 Vorsitzender des Bundes der Vertriebenen.*

werden, daß persönliche Kontakte zur Zeit den Vorrang vor politischen Kontakten von Staat zu Staat haben.

II.

Kontakte dieser Art bestehen schon in einem gewissen Umfang, vor allem durch die Versendung von deutschen Büchern nach Polen. In dieser Richtung arbeitet etwa der Katholische Akademikerverband über die Pax Romana in Fribourg und das Zentralkomitee selbst, das u. a. eine namhafte Spende an die katholische Universität in Lublin über die Deutsche Forschungsgemeinschaft durchgesetzt hat und auch aufgrund privater Spenden direkt an katholische Institutionen in Polen Büchersendungen durchführt. Kontakte mit Tschechen und Slowaken des Exils bestehen im Rahmen der Ackermanngemeinde. Doch beabsichtigt der Arbeitskreis »Kirche und Heimat« des Zentralkomitees, auch diesem Problem seine Aufmerksamkeit zu widmen. Ein besonders dringendes Problem ist die Beeinflussung der Ostforschung und die Ausbildung des wissenschaftlichen und diplomatischen Nachwuchses für Ostfragen, die sich zur Zeit fast ohne Mitwirkung katholischer Kräfte vollzieht.
Während der Reiseverkehr zwischen Polen und Deutschland im Vergleich zu den übrigen Staaten des Ostblocks verhältnismäßig (aber nur verhältnismäßig) leicht ist, ist er für die anderen Staaten mit katholischer Bevölkerung außerordentlich erschwert. Um so wichtiger ist es, die vorhandenen Möglichkeiten gegenüber Polen auszunutzen. In diesem Sinne hat das Zentralkomitee zunächst einem jungen polnischen Psychiater eine Hospitantenstelle an einer deutschen Universitätsklinik vermittelt und gedenkt, je nach den gemachten Erfahrungen, diese Tätigkeit zu intensivieren und mit ähnlichen Bestrebungen des Katholischen Akademischen Austauschdienstes zu koordinieren. Aufgrund eines Beschlusses des Geschäftsführenden Ausschusses des Zentralkomitees wurde die »Pax-Christi-Bewegung« ersucht, die Möglichkeiten einer deutschen Wallfahrt zu polnischen Heiligtümern, insbesondere nach Tschenstochau, vorsichtig zu erkunden.

III.

Ein Problem besonderer Sorge bildet die noch in den polnisch verwalteten Gebieten verbliebene deutsch- oder gemischtsprachige Bevölkerung und ihr Klerus, der immer wieder an jetzt in der Bundesrepublik lebende Priester der Diözese Wünsche um deutsche Literatur heranträgt. Auch hier wird das Zentralkomitee bemüht sein, diese Kontaktmöglichkeiten zu verstärken und auszubauen.

IV.

Die wirtschaftliche Eingliederung der länger in der Bundesrepublik ansässigen Vertriebenen und Flüchtlinge hat sich in der Berichtzeit im allgemeinen verbessert. Ihr Anteil an den Arbeitslosen ist weiter gesunken, die wohnraummäßige Unterbringung – mit Ausnahme der jungen Familien – ist verbessert worden. Die Erwerbsfähigen rücken langsam in den erlernten oder einen gleichwertigen Beruf ein. Auch die Eigentumsbildung der Vertriebenen ist durch eine Reihe von Maßnahmen gestärkt worden. Hierzu trägt bei der verstärkte Eigenheimbau, aber auch der vom Arbeitskreis und den ihm nahestehenden Organisationen immer wieder geforderte und durch geeignete Vertreter auch auf parlamentarischer Ebene verfochtene Beginn der Auszahlung von Hauptentschädigung für eigentumsbildende Maßnahmen, z. B. zum Bau und Erwerb von Familienheimen, zur Aufstockung von Bausparverträgen, zum Abschluß von Lebensversicherungsverträgen und zur Festigung des Eigenkapitals von Betriebsinhabern. Auch die Situation der alten Personen hat sich insofern gebessert, als Hauptentschädigung aus dem Lastenausgleich nun für Personen über 65 Jahre ausgezahlt werden kann und auch die Berechnungsbestimmungen zur Unterhaltshilfe und Hauptentschädigung demnächst verbessert werden. Die Rentenneuregelungsgesetze sind für diesen Personenkreis noch nicht voll zur Auswirkung gekommen, da erst die neue Fremdrentengesetzgebung[11] die volle Anpassung der nicht aus reichsdeutschen Versicherungen stammenden Renten an die Erhöhung für jene Rentner, welche in der reichsdeutschen Versicherung sich befanden, bringen soll. Der diesbezügliche Referentenentwurf enthält befriedigende Vorschläge. Für die Eingliederung der Bauern durch Schaffung von Vollbauern- und Nebenerwerbstellen ist durch einen Fünfjahresplan die finanzielle Sicherung kontinuierlicher Maßnahmen getroffen worden. Freilich ist der Umfang der Maßnahmen durch die Knappheit an Boden begrenzt; in den meisten Fällen wird nur die Förderung einer Nebenerwerbstelle möglich sein. Ein neues Problem entsteht wegen der fehlenden Altersversorgung jener ehemals Selbständigen, die nach der Vertreibung gar keinen oder nur einen geringen Rentenanspruch durch unselbständige Arbeit erwerben konnten. Es wird mit Energie in den nächsten Jahren behandelt werden müssen.

V.

Wenig oder gar nicht verbessert hat sich jedoch die Lage der Aussiedler und der SBZ-Flüchtlinge, insbesondere was den Wohnraum betrifft. Der Arbeitskreis und die ihm angeschlossenen Organisationen haben sich wiederholt an führende Kreise des öffentlichen Lebens wegen der moralisch und sozial gefährlichen Situation des massenhaften Unterbringens in Notunterkünften und Lagern gewandt. Es ist vor allem dem moralischen Gewicht öffentlicher Erklärungen führender christlicher Kreise, so den wiederholten Aufrufen der deutschen Bischofskonferenzen, den Lagerbesuchen einzelner Bischöfe, dem einträchtigen Zusammenwirken evangelischer und katholischer Aktionsgruppen zu verdanken, daß das öffentliche Gewissen in dieser Frage geweckt wurde und das bisherige Anstauen der Wohnungsbaumittel ein Ende gefunden hat. Die vollen Auswirkungen der verstärkten Bautätigkeit konnten sich jedoch noch nicht überall in bezugsfertige Wohnungen umsetzen. Die Kontrolle, ob im Verhältnis zu den bereitgestellten Mitteln auch eine angemessene Zahl von Personen aus Lagern und Notunterkünften in neue oder Tauschwohnungen unter-

[11] Gesetz zur Neuregelung des Fremdrenten- und Auslandsrentenrechts und zur Anpassung der Berliner Rentenversicherung an die Vorschriften des Arbeiterrentenversicherungs-Neuregelungsgesetzes und des Angestelltenversicherungs-Neuregelungsgesetzes *vom 25. Februar 1960.* BGBl., *S. 93.*

gebracht wurde, läßt zu wünschen übrig. Daher ist die Lagerbelegung nur gering gelockert worden.

VI.

Die Wertung schwerwiegender Gewissenskonflikte beim Anerkennungsverfahren als politischer Flüchtling, dem andere Vergünstigungen als dem Nichtanerkannten zustehen, ist bei bekenntnisgebundenen Personen in vielen Ländern bisher unzureichend gehandhabt worden. Die Zahl der Förderschulkurse für Aussiedler ist dank der Anstrengungen von caritativen Verbänden, Orden und Kongregationen erheblich erhöht worden; doch besteht noch immer eine Eingliederungsnot in geistiger und kultureller Hinsicht für jugendliche Aussiedler.
Die Einfügung der Vertriebenen und Flüchtlinge in die Pfarrgemeinden hat sich im allgemeinen verbessert, die Zahl der Katholiken ist durch die Aussiedler gewachsen. Die kulturelle Betreuung im Sinne der Pflege heimatlichen Brauchtums hat jedoch kaum Fortschritte gezeigt.

[f] Schwerpunkte der internationalen katholischen Arbeit
Das Außenamt befaßte sich im vergangenen Jahr besonders mit folgenden Bereichen:

I.

Aktion »Misereor«
Im Verlauf der Arbeitstagung in Saarbrücken wurde im Arbeitskreis »Internationale Arbeit« auf den Hunger vieler Millionen Menschen hingewiesen und beschlossen, auf dem Katholikentag in Berlin die breite Öffentlichkeit hierauf aufmerksam zu machen und im ständigen Arbeitskreis »Internationale Arbeit« geeignete Wege für eine weitere und dauernde Hilfsaktion zu suchen (s. Bericht der Arbeitstagung Saarbrücken 1958, S. 269). Auf der hierauf folgenden Vollversammlung des Zentralkomitees in Essen im Mai 1958 wurde dieses Anliegen vorgebracht und beschlossen, den deutschen Bischöfen diese Anregung zu einer größeren Hilfsaktion vorzutragen. Nachdem dies geschehen war, wurde auf Wunsch von S[einer] Eminenz Kardinal Frings vom Außenamt des Zentralkomitees in Zusammenarbeit mit dem Sozialreferat eine Gesamtübersicht über die Not in den Entwicklungsländern in bezug auf Hunger und Krankheit erstellt und konkrete Vorschläge für eine Fastenopferaktion gemacht. Nachdem S[eine] Eminenz Kardinal Frings dieses Anliegen der Fuldaer Bischofskonferenz vorgetragen hatte, wurde das Zentralkomitee von der Bischofskonferenz beauftragt, die Verbände zur Teilnahme an dieser Aktion anzuspornen. Dies geschah:
a) durch eine Sitzung am 11.11. in Köln mit den Vertretern aller Organisationen unter Vorsitz von S[einer] Exz[ellenz] Bischof Hengsbach, bei der sich alle Organisationen zur tatkräftigen Teilnahme verpflichteten;
b) durch Mithilfe des Außenamtes bei der publizistischen Vorbereitung dieser Aktion (durch Lieferung von Materialsammlung, Statistiken, Zeitschriftenartikeln);
c) durch Vorträge der Referatsleiterin in den verschiedensten Bildungswerken und Verbänden zu diesem Thema.

Nach dem erfolgreichen Abschluß der Sammlung, die alle bisherigen Sammelergebnisse für ähnliche Zwecke um ein Mehrfaches übertraf, seien folgende Vorschläge gemacht:

– Um wirksam Hunger und Krankheit in der heutigen Welt zu bekämpfen, genügt nicht eine einmalige Aktion, sondern eine Dauerhilfe, die sich etwa über die nächsten fünf Jahre erstreckt, müßte geplant werden, wobei man die Erfahrungen der Aktion »Misereor« verwerten sollte.

– Zur zweckmäßigen und sinnvollen Verteilung der Mittel könnte der Bischofskommission ein Beirat assistieren, der aus Persönlichkeiten bestehen könnte, die durch ihre öffentliche Funktion mit den Notstandsgebieten vertraut sind oder ähnliche Maßnahmen zur strukturellen Hilfe ebenfalls beraten haben.

II.

Europäische Zusammenarbeit der Katholiken

1. Auf der Arbeitskreistagung in Saarbrücken hat man sich schon kurz mit den neuen Problemen befaßt, vor die sich die Katholiken Europas durch die wirtschaftliche Integration Europas gestellt sehen (s. Bericht der Arbeitstagung, S. 266).

Ein besonderer Arbeitsausschuß, bestehend aus Prof. Neundörfer, Prof. Hirschmann; Frau Schlüter-Hermkes[12], Herrn Vanistendael–Brüssel, P. de Grond[13] O.F.M., Genf, befaßt sich seitdem sehr eingehend mit den in diesem Bereich auftauchenden Fragen: zunächst sollen Teilgebiete (wie z. B. die Wanderungsbewegung, die Veränderung der Agrarstruktur, Neuprägung des Mittelstandes, Emporkommen neuer katholischer Eliten, die soziologische Schichtung europäischer Städte wie Genf und Luxemburg) soziographisch erforscht werden, um daraus Folgerungen für die Diagnose des europäischen Katholizismus zu ziehen. Gemeinsam mit allen Kräften, die bisher in den verschiedenen Ländern getrennt diesen Fragen nachgingen, sollen dann Wege der Therapie gesucht werden.

Auf einer größeren Arbeitstagung von in- und ausländischen Experten, die eine Woche vor dem Eucharistischen Kongreß in München 1960 und in enger Verbindung mit ihm geplant ist, wären dann die Ergebnisse der vorher erfolgten Forschung zu besprechen. Zur Zeit werden noch Mittel für die Durchführung der soziographischen Untersuchungen, die nach dem Kostenanschlag des hiermit beauftragten Internationalen katholischen soziographischen Institutes FERES (Genf) sich auf DM 35.000 belaufen werden, gesucht.

Ein konkretes Ergebnis dieser Tagung könnte sein, Richtlinien auszuarbeiten für ein europäisches katholisches Informationszentrum. Ein katholisches Büro für europäische Fragen (O.C.I.P.E.) wurde zwar schon in Straßburg errichtet; aber es arbeitete

[12] MARIA SCHLÜTER-HERMKES *(1889–1971), Dr. phil., Schriftstellerin, führende Gestalt der katholischen Frauenbewegung.*

[13] P. LINUS GROND OFM *(1918–2001), Dr., holländischer Soziologe, 1944 Priester, 1952–1957 Direktor der 1952 von ihm gegründeten Österreichischen Abteilung des Instituts für Kirchliche Sozialforschung (IKS), Generalsekretär der internationalen Föderation katholischer Sozialforschungsinstitute (FERES), 1967–1973 Provinzialminister, 1975–1983 Gemeindeseelsorger in den Niederlanden, 1983–1998 in Deutschland (D Aachen).*

nicht zur Zufriedenheit der Beteiligten und hat nun seine Tätigkeit fast ganz einstellen müssen, denn es fehlte an den Vorarbeiten für eine echte Konzeption eines solchen Zentrums und an tragenden Persönlichkeiten.

2. Im deutschsprachigen Raum sind ferner noch folgende Initiativen aufzuweisen:

a) Kontakt mit Österreich

Im Herbst 1958 trafen sich in Salzburg Vertreter des Zentralkomitees mit führenden Katholiken der KA Österreich, um Vergleiche zwischen der politischen Lage der beiden Länder zu ziehen. Das Gespräch, das auf dem Welt-Laienkongreß in Rom angeregt worden war, soll 1959 fortgesetzt werden und weitere, gemeinsam interessierende Gebiete behandeln.

b) Die Südtirol-Frage

Die Entwicklung der Südtirol-Frage wird von seiten des Zentralkomitees aufmerksam verfolgt. Die Besuche von führenden, deutschsprechenden Südtirolern im Zentralkomitee verschafften Informationen aus erster Hand. Verschiedene maßgebliche deutsche kirchliche Stellen, die um weitere Auskünfte beim Zentralkomitee baten, konnten beraten werden. Das Ziel der Bemühungen der deutschen Katholiken ist hier zunächst: Stärkung des deutschsprachigen Elementes durch Verschaffung besserer Bildungsmöglichkeiten auf allen Gebieten.

III.

Afro-asiatische Studenten und Praktikanten

Die Arbeit des Katholischen Akademischen Ausländerdienstes (KAAD), die in enger Verbindung mit dem Außenamt steht, hat sich im vergangenen Jahr noch beachtlich erweitern können.

1. Die Zahl der Stipendien oder Studienbeihilfen, die der KAAD vermitteln konnte, steigerte sich auf 134, weil in diesem Jahr außer den Hochwürdigsten Bischöfen auch einzelne Organisationen und Einzelpersönlichkeiten sowie die Länderregierungen Stipendien zur Verfügung stellten.

Da die Zahl der Ausländer an unseren Universitäten in den letzten drei Jahren fast jedes Semester sich um 20 % steigerte und zudem die Angebote zum freien Studium in Ländern des Sowjetblocks erschreckend zunehmen (allein 250 Stipendien bot die UdSSR für Algerien an), müßte die Zahl unserer Stipendiaten noch erheblich erhöht werden. Dies könnte leicht mit Mitteln der Aktion »Misereor« geschehen, wobei bei der Verteilung der Stipendien vor allem die vom Kommunismus bedrohten Länder zu berücksichtigen wären.

2. Die Arbeit für die afro-asiatischen Studenten und Praktikanten umfaßt eine Vielzahl von Veranstaltungen: Freizeiten, Ferienkurse, Studienreisen, Bildungsseminare. Vorgesehen sind für die Zukunft: Sprachkurse für Studenten und Praktikanten, die (nach Art der von der Regierung geförderten Goethe-Institute) drei Monate zu Beginn ihres Deutschlandaufenthaltes nach modernen Methoden in der deutschen Sprache unterrichtet werden sollen. Hierdurch bietet sich die Möglichkeit, diese Ausländer sofort zu Beginn ihres Aufenthaltes zu erfassen und ihnen über die meist sehr großen Anfangsschwierigkeiten hinwegzuhelfen.

Ein »Hilfswerk Überseestudenten« will mit einem monatlich erscheinenden Faltblatt in weiteren Kreisen der Bevölkerung um Aufmerksamkeit für diese Apostolatsaufgabe und um finanzielle Hilfe werben.

3. Schwierigkeiten macht noch immer die Betreuung der Praktikanten in den größeren Industriezentren, weil es noch an Klubräumen und geeigneten gruppenbildenden Persönlichkeiten fehlt.

Eine weitere Schwierigkeit hat sich dadurch ergeben, daß einige Studentenseelsorger es als bedenklich ansehen, daß besondere Seelsorger für die Ausländer benannt wurden. Aber aus der Sicht des KAAD ist es unbedingt notwendig, daß an jenen Punkten, wo Hunderte von afrikanischen und asiatischen Studenten oder Praktikanten leben, eigene Seelsorger sich um diese besonders gefährdeten Menschen bemühen. Um das Verständnis für diese Lage zu wecken und gleichzeitig die spirituelle Grundlage dieser Arbeit zu klären, soll auf der nächsten Studentenseelsorgerkonferenz dieses Thema behandelt werden.

4. Die internationale Zusammenfassung der Überseestudenten in Europa, die Osco-Bewegung (Overseas students coordination) konnte sich in mehreren deutschen Universitätsstädten weiterhin festigen und wird immer mehr zum Organ, das der Aussprache der afro-asiatischen Studenten im eigenen Kreis dient und von ihnen selbst immer mehr als ihre eigenste Organisation angesehen wird. Sie wird vom KAAD finanziell unterstützt.

5. Das Weltsekretariat für das Laienapostolat in Rom veranstaltete zwei Zusammenkünfte für alle diejenigen, die in Europa führend in der Arbeit für afro-asiatische Studenten tätig sind. Beide Tagungen wurden vom KAAD besucht. Es erwies sich, daß im Gegensatz zu anderen Ländern Europas in Deutschland diese Arbeit schon weit über die ersten Anfänge hinaus ist und schon die eigentliche Schulung der Ausländer im christlichen Sinne vornehmen kann, während in den meisten anderen europäischen Ländern sich diese Arbeit in materieller Hilfe erschöpft. Auf der letzten Tagung vom 4.–6. April in Rom wurde von seiten der Propaganda Fide vorgeschlagen, in Rom ein internationales Koordinationszentrum zu errichten. Nach Ansicht der dort versammelten nationalen Leiter der Hilfsdienste für Ausländer wäre nur ein einfaches Vermittlungssekretariat sinnvoll, das lediglich als »Briefkasten« zum Austausch von Informationen dienen würde und seine Arbeitsanweisungen von einem Direktorium, das sich aus den nationalen Leitern zusammensetzt, erhielte. Nur ein streng nach dem Subsidiaritätsprinzip aufgebautes internationales römisches Zentrum würde fördernd wirken, dagegen eine zu stark Weisungen austeilende Dachorganisation hemmen.

6. Der KAAD half maßgeblich mit bei der Gründung des »Deutschen Vereins der Freunde des Benediktinerklosters Toumliline«, um die Begegnung der Intellektuellen mit dem Islam, die in Toumliline besonders gepflegt wird, zu fördern.

IV.

Aus dem Sachbereich der ökumenischen Arbeit

Der ostkirchliche Arbeitskreis kann seit seiner Tagung in Saarbrücken leider auf keine konkreten Ergebnisse hinweisen. Zum Teil ist dies auf die Erkrankung von

Hochw[ürdigen] P. Alfons-Maria Mitnacht[14], O.E.S.A. zurückzuführen, die es ihm nicht gestattete, diese Arbeiten in entsprechender Form fortzuführen. Dies ist sehr bedauerlich, besonders wegen der Bedeutung dieses Gesamtbereiches für das bevorstehende Konzil[15].

Gerade im Hinblick auf dieses Konzil entstand der Plan, im Zentralkomitee einen gemeinsamen Arbeitskreis für ostkirchliche und ökumenische Fragen zu errichten, um hier die dem Nicht-Theologen offenen und zugeordneten Bereiche dieser Fragen zu behandeln. Es sollen in diesem »ökumenischen Arbeitskreis« also nicht theologische Fragen erörtert werden, sondern nach vorheriger eingehender Überlegung mit den zuständigen bischöflichen Referenten das konkret behandelt werden, was auf der Ebene des Laien hier der Verständigung und Annäherung der getrennten Brüder dienen kann (z. B. Stipendien für griechisch-orthodoxe Studenten, Kontakte mit dem Balkan und dem Vorderen Orient).

V.

Koordinierung der katholischen Verbände in der Arbeit des Außenamtes

1. Diese Koordinierung der katholischen Verbände geschieht im internationalen Kernkreis, der alle drei Monate tagt und als Beirat des Außenamtes anzusehen ist. Die größeren katholischen Verbände haben im Laufe der vergangenen zwei Jahre fast alle ihren Sachbearbeiter für internationale Fragen ernannt, der an den Beratungen dieses internationalen Kernkreises im Zentralkomitee und seiner verschiedenen Ausschüsse teilnimmt.

Die Sicht der Verbände auf die internationale Arbeit läßt allerdings noch manches zu wünschen übrig. Sie ist zum Teil noch von den Ideologien vergangener Jahre beherrscht, indem sie z. B. »internationale Arbeit« = »missionarische Arbeit« setzt, wobei sehr leicht ganze Bereiche, die heute wie nie zuvor dem Laien und der Durchdringung durch ihn zugänglich sind, ausgeklammert werden (z. B. Arbeitseinsatz katholischer qualifizierter Fachkräfte in der Großindustrie der Entwicklungsländer); ein anderer Teil der Verbände sieht die internationale Arbeit hauptsächlich in losen und unverbindlichen Kontakten mit anderen Völkern (z. B. die sogenannte »Touristenverständigung«), ohne irgendwelchen Antrieb zu verspüren, den weltweiten Auftrag der Kirche an alle Völker im gegebenen Bereich zu erfüllen. Um die internationale Arbeit der Verbände in der rechten Mitte dieser beiden extremen Auffassungen zu halten und mit katholischer Gesinnung zu beseelen, ist noch manche Aufklärungsarbeit zu leisten, die vor allem durch Schulung der Nachwuchskräfte der Verbände geschehen soll. (Hierfür sind in Zukunft wieder besondere Schulungskurse des Zentralkomitees vorgesehen.)

2. Auf der Vollversammlung des Zentralkomitees in Essen beschlossen zwei Verbände, nämlich der Caritasverband und der Bund Neudeutschland, Mittel zur Ver-

14 P. Alfons Maria Mitnacht OESA *(1894–1976), 1913 Ordenseintritt, 1921 Priester, 1947 Nationalsekretär der Catholica Unio, 1965 Konsultor der Ostkirchenkongregation, 1969 Archimandrit.*

15 *Anmerkung der Vorlage:* An dieser Stelle ist die Abschrift korrigiert gegenüber dem Original auf Grund genauerer Informationen.

fügung zu stellen, um die Einstellung eines Assistenten im Außenamt zu ermöglichen. Diese Aufgabe des Assistenten wurde Herrn Dr. Schneppen[16] übertragen, der aus dem Bund Neudeutschland stammt und seine Tätigkeit am 15. März 1959 begonnen hat.

Sehr dankbar hat die Referatsleiterin des Außenamtes diese Erleichterung ihrer Arbeit aufgenommen, weil sie sich nun noch weiteren Fragen, denen sie sich bisher aus Zeit- und Kräftemangel nicht widmen konnte, zuwenden kann.

VI.

Zusammenarbeit des Außenamtes mit internationalen Gremien außerhalb Deutschlands

1. Mit katholischen internationalen Gremien

a) Organisations Internationales Catholiques (O.I.C.)

Die O.I.C. lädt das Zentralkomitee regelmäßig zu ihrer Jahreskonferenz und ihren Sachkonferenzen (z. B. über Kaderbildung in Afrika, Schulung der Laienkräfte für Entwicklungsländer) ein. Mit den Leitern der Informationszentren der O.I.C. in Genf und Rom steht das Zentralkomitee in engem persönlichem Kontakt.

b) Comitato Permanente dei Congressi Internazionali per l'Apostolato dei Laici, Rom

Das Zentralkomitee hat dem Comitato eine ständige Mitarbeiterin in der Person von Frau Dr. Gerstner[17] gestellt. Diese informiert das Zentralkomitee nicht nur laufend über die Arbeiten und Pläne im Comitato, sondern auch über andere für die Arbeit des Zentralkomitees wichtige Geschehnisse in Rom. Sie besorgte z. B. auch wichtiges Arbeitsmaterial der FAO für die Aktion »Misereor«. Das Zentralkomitee wird regelmäßig zu den internationalen größeren und kleineren Konferenzen, die das Comitato veranstaltet, eingeladen (Konferenz über die afro-asiatischen Studenten in Europa, Konferenz mit dem Thema »Der Christ im internationalen Leben« in Assisi etc.). Offensichtlich beginnt man nun im Comitato mit der Planung des 3. Welt-Laienkongresses.

Das Comitato und die O.I.C. befinden sich zur Zeit in einem Übergangsstadium, da bei beiden ein neuer Vorsitzender in den nächsten Monaten eingesetzt werden muß. Vielleicht könnte bei dem bevorstehenden Umbau beider Organisationen, die sich ja in vielem überschneiden, eine Form der Koordination gefunden werden, die unnötigen Doppelaufwand von Kräften und Geldern für die gleichen Zwecke verhindern würde. Das Zentralkomitee bemüht sich durch vorfühlende Gespräche um eine günstige Lösung in diesem Sinne.

c) Unesco

Die Zusammenarbeit mit der Unesco auf ihren drei Ebenen (1. Vollversammlung und Exekutivrat; 2. Pariser Sekretariat; 3. »Deutsche Unesco-Kommission«) hat sich sehr

16 *Wahrscheinlich identisch mit* Heinz Schneppen *(geb. 1931), Dr. phil., seit 1960 Diplomat im Auswärtigen Dienst der Bundesrepublik Deutschland, 1989–1993 Botschafter in Paraguay, 1993–1996 in Tansania.*

17 *Nicht ermittelt.*

gebessert, da in dem Gesamtaufbau der Unesco der katholische Einfluß durch die Wahl von Herrn Veronese zum Präsidenten und durch Einbeziehung weiterer katholischer Persönlichkeiten gewachsen ist. Nur auf der dritten Ebene, der »Deutschen Unesco-Kommission«, läßt der katholische Einfluß noch zu wünschen übrig, was teilweise daran liegt, daß der katholische Teil Deutschlands keinen geschickten und geeigneten Repräsentanten dort hat. Nach Ablauf der Vertretungszeiten der katholischen Mitglieder der »Deutschen Unesco-Kommission« sollte darauf geachtet werden, daß dorthin von seiten des Zentralkomitees sachliche und im internationalen Leben erfahrene Persönlichkeiten entsandt werden.

VII.

Kontakt mit dem Auswärtigen Amt

Das Außenamt des Zentralkomitees konnte öfters wegen seiner guten Informationsquellen und durch die Übersicht, die ihm die gesamte Arbeit verschafft, das Auswärtige Amt beraten in Form von Memoranden und Informationen (z. B. über Stipendienverteilung, Praktikantenausbildung, über die Situation der Kirche in Ghana etc.). Die bevorstehenden personellen Veränderungen innerhalb der Kulturabteilung werden für die Zukunft noch eine bedeutend engere Zusammenarbeit und Abstimmung in den sehr dringlichen Fragen deutscher Kulturpolitik im Ausland ermöglichen.

VIII.

Die deutschen Katholiken und die Entwicklungsländer

Die Möglichkeiten des Wirkens in der Mission stoßen, soweit sie in den althergebrachten Formen geschehen, auf Schwierigkeiten in den schnell sich entwickelnden Ländern Asiens und Afrikas (Visasperre für Missionare, Nationalismus, der sich gegen das europäische Element wendet, etc.). Um dennoch den Weltauftrag Christi an Seine Kirche in der heute angemessenen Weise dort zu erfüllen, müssen diejenigen Kräfte, die heute leichter als je zuvor Kontakt mit weiteren Bereichen der führenden heidnischen Bevölkerung haben, sich ihrer apostolischen Aufgabe stärker bewußt werden. Solche Kräfte sind: hochqualifizierte deutsche Fachleute unserer Großindustrien, die in den Entwicklungsländern zum Aufbau von Wirtschaft und Gewerbe eingesetzt werden; ferner die sogenannten »Laienhelfer«: Ärzte, Landwirte, Handwerker, Lehrer aller Art, die eine Zeitlang ihren Beruf in den Dienst der Entwicklungsländer stellen wollen. Diese deutschen Katholiken besser als bisher für ihre eminent wichtige Apostolatsaufgabe vorzubilden, sollte das Ziel eines besonderen Institutes sein, das in Deutschland von katholischer Seite zu errichten wäre. (Von evangelischer Seite werden bereits seit zwei Jahren Informationskurse dieser Art gegeben. In anderen Ländern Europas sind schon ähnliche Institute mit großem Erfolg für die Entwicklungsländer gebildet, insbesondere in Frankreich und Holland).
Um dieses Institut vorzubereiten, wurde ein Arbeitsausschuß gebildet, der sich aus Mitgliedern der Päpstlichen Werke der Glaubensverbreitung, der missionierenden Orden und anderer daran interessierter Verbände wie CAJ, KAV, KAB und Vertretern von Regierungsstellen wie des Bundesamtes für Auswanderung, des Bundesar-

beitsministeriums zusammensetzt, und der alle hierbei auftauchenden Fragen zunächst einmal vorklären sollte, um dann erst, wenn die Zeit zur Bildung einer entsprechenden »Arbeitsgemeinschaft für soziale und technische Hilfe in den Entwicklungsländern« reif sei, diese zu gründen und mit der Errichtung des Institutes zu betrauen. (In Kürze wird den Hochwürdigsten Bischöfen ein detaillierter Bericht über die Planung dieses Institutes vorgelegt werden können.)

229

Bericht des Zentralkomitees für die Bischofskommission für Wissenschaft, Kulturpflege, Erwachsenenbildung

Bad Godesberg, 15. April 1959

DA EICHSTÄTT, Bischofsarchiv Schröffer. Deutsche Bischofskonferenz 1959. *Schreibmaschinenvervielfältigung. Deckblatt:* Zentralkomitee der Deutschen Katholiken. Bericht für die Bischofskommission für Wissenschaft, Kulturpflege, Erwachsenenbildung.

Die Entwicklung auf dem Gebiet der Erwachsenenbildung

Auf dem Katholikentag 1956 in Köln trat zum ersten Mal ein Arbeitskreis »Erwachsenenbildung« zusammen, um die nach dem 2. Weltkrieg vielfältig gewordenen Initiativen miteinander ins Gespräch zu bringen. Im Sommer 1957 wurde in Würzburg die Bundesarbeitsgemeinschaft für Katholische Erwachsenenbildung gegründet, um diese Aktivitäten sowohl nach außen zu vertreten, als auch nach innen zu koordinieren, zu inspirieren und einen ständigen und intensiven Gedankenaustausch einzuleiten und zu sichern. Bis zu Beginn des Jahres 1958 war dieser Zusammenhang für das Bundesgebiet außer einigen regionalen Zusammenschlüssen (Landesarbeitsgemeinschaft Nordrhein-Westfalen, Niedersachsen und Rheinland-Pfalz) nur sehr locker.

Die (erste) Jahrestagung der Bundesarbeitsgemeinschaft für Katholische Erwachsenenbildung in Würzburg (15./16.10.1958) ermöglichte erstmals Kontaktnahme, Austausch und Anregung einheitlicher Arbeitsrichtung unter den Mitgliedern der Bundesarbeitsgemeinschaft und damit den wesentlichen Trägern der katholischen Erwachsenenbildung des Bundesgebietes.

Das Kulturreferat hatte sich für 1958 die Aufgabe gestellt, seine Aufmerksamkeit im besonderen der Erwachsenenbildung zuzuwenden. Nach einjähriger Tätigkeit darf dieses Schwerpunktprogramm als vorläufig abgeschlossen betrachtet werden. In diesem Jahr wurde folgendes erreicht bzw. veranlaßt:

1. Vertretung der katholischen Erwachsenenbildung nach außen

a) Im Vordergrund unserer Bemühungen um eine wirksame Vertretung der katholischen Erwachsenenbildung in der Öffentlichkeit stand die Begründung unseres Anspruches auf eine eigene Erwachsenenbildungsorganisation neben den bestehenden überkonfessionellen Verbänden.

Wegen des bisher unwidersprochen gebliebenen Monopolanspruches des Deutschen Volkshochschulverbandes im Raume der Erwachsenenbildung war es notwendig, mit allem Nachdruck unseren eigenen Standpunkt gegenüber diesem Verband herauszuarbeiten. Die Auseinandersetzung wurde eingeleitet durch einen Aufsatz des Leiters im Kulturreferat, der in der Zeitschrift »Erwachsenenbildung« 1957 in Nr. 3 veröffentlicht wurde. Die Reaktion in den Publikationen des Deutschen Volkshochschulverbandes war sehr scharf, so daß die Auseinandersetzung publizistisch und in öffentlichen Diskussionen fortgesetzt wurde. Neben diesen öffentlich ausgetragenen Kontroversen fanden Einzelbesprechungen mit dem Präsidenten des Volkshochschulverbandes[1], mit der Geschäftsstelle des Volkshochschulverbandes, mit Herrn W[alter] Dirks und einigen katholischen Vertretern aus dem Volkshochschulverband statt, die auch heute noch nicht abgeschlossen sind. Eine positive Nebenwirkung dieser Auseinandersetzungen war ein gewisses Erwachen in den eigenen Reihen. Infolgedessen war es notwendig, in zahlreichen Einzelbesprechungen den gesellschafts- und kulturpolitischen Aspekt für die regionalen und sachlichen Zusammenschlüsse der katholischen Erwachsenenbildung näher zu begründen. So wurden Konferenzen mit den Vertretern für Erwachsenenbildung in Hessen, in Rheinland-Pfalz, in Bayern und in Baden-Württemberg geführt mit dem Ziel, Landesarbeitsgemeinschaften anzubahnen. Zur Auseinandersetzung mit dem Volkshochschulverband darf gesagt werden, daß dieses Gespräch an Schärfe verloren hat mit dem Erfolg, daß der Anspruch der deutschen Katholiken auf eine eigene Erwachsenenbildungsorganisation heute in allen entscheidenden Gremien der Bundesrepublik grundsätzlich unangefochten bleibt.

b) Mitangeregt durch die von uns entfachte Diskussion über Erwachsenenbildungsfragen hat der Deutsche Ausschuß für das Erziehungs- und Bildungswesen[2] eine Empfehlung über Erwachsenenbildung[3] in Vorbereitung. Wir wurden inoffiziell frühzeitig darüber in Kenntnis gesetzt und hatten Gelegenheit, ohne Nennung unseres Hauses auf die Gestaltung dieses Gutachtens wesentlichen Einfluß zu nehmen. Der Sachbearbeiter im Kulturreferat[4] hat in zwei ausführlichen Gegengutachten zu den Entwürfen des Deutschen Ausschusses Stellung genommen, die in beiden Fällen zu wesentlichen Abänderungen der vorgesehenen Verlautbarung geführt haben. Als Ergebnis wurde vor dem redaktionellen Abschluß dieser Empfehlung das Kulturreferat offiziell um seine Stellungnahme zu dem letzten Entwurf gebeten, die durch Herrn Direktor Hanssler mündlich und auch schriftlich entwickelt wurde.

c) Von Beginn an wurde in die Auseinandersetzungen eng einbezogen das Büchereiwesen, insbesondere das konfessionelle Büchereiwesen. Mit den gleichen Grund-

[1] HELLMUT BECKER *(1913–1993), Rechtsanwalt, 1956–1974 Präsident des Deutschen Volkshochschulverbands, 1963–1981 Direktor des Max-Planck-Instituts für Bildungsforschung, Honorarprofessor für Soziologie des Bildungswesens in Berlin.*

[2] *Der Bundesminister des Innern und die Kultusminister der Länder hatten im September 1953 einen »Deutschen Ausschuß für das Erziehungs- und Bildungswesen« bestellt, der seinem Auftrag entsprechend in der Folgezeit mit entsprechenden Plänen und Gutachten hervortrat.*

[3] DEUTSCHER AUSSCHUSS FÜR DAS ERZIEHUNGS- UND BILDUNGSWESEN, *Gutachten zur Situation und Aufgabe der deutschen Erwachsenenbildung (Empfehlungen und Gutachten des Deutschen Ausschusses für das Erziehungs- und Bildungswesen Folge 4), Stuttgart 1960.*

[4] ALOIS SCHARDT *(1926–1998), Referent im Zentralkomitee, 1968–1971 Chefredakteur von »Publik«, dann Programmdirektor des ZDF.*

sätzen wie im Bereich der Erwachsenenbildungsarbeit war es notwendig, gegenüber den Monopolansprüchen der kommunalen Büchereien aufzutreten. Diese Diskussion war insbesondere getragen von Herrn Direktor Koep[5] im Borromäus-Verein und wurde vom Kulturreferat durch Vorträge (Arbeitstagung Saarbrücken, Akademietagung Stuttgart-Hohenheim und weitere Einzelvorträge) unterstützt. In mehreren Einzelbesprechungen fand eine Klärung der Standpunkte zwischen dem Kulturreferat und dem Borromäus-Verein statt. Während für die Erwachsenenbildung die Auseinandersetzung inzwischen zu einer Klärung geführt hat, ist der Kampf im Büchereiwesen noch in vollem Gange.

d) Der Sachbearbeiter im Kulturreferat hat in mehreren Besprechungen mit dem Bundesinnenministerium sowohl den Anspruch auf eine eigenständige Erwachsenenbildungsorganisation theoretisch begründet als auch die Höchstquote der laut einer Vereinbarung von 1955 für die konfessionelle Erwachsenenbildung vorgesehenen Gelder für unsere Arbeit nutzbar gemacht. Von diesen Geldern wurden zahlreiche spezielle Veranstaltungen der katholischen Erwachsenenbildungsinstitutionen finanziert sowie eine Bibliothek für das Institut für Erwachsenenbildung in Münster im Werte von DM 13.000 angeschafft. Die Antragstellung und Abrechnung dieser Gelder ist ausschließlich vom Kulturreferat übernommen worden.

e) Institut für Erwachsenenbildung in Münster: In zahlreichen Sitzungen mit dem alten Vorstand des Institutes für Erwachsenenbildung in Münster sowie mit der Redaktion der Zeitschrift »Erwachsenenbildung«, der sowohl der Leiter als auch der Sachbearbeiter des Kulturreferates angehören, wurde auf die Notwendigkeit einer stärkeren Profilierung unserer wissenschaftlichen Bemühungen nach außen hingewiesen. Insbesondere war es das Bestreben des Kulturreferates, die Zeitschrift »Erwachsenenbildung « einem größeren Kreis zugänglich zu machen und bei den offiziellen Stellen des Bundes und der Länder als das Publikationsorgan für die katholische Erwachsenenbildung zu qualifizieren.

2. Die innere Koordinierung der bestehenden kath[olischen] Aktivitäten

a) Um in den einzelnen Bundesländern einen Gesprächspartner für die Kultusministerien zu erhalten, kam es uns darauf an, möglichst überall Landesarbeitsgemeinschaften für katholische Erwachsenenbildung zu gründen Dies war erschwert vor allem in Bayern wegen der nahezu vollständigen Beteiligung katholischer Erwachsenenbildner an dem überkonfessionellen Landesverband für freie Volksbildung. Gelegentlich eines Antrages an das Bayerische Staatsministerium für Kultus um Erhöhung der Mittel für Erwachsenenbildung geriet dieser Verband in eine Krise. Von dem Sachbearbeiter des Kulturreferates wurde angeregt, in diesem Augenblick die Gründung einer Landesarbeitsgemeinschaft für katholische Erwachsenenbildung vorzunehmen. Dies ist geschehen unter wesentlicher Beteiligung des Sachbearbeiters im Kulturreferat sowohl auf der Gründungsversammlung als auch bei der ersten Arbeitstagung.

[5] Leo Koep *(1914–1964), Dr. theol., katholischer Theologe, 1956 Privatdozent in Bonn, 1962 Professor für Christliche Archäologie und Alte Kirchengeschichte in Freiburg, 1956–1960 Direktor des Borromäus-Vereins.*

b) In Hessen ist ebenfalls auf unser Drängen eine Landesarbeitsgemeinschaft für katholische Erwachsenenbildung gegründet worden. Verschiedene Vorbesprechungen mit dem Sachbearbeiter des Kulturreferates in Limburg haben hierbei wesentliche Hilfe geleistet.

c) Durch diese Entwicklung angeregt, werden auch, zunächst ausgehend von Freiburg, in Baden-Württemberg Überlegungen angestellt, wie eine Landesarbeitsgemeinschaft zustandegebracht werden kann. Außerdem wird im Mai d. J. die katholische Erwachsenenbildung für das Saarland beginnen. Sobald dies geschehen ist, sind wir mit eigenen Organisationen vertreten in Nordrhein-Westfalen, Niedersachsen, Rheinland-Pfalz, Bayern, Hessen, Baden-Württemberg und dem Saargebiet, also allen für unsere Arbeit wichtigen Ländern.

d) Um innerhalb dieser regionalen Zusammenschlüsse auch eine gemeinsame kulturpolitische Linie zu erhalten, wurde vom Sachbearbeiter im Kulturreferat zu einer Sitzung der Vorsitzenden der bestehenden und noch zu gründenden Landesarbeitsgemeinschaften eingeladen, die für dieses Anliegen wertvolle Dienste geleistet hat. Es soll versucht werden, diese Zusammenkünfte mindestens einmal jährlich zu haben.

Zusammenfassend kann gesagt werden, daß das Kulturreferat im Zentralkomitee von den katholischen Erwachsenenbildungsorganisationen als Koordinierungsstelle für die kulturpolitische Diskussion voll anerkannt ist. Auf diese Weise ist inzwischen auch eine einheitliche Argumentationsbasis für die Auseinandersetzung im gesamten Bundesgebiet zur Klärung unseres Verhältnisses zu anderen Erwachsenenbildungsorganisationen gefunden und akzeptiert.

3. Koordinierung der sachlichen Zusammenschlüsse

a) Neben diesen regionalen Zusammenschlüssen kam es dem Kulturreferat vor allem darauf an, die sachlich vergleichbaren Institutionen zusammenzuführen. Dies ist vor allem bei den katholischen Akademien gelungen, deren Leiter sich regelmäßig zweimal im Jahr unter Beteiligung des Kulturreferates treffen, um gemeinsame Fragen ihrer Arbeit zu besprechen. Es werden dort Schwerpunktthemen grundsätzlich vorgeklärt. Vor allem geht es dem Kulturreferat darum, den Akademien ihre Bedeutung als regionale Bildungszentren nahezubringen und das Verhältnis der Akademiearbeit zu der verbandsgebundenen Bildungsarbeit zu klären und in ein gesundes Miteinander zu bringen.

b) Auch die Arbeitsgemeinschaft für katholisch-soziale Bildungsarbeit ist stärker als bisher mit den Bildungsbemühungen außerhalb ihrer Institutionen bekannt gemacht worden. Der Leiter und Sachbearbeiter des Kulturreferates haben in zwei großen Referaten und einer lebhaften Diskussion auf der Jahresversammlung der katholisch-sozialen Bildungswerke die hierfür entscheidenden Fragen freimütig angesprochen, was allgemein beachtet und begrüßt wurde. Auch hier stand die Annäherung der verbandlichen und außerverbandlichen Bildungsarbeit im Vordergrund, die bereits auf der Arbeitstagung des Zentralkomitees in Saarbrücken angesprochen wurde.

Zusammenfassend darf gesagt werden, daß die thematische Annäherung der verschiedenen Bildungsbemühungen innerhalb des Katholizismus weitgehend gelungen ist, ohne die Eigenständigkeit der Einzelinitiativen anzutasten.

c) Außerdem läßt es sich das Kulturreferat besonders angelegen sein, die Weiterbildung der Dozenten den einzelnen Bildungsinstitutionen nahezulegen. Die Finanzierung solcher Tagungen erfolgt mittels der Zuschüsse des Bundesinnenministeriums ausschließlich durch den Sachbearbeiter im Kulturreferat als dem hierzu Bevollmächtigten der Bundesarbeitsgemeinschaft für Katholische Erwachsenenbildung.
d) Im Rahmen der Bildungsarbeit steht die Familienbildung thematisch im Vordergrund. Das Kulturreferat ist z. Zt. bemüht, hier noch einige Mißverständnisse und Fehlansätze zu korrigieren, die mehr struktureller Natur sind. (Vgl. Sonderbericht »Ehe und Familie«.)
e) Institut für Erwachsenenbildung Münster:
Es ist heute unerläßlich, daß die Aktivität im Erwachsenenbildungsraum auch wissenschaftlich fundiert und aufgearbeitet wird, vor allem, daß die wissenschaftlichen Erkenntnisse der Soziologie, Pädagogik etc. für die praktische Arbeit fruchtbar gemacht werden. Aus dieser Überlegung heraus hat das Kulturreferat auf eine starke Veränderung der Konstruktion des Institutes für Erwachsenenbildung in Münster hingedrängt. In zehn[6] oft schwierigen Verhandlungen ist es endlich gelungen, die Verzahnung des Institutes mit der Bundesarbeitsgemeinschaft und dem Kulturreferat institutionell so abzusichern, daß auch an der Planung der Institutsarbeit die führenden Persönlichkeiten der Erwachsenenbildung aus dem ganzen Bundesgebiet beteiligt sind. Mit der neuen Konstruktion ist gewährleistet, daß das Institut einen breiten Wirkraum erhält. Wir hoffen, daß daraus auch die Methode der katholischen Erwachsenenbildung wesentlichen Gewinn zieht.
Auch die Zeitschrift »Erwachsenenbildung« ist in diesem Sinne reformiert worden und erscheint in diesem Jahr in einem neuen Verlag und mit neuer Aufmachung.
Das Kulturreferat hat mit Geldern des Bundesinnenministeriums eine Bibliothek angekauft und dem Institut in Münster zur Verfügung gestellt. Die Wahl eines neuen Leiters (Prof. Flintrop)[7] läßt eine Aktivierung der Institutsarbeit erwarten.
Zusammenfassung
Durch diese auf verschiedenen Ebenen unternommene Koordinierungsarbeit ist erreicht worden:
1. Die katholische Erwachsenenbildung als eigene Organisation wird heute in der Öffentlichkeit nicht mehr in Frage gestellt. Die Diskussion um unsere Abgrenzung gegenüber anderen Bildungsträgern ist insgesamt zu unseren Gunsten verlaufen. (Dieses Jahr wird zum ersten Mal das offizielle Buch der Bundesregierung »Deutschland heute« einen eigenen Passus über konfessionelle Erwachsenenbildung enthalten, an dessen redaktioneller Abfassung der Sachbearbeiter im Kulturreferat aufgrund persönlicher Beziehungen beteiligt war.)
2. Die Aufgliederung der katholischen Erwachsenenbildung nach regionalen Einheiten ist soweit abgeschlossen, so daß auch eine gemeinsame kulturpolitische Linie

[6] *Schreibfehler für* zähen?
[7] FRANZ FLINTROP *(geb. 1920), Dr. phil., Professor für Philosophie an der Pädagogischen Hochschule in Alfeld/Leine (später Universität Hildesheim).*

der Erwachsenenbildung in den verschiedenen Ländern herausgearbeitet und verfolgt werden kann.

3. Die Zusammenfassung und Aktivierung der sachlichen Gliederung der katholischen Erwachsenenbildung ist wesentlich vorangetrieben worden, sowohl im Hinblick auf die schärfere Profilierung der jeweiligen sachlichen Einheiten als auch im Hinblick auf die Fühlungnahme mit den Aktivitäten anderer katholischer Erwachsenenbildungseinheiten.

4. Die wissenschaftliche Fundierung durch das Institut für Erwachsenenbildung in Münster kann, nachdem die institutionelle Verzahnung gesichert ist, in Zukunft fruchtbarer gemacht werden.

5. Das Kulturreferat gehört den Vorständen aller Institutionen an, die für die Koordinierung der Erwachsenenbildung Wichtigkeit haben, und wird überdies in zunehmenden Maße um Hilfestellung gebeten bei den Beratungen der regionalen Einheiten.

Die Zusammenfassung dieser Aktivitäten soll der Katholischen Erwachsenenbildung eine stärkere Effektivität in der Öffentlichkeit sichern und nach innen der gegenseitigen Befruchtung dienen, etwa in dem Sinne wie die Bildungsarbeit im früheren »Volksverein für das Katholische Deutschland«.

Freizeitpflege

1. Zur allgemeinen Situation

Eine Information über die Tätigkeit des Zentralkomitees im Hinblick auf die mit dem Begriff »Freizeitpflege« umschriebene Aufgabenstellung kann sich sinnvollerweise nur mit jenen Punkten befassen, die als bisherige Ansätze zur Lösung dieses Problems vorhanden sind oder geschaffen werden sollen. An dieser Vorbemerkung wird deutlich, daß für die Lösung der Freizeitfrage zwar einige Ansätze vorhanden sind, daß diese aber sowohl hinsichtlich ihrer Programme als auch im Hinblick auf die Größe der gedachten Aufgabe als unzureichend bezeichnet werden müssen. Trotz dieser allgemein eingesehenen Situation wäre es voreilig, wenn man diesem Umstand durch eine unüberlegte Gründung möglichst vieler Freizeitwerke und ähnlicher Unternehmungen begegnen wollte. Es geht vielmehr darum, die bestehenden Ansätze daraufhin zu untersuchen, ob sie einmal wirksam konstruiert sind, und zum anderen, ob sie den grundsätzlichen Erwägungen, die zu diesem Thema angestellt sind, entsprechen. Alles in allem wird man jedoch auf institutionelle Ansätze nicht verzichten können, obwohl die Tatsache nicht zu übersehen ist, daß ein Großteil der mit der Freizeit zusammenhängenden Fragen auf dem Wege organisatorischer Maßnahmen grundsätzlich und praktisch nicht lösbar ist. Für jenen Teil jedoch, der mit Aktivitäten unserer Gremien zu verbessern ist, bleibt ein genügend großes und bei weitem noch nicht ausgeschöpftes Betätigungsfeld.

Der frühe Einstieg katholischer Verbände und Gruppen, insbesondere des Bundes der Deutschen Katholischen Jugend, des Familienbundes der Deutschen Katholiken, der Deutschen Jugendkraft, verschiedener Aktivitäten im Bereich der Familienfreizeiten, der katholischen Elternschaft Deutschlands, der Gliederungen der Erwach-

senenbildung, des Borromäus-Vereins u. a., schafft insgesamt die Möglichkeit, die Meinungsbildung in der Öffentlichkeit zu beeinflussen und staatlich unterstützte Aktivitäten mitzutragen oder gar zu initiieren.
Für die interne Meinungsbildung der Katholiken bleibt die Aufgabe, in allen von diesen Fragen berührten Gremien zu einem gemeinsamen Schwerpunktprogramm zu kommen und die Aktionen aufeinander abzustimmen sowie zu überlegen, welche Formen unsere Unternehmungen haben müssen, um öffentlich wirksam sein zu können.

2. Die Tätigkeit des Arbeitskreises »Freizeitpflege«

Dieser angedeuteten Aufgabe hat sich der Arbeitskreis »Freizeitpflege« angenommen. Dieser Arbeitskreis wurde am 24. September 1958 vom Geschäftsführenden Vorstand des Zentralkomitees als ständiger Arbeitskreis errichtet. Er wird geleitet von Bundespräses Bokler und ist sachlich dem Kulturreferat im Zentralkomitee der Deutschen Katholiken zugeordnet. Dem Arbeitskreis gehören an: Vertreter der Zentrale des katholischen Frauenbundes, des Bundes der katholischen Deutschen Jugend, des Borromäus-Vereins, der Deutschen Jugendkraft, des Zentralverbandes der Frauen- und Müttergemeinschaften, der Katholischen Elternschaft Deutschlands und des Familienbundes der Deutschen Katholiken sowie einige Einzelpersönlichkeiten.
In Fortführung des in Saarbrücken beschlossenen Aufgabenkataloges (vgl. Berichtband Saarbrücken S. 76ff., insbes. S. 86) haben inzwischen zwei Tagungen dieses Arbeitskreises stattgefunden, bei denen vor allem die Frage der Mitarbeit in überkonfessionellen Vereinigungen, die Herausarbeitung einiger Gesichtspunkte für die Diskussion und eine Übersicht über die Freizeitliteratur im Vordergrund standen. Die Diskussionen zu diesen Punkten werden geführt unter starker Berücksichtigung des Sportes im Sinne einer Freizeitbetätigung und der Errichtung von Freizeitstätten für Sport und Spiel. Es liegen hierzu noch nicht genügend Erfahrungen und Analysen vor, so daß noch stark experimentiert wird. Es wurde aber für dieses Gebiet eine besondere Aktivität der Katholiken gewünscht, die in den Gemeinden und wo möglich in eigenen Vereinigungen in diesem Sinne zum Ausdruck kommen sollte. Es werden hierzu Empfehlungen ausgearbeitet werden, die unseren Verbänden zugeleitet werden sollen, um ihnen einige Gesichtspunkte zu liefern, die insofern wichtig sind, als durch den Bundesjugendplan große Summen zur Verfügung gestellt werden, die der Errichtung solcher Freizeitstätten dienen. Es wird darauf ankommen, die hier von der öffentlichen Hand angebotenen Möglichkeiten auch durch unsere Kräfte sinnvoll zu nutzen und zur Wirkung zu bringen. Über diese Information der Katholiken hinaus werden Grundlinien erarbeitet, die als katholische Stellungnahme in den überkonfessionellen Gremien vorgebracht werden sollen. Diese Gremien sind: Das Kuratorium für Freizeit und Erholung, zunächst noch beheimatet bei der Deutschen Olympischen Gesellschaft, die Sonderkommission Freizeit beim Ministerium für Familien- und Jugendfragen, der Deutsche Sportbund und das Bundeskuratorium für Jugendfragen der Bundesregierung zur Erstellung des Bundesjugendplanes.

Eine besondere Nähe zu den Bemühungen auf dem Sektor der Erwachsenenbildung haben Aktionen wie die des Borromäus-Vereins »Buch zu eigen« und die musische Bildung und Erziehung im Rahmen der Erwachsenenbildungseinrichtungen. Auch diese Bemühungen sollen verstärkt im Hinblick auf die »Freizeitnot« zur Geltung gebracht werden, vor allem durch eine Konzentration der verschiedenen Aktivitäten. Der Arbeitskreis »Freizeitpflege« wird sich auch bemühen, einen regen Informationsaustausch der verschiedenen Bemühungen auf anderen Gebieten, soweit sie für die Freizeitpflege Bedeutung haben, zu pflegen, und dabei versuchen, die eigenen Programme der verschiedenen katholischen Organisationen auszuweiten im Hinblick auf die Aufgaben, die mit der Freizeit auf uns zukommen.
Ein Sonderproblem in diesem Zusammenhang ist der schul- und arbeitsfreie Samstag sowie die sich daraus ergebende Möglichkeit des veranstaltungsfreien Sonntags, zu dem noch keine einheitliche Meinungsbildung vorliegt.

Zur Lage der katholischen Akademien

1. Katholische Akademien bestehen in:
Stuttgart-Hohenheim (seit 1951),
Aachen (seit 1952),
Würzburg (seit 1952),
Bensberg (früher Bad Honnef, seit 1953),
Freiburg (seit 1955),
Frankfurt (für Fulda, Limburg, Mainz, seit 1957),
München (für alle bayerischen Diözesen, seit 1957),
Goslar (seit 1958).
Eine Akademie für die Diözese Speyer ist in Neustadt in Vorbereitung.
Das Franz-Hitze-Haus in Münster und die »Kommende« in Dortmund werden als Akademien mit dem Schwerpunkt in der sozialen Bildungsarbeit angesprochen. Ihre offizielle Bezeichnung jedoch ist »Sozialinstitute«.
Eine Sonderstellung nehmen das Christliche Bildungswerk »Die Hegge« und die Albertus-Magnus-Akademie der Dominikaner in Walberberg ein.
Neben der Akademiearbeit unterhalten die Domschule in Würzburg und die Akademie Stuttgart-Hohenheim ein ausgedehntes Vortragswerk (Städteprogramm).

2. Die Besonderheit der Arbeit katholischer Akademien ist mit folgenden Charakteristika umschrieben:

a) Universalität der Thematik,
b) Offenheit des Teilnehmerkreises,
c) Vorausschauende Planung der Fragestellung und Ausrichtung auf die Anliegen der katholischen Bildungsbemühungen in dem jeweiligen Raum (zentrale Bildungsstätte),
d) Verbindung zwischen Forschung, Wissenschaft und Leben – Einhaltung eines bestimmten Niveaus,
e) Gespräch und Diskussion möglichst in bildungsintensiven Gruppen bis zu 40 Personen als wichtigste Methoden,

f) Kontinuität der Arbeit.

Die Akademien sind gleichzeitig der Schwerpunkt der Bildungsbemühungen im Raum einer oder mehrerer Diözesen.

3. Trotz dieser Gemeinsamkeit bestehen zwischen den einzelnen Akademien erhebliche Unterschiede. Die Gründe hierfür sind vielfältig, beziehen sich vor allem aber auf die Entstehungsgeschichte und die besonderen Bedingungen in den jeweiligen Räumen, in denen sie wirksam sind.

Die Leiter der katholischen Akademien sind in einem Kreis zusammengefaßt. Dieser 1956 angelegte Zusammenschluß ist 1958 durch das Kulturreferat im Zentralkomitee neu belebt worden und inzwischen zu einer festen Einrichtung zusammengewachsen, deren Notwendigkeit mehr und mehr eingesehen wird. Aufgabe dieses »Leiterkreises der Katholischen Akademien« ist die gegenseitige Information und Inspiration. Gemeinsam mit dem Kulturreferat im Zentralkomitee werden allgemein interessierende Themenkreise grundsätzlich vorbesprochen, wodurch für die Themengestaltung der einzelnen Akademien Gesichtspunkte für die Planung erarbeitet werden. Die Übernahme oder Variation solcher Themen bleibt den einzelnen Leitern völlig freigestellt.

4. Die öffentliche Meinung der Bundesrepublik kommt der Arbeitsweise der Akademien sehr entgegen, so daß den Akademien ohne größere Anstrengung eine breite Publizität gesichert ist. Die Zusammenführung von Personen und Bevölkerungsgruppen, welche durch bestimmte Vorgänge beunruhigt sind oder welche glauben, in das überkommene Gesellschaftsgefüge nicht mehr hineinzupassen, macht im Grunde die Tätigkeit der katholischen Akademien aus. Die katholischen Akademien leben von dieser Arbeit in »informellen Gruppen«. Hierin liegt die Chance, weite Bevölkerungskreise anzusprechen, die den Kontakt mit der Kirche und oft auch mit ihrem Glauben verloren haben. Hierin liegen aber auch ganz spezifische Gefahren, die nicht verkleinert werden dürfen. Das Gefälle in der öffentlichen Meinung im Hinblick auf diese Arbeitsweise hat nämlich auch zur Folge, daß die gesellschaftsbezogene Gliederung des katholischen Bevölkerungsteiles, wie sie vor allem in den Verbänden analog der Struktur des vorigen Jahrhunderts versucht wurde, aufgelöst wird.

Der immer wieder zu hörende Hinweis, daß die aus solchen Begegnungen, Tagungen und Seminaren entstehenden Einzelaktivitäten nicht meßbar sind, soll keineswegs bagatellisiert werden. Es wäre jedoch auch falsch, wenn man sich mit diesem Hinweis beruhigen wollte. Dies ist vor allem deshalb nicht möglich, weil die uns bevorstehenden Auseinandersetzungen mit dem politischen und praktischen Materialismus, der z. B. auch unsere Vorstellungen über Erziehung und Bildung und den gesamten Bereich der Kultur, wie er sich in den Massenmedien äußert, beherrscht, auf diese Weise niemals wirksam beantwortet werden können. Für solche Bedrohungen bedarf es handlungsfähiger und gesellschaftswirksamer Einheiten, die solche Einzelaktivitäten zu einer Aktion der Katholiken zu bündeln vermögen, um sie politisch effizient zu machen. Man muß in diesen Zusammenhängen immer bedenken, daß die Unternehmungen der liberalen und sozialistischen Kreise weniger eine Stoßrichtung gegen

die Kirche haben als vielmehr die Tendenz verfolgen, unter dem Stichwort der gesellschaftlichen Freiheit neben der Kirche kulturpolitische Vorstellungen zu entwikkeln und zu verwirklichen. Den katholischen Akademien fällt gerade in dieser Auseinandersetzung eine besondere Aufgabe zu, weil sie getragen vom Wohlwollen der öffentlichen Meinung die größte Breitenwirkung zur Beeinflussung des öffentlichen Raumes haben und somit in der Lage wären, auch in Räume vorzustoßen, die auf andere Weise nicht erreicht werden können. Ziel dieser Arbeit müßte es jedoch immer sein, die oben dargelegten Schwierigkeiten zu umgehen.
Das Kulturreferat hat in einer Reihe von Gesprächen mit dem Akademieleiterkreis diese Linie verfolgt und wird auch weiterhin bemüht sein, hierfür Verständnis bei den Akademieleitern zu erringen.

Die Akademikerarbeit

I. Die Katholische Deutsche Akademikerschaft (KDA)
Der Zusammenschluß des KDA hat sich bewährt, man muß sich aber darüber klar sein, daß er nur begrenzte Möglichkeiten besitzt. Je breiter die Basis einer Organisation ist, desto schwächer ist naturgemäß ihre Möglichkeit des Wirkens nach unten. Man sollte aber die Chance der KDA wahrnehmen, das deutsche katholische Akademikertum gerade gesellschaftspolitisch wirksam zu machen. Vielleicht wäre hierfür ein aktionsfähiger Vorstand neben dem jeweiligen Vorsitzenden nötig.
Was die KDSE betrifft, so ist es ihr leider nicht mehr geglückt, in den allgemeinen studentischen Gremien Sitz und Stimme in einer Form zu bekommen, die Einfluß auf das Gesamtgebaren der deutschen Studentenschaft sichern würde.

II. Der Katholische Akademikerverband und die Akademikerzusammenschlüsse.
Für den KAV war das Wiederaufkommen nach dem Kriege offensichtlich besonders schwer. Er ist weithin geblieben, was er war: eine Vortragsorganisation mit sehr zufälligen und sporadischen Gruppen, obwohl gerade auf dem Gebiet der Vortragstätigkeit inzwischen ein Überangebot an katholischen Organisationen herrscht. In kleineren Städten und in der Diaspora könnte es auch weiterhin die Aufgabe des Akademikerverbandes bleiben, öffentliche Vorträge zu veranstalten, um die Katholiken und eine breitere Öffentlichkeit mit heutigem katholischem Denken bekannt zu machen.
Die eigentliche Chance des KAV muß in der Gildenarbeit gesehen werden, wo wissenschaftliche und berufliche Einheiten zu kleinen Arbeitsgruppen zusammengefaßt werden können. Diese Aufgabe ist im KAV bereits in Angriff genommen worden, aber merkwürdigerweise auf die klassischen Traditionsberufe beschränkt geblieben. Auch das Schrifttum des Akademikerverbandes müßte dieser neuen Aufgabenstellung stärker angepaßt werden. Eine ungezielte Zeitschrift hat nicht viel Nutzen, während Zeitschriften oder doch Informationsdienste für Sach- und Berufsgebiete ein dringendes Erfordernis wären, etwa nach dem Muster der Zeitschrift »Arzt und Christ« (Otto Müller-Verlag).
Die informellen Gruppen der Akademikerarbeit scheinen selber zu spüren, daß sie Anlehnung an vorhandene Organisationsformen brauchen. Die Ortsgruppen des

Akademikerverbandes könnten Kristallisationskerne für sie werden, sonst ist die Gefahr, daß die losen Zusammenschlüsse wieder zerfallen, zumal solche losen Zusammenschlüsse auf allen Gebieten meist sehr kurzlebig sind.

Gilden, wenn sie gut funktionieren, könnten mindestens folgende Aufgaben erfüllen: Sie können ersprießliche Bildungsarbeit leisten, sie können Vorbild und Gewissen ihrer Berufsgruppen im neutralen Raum werden, sie können in der theoretischen und politischen Diskussion ihres Sachbereiches die katholische Stimme zu Gehör und Geltung bringen, sie können die katholische Forderung gegenüber Gesetzgebung und Verwaltung wirksam vertreten. Denn nur im organisierten Zusammenschluß kann die katholische Aktivität über die Bildungsarbeit hinaus in den öffentlichen Meinungsbildungsprozeß eingreifen und notfalls in Form von Aktionsgruppen wirksam werden.

III. Einzelgebiete und offene Fragen

1. Unter Mitwirkung und Mitgliedschaft des Zentralkomitees ist ein »Präsidium der katholischen Ärztearbeit Deutschlands« geschaffen worden. Dieses Präsidium faßt alle bisher tätigen Initiativen katholischer Ärztearbeit zusammen und macht sie aktionsfähig nach innen und außen. Die Gründung wurde an alle dem Arztberuf irgendwie zugeordneten Einrichtungen und Organe staatlicher, kirchlicher und beruflicher Art mitgeteilt. Ähnlich müßte auf die Dauer auch bei den anderen Gilden verfahren werden, sonst wird unsere Arbeit nicht öffentlich wirksam.

2. Die Künstler haben ihrer Besonderheit entsprechend lose Zusammenschlüsse, die aber in verschiedenen Gebieten verschieden stark entwickelt sind. Das Zentralkomitee ist in Verbindung vor allem mit den süddeutschen Gruppen. Wir sind augenblicklich in Verhandlung mit den katholischen Künstlern, um wieder einen Arbeitskreis »Kunst« auf unseren Arbeitstagungen zustandezubringen.

3. Einige Zusammenschlüsse entziehen sich von ihrer Konstruktion her einer genaueren Beobachtung (Christliche Loge, Paulusgesellschaft, Symposion, Fides Romana usw.). Es geht ihnen mehr um die Aufgabe der unauffälligen Durchdringung des öffentlichen Lebens als um die Versichtbarung des katholischen Gestaltungswillens. Dennoch müßten ihre Spitzen sich in einer Arbeitsgemeinschaft zusammenfassen, um die katholische Kraft zusammenzufassen, um gemeinsam zu planen und die Aufgaben sinnvoll zu verteilen.

Wissenschaftliche Planungen

I. Görres-Gesellschaft

a) Obwohl »zur Pflege der Wissenschaft im katholischen Deutschland« die Görres-Gesellschaft im Jahre 1948 neu begründet wurde, ist nicht zu leugnen, daß die wissenschaftlichen Planungen innerhalb der Görres-Gesellschaft zum Teil eine Rücksichtnahme auf die aktuellen Probleme des deutschen Katholizismus vermissen lassen. Im großen und ganzen steht sie noch stark in der Tradition der Zeit ihrer Gründung (1876), in der es zunächst einmal galt, unter Beweis zu stellen, daß auch ein Katholik Wissenschaftler sein könne. Von einer Wissenschaftspolitik im Sinne einer Koordinierung der Forschungstätigkeit der von Katholiken geleiteten Institute, einer systematischen Verteilung von Themen für Dissertationen, Habilitationen und von einer Steuerung des akademischen Nachwuchses ist selbst in jenen Sektionen nicht die Rede, die noch am aufgeschlossensten sind für die aktuellen Aufgaben der Wissenschaft im Dienste an der Kirche. Die Sektionen, die diese Aufgabe noch am besten begriffen haben, sind die für Rechts- und Staatswissenschaft, für Wirtschafts- und Sozialwissenschaft und für Psychologie und Psychotherapie, während man bei anderen Sektionen offenbar weniger Kontakt mit den Problemen der Praktiker sucht.

b) Diese Kritik gilt, wie gesagt, nicht für die Rechts- und Staatswissenschaftliche Sektion, die sich auf ihrer Salzburger Tagung (1958) das Thema »Das Verhältnis von Kirche und Staat nach dem Grundgesetz« gestellt hatte und sich auch für 1959 wieder zwei aktuelle und sozialethisch bedeutsame Themen gestellt hat. Das Thema »Kirche und Staat« wird übrigens in einem kleineren Kreis, und zwar im Einvernehmen mit dem Zentralkomitee, weiter behandelt werden.

II. Wissenschaftliche Arbeitskreise

a) Dagegen hat sich die wissenschaftliche Bearbeitung eines katholischen Standpunktes zur kommenden Strafrechtsreform völlig außerhalb der Görres-Gesellschaft vollzogen, und zwar in einem schon seit 1955 auf Initiative des verstorbenen Prälaten Böhler ins Leben gerufenen Arbeitskreis, der unter der Leitung von Senatspräsident Dr. Wimmer, Köln, steht. Obwohl dieser Arbeitskreis durch die vielfache berufliche Inanspruchnahme seiner Mitglieder stark behindert war und ist, ist es doch gelungen, in wesentlichen Fragen zu einer einheitlichen Meinung zu gelangen, die auch von den federführenden Herren des Bundesministeriums der Justiz als wertvoller Beitrag dankbar anerkannt worden ist.

b) Auf die Initiative Prälat Böhlers geht auch ein familienrechtlicher Arbeitskreis unter Leitung von Professor Dr. Bosch, Bonn, zurück, der nunmehr nach längerer Pause seine Arbeit wieder aufgenommen hat.

c) Ein weiterer selbständiger Arbeitskreis (»Wissenschaft und Gegenwart«) hat sich auf Anregung von Exz[ellenz] Bischof Dr. Spülbeck und des »Präsidialausschusses für Ost-West-Fragen« im Zentralkomitee der deutschen Katholiken gebildet, um in die wissenschaftliche Diskussion um den Dialektischen und Historischen Materialismus einzugreifen. Der Arbeitskreis »Wissenschaft und Gegenwart«, der seit drei Jahren besteht, gliedert sich in sechs Gruppen: Geschichte, Biologie, Sozialwissenschaften, Psychologie, Philosophie und anorganische Naturwissenschaft (Physik, Astronomie und dergl.). Aus diesem Arbeitskreis sind bereits einige Publikationen hervorgegangen, während rund 20 weitere fest geplant sind und zum Teil schon vor der Vollendung stehen. In wiederholten Gesprächen mit Priestern und Intellektuellen aus der Sowjetzone ist die Notwendigkeit und Nützlichkeit auch dieser Arbeit immer wieder anerkannt worden, und es kann vor allem festgestellt werden, daß die Mitarbeiter mit großem Interesse und Eifer an der Arbeit sind, wie sich insbesondere bei der letzten Tagung des Arbeitskreises in der Karwoche 1959 (Würzburg) deutlich gezeigt hat. Die Geschäftsführung dieses Arbeitskreises liegt bei Dr. Lampey, München.

d) Die Methode, außerhalb bestehender Organisationen besondere Arbeitskreise zu schaffen, dürfte sich auch in vielen anderen Fragen anbieten. Beispielsweise wäre ein gegenseitiger Gedankenaustausch zwischen Vertretern der katholischen Soziallehre und den katholischen Dozenten für Sozialkunde an den Pädagogischen Akademien um so notwendiger, als es bisher kaum einen Unterrichtsbehelf der »Politischen Bildung« im Geiste der katholischen Gesellschaftslehre gibt. Hierüber findet bereits ein Gedankenaustausch mit der bischöflichen Hauptstelle für Schule und Erziehung in Köln statt.

e) Noch dringender wäre es, auf katholischer Seite ein Gegenstück zu einem Arbeitskreis zu schaffen, der sich um den evangelischen Militärbischof, Prälaten Dr. Kunst, gebildet hat und der sich u. a. mit der Weiterentwicklung des Kriegsvölkerrechts befaßt, das bekanntlich schon im Zweiten Weltkrieg der Technik des modernen Krieges nicht mehr entsprach. Die Wichtigkeit dieser Aufgabe wird auch im katholischen Bereich durchaus eingesehen. Zugleich aber zeigt sich, daß die vorhandenen wissenschaftlichen Kräfte nicht ausreichen, um einen solchen Arbeitskreis, der sich aus Völkerrechtlern und Kriegswissenschaftlern zusammensetzen müßte, zu bedienen.

III. Fragen der Wissenschaftspolitik

Diese an einem konkreten Versuch gemachten Erfahrungen beweisen aufs neue, wie vordringlich eine wissenschaftliche Nachwuchspolitik für ein Wirken der Kirche in die Gesellschaft ist. Viel wäre schon damit gewonnen, wenn auf diözesaner oder überdiözesaner Grundlage Fonds geschaffen würden, die es jungen katholischen Wissenschaftlern ermöglichten, sich solchen Problemen zu widmen, deren wissenschaftliche Bearbeitung im Interesse des deutschen Katholizismus ist. Solche Fonds würden natürlich niemals mit den entsprechenden Institutionen der öffentlichen Hand, wie etwa der Deutschen Forschungsgemeinschaft, konkurrieren können. Sie sind aber als Korrektiv der dort betriebenen »neutralen« Wissenschaftspolitik notwendig. Charakteristisch für die Tendenz der »Forschungsgemeinschaft« ist z. B. der kürzlich vertraulich mitgeteilte Fall eines jungen Psychologen, dem die Unterstützung einer Arbeit über die Psychologie der unter dem sowjetzonalen Regime lebenden Menschen als »zu politisch« verweigert, dafür aber Förderung für eine »Psychologie des Humors« in Aussicht gestellt wurde. Ein auf Antrag des Zentralkomitees vom Auswärtigen Amt der Forschungsgemeinschaft bewilligter Zuschuß für eine Büchersendung an die katholische Universität in Lublin soll vorzugsweise für germanistische Werke verwendet werden, ungeachtet unserer Bitte und der Wünsche der genannten polnischen katholischen Universität, ihr philosophische, historische und sozialwissenschaftliche Werke katholischer deutscher Autoren zu senden. Die Verhandlungen über diesen Punkt sind zwar noch nicht abgeschlossen, jedoch ist wiederum die Tendenz der Forschungsgemeinschaft ganz offenbar.

IV. Ostforschung

Besonders peinlich wirkt sich der Mangel einer katholischen wissenschaftlichen Planung auf dem Gebiete der Ostforschung aus, da sämtliche Osteuropa-Institute in der Bundesrepublik (Berlin, Göttingen, Hamburg, München) mit Nichtkatholiken besetzt sind. Aus diesen Instituten wird u. a. der Nachwuchs für den Diplomatischen Dienst herangebildet, und zwar in einem Geiste, der ohne jedes Verständnis für die katholische Tradition vieler osteuropäischer Völker und blind für die politischen

Möglichkeiten religiöser Kontakte zwischen deutschen und osteuropäischen Katholiken sein wird.

Die »Katholische Universität« in Salzburg

Seit etwa 1 ½ Jahren wird das seit langem bestehende Projekt der Gründung einer katholischen Universität in Salzburg wieder stark diskutiert. Die Initiative geht fast ausschließlich auf den Katholischen Universitätsverein in Salzburg zurück. Dieser Verein wurde vor etwas mehr als drei Jahren neu gegründet. Dem Kuratorium dieses Vereins gehören u. a. an: Ihre Eminenzen Kardinal Tisserant[8] und Feltin[9], der französische Politiker Robert Schuman[10] und Pater Werenfried van Straaten[11]. In den Mitteilungen des Salzburger Vereins ist ein handsigniertes Schreiben Seiner Eminenz Kardinal Tisserant abgedruckt, in welchem zum Gelingen dieses Unternehmens die besten Wünsche ausgesprochen werden. Dem Vernehmen nach soll Pater Werenfried die Abhaltung einer Sammlung in Amerika versprochen und sich auf eine Summe von 2 Mill. Dollar (rund 8 Mill. DM) festgelegt haben. Hierzu erklärte Pater Werenfried aber, diese Gelder seien für die Errichtung eines »Südost-Institutes« in Salzburg bestimmt. Die Salzburger Universität soll den Namen Albertus-Magnus-Universität tragen.

Projektiert sind außer der bereits bestehenden theologischen Fakultät zwei Fakultäten: eine philosophische und eine rechtswissenschaftliche. Davon soll zunächst eine philosophische Fakultät errichtet werden, bestehend aus drei »Sektionen«: einer »philosophischen«, einer »geisteswissenschaftlichen« und einer »rechtsphilosophischen«. Letztere soll unter Umständen später zur juristischen Fakultät ausgeweitet und ausgebaut werden.

Als Grundstock der zukünftigen katholischen Universität, die sehr starken Wert darauf legt, internationalen Charakter zu haben – von einer Beschränkung auf den deutschsprachlichen Raum wird nicht mehr gesprochen – werden die Katholisch-Theologische Fakultät (staatlich) und das Päpstliche Philosophische Institut angesehen. Als Vorbereitung sieht man die Salzburger Hochschulwochen an. (Ein Erweiterungsbau des Päpstlichen Philosophischen Institutes, der im Mai dieses Jahres fertig sein soll, wird in Presseverlautbarungen bereits als erstes Gebäude der geplanten neuen Universität dargestellt.)

Über die vorstehend aufgeführten Fakten sind die Informationen eindeutig.

Völlige Unklarheit, jedenfalls für den außenstehenden Beobachter, scheint über folgende Fragen zu herrschen:

1. Soll Salzburg eine Sommeruniversität oder Ferienakademie werden?

(was einem Ausbau der Hochschulwochen gleichkäme)

2. Soll Salzburg nur eine philosophische Fakultät internationaler Bedeutung werden?

8 EUGÈNE TISSERANT *(1884–1972), 1907 Priester, 1936 Kardinal, Dekan des Kardinalskollegiums.*

9 MAURICE FELTIN *(1883–1975), 1909 Priester, 1928 Bischof, 1949 Erzbischof von Paris, 1953 Kardinal, 1966 Amtsverzicht.*

10 ROBERT SCHUMAN *(1886–1963), französischer Rechtsanwalt und Politiker (MRP), 1946–1956 in verschiedenen Ministerien, 1947/48 Ministerpräsident, 1956–1962 Präsident der Europäischen Bewegung.*

11 P. WERENFRIED VAN STRAATEN OPRAEM *(1913–2003), 1934 Ordenseintritt, 1940 Priesterweihe, nach dem Zweiten Weltkrieg wirkungsvoller Organisator der Seelsorge und Nothilfe unter den Vertriebenen, Gründer der Ostpriesterhilfe und des Bauordens, später in Entwicklungsländern tätig.*

(was einem Ausbau des Päpstlichen Institutes gleichkäme)
3. Soll Salzburg die alte Benediktiner-Universität wieder erneuern auf internationaler Ebene?
(Hierüber ist auch bei den Oberen der benediktinischen Kongregationen dem Vernehmen nach noch keine Klarheit.)
4. Soll Salzburg die unter 1 bis 3 gegebenen Ansätze benutzen, um eine internationale Volluniversität zu werden?
5. Von einem Südost-Institut wird in keiner offiziellen Verlautbarung gesprochen. Aus den sehr allgemein gehaltenen Texten in den Verlautbarungen des Universitätsvereines, die von einer erstaunlichen Unklarheit sind und in keinem Punkte die Organisations- und Finanzierungsfragen berühren, konnte entnommen werden, daß die Lösung Nr. 4 angestrebt wird. Es drängt sich jedoch der Eindruck auf, als ob man diese wichtigen Fragen mit Absicht umgehe, um auf dem Wege einer allgemeinen Begründung, wie notwendig eine katholische internationale Universität sein könnte, zunächst einmal Fakten zu schaffen.
Neben diesen Unklarheiten ist auffallend, daß der neu gegründete Verein keinen Kontakt aufgenommen hat zu den alten nationalen Vereinen zur Förderung dieses Projektes, z. B. zu dem deutschen Verein, noch bisher an den deutschen Episkopat oder das Zentralkomitee mit eindeutigen Informationen herangetreten ist. Wie das Zentralkomitee der deutschen Katholiken aus Österreich erfährt, sind die Meinungen über das Salzburger Projekt auch dort noch sehr geteilt.
Eine Hauptfrage wird es sein, wie die laufenden Kosten dieses Universitätsbetriebes aufzubringen sind. Es muß damit gerechnet werden, daß hierfür die deutschen Katholiken jährlich mit Millionensummen in Anspruch genommen werden sollen. Nicht nur aus diesen Gründen wäre dringend zu fordern, daß zumindest Pläne über die Beschaffung der Haushaltsmittel den interessierten und zuständigen deutschen Stellen vorgelegt werden. Nur auf diese Weise wäre es möglich, diese Aktion, die nur gelingen kann, wenn sie von einer breiten internationalen Schicht der Katholiken mitgetragen wird, sinnvoll zu planen und durch gemeinsame Anstrengung Schritt für Schritt zu verwirklichen.

230

Bericht des Zentralkomitees für die Bischofskommission für Publizistik

Bad Godesberg, 15. April 1959

EA KÖLN, CR II 22.37b, 4. *Schreibmaschinenvervielfältigung. Deckblatt:* Zentralkomitee der Deutschen Katholiken. Bericht für die Bischofskommission für Publizistik. *Überschrift:* Fragen aus dem Sachbereich der Publizistik.

1. Allgemeines Pressewesen
Die Situation der katholischen Presse innerhalb des gesamten deutschen Pressewesens ist nach wie vor höchst unbefriedigend. Im Bereich der Tagespresse bestehen lediglich

acht regionale katholische Tageszeitungen, die sämtlich mit wirtschaftlichen Schwierigkeiten zu kämpfen haben und insgesamt noch nicht 1% der Gesamtauflage der deutschen Tageszeitungen stellen. In der katholischen Wochenpresse ist im allgemeinen eine Auflagensteigerung nicht zu verzeichnen, eher ein Auflagenrückgang. Nach realistischen Schätzungen muß davon ausgegangen werden, daß höchstens 70.000–80.000 Katholiken eine der politisch-kulturellen katholischen Wochenzeitungen beziehen. Ein günstigeres Bild bietet lediglich die katholische Kirchenpresse, deren Gesamtauflage bei rund 2,5 Millionen liegt, die jedoch nach ihrer Aufgabenstellung nicht in der Lage ist, für die gesellschaftspolitischen Anliegen der deutschen Katholiken eine öffentliche Meinung von genügender Breite zu schaffen. Angesichts dieser Lage stellt sich nach wie vor die Frage, welche Möglichkeiten für eine Verstärkung des katholischen Einflusses innerhalb des deutschen Pressewesens und damit für eine Verbesserung der gegenwärtigen Situation bestehen. In diesem Zusammenhang sollte der schon wiederholt erörterte Plan, eine überregionale katholische Tageszeitung zu schaffen, nicht aus dem Auge verloren werden.

2. Katholische Nachrichten-Agentur und Bischöfliche Arbeitsstelle für Presse und Schrifttum.

Die nach dem Weggang des bisherigen Chefredakteurs der Katholischen Nachrichten-Agentur (KNA) getroffene Lösung in der redaktionellen Leitung der KNA scheint wenig glücklich. Die KNA kann auf die Dauer ihren wichtigen und schwierigen Aufgaben nur gerecht werden, wenn für ihre Leitung eine journalistisch hochqualifizierte Persönlichkeit gewonnen wird. Möglicherweise würde die Suche nach einer derartigen Persönlichkeit erleichtert, wenn mit ihr zugleich die Wiederbesetzung des Schrifttums- und Pressereferates der Fuldaer Bischofskonferenz bzw. die Schaffung einer Bischöflichen Arbeitsstelle für Presse- und Schrifttumsfragen verbunden werden könnte. Dieses Amt hatte seit der Schaffung des Pressereferates Herr Theodor Hüpgens inne. Er war zugleich Geschäftsführer der Arbeitsgemeinschaft Kirchliche Presse. Die Arbeitsgemeinschaft Kirchliche Presse hat inzwischen einen neuen Geschäftsführer bestellt. Das Presse- und Schrifttumsreferat ist dagegen seit dem Rücktritt von Herrn Hüpgens noch unbesetzt. Eine Personalunion bei der evtl. Neubesetzung dieses Amtes mit der redaktionellen Leitung der KNA hätte zweifellos viele Gesichtspunkte für sich.

3. Zeitschriftendienst

Die im Jahr 1957 gegründete »Arbeitsstelle für Zeitschriftenberatung«, die bereits im Spätsommer 1958 einen ersten Zeitschriftendienst mit Beurteilungen der Illustrierten-Presse herausgegeben hatte, hat inzwischen die zweite Ausgabe dieses Dienstes veröffentlicht und bereitet die Herausgabe des dritten Dienstes vor. Das Echo auf den Zeitschriftendienst war unerwartet groß und im allgemeinen positiv. Vor allem die Pfarrgeistlichkeit, aber auch viele Eltern und Erzieher haben das Erscheinen des Zeitschriftendienstes begrüßt. Die Katholische Aktion in Österreich beabsichtigt, die Satzungen und Richtlinien der Arbeitsstelle für Zeitschriftenberatung zu übernehmen und einen entsprechenden Dienst in Österreich zu schaffen. Die Beurteilungen des Zeitschriftendienstes sollen dabei übernommen werden. Ähnliche Bestrebungen sind in der Schweiz bekannt geworden. Eine gewisse Zurückhaltung haben die in der Arbeitsgemeinschaft Kirchliche Presse vertretenen katholischen Verleger gezeigt, vor allem wohl wegen befürchteter juristischer Schwierigkeiten. Die Arbeitsstelle für Zeitschriftenberatung ist bemüht, diese Befürchtungen, die nach ihrer Meinung und den von ihr veranlaßten juristischen Gutachten nicht begründet sind, zu zerstreuen. Mit den Vertretern des deutschen Zeitschriftenverleger-Verbandes hat der Vorstand der Arbeitsstelle für Zeitschriftenberatung eine grundsätzliche Aussprache geführt. Eine Reihe von Bedenken gegen die Form der Beurteilungen, wie sie in der im vergangenen Jahr erschienenen ersten Nummer des Zeitschriftendienstes gebraucht worden war, wurde bei der Gestaltung der zweiten Ausgabe berücksichtigt.

Der Zeitschriftendienst hat gegenwärtig etwas mehr als 3.000 feste Abonnenten. Er ist damit wirtschaftlich noch nicht gesichert. Zu seiner wirtschaftlichen Sicherung erscheinen 6.000–7.000 Abonnenten notwendig. Eine entscheidende Hilfe würde es bedeuten, wenn die Bischöflichen Ordinariate sich, wie es die Diözese Limburg getan hat, dazu entschließen könnten, für ihre Pfarrämter den Zeitschriftendienst im Sammelbezug zu abonnieren.

Die Reaktion der Verleger von Illustrierten auf den Zeitschriftendienst ist verständlicherweise negativ. Es ist jedoch festzustellen, daß die Tätigkeit der freiwilligen Selbstkontrolle der Illustrierten (S.d.I.) durch das Erscheinen des katholischen Zeitschriftendienstes keineswegs gestört wurde. Es besteht im Gegenteil Grund zu der Annahme, daß die Ende des vergangenen Jahres nach jahrelangen Verhandlungen vorgenommene Verabschiedung der Richtlinien dieser Selbstkontrolle erst unter dem Eindruck des Zeitschriftendienstes möglich wurde. Im übrigen ist trotz mehrfacher Drohungen eine gerichtliche Klage gegen die Arbeitsstelle für Zeitschriftenberatung bisher nicht anhängig gemacht worden.

4. Journalistische Nachwuchsarbeit

Die publizistische Arbeitsgemeinschaft der Saarbrückener Arbeitstagung hat die Notwendigkeit einer systematischen publizistischen Nachwuchsarbeit sehr stark betont (siehe Berichtsband S. 223f.). Im Herbst 1958 reichten die katholischen Publizisten der Bischofskonferenz einen Vorschlag zur Einrichtung von Nachwuchskursen ein. Nachdem die Bischofskonferenz ihre Billigung ausgesprochen und einen Garantiebetrag von DM 5.000 bereitgestellt hatte, konnte die Aufgabe in den letzten Monaten konkret in Angriff genommen werden. Aufgrund eines bischöflichen Auftrags hat das Zentralkomitee die Vorbereitungsarbeit übernommen. Zunächst wurde ein Zuschuß von DM 5.000 aus Mitteln des Landes Nordrhein-Westfalen beantragt, um die Kostendeckung eines ersten Kurses zu sichern. Dieser erste Kursus wird vom 18. September bis 5. Oktober 1959 in der Thomas-Morus-Akademie in Bensberg durchgeführt werden. Bensberg ergab sich als Tagungsort durch die Notwendigkeit, die Mittel im Bereich von Nordrhein-Westfalen zu verbrauchen. Eine längere Kursdauer kann mindestens im ersten Jahre nicht erwogen werden, nicht nur wegen der begrenzten finanziellen Mittel, sondern auch weil mit jeder weiteren Kurswoche die Aussicht, einen genügenden Teilnehmerkreis zu erreichen, verringert wird.

Die Kurse sollen in Form von Aufbaukursen fortgeführt werden, so daß etwa mit drei Kursen von durchschnittlich vier Wochen Dauer ein einzelner Lehrgang abgeschlossen wäre. Da Kurse nach der Überzeugung der Sachverständigen für Studenten und für bereits berufstätige Redakteure getrennt durchgeführt werden müssen, sind künftig jährlich zwei Kurse notwendig. Für diesmal müssen wir uns jedoch auf einen einzigen Kursus beschränken, der zunächst berufstätige Journalisten erfassen soll. Man muß sich darüber klar sein, daß diese Nachwuchsbildung, die ein Mindestprogramm darstellt, künftig auch die Erhöhung der kirchlichen Eigenmittel bedingt.

Die Bildungsarbeit hat nicht so sehr berufs-spezielle Themen zu umfassen, als vielmehr aus katholischem Geist eine Ergänzung zur Fachausbildung zu geben. Es wird sich vor allem um folgende Arbeitsgebiete handeln: Information über moderne katholische Geistesströmungen in Philosophie und Theologie, Geschichte und Kirchengeschichte der Neuzeit, katholische Staats-, Gesellschafts- und Soziallehre. Jedem dieser Gebiete soll eine Arbeitswoche gewidmet werden mit Vorlesungen und seminarartiger Vertiefung. Ein Priester als geistlicher Leiter soll um Gottesdienst, Spiritualität, seelsorgliche Beratung der Teilnehmer und theologische Information in den Sachfragen besorgt sein. Die Verhandlung mit Dozenten und Mitarbeitern ist aufgenommen.

Die Heranführung des Nachwuchses an diese Arbeit stellt die Hauptschwierigkeit dar. Die kirchlichen Hauptstellen, die katholischen Organisationen und katholische Einzelpersönlichkeiten sind vom Leiter der Arbeit nach den Gesichtspunkten einer zweckmäßigen Aufgabenverteilung beauftragt worden, über Verlage, Redaktionen und persönliche Bekanntschaft für den Kursus zu werben.

Es soll alles versucht werden, um dem Kurs einen guten Erfolg zu garantieren. Dennoch muß damit gerechnet werden, daß der erste Versuch noch nicht voll befriedigt. Auf die Dauer hoffen wir aber, auf diesem Wege einer lebenswichtigen katholischen Aufgabe die institutionelle Sicherung und die nötige Kontinuität zu geben.

5. Rundfunk und Fernsehen

Die von der Bundesregierung angestrebte bundesgesetzliche Regelung ist noch in der Schwebe. Von dem im Bundesministerium des Inneren vorbereiteten Gesetzentwurf über die Einrichtung einer Bundesrundfunkanstalt zum Betrieb eines Langwellenprogramms, eines Kurzwellenprogramms und eines zweiten Fernsehprogramms ist bekannt geworden, daß er den Forderungen der Katholischen Kirche für die Verfassung von Rundfunk und Fernsehgesellschaften im vollen Umfang Rechnung trägt. Die verfassungsrechtlichen Fragen, die sich aus der Gegnerschaft der Landesregierungen gegen die Absichten der Bundesregierung ergeben, sind noch ungeklärt. Das im vergangenen Jahr innerhalb der Bundesregierung und der Bundestagsfraktion der CDU/CSU noch weitverbreitete Mißverständnis, die Katholische Kirche und insbesondere die Bischöfliche Arbeitsstelle für Rundfunk- und Fernsehen unterstütze in diesen verfassungsrechtlichen Auseinandersetzungen einseitig die Auffassung der Landesregierungen und ihrer Rundfunkanstalten, ist im Schwinden begriffen. Bei den zu erwartenden künftigen Auseinandersetzungen auf diesem Gebiet sollte nach Möglichkeit das Entstehen ähnlicher Mißverständnisse bei der Vertretung der kirchlichen Grundsatzforderungen vermieden werden.

231

Bericht des Zentralkomitees für die Bischofskommission für Sozialarbeit

Bad Godesberg, 21. April 1959

EA MÜNCHEN, Joseph Kardinal Wendel, 46/1955–1960. *Schreibmaschinenvervielfältigung mit eigener Paginierung der einzelnen Berichte, deren ursprüngliche Reihenfolge nicht mehr zu erkennen ist. Deckblatt:* Bericht für die Bischofskommission für Sozialarbeit.

Zur Gewerkschaftsfrage

Die Situation im gewerkschaftlichen Raum ist nach wie vor unbefriedigend.

Die Christliche Kollegenschaft stellt sich auf den Boden der Einheitsgewerkschaft des DGB; die Sozialausschüsse operieren vom parteipolitischen Standort der CDU aus; die CGD versucht auf dem Boden einer eigenen christlichen Gewerkschaftsorganisation wirksam zu werden. Alle drei Ansatzpunkte sind vom Christlichen her grundsätzlich möglich, bewirken aber zunächst eine Zersplitterung und vielfach auch eine Bekämpfung der verschiedenen Gruppen untereinander.

Keine der Gruppen ist mit ihrer gegenwärtigen Bedeutung im gewerkschaftlichen Raume zufrieden, und jede hofft auf einen Zuwachs der Kräfte, um aus dieser Krise herauszukommen; jede Gruppe glaubt, hierbei den besten Ansatzpunkt zur Aufwärtsentwicklung zu haben, und keine der Gruppen ist bisher bereit, ihre eigene gewerkschaftliche Konzeption aufzugeben.

Der Christlichen Kollegenschaft ist es trotz ihrer fast siebenjährigen Bemühung nicht gelungen, die christlichen Kräfte im DGB um sich zu sammeln. Ihre wesentliche Stütze sind Funktionäre des DGB. Erst in neuerer Zeit wird die Arbeit auf einzelne Industriegewerkschaften ausgedehnt.

Da es im DGB keine Fraktionsbildung gibt, muß die Kollegenschaft zunächst und vielleicht auch auf immer eine »mitgliedlose« Interessengemeinschaft bleiben, die in dem informell festgeschlossenen sozialistischen Block innerhalb der Gewerkschaften ständig überspielt bleibt.

Es ist Aufgabe der Christlichen Kollegenschaft, auf die Strukturfehler der Einheitsgewerkschaft (mangelnde innerdemokratische Durchgliederung, Einfluß der informellen Gruppen, fehlende formelle Gruppierung, unzureichende echte Toleranz) hinzuweisen, das Vertrauen der Christen im DGB zu gewinnen und mit ihrer Hilfe entweder die unabdingbaren eigenen Forderungen durchzusetzen oder aber im Krisenfall mit ihrer Gefolgschaft eigene Wege zu gehen.

Die Sozialausschüsse der CDU verstehen sich als Traditionsgemeinschaft der früheren christlichen Gewerkschaftsbewegung; zudem wollen sie gegen die sozialistische Betriebsgruppenarbeit ein Gegengewicht schaffen. Wegen ihrer christlichen Haltung werden sie von seiten der SPD-Kollegen in den Gewerkschaften im allgemeinen nicht für fähig gehalten zu einer echten gewerkschaftlichen Solidarität. Seit dem Bestehen der Christlichen Kollegenschaft haben sich die Sozialausschüsse allerdings weitgehend aus der unmittelbaren Gewerkschaftsarbeit zurückgezogen. Sie halten sich für die Christen der verschiedenen gewerkschaftlichen Richtungen offen.

Die Gründung einer eigenen christlichen Gewerkschaftsbewegung ging von der Annahme aus, daß man im DGB bereits eine sozialistische Richtungsgewerkschaft habe. Auf der Grundlage einer christlichen oder besser naturrechtlichen Programmatik strebt man eine weitgespannte »Einheitsgewerkschafts-Organisation« an. Diesem Wollen stehen große Schwierigkeiten entgegen. Den christlichen Standesorganisationen gelang es nicht, ihre Mitglieder in der gewünschten Weise für diese Idee zu gewinnen. Dieses Verhalten wird erklärt durch die Überlegenheit des gewerkschaftlichen Apparates des DGB, wie auch durch seine überlegene ökonomische, wissenschaftliche und funktionärsmäßige Ausrüstung.

Man wird trotzdem alles tun müssen, um die Weiterentwicklung der CGD zu fördern. Im gegenwärtigen Augenblick würde eine Neutralitätserklärung in bezug auf die Gewerkschaftsorganisation nicht »neutral« wirken. Vor allem würden die christlichen Gewerkschaften an der Saar durch eine solche Erklärung in eine kritische Situation gebracht werden.

Sukkurs für die christliche Gewerkschaftsbewegung aus kirchlichem Raum hat nicht den Sinn einer einseitigen Parteinahme, sondern sollte nur den ungesunden Vorsprung der Einheitsgewerkschaft, der sich für die Entwicklung einer christlichen Gewerkschaftsbewegung koalitionsfeindlich auswirkt, neutralisieren.

Zusammenfassend kann gesagt werden, daß wir vom kirchlichen Raum aus die Entwicklung der CGD fördern müssen. Dabei genügt es nicht, stehen zu bleiben bei leeren Sympathiekundgebungen; die Hauptwerbungskräfte müssen von der CGD selbst ausgehen, wie auch noch ein unausgenütztes Potential bei den Standesorganisationen vorhanden ist. Hier kommt neben der KAB vor allem der CAJ eine besondere Aufgabe zu. Die Christliche Kollegenschaft wird weiter versuchen müssen, die christlichen Kräfte im DGB um sich zu sammeln, sich über die Zahl der gewonnenen Kräfte ein klares Bild zu machen, wie auch zu prüfen, wie weit eine Gefolgschaftstreue in einer Krisensituation vorhanden ist. Die Sozialausschüsse der CDU können sich weiterhin nach allen Seiten offen halten und so in etwa vermittelnd wirken. Sie sind allerdings nicht als die höhere Einheit anzusehen. Diese müßte vielmehr erst geschaffen werden.

Die christlich-soziale Betriebsaktion 1959

I. Die Vorgeschichte der Betriebsaktion 1959 hängt aufs engste zusammen mit der Vorbereitung des christlichen Arbeiterkongresses[1]. Der Plan, einen christlichen Arbeiterkongreß abzuhalten, wurde schon seit Jahren in den christlich-sozialen Organisationen erörtert. Wenn auch die Forderung Arnolds, auf einem solchen Kongreß die Gewerkschaftsfrage zu klären, dem Gedanken einen neuen Auftrieb gab, so waren doch die eigentlichen Beweggründe, die die Vertreter der KAB und Sozialausschüsse an den Verhandlungstisch führten, diese: Durch die Uneinigkeit der bekanntesten christlich-sozialen Gruppen, KAB, Sozialausschüsse und Kollegenschaft, über ihre Zuständigkeitsbereiche, über das zu verwirklichende christlich-soziale Pro-

1 *Vgl.* W. SCHRÖDER, *S. 255–261.*

gramm und über die Gewerkschaftsfrage haben Ansehen und Einfluß der christlichen Arbeitnehmerschaft in der öffentlichen Meinung und im politischen Geschehen stark gelitten. Es geht also darum, strittige Punkte so weit wie möglich zu klären, jedenfalls aber näher zusammenzurücken, ein gemeinsames christlich-soziales Programm zu erarbeiten und auf einem christlichen Arbeiterkongreß sichtbar werden zu lassen.
Nach privaten Vorgesprächen kam es zu zwei gemeinsamen Sitzungen der verantwortlichen Führung der Sozialausschüsse und der KAB, die im Oktober/November vorigen Jahres unter Leitung von Josef Gockeln in Köln stattfanden. Auf diesen Sitzungen wurde grundsätzlich diskutiert über die Aufgaben der Sozialausschüsse. Diese Diskussion soll fortgeführt werden. Es wurde ebenso beschlossen, mit den Vorbereitungsarbeiten für den Kongreß zu beginnen und dazu alle christlich-sozialen Organisationen heranzuziehen. Ferner wurde beschlossen, die Gemeinsamkeit schon vorher sichtbar werden zu lassen im Einsatz bei den Betriebsrätewahlen. Für diesen Zweck wurde eine Sonderkommission eingesetzt, die unter der Leitung von Herrn Katzer und Herrn Winkelheide steht und die das Programm der christlich-sozialen Betriebsaktion mit anderen Organisationen abstimmte.
Auf der zweiten gemeinsamen Sitzung KAB – Sozialausschüsse in Köln wurde von Vertretern der Sozialausschüsse mitgeteilt, sie hätten schon mit maßgebenden Leuten der Kollegenschaft über die Betriebsrätewahlen gesprochen. Diese hätten erklärt, daß die Kollegenschaft als solche sich bisher nicht in die Betriebsrätewahlen eingeschaltet habe und es auch jetzt nicht vorhabe. Sie ließen darum den anderen christlichen Gruppen freie Hand. Es wurde aber beschlossen, die Kollegenschaft noch einmal über die vorgesehenen Schritte zu informieren, damit sie sich nicht übergangen fühle. Unseres Wissens hat diese Information auch stattgefunden. Es sei noch bemerkt, daß die CGD trotz schwerer Bedenken auf eine Beteiligung an der Aktion verzichtet hat, um ja nicht andere Gruppen zu verstimmen.
II. Die rechtliche Lage: Es herrscht allgemein die Auffassung, daß die Durchführung der Betriebsrätewahlen Aufgabe der Gewerkschaften sei. Das entspricht nicht den Vorschriften des Betriebsverfassungsgesetzes[2] und des Gesetzes über Mitbestimmung[3]. Die entsprechende Vorschrift des Betriebsverfassungsgesetzes lautet: »Zur Wahl des Betriebsrates können die wahlberechtigten Arbeitnehmer Wahlvorschläge machen. Jeder Wahlvorschlag muß mindestens von einem Zehntel der wahlberechtigten Gruppenangehörigen, jedoch mindestens von drei Wahlberechtigten, unterzeichnet sein. In jedem Falle genügt die Unterzeichnung durch einhundert Gruppenangehörige« (§ 13,4). Auch der Wahlvorstand wird nicht von den Gewerkschaften ernannt, sondern von dem zur Zeit amtierenden Betriebsrat.
Das Betriebsverfassungsgesetz sieht also die Betriebsrätewahlen nicht als Aufgabe der Gewerkschaften, sondern der Belegschaft an. Sie stellt entweder in einer Belegschaftsversammlung eine gemeinsame Kandidatenliste auf, oder es bilden sich Grup-

2 Betriebsverfassungsgesetz *vom 11. Oktober 1951.* BGBl., *S. 681.*
3 Gesetz über die Mitbestimmung der Arbeitnehmer in den Aufsichtsräten und Vorständen der Unternehmungen des Bergbaus und der Eisen und Stahl erzeugenden Industrie *vom 21. Mai 1951.* BGBl., *S. 347.*

pen beliebiger Art, die ihre Vorschläge einreichen. Unter diese Gruppen fallen auch die im Betrieb vertretenen Gewerkschaften.

Wichtig für Wahlablauf und Wahlerfolg ist die Bestimmung des Betriebsverfassungsgesetzes § 13,3, wonach bei einer eingereichten Liste Persönlichkeitswahl, bei mehreren Listen eine Listenwahl stattfindet. Im ersteren Fall kann jeder Wähler auf der Einheitsliste so viele Kandidaten ankreuzen, wie die Gesamtzahl der vorgesehenen Betriebsratsmitglieder zuläßt. Im zweiten Fall hat jeder Wähler eine Stimme, mit der er seine Liste wählt. Die Gefahr der Persönlichkeitswahl für den Erfolg der christlichen Arbeitnehmer besteht darin, daß auch wenn genug christliche Kandidaten auf der Einheitsliste stehen, die stärkere Gruppe – und das sind meistens die Sozialisten – ihre Stimmen auf ihre Kandidaten konzentriert und dann u. U. überhaupt kein christlicher Kandidat gewählt wird. Dagegen werden bei Listenwahl die Christen immer anteilmäßig berücksichtigt, falls sie ihre eigene Liste wählen.

III. Zur Durchführung der Aktion ist auf Bundes- und Landesebene aus den beteiligten Organisationen ein Vorstand gebildet, der die Aktion leitet, Aufklärungsmaterial herausgibt, die Presse bearbeitet usw. Der jeweilige Landesvorstand hat sein Gebiet untergliedert und mit der Durchführung der Aktion in den einzelnen Bezirken wieder Kommissionen oder hauptamtliche KAB- bzw. Sozialsekretäre beauftragt. Letztere wiederum haben dafür zu sorgen, daß die christlichen Arbeitnehmer der einzelnen Betriebe sich zusammenfinden, um den gemeinsam einzuschlagenden Weg zu beraten. Praktisch gibt es aus der Sicht der Aktion heraus vier verschiedene Wege:

a) Es wird versucht, daß genügend christliche Vertreter auf den Einheitslisten erscheinen, und Sorge dafür getragen, daß ihre Namen hinreichend propagiert werden.

b) Es wird eine eigenständige christlich-soziale Liste aufgestellt, auf der alle christlichen Gruppen – natürlich auch die CGD – vertreten sind.

c) Dort, wo die CGD stark genug ist, eine eigene Liste aufzustellen, werden alle Christen veranlaßt, diese Liste zu unterstützen.

d) Schließlich kann sich hier und da auch die Notwendigkeit ergeben, eine eigene Liste von christlichen Einheitsgewerkschaftlern aufzustellen. Auf diese Möglichkeit weist vor allem die Kollegenschaft hin.

Es wird eine sehr schwierige Aufgabe sein, die christlichen Gruppen eines Betriebes zu einem dieser gemeinsamen Wege, und zwar einem der jeweiligen Situation des Betriebes entsprechenden, zusammenzuführen. Daran haben gerade die Mittelinstanzen der Aktion die Aufgabe, bei widerstreitenden Auffassungen zu vermitteln. Die Zusammenfassung der christlich-sozialen Verbände in der Spitze hatte vor allem auch den Sinn, den sich oft bekämpfenden christlichen Gruppen in den Betrieben ein Vorbild der Einmütigkeit zu geben. Allzu häufig wurde in den Betrieben der Vorwurf laut: »Die da oben sollen sich erst einmal einig werden!«

IV. Leider ist dieser Vorwurf nun doch nicht ausgeräumt, da die Kollegenschaft trotz der stattgehabten Information sich in ihren Gesellschaftspolitischen Kommentaren vom 1.1.1959 gegen die gemeinsame Aktion ausgesprochen hat (›Christlich-soziale Einigung 1959‹ von Leone Micha). Zu dem Artikel, der nach Form und Inhalt aus der Feder von P. Reichel S. J. stammen dürfte, sei folgendes angeführt:

1. Der Artikel wirft den Sozialausschüssen Politisierung der Betriebe vor. Er verschweigt, daß es sich bei der Aktion nicht um eine solche der Sozialausschüsse handelt, sondern von sieben christlich-sozialen Organisationen, von denen es immerhin sechs Organisationen um das christlich-soziale Anliegen im Betrieb geht. Die Einschaltung der Sozialausschüsse ist aber ohne weiteres verständlich, wenn man sieht, daß die SPD durch Einheitsgewerkschaften und Betriebsgruppen die Betriebe zu ihrer Domäne macht[4].

2. Der Artikel verkennt den Sinn einer Aktionseinheit. Sie besteht ja gerade darin, an sich heterogene Elemente zusammenzufassen zur Verwirklichung eines ganz konkreten gemeinsamen Zieles, hier also der christlichen Einflußnahme auf die Betriebsrätewahlen und damit die Betriebsgestaltung. Eine Bewußtseinsbildung bzw. gemeinsame Bildungsarbeit ist dazu um so weniger erforderlich, als sich alle Gruppen im Grundsätzlichen einig sind, wie der Artikel selber angibt.

3. Der Hinweis auf die östlichen Aktionen kann nur als geschmacklos bezeichnet werden.

4. Der Artikel setzt praktisch Betrieb und Gewerkschaft gleich, obwohl das Betriebsverfassungsgesetz dazu keine Handhabe bietet. Von daher sieht er alles Ringen um den Betrieb gleichzeitig als ein Ringen um die Gewerkschaftsfrage. In Wirklichkeit hat der Christ nicht nur eine gewerkschaftliche Aufgabe im Betrieb zu erfüllen, sondern eine religiös-apostolische und eine christlich-soziale, unabhängig von seiner Zugehörigkeit zu einer Gewerkschaft. Das will die Betriebsaktion zum Ausdruck bringen.

5. Die Behauptung, daß man doch als Gewerkschaftler Christ sei und damit eine Alternative – christliche oder gewerkschaftliche Solidarität – nicht gegeben sei, erinnert sehr stark an die Formulierung im Dritten Reich: »Erst Deutscher und dann Christ«, und ist nicht weniger gefährlich. Entweder besagt sie, daß die Zugehörigkeit zu einer konkreten Gewerkschaft im vorsittlichen und vorchristlichen Raum liegt. Dem widersprechen aber die kirchlichen Verlautbarungen, vor allem Singulari quadam und Quadragesimo anno. Oder es handelt sich um einen typischen Soziologismus, wenn erklärt wird, daß die gewerkschaftliche Frage entschieden sei, weil die meisten christlichen Arbeitnehmer bei der Einheitsgewerkschaft geblieben seien. Denn dann entsteht der Eindruck, daß die Entscheidung über Sittlich und Unsittlich des gewerkschaftlichen Weges durch Mehrheitsbeschluß gefällt wird. Übrigens scheint sich der Verfasser über diese Frage selber nicht klar zu sein, da er gegen Schluß (Seite 5, Abs. 2) zugibt, daß es Fälle geben kann, wo christliche Solidarität vor gewerkschaftliche Solidarität geht.

6. Die Behauptung, daß man alles ausschließlich von den Frauen und Männern bei den Betriebsrätewahlen erwarten könne, die bisher die Betriebsgruppenarbeit getragen haben, ist falsch. Die Vergangenheit hat das Gegenteil bewiesen, die Gegenwart beweist dasselbe: gerade diese Männer und Frauen rufen nach Anregung und Hilfe, und zwar bei dieser Betriebsrätewahl, nicht erst nach Jahren gemeinsamer Bewußt-

[4] *Vorlage* machen.

seinsbildung. Daß diese Männer und Frauen nun durch die Kollegenschaft wieder verwirrt werden bez. ermuntert werden, den bequemsten Weg zu gehen, ist bedauerlich.

Zur Diskussion Sonntagsarbeit

1. Allgemeine Bemerkungen

Die Bemühungen um eine Neuregelung der Sonntagsarbeit auf Bundesebene erstrekken sich bereits über zwei Jahre. Daß bisher für keinen einzigen Industriezweig eine definitive Neuregelung gefunden werden konnte, mag zunächst ein Gefühl der Unzufriedenheit auslösen; zugleich ist es aber auch ein Hinweis auf die Schwierigkeit der Materie selbst.

Die Interessen, die sich hier begegnen, sind wirtschaftlicher, sozialpolitischer und religiöser Natur. Die wirtschaftlichen Interessen greifen hierbei in den internationalen Raum über, wie sie auch in ihrem dynamischen Charakter beachtet werden müssen.

Die sozialen Interessen beziehen sich vornehmlich auf eine Kürzung der Arbeitszeit und die Vereinfachung im Ablauf des Produktionsprozesses im kontinuierlichen Fluß.

Die religiösen Interessen wirken sich in der Frage der Sonntagsruhe zunächst als ökonomisches Opfer der Wirtschaft aus.

Ein einheitliches Urteil ist weder in den betroffenen Interessengruppen zu erzielen, noch sind diese Interessengruppen klar gegeneinander abzugrenzen. So kann es durchaus sein, daß die Überlegungen etwa auch der katholischen Unternehmerschaft auf dem wirtschaftlichen Sektor nicht übereinstimmen mit den Wünschen und Forderungen der Kirche.

Der Untersuchung der Tatsachen, die der Gewichtung der einzelnen Gründe nach objektiven Größen nachspürt, galt das bisherige Bemühen. Das bisher vorliegende Material könnte als Handlungsgrundlage des Gesetzgebers wenigstens in der Stahlindustrie, in der Zementindustrie und in der Papierindustrie ausreichen; da aber auf der parlamentarischen Ebene die gleichen Interessengegensätze wie in den Kommissionen sich widerspiegeln, wird eine Gesetzesregelung nur mühsam erreicht werden.

Das Verdienst der Kirche, die als Verhandlungspartnerin der Kommission mitwirkt, besteht wohl darin, daß sie als Anwalt des Sonntags aus religiöser Sicht dem aus wirtschaftlichen und materiellen Gründen drohenden »Verkauf« des Sonntags einen wirksamen Damm entgegengesetzt hat.

Die sich lange hinziehende Verhandlungszeit ermöglichte, in breiten Schichten das Interesse am Sonntag verstärkt zu wecken. In der jetzigen Phase ist es durchaus absehbar, in welchen Bereichen eine Sonntagsarbeit wahrscheinlich nicht zu vermeiden ist und wo keine Gefahr für den Sonntag von der Arbeit her droht. Daher besteht im Augenblick auch nicht so sehr das dringende Bedürfnis, zu einem raschen Abschluß der Verhandlungen für die einzelnen Bereiche zu gelangen.

Das Ziel der augenblicklichen Verhandlungen von kirchlicher Seite sollte dahin gehen, zunächst eine Ausweitung der Sonntagsarbeit über das bisherige Maß mit aller Energie zu verhindern und dort, wo geringfügige Einbrüche bereits erfolgt sind, eine wenigstens optisch wirksame Vereinigung der Grenzen der Sonntagsarbeit zu erreichen.

Zu optimistisch ist die Annahme, daß wir für unsere Verhältnisse hier durch das Heben der Diskussion auf die internationale Ebene viel erreichen könnten. Der sich dann ergebende Kompromiß würde bei der allgemeinen, ungünstigeren Regelung in den anderen europäischen Staaten wenig nützen. Außerdem sind die Verhandlungen auf dieser Ebene langwierig und äußerst schwierig. Das will nicht heißen, daß man die Diskussion auf der europäischen Ebene nicht anregen soll, wenn sie auch für unsere deutschen Verhältnisse keinen besonderen Vorteil bringen wird.

2. Die Kommissionsarbeiten

Die Verhandlungen in der Eisen- und Stahlerzeugenden Industrie erfuhren eine Retardierung durch die Eingabe des BWM im Dezember 1958, die auf Anregung des katholischen Gesprächspartners an die Unternehmer gerichtet wurde. In ihm wurden die Unternehmer gebeten, für verschiedene Alternativlösungen quantitative Berechnungen des Produktionsausfalls anzustellen. Die Ergebnisse sollten getrennt nach SM-Öfen für Massenstahl, nach Elektroöfen für Massenstahl, nach SM- und Elektrostahlöfen, die überwiegend legierten Edelstahl herstellen, und nach den Blockstraßen erster Hitze aufgegliedert werden.

Nach dieser Anfrage fand bisher noch keine neue Sitzung der Unterkommission Eisen und Stahl statt. Die quantitativen Berechnungen, die vom BWM angestellt wurden und unter dem 4. November 1958 den Kommissionsmitgliedern zugeleitet wurden, fanden von seiten der Eisen- und Stahlindustrie keine Anerkennung. Im wesentlichen sind die Ministerien auf das von der Industrie dargebotene Zahlenmaterial angewiesen und damit im allgemeinen in einer Defensivstellung. Nach der mit Arbeitsminister Dr. Ernst[5] (Nordrhein-Westfalen) gehabten Besprechung am 10.4.1959 ist wenigstens mit einer teilweisen Erfüllung der Forderungen von kirchlicher Seite zu rechnen und ein Zurückdrängen der Hemsath'schen Regelung erreicht worden.

Über den Stand der Verhandlungen in der Papierindustrie wurde vom Sozialreferat im März 1959 eingehend informiert. Von seiten der Papierindustrie liegt infolge Uneinigkeit unter den Unternehmern zur Zeit kein gemeinsamer Vorschlag vor. Unter dem Druck ihrer Mitglieder stellt sie sich auf den Standpunkt, daß entweder alle Papierfabriken die Durchfahrerlaubnis erhalten müßten oder aber niemand. Diese Forderung wiederum wird von dem BMA abgelehnt. Das Arbeitsministerium NRW hat aber die Tendenz, einzelnen Papierfabriken bzw. Maschinen- oder Papierarten, den Non-Stop-Betrieb als Ausnahme zu genehmigen. Von hier droht unter dem Druck der bestehenden Ausnahmegenehmigung für die Feldmühle AG die Gefahr, via facti die kommende ge-[6].

[5] JOHANN ERNST *(1888–1969), Bergmann und Politiker (Zentrum, CDU), 1932/33 Mitglied des Reichstags, Direktor in der Deutschen Kohlenbergbauleitung, 1950–1953 Minister für Arbeit des Landes Nordrhein-Westfalen, 1958/59 Minister für Arbeit und Soziales, 1959/60 für Bundesratsangelegenheiten.*

[6] *Die Fortsetzung des Satzes fehlt in der Vorlage.*

Von seiten der Gewerkschaftsvertretung und einer Unternehmergruppe der Papierindustrie wurde an uns der Wunsch herangetragen, in der Frage der Sonntagsarbeit in der Papierindustrie eine einheitliche Front zu bilden zwischen Gewerkschaft, CDU, Kirche und dieser betreffenden Unternehmergruppe.

Die Unterkommission »Zementindustrie« ist längere Zeit nicht mehr zusammengetreten. Die hier bestehenden Regelungen geben im allgemeinen keinen Anlaß zur Beunruhigung.

Die Unterkommissionen »Glasindustrie« und »Feinkeramische Industrie« haben ihre Arbeiten begonnen. Die Vorschläge der Industrie liegen ausgearbeitet vor, die Besichtigungen durch die Kommissionen wurden durchgeführt. Die sich abzeichnende Regelung dürfte im allgemeinen von uns akzeptiert werden.

Abschließend darf noch die Bitte ausgesprochen werden, daß man nicht selbständig mit der einen oder anderen Gruppe in der Frage der Sonntagsarbeit, soweit es sich um die Aufgaben der Kommission Sonntagsarbeit beim BMA handelt, in Verhandlungen eintritt, da dadurch die Autorität des kirchlichen Gesprächspartners in der Kommission nur geschwächt wird. – Im Augenblick werden die Verhandlungen im BMA von katholischer Seite aus geführt von H[ochwürdigsten] H[errn] Domkapitular Dr. Paulus, P. Wallraff, P. Engel.

Arbeitsgemeinschaft katholisch-sozialer Bildungswerke

Die soziale Bildungsarbeit vollzieht sich zum größten Teil in den Standesverbänden und in einzelnen Instituten. Sie sind durch die Arbeitsgemeinschaft nur auf eine lockere Weise zusammengefaßt.

Gemeinsame Studientagungen für die Mitglieder der Arbeitsgemeinschaft ermöglichen Begegnungen zwischen den Bildungsträgern.

Für die Jugendbildungsreferenten werden eigene Tagungen abgehalten. Im vergangenen Rechnungsjahr fanden Studientagungen statt in Berlin, Frankfurt und Königstein. Im Dezember 1958 in Hattenheim/Rheingau. Folgende Thematik wurde behandelt:

Arbeitszeitverkürzung und Freizeit, Unsere Gesellschaft von morgen – Kristallisationspunkte und Gliederung, Begegnung zwischen Vertretern der katholischen Sozialbildung und den Unternehmerorganisationen, weiter kamen zur Behandlung staatsrechtliche, wirtschaftliche und kulturelle Probleme aus dem Bereich der Sowjetzone.

Mit Hilfe der Jugendbildungsreferenten konnte die soziale Bildungsarbeit wesentlich ausgeweitet und vertieft werden.

Da zu dieser Arbeit meist junge akademische Kräfte herangezogen werden, die sich für einige Jahre in dieser Arbeit festlegen und dann in die Industrie oder den Öffentlichen Dienst hinüberwechseln, ist eine begrüßenswerte Streuung des katholisch-sozialen Gedankengutes in der Nebenwirkung gegeben.

Die Jugendbildungsreferenten werden von Dr. Beckel, Münster, als ihrem Tutor betreut. Die Jugendbildungsreferenten unterstehen den Instituten, denen sie zugeteilt sind. Durch Eigenmittel der Institute sollen nach Möglichkeit mit Hilfe des Bundes-

jugendplanzuschusses die Planstellen der Jugendbildungsreferenten erhöht werden. Durch die relativ günstige Honorierung der Arbeit (TO.A.III) ist ein genügender Anreiz für Jungakademiker gegeben.
Die auf dieser Grundlage durchgeführte politische und sozialpolitische Bildung vollzieht sich in geschlossenen Kursen sowie in Bezirksseminaren. Die von den einzelnen Mitgliedern hierbei angewandte Form und Methode ist sehr unterschiedlich.
Als Diskussions- und Informationsorgane haben sich herausgebildet und grenzen sich gegeneinander hinreichend ab:
1. »Die Neue Ordnung«. Die Zeitschrift will in der ganzen Breite die sozialen Fragen aufgreifen und so für Laien und Klerus ein Informations- und Diskussionsorgan sein. Durch wesentliche Erweiterung des Redaktionsstabes und finanzielle Förderung durch das Sozialreferat konnte der jetzt vorliegende erste Jahrgang unter der neuen Redaktion geschaffen werden.
Neben den »Abhandlungen« wird den Abschnitten »Gespräch« und »Berichterstattung« eine besondere Pflege gegeben. Über die sozialen Bildungsstätten und deren Veranstaltungen sowie über die derzeitige soziale Gesetzesentwicklung wird regelmäßig berichtet. Vieles von dem sozialen Bildungsgut, was erarbeitet wird, bleibt einem zu engen Kreise vorbehalten und soll daher durch die Zeitschrift einer größeren Zahl von Interessenten zugängig gemacht werden. Die Gesetze müssen sorgsam vorbereitet werden, damit sie nach Inhalt und Form und Zeitpunkt den christlichen Forderungen entsprechen.
Die gewünschte Ausdehnung der Leserschaft konnte im vergangenen Jahr noch nicht erreicht werden und bildet daher im Augenblick den Gegenstand unserer besonderen Bemühung.
2. Die »Schriftenreihe des Sozialreferates« hat insofern ihren Charakter geändert, daß sie sich nunmehr der Untersuchung einzelner Sachprobleme zuwendet, um an kritischen Entwicklungspunkten die christliche Sicht in Erscheinung treten zu lassen. In diesem Frühjahr kommt eine Reihe von neuen Titeln heraus: Wirtschaftliche Förderung der Familie, Investivlohn, Strafrechtsreform, Krankenversicherungsreform, Eigentum und Wirtschaftsordnung, Ertragsbeteiligung, Konzentrationsproblem der Wirtschaft, Freizeit.
3. Für die unmittelbare Gruppenarbeit eignen sich vornehmlich die von den einzelnen Standesorganisationen herausgegebenen Schriften (Lehrbogenreihe der KAB, die umfangreiche Sammlung der christlich-sozialen Werkbriefe von P. Prinz, München; eine neue Schriftenreihe mit Kleinschriften entwickelt sich z. Zt. im Heinrich-Pesch-Haus, Mannheim, P. zu Löwenstein.
Für die Bildungsarbeit dürfte daher genügendes Arbeitsmaterial vorhanden sein.

Schwerpunktprogramm der Arbeiterseelsorge

Das Zentralkomitee erhielt im Dezember 1958 den bischöflichen Auftrag, ein Schwerpunktprogramm für Arbeiterseelsorge erarbeiten zu helfen. Eine Konferenz in Bad Godesberg am 4. Februar 1959 bildete den Auftakt für die Arbeit. Es wurden drei Kommissionen gebildet, die bis zum Herbst die Arbeit weiter entwickeln sollen,

eine wissenschaftliche Kommission mit Prof. Höffner als Vorsitzendem, eine Seelsorgskommission, geleitet von Prälat Dr. H[ermann-]J[osef] Schmitt, und eine Koordinationskommission unter Direktor Hanssler. Die Bildung einer Aktionskommission wurde vorläufig zurückgestellt.
Die Initiative der Bischöfe wurde von dem einberufenen Kreis dankbar aufgenommen. Aus seither geführten Gesprächen ergab sich, daß die erste Konferenz eine gute und vertrauensvolle Atmosphäre geschaffen hat, vor allem durch den Geist der Freiheit und Weite, den das bischöfliche Wort der Unternehmung von Anfang an garantierte. Man wird tatsächlich bei der etwas diffizilen Lage, was das Verhältnis unserer eigenen Gruppen und Kräfte untereinander, aber auch die sachlichen Schwierigkeiten betrifft, gar nicht anders verfahren können, als in diesem Geist der Freiheit und Weite, wenn die Aktion Aussicht auf einen spürbaren Erfolg haben soll.
Als weiterer Zeitplan ergibt sich: im Juli wird eine Konferenz der Kommissionsleiter mit Erfahrungsaustausch und Berichterstattung über den Stand der Vorbereitung abgehalten werden, im September/Oktober wird eine zweite Konferenz mit dem Plenum des Vorbereitungsgremiums einberufen werden. Auf dieser Herbstkonferenz kann der Start der Aktion geplant und können die Einzelaufgaben vergeben werden.

Zur Lage des Mittelstandes

Der weitgespannte Rahmen des Arbeitskreises Mittelstand, der erstmals auf der Arbeitstagung in Saarbrücken tätig wurde, bot in seinen Ergebnissen reichhaltiges Material zu einer fortgesetzten Diskussion. Zum Teil schlägt sie sich nieder in der neugeschaffenen Beilage »Die Mitte« in der Wochenzeitschrift »Echo der Zeit«.
Weiterhin konnten auf der großen internationalen Mittelstandstagung in Madrid, im Mai 1958, gerade von der deutschen Sektion wesentliche Beiträge geleistet werden, die in dem Kongreßband, »Der Mittelstand in der Wirtschaftsordnung heute«, Kerle-Verlag 1959[7], wiederum befruchtend auf die deutsche Diskussion zurückwirken.
Besonders sei hingewiesen auf folgende Beiträge:
Der Mittelstand und die ethischen Normen in der Wirtschaft, Prof. Utz, Fribourg;
Die Aussichten des Mittelstandes in einer industriellen Gesellschaft, K[arl] W[ilhelm] Boetticher[8], Frankfurt;
Probleme des mittelständischen Unternehmertums, R[ichard] F. Austin[9];
Die Selbsthilfe des mittelständischen Unternehmers, H[ubertus] L[udewijk] Jansen[10];
Mittelstand und Wirtschaftsordnung, J[osef] Engel;

7 Der Mittelstand in der Wirtschaftsordnung heute. *Die Akten des Internationalen Mittelstandskongresses von Madrid (7.–11. Mai 1958), hrsg. von* Arthur Fridolin Utz *(Politeia 12), Heidelberg und Löwen 1959.*

8 Karl Wilhelm Boetticher, *Mitarbeiter der »Frankfurter Hefte«.*

9 Richard F. Austin, *Kartonagenfabrikant, Mitglied der Vereinigung katholischer Manager und Arbeitgeber in Stanmore/Middlesex.*

10 Hubertus Ludewijk Jansen, *Generalsekretär des Sozial-Ökonomischen Rates, Präsident des Verwaltungsrates des Ökonomischen Instituts für den Mittelstand in `s-Gravenhage.*

Verantwortung der Großbetriebe gegenüber dem Mittelstand, Th[eo] Hieronimi[11]; Der gewerbliche Mittelstand in Deutschland, K[urt] Schmücker[12]; Mittelstand als Problem der Wirtschaftsordnung heute, C[urt] Becker[13]; Zum religiösen Zustand des »Mittelstandes« in Deutschland, E[berhard] Welty.
Nach wie vor besteht die Schwierigkeit in der soziologischen Fassung der Schicht »Mittelstand«. Je nachdem, ob man die Frage des Mittelstandes soziologisch oder wirtschaftlich angeht, ergeben sich verschiedene Objekte der Behandlung. Trotz dieser fließenden Grenzen ist doch ein Kernstück vorhanden, das man mit dem Begriff Mittelstand einfangen kann. In allem aber bleibt das Mittelstandsproblem ein doppelseitiges, ein wirtschaftliches und soziologisches.
Als soziologisches Problem umfaßt es die Frage einer gesunden Mittelschicht; als wirtschaftliches Problem bezieht es sich hingegen auf die sogenannten Klein- und Mittelbetriebe als Grundlage des echten, selbständigen Unternehmertums.
Der innere Zusammenhang zwischen dem wirtschaftlichen und soziologischen Aspekt wird vielfach nicht genügend wahrgenommen.
Unser Bemühen darf daher nicht in einer wirtschaftlichen Stärkung der Mittelschicht steckenbleiben, sondern wird sich vor allem um die Verhaltensweise der mittelständischen Gruppen kümmern müssen. Hier liegt die Aufgabe unserer mittelständischen Standesverbände, wie auch auf diesem Gebiete ihre großen Verdienste zu suchen sind.
Stärker müßte von ihnen der Brückenschlag in die Bereiche der wirtschaftspolitischen und sozialpolitischen Wirklichkeit erfolgen, da die wirtschaftliche Grundlage des Mittelstandes auf die Dauer Voraussetzung für ein mittelständisches Bewußtsein ist.
Mittelstand darf hierbei nicht im Sinne eines Klassendenkens aufgefaßt werden; er ist vielmehr in einer modernen industriellen Gesellschaft als Hort freiheitlichen Denkens, freiheitlicher Existenz, als »kritische Masse« aufzufassen, die vor dem Abgleiten der Gesellschaft in kollektive Gebilde bewahrt.
Hier bestünde wohl eine echte Aufgabe unserer Verbände, den Willen zur Selbständigkeit, Selbstverantwortung und Selbstgestaltung auch des wirtschaftlichen Lebens so weit wie möglich zu fördern.
Durch Auswahl der Mitglieder, die dieser Gruppe soziologisch auch wirklich angehören, könnte dieses Bewußtsein in erhöhtem Maße gestärkt werden; das bedeutet auf der anderen Seite unter Umständen einen Verzicht auf Mitglieder, die anderswo ihren soziologischen Ort haben.
In der öffentlichen Diskussion treten die wirtschaftlichen Fragen des Mittelstandes wesentlich stärker in den Vordergrund als die sozialen und soziologischen. Das be-

11 Theo Hieronimi *(1908–1993), Generalbevollmächtigter der Kaufhof AG, Mitglied des BKU.*

12 Kurt Schmücker *(1919–1996), Buchdrucker, Unternehmer, Politiker (CDU), 1949–1972 Mitglied des Bundestags, 1956 Mitglied des Bundesvorstands der CDU, 1968–1971 Schatzmeister, 1961–1963 stellvertretender Vorsitzender der CDU/CSU-Fraktion, 1963–1966 Bundeswirtschaftsminister, 1966–1969 Bundesschatzminister.*

13 Curt Becker *(1905–1987), Dr. iur., Fabrikant, 1952 Präsidiumsmitglied der Deutschen Industrie, 1957–1976 Mitglied des Bundestags (CDU).*

ruht vor allen Dingen darauf, daß die wirtschaftlichen Probleme offensichtlicher sind und einfacher und optisch wirksamer zur Behandlung kommen können.
Das wirtschaftliche Problem des Mittelstandes stellt sich dar als Frage der Existenzsicherung der Klein- und Mittelbetriebe, als Grundlage des echten, selbständigen Unternehmertums.
Tatsache ist, daß die Klein- und Mittelbetriebe in unserer Zeit sehr starken Benachteiligungen gegenüber den Großbetrieben ausgesetzt sind.
Die Benachteiligungen resultieren zum Teil aus Privilegien, die der Staat den Großbetrieben während der Zeit des Wiederaufbaues der deutschen Wirtschaft nach dem Kriege gewährte; es handelt sich hier vor allem um steuerliche und kreditpolitische Maßnahmen. Dadurch sind die Großbetriebe vielfach übermäßig gewachsen, während die Klein- und Mittelbetriebe lediglich aus sich selbst heraus ihren Aufbau vornehmen mußten. Da, wo sie in Konkurrenz mit dem Großbetrieb gerieten, sind sie zum Teil unterlegen oder doch in eine schwierige wirtschaftliche Lage gekommen.
Nach dem vollendeten Aufbau der deutschen Wirtschaft glaubt der Mittelstand, daß die Privilegien der Großbetriebe abgebaut werden müßten und daß eine Gleichheit in den Start- und Wettbewerbsbedingungen herbeigeführt werden muß; darüber hinaus werden Selbsthilfemaßnahmen für notwendig erachtet, um den Vorsprung der Großbetriebe einzuholen.
Einige Bemühungen um Stützung und Förderung des Mittelstandes seien kurz aufgeführt:

1. Von der Bundesregierung wurde eine aufschlußreiche Zusammenstellung über alle Förderungsmaßnahmen für Klein- und Mittelbetriebe in der gewerblichen Wirtschaft gemacht. Darin wird ein konkretes Bild über die mannigfachen Einrichtungen und Aktionen der fachlichen und betriebswirtschaftlichen Gewerbeförderung, soweit sie vom Bund wesentlich gestützt wird, dargeboten; ferner wird ein Überblick verschafft über die Finanzierungshilfen, Kreditprogramme, Zinsverbilligungen, Bürgschaften usw. der verschiedensten Art, schließlich die Beteiligung des gewerblichen Mittelstandes an öffentlichen Aufträgen, Sicherung des Leistungswettbewerbs und steuerliche Erleichterungen.
2. Mittelstandsfreundlich wirkte sich auch das Splitting-Verfahren bei der Einkommenssteuer aus, da die mittelständischen Betriebe durchweg auf die Mithilfe des Ehegatten angewiesen sind. Auch die übrigen Steueränderungen wirken vielfach entlastend für den Mittelstand. Die geschätzte Erleichterung der Abgabenlast allein im Handwerksbereich wird auf rund ¾ Mrd. DM geschätzt.
3. Eine besondere Diskussion hat sich um die Umsatzsteuer und Gewerbesteuer entzündet. Wenn auch mit einer baldigen Änderung nicht zu rechnen ist, so wird doch in dieser Diskussion das Interesse des Mittelstandes besonders berührt.

Der Mittelstand wünscht eine wettbewerbsneutrale Umsatzsteuer (in Deutschland besteht das System der Allphasenbesteuerung mit kumulativem Charakter, d. h. die Vorumsatzsteuern werden jeweilig mitbesteuert).
Dadurch ist der Anreiz zu einer Konzentration der Unternehmen gegeben, vor allem wegen des hohen Steuersatzes von 4 %. Die hohe Steuerersparnis bei einem Zusam-

menfassen verschiedener Unternehmen (vom Urprodukt bis zum Fertigprodukt und schließlich bis zum Endverkauf durch eigene Läden) ist offensichtlich.
Wettbewerbsneutral wäre wohl eine Netto-Umsatzsteuer (nur der jeweilige Wertzuwachs der einzelnen Produktionsstufe würde versteuert). Durch ein solches System würde aber der Mittelstand ungünstig betroffen, da er vielfach einen hohen Wertzuwachs schafft. Ebenso würden die lohninvestiven Betriebe im allgemeinen am stärksten betroffen; hierzu gehören aber vielfach die mittelständischen Betriebe. Dr. C[urt] Becker, MdB und BKU-Mitglied, versucht in seinem Vorschlag, diese nicht erwünschten Wirkungen auszugleichen. Dr. Eckardt[14], MdB, schlägt hingegen für den Großhandel eine Umsatzsteuer von 6 % vor und will als allgemeinen Satz 2 % einsetzen, um dadurch die mittelständischen Betriebe zu entlasten. Von dem gewerblichen und freien Mittelstand wird die Beseitigung der gröbsten Ungerechtigkeiten in der Umsatzsteuer angestrebt; er möchte das Privileg der sog. Organschaft abgeschafft sehen und setzt sich ein für die Wiedereinführung der Zusatz-Umsatzsteuer für die Innenumsätze der mehrstufigen Großunternehmungen (im Salamander-Prozeß 1958 wurde diese Zusatz-Umsatzsteuer als verfassungswidrig abgelehnt; die F[irm]a Salamander produziert und verkauft ihre Produkte selbständig).
Ferner sollte nach mittelständischer Auffassung der bisher schon beschrittene Weg einer Freigrenze fortgesetzt werden (Anhebung der Freigrenze auf 12.000 bis 15.000 DM). Außerdem will man einen stufenförmigen Aufbau des allgemeinen Satzes nach Umsatzgrößenklassen, etwa bis 200.000 DM 3 %, bis 1 Million DM 4 %, bis 10 Millionen DM 5 % usw. vornehmen.
Die Diskussion um die Umsatzsteuer ist in vollem Gang. Finanzminister Etzel treibt die Entwicklung voran. Vor 1960 ist aber wohl kaum mit einem Umbau des deutschen Umsatzsteuersystems zu rechnen.
4. Hierher gehört auch eine Änderung der Gemeindesteuern. Nur rund ein Zehntel (Hausbesitzer und Gewerbetreibende) zahlen Gemeindesteuern. Das schwächt die gemeindebürgerliche Verantwortung. Es wird die Einführung einer personellen Gemeindesteuer befürwortet, wodurch alle gleich belastet würden.
5. Die mittelständischen und lohnintensiven Betriebe werden besonders durch den zu leistenden Krankengeldzuschuß bzw. die Lohnfortzahlung im Krankheitsfall belastet. Der Mittelstand erwartet von dem Reformgesetz über die soziale Krankenversicherung eine Revision solcher Fehlentwicklungen und setzt sich im übrigen für eine Kostenbeteiligung der Krankenversicherten ein.
6. Auch die Bemühungen um die Alterssicherung des Handwerks gehören hierher. Handwerk und Bundesarbeitsministerium haben z. Zt. eine weitgehende Übereinstimmung ihrer Ansichten erreicht, die bislang weit auseinandergegangen waren.
7. Auch von der Aktienrechtsreform wird der Mittelstand betroffen. Die Vorlage des Justizministeriums findet in ihren Grundzügen die ausgesprochene Billigung der mittelständischen Gruppen. Man erwartet vor allem einen weiteren Abbau der an-

[14] Walter Eckhardt *(1906–1994), Jurist und Politiker (GB/BHE, CSU), 1950–1954 Mitglied des Bayerischen Landtags, 1953–1969 des Bundestags.*

onymen Vermögenskonzentration durch Beschränkung der Selbstfinanzierung. Dieser Weg wurde bereits durch den gespaltenen Körperschaftssteuertarif der Etzel'schen Steuergesetze ohnehin erfolgreich beschritten.

8. In der Frage des Familien-Lastenausgleichs[15] meldete der Mittelstandsblock ebenso seine Interessen an. Durch die gewählte Bemessungsgrundlage, die an den Lohn anknüpft, wie auch durch die Methode des Finanzausgleichs zwischen den verschiedenen Berufsgenossenschaften fühlt sich der Mittelstand ungebührlich belastet.

232

Geschäftsbericht des Zentralkomitees

Bad Godesberg, 24. April 1959

EA Köln, CR II 22.37b, 4. *Schreibmaschinenausfertigung mit eigenhändiger Unterschrift. Überschrift:* Tätigkeitsbericht der Geschäftsstelle des Zentralkomitees der deutschen Katholiken für das Geschäftsjahr 1958.

I.

Einen besonderen Schwerpunkt in der Arbeit des Zentralkomitees der deutschen Katholiken (ZdK) während des Berichtszeitraumes bildete die Vorbereitung, Durchführung und Abwicklung des 78. Deutschen Katholikentages vom 13.–17. August in Berlin. Die Vorbereitungen wurden, wie erwartet, durch die politischen Verhältnisse besonders erschwert. Um so erfreulicher war der eindrucksvolle Verlauf des Katholikentages, der alle Erwartungen weit übertraf. Auch finanziell sind keine Sorgen geblieben. Die endgültigen Abrechnungen des Lokalkomitees sind zwar noch nicht abgeschlossen, jedoch konnten neben der Finanzierung des Katholikentages selbst Mittel für den in Kürze beginnenden Bau der Kirche »Regina Martyrum« zum Gedächtnis an die Glaubenszeugen aus der nationalsozialistischen Zeit bereitgestellt werden.

II.

Einen weiteren Schwerpunkt bildete die Arbeitstagung des Zentralkomitees, die vom 16.–19. April in Saarbrücken stattfand. An dieser Arbeitstagung, die erstmals nicht mehr im räumlichen und zeitlichen Zusammenhang mit dem Katholikentag stand, wurden von rund 600 Teilnehmern in 16 verschiedenen Arbeitskreisen aktuelle und wichtige Fragen der katholischen Arbeit in den verschiedensten Sachbereichen erörtert. Über die Arbeitstagung wurde ein Berichtsband herausgegeben, der im Verlag Bonifacius-Druckerei, Paderborn, erschienen ist[1].

Die vom Zentralkomitee bereits früher gebildeten ständigen Arbeitskreise bzw. Kernkreise haben auch nach der Arbeitstagung von Saarbrücken Sitzungen abgehalten, um aktuelle Fragen ihres Arbeitsbereiches zu beraten.

[15] *Bezeichnung für das System der Aufbringung des Kindergelds.*

[1] *Vgl. Dok. 175, Anm. 18.*

III.

Eine Vollversammlung fand am 9. und 10. Mai in Essen statt. Die bereits für 11. und 12. Dezember nach Würzburg eingeladene weitere Vollversammlung mußte wegen des plötzlichen Todes des Vizepräsidenten des Zentralkomitees, Landtagspräsident Josef Gockeln, ausfallen.
Sitzungen des Geschäftsführenden Ausschusses des Zentralkomitees fanden statt:
am 16. Januar, 31. März, 23. Juni und 23. Oktober.
Im übrigen traf das Präsidium zu regelmäßigen Sitzungen etwa monatlich zusammen.

IV.

Die Sachreferate des Zentralkomitees (Kulturreferat, Sozialreferat, Referat für staatsbürgerliche Angelegenheiten und Außenamt) haben ihre Tätigkeit im Rahmen ihrer Aufgabenstellung auf den verschiedensten Sachgebieten fortgesetzt. Sie haben über diese Tätigkeit dem Hochwürdigsten Episkopat über den Generalassistenten des Zentralkomitees, S[eine] Exzellenz Bischof Dr. Hengsbach, laufend berichtet. Personelle Veränderungen sind nicht eingetreten.
Ebenfalls weitergeführt wurde die vom Zentralkomitee für besonders wichtig erachtete Zusammenarbeit mit den Seelsorgsbezirken der Diözesen und Jurisdiktionsbezirken in der sowjetisch besetzten Zone.

V.

Der Postausgang bei der Geschäftsstelle hatte folgenden Umfang:

Briefe:	8.180
Karten:	377
Drucksachen:	1.295
Päckchen:	143

Heinrich Köppler
(Heinrich Köppler)
Generalsekretär.

233

Protokoll der Bischofskommissionen

Hofheim, 4.–6. Mai 1959

EA München, Joseph Kardinal Wendel, 21/1959. *Druckstück mit Überschrift:* Protokoll der Konferenz der Mitglieder der Bischofskommissionen in Hofheim vom 4. bis 6. Mai 1959. *Vermerk:* Streng vertraulich!

An der Konferenz nehmen teil:
1. Joseph Kardinal Frings, Erzbischof von Köln,
2. Joseph Kardinal Wendel, Erzbischof von München-Freising,
3. Julius Kardinal Döpfner, Bischof von Berlin,
4. Lorenz, Erzbischof von Paderborn,

5. Joseph, Erzbischof von Bamberg,
6. Hermann, Erzbischof von Freiburg,
7. Albert, Bischof von Mainz,
8. Simon Konrad, Bischof von Passau,
9. Michael, Bischof von Münster,
10. Joseph, Bischof von Eichstätt,
11. Wilhelm, Bischof von Limburg,
12. Karl Joseph, Bischof von Rottenburg,
13. Joseph, Bischof von Augsburg,
14. Matthias, Bischof von Trier,
15. Isidor Markus, Bischof von Speyer,
16. Johannes, Bischof von Aachen,
17. Otto, Bischof von Meißen,
18. Heinrich Maria, Bischof von Hildesheim,
19. Joseph, Bischof von Würzburg,
20. Helmut Hermann, Bischof von Osnabrück,
21. Franz, Bischof von Essen,
22. Adolf Bolte, Weihbischof, Kapitularvikar der Diözese Fulda.

Entschuldigt haben sich der Bischof von Regensburg, Erzbischof Michael, und Prälat Dr. Ferdinand Piontek, Kapitularvikar des Erzbistums Breslau.

Die Konferenz ist einberufen, um den Kommissionen Gelegenheit zu geben, gleichzeitig ihre Sitzungen abzuhalten. Diese Sitzungen, die unter dem Vorsitz der auf der Konferenz in Hofheim vom 25. bis 27. Februar 1958[1] bestimmten Bischöfe stattfinden, dienen der Besprechung der Situation und der kirchlichen Aufgaben auf den jeweiligen Sachgebieten sowie der Vorbereitung der nächsten Plenarkonferenz.
In einer gemeinsamen abschließenden Besprechung berichten die Vorsitzenden der Kommissionen über ihre Beratungen. Soweit die Erledigung einzelner Fragen keinen Aufschub duldet, werden sie sofort dem Plenum zur Beschlußfassung vorgelegt. Demgemäß beschließt die Konferenz wie folgt:
1. Die Vertretung von Direktor Wissing vom Katholischen Büro in Bonn soll folgendermaßen geregelt werden:
a) In Abwesenheit von Direktor Wissing müssen Fragen von größerer Bedeutung dem Vorsitzenden der Plenarkonferenzen vorgelegt werden.
b) Den Vorsitz im Kirchenpolitischen Gremium führt Generalvikar Dr. Offenstein oder bei seiner Verhinderung ein vom Gremium zu bestimmendes Mitglied.
c) Die büromäßige Vertretung hat der Mitarbeiter von Direktor Wissing, Oberregierungsrat Niemeyer.
2. Dem von Direktor Wissing angeregten Kauf eines Grundstückes in Bonn in der Nähe des Bundespräsidialamtes für Zwecke des Katholischen Büros wird zugestimmt. Die dafür notwendige Summe von 150.000 DM wird aus dem überdiözesanen Finanzbedarf zur Verfügung gestellt.

[1] *Vgl. Dok. 179.*

3. Die »Aktion Misereor« soll zunächst für das kommende Jahr als Bischöfliches Hilfswerk weitergeführt werden, und zwar in der Form, daß gegen Ende der Fastenzeit wiederum eine Kollekte durchgeführt wird. Msgr. Dossing soll hauptamtlicher Geschäftsführer des Werkes werden und muß deshalb sein Amt als Generalsekretär des PWG aufgeben. Der Bischof von Aachen wird ihn für seine neue Aufgabe freistellen. Für die Verwaltung soll ein e. V. gebildet werden. Eine Juristenkommission soll die Fragen der Gründung des e. V. im einzelnen prüfen, eine Satzung erarbeiten und dem Episkopat geeignete Vorschläge unterbreiten. Solange noch kein Beschluß über die endgültige Weiterführung des Werkes gefaßt ist, soll die Geschäftsführung in Aachen sein, jedoch in klarer Abgrenzung und Selbständigkeit gegenüber dem PWG und räumlicher Trennung von dessen Geschäftsführung. Zur Beratung der Geschäftsführung soll unter Vorsitz von Generalvikar Krautscheidt (Essen) ein Beirat von Fachleuten gebildet werden, der die Objekte nach der finanziellen und wirtschaftlichen Seite prüft. Entsprechend dem Beschluß der letzten Plenarkonferenz sollen das PWG und der Caritasverband bei der Vergabe der Mittel beratend hinzugezogen werden.
4. Unter Hinweis auf den Beschluß Nr. 2 der Westdeutschen Bischofskonferenz in Köln vom 16. bis 18. Februar 1959[2] werden die Oberhirten gebeten, dafür Sorge zu tragen, daß von den Ergebnissen der diesjährigen Kinder-Fastenkollekte mindestens der der vorjährigen Kollekte entsprechende Betrag an den Schutzengelverein überwiesen wird.
5. Der Antrag des Bischofs von Rottenburg auf Unterstützung der Materna-Filmverleih GmbH wird dem Wohlwollen der Ordinarien empfohlen.
6. Die liturgische Kommission wird ermächtigt, vorbereitende Schritte zur Festlegung eines einheitlichen deutschen Textes der Episteln und Evangelien (Perikopenbuch) zu unternehmen.
7. Die Konferenz begrüßt den Vorschlag der publizistischen Kommission, den bisherigen Leiter der KRD, Msgr. Dr. Becker-Freiburg, und den bisherigen Vorsitzenden der Fernsehkommission, Pfarrer Siegel-Frankfurt, deren Amtsperiode im September 1959 zu Ende geht, aufs neue zu bestellen, da beide Herren sich sehr gut eingearbeitet und bewährt haben. Die Ordinarien der genannten Herren werden gebeten, sie weiterhin für ihre Arbeit freizustellen.
8. Die Bischöfe wünschen, daß die »Schulkorrespondenz« und die »Filmkorrespondenz« mit der KNA verbunden bleiben. Strukturelle Veränderungen in den Diensten der KNA sollen nur im Einvernehmen mit der Bischofskommission für Publizistik vorgenommen werden.
9. Die Konferenz befaßte sich mit dem »Rahmenplan zur Umgestaltung und Vereinheitlichung des allgemeinbildenden öffentlichen Schulwesens« des Deutschen Ausschusses für das Erziehungs- und Bildungswesen vom 14.2.1959[3].
Die Konferenz erkennt an, daß in unserem technischen Zeitalter die Entwicklung der modernen menschlichen Gesellschaft manche die Schule und Erziehung betreffende Pro-

[2] *Vgl. Dok. 217.*
[3] Deutscher Ausschuss für das Erziehungs- und Bildungswesen, *Rahmenplan zur Umgestaltung und Vereinheitlichung des allgemeinbildenden öffentlichen Schulwesens (Empfehlungen und Gutachten des Deutschen Ausschusses für das Erziehungs- und Bildungswesen Folge 3), Stuttgart 1960.*

bleme aufgeworfen hat, die eine ernsthafte Überprüfung und auch manche Reformen als notwendig erscheinen lassen. Der Rahmenplan des Deutschen Ausschusses für das Erziehungs- und Bildungswesen enthält in dieser Hinsicht einige beachtliche Hinweise.
Auf der anderen Seite aber müssen die Bischöfe feststellen, daß manche der darin gemachten Reformvorschläge sie mit ernster Sorge um die Zukunft des deutschen Bildungswesens erfüllen.
Die Verwirklichung des Rahmenplanes in seinen wesentlichen Punkten würde einen so tiefen Eingriff in unser ganzes bisheriges Schulwesen bedeuten, daß man nicht mehr von einer Evolution, sondern geradezu von einer Revolution auf dem Gebiete der Schule sprechen müßte. Statt umstürzender Experimente braucht aber unser Erziehungswesen eine ruhige Entwicklung.
Größte Gefahren von seiten des Rahmenplanes sehen die Bischöfe auch heraufsteigen für das Recht der Eltern, den Bildungsweg ihrer Kinder entscheidend zu bestimmen, sowie für die katholische Bekenntnisschule, die durch die vorgeschlagene neue Schulorganisation ohne Zweifel praktisch weitgehend unmöglich gemacht würde.
Gefahren drohen ferner der dorfeigenen Schule, an deren Stelle vielerorts zwangsläufig die ländliche Zentralschule treten würde.
Auch das sogenannte höhere Schulwesen würde durch eine so grundlegende Umwälzung größte Erschütterungen erfahren. Die in dem Rahmenplan vorgeschlagene »Studienschule« würde nur einer relativ kleinen Zahl von Hochbegabten offen stehen. Die hier offen auf der Hand liegenden Gefahren für die Heranbildung des Priesternachwuchses seien nur angedeutet. Auch ist nicht abzusehen, wie unsere katholischen Privatschulen die tiefgreifenden praktischen Probleme bewältigen sollen, die sich aus der geplanten Reform ergeben würden.
Aus all diesen Gründen halten die Bischöfe es für unbedingt erforderlich, daß alle in Frage kommenden Stellen, insbesondere auch die betreffenden katholischen Organisationen, dem aufgerollten Fragenkomplex höchste Aufmerksamkeit schenken und nach Möglichkeit positive Vorschläge unterbreiten, die geeignet sind, einerseits den berechtigten Wünschen nach gewissen Schulreformen entgegenzukommen, andererseits aber auch den oben angedeuteten Gefahren wirksam zu begegnen.
Die kommende Plenarkonferenz wird die Frage prüfen, ob eine für die Öffentlichkeit bestimmte Verlautbarung der Bischöfe über die Schulreform zweckmäßig ist.
10. Die Vorsitzenden der einzelnen Kommissionen mögen die Protokolle ihrer Kommissionssitzungen allen Ordinarien zustellen und dabei die Punkte besonders angeben, die auf der nächsten Plenarkonferenz behandelt werden sollen.
Die nächste Konferenz der Westdeutschen Bischöfe findet statt vom 3. bis 5. November dieses Jahres in Pützchen.

Für die Protokollführung:
+ Franz, Bischof von Essen

Der Vorsitzende:
+ Joseph Kardinal Frings,
Erzbischof von Köln.

234

Niederschrift über die Sitzung der Kommission II

Hofheim, 4.–6. Mai 1959

EA Köln, CR II 2.19, 21. *Schreibmaschinenvervielfältigung. Briefkopf:* Der Bischof von Mainz. *Überschrift:* Niederschrift über die Sitzung der Kommission II (Liturgie und Seelsorge) in Hofheim/Taunus im Mai 1959. *Fertigungsdatum:* 14. Mai 1959.

1. Aus der Exerzitienarbeit wird berichtet, daß eine gewisse Stagnation, vielleicht sogar ein Rückgang zu konstatieren sei. Man erklärt dies dadurch, daß die Eifrigen wohl erfaßt seien, daß aber der Vorstoß in die Reihen der Säumigen nicht gelingen wolle. Die Hochwürdigsten Herren werden gebeten, die Frage einer Nachfolge des bisherigen Leiters der Addes, Prälat Jansen, Aachen, aufmerksam im Auge zu behalten.

2. Betreffend Schönstatt wird eine beachtliche zahlenmäßige Stärke der Schwesternschaft, auch im Noviziat und Postulat, berichtet. Die Mitglieder der Kommission einigen sich auf den Wunsch, Msgr. Roth möge über den Stand der Dinge innerhalb der Schwesternschaft an den Episkopat berichten. Parallel besteht der Wunsch, für die Priesterbewegung eine Berichterstattung seitens des Bewegungsleiters P. Nägele[1] zu erfahren.

3. Aus dem Gebiete der Liturgie:

a) Jeder einzelne Ordinarius möge auf die Anfrage S[eine]r Exzellenz des Hochwürdigsten Herrn Apostolischen Nuntius antworten. Es scheint bei aller Selbständigkeit dieser Antworten doch wünschenswert, daß von allen Herren die Bitte auf Verlängerung des »experimentum ad annum« auf ein »experimentum ad triennium«[2] ausgesprochen wird. Als Begründung möge angeführt werden:

aa) Unser ursprünglicher Antrag auf ein experimentum ad triennium beruhte auf einem consensus unanimis episcoporum[3].

bb) Die Gründe, die dazu führten, bestehen unverändert fort.

cc) Die Erfahrung dieses einen laufenden Jahres genügt seiner Natur nach nicht, um zu einer allseits richtigen und gültigen Beurteilung einer so wichtigen Sache zu kommen. Außerdem kam das Privileg so kurz vor der Hl. Woche zu unserer Kenntnis, daß eine genügende Einleitung zu einer umfassenden Aktion nicht möglich war.

dd) Dies alles vorausgesetzt kann doch wohl jeder Ordinarius mit gutem Gewissen versichern, daß die Erfahrungen dort, wo sie gemacht wurden, positiv waren und daß das Abstoppen des Versuchs nach diesem einen Jahr sich pastoral nur schädlich auswirken könnte.

1 P. Franz Nägele SAC *(1901–1984), 1932 Priesterweihe in Salzburg, 1934–1938 Wallfahrts- und Exerzitienleiter in Schönstatt, 1938–1941 Erzieher in Bruchsal sowie Exerzitienleiter in Stuttgart-Hohenheim, 1941 Provinzleiter in Friedberg, 1947–1956 Provinzoberer in der süddeutschen Pallottinerprovinz (Sitz in Friedberg bei Augsburg), 1956–1958 Leiter des St. Paulusheims in Bruchsal, 1958–1964 Leiter des Schönstattwerks in Vallendar, 1965–1971 Generalrat in der Generalleitung der Pallottiner in Rom.*

2 *Lateinisch für: Versuch von der Dauer eines Jahres bzw. Versuch von der Dauer dreier Jahre.*

3 *Lateinisch für: einhellige Übereinstimmung der Bischöfe.*

b) Abgesehen von dieser Antwort an den Herrn Nuntius wäre eine Eingabe der Fuldaer Konferenz vorzubereiten, in der auch hingewiesen werden könnte auf die Tatsache, daß in unserem Vaterland unvordenkliche Gebräuche bestehen der Verlesung und auch des Gesangs der Passion nach einem uralten Ton, beides in der Volkssprache.
c) Im Hinblick auf den Hinweis des römischen Privilegs über Verlesung von Epistel und Evangelium in der Volkssprache, daß dazu nur ein guter, approbierter Text gewählt werden dürfe, erscheint die Erstellung eines einheitlichen deutschen Lektionars (Perikopenbuches) als dringlich. Der französische Episkopat, der sich des gleichen Privilegs erfreut, hat auch ein solches einheitliches Lektionar vorbereitet. Die beiden liturgischen Referenten erhalten den Auftrag, zusammen mit ihren Mitarbeitern, insbesondere mit dem liturgischen Institut in Trier, vorbereitende Schritte zur Erstellung eines solchen Werkes einzuleiten.
d) Schwierigkeiten bezüglich des seit etwa einem Jahrzehnt in fortschreitendem Gebrauch befindlichen Officium divinum parvum von P. Hildebrand Fleischmann O.S.B. führen zu der Bitte, die deutschen Oberhirten möchten durch eine Eingabe an die Religiosenkongregation (wozu das beigefügte Memorandum passendes Material darbietet) für das Werk von Pater Fleischmann eintreten. Dies empfiehlt sich nicht nur wegen des inneren Wertes dieser Betweise (Mitleben des liturgischen Kirchenjahres), sondern auch angesichts der Beliebtheit, der sich das Officium in steigendem Maße erfreut, und angesichts der gewaltigen Verbreitung (rd. 200.000 Exemplare in sechs Sprachen!). Eine Umstellung im Gebet würde für die in Frage kommenden Schwesterngenossenschaften ein gewaltiges finanzielles Opfer bedeuten. Als Mindestbitte wäre einzureichen, daß wenigstens vor dem Inkrafttreten der allgemeinen Brevierreform an den Erlaubnissen des Officium divinum parvum nicht gerüttelt werden möge.
e) Der Bischof von Meißen bekundet lebhaftes Interesse an der Verleihung des Privilegs, den Ritus der Osternacht zwischen Sonnenuntergang des Karsamstag und Sonnenaufgang des Ostertages vollziehen zu dürfen. Trotzdem das Bedenken geltend gemacht wurde, man solle nicht durch zu viele Bitten die Aussichten auf Genehmigung der wichtigsten Anliegen gefährden, glaubte die Kommission doch, der Ostzone die Unterstützung in diesem Anliegen nicht versagen zu dürfen.

235

Niederschrift über die Sitzung der Kommission III

Hofheim, 4.–6. Mai 1959

EA Köln, CR II 2.19, 21. *Schreibmaschinenvervielfältigung. Briefkopf:* Der Bischof von Mainz. *Überschrift:* Niederschrift über die Sitzung der Kommission III (Standesseelsorge) in Hofheim/Taunus im Mai 1959.

1. Auf dem Gebiete der Frauenseelsorge besteht das Problem eines Nachfolgers für Herrn Prälaten Klens (76 Jahre) im Vordergrund. Die auf diesem Gebiete tätige zweite Kraft, Domvikar Thienel aus Breslau, gilt nicht als geeigneter Kandidat. Die Hochwürdigsten Herren werden gebeten, diese wichtige Frage, die keinen langen Aufschub mehr duldet, im Auge zu behalten. Bei dieser Gelegenheit werden gewisse Schwierigkeiten besprochen, die sich aus der Verschiedenartigkeit der Frauenseelsorgearbeit im Süden und im Norden ergeben. Im Süden ist im Gegensatz zum Norden der kath[olische] Frauenbund das Rückgrat der Frauen-Organisation.
2. Die beiden Verbände mit dem Namen D.J.K. sind immer noch nicht im Gesamtverband aufgegangen. Daraus ergeben sich immer wieder neue Schwierigkeiten, die zu der Frage Anlaß gaben, ob nicht seitens des Jugend-Referates eine neue Initiative mit dem Ziel der Einheit ergriffen werden solle. Der Erzbischof von Paderborn plädierte aber für einen nochmaligen Versuch seitens der drei Bistümer: Paderborn, Münster und Essen, um der Einheit näher zu kommen. Erst dann soll der erstgenannte Weg beschritten werden.
3. Jugendseelsorge:

a) Es wird die Frage erhoben, ob die Jugendschutzarbeit in der Zentrale Hamm richtig untergebracht ist oder näher an den Bund der Deutschen Katholischen Jugend (BDKJ) herangebracht werden sollte.

b) Es wird kurz über den Stand bei der Jugend-Akademie berichtet.

c) Eine große Aufgabe tritt an uns heran in dem Augenblick, wo die frühere Sportlehrstätte in Münster von den Amerikanern[1] geräumt wird. Die erste Einrichtung wird auf DM 220.000, der laufende nötige Zuschuß auf DM 60.000 pro Jahr geschätzt. Die Aufgabe, deren Wichtigkeit für die gesamte kath[olische] Jugend gewürdigt wird, wird dem Wohlwollen der Hochwürdigsten Herren empfohlen.

d) Es wird berichtet, daß sowohl der religiöse Bildungsausschuß wie auch die Jahreskonferenz der Diözesan-Jugendseelsorger nach lebhafter Diskussion sich einmütig dafür erklärt haben, daß:

1. die jährliche Jugendfeier bestehen bleibt,
2. der Titel: Bekenntnistag festgehalten wird und
3. der Termin auf Trinitas verbleiben soll.

e) Der schon öfter gewünschte Weiterbau in der Jugendorganisation im Sinne der Verstärkung des Föderalismus wird erneut gefordert.

[1] *Wahrscheinlich Verwechslung mit der britischen Besatzungsmacht.*

4. Aus dem Gebiet der Männerseelsorge wird berichtet vom Ausscheiden des Herrn Dr. Rössler aus der Schriftleitung »Mann in der Zeit« und vom Eintritt des Herrn Dr. Herre[2], bisher beim »Rheinischen Merkur«. Die Hauptstelle für Männerarbeit soll in Fulda verbleiben, wenn auch ihre enge Verbindung mit der Redaktion in Augsburg betont werden soll. Die Frage des Impressums ist noch nicht völlig geklärt. Es werden einige Probleme um die Kolpingfamilie besprochen.

5. Aus dem Gebiete der Flüchtlingsseelsorge werden die folgenden beiden Wünsche formuliert:

a) Die Bischöfe mißbilligen, daß Priester von jenseits der Zonengrenze und aus den Ostgebieten ohne Erlaubnis ihres Ordinarius ihre Seelsorgestelle aufgeben oder dazu von Mitbrüdern aus dem Westen angeregt werden. Solchen Priestern können die Bischöfe keine Anstellung in ihrer Diözese geben.

b) Das derzeitige Nachlassen des Aussiedlerstromes macht eine Auflockerung der Lagerbelegung möglich. Die Beanspruchung vieler Kasernen durch die Bundeswehr hat zur Neueinrichtung von Lagern geführt (z. B. Waldbröl, Wickerath usw.). Jetzt wenigstens sollte jeder Familie in den Lagern ein eigener Raum gegeben werden. Die Hochwürdigsten Herren werden gebeten, ihren Einfluß dafür im Bereich ihres Bistums geltend zu machen.

Im Zuge der Lagerräumung werden viele Ausländer, die bisher in geschlossener Seelsorgsbetreuung in einem großen Lager waren, in kleinen nichtstaatlichen Lagern oder in Wohnungssiedlungen untergebracht. Die ordentliche Pfarrseelsorge muß ihre Betreuung übernehmen.

6. Der Bischof von Münster übernimmt die Bearbeitung der Priester-Seelsorge.

7. Es wird erklärt, daß der Volkswart-Bund auch ins Gebiet der Kommission III gehört.

8. Von Würzburg werden interessante Anregungen aus dem Gebiete der Familien-Seelsorge gegeben, aber es scheint verfrüht, darüber schon einen Beschluß zu fassen.

9. Die Kommission erhebt die Frage, ob mit dieser neuen Sitzungsweise in Kommissionen schon allen bisher geäußerten Wünschen gedient sei, ohne zu einem runden Ja kommen zu können.

[2] FRANZ HERRE *(geb. 1926), Dr. phil., Journalist und Schriftsteller.*

236

Niederschrift über die Sitzung der Kommission IV

Hofheim, 4.–6. Mai 1959

EA KÖLN, Gen. II 23.23, 4. *Schreibmaschinenschrift. Überschrift:* Protokoll über die Besprechung der IV. Kommission (Familie, Schule und Erziehung) in Hofheim vom 4.–6. Mai 1959. *Die Anlagen wurden nicht aufgenommen.*

1. Der Bischof von Würzburg erörterte die Frage, wie die Familienseelsorge intensiver und fruchtbarer gestaltet werden könne. Insbesondere hielt er es für wünschenswert, daß wenigstens von Zeit zu Zeit, etwa an bestimmten Sonn- und Feiertagen, die Familien zur gemeinsamen Teilnahme am Gottesdienst eingeladen werden.
2. Der Bischof von Osnabrück berichtete über die kulturpolitische Entwicklung im Lande Niedersachsen, die nach der jüngsten Regierungsbildung in Hannover[1] zu verschiedensten Befürchtungen Anlaß gibt. Vor allem gab er seiner Sorge über das immer noch nicht gelöste Problem der Lehrerbildung in Niedersachsen Ausdruck.
3. Der Bischof von Aachen informierte die Kommission über den Stand der Vorarbeiten bezüglich des zu erstellenden Religionsbüchleins für die Grundschule. Während die Arbeiten an dem Büchlein für das 1., 2. und 3. Schuljahr gut vorangeschritten sind, wird man hinsichtlich des Büchleins für das 4. Schuljahr mit Stockungen rechnen müssen, da Prof. Dr. Kampmann[2] wenigstens bis jetzt nicht bereit ist, den Entwurf der juristischen Kommission über das den Mitarbeitern zu zahlende Honorar zu unterschreiben. Vielleicht wird für diesen Teil des Religionsbüchleins eine andere Arbeitsgemeinschaft gebildet werden müssen.
4. Die Kommission nahm mit Befriedigung Kenntnis von der günstigen Entwicklung der katholischen Elternzeitschrift »Leben und Erziehen«, deren Abonnentenzahl seit 1½ Jahren im Durchschnitt monatlich um etwa 2.000 zugenommen hat. Den H[ochwürdigsten] H[erren] Bischöfen wurde eine Aufstellung über die Abonnenten aus allen Diözesen Deutschlands ausgehändigt. Inzwischen ist die Gesamtbezieherzahl bereits auf 45.000 angestiegen. Als besonders erfreulich wurde es angesehen, daß Staatssekretär a. D. Bergmann mit großem Eifer an der inneren Gestaltung der Zeitschrift mitarbeitet. Wenn die H[ochwürdigsten] H[erren] Bischöfe sich in ihren Diözesen noch einmal wieder mit Nachdruck für die Verbreitung von »Leben und Erziehen« einsetzen möchten, darf man hoffen, daß diese katholische Elternzeitschrift in absehbarer Zeit einen beachtlichen Platz in der sich mit Schul- und Erziehungsfragen befassenden Presse einnehmen wird.
5. Die Mitglieder der Kommission äußerten den Wunsch, daß die Bischöfliche Hauptstelle für Schule und Erziehung in Zukunft sich noch stärker als bisher um die

[1] *Nach der Landtagswahl vom 10. April 1959, bei der die SPD stärkste Fraktion wurde, wählte der niedersächsische Landtag am 12. Mai 1959* HINRICH WILHELM KOPF *(1893–1961, SPD) zum Ministerpräsidenten, der ein Kabinett aus SPD, GB/BHE und FDP bildete und damit CDU und DP in der Regierung ablöste.*

[2] THEODERICH KAMPMANN *(1899–1983), Dr. phil., 1946 Professor für Religionspädagogik an der Philosophisch-Theologischen Akademie in Paderborn, 1956 in München.*

Ausbildung, Weiterbildung (z. B. Missio canonica) und seelsorgliche Betreuung der Kindergärtnerinnen bemühen möchte.

6. Auch war man der Auffassung, daß eine möglichst intensive Zusammenfassung und Schulung der Laienreligionslehrer angestrebt werden müsse. Die Bischöfliche Hauptstelle soll gebeten werden, nach Möglichkeit eine Orientierung bzw. Mitteilung über stellenweise bereits eingeleitete Versuche an die einzelnen Diözesen weiterzugeben.

7. Die IV. Kommission hielt es ebenso wie die Publizistische Kommission für unbedingt erforderlich, daß die »Schulkorrespondenz« erhalten und mit der KNA verbunden bleibe. Ein entsprechender Beschluß der Plenarsitzung wurde unter Ziff. 8 in das Protokoll aufgenommen. Hierfür etwa erforderliche finanzielle Aufwendungen müßten aus überdiözesanen Mitteln zur Verfügung gestellt werden. Im übrigen war man der Auffassung, daß der Leiter der Hauptstelle für Schule und Erziehung, Direktor Krisinger, in Zukunft weitgehend eine Steuerung dieser Korrespondenz in die Hand nehmen solle.

8. Einigermaßen eingehend befaßte man sich mit der »Katholischen Elternschaft Deutschlands« (KED). Allen H[ochwürdigsten] H[erren] Bischöfen wurde ein ausführliches Exposé über die diesbezüglichen Probleme ausgehändigt.

Die bestehenden zahlreichen freien Elternschaften mit un- oder antikatholischen Zielen, die erforderliche Vertretung in internationalen Organisationen und vor allem die Notwendigkeit, in die amtlichen Schul- und Klassenpflegschaften betreuend hineinzuwirken und überhaupt katholische Schulgesinnung zu pflegen, lassen die KED nach Art eines freien Bildungsverbandes als unentbehrlich erscheinen. Es ist nicht beabsichtigt, Mitgliederbeiträge zu erheben. Vielmehr soll der Bezug der Elternzeitschrift »Leben und Erziehen« als Ausweis der Mitgliedschaft gelten.

Den Antrag der KED auf Anstellung eines hauptamtlichen Geschäftsführers und auf eine Zusammenlegung ihres Büros mit der Bischöflichen Hauptstelle für Schule und Erziehung in Köln hielt die Kommission für sehr begründet und zweckmäßig.

9. Ein Hauptgegenstand der Beratungen der Kommission war der »Rahmenplan zur Umgestaltung und Vereinheitlichung des allgemeinbildenden öffentlichen Schulwesens« des Deutschen Ausschusses für das Erziehungs- und Bildungswesen vom 14.2.1959.

Die dort vorgeschlagenen Schulreformpläne wurden als so tiefgreifend und in ihren entscheidenden Punkten als so gefahrdrohend für Elternrecht und religiöse Erziehung der Jugend angesehen, daß die Frage zu prüfen war, ob die deutschen Bischöfe schon im gegenwärtigen Augenblick mit einer Stellungnahme an die Öffentlichkeit treten müßten.

Das Ergebnis dieser Beratungen ist im Protokoll der Konferenz unter Ziff. 9 in folgender Weise zusammengefaßt:

[…][3]

Inzwischen hat der Rahmenplan in der Öffentlichkeit eine vielfältige teils sachliche, teils leidenschaftliche Diskussion entfesselt. Auf besonders scharfe Ablehnung stößt

[3] *Vgl. Dok. 233.*

er im allgemeinen bei den Philologen und ihren Organisationen (vgl. die Zeitschrift des Philologenverbandes »Die Höhere Schule«, Heft 6, Juni 1959).
Sehr wertvoll ist die Stellungnahme der Vorsitzenden des Vereins katholischer deutscher Lehrerinnen, Elisabeth Mleinek[4], in der »Katholischen Frauenbildung«, Heft 5, 1959. (Sonderdruck siehe Anlage 1).
Zur weiteren Orientierung ist auch die frühere Abhandlung von Elisabeth Mleinek über die »Organisation der Schule« angefügt (Anlage 2).
Bedauerlich sind so manche Stellungnahmen aus katholischen Kreisen, die von einzelnen guten Anregungen des Rahmenplanes so angetan sind, daß sie die Gefahren nicht mehr sehen, die eine so tiefgreifende organisatorische Umgestaltung des Schulwesens, wie sie in den Rahmenplänen vorgesehen ist, mit sich bringen würde. U[nseres] E[rachtens] sind beispielsweise die Ausführungen in dem Verbandsorgan der Katholischen Lehrerschaft Deutschlands »Der Katholische Erzieher« Mai 1959, S. 235–245 in vielfacher Hinsicht verwirrend und einer zielklaren katholischen Kulturpolitik abträglich. Es ist uns aber bekannt, daß ein großer Teil der jüngeren katholischen Lehrer auch im Katholischen Lehrerverband mit solchen Verlautbarungen des Verbandes nicht einverstanden ist.
Sehr erfreulich war die klare Stellungnahme des Kultusministers von Nordrhein-Westfalen, Werner Schütz[5], am 10. Mai ds. Js. in Königswinter in einer Rede auf einer kulturpolitischen Tagung der »Jungen Union« des Rheinlandes, in der er den Rahmenplan als unrealistisch ablehnte.
Wir gestatten uns, zur weiteren Informierung folgende Schriftstücke anzufügen:
Exposé des H[ochwürdigsten] H[errn] Prälat Prof. Dr. Selhorst[6] (Anlage 3),
Stellungnahme des Bayerischen Philologenverbandes, München (Anlage 4),
Stellungnahme des Verbandes deutscher Mittel- und Realschullehrer, Abschrift aus »Die Realschule« 1959/6, S. 127 (Anlage 5),
»Bedenken gegen Förderstufe«, Stellungnahme des VKLD-Bezirksvereins Stuttgart, Abschrift aus »KNA-Schulkorrespondenz«, 1959/11, S. 8 (Anlage 6).
Es wäre sehr zu begrüßen, wenn die H[ochwürdigsten] H[erren] Bischöfe bzw. ihre Schulreferenten in dieser Angelegenheit mit den in Frage kommenden Kultusministern in Verbindung treten und einen entsprechenden Einfluß auf sie ausüben könnten.
10. Im Zusammenhang mit den Beratungen über den Rahmenplan wurde es erneut offensichtlich, daß unbedingt ein Gegengewicht geschaffen werden muß gegenüber dem Deutschen Ausschuß für das Erziehungs- und Bildungswesen, der in seiner jetzigen Zusammensetzung keinerlei Gewähr dafür bietet, daß die christlichen und besonders die katholischen Belange im Erziehungs- und Schulwesen hinreichend vertreten werden.

[4] ELISABETH MLEINEK *(1892–1980), 1925 Geschäftsführerin, 1953–1966 erste Vorsitzende des Vereins katholischer deutscher Lehrerinnen.*

[5] WERNER SCHÜTZ *(1900–1975), 1925 Rechtsanwalt in Düsseldorf, nach 1934 in der Bekennenden Kirche, 1958–1966 Mitglied des Landtags (CDU), 1954–1956 und 1958–1962 Kultusminister des Landes Nordrhein-Westfalen.*

[6] HEINRICH SELHORST *(1902–1979), Dr. theol., 1927 Priester (D Münster/D Aachen), Professor und Domkapitular in Aachen, Päpstlicher Hausprälat.*

Daher billigte und begrüßte die Kommission die Absicht der Bischöflichen Hauptstelle für Schule und Erziehung, einen katholischen Bildungsausschuß ins Leben zu rufen, dem etwa ein Dutzend sorgfältig auszuwählender Persönlichkeiten, die auf dem Gebiete der Pädagogik Autorität und Sachkenntnis besitzen, angehören sollen. Wir hoffen, den H[ochwürdigsten] H[erren] Bischöfen hierüber in nicht zu ferner Zeit Näheres berichten zu können.

237

Niederschrift über die Sitzung der Kommission V

[Hofheim, 4.–6. Mai 1959][1]

EA Köln, CR II 2.19, 21. *Schreibmaschinenvervielfältigung. Überschrift:* Niederschrift über die Kommissionssitzung 5 (Wissenschaft, Kulturpflege, Erwachsenenbildung). *Vermerk:* Betr. Konferenz in Hofheim 4.–6.5.1959. *Fertigungsdatum:* Paderborn, 15. Juli 1959.

I. Erwachsenenbildung

Die Kommission nahm den Bericht über Wissenschaft, Kulturpflege und Erwachsenenbildung entgegen, der vom Zentralkomitee der deutschen Katholiken erstattet worden war und der bereits von dort allen Hochwürdigsten Mitgliedern der Plenarkonferenz zugeleitet worden ist. Es wurde allseits begrüßt, daß es gelungen ist, eine »Bundesarbeitsgemeinschaft für katholische Erwachsenenbildung« zu gründen, die alle Aktivitäten dieser Art koordiniert, inspiriert und zu regelmäßigem Erfahrungsaustausch versammelt und die als Spitzenorganisationen das Anliegen nach außen vertritt.

Eine vermehrte Aufmerksamkeit wird dem katholischen Büchereiwesen zugewendet werden müssen, das gegen die kommunalen Büchereien und deren einseitige Unterstützung durch die staatlichen und kommunalen Stellen einen schweren Kampf zu führen hat.

Das Institut für Erwachsenenbildung in Münster und seine Zeitschrift »Erwachsenenbildung« bekommt für die Arbeit in allen Sparten der Erwachsenenbildung eine erhöhte Bedeutung. Es ist sehr zu wünschen, daß das Institut bald die Gestalt bekommt, die alle auf das Institut gesetzten Erwartungen voll befriedigt.

Eine besondere Sorge erfordert die kath[olisch]-soziale Bildungsarbeit. Die verschiedenen Bemühungen in dieser Richtung in den einzelnen Diözesen müssen noch in einen engeren Gedankenaustausch gebracht werden. Vor allem muß auf die Heranbildung eines geeigneten und tüchtigen Dozentennachwuchses Wert gelegt werden (Aufgabe der Sozialakademie in Honnef?).

Es sollten auch katholischerseits die Dozenten für Soziologie und Sozialpädagogik an unseren pädagogischen Hochschulen zum wissenschaftlichen Gespräch und Er-

1 *Die Datierung ergibt sich aus dem Gegenstand des Berichts. Aus dem sachlichen Zusammenhang in Verbindung mit dem angegebenen Fertigungsort ergibt sich, daß* Jaeger *als Verfasser angenommen werden kann.*

fahrungsaustausch und zur Ergänzung ihres von der Universität mitgebrachten Fachwissens regelmäßig zusammengeführt werden.
In gleicher Weise verlangt der in Nordrhein-Westfalen (vielleicht auch in anderen Ländern) unternommene Versuch, als 4. Zweig des Gymnasiums (neben dem altsprachlich-humanistischen, dem neusprachlich-humanistischen und dem mathematisch-naturwissenschaftlichen) ein sogenanntes »Soziales Gymnasium« aufzubauen, unsere aufmerksame Beobachtung.
Akademiearbeit: Der katholischen Akademiearbeit kommt heute größte Bedeutung bei, weil diese unverbindliche Arbeitsweise einer sehr weit verbreiteten Haltung des modernen Menschen entspricht. Sie vermag auch Menschen wieder in eine Berührung mit der Kirche und der Wahrheit des Evangeliums zu bringen, die sich daran gewöhnt hatten, mit Beruf und Welt fertig zu werden ohne die Heilskräfte des Glaubens und der Kirche. Die Kommission ist aber der Meinung, daß feste Bindungen und Organisationen nicht entbehrt werden können, wenn immer die Kirche intendiert, auch in den öffentlichen Raum hineinzuwirken.
Ein Erfahrungsaustausch der Leiter der verschiedenen katholischen Akademien, eine gemeinsam erarbeitete Ausrichtung und Zielsetzung ihrer Arbeit ist wünschenswert.

II. Freizeitpflege

Die Bemühungen des geschäftsführenden Vorstandes des Zentralkomitees, den Arbeitskreis »Freizeitpflege« zu gründen und zu wirksamer Arbeit zu führen, werden begrüßt. Stärker noch als bisher muß versucht werden, durch die Presse die Öffentlichkeit über Segen und Unsegen der größeren Freizeit aufzuklären und Wege zu rechtem Gebrauch der Freizeit zu zeigen.

III. Akademikerarbeit

Die Akademikerarbeit scheint in dem obengenannten Sammelbericht des Zentralkomitees zu günstig beurteilt zu sein. De facto ist die Katholische Deutsche Akademikerschaft noch voller innerer Spannungen, die die KDA noch nicht zu einer Breiten- und Tiefenarbeit haben kommen lassen. Es fehlen vor allem der KDA die arbeitsfähigen Gremien auf der lokalen Ebene.
Die KDSE ist in dem Bericht zu schlecht beurteilt. Es ist in der KDSE schon sehr viel guter Wille investiert und ein großer Eifer einiger weniger. Daß die Wirksamkeit an den Hochschulen nicht größer ist, liegt zum guten Teil an der mangelnden Einheit der Willensbildung unter den Studentenpfarrern und an der entsprechend intensiven Zusammenarbeit mit der Leitung der KDSE. Der Tätigkeitsbericht der Kath[olischen] Deutschen Studenten-Einigung ist Mitte Juli allen H[ochwürdigsten] H[erren] Bischöfen unmittelbar von Bonn aus zugegangen.

Die Arbeit an den Höheren Technischen Lehranstalten und Höheren Fachschulen
Über die Einrichtung einer religiösen Betreuung, sei es in Form der Studentengemeinde, sei es in anderen Formen religiöser Erwachsenenbildung, ist bereits berichtet worden in den Protokollen über die Tagung in Dortmund und die Tagung des

Fachschulausschusses in Köln. Die Aktivität kath[olischer] Seelsorge an diesen Anstalten hat auch die ev[angelische] Studentengemeinde auf den Plan gerufen, die Ende Mai Anfang Juni einen Bericht über die »Bedeutung der Höheren Fachschulen im Blick auf den Dienst der Kirche an den Einrichtungen des Bildungswesens der Bundesrepublik« veröffentlicht hat. Die ev[angelische] Studentengemeinde bezieht sich in ihrem Memorandum sehr stark auf den Bericht, der über das höhere Fachschulwesen der Plenarkonferenz 1956 erstattet wurde und auf das Material, das katholischerseits in den genannten Berichten vorgelegt worden ist.

Die Organisation der religiösen Bildungsarbeit an diesen Schulen hat inzwischen weitere gute Fortschritte gemacht, benötigt aber jetzt dringend einen hauptamtlichen Seelsorger, der mit den Besonderheiten der technischen höheren Lehranstalten vertraut ist und die gesamte religiöse Bildungsarbeit anregt und koordiniert. Es ist dafür gewonnen worden H[ochwürdiger] H[err] Pater Lothar Zimmermann SAC[2], der selber ein Studium an einer technischen Lehranstalt absolviert hat und den der Pater Provinzial freistellen würde, falls die Plenarkonferenz die Betrauung des Paters mit dieser Aufgabe genehmigt. Ich bitte um Zustimmung und Bewilligung der finanziellen Mittel.

Cusanuswerk

Die bischöfliche Studienförderung »Cusanuswerk« hat sich weiterhin gut entwickelt. Für das Auswahlverfahren 1959 lagen 186 Anträge vor, von denen 60 vorzeitig ausgeschieden werden mußten, so daß 126 in das Auswahlverfahren gekommen sind (gegenüber 91 im Vorjahr). Aufgenommen wurden 45 Anwärter, zurückgestellt 13, abgelehnt 68 Anwärter. Das Niveau der Anwärter war in diesem Jahre im ganzen höher als im Vorjahr. Ein Antrag gilt als entschieden, wenn Übereinstimmung zwischen Referent, Korreferent und Geschäftsstelle des Cusanuswerkes besteht.

Die Tendenz, keine Abiturienten in die Hochbegabtenförderung aufzunehmen, zeichnet sich immer deutlicher ab. Man sieht ein, wie unerläßlich eine erste Bewährung im Hochschulraum bei der Beurteilung der Anwärter ist, zumal das Honnefer Modell[3] begabten und finanziell bedürftigen Abiturienten das erste Studienjahr sichert.

Die gestiegene Anzahl der Stipendien macht einen hauptamtlichen geistlichen Assistenten für den Leiter des Cusanuswerkes, H[ochwürdigen] H[errn] Direktor Hanssler, erforderlich. Ich bitte die Plenarkonferenz, die dafür notwendigen Etatmittel zu bewilligen.

Es ist jetzt an der Zeit, daß auch das Kuratorium für das Cusanuswerk berufen wird. Ich füge in der Anlage eine Vorschlagsliste[4] bei, die aber in keiner Weise verbindlich sein soll, sondern nur die Gesprächsgrundlage darstellt für die verschiedenen mög-

2 P. Lothar Zimmermann SAC *(1927–2007), 1948 Eintritt in den Pallottinerorden und Priesterweihe, Seelsorger für Studenten Höherer Fachschulen, Geistlicher Assistent der Einigung katholischer Studenten an Höheren Fachschulen und der Gilde katholischer Ingenieure Deutschlands, 1973–2007 Gemeindepfarrer im Bistum Trier (Weiler, Kettig, Kobern-Gondorf).*

3 *Auf einer Konferenz in Bad Honnef 1955 beschlossene, 1957 eingeführte Studienförderung des Bundes, Vorform des BAFÖG.*

4 *Nicht ermittelt.*

lichen Bereiche, aus denen die Kuratoriumsmitglieder erwählt werden sollten. Es empfiehlt sich, neben den Vertretern des öffentlichen Lebens und hervorragenden Persönlichkeiten in das Kuratorium des Cusanuswerkes außerdem noch zu berufen einen Vertreter der Studentenpfarrerkonferenz (vielleicht den Ersten Studentenpfarrer) und einen Vertreter des Religionslehrerverbandes.

Der Kath[olische] Akademikerverband und die Akademiker-Zusammenschlüsse

Der KAV hat in den letzten Jahren ganz bewußt den Versuch unternommen, die Gildenarbeit anzuregen, bei der wissenschaftliche und berufliche Einheiten zu kleinen Gemeinschaften zusammengeführt werden. Es wäre zu wünschen, daß diese Versuche zum Erfolge führen würden. Augenscheinlich ist der Akademiker, der als Stand nicht mehr existiert, sondern in eine Vielzahl von Berufseinheiten aufgespalten ist, allgemein als Akademiker nicht mehr ansprechbar. Er wird in seiner besonderen religiösen Problematik auch von der allgemeinen Seelsorge nicht mehr erreicht. Er spricht aber sofort an, wenn er in seinem Sachbereich gefragt und mit dem Glauben konfrontiert wird. Formen dazu sind in den einzelnen Diözesen schon mit Erfolg entwickelt worden. Es mangelt noch an dem Erfahrungsaustausch untereinander und auch an der wirksamen Verbindung mit dem KAV.

IV. Wissenschaftliche Planung

Die Ausführungen im Bericht des Zentralkomitees zu diesem Punkt sind beachtlich. Es bleibt in diesem Betracht noch viel zu tun. Es müssen unsere Parlamentarier energischer hingewiesen werden auf die nicht länger tragbare einseitige Vergabe staatlicher Mittel für interkonfessionelle Unternehmungen und auf die Benachteiligung junger Katholiken in der Berufsförderung.

Das geplante katholische Institut für Psychologie und Psychotherapie

Der von Herrn Privatdozenten Dr. med. Albert Görres vorgelegte Entwurf ist bereits in Hofheim allen Mitgliedern der Konferenz überreicht worden. Inzwischen ist ein anderes Gutachten von dem Chefarzt des Cardinal-von-Galen-Krankenhauses in Neuenkirchen (Oldenburg), Herrn Dr. Faber[5], erstellt worden. Dieses Gutachten ist dem Hochwürdigsten Herrn Bischof von Münster von Herrn Dr. Faber überreicht worden. Es wäre zur Urteilsbildung notwendig, daß dieses Gutachten gleichfalls vervielfältigt und allen Konferenzteilnehmern zugestellt würde. Beide Standpunkte lassen sich miteinander nicht vereinbaren. In dem Vorschlag von Herrn Dr. Faber geht es darum, eine psychotherapeutische Klinik zu gründen, an der Ärzte in der Psychotherapie ausgebildet werden, während der Vorschlag des Herrn Privatdozenten Dr. Görres, der bereits in den Händen der Konferenzteilnehmer sich befindet, ein wissenschaftliches Institut mit anerkannten wissenschaftlichen Fachkräften intendiert, das für sich und die daran ausgebildeten Studenten und Ärzte auf wissenschaftliche Anerkennung und den Erwerb der staatlichen Berechtigung abzielt. Die endgültige Beschlußfassung darüber muß der Plenarkonferenz vorbehalten bleiben.

[5] Franz Rudolf Faber *(1919–2010), Dr. med., Psychotherapeut, Chefarzt der Clemens-August-Klinik (Fachklinik für Psychotherapie und Psychosomatische Medizin) in Neuenkirchen-Vörden. Der Name der Klinik ist in der Vorlage nicht richtig wiedergegeben.*

V. Das katholische Blindenwerk

In Anbetracht der Gesamtumstände im katholischen Blindenwesen ist es noch nicht an der Zeit, eine gänzliche Reorganisation der katholischen Bemühungen caritativ-seelsorglicher Art um die Blinden in Angriff zu nehmen. Die gesetzliche Regelung des Blindenwesens ist gerade jetzt in voller Entwicklung.

Es ist aber dringlich, gewisse Einzelaufgaben einer befriedigenden Lösung zuzuführen:

a) Einer erhöhten Aufmerksamkeit bedarf die Entwicklung des Schul- und Internatwesens für die katholischen blinden Kinder und Jugendlichen. Das katholische Blindenwerk (P. Svoboda) hat darüber eine kleine Denkschrift ausgearbeitet, die dem gesamten Episkopat und den Bischöflichen Ordinariaten mit ihren Schulämtern zugeleitet worden ist. Ich bitte, ihr freundliche Beachtung zu schenken und mitzuhelfen, daß die Anstalt in Bingen als katholische Einrichtung gesichert wird.

b) Da die bereits bestehenden zehn Hörbüchereien (Tonbänder) alle interkonfessioneller Art sind und nur zugesagt haben, bis zu 5% ihrer Produktion auf die Vorschläge des katholischen Blindenwerkes einzustellen, muß unbedingt eine katholische Hörbücherei auf Tonbändern eingerichtet werden. Es besitzen bereits über 3.000 blinde Einzelpersonen eigene Hörgeräte, und die Entwicklung schreitet rapide vorwärts.

Der Direktor des Borromäusvereins Bonn hat durch H[ochwürdigen] H[errn] Direktor Dr. Koep schon die grundsätzliche Bereitschaft ausgedrückt, diese kath[olische] Hörbücherei für Blinde einzurichten. Sie wird es aber mit qualitativer Leistung nicht vermögen ohne eine finanzielle Hilfe durch den Hochwürdigsten Episkopat. Ich bitte die Plenarkonferenz zu beschließen, dem Borromäusverein den Auftrag zur Errichtung einer kath[olischen] Hörbücherei zu erteilen und ihm eine entsprechende finanzielle Unterstützung zuzusichern.

c) Der alljährlich geleistete überdiözesane Zuschuß für die Blindenschriftdruckerei in Paderborn hat sich bewährt. Die Blindenschriftdruckerei hat, wie der Tätigkeitsbericht, der den Hochwürdigsten Herren Bischöfen zugegangen ist, ausweist, eine große Anzahl von Ausgaben des NT, Katechismen und Bibl[ischen] Geschichten für die Hand der Kinder, sowie religiöser und unterhaltender Literatur zu stark verbilligten Preisen den Blinden zuleiten können. Sie hat auch laufend größere Mengen von Schriftgut in Blindenschrift unentgeltlich an Blinde in der DDR liefern können. Ich bitte darum, den finanziellen Zuschuß in der gleichen Höhe erneut zu bewilligen.

[*o. U.*].

238

Niederschrift über die Sitzung der Kommission VII

Hofheim, 4.–6. Mai 1959

EA MÜNCHEN, Joseph Kardinal Wendel, 21/1960. *Schreibmaschinenvervielfältigung mit Überschrift:* Protokoll über die Besprechungen der VII. Kommission (Soziale Arbeit) in Hofheim vom 4.–6. Mai 1959.

1. Einleitend wurde die Frage der Zuständigkeit der Kommissionen besprochen. Bei dieser Gelegenheit wurde der Wunsch geäußert, daß ganz allgemein die Zuständigkeit der verschiedenen Bischofskommissionen offiziell festgelegt werde, da bislang nur ein Arbeitsentwurf existiert. Als Modus würde sich vielleicht empfehlen, daß jeder Kommissionsvorsitzende gebeten wird, einen entsprechenden Entwurf für die von ihm geleitete Kommission an den Vorsitzenden der Bischofskonferenzen zu übersenden. Die Hauptkommission würde dann die verschiedenen Entwürfe aufeinander abstimmen und dem Plenum in Fulda eine endgültige Fassung vorlegen. – In diesem Zusammenhang stellte die VII. Kommission den Antrag, ihr das Siedlungswesen mit den entsprechenden Institutionen im kirchlichen Raum zuzuordnen.

2. Der Bischof von Essen berichtete über den Stand der Verhandlungen, die schon seit Jahren zwischen ihm als Beauftragten der Bischöfe und Herrn Minister a. D. Dr. Hermes über das Verhältnis der Katholischen Landjugend zum Bauernverband geführt werden. Es war beabsichtigt, die Plenarsitzung um eine Ermächtigung zur Weiterführung der Verhandlungen zu bitten. Da keine Zeit mehr war, auf der Plenarsitzung die Bitte vorzutragen, darf angenommen werden, daß die schon vor Jahren erteilte Ermächtigung fortdauert.

Als Grundsätze für den Abschluß der Verhandlungen wurden aufgestellt:

a) Nicht die Bischöfe sind Vertragspartner des Bauernverbandes, sondern die Katholische Landjugend. Die Bischöfe sind bereit, ihrerseits den von der katholischen Landjugend zu treffenden Vereinbarungen zuzustimmen.

b) Als unabdingbar muß eine Vertretung der Katholischen Landjugend im Präsidium des Bauernverbandes gefordert werden. Bislang ist nur die neutrale Landjugend des Verbandes dort vertreten, nicht aber die zahlenmäßig stärkere Katholische Landjugend.

Im Anschluß daran wurde die Frage der Entwicklung einer Katholischen Landvolkbewegung besprochen. Es herrschte Einigkeit darüber, daß eine solche katholische Landvolkbewegung als Ergänzung und Stütze der Katholischen Landjugend und zur wirksamen Vertretung des christlich-sozialen Gedankengutes in den bäuerlichen Wirtschaftsverbänden dringend erwünscht sei.

3. Der Bischof von Eichstätt trug die verschiedenen Anliegen der CAJ vor. Besonders wies er auf die Notwendigkeit hin, noch intensiver den Klerus für die CAJ-Arbeit zu interessieren und sein Verständnis für die tragenden Prinzipien der CAJ-Arbeit zu wecken.

4. Der Bischof von Essen berichtete über den Wechsel in der Leitung des Sozialreferates im Zentralkomitee. Der Pater Provinzial der Herz-Jesu-Priester benötigt P.

Dr. Engel für eine wichtige Bildungsaufgabe im sozialen Bereich[1]. Da ein für seine Nachfolge als Leiter des Sozialreferates entsprechend qualifizierter Priester im Augenblick nicht gefunden werden kann, wird überlegt, einen dafür ausreichend vorgebildeten Laien als Sozialreferenten nach Godesberg zu berufen, während die Leitung des Referates von Herrn Professor Dr. Höffner bzw. einem Gremium übernommen wird, in dem Professor Höffner den Vorsitz führt.

5. Der Bischof von Münster berichtet über den Stand des Arbeiterseelsorge-Schwerpunktprogramms[2]. Die Kommissionen sind inzwischen gebildet worden. Die ersten Sitzungen der Kommissionen sollen demnächst stattfinden und ein erstes Ergebnis der Plenarkonferenz von Fulda vorgelegt werden.

Im Zusammenhang damit wurde sich die Kommission klar über die Dringlichkeit einer Neuordnung der Sozialverbände, deren jeweiliger Standort im Hinblick auf die gesellschaftliche Umstrukturierung neu erarbeitet werden muß. – Erneut wurde die Dringlichkeit einer intensiven und extensiven sozialen Bildungsarbeit betont.

6. Eingehender wurde der augenblickliche Stand der Gewerkschaftsfrage besprochen (siehe Anlage![3]).

239

Wissing an die Hauptkommission der Fuldaer Bischofskonferenz

[Bonn, vor 10. Mai 1959][1]

EA MÜNCHEN, Joseph Kardinal Wendel, 21/1959. *Schreibmaschinenschrift. Überschrift:* Vorschlag einiger Besprechungspunkte für die Hauptkommission der Bischöfe.

1. Staatssekretär Globke hat telefonisch noch einmal gebeten, die Gläubigen zu Bittgottesdiensten aufzurufen während der Außenminister-Konferenz Ost und West ab 10. Mai. Ich meine aber, daß der Gebetsaufruf der deutschen Bischöfe von der letzten Konferenz dem Anliegen vollauf gerecht würde.

2. Von seiten der CDU wie von seiten der SPD werden Kontaktgremien gewünscht, die bestimmte Fragen, die Kirche und Partei bzw. Kirche und Parlament angehen, vorbesprechen sollten. Diese beiden Gremien haben unter Exzellenz Böhler bereits bestanden. Nun ist aber der Wunsch von beiden Seiten, daß jeweils ein Bischof als ständiges Mitglied in diesen Gremien vertreten sein soll. Unsere Meinung ist, daß es von Fall zu Fall wünschenswert wäre, daß ein Bischof teilnimmt, aber nicht grundsätzlich festgelegt werden sollte, daß von der katholischen Seite ein Bischof in diesen Gremien vertreten ist.

[1] P. JOSEF ENGEL *war aus persönlichen Gründen aus dem Zentralkomitee ausgeschieden, sein Nachfolger wurde Dr.* PAUL BECHER.

[2] *Vgl. Dok. 263 u. ö.*

[3] *Nicht ermittelt.*

[1] *Die Datierung ergibt sich aus dem Datum der Außenministerkonferenz.*

3. Es hat sich die Frage ergeben, in welcher Weise die Vertretung im Falle der Abwesenheit des Leiters unseres Büros geregelt werden soll.
Wir möchten hierzu vorschlagen:
Das Katholische Büro trägt Fragen von größerer Bedeutung, die während der Abwesenheit des Leiters entschieden werden müssen, dem Vorsitzenden der Fuldaer Bischofskonferenzen vor und leitet ihm Schreiben über diese Fragen zur Unterschrift zu. Den Vorsitz im Kirchenpolitischen Gremium übernimmt im Vertretungsfalle Generalvikar Dr. Offenstein und falls dieser verhindert ist, ein vom Gremium zu bestimmendes Mitglied. Im übrigen ist die Vertretung innerhalb des Büros zu regeln.
4. Da Exzellenz Hengsbach zur Hauptkommission gehört, hat er vorgeschlagen, die Fragen des Abkommens zwischen Kirche und Bauernverband dort zu erörtern. Die Unterlagen sind Exzellenz Hengsbach dafür zugegangen.
5. Im letzten Bischofsbericht hatte ich bemerkt, daß die Frage einer intensiven Seelsorge in Bonn für Abgeordnete und Beamte ohne geeigneten Raum schwer möglich sei. Exz[ellenz] Böhler hatte schon einen Bau in der Nähe des Bundeshauses geplant, scheiterte aber damals an der Grundstücksfrage. Die Gesamtfrage ist deshalb besonders akut, weil nach wie vor die Bundestagsabgeordneten sich morgens zu religiösen Morgenfeiern im Bundestag zusammenfinden. Diese Feiern sind interkonfessionell und vom Offizium in Rom abgelehnt worden. Unser Plan wäre, in der Nähe des Bundeshauses ein Haus mit einer Kapelle zu bauen, wo morgens, wenigstens in den Wochen, wo Sitzungen sind, vor der Sitzung eine Messe wäre und wo die Abgeordneten auch anschließend frühstücken könnten. Gleichzeitig würde sich die Möglichkeit ergeben, weil das Grundstück in der Nähe des Bundeshauses liegt, auch zwischenzeitlich sich mit den Politikern leichter in diesem Haus zu treffen.
Es ist uns jetzt ein Grundstück angeboten worden neben dem Bundespräsidialamt. Wir müssen uns aber jetzt sehr schnell entscheiden. Das Grundstück hat eine Fläche von 165 qm. Auf dem Grundstück ist eine Ruine, die beseitigt werden müßte. Der Bodenpreis ist für diese Lage verhältnismäßig günstig. Der Gesamtbau eines solchen Hauses inkl. Ankauf des Platzes und Räumung der Trümmer, würde ca. 500.000 DM kosten. Es wäre dann die Möglichkeit gegeben, in einem solchen Haus auch die KNA – wenn man will – unterzubringen und die Räume des Katholischen Büros zu beheimaten. Die Frage, die eilt, ist, Ankauf des Grundstückes und Räumung. Die Summe dafür ist etwa 150.000 DM. Wenn KNA nicht untergebracht werden soll, so wird es möglich sein, durch Vermietung von Wohnungen die Rentabilität des Hauses sicherzustellen.
Ich würde sehr darum bitten, dem Ankauf des Platzes zuzustimmen, weil in solch günstiger Lage sonst dort kein Bauplatz mehr zu haben ist.

240

Bericht Hansslers

Bad Godesberg, 11. Mai 1959

EA Köln, CR II 22.32a, 2. *Schreibmaschinenausfertigung mit eigenhändiger Unterschrift. Briefkopf:* Cusanuswerk, Bischöfliche Studienförderung. *Überschrift:* Tätigkeitsbericht über das Studienjahr 1958/59.

Im abgelaufenen Studienjahr wurde vor allem das Vertrauensdozentennetz weiter ausgebaut. Neben der Gruppenarbeit an den Hochschulen, die sich gut weiter entwickelt hat, legten wir besonderen Wert auf die Durchführung der Ferienakademien.
Wir haben
in Freckenhorst i[n] W[estfalen] vom 11.–30.8.1958 und
in Matrei am Brenner (Österreich) vom 8.–27.9.1958
je eine dreiwöchige Ferienakademie mit je rund 40 Teilnehmern durchgeführt.
Die Akademien gliederten sich in je drei Kurse:
einen Philosophie-Kursus über Logik und Erkenntnistheorie,
einen Theologie-Kursus über Schöpfungs- und Gnadenlehre und
einen Soziologie-Kursus über normative Gesellschaftslehre
(Sozialmetaphysik, soziale Anthropologie).
In der ersten Januarwoche 1959 fand im Bonifatiushaus in Fulda eine Kurzakademie mit der gleichen Thematik statt.
Es gelang uns, namhafte Referenten für unsere Arbeit zu gewinnen:
Herrn Dozent Dr. Henry Deku[1], München
Prof. Dr. Dempf[2], München
Dozent Dr. Hödl[3], München
Prof. Dr. Klüber[4], Regensburg
P. Dr. Kern S. J.[5], Pullach
Prof. Dr. Wallraff S. J., Frankfurt.
Während der Ferienakademien stand Direktor Hanssler allen Teilnehmern für Aussprachen zur Verfügung. Grundsätzlich hatte jeder Stipendiat die Sprechstunde aufzusuchen. Direktor Hanssler gestaltete außerdem im Akademie-Programm die Gottesdienste.
Das Gesamttreffen war für 2.–6. März in Untermarchtal geplant worden, doch konnten nicht alle Stipendiaten kommen, vor allem wegen Prüfungsterminen.

1 Henry Deku *(1909–1993), Dr. phil., nach 1933 politisch verfolgt, 1938 nach KZ-Haft emigriert, 1939 Fellow in Yale, 1946–1963 Lehrbeauftragter für Philosophie an der Universität München, 1963–1967 in Notre Dame/USA, 1971 wieder in München.*

2 Alois Dempf *(1891–1982), Dr. phil., Professor für Philosophie 1937 in Wien, 1948 in München.*

3 P. Franz Xaver Hoedl OFMCap *(1900–1978), Dr. phil., Lektor an der Ordenshochschule Eichstätt.*

4 Franz Klüber *(1913–1989), Dr. iur., Dr. rer. pol., Professor für Christliche Gesellschaftslehre an der Philosophisch-Theologischen Akademie in Regensburg.*

5 P. Walter Kern SJ *(1922–2007), 1945 Ordenseintritt, 1955 Priester, Professor an der Ordenshochschule in Pullach.*

Wir sind immer bestrebt, auch die nähere und weitere Umgebung eines Tagungsortes etwas kennenzulernen. So veranstalteten wir in Freckenhorst eine Fahrt zu den Wasserburgen, in Matrei eine Fahrt nach Südtirol mit Besuch der Städte Meran, Bozen und Brixen, in Fulda eine Besichtigung der Michaeliskirche, des Domes und des Domschatzes und von Untermarchtal aus eine Fahrt zu drei Barockkirchen Oberschwabens: Obermarchtal, Zwiefalten und Steinhausen.

Nach intensiven Vorarbeiten während des Wintersemesters fand am 20./21. April in Bad Godesberg die diesjährige Auswahlsitzung statt. Da das Bundesinnenministerium eine Erhöhung des Zuschusses um 60.000 DM in Aussicht stellte, waren wir in diesem Jahr in einer weit günstigeren Lage als 1958. Wir hatten 31 volle Stipendien zu vergeben.

Am 20. April beschäftigte sich das Gremium mit der Entscheidung über die Probeaufnahmen 1958 und Herbst 1957.

Von den 41 Probestipendiaten wurden
35 endgültig aufgenommen,
in 2 Fällen wurde die Probezeit verlängert, und
in 4 Fällen hat das Gremium Ablehnung beschlossen wegen ungenügender Qualifikation.

Am 21. April fanden die Auswahl-Verhandlungen 1959 statt.

Insgesamt waren eingegangen, von denen auf eigenen Wunsch	186 Anträge
oder wegen Wehrdienst des Anwärters vorzeitig ausschieden	60 Anträge
Im Verfahren waren noch (gegenüber 91 im Vorjahr)	126 Anträge

Aufgenommen wurden 45 Anwärter, darunter 2 Studienstiftler, 1 Hundhammerstipendiat[6] und ein Mitglied des Maximilianeums München[7].

Zurückgestellt wurden 13 Anwärter,
abgelehnt 68 Anwärter.

Insgesamt haben wir augenblicklich 155 Stipendiaten, die Angehörigen der Studienstiftung des deutschen Volkes nicht mitgerechnet.

Cusanuswerk
Hanssler
(B[ernhard] Hanssler, Direktor).

[6] *Stipendiat des Freistaates Bayern.*
[7] *Aus königlicher Stiftung hervorgegangenes Internat hochbegabter Studenten.*

241

Wissing an Duntze[1]

Bonn, 27. Mai 1959

EA Köln, Gen. II 22.13a, 6. *Schreibmaschinenvervielfältigung. Anschrift:* An das Bundesministerium des Innern z. Hd. des Herrn Ministerialdirektor Duntze, Bonn, Rheindorfer Straße 198. *Vermerk:* Betr.: Bundessozialhilfegesetz *sowie* Abschrift *und* Anlage 3.

Zu dem uns übersandten, abgeänderten Entwurf eines Gesetzes über die Gewährung von Sozialhilfe (Bundessozialhilfegesetz – BSHG) vom März 1959 nehmen wir wie folgt Stellung:

Der abgeänderte wie auch der alte Entwurf bringen eine Zusammenfassung des zerstreuten Fürsorgerechtes in einem geschlossenen und gut gegliederten Gesetz. Wir erkennen ein solches Bemühen dankbar an. Gleichwohl müssen wir zu unserem Bedauern feststellen, daß trotz der Abänderung des Entwurfes, die wir in manchen Punkten begrüßen, die bisher schon gegen den alten Entwurf geäußerten Bedenken weiter fortbestehen. Die Gesamtanlage des Entwurfes sowie seine einzelnen Bestimmungen berücksichtigen nicht genügend die Bedeutung und die Aufgaben der Kirchen im sozialen Raum sowie die Stellung der freien Wohlfahrtsverbände im Fürsorgewesen.

Der Name der Kirche ist in dem Entwurf überhaupt nicht erwähnt, ihr Mitsorgerecht für Arme und Hilfsbedürftige nicht herausgestellt.

Schwerwiegende Bedenken glauben wir insbesondere im Hinblick auf die ungenügende Berücksichtigung des Grundsatzes der Subsidiarität erheben zu müssen. Unserer Auffassung nach hat der Gesetzgeber den christlichen Kirchen und ihren Sozialleistungsträgern eine solche Behandlung zukommen lassen wollen, die ihre volle Entfaltung in Eigenständigkeit und Selbstverwaltung im sozialen Raum garantiert. Wir gehen dabei von dem [*den*] sozialen Rechtsstaat beherrschenden Prinzip der pluralistischen Gesellschaft aus, das der Gesetzgeber in einer Anzahl von Gesetzgebungsakten, wie z. B. dem Jugendschutzrecht, Arbeitsrecht, Betriebsverfassungsrecht, Arbeitsvertragsrecht und Kindergeldgesetz anerkannt hat und das in einer Entscheidung des Bundessozialgerichtes vom 19.12.1957, NJW 1958/1253, im Zusammenhang mit dem Kindergeldgesetz als mit der Verfassung vereinbar erklärt worden ist. In unmittelbarem Zusammenhang mit der Sozialen Neuordnung haben der Bundespräsident[2], der Bundeskanzler[3], der Bundesinnenminister[4] und der Bundesfamilienminister[5] auf die pluralistische Gesellschaft hingewiesen und es als vordringliche Aufgabe bezeichnet, die in ihr schlummernden Kräfte zu aktivieren und

[1] Johannes Duntze *(1901–1987), bis 1958 im Verwaltungsdienst von Württemberg-Baden und Baden-Württemberg, 1958–1968, zuletzt als Ministerialdirektor und Leiter der Abteilung Sozialwesen, im Bundesinnenministerium.*

[2] Theodor Heuss.

[3] Konrad Adenauer.

[4] Gerhard Schröder.

[5] Franz-Josef Wuermeling.

vor allem die ehrenamtliche Mitarbeit, die vorwiegend in den Verbänden der freien Wohlfahrtspflege ermöglicht wird, im sozialen Bereich wirksam werden zu lassen. Insbesondere hat der Ministerpräsident von Nordrhein-Westfalen[6] in seiner Regierungserklärung vom 25.7.1958 erklärt, daß die Landesregierung bereit sei, den Verbänden und Organisationen der freien Wohlfahrtspflege den Vorrang vor eigener staatlicher oder kommunaler Betätigung einzuräumen und damit dem Grundsatz der Subsidiarität öffentlicher Funktionen, wie er christlicher Weltanschauung entspricht, Rechnung zu tragen.

Der Bundesgesetzgeber wird bei der Gestaltung der Sozialhilfe an diesem den sozialen Rechtsstaat beherrschenden Prinzip der pluralistischen Gesellschaft nicht vorbeikommen können und ihr auch in der Daseinsvorsorge die ihr zufallenden Ordnungsfunktionen zugestehen müssen.

Gerade im Bereich der personalen Hilfen, die in Zukunft Schwerpunkte der sozialen Hilfen sein werden und in dem die Kirche und caritativen Verbände seit jeher erfolgreich gearbeitet haben, hätte der Entwurf die freien Träger vorrangig heranziehen und die behördlichen Fürsorgeträger erst in Tätigkeit treten lassen müssen, wenn die freien Träger aus irgendwelchen Gründen die Aufgaben im Einzelfall nicht erfüllen können, zumal diese Hilfen auf Grund ihres individuellen Charakters nicht oder nur beschränkt von der Behörde geleistet werden können.

Statt dessen besteht die Gefahr, daß durch die Erweiterung der öffentlich-rechtlichen Fürsorgepflichten der behördliche Fürsorgeträger nicht nur für die Gewährung materieller Hilfen, sondern auch für Dienstleistungen verschiedenster Art vorrangig tätig sein wird.

Damit wird praktisch aber ein behördliches Fürsorgemonopol erstrebt.

Die in § 2 E enthaltene Nachrangigkeit der Sozialhilfe kann diese Bedenken nicht ausräumen. Vielmehr wäre erforderlich, daß bei der Bestimmung der Form der Sozialhilfe in § 9 in Geld-, Sach- und persönlichen Leistungen ausdrücklich betont würde, daß die persönlichen Leistungen der freien Wohlfahrtspflege vorrangig vorbehalten blieben.

Die Vorrangigkeit behördlicher Zuständigkeit kann auch nicht im Hinblick auf einen etwaigen Rechtsanspruch des Hilfebedürftigen begründet werden.

Zwar wird in Rechtsprechung und Rechtslehre die Auffassung vertreten, daß Artikel 20 GG gegenüber dem früheren Rechtszustand insoweit eine Änderung herbeigeführt habe, als nunmehr nach dem Sozialstaatsprinzip ein Anspruch nach den fürsorgerechtlichen Bestimmungen gegeben sei. Es wird dabei argumentiert, daß Artikel 20 GG das geltende Fürsorgerecht so stark beeinflusse, daß sich daraus eine Anspruchsberechtigung ergebe. Geht man indes von einem solchen Rechtsanspruch aus, könnte sich eine solche Berechtigung höchstens auf die Gewährung des zum menschenwürdigen Dasein notwendigen Existenzminimums beziehen. Anderenfalls dürften die wirtschaftlichen Kräfte des Staates, gerade in wirtschaftlichen Krisen und Notzeiten, durch Art und Ausmaß der Ansprüche überfordert werden und nicht

[6] *Vgl. Dok. 199, Anm. 2, und Dok. 222, Anm. 1.*

ausreichen, die erforderlichen Mittel für die Befriedigung der Ansprüche der Hilfsbedürftigen bereitzustellen.

Im übrigen wird ein etwaiger Rechtsanspruch wesentlich von den Grundrechten getragen sein müssen. Insoweit ergibt sich auch eine Modifizierung der behördlichen Zuständigkeit, zumal im Rahmen normativ ausgewiesener Ansprüche der Anspruchsträger in einem solchen System sich letztlich nur behaupten kann, wenn ihm normative Rechte zuerkannt bleiben. Das Bundesverwaltungsgericht ist in seiner Entscheidung vom 24.6.1954, NJW 1954/1541, über die Zuerkennung eines Rechtsanspruchs auf Fürsorge davon ausgegangen, daß »jeder einzelne zwar der öffentlichen Gewalt unterworfen sei..., aber in der Regel nicht lediglich Gegenstand des staatlichen Handelns sein dürfte. Vielmehr werde er, gerade wenn es um seine Daseinsmöglichkeit ginge, als selbständige, sittlich verantwortliche Persönlichkeit und deshalb als Träger von Rechten und Pflichten anerkannt.« Dieses bedeutet, daß anderseits der Anspruchberechtigte nicht erneut in eine Objektstellung, in eine hoheitliche Abhängigkeit geraten darf. In bezug auf Sozialhilfe heißt dies, daß der Hilfsbedürftige Anspruch auf Sozialhilfe in der vollen Freiheit seiner Grundrechte erheben kann.

Gerade bei den personalen Hilfen, bei denen es strittig ist, ob sie überhaupt positiviert werden können, wird man von der im Grundgesetz garantierten vollen Freiheit des Individuums ausgehen und sie in Formen verwirklichen müssen, die der Freiheit des Anspruchsberechtigten gerecht werden. Kein Hilfsbedürftiger darf zur Entgegennahme von Dienstleistungen weder unmittelbar noch mittelbar gezwungen werden, zu der er sich bei voller Freiheit ohne Hilfsbedürftigkeit nicht auch entschieden hätte. Bei der augenblicklichen Formulierung des Entwurfes besteht die akute Gefahr zu einer verfassungswidrigen Auslegung.

Es ist deshalb zu fordern, daß im Entwurf das Wahlrecht des Hilfsbedürftigen anerkannt wird. Die in Paragraph 3 Absatz 2 vorgesehene Lösung, nach der Wünsche des Hilfeempfängers nach Möglichkeit zu berücksichtigen sind, entspricht keineswegs unserem Anliegen. Es müßte in etwa formuliert werden, daß Wünsche des Hilfebedürftigen, die sich auf die Gestaltung der Sozialhilfe richten, nach dem Grundrecht der freien Entfaltung der Persönlichkeit im Rahmen der gesetzlichen Leistungspflichten zu berücksichtigen sind. Dabei kann eine Beschränkung des Wahlrechts nur aus sachlichen und fürsorgerischen Gründen in Anbetracht des Gleichheitssatzes oder dann in Frage kommen, wenn der Allgemeinheit durch die Ausübung des Wahlrechtes besondere Lasten entstehen würden. Unter diesen Lasten können aber nicht Mehrkosten verstanden werden, die sich aus Kostenunterschieden ergeben, die durch die übliche Differenz zwischen einzelnen Pflegesätzen bedingt sein können.

Hinsichtlich der Gewährung der Sozialhilfe sind wir der Meinung, daß sie nur auf Antrag erfolgen soll. Wir gehen dabei von der Erwägung aus, daß dem Hilfebedürftigen die Freiheit der Entscheidung bleiben muß, ob er die Sozialhilfe annehmen will oder nicht. Es sind Fälle denkbar, in denen die Voraussetzungen für die Gewährung von Sozialhilfe gegeben sind, aber aus irgendwelchen Gründen die Hilfe zurückgewiesen wird. Anderseits wird man berücksichtigen müssen, daß die Hilfe entgegen

dem Willen des Hilfebedürftigen auch dann gegeben werden muß, wenn ein Unterlassen mit den wohlverstandenen Interessen der Gemeinschaft unvereinbar wäre.
Es wäre deshalb in § 5 etwa so zu formulieren, daß die Gewährung von Sozialhilfe von einem Antrag abhängig ist. Gegen den Willen des Hilfebedürftigen muß sie jedoch auch dann gewährt werden, wenn ein Unterlassen der Hilfe mit dem wohlverstandenen Interesse der Gemeinschaft unvereinbar ist.
Gleichzeitig müßte in § 5 bestimmt sein, daß alle Behörden bei der Feststellung der Hilfsbedürftigkeit zur gegenseitigen Hilfe verpflichtet sind. Es soll damit erreicht werden, daß möglichst frühzeitig schon eine Notlage des einzelnen den Trägern der Sozialhilfe mitgeteilt wird. Hand in Hand damit müßte eine Verpflichtung der Behörden gehen, weitestgehend den einzelnen Bürger aufzuklären, daß ihm grundsätzlich Sozialhilfe nur auf Antrag gewährt werden kann. Schließlich hätte der Entwurf in diesem Zusammenhang auch eine Bestimmung darüber zu enthalten, daß der einzelne Bürger verpflichtet ist, bei Kenntnis eines Notstandes denselben der Behörde mitzuteilen.
Nicht einverstanden sind wir mit der im Entwurf in § 72 geregelten Zusammenarbeit der freien und behördlichen Wohlfahrtspflege in den sogenannten Arbeitsgemeinschaften. Notwendigerweise werden eine Reihe von grundsätzlichen und praktischen Fragen bei der Durchführung der Sozialhilfe zwischen den behördlichen und freien Trägern besprochen werden müssen. Beide werden stets in einem engen Kontakt stehen und für die Begegnung in einer konkreten Aufgabe wie überhaupt für den laufenden sachlichen Kontakt zu einem verbindlichen Zusammenarbeiten kommen müssen. Grundfragen der Wohlfahrtspolitik, Pflegesatzfragen werden zu behandeln sein, Vorschläge für die Verwendung öffentlicher Mittel zu machen und Streitfälle zwischen den Fürsorgeträgern zu bereinigen sein. Es wird in diesem Zusammenhang dafür Sorge zu tragen sein, daß die bei den Zusammenkünften gewonnenen Erfahrungen und Vorschläge zur Durchführung von Hilfsmaßnahmen auch bei der Tätigkeit der Sozialhilfeträger Berücksichtigung finden. Die lockere Form der Arbeitsgemeinschaften dürfte dabei nicht die Gewähr zu einer wirksamen Zusammenarbeit zwischen den Vertreterkörperschaften, der Verwaltung, der freien Wohlfahrtspflege und den Vertretern der Hilfsbedürftigen bieten, zumal solche Gemeinschaften auf Grund ihres Einstimmigkeitsprinzips nur schwer zu Beschlüssen kommen und ihre Beschlüsse die Vertreterkörperschaften und die Verwaltung nicht binden können. Außerdem schreibt der Bundesgesetzgeber diese Arbeitsgemeinschaften nicht für den gesamten Geltungsbereich des Gesetzes zwingend vor, sondern überläßt ihre Einrichtung dem Ermessen des Landesgesetzgebers.
Wir bringen deshalb die Bildung eines Sozialausschusses entsprechend dem Jugendwohlfahrtsausschuß in Vorschlag. Dabei müßte die Zahl der Mitglieder des Ausschusses gesetzlich festgelegt und den Kirchen und freien Wohlfahrtsverbänden Sitz und Stimme eingeräumt werden.
Bezüglich der zu schaffenden Einrichtungen der Sozialhilfe bringt der Entwurf eine Abänderung, die eine Verbesserung gegenüber dem alten Entwurf bedeutet. Indessen wünschen wir, daß Satz 2 des § 69 noch etwa folgende Ergänzung erhielte:

»Sie sollen eigene Einrichtungen nicht neu schaffen, soweit geeignete Einrichtungen anderer Träger, vor allem der freien Wohlfahrtspflege, vorhanden sind, ausgebaut oder geschaffen worden können.«
Fernerhin wünschen wir in dem Entwurf die Aufnahme einer generellen Förderungspflicht gegenüber der freien Wohlfahrtspflege, wie sie schon in § 6 des Jugendwohlfahrtsgesetzes von 1922 ausdrücklich geregelt ist. Das neue Gesetz sollte hinter diesem nicht zurückstehen.
Wir schlagen deshalb im Rahmen der in § 70 erwähnten Zusammenarbeit mit den freien Wohlfahrtsverbänden vor, den Absatz 2 dieses Paragraphen wie folgt zu ändern:
(2) Die Zusammenarbeit soll vor allem darauf gerichtet sein, die Träger der freien Wohlfahrtspflege in Stand zu setzen, ihren Aufgaben gerecht zu werden und ihre Leistungen zum Wohl der Hilfesuchenden wirksam und sinnvoll zu ergänzen.
In Absatz 3 des § 70 müßte anstelle des Wortes »können« das Wort »sollen« eingesetzt werden. Der Absatz würde dann folgende Formulierung erhalten:
(3) Die Träger der Sozialhilfe sollen die freie Wohlfahrtspflege an der Durchführung der Aufgaben nach diesem Gesetz beteiligen usw.
Zu regeln bleibt fernerhin die Abgrenzung des Sozialhilferechtes gegenüber dem Jugendwohlfahrtsrecht, da der Entwurf Bestimmungen enthält, die Kinder bzw. junge Menschen betreffen. Es sei hier an die Hilfe für junge Menschen, die Ausbildungshilfe, vorbeugende Gesundheitspflege, die Hilfe für werdende Mütter und Wöchnerinnen, die Blindenhilfe und die Hilfe für Gefährdete gedacht, soweit es sich um Jugendliche handelt. Unter Berücksichtigung der Eigenständigkeit der Lebensform der Jugendlichen sollten hierbei die erzieherischen Aufgaben dem kommenden Jugendhilfegesetz zugeordnet werden.
Weiterhin bitten wir darum, daß bei der Gewährung von Sozialhilfe in Anstalten usw. das religiöse Bekenntnis zu berücksichtigen und die bekenntnisgleiche Unterbringung und die seelsorgerische Betreuung zu gewährleisten ist.
Zusammenfassend dürfen wir feststellen, daß der Gesamteindruck des Entwurfes vom Standpunkt der katholischen Staats- und Soziallehre zu Besorgnissen Anlaß gibt. Seine Grundkonzeption kommt den Ordnungsvorstellungen eines Versorgungsstaates bedenklich nahe, dem die Befähigung zugesprochen wird, menschliche Lebensverhältnisse bis ins letzte objektiv zu durchschauen und im Sinne einer Nivellierung auf den jeweils gegebenen Lebensstandard auszugleichen.
Mit diesen Darlegungen hat das Katholische Büro noch keine abschließende Stellungnahme bezogen. Es wird zu gegebener Zeit noch nähere Ausführungen zu den einzelnen Bestimmungen des Entwurfes machen.

gez. W[ilhelm] Wissing
Direktor Wissing.

242

Bericht über die katholische Landjugend

Ohne Ortsangabe, [nach 30. Mai 1959][1]

EA MÜNCHEN, Joseph Kardinal Wendel, 21/1960. *Schreibmaschinenschrift. Überschrift:* Die Situation der katholischen Landjugend in Deutschland.

Die religiös-geistige Situation des Landes

In immer stärkeren Maße macht sich im deutschen Landvolk eine Entfremdung von der Kirche bemerkbar. Sie ist besonders dort zu spüren, wo Religion und Leben sich im Alltag begegnen (Sonntagsarbeit, Geburtenkontrolle, Ablehnung der Mitsprache der Kirche in außerreligiösen Fragen, Lockerung der Familienbande).

Ein entscheidender Grund dafür ist die Technisierung, die eine scheinbare Autonomie gegenüber dem Herrgott, der Nachbarschaft und den Familienangehörigen weckte, und die immer mehr um sich greifende Industrialisierung, die den Bauern mit einem völlig neuen Lebensstil überrumpelte.

In dieser Situation kommt der Landseelsorge gegenwärtig eine besondere Bedeutung zu. Die Kernfrage ist, welche Methoden anzuwenden und welche Wege zu beschreiten sind, der immer mehr um sich greifenden Säkularisierung des Landes entgegenzutreten, den Rest an Tradition und den Hang zum Fortschritt positiv für eine lebendige religiöse Erneuerung zu nutzen. Deshalb sind die Weiterbildung unserer Landseelsorger, die Ausbildung unserer Theologen in den Priesterseminaren auch in Fragen der Landseelsorge und die Erarbeitung einer Landpastoral dringend notwendig.

Erfreulicherweise ist in der Landjugend eine relativ große Aufgeschlossenheit und ein Suchen nach Leitbildern festzustellen. Dabei ist entscheidend, ob es gelingt, das Selbstbewußtsein der jungen Menschen, das sich immer mehr auf der Volltechnisierung und den Wirtschaftserfolgen des Betriebs aufzubauen beginnt, im Religiösen zu verankern.

Die Situation der Katholischen Landjugendbewegung

Die Organisation

Der Aufbruch und die Sammlung zur Gemeinschaft der Katholischen Landjugendbewegung ist weitgehend vollzogen. Wichtig ist die Vertiefung der Arbeit, der Ausbau und dic kontinuierliche Fortsetzung der inneren Linienführung.

Innerhalb des Bundes der Deutschen Katholischen Jugend ist die pädagogische Eigenständigkeit der Katholischen Landjugendbewegung gewährleistet, nicht aber im Organisatorischen und Finanziellen.

So ist es z. B. nicht möglich, für den Unterhalt des Klausenhofes Gelder, die aus Beiträgen der Mitglieder der KLJB kommen, dorthin zu übertragen, wie es z. B. im Fall »Haus Altenberg« selbstverständlich ist, daß es von Mitgliedsbeiträgen mit getragen wird.

[1] *Die Datierung ergibt sich aus dem im vorletzten Absatz erwähnten Datum.*

Die Einheit
Für die Einflußnahme auf den bäuerlichen Berufsstand und die Politik in der Bundesrepublik hängt alles davon ab, daß die Einheit unserer Landjugend bei aller landschaftlichen und völkischen Mannigfaltigkeit und Verschiedenheit der Siedlungsformen immer sichtbarer wird. Bundeskurat Wissing ist es auf Grund seiner persönlichen Kontakte gelungen, verschiedene Bestrebungen zu einen, Schärfen zu mildern und dadurch die Voraussetzung einer fruchtbaren gemeinsamen Arbeit zu schaffen, wenngleich noch längst nicht alle Schwierigkeiten beseitigt sind.
Die katholischen Landvolkshochschulen
Im Verband der ländlichen Heimvolkshochschulen sind 19 katholische, 14 evangelische und 18 interkonfessionelle Landvolkshochschulen zusammengefaßt. Die katholischen Landvolkshochschulen sind als Lebensschulen für die Jugend des Landes von großem Wert, wenngleich sich auch die Früchte hauptsächlich erst in der kommenden Familiengeneration zeigen werden.
Was noch fehlt, ist die pädagogische Weiterentwicklung, die Förderung des Lehrkörpers, die Heranbildung von Nachwuchskräften und die Erstellung von Arbeitsmaterial für Lehrende und Lernende. Eine Auseinandersetzung mit den Landwirtschaftsschulen, die in ihren Fachunterricht immer mehr lebenskundliche Themen einbauen, wird nicht zu umgehen sein.
Die Katholische Landvolkbewegung
Der Aufbau einer Katholischen Landvolkbewegung ist noch immer in den ersten Anfängen. So werden an die katholische Landjugend Fragen herangetragen, deren Lösung eigentlich Aufgabe der Erwachsenenorganisation wäre. Die öffentlichen Stellen, wie Ministerien, Bauernverband usw., wenden sich fast ausschließlich nur an die Landjugendstellen. Besonders dringend wäre es, die aus der Landjugendbewegung Ausscheidenden in der Landvolkbewegung zu organisieren.
Verhältnis zum Deutschen Bauernverband
Der Deutsche Bauernverband ist im Grunde liberal. Das zeigt sich vor allem in seinen hauptamtlichen Kräften. Seine Presse ist indifferent. Im wesentlichen geht es ihr nur um wirtschaftliche Fragen. (Von den über 100 regelmäßigen Publikationen des deutschen Landvolks befassen sich nur fünf mit pädagogischen Problemen.)
Bis jetzt ist die Katholische Landjugendbewegung vom Deutschen Bauernverband auf Bundesebene noch nicht als Nachwuchsorganisation anerkannt, wenngleich die Verhandlungen, die Bundeskurat Wissing geführt hat, vor allem wegen dessen Sachkenntnis nicht ohne Erfolg blieben. Darüber hinaus muß es aber gelingen, daß im Berufsverband eine Nachwuchsschicht klar katholischer Prägung nachkommt. Die Stellungnahme der Diözesen zur interkonfessionellen Landjugend ist nicht einheitlich. So wird z. B. in einigen Diözesen die Weihe ihrer Banner in einer kirchlichen Feierstunde vorgenommen, in anderen nicht.
Es ist durchaus möglich, daß schon in nächster Zeit große Anstrengungen gemacht werden unter großem Finanzeinsatz – im Zentralausschuß der Deutschen Landwirtschaft sollen ca. 25 Millionen Mark pro Jahr für die Förderung der Landjugend u. a. zur Verfügung gestellt werden – die Bildungsarbeit auf dem Lande in Bewegung zu

bringen (Landvolkshochschulen, Jugendarbeit, Dorfbüchereien, Dorfkulturzentren.)
Klausenhof
Der Klausenhof, als katholische Landjugendakademie und zentrale Bildungsstätte der KLJB, will
1. qualifizierte Mitarbeiter für die Arbeit im öffentlichen Leben (Berufsstand, Politik, Landjugendbewegung), im kirchlichen Raum und in der landpädagogischen Arbeit heranbilden. Dabei ist vor allem an Priester in der überregionalen Landseelsorge, an Pädagogen der Landvolkshochschulen und Landwirtschaftsschulen und an Verantwortliche der KLJB gedacht.
2. durch Forschung und Verbindung mit Universitäten und Instituten Grundlagen für die Bildungsarbeit schaffen. Als erste Einrichtung hat Bundeskurat Wissing die »Sektion Landjugendbildung« beim Deutschen Institut für wissenschaftliche Pädagogik ins Leben gerufen. Ein Kuratorium von sieben Hochschulprofessoren wird hier bei der Forschung wie bei der Lehre mitberaten.
3. die katholischen Kräfte, die in der Landseelsorge und -pädagogik tätig sind (Landvolkshochschulen, Landvolkbewegung), koordinieren und Kontakte knüpfen mit Personen und Einrichtungen, die auf das Land Einfluß nehmen (Tagungen mit Landpresse und Rundfunk, mit Ausbildungsleitern im Fach- und Berufsschulwesen, mit Führungskräften im Berufsstand u. ä.).
4. Verbindungsstelle sein für internationale Landfragen.
Der Klausenhof steht am Anfang seiner Arbeit. Die geistigen Grundlinien müssen erst gefestigt, die Pläne und Konzepte kontinuierlich weiterentwickelt und realisiert werden. Die nächsten Jahre werden ausschlaggebend sein, welche Bedeutung dieser Einrichtung im katholischen und nichtkatholischen Raum zukommen wird. Noch haben wir die Chance, nur auf katholischer Seite eine landpädagogische Akademie zu besitzen, die, wenn sie sich durch Qualität auszeichnet, auch von anderen Kreisen anerkannt werden muß. Der deutsche Bauernverband plant, eine interkonfessionelle Akademie im Raum Bonn zu errichten. Was jetzt nach der Zielsetzung dringend notwendig ist, ist die Auswahl und Zusammenstellung eines geeigneten Lehrkörpers.
Koordinierung der Landseelsorge und ländlichen Bildungsarbeit
Im Bereich des deutschen katholischen Landvolks sind Landjugendbewegung, Landvolkshochschulen und anfanghaft Landvolkbewegung in der Bildungsarbeit tätig. Es ist dringend notwendig, die katholischen Kräfte, die in der Landseelsorge und ländlichen Bildungsarbeit tätig sind, zu koordinieren, damit aus einem Nebeneinander ein Zusammen und Miteinander wird.
Bundesminister Lübke sprach sich anläßlich der Einweihung des Klausenhofes an 30. Mai 1959 mit Entschiedenheit für ein Verbleiben von Bundeskurat Wissing bei der Landjugend aus. Während es für die Besetzung des Katholischen Büros in Bonn genügend geeignete Persönlichkeiten im katholischen Raum gäbe, hielt der Minister ein Verbleiben von Bundeskurat Wissing bei der Landjugend für unerläßlich.
In ähnlichem Sinne äußerte sich Bundesminister Wuermeling in einem persönlichen Schreiben an Kardinal Frings.

243

Jaeger an Frings

Paderborn, 5. Juni 1959

EA Köln, CR II 22.32a, 2. *Schreibmaschinenausfertigung mit eigenhändiger Unterschrift. Briefkopf:* Der Erzbischof von Paderborn. *Anschrift:* Seiner Eminenz dem Hochwürdigsten Herrn Dr. Joseph Kardinal Frings, Erzbischof von Köln, Köln. *Registraturstempel:* Erzb[ischöfliches] General-Vikariat 8. Juni 1959 Köln. *Vermerk:* R[echnungs]kammer: bitte um Weitergabe an B[ischöfliche] F[inanz-]K[ammer]. Eminenz ist für seine Person mit dem erbetenen überd[iözesanen] Zuschuß 1960 einverstanden. T[eusch].

In Beantwortung Ihres Schreibens Jr. Nr.: ad G 11.730/59 vom 2. Juni 1959[1] teile ich ergebenst mit, daß Herr Direktor Hanssler bereits im vorigen Jahr darauf hingewiesen hat, daß er als Direktor des Hauses des Zentralkomitees der deutschen Katholiken und als derzeitiger Leiter der Kulturabteilung im Zentralkomitee derart überlastet ist, daß er nicht mehr die Sorge für die mittlerweile auf 160 angewachsenen Stipendiaten im Cusanus-Werk allein zu tragen vermag. Wenn den Stipendiaten weiterhin eine gründliche religiös-aszetische Durchbildung und eine intensive Beratung bei der Einrichtung ihres Studienganges gewährt werden soll, braucht er eine Hilfe, die sich in die Betreuungsarbeit einschaltet und die Reisen zu den verschiedenen deutschen Hochschulen systematisch durchführt. Es kann dafür nur ein Geistlicher in Frage kommen, der hohe menschliche und theologische Qualitäten besitzt. Ich habe Herrn Direktor Hanssler zugesagt, daß ich sein Anliegen auf der diesjährigen Plenarkonferenz vortragen werde. Wir werden bei dem wachsenden Werk an der Bewilligung dieser Stelle nicht vorbeikommen.

Ich habe Herrn Direktor Hanssler zugleich klar und deutlich auf den bestehenden Priestermangel hingewiesen und ihm gesagt, daß ich ihm keinen Kaplan besorgen könne. Er will selber sich eine geeignete Persönlichkeit suchen und den zuständigen Ordinarius dann um Freigabe bitten.

Den beigefügten Haushaltsplan lasse ich anbei wieder zurückgehen.

In Liebe und Verehrung

Euer Eminenz ganz ergebener
+ Lorenz
Erzbischof von Paderborn.

[1] *Nicht ermittelt.*

244

Keller an Wendel

Münster, 6. Juni 1959

EA MÜNCHEN, Joseph Kardinal Wendel, 18/1959. *Schreibmaschinenausfertigung mit eigenhändiger Unterschrift. Briefkopf:* Der Bischof von Münster. *Eingangsstempel:* Erzbistum München. Erzb[ischof] 10. Juni 1959, 18 Misereor/982.

Eminenz, Hochwürdigster lieber Herr Mitbruder!
Gewiß hast Du auch von Eminenz Frings das Schreiben bezüglich der Misereor[-*Aktion*] erhalten. Persönlich halte ich das Vorhaben des Herrn Kardinals in dieser Frage für ganz unmöglich. Ich habe ihm anliegenden Brief[1] geschrieben, den ich mir zu Deiner Orientierung Dir in Abschrift zuzuschicken erlaube.
Abgesehen von allem anderen geht es doch nicht an, daß wir in Deutschland zwei Gruppen von Bischöfen schaffen, die einen, die bereit sind zu helfen, und die anderen, die sich dieser Notwendigkeit verschließen. Ich würde es aufrichtig bedauern, wenn es zu der Gründung dieses E. V. käme.
Falls Du diese Bedenken mit mir teilst, wäre ich dankbar, wenn auch Du es in irgendeiner Weise zum Ausdruck brächtest.
Heute morgen rief mich schon Bischof Wittler von Osnabrück an, der meine Auffassung vollkommen teilt.
Mit herzlichem Gruß

Dein Michael Keller.

245

Keller an Frings

Münster, 6. Juni 1959

EA MÜNCHEN, Joseph Kardinal Wendel, 18/1959. *Schreibmaschinendurchschrift. Briefkopf:* Der Bischof von Münster. *Anschrift:* An S[ein]e Eminenz den Hochwürdigsten Herrn Joseph Kardinal Frings, Erzbischof von Köln, Köln. *Vermerk:* Abschrift.

Hochwürdigste Eminenz!
Mit bestem Dank bestätige ich den Eingang Ihres Schreibens vom 28. Mai d. J.[1]
Leider kann ich mich aus, wie ich meine, sehr gewichtigen Gründen nicht entschließen, dem zu bildenden E. V. beizutreten. Darüber hinaus aber würde ich es dankbarst begrüßen, wenn vor der Gründung eines solchen E. V. das Anliegen noch einmal gelegentlich einer Plenarkonferenz besprochen werden könnte. Es handelt sich auf jeden Fall um eine sehr folgenschwere Entscheidung, folgenschwer auch für die

[1] *Vgl. Dok. 245.*

[1] *Nicht ermittelt. Siehe dazu Dok. 244 und 247.*

Bischöfe, die sich wenigstens einstweilen nicht entschließen können, einem solchen E. V. anzugehören.
Mit der herzlichen Bitte, dieser Bitte Rechnung zu tragen, bin ich mit verehrungsvollem Gruß

Ew. Eminenz aufrichtig ergebener
gez. Michael Keller.

246

Keller an Frings

Münster, 7. Juni 1959

EA KÖLN, Gen. II 20.17a, 3. *Schreibmaschinenausfertigung mit eigenhändiger Unterschrift. Briefkopf:* Der Bischof von Münster. *Anschrift:* An S[ein]e Eminenz den Hochwürdigsten Herrn Joseph Kardinal Frings Erzbischof von Köln, Köln.

Eminenz!
Wie ich Ihnen schon im Klausenhof[1] berichtet habe, schien es mir angesichts der Entwicklung der Gesetzgebung über die Gleitende Arbeitswoche notwendig, rasch zu handeln. Ich habe darum eine Kommission beauftragt, zunächst im Namen der Bischofskommission für soziale Arbeit unser Anliegen gegenüber dem Bundesarbeitsministerium zu vertreten; aber ausdrücklich festgelegt, daß alle Entscheidungen Ihnen vorbehalten bleiben müssen. Alles Nähere ersehen Ew. Eminenz aus dem anliegenden Schreiben, das ich an die Mitglieder der Bischofskommission für soziale Arbeit geschickt habe.
Ich hoffe, daß Sie mit dem Vorgehen einverstanden sind. Besonders begrüßen würde ich es, wenn Direktor Wissing und Direktor Fillbrandt sich einschalten würden, damit ein völlig einmütiges Vorgehen aller Beteiligten gesichert wird[2].
Mit verehrungsvollem Gruß

Ew. Eminenz ergebenster
+ Michael Keller.

1 *Wahrscheinlich ist die Einweihung des Klausenhofs am 30. Mai 1959 gemeint.*

2 *Auf dem Umschlag dieses Briefes notierte* FRINGS: S[ein]e[r] Gn[aden] H[errn] Gen[eral-]Vik[ar] g[e]g[en] R[ück]g[abe]. In der Sache scheint es mir gut, in der Art des Vorgehens einer Kommission bzw. eines Kommissionsvorsitzenden bedenklich. *Hierzu vermerkte* TEUSCH: S[eine]r Eminenz geh[orsamst] zurückgereicht; offensichtlich ein Übergriff. K[öln] 12.6.59 T[eusch].

247

Wendel an Frings

[München,] 14. Juni 1959

EA MÜNCHEN, Joseph Kardinal Wendel, 18/1959. *Schreibmaschinendurchschrift. Anschrift:* Seiner Eminenz dem Hochwürdigsten Herrn Joseph Kardinal Frings, Erzbischof von Köln.

Hochwürdigste Eminenz!
Auf die Anfrage Ew. Eminenz vom 28. Mai[1] möchte ich Folgendes antworten: Ich glaube, man sollte die Frage, ob das Werk Misereor über 1960 weitergeführt werden soll, wie in Hofheim auf der Konferenz beschlossen, erst nach der Fastenaktion 1960 entscheiden. Der Grund für diese Auffassung war, daß man beurteilen wollte, in welchem Ausmaß die Spenden weiterlaufen werden; denn davon wird abhängen, in welchem Umfang auf weite Sicht strukturelle Hilfe eingeleitet werden kann. Die 32 Millionen lassen für Entscheidungen doch auch jetzt schon einen guten Spielraum.
Die Bildung eines e. V. für die Verwaltung des vorhandenen Betrages wurde bejaht, aber auch hier wäre es nach dem Eindruck, den ich in Hofheim gewonnen habe, gut, eine Gesamtentscheidung des Episkopates zu erlangen. Ich persönlich bin grundsätzlich bereit, dem Verein, wenn er einmal errichtet ist, beizutreten.
Mit verehrungsvollem Gruß

[*o. U.*].

248

Krisinger an Osterloh

Köln, 19. Juni 1959

EA KÖLN, Gen. II 23.23, 4. *Schreibmaschinenschrift. Briefkopf:* Bischöfliche Hauptstelle für Schule und Erziehung/Köln. *Anschrift:* An den Präsidenten der Ständigen Konferenz der Kultusminister Herrn Kultusminister Edo Osterloh, Bonn, Nassestr. 11. *Vermerk:* Abschrift.

Sehr verehrter Herr Kultusminister Osterloh,
die bevorstehenden Beratungen der Ständigen Konferenz der Kultusminister über den »Rahmenplan zur Umgestaltung und Vereinheitlichung des allgemeinbildenden öffentlichen Schulwesens« geben uns Anlaß, die Auffassungen, die man kirchlicherseits über den Schulreformplan des Deutschen Ausschusses gewonnen hat, kurz darzulegen. Wir bitten Sie, sehr verehrter Herr Kultusminister, diese vorläufige Zusammenfassung der Kultusministerkonferenz gütigst zu übermitteln.
Die veränderten Verhältnisse der Gesellschaft und andere Umstände stellten der Schule nach dem Kriege Aufgaben, denen sie kaum gerecht werden konnte. Refor-

[1] *Nicht ermittelt.*

men und Veränderungen im Schulwesen sind notwendig. Der Rahmenplan vereinigt Vorschläge zahlreicher Reformbemühungen der Nachkriegszeit. Einige werden allgemeine Zustimmung finden; andere erregen allerdings geradezu Besorgnis um die Zukunft des deutschen Schulwesens.

Wir können es nicht für richtig halten, daß ein Organisationsplan vorgelegt wird, ohne daß gleichzeitig das Verhältnis der geplanten Reform zu den Bekenntnissen, zur Koedukation, zur Eigenart der Mädchenbildung oder zu den Bildungsaufgaben der verschiedenen Schulformen klar festgestellt ist. Ja, ein solches Verfahren könnte leicht als ein Anzeichen bestimmter Tendenzen im Rahmenplan aufgefaßt werden.

Darüber hinaus aber »drücken sich (im Rahmenplan) infolge der unlöslichen Verbindung von Bildungsinhalten und Schulformen auch schon Überzeugungen aus«, die Sorge bereiten. Sowohl bei den Aussagen über die Bildungsaufgaben der verschiedenen Schulformen wie bei einigen Organisationsvorschlägen wird deutlich, daß die Religion nicht als ein tragendes Element im Bildungsauftrag der Schulen berücksichtigt wird.

Die Bedeutung ethisch-religiöser Bindungen für die »Bewährung in der modernen Arbeitswelt«, der Einfluß der Gotteserkenntnis auf das Erfassen der Zusammenhänge in Natur und Menschenwelt, die Einwirkung der Gottesverehrung auf die Bildung der Person werden an keiner Stelle erwähnt, während von anderen Bildungsgütern und Bildungsabsichten öfter ausgiebig die Rede ist. Diese Unterlassung kann nicht damit entschuldigt werden, daß der Rahmenplan nur ein Plan für die Organisation des Schulwesens sein soll, zumal diese selbstgesetzte Grenze bei der Erörterung anderer Bildungsanliegen oft genug überschritten wird. Eine Reform aber, die derart elementare Gegebenheiten wie die Religion in ihren Überlegungen nicht genügend berücksichtigt, muß in wesentlichen Punkten scheitern.

Die »Förderstufe« ist ein eigenartig komplexes Gebilde, dem recht verschiedene, z. T. widersprechende Funktionen zugedacht sind. Von diesen können einige durchaus bejaht werden; andere müssen ebenso deutlich abgelehnt werden.

Die der Förderstufe zugesprochene Befugnis bei der Einweisung der Kinder in weiterführende Bildungsbahnen geht so weit, daß sie hart an die Grenzen von Art. 12 des Grundgesetzes, ja wahrscheinlich sogar – nach Berliner Prozeßerfahrungen zu urteilen – darüber hinausgerät. Sie bedeutet größte Gefahr für das Recht der Eltern, den Bildungsweg ihrer Kinder entscheidend mitzubestimmen.

Die vorgeschlagene Schulorganisation gefährdet in manchen Gegenden auch die katholische Bekenntnisschule. Ihre Auswirkungen würden in der Praxis vielerorts deren Ende herbeiführen. Damit aber würden wir uns niemals abfinden können.

Die »dorfeigene Schule« und die weniger gegliederte Schule würden ebenfalls unvermeidlich auf eine Weise zurückgedrängt, die das pädagogisch notwendige und verantwortbare Maß weit überschreitet.

Die »Förderstufe« wird u. a. damit begründet, daß das verlängerte gemeinsame Schulleben der Kinder helfe, »gegenseitiges Mißtrauen abzubauen« und einen »Erfahrungsgrund für die spätere politische Zusammenarbeit« zu gewinnen. Das

Argument ist schon in anderen Auseinandersetzungen bekannt geworden. Es spielte anfänglich auch bei der Diskussion um den differenzierten Mittelbau eine große Rolle.
Abgesehen davon, daß der Zusammenhang zwischen dem vorgeschlagenen Mittel und dem verheißenen Erfolg durchaus unklar bleibt, darf diese Begründung auch in einer weiteren Hinsicht nicht unwidersprochen bleiben. Sie enthält einschlußweise die Unterstellung, daß getrennter Unterricht ungünstige Spätwirkungen auf die Gemeinschaft in Staat und Gesellschaft ausübe. Sie redet damit zugleich einem oft widerlegten unrichtigen Vorurteil gegen die Bekenntnisschule das Wort, in der die Kinder nach Konfessionen getrennt unterrichtet werden.
Es wäre besser, diese Argumentation nicht weiter in die Diskussion eindringen zu lassen. Sie könnte als Anzeichen einer uniformistischen Auffassung von Staat und Gesellschaft gedeutet werden, die dem Verhältnis der freien Partnerschaft in der pluralistischen Gesellschaft nicht gerecht wird. Solche Auffassungen können in der Kulturpolitik nicht zum Frieden führen.
Der Vorschlag zur Förderstufe könnte als Grundlage für weitere Erörterungen dienen, wenn er in manchen Punkten abgeändert würde. Eine Voraussetzung dazu wäre, daß die Förderstufe fakultativ und für Bedarfsfälle, nicht aber zwangsweise für alle Kinder – mit Ausnahme weniger Studienschüler – gelten soll.
Ohne Zweifel ist das Problem der Auslese und der Übergänge zwischen den verschiedenen Schularten besonders drückend. Die Förderstufe soll dem abhelfen. In der Diskussion zeichnen sich aber bereits andere Lösungen ab, die eine richtigere und gerechtere Art der Auslese und organischere Übergangsmöglichkeiten versprechen, ohne daß man dafür jene schädlichen, das gesamte Schulwesen revolutionierenden Auswirkungen in Kauf nehmen müßte, die mit der Förderstufe in der vorgeschlagenen Gestalt verbunden sind. Damit entfiele ein hauptsächlicher Grund, alle Kinder zwangsweise der Förderstufe zuzuführen.
Der Abschnitt des Rahmenplans über die Neugestaltung der Oberstufe der Gymnasien enthält einige Stellen, die der Klärung bedürften. Man darf wohl kaum annehmen, daß der Religionsunterricht seine Stellung als ordentliches Lehrfach verlieren und in die Reihe der fakultativen Wahlfächer verwiesen werden sollte.
Die Absicht, die Volks- und Hauptschule aufzuwerten und der Realschule den ihr gebührenden Raum zu gewähren, findet volle Anerkennung. Die Pläne für die höheren Schulen aber rufen aus Gründen, die z. T. auch in der Diskussion schon vorgebracht worden sind, ernsteste Befürchtungen wach.
Man ist kirchlicherseits der Überzeugung, daß Eingriffe in das Schulwesen nur nach reichlich gesammelter Erfahrung, nicht aber aufgrund unfester Hypothesen erfolgen dürfen und daß die notwendige Reform nur auf dem Wege ruhiger Evolution, nicht aber in grundstürzender Revolution des gesamten Schulwesens zum guten Ziel führen kann. Beide Voraussetzungen sind aber nach unserer Auffassung im Rahmenplan in seiner jetzigen Gestalt nicht genügend gesichert.
Wir geben der Hoffnung Ausdruck, daß es gelingen möge, die berechtigten Anliegen der Reform glücklich zu fördern und zugleich den angedeuteten Gefahren wirksam

zu begegnen. Auch uns ist und bleibt eine sinnvolle Weiterentwicklung des deutschen Schulwesens ein großes Anliegen.
Mit dem Ausdruck vorzüglicher Hochachtung

i. A. gez. Krisinger
(Direktor der Bischöflichen Hauptstelle für Schule und Erziehung).

249

Bericht des Johann-Adam-Möhler-Instituts

Paderborn, Juni 1959

EA Köln, CR II 2.19, 21. *Schreibmaschinenvervielfältigung. Reihentitel:* Theologische Berichte über Protestantismus und Ökumenische Bewegung. Bearbeitet vom Johann Adam Möhler-Institut. *Überschrift:* Gedanken über die innere Lage des Protestantismus und sein Verhältnis zum angekündigten Ökumenischen Konzil. *Vermerk:* Anlage III.

1) Es soll hier nicht um eine Wiedergabe der bisher von seiten des Protestantismus erfolgten kirchlichen oder theologischen Äußerungen zur Konzilsankündigung gehen. Diese sind, wie leicht verständlich, meist erst tastende Deutungsversuche vom Standpunkt protestantischer Kirchlichkeit und erreichen durchweg nicht das Niveau einer grundsätzlichen theologischen Erklärung. Der nicht unfreundliche, vielmehr Offenheit und Interesse bekundende Ton kann überraschen. Versucht wird hier die theologische Beschreibung der Situation des heutigen Protestantismus, und gestellt wird die Frage nach den eben aus dieser Situation resultierenden Möglichkeiten einer positiven und fruchtbaren Beziehung vom Konzil zum Protestantismus und umgekehrt.
2) Protestantismus kann im Hinblick auf das Konzil nicht in einem Atemzug mit der Ostkirche genannt werden. Die Andersartigkeit der Verhältnisse im Protestantismus gegenüber der Kirche der Orthodoxie ist zu erkennen. Hier ist Kirche mit Amt, Nachfolge im Amt und Geltung aller Sakramente, dort beim Protestantismus (insofern er eine Gemeinschaft getaufter und gläubiger Christen ist) kann nur in einschränkender Weise von Kirche gesprochen werden.
3) Beim Versuch, den Protestantismus zu beschreiben, handeln wir a) vom Protestanten als Christen, b) vom Protestantismus als gegenkatholische und modern-existentialistische Lehre, c) von positiven Entwicklungen, d) vom evangelischen Kirchenvolk.
a) Trotz Substanzverkürzung in Lehre und Gnadenmitteln ist doch die Heilstat Jesu Christi in Wirklichkeit gegenwärtig in Gliedern des Protestantismus. Die Protestanten sind Christen, sie haben die Taufe, das Gebet zum einen Herrn, sie glauben an die in Christus aufgerichtete Gottesherrschaft, sie haben mit uns das eine und gleiche Evangelium, und sie tragen die Hoffnung auf das ewige Leben durch Christus im Schoße des dreipersönlichen Gottes. Nur diese wenigen Übereinstimmungen im Bekenntnis seien genannt. Es müßten noch mehr angeführt werden. »Unsere getrennten Brüder tragen die Zierde des Namens Christi« (Papst Johannes XXIII.).

b) Der Protestantismus, soweit er Lehre ist, steht auch heute noch weitgehend in Protesthaltung gegen grundlegende Lehren der katholischen Kirche, vor allem was die hierarchische Struktur der Kirche angeht. Daß hier wirklich von einer Protesthaltung gesprochen werden muß, mag man beispielhaft daraus ersehen, daß man die zwei Pfarrer Baumann[1] und Lackmann, die einen Zugang zum Primat des Papstes suchten, ohne Lehrzuchtverfahren (bei Baumann »lex Baumann«) ihres Amtes enthoben hat.

Was den Vergleich katholischer Lehren mit protestantischen angeht, so ist folgendes zu beachten: Man tut gut,

(I) nicht einzelne katholische Lehren mit einzelnen protestantischen Lehrauffassungen zu vergleichen und die etwa erreichte Übereinstimmung zwischen diesen einzelnen Lehren zu betonen, ohne daß die Lehre des Protestantismus auf den Gesamtheitsbezug hin geprüft ist; denn protestantische Lehren reduzieren sich auf einige wenige reformatorische Prinzipien, ja im Sinne Luthers gesprochen, auf das eine punctum mathematicum: die Beziehung des sprechenden Gottes zum hörenden Menschen im Sinne der sola fides. Der Protestantismus hat keine Dogmen.

(II) Wortgleichheit und Sachgleichheit sind nicht zu verwechseln. Sehr richtig sagt ein katholischer Theologe der Gegenwart (Fries[2]): »Es gibt eine verborgene Einheit unter entgegengesetzten Formulierungen und eine verborgene Differenz unter gleichlautenden Worten«.

Protestantismus als Lehre ist nicht nur als Ablehnung und Abwehr katholischer Lehren zu sehen, sondern er hat sich in Konsequenz einiger reformatorischer Prinzipien (vor allem der Sola-fides-Lehre) in den letzten Jahrhunderten und auch in der Gegenwart oft ungehemmt in das moderne Denken vorgewagt und biblische Offenbarung zu sehr mit modernen Kategorien gedeutet, was ihn in fast unaufhebbare und unüberwindliche Schwierigkeiten gebracht hat. So sehr sicherlich personale und auch existentielle Kategorien bei der Deutung der Offenbarungslehre zu verwenden sind, weil sie spontan von der Sprache der Offenbarung gefordert werden, so sehr gilt, daß ihre Anwendung bei dem vom Lehramt der Kirche losgelösten »Wort Gottes« eine entscheidende Gefahr darstellt. Bultmann[3] ist dafür das beste Zeichen. Evangelische Kritik hat mit Recht gegen Bultmann gesagt, daß bei ihm Evangelium zu einem bloßen immanenten Existenzvollzug absinkt. Der extreme Existentialismus ist eine aktuelle Gefahr für die christliche Substanz im Protestantismus. Grundlegende Wahrheiten (Auferstehung Christi) geraten in den Strudel der Entmythologisierung und damit der Auflösung.

[1] RICHARD BAUMANN *(1899–1997), evangelischer Theologe, 1922 Pfarrer der Evangelischen Landeskirche Württemberg, 1947 Versetzung in den Wartestand durch seine Landeskirche wegen seiner Äußerungen über das Papsttum, 1953 Lehrzuchtverfahren gegen ihn, das mit der Entfernung aus dem Pfarramt endete.*

[2] HEINRICH FRIES *(1911–1998), Dr. theol. habil., katholischer Theologe, 1950 Professor für Fundamentaltheologie in Tübingen, 1958 in München.*

[3] RUDOLF KARL BULTMANN *(1884–1976), Dr. theol., Professor der evangelischen Theologie in Breslau, Gießen und 1921–1951 in Marburg, vertrat eine »Entmythologisierung« des Neuen Testaments, welche dessen eigentliche Botschaft von mythischen Einkleidungen der Texte befreien sollte.*

Die Lehre dieses radikalen Existentialismus ist kein genau abgegrenzter Bezirk im Lehrumfang des Protestantismus. Seine Grenzen sind vielmehr fließend. Eine Absicherung ist angesichts der Ablehnung des Lehramtes nur schwer möglich. Dieser radikale – und eben wegen der Ablehnung des Lehramtes ungesicherte – Existentialismus gründet zutiefst im Uransatz reformatorischer Prinzipien (Alleinwirksamkeit Gottes, sola fides). [So ist dieser radikale Existentialismus oft auch dort vorhanden, wo seine Urheber (also Bultmann, Gogarten[4] und in etwa auch Barth[5]) zuweilen bekämpft werden. Beispielsweise konnte der leitende Bischof der lutherischen Kirche, Hanns Lilje[6], erst kürzlich noch (innerlich sicher zustimmend) von »der Weltgeltung der neuen Erkenntnisse Bultmannscher Exegese« sprechen.][7]
Desungeachtet sind viele positive Entwicklungen in der evangelischen, zumal in der lutherischen Theologie, festzustellen: Hier ist zunächst der Widerspruch einiger Theologen gegen die Auflösungstendenzen der eigenen protestantischen Theologie zu nennen. Darüber hinaus ist ein neues Bemühen um die Verbindung von Schrift und Tradition, von Wort und Sakrament zu verzeichnen. Fragen nach der Erbsünde, der cooperatio, der Sichtbarkeit der Kirche, nach dem Amt, ja sogar nach der Successio apostolica werden neu gestellt und zu beantworten versucht. Evangelische Theologen bemühen sich immer wieder um klärende Gespräche mit katholischen Theologen. Eine Bewegung zur katholischen Mitte ist unverkennbar. Alle diese Bemühungen sind als sehr verheißungsvoll zu bezeichnen. Katholische Theologie hat hier die wichtige Aufgabe, diese Ansätze behutsam zu fördern.
d) Wenn auch gewiß gilt, daß der unmittelbare Einfluß der protestantischen Theologie auf das evangelische Kirchenvolk verhältnismäßig gering ist, so ist indirekt die Auswirkung sicherlich doch als negativ zu bezeichnen, soweit es sich um die neuliberalen Tendenzen in der heutigen Theologie handelt. Eine aufbauende substanzhaltige Kraft jedenfalls wird kaum von den neuen kritischen Erkenntnissen der Bibeldeutung, wie sie aus Existentialismus und Aktualismus folgt, in die Gemeinden ausströmen. [Der akademische Liberalismus und Rationalismus und Historismus des ausgehenden 19. und beginnenden 20. Jahrhunderts mit seiner erklärten theoretischen Kirchenverneinung (Harnack[8]) hatte sich jedenfalls wenig günstig auf die Ge-

[4] FRIEDRICH GOGARTEN *(1887–1967), evangelischer Theologe, 1931 Professor für Systematische Theologie in Breslau, 1935 in Göttingen, einer der Begründer der Dialektischen Theologie.*

[5] KARL BARTH *(1886–1968), Professor der evangelischen Theologie in Göttingen, Münster und Bonn (bis zu seinem Konflikt mit dem nationalsozialistischen Regime 1935 wegen seines Engagements für die Bekennende Kirche), dann in Basel, als Mitbegründer der Dialektischen Theologie markiert sein Werk die Abwendung von der liberalen Theologie.*

[6] HANNS LILJE *(1899–1977), evangelischer Geistlicher, 1947–1971 Landesbischof von Hannover, 1948–1969 Leitender Bischof der VELKD, 1952–1957 Präsident des Lutherischen Weltbundes.*

[7] *Die Klammer entspricht der Vorlage.*

[8] ADOLF *(seit 1914* VON*)* HARNACK *(1851–1930), Professor der evangelischen Theologie in Leipzig, Gießen, Marburg und (seit 1888) in Berlin, erstrebte eine Versöhnung von Christentum und Kultur und betrachtete das Dogma als Ergebnis der Hellenisierung des Christentums, Präsident des Evangelisch-Sozialen Kongresses, der Kaiser-Wilhelm-Gesellschaft, Generaldirektor der Preußischen Staatsbibliothek.*

staltung des Gemeindelebens ausgewirkt.][9] Umgekehrt, wie belebend hat sich der Einfluß einer neu am Wort Gottes und am altkirchlichen Dogma orientierten Theologie Barths nach dem ersten und zweiten Weltkrieg gezeigt.

Der Protestantismus, soweit unter ihm das gläubige Kirchenvolk begriffen wird, birgt noch viel Kraftreserve. Es sind vielerlei unerwartete religiöse Auftriebe da, die wir Katholiken vielleicht nicht immer gebührend einschätzen. Die Evangelischen Kirchentage, die nicht zu sehr belastet sind mit der Problematik der akademischen Theologie und die auch nicht zu sehr Rücksicht nehmen auf die Unterschiedenheiten landeskirchlicher Bekenntnisse und Ordnungen, sprechen eine beredte Sprache. Sie sind die imponierende Demonstration einer innerchristlichen Kraft.

4) Die Zeit der konfessionell geschlossenen Räume ist vorbei. Wie zu keiner Zeit erleben wir heute eine Vermischung konfessionsverschiedener Christen in Ehe, Familie, Schule, Gemeinde, Volk und Staat. Diese geschichtlichen Gegebenheiten müssen wir trotz ihrer Gefahren (Mischehen) auch als gottgewiesene Aufgaben erkennen. Wie nirgendwo so stark steigt aus den breiten gläubigen Volkskreisen das Verlangen nach der »Wiedervereinigung« auf. Die Entstehungsgründe dafür sind komplex. Häufig mag auch ein Indifferentismus mit eingemischt sein, aber überwiegend ist es doch die tiefe Sehnsucht nach der Erfüllung des hohenpriesterlichen Gebetes Jesu um die Einheit der Seinen.

Die Ankündigung eines Ökumenischen Konzils durch unsern Heiligen Vater Papst Johannes XXIII. hat deshalb eine sehr starke Resonanz im Volk gefunden. Sie wurde verstärkt durch mancherlei Äußerungen volkstümlicher Kirchenmänner und Theologen.

5) Was könnte angesichts dieser Situation in der deutschen protestantischen Kirchenwirklichkeit geschehen in bezug auf die Vorbereitung des Ökumenischen Konzils?

Die folgenden Sätze sind nicht als Vorschlag und Anregung gedacht. Wir muten uns nicht zu, Anregung zu geben. Es sind Gedanken, die vielleicht hilfreich sein könnten:

a) Sollte es im engeren oder weiteren Zusammenhang des Konzils zu Diskussionen zwischen katholischen und evangelischen Theologen kommen, so ist zu bedenken: daß es keine Repräsentanten der gesamten »evangelischen Theologie« gibt, es gibt nur Vertreter bestimmter Richtungen. Die hergebrachten Unterscheidungen, etwa lutherisch oder reformiert, reichen zur Kennzeichnung nicht aus. Innerhalb der lutherischen Theologie gibt es konfessionstrennende Lehrunterschiede. Beispielsweise differieren lutherische Theologen der Union in so wesentlichen Punkten von der Lehre der VELKD (Vereinigte Evangelisch-Lutherische Kirche in Deutschland), daß keine Abendmahlsgemeinschaft und damit keine Kirchengemeinschaft mehr besteht.

b) Bei den verwirrend vielen Lehrunterschieden gibt es jedoch einen Konsens aller evangelischen Theologen, nämlich den, daß auch die Protestanten auf Grund der Taufe, des Glaubens und der Anrufung des einen Herrn wirklich Christen sind, eine Auffassung, die mit der katholischen Lehre übereinstimmt. Wie aus Gesprächen mit

[9] *Die Klammer entspricht der Vorlage.*

maßgeblichen evangelischen Kirchenvertretern zu entnehmen ist, verspricht man sich daher von dem Konzil wenigstens, daß einmal ganz wirksam diese Tatsache ausgesprochen wird, daß die Protestanten primär Christen sind und auch (zumal in ausgesprochen katholischen Ländern) als solche und nicht nur als Häretiker angesehen werden.

c) Die Tatsache, daß uns trotz vieler beklagenswerter Abweichungen doch manches Große in der christlichen Wirklichkeit und Wahrheit verbindet, könnte dadurch zum Ausdruck kommen, daß protestantische Kirchenführer repräsentativ als Gäste auf dem Konzil zugegen wären. [Mißverständnisse, die möglicherweise im treu katholischen Volk zu erwarten wären, könnten durch offizielle Erklärungen beseitigt werden: Es soll ja nicht der Vermischung Vorschub geleistet werden. Vielmehr soll die wirkliche Not der Trennung bei vielerlei Gemeinsamkeit neu empfunden werden][10].

d) Das unter c) Gesagte erhält sein Gewicht auch daher, daß das kommende Konzil in einer Zeit stattfindet, die ungeachtet aller Lehrunterschiede ein gemeinsames Handeln aller Christen auf soziologischem, kulturellem und sozialem Gebiet gegen die drohenden Mächte des Atheismus und Materialismus erfordert. Papst Johannes XXIII. hat ausdrücklich gesagt, er habe bei der Konzilsankündigung das Ziel, »das Verhältnis des neuen Pontifikates zu den geistigen Erfordernissen in der heutigen Zeit sehr klar und deutlich zu bestimmen« (laut AAS vom 27.2.1959[11]). »Das Konzil wird, wenn es das Verhältnis der Kirche zu den Erfordernissen der Zeit bestimmen will, vor allem auf dem wesentlichen Beitrag aufbauen können, der in den Reden Pius' XII. enthalten ist. In ihnen ist immer wieder ein gemeinsames Handeln aller Christen in allen Fragen des sozialen Zusammenlebens zu dem Zweck empfohlen, die von allen anerkannten christlichen Grundsätze im bürgerlichen, sozialen, kulturellen, caritativen Leben, vor allem auch in den Beziehungen der Völker untereinander zur Geltung zu bringen. Er verlangt dazu nicht mehr als einen beschränkten Besitz an gemeinsamen Grundüberzeugungen« (Nach K. Schmidthüs, Konzil und Gespräch, Wort und Wahrheit, 1959, H.4).

e) So könnte diese erste menschliche und christliche Begegnung auf dem Konzil Auftrieb und Antrieb sein für weitere theologische Arbeit.

f) Es ist nach dem vorher Gesagten sehr wahrscheinlich, daß das kommende Konzil kein Unions-Konzil werden wird. [Unter einem Unions-Konzil versteht man eine Kirchenversammlung, in der die Wiedervereinigung einer oder mehrerer abgespaltener christlicher Gemeinschaften mit der römisch-katholischen Mutterkirche effektiv vollzogen wird. Das berühmteste Beispiel eines solchen Unions-Konzils ist das Konzil von Ferrara-Florenz, das im Jahre 1439 die Wiedervereinigung der griechisch-orthodoxen Kirche und bald darauf auch mehrerer anderer orientalischer Kirchen tatsächlich vollzogen hat. Bekanntlich war diese Union nur von kurzer Dauer, weil die eigentlichen Schwierigkeiten, welche die Kirchenspaltung begründet hatten, nicht

10 *Die Klammer entspricht der Vorlage.*

11 *Bd. 51 der AAS (1959) enthielt auf S. 65–69 die Ansprache des Papstes an die Kardinäle vom 25. Januar 1959 in St. Paul vor den Mauern in Rom mit der Ankündigung einer Diözesansynode für Rom und des Zweiten Vatikanischen Konzils.*

wirklich ausgeräumt worden sind.][12] Wenn man heute noch bestehende Gründe für die Trennung der orthodoxen Ostkirchen und die ersten Äußerungen orthodoxer Kirchenführer und Theologen nüchtern betrachtet, so erscheint es als sehr unwahrscheinlich, daß das kommende Konzil die getrennten Ostkirchen wieder mit Rom vereinigen könnte. Papst Johannes XXIII. hat in seinem Schreiben an den Klerus der Tre Venezie[13] einen längeren Prozeß der gegenseitigen Annäherung und des Sichaneinandergewöhnens angedeutet, welcher der Wiedervereinigung vorausgehen müßte. Er gibt drei Stufen an, die aufeinander folgen müssen: riavicinamento, riaccostamento, riunione perfetta[14].

Es ist klar, daß diese drei Stufen auch dem Protestantismus gegenüber ihre Gültigkeit haben, aber ebenso klar ist, daß hier das Problem der Wiedervereinigung ungleich schwerer ist. Es ist wohl sicher, daß das kommende Konzil im Hinblick auf den Protestantismus keine Wiedervereinigung erreichen wird. Weder die Ankündigung des Konzils, noch die Zusammensetzung der vorbereitenden Kommission, noch die bisherigen Äußerungen des Papstes sprechen von einem Unions-Konzil im Hinblick auf den Protestantismus.

Das Konzil von Trient war ursprünglich als ein solches Unions-Konzil geplant. Die Protestanten wurden offiziell eingeladen, es wurde ihnen volle Freiheit zugesagt, ihre Anschauungen vor dem versammelten Konzil zu vertreten, »über alle Geschäfte zu verhandeln, zu untersuchen, zu erörtern und alles, was ihnen beliebt, und jegliche Artikel sowohl schriftlich als mündlich frei vorzubringen, zu diskutieren und dieselben aus den Heiligen Schriften und den Worten, Aussprüchen und Beweisführungen der heiligen Väter zu klären, zu belegen und zu beweisen und im Falle der Notwendigkeit auch auf die Einwendungen des allgemeinen Konzils zu antworten und mit denen, welche vom Konzile ausgewählt werden, christlich zu besprechen oder liebevoll ohne alles Hindernis zu verhandeln unter Fernhaltung aller Vorwürfe, Schmähungen und Beschimpfungen. Auch sei bemerkt, daß streitige Punkte auf genanntem Konzil zu Trient nach der Heiligen Schrift und den Überlieferungen der Apostel, nach den anerkannten Konzilien und der Übereinstimmung der katholischen Kirche und den Zeugnissen der heiligen Väter behandelt werden« (Geleitbrief der 15. Sitzung vom 25. Januar 1552 für die Protestanten).

Bekanntlich sind auch Gesandte protestantischer Reichsstände in der zweiten Periode des Konzils in Trient erschienen, und selbst Melanchthon[15] war auf dem Wege nach Trient. Aber selbst wenn der Verrat des Moritz von Sachsen[16] die Konzilstagung

12 *Die Klammer entspricht der Vorlage.*

13 *Adhortatio Papst* JOHANNES' XXIII. *an den Klerus von Venedig am 10. Mai 1959.* AAS *51 (1959), S. 375–381.*

14 *Italienisch für: Wieder zum Nachbarn werden, Wiederannäherung, vollständige Wiedervereinigung.*

15 PHILIPP MELANCHTHON *(1497–1560), Humanist und evangelischer Reformator, bedeutsam für die wissenschaftliche Formulierung der protestantischen Theologie.*

16 MORITZ VON SACHSEN *(1521–1553), seit 1541 Herzog und 1547–1553 Kurfürst, obgleich Protestant, kämpfte er auf der Seite des Kaisers gegen dessen evangelische Gegner, stellte sich aber 1551 an die Spitze der Fürsten, die sich der Machtsteigerung des Kaisers widersetzten und zur Vereinbarung mit den Protestanten im Passauer Vertrag zwangen.*

nicht unterbrochen hätte, wäre doch damals an keine Wiedervereinigung mit den Protestanten mehr zu denken gewesen. Die erste Antwort der Schmalkaldener[17] auf die Konzilseinberufung in den sogenannten Schmalkaldischen Artikeln Luthers läßt in dieser Hinsicht keinen Zweifel übrig. Wenn Katholiken und Protestanten das Wort »Konzil« gebrauchten, so meinten sie jeweils etwas ganz Anderes. Die Protestanten verlangten ein evangelisches Laienkonzil unter Ausschluß des Papstes und unter Anerkennung des Prinzips der scriptura sola. Wenn wir von den Anglo-Katholiken und von Bewegungen wie »Die Sammlung« absehen, – die darum besondere Beachtung verdienen – so ist der Standpunkt des Weltprotestantismus auch heute noch derselbe geblieben, und er kann, solange man an den lutherischen und reformierten Bekenntnisschriften noch grundsätzlich festhält, auch gar kein anderer sein. Unter diesen Voraussetzungen aber ist ein Unions-Konzil gegenwärtig nicht nur unwahrscheinlich, sondern – menschlich gesprochen – beinahe unmöglich.

g) Wenn das kommende Konzil kein Unions-Konzil sein wird, so kann es dennoch die Einheit unter den Christen fördern. Karlheinz Schmidthüs hat darauf hingewiesen, daß ein Konzil niemals eine rein »innerkatholische« Angelegenheit sein kann. Wie die Kirche selbst, so ist auch das Konzil ein unter den Völkern aufgerichtetes Zeichen der Wiedervereinigung und Wiederversöhnung des auseinandergerissenen Volkes Gottes. Johannes XXIII. hat die Darstellung der Einheit und Eintracht der Kirche Gottes auf dem Konzil als eine Einladung an die getrennten Brüder, nach der Einheit zu suchen, bezeichnet.

250

Hengsbach an Keller[1]

Essen, 17. Juli 1959

DA Münster, GV-NA, AO-303. *Schreibmaschinenausfertigung mit eigenhändiger Unterschrift. Überschrift:* Betrifft: Bischöfliche Kommission »Soziale Arbeit« (Behandlungspunkte für die Plenarkonferenz 1959).

Folgende Punkte wären m. E. für eine Behandlung bzw. Berichterstattung bei der Plenarkonferenz 1959 vorzusehen:

1. Die Mittelstandsfrage

a) Der Bericht des Sozialreferates des Zentralkomitees sowie »Die Arbeitstagung in Saarbrücken 1958« (Bonifaciusdruckerei, Paderborn S. 117ff.) zeigen die gesellschaftspolitische Weite und Wichtigkeit dieses Themas im Hinblick auf die Neuord-

[17] *Protestantische Reichsstände hatten sich 1531 in Schmalkalden verbündet, um sich der nach dem Augsburger Reichstagsabschied von 1530 drohenden Wiedereinführung des katholischen Kultes in ihren Ländern zu widersetzen; der Kaiser besiegte sie schließlich 1547 bei Mühlberg, konnte aber keinen dauernden Machtgewinn erringen, weil* Moritz von Sachsen *zu seinen Gegnern übertrat.*

[1] *Der Adressat ergibt sich aus dem Begleitschreiben vom gleichen Datum (maschinenschriftliche Ausfertigung mit eigenhändiger Unterschrift am gleichen Fundort).*

nung der Gesellschaft und damit auf die jetzt gegebenen Möglichkeiten religiöser Ansätze auf.

Es wird in diesem Bericht aber mit Recht darauf hingewiesen, daß wir nicht in der soziologischen Umschreibung des sogenannten »neuen« Mittelstandes und den wirtschaftspolitischen Vorschlägen stecken bleiben dürfen (Miteigentum in Arbeiterhand, Wohnungsbaupolitik, Steuerreform u. a.).

b) Institutions- und Gesinnungsreform müssen gleichen Schrittes in eine lebendige Einheit gebracht werden, damit aus dem neuen Mittelstand (der nach oben und unten kaum abzugrenzen ist und sich im Wandel von der Klassen- zur Schichtengesellschaft immer stärker abzeichnet) ein tragendes Element einer neuen, wohlgegliederten und religiös bewußten Gesellschaft wird.

c) Aus seelsorglicher Sicht gehört zum neuen Mittelstand jeder, der will. Daß dies seine Voraussetzungen und Grenzen im Wirtschafts- und Sozialpolitischen hat, bleibt unbestritten. Zum neuen Mittelstand gehört also jeder, der der materialistischen Verproletarisierung entraten, nun nicht der geistigen, gesellschaftlichen oder religiösen erliegen will. Diese Gefahr ist unter dem kollektivistischen Druck oder Sog im weithin genormten Alltag im Betrieb, in Familie und Öffentlichkeit so groß, daß wirtschaftspolitische Erfolge für den Mittelstand allein unfruchtbar bleiben würden.

Das Augenmerk in der Diskussion über den Mittelstand muß also stärker auf die Bewußtseinsprägung zur »kritischen Masse«, d. h. auf den Willen zur Selbstkontrolle, Selbstgestaltung und Verantwortung im persönlichen und sozialen Bereich gelenkt werden.

d) Alle katholischen Verbände und Einrichtungen, die in den Raum des neuen Mittelstandes wirken, sollten darum nicht nur in Schulungen die wirtschaftspolitischen Vorschläge und Sozialreformen aus katholischer Sicht vortragen, sondern gleichzeitig den Willen zu persönlicher Selbständigkeit und gesellschaftlicher Mündigkeit ansprechen sowie Wege aufzeigen.

2. Neuordnung der Sozialverbände

Da unsere Sozialverbände (KAB, Kolping, KKV) aus einem bestimmten sozialpolitischen und religiösen Anliegen der aufbrechenden Industriegesellschaft (Arbeiterfrage, Rettung des gewerblichen und kaufmännischen Mittelstandes) entstanden sind, müssen sie ihren gesellschaftspolitischen Standort und ihre Aufgaben an der veränderten Situation heute überprüfen:

a) Welcher Sektor des modernen Gesellschaftskörpers ist ihnen zugeordnet?

b) Welche neu sich bildenden Schichten oder verlagerten Berufsgruppen liegen auf der Nahtstelle zwischen zweien oder mehreren unserer Sozialverbände?

c) Welche neuen Großgruppen, die sich in neuester Zeit gebildet haben bzw. noch bilden, werden als solche gar nicht erfaßt? (Industriemeister, mittlere und gehobene Führungsschichten in Betrieb und Verwaltung, die Großgruppen der in Vertrieb, Absatz, Dienstleistung und Wartungsdienst Tätigen, moderne Frauenberufe.)

d) Wie sieht das Milieu und Berufsbild aus? Welche berufsethischen Spiegel müssen in Ansätzen entwickelt werden?

e) Wie können die Verbände neben dem sozial- und wirtschaftspolitischen Beitrag helfen, daß ihre Mitglieder sich nicht nur als traditionelle Angehörige einer Berufs- oder Standesschicht oder als Selbständige im herkömmlich bürgerlichen Sinne, sondern als Mittelpunkt und Träger der Gesamtwirtschaft und einer neuen Ordnung erkennen und verhalten?
f) Durch Beobachtungsaufgaben, kleine soziographische Erhebungen u. ä. könnten die Mitglieder der Verbände von unten her selbst helfen, das Feld zu klären, und würden dadurch an dieser Neuorientierung selbst aktiv interessiert.
3. Die Gewerkschaftsfrage
Über die Gewerkschaftsfrage gibt es m. E. zur Zeit nicht viel zu diskutieren. Vielleicht könnte man aber im Zusammenhang mit der Neuorientierung der Sozialverbände fragen; welche primäre Aufgabe kommt der KAB zu?
(Vgl. hierzu Schluß des Berichtes des Sozialreferates des Zentralkomitees.)
Soll die KAB neben der CGD selbst eine Hauptwerbekraft für die christliche Gewerkschaftsbewegung sein, oder kommt ihr – rebus sic stantibus – nicht noch mehr die Aufgabe zu, Heimat aller katholischen Arbeiter und damit höhere Einheit über CGD, christlicher Kollegenschaft und Sozialausschüssen zu sein?
4. Sonntagsruhe
Über die gegenwärtige Situation der Verhandlungen mit dem Bundesarbeitsministerium wird sicherlich am besten Herr P. Professor Wallraff S. J. orientieren können. Wichtig scheint mir, daß bei dieser Frage die weltverflochtene Konkurrenzlage unserer Wirtschaft in Betracht gezogen wird. Wenn wir gegen die scheinbar unaufhaltsam fortschreitende Säkularisierung des Sonntags etwas ausrichten wollen, müssen wir nicht nur auf nationale, sondern auf internationale, wenigstens europäische Vereinbarungen drängen.

+ Franz Hengsbach
Bischof von Essen.

251

Frings an Johannes XXIII.

Köln, 20. Juli 1959

EA München, Joseph Kardinal Wendel, 16 Cus/1959. *Schreibmaschinendurchschrift. Briefkopf:* Der Erzbischof von Köln. *Aktenzeichen:* J[ou]r[nal] Nr. 24 615/I 59. *Anschrift:* S[eine]r Heiligkeit Papst Johannes XXIII. *Vermerk:* Durchschrift. *Eingangsstempel:* Erzbistum München. Erzb[ischof] 27. Juli 1959. 16 Nr. 1237. *Vermerke auf der Rückseite:* In Durchschrift S[eine]r Eminenz dem Hochwürdigsten Herrn Dr. Joseph Kardinal Wendel, Erzbischof von München und Freising, München. Ew. Eminenz erlaube ich mir, Durchschrift meines Schreibens vom 20. ds. Mts. an Se[ine] Heiligkeit, Papst Johannes XXIII., zur freundlichen Kenntnisnahme zu übersenden. Ew. Eminenz im Herrn ergebenster + Jos[eph] Card[inal] Frings, Erzbischof von Köln. Köln 27. Juli 1959.

Heiliger Vater!
S[ein]e Exzellenz, der Hochwürdigste Herr Erzbischof Andreas Rohracher[1] von Salzburg hat mich gebeten, daß ich in meiner Eigenschaft als Vorsitzender der Fuldaer Bischofs-Konferenzen Ew. Heiligkeit die Meinung des deutschen Episkopates hinsichtlich der Pläne mitteile, in Salzburg eine katholische Universität zu errichten. Die deutschen Katholiken empfinden es als einen großen Mangel, daß weder in Deutschland noch in Österreich eine katholische Universität besteht. Zwar ist der extreme Liberalismus, der in der zweiten Hälfte des vorigen Jahrhunderts und um die Jahrhundertwende die deutschen staatlichen Universitäten beherrschte, unter der Ernüchterung des ersten Weltkrieges zusammengebrochen, während gleichzeitig positivere Strömungen in das deutsche Hochschulleben Eingang fanden; ja, man konnte zunächst die Hoffnung haben, daß die tiefe Beschämung, die der deutschen Wissenschaft während der Zeit des Nationalsozialismus widerfuhr, nach dem zweiten Weltkrieg zu einer Besinnung auch bei den akademischen Lehrern führen würde. Wurde doch im Herbst 1945 die staatliche Universität Bonn wiedereröffnet in der Aula eines unserer dortigen Theologenkonvikte, von einem katholischen Rektor[2], unter dem Bilde des Gekreuzigten und unter ausdrücklicher Bezugnahme auf dasselbe!
Aber in den letzten Jahren sind wieder an den Hochschulen, wie auch in anderen Bereichen des öffentlichen Lebens, destruktive Kräfte zu neuer Entfaltung gekommen. Der Kampf um die Seele der Studenten ist neu entbrannt. Damit sind katholische Universitäten im deutschen Sprachgebiet fast unentbehrlich geworden: an ihnen soll eine Elite katholischer Akademiker heranwachsen, die ganz vom Glauben her geformt sind; von solchen Universitäten her soll Einfluß genommen werden auf die Gesamtentwicklung des geistigen Lebens in Deutschland und Österreich; sie sollen nicht zuletzt einem sich immer mehr ausbreitenden etatistischen Denken gegenüber bezeugen, daß die Kirche für die Freiheit von Erziehung und Lehre einzustehen gewillt ist.

1 Andreas Rohracher *(1892–1976), 1915 Priester (D Gurk), 1933 Weihbischof in Gurk, 1943 Erzbischof von Salzburg.*

2 Heinrich Konen *(1874–1948), seit 1920 Professor für Experimentalphysik in Bonn, 1933 entlassen, 1945–1948 Rektor, 1946/47 Kultusminister des Landes Nordrhein-Westfalen (CDU).*

Nicht nur die österreichischen, sondern auch die deutschen Bischöfe und weite Kreise unserer Priester und Gläubigen würden es begrüßen, wenn in Salzburg die längst fällige katholische Universität errichtet werden könnte. Durch die sog. Salzburger Hochschulwochen sind die deutschen Akademiker nicht weniger als die österreichischen längst zu der Erkenntnis gekommen, daß in Salzburg ein Schwerpunkt katholischer Geistigkeit und Kultur liegt. Auch hat es den Anschein, daß andere günstige Voraussetzungen in Salzburg vorliegen.
Wenn auch Pläne bestehen, auf dem Gebiete der deutschen Bundesrepublik ebenfalls katholische Fakultäten zu errichten, so sehen die deutschen Bischöfe bei der Größe des deutschen Sprachgebietes in dem Salzburger Vorhaben dennoch keine Konkurrenz, und ich darf Ew. Heiligkeit versichern, daß die deutschen Bischöfe demütig erbitten, daß die Bemühungen des österreichischen Episkopates um die Errichtung einer katholischen Universität in Salzburg von Ew. Heiligkeit gnädig gesegnet und gütig gefördert werden.
Mit dem Ausdruck meiner tiefsten Ergebenheit und dem Versprechen meines Gehorsams bin ich

Ew. Heiligkeit gehorsamster Sohn und Diener
gez. + Jos[eph] Card[inal] Frings
Erzbischof von Köln.

252

Bericht Beckers

Freiburg, 1. August 1959

EA München, Joseph Kardinal Wendel, 41 Fu u. Fe/1957–1960. *Schreibmaschinenvervielfältigung. Überschrift:* Jahresbericht der Katholischen Rundfunkarbeit in Deutschland vom 1.8.1958 bis 31.7.1959.

1. Päpstliche Kommission für Film, Rundfunk und Fernsehen
Die Päpstliche Kommission wurde durch Seine Heiligkeit, Papst Johannes XXIII. umgestaltet und soll künftighin Consultoren erhalten; zwei sind bereits ernannt. Die seitherigen Experten für Deutschland, Dompräbendar Dr. Karl Becker und Pfarrer Karl August Siegel, erhielten für ihre Tätigkeit päpstliche Dankschreiben und Silbermedaillen; Dr. Becker wurde im März 1959 zum Päpstlichen Geheimkämmerer ernannt.
2. Publizistische Kommission der Fuldaer Bischofskonferenz
Mit der Publizistischen Kommission der Fuldaer Bischofskonferenzen, besonders mit Exzellenz Dr. Wilhelm Kempf, wurden alle einschlägigen Fragen der Katholischen Rundfunkarbeit und des publizistischen Nachwuchses besprochen. Besonders danken wir für die die KRD betreffenden Abschnitte der Protokolle der Fuldaer Bischofskonferenz von 1958 sowie der westdeutschen Bischofskonferenz in Salzgitter und der Herbstkonferenz der Bayerischen Bischöfe, beide November 1958[1].

[1] *Vgl. Dok. 204, 211, 213.*

3. Unda
An den Turnussitzungen des Berichtsjahres nahm Herr Pfarrer Siegel regelmäßig teil. Die Unda befindet sich in guter Aufwärtsentwicklung.
4. Staat
a) Bund: Die Neuordnung des Rundfunk- und Fernsehwesens konnte auch in diesem Jahre nicht erreicht werden. Ein Gesetzesentwurf des Innenministeriums liegt vor, ist aber noch nicht veröffentlicht. Die Länder haben im Juni 1959 einen neuen Entwurf für einen Staatsvertrag zwischen Bund und Ländern fertiggestellt und dem Bund übergeben[2]. Für beide Entwürfe konnten der Berichterstatter und Herr Pfarrer Siegel rechtzeitig die Wünsche der Kirche geltend machen. Mit allen zuständigen Stellen fanden laufend Besprechungen statt, über die Exzellenz Bischof Dr. Kempf jeweils unterrichtet wurde. Besondere Beachtung fand in der Öffentlichkeit unsere Jahrestagung mit dem Thema: »Wem gehört der Rundfunk?«
b) Länder: Seitens der Länder macht sich eine starke Bestrebung bemerkbar, den Rundfunk von sich abhängig zu machen. So ordneten alle Länder durch einen Vertrag strittige Fragen des Fernsehens (Koordination, Finanzausgleich) und in Bayern berät der Landtag Abänderungen des Rundfunkgesetzes mit dem Ziel eines stärkeren Einflusses der politischen Parteien.
5. Rundfunkanstalten
Entscheidende personale Veränderungen fanden auf dem Gebiet des Hörfunks im Berichtsjahr nicht statt. Der Unterzeichnete besuchte in dieser Zeit z. T. mehrmals die Intendanten von Hamburg, München, Baden-Baden, Stuttgart, Frankfurt, Saarbrücken und hielt gute Fühlung mit den anderen leitenden Herren der Häuser. Grundlegende Änderungen im geistigen Profil der Anstalten und ihrer Programme lassen sich aus eingegangenen Berichten unserer einzelnen Senderarbeitsgemeinschaften nicht erkennen. Die Programme weisen eine Fülle von christlichen Sendungen auf, die aber, dem Generalanzeiger-Typ des Rundfunks entsprechend, oft übergangslos neben anderen Sendungstypen stehen. Eine »spürbare Verbesserung des Programms – mit breiterem Raum für kirchliche Ereignisse und theologische Fragestellung« stellt Dr. Jung[3] beim Saarländischen Rundfunk fest.

[2] *In der seit 1951 diskutierten Neuordnung des Rundfunk- und Fernsehwesens in der Bundesrepublik Deutschland hatten sich Bund und Länder nicht auf eine einvernehmliche Lösung verständigen können, woraufhin sich die Bundesregierung zu einseitigem Vorgehen entschloß und am 30. September 1959 den Entwurf für ein Rundfunk- und Fernseh-Gesetz verabschiedete, der ein Deutschland-Fernsehen vorsah, das die Programme privater, aus Werbeeinnahmen finanzierter Produktionsgesellschaften ausstrahlen sollte. Nachdem dieses Gesetz am 13. November 1959 im Bundesrat gescheitert war, errichtete die Bundesregierung am 25. Juli 1960 die Deutschland-Fernsehen-GmbH, die auf Antrag einiger Länder am 28. Februar 1961 vom Bundesverfassungsgericht als verfassungswidrig verworfen wurde, was die Bildung des Zweiten Deutschen Fernsehens durch Staatsvertrag der Länder vom 6. Juni 1961 ermöglichte.*

[3] PETER JUNG *(1912–1987), Dr. phil., 1938 Priester (D Trier), 1952 Studentenseelsorger an den Hochschulen des Saarlandes, 1954 mit der Wahrnehmung der kirchlichen Belange beim Fernsehwesen Saar betraut, 1956 Bischöflicher Beauftragter im Rundfunkrat des Saarländischen Rundfunks, 1958 Vorsitzender des Programmbeirats, 1960 u. ö. Vorsitzender des Rundfunkrates des Saarländischen Rundfunks.*

Im Berichtsjahr konnte unsere Zentralkartei durch eine Reihe von katholischen Namen, meist jüngere Kräfte, ergänzt werden, die in den verschiedenen Anstalten Stellung fanden.
Einen starken Linksrutsch brachten die Wahlen in den Rundfunkrat des Senders Freies Berlin, wo der hochverdiente Professor Dr. Dovifat[4] abgewählt wurde.
6. Zusammenarbeit mit dem Zentralkomitee der deutschen Katholiken und mit den katholischen Verbänden
a) Herr Pfarrer Siegel und ich wurden wieder als beratende Mitglieder des Geschäftsführenden Ausschusses des Zentralkomitees benannt. – Die Frage des katholischen publizistischen Nachwuchses wurde durch das Entgegenkommen der Bischofskonferenz besonders aktuell. Herr Direktor Hanssler bereitet den ersten großen Nachwuchskurs für bereits im Beruf stehende Publizisten, unter Mithilfe von Herrn Dr. Roegele[5] und dem Unterzeichneten, vor. Der Kurs von 18 Tagen findet im September/Oktober 1959 in Bensberg statt. Damit ist ein entscheidender Schritt in der Sorge um gute katholische Publizisten getan, und wir hoffen, daß im Laufe der Jahre diese Arbeit systematisch weitergeführt werden kann.
b) Kurse, Tagungen und Vorträge wurden abgehalten
mit der Jahreskonferenz der Seminarregenten und Konviktsdirektoren,
beim Berliner Katholikentag,
vor der CDU-Fraktion des Landtages von Baden-Württemberg,
mit dem Klerus des Saarlandes,
mit den Seminaristen der Diözese Speyer,
mit der Katholischen Filmarbeit in Deutschland.
Außerdem fanden eine Fülle von kleineren Besprechungen mit führenden Einzelpersönlichkeiten des katholischen Lebens statt, die sich als sehr fruchtbar erwiesen.
c) Innerhalb der Senderarbeitsgemeinschaften ist wieder besonders hervorzuheben die ausgedehnte Vortragstätigkeit Herrn Dr. Max Rößlers in Würzburg und des Katholischen Rundfunkinstitutes in Köln.
7. Langwelle
Wie im Vorjahr schon vorangezeigt, hat die Langwelle im Jahre 1959 mit einer halbstündigen kirchlichen Sonntagssendung am Pfingstfest begonnen, aufgeschlüsselt zwischen den beiden großen Konfessionen. Zu diesem Zweck fanden mehrere Arbeitssitzungen statt. Katholischerseits wurde eine kleine Kommission für die dauernde Betreuung dieser Sendungen geschaffen, bestehend aus dem Vorsitzenden der KRD, aus dem für diese Programme speziell beauftragten Herrn Dr. Henry Fischer[6],

[4] EMIL DOVIFAT *(1890–1969), Publizistikwissenschaftler, 1928 Professor in Berlin, Mitgründer der CDU in Berlin und der dortigen Freien Universität. Vgl.* J. WILKE.

[5] OTTO B. ROEGELE *(1920–2005), Publizist und Kommunikationswissenschaftler, 1949 Chefredakteur, 1963 Mitherausgeber des »Rheinischen Merkur«, 1963 Professor in München, 1972 Mitherausgeber von »Communio«. Vgl.* K.-J. HUMMEL.

[6] HENRY FISCHER *(1928–1997), Dr. theol., Vikar, Rektor und Religionslehrer, 1960 mit der kirchlichen Rundfunk- und Fernseharbeit in Hamburg betraut, 1972 Direktor der Katholischen Akademie in Hamburg, 1979 Professor am Bischöflichen Priesterseminar in Hildesheim.*

Hamburg, sowie Herrn Rat Hans Gerhard Müller[7], Berlin, P. Dr. Schmücker[8], Köln, und dem Redakteur des Kirchenfunks des NDR in Hannover, Herrn Waltermann[9]. Herr Pfarrer Siegel stellt ebenfalls seine Erfahrung und seinen Rat für diese Aufgabe zur Verfügung.

8. Sendergebietsarbeitsgemeinschaften (SAG)

Folgende personalen Veränderungen traten ein:

Anstelle des Herrn Caritas-Direktors Dr. Ludwig Marizy wurde Herr Dr. Henry Fischer, Hamburg, zum neuen Leiter der SAG am Norddeutschen Rundfunk für das gesamte Aufgabengebiet, das Herr Dr. Marizy inne hatte, ernannt.

Für das neu errichtete Bistum Essen wurde als Diözesanbeauftragter Herr Pfarrer Hans Hartmann[10], Essen, ernannt.

Innerhalb der einzelnen Arbeitsgemeinschaften, deren Jahresberichte dem hochwürdigsten Herrn Bischof Dr. Kempf und mir vorliegen, wurden regelmäßige Konferenzen zum Zweck der Schulung der im Rundfunk sprechenden Geistlichen, zur Programmkritik und zur homiletisch-exegetischen Vorbereitung der Themen abgehalten.

Innerhalb der DDR hat sich die Lage insofern verschlechtert, als Herr Propst Pfeiffer nicht mehr regelmäßig an den Direktoriumssitzungen teilnehmen darf. Die letzte Begegnung mit ihm fand beim Berliner Katholikentag im August 1958 statt.

9. Kirchenfunk

Personale Veränderungen ergaben sich beim Hessischen Rundfunk, wo anstelle des 2. Redakteurs, des Herrn Rothermel[11], neu Herr Kutschki[12] zum Assistenten ernannt wurde. Er kommt aus der Kath[olischen] Studentengemeinde, Frankfurt.

Die Zusammenarbeit mit den Kirchenfunkabteilungen der Rundfunkanstalten in der Bundesrepublik war auch in diesem Jahre sehr gut und in einzelnen Sendern sogar vorbildlich.

Im Bayerischen Rundfunk wurde durch die Initiative des Herrn Dr. Sandfuchs[13] eine neue Sendereihe für Kranke eingeführt, außerdem in der Fastenzeit und Adventszeit statt der sonst üblichen »Minute der Besinnung« werktags religiöse Morgenansprachen. Beim Südwestfunk wurde erstmals zu der schon lange üblichen Sendereihe in der Adventszeit »Tröstliche Botschaft« und der vor zwei Jahren eingeführten Senderei-

[7] HANS GERHARD MÜLLER *(1910–1995), 1939 Priester (D Berlin), nach Tätigkeit in der Seelsorge 1954 Männerseelsorger, 1955 Leiter des Referats Seelsorge, 1957 Ordinariatsrat, 1961 Päpstlicher Geheimkämmerer.*

[8] P. RAINULF SCHMÜCKER OFM *(1908–1995), 1934 Priester, 1953 Leiter des katholischen Rundfunkinstituts Köln.*

[9] LEO WALTERMANN *(1928–2001), Publizist, 1961 Leiter des Kirchenfunks beim Westdeutschen Rundfunk, 1967 kurzzeitige Suspendierung wegen eines kritischen Beitrags über Karl Fürst von Löwenstein.*

[10] *Richtig* FRANZ HARTMANN *(1910–1988), 1935 Priester (ED Köln), Kaplan, Pfarrer, 1958–1971 Rundfunkbeauftragter des Bistums Essen, 1983 Päpstlicher Ehrenkaplan.*

[11] *Nicht ermittelt.*

[12] *Vermutlich* NORBERT KUTSCHKI.

[13] WILHELM SANDFUCHS *(1913–1999), Dr. phil., Rundfunkjournalist, 1949 Leiter des Kirchenfunks beim Südwestfunk Baden-Baden, 1958–1978 beim Bayerischen Rundfunk, Vizepräsident der UNDA Europa.*

he in der Osteroktav auch die Pfingstwoche durch allabendliche Lesung aus der Hl. Schrift ausgezeichnet.

Im Radio Bremen wurden die seinerzeit wegen Einsparungsmaßnahmen eingestellten »Katholischen Abendsendungen« inzwischen wieder aufgenommen.

Beim Sender Freies Berlin wurde mit religiösen Schulfunksendungen begonnen. Dieser Sender hatte bislang solche Sendungen nicht. Sie werden im Kontakt mit Herrn Ordinariatsrat Müller erarbeitet.

Im übrigen zeigt die Berichterstattung der einzelnen Senderarbeitsgemeinschaften, daß ein reiches und gutes kirchliches Programm bei allen Sendern ausgestrahlt wird und daß die gute Gepflogenheit, auch die kirchliche Musik durch Kompositionsaufträge zu fördern, beim Südwestfunk und beim Süddeutschen Rundfunk im Berichtsjahr fortgesetzt wurde. Innerhalb des Bayerischen Rundfunks wurden die führenden katholischen Kirchenchöre mit neuen Aufgaben für die kirchlichen Sendungen bedacht.

10. Direktorium der KRD

Das Direktorium der KRD hielt im Berichtsjahr seine regelmäßigen Vierteljahressitzungen in Baden-Baden, in Berlin und Frankfurt. Die Protokolle gingen jeweils den hochwürdigsten Herren Ordinarien und ihren Referenten zu.

11. Schrifttum

Im Berichtsjahr erschien im Verlag Josef Knecht, Frankfurt, das 3. Beiheft zum Werkbuch Becker-Siegel, ein Heft über die Jahrestagung der KRD in Baden-Baden mit dem Titel »Wem gehört der Rundfunk?«[14]

Nach wie vor ist das Problem der im Sebaldus-Verlag, Nürnberg, erscheinenden Programmzeitschrift Gong noch nicht gelöst. Die katholische Programmzeitschrift Funk-Kalender, die in Hamm erscheint, bemüht sich immer wieder bei der Hauptstelle um eine kirchenamtliche Empfehlung, die wir aber aus Gründen der Parität weder dem Gong noch dem Funk-Kalender geben wollen. Beide Zeitschriften sind verlagseigene Unternehmen, und wir haben keinen Einfluß auf die Redaktion, wenngleich im Berichtsjahr mit beiden Redaktionen zum Teil mehrere Male Konferenzen stattfanden.

Wie aus dem Protokoll der westdeutschen Bischofskonferenz in Hofheim[15] hervorgeht, hat die Publizistische Kommission der Fuldaer Bischofskonferenzen der Plenarkonferenz vorgeschlagen, den bisherigen Leiter der KRD, Dr. Becker, und den bisherigen Vorsitzenden der Fernseh-Kommission, Pfarrer Siegel, deren Amtsperiode im September 1959 zu Ende geht, aufs neue zu bestellen. Der Unterzeichnete hat nach gründlicher Überlegung und nach ausführlicher Beratung mit seinem Ordinarius sich bereit erklärt, für weitere fünf Jahre die Leitung der KRD zu übernehmen. Auch Herr Pfarrer Siegel hat sich bereit erklärt, sein Amt für weitere fünf

[14] WEM GEHÖRT DER RUNDFUNK? *Referate und Ausschnitte aus der Diskussion bei der Jahrestagung der Katholischen Rundfunk- und Fernseharbeit in Deutschland. Baden-Baden 8. Oktober 1958, hrsg. von* KARL BECKER *und* KARL AUGUST SIEGEL *(Rundfunk und Fernsehen im Blick der Kirche Bd. 3), Frankfurt am Main 1959.*

[15] *Vgl. Dok. 233, Ziff. 7.*

Jahre zu übernehmen. Im Zusammenhang damit hat Seine Exzellenz, der hochwürdigste Herr Erzbischof von Freiburg, den Unterzeichneten ab 1. Oktober 1959 von seiner Tätigkeit als Domprähendar beurlaubt, so daß er dann ganz für die Arbeit in der KRD freigestellt ist.
Ich möchte dem hochwürdigsten Episkopat für das mir erwiesene Vertrauen aufrichtig danken und will mir Mühe geben, auch in Zukunft das mir übertragene Amt recht zu verwalten.
Besonderen Dank möchte ich Seiner Exzellenz, dem hochwürdigsten Herrn Bischof von Limburg, Dr. Wilhelm Kempf, aussprechen.

gez. Karl Becker.

253

Protokoll Niemeyers

[Bonn,] 10. August 1959

EA München, Joseph Kardinal Wendel, 46/1959–1960. *Schreibmaschinenvervielfältigung. Überschrift:* Niederschrift über die Besprechung zu Fragen der Sonntagsarbeit am 10. August 1959 im Katholischen Büro Bonn. *Vermerk:* Anlage 2.

Es waren anwesend:
Direktor Dr. Beckel, Münster
P. Dr. Brockmöller, Dortmund[1]
Amtgerichtsrat Dr. Panzer, Köln
Domkapitular Dr. Paulus, Trier
Prälat Dr. Hermann-Josef Schmitt, Köln
Professor P. Dr. Wallraff, Frankfurt/M[ain]
Präses Wöste, Münster i[n] W[estfalen] und
der Unterzeichnende.
Direktor Dr. Hanssler und Generalsekretär Köppler hatten sich entschuldigen lassen.
Zweck der Sitzung war, die Besprechung über Fragen der Sonntagsarbeit in der Eisen- und Stahlindustrie vorzubereiten, zu der Herr Ministerialdirektor Prof. Herschel mit Schreiben vom 20. Juli 1959 eingeladen hatte. Außerdem sollte unsere Haltung zur Sonntagsarbeit in der chemischen Industrie für die Sitzung vom 18. August abgestimmt werden. Aus der Besprechung ergab sich aber, daß zunächst über die allgemeine Frage, wie im katholischen Raum die Meinungsbildung zur Sonntagsarbeit vor sich gehen soll, Klarheit geschaffen werden muß.

1. Allgemeines

a) Durch das Ausscheiden von P. Dr. Engel, der sich mit der Vertretung des katholischen Raumes bei den Verhandlungen zur Sonntagsarbeit in allen Industriezweigen

[1] P. Klemens Brockmöller SJ *(1904–1985), 1922 Ordenseintritt, 1933 Priester, Präses katholischer Verbände.*

befaßt hatte, war zunächst eine schwierige Lage entstanden. Die Schwierigkeiten nach außen bestanden darin, daß man im Bundesarbeitsministerium nicht recht zu wissen schien, von wem und in welcher Weise die katholische Kirche in Zukunft vertreten wird. Innerhalb unseres Raumes standen wir vor der Schwierigkeit, daß P. Dr. Engel allein alle Unterlagen besaß und zum Teil auch allein die Verhandlungen geführt hatte.

Von seiten des Katholischen Büros wurde mitgeteilt, daß die Geschäftsführung bei den Verhandlungen über die Sonntagsarbeit in allen Industriezweigen auf Anregung des Zentralkomitees auf das Katholische Büro übergegangen ist, daß aber durch diesen Übergang die Schwierigkeiten natürlich nicht automatisch beseitigt würden. Zunächst war auch das Katholische Büro nicht im Besitz von Unterlagen. Die Besprechungsteilnehmer hatten sich deshalb bereit erklärt, die bei ihnen vorhandenen Dokumente zur Abschrift zur Verfügung zu stellen. Inzwischen sind jedoch eine Reihe von Unterlagen im Katholischen Büro eingetroffen, so daß sich vorerst die einzelnen Mitglieder wegen dieser Frage nicht zu bemühen brauchen. Wegen der Vertretung des katholischen Raumes ist dem Bundesarbeitsministerium mitgeteilt worden, es möge allen Schriftwechsel mit dem Katholischen Büro führen.

b) Über diese rein organisatorischen Fragen hinaus war man sich darüber im klaren, daß auch die sachliche Arbeit sichergestellt werden müsse. Dazu ist eine umfassende verantwortungsvolle und notfalls auch schnelle Willensbildung auf unserer Seite notwendig. Eine eigentliche Kommission, die von dem Vorsitzenden der Sozialkommission der Fuldaer Bischofskonferenzen, Exzellenz Dr. Keller, einberufen und bestätigt worden ist, gibt es nur für die Eisen- und Stahlindustrie; zu ihr gehören die Herren

Fillbrandt
Dr. Hanssler
Dr. Paulus
Dr. Wallraff
Wissing und
Wöste
bisher noch P. Dr. Engel.

Bei den anderen Industriezweigen scheint P. Engel allein verhandelt zu haben. Wir waren uns darüber einig, daß für alle Industriezweige, bei denen im Augenblick Verhandlungen laufen oder bevorstehen, eine Kommission gebildet werden muß. Die Vorschläge für die einzelnen Kommissionen sind am Schluß dieser Niederschrift enthalten. Wahrscheinlich werden wir in der Zukunft noch mehr Kommissionen bilden müssen. Bei einer Besprechung meinten die Herren des Bundesarbeitsministeriums, man werde auf die Dauer wohl bei 50 Industriezweigen Verhandlungen führen müssen (der Unterzeichnende muß gestehen, daß ihm diese Zahl einen nicht gelinden Schrecken eingejagt hat). Wenn die Verhandlungen für andere Industriezweige rechtzeitig angekündigt werden, werden wir noch vorher eine Kommission zu bilden versuchen. In eiligen Fällen, wenn das nicht möglich ist, müßten wir uns schon an diejenigen Herren wenden, die bisher in den Fragen der Sonntagsarbeit tätig waren, wenn sie auch auf dem gerade zur Erörterung stehenden Spezialgebiet über keine Sonderkenntnisse verfügen. Die Besprechungsteilnehmer machen sich ferner den Gedanken von Herrn Domkapitular Paulus zu eigen, wonach eine Gesamtkommission bestehen muß, welche die allgemeinen Linien festlegt und diejenigen Fragen behandelt, die für alle Industriezweige nur einheitlich beantwortet werden können. Eine solche Gesamtkommission ist auch wichtig für die Koordinierung unserer Arbeit und unserer Argumente in den Einzelkommissionen. Nach einiger Diskussion kamen wir zu dem Ergebnis, daß die Gesamtkommission einfach aus allen Mitgliedern der Einzelkommissionen bestehen sollte. In der Größe eines solchen Gremiums sahen wir keine Schwierigkeiten, wohl aber erblickten wir große Vorteile in dem Erfahrungsaustausch, den eine solche Gesamtkommission ermöglicht. Die Unterlagen über die Verhandlungen in den einzelnen Industriezweigen sollen nach Möglichkeit allen Mitgliedern der Gesamtkommission zugesandt werden.

Die am Schluß dieser Niederschrift aufgeführten Einzelkommissionen und damit auch die Gesamtkommission sollen durch das Katholische Büro Exzellenz Dr. Keller mit der Bitte um Bestätigung vorgeschlagen werden. Das Katholische Büro soll auch im übrigen die Verbindung zum Vorsitzenden und den Mitgliedern der Fuldaer Bischofskonferenzen sicherstellen.

c) Gegenstand besonderer Sorge war unser Mangel an Fachleuten aus den einzelnen Industriezweigen. Gegen uns und gegen den Sonntag stehen stets die Unternehmer, die über hervorragende Fachkräfte und jede wünschenswerte Information verfügen. Dieses rein informationsmäßige Übergewicht wird nur in den wenigen Fällen abgemildert, in denen die Gewerkschaften bereit sind, energisch für die Sonntagsruhe einzutreten. Wenn wir Fachleute heranziehen wollen, stoßen wir oft auf unüberwindbare Schwierigkeiten, weil diese Personen meistens im Dienste der Industrie stehen und mit schweren Nachteilen – einschließlich des Verlustes ihrer Stellung – rechnen müssen, wenn sie unser Anliegen kraftvoll unterstützen. Gleichwohl bemühen wir uns, über geeignete Wege technische Informationen zu erhalten. Es besteht auch Aussicht, daß wir dabei im gewissen Umfang Erfolg haben. Wir bitten aber noch einmal darum, noch nach geeigneten Möglichkeiten Ausschau zu halten. Jeder Wunsch nach vertraulicher Behandlung wird von den Mitgliedern der Kommissionen und vom Katholischen Büro selbstverständlich respektiert.

d) Für die Kommissionen sind eine Reihe von Herren vorgeschlagen worden, die bisher mit der Materie noch nicht befaßt waren. Um sie mit dem Verhandlungsgegenstand, der Verhandlungssituation und unseren Zielen vertraut zu machen, haben sich die anwesenden in der Sache erfahrenden Herren bereit erklärt, an einer Sitzung der Gesamtkommission teilzunehmen, die als Einführungsbesprechung am Freitag, den 25. September 1959, 10:00 Uhr, im Katholischen Büro Bonn, Königstraße 28, stattfinden soll. Für die Sitzung ist der ganze Tag vorgesehen. Nach Möglichkeit sollen Referate gehalten werden, und zwar über die allgemeine rechtliche Lage (Senatspräsident Müller), wirtschaftliche Gesichtspunkte (P. Prof. Dr. Wallraff) und arbeitstechnische Fragen wie z. B. Schichtwechsel und Springersystem. Alle Kommissionsmitglieder werden gebeten, sich diesen Tag freizuhalten. Eine besondere Einladung soll nicht mehr ergehen.

2. Eisen- und Stahlindustrie
Zur Sonntagsarbeit in der Eisen- und Stahlindustrie wurde beschlossen, an denjenigen Grundsätzen festzuhalten, die von verschiedenen der anwesenden Herren bei einem Gespräch am 2. Juni 1959 im Zentralkomitee der Deutschen Katholiken in Bad Godesberg festgelegt wurden. Eine schriftliche Fixierung dieser Grundsätze liegt nicht vor. Die bei den früheren Verhandlungen beteiligten Herren erklärten, daß die Aufzeichnung von Herrn P. Dr. Engel über sein Gespräch mit Prof. Herschel und Dr. Böhm[2] am 8. Juni 1959 nicht in allen Punkten demjenigen entsprach, was am 2. Juni erörtert worden war. In der Aufzeichnung vom 8. Juni sind Konzessionen von unserer Seite enthalten, die von den genannten Herren nicht für richtig gehalten werden. So wollen wir z. B. ohne weiteres an der 100-Tonnen-Grenze festhalten, ohne uns nach oben hin auf diese Grenze festzulegen. Wir hielten es nicht für zweckmäßig, unsere Vorstellungen für das Gespräch am 11. August im einzelnen festzulegen. Vielmehr wird es zunächst Aufgabe der Herren des Bundesarbeitsministeriums sein, ihre jetzigen Vorschläge darzulegen. Über diese Vorschläge soll dann ein vorläufiges Gespräch stattfinden, ohne daß wir uns endgültig festlegen.
Über dieses Gespräch ist kurz zu berichten:
Bei der Besprechung vom 18. August im Bundesarbeitsministerium waren von unserer Seite die Herren Dr. Schmitt, Dr. Wallraff und Wöste sowie der Unterzeichnende anwesend. Dr. Paulus konnte wegen seiner besonderen Belastung durch die Wallfahrt in Trier nicht teilnehmen. Prof. Dr. Herschel führte die Verhandlungen zunächst allein und zog dann Ministerialdirigent Stephany[3] und Regierungsdirektor Böhm hinzu. Das Gespräch verlief sehr offen und freimütig. Prof. Herschel gab zu erkennen, daß das Bundesarbeitsministerium unter einem starken Zeitdruck stehe. Man wolle noch im Oktober dem Kabinett einen Verordnungs-Entwurf über die Sonntagsarbeit in der Eisen- und Stahlindustrie zuleiten. Das Arbeitsministerium hat das Wirtschaftsministerium um die Erstattung eines Gutachtens darüber gebeten, welche Folgen sich aus bestimmten Regelungen der Sonntagsarbeit (z. B. Einführung der 50-, 70- oder 100-Tonnen-Grenze) ergeben. Das Bundeswirtschaftsministerium wird das Gutachten etwa Ende August dem Arbeitsministerium zuleiten. Prof. Herschel kam es darauf an, möglichst frühzeitig eine genaue Festlegung unserer Auffassung zu erreichen. Es mußte ihm aber entgegengehalten werden, daß unsere Aufgabe nicht sein könne, etwa einen Verordnungs-Entwurf vorzulegen oder auch nur die Grundzüge einer Regelung zu entwickeln. Unsere Aufgabe könne nur darin liegen, die von der Industrie anzutretenden Beweise für die Notwendigkeit der Sonntagsarbeit auf ihre sachliche Stichhaltigkeit zu prüfen und die technischen, wirtschaftlichen und sozialen Gesichtspunkte abzuwägen gegenüber der Notwendigkeit, den

[2] HANS-HERBERT BÖHM, *Ministerialrat im Bundesministerium für Arbeit.*

[3] HANS STEPHANY *(1897–1972), Dipl.-Ing., Ministerialdirigent, 1951–1962 Leiter der Unterabteilung Arbeitsschutz im Bundesministerium für Arbeit.*

Sonntag zu heiligen. Es wurde vereinbart, daß das Gutachten des Bundeswirtschaftsministeriums sogleich dem Katholischen Büro weitergeleitet wird und daß unsere Seite so schnell wie möglich Stellung nimmt.

3. Chemische Industrie
Einzelheiten der von Arbeitgeberseite vorgeschlagenen Regelung wurde nicht besprochen. Bei der ganztägigen Sitzung vom 18. August soll die bisherige Linie weiterverfolgt werden. Von unserer Seite sollen teilnehmen die Herren Direktor Dr. Beckel, Religionslehrer Hoffmann[4] sowie der Unterzeichnende. Die Sitzung hat inzwischen stattgefunden. Eine Niederschrift über sie liegt an.[5]

4. Zusammensetzung der einzelnen Kommissionen
In allen Kommissionen soll das Katholische Büro in Bonn und, soweit nordrhein-westfälische Belange berührt werden, das Katholische Büro Nordrhein-Westfalen vertreten sein. Der kommende Sozialreferent des Katholischen Büros soll zur Mitarbeit in allen Kommissionen eingeladen werden. Die einzelnen Kommissionen mögen sich gegebenenfalls ihren Hauptsprecher selbst wählen. Den Vorsitz in der Gesamtkommission soll Direktor Wissing führen.
Die einzelnen Kommissionen sollen sich wie folgt zusammensetzen:
a) Eisen- und Stahlindustrie
Direktor Dr. Beckel, Münster
Domkapitular Dr. Paulus, Trier
Prälat Dr. Hermann-Josef Schmitt, Köln
P. Prof. Wallraff, Frankfurt
Diözesanpräses Wöste, Münster
P. Brockmöller, Dortmund, möchte in der Kommission selbst nicht mitarbeiten. Er ist aber an der Arbeit sehr interessiert und soll alle Unterlagen erhalten.
b) Chemische Industrie
Direktor Dr. Beckel, Münster
Dipl[om-]Volkswirt Becker, Gelsenkirchen[6]
Religionslehrer Hoffmann, Marl
Generalvikar Msgr. Krautscheidt, Essen
Prälat Dr. Schmitt will noch Herrn Sandrock[7] fragen, ob er zur Mitarbeit bereit ist. Generalvikar Krautscheidt konnte selbst nicht gefragt werden, da er in Urlaub ist. Wir hoffen jedoch, daß ihm die Mitarbeit möglich ist. Sollte sie ihm vollständig unmöglich sein, so würde Domkapitular Dr. Paulus die Arbeit dieser Kommission neben seiner Mitgliedschaft in der Kommission Eisen und Stahl unterstützen.

[4] Josef Hoffmann *(1914–1992), 1948 Priester (D Münster), Seelsorger und Religionslehrer, 1963 Diözesanpräses der KAB im Bistum Münster, 1977 stellvertretender Verbandspräses der KAB Westdeutschlands.*

[5] *Nicht ermittelt.*

[6] *Nicht ermittelt.*

[7] *Nicht ermittelt.*

c) Papierindustrie
Die Notwendigkeit, auch für die Papierindustrie eine Kommission zu bilden, ergibt sich aus dem Schreiben des Arbeitsministeriums vom 30. Juli 1959. Das Schreiben enthält einen eigenen Vorschlag, der von Prof. Herschel unterzeichnet ist. Herr Prof. Herschel fordert auch uns auf, zu dem Vorschlag Stellung zu nehmen, und kündigt an, daß er eine Sitzung des Unterausschusses »Papierindustrie« einberufen werde. Da das Schreiben keinen Termin enthält und bisher auch noch nicht bekannt geworden ist, daß die Fragen der Papierindustrie mit Beschleunigung vorangetrieben werden sollen, wird es genügen, wenn wir uns über diesen Vorschlag bei unserer Besprechung vom 25.9. unterhalten.
Zu unserer Kommission sollen gehören:
Diözesanpräses Ehrendomherr Heinrich Scharrenbroich, Aachen[8]
Diözesansekretär Ferdinand Stöckmann, Aachen[9].
Herr Prälat Dr. Schmitt hat inzwischen mitgeteilt, daß beide Herren zur Arbeit in dieser Kommission bereit sind.
Herr Prälat Dr. Schmitt will sich noch mit dem Ordinariat in München in Verbindung setzen, weil es wichtig wäre, gerade in Fragen der Papierindustrie auch einen süddeutschen Vertreter in der Kommission zu haben.
d) Glas-, Grob- und Feinkeramik
Das Bundesarbeitsministerium hat mitgeteilt, daß für den 13. Oktober eine Sitzung im Unterausschuß »Glasindustrie« hier in Bonn geplant ist. Deshalb mußten wir auch für die Glasindustrie eine Kommission bilden. Das weitere Vorhaben können wir auch noch am 25. September besprechen. Das Katholische Büro ist im Augenblick noch nicht im Besitz von Unterlagen für die Glasindustrie. Wir sind aber weiterhin darum bemüht.
Als Kommissionsmitglieder sind vorgesehen:
Dr. Brockmöller, Dortmund
Dr. Wilhelm Dreier, Münster[10]
Domkapitular Dr. Paulus, Trier
Dr. Heinz Wassen, Duisburg[11]

gez. Niemeyer.

Nachtrag:
Soeben teilt das Arbeitsministerium mit, daß die Sitzung des Unterausschusses »Glasindustrie« am Dienstag, den 27. Oktober 1959, 11:00 Uhr, im Arbeitsministerium, großer Sitzungssaal, stattfinden soll.

[8] HEINRICH SCHARRENBROICH *(1904–1968), 1929 Priester (ED Köln/D Aachen), 1947 Diözesanpräses der Katholischen Arbeitervereine, 1952 Ehrendomherr.*

[9] FERDINAND STÖCKMANN *(1903-1982), 1949-1968 Diözesansekretär der KAB in Aachen.*

[10] WILHELM DREIER *(1928–1993), Wissenschaftlicher Assistent am Lehrstuhl für Christliche Sozialwissenschaften in Münster, 1968 Professor in Würzburg.*

[11] *Nicht ermittelt.*

254

Bericht Siegels

Frankfurt/Main, 12. August 1959

EA MÜNCHEN, Joseph Kardinal Wendel, 41 Fu u. Fe/1957–1966. *Schreibmaschinenvervielfältigung. Briefkopf:* Katholische Fernseharbeit in Deutschland. *Überschrift:* Tätigkeitsbericht überreicht den Hochwürdigsten Eminenzen und Exzellenzen der Fuldaer Bischofskonferenz.

Die Expansionsperiode des Fernsehens ist noch nicht abgeschlossen, aber es zeigt sich bereits heute – so sagen die Soziologen –, daß das Fernsehen sich zum bevorzugten geistigen oder ungeistigen Gehäuse der modernen Menschheit entwickelt. Theater, Presse, Rundfunk und Film werden weithin absorbiert und den Stilgesetzen des Fernsehens assimiliert. Nach der Enzyklika Pius' XII. (»Miranda Prorsus« vom 8.9.1957) und dem Motu Proprio von Johannes XXIII. (»Boni Pastoris« vom 22.2.1959[1]) zeigt die Kirche gegenüber dem Fernsehen einen pädagogischen Realismus. Es ist nur die Frage, ob die von uns geforderten und dauernd wachsenden Aufgaben in Deutschland mit der bisherigen personellen Besetzung (Fernsehkommission) und den verhältnismäßig geringen finanziellen Aufwendungen auf die Dauer bewältigt werden können. Das kommende zweite Fernsehprogramm zwingt schon jetzt zu Überlegungen, mit welchen Kräften und Mitteln die Mitarbeit der Kirche hier wirksam gesichert werden kann.
Die Zusammenarbeit zwischen der katholischen Fernsehkommission und den Rundfunkanstalten verlief bisher mehr oder weniger reibungslos, sie zeitigte sogar eine große Anzahl von gelungenen Programmbeiträgen aus dem Leben der Kirche (siehe Anlage 1[2]). 1958 ist als ein Jahr außerordentlich eindrucksvoller katholischer Eurovisionssendungen zu vermerken. Die Übertragungen aus Rom beim Tode von Pius XII. und bei der Krönung von Johannes XXIII. haben ein weltweites Echo gefunden und liegen in der Kritikerbewertung an erster Stelle von allen aktuellen Reportagen in der Eurovision. Ferner ist bei einem Vergleich mit den Film-Wochenschauberichten in den Kinos festzustellen, daß kein publizistisches Medium so viele katholische Beiträge bringt wie die Tagesschau des Deutschen Fernsehens, die infolge günstig plazierter Sendezeit jeweils über 6 Millionen Zuschauer erreicht.
Die Institutionalisierung von halbstündigen kirchlichen Sendungen am Sonntagmorgen macht noch Schwierigkeiten. Die Mittel für die redaktionelle Betreuung und die Realisierung dieser Sendereihe sollen von den Rundfunkanstalten aufgebracht werden. Bei der föderativen Struktur des Deutschen Fernsehens erweisen sich die Vorarbeiten als sehr langwierig, aber es bleibt zu hoffen, daß 1960 mit regelmäßigen Sendungen begonnen werden kann. Der letzte Entwurf einer Jahresplanung wird als Anlage 2[3] beigefügt.

1 *Gemeint sind die Litterae apostolicae »Boni pastoris« vom 22. Februar 1959* (AAS *51 (1959), S. 183–187) zur Reorganisation der Päpstlichen Kommission für Film, Radio und Fernsehen.*
2 *Nicht ermittelt.*
3 *Nicht ermittelt.*

Ein zusammenfassender Überblick der kirchlichen Sendungen in den Regionalprogrammen kann noch nicht gegeben werden, da die Berichte der SAGen des BR, WDR und des NDR noch ausstehen. Doch ist festzustellen, daß unsere Arbeit auf diesem Gebiet noch intensiver werden muß.
Die zweite Internationale Katholische Fernseh-Studienwoche, veranstaltet von der UNDA vom 9.–14.2.1959 in Monte Carlo, bestand die Bewährungsprobe. Die Tagung hat ihren doppelten Zweck – den Leistungsstand und die Fortschritte der anderen Länder kennenzulernen – erreicht. Eingeladen werden für diese jährlich wiederkehrende Studienwoche die mit den kirchlichen Programmen befaßten Redakteure und Produzenten der Fernsehanstalten und -gesellschaften sowie die kirchlichen Beauftragten. An Deutschland fielen im Jahre 1959 zwei Preise und eine Anerkennung; an Frankreich zwei Preise; an Italien ein Preis; an Holland, Spanien, USA und die Schweiz je eine Anerkennung.
Die Jahrestagung 1959 wird das Thema »Fernsehen unter Kontrolle? – Grundsätze des Sendens und Sehens« behandeln. Die Selbstkontrolle des Fernsehens erweist sich bei dem schnellen Anwachsen der Zahl der Fernsehteilnehmer immer deutlicher als dringendes Problem eines familiengerechten Fernsehens. Die Programmgrundsätze und die 21 Uhr-Jugendschutz-Grenze müßten alle zuständigen Aufsichtsgremien des Deutschen Fernsehens als Mindestmaß einer Selbstkontrolle noch wirksamer als bisher anwenden.
Neben den beiden katholischen Programmzeitschriften »Gong« und »Funk-Kalender« mit ihren ausführlichen wertenden Programmvorschauen erweist sich die Herausgabe eines offiziösen »Fernseh-Dienstes« als wünschenswert. Sobald die Verhandlungen über eine umfassende Vereinbarung zwischen der kirchlichen Hauptstelle und dem Katholischen Rundfunk-Institut abgeschlossen sind, wird sie gesondert vorgelegt.
Das tägliche Werbefernsehen von einer halben Stunde, das von den Rundfunkanstalten betrieben wird, hat hinsichtlich der Unterhaltungsprogramme (Horrorfilme und Kabarett) große Besorgnis bei den Aufsichtsgremien hervorgerufen. Mit Rücksicht auf die kommenden gesetzlichen oder vertraglichen Regelungen wird davon Abstand genommen, im Augenblick zu dieser Frage von seiten der KRD/Fernsehkommission in der Öffentlichkeit Stellung zu nehmen.
Zum Schluß möchte ich auch diesmal nicht versäumen, den Hochwürdigsten Eminenzen und Exzellenzen der Fuldaer Bischofskonferenz ehrerbietig meinen aufrichtigen Dank auszusprechen für das entgegengebrachte Vertrauen und die Unterstützung, die unserer Arbeit gewährt wurde.

gez. Siegel.

255

Aufzeichnung Beckels

[Münster, 15. August 1959][1]

DA MÜNSTER, GV-NA, AO-303. *Schreibmaschinenschrift. Überschrift:* Zur Bedeutung der Sozialverbände.

A. Grundsätzliches

I) Unter den vielfältigen Vereinigungen des Laienapostolats nehmen die sogenannten Sozialverbände eine besondere Stellung ein.

1) Im Unterschied zu anderen apostolischen Vereinigungen machen sie neben einer etwaigen besonderen Ausprägung apostolischer Grundhaltung die soziale Gemeinsamkeit ihrer Mitglieder, insbesondere ihre gleiche berufliche oder gesellschaftliche Situation (Lebenslage) zur Grundlage ihrer Vereinigung.

2) Ihren Mitgliederkreis beschränken sie nicht auf besonders apostolatsbereite Katholiken, sondern wollen möglichst alle erfassen und ansprechen, die die Voraussetzungen der Mitgliedschaft zu erfüllen bereit sind.

3) Ihre Bildungsarbeit und ihr apostolisches Tun stehen unter dem doppelten Ziel der Gewinnung der Brüder und Schwestern für Christus wie der Gestaltung der irdischen Gesellschaft nach der von Gott gegebenen Ordnung.

II) Damit erfüllen die Sozialverbände heute sowohl eine wichtige innerkirchliche wie eine innergesellschaftliche Sendung.

1) In der Kirche stellen sie einen Ort des Apostolats, der Sammlung, der gegenseitigen Stützung und der Heimat derer dar, die in der Gesellschaft eine gleiche oder ähnliche Aufgabe haben und vereinzelt häufig nicht den Mut zu apostolischem Tun gewinnen. Sie müssen auf Bildung eines Kerns besonders apostolatsbereiter Christen bedacht sein.

2) In der Gesellschaft stellen die Sozialverbände die katholischen Kräfte eines konkreten Bereiches der Öffentlichkeit sichtbar vor Augen und können deren Auffassungen und Anliegen vertreten.

III) Die heute bestehenden Sozialverbände können kein komplettes System in der Weise sein, daß von vornherein ein jeder Katholik einem bestimmten Verband zugeordnet wäre. Da sie geschichtlich gewachsen und aus freier Initiative entstanden sind, sind gewisse Überschneidungen nicht ausgeschlossen, so z. B. heute bei der immer größer werdenden Gruppe der Industriehandwerker; andererseits können auch Lükken nicht übersehen werden. Die vielerlei Angestellten, die neu gewachsenen technischen Berufe, die Führungskräfte und Führungsgehilfen der Betriebe wie eine Großzahl von heutigen weiblichen Berufen sind nicht sicher einzuordnen.

IV) Die möglichst vollständige Erfassung der katholischen Arbeiterinnen und Arbeiter wie insbesondere des katholischen Landvolkes erscheint heute besonders dringend gefordert. Die Gründe dafür liegen in einer besonderen religiösen Gefährdung dieser Gruppen, aber auch in ihrer gesellschaftlichen Bedeutung.

[1] *Verfasser und Datierung ergeben sich aus dem Begleitschreiben* BECKELS *an* KELLER *(maschinenschriftliche Ausfertigung mit eigenhändiger Unterschrift am gleichen Fundort).*

V) Es erscheint nicht unumgänglich notwendig, daß auf dem Boden der Pfarrei und der kommunalen Gemeinde alle Sozialverbände nebeneinander tätig werden. Konzentration der bereiten und geeigneten Führungskräfte in dem einen oder anderen Sozialverband dürfte an manchem Ort dienlich sein. Den vielfach überlasteten Priestern wird so ein wichtiger Dienst erwiesen.
Bei der Frage, welche Verbände an einem Ort besonders zu fördern seien, wird man häufig von persönlicher Neigung absehen und von der beruflichen Gliederung der Bevölkerung, aber auch von den tatsächlich vorhandenen Ansätzen ausgehen müssen. Dabei ist zu beachten, daß sich die Bevölkerungsstruktur in den letzten Jahrzehnten vielfach weitgehend geändert hat und voraussichtlich in der Zukunft auch weiterhin ändern wird. Es dürfen die Katholiken nicht übersehen werden, die in der näheren und weiteren Umgebung ihres Wohnortes ihrer Arbeit nachgehen (Pendler). Auf jeden Fall ist aber zu wünschen, daß bestehende örtliche Vereine einem bestimmten Verband angeschlossen sind und sich als dessen Glieder fühlen. Auch muß in Fällen, wo mangels einer KAB am Ort die Arbeiter in der Kolpingsfamilie erfaßt sein mögen, der überörtliche KAB-Bezirk oder der nächste Verein der KAB um die anders organisierten Arbeiter wissen, um sie gegebenenfalls an seinen überörtlichen Bildungsmaßnahmen und seinen sozialpolitischen Aktionen beteiligen zu können.

B. Die bestehenden Sozialverbände KAB, Kolping, KKV und die heutige gesellschaftliche Wirklichkeit

1) Der KAB ist zugeordnet die immer breiter werdende Schicht der Industriearbeiterschaft, der unselbständig mit untergeordneten Tätigkeiten beschäftigten anderen Arbeitnehmer des Großbetriebes und der diesen Arbeitnehmern unmittelbar vorgesetzten mittleren Führungsschicht (Werkmeister, Steiger), soweit sie noch eine umfängliche Praxis als Arbeiter absolviert hat und in ihrer Lebenslage und ihrem Denken nur wenig Unterschiede zur Arbeitermentalität aufweist.
Es wäre zu begrüßen, wenn die KAB besondere Formen von Gruppen und Bildungsmaßnahmen für diese mittleren Führungsschichten entwickeln würde. Die Erstarkung der KABF und ihre Begründung an allen Orten mit bemerkenswerter Arbeiterinnenschaft ist zu fördern (Arbeiterschwerpunktprogramm).

2) Der Kolpingsfamilie ist zugeordnet der Teil der Arbeitnehmerschaft, der eine handwerkliche Ausbildung (Lehre) genießt oder genossen hat und im Handwerksbetrieb tätig ist. Soweit jemand den Handwerksbetrieb verläßt, um etwa in einen Industriebetrieb einzutreten, ist ihm seine besondere Verantwortung gegenüber der Industriearbeiterschaft aufzuzeigen, die daraus resultiert, daß er mit überdurchschnittlicher Ausbildung in sie hineinwächst. Wechsel zur KAB hinüber erscheint im allgemeinen angeraten, und zwar möglichst zu einem Zeitpunkt, zu dem sonst von Jung-Kolping zu Alt-Kolping gewechselt wurde. Der bewußte Verbleib in der Kolpingsfamilie ist jedoch auch möglich und dem Betroffenen frei zu überlassen.
Beim Überwechseln zu Alt-Kolping ist zu beachten, daß dieser Schritt in der Regel etwa im gleichen Lebensalter getan werden sollte, in dem nach den Richtlinien der deutschen Bischöfe der Schritt von der CAJ zur KAB erfolgt. Genauso, wie es nahe-

liegt, daß ein Mitglied der CAJ, das für Dauer in einem Handwerksbetrieb tätig geworden ist, die Frage des Übertritts zu Alt-Kolping prüft, muß ein gelernter Handwerker, der in die Industrie übergewechselt ist, den Übertritt zur KAB erwägen.
Die einfachen Ingenieure (mit Staatsbauschul-Ausbildung etc.) sollten aufgrund ihrer handwerklichen Lehre in der Regel vor ihrem Berufsabschluß zu Kolping gefunden haben, aber bei Tätigkeit in Industriebetrieben ihre Verantwortung vor der Arbeiterschaft berücksichtigen.
3) Dem KKV außer den auf Selbständigkeit hinsteuernden kaufmännisch Tätigen etwa alle Selbständigen außerhalb des Handwerkers oder gar alle kaufmännisch ausgebildeten Büro- und Verwaltungsangestellten real zuzuordnen, ist schon wegen seiner viel geringeren Verbreitung im Vergleich zu KAB und Kolping kaum generell möglich. Wo er besteht, mag in bezug auf die Selbständigen außerhalb des Handwerks so verfahren werden. Auch werden sich die Angestellten aus dem Handel und anderen kaufmännischen Kleinbetrieben ihm dann am besten anschließen.
4) Die breite Schicht der unselbständigen Büro- und Verwaltungsangestellten ist im übrigen ebensowenig einem bestimmten Sozialverband zugeordnet wie die der »Selbständigen ohne Betrieb« (Handelsvertreter, Agenten usw.), einschließlich der in Vertrieb und Absatz Tätigen. Soweit sie im Industriebetrieb und in der Großverwaltung mit unselbständigen Arbeiten betraut sind, mögen sie der KAB am nächsten stehen. Die Organisation von Angestelltengruppen oder Bildungsmaßnahmen zugunsten der Angestellten ist zu erwägen. Soweit sie jedoch Gruppengefühl, apostolische Verantwortung oder persönlicher Kontakt näher mit einer Kolpingsfamilie oder einem KKV-Verein verbindet, ist gegen Tätigkeit dort nichts einzuwenden.
5) Die in Vertrieb, Absatz, Dienstleistung und Wartungsdienst manuell Tätigen scheinen aufgrund ihrer Tätigkeit, aber auch ihrer Mentalität, ihrer Denk- und Lebensweise am ehesten zur KAB zu gehören.

C. Die gemeinsame Aufgabe der Sozialverbände
In der nicht mehr ständisch geordneten, sondern nur unscharf mit fließenden Grenzen gruppierten Gesellschaft, in der der Einzelne seinen Standort häufig wechselt (Mobilität), scheint es immer schwieriger, für jeden Beruf oder nur für die bedeutendsten eine spezielle Berufsethik pädagogisch relevant werden zu lassen. Vorhandene Ansätze und Möglichkeiten sind aber unbedingt zu nutzen; allerdings muß im Auge behalten werden, daß ein vielleicht notwendig werdender Berufswechsel den Betroffenen nicht in innere Schwierigkeiten bringt.
Das christliche Ethos der Arbeit und der Weltgestaltung muß jedoch auf jeden Fall ebenso lebendig werden wie eine aktive apostolische Gesinnung in allen Verbänden. Die damit gekennzeichnete allgemeine Bildungsaufgabe der Verbände könnte, soweit örtliche Maßnahmen getroffen werden, welche die Teilnehmer nur stundenweise zusammenführen, häufig in Zusammenarbeit der örtlich vertretenen Verbände wahrgenommen werden. Damit würde nicht nur doppelte Arbeit, Organisation und Belastung der Führungskräfte vermieden, sondern zugleich einem allzu standortgebundenen Denken der einzelnen Gruppen entgegengewirkt. Die gemeinsamen Aufgaben

in Wirtschaft, Gesellschaft und Staat würden gemeinsam erarbeitet und könnten gemeinsam angefaßt werden. Gemeinsame Bildung der apostolischen und gesellschaftspolitisch aktiven Kerne der verschiedenen Verbände erscheint besonders notwendig und sollte ebenso selbstverständlich sein wie die regelmäßige Zusammenarbeit der Verantwortlichen in Katholikenausschüssen, Dekanatsführungskreisen, bei sozialpolitischen Aktionen (Betriebsratswahlen, Sozialwahlen etc.) usw.

256

Nahm[1] an Wendel

Bonn, 20. August 1959

EA MÜNCHEN, Joseph Kardinal Wendel, 207/1959. *Schreibmaschinenausfertigung mit eigenhändiger Unterschrift. Briefkopf:* Der Staatssekretär im Bundesministerium für Vertriebene, Flüchtlinge u[nd] Kriegsgeschädigte. *Anschrift:* S[eine]r Eminenz Kardinal Wendel, Erzbischof von München in München. *Eingangsstempel:* Erzbistum München. Erzb[ischof] 2. Sep[tember] 1959. 207 Nr. 1420. *Vermerk:* Buch überreicht. Dr. Peter Paul Nahm.

Ew. Eminenz,
mit dem Tode des letzten deutschen Weihbischofs von Prag[2] sind die in der Bundesrepublik weilenden Sudetendeutschen ohne kirchliche Spitze. Die Freiburger Tagung der ungewöhnlich rührigen und missionarisch wirkenden Ackermanngemeinde ließ die Sehnsucht der aktiven sudetendeutschen Katholiken nach einer kirchlichen Repräsentanz deutlich fühlbar werden.
Seit 1946 als geborener Rheinhesse in der staatlichen Flüchtlingsarbeit stehend und während meiner Tätigkeit als Hessischer Staatskommissar mit den Sudetendeutschen besonders vertraut geworden, trage ich Ew. Eminenz die auch aus meiner Sicht begründete Bitte vor, dem aus einer Kirchen- und Heimattreue fließenden Verlangen der Sudetendeutschen Ihr Verständnis zu schenken. Ich bin überzeugt, daß eine Erfüllung der Erwartung den Tendenzen der Resignation und Abkapselung entgegenwirkt und der Pflicht zur Treue gegenüber der Kirche und ihrem Episkopat die Freude an dieser Treue hinzufügt.
Ich richte mein Schreiben an Ew. Eminenz, weil die Sudentendeutschen in Bayern die Masse der Vertriebenen stellen.
Mit dem Ausdruck meiner besonderen Ergebenheit,

Ew. Eminenz sehr ergebener
Nahm
(Dr. Nahm).

1 PETER PAUL NAHM *(1901–1981), Politiker (Zentrum, CDU), 1953–1957 Staatssekretär im Bundesministerium für Vertriebene, Flüchtlinge und Kriegsgeschädigte.*
2 JOHANNES REMIGER *(1879–1959), 1929 Weihbischof in Prag.*

257

Bericht Kochs'

Köln, 1. September 1959

EA München, Joseph Kardinal Wendel, 41 Fu u. Fe 1957–1960. *Schreibmaschinenvervielfältigung. Briefkopf:* Kirchliche Hauptstelle für Bild- und Filmarbeit e. V. *Überschrift:* Jahresarbeitsbericht der Kirchlichen Hauptstelle für Bild- und Filmarbeit über die Zeit vom 1. August 1958 – 31. August 1959, erstattet für die Fuldaer Bischofskonferenz 1959 durch Msgr. Anton Kochs, Köln, Zeughausstr. 13. *Stempel:* Vertraulich.

Vorbemerkung: Es wird auf den organisatorischen Überblick des letzten Jahresberichtes 1958[1] verwiesen. In der personalen Besetzung der Stellen und der Zusammenarbeit sind keine wesentlichen Veränderungen eingetreten. (Kirchliche Hauptstelle für Bild- und Filmarbeit e. V., Katholische Filmkommission mit »Filmdienst«, Katholische Filmliga, Katholisches Filmwerk e. V., Materna-Film GmbH, Katholische Film-Korrespondenz).

I. Weltkirche

Papst Johannes XXIII., der bereits früher als Patriarch von Venedig sein Interesse den Filmfragen zugewandt hatte (Ansprachen in San Marco an die Filmschaffenden gelegentlich der jährlichen »Biennale«) bestätigte den Auftrag, die Organisation und das Ziel der katholischen Filmarbeit in aller Welt. Durch das Apostolische Breve Boni Pastoris vom 22. Februar 1959 gab er der »Pontificia Commissione per la Cinematografia, Radio e Televisione« im Vatikan den Rang eines eigenen Amtes im Päpstlichen Staatssekretariat, gab ihr erweiterte Aufgaben und Vollmachten und würdigte ihre bisherige Tätigkeit. Bei seinem Amtsantritt und in der ersten Enzyklika »Ad Petri Cathedram«[2] hatte der Papst auf die Bedeutung der Massenmedien hingewiesen. Im Monat Dezember 1958 wurde in der ganzen Welt die noch z. Zt. von Pius XII. festgesetzte Gebetsmeinung: »Damit die Katholische Filmarbeit überall die notwendige Unterstützung finde« besonders beachtet, auch in Deutschland.
Der oben genannten Päpstlichen Kommission untersteht besonders das Internationale Katholische Filmbüro (OCIC), Sitz Brüssel, welches den Zusammenschluß aller nationalen Katholischen Filmhauptstellen darstellt und durch laufende Information, sowie durch die Jahrestagungen die große Linie der Katholischen Filmarbeit in aller Welt bestimmt. Viele deutsche Teilnehmer waren im vergangenen Sommer bei der Konferenz in Paris (Thema: Die Förderung des guten Films in der Öffentlichkeit).
Für das nächste Jahr bereitet das OCIC die Internationale Katholische Konferenz in Wien vor mit dem Thema: »Film, Jugend und die Aufgaben der öffentlichen Gewalt«, bei dem besonders der Jugendschutz nach internationalem Recht bearbeitet wird. Der Berichterstatter gehört beiden genannten internationalen kirchlichen Stellen an.

[1] *Vgl. Dok. 196, Ziff. I.*
[2] *Enzyklika »Ad Petri Cathedram« vom 29. Juni 1959.* AAS *51 (1959), S. 497–531, deutsche Übersetzung:* Herder Korrespondenz *13 (1958/59), S. 538–548.*

II. Deutschland

a) Der deutsche Film im Berichtsjahr: Insgesamt konnte eine auf der ganzen Welt zu beobachtende Entwicklung auch in der Bundesrepublik Deutschland festgestellt werden: Trotz vieler positiver Bemühungen auf Seiten der Öffentlichkeit und auch der Kirche verstärkte sich die Tendenz des Filmwesens, durch Einsatz aller Mittel, selbst der unzulässigen, das Publikum anzulocken. Allgemein wird beobachtet eine Niveausenkung des Films, – trotz erwähnenswerter Ausnahmen, – ferner Vorlieben für makabere und unsittliche Themen, anreißerische Filmtitel, Einstreuung unsittlicher oder bedenklicher Szenen, oft ohne tieferen dramaturgischen Zusammenhang, Neigung zu buntem Klamauk, übertriebenem Starkult, besonders mit jugendlichen Schlagersängern und »Sternchen«. Seine tieferen Gründe hat dieses Phänomen im Konkurrenzkampf des Films gegen das Fernsehen (vgl. Verkauf süddeutscher Filmateliers an das Bayerische Fernsehen), ferner im steigenden Wohlstand, welcher gesteigerte »Ansprüche« stellt, in der Marktverstopfung durch ein Überangebot von Filmen (im Bundesgebiet jährlich ca. 550 Filme für 6.300 Filmtheater), auch in der freien Marktwirtschaft mit der Versuchung, unnötig viele und unrentable Filmtheater zu bauen, auch in langen Perioden guten Wetters und anderen Imponderabilien. Sicher aber spielt hier ein allgemein, auch bei der Presse und den Illustrierten, festzustellender Drang mit, der gleich einer Modeerscheinung an Intensität wechselt und augenblicklich der besonderen Gegenarbeit bedarf. Die kirchlichen Mitarbeiter in der »Freiwilligen Selbstkontrolle der Filmwirtschaft«, die in diesem Jahre zehn Jahre arbeitet, hatten besonderen Anteil an diesen Abwehrmaßnahmen, welche naturgemäß nur die im öffentlich-rechtlichen Raum unzulässigen Tendenzen beseitigen konnten. Darüber hinaus wurden im Berichtsjahr noch 7–8 % der von der FSK freigegebenen Filme durch die Katholische Filmkommission im »Filmdienst« als »abzuraten« oder »abzulehnen« bezeichnet. Trotzdem war die Mitarbeit der Kirchenvertreter in der FSK wertvoll, wie Weihbischof Kampe im Auftrag der Publizistischen Kommission der Fuldaer Konferenz bestätigte, zugleich mit dem Wunsch nach strengerer Handhabe der »Grundsätze« in den Prüfgremien.

b) Der Erfolg katholischer Filmarbeit: Eine sehr konkrete Auswirkung der Stellungnahme katholischer Besucherkreise auf Grund der Urteile des »Filmdienst« wird von der Filmwirtschaft eindeutig und häufig festgestellt. Eine Einstufung in die Gruppen 3 (abzuraten) oder 4 (abzulehnen) bringt eine fühlbare Minderung der Einnahmen, die oft die Rentabilitätsgrenze unterschreiten. Darum richtete sich die Katholische Filmarbeit auf die lebendige Bildung des Gewissens und des Urteils der katholischen möglichen Besucher des Films. Die Jahrestagung der Katholischen Filmstellen in Mainz im April dieses Jahres zeichnete ein reiches Bild der Tätigkeit in allen Diözesen: Vorträge, Filmbildungsabende, Vorführungen mit anschließender Diskussion, Kurse, Seminare, Kleruskonferenzen, vor allem Anschlag und Bekanntgabe der Bewertungen der Katholischen Filmkommission in allen Gemeinden, einschließlich der Filme der »Jahresbestliste« und der als »sehenswert« bezeichneten. Dieser Aushang geschieht nach Mitteilung der Diözesanstellen in 13 Bistümern »überall in den Pfarreien«, in fünf Bistümern »stellenweise«. Filmarbeit in den Diözesen ist Teil der kirchlichen Jugend- und Erwachsenenbildung. – Diese Einordnung der Filmarbeit in die Ganzheit des Katholischen Apostolates überhaupt war der Sinn der genannten Mainzer Jahrestagung, deren gebundener Bericht allen Oberhirten der Diözesen zuging.

c) Der Streit um das »Blind- und Blockbuchen« hat zu einem Lösungsversuch geführt, dessen Auswirkungen ein Jahr lang beobachtet werden sollen: Die Filmwirtschaft erklärte sich bereit, nicht mehr als zwölf Filme in einer »Staffel« zusammenzufassen und ferner die Koppelung von inländischen mit ausländischen Filmen fallen zu lassen. Dazu wurde die Schaffung einer Schiedsstelle vereinbart, welche Verpflichtungen von Theaterleitern, die von diesen aus echten Gewissensgründen angefochten werden, rückgängig machen soll. In den Verhandlungen, an denen die Vertreter der Ministerien in Bonn und der Kultur- und Jugendausschüsse des Bundestages, der Kirchen und der Filmwirtschaft teilnahmen, wurde festgestellt, daß eine vollständige Beseitigung des genannten Systems aus zwingenden wirtschaftlichen Gründen nicht möglich sei. Die Lösung bemüht sich, Abhilfe bei offenbaren Gewissenskonflikten zu schaffen und zugleich einen Mißbrauch zu vermeiden. Sie ist ein Kompromiß.

d) Da auch abgelaufene Filme häufig im Filmtheater und im Fernsehen wiederkehren, wurde im Auftrag der Kirchlichen Hauptstelle durch die Katholische Filmkommission das Handbuch V herausgegeben: 6.000 Filme aus den Kinojahren 1945–1958. Der umfassende Sammelband, bearbeitet durch Herrn Redakteur Brüne, wurde überall als wertvoll anerkannt.

e) Auf den Berliner Filmfestspielen hielt S[eine] Eminenz Kardinal Döpfner von Berlin einen eigenen Gottesdienst für die eingeladenen Filmschaffenden und die Jury des OCIC ab und empfing die Teilnehmer im Weskamm-Haus.

f) Der neu herausgegebene Katholische Zeitschriftendienst konnte sich in Idee und Durchführung in weitem Maße der Erfahrungen des »Filmdienst« bedienen.

g) Die Kirchliche Hauptstelle übersandte den Produzenten in Deutschland eine Stellungnahme der Filmliga zur »Darstellung von Geistlichen in Filmen«. Die Reaktion der Filmwirtschaft war freundlich und wirkt noch nach.

III. Arbeiten der Abteilungen der Kirchlichen Hauptstelle für Bild- und Filmarbeit e. V.

a) Der Filmdienst hat bei einer Druckauflage von 15.000 Exemplaren fast 13.000 Bezieher. Die Katholische Filmkommission besteht z. Zt. aus 40 vom Bischof berufenen Mitgliedern, die teils persönlich in und um Düsseldorf, teils als korrespondierende Mitglieder mitarbeiten. Eine Sondertagung vereinte die Filmdienst-Korrespondenten im Herbst 1958 in Düsseldorf. Der »Filmdienst« besprach sämtliche im Laufe des Jahres in Westdeutschland gezeigten Filme (ca. 550) und übte auch durch seine Leitartikel einen unverkennbaren publizistischen Einfluß aus. Ein eigener »Schnelldienst« wurde besonders für die Presse ausgebaut und fast für jeden Film eine Vornotiz gegeben. Ca. 50 Filme wurden für »sehenswert« erklärt. Hinzu kommen die Filme der Jahresbestliste der Katholischen Filmliga. 14 Diözesen berichteten, daß die Veröffentlichungen in den Gemeinden auch die Filme der Wertungsgruppen

3 und 4 umfassen, was von der Katholischen Filmkommission grundsätzlich empfohlen wird, da die Vorteile die Gefahren gelegentlichen Mißbrauchs überwiegen. Die Redaktion hatte einen unverhältnismäßig großen Eingang und Ausgang von Post zusätzlich zu bewältigen.

b) Das Generalsekretariat der Katholischen Filmliga ist die überdiözesane Arbeitsstelle der in den Diözesen verankerten »Aktion für den guten und gegen den schlechten Film«. Seine Tätigkeit nahm gegenüber den Vorjahren noch zu (Korrespondenz, Förderungsaktion für Bestfilme, Materialmappen, Rundschreiben, Filmlisten über sehenswerte und Kinderfilme, diözesane und überdiözesane Konferenzen und Kurse usw.). Hinzu trat die in Verbindung mit dem Katholischen Filmwerk gestartete Aktion »Filme der Auslese«, welche die Bildung von örtlichen katholischen Filmbesuchergruppen mit dem Ziel der Bildung für den Film durch den guten Film erstrebt. In 24 Städten bestehen solche Vereinigungen, in weiteren 33 Orten ist ihre Gründung in Vorbereitung. Der Generalsekretär (H[ochwürdiger] H[err] Stud[ien]-Rat Dr. Berresheim) arbeitet ehrenamtlich, das Büro steht in Personalunion mit der Diözesan-Filmliga Köln.

c) Das Katholische Filmwerk e. V., Sitz Rottenburg (Auslieferungsstelle Frankfurt) zeigte ein erfreuliches Anwachsen seiner Tätigkeit. Das Interesse an der Vermittlung ausgesuchter Schmalfilme für Vorführungen in Gemeindesälen, Bildungswerken, Internaten, Schulen, Gefängnissen, Lagern, auch Filmklubs steigerte sich, so daß der Kundenkreis des Katholischen Filmwerks auf 2.000 Stellen wuchs.

Verwaltung und Dispositionsbüro hatten ihren großen finanziellen Aufwand großenteils durch die Vermittlungsgebühren decken können, den Rest gaben Spenden und Zuschüsse. Bedauerlicherweise waren viele Stellen, auch Diözesanfilmstellen, in ihrer Zahlungsweise recht säumig. Die Zusammenarbeit mit den Schmalfilm-Verleihanstalten war erfreulich, besonders gut mit der Materna-Film GmbH.

Zum Katalog konnten 106 weitere Spielfilme und 20 Dokumentarfilme hinzugefügt werden. Weitere 115 Industriefilme interessanten Inhalts konnten in 706 Kopien ohne besondere Leihmieten zur Verfügung gestellt werden. Im Produktions-Studio Rottenburg wurden monatlich je eine neue Folge des »Spiegel der Zeit« (Katholische aktuelle Monatsschau) sowie zehn eigene religiöse Dokumentarfilme hergestellt und ausgeliehen.

d) Eine eigene Normalfilm-Vermittlung, bedingt durch die genannte Aktion »Filme der Auslese« trat zur Schmalfilmarbeit hinzu. In Verbindung mit der Filmliga wurden Richtlinien und Filmlisten herausgegeben. Das neueste Angebot enthält 90 Filme, die auch nach Inhalt gesondert geordnet sind. Die Verwaltung der Arbeitsstelle liegt in den Händen von Stud[ien-]Ass[essor] Funk[3], Stuttgart. Durch die Hilfe S[einer] Exzellenz des Hochwürdigsten Bischofs von Rottenburg wurde das Studio in Rottenburg technisch leistungsfähig ausgebaut.

Die Kirchliche Hauptstelle für Bild- und Filmarbeit e. V. hatte die Aufgabe der Koordination und Leitung der katholischen Filmarbeit und ihrer Vertretung nach au-

[3] Josef Funk, *ehrenamtlicher, seit 1957 auf Provisionsbasis angestellter Filmvorführer und Mitarbeiter der Diözesanfilmstelle in Rottenburg, hauptberuflich als Lehrer tätig.*

ßen. Die Beiratssitzungen fanden, ebenso wie die Generalversammlung, unter dem persönlichen Ehrenvorsitz S[einer] Exzellenz Bischof Dr. Leiprecht statt. Die Vorstands-Besprechungen (Msgr. Kochs, Dr. Westhoff, Dr. Weng) widmeten sich den Vereinsangelegenheiten. Als Vorsitzender der Katholischen Filmkommission wird Msgr. Kochs fast täglich schriftlich über die geplanten Filmbewertungen des Filmdienstes informiert. In Verbindung mit der KNA wird die »Katholische Filmkorrespondenz« herausgegeben. In den Verhandlungen mit der Filmwirtschaft standen die Fragen des Blind- und Blockbuchens sowie des geplanten Kinderfilmzentrums im Vordergrund, ferner Teilnahme an den Sitzungen des Hauptausschusses der Freiwilligen Selbstkontrolle (monatlich 1–2 mal), Klärung von Beschwerden, Jugendschutzfragen usw. Die gleichen Fragen bildeten die Themen bei den Besprechungen mit den für die Filmfragen zuständigen Ministerien (Innenministerium, Wirtschaftsministerium, Familienministerium, Kultur- und Jugendausschuß des Bundestages). Msgr. Kochs ist Vizepräsident des Internationalen Katholischen Filmbüros in Brüssel, das halbjährlich seine Konferenzen des Comité Directeur abhält (Februar 1959 in Monte Carlo, Oktober 1959 in Köln.) Er gehörte ferner bis März 1959 dem Expertenkollegium der Päpstlichen Filmkommission an, welche z. Zt. neu gebildet wird (Besuch in Rom Juni 1959), sowie der Jury des OCIC bei den Filmfestspielen von Berlin und Venedig. Besonders enge Zusammenarbeit besteht mit dem Zentralkomitee der Deutschen Katholiken und seinen Gliederungen. Besondere Erwähnung verdient die Mainzer Jahrestagung April 1959 mit ihren Grundsatzreferaten von P. Dr. Hirschmann S. J. und P. Lekt[or] Dr. Hertz O. P.[4]
Die Kirchliche Hauptstelle für Bild- und Filmarbeit e. V. dankt den Oberhirten der Fuldaer Bischofskonferenzen, insbesondere der Bischofskommission für Publizistik und ihrem Vorsitzenden, S[einer] Exzellenz Dr. Carl Joseph Leiprecht, für alle Unterstützung. Sie erlaubt sich, folgende Empfehlungen zu unterbreiten:
Empfehlungen
1. Der Bezug einer ausreichenden Anzahl von Exemplaren des »Filmdienst« möge in geeigneter Weise in allen Gemeinden der Bistümer gesichert werden als Grundlage für die von höchster kirchlicher Stelle gewünschte Bekanntgabe der Informationen über die Filme am Ort.
2. Jährlich möge in allen Gemeinden die Verantwortung der Gläubigen gegenüber dem Film (moderne Massenbildungsmittel) erneut geweckt werden (Sonntag des guten Films). Die Kollekte möge diesem Anliegen nutzbar gemacht werden. Es möge auch im Gebete der Verantwortung sowohl der Gläubigen, wie auch der in der »Welt des Films« tätigen Menschen gedacht werden. (Vgl. Enzyklika »Miranda Prorsus« September 1957.)
3. Ziel der Bemühungen sei die Bildung des rechten Gewissens, aber auch der rechten Urteilskraft gegenüber den Fragen des Films. Katholische Besucherorganisatio-

[4] P. ANSELM (KURT GÜNTHER) HERTZ OP *(geb. 1923), 1948 Ordenseintritt, 1953 Priester, Lektor in Walberberg, 1959 Bundeskaplan der Deutschen Pfadfinderschaft St. Georg, 1961 Kommissionsmitglied der Bischöflichen Hauptarbeitsstelle für Bild- und Filmarbeit e. V.*

nen in Zusammenarbeit mit dem Katholischen Filmwerk e. V. Rottenburg können dazu besondere Hilfe leisten.

4. Die Kirchliche Hauptstelle für Bild- und Filmarbeit e. V. bittet die Oberhirten der Deutschen Diözesen, den vorgelegten Finanz-Etat für das Jahr 1960 gütigst genehmigen zu wollen.

Kirchliche Hauptstelle für Bild- und Filmarbeit e. V.
Anton Kochs
(Msgr. Anton Kochs).

258

Bericht Wosnitzas[1]

Köln, 1. September 1959

EA MÜNCHEN, Joseph Kardinal Wendel, 44/1956–1960. *Schreibmaschinenausfertigung mit eigenhändiger Unterschrift. Briefkopf:* Katholischer Siedlungsdienst e. V. Bischöfliche Hauptarbeitsstelle. *Anschrift:* An die Konferenz der Hochwürdigsten Erzbischöfe und Bischöfe Deutschlands in Fulda. *Aktenzeichen:* 213 Wo./Be. *Eingangsstempel:* Erzbistum München Erzb[ischof] 4. Sep[tember] 1959. 44 Nr. 1442. *Schlußvermerk:* Der Fuldaer Bischofskonferenz 1959. Zur Prüfung und gefälligen Anweisung ergebenst überreicht.

Weltflüchtlingsjahr und Siedlungsarbeit

Unter den vielen Botschaften, die aus Anlaß des Weltflüchtlingsjahres von den Oberhäuptern der 59 beteiligten Staaten erlassen worden sind, ragt die Rundfunkbotschaft Papst Johannes' XXIII.[2] dadurch hervor, daß sie offen ein Hauptmotiv der Weltflüchtlingsnot nennt, nämlich »daß in vielen Fällen die Treue zur Kirche und zu Christus die Ursache der Vertreibung und Flucht war«. Und als erste Aufgabe stellt der Heilige Vater die Wohnungsnot hin: »Hunderttausende von Flüchtlingen müssen heute noch in Lagern leben und in Baracken hausen. Damit sind sie in ihrer menschlichen Würde verletzt und zumeist den ärgsten Versuchungen der Hoffnungslosigkeit und Verzweiflung ausgesetzt«.

Gewiß löst die Wohnungsfrage nicht alle Flüchtlingsprobleme, aber ohne den festen Boden einer geordneten Wohnung für die Familie ist weder eine sichere Existenz im Wirtschaftsleben noch viel weniger eine Eingliederung und geistige Beheimatung möglich. So haben sich auch die katholischen Siedlungswerke seit Jahr und Tag dieser Aufgabe in besonderer Weise gewidmet:

a) Rund 35 % der erbauten 120.000 Wohnungen kamen Vertriebenen zugute, obwohl diese im Volksganzen nur 20 % ausmachen. Und diese Arbeit geht weiter.

b) Aus der Darlehens- und Bürgschaftsaktion der Diözesen vom Herbst 1958 zur Lagerräumung waren am 1.7.1959 293 Wohnungen im Bau und über 850 in konkre-

[1] FRANZ WOSNITZA *(1902–1979), 1926 Priester (D Kattowitz), 1933 Diözesanpräses der katholischen Jugend, 1939 Ordinariatsrat, 1942–1945 Generalvikar, 1950–1972 Leiter des Katholischen Siedlungsdienstes im Bundesgebiet. Vgl.* J. GOTTSCHALK VI, *S. 223-227.*

[2] *Radiobotschaft Papst* JOHANNES' XXIII. *zum Weltflüchtlingsjahr am 28. Juni 1959.* AAS *51 (1959), S. 481–483, deutsche Übersetzung:* HERDER KORRESPONDENZ *13 (1958/59), S. 522 f.*

ter Vorbereitung, davon 38 % in Eigenheimen. Auch diese Aktion wird weitergeführt.

c) Für heimatlose Ausländer in Deutschland wurden durch den Kath[olischen] Siedlungsdienst über eine Darlehensaktion der Vereinten Nationen innerhalb von vier Jahren 873 Wohnungen erbaut. Und auch dies wird fortgesetzt.

Trotzdem dürfte das Weltflüchtlingsjahr nicht ohne eine neue sichtbare Hilfe seitens der katholischen Kirche auf dem Gebiete des Wohnungsbaues vorübergehen. Dazu einige Vorschläge:

1. Wohnungsbaukollekten und Sammlungen

Die Diözesen, die eine ständige Siedlungskollekte oder -sammlung halten, sollten sie im Weltflüchtlingsjahr insbesondere dem Wohnungsbau zur Lagerräumung widmen. Die Diözesen, die keine solche Kollekte halten oder sie wieder haben eingehen lassen, hätten bei dem Motiv des Weltflüchtlingsjahres eine gute Gelegenheit, sie einzuführen oder neu zu beleben.

Wo die Siedlungskollekte gehalten wird, ist sie eine überaus wirkungsvolle Hilfe für den Eigenheimbau. Im Erzbistum Köln bringt die jährliche Kollekte 80.000 bis 100.000 DM, zusammen mit den Rückflüssen aus früheren Vergaben können aber jährlich 250.000 bis 300.000 DM an bedürftige Siedler darlehensweise zinsfrei vergeben werden. Kleine Diözesen werden solche Beträge nicht aufbringen, aber jedesmal ist die Siedlungskollekte ein gegebener Anlaß, über die Frage der Wohnung und des Familienheimes zu predigen. Bei Darbietung eines kurzen Hirtenwortes, guter Plakate und geeigneter Predigtskizzen wird der »Siedlungssonntag« seine Wirkung nicht verfehlen.

Die Erträge der Siedlungskollekte erfüllen ihren Zweck, dem Familienheimbau zu dienen, am besten, wenn sie einem besonderen »Darlehensstock für bedürftige Siedler« zugeführt werden, dessen Verwaltung zwar beim Diözesansiedlungswerk liegen kann, dessen Verfügung aber einem vom Bischof bestellten Gremium zustehen sollte.

2. Ein Anteil an der »Misereoraktion«

Wenn die Fastenaktion »Misereor« im Jahre 1960 wiederholt werden sollte, wäre es im Weltflüchtlingsjahr zu vertreten, davon »den Zehnten« zu Gunsten der innerdeutschen Flüchtlingsnot abzugeben. Damit ließen sich zwei Notstände beheben,

a) ein zentraler Darlehensstock für den Wohnungsbau zur Lagerräumung in den Diasporadiözesen. Niedersachsen und Schleswig-Holstein haben die meisten Flüchtlingslager, aber die ertragschwächsten Diözesen. Ihnen würde so ein »innerdeutscher Lastenausgleich« zugute kommen.

Der Katholische Siedlungsdienst hat aus eigenen Sammlungen einen solchen Diasporawohnungsfonds (allerdings nur 65.000 DM), der mit kleinen Summen dem Familienheimbau in den Diasporadiözesen hilft. Eine größere Aufstockung könnte die Hilfe vermehren, woran dann auch die anderen Diasporadiözesen teilhaben könnten,

b) eine besondere Hilfe brauchte auch die Ansiedlung heimatvertriebener Bauern. Oft genug stehen geeignete Bauernhöfe zum Verkauf. Die Verkäufer brauchen dann aber sofort Geld. Ehe nun die Lastenausgleichs- u. a. Hilfen in Gang kommen, ver-

geht ½ Jahr und mehr. So geht der Hof an Erwerber über, die sofort zahlen können. Hätte der Kath[olische] Siedlungsdienst für diesen Zweck einen Darlehensstock, dann könnte dem Verkäufer ein abgesichertes Darlehen für die Zeit bis zum Erhalt des Kaufgeldes gegeben werden.
Die evangelische Seite hat für diesen Zweck einen Millionenbetrag aus der schwedischen Flüchtlingshilfe und sichert sich so Höfe selbst in katholischen Gegenden (Bayern, Südwürttemberg u. a.). Bei einem Höfepreis zwischen 70.000 und 150.000 DM könnten mit einem Darlehensstock von etwa ½ Million DM jährlich 5–10 Höfe für lastenausgleichsberechtigte katholische Bewerber sichergestellt werden.

259

Bericht Fillbrandts

Köln, 23. September 1959

EA KÖLN, Gen. II 22.13a, 6. *Schreibmaschinenvervielfältigung mit faksimilierter Unterschrift. Überschrift auf Deckblatt:* Tätigkeitsbericht des Katholischen Büros Nordrhein-Westfalen für die Zeit von Oktober 1958 bis September 1959. *Die Anlagen wurden nicht aufgenommen.*

Inhaltsverzeichnis

A. Allgemeine Vorbemerkungen

Aufgaben des Katholischen Büros Nordrhein-Westfalen:

1. Beobachtung des politischen Lebens im Lande Nordrhein-Westfalen, um festzustellen, ob irgendwo und irgendwann eine Einflußnahme vom katholisch-christlichen Standpunkt aus notwendig wird;
2. Persönlichen Kontakt zu halten zu Vertretern der Landesregierung, des Landtages, der Ministerien und nachgeordneten Behörden;
3. Die katholischen Landtagsabgeordneten und Ministerialreferenten in allen wichtigen Fragen, die die Kirche angehen, zu beraten;
4. Alle kirchlichen Angelegenheiten bei Regierung und Parlament in Nordrhein-Westfalen wahrzunehmen;
5. Anregungen zu geben, wenn Gesetze und Verordnungen von unserem Standpunkt aus als notwendig erscheinen;
6. Informierung der Hochwürdigsten Herren Bischöfe und der Generalvikariate über die Vorgänge im öffentlichen Raum, insbesondere auf dem Gebiet der Gesetzgebung und Verwaltung;

7. Fühlungnahme und Zusammenarbeit mit dem Katholischen Büro in Bonn, soweit es sich um Dinge handelt, die Bund und Land angehen;
8. Fühlungnahme und Zusammenarbeit mit allen Bischöflichen Hauptstellen in allen einschlägigen Fragen;
9. Informierung der katholischen Presse und der katholischen Verbände und Organisationen.

Diesem Zweck dienen:
1. Das Sekretariat des Katholischen Büros NRW;
2. Regelmäßige Sitzungen der Diözesanschulreferenten der fünf Diözesen mit Abgeordneten des Kulturausschusses des Landtages und Vertretern des Kultusministeriums;
3. Konferenzen mit den Sachbearbeitern der Diözesen in den einschlägigen Fragen;
4. Besprechungen mit kirchlichen und staatlichen Stellen.

Nachteilig hat sich erwiesen, daß kein eigenes Haus bzw. keine eigenen Räume zur Kontaktpflege mit Regierung und Parlament dem Katholischen Büro NRW in Düsseldorf zur Verfügung stehen.

Es erscheint deshalb wünschenswert, in Düsseldorf – ähnlich dem Klubhaus in Bonn – eine Stätte für Begegnungen, Zusammenkünfte und Besprechungen zu schaffen. Ein solches Haus könnte zum Zentrum der katholischen Parlamentarier des Landes werden. Bisher fehlt in Düsseldorf jede Möglichkeit, daß sich katholische Abgeordnete und Ministerialbeamte in katholischer Atmosphäre treffen und miteinander sprechen können. Dies ist von den Abgeordneten und Ministerialbeamten schon wiederholt bedauert worden. Die Errichtung eines solchen Hauses würde aber auch dem Katholischen Büro NRW und den Diözesen die Möglichkeit geben, einen besseren Kontakt mit den Mitgliedern der Regierung, den katholischen Abgeordneten und Ministerialbeamten zu pflegen.

Die Konferenz der Diözesanschulreferenten könnte in einem solchen Hause zu regelmäßigen Beratungen mit Vertretern der Landesregierung und des Landtages zusammenkommen. Bis jetzt sind Zusammenkünfte in größerem Rahmen in Düsseldorf immer an der Raumfrage gescheitert. Die bisher nur in kleinem Rahmen möglichen Besprechungen haben in der Regel im Theresienhospital in Düsseldorf stattgefunden. Der hier zur Verfügung stehende Raum wird jedoch den Bedürfnissen in keiner Weise gerecht, zumal höchstens 14 bis 15 Personen untergebracht werden können und dies auch stets eine Belastung für das Krankenhaus bedeutet.

Personelle Besetzung des Katholischen Büros NRW

Das Katholische Büro NRW ist besetzt mit:
a) Direktor Fillbrandt als Leiter,
b) Amtsgerichtsrat Dr. Panzer als juristischem Sachbearbeiter,
c) Fräulein Roske[1] als Sekretärin und Schreibkraft.

Bei zunehmender Arbeit dürfte die Zuweisung einer zweiten Schreibkraft erforderlich werden.

1 *Nicht ermittelt.*

B. Tätigkeitsbericht

I. Personalpolitische Fragen

1. Einrichtung einer Personalkartei:

Das Katholische Büro NRW hat sich im abgelaufenen Berichtsjahr wiederholt eingeschaltet, wenn es darum ging, führende Stellen mit praktizierenden und zuverlässigen Katholiken zu besetzen.

Auch wird das Katholische Büro NRW immer wieder gebeten, geeignete Vorschläge für Stellenbesetzungen zu machen.

Oft ist es jedoch schwer, geeignete Bewerber zu finden und vorzuschlagen. Aus diesem Grunde wird vom Katholischen Büro NRW in Zusammenarbeit mit den Diözesen die Aufstellung einer umfassenden Kartei vorbereitet, in der geeignete Persönlichkeiten geführt werden sollen, die für die Besetzung einer Stelle in den Ministerien, den nachgeordneten Verwaltungsbehörden, den Gerichten, den Städten und Gemeinden, den Universitäten und Hochschulen, den Schulen aller Art sowie in sonstigen Behörden in Frage kommen.

Angesichts der Tatsache, daß die führenden Stellen prozentual viel stärker von den Protestanten besetzt sind, und außerdem auch eine große Zahl von religiös völlig abständigen Personen in führenden Stellungen tätig sind, kommt dieser personalpolitischen Aufgabe des Katholischen Büros NRW eine ganz besondere Bedeutung zu. Dasselbe gilt für die Aufstellung der Kandidaten für die Gemeinde- und Kreistagswahlen, für die Wahlen zum Landtag sowie für die Wahlen zum Bundestag. Die katholischen Parlamentarier, mit denen bisher gut und vertrauensvoll zusammengearbeitet worden ist, stehen zum Teil schon in hohem Alter.

Es muß unbedingt dafür Sorge getragen werden, daß geeigneter katholischer Nachwuchs herangezogen wird und jüngeren Leuten die Möglichkeit gegeben wird, in die Parlamente nachzurücken.

2. Wichtige Personalveränderungen im Kultusministerium und Umgruppierung innerhalb des Ministeriums

a) Am 23. Juni 1959 hat der bisherige Staatssekretär Dr. Pötter[2] seinen Amtseid als Chefpräsident des Landesverfassungsgerichtes und des Oberverwaltungsgerichtes in Münster geleistet. Seit diesem Zeitpunkt ist er aus seinem Amt als Staatssekretär im Kultusministerium ausgeschieden. Der neue Staatssekretär Ludwig Adenauer[3], bisher Ministerialdirigent im Innenministerium des Landes Nordrhein-Westfalen, hat am 1. August 1959 scin Amt übernommen.

b) Im Kultusministerium sind wichtige Umgruppierungen vorgenommen worden. Alle kirchlichen Angelegenheiten werden in Zukunft wahrgenommen von Herrn

[2] WILHELM PÖTTER *(1904–2002), Dr. iur., 1958/59 Staatssekretär im Kultusministerium, 1959–1969 Präsident des Verfassungsgerichtshofs und Oberverwaltungsgerichts für Nordrhein-Westfalen.*

[3] LUDWIG ADENAUER *(1902–1971), Jurist im preußischen und nordrhein-westfälischen Verwaltungsdienst, 1949–1953 im Finanzministerium, 1953–1959 im Innenministerium, 1959–1962 Staatssekretär im Kultusministerium, 1962–1967 im Innenministerium des Landes Nordrhein-Westfalen.*

Ministerialdirigenten Mäurer[4] (katholisch), der gleichzeitig die Abteilung »Kunst« im Ministerium leitet.
Die gesamten Lehrerbildungsfragen sind nunmehr vereinigt in der Hand von Herrn Ministerialrat Dr. Klein[5]. Ihm unterstehen ab sofort die Fragen der Lehrerbildung (Pädagogische Akademien), Realschullehrerbildung (Institut in Münster und Köln) sowie die Gewerbelehrerausbildung (Berufspädagogisches Institut in Köln, die entsprechenden Institute an der Technischen Hochschule in Aachen und an der Universität in Köln).

II. Schulpolitische Fragen
1. Privatschulfinanzierungsgesetz:
Die derzeitige Rechtsgrundlage für die Zuschußgewährung an Privatschulen sind die §§ 42 ff. des 1. Gesetzes zur Ordnung des Schulwesens im Lande Nordrhein-Westfalen vom 8.4.1952[6] sowie eine Rechtsverordnung vom 21.12.1953. Sowohl die in Frage kommenden Bestimmungen des Schulgesetzes als auch die Rechtsverordnung werden in ihrer Rechtsgültigkeit von kommunaler Seite bestritten. Es wird behauptet, daß die derzeitigen Bestimmungen über die Finanzierung der Privatschulen verfassungswidrig seien. Über diese Fragen schwebt zur Zeit ein Prozeß vor dem Landesverfassungsgericht in Münster. Die Aussichten dieses Prozesses sind nach Auffassung unserer Juristen nicht günstig, obwohl uns bekannt ist, daß sich die Landesregierung mit einem ausführlichen Gutachten für die Rechtswirksamkeit der in Frage kommenden Bestimmungen ausgesprochen hat.
Falls die Bestimmungen über die Privatschulfinanzierung dennoch für rechtsunwirksam erklärt werden sollten, ist keine Grundlage für die Bezuschussung der Privatschulen mehr vorhanden. Unsere Privatschulen können dann in große Bedrängnis geraten. Aus diesem Grunde ist es dringend erforderlich, daß baldmöglichst ein Privatschulfinanzierungsgesetz vom Landtag verabschiedet wird. Mit der Bischöflichen Zentrale für Ordensschulen und mit den Diözesanschulreferenten sind konkrete Vorschläge für ein Privatschulfinanzierungsgesetz ausgearbeitet worden. Diese Vorschläge sind dem Herrn Ministerpräsidenten[7] und dem Herrn Kultusminister zur Verfügung gestellt worden. In schriftlichen Eingaben und in mehreren mündlichen Besprechungen wurden die Mitglieder der Landesregierung auf die Dringlichkeit des Gesetzes hingewiesen. Es wurde uns zugesagt, daß ein Gesetzentwurf kurzfristig dem Land-

4 WILHELM MÄURER *(1898-1987),1929-1938 Regierungrat bei den Regierungen in Trier und Hannover, 1939-1945 Oberregierungsrat und Regierungsdirktor bei der Regierung Karlsbad, danach Leiter eines Flüchtlings- und Aufbauwerks, 1948 Referent im Kultusministerium von Nordrhein-Westfalen, 1949 Regierungsdirektor, 1950 Ministerialrat, 1955-1963 Ministerialdirigent.*

5 FRITZ KLEIN *(1909–1996), Richter, seit 1947 im Dienst des Justizministeriums von Nordrhein-Westfalen, 1960 Ministerialrat, 1960-1965 im Ministerium für Bundesangelegenheiten, 1963 Dienststellenleiter, später im Kultusministerium tätig, 1969-1981 Vorsitzender des Westdeutschen Fußballverbandes.*

6 Erstes Gesetz zur Ordnung des Schulwesens im Lande Nordrhein-Westfalen *vom 8. April 1952.* GVBL. NW, *S. 61.*

7 *Nach der Landtagswahl vom 6. Juli 1958, die der CDU die absolute Mehrheit der Stimmen gebracht hatte, war am 8. Juli 1958* FRANZ MEYERS *zum Ministerpräsidenten gewählt worden, der am 25. Juli sein ausschließlich aus Mitgliedern der CDU gebildetes Kabinett vorstellte.*

tag zur Beschlußfassung vorgelegt wird. Sobald dies geschehen ist, werden weitere Besprechungen mit den Parlamentariern notwendig sein.

2. Titelfrage an Privatschulen:

Gegen den Widerstand der SPD, der FDP, der Gewerkschaft, des Städtebundes und des Städtetages konnte es erreicht werden, daß der Kultusminister des Landes Nordrhein-Westfalen im Einvernehmen mit dem Kulturausschuß des Landtages in der dritten Verordnung zur Ausführung des Schulgesetzes betr. die Ersatzschulen vom 10. Juli 1959 die Möglichkeit geschaffen hat, daß die Lehrer an den Privatschulen die Berufsbezeichnung der Lehrer an öffentlichen Schulen mit einem auf die Tätigkeit an der Ersatzschule hinweisenden Zusatz führen dürfen (z. B. Studienrat im Ersatzschuldienst).

In dieser Angelegenheit waren zahlreiche Besprechungen im Kultusministerium sowie mit den Abgeordneten des Kulturausschusses erforderlich, bis eine befriedigende Regelung erreicht war.

3. Denkschrift des Landesrechnungshofes NRW zur Frage der Privatschulen:

Der Landesrechnungshof hat als Anlage zur Landtagsdrucksache Nr. 103 eine Denkschrift zur Haushaltsrechnung des Landes Nordrhein-Westfalen für das Rechnungsjahr 1956 herausgegeben.

In dieser Denkschrift übt der Landesrechnungshof scharfe Kritik an der verfassungsmäßigen und gesetzlichen Garantie der Zulassung und Subventionierung der Privatschulen. Der Landesrechnungshof führte sogar aus, daß die in Verfassung und Gesetz verankerte Rechtspflicht des Landes zur Bezuschussung der Privatschulen dazu führen könne, daß Mittel zur Verfügung gestellt werden, die nicht im allgemeinen Interesse liegen und sonst als notwendig anerkannt werden könnten. Weiterhin machte der Landesrechnungshof in seiner Denkschrift die Bemerkung, daß bei einer Reihe von Privatschulen die Frage nach ihrem Bedürfnis kaum noch bejaht werden könne.

Derartige Formulierungen erscheinen in einer Denkschrift des Landesrechnungshofes höchst ungewöhnlich. Der Landesrechnungshof ist nach der Verfassung des Landes Nordrhein-Westfalen dazu berufen, die Rechnungen über den Haushaltsplan zu prüfen und die Haushaltsführung auf Ordnungs- und Gesetzmäßigkeit zu überwachen. Dagegen hat der Landesrechnungshof nicht das Recht, Kritik an Verfassung und Gesetz zu üben. In seiner Denkschrift über die Privatschulen wird vom Landesrechnungshof augenscheinlich eine tendenziöse Politik getrieben. Damit wurde der Kampf der Opposition gegen die Privatschulen vom Landesrechnungshof, also einer obersten Landesbehörde, unter Mißachtung der Verfassung unterstützt. Das Katholische Büro NRW hat hiergegen in aller Form Stellung genommen und sowohl bei der Landesregierung als auch beim Landtagspräsidenten Beschwerde geführt. Es wurde zugesagt, die Angelegenheit im Kabinett und in der CDU-Fraktion zu behandeln.

4. Lehrerbildungsgesetz:

Ein Lehrerbildungsgesetz ist im Lande Nordrhein-Westfalen bisher nicht vorhanden. Mehrere Bundesländer haben bereits Lehrerbildungsgesetze verabschiedet, in anderen Ländern sind sie in Vorbereitung. Das bedeutet, daß auch das Land Nordrhein-

Westfalen sich auf die Dauer der Verabschiedung eines Lehrerbildungsgesetzes nicht entziehen kann. Es ist bekannt, daß die Gewerkschaft Erziehung und Wissenschaft einen entsprechenden Entwurf vorbereitet hat und bereit hält. Es kann mit Sicherheit angenommen werden, daß die SPD den Entwurf eines Lehrerbildungsgesetzes einbringen wird, sobald sie im Landtag die Mehrheit hat.
Mit Rücksicht auf die derzeitigen günstigen Mehrheitsverhältnisse sowohl im Kulturausschuß als auch im Plenum des Landtages scheint es dringend geboten, noch in dieser Legislaturperiode ein Lehrerbildungsgesetz zu verabschieden, wenn die Grundforderungen der Kirche, die an ein Lehrerbildungsgesetz zu stellen sind, erfüllt werden sollen.
Ein Teil der CDU-Abgeordneten sträubt sich noch gegen die Einbringung eines Lehrerbildungsgesetzes. Man fürchtet kulturpolitische Auseinandersetzungen mit SPD und FDP und glaubt, daß durch etwaige Auseinandersetzungen wegen des Lehrerbildungsgesetzes die Wahlchancen fielen. In mehreren Gesprächen konnte ein Teil der CDU-Abgeordneten gewonnen werden. Auch die maßgebenden Mitglieder des Kabinetts haben inzwischen ihre Unterstützung zugesagt. Mit der Evangelischen Kirche muß noch verhandelt werden, damit auch die evangelischen Abgeordneten der CDU für ein Lehrerbildungsgesetz interessiert werden.
Die Diözesen sind inzwischen gebeten worden, ihre Wünsche hinsichtlich eines Lehrerbildungsgesetzes dem Katholischen Büro NRW mitzuteilen. Ein kleiner Arbeitskreis soll dann einen Diskussionsentwurf ausarbeiten.
Die Sache bedarf weiterer intensiver Verhandlungen.
5. Gewerbelehrerausbildung:
Durch einen Erlaß des Kultusministers Luchtenberg wurde die Gewerbelehrerausbildung an die Universität in Köln und an die Technische Hochschule in Aachen verlegt. Das Berufspädagogische Institut in Köln sollte in seiner Tätigkeit auslaufen. Kultusminister Schütz hat nach seinem Amtsantritt das BPI wieder ins Leben gerufen, so daß jetzt drei Wege der Gewerbelehrerausbildung bestehen. Der Erlaß des Ministers Schütz, der nur eine vorläufige Regelung darstellen soll, wurde vor allem aus dem Kreis der Gewerbelehrer selbst sehr angegriffen. Die Gewerbelehrer und die Studenten streben nach vollakademischer Ausbildung.
Das Kultusministerium hat inzwischen eine Kommission gebildet, die Vorschläge zur Reform der Gewerbelehrerausbildung ausarbeiten soll. Ein Ergebnis liegt noch nicht vor. Auch die Diözesanschuldezernenten haben sich wiederholt mit diesem Fragenkomplex befaßt, insbesondere mit folgenden Fragen:
a) Klärung der sachlich und fachlich richtigen Ausbildungsform, an der die Kirche insofern interessiert ist, als es sich in erster Linie auch um eine pädagogische Angelegenheit handelt.
b) Sicherstellung des Religionsunterrichtes als ordentliches Lehrfach.
c) Sicherstellung der Religionsdozentur und der Möglichkeit, die facultas für Religion zu erwerben.
Das Katholische Büro NRW hat den Kultusminister gebeten, Vertreter der Kirche zu den Beratungen der Sachverständigenkommission hinzuzuziehen. Eine mündli-

che Zusage ist mehrfach erfolgt, eine Einladung jedoch bisher nicht ausgesprochen worden.
Die Angelegenheit muß weiter verfolgt werden.
6. Prüfungsordnung für Realschullehrer:
Der Kultusminister hat den (Erz-)Bischöflichen Generalvikariaten in Nordrhein-Westfalen und dem Katholischen Büro NRW den Entwurf einer Prüfungsordnung zur Erlangung der Lehrbefähigung an Realschulen (Mittelschulen) zur Kenntnis- und Stellungnahme zugesandt. Dieser Entwurf wurde mit den Herren Diözesanschulreferenten und mit den Religionsdozenten der Pädagogischen Akademien eingehend beraten. Als gemeinsame Auffassung der fünf Diözesen in Nordrhein-Westfalen wurde dem Herrn Kultusminister mitgeteilt, daß gegen den Entwurf Bedenken bestehen, und es wurden folgende Forderungen angemeldet:
a) In § 2 des Entwurfs der Prüfungsordnung, in dem vom Prüfungsausschuß gesprochen wird, ist nichts von einem Vertreter der Kirche gesagt. Diese Bestimmung ist dahingehend zu ergänzen, daß auch ein Beauftragter des Bischofs ordentliches Mitglied des Prüfungsausschusses ist, wie es auch in der Prüfungsordnung für das Lehramt an Volksschulen der Fall ist.
b) In § 4 des Entwurfs der Prüfungsordnung wird über die Zulassung zur Prüfung gesprochen. In Abs. 2 dieser Bestimmung wird ausgeführt, daß eine Vorprüfung in Philosophie und Pädagogik für diejenigen notwendig ist, die nicht Volksschullehrer sind bzw. nicht die zweite Volksschullehrerprüfung abgelegt haben. Das bedeutet, daß auch Geistliche sich dieser Vorprüfung unterziehen müssen. Berücksichtigt man, daß alle katholischen Priester eine philosophische und pädagogische Prüfung bereits abgelegt haben, so muß hier eine Sonderbestimmung eingefügt werden, daß sich die Geistlichen dieser Vorprüfung in Philosophie und Pädagogik nicht mehr zu unterziehen brauchen.
c) Gemäß § 6 Abs. 3 des Entwurfs erstreckt sich für die Geistlichen die Prüfung auf das zweite von ihnen gewählte Fach und auf die Methodik des Religionsunterrichts. Die Aufgabe für die Hausarbeit ist aus dem zweiten von ihnen gewählten Fach zu entnehmen.
Der Kultusminister ist gebeten worden, bei den Geistlichen von einer besonderen Hausarbeit abzusehen und den Entwurf entsprechend zu ändern, weil die Geistlichen innerhalb ihres zwölfsemestrigen Hochschulstudiums mehrfach schriftliche Arbeiten angefertigt und somit den Befähigungsnachweis für wissenschaftliches Arbeiten erbracht haben.
d) In § 8 Ziffer 1b des Entwurfs waren die Prüfungsziele und die Prüfungsthemen in Katholischer Religion aufgeführt. Dieser Passus war ohne vorherige Fühlungnahme mit der Kirche aus einer älteren Verordnung in den Entwurf übernommen worden.
In einem kleinen Arbeitskreis wurde eine Neuformulierung dieser Bestimmung vorgenommen, die als Anlage 1 beigefügt ist. Diese Neufassung wurde von den Hochwürdigsten Herren Erzbischöfen und Bischöfen genehmigt und als kirchenamtlicher Text für das Fach »Katholische Religion« dem Herrn Kultusminister mitgeteilt.

Die endgültige Prüfungsordnung ist bisher noch nicht herausgegeben; es ist zu erwarten, daß den kirchlichen Anliegen entsprochen wird.
Die Ausbildung der Realschullehrer soll sich in Zukunft in zwei Instituten in Münster und Köln vollziehen. Um weite Anreisen zu vermeiden, werden diese Institute jeweils Außenkurse einrichten.
7. Pädagogischer Hochschulsenat:
Im Dezember 1958 gab der Kultusminister den Entwurf eines Erlasses über die Bildung eines Pädagogischen Hochschulsenates bekannt. Gegen die Entwurfsfassung bestanden erhebliche Bedenken. Es bedurfte mehrerer, zum Teil schwieriger Verhandlungen mit dem Minister, um die kirchlichen Wünsche durchzusetzen und eine befriedigende Formulierung zu erreichen. Insbesondere konnte erreicht werden:
a) Der pädagogische Hochschulsenat hat nur beratende Funktionen.
b) Die bekenntnismäßige Grundlage der Akademien wurde ausdrücklich garantiert.
c) Die Eigenständigkeit der einzelnen Akademien kann durch den Senat nicht angetastet werden.
d) Die Behandlung von Fragen, die den bekenntnismäßigen Charakter der Pädagogischen Akademie betreffen, ist Gremien vorbehalten, zu denen sich die Vertreter der entsprechenden Akademien zusammenschließen.
e) Die Pädagogischen Akademien sind bei der Berufung von Professoren in ihrem Dreiervorschlag nicht an die Vorschlagsliste des Senats gebunden.
Die konstituierende Sitzung des Pädagogischen Hochschulsenates ist für Ende Oktober 1959 vorgesehen. Der Hochschulsenat wird sich eine Geschäftsordnung geben. Es muß versucht werden, in dieser Geschäftsordnung noch die Fragen zu regeln, die beim Erlaß über den Hochschulsenat noch offen geblieben sind, insbesondere die Bildung und Arbeitsweise des Gremiums, zu dem sich die Vertreter der katholischen Akademien zusammenschließen können.
Ferner hat der Pädagogische Hochschulsenat die Aufgabe, für die Akademien eine Satzung zu erarbeiten. Hier ist ebenfalls besondere Aufmerksamkeit geboten, weil auch unsere katholischen Akademien davon betroffen werden.
Mit den katholischen Mitgliedern des Hochschulsenates ist bereits Fühlung genommen worden. Weitere Besprechungen folgen.
8. Einrichtung einer zweiten Religionsdozentur an den Pädagogischen Akademien des Landes Nordrhein-Westfalen
Das Katholische Büro NRW hat sich wiederholt schriftlich und mündlich beim Herrn Kultusminister um die Einrichtung einer zweiten Religionsdozentur bemüht. Zur Begründung wurde vorgetragen, daß die Herren Religionsdozenten neben den Vorlesungen und Übungen noch eine Fülle weiterer Aufgaben wahrzunehmen haben. Hierzu gehören vor allem die schulpraktischen Übungen, die im Zusammenhang mit der Dozentur stehenden seelsorgerischen Aufgaben an der Pädagogischen Akademie, die Zeit, die durch persönliche Gespräche und Fühlungnahmen zwischen Religionsdozent als Priester und dem einzelnen Studenten erforderlich ist, ferner religionspädagogische Aufgaben, Teilnahme an Kursen und Arbeitsgemeinschaften, Abhalten von Gottesdiensten usw.

Mit Erlaß vom 22. Juni 1959 hat der Herr Kultusminister dem Anliegen zum Teil entsprochen und die Einrichtung einer 2. Religionsdozentur zum 1. April 1960 an den Pädagogischen Akademien in Köln, Münster und Dortmund angekündigt.
Im Augenblick dürfte es schwerlich erreichbar sein, auch an den übrigen Pädagogischen Akademien sofort eine zweite Religionsdozentur durchzusetzen. Aus diesem Grunde bemüht sich das Katholische Büro NRW jetzt darum, an den anderen Pädagogischen Akademien wenigstens eine zusätzliche planmäßige Assistentenstelle zur Entlastung der Religionsdozenten zu bekommen. Die Forderung auf Einrichtung eines zweiten Lehrstuhles bleibt auch für diese Akademien bestehen.

9. Rechtsverordnungen zum Schulverwaltungsgesetz und zum Schulfinanzgesetz

Im Kultusministerium wird an Rechtsverordnungen zum Schulverwaltungsgesetz vom 3.6.1958[8] und zum Schulfinanzgesetz[9] vom gleichen Tage gearbeitet. In diesen Rechtsverordnungen können manche Anliegen, die in den beiden vorgenannten Gesetzen nicht befriedigend geregelt worden sind, noch berücksichtigt werden.
Die Fragen werden mit den Vertretern der fünf nordrhein-westfälischen Diözesen, mit Vertretern des Vereins katholischer deutscher Lehrerinnen, mit Vertretern des katholischen Lehrerverbandes und mit Vertretern der katholischen Elternschaft beraten.
Auch mit den katholischen Abgeordneten des Kulturausschusses hält das Katholische Büro NRW in dieser Angelegenheit Fühlung.

10. Rahmenplan des Deutschen Ausschusses für das Erziehungs- und Bildungswesen zur Umgestaltung und Vereinheitlichung des allgemeinbildenden öffentlichen Schulwesens

Am 14. Februar 1959 hat der Deutsche Ausschuß für das Erziehungs- und Bildungswesen einen umfassenden Plan zur Umgestaltung und Vereinheitlichung des allgemeinbildenden öffentlichen Schulwesens vorgelegt. Seit Monaten steht dieser Plan in der öffentlichen Diskussion. Er wird zum Teil sehr begrüßt, zum Teil lebhaft kritisiert.
Da dieser Rahmenplan auch Fragen des Elternrechts berührt, ferner Fragen der Bekenntnisschule, des Faches Religion als ordentliches Lehrfach, Probleme der dorfeigenen Schule, der Koedukation u. v. a., ist es erforderlich, daß sich die Kirche und die katholischen Verbände eingehend mit diesem Rahmenplan befassen und gegebenenfalls eigene Vorschläge ausarbeiten.
Hinzu kommt, daß die Landesregierungen und die Länderparlamente sich ebenfalls mit diesem Rahmenplan sehr eingehend beschäftigen und möglicherweise bei Entscheidungen im Schul- und Erziehungswesen sich von dem Inhalt des vorgelegten Rahmenplanes leiten lassen.
Das Kultusministerium des Landes Rheinland-Pfalz hat bereits einen Gegenvorschlag zum Rahmenplan herausgegeben. Dieser wurde vom Kultusministerium Rheinland-Pfalz auch an die fünf Diözesen im Lande Nordrhein-Westfalen gesandt.

[8] Schulverwaltungsgesetz *vom 3. Juni 1958.* GVBl. NW, *S. 241.*
[9] Gesetz über die Finanzierung der öffentlichen Schulen *vom 3. Juni 1958.* GVBl. NW, *S. 246.*

Einige Diözesen haben dem Herrn Kultusminister des Landes Rheinland-Pfalz[10] bereits mitgeteilt, daß diese Fragen für das Land Nordrhein-Westfalen vom Katholischen Büro NRW bearbeitet werden und eine einheitliche Stellungnahme noch erarbeitet werde.

Auf der letzten Sitzung haben sich die Herren Diözesanschulreferenten bereits eingehend mit dem Rahmenplan befaßt. Dies ist u. a. deshalb erforderlich, weil auch im Lande Nordrhein-Westfalen Bestrebungen im Gange sind, den Rahmenplan soweit als möglich gesetzgeberisch zu verwirklichen.

Es sind weitere Besprechungen in dieser Angelegenheit erforderlich. Mit der Bischöflichen Hauptstelle für Schule und Erziehung besteht auch in diesen Fragen enger Kontakt. Der Leiter der Bischöflichen Hauptstelle für Schule und Erziehung nimmt an allen Besprechungen der Diözesanschulreferenten teil.

11. Sonderschulen (Hilfsschulen, Blindenschulen):

Es war lange Zeit streitig, ob die Sonderschulen rechtlich als Volksschulen anzusehen seien und dementsprechend die Bestimmungen der §§24ff. des Ersten Gesetzes zur Ordnung des Schulwesens vom 8.4.1952 betr. Antrags- und Anmeldeverfahren zur Einrichtung von Bekenntnisschulen Anwendung finden. Diese Streitfrage ist nun durch das am 1.10.1959 in Kraft tretende Schulverwaltungsgesetz dahingehend klargestellt, daß die Sonderschulen Volksschulen sind. Das bedeutet nicht nur, daß auf Antrag einer entsprechenden Zahl von Eltern katholische Sonderschulen eingerichtet oder simultane Sonderschulen in katholische Sonderschulen umgewandelt werden können, sondern auch, daß die Gemeinden verpflichtet sind, beim Wechsel auf eine Hilfsschule Kinder aus einer katholischen Volksschule von Amts wegen in eine katholische Sonderschule zu überführen.

Die Angelegenheit wurde eingehend mit den Diözesanschulreferenten, mit den Abgeordneten des Kulturausschusses und mit Vertretern der katholischen Lehrerverbände besprochen. Es wurde vereinbart, den Herrn Kultusminister und den Herrn Innenminister[11] zu bitten, die Gemeinden und Landkreise durch einen besonderen Erlaß hierauf hinzuweisen.

Ferner soll durch die Schulabteilungen in den einzelnen Diözesen mit den Dechanten in den größeren Städten Fühlung genommen und erreicht werden, eine entsprechende Zahl von katholischen Eltern, deren Kinder Sonderschulen besuchen, zur Stellung eines Antrages auf Errichtung (bzw. Umwandlung) katholischer Sonderschulen zu veranlassen.

12. Stoffpläne für die Volksschulen des Landes Nordrhein-Westfalen:

Mit Erlaß vom 28. April 1959 hat der Herr Kultusminister neue Stoffpläne für die Volksschulen des Landes Nordrhein-Westfalen in Kraft gesetzt. Diese Stoffpläne sind ohne vorherige Fühlungnahme mit der Kirche herausgegeben worden.

[10] EDUARD ORTH *(1902–1968), Leitender Angestellter, Unternehmer und Politiker (CDU), 1950–1964 Vorsitzender der pfälzischen CDU, 1949–1956 Mitglied des Bundestags, 1956–1967 Minister für Kultus und Unterricht in Rheinland-Pfalz.*

[11] JOSEF-HERMANN DUFHUES *(1908–1971), Rechtsanwalt, 1946/47 und 1950–1970 Mitglied des Landtags von Nordrhein-Westfalen, 1958–1962 Innenminister, 1966–1970 Landtagspräsident.*

Die Konferenz der Diözesanschulreferenten hat sich mit diesen Stoffplänen befaßt und hat an mehreren Stellen erhebliche Bedenken vorzutragen.
Es ist geplant, zunächst katholische Fachleute um ein Gutachten über diese Stoffpläne zu bitten und erst im Anschluß daran weitere Schritte zu unternehmen.
Das Kultusministerium ist über diese Bedenken unterrichtet worden.

III. Kirchenpolitische Fragen
1. Änderung des Kirchensteuergesetzes:
Die neue Steuergesetzgebung hat zur Folge gehabt, daß mehr als 40% aller Kirchenmitglieder nicht mehr zur Kirchensteuer herangezogen werden, da sie aus der Einkommen- bzw. Lohnsteuerpflicht herausgefallen sind. Das bedeutet, daß die Kirchensteuereinkommen teilweise zurückgegangen sind. Im übrigen handelt es sich um eine Grundsatzfrage. Aus diesem Grunde ist die Einführung einer sogenannten Mindestkirchensteuer (evtl. Diözesankirchgeld) erforderlich, wodurch sichergestellt werden soll, daß auch diejenigen Kirchenmitglieder, die nicht mehr einkommenbzw. lohnsteuerpflichtig sind, zu den Lasten der Kirche beitragen.
Mit den Finanzdezernenten der Diözesen wurden Vorschläge ausgearbeitet, die dem Kultusminister vorgelegt worden sind. Der Kultusminister ist bereit, den kirchlichen Wünschen Rechnung zu tragen. Schwierigkeiten macht der Finanzminister[12].
Eine Regelung ist nicht auf dem Verwaltungswege, sondern nur durch Gesetzesänderung möglich. Es ist wahrscheinlich, daß das gesamte Kirchensteuergesetz neu gefaßt wird. In diesem Gesetz soll u. a. die Möglichkeit des Diözesankirchgeldes vorgesehen werden. Ferner ist eine Bestimmung geplant, wonach der einmal genehmigte Hebesatz in Zukunft nicht mehr alljährlich neu bewilligt zu werden braucht.
Die Fragen, die durch die Entscheidung des Bundesverfassungsgerichts hinsichtlich der Verfassungswidrigkeit der Ehegattenbesteuerung auch auf dem Gebiet der Kirchensteuer in glaubens- oder konfessionsverschiedenen Ehen aufgeworfen worden sind, werden in einem neuen nordrhein-westfälischen Kirchensteuergesetz voraussichtlich nicht behandelt werden, da man die noch schwebenden Prozesse vor dem Bundesverfassungsgericht abwarten will.
Weitere Verhandlungen mit Regierung und Parlament in Nordrhein-Westfalen sind erforderlich.
2. Beihilfen des Landes Nordrhein-Westfalen zur Errichtung und Instandsetzung von Kirchen und gottesdienstlichen Räumen
Im Landeshaushalt 1959 ist ein Betrag in Höhe von 350.000 DM veranschlagt, der als Beihilfe des Landes Nordrhein-Westfalen zur Errichtung und zur Instandsetzung von Kirchen und gottesdienstlichen Räumen vorgesehen ist. Der Betrag soll zur Hälfte an die Katholische Kirche und zur Hälfte an die Evangelische Kirche verteilt werden.

12 Artur Sträter *(1902–1977), Dr. iur., Rechtsanwalt und Politiker (CDU), 1946/47 und 1956–1970 Mitglied des Landtags von Nordrhein-Westfalen, 1946/47 und 1948–1950 Justizminister, 1950 Minister für Wirtschaft und Verkehr, 1954–1956 für Bundesangelegenheiten, 1958–1960 Finanzminister, 1962–1966 Justizminister.*

In mehreren Besprechungen, an denen teilweise Vertreter des Kultusministeriums, des Finanzministeriums, des Innenministeriums und der Staatskanzlei und von kirchlicher Seite die Bau- und Finanzreferenten der Diözesen und das Katholische Büro NRW teilgenommen haben, wurden Grundfragen des Verfahrens und der Vergabe dieser Mittel erörtert.
Von kirchlicher Seite wurde darauf hingewiesen, daß der vom Land zur Verfügung gestellte Betrag in Höhe von 350.000 so niedrig sei, daß damit in jeder Diözese nur 1–2 Kirchen bezuschußt werden können.
Bei der großen Zahl von Kirchen, die in allen fünf Diözesen noch gebaut und instand gesetzt werden müßten, sei mindestens eine Verzehnfachung des jetzt bereitgestellten Betrages erforderlich, wenn das Land Nordrhein-Westfalen wirklich nennenswerte Hilfe leisten wolle. Der Staatssekretär im Kultusministerium[13] hat hierzu erklärt, daß im nächsten Jahre versucht werden solle, eine Erhöhung der Summe zu erreichen.
Hinsichtlich der Verteilung der in diesem Jahre zur Verfügung stehenden Mittel wurde vereinbart, daß die einzelnen Diözesen sich untereinander verständigen und entsprechende Anträge auf Gewährung einer Beihilfe für bestimmte Bauobjekte dem Kultusministerium unmittelbar einreichen.
3. Zinsverbilligungszuschüsse für die Aufnahme von Darlehen zum Bau von Kirchen
Für den vorbezeichneten Zweck stehen im Landeshaushalt 1959 insgesamt 200.000 DM zur Verfügung. Der Betrag dient dazu, finanzschwachen Kirchengemeinden einen Zinsverbilligungszuschuß bei der Aufnahme eines Darlehens zum Bau einer Kirche zu gewähren. Über Grundfragen des Verfahrens und der Verteilung der Mittel wurden innerkirchliche Besprechungen sowie Verhandlungen mit Vertretern der Regierung geführt.
Inzwischen wurden vom Kultusministerium den Diözesen Fragebogen zugesandt, die bei Anträgen auf Zinsverbilligungszuschüsse ausgefüllt werden sollen. Der Inhalt der übersandten Fragebogen ging weit über das hinaus, was [*in*] den Besprechungen mit der Regierung vereinbart worden war.
Dem Herrn Kultusminister wurden die Bedenken der Diözesen mitgeteilt (vgl. Anlage 4)[14]. Inzwischen konnten die Schwierigkeiten durch weitere Fühlungnahme mit dem Kultusministerium im wesentlichen beseitigt werden.
4. Finanzierung von Wohnheimen durch das Land Nordrhein-Westfalen:
Die Bereitstellung von Landesdarlehen erfolgt auf Grund der Bestimmungen über die Förderung des sozialen Wohnungsbaues im Lande Nordrhein-Westfalen durch die Landesdarlehen-Wohnungsbauförderungsbestimmungen 1957 vom 19.12.1956 in der ab 1.4.1958 geltenden Fassung der Wohnheimbestimmungen vom 31.5.1957.
In Ziffer 15 dieser Bestimmung ist vorgesehen, daß von einer hypothekarischen Sicherung Abstand genommen werden kann, wenn eine öffentlich-rechtliche Körperschaft Träger des Wohnheimes ist. Da die Diözesen und die Kirchengemeinden

[13] *Vgl. Anm. 3.*
[14] *Nicht ermittelt.*

Körperschaften des öffentlichen Rechtes sind, bedarf es einer hypothekarischen Sicherung nicht, wenn eine Diözese oder eine Kirchengemeinde Träger des Wohnheimes ist. Entsprechend diesen Bestimmungen ist auch bisher verfahren worden.
Kürzlich wurde dem Katholischen Büro NRW in einigen Fällen berichtet, daß die Wohnungsbauförderungsanstalt in Düsseldorf in diesen Fällen die Beibringung einer Etatisierungserklärung durch das zuständige Bischöfliche Generalvikariat zusätzlich verlangte. Auf Rückfrage wurde mitgeteilt, daß die Beibringung einer Etatisierungserklärung auf eine Absprache zwischen dem Bund und dem Lande Nordrhein-Westfalen zurückgehe. Auf den Hinweis, daß in den einschlägigen Bestimmungen über die Beibringung einer Etatisierungserklärung nichts enthalten sei und daß es sich auch nicht um Bundes-, sondern um Landesmittel handele, wurde mitgeteilt, daß eine Klärung höheren Orts erfolgen müßte.
Das Katholische Büro NRW hat sich daraufhin an den Herrn Minister für Wiederaufbau des Landes Nordrhein-Westfalen[15] gewandt und gebeten, die Wohnungsbauförderungsanstalt anzuweisen, von der Beibringung einer Etatisierungserklärung der Diözesen abzusehen, da einmal eine solche nach den Richtlinien nicht vorgesehen sei, im übrigen auch eine Notwendigkeit dafür nicht ersichtlich sei. Schließlich sei es auch nicht gerechtfertigt, die Kirchengemeinden schlechter zu stellen als die kommunalen Behörden und die übrigen Körperschaften des öffentlichen Rechts.
Inzwischen hat der Herr Wiederaufbauminister den Antrag des Katholischen Büros NRW abgelehnt mit der Begründung, daß die Abgabe einer Etatisierungserklärung durch das zuständige (Erz-)Bistum aus Gründen einer ordnungsgemäßen Sicherung der Landesmittel erforderlich sei, zumal die katholischen Pfarrgemeinden keine eigene Steuerhoheit hätten.
Das Katholische Büro NRW hat dem Herrn Minister für Wiederaufbau daraufhin mit eingehender Begründung geantwortet, daß dieser Standpunkt nicht geteilt werde und auch mit den gesetzlichen Bestimmungen nicht in Einklang stehe.
Die Verhandlungen mit dem Herrn Wiederaufbauminister dauern noch an. Die Angelegenheit wurde wegen der grundsätzlichen Bedeutung auch dem Herrn Ministerpräsidenten vorgelegt.
5. Napoleonisches Staatsgehalt:
Bei dem Oberlandesgericht in Düsseldorf sowie bei dem Landgericht in Köln schweben seit Jahren zwei Prozesse katholischer Kirchengemeinden gegen das Land Nordrhein-Westfalen. Streitgegenstand ist die Frage, ob Nordrhein-Westfalen verpflichtet ist, bei Neugründung von Pfarren im linksrheinischen Gebiet das sogenannte Napoleonische Staatsgehalt zu bewilligen.
Es soll versucht werden, die beiden Prozesse durch einen außergerichtlichen Vergleich zwischen den Diözesen und der Landesregierung beizulegen. Das Katholische Büro NRW hat eine entsprechende Eingabe mit einem Vergleichsvorschlag an den Herrn Ministerpräsidenten des Landes Nordrhein-Westfalen gerichtet. Eine Ab-

15 PETER ERKENS *(1898–1972), Dezernent der Handelskammer Düsseldorf und Politiker (CDU), 1947–1966 Mitglied des Landtags von Nordrhein-Westfalen, 1958–1962 Minister für Wiederaufbau.*

schrift des Schreibens an den Herrn Ministerpräsidenten und eine Abschrift des Vergleichsvorschlages sind in der Anlage beigefügt (Anlage 3)[16].

6. Entwurf einer Vereinbarung über die staatliche Mitwirkung bei der Bildung und Veränderung von katholischen Kirchengemeinden:

Der Herr Kultusminister des Landes Nordrhein-Westfalen hat den Entwurf einer Vereinbarung über die staatliche Mitwirkung bei der Bildung und Veränderung katholischer Kirchengemeinden den fünf nordrhein-westfälischen Diözesen zur Kenntnis- und Stellungnahme zugesandt. Diesem Entwurf kann kirchlicherseits nicht zugestimmt werden. Die bereits früher von den Diözesen vorgetragenen Bedenken sind in dem Entwurf kaum berücksichtigt worden. Insbesondere bestehen gegen die Bestimmung des Aktes der staatlichen Anerkennung der Bildung und Veränderung von Kirchengemeinden als »Genehmigung« Bedenken. Zwar ist einem bereits früher von kirchlicher Seite in dieser Richtung vorgetragenen Wunsch dadurch Rechnung getragen worden, daß die Einschränkung »um für den staatlichen Bereich wirksam zu werden« eingefügt worden ist. Es erscheint aber auch nach wie vor aus Gründen der Systematik und um der Klarheit willen richtiger, das Wort »Genehmigung« durch das Wort »Anerkennung« zu ersetzen. Nur dieser Ausdruck entspricht dem durch die heutige Verfassungsrechtslage gekennzeichneten Verhältnis zwischen Kirche und Staat. Weitere Bedenken bestehen auch gegen die Bestimmung des Entwurfs, wonach die Staatsbehörde in eine Nachprüfung der kirchlichen Errichtungsfragen eintreten kann. Ein solches Recht kann der Staatsbehörde unter keinen Umständen zugebilligt werden. Es muß gefordert werden, diese Bestimmung in dem vorliegenden Entwurf zu streichen. Inzwischen ist eine Eingabe für alle nordrhein-westfälischen Diözesen an den Herrn Kultusminister erfolgt und gebeten worden, den kirchlichen Wünschen Rechnung zu tragen. In einer mündlichen Besprechung wurde zugesagt, den kirchlichen Wünschen weitgehend zu entsprechen. Insbesondere soll das Wort »Genehmigung« fallen, und es soll durch die Worte »Anerkennung für den staatlichen Raum« ersetzt werden.

Ein neuer schriftlicher Entwurf wurde in Aussicht gestellt, aber trotz Erinnerung noch nicht übersandt.

Nach Mitteilung des Kultusministeriums schweben z. Z. noch Verhandlungen mit dem Finanzministerium.

7. Sammlungsrecht:

Rechtsgrundlage des Sammlungs- und Spendenwesens ist das Gesetz vom 5.11.1934. Die in diesem Reichsgesetz behandelte Materie gehört heute zur Zuständigkeit der einzelnen Länder. In dem vorbezeichneten Sammlungsgesetz sind die Rechte der Kirche stark eingeengt. Nach den Bestimmungen des Sammlungsgesetzes kann beispielsweise ein Bischof innerhalb seiner Diözese außerhalb des kirchlichen Raumes keine Sammlung ohne staatliche Genehmigung veranstalten. Auch ist es nach den Bestimmungen des Sammlungsgesetzes nicht zulässig, daß ein Pfarrer bei seinen Pfarrkindern außerhalb des kirchlichen Raumes Sammlungen durchführt. Zwei

[16] *Nicht ermittelt.*

Rechtsgutachten kommen zu dem Ergebnis, daß die Bestimmung des § 15 Ziff. 4 des Sammlungsgesetzes vom 5.11.1934, soweit sie die Kirche berührt, durch die heutige staatskirchenrechtliche Situation überholt und verfassungswidrig ist. Das Grundgesetz hat die Kirche aus der Staatskirchenhoheit einer vergangenen Zeit herausgelöst. Nach Art. 140 des Grundgesetzes anerkennt der Staat die Freiheit der Kirche und überläßt es ihr, sich ihre eigene Grundordnung zu geben und in der Verwirklichung dieser innerkirchlichen Ordnung ihre Beziehungen zu den Kirchenmitgliedern selbst zu gestalten.

Zur Freiheit der Kirche gehört aber auch das Recht zur Durchführung von Sammlungen. Die Kirche erhält die für die Durchführung ihrer Aufgaben erforderlichen Mittel in bedeutsamem Maße aus freien Spenden der Kirchenmitglieder.

Aus diesem Grunde wurde bei verschiedenen Landesregierungen der Antrag gestellt, neue Sammlungsgesetze zu verabschieden, in denen die Kirche von dem staatlichen Genehmigungszwang bei Sammlungen ausgenommen wird.

Die Konferenz der Innenminister der Bundesländer hat auf einer ihrer letzten Konferenzen im Frühjahr 1959 beschlossen, den Entwurf eines neuen Sammlungsgesetzes auszuarbeiten, der allen Bundesländern zugesandt werden soll mit der Bitte, ein dem Entwurf entsprechendes neues Sammlungsgesetz in allen Ländern zu verabschieden.

Die Landesregierung in Nordrhein-Westfalen ist von der Konferenz der Innenminister beauftragt worden, den Entwurf für ein neues Sammlungsgesetz auszuarbeiten. Ein Referentenentwurf ist erstellt, uns aber offiziell noch nicht zugegangen. Vertraulich konnten wir in den Entwurf Einblick nehmen und dabei feststellen, daß das Sammlungsrecht der Kirche an mehreren Stellen des Gesetzentwurfs angesprochen wird. Eine gewisse Verbesserung gegenüber dem alten Sammlungsgesetz war in den Formulierungen des Entwurfs zu erkennen, ohne daß jedoch den Forderungen der Kirche, ihr völlige Freiheit im Sammlungs- und Spendenwesen einzuräumen, entsprochen ist. Eine Vorbesprechung über diesen Fragenkomplex hat mit dem Herrn Innenminister des Landes Nordrhein-Westfalen und mit dem Herrn Landtagspräsidenten[17] stattgefunden.

Weitere Verhandlungen mit Regierung und Parlament in Nordrhein-Westfalen und über das Katholische Büro in Bonn auch mit den anderen Landesregierungen sind erforderlich, um in einem neuen Sammlungsgesetz die Rechte der Kirche zu wahren, insbesondere Genehmigungsfreiheit für die Sammlungen der Diözesen und Pfarrgemeinden zu erreichen. Dies ist um so mehr erforderlich, als die Landesregierungen immer wieder Schwierigkeiten machen, wenn eine Sammlungsgenehmigung beantragt wird. Erst kürzlich teilte uns der Herr Innenminister des Landes Nordrhein-Westfalen mit, daß das Bischöfliche Ordinariat in Berlin eine Sammlungsgenehmigung für das Land Nordrhein-Westfalen beantragt habe, daß er diesen Antrag aber abzulehnen beabsichtige. Das Katholische Büro NRW hat dem Herrn Innenminister

[17] WILHELM JOHNEN *(1902–1980), Rechtsanwalt und Notar, Politiker (Zentrum, CDU), Mitbegründer der CDU, 1951–1963 Vorsitzender der CDU Rheinland, 1947–1966 Mitglied des Landtags von Nordrhein-Westfalen, 1959–1966 dessen Präsident.*

gemäß der in der Anlage Nr. 2 beigefügten Abschrift[18] geschrieben, worauf dem Bischöflichen Ordinariat in Berlin die Sammlungsgenehmigung erteilt worden ist.

8. Schutz der Sonn- und Feiertagsheiligung und gleitende Arbeitswoche:

In zunehmendem Maße wird an Sonn- und Feiertagen gearbeitet. Die Heiligung des Sonntages wird in weiten Bevölkerungskreisen nicht mehr geachtet. Aus vielen Bevölkerungskreisen gehen laufend Beschwerden über öffentlich bemerkbare Arbeiten an Sonn- und Feiertagen ein.

In diesem Rahmen liegen auch die vom Herrn Arbeitsminister des Landes Nordrhein-Westfalen bewilligten Ausnahmegenehmigungen für die Sonn- und Feiertagsarbeit in der Eisen- und Stahlindustrie (gleitende Arbeitswoche). Auch in der Zementindustrie, in der Chemischen Industrie, in der Papierindustrie, in der Textil- und Bekleidungsindustrie, in der Glas- und Keramikindustrie sowie in anderen Industriezweigen sind entsprechende Anträge auf Ausnahmegenehmigungen bereits gestellt worden. Hinzu kommt, daß auch in zunehmendem Maße sonntags in der Landwirtschaft gearbeitet wird und daß an Sonn- und Feiertagen Versteigerungen von Obst und Gemüse stattfinden.

Erst vor wenigen Wochen hatte die Papierfabrik Zanders in Bergisch-Gladbach beim Herrn Arbeits- und Sozialminister des Landes Nordrhein-Westfalen den Antrag gestellt, die Einführung der kontinuierlichen Arbeitsweise unter Einschluß der Sonntagsarbeit zu genehmigen. Herr Arbeits- und Sozialminister Ernst, der sich in der Öffentlichkeit mehrfach für die kontinuierliche Arbeitsweise ausgesprochen hat, war offensichtlich gewillt, die erbetene Ausnahmegenehmigung zu erteilen. Das Katholische Büro NRW hat in mehreren schriftlichen Eingaben an den Herrn Ministerpräsidenten und weitere Kabinettsmitglieder, in Eingaben an die zuständigen Bundestags- und Landtagsabgeordneten sowie an Stadtdirektor und Landrat Protest gegen eine weitere Ausdehnung der Sonn- und Feiertagsarbeit erhoben. Es bedurfte ferner mehrerer Rücksprachen mit Vertretern der Landesregierung, um zu erreichen, daß der Antrag der Firma Zanders wenigstens vorerst abgelehnt wurde. Die Gefahr der Genehmigung der kontinuierlichen Arbeitsweise in der Papierfabrik in Bergisch-Gladbach ist jedoch noch nicht beseitigt, so daß weitere Wachsamkeit erforderlich ist.

Im Bundesarbeitsministerium in Bonn wird eine grundsätzliche Klärung und Regelung der Sonn- und Feiertagsarbeit für das gesamte Bundesgebiet vorbereitet. Im kirchlichen Raum wurden diese Fragen auf Bundesebene bisher vom Zentralkomitee der deutschen Katholiken in Bad Godesberg bearbeitet. Nunmehr hat das Katholische Büro in Bonn die Federführung übernommen. Es wurden mehrere katholische Arbeitskreise für die einzelnen Industriezweige gebildet. Das Katholische Büro NRW arbeitet in allen diesen Arbeitskreisen mit.

9. Urlaub für Beamte und Angestellte im öffentlichen Dienst aus kirchlichen Anlässen:

Der Bundesminister des Innern hat einen Erlaß herausgegeben, wonach den Beamten oder sonstigen Bediensteten des Bundes auf Anforderung der Kirchenleitung oder

[18] *Nicht ermittelt.*

der obersten Leitung der Religionsgesellschaft (der Kanzlei der evangelischen Kirche in Deutschland, der Landeskirchenleitung, des Vorsitzenden der Fuldaer Bischofskonferenzen, der Diözesanbehörden) zur Teilnahme an Tagungen der Verfassungsorgane und Verwaltungsgremien der Kirche oder zur Teilnahme an Tagungen der Religionsgesellschaften oder an sonstigen kirchlichen Tagungen Urlaub bis zu sechs Tagen im Jahr ohne Anrechnung auf den Erholungsurlaub und unter Fortzahlung der vollen Bezüge erteilt werden kann. Die obersten Dienstbehörden können diesen Urlaub bis zu zwölf Arbeitstagen im Jahr und in ganz besonderen Fällen darüber hinaus erstrecken.

Aus kirchlichen Gründen besteht ein besonderes Interesse daran, daß auch den Bediensteten der Länder und Gemeinden in entsprechender Weise die Teilnahme am Katholikentag und an sonstigen kirchlichen Tagungen und Veranstaltungen ohne Anrechnung auf den Erholungsurlaub und unter Fortzahlung der Bezüge ermöglicht wird.

Das Katholische Büro NRW hat einen entsprechenden Antrag an die Landesregierung von Nordrhein-Westfalen gestellt. Der Herr Innenminister des Landes NRW hat kürzlich mitgeteilt, daß er bereit sei, den kirchlichen Wünschen zu entsprechen, und daß eine entsprechende Verordnung zur Zeit vorbereitet werde.

10. Erwachsenenbildung:

Wie das Katholische Büro NRW vertraulich erfuhr, bestehen im Innenministerium, im Kultusministerium und bei den Landschaftsverbänden Bestrebungen, durch Gesetz den beiden Landschaftsverbänden weitere Zuständigkeiten insbesondere auf den Gebieten der Erwachsenenbildung, der Volkshochschulen und des Volksbildungswesens zu übertragen.

Da die Landschaftsverbände eine Zusammenfassung der kommunalen Selbstverwaltung und daher primär von den kommunalen Interessen her bestimmt sind, besteht bei einer Zuständigkeitsverlagerung die große Gefahr, daß die Volkshochschulen und Bildungseinrichtungen in kommunaler Trägerschaft den freien, insbesondere auch den konfessionellen Bildungswerken und Einrichtungen vorgezogen werden. Auch unsere Heimvolkshochschulen, die sich großenteils in kirchlicher Trägerschaft befinden, passen in dieses Gefüge der kommunalen Selbstverwaltung nicht gut hinein. Die Zusammensetzung und bisherige Praxis der Landschaftsverbände ermuntert nicht dazu, ihnen die freien Erwachsenenbildungseinrichtungen in die Hand zu geben, da die Kommunen an ihren eigenen kommunalen Einrichtungen zunächst und auch viel mehr interessiert sind. In den meisten Städten und Landkreisen wurde ohnehin in den letzten Jahren bereits eine demonstrative Vernachlässigung des Subsidiaritätsprinzips praktiziert.

Mit dem Herrn Innenminister und dem Herrn Staatssekretär im Kultusministerium wurde bereits in dieser Frage Fühlung genommen. Die Angelegenheit muß weiter verfolgt worden.

11. Befreiung von den in Art. 14 Abs. 2 und 3 des Reichskonkordates und den in Art. 9 Abs. 1 und 2 des Preußischen Konkordates bestimmten Erfordernissen für kath[olische] Geistliche:

Nach den vorgenannten Bestimmungen müssen alle kath[olischen] Geistlichen, die in Deutschland ein geistliches Amt bekleiden oder eine seelsorgerliche oder Lehrtätigkeit ausüben, bestimmte Erfordernisse (deutsche Staatsangehörigkeit, Reifezeugnis, mindestens dreijähriges philosophisch-theologisches Studium an einer deutschen Hochschule u. a.) erfüllen. Von diesen Erfordernissen kann bei kirchlichem und staatlichem Einverständnis abgesehen werden.
Im Lande Nordrhein-Westfalen ist eine Vereinbarung zwischen Kirche und Landesregierung abgeschlossen, in der eine befriedigende Regelung über das Verfahren betr. die Einholung der staatlichen Einverständniserklärung erfolgt ist.
Die staatliche Einverständniserklärung und die Befreiung von den in Art. 14 Abs. 2 und 3 des Reichskonkordates und den in Art. 9 Abs. 1 und 2 des Preußischen Konkordates, die vor allem bei der Beschäftigung von ausländischen Geistlichen in der Seelsorge und im Schuldienst in Frage kommt, gilt nur für das Land, in dem sie erteilt wird. Das bedeutet, daß bei der Versetzung eines solchen Geistlichen in ein anderes Land der Bundesrepublik die staatliche Einverständniserklärung erneut bei der Regierung dieses Bundeslandes beantragt werden muß und vor dem Vorliegen der Genehmigung der Geistliche nicht beschäftigt werden darf. Das ist immer mit großen Schwierigkeiten und erheblichem Zeitverlust verbunden.
Da die Verfahrensweise in den einzelnen Ländern verschieden gehandhabt wird, insbesondere auch die von den einzelnen Ländern geforderte Beibringung von Unterlagen nicht einheitlich ist, hat das Katholische Büro NRW bei der Landesregierung Nordrhein-Westfalen den Antrag gestellt, mit den übrigen Landesregierungen eine Vereinbarung dahingehend zu treffen, daß die in einem Land erteilte Genehmigung auch in jedem anderen Bundesland Geltung hat und nicht erneut beantragt werden muß, zumal die Diözesangrenzen nicht mit den Landesgrenzen übereinstimmen und immer wieder Schwierigkeiten auftreten.
Der Herr Kultusminister hat nunmehr dem Katholischen Büro NRW mitgeteilt, daß eine Ländervereinbarung in dem gewünschten Sinne im Augenblick nicht erreichbar sei, weil mehrere Länder darauf hingewiesen hätten, daß kein Bedürfnis für eine entsprechende Vereinbarung bestehe.
Das Katholische Büro NRW wird sich mit diesem Bescheid nicht zufriedengeben, sondern nach Rücksprache mit den Diözesen erneut vorstellig werden, ggf. auch mit den Diözesen in den anderen Bundesländern Fühlung aufnehmen.
12. Stellungnahmen des Landes Nordrhein-Westfalen zu Bundesgesetzen
Alle Bundesgesetze, die der Zustimmung des Bundesrates bedürfen, werden bereits im Entwurfsstadium allen Landesregierungen zur Stellungnahme zugeleitet. Es ist wiederholt vorgekommen, daß Referenten oder Abteilungsleiter der einzelnen Ministerien, ohne vom Fachminister oder gar dem Ministerpräsidenten ermächtigt zu sein, Stellungnahmen im Namen des Landes Nordrhein-Westfalen abgegeben haben. So konnte es passieren, daß Nordrhein-Westfalen zu mehreren Gesetzentwürfen des Bundes (z. B. Bundessozialhilfegesetz, Entwurf eines neuen Strafgesetzbuches) positiv Stellung genommen hat, obwohl in diesen Gesetzentwürfen Bestimmungen enthalten sind, die für die Kirche völlig unannehmbar sind. Das wirkt um so peinli-

cher, wenn diese positive Stellungnahme von einer christlichen Regierung kommt und – wie es bei der sog. »ethischen Indikation« im neuen Strafgesetzentwurf geschehen ist – ein von Sozialisten regiertes Land gegen diese Bestimmung Bedenken erhebt.
Das Katholische Büro NRW steht mit der Landesregierung in Verhandlung, um zu erreichen, daß nur der Ministerpräsident oder der von ihm beauftragte Ressortminister eine Stellungnahme für das Land Nordrhein-Westfalen abgibt und in den Fällen, in denen kirchliche, religiöse oder ethische Fragen berührt werden, vorher mit den zuständigen kirchlichen Stellen Fühlung nimmt.
Hinsichtlich des Jugendhilfegesetzes[19], zu dem das Land Nordrhein-Westfalen im Augenblick vom Bund zur Stellungnahme aufgefordert ist, hat das Arbeits- und Sozialministerium des Landes mit dem Katholischen Büro NRW, den Caritasverbänden und den Jugendverbänden bereits Fühlung genommen.

IV. Jugendpolitische Fragen
1. Erlaß über die Neuordnung der Ausbildung von Wohlfahrtspflegern:
Das Arbeits- und Sozialministerium des Landes Nordrhein-Westfalen hat einen Erlaß über die Neuordnung und Ausbildung von Wohlfahrtspflegern herausgegeben. Dieser Erlaß enthält eine organisatorische Reform der sozial-pädagogischen Ausbildung. Obwohl in diesem Erlaß Fragen behandelt werden, die die Kirche und die freien Verbände in besonderer Weise angehen, war der Entwurf weder der Kirche noch den Verbänden zur Stellungnahme zugeleitet worden. Erst wenige Tage vor Herausgabe des Erlasses erhielt das Katholische Büro NRW auf nachdrückliche Vorstellung beim Minister und beim Staatssekretär ein Exemplar des Entwurfs. Auf diese Weise konnten die kirchlichen Wünsche noch in letzter Minute vorgetragen werden. Einem Teil unserer Forderungen wurde entsprochen.
Andere von uns noch vorgetragene Wünsche sollen in den noch herauszugebenden Richtlinien und in der noch zu erwartenden Prüfungsordnung berücksichtigt werden.
Auf die in der Anlage beigefügte Eingabe (Anlage Nr. 5[20]) wird verwiesen.
2. Zivile Soldatenbetreuung
Die zivile Soldatenbetreuung war Gegenstand vieler Besprechungen im Arbeits- und Sozialministerium unseres Landes. Es geht
a) um die Finanzierung der Aktionen für Soldatenbetreuung. Bis vor kurzem war die Bezuschussung von seiten des Landes an die Bedingung geknüpft, daß die Träger dieser Betreuung interkonfessionell zusammengesetzt waren. Es wurde erreicht, daß diese Bedingung aufgehoben wurde.
b) Es geht um den Bau von Heimen für Soldatenbetreuung. Auch hier ist die Möglichkeit der Bezuschussung bei konfessioneller Trägerschaft klargestellt.
3. Richtlinien zum Landesjugendplan:

[19] Gesetz zur Änderung und Ergänzung des Reichsjugendwohlfahrtsgesetzes *vom 11. August 1961.* BGBl., *S. 1193.*
[20] *Nicht ermittelt.*

Die bisherigen Richtlinien zum Landesjugendplan waren für die Kirche und für die freien Verbände in drei Punkten von besonderer Bedeutung:

a) Die Zuwendungen des Landes konnten je nach Höhe der Zuschüsse erst nach der Dauer bis zu 50 Jahren abgeschrieben werden. Bis zur Dauer von 50 Jahren bestand für die geförderten Einrichtungen eine Rückzahlungspflicht, wenn die Zuwendungen nicht zweckentsprechend verwendet wurden, wenn die Trägerschaft wechselte, wenn der Verwendungszweck geändert wurde usw. Diese Frist von 50 Jahren war entschieden zu hoch. Wenn man berücksichtigt, daß die geförderten Einrichtungen und Gegenstände einem gewissen Verschleiß und einer Abnutzung unterliegen, muß ein überschaubarer Zeitraum von höchstens 25 Jahren bei unbeweglichen Sachen ausreichen. Bei beweglichen Anlagegütern muß die Frist noch kürzer sein.

b) Die Frage der dinglichen Sicherung war unbefriedigend geregelt. Es ist wünschenswert, auf dingliche Sicherungen stets zu verzichten, wenn Zuwendungen an kirchlichen Stellen oder an einen einem Zentralverband angeschlossenen Verband gegeben werden, im übrigen, wenn Zuwendungen eine bestimmte Höhe nicht überschreiten.

c) Von besonderer Bedeutung ist der Umfang des Prüfungsrechts des Landesrechnungshofes. Die alten Richtlinien zum Landesjugendplan waren insoweit nicht ganz klar gefaßt; nach den Richtlinien zum Bundesjugendplan kann der Bundesrechnungshof seine Prüfung auf die gesamte sonstige Haushalts- und Wirtschaftsführung des Empfängers der Zuwendung erstrecken.

Ein solch weitgehendes Prüfungsrecht des Rechnungshofes kann nicht akzeptiert werden. Dem Rechnungshof kann lediglich zugebilligt werden, die zweckgerechte Verwendung der bewilligten Zuschüsse, ggf. auch das geförderte Objekt als solches zu prüfen.

Die vorstehenden Wünsche wurden schriftlich der Landesregierung unterbreitet und in mehreren mündlichen Verhandlungen noch erläutert.

In den soeben herausgegebenen neuen Richtlinien zum Landesjugendplan sind alle unsere Forderungen im wesentlichen erfüllt worden.

Neuerrichtung eines Gutachterausschusses im Kultusministerium:

Im Ministerialblatt NRW vom 1. September 1959 Nr. 95 (Spalte 2076) wird die Einrichtung eines Gutachterausschusses für die Gewährung von Investitionsbeihilfen für Heime aller Art von überörtlicher Bedeutung angekündigt. Dieser Gutachterausschuß wird insbesondere wirksam werden bei der Einrichtung von Schüler- und Studentenwohnheimen. Es ist unbedingt notwendig, die Besetzung dieses Gutachterausschusses, der im Ministerium beratende Funktionen haben soll, zu beobachten. Das Katholische Büro NRW wird sich deshalb mit den Katholischen Studentengemeinden und den katholischen Zusammenschlüssen der Landschulheime in Verbindung setzen.

4. Katholischer Arbeitskreis für Jugendfragen:

Der katholische Arbeitskreis für Jugendfragen, in dem alle Verbände, die mit der Jugend zu tun haben, zusammengeschlossen sind, hat an 26.11.1958 eine Eingabe zu aktuellen jugendpolitischen Fragen an den Herrn Ministerpräsidenten gerichtet.

Mit Datum vom 11. März 1959 hat der Herr Ministerpräsident auf die Eingabe geantwortet. In der Eingabe sind einige für uns unannehmbare Darlegungen wiedergegeben. Es handelt sich insbesondere um Abschnitt 2, in dem der Herr Innenminister über die Subsidiarität Ausführungen gemacht hat, und um den Abschnitt 4, in dem der Herr Kultusminister über die Jugendpflege in Berufsschulen sich geäußert hat. Mit den einzelnen Ministerien und auch mit dem Herrn Ministerpräsidenten wurden bereits Gespräche zur Klärung des Sachverhaltes geführt. Es konnte bisher noch keine abschließende Besprechung mit allen Ministerien erreicht werden.
Die Angelegenheit wird weiter verfolgt und ggf. den Hochwürdigsten Herren Erzbischöfen und Bischöfen unseres Landes zur Stellungnahme zugeleitet werden.
V. Polizeiseelsorge
Die rechtliche Grundlage für die Seelsorger bei der Polizei basiert auf einem Erlaß des Innenministers vom 10.7.1953, der sich seinerseits auf einen Erlaß vom 10.4.1933 beruft. Der Erlaß selbst läßt manche Wünsche offen. Der Seelsorger ist selbst weitgehend vom Wohlwollen des jeweiligen Polizeichefs abhängig. Auch fehlt die Verankerung des berufsethischen Unterrichts.
Es sind Verhandlungen im Gange, die Rechtsgrundlage neu zu fassen. Gleichzeitig soll auch die finanzielle Grundlage neu überprüft werden.
Die Hochwürdigsten Herren Erzbischöfe und Bischöfe unseres Landes werden jeweils über den weiteren Verlauf der Besprechungen rechtzeitig unterrichtet werden.
Nicht erfaßt werden konnten in diesem Bericht die zahlreichen Einzelfälle, die an das Katholische Büro NRW von vielen Seiten (Generalvikariate, Verbände, Behörden und Einzelpersönlichkeiten) mit der Bitte um Beratung und Hilfe herangetragen wurden.

Fillbrandt
(Fillbrandt).

260

Bericht über die Kommission »Sonntagsruhe«

Ohne Ortsangabe, [vor 24. September 1959][1]

EA Köln, Gen. II 20.17a, 3. *Schreibmaschinenschrift. Überschrift:* Sonntagsheiligung und gleitende Arbeitswoche.

I. Die kirchliche Vertretung

Infolge des Ausscheidens von P. Engel aus dem Zentralkomitee und einer neuen Intensivierung der Verhandlungen war eine Neuordnung der kirchlichen Vertretung notwendig. Die Federführung auf Bundesebene ging vom Zentralkomitee auf das Katholische Büro in Bonn über, wogegen sie für die Verhandlungen mit dem Land NRW von Direktor Fillbrandt übernommen wurde. Während in der Vergangenheit

[1] *Die Datierung ergibt sich aus dem Datum einer als bevorstehend erwähnten Besprechung.*

die kirchliche Kommission aus den Herren Domkapitular Paulus, Professor Wallraff und P. Engel bestand, wurde im Juni eine größere Kommission beauftragt. Es gehören ihr nunmehr an: Domkapitular Paulus, Professor Wallraff, Prälat Dr. H[ermann]-J[osef] Schmitt, Direktor Wissing, Direktor Hanssler, Direktor Fillbrandt, Diözesanpräses Wöste und Dr. Beckel. Außerdem wurden für die einzelnen Unterabteilungen der Kommission »Sonntagsruhe« beim Bundesarbeitsministerium entsprechende Arbeitsgruppen zusammengestellt, so daß in Zukunft gewährleistet ist, daß die katholische Kirche bei allen Besprechungen mit mehreren Vertretern anwesend ist. Um alle Mitarbeiter in den Arbeitsgruppen in die Problematik der Sonntagsarbeit einzuführen, ist für den 24. September eine Arbeitstagung in Bonn vorgesehen. Die Kommissionen sind Seiner Eminenz dem Kardinal von Köln verantwortlich, dem Direktor Wissing Bericht erstattet.

II. Sonntagsarbeit in der Stahlindustrie

1. Land Nordrhein-Westfalen: Am 10.4. wurde eine kleine Kommission, bestehend aus den Herren Prälat Dr. Schmitt, Professor Wallraff, Rektor Kreyenberg, Diözesanpräses Wöste und Dr. Beckel, bei Herrn Arbeitsminister Ernst vorstellig, um mit ihm über eine evtl. Verlängerung der Ausnahmegenehmigungen ab 30. April zu verhandeln. Minister Ernst erklärte seine Absicht, die Verlängerung auf ein ganzes Jahr ohne Änderung der inhaltlichen Bestimmungen auszusprechen, da eine Bundesregelung noch nicht zu erwarten sei. Die kirchlichen Vertreter ersuchten dagegen den Arbeitsminister, auf keinen Fall über ein halbes Jahr hinauszugehen, eine Sonntagsruhe für alle SM-Öfen unter 50 t zu verfügen und die achtstündige Ruhepause an den Blockstraßen auf den Sonntagvormittag zu fixieren. Von diesen drei Wünschen wurde bei der Erteilung der neuen Ausnahmegenehmigungen lediglich der erstere berücksichtigt, so daß nunmehr die Ausnahmegenehmigungen wieder zum 31. Oktober auslaufen.

2. Die Bundesebene: Nachdem der erste Entwurf des Bundesarbeitsministeriums vom 28.8.1959 von allen Seiten mehr oder weniger abgelehnt worden war, erstreckte sich die Weiterbehandlung bei der Bundesregierung auf wirtschaftliche Erhebungen durch das Bundeswirtschaftsministerium mit dem Ziel, die verschiedenen Lösungsmöglichkeiten wirtschaftlich zu durchleuchten. Am 5. Mai wandte sich dann der Ministerpräsident von NRW schriftlich an den Herrn Bundeskanzler mit der Bitte, für eine baldige Regelung auf Bundesebene Sorge zu tragen. Das Bundesarbeitsministerium erklärte daraufhin seine Absicht, noch vor dem 31. Oktober 1959 eine Entscheidung zu treffen. Es griff den alten Entwurf mit einigen Modifikationen wieder auf und bat um Stellungnahme der kirchlichen Vertreter. Die inzwischen neu zusammengestellte kirchliche Kommission (siehe oben) kam nach eingehenden Beratungen, denen neues statistisches Material zugrunde gelegt werden konnte, zu folgenden Ergebnissen, die sie dem Bundesarbeitsministerium unterbreitete:

a) Grundsatz muß sein, daß der Sonntag als im Grundgesetz verankerter Ruhetag auch in der Stahlindustrie beachtet wird. Das bedeutet, daß die weitaus größere Zahl der Öfen zu ruhen hat.

b) Fertigungstechnische Gründe können höchstens bei überdimensionierten Öfen (etwa ab 150 t aufwärts) ins Feld geführt werden, da der Produktionsablauf bei ihnen sich über einen längeren Zeitraum erstreckt.

c) Aus a) und b) wird gefolgert, daß ein Durchlaufverfahren von Massenstahlöfen unter 100 t und von Edelstahlöfen unter 30 t undiskutabel ist. Vielmehr muß hier eine 16stündige Ruhepause (6–22 Uhr) angeordnet werden.

d) Da technische Gründe nicht entgegenstehen, müssen auch sämtliche Blockstraßen 16 Stunden ruhen.

Dem Bundesarbeitsministerium gegenüber wurde betont, daß diese Forderung nicht beinhalte, daß die Kirche den Durchlaufbetrieb größerer Kapazitäten billige, sondern daß sie höchstens zu einer Neuregelung unter den vorgetragenen Bedingungen schweigen könne.

Auf Grund dieser präzisen Stellungnahme hat das Bundesarbeitsministerium wiederum das Bundeswirtschaftsministerium um ein Gutachten über die wirtschaftlichen Folgen gebeten, das bis Ende August fertiggestellt sein sollte, bis heute aber noch nicht erschienen ist. Es ist daher zu befürchten, daß auch bis zum 31.10. eine neue Bundesverordnung nicht erscheint, so daß dann das Land NRW wieder vor der Frage der Verlängerung der Ausnahmegenehmigungen steht.

3. Öffentliche Diskussion: In der öffentlichen Diskussion klingen immer wieder drei Vorwürfe gegen die Vertreter der katholischen Kirche durch:

a) Es wird verschiedentlich behauptet, daß man sich in der Kommission »Sonntagsruhe« beim Bundesarbeitsministerium schon im vorigen Jahr auf die 50-t-Grenze geeinigt habe. Demgegenüber muß festgestellt werden, daß diese Grenze wohl im Verordnungsentwurf des Bundesarbeitsministeriums verankert war, aber sowohl von den Sozialpartnern als auch von den kirchlichen Vertretern aus entgegengesetzten Gründen abgelehnt wurde. Außerdem wurde inzwischen anhand der neuesten Unterlagen festgestellt, daß von insgesamt 201 Martins-Öfen, die in der Bundesrepublik arbeiten, lediglich 36 eine Kapazität unter 50 t haben. Von diesen wiederum stehen nur etwa 12–15 in großen Stahlbetrieben, so daß die 50-Tonnen-Grenze den Kern der Sache gar nicht berührt. Auch eine 75-Tonnen-Grenze hat zur Diskussion gestanden, aber auch diese würde den oben angeführten Grundauffassungen der kirchlichen Kommission widersprechen.

b) Den kirchlichen Vertretern wird vorgeworfen, daß sie durch ihre Forderungen die Entscheidung immer wieder hinausgezögert hätten. Dazu kann nur gesagt werden, daß umgekehrt bei einem ernsthaften Verständnis der Sozialpartner für die Sonntagsruhe eine Regelung längst hätte getroffen werden können.

c) Die Vertreter der IG Metall, auch gut katholische Betriebsräte, führen ins Feld, daß nach dem derzeitig geltenden Tarifvertrag die Arbeitszeit für die betroffenen Stahlarbeiter wieder von 42 auf 44 Stunden ansteigen würde. Vor allem aber weisen sie darauf hin, daß die Unternehmen wieder alle Reparaturen auf den Sonntag legen und damit noch mehr Arbeiter zur Sonntagsarbeit herangezogen würden als bei der gleitenden Arbeitswoche.

In einer vertraulichen Besprechung katholischer Betriebsräte eines großen Stahlwerkes wurde erklärt, daß die Unternehmensleitung sogar mit verstärkten Reparaturarbeiten gedroht habe.
Bei einer 16stündigen Produktionsunterbrechung – abgesehen von Reparaturen – würde jeder Arbeiter an zwei Sonntagen im Monat völlig frei haben, während er an einem Sonntag von Samstagabend 22 Uhr bis Sonntag früh 6 Uhr und an einem Sonntag ab Sonntagabend 22 Uhr zu arbeiten hätte. Das wäre eine wesentliche Verbesserung im Vergleich zur jetzigen gleitenden Arbeitswoche, da in ihr drei Sonntage als reguläre Werktage angesehen werden müssen.
Nun sind nach derzeitigem Recht in der Stahlindustrie an Sonntagen solche Reparaturarbeiten und Vorbereitungsarbeiten erlaubt, die für eine Inbetriebnahme der Anlagen am Sonntagabend erforderlich sind. Dieses Recht kann auch nicht durch eine Bundesverordnung, sondern nur durch ein Gesetz des Bundestages geändert werden. Es bestehen leider keine Erhebungen darüber, wie viele Arbeiter im Durchschnitt für diese notwendigen Reparaturarbeiten u[nd] Vorbereitungsarbeiten benötigt werden, da man vor der Einführung der gleitenden Arbeitswoche möglichst viele Reparaturarbeiten auf den Sonntag gelegt hat und die Arbeiter sich nach diesen Sonntagsarbeiten drängten. Auf keinen Fall dürften bei der Durchführung der wirklich notwendigen Arbeiten schätzungsweise mehr als eine Schicht Belegschaft in Anspruch genommen werden, wobei noch zu beachten ist, daß für diese Arbeiten gewöhnlich Handwerker und keine Stahlarbeiter eingesetzt werden. Es käme also darauf an, daß alle beteiligten Stellen (Unternehmer, Gewerkschaften, Betriebsrat und vor allem Aufsichtsämter) sich für eine strenge Einhaltung der Reparaturvorschriften einsetzen. Die IG Metall und die Betriebsräte haben anscheinend Sorge, sich dann bei den Belegschaften unbeliebt zu machen. Sollte sich ein weiterer Mißbrauch mit Reparaturarbeiten ergeben, dann müßte eine Änderung des Gesetzes durch den Bundestag erfolgen.

III. Andere Industriezweige

1. Für die Lage in der Papierindustrie ist der Fall Papierfabrik Zanders, Bergisch-Gladbach, bezeichnend. Diese hatte schon die Einführung der gleitenden Arbeitswoche mit Zustimmung des Arbeitsministers von NRW angekündigt. Im letzten Augenblick wurde aber die Ausnahmegenehmigung vom Regierungskabinett NRW abgelehnt. Die näheren Zusammenhänge sind zu ersehen aus dem Briefwechsel zwischen Landesminister Ernst und der »Kettelerwacht«, der in der »Kettelerwacht« von 15.8.1959 veröffentlicht wurde. Auch süddeutsche Betriebe drängen sehr stark auf die Sonntagsarbeit. Eine Sitzung des Unterausschusses Papier beim Bundesarbeitsministerium ist für die nächste Zeit angekündigt. Insgesamt ist hier zum Vorteil, daß die Unternehmer sich nicht einig sind, da das Durchlaufverfahren sich für die kleineren Betriebe nicht lohnt, diese aber um so mehr die Konkurrenz der großen befürchten müssen, falls Ausnahmegenehmigungen erteilt werden.
2. In dem Unterausschuß »Chemische Industrie« fand am 18.8.1959 eine Sitzung statt. In ihr wurde ein Verordnungsvorschlag der Unternehmer beraten. Dieser wurde aber in den wesentlichsten Teilen von den anderen Gesprächspartnern, vor allem

auch von der IG Chemie abgelehnt. Die Unternehmer haben sich daraufhin verpflichtet, einen neuen Entwurf vorzulegen.

3. In den anderen Unterausschüssen haben in der letzten Zeit Besprechungen nicht stattgefunden.

4. Zu berichten ist noch, daß auf den Binnenwasserstraßen die Schleusen an Sonntagen geschlossen sind, so daß im allgemeinen der Schiffsverkehr ruht.

IV. Weitere Entwicklung in der Stahlindustrie

Obwohl das Gutachten des Bundeswirtschaftsministeriums zu dem vorgesehenen Termin (Ende August) nicht fertiggestellt wurde, muß doch jeden Tag mit seinem Erscheinen gerechnet werden. Erst daraus läßt sich ersehen, ob die kirchlichen Forderungen voll berücksichtigt werden. Vertreter des Bundesarbeitsministeriums ließen durchblicken, daß sie bei der letzten Entscheidung die Stellungnahme des Bundeswirtschaftsministeriums nicht übergehen könnten. Sehr fraglich bleibt, ob selbst bei beschleunigter Behandlung noch eine Entscheidung der Bundesregierung bis zum 31.10. zustande kommt. Nach Lage der Dinge wäre es dringend notwendig, wenn die Fuldaer Bischofskonferenz noch einmal eine Stellungnahme zur Sonntagsarbeit veröffentlichen würde. Auf der anderen Seite ist es im Augenblick schwierig, eine solche Stellungnahme auszuarbeiten, da die Dinge so stark im Fluß sind. Es wird daher vorgeschlagen, daß die kirchliche Kommission auf ihrer Besprechung am 24. September aus der dann gegebenen Situation heraus eine Vorlage erarbeitet, die der Bischofskonferenz auf schnellstem Wege zugestellt wird.

V. Vorschäge

Die Frage der Sonntagsarbeit wird, selbst wenn eine zufriedenstellende Regelung in der Stahlindustrie erfolgen sollte, die Öffentlichkeit noch lange beschäftigen. Immer neue Industriezweige drängen nach einer Neuregelung. Zur Zeit bestehen Unterkommissionen für Stahl, Chemie, Papier, Zement, Glas, Keramik.

1. Es ist daher notwendig, daß durch planmäßig gezielte Verlautbarungen in allen Diözesen (Predigten, Kirchenblätter, sonstige Presse, Katholische Organisationen) immer wieder auf Wert und Würde des Sonntags und die Gefährdung desselben hingewiesen wird (dieses Anliegen wurde besonders von den Sachbearbeitern des Bundesarbeitsministeriums vorgetragen).

2. Darüber hinaus wäre zu überlegen, ob nicht einige Standardpredigten ausgearbeitet werden sollten, die einmal den Sonntag grundsätzlich behandeln, zum anderen die aktuellen Gefahren aufzeigen. Diese Predigten müßten dem gesamten Klerus zugänglich gemacht werden.

3. In den Diözesen, in denen die oben genannten Industrien stärker vertreten sind, sollte man sich um zuverlässige katholische Fachleute aus den betreffenden Industriezweigen bemühen, die entweder als Mitglieder der Unterkommissionen oder als deren korrespondierende Mitglieder ihre Fachkenntnisse für die Lösung der oft sehr schwierigen technischen und wirtschaftlichen Probleme zur Verfügung stellten. Die Arbeit der kirchlichen Kommission hat bisher stark darunter gelitten, daß es an solchen geeigneten Fachleuten fehlt, die bereit sind, verantwortlich mitzuarbeiten.

261

Wissing an Frings

Bonn, 25. September 1959

EA KÖLN, Gen. II 22.13a, 7. *Schreibmaschinenausfertigung mit eigenhändiger Unterschrift. Briefkopf:* Katholisches Büro Bonn. Leitung: Direktor H[err] Wissing. *Anschrift:* S[eine]r Eminenz dem Hochwürdigsten Herrn Joseph Kardinal Dr. Frings, Erzbischof von Köln, Köln/Rhein, Eintrachtstraße 164.

Eminenz,
darf ich heute ein paar Fragen anschneiden, die mit der grundsätzlichen Stellung des Katholischen Büros zusammenhängen und mit der Arbeit hier? Ich darf das wohl freimütig tun, weil Sie aus den Gesprächen wissen, daß ich persönlich lieber bei der Landjugend bleiben würde.

Exzellenz Böhler hatte neben der Leitung des Katholischen Büros in Bonn die Leitung der Bischöflichen Hauptstelle für Schule und Erziehung und die Vertretung bei der Landesregierung. Außerdem war er führend mit beim Zentralkomitee der deutschen Katholiken. Daraus ergab sich, aufgrund seiner Ämter wie besonders seiner langjährigen Arbeit und seiner Fähigkeiten, eine Koordinierung im politischen Raum für Bonn fast von selbst. Nachdem diese Aufgaben getrennt worden sind, ich glaube, daß das gut ist, halte ich es aber für dringend notwendig, daß eine stärkere Koordinierung der Stellen, die in den politischen Raum Bonn hineinwirken, stattfindet, wenigstens soweit es sich um Bischöfliche Hauptstellen handelt.

Ich denke hier etwa an die Bischöfliche Hauptstelle für Schule und Erziehung, die Stelle für Auslandsschulen, die Stellen für Funk, Film und Fernsehen usw. Es bestehen zwar keinerlei Spannungen zwischen diesen Stellen und dem Katholischen Büro, ich meine aber, es müßte deutlich werden, daß das Katholische Büro im kirchenpolitischen Raum für Bonn die offiziell zuständige Vertretung ist. Dadurch würde, glaube ich, die Einflußmöglichkeit in Bonn größer. Der Fraktionsvorsitzende Dr. Krone fragt schon mal ab und zu: »Mit wem müssen wir nun eigentlich kirchlicherseits in Bonn verhandeln?« Es geht mir dabei gar nicht darum, diese Stellen von Verhandlungen auszuschließen, sondern es geht mir um eine gute sachliche Koordinierung dieser Arbeiten. Es kommt noch hinzu, daß seit dem Tode von Exzellenz Böhler gegenüber den Regierungsstellen und dem Parlament in Bonn weder in Briefen noch sonst die Formulierung »Beauftragter des Vorsitzenden der Fuldaer Bischofskonferenzen« gebraucht worden ist, um einer guten Zusammenarbeit mit der Nuntiatur willen[1]. Auch hier gibt es Schwierigkeiten, zumindest im Protokoll, weil immer wieder der Vergleich mit dem Beauftragten der EKD gezogen wird und das einfache Wort »Katholisches Büro« im Protokoll dem nicht gleichgesetzt wird. Die Mißverständlichkeit dieses Wortes geht allein schon aus dem Alltag hervor, indem uns viele Anrufe von außen erreichen, die über katholische Veranstaltungen etc. in Bonn Auskünfte erbitten.

[1] *Vgl. Dok. 44 und 45.*

Darf ich nun die Bitte äußern, daß neben der personellen Frage auch die sachliche Seite des Katholischen Büros besprochen wird?
Mit ehrerbietigem Gruß

Ihr sehr ergebener
W[ilhelm] Wissing
(Direktor Wissing).

262

Bericht über die Arbeitsgruppe »Arbeiterseelsorge«

Ohne Ortsangabe, [vor 29. September 1959][1]

EA Köln, Gen. II 23.2, 13. *Schreibmaschinenschrift. Überschrift:* Schwerpunkt »Arbeiterseelsorge«.

I. Konstituierung

Am 4.2.1959 fand eine Sitzung in Bad Godesberg statt, zu der Vertreter der Sozialwissenschaften, der Sozialen Bildungsstätten, der Sozialverbände und benachbarter Gruppen geladen waren. Nach Begrüßungsworten durch Exzellenz Keller hielt Domkapitular Paulus ein Referat, das in das Wesen und die Aufgaben einer besonderen Arbeiterseelsorge im weitesten Sinn einführte. In einer regen Aussprache wurde die Wichtigkeit eines Schwerpunktprogramms für die Arbeiterseelsorge bejaht, zugleich wurden aber auch die vielen damit verbundenen Probleme aufgezeigt, z. B. was verstehen wir heute unter Arbeiterschaft, wie weit liegt eine besondere Gefährdung vor, wie kann eine spezielle Seelsorge mit der allgemeinen abgestimmt werden, welche Aufgaben fallen dabei den Verbänden zu usw.

Zur Bewältigung der Arbeit wurden drei Kommissionen eingesetzt:

1. Die wissenschaftliche Kommission unter Leitung von Professor Höffner. Sie soll u. a. den soziologischen Begriff und Standort des Arbeiters heute klären und ein Leitbild für eine moderne Arbeiterbewegung erarbeiten.
2. Die Koordinierungskommission unter Direktor Dr. Hanssler. Sie hat die Aufgabe, die Zusammenarbeit aller für die Arbeiterseelsorge wichtigen Verbände und Einrichtungen herzustellen und deren jeweiligen Einsatz zu erarbeiten.
3. Die Pastoralkommission unter Prälat Dr. H[ermann]-J[osef] Schmitt. Sie hat die Aufgabe, die gewonnenen Erkenntnisse unmittelbar pastoral verwertbar zu machen und Wege aufzuzeigen, wie der Klerus stärker an die Welt und die Anliegen des Arbeiters herangeführt werden kann.

II. Die Arbeit der Kommissionen

1. Die wissenschaftliche Kommission hat ihre Arbeit in einer Sitzung am 4.9. aufgenommen, die sich mit der Frage der soziologischen Bestimmung des Arbeiters heute befaßte. Es wurde im wesentlichen eine Übereinstimmung in der Umreißung

[1] *Die Datierung ergibt sich aus dem in der abschließenden Resolution zum Ausdruck gebrachten Bezug zur Fuldaer Bischofskonferenz.*

des Fragenkomplexes und des Arbeitszieles festgestellt. Einzelne Mitglieder wurden mit der Bearbeitung besonderer Fragen betraut. Die nächste Sitzung ist für den Spätherbst vorgesehen (ein Protokoll von der ersten Sitzung liegt noch nicht vor).

2. Die Koordinierungskommission: Um eine fruchtbare Arbeit zu fördern, hielt die Leitung es für richtig, zunächst die speziell mit der Arbeiterschaft befaßten Organisationen zusammenzuführen und aufeinander abzustimmen, um dann alle die Arbeiterseelsorge berührenden Einrichtungen und Gemeinschaften hinzuzuziehen. Die ersten Sitzungen haben die Zweckmäßigkeit dieses Vorgehens bestätigt.

Zu den beiden ersten Besprechungen, die am 15.6. und 10.7.1959 stattfanden, waren KAB, Süddeutsches Werkvolk und Werkgemeinschaften, Württembergisches Werkvolk, KABF, CAJ männlich und weiblich, die Hauptarbeitsstellen für Männer- und Frauenseelsorge sowie die Sozialen Bildungsinstitute geladen. Von allen Teilnehmern wurden diese Besprechungen außerordentlich begrüßt und als notwendig empfunden. Andererseits zeigten die freimütig geführten Aussprachen, wievielerlei Gesichtspunkte zu berücksichtigen sind und wie vielfältig die Auffassung und Arbeitsmethoden der einzelnen Verbände und Einrichtungen sind. Daraus erklärt sich auch, daß die Arbeitsergebnisse im Vergleich zu den sehr konkreten Diskussionen eher blaß und abstrakt erscheinen.

Folgende Fragen wurden behandelt:

a) Während die wissenschaftliche Kommission die Aufgabe hat, den Begriff »Arbeiter« soziologisch zu klären, ging es in der Koordinierungskommission darum, sich für die praktische Seelsorgs- und Verbandstätigkeit auf einen Arbeitsbegriff »Arbeiterschaft und Arbeiterseelsorge« zu einigen. Da die verschiedenen Organisationen ihren Mitgliederkreis verschieden weit fassen (KAB wendet sich in erster Linie an die Arbeiter und die unteren Angestelltenschichten, Werkvolk an alle Arbeitnehmer, Werkgemeinschaften legen großen Wert auf leitende Angestellte), einigte man sich auf folgende Formulierung:

»Arbeiterseelsorge ist die Seelsorge an den Arbeitnehmern, die in gewerblichen und Dienstleistungs-Betrieben in abhängiger Stellung beschäftigt sind.

Innerhalb dieser Personengruppe ist als Schwerpunkt zu sehen die Arbeiterschaft und die ihr durch Milieu oder Arbeitsplatz zugeordnete Angestelltenschicht.«

b) Die ausführlichste Diskussion ergab sich über die allgemeine Organisationsform, d. h. wo die Spezialisierung einzusetzen habe. Während die übrigen Teilnehmer das spezialisierte Verbandsprinzip grundsätzlich bejahten, wobei gleichzeitig die Notwendigkeit eines starken missionarischen Aspektes und die Ergänzung der Verbände durch neue Formen (etwa Betriebsarbeit) betont wurden, entwickelte Domvikar Msgr. Stein ein neues Organisationsschema für die Diözese Limburg: Soweit an einem Ort noch keine Sozialverbände vorhanden sind, Zusammenfassung aller Männer im Männerwerk als feste Organisation und aller Jugendlichen in der KJG. Berufsbezogene Ergänzungsarbeit auf überpfarrlicher bzw. Dekanatsebene (für Industrie, Handwerk, Landwirtschaft, Kaufleute, Verwaltung). Diese Gruppen könnten sich vielleicht als angeschlossene Gruppen der Standesorganisationen entwickeln. Neben soziologischen Begründungen gab Domvikar Stein als besonderen Grund die vielen kleinen

Pfarreien an, in denen eine Spezialisierung nicht möglich sei. Es wurden die verschiedensten Argumente gegen diese Auffassung angeführt, so daß Domvikar Stein diese Form als eine »behelfsweise Notlösung« deklarierte. Man einigte sich dann nach einer nochmaligen Diskussion in der zweiten Besprechung auf folgende Erklärung:
»Es ist zu empfehlen, die kirchentreuen Arbeiter in Standesorganisationen zusammenzufassen, wobei die Verbände Organisationsformen entwickeln bzw. berücksichtigen müßten für Pfarreien, in denen eine Aufgliederung nach Berufen nicht möglich ist.
Für die missionarische Aufgabe gegenüber dem großen Teil der Arbeiterschaft, der den Kontakt mit der Kirche verloren hat, sind die bestehenden seelsorglichen und organisatorischen Formen zu koordinieren bzw. neue zu entwickeln.«
c) Als drittes Thema wurde die engere Zusammenarbeit zwischen Nord- und Süddeutschland behandelt. Man war einmütig der Auffassung, daß dieser Punkt in erster Linie in den Zuständigkeitsbereich des Kartellverbandes der KAB gehöre.
Es wurde folgendes beschlossen:
»Die Koordinierungskommission beschließt, dem Kartellverband der KAB folgende Bitten vorzutragen:
a) den Kartellverband insgesamt zu aktivieren,
b) das Württembergische Werkvolk in den Kartellverband zu integrieren,
c) sich um eine stärkere Einheit und Einmütigkeit, vor allem in der Aktion, zu bemühen.«
d) Ausführlich wurde die Frage der Zusammenarbeit der Erwachsenenorganisationen und Jugendorganisationen behandelt. Es handele sich hier um ein Überleitungsproblem, da wegen der unterschiedlichen Struktur und Aufgabenstellung die Mitglieder der Jugendgemeinschaften an den Erwachsenenverbänden vorbeiwachsen, wobei ebenso betont wurde, daß die Erwachsenenverbände zu wenig Anziehungskraft auf die Jugendlichen entwickelten. Bedauert wurde, daß die Strukturkämpfe innerhalb der katholischen Jugendorganisationen bisher ohne Kontakt zu den Erwachsenenverbänden verlaufen seien.
Entschließung:
»Die Koordinierungskommission hat den Jugendorganisationen drei Anliegen vorzutragen:
a) Die Jugendorganisationen sollen nach neuen Formen der Ausgliederungen suchen, die der gesellschaftlichen Wirklichkeit entsprechen.
b) Die Vertreter der Jugendorganisationen und der Erwachsenenverbände sollten auf den verschiedenen Ebenen miteinander ins Gespräch kommen und in einem gegenseitigen Austausch bleiben.
c) Obwohl bei dem jüngeren Klerus eine Wandlung in der Auffassung sichtbar wird, ist zu wünschen, daß die Unterrichtung des jüngeren Klerus über diese Fragen verstärkt wird.«
e) Koordinierung von Verbänden und Sozialen Bildungseinrichtungen:
Die Meinung ging hier auseinander. Während einige Teilnehmer einen stärkeren Ausbau der Bildungsinstitute und u. a. die Errichtung einer Sozialakademie für das

Bundesgebiet forderten, waren andere der Auffassung, daß es vorläufig genüge, die bestehenden Einrichtungen voll auszunutzen. Während die einen eine stärkere Programmabstimmung zwischen den Einrichtungen forderten – über eine solche fortschreitende Abstimmung der Sozialen Seminare in verschiedenen Diözesen Westdeutschlands wurde berichtet –, glaubten andere, daß eine Abstimmung in der Methode wichtiger sei. Auch über die Dauer der Kurse in Heiminstituten bestanden verschiedene Meinungen. Einmütigkeit bestand darüber, daß die Bildungsarbeit dieser Einrichtungen nicht Selbstzweck sein dürfe, sondern zum Einsatz in den Sozialen Verbänden und im öffentlichen Leben hinführen müsse. Ergebnis:

»a) Die Bildungseinrichtungen werden gebeten, ihre Bildungsarbeit nicht mit akademischen Methoden zu betreiben, sondern stärkeres Gewicht zu legen auf eine solide Ausbildung der Teilnehmer. Hierzu sind das Gespräch und schulmäßiges Arbeiten unbedingt notwendig.

b) In der Bildungsarbeit sind zu berücksichtigen:

1. die sozialen Verbände
2. die Verpflichtung zum Einsatz.«

Die nächste Sitzung ist für den 5.10.1959 geplant mit der Tagesordnung:

1. Schrifttum und Presse
2. Betriebsgruppenarbeit
3. Das Verhältnis zu den anderen Erwachsenenorganisationen.

Zur Frage der Betriebsgruppenarbeit ist eine Diskussionsvorlage erstellt von Diözesanpräses Wöste, zur Frage der Abgrenzung der Sozialen Verbände eine solche von Dr. Beckel[2].

Wenn diese Tagesordnung beraten ist, sollen zur darauffolgenden Sitzung alle Einrichtungen und Gemeinschaften geladen werden, um die wichtigsten Fragen mit ihnen zu besprechen und abzustimmen.

3. Die Pastoralkommission ist noch nicht zusammengetreten, weil die ersten Ergebnisse der wissenschaftlichen Kommission als Unterlage für ihre Arbeit noch nicht vorliegen.

4. Auf der Sitzung des Kartellverbandes der KAB in Mainz am 13.7. wurden die Wünsche der Koordinierungskommission vorgetragen. Die Punkte a) und c) wurden stärkstens bejaht, wobei allerdings auch zum Ausdruck kam, daß man das Eigenleben der Verbände und ihre besondere Prägung durch Tradition und Raum berücksichtigen müsse. Ein Kartellverbandssekretariat hat sich nicht bewährt. Dagegen soll eine stärkere Zusammenarbeit angestrebt werden auf Grund einer Vorlage aus dem Jahr 1957. Die Kartellverbandsarbeit wurde im letzten Jahr beeinträchtigt durch den Tod des Kartellverbandsvorsitzenden Josef Gockeln. Als neuen Vorsitzenden wählte man Johannes Even.

Zu b) Die Frage der Mitgliedschaft des Württembergischen Werkvolks muß zwischen dem Süddeutschen Werkvolk und dem Württembergischen Werkvolk geklärt werden, da Diözesanverbände laut Satzung nicht als Mitglieder in den Kartellver-

[2] *Vgl. Dok. 258.*

band aufgenommen werden können. Landespräses Maier[3] erklärte, daß das Verhältnis zwischen beiden Verbänden gut sei. Es solle eine Lösung der Frage angestrebt werden.

III. Weiterentwicklung

Die Entwicklung des Schwerpunktprogramms »Arbeiterseelsorge« geht langsam vor sich. Sie zeigt schon jetzt als positives Ergebnis, daß die einzelnen Gruppen: Seelsorger, Wissenschaftler, Organisationen und Einrichtungen über gemeinsame Arbeiten miteinander ins Gespräch kommen. Das ist gar nicht hoch genug zu bewerten.

Nach dem Stand der Dinge dürften die Kommissionsverhandlungen sicher bis zum nächsten Frühjahr dauern, bis greifbare Ergebnisse gezeitigt werden. Vielleicht besteht dann die Möglichkeit, zur nächsten Bischofskonferenz einen konkreten Plan und den Entwurf zu einem entsprechenden Lehrschreiben vorzulegen.

In den einzelnen Diözesen könnte schon folgendes geschehen:

1. Die Weckung eines stärkeren Interesses und einer größeren Freude an der Arbeiterseelsorge bei den Seelsorgern selber, vor allem bei den jüngeren.
2. Förderung und Ausbau der in den einzelnen Diözesen vorhandenen Einrichtungen und Organisationen, die sich mit Arbeiterbildung und Arbeiterseelsorge befassen.
3. Um eine spätere Koordinierung zu erleichtern, ist es wünschenswert, daß die schon anlaufenden Bestrebungen zur Zusammenordnung (etwa bei den Sozialen Seminaren bzw. bei der Betriebsgruppenarbeit) weitergefördert werden. Hemmend könnte es sich für eine spätere gedeihliche Gesamtkoordinierung auswirken, wenn übereilt neue Organisationsformen geschaffen würden, die zu den bestehenden schwer in Einklang zu bringen sind.

Resolution:

Die Konferenz nimmt von den bisher für die Durchführung eines Schwerpunktprogramms für die Arbeiterseelsorge geleiteten Vorarbeiten Kenntnis und bestätigt die getroffenen Maßnahmen. Sie beauftragt die Kommission 7, der Gesamtkonferenz im nächsten Jahr praktische Vorschläge zur Verwirklichung zu unterbreiten. Dankbarst begrüßen die Bischöfe das Bemühen, bei dieser Gelegenheit in freundschaftlicher Abstimmung der Sozialverbände untereinander eine den Bedürfnissen und Gegebenheiten der augenblicklichen gesellschaftlichen Struktur entsprechende Standortfestlegung der einzelnen Verbände zu erarbeiten.

[3] *Vorlage irrig* Meyer.

263

Protokoll der Fuldaer Bischofskonferenz

Fulda, 29. September–2. Oktober 1959

EA Köln, CR II 2.19, 22. *Druckstück mit Überschrift:* Protokoll der Plenarkonferenz der Bischöfe der Diözesen Deutschlands in Fulda vom 29. September bis 2. Oktober 1959. *Vermerk:* Streng vertraulich!

An der Plenarsitzung der deutschen Bischöfe, die vom 29. September bis zum 2. Oktober 1959 unter dem Vorsitz des Hochwürdigsten Herrn Erzbischofs von Köln, Eminenz Joseph Kardinal Frings, am Grabe des hl. Bonifatius in Fulda stattfindet, nehmen teil:

1. Joseph Kardinal Frings, Erzbischof von Köln,
2. Joseph Kardinal Wendel, Erzbischof von München-Freising,
3. Julius Kardinal Döpfner, Bischof von Berlin,
4. Lorenz, Erzbischof von Paderborn,
5. Joseph, Erzbischof von Bamberg,
6. Hermann, Erzbischof von Freiburg,
7. Michael, Erzbischof, Bischof von Regensburg,
8. Albert, Bischof von Mainz,
9. Simon Konrad, Bischof von Passau,
10. Michael, Bischof von Münster,
11. Joseph, Bischof von Eichstätt,
12. Wilhelm, Bischof von Limburg,
13. Karl Joseph, Bischof von Rottenburg,
14. Joseph, Bischof von Augsburg,
15. Matthias, Bischof von Trier,
16. Isidor Markus, Bischof von Speyer,
17. Johannes, Bischof von Aachen,
18. Otto, Bischof von Meißen,
19. Heinrich Maria, Bischof von Hildesheim,
20. Joseph, Bischof von Würzburg,
21. Helmut Hermann, Bischof von Osnabrück,
22. Franz, Bischof von Essen,
23. Adolf, Bischof von Fulda,
24. Dr. Ferdinand Piontek, Titularbischof von Barka,
    Kapitularvikar der Erzdiözese Breslau,
25. Ludwig Polzin, Kapitularvikar der Freien Prälatur Schneidemühl,
26. Paul Hoppe, Kapitularvikar von Ermland,
27. Dr. Franz Monse, Generalvikar von Glatz.

Die Konferenz beginnt am Dienstag, dem 29. September, vormittags 8:30 Uhr, mit der Anrufung des Heiligen Geistes.

Der Vorsitzende eröffnet die diesjährige Konferenz und spricht den im Rang erhöhten Mitgliedern der Fuldaer Konferenz herzliche Segenswünsche aus. Diese Wünsche

gelten dem Bischof von Berlin, Julius Kardinal Döpfner, der in den höchsten Senat der Römischen Kirche aufgenommen wurde, dem neuen Bischof von Fulda, Adolf Bolte, und dem mit der Würde eines Titularbischofs von Barka ausgezeichneten Kapitularvikar Dr. Piontek.
Einleitend wird eine Grußbotschaft des Hochwürdigsten Herrn Apostolischen Nuntius in Deutschland sowie ein Grußwort des Oberbürgermeisters von Fulda zur Verlesung gebracht. Die Konferenz beschließt, beide Schreiben mit einer Dankadresse zu erwidern.
Die Konferenz überträgt dem neu ernannten Bischof von Fulda die Mitgliedschaft in der Kommission III (Seelsorge).
Bei Eintritt in die Tagesordnung wird als erster Punkt die Huldigungsadresse an den Heiligen Vater behandelt. Der vorgelegte Entwurf wird nach Vornahme kleinerer Änderungen gebilligt.
Nach einem ausführlichen Bericht des Vorsitzenden über das bevorstehende Konzil werden damit zusammenhängende Fragen besprochen. Bei der weittragenden Bedeutung des Konzils für das Leben der Kirche beschließen die Bischöfe, sich in einer besonderen Konferenz damit zu befassen.
Es werden dafür folgende Kommissionen gebildet:
1. Dogmatische Kommission (Vorsitz: Bischof von Eichstätt),
2. Kommission für Fragen der Disziplin (Vorsitz: Bischof von Trier),
3. Kommission für Fragen der Wiedervereinigung (Vorsitz: Erzbischof von Paderborn).
Mit großem Interesse nimmt die Konferenz einen Bericht des Erzbischofs von München-Freising über die Gestaltung und Zielsetzung des Eucharistischen Weltkongresses 1960 in München entgegen. Der Entwurf eines gemeinsamen Hirtenwortes zur Vorbereitung dieses Kongresses wird eingehend besprochen und nach Vornahme von Änderungen angenommen. Der Hirtenbrief soll am Christkönigsfest, dem 25. Oktober 1959, verlesen werden[1].
Die Konferenz erklärt sich grundsätzlich damit einverstanden, daß beim Hauptgottesdienst des Eucharistischen Weltkongresses ein Opfergang für die Missionsarbeit der Kirche abgehalten wird.
In einem Bericht über die Lage der Kirche im mitteldeutschen Raum werden die vielseitigen Bestrebungen einer totalen sozialistischen Erziehung dargestellt sowie die Schwierigkeiten der kirchlichen Arbeit durch eine Verwaltungspraxis, die vom sozialistischen Recht geprägt ist. Ferner wird berichtet über die Teilnahme katholischer Jugendlicher an der Jugendweihe im Jahre 1959 sowie über die Schwierigkeiten und Leistungen des St.-Benno-Verlages in Leipzig.
Im Rückblick auf das vergangene Jahr gebührt dem Hl. Stuhl unser Dank für die Stärkung der kirchlichen Hierarchie in diesem Raum Deutschlands. Erfreulich sind die Geschlossenheit des Klerus, der gute Stand unserer Priesterausbildungsstätten und die starke Verwurzelung der dort wirkenden Ordensgenossenschaften durch Errichtung

[1] *Druck:* AB MÜNCHEN *1959, S. 257–262.*

von Noviziaten. Im Blick auf die katholischen Laien wird die ernste Sorge und Aufgabe der Kirche ausgesprochen, daß die gläubigen Christen inmitten der fortschreitenden Durchdringung des gesamten Lebens durch die Grundsätze des atheistischen Materialismus die Sicherheit christlicher Gewissensentscheidung nicht verlieren.

Der Vorsitzende gibt der Konferenz ein Schreiben des Apostolischen Nuntius vom 8. September 1959 bekannt, in dem auf die Bedeutung des Weltflüchtlingsjahres hingewiesen und die Erwartung des Hl. Stuhles zum Ausdruck gebracht wird, daß sich die deutschen Bischöfe in einer ihren Möglichkeiten angemessenen Weise daran beteiligen.

Die Epiphaniekollekte 1960 soll wiederum für die Unterstützung der katholischen Schulen in der Südafrikanischen Union gehalten werden. Die Propaganda-Kongregation weist in einem Schreiben vom 3. September 1959 darauf hin, daß die Universitätsstudien von besonderer Bedeutung für die eingeborenen Katholiken seien und daß sich augenblicklich das Kolleg Pius XII. in Basutoland in finanziellen Schwierigkeiten befinde. Die Kongregation bittet, daß bei der Verteilung der Kollekte dieses Kolleg besonders bedacht werde.

Hauptkommission

In Ausführung bzw. Ergänzung der früheren Beschlüsse über das Bischöfliche Werk »Misereor – gegen Hunger und Krankheit in der Welt« (vgl. Protokoll der Plenarkonferenz 1958, Seite 2f.; Protokoll der Westdeutschen Bischofskonferenz Februar 1959, Nr. 2; Protokoll der Konferenz der Bischofskommissionen Mai 1959, Nr. 3[2]) beschließt die Konferenz folgendes:

»Das Bischöfliche Werk soll vorerst wenigstens bis zum Jahre 1961 weitergeführt werden, da die vor allem notwendige sogenannte strukturelle Hilfe einen solchen Zeitraum unbedingt erfordert. Es soll den Namen tragen:

›Misereor‹ – Bischöfliches Werk gegen Hunger und Krankheit in der Welt.

Die von der Juristenkommission vorgeschlagene Satzung des zur Erfüllung der rechtlichen und wirtschaftlichen Belange des Werkes zu gründenden e. V. sowie die vorgelegte ›Vorläufige Ordnung des Werkes‹ werden angenommen.«

Die Bischöfe, die bereit sind, Vertrauensleute als Mitglieder in das »Bischöfliche Hilfswerk e. V.« zu entsenden, werden gebeten, die Namen der Vertrauensleute Msgr. Dossing mitzuteilen.

Die Konferenz beschäftigt sich mit der Frage der Notwendigkeit und der Möglichkeiten eines Einsatzes katholischer Laien in Missions- und Entwicklungsländern und beschließt, den Katholischen Missionsrat und die Arbeitsgemeinschaft für Internationale Zusammenarbeit im Zentralkomitee der deutschen Katholiken zu bitten, für ein eventuell zu gründendes »Katholisches Institut für Entwicklungshilfe« den Entwurf einer Satzung, einer Geschäftsordnung und wesentlicher Richtlinien zu erarbeiten und dem deutschen Episkopat bis zur nächsten bayerischen bzw. westdeutschen Bischofskonferenz vorzulegen.

2 *Vgl. Dok. 204, 217 und 233.*

Die Konferenz stimmt dem Vorschlag des Vorsitzenden zu, den bisher nur kommissarisch mit der Leitung des Katholischen Büros in Bonn betrauten Direktor Wissing endgültig zum Leiter des Büros zu bestellen. Direktor Wissing führt den Diensttitel: Beauftragter der deutschen Bischöfe und Leiter des Katholischen Büros in Bonn.

Ab sofort soll er seinen Wohnsitz in Bonn nehmen. Sobald als möglich, spätestens bis Ostern 1960, soll ein neuer Bundeskurat für die Katholische Landjugend gewählt werden. Bis dahin soll Bundeskaplan Lammers[3] die Leitung der Katholischen Landjugend übernehmen.

Die Konferenz ist damit einverstanden, daß Direktor Wissing den Aufbau des Klausenhofes zu Ende führt.

Die Hauptkommission der Bischofskonferenz wird gebeten, die Zusammenarbeit katholischer Verbände und Institutionen mit dem Katholischen Büro in Bonn, besonders in der Vertretung ihrer Belange und Anliegen bei den Bundesbehörden, grundsätzlich zu klären und darüber verbindliche Richtlinien auszuarbeiten.

Die Konferenz erklärt sich bereit, das Gehalt des ukrainischen Exarchen zu übernehmen, insoweit andere Mittel dafür nicht zur Verfügung stehen.

Die unter Leitung von Prälat Dr. Demandt stehende Kommission zur Versorgung der ostvertriebenen Geistlichen und Laien wird ersucht, die an die betreffenden ostvertriebenen Laien zu zahlenden Versorgungsleistungen auf höchstens 1.000 DM monatlich zu begrenzen.

Auf Grund des Angestelltenversicherungsgesetzes der Bundesrepublik Deutschland vom 23.2.1957[4] § 9 Abs. 1 müssen Bistumsgeistliche, die von der Versicherungspflicht frei sind, nachversichert werden, wenn sie den kirchlichen Dienst von sich aus verlassen. Da diese Regelung mit dem Kirchenrecht unvereinbar erscheint, soll durch eine Änderung des Gesetzes die vollständige und ersatzlose Streichung der Bestimmungen über die Nachversicherung der Bistumsgeistlichen angestrebt werden. Da mit der Möglichkeit zu rechnen ist, daß eine ersatzlose Streichung nicht zu erreichen ist, soll mit der Hl. Konzilskongregation über eine etwaige Kompromißlösung eine Verständigung erzielt werden. Das Erzbischöfliche Generalvikariat Köln wird zuvor durch eine Umfrage bei den deutschen Ordinariaten die tatsächlichen und rechtlichen Verhältnisse in den verschiedenen Diözesen feststellen und die Meinungsäußerung der Ordinariate einholen.

Der von einer Fachkommission (vgl. Protokoll der Plenarkonferenz 1958[5], S. 6, Abs. 7) ausgearbeitete Vorschlag betreffend Altersversorgung der führenden Laien in den Bischöflichen Arbeitsstellen wird von der Konferenz in seinen Grundzügen genehmigt. Nach Behebung einiger noch bestehender Unklarheiten wird der Bischof von Essen den überarbeiteten Entwurf den Bischöfen zustellen.

3 Wilhelm Lammers *(1925–2004), 1953–1957 Diözesanseelsorger der Arbeiterjugend, Gebietskaplan der CAJ, 1958–1960 Assistent des Bundeskuraten der Katholischen Landjugendbewegung, 1960–1968 deren Bundeskurat, dann Pfarrer und Dechant.*

4 *Vgl. Dok. 149, Anm. 1.*

5 *Vgl. Dok. 204.*

Kommission I: Glaubensüberwachung und Glaubensverbreitung

Für den Diaspora-Kirchbau bewilligt die Konferenz für das Jahr 1961 schon jetzt einen überdiözesanen Zuschuß in Höhe von 1.000.000 DM, damit in Planung und Durchführung des Kirchbaues keine Verzögerung eintritt. Von dieser Summe wird das Erzbistum Köln 50% = 500.000 DM vorweg übernehmen, während die andere Hälfte auf alle Diözesen nach dem bekannten Schlüssel umgelegt wird.

Kommission II: Pflege des religiösen Lebens

Der im Auftrag der Bischofskonferenz (vgl. Protokoll der Konferenz der westdeutschen und bayerischen Bischöfe Februar 1959[6], Seite 3, Ziffer 2; Protokoll der Plenarkonferenz 1958, Seite 4, Absatz 2) überarbeitete Text zweier Formulare, eines längeren und eines kürzeren, für die Abjuratio bei der Aufnahme von Konvertiten in die Kirche wird der Konferenz erneut vorgelegt und einmütig gebilligt. Durch den Vorsitzenden der Konferenz soll nunmehr in Rom um die Approbation nachgesucht werden.

Die Konferenz nimmt Kenntnis von den Vollmachten, die vom Heiligen Offizium für die Gestaltung des Schönstattwerkes dem Erzbischof von Köln übertragen wurden, und bespricht die Schwierigkeiten, in denen das Schönstattwerk sich befindet.

Kommission III: Seelsorge

Die Konferenz verabschiedet die endgültige Fassung der »Bischöflichen Weisungen an den Klerus über die seelsorgliche Behandlung der Mischehenfrage« sowie der »Pastoralen Überlegungen zum Problem der Mischehe«. Beide Texte sollen in einem Heft zusammen gedruckt und dem Klerus zugänglich gemacht werden. Das Erzbischöfliche Generalvikariat Köln wird für die Drucklegung sorgen. Die Diözesen mögen bis zum 20. Oktober 1959 die Zahl der benötigten Exemplare dem Generalvikariat mitteilen.

Die Bischöfe von Paderborn, Freiburg und Münster werden gebeten, die Frage der Akademikerseelsorge und des Katholischen Akademiker-Verbandes zu klären und der Konferenz entsprechende Vorschläge zu unterbreiten.

Die Konferenz erklärt ihr Einverständnis, daß Caritasdirektor Boskamp[7], Köln, die seelsorgliche Betreuung des Malteserhilfsdienstes übernimmt.

Die Konferenz beschließt auf Antrag des Erzbischofs von München-Freising, daß zwei Drittel der von den Soldaten gezahlten Kirchenlohnsteuern für die zusätzliche Betreuung der Bundeswehrangehörigen und für die außerdienstliche Soldatenbetreuung verwendet und an das Militärbischofsamt überwiesen werden sollen.

Die Kirchenrektoren sollen davon in Kenntnis gesetzt werden, daß bei der Benutzung gottesdienstlicher Räume der Zivilkirchengemeinden für den Militärgottes-

6 *Vgl. Dok. 217.*

7 KARL BOSKAMP *(1907–1983), 1931 Priester (ED Köln), 1943–1965 Direktor des Diözesan-Caritasverbands Köln, 1965–1979 dessen Vorsitzender, 1966–1976 Vorsitzender des Zentralverbandes der katholischen Kindergärten und Kinderhorte Deutschlands, 1961 Päpstlicher Hausprälat.*

dienst die baren Auslagen für Heizung, Beleuchtung und Reinigung, für Organisten und Küster vergütet werden, aber keine eigene Miete gezahlt wird.
Der Kapitularvikar von Ermland berichtet über die Bedeutung und die Aufgaben der Vertriebenenseelsorge, die sich in Heimattagen, in gediegenem Schrifttum und persönlicher Betreuung betätigt. Die Vertriebenenseelsorge hat die Aufgabe, den Menschen im Leid das Kreuz als Zeichen der Zuversicht und Gnade und denen, die die Not überwunden haben, das Kreuz als Erbe der Vertreibung bewahren zu helfen. Die Kirche hält die Vertriebenen in ihrem Raum weiter zusammen. Dadurch ist die Gewähr geboten, daß die Heimatlosen nicht einem Radikalismus verfallen, sondern in christlichem Starkmut den letzten Entscheidungen begegnen können. Weil zum Kirchenvolk der Heimat auch seine Priester gehören, erscheine die Erhaltung des Albertus-Magnus-Kollegs auch weiterhin von Wichtigkeit.

Kommission IV: Familie, Schule und Erziehung

Die Konferenz ist damit einverstanden, daß aus den verfügbaren Mitteln für den Diaspora-Schulbau dem Bistum Fulda eine Summe in Höhe von 60.000 DM für die Marienschule in Fulda zur Verfügung gestellt wird.

Kommission V: Wissenschaft, Kulturpflege, Erwachsenenbildung

Der Plan, ein katholisches Institut für fachgerechte psychotherapeutische Ausbildung zu gründen, soll durch eine besondere Kommission nach seiner grundsätzlichen und praktischen Problematik eingehend geprüft werden. Als Mitglieder dieser Kommission werden gebeten die Bischöfe von Paderborn, Bamberg, Rottenburg und Limburg, ferner die Ärzte Dr. Görres-Frankfurt, Dr. Faber-Neuenkirchen i[n] Old[en]b[ur]g und Dr. Baumer-Bamberg[8] sowie die Moralprofessoren Dr. Egenter-München[9] und P. Hirschmann S. J.-Frankfurt sowie Pfarrer Rohde-Köln[10].
Das Votum der genannten Kommission soll der bayerischen und westdeutschen Bischofskonferenz zu weiterer Beschlußfassung vorgelegt werden.
Inzwischen werden 150.000 DM bereitgestellt, damit im Falle eines positiven Ergebnisses der Beratungen ein erster Anfang ohne Nachbewilligung gemacht werden kann.

Kommission VI: Publizistik

Die Konferenz beauftragt dic publizistischc Kommission, durch einige Juristen die Satzungen der »Arbeitsstelle für Zeitschriftenberatung e. V.« in Münster überprüfen zu lassen. Die Überprüfung soll sich auch darauf erstrecken, ob die Bischofskonferenz oder die publizistische Kommission dieser Arbeitsstelle den innerkirchlichen

8 *Möglicherweise* FRANZ BAUMER.
9 RICHARD EGENTER *(1902–1981), Dr. phil. et theol., katholischer Theologe, 1946 Professor für Moraltheologie in München.*
10 ANTON RHODE *(1906–1984), 1932 Priesterweihe in Köln, 1948–1954 Kaplan in Oberkassel, 1954 Titularpfarrer in Köln-Weidenpesch und Hausgeistlicher der Stiftung Dr. Dormagen, 1958 Diözesanpräses für katholische Kinderfürsorge, 1961 Krankenhauspfarrer in Köln-Merheim.*

Auftrag erteilen kann, eine regelmäßige Wertung der deutschsprachigen Unterhaltungspresse (Illustrierten und Wochenend-Zeitschriften) nach den religiösen und moralischen Prinzipien der katholischen Kirche vorzunehmen und die Ergebnisse dieser Wertung laufend zu veröffentlichen.
Die Bischöfe erklären sich bereit, wohlwollend zu prüfen, ob es möglich ist, für die katholischen Pfarrämter und andere kirchliche Stellen den »Zeitschriftendienst« im Sammelabonnement zu beziehen.
Die Bischöfe von Aachen, Rottenburg und Osnabrück werden gebeten, die Frage zu klären, ob aus wirtschaftlichen und praktischen Gründen die Herausgabe der Schulkorrespondenz und der Filmkorrespondenz von der KNA zu trennen und den entsprechenden Arbeitsstellen zuzuweisen ist.
Im Sinne der Empfehlung der Hofheimer Bischofskonferenz vom Mai 1959 (Protokoll Hofheim[11], S. 3, Nr. 7) wird Msgr. Dr. Karl Becker-Freiburg im Einvernehmen mit seinem Ordinarius aufs neue zum Leiter der Katholischen Rundfunkarbeit in Deutschland (KRD) bestellt. Sein Gehalt wird auf die überdiözesanen Zuschüsse übernommen in derselben Höhe wie für den Leiter der Bischöflichen Hauptstelle für die Filmarbeit. Ferner wird Herr Pfarrer Karl August Siegel-Frankfurt im Einvernehmen mit seinem Ordinarius erneut zum Fernsehbeauftragten der deutschen Bischöfe bestellt.
Der Bericht des Bischofs von Rottenburg über die Neuordnung der »Kirchlichen Hauptstelle für Männerseelsorge und Männerarbeit in den deutschen Diözesen e. V.« vom 11.9.1959 wird zur Kenntnis genommen. Die darin enthaltenen Vorschläge der mit der Neuordnung beauftragten Kommission werden gebilligt.
Demgemäß beschließt die Konferenz:
1. Die Kirchliche Hauptstelle für Männerseelsorge und Männerarbeit in den deutschen Diözesen soll unter diesem Namen zur juristischen Person in Form eines eingetragenen Vereins erhoben werden. Maßgeblich für die Gründung soll die hierfür ausgearbeitete, der Konferenz vorliegende Satzung sein.
2. Der Hauptstelle e. V. wird zur Erfüllung überdiözesaner Aufgaben von den deutschen Bischöfen ein innerkirchlicher Auftrag erteilt nach dem von der Kommission vorgeschlagenen Wortlaut.
3. Die Kirchliche Hauptstelle wird beauftragt, nach Eintrag im Vereinsregister mit der Winfried-Werk GmbH Augsburg einen Vertrag über die Zeitschrift »Mann in der Zeit« gemäß dem Vorschlag der Kommission abzuschließen.
4. Der Vollzug der obigen drei Beschlüsse ist von der Hauptstelle den Bischöfen unter Beilage einer Abschrift der Vereinssatzung nach Ziff. 1 und des Vertrags nach Ziff. 3 zu berichten.

Kommission VII: Soziale Arbeit

Die Konferenz nimmt von den bisher für die Durchführung eines Schwerpunktprogramms für die Arbeiterseelsorge geleisteten Vorarbeiten Kenntnis und bestätigt die

[11] *Vgl. Dok. 233.*

getroffenen Maßnahmen. Sie beauftragt die Kommission VII, der Gesamtkonferenz im nächsten Jahr praktische Vorschläge zur Verwirklichung zu unterbreiten. Dankbar begrüßen die Bischöfe das Bemühen, bei dieser Gelegenheit in freundschaftlicher Abstimmung der Sozialverbände untereinander eine den Bedürfnissen und Gegebenheiten der augenblicklichen gesellschaftlichen Struktur entsprechende Standortfestlegung der einzelnen Verbände zu erarbeiten.
Der Bischof von Münster berichtet über den Stand der Verhandlungen über die »gleitende Arbeitswoche«. Die Konferenz spricht der Kommission, die im Auftrag der Bischöfe die Verhandlungen geführt hat, ihren Dank und ihr Vertrauen aus und bittet sie, die Verhandlungen weiter zu führen.
Bei dem gegenwärtigen Stand der Verhandlungen über die »gleitende Arbeitswoche« hält es die Bischofskonferenz für angebracht, eine bischöfliche Verlautbarung darüber zu veröffentlichen. Der vorgelegte Entwurf wird nach Vornahme kleinerer Änderungen von der Konferenz gebilligt:
»Nochmals erheben wir deutschen Bischöfe in tiefer Besorgnis unsere Stimme zum Schutze des Sonntags.
Herzlich bitten wir alle Stellen, die für die gesetzliche Regelung der Sonntagsarbeit verantwortlich sind, wie auch alle jene, die an dieser Entscheidung mitwirken, vor allem die Arbeitgeberverbände und die Gewerkschaften, die Sonntagsarbeit auf das unerläßliche Mindestmaß zu beschränken.
Besonders nachdrücklich möchten wir nochmals darauf hinweisen, daß diese Entscheidung unter keinen Umständen von Erwägungen rein wirtschaftlicher Art abhängig gemacht werden darf. Nur zwingende fertigungstechnische Notwendigkeiten und unabweisbare Forderungen des Gemeinwohls können ein genügender Grund für die Genehmigung von Ausnahmen sein. Dabei bleibt es Aufgabe der Technik, Verfahren zu entwickeln, die eine sog. ›durchlaufende Arbeitszeit‹ unnötig machen. Bei Ausweitung der Sonntagsarbeit über das absolut notwendige Maß hinaus werden sich auf die Dauer selbst die an sich erfreulichen Errungenschaften innerhalb der Welt der Arbeit, auch die Arbeitszeitverkürzung, nicht zum Wohle des arbeitenden Menschen, sondern zu seinem Nachteil auswirken.
Damit würde, ob beabsichtigt oder nicht, tatsächlich der Mensch dem Wirtschaftsgeschehen untergeordnet.
Keine noch so intensive Bemühung um sinnvolle Freizeitgestaltung kann je den Verlust des Sonntags ausgleichen. Weitere innere Verarmung und eine fast restlose Auslieferung des einzelnen Menschen an den Wirtschaftsprozeß sind die unausbleiblichen Folgen.
Besondere Sorge machen wir uns um die Familie. Durch die modernen Arbeitsbedingungen wird das Zusammensein und die Verbundenheit der Familienmitglieder immer mehr erschwert. Das verlängerte Wochenende mit einem Sonntag der Arbeitsruhe und Gottesverehrung als Mittelpunkt bietet die äußerst begrüßenswerte Gelegenheit für die Familie, wenigstens in diesen Tagen wieder ganz Familie sein zu können. Uns will es geradezu als ein Verbrechen an Familie und Volk erscheinen, wollte man diese Möglichkeit ohne ganz zwingenden Grund einschränken.

Gleichzeitig mögen alle, die es mit unserem Volke gut meinen, mithelfen, dem freien Sonntag den rechten Inhalt zurückzugeben.
Wir machen uns in vollem Umfange die ernst mahnenden Worte des unvergeßlichen Pius XII. zu eigen:
›Die Technik, die Wirtschaft und die Gesellschaft offenbaren den Grad ihrer moralischen Gesundheit in der Art, wie sie die Heiligung des Sonntags begünstigen oder erschweren.‹«
Die Konferenz spricht den Herausgebern der Zeitschriften »Die Neue Ordnung« und »Ordo Socialis« den Dank der Konferenz aus für das erfolgreiche Bemühen, die Kenntnis der katholischen Soziallehre im katholischen Raum zu verbreiten und zu vertiefen. Gleichzeitig bittet sie zu erwägen, ob nicht ein gemeinsames Vorgehen, d. h. die Zusammenlegung zu einer Zeitschrift, unter Wahrung der bisherigen besonderen Zielsetzungen erreicht werden kann. Die Konferenz würde auch deshalb eine solche Zusammenlegung begrüßen, weil die Empfehlung einer[12] Zeitschrift dieser Art durch die Bischöfe größere Erfolgsaussicht hätte.

Kommission VIII: Caritas und Fürsorge

Der Erzbischof von Freiburg berichtet über die Notwendigkeit einer Vereinigung der weltlichen Krankenpflegerinnen auf beruflicher Basis. Hauptzweck dieser Vereinigung ist die gemeinsame Vertretung der christlichen Grundsätze in der Krankenpflege und die Wahrnehmung der berufsständischen und arbeitsrechtlichen Anliegen.
Die Bischofskonferenz begrüßt die Gründung einer solchen »Freien katholischen Berufsvereinigung für Krankenpflege«, wie sie auf einer Konferenz von Vertreterinnen freier katholischer Krankenschwestern und der freien Schwesternvereinigungen am 23. Juni 1959 in Würzburg beschlossen wurde, und empfiehlt, daß auch die Krankenpflegerinnen der Caritasschwesternschaft sich dieser Vereinigung anschließen.
Es erscheint wünschenswert, die Theologen im Priesterseminar auf die Notwendigkeit und die Aufgaben der Gehörlosenseelsorge hinzuweisen und geeignete Theologen für diese spezielle Seelsorgsaufgabe ausbilden zu lassen.
Der Deutsche Caritasverband wird beauftragt, die kirchlichen und caritativen Stellen über die Gefahren der SOS-Kinderdorfbewegung, die bewußt interkonfessionell ausgerichtet ist, aufzuklären und darauf hinzuwirken, daß katholische Kinderdörfer oder andere Einrichtungen katholischer Heimerziehung sich nicht der SOS-Kinderdorfbewegung anschließen.
Die Bischofskonferenz erachtet es für notwendig, daß die Geistlichen erneut auf die entscheidende Bedeutung der konfessionellen Jugendhilfe für die katholische Erziehung gefährdeter Jugendlicher hingewiesen werden und daß sie in Zusammenarbeit mit dem Katholischen Fürsorgeverein geeignete apostolisch gesinnte Laien für diese Aufgabe zu gewinnen suchen.
Der Bischof von Hildesheim teilt mit, daß die Dienststelle der Fuldaer Bischofskonferenz für die Vertriebenenseelsorge, die bisher in Würzburg war, mit dem 1. Okto-

[12] *In der Vorlage gesperrt gedruckt.*

ber 1959 nach Hildesheim, Mühlenstraße 24 (Telefon-Nr. 79 26) verlegt worden ist. Mit der Leitung wurde H[ochwürdigster] H[err] Direktor Franz Ziegler[13] beauftragt. Die Konferenz ist damit einverstanden, daß Direktor Ziegler anstelle von Prälat Braun, Würzburg, Mitglied der Kommission wird, der die Verteilung der Mittel für die Lagerbetreuung obliegt.
Wenn auch der Aussiedlerstrom seit einigen Monaten zurückgegangen ist, empfiehlt es sich noch nicht, die Hilfseinrichtungen in den Lagern aufzulösen, da zu jeder Zeit wieder mehr Kräfte benötigt werden können.
Da die Ausländerlager aufgelöst sind bzw. beschleunigt aufgelöst werden, erwachsen Schwierigkeiten und Unklarheiten bzgl. der jurisdiktionellen Zuständigkeit der polnischen und lettischen Seelsorger. Der Bischof von Hildesheim wird diese in einem Gespräch mit dem polnischen Generalvikar zu klären suchen.
Nach der Botschaft des Hl. Vaters zum Weltflüchtlingsjahr ruft die Bischofskonferenz erneut die Gläubigen zur Hilfe für die Vertriebenen, vor allem in den außereuropäischen Ländern, auf.
Der erste Adventssonntag wird als Gebets- und Opfertag für die Heimatlosen angeregt. Die Durchführung dieses Tages wird den Ordinarien überlassen.
[...][14]
Als Termin für die nächstjährige Plenarkonferenz in Fulda wird die Zeit vom 27. bis einschließlich 29. September 1960 festgesetzt. Anreisetag ist Montag, der 26. September; Tag der Abreise Freitag, der 30. September.
In einer außerplanmäßigen gemeinsamen Konferenz über Fragen des Konzils werden die Bischöfe vom 8. bis 9. März 1960 in Bühl zusammentreten. Tag der Anreise ist Montag, der 7. März; die Abreise erfolgt am Donnerstag, dem 10. März.

Für die Schriftführung:
+ Helmut Hermann
Bischof von Osnabrück

+ Joseph Kardinal Frings
Erzbischof von Köln.

[13] Franz Ziegler *(1914–1975), 1939 Priester (ED Breslau), 1959 Diözesanvertriebenenseelsorger im Bistum Hildesheim, Direktor der Dienststelle der Fuldaer Bischofskonferenz für die Vertriebenenseelsorge, Dechant und Päpstlicher Geheimkämmerer.*

[14] *Der Abschnitt* Überdiözesane Zuschüsse für das Jahr 1960 *wurde nicht aufgenommen.*

264

Protokoll der Freisinger Bischofskonferenz

Schloß Hirschberg, 27.–28. Oktober 1959

EA MÜNCHEN, Joseph Kardinal Wendel, 22/1959. *Druckstück mit Überschrift:* Protokoll der Konferenz der bayerischen Bischöfe auf Schloß Hirschberg am 27. und 28. Oktober 1959. *Fertigungsvermerk:* 29. Oktober 1959.

Anwesend:
Joseph Kardinal Wendel, Erzbischof von München und Freising,
Dr. Josef Schneider, Erzbischof von Bamberg,
Erzbischof Dr. Michael Buchberger, Bischof von Regensburg,
Dr. Simon Konrad Landersdorfer, Bischof von Passau,
Dr. Joseph Schröffer, Bischof von Eichstätt,
Dr. Joseph Freundorfer, Bischof von Augsburg,
Dr. Isidor Markus Emanuel, Bischof von Speyer,
Dr. Josef Stangl, Bischof von Würzburg.
Am 27. Oktober 1959 um 8 Uhr eröffnet Seine Eminenz die Bischofskonferenz mit einer Pontifikalmesse und dem »Veni Creator« in der Schloßkapelle auf Hirschberg. Um 9 Uhr begrüßt der Vorsitzende die erschienenen Herren und spricht dem H[ochwürdigsten] H[errn] Bischof von Eichstätt den Dank der Konferenz aus für die so aufmerksame und gastliche Aufnahme auf Schloß Hirschberg. (Infolge des Umbaues des Priesterseminars in Freising mußte ein anderer Tagungsort gewählt werden.)

Verwaltungsrichtlinien zur kirchlichen Stiftungsordnung
Entsprechend dem Auftrag der Frühjahrskonferenz der bayerischen Bischöfe tagte der vorgesehene Arbeitskreis der bayerischen Diözesen zum Entwurf von Verwaltungsrichtlinien der kirchlichen Stiftungsordnung am 26.5.1959. Auf dieser Sitzung wurden die Herren Dr. Bayer[1] (Würzburg) und Dr. Weber[2] (Augsburg) mit der Fertigung des 1. Entwurfes betraut. Dieser 1. Entwurf wird möglichst bald, spätestens bis zum 15.12.1959 H[ochwürdigsten] H[errn] Domkapitular Dr. Eisenhofer und Herrn Justitiar Dr. Rieß zur weiteren, ergänzenden Bearbeitung vorgelegt. Diese beiden Herren übersenden bis zum 15.1.1960 den Mitgliedern des Arbeitskreises den überarbeiteten Entwurf und laden diese gleichzeitig zu einer Konferenz auf Mitte Februar ein. In dieser Sitzung wird der Entwurf besprochen. Das Resultat wird den bayerischen Bischöfen für ihre Frühjahrskonferenz bis zum 1.3.1960 vorgelegt.
Die Konferenz genehmigt für ehrenamtliche Mitarbeit eine Anerkennungsgebühr von 1.000 DM.

1 *Nicht ermittelt.*
2 *Vermutlich* HELMUT WEBER *(geb. 1927), Dr. iur., Justitiar der Bischöflichen Finanzkammer Augsburg.*

Neubearbeitung der Satzungen der Emeritenanstalten
Ein Vorentwurf zur Neubearbeitung der Satzungen der Emeritenanstalten wird eingehend besprochen, ergänzt und zur Weiterbearbeitung zurückverwiesen. Der überarbeitete Entwurf wird jedem Ordinarius nochmals zugeleitet.
Die Konferenz berät den Fall, daß ein Seelsorgspriester in das Beamtenverhältnis auf Lebenszeit übernommen wird. Die Bischöfe sind der Auffassung, daß zu dem Zeitpunkt, in dem die Altersversorgung sichergestellt ist, Zahlungen an die Emeritenanstalt nicht mehr zu erfolgen brauchen; dagegen wird eine Rückzahlung der bisher geleisteten Beiträge von den Prinzipien der Versorgungsbeiträge her nicht für vertretbar gehalten.

Die kirchliche Pädagogische Hochschule in Eichstätt
Ein ausführlicher Bericht über Studienbetrieb, Personalfragen, Baufragen und finanzielle Lage der Pädagogischen Hochschule Eichstätt dient zur Kenntnis. Die Bischöfe anerkennen die bisherige, hoffnungsvolle Aufwärtsentwicklung, die sowohl im Resultat der Schlußprüfung wie in den zahlreichen Neuanmeldungen sichtbar wird. Die Voraussetzungen für die Übernahme der hauptamtlichen Lehrkräfte als Beamte auf Lebenszeit werden eingehend beraten. Die vom Katholischen Schulkommissariat in Bayern schriftlich dargelegten Voraussetzungen werden ebenso wie die Stellungnahme des Rektors der Hochschule zu diesem Gutachten als Verhandlungsgrundlage anerkannt. Verhandlungen, insbesondere mit dem Staate, werden in die Wege geleitet. Dabei wird eingehend zu überprüfen sein, ob für die Pädagogische Hochschule Eichstätt, die nicht unter das Privatschulgesetz fällt, nicht eine Sonderregelung analog zu diesem Gesetz zu erreichen ist.
Über die nächsten baulichen Maßnahmen lassen sich die Bischöfe auf einem kurzen Besuch in Eichstätt nach Abschluß der Konferenz an Ort und Stelle informieren.

Fortgang der Arbeiten am Lehrbuch für Religionsunterricht an Berufsschulen
Die Konferenz nimmt einen Bericht über den Fortschritt der Arbeiten entgegen. An dem in Arbeit befindlichen Entwurf möge nach den durch den Bischof von Eichstätt gegebenen Richtlinien weitergearbeitet werden.

Bearbeitung eines katholischen Lesebuches für die katholischen Bekenntnisschulen in Bayern
Die Bischöfe nehmen zur Kenntnis, daß mehrere Verlage ein katholisches Lesebuch für die katholischen Bekenntnisschulen in enger Zusammenarbeit mit dem Katholischen Schulkommissariat in Bayern schaffen wollen. Den Verlagen möge klar zum Ausdruck gebracht werden, daß das Urteil, ob das Lesebuch in allem der katholischen Lehre und dem im Konkordat festgelegten Charakter der katholischen Bekenntnisschule entspricht, den Bischöfen zusteht.

Fragen der Pädagogischen Hochschulen
1. Studienordnung

Die Bischofskonferenz heißt die Studienordnung an den Pädagogischen Hochschulen Bayerns, die im Protokoll der Konferenz der Dozenten für Religionslehre und Religionspädagogik vom 27.10.1958 niedergelegt ist, gut und gibt ihr Einverständnis für die Durchführung. Unter diesen Beschluß fallen sowohl die Themenstellungen, die daselbst für Religionslehre und Religionspädagogik festgelegt sind, wie auch die Aufgliederung und Reihenfolge der Pflichtvorlesungen für die sechs Semester der Studienzeit. Der Konferenz der Dozenten wird für die geleistete Arbeit Dank und Anerkennung ausgesprochen.

2. Richtlinien für die Verleihung der Missio canonica

Die von den Dozenten der Pädagogischen Hochschulen in Bayern in der Konferenz vom 4.7.1959 erarbeiteten Richtlinien für die Verleihung der Missio canonica werden durch die Bischöfe im wesentlichen als Grundlage für eine definitive Fassung gebilligt, bedürfen aber in einzelnen Punkten noch der letzten Formulierung. H[ochwürdigster] H[err] Domkapitular Fischer wird beauftragt, in Zusammenarbeit mit der Konferenz der Dozenten und im Benehmen mit dem Staatsministerium für Unterricht und Kultus die definitive Fassung zu erarbeiten und bis zur bayerischen Frühjahrskonferenz den Bischöfen vorzulegen.

Die Oberhirten empfehlen im Hinblick auf die Bedeutung des Religionsunterrichtes eine feierliche Form der Übertragung der Missio canonica durch den Bischof selbst bei der 1. Prüfung, wo dies möglich ist.

Für die beantragte »feierliche Form« auch bei der 2. Prüfung mögen der Konferenz geeignete Vorschläge unterbreitet werden.

3. Prüfungsordnung

Die Bischofskonferenz teilt die ernsten Bedenken der Dozenten der Pädagogischen Hochschulen, die sich aus der Zusammenlegung der beiden Fächer Religionslehre und Religionspädagogik zu einer Prüfung ergeben. Sie verschließt sich aber nicht der Erkenntnis, daß die bei den anderen Hauptfächern übliche Zusammenfassung in einer Prüfung auch für unsere Prüfungsordnung den gleichen Weg ratsam erscheinen läßt. Die Konferenz legt jedoch Wert darauf, daß beide Fächer geprüft werden. Ob diesem Anliegen in einem geschlossenen Thema oder einem Thema in zwei Unterabteilungen Rechnung getragen werden kann, überläßt sie der Fachkommission. Die als Anlage I. dem diesbezüglichen Protokoll beigefügte Formulierung wird auch in den beigefügten Anträgen gebilligt.

Die Gewinnung möglichst aller Studenten, bei denen die sonstigen Voraussetzungen gegeben sind, für den Erwerb der Missio canonica ist anzustreben.

4. Schulbibel (Antrag der Dozenten der Pädagogischen Hochschulen)

Die bayerische Bischofskonferenz gibt ihr Einverständnis für eine behutsame und gründliche Inangriffnahme der Vorarbeiten zu einer einheitlichen Schulbibel für ganz Deutschland. Die großen Verdienste der jahrzehntelang in Bayern eingeführten Buchberger-Schulbibel[3] werden dankbar gewürdigt. Die Bischöfe begrüßen die von

[3] MICHAEL BUCHBERGER, *Schulbibel für den katholischen Religionsunterricht, Neuauflage München 1953.*

seiten der Dozenten für Religionslehre und Religionspädagogik an den Pädagogischen Hochschulen bereits begonnene Planung eines »Handbuches für die Schulbibel«, das der neuen Schulbibel als wertvolle Hilfe beigegeben werden soll. Die Bearbeiter mögen einen einheitlichen Text für die Bibelstellen für den gesamten Religionsunterricht als besonderes Anliegen erstreben.

Privatschulgesetz
Der bayerischen Bischofskonferenz liegt der »Entwurf eines Gesetzes über das Erziehungs- und Unterrichtswesen«[4] vor, der bereits im Senat behandelt wurde. Das Gesetz entspricht im großen und ganzen unseren Erwartungen. Es räumt den Privatschulen, speziell den kirchlichen Privatschulen, freie Wirkungsmöglichkeit und die Erfüllung ihres kirchlichen Auftrages ein. Die bayerischen Bischöfe würden deshalb die Annahme dieses Gesetzes durch den Landtag und seine Durchführung begrüßen.
Die Stellungnahme des Philologenverbandes gegen das Gesetz hat befremdet. Der Hinweis auf eingehende Beratung auch mit Vertretern des klösterlichen Privatschulwesens muß zurückgewiesen werden, da, wie nachträglich festgestellt wurde, nur mit einem Ordensmann eine Besprechung stattgefunden hat, der nicht als beauftragter Vertreter des klösterlichen Privatschulwesens bezeichnet werden kann. Die Arbeitsgemeinschaft bayerischer Klöster soll angewiesen werden, die Ordensleute dahingehend zu orientieren, daß Äußerungen und Stellungnahmen in so entscheidenden Fragen nur in engster Fühlungnahme mit der Leitung der Arbeitsgemeinschaft gegeben werden dürfen.

Privatschulleistungsgesetz
Die Festlegungen im Protokoll der Frühjahrskonferenz werden bestätigt. Der vorliegende Entwurf eines Gesetzes über die Leistungen des Staates für private höhere Schulen und Mittelschulen[5] findet trotz einzelner Bedenken die Billigung der Konferenz. Gleichwohl kann nicht übersehen werden, daß Bayern trotz der hohen Leistungen, der Verdienste und Opfer der klösterlichen Schulen um die Erziehung der bayerischen Jugend gegenüber den Ländern Hamburg, Nordrhein-Westfalen, Rheinland-Pfalz, die diese verpflichtende Tradition nicht in solchem Ausmaß besitzen, rückständig bleibt. Wenn dieser Entwurf zum Gesetz erhoben würde, wäre unseren kirchlichen Privatschulen ihre schwere finanzielle Belastung weitgehend abgenommen. Die Bischöfe begrüßen vor allem die Sicherung eines gesetzlich geregelten Rechtsanspruches auf die zu leistenden Subventionen. Den kirchlichen Schulen bliebe durch dieses Gesetz eine Benachteiligung und Zurücksetzung gegenüber den Kommunalschulen erspart. Sie können ihre Kräfte auf dem schulischen und erzieherischen Sektor noch mehr entfalten, um ihre Leistungen in diesen Bereichen ständig zu steigern.

[4] Gesetz über das Erziehungs- und Unterrichtswesen *vom 9. März 1960.* GVBl., *S. 19.*

[5] Gesetz über die Leistungen des Staates für private höhere Schulen und Mittelschulen (Privatschulfinanzierungsgesetz) *vom 9. Juli 1960.* GVBl., *S. 123.*

Belebung der katholischen Elternvereinigung
Die bayerischen Bischöfe geben dem Wunsche Ausdruck, daß die katholischen Elternvereinigungen auf Diözesan-, Dekanats(Kreis)- und Pfarrebene (Stadt, Dorf) stärker gefördert werden, damit sie in eigener Initiative das Recht und die Anliegen der Eltern auf dem Gebiet der Schule und der Erziehung in Zusammenarbeit mit den örtlich bestehenden Organisationen und Verbänden anregen und vertreten.
Das in dem Organ »Der Elternweckruf« gebotene Material verlangt eine stärkere Auswertung. Ebenso soll die pädagogische Zeitschrift für die Eltern »Leben und Erziehen« noch mehr eingeführt und verbreitet werden.
Die Seelsorger mögen auf eine namentliche Gewinnung aller Eltern, die Kinder in der Schule haben, bedacht sein, auch auf die Gewinnung der bei den Schuleinschreibungen neu hinzukommenden Eltern.

Errichtung eines Psychotherapeutischen Instituts
Von der Plenarkonferenz in Fulda war zur Prüfung der Frage der Errichtung eines Psychotherapeutischen Instituts eine Kommission bestimmt worden[6]. Diese hat den Plan nach seiner grundsätzlichen und praktischen Problematik eingehend erörtert, und zwar sowohl unter dem medizinischen wie unter dem moraltheologischen und seelsorgerlichen Aspekt. Als Endergebnis der Beratungen wurde festgestellt:
» a) Sämtliche Mitglieder der Kommission sind sich darin einig, man dürfe diesen neuen Zweig der empirischen Psychologie nicht tatenlos den säkularisierten geistigen Kräften überlassen, sondern müsse Sorge dafür tragen, daß von unserer Seite Fachleute ersten Ranges im Gespräch seien.
b) Hierfür sei ein zunächst kleines, aber mit hochqualifizierten Kräften besetztes Institut sehr wünschenswert. Die Mehrzahl der Teilnehmer hielt es sogar für unumgänglich notwendig.
c) Die Form eines solchen Institutes bedarf noch eingehender Überlegungen. Die Kommission empfiehlt, die Herren Professor Dr. Krapf-Genf[7], Professor Dr. Reiter-Kopenhagen[8] und Privatdozent Dr. Görres-Frankfurt aufzufordern, baldmöglichst einen konkreten Plan unverbindlich auszuarbeiten.«
Die Bischöfe halten auf Grund dieses Ergebnisses die von der Kommission unter c) gegebene Empfehlung für zweckmäßig und erheben sie zum Beschluß.
Die Schwierigkeiten der in der Krankenpflege stehenden Frauenorden und -kongregationen
Ein Referat, das in umfassender Weise aus dem bayerischen Raum sehr wertvolles Material zusammenfaßt, dient zur Kenntnis. Die Bischöfe beschließen die Einsetzung einer Kommission, die in Vorbesprechungen den ganzen Fragenkomplex, auch das Problem der Zusammenarbeit mit den freien Schwestern durcharbeiten soll, um

6 *Vgl. Dok. 263.*
7 EDUARD KRAPF *(1901–1963), Dr. med., Psychiater, 1948 Professor in Buenos Aires, 1948 apl. Professor für Klinische Psychiatrie in Köln.*
8 PAUL J. REITER, *dänischer Psychiater, Oberarzt der Psychiatrischen Abteilung des Gemeindekrankenhauses Kopenhagen, Verfasser einer Studie über die »Psychosen« Martin Luthers.*

dann einer Konferenz, zu der die großen Krankenschwesterngemeinschaften eingeladen werden sollen (Barmherzige, Mallersdorfer-, Niederbronnerschwestern und die Töchter des Allerheiligsten Erlösers-Würzburg) konkrete Vorschläge zu unterbreiten.
Die Schwestern dürfen Krankenpflegestationen ohne Genehmigung des zuständigen Bischofs nicht aufheben.
Der H[ochwürdigste] H[err] Bischof von Passau wird ersucht, ein Wort der bayerischen Bischöfe an alle Seelsorger zur Förderung der Ordensschwesternberufe vorzubereiten, der H[ochwürdigste] H[err] Bischof von Speyer ein Bischofswort an die Ordensschwestern.
Entwurf für »Vorläufige Richtlinien für die Vorbereitung katholischer Laienkräfte zum Dienst in den Missions- und Entwicklungsländern«
Die bayerischen Bischöfe stehen dem Anliegen grundsätzlich positiv gegenüber, konnten aber den Entwurf, der so spät zugestellt wurde, daß er erst während der Konferenz ausgeteilt werden konnte, nicht mehr hinreichend durcharbeiten. Trotzdem konnte bei der kurzen Besprechung festgestellt werden, daß der Entwurf einer gründlichen Überarbeitung bedarf, daß insbesondere über die Finanzierung keine Klarheit besteht und nicht ersichtlich ist, ob auf bestehende Einrichtungen zurückgegriffen werden kann oder neue geschaffen werden müssen. Auch für die Zusammensetzung des »e. V.« scheint satzungsmäßig keine Gewähr geboten, wenn die Berufung der Mitglieder ohne Bindung und Begrenzung nur durch den Vorstand erfolgt. Ob durch den erweiterten oder geschäftsführenden Vorstand, geht ebenfalls aus den Satzungen nicht hervor.
Termin für die Frühjahrskonferenz 1960
Die Frühjahrskonferenz soll mit der allgemeinen Bischofskonferenz in Bühl/Baden, 7.–10. März 1960, derart verbunden werden, daß die bayerischen Bischöfe einen halben oder einen ganzen Tag zusätzlich bleiben.
Mit herzlichen Dankesworten Seiner Eminenz und des Erzbischofs von Bamberg wird die Konferenz um 19:30 Uhr beschlossen.

Der Protokollführer:
+ Josef
Bischof von Würzburg

Der Vorsitzende:
Jos[eph] Card[inal] Wendel
Erzbischof von München und Freising.

265

Keller an Höffner

Münster, 6. November 1959

DA MÜNSTER, GV-NA, AO-303. *Schreibmaschinendurchschrift mit eigenhändiger Paraphe. Anschrift:* Hochwürden Herrn Universitätsprofessor Dr. Dr. Höffner, Münster (Westf[alen]). *Handschriftliche Vermerke:* Komm[ission] VII *und* f[actum].

Sehr geehrter Herr Professor!
Gestatten Sie, daß ich mich in einem besonderen Anliegen an Sie wende.
Erfreulicherweise wird in der letzten Zeit das Problem der Eigentumsbildung bzw. Eigentumsstreuung in der Öffentlichkeit, besonders auch im katholischen Raum, stark diskutiert. Wie mir scheint, läge hier eine ganz wichtige Aufgabe für den deutschen Sozialkatholizismus und zugleich auch die Möglichkeit und die Verpflichtung, für eine richtige Weichenstellung Sorge zu tragen. Um dieser Aufgabe und Verpflichtung mit der notwendigen Durchschlagskraft nachkommen zu können, wäre es sicher wünschenswert, daß man sich bei uns nach Möglichkeit auf bestimmte Grundsätze und in naher Zukunft realisierbare Forderungen einigte. Deshalb wäre ich als Vorsitzender der Sozialkommission der Fuldaer Konferenzen Ihnen sehr dankbar, wenn Sie als Leiter des Sozialreferates im Zentralkomitee der Deutschen Katholiken einen Gedankenaustausch der auf diesem Gebiet führenden bzw. besonders interessierten und sachkundigen Katholiken mit dem eben genannten Zweck herbeiführen könnten.
Um weitere Einzelheiten zu klären, stehe ich Ihnen gern zur Verfügung.
Mit ergebenstem Gruß

Ihr
+ M[ichael].

266

Wissing an die katholische Ministerpräsidenten

Bonn, 10. November 1959

DA EICHSTÄTT, Bischofsarchiv Schröffer, Böhler. *Schreibmaschinenschrift. Briefkopf:* Katholisches Büro, Leitung: Direktor Wissing. *Anschrift:* An die Herren Ministerpräsidenten Kiesinger[1], Meyers, Röder[2], Altmeier[3], Dr. Seidel. *Vermerke:* Betr.: Entwurf zu einem Jugendhilfegesetz, Abschrift *und* Anlage 2.

Sehr geehrter Herr Ministerpräsident,
im Bundesministerium für Familien- und Jugendfragen wird der Entwurf zu einem Jugendhilfegesetz vorbereitet. Es handelt sich hierbei um eine Neufassung des Reichsjugendwohlfahrtsgesetzes vom Jahre 1922, die im Hinblick auf die inzwischen entstandenen Jugendnotstände erforderlich ist. Ein Vorentwurf ist den Ländern und Fachverbänden zur Stellungnahme zugeleitet worden.
Nach uns zugegangenen Berichten bestehen seitens der Länder erhebliche Widerstände gegenüber diesem Entwurf. Wir verfolgen diese Entwicklung mit Sorge. Es kann zwar nicht unsere Aufgabe sein, zu allen Punkten, die Schwierigkeiten hervorrufen, eine Meinung zu äußern. Wir halten es aber für notwendig, Sie, verehrter Herr Ministerpräsident, auf die Gesichtspunkte hinzuweisen, die für die katholische Seite besonders bedeutsam sind und auf Grund deren gerade uns an der baldigen Verabschiedung des Entwurfs eines Jugendhilfegesetzes außerordentlich viel liegt. Dabei handelt es sich um folgende Grundzüge des vorliegenden Entwurfs, die wir nachdrücklich begrüßen:
1. Die Sicherung der Tätigkeit freier Träger der Jugendhilfe.
2. Die eindeutige Betonung der Erstverantwortlichkeit der Eltern.
3. Die sachlichen Verbesserungen im Jugendfürsorgerecht.

1. Nach § 2 Abs. 4 des neuesten Entwurfes sind in klarerer Regelung als bisher vor Durchführung von Aufgaben der kommunalen und staatlichen Jugendhilfe – soweit es sich nicht um notwendige Sofortmaßnahmen handelt – in erster Linie geeignete vorhandene oder für die Aufgaben nach Möglichkeit zu bildende Träger der freien Jugendhilfe zur selbständigen Durchführung der Aufgaben anzuregen und, soweit sie zur Durchführung bereit sind, im notwendigen Umfang zu fördern.
Diese Position der freien Träger entspricht der Grundrichtung des Gesetzentwurfs. Sie versteht Jugendhilfe einmal als Hilfe zur Selbsthilfe, zum anderen ist sie darauf bedacht, die helfende Funktion der Familie und der Eltern zu unterstützen und bei dieser Unterstützung den freien Kräften der Jugendhilfe ihren angemessenen Raum gegenüber den von der Gemeinde und vom Staat unmittelbar getragenen Formen der Jugendhilfe zu sichern.

[1] KURT-GEORG KIESINGER *(1904–1988), Jurist, Politiker (CDU), 1949–1958 und 1969–1980 Mitglied des Bundestags, 1958–1966 Ministerpräsident von Baden-Württemberg, 1966–1969 Bundeskanzler.*

[2] FRANZ-JOSEF RÖDER *(1909–1979), Politiker (CDU), 1957–1965 Kultusminister, 1959–1979 Ministerpräsident des Saarlandes.*

[3] PETER ALTMEIER *(1899–1977), 1946 Regierungspräsident in Montabaur, 1947–1969 Ministerpräsident von Rheinland-Pfalz.*

Damit ist im Entwurf das den sozialen Rechtsstaat und die pluralistische Gesellschaft beherrschende Prinzip der Subsidiarität, das zugleich christlicher Lehre entspricht, ausgesprochen. Indessen befürchten die Kommunen, daß bei Anwendung dieses Prinzips das Jugendamt seiner eigentümlichen Funktion entkleidet und die freien Träger mit Aufgaben betraut würden, die ihnen nicht zustehen. Gegenüber solchen Argumenten ist jedoch zu betonen, daß die Formulierungen des Entwurfs dies nicht beinhalten und daß der Staat und die Kommunen es sogar begrüßen müßten, wenn sie so wenig wie möglich in Anspruch genommen würden und wenn ein möglichst großer Teil der Hilfsmaßnahmen für die Jugendlichen von den gesellschaftlichen Kräften im Staate übernommen würde. Eine solche Übernahme durch die freien Kräfte schafft die Möglichkeit, den einzelnen und die gesellschaftlichen Gruppen aktiv an der Verantwortung in unserem Staate zu beteiligen.
Umgekehrt führt eine ungenügende gesetzliche Sicherung der Tätigkeit der freien Kräfte dazu, daß nach der Art der den Staat und die Kommunen jeweils regierenden politischen Systeme die behördlichen Stellen die Durchführung aller Jugendhilfemaßnahmen an sich ziehen und damit in etwa ein Jugendhilfemonopol begründen. Anzeichen dafür sind in verschiedenen Ländern mit sozialistischer Mehrheit zu beobachten.
Eine solche behördliche Monopolisierung der Jugendhilfe führt im Ergebnis zu einer Ausschaltung der helfenden Funktionen von Familie, Eltern und freien Kräften. Damit nähert man sich bedenklich den Ordnungsvorstellungen eines Versorgungsstaates.
2. Von hoher Bedeutung für uns ist auch die Tatsache, daß sich der Entwurf ausdrücklich – in Verwirklichung der entsprechenden Vorschrift des Grundgesetzes – zu den Pflichten und Rechten der Eltern bekennt. Eine gesetzliche Regelung der elterlichen Erstverantwortlichkeit, gerade auf dem Gebiet der Jugendfürsorge, ist von unseren Ordnungsvorstellungen her nicht minder bedeutsam als die Sicherung der Tätigkeit freier Träger der Jugendhilfe. Die Konkretion des genannten Verfassungssatzes auf diesem Gebiete ist auch praktisch wichtig, weil die behördliche Fürsorgetätigkeit bei den Kommunen liegt und weil die Eltern ihrer Gemeinde gegenüber einen klaren bundesgesetzlichen Rechtstitel benötigen.
3. Die Bedeutung der Hilfe für den jungen Menschen brauchen wir Ihnen, verehrter Herr Ministerpräsident, gegenüber nicht zu betonen. Auch bedarf es keiner längeren Ausführungen darüber, wie sehr uns die Sorge für den jungen Menschen am Herzen liegt. Wegen dieser Sorge dürfen wir auch auf die sachlichen Verbesserungen hinweisen, die der Entwurf bei der Hilfe für den jungen Menschen gegenüber dem bisherigen Rechtszustand enthält. Auch diese Verbesserungen bestärken uns in dem Wunsch, ein Jugendhilfegesetz möglichst bald verabschiedet zu sehen.
Wir wissen, Herr Ministerpräsident, daß es offene Fragen organisatorischer und finanzieller Art gibt. Wir möchten zu diesen Problemen jetzt nicht und später auch nur dann Stellung nehmen, wenn Sie uns dazu auffordern würden. Wir dürfen aber unserer Meinung Ausdruck geben, daß uns diese Schwierigkeiten nicht unüberwindlich erscheinen.

Für verhängnisvoll würden wir es aber halten, wenn an diesen Fragen die Verabschiedung des Entwurfs – und damit meinen wir die Verabschiedung in diesem Bundestag – scheitern würde. Wir haben erfahren, daß der für ein neues Jugendhilfegesetz zuständige Ausschuß des Bundestages, im Gegensatz zur sonstigen Arbeitslage des Parlaments, nicht überlastet ist (ja sogar fast auf diesen Entwurf wartet). Die geschilderten bedeutungsvollen Grundsätze können daher noch in diesem Bundestag gesetzlich verankert werden. Die katholische Öffentlichkeit würde es, wie wir glauben, nicht verstehen können, wenn diese für die weitere Zukunft bedeutsamen Anliegen einigen technischen und organisatorischen Fragen untergeordnet würden.
Daher bitten wir Sie, verehrter Herr Ministerpräsident, als den für die Gesamtpolitik Ihres Landes Verantwortlichen herzlich, dafür Sorge zu tragen, daß der Entwurf nicht wegen der aufgetretenen Fragen abgelehnt wird, sondern daß eine baldige vertrauensvolle Klärung dieser Punkte zwischen den Beteiligten erfolgt.
Mit freundlichen Grüßen

Ihr sehr ergebener
gez. Wissing
(Direktor Wissing).

P. S. Soeben erfahren wir, daß Sie zu einer Besprechung mit dem Herrn Bundesfamilienminister am kommenden Donnerstag in Bonn sein werden. Wir hoffen, daß Sie dieses Schreiben noch vor der Sitzung erreicht, und haben es deshalb der Vertretung Ihres Landes in Bonn zugestellt.

267

Wissing an Krone

[Bonn,] 11. November 1959

EA KÖLN, Katholisches Büro Bonn I 140. *Schreibmaschinenschrift. Anschrift:* An den Vorsitzenden der CDU/CSU-Bundestagsfraktion Herrn Dr. Krone, Bonn, Bundeshaus. *Vermerke:* Anlage 3 *und* Abschrift.

Sehr geehrter Herr Dr. Krone,
im Anschluß an unser gestriges Gespräch möchte ich Ihnen die Sorgen vortragen, die wir im Zusammenhang mit der sogenannten »ethischen Indikation« im Entwurf des Strafgesetzbuches haben. Den Text der Bestimmung, um die es hier geht, darf ich zu Ihrer Unterrichtung als Anlage[1] beifügen. Dabei handelt es sich um die letzte Formulierung in dem sogenannten »E 1959 II«.
Man hat also vor, eine Abtreibung unter bestimmten Voraussetzungen straffrei zu lassen, wenn die Schwängerung auf einer strafbaren Handlung beruht. Nach unserer Auffassung widerspricht der Staat mit einer solchen Bestimmung der ihm obliegenden Pflicht, das menschliche Leben – dazu gehört auch das werdende Leben – wirk-

[1] *Nicht aufgenommen.*

sam durch sein Strafgesetz zu schützen. Die Formulierung »Unterbrechung einer aufgezwungenen Schwangerschaft« kann nicht darüber hinwegtäuschen, daß es sich hier um eine Tötung handelt, die nach dem Strafgesetz nicht verfolgt werden soll. Der Fall liegt hier auch anders als bei der sogenannten »medizinischen Indikation«, bei der das Leben der Mutter dem Leben des Kindes gegenübersteht. Bei der ethischen Indikation steht nicht etwa Leben gegen Leben, sondern die Selbstbestimmung der Frau über ihren Körper wird in Beziehung gesetzt zu einem Tötungsdelikt.
Wir haben diese unsere Vorstellungen in einem sehr ausführlichen Gespräch Herrn Bundesjustizminister Schäffer und Herrn Ministerialdirektor Dr. Schafheutle[2] vorgetragen, müssen aber sagen, daß dieses Gespräch den Justizminister nicht hat bestimmen können, die Streichung des § 160 aus dem Entwurf zu veranlassen. Es wurde geltend gemacht, daß von liberaler Seite und auch von sozialistischen Kreisen auf jeden Fall die Aufnahme einer solchen Bestimmung verlangt werden würde, und daß es besser sei, dem durch eine eng begrenzte Vorschrift zuvorzukommen.
Wir haben schon bei dem genannten Gespräch darauf hingewiesen, daß uns diese politische Überlegung nicht stichhaltig erscheine. Es sei vielmehr umgekehrt zu befürchten, daß von den genannten Seiten, nachdem bereits die christlich bestimmte Regierung einen solchen Vorschlag gemacht hat, weitergehende Forderungen gestellt würden. Aber auch abgesehen von diesen mehr taktischen Erwägungen halten wir es für äußerst bedenklich, wenn das jetzige Bundeskabinett eine solche Bestimmung beschließen würde. Wir halten uns auch für verpflichtet darauf hinzuweisen, daß die kirchlichen Oberhirten zu dieser Bestimmung nicht schweigen werden, daß sie vielmehr eine solche Vorschrift mit Nachdruck und eindeutig ablehnen werden. Wir haben dies dem Herrn Bundesjustizminister schon früher erklärt und sind durch Gespräche mit hohen kirchlichen Stellen in dieser Auffassung ständig bestärkt worden. Wir dürfen auch noch sagen, daß eine solche Entwicklung uns besonders deshalb bedauerlich erscheinen würde, weil in der öffentlichen Diskussion dann nicht mehr die positiven Seiten, von denen der Entwurf zahlreiche aufzuweisen hat, hinreichend gewürdigt würden. Es liegt uns auch daran, heute hervorzuheben, daß die Zusammenarbeit mit dem Bundesjustizministerium sehr gut war und daß wir für viele unserer Anliegen volles Verständnis gefunden haben. Umgekehrt ist es uns aber unmöglich, in der hier behandelten Frage von unserem Standpunkt auch nur zu einem kleinen Teil abzuweichen.
Ich darf Ihnen, sehr geehrter Herr Dr. Krone, noch einmal für das gestrige Gespräch danken und bin Ihnen auch für die Möglichkeit verbunden, Ihnen unsere Sorge um die ethische Indikation darzulegen.
Mit freundlichen Grüßen

Ihr sehr ergebener
gez. W[ilhelm] Wissing
Direktor Wissing.

2 JOSEF SCHAFHEUTLE *(1904–1973), Dr. iur., seit 1955 Ministerialdirektor und Leiter der Strafrechtsabteilung des Bundesministeriums der Justiz.*

268

Aufzeichnung Beckels

Münster, 13. November 1959

DA Münster, GV-NA, AO-767. *Schreibmaschinenausfertigung mit eigenhändiger Unterschrift. Überschrift:* Erwägungen über die KAB als Sozialverband.

1) Wir leben in einer Zeit, in der die Arbeiterschaft den Ton innerhalb der Gesellschaft angibt. Was sie als die größte Gruppe geschlossen will und vorträgt, das setzt sich durch. Daraus ergibt sich eine besondere Verantwortung der Kirche für die Organisation der Arbeiterschaft. In dieser wird sich ein gut Teil an apostolischer und gesellschaftlicher Kraft der Katholiken zeigen.
Eine besondere Lage ergibt sich daraus, daß die einheitsgewerkschaftliche Organisation der Arbeiter in der Bundesrepublik in ihrem Wollen und Tun nicht erkennbar von christlichem Geist und christlicher Lehre geprägt ist. Es muß alle Kraft darauf verwandt werden, diesen Mangel auszugleichen, am besten durch christliche Gewerkschaften. Soweit diese nicht erfolgreich sind, kommt auf die Katholische Arbeiter-Bewegung sozusagen subsidiär auch ein Teil der Darstellung der katholischen Arbeiterschaft in der Öffentlichkeit zu, der eigentlich näher bei den Gewerkschaften läge. Damit ist die Bedeutung der KAB für unsere Zeit umrissen.
2) Die KAB ist innerhalb der Sozialverbände der Kirche in Deutschland dazu berufen, die folgenden gesellschaftlichen Gruppen möglichst vollständig zu erfassen:
a) die Industriearbeiterschaft, einschließlich der Industriehandwerker, besonders soweit diese sich fest entschlossen haben, im Großbetrieb zu bleiben;
b) die im Industriebetrieb unselbständig mit untergeordneten Tätigkeiten beschäftigten anderen Arbeitnehmer, also besonders ein Großteil der Verwaltungs- und Büroangestellten;
c) die diesen Arbeitnehmern unmittelbar vorgesetzte mittlere Führungsschicht der Werkmeister, Steiger usw., soweit diese Schicht noch eine umfängliche Praxis als Arbeiter selbst absolviert hat;
d) die außerhalb der Betriebe Tätigen, soweit sie eine den vorgenannten Gruppen entsprechende Art der Arbeit haben (Kundendienstleute, Tankwarte usw.). Es scheint, daß diese letzte Gruppe, die in der heutigen Gesellschaft als sogenannter Sektor der Dienstleistungen immer größer wird, von den katholischen Standesvereinen leicht übersehen werden kann.
Das Gemeinsame all dieser Gruppen von Arbeitnehmern ist ihre gemeinsame Lebenslage, die weithin vom Gefühl der Unselbständigkeit und Einflußlosigkeit des Einzelnen bestimmt ist, aber auch das gleichartige Arbeitserlebnis, das von der Gefahr der Erstarrung in der langweiligen Gleichförmigkeit der Tätigkeit bestimmt ist.
3) Der Begriff des Arbeiters und die Zusammensetzung der Arbeiterschaft befinden sich in einem Umbruch, für den die KAB offen bleiben muß. Niemand weiß sicher, welche Auswirkungen die Automation etwa auf die Arbeiterschaft ausüben wird. Sicher ist, daß die Arbeiterschaft in sich immer differenzierter werden wird und hö-

here Bildungsvoraussetzungen verlangt werden. Damit ist eine doppelte Aufgabe angesprochen: einmal die sachkundige Weiterführung der Arbeiter ebenso zu betreiben wie ihre Allgemeinbildung und insbesondere ihre soziale Bildung zu heben; zum andern besondere Gruppen – etwa die Meister –, die ein Gruppengefühl unter sich entwickeln, in besonders angebotenen Maßnahmen und Formen der KAB zu erfassen.
4) Die Bedeutung der KAB innerhalb der Sozialverbände darf nicht darüber hinwegtäuschen, daß heute im katholischen Organisationsleben mehr denn je Zusammenarbeit aller Verbände und Institutionen notwendig ist. Auf örtlicher Ebene können gewisse zentrale Themen durch die Volksbildungswerke gemeinsam behandelt werden und zu einem fruchtbaren Austausch zwischen Arbeitern, Handwerkern, Angestellten und anderen Bevölkerungsgruppen führen. Auch ist Wert darauf zu legen, daß besonders bildungsbereite und -fähige Arbeiter Zugang zu den nicht unbedingt verbandsgebundenen Institutionen der sozialen Bildung, etwa der Bistümer finden.
5) Die Welt des Betriebes ist in dieser gesamten Ordnung als Milieu der Arbeiter den katholischen Arbeitervereinen besonders aufgegeben. Sie prägt den Menschen, nicht nur den Arbeiter, heute vielleicht am stärksten von allen gesellschaftlichen Institutionen. Welcher Geist hier herrscht, das bestimmt das gesamte Leben der Menschen mit. Darum ist die Ordnung der Betriebe eine besondere Aufgabe. Zusammenarbeit aller katholischen Verbände und Aktivitäten auf der Ebene des Betriebes ist dringend notwendig.

Dr. Beckel.

269

Denkschrift Beckers und Siegels[1]

Ohne Ortsangabe, 16. November 1959

EA Köln, Gen. II 23.77, 3. *Schreibmaschinenschrift. Überschrift:* Stellungnahme der Kirchlichen Hauptstelle für die Katholische Rundfunk- und Fernseharbeit zur augenblicklich schwebenden Frage einer Neuordnung des Rundfunk- und Fernsehwesens in der Bundesrepublik Deutschland.

A. Grundsätzliches

I.

Die Fuldaer Bischofskonferenz hat in einer Verlautbarung vom Jahre 1955 die grundsätzlichen Forderungen der Kirche bei einer Neuordnung des Rundfunk- und Fernsehwesens herausgestellt[2].
(Siehe 2. Beiheft zu dem Werkbuch Becker/Siegel »Rundfunk und Fernsehen im Blick der Kirche«, Seite 58ff. Dieses Beiheft unter dem Titel »Kirche, Staat, Rund-

[1] *Dieser Schriftsatz wurde von* Kempf *allen Ordinarien zugesandt (vervielfältigte Ausfertigung am gleichen Fundort). Auf dem an* Frings *gesandten Exemplar vermerkte* Teusch: S[eine]r Eminenz geh[orsamst] vorgelegt: ob man nicht am besten gegen jeden Werbefunk Stellung bezieht, sei es auf Bundes-, sei es auf Landesebene ? K[öln] 22. 11. 59 T[eusch].

[2] *Druck:* Herder Korrespondenz *10 (1955/56), S. 321 f.*

funk« enthält ferner den Wortlaut der folgenden Dokumente: Die »Loccumer Leitsätze über das Verhältnis von Kirche und Rundfunk« vom September 1955, die Verlautbarung der Kirchlichen Hauptstelle der Katholischen Rundfunk- und Fernseharbeit in Deutschland zur Einführung des ›Freien Fernsehens‹ vom 28.11.1957, den Artikel von Professor Dr. Ridder »Was bedeutet eine bundeseinheitliche Kommerzialisierung des ›Vierten Bandes‹?« vom 4.12.1957, die Stellungnahme der Kirchlichen Hauptstelle zu der Frage eines kommerziell bestimmten ›Zweiten Fernsehprogramms‹ vom 15.11.1958 sowie die Entschließung des Arbeitskreises für Rundfunk und Fernsehen im Zentralkomitee der Deutschen Katholiken vom 19.4.1958. Als 3. Beiheft unter dem Titel »Wem gehört der Rundfunk?« erschien der Gesamtbericht der KRD-Jahrestagung in Baden-Baden vom Oktober 1958).

II.

Die Kirche kann sich kein Schiedsamt vindizieren in der zur Zeit anstehenden Diskussion, durch welche Instanz die gesetzliche Neuordnung des deutschen Rundfunk- und Fernsehwesens zu geschehen habe (vgl. Schlußwort des Bischofs von Limburg auf der KRD-Jahrestagung in München am 7.10.1959). Sie würde es allerdings begrüßen, wenn sich Bund und Länder in einer so bedeutsamen Frage einigen könnten.

III.

Der Ausgang des augenblicklichen Streites wird möglicherweise die Katholische Kirche in ihrer weiteren Rundfunk- und Fernseharbeit vor eine neue Situation stellen.

B. Stellungnahme zu dem amtlichen »Entwurf eines Gesetzes über den Rundfunk«[3]

I.

Begrüßenswert ist in dem Entwurf eine weitgehende Berücksichtigung jener Forderungen der Kirche, die in der genannten Fuldaer Verlautbarung von 1955 enthalten sind.

II.

Dessen ungeachtet erscheinen die folgenden Abänderungsvorschläge notwendig:

a) In den § 5 sollte der folgende Absatz (3) eingeführt werden:

»Den Kirchen und den anderen Religionsgemeinschaften des öffentlichen Rechts, die über das ganze Bundesgebiet verbreitet sind, ist auf Wunsch eine angemessene Sendezeit für die Übertragung religiöser Sendungen sowie gottesdienstlicher Handlungen und Feierlichkeiten zu gewähren. Sie sollen die Möglichkeit erhalten, in angemessener Sendezeit Anliegen von allgemeinem Interesse zu behandeln. Mit den israelitischen Kultusgemeinden sind entsprechende Vereinbarungen zu treffen. Die Vorschrift des § 7 findet auf diese Sendungen Anwendung.«

[3] Gesetz über die Errichtung von Rundfunkanstalten des Bundesrechts *vom 29. November 1960.* BGBL., *S. 863.*

Eine solche Regelung sichert der Kirche das Recht auf angemessene Sendezeit in allen Rundfunkanstalten.

b) Aus Gründen der Klarheit sollten in den §§ 15 (1), 19 (1) und 24 (1) die Worte »entsendet« und »Entsendung« ersetzt werden durch »bestellt« und »Bestellung«.

c) § 46 (1) Satz 1, sollte geändert werden wie folgt: »Die Deutsche Welle, der Deutschlandfunk und das Deutschlandfernsehen haben den Kirchen und anderen Religionsgesellschaften des öffentlichen Rechts auf Wunsch angemessene Sendezeiten für die Übertragung religiöser Sendungen sowie gottesdienstlicher Handlungen und Feierlichkeiten zu gewähren«.

III.

Zu einer ausführlicheren Stellungnahme veranlaßt die jetzige Formulierung des § 22.

1. Im folgenden seien zunächst in gedrängter Form die Grundsätze rekapituliert, welche von der Bischöflichen Hauptstelle für Rundfunk und Fernsehen am 15.1.1958 in extenso dargelegt wurden (siehe Becker/Siegel, 2. Beiheft, Seite 68ff.):

Kommerzielle und politische Gesichtspunkte dürfen bei einer vorwiegend kulturellen Angelegenheit kein einseitiges Übergewicht bekommen.

Eine Werbung, die im Interesse reiner Wirtschaftsdynamik unbegrenzt neue Konsumbedürfnisse hervorruft, ist sittlich zu beanstanden. Das gilt besonders dann, wenn sie sich mit Vorliebe an das Unterbewußte im Menschen wendet.

Eine Werbung, die der Natur der Sache nach nur bestimmten Großunternehmen zugute kommt und ihnen damit ein Übergewicht im kulturellen Leben verschafft, ist nicht vereinbar mit unserer sozial-reformerischen Forderung nach einer institutionellen Begrenzung solcher Machtausweitung. Es besteht die Gefahr einer weiteren Kommerzialisierung unserer Kultur.

Die Programmgestaltung muß institutionell gesichert werden gegen die Gefahr, daß eine Niveausenkung eintritt aus Gründen, die in der Psychologie des Massengeschmacks liegen. Eine besondere Gefahr liegt in der Massierung und Vergröberung der Attraktionen des Rahmenprogramms.

Das Eindringen des Fernsehfunks in die Intimsphäre der Familie und die gesunde Entwicklung der noch nicht entscheidungsreifen Kinder und Jugendlichen verlangt zusätzliche Sicherungen bei einer Programmgestaltung, die in besonderer Weise der wirtschaftlichen Werbung verpflichtet ist.

2. Nach diesen Grundsätzen ist es bedenklich, die Durchführung von Fernsehsendungen Gesellschaften privaten Rechtes zu übertragen. Es empfiehlt sich vielmehr, daß eine Anstalt öffentlichen Rechts die Programmgestaltung in eigener Verantwortung übernimmt. Nur soweit sie die Anforderungen der Programmgestaltung nicht selbst erfüllen kann, sollte ihr die Möglichkeit gegeben werden, auch Gesellschaften des privaten Rechts an der Programmgestaltung zu beteiligen.

An sich ist in der Trägerschaft kultureller Veranstaltungen grundsätzlich der Vorrang freier und privater Kräfte wünschenswert.

In Anbetracht der konkreten technischen und wirtschaftlichen Voraussetzungen des Fernsehwesens bringt die Übertragung von Senderechten an Gesellschaften privaten

Rechts leicht die Gefahr einer sozial und kulturell nicht zu rechtfertigenden Privilegierung bestimmter finanzstarker Gruppen unseres Volkes mit sich. Aus diesem Grunde scheint die Durchführung der Fernsehsendungen durch eine gemeinnützige Anstalt des öffentlichen Rechts der angemessenere Weg zu sein.

3. Sollte es trotzdem zur Übertragung von Senderechten an private Gesellschaften kommen, so wären die folgenden Sicherungen zu fordern:

a) In dem Gesetz müßte sichergestellt werden, daß im Aufsichtsrat einer freien Werbegesellschaft Mitglieder des Beirats und der Programmexekutive so vertreten sind, daß sie dort von den übrigen Aufsichtsratsmitgliedern nicht überstimmt werden können.

(Zum Vergleich: In den bereits zwischen den Werbefernsehgesellschaften der bestehenden Rundfunkanstalten und den Rundfunkanstalten selbst abgeschlossenen Verträgen ist sichergestellt, daß die Aufsichtsräte bzw. Verwaltungsräte dieser Werbefernsehgesellschaften sich jeweils zusammensetzen aus Mitgliedern von Aufsichtsgremien der Rundfunkanstalten und Mitgliedern der Programmexekutive, z. B. Intendant, Programmdirektor usw. Dadurch ist gewährleistet, daß die von den Aufsichtsgremien der Rundfunkanstalten beschlossenen Richtlinien auch im Werbefernsehen wirksam kontrolliert werden können.)

b) Durch das Gesetz müßte ferner sichergestellt werden, daß die mit den Programmgesellschaften zu schließenden Verträge diese Gesellschaften auf Richtlinien festlegen, die vom Beirat für die Programmgestaltung und für die Fernsehwerbung zu erlassen sind. Diese Richtlinien müßten die dem Fernsehen und insbesondere dem Werbefernsehen eigenen Gefahren ins Auge fassen und nach Möglichkeit ausschalten.

c) Um die Einhaltung aller Auflagen zu garantieren, muß der Beirat durch eine eigene Gesetzesbestimmung mit der Befugnis ausgestattet werden, Verstöße gegen die Richtlinien mit wirksamen Sanktionen zu belegen, einschließlich der Kündigung des mit der betreffenden Programmgesellschaft abgeschlossenen Vertrages.

d) Es muß die Möglichkeit eines Schiedsgerichts oder einer ähnlichen Einrichtung geschaffen werden, um eine sofortige und abschließende Entscheidung der Frage treffen zu können, ob ein wichtiger Programmteil gegen die Richtlinien verstößt. Nur unter diesen Bedingungen scheint die Forderung der Enzyklika »Miranda prorsus« hinsichtlich eines kommerziellen Fernsehens erfüllt zu sein, falls es überhaupt trotz unserer grundsätzlichen Bedenken eingeführt wird. Ähnliche Bedingungen wurden von den kirchlichen Beauftragten auch bei dem bereits von den bestehenden Rundfunkanstalten eingeführten Werbefernsehen angemeldet.

e) Im Hinblick auf das Gesagte müßte auch die Stellung des Intendanten (§ 30) überprüft werden.

C. Forderungen für den Fall einer nichtgesetzlichen Regelung

Sollte es zu einer anderen als der gesetzlichen Regelung (d. h. zu einem Verwaltungsakt der Bundesregierung) kommen, so müßte kirchlicherseits zunächst verlangt werden, daß auch hier die der Kirche notwendig erscheinenden Garantien gegeben werden. Darüber hinaus wäre genau zu prüfen, welche ungünstigeren Voraussetzungen in diesem Falle für ihre Erfüllbarkeit beständen und welcher Ausgleich dafür geschaffen werden könnte. Die Erfüllung der kirchlichen Forderungen selbst muß unter allen Umständen institutionell gesichert werden.

(gez.) Msgr. Dr. Karl Becker
(gez.) Pfarrer Karl August Siegel.

270

Protokoll der westdeutschen Bischofskonferenz

Pützchen, 9.–11. Dezember 1959

EA MÜNCHEN, Joseph Kardinal Wendel, 21/1959. *Druckstück mit Überschrift:* Protokoll der Konferenz der westdeutschen Bischöfe in Pützchen vom 9. bis 11. Dezember 1959. *Vermerk:* Streng vertraulich!

An der Konferenz, die unter dem Vorsitz des Erzbischofs von Köln, S[eine]r Eminenz Kardinal Frings, stattfindet, nehmen teil:

Joseph Kardinal Frings, Erzbischof von Köln,
Julius Kardinal Döpfner, Bischof von Berlin,
Lorenz, Erzbischof von Paderborn,
Hermann, Erzbischof von Freiburg,
Albert, Bischof von Mainz,
Michael, Bischof von Münster,
Wilhelm, Bischof von Limburg,
Carl Joseph, Bischof von Rottenburg,
Matthias, Bischof von Trier,
Johannes, Bischof von Aachen,
Heinrich Maria, Bischof von Hildesheim,
Helmut Hermann, Bischof von Osnabrück,
Franz, Bischof von Essen,
Adolf, Bischof von Fulda.

Der Vorsitzende eröffnet die Konferenz mit der Begrüßung der Teilnehmer und dem Vorschlag der Tagesordnung.

1. Im Zusammenhang mit Angriffen eines US-Amerikaners Dr. Gordon Zahn gegen das Verhalten des deutschen Episkopates während der NS-Zeit[1] soll das staatsbürgerliche Referat des Zentralkomitees durch den Vorsitzenden beauftragt werden, das vorliegende Aktenmaterial in einem kleinen Studienkreis wissenschaftlich zu bearbeiten.

2. Zur Behandlung der Frage des »Zweiten Fernsehens« werden folgende Sachbearbeiter hinzugezogen:
Mons. Dr. Becker-Freiburg, Pfarrer Siegel-Frankfurt, Direktor Wissing-Bonn, Professor Dr. Overath-Köln und P. Dr. Schmücker-Köln.

[1] *Vgl.* HERDER KORRESPONDENZ *14 (1959/60), S. 374–381. Mit dem Buch von* GORDON C. ZAHN, *German catholics and Hitler's wars. A study in social control, London 1963, deutsche Übersetzung: Die deutschen Katholiken und Hitlers Kriege, Graz, Wien, Köln 1965, nahm die Diskussion ihren Fortgang.*

Nach längerer Beratung wird eine Verlautbarung verabschiedet, die nach Abstimmung mit den bayerischen Bischöfen vom Vorsitzenden dem Bundeskanzler überreicht und dann veröffentlicht werden soll (Text in der Anlage).

3. Der am 21., 22. und 23. November in München erarbeitete Vorentwurf betreffend die Errichtung eines psychotherapeutischen Institutes soll von einem Fachgremium überprüft werden, dessen Mitglieder von Direktor Hanssler vorgeschlagen und nach Billigung durch den Vorsitzenden und den Erzbischof von Paderborn zu einer Arbeitsbesprechung eingeladen werden sollen. Das Ergebnis der Besprechung soll bis 1. Juni 1960 vorliegen. Privatdozent Dr. Görres erhält einen begrenzten Forschungsauftrag für ein halbes Jahr. Ein entsprechender Betrag wird aus der auf der letzten Plenarkonferenz bereitgestellten Summe entnommen.

4. Der Bischof von Berlin berichtet über die seelsorgliche Lage in den mitteldeutschen Diözesen.

5. Der Vorsitzende gibt ein Schreiben des Staatssekretariates S[eine]r Heiligkeit vom 26. November bekannt, in dem der Heilige Vater den deutschen Katholiken seinen besonderen Dank für die hochherzigen Spenden für das bischöfliche Misereor-Werk gegen Hunger und Krankheit in der Welt ausspricht und die planvolle Verteilung der Mittel lobend hervorhebt. Das Schreiben stellt die Antwort auf einen Bericht des Vorsitzenden dar.

Der Vorbereitung der Kollekte in der kommenden Fastenzeit soll ein gemeinsamer Aufruf der Bischöfe dienen. Darüber hinaus werden die Bischöfe in ihren Fastenhirtenbriefen auf die Kollekte hinweisen.

Auf Grund eines der Dezember-Nummer vom »Mann in der Zeit« beigelegten Aufrufs zu einem Weihnachtsopfer für die Not in den Entwicklungsländern hebt die Konferenz hervor, daß eine gute Koordinierung solcher Initiativen – u. a. auch die sogenannte Drei-Minuten-Aktion – durch das Misereor-Werk nötig ist. Nachdem das Misereor-Werk von den deutschen Bischöfen als offizielles kirchliches Werk gegründet ist, sollten in ihm alle Bemühungen der deutschen Katholiken für die Entwicklungsländer zusammengefaßt werden, die in der Zielsetzung des Misereor-Werkes liegen, und zwar einmal, um eine möglichst wirksame Hilfe leisten zu können, und zum anderen, um die Verteilung der Mittel möglichst gerecht und zweckmäßig vornehmen zu können. Dieser Wunsch der Bischöfe soll den in Frage kommenden Stellen durch den Geschäftsführer des Misereor-Werkes mitgeteilt werden.

Diese Konferenz nimmt zustimmend Kenntnis von der am 25. November dieses Jahres erfolgten Gründung einer Arbeitsgemeinschaft für Entwicklungshilfe, die der Gewinnung, Vorbildung und Aussendung von Missionshelfern dienen will. Die Initiative der Kolpingsfamilie, der Katholischen Landjugend (Klausenhof) und des Bistums Essen zur Einrichtung entsprechender Vorbildungsstätten wird begrüßt.

6. Der von Pius XII. am 4. Dezember 1950 eingesetzte Welttag der heiligen Kindheit soll in den deutschen Diözesen in Zukunft jeweils an dem Sonntag begangen werden, der dem Fest der Unschuldigen Kinder zunächst liegt. Wird das Weihnachtsfest an einem Sonntag gefeiert, soll der Welttag am 2. Weihnachtstag begangen werden.

7. Angesichts des immer wieder lebhaft geäußerten und von den Bischöfen verständnisvoll aufgenommenen Wunsches der Studentenverbände nach Mitgliedschaft auch der Theologiestudierenden wird der Erzbischof von Paderborn gebeten, bei den Regenten der Seminarien bzw. Konvikte eine Umfrage nach der gegenwärtig geübten Praxis zu halten. Dabei herrscht Einmütigkeit darüber, daß die Mitgliedschaft der Theologiestudierenden während der sogenannten freien Semester möglich ist, und zwar vor allem wegen der damit gegebenen apostolischen Möglichkeiten.
8. Die Konferenz bespricht ausführlich die Erwachsenenbildungsarbeit an den katholischen Akademien und regt an, daß der Leiter des Kulturreferates des Zentralkomitees, Direktor Hanssler, mit der Arbeitsgemeinschaft der Akademien überlegt, wie eine gute Zusammenarbeit der einzelnen Institute gewährleistet werden kann, vor allem auch bei der Behandlung schwieriger Tagesfragen und deren publizistischer Auswertung.
9. Der Erzbischof von Paderborn berichtet über die Notwendigkeit der wirtschaftlichen Sicherung konvertierter evangelischer Pfarrer. Die Diözesen erklären sich bereit, an dieser Aufgabe mitzuarbeiten. Vgl. Beschluß der Konferenz von Pützchen November 1955.
10. Der Vorsitzende unterrichtet die Konferenz über ein Schreiben des Staatssekretariates betr. die Aufgaben des Katholischen Büros Bonn und die Stellung seines Leiters.
11. Auf Antrag S[eine]r Eminenz Kardinal Wendel soll eine Kollekte für den Münchener Eucharistischen Kongreß gehalten werden. Die Kollekte möge in der Fronleichnamszeit angesetzt werden, jeweils in Anpassung an den diözesanen Kollektenplan.
12. Organisatorische Fragen:
Die Fragen der katholischen Landvolkbewegung werden innerhalb der Sozialkommission bearbeitet, und zwar vom Bischof von Münster. Die Siedlungsfragen sollen innerhalb derselben Kommission dem Bischof von Essen zugeordnet sein. Er wird zunächst die Notwendigkeit der Stelle des katholischen Siedlungsdienstes prüfen. Der Bischof von Hildesheim wird prüfen, ob die Verwaltung des Kirchenbuchamtes in München zusätzlich von Dr. Tillmann[2] übernommen werden kann.
Die Konferenz begrüßt die Arbeit des Bundes Katholischer Unternehmer und ist bereit, seine Bemühungen zu unterstützen. Der BKU möge den Diözesen die jeweilige Mitgliederliste zur Kenntnis bringen und geeignete Hinweise auf konkrete Unterstützungsmöglichkeiten geben.
Die Konferenz hält den Zeitpunkt für gekommen, die Spannungen zwischen den beiden DJK-Mannessportverbänden in einer tragfähigen Einheit zu überwinden, auch mit Rücksicht auf die drängende Frage der früheren DJK-Reichslehrstätte Münster. Der Erzbischof von Paderborn und die Bischöfe von Münster und Essen,

[2] Paulus Tillmann *(1906–1984), Dr. iur., 1935 Priester (ED Breslau), Domvikar und Pfarrer, 1947–1984 Leiter des Studienwerks für katholische heimatvertriebene Schüler, 1960–1976 Direktor des Katholischen Kirchenbuchamtes und Archivs für die Vertriebenen. Vgl.* J. Gottschalk VI, *S. 279–283.*

in deren Diözesen beide Verbände vertreten sind, werden eine Kommission berufen, die bis zum 1. März 1960 einen geeigneten Vorschlag ausarbeiten soll.
Der Bischof von Osnabrück teilt mit, daß die KNA als neuen Chefredakteur Konrad W. Kraemer[3] aus Münster gewählt hat, der am 1. Mai 1960 sein Amt antritt. Er berichtet ferner über den guten Verlauf des ersten publizistischen Fortbildungskursus, der vom Kulturreferat des Zentralkomitees in Zusammenarbeit mit der Gesellschaft katholischer Publizisten und der Arbeitsgemeinschaft »Kirchliche Presse« vorbereitet wurde.
Der Bischof von Aachen weist darauf hin, daß ab 1. Januar 1960 die Schulkorrespondenz getrennt von der KNA herausgegeben wird, ebenso auch die Filmkorrespondenz. Die schul- und filmpolitischen Nachrichten werden jedoch auch durch KNA verbreitet.
Der Bischof von Fulda gibt Kenntnis von den Verhandlungen mit der Winfried-Werk GmbH in Augsburg bzgl. der Herausgabe des »Mann in der Zeit«. Er wird gebeten, die Verhandlungen mit Vorrang zu Ende zu führen.
Der Erzbischof von Paderborn berichtet über die Situation des Studentenwohnheimbaus und bittet um eine einmalige Hilfe von 50.000 DM für ein zu bauendes Wohnheim in Hannover. Der Betrag wird auf die Mitglieder der Konferenz umgelegt. Der Erzbischof von Paderborn wird bis zur nächsten Konferenz genauere Unterlagen über die gesamte Situation zur Verfügung stellen.
Der Vorsitzende wird, soweit erforderlich, das Einverständnis der bayerischen Bischöfe herbeiführen.

Der Protokollführer:
Franz,
Bischof von Essen

Der Vorsitzende:
Joseph Kardinal Frings,
Erzbischof von Köln.

Anlage
Verlautbarung der deutschen Bischöfe zum Entwurf des Bundesrundfunkgesetzes
Bereits im Jahre 1955 hat die Fuldaer Bischofskonferenz die grundsätzlichen Forderungen der Kirche bei einer Neuordnung des Rundfunk- und Fernsehwesens herausgestellt. Damals war ein Staatsvertrag zwischen Bund und Ländern über die Ordnung des Rundfunkwesens in Vorbereitung (Allgemeiner Rundfunkvertrag und dessen Zusatzverträge: Kurzwellenvertrag, Langwellenvertrag, Fernsehvertrag), ein kommerzielles Werbefernsehen stand noch nicht zur Debatte. Inzwischen liegt nun dem Bundestag der »Entwurf eines Gesetzes über den Rundfunk« vor. Die dadurch erneut aufgekommenen Auseinandersetzungen zwischen Bund und Ländern geben uns Veranlassung zu der folgenden Stellungnahme, mit der wir zugleich verhindern

[3] Konrad W. Kraemer *(1926–1991), Dr. phil., 1961–1984 Chefredakteur der Katholischen Nachrichten-Agentur KNA.*

möchten, daß die kirchliche Autorität in unzutreffender Weise in Anspruch genommen wird. Die Frage, ob die Rundfunkgesetzgebungskompetenz und das Recht zur Veranstaltung von Rundfunksendungen beim Bund oder bei den Ländern oder bei beiden liegen, ist Sache der juristischen Fachdiskussion. Wir würden es begrüßen, wenn Bund und Länder sich in einer so bedeutenden Frage einigen könnten.

I.

Wir stellen mit Befriedigung fest, daß in dem Entwurf jene Forderungen der Kirche vom Jahre 1955 zum großen Teil berücksichtigt sind. Wir bitten erneut, daß sie auch in die Gesetze bzw. Staatsverträge über jene Rundfunkanstalten aufgenommen werden, wo sie noch fehlen.
In den § 5 des genannten Entwurfs sollten aber die Bestimmungen des § 46 vollinhaltlich eingefügt werden. In den Bestimmungen des § 46 Absatz 1 Satz 1 sollten außer der Übertragung gottesdienstlicher Handlungen und Feierlichkeiten auch religiöse Sendungen gewährleistet werden.

II.

Zu einer ausführlichen Stellungnahme veranlaßt § 22 des Gesetzentwurfes. Die päpstliche Enzyklika »Miranda prorsus« vom 8.9.1957 stellt fest: »Der kirchlichen Lehre und dem hohen Zweck der genannten publizistischen Mittel widerspricht die Einstellung aller, die diese Erfindung lediglich in den Dienst der Politik und ihrer Propaganda oder des wirtschaftlichen Fortschritts stellen wollen.« Rundfunk und Fernsehen dürfen demnach weder dem Staat (Bund oder Länder) noch Wirtschafts- oder Interessengruppen allein überlassen werden. In Übereinstimmung mit dieser Enzyklika hat die von uns eingerichtete Hauptarbeitsstelle »Katholische Rundfunk- und Fernseharbeit in Deutschland« sich des öfteren eindeutig gegen die Einführung eines rein kommerziellen Fernsehsystems ausgesprochen.
Für ein rein kommerzielles Fernsehsystem halten wir auch das im Gesetzentwurf der Bundesregierung vorgesehene »Deutschland-Fernsehen«, wenn das Programm von einer oder mehreren privaten Gesellschaften produziert und im wesentlichen durch Werbung finanziert wird.
In Anbetracht der besonderen technischen und wirtschaftlichen Voraussetzungen des Fernsehwesens bringt die Übertragung von Senderechten an Gesellschaften privaten Rechts die Gefahr einer sozial und kulturell nicht zu rechtfertigenden Bevorzugung bestimmter finanzstarker Gruppen unseres Volkes mit sich. Wir beobachten heute in der wirtschaftlichen Werbung eine immer stärker werdende Hemmungslosigkeit. Die Produktion richtet sich vielfach nicht nach dem vom Menschen her bestimmten Bedarf, sondern ruft im Interesse einer nicht vertretbaren Vorstellung von Wirtschaftsdynamik unbegrenzt neue Bedürfnisse künstlich hervor.
Die Erfahrungen des Auslandes lassen erkennen, daß im Wettbewerb verschiedener programmgestaltender Kräfte die von kommerziellen Gesichtspunkten ausgehenden die stärksten sind. Diesen Zug nach unten zeigen deutlich auch jene Zeitungen, Zeitschriften und Filme, die auf breitesten Publikumsgeschmack angelegt sind.

Darüber hinaus bedauern wir lebhaft jede nicht vom Programm her notwendige zeitliche Ausweitung des Fernsehens, zu der ein kommerzielles Werbefernsehsystem natürlicherweise neigt.
Aus diesen Gründen ist die Veranstaltung von Fernsehsendungen durch gemeinnützige Anstalten des öffentlichen Rechts auf Gebührengrundlage die beste Lösung, wenn auch, wie die Erfahrung zeigt, die Fernsehwerbung in solchen Anstalten nicht selten Anlaß zu ernsthaften Beanstandungen gibt.
Soweit die Wirtschaft Ansprüche auf Fernsehreklame erhebt, sollte diese Werbung bei solchen öffentlich-rechtlichen Anstalten liegen. Der Werbeteil muß im Programm von den übrigen Sendungen getrennt sein und zu diesen, insbesondere durch eine zeitliche Beschränkung, in einem untergeordneten Verhältnis stehen.

III.

Wir bitten alle Verantwortlichen eindringlich, bei dem jetzt bestehenden und bei dem kommenden zweiten Fernsehprogramm die Ordnung und die Würde der Familie zu achten und die gesunde Entwicklung der noch nicht entscheidungsreifen Kinder und der Jugendlichen nicht durch ungeeignete oder zeitlich falsch angesetzte Sendungen zu stören. Wir schließen mit dem Wort der erwähnten Enzyklika: »Wir geben zu, daß es hier schwierige Fragen gibt. Ihre Lösung aber darf man nicht auf die Zukunft vertagen. Wird nämlich die Inanspruchnahme dieser Technik nicht durch die Zügel weiser Voraussicht gelenkt, dann erwachsen dem einzelnen und der menschlichen Gesellschaft überaus ernste Schäden.«

271

Berichte des Zentralkomitees für die Hauptkommission der Fuldaer Bischofskonferenz

Bad Godesberg, 1. März 1960

EA MÜNCHEN, Joseph Kardinal Wendel, 21/1960. *Schreibmaschinenvervielfältigung. Deckblatt:* Bericht für die Hauptkommission der deutschen Bischöfe.

Bericht über die politische Lage

1. Seit der Vorlage des letzten Berichtes über die politische Lage[1] hat sich die innerkirchliche Diskussion über das »Leitbild« der CDU/CSU zunächst eher verstärkt als abgeschwächt. Besorgnisse über das Erscheinungsbild der christlichen Parteien sind im Jahre 1959 immer häufiger und zum Teil mit unangebrachter Schärfe laut geworden. Die konkrete Substanz der erhobenen Vorwürfe richtet sich gegen die angebliche Vernachlässigung der Kulturpolitik, der Familienpolitik und der Eigentumspolitik durch die christlichen Parteien, insbesondere aber auch dagegen, daß die für die Aufstellung von Kandidaten zuständigen Parteiinstanzen, um der am Rande

[1] *Vgl. Dok. 228.*

der Kirche lebenden Grenzwähler willen, profilierte Katholiken gegenüber »neutralen« Persönlichkeiten benachteiligen. Den Höhepunkt erreichte diese Kritik im Anschluß an das Grundsatzreferat des Bundestagspräsidenten Dr. Gerstenmaier auf dem Kieler Parteitag der CDU 1958, das mit seiner Berufung auf Wilhelm von Humboldt und Friedrich Naumann als Versuch gedeutet wurde, einen Wechsel in der Wahl der geistigen Ahnherren der CDU vorzunehmen.
Indessen hat die Reaktion vieler und namentlich der katholischen Delegierten auf dem Kieler Parteitag deutlich gezeigt, daß die vielbesprochene »Liberalisierung« der CDU/CSU zwar eine Tendenz ist, mit der der deutsche Katholizismus rechnen muß, aber keinesfalls eine Tendenz, die sich durchgesetzt hat und die zur Zeit Chancen hat, sich durchzusetzen.
Die führenden Kreise der CDU/CSU haben inzwischen eingesehen, daß die christlichen Parteien den Kontakt zum organisierten deutschen Katholizismus allzusehr vernachlässigt hatten, und aus diesem Grunde dem Fraktionsvorsitzenden Dr. Krone und dem Abgeordneten Dr. Barzel die besondere Aufgabe dieser Kontaktpflege übertragen.
Der deutsche Katholizismus wird seinerseits gut daran tun, die Kontakte mit diesen beiden Männern zu pflegen. Er wird sich auch davor hüten müssen, sein Gewicht zugunsten von Plänen einzelner katholischer Politiker in Fragen einzusetzen, über die ein Konsens innerhalb der treuen Katholiken in der CDU nicht besteht oder dort, wo von vornherein feststeht, daß ein verpflichtender Konsens innerhalb der CDU/CSU-Fraktionen nicht herzustellen ist. Der Satz Pius' IX., daß Politik die Kunst des Möglichen ist, muß auch vom deutschen Katholizismus als richtig anerkannt und in der Praxis beherzigt werden. Das staatsbürgerliche Referat des Zentralkomitees, das unter den ersten war, [*die*] auf das »Unbehagen an der CDU« hingewiesen [*haben*], würde es für verhängnisvoll halten, wenn eine nach wie vor berechtigte wohlwollend-kritische Haltung gegenüber den christlichen Parteien in der katholischen Öffentlichkeit den Eindruck erweckte, daß nach Ansicht des deutschen Katholizismus CDU und CSU keine christlichen Weltanschauungsparteien mehr seien und sich daher nicht mehr prinzipiell von anderen Parteien unterschieden.
2. Auch sollte eine Kritik an der CDU/CSU nicht ohne intensive Selbstkritik des deutschen Katholizismus erfolgen. Trotz aller Bemühungen gerade führender katholischer Politiker in der CDU/CSU steht der Mitgliederbestand der christlichen Parteien noch immer in keinem Verhältnis zu ihren Wählerzahlen. Wenn es auch zutrifft, daß vielfach in den Ortsgruppen Cliquen von Honoratioren unter sich bleiben wollen und an einem Zugang neuer Mitglieder nicht interessiert sind, so ist andererseits auch bei den deutschen Katholiken die Bereitschaft, sich parteipolitisch zu organisieren, äußerst gering. Die verhängnisvollste Folge dieses Umstandes ist das Fehlen des katholischen Nachwuchses, vor allem auch in den Vertretungskörpern der autonomen Selbstverwaltung.
3. Nach einer langen Pause hat sich der Politische Arbeitskreis Katholischer Verbände neu konstituiert. Nach dem wegen Arbeitsüberlastung erfolgten Rücktritt des bisherigen Vorsitzenden, Rechtsanwalt Dr. Roesen, wurde im Herbst 1959 Minister

a. D. Präsident Professor Dr. Adolf Süsterhenn zum Vorsitzenden gewählt. Während die technische Geschäftsführung beim Katholischen Büro liegt, wird die Tagesordnung jeweils vom Katholischen Büro und dem Godesberger Haus des Zentralkomitees gemeinsam vorbereitet. Überhaupt ist zu vermerken, daß die Zusammenarbeit zwischen dem Katholischen Büro und dem Godesberger Haus des Zentralkomitees eine durchaus offene und freundschaftliche ist. Ein regelmäßiger Austausch von Informationen hat sich wiederholt bewährt.

4. Das staatsbürgerliche Referat des Zentralkomitees hat sich in die Diskussion mit und um Professor Dr. Gordon Zahn eingeschaltet, der, wie dem Hochwürdigsten Episkopat bekannt ist, in einem Vortrag vor der Katholischen Gesellschaft für Soziologie in Chicago die Behauptung aufgestellt hatte, der deutsche Episkopat, und namentlich die deutsche Kirchenpresse, habe Hitlers Kriege moralisch unterstützt. Wie inzwischen bekannt geworden ist, bemüht sich Zahn um eine Subvention aus einem katholischen Fond für die Drucklegung eines Werkes, in dem er diese These näher ausgeführt hat. Ein deutscher Verleger, der in dieser Sache um eine Auskunft angegangen worden war, wandte sich seinerseits an das Zentralkomitee und wurde vor allem darauf hingewiesen, welche Möglichkeiten die Arbeit Zahns der antikirchlichen kommunistischen Propaganda in der Zone eröffnen könnte. Ein Vortrag des staatsbürgerlichen Referenten des Zentralkomitees vor der Kirchenpresse wird überdies Gelegenheit bieten, diese rechtzeitig auf das immerhin mögliche Erscheinen des Zahn'schen Buches vorzubereiten.

5. Innerhalb der katholischen Heimatvertriebenen und insbesondere im Arbeitskreis »Kirche und Heimat« des Zentralkomitees ist die erfreuliche Tendenz festzustellen, das schwere Schicksal des Vertriebenseins auch positiv zu nutzen, und zwar im Sinn eines besseren Verständnisses der slawischen Nachbarvölker, vor allem der Polen. Diese Tendenz hat sich nicht nur in einer Arbeitstagung in Königstein/T[aunu]s im Frühjahr 1959 manifestiert, die eine überraschend günstige Resonanz gefunden hat, sondern auch in Plänen für eine katholische Intensivierung der Ostforschung, die bislang fast ausschließlich in von Nichtkatholiken geleiteten und von der öffentlichen Hand finanzierten Ostinstituten betrieben wird. Mit verschiedenen katholischen Politikern wurden in dieser Sache bereits informative Besprechungen geführt.

6. Die verschiedenen »linkskatholischen« Gruppen verdienen eine aufmerksame Beobachtung. Eine Tagung der Katholischen Akademie Bayern in Eichstätt[2] im November 1959, aus dem vernünftigen Gedanken heraus einberufen, mit jenen »Linkskatholiken« ein freundschaftliches Gespräch zu führen, die man für rationale Erwägungen zugänglich halten konnte, hat im Grunde nur bestätigt, daß es sich weniger um rationale als um emotionale Positionen handelt. Obwohl die Bezeichnung »Linkskatholizismus« in Deutschland kaum sinnvoll ist, weil es im Gegensatz zu Frankreich bei uns schon seit langem keinen »Rechtskatholizismus« gibt, verstehen sich alle diese Gruppen, trotz ihrer unterschiedlichen Schattierungen, als eine inner-

2 *Die Katholische Akademie in Bayern veranstaltete am 21./22. November 1959 in Eichstätt eine Tagung zum Thema: Der katholische Laie in der hierarchischen Kirche und in der demokratischen Gesellschaft.*

kirchliche Opposition gegen die »offizielle« Kirche, die sich als »weltanschaulich geschlossene, autoritativ gelenkte Massenbewegung im Kampf um Machtpositionen« mißverstehe (Dr. Ernst Martin[3]). Einig sind sich infolgedessen alle diese Gruppen in der Abneigung gegen irgendeine konkrete und geschlossene katholische Aktion in den gesellschaftlichen Raum und in einer Neigung zur politischen Neutralität und zu »brüderlichen Gesprächen von Mensch zu Mensch«. Diese Tendenzen zu einem undifferenzierten Fraternisieren scheint vor allem viele katholische Intellektuelle, vor allem der studentischen Generation, anzusprechen. Gerade aber weil es sich um ein vorwiegend psychologisches Phänomen handelt, das sich in Einzelfällen bis zu einem pathologischen Verfolgungswahn unter dem Schlagwort »Christenverfolgung durch Christen« (A. Horné, Christ und Bürger, heute und morgen, S. 279[4]) steigert, glauben wir, Geduld und Nachsicht üben und empfehlen zu müssen. Jede autoritative Stellungnahme würde nur zur Folge haben, den Eigensinn und die krankhafte Empfindlichkeit der Betroffenen zu steigern und ihnen mehr Bedeutung zu verleihen, als sie es verdienen. Es besteht andererseits auch keine Veranlassung, Propheten des »Linkskatholizismus« ein zusätzliches Forum vor katholischen Bildungswerken und Akademien zu eröffnen.

7. Die innerkatholische Diskussion um die atomare Aufrüstung ist ebenso abgeflaut wie seinerzeit die Diskussion um die Wehrpflicht. Interessant ist, daß nach einer neueren Aufstellung (Die Neue Gesellschaft, 1960, H. 1, S. 53) von 280 Anträgen auf Freistellung vom Wehrdienst nur fünf sich auf eine situationsgebundene Gewissensentscheidung beriefen, während alle übrigen Antragsteller den Kriegsdienst als grundsätzlich unerlaubt ansahen.

8. Die SPD bemüht sich in immer steigenderem Maße darum, das Vertrauen der praktizierenden Katholiken zu gewinnen. Der Bundestagsabgeordnete Heinz Kühn[5] hat aufgrund von Ermittlungen des DIVO-Institutes feststellen zu können geglaubt, daß der von der SPD gewünschte Wahlsieg im Jahre 1961 vor allem davon abhängt, daß es ihr gelingt, ihre Stimmenzahl unter den katholischen Arbeitern und ihren Angehörigen zu erhöhen. Dies ist sicherlich mit einer der Gründe, warum der Godesberger Parteitag der SPD sich bemüht hat, in dem von ihm beschlossenen Programm[6] den Kirchen eine »freie Partnerschaft« anzubieten und damit eine Abkehr von der Formel »Religion ist Privatsache« zu vollziehen. Es ist allerdings interessant, daß gerade der Abschnitt »Religion und Kirche« mit dem höchsten Anteil von Ge-

[3] *Möglicherweise Schreibfehler für* Emil Martin.

[4] Alfred Horné *(Hrsg.), Christ und Bürger. Heute und morgen, Stuttgart und Düsseldorf 1958.*

[5] Heinz Kühn *(1912–1992), Journalist, Politiker (SPD), 1948–1954 und 1962–1978 im Landtag von Nordrhein-Westfalen, 1966–1978 Ministerpräsident von Nordrhein-Westfalen, 1973–1975 stellvertretender Vorsitzender der SPD, 1953–1962 Mitglied des Bundestags.*

[6] *Auf dem Parteitag von Godesberg vom 13.–15. November 1959 formulierte die SPD ein neues Grundsatzprogramm, in dem sie sich von marxistischen Inhalten wie Klassenkampf, Vergesellschaftung von Industrien und Planwirtschaft abwandte und einen Demokratischen Sozialismus auf der Basis der Grundwerte Freiheit, Gerechtigkeit und Solidarität konzipierte, der nicht mehr ausschließlich durch den Marxismus, sondern auch durch Humanismus oder Christentum grundgelegt sein könne. Längere Zeit innerparteilich umstritten und von Außenstehenden kritisch betrachtet, verstärkte das Godesberger Programm den inneren Wandel der SPD und ermöglichte ihren Durchbruch zur Volkspartei.*

genstimmen (53) beschlossen wurde, während der sich auf die neutrale Gemeinschaftsschule festlegende Abschnitt »Die Schule« einstimmig gebilligt wurde. Eine Analyse des Parteiprogramms und der in großer Auflage vor allem unter dem Klerus verbreiteten Schrift »Der Katholik und die SPD«[7] kann hier nicht gegeben werden; sie muß jedoch noch erarbeitet werden. Überdies wird im Politischen Arbeitskreis des Zentralkomitees in Ettal im Anschluß an ein Referat von Dr. Beckel, Münster, das Notwendige gesagt werden müssen.

Die Reaktion der katholischen Öffentlichkeit – ganz abgesehen von den Stellungnahmen aus den CDU-Kreisen – war im allgemeinen sehr reserviert und ist vielleicht am deutlichsten in der Stellungnahme von Weihbischof Dr. Walther Kampe (KNA v[om] 24.11.1959) dahin zusammengefaßt worden, daß die SPD die Probe aufs Exempel in ihrer politischen Praxis in der Landes- und Kommunalpolitik erst zu bestehen haben werde. Es ist charakteristisch, daß diese Äußerung von Exzellenz Kampe zu einer äußerst höhnischen Stellungnahme im »Vorwärts« v[om] 18.12.1959 durch einen Herrn Eska[8] geführt hat, der in einer späteren Nummer als »praktizierender Katholik« vorgestellt wurde. Auf eine entsprechend deutliche Kritik des »Echo der Zeit« rückte Herr Wehner in einer Zuschrift an das »Echo der Zeit« von Herrn Eska ab, nicht jedoch im »Vorwärts« selbst, obwohl er dazu alle Möglichkeit gehabt hätte.

Wie wir schon in anderem Zusammenhang gesagt haben, empfiehlt es sich nicht, die Auseinandersetzung mit dem Godesberger Parteiprogramm durch bloße Textexegese zu betreiben. Das Godesberger Programm gefällt sich in so vagen Formulierungen und stellt eine so allgemein gehaltene Ermächtigung dar, daß eine solche rein theoretische Auseinandersetzung mehr das Propagandabedürfnis der SPD befriedigt, als zu einer wirklichen Klärung führt.

Gewarnt muß auch werden, die Diskussion ausschließlich auf den kulturpolitischen Teil des Programms zu verlegen und dadurch den Eindruck zu erwecken, daß das SPD-Programm durchaus akzeptiert werden könne, wenn die SPD etwa der Kirche in der Schulfrage, z. B. durch die Finanzierung von konfessionellen Privatschulen entgegenkomme. Die deutschen Katholiken haben an den »Freiheitlichen Sozialismus« nicht nur Fragen zu richten, die die Freiheit des kirchlichen Wirkens in der Gesellschaft und die gleichberechtigte Förderung ihrer Arbeit an der Bildung und Wohlfahrt des Volkes betreffen. Es scheinen nämlich auch nach dem Grundsatzprogramm von 1959 in der SPD staatspolitische und wirtschaftspolitische Vorstellungen auf, die mit der katholischen Soziallehre schlechthin nicht vereinbar sind.

7 *Der Katholik und die SPD, Berlin 1959.*

8 HENRYK ESKA, *Wenn Ollenhauer katholisch wäre... Sehr offener Brief an einen jungen Katholiken, in:* VORWÄRTS, *18. Dezember 1959, S. 4.* HENRYK ESKA *ist ein Pseudonym für* HENRYK SKRZYPCZAK *(geb. 1926), Dr. phil., 1958 Sekretär der neu gegründeten Berliner Historischen Kommission, 1965–1974 deren Generalsekretär, 1965–1999 Herausgeber der »Internationalen wissenschaftlichen Korrespondenz zur Geschichte der deutschen Arbeiterbewegung« (IWK), 1968–1981 Mitherausgeber des »Jahrbuchs für die Geschichte Mittel- und Ostdeutschlands«.*

Bericht zu Fragen der internationalen Arbeit

I. Das Weltsekretariat für das Laienapostolat (Comitato Permanente dei Congressi internazionali per l'Apostolato dei Laici – COPECIAL)

Im Juli vergangenen Jahres berief der Hl. Vater an die Spitze des COPECIAL einen Ausschuß, der aus sechs führenden Persönlichkeiten des internationalen katholischen Lebens besteht. Deutschland ist darin durch den Präsidenten des Zentralkomitees der deutschen Katholiken, Karl Fürst zu Löwenstein, vertreten. Die übrigen Mitglieder sind: Der Vorstand: Prof. Silvio Golzio[9], Präsident der Akademikerbewegung der italienischen katholischen Aktion. Ferner: Claude Ryan[10], Canada; Juan Vázquez[11], Argentinien; Jean-Pierre Dubois-Dumée[12], Frankreich; Prof. Ramon Sugranyes de Franch[13], Spanien/Schweiz. Fräulein Rosemary Goldie[14] wurde Geschäftsführerin des COPECIAL; die dem COPECIAL zugeordnete kirchliche Kommission bilden nach wie vor Kardinal Pizzardo, Bischof Castelli[15], Msgr. Glorieux[16], Msgr. Pavan[17], Msgr. Antonio Mazza[18], Pater Martegani S. J.[19] und Pater Vincent Ryan O. P.[20]

Vom 24.–26. Oktober 1959 trat der neu benannte Sechserausschuß zum ersten Mal zusammen. Es wurden auf dieser Zusammenkunft, an der auch der Generalsekretär der Organisations internationales catholiques (OIC), M. de Habicht[21], und die der-

9 SILVIO GOLZIO *(1909–1994), Dr. iur., Dr. rer. pol., Industrieller in Turin, Generaldirektor von Iri-Roma, Präsident von COPECIAL, zeitweilig Berater des Vatikans.*

10 CLAUDE RYAN *(1925–2004), 1945–1962 Nationalsekretär der französischen Sektion der Katholischen Aktion Kanadas, 1955–1961 Präsident des kanadischen Instituts für Erwachsenenbildung.*

11 JUAN VÁZQUEZ *(1917–1992), führendes Mitglied der Katholischen Aktion in Argentinien, 1952 Vizepräsident, 1956 Präsident der »Federazione Internazionale della Gioventù Cattolica« (Internationaler Bund der katholischen Jugend).*

12 JEAN-PIERRE DUBOIS-DUMÉE *(1918–2001), Chefredakteur von »L'Actualité religieuse dans le Monde«, Generalsekretär der internationalen katholischen Journalistenorganisation.*

13 RAMON SUGRANYES DE FRANCH *(1911–2011), 1947/48 Generalsekretär, 1958–1964 Präsident der Pax Romana, 1961–1963 Präsident der Konferenz der Internationalen Katholischen Organisationen, 1959 Mitglied der Konferenz für die Weltkongresse des Laienapostolats.*

14 ROSEMARY GOLDIE *(1916–2010), Romanistin, 1946 australische Delegierte zum Kongreß der Pax Romana.*

15 ALBERTO CASTELLI *(1907–1973), 1930 Priester, 1953 Weihbischof und Generalvikar in Sabina, 1961 Titularerzbischof von Rusio und Vizepräsident des Päpstlichen Rates für die Laien.*

16 PALÉMON GLORIEUX *(1892–1979), 1915 Priester, 1949–1958 Rektor der Katholischen Universität Lille, dann Sekretär von Kardinal Liénart.*

17 PIETRO PAVAN *(1903–1994), 1928 Priester, 1951 Päpstlicher Hausprälat, Konsultor verschiedener Kongregationen der Kurie, Leiter der Sozialen Wochen Italiens und des Istituto Cattolico di attività sociale in Rom.*

18 ANTONIO MAZZA *(1919–1998), 1942 Priesterweihe, 1957 Päpstlicher Hausprälat, 1973 Sekretär der Kurie und Titularbischof von Velia, 1976 Bischof von Tarquinia und Civitavecchia, 1983 Bischof von Piacenza, Konsultor verschiedener Kongregationen der Kurie.*

19 P. GIACOMO MARTEGANI SJ *(1902–1981), 1922 Ordenseintritt, 1929 Priester, 1939–1955 Chefredakteur von »La Civiltà Cattolica«, 1955–1965 Leiter der Italienischen Assistenz im Generalat des Jesuitenordens.*

20 P. VINCENT RYAN OP *(1900–1983), 1916 Ordenseintritt, 1923 Priester, Mitglied der australischen Provinz des Dominikanerordens.*

21 MIECZYSLAW DE HABICHT *(1918–1982), polnischer Diplomat, 1951–1967 Generalsekretär der OIC, 1966/67 Untersekretär, 1967–1976 Vizesekretär des Päpstlichen Rates für die Laien.*

zeitige Präsidentin der OIC, Fräulein R. Vendrik[22], teilnahmen, folgende Punkte besprochen:

- engere Zusammenarbeit und bessere Koordinierung mit der OIC;
- Vorbereitungen, insbesondere Themenwahl für den 3. Weltlaienkongreß, der nicht vor 1963 stattfinden soll;
- Vorbereitung für ein europäisches Treffen der Hauptverantwortlichen des Laienapostolats, das vom 16.–20. September 1960 in Kopenhagen stattfinden soll, mit dem Ziel,

a) ein besseres geistiges Verständnis der Organisation der Katholischen Aktion in Europa zu erreichen,

b) Methoden einer wirksameren Zusammenarbeit auf europäischer Ebene zu suchen;

- Studientreffen zum Thema: »Christliche Werte im internationalen Leben« vom 23.–25. April 1960 in London;
- Fortführung des »Bulletins« in französischer und englischer Sprache; es soll laufend über die Arbeiten des COPECIAL unterrichten. Das Zentralkomitee wird die wichtigsten Artikel in die deutsche Sprache übertragen und seinen Mitgliedern sowie den daran interessierten zentralen Führungsstellen in Österreich und der Schweiz zugehen lassen.

Es ist sehr zu begrüßen, daß das COPECIAL im Laufe der vergangenen Monate diese Entwicklung genommen hat, da ihm seit dem Weggang von Herrn Veronese die eigentliche Spitze und Leitung fehlte. Insbesondere ist es für Deutschland von großer Bedeutung, daß die deutschen Katholiken in diesem obersten Gremium maßgeblich vertreten sind, was eine starke Einflußnahme auf die verschiedenen Arbeitsbereiche des COPECIAL ermöglicht. Allerdings fehlt es dem COPECIAL an finanziellen Mitteln, um sein Sekretariat einigermaßen aktionsfähig zu machen. Es erhält daher neuerdings von deutscher Seite auf Grund einer Zusage von S[eine]r Em[inenz] Kardinal Frings einen Zuschuß von 1.000 DM monatlich.

II. Wirtschaftliche Integration Europas und europäischer Katholizismus: Planung einer internationalen Konferenz »Die Formkraft der Kirche im neuen Europa«

Die wachsende Einheit unseres europäischen Kontinents, insbesondere seine zunehmende wirtschaftliche Integration, stellt die Katholiken der verschiedenen europäischen Länder vor neue gemeinsame Aufgaben. Sowohl in der Erkenntnis dieser gemeinsamen Aufgaben wie in der Entwicklung geeigneter Formen, sie zu lösen, steht man vielfach noch in Anfängen.

Der bevorstehende Eucharistische Weltkongreß in München scheint eine geeignete Gelegenheit, um katholische Experten Europas, die an der Lösung dieser Fragen interessiert sind und auf Grund ihrer Sachkenntnisse oder bisherigen Arbeit einen Beitrag zur Lösung liefern könnten, zu einer internationalen Konferenz einzuladen,

22 MARIA VENDRIK *(1908–1982), Mitgründerin der FMJFC (Fédération Mondiale des Jeunesses Féminines Catholiques), 1956 deren Präsidentin, 1959–1961 Präsidentin der OIC.*

die eventuell zu einer fruchtbaren kontinentalen Zusammenarbeit führen könnte (ähnlich der der Celam in Lateinamerika, die aus einer Zusammenkunft der Vertreter der katholischen Arbeit Lateinamerikas hervorging.)
Die internationale Föderation der katholischen Sozialforschungsinstitute, die FERES, deren Präsident Prof. Neundörfer, Frankfurt, ist und deren Sitz in Fribourg/Schweiz sich befindet, wurde beauftragt, zur Vorbereitung der vorgesehenen Konferenz eine Reihe von umfassenden Erhebungen zur allgemeinen Lage der Kirche in Europa und zu speziellen Einzelfragen, die besonderes Interesse wecken (Lage der katholischen Intelligenz, Veränderung der Agrarstruktur, Bildung des neuen Mittelstandes, intereuropäische Wanderungsbewegung etc.) zu erstellen. Diese Diagnose des europäischen Katholizismus wurde auf einer dreitägigen vorbereitenden Tagung in Königstein/T[aunu]s vom 2.–5.2.1960 in einem Kreis von 15 Experten besprochen und, dem Ergebnis entsprechend, das Programm für die internationale Konferenz, die vom 23.–27. Juli 1960 in München unter dem Protektorat von S[eine]r Em[inenz] Kardinal Wendel stattfinden wird, festgelegt. Der Herder-Verlag hat es übernommen, die von FERES ausgearbeitete Dokumentation vor dieser Konferenz zu veröffentlichen, so daß sie vorher den Teilnehmern zugesandt werden kann.
Das Zentralkomitee der deutschen Katholiken, das für die Einladung verantwortlich zeichnet, betrachtet sich nur als Anreger und Veranstalter, ohne den Entschließungen der für die Konferenz vorgesehenen Arbeitskreise (gemeinsame Aufgaben in der Seelsorge, der Sozialarbeit, im kulturellen Sektor) irgendwie vorgreifen zu wollen. Doch wird wahrscheinlich diese Tagung zu dem Ergebnis führen, daß eine regelmäßige Fühlungnahme der Repräsentanten der nationalen Arbeit, vielleicht organisiert durch ein europäisches Sekretariat, notwendig ist. Da das Büro in Strasbourg (OCIPE – Office catholique d'information sur les problèmes européens) zur Zeit in keiner Weise funktioniert und auch ohne richtunggebende Weisung, was die genaue Aufgabe des europäischen Katholizismus angeht, nicht funktionieren kann, erscheint die Einrichtung einer europäischen Informations- und Orientierungsstelle als besonders dringend. Weil bisher die Darstellung dieser neuen gemeinsamen Aufgaben noch von keiner kirchlichen Seite konkret in Angriff genommen wurde, glaubte das Zentralkomitee, dies anregen zu sollen, ohne sich jedoch verpflichtet zu fühlen, an die bestehende Einrichtung des Büros in Strasbourg anzuknüpfen, weil der geeignete Ort für eine solche Informationsstelle, die Qualifizierung der dort arbeitenden Kräfte und der genaue Aufgabenbereich erst noch an Hand von Voruntersuchungen und Gedankenaustausch der daran Interessierten eingehend besprochen werden müßten.

III. Entwicklungshilfe

1. Die Arbeitsgemeinschaft für Entwicklungshilfe wurde am 25.11.1959 auf Anregung des Zentralkomitees mit dem Einverständnis des Episkopats endgültig errichtet. Ihr Ziel ist, persönlich und beruflich geeignete Fachkräfte für die Entwicklungsländer zu sammeln und vorzubereiten. Im Vorstand sind alle daran interessierten katholischen Gremien, nämlich die Päpstlichen Werke der Glaubensverbreitung, der

Katholische Missionsrat, die Misereor-Aktion, Personalverbände wie die Deutsche Kolpingsfamilie und Landjugend sowie das Zentralkomitee vertreten.
Bisher bemühte sich die Geschäftsstelle der Arbeitsgemeinschaft vornehmlich um die Auswahl und Ausbildung geeigneter Kräfte für die Misereor-Aktion. Sie half der Kolpingsfamilie, Informations- und Schulungskurse für deutsche Handwerker für die Entwicklungsländer durchzuführen. Ebenso regte sie Informationskurse für landwirtschaftliche Kräfte an, die demnächst in einem Schulungsseminar im Klausenhof/Dingden auf die Arbeit in Missionsgebieten vorbereitet werden sollen. Geplant ist ebenfalls ein Institut für Arbeiter in der Diözese Essen. Die Bearbeitung der personellen Anfragen aus den Entwicklungsländern und die Prüfung der zahlreichen Angebote deutscher Fachkräfte, die die Geschäftsstelle durchführt, bedeuten eine wichtige Hilfe für die Ausbildungsstätten, ebenso wie die Beratung bei Vertragsabschlüssen mit der Mission.
Neben dieser beratenden und koordinierenden Funktion begann sie auch bereits, Verhandlungen mit nationalen und internationalen Einrichtungen sowie mit Regierungsstellen zu führen, um Einfluß zu gewinnen auf die ideellen, personellen und finanziellen Maßnahmen für Missions- und Entwicklungsländer. Kontakte mit Wirtschaftsunternehmen, die Fachkräfte in Entwicklungsländer entsenden, wurden ebenfalls aufgenommen. Gerade hier bieten sich besondere Möglichkeiten der Zusammenarbeit mit evangelischen Organisationen, die bereits an das Zentralkomitee der deutschen Katholiken herantraten, um gemeinsame Schritte bei der deutschen Industrie zu unternehmen und die von dort entsandten Fachkräfte gemeinsam und gut vorzubereiten.
2. Pläne staatlicher Stellen. In diesem Zusammenhang sei der Plan des Bundespräsidenten[23] erwähnt, die »deutsche Stiftung für Entwicklungshilfe e. V.«, die zunächst nur eine Akademie für Entwicklungsländer (Sitz Berlin) tragen sollte, so zu erweitern, daß sie auch die freien Organisationen, die finanzielle und personelle Hilfe für die Entwicklungsländer leisten, zusammenfaßt. Hier konnte von seiten des Zentralkomitees in Gesprächen mit dem Bundespräsidenten darauf hingewiesen werden, daß keine Bedenken gegen eine gemeinsame Information und Koordinierung der verschiedenen Bemühungen bestehen, daß jedoch die absolute freie Verfügung über die von den einzelnen Organisationen aufgebrachten Spenden sichergestellt sein muß. Es wird darüber zu wachen sein, daß in den drei Organen dieser Stiftung, die unter dem besonderen Protektorat des Bundespräsidenten stehen wird, nämlich im Präsidium, im Kuratorium und im Beirat, hierzu geeignete Kräfte des deutschen Katholizismus sowohl qualitativ gut vertreten sind als auch zahlenmäßig dem Anteil des deutschen Katholizismus entsprechend dort beteiligt werden.

IV. Die italienischen Arbeiter
Die Zahl der im Laufe dieses Jahres nach Deutschland einströmenden italienischen Arbeiter wird voraussichtlich 80–100.000 betragen (gegenüber den bisherigen Stand

[23] Heinrich Lübke.

von etwa 10.000). Dies bedeutet, daß die bisherigen Maßnahmen zur Betreuung der italienischen Arbeiter nicht ausreichen werden trotz der schon sehr zahlreichen Bemühungen in der Vergangenheit. Es wäre auf den verschiedenen Sektoren besondere Hilfe anzuregen

a) für die fürsorgerische Betreuung durch den Caritas-Verband, der bisher auch durch italienische zweisprachige Fürsorgerinnen, die er besonders für diese Arbeit schulte, vieles leisten konnte;

b) für arbeitsrechtliche Hilfestellung durch die KAB, die früher schon zwei italienische Kräfte in Köln in ihre Zentrale aufnahm, um in Fragen des Arbeitsrechts die Italiener, wenn notwendig, zu beraten;

c) für die Seelsorge müßte die Zahl der italienischen Seelsorger, die bisher nur etwa 14 betrug, bedeutend vergrößert werden, um die stark gefährdeten italienischen Arbeiter, die zum Teil schon in Italien kommunistisch infiziert wurden, der katholischen Kirche zu erhalten;

d) besonders schwierig wird die Frage der kulturellen Betreuung zu lösen sein, da ein Teil der aus Süditalien zuwandernden Italiener Analphabeten sein dürften und daher z. B. sehr differenzierte Freizeitprogramme aufgestellt werden müssen.

Das Zentralkomitee hofft, bei den erwähnten Verbänden Verständnis für diese erweiterte Aufgabe und Bereitschaft zu Hilfsmaßnahmen zu finden.

272

Bericht des Zentralkomitees für die Bischofskommission für Wissenschaft, Kulturpflege, Erwachsenenbildung

Bad Godesberg, 1. März 1960

EA MÜNCHEN, Joseph Kardinal Wendel, 21/1960. *Schreibmaschinenvervielfältigung. Deckblatt:* Bericht für die Bischofskommission für Wissenschaft, Kulturpflege, Erwachsenenbildung. *Registraturvermerk:* 21/1960.

Die Bemühungen um die katholische Universität Salzburg

1. Die allgemeine Propaganda des »Katholischen Universitätsvereins Salzburg« geht nach wie vor weiter. Charakteristisch ist, daß auch bisher die Bemühungen dieses Vereins gänzlich neben den Zusammenschlüssen katholischer Kräfte und Gruppen herlaufen. Dies trifft nicht nur für die Bundesrepublik, sondern auch für Österreich selbst zu. Neu an der diesjährigen Propaganda ist, daß der Plan, eine katholische Universität für den deutschen Sprachraum zu gründen, stillschweigend umgewandelt worden ist in einen Plan für eine »Internationale Universität Salzburg«. Für Kenner der Voraussetzungen, die gegeben sein müssen, um einen Universitätsbetrieb internationalen Ausmaßes aufzubauen, mutet es eigenartig an, daß die Renovierung zweier Gebäude, wie die der Salzburger Edmundsburg, zum Anlaß genommen wird zu schreiben: »Der Aufbau der katholischen Universität ist in ein entscheidendes Stadium getreten.« Der Eindruck, über die tatsächlichen Verhältnis-

se keine klaren Aussagen machen zu wollen, wird auch genährt durch die ständige Auswechslung der Begriffe »internationale« und »katholische« Universität, je nach dem Personenkreis, an den man sich wendet.
Der Hauptausschuß der Katholischen Aktion Österreichs hatte seinerseits im Jahre 1959 zu zwei verschiedenen Zusammenkünften Herrn Prof. P. Michels OSB[1] um einen Vortrag über seine Bemühungen gebeten. In beiden Fällen ist diese Unterrichtung der Katholischen Aktion Österreichs unterblieben. Ebenso vermeiden es die Initiatoren der derzeitigen Aktivität, etwa das Zentralkomitee der deutschen Katholiken einmal aufzusuchen oder zu informieren. Der seinerzeitige Besuch von Eminenz König, Exzellenz Rohracher und Pater Michels OSB in Rom soll insofern negativ verlaufen sein, als der Heilige Vater es abgelehnt habe, eine Empfehlung an den amerikanischen Episkopat auszusprechen, durch die zu einer Sammlung für die Universität Salzburg aufgerufen werden sollte. Deshalb konnte auch P. Werenfried van Straaten seine Zusage nicht aufrechterhalten, in Amerika 8 Mill. DM zu sammeln. Eine diesem Zweck dienende Reise P. Werenfrieds in die Vereinigten Staaten ist ohne nennenswertes Ergebnis geblieben, weil der amerikanische Episkopat ihm die Sammlungsgenehmigung auch persönlich nicht erteilt hat.
2. Nach einer neuen Schrift: »Die internationale Universität Salzburg« hat der Verein 200 Wissenschaftler aller Fachrichtungen und Weltanschauungen aus Europa und den USA zum Thema »Universität Salzburg« befragt. Neben den allgemeinen Darlegungen, daß hier eine ganzheitliche Menschenbildung entstehen müsse, zieht der Verein aus dieser Umfrage folgende prinzipielle Folgerungen:
a) daß man eine »Internationale Universität Salzburg« schaffen sollte mit einem »Internationalen Wissenschaftsrat«, von dem 2/3 »der katholischen Weltanschauung zugehören« sollen. Ein Senat und der internationale Wissenschaftsrat (beide sind noch zu gründen) sollen einen Aktionsausschuß von sieben Personen bestellen. Dieser wird die endgültige Abgrenzung und Bestimmung der Rechte und Pflichten der verschiedenen Gremien festlegen. Die Besonderheit der geplanten Universität Salzburg wird mit dem Begriff der »dialogischen Forschung« umschrieben, von der es heißt, daß sie »gewiß ein ungewöhnlich intensives Arbeiten der Professoren mit ihren Assistenten und mit den Studenten« verlange.
b) Es sind folgende Institute geplant:
Ausbau der bestehenden Theologischen Fakultät,
Errichtung einer »Philosophisch-Geisteswissenschaftlichen Fakultät neuer Prägung«,
Errichtung einer Sozialwissenschaftlichen Sektion der Philosophischen Fakultät,
Errichtung einer Reihe von Instituten, die den Kontakt zwischen Geistes- und Naturwissenschaften wahrnehmen sollen,
Errichtung von Instituten, die der Philosophischen bzw. Theologischen Fakultät untergeordnet sind,

[1] P. Thomas Michels OSB *(1892–1979), 1912 Ordenseintritt, 1917 Priester.*

Errichtung eines Ostkollegs mit drei Instituten, von denen eines ein reines Sprachlerninstitut ist.
c) In dieses Konzept eingebaut ist der Ausbau der »Salzburger Hochschulwochen« zu einer ständigen Einrichtung von Zwischensemestern im Sommer, bei denen wie bisher ein allgemein-christliches Studium generale geboten wird.
3. Dem sicheren Vernehmen nach steht hinter diesem sehr aufwendigen Entwicklungsplan folgende Realität:
Die bisherige Staatliche Theologische Fakultät, die ein päpstliches Promotionsrecht besitzt, soll ergänzt werden um eine kleine Philosophische Fakultät, für die u. a. ein Ansatz in dem ehemals von Friedrich Schneider[2] geleiteten, internationalen Pädagogischen Institut gesehen wird. Die österreichische Bundesregierung ist bereit, hierzu Mittel zur Verfügung zu stellen und dieser Philosophischen Fakultät den Status einer staatlichen Fakultät zu verleihen.

Katholischer Akademischer Ausländer-Dienst (KAAD)

Im Wintersemester 1959/60 studierten in der Bundesrepublik rund 22.000 Ausländer (gegenüber 6.000 im Wintersemester 1954/55) d. h. über 12 % aller in Deutschland Studierender sind Ausländer. Davon sind z. Zt. etwa 8.000 Studenten aus Asien und Afrika, davon 3 % Katholiken.
Der KAAD bemüht sich insbesondere um die asiatischen und afrikanischen Studenten.
1. Stipendien
Insgesamt konnte der KAAD im vergangenen Jahr 36 Vollstipendien und 26 Teilstipendien vergeben, und zwar 7 an Studenten aus Afrika, 48 an Asiaten, 4 an Studenten aus Ländern des Vorderen Orients, 3 an Lateinamerikaner.
Diese Stipendien wurden gespendet von der Misereor-Aktion, der Fuldaer Bischofskonferenz, den Hochwürdigsten Herren Bischöfen einzelner Diözesen, den Päpstlichen Werken der Glaubensverbreitung in Aachen und München, dem Deutschen Caritas-Verband, der Pax Christi, der KAB, dem Gral und Einzelspendern.
Im vergangenen Jahr war es leider nicht möglich, wie bisher qualifizierte Kräfte aus den Missionsländern nach Deutschland zu holen, um sie hier auszubilden. Es ergaben sich dadurch Schwierigkeiten, weil Mitglieder von Missionsorden Studenten aus den Entwicklungsländern nach Deutschland riefen, ohne daß deren Studium finanziell gesichert gewesen wäre. Da diese Studenten dann unerwartet zuweilen in großer Notlage waren, mußte der KAAD zunächst diesen helfen, obwohl zuweilen die Qualifikation dieser Studenten nicht dem sonstigen Niveau der KAAD-Stipendiaten entsprach. Es wäre sehr zu wünschen, daß ein solches unkontrolliertes Herüberholen in Zukunft verhindert würde.
Wegen Mangel an finanziellen Mitteln mußten im vergangenen Jahr von den vorliegenden Anträgen 34 zurückgestellt werden, obwohl sie alle Bedingungen zur Erlangung eines Stipendiums erfüllten, und 70 Anträge abgelehnt werden, bei denen es

2 FRIEDRICH SCHNEIDER *(1881–1974), Dr. phil., emeritierter Professor für Erziehungswissenschaft in München, Leiter des Instituts für Vergleichende Erziehungswissenschaft in Salzburg.*

sich meist um solche handelte, die noch im Ausland waren und für die man sich nicht für eine längere Zeit verpflichten konnte. Noch weitere 70 neue Anträge liegen seit Beginn 1960 dem KAAD vor.

Hieraus geht deutlich hervor, daß die augenblicklichen Mittel nicht ausreichen, um die eigentliche Aufgabe des KAAD zu erfüllen, nämlich den Missionsländern durch die Ausbildung von Elitekräften zu helfen.

2. Sprachinstitut

Wegen der mangelnden Sprachkenntnisse mancher überseeischer Studenten zu Beginn ihres Studiums und wegen der Bedeutung, die gerade Begegnungen und Hilfe während der ersten Monate des Deutschlandaufenthaltes für die Gesamteinstellung des ausländischen Studenten haben, möchte der KAAD ein Sprachinstitut errichten. Die in Deutschland schon vorhandenen Sprachinstitute (Goetheinstitute) können den Bedarf an Sprachkursen nicht decken. Zudem vermittelt der dortige Lehrbetrieb keine in unserem Sinne wünschenswerte Einführung in das geistige und soziale Leben Deutschlands.

Der KAAD hatte sich schon im vergangenen Jahr – leider ohne Erfolg – an die Fuldaer Bischofskonferenz mit einem ausführlichen Finanzierungsplan und der Bitte um Zuschuß gewandt. Er beabsichtigt, in diesem Jahr dies zu wiederholen, da die Errichtung eines solchen Sprachinstituts sehr dringlich erscheint. In München konnte ein erstes Experiment eines solchen Sprachinstituts mit Hilfe des Ludwig-Missionsvereins für einige wenige Ausländer gemacht werden.

3. Betreuungsarbeit des KAAD

Die übliche Betreuungsarbeit des KAAD wurde fortgesetzt; zwei Stipendiatenseminare (zum Thema »Die Situation der Kirche in Deutschland«), Freizeiten (eine Pfingstfreizeit in Oberammergau und eine Weihnachtsfreizeit in Wipperfürth), Veranstaltungen bestimmter Nationalgruppen, Hilfen in den örtlichen Gruppen, wie Zimmersuche, Vermittlung von Ferienaufenthalten und Freizeiten in katholischen Familien sowie Hilfe bei schwereren und lange dauernden Erkrankungen, etc.

Der KAAD hat im vergangenen Jahr das »Hilfswerk Überseestudenten« gegründet, um die breite Öffentlichkeit aufzurufen, unmittelbar und persönlich an der Arbeit für die Überseestudenten teilzunehmen und ideelle und materielle Hilfe zu leisten.

Eine besondere Hilfe für die Überseestudenten würde die Errichtung von Studenten-Wohnheimen sein, in denen sie gemeinsam mit deutschen katholischen Kommilitonen wohnen könnten. Noch ist die Zahl solcher Studentenwohnheime zu gering, als daß sie schon eine Lösung der sehr schwierigen Wohnungsfrage bedeuten würde.

4. Overseas Students Coordination (OSCO)

Mit Unterstützung des KAAD bestehen mittlerweile sieben aktive Gruppen der katholischen Überseestudentenbewegung (OSCO). Verschiedene weitere Gründungen an Hochschulorten stehen bevor. Diese Gruppen arbeiten wie bisher innerhalb der örtlichen katholischen Studentengemeinden mit den Studentenpfarrern zusammen. Im Frühjahr 1959 wurde der deutsche Zweig der OSCO als tragender Verband in die KDSE mit Sitz im Vorstand aufgenommen. Angesichts der immer größer werdenden Zahl von Studenten aus den überseeischen Ländern ergeben sich verschiedentlich Initiativen zur Gründung von Nationalgruppen. Es bleibt jedoch Anliegen der Führungskräfte der OSCO, daß sich hier Christen aller überseeischen Länder für die künftige Zusammenarbeit der jungen Kirchen Asiens und Afrikas vorbereiten, indem sie hier ihre gemeinsamen Probleme erörtern. Die Verbindung der OSCO zum KAAD ergibt sich aus der Tatsache, daß der geistliche Beirat des KAAD zugleich Seelsorger der OSCO ist. Innerhalb der OSCO wurde in Exerzitien, Einkehrtagen und Treffen vor allem der Gedanke des Apostolats angeregt und gestärkt, denn gerade die katholischen Überseestudenten bilden die beste Brücke zur großen Zahl ihrer nicht-christlichen hier studierenden Landsleute. Nur muß ihnen diese apostolische Aufgabe, an die sie zunächst durch die oft strenge Abgeschlossenheit ihres Stammes, ihrer Kaste oder ihrer gesellschaftlichen Schicht nicht gewöhnt sind, nahegebracht werden.

Es wäre sehr zu begrüßen, wenn die Zahl der für die Ausländer besonders zuständigen Seelsorger in Übereinstimmung mit den Studentenpfarrern noch erhöht werden könnte, weil die individuelle seelsorgerische Führung gerade dieser Studentengruppen von ungeheurer Bedeutung für die Arbeit der jungen Kirchen in den Missionsländern sein wird.

5. Industriepraktikanten

Die Hilfsmaßnahmen für die Industriepraktikanten sind verhältnismäßig schwierig und gehen nur langsam voran. Während die Betreuungsarbeit für Studenten sich an den Hochschulorten konzentriert, sind die Bemühungen um die Praktikanten durch starke Streuung in den Betrieben und durch die verhältnismäßig große Arbeitsbelastung der an nicht so strenge Arbeitszeit gewöhnten Ausländer erschwert. Diese Betreuungsarbeit wird geleistet von einigen Zentren aus in Essen, Stuttgart, Düsseldorf und Köln. Ein weiteres ist in Duisburg in Vorbereitung. Eine wesentliche Unterstützung kann dann erwartet werden, wenn qualifizierte Katholiken sich entschließen würden, in den bestehenden 32 Ausländerkreisen der Carl-Duisberg-Gesellschaft[3], die sich dieser Arbeit auf neutralem Boden widmet und aus Mitteln des Auswärtigen Amtes finanziert wird, mitzuarbeiten.

Zur Situation der katholischen Erwachsenenbildung

1. In Jahre 1959 ist die Konzentration der verschiedenen katholischen Aktivitäten auf dem Gebiet der Erwachsenenbildung weiter vorangetrieben worden. Insbesondere haben sich die regionalen Zusammenschlüsse insofern bewährt, als sie in jeweils mehreren Tagungen den besonderen Charakter ihrer Aufgaben beraten und herausgearbeitet haben. Auch in jenen Gebieten, in denen bisher keine Zusammenfassung der Kräfte institutionell vorhanden war, sind die Bemühungen zu einer Konzentration sehr deutlich festzustellen. Im Saargebiet zeichnet sich die Bildung einer Landesarbeitsgemeinschaft ab. Die Verhältnisse in Baden-Württemberg sind inzwischen weiter gediehen. Auch in den Stadt-Staaten Bremen, Hamburg und Berlin hat

[3] *1949 gegründete gemeinnützige private Organisation zur Förderung des internationalen Austauschs von Nachwuchskräften der Wirtschaft.*

die katholische Erwachsenenbildung ihre Stellung gefestigt. In Berlin ist die Winterarbeit des Katholischen Bildungswerkes, das sich als gemeinsame Bemühung aller Organisationen versteht, durch Eminenz Kardinal Döpfner eröffnet worden. Ebenso ist in Hamburg durch Exzellenz Weihbischof von Rudloff die Arbeit des katholischen Bildungswerkes als besonders vordringlich hervorgehoben worden. In Schleswig-Holstein wird mit der Gründung einer Landesarbeitsgemeinschaft wegen der besonderen Schwierigkeiten vorerst nicht zu rechnen sein, doch besteht bereits in Lübeck ein katholisches Bildungswerk, das Ansätze in dieser Richtung zeigt. Auf diese Weise ist die katholische Erwachsenenbildung mit eigenen Zusammenschlüssen in fast allen Ländern der Bundesrepublik vertreten oder vorbereitet. Die Diözesan-Arbeitsgemeinschaften als Untergliederung der Landeszusammenschlüsse haben ihre Arbeit in verschiedenen Gebieten sehr stark intensiviert und tragen somit dazu bei, ein gut durchstrukturiertes Netz von katholischen Bildungseinrichtungen zu schaffen. Auch die thematischen Zusammenschlüsse, wie Kath[olisch]-Soziale Bildungsarbeit, Akademieleiterkreis usw., sind im Begriff, sich weiter zu profilieren. Insbesondere sind Bestrebungen im Gange, einen eigenen thematischen Zusammenschluß für die Ehe- und Familienbildungsarbeit zu organisieren (vgl. Bericht »Ehe und Familie«).

2. Neben dieser internen Konsolidierung war die Arbeit des vergangenen Jahres gekennzeichnet durch bildungsrelevante Vorgänge im Bereich der Politik. Ein im Landtag Hessen eingebrachter Antrag um Bezuschussung der Landesarbeitsgemeinschaft für katholische Erwachsenenbildung löste eine grundsätzliche Debatte aus, in der die Tendenz der SPD, den katholischen Unternehmungen die Unterstützung mit öffentlichen Geldern zu versagen, sehr deutlich wurde. Der Sachbearbeiter im Kulturreferat, Herr Schardt, nahm diesen Vorgang zum Anlaß, die politische Situation der katholischen Erwachsenenbildung in Vorträgen und in einem Aufsatz in der Zeitschrift »Erwachsenenbildung«[4] zu publizieren. Außerdem ist das Kulturreferat der Landesarbeitsgemeinschaft für katholische Erwachsenenbildung in Hessen mit einigen gutachtlichen Äußerungen zur Hand gegangen, um zu erreichen, daß der symptomatische Charakter dieses Vorganges genügend deutlich herausgearbeitet und für die allgemeine politische Diskussion verwertbar wird.

Dieser Vorgang in Hessen kann nicht isoliert betrachtet werden. Er hat grundsätzlich ein Analogon in Niedersachsen; und es bestand auch die Gefahr, daß der »Deutsche Ausschuß für das Erziehungs- und Bildungswesen« in dem Gutachten über Erwachsenenbildung, das dort seit einem Jahr beraten wird, sich in ähnlicher Weise dafür ausspricht, der konfessionell nicht gebundenen Erwachsenenbildung eine Vorhandposition einzuräumen. Es kann nach Lage der Dinge angenommen werden, daß aufgrund dieser Anstrengungen unseres Hauses, bei denen wir von den betroffenen Landesverbänden, insbesondere Hessen, stark unterstützt wurden,

4 ALOIS SCHARDT, *Die politische Situation der Erwachsenenbildung, in*: ERWACHSENENBILDUNG *5 (1959), S. 69–78.*

die Gefahr einer grundsätzlichen Benachteiligung der katholischen Erwachsenenbildung abgewandt ist. Zumindest wird erwartet, daß das Gutachten des »Deutschen Ausschusses für das Erziehungs- und Bildungswesen«, das in den nächsten Wochen erscheinen wird, auch die katholischen Bemühungen in einer angemessenen Weise berücksichtigt. Die SPD wird daraufhin ihren Standpunkt nur noch sehr schwer in der Öffentlichkeit verteidigen können. Sobald das erwähnte Gutachten erscheint, wird in unserem Hause eine Stellungnahme hierzu vorbereitet werden, die dann veröffentlicht werden soll. Je nach dem Inhalt des Gutachtens ist daran gedacht, eine weitere Stellungnahme gemeinsam mit dem Deutschen Volkshochschulverband auszuarbeiten. Dies hätte den Vorteil, daß den staatlichen Instanzen gegenüber der Raum der freien Erwachsenenbildung sich gemeinsam äußert und dort nicht der Eindruck entsteht, als ob es lediglich den Deutschen Volkshochschulverband gäbe.

3. Die »Bundesarbeitsgemeinschaft für katholische Erwachsenenbildung«, die in wesentlich engerem Kontakt als bisher mit dem »Institut für Erwachsenenbildung« in Münster arbeitet, hat sich auf ihrer diesjährigen Tagung ein endgültiges Statut gegeben und einen neuen Vorstand gewählt. Präsident ist Herr Direktor Hanssler vom Zentralkomitee, Vorsitzender Bürgermeister Nowak[5] aus Köln. Das erfreulichste Ergebnis dieser Jahresversammlung der Bundesarbeitsgemeinschaft ist der grundsätzlich gefaßte Beschluß, eine eigene Geschäftsstelle einzurichten und durch Beiträge der Gliedgemeinschaften zu finanzieren. Am 12. März d. J. wird in einer außerordentlichen Versammlung der Bundesarbeitsgemeinschaft für katholische Erwachsenenbildung das endgültige Beitragsaufkommen beschlossen. Außerdem wird ein hauptamtlicher Geschäftsführer eingestellt werden. Neben den Aufgaben, die im Ausbau der Organisation der Bundesarbeitsgemeinschaft selbst liegen, ist es der Sinn dieser Konstruktion, die wissenschaftlichen Arbeiten des »Instituts für Erwachsenenbildung« noch mehr als bisher für die praktischen Bildungsbemühungen im Rahmen der Bundesarbeitsgemeinschaft fruchtbar zu machen. Das »Institut für Erwachsenenbildung« in Münster ist aus diesem Grunde seinerseits ebenfalls bemüht, noch in diesem Jahre einen hauptamtlichen wissenschaftlichen Assistenten anzustellen.

[5] ALFONS NOWAK *(1911–1968), Lehrer, seit 1947 im Dienste des Diözesankomitees der Katholiken im Erzbistum Köln, Geschäftsführer der Gesellschaft katholischer Publizisten, 1956 Nebenamtlicher Bürgermeister von Lövenich.*

273

Bericht des Zentralkomitees für die Bischofskommission für Familie, Schule und Erziehung

Bad Godesberg, 1. März 1960

EA München, Joseph Kardinal Wendel, 21/1960 *Schreibmaschinenvervielfältigung. Deckblatt:* Bericht für die Bischofskommission für Familie, Schule und Erziehung. *Registraturvermerk:* 21/1960.

Familienpolitik und Familienbildungsarbeit

1. Die politische Situation

Seit mehr als einem Jahr besteht eine gespannte Situation über die Vorklärung der Frage des Kindergeldes für das 2. Kind. Die Bundestagsfraktion der CDU/CSU ist in dieser Frage nicht gewillt, den Vorstellungen des Bundesfamilienministers in allem zu folgen. Die Gründe der Bundestagsfraktion, eine modifizierte Lösung vorzuschlagen – etwa die Gewährung von Kindergeld für das 2. Kind nur bei Mehrkinderfamilien und solchen, denen wegen kleiner Einkommen steuerliche Vorteile nicht zugute kommen sowie einzelne andere Maßnahmen – sind finanzieller, aber auch grundsätzlicher Art. Man ist der Meinung, daß bei einer generellen Regelung die staatliche Familienfürsorge im Grundsatz zu weit getrieben wird. Ein Ausgleich zwischen den unterschiedlichen Auffassungen des Ministers und der Fraktion ist dadurch erschwert, daß der Bundesfamilienminister bisher keine Bereitschaft gezeigt hat, auf die Argumentation der Fraktion einzugehen. Die Fraktion glaubt, sichere Beweise dafür zu haben, daß der Familienminister die CDU wegen dieser Haltung gerade im katholischen Raum der liberalen Einstellung bezichtigt. Mehrere treue katholische Abgeordnete sind darüber verärgert, daß der Minister in Schreiben an offizielle katholische Stellen die Haltung einzelner Abgeordneter als unkatholisch bezeichnet haben soll. War die Verärgerung in der Fraktion aufgrund dieser Vorgänge bereits groß, so wurde sie durch die bedauerliche Entscheidung in der Automatenfrage noch verstärkt. Die Fraktion wirft dem Minister vor, in der Abstimmung über die Aufstellung von Automaten zum Verkauf antikonzeptioneller Mittel sich ungeschickt verhalten zu haben. Entgegen der interfraktionellen Absprache ist durch den Minister eine Diskussion entfacht worden, aufgrund deren einzelne, besonders evangelische Abgeordnete aus Protest für die von der SPD vorgeschlagene Regelung gestimmt hätten.

Die Katholiken insgesamt kommen nach Meinung wohlmeinender politischer Beobachter durch diese Vorgänge gerade in familienpolitischen Fragen gegenüber der CDU und auch in der Öffentlichkeit in eine nicht sehr günstige Lage. Der Familienminister hat durch verschiedene Äußerungen den Eindruck erweckt, als ob seine Forderung nach der generellen Gewährung des Kindergeldes für das 2. Kind eine grundsätzliche Forderung der Katholiken sei. Es ist aber so, daß sowohl die Entschließung des »Zentralen Familienrates des Familienbundes der deutschen Katholiken« vom 10./11. Oktober 1959 wie auch die Entschließung des »Politischen Arbeitskreises der katholischen Verbände« in ihrer Forderung nur von einem Ausbau des Kindergeldes sprechen, ohne die Modalitäten im einzelnen festzulegen. Gerade der politische Arbeitskreis der katholischen Verbände hat seine Entschließung mit Absicht nicht konkreter gefaßt. Das Gespräch der katholischen Vertreter der Familienverbände mit dem Fraktionsführer der CDU/CSU Dr. Krone ist wohl auch mit Absicht in dem zentralen Mitteilungsdienst des Familienbundes der deutschen Katholiken (Nr. 1, Jan[uar] 1960) ohne Wiedergabe des Inhaltes berichtet worden. Nach alledem besteht kein Anlaß, in dieser Frage die CDU/CSU-Fraktion wegen ihrer Haltung zu verdächtigen; sie betrachte die Familienpolitik grundsätzlich als zweitrangig. Zudem ist in der Öffentlichkeit – auch der katholischen – die Bemühung um einen familiengerechten Wohnungsbau und die Forderung einer Reihe von familienfördernden Projekten, wie Ferienheimbau, Erholung usw. durch die Kontroverse über das Kindergeld überdeckt worden. Diese positiven Ansätze sollten stärker beachtet und durch die Mitsorge der Katholiken mit ausgebaut werden.

2. Die Familienbildungsarbeit

hatte bereits im vorletzten Jahr zu Spannungen zwischen den traditionellen Verbänden und dem Familienbund der deutschen Katholiken geführt, in die sich das Zentralkomitee eingeschaltet hat. Nach einer Reihe von Vorbesprechungen mit einzelnen Verbänden und Persönlichkeiten hat eine erste allgemeine Aussprache auf Einladung des Präsidenten des Zentralkomitees in unserem Hause am 28.11.1959 stattgefunden. Eine Reihe von Mißverständnissen konnte in dieser Zusammenkunft bereits abgebaut werden. Der Familienbund hatte vorher und erneut in dieser Sitzung ausdrücklich erklärt, daß er keinen Monopolanspruch auf die Familienbildungsarbeit erheben will und kann. Die gemeinsame Aussprache zeigte auch, daß die einzelnen Bemühungen der Verbände untereinander zu wenig bekannt sind. Das Zentralkomitee der deutschen Katholiken wird sich weiterhin bemühen, die vertrauensvolle Zusammenarbeit aller an der Familienbildungsarbeit beteiligten Kräfte vertiefen zu helfen.
Erhebliche Verstimmung gab es in der Frage, wer berechtigt ist, für das Bundesfamilienministerium vorzuentscheiden, welche katholischen Projekte zum Bau von Familienerholungsstätten bezuschußt werden sollen. Ein Kreis um Pastor Geerling[1], dem Mitglieder des Familienbundes, des Verbandes katholischer Männer und Frauen und anderer Gruppen angehören, hat diese Vorprüfungsfunktion gegenüber dem Familienministerium übernommen. Verbände wie die Katholische Arbeiterbewegung und das Werkvolk glaubten sich in dieser Frage übergangen und wünschen, daß dieser Vorprüfungsausschuß erweitert wird. Diese Frage wird gleichfalls in unserem Hause weiter verfolgt werden.

Schule und Erziehung

1. Das vergangene Jahr war gekennzeichnet durch eine wider Erwarten lebhafte Diskussion kulturpolitischer Fragen. Unter diesen stand im Vordergrund die durch

[1] *In der Vorlage:* Gerling. KARL GEERLING *(1893–1967), 1926 Priester (ED Köln), 1948 Redakteur der Wochenzeitschrift »Die christliche Familie«, 1952 Gründer und Leiter des Familien-Ferien-Werks e. V.*

die Vorlage des »Rahmenplans zur Umgestaltung und Vereinheitlichung des allgemeinbildenden öffentlichen Schulwesens« ausgelöste öffentliche Auseinandersetzung, das Gutachten des Bundesinnenministeriums über die Lage der Studenten und Universitäten sowie die Vorlage des »Gesetzes über den Rundfunk«. Es muß festgestellt werden, daß im Laufe dieses Jahres zwar keine Entscheidungen gefallen sind, die das Schulwesen etwa im Sinne des Rahmenplanes verändern, aber insgesamt ist durch die Diskussion ein Klima entstanden, das in der Öffentlichkeit den Eindruck erweckt, als ob eine Schulreform zwingend notwendig und eilig sei. Auf diese Weise ist der Gesetzgeber und sind vor allem die politischen Parteien gezwungen, ihre kulturpolitischen Vorstellungen, insbesondere im Hinblick auf das Schulwesen, zu überdenken und zu formulieren. Die Diskussion, erstmalig bis in die Tagespresse vorgedrungen, hat unter Führung sozialreformerischer Ideen und Ideenträger stattgefunden. Es geht dabei zunächst nicht um die Frage einer Bildungsreform, sondern vornehmlich um das Problem der Schulorganisationsreform.
Die Katholiken haben im Urteil der Öffentlichkeit gegenüber diesem reformerischen Elan vor allem in der Defensive gestanden. Dadurch ist der Eindruck entstanden, als ob die katholische Kirche in einer Front stünde mit den konservativen pädagogischen Kräften, wie sie etwa durch den Deutschen Philologenverband vertreten werden. Der Beitrag der Katholiken im Verlauf der Diskussion um den Rahmenplan ist im Urteil der öffentlichen Meinung über die Formulierung von Bedenken nicht hinausgegangen. Insofern neigen die reformwilligen Kräfte von links wie rechts dazu, den katholischen Beitrag für die gesamte Schuldiskussion als negativ zu betrachten. Es kommt hinzu, daß gerade die kulturpolitischen Fachleute über die Haltung des Katholizismus insofern im unklaren sind, als sehr unterschiedliche Stellungnahmen katholischer Zusammenschlüsse zum Rahmenplan veröffentlicht wurden.

2. Die angedeuteten Vorgänge haben naturgemäß die Arbeit des Kulturreferates in vielfacher Hinsicht bestimmt. Voraussetzung für eine sinnvolle Aktivität war die vertrauensvolle Zusammenarbeit des Kulturreferates mit der Bischöflichen Arbeitsstelle für Schule und Erziehung und der Bischöflichen Zentrale für Ordensschulen. Zu diesem Zwecke wurden einige Gespräche zwischen den Leitern der beiden bischöflichen Hauptstellen und dem Kulturreferenten im Zentralkomitee geführt, in denen es um einen gegenseitigen Informationsaustausch und eine Absprache der jeweiligen Bemühungen ging.
Ein unmittelbares Ergebnis der gemeinsamen Planungen waren die abschließenden Vorbesprechungen zur Bildung eines »Katholischen Ausschusses für Fragen der Schule und Erziehung«, bei denen die Beteiligten darüber Einigkeit erzielten, daß dieses Gremium als Beirat der Bischöflichen Arbeitsstelle für Schule und Erziehung, der Bischöflichen Zentrale für Ordensschulen und des Kulturreferates im Zentralkomitee der Deutschen Katholiken anzusehen sei. Die konstituierende Sitzung dieses Beirates hat am 30. Januar 1960 in Frankfurt am Main stattgefunden. Die Geschäftsführung liegt bei der Bischöflichen Arbeitsstelle für Schule und Erziehung, und es darf vorausgesetzt werden, daß die Berichterstattung über die Arbeit dieses Kreises von dort unmittelbar erfolgen wird.

Über diesen Kontakt hinaus ist das Kulturreferat durch seinen Leiter Mitglied der Diözesan-Schulreferentenkonferenz und durch seinen Referenten Mitglied des erweiterten Gremiums der Diözesan-Schulreferenten. Auch die Verbindung zur Bischöflichen Zentrale für Ordensschulen konnte intensiviert werden.

3. Im gegenseitigen Einverständnis der drei Stellen sieht es das Kulturreferat im Zentralkomitee als seine besondere Aufgabe an, die kulturpolitische Entwicklung und die internen Diskussionen der kulturpolitischen Gremien, insbesondere der CDU, zu beobachten und zu beeinflussen. Dabei bleibt es auch die Sorge des Kulturreferates, den Kontakt des Vorsitzenden des CDU-Kulturausschusses und seiner Untergremien mit Exzellenz Pohlschneider anzuregen und zu vermitteln. Ein ausführlicher Gedankenaustausch hierüber hat im vergangenen Jahr in Aachen stattgefunden.

4. Die Verbindungen zu den kulturpolitischen Gremien der CDU.

Der Leiter des Kulturreferates und der Kulturreferent des Zentralkomitees gehören sowohl dem neugebildeten Bundesausschuß für Kulturpolitik der CDU an wie einem achtköpfigen »Wissenschaftlichen Beirat«, der dem Bundesvorstand der CDU in allen Fragen der Schul- und Bildungsreform zur Seite steht. Der Kulturreferent des Zentralkomitees gehört außerdem dem Parlamentarierausschuß der CDU an, der sich aus den kulturpolitischen Sprechern der CDU/CSU-Landtagsfraktionen aller Bundesländer zusammensetzt.

Vor den genannten CDU-Gremien hat der Kulturreferent unseres Hauses vornehmlich über Möglichkeiten und Grenzen einer durch die Parteien formulierten Bildungs- und Schulreform gesprochen. Darüber hinaus wurden zu gutachtlichen Äußerungen über Grundsatzfragen katholische Experten vermittelt. U. a. hat Herr Prof. Hirschmann vor dem Beratungsgremium des CDU-Parteivorstandes ein Grundsatzreferat gehalten über die Frage: »Wer bestimmt über die Schule? – Der Ort der Schule zwischen Staat, Gesellschaft, Parteien, Gruppen und Kirchen.«

Die CDU beabsichtigt, im Herbst dieses Jahres ihren ersten großen Kulturkongreß abzuhalten. Dem vierköpfigen Vorbereitungsgremium gehört außer den Bundestagsabgeordneten Dr. Heck[2] und Dr. Martin[3] und dem Landtagsabgeordneten Dr. J[osef] Hofmann[4] der Kulturreferent unseres Hauses, Herr Schardt, an.

Die Tendenz der Bemühungen des Kulturreferates in diesen verschiedenen Gremien liegt neben dem Informationswert, den die Mitarbeit für unsere eigenen Überlegungen hat, vor allem in folgenden Punkten:

a) Die Parteien in ihrer heutigen Struktur sind unfähig und unzuständig für die Formulierung einer Bildungsidee.

[2] BRUNO HECK *(1917–1989), Dr. phil., Lehrer, 1952–1958 hauptamtlicher Geschäftsführer der CDU, 1957–1976 Mitglied des Bundestags, 1962–1968 Bundesfamilienminister.*

[3] BERNHARD MARTIN *(1913–1963), Dr. med., Psychiater und Politiker (CDU), 1954–1957 Mitglied des hessischen Landtags, 1957–1963 des Bundestags.*

[4] JOSEF HOFMANN *(1897–1973), Dr. rer. pol., Dr. Ing. e. h., Journalist und Politiker (CDU), 1947–1966 Mitglied des Landtags von Nordrhein-Westfalen, 1948–1966 Vorsitzender des Kulturpolitischen Ausschusses, 1946–1961 Chefredakteur der »Aachener Volkszeitung«. Vgl.* J. HOFMANN.

b) Den Parteien obliegt vor allem die Pflicht, jene Gesichtspunkte zu entwickeln, die das Interesse des Staates an der Schule betreffen. Sie haben die Aufgabe, das Problem der Freiheit des Unterrichtes und der Einflußnahme der gesellschaftlichen Gruppierungen auf das Schulwesen zu überdenken. Das Problem der Freiheit erhält sein ganz besonderes Gewicht im Hinblick auf die Frage der Konfessions- und der Privatschulen, so daß hierbei auch zu bedenken ist, inwieweit der Staat Tendenzen zurückweisen muß, die darauf hinauslaufen, Teile des Schulwesens in die ausschließliche Verfügungsgewalt etwa von Wirtschaftsgruppen oder Gewerkschaften zu verlagern.

c) Am kulturpolitischen Programm wird, insgesamt gesehen, das Verhältnis deutlich, das gerade die CDU als eine Integrationspartei verschiedener gesellschaftlicher Gruppen zu dem sogenannten vorparteilichen Raum, in Sonderheit zu den beiden christlichen Konfessionen hat.

Es darf festgestellt werden, daß die Mitverantwortung in den kulturpolitischen Führungsgremien der CDU wesentlich dazu beigetragen hat, die besonnenen Kräfte innerhalb der CDU-Führung in ihrer Haltung zu bestärken und damit eine gefährliche Vermengung von Sozialreform und Bildungsreform zurückzudrängen.

5. Die innerkatholische Koordinierung bereitet nach Lage der Dinge besondere Schwierigkeiten und erfordert im Vorgehen äußerste Behutsamkeit.

a) Der neu gebildete Katholische Ausschuß für Erziehungs- und Bildungsfragen soll nach Auffassung der beiden Bischöflichen Hauptstellen und des Kulturreferates zunächst einmal den gemeinsamen Boden aller katholischen Bemühungen um das Schulwesen festlegen und darüber hinaus Gesichtspunkte entwickeln, die nach Lage der kulturpolitischen Kräfteverhältnisse für das politische Gespräch um Schule und Erziehung wichtig sind. Aufgrund dieser Vorklärung, die bisher etwas vernachlässigt worden war, werden Richtlinien erarbeitet werden müssen, die unser Vorgehen in der Öffentlichkeit im einzelnen auch vom pädagogischen Gesichtspunkt her bestimmen.

b) Es ist noch näherhin festzulegen, in welchem Verhältnis dieser Katholische Ausschuß zu dem Deutschen Institut für wissenschaftliche Pädagogik in Münster, zu dem ständigen Arbeitskreis des Zentralkomitees für Schule und Erziehung und zum Bund katholischer Erzieher steht.

c) Das Deutsche Institut für wissenschaftliche Pädagogik in Münster hat aufgrund der Ausweitung seines Aufgabengebietes, die sich in dem Ausbau verschiedener Sektionen dokumentiert (Erwachsenenbildung, Landvolkbewegung, Heilpädagogik, Jugendfragen usw.) im vergangenen Jahr den Träger-e. V. erweitert. Zu den bisherigen Trägern: Lehrerinnen- und Lehrerverein sind hinzugekommen: die Bischöfliche Arbeitsstelle für Schule und Erziehung in Köln, das Jugendhaus Düsseldorf und das Kulturreferat im Zentralkomitee. Die bisherigen Beratungen des erweiterten Trägervereins betrafen vor allem die innere Konsolidierung der Verhältnisse und der Finanzlage im Deutschen Institut. Mit der jetzt in Angriff genommenen Neubearbeitung der Satzung tritt das Problem der Aufgabenumschreibung des Deutschen Instituts neu in Erscheinung. Dabei ist es die Absicht des Kulturreferates, institutionell abzusichern, daß keine Interessenkollision mit bereits bestehenden Zusammenschlüssen anderer Art entsteht. Insofern kann damit gerechnet werden, daß die wis-

senschaftliche Leitung des Deutschen Instituts vornehmlich die pädagogische Seite jener Fragen zu begutachten hat, die in dem Katholischen Ausschuß für Schul- und Erziehungsfragen zu bedenken sind. Diesen Weg sieht das Kulturreferat als eine logische Folge der stärkeren Koordinierungsbemühungen, die auch durch die Bischöfliche Arbeitsstelle in Köln vorangetrieben werden, an.
d) Die besondere Aufmerksamkeit und Mitsorge des Kulturreferates galt in den letzten Wochen der Vorbereitung für die Beratungen des Arbeitskreises »Schule und Erziehung« im Rahmen der Arbeitstagung des Zentralkomitees in Ettal. Das für Ettal in Aussicht genommene Thema (Wirtschaft und Erziehung) hat im Rahmen der gesamten Überlegungen große Bedeutung.
6. Zusammenfassend läßt sich sagen, daß im innerkatholischen Raum erfreuliche Tendenzen zu einer stärkeren Zusammenarbeit spürbar sind. Das Kulturreferat ist speziell darum bemüht, in möglichst vielen entscheidenden Gremien politischer Zusammenschlüsse bei der internen Meinungs- und Willensbildung mitzuwirken und die Entwicklung der außerkatholischen Gruppierungen aufmerksam zu verfolgen. Die Hinwendung der verantwortlichen katholischen Kräfte zu kultur- und schulpolitischen Fragen, die sich aus der modernen Situation der industriellen Gesellschaft ergeben, ist ein gleichfalls auffälliges Merkmal der Arbeit des vergangenen Jahres. Wiewohl zur Zeit noch nicht übersehen werden kann, wie sich nach diesem in Bewegung geratenen Prozeß der Bemühungen die verschiedenen katholischen Gremien zueinander verhalten werden, kann diese Aktivität insofern mit Ruhe abgewartet werden, als zwischen den jeweils hauptsächlich befaßten Koordinierungsstellen (Bischöfliche Hauptstellen und Kulturreferat) ein vertrauensvolles Verhältnis besteht. Es wird jedoch zunehmend mehr notwendig sein, sobald sich neue Konstellationen ergeben, engsten Kontakt mit dem Beauftragten des Hochwürdigsten Episkopates für das Schul- und Erziehungswesen zu halten.

274

Bericht des Zentralkomitees für die Bischofskommission für Sozialarbeit

Bad Godesberg, 1. März 1960

EA MÜNCHEN, Joseph Kardinal Wendel, 21/1960. *Schreibmaschinenvervielfältigung. Deckblatt:* Bericht für die Bischofskommission für Sozialarbeit. *Registraturvermerk:* 21/1960.

I. Zur Eigentumspolitik

Nachdem die bei der Währungsreform anstehenden wichtigsten Probleme (Sicherung eines genügenden Lebensstandards für alle, Vollbeschäftigung und Arbeitsplatzsicherung, Wiederaufbau der Wirtschaft und Währungsstabilität) im großen Umfang von der sozialen Marktwirtschaft gelöst wurden, sind in den letzten Jahren mehr und mehr bisher zweitrangige Fragen in den Vordergrund gerückt. Eine der nun auch im politischen Bereich als zentral empfundenen Aufgaben befaßt sich mit den Möglichkeiten einer breiteren Eigentumsstreuung, die sich das Ziel setzt, große

Bevölkerungskreise über die bisherigen Eigentumsformen hinaus am Kapitaleigentum zu beteiligen.

Aus der Kenntnis ihrer Wichtigkeit für eine gerechte Sozialordnung sind schon relativ früh Stimmen aus dem katholischen Raum kritisch und anregend laut geworden. Man darf sicher sagen, daß die in der letzten Zeit erfolgten positiveren Stellungnahmen für eine breitere Streuung des Privateigentums von seiten des DGB und der SPD mit davon beeinflußt wurden.

So sehr man sich auch auf katholischer Seite über die Notwendigkeit einer breiteren Eigentumsstreuung im klaren ist, so wenig scheint eine Einigkeit vorhanden zu sein über konkrete Ziele und Maßnahmen, die getroffen werden sollen. Das zeigen die in ihrem Niveau und in ihrer Haltung sehr unterschiedlichen Äußerungen katholischer Publikationsorgane. Einen Ausdruck fand diese Unterschiedlichkeit auch bei den Beratungen des sozialen Arbeitskreises auf der Tagung des Zentralkomitees in Saarbrücken.

Gelegenheit zur umfassenden Diskussion dieser Frage bringt das auf Anregung von Exzellenz Keller vom Sozialreferat des ZdK unter Vorsitz von Herrn Prof. Höffner zusammengerufene Fachleutegremium, welches am 6. Januar in Köln die erste einer Reihe von Studientagungen durchführte. Später sollen bei diesen Sitzungen Vertreter der Arbeitgeber und Arbeitnehmer hinzugezogen werden. Die Erörterung konkreter Vorschläge in kleinem Kreis ermöglicht es, besser als früher gemeinsame Auffassungen im katholischen Raum herauszuarbeiten, das Problem in seiner Differenziertheit darzustellen und eine vertiefte Diskussion derjenigen Vorschläge herbeizuführen, denen gewichtige Einwendungen begegnen. Auf diese Weise kann vermieden werden, daß die in die Öffentlichkeit getragenen gegensätzlichen Auffassungen leicht den Eindruck grundsätzlicher Unklarheiten unter den Vertretern der katholischen Soziallehre erwecken. Darüber hinaus haben diese Besprechungen den Vorzug, die Meinungsbildung im katholischen Raum zu beeinflussen und auch die politische Dimension solcher Fragen mit zu berücksichtigen.

Das Ergebnis der Kölner Besprechung gibt einen guten Überblick zum gegenwärtigen Stand der Eigentumsdiskussion und der katholischen Stellungnahme hierzu.

Alle Teilnehmer bejahten, daß das Privateigentum als Fundamentalinstitution in der Wirtschaftsordnung gewahrt und geschützt werden muß. Alle Pläne, die eine Umverteilung der Neuinvestitionen der öffentlichen Hand oder der Privatunternehmen beabsichtigen, sollten danach geprüft werden, welche ökonomischen Zusammenhänge bestehen und welche unerwünschten Nebenwirkungen zu erwarten sind. Eine positive Stellungnahme erfuhren das Sparprämiengesetz[1] und der Gesetzentwurf über die Umwandlung der Pensionsrückstellungen[2].

Die mit Hilfe von Volksaktien vorgesehene und bereits eingeführte soziale Privatisierung von Unternehmen der öffentlichen Hand wurde trotz einiger Bedenken doch als Teilrealisierung der Eigentumsziele anerkannt. Problematisch ist noch, ob da-

1 Gesetz über die Gewährung von Prämien für Sparleistungen *vom 5. Mai 1959.* BGBl., *S. 241.*

2 *Die steuerliche Behandlung von Pensionsrückstellungen wurde geregelt durch das* Gesetz zur Änderung des Einkommensteuergesetzes, des Körperschaftsteuergesetzes, des Gewerbesteuergesetzes und des Wohnungsbau-Prämiengesetzes (Steueränderungsgesetz) *vom 30. Juli 1960.* BGBl., *S. 616, EStG § 6a.*

durch volkswirtschaftlich ein zusätzliches Sparen und damit eine Umverteilung des Vermögenszuwachses erreicht wird und ob bewußtseinsmäßig die Eigentumsfunktion verwirklicht werden kann. Durch die Bildung von Aktionärsvereinen hofft man die Einsicht der Kleinaktionäre in Sachfragen zu fördern und sie damit für die ihnen zustehende Mitbestimmung fähig zu machen.

Ein noch ganz im Stadium der Diskussion stehender, aber den Eigentumsgedanken sehr vorantreibender Vorschlag ist die nach den Plänen der CDU vorgesehene vermögensbildende Anlage von Mitteln, die von den Betrieben auf Grund freiwilliger Absprachen den Arbeitnehmern bis zu einer Höhe von DM 312 lohnsteuer- und sozialversicherungsfrei zur Verfügung gestellt werden sollen. Diese als Ergebnislohn bezeichnete investive Gewinnbeteiligung würde im Effekt die Umwandlung bisheriger Sozialleistungen der Betriebe bedeuten, die ebenfalls – im Falle des zusätzlichen Sparens – zu einer Umverteilung des Vermögenszuwachses bei entsprechender Kürzung der Unternehmereinkommen führen können.

In jüngster Zeit hat dieser Vorschlag eine Modifikation erfahren. Die betrieblichen Leistungen sollen nur als Prämie im Falle eigenverantwortlicher Spartätigkeit der Arbeitnehmer ausgeteilt werden. Damit möchte man zugleich einen Anreiz für das Sparen des einzelnen geben.

Die von verschiedenen katholischen Sozialökonomen geforderte Einführung des Investivlohns fand auf der Studientagung keinen ungeteilten Beifall. Die damit beabsichtigte investive Anlage von Lohnteilen, welche auf Grund freiwilliger Abmachungen der Sozialpartner bei Befreiung von der Lohnsteuer- und Sozialversicherungspflicht getätigt werden soll, erschien manchem aus volkswirtschaftlichen Gründen bedenklich: es ist nicht sicher, ob dann die Investitionstätigkeit ohne Preissteigerungen durchgeführt werden kann. Die Frage, wie weit die Investivlohnanteile als Kosten überwälzt werden, muß noch näher geklärt werden. Weitere Probleme sind, wie sich die Auswirkung auf die Mittelstandsbetriebe gestalten wird, wieviel Steuerausfall zu erwarten ist und ob die Stabilität der Währung beeinflußt wird. Nicht zuletzt ist bis heute noch vollständig offen, wie sich die Gewerkschaften verhalten werden. Man kann erwarten, daß die Gewerkschaften diesem Projekt nur zustimmen, sofern der Investivlohnanteil den bisherigen Konsumlohnanteil zumindest nicht kürzt. Eine über die Produktivitätsgrenze hinausgehende Erhöhung des Lohnes verstärkt jedoch, auch wenn diese Teile gespart werden, die nicht hinreichend geklärte volkswirtschaftliche Problematik. Außer der rein theoretischen und der vom Blickpunkt der katholischen Soziallehre herkommenden Beurteilung dürfte die Propagierung des Investivlohns vorläufig auch aus politischen Gründen noch verfrüht sein, um die Konkretisierung der übrigen Vorschläge nicht zu erschweren.

II. Zum Christlichen Arbeitnehmerkongreß.

Vor einigen Jahren machte Jakob Kaiser den Vorschlag, durch einen christlichen Arbeitnehmerkongreß[3] der fortschreitenden Zersplitterung christlich-sozialer Kräf-

[3] *Vgl.* W. SCHRÖDER, *S. 255–261.*

te entgegenzuwirken und eine Sammlung christlicher Arbeitnehmer aller Organisationen herbeizuführen. Dieses Vorhaben wurde allgemein begrüßt. Auch hatte die Betriebsaktion »Rhein-Ruhr« 1955 den Beweis erbracht, daß ein gemeinsames Vorgehen christlicher Arbeitnehmer bei den Betriebsratswahlen erfolgreich sein kann.
Als aber Karl Arnold seit 1957 die Absicht äußerte, auf dem geplanten Kongreß die Gewerkschaftsfrage (Untersuchung der politischen und weltanschaulichen Neutralität des DGB und die Stellung der Christlichen Kollegenschaft im DGB) anzusprechen, drohte das Vorhaben wieder zu scheitern. Die Kollegenschaft konnte sich nur unter der Bedingung, daß das Gewerkschafts-Problem unerörtert bleibe, mit einem Arbeitnehmerkongreß einverstanden erklären. Sie macht jedoch kein Hehl daraus, daß sie einen weitreichenden Erfolg dieser Tagung nicht erwartet. Im Hintergrund stehen bei der Kollegenschaft die Befürchtung, als verlängerter Arm der CDU im DGB gelten zu müssen, und die Schwierigkeiten, welche christlich-soziale Kollegen erwarten, wenn sie bei Betriebsratswahlen in Kollision mit der Kandidatenliste des DGB kommen. Ähnliche Stimmen waren im evangelischen Raum zu hören. Man wehrt sich dort gegen eine »christliche Frontbildung«.
Aus diesem Grunde wurde die Behandlung der Gewerkschaftsfrage ausgeklammert. Dank unablässiger Bemühungen, insbesondere des Vorsitzenden der KAB, Johannes Even MdB, und des Bundesgeschäftsführers der christlich-demokratischen Arbeitnehmerschaft, Hans Katzer MdB, findet nun der Arbeiterkongreß am 26. und 27. März in Köln statt. Als einladende Gruppen zeichnen die Christliche Arbeiterjugend, die Deutsche Kolpingsfamilie, die Katholische Arbeiterbewegung, das Katholische Werkvolk, die Evangelische Arbeiterbewegung, die Evangelische Arbeiterjugend und die CDU-Sozialausschüsse. Die Einladung wurde nicht unterschrieben von der Evangelischen Aktionsgemeinschaft für Arbeiterfragen (Bad Boll), welche die meisten kirchlichen Gruppen im evangelischen Raum umschließt, von der Christlichen Kollegenschaft im DGB und vom Christlichen Gewerkschaftsbund Deutschlands. Ein Versuch des Leiters der Evangelischen Aktionsgemeinschaft, Dr. Eberhard Müller, das ZdK zu bewegen, gemeinsam mit der Aktionsgemeinschaft als Träger des Arbeiterkongresses tätig zu werden, wurde von den Vertretern des ZdK zurückgewiesen. Dieser Weg würde mit Sicherheit den Hauptanliegen des Kongresses, der drohenden Zersplitterung entgegenzuwirken, nicht dienlich gewesen sein.
Die Vertreter der christlichen Gewerkschaften, welche sich mit der Diskussion der Gewerkschaftsfragen von vornherein einverstanden erklärt hatten, zogen sich zurück, um an ihrer Haltung den Kongreß nicht scheitern zu lassen. Sie haben aber die Ansicht geäußert, daß sie eine Fortsetzung der früheren gewerkschaftlich geprägten Arbeiterkongresse am meisten begrüßen würden. Im Zeichen der europäischen Gemeinschaft sollten diese auf übernationaler Basis organisiert werden. Dieser Wunsch ist um so verständlicher, als in absehbarer Zeit in Deutschland keine Änderung der Position des CGB eintreten wird, während die Stellung der christlichen Gewerkschaften im europäischen Rahmen ungleich stärker ist. (Vgl. auch die Ausführungen zur Gewerkschaftsfrage.)

Die Mitglieder des CGB und der Christlichen Kollegenschaft werden daher als Angehörige ihrer Standesorganisationen vertreten sein. Man erwartet rund 600 Delegierte, davon 250 als Vertreter der evangelischen Standesorganisationen.
Die Einladenden bezwecken, die Solidarität aller christlich-sozialen Arbeitnehmer wachzurufen und das Bewußtsein der Einigkeit gegenüber aller Zersplitterung zu stärken. Es zeigt, wie wenig man im Grunde erwartet, wenn man allein schon einen großen Erfolg in der Tatsache sieht, daß sich Delegierte verschiedener und zum Teil heftig bekämpfender Gruppen dort an einen Tisch setzen. Die dadurch bedingte Anspruchslosigkeit und Vorsicht wirkt sich auch auf die thematische Gestaltung des Kongresses aus. Es soll versucht werden, »die christlich-soziale Idee heute und ihre Abgrenzung zum Liberalismus und Sozialismus« herauszustellen.
Trotzdem wird diese Zusammenkunft im Augenblick der einzig mögliche Weg sein, um Gemeinsamkeiten wieder ins Bewußtsein treten zu lassen, welche nicht unerhebliche praktische Konsequenzen für eine verantwortliche Haltung der Christen in den Betrieben und vor allem bei den Betriebsratswahlen zur Folge haben können. Dieses so notwendige solidarische Zusammenstehen dürfte vor allem nicht zu unterschätzen sein als Gegengewicht zu der von dem zweiten Vorsitzenden der SPD, Herbert Wehner, persönlich in die Hand genommenen sozialdemokratischen Betriebsgruppenarbeit, die kräftiger Hilfe von seiten sozialistischer Mitglieder im DGB gewiß sein darf.
Ein Problem ist, wie die Zusammenarbeit und Frontbildung unter christlich-sozialem Vorzeichen weiter vor sich gehen soll. Die vorwiegend staatspolitische Ausrichtung der CDU-Sozialausschüsse erscheint beispielsweise der Christlichen Kollegenschaft im DGB nicht richtig zu sein, weil sie daraus eine Gefährdung ihrer Zielsetzungen befürchtet, andererseits ist die vorwiegend gesellschaftspolitische Arbeit, der sich die Kollegenschaft widmet, bisher politisch nicht tragfähig geworden.
Die Chancen eines wirksamen demokratischen Einflusses im Bereich der Betriebe scheinen durch eine Zusammenfassung der christlichen Arbeitnehmer nach Überzeugung der CDU-Sozialausschüsse in ihrem organisatorischen Rahmen noch am besten gewahrt zu werden. Immerhin läßt die Tatsache, daß noch nicht 29 % der Arbeitnehmer im DGB organisiert sind, erhoffen, daß durch den Arbeitnehmerkongreß ein größerer Prozentsatz der gewerkschaftlich nicht gebundenen christlichen Arbeitnehmer aktiviert werden kann. Die schließlich gegen starke innerkirchliche Widerstände erreichte Teilnahme evangelischer Gruppen bringt unter diesem Aspekt auch den Vorteil, daß eine von sozialistischer Seite gern gesehene Isolierung der katholischen Kräfte damit vermieden wird.

III. Die Gewerkschaftsfrage

Die Situation im gewerkschaftlichen Raum ist nach wie vor unbefriedigend und enthält eine Reihe von Problemen, deren Lösung in absehbarer Zeit nicht möglich sein wird.
1. Auf dem Jubiläumskongreß des Deutschen Gewerkschafts-Bundes 1959 in Stuttgart[4] hat die Einheitsgewerkschaft in ihren programmatischen Äußerungen einen

[4] *Vgl.* EBD., *S. 249–252.*

neuen Ton angeschlagen, der zunächst die Vermutung zuläßt, daß man sich in den Führungskreisen des DGB von den radikalen marxistischen Dogmen, welche seit 1949 das wirtschaftliche und gesellschaftliche Ordnungsbild des DGB beherrschten, zu distanzieren gedenkt. Die vielbeachteten Referate des Vorsitzenden Richter und des Wirtschaftspolitikers Rosenberg[5] brachten in ihren Stellungnahmen ein entschiedenes Ja zur Bundesrepublik und ein ebenso entschiedenes Nein zu jeglicher Art offizieller Ostkontakte. Beide Redner bemühten sich um eine Entideologisierung der Gewerkschaftspolitik, die der Diskussion mehr Raum gibt. Bei aller kritischen Haltung zur wirtschaftlichen und sozialen Situation in der Bundesrepublik argumentierten sie von der Basis der Marktwirtschaft. Neu war auch ihre positivere Einstellung zur Eigentumsstreuung, die die bisherige Gewerkschaftspolitik aus ihrer Erstarrung löst.

Diesen – wie zu hoffen ist – echten Ansätzen eines Umdenkens stehen allerdings auch Äußerungen gegenüber, deren Analyse eine skeptische Beurteilung der neuen Formulierungen und Vorschläge geraten erscheinen läßt. In der Forderung nach der Wirtschaftsdemokratie sind die DGB-Sprecher klarer als die in ihrem Grundsatzprogramm ähnliche Ziele anstrebende SPD. Dadurch hebt sich auch die Einseitigkeit, mit der man das Machtproblem lösen will, schärfer hervor. Während private wirtschaftliche Macht als in jedem Falle gefährlich angesehen wird, übergeht man vollkommen das Problem staatlicher und gewerkschaftlicher Macht. So wurde in Stuttgart weder von der Gefahr staatlichen wirtschaftlichen Machtmißbrauches, noch über die Tatsache gesprochen, daß der DGB bereits als Unternehmer in nicht unerheblichem Maße tätig ist und mittels Banken und Konsumgenossenschaften über einen starken privatwirtschaftlichen Einfluß verfügt, der durch die vorgesehene »Demokratisierung« mit Hilfe von Kontrolleuren der Gewerkschaften in den privatwirtschaftlichen Unternehmen noch verstärkt und schlechthin umfassend gestaltet werden soll.

Auch in den sozialpolitischen Fragen zeigt sich der Glaube an die Ergiebigkeit und Unfehlbarkeit von Organisationen, Institutionalisierung und Professionalisierung im Bereich von Versicherung, Versorgung und Fürsorge, dem ein Schwund an Bemühung um Eigenverantwortung entspricht.

Das Machtproblem erhielt in Stuttgart eine von den Programmgestaltern nicht vorgesehene Ausweitung. Es machte sich der Unwille der Delegierten über den internen Machtkampf der 16 Industriegewerkschaften und ihren teilweise sehr mächtigen »Stammesherzögen« Luft. Damit unterstrich der DGB selbst das Phrasenhafte an seiner Forderung von der den Machtmißbrauch unterdrückenden »demokratischen Kontrolle der Wirtschaft«. Auch wurde klar, daß der Radikalismus und das Pathos des Klassenkampfes bei den eigentlichen Machtträgern der Industriegewerkschaften nach wie vor bestimmend sind. Das findet bis heute eine Bestätigung in der Haltung zur Lohn-, Arbeitszeit- und Streikpolitik, in der sich die DGB-Gewerkschaften auch

[5] Ludwig Rosenberg *(1903–1977), 1949–1969 Mitglied des DGB-Vorstands, 1962–1969 Vorsitzender des DGB.*

untereinander Konkurrenz machen, wie auch in der immer wieder vorkommenden Verletzung der parteipolitischen Neutralität, zu der sich die sog. Einheitsgewerkschaft verpflichtet fühlen sollte.
2. Diese Situation wirkt sich besonders aus auf die Stellung der christlich-sozialen Kollegenschaft im DGB. Auf dem Stuttgarter Kongreß wurden vom DGB-Vorsitzenden Richter drohende Worte gegen eine Gruppenbildung innerhalb des DGB ausgesprochen, die zur Organisationsbildung neige, einen eigenen Namen führe, Gewerkschaftsbeschlüsse unsachlich kritisiere und eigene Schriften herausgebe. Obwohl das nur auf die Kollegenschaft gemünzt sein konnte, widersprach Richter dieser Vermutung lebhaft in seinem Schlußwort an den DGB-Kongreß. Dadurch kann sich die Kollegenschaft zwar darauf berufen, daß ihre Tätigkeit vom DGB-Vorsitzenden offiziell als dem DGB nicht widersprechend hingestellt wurde, doch zeigte der seltsame Vorgang, daß hier eine deutliche Warnung erging, die der Kollegenschaft galt und die ihre Isolierung deutlich macht. Die systematische Verdrängung christlicher Gewerkschafter aus Funktionärskreisen (DGB-Eisenbahnergewerkschaft), aus Betriebsratspositionen (Daimler-Benz und BASF), Landesbezirksvorständen (DGB-Bayern) ist allgemein bekannt. Trotz entsprechender Presseveröffentlichungen fühlen sich andersdenkende DGB-Funktionäre stark genug, ihre Ausbootungspolitik fortzusetzen.
Der soziologisch wichtige Rahmen einer Organisation fehlt der Kollegenschaft. Sie kann keine Mitgliederlisten führen, keine Mitglieder werben, keine Beiträge erheben. Daher kann sie als Machtfaktor nicht in Erscheinung treten. Ihre Wirksamkeit scheint zu stagnieren. Außer durch ihre Bildungsarbeit, die aber nur kleine isolierte Gruppen anspricht, kommt sie nicht in Kontakt mit den Arbeitnehmern. Ihre augenblickliche schonende Behandlung durch die DGB-Spitze wird mit davon abhängen, daß die sozialdemokratisch denkenden Führungsfunktionäre mit Hilfe der christlichen Arbeitnehmer einen sozialdemokratischen Wahlsieg zu erringen hoffen. Wenn eine statistische Repräsentativerhebung des Instituts für Demoskopie im Januar 1959 feststellt, daß 92 % aller in Gewerkschaften organisierten Arbeitnehmer Christen sind bei einem Anteil der Katholiken von 35 %, dann wird diese Rücksichtnahme verständlich. Nicht zuletzt besteht auch ein interdependentes Verhältnis zwischen der Bedeutung der Kollegenschaft und der Stellung der christlichen Gewerkschaftsbewegung. Ein offener Kampf des DGB gegen die christliche Kollegenschaft könnte zu einer Stärkung des Christlichen Gewerkschaftsbundes (CGB) führen, was wiederum für den DGB einen Prestigeverlust als Einheitsgewerkschaft mit sich bringen müßte.
In diesem Zusammenhang verdient eine Seite der DGB-Politik verstärkte Beachtung. Wenn auch die DGB-Gewerkschaften bis heute die bedeutendste Position im Bereich der Arbeitnehmerschaft einnehmen, so ist doch der Mitgliederbestand (6,5 Mio.) gemessen an der Gesamtzahl der Arbeitnehmer (1958 rund 18,5 Mio.) seit 1951 relativ zurückgegangen. Um diesem Trend entgegenzuwirken, wird versucht, bei Tarifverträgen Lohnerhöhungen ausschließlich für DGB-Mitglieder festzulegen. Bisher ist in Deutschland durch die sogenannte allgemeine Verbindlichkeitsklausel

jedoch eine Differenzierung dieser Art und eine dadurch bedingte Monopolsituation der Gewerkschaft (closed-shop- und union-shop-Prinzip) unmöglich gewesen. Wenn es aber dazu kommen sollte, wird der Leistungslohn durch den Machtlohn ersetzt. Das gefährdet notwendig die Koalitionsfreiheit und wird die Macht des DGB stärken und seinen Gewerkschaften neue Mitglieder zuführen.

3. Die Lage der Christlichen Gewerkschaften ist trotz der Angliederung des Saargebietes und der damit in Zusammenhang stehenden Verstärkung der Christlichen Gewerkschaft nicht günstig. Die starke Stellung des DGB hat bereits an der Saar zu vermehrten Übertritten aus CGB- zu DGB-Gewerkschaften geführt. Bei Tarifverhandlungen kommt es vor, daß nunmehr statt des CGB die Vertreter der Einheitsgewerkschaft von seiten der Arbeitgeber und der öffentlichen Hand als Verhandlungspartner angesprochen werden. Bei einem Empfang des CGB in Bonn wurde den anwesenden Regierungsmitgliedern vorgehalten, daß auch die Bundesministerien bisher nur den DGB als Gesprächspartner eingeladen haben. Allerdings kritisierten die so angesprochenen Politiker auch, daß der CGB bisher noch keine verwertbaren Anregungen vorgebracht habe. In Verbindung damit wird immer wieder auf die zu starke Polemik des CGB hingewiesen, die in der Öffentlichkeit keinen freundlichen Widerhall findet. Dadurch ist auch das Verhältnis zur christlichen Kollegenschaft sehr getrübt. Allerdings geben die oft äußerst rücksichtslosen Praktiken von DGB-Funktionären gegenüber Mitgliedern des CGB manchen Anlaß zu einer empörten Reaktion. Eine der unerfreulichsten Spannungen, welche gleichzeitig die Problematik des DGB als Einheitsgewerkschaft beleuchtet, spiegelt sich im europäischen Parlament in Straßburg, wo sich der DGB gegen eine Anerkennung des CGB wehrt, um nicht als sozialistische Gewerkschaft abgestempelt zu werden.

Wir müssen feststellen, daß die Entwicklung des Christlichen Gewerkschaftsbundes bisher nicht den gehegten Erwartungen entspricht. So sehr auch alle Unterstützung geboten ist – die aufgezeigten komplizierten Zusammenhänge müssen beachtet werden. Daher scheint ein behutsames Vorgehen im Hinblick auf mögliche unerwünschte Auswirkungen dringend erforderlich.

IV. Sozialpädagogische Akademie des Bundes

Die Pläne des Bundesfamilienministeriums für die Errichtung einer überkonfessionellen sozialpädagogischen Akademie sind seit Beginn des Jahres in ein entscheidendes Stadium getreten. Die »Victor-Gollancz-Stiftung« (ein aus dem Bundesjugendplan finanzierter Verein für die Vermittlung von Ausbildungsstipendien in Sozialberufen) hatte seit Jahren eine derartige Akademie gefordert. Dieser Akademie soll die Aufgabe gestellt werden, bereits ausgebildete und in der Praxis tätige Sozialarbeiter in langfristigen Kursen mit dem neusten Stand der wissenschaftlichen Entwicklung in den sozialpädagogischen Fächern vertraut zu machen. Angestrebt wird, befähigten Sozialarbeitern durch den Besuch der Akademie einen Berechtigungsschein für den höheren Dienst zu vermitteln.

Das Bundesfamilienministerium hatte im vergangenen Jahr die »Victor-Gollancz-Stiftung« beauftragt, Pläne für die genannte Akademie auszuarbeiten. Innerhalb der

Stiftung konnte zwar über recht allgemeine Grundsätze eines Arbeitsprogramms und über die rechtliche Trägerschaft in der Form eines eingetragenen Vereins (die meisten Mitglieder wünschen, daß die »Victor-Gollancz-Stiftung« selbst Träger der Akademie wird), nicht über den Standort der Akademie Einigkeit erzielt werden. Von sozialistischer Seite wurde zunächst Berlin vorgeschlagen, neuerdings Frankfurt/Main. Die evangelische Seite, insbesondere der neue Vorsitzende, Oberbürgermeister Dr. Lades[6], wünschen die Akademie in München zu errichten. Letztlich wird das Familienministerium diese Frage (wohl im Sinne von München) entscheiden müssen.
Die Notwendigkeit der in Münster geplanten katholischen Jugendakademie muß unterstrichen werden. Wenn jedoch die geplante sozialpädagogische Akademie verwirklicht wird, woran nach Lage der Dinge kaum mehr gezweifelt werden kann, sollten die sachlich beteiligten katholischen Stellen nicht mit Rücksicht auf die ebenfalls im Aufbau befindliche, vom Deutschen Caritasverband und dem Jugendhaus Düsseldorf getragene Jugendakademie in Münster auf eine Mitarbeit bei der oben erwähnten Akademie verzichten. Da außer der katholischen Seite alle anderen Kräfte, insbesondere auch die evangelische Kirche, an einer eigenen Akademie nicht interessiert sind, sondern die Pläne der überkonfessionellen Bundesakademie unterstützen, sollte jede katholische Einflußmöglichkeit auf diese Bundesakademie wahrgenommen werden. Dem Bundesfamilienministerium gegenüber sollte auch in Zukunft die absolute Gleichstellung der katholischen Jugendakademie in Münster mit der geplanten sozialpädagogischen Akademie gefordert werden.

V. Schwerpunktprogramm Arbeiterseelsorge

Die Ergebnisse der drei Kommissionen (Wissenschaftliche Kommission unter Leitung von Prof. Dr. Höffner, Koordinierungskommission unter Leitung von Direktor Hanssler und Pastoralkommission unter Leitung von Prälat Dr. H[ermann-]J[osef] Schmitt) werden in einem gemeinsamen Abschlußbericht im Laufe des Frühjahrs oder Frühsommers vorgelegt werden, so daß im gegenwärtigen Zeitpunkt ein kurzer Zwischenbericht genügen dürfte.
Die Wissenschaftliche Kommission hat drei Sitzungen gehalten und eine vierte auf den 24. März ausgeschrieben. Die Koordinierungskommission hat ihre fünfte Sitzung am 11. Februar gehabt und eine sechste Sitzung auf den 7. April anberaumt. Die Seelsorgskommission ist naturgemäß auf die Ergebnisse der beiden anderen Kommissionen angewiesen und liegt infolgedessen verhältnismäßig am meisten zurück. Ihrem Leiter wurde jedoch eine Frist gesetzt und den Leitern der beiden anderen Kommissionen ein Termin für die Redaktion des Abschlußberichtes angeboten.
In der Koordinierungsfrage erweist es sich als zweckmäßig,
1. die sinnvolle Vereinheitlichung des Schrifttums behutsam voranzutreiben. Da sich diese Frage nicht übers Knie brechen läßt, ist das Sozialreferat des Zentralkomitees beauftragt worden, die Aufgabe weiter zu verfolgen;

[6] Heinrich Lades *(1914–1990), Dr. iur., Verwaltungsbeamter im bayerischen Kultusministerium, im Bundesinnenministerium und Familienministerium, 1959–1972 Oberbürgermeister von Erlangen (CSU).*

2. die Erwachsenenverbände auch über den aktuellen Auftrag der Bischöfe hinaus zusammenzuhalten. Direktor Hanssler wird sich dieser Frage weiterhin annehmen;
3. die Träger der Betriebsgruppenarbeit unter sich zu koordinieren. Diese haben sich bereit erklärt, miteinander im Gespräch zu bleiben, um gemeinsame Prinzipien und Formen ihrer Arbeit zu entwickeln.

Diese Aufgaben, die nach Abschluß der unmittelbaren Kommissionsarbeit weiterlaufen, müssen sich selbst finanzieren, da die Arbeit jeweils im Interesse der unmittelbar Beteiligten liegt.

Schon heute kann gesagt werden, daß die bisherige Arbeit nicht ohne Nutzen war. Wenn die Ergebnisse der Kommissionen sinnvoll in die seelsorgliche Praxis übersetzt werden, wird die Frucht der bisherigen Bemühungen nicht ausbleiben.

Die Zusammenarbeit war, soweit sich das bis jetzt überblicken läßt, überall voll Loyalität und guten Willens.

275

Bericht des Zentralkomitees für die Bischofskommission für Publizistik

Bad Godesberg, 1. März 1960

EA MÜNCHEN, Joseph Kardinal Wendel, 21/1960. *Schreibmaschinenvervielfältigung. Deckblatt:* Bericht für die Bischofskommission für Publizistik. *Registraturvermerk:* 21/1960.

Neuordnung des Rundfunk- und Fernsehwesens

Die Diskussion um die künftige Gestaltung des Rundfunk- und Fernsehwesens in der Bundesrepublik ist nach wie vor im Gange. Der entsprechende Gesetzentwurf der Bundesregierung, der vom Bundesrat einstimmig abgelehnt worden war, wurde vom Bundestag in 1. Lesung verabschiedet und liegt mehreren Ausschüssen des Bundestages vor. Gleichzeitig sind Bundesregierung und die Bundestagsfraktion der CDU/CSU unablässig bemüht, über die anstehenden Fragen eine Einigung zunächst mit den der CDU/CSU angehörenden Ministerpräsidenten und darüber hinaus mit den Bundesländern überhaupt zu erzielen.

Die Stellungnahme des Hochwürdigsten Episkopates wird bei den Beratungen und Verhandlungen durchaus gewürdigt. Die Bedenken gegen ein kommerzielles Fernsehsystem, das möglicherweise von der Bundesregierung intendiert war, wurden im Bundestag von den Sprechern aller Fraktionen unterstrichen.

In der Sache selbst zeichnen sich vertraulichen Auskünften zufolge folgende Lösungsmöglichkeiten ab:

a) Die Errichtung von Bundesanstalten für den Deutschland-Funk und den Übersee-Funk, die jeweils aus dem allgemeinen Gebührenaufkommen finanziert werden sollen. Besprochen wird noch, ob diese Rundfunkanstalten durch Gesetz, durch

Verwaltungsakt der Bundesregierung oder durch einen Staatsvertrag zwischen Bundesregierung und Länder geschaffen werden sollen.
b) Bei der Gestaltung des 2. Fernsehprogramms hat der von dem CDU-Abgeordneten Dr. Heck entwickelte Plan innerhalb der CDU/CSU weithin Sympathien gefunden und Aussicht, verwirklicht zu werden. Dieser Plan sieht vor, eine Bundesfernsehanstalt des Öffentlichen Rechts zu errichten und im wesentlichen aus Anteilen des Gebührenaufkommens zu finanzieren. Der Plan läßt Raum für das Entstehen mehrerer privater Produktionsgesellschaften und gibt der Bundesanstalt die Befugnis, das von ihr verantwortete Programm sowohl durch Einkauf von Fernsehsendungen bei privaten Produktionsgesellschaften oder den bestehenden öffentlichen Rundfunkanstalten und ihren Produktionsgesellschaften oder bei der Filmindustrie, als auch durch eigene Produktion zu gestalten. Im übrigen ist die Schaffung von Aufsichtsgremien, ähnlich denen der bestehenden Rundfunkanstalten, selbstverständlich vorgesehen. Umstritten ist auch hier die Frage, ob die Fernsehanstalt durch Gesetz, Verwaltungsakt oder Vertrag errichtet werden soll.
Diese Lösung der um die Gestaltung eines 2. Fernsehens entstandenen Probleme dürfte den vom Hochwürdigsten Episkopat geäußerten Bedenken im vollen Umfang Rechnung tragen. Ihr Zustandekommen wäre aber auch aus allgemeinen politischen Gründen äußerst begrüßenswert.
Wegen der Kompliziertheit der zur Beratung anstehenden Probleme sollte bei aller Wachsamkeit in der Beobachtung der weiteren Vorgänge mit öffentlichen Interventionen von katholischer Seite größte Zurückhaltung geübt werden. Es läßt sich nicht leugnen, daß bei den Auseinandersetzungen in den vergangenen Monaten sich derartige Interventionen nicht immer glücklich ausgewirkt haben. Vor allem durch die Polemik des katholischen Rundfunkinstitutes in Köln fühlten sich führende katholische Mitglieder der Bundestagsfraktion der CDU verletzt. Das Zentralkomitee hat sich in dieser Entwicklung unablässig bemüht, bei aller Wahrung des in der Stellungnahme des Hochwürdigsten Episkopates formulierten sachlichen Standpunktes das persönliche Vertrauensverhältnis zu den katholischen Abgeordneten der CDU/CSU nicht abreißen zu lassen.

Schulung und Fortbildung des katholischen Publizistennachwuchses

1. Zustand und Entwicklung der deutschen Presse geben einer katholischen Bearbeitung der Lage seit Jahren Anlaß zu vielfältiger Kritik. Neben anderen Schwerpunkten dieser Kritik wird immer wieder bedauert, daß die gutwilligen katholischen Publizisten weithin nicht in der Lage sind, mit genügend fundiertem Wissen die Vorgänge dieser Zeit auf ihre grundsätzliche Bedeutung zurückzuführen und von daher ihre meinungsbildende Tätigkeit anzusetzen.
2. Das Zentralkomitee ist in der Vergangenheit immer wieder von verschiedenen Seiten auf diesen Umstand aufmerksam gemacht worden. Zuletzt hat der Arbeitskreis »Presse« auf der Tagung des Zentralkomitees in Saarbrücken 1958 konkret den Vorschlag gemacht, einen publizistischen Fortbildungskurs durchzuführen (vgl. Seite 233 des Berichtsbandes). Der Hochwürdigste Episkopat hat diesen Vorschlag

durch einen Auftrag an das Zentralkomitee aufgegriffen und DM 5.000 zur Durchführung dieses Kurses zur Verfügung gestellt.

3. Der erste Kursus, zu dem bereits im Beruf stehende junge katholische Publizisten aller Publikationsmedien zusammengerufen wurden, ist im vergangenen Jahr in der Akademie in Bensberg durchgeführt worden (vom 18. September bis 5. Oktober 1959).

Die Vorbereitung des Kurses lag beim Kulturreferat im Zentralkomitee der deutschen Katholiken und wurde mitgetragen von der Gesellschaft katholischer Publizisten, der Arbeitsgemeinschaft Kirchliche Presse und der Katholischen Rundfunkarbeit in Deutschland. Durch die gemeinsamen Anstrengungen der mitbeteiligten Stellen konnte der Kursus für die Dauer von drei Wochen mit 23 Teilnehmern durchgeführt werden.

Das Programm war in vier große Themenkreise gegliedert, von denen jeder vier Vormittage vorgetragen und diskutiert wurde (1. Geschichte und Kirchengeschichte des modernen Katholizismus, 2. Neuere philosophische Strömungen und ihr Niederschlag in der Literatur, 3. Christliche Soziallehre und moderne Gesellschaft, 4. Grenzfragen der Naturwissenschaft und Theologie). Die Nachmittage waren mit einem aktuellen Programm besetzt, das Gelegenheit bot, mit mehr als 20 führenden Persönlichkeiten aus Kirche, Politik, Presse, Rundfunk, Fernsehen, Film und Büchereiwesen zusammenzukommen: unter diesen waren der Vorsitzende der CDU/CSU-Fraktion Dr. Krone, die Abgeordneten Even, Dr. Heck, der Präsident der Europäischen Behörde Prof. Hallstein[1], P. Hirschmann S. J., Prälat H[ermann-]J[osef] Schmitt KAB, Msgr. Kochs, Msgr. Becker KRD, Dir[ektor] Dr. Koep u. a.

Die Leitung der Tagung hatte P. Simmel S. J., Chefredakteur der Stimmen der Zeit, übernommen. Als Spiritual war P. Paulus Gordan OSB[2], Beuron, Schriftleiter der Benediktinischen Monatsschrift, ständig anwesend. Die Teilnehmerzahl des Kurses blieb trotz der für Publizisten ungewöhnlich langen Zeit konstant.

Die Veranstalter, Teilnehmer, Gäste und Referenten beurteilten diesen ersten Versuch außerordentlich positiv. Im politischen Bereich wird diesen Bemühungen des Zentralkomitees große Aufmerksamkeit entgegengebracht.

Die Finanzierung dieses Kurses konnte zum Teil durch die freundlicherweise zur Verfügung gestellten Mittel des Hochwürdigsten Episkopates gedeckt werden (Gesamtkosten: DM 10.387,64). Der verbliebene Rest wurde durch Spenden und öffentliche Mittel aufgebracht. Das Vorbereitungskomitee dieses publizistischen Fortbildungsseminars hofft, die Kosten der zukünftigen Tagungen auf ähnliche Weise aufbringen zu können.

[1] WALTER HALLSTEIN *(1901–1982), Dr. iur., 1930–1948 Professor in Rostock und Frankfurt am Main, 1950/51 Staatssekretär im Bundeskanzleramt, 1951–1957 im Auswärtigen Amt, 1958–1967 Präsident der Kommission der EWG, 1969–1972 Mitglied des Bundestags (CDU).*

[2] P. PAULUS GORDAN OSB *(1912–1999), 1931 Konversion, 1936 Ordenseintritt, 1938 aus rassischen Gründen Exil in Lateinamerika, nach Rückkehr Redakteur der benediktinischen Monatszeitschrift »Erbe und Auftrag«, 1969–1976 Generalsekretär des Ordens, 1980 Obmann der Salzburger Hochschulwochen, Mönch in Salzburg/St. Peter.*

4. Es ist beschlossen worden, diesen Kursus für katholische Publizisten als stehende Einrichtung wenigstens einmal im Jahr durchzuführen. Das Kulturreferat, in Zusammenarbeit mit den Zusammenschlüssen katholischer Publizisten, hat hierzu bereits konkrete Beschlüsse gefaßt:
a) Der Kursus soll »Seminar junger katholischer Publizisten« genannt werden. Die inhaltliche und organisatorische Planung und Verantwortung übernimmt das Kulturreferat im Zentralkomitee.
b) Als Zeitpunkt des nächsten Kurses ist der Januar 1961 vorgesehen. Als Ort wird der Raum Bonn-Köln wieder gewählt werden.
c) Die Leitung wird wiederum Herrn P. Simmel S. J. angeboten werden.
d) Die mitverantwortlichen Zusammenschlüsse katholischer Publizisten und die Hauptstelle der Kirchlichen Rundfunkarbeit werden mit den Redaktionen und Funkhäusern verhandeln, um den Teilnehmerkreis zusammenzustellen.
e) Es wird ein Bildungsplan entworfen, der sich über fünf Jahre erstreckt, damit die zu behandelnden Grundthemen intensiver durchgearbeitet werden können.
5. Der Arbeitskreis »Presse« wird sich auf der nächsten Arbeitstagung des Zentralkomitees im April 1960 in Ettal noch einmal mit der Frage des Publizisten-Seminars befassen. Es wird als notwendig angesehen, diese zentralen Kurse durch sogenannte Regionaltagungen zu vertiefen. Als die gegebene regionale Einheit bietet sich hierfür der Raum der Diözese an. Der Hochwürdigste Episkopat wird aus diesem Grunde gebeten, auf die Notwendigkeit der regionalen Zusammenfassung katholischer Publizisten hinzuweisen und durch entsprechende Beauftragte (evtl. auch im Rahmen der katholischen Akademien) diese Zusammenkünfte organisieren zu lassen.

Katholischer Zeitschriftendienst

Die »Arbeitsstelle für Zeitschriftenberatung e. V.« hat ihre Arbeit inzwischen weiter ausgebaut. Der Abonnentenkreis für den von der Arbeitsstelle herausgegebenen Zeitschriftendienst konnte erweitert werden; die Zahl der Abonnenten liegt derzeit bei rund 9.000. Die Arbeitsstelle hofft zuversichtlich, die Zahl der Abonnenten und damit der eigenen Einnahme noch weiter steigern zu können und in absehbarer Zeit in der Lage zu sein, wieder eine hauptamtlich besetzte Geschäftsstelle zu errichten und eine eigene Redaktionskraft zu besolden. (Zur Zeit werden die Redaktion von Herrn Dr. Graf[3], Münster, und die Geschäftsführung durch das Bischöfliche Jugendamt, Münster, ehrenamtlich besorgt.)
Die inzwischen gefundene redaktionelle Form des Zeitschriftendienstes hat sich offensichtlich bewährt. Es besteht die Absicht, künftig den Zeitschriftendienst im Abstand von vier Monaten statt wie bisher vierteljährlich erscheinen zu lassen. Außerdem ist geplant, eine zum Aushang in Schaukästen geeignete Kurzfassung der Bewertungen zur Verfügung zu stellen, jedoch soll noch der Ausgang eines Prozesses zwischen dem Verlag der »Neuen Illustrierten« und einer katholischen Buch-

[3] GÜNTER GRAF *(1928–2007), Dr. phil., 1952–1994 Leiter der Bischöflichen Pressestelle Münster, 1976–1987 Leiter des Referats Presse- und Verlagswesen der Zentralstelle Medien der Deutschen Bischofskonferenz.*

handlung in Mönchen-Gladbach abgewartet werden, da in diesem Prozeß eine grundsätzliche höchstrichterliche Entscheidung in der Frage des Aushanges von Auszügen aus dem Zeitschriftendienst zu erwarten ist. Der Prozeß ist zur Zeit beim Bundesgerichtshof anhängig, da der Verlag der »Neuen Illustrierten« gegen das dem Zeitschriftendienst günstige Urteil des Oberlandesgerichtes Revision eingelegt hat. Die allgemeinen Auswirkungen des Zeitschriftendienstes können nur günstig beurteilt werden. Nicht zuletzt infolge der Bewertungen des Zeitschriftendienstes ist der Anzeigenteil fast aller deutschen Illustrierten im Gegensatz zur früheren Praxis nunmehr von Anstößigkeiten fast völlig frei. Auch in der redaktionellen Gestaltung vieler Illustrierten ist das Bemühen spürbar, eine positivere Bewertung durch den Zeitschriftendienst zu erhalten. Vorstand und Mitarbeiter der Arbeitsstelle sind wiederholt gebeten worden, Gespräche mit Verlegern und Redakteuren von Illustrierten zu führen. Diese Gespräche sind im großen und ganzen erfreulich verlaufen.
In Österreich hat der Hochwürdigste Episkopat vor kurzem die Einrichtung einer Zeitschriftenberatung beschlossen und das Seelsorgeinstitut der Erzdiözese Wien beauftragt, in Zusammenarbeit mit der Arbeitsstelle eine Zeitschriftenbewertung vorzunehmen. Erste Verhandlungen zwischen der Arbeitsstelle und dem Seelsorgeinstitut Wien haben stattgefunden. Es ist beabsichtigt, den österreichischen Zeitschriftendienst nach dem Muster des deutschen zu gestalten, möglicherweise unter Übernahme erheblicher Teile des deutschen Zeitschriftendienstes.

276

Bericht Wissings

Bonn, 4. März 1960

EA MÜNCHEN, Joseph Kardinal Wendel, 21/1960. *Schreibmaschinenvervielfältigung. Briefkopf:* Katholisches Büro Bonn, Leitung: Direktor Wissing. *Anschrift:* An die Hochwürdigsten Erzbischöfe und Bischöfe in der Bundesrepublik Deutschland.

Eminenzen, Exzellenzen,
das Bild, das sich demjenigen bietet, der die Bonner Verhältnisse unter kirchenpolitischen Gesichtspunkten betrachtet, ist nicht frei von Schatten, entbehrt aber auch nicht erfreulicher Züge. In der Außenpolitik kämpft die Bundesregierung einen schweren Kampf um Berlin[1]. Der deutsche Standpunkt muß gegen einen in der letzten Zeit verstärkt auftretenden Zug in der Weltpolitik durchgesetzt werden, der stark zum Kompromiß neigt. Diese Strömungen in der Welt setzen sich aus recht unterschiedlichen Faktoren zusammen. In erster Linie ist hier eine gewisse Erschlaffung und Müdigkeit festzustellen, die die einzelnen Nationen mehr auf die eigenen Schwierigkeiten als auf die globalen Probleme achten läßt. Die zweite Komponente ergibt sich aus der ganz anderen Haltung des gegnerischen Lagers, das unter einheitlicher

1 *Vgl. Dok. 216, Anm. 1.*

Leitung eine nicht ungeschickte politische Regie führt und keine Gelegenheit ausläßt, politische, diplomatische oder propagandistische Möglichkeiten auszunutzen. Was Deutschland und Berlin anbetrifft, so kommt die in manchen Ländern sich ausbreitende Mischung aus Angst und Neid hinzu, mit der man auf den äußeren wirtschaftlichen Aufstieg der Bundesrepublik schaut. Die in einigen Ländern stets latent vorhandenen deutschfeindlichen Unterströmungen gelangen hier und da zunehmend an die Oberfläche. Es ist ein schwerer Nachteil, daß diese Strömungen gerade um die Jahreswende in den antisemitischen Vorgängen[2] einen Kristallisationspunkt erhielten. Es setzt sich zwar allgemein eine besonnenere Beurteilung dieser Einzelvorgänge durch; der Auftrieb aber, den die deutschfeindlichen Strömungen erhalten haben, wird sich noch lange bemerkbar machen.

Die Wichtigkeit eines freien Berlins auch aus kirchenpolitischer Sicht brauche ich nicht hier im einzelnen zu begründen. Von dieser Bedeutung her aber entsteht die Frage, was die deutschen Bischöfe in dieser schweren Situation um Berlin tun können. Das wichtigste Mittel dürfte in der Aufklärung über den Terror und den Zwang in der Ostzone bestehen. Man sollte keine Gelegenheit vorübergehen lassen, auf die Lage der Kirche in der Zone und auf die Bedeutung des freien Berlins hinzuweisen. Im vergangenen Jahr ist ein Hirtenbrief der Bischöfe und Kommissare in der Zone[3] an die Oberhirten in aller Welt geschickt worden. Es wird zu überlegen sein, ob man dasselbe nicht mit dem jüngst erschienenen Fastenhirtenbrief[4] der ostdeutschen Bischöfe und Kommissare tun sollte.

Aus der Außenpolitik ist ein zweiter Punkt für uns von größerer Bedeutung: die Hilfe für die Entwicklungsländer. Diese Frage berührt den katholischen Volksteil schon aus caritativen und menschlichen Gründen. Sein besonderes kirchenpolitisches Gewicht erhält er durch die Verbindung zu unserer Missionstätigkeit. Lassen Sie mich aber zuvor auch noch einen allgemeinen staatspolitischen Gesichtspunkt im Anschluß an die letzten Äußerungen des Bundespräsidenten in Berlin hervorheben. Das Vertrauen, das Deutschland gerade in den Entwicklungsländern genießt, ist groß. Auf lange Sicht gesehen können wir uns durch verständnisvolle und wirksame Hilfe in diesen Ländern viele Freunde schaffen oder erhalten. Man rügt allgemein wohl mit Recht, daß der Entwicklungshilfe in der Bundesrepublik das großzügige und geschlossene Konzept fehle. Dabei ist an die Hilfe aus dem staatlichen Sektor gedacht. Wir Katholiken können innerhalb unseres Volkes mit besonderem Stolz auf die menschlichen (12.000 katholische Missionare gegenüber 800 evangelischen) und auch materiellen Leistungen zugunsten der hungernden Welt hinweisen. Ich hebe das hier deshalb hervor, weil bei der Entwicklungshilfe die echte Bedeutung der Subsidiarität klar zutage tritt. Was hier von freien Kräften innerhalb des Staates geleistet wird, wird

2 *Um die Jahreswende 1959/60 waren an verschiedenen Orten jüdische Grabmäler geschändet, antisemitische Parolen und Hakenkreuze an öffentlich zugänglichen Plätzen angebracht worden. Eine Dokumentation in dem am 17. Februar 1960 dem Bundestag vorgelegten und veröffentlichten Weißbuch der Bundesregierung* DIE ANTISEMITISCHEN UND NATIONALSOZIALISTISCHEN VORFÄLLE IN DER ZEIT VOM 25. DEZEMBER 1959 BIS ZUM 28. JANUAR 1960.

3 *Druck:* AKTEN DEUTSCHER BISCHÖFE SEIT 1945. DDR 1957–1961, *S. 488–493.*

4 EBD., *S. 709–715.*

in seiner ganzen Großartigkeit deutlich, wenn man einmal die staatlichen Leistungen daneben setzt. Uns wurde das in Bonn besonders an einem Abend unseres Klubs klar, an dem Msgr. Dossing über die Fastenaktion und ein Vertreter des Auswärtigen Amtes über die staatlichen Hilfen sprachen. Die staatliche Hilfe krankt besonders daran, daß sie ausschließlich unter kommerziellen Gesichtspunkten vergeben wird. Die entwicklungsbedürftigen Völker brauchen nicht nur materielle, sondern auch geistige Hilfe. Durch großartige Industriewerke oder auch sogar Universitäten, die dem jungen Menschen in den Entwicklungsländern keinen geistigen Halt verschaffen, sondern ihn ohne weltanschauliche Führung in eine neue Zeit hineintreiben, werden mehr Gefahren geschaffen als beseitigt. Das muß von allen Seiten den Verantwortlichen in der Regierung klar gemacht werden. Diese geistige Lücke wirkt sich besonders deshalb katastrophal aus, weil der Kommunismus es bei all seinen Hilfen niemals unterläßt, unmittelbar oder mittelbar für seine Weltanschauung zu werben.
Noch ein Weiteres hat sich im staatlichen Bereiche als sehr hemmend herausgestellt: Es gilt zur Zeit als unantastbarer Grundsatz, daß Hilfen nur über die Regierungen der Entwicklungsländer gewährt werden. Dieser Weg beeinträchtigt zunächst einmal schon die reine wirtschaftliche Effektivität der Hilfen: manches wandert in andere Kanäle. Hinzu kommt, daß oftmals kommunistenfreundliche oder gar reine kommunistische Personen mit der Leitung derjenigen Dinge beauftragt werden, die auch mit deutschem Geld erstellt worden sind. Die Bevölkerung der Entwicklungsländer versteht es nicht, daß einerseits blühende, eingearbeitete Missionsstationen bestehen, die durchaus zur Aufnahme anderer Einrichtungen und Werke imstande wären, während man andererseits aus dem Nichts heraus Regierungsprojekte erstellt, bei deren Leitern es an der nötigen Voraussicht und Erfahrung mangelt. Ich möchte glauben, daß es kein unbilliges Verlangen ist, wenn man für die Entwicklungshilfe ebenso wie im innerdeutschen Raum staatliche Zuschüsse fordert für nichtstaatliche Einrichtungen, deren sozialer und kultureller Nutzen unbestreitbar ist. Was der Staat fordern könnte, wären die auch sonst vorausgesetzten »Eigenmittel«. Diese könnten jedenfalls von den katholischen Missionen fast an allen Stellen erbracht werden. Wir sind im Anschluß an den genannten Klubabend im Zusammenwirken mit Msgr. Dossing diesen Fragen einmal nachgegangen und versuchen unter der Mithilfe einiger Abgeordneter und höherer Regierungsbeamter, die Dinge für die Zukunft zu bessern. Es soll erreicht werden, daß die staatlichen Hilfen nicht rein wirtschaftlich, sondern auch unter geistigen und kulturellen Gesichtspunkten vergeben werden.
Auf dem innenpolitischen Feld dürfte das Hauptproblem zur Zeit in den Bemühungen um die Aufrechterhaltung eines stabilen Geldwertes liegen. Es sollte im katholischen Volksteil Allgemeingut sein oder nötigenfalls werden, daß die Aufrechterhaltung der Kaufkraft des Geldes eine eminent sozialethische Forderung ist. Auch bei einer noch so breiten Streuung des Sacheigentums werden Millionen von Familien darauf angewiesen sein, ihr Vermögen durch die Zurücklage von Geldern in dieser oder jener Form zu bilden. Allen diesen Sparern würde ein nicht zu verantwortendes Unrecht geschehen, wenn man – aus welchen wohlklingenden Gründen auch immer – eine ständige Kaufkraftminderung auch in kleinerem Umfang in Kauf nehmen

würde. Wir haben auf eine nachdrückliche Haltung der Bundesregierung in dieser Frage zu hoffen, und man kann durchaus der Meinung sein, daß schon die bisherigen öffentlichen Hinweise und die geführten Gespräche die Entwicklung wenigstens gebremst haben. Eine Hilfe in diesem Bestreben der Bundesregierung aus der Sicht der katholischen Soziallehre wäre angebracht und nützlich.

Neben den Fragen im Zusammenhang mit der Stabilität der Währung wird voraussichtlich die Einkommensverteilung und Eigentumsstreuung in zunehmendem Maße in die öffentliche Erörterung getragen werden. Wir verweisen dabei auf die jüngsten Pressemeldungen, nach denen im Bundesarbeitsministerium der Entwurf eines Gesetzes vorbereitet wird, welches sich mit dem »Ergebnislohn« in unserer Wirtschaft befaßt. (Unter Ergebnislohn versteht man im Kern Zuwendungen des Arbeitgebers an den Arbeitnehmer, die dieser nicht sogleich zum Konsum verwerten kann, sondern die für einen längeren Zeitraum im Betrieb des Arbeitgebers festgelegt bleiben.) Wir möchten glauben, daß ein gewisses Unbehagen verbreitet ist über die Verteilung der Werte, die in den vergangenen Jahren von allen Bürgern der Bundesrepublik auf dem wirtschaftlichen Feld geschaffen worden sind. Es wird auf unserer Seite darauf ankommen, in dem jetzt beginnenden öffentlichen Gespräch die Vorstellungen unserer Soziallehre mit in die Erörterung zu bringen und unrichtigen Ansätzen in der Einzelgestaltung zu wehren. Maßnahmen, die eine möglichst umfassende einheitliche Willensbildung in unserem Raume herbeiführen sollen, sind bereits eingeleitet.

Das zweite hervortretende Element allgemeiner Art in der Innenpolitik ist die Diskussion um das neue Parteiprogramm der SPD. Bei der Frage, inwieweit dieses Programm in öffentlicher Diskussion behandelt werden soll, darf man nicht an der Tatsache vorbeigehen, daß es zur Zeit bereits in einer Million Exemplaren verbreitet worden ist. Dabei muß man durchaus davon ausgehen, daß das Programm in weiten Kreisen, die sich nicht auf die Anhängerschaft der SPD beschränken, auch diskutiert wird. Man darf auch nicht verschweigen, daß von sozialdemokratischer Seite nicht ohne Geschick die Meinungsunterschiede unter den katholischen Wirtschafts- und Sozialexperten ausgenutzt werden, so daß die Lage entstehen kann, daß eine Auseinandersetzung mit wirtschafts- und sozialpolitischen Vorstellungen des Grundsatzprogramms zugleich auch eine Auseinandersetzung innerhalb des katholischen Lagers herbeiführt. Im kulturellen Bereich liegen die Dinge anders, weil das Grundsatzprogramm vieles von dem nicht enthält, was von unserer Sicht her unabdingbar gefordert werden muß. Unser Büro bemüht sich im Zusammenwirken mit dem Zentralkomitee der Deutschen Katholiken, Meinungsäußerungen katholischer Sachkenner zur Gesamtheit oder zu einzelnen Teilen des Grundsatzprogramms herbeizuführen und gegebenenfalls zu verbreiten. So wird in den nächsten Tagen oder Wochen in 100.000 Exemplaren eine Untersuchung des Grundsatzprogramms von unserer Sicht her erscheinen, die von klarer Haltung aus zu den anstehenden Fragen Stellung nimmt. Wir glauben, daß dies die richtige Form ist, sich mit dem Programm und der Schrift »Der Katholik und die SPD« auseinanderzusetzen. Ich sehe aber eine Gefahr darin, wenn in Einzelgesprächen mit katholischen Persönlichkeiten sozusagen über das Programm »verhandelt« wird, so daß die SPD in die Lage kommt, differierende Gesprächsäußerungen zu veröffentlichen. Die Zeit für solche Gespräche dürfte noch nicht gekommen sein. Man wird zunächst einen Überblick über die Gesichtspunkte erhalten müssen und die Formulierungen des Programms an der Praxis der Partei zu messen haben. Wir gestehen auch offen, daß wir in offiziösen Gesprächen und Vorträgen im katholischen Raum – z. B. in katholischen Akademien – unter Einschaltung sozialdemokratischer Kräfte zur Zeit eine Gefahr sehen, die vermieden werden könnte, ohne daß die notwendige Meinungsbildung über das Programm und die Linie der SPD darunter leidet. An verschiedenen Punkten kirchenpolitischer Arbeit haben wir die Erfahrung machen müssen, daß die Auswertung derartiger Veranstaltungen weder den katholischen Vorstellungen insgesamt zugute kam noch die Meinungsbildung auf unserer Seite gefördert hat. Die geschilderte Gefahr sehen wir nicht so sehr in den Gesprächen selbst als in der späteren publizistischen Auswertung durch die Gesprächspartner, auf die katholische Beteiligte naturgemäß keinen Einfluß mehr haben. In Bonn haben wir bisher noch keine Änderung in der Haltung der SPD gegenüber der Kirche festgestellt. Die Sicherung der kirchlichen Rechte im Entwurf des Bundesbaugesetzes[5] z. B. ist gegen die Stimmen und den heftigen Widerstand der SPD-Abgeordneten im zuständigen Ausschuß des Bundestages durchgesetzt worden.

Bei der Schilderung der gegenwärtigen politischen Lage müssen auch einige Worte zur CDU gesagt werden. Man mag darüber zweifeln, ob die Vorgänge um die Kriegsopferversorgung[6] und jetzt um das Krankenversicherungsgesetz[7] auf eine sehr glückliche Regie bei dem Zusammenwirken von Regierung und Parlament hindeuten. Es wird auch nicht zu leugnen sein, daß die Gespräche um die »Liberalisierung der CDU« in manchen Punkten einen hinreichenden Anlaß haben. Das Verhalten der Bundestagsfraktion gegenüber dem Verbot des Schutzmittelverkaufs in Automaten ist z. B. mit Recht vom katholischen Volksteil mißbilligt worden. Es droht aber, auf lange Sicht gesehen, eine gewisse Verkrampfung der Katholiken gegenüber dieser Partei Platz zu greifen, soweit sie auf Bundesebene in der Verantwortung steht. Man darf neben den nicht zu übersehenden Schattenseiten nicht daran vorbeigehen, daß in den letzten Jahren z. B. sozialpolitisch erhebliche Fortschritte erzielt worden sind. Bei dem Streit um die Kriegsopferversorgung verliert man leicht aus dem Auge, daß doch im Grunde erhebliche Verbesserungen angestrebt werden und die Auseinandersetzung sich nur auf das Wieviel und das Wie der Verteilung bezieht. Auch bei der Krankenversicherung ist der Grundzug der Absichten eine weitgehende allgemeine Verbesserung der wirtschaftlichen Lage des kranken Menschen. Unbeachtet ist das Fremdrentengesetz[8] verabschiedet worden, das für zahlreiche Personen, die außerhalb Deutschlands wohnen, eminente sozialpolitische positive Bedeutung hat.

5 *Vgl. Dok. 60, Anm. 4.*

6 *Die Kriegsopferversorgung wurde neu geregelt durch das* Kriegsopfergesetz *vom 27. Juni 1960.* BGBl., *S. 453.*

7 Krankenversicherungs-Neuregelungsgesetz. *Das Gesetz scheiterte nach langen Auseinandersetzungen im Jahre 1961. Vgl.* U. Reucher, *S. 99–182.*

8 *Vgl. Dok. 228, Anm. 11.*

Von unserer Seite aus muß, und das geschieht auch an einigen Stellen in der katholischen Öffentlichkeit, der sogenannte Lücke-Plan auf das wärmste begrüßt werden. Was dort in sozialpolitischer und gerade in familienpolitischer Beziehung geplant und auch nicht umstritten ist, ist ein bedeutsamer Fortschritt, der sich in der familienpolitischen Auswirkung durchaus mit der gesamten Kindergeldgesetzgebung messen läßt: Die Sicherheit der in einer Mietwohnung lebenden Familien gegen ungerechte Kündigung wird allgemein festgelegt. Die finanziellen Bestimmungen sind so, daß es, wenn der Lücke-Plan in Kraft tritt, nicht mehr vorkommt, daß eine kinderreiche Familie in eine zu kleine Wohnung zieht, weil die Miete für eine ausreichend bemessene Wohnung zu hoch ist. Der Staat gibt nämlich Mietbeihilfen, die gestaffelt sind nach der Höhe des Familieneinkommens und der Kinderzahl. Bei der Familienpolitik im engeren Sinne sind ebenfalls Fortschritte vorgesehen. Wir haben Grund zu der Hoffnung, daß das zweite Kind wenigstens in denjenigen Familien, die mehr als zwei Kinder haben, in die Kindergeldgesetzgebung mit einbezogen wird. Auch bei der kommenden Erhöhung der Beamtengehälter strebt man an, neben einer allgemeinen Aufbesserung die Familien mit Kindern besonders zu berücksichtigen. Ich darf all diese Dinge einmal schildern, weil sie mit zu der Bonner Sicht der politischen Arbeit hinzugehören und weil sie manchmal in der öffentlichen und auch in der internen Diskussion zu kurz zu kommen scheinen.

Nach diesen allgemeinen Ausführungen darf ich auf ein konkretes Thema eingehen, das durch die Stellungnahme der Bischöfe und kraft der ihm innewohnenden Bedeutung in der modernen Gesellschaft auch kirchenpolitisch sein besonderes Gewicht hat, nämlich auf den Streit um die Neuordnung des Rundfunkwesens. Da diese Frage sicherlich in den nächsten Wochen noch öffentlich diskutiert werden wird und da man von allen Seiten auch die Bischöfe zitiert, möchte ich hier etwas ausführlicher berichten.

Für die staatliche Regelung der Möglichkeiten, Ton und Bild zu verbreiten, gibt es die unterschiedlichsten Systeme, wie ein Blick in andere Länder zeigt. Von einem vollständig staatsfreien, auch z. B. rein katholischen Sendesystem reichen die Erscheinungsformen bis zum reinen Staatsrundfunk. Bei der Finanzierung gibt es die ausschließliche Gebührengrundlage, das aus Gebühren- und Werbeeinnahmen gemischte System und die Möglichkeit, die gesamten Sendungen ausschließlich durch Werbeeinnahmen zu finanzieren. Jedes Staatswesen wird vor rundfunkpolitische Fragen immer neu gestellt, da sich mit dem Fortschritt der Sendetechnik die Sendemöglichkeiten laufend vergrößern. Auch die jetzige Problematik in der Bundesrepublik wird nicht endgültig gelöst sein, wenn eine Regelung über das Zweite Fernsehprogramm getroffen ist. Schon die jetzt vorhersehbaren technischen Möglichkeiten erlauben ein Drittes Programm, und schon jetzt beginnt die Diskussion um die Einführung des Farbfernsehens in der Bundesrepublik.

Daß die technische Möglichkeit eines zweiten Programms den Anlaß zu politischen Auseinandersetzungen gegeben hat, liegt daran, daß die Bundesrepublik ein Bundesstaat ist, in dem die politische Willensbildung und Einflußnahme auf verschiedenen territorialen Ebenen erfolgt.

Auf der Grundlage dieser technischen Möglichkeiten und in der Sicht der gegebenen staatsrechtlichen Verhältnisse darf ich vielleicht einige allgemeine Worte über eine katholische Rundfunk- und Fernsehpolitik sagen. Der Kirche kann es prinzipiell gleich sein, ob die Rundfunkanstalten auf Bundes- oder Länderebene organisiert sind. Sie muß nach den Leitsätzen der Enzyklika »Miranda prorsus« darauf achten, daß dieses Kulturinstrument nicht kulturfremden Gesichtspunkten unterworfen wird. Dazu gehört die Kommerzialität ebenso wie eine ausschließlich politische Einflußnahme. Wege, die zwangsläufig oder mit hoher Wahrscheinlichkeit zu kulturfremdem Gebrauch dieser Publikationsmittel führen, wird die Kirche stets ablehnen müssen. Bei Regelungen, welche sowohl einen echt kulturellen als auch einen kulturfremden Gebrauch von Rundfunk und Fernsehen ermöglichen, wird die Kirche Sicherungen gegen den kulturfremden Gebrauch fordern müssen. Neben dieser negativen Seite, die ich als Gefahrenabwehr bezeichnen möchte, muß ein auf lange Sicht gesehenes positives Konzept durchgesetzt werden. Das muß zum Ziel haben, daß die Wertvorstellungen und die sittlichen Grundlagen, die dem katholischen Volksteil eigen sind, ihren Niederschlag in den Bild- und Tonsendungen finden. Dabei ist es wertvoll, wenn eine möglichst großzügig bemessene Sendezeit für kirchliche Sendungen aller Art zur Verfügung gestellt wird. Aus der Beschränkung unseres Einflusses auf diese einzelnen Sendungen ergeben sich aber auch Gefahren. Der unbefangene Zuschauer oder Zuhörer wird nämlich daraus, daß das Programm auch gute kirchliche Sendungen bringt, leicht schließen, daß also die Kirche insgesamt beteiligt sei und daß er sich auch an dem Programm im übrigen ohne Gefahr orientieren kann. Sehr viel deutlicher drückte es vor einiger Zeit die Frankfurter Allgemeine Zeitung aus. Sie schrieb im Anschluß an die scharfe Ablehnung einer schamlosen Fernsehsendung sinngemäß: So etwas könne sich kaum ein Nachtlokal leisten; der Unterschied bestehe allerdings darin, daß das Nachtlokal nicht noch anschließend das Wort zum Sonntag sprechen lasse. Katholische Rundfunkpolitik muß daher anstreben, daß das Programm insgesamt auch von katholischen Vorstellungen und Personen beeinflußt wird. Unseren Rundfunk- und Fernsehfachleuten muß ein Einfluß zum Beispiel auf die Tagesschau und auch auf politische Sendungen gewährt werden. Es ist ja gerade die mittelbare und unmerkliche Beeinflussung, die besonders wirksam und deshalb gefährlich ist.

Bei den institutionellen Fragen muß eine Hauptforderung katholischer Rundfunkpolitik darauf gerichtet sein, daß alle kulturtragenden Kräfte des Volkes die Gelegenheit haben, sich der Massenmedien zu bedienen. Prinzipiell kann das, wenn Sendemöglichkeiten genug zur Verfügung stehen, dadurch geschehen, daß man jeder kulturwirksamen Kraft ein eigenes Programm ermöglicht; ebenso gut ist es denkbar, daß man, wenn die Sendemöglichkeiten für alle nicht ausreichen, das Programm unter den Kulturkräften aufteilt. Das letzte wiederum kann einmal schematisch-zeitlich geschehen oder gemischt-institutionell in der Weise, daß ein Programm von verschiedenen Kulturkräften gestaltet wird. Die Sendemöglichkeiten in der Bundesrepublik reichen [*weder*] beim Tonfunk noch beim Fernsehfunk dafür aus, daß zur Zeit ein katholischer Sender oder ein katholisches Fernsehprogramm mit überregionaler Reichweite mit Recht gefordert werden kann. Wohl aber kann eine Beteiligung des katholischen Volksteils an der Gestaltung der zur Zeit gesendeten und in Zukunft hinzukommenden Programme verlangt werden. Diese Forderung wird nicht etwa allein dadurch erfüllt, daß in einem Aufsichtsgremium Vertreter der katholischen Kirche sitzen. Entscheidend ist vielmehr die Beteiligung katholischer Kräfte an der Programmgestaltung selbst. In diesem Zusammenhang wird auch zu überlegen sein, ob nicht von der Kirche oder von den katholischen Verbänden her mehr als bisher Sorge dafür getragen werden sollte, daß wir einen ausreichenden Nachwuchs an Journalisten, Tonfunk- und Fernsehfachleuten erhalten.

Nach diesen allgemeinen, auf lange Sicht abgestellten Gesichtspunkten möchte ich auf die konkrete Situation eingehen. Der Rundfunkstreit ist aus den Gründen, wie wir im letzten Bischofsbericht[9] darlegten, auch stark mit emotionalen Elementen durchsetzt. Das ist grundsätzlich bei der Ausgleichung von Interessengegensätzen ein ernsthaftes Hindernis. Man muß es wohl aus dieser spannungsgeladenen Atmosphäre her verstehen, daß einerseits das Bischofswort einseitig für die Länder in Anspruch genommen wurde, während andererseits das Gerücht von der Uneinigkeit der deutschen Bischöfe ausgestreut wurde. Nachdem Herr Direktor Fillbrandt und der Unterzeichnende von dem Auftrag des Vorsitzenden der Fuldaer Bischofskonferenzen Gebrauch gemacht und bei den maßgebenden Persönlichkeiten die Haltung der Bischöfe klargestellt haben, dürfte das Gerücht über die Uneinigkeit seine Erledigung gefunden haben. Auch die Gegensätze zwischen Bund und Ländern haben sich in sachlicher Beziehung verringert. Mir sind Pläne einerseits eines Ministerpräsidenten und andererseits eines maßgebenden Herrn der Bundesebene bekannt geworden, die sich nicht in wesentlichen Punkten voneinander unterscheiden. Die Verhandlungen darüber werden aber vertraulich geführt, so daß in der Öffentlichkeit noch vielfach der Eindruck entsteht, als sei man nach Erlaß des Bischofswortes[10] kaum weitergekommen. Positiv ist weiter zu vermerken, daß Länder bereit sind, einen Gebührenanteil zur Finanzierung des zweiten Programms zur Verfügung zu stellen. Auch ist die Forderung, das Programm nicht einer einzigen Privatgesellschaft, sondern einer öffentlich-rechtlichen Anstalt auf Bundesebene zu übertragen, den beiden obengenannten Plänen gemeinsam. Diese Punkte berechtigen zur Hoffnung. Es ist aber auch nicht zu verkennen, daß es noch starke Kräfte gibt, die an dem kommerziellen Gesichtspunkt festhalten und auch eine einzige Programmgesellschaft bevorzugen. Ich habe in einer Reihe von Gesprächen mit den führenden Persönlichkeiten auf Bundes- und Länderseite auf die Gemeinsamkeit der genannten Pläne hingewiesen, die beide dem Bischofswort gerecht werden. Das Hauptziel der Gespräche besteht darin, eine verständnisvolle Atmosphäre zu schaffen. Bisher hat sich stets gezeigt, daß man die im Bischofswort aufgezeigten Gesichtspunkte sehr ernst nimmt. Weil die Rundfunkfrage neben der ihr ohnehin eigenen Bedeutung in manchen Kreisen als »Testfall« für das Verhalten der CDU angesehen wird und weil sie auch nach meiner

[9] *Nicht ermittelt.*
[10] *Vgl. Dok. 211, Anlage.*

Meinung ein Modellfall für die Zusammenarbeit zwischen unseren Politikern und kirchlichen Stellen ist, möchte ich hier eine Sorge nicht verschweigen. Ich bin in jüngster Zeit mehrfach mit Empörung hingewiesen worden auf Publikationen im katholischen Raum, die als einseitig und entstellend bezeichnet sowie als Indiskretion gewertet wurden. Ich habe diejenigen Presseverlautbarungen verteidigt, in denen mit Klarheit und auch mit Schärfe gegen die Kommerzialität Stellung genommen wird. Ich mußte die Beschwerden aber insofern als berechtigt anerkennen, als unterschiedslos das Verhalten der CDU auf Bundesebene angegriffen wurde und als es sich um Indiskretionen und Einseitigkeiten handelt. Einer vollen Verwirklichung des Bischofswortes dient es am besten, wenn ein gutes Klima zwischen unseren auf Bundes- und Länderebene beteiligten Politikern herrscht. Deshalb muß die Bitte ausgesprochen werden, daß Angriffe in katholischen Zeitungen, die allgemein gegen die CDU in Bund und Ländern gerichtet werden oder persönlich gefärbt sind, jedenfalls für die Zeit der laufenden Verhandlungen unterbleiben sollten. Wo immer die Kommerzialität propagiert wird, sollte man entschieden Stellung nehmen. Im übrigen aber sollte in sachlicher Weise auf die im Bischofswort aufgezeigten Gefahren und Gesichtspunkte hingewiesen werden. Wenn sich unsere Hoffnung verwirklichen sollte und ein Übereinkommen wenigstens zwischen einigen Bundesländern und dem Bund zustande kommt, das zugleich Kommerzialität und einseitige Bevorzugung bestimmter Gruppen vermeidet, so wird von katholischer Seite aus versucht werden müssen, einem der oben angeführten rundfunkpolitischen Ziele näherzukommen: Man sollte dann in Verhandlungen über die Einrichtung einer Kirchenfunkabteilung hinaus einen katholischen Einfluß auf die Gestaltung auch des übrigen Programms anstreben. Es ist allerdings jetzt noch nicht abzusehen, wann die Zeit zu solchen Gesprächen gekommen ist.

Eine Grundvoraussetzung für eine gedeihliche Zusammenarbeit zwischen unseren Politikern und kirchlichen Stellen ist die Basis absoluten Vertrauens. Ohne dieses Vertrauen gerade zu Mitgliedern der CDU wäre es uns nicht möglich gewesen, die für die Kirche erzielten Verbesserungen im Bundesbaugesetz und auch im Grundstückverkehrsgesetz[11] in den bisher vorliegenden Entwürfen durchzusetzen. Wir wissen nicht, ob diese Verbesserungen im Plenum des Bundestages und im Bundesrat erhalten bleiben, aber auch dort sind wir auf das Vertrauen der Politiker angewiesen. Es kommen jetzt kurz hintereinander das Sozialhilfe- und das Jugendhilfegesetz in die parlamentarischen Körperschaften. Auch dort werden wir die in den bisherigen Entwürfen erzielten Fortschritte nur halten können, wenn wir völlig offene Verhandlungen mit den uns nahestehenden Personen führen können. Eine Vertrauensbasis wächst langsam, kann aber schnell zerstört werden. Deshalb liegt mir hier an dieser Stelle sehr viel daran, daß von allen kirchlichen Seiten nichts getan wird, wodurch das Vertrauen, das sicherlich auch zur Zeit noch im guten Umfang besteht, geschmälert oder sogar beseitigt wird.

Mit ehrerbietiger Begrüßung

Wilh[elm] Wissing
(Direktor Wissing).

[11] *Vgl. Dok. 60, Anm. 8.*

[Anhang]

[1.] Sozialhilfegesetz

Das vergangene Mal berichteten wir über die unklare und unbestimmte Haltung der evangelischen Hilfswerke. Sie hatten sich bisher gegenüber unserer Kritik am Sozialhilfegesetz sehr zurückhaltend gezeigt und teilten nicht unsere Vorstellungen über die Subsidiarität.

Ende des vergangenen Jahres wurde dennoch wider Erwarten nach mehreren vergeblichen Versuchen in einem gemeinsamen Gespräch zwischen den Vertretern des Caritasverbandes, der Inneren Mission, der Evangelischen Kirchenkanzlei und unserem Büro eine Übereinstimmung in den wesentlichsten Punkten erzielt. Einig war man sich über die Festlegung der eigenständigen caritativen Funktionen der Kirchen, der Religionsgesellschaften und der Verbände der freien Wohlfahrtspflege. Damit sollte die eigene fürsorgerische Tätigkeit der Kirchen und der freien Träger gegenüber den staatlichen Trägern besonders betont und vor allem hervorgehoben werden, daß nicht nur die staatlichen Träger Sozialhilfe leisten. Gleichfalls bestand Übereinstimmung bezüglich der Unterstützung der freien Träger in ihrer Tätigkeit auf dem Gebiet der Sozialhilfe durch die staatlichen Träger. Nur bezüglich der Angemessenheit der Unterstützung gingen die Meinungen auseinander. Von unserer Seite wurde jedoch auf das Erfordernis der Angemessenheit besonderer Wert gelegt.

Weiterhin war man sich darüber einig, daß die staatlichen Träger von eigener Tätigkeit absehen sollten, wenn die Sozialhilfe im Einzelfall durch die freien Träger gewährleistet würde. Obwohl wir in diesem Punkte gerne gesehen hätten, daß die Subsidiarität besser verwirklicht worden wäre, war eine weitergehende Übereinstimmung nicht zu erzielen. Immerhin ist es zu begrüßen, daß insoweit die evangelische Seite der Subsidiarität der öffentlichen Hilfe zustimmt. Somit besteht jedenfalls die sichere Möglichkeit, diese sowohl von der katholischen wie von der evangelischen Seite akzeptierte Bestimmung bei den kommenden Beratungen im Bundesrat und Bundestag sowie bei der CDU/CSU-Fraktion durchzubringen. Von der evangelischen Seite wurde jedoch in diesem Zusammenhang noch gewünscht, daß im Abschnitt Kostenerstattung eine Regelung des Ersatzes der Kosten für das Tätigwerden der freien Träger im Einzelfall durch die staatlichen Träger erfolgen müßte. Schließlich war man auch der Meinung, daß im Rahmen des Wahlrechts des Hilfsbedürftigen statt einer Soll- eine Istbestimmung zu fordern und bezüglich der seelsorgerischen Betreuung des Hilfsbedürftigen eine eindeutige Vorschrift zu verlangen sei.

Hinsichtlich der Aufnahme einer Bestimmung, die die Bildung eines Sozialausschusses zum Gegenstand hatte, ließ sich eine Übereinstimmung nicht erzielen.

Aufgrund des Ergebnisses dieser Besprechungen wurden die evangelische Kirchenkanzlei und unser Büro gemeinsam nochmals im Bundesministerium vorstellig. Anfang dieses Jahres teilte uns das Innenministerium die Neufassung des Entwurfes in den obenerwähnten Punkten mit. Im großen und ganzen war das Ministerium auf unsere gemeinsamen Vorschläge eingegangen. Es berücksichtigte u. a. auch den Wunsch der kath[olischen] Seite, auch einer angemessenen Unterstützung der freien Träger durch die staatlichen. Andererseits konnte die Umwandlung einer Soll- in eine

Istbestimmung beim Wahlrecht des Hilfsbedürftigen nicht erreicht werden. Ebenfalls war die Kostenerstattung beim Tätigwerden der freien Träger im Einzelfall nicht eindeutig genug geregelt. Kurz vor Verabschiedung des Entwurfes im Kabinett wurde nochmals wegen dieser Punkte und wegen des Abs. 5 in § 10, der von einer generellen Delegation der Aufgaben staatlicher Träger auf die freien Träger spricht, gemeinsam im Innenministerium verhandelt. Grundsätzlich war man unseren Wünschen gegenüber aufgeschlossen, bedauerte aber, sie nicht mehr in den Entwurf aufnehmen zu können, da derselbe schon vorlagefertig sei.
Am 17. Februar ist der Entwurf im Kabinett verabschiedet worden. Als Anlage fügen wir auszugsweise die wesentlichsten, von uns in den Verhandlungen erörterten Bestimmungen bei.
Im Gesamten betrachtet kann man unter Berücksichtigung der gegebenen politischen Möglichkeiten mit den wichtigsten Bestimmungen des Entwurfes einverstanden sein, wenn auch hier und da Verbesserungen wünschenswert wären. Wir haben uns bei dem Abschluß der Verhandlungen im Ministerium vorbehalten, zu den Einzelbestimmungen und einzelnen Paragraphen des Entwurfes demnächst, wenn erforderlich, Stellung zu nehmen.
Zunächst gilt es aber, das Erreichte bei den kommenden Beratungen im Bundestag und vor allem im Bundesrat zu halten. Aus diesem Grunde wird unser Arbeitskreis in Kürze zusammentreten, um die weiteren Schritte zu beraten.
Vorsorglich ist schon ein Gespräch mit Minister Ernst, Nordrhein-Westfalen, dem Vorsitzenden des Sozialausschusses des Bundesrates, gepflogen worden. Weiterhin sind Schreiben an die uns nahestehenden Ministerpräsidenten der Länder mit der Bitte um Unterstützung bei den Beratungen im Bundesrat gerichtet worden, da seitens der Länder und Kommunen mit einem starken Widerstand gegen die gerade auf unser Drängen hin in den Entwurf aufgenommenen Bestimmungen zu rechnen ist.

Vertraulich!
2. Jugendhilfegesetz
Anfang Februar ist uns ein weiterer überarbeiteter Entwurf des Jugendhilfegesetzes zur vertraulichen Kenntnisnahme übersandt worden. Er ist nur für die Beratungen mit den Bundesressorts bestimmt und stellt noch nicht die endgültige, abschließende Meinung des Bundesministeriums für Familien- und Jugendfragen dar. Diese neue vorgelegte Fassung wird auch noch zur Zeit im Ministerium beraten. Aus diesem Grunde ist dieser Entwurf nicht den interessierten Fachkreisen, den obersten Jugendbehörden, den Ländern und den kommunalen Spitzenverbänden zugänglich gemacht worden.
Im gesamten betrachtet entspricht auch diese Neufassung in den wesentlichsten Punkten unserer Auffassung. Nur sind bei der Überarbeitung die organisatorischen Bestimmungen über die Bildung eines Jugendwohlfahrtsausschusses sowie über die Stellung des Bundesministeriums für Familien- und Jugendfragen als oberste Spitze der Jugendhilfebehörden weggefallen. Gegen die Aufnahme solcher Bestimmungen sprechen starke verfassungsrechtliche Bedenken, die in den zwischenzeitlichen Be-

ratungen mit den Bundes- und Länderressorts erhoben wurden. Nicht zuletzt war auch der zu erwartende massive Widerstand der Länder, Kommunen und des Städtetages mitbestimmend dafür, keine neuen Bestimmungen über den Jugendwohlfahrtsausschuß in den Entwurf aufzunehmen. Insoweit bleibt es bei der Regelung in der Fassung des Gesetzes zur Änderung von Vorschriften des Reichsjugendwohlfahrtsgesetzes vom 28.8.1953; nur sieht der Entwurf vor, daß anstelle der Worts »Jugendwohlfahrtsausschuß« und »Jugendwohlfahrt« die Worte »Jugendausschuß« und »Jugendhilfe« gesetzt werden. Damit ist immerhin sichergestellt, daß der alte Zustand gewahrt wird, d. h. die bisherige Regelung bezüglich der Tätigkeit der Jugendwohlfahrtsausschüsse erhalten bleibt. Im anderen Falle hätte die größte Gefahr bestanden, daß durch den zu erwartenden Widerstand der Kommunen und des Städtetages zumindest eine eindeutige Verschlechterung gegenüber dem bisherigen Zustand eingetreten wäre. Vor der Herausgabe dieses neuen Entwurfes hat unser Arbeitskreis in einer mehrtägigen Tagung sich nochmals mit der bisherigen Fassung beschäftigt und seine Vorschläge und Anregungen dem Familienministerium unterbreitet. Wie uns bekannt ist, haben unsere Vorschläge im weitesten Umfang Berücksichtigung gefunden.

Da vor kurzem das Bundessozialhilfegesetz vom Kabinett verabschiedet worden ist und eine gewisse Gemeinsamkeit zwischen diesem und dem Jugendhilfegesetz sich aus der Anlage und der Struktur ergibt, drängt man im Familienministerium, wie auch von den verschiedenen interessierten Kreisen darauf, den Entwurf baldigst ins Kabinett zu bringen, um eine gleichzeitige Behandlung der Entwürfe im Parlament zu erreichen. Im übrigen ist auch deshalb eine baldige Zuleitung ans Kabinett zu wünschen, um überhaupt diesen Entwurf noch in der jetzigen Legislaturperiode zu verabschieden.

3. Verbot des Verkaufs empfängnisverhütender oder zur Verhütung von Geschlechtskrankheiten dienender Mittel aus Warenautomaten

Obwohl die Bundesregierung mit ihrer Vorlage ein generelles Verbot anstrebte und der wirtschaftspolitische Ausschuß des Bundestages einstimmig im Sinne dieser Vorlage seinen Beschluß faßte, haben Bundestag und Bundesrat beschlossen, daß der Verkauf von Schutzmitteln aus Warenautomaten nur an öffentlichen Wegen, Straßen und Plätzen verboten wird. Diese Beschlüsse sind in der katholischen Öffentlichkeit auf vielfältige Kritik gestoßen.

Wie wir im vergangenen Bericht mitteilten, hatte der wirtschaftspolitische Ausschuß eine neue Fassung des § 41 a der Gewerbeordnung beschlossen, nach der Mittel oder Gegenstände, die zur Verhütung der Empfängnis oder zur Verhütung von Geschlechtskrankheiten dienen, in Warenautomaten nicht feilgeboten werden dürften. Auf Betreiben gewisser Wirtschaftsverbände, insbesondere der Automatenindustrie, wurde im Bundestag ein Antrag auf Abänderung dieses Beschlusses gestellt. Es war unter den Fraktionen vereinbart worden, über diesen Änderungsantrag ohne Debatte abzustimmen. Der Bundesfamilienminister hatte es aber doch für richtig gehalten, im Plenum zu dieser Frage Stellung zu nehmen. Wegen der getroffenen Abmachung ist sein Auftreten auch in uns wohlgesinnten Kreisen auf Widerspruch gestoßen. Der

Änderungsantrag wurde schließlich mit knapper Mehrheit angenommen. Er beschränkt das Verbot des Automatenverkaufs auf öffentliche Straßen, Plätze usw. Wir haben sogleich bei der Fraktionsführung unseren Protest über die Haltung der CDU/CSU-Bundestagsfraktion zum Ausdruck gebracht, da das Abstimmungsergebnis zeigte, daß auch CDU-Mitglieder für den Änderungsantrag gestimmt hatten. Man hat uns bedeutet, und wir dürfen das hier vertraulich wiedergeben, daß eine Reihe auch prominenter evangelischer CDU-Abgeordneter nicht bereit war, das allgemeine Verbot durch ihre Stimmabgabe zu unterstützen. Es ist uns auch bekannt, daß Vorstellungen und Einwirkungen katholischer Abgeordneter auf ihre evangelischen Kollegen, obwohl sie mit Nachdruck erhoben wurden, ohne Erfolg geblieben sind. Als das Gesetz über die Änderung der Gewerbeordnung[12] in den Bundesrat kam, hat das Land Nordrhein-Westfalen im zuständigen Bundesratsausschuß den Antrag auf Wiederherstellung der Regierungsvorlage gestellt mit dem Ziel, daß wegen dieses Punktes der Vermittlungsausschuß angerufen werden soll. Wir haben in Schreiben an alle katholischen Ministerpräsidenten auf diesen Antrag Nordrhein-Westfalens aufmerksam gemacht und ihn unter Anführung der Gründe nachdrücklich empfohlen. Der Antrag wurde jedoch im zuständigen Bundesratsausschuß abgelehnt. Im Plenum des Bundesrates verfiel der Antrag mit knapper Mehrheit ebenfalls der Ablehnung. Das lag daran, daß die Länder Baden-Württemberg und Saarland sich nicht dem Antrag Nordrhein-Westfalens angeschlossen hatten. Ministerpräsident Kiesinger hat uns mitgeteilt, daß sein Kabinett schon vor der Ankunft unseres Schreibens die Ablehnung des nordrhein-westfälischen Antrages beschlossen habe. Das Saarland teilte uns nur mit, daß eine Anrufung des Vermittlungsausschusses nicht möglich gewesen sei.
In Anbetracht der im heutigen Brief geschilderten Gesamtlage haben wir es von uns aus nicht für richtig gehalten, allgemein in der Öffentlichkeit zu diesem Vorgang Stellung zu nehmen. Dieser Auffassung hat sich auch der Politische Arbeitskreis der katholischen Verbände in seiner Sitzung vom 22. Januar 1960 angeschlossen. Er hat aber eine Resolution gefaßt, in der er sein Befremden über die Entscheidung der CDU/CSU-Bundestagsfraktion zum Ausdruck bringt, aber auch seine Hoffnung ausdrückt, daß auf diesem Gebiete in Zukunft eine tragbare Lösung gefunden werde. Der Vorsitzende des Arbeitskreises Minister a. D. Prof. Dr. Süsterhenn hat dem Bundeskanzler und dem Vorsitzenden der CDU/CSU-Bundestagsfraktion diese Resolution übermittelt. Dr. Krone hat uns daraufhin mitgeteilt, daß er die Angelegenheit im Einvernehmen mit Herrn Minister Dr. Wuermeling, Direktor Wissing und Prälat Kunst weiter verfolgen werde. Wir überlegen z. Zt. in Zusammenarbeit mit Bundestagsabgeordneten und Ministerialbeamten, wie das unbeschränkte Verbot des Automatenverkaufs der genannten Gegenstände doch noch erwirkt werden kann. Ob sich dazu eine Lösung bietet, läßt sich zur Zeit noch nicht beurteilen. Es ist notwendig, diese Frage im Zusammenhang mit Gesetzen zu überlegen, die schon z. Zt. im Bundestag vorliegen, weil ein neuzuschaffendes Gesetz wahrscheinlich aus Zeitgründen in diesem Bundestag nicht mehr verabschiedet werden könnte.

[12] Viertes Gesetz zur Änderung der Gewerbeordnung *vom 5. Februar 1960.* BGBl., *S. 61.*

Vertraulich!

4. Jugendgefährdendes Schrifttum

Zur Zeit finden im Ausschuß für Familien- und Jugendfragen Beratungen über den Antrag der CDU/CSU-Fraktion auf Abänderung des Gesetzes über jugendgefährdendes Schrifttum[13] statt. Die Fraktion verfolgt mit diesem Antrag die sog. kleine Lösung (s[iehe] vorhergehenden Bericht). Es ist vorgesehen, den Antrag im Ausschuß zu ergänzen.

Zwischenzeitlich hat unser Arbeitskreis ein Mindestprogramm für die Ergänzung des Antrages erarbeitet. Im wesentlichen erstrecken sich die Formulierungsvorschläge auf die §§ 1, 2, 3, 4, 6, 9, 11, 13, 15, 18 und 21 des jetzigen Gesetzes.

§ 1 Abs. 1 wünscht man neu zu fassen. Zu den Schriften, die geeignet sind, Jugendliche sittlich zu gefährden, sollen vor allem unsittliche, verrohende, Rassen- und Religionsgemeinschaften verunglimpfende Schriften und solche, die geeignet sind, das friedliche Zusammenleben der Völker zu stören, zählen. Nach Abs. 3 des § 1 sind neben Abbildungen auch Darstellungen den Schriften im Sinne dieses Gesetzes gleichzustellen. Nach § 2 Abs. 2 ist eine Schrift auch dann in die Liste aufzunehmen, wenn sie ganz oder im wesentlichen mit einer bereits in die Liste aufgenommenen Schrift inhaltsgleich ist. Nach § 3 soll das Jugendverbot nicht auf verheiratete Jugendliche angewandt werden.

Nach § 4 Abs. 1 darf eine Schrift, deren Aufnahme in die Liste bekanntgemacht ist, nur durch Geschäftsräume vertrieben oder verliehen werden, die der Kunde zu betreten pflegt. Nach Abs. 2 darf eine solche Schrift nicht durch gewerbliche Leihbüchereien, Lesemappenbetriebe oder durch Versandunternehmen vertrieben, verteilt, zum Zwecke der Verteilung vorrätig gehalten oder verliehen werden.

Der wichtige § 6 Abs. 1 soll nach den Vorschlägen des Arbeitskreises im wesentlichen in seiner Form bestehen bleiben, weil die Entscheidung des Bundesverfassungsgerichtes noch nicht abzusehen ist, jedoch mit folgender redaktioneller Änderung:

»Schriften, die offensichtlich geeignet sind, Jugendliche sittlich zu gefährden ...«.

Für Abs. 2 wurden zwei Formulierungen in Vorschlag gebracht:

»Das gleiche gilt für Schriften, die in gehäufter Form Nacktdarstellungen enthalten.«

oder

»Das gleiche gilt für Schriften, die durch Nacktdarstellungen auf Jugendliche sexuell aufreizend wirken oder deren sittliche Persönlichkeitsbildung beeinträchtigen.«

Sollte sich indessen eine Mehrheit gegen die Beibehaltung des § 6 Abs. 1 in der bisherigen Form aussprechen, wurde vom Arbeitskreis folgende Neufassung vorgeschlagen:

»Schriften, die offensichtlich geeignet sind, Jugendliche sittlich schwer zu gefährden, unterliegen den Beschränkungen der §§ 3–5, ohne daß es einer Aufnahme in die Liste bedarf, wenn

a) entweder deren Verbreitungsbereich räumlich begrenzt ist, oder

[13] Gesetz zur Änderung und Ergänzung des Gesetzes über die Verbreitung jugendgefährdender Schriften *vom 21. März 1961.* BGBl., *S. 296.*

b) sie sich ihrer Art nach für eine Aufnahme in die Liste der Bundesprüfstelle nicht eignen, oder

c) die Schriften unzüchtig sind oder das Schamgefühl gröblich verletzen und die Voraussetzungen einer Strafverfolgung nach §§ 184, 184 a StGB nicht bereits vorliegen, oder

d) die von ihnen ausgehende Gefährdung so erheblich ist, daß sofortige Maßnahmen zu deren Beseitigung erforderlich sind.«

Von den übrigen Paragraphen seien noch § 11 Abs. 2, § 15 und § 18 Abs. 1 erwähnt. Nach § 11 Abs. 2 soll der Bundesminister des Innern ermächtigt werden, im Wege der Rechtsverordnung mit Zustimmung des Bundesrates zu bestimmen, wer antragsberechtigt und wie die Marktbeobachtung des jugendgefährdenden Schrifttums zu regeln ist. Antragsberechtigt sollen vor allem sein: der Bundesminister des Innern, die von den Ländern dazu bestimmten Stellen, Zentralstellen zur Bekämpfung unzüchtigen Schrifttums bei den Staatsanwaltschaften und die zentralen Bundesorganisationen, die den Jugendschutz als Aufgabe haben. In § 15 sähe der Arbeitskreis gern eine Lösung, die die einfach gelagerten Fälle in einem vereinfachten Verfahren erfaßt. Erforderlich wäre dazu, daß ein Antragrecht vorgesehen und die einzelnen Fälle näher umschrieben werden.

Nach § 18 Abs. 1 hat die Bundesprüfstelle von Amts wegen über eine Aufnahme in die Liste zu entscheiden, wenn eine Schrift in der rechtskräftigen Entscheidung eines Gerichtes für unzüchtig im Sinne des § 184 StGB oder für schamlos im Sinne des § 184 a erklärt wird.

Das Ergebnis der Besprechungen im Arbeitskreis ist dem Vorsitzenden des Bundestagsausschusses für Familien- und Jugendfragen zugänglich gemacht worden.

5. Steuerfragen

a) Grundsteuer für Pfarrwohnungen

Durch eine Novelle zum Grundsteuergesetz von 1936 wurde im Jahre 1951 die Grundsteuerfreiheit für Dienstgrundstücke und Dienstwohnungen der Geistlichen in dem Umfang wiederhergestellt, wie sie am 1. April 1938 bestanden hatte. Diese Änderung des Grundsteuerrechts muß als Akt der Wiedergutmachung anerkannt werden. Sie hat aber zu einer ungleichen grundsteuerrechtlichen Behandlung in den einzelnen Ländern geführt. Im früheren Land Preußen besteht zwar grundsätzlich Grundsteuerfreiheit, doch auch dort nur in dem Maße, als die Grundstücke nicht bereits vor Erlaß des preußischen Kommunalabgabengesetzes im Jahre 1893 kraft örtlichen Gewohnheitsrechtes zur Grundsteuer herangezogen wurden. Darüber hinaus sind sie zum Teil steuerpflichtig, wenn sie in Gebieten liegen, die erst später zum Land Preußen kamen (z. B. der früher zu Oldenburg gehörende preußische Landesteil Lübeck). Im Gebiet des früheren Landes Braunschweig besteht keine Grundsteuerfreiheit. Ebensowenig sind im Land Bayern und in der früheren bayerischen Pfalz Dienstwohnungen und Dienstgrundstücke grundsteuerfrei. Auch im heutigen Lande Baden-Württemberg ist die Regelung nicht einheitlich. Teilweise ist die Grundsteuerfreiheit nur bis zu einer bestimmten Höhe des Einheitswertes gegeben. In einzelnen Landesteilen fehlt sie völlig.

Im Interesse der steuerlichen Gleichbehandlung in den einzelnen Ländern und Diözesen sind wir bemüht, eine generelle Grundsteuerbefreiung durchzusetzen. Dies kann nur durch eine Änderung des Grundsteuergesetzes geschehen, und zwar in der Weise, daß in § 4 Nr. 5 c Gr[und]St[euer]G[esetz] der Stichtag des 1. April 1938 gestrichen wird, so daß der Anfang dann lautet: Von der Grundsteuer sind befreit ... »Dienstgrundstücke und Dienstwohnungen der Geistlichen und Kirchendiener ...« Ob wir in unseren Bemühungen Erfolg haben werden, können wir jetzt noch nicht sagen. Es ergeben sich Widerstände, vor allem aus dem Kreis der Kommunen, denen die Grundsteuer ja zufließt. Wir werden zur gegebenen Zeit weiter berichten.

b) Grundsteuer für Wohnräume in Exerzitienheimen

Die unterschiedliche Handhabung der Grundsteuerbestimmungen durch die Finanzämter bei der Heranziehung der Wohnräume in Exerzitienheimen gibt uns Veranlassung, auch in diesem Punkte um eine Vereinheitlichung bemüht zu sein. Während in einem Land der Bundesrepublik durch Erlaß des Landesfinanzministers anerkannt worden ist, daß die Wohnräume in Exerzitienheimen weniger Wohnzwekken dienen als vielmehr in erster Linie für die abgeschlossene und zurückgezogene Unterbringung der Exerzitanten bestimmt und deshalb als überwiegend für Zwecke der religiösen Unterweisung im Sinne des § 4 Nr. 5 b Gr[und]St[euer]G[esetz] genutzt anzusehen sind, sind in anderen Ländern vielfach diese Räume mit der Grundsteuer belastet. Nur in wenigen Ausnahmefällen haben die Finanzämter von einer Veranlagung abgesehen. Zur Vereinheitlichung dieses Komplexes suchen wir zu erreichen, entweder daß Nr. 55 Abs. 2 letzter Satz der Grundsteuerrichtlinien 1954 geändert wird, in dem Sinne, daß die Exerzitienheime den kirchlichen Laienseminaren gleichgestellt werden, oder § 5 Nr. 2 c Gr[und]St[euer]G[esetz] in der Weise ergänzt wird, daß er nunmehr lautet:

»c) In Prediger- und Priesterseminaren sowie in Heimen, die der religiösen Unterweisung dienen.«

c) Umsatzsteuer für kirchliche Amtsblätter

Durch Verhandlungen mit dem Bundesfinanzministerium wollen wir erreichen, daß die von kirchlichen Stellen in Ausübung öffentlicher Gewalt herausgegebenen Amtsblätter, Schematismen u. a. von der Umsatzsteuer befreit werden. Hierdurch würde die Kirche dem Bund und den Ländern bei der Herausgabe ihrer Gesetzes- und Amtsblätter gleichgestellt.

Dies zu erreichen, wurde zwar bisher schon wiederholt auf dem Rechtsmittelwege versucht, doch scheiterte ein Erfolg an der für die Kirche ungünstigen Interpretation der gesetzlichen Bestimmungen. Die Rechtssprechung sieht nämlich § 19 Abs. 5 der Durchführungsbestimmungen zum Umsatzsteuergesetz, der den Bund und die Länder von der Umsatzsteuer freistellt, als eine Spezialbestimmung zu den §§ 1 und 2 des U[msatz]St[euer]G[esetz] an und geht somit davon aus, daß die Herausgabe von Amtsblättern durch die Kirchen vom U[msatz]St[euer]G[esetz] nicht als Ausübung öffentlicher Gewalt angesehen wird.

Ehe wir ernsthaft an das Finanzministerium herantreten, wird in den nächsten Wochen in einem informatorischen Gespräch die Aussicht unseres Vorgehens geklärt.

Wir sind der Ansicht, daß ein Vorstoß unsererseits ohne reale Erfolgschancen nur schaden kann. In einzelnen Diözesen sind die Finanzämter bei der Auslegung des Umsatzsteuergesetzes sehr großzügig. Ein Vorgehen unsererseits und die damit verbundene Publizität brächte die Gefahr mit sich, daß nicht nur nichts gewonnen wird, sondern sogar einiges verloren geht.

d) Lohnsteuer bei mehreren Dienstverhältnissen

Gemäß den Bestimmungen des bis 1957 geltenden Einkommensteuergesetzes sowie des Übergangsgesetzes von 1957[14] unterblieben Veranlagungen aus einem zweiten oder weiteren Dienstverhältnis, wenn die Einkünfte daraus den Betrag von DM 600 nicht überstiegen (§ 46 Abs. 1 Nr. 3 und Abs. 2 Nr. 2 E[inkommen]St[euer]G[esetz] 1957). Demgegenüber erfolgt nunmehr nach den Vorschriften des E[inkommen]St[euer]G[esetz] vom 23. September 1958[15] bei mehreren Dienstverhältnissen eine Veranlagung nur, wenn es sich um Nebeneinkünfte aus selbständiger Tätigkeit handelt. Nur in diesen Fällen ist ein Freibetrag von DM 800 vorgesehen. Bei Nebeneinkünften aus unselbständiger Tätigkeit behält der Arbeitgeber ohne weiteres 20 % als Lohnsteuer ein. Ein Freibetrag ist dabei, da keine Veranlagung erfolgt, nicht vorgesehen.

Durch diese Gesetzesänderung ist gegenüber dem früheren Rechtszustand eine Verschlechterung für unselbständige Lohnempfänger eingetreten, die sich besonders im kirchlichen Raum auswirkt. In größerem Umfang sind die Kirchengemeinden auf eine Mitarbeit freiwilliger Kräfte angewiesen. Für diese Mitarbeit wird in der Regel eine geringe Vergütung bezahlt. Sie war früher bis zum Betrag von DM 600 pro Jahr steuerfrei. Heute muß sie zu einem Satz von 20 % versteuert werden.

Wir sind dieserhalb an das Bundesfinanzministerium herangetreten mit der Bitte, den früheren steuerfreien Betrag wieder einzuführen. Unser Bemühen hatte bisher nur teilweise Erfolg. Das Finanzministerium ist nicht bereit, den in einem unselbständigen zweiten Dienstverhältnis stehenden Steuerpflichtigen einen steuerfreien Grundbetrag zu gewähren. Es begründet diese Absage in erster Linie mit dem geänderten Steuertarif. Während früher grundsätzlich jede Nebentätigkeit in einem abhängigen Dienstverhältnis zu einer Veranlagung durch das Finanzamt führte, entfällt sie heute, weil der Arbeitgeber von vornherein 20 % des Einkommens aus unselbständiger Nebentätigkeit einbehält. Dies bedeutet selbstverständlich eine wesentliche Arbeitserleichterung für die Finanzbehörden, die verständlicherweise diesen »Fortschritt« nicht aufgeben wollen. Eine Konzession ist uns jedoch gemacht worden, indem man durch Erlasse der Landesfinanzministerien zugelassen hat, daß den nebenberuflich tätigen Kirchenmusikern, die im Hauptberuf Arbeitnehmer sind, auf Antrag ein

[14] *Der Kontext läßt nicht erkennen, welche Gesetze gemeint sind. In Betracht kommen*: Gesetz zur Änderung des Einkommensteuergesetzes und des Körperschaftsteuergesetzes *vom 5. Oktober 1956*. BGBl., *S. 781*, Gesetz zur Änderung des Gesetzes zur Änderung des Einkommensteuergesetzes und des Körperschaftssteuergesetzes *vom 19. Dezember 1956*. BGBl., *S. 918*, Gesetz zur Änderung von steuerlichen Vorschriften auf dem Gebiet von Einkommen und Ertrag und des Verfahrensrechts *vom 18. März 1958*. BGBl., *S. 473*.

[15] Neufassung des Einkommensteuergesetzes *vom 23. September 1958*. BGBl., *S. 473*.

Freibetrag wegen erhöhter Werbungskosten in Höhe von 25 % der Nebeneinnahmen, höchstens DM 50 zusätzlich eingetragen wird.
Wir möchten uns mit dieser Lösung nicht begnügen, sondern wollen zu erreichen suchen, daß es auf dem Wege des Erlasses allen im Kirchendienst nebenamtlich tätigen Kräften ermöglicht wird, eine zusätzliche Werbungskostenpauschale auf der Lohnsteuerkarte eintragen zu lassen. Auch bemühen wir uns, die bisher bestehende prozentuale Koppelung des Freibetrages an die Höhe der Nebeneinnahmen in Fortfall zu bringen.
6. Schutz der Koalitionsfreiheit
Im vergangenen Bericht teilten wir Ihnen mit, daß auf unsere Anregung hin eine Gruppe von Bundestagsabgeordneten im Wege einer kleinen Anfrage die Bundesregierung offiziell gebeten habe, darüber Auskunft zu geben, was sie zu tun gedenke, um die Koalitionsfreiheit im Falle ihrer Verletzung im Bereich der Betriebe zu sichern. Namens der Bundesregierung hat der Bundesarbeitsminister Blank am 21. September 1959 die Anfrage wie folgt beantwortet:
»Die Bundesregierung neigt zu der Auffassung, daß eine Tarif-Vertragsbestimmung der in der Kleinen Anfrage genannten Art eine Verletzung verfassungsmäßiger Grundrechte bedeuten kann. Die Entscheidung, ob im Einzelfall eine Tarifvertragsbestimmung oder eine auf sie gestützte betriebliche Maßnahme mit dem Grundgesetz im Einklang steht, ist Sache der Gerichte.
Es ist nicht unzweifelhaft, ob tarifvertragliche Bestimmungen im Hinblick auf ihre Vereinbarkeit mit dem Grundgesetz Gegenstand einer Prüfung durch das Bundesverfassungsgericht im Wege der abstrakten Normenkontrolle nach Artikel 93 Abs. 1 Nr. 2 des Grundgesetzes in Verbindung mit § 13 Nr. 6 und §§ 76 ff. des Gesetzes über das Bundesverfassungsgericht sein können. Die Bundesregierung hält den in der Kleinen Anfrage behandelten Einzelfall nicht für geeignet, ihn zum Anlaß eines Antrages beim Bundesverfassungsgericht auf Nachprüfung der Verfassungsmäßigkeit der genannten Tarifvertragsbestimmung zu nehmen.«
In Anbetracht dieser Stellungnahme der Bundesregierung [*müßten*] weitere Einzelfälle den Abgeordneten unterbreitet werden, damit gegebenenfalls die Bundesregierung veranlaßt werden kann, beim Bundesverfassungsgericht eine Nachprüfung der Verfassungsmäßigkeit der entsprechenden Tarifvertragsbestimmungen zu beantragen.
7. Studentenwohnheime
In der Studentenwohnheimfrage wie in der gesamten Studentenpolitik hat sich das Katholische Büro noch einmal an Dr. Krone und Staatssekretär Globke gewandt. In der Studentenwohnheimfrage haben wir vor allen Dingen auf folgendes hinzuweisen: Die größte Schwierigkeit für die Errichtung einer größeren Anzahl von katholischen Wohnheimen besteht darin, daß die Eigenkapitalbasis von 33,3 % der Gesamtbausumme (einschließlich Grundstückbeschaffung und Inneneinrichtung) nur schwerlich aufgebracht werden kann. Die konfessionellen Heime haben gegenüber den Wohnheimen der Universitäten und Studentenwerke einen erheblichen Nachteil deswegen, weil sie den Eigenanteil meist in voller Höhe aus kirchlichen bzw. privaten Mitteln zahlen müssen, während die Universitäten und Studentenwerke auch

diesen Teil der Finanzmittel letztlich aus Geldern der öffentlichen Hand aufbringen, da sie ja sonst keine Eigenmittel im benötigten Umfang zur Verfügung haben. Gerade im Interesse der Vermehrung des Anteils der katholischen Wohnheime ist es dringend erforderlich, daß der Anteil des geforderten Eigenkapitals gesenkt wird.
An zwei Stellen haben wir darauf aufmerksam gemacht, daß nach den Richtlinien nach wie vor Verbände und Korporationen nicht Träger von Studentenwohnheimen sein können, und wir haben hier eine Änderung der Richtlinien vorgeschlagen.
In dem neuen Bundesjugendplan sind nun die Mittel für Studentenwohnheime noch einmal erhöht worden. Der Bund gibt insgesamt für Studentenwohnheime jetzt durch den Bundesjugendplan 6,5 Mill. D-Mark, durch das Wohnungsbauministerium 5,5 Mill. D-Mark.
Der zweite Punkt, der von uns angesprochen wurde, ist, das Honnefer Modell auf unsere Ordenshochschulen auszudehnen und das Cusanus-Werk mehr als bisher zu fördern.
8. Einreiseschwierigkeiten bei der Südafrikanischen Union
Zwischenzeitlich hat sich das Auswärtige Amt aufgrund unseres Schreibens an den Herrn Bundesaußenminister geäußert. Wir hatten in dem Schreiben anhand der vielen aufgeführten Einzelfälle darum gebeten, in Verhandlungen und Besprechungen mit der südafrikanischen Regierung eine generelle Regelung für die Einreise katholischer Staatsbürger, insbesondere der Ordensangehörigen zu erreichen. Seitens des Auswärtigen Amtes wurde uns mitgeteilt, daß die Botschaft in Pretoria unter den augenblicklichen Verhältnissen nicht empfehlen könne, eine generelle Lösung mit der südafrikanischen Regierung anzustreben. Wohl wäre man in Einzelfällen, die besonders schwierig seien, bereit, diese der südafrikanischen Regierung vorzutragen.
In diesem Zusammenhang wurden wir auch vom Auswärtigen Amt davon in Kenntnis gesetzt, daß der Missionsrat in dieser Frage schon entsprechende Verhandlungen mit der Kulturabteilung des Ministeriums eingeleitet habe und mit einer Regelung der Einzelfälle nach Lage der Verhältnisse einverstanden sei.
Aufgrund dessen werden wir aus den zusammengestellten Einzelfällen die schwierigsten herausgreifen und dem Auswärtigen Amt zur weiteren Bearbeitung vortragen.
9. Sonderpostwertzeichen
Nach der bisherigen Vereinbarung mit dem Bundespostministerium wurde aus Anlaß der jedes Jahr wechselnden Kirchentage eine Sondermarke herausgegeben, deren Motiv von der den Kirchentag veranstaltenden Konfession vorgeschlagen wurde. Hingegen war es der anderen Konfession freigestellt, Anlaß und Motiv für eine andere Sondermarke zu bestimmen. Nunmehr hat das Bundespostministerium nach entsprechenden Verhandlungen einer Erhöhung der Sonderbriefmarken mit kirchlichen Motiven zugestimmt. Danach wird vom Jahre 1960 an wie folgt verfahren werden:
Außer den Sondermarken zu den Kirchentagen wird die Deutsche Bundespost für jede der beiden christlichen Konfessionen eine Sondermarke herausbringen. Mithin ergibt sich, daß 1960 neben der Sonderbriefmarke für den Eucharistischen Weltkongreß ein weiterer Anlaß berücksichtigt werden kann. In Anbetracht des 1000jährigen

Jubiläums der Bischöfe Bernward[16] und Godehard[17] haben wir beim Bundespostministerium die Herausgabe einer Sondermarke mit Motiven der beiden Bischöfe vorgeschlagen. Der Vorschlag ist angenommen worden. Das Ministerium läßt zur Zeit Entwürfe herstellen.

277

Protokoll der außerordentlichen Bischofskonferenz

Bühl/Baden, 8.–9. März 1960

EA KÖLN, CR II 2.19, 22. *Druckstück mit Überschrift:* Protokoll der außerordentlichen Plenarkonferenz der Bischöfe der Diözesen Deutschlands in Bühl/Baden vom 8. bis 9. März 1960.

An der außerplanmäßigen gemeinsamen Konferenz der deutschen Bischöfe, die vom 8. bis 9. März 1960 in Bühl/Baden unter dem Vorsitz des Hochwürdigsten Herrn Erzbischofs von Köln stattfindet, nehmen teil:

1. Joseph Kardinal Frings, Erzbischof von Köln,
2. Joseph Kardinal Wendel, Erzbischof von München-Freising,
3. Julius Kardinal Döpfner, Bischof von Berlin,
4. Lorenz, Erzbischof von Paderborn,
5. Joseph, Erzbischof von Bamberg,
6. Hermann, Erzbischof von Freiburg,
7. Michael, Erzbischof, Bischof von Regensburg,
8. Albert, Bischof von Mainz,
9. Simon Konrad, Bischof von Passau,
10. Michael, Bischof von Münster,
11. Joseph, Bischof von Eichstätt,
12. Wilhelm, Bischof von Limburg,
13. Karl Joseph, Bischof von Rottenburg,
14. Joseph, Bischof von Augsburg,
15. Matthias, Bischof von Trier,
16. Isidor Markus, Bischof von Speyer,
17. Johannes, Bischof von Aachen,
18. Otto, Bischof von Meißen,
19. Heinrich Maria, Bischof von Hildesheim,
20. Joseph, Bischof von Würzburg,
21. Helmut Hermann, Bischof von Osnabrück,
22. Franz, Bischof von Essen,
23. Adolf, Bischof von Fulda,
24. Ludwig Polzin, Kapitularvikar der Freien Prälatur Schneidemühl,

[16] BERNWARD *(um 960–1022), seit 993 Bischof von Hildesheim.*

[17] GODEHARD *(960–1038), Benediktinerabt, seit 1022 Bischof von Hildesheim.*

25. Paul Hoppe, Kapitularvikar von Ermland,
26. Dr. Franz Monse, Generalvikar von Glatz.

Nach einem Gebet zum Heiligen Geist eröffnet der Vorsitzende die Konferenz. Dem Kapitularvikar der Erzdiözese Breslau, Titularbischof Dr. Piontek, der an der Konferenz nicht teilnehmen kann, entbietet die Konferenz telegraphisch brüderliche Grüße.

A. Beratung und Beschlußfassung über Einzelfragen

1. Den Bischöfen wird eine Weisung des Hl. Offiziums über »The Royal Ancient Order of the Buffaloes« (R.A.O.B.) und über die »National Association of Round Tables of Great Britain and Ireland« (Round Table) zur Kenntnis gebracht.
2. Einstimmig bestätigt die Konferenz den Beschluß der Plenarkonferenz 1954 (vgl. Protokoll 1954[1], S. 6, Abs. 2) über die Neuregelung der Besetzung der Rektorenstelle an der Anima: »Der österreichische Episkopat schlägt nach Fühlungnahme mit dem deutschen Episkopat (durch den Vorsitzenden der Fuldaer Bischofskonferenz) einen österreichischen oder einen deutschen Priester als Rektor vor. Wenn ein Österreicher die Stelle des Rektors innehat, soll ein deutscher Priester Vizerektor sein.« Der deutsche Seelsorger in Rom, der vom Kardinalprotektor ernannt wird und sein Amt »sub alta directione« des Rektors der Anima ausüben soll, wird vom deutschen Episkopat vorgeschlagen.
3. In Abänderung des Beschlusses der Fuldaer Konferenz 1959 (vgl. Protokoll 1959[2], S. 4, Abs. 5) führt nunmehr Direktor Wissing den Diensttitel: Leiter des Kommissariats der deutschen Bischöfe und des Katholischen Büros in Bonn.
4. Die Konferenz bewilligt für das Weltsekretariat für das Laienapostolat (Comitato Permanente dei Congressi internazionali per l'Apostolato dei Laici – COPECIAL) eine monatliche Beihilfe in Höhe von 1.000 DM. Diese Summe ist für die Zahlung von Gehältern bestimmt und wird von der Bischöflichen Finanzkammer monatlich an das Zentralkomitee der deutschen Katholiken zur Weiterleitung nach Rom überwiesen.
5. Die Konferenz hält es nicht für möglich, daß sich das Bischöfliche Werk »Misereor« der Stiftung »Institut für Entwicklungshilfe« eingliedert. Sie regt an, einen Arbeitskreis zu bilden, dem das Misereor-Werk mit allen anderen ähnlichen Werken angehören könnte. Über diese Anregung sollte eine persönliche Rücksprache mit dem Herrn Bundespräsidenten herbeigeführt werden.
6. Die Bischöfe beschließen, am »Schmerzensfreitag« in der Passionswoche (8. April) einen allgemeinen Gebetstag für die Katholiken in den mittel- und ostdeutschen Gebieten abzuhalten. Außerdem wird angeregt, den Fastenhirtenbrief der Bischöfe und Bischöflichen Kommissare in der Zone in den Amtsblättern der deutschen Diözesen und in der Kirchenpresse zu veröffentlichen.
7. Die Konferenz sieht sich nicht in der Lage, das vorgesehene psychotherapeutische Institut zu finanzieren. Der Bischof von Limburg wird gebeten, in einer Bespre-

[1] EA MÜNCHEN, Joseph Kardinal Wendel, 21/1954. *Druckstück.*
[2] *Vgl. Dok. 263.*

chung mit Privatdozent Dr. Görres zu klären, ob die Bildung eines Arbeitskreises für Fragen, die die Psychotherapie betreffen, gegebenenfalls in Verbindung mit der Görres-Gesellschaft, verwirklicht werden kann. Der Episkopat ist bereit, für diesen Zweck bis zu 50.000 DM jährlich zu bewilligen.

8. Der Antrag auf Genehmigung einer Sonderausgabe des Katechismus zum Zwekke der Verteilung an protestantische Geistliche wird abgelehnt. Ebenso wird der Antrag auf Genehmigung einer Ausgabe des vorliegenden Katechismus in Taschenbuchformat abgelehnt.

Die Konferenz ist nicht abgeneigt, nach Erscheinen des Familienkatechismus einer Sonderausgabe desselben in Taschenbuchformat zuzustimmen.

Da die Arbeiten am Religionsbüchlein bald abgeschlossen werden, hält die Konferenz es für notwendig, daß die juristische Kommission, die über den Druck des Katechismus verhandelte, auch die Verhandlungen über den Druck des Religionsbüchleins führt.

9. Für die Bischöfliche Hauptstelle »Schule und Erziehung« werden zusätzlich 10.000 DM bewilligt (Bayern nicht beteiligt).

10. Die Konferenz beauftragt Hochwürden Herrn Dr. Tillmann, München, mit der Leitung des Kirchenbuchamtes in München und bewilligt für den Leiter das Gehalt eines Pfarrers und ein Wohnungsgeld.

Für das Kirchenbuchamt werden zusätzlich 29.000 DM zur Verfügung gestellt. Diese Summe wird aus den für Spätaussiedlerförderklassen bereitgestellten Mitteln entnommen (vgl. Protokoll 1959, S. 13, Nr. 37). Die Konferenz beauftragt den Leiter des Kirchenbuchamtes, die Zahl der Angestellten möglichst zu verringern und einen gemäßigten Haushaltsplan bis zur Fuldaer Bischofskonferenz vorzulegen.

11. Die Konferenz bewilligt für die KNA einen außerordentlichen Zuschuß in Höhe von 100.000 DM und bittet die Publizistische Kommission, der Plenarkonferenz in Fulda Vorschläge zur wirtschaftlichen Gestaltung sowie einen etwaigen Ausbau von KNA auszuarbeiten. Die Konferenz erklärt ihr Einverständnis, daß die Vorarbeiten dazu von einer Kommission geleitet werden, die unter dem Vorsitz des Bischofs von Osnabrück steht und in die folgende Personen berufen werden: Dr. Stadler, München, Domkapitular Jansen, Köln, Generalvikar Plettenberg[3], Fulda, Generalvikariatsrat Gertz, Münster, und Oberjustizrat Weng, Rottenburg. Diese Kommission wird auch die entsprechenden Verhandlungen mit der Geschäftsführung und dem Beirat von KNA führen.

12. Der Bischof von Mainz berichtet über den Entwurf eines einheitlichen Ritus der Fronleichnamsprozession und bittet, den Entwurf, so wie er jetzt vorliegt, schriftlich zu approbieren und ihm davon Kenntnis zu geben, damit unverzüglich zur Drucklegung geschritten werden kann und der Ritus noch in diesem Jahre zum Gebrauch vorliegt.

13. Die Bischöfe erklären ihre Zustimmung zur Bildung einer Kommission von Jugendseelsorgern, die für den Episkopat ein Gutachten über die zur Zeit offenen

[3] JOSEF PLETTENBERG *(1909–1982), 1935 Priester, 1946–1957 Generalsekretär des Bonifatiusvereins, 1959–1974 Generalvikar in Fulda.*

Fragen der Bundesstruktur und Bundesordnung erarbeiten soll. Als Mitglieder dieser Kommission sind vorgesehen a) von seiten der Jugendseelsorger der Frauenjugend: Bundespräses Hebel, Jugendpfarrer Wimmer[4], Diözesanjugendseelsorger Dr. Brandenburg[5]; b) von seiten der Jugendseelsorger der Mannesjugend: Bundespräses Bokler, Jugendpfarrer Jung[6], Diözesanpräses Ippendorf[7]; c) von seiten der Seelsorger der Gliedgemeinschaften: P. Michael Nordhaus[8], Diözesanpräses Schmithausen[9], P. Max von Gumppenberg[10].
Die Konferenz bestätigt die neugewählten Leiter folgender Gliedgemeinschaften: a) für den Bund Neudeutschland Jungengemeinschaft: Studienrat Wolters[11]; b) für die Katholische Landjugend-Bewegung: Kaplan Lammers; c) für die Katholische Jungmänner-Gemeinschaft: Kaplan Seuffert[12].
14. Betreffs DJK-Sportlehrstätten in Münster erweitert die Konferenz nach Erfüllung der in Fulda 1959 gestellten Bedingung (vgl. Protokoll 1959, S. 16, Nr. 76) ihren Zuschuß für 1960 und 1961 um je 75.000 DM und sichert nach Inbetriebnahme einen Jahreszuschuß in Höhe von 40.000 DM zu.
15. Die diesjährige Kollekte am Jugendbekenntnistag (sowohl die Kollekte beim Jugendgottesdienst am Vormittag als auch die bei der Bekenntnisfeier am Nachmittag oder am Abend) wird für den Eucharistischen Kongreß zur Verfügung gestellt.

B. Beratung über Fragen des kommenden Konzils
Der Erzbischof von Paderborn und der Bischof von Mainz unterbreiten der Bischofskonferenz den Aufbau und die Hauptgedanken ihrer Vorlagen für eine Eingabe des deutschen Episkopates an die vorbereitende Konzilskommission. Da diese

4 ALFONS WIMMER *(1918–2007), 1952–1961 Jugendseelsorger der Erzdiözese München und Freising, 1961 Pfarrer.*

5 HUBERTUS BRANDENBURG *(1923–2009), Dr. theol., 1952 Priesterweihe (D Osnabrück), 1958 Leiter des Diözesanjugendamtes in Osnabrück, Diözesanjugendseelsorger, 1967 Domkapitular, 1975–1977 Weihbischof des Bistums Osnabrück in Hamburg, 1977–1998 Bischof von Stockholm.*

6 CHRISTIAN JUNG *(1920–1974), 1951 Priester (D Limburg), 1956 Diözesanjugendpfarrer für die Mannesjugend, 1966 Pfarrer, 1972 Generalvikar, 1973 Domkapitular in Limburg.*

7 ENGELBERT IPPENDORF *(geb. 1927), 1953 Priester (ED Köln), 1958 Diözesanpräses, Seelsorger der männlichen Jugend und Diözesanseelsorger der Katholischen Jungmännergemeinschaft.*

8 *Gemeint ist wahrscheinlich* P. MICHAEL NORDHAUSEN OFM *(1915–2003), 1935 Ordenseintritt, 1943 Priester, 1953–1962 Bundeskurat der Deutschen Pfadfinderschaft Sankt Georg, 1962–1974 Provinzialminister der Kölnischen Franziskanerprovinz, Gründer des Franziskanerklosters Vossenack (Nordeifel).*

9 JOHANNES SCHMITHAUSEN *(1919–2005), 1949 Priester (D Münster), 1956 Diözesanpräses der Kolpingfamilie, 1962 Geistlicher Beirat des Familienbundes der deutschen Katholiken im Bistum Münster, dann Pfarrer und Dechant, 1979 Ehrendomkapitular.*

10 P. MAX VON GUMPPENBERG SJ *(1902–1964), 1923 Ordenseintritt, 1934 Priester, Präses der Arbeitsgemeinschaft der Marianischen Kongregationen studierender Mädchen e. V.*

11 ENNO WOLTERS *(1916–2006), 1944 Priester (D Osnabrück), 1955 Studienrat in Osnabrück, 1960–1967 Leiter der Jugendgemeinschaft im Bund Neudeutschland.*

12 JOSEF SEUFFERT *(geb. 1926), 1951 Priester (D Mainz), 1960–1967 Bundeskurat der Katholischen Jungmännergemeinschaft, 1967 Mitbegründer und Hauptschriftleiter der vom Liturgischen Institut in Trier herausgegebenen Zeitschrift »Gottesdienst«, 1967–1975 Sekretär der Kommission für das Einheitsgesangbuch »Gotteslob«, 1975–1993 Leiter des Seelsorgeamtes des Bistums Mainz, 1981 Domkapitular, 1986 Päpstlicher Ehrenprälat.*

Gutachten[13] allen Bischöfen schriftlich vorliegen, erübrigt es sich, auf den Inhalt derselben im einzelnen einzugehen.

I.

Im ersten Teil der Aussprache wird auf verschiedene Einzelheiten hingewiesen, die einer Abänderung bzw. Überarbeitung bedürfen oder eventuell noch in der Eingabe berücksichtigt werden können.

1. Es erscheint nicht angebracht und der Sache förderlich zu sein, daß zur Erleichterung der Wiedervereinigung ein »evangelisch-katholischer Ritus« begründet wird.
2. Bezüglich der Verwendung der Muttersprache im Gottesdienst sieht man keine Bedenken, wenn diese auf die Vormesse bis einschließlich Fürbitten beschränkt bleibt. Es wird aber auch auf die Notwendigkeit einer eingehenden Überprüfung dieser Frage und ihrer gründlichen Motivierung hingewiesen. Im Zusammenhang damit sei die Frage der Teilnahme der Gläubigen am heiligen Opfer zu sehen.
3. Die Konferenz ist der Ansicht, daß die Bildung einer eigenen Kommission für ökumenische Fragen dringend notwendig ist. Zur Arbeit dieser Kommission könnten auch protestantische Theologen hinzugezogen werden.
4. Es wird der Wunsch geäußert, daß das Konzil einen neuen »Catechismus Romanus« erstellen möge.

II.

Der zweite Teil der Aussprache befaßt sich eingehend mit der Zielsetzung und Grundstruktur, die dem Konzil zu geben seien, damit es seine Aufgabe in unserer Zeit und in unserer Welt erfülle.

Folgende Gedanken werden im einzelnen hervorgehoben:

1. Es sind die Intentionen des Heiligen Vaters besonders bezüglich der Wiedervereinigung zu beachten.
2. Das Konzil darf es nicht unterlassen, wenigstens in einer Botschaft oder Proklamation an die Welt, das »altum dominium Dei«[14], Gottes Absolutheit und Herrschaftsanspruch zum Ausdruck zu bringen.
3. Es ist die einmütige Ansicht der Konferenz, daß das Konzil unbedingt ein Wort dazu sagen müsse, wie die Kirche den Menschen, sein Wesen und seine Würde sehe. Gegen den Liberalismus und gegen den atheistischen Materialismus müsse das Konzil die Geschöpflichkeit und Gottebenbildlichkeit des Menschen sowie seine sittliche Aufgabe und seine Hinordnung auf Gott, den Wert seiner Persönlichkeit und sein Verhältnis zur Gemeinschaft in ihren verschiedenen Formen deutlich aussprechen und so das Menschenbild in einer großen Zusammenschau sichtbar werden lassen.
4. Es wird darauf hingewiesen, daß man durch behutsame, wohlüberlegte Formulierungen sich gegen Schwierigkeiten schützen müsse, die aus der weiteren Entwicklung der Naturwissenschaften entstehen könnten.

[13] *Nicht ermittelt.*

[14] *Lateinisch für: Oberherrschaft Gottes.*

5. Übereinstimmend ist die Konferenz der Auffassung, daß die Ekklesiologie im dogmatischen Teil der Konzilsvorschläge im Mittelpunkt zu stehen habe. Die diesbezüglichen Ausführungen in der Vorlage des Erzbischofs von Paderborn finden die Billigung der Konferenz und sollen mit der dogmatischen Vorlage des Bischofs von Mainz zu einer einheitlichen Eingabe verarbeitet werden.
6. Die Ausführungen über die Grundstruktur der heutigen protestantischen Theologie sind als Anlage und zur Begründung der eigentlichen Konzilsvorschläge beizufügen.

III.

1. Am Ende der Aussprache wird eine Redaktionskommission gebildet, die aus dem Erzbischof von Paderborn und den Bischöfen von Berlin, Mainz und Meißen besteht.
2. Die Bischöfe von Berlin und Meißen werden gebeten, zunächst einen Entwurf über die Auffassung und Lehre der Kirche vom Menschen zu erstellen. Dieser Entwurf wird dann von der Redaktionskommission zwecks Vorlage an die Bischöfe zusammen mit den übrigen Vorlagen und Vorschlägen zu einer einheitlichen Eingabe überarbeitet werden.

IV.

Die Vorlagen des Bischofs von Trier »de disciplina« und »de rebus liturgicis« wurden in allen Einzelheiten besprochen. Streichungen, Änderungen und Ergänzungsvorschläge wurden vom Hochwürdigsten Herrn Referenten notiert.

Für die Schriftführung:[15]
+ Helmut Hermann
Bischof von Osnabrück

+ Joseph Kardinal Frings
Erzbischof von Köln.

[15] *In der Vorlage ist die Zeile* Für die Schriftführung *in die Mitte gerückt, so daß sie für beide Unterzeichner gelten könnte, und die Reihenfolge der Unterschriften vertauscht.*

278

Protokoll der Freisinger Bischofskonferenz

Bühl/Baden, 10. März 1960

EA München, Joseph Kardinal Wendel, 22/1960. *Druckstück mit Überschrift:* Protokoll der Konferenz der bayerischen Bischöfe in Bühl/Baden am 10. März 1960. *Fertigungsdatum*: 10. März 1960.

Anwesend:
Joseph Kardinal Wendel, Erzbischof von München und Freising,
Josef Schneider, Erzbischof von Bamberg,
Erzbischof Michael Buchberger, Bischof von Regensburg,
Simon Konrad Landersdorfer, Bischof von Passau,
Joseph Schröffer, Bischof von Eichstätt,
Joseph Freundorfer, Bischof von Augsburg,
Isidor Markus Emanuel, Bischof von Speyer,
Josef Stangl, Bischof von Würzburg.

Am 10. März 1960 um 9 Uhr eröffnete Seine Eminenz die Bischofskonferenz mit der Anrufung des Heiligen Geistes.
Finanzierungshilfe für die Landvolkhochschule Wies
Das Bischöfliche Bauamt Augsburg wird die Gesamtplanung eingehend überprüfen, um Einsparungsmöglichkeiten zu gewinnen und alle vorhandenen Geldquellen auszuschöpfen. Die Leitung der Landvolkhochschule Wies erstattet daher genauen Bericht an den Hochwürdigsten Herrn Bischof von Augsburg. Die Konferenz beschließt ein Darlehen von 500.000 DM, das sich in folgender Weise auf die einzelnen Diözesen verteilt: München-Freising 130.000 DM, Bamberg 70.000 DM, Augsburg 100.000 DM, Eichstätt 40.000 DM, Passau 50.000 DM, Regensburg 60.000 DM, Würzburg 50.000 DM. Die Diözesen überweisen nach Aufforderung zunächst nur ¾ des angegebenen Darlehensbetrages an die Finanzkammer Augsburg. Die Rückzahlung dieser Beträge an die einzelnen Diözesen erfolgt nach drei oder vier Jahren.

Katholische Soziale Schule für Männer in Bayern
Die Konferenz genehmigt den Betrag von 20.000 DM für den laufenden Betrieb einstweilen auf fünf Jahre. Sie wünscht, daß eingehende Überlegungen angestellt werden, ob nicht bei einer Zusammenfassung der Schule für Männer und Frauen wirtschaftliche und leistungssteigernde Vorteile erreicht werden können.

Soziale und Caritative Frauenschule des Kath[olischen] Frauenbundes
Für diese Schule wird der Betrag von 6.000 DM genehmigt unter Hinweis auf die eben für die Kath[olische] Soziale Schule für Männer in Bayern erhobene Forderung. Auch der Kath[olische] Frauenbund möge die Frage einer Zusammenlegung einer gründlichen Prüfung unterziehen.

Landesstelle des Bundes Deutscher Katholischer Jugend in München
Der beantragte Ausbau der Landesstelle bedarf nach Auffassung der Konferenz noch einer eingehenden Überprüfung.

Entwurf des H[ochwürdigsten] H[errn] Landvolkseelsorgers Dr. Scharl zur Landvolkarbeit
Ein Entwurf zur Ergänzung und Weiterführung der Beschlüsse früherer bayerischer Bischofskonferenzen über die Landvolkarbeit[1] auf Diözesan- und Landesebene, der nunmehr die Arbeit auf dörflicher und pfarrlicher Ebene behandelt, wird besprochen. Eminenz wird die gemachten Vorschläge mit dem Beauftragten der Bischöfe, H[ochwürdigsten] H[errn] Dr. E[mmeram] Scharl, nochmals beraten und dann einen weiteren Entwurf den einzelnen Bischöfen zur Stellungnahme zuleiten.

Rahmenplan in Bayern
Die Planungen und Bestrebungen des Vorsitzenden des BLLV[2] für die Durchführung des Rahmenplanes in der künftigen Gestaltung der Volksschule, die weitgehend den kirchlichen Auffassungen entsprechen, werden beraten. Die Beweggründe des BLLV, vor allem aber die praktischen Auswirkungen, sind noch nicht klar überschaubar. Von der KEG soll zu den fraglichen Problemen eine gründliche Stellungnahme eingeholt werden. (BLLV: 8 Volksschuljahre + 3 Klassen Mittelschule, KEG: 7 Klassen Volksschule + 4 bzw. 3 Klassen Mittelschule ...). Gegen die vom BLLV vorgetragenen Grundsätze bestehen zunächst keine ernsten Einwendungen; doch gilt es, Gefahren rechtzeitig zu erkennen, um ihnen zuvorzukommen. Die Bischöfe fordern auch weiterhin grundsätzlich die dorfeigene Schule und die Erhaltung und Sicherung des Bekenntnischarakters. Sie unterstützen die Bestrebungen zur Hebung der Volksschule, insbesondere der Landschule, ohne zunächst zu einzelnen Fachfragen Stellung zu nehmen. Dabei muß die Aufmerksamkeit auch einer guten Entwicklung unserer Mittelschulen gelten.

Theologischer Nachwuchs und Priesterseminarien – Weiterstudium und Promotion
Die Bitten der Regentenkonferenz vom 11.11.1959 in Eichstätt werden durchgesprochen.
Theologen, die unter Umgehung einer Bindung an einen Bischof und eine Diözese frei studieren, dürfen in einer anderen Diözese erst nach einer klärenden Fühlungnahme mit dem zuständigen Regens der Heimat aufgenommen werden. Es ist ihnen je nach der Anzahl ihrer Semester mindestens ein zusätzliches Jahr des Aufenthaltes und der religiös-erziehlichen Führung im Priesterseminar aufzulegen. Solche Theo-

1 *Nicht ermittelt, vgl. jedoch Dok. 218.*

2 Wilhelm Ebert *(geb. 1923), Lehrer, 1948–1953 Gründungsmitglied und Vorsitzender der Arbeitsgemeinschaft Bayerischer Junglehrer, 1955–1962 und 1967–1984 Präsident des Bayerischen Lehrerinnen- und Lehrerverbandes, 1969–1978 Vizepräsident des Deutschen Lehrerverbandes, 1975–1978 Präsident des Weltverbandes der Lehrerorganisationen, 1979–1993 Vorsitzender des Verbandes Bildung und Erziehung.*

logen dürfen gegenüber den Studenten, die sich sofort ihrem zuständigen Bischof stellen, keinerlei Vorteile gewinnen.
Bei der Auswahl der Promovenden ist neben der wissenschaftlichen Eignung auch die priesterliche und charakterliche Ausprägung zu berücksichtigen. Eine Befristung der Freigabe bzw. der Erleichterungen, die für die Zeit der Promotion gewährt werden, ist im Interesse anderer Theologen, die ebenfalls die Voraussetzungen und die Bereitschaft für ein Weiterstudium besitzen, dringlich geboten, damit nicht die Säumigkeit und Nachlässigkeit solcher Herren anderen die Promotion unmöglich macht.
Die Finanzierung des Studiums hat für unsere Alumnen durch die hohen Unterstützungen insbesondere des sog. Honnefer Modells völlig neue Formen angenommen. Die Konferenz ist der Auffassung, daß die Höhe des Pensionspreises und die Handhabung von Ermäßigungen sich dieser Entwicklung anpassen muß. Die H[ochwürdigsten] H[erren] Regenten mögen eine entsprechende Abstimmung der Seminarien untereinander anstreben.

Vizepräsident des Deutschen Caritas-Verbandes
Der Konferenz wird mitgeteilt, daß Herr Oberlandesgerichtspräsident Dr. Theodor Hauth[3] zum Vizepräsident des DCV bestellt wurde.

Benennung des Vertreters im Rundfunkrat
Die Konferenz gibt zur Neubestellung des H[ochwürdigsten] H[errn] Dr. Max Rössler, Würzburg, als Vertreter im Rundfunk ihre Zustimmung.

Gleitende Arbeitswoche
Die Sorge, daß die Gleitende Arbeitswoche auf Umwegen und mit Teilerfolgen in unbegründeten Fällen sich immer mehr Bahn bricht, verpflichtet zu großer Wachsamkeit und Aufmerksamkeit. Das da und dort zu erwartende Angebot, Sonntagsgottesdienste im Werk selbst zu veranstalten, darf nicht angenommen werden.

Deutscher Verein vom Heiligen Lande
Vor dem Eucharistischen Kongreß erscheint eine Werbe- und Sammeltätigkeit nicht ratsam.

Religionsbüchlein für das 3. Schuljahr
Da das Religionsbüchlein für die Unterstufe, das für alle Diözesen erarbeitet wird, erst in etwa 1–2 Jahren fertiggestellt sein wird, wird der Bitte des Kath[olischen] Schulkommissariats, das Büchlein für das 3. Schuljahr (Erstbeicht-, Erstkommunionunterricht) auch für das Schuljahr 1960/61 in allen bayerischen Diözesen zu genehmigen, entsprochen. Während die Lernmittelfreiheit für 1959/60 nicht mehr rechtzeitig eingeholt werden konnte, soll diese für 1960/61 eingeholt werden. Im Hinblick auf die religiöse Bedeutung gerade dieses Büchleins ist es wünschenswert, wenn sich alle oder wenigstens die meisten Kinder dieses Büchlein selbst erwerben.

3 THEODOR HAUTH *(1904–1991), Dr. iur., Oberlandesgerichtspräsident in Nürnberg, 1960–1975 Vizepräsident des Deutschen Caritasverbands.*

Deutscher Katechetenverein
Die Konferenz gibt gerne ihre Zustimmung, wenn der Herausgeber des »Katechetischen Handbuches zum katholischen Katechismus«, Pfarrer Alfred Barth[4], Tuttlingen, aus der Diözese Rottenburg als hauptamtlicher Mitarbeiter übernommen wird. Bei der Bedeutung des Deutschen Katechetenvereins für das ganze Bundesgebiet halten die bayerischen Bischöfe einen Antrag für die Bereitstellung von Mitteln auf der Fuldaer Bischofskonferenz für angebracht und gerechtfertigt.

Luftschutzanlagen an Kirchen
Die da und dort auf örtlicher Ebene geforderte Anbringung von Luftschutzanlagen (Sirenen u[nd] dgl.) an Kirchen machen Verhandlungen mit den höheren Luftschutzstellen notwendig, deren Resultat in den Amtsblättern veröffentlicht werden soll.

Formular für Mischehen
Die einzelnen Diözesen mögen dem H[ochwürdigsten] H[errn] Bischof von Augsburg Vorschläge für ein einheitliches Formular einreichen, damit dieses bei der Herbstkonferenz fertiggestellt werden kann.

Wachsgehalt liturgischer Kerzen
Im Nachgang zu dem Beschluß der Konferenz vom 10./11. März 1959, der von den Amtsblättern übernommen wurde, wird festgestellt: Hinsichtlich des Ewigen Lichtes spricht der Beschluß von der Beschaffenheit (Qualität) des zu verwendenden Öles (reines Pflanzenöl), nicht aber vom Verhältnis der Zusammensetzung (Quantität) etwa bei Ewig-Licht-Kerzen. Ewig-Licht-Kerzen, die zu 75% aus reinem Pflanzenöl bestehen, genügen sicher den Bestimmungen des allgemeinen Rechtes und können weiterhin verwendet werden.
Mit herzlichen Dankesworten Seiner Eminenz und des H[ochwürdigsten] H[errn] Erzbischofs von Bamberg wird die Konferenz um 13:15 Uhr mit dem Angelus beschlossen.

Der Protokollführer:
+ Josef
Bischof von Würzburg

Der Vorsitzende:
Jos[eph] Card[inal] Wendel
Erzbischof von München und Freising.

[4] ALFRED BARTH *(1907–1981), Dr. theol. h.c., 1931 Priester (D Rottenburg), 1937 Subregens und Lehrauftrag für Katechetik im Priesterseminar Rottenburg, 1947 Stadtpfarrer in Tuttlingen, 1955 Herausgabe des »Katechetischen Handbuchs zum katholischen Katechismus für die Bistümer Deutschlands«, Mitarbeit am Einheitskatechismus, 1960 hauptamtlicher Mitarbeiter beim Deutschen Katechetenverein, ab 1961 Gründungsvorbereitung des Instituts für Katechetik und Homiletik in München, 1964 Direktor des Instituts und Dozent.*

279

Bericht Wissings

Bonn, 22. April 1960

EA München, Joseph Kardinal Wendel, 21/1960. *Schreibmaschinenvervielfältigung. Briefkopf:* Katholisches Büro Bonn. Kommissariat der Deutschen Bischöfe. *Anschrift:* An die Hochwürdigsten Erzbischöfe und Bischöfe in der Bundesrepublik Deutschland. *Vermerk:* Betr. Gespräche mit dem Bundeskanzler über aktuelle politische Fragen.

Eminenzen, Exzellenzen,
am 12. April 1960 hatte ich ein längeres Gespräch unter vier Augen mit dem Bundeskanzler über politische Fragen, an denen im katholischen Raum vornehmlich ein Interesse besteht. Eine der Folgen des Gesprächs war die Einladung des Kanzlers an den Politischen Arbeitskreis der katholischen Verbände Deutschlands, die inzwischen am 21. April erfolgt ist. Diese beiden Zusammenkünfte geben mir Anlaß zu einem kurzen Bericht.

I.

Über das persönliche Gespräch am 12. April möchte ich folgendes mitteilen:
1. Die Lage der Kirche in der Zone war der erste Gesprächspunkt. Es fand vornehmlich eine gegenseitige Orientierung statt. Ich habe darauf hingewiesen, daß die Katholiken in der Zone größten Wert auf die Offenhaltung eines freien Zugangs nach West-Berlin legen.
2. Zur Frage »SPD und Katholik« wurden die beiden letzten kirchlichen Stellungnahmen erwähnt, und zwar die Predigt des Hochwürdigsten Herrn Kardinals Dr. Frings in der Nacht zum Passionssonntag[1] und der Leitartikel im Osservatore Romano vom 8. April[2]. Der Bundeskanzler zeigte sich dankbar über die klaren kirchlichen Äußerungen. In diesem Zusammenhang darf ich auf den Leitartikel im »Vorwärts« vom 14. April 1960 hinweisen, der sich unter der Überschrift »Querschuß aus Rom« heftig mit dem römischen Leitartikel auseinandersetzt.
3. Bei dem Gespräch ist weiter eine engere Zusammenarbeit zwischen den deutschen Bischöfen und der Regierung erwogen worden. Es ist zu überlegen, ob nicht ein- bis zweimal im Jahr die Mitglieder der Bischöflichen Hauptkommission mit einigen Ministern zusammentreffen sollten. Jedoch soll diese Frage im kirchlichen Raum noch geprüft werden. Im Rahmen einer besseren Verbindung des katholischen Volkteils zur Regierung ist auch die Einladung an den Politischen Arbeitskreis abgesprochen worden, über die ich in diesem Schreiben noch berichten werde.
Aus dem zahlenmäßig sehr großen Gesamtvorstand der CDU (nicht einschließlich der CSU) soll jetzt ein etwa 15–20 Personen umfassender engerer Vorstand gebildet werden.

[1] *Druck:* AB Köln *100 (1960), S. 115–118.* Frings *setzte sich in dieser Predigt vom 3. April 1960 mit den Versuchen der SPD auseinander, sich aufgrund des neuen Godesberger Programms als auch für Katholiken wählbar darzustellen.*

[2] Osservatore Romano *Nr. 82 vom 8. April 1960 brachte auf der ersten Seite einen Artikel »Cattolici e Socialisti«, der u. a. feststellte, daß der SPD auch nach dem Godesberger Programm* concezione corretta dell'uomo, della religione e della parte che, nel mondo, compete a Dio *fehle.*

Ich habe darauf hingewiesen, daß es sehr zu begrüßen sei, wenn man bei der Auswahl der Mitglieder dieses engeren Vorstandes auch einen Vertreter berücksichtigen würde, dessen besondere Aufgabe die enge Verbindung zum katholischen Raum ist.

4. Zum Jugendhilfegesetz habe ich deutlich betont, daß man auf katholischer Seite großen Wert auf eine Verabschiedung des Gesetzentwurfs noch in diesem Bundestag Wert lege. Dabei habe ich auch die Befriedigung über die Verabschiedung des Sozialhilfegesetzes im Kabinett zum Ausdruck gebracht.

5. Zum Thema Entwicklungshilfe wurden die im letzten Bischofsbericht[3] geschilderten Sorgen vorgetragen. Dabei habe ich darauf hingewiesen, daß die Hauptschwierigkeit in der gegenwärtigen Fassung der Richtlinien für die Vergabe staatlicher Mittel zur Entwicklungshilfe liegt. Schriftlich habe ich im Anschluß an das Gespräch vorgeschlagen, man möge im Etat des Auswärtigen Amtes einen Untertitel etwa mit der Bezeichnung »Sozialarbeit der Kirchen in den Entwicklungsländern« schaffen und ihn mit einer größeren Summe – ich habe 15 Millionen DM angeregt – ausstatten. Die Mittel dieses Etats würden den Richtlinien nicht unterliegen und Raum für freie Initiative lassen.

6. Zur Neuordnung des Fernsehens habe ich die Sorge zum Ausdruck gebracht, daß die bisher zu beobachtende verzögerliche Art der Verhandlung eine gute Lösung gefährden könnte. Damit die Werbung keinen Einfluß auf das Programm erhält, muß die Gebührenfrage nunmehr zügig mit den Ländern behandelt werden. Der Bundeskanzler erwägt, die Angelegenheit zur Beschleunigung selbst in die Hand zu nehmen.

7. Zur Sonntagsarbeit betonte der Bundeskanzler, daß er eine gute Regelung zum Schutze des Sonntags durchsetzen wolle. Er werde diesen Punkt mit dem zuständigen Fachminister besprechen.

8. Auch die Frage des Kindergeldes habe ich angeschnitten. Hier sind die ersten Fortschritte bereits allgemein deutlich geworden. Das Gespräch zwischen dem Kanzler und Minister Wuermeling, von dem in der Presse berichtet wurde, ist auch nach Meinung des Ministers erfolgreich verlaufen. Es geht vor allem um die Unterstützung der minderbemittelten Familien hinsichtlich des zweiten Kindes.

9. Insgesamt möchte ich sagen, daß ich mit dem Verlauf des Gespräches, das in guter Atmosphäre stattfand, zufrieden bin. Es wird nun darauf ankommen, in welcher Weise die angeschnittenen Punkte verwirklicht werden. Beim Kindergeld und bei der prompt erfolgten Einladung an den Arbeitskreis haben sich positive Ergebnisse schon gezeigt, so daß man berechtigte Hoffnung haben kann, daß auch in den übrigen Punkten Fortschritte erzielt werden.

II.

Die von etwa 70 Personen wahrgenommene Einladung des Kanzlers an den Politischen Arbeitskreis der katholischen Verbände Deutschlands am 21. April 1960 stand im Gegensatz zu dem persönlichen Gespräch im Zeichen allgemeiner Erwägungen. Der Bundeskanzler hat den Teilnehmern die außenpolitische Lage geschildert und

[3] *Vgl. Dok. 276.*

dabei betont, daß alle außenpolitischen Fragen schließlich auf den Kampf gegen die Bedrohung durch den atheistischen Kommunismus hinauslaufen. Er hob hervor, daß der Kampf in der Zone gegen die Bauern, Handwerker und Selbständigen nicht unter Gesichtspunkten der Wirtschaftsordnung, sondern unter geistigen Aspekten gesehen werden müsse: Es gehe den Zonenmachthabern darum, das Christentum, das gerade in diesen Bevölkerungsschichten einen starken Rückhalt habe, in der Zone insgesamt auszuschalten. Der Kanzler schilderte die Bedeutung der katholischen Verbände im vorpolitischen Raum gerade für eine christlich geführte Politik und bat selbst um Anregung und Kritik an der Regierung, wenn diese bei Tagesarbeit die christlichen Grundsätze nicht in genügendem Maße beachte.
An das längere Referat des Bundeskanzlers schloß sich nur eine kurze Diskussion an, bei der erwähnt wurde, daß die konkreten Einzelfragen bereits bei dem eben geschilderten Gespräch erörtert worden seien. Der Bundeskanzler versicherte zum Abschluß, daß das Gespräch vom 12. April auch zu seiner Zufriedenheit verlaufen sei und daß es »nicht ohne Folgen bleiben werde«.

In Ehrerbietung
W[ilhelm] Wissing, Prälat
(Wilhelm Wissing).

280

Jaeger an Wendel

Paderborn, 25. April 1960

EA MÜNCHEN, Joseph Kardinal Wendel, 21/1960. *Schreibmaschinenausfertigung mit eigenhändiger Unterschrift. Briefkopf:* Der Erzbischof von Paderborn. *Anschrift:* Seiner Eminenz dem Hochwürdigsten Herrn Dr. Joseph Kardinal Wendel, Erzbischof von München-Freising, München 2, Kardinal-Faulhaber-Str. 7. *Eingangsstempel:* Erzbistum München 29. Apr[il] 1960. 21 Nr. 1044.

Eminenz!
Sie werden bis über die Ohren in der Vorbereitungsarbeit für den Eucharistischen Weltkongreß in Ihrer Metropole stecken. Darf ich trotzdem Ihre Aufmerksamkeit lenken auf die April-Nummer der »Werkhefte«, die in München erscheinen? Lesen Sie, bitte, einmal in dieser April-Nummer den Artikel »Katholische Thesen zur Kirchenreform«.[1] Der Verfasser des Artikels ist der katholische Laie Dr. Gerhard Kroll, der aber diese Thesen nicht als seine persönliche Ansicht vorlegt, sondern als Ergebnis der Bemühung der Münchener Una-Sancta-Gemeinschaft. Diese Thesen sind teils häretisch, teil geeignet, großen Schaden sowohl in den Kreisen der Katholiken wie der Nichtkatholiken anzurichten. Ich darf vor allem hinweisen auf »Die theologische Brisanz« in den ersten drei Thesen, zweitens auf die Behauptung: »Nur ein revolutionäres Bewußtsein kann die gründliche Reform der Kirche zustande

[1] GERHARD KROLL, *Katholische Thesen zur Kirchenreform, in:* WERKHEFTE KATHOLISCHER LAIEN *14 (1960), S. 113–116.*

bringen«, vor allen Dingen aber auf den Satz: »Auch die katholische Konfession muß endlich ihren Anspruch aufgeben, die ›einzig wahre Kirche‹ zu sein.« Es spukt hier der Vorschlag von einer doppelten Dogmatik weiter, die Otto Karrer[2], Luzern, m. W. als erster vorgetragen hat von dem »heilsnotwendigen Mindestglauben«, »der früher einmal zur Erlangung des christlichen Heiles genügte und der auch heute genügen müsse«, und der um neue Glaubenswahrheiten erweiterten Dogmatik, die man im Interesse der Wiedervereinigung nicht allen zwangsmäßig zumuten dürfe. – In der dritten These wird dem Konzil sogar zugemutet, die Unfehlbarkeit des Papstes, wenn er ex cathedra spricht, zu widerrufen.
Auch Konzile sollen keine verbindlichen neuen Glaubenswahrheiten, die der Urkirche nicht bekannt waren, mehr verkünden dürfen. Das Vatikan II soll damit den hl. Geist gewissermaßen zwangspensionieren.
Alles das schreibt man zu einer Zeit, da die Protestanten in ihrer allgemeinen Unsicherheit hinsichtlich der Lehre voll Neid und Bewunderung auf die Kirche mit ihrem festen Lehramt schauen.
Der Münchener Una-Sancta-Kreis, der hinter diesen »katholischen Thesen zur Kirchenreform« steht, beabsichtigt, zum Eucharistischen Weltkongreß in München ein Buch herauszugeben. Ich füge diesem Brief Prospekte über die im Buch zu behandelnden Themen und die Liste der angeschriebenen Persönlichkeiten bei, die zur Mitarbeit aufgefordert worden sind. Schon die Formulierung der Themen zeigt viel guten Willen, aber eine heillose Verschwommenheit in Grundsätzlichem. Theologisch kann das so aufgezogene Werk schon gar nichts bieten. Auch die Liste der angeschriebenen und zur Mitarbeit aufgeforderten Persönlichkeiten ist in keiner Weise repräsentativ für das katholische Deutschland.
Darf ich nun noch etwas ganz anderes anfügen? Am 10. August feiert Eminenz Frings das 50-jährige Priesterjubiläum. Seine Diözese will in einer Kollekte 800.000 DM aufbringen zur Errichtung eines weiteren Sendemastes für den Vatikanischen Rundfunk. Die noch fehlenden 200.000 DM werden die Diözesen der Kölner Kirchenprovinz aufbringen. Die Frage ist, ob auch der übrige deutsche Episkopat irgendein Geschenk macht oder es dabei bewenden läßt, dem Vorsitzenden der Fuldaer Bischofskonferenzen zu seinem Jubiläum zu gratulieren. Soweit ich mich erinnere, ist es bislang nicht üblich gewesen, bei solchen Jubiläen eines deutschen Bischofs vom Gesamtepiskopat aus Geschenke zu machen. Auch zum 40-jährigen Bischofsjubiläum von Exzellenz Berning haben wohl einzelne Bischöfe schriftlich gratuliert, aber nicht irgendein Geschenk geboten. Meine Anfrage bezweckt nur die Abstimmung, weil ich zufällig erfahren habe, daß die Bischöfe der Kölner Kirchenprovinz das schon oben erwähnte Geschenk machen.
Mit besten Grüßen verbleibe ich

Euer Eminenz in Liebe und Verehrung ganz ergebener
+ Lorenz Jaeger
Erzbischof von Paderborn.

[2] OTTO KARRER *(1888–1976), Dr. theol. et phil., 1910–1923 Jesuit, 1920 Priester (seit 1925 D Chur), seine ökumenisch orientierten Werke fanden verschiedentlich die Kritik der kirchlichen Behörden. Vgl.* L. HÖFER/V. CONZEMIUS.

281

Jaeger an Wendel

Paderborn, 13. Juni 1960

EA MÜNCHEN, Joseph Kardinal Wendel, 21/1960. *Schreibmaschinenausfertigung mit eigenhändiger Unterschrift. Briefkopf:* Der Erzbischof von Paderborn. *Anschrift:* Seiner Eminenz dem Hochwürdigsten Herrn Dr. Joseph Wendel, Erzbischof von München-Freising, München 2, Kardinal-Faulhaber-Str. 7. *Eingangsstempel:* Erzbistum München. Erzb[ischof] 18. Juni 1960. 21 Nr. 1502.

Eminenz!
Vielmals danke ich Ihnen für den Brief vom 10.6.1960[1] und die darin ausgesprochene Bereitschaft der bayerischen Bischöfe, sich an der Jubiläumsspende für Eminenz Frings zu beteiligen. Ich habe die Hoffnung, daß die finanzstarken Diözesen der rheinischen Kirchenprovinz die erforderliche Spende in Höhe von 1 Million DM allein aufbringen werden und daß Ihre Bereitschaft, mitzuwirken, nicht in Anspruch genommen [*zu*] werden braucht. Ich werde aber die Westdeutsche Bischofskonferenz, die heute zusammentritt, benutzen, um mit Eminenz Döpfner und Erzbischof Schäufele, Freiburg, die Angelegenheit durchzusprechen. Ich gebe Ihnen nach Schluß der Konferenz Nachricht.

Die Veröffentlichung der Thesen Dr. Krolls ist sicherlich zu bedauern. Ich hoffe aber, daß die Angelegenheit keine allzu großen Kreise zieht. Mit Ihnen bin ich der Meinung, daß es verkehrt wäre, mit Kanonen nach Spatzen zu schießen. Wirksamer würde es unstreitig sein, wenn es gelingen würde, Herrn Dr. Kroll eine ausreichende Existenzgrundlage für seine große Familie zu verschaffen. Er scheint in ähnlicher Lage sich zu befinden wie Dr. Fried[rich] Heer, Wien. Diese Männer werden Vielschreiber und verfallen dann trotz guter Gesinnung den Nonkonformisten.

Der erbetene Hirtenbrief zum Eucharistischen Kongreß[2] ist heute in meinem Amtsblatt erschienen. Ebenso ist die Kollekte für den 26.6. für den Kongreß ausgeschrieben worden. Daß ich selber – so Gott will – am Kongreß teilnehmen werde, hatte ich mitgeteilt. Mit allen guten Wünschen für die Vorbereitungsarbeiten und mit verehrungsvollen Grüßen,

Euer Eminenz ganz ergebener
+ Lorenz Jaeger
Erzbischof von Paderborn.

1 *Nicht ermittelt.*
2 *Vgl. Dok. 263, Anm. 1.*

282

Protokoll der westdeutschen Bischofskonferenz

Bensberg, 13.–15. Juni 1960

EA MÜNCHEN, Joseph Kardinal Wendel, 22/1960. *Druckstück mit Überschrift:* Protokoll der Konferenz der westdeutschen Bischöfe in Bensberg vom 13. bis 15. Juni 1960. *Vermerk:* Streng vertraulich!

An der Konferenz, die unter dem Vorsitz des Erzbischofs von Köln, S[eine]r Eminenz Kardinal Frings, stattfindet, nehmen teil:

Joseph Kardinal Frings, Erzbischof von Köln,
Julius Kardinal Döpfner, Bischof von Berlin,
Lorenz, Erzbischof von Paderborn,
Hermann, Erzbischof von Freiburg,
Albert, Bischof von Mainz,
Michael, Bischof von Münster,
Wilhelm, Bischof von Limburg,
Carl Joseph, Bischof von Rottenburg,
Matthias, Bischof von Trier,
Johannes, Bischof von Aachen,
Heinrich Maria, Bischof von Hildesheim,
Helmut Hermann, Bischof von Osnabrück,
Franz, Bischof von Essen,
Generalvikar Msgr. Plettenberg als Vertreter des Bischofs von Fulda.

Vor Beginn der Konferenz begrüßt der Vorsitzende den zu einem kurzen Besuch in Bensberg weilenden Hochwürdigsten Herrn Apostolischen Nuntius, S[ein]e Exzellenz Erzbischof Konrad Bafile[1]. Er erinnert an die früheren Vertreter des Heiligen Vaters in Deutschland, in deren Reihe Exzellenz Bafile eintritt, und gibt der Freude Ausdruck, den Hochwürdigsten Herrn Nuntius im Kreise der westdeutschen Bischöfe willkommen heißen zu dürfen. Der Apostolische Nuntius dankt für die brüderliche Begrüßung und empfiehlt sich und seine Aufgabe dem Gebet der deutschen Katholiken.

Gemäß der vorgelegten Tagesordnung wird folgendes verhandelt:

1. Die Frage, in welcher Weise sich das Bischöfliche Werk Misereor an den Bemühungen des Herrn Bundespräsidenten um die rechte Zusammenarbeit der verschiedenen Werke für Entwicklungshilfe am besten beteiligt, soll von der zuständigen Bischofskommission unter Beiziehung von Juristen geprüft werden. Dabei soll vor allem untersucht werden, ob und wie der früher angeregte Arbeitskreis (vgl. Protokoll der außerordentlichen Plenarkonferenz vom 8. bis 9. März 1960[2], A. 5) mit der Stiftung »Institut für Entwicklungshilfe« verbunden werden kann.

[1] CORRADO BAFILE *(1903–2005), 1936 Priester, 1960 Titularerzbischof, 1960–1975 Nuntius in Deutschland, 1976 Kardinal.*

[2] *Vgl. Dok. 277.*

2. Die religionspädagogische Weiterbildung der Lehrer und Lehrerinnen auf dem Boden der beiden Berufsverbände, des Vereins katholischer deutscher Lehrerinnen und des Katholischen Lehrerverbandes, sowie im Rahmen der überall notwendigen religionspädagogischen Arbeitsgemeinschaften wird eingehend erörtert und ihre Bedeutung erneut unterstrichen.
3. Im Zusammenhang mit der außerordentlichen Plenarkonferenz vom 8. bis 9. März 1960 in Bühl werden Fragen des Konzils besprochen.
Nachdem der erste und zweite Teil der Vorschläge der deutschen Bischöfe (de fide, de re liturgica) bereits der commissio antepraeparatoria vorgelegt ist, soll der dritte Teil (de disciplina) dem Hl. Stuhl über den Apostolischen Nuntius zugeleitet werden. Außerdem ist ein eigener Vorschlag über seelsorgliche Anliegen in Aussicht genommen.
4. Der Vorsitzende teilt mit, daß die von den deutschen Bischöfen dem Hl. Stuhl vorgelegte neue Form der Aufnahme von Konvertiten inzwischen genehmigt ist, und zwar die kürzere ohne Einschränkungen, die längere mit kleinen Änderungen[3]. Der Vorsitzende wird die Texte den Ordinarien zuleiten.
5. Der Vorsitzende unterrichtet die Konferenz über die Beanstandungen des Hl. Offiziums an dem Buch von Heinz Schütte: Um die Wiedervereinigung im Glauben[4].
6. Auf Grund einer Anregung der Nuntiatur soll die jährlich durchweg am Feste Peter und Paul stattfindende Kollekte für den Hl. Vater, der sogenannte Peterspfennig, den Gläubigen besonders empfohlen werden.
7. Das Staatssekretariat weist darauf hin, daß der Hl. Vater Papst Johannes XXIII. am 25. November dieses Jahres sein 80. Lebensjahr beginnt. Gaben der Priester sollen dem Bau einer Pfarrkirche in Rom zu Ehren des neuen Heiligen Gregorio Barbarigo dienen; Spenden der Gläubigen sollen zum Aufbau eines Institutes in Rom verwandt werden, in dem Laien aus den Missionsländern studieren können.
8. Bis zum 30. Juni werden die Ordinarien dem Vorsitzenden Mitteilung machen über mögliche Tendenzen der YMCA (Young Men's Christian Association) zu einer Ausweitung in katholische Jugendkreise.
9. Der Vorsitzende gibt ein Schreiben der Päpstlichen Kommission für Südamerika bekannt. Bis zur Plenarkonferenz sollen geeignete Vorschläge durch eine Kommission erarbeitet werden, die aus folgenden Mitgliedern gebildet wird: Prälat Dr. Mund[5], Prälat Büttner, Msgr. Dossing, P. M[aurus] Stark[6] und eventuell einige Provinzialobere, die Niederlassungen in Südamerika haben.
10. Die Sorge für die afro-asiatischen Studenten wird besprochen. Die reguläre Studentenseelsorge erreicht nur einen Teil von ihnen. Eigene Heime, die da und dort schon bestehen oder im Entstehen begriffen sind, leisten gute Dienste. Es wird an-

[3] *Vgl. Dok. 263, Kommission II.*

[4] HEINZ SCHÜTTE, *Um die Wiedervereinigung im Glauben, Essen 1958.*

[5] KLAUS MUND *(1902–1979), 1927 Priester (ED Köln), 1931 Diözesanpräses der katholischen Jugend im Bistum Aachen, 1937 im Jugendhaus Düsseldorf tätig, 1938 Pfarrer, 1946 Präsident des Päpstlichen Werkes der Glaubensverbreitung, 1948 Päpstlicher Hausprälat.*

[6] P. MAURUS HERIBERT STARK SDS *(1908–1984), 1934 Priester, 1949–1962 Diözesanreferent für die Familienseelsorge im Bistum Münster.*

geregt, auch der menschlichen und seelsorglichen Betreuung der afro-asiatischen Praktikanten in Industriebetrieben erhöhte Aufmerksamkeit zu schenken.
11. Die Konferenz bespricht die besondere Seelsorge an den ausländischen Arbeitern und erwägt geeignete Maßnahmen für die Seelsorge an den neu in der deutschen Industrie tätigen spanischen Arbeiterinnen.
12. Der Bischof von Aachen berichtet über eine Besprechung betreffend die mögliche Ausnutzung der alten Volksvereinsbibliothek in Mönchen-Gladbach, die unter dem Vorsitz des Bischofs von Münster am 9. Mai 1960 in Mönchen-Gladbach stattfand. Die Konferenz ist damit einverstanden, daß die dort gebildete Kommission die Fragen studiert und der Konferenz über die Ergebnisse berichtet.
13. Die Konferenz nimmt einen Bericht des Bischofs von Limburg über die rundfunk- und fernsehpolitische Entwicklung entgegen.
14. Der Bischof von Rottenburg orientiert die Konferenz über die »Ergänzung«, die seitens des Hl. Offiziums am 18. Mai 1960 zu den »Instruktionen über das Schönstattwerk und sein Verhältnis zur Gesellschaft vom katholischen Apostolat« vom 28. Januar 1958 ergangen ist.
15. Der Bischof von Osnabrück berichtet über die Vorarbeiten der von ihm geleiteten Kommission (vgl. Protokoll der außerordentlichen Plenarkonferenz vom 8. bis 9. März 1960 in Bühl, A 11) zur wirtschaftlichen Ordnung von KNA. Die Konferenz ist damit einverstanden, daß seitens der Kommission ein im Verlagswesen erfahrener Wirtschaftsprüfer um ein Gutachten gebeten wird.
16. Der Bischof von Münster berichtet über die neue Bewegung der Focolarini[7] und rät zu sorgsamer Beobachtung.
17. Wie im Vorjahr soll auch in diesem Jahr ein angemessener Teil der Karfreitagskollekte (etwa 8.000 DM) dem griech[isch]-kathol[isch] unierten Patriarchen von Jerusalem zur Verfügung gestellt werden.
Der Vorsitzende wird die bayerischen Bischöfe über die den Gesamtepiskopat berührenden Fragen orientieren und zu den Punkten 1, 9 und 15 ihr Einverständnis erbitten.
Die nächste Konferenz der westdeutschen Bischöfe findet statt vom 2. November, 19 Uhr, bis zum 4. November, 13 Uhr, in Hofheim.

Der Protokollführer:
+ Franz,
Bischof von Essen

Der Vorsitzende:
+ Joseph Kardinal Frings.

7 *1948 in Trient entstandene religiöse Bewegung, die ihre Zentren »Focolare« (italienisch für Herd) nennt.*

283

Wissing an die Kommission »Sonntagsarbeit«

Bonn, 24. Juni 1960

EA MÜNCHEN, Joseph Kardinal Wendel, 21/1960. *Schreibmaschinenvervielfältigung. Briefkopf:* Katholisches Büro Bonn, Leitung: Direktor Prälat Wissing. *Anschrift:* An die Mitglieder der Gesamtkommission Sonntagsarbeit.

Sehr geehrte Herren,
im Anschluß an die Einladung vom 15. Juni 1960 darf ich Ihnen einige Besprechungsunterlagen übersenden.
Der erste Punkt unserer Beratungen wird sicherlich die Lage in der Eisen- und Stahlindustrie sein. Insbesondere nach den jüngsten Verlängerungen der Ausnahmegenehmigungen in Nordrhein-Westfalen werden wir Wege überlegen müssen, auf denen man die in Aussicht genommene Bundesregelung beschleunigen kann.
Das zweite Thema unserer Erörterungen könnte der Fragebogen des Bundesarbeitsministeriums zu einem »Sonntagarbeitsverbotsgesetz« sein. Das Arbeitsministerium hatte eine Frist bis zum 10. Juni 1960 gesetzt. Diese Frist ist inzwischen überholt. Es wäre aber doch gut, wenn wir die aufgeworfenen Fragen beraten könnten. Wir fügen einen Abdruck des Fragebogens bei. In einer weiteren Anlage ist eine Diskussionsgrundlage für die einzelnen Punkte des Fragebogens enthalten. Die darin enthaltenen Erwägungen sollten lediglich Grundlage unserer Erörterungen sein.
Zur Unterrichtung aller Kommissionsmitglieder fügen wir weiter eine Übersicht über die rechtlichen Probleme der Sonntagsarbeit in sieben Thesen bei. Falls es gewünscht wird, könnten wir auch über diese Thesen diskutieren.
Bei den Beratungen des Unterausschusses Chemie im Bundesarbeitsministerium ist eine Frage aufgetaucht, die allgemeine Bedeutung hat und die wir ebenfalls besprechen müßten. Zur Vorbereitung der Diskussion wird folgendes bemerkt:
Die chemische Industrie hat eine Bestimmung gefordert, nach der die Sonntagsarbeit zulässig sein soll, wenn ohne diese Sonntagsarbeit
»unverhältnismäßig großer Mehrbedarf an Arbeitsleistung, Energie, Material oder Investitionen entsteht oder unverhältnismäßige Produktionsverluste eintreten, sofern der Mehrbedarf oder die Verluste volkswirtschaftlich nicht vertretbar sind oder zu Kostenerhöhungen führen, die die internationale Wettbewerbsfähigkeit des Produktes und damit die Arbeitsplätze ernstlich gefährden.«
Diese Bestimmung ist Gegenstand längerer Erörterungen gewesen. Es stellte sich zuletzt heraus, daß die chemische Industrie diese Vorschrift nicht nur wünscht für die sog. kontinuierlichen Prozesse, welche aus technischen oder chemischen Gründen durchlaufen, sondern auch für solche Herstellungsprozesse, die jederzeit ohne jede Schwierigkeit unterbrochen werden können. Wenn die Bestimmung auch auf nichtkontinuierliche Prozesse Anwendung finden soll, geht ihr Anwendungsbereich selbstverständlich über den Industriezweig Chemie weit hinaus und stellt damit die Frage, inwieweit volkswirtschaftliche Gründe überhaupt Ausnahmen vom verfas-

sungsmäßigen Sonntagsschutz rechtfertigen können. In der genannten Sitzung der Unterkommission Chemie hat Herr Ministerialdirigent Stephany als seine persönliche Meinung vorgeschlagen, man solle diese Bestimmung dahin fassen, daß die Sonntagsarbeit zulässig ist, falls ohne sie
»ein Mehrbedarf an Energie, Material oder Investitionen besteht oder Produktionsverluste und Kostenerhöhungen eintreten, wenn der Mehrbedarf, die Verluste oder Kostenerhöhungen volkswirtschaftlich nicht vertretbar sind.«
Mit einer solchen Formulierung ist zwar der Wortlaut verkürzt, das allgemeine Problem aber stellt sich in unvermindertem Umfang. Die evangelische Seite wird die Tendenz verfolgen, den Wortlaut noch einzuschränken und einer so eingeschränkten Bestimmung aber nur dann zuzustimmen, wenn eine Stelle geschaffen wird, die die volkswirtschaftlichen Fragen bundeseinheitlich entscheidet. Das soll keine Stelle der Bundesregierung sein, sie soll vielmehr von den Ländern gemeinsam getragen werden. Die Vertreter des Bundesarbeitsministeriums erklärten, sie sähen sich bei dem gegenwärtigen Verhältnis zwischen Bund und Ländern außerstande, auch nur einen solchen Vorschlag den Ländern zu unterbreiten. Herr Oberkirchenrat Ranke[1] als Sprecher der evangelischen Seite dagegen ist bereit, von sich aus an die Ministerpräsidenten der Länder heranzutreten. Er hat die Frage gestellt, ob die katholischen Vertreter sich seinem Schritt anschließen könnten.
Wir werden diese Frage ernstlich erwägen müssen. Im Vordergrund muß aber die Überlegung stehen, in welcher Weise die Vorschrift selbst grundsätzlich eingeschränkt werden kann. Unserer bisher stets vertretenen Auffassung würde es entsprechen, wenn wir eine Zulassung der Sonntagsarbeit aus volkswirtschaftlichen Gründen nur dann hinnehmen würden, wenn nur dadurch ein Notstand beseitigt werden kann. Die evangelische Seite wollte zunächst nicht so weit gehen. Wir haben aber den Eindruck, daß sie auch einer Formulierung zustimmen würde, die der Sache nach dem Notstandsgedanken entspricht, wenn auch das Wort selbst nicht vorkommt.
Für die Mitglieder der Unterkommission Chemie liegt noch eine Abschrift des Vermerkes über die letzte Sitzung bei.

Mit freundlichen Grüßen
W[ilhelm] Wissing, Prälat
(Wilhelm Wissing).

Anlagen[2]:
1. Schreiben des Arbeitsministeriums v[om] 11.4.1960 mit Fragebogen zum Sonntagarbeitsverbotsgesetz,
2. Überblick über die rechtliche Situation des Sonntagsschutzes,
3. Diskussionsgrundlage zu dem Fragebogen über das Sonntagarbeitsverbotsgesetz,
4. Vermerk über die Sitzung der Unterkommission Chemie v[om] 18.5.1960 (für die Mitglieder unseres Unterausschusses Chemie).

[1] HANS-JÜRG RANKE *(1904–1987), Oberkirchenrat, seit 1950 mit der Wahrnehmung der evangelischen Interessen bei der Bundesregierung betraut.*
[2] *Nicht ermittelt.*

284

Protokoll Oermanns[1]

Düsseldorf, 1. Juli 1960

EA KÖLN, Gen. II 23.77, 3. *Schreibmaschinenschrift. Briefkopf:* Der Chef der Staatskanzlei des Landes Nordrhein-Westfalen. *Überschrift:* Niederschrift über eine Besprechung des Herrn Ministerpräsident Dr. Meyers mit den nordrhein-westfälischen Bischöfen im Haus des Ministerpräsidenten in Düsseldorf am 1. Juli 1960. *Fertigungsdatum:* 9. September 1960.

Teilnehmer an der vorbezeichneten Besprechung waren
die fünf nordrhein-westfälischen Bischöfe,
der Leiter des Katholischen Büros Nordrhein-Westfalen, Prälat Fillbrandt,
Ministerpräsident Dr. Meyers und Staatssekretär Dr. Oermann.
Beginn: 17:20 Uhr
Tagesordnung
I. Kardinal Dr. Frings
Novelle zum Gesetz über den »Westdeutschen Rundfunk Köln« (Rundfunkgesetz)[2]
II. Bischof Dr. Keller
Gleitende Arbeitswoche
III. Bischof Dr. Pohlschneider
1. Schulverwaltungsgesetz
2. Volksschullehrerbildungsgesetz
3. Privatschulfinanzgesetz
4. Staatliche Katholische Pädagogische Akademie
IV. Prälat Fillbrandt
1. Landesrechnungshof
2. Personalvertretungsgesetz
Nach einer kurzen Begrüßung durch den Herrn Ministerpräsidenten schlug Kardinal Dr. Frings als vordringliche Themen für das Gespräch vor:
1. die Novelle zum Rundfunkgesetz,
2. die Fragen um die gleitende Arbeitswoche,
3. die Novelle zum Schulverwaltungsgesetz,
4. die Fragen um das Prüfungsrecht des Landesrechnungshofs.

I. Kardinal Dr. Frings
Novelle zum Rundfunkgesetz
Dazu führte Kardinal Dr. Frings aus, daß der katholische Episkopat des Landes mit dem Gesetz über den »Westdeutschen Rundfunk Köln« nicht in allen Teilen einverstanden sei. Er bezeichnete im Verlauf seiner Ausführungen das Gesetz als schlecht

[1] JOSEF OERMANN *(1901–1987), Dr. iur., Jurist, zunächst im preußischen Verwaltungsdienst, 1944 Ministerialrat im Reichsfinanzministerium, 1954–1958 Oberfinanzpräsident in Köln, 1958–1965 Staatssekretär und Chef der Staatskanzlei im Land Nordrhein-Westfalen.*

[2] Gesetz über den »Westdeutschen Rundfunk Köln« *vom 25. Mai 1954.* GVBL. NW, *S. 151.*

und wies darauf hin, daß der Episkopat schon vor der Verabschiedung des Gesetzes Forderungen erhoben habe, denen jedoch von der Koalitionsregierung einerseits und von der britischen Besatzungsmacht andererseits nicht Rechnung getragen worden sei. Nach wie vor müßten aber die Bischöfe darauf bestehen, daß die folgenden drei Anliegen durch eine Novelle zum Rundfunkgesetz nunmehr realisiert würden:
a) Die rechtliche Fundierung für kirchliche Sendezeiten. Kirchlicherseits könne man damit einverstanden sein, wenn im Rundfunkgesetz des Landes die Fassung des § 5 Absatz 2 des Entwurfs eines Rundfunkgesetzes der Bundesregierung übernommen würde.
b) Die unmittelbare Entsendung kirchlicher Vertreter in die Aufsichtsgremien des Westdeutschen Rundfunks. Es sei untragbar, daß nur über die Parteiliste Vertreter der Kirchen in den Rundfunkrat entsandt werden können. Eine Vertretung in den übrigen Gremien (Verwaltungsrat und Programmbeirat) sei damit aber auch noch nicht gegeben.
c) Jugendschutzbestimmungen, die gewährleisten, daß Sendungen, die für die Jugend ungeeignet sind, nicht vor 21 Uhr auf das Programm gesetzt werden dürfen (Hinweis auf § 10 des Entwurfs eines Bundesrundfunkgesetzes, der kirchlicherseits befriedigt).
Kardinal Dr. Frings wies darauf hin, daß diese Anliegen auch neuerdings schon vom Katholischen Büro Nordrhein-Westfalen an den Ministerpräsidenten herangetragen worden seien. Dieser brachte zum Ausdruck, daß ihm die Anliegen nicht unbekannt seien und daß er sie auch grundsätzlich bejahe. Er bat aber um Verständnis dafür, daß er eine Novelle zum Rundfunkgesetz erst dann in Angriff nehmen könne, wenn das Gesetzgebungsverfahren auf der Bundesebene zum Abschluß gekommen sei. Es sei für ihn recht schwierig, ein Gesetz durch den Landtag verabschieden zu lassen, das möglicherweise durch ein Bundesgesetz wiederum abgeändert werde. Er versprach, die Verabschiedung einer Novelle zum Rundfunkgesetz noch in der laufenden Legislaturperiode sicherzustellen.
Kardinal Dr. Frings brachte sodann noch zum Ausdruck, daß er die Gleichstellung von Kirche und Gewerkschaft ablehnen müsse. Es gehe hier um das Entsendungsrecht der Kirche, das leider auf der Bundesebene gleichzeitig auch das Entsendungsrecht der Arbeitnehmer und der Arbeitgeberverbände nach sich gezogen habe.
Ministerpräsident Dr. Meyers regte an, Prälat Wissing möge sich dafür einsetzen, daß auf der Bundesebene ein solches Junktim verhindert werde. Da aber das Bundesgesetz bereits mit diesem Junktim durch den Bundestag verabschiedet worden sei, könne nicht mehr erwartet werden, daß insoweit noch eine Änderung bei der Behandlung des Gesetzentwurfs im Vermittlungsausschuß eintrete. Darauf erwiderten die Herren Bischöfe, daß jedenfalls auf der Landesebene eine solche Verbindung verhindert werden müsse.
Nach einer eingehenden Aussprache glaubt Ministerpräsident Dr. Meyers, eine Begründung für das Auseinanderziehen des Junktims auf der Landesebene darin erblikken zu können, daß die Gewerkschaften ja über die Liste der Parlamentarier zum Zuge kommen könnten. Er sei jedenfalls entschlossen, sich für den Wunsch der Bischöfe einzusetzen.

Wenn das unmittelbare Entsendungsrecht der Kirchenvertreter gesichert werden soll, müßten die Kirchenvertreter – darüber bestand bei den Besprechungsteilnehmern volle Übereinstimmung – zusätzlich in die Aufsichtsgremien (Rundfunkrat, Verwaltungsrat und Programmbeirat) kommen.

II. Bischof Dr. Keller
Gleitende Arbeitswoche
Bischof Dr. Keller hob lobend hervor, daß die Landesregierung den Versuch unternommen habe, der Ausweitung der Sonntagsarbeit Einhalt zu gebieten. Dieser Schritt werde deutlich bei der Verweigerung der Ausnahmegenehmigung für die Papierindustrie. Sehr zu begrüßen sei in diesem Zusammenhang auch der Erlaß des Arbeits- und Sozialministers vom 26. April 1960 (MBl. 1960 S. 1330). Gerade dieser Erlaß sei besonders bemerkenswert, weil er den Mißbrauch bei den Reparaturarbeiten einzudämmen versuche. Leider seien ihm, Bischof Dr. Keller, die unveröffentlichten Anweisungen an die Gewerbeaufsichtsämter nicht bekannt. Ministerpräsident Dr. Meyers sagte zu, diese internen Anweisungen allen Bischöfen in Abschrift zugehen zu lassen. (Das ist inzwischen durch die an die Herren Bischöfe gerichteten Schreiben des Chefs der Staatskanzlei vom 23. August 1960[3] geschehen.)
Trotz dieser lobenswerten Anerkennung, so führte Bischof Dr. Keller weiter aus, könne nicht übersehen werden, daß die gleitende Arbeitswoche durch die laufenden Ausnahmegenehmigungen einen Zustand herbeigeführt habe, der ein Abkommen von diesen Ausnahmegenehmigungen außerordentlich erschwere. Ministerpräsident Dr. Meyers erwiderte darauf, daß die Bundesregierung, insbesondere der Bundesarbeitsminister Blank, in dieser Richtung bisher keinen entscheidenden Schritt unternommen habe. Immer wieder schaue man auf das Land Nordrhein-Westfalen, obwohl gerade hier mehrere Industriezweige gedroht hätten, ihre Werke zu verlegen, wenn in der Erteilung der erbetenen Ausnahmegenehmigungen nicht großzügiger verfahren würde.
Prälat Fillbrandt wies darauf hin, daß eine Änderung der Situation nur zu erwarten sei, wenn in Nordrhein-Westfalen die Ausnahmegenehmigungen in Zukunft schlechthin verweigert würden; denn nur dann sei mit einer Bundeslösung zu rechnen. Er wies weiter darauf hin, daß die rechtliche Situation, auf die sich die Ausnahmegenehmigungen stützen, überaus fragwürdig sei. Man könne sogar ernstlich vortragen, daß es keine ausreichende rechtliche Grundlage für die Ausnahmegenehmigungen gebe. Da[*zu*] habe bereits Dr. Panzer in der Sitzung vom 25. März 1960 im Landtag eingehende Rechtsausführungen gemacht. Staatssekretär Dr. Oermann bestätigte, daß diese Ausführungen sehr eindrucksvoll gewesen seien. Er bat um Überlassung eines Exemplars der Niederschrift über die Besprechung vom 25. März 1960[4], die vom Katholischen Büro Nordrhein-Westfalen verfaßt worden sei. Diesem Wunsch entsprach sogleich Prälat Fillbrandt. Staatssekretär Dr. Oermann sagte zu, allen Bespre-

3 *Nicht ermittelt.*
4 *Nicht ermittelt.*

chungsteilnehmern einen Abdruck der Niederschrift über die Sitzung vom 25. März 1960, die vom Arbeits- und Sozialministerium angefertigt worden ist, zuzusenden. (Das ist durch ein an alle Herren Bischöfe gerichtetes Schreiben des Chefs der Staatskanzlei vom 23. August 1960 geschehen.)
Ministerpräsident Dr. Meyers sagte zu, sich für den weiteren Abbau der Ausnahmegenehmigungen im Rahmen des ihm Möglichen einzusetzen; insbesondere wolle er die Angelegenheit in einer der nächsten Kabinettsitzungen nochmals zur Sprache bringen und die Aufmerksamkeit des gesamten Kabinetts auf diese ihm sehr wichtig erscheinende Angelegenheit lenken.

III. Bischof Dr. Pohlschneider
1. Novelle zum Schulverwaltungsgesetz
Bischof Dr. Pohlschneider trug dazu die kirchlichen Anliegen vor. Er legte im einzelnen dar, daß auf Grund des Schulverwaltungsgesetzes eine innere Aushöhlung der katholischen Schulen möglich sei (Hinweis auf die Verhältnisse in Köln, Düsseldorf-Mettmann und vor allem in Duisburg!) und erbat eine Novelle zum Schulverwaltungsgesetz, in der insbesondere die §§ 18 und 19 eine neue Fassung bekommen müßten. Es müsse gewährleistet sein, daß für die katholischen Schulen nur der katholische Schulrat und für die evangelischen Schulen nur der evangelische Schulrat zuständig sei; für die Gemeinschaftsschulen könnten besondere Schulräte vorgesehen werden; diese Schulen könnten aber auch durch die konfessionell gebundenen Schulräte mitverwaltet werden. Man könne nicht erwarten, daß z. B. ein sozialistischer Schulrat die Belange der katholischen Schule wahre. Die Bitte des Bischofs Dr. Pohlschneider wurde von allen anderen Bischöfen nachdrücklich unterstützt.
Prälat Fillbrandt wies darauf hin, daß er bereits mit einigen Landtagsabgeordneten, vor allem mit Dr. Hofmann und Frau Minister Teusch[5], über die Angelegenheit gesprochen habe, die ihrerseits die Notwendigkeit einer Abhilfe einsähen. Ministerpräsident Dr. Meyers versprach, Kultusminister Schütz und dessen Staatssekretär Adenauer, ferner Ministerialdirigent Prof. Dr. Holzapfel[6] sowie alle Vertreter der CDU im Kulturausschuß zu einer Besprechung einzuladen, in der unter seinem Vorsitz die Angelegenheit erneut erörtert werden soll. Käme man zu dem Ergebnis, daß eine Änderung der §§ 18 und 19 des Schulverwaltungsgesetzes ins Auge gefaßt werden soll, müßte auch § 12 a. a. O. eine Änderung erfahren, und zwar in dem Sinne, daß in den Schulausschüssen auch die katholische Elternschaft mit Sitz und Stimme vertreten ist.

5 CHRISTINE TEUSCH *(1888–1968), Dr. med. h. c., Oberschullehrerin, 1919–1933 Mitglied der Nationalversammlung und des Reichstags (Zentrum), 1946–1966 des Landtags von Nordrhein-Westfalen (CDU), 1947–1954 Kultusministerin. Vgl.* D. BALLOF.

6 HEINRICH HOLZAPFEL *(1910–1991), Dr. phil., 1950–1953 Leiter des Staatlichen Studienseminars Düsseldorf, 1949–1960 Mitglied bzw. ab 1953 Vorsitzender des Wissenschaftlichen Prüfungsamtes für das Lehramt an höheren Schulen bei der Universität Köln, 1955–1958 Lehrbeauftragter für Pädagogik an der Universität Köln, 1958 Honorarprofessor an der Universität Köln, 1960–1975 Ministerialdirigent am Kultusministerium des Landes Nordrhein-Westfalen, Abteilungsleiter für das Schulwesen und die Lehrerbildung.*

Bischof Dr. Hengsbach stellte dem Ministerpräsidenten zu den angesprochenen Fragen die Übersendung eines Memorandums in Aussicht.

2. Volksschullehrerbildungsgesetz

Zu diesem Gesetz trug Bischof Dr. Pohlschneider die für die Kirche maßgeblichen Gesichtspunkte einzeln vor. Staatssekretär Dr. Oermann bat, ihm für die Besprechungsniederschrift die schriftlich ausgearbeiteten Forderungen, die der Bischof vorgetragen habe, zur Verfügung zu stellen. (Das ist inzwischen geschehen; vgl. Anlage 1 zu dieser Niederschrift.[7])

Es wurde vereinbart, daß Prälat Fillbrandt die Grundforderungen der Kirche bei der Neufassung eines Volksschullehrerbildungsgesetzes für das Land Nordrhein-Westfalen zunächst mit Staatssekretär Adenauer besprechen soll. Der vom Kultusministerium zu erstellende Entwurf, der sich vielleicht an die in Bayern getroffene Regelung anlehnen könnte, soll, bevor er den Ressorts zur Stellungnahme zugeleitet wird, dem Ministerpräsidenten vorgelegt werden.

3. Ersatzschulfinanzgesetz[8]

Bischof Dr. Pohlschneider fragte nach dem Stand der Arbeit. Ministerpräsident Dr. Meyers gab zur Antwort, daß die Vorlage bereits im ersten Durchgang das Kabinett passiert habe. Staatssekretär Dr. Oermann las die Neufassung des § 6 des Gesetzentwurfs vor. Alle Besprechungsteilnehmer waren mit dieser Fassung einverstanden, da sie – insbesondere im Absatz 3 – die kirchlichen Interessen voll berücksichtigt. (Die Gesetzesvorlage ist in der Kabinettsitzung vom 28. Juli 1960 erneut behandelt worden. Die Verabschiedung der Vorlage soll, nachdem inzwischen die durch das Gesetz entstehenden Kosten ermittelt worden sind, in der Kabinettsitzung am 20. September 1960 vorgenommen werden.)

4. Staatliche Katholische Pädagogische Akademie

Bischof Dr. Pohlschneider forderte unter Zustimmung der übrigen Bischöfe eine weitere zusätzliche (6.) Staatliche Katholische Pädagogische Akademie. Zur Begründung seiner Forderung legte er die Zahlen der Studenten dar, wie sie in der Zeitschrift »Neue Deutsche Schule« Heft 12 vom 20. Juni 1960 veröffentlicht worden sind. Dieser Niederschrift liegt (als Anlage 2[9]) die Unterlage bei, der sich Bischof Dr. Pohlschneider bei seinem Vortrag bediente.

Prälat Fillbrandt wies darauf hin, daß Kardinal Dr. Frings diese Forderung bereits in Beantwortung eines Briefes bei Minister Schütz erhoben habe. Ministerpräsident Dr. Meyers erklärte, daß er auf Grund des vorgetragenen Materials die Forderung dem Grunde nach als berechtigt anerkenne. Deshalb sollen die Kosten für die Errichtung der neuen Pädagogischen Akademie bereits in den Haushalt 1961 eingesetzt werden. Bischof Dr. Pohlschneider war der Meinung, daß die Akademie möglichst im westfälischen Industriegebiet ihren Standort finden sollte. Er nannte u. a. als Standort auch Bochum. Es ergab sich kein Widerspruch, als er erklärte, die drei Bischöfe von

[7] *Nicht ermittelt.*

[8] Gesetz über die Finanzierung der Ersatzschulen *vom 27. Juni 1961.* GVBl. NW, *S. 230.*

[9] *Nicht ermittelt.*

Paderborn, Münster und Essen sollten sich zusammensetzen, um dem Ministerpräsidenten einen gemeinsamen Vorschlag zu unterbreiten.

IV. Prälat Fillbrandt

1. Landesrechnungshof

Prälat Fillbrandt wies unter Bezugnahme auf § 64 a Absatz 1 der Reichshaushaltsordnung darauf hin, daß dem Landesrechnungshof auf Grund der Richtlinien zur Reichshaushaltsordnung ein Prüfungsrecht zustehe, das für die Diözesen, sofern sie selbst Träger von Einrichtungen seien, untragbar sei. Der Landesrechnungshof sei nämlich berechtigt, die zweckentsprechende Verwendung der Zuschüsse an Ort und Stelle zu überprüfen und ggf. die gesamte Haushalts- und Wirtschaftsführung des Trägers in die Prüfung einzubeziehen. In einem Sonderfall habe das Erzbischöfliche Generalvikariat Köln eine Zuwendung von 100.000 DM zurückgewiesen, weil es ein solches Prüfungsrecht des Landesrechnungshofs auf keinen Fall anerkennen wollte. Der Arbeits- und Sozialminister, dem das Katholische Büro Nordrhein-Westfalen die Angelegenheit vorgetragen habe, habe das Prüfungsrecht zwar durch seinen Erlaß vom 31. März 1960 IV B – 2621 (MBl. 1960 S. 968) im Abschnitt VI unter 6.5 Absatz 3 bei öffentlich-rechtlichen Körperschaften insofern eingeschränkt, als sich die Prüfung des Landesrechnungshofs in der Regel nicht auf die sonstige Haushalts- und Wirtschaftsführung des Empfängers der Zuwendung, sondern auf diejenigen Eigenmittel erstrecken soll, die der Empfänger im Rahmen der Gesamtfinanzierung des Vorhabens eingesetzt hat. Diese Einschränkung sei aber für den Landesrechnungshof nicht unbedingt bindend. Die Diözesen bäten deshalb darum, insoweit eine klare und eindeutige Lösung der Angelegenheit anzustreben.
Ministerpräsident Dr. Meyers versprach, sich der Sache anzunehmen und sie zum Gegenstand einer Kabinettsitzung zu machen. Er glaube zwar nicht, daß man zu einer Änderung der Reichshaushaltsordnung kommen könne. Er sähe eine solche Änderung auch nicht gern. Jedoch hoffe er, daß gleichwohl dem Anliegen entsprochen werden könne. Prälat Fillbrandt wird sich wegen der Verwirklichung eines konkreten Vorschlags der Diözesen mit Staatssekretär Dr. Oermann in Verbindung setzen.

2. Personalvertretungsgesetz

Auf Grund des Personalvertretungsgesetzes vom 28. Mai 1958[10] werden nach § 69 des Gesetzes alle Personalangelegenheiten der Beamten und Angestellten von der Mitbestimmung des Personalrats abhängig gemacht. Das habe sich, so führte Prälat Fillbrandt aus, in bezug auf Priester dahingehend ausgewirkt, daß Personalräte in mehreren Fällen die vom Bischof vorgeschlagenen Priester deshalb abgelehnt hätten, weil sie Priester nur ungern im Lehrkörper einer Schule dulden möchten. An Stelle der Priester sollten möglichst Laien den Unterricht übernehmen. Es möge geprüft werden, inwieweit durch eine Novelle zum Personalvertretungsgesetz dieser Mißstand beseitigt oder aber eine Sondervorschrift für Priester eingeführt werden könne.

[10] Personalvertretungsgesetz für das Land Nordrhein-Westfalen *vom 28. Mai 1958.* GVBL. NW, *S. 209.*

Prälat Fillbrandt wird sich im Einverständnis mit Ministerpräsident Dr. Meyers wegen der weiteren Behandlung der Angelegenheit mit Staatssekretär Dr. Oermann in Verbindung setzen.

Ende: 19:30 Uhr.

285

Bericht Wissings

Bonn, 12. Juli 1960

EA MÜNCHEN, Joseph Kardinal Wendel, 21/1960. *Schreibmaschinenvervielfältigung. Briefkopf:* Katholisches Büro Bonn, Kommissariat der Deutschen Bischöfe, Leiter: Prälat Direktor Wissing. *Anschrift:* An die Hochwürdigsten Herren Erzbischöfe und Bischöfe in der Bundesrepublik Deutschland.

Eminenzen, Exzellenzen,
bei der Tätigkeit des Kommissariates seit dem letzten Bericht vom März 1960[1] standen die gesetzgeberischen Aufgaben im Vordergrund. Die Entwürfe zur Strafrechtsreform, zum Bundesbaugesetz, Sozial- und Jugendhilfegesetz sowie zur Krankenversicherung enthalten eine Fülle von Bestimmungen, die kirchliche Belange berühren. Diese Gesetze sind im einzelnen im anliegenden Bericht behandelt. Zur politischen Lage im allgemeinen darf ich folgendes bemerken:
Zunächst zur außenpolitischen Lage und den damit in Zusammenhang stehenden Verhältnissen in der Ostzone. Das von der Sowjetunion mutwillig herbeigeführte Scheitern der Pariser Konferenz[2] hat, wenn man es einmal unter rein deutschen Gesichtspunkten betrachtet, für uns eine außenpolitische Entlastung gebracht. War bisher in der östlichen Propaganda die Bundesrepublik der hartnäckigste Störenfried gegen Koexistenzbestrebungen, so richten sich jetzt die Angriffe in gleicher Schärfe gegen die Vereinigten Staaten und ihren Präsidenten. Die Schroffheit und die beleidigende Haltung des sowjetischen Ministerpräsidenten in Paris haben die stets vielen Belastungen ausgesetzte westliche Allianz fühlbar gefestigt, auch in ihrer Haltung gegenüber Berlin. Die Gefahren, die durch die östliche Haltung entstehen, dürfen aber auch nicht übersehen werden. Für Berlin und die Zone kommt zu dieser Gefahr noch hinzu, daß ein vorgesehenes Gespräch über die sogenannte Humanisierung in der Zone nun nicht stattgefunden hat. Damit sind die Menschen in der Zone wieder um eine Hoffnung ärmer geworden.
Auf der anderen Seite haben sich die Hoffnungen, die die ostzonalen Behörden an das Scheitern der Gipfelkonferenz knüpften, bisher nicht erfüllt. Zu ihrer großen Enttäuschung hat Chruschtschow in seiner letzten Rede in Berlin einen Separatfriedensvertrag für die kommenden Monate nicht in Aussicht gestellt. Die Verhältnisse

1 *Vgl. Dok. 276.*

2 *Eine für 16./17. Mai 1960 in Paris geplante Ost-West-Gipfelkonferenz kam nicht zustande, weil der amerikanische Präsident* EISENHOWER *sich weigerte, die verlangte Entschuldigung für den Einsatz eines Aufklärungsflugzeugs über der Sowjetunion abzugeben.*

in der Zone können in diesem Bericht zwar nicht im einzelnen dargestellt werden. Ich möchte aber doch ein Beispiel anführen:
Der Religionsunterricht darf in der Zone erst zwei Stunden nach Schulschluß gegeben werden. Da der ganztägige Schulbetrieb, der in der Ostzone eingeführt wurde oder werden soll, erst um 17 Uhr beendet ist, kann man in der Zone Religionsunterricht praktisch nur am Wochenende erteilen. Neben der Bekämpfung des kirchlichen Lebens läuft jetzt ein wohlvorbereiteter Propagandafeldzug gegen die Kirche in Deutschland an. Sein Leitmotiv lautet: Die Kirche in der Bundesrepublik sei eine Nachfolgeorganisation des Nationalsozialismus. Die Kapitalisten und Militaristen, die sich früher mit Hitler verbündet hätten, fänden nunmehr ihre Unterstützung in dem politischen Klerikalismus, der mit der Großfinanz vielfach verfilzt sei. In Reden, Broschüren und in Büchern sucht man diese These zu untermauern.
Es erscheint mir wichtig, daß diese Dinge im katholischen Raum gesehen werden. Es kann zwar kein allgemeines Rezept für unsere Reaktion auf diese Dinge angegeben werden. Manches läßt sich aber auch von uns aus tun. In Ansprachen und Gesprächen kann der Propaganda die Wahrheit entgegengesetzt werden. Die unermüdlich vorgebrachte Forderung nach Selbstbestimmung für das deutsche Volk darf auch bei uns nicht verstummen. Wir wissen, daß gerade diese Forderung die Zonenmachthaber sehr in Verlegenheit bringt. Als erste katholische Antwort auf den Diffamierungsfeldzug wird am 19. Juli eine Kundgebung der Katholiken des Bistums Münster stattfinden, bei der die Haltung der Kirche zu diesen neuen Vorwürfen herausgestellt werden soll. Wir haben von hier aus eine möglichst große Verbreitung dieser Kundgebung im Rundfunk gesichert, und zwar gerade in den Sendern, die man auch in der Ostzone hören kann. Schließlich darf ich noch hinweisen auf die Pontifikalmesse, die der Hochwürdigste Herr Kardinal Dr. Frings in Anwesenheit von Bundespräsident und Bundeskanzler mit Abgeordneten und Ministerialbeamten im bis auf den letzten Platz besetzten Bonner Münster gefeiert hat. Die Beteiligung unserer Abgeordneten und Beamten, die ich über die Fraktionsvorsitzenden und die Bundesminister eingeladen hatte, war ebenso sehr erfreulich wie der Widerhall in Presse, Rundfunk und Fernsehen. Ich habe von unseren Politikern viele Beweise dankbarer Zustimmung erhalten und darf sagen, daß dieses gemeinsame Gebet dem religiösen Leben in Bonn ein gutes Zeugnis ausstellt.
Die zunehmende Bedeutung der sogenannten supranationalen Institutionen läßt es geraten erscheinen, auch einige Worte zu der europäischen Entwicklung zu sagen. Diese Entwicklung zu einer immer engeren politischen Verflechtung innerhalb unseres Kontinents schreitet, zwar mit unterschiedlicher Beschleunigung und von manchen Rückschlägen unterbrochen, aber doch stetig fort. Vor allem die im Rahmen der Europäischen Wirtschaftsgemeinschaft errichteten Behörden gewinnen, oft von der Öffentlichkeit unbemerkt, ein stetig zunehmendes Eigengewicht. Der bürokratischen Verfestigung des europäischen Gedankens folgt die politisch-parlamentarische Entwicklung nur langsam nach. Die Politiker scheinen aber den Vorsprung der Beamten jetzt mit Nachdruck einholen zu wollen, was an dem Streben nach unmittelbaren Wahlen für ein Europäisches Parlament deutlich wird. Vom kirchlichen

Standpunkt aus müssen diejenigen Bestrebungen vor allem verfolgt werden, die von den europäischen Institutionen gerade auf sozialem und kulturellem Gebiet angestellt werden. Die im Januar 1960 verabschiedete europäische Sozialcharta enthält Bestimmungen, die für uns von großer Wichtigkeit sind. Über die Einzelheiten der europäischen Fragen unterrichtet Punkt 9 des Berichtes.

Innenpolitisch ist in erster Linie der Parteitag der CDU in Karlsruhe zu nennen. Die dort dargestellte Programmatik darf ich als bekannt voraussetzen. Es scheint mir wichtig, einige Punkte der abgegebenen Erklärungen festzuhalten, um zu gegebener Zeit auf ihre Verwirklichung drängen zu können. Dabei ist zunächst an die Äußerung des Bundeswirtschaftsministers zu denken, der ausdrücklich anerkannt hat, daß die Gesellschaftspolitik den Vorrang vor der Wirtschaftspolitik haben müsse. Eine konsequente Durchführung dieses Gedankens würde auf vielen Gebieten Folgerungen nach sich ziehen, die von der katholischen Soziallehre her durchaus zu begrüßen sind. Die Ausführungen des Bundestagspräsidenten Dr. Gerstenmaier sind für uns insofern bemerkenswert, als durch sie die in Kiel entstandenen Spannungen zum Arbeitnehmerflügel der CDU wesentlich abgeschwächt worden sind und als Dr. Gerstenmaier positive Worte für den christlichen Arbeitnehmerkongreß gefunden hat. Große Bedeutung für unsere praktische Arbeit hat auch die von Herrn Dr. Krone ausgesprochene Forderung nach einer Unterstützung der freien Kräfte bei der Hilfe für die Entwicklungsländer.

Der Parteitag hat weiter einen Kulturkongreß angekündigt. Ich darf daran einige Worte zur kulturpolitischen Lage anknüpfen. Dabei darf ich als bekannt voraussetzen, daß die politische und auch geistige Haltung eines Teils der sogenannten Intellektuellen und leider auch unserer Studentenschaft zu Bedenken Anlaß gibt. Die Symptome, die in diese Richtung weisen, sind nicht erst in der jüngsten Zeit aufgetreten. Wir müssen diese Haltung eines wichtigen Teiles unseres Volkes gerade deshalb mit besonders nachdrücklicher Sorge verfolgen, weil die vor allem an unseren Hochschulen zutage tretende Entwicklung auf lange Sicht hin gefährlich ist. Wenn hier nicht von christlichen Kräften rechtzeitig und fühlbar eingegriffen wird, so werden Schäden eintreten, die sich später auch durch jahrelange Bemühungen kaum beseitigen lassen. Es ist allenthalben zu beobachten, daß auf dem Kultursektor die christlichen Kräfte an Aktivität gegenüber den anderen gesellschaftlichen Gruppen weit zurücktreten. Ich möchte nicht die Ursachen für diesen Umstand hier untersuchen, muß aber wohl hervorheben, daß hier eine deutliche Umkehr am Platze ist. Ein handgreifliches Beispiel für diese Zusammenhänge bildet die Verteilung der staatlichen Zuschüsse für Studentenwohnheime. Die christlichen Parteien und auch der katholische Raum geraten in die Gefahr, über den wirtschaftlichen und sozialen Fragen den eigentlichen kulturellen Aspekt unseres staatlichen Lebens zu vernachlässigen. Die uns bekanntgewordenen Zahlen z. B. für die Besetzung von Lehrstühlen sprechen eine teilweise bedrückende Sprache.

Um so mehr müssen wir dem Kulturkongreß einer christlichen Partei einen vollen Erfolg wünschen. Das Kommissariat hat sich in fruchtbarer und vertrauensvoller Zusammenarbeit mit dem Zentralkomitee der Deutschen Katholiken in die Vorbe-

reitungen zu dem Kulturkongreß konkret eingeschaltet. Wir haben unter bereitwilliger Mitarbeit von Fachleuten aus unserem Raum Vorstellungen erarbeitet, die wir an die CDU als Wünsche für den Kulturkongreß herantragen werden. Auch das Kirchenpolitische Gremium ist über die Ergebnisse unserer Beratungen unterrichtet worden und hat ihnen zugestimmt. Wir müssen uns darüber im klaren sein, daß eine Partei, wenn sie sich mit der Bildung befaßt, nicht den Bildungsinhalt bestimmen kann. Die Partei hat vielmehr ebenso wie der Staat alle Möglichkeiten zu schaffen, damit die gesellschaftlichen Kräfte eine fruchtbare kulturelle Aktivität entfalten können. Es kommt also darauf an, einen richtigen Freiheitsbegriff auf dem kulturellen Sektor zu entwickeln und ihn in die Praxis umzusetzen. Unsere Gespräche über diese Fragen sind noch nicht abgeschlossen. Ich hoffe aber zuversichtlich, daß die CDU den von uns entwickelten Gedankengängen aufgeschlossen gegenübersteht. Es scheint mir wichtig zu sein, daß die CDU sich darüber im klaren ist, welche Hoffnungen gerade der katholische Raum auf den Kulturkongreß setzen muß.
Im Zusammenhang der kulturellen Fragen muß noch ein Wort gesagt werden zu dem Deutschen Ausschuß für Erziehungs- und Bildungswesen. Es scheint so, als ob dieser Ausschuß eine Entwicklung genommen hat, die man bei seiner Gründung weder vorhergesehen noch gewollt hat. Dieses Gremium, das sich aus sich selbst ergänzt und keiner parlamentarischen Kontrolle unterliegt, hat praktisch nicht mehr die Stellung eines Gutachterausschusses, sondern eines kulturpolitischen Instrumentes erster Ordnung. Man hat geradezu den Eindruck, daß die eigentlich für die Kulturpolitik verantwortlichen Instanzen, anstatt ein eigenes Konzept zu entwickeln, sich an den jeweiligen Äußerungen des Deutschen Ausschusses orientieren. Daß diese Äußerungen neben manchen positiven Anregungen manchen sehr gefährlichen Beitrag enthalten, ist schon am Rahmenplan klar geworden und hat sich besonders deutlich an dem jüngsten Gutachten über Erwachsenenbildung gezeigt. Es kann nicht hingenommen werden und widerspricht auch unserer verfassungsmäßigen Ordnung, wenn der Deutsche Ausschuß eine Rangfolge unter den Bildungseinrichtungen in der Weise aufstellt, daß zunächst die »freien« (d. h. staatlichen und kommunalen) Einrichtungen kommen und erst danach als zweitrangig die sogenannten »gebundenen« Einrichtungen gesehen werden. Man wird, wenn später über die Fortdauer des Ausschusses zu beraten sein wird, sich sehr wohl überlegen müssen, ob er überhaupt oder jedenfalls in der jetzt vorhandenen Form bestehen bleiben soll.
In der Gesetzgebungsarbeit, die ich hier nur im Überblick streifen will, sind einige deutliche Fortschritte zu verzeichnen. Hier ist zunächst das Bundesbaugesetz zu nennen, das in diesen Tagen verkündet worden ist und das den kirchlichen Belangen in uneingeschränktem Umfang Rechnung getragen hat. Der Bundestag hat weiter das Bundesrundfunkgesetz verabschiedet, und zwar diejenigen Teile, die sich mit dem Tonrundfunk befassen. Auch hier ist in einer guten Formulierung ein weitgehendes Recht der Kirchen auf eigene Sendezeiten anerkannt worden. Die für uns und die freien Einrichtungen wichtigen Bestimmungen des Sozialhilfegesetzes haben gegen alle sozialistischen Angriffe im Bundesrat aufrechterhalten werden können. Das gibt zu der Hoffnung Anlaß, daß diese Bestimmungen auch vom Bundestag nicht

angetastet werden. Beim Krankenversicherungsneuregelungsgesetz[3] und beim Jugendhilfegesetz sind wir noch mitten in den Beratungen. Während das Jugendhilfegesetz noch viele Schwierigkeiten zu überwinden hat, können wir bei der Krankenversicherung schon jetzt sagen, daß die Erfüllung eines Teils unserer Wünsche sehr wahrscheinlich ist.

Um einen Überblick über die gesamte Arbeit des Kommissariates zu geben, ist diesem Bericht als Anlage 3 eine Aufstellung über die von uns in der letzten Zeit bearbeiteten Angelegenheiten beigefügt.

Erwähnt werden soll noch, daß die gesamte Arbeit in engster Verbindung und in bester Zusammenarbeit mit der Nuntiatur sich vollzieht.

In Ehrerbietung
W[ilhelm] Wissing, Prälat.

Anlagen[4].

286

Bericht der Kommission »Arbeiterseelsorge«

[Bonn, 20. Juli 1960][1]

DA Münster, GV-NA, AO-771. *Schreibmaschinenvervielfältigung. Überschrift*: Vorlage für die Fuldaer Bischofs-Konferenz 1960 über das Schwerpunktprogramm Arbeiterseelsorge. Bericht.

Am 4. Februar 1959 fand in Bad Godesberg eine Konferenz von Sozialwissenschaftlern, Arbeiterseelsorgern, Vertretern der Sozialverbände und Leitern der sozialen Bildungseinrichtungen statt, zu der das Zentralkomitee auf Veranlassung des Unterzeichneten[2] eingeladen hatte. Die Konferenz befaßte sich mit den Problemen der Arbeiterseelsorge von heute. Sie war der Auffassung, daß besondere seelsorgliche Anstrengungen der Kirche um die Arbeiterschaft notwendig seien. Sie schlug vor, drei Kommissionen zur Erarbeitung eines »Schwerpunktprogramms Arbeiterseelsorge« einzusetzen, und zwar eine wissenschaftliche Kommission unter Leitung von Professor Höffner, die den soziologischen Befund erarbeiten sollte, eine pastoraltheologische Kommission unter Leitung von Prälat Dr. Schmitt, die, auf den Untersuchungen der 1. Kommission fußend, die seelsorgliche Aufgabenstellung aufzeigen sollte, und eine Koordinierungskommission unter Direktor Hanssler, die die Zusammenarbeit der bestehenden sozialen Organisationen und Einrichtungen, die im weitesten Sinne im Dienste der Arbeiterseelsorge stehen, überprüfen sollte.

3 *Vgl. Dok. 276, Anm. 7.*
4 *Nicht ermittelt.*

1 *Die Datierung ergibt sich aus dem sachlichen, durch die archivische Überlieferung gestützten Zusammenhang mit Dok. 287.*
2 *Die Vorlage ist nicht unterzeichnet.*

Die drei Kommissionen haben in regelmäßigen Arbeitssitzungen, deren guter Besuch von dem lebhaften Interesse der Beteiligten zeugte, ihre Fragen behandelt und die Ergebnisse in entsprechenden Abschlußberichten niedergelegt. Die Abschlußberichte weisen, wenn auch aus verschiedener Sicht, erfreulicherweise eine Reihe von gemeinsamen Ergebnissen auf, die als Grundlage für die Entwicklung eines Schwerpunktprogramms dienen können.

Die wichtigsten Ergebnisse seien kurz dargelegt.

1) Entgegen der heute oft vertretenen Auffassung von der nivellierten Mittelstandsgesellschaft[3] sind die Kommissionen sich darüber einig, daß es auch heute noch eine eigengeprägte Arbeiterschicht gibt, wenn auch die Grenze nach oben nicht ganz eindeutig gezogen werden kann, da auch gewisse Kreise der unteren Angestelltenschaft soziologisch der Arbeiterschaft zuzuordnen sind.

2) Diese Arbeiterschaft ist in besonderem Ausmaße religiös abständig bzw. gefährdet, so daß besondere seelsorgliche Bemühungen um die Arbeiterschaft nicht nur berechtigt, sondern dringend notwendig sind, zumal sie zahlenmäßig den stärksten Bevölkerungsanteil bildet.

3) Die religiöse Situation des Arbeiters hängt weitgehend mit seiner sozialen Situation zusammen. Darum kann Arbeiterseelsorge nur dann erfolgreich durchgeführt werden, wenn sie mit der Verkündigung der katholischen Soziallehre und dem ernsten Bemühen um deren Verwirklichung gekoppelt ist. Dabei müssen die Seelsorger sich allerdings immer bewußt bleiben, daß es die erste Aufgabe der Kirche ist, den Menschen das Heil zu bringen, und nicht soziale Reformen durchzuführen.

4) Für die Verwirklichung eines Schwerpunktprogramms ist es notwendig, daß die Geistlichen und Theologiestudenten die Lage des Arbeiters richtig sehen lernen, und zwar den Arbeiter in seinem Milieu (in Betrieb und Wohnviertel), in seinem Selbstverständnis und in seiner sozialen Situation.

5) Die Liturgie und jede kirchliche Feier muß den Arbeiter ansprechen. Es muß versucht werden, durch eine entsprechende Symbolik und Thematik die Arbeitswelt in das gottesdienstliche Leben einzubeziehen.

6) Die Wortverkündigung muß auf die sozialen Probleme eingehen. Auch muß sie sich wieder stärker der Fundamentaltheologie und einer zeitgemäßen Apologetik zuwenden.

7) Einmütig werden Förderung und Ausbau der Arbeiterstandesorganisationen verlangt. Sie müssen einerseits noch mehr als bisher eine apostolisch gesinnte Elite entwickeln, andererseits aber auch als Mitgliederorganisationen den vielen Gefährdeten und Vereinsamten Heimat bieten.

8) Um diesen Einsatz der Arbeiterstandesorganisationen zu verstärken und planmäßig zu gestalten, ist

[3] HELMUT SCHELSKY *(1912–1984), Dr., 1948–1960 in Hamburg, 1960–1970 und wiederum 1973–1978 in Münster Professor für Soziologie, 1970–1973 Gründungsrektor in Bielefeld, vertrat die vielbeachtete These, daß die Klassengesellschaft infolge der modernen Entwicklung lediglich noch als »zeremonialisiert« existiere, in der Tat jedoch bereits durch eine »nivellierte Mittelstandsgesellschaft« abgelöst sei.*

a) eine noch engere Zusammenarbeit zwischen den Organisationen anzustreben (z. B. Aktivierung des Kartellverbandes der KAB, Konkretisierung der bischöflichen Richtlinien für die Arbeiterjugendseelsorge),
b) eine Abstimmung der Schwerpunktbereiche der verschiedenen Sozialverbände untereinander zu suchen (insbesondere die Zuordnung der Angestelltenschaft zur KAB, Kolping, KKV),
c) ein besserer Kontakt zwischen den Erwachsenenorganisationen und den nichtberufsbezogenen Jugendorganisationen zu pflegen.
Die Gespräche der Koordinierungskommission gaben dafür gute Einsatzpunkte, wenngleich auch vor allem zu b) und c) noch eine Reihe von Fragen zu klären und weiter zu behandeln sind.
9) Eine verstärkte Arbeiterbildung ist unerläßlich, wobei es notwendig ist, daß die Bildungseinrichtungen und die Verbände in ihrer Bildungsarbeit und der Herausgabe von Schrifttum Hand in Hand arbeiten.
10) Ein besonderes Schwergewicht ist auf Betriebsseelsorge und Betriebsgruppenarbeit zu legen. Katholische Betriebsgruppen sollen die Standesorganisationen nicht ersetzen, sondern Apostolats- und Aktionsgemeinschaften sein, die von allen in Betrieben vertretenen Organisationen mitgetragen werden.
11) Um eine Abstimmung und engere Zusammenarbeit im o. a. Sinne zu erreichen, würden von der Koordinierungskommission 3 Arbeitskreise eingesetzt:
a) Arbeitskreis Betriebsgruppenarbeit, der die in vielfältigen Formen vorhandene Betriebsgruppenarbeit koordinieren soll,
b) Kommission der Herausgeber katholisch-sozialer Schriftenreihen, die die Aufgabe hat, die Schrifttumsarbeit im katholisch-sozialen Bereich aufeinander abzustimmen,
c) Arbeitskreis der Standesorganisationen, der versuchen soll, eine »Grenzbereinigung« zwischen den Standesorganisationen durchzuführen und die Möglichkeiten für die Einrichtung eines sog. Arbeitnehmerkartells (Zusammenfassung der Arbeitnehmergruppen aller Standesorganisationen zwecks gemeinsamer Stellungnahmen und Aktionen) zu erkunden bzw. die entsprechenden Voraussetzungen zu schaffen.
12) Ein Problem, das in der Koordinierungskommission noch nicht geklärt werden konnte, ist die Frage, wieweit es möglich und ratsam ist, auch kleine Pfarreien nach beruflichen Organisationen aufzugliedern. Diese Frage, die im hessischen Raum besonders ansteht, bedarf noch weiterer Klärung zwischen den Spitzen der Standesorganisationen und den betreffenden Seelsorgeämtern.
Es sei noch bemerkt, daß alle an den Kommissionssitzungen beteiligten Verbände, Einrichtungen und Einzelpersonen sich zur Mitarbeit und Zusammenarbeit bereit erklärt haben. Das gilt insbesondere für die Mitarbeiter in den oben erwähnten ständigen Unterkommissionen.

287

Bericht Bechers

Bad Godesberg, 20. Juli 1960

EA München, Joseph Kardinal Wendel, 21/1960. Arbeiterseelsorge. *Schreibmaschinenvervielfältigung. Überschrift:* Protokoll der Schlußkonferenz der Kommissionsleiter zum Schwerpunktprogramm »Arbeiterseelsorge«.

Am 9. Juli 1960 trafen sich die Vorsitzenden der drei Kommissionen für das Schwerpunktprogramm »Arbeiterseelsorge« zu ihrer Abschlußbesprechung. Es waren anwesend: Direktor Bernhard Hanssler, Prof. Dr. Josef Höffner, Prälat Franz Müller[1] in Vertretung von Prälat Schmitt, Köln, Prälat Wilhelm Wöste und Dr. Paul Becher[2], Sozialreferat, Zentralkomitee.

Die Teilnehmer sahen ihre Aufgabe darin, abschließend zu der in den Kommissionen geleisteten Arbeit Stellung zu nehmen und die in den drei vorliegenden Berichten niedergelegten Überlegungen in einzelnen Punkten zu kommentieren. Sie möchten damit die Aufmerksamkeit der Hochwürdigsten Bischöfe auf einige Fragen und auf bestimmte Entwicklungen lenken:

1. Die Kommissionsvorsitzenden sind der Meinung, daß es gut wäre, die erarbeiteten Ergebnisse in irgendeiner Form publik zu machen. Auf Grund der Erfahrungen in den Kommissionen wird vorgeschlagen, daß ein Lehrschreiben in zwei verschiedenen Fassungen herausgegeben wird. Die Fassung für den Klerus könnte den Auftrag klar und bestimmt formulieren. Ein abgemildeter Text an die Laien könnte die Öffentlichkeitswirkung im katholischen und nichtkatholischen Raum berücksichtigen und zugleich bei den Verbänden die Neigung abfangen, den Klerus auf Grund des Lehrschreibens zu rügen. Das Lehrschreiben sollte dem Klerus und dem katholischen Volk insbesondere die Förderung der katholischen Arbeiterorganisationen dringend empfehlen. (Vgl. den Bericht der Koordinierungskommission I, II.)
2. Die Entwicklung der katholischen Arbeiterbewegung ist unter europäischem Aspekt sehr uneinheitlich und teilweise widersprüchlich. Es ist zu fragen, ob die katholische Kirche im Zeichen der fortschreitenden europäischen Integration nicht gezwungen ist, entsprechend auf eine Koordinierung der katholischen Kräfte im internationalen Rahmen hinzuarbeiten. Die verschiedenartigen oberhirtlichen Vorschläge zur katholischen Arbeiterbewegung in Deutschland, Holland und Italien haben eine gewisse Beunruhigung ausgelöst. Die wachsende Festigung der europäischen Wirtschaftsgemeinschaft zwingt dazu, die katholische Arbeiterbewegung für ihre Aufgaben zu stärken und die Integration im europäischen Bereich auch von

[1] Franz Müller *(1900–1989), 1925 Priester (ED München), 1931 Diözesan-Caritasdirektor der Erzdiözese München und Freising, 1938 Direktor des Deutschen Caritas-Instituts für Gesundheitsfürsorge in Köln-Hohenlind, 1944 Domkapitular in Köln, 1945 Leiter der Hauptvertretung des Deutschen Caritasverbands in Bonn, 1949–1951 Präsident des Deutschen Caritasverbands, später Leiter des Katholisch-Sozialen Instituts der Erzdiözese Köln in Bad Honnef.*

[2] Paul Becher *(geb. 1928), Dr. oec. publ., 1959 Sozialreferent im Zentralkomitee.*

seiten katholischer Institutionen zu unterstützen, schon weil sonst dem Katholizismus in der Europafrage die Entwicklung davonläuft.

3. Mit besonderer Sorge vermerken die Kommissionsvorsitzenden, daß sich starke Strömungen bemerkbar machen, welche die Arbeiterseelsorge von den Sozialverbänden loslösen wollen. Diese Auffassungen übersehen, daß die Verbände die Kirchlichkeit in den Laienraum hineintragen. Sie sind ein wichtiges Element der Einheit in einer Zeit, in welcher das kirchliche Bewußtsein immer mehr schwindet.

In diesem Zusammenhang wird ebenfalls auf eine Haltung hingewiesen, welche die Äußerungen kirchlicher Stellen zu politischen Fragen angreift. Jene Kreise behaupten, daß es für die kirchliche Verkündigung besser sei, wenn sich die Kirche jeglicher Sympathieäußerungen für irgendeine Partei enthalte. Die Stimmung in der Arbeiterschaft wird von solchen Thesen bereits beeinflußt, allerdings ist auch eine Opposition gegen diese Meinung zu konstatieren.

Da einige Formulierungen im Bericht der wissenschaftlichen Kommission Anklänge an solche Thesen bringen, hat Domkapitular Dr. Paulus einige Korrekturen vorgelegt, die sich die Kommissionsvorsitzenden zu eigen machen. Sie sind in ihrem sachlichen Gehalt als Beilage zum Abschlußbericht der wissenschaftlichen Kommission zusammengefaßt.

4. In der Koordinierungskommission wurde vereinzelt die Auffassung vertreten, daß das Territorialprinzip der Pfarrei als zur Agrargesellschaft gehörend durch das Betriebsprinzip zu modifizieren sei. Die Vorsitzenden der Kommissionen können sich dieser Auffassung nicht anschließen.

Sie geben auch zu bedenken, ob der in den Diözesen Limburg, Mainz und Speyer versuchte Notbehelf einer die Verbände nicht berücksichtigenden Form der Männerseelsorge im Interesse eines einheitlichen Strukturprinzips der Arbeiterseelsorge weiter durchgeführt werden soll. Es besteht zwar Verständnis für die besonderen Schwierigkeiten in den betreffenden Diözesen, doch bringt diese Lösung die Gefahr mit sich, bewährte Formen preiszugeben, ohne sie wirksam zu ersetzen. Im Interesse der übergeordneten Gesichtspunkte sollte darauf geachtet werden, daß Unklarheiten möglichst zu vermeiden sind. Die Limburger Form bedroht die Lebensfähigkeit der Verbände.

Es wird nicht übersehen, daß im Seelsorgsklerus sich ein gewisser Widerstand gegen eine zusätzliche Belastung und das Schwerpunktprogramm bilden wird. Nach Ansicht der Kommissionsvorsitzenden kann die Arbeit der Verbände jedoch eine vernünftige Arbeitsökonomie der Pfarrgeistlichkeit ermöglichen. Eine einheitliche Ausrichtung der Arbeiterseelsorge würde die pfarrliche Seelsorge unterstützen. In diesem Zusammenhang möchten die Kommissionsleiter noch darauf hinweisen, daß sich eine nicht zu unterschätzende Wirkung für die Arbeiterseelsorge in der Pfarrei aus der Einstellung der Seelsorgsarbeit und der Predigt auf die gegebenen sozialen Wirklichkeiten ergibt. Die Pfarrgeistlichen sollten auch darauf aufmerksam gemacht werden, daß sie eine oft festzustellende, meist unbewußte Schlechterbehandlung von Arbeiterkindern vermeiden müssen.

Zu den Ergebnissen der Koordinierungskommission wird seitens der Kommissionsleitersitzung noch eine Anregung nachgereicht, die die Zielsetzung der Kolpingsfamilie betrifft. Es wird betont, daß die bis jetzt erzielte Übereinstimmung der Auffassungen einen Erfolg der Koordinierungsbemühungen darstellt. Jedoch würde die Gesamtkoordinierung leichter, wenn gerade Kolping sich entschließen könnte, stärker der Verbreitung der katholischen Soziallehre zu dienen. Der Familienbegriff als Versuch, alle Spannungen zu überbrücken, genügt ebensowenig wie ein unscharfer Mittelstandsbegriff.

5. Eine kritische Aufmerksamkeit verdient die Entwicklung der betrieblichen Bildungsarbeit, welche sich immer mehr über die eigentliche Subsidiarität des Betriebes in Bildungsfragen hinwegsetzt und beispielsweise in Kursen für den sog. zweiten Bildungsweg oder in Eheseminaren Aufgaben übernimmt, die dem Betrieb nicht zukommen. Es besteht die Gefahr, daß die Bildung hierdurch zur Funktion des Betriebes degradiert wird und unkontrollierte Bildungsarbeit durchgeführt wird. (Vgl. Bericht der Pastoralkommission VI, 3.)

6. Gemäß dem Bericht der Pastoralkommission wird vorgeschlagen, daß Möglichkeiten gefunden werden, den Arbeiter durch die Gestaltung des Gottesdienstes stärker anzusprechen. Daher regen die Kommissionsvorsitzenden an, gewisse Stellen zu beauftragen, die folgende Anliegen konkretisieren könnten:

Es wäre eine echte Hilfe für die Seelsorgearbeit, wenn Predigtanleitungen erarbeitet würden, die einen engen Bezug zur sozialen Wirklichkeit und zur kirchlichen Soziallehre haben. Es geht nicht an, daß die Aufbereitung des Predigtgutes dem freien Markt, d. h. nicht qualifizierten und mit dem Betriebs- und Arbeitsleben nicht vertrauten Autoren überlassen wird. In liturgischer Hinsicht sollten symbolstarke Formen entwickelt und Prinzipien formuliert werden, die den Arbeiter besonders ansprechen. So würden einheitliche Formen für die Einweihung von Betrieben, bei der Feier des 1. Mai (Pontifikalmessen der Bischöfe, Verdeutlichung der liturgischen Texte zum 1. Mai) und für andere Gelegenheiten dem Anliegen dienen können.

Infolge der weiteren Kürzung der Arbeitszeit zu Gunsten der Freizeit verändert sich das Verhältnis der Arbeiter zum Beruf. Auch hierauf muß die Arbeiterseelsorge eingehen und helfen, daß die Zuordnung von Beruf und Freizeit gesehen wird.

7. Zur Unterstützung der Arbeit der Verbände und zur Aufarbeitung wissenschaftlich fundierter Unterlagen für die katholische Sozialarbeit ist im ZdK ein detaillierter Plan zum Aufbau eines zentralen sozialwissenschaftlichen Instituts in Mönchengladbach erarbeitet worden. Die Kommissionsvorsitzenden glauben dieses Projekt auch im Hinblick auf die Verstärkung der Arbeiterseelsorge empfehlen zu können.

8. Es soll angemerkt werden, daß bis heute der Anteil der Arbeiterkinder unter den Hochschulstudenten noch sehr klein ist. Der statistische Aufweis zeigt, daß der Anteil der Arbeiterkinder in der Regel nur 1/10 der studierenden Jugend ausmacht. Nicht ohne Auswirkung ist die Tatsache, daß nicht allein die Begabung, sondern auch der Einfluß des Elternhauses in starkem Maße Berufswahl und Berufsfähigkeit mitbestimmt.

9. Im Bericht der Pastoralkommission (B 2, e) wird darauf hingewiesen, daß theologische Erkenntnisse die Glaubenskraft der Arbeiter fördern können. Die Kommissionsleiter möchten hierzu bemerken, daß die heutige Fundamentaltheologie den

apologetischen Akzent zu sehr vernachlässigt. Die Arbeitsgemeinschaft katholischer Fundamentaltheologen sollte auf die Notwendigkeit der Apologetik für die praktische Seelsorge hingewiesen werden.
Wenn die liturgische Bewegung auch viele Hilfen für die Arbeiterseelsorge gebracht hat, so fehlt ihr doch die Verbindung mit der apologetischen Verkündigung, die notwendig ist, um die weithin bestehende glaubensmäßige Unsicherheit zu überwinden. Die Teilnehmer an der Besprechung teilen in der Liturgiefrage nicht ganz die Auffassung von Prof. Häring, die in der Beilage zum Bericht der wissenschaftlichen Kommission formuliert ist. Diese Beilage wurde dort nicht diskutiert. Doch scheint die Behauptung, daß der Gebrauch der lateinischen Sprache die Arbeiter an der Teilnahme am Gottesdienst hindert und die katholische Glaubenskraft schwächt, in dieser Einseitigkeit unzutreffend zu sein. Das religiöse Bewußtsein kann letztlich nicht durch rationalisierte Methoden der Gottesdienstgestaltung gefördert worden.
10. Wie der Bericht der Koordinierungskommission anführt, wurden drei ständige Unterkommissionen gebildet, die sich mit den Fragen der Betriebsgruppenarbeit, mit der Koordinierung katholisch-sozialen Schrifttums und der Zusammenarbeit der Standesorganisationen in Arbeitnehmerfragen befassen sollen. Der Arbeitskreis der Herausgeber katholisch-sozialer Schriftenreihen hat unter Leitung des Sozialreferats im Zentralkomitee seine Arbeit bereits aufgenommen. Die ersten Zusammenkünfte der beiden übrigen Unterkommissionen sind für den Herbst vorgesehen. Auch diese Arbeitskreise werden vom Zentralkomitee betreut.

gez.: Dr. Paul Becher
Sozialreferent.

288

Frings an Adenauer

Köln, 20. Juli 1960

EA München, Joseph Kardinal Wendel, 21/1960. *Schreibmaschinenvervielfältigung. Anschrift:* Herrn Bundeskanzler Dr. Adenauer, Bonn. *Stempel:* Anlage 1. *Vermerk:* Anlagen 1–4.

Sehr geehrter Herr Bundeskanzler,
im Zusammenhang mit der Neuordnung des Rundfunkwesens sind mir der »Entwurf eines Verwaltungsabkommens zwischen Bund und Ländern über eine Zusammenarbeit auf dem Gebiete des Fernsehens« und »der Entwurf einer Satzung der Deutschland-Fernsehen-GmbH« zugänglich gemacht worden. Da die deutschen Bischöfe der Entwicklung des Fernsehwesens in der Bundesrepublik pflichtmäßig ihre besondere Aufmerksamkeit gewidmet und zu den anstehenden Fragen in der Ihnen bekannten Verlautbarung vom 9. Dezember 1959[1] Stellung genommen haben, darf ich mir erlauben, auch zu den genannten Texten unsere Auffassung darzulegen.

[1] *Vgl. Dok. 270, Anlage.*

Ich muß mit Bedauern zum Ausdruck bringen, daß bei der Prüfung dieser Texte kein Fortschritt gegenüber dem Stand vom Dezember 1959 festzustellen ist. Im Gegenteil bieten die jetzigen Texte ein noch ungünstigeres Bild. Unsere Stellungnahme muß ausgehen von den Grundsätzen, die in der Verlautbarung vom 9. Dezember 1959 niedergelegt worden sind.
Auch in den vorliegenden Entwürfen wird nicht ausgeschlossen, daß das Programm ausschließlich von privaten Gesellschaften produziert wird, die auf Gewinn ausgehen. Nicht einmal die in § 22 Abs. 2 des Regierungsentwurfs eines Bundesrundfunkgesetzes enthaltene Bestimmung, wonach die Veranstalter von Werbesendungen keinen unmittelbaren oder mittelbaren Einfluß auf das übrige Programm nehmen dürfen, ist jetzt vorgesehen. Es wird des weiteren nicht ausgeschlossen, daß die gesamten Sendungen als Werbeprogramm gestaltet, d. h. mit Werbeeinblendungen durchsetzt werden. Das Fehlen einer solchen Begrenzung wirkt sich auch vor allem deshalb unheilvoll aus, weil den Länderanstalten die Möglichkeit gegeben wird, in einem bestimmten Verhältnis zu den Werbesendungen des Zweiten Programms selbst in vermehrtem Umfang solche Sendungen auszustrahlen, und weil damit einer untragbaren Ausweitung des Werbefernsehens auch bei den Länderanstalten Vorschub geleistet wird. Schließlich ist die Gefahr nicht ausgeschlossen worden, daß das Zweite Programm sich ausschließlich aus Werbeeinnahmen finanziert. Ich verkenne dabei nicht, daß der »Deutschland-Fernsehen-GmbH« nach den Entwürfen ein Gebührenanteil zufließen soll; es fehlt aber jede Bestimmung über die Verwendung dieser Gebühren.
Diese Betrachtung beweist, daß die von den deutschen Bischöfen in der genannten Verlautbarung aufgezeigten Gefahren durch die neuen Regelungen nicht ausgeschlossen werden: unnötige zeitliche Ausweitung des Programms; Niveausenkung als Folge der Kommerzialität, auch des Programms der Länderanstalten als Folge der Konkurrenz; unbegrenzter Anreiz zu neuen Bedürfnissen; Bevorzugung bestimmter finanzstarker Gruppen.
Die Beteiligung der Kirche und gesellschaftlichen Kräfte in dem vorgesehenen Aufsichtsrat bleibt deutlich hinter manchen bereits vorhandenen Regelungen zurück. Nach den neuen Entwürfen hat die Kirche nämlich nicht das Recht, selbst einen von ihr bestimmten Vertreter für den Aufsichtsrat zu entsenden, sondern kann ihn nur vorschlagen. Die Fuldaer Bischofskonferenz hat in ihrer Verlautbarung von 1955[2] dargelegt, daß der Staat im kulturellen Bereich die Aufgabe hat, den freien Kräften der Gesellschaft die Möglichkeit zur Entfaltung zu geben. Infolgedessen haben wir immer darauf bestanden, unsere Vertreter kraft eigenen Rechtes in kulturelle Institutionen zu entsenden, und uns darüber hinaus gegen ein Übergewicht staatlichen Einflusses in solchen Institutionen gewandt. Schließlich sind in den neuen Entwürfen die Grundsätze der Programmgestaltung unzureichend, erst recht die rechtliche Sicherung der Durchführung dieser Richtlinien in der Praxis.
Ich halte mich für verpflichtet, Ihnen, Herr Bundeskanzler, in dieser für unser kulturelles Leben bedeutungsvollen Angelegenheit den ganzen Ernst der Sorge der deutschen Bi-

[2] *Vgl. Dok. 269, Anm. 2.*

schöfe zu unterbreiten und mich gegen die neuen Entwürfe auszusprechen. Als Vorsitzender der Fuldaer Bischofskonferenzen möchte ich an Sie und an alle christlichen Politiker appellieren, für die Gestaltung des Zweiten Fernsehsystems eine Regelung zu schaffen, die die im Dezember und heute erneut dargelegten Gefahren ausschließt.
Zur Unterrichtung der Bundesländer habe ich eine Abschrift dieses Schreibens dem Herrn Ministerpräsidenten Altmeier des Landes Rheinland-Pfalz übermittelt.
Mit vorzüglicher Hochachtung bin ich

Ihr ergebenster
gez.: + Joseph Cardinal Frings.

289

Adenauer an Frings

Bonn, 21. Juli 1960

EA MÜNCHEN, Joseph Kardinal Wendel, 21/1960. *Schreibmaschinenvervielfältigung. Briefkopf:* Bundesrepublik Deutschland. Der Bundeskanzler. *Anschrift:* Seiner Eminenz dem Hochwürdigsten Herrn Kardinal Dr. Joseph Frings, Erzbischof von Köln, Köln. *Stempel:* Anlage 2. *Druck*: ADENAUER Briefe *Nr. 119, S. 135.*

Sehr verehrte Eminenz!
Ich bestätige den Empfang Ihres Schreibens vom 20. Juli[1], in dem Sie mir Ihre Auffassung zu den geplanten Verträgen zwischen Bund und Ländern über das zweite Fernsehen übermittelt haben.
Ich bin betroffen über den in Ihrem Schreiben zum Ausdruck gebrachten Mangel an Vertrauen in die Absichten der Bundesregierung und bedauere es, daß Sie meine Haltung in dieser Angelegenheit so gründlich mißverstehen. Als besonders peinlich empfinde ich es, daß die Meinungsverschiedenheiten bereits auf dem Wege über die »Funkkorrespondenz« in die Öffentlichkeit getragen worden sind.
Mit den von Ihnen für die Gestaltung des Rundfunks und Fernsehens aufgestellten Forderungen bin ich, wie Sie wissen, im Grundsatz völlig einig. Ich bin aber der Auffassung, daß die Pläne der Bundesregierung diesen Forderungen mindestens in erheblich stärkerem Maße gerecht werden, als dies bei den Landesrundfunkanstalten der Fall ist. Im übrigen habe ich veranlaßt, daß die Vertragsentwürfe noch einmal darauf überprüft werden, ob es möglich und nötig ist, die Absichten der Bundesregierung noch weiter zu verdeutlichen. Ihrer Anregung entsprechend wird der Gesellschaftsvertrag ein ausdrückliches Verbot der Einflußnahme der Veranstalter von Werbesendungen auf das übrige Programm enthalten und die zulässigen Werbezeiten festlegen. Ebenso wird klargestellt werden, daß die Vorschläge der Kirchen usw. für den Aufsichtsrat bindend sind.
Wie Sie wissen, haben es einige Länder verstanden, viele Jahre hindurch auf jede nur mögliche Weise den Bund an einer vernünftigen Regelung des Rundfunks und Fernsehens, die auch das konservative Element der deutschen Bevölkerung berücksich-

1 *Vgl. Dok. 288.*

tigt, zu hindern. Ich kann ein weiteres Hinauszögern nicht mehr verantworten. Um die weiteren Vorbereitungen zur Aufnahme der Sendungen des zweiten Fernsehprogramms am 1. Januar 1961 nicht zu stören, ist es notwendig, die geplanten Verträge unverzüglich abzuschließen. Dies soll am Montag, dem 25. Juli, geschehen. Ich bin überzeugt davon, daß damit der gemeinsamen Sache am besten gedient ist.
Aus Ihrem Brief habe ich den Eindruck gewonnen, daß Sie in dieser Angelegenheit bisher nur einseitig unterrichtet worden sind. Ich schlage deshalb vor, daß so bald wie möglich ein Gespräch der Rundfunkkommission der deutschen Bischöfe mit einer Verhandlungskommission der CDU stattfindet, der die zuständigen Bundesminister und Bundestagsabgeordneten angehören. Ich hoffe, daß dabei alle noch offenen Fragen geklärt werden können.
Mit verehrungsvollen Grüßen

Ihr ergebener
(gez. Adenauer).

290

Frings an Adenauer

[Köln,] 23. Juli 1960

EA MÜNCHEN, Joseph Kardinal Wendel, 21/1960. *Schreibmaschinenvervielfältigung. Anschrift:* Herrn Bundeskanzler Dr. Konrad Adenauer Bonn. *Stempel:* Anlage 3.

Sehr verehrter Herr Bundeskanzler!
Mit bestem Dank bestätige ich den Empfang Ihres Briefes vom 21. ds. [*Mts.*][1] bzgl. Zweites Fernsehen.
Ich bedauere sehr, daß Sie aus unserem Schreiben vom 20.[2] herausgelesen haben, wir unterstellten der heutigen Bundesregierung die Absicht, ein rein kommerzielles Fernsehen mit seinen zu befürchtenden bösen Folgen einzuführen. Nichts hat uns ferner gelegen als dies. Wir wollten nur darauf aufmerksam machen, daß die Satzung so weitmaschig sei, daß eine weniger günstig gesinnte Regierung oder Leute, die das Instrument in die Hand bekämen, daraus etwas Übles machen könnten.
Sehr dankbar bin ich für die drei Zusagen, die Sie in Absatz 3 Ihres Schreibens machen, ebenso für die Anregung, eine gemeinsame Sitzung unserer Experten mit einer Verhandlungskommission der CDU und den zuständigen Bundesministern zu veranstalten. Ich habe Herrn Prälat Wissing gebeten, das Nötige zu veranlassen.
Mit dem Ausdruck meiner Verehrung bin ich

Ihr ergebenster
(gez. Joseph Cardinal Frings)
Erzbischof von Köln.

1 *Vgl. Dok. 289.*
2 *Vgl. Dok. 288.*

291

Adenauer an Frings

Bonn, 30. Juli 1960

EA München, Joseph Kardinal Wendel, 21/1960. *Schreibmaschinenvervielfältigung. Briefkopf:* Bundesrepublik Deutschland. Der Bundeskanzler. *Anschrift:* Seiner Eminenz dem Hochwürdigsten Herrn Kardinal Dr. Joseph Frings, Erzbischof von Köln, Köln. *Vermerk:* Abschrift. *Stempel:* Anlage 4.

Sehr verehrte Eminenz!

Ich danke Ihnen für Ihr Schreiben vom 23. Juli 1960[1]. Vor allem bin ich für Ihre Mitteilung dankbar, daß Sie der heutigen Bundesregierung nicht die Absicht unterstellen, ein rein kommerzielles Fernsehen einzuführen. Zu meinem Bedauern muß ich aber wiederum Ihre Aufmerksamkeit auf das Wirken der »Funkkorrespondenz« richten, die auch in ihrer neuen Nummer Angriffe gegen die Bundesregierung erhebt. Ich bitte Sie zu bedenken, daß das Zweite Fernsehen nur dann in dem von Ihnen und mir gewünschten Sinne gestaltet werden kann, wenn nicht die Absichten der Bundesregierung immer wieder von Presseorganen in Zweifel gezogen werden, die in der Öffentlichkeit als maßgebende Meinungsäußerung der katholischen Seite angesehen werden.

Ich bin mit Ihnen der Meinung, daß ausreichende Sicherungen gegen einen Mißbrauch des Fernsehens getroffen werden müssen. Nach meiner Auffassung ist dies aber in der Satzung der jetzt gegründeten Deutschland-Fernsehen-GmbH so weit geschehen, wie es zur Zeit überhaupt möglich ist. Sie wissen, daß auf Grund der Besprechungen, die Herr Prälat Wissing und Herr Prälat D. Kunst am Sonntag, dem 24. Juli mit meinem Beauftragten geführt haben, noch einige, im Sinne unseres Briefwechsels wesentliche Änderungen im Wortlaut des Entwurfes vorgenommen worden sind.

Es ist notwendig, nunmehr das Augenmerk auf die bedeutsamen Entscheidungen zu richten, die in der nächsten Zeit zu treffen sind, insbesondere die personellen Fragen und die Gestaltung der Vertragsbedingungen für die Herstellung der Programme. Es ist mein Wunsch, daß auch dies und alle weiteren Probleme des Zweiten Fernsehens in guter Zusammenarbeit mit den Kirchen gelöst werden. Ich werde dafür sorgen, daß die in meinem Schreiben vom 21. Juli angekündigten Besprechungen demnächst stattfinden.

Mit verehrungsvollen Grüßen

Ihr ergebener
(gez. Adenauer).

[1] *Vgl. Dok. 290.*

292

Bericht Kempfs

Limburg, 27. August 1960

EA MÜNCHEN, Joseph Kardinal Wendel, 21/1960. *Schreibmaschinenvervielfältigung. Briefkopf:* Der Bischof von Limburg. *Eingangsstempel:* Erzbistum München. Erzb[ischof] 1. Sep[tember] 1960. 21 Nr. 2152.

Ew. Eminenz!
Ew. Exzellenz!
Den vier bisher erstatteten Berichten der KRD über die rundfunkpolitischen Entwicklungen (17.11.1959, 30.1.1960, 4.3.1960 und 10.6.1960[1]) schließt sich hiermit der fünfte an für die Zeit vom 10.6.1960 bis 27.8.1960.
Der Bericht umfaßt eine Orientierung über
A) den derzeitigen Stand des Bundesrundfunkgesetzes,
B) die recht bewegten Entwicklungen betr. 2. Fernsehprogramm,
C) die kirchliche Stellungnahme zu der Satzung der neu gegründeten »Deutschland-Fernsehen-GmbH«.
A) Bundesrundfunkgesetz:
Die in dem KRD-Bericht vom 10.6.1960 angekündigte 2. und 3. Lesung des Bundesrundfunkgesetzes erfolgte im Bundestag am 29.6.1960. Der von kirchlicher Seite gewünschte Änderungsvorschlag betr. § 46 (siehe KRD-Bericht 10.6.1960, Seite 2) und dessen Einarbeitung in den § 5 des Gesetzes wurde von dem Bundestag angenommen.
Der Bundesrat dagegen lehnte am 15.7.1960 das Bundesrundfunkgesetz in der vom Bundestag verabschiedeten Form ab. Er möchte das Gesetz ganz neu formuliert haben und rief hierzu den Vermittlungsausschuß an.
Für die kirchlichen Belange ist es bedeutungsvoll, daß der bisherige § 5 / § 46 nunmehr an anderer Stelle als § 27 erscheinen soll, was zur Folge hat, daß er nur für die eigentlichen Bundesanstalten (d. h. »Deutsche Welle« und »Deutschlandfunk«) Geltung haben würde, hingegen für die Rundfunkanstalten der Länder ohne Wirkung bliebe. Der Vermittlungsausschuß wird erst Ende September tagen; bis dahin sind die Dinge in der Schwebe.
B) Die Regelung betr. 2. Fernsehprogramm war, wie bereits am 10.6.1960 berichtet wurde, ebenso wie die Frage der Gebühren aus dem Bundesrundfunkgesetz herausgenommen worden und hat inzwischen bewegte Entwicklungen ausgelöst. Hier kurz die chronologische Abfolge:
20.6.1960: Die Ministerpräsidenten der CDU tragen dem Bund die Grundzüge eines Staatsvertrages über das »Deutschland-Fernsehen« vor (es handelt sich um den sogenannten »Altmeier-Plan«). Demnach soll das 2. Fernsehprogramm getragen werden von einer öffentlich-rechtlichen, durch Staatsvertrag zwischen Bund und Ländern errichteten Anstalt. Diese soll finanziert werden hauptsächlich aus Gebühren,

[1] *Nicht ermittelt.*

welche die Länder abtreten würden, und nur zusätzlich aus Fernsehwerbung. Das »Deutschland-Fernsehen« soll ebensoviel oder allenfalls zweimal soviel Fernsehwerbung betreiben wie die Länderanstalten. Der Plan entsprach im Ganzen der bischöflichen Verlautbarung vom 9.12.1959[2].

Die Bundesvertreter lehnten diesen Vorschlag ab.

8.7.1960: Der Bundeskanzler legt in mündlicher Information den CDU-Ministerpräsidenten einen völlig neuen Plan dar: Es soll eine »Deutschland-Fernsehen-GmbH« gegründet werden durch ein Verwaltungsabkommen zwischen Bund und Ländern.

14.7.1960: Die schriftlichen Entwürfe für eine Satzung der vorgeschlagenen »Deutschland-Fernsehen-GmbH« und für das Abkommen zwischen Bund und Ländern werden den CDU-Ministerpräsidenten zugestellt.

15.7.1960: Mündliche Diskussion zwischen dem Bundeskanzler und den CDU-Ministerpräsidenten über die beiden Entwürfe.

19.7.1960: Das Bonner Katholische Büro und die KRD gewinnen Einsicht in den Wortlaut der genannten Entwürfe.

20.7.–30.7.: Briefwechsel zwischen Kardinal Frings und Bundeskanzler Adenauer über die genannten Entwürfe. (Siehe Anlagen 1–4)[3].

Zu diesem Briefwechsel noch zwei Anmerkungen: Wenn die »Funkkorrespondenz« in den Erörterungen über die Regelung des 2. Fernsehprogramms von Anfang an unentwegt gegen Kommerzialität gleich welcher Provenienz Stellung nahm, so sollte man ihr dafür Dank wissen. Wenn man Eminenz Frings einseitige Unterrichtung über die rundfunkpolitischen Entwicklungen unterstellt, so ist diese Unterstellung unbegründet, um nicht mehr zu sagen.

22.7.1960: Die Ministerpräsidenten aller Länder beraten unter sich über die beiden Entwürfe.

Sie teilen dem Bundeskanzler schriftlich drei Gruppen von Forderungen mit:

1. Weitere Fernsehprogramme sollen den Ländern vorbehalten bleiben.
2. Ausschluß reiner Kommerzialität (nur 10 % Werbung im Gesamtprogramm; Trennung der Werbeeinschaltungen vom übrigen Programm; gleiche Werbezeiten für Bund und Länder).
3. Revision der Bestimmungen über die Zusammensetzung des Aufsichtsrates (die Inkompatibilitätsbestimmung erscheint den Ländern problematisch).

Die neue Lösung wird durch den Vermittlungsausschuß erstrebt.

23.7.1960: Der Bundeskanzler lehnt den Gegenvorschlag der Ministerpräsidenten als unannehmbar ab.

24.7.1960: Besprechung der kirchlichen Vertreter Prälat Wissing (kath[olisch]), Prälat Kunst (prot[estantisch]) mit Ministerialdirektor Dr. Mercker[4] vom Bundeskanzleramt.

[2] *Vgl. Dok. 270, Anlage.*

[3] *Vgl. Dok. 288–291.*

[4] REINHOLD MERCKER *(1903–1996), Verwaltungsjurist, 1929–1945 bei der Reichspost (zuletzt Ministerialrat), 1947–1950 Richter, 1950/51 im niedersächsischen Justizministerium, 1951–1956 Ministerialrat im*

Die kirchlichen Vertreter wollen sich orientieren über die endgültige Satzung der D[eutschland-]F[ern]S[ehen]-GmbH und äußern bestimmte Wünsche zur Vermeidung reiner Kommerzialität (nur 10 % Werbung im Gesamtprogramm; Trennung der Werbeeinschaltungen vom übrigen Programm; kein Einfluß der Werbeveranstalter auf das Programm; Stärkung des Aufsichtsrates; Mitwirkung des Aufsichtsrates bei der Verteilung der Überschüsse; Verwendung der Überschüsse nicht nur für wissenschaftliche und künstlerische, sondern auch für gemeinnützige Zwecke; Verfügungsgewalt des Intendanten über die Werbeeinnahmen. Übrigens wird die Mitfinanzierung durch Gebühren als grundsätzliche Regelung vorausgesetzt).
Herr Dr. Mercker versprach, sich für diese kirchlichen Forderungen einzusetzen. Die kirchlichen Vertreter stellten fest, daß sie nicht ermächtigt seien, eine offizielle Zustimmung der Kirche abzugeben; doch sei nach ihrer persönlichen Auffassung die Gefahr einer Kommerzialisierung vermieden, wenn diese Forderungen erfüllt würden.
25.7.1960: Bundeskanzler Adenauer und Bundesjustizminister Schäffer unterzeichnen den D[eutschland-]F[ern]S[ehen]-GmbH-Vertrag und schaffen damit eine juristische Person des privaten Rechts. (Siehe Satzungstext in der Anlage 5[5].)
25.7.–22.8.1960: Bemühungen der Bundesregierung um den Beitritt wenigstens einiger Länder zu der D[eutschland-]F[ern]S[ehen]-GmbH.
Inzwischen Klage der SPD-Länder beim Bundesverfassungsgericht: Es soll geprüft werden, ob der Bund berechtigt ist, auf privatrechtlichem Wege eine Materie zu regeln, die wie das Rundfunkwesen öffentlich-rechtlichen Charakter hat.
22.8.1960: Auf Einladung des Bundeskanzlers an die Ländervertreter erscheinen nur zwei (Schleswig-Holstein und Saarland). Auch diese beiden verweigern den Beitritt zur D[eutschland-]F[ern]S[ehen]-GmbH.
23.8.1960: Der CDU-Bundesvorstand berät über einen evtl. Alleingang der Bundesregierung betr. »Deutschland-Fernsehen-GmbH«.
24.8.1960: Das Bundeskabinett befaßt sich mit demselben Problem.
C) Die kirchliche Stellungnahme zu der Satzung der neugegründeten »Deutschland-Fernsehen-GmbH« (Wortlaut der Satzung in der Fassung vom 25.7.1960: siehe Anlage 5):
Diese Stellungnahme wurde von der KRD zusammen mit dem Bonner Katholischen Büro und Juristen erarbeitet. Sie geht aus von den Grundsätzen, die in der Enzyklika »Miranda prorsus« vom 8.9.1957 sowie in den Verlautbarungen der deutschen Bischöfe vom September 1955 und Dezember 1959 enthalten sind.
Die Enzyklika »Miranda prorsus« gesteht dem Staat zu, politische Interessen im Rundfunk zu wahren, und legt dem Staat schwerwiegende Aufsichtspflichten für die Programmgestaltung auf. Sie verwirft eine Rundfunkregelung, bei der das oberste Ziel die Wahrung politischer Interessen und die Verbreitung politischer Propaganda ist.
In der Frage der Kommerzialität lehnt die Enzyklika ein System ab, das ausschließlich von kommerziellen Gesichtspunkten her aufgebaut ist. Sie verlangt, daß ein sittlich einwandfreies Programm erstellt wird, das nicht in erster Linie wirtschaftlich-

Bundesjustizministerium, 1956–1960 Ministerialdirigent und Ministerialdirektor im Bundeskanzleramt, seit 1966 Staatssekretär in verschiedenen Ministerien.

5 *Nicht ermittelt.*

materiellen Zielsetzungen, sondern dem recht verstandenen Wohl der Staatsbürger, insbesondere der Jugendlichen und der Familie, dient.

Die Verlautbarung der Fuldaer Bischofskonferenz 1955 zur Rundfunkgesetzgebung in Deutschland betont die Notwendigkeit, freie Volkskräfte zur Gestaltung des Rundfunkwesens heranzuziehen. Der Staat hat die kulturelle Arbeit zu schützen, anzuregen und zu fördern. Es wird anerkannt, daß der Staat große Aufgaben bei Rundfunk und Fernsehen zu erfüllen hat. Ein Staatsmonopol wird abgelehnt.

Die Verlautbarung der deutschen Bischöfe vom 9.12.1959 zu dem damaligen Entwurf des Bundesrundfunkgesetzes hält die darin vorgesehene Regelung des zweiten Fernsehprogramms für rein kommerziell, sofern das Programm von privaten Gesellschaften produziert und im wesentlichen durch Werbung finanziert wird. Sie zieht für die Veranstaltung von Rundfunksendungen gemeinnützige öffentlich-rechtliche Anstalten privaten Gesellschaften vor. Sie verlangt, daß der Werbeteil vom übrigen Programm getrennt wird und zu diesem in einem untergeordneten Verhältnis steht.

Bei Anwendung dieser Grundsätze auf die Satzung der neuen D[eutschland-]F[ern] S[ehen]-GmbH ergeben sich die folgenden Feststellungen:

I. Rechtsform:

Die D[eutschland-]F[ern]S[ehen]-GmbH hat alle wesentlichen Eigenschaften einer gemeinnützigen öffentlich-rechtlichen Anstalt, jedoch in der äußeren Form einer privaten Gesellschaft. Die Verantwortung für das Programm liegt allein bei ihr. Lizenzierte private Programmgesellschaften mit Programmverantwortlichkeit (vgl. KRD-Bericht vom 10.6.1960, Seite 2 bis 3) wird es also nicht geben.

II. Staatlicher Einfluß:

Die Gesellschafterversammlung der DFS-GmbH besteht zwar ausschließlich aus staatlichen Vertretern; sie hat jedoch keine bedeutsamen Funktionen. Das entscheidende Gremium ist vielmehr der Aufsichtsrat, in dem der Staatseinfluß zu zwei Dritteln, aber nur mittelbar vorhanden ist. Denn nach § 10,2 der Satzung dürfen dem Aufsichtsrat weder Mitglieder der parlamentarischen Körperschaften, noch der Regierungen, noch »weisungsgebundene Angehörige des öffentlichen Dienstes« (also vor allem Beamte) angehören, und nach § 12, 4 sind die Mitglieder des Aufsichtsrates bei Ausübung ihres Stimmrechtes nicht an Aufträge gebunden.

Eine solche Regelung kann nicht schlechthin als Staatsrundfunk bezeichnet werden. Eine Legaldefinition des Begriffes »Staatsrundfunk« gibt es nicht; man kann aber von der Sache her als Staatsrundfunk diejenige rundfunkorganisatorische Regelung bezeichnen, welche dem Staat einen solchen Einfluß einräumt, daß die freien Kräfte in ihren Einwirkungsmöglichkeiten auf das Programm auf ein bedeutungsloses Maß beschränkt werden.

III. Kommerzialität:

Auch für die Kommerzialität läßt sich eine Legaldefinition nicht ausmachen. Sinnvollerweise kann der Begriff »Kommerzialität« des Rundfunks wie folgt bestimmt werden: Eine Rundfunkregelung ist kommerziell, wenn sie auf wirtschaftlichen Prinzipien aufgebaut ist oder wenn gegen ein zu erwartendes Übergreifen wirtschaftlicher Einflüsse auf den kulturellen Bereich im Rundfunkwesen keine hinreichenden Sicherungen getroffen wurden.

Der so umschriebene Begriff der »Kommerzialität« wird bedeutungsvoll bei der Diskussion über drei anstehende Fragen, nämlich

1. betr. Werbeeinschaltungen im Programm,
2. betr. Bewirtschaftung der Werbeeinnahmen,
3. betr. Gebühren.

Ad 1 Werbeeinschaltungen im Programm:

Die Satzung bestimmt zwar in § 3, Absatz 3: »Werbeeinschaltungen müssen von den übrigen Programmen erkennbar getrennt gehalten werden, die Einblendung von Werbetexten oder werbenden Bilderfolgen darf nur in natürlichen Programmpausen erfolgen«. Ob damit aber die Forderung der Bischöfe nach einer Trennung des Werbeteils von den übrigen Sendungen erfüllt ist, bleibt unklar.

Die Satzung enthält ferner keine hinreichenden Sicherungen gegen das Übergreifen kommerzieller Einflüsse auf den Kulturbereich. Es ist zwar auch nach dieser Satzung eine Regelung denkbar, die in ihrer praktischen Auswirkung die kommerziellen Interessen aus dem Kulturbereich ausschließen würde. Eine Sicherung aber dafür, daß gerade diese praktische Auswirkung erreicht wird, ist nicht gegeben. Daher muß die rundfunkorganisatorische Regelung dieser Satzung als kommerziell beurteilt werden.

Ad 2 Bewirtschaftung der Werbeeinnahmen:

Wichtig zur Beurteilung der Kommerzialität ist auch die Frage, von wem die Werbeeinnahmen bewirtschaftet werden: ob von der D[eutschland-]F[ern]S[ehen]-GmbH selbst oder von den privaten Zulieferer-Gesellschaften; denn im ersten Fall ist die Gefahr des kommerziellen Denkens nicht so groß wie im zweiten Fall.

Ad 3 Gebühren:

Die Satzung enthält keinerlei Bestimmungen über die Gebührenfrage. Diese ist jedoch von großer Bedeutung. Falls nämlich ein nicht unerheblicher Teil des Zweiten Fernsehprogramms aus Gebühren bestritten wird, die der D[eutschland-]F[ern]S[ehen]-GmbH zur Verfügung stehen, entfällt der kommerzielle Charakter, sofern vorgesehen wird, daß diese Gebühren für die Programmgestaltung zu verwenden sind; denn in diesem Falle wäre die Programmgestaltung finanziell hinreichend selbständig, um die kulturellen Belange des Programms der wirtschaftlichen Einflußsphäre zu entziehen.

Zusammenfassend ist betr. Kommerzialität der D[eutschland-]F[ern]S[ehen]-GmbH festzustellen: Die jetzt vorliegende Satzung schließt in keiner Weise die Gefahr aus, daß die D[eutschland-]F[ern]S[ehen]-GmbH in der Praxis völlig auf die Zulieferer-Gesellschaften angewiesen ist. Dieser Gefahr würde wirksam begegnet, wenn u. a. die Finanzierung zu einem nicht unerheblichen Teil aus Gebühren erfolgte. Darüber hinaus wäre es sehr zu begrüßen, wenn die Werbeeinnahmen von der D[eutschland-]F[ern]S[ehen]-GmbH selbst bewirtschaftet würden.

Da in dem Aufsichtsrat der »Deutschland-Fernsehen-GmbH« auch für einen Vertreter der katholischen Kirche ein Sitz vorgesehen ist, kommt die Frage auf uns zu, ob der Episkopat einen Vertreter entsenden soll. Die obigen Darlegungen wollen einer sachgerechten Entscheidung die Wege bereiten helfen.

+ Wilhelm
Bischof von Limburg.

293

Erklärung der Kommission »Sonntagsarbeit«

Bonn, 5. September 1960

EA München, Joseph Kardinal Wendel, 21/1960. *Schreibmaschinenvervielfältigung.*

Auf Grund verschiedener Pressemeldungen, die sich mit der Neuregelung der Sonntagsarbeit in der Stahlindustrie befassen und offensichtlich auf Informationen aus Kreisen der Stahlindustrie zurückgehen, sieht sich die Kommission der kath[olischen] Kirche für Fragen der Sonntagsarbeit veranlaßt, folgende Erklärung abzugeben:

1. Die Behauptung, »unter dem Druck kirchlicher Kreise« plane das Bundesarbeitsministerium eine bestimmte Neuregelung, ist unrichtig. Vielmehr hat sich die Notwendigkeit, zu einer Neuregelung der Sonntagsarbeit zu kommen, daraus ergeben, daß die Stahlindustrie bisher auf Grund von Ausnahmegenehmigungen Sonntagsarbeit vorgenommen hat, die im Laufe der Zeit zu einem gesetzlichen Notstand geworden sind. Die vorgesehene Regelung entspricht zudem keineswegs den Auffassungen der kath[olischen] Kommission. Es ist deshalb völlig unerklärlich, wie die Stahlindustrie nach fünfjährigen Verhandlungen behaupten kann, das Ergebnis sei unter dem Druck kirchl[icher] Kreise zustande gekommen.
2. Seit dem Beginn der Verhandlungen hat die kath[olische] Kommission unablässig festgestellt, es gehe nicht nur um 17.000 Stahlarbeiter. Die Entscheidung für die Stahlindustrie ist vielmehr nichts anderes als ein Modellfall für die gesamte Industrie. Diese Tatsache kann die Stahlindustrie nicht leugnen.
3. Es entspricht auch nicht den Tatsachen, daß die Stahlindustrie auf Grund bestehenden Rechtes sonntags arbeitet, sondern sie arbeitet auf Grund sich wiederholender Ausnahmegenehmigungen, für die nach Auffassung namhafter Juristen keine Rechtsgrundlage vorhanden ist. Deshalb muß der Vorwurf, die katholische Kirche habe die schwierige Problematik heraufbeschworen, zurückgewiesen werden.
4. Die Verlautbarungen der Stahlindustrie gehen nicht auf den wichtigsten Verhandlungspunkt ein. Untersuchungen haben nämlich ergeben, daß den volkswirtschaftlichen, wettbewerbsmäßigen und sozialen Belangen auf andere Weise als durch die Sonntagsarbeit Rechnung getragen werden kann. Technische Notwendigkeiten liegen anerkanntermaßen nicht vor.
5. Konjunkturpolitische Gründe können unter keinen Umständen eine Sonntagsarbeit rechtfertigen, weil sonst der verfassungsrechtliche Schutz des Sonntags in der gesamten Wirtschaft illusorisch würde.
6. Auch der Hinweis, daß tarifvertragliche Schwierigkeiten eine Sonntagsarbeit erzwingen sollen, ist verfehlt. Der Sonntag ist durch Verfassungsrecht geschützt und kann nicht durch Abmachungen der Sozialpartner ausgehöhlt werden. Im übrigen können Schwierigkeiten, die durch einen Tarifvertrag entstanden sind, durch andere Tarifverträge auch wieder behoben werden.
7. Wenn behauptet wird, die Sonntagsruhe erzwinge die 44-Stundenwoche, so ist nicht einzusehen, weshalb für die 17.000 Stahlarbeiter nicht jetzt schon jene Form

der Arbeitszeit eingeführt werden kann, die stufenweise in der Stahlindustrie verwirklicht wird.

8. Die von der Stahlindustrie angegebenen Zahlen über einen Mengenausfall von 10 % und einer Kostenerhöhung von 2,5–3,5 % halten einer sachlichen Nachprüfung nicht stand. Im übrigen handelt es sich um Größenordnungen, die im Zuge von wirtschaftlichen Schwankungen häufiger zutage treten.

Es darf erwartet werden, daß die seit 1955 von seiten der Bundesregierung mehrfach gegebenen Zusicherungen, den verfassungsrechtlichen Schutz des Sonntags auch in der Praxis zu garantieren, nunmehr verwirklicht werden.

294

Erklärung der Bischofskommission für Wirtschaft und Gesellschaft

Münster, 8. September 1960

EA MÜNCHEN, Joseph Kardinal Wendel, 21/1960. *Schreibmaschinenvervielfältigung. Überschrift:* Stellungnahme der Bischofskommission für Wirtschaft und Gesellschaft innerhalb der Fuldaer Bischofskonferenzen.

Die Bischöfliche Kommission für Wirtschaft und Gesellschaft innerhalb der Fuldaer Bischofskonferenzen stellt mit Befremden fest, daß aus Kreisen, die der Eisen- und Stahlindustrie nahestehen, erneut und ohne Berücksichtigung der bisher geführten Verhandlungen die vollkontinuierliche Arbeitsweise in der Eisen- und Stahlindustrie propagiert wird.

Immer wieder haben die Bischöfe darauf hingewiesen, daß nach Einführung der vollkontinuierlichen Arbeitsweise in der Eisen- und Stahlindustrie zwangsläufig andere Industriezweige folgen würden. Diese Befürchtung konnte nicht entkräftet werden; sie wird vielmehr durch die Erfahrung bestätigt.

Es ist eine Irreführung der Öffentlichkeit, wenn man der Kirche unterstellt, sie wolle jede Sonntagsarbeit verhindern. Falsch ist es aber auch, alle Arten von Sonntagsarbeit einander gleichzusetzen, etwa lebensnotwendige Arbeiten mit solchen, die nur um wirtschaftlicher Vorteile willen erfolgen.

Aus religiösen und sozialen Gründen nahmen und nehmen die deutschen Bischöfe gegen die in der Eisen- und Stahlindustrie eingeführte bzw. propagierte vollkontinuierliche Arbeitsweise Stellung. Sie können sich dabei auch auf das Grundgesetz und die Verfassungen der Länder berufen.

Die Ausweitung der vollkontinuierlichen Arbeitsweise und der gleitenden Arbeitswoche würde das in unserer Zeit schon so bedrohte Familienleben noch weiter schädigen und ein Kernstück unserer Gesellschaftsordnung in Gefahr bringen. Der Sonntag kann nicht durch einen anderen arbeitsfreien Tag ersetzt werden. Jahrelange Verhandlungen und Untersuchungen haben ergeben, daß auch für die Eisen- und Stahlindustrie eine angemessene Sonntagsruhe tragbar ist.

Die Bischöfe ersuchen daher alle in Staat und Gesellschaft Verantwortlichen, ernsthaft danach zu streben, den Sonntag von unnötigen Arbeiten und anderen Belastungen

weiter freizumachen und ihm die gebührende Stellung zurückzugeben. Sie verweisen auf ihre früher abgegebenen Erklärungen und erwarten, daß die Bundesregierung und die Regierungen der Länder dafür sorgen, daß die verfassungsrechtliche Stellung des Sonntags nicht angetastet wird.
Die Bischöfe sind überzeugt, damit nicht zuletzt auch im wohlverstandenen Interesse aller arbeitenden Menschen, insbesondere auch für deren Recht auf den arbeitsfreien Sonntag, zu handeln.
Bischofskommission für Wirtschaft und Gesellschaft innerhalb der Fuldaer Bischofskonferenzen.

295

Bericht Jaegers I

[Paderborn, vor 19. September 1960][1]

EA MÜNCHEN, Joseph Kardinal Wendel, 21/1960. *Schreibmaschinenvervielfältigung. Überschrift:* Jahresbericht über das Verhältnis evangelischer Christenheit zur katholischen Kirche. *Vermerk:* Zur Plenarkonferenz Fulda 1960.

Der Bericht wird enthalten eine Übersicht über
a) aktuelle Vorgänge im theologischen Bereich;
b) den Ökumenischen Rat der Kirchen;
c) den Nachhall zum Eucharistischen Weltkongreß;
d) Verschiedenes.
a) Es ist die Aufmerksamkeit zu lenken auf theologische Äußerungen des Erlanger evangelischen Theologen Ethelbert Stauffer[2], dessen drei Bücher über den historischen Jesus in der Dalp-Reihe großen Absatz finden und der häufiger als andere evangelische Theologen im Rundfunk spricht. Zur kurzen Orientierung über seine theologische Position muß folgendes vorausgeschickt werden: Die Nachkriegstheologie (also seit 1945) wurde wesentlich von Bultmanns Theologie beherrscht. Nach ihr ist allein das Evangelium oder das Kerygma vom Auferstandenen maßgeblich, und zwar ohne den historischen Rückbezug auf Jesus von Nazareth, von dem wir kaum etwas wissen können und von dem wir auch nichts zu wissen brauchen. Der Jesus »dem Fleische nach« hat gar keine Bedeutung für die Verkündigung dessen, was Gott gehandelt hat und was er an mir handeln will. Diese gefährliche Einseitig-

1 *Die Datierung ergibt sich aus dem Begleitschreiben* JAEGERS *an die Mitglieder der Fuldaer Bischofskonferenz vom 19. September 1960 (Schreibmaschinenausfertigung mit eigenhändiger Unterschrift am gleichen Fundort).*

2 ETHELBERT STAUFFER *(1902–1979), Professor der evangelischen Theologie seit 1934 in Bonn, 1948–1967 in Erlangen.*

keit wurde kritisch von evangelischen, aber auch sehr wirksam von katholischen Theologen (Marlé[3], Mussner[4], Schnackenburg[5]) herausgestellt.

Ethelbert Stauffer stand von vornherein im äußersten Gegensatz gegen die reine Kerygmatologie Bultmanns. Ihm ist die historische Erforschung der Urgestalt Jesu und seiner Botschaft allein richtig. Diese Botschaft ist durch jüdisch-palästinensische Einflüsse verdeckt oder gar verfälscht. Besonders Paulus hat sie bis zur Unkenntlichkeit verunstaltet. Es sei nur dieser Satz von Stauffer zitiert: »..., daß zwischen Jesus von Nazareth und uns eine selbstgewisse und trotz aller Demutsworte manchmal recht selbstherrliche Kirche steht, durch deren klerikale Zensur und Kontrolle alles hervorgegangen ist, was das Neue Testament über Jesus sagt« (Theol[ogische] Lit[eratur-]Zeit[un]g Jg. 84, Nr. 9, Sp. 644). So ist also das NT das Produkt einer selbstherrlichen klerikalen Zensur und Kontrolle des wirklichen Verständnisses Jesu. An anderen Stellen spricht Stauffer geradezu von einer Verfälschung. Stauffer stützt sich für seine Aussagen auf recht einseitige Deutungen der neuen Qumranfunde.

In einem offenen Brief, der in einer Reihe von evangelischen Zeitschriften veröffentlicht wurde, haben drei Erlanger Theologen: Althaus[6], Künneth[7] und Joest[8] Stellung gegen Stauffer genommen.

Ich selbst möchte zwei Bemerkungen anfügen. Erstens, diese Äußerungen Stauffers, deren Gefährlichkeit nicht leicht überschätzt werden können, sind nicht nur eine weltfremde akademische Angelegenheit. Sie werden durch die modernen Kommunikationsmittel in die weitesten Kreise getragen und sind im übrigen viel eingängiger als die abstrakten Formulierungen Bultmanns. Die Dalp-Bücher von Stauffer sind durchsetzt mit aufreizenden politischen Essays. Zweitens sind die Anschauungen Stauffers ein Symptom für die innere Haltung der Fundamente evangelischer Theologie. Das zu betonen, scheint mir, angesichts der gut gemeinten aber voreiligen Harmonisierungsversuche zwischen katholischen und evangelischen Theologen, wichtig zu sein.

b) Ökumenischer Rat der Kirchen. Der Zentralausschuß des Ökumenischen Rates der Kirchen, etwa 90 Delegierte der anglikanischen, orthodoxen und protestantischen Kirchengemeinschaften, kam im August dieses Jahres in St. Andrews (Schottland) zu einer achttägigen Konferenz zusammen. Es war die letzte Zusammenkunft vor der 3. Vollversammlung im November 1961 in Neu Delhi. Folgende Tatsachen

[3] P. René Marlé SJ *(1919–1997), französischer Theologe, bis 1997 Rektor der jesuitischen Hochschule Centre Sèvres in Paris.*

[4] Franz Mussner *(geb. 1916), Dr. theol., katholischer Theologe, 1953 Professor für Biblische Theologie an der Theologischen Fakultät Trier, später in Regensburg.*

[5] Rudolf Schnackenburg *(1914–2002), Dr. theol., katholischer Theologe, 1955 Professor für Biblische Theologie in Bamberg, 1957 in Würzburg.*

[6] Paul Althaus *(1888–1966), Dr. theol., Dr. iur. h. c., evangelischer Theologe, 1925–1956 Professor für Dogmatik und Ethik in Erlangen.*

[7] Walter Künneth *(1901–1997), Dr. phil., Dr. theol. h. c., evangelischer Theologe, 1953 Professor für Systematische Theologie in Erlangen.*

[8] Wilfried Joest *(1914–1995), Dr. theol., evangelischer Theologe, 1956 Professor für Systematische Theologie in Erlangen.*

wären als besonders bedeutsam zu berichten. Die Russisch-Orthodoxe Kirche hatte zwei Beobachter entsandt. Der Patriarch Alexius von Moskau[9] richtete eine Botschaft an die Versammelten: Christen hätten nicht nur auf sozialem und theologischem Gebiet gemeinsame Aufgaben zu verrichten, sie müßten auch eine geschlossene Front gegen die Gefahr zerstörerischer Kriege bilden.

Acht neue Mitgliedskirchen wurden in den Ökumenischen Rat neu aufgenommen, der nunmehr 178 Gliedkirchen umfaßt. Besonders bedeutsam ist der Anschluß des Syrisch-Orthodoxen Patriarchats von Antiochien und dem ganzen Osten, das nicht nur in Syrien, im Libanon, im Irak und der Osttürkei zahlreiche Anhänger hat, sondern auch in Nord- und Südamerika. Insgesamt unterstehen dem Patriarchat etwa 700.000 Christen. – Einstimmig nahm man die Erweiterung der sogenannten »Basis« an. Die bisherige Basis lautete: »Der Rat ist eine Gemeinschaft von Kirchen, die unseren Herrn Jesus Christus als Gott und Heiland anerkennen.« Auf den besonderen Wunsch der norwegischen und vor allem der orthodoxen Mitgliedskirchen beschloß man nun die seit einigen Jahren vorgeschlagene, von Genf aber, speziell von Visser't Hooft[10] zurückgehaltene neue Basis, die nunmehr folgenden Wortlaut hat: »Der Ökumenische Rat der Kirchen ist eine Gemeinschaft von Kirchen, die den Herrn Jesus Christus gemäß der Heiligen Schrift als Gott und Heiland bekennen und darum gemeinsam zu erfüllen trachten, wozu sie berufen sind, zur Ehre Gottes des Vaters, des Sohnes und des Heiligen Geistes«. Das Zusätzliche besteht also in dem Bekenntnis zur Heiligen Schrift und zur Dreieinigkeit.

Von den weiteren Verhandlungen dürfte vor allem die Erklärung über das Verhältnis zur katholischen Kirche bedeutsam sein. Es wurde zunächst eine »grundsätzliche Wandlung« in der Haltung der katholischen Kirche zur ökumenischen Bewegung festgestellt. Begrüßt wurde die Tatsache, daß ein Gespräch zwischen der katholischen Kirche und anderen christlichen Gemeinschaften ermöglicht sei. Man hoffe jedoch, daß auch die bisher schon durchgeführten inoffiziellen Gespräche weitergeführt werden könnten, da »gerade solche informellen Kontakte am besten zur Beseitigung von Mißverständnissen beitragen könnten«. Im übrigen wurde erneut festgestellt, daß der Ökumenische Rat nach seiner Verfassung in Fragen der kirchlichen Vereinigung nicht für die einzelnen Mitgliedskirchen sprechen könnte. Wohl könne der Rat dem neuen »Sekretariat zur Förderung der Einheit der Christen« in Rom gewisse grundsätzliche Überzeugungen zur Kenntnis bringen.

c) Der Eucharistische Weltkongreß ist von der evangelischen kirchlichen Presse verschieden beurteilt worden. Ich möchte die Äußerungen etwa mit folgenden Kennzeichnungen charakterisieren:

9 Aleksij Sergej Vladimirovic Simanskij *(1877–1970), 1902 Ordenseintritt, 1903 Priester, 1913 Bischof von Tichwin, 1932 (nach politisch bedingter Haft) Metropolit von Leningrad, 1945 Patriarch von Moskau und ganz Rußland.*

10 Willem Adolph Visser 't Hooft *(1900–1985), 1948–1966 Generalsekretär des Ökumenischen Rates der Kirchen.*

I. Versuch einer positiven Stellungnahme mit einer Besinnung in den innerkirchlichen evangelischen Raum hinein. So hat Prof. Meinhold[11], Kiel, sehr wirksam im ganzen positiv zu München gesprochen.
II. Ein Großteil der kirchlichen Blätter zeigte eine gezwungene, fast gequälte Freundlichkeit, nicht ohne kritische Distanzierungen, so z. B. die Evangelisch-lutherische Kirchenzeitung.
III. Ablehnende Haltung bewiesen die Äußerungen von Bensheim vor dem Kongreß und nachher. (Oberkirchenrat Prof. Dr. Sucker[12], der bei kaum einer der wichtigen Veranstaltungen in München fehlte, hat sich einer einigermaßen objektiven Beurteilung befleißigt, sagt jedoch folgenden Satz: »Viele Beobachtungen und Äußerungen ließen in München erkennen, daß sich auch der Katholizismus in einem krisenhaften Zustand befindet und daß auch in ihm die Besten nach einer Erneuerung Ausschau halten.«)
IV. Eine fast zynisch zu nennende Darstellung der äußeren Sicht der Vorgänge auf dem Weltkongreß ist der Beitrag von Kurt Petry in Kirche in der Zeit, der evangelischen Kirchenzeitung der Rheinischen Kirche H[eft] 9 (1960). Diese Zeitschrift, die in jedes evangelische Pfarrhaus des Rheinlandes und darüber hinaus kommt, schlägt einen Ton an, der jeglichem Programm einer Verständigung zwischen den Konfessionen Hohn spricht. So etwas sollte heute nicht mehr möglich sein.
d) Verschiedenes. Solche wenig dem Frieden dienenden Erklärungen und Aufsätze sind um so mehr zu bedauern, als von katholischer Seite alle Anstrengungen gemacht werden und oft schon entsprechende Erklärungen abgegeben wurden, die auf ein wenigstens äußerlich versöhnliches Miteinander zielen. Wir sollten uns auch fragen, ob man da und dort im katholischen Bereich in der Bereitschaft zur Verständigung immer das rechte Maß und die von der Klugheit gebotene Zurückhaltung wahrt. Wir lassen uns durch vielerlei Unfreundlichkeiten unser Ziel nicht erschüttern, alles an Verständigung zu tun, wie es der Wahrheit entspricht. Wir sind ebenso bereit, in echter Buße, wozu unser Heiliger Vater, aber auch die früheren Päpste aufgefordert haben, uns immer wieder neu zu prüfen. Es scheint mir aber nicht angängig zu sein, daß nur wir es sind, die eine Korrektur vorzunehmen haben. Ich habe die Befürchtung, daß hier und da – sicherlich in bester Absicht – des Guten etwas zuviel getan wird. Die Folge davon ist, daß notwendig zu erhebende, aber sachlich ausgesprochene Kritiken durch einen katholischen Bischof etwa von vornherein als negativ und sogar als den Einheitswillen störend beurteilt werden.
Ich bin auch nicht sehr erfreut über die Mitteilungen des Augsburger Kreises für christliche Verständigung, September 1960. Nicht als ob hier falsche Angaben gemacht wären; die Akzentsetzungen und Nuancierungen scheinen mir nicht ganz der

[11] PETER MEINHOLD *(1907–1981), Dr. theol., evangelischer Theologe, 1947 Professor für Kirchen- und Dogmengeschichte in Kiel.*

[12] WOLFGANG SUCKER *(1905–1968), Dr. theol. h. c., evangelischer Theologe, 1937 im Zentralvorstand des Evangelischen Bundes, 1949 Leiter des Konfessionskundlichen Instituts in Bensheim, 1957 Stellvertretender Kirchenpräsident von Hessen-Nassau, 1959 Vizepräsident, 1963 Präsident des Evangelischen Bundes.*

Wirklichkeit zu entsprechen. So bringt man zwar die bekannten Absetzungen von Präses Beckmann[13] gegen die katholische Kirche im Auszug, sagt aber nicht, daß der Präses ganz klar und bestimmt erklärt hat, die Kluft zwischen katholischer Kirche und der Kirche des Evangeliums sei noch nie so weit gewesen wie heute.
Der Leitungskreis der »Sammlung« hat seit einiger Zeit getrennte Zielsetzungen. Propst Asmussen[14] und die ihm besonders befreundeten Pfarrer Lehmann[15] und Finke[16] meinten, die von Pfarrer Lackmann vor allem vorgeschlagene Abkehr von der Landeskirche, die noch weithin einem Protestantismus zugetan sei, nicht nachvollziehen zu können. Nunmehr hat Pfarrer Lackmann, für den es seit seinem letzten Buch Credo Ecclesiam Catholicam wohl keine Rückkehr ins evangelische Pfarramt mehr geben kann, mit zwei Laien, Prof. Hacker[17], Bonn, und Direktor Huhn[18], Fürsteneck, einen »Bund zur katholisch-evangelischen Wiedervereinigung« gegründet, in dem evangelische Christen als Mitglieder und Katholiken als Freunde aufgenommen werden können. Es bleibt abzuwarten, wie die weitere Entwicklung der nunmehr zwei Gruppen der »Sammlung« und des »Bundes ...« verlaufen wird.
Einen noch weitergehenden Versuch, katholische und evangelische Christen in einem Verein zu praktischer Wiedervereinigungsarbeit zu sammeln, stellt der von P. Lukas Müller OSB[19] gegründete »Verlag Vereinte Kirche e. V.«, Neuenstein, dar, der abzulehnen ist.
Die Reaktion offizieller kirchlicher Kreise des Protestantismus auf das Konzil und die im Zusammenhang damit geäußerte Einladung des Papstes an die getrennten Brüder, nach der Einheit der Christenheit zu suchen, wird schärfer und ablehnender. So schreibt der Evangelische Pressedienst Nr. 213 vom 15. September 1960:
»Von der Papstansprache nicht überrascht
Konfessionskundliches Institut: Evangelische Befürchtungen bestätigt
epd Bensheim, 15. September. In der Evangelischen Kirche haben die Berichte über die Ansprache des Papstes am letzten Sonntag in Castelgandolfo nicht überrascht. Der Papst hatte anläßlich der Messe in der Pfarrkirche seines Sommersitzes als Weg zur christlichen Einigung ›die Rückkehr der Brüder, die das Zeichen Jesu auf der Stirn tragen, in den Kreis der katholischen Kirche‹ genannt. Im Konfessionskundli-

13 JOACHIM BECKMANN *(1901–1987), DDr., 1951 Professor an der Kirchlichen Hochschule Wuppertal, Präses der Evangelischen Kirche im Rheinland.*

14 HANS ASMUSSEN *(1898–1968), evangelischer Theologe, 1934–1945 führend in der Bekennenden Kirche, 1946–1948 Präsident der Kirchenkanzlei der EKD, 1949–1955 Propst in Kiel.*

15 WOLFGANG LEHMANN *(1914–2002), 1938 Vikar von Hans Asmussen, 1950–1984 Pastor der Friedenskirche in Offenbach, gründete 1954 mit Hans Asmussen, Ernst Fincke und Max Lackmann die »Sammlung« mit der Zielvorstellung einer Regeneration der evangelischen Kirchen und der evangelisch-katholischen Wiedervereinigung und war Mitglieder des Leitungskreises.*

16 *In der Vorlage:* Finke. ERNST FINCKE *(1901–1994), 1930–1947 Pfarrer in Aufenau (Kurhessen-Waldeck), 1947–1967 Klinikpfarrer in Frankfurt, Mitbegründer der »Sammlung«, Mitverfasser der »Katholischen Reformation«, Stuttgart 1958.*

17 PAUL HACKER *(1913–1979), Dr. phil., 1955 Professor für Indologie und Direktor des Indologischen Seminars an der Universität Bonn, 1963 Professor in Münster.*

18 GUSTAV HUHN, *1952 Direktor der Heimvolkshochschule Burg Fürsteneck.*

19 *In der Vorlage: Lucas.* P. LUKAS MÜLLER OSB *(geb. 1902), 1932 Profeß Benediktinerabtei Neresheim, 1937 Priester, 1969 Austritt.*

chen Institut in Bensheim heißt es dazu, diese Worte hätten nur die evangelischen Befürchtungen bestätigt, daß Rom trotz des freundlicheren Tones seiner Sprache von seinem alten Ziele nicht gelassen habe.

Der Papst hatte erklärt, das zweite Vatikanische Konzil werde ein Mittel der Einigung der Christen sein. Zur Herstellung dieser Einigung forderte der Papst die von Rom getrennten Christen zur Rückkehr in die römische Kirche auf. Auf jeden Fall müsse alles getan werden, um die Irrtümer der anderen und die Verhaltensirrtümer der katholischen Seite auszubessern.

Wie in Bensheim betont wurde, wird die Generalversammlung des Evangelischen Bundes vom 23. bis 27. September in Düsseldorf ›eine evangelische Antwort‹ auf die Worte des Papstes geben. Mit dem Thema der Generalversammlung ›Die Einheit der Kirche‹ werden sich in der Festversammlung in der Rheinhalle der Präsident des Evangelischen Bundes, Prof. Heinrich Bornkamm[20] (Heidelberg), in einem akademischen Festakt der Frankfurter Universitätsprofessor Paul Gerhard Steck[21] und in einer Pfarrkonferenz unter dem Gesichtspunkt der Rechtfertigungslehre Prof. Erdmann Schott[22] (Halle/Saale) befassen. Superintendent Brune[23] (Emsdetten) wird über die Begegnung der Konfessionen im Alltag sprechen, während Prof. D. Sucker (Darmstadt) Gedanken über das ›Christliche Abendland‹ darlegen wird. In allen diesen Antworten, so wird in Bensheim betont, würde deutlich werden, daß sich der evangelische Widerspruch nicht auf ›Verhaltensirrtümer der römischen Kirche‹ beziehe, sondern daß es um entscheidende Lehrdifferenzen gehe.«

Der Bensheimer Kreis abgefallener katholischer Priester, die jetzt als Pfarrer oder Lehrer im Dienst der evangelischen Kirche stehen, hat auf seinem Jahreskonvent eine Entschließung angenommen, in der es heißt, seine Arbeit soll »unter Vermeidung unfruchtbarer Polemik zwischen den kirchlichen und konfessionellen Fronten vermitteln und besonders denen Hilfe und Zuflucht bieten, die unter dem Selbstverständnis und dem Anspruch der Römisch-Katholischen Kirche in innere und äußere Not geraten« seien. Der Bensheimer Kreis plant deshalb die Einrichtung von Aufnahmestätten für »Konvertierende«. Auch soll eine Zusammenarbeit »mit den zahlreichen Gruppen konvertierter Priester in Europa und Übersee« erzielt werden. Die Zahl der im Bensheimer Kreis zusammengeschlossenen ehemaligen katholischen Geistlichen wird mit weit über 64 angegeben.

Schlußbemerkung

Ich mußte im Vorstehenden u. a. einige weniger erfreuliche Dinge aussprechen. Um so lieber ist es mir, hier am Schluß auf zwei große schöne Ereignisse hinweisen zu

20 HEINRICH BORNKAMM *(1901–1977), Dr. theol., Dr. theol. h. c., 1948 Professor für Religions- und Kirchengeschichte in Heidelberg.*

21 *Offensichtlich verschrieben für* KARL GERHARD STECK *(1908–1983), Dr. theol., evangelischer Theologe, 1953 Professor für Systematische Theologie in Frankfurt am Main.*

22 ERDMANN SCHOTT *(1900–1983), Dr. theol., evangelischer Theologe, 1954 Professor mit Lehrstuhl für Systematische Theologie in Halle.*

23 FRIEDRICH WILHELM BRUNE *(1900–1971), evangelischer Geistlicher, 1927 Pfarrer in Emsdetten, 1945 auch Superintendent in Münster, 1953 im Kirchenkreis Steinfurt, seit 1965 im Ruhestand vielfach ehrenamtlich tätig.*

können. Das eine ist die im Volke zweifellos im Wachstum begriffene Sehnsucht nach der Einheit der Christen. Man könnte, was hier zu weit führte, mancherlei Symptome dafür nennen. Das andere ist das vom Papst begründete und S[einer] E[minenz] Kardinal Bea unterstellte »Sekretariat für die Förderung der Einheit der Christen«. Die Mitteilung davon ist von evangelischer Seite bei Wahrung einer gewissen Zurückhaltung doch positiv aufgenommen worden.

Wie in früheren Jahren soll noch angefügt sein ein Bericht über die Tätigkeit des Möhler-Instituts. In den Schriftenreihen wurden neu veröffentlicht:

Peter Lengsfeld, Überlieferung. Eine Auseinandersetzung mit dem protestantischen Traditionsprinzip.

Albert Brandenburg, Gericht und Evangelium. Zur Worttheologie des jungen Luther mit kritischem Blick auf die Uranfänge des Reformatorischen.

Lorenz Jaeger, Erzbischof von Paderborn, Das Ökumenische Konzil. Die Kirche und die Christenheit. (Das Buch ist bereits in zweiter Auflage erschienen. In Vorbereitung sind eine französische und eine holländische Ausgabe.)

Die Zeitschrift Catholica hat beste Mitarbeiter und findet durch ihre grundlegenden kontroverstheologischen Aufsätze eine immer stärkere Beachtung in theologisch interessierten Kreisen des In- und Auslandes.

Die einzelnen Mitglieder des Instituts haben in vielen Städten Vorträge über das Konzil und die ökumenische Arbeit überhaupt gehalten. Recht bedeutsam und verheißungsvoll scheint zu sein, daß vor allem die evangelisch-theologische Jugend in Predigerseminarien und an evangelischen Fakultäten Verlangen nach katholischen Vorträgen zeigt.

296

Bericht Jaegers II

[Paderborn, vor 19. September 1960][1]

EA MÜNCHEN, Joseph Kardinal Wendel, 21/1960. *Schreibmaschinenvervielfältigung. Vermerk:* Für die Plenarkonferenz 1960.

I. Ausländische Studenten an deutschen Hochschulen

1. Ihre Zahl

In der Bundesrepublik beläuft sich die Zahl der Ausländer an den Hochschulen (einschließlich der Studierenden an Akademien, Musikhochschulen, Ingenieurschulen usw.) auf insgesamt 21.654 = 7,8 % der Gesamtstudierendenzahl von 277.511. Der Ausländeranteil an den Hochschulen von Nordrhein-Westfalen beträgt fast 10 % (Gesamtzahl der Studenten 60.417). An den Hochschulen Baden-Württembergs 10,2 %, Westberlins 5,4 %. Schwerpunkte des Ausländerstudiums sind vor allem München, Hamburg, Bonn, Frankfurt, Aachen (liegen über dem Bundesdurchschnitt

1 *Zur Datierung vgl. Dok. 295, Anm. 1.*

von 7,8 %), im Durchschnitt liegen Freiburg, Heidelberg, Köln, Kiel, Karlsruhe. Unter dem Bundesdurchschnitt liegen Berlin, Münster, Göttingen, Tübingen, Würzburg.

2. Unter den ausländischen Studierenden machten am 1.4.1960 die Männer 87,5 %, die Frauen nur 12,5 % aus, während der Durchschnitt der Frauen an der gesamten Studentenschaft 32,4 % beträgt.

Die Zahl der Katholiken unter diesen Ausländern, namentlich unter den afro-asiatischen Studenten, ist minimal, da sie selten in den Genuß eines Staatsstipendiums kommen.

Vom KAAD werden betreut z. Zt. 94 Stipendiaten. Es müssen erhebliche Anstrengungen von seiten der Kirche gemacht werden, eine katholische Intelligenzschicht für die Missionsländer heranzubilden.

3. Wohnheimbau: Es entspricht durchaus den Wünschen der ausländischen Studenten, in Wohnheimen zusammen mit deutschen Studenten Unterkunft zu finden. Derartige internationale katholische Studentenheime bestehen in München, Berlin und Hamburg. Es müßten dringend noch 3–4 sofort hinzukommen an den vorstehend genannten Konzentrationspunkten des Ausländer-Studiums.

Unterbringung in nur von Ausländern bewohnten Heimen hat sich nicht bewährt und sollte vermieden werden, da die Isolierung kontakterschwerend wirkt.

II. Ausländische Praktikanten

Es befinden sich z. Zt. rund 7.000 ausländische Praktikanten in der Bundesrepublik, vorwiegend aus unterentwickelten Ländern. Gute Orientierung darüber bieten die von der Bundesvereinigung der deutschen Arbeiterverbände, Köln, im August 1960 herausgegebene »Empfehlung des Jugendausschusses der Bundesvereinigung« mit dem Titel »Ausländische Praktikanten und Studenten in Betrieb und Wirtschaft«. Diese Schrift unterrichtet über die vielfältigen Betreuungsmaßnahmen und gibt gute Anregungen für die Betreuung. Dort sind auch weitere Literaturangaben zu finden. Der Diözesanreferent für die Betreuung der ausländischen Studenten und Praktikanten sollte im Besitz dieser Schrift sein.

Die seelsorgliche Betreuung der ausländischen Praktikanten ist noch in gar keiner Weise geordnet. Es geschieht im rein menschlichen und kulturellen Bereich einiges von den Betrieben und von der Wirtschaft sowie von interkonfessionellen oder protestantischen Einrichtungen. Darüber informiert die genannte »Empfehlung« des Arbeitgeberverbandes, S. 12 ff. – Es ist beschämend, daß von seiten der Kirche noch nichts Ernsthaftes in diesem Anliegen unternommen worden ist.

Das Problem wird sich in Kürze verschärft stellen, wenn nicht nur ausländische Praktikanten, sondern auch ausländische Arbeiter in verstärktem Maße bei uns einströmen im Zuge des freien Arbeiteraustausches, der von den Ländern der EWG vorbereitet wird. Die Plenarkonferenz sollte unsere katholischen Standesorganisationen mit der Sorge für diese Arbeiter und Praktikanten betrauen.

Speziell der Praktikanten nehmen sich mancherorts schon die Mitglieder des Neudeutschen Männerringes an. Es müßte aber systematischer geschehen.

Für das Protokoll[2] vorgeschlagene Entschließung:
1.) Die menschliche und seelsorgliche Betreuung der ausländischen Studenten und Praktikanten ist von großer Wichtigkeit und sollte ein echtes Anliegen aller Katholiken sein.
2.) An den Zentren des Ausländerstudiums sollten internationale katholische Studentenwohnheime errichtet werden (75 % ausländische, 25 % deutsche Insassen). Die Bischofskonferenz stellt für den Bau dieser Wohnheime in diesem Jahr 300.000 DM zur Verfügung und erhofft, daß das Misereor-Werk zusätzlich 200.000 DM zur Verfügung stellt.
3.) Es sollten die Verbandszentralen unserer Standesvereine auf die Bedeutung der Ausländerbetreuung aufmerksam gemacht werden, damit in- und außerhalb der Betriebe Studenten und Praktikanten an den katholischen Mitarbeitern Stütze und Beratung finden.
4.) Die Gruppen des ND-Männerringes haben mancherorts bereits sich der Praktikantenbetreuung recht gut angenommen. Der ND-Männerring wird gebeten, das systematisch an allen Orten der Bundesrepublik zu tun, weil [*seine*] Mitglieder in den Betrieben und in der Wirtschaft am schnellsten die immer nur für einige Monate dort tätigen Praktikanten kennenlernen und ihr Vertrauen gewinnen können.
5.) Die von den deutschen Bischöfen zur Verfügung gestellten Stipendien für die Heranbildung einer katholischen Akademikerelite in den Missionsländern sollten tunlichst erhöht und durch freiwillige Spenden einzelner Verbände oder Betriebe vermehrt werden.
6.) Dem KAAD wird für die bisher geleistete Arbeit der Dank der Plenarkonferenz ausgesprochen.

297

Bericht Jaegers III

[Paderborn, vor 19. September 1960][1]

EA MÜNCHEN, Joseph Kardinal Wendel, 21/1960. *Schreibmaschinenvervielfältigung. Überschrift:* Wohnheimbau für Studenten. *Vermerk*: Für die Plenarkonferenz 1960.

I. Zahl der Studenten in der Bundesrepublik:
Im WS 1958/59 gab es insgesamt 164.667 Studenten,

davon 101.012	evangelisch = 61 %
56.422	katholisch
7.233	gehörten anderen Religionsgemeinschaften an oder waren konfessionslos (Christ und Welt vom 19.5.1960)

[2] *Vgl. Dok. 306.*

[1] *Zur Datierung vgl. Dok. 295, Anm. 1.*

II. Zahl der Wohnheime am 1.4.1960:
286 Wohnheime mit 21.238 Plätzen,
davon
katholisch 50 Heime mit 3.283 Plätzen = noch nicht ganz 6 %
Die kath[olische] Seite liegt also unter dem Durchschnitt, der 9 % beträgt.

III. Planungen auf staatlicher und halbstaatlicher Ebene:
a) das »Düsseldorfer Wohnheimprogramm« für NRW sieht jährlich Beschaffung von 4.000–5.000 Wohnplätzen für Studenten vor;
b) der »Leussinkplan«: Eine völlig neue, sehr ernste Situation ist in den letzten Wochen durch den sogenannten Leussinkplan (Vorsitzender der Rektorenkonferenz[2]) entstanden: Ab 1961 sollen mit Hilfe des Innen- und Lückeministeriums[3] von seiten der Versicherungen (Initiator des ganzen Planes ist Versicherungsdirektor Möller[4] in Karlsruhe) jährlich 15.000 Heimplätze geschaffen werden, so daß innerhalb von fünf Jahren die gesamte Wohnungsnot der Studenten behoben ist. Besprechungen mit den Herren Ministern Lücke und Schröder haben bereits stattgefunden. Ebenso versucht die »Neue Heimat«, im großen Stil in den Bau einzusteigen (z. B. in Hamburg sofort mit 500 Plätzen).

IV. Wünsche für ein katholisches Bauprogramm:
Es ist jetzt wirklich allerhöchste Eile geboten, sowohl daß katholischerseits wirklich zentral etwas Entscheidendes geschieht, als auch, daß unbedingt versucht wird, dies kommerzielle Bauen auf gar keinen Fall von Regierungsseite auch nur irgendwie zu unterstützen! Was unsererseits geschehen muß, ist in den Memoranden I vom 7.2.1959, und II vom 26.11.1959 an den Hochwürdigsten Episkopat[5] bis ins Detail hinein entwickelt und braucht nicht wiederholt zu werden: Wenn wenigstens insgesamt eine Million für 1961 zur Verfügung gestellt werden könnte, kämen wir sowohl bezüglich der Heime unsererseits überhaupt weiter und vor allem bezüglich der so dringend notwendigen Plätze für afroasiatische Studenten.
Als Entschließung der Plenarkonferenz für die Aufnahme ins Protokoll[6] wird vorgeschlagen:
1. Die Plenarkonferenz spricht dem »ständigen Arbeitskreis für studentische Wohnheimfragen« für die geleistete Arbeit die Anerkennung aus.
2. Für den Bau von Studentenwohnheimen in der Diaspora werden 500.000 DM bereitgestellt. Die Freigabe erfolgt, wenn dem bischöflichen Referenten (Paderborn)

[2] HANS LEUSSINK *(1912–2008), Dr. Ing., 1954 Professor für Bodenmechanik an der Technischen Hochschule Karlsruhe, 1956–1961 deren Rektor, 1960–1962 Präsident der Westdeutschen Rektorenkonferenz, 1965 Präsident des Wissenschaftsrates,1969–1972 Bundesminister für Bildung und Wissenschaft.*
[3] *Gemeint ist das von* PAUL LÜCKE *geleitete Bundesministerium für Wohnungsbau.*
[4] ALEX MÖLLER *(1903–1982), Versicherungskaufmann, Politiker (SPD), 1928 im preußischen Landtag, 1946–1969 Mitglied der Landesversammlung und des Landtags von Baden-Württemberg, 1961–1976 Mitglied des Bundestags, 1969–1971 Bundesminister der Finanzen.*
[5] *Nicht ermittelt.*
[6] *Vgl. Dok. 306.*

von dem zuständigen Ordinariat die Zusicherung gegeben ist, daß die Gesamtfinanzierung des Wohnheimbaus gesichert ist.

3. Alle Bischöfe werden tunlichst die Empfehlungen der zentralen Arbeitsgemeinschaft für katholischen studentischen Wohnheimbau berücksichtigen und diese bei der Planung und Beschaffung der Landesmittel mit beteiligen.

4. Über die bewilligte Summe hinaus werden in gleicher Weise weitere 300.000 DM zur Verfügung gestellt für den Bau von Wohnheimen für afroasiatische Studenten.

5. Die Plenarkonferenz begrüßt den Düsseldorfer Wohnheimplan, beobachtet aber mit großer Sorge Tendenzen, die von kommerzieller Seite bezüglich der Studentenwohnheimnot ausgehen (Leussinkplan). Den Bau von Studentenhotels oder Studentenwohnhäusern ohne jedes geistige Grundkonzept und ohne verbindliche Heimleitung halten die deutschen Bischöfe für durchaus abwegig.

Die Konferenz begrüßt das Tutorenprogramm von Bund und Ländern. Es erscheint allerdings eine Ausweitung dringend notwendig. Entsprechend zum Düsseldorfer Wohnheimplan müßte auch ein finanzieller Förderungsplan für Heimleiter und Tutorenstellen geschaffen werden. Da die moderne Universität neben der Forschung und Lehre kaum noch einen Bildungsauftrag erfüllen kann, müßte alles daran gesetzt werden, daß wenigstens ein Minimum von ganzheitlicher Bildung durch Studentenwohnheime ermöglicht wird. Die dazu erforderlichen Notwendigkeiten, besonders in personeller, finanzieller und baulicher Hinsicht sollten gesehen und konsequent angegangen werden. Bloßes Erstellen von Schlaf-, Wohn- und Studierstellen genügt nicht.

298

Bericht Jaegers IV

[Paderborn, vor 19. September 1960][1]

EA MÜNCHEN, Joseph Kardinal Wendel, 21/1960. *Schreibmaschinenvervielfältigung. Überschrift:* Die religiöse Bildungsarbeit an den Ingenieurschulen und höheren berufsbildenden Schulen. *Vermerk:* Für die Plenarkonferenz 1960.

Die Einrichtung einer Zentralstelle für die religiöse Bildung katholischer deutscher Studierender an Ingenieurschulen und höheren berufsbildenden Schulen der Bundesrepublik und Westberlins hat sich bewährt. Über die Arbeit des Bischöflichen Beauftragten und Direktors der Zentralstelle, H[ochwürdigen] H[errn] Pater Lothar Zimmermann SAC, Beuel a[m] Rhein, Kaiser-Konrad-Str. 26, berichten die Rundbriefe an die Studentenseelsorger an den Ingenieur- usw. Schulen, die auch den Ordinariaten zugegangen sind. Es ist auch das Verzeichnis der bislang erfaßten Schulen und der mit der religiösen Bildung beauftragten Geistlichen allen Ordinariaten zugestellt worden.

1 *Zur Datierung vgl. Dok. 295, Anm. 1.*

Als Frucht der bisherigen Arbeit kann aufgezeigt werden:
1. 68 Studentengemeinden (KSG) mit einem vorstehenden Seelsorger, davon waren bei Einrichtung der Zentralstelle 22 vorhanden.
2. Die Studenten der Höheren Fachschulen haben sich zu einer Fachschul-Studenten-Einigung zusammengeschlossen, um im engen Anschluß an die KDSE ihre eigenen Belange in der studentischen Selbstverwaltung vertreten zu können.
3. Die Seelsorger bemühen sich, in gemeinsamen Konferenzen einen religiösen Bildungsplan zu erarbeiten und ihre Seelsorge zu koordinieren.
4. An mehreren Schulen (13) konnte durch Verhandlungen mit den zuständigen Baudirektoren erreicht werden, daß der katholische Seelsorger innerhalb des Vorlesungsplanes religiöse Vorträge bzw. Seminarien abhalten kann.
5. Für den weiteren Auf- und Ausbau der studentischen Selbstverwaltung und ihrer Vertretung gegenüber den Förderungsgremien bei Land und Bund etc. braucht es einen Geschäftsführer der Studenten-Einigung der Studierenden an Höheren Fachschulen. Ich bitte, diese Stelle zu genehmigen. Die Gefahr einer Ausweitung, ähnlich der Zentrale der KDSE, ist hier nicht gegeben.

Für die Aufnahme ins Protokoll[2] werden folgende Entschließungen vorgeschlagen:
1. Die Hochwürdigsten Herren werden gebeten, in allen Orten, in denen sich Höhere Fachschulen oder höhere berufsbildende Schulen befinden, einen Seelsorger oder Religionslehrer amtlich mit der Studentenseelsorge an diesen Fachschulen zu beauftragen. Es ist notwendig, daß der Seelsorger einen Auftrag von der bischöflichen Behörde erhält, um gegenüber den Schulleitungen legitimiert zu sein.
2. Alle Diözesen sind gebeten, jedem Seelsorger an solchen Schulen ein Fixum zu bewilligen, das zwischen 300 bis 500 DM im Jahr beträgt. Das Geld wird gebraucht für den Druck von Programmen und Plakaten, für Fahrtunkosten, Tagungen und Referenten.
3. Es wird ein hauptamtlicher Geschäftsführer für die Studenten-Einigung der Studierenden an Höheren Fachschulen bewilligt und, entsprechend dem Antrag der Zentralstelle, ein Gesamtbetrag für die Zentrale von 29.400 DM für 1961 ausgewiesen.
4. Der Bischöfliche Beauftragte, Leiter der Zentralstelle, hat das Recht, den Schulleitungen gegenüber sich »Direktor der Zentralstelle« zu nennen.

[2] *Vgl. Dok. 306.*

299

Bericht Jaegers V

[Paderborn, vor 19. September 1960][1]

EA MÜNCHEN, Joseph Kardinal Wendel, 21/1960. *Schreibmaschinenvervielfältigung. Vermerk:* Zur Plenarkonferenz 1960.

Das Werk der Alten (Invalidenwerk) entstand in der KAB des Erzbistums Paderborn in den Jahren 1949 und 1950.
Anstoß zur Gründung war die Erkenntnis, daß die Zahl der alten Menschen, die außerhalb der Berufstätigkeit stehen, immer mehr zunimmt, daß ihr Leben meist in Einsamkeit sich vollzieht und als Folge der materialistischen Geisteshaltung vieler eines echten Inhaltes entbehrt. In der KAB wurde dankbar anerkannt, daß von seiten der Caritas viel zur leiblichen und geistigen Betreuung der Alten geschieht. Aber meist hat dies mehr fürsorglichen Charakter.
Den Männern, die die Gründung und den Ausbau des Werkes der Alten übernahmen, ging es darum, eine Altenbewegung zu schaffen, d. h. die Alten zu einer echten Selbstbetätigung und zu einer fruchtbaren Sinnerfüllung ihres Lebens zu führen. So unterscheidet sich das Altenwerk (Invalidenwerk) grundlegend von der Altersfürsorge der Caritas. Caritas und Altenwerk stehen in enger Zusammenarbeit.
Die Ziele des Altenwerkes (Invalidenwerkes) sind im wesentlichen diese:

1. Religiöse Sinnerfüllung des Altenlebens.
2. Aktivierung der Alten zur apostolischen Mitarbeit in der Gemeinde durch Seelsorge an den Alten, aber auch darüber hinaus durch Apostolatsarbeit innerhalb der Vereine und der Pfarrgemeinde, besonders durch apostolisches Gebet bei der wöchentlichen Invalidenmesse.
3. Anerkennung der Würde und der Rechte der Alten im Bewußtsein des ganzen Volkes.
4. Nach Möglichkeit wird auch in bezug auf Rente Auskunft erteilt.

Zum letzten Punkt ist zu bemerken, daß das Altenwerk nicht eine Gewerkschaft der Alten sein will, daß es aber verständlich ist, daß es auch gelegentlich zu Fragen der wirtschaftlichen Versorgung der Alten Stellung nimmt.
Organisatorisch ist folgendes festzustellen. Protektor des Invalidenwerkes ist der H[ochwürdigste] H[err] Erzbischof Dr. Lorenz Jaeger v[on] Paderborn, der von Anfang an dem Invalidenwerk sein besonderes Interesse zuwandte.
Das Altenwerk ist innerhalb der KAB des Erzbistums Paderborn entstanden und wird von ihr sowie auch vom Westdeutschen Verband der Kath[olischen] Arbeitervereine finanziert; das Erzbistum Paderborn hat durch Zahlung des Gehaltes des geistlichen Leiters des Invalidenwerkes, R. Kessing[2], die ganze Arbeit wesentlich getragen.

[1] *Zur Datierung vgl. Dok. 295, Anm. 1.*

[2] P. WILHELM KESSING *(gest. 1982), Sohn des Essener Arbeiterdichters Ludwig Kessing, Volksmissionar, geistlicher Leiter des Katholischen Invalidenwerks bis 1963, wegen seiner Auftritte als Zauberer als »Zauberpater« bekannt.*

Das Alterswerk hat von Anfang an das Bestreben gehabt, alle alten Menschen in Deutschland, unabhängig von der Verbandszugehörigkeit, geistig anzuregen. Deshalb hat die Hauptstelle für Männerseelsorge in Fulda sich die Förderung dieses Werkes der Alten in besonderer Weise angelegen sein lassen.
Die Bezeichnung Invalidenwerk wurde außerhalb der KAB in den Namen Altenwerk umgewandelt, weil der erste Name eine zu starke Einengung der Arbeit bedeuten könnte.
Das Altenwerk hat in einer Reihe von deutschen Bistümern Eingang gefunden. Auch im Auslande wird die Bewegung stark beachtet. Die Urteile der Seelsorger sind durchweg bejahend.
Das Altenwerk (Invalidenwerk) besteht jetzt zehn Jahre. Aus diesem Anlaß ist geplant, ein besonderes Jahr der Alten vom 25. September 1960 bis 25. September 1961 durchzuführen. Das Ziel ist ein Doppeltes:
1. Weitertragen der Grundgedanken einer kath[olischen] Altenbewegung.
2. Beeinflussung des öffentlichen Lebens.

300

Globke an Frings

Bonn, 19. September 1960

EA MÜNCHEN, Joseph Kardinal Wendel, 21/1960. *Schreibmaschinenvervielfältigung. Briefkopf:* Der Staatssekretär des Bundeskanzleramtes. *Anschrift:* An den Vorsitzenden der Fuldaer Bischofskonferenz, Seine Eminenz Herrn Kardinal Frings, Erzbischof von Köln, Köln.

Sehr verehrte Eminenz,
Ihrem Wunsch, wegen der Tagung der Fuldaer Bischofskonferenz vom 27.–29. September den Termin für das erste Zusammentreten des Aufsichtsrats der Deutschland-Fernsehen GmbH vom 27. September auf einen späteren Zeitpunkt zu verschieben, wird der Herr Bundeskanzler gern entsprechen. Allerdings ist leider wegen der Eilbedürftigkeit der zu treffenden Entscheidungen nur eine Hinausschiebung um kurze Zeit möglich.
Für die Verhandlungen in Fulda darf ich zu den aus kirchlichen Kreisen gehörten Bedenken gegen das von der Bundesregierung beabsichtigte 2. Fernsehen noch folgendes bemerken:
Die Bedenken beruhen im wesentlichen darauf, daß das 2. Fernsehen als kommerzielles Fernsehen angesehen wird.
Die Vertreter der katholischen und evangelischen Kirche haben am Sonntag, dem 24. Juli, hier die Wünsche der Kirchen hinsichtlich des 2. Fernsehens vorgetragen. Ich darf die behandelten Punkte im einzelnen noch einmal aufführen.
1. Die Werbung soll im Gesamtprogramm auf 10 % der Sendezeit begrenzt werden.
2. Die Werbeeinschaltungen sind vom übrigen Programm scharf zu trennen.
3. Jeder Einfluß der Werbeveranstalter auf das übrige Programm ist zu vermeiden.

4. Größe und Stellung des Aufsichtsrates muß die Wirksamkeit seiner Arbeit garantieren.
5. Der Aufsichtsrat soll bei der Verteilung der Überschüsse entscheiden.
6. Die Überschüsse sollen auch für gemeinnützige, mildtätige und kirchliche Zwekke verwendet werden.
7. Der Intendant soll die Verfügungsgewalt über die Werbeeinnahmen haben.
8. Das 2. Fernsehen soll möglichst weitgehend durch Gebühren finanziert werden.

Dazu nehme ich folgendermaßen Stellung:

Die Bundesregierung ist von vornherein davon ausgegangen, daß für die Werbung nicht mehr als 10 % der Sendezeit zur Verfügung gestellt werden darf und daß die Werbeeinschaltungen vom übrigen Programm scharf getrennt werden müssen. Es ist auch Vorsorge getroffen, daß jeder Einfluß der Veranstalter und Vermittler von Werbesendungen auf das Programm ausgeschlossen ist.

Außerdem ist sichergestellt, daß nur unabhängige und im öffentlichen Leben bewährte Persönlichkeiten im Aufsichtsrat der Deutschland-Fernsehen-GmbH die Aufsicht über das Programm wahrnehmen. Es ist eine Erfahrung, daß größere Aufsichtsgremien in ihren Wirkungsmöglichkeiten eingeschränkt werden. Ich darf darauf hinweisen, daß der Einfluß gerade der Kirchen in diesem Kreis und bei dieser Größe sicherlich erheblich stärker sein wird als in den Aufsichtsgremien der Rundfunkanstalten nach Landesrecht, zumal, wenn die Katholische Kirche eine Persönlichkeit von gleichem Gewicht wie die Evangelische Kirche in den Aufsichtsrat entsendet.

Die Verteilung der Überschüsse durch die Mitglieder der Aufsichtsgremien bei den Rundfunkanstalten hat zu nicht unbedenklichen Folgen geführt. Dadurch wird nämlich den Mitgliedern der Aufsichtsgremien ein Mäzenatentum ermöglicht, das eine starke Bindung an die Anstalt nach sich zieht. Sie wissen, daß aus diesem Grunde vielfach die Auffassung vertreten wird, daß die Aufsichtsgremien nicht die Interessen der Öffentlichkeit gegenüber den Anstalten vertreten, sondern die Interessen der Anstalten gegenüber der Öffentlichkeit. Es wird erwogen, für die Verteilung der Überschüsse einen eigenen Ausschuß zu bilden, dessen Mitglieder keinerlei Verbindung zum 2. Fernsehprogramm haben.

Überschüsse aus dem 2. Fernsehprogramm werden nach der Satzung ausschließlich für wissenschaftliche, künstlerische oder sonstige gemeinnützige Zwecke zur Verfügung gestellt werden. Die entsprechenden kirchlichen Einrichtungen werden dabei selbstverständlich berücksichtigt werden.

Die Bundesregierung beabsichtigt, das 2. Fernsehen nicht ausschließlich durch Werbungen, sondern auch durch eine Beteiligung an den Gebühren zu finanzieren. Daß dies bisher noch nicht sichergestellt ist, liegt nicht an der Bundesregierung, sondern an den Landesrundfunkanstalten, die sich bisher geweigert haben, auf einen Gebührenanteil zu verzichten. Die Verhandlungen hierüber sind im Gange. Falls sie nicht zu dem Ergebnis führen, daß für das 2. Fernsehen ein Gebührenanteil zur Verfügung gestellt wird, wird sich die Bundesregierung genötigt sehen, den Rechtsweg zu beschreiten. Die Bundesregierung kann aber bei der Bedeutung, die die alsbaldige

Aufnahme von Sendungen des 2. Fernsehens hat, den Ausgang dieser Verhandlungen nicht abwarten, da die Erfahrung gelehrt hat, daß einzelne Länderregierungen und Landesrundfunkanstalten derartige Verhandlungen verzögern. Solange Gebühren nicht zur Verfügung stehen, wird die Finanzierung des 2. Fernsehens einmal durch Kredite des Bundes, zum anderen durch Verkauf von Sendezeiten, an Produktionsgesellschaften, insbesondere an die Freie-Fernsehen-GmbH erfolgen.

Die Freie-Fernsehen-GmbH wird sich zwar durch Werbeeinnahmen finanzieren. Das berührt jedoch die Deutschland-Fernsehen-GmbH überhaupt nicht. Für die Deutschland-Fernsehen-GmbH ist die Gesellschaft Freies-Fernsehen-GmbH lediglich ein Produzent wie jeder andere mögliche Produzent auch. Die Entscheidung aber darüber, was gesendet wird, liegt in jedem Falle bei der Deutschland-Fernsehen-GmbH.

Die Deutschland-Fernsehen-GmbH ist daher gegen jede Beeinflussung durch Werbung geschützt. Sie kann selbstverständlich wie alle anderen angebotenen Programme auch Werbungen zurückweisen. Gerade um sicherzustellen, daß jede Möglichkeit eines Einflusses von Veranstalter und Vermittler von Werbesendungen auf das Programm vermieden wird, empfiehlt es sich, dem Intendanten keine Verfügungsgewalt über Werbeeinnahmen zu geben. Es würde der Gefahr einer Kommerzialisierung des Programms geradezu Vorschub geleistet werden, wenn der Intendant auch mit der Verteilung der Werbeaufträge und der Vereinnahmung der Werbeeinnahmen beauftragt würde. Mit der Verantwortung des Intendanten für das Programm und seine Qualität wäre es schwer vereinbar, wenn er in die Zwangslage versetzt würde, durch Hereinnahme von Werbeaufträgen das notwendige Geld für das Programm zu beschaffen. Der Intendant kann seine Funktion als Kontrollinstanz nur dann ausüben, wenn er das unbeeinflußt von finanziellen Erwägungen tun kann.

Der Herr Bundeskanzler würde sich freuen, wenn durch die vorstehenden Ausführungen die bestehenden Bedenken ausgeräumt wären.

Mit verbindlichen Empfehlungen

Ihr sehr ergebener

[*o. U.*]

(Dr. Globke.)

301

Stellungnahme Jaegers

[Paderborn, vor 20. September 1960][1]

EA MÜNCHEN, Joseph Kardinal Wendel, 21/1960. *Schreibmaschinenvervielfältigung. Überschrift:* Überlegungen zur Vorbereitung auf das Vaticanum II. *Vermerk:* Zur Plenarkonferenz Fulda 1960.

In der Zeit zwischen dem Abschluß der Antepraeparatoria und dem Beginn der Praeparatoria[2] gilt es, die Kräfte für die eigentliche Vorbereitung zu mobilisieren und die großen Richtlinien der kommenden Arbeit ins Auge zu fassen.

A. Grundsätze und Erfordernisse der Vorbereitung
Die Arbeiten der eigentlichen Vorbereitung des kommenden zweiten Vatikanischen Konzils werden voraussichtlich im Oktober dieses Jahres beginnen. Der Generalsekretär der Zentralen Vorbereitungskommission Monsignore Pericle Felici[3] hat während des diesjährigen »Sommerkurs« der Mailänder Katholischen Universität auf der Mendel bei Bozen erklärt, das Konzil werde in einem Oktobermonat beginnen und voraussichtlich zwei Monate dauern. Im Zusammenhang mit einigen gelegentlichen Bemerkungen unseres Heiligen Vaters hat man die Vermutung ausgesprochen, daß das Konzil im Oktober 1962 beginnen werde[4]. Unter dieser Voraussetzung blieben für die eigentlichen Vorbereitungsarbeiten nur noch zwei Jahre. Wenn das Konzil seine Arbeiten wirklich innerhalb von zwei Monaten erledigen soll, so würde das bedeuten, daß die zur Beratung stehenden Schemata bei Eröffnung des Konzils als fertige Beratungsgrundlage den Konzilsvätern vorgelegt werden. Die Arbeit, die während des Tridentinums von den congregationes theologorum und den congregationes patrum und während des Vaticanum I von den Deputationes geleistet wurde, müßte jetzt zum großen Teil von den Commissiones praeparatoriae geleistet werden. Diese Methode würde eine ernste Beratung und weitgehende Änderungen durch die Konzilsväter nicht ausschließen, doch würden wahrscheinlich die Voten der Väter größtenteils schriftlich eingereicht werden, um zur Neufassung der Schemata von den Konzilsdeputationen verwandt zu werden. Diese Neufassungen würden dann erneut zur Beratung und nach eventuellen abermaligen Redaktionen zur Abstimmung vorgelegt werden.
Sicher ist, daß der nun bald beginnenden eigentlichen Vorbereitungsarbeit entscheidende Bedeutung zukommt. Die Ernennung der Mitglieder der vorbereitenden Kommissionen ist abgeschlossen, und wir dürfen feststellen, daß die Bistümer des deutschen Sprach- und Kulturraumes sowohl durch ihre Bischöfe wie auch durch

[1] *Zur Datierung vgl. Dok. 295, Anm. 1.*

[2] *Zur Vorbereitung des Zweiten Vatikanischen Konzils waren eine »Commissio Antepraeparatoria« und anschließend eine »Commissio Praeparatoria« eingesetzt worden.*

[3] PERICLE FELICI *(1911–1982), Kanonist, 1933 Priester, 1960 Titularerzbischof, 1962 Generalsekretär des Zweiten Vatikanischen Konzils, 1967 Kardinal.*

[4] *Das Zweite Vatikanische Konzil begann am 11. Oktober 1962.*

ihre Theologen gut vertreten sind. Bei der Vorbereitung des Vaticanum I waren zunächst die Theologen der deutschen Fakultäten fast gar nicht berücksichtigt worden. Als in Rom über die einseitige Auswahl Beschwerden einliefen, forderte man ein Gutachten des päpstlichen Nuntius in Deutschland an, dessen Wortlaut im 1. Band von Granderath, Geschichte des Vatikanischen Konzils[5], veröffentlicht ist. Der Bericht des Nuntius hebt Vorzüge und Schattenseiten der damaligen Professoren an den Theologischen Fakultäten in Deutschland hervor und meint, bei ihnen einen von der kirchlichen Tradition in etwa abweichenden Wissenschaftsbegriff feststellen zu sollen. Er empfiehlt, nur gemäßigte Vertreter dieser Richtung zum Konzil zu berufen. Wir können heute mit Dankbarkeit feststellen, daß die kirchliche Gesinnung der deutschen katholischen Theologen nicht angezweifelt wird und daß unsere Theologen sowohl der staatlichen und der kirchlichen Fakultäten wie auch der Ordenshochschulen in Deutschland in repräsentativer Weise in den vorbereitenden Kommissionen vertreten sind. Der deutsche Episkopat ist in den vorbereitenden Kommissionen in entscheidenden Positionen vertreten. Damit sind günstige Voraussetzungen für die zu leistende Arbeit gegeben. Man hat bewußt das Prinzip der Katholizität der Kirche schon bei der Zusammensetzung dieser Kommissionen angewandt, namentlich hinsichtlich der Berufung der bischöflichen Mitglieder und soweit möglich auch hinsichtlich der Theologen, bei denen die europäischen Länder ein gewisses Übergewicht haben, weil in ihnen die theologische Wissenschaft seit vielen Jahrhunderten blüht. So wichtig beispielsweise der Beitrag der Missionsbischöfe für die Lösung der zahlreichen missionstheologischen und missionarischen Probleme – etwa der Adaptation – sein wird, so müssen sich die Bischöfe, die auf eine lange theologische Tradition ihrer Bistümer zurückblicken, doch bewußt sein, daß sie und ihre Theologen die Hauptarbeit der eigentlich theologischen Vorbereitung zu leisten haben.
Die Bischöfe müssen Sorge tragen, daß aus ihrem kirchlichen Raum das Bestmögliche für die Vorbereitung getan wird. Sie und ihre Theologen müssen den Ertrag der exegetischen, bibeltheologischen, patristischen und systematischen theologischen Arbeiten der letzten hundert Jahre in die Schemata des Konzils einbringen. In bestimmtem Sinne findet sich der Ertrag der neueren theologischen Arbeit in der neuen Auflage des Kirchenlexikons[6], das nicht nur die Anerkennung des katholischen In- und Auslandes fand, sondern auch von der evangelischen Theologie sehr positiv gewertet worden ist und für das bessere Verständnis der katholischen Lehre und Einrichtungen bei den Protestanten bedeutsam werden wird, um in gewissem Sinne »ökumenisch« zu wirken.
In einer ganz anderen Weise muß das Einbringen der Ergebnisse der theologischen Arbeiten der vergangenen Dezennien für die Konzilsvorbereitungen erfolgen. Die lehrende Kirche pflegt nicht more scholastico argumentierend und disputierend ihre

[5] THEODOR GRANDERATH, *Geschichte des Vatikanischen Konzils von seiner ersten Ankündigung bis zu seiner Vertagung, 3 Bde., Freiburg und München 1903–1906.*

[6] LEXIKON FÜR THEOLOGIE UND KIRCHE, *2. Aufl., hrsg. von Josef* HÖFER *und Karl* RAHNER. *10 Bde., Freiburg 1957–1965, Registerband 1967. Ergänzungsbände 1–3: Das Zweite Vatikanische Konzil, Freiburg 1966–1968.*

Heilslehre vorzulegen. Die vernichtende Kritik, welche die Väter des Tridentinum in dieser Hinsicht an den ersten Entwurf des Rechtsfertigungsdekrets (Juli 1546) übten, und die ebenso entschiedene Ablehnung, die der erste, nach Art einer wissenschaftlichen Vorlesung gearbeitete Entwurf »De fide catholica« von den Vätern des Vaticanum I erfuhr, sollte schon bei der Vorbereitung der Schemata des Vaticanum II beachtet werden. Das heißt ganz praktisch: Die Theologen müssen die oben genannten Ergebnisse in einer einfachen, verständlichen, an die Tradition der Kirche sich anlehnenden Sprache vorlegen. Die Stärke unserer Theologie, ihre viel gerühmte Gründlichkeit, darf nicht verhindern, daß sie ihre Ergebnisse in einer allen verständlichen, nicht simplifizierenden, also im echten Sinne einfachen Sprache vorlegt. Denn die Konzilsväter haben autoritativ zu lehren, indem sie sapientibus et insapientibus debitores[7] sind. Dies haben die Väter des Tridentinum und des Vaticanum I bereits mit aller Deutlichkeit gesagt. Es ist aber heilsam, es hier in Erinnerung zu bringen.

Das Wichtigste ist, daß die Bischöfe und Theologen sich der Größe der geschichtlichen Stunde bewußt sind. Konzilien stehen an den Wendepunkten der Kirchengeschichte, und erst rückschauend erkennt man ihre ganze Bedeutung. So war es das Tridentinum, auf dem die Kirche der Neuzeit ihre Gestalt erhielt. Nur wenige Bischöfe in Europa haben das schon damals erkannt. Deutschland war während der wichtigen ersten Periode des Konzils (1545–1547), als die brennenden kontroverstheologischen Fragen über Schrift und Tradition sowie über Erbsünde und Rechtfertigung entschieden wurden, fast gar nicht vertreten. Gewiß wird man zur Entschuldigung der damaligen deutschen Bischöfe sagen müssen, daß ihre Abreise nach Trient am Vorabend des Schmalkaldischen Krieges für ihre Bistümer gefahrvoll gewesen wäre, aber ihr Fehlen bei den Beratungen ist doch sehr zu bedauern, da sie aus unmittelbarer Kenntnis des Protestantismus dessen Fragen und Anliegen in manchen Fällen deutlicher hätten vorbringen können, als andere es vermochten.

Trotzdem hat das Tridentinum in bewundernswerter Weise den Ertrag der vortridentinischen Kontroverstheologie eingebracht, ja ihn sogar weitergeführt und sowohl die katholische Lehre definiert als auch die Grenzlinien gegenüber der Reformation gezogen. Vom Vaticanum I kann man nicht in demselben Maße sagen, daß es die Ergebnisse der katholischen Theologie des 19. Jahrhunderts voll ausgewertet und eingebracht habe. Heute sind glücklicherweise die Voraussetzungen gegeben, daß in breitem Strome die zukunftsträchtigen Resultate der katholischen Forschung und Lehre des 19. und 20. Jahrhunderts in die vorzubereitenden Schemata eingebracht werden.

Zu diesem Zwecke sollten die in den einzelnen Kommissionen vertretenen Bischöfe mit den in Frage kommenden Fachprofessoren und anderen Fachleuten sich in Verbindung setzen, deren Vorschläge und Anregungen einholen, sichten und beurteilen, um sie für die Ausarbeitung der Schemata auszuwerten.

[7] *Lateinisch für: Schuldner der Weisen und der Unweisen. Röm. 1,14.*

B. Fragen der Glaubenslehre

Die erste und größte Kommission, die Papst Johannes XXIII.[8] eingesetzt hat, ist die theologische Kommission. Monsignore Felici sagte in seiner oben genannten Ansprache mit Recht, es bestehe Anlaß zu der Annahme, daß der lehramtlichen Darstellung der Glaubenslehre durch das kommende Konzil neue wichtige Kapitel angefügt würden.

Jeder konziliare Fortschritt in der Lehrentfaltung erfolgt im Zusammenhang mit den vorhergehenden Konzilsentscheidungen, nach den Normen der Tradition, die weitergeführt wird. Wenn wir nun die Definitionen der Glaubenslehre durch die beiden letzten Konzilien betrachten, so ergibt sich geradezu eine gewisse Notwendigkeit, ihr opus doctrinale fortzuführen.

I. Weiterführung des Tridentinum

Das Tridentinum brachte die unumgänglich notwendige Auseinandersetzung mit der Reformation. Eine bestimmte Darlegung der von den Reformatoren in Frage gestellten Lehren über Schrift und Tradition, Erbsünde, Rechtfertigung und Sakramente mußte ebenso erfolgen wie die Abgrenzung der überlieferten katholischen Lehre gegenüber den Thesen der Reformation.

Bekanntlich begann das Tridentinum seine Beratung ohne eigentliche Konzilsvorbereitung. Die Grundlagen der Entwürfe für die Dekrete mußten erst nach Eröffnung des Konzils während der Verhandlungen durch die sogenannten congregationes theologorum und durch die von den Legaten geleiteten congregationes patrum sowie durch besondere Ausschüsse (z. B. die congregationes praelatorum theologorum im Herbst 1546) geleistet werden. Hubert Jedin[9] hat in seiner »Geschichte des Konzils von Trient« gezeigt, wie die Problemstellung vielen Vätern erst während dieser Verhandlungen klar wurde. Ganz deutlich ist dies zum Beispiel in den Beratungen über die Tradition zu sehen. Außerdem standen alle drei Perioden des Konzils unter Zeitdruck und mußten unter der Drohung ungünstiger äußerer Verhältnisse arbeiten und wurden schließlich sämtlich vorzeitig abgebrochen. Aus der mangelnden Vorbereitung und den ungünstigen äußeren Umständen erklärt sich Folgendes:

1. Die Darlegung der katholischen Lehre blieb unvollständig. Es fehlt vor allem die Behandlung der Lehre von der Kirche. Dies ist um so erstaunlicher, als alle Kontroversen sich in der Ekklesiologie wie in einem Brennpunkt vereinigten und alle Wiedervereinigungsversuche durch die Religionsgespräche in Augsburg 1530, in Leipzig 1539 und in Regensburg 1541 an den verschiedenen Auffassungen über die Kirche gescheitert waren:

Man muß allerdings zugeben, daß innerhalb der katholischen Theologie die Zeit für eine umfassende Behandlung der Lehre von der Kirche noch nicht reif war. Wenn

[8] JOHANNES XXIII., *vorher* ANGELO GIUSEPPE RONCALLI *(1881–1963), 1958–1963 Papst.*

[9] HUBERT JEDIN *(1900–1980), Dr. theol., 1923 Priester (ED Breslau), nach Studien in Rom 1930–1933 Privatdozent an der Universität Breslau, 1933–1936 wieder in Rom, 1936–1939 Bischöflicher Archivar, 1939–1949 wiederum in Rom, 1949 Professor für Kirchengeschichte an der Universität Bonn. Seine Geschichte des Konzils zu Trient, 4 Bde., Freiburg 1949–1975, wurde zu seinem Hauptwerk. Vgl.* K. REPGEN *und* J. GOTTSCHALK VI, *S. 200–206.*

die Konzilsleitung versucht hätte, die Ekklesiologie mit dem Primat und der Unfehlbarkeit des Papstes sowie mit der Lehre über den Episkopat trotz aller Hemmungen auf die Tagesordnung zu setzen, so hätte ein solches Vorgehen damals wahrscheinlich das Konzil gesprengt. Die Verhandlungen über die bischöfliche Residenzpflicht in der dritten Konzilsperiode, bei denen das ungeklärte Verhältnis von Primat und Episkopat im Hintergrund stand, liefern den Beweis für das Gesagte.
Aber nicht nur die thematische Behandlung der Ekklesiologie unterblieb auf dem Tridentinum, auch die ekklesiologischen Bezüge der Sakramentenlehre und der Tradition wurden höchstens angedeutet, aber nicht ausgeführt. Eine Ergänzung und Weiterführung der Lehre des Konzils von Trient in dieser Hinsicht läge ganz in der Linie der katholischen Tradition und wäre dringend zu wünschen.
2. Das Tridentinum hatte die Grenzlinien zum Protestantismus zu ziehen, und es ist dieser Aufgabe durchaus gerecht geworden.
Mit Recht betonte Erzbischof Hieronymus Ragazoni[10] in der Schlußsitzung des Konzils von Trient, man habe darüber hinaus auch die Fragen und Anliegen der Reformatoren pro huius temporis ratione[11] weitgehend berücksichtigt. Aber die Konzilsväter waren, obwohl die maßgebenden Männer unter ihnen die prinzipiellen Lehrgegensätze sehr wohl erkannt haben, doch hinsichtlich ihrer näheren Kenntnis der Fragen des Protestantismus auf den damaligen Stand der katholischen Kontroverstheologie angewiesen. Es ist bekannt, daß z. B. Bellarmin[12], Bossuet[13] und Johann Adam Möhler[14] die kontroverstheologische Erkenntnis des Protestantismus, seiner Antriebe und seiner Anliegen, bedeutsam weitergeführt haben. Und ebenso sind in den letzten Jahrzehnten in dieser Hinsicht von der katholischen Theologie große Fortschritte gemacht worden.
Die Ergebnisse dieses kontroverstheologischen Fortschritts könnten nunmehr in einer volleren und allseitigeren Darstellung der katholischen Lehre über Schrift und Tradition, über Erbsünde, Rechtfertigung und Sakramente ihren Ausdruck finden. Einige Beispiele für das hier Gemeinte sind in der Eingabe des deutschen Episkopates an die Commissio Antepraeparatoria enthalten. Alle Anliegen ließen sich wohl in den Rahmen einer auf der Lehre vom Corpus Christi mysticum aufgebauten Ekklesiologie einfügen. Denn die Enzyklika »Mystici Corporis«[15] bietet ein Beispiel dafür, wie die Grundzüge der Erbsünden-, Gnaden- und Sakramentenlehre christologisch begründet und ausgeführt werden können. Hier sei nur darauf hingewiesen,

10 HIERONYMUS RAGAZONI *(1536–1592), Erzbischof-Koadjutor von Famagusta, 1577 Bischof von Bergamo, 1583–1586 Nuntius in Frankreich.*

11 *Lateinisch für: im Maße des heute Möglichen.*

12 P. ROBERTO BELLARMIN SJ *(1542–1621), 1559 Kardinal, 1602–1605 Erzbischof von Capua, bedeutend als Theologe der Katholischen Reform, Heiliger.*

13 JACQUES BÉNIGNE BOSSUET *(1627–1704), 1681 Bischof von Meaux, bedeutend als Kanzelredner und theologischer Schriftsteller.*

14 JOHANN ADAM MÖHLER *(1796–1838), Professor der katholischen Theologie seit 1826 in Tübingen, seit 1835 in München, bedeutend für die Erneuerung der katholischen Theologie.*

15 *Enzyklika »Mystici Corporis Christi« vom 29. Juni 1953, in:* AAS *35 (1943), S. 193–248, deutsche Übersetzung (mit theologischem Kommentar):* H. SCHÄUFELE.

wie die von den Protestanten so oft mißverstandene Lehre von der gratia inhaerens[16] durch ihren organischen Zusammenhang mit der Lehre vom Corpus Christi mysticum in vollem Glanz der Christenwahrheit erstrahlt und den getrennten Brüdern verständlich gemacht werden kann, indem sie so in ihrer ganzen katholischen Fülle erscheint. Kardinal Cajetan hat in seinem Werk »De fide et operibus adversus lutheranos« (1532) auf diesem Wege bereits die echten Anliegen der Reformatoren, namentlich in der Verdienstlehre, in einer auch heute noch vorbildlichen Weise berücksichtigt.

II. Die Weiterführung des Vaticanum I

Das Vaticanum I hatte die Absicht, das Tridentinum gerade in der wichtigsten Kontroverslehre zu ergänzen, die auf dem Tridentinum unerledigt geblieben war: in der Lehre von der Kirche. Bekanntlich ist auch die Vatikanische Ekklesiologie unvollendet geblieben, da nur der Primat und die Unfehlbarkeit des Papstes definiert wurden. Die bereits vorbereitete »Constitutio secunda de Ecclesia Christi«, in der auch das Bischofsamt und die Stellung der allgemeinen Konzilien behandelt werden sollten, kam nicht mehr zur Beratung. Der im Auftrag der Konzilsdeputation von Kleutgen[17] erarbeitete Entwurf ist bei Mansi[18] erstmalig veröffentlicht worden. Er könnte in etwa als Ausgangspunkt, aber nicht als Fundament eines zu erarbeitenden neuen Schemas genommen werden, da die ekklesiologische Lehrentfaltung sowohl durch die Rundschreiben Leos XIII. und Pius' XII. als auch durch die Forderung der Exegese und Patristik bereits viele neue Ergebnisse gezeigt hat, die in dem Kleutgen-Entwurf kaum angedeutet sind. Wertvolles Material findet sich auch in den Thesen des Konzilstheologen Schrader, die H[eribert] Schauf[19] herausgegeben und erläutert hat.

Was im Vaticanum I unvollendet blieb und einer Ergänzung bedarf, hat neuestens P. Georges Dejaifve S. J. in seinem Aufsatz »Le Premier des évêques« in der Nouvelle Revue Théologique Jg. 92 (1960) S. 561 ff. dargelegt. Den Aufsatz lege ich in deutscher Übersetzung diesem Manuskript bei, ohne daß damit alle Formulierungen des Verfassers als endgültig empfohlen werden sollen. Dejaifve wertet auch die Argumente der Minorität des Vaticanum I aus. Man denkt bei der Lektüre unwillkürlich an den Hinweis Butlers in seiner Geschichte des Vatikanischen Konzils[20], wie wenig genügt hätte, um die Anliegen der Minorität zu befriedigen. Tatsächlich haben ja auch alle Vertreter der Minorität nachträglich der Vatikanischen Entschei-

[16] *Lateinisch für: innewohnende Gnade (die dem Menschen innewohnt, ihm also nicht äußerlich zugerechnet wird).*

[17] P. HEINRICH KLEUTGEN SJ *(1811–1883), Theologe, Professor an der Päpstlichen Universität Gregoriana.*

[18] JOHANNES DOMINICUS MANSI, *Sacrorum conciliorum nova et amplissima collectio. 31 Bde., Florenz und Venedig 1757–1798. Neudruck und Fortsetzung hrsg. von* L. PETIT *und* J. B. MARTIN *in 60 Bden., Paris 1899–1927.*

[19] CLEMENS SCHRADER, *De Corpore Christi mystico sive de ecclesia Christi theses, die Ekklesiologie des Konzilstheologen Clemens Schrader SJ an Hand seiner veröffentlichten und unveröffentlichten Schriften zusammengestellt, herausgegeben, kommentiert und mit dem ersten Schema De Ecclesia Christi verglichen von* HERIBERT SCHAUF, *Freiburg 1959.*

[20] EDWARD CUTHBERT BUTLER, *Das Vatikanische Konzil, seine Geschichte von innen geschildert in Bischof Ullathornes Briefen, München 1933.*

dung zugestimmt, die sie nicht ablehnten, sondern nur ergänzt und vollendet sehen wollten.

Die Darstellung des Primates im Zusammenhang mit dem Collegium apostolicum episcoporum und die theologische Profilierung des Bischofsamtes wären namentlich im Hinblick auf zukünftige Unionsverhandlungen mit den Orthodoxen und eventuell auch mit den Anglikanern von großer Bedeutung. Orthodoxe Theologen wie Florovsky[21] und Alivisatos[22] haben bereits auf solche Desiderate hingewiesen, obwohl sie Unionsgespräche gegenwärtig für aussichtslos halten.

Was aber würden diese ekklesiologischen Ergänzungen des Vaticanum I im Hinblick auf die Haltung der Protestanten gegenüber einer etwaigen künftigen Wiedervereinigung bedeuten?

C. Probleme der Förderung der Einheit der Christen

Der Aufsatz von P. Dejaifve S. J. darf nicht den Eindruck erwecken, als wäre der Primat des Papstes die eigentliche oder auch nur die hauptsächliche petra scandali[23] für die Protestanten in ihrem Verhältnis zur katholischen Kirche. Der Gegensatz liegt tiefer und äußert sich bereits in der Ablehnung der successio apostolica episcoporum divini iuris sowie der sakramentalen und hierarchischen Struktur der Kirche. Damit soll keineswegs behauptet werden, daß das grundsätzlich Trennende nur in der Lehre von der Kirche liege oder daß hier der Ausgangspunkt und die treibende Wurzel des gesamten Gegensatzes zu suchen sei. Es soll nur gesagt sein, daß in der Lehre von der Kirche die Gegensätze am auffallendsten und deutlichsten in Erscheinung treten. Mag man also mit der traditionellen Ansicht weiterhin in den exklusiven sola-Aussagen (sola fide, sola scriptura, sola gratia) oder mit van de Pol[24] in der vom katholischen Verständnis abweichenden Wirklichkeitsauffassung der Offenbarung den entscheidenden kirchentrennenden reformatorischen Ansatz sehen, so ist es doch eine Tatsache, daß die Lehre von der Kirche alle Unionsversuche im 16. Jahrhundert scheitern ließ und daß diese Kontroverslehre auch heute noch den Lehrgegensatz am stärksten hervortreten läßt.

Darum ist auch nicht zu erwarten, daß eine umfassende, in der Bibel und der Tradition begründete Darlegung der Lehre von der Kirche durch das kommende Konzil in naher Zukunft den Weltprotestantismus der katholischen Kirche näher bringen würde. Im Gegenteil wird zunächst eine dem katholischen Schriftverständnis entsprechende Darlegung der Ekklesiologie den Lehrgegensatz zur lutherischen und zur reformierten Christenheit deutlicher hervortreten lassen. Nicht moralische und andere Mißstände in der katholischen Kirche der Reformationszeit waren ja der Grund der Trennung, sondern die neue reformatorische Auffassung der theologi-

[21] GEORGI WASSILJEWITSCH FLOROVSKY *(1893–1979), orthodoxer Theologe, Professor in Washington D. C.*

[22] HAMILCAR ALIVISATOS *(1887–1969), orthodoxer Theologe, Professor in Athen.*

[23] *Lateinisch für: Stein des Anstoßes.*

[24] WILLEM HENDRIK VAN DE POL *(1897–1988), Dr. theol., 1940 Konversion zur katholischen Kirche, 1944 Priester, 1945–1949 Rektor eines Brüderhauses in Blaricum, 1948 Professor für die Phänomenologie des Protestantismus an der Katholischen Universität Nijmegen.*

schen Anthropologie, des Glaubens, des Heilshandelns Gottes und namentlich der Kirche. Für die Reformatoren erschien die Kirche mit ihrer hierarchischen Struktur, mit ihrem unfehlbaren Lehramt, der Konzilien und der Päpste, mit der auf göttlicher Einsetzung beruhenden apostolischen Amtsnachfolge der Bischöfe als schriftwidrig und darum als antichristlich. Nun hat zwar die neuere Exegese ebenso wie die Erforschung der Urkirche und ihrer frühesten nachbiblischen Zeugnisse manche exegetischen Positionen der Reformatoren ebenso erschüttert und ihr Bild von der ecclesia primitiva verändert, aber dennoch kann H[ermann] Volk feststellen: »Die reformatorische Christenheit weigert sich, mit der römisch-katholischen Christenheit geeint zu sein, weil viele evangelische Christen die katholische Kirche nach wie vor für die Kirche des Antichristen halten. Das ist ein Zeichen dafür, daß die Mißstände in der Kirche zur Zeit der Reformation wohl Anlaß, aber nicht der Grund der Spaltung gewesen sind. Ja, ich habe sagen hören, die katholische Kirche sei heute mehr denn je die Kirche des Antichrist, und zwar nicht etwa deshalb, weil sie von Mißständen in besonderem Maße zerrüttet sei, sondern weil ihr Selbstverständnis falsch sei. Gerade da, wo sie das ihr Spezifische tue, gerade da sei sie am falschesten, weil ihr Verständnis der christlichen Wirklichkeit falsch sei und damit auch ihr Selbstverständnis[25].«

Trotzdem oder besser: gerade deshalb dient eine aus der ganzen Fülle der Schrift und der Tradition auf die Frage der Reformation antwortende Darstellung der Lehre von der Kirche durch das Konzil dem Zukunftsziel der Wiedervereinigung. Johann Adam Möhler hat mit Recht gesagt, daß jedes ernsthafte theologische Bemühen um die Wiedervereinigung nur dadurch möglich sei, daß der vorhandene Lehrgegensatz in seiner ganzen Tiefe, in seiner inneren Begründung und in seinen treibenden Wurzeln erkannt und herausgestellt werde. Dabei ist allerdings die aus der Fülle der Offenbarungswahrheit gegebene Antwort auf die Fragen und Anliegen der Reformation von größter Bedeutung.

Thomas von Aquin hat den einzig möglichen Grundsatz formuliert und angewandt, daß man bei einem Gespräch mit Andersdenkenden zunächst einmal eine gemeinsame Basis für die Auseinandersetzung suchen müsse. Dies ist bekanntlich in einem Gespräch mit der reformatorischen Christenheit die Heilige Schrift. Daraus erhellt die fundamentale Bedeutung der Exegese für jede im Hinblick auf eine spätere Wiedervereinigung erfolgende Darstellung der Ekklesiologie.

Eine gemeinsame Basis bieten auch die drei ersten Glaubensbekenntnisse, die von den reformatorischen Gemeinschaften als Glaubensnorm anerkannt werden, nämlich: das Apostolische, das Nicänisch-Konstantinopolitanische und das sogenannte Athanasianische, welches die gesamte Trinitätslehre und Christologie zusammenfaßt. Gewiß wollen wir nicht übersehen, wie schon in der Christologie Luthers etwa die verdienstliche Heilswirksamkeit der Menschheit Jesu nicht zur Geltung kommt, aber das verbleibende Gemeinsame ist doch sehr bedeutend, und man darf hinzufügen,

[25] *Fußnote der Vorlage:* H[ermann] Volk, Die Einheit der Kirche und die Stellung der Christenheit, in: Münchener Dechantenkonferenz vom 7. bis 9. Juli 1960, S. 5.

daß die in etwa abschließende Christologie des Konzils von Chalkedon grundsätzlich fest anerkannt wird.

Denn auch die Lehramtsentscheidungen der ersten vier Konzilien sind von den Reformatoren anerkannt und als Glaubensnorm festgehalten worden. Luther bemüht sich, in seiner Schrift »Von den Konzilien und Kirchen« (1539) nachzuweisen, wie sein sola-scriptura-Prinzip sich vereinbaren läßt mit seiner Überzeugung, daß die Entscheidungen der Konzilien von Nicäa (325), Konstantinopel (381), Ephesus (431) und Chalkedon (451) Glaubensnorm sind. Er führt aus, daß diese Konzilien nichts anderes getan hätten, als die Lehre der Heiligen Schrift zu verteidigen. So richtig diese Feststellung ist und so sehr beispielsweise schon der heilige Athanasius die Schriftgemäßheit des Nicaenum proklamiert hat, so ist doch die Rolle der apostolischen Tradition bei den Formulierungen dieser Konzilien nicht zu übersehen. Die Tradition war die Norm, nach der die Konzilsväter die Heilige Schrift interpretierten. Bekanntlich beriefen sich auch die Arianer, die Nestorianer und die Monophysiten auf die Heilige Schrift und führten zahlreiche Stellen an. Daß aber die Konzilsentscheidungen unfehlbar den richtigen Sinn der Heiligen Schrift wiedergeben, dafür beriefen sich die Konzilsväter auf den Beistand des Heiligen Geistes, der sie als die autorisierten Nachfolger der Apostel in ihrem Entscheid vor Irrtum bewahrte.

Indem Luther die Autorität der Konzilien einzig und allein auf einen von jedem Gläubigen zu vollziehenden Nachweis der Schriftgemäßheit der Konzilsentscheidungen reduzierte, leugnete er nicht nur den altkirchlichen Konzilsbegriff, sondern übersah auch die Rolle der Tradition bei den Entscheidungen der ersten vier Konzilien. Schrift und Tradition gehörten in der Kirche immer zusammen, und das Bekenntnis zu den Lehrentscheidungen der ersten vier Konzilien involviert irgendwie auch eine Anerkennung der Tradition. Es ist erfreulich, daß dem Problem »Schrift und Tradition« im heutigen Protestantismus eine positivere Beachtung geschenkt wird, indem die Antithese Schrift als Gotteswort und Tradition als Menschenwort als polemische Entstellung erkannt wird, die zur Aufhellung des Problems ungeeignet ist, Oscar Cullmanns Schrift über die Tradition[26] zeigt die positiven Ergebnisse dieser neuen Haltung, aber auch ihre Grenze und das grundsätzliche Festhalten an der scriptura sola, die eben durch die Kanonbildung von der Urkirche als einzige Glaubensnorm erklärt worden sei.

Als günstige Voraussetzung für die interkonfessionelle Diskussion über die biblischen Grundlagen des katholischen Kirchenverständnisses ist die Entdeckung der »frühkatholischen Elemente« in der Heiligen Schrift durch die neuere protestantische Exegese zu werten. Das darf uns aber nicht über die Schwierigkeiten eines die Getrennten überzeugenden biblischen Beweises hinwegsehen lassen. Diese Schwierigkeiten sind nicht nur in den besonderen hermeneutischen Voraussetzungen heutiger protestantischer Exegeten, sondern schon in der Eigenart der Schriftauslegung der Reformatoren und ihrer Bekenntnisschriften begründet. Man denke nur daran, daß

[26] *Es ist nicht zu ersehen, auf welche Schrift aus dem reichhaltigen Oeuvre von* Oscar Cullmann *(1902–1999), Professor für evangelische Theologie in Straßburg, Basel und Paris, hier Bezug genommen wird.*

Luther den Jakobusbrief im Vergleich mit dem Römerbrief eine »ströherne Epistel« nennt und das, »was Christum treibet«, als Prinzip seiner Schriftauslegung aufstellt, wobei er seine neue Auffassung der Rechtfertigung als den Inbegriff dessen ansieht, was Christum treibet, als den evangelischen Kern der Schrift, an dem alles andere gemessen werden muß. Im Gegensatz dazu nähert sich Calvins Auffassung der Schriftinspiration mehr dem katholischen Verständnis.

Darüber hinaus erhebt sich die Frage, wen wir uns als Gegenüber zu denken haben bei allem, was wir im Hinblick auf eine spätere Wiedervereinigung vorbereiten und tun können. Das Fehlen eines eigentlichen Lehramtes, die zahllosen sich widersprechenden theologischen Differenzen, der Einbruch von philosophischen Auffassungen und Zeitideen, welche die verbliebene christliche Substanz aufzulösen drohen, das alles wirkt auf den katholischen Betrachter zunächst so verwirrend, daß er nicht mehr weiß, an wen er sich als möglichen Gesprächspartner überhaupt wenden soll. Wir dürfen aber nicht übersehen, daß es bei aller Variabilität dennoch eine bleibende Grundtendenz reformatorischer Anschauungen bei den lutherischen, reformierten und anglikanischen Gemeinschaften gibt. »Wir würden uns schlechthin einer Täuschung hingeben, wollten wir das übersehen. Die Bekenntnisschriften, vor allem die Confessio Augustana, der Große und der Kleine Katechismus Luthers und derartige Schriften haben für viele evangelische Christen hohe, ja maßgebliche Bedeutung«[27]. In den lutherischen Gemeinschaften werden auch heute noch die Pfarrer bei der Ordination auf die Bekenntnisschriften verpflichtet, und das sich entwickelnde Lehrzuchtverfahren ist an dieser Norm orientiert. Gewiß sind die Bekenntnisschriften nur norma normata, während die Heilige Schrift als norma normans gilt, aber umgekehrt wird die Heilige Schrift von der Voraussetzung aus interpretiert, daß die Bekenntnisschriften die summa scripturae eingebracht haben. So sehr auch einzelne Positionen der Bekenntnisschriften und ihre exegetischen Begründungen aufgegeben werden, es bleibt dennoch ihre Tendenz und Grundanschauung irgendwie der Ausgangspunkt und die richtungweisende Orientierung für die reformatorische Theologie und weit mehr noch für das Lehren und die Frömmigkeit der reformatorischen Gemeinden.

Die vorbereitenden Konzilsarbeiten werden also diese Grundlinien reformatorischen Glaubens und Handelns im Auge behalten müssen, nicht in einer historisierenden Festlegung auf die Schriften der Reformationszeit, sondern in einer Berücksichtigung einerseits ihrer variierenden Weiterentwicklung und anderseits ihrer fortwirkenden Grundtendenz. Dazu ist die Kenntnis der gegenwärtigen reformatorischen Theologie notwendig, wobei wir die Reduzierung der Bekenntnisse der Reformationszeit bis auf einige urreformatorische Tendenzen bei einem großen Teil dieser Theologen nicht übersehen dürfen.

Die Einsetzung eines eigenen »Sekretariates zur Förderung der Einheit der Christen« – dies ist der offizielle Titel – unterstreicht die Absicht unseres Heiligen Vaters, daß die vorbereitenden Konzilsarbeiten den Blick auf die Möglichkeiten der Wiederver-

[27] *Fußnote der Vorlage:* H. Volk, a. a. O., S. 7.

einigung richten und unter dieser Hinsicht nach Möglichkeit auf die Fragen der Getrennten antworten und ihre Anliegen berücksichtigen, damit sie die katholische Kirche als ihr Vaterhaus erkennen, in dem sie alle echten und wahren Werte ihrer christlichen Gemeinschaften unversehrt, von jeder falschen Beimischung gereinigt, in der Fülle und dem Reichtum aller veritas et gratia Christi wiederfinden. Am Pfingstfest wünschte der Heilige Vater, daß auf der Eingangspforte zum Konzil das paulinische Leitmotiv aller Wiedervereinigungsarbeit stehen möge:
Veritatem facientes in caritate ...[28]

302

Bericht Jaegers

[Paderborn, vor 20. September 1960][1]

EA MÜNCHEN, Joseph Kardinal Wendel, 21/1960. *Schreibmaschinenvervielfältigung. Überschrift:* Nachwuchsförderung für die katholisch-theologischen Fakultäten. *Vermerk:* Zur Plenarkonferenz 1960.

I. Der Bedarf

Es war nicht möglich, in der kurzen zur Verfügung stehenden Zeit zwischen Ankunft des Konferenzprogramms und der Plenarkonferenz durch eine Umfrage bei den theologischen Fakultäten der Bundesrepublik den derzeitigen Stand zu ermitteln. Ich kann mich nur stützen auf die Erhebungen, die Dietrich Goldschmidt (Nichtkatholik) für die »Katholische Theologie« in Bd. I: Nachwuchsfragen im Spiegel einer Erhebung 1953–1955 in »Untersuchungen zur Lage der Deutschen Hochschullehrer«, herausgegeben von Helmuth Plessner[2], bietet. Professor Dr. Joseph Höffner, Münster, hat dieses Material benutzt und ausgewertet in der 1957 in Münster erschienenen Broschüre »Erwägungen und Vorschläge zur Förderung des wissenschaftlichen Nachwuchses in der Katholischen Theologie«.[3] Diese Broschüre ist vor drei Jahren allen deutschen Bischöfen vom Verfasser zugesandt worden. Ich brauche deshalb nur auf diese Broschüre Höffners zu verweisen.

Bedenklich stimmt, daß am 1. Mai 1955 tatsächlich nur 72 % der Lehrstuhlinhaber an den Staatlichen theologischen Fakultäten und nur 28 % der Lehrstuhlinhaber an kirchlichen Hochschulen habilitiert waren. Von 82 planmäßigen theologischen Lehrstühlen waren am 1.5.1955 unbesetzt 9, weil kein geeigneter Anwärter vorhanden war.

28 *Lateinisch für: die Wahrheit in Liebe verwirklichend.*

1 *Zur Datierung vgl. Dok. 295, Anm. 1.*

2 HELMUT PLESSNER *(Hrsg.), Untersuchungen zur Lage der deutschen Hochschullehrer. Bd. 1: Nachwuchsfragen, bearb. von* ILSE ASEMISSEN, RENATE FRENZEL, DIETRICH GOLDSCHMIDT, CHRISTIAN GRAF KROCKOW, HELMUT PLESSNER, *Göttingen 1957.*

3 JOSEF HÖFFNER, *Erwägungen und Vorschläge zur Förderung des wissenschaftlichen Nachwuchses in der Katholischen Theologie (Schriftenreihe des Instituts für Christliche Sozialwissenschaften der Westfälischen Wilhelms-Universität Münster), Münster 1957.*

Aufgrund der von Höffner angestellten Berechnungen werden in Zukunft die Fakultäten nur dann eine echte Wahlmöglichkeit haben, wenn jeder Ordinarius in seiner Amtszeit mindestens zwei Dozenten seines Faches habilitieren kann.
Das wieder verlangt, daß bei einem jährlichen Durchschnitt von 550 jährlichen Priesterweihen im Bundesgebiet drei Prozent jedes Weihejahrganges, also von 33 Priestern einer, zum Dr. theol. promovieren müßte.
Wünschenswert wäre es über diese Mindestzahl hinaus, wenn in jedem größeren Stadtdekanat ein Doktor der Theologie zur Verfügung stehen würde.

II. Auswahl der Nachwuchskräfte
Kein Diözesanpartikularismus! Der Nachwuchs für die Hochschule muß freigegeben werden, ohne Rücksicht darauf, ob eigene Fakultät vorhanden ist oder nicht.
Besonderes Augenmerk ist bei der Auswahl der Nachwuchskräfte auf die notleidenden Fächer zu richten, wie »Alte Kirchengeschichte«, die beiden exegetischen Disziplinen, Liturgik, Katechetik, Religions- und Missionswissenschaft, Christliche Sozialwissenschaften. Die sogenannten »Zulauffächer« sind z. Zt. einigermaßen versorgt.
Als Unterlage für die fachliche Beurteilung zu weiterführenden Studien dürfen nicht allein die Semestral- und Hauptexamina dienen; gute Prädikate beweisen nicht in allen Fächern geistige Eigenständigkeit und Urteilskraft. Auch lassen die Prüfungsnormen Spezialbegabungen nicht immer zur Geltung kommen. Darum empfiehlt sich die Fühlungnahme des Bischofs oder seines Personalreferenten mit den Professoren, um geeignete Nachwuchskräfte zu ermitteln.
Sehr wichtig ist der rechte Zeitpunkt der Auswahl. Höffner empfiehlt die Weckung des wissenschaftlichen Interesses und Pflege des Spezialstudiums schon vor der Priesterweihe und wünscht sich infolgedessen eine »wissenschaftsfreundliche« Atmosphäre in den Konvikten und Seminarien. Jedenfalls sollten wissenschaftliche Begabungen recht bald nach der Priesterweihe für weitergehende Studien freigestellt oder wenigstens eine Stelle im Universitätsort erhalten, die ihnen Zeit zu wissenschaftlicher Arbeit läßt.
Nach der Doktorpromotion müssen die zur Habilitation Ausgewählten ganz für das Studium freigestellt werden.
Generell wird das Interesse vieler Theologieprofessoren an der Nachwuchsfrage vermißt. Es braucht zur Prüfung vermuteter Begabungen mehr, als es geschieht: das persönliche Gespräch des Professors und dessen Ermunterung, Anregung und individuelle Beratung des Schülers.
Vorgeschlagene Entschließungen für die Aufnahme ins Protokoll[4]
1. Nur intensive und koordinierte Bemühungen der Bischöfe und Fakultäten können die ernste Situation des wissenschaftlichen theologischen Nachwuchses beheben.
2. Wie im Einzelfall nur deren Zusammenwirken zu fachgerechten Lösungen führt, so sollen auf höherer Ebene zwischen dem Episkopat und der Arbeitsgemeinschaft

[4] *Dok. 306 enthält keinen entsprechenden Eintrag.*

der Katholisch-Theologischen Fakultäten die grundsätzlichen Probleme des Nachwuchses behandelt und auftauchende Schwierigkeiten behoben werden.

3. Es soll ein Ausschuß gebildet werden, der aus einem Vertreter des Episkopates, einem Regens oder Konviktsdirektor und je einem Universitäts- und Hochschulprofessor besteht. Aufgabe dieses Gremiums soll es sein, die Entwicklung der Nachwuchsfrage weiter zu beobachten und sowohl den Episkopat wie auch die Arbeitsgemeinschaft der Katholisch-Theologischen Fakultäten darüber zu unterrichten. Aus der Arbeit dieses Gremiums werden sich mit der Zeit wirksame Wege zu einer ausreichenden und gleichmäßigen Nachwuchsförderung für die katholisch-theologischen Fakultäten entwickeln.

303

Bericht Wissings

Bonn, 20. September 1960

EA München, Joseph Kardinal Wendel, 21/1960. *Schreibmaschinenvervielfältigung. Briefkopf:* Katholisches Büro Bonn. Kommissariat der deutschen Bischöfe, Leitung: Prälat W[ilhelm] Wissing. *Anschrift:* An die Hochwürdigsten Herren Erzbischöfe in der Bundesrepublik Deutschland. *Vermerk:* Betr. Sonntagsarbeit in der Eisen- und Stahlindustrie.

Eminenzen, Exzellenzen,
der Kampf um die Neuregelung der Sonntagsarbeit ist nunmehr in ein entscheidendes Stadium getreten. Nachdem das Bundesarbeitsministerium eine Verordnung vorgelegt hat, nach der in SM- und Elektro-Stahl-Betrieben eine sonntägliche Betriebsruhe von acht Stunden mit Reparaturverbot und in Thomas-Stahlwerken eine sonntägliche Betriebsruhe von 16 Stunden mit Reparaturverbot eingeführt werden soll, versucht die Eisen- und Stahlindustrie, eine solche Regelung zu vereiteln. In mehreren Verlautbarungen hat sie betont, daß die beabsichtigte Neuordnung unter dem Druck kirchlicher Kreise zustande gekommen sei. Überdies entspreche die Neuordnung in keiner Weise den volkswirtschaftlichen, wettbewerbsmäßigen und sozialen Belangen. Gegen diese ungerechtfertigten Behauptungen haben sich die Kommission der kath[olischen] Kirche in Fragen der Sonntagsarbeit und die Bischöfliche Kommission für Wirtschaft und Gesellschaft innerhalb der Fuldaer Bischofskonferenzen gewandt. Ihre Erklärungen sind als Anlage[1] beigefügt.

Aus uns zugegangenen Berichten müssen wir ersehen, daß Vertreter der Eisen- und Stahlindustrie bei einzelnen Bischöfen vorsprechen, um ihre Absichten zu erreichen. Sie hoffen dabei, daß die Meinung der Bischöfe über Fragen der Sonntagsarbeit in dem einen oder anderen Punkte auseinandergehen könnte.

Weiter wollen sie versuchen, eine Verschiebung der geplanten Neuordnung um drei Monate zu erreichen, um in neuen Gesprächen mit der Kirche und der Eisen- und Stahlindustrie eine für sie bessere Lösung zu finden.

1 *Die zweite Erklärung in Dok. 294, die erste wurde nicht ermittelt.*

Soweit wir es hier von Bonn beurteilen können, liegt in dem Bestreben, die Lösung zeitlich zu verschieben, eine sehr große Gefahr. Im Augenblick gefährden weitere Gespräche das bisherige Verhandlungsergebnis und schwächen die Stellung des Arbeitsministeriums und des Bundeswirtschaftsministeriums, die nach uns zugegangenen zuverlässigen Informationen trotz der heftigen Angriffe aus den Kreisen der Industrie bereit sind, die geplante Neuordnung durchzusetzen.
Überdies könnte eine Aussetzung oder eine Verschiebung der Neuordnung einzelnen Kabinettsmitgliedern Veranlassung geben, in Anbetracht der kommenden Bundestagswahlen eine Neuregelung zu verzögern.
Wir glaubten diese Information geben zu müssen, um die Neuregelung der Sonntagsarbeit in der Eisen- und Stahlindustrie, die weit besser ist als die bisherige, nicht zu gefährden.
Mit ehrerbietigen Grüßen

Ihr sehr ergebener
W[ilhelm] Wissing, Prälat.

304

Bericht Lammers'

[Dingden, 22. September 1960][1]

EA MÜNCHEN, Joseph Kardinal Wendel, 49 LJ 1954–1960. *Schreibmaschinenvervielfältigung. Überschrift:* Zur Situation der Katholischen Landjugendbewegung.

Die KLJB arbeitet – ausgenommen die Diözese Speyer – in allen Bistümern der Bundesrepublik Deutschland. Ihre Mitgliederzahl beläuft sich auf rund 120.000. Etwa die gleiche Anzahl Landjugendlicher wird zusätzlich durch ihre Bildungsarbeit und Aktionen erfaßt und betreut. Damit ist die katholische Landjugendbewegung die mit Abstand größte der drei deutschen Landjugendorganisationen: Bund der Deutschen Landjugend, Evangelische Jugend auf dem Lande, Katholische Landjugendbewegung. Die beiden Zeitschriften der KLJB »Der Pflug« und »Der Sämann« sowie die Führungszeitschriften und Werkbriefe haben eine Gesamtauflage von ca. 95.000 Exemplaren.
Trotz des ständigen Wachsens der KLJB gewinnt zurzeit im bayerischen, rheinland-pfälzischen und saarländischen Raum der interkonfessionelle Bund Deutscher Landjugend an Boden, weil er unter der Devise klarer berufsständischer Arbeit auch katholische Landjugendliche an sich zieht.
Ländliche Seminare wurden von der KLJB im vergangenen Jahr im Bundesgebiet 1.324 durchgeführt. Hierfür konnten von der Bundesstelle insgesamt DM 653.000 vermittelt werden.

[1] *Die Datierung ergibt sich aus dem Begleitschreiben (Schreibmaschinenausfertigung am gleichen Fundort).*

Für die KLJB wird es in den kommenden Jahren vor allem darum gehen, die Bildung der Verantwortlichen (Runde der Verantwortlichen – Arbeitsgemeinschaft) noch intensiver ins Auge zu fassen sowie die Vertiefung der begonnenen Arbeit und die Klärung interner organisatorischer Fragen vorzunehmen, damit bei aller Verschiedenheit dennoch eine einheitliche katholische Landjugendbewegung in Deutschland wächst.

Durch die Mitgliedschaft in der Stiftung für Begabtenförderung der deutschen Landwirtschaft konnten im vergangenen Jahr 49 katholische Antragsteller mit einer Gesamtsumme von DM 49.635 unterstützt werden. Dafür muß von der Katholischen Landjugendbewegung ein Jahresbeitrag von DM 10.000 aufgebracht werden.

Für die weitere Entwicklung der Landjugend und für ihre fruchtbare Arbeit ist vor allem eine Klärung über ihre Stellung im Bund der Deutschen katholischen Jugend notwendig.

Nach der zurzeit gültigen Bundesordnung ist die KLJB lediglich eine Aktion der katholischen Jungmännergemeinschaft und der katholischen Frauenjugendgemeinschaft. Nach der tatsächlichen Entwicklung in fast allen Diözesen aber ist die KLJB bereits gleichberechtigte Gliedgemeinschaft neben den anderen Gliederungen des Bundes. Aus dieser Entwicklung sollten für die Bundesordnung Konsequenzen gezogen werden, damit eine einheitliche Weiterentwicklung der KLJB, die zurzeit gefährdet ist, gewährleistet wird und gleichzeitig die Vorwürfe des Deutschen Bauernverbandes bei den Auseinandersetzungen um die Anerkennung der KLJB als Nachwuchsorganisation für den Bauernverband entkräftet werden. Bei den Verhandlungen um die Anerkennung wurde vom Bauernverband immer wieder darauf hingewiesen, daß für eine Zusammenarbeit auf berufsständischer Ebene zunächst die Anerkennung der KLJB als Gliedgemeinschaft im Bund der Deutschen katholischen Jugend notwendig sei. Der Bauernverband lehnt es ab, für seine Belange mit einer allgemeinen katholischen Jugend zu verhandeln, weil er darin seine berufsständischen Anliegen nicht genügend respektiert sieht. Die Frage, ob die KLJB ihrer tatsächlichen Entwicklung entsprechend als Gliedgemeinschaft im BDKJ anerkannt wird, soll auf der Jahreshauptversammlung des BDKJ im Oktober dieses Jahres entschieden werden.

Klausenhof

Der äußere Aufbau des Klausenhofes, der zentralen Bildungsstätte der KLJB und Landjugendakademie, wird in diesem Jahr beendet. Die Notwendigkeit einer Bundesschule für die katholische Landjugend aller deutschen Diözesen wird infolge der wachsenden Aufgaben nach innen und außen auf nationaler sowie internationaler Ebene immer dringlicher. Die in den Ländlichen Seminaren und Landvolkshochschulen so vielversprechend begonnene Bildungsarbeit bedarf einer Ergänzung und Vertiefung. Notwendig erscheint vor allem die Weiterbildung der besten Teilnehmer dieser Einrichtungen zu qualifizierten Führungskräften in der Landjugend, im Landvolk, im kirchlichen und öffentlichen Leben des Landes.

Als katholische Landjugendakademie wird der Klausenhof vor allem auch das maßgebende Gegengewicht sein müssen zu den gegenwärtig entstehenden agrarpädagogischen Instituten auf interkonfessioneller Basis in Bremen, Fredeburg und Frankfurt. Das Interesse und die Opferfreudigkeit der Landjugend für den Klausenhof ist sehr beachtlich. Von den Teilnehmern an den verschiedenen Kursen des letzten Jahres kamen rund 52 % aus süddeutschen Diözesen.

Für die Finanzierung des Klausenhofes mit all seinen Aufgaben hat sich herausgestellt, daß die Spenden der Landjugend und die staatlichen Mittel allein bei weitem nicht ausreichen. Da auch der Versuch, die Rentabilität des Klausenhofes in Einzelabsprachen mit den deutschen Ordinariaten zu sichern, fehlgeschlagen ist, ergibt sich die Notwendigkeit, um einen überdiözesanen Jahreszuschuß zu bitten.

KLJB und Deutscher Bauernverband

Seit über sieben Jahren wird mit dem Deutschen Bauernverband e. V. in Bonn über eine Vereinbarung zum Zwecke einer gemeinsamen Landjugendarbeit auf Bundesebene verhandelt. Seit dem 18.4.1958 war Herr Reichsminister a. D. Dr. Hermes vom damaligen Präsidium des Deutschen Bauernverbandes beauftragt worden, die Verhandlungen mit den Vertretern der Katholischen Landjugendbewegung und der katholischen Kirche zu führen. Am 23. März 1960 teilte Herr Minister Hermes dem Bischof von Essen, Exzellenz Dr. Hengsbach, mit, daß er mit seinem Auftrag in der Präsidialsitzung am 22. März 1960 gescheitert sei. Am 26. März 1960 schrieb der 1. Präsident des Deutschen Bauernverbandes, Herr Edmund Rehwinkel[2], an den Bischof von Osnabrück, Exzellenz Dr. Wittler, daß er eine gleichberechtigte Anerkennung aller drei Landjugendorganisationen für recht und billig ansehe und aus diesem Grunde die Angelegenheit selbst in die Hand genommen habe. Die strittigen Punkte in den bisherigen Verhandlungen können wie folgt zusammengefaßt werden:

1. Die gleichberechtigte Anerkennung und Förderung aller drei Landjugendorganisationen sowohl in ideeller als auch in materieller Hinsicht durch den Deutschen Bauernverband.
2. Die Vertretung im Präsidium des Deutschen Bauernverbandes.
3. Die Anerkennung des Deutschen Bauernverbandes als alleinige Berufsorganisation der deutschen Landwirtschaft durch die deutschen Bischöfe.
4. Die Anerkennung der interkonfessionellen Bildungsarbeit des Bundes der Deutschen Landjugend.

Das Präsidium und die Geschäftsführung des Deutschen Bauernverbandes wollten bislang keinem Vorschlag zustimmen, in dem die gleichberechtigte Anerkennung und Förderung der Katholischen Landjugendbewegung Deutschlands und eine gleichartige Vertretung im Präsidium festgehalten sind. Dagegen zielten sie darauf ab, die alleinige Anerkennung als Berufsvertretung der deutschen Landwirtschaft von der Katholischen Landjugendbewegung und den deutschen Bischöfen zu bekommen. Wir haben festgestellt, daß die größten Schwierigkeiten für das Zustandekommen einer befriedigenden Vereinbarung bei der Geschäftsführung des Deutschen Bauernverbandes liegen, der ungleich stärkere Vollmachten eingeräumt sind, als dieses unseres Wissens in irgendeinem anderen Interessen- oder Berufsverband

[2] Edmund Rehwinkel *(1899–1977), Landwirt, 1959–1969 Präsident des Deutschen Bauernverbandes.*

der Fall ist. Aber auch das Präsidium des Deutschen Bauernverbandes hat sich bisher unseren berechtigten Wünschen versperrt. Von den derzeit 20 Mitgliedern des engeren Präsidiums sind fünf katholisch. Die Landesverbandspräsidenten von Oer[3], von Feury[4] und neuerdings auch Dr. Frey[5] vertreten mit Nachdruck unsere Interessen. Am 22. September will nun das Präsidium des Deutschen Bauernverbandes den deutschen Bischöfen eine Stellungnahme über den Stand der Verhandlungen und einen Vorschlag für ein Abkommen auf Bundesebene unterbreiten. Wir treten nach wie vor dafür ein, daß es eine dringende Notwendigkeit für den Deutschen Bauernverband ist, alle drei Landjugendorganisationen, den Bund der Deutschen Landjugend, die Evangelische Jugend auf dem Lande und die Katholische Landjugendbewegung Deutschlands, gleichberechtigt zu fördern und anzuerkennen, um die Einheit des Berufsstandes zu wahren und zu erhalten.

Gleichzeitig meinen wir, daß man den Deutschen Bauernverband nur als die derzeitige alleinige wirtschafts- und agrarpolitische Organisation der deutschen Landwirtschaft anerkennen und die Bildungsarbeit des Bundes der Deutschen Landjugend nach dem Prinzip der Demokratie respektieren kann. In der Zwischenzeit erhält der Bund der Deutschen Landjugend nach wie vor beträchtliche Summen für seine Maßnahmen und Planungen und bekommen die interkonfessionellen Bauernhochschulen – hier vor allem Fredeburg – erhebliche finanzielle Unterstützungen von seiten des Deutschen Bauernverbandes. Dabei darf noch erwähnt werden, daß von den von katholischen Präsidenten geführten Landesbauernverbänden über die Hälfte der Beiträge für den Deutschen Bauernverband e. V. aufgebracht werden.

Es ist weiter unverkennbar, daß die Führungsgremien des Deutschen Bauernverbandes größtes Gewicht auf ihre nachwachsenden Führungskräfte aus dem Bund der Deutschen Landjugend (interkonfessionell) legen und diese Personen schon heute systematisch in leitende Positionen und Stellungen hineinbringen. Alle diese Positionen sind, wie die Erfahrung immer wieder lehrt, den befähigten und tüchtigen Mitgliedern der Katholischen Landjugendbewegung bisher weitgehend verschlossen geblieben.

Wir dürfen feststellen, daß in einzelnen Regionalbereichen das Verhältnis und die Entwicklung durchaus eine andere sein kann und ist und daß diese Aufzeichnungen nur für die Dachorganisation, den Deutschen Bauernverband e. V. in Bonn, gelten.

[3] ANTONIUS FREIHERR VON OER *(1896–1968), Diplom-Landwirt, Gutsbesitzer, 1955–1968 Präsident des Westfälisch-Lippischen Landwirtschaftsverbands.*

[4] OTTO FREIHERR VON FEURY *(1906–1998), Landwirt, Politiker (CSU), 1955–1977 Präsident des Bayerischen Bauernverbands, 1955–1977 Vizepräsident des Deutschen Bauernverbands, 1957 Mitglied des Bundestags, 1970–1978 des Bayerischen Landtags.*

[5] MARTIN FREY *(1904–1971), Dr. agrar., Landwirt und Politiker (CDU), 1947–1970 Präsident des Rheinischen Landwirtschaftsverbands, 1948–1970 Präsident der Landwirtschaftskammer Rheinland, 1950–1964 Präsident des Verbands rheinischer Genossenschaften-Raiffeisen, 1949, 1953 und 1957–1965 Mitglied des Bundestags.*

305

Bericht Janssens

Hildesheim, 26. September 1960

EA MÜNCHEN, Joseph Kardinal Wendel, 21/1960. *Schreibmaschinenvervielfältigung. Briefkopf:* Der Bischof von Hildesheim, Beauftragter der Fuldaer Bischofskonferenz für Vertriebenen- und Flüchtlingsseelsorge. *Überschrift:* Vertriebenenseelsorge.

1. Zur Situation der Heimatvertriebenen

Trotz einer wirtschaftlich verhältnismäßig guten Versorgung der meisten Heimatvertriebenen bleibt eine besondere seelsorgliche und auch kulturelle Betreuung von seiten der Kirche notwendig. Die starke Umwerbung der Heimatvertriebenen durch die Landsmannschaften mit politisierenden und liberalisierenden Tendenzen kann nur so abgewehrt werden.

Die Wallfahrten der Heimatvertriebenen haben nach wie vor einen sehr starken Besuch. Auch die Beteiligung der Jugend ist erfreulich gut.

Die auf kirchlich-kulturellem Gebiet sich immer mehr bildenden Arbeitskreise nehmen eine stärker spürbare Entwicklung dahin, daß sie nicht so sehr rückschauend im Vergangenen haften, sondern – vor allem in den Jugendkreisen – die echte Beheimatung unter Verwertung des heimatlichen religiösen und kulturellen Gutes anstreben.

Spätaussiedler finden im allgemeinen nur schwer einen Kontakt zu den Gemeinschaften, die von den Alt-Vertriebenen geführt werden.

Spätausgesiedelte Priester kommen immer noch, doch in geringer Zahl. Sie sind vielfach alt oder gesundheitlich geschwächt. Da die wenigsten Herren noch seelsorglich eingesetzt werden können, vor allem der Diaspora-Seelsorge nicht gewachsen sind, macht ihre Unterbringung bisweilen Schwierigkeiten.

2. Lager und katholische Lagerdienste

Trotz aller Bemühungen um Lagerauflösung kann man doch eher von einer Umgruppierung oder Verlegung als von einer echten Auflösung sprechen. Während der Bund seine speziellen Lager, z. B. Sandbostel und Westertimke, auflöste, mußten dafür Friedland und Uelzen Sonderabteilungen mit eigener Führung aufnehmen.

Während Nordrhein-Westfalen seine Gastlager in Emden-Aurich-Esterwegen-Rhederfeld-Wentorf usw. auflöste, wurden Wohnlager wie Wipperfürth, Waldbröl, Wikkerath usw. erstellt. Die gleiche Entwicklung ist in allen Ländern vor sich gegangen. Am 1.4.1960 bestanden immer noch

1.017 Durchgangslager	mit 101.154 Insassen
1.424 Wohnlager	mit 121.000 Insassen

Die neugeschaffenen Übergangswohnheime sind und bleiben Lager, auch wenn sie optisch aus dem Barackenmilieu heraus sind. Das Zusammenwohnen von drei Familien in einer Dreizimmerwohnung birgt größte Gefahren. Darum ist auch eine Minderung der Fürsorge-, Caritas- und Seelsorgskräfte unverantwortlich. Die Um-

besetzung in Friedland von Dr. Krahé auf Pfarrer Scheperjahns[1] hat sich nicht nachteilig ausgewirkt.
Die Kinderbetreuung stellt in den Wohnlagern größere Anforderungen wegen der vielen Mütterarbeit.
Die Jugendbetreuung geht in 54 katholischen Jugendgemeinschaftswerken vor sich. Etwa 6.000 Jugendliche sind in der Betreuung (9–12 Monate). An mehrtägigen »Freizeiten« auch religiöser Art nahmen im Jahre 1959 5.300 Jugendliche teil.
Die Mütterarbeit ist besonders wichtig beim Übergang in ein Wohnheim. Drei Heime stehen für Freizeiten zur Verfügung. Während 1959 650 Mütter teilnahmen, wird die Zahl 1960 wohl 1.000 überschreiten.
3. Betreuung der Ausländerlager ist seit 1.1.1960 vom NCWC auf den Caritasverband übergegangen. Es handelt sich um 50 größere Lager und 260 kleinere (kommunale oder Werkslager). Beiträge zur Wirtschaftseingliederung kommen von den Vereinten Nationen. Die caritativen und seelsorglichen Belange müssen von uns bestritten werden.
Die Entwicklung der Lagerarbeit ist nicht klar abzusehen. Während aus Rußland und den polnisch besetzten Gebieten ein starker Rückgang zu verzeichnen ist, hat die Zahl der SBZ-Flüchtlinge schon Ende September die Zahl von 1959 erreicht (rund 150.000).
Die Ausländerseelsorger sind vielfach sehr strapaziert wegen der unsteten Arbeit, die geleistet werden muß. Die vielen Bitten um caritative Hilfe, Ersatz oder Neubeschaffung von Fahrzeugen usw. konnten nicht immer erfüllt werden. Zuständigkeit ist nicht klar.
4. Die Förderschulen sind weithin zurückgegangen. Ihre Finanzierung wurde leichter, weil die rücklaufenden Gelder verwendet werden können. Über ihre Verwendung müßte entschieden werden. Neueinrichtungen wurden nicht notwendig. So war ein Antrag um Geldbewilligung für 1961 nicht notwendig.
Für den Lagerdienst konnte der Antrag von 300.000 auf 218.000 DM verringert werden.
5. Das Kirchenbuchamt in München ist für alle deutschen Diözesen eine unentbehrliche Einrichtung. Die Arbeit desselben wird immer umfangreicher, weil die Urkundenbeschaffung und Benachrichtigung der Pfarrämter fast ausschließlich, auch von staatlichen Stellen, darüber läuft.
Es sind geschulte, sprachkundige Fachkräfte notwendig. Die bisher geringere Besoldung hat viele Mitarbeiterinnen weggehen lassen.
Geplant ist ein Kirchenbuchverzeichnis der Ostpfarreien. Preis DM 1,50. Es würde viele Rückfragen erübrigen, Kosten sparen helfen.
Geklagt wird über mangelnde Benachrichtigung der Taufpfarrämter bei Trauungen von Heimatvertriebenen. Auf die Dauer gibt das Schwierigkeiten.
Der neue Leiter, Dr. Tillmann, hat sich gut eingearbeitet.

[1] Wilhelm Scheperjans *(1912–1998), 1939 Priester, 1954–1958 Seemannsseelsorger in Bremerhaven, 1960 Lagerpfarrer in Friedland, Monsignore.*

306

Protokoll der Fuldaer Bischofskonferenz

Fulda, 27.–29. September 1960

EA München, Joseph Kardinal Wendel, 21/1960. *Druckstück mit Überschrift:* Protokoll der Plenarkonferenz der Bischöfe der Diözesen Deutschlands in Fulda vom 27. bis 29. September 1960. *Fertigungsdatum:* Fulda, 30. September 1960. *Vermerk:* Streng vertraulich!

An der Plenarkonferenz der deutschen Bischöfe, die vom 27. bis 29. September 1960 unter dem Vorsitz des Hochwürdigsten Herrn Erzbischofs von Köln, Eminenz Joseph Kardinal Frings, am Grabe des hl. Bonifatius in Fulda stattfindet, nehmen teil:

1. Joseph Kardinal Frings, Erzbischof von Köln,
2. Joseph Kardinal Wendel, Erzbischof von München-Freising,
3. Julius Kardinal Döpfner, Bischof von Berlin,
4. Lorenz, Erzbischof von Paderborn,
5. Joseph, Erzbischof von Bamberg,
6. Hermann, Erzbischof von Freiburg,
7. Michael, Erzbischof, Bischof von Regensburg,
8. Albert, Bischof von Mainz,
9. Simon Konrad, Bischof von Passau,
10. Michael, Bischof von Münster,
11. Joseph, Bischof von Eichstätt,
12. Wilhelm, Bischof von Limburg,
13. Karl Joseph, Bischof von Rottenburg,
14. Joseph, Bischof von Augsburg,
15. Matthias, Bischof von Trier,
16. Isidor Markus, Bischof von Speyer,
17. Johannes, Bischof von Aachen,
18. Otto, Bischof von Meißen,
19. Heinrich Maria, Bischof von Hildesheim,
20. Joseph, Bischof von Würzburg,
21. Helmut Hermann, Bischof von Osnabrück,
22. Franz, Bischof von Essen,
23. Adolf, Bischof von Fulda,
24. Dr. Ferdinand Piontek, Titularbischof von Barka, Kapitularvikar der Erzdiözese Breslau,
25. Ludwig Polzin, Kapitularvikar der Freien Prälatur Schneidemühl,
26. Paul Hoppe, Kapitularvikar von Ermland,
27. Dr. Franz Monse, Generalvikar von Glatz.

Die Konferenz beginnt am Dienstag, dem 27. September, vormittags 8:30 Uhr mit der Anrufung des Heiligen Geistes.

Der Vorsitzende eröffnet die diesjährige Konferenz und widmet dem verstorbenen Erzbischof Dr. Dietz, der als Bischof von Fulda viele Jahre Mitglied der Bischofskonferenz war, ein pietätvolles Gedenken.
Der Apostolische Nuntius Erzbischof Konrad Bafile hat an die Konferenz eine Grußbotschaft gerichtet, die zur Verlesung kommt und mit einem Danktelegramm erwidert wird. Der Bischof von Fulda wird gebeten, dem Oberbürgermeister von Fulda[1] den Dank der Bischöfe für sein Grußwort zu übermitteln.
Die Konferenz tritt dann in die Tagesordnung ein und behandelt als ersten Punkt die Huldigungsadresse an den Heiligen Vater. Nach einer redaktionellen Überarbeitung wird der Entwurf gebilligt.
Das Staatssekretariat Seiner Heiligkeit bestätigt durch Schreiben vom 30. Juli den Empfang der Eingabe des deutschen Episkopates, in der zur Vorbereitung auf das kommende Konzil um die Errichtung einer Kommission für pastoraltheologische Fragen gebeten wurde. Der Heilige Vater habe von der Eingabe Kenntnis genommen und sie an die vorbereitende Konzilskommission überweisen lassen.
Die Apostolische Nuntiatur übermittelt durch Schreiben vom 24. September den deutschen Bischöfen den Dank des Sekretärs der Kongregation für die Kirche des Orients, Eminenz Kardinal Cicognani[2], für die Spende aus der Karfreitagskollekte zur Verfügung des griechisch-katholisch unierten Patriarchen von Jerusalem sowie die Anerkennung der Kongregation der Glaubensverbreitung, daß die deutschen Bischöfe der geistlichen Betreuung der afro-asiatischen Studenten und Praktikanten erhöhte Aufmerksamkeit schenken.
Durch Schreiben vom 13. August 1960 (Nr. 331/IV-A) bringt die Apostolische Nuntiatur dem Episkopat ein Dekret des Heiligen Offiziums bezüglich gewisser mariologischer Publikationen über das Thema der Jungfräulichkeit »in partu« zur Kenntnis.
Die Epiphaniekollekte 1961 soll wiederum für die Unterstützung der katholischen Schulen in der Südafrikanischen Union sowie für die Pius-XII-Universität in Basutoland[3] gehalten werden.
Der Vorsitzende lenkt in einem ausführlichen Vortrag die Aufmerksamkeit der Bischöfe auf dringende Anliegen der Weltmission und der süd- und mittelamerikanischen Länder. Die ernste Lage in diesen Gebieten verlangt die weltweite, opferfrohe und brüderliche Hilfe der deutschen Katholiken. In dem Referat werden konkrete Wege, die zu einer wirksamen Hilfe führen können, aufgezeigt:
1. Einzelne Bistümer treten in ein besonderes Verhältnis der Freundschaft und Hilfe zu einem Missionsgebiet oder einem Bistum Süd- oder Mittelamerikas;
2. in der Sorge um die Ausbildung des Priesternachwuchses werden Neubauten von Priesterseminarien unterstützt oder Patenschaften für Seminaristen oder Ordensscholastiker übernommen;

[1] ALFRED DREGGER *(1920–2002), Dr. iur., Verwaltungsjurist und Politiker (CDU), 1956–1970 Oberbürgermeister von Fulda, 1965–1967 Präsident des Deutschen Städtetags, 1962–1972 Mitglied des hessischen Landtags, 1967–1982 Landesvorsitzender der CDU, 1972–1998 Mitglied des Bundestags. Vgl.* J. ARETZ, *Dregger.*
[2] GAETANO CICOGNANI *(1881–1962), 1904 Priester, 1925 Titularerzbischof, 1953 Kardinal.*
[3] *Früherer Name des Königreichs Lesotho.*

3. das Werk für Priesterberufe in den Diözesen nimmt sich auch der Förderung des Priesternachwuchses in den Missionsgebieten an;
4. durch Sonderkollekten, sei es auf Diözesanebene, sei es auf der Ebene eines Dekanates oder einer Pfarrei, werden bestimmte Missionsanliegen besonders gefördert;
5. die Gläubigen werden aufgefordert, zugunsten der Weltmission von persönlichen Geschenken bei Familienfeiern oder Jubiläen abzusehen;
6. trotz des eigenen Priestermangels entsenden einzelne Bistümer Priester in die Mission oder nach Südamerika und fördern den Nachwuchs der Missionsorden.
In ihrer Verantwortung für das Gottesreich und in dem Bewußtsein, daß die Opferbereitschaft für die Mission nicht zuletzt auch dem eigenen Bistum zugute kommt, werden die deutschen Bischöfe gern im Rahmen der Empfehlungen des Referates die Missionsanliegen fördern. Einzelaktionen und Übernahme von Patenschaften sollen aber mit den Päpstlichen Missionswerken und – bei größeren Aktionen – auch mit der Kongregation der Glaubensverbreitung abgestimmt werden.
Ein eingehender Bericht gibt den Bischöfen Aufschluß über die Lage der Kirche im mitteldeutschen Raum, besonders hinsichtlich der weltanschaulichen Situation und der wachsenden Schwierigkeiten im Leben der Kirche und der Christen. Ferner wird über verschiedene kirchliche Einrichtungen in diesem Bereich berichtet.
Der Erzbischof von München berichtet über die Veranstaltungen des Eucharistischen Kongresses, der in hohem Maße dem ihm gesetzten Ziele nahegekommen und den gestellten Aufgaben weitgehend gerecht geworden ist.
An den Veranstaltungen auf dem Festplatz nahmen am Mittwochabend[4] 250.000, am Donnerstag- und Freitagabend[5] 300.000 Gläubige teil. Am Samstagabend[6] stieg die Zahl der Teilnehmer auf 450.000 bis 500.000 und erreichte beim Schlußgottesdienst am Sonntag 1,1 Millionen. Während der Kongreßwoche wurden etwa 626.500 hl. Kommunionen ausgeteilt; bei der Eucharistiefeier am Schlußtag waren es 300.000. Außer dem Legaten waren 26 Kardinäle, 82 Erzbischöfe und 329 Bischöfe anwesend. 53 Bischöfe hatten Vertreter entsandt.
Im Namen der Konferenz spricht der Vorsitzende Eminenz Wendel und seinen Mitarbeitern den aufrichtigen Dank aus für das, was durch den Eucharistischen Kongreß für die Kirche gewirkt werden konnte.

Hauptkommission
Entsprechend dem Beschluß der Plenarkonferenz 1959 (vgl. Protokoll der Plenarkonferenz 1959[7], S. 4), soll in der Fastenzeit 1961 wiederum die Misereorkollekte stattfinden. Zu Beginn der Fastenzeit wird ein Aufruf erlassen, dessen Entwurf dem Vorsitzenden bis Anfang November d. J. von Msgr. Dossing vorzulegen ist. Das Zentralkomitee der deutschen Katholiken möge die katholischen Organisationen über den Wunsch der Bischöfe informieren, in den Monaten Januar bis März 1961

[4] *Eröffnungsfeier mit Predigt von Kardinal* DÖPFNER.
[5] *Kreuzfeier auf dem Festplatz.*
[6] *Pontifikalamt im byzantinischen Ritus mit Predigt von Kardinal* KÖNIG.
[7] *Vgl. Dok. 263.*

keine solchen Aktionen zu unternehmen, die die Durchführung der Misereorkollekte gefährden könnten. In den Amtsblättern der Diözesen, den Kirchenzeitungen und dem Verbandsschrifttum sollen wie in den Vorjahren die entsprechenden Weisungen und Anregungen gegeben werden.

Kommission I: Glaubensüberwachung und Glaubensverbreitung
Der Erzbischof von Paderborn weist auf die entscheidende Bedeutung der eigentlichen Vorbereitungsarbeiten zum zweiten Vatikanischen Konzil[8] hin und gibt einen Überblick über die großen Richtlinien dieser Arbeiten. Sorge der Bischöfe müsse es sein, daß aus ihrem kirchlichen Raum das Bestmögliche für die Vorbereitung getan werde.
Eingehend berichtet der Erzbischof von Paderborn über das Verhältnis der evangelischen Christenheit zur katholischen Kirche[9]. Aktuelle Vorgänge im theologischen Bereich und der Nachhall zum Eucharistischen Weltkongreß in der protestantischen Presse zeigen an, daß das Verhältnis der Konfessionen spannungsgesättigter ist als in den vergangenen Jahren.
Die steigende Zahl der Mischehen, die religiöse Not und Gefährdung der katholischen Ehepartner verlangen eine intensive pastorale Betreuung der Gläubigen, die in einer Mischehe leben.
In Anbetracht des Anwachsens des sogenannten »Linkskatholizismus«, hinter dem falsche und gefährliche theologische Auffassungen stehen, erscheint es der Konferenz notwendig zu sein, sich eingehend mit dieser Strömung zu befassen. Sie bittet die Erzbischöfe von München und Paderborn, bis zur nächsten bayerischen bzw. westdeutschen Konferenz einen Bericht über diese Frage vorzulegen.
Der Erzbischof von Bamberg bittet die Bischöfe, auch weiterhin der Bewegung von Heroldsbach[10] aufmerksame Wachsamkeit zu schenken.
Ein Beschluß über die Priesterausgleichskasse (Diaspora-Kommissariat) wird zurückgestellt.

Kommission II: Pflege des religiösen Lebens
Der Vorsitzende der Konferenz wird an die Ritenkongregation die Bitte richten, den deutschen Bischöfen zu gestatten, daß das Fest und das Offizium des heiligen Hermann Joseph in die Diözesanordinarien aufgenommen werden können.
Auf Grund des gewährten Privilegs empfehlen die Bischöfe, den 24. Dezember als Vigilfasttag vor Weihnachten beizubehalten. Der Vorsitzende wird in einer Eingabe nach Rom im Namen der deutschen Bischöfe bitten, das bisher gewährte Privileg bzgl. des Vigilfasttages am 24. Dezember zu verlängern.
Die Konferenz unterstreicht zum 50. Jahrestag der Veröffentlichung des Dekretes »Quam singulari«[11] das Anliegen der rechtzeitigen Hinführung der Kinder zur Erst-

8 *Vgl. Dok. 301.*
9 *Vgl. Dok. 295.*
10 *In der fränkischen Gemeinde Heroldsbach waren angeblich Marienerscheinungen beobachtet worden, die von kirchlicher Seite nicht anerkannt wurden.*
11 *Dekret »Quam singulari« vom 8. August 1910.* AAS 2 *(1910), S. 577, deutsche Übersetzung:* DEKRETE.

kommunion. Priester und Erzieher mögen ihre ganze Kraft einsetzen, um die Eltern in eigener Verantwortlichkeit für die Verwirklichung dieser Elternpflicht zu befähigen. Die Kinder sind gemäß can. 859 CIC vom Vernunftgebrauch an verpflichtet, die Osterkommunion zu empfangen.

Kommission III: Seelsorge
Die menschliche und seelsorgliche Betreuung der ausländischen Studenten und Praktikanten ist von großer Wichtigkeit und sollte ein echtes Anliegen aller Katholiken sein.
An den Zentren des Ausländerstudiums sollten internationale katholische Studentenheime errichtet werden. Die Bischofskonferenz stellt für den Bau dieser Wohnheime in diesem Jahr 300.000 DM zur Verfügung.
Es sollten die Verbandszentralen unserer Standesvereine auf die Bedeutung der Ausländerbetreuung aufmerksam gemacht werden, damit in und außerhalb der Betriebe Studenten und Praktikanten an den katholischen Mitarbeitern Stütze und Beratung finden.
Die Gruppen des ND-Männerringes haben sich mancherorts bereits der Praktikantenbetreuung recht gut angenommen. Der ND-Männerring wird gebeten, das systematisch an allen Orten der Bundesrepublik zu tun, weil seine Mitglieder in den Betrieben und in der Wirtschaft am schnellsten die immer nur für einige Monate dort tätigen Praktikanten kennenlernen und ihr Vertrauen gewinnen können.
Die von den deutschen Bischöfen zur Verfügung gestellten Stipendien für die Heranbildung einer katholischen Akademikerelite in den Missionsländern sollten tunlichst erhöht und durch freiwillige Spenden einzelner Verbände und Betriebe vermehrt werden.
Die Konferenz beschließt eine Verlautbarung in allen kirchlichen Amtsblättern:
Gemäß can. 1103 § 2 CIC müssen die Trauungen aller Katholiken dem zuständigen Taufpfarramt gemeldet werden. Es besteht Veranlassung, diese Verpflichtung erneut in Erinnerung zu bringen für die Trauung von Heimatvertriebenen. Wie die Urkunden über das Kirchenbuchamt München 8, Rosenheimer Straße 141, eingeholt werden können, so muß auch die Meldung nach der Trauung an das Kirchenbuchamt München ergehen, wenn sie nicht direkt an das Taufpfarramt gerichtet werden kann.
Angesichts der langdauernden Krise um die Nachfolge des Bundespräses der Frauenjugend Hebel werden die Hochwürdigsten Herren Ordinarien um Entgegenkommen und Freigabe des demnächst Erwählten gebeten. Gegen die Erwählung eines Ordensmannes (P. Pöppinghaus S. J.[12]) werden keine Einwendungen erhoben.
Der Antrag des Albertus-Magnus-Kollegs in Königstein um ein zinsloses Darlehen in Höhe von 1.000.000 DM für den Neubau einer höheren Jungenschule wird zurückgestellt. Der Bischof von Limburg wird gebeten, die Bau- und Finanzierungspläne zu prüfen und darüber den Bischöfen zu berichten.

[12] P. JOSEF PÖPPINGHAUS SJ *(1920–1981), 1938 Ordenseintritt, 1948 Priester, Generalsekretär des Bundes Neudeutschland.*

Kommission IV: Familie, Schule und Erziehung
Mit Sorge erfüllt die Bischöfe die Feststellung, daß die in jüngster Zeit immer wieder in Erscheinung tretenden Bestrebungen und Pläne zur Umgestaltung des deutschen Schulwesens, sollten sie durchgeführt werden, größte Auswirkungen auf den weltanschaulichen Charakter unseres Schulwesens haben und die ganzheitliche Erziehung des Kindes gefährden werden. Die deutschen Bischöfe sehen sich verpflichtet, durch eine besondere Erklärung das katholische Volk, namentlich die Eltern und Erzieher, warnend auf diese Bestrebungen und Pläne aufmerksam zu machen. Die Erklärung ist dem Protokoll als Anlage beigefügt (s[iehe] Anlage I).
Die Konferenz begrüßt es, daß die Bischöfliche Hauptstelle für Schule und Erziehung eine Broschüre herausgibt, in der zu den aktuellen Fragen der Schulpolitik Stellung genommen wird. Die Schrift soll in die Hand aller gelangen, die sich mit Schulfragen beschäftigen: Geistliche, Lehrer, Elternvertreter, Schulpflegschaften u. a. Die Hochwürdigsten Herrn erklären sich damit einverstanden, daß die Schrift in einer jeweils entsprechenden Höhe den Ordinariaten zugesandt wird und daß die Unkosten ebenso entsprechend von den Diözesen getragen werden.
Die Bischofskonferenz nimmt mit Befriedigung davon Kenntnis, daß die Errichtung einer Zentralstelle für die religiöse Bildung deutscher Studierender an Ingenieurschulen und höheren berufsbildenden Schulen der Bundesrepublik und West-Berlins sich bewährt hat.
Die Hochwürdigsten Herren werden gebeten, in allen Orten, in denen sich Höhere Fachschulen oder höhere berufsbildende Schulen befinden, einen Seelsorger oder Religionslehrer amtlich mit der Studentenseelsorge an diesen Fachschulen zu beauftragen. Es ist notwendig, daß der Seelsorger einen Auftrag von der bischöflichen Behörde erhält, um gegenüber den Schulleitungen legitimiert zu sein.
Allen Diözesen wird empfohlen, jedem Seelsorger an solchen Schulen ein Fixum zu bewilligen, das 300 DM bis 500 DM im Jahr beträgt. Das Geld wird gebraucht für den Druck von Programmen und Plakaten, für Fahrtunkosten, Tagungen und Referenten.
Es wird ein hauptamtlicher Geschäftsführer für die Studenten-Einigung der Studierenden an Höheren Fachschulen bewilligt und, entsprechend dem Antrag der Zentralstelle, ein Gesamtbetrag für die Zentrale von 29.400 DM für 1961 ausgewiesen.
Der von den Bischöfen beauftragte Leiter der Zentralstelle hat das Recht, den Schulleitungen gegenüber sich »Direktor der Zentralstelle« zu nennen.

Kommission V: Wissenschaft, Kulturpflege, Erwachsenenbildung
Da seit einiger Zeit auf dem Gebiete der Erwachsenenbildung und des Büchereiwesens Auffassungen und Entwicklungen sich zeigen, die als sehr bedenklich erscheinen, erachtet es die Konferenz als notwendig, in einer Verlautbarung, die dem Protokoll als Anlage beigefügt ist, deutlich Stellung dazu zu nehmen (s[iehe] Anlage II).
Die nach Absprache mit dem St.-Michaelsbund vom Borromäusverein vorgelegte Ordnung der kirchlichen Buch- und Büchereiarbeit scheint zur Genehmigung und Einführung durch den Episkopat noch nicht reif zu sein. Sie wird deshalb zur weiteren Klärung zurückgestellt.

Der Universitätsverein Salzburg erbittet vom deutschen Episkopat zur Errichtung von fünf katholischen Hochschulinstituten eine einmalige Beihilfe in Höhe von 600.000 DM, eine jährliche Kollekte und einen jährlichen Betrag. Dieser Antrag wird der Kommission V (Wissenschaft und Kulturpflege) überwiesen, die gebeten wird, sowohl zu der grundsätzlichen Frage als auch zu den Bau- und Finanzierungsplänen Stellung zu nehmen.

Kommission VI: Publizistik

Die Bischöfe befassen sich eingehend mit der Frage der Ordnung des Fernsehens und mit der Bitte des Geschäftsführers der Deutschland-Fernsehen-GmbH an den Vorsitzenden der Konferenz, einen Vertreter der katholischen Kirche für den Aufsichtsrat der erwähnten Gesellschaft zu benennen.

In einem Schreiben des Vorsitzenden der Fuldaer Bischofskonferenzen an den Herrn Bundeskanzler Dr. Adenauer vom 27. September[13] wird mitgeteilt, daß als Vertreter der katholischen Kirche für den Aufsichtsrat der Deutschland-Fernsehen-GmbH Direktor Hanssler in Aussicht genommen ist. Der Episkopat geht dabei von der Voraussetzung aus, daß die kirchlichen Wünsche bezüglich des zweiten Fernsehens berücksichtigt sind und daß insbesondere die Gebührenfrage geregelt ist.

Der Vorsitzende bittet außerdem in dem Schreiben an den Herrn Bundeskanzler, daß die in Aussicht gestellte Besprechung mit der bischöflichen Expertenkommission noch vor dem Zusammentritt des Aufsichtsrates stattfindet.

Da die gewünschte Besprechung am 29. September in Bonn stattfindet, wird der Bischof von Limburg ermächtigt, Direktor Hanssler als Vertreter der katholischen Kirche im Aufsichtsrat der Deutschland-Fernsehen-GmbH zu benennen, wenn die Wünsche des Episkopates gebührend berücksichtigt werden.

Da die Besprechung einen günstigen Verlauf nahm, wurde Direktor Hanssler zum Vertreter der katholischen Kirche für den Aufsichtsrat der Deutschland-Fernsehen-GmbH benannt.

Der Bischof von Osnabrück erstattet unter Verwertung des Gutachtens des Rechtsanwaltes Dr. Helfrich[14] einen eingehenden Bericht über die wirtschaftliche und finanzielle Lage der Katholischen Nachrichten-Agentur. Die Konferenz faßt zur Überwindung der großen wirtschaftlichen Schwierigkeiten der KNA folgende Beschlüsse:

1. Die Bischofskonferenz stellt 80.000 DM zur Aufstockung des Gesellschafterkapitals der Katholischen Nachrichten-Agentur zur Verfügung unter der Voraussetzung, daß der Gesellschaftervertrag den Kapitaleinlagen entsprechend geändert wird und die Bistümer nach der Höhe des Gesellschafterkapitals im Beirat vertreten sind.

2. Die Bischofskonferenz benennt als ihre Vertreter für den zu erweiternden Beirat außer Herrn Prälaten Wissing, der bereits Mitglied des Beirates ist, die Herren

1. Oberrechtsrat Dr. Westhoff,

[13] *Nicht ermittelt.*

[14] *Nicht ermittelt.*

2. Generalvikariatsrat Gertz.
Die Konferenz ist damit einverstanden, daß bis auf weiteres auch Herr Dr. Klein, Freiburg[15], die Interessen der Bistümer im Beirat vertritt.
3. Die Konferenz dankt der bischöflichen Kommission sowie dem Beirat der Katholischen Nachrichten-Agentur für ihre Bemühungen um die wirtschaftliche und finanzielle Sicherung der KNA. Sie bittet die Kommission, die weiteren Verhandlungen bezüglich der Umgestaltung des Gesellschaftervertrages der KNA zu führen und in Zusammenarbeit mit dem Beirat und der Geschäftsführung derselben zu untersuchen, ob und inwieweit sich die Anregungen des Gutachtens von Dr. Helfrich verwirklichen lassen. Außerdem erhält die bischöfliche Kommission den Auftrag zu prüfen, ob eine Umwandlung der GmbH in eine gemeinnützige Körperschaft möglich und nützlich ist.
4. Für das Jahr 1961 werden
a) 295.000 DM als ordentlicher Zuschuß bewilligt und
b) 35.000 DM als außerordentlicher Zuschuß zur Abdeckung des Defizits bereitgestellt;
c) für das Gutachten werden 5.000 DM ebenfalls bereitgestellt.
Über die Freigabe dieser beiden bereitgestellten Summen entscheidet der Vorsitzende der Konferenz auf Antrag des Bischofs von Osnabrück.
5. Der Bischof von Osnabrück wird gebeten, den Beirat und die Geschäftsführung der KNA auf die Notwendigkeit einer sparsamen Wirtschaftsführung und einer Ertragssteigerung hinzuweisen, da ein weiterer jährlicher Zuschuß in der für 1961 bewilligten Höhe untragbar erscheint.
Beträchtliche Einsparungen sind u. a. durch eine Verkleinerung der Redaktion Frankfurt zu erreichen. Eine Besetzung dieser Redaktion ähnlich den Redaktionen in Freiburg oder Hamburg wird als ausreichend angesehen werden können.

Kommission VII: Soziale Arbeit
Da in den letzten Wochen mit vielfach unsachlichen Argumenten und ohne Berücksichtigung der von der Kirche in jahrelangen Verhandlungen vorgebrachten Gründe der Kampf um den Sonntag erneut in die Öffentlichkeit getragen worden ist, sieht sich die Konferenz veranlaßt, in einer Verlautbarung dazu Stellung zu nehmen. Die Verlautbarung ist dem Protokoll als Anlage beigefügt (s[iehe] Anlage III).
Die Konferenz spricht der Kommission, die im Auftrage der Bischöfe die Verhandlungen geführt hat, für ihre sorgfältige und zielstrebige Arbeit Dank und Anerkennung aus.
Die Konferenz dankt den drei Kommissionen, die zur Erarbeitung eines »Schwerpunktprogramms Arbeiterseelsorge« eingesetzt sind, für ihre wertvolle Arbeit.
Der Katholische Siedlungsdienst Köln ist durch ein Mitglied der Bischöflichen Kommission für Sozialfragen geprüft worden. Auf Grund des Prüfungsberichtes beschließt die Plenarkonferenz, daß die Arbeit des Katholischen Siedlungsdienstes vorerst in dem bisherigen Umfang weitergeführt werden soll.

[15] FRANZ KLEIN *(1908–2001), Dr. iur., 1956–1972 Justitiar des Deutschen Caritas-Verbands.*

Kommission VIII: Caritas und Fürsorge
Da das Sammlungsgesetz vom Jahre 1934 gegen die Rechte der Kirche und gegen das Grundgesetz verstößt, muß es aufgehoben werden. Wenn der Gesetzgeber ein neues Sammlungsgesetz erläßt, muß dabei mindestens das folgende erreicht werden:
1. Der Kirche und den in ihrem Auftrag handelnden kirchlichen Organen, Vereinigungen und Einrichtungen steht für Sammlungen und Spendenaufrufe aller Art, die sich an die Gläubigen wenden, völlige Freiheit zu. Diese Freiheit schließt das Recht der Kirche ein, sich für ihre Spenden und Aufrufe des Hausbesuches bei den Gläubigen, des öffentlichen Anschlags, der Presse, des Films, des Rundfunks und des Fernsehens zu bedienen.
Straßensammlungen, die die Kirche auf Plätzen durchführt, die in ihrem öffentlichen Gebrauch stehen (Kirchenvorplätze usw.) fallen unter die allgemeine Freiheit kirchlicher Sammlungsveranstaltungen.
2. Für sonstige Straßen- und Haussammlungen mag eine gewisse Ordnung sichergestellt werden. Dabei darf aber niemals das sogenannte öffentliche Bedürfnis eine Rolle spielen.
3. Alle Rechte, die den Protestanten in den neuen Kirchenverträgen der Länder Hessen, Niedersachsen und Schleswig-Holstein zugestanden wurden, müssen auch der katholischen Kirche gewährleistet werden.
4. Die Caritas-Verbände sind Organe der Kirche. Im Rahmen dieser Einordnung werden sie weiterhin die Möglichkeit nutzen, die der Deutsche Caritasverband als Spitzenverband der freien Wohlfahrtspflege erhält.
5. Bei der öffentlichen Bedeutung, die diese Wohlfahrtsverbände de facto haben und die auch de jure anerkannt ist, erscheint es berechtigt und notwendig, daß diesen Verbänden eine gewisse Vorrangstellung gegenüber kleineren Gruppen und Einzelpersonen eingeräumt werde.
6. Die notwendigen Verhandlungen mit den zuständigen Regierungen und Parlamenten werden für den Bereich des Bundes vom Katholischen Büro Bonn geführt, für den Bereich des Landes NRW (das z. Z. für die Bearbeitung der sammlungsrechtlichen Fragen federführend ist) vom Katholischen Büro NRW, für das Land Hessen vom Katholischen Büro in Wiesbaden, in den anderen Ländern durch die hierfür von den zuständigen Bischöfen bestimmten Stellen.
Soweit es sich aber um Fragen handelt, die die freien Wohlfahrtsverbände betreffen, ist mindestens ein Vertreter des Deutschen Caritasverbandes zuzuziehen, soweit diesem nicht die Verhandlungsführung überlassen wird. In beiden Fällen ist vorherige gegenseitige Abstimmung und nachträgliche Orientierung unerläßlich notwendig.
Die Weisungen der Bischöfe sind bei allen Verhandlungen verbindlich.
Die Konferenz beruft den Leiter der Dienststelle für Heimatvertriebene, Dir[ektor] Ziegler, an Stelle des ausgeschiedenen Dir[ektor] Dr. Braun in das Kuratorium zur Versorgung der kirchlichen Laienangestellten.
[...][16]

16 *Der Abschnitt* Überdiözesane Zuschüsse für das Jahr 1961 *wurde nicht aufgenommen.*

Als Termin für die nächstjährige Plenarkonferenz in Fulda wird die Zeit vom 26. bis einschließlich 28. September bestimmt. Anreisetag ist Montag, 25. September; der Tag der Abreise Freitag, 29. September.
Die Bischofskommissionen werden zu ihren Sitzungen vom 29. Mai, 16 Uhr, bis zum 31. Mai, 12 Uhr in Bühl/Baden zusammenkommen.

Für die Schriftleitung:
+ Helmut Hermann
Bischof von Osnabrück

+ Jos[eph] Card[inal] Frings
[Erzbischof von Köln][17].

Anlage I
Erklärung der deutschen Bischöfe zu Bestrebungen hinsichtlich der Umgestaltung des deutschen Schulwesens
Die deutschen Bischöfe haben sich eingehend mit den in jüngster Zeit immer wieder in Erscheinung tretenden Bestrebungen zur Umgestaltung des deutschen Schulwesens befaßt. Sie verkennen nicht, daß die Entwicklung der modernen menschlichen Gesellschaft auch für unser Bildungs- und Erziehungswesen Probleme aufwirft, die einer ernsten Überprüfung bedürfen. Mit Sorge aber erfüllt sie die Feststellung, daß der Öffentlichkeit von verschiedenen Seiten und Organisationen Pläne und Vorschläge unterbreitet wurden, die zwar scheinbar im wesentlichen nur eine Neugestaltung der Schulorganisation bezwecken. Tatsächlich würden aber solche Pläne, sollten sie durchgeführt werden, größte Auswirkungen auf den weltanschaulichen Charakter unseres Erziehungswesens haben und die ganzheitliche Erziehung des Kindes gefährden. Darum richten wir an das gläubige katholische Volk, namentlich an unsere Eltern und Erzieher, die dringende Bitte, den kulturellen und politischen Strömungen auf dem Gebiete der Schule und Erziehung größte Aufmerksamkeit zu schenken und unentwegt für das Elternrecht, für die konfessionelle katholische Schule, für die katholische Lehrerbildung und die ungeschmälerte religiöse Erziehung der Jugend einzutreten.

Anlage II
Verlautbarung der deutschen Bischöfe zu Fragen der Erwachsenenbildung und des Büchereiwesens
Seit einiger Zeit zeigen sich auf dem Gebiete der Erwachsenenbildung und des Büchereiwesens Auffassungen und Entwicklungen, die den deutschen Bischöfen als sehr bedenklich erscheinen. In der öffentlichen Verwaltung und auch in verschiedenen Beratungsgremien wird vielfach den neutralen Einrichtungen von vornherein lautes Lob gespendet, und man gewährt ihnen jede nur mögliche finanzielle Unterstützung. Dagegen werden die kirchlichen Bemühungen der Kultur- und Bildungspflege in der Regel viel geringer gewertet und weniger gefördert, als ob sie von

[17] *Die Vorlage setzt an die Stelle der Amtsbezeichnung nochmals* Joseph Card[inal] Frings.

minderem öffentlichem Nutzen wären. Eine solche Minderbewertung und eine entsprechende Vergabe von Vorrechten halten wir für ungerechtfertigt und auch für wirklichkeitsfremd; denn hier handelt es sich um eine Bildungsarbeit, die der heute so notwendigen Festigung und Verinnerlichung des Menschen dient.
Wir müssen daher erwarten, daß alle in Frage kommenden Stellen der kirchlichen Kultur- und Bildungspflege jene Beachtung und jene Unterstützung zuteil werden lassen, die ihr unter Anerkennung einer vollen Gleichberechtigung zukommen.

Anlage III
Verlautbarung zur Frage der Sonntagsarbeit
Die zu ihrer Jahreskonferenz zu Fulda versammelten deutschen Bischöfe haben mit Befremden davon Kenntnis genommen, daß mit vielfach unsachlichen Argumenten und ohne Berücksichtigung der von der Kirche in jahrelangen Verhandlungen vorgebrachten Gründe der Kampf um den Sonntag erneut in die Öffentlichkeit getragen worden ist.
Der gemeinsam gefeierte Sonntag ist ein für das religiöse, familiäre und gesellschaftliche Leben unseres Volkes so hohes Gut, daß man es nicht in Gefahr bringen darf.

307

Bericht Niemeyers

Bonn, 31. Oktober 1960

EA München, Joseph Kardinal Wendel, 21/1960. *Schreibmaschinenvervielfältigung. Briefkopf:* Katholisches Büro Bonn, Kommissariat der Deutschen Bischöfe. *Anschrift:* An die Hochwürdigsten Erzbischöfe und Bischöfe in der Bundesrepublik Deutschland.

Eminenzen, Exzellenzen,
von Herrn Prälaten Wissing, der heute nach Rücksprache bei dem Hochwürdigsten Herrn Vorsitzenden der Fuldaer Bischofskonferenzen in Wien weilt, bin ich beauftragt worden, Sie über die gegenwärtige Lage des Ringens um die Sonntagsruhe in der Bundesrepublik zu unterrichten. Jede Unterrichtung kann nur unter dem Vorbehalt stehen, daß sie unter Umständen schon nach einigen Tagen veraltet ist, da die Entwicklung hier in Bonn durch ständige Änderungen gekennzeichnet ist.
Nach einer Bundesratsbekanntmachung von 1895 dürfen Hochöfen am Sonntag 24 Stunden lang betrieben werden. Die Anlagen zur Erzeugung von Stahl dürfen sonntags zwölf Stunden lang produzieren, nämlich von 6–18 Uhr. Etwa 1953 gewannen Bestrebungen Gestalt, die Arbeit in den Stahlerzeugungsanlagen kontinuierlich zu gestalten, d. h. die Produktion am Sonntag nicht zu unterbrechen. Es wurde zunächst bei der Hüttenwerke Oberhausen-AG ein Versuch gemacht. Sodann schlossen die Tarifpartner im Dezember 1956 einen Tarifvertrag, in dem sie Sonderabmachungen für die kontinuierlich arbeitenden Menschen trafen, wobei sich beide Partner verpflichteten, auf die Erteilung der notwendigen Ausnahmegenehmigungen hinzuwirken.

Diese Genehmigungen wurden erteilt, und zwar in der Form, daß man auf § 28 der Arbeitszeitordnung zurückgriff. In dieser Bestimmung heißt es, daß der damalige Reichsarbeitsminister über die gesetzlich vorgesehenen Ausnahmen hinaus »widerruflich weitere Ausnahmen zulassen kann, wenn sie im öffentlichen Interesse dringend nötig werden.« Die Genehmigungen waren jeweils auf ein halbes Jahr befristet und sind stets verlängert worden. Die Verlängerung geschah in der Hoffnung, daß eine bundeseinheitliche Regelung kommen werde, die die genannte Bundesratsbekanntmachung von 1895 ersetzen würde.

Seit Mitte 1957 verhandelt eine Kommission, in der auch Vertreter der Kirche mitwirken, über die für die Eisen- und Stahlindustrie zu treffende Regelung. Im August d. J. hat der Bundesarbeitsminister den Entwurf einer Verordnung erstellt, der über die Presse bekanntgegeben worden ist. In großen Zügen enthält dieser Entwurf die Sicherung einer 16-stündigen Unterbrechung aller Produktions- und Reparaturarbeiten in den Thomas-Stahl- und Blasstahlwerken, sowie einer 8-stündigen Produktions- und Reparaturruhe in den Siemens- Martin- und Elektrowerken. Für die jeweils angeschlossenen Walzenstraßen sind weitergehende Reparatur- und Produktionspausen vorgesehen.

Dieser Entwurf war das Ziel heftiger Angriffe, vor allem von industrieller Seite. Später wurde der Entwurf dahin verändert, daß den Thomas- und Blasstahlwerken zwar eine 16-stündige Produktionsruhe, aber nur eine 8-stündige Reparaturruhe vorgesehen war. Gleichseitig tauchten Tendenzen auf, die Regelung überhaupt zu verschieben, bis man auch für alle anderen Industriezweige, deren Regelung beabsichtigt ist, eine Gesamtlösung gefunden habe. Das hätte bedeutet, daß die rechtlich sehr zweifelhaften Ausnahmegenehmigungen nach § 28 der Arbeitszeitordnung noch mehrere Male hätten verlängert werden müssen, da aus verwaltungstechnischen und politischen Gründen eine Regelung ab Frühjahr 1961 nicht mehr zu erwarten ist.

Inmitten all dieser Pläne hatte der Herr Bundeskanzler am 13. Oktober vor den Leitern der kath[olischen] Verbände erklärt, daß das Bundeskabinett in den nächsten Tagen eine Verordnung über die Sonntagsarbeit in der Eisen- und Stahlindustrie verabschieden werde und daß diese einem wirksamen Schutz des Sonntags und den kirchlichen Vorstellungen gerecht werden würde. Danach haben erneut verzögernde Tendenzen die Oberhand gewonnen. In den letzten Tagen wird in Bonn eifrig ein sog. »Stufenplan« erörtert, der eine schrittweise Einführung der Sonntagsruhe in der Eisen- und Stahlindustrie zum Inhalt hat. Darüber, welche Fristen für die einzelnen Stufen gewählt werden und welche Produktionsunterbrechungen jeweils in den Stufen vorgesehen sind, gehen die Meldungen auseinander.

Die bischöflich eingesetzte Kommission für Fragen der Sonntagsarbeit hatte sich zu dem letzten Stand in einer Stellungnahme vom 24.10.1960 geäußert, die als Anlage 6[1] beigefügt ist. Die übrigen fünf Anlagen dienen der Unterrichtung über die religiösen, politischen, rechtlichen und wirtschaftlichen Gesichtspunkte dieser sehr komplexen Frage.

[1] *Alle Anlagen nicht ermittelt.*

Wie dieses wechselvolle Ringen um einen wirksamen Sonntagsschutz im gewerblichen Bereich ausgehen wird, ist zur Zeit noch nicht zu überblicken. Wohl ist aber den politischen Stellen in Bonn unmißverständlich deutlich gemacht worden, daß es sich hier um eine Strukturfrage unserer Gesellschaft und auch um eine Prinzipienfrage christlicher Politik handelt.
Mit ehrerbietigen Grüßen

In Vertretung
Niemeyer
(Niemeyer).

308

Protokoll der westdeutschen Bischofskonferenz

Hofheim, 2.–4. November 1960

EA München, Joseph Kardinal Wendel, 21/1960. *Druckstück mit Überschrift:* Protokoll der Konferenz der westdeutschen Bischöfe in Hofheim vom 2. bis 4. November 1960. *Vermerk:* Streng vertraulich!

An der Konferenz, die unter dem Vorsitz des Erzbischofs von Köln, S[eine]r Eminenz Joseph Kardinal Frings, stattfindet, nehmen teil:

1. Joseph Kardinal Frings, Erzbischof von Köln,
2. Lorenz, Erzbischof von Paderborn,
3. Albert, Bischof von Mainz,
4. Michael, Bischof von Münster,
5. Wilhelm, Bischof von Limburg,
6. Carl Joseph, Bischof von Rottenburg,
7. Matthias, Bischof von Trier,
8. Heinrich Maria, Bischof von Hildesheim,
9. Helmut Hermann, Bischof von Osnabrück,
10. Franz, Bischof von Essen,
11. Adolf, Bischof von Fulda,
13. Generalvikar Müssener[1] als Vertreter des Bischofs von Aachen.

Entschuldigt haben sich der Bischof von Berlin und der Erzbischof von Freiburg.
Die Beratungen beginnen am Abend des 2. November mit der Festlegung der Tagesordnung durch den Vorsitzenden.

1. Die Frage der sogenannten freiwilligen Feiertage wird eingehend besprochen. Eine Kommission mit den Prälaten Wissing und Fillbrandt soll zunächst den gegenwärtigen Stand der Frage in den einzelnen deutschen Ländern feststellen.

2. Die Kollekte für den Hl. Vater (der sogenannte Peters-Pfennig) möge am Feste Peter und Paul (wo das Fest gebotener Feiertag ist) oder am folgenden Sonntag ge-

[1] Hermann Müssener *(1886–1970), Dr. theol., 1910 Priester (ED Köln/D Aachen), 1932 Professor für Kirchenrecht in Aachen, 1935 Domkapitular, 1943–1968 Generalvikar in Aachen.*

halten werden, und zwar im Jahre 1961 mit einer gemeinsamen Empfehlung der deutschen Bischöfe.

3. Aus Anlaß des Geburtstages des Hl. Vaters, der am 25. November d. J. in sein 80. Lebensjahr tritt, wollen die deutschen Bistümer zum Bau einer Kirche zu Ehren des hl. Gregorius Barbarigo beitragen, die in Rom gebaut werden soll. Die Bischöfliche Finanzkammer Münster soll den Betrag von 70.000 DM auf die in der Westdeutschen Konferenz vertretenen Bistümer umlegen mit Ausnahme des Erzbistums Köln, das 30.000 DM vorweg übernimmt. Die Bischöfliche Misereor-Kommission wird gebeten, aus der nächstjährigen Kollekte einen angemessenen Betrag für das in Rom geplante Missionshelferseminar abzuzweigen.

4. Auf Bitten des chilenischen Episkopates mögen die deutschen Bischöfe in ihren Bistümern eine Kollekte halten für den Wiederaufbau der durch das Erdbeben zerstörten kirchlichen Gebäude (Kirchen, Seminare, Klöster, Schulen). Der Vorsitzende regt an, die Kollekte möglichst bis Ende Januar 1961 durchzuführen. Nach Eingang der Kollekten sollen die zu unterstützenden Vorhaben noch genauer festgelegt werden.

5. Der Bischof von Limburg wird die bisherigen Lektionen vom Fest der hl. Hildegard mit Rücksicht auf die Neuordnung der Rubriken zu einer einzigen zusammenfassen. Der Bischof von Augsburg soll gebeten werden, dasselbe für die Feste des hl. Ulrich, des hl. Conrad v[on] Parzham und des hl. Clemens M. Hofbauer zu tun.

6. Auf Einladung des Vorsitzenden berichtet Prälat Wissing über den Stand der Verhandlungen um die gleitende Arbeitswoche. Der Vorsitzende wird in Kürze zusammen mit einigen Experten ein Gespräch mit dem Bundeskanzler haben.

7. Der Bischof von Münster berichtet über die Ergebnisse der von den Bischöfen eingesetzten Kommission zur Erarbeitung eines Arbeiterseelsorge-Schwerpunktprogramms. Die Kommission wird mit der Weiterführung ihrer Arbeit beauftragt. Der vorgelegte Entwurf zu einem Aufruf der deutschen Bischöfe betr. die Bedeutung der Arbeiterstandesorganisationen wird, das Einverständnis der bayerischen Bischöfe vorausgesetzt, gebilligt. Dieser Aufruf soll in den Amtsblättern der Diözesen veröffentlicht und den Standesorganisationen zugeleitet werden. Der Text ist diesem Protokoll angefügt (Anlage 1).

8. Der Bischof von Münster berichtet über die Entwicklung im Gewerkschaftswesen.

9. Der Erzbischof von Paderborn legt den Entwurf einer Verlautbarung über das sogenannte Altenwerk vor. Der Text ist dem Protokoll angefügt (Anlage 2) und soll in den Amtsblättern veröffentlicht werden.

10. Die Zustimmung der bayerischen Bischöfe vorausgesetzt, ist die Konferenz bereit, für den Bau eines neuen Schulgebäudes in Königstein die Summe von 600.000 DM als zinsloses Darlehen zur Verfügung zu stellen, und zwar in zwei Raten von je 300.000 DM für 1961 und 1962, jedoch unter zwei Bedingungen, daß nämlich
1. die Gesamtfinanzierung und
2. der laufende Unterhalt der Schule gesichert ist.

11. Der Bischof von Mainz trägt die Schwierigkeiten vor, die der Berufung eines neuen Bundespräses für die Frauenjugend entgegenstehen. Ein Mitglied der Konferenz wird die Möglichkeit der Freistellung eines seiner Priester erneut prüfen.

12. Die Konferenz stellt fest, daß die Beschlüsse der Fuldaer Plenarkonferenz von 1960 betr. die Finanzierung der KNA als einheitliches Ganzes gedacht sind. Deshalb würde durch eine Ablehnung der Kapitalaufstockung eine neue Situation entstehen. Den Bistümern wird empfohlen, soweit ihre Gesellschaftsanteile an der KNA von Treuhändern verwaltet werden, mit diesen Treuhandverträge abzuschließen, wobei die Bistümer sich ein Weisungsrecht vorbehalten.
13. Entsprechend dem Vorschlag des Bischofs von Limburg, der über eine gemeinsame Besprechung der Mitarbeiter der katholischen Film-, Rundfunk- und Fernseharbeit berichtet, wird das katholische Rundfunkinstitut beauftragt, ab 1. Dezember 1960 ad experimentum für ein Jahr wöchentlich einen »Fernseh-Schnelldienst« herauszugeben, der die Aufgabe einer wertenden Vorschau und eines kritischen Rückblicks hat. Die Ordinarien werden die diözesanen Kirchenzeitungen veranlassen, diesen Fernseh-Schnelldienst zu abonnieren.
14. Auf den Bericht des Generalvikars Müssener über die Situation der spanischen Arbeiter und Arbeiterinnen in Deutschland erklären sich die Ordinarien bereit, spanischen Seelsorgern einen entsprechenden Unterhalt zu gewähren und auch in sozialer und fürsorgerischer Hinsicht die Spanier zu unterstützen. Die bereits hier tätigen spanischen Seelsorger mögen Prälat Büttner benannt werden. Die Ernennung eines leitenden Seelsorgers (Direktor) soll in Rom beantragt werden.
15. Im Protokoll der letzten Plenarkonferenz ist unter Position 58 der überdiözesanen Zuschüsse ein Schreibfehler unterlaufen. Statt 69.800 DM muß der Betrag für »Bild und Film« richtig auf 88.500 DM lauten.
16. Im Text der auf der letzten Plenarkonferenz beschlossenen Verlautbarung über die Meldung der Trauungen von Heimatvertriebenen an das Kirchenbuchamt in München soll der letzte Halbsatz (»wenn sie nicht direkt an das Taufpfarramt gerichtet werden kann«) gestrichen werden.
17. Der Bischof von Essen berichtet über die von einer Juristenkommission erarbeiteten Vorschläge für eine Altersversorgung der leitenden Laienmitarbeiter der Bischöflichen Haupt(arbeits)stellen. Die Konferenz stimmt den Vorschlägen zu bis auf [*die*] folgenden beiden Punkte, die vom Bischof von Essen mit der Juristenkommission neu bearbeitet werden sollen:
a) Wer führt die Altersversorgung durch? Vgl. Regelungsvorschlag A 2.
b) Wie sollen die Versorgungsberechtigten auf die Diözesen verteilt werden? Vgl. vorgelegtes Verzeichnis, aus dem die nicht bei einer Bischöfl[ichen] Arbeitsstelle beschäftigten Personen zu streichen sind.
Der Bischof von Essen wird zunächst der Hauptkommission auf der Sitzung Ende Mai 1961 berichten.
18. Auf Antrag des Erzbischofs von Paderborn beschließt die Konferenz eine Erhöhung des Stipendiums im Cusanuswerk von 200 DM auf 220 DM monatlich und bewilligt die dafür erforderlichen Mittel. Ebenso bewilligt sie den Nachtrag für das Gehalt des Assistenten Pfarrer Mitscherlich[2] und die beantragten Bürokosten.

2 PETER MITSCHERLICH *(1915–2006), 1936 Priester (D Rottenburg), Geistlicher Assistent beim Cusanuswerk.*

Die vom Cusanuswerk vorgeschlagene Erhöhung der Zahl der Stipendiaten wird grundsätzlich für wünschenswert gehalten, jedoch dürfte die Bildungsarbeit nicht darunter leiden. Die Frage eigener Häuser für das Cusanuswerk soll von Direktor Hanssler im Hinblick auf ohnehin schon geplante katholische Studentenwohnheime geprüft werden. Der Gedanke der Ausweitung des Cusanuswerkes auf Studentinnen wird im Sinne des Vorschlags von Direktor Hanssler begrüßt, nämlich ein eigenes Förderungswerk für sie zu schaffen. Direktor Hanssler möge geeignete Vorschläge ausarbeiten. Von der Berufung eines Kuratoriums für das Cusanuswerk kann einstweilen abgesehen werden. Der Vorsitzende wird zusammen mit dem Erzbischof von Paderborn und einem Mitglied der bayerischen Bischofskonferenz die Vertreter der Studentenseelsorger zur Besprechung wichtiger Fragen empfangen.

19. Der Bischof von Limburg wird gebeten, die Satzungen der KRD den neuen Entwicklungen im deutschen Fernsehen anzugleichen und entsprechende Modifikationsvorschläge zu erarbeiten. Das Prinzip, daß die praktische Arbeit bei der Gestaltung der einzelnen kirchlichen Fernsehsendungen den Diözesanbeauftragten unter der koordinierenden Funktion des Fernsehbeauftragten der deutschen Bischöfe obliegt, soll dabei maßgebend und in Geltung bleiben.

Die nächste Westdeutsche Bischofskonferenz findet in Pützchen statt, und zwar vom 20. bis 22. Februar 1961 (Beginn 16 Uhr, Ende 12 Uhr).

Der Protokollführer:
+ Franz
Bischof von Essen

Der Vorsitzende:
+ Joseph Kardinal Frings
Erzbischof von Köln.

Anlage 1

Die Überzeugung von der entscheidenden Bedeutung, die der Stellung der Arbeiterschaft zur Kirche für die Zukunft des Gottesreiches zukommt, sowie die Sorge um die religiöse Lage der Arbeiterschaft und der industriellen Arbeitswelt hat uns Bischöfe veranlaßt, uns ganz besonders mit den Fragen der Arbeiterseelsorge zu befassen. Unsere Bemühungen gehen dahin, ein besonderes Schwerpunktprogramm für die Arbeiterseelsorge zu erarbeiten. Verschiedene Untersuchungen haben schon jetzt wertvolle Ergebnisse gezeitigt, sind aber noch nicht abgeschlossen. Wir hoffen, demnächst unseren Priestern und interessierten Laien eine zusammenfassende Schau des gesamten Problems vorlegen und die entsprechenden Wege und Mittel aufzeigen zu können, die eine zeitgemäße Arbeiterseelsorge erfordert.

Eines aber hat sich schon jetzt aus den Untersuchungen klar ergeben: Für den katholischen Arbeiter selbst sowie für seinen apostolischen Einsatz im Betrieb haben die unmittelbar aus der Arbeiterschaft hervorgegangenen katholischen Standesvereine – KAB, KABF, Werkvolk, männliche und weibliche CAJ – eine unersetzliche

und noch ständig wachsende Bedeutung. Das gilt allerdings nur dann, wenn diese Verbände selbst sich immer neu an den tatsächlichen Verhältnissen orientieren und eine starke innere Dynamik entfalten.
An diese Verbände und ihre Gemeinschaften richten wir daher die herzliche Bitte, ihre Tätigkeit unter dieser Rücksicht immer wieder zu überprüfen und noch mehr als bisher ihre Mitglieder mit dem religiösen und sozialen Lehr- und Lebensgut der Kirche vertraut zu machen, ihre Mitarbeiter mit echt apostolischem Geist zu erfüllen und ihre Bildungsarbeit noch zu vervollkommnen. So müssen sie dafür Sorge tragen, daß aus ihren Reihen immer mehr verantwortungsbewußte Laien heranwachsen, die in Familie und Beruf, in Wohnviertel und Betrieb ihren katholischen Glauben leben und die Soziallehre der Kirche verwirklichen. Je mehr das geschieht, um so stärker wird die so geweckte innere Dynamik auch zu äußerem Wachstum drängen.
Alle katholischen Arbeiter und Arbeiterinnen und alle, die sich durch Arbeitsplatz und Lebensweise mit der Arbeiterschaft verbunden wissen, rufen wir auf, sich durch Mitarbeit und Mitgliedschaft den katholischen Arbeiterstandesorganisationen anzuschließen. Keiner sollte abseits stehen und seine Hilfe in einem Bereich versagen, der für die Zukunft von Kirche und Gesellschaft von entscheidender Bedeutung ist. Natürlich soll die freie Entscheidung des einzelnen nicht angetastet werden. Noch weniger ist an eine »Abwerbung« aus anderen katholischen Standesorganisationen gedacht. Aber zweifellos sind eine starke katholische Arbeiter- und Arbeiterinnenbewegung (Werkvolk) für die Erwachsenen und eine lebendige CAJ für die Jugendlichen am besten geeignet, den katholischen Arbeitern und Arbeiterinnen in den vielen Gefährdungen und Aufgaben der Zeit Hilfe und Heimat zu bieten. Aus ihren Reihen erhoffen wir Bischöfe uns zahlreiche apostolisch gesinnte Mitarbeiter und Mitarbeiterinnen, die uns helfen, Christus in der Welt der Arbeit und des Betriebes wirksam zu künden.
Schließlich wenden wir uns an die Seelsorger mit der dringenden Bitte, die katholischen Arbeiterorganisationen zu unterstützen und sie überall dort einzuführen, wo die soziologische Struktur der Bevölkerung es ratsam erscheinen läßt. Wir wissen um die große Arbeitsbelastung der Seelsorger, wir wissen aber auch, daß diese angesichts des Priestermangels nur behoben werden kann durch eine umfangreiche Hilfe tüchtiger Laien. Gerade in der Heranbildung solcher Laien sehen auch unsere katholischen Standesorganisationen eine ihrer wichtigsten Aufgaben. Deshalb bringt die Förderung dieser Organisationen auf die Dauer nicht so sehr zusätzliche Arbeit als vielmehr eine Vervielfältigung der seelsorglichen Kräfte mit sich.
Alle Katholiken, Geistliche und Laien, alle katholischen Verbände und Gemeinschaften, alle katholischen Arbeitsstellen und Einrichtungen rufen wir auf, die katholischen Arbeiterorganisationen zu stützen und zu fördern, wo sie nur können. Die Rückgewinnung der vielen der Kirche entfremdeten Arbeiter ist eine entscheidende Lebensfrage für die Kirche in unserem Volke. Darüber hinaus geht es um die Erfüllung der großen Aufgaben, die der Arbeiterschaft in Kirche und Gesellschaft, in Volk und Staat gestellt sind. Das geht zutiefst alle an und erfordert daher auch das Verständnis und die Mithilfe aller.

Anlage 2
Verlautbarung über das Altenwerk
Die Zahl der alten Menschen, die außerhalb der Berufsarbeit stehen, nimmt ständig zu. Ihr Leben entbehrt häufig infolge der materialistischen Geisteshaltung vieler eines echten Inhaltes und vollzieht sich meist in Einsamkeit. Die Betreuung der Alten wird mehr und mehr zu einem sozialen, aber auch zu einem religiösen Problem. Das sogenannte »Altenwerk«, das sich aus dem vor zehn Jahren geschaffenen »Invalidenwerk« der KAB entwickelt hat, bemüht sich mit Erfolg über Altersfürsorge und sozialpolitische Maßnahmen zugunsten der Alten hinaus um die innere Werterfüllung des Altenlebens und um den Einsatz der Alten in Kirche und Gemeinde. Seine Ziele sind:

1. Religiöse Sinnerfüllung des Altenlebens,
2. Aktivierung der Alten zur apostolischen Mitarbeit in der Gemeinde durch Seelsorge an den Alten und durch ihre Beteiligung an der Apostolatsarbeit innerhalb der Vereine und der Pfarrgemeinde besonders durch apostolisches Gebet (wöchentliche Invalidenmesse, Ehrenwache vor dem Sanctissimum während der Tagesstunden in stillem Gebet usw.),
3. Anerkennung der Würde und Rechte der Alten im Bewußtsein des ganzen Volkes,
4. Schaffung von Aufenthaltsräumen in unseren Vereinshäusern, Leseecken usw. für Alte, die daheim bei der Wohnungsenge keine Ruhe und Anregung finden können.

Der Klerus möge die Bestrebungen des Altenwerkes unterstützen und auch von sich aus eine besondere seelsorgliche Betreuung einrichten.
Da auch der Caritasverband sich der Hilfe für unsere Alten angenommen hat, sollten auch die Caritasstellen bei der Betreuung eingeschaltet werden.
Gute Anleitung zur Seelsorge an den alten Leuten bietet das Schriftchen von P. Svoboda »Alters-Seelsorge« und die in Kürze im Verlag Ludwig Auer, Donauwörth, erscheinende »Alters-Pastoral«. Es wird außerdem empfehlend hingewiesen auf das schon in 2. Auflage erschienene Altersgebetbuch von P. Svoboda »Abend in Gott«, Verlag Butzon und Bercker, Kevelaer[3].

[3] Robert Svoboda, *Abend in Gott. Gedanken und Gebete, 1.–30. Tausend Kevelaer 1960.*

309

Bericht Kellers

[vor 7. November 1960][1]

EA MÜNCHEN, Joseph Kardinal Wendel, 46/1959–1960. *Schreibmaschinenvervielfältigung. Überschrift:* Die gewerkschaftliche Situation.

1. DGB.

Die Mitgliederbewegung ist, vor allem gemessen an dem Wachstum der Arbeitnehmerschaft, nach wie vor stagnierend, darüber hinaus stark fluktuierend.

In der Praxis entwickelt sich der DGB immer mehr zu einem Hilfsorgan der SPD. Einige Beispiele: Nach Aussagen des Bundestagsabgeordneten Höcherl[2] war der DGB die beste Wahlkampfstütze für die SPD im Kommunalwahlkampf in Bayern. In der Personalpolitik werden die Sozialisten immer stärker bevorzugt. Auf den Kongressen der Industriegewerkschaften sind kaum noch christliche Delegierte vertreten. Willi Richter, DGB-Vorsitzender, wird zum 11. Mann im Schattenkabinett der SPD ernannt.

Beunruhigend wirken in der Öffentlichkeit der Gewerkschaftstag der IG Metall in Berlin und die klassenkämpferischen Parolen des Herrn Brenner. In einstimmigen Beschlüssen wurden die Sozialisierungen der Schwerindustrie gefordert und ein politischer Streik angedroht für den Fall, daß das Notstandsgesetz verabschiedet werde.

In weltanschaulicher Hinsicht ist für den DGB besonders belastend der sog. Bremer Plan[3], der von der Gewerkschaft Wissenschaft und Erziehung herausgegeben wurde. Der Bremer Plan wurde auch von dem stellvertretenden Vorsitzenden, Bernhard Tacke, der als christlicher Vertreter dem Bundesvorstand angehört, verteidigt. Im DGB-Nachrichtendienst vom 31.8.1960 erklärt Tacke, er glaube feststellen zu müssen, daß die Vorwürfe gegen den Bremer Plan »entweder aus Unkenntnis der tatsächlichen Auffassung des DGB und der Gewerkschaft Erziehung und Wissenschaft oder aus zweckbestimmten Gründen erhoben wurde«. Nichts berechtige zu den Vorwürfen, daß man eine »sozialistische Kulturpolitik, eine Schulorganisation nach sowjetischem Muster, eine Entchristlichung der Schule und den Abbau des Elternrechts« betreibe. In ähnlicher Weise wurde der Bremer Plan in einem ausführlichen Artikel in der »Welt der Arbeit« vom 23.9.1960 verteidigt und in Schutz genommen.

Zu beachten ist ferner die Stellungnahme des Vorsitzenden der IG Chemie Gefeller[4] zur kirchlichen Arbeit in den Betrieben: »Bitte, fordert die kirchlichen Stellen auf,

[1] *Die Datierung ergibt sich aus dem Begleitschreiben* KELLERS *(Schreibmaschinenvervielfältigung mit eigenhändiger Unterschrift am gleichen Fundort), der dieses Stück offensichtlich allen deutschen Erzbischöfen und Bischöfen zugehen ließ.*

[2] HERMANN HÖCHERL *(1912–1989), Jurist, Politiker (CSU), 1953–1976 Mitglied des Bundestags, 1961–1965 Bundesinnenminister, 1965–1969 Bundesminister für Ernährung, Landwirtschaft und Forsten.*

[3] *Von der GEW und dem BLLV, zusammengefaßt als Arbeitsgemeinschaft deutscher Lehrerverbände, im Jahr 1960 veröffentlichter Plan zur Schulreform.*

[4] WILHELM GEFELLER *(1906–1983), Gewerkschafter und Politiker (SPD), Begründer der IG Chemie, Papier, Keramik, 1949–1969 deren Erster Vorsitzender, 1953–1957 Mitglied des Bundestags.*

die Hände wegzulassen von der Domäne, von der von alters her zur Gewerkschaft gehörenden Domäne, und das ist der Betrieb. Ich nehme es der CDU nicht übel, wenn sie wie die SPD ihre Betriebsgruppenarbeit usw. dort tut; das soll ihr unbenommen bleiben. Aber was die Kirche dabei zu tun hat, weiß ich nicht.«
Übergriffe gegen christliche Funktionäre und Amtsträger im DGB nehmen immer mehr zu. Das eklatanteste Beispiel neuester Zeit ist der Fall Maier[5], MdB, Gewerkschaftssekretär in Mannheim. Maier soll sich vor der Delegiertenversammlung rechtfertigen, weil er in letzter Zeit verschiedenen Gesetzen zugestimmt hat, die »den Forderungen des DGB nicht entsprachen und für die Arbeitnehmerschaft von großem Nachteil sind«.
Hinzuweisen ist auch auf die Sammlung für die Entwicklungshilfe, die zur Zeit im DGB durchgeführt wird. Sie hat teilweise öffentlichen Charakter. Als erste Stadt hat die Stadt Marl einen Betrag dazugegeben. Das Sammlungsergebnis bei den Mitgliedern soll sehr schwach ausgefallen sein. Man spricht von 300.000 DM. Die globalen Zuschüsse der Gewerkschaften selbst sowie größere Spenden von Unternehmen usw. sollen aber zu Beträgen von einigen Millionen geführt haben. Von Seiten des IBFG ist dem DGB der Gewerkschaftsaufbau in Afrika übertragen worden. Soweit bisher bekannt, hat der DGB Herrn Dr. Tulatz[6] von der Gewerkschaftsschule Oberursel mit dieser Aufgabe betraut. Bis jetzt besteht allerdings erst eine Gewerkschaftsschule in Nigeria, die von Dr. Tulatz betreut wird. Dr. Tulatz ist Sozialist und arbeitet nach zuverlässigen Berichten aus Afrika auch dort nach einem sozialistischen Programm.
2. Die Christen im DGB.
Aus obigem wird ersichtlich, daß die Stellung der Christen im DGB immer hoffnungsloser wird. Die Folge davon ist, daß sich prominente Vertreter, vor allem Politiker christlicher Prägung vom DGB absetzen. Der Bundestagsabgeordnete Brück[7] wurde aus der Eisenbahnergewerkschaft ausgeschlossen, weil er sich mit der Vorschlagsliste zur Personalratswahl nicht einverstanden erklärte, MdB Krammich[8] trat aus der Gewerkschaft aus mit der Begründung, daß er die Kulturpolitik nicht mitmachen könne. Vertraulich hat MdB Barzel mitgeteilt, daß er die ÖTV verlassen habe.

Die christlich-soziale Kollegenschaft.
Auch in der christlich-sozialen Kollegenschaft wuchs die Überzeugung, daß eine weitere Arbeit im DGB sinnlos sei. Pater Reichel hatte schon seit längerem nur noch Kritik am DGB geübt und immer wieder auf drei Tatsachen hingewiesen: Die Sozi-

5 JOSEF MAIER *(1900–1985), Buchbinder, Politiker (CDU) und Gewerkschafter, 1953–1965 Mitglied des Bundestags.*

6 HERBERT TULATZ *(1914–1968), Dr., Gewerkschaftsfunktionär, 1949 stellvertretender Leiter, 1952–1961 Leiter der Bundesjugendschule des Deutschen Gewerkschaftsbundes in Oberursel, 1961 Stellvertretender Generalsekretär des Internationalen Bundes Freier Gewerkschaften.*

7 VALENTIN BRÜCK *(1911–1980), Bahnbeamter, Politiker (CDU), 1953–1969 und 1970–1972 Mitglied des Bundestags.*

8 KARL KRAMMIG *(1908–1991), Zollbeamter, Politiker (CDU), Mitglied der CDA, 1952/53 in der Bremer Bürgerschaft, 1958/59 Senator für Wohlfahrt in Bremen, 1953–1961 und 1965–1972 Mitglied des Bundestags.*

aldemokratisierung des DGB, die sozialistische Kulturpolitisierung des DGB und die Unterdrückung innergewerkschaftlicher Meinungsbildung (GK vom 1.10.1960). Auf der Zentralausschußsitzung vom 8./9. Oktober 1960 kam es dann zu den sog. Mehlemer Beschlüssen: »Die Einheitsgewerkschaft DGB ist als Einheit gleichberechtigter, die Einheitsgewerkschaft tragender Gruppen gescheitert. Aus diesem Grunde versteht sich die christlich-soziale Kollegenschaft nicht mehr als innergewerkschaftliche Gruppierung und läßt die Bezeichnung ›im DGB und den DGB-Gewerkschaften‹ fallen.« Von den 25 anwesenden Delegierten stimmten 17 für und 8 gegen diese Entschließung.
Die Mehrheit, mit Pater Reichel S. J. an der Spitze, erklärte, daß sie als christlich-soziale Kollegenschaft weiter arbeiten wolle und ihre ursprüngliche Arbeit wieder aufnehmen wolle, nämlich »die Gewerkschafter der christlich-sozialen Bewegung zusammenführen, sie geistig zu fördern und für eine stärkere und wirksamere Mitarbeit innerhalb der Deutschen Gewerkschaftsbewegung fähig zu machen«. Diese gesellschaftspolitische Aufgabe, die aber über das Gewerkschaftswesen hinausgehe, solle nun außerhalb des DGB verwirklicht werden. Um für ihre weitere Arbeit eine Legitimation zu haben, erklärte diese Gruppe ihren Beitritt zum Ständigen Ausschuß des Arbeitnehmerkongresses.
Auf Vorwürfe, daß sie keine echte gewerkschaftspolitische Entscheidung getroffen habe, da sie es unterlassen habe, ihren Mitgliedern den Übertritt in eine andere Gewerkschaft, z. B. die christliche, zu empfehlen, wurde entgegnet: »Der Zentralausschuß fühlt sich nicht berufen, über die Mitgliedschaft des einzelnen in den DGB-Gewerkschaften zu entscheiden. Vielmehr ist das der Entscheidung des einzelnen, insbesondere aber auch der Mitentscheidung kirchlicher und anderer, parteipolitischer und sonstiger Organisationen anheimgegeben« (zum Ganzen: GK vom 15.10.1960 und Presseerklärung vom 10.10.1960)[9].

Die Gruppe Weimer-Müller.
Zum Sprecher der acht Vertreter, die in Mehlem gegen den Beschluß gestimmt hatten, machten sich die beiden hauptamtlichen DGB-Funktionäre Weimer MdB und Adolf Müller, Remscheid[10]. Sie erklärten, daß sie die Arbeit im DGB fortsetzen würden. Der Mehlemer Beschluß sei nicht gültig, da die Kollegenschaft nur eine Meinungsgruppe, aber keine Organisation sei. Müller betonte, daß durch das Ausscheiden Pater Reichels die Schwierigkeiten in der Zusammenarbeit zwischen den Sozialausschüssen und der Kollegenschaft beseitigt seien. In Zukunft würden die Sozialausschüsse über ihre gewerkschaftlichen Arbeitskreise in engste Verbindung zu den christlich-sozialen DGB-Mitgliedern treten. Die Kollegenschaft im alten Sinne und die Sozialausschüsse bildeten die Stütze und den Halt der christlich-sozialen Arbeitnehmer im DGB (dpa-Meldung vom 10.10.1960). Gleichzeitig erklärte der gewerk-

9 *Vgl.* W. SCHRÖDER, *S. 261–265.*

10 ADOLF MÜLLER *(1916–2005), Angestellter, Gewerkschafter, Politiker (CDU), 1947 Sekretär im DGB, 1958–1978 stellvertretender Landesbezirksvorsitzender des DGB für Nordrhein-Westfalen, Mitglied der CDA, 1961–1987 Mitglied des Bundestags.*

schaftliche Arbeitskreis der Sozialausschüsse Nordrhein-Westfalen: »Die Situation, wie sie sich in der Zeit in der Einheitsgewerkschaft bietet, ist nicht wesentlich anders als zu der Zeit, wo die christlich-soziale Kollegenschaft im DGB ihre Bemühungen, das christlich-soziale Element zu sammeln, begann.« In der Erklärung wird zwar zugegeben, daß sich hier und dort die Situation zuungunsten der Christlich-Sozialen entwickelt habe. Das reiche aber nicht aus, um die Einheitsgewerkschaft global als gescheitert anzusehen. Auch diese Gruppe beantragte die Aufnahme in den Ständigen Ausschuß des Arbeitnehmerkongresses. Soweit es sich überblicken läßt, versucht sie, die hauptamtlichen christlichen Funktionäre im DGB zu sammeln.
Von führenden Mitgliedern der Kollegenschaft wird als Grund für das praktische Scheitern der Kollegenschaft angeführt, daß sie im Kampf um den Einfluß im DGB alleingelassen worden sei; CDU und Sozialausschüsse, Kirche und kirchliche Verbände hätten sie nicht unterstützt. Eine solche Gruppe könne aber ohne starke Rückendeckung ihre Aufgaben nicht erfüllen. Es wird sogar vermutet, daß auf Grund dieser Enttäuschung eine Gruppe hauptamtlicher christlicher Funktionäre zur SPD übertreten wolle.
3. Die Christliche Gewerkschaftsbewegung.
Der CGB hat sich organisatorisch gefestigt. Während 1955 zunächst Arbeitnehmer aller Berufsgruppen in einer Gewerkschaft zusammengefaßt waren, ist inzwischen eine Aufgliederung nach Berufsverbänden erfolgt. Diese Aufgliederung erleichtert die Betreuung der Mitglieder und vor allem die Tarifarbeit. Die Mitgliederzahl ist im letzten Jahr um 8 bis 10 Prozent gewachsen. Die Zahl der Mitglieder, die zur Zeit Beitrag entrichtet, beträgt 128.000. Rechnet man, wie es bei Gewerkschaften üblich ist und beim CGB sicher zutrifft, 25 Prozent hinzu, die beitragsmäßig nicht erfaßt sind, so beträgt die derzeitige effektive Stärke des CGB rund 160.000 Mitglieder. Die Zahl der hauptamtlichen Kräfte ist auf 50 angestiegen. Neue Sekretariate wurden im letzten Jahr eingerichtet in Bochum, München, Augsburg, Schwäbisch Gmünd, Berlin, Lünen, Kaiserslautern und Ludwigshafen. Finanziell hat sich der CGB unabhängig machen können. Leider reichen die Mittel nicht, um noch eine Reihe dringend notwendiger Sekretariate einzurichten.
Die Zusammenfassung in der Spitzenorganisation CGB (Vorsitzender Peter Gier) hat zu einer stärkeren Anerkennung in der Öffentlichkeit, vor allem bei Behörden und gesetzgebenden Körperschaften, geführt. So hat nach langem Bemühen der Bundesinnenminister die Christliche Gewerkschaft öffentlicher Dienst als Tarifpartei anerkannt. Auch wurde das Entsendungsmonopol des DGB für öffentliche Institutionen (z. B. Zweites Fernsehen) gebrochen.
Nach dem Scheitern der christlich-sozialen Kollegenschaft ist die Situation für den CGB insofern erleichtert worden, als ihm nun nicht mehr innerhalb des DGB eine geschlossene Gruppe mit einem katholischen Geistlichen an der Spitze gegenüber steht. Der CGB ist sich aber im klaren darüber, daß er in der neuen Situation sehr behutsam vorgehen muß, damit keine Christen die von den Mehlemer Beschlüssen betroffen werden, vor den Kopf gestoßen und neu verärgert werden. Er hat darum auf öffentliche Aufrufe zum Übertritt verzichtet, dafür aber die Sekretäre und Ver-

trauensmänner angewiesen, mit den alleingelassenen christlichen Gruppen und Einzelpersonen im DGB Kontakt aufzunehmen und sie für die Mitarbeit zu gewinnen. Mit Massenübertritten ist nicht zu rechnen, da sich das Einheitsdenken zu stark eingeprägt hat, der Druck der Industriegewerkschaften auf ihre Mitglieder sehr stark ist und der Mut zu einem Bekenntnis zu einer profiliert christlichen Organisation vielfach nicht vorhanden ist. Wohl sind schon vermehrte Einzelübertritte zu verzeichnen.

Nach wie vor hat der CGB mit einer Reihe von Schwierigkeiten zu kämpfen:

a. Sowohl der DGB als auch die DAG versuchen, den CGB zu boykottieren hinsichtlich der Vertretung in öffentlichen Gremien (jüngstes Beispiel: Verweigerung der Teilnahme an einer Tagung der Montanunion, falls CGB-Mitglieder teilnehmen) und bei der Tarifarbeit (Ablehnung von Tarifverhandlungen, an denen christliche Gewerkschafter beteiligt sind).

b. Viele Arbeitgeberverbände verweigern Tarifverhandlungen mit christlichen Gewerkschaften. Trotzdem sind im Abschluß von Tarifverträgen, vor allem von Anschlußverträgen, wesentliche Fortschritte erzielt worden.

c. Die Haltung der großen Mehrzahl der christlichen Arbeitnehmer ist nach wie vor reserviert. Zwar haben sich die Christen im DGB im allgemeinen mit der Existenz des CGB abgefunden. Aber die Gewerkschaftsmüdigkeit einerseits und ein stark von Materialismus geprägtes Denken andererseits kennzeichnen nach wie vor die Situation, so daß das Wachstum der christlichen Gewerkschaften dadurch stark gehemmt wird.

Unter diesen Umständen wird von den Mitgliedern der christlichen Gewerkschaften, vor allem aber von den Hauptamtlichen, ein hohes Maß von Idealismus und Opferbereitschaft gefordert. Die Mitglieder des CGB bringen diesen Idealismus auf, weil es ihnen nicht nur um primär gewerkschaftliche Anliegen geht, sondern weil sie von einer echten Sorge um die Entwicklung der Arbeitnehmerschaft in Deutschland erfüllt sind. Darum haben sie eine gelegentliche Anerkennung, vor allem aber den Rückhalt kirchlicher Stellen verdient, daß um so mehr, als es in der Mehrzahl junge Menschen sind, die zur christlichen Gewerkschaft stoßen.

4. Der Ständige Ausschuß.

Der Ständige Ausschuß des christlich-sozialen Arbeitnehmerkongresses als Zusammenschluß der christlich-sozialen Kräfte scheint an Bedeutung zu gewinnen. Zu den bisherigen Mitgliedsorganisationen: KAB, Kolping, CAJ, EAB, evangelische Gesellenvereine und Sozialausschüsse wurden neu aufgenommen: Jung-KKV, das Werkvolk (Bayern), die christlich-soziale Arbeitnehmerschaft (Gegenstück zu den Sozialausschüssen in der CSU) und der CGB. Mit der Evangelischen Aktionsgemeinschaft für Arbeiterfragen Bad Boll sind Verhandlungen aber eine Entsendung von Gastdelegierten im Gange. Zu der Aufnahme der christlich-sozialen Kollegenschaft – es lagen Anträge von beiden Gruppen vor – nahm der Ausschuß wie folgt Stellung: »Die Feststellung der christlich-sozialen Kollegenschaft, sie sei Mitglied des Ständigen Ausschusses, trifft nicht zu. Die Vorverhandlungen, auf die sich die christlich-soziale Kollegenschaft bezieht, gingen von Voraussetzungen aus, die nach den Mehlemer Beschlüssen nicht mehr gegeben sind. Bilden sich christlich-soziale Gruppen innerhalb von Gewerkschaften so wird der Ständige Ausschuß eine Aufnahme wohlwollend überprüfen.«

Die Gründe für diese Entscheidung sind folgende:

Maßgebend für die Aufnahme ist nicht nur das Vorhandensein einer Gruppe oder Organisation, sondern auch ihr Aufgabenbereich. Dieser Aufgabenbereich hat sich für die Reichel-Gruppe gewandelt. Sie will ein Arbeitsgebiet übernehmen, das praktisch schon von allen anderen vertretenen Organisationen wahrgenommen wird. Vor allem die katholischen Organisationen befürchten, daß sich die Kollegenschaft zu einer allgemeinen, interkonfessionellen Arbeiterbewegung entwickeln wird, die sie aber ablehnen müssen. Dem Antrage Weimer-Müller konnte schon deswegen nicht entsprochen werden, da es nicht ersichtlich ist, ob überhaupt eine Gruppe hinter ihnen steht. Da aber der Ständige Ausschuß die Kollegenschaft im DGB geradezu zur Mitarbeit aufgefordert hatte, fühlte er sich verpflichtet, sich für Gruppen offen zu halten, die sich innerhalb von Gewerkschaften bilden sollten. Dabei ist kaum zu erwarten, daß sich wieder eine neue Kollegenschaft im DGB bilden kann, da dieser eine Neugründung kaum dulden wird.

5. Die DAG

Auf ihrem Kongreß hat die DAG einen profilierten SPD-Mann, Herrn Dipl[om]-Volkswirt Rolf Spaethen[11], zum Vorsitzenden gewählt, nachdem nach dem Ausscheiden Rettichs[12] der stellvertretende Vorsitzende Schneider (MdB – CDU)[13] die Leitung inne gehabt hatte. Auf dem Kongreß wurde von dem neuen Vorsitzenden angekündigt, daß er Verhandlungen mit dem DGB aufnehmen werde zwecks engerer Zusammenarbeit. Gleichzeitig strebt die DAG eine engere Verbindung zu den Kirchen an.

6. Die evangelische Seite.

In evangelischen Kreisen wird weiterhin an der Einheitsgewerkschaft festgehalten. Vor allem das evangelische Arbeiterwerk steht fest auf dem Boden des DGB, wie es der bisherige Arbeiterpfarrer der evangelischen Kirche in Hessen und Nassau, Erich Warmers[14], am 23.9. auf einer Pressekonferenz in Frankfurt nochmals bestätigte. Auch nach dem Scheitern der Kollegenschaft erklärte der Vorsitzende der evangelischen Aktionsgemeinschaft für Arbeiterfragen, Dr. Müller: »Wir betrachten die Einheit der Gewerkschaften zwar auch nicht als vollendet, aber auch nicht als gescheitert.« Die der CDU nahestehenden evangelischen und katholischen Gewerkschaftsmitglieder müßten den Druck, dem sie im DGB ausgesetzt seien, durch aktive Mitarbeit in ihren politischen Gliederungen begegnen, vor allem in den CDU-Sozialausschüssen (dpa-Meldung).

[11] ROLF SPAETHEN *(1909–1985), Handelslehrer, 1947 Abteilungsleiter im Hauptvorstand der Deutschen Angestellten-Gewerkschaft (DAG), 1951 Vorstandsmitglied, 1960–1967 Vorsitzender.*

[12] *Gemeint ist* FRITZ RETTIG *(1901-1981), Gewerkschaftsfunktionär, 1949–1959 erster Vorstandsvorsitzender der Deutschen Angestellten-Gewerkschaft (DAG), 1953 stellvertretender, 1961 Vorstandsvorsitzender der Bundesversicherungsanstalt für Angestellte.*

[13] GEORG SCHNEIDER *(1892–1977), Angestellter und Politiker (CDU), 1953–1961 Mitglied des Bundestags.*

[14] ERICH WARMERS *(1925–2000), evangelischer Pfarrer, zunächst in der Landeskirche Hessen und Nassau, 1960 Wechsel zur Landeskirche Braunschweig, Propst, Initiator einer Suchtfachklinik in Ringelheim.*

7. Ausblick.

Zusammenfassend kann gesagt werden, daß die Gewerkschaftsfrage durch die jüngsten Ereignisse gerade bei den Verantwortlichen wieder in den Vordergrund getreten ist. Dadurch, daß die Kollegenschaft sich gespalten und eine echte gewerkschaftliche Entscheidung nicht getroffen hat, ist das Bild aber keineswegs klarer geworden. Man diskutiert über echte Alternativen zum DGB und strebt dabei Lösungen an, die nicht zum Erfolge führen. Eine neue Form der Kollegenschaftsarbeit als gesellschaftspolitische Gruppe stiftet im christlich-sozialen Organisationsgefüge nur neue Verwirrung, ist aber keine gewerkschaftliche Alternative zum DGB. Auch die Sozialausschüsse als parteipolitisch orientierte Gruppe sind keine Alternative, weil sie einmal vom Ansatzpunkt her die Parteipolitisierung des DGB geradezu legitimieren, zum anderen aber, ähnlich wie die bisherige Kollegenschaft, nur in der Lage sind, hier und da auf den DGB hemmend einzuwirken. Vor allem die stärkere Bindung der hauptamtlichen christlichen DGB-Funktionäre an die Sozialausschüsse wird diesen eine klare unabhängige Haltung wesentlich erschweren. Schließlich darf nicht übersehen werden, daß auch sehr viele CGB-Mitglieder in den Sozialausschüssen aktiv mitarbeiten, so daß eine einseitige DGB-Ausrichtung der Sozialausschüsse in diesen selber wieder neue Spannungen hervorrufen würde.

Die einzige wirksame gewerkschaftliche Alternative zu einer sozialistischen Richtungsgewerkschaft – und dahin hat sich der DGB entwickelt – ist eine klar profilierte christliche Gewerkschaft. Es muß endlich ein Weg beschritten werden, der wenigstens auf weite Sicht zum Erfolge führt. Dazu kommt, daß die europäische Situation (EWG, Montan-Union usw.) und noch mehr die Situation in den Entwicklungsländern eine Stärkung der christlichen Gewerkschaften unbedingt erfordern.

Sollte auch jetzt der Weg zu einem Ausbau der christlichen Gewerkschaften noch nicht beschritten werden, so besteht die Gefahr, daß immer mehr christliche Kräfte den DGB verlassen, resignieren und sich verlaufen. Der DGB könnte unbehindert seine sozialistische Kultur-, Gesellschafts- und Wirtschaftspolitik weiterführen. Der CGB würde sich zwar in mühseliger Kleinarbeit behaupten, aber nur langsam an Boden gewinnen können. Es wäre sicher empfehlenswert, wenn die Hochwürdigsten Herren Bischöfe bei entsprechenden Gelegenheiten, vor allem bei Gesprächen mit führenden Arbeitnehmern, diese Linie vertreten würden.

310

Aktenvermerk Teuschs

Köln, 7. November 1960

EA Köln, Gen. II 26.1, 20. *Schreibmaschinenschrift mit eigenhändiger Paraphe. Vermerke:* Betr.: Aushöhlung der katholischen Schule auf dem Wege über die Wahl der Schulräte und durch diese der Schulrektoren, S[eine] Eminenz *und [von der Hand Frings']* S[eine]r Exz[ellenz] dem Hochw[ürdig]sten Herrn Weihbischof Cleven.

Nachdem in letzter Zeit ständig Lehrer befördert werden, die der Lehrergewerkschaft angehören, und in Nordrhein-Westfalen von 43 Schulräten 20 der SPD angehören, ist nunmehr in Ratingen zu den zwei evangelischen Schulräten an Stelle des ausscheidenden dritten, gut katholischen Schulrates Schulrektor Fey vom Kultusministerium ernannt worden, der der Leiter der Lehrergewerkschaft in Köln war.
Zu der Aushöhlung der katholischen Schule kommt noch hinzu, daß unsere treukatholischen Lehrer mit Ausschluß von der Beförderung bestraft werden.
Der Zustand ist unhaltbar. Der CDU-Staatssekretär Adenauer ernennt Gewerkschaftsschulräte!
Notwendig ist m. E.

1. förmlicher Protest beim Ministerpräsidenten,
2. Einbringung eines Schulratgesetzes, daß katholischen Schulen katholische Schulräte zugeordnet werden, über alle Widerstände hinweg.

Gehorsam
T[eusch].

311

Protokoll der Freisinger Bischofskonferenz

Schloß Fürstenried, 8.–9. November 1960

EA München, Joseph Kardinal Wendel, 22/1960. *Druckstück mit Überschrift:* Protokoll der Konferenz der bayerischen Bischöfe im Exerzitienhaus Schloß Fürstenried am 8. und 9. November 1960. *Fertigungsdatum*: 9. November 1960.

Anwesend:
Joseph Kardinal Wendel, Erzbischof von München und Freising,
Dr. Josef Schneider, Erzbischof von Bamberg,
Erzbischof Dr. Michael Buchberger, Bischof von Regensburg,
Dr. Simon Konrad Landersdorfer, Bischof von Passau,
Dr. Joseph Schröffer, Bischof von Eichstätt,
Dr. Joseph Freundorfer, Bischof von Augsburg,
Dr. Isidor Markus Emanuel, Bischof von Speyer (8.11.),
Dr. Josef Stangl, Bischof von Würzburg.

Am 8. November 1960 eröffnet Seine Eminenz die Bischofskonferenz um 8 Uhr mit einer Pontifikalmesse und dem »Veni Creator« in der Hauskapelle von Schloß Fürstenried.
Um 9 Uhr begrüßt der Vorsitzende die erschienenen Herren. (Da der Umbau des Priesterseminars in Freising noch andauert, mußte ein anderer Tagungsort gewählt werden.)

Erholungsurlaub – Heimaturlaub der Schwestern
Nach einem Kurzreferat und eingehender Aussprache über die grundsätzliche Frage der Gewährung eines Heimaturlaubs unter Beachtung der bisher gemachten Erfahrungen kommen die Bischöfe zu folgendem Beschluß:
Die Konferenz hält einen jährlichen Erholungsurlaub der Schwestern für notwendig. Eine Mindestdauer von 14 Tagen erscheint angebracht, soweit nicht angestrengte Tätigkeit einen längeren Zeitraum erfordert.
Die Konferenz hält es für vertretbar, daß ein Teil des Jahresurlaubs, wenn die Voraussetzungen gegeben sind und der Wunsch besteht, in entsprechenden Abständen – etwa in einem Rhythmus von 3 bis 5 Jahren –, soweit noch nächste Angehörige leben, in der Heimat verbracht werden kann. Die Schwestern sind darauf hinzuweisen, daß sie sich in der Heimat durch vorbildliche Haltung bewähren müssen und so gleichzeitig eine Empfehlung für das Ordensideal darstellen.

Protokoll der Konferenz der westdeutschen Bischöfe in Hofheim vom 2.11. bis 4.11.1960[1]
Der Vorsitzende gibt von dem Protokoll Kenntnis und stellt die Punkte, zu denen Stellung genommen werden soll, zur Aussprache.

Frage der »staatlich geschützten« Feiertage
Die Behandlung der sogenannten »freiwilligen Feiertage« auf dem westdeutschen Konveniat gibt Veranlassung, auf die Gefährdung der kirchlichen Feiertagsordnung in Bayern hinzuweisen, die daraus entsteht, daß kirchlich gebotene Feiertage nur als »staatlich geschützte« Feiertage gewertet werden. Die Halbheit dieser Regelung untergräbt die Auffassung einer strengen Verpflichtung zur Teilnahme am Gottesdienst auch an den eindeutig gebotenen Feiertagen.
Es wird angeregt, zu erwägen, an den nur »staatlich geschützten« Feiertagen – wie in anderen deutschen Ländern – die Pflicht zur Mitfeier der hl. Messe aufzugeben, aber die freiwillige Teilnahme, insbesondere an Abendgottesdiensten, zu empfehlen. Für diese Regelung scheinen auch die guten Erfahrungen der Diözese Speyer zu sprechen. Das Fronleichnamsfest fällt nicht unter diese Tage. Feste solcher Art sollen an dem Tage, auf den sie fallen, begangen werden. Von einer Verlegung der solemnitas externa auf den folgenden Sonntag soll abgesehen werden. Ob eine solche Regelung sich als endgültig empfehlenswert erweist, soll nochmals eingehend überprüft werden, bevor eine entsprechende Eingabe nach Rom gerichtet wird.

1 *Vgl. Dok. 308.*

Papstkollekte (Peterspfennig)
Der Termin für die Kollekte am Feste der Apostelfürsten Petrus und Paulus erscheint recht ungünstig. Die Kollekte soll in Bayern mit dem Papstsonntag verbunden werden. Dieser wird am Sonntag, der dem Papstkrönungstag folgt, im November begangen. Die Papstkollekte soll am vorausgehenden Sonntag oder an Allerheiligen empfohlen werden. Die Kollekte kann, je nach der Gestaltung des Papstsonntages, auch bei der Papstfeier des Abends stattfinden.

Geschenk zum 80. Geburtstag des Hl. Vaters
Die Konferenz nimmt Kenntnis vom Beschluß des westdeutschen Konveniats, DM 100.000 für die Erstellung einer Gregorio-Barbarigo-Kirche in Rom zu geben, wobei DM 70.000 auf die westdeutschen Diözesen aufgeschlüsselt werden sollen, während Köln DM 30.000 übernimmt.
Die bayerische Konferenz schlägt vor, die Gesamtsumme auf DM 150.000 zu erhöhen und den Betrag von DM 120.000 auf alle deutschen Diözesen mit Ausnahme von Köln (DM 30.000) umzulegen.

Caritativer Einsatz
Die Konferenz berät die beiden Anliegen eines freiwilligen Einsatzes von Mädchen und Frauen im Dienste von Kindern, Alten und Kranken in der Form von Sonntagshilfe, Ferienvertretung oder Nachtdienst sowie eines hochherzigen Einsatzes auf die Dauer eines ganzen freiwilligen Jahres.
Die bayerischen Bischöfe beabsichtigen, im Advent einen Aufruf zu erlassen, der sich zunächst an die Frauenjugend wendet. Konkrete Einzelheiten über diesen Einsatz sollen vorher zwischen dem Caritasverband, den Ordensgemeinschaften, den kathol[ischen] Frauenorganisationen und den Jugendstellen abgesprochen werden. Bei der Verwirklichung sollen auch Möglichkeiten für einen freiwilligen Einsatz alleinstehender Frauen geschaffen werden.

Lesungen des Breviers
Die Konferenz nimmt Kenntnis, daß der Bischof von Limburg im Auftrag der westdeutschen Konferenz eine Kurzform der Propria-Lesungen für die hl. Hildegard erstellt. Sie beschließt für die bayerischen Diözesen folgende Regelung: Alle bayerischen Bischöfe teilen dem Bischof von Passau umgehend alle Heiligen mit, die in ihren Proprien vorkommen, und benennen den Ritus, mit dem die Feste ausgestattet sind. Der Bischof von Passau verteilt dann die einzelnen zur Bearbeitung der Kurzform auf die bayerischen Diözesen. Die norddeutschen Bistümer können diese Lesungen bei Bedarf übernehmen.

Aufruf zu den »Arbeiter-Standesorganisationen«
Die Konferenz beschließt, den von den westdeutschen Bischöfen vorgeschlagenen Aufruf der deutschen Bischöfe zu den Arbeiter-Standesorganisationen mit einigen

sprachlichen Änderungen zu übernehmen, in den Amtsblättern zu veröffentlichen und den Standesorganisationen zuzuleiten (Anlage 1)[2].

Neubau eines Schulgebäudes in Königstein
Die bayerischen Bischöfe bitten, den Fragekomplex der Errichtung eines Schulgebäudes und der Genehmigung eines zinslosen Darlehens von DM 600.000, das in zwei Raten ausbezahlt werden soll, für die nächste Vollversammlung des deutschen Episkopats zurückzustellen, damit allen Bischöfen eine Besprechung der Unterlagen der Gesamtfinanzierung und des laufenden Unterhaltes möglich wird.

»Fernseh-Schnelldienst« des kath[olischen] Rundfunkinstituts
Die Konferenz nimmt Kenntnis von der Absicht, ab 1.12.1960 einen »Fernseh-Schnelldienst« ad experimentum für ein Jahr herauszugeben, der die Aufgabe einer wertenden Vorschau und einer kritischen Rückschau hat. Die Ordinarien sind bereit, ihre Diözesankirchenzeitungen zu veranlassen, diesen Fernseh-Schnelldienst zu abonnieren.

Spanische Arbeiter und Arbeiterinnen
Soweit spanische Seelsorger zur Betreuung der in Deutschland tätigen Arbeiter und Arbeiterinnen eingesetzt werden, mögen deren Namen H[ochwürdigstem] H[errn] Prälat Büttner benannt werden. Die Ordinarien mögen den Seelsorgern einen entsprechenden Unterhalt gewähren und diese Spanier in sozialer und fürsorgerischer Hinsicht unterstützen.

Meldung der Trauungen von Heimatvertriebenen an das Kirchenbuchamt in München
Im Text der auf der letzten Plenarkonferenz beschlossenen Verlautbarung über dic Meldung der Trauungen von Heimatvertriebenen an das Kirchenbuchamt in München soll der letzte Halbsatz (»wenn sie nicht direkt an das Taufpfarramt gerichtet werden kann«) gestrichen werden.

Erhöhung des Stipendiums im Cusanus-Werk
Die Konferenz nimmt Kenntnis von einer Erhöhung des Stipendiums im Cusanus-Werk von DM 200 auf DM 220 monatlich und bewilligt die erforderlichen Mittel auch für die bayerischen Stipendiaten.

Landvolkarbeit und Katholische Aktion
Die Konferenz nimmt von dem einstimmigen Gesamtbeschluß der Landesleitung der Katholischen Aktion in Bayern am 29.9.1960 in Regensburg über Landvolkarbeit auf Dekanats- und Pfarrebene Kenntnis[3].

2 *Nicht aufgenommen, vgl. Dok. 308, Anlage 1.*

3 *Nach diesem Beschluß (Schreibmaschinenabschrift in:* EA MÜNCHEN, Joseph Kardinal Wendel, 49 LJ 1954–1960*) war* das kirchenorganisatorische Prinzip (Diözese, Dekanat, Pfarrei) *maßgeblich. In den*

Die bayerischen Bischöfe sind damit einverstanden, daß zunächst auf dieser Grundlage die gemeinsame Arbeit aufgenommen und dann über die gemachten Erfahrungen berichtet wird.

Kirchliche Feier des Erntedankfestes in Bayern
Die Konferenz regt an, das kirchliche Erntedankfest in Bayern einheitlich am 1. Sonntag im Oktober zu feiern. Die Aufnahme dieses Termins in das Direktorium des nächsten Jahres wird empfohlen.

Förderungsabgabe des Bayerischen Bauernverbandes
Die Konferenz empfängt eine Information über die vom BBV vorgeschlagene Förderungsabgabe. Trotz der notwendigen Förderung der Anliegen unserer Landwirtschaft möge reichlich überlegt werden, zu welchen Konsequenzen eine solche dauernde Pflichtabgabe führen kann, die zwangsläufig auch bei Nichtmitgliedern erhoben wird.

Höheres Schulwesen
Die vom Arbeitskreis für Fragen des Religionsunterrichtes an den Höheren Schulen vorgelegte Denkschrift der Katholischen Akademie in Bayern[4] erfährt eine eingehende Beratung.
Der Bischof von Würzburg wird beauftragt, innerhalb der Konferenz die Fragen des Höheren Schulwesens zu bearbeiten.
Die Frage einer besonderen Vorbildung der Religionslehrer an höheren Schulen muß auf jeden Fall in der Zuständigkeit der Kirche bleiben. Ein den staatlichen Formen angeglichenes Referendarjahr wird abgelehnt. Im Hinblick auf die derzeitige Priesternot läßt sich eine Vorbildung zunächst nur nebenamtlich, etwa in Verbindung mit dem seelsorglichen Einsatz auf Kaplaneistellen in der Stadt und Minderung anderer Verpflichtungen, verwirklichen. Für die Konferenz sollen konkrete Vorschläge, auch für eine kirchliche Prüfung, erarbeitet werden.
Der seit Kriegsende erarbeitete Stoffplan für die katholische Religionslehre an den Höheren Schulen in Bayern soll zusammengestellt und den einzelnen Bischöfen zur Stellungnahme zugeleitet werden, um eine einheitliche Ordnung in Bayern zu sichern. Die bisherigen Bemühungen und Arbeiten des katholischen Religionslehrerverbandes für die Schaffung neuer Lehrbücher seien dankbar anerkannt. Zur Zeit wird ein Lehrbuch für die Klassen 4–6 erarbeitet. Da grundsätzlich die Herausgabe von Religionsbüchern Aufgabe des kirchlichen Lehramtes, also der Bischöfe, ist, sind diesbezügliche Verhandlungen mit dem Religionslehrerverband von dem Referenten zu führen. Eine Herausgabe könnte etwa mit dem Vermerk erfolgen: »Mit Geneh-

Landpfarreien sollten die Pfarrausschüsse als Organ der KA die Aufgaben der Landvolkbewegung *übernehmen.*

[4] DIE BILDUNGSAUFGABE DER HÖHEREN SCHULE IN DER HEUTIGEN GESELLSCHAFT. *Erwägungen zum Rahmenplan des Deutschen Ausschusses für das Erziehungs- und Bildungswesen, hrsg. von* KARL FORSTER, *München 1960.*

migung des bayerischen Episkopates herausgegeben vom katholischen Religionslehrerverband«.
Die Bischöfe weisen eindringlich auf die große religiöse und geistige Bedeutung hin, die einem organisatorischen Zusammenschluß der Jugend der Höheren Lehranstalten in den Gliedgemeinschaften des Bundes der Deutschen Katholischen Jugend (MC, ND, Heliand usw.) zukommt, und empfehlen den Religionslehrern wie auch dem Pfarrklerus, diese Gemeinschaften in geeigneter Weise zu pflegen und zu fördern. Religionslehrer und Seelsorger seien auch auf eine gute Zusammenarbeit zwischen den Jugendgemeinschaften der Pfarreien und der Schulen bedacht.

Lehrbuch für Berufsschulen
Die Vorarbeiten haben einen gewissen Abschluß gefunden. Das Buch wird zur Zeit von Fachtheologen auf seine theologische Korrektheit überprüft. Auch die religiös-lebenskundliche Ausrichtung soll noch eine Überarbeitung erfahren.

Katholische Akademie
Ein Arbeitsbericht der Katholischen Akademie in Bayern für 1959 und das erste Halbjahr 1960 wird von der Konferenz entgegengenommen und der Leitung der Akademie Dank und Anerkennung ausgesprochen. Der Jahreshaushaltplan für 1961 wird gutgeheißen.

Besoldungsordnung
Eine Erhöhung der Gehälter um 5% bei den Seelsorgegeistlichen zum 1.1.1961 wird beschlossen. Von einer Weihnachtsgratifikation ist im Hinblick auf diese Erhöhung Abstand zu nehmen.

Kirchliche Pädagogische Hochschule Eichstätt
Der Bischof von Eichstätt erstattet als Kanzler ausführlich Bericht über die bisher recht erfreuliche Entwicklung der kirchlichen Pädagogischen Hochschule.
Die Wiederwahl von Rektor Prof. Dr. Josef Kraus[5] wird bestätigt. Der vorgelegte Vertragsentwurf für die Verbeamtung der Professoren findet nach Aufnahme einzelner Ergänzungen die Billigung der Konferenz.
Herrn Professor Dr. Schön[6] soll ein Baudarlehen unter den gleichen Bedingungen, die Prof. Dr. Kraus zugestanden wurden, eingeräumt werden.

Staatliche Pädagogische Hochschulen in Bayern
Alle Bischöfe, die in ihrer Diözese eine Pädagogische Hochschule besitzen, erstatten Bericht über die neueste Entwicklung. Diese zeigt überall eine weitere Zunahme der Hörer, wobei der prozentuelle Anteil der Studenten auch weiterhin eine steigende

5 JOSEF KRAUS *(1919–1993), Dr. phil., Professor an der Pädagogischen Hochschule Eichstätt, 1958–1962 und 1968–1970 deren Rektor.*

6 OTTO SCHÖN *(1926–2004), Professor an der Pädagogischen Hochschule Eichstätt, 1964–1968 deren Rektor.*

Tendenz zeigt. Die bei der Verwirklichung des Bayerischen Gesetzes für die Lehrerbildung auftretenden Probleme werden eingehend besprochen. Die bayerischen Bischöfe halten auch weiterhin im Hinblick auf die Verschiedenheit und die anders geartete Vorbildung an einer getrennten Besetzung der Religionslehre und der Religionspädagogik durch einen eigenen Dozenten fest. Bei der Aussprache wird insbesondere mit großer Besorgnis auf die außerordentliche Schwierigkeit hingewiesen, für eine weltanschaulich geprägte Habilitation Zulassung und Annahme zu finden.

Studentenwohnheime
Die Notwendigkeit von katholischen Lehrer-Studentenwohnheimen wird erneut eindeutig unterstrichen. Diese Wohnheime können für eine weltanschaulich klare Ausformung und Ausrichtung der Hörerschaft der PH einen wertvollen Beitrag leisten. Darum beschließt die Konferenz, eine Bezuschussung mit DM 2.000 pro Bett auch über die anfangs benannten Zahlen hinaus bei Erweiterungsbauten zu gewähren.
Die Konferenz hat mit Befremden davon Kenntnis erhalten, daß der Bayerische Staat für den Bau von Studentenwohnheimen statt DM 3.000 nur DM 2.000 pro Bett zur Verfügung gestellt hat, so daß auch bei den Bundesmitteln je DM 1.000 pro Bett verlorengegangen sind.
Für das Studentinnenwohnheim der Englischen Fräulein entsteht durch den Ausfall dieser staatlich zugesicherten Mittel eine Finanzierungslücke zwischen DM 84.000 und DM 104.000. Die Konferenz gewährt dafür ein zinsverbilligtes Darlehen.

Welttag der hl. Kindheit
Auf Anregung des »Päpstlichen Missionswerkes der Kinder« in Deutschland wird beschlossen, daß der von Papst Pius XII. am 4.12.1950 eingesetzte Welttag der hl. Kindheit in den deutschen Diözesen in Zukunft an dem Sonntag begangen wird, der dem Fest der Unschuldigen Kinder zunächst liegt. Wird das Weihnachtsfest an einem Sonntag gefeiert, soll der Welttag auf den 2. Weihnachtstag festgelegt werden.

Finanzierung eines Filmes über das Ordensleben
Der Konferenz wird ein Exposé zur Erstellung eines halbstündigen Filmes über das Klosterleben »Anders als man denkt« vorgelegt. Der Film soll allgemein für das Ordensleben gültig sein und darum nicht auf eine einzelne Ordensgemeinschaft abgestimmt sein. Zur Deckung der Unkosten mögen die Hersteller des Filmes (Kathol[isches] Filmwerk, Rottenburg) mit den verschiedenen Mutterhäusern verhandeln. Über das Ergebnis dieser Verhandlungen wird bei der nächsten Konferenz berichtet werden.

Als Termin der Frühjahrskonferenz wird der 21. und 22. März 1961 bestimmt. Montag, der 20. März, ist Anreisetag, Donnerstag, 23. März, Tag der Rückreise.

Um 19:45 Uhr wird die Konferenz mit herzlichen Dankesworten Seiner Eminenz und des Erzbischofs von Bamberg beschlossen. Dieser dankt im Namen aller bayerischen Bischöfe auch für die vielfältigen Gnaden des Eucharistischen Weltkongresses in München, dessen Vorbereitung und Durchführung von der Erzdiözese München mit so vielen Opfern und selbstloser Hingabe geleistet wurden.

Der Protokollführer:
+ Josef
Bischof von Würzburg

Der Vorsitzende:
Jos[eph] Card[inal] Wendel
Erzbischof von München und Freising.

312

Tenhumberg an Wendel

Münster, 20. November 1960

EA MÜNCHEN, Joseph Kardinal Wendel, 208/1959–1966. *Schreibmaschinenausfertigung mit eigenhändiger Unterschrift. Briefkopf:* Heinrich Tenhumberg, Weihbischof. *Anschrift:* Seiner Eminenz dem hochwürdigsten Herrn Joseph Kardinal Wendel, Erzbischof von München und Freising, München, Kardinal-Faulhaber-Straße. *Eingangsstempel:* Erzbistum München, Erzb[ischof] 25. Nov[ember] 1960. 208 Nr. 2657.

Hochwürdigste, liebe Eminenz!
Am Sonntag vor acht Tagen traf ich hier in Münster Herrn Direktor Hanssler vom Zentralkomitee der deutschen Katholiken. Er sprach von der Sorge, die er über das »Hochland« hege, und bat mich, diese auch Dir mitzuteilen. Wenn ich ihn recht verstanden habe, soll der derzeitige Herausgeber Franz Josef Schöningh zur Zeit unheilbar krank sein. Es seien daher Überlegungen um einen Nachfolger im Gange. Bisher seien genannt worden: Friedrich Heer, Dr. Martin von der früheren »Jungen Mannschaft« und evtl. auch Prof. Dr. Krings, der aber wegen eines Rufes an eine Universität wohl ablehnen würde. Maßgeblichen Einfluß hätten Dr. Wild vom Kösel-Verlag und ein Herr Hueber[1], der Druckereibesitzer in Kempten/Allgäu sei. Dieser habe wohl die meisten Anteile. Direktor Hanssler meinte nun, daß man vielleicht durch eine kluge Fühlungnahme mit diesem Herrn Hueber oder anderen Beteiligten, aus dem Kösel-Verlag eine Fehlbesetzung verhindern könne. Er meinte weiter, daß vielleicht Dr. Karl Forster sich sehr klug einschalten könne, vielleicht auch schon eingeschaltet habe.
Wahrscheinlich teile ich Dir mit allen diesen Überlegungen keine Neuigkeiten mit. Aber Du wirst die Sorge um das »Hochland« verstehen.
Im übrigen hoffe ich, daß Du mit guten Eindrücken und Nachrichten aus Rom wiedergekommen bist.
Für alle Deine Bemühungen recht herzlich dankend und in aufrichtiger Verehrung bleibe ich

Dein
+ H[einrich] Tenhumberg.

[1] *Wahrscheinlich* MAX HUEBER *(1883–1966), Buchhändler und Verleger in München.*

313

Politische Erklärung des Zentralkomitees

Hildesheim, 23. November 1960

DA EICHSTÄTT, Bischofsarchiv Schröffer, Zentralkomitee. *Druckstück mit Deckblatt:* Politische Erklärung der Hildesheimer Vollversammlung des Zentralkomitees der deutschen Katholiken vom 23. November 1960. *Druck:* HERDER KORRESPONDENZ *15 (1960/61), S. 147-149.*

Zu Fragen der politischen Verwirklichung des Gemeinwohls Stellung zu nehmen, ist Recht und Pflicht aller, die zur Verfassung unseres Staates stehen. Vor aller Öffentlichkeit und noch bevor die politischen Parteien mit ihren Wahlprogrammen hervortreten, wollen wir, Vertreter des Katholizismus in der Bundesrepublik Deutschland, unsere Grundsätze und unsere Forderungen an die künftige Politik entwickeln, um damit unseren Beitrag zur Bildung der öffentlichen Meinung zu leisten. Je konkreter und klarer ein solcher Beitrag ist, desto besser dient er der demokratischen Entwicklung des Gemeinwesens. Verschwommene politische Grundsatzprogramme lehnen wir ab.

Wir sind überzeugt, daß auch die staatliche Ordnung und das politische Handeln unter Gottes Gebot stehen. Darum halten wir daran fest, daß Staat und Gesellschaft nach letzten sittlichen Normen gestaltet werden müssen.

I.

1. Wir stehen zur freiheitlichen Ordnung unseres Staates, die im Grundgesetz der Bundesrepublik Deutschland ihren Ausdruck gefunden und sich in einem Jahrzehnt voller Schwierigkeiten und Gefahren bewährt hat. Wir sind dankbar, daß wir in diesem Staat als Christen mit allen Andersdenkenden in Freiheit leben und wirken können. Um so mehr schmerzt es uns, daß ein Viertel des deutschen Volkes davon ausgeschlossen ist. Auch weiterhin wird die deutsche Politik alle Kraft aufwenden müssen, um Unfreiheit und aufgezwungene Spaltung zu überwinden.

2. Dem Staate muß alles gegeben werden, was er gerechterweise verlangen kann, um Freiheit und Recht durchzusetzen. Der den Weltfrieden gefährdende Konflikt ist kein Konflikt von Machtblöcken, dem wir unbeteiligt zusehen könnten. Es geht um sittliche und rechtliche Grundlagen politischen Handelns schlechthin, die hier bejaht, dort verachtet werden, aus denen aber allein der von allen Völkern ersehnte wahre Frieden erwachsen kann.

Darum ist zu fordern:

eine zielklare Fortführung der bisherigen Außenpolitik, welche dem wahren Frieden dient, die Einheit Europas anstrebt und die solidarische Gemeinschaft mit der ganzen freien Welt immer mehr festigen soll;

eine entschiedene und vertragstreue Verteidigungspolitik, die den Mut hat, von unserem Volk die notwendigen persönlichen und materiellen Opfer für eine wirksame Verteidigung zu verlangen; die Weiterführung der Bemühungen um eine allgemeine und kontrollierte Abrüstung, welche geeignet ist, den Weltfrieden zu sichern;

eine gesetzliche Vorsorge für den Fall innerer Notstände, wirksame Maßnahmen zum Schutz der Bevölkerung und eine tatkräftige Abwehr der kommunistischen und nationalistischen Infiltration.

3. Wie in der nationalen, so verstoßen auch in der internationalen Gemeinschaft krasse Unterschiede der wirtschaftlichen und kulturellen Entwicklungsmöglichkeiten gegen Gerechtigkeit und Gemeinwohl. Zu ihrer Beseitigung muß auch die Bundesrepublik einen wesentlichen Beitrag leisten. Diese Aufgabe ist so groß, daß sie nur im Zusammenwirken des Staates mit gesellschaftlichen Kräften erfolgreich bewältigt werden kann. Das ganze deutsche Volk muß zu Opfern hierfür bereit sein.

Darum ist zu fordern:

daß der Staat sich der Mitwirkung der Kräfte der Gesellschaft bedient, die zu einer Mitarbeit in der Entwicklungshilfe bereit sind. Indem er sich ihre Erfahrung zunutze macht und ihre kulturellen und wirtschaftlichen Initiativen fördert, vervielfacht er zugleich die Wirkung seiner eigenen Entwicklungshilfe.

II.

1. Alle Politik muß davon ausgehen, daß die Bürger des Staates in vielfältigen, natürlichen oder frei gewählten wechselseitigen sozialen Bindungen miteinander leben und im Rahmen der freiheitlichen Grundordnung ein Recht darauf haben. Diese Gruppen tragen den Staat mit, und er seinerseits ist verpflichtet, ihren Bestand und die Freiheit ihres Eigenlebens zu schützen und zu fördern. Die Familie ist die wichtigste Gemeinschaft. Ihr Schutz ist eine vordringliche Aufgabe des Staates.

Darum ist zu fordern:

eine Reform der Stellung der Familie in unserer ganzen Rechtsordnung. Besonders dringlich ist eine baldige Revision des Scheidungsrechts, namentlich die Beseitigung des untragbaren § 48 des Ehegesetzes.

2. Die Familie lebt zwar aus dem Opfer. Aber der Staat muß die auf ihr ruhenden besonderen Lasten erleichtern.

Darum ist zu fordern:

eine gerechtere Verteilung der Mittel und Lasten, die den Familienstand besser berücksichtigt, ein weiterer Ausbau der Möglichkeiten, für die Familien Eigentum zu bilden, namentlich zu Grund und Boden und zu einem Eigenheim zu kommen. Auch der familiengerechte soziale Wohnungsbau muß weiter gefördert werden. Die Familie hat einen Anspruch auf eine familiengerechte Wohnung, deren Lasten für sie tragbar sein müssen.

III.

1. Wie auch das Grundgesetz anerkennt, haben die Eltern das natürliche Recht und zuvörderst die Pflicht, die Bahn für die freie Entfaltung der Persönlichkeit des Kindes vorzuzeichnen. Das berechtigte Interesse des Staates an der Schule steht diesem Freiheitsrecht nicht entgegen; die praktische Verwirklichung des Elternrechts liegt vielmehr im Staatsinteresse. In ihrer Kulturpolitik müssen Staat und Gemeinden die Vielfalt der Bildungsinhalte zur Kenntnis nehmen und bejahen; es ist nicht ihre Auf-

gabe, durch Mehrheitsbeschluß und Zwang eine Einheit des kulturellen Lebens herzustellen, sondern vielmehr dem vielfältigen Schaffen im Geist einer freiheitlichen Demokratie Raum zu geben.
Darum ist zu fordern:
die Durchsetzung des Elternrechts, das grundsätzlich verfassungsmäßig anzuerkennen ist, durch Schaffung von Schultypen, die eine echte Wahlmöglichkeit der Eltern gewährleisten;
die finanzielle Sicherung der freien Schulen und ihrer Lehrer, die Gleichstellung ihrer Prüfungen und Zeugnisse mit denen der entsprechenden öffentlichen Schulen;
die Förderung aller freien Träger der Jugend- und Erwachsenenbildung in den Ländern und Gemeinden, einschließlich ihrer Volksbüchereien – im Rahmen der grundgesetzlichen Ordnung – durch eine Gesetzgebung und Haushaltspolitik, die auf den Dienst dieser freien Bildungseinrichtungen für die Öffentlichkeit sieht und die Mannigfaltigkeit der Bildungsinhalte bejaht.
2. Zur Verwirklichung des Rechts des Kindes auf Bildung und der Freiheit der Berufswahl muß den finanziell schwachen Familien die Möglichkeit gegeben werden, begabten Kindern den Weg zu qualifizierten Berufen, auch mit teurer Ausbildung, zu öffnen.
Darum ist für alle Bildung und Ausbildung in Schulen zu fordern:
eine Verbesserung des Systems der Erziehungs- und Ausbildungsbeihilfen, auch für die freien Schulen, unter Einbeziehung der Hochschulen und höheren Fachschulen.
Für Berufe des sozialen Dienstes ist die soziale Erziehung der Jugend und die geeignete Nachwuchsförderung dringend erforderlich.
Die staatliche Hilfeleistung muß sich jedoch überall an die Grenze halten, die den sozialen Rechtsstaat vom Versorgungsstaat trennt.
3. Der Wissenschaft und der Forschung müssen weitere Möglichkeiten der freien Entfaltung und der fruchtbaren Zusammenarbeit aller wissenschaftlichen Disziplinen gegeben werden.
Darum ist zu fordern:
der Ausbau der bestehenden und die Gründung neuer Universitäten, Hochschulen und höheren Fachschulen sowie eine Förderung der Forschungsinstitute und Gelehrtenakademien.

IV.

1. Wirtschaft und Technik müssen dem Menschen dienen. In der Wirtschaftspolitik darf es keinen Fatalismus gegenüber angeblichen technischen und wirtschaftlichen Gesetzmäßigkeiten geben. Hemmungsloses Gewinnstreben, maßlose sozialpolitische Forderungen und sinkende Arbeits- und Geschäftsmoral bedrohen Freiheit und Wohlstand unseres Volkes. Es ist nicht nur Aufgabe des Staates, sondern aller Bürger, dem zu wehren.
Insbesondere ist daher zu fordern:
daß der verfassungsrechtliche Sonn- und Feiertagsschutz durch Gesetzgebung und Verwaltung verwirklicht wird und daß Fehlentwicklungen der letzten Jahre wieder korrigiert werden.

2. Die technische Zivilisation bringt nicht nur Wohlstand und Bequemlichkeit des Lebens, sondern auch Gefahren für Leib und Seele mit sich. Im dichtbesiedelten Deutschland ist es eine besonders dringliche Aufgabe des Staates, für die Erhaltung und Schaffung von Erholungsgebieten, für den Schutz der Natur gegen Raubbau und Verunstaltung und für die Reinhaltung der lebensnotwendigen Stoffe, von Wasser, Luft, Boden und Nahrungsmitteln zu sorgen.
Es sollte daher:
der Natur- und Landschaftsschutz verstärkt und zeitgemäß neugefaßt sowie eine weitblickende Vorsorge für die Wohn- und Erholungsmöglichkeiten der kommenden Generation getroffen werden.
Der Staat muß auch dort mit gutem Beispiel vorangehen, wo es gilt, die Zeugnisse der Vergangenheit, selbst gegen massive materielle Interessen, zu erhalten und zu pflegen.
3. Freiheit und persönliches Eigentum gehören zusammen.
Allen künstlich erzeugten Bedenken und allem ängstlichen Suchen nach perfekten Maßnahmen zum Trotz ist in Übereinstimmung mit dem ein Jahrhundert alten Verlangen der deutschen Katholikentage dringlich zu fordern, daß die Bildung persönlichen Eigentums in vielfältigen Formen in der Hand breiter Schichten verstärkt gefördert wird, insbesondere durch öffentliche Maßnahmen.
4. Es ist zu fordern:
daß der Staat entschieden Widerstand leistet gegen die Entwertung des Geldes und des Sparvermögens und daß sich alle am Wirtschaftsgeschehen Beteiligten ihrer Mitverantwortung für die Stabilität der Währung bewußt sind.
5. Es sind zu fordern:
Maßnahmen, welche die wirtschaftlich, sozial und staatspolitisch schädlichen Formen und Folgen der Konzentration verhindern oder zurückdämmen;
6. Maßnahmen, welche den für eine freiheitliche Gesellschaftsordnung wichtigen Mittelstand erhalten und fördern;
7. Maßnahmen zur vollen Eingliederung und zur Förderung der seelsorglichen, beruflichen und kulturellen Anliegen der Heimatvertriebenen; in der Frage des Rechts auf die Heimat stehen wir auf der Grundlage der von Papst Pius XII. gegebenen Weisungen und Richtlinien.
8. Es ist zu fordern:
ein Sozialhilfegesetz, das den freien Trägern sozialer Hilfe die ihnen nach dem Subsidiaritätsprinzip und auch durch ihre Leistungen zukommende Stellung und den Hilfsbedürftigen eine echte Wahlmöglichkeit zwischen Einrichtungen der freien und der behördlichen Fürsorge gewährt;
eine Ordnung der Jugendhilfe, die den Elternwillen beachtet und die Förderung und Mitarbeit der freien Jugendhilfe garantiert.
9. Es ist zu fordern:
eine Reform der Krankenversicherung, die das unmittelbare Vertrauensverhältnis zwischen Arzt und Patient sichert und eine angemessene, den Familienstand berücksichtigende Beteiligung des Leistungsempfängers an den Kosten vorsieht. Die Haus-

krankenpflege darf gegenüber der Pflege im Krankenhaus nicht benachteiligt werden. Es muß daher im Gesetz ein Rechtsanspruch auf Ersatz der Kosten für die durch anerkannte Krankenpflegepersonen geleisteten Dienste gewährt werden.

10. Der Dienst am Menschen und ihren Familien muß auch im Vordergrund stehen, wenn ausländische Arbeiter und Arbeiterinnen in Deutschland beschäftigt werden. Ihnen sind die gleichen Lebensbedingungen zu gewähren wie den deutschen. Über den allgemeinen arbeits- und sozialrechtlichen Schutz hinaus muß ihrer Eigenart und ihren berechtigten Bedürfnissen Rechnung getragen werden.

V.

Gerade weil es Pflicht des Staates ist, die Freiheit zu verteidigen, kann er ihrem Mißbrauch nicht gleichgültig gegenüberstehen. Die Grundrechte der Presse- und Meinungsfreiheit garantieren die Freiheit der öffentlichen Meinungsbildung und nicht die Verbreitung von Schmutz, Schund und Klatsch.

1. Darum ist zu fordern:
eine Verstärkung des gerichtlichen und administrativen Schutzes der Intimsphäre des Einzelnen und der Familie, ferner eine entschiedene, in der Exekutive wirksame Durchsetzung der Gesetze zum Schutze der Jugend.

2. Rundfunk und Fernsehen müssen ein familiengerechtes Programm ausstrahlen.

VI.

Die große Strafrechts- und Strafprozeßreform steht bevor.

1. Zu fordern ist:
ein Strafrecht, das nicht bloß die Sicherung von Staat und Gesellschaft bezweckt, sondern sich gründet auf Schuld und Sühne der Person.

2. Das Strafrecht hat vor allem das menschliche Leben zu schützen. Auch wer das Kind im Mutterschoße tötet, vernichtet ein Menschenleben.
Es ist daher zu fordern:
daß das künftige Strafgesetzbuch das keimende Leben wie jedes andere Menschenleben schützt.

3. Die Strafprozeßordnung darf nicht nur die Strafverfolgung im Auge haben, sondern muß aufgebaut sein auf der Achtung der Rechtsgüter des Beschuldigten und der Menschenwürde auch des Schuldigen.
Es ist zu fordern:
daß unwürdige Verhältnisse in den Haftanstalten beseitigt werden, daß der Vollzug der Untersuchungshaft auf ihren Zweck beschränkt wird und die Strafhaft auch der Resozialisierung des Verurteilten dient.

Die politischen Parteien im Bund, in den Ländern und in den kommunalen Körperschaften fordern wir auf, sich diese Grundsätze zu eigen zu machen und in die Tat umzusetzen.

Wir fordern alle Katholiken, jeden nach seinen Möglichkeiten, auf, in diesem Sinne zu wirken und Politiker und Parteien danach zu beurteilen, wie sie zu diesen Forderungen in Programm und Tat gestanden haben und künftig stehen.

314

Bericht des Referates I (Fides) der Fuldaer Bischofskonferenz

[Paderborn,] 1960

EA KÖLN, CR II 2.19, 21. *Schreibmaschinenvervielfältigung. Überschrift:* Jahresbericht des Referates I = Fides (Glaubensverbreitung und Glaubensüberwachung). *Vermerk:* Anlage II.

In Ergänzung zu der laufenden Unterrichtung durch die »Theologischen Berichte über Protestantismus und Ökumenische Bewegung« sowie durch die »Theologischen Materialien für Kontroverstheologie und Konfessionskunde« (beide bearbeitet vom Johann-Adam-Möhler-Institut, Paderborn) kann ich mich hier beschränken a) auf einige besonders wichtige Vorgänge in der evangelischen Kirche, b) auf das Verhältnis der evangelischen Kirche zu uns und c) auf die Gesprächslage in der Gegenwart.

ad a 1.) Ein bedeutsames Geschehnis im Protestantismus Europas ist die Nyborger Tagung vom 7.–9. Januar 1959 (Nyborg, Dänemark). Das Thema der Tagung lautete: »Die europäische Christenheit in der säkularisierten Welt von heute«. Die Bedeutung dieser Konferenz liegt darin, daß sie zu einer ständigen Einrichtung geworden ist. Man hat sich zu der sogenannten »Europäischen Einigung« zusammengeschlossen. Der Zusammenschluß zielt zunächst nicht auf eine kirchlich-dogmatische Einheit oder Vereinheitlichung, sondern bezweckt das gemeinsame Vorgehen bei Bewältigung der den Christen in der Gegenwart gestellten Öffentlichkeitsaufgaben. Die Zielsetzung ist also (in kirchl[icher] Hinsicht) ausgesprochen unbestimmt. Dieser europäische Zusammenschluß hat nichts zu tun mit dem Ökumenischen Rat der Kirchen in Genf, der bekanntlich von bestimmten Teilen der Ostkirche abgelehnt wird. Trotzdem hat man in Nyborg als zukünftigen Generalsekretär der »Europäischen Einigung« den Direktor der Studienabteilung im Weltbund der Kirchen in Genf, H[ans-] H[einrich] Harms[1] gewählt.

Welches die letzten Motive eines derartigen Zusammenschlusses waren, kann nicht so bald ermittelt werden. Man geht aber nicht fehl in der Annahme, daß im ungeklärten und unausgesprochenen Hintergrund eine gewisse Angst vor der Geschlossenheit der katholischen Kirche steht. Die Kirchenleitungen aller einzelnen Kirchen fühlen das Bedürfnis, sich durch Zusammenschlüsse in ihrer Position zu stärken.

2.) Die Arnoldshainer Abendmahlsthesen[2], die im Augenblick lebhaft diskutiert werden, sind einerseits ein Zeichen für das Bestreben evangelischer Kirchen, innerhalb ihrer Konfessionen zu einer Lehreinheit zu kommen, andererseits zeugen sie

[1] HANS-HEINRICH HARMS *(1914–2006), Dr. theol., 1950–1952 Oberkirchenrat für ökumenische Fragen im Kirchlichen Außenamt der EKD, 1952–1959 Sekretär und Direktor (1954) der Studienabteilung beim Ökumenischen Rat der Kirchen in Genf, 1959 Generalsekretär der Konferenz europäischer Kirchen in Genf, 1960–1967 Hauptpastor an der Hauptkirche St. Michaelis in Hamburg, 1967–1985 Bischof der Evangelisch-lutherischen Kirche in Oldenburg, 1972–1976 Vorsitz der Arnoldshainer Konferenz, 1973–1985 Mitglied im Rat der Evangelischen Kirche in Deutschland.*

[2] *Ergebnis eines zehnjährigen Lehrgesprächs der EKD zur Annäherung der lutherischen und reformierten Lehre vom Abendmahl, 1957 abschließend unterzeichnet, aber nicht formell übernommen.*

von einem starken Substanzschwund. Bei einem in Ratzeburg Mitte Juni durchgeführten Abendmahlsgespräch zwischen katholischen und evangelischen Theologen mußten lutherische Theologen zugeben, daß die Position Luthers preisgegeben sei. Es ist nun bei den Abendmahlsthesen nicht so, wie häufig behauptet wird, daß die lutherische Position aufgeweicht worden sei durch die calvinisch-reformierte, es ist vielmehr so, daß die lutherische Lehre über das Abendmahl modernisiert worden ist durch den in der Gegenwart vorherrschenden Wortaktualismus. Die Mönche von Taizé (prot[estantisch] reformierte Mönche bei Cluny) haben in sorgfältigen Studien nachgewiesen, daß auch Calvin durchaus eine Realpräsenz in den Elementen gekannt habe (man vergleiche die Besprechung von Thurians (Prior von Taizé) Buch über »die Eucharistie« durch Charles Boyer S. J. im Osservatore Romano. Über das Verhältnis von lutherischer Abendmahlslehre zur katholischen siehe Catholica H[eft] 2, 1958, Karl Rahner). Man wird mit großem Interesse die weitere Diskussion um diese Thesen verfolgen. Die Beschäftigung mit den Abendmahlsthesen ist deswegen so bedeutsam, weil sie symptomatisch sind für die gesamte evangelische Theologie: Vollzieht sich alles nur im Wort und ist das Entscheidende damit spiritualistisch oder aber werden die Elemente beansprucht, Träger des Göttlichen zu sein? Der Streit vollzieht sich auch in der Lehre der Kirche. Hat die Kirche sichtbare, konkrete, historisch-kontinuierliche Gestalt oder vollzieht sie sich nur im Hören auf das Wort? Ist, wie man neuerdings sagt, das Göttliche ins Menschliche und Geschöpfliche hinein substanziiert, oder aber bleibt Gott »der Herr«, der »in Freiheit allein Sprechende«? Eine sehr klare und positive Antwort darauf hat kürzlich der angesehene Kieler evangelische Universitäts-Professor Peter Meinhold bei dem ev[angelisch]-kath[olischen] Journalistentreffen in Maria Laach gegeben.

3.) Maria Laach 1959. Die Vorgänge beim ev[angelisch]-kath[olischen] Journalistentreffen in Maria Laach sind in dem Sonderbericht festgehalten, der von Mitgliedern des Möhler-Institutes Paderborn aufgestellt und als Anlage IV[3] beigefügt ist. Man wird immer bedenken müssen, daß die Publizisten keine Theologen sind, vor denen man im allgemeinen nicht mit aller Ausführlichkeit eine theologische Diskussion bis zu Ende durchführen kann. Publizisten sind aber weitgehend die Meinungsbildner im Volk. Das wird man bei der Beurteilung der Zeitungsberichte in Erwägung ziehen müssen.

Ein Mindestmaß ist hier sicher erreicht: Eine Versachlichung der Berichterstattung über das Konzil und was mit ihm zusammenhängt. Weiterhin dürfte von Wert gewesen sein die persönliche Begegnung zwischen ganz verschieden denkenden Journalisten. Eine solche persönliche Begegnung von nichtkatholischen oder auch nichtchristlichen Journalisten mit charaktervollen und verantwortlichen katholischen Laien im öffentlichen Leben verpflichtet. Der entscheidende Wert solcher Begegnungen, wie sie in Maria Laach waren, liegt ganz unstreitig darin, daß vielerlei Mißverständnisse und Fehlmeinungen abgebaut werden.

4.) Der Kreis der »Sammlung« um Propst Asmussen hat sich im Rahmen der Konzils-Ankündigung für eine dogmatische Scheidung innerhalb des Protestantismus ausge-

[3] *Nicht ermittelt.*

sprochen. Der Gedanke ist nicht von der Hand zu weisen. Es gibt, scheint es, lutherische Theologen, die bei aller Ungeklärtheit im einzelnen grundsätzlich katholische Prinzipien auch für die Kirchenlehre bejahen – und es gibt unbelehrbare Protestanten. Wir möchten annehmen, daß der Kreis der Ansprechbaren groß ist. Wie weit die »Sammlung« bestimmend wirksam ist, ist sehr die Frage. Die Mitglieder bringen persönlich die größten Opfer (vgl. die von der Kirchenleitung Westfalen verfügte Entlassung Lackmanns aus dem Amt unter Kürzung seiner Bezüge auf 53% des bisherigen Gehaltes).

ad b): Wichtiger als die Beschreibung solcher Einzelfakten und -vorgänge ist der Versuch, das innere Verhältnis des evangelischen Christentums zur katholischen Kirche aufzuweisen.

Man hat davon gesprochen, daß »ganz Deutschland eine einzige Mischehe« sei. Das Wort muß recht verstanden werden. Es heißt nicht, daß die Mischehe so überhand genommen habe, als sei sie bald die Normalform. Es ist damit etwas anderes angedeutet. Seit eineinhalb Jahrzehnten gibt es in Deutschland eine konfessionelle Bevölkerungsmischung, wie sie, in Europa wenigstens, einzigartig ist. Überall ist katholische Kirche. Und überall ist evangelische Kirche. Katholische und evangelische Christen durchdringen sich in Stadt und Land, in Familie und Ehe, in Verwandtschaft und Bekanntschaft in einer Weise, die bislang noch nicht da war. Die allerletzten Reste des »Cuius regio eius et religio« verschwinden. Das Problem der Mischehe kann nicht isoliert, etwa als kirchenrechtliches oder pastoraltheologisches Problem – was es doch sicher alles ist – gesehen werden: Die Mischehe ist vielmehr ein Symptom für eine große Problematik, der wir klar ins Auge zu sehen haben. Ich bin nicht geneigt, nur das Negative und das Gefahrenmoment bei dieser Vermischung zu sehen. Vielmehr bin ich der Überzeugung, daß wir alle diese Situation als uns von Gott gewiesene Aufgabe zu erkennen haben. Ich bin auch weit davon entfernt, hier schon abschließend endgültige Grundsätze zur Beurteilung und Bewältigung aufzustellen, meine jedoch, daß eine bloße Bewahrungs-Pastoral und -Pädagogik nicht mehr hinreichen und daß die dogmatischen Unterscheidungslehren mit allem Nachdruck herausgestellt werden müßten. Wie ist das gemeint?

Bei dem kath[olisch]-ev[angelischen] Publizistentreffen in Maria Laach hielt Präses Beckmann, Leiter der Evangelischen Kirche des Rheinlandes, eine Ansprache, in der er die tätige Bruderschaft als letzte Norm christlicher Wirklichkeit aufstellt. Das von ihm Gesagte ist natürlich wahr. Aber wenn es, wie es hier geschehen ist, in einem Gegensatz zur Lehre und Bedeutung der Lehre gesagt wird, dann ist es eben unwahr und auch gefährlich. Natürlich fällt so etwas angenehm ins Gehör, ist aber, da es eine Bedeutungsverkürzung des Dogmatischen darstellt, kritisch zu werten.

Wir können den objektiven Lehrgehalt nicht vergleichgültigen zugunsten einer einseitig verstandenen, gewiß aber doch sehr notwendigen, christlichen Aktivität. Christliche Wirklichkeit ist nicht nur Ereignis, Tat, Dynamik, Vollzug, sondern sie ist auch Entgegennahme und Bekenntnis einer objektiven Wahrheit, die Gott verkündet hat.

Es ist heute im öffentlichen Leben und im breiten Volk sehr im Schwang, Lehrunterscheidungen im Wert herabzusetzen gegenüber einer sogenannten christlichen Haltung oder Realisierung.
Wir sind verpflichtet, die Lehrunterscheidungen, auch wenn dies nicht immer populär ist, klar herauszustellen, in Radiopredigten, bei öffentlichen Anlässen u. a. Die klare Betonung der Lehrdifferenzen sollte auch erfolgen mit Rücksicht auf die vielen positiven Bestrebungen innerhalb der evangelischen Kirche, aus dem Pragmatismus, Aktualismus und Existentialismus herauszukommen. Wir haben ihnen dabei zu helfen. Der Dynamismus, wie wir die drei Richtungen insgesamt nennen wollen, ist im Raum der evangelischen Kirche, ohne Lehramt also, die große Gefahr, die manche evangelische Theologen klarer zu erkennen scheinen als katholische. Eine noch zu lösende Aufgabe besteht darin, das Unterscheidende im Lehrgefüge so darzustellen, daß nicht unnötig Mauern aufgerichtet werden und doch mit aller Verbindlichkeit das Getrenntsein in der Wahrheit eindeutig zum Ausdruck kommt.
An der Klärung dieser Aufgaben arbeitet das Möhler-Institut in Paderborn. Es haben sich hier bestimmte Arbeitsprinzipien herausgestellt, die ich im folgenden kennzeichnen möchte:
a) Versuch, zu einem Totalaspekt in der Beurteilung protestantischer Wirklichkeit zu kommen, und Überwindung aller zwar gutgemeinten, aber gelegentlich nicht ungefährlichen Einzelbeurteilung. Das Möhler-Institut hat eine Spezialbibliothek, die ca. 10.000 Bände evangelischer Theologie umfaßt. 81 evangelische theologische Zeitschriften werden gehalten.
b) Das Institut ist weit davon entfernt, sich mit einer bloßen Phänomenologie zu begnügen. Es dient in der Lösung der ihm gesetzten Aufgabe dem Fernziel, der Einheit. So gilt es auch, sorgfältig zu registrieren, was an Aufbrüchen in der evangelischen und aber auch katholischen Christenheit da ist. Es gibt einen gesunden Enthusiasmus für die Einheit im Volk, der nicht übersehen werden kann.
c) Das Institut erkennt als Aufgabe an, eine Krisis herbeizuführen, positive, zum Katholischen hindrängende Ansätze klar sich abheben zu lassen von ausgesprochen protestantischen oder aktualistischen Erkenntnissen. Dementsprechend werden auch vielerlei theologische Gespräche geführt in Predigerseminaren, Fakultäten und theologischen Zirkeln.
d) Die Arbeit ist sehr mühsam, soll sie methodisch klar und auf die Dauer fruchtbar sein. Die Zeitschrift Catholica hat sich gut eingeführt. Sie hat bereits eine Reihe von wichtigen Aufsätzen gebracht und gedenkt es auch in Zukunft zu tun. Sie kann aber nicht das Werk einzelner weniger sein. Ihre Basis muß vielmehr sehr breit sein.
Die Buchneuerscheinungen des letzten Jahres: 1.) René Marlé, Bultmann und die Interpretation des Neuen Testamentes, Paderborn, 1959; 2.) Eduard Stakemeier, Liborius und die Bekennerbischöfe von Le Mans. Hagiographie und Kult in konfessionskundlicher Darstellung, Paderborn, 1959.
Außerdem ist in diesem Jahr noch die Veröffentlichung eines dritten Buches zu erwarten: Luther und der Traditionsbegriff in der ev[angelischen] Theologie.

Wie auf der Zusammenkunft der Diözesan-Referenten in Fulda betont wurde, ist die Koordinierung aller an der Wiederherstellung der sichtbaren Einheit der Kirche im katholischen Raum Arbeitenden dringend notwendig. Das Möhler-Institut hat im Berichtsjahr zweimal seine 15 Mitarbeiter (Vertreter kath[olischer] Fakultäten Deutschlands und des Auslandes) in mehrtägigen Konferenzen zu einer einträchtigen Arbeit versammelt. Es hält sich offen für eine noch weitergehende Verbreiterung der Arbeitsbasis.

QUELLEN- UND LITERATURVERZEICHNIS

I. UNGEDRUCKTE QUELLEN

ARCHIV DES ERZBISTUMS MÜNCHEN UND FREISING (EA MÜNCHEN)
Bestand Joseph Kardinal Wendel

DIÖZESANARCHIV EICHSTÄTT (DA EICHSTÄTT)
Bestand Bischofsarchiv Schröffer

DIÖZESANARCHIV MÜNSTER (DA MÜNSTER)
Bestand Generalvikariat – Neues Archiv

HISTORISCHES ARCHIV DES ERZBISTUMS KÖLN (EA KÖLN)
Bestände:
- Cabinetts-Registratur II
- Dienstakten Böhler
- Generalia II
- Katholisches Büro Bonn I
- Katholisches Büro Nordrhein-Westfalen I

II. GEDRUCKTE QUELLEN UND LITERATUR

ACHINGER, Hans u. a., Neuordnung der sozialen Leistungen. Denkschrift, Köln 1955.

ACTA APOSTOLICAE SEDIS, Commentarium officiale, Rom 1909 ff. (zit.: AAS).

ACTA SANCTAE SEDIS, Rom 1865–1908 (zit.: ASS).

ADENAUER, [Konrad], Briefe 1959–1961, bearb. von Hans Peter MENSING (Rhöndorfer Ausgabe), Paderborn u. a. 2004.

AKTEN DEUTSCHER BISCHÖFE SEIT 1945. DDR 1951–1957, bearb. von Christoph KÖSTERS (VKZG, Reihe A: Quellen, Bd. 58), Paderborn u. a. 2012 (zit.: AKTEN DEUTSCHER BISCHÖFE SEIT 1945, DDR 1951–1957).

AKTEN DEUTSCHER BISCHÖFE SEIT 1945. DDR 1957–1961, bearb. von Thomas SCHULTE-UMBERG (VKZG, Reihe A: Quellen, Bd. 49), Paderborn u. a. 2006 (zit.: AKTEN DEUTSCHER BISCHÖFE SEIT 1945, DDR 1957–1961).

AKTEN DEUTSCHER BISCHÖFE ÜBER DIE LAGE DER KIRCHE 1933–1945, Bd. III: 1935–1936, Bd. VI: 1943–1945, bearb. von Bernhard STASIEWSKI bzw. Ludwig VOLK (VKZG, Reihe A: Quellen, Bd. 25 bzw. 38), Mainz 1979/1985 (zit.: AKTEN DEUTSCHER BISCHÖFE 1933–1945 III/VI).

AKTEN KARDINAL MICHAEL VON FAULHABERS 1917–1945, bearb. von Ludwig VOLK (VKZG, Reihe A: Quellen, Bd. 17), München 1975 (zit.: AKTEN FAULHABERS).

ALTERMATT, Urs/SUGRANYES DE FRANCH, Ramon, Pax Romana 1921–1981. Gründung und Entwicklung, Freiburg/Schweiz 1981.

ALTHAMMER, Jörg, Wilfried Schreiber (1904–1975), in: ZEITGESCHICHTE IN LEBENSBILDERN 12, S. 77–85.

AMTSBLATT FÜR DIE ERZDIÖZESE MÜNCHEN UND FREISING, München 1880 ff. (zit.: AB MÜNCHEN).

ARETZ, Jürgen, Alfred Dregger (1920–2002), in: ZEITGESCHICHTE IN LEBENSBILDERN 12, S.173–185.

ARETZ, Jürgen, Franz-Josef Wuermeling (1900–1966), in: ZEITGESCHICHTE IN LEBENSBILDERN 10, S. 245–259.

ARETZ, Jürgen, Hermann-Josef Schmitt (1886–1964), in: ZEITGESCHICHTE IN LEBENSBILDERN 6, S. 115–126.

ARETZ, Jürgen, Paul Lücke (1914–1976), in: ZEITGESCHICHTE IN LEBENSBILDERN 11, S. 195–212.

BAER, Fritz, Die Ministerpräsidenten Bayerns 1945–1962. Dokumentation und Analyse, Zeitschrift für Bayerische Landesgeschichte Beiheft 3, Reihe B, München 1971.

BALLOF, Domenica, Christine Teusch (1888–1968), in: ZEITGESCHICHTE IN LEBENSBILDERN 2, S. 202–213.

BARRY, Colman J., American Nuncio. Cardinal Aloisius Muench, Collegeville/Minn. 1969.

BARSCHEL, Uwe/GEBEL, Volkram, Landessatzung für Schleswig-Holstein. Kommentar, Neumünster 1976.

BAUMGART, Winfried, Adolf Süsterhenn (1905–1974), in: ZEITGESCHICHTE IN LEBENSBILDERN 6, S. 189–199.

BAYERISCHE STAATSZEITUNG UND BAYERISCHER STAATSANZEIGER, München 1946 ff.

BENKER, Sigmund, Das Metropolitankapitel [München] 1933–1945, in: Georg SCHWAIGER (Hrsg.), Das Erzbistum München und Freising in der Zeit der nationalsozialistischen Herrschaft, Bd. 1, München und Zürich 1984, S. 256–281.

BERGMANN, Bernhard/STEINBERG, Josef (Hrsg.), In Memoriam Wilhelm Böhler. Erinnerungen und Begegnungen, Köln 1965.

BERICHT ÜBER DEN KATHOLIKENTAG ZU MAGDEBURG 5.–9. SEPTEMBER 1928, hrsg. vom Generalsekretariat des Zentralkomitees der deutschen Katholikentage, Paderborn o. J.

BLESSING, Werner K., Georg Meixner (1887–1960), in: Alfred WENDEHORST (Hrsg.), Fränkische Lebensbilder. Neue Folge der Lebensbilder aus Franken, Bd. 16 (Veröffentlichungen der Gesellschaft für Fränkische Geschichte, Reihe VII A), Neustadt/Aisch 1996, S. 213–240.

BUCHSTAB, Günter, Andreas Hermes (1878–1964), in: ZEITGESCHICHTE IN LEBENSBILDERN 6, S. 102–114.

BUCHSTAB, Günter, Christlich-soziale Kollegenschaft im DGB, in: LEXIKON DER CHRISTLICHEN DEMOKRATIE, S. 462 f.

BUCHSTAB, Günter, Hans Katzer (1919–1996), in: ZEITGESCHICHTE IN LEBENSBILDERN 11, S. 301–312.

BUCHSTAB, Günter/KAFF, Brigitte/KLEINMANN, Hans-Otto (Hrsg.), Christliche Demokraten gegen Hitler. Aus Verfolgung und Widerstand zur Union, Freiburg, Basel, Wien 2004.

BUNDESGESETZBLATT, Bonn 1949 ff. (zit.: BGBL.).

DAMBERG, Wilhelm, Heinrich Tenhumberg (1915–1979), in: ZEITGESCHICHTE IN LEBENSBILDERN 9, S. 135–148.

DEKRETE AUF BEFEHL UNSERES HEILIGSTEN VATERS PIUS X. [...] ÜBER DAS FÜR DEN EMPFANG DER ERSTKOMMUNION ERFORDERLICHE ALTER [...]. Autorisierte Ausgabe, Lateinischer und deutscher Text. [Einzelhefte ohne Zählung,] Freiburg o. J. (1916).

DEUTINGER, Stephan, Hanns Seidel (1901–1961), in: ZEITGESCHICHTE IN LEBENSBILDERN 11, S. 161–174.

DIETRICH, Yorck, Hermann Josef Abs (1901–1994), in: ZEITGESCHICHTE IN LEBENSBILDERN 8, S. 299–310.

DÖPFNER, Julius Kardinal, Konzilstagebücher, Briefe und Notizen zum zweiten Vatikanischen Konzil, bearb. von Guido TREFFLER (Schriften des Archivs des Erzbistums München und Freising, Bd. 9), München 2006.

EHE UND FAMILIE IM PRIVATEN UND ÖFFENTLICHEN RECHT. Zeitschrift für das gesamte Familienrecht 3 (1956) (zit.: EHE UND FAMILIE).

EINWAG, Otmar, Werkhefte katholischer Laien (1947–1961). Ein Zeitschriftenschicksal, Bamberg 1971.

ENTSCHEIDUNGEN DES BUNDESVERFASSUNGSGERICHTS, hrsg. von den Mitgliedern des Bundesverfassungsgerichts, Bd. 6, Tübingen 1957.

ESCHBACH, Maria, »Glauben heißt, der Liebe lauschen«. Glaubenswege mit Gertrud von le Fort und Hans Urs von Balthasar, Paderborn 2005.

FELDKAMP, Michael F. (Hrsg.), Die Beziehungen der Bundesrepublik Deutschland zum Heiligen Stuhl 1949–1966. Aus den Vatikanakten des Auswärtigen Amtes. Eine Dokumentation (Bonner Beiträge zur Kirchengeschichte, Bd. 22), Köln, Weimar, Wien 2000.

FÖCKING, Friederike, Fürsorge im Wirtschaftsboom. Die Entstehung des Bundessozialhilfegesetzes von 1961 (Studien zur Zeitgeschichte, Bd. 73), München 2007.

FÖRST, Walter, Josef Gockeln (1900–1958), in: ZEITGESCHICHTE IN LEBENSBILDERN 5, S. 161–175.

FÜR DIE MENSCHEN BESTELLT. Erinnerungen des Alterzbischofs von Köln, Josef Kardinal Frings, Köln 1973.

GALL, Lothar, Der Bankier Josef Abs, Eine Biographie, München 2004.

GAUGER, Jörg-Dieter, Wilhelm Bitter (1886–1964), in: G. BUCHSTAB/B. KAFF/H.-O. KLEINMANN, Christliche Demokraten, S. 94–99.

GELBERG, Karl-Ulrich, Kardinal Wendel und die bayerische Politik 1952–1960, in: BEITRÄGE ZUR ALTBAYERISCHEN KIRCHENGESCHICHTE 46 (2001), S. 209–233.

GESETZSAMMLUNG FÜR DIE KÖNIGLICH PREUSSISCHEN STAATEN, Berlin 1810 ff., ab 1907: PREUSSISCHE GESETZSAMMLUNG (zit.: GS).

GESETZ- UND VERORDNUNGSBLATT [FÜR DEN FREISTAAT BAYERN], München 1945 ff. (zit.: GVBL.).

GESETZ- UND VERORDNUNGSBLATT FÜR DAS LAND NORDRHEIN-WESTFALEN, Düsseldorf 1947 ff. (zit.: GVBL. NW).

GIESE, Friedrich/V. D. HEYDTE, Friedrich August Freiherr, Der Konkordatsprozeß (Veröffentlichungen des Instituts für Staatslehre und Politik e.V. Mainz, Bd. 7), München o. J. (1956–1958).

GORDZ, August (Hrsg.), Anwalt der Frauen. Hermann Klens, Leben und Werk, Düsseldorf 1978.

GOTTO, Klaus, Die deutschen Katholiken und die Wahlen in der Adenauer-Ära, in: Albrecht LANGNER (Hrsg.), Katholizismus im politischen System der Bundesrepublik 1949–1963, Paderborn u. a. 1978, S. 7–32.

GOTTO, Klaus, Heinrich Krone (1895–1989), in: ZEITGESCHICHTE IN LEBENSBILDERN 7, S. 265–276.

GOTTO, Klaus, Die Wochenzeitung Junge Front/Michael. Eine Studie zum katholischen Selbstverständnis und zum Verhalten der jungen Kirche gegenüber dem Nationalsozialismus (VKZG, Reihe B: Forschungen, Bd. 8), Mainz 1970.

GOTTSCHALK, siehe SCHLESISCHE PRIESTERBILDER.

GROSSMANN, Thomas, Zwischen Kirche und Gesellschaft. Das Zentralkomitee der deutschen Katholiken 1945–1970 (VKZG, Reihe B: Forschungen, Bd. 56), Mainz 1991.

GRYPA, Dietmar, Die katholische Arbeiterbewegung in Bayern nach dem Zweiten Weltkrieg (1945–1963) (VKZG, Reihe B: Forschungen, Bd. 91), Paderborn u. a. 2000.

GUARDINI, Romano, Das Erwachen der Kirche in der Seele, in: HOCHLAND 19,2 (1922), S. 259–267.

GUNDELACH, Herlind, Die Sozialausschüsse zwischen CDU und DGB. Selbstverständnis und Rolle 1949–1966, Diss. Bonn 1983.

HAGER, Gerhard, Die »gleitende Arbeitswoche« aus der Sicht der evangelischen und katholischen Soziallehre, staatswiss. Diss. Freiburg 1959.

HASSELBRINK, Bettina, Clemens Münster (1906–1998), in: RUNDFUNK UND GESCHICHTE 24 (1998), S. 161–164.

HEHL, Ulrich von, Hans Globke (1898–1973), in: ZEITGESCHICHTE IN LEBENSBILDERN 3, S. 247–259.

HEHL, Ulrich von, Katholische Kirche und Nationalsozialismus im Erzbistum Köln 1933–1945 (VKZG, Reihe B: Forschungen, Bd. 23), Mainz 1977.

HEHL, Ulrich von, Wilhelm Marx 1863–1946. Eine politische Biographie (VKZG, Reihe B: Forschungen, Bd. 47), Mainz 1987.

HERBERS, Winfried, Johannes Albers (1890–1963), in: G. BUCHSTAB/B. KAFF/H.-O. KLEINMANN, Christliche Demokraten, S. 72–80.

HIRSCHFELD, Michael, Katholisches Milieu und Vertriebene. Eine Fallstudie am Beispiel des Oldenburger Landes 1945–1965 (Forschungen und Quellen zur Kirchen- und Kulturgeschichte Ostdeutschlands, Bd. 33), Köln, Weimar, Wien 2002.

HÖFER, Liselotte/CONZEMIUS, Victor, Otto Karrer 1888–1976. Kämpfen und Leiden für eine weltoffene Kirche, Freiburg, Basel, Wien o. J. (1985).

HOFMANN, Josef, Journalist in Republik, Diktatur und Besatzungszeit. Erinnerungen 1916–1947, bearb. und eingeleitet von Rudolf MORSEY (VKZG, Reihe A: Quellen, Bd. 23), Mainz 1977.

HUBER, Ernst Rudolf/HUBER, Wolfgang, Staat und Kirche im 19. und 20. Jahrhundert. Dokumente zur Geschichte des deutschen Staatskirchenrechts, 5 Bde., Berlin 1973–1995.

HUIZINGA, Johan, Über eine Formverwandlung der Geschichte seit der Mitte des XIX. Jahrhunderts, in: DERS., Im Bann der Geschichte, Betrachtungen und Gestaltungen, Amsterdam 1942.

HUMMEL, Karl-Joseph, Otto B. Roegele (1920–2005), in: ZEITGESCHICHTE IN LEBENSBILDERN 12, S. 201–213.

ITER PARA TUTUM. Apostolat in der modernen Welt. Hirtenworte des Bischofs von Münster Dr. Michael Keller, hrsg. von Laurenz BÖGGERING, Generalvikar, Münster 1961.

DIE KABINETTSPROTOKOLLE DER BUNDESREGIERUNG, Bd. 11 (1958), bearb. von Ulrich ENDERS und Christoph SCHAWE, München 2002.

KAFF, Brigitte, Heinrich Köppler (1925–1980), in: ZEITGESCHICHTE IN LEBENSBILDERN 10, S. 211–224.

KAFKA, Gustav E., Die Katholiken vor der Politik, Freiburg 1958.

KARPEN, Ulrich, Hans Peters (1896–1976), in: ZEITGESCHICHTE IN LEBENSBILDERN 10, S. 142–160.

KIRCHE UND LANDVOLK, Würzburg, Tagungsbericht. Arbeitstagung des Zentralkomitees der deutschen Katholiken, Paderborn 1954.

KIRCHLICHER ANZEIGER FÜR DIE ERZDIÖZESE KÖLN, Köln 1886 ff. (zit.: AB KÖLN).

KLEE, Ernst, Das Personenlexikon zum Dritten Reich. Wer war was vor und nach 1945?, Frankfurt am Main 2003.

KLEINMANN, Hans-Otto, Cuno Raabe (1888–1971), in: G. BUCHSTAB/B. KAFF/H.-O. KLEINMANN, Christliche Demokraten, S. 403–410.

KLEINMANN, Hans-Otto, Walter Dirks (1901–1991), in: ZEITGESCHICHTE IN LEBENSBILDERN 8, S. 265–281.

KLENKE, Dietmar, Alles was recht ist. Zur Geschichte des Gerichtswesens in Münster 793–1993, Münster 1993.

KRITZER, Peter, Wilhelm Hoegner. Politische Biographie eines bayerischen Sozialdemokraten, München 1979.

KRONENBERG, Friedrich/VOGEL, Bernhard, Heinrich Köppler, Christ und Politiker 1925–1980, Düsseldorf 1990.

LABONTÉ, Maria, Albert Büttner. Ein Leben für Glaube und Kirche in der Fremde, Mainz 1978.

LANDMESSER, Franz Xaver, Die Eigengesetzlichkeit der Kultursachgebiete (Wirtschaft und Staat). Ein Beitrag zum Problem »Religion und Kultur« (Der Katholische Gedanke, 18), Köln, München, Wien 1926.

LANDTAG NORDRHEIN-WESTFALEN. 4. Wahlperiode, Plenarprotokolle, Düsseldorf.

LANGE, Rudolf, Gottes Ordnung im Dorf. Die Weisungen Pius' XII. und der erste internationale Landvolkkongreß, Kirche im Landvolk, Bd. 1, Freiburg 1952.

LEXIKON DER CHRISTLICHEN DEMOKRATIE IN DEUTSCHLAND, hrsg. von Winfried BECKER u. a., Paderborn 2002 (zit.: LEXIKON DER CHRISTLICHEN DEMOKRATIE).

LISTL, Joseph, Die Konkordate und Kirchenverträge in der Bundesrepublik Deutschland, 2. Bd., Berlin 1987.

LOMMATZSCH, Erik, Hans Globke (1898–1973). Beamter im Dritten Reich und Staatssekretär Adenauers, Frankfurt am Main 2009.

LOSINGER, Anton, Karl Rahner SJ (1904–1984), in: ZEITGESCHICHTE IN LEBENSBILDERN 7, S. 193–209.

LOTZ, Johannes B., Mensch, Wirtschaft, Sonntagsfeier (Forum politischer Bildung Nr. 4), München, Salzburg, Köln 1958.

MARX, Stefan, Franz Meyers (1908–2002), in: ZEITGESCHICHTE IN LEBENSBILDERN 12, S. 157–170.

MARX, Stefan, Heinrich Köppler (1925–1990). Politik aus christlicher Verantwortung (Forschungen und Quellen zur Zeitgeschichte, Bd. 51), Düsseldorf 2006.

MAY, Georg, Ludwig Kaas. Der Priester, der Politiker und der Gelehrte aus der Schule von Ulrich Stutz (Kanonistische Studien und Texte, Bde. 33–35), 3 Bde., Amsterdam 1982.

MOCKENHAUPT, Hubert, Elisabeth Zillken (1888–1980), in: ZEITGESCHICHTE IN LEBENSBILDERN 6, S. 214–230.

MÜNCHENER KATHOLISCHE KIRCHENZEITUNG, München 1908 ff. (zit.: MKKZ).

NESNER, Hans-Jörg, Das Metropolitankapitel zu München (seit 1821), in: Georg SCHWAIGER (Hrsg.), Monachium Sacrum, Festschrift zur 500-Jahr-Feier der Metropolitankirche Zu Unserer Lieben Frau zu München, Bd. 1, München 1994, S. 475–608.

NEUNDÖRFER, Karl, Das Erstarken der bischöflichen Gewalt, in: HOCHLAND 23,3 (1926), S. 449–459.

NEUNDÖRFER, Karl, Zwischen Kirche und Welt. Ausgewählte Aufsätze aus seinem Nachlaß, hrsg. von Ludwig NEUNDÖRFER und Walter DIRKS, Frankfurt am Main 1927.

OCKENFELS, Wolfgang, Eberhard Welty (1902–1965), in: ZEITGESCHICHTE IN LEBENSBILDERN 4, S. 240–249.

PAPST LEO XIII. und PAPST PIUS XI. Die Enzykliken Rerum novarum und Quadragesimo anno. Amtlicher deutscher Text, hrsg. vom Erzbischöflichen Seelsorgeamt Köln, o. J.

PERSCH, Martin, Josef Kentenich, in: BIOGRAPHISCH-BIBLIOGRAPHISCHES KIRCHENLEXIKON, Bd. 3, Herzberg 1992, Sp. 1351–1354.

PFISTER, Peter, Dr. Emil Muhler (1892–1963). Seelsorger und Politiker, in: Georg SCHWAIGER (Hrsg.), Christenleben im Wandel der Zeit, Bd. 2: Lebensbilder aus der Geschichte des Erzbistums München und Freising, München 1987, S. 388–407.

PILVOUSEK, Josef, Zur Geschichte der Elisabethwallfahrt 1957, in: Dieter BLUME/ Matthias WERNER (Hrsg.), Elisabeth von Thüringen – Eine europäische Heilige. 3. Thüringer Landesausstellung, Wartburg, Eisenach 7. Juli bis 19. November 2007, Aufsätze, Petersberg 2007, S. 591–601.

PREUSSISCHE GESETZSAMMLUNG, Berlin 1907 ff., vordem GESETZSAMMLUNG FÜR DIE KÖNIGLICH PREUSSISCHEN STAATEN (zit.: GS).

RABERG, Frank, Gerd Weng, in: BADEN-WÜRTTEMBERGISCHE BIOGRAPHIEN, Bd. IV, hrsg. von Fred Ludwig SEPAINTER, Stuttgart 2007, S. 392–394.

RASQUIN, Klaus, Das Voraustrauungsverbot des § 67 Personenstandsgesetz 1937/57. Zur Geschichte und gegenwärtigen Rechtsproblematik einer Ordnungsnorm, jur. Diss. Köln 1985.

RAUSCHER, Anton, Gustav Gundlach (1892–1963), in: ZEITGESCHICHTE IN LEBENSBILDERN 2, S. 159–176.

RAUSCHER, Anton, Karl Forster (1928–1981), in: ZEITGESCHICHTE IN LEBENSBILDERN 6, S. 231–249.

RAUSCHER, Anton, Oswald von Nell-Breuning (1890–1991), in: ZEITGESCHICHTE IN LEBENSBILDERN 7, S. 277–292.

RECKER, Klemens-August, »Wem wollt ihr glauben?« Bischof Berning im Dritten Reich, Paderborn, München 1998.

REICHSGESETZBLATT, Berlin 1871 ff. (zit.: RGBL.).

REPGEN, Konrad, Hubert Jedin (1900–1980), in: ZEITGESCHICHTE IN LEBENSBILDERN 7, S. 175–191.

REUCHER, Ursula, Reformen und Reformversuche in der gesetzlichen Krankenversicherung (1956–1965). Ein Beitrag zur Geschichte bundesdeutscher Sozialpolitik, Düsseldorf 1999.

ROOS, Lothar, Joseph Kardinal Höffner (1906–1987), in: ZEITGESCHICHTE IN LEBENSBILDERN 8, S.173–195.

RUMMEL, Alois, Rainer Barzel (1924–2006), in: ZEITGESCHICHTE IN LEBENSBILDERN 12, S. 215–227.

RUNDSCHREIBEN UNSERES HEILIGSTEN VATERS PIUS X. [...] ÜBER KATHOLISCHE UND GEMISCHTE ARBEITER-VEREINIGUNGEN. Autorisierte Ausgabe, Lateinischer und deutscher Text [Einzelhefte ohne Zählung], Freiburg o. J. (1916).

SCHÄUFELE, Hermann, Unsere Kirche, Heidelberg 1946.
SCHEWICK, Burkhard van, Wilhelm Böhler (1891–1958), in: ZEITGESCHICHTE IN LEBENSBILDERN 4, S. 197–207.
SCHLESISCHE PRIESTERBILDER, Bd. V, hrsg. von Joseph GOTTSCHALK, Aalen 1967; Bd. VI unter dem Titel SCHLESISCHE KIRCHE IN LEBENSBILDERN, hrsg. von Johannes GRÖGER, Joachim KÖHLER und Werner MARSCHALL, Sigmaringen 1992; Bd. VII unter gleichem Titel wie VI hrsg. von Michael HIRSCHFELD, Johannes GRÖGER und Werner MARSCHALL, Münster 2006 (zit.: GOTTSCHALK V, VI, VII).
SCHOLL, Horst-Dieter, Die Neugründung christlicher Gewerkschaften in Deutschland. Ihre Vorgeschichte und Ursachen, Problematik und Entwicklung, wirtschaftswiss. Diss. Marburg 1960.
SCHREIBER, Wilfried, Existenzsicherheit in der industriellen Gesellschaft, Köln 1955.
SCHRÖDER, Wolfgang, Katholizismus und Einheitsgewerkschaft. Der Streit um den DGB und der Niedergang des Sozialkatholizismus in der Bundesrepublik bis 1960 (Politik und Gesellschaftsgeschichte, Bd. 30), Bonn 1992.
SCHWARTE, Johannes, Gustav Gundlach SJ (1892–1963). Repräsentant und Interpret der katholischen Soziallehre während der Pontifikate Pius' XI. und Pius' XII., Paderborn 1975.
STATIO ORBIS. Eucharistischer Weltkongreß 1960 in München, hrsg. von Richard EGENTER, Otto PIRNER und Hubert HOFBAUER, 2. Bde., München 1961.
STICKLER, Matthias, Eugen Gerstenmaier (1906–1986), in: G. BUCHSTAB/B. KAFF/H.-O. KLEINMANN, Christliche Demokraten, S. 217–226.

THIESEN, Helene, Christlich-soziale Arbeitnehmerschaft und Gewerkschaftsfrage 1945–1953, phil. Diss. Bonn 1988.
TRIPPEN, Norbert, Joseph Kardinal Frings (1887–1978), Bd. II: Sein Wirken für die Weltkirche und seine letzten Bischofsjahre (VKZG, Reihe B: Forschungen, Bd. 104), Paderborn u. a. 2005.
TRIPPEN, Norbert, Joseph Kardinal Höffner (1906–1987), Bd. I: Lebensweg und Wirken als christlicher Sozialwissenschaftler bis 1962 (VKZG, Reihe B: Forschungen, Bd. 115), Paderborn u. a. 2009.

UERTZ, Rudolf, Gerhard Kroll (1910–1963), in: Günter BUCHSTAB/Hans Otto KLEINMANN (Hrsg.), In Verantwortung vor Gott und den Menschen. Christliche Demokraten im Parlamentarischen Rat (1948/49), Freiburg, Basel, Wien 2008, S. 218–226.
UERTZ, Rudolf, Karl Arnold (1901–1958), in: G. BUCHSTAB/B. KAFF/H.-O. KLEINMANN, Christliche Demokraten, S. 81–89.
UTZ, Arthur-Fridolin/GRONER, Joseph-Fulko (Hrsg.), Aufbau und Entfaltung des gesellschaftlichen Lebens. Soziale Summe Pius' XII. Freiburg/Schweiz, 3 Bde., 1954–1961.

VERHANDLUNGEN DES BAYERISCHEN LANDTAGS, 3. Wahlperiode 1954–1958, Beilagen Bd. I.

VERHANDLUNGEN DES BAYERISCHEN LANDTAGS, 3. Wahlperiode 1954. Stenographische Berichte.

WACHTLING, Oskar, Joseph Joos – Journalist, Arbeiterführer, Zentrumspolitiker. Politische Biographie 1878–1933 (VKZG, Reihe B: Forschungen, Bd. 16), Mainz 1974.

WALTER, Peter, Hermann Kardinal Volk (1903–1988), in: ZEITGESCHICHTE IN LEBENSBILDERN 12, S. 101–113.

WEBER, Wilhelm, Goetz A. Briefs (1889–1974), in: ZEITGESCHICHTE IN LEBENSBILDERN 3, S. 235–246.

WILKE, Jürgen, Emil Dovifat, in: LEXIKON DER CHRISTLICHEN DEMOKRATIE, S. 221 f.

WOLF, Peter, Schönstatt-Bewegung, in: LEXIKON FÜR THEOLOGIE UND KIRCHE, 3. Aufl., Freiburg 2000, Sp. 213 f.

ZEITGESCHICHTE IN LEBENSBILDERN. Aus dem deutschen Katholizismus des 19. und 20. Jahrhunderts, Bde. 1–2 hrsg. von Rudolf MORSEY, Mainz 1972/73, Bde. 3–8 hrsg. von Jürgen ARETZ, Rudolf MORSEY und Anton RAUSCHER, Mainz 1973–1997, Bde. 9–12 hrsg. von DENS., Münster 2001–2010.

ZENTRALKOMITEE DER DEUTSCHEN KATHOLIKEN. Arbeitstagung Saarbrücken, 16.–19. April 1958, Paderborn 1958.

ZUERST DAS REICH GOTTES. 74. DEUTSCHER KATHOLIKENTAG, Passau 1.–3. September 1950, Werktagung Altötting 29. August–1. September 1950, hrsg. vom Generalsekretariat des Zentralkomitees der deutschen Katholiken, Paderborn o. J.

CHRONOLOGISCHES REGISTER

Dieses Verzeichnis enthält

1. alle datierbaren und anderweitig nicht schon durch den Druck verbreiteten oder wissenschaftlich edierten Schriftstücke, die im Text oder in den Anmerkungen dieses Bandes ganz oder auszugsweise wörtlich wiedergegeben sind;
2. alle datierbaren und anderweitig nicht schon veröffentlichten oder edierten Schriftstücke, die im Text oder in den Anmerkungen dieses Bandes erwähnt werden.

Zu 1: Wird ein Schriftstück in diesem Band unter eigener Nummer wiedergegeben, so erscheint in der rechten Spalte die betreffende Nummer in halbfetter Schrift. Wird ein Schriftstück ganz oder teilweise im Text oder in einer Anmerkung wörtlich wiedergegeben, so erscheint in der rechten Spalte die Seitenzahl, ggfs. unter Hinzufügung der Anmerkungsnummer, in normaler Schrift.

Zu 2: Wird ein Schriftstück im Text oder in einer Anmerkung erwähnt, so erscheint in der rechten Spalte die Seitenzahl, ggfs. unter Hinzufügung der Anmerkungsnummer, in Klammern.

Bei mehrfacher Erwähnung eines Stücks wird nur die erste verzeichnet, weitere Nennungen sind durch das Register zu erschließen. Die Titel der Stücke erscheinen ggfs. in einer zweckmäßigen Kurzform.

PERSONEN-, ORTS- UND SACHREGISTER

Seitenzahlen in Fettdruck weisen auf ein Biogramm in den Anmerkungen hin, Zeitschriften sind kursiv gesetzt. Ortsnamen in Biogrammen wurden nicht in das Register aufgenommen.

F

H